Zu dieser Ausgabe

Wilhelm Scherer hielt sie für ein literarhistorisches Denkmal ersten Ranges, Ernst Beutler erklärte, wir hätten nur sehr wenige Bücher, »die eine solche Fülle gescheiter Einsichten und tiefer Gedanken verschwenderisch vor dem Leser ausbreiten«, und erst kürzlich verriet Golo Mann, sein erstes Tagebuch habe die Überschrift getragen: ›im Stile Hebbels‹. Man muß hinzufügen, daß Hebbels Tagebücher, die hier erstmals vollständig in einer dreibändigen Taschenbuchausgabe vorliegen, ein unschätzbares sozialgeschichtliches Dokument darstellen.

Am 23. März 1835 begann der zweiundzwanzigjährige Dichter mit der Niederschrift seiner »Reflexionen über Welt, Leben und Bücher, hauptsächlich aber mich selbst, nach Art eines Tagebuchs« und blieb bis zu seinem Tod 1863 diesem Vorhaben treu, das den tiefsten und unmittelbarsten Einblick in sein Leben erlaubt.

Einfälle und Eindrücke, Beobachtungen und Erlebnisse, Lesefrüchte, Exzerpte und Briefkonzepte wechseln in gedrängter Folge: Die soziale und politische Welt seiner Zeit ist Gegenstand seiner Betrachtung und seines Urteils. Der Blick in die Werkstatt des großen Dramatikers fasziniert dabei ebenso wie die Szenen aus dem Privatleben, das geprägt war von Hebbels Streben nach Kunst und Künstlerschaft.

Die ›Tagebücher‹ bedürfen freilich vielfach der Entschlüsselung. Ein umfangreicher Anmerkungsapparat sowie ein Personen- und Sachregister bieten in der vorliegenden Ausgabe die unabdingbaren Lesehilfen.

Literatur · Philosophie · Wissenschaft

Friedrich Hebbel

Tagebücher
1835–1843

Band 1

Deutscher Taschenbuch Verlag

Vollständige Ausgabe in drei Bänden.
Herausgegeben und mit Anmerkungen versehen
von Karl Pörnbacher.
Text und Anhang sind der im Carl Hanser Verlag,
München, erschienenen fünfbändigen Hebbel-Ausgabe,
Werke, herausgegeben von Gerhard Fricke, Werner Keller
und Karl Pörnbacher, Band IV und V, entnommen.

Band 3 der vorliegenden Ausgabe enthält im Anhang
ein Personenregister von Karl Pörnbacher und eine Lebens- und
Werkchronik; Werner Keller erstellte zusammen mit
Jan-Dirk Müller, Köln, die Bibliographie und
ein Begriffsregister.

August 1984
Deutscher Taschenbuch Verlag GmbH & Co. KG, München
© 1966/67 Carl Hanser Verlag, München
Umschlaggestaltung: Celestino Piatti unter Verwendung
einer Miniaturmalerei von Stephanie Goblin:
Porträt Friedrich Hebbel, 1849
(Schleswig-Holsteinisches Landesmuseum,
Schloß Gottorf, Schleswig)
Gesamtherstellung: C. H. Beck'sche Buchdruckerei,
Nördlingen
Printed in Germany · ISBN 3-423-05947-8

INHALTSÜBERSICHT

Tagebücher (1835–1843) 7
Anhang 557
  Abkürzungen 558
  Anmerkungen 559

ERSTES TAGEBUCH

Hamburg · Heidelberg · München · Hamburg
Kopenhagen · Hamburg

Reflexionen über Welt, Leben und Bücher,
hauptsächlich aber über mich selbst,
nach Art eines Tagebuchs,

von

K. F. Hebbel

Angefangen den 23 März 1835

Ich fange dieses Heft nicht allein meinem künftigen Biographen zu Gefallen an, obwohl ich bei meinen Aussichten auf die Unsterblichkeit gewiß sein kann, daß ich einen erhalten werde. Es soll ein Notenbuch meines Herzens sein, und diejenigen Töne, welche mein Herz angibt, getreu, zu meiner Erbauung in künftigen Zeiten, aufbewahren. Der Mensch ist anders, als ein Instrument, bei welchem alle Töne in ewigem Kreislauf, wenn auch in den seltsamsten Kombinationen, wiederkehren; das Gefühl, welches in seiner Brust einmal verklingt, ist für immer verklungen; ein gleicher Sonnenstrahl erzeugt in der psychischen nie, wie in der physischen, dieselben Blumen. So wird jede Stunde zur abgeschlossenen Welt, die ihren großen oder kleinen Anfang, ihr langweiliges Mittelstück und ihr ersehntes oder gefürchtetes Ende hat. Und wer kann gleichgültig so manche tausend Welten in sich versinken sehen und wünscht nicht, wenigstens das Göttliche, sei es Wonne oder Schmerz, welches sich durch sie hinzog, zu retten? Darum kann ich es immer entschuldigen, wenn ich täglich einige Minuten auf dieses Heft verwende. [1]

1835 *d. 23. März.*

Mein bedeutendes poetisches Talent kommt mir auch bei dem Studio der Sprachen sehr zu Hülfe. Ich bringe nämlich die schwierigsten Punkte der Grammatik in Verse und erhaben klingt es, wenn sich meine Muse philologisch vernehmen läßt:

»Die Länder, Inseln und die Frauen
Als Feminina sind zu schauen!« [2]

Für ein Gedicht, aus einem Brief an M.

»Es ist ein so stiller freundlicher Abend, daß ich über all die Lieblichkeit fast, wie eine auftauende Schneeflocke zerrinne, und solche Augenblicke muß der Mensch wahrnehmen, denn in diesen darf er den Freund zum Spaziergang in seinem Herzen einladen, weil alsdann der innere Frühling nicht mehr knospet, sondern grünt und blüht. So tritt denn herein in das Allerheiligste meiner Seele, was ich selbst kaum so oft, wie der israelische Hohepriester das Allerheiligste seines Tempels zu betreten wage – – – Ich weiß nicht, ob es Dir ebenso geht; wenn ich oft schon den Schlüssel zu meinem Herzen in der Hand habe, so schaudere ich plötzlich zurück, und dann quält es mich, ob es, wie bei jenem Hohenpriester, die allgegenwärtige Gottheit, oder der versteckte Teufel ist, was mich abhält. [3]

1835 *d. 26. März.*

Die Linie des Schönen, wie weit sie geht. Bei Gelegenheit eines Gedichts von mir: »der Wahnsinns-Traum«. Ob sie in diesem überschritten ist? Vielleicht dürfte der Satz gelten: was der Dichter *getreu* bildet, das ist *schön*, aus diesem würde sich aber eine Schönheit der *Häßlichkeit* folgern lassen. Die größte Häßlichkeit ist der Wahnsinn, denn die Auflösung ist an jedem Gegenstand das Häßlichste und dies in höherem Grade an dem vollkommeneren, als an dem unvollkommeneren Gegenstande. Dieser kann in der Auflösung verschönert sein, insoferne er durch seine Existenz beleidigte. [4]

Abends.

Vision

– – – und ich sah eine dunkle Gestalt aus der Tiefe steigen und sich auf einen Thron setzen. Und alle Toten zitterten sehr, nur diejenigen nicht, die schwarz oder blutrot gezeichnet waren, denn das war die Farbe, die die Gestalt selber trug. Und es erschien der gekreuzigte Christus, noch einmal wie ein Übeltäter, und jetzt vor dem Teufel als Richter. »Hochverräter an mir und der Menschheit«! [5]

Der Name ist heutzutage so nur das Einzige, welches die Menschen am Teufel nicht mögen. [6]

Ich sah mich selbst als alten Mann. [7]

Die Definition: »Ero« bei Kirsch, pag: 444, unvergleichlich. [8]
d. 28. März.
Für einen Roman: der Teufel, der eine Jungfrau als Geliebter umspinnt. Sie hat der Welt entsagt, lebt in einem Kloster. Er will sie durch das Höchste des Lebens, durch die Liebe selbst, verderben. Er nähert sich ihr, sie zieht sich zurück; er stürzt sich ins Wasser, sie rettet ihn. Er tut *viel* Gutes, daß sie es weiß; sie bewundert ihn, die Bewunderung wird *Liebe*. Zusammentreffen in einem wilden Augenblick. Dadurch schon ist ihrer Seele Frieden dahin, er untergräbt ihr alle Hoffnungen auf die Ewigkeit, zeigt ihr den gerichteten Jesus (Vision) so, daß sie endlich nichts mehr hat, als *ihn*. Katastrophe: er zeigt sich ihr als Teufel; sie hat nichts mehr als *ihn*, sie will ihm in die Hölle folgen. Da aber stirbt sie plötzlich, Engel erfüllen das Zimmer. »Die Seele, die *treu* ist, geht nicht verloren.« [9]

Tagebuch des Teufels
Und nun mögte ich dieses Buch nehmen und es tragen vor des Ewigen Thron und sagen: Vater lies es! Sage mir, hat er die Macht – –

— —

Sie ergibt sich dem sinnlichen Rausch –
– – – *jenes* Leben *ist* nicht und *dieses* verbittert er uns durch den eitlen Glauben an *jenes*. In dem Augenblick der Sinnlichkeit befriedigt auch er sie nicht; zu *anderen* – Beweis dafür, daß auch in der Sinnlichkeit nur im Streben der Genuß liegt; und im *Töten*.
[10]

d. 29. März.
Die Dankbarkeit soll eine der schwersten Tugenden sein. Eine noch schwerere mögte sein, die Ansprüche auf Dank nicht zu übertreiben [11]

Innere Lichtwelt eines Wahnsinnigen. Roman, in welchem sich alle früheren Ideen des Menschen spiegeln. [12]

d. 1. April.
Gestern habe ich zum erstenmal mein Logis gewechselt und bei all dem Hin- und Herschleppen wertloser Sachen gefunden, daß ich eigentlich noch zu viel Eigentum habe. Original: der Karrenschieber, der mir half. Er kam des Morgens zu mir und sagte: [»]Neh, Minschenfründe jft dat in Hamborch nich mehr; stell de Herr sich för: da jeh ich to eenem Satan von Wief und stell een Pand up eenen Sösseln, aberstsch, dat Wieff iß schlümmer, aß de Juden, seh nimmt nich denn Pand.« Er hatte nämlich einen Schnaps auf Kredit trinken und – seinen leeren Geldbeutel zum Pfand setzen wollen. [13]

. . . .
Furchtbar wäre es, wenn das Elixier der Unsterblichkeit noch einmal in künftigen Zeiten erfunden würde. Das wäre zugleich ein Beweis dafür, daß die Toten *nie* aufstehen können, sie, die Armen, für ewig, *ewig* tot!!!! [14]

Wenn der Mensch eine Mischung aus *allen* Naturstoffen wäre (siehe mein Gedicht Naturalismus) so wäre jenes Elixier vielleicht ein Gebräu aus allen animalischen und vegetabilischen Säften. [15]

Novelle: ein Mensch, der es erfindet, nachdem seine Geliebte tot ist; vielleicht Romanze: in einer dunklen Nacht geht er, erzählt, wie ers gebraut hat und gießt es aus. [16]

Idee zu einem Lustspiel: der Ring, den ein Bräutigam versetzt; wer ihn erhält, ist unglücklicherweise auch Liebhaber des Mädchens, zeigt ihn ihr pp. [17]

d. 12. April.

Heute abend bin ich im Schauspiel gewesen und habe das böse Haus von Auffenberg gesehen. Wirkliche Schönheiten bei manchen Fehlgriffen. Zu den letzteren gehört das:

»meinen *Gatten* wollt ihr morden,
Der mir durch Priesterhände angetraut?«

der Marie. Daß sie sich gegen den Mord sträubt, ist menschlich und weiblich, aber sie kann in dem Grafen in diesem Augenblick *nur* den Menschen, *nicht* den Gatten, sehen. Der Gedanke an den Gatten kann den Widerwillen gegen den Mord desjenigen, der sie mordet, nur *verringern*.

Der König Ludwig, eine furchtbare Gestalt, die das Leben nur des *Lebens* wegen liebt.

Auf den Himmel darf er nicht hoffen, die Erde bietet ihm nichts mehr, aber mit widerlicher Sehnsucht hält er noch immer das hohle gespenstische Sein umklammert. [18]

Die Linie des Schönen ist haarscharf und kann *nur* um 1000 Meilen überschritten werden. Das Geringste ist alles. [19]

Heine über die Gottheit (wenn ich ihn nämlich höre) hast du nie einen flegelhaften Jungen gesehn, der seinen gütigen Vater am Bart zupfte? Und, je dümmer der Junge, und je gütiger der Vater, um so eher tut ers. [20]

»Er übertrifft sich selbst!« Was freilich in den meisten Fällen sehr leicht ist.

⟨Memento mori! Er ist – gestorben, was er hätte bleibenlassen sollen.⟩ [21]

»Ich würde mir damals die Kehle abgeschnitten haben, aber ich trug ein sehr weißes Hemd, welches ich nicht beschmutzen mogte!« [22]

Sie zogen ein und lagen aus. [23]

d. 20. April.

Sehr oft ist das Wiedersehen erst die rechte Trennung. Wir sehen, daß der andere uns entbehren konnte, er betrachtet uns, wie ein Buch, dessen letzte Kapitel er nicht gelesen hat, er will uns studieren und wir haben ihn ausstudiert! [24]

Warum kann ich keine Musik länger hören, als eine Viertelstunde? Ich denke mir: es gibt ein Tiefstes der Seele, wenn dieses aufgeregt ist, so kann sie nur noch gefoltert oder kalt gemacht werden. Der Schmerz liegt überhaupt in der *Dauer*, die Freude im *Augenblick*. [25]

Am heutigen Tage einen Brief erhalten von Barbeck. [26]

d. 24. April.
Wie ist es mit Blumendüften? Entwickeln sie sich fortwährend aus den Blumen, oder ist ihre Dauer an einen Augenblick geknüpft. Unter Dauer verstehe ich hier natürlich den höchsten Grad geistigen Gehalts. [27]

d. 27. April.
Nicht zu vergessen: Zitterlein, *dramatisch*. Vielleicht nach: der Liebhaber, der sich für den Teufel hält. [28]

Gestern war ich in einem Hause, wo kleine Kinder waren. Das eine kleine Ding war sehr unruhig, aber sogleich still, wenn die Rute erschien. In seiner Naivität fragte es:
»Mutter, Rute schon wieder weg!« [29]

d. 4. Mai.
Der Tag vor dem Abschied ist das Kreuz überm Grabe; er trägt die Grabschrift. [30]

d. 6. Mai.
Am gestrigen Tage habe ich Elisens Haus wieder verlassen. Ich habe wohl Ursache, den 6 Wochen, die ich bei ihr verlebt habe, ein kleines Denkmal zu setzen, denn so wie mir die Güte gleich beim Eintritt entgegenkam, habe ich die Liebe mit fortgenommen. Das Mädchen hängt unendlich an mir; wenn meine künftige Frau die Hälfte für mich empfindet, so bin ich zufrieden. [31]

d. 19. Mai.
Und wenn man denn auch die *bewußte* Unsterblichkeit aufgeben muß – ist es nicht gleichgültig, ob ich weiß, daß ich schon *früher* gelebt habe, wenn ich *jetzt* nur lebe? [32]

Die Seelenwanderung – ein Dieb könnte ehemals Herr der Sachen gewesen sein, die er jetzt stiehlt. [33]

d. 18. Juni.
Solch einen Roman kann ich am Ende noch zugestehen, wo die Situationen ungeheuer sind und eben darum in ganz gewöhnlichen Charakteren das Ungewöhnliche hervorbringen. [34]

d. 1. Juli.
Byron ist eigentlich nichts weniger, als ein Genie. Dasjenige was einer eigenen Weltanschauung gleicht, ist eine bloße bizarre Richtung seiner Phantasie, die sich aus den Verhältnissen, in welchen er lebte, sehr wohl erklären läßt. Er wäre vermutlich kein so großer Dichter geworden, wenn er kein so großer Sünder gewesen wäre. [35]

Ob Luther am Ende ein so strenger Orthodox war, als er gewesen zu sein scheint? Ich habe keine anderen Gründe für meine Meinung, als solche, die aus der Natur des menschlichen Geistes hergenommen sind, aber es will mir vorkommen, als ob der Genius niemals Knecht seines Zeitalters sein könne. Luther berücksichtigte vielleicht bloß sein Zeitalter, er setzte den Menschen, die bei dem Anblick der Unermeßlichkeit schwindelten, einen starken Pfeiler hin, damit sie sich daran festhalten mögten, wenn er gleich weit entfernt war, die Anbetung des Pfeilers zu verlangen. Eben aber, weil er die *Notwendigkeit* der positiven Religion eingesehen hatte, kämpfte er für willkürliche Dogmen, als ob es für den Himmel selbst gewesen wäre. [36]

d. 5. Juli.
Unruhen in Kopenhagen mögen eine Revolution in Dänemark vorbereiten. Trete diese ein, *wann* sie will: ihre Geschichte ist schon vor ihrer Existenz zu schreiben. Sie wird weniger blutig,

aber förderlicher und erfolgreicher fürs Land werden, als je eine gewesen ist. Der Däne und Holsteiner wird nicht als Masse handeln; das Verhältnis, in welchem er zu seinen Beamten steht, bestimmt alles. Er sucht bei seinem Vorgesetzten nicht bloß die Mittel, zu seinem Recht zu gelangen, er sucht bei ihm die Erklärung dieses Rechts selbst. Dies ist selbst bei Beamten von schlechtem Ruf der Fall, man verachtet seinen Charakter, aber man ehrt seine Intelligenz. Daher werden die Beamten (wenn auch wider Willen) als Führer wirken, und wenn sie auch den Thron nicht aufrecht erhalten können, die Ordnung werden sie aufrecht erhalten. Wehe ihnen, wenn sie ihre Stellung nicht begreifen sollten! [37]

Spaziergang d. 6. Juli 1835.
Wenn man die Menschen am Abend ihr Butterbrot essen sieht, so kann die Bemühung, das Leben zu erklären, sehr lächerlich erscheinen. Butter und Brot erklären alles. [38]

Das Ideal. Es gibt keins, als die verschwundene Realität der Vergangenheit. [39]

Nichts ist erklärlicher, als daß Schillers Schule sich nicht halten konnte; eben weil seine ungeheure Subjektivität, die eine ganze Welt von philosophischen Ideen in sich aufgenommen hatte, erforderlich war, um seine Gedichte vortrefflich zu machen. [40]

Ich quälte mich ehemals lange, wenn ich zuweilen Gedichte las, denen ich Gedanken-Inhalt nicht absprechen konnte, von denen mir aber doch ein inneres Gefühl sagte, daß sie *nicht* poetisch seien. Ich fühle noch, daß ich über diesen Gegenstand klarer denke, als spreche; wenn ich aber den Unterschied, der mir obschwebt, angeben soll, so muß ich ihn darin setzen, daß der Dichter seine Gedanken durch Gefühlsanschauung, der Denker durch seinen Verstand erlangt. [41]

Das mit der Meisterschaft verbundene Imperatorische, was wir z.B. bei Goethe finden, beruht vielleicht darin, daß der Geschmack Gefühlssache ist, daß der Beweis dafür, daß der Meister recht habe, nur durch den Gegner, welchem jenes Gefühl aufgehen muß, geführt werden kann. [42]

d. 7. Juli.

Ich befinde mich in einer gräßlichen Stimmung, denn nie habe ich lebendiger gefühlt, daß es zuweilen in beschränkten Verhältnissen Pflicht sein kann, den Charakter dadurch zu zeigen, daß man ihn *selbst* aufgibt. Die Doktorin Sch. [oppe] ersuchte mich am gestrigen Abend, einen Aufsatz, den sie gegen einen hiesigen Buchdrucker geschrieben hat, zu unterschreiben. Der Antrag war mir in tiefster Seele zuwider, aus Gründen, die leicht zu begreifen sind. Ich sollte das Publikum mit meinem Namen betrügen, insoferne ich ihm statt *meiner* Ansicht über die streitige Sache, die es verlangen konnte und erwarten mußte, die *eigene* Ansicht der beleidigten Partei unterschob; ich sollte mir über einen Gegenstand, der durchaus auf faktischen Umständen beruhte, den also nur derjenige, der diese erlebt hatte, kennen konnte, ein Urteil anmaßen und mich dadurch in den Augen jedes Verständigen lächerlich und unangenehm machen; ich sollte dies alles tun, ohne der Doktorin wirklich zu nützen, da jeder, der mich kennt, auch um mein Verhältnis zu ihr weiß und daher in ihr nur die rücksichtslose Käuferin meines Ichs, in mir den elenden oder wenigstens leichtsinnigen Verkäufer meines Selbsts sehen mußte. Ich habe es getan, denn ich durfte annehmen, daß die Doktorin mich bei ihrer edlen Gesinnung nie in diesen Fall gesetzt haben würde, wenn sie ihn gehörig durchschaut hätte, daß sie mich aber für unzuverlässig und undankbar halten werde, wenn ich Bedenken trüge; jeder Versuch, sie zu überzeugen, hätte ihr feig und erbärmlich vorkommen müssen. [43]

d. 11. Juli.

Als ich heute morgen hörte, daß der Kronprinz von Preußen von der Stadt Hamburg mit Kanonenschüssen empfangen würde, lag mir doch wirklich die Frage nah: haben sie denn auf ihn geschossen? [44]

Es ist eine alte Sache, daß die Feuersteine zerschlagen werden müssen, wenn sie Feuer geben sollen. [45]

Das ist das Unterscheidendste der jetzigen Zeit gegen die frühere, daß jetzt nur die *Masse* und ehemals nur der bedeutende *Einzelne* lebte. [46]

Soeben gaben ich und Alberti uns die Hand darauf, daß, wenn wir in den nächsten 8 Tagen 200 Spezies finden sollten, wir davon 2 zu einer Lustreise zum Pferderennen in Wandsbeck anwenden wollen. [47]

Heute abend kam Elise endlich von ihrer Reise zurück. Es ist merkwürdig, wie die Frauen, die am Mann doch nur eben das lieben, was ihrer Natur gerade entgegengesetzt ist, ihn doch so gerne zu dem machen wollen, was sie selbst sind; sie sind Göttinnen, die nur seine Sünden *vergöttern* und ihm diese Sünden dennoch *nie* vergeben. Sie will mein Tagebuch sehen und ich hab es ihr versprochen. Sie wird sich wundern, daß ich nur wenig über sie niedergeschrieben habe; aber sie wird sich nicht mehr wundern, wenn sie sieht, daß ich über Alberti kein Wort niedergeschrieben. [48]

d. 14. Juli 1835.
Warum haben Schillers Gedichte hauptsächlich für die *Jugend* so hohen Reiz? Weil dem Knaben und Jüngling die Philosophie darin als ein *Unbekanntes* und *Bestimmtes* darin entgegentritt, was sie später beides nicht mehr ist. [49]

Menschliche Verhältnisse haben nur so lange Peinliches für mich, als ich sie nicht durchschaut, als ich nicht erkannt habe, daß sie auf der Natur basiert sind. [50]

Wie natürlich muß es einem Greise sein, ein Kind, das er spielen sieht, zu ermorden; er muß sich vorkommen, als ob er der aufopfernde Heiland des Kindes sein müßte. [51]

Es gibt im Leben keine Fläche, nur Tiefe, keine Tiefe, nur Untiefe [52]

Wen ein großes Schicksal zugrunde richtet, ist klein, wen ein kleines vernichtet, der kann groß sein. [53]

15. Juli.

Über mich und Alberti, unser Stilleben betreffend

Es wird nur zuweilen, d.h. alle 4 Wochen einmal, durch einen Faustschlag auf den Tisch unterbrochen, wenn nämlich einer den Vorwurf des andern, daß er empfindlich sei, zu widerlegen sucht. Dann erfüllen wir redlich die höchsten Freundespflichten, insoferne wir uns auf unsere gegenseitigen Fehler aufmerksam machen, und wirklich entsteht in der Sympathie unserer Herzen ein großer Riß, so daß ein großes Glück für uns ist, daß wir keinen Bedienten haben, der unsern Tee macht; kommt die Zeit heran, daß dieser gemacht werden soll, so müssen wir schon über das Heruntertragen konsultieren und dies bringt die Versöhnung. [54]

Die Unbehaglichkeit des Menschen während geistiger Revolutionen ist, wie die Kränklichkeit seines Körpers beim Wachsen. Zunehmen, wie Abnehmen, ist Tod (des Bestehenden). [55]

Habe die Idee zu einer neuen Novelle (Zitterlein wird ausgeführt!!!!) gefaßt: der Blutmann. Ein Mensch, der nur Blut – morden will pp.
1. Gibt er jemanden die Hand, so hält er sie fest, fest.
2. Als er ein Mädchen küßte, biß er sie.
3. Alle Tiere tötet er – –
4. Sein Hineinblicken in einen Eimer mit Blut.
5. »Ich mögte mich selbst ermorden, um nur Blut zu sehen.«
[56]

d. 16. Juli.
Nicht zu vergessen: Kritik über Oehlenschläger. (Eine Danksagung!!!!!) [57]

Weil ich sie einmal erinnere, will ich sie auch einmal niederschreiben, eine hübsche Geschichte nämlich. Jenes Mädchen, das ich schreien hörte, das ich aus den aufgedrungenen Umarmungen eines Mannes errettete, das mir nachher selbst um den Hals fiel, und mir sagte, es ist ja nicht um das bißchen Arbeit, sondern um mein Kleid, welches so schmutzig wird. Ich glaubte, eine Unschuld zu retten und rettete – einen Unterrock. [58]

»Sie ist die *erste Tugend* am Theater«, sagte ein Hamb. Logensteher über eine sittsame Schauspielerin. [59]

Raupach ist *gewiß* ein Jude, denn er handelt mit der Poesie und gibt nicht zu *viel* fürs Geld. [60]

Der Dukate, den man Woche um Woche in der Tasche trägt. [61]

Das Mädchen wird von ihrem Liebhaber besucht, wie er klopft, glaubt sie ein Gespenst zu hören, weckt die Herrschaft, macht Lärm pp. [62]

Jener Vormund, der seinem Mündling sagt: willst du den Drittel verhuren, sollst du ihn haben, sonst nicht! [63]

Gehlsens und Barbecks Bestrebungen nach Unsterblichkeit. [64]

Gehlsen, der sich besaufen muß, weil er ein Buch über Mäßigkeit gelesen hatte. [65]

Ich kann mir keinen Gott denken, der spricht. [66]

So wie der Physiologe nur durch die Anatomie des Tiers die Konstruktion des Menschen erfaßt hat, so sollte auch der Psycholog mit dem Tiere anfangen und durch die an diesem beobachteten geistigen Erscheinungen zum Menschen hinaufsteigen. [67]

(aus einer Rezension von mir)
Wenn man annimmt, daß das Tier durchaus unfähig ist, in diejenige Welt, welche wir die geistige nennen, einen Blick zu tun, so muß man dieses schon einzig und allein aus dem Mangel der Sprache, die dem Tiere fehlt, schließen, da es uns schwer fallen dürfte, nachzuweisen, daß gerade alles, was es tut, ohne Unterschied, auf Befriedigung seiner uns *bekannten* Bedürfnisse gerichtet sei; wie viel jenem Schluß aber zur Evidenz fehlt, bedarf nicht der Erwähnung. Höhere geistige Kräfte ohne ein ihnen entspre-

chendes körperliches Medium der Mitteilung sind gewiß denkbar; unsere Sprache deutet eher auf einen *Mangel* unseres Ichs, als auf einen Vorzug desselben hin, indem sie uns nur als ein Mittel der Erweiterung und Läuterung unserer Ideen (deren immerwährende Modifikationen ohne Grund und Haltung uns etwas weniger Vertrauen auf den *Gehalt* und namentlich auf die Dauerhaftigkeit, vulgo Unsterblichkeit, unseres Wesens einflößen sollten) durch Besprechung mit unseresgleichen gegeben ist; hätten wir *absolute* Begriffe, so würde sie uns sehr entbehrlich, mithin von der haushälterischen Natur auch wohl nicht gegeben sein, und ich sehe nicht ab, warum die Tiere diese nicht sollten haben *können*. Auch könnte dieses ja ein solches Medium, wie wir an ihm zu vermissen glauben, immer *besitzen* und die *Wahrnehmung* desselben nur außerhalb unseres Kreises liegen; unsere gerühmte Herrschaft über das Tier liefe dann darauf hinaus, daß wir für seine irdische Existenz das wären, was Stürme und Wasserfluten für uns sind. Jedenfalls können wir über dasselbe nur *dies* mit Bestimmtheit wissen, daß es mit uns nicht auf *gleicher* Stufe steht; ob aber höher oder tiefer, lassen wir unentschieden, denk ich. [68]

Mein Tagebuch
1835 [69]

Heft 2 [70]

Folgt daraus, daß der Teufel umhergeht, wie ein brüllender Löwe, daß jeder Löwe ein Teufel sei? [71]

d. 23. Juli.

Die Offenbarung Gottes in der Bibel folgt nicht einmal aus *christlichen* Begriffen. Wenn er sich offenbaren wollte, so hätte er vermöge seiner Liebe, die es ihm nicht erlaubte, die Menschen irrezuführen, und vermöge seiner Allmacht, die es ihm möglich machte, ein Buch liefern müssen, welches über alle Mißdeutung erhaben war und von jedem, wie er selbst, erfaßt werden konnte. So hat er sich z. B. in der Natur ausgesprochen, die von jedem verstanden wird. [72]

Warum *schrieb* Christus nicht, wenn er die Evangelien wollte?
[73]

d. 27 Juli.
Der Hauptbeweis gegen das Dasein Gottes ist, daß uns das absolute Gefühl unserer Unsterblichkeit fehlt. Wir könnten es haben, denn das Christentum ist diktatorisch und verbietet den Selbstmord; was die Theologie höchstens anführen könnte, wäre: »die Wirkung der *Sehnsucht* würde den Menschen aufreiben.[«]
[74]

Gespräch
Ich. Mir fehlt das absolute Bewußtsein meiner Unsterblichkeit.
L. Es ist vielleicht nicht möglich ohne den vollständigen Begriff der Gottheit, und diesen kann er, da der Mensch so groß ist, wie sein Begriff, nicht haben.
Ich. Ich leugne, daß beide Begriffe in so innigem Zusammenhange stehen. Ich habe z.B. den absoluten Begriff meines Ichs, ohne den absoluten Begriff der Gottheit. Da nun aber das Bewußtsein der Unsterblichkeit diesem Begriff nur in Hinsicht der Ausdehnung etwas hinzufügt, so bleibt er derselbe, pp. Sogar das Christentum spricht an keiner Stelle aus, daß wir jenen Begriff nicht haben *könnten*, sondern nur auf indirekte Weise, daß wir ihn nicht *haben*, wenn Christus nämlich sagt: glaubet, so werdet ihr selig werden. (Diese Seligkeit, um in Christus den Philosophen zu retten, könnte vielleicht bloß Bezug auf die Erde haben.) Das Christentum ist (dies muß selbst der Theologe zugeben, da Christus, der Bibel nach, im Himmel nicht mehr Mittler zwischen Gott und den Menschen, sondern Gott selbst ist, diese dort also keiner Vermittlung mehr bedürfen) *nur* Surrogat; der Glaube, der auf die Autorität Christi gesetzt ist, ist kein unmittelbarer, sondern ein mittelbarer Glaube; er ist die Frucht des Gefühls menschlicher Unzulänglichkeit und des Vertrauens auf Christum. Das Christentum ist daher wohl subjektiv ersprießlich, aber nicht objektiv notwendig; objektiv notwendig wäre es nur, wenn sowohl die Schranken menschlicher Kraft, als menschlicher Erkenntnis erwiesen wären; diese ließen sich nur durch Auffindung einer Idee beweisen, für deren Auffassung der Mensch all sein geistiges Vermögen aufbieten müßte pp. [75]

d. 29 Juli.

Ein Beweis für das innige Zusammenhängen des Körpers mit dem Geist ist vielleicht aus dem Unterschied der beiden Geschlechter, der sich so erweislich auf den Unterschied des Körpers basiert, herzunehmen. Manche geistige Fähigkeiten des Mannes fehlen dem Weibe ganz und gar, bloß weil sie dem Körper fehlen, z.B. Mut, Tapferkeit; einzelne Ausnahmen entscheiden nichts. (weiter zu entwickeln.) [76]

Gott ist der Inbegriff aller Kraft, physischer, wie psychischer. Er hat mithin *sinnliche Begierden*. Merkwürdiges Zusammentreffen beider Kräfte in höchster Potenz: der Geist *selig* in Hervorbringung der Ideen, der Körper in Hervorbringung der *Körper*, denn die Idee ist dem Geist synonym. [77]

Die alten Acht-Erklärungen der Kaiser von Deutschland hoben eigentlich, statt ein Akt der Gerechtigkeitspflege zu sein, alles Recht auf. In dem Augenblick, wo ein Mensch außer dem Gesetz erklärt wird, wird ihm seine natürliche Freiheit zurückgegeben; gegen den Staat, der ihn nicht mehr als sein Mitglied anerkennt, hat er auch nicht mehr die Pflichten eines Mitgliedes. Er befindet sich ganz im rohen Naturzustande und jeder einzelne mag ihn betrachten, wie ein wildes Tier, an dem er sich nicht allein deswegen vergreifen darf, wenn es ihm geschadet hat, sondern auch deswegen, weil es ihm schaden *kann;* nur der Staat selbst, als Gesamtheit, hat kein Recht der Strafe, denn durch das Hinausstoßen aus seiner Mitte hat er den Menschen selbst dispensiert von den Gesetzen, die nur Kraft für den haben, der auch ihre Vorteile genießt. [78]

Religion ist die höchste Eitelkeit. [79]

d. 30 Juli 1835.

Außer den auf Gefühlen basierten Begriffen gibt es noch gewisse *Grund*begriffe, die der Seele angeboren sein müssen und die man ebensowenig, wie das Wesen der Seele selbst definieren kann. Zu diesen Grundbegriffen gehören namentlich die Begriffe von Raum und Zeit. Aus diesen läßt sich daher auch nie etwas beweisen. Vielleicht lassen sie sich aus der Bemerkung des körperlichen Wachsens erklären, woraus die Begriffe von Höhe und Veränderung entstehen. [80]

Aus den Wirkungen des *Genies* auf Gott zu schließen [81]

An Sie; damals als ich Federn für sie schnitt. [82]

Wenn Seele und Leib keinen gemeinsamen Punkt hätten, wovon sie ausgehen, wie könnten sie zusammen ausdauern? Anziehungskraft ist doch die allgemeinste Kraft der Welt. [83]

»Ich bin hier angelaufen,
Ich armer Mann!«
Ja du bist angelaufen,
Wie – Eisen kann! [84]

Der Maler *Hörup* aus *Eutin*, der mich eingeladen hat, als ich ihn bei Albrecht sah. [85]

1 Aug.
Gedanken sind *Körper* der Geisterwelt, bestimmte Abgrenzungen des geistigen Lichts, die *nicht* vergehen, da sie übergehen in die Erkenntnis des Menschen. Merkwürdige Übereinstimmung der äußeren und inneren Natur! [86]

Meine erste Erzählung: Zitterlein, angef: d. 27. Juni, beendigt d. 1. Aug: [87]

Augen, die für nichts und wieder nichts glühen. [88]

Es läßt sich wohl eine Abgrenzung, nicht aber eine Vollendung des Goetheschen Fausts denken. Wenn der Faust vollendet werden sollte, müßte zuvor die Philosophie vollendet werden. [89]

aus einer Kritik
– aufmerksam darauf machen, daß, wenn die Seele wirklich nur durch Zufall in den unwirtlichen Körper verschlagen sein

sollte, sie bei der *geringen* Anziehungskraft der sie einschließenden, ihrem Wesen direkt widerstrebenden und entgegengesetzten materiellen Massen sich der sie allenthalben als Gottheit umgebenden, nicht durch Raum und Zeit, also auch durch den Körper nicht gefesselten, rein geistigen Kraft, von welcher sie ausgeht und zu welcher sie zurückkehrt, weit mehr zuwenden müßte, als bis dato geschieht; ich will nur darauf hindeuten, daß die Vergänglichkeit der Seele, wenn man sie auch als einen Ausfluß des Körpers, der nicht unabhängig für sich besteht, betrachtet, dennoch noch nicht bewiesen ist. Gerade die Seele könnte der Todeskeim des Körpers sein (die Materie könnte sie erzeugen durch Begattung, woran bei manchen Tieren der unmittelbare Tod geknüpft ist; dies NB.) und, indem sie alles Leben desselben in sich konzentriert, ihn zur ausgeglühten Muschel machen; warum aber das Sublimat einer *materiellen* Kraftmasse nicht als *Ganzes* sollte fortbestehen können, warum es mit dem Stoff, aus welchem es hervorging, sollte vergehen müssen, sehe ich nicht ab. [90]

Herr Ahrens, cand: theolog: Rosenhof, bei Herrn Sagar, bei Oldenburg im Holsteinischen. [91]

An die Redaktion | des Morgenblatts | in | *Stuttgart*.
Im Anschluß bin ich so frei, einer verehrlichen Redaktion einige Gedichte zur gefälligen Benutzung für das Morgenblatt zu übersenden. Hiemit verbinde ich die Vorfrage, ob Sie mir verstatten wollen, eine Sendung dieser Art zu wiederholen, und ob Sie etwa auch von Erzählungen und anderen prosaischen Arbeiten aus meiner Feder Gebrauch machen können. Ich hoffe, daß Sie mich hierüber in einigen durch Buchhändler-Gelegenheit leicht an mich zu befördernden Zeilen, oder auch, wenn sich dieses mit Ihrem Geschäftsgange nicht vertragen sollte, durch eine kleine Anzeige im Morgenblatte selbst in Kenntnis setzen werden; für den Fall, daß Ihre Antwort meinen Wünschen gemäß ausfiele, werde ich dasselbe Honorar erwarten dürfen, was anderen Mitarbeitern zuteil wird.

Mit vorzügl. Hochachtung ganz ergebenst
Angeschlossen: auf ein schl. Kind; H.
Offenbarung; das Kind; Abendgang. [92]

Der Unterschied zwischen dem Phantasten und dem phantasiereichen Dichter besteht darin, daß jener die abweichenden Erscheinungen der Natur bloß abgerissen und vereinzelt darstellt, während dieser sie auf die Natur zurückführt und erklärt. [93]

Probe einer Buchhändler-Anzeige
König, H. Die Wallfahrt. Eine Novelle. Sauerländer, Frankfurt am Main.

Aus der Niederung eines geheimen Vergehens führt uns die anmutige Erzählung zur Höhe eines Hülfsberges und zum Überblick alles Wallfahrenden auf Erden. pp. [94]

Lassen wir die Toten ruhen, die uns *nimmer ruhen* lassen; meine Brust ist ein Sarg, ich lege das teure Bild hinein und schraube ihn nie wieder auf. Brief an Barb: d. 8. Okt 35. [95]

In dem Augenblick, wo wir uns ein Ideal bilden, entsteht in Gott der Gedanke, es zu schaffen. [96]

Lustige Erinnerung
Ich habe einmal, weil ich ille, illa, illud nicht behalten konnte, auf der Lombardsbrücke gestanden und geflucht: Gott verdamm mich, wär ich nie nach Hamburg gekommen! [97]

Vorrede zum Roman
Gefühl, womit ich ihn schrieb: Novelle eine präzise Geschäftsreise, Roman-Publikum eine dicke Kaffeeschwester pp.

Der Roman ist die heilige Schrift des Lebens. [98]

Das Komische ist die beständige Negation der Natur. [99]

Luther tritt uns als eine so ungeheure Erscheinung entgegen, daß man so lange staunt, bis man bedenkt, was die Hierarchie war und wie der Gedanke einen großen, kräftigen Geist berauschen mußte, auf solch einen Riesenbau den Vernichtungsschlag zu führen. Die Gefahr versteinert Hasen und erzeugt Löwen.
[100]

Reineckens Entschuldigung wegen Lampens Tod:
»Er reizte mich zu sehr, er ging immer vor mir her und war sehr fett.« Heinrich von Alkmar, nach Gottscheds Übersetzung.

[101]

Schillers Don Carlos ist in allen Einzelheiten, nur nicht in der Totalität, anzuerkennen. [102]

Falstaff ist ein Mensch, der nicht allein aus allen Kreisen der Menschheit (der Religion, der Sitten) herausgetreten ist, nein, dem sie völlig fremd geworden sind (dies beweist er dadurch, daß er sie jeden Augenblick in seinen Sophismen gebraucht) und der *wie ein Gott*, außer ihnen steht. [103]

Fuge in der Musik, das beständige Wiederholen eines und desselben Themas aus einer anderen Tonart. [104]

Kontrapunkt ist die *Verwechslung* der Grund-Elemente in der Musik; zu vergleichen mit dem Disput im Gespräch, wo von entgegengesetzten Seiten auf *dasselbe* Ziel zugeschritten wird. (Nicht Definition, aber Surrogat einer Definition.) [105]

d. 19 Oktbr 1835.
Die Hamburger Zensur befiehlt gegenwärtig, daß ihr auch die Auflösung der Rätsel und Charaden vorgelegt werden müssen. Ich denke, dies löst manches Rätsel auf. [106]

Als dem Zensor Hoffmann ein Gedicht von mir: »zum 18 Okt: 1835« vorgelegt wurde, gab er es dem Buchdrucker entrüstet mit den Worten zurück: »wie kann die gute Frau (die Dokt: Schoppe) glauben, daß ich *solche* Gedichte passieren lasse![«]

[107]

d. 24 Oktbr 1835.
Heute – Nichts zu notieren, viel zu behalten. [108]

Der Geschmack einer Nation geht dem Genius nie vorauf, sondern hinkt ihm beständig nach. [109]

Wenn ich meinen Begriff der Kunst aussprechen soll, so mögte ich ihn auf die unbedingte Freiheit des Künstlers basieren und sagen: die Kunst soll das *Leben* in all seinen verschiedenartigen Gestaltungen ergreifen und darstellen. Mit dem bloßen Kopieren ist dies natürlich nicht abgetan, das Leben soll bei dem Künstler etwas anderes, als die Leichenkammer, wo es aufgeputzt und beigesetzt wird, finden. Wir wollen den Punkt sehen, von welchem es ausgeht, und den, wo es als einzelne Welle sich in das Meer allgemeiner Wirkung verliert. Daß diese Wirkung eine gedoppelte sein und sich sowohl nach *innen*, als nach *außen* kehren kann, ist selbstverständlich. Hier ist die Seite, von welcher aus sich eine Parallele zwischen den Erscheinungen des wirklichen Lebens und denen des in der Kunst fixierten ziehen läßt. [110]

Gefühl ist das unmittelbar von innen heraus wirkende Leben. Die Kraft, es zu begrenzen und darzustellen, macht den lyr. Dichter. [111]

Das *Drama* schildert den *Gedanken*, der *Tat* werden will durch *Handeln* oder *Dulden*. [112]

Die Größe des Weibes blüht überm Abgrund und verliert in dem Augenblick ihre Fittige, wo die Erde ihr wieder einen Punkt bietet, den sie fest und sicher beschreiten kann. [113]

– – allein sie (Körners Charaktere) sind nun einmal, wie alle Geschöpfe des bloßen Talents, Pfeile, die von einer gewissen Sehne ab, einem gewissen Ziele zufliegen und daher nur nach ihrer Abweichung von dieser ihrer Bahn beurteilt werden können. Hierin ist auch der Unterschied zwischen Goethes und Schillers Char. zu suchen. Schillers Charakt: sind – um mich eines Wortspiels, was hier einmal das Richtige ausdrückt, zu bedienen – dadurch schön, daß sie gehalten sind, Goethes dadurch, daß sie *nicht* gehalten sind. Sch. zeichnet den Menschen, der in seiner Kraft *abgeschlossen* ist und nun, wie ein Erz, durch die Verhältnisse *erprobt* wird, deswegen war er im *historischen Drama* groß. Goethe zeichnet die unendlichen Schöpfungen des Augenblicks, die ewigen Modifikationen des Menschen durch jeden Schritt, den er tut, dies ist das Zeichen des Genies. [114]

Jede Verzerrung der Natur hat, weil sie von Gesetzen, die ewig und notwendig sind, abweicht, ohne als ein eigentümlich konstruiertes Ganze in der Unendlichkeit dazustehen, den Anstrich des *Ungereimten*, mithin *Lächerlichen*, wogegen nur diejenige Verzerrung komisch ist, deren Abweichungen Konsistenz in sich haben, die also zeigt, daß sie in sich selbst begründet ist. Nur das Komische darf des Dichters Vorwurf sein, denn er darf sich nie an die abgesonderte vereinzelte Ersch.[einung] halten, wenn er nicht deren Zusammenhang mit dem Allgemeinen nachweisen kann, wenn sie nicht ein Fenster zur Brust der Natur für ihn ist.
[115]

gebaren für *gebärden*, Immermanns Kaiser Friedrich der 2te pag. 75. [116]

Nicht, was wesentlich der menschlichen Natur *entspricht*, sondern was ihr scheinbar *widerspricht*, gehört ins Lustspiel.   Börne.
[117]

Humor ist Erkenntnis der Anomalien. [118]

Die einsame Sonne, das einsame Meer. Sonne, flutest und wogst du ebenso mit deinen Flammen, wie unten das Meer? Die einsame Katze darunter. [119]

Warum liebt der Mensch in der Regel das Nebelhafte, Dämmernde mehr, als den hellen Tag. Glaubt er vielleicht in der Klarheit einen nur noch *dichteren* Schleier zu sehen, der den eigentl. Gegenstand so verdeckt, daß es aussieht, als ob er selbst der Gegenstand wäre. [120]

Wie ist Tod, der nicht *unmittelbar endet*, möglich, da das Leben *unteilbar* und jedes Ingredienz zum Fortbestehen notwendig ist? [121]

Glaube ist nicht dunkle, sondern vielmehr hellste, Wirksamkeit des Geistes, er umklammert mit Sicherheit das außer dem Kreis der Sinne liegende Verwandte. [122]

Die Eifersucht nimmt zu, wie die Schönheit abnimmt. [123]

Gravenhorst: in der Bibel sind schöne poetische Stellen.
Vogt: Poetisch find ich die Bibel nicht. [124]

Jenisch: Ich und mein Bruder haben viel Geld.
Derselbe: (als er die Gedichte besieht:) Hübsche Handschrift!
[125]

Aufgabe aller Kunst ist Darstellung des Lebens, d.h. Veranschaulichung des Unendlichen an der singulären Erscheinung. Dies erzielt sie durch Ergreifung der für eine Individualität oder einen Zustand derselben bedeutenden Momente. [126]

Der Mensch *ist*, was er *denkt*. [127]

> Götter zu entzücken, mag gelingen,
> Schweine wirst du nicht zum Weinen bringen. [128]

Zwei Schädel, einander vermöge des bloßen Gesetzes physischer Schwere, einander entgegenrollend und zusammenstoßend, haben etwas Grauenhaft-Entsetzliches. [129]

Jean Paul meint, daß die reine Musik ohne Text nichts *Unmoralisches* darzustellen vermöge. (Titan) [130]

Ein mit dem Gesicht zuerst in die Welt tretendes Kind kann nachher den Kopf nicht vorwärts beugen. (Titan) [131]

Tempestiarii oder Wettermacher hießen im Mittelalter die Hexenmeister, welche Ungewitter erregen konnten. (Titan)
[132]

Das Selbstertönen ist in Migräne und andern Krankheiten der Schwäche häufig, z.B. in Jakob Böhme beim Sterben. (Titan)
[133]

[1836]

Erinnerungen aus der Kindheit

Bis in mein 14tes Jahr habe ich, obwohl ich Verse machte, keine Ahnung gehabt, daß ich für die Poesie bestimmt sein könne. Sie stand mir bis dahin als ein Ungeheures vor der Seele, und eher würde ich es meinen körperlichen Kräften zugemutet haben, eine Alp zu erklimmen, als meinen geistigen, mit einem Dichter zu wetteifern, obwohl mich beides reizte. Ich stand in einem Verhältnis zur Poesie, wie zu meinem Gott, von dem ich wußte, daß ich ihn in mich aufnehmen, aber ihn nicht erreichen könne. Deutlich erinnere ich mich übrigens noch der Stunde, in welcher ich die Poesie in ihrem eigentümlichsten Wesen und ihrer tiefsten Bedeutung zum erstenmal ahnte. Ich mußte meiner Mutter immer aus einem alten Abendsegenbuch den Abendsegen vorlesen, der gewöhnlich mit einem geistlichen Liede schloß. Da las ich eines Abends das Lied von Paul Gerhard, worin der schöne Vers:

»Die goldnen Sternlein prangen
Am blauen Himmelssaal«

vorkommt. Dies Lied, vorzüglich aber dieser Vers, ergriff mich gewaltig, ich wiederholte es zum Erstaunen meiner Mutter in tiefster Rührung gewiß 10 Mal. Damals stand der Naturgeist mit seiner Wünschelrute über meiner jugendlichen Seele, die Metall-Adern sprangen, und sie erwachte wenigstens aus einem Schlaf. 1 Jan: 1836. [134]

Ich halte es für gar kein untrügliches Zeichen innerer Nichtigkeit, wenn ein Mensch bis ins 20ste Jahr hinein schlechtes Zeug schreibt, aber für ein unfehlbares, wenn er sich in seinen Jämmerlichkeiten gefällt. Selbst dann, wenn er noch nicht zur Produktion gediegener Gedichte oder Aufsätze vorgedrungen ist, wird der tüchtige Geist, der überhaupt in diesem Zustande mit jeder Woche eine neue Periode abschließt, mit Bestimmtheit ahnen, daß er in dem Hervorgebrachten dem Vortrefflichen nicht nahegekommen sei und es deswegen verwerfen, ja hassen und vernichten, wogegen naturgemäß, der geborne Schwächling seine

Maikäfer sorgfältig aufheben und bei jeder Gelegenheit, sei es nun für sich durch Rezitieren, oder für andere durch Vorlesen, fliegen lassen wird. Bis zu einem gewissen Punkt wird der Schwächling den Gesunden gar zu überholen scheinen, eben, weil er sich nur das Oberflächliche der Form (es gibt auch eine *Tiefe* der Form!) aneignen kann, sich über dieses aber gar leicht zum Herrn macht, während der Tüchtige diese so lange verschmäht, bis der Guß, den sie in sich aufnehmen soll, fertig ist. 3 Jan: 1835. [sic] [135]

d. 5. Jan: 36.

Ich halte es für die größte Pflicht eines Menschen, der überhaupt schreibt, daß er Materialien zu seiner Biographie liefere. Hat er keine geistigen Entdeckungen gemacht und keine fremde Länder erobert, so hat er doch gewiß auf mannigfache Weise *geirrt* und seine *Irrtümer* sind der Menschheit ebenso wichtig, wie des größten Mannes *Wahrheiten*. Darum werde ich von jetzt an dieses Buch zu einem Barometer bestimmen für den jetzigen Jahreszeitenwechsel meiner Seele und zugleich zuweilen den Blick rückwärts kehren, ob ich hie und da einen geistigen Wendepunkt entdecken kann.

Was ich zuerst zu bemerken habe, ist der Tag, an welchem mir Uhland zuerst entgegentrat. Ich las von ihm in einem »Odeum« ein Gedicht: des Sängers Fluch, und war jemals ein Gedicht ein Alp gewesen, der mich erdrückte, so war es dieses. Er führte mich auf einen Gipfel, dessen Höhe ich im ersten Augenblick nur dadurch erkannte, daß mir die Luft zum freien Atmen fehlte. Ich hatte mich bisher bei meinem Nachleiern Schillers – über diesen Lyriker spricht der Umstand das Urteil, daß er dem Menschen in der Jugend nahe steht und bei vorgerückten Jahren ferne, wogegen bei anderen Dichtern das umgekehrte Verhältnis stattfindet – sehr wohl befunden und dem Philosophen manchen Zweifel, dem Ästhetiker manche Schönheitsregel abgelauscht, um Seitenstücke zum Ideal und das Leben und zu anderen Treibhauspflanzen, die es bei erkünstelter Farbe doch nie zu Geruch und Geschmack bringen, zu liefern; von Goethe war mir nur wenig zu Gesicht gekommen, und ich hatte ihn um so mehr etwas geringschätzig behandelt, weil sein Feuer gewissermaßen ein *unterirdisches* ist und weil ich überhaupt glaubte, daß zwischen ihm und Schiller ein Verhältnis, wie etwa zwischen Mahomet und Christus, bestehe; daß sie fast gar nicht miteinander verwandt seien, konnte mir nicht einfallen. Nun führte Uhland mich in die Tiefe einer Menschenbrust und dadurch in die Tiefen der Natur hinein; ich sah, wie er nichts verschmähte – nur das, was ich bisher für das Höchste angesehen hatte, die Reflexion! – wie er ein geistiges Band zwischen sich und allen Dingen aufzufinden wußte, wie er, entfernt von aller Willkür und aller Voraussetzung – ich weiß kein bezeichnenderes Wort – alles, selbst das Wunderbare und das Mystische, auf das Einfach-Menschliche zurückzuführen verstand, wie jedes seiner Gedichte einen *eigentümlichen* Lebenspunkt hatte und dennoch nur durch den Rückblick auf die Totalität des Dichters vollkommen zu verstehen und aufzunehmen war. Dieses reine, harmonische Glockenspiel erfreute mich so lange, bis ich es zu seinem Ursprung zu verfolgen und mir über den Eindruck, den es auf mich hervorgebracht, Rechenschaft zu geben suchte; und nicht, ohne der Verzweiflung, ja, dem Wahnsinn nahe gewesen zu sein, gewann ich das erste Resultat, daß der Dichter nicht in die Natur *hinein*- sondern aus ihr *heraus* dichten müsse. Wie weit ich nun noch von Erfassung des ersten und einzigen Kunstgesetzes, daß sie nämlich an der *singulären Erscheinung* das *Unendliche* veranschaulichen solle, entfernt war, läßt sich nicht berechnen. Ich bedaure, daß die Führung eines Tagebuchs, die ich mir vorgenommen, damals unterblieb; aber, ich mogte nicht wühlen in meinen Wunden und erinnere wenig mehr über jene Periode, als daß ich einen sehr langen und sehr finstern Weg zurückgelegt und das Ziel früher *erreicht*, als *erkannt* habe. Ich habe die Erfahrung gemacht, daß jeder tüchtige Mensch in einem großen Mann untergehen muß, wenn er jemals zur Selbst-Erkenntnis und zum sichern Gebrauch seiner Kräfte gelangen will; ein Prophet tauft den zweiten, und wem diese Feuertaufe das Haar sengt, der war nicht berufen! [136]

Aus einem gewissen Standpunkt betrachtet, hat Börne doch nicht Unrecht, wenn er Goethen seine politische Untätigkeit vorwirft. Er war sicher, auch im Fall der Opposition gegen die Legitimität; ein Angriff auf seine Person hätte vielleicht in

Deutschland keine Revolution erregt, aber die Furcht vor einer solchen Rev. hätte eine Revolution in der Polizei herbeigeführt.

[137]

Die moderne Kunst soll aus der antiken hervorgehen, d.h. nach der Erklärung der Philologen: das Gesicht soll aus dem Steiß hervorgehen. [138]

Das deutsche Volk, so wie ich es kenne, macht es mit seinen Märtyrern, wie Gott es mit Christus machte: es läßt ihn ruhig kreuzigen und bewundert ihn: aus doppelten Gründen; was (denkt es) ist er *vor der Kreuzigung?* [139]

Selbst im Fall einer Revolution würden die Deutschen sich nur *Steuer*freiheit, nie *Gedanken*freiheit zu erkämpfen suchen.

[140]

Es gibt Ungerechtigkeiten, die gerade nur *dieser* Mensch gegen *jenen* begehen und deren Größe der Gekränkte nur dadurch zeigen kann, daß er ebensoviele gegen den andern begeht. In diesem Fall befinde ich mich zu dem Kirchspielvogt Mohr in Wesselburen. [141]

Das Weib gebiert den Menschen nicht einmal, sondern zweimal. Auch die geistige Wiedergeburt durch die Humanität ist ihr Werk. [142]

Das gesellschaftliche Leben in all seinen Nuancen ist kein bloßer Konflux bodenloser Zufälligkeiten; es ist das Produkt der Erfahrung ganzer Jahrtausende und unsere Aufgabe ist, die Richtigkeit dieser Erfahrungen aufzufassen. [143]

Das Leben mit seinen verschiedenen Epochen ist eine Schatzkammer. Wir werden reich in *jedem* Gewölbe beschenkt; *wie* reich, das erkennen wir erst bei dem Eintritt in das *nächste* Gewölbe. [144]

Leidenschaft begeht keine Sünde, nur die *Kälte*. Brich *jede* Blüte, selbst, wenn du sie nicht für ewig ins Wasserglas zu stellen gedenkst, nur *dufte* sie dir! [145]

Der Humor ist *nie* humoristischer, als wenn er sich selbst erklären will. [146]

Der Deutsche hat heutzutage kein anderes Gebet, als: mögten wir bald was auf den Rücken kriegen! [147]

Wenn die Fürsten die Konskription aufhöben und die Werbung einführten – das wär Weltuntergang. [148]

Die griech. *Kunst* stand über der modernen, darum aber nicht der griech. *Künstler*. [149]

Mit dem Bilde des Kaisers Franz von Östreich ist in Frankfurt der Kaisersaal ausgefüllt worden; es ist nicht Platz mehr für ein Kaiserbild. [150]

In Schwetzingen die ungeheuren Kastanienbäume, die um das Schloß herum-quellen; dann die Fontäne, deren hervorspringendes Wasser einen großen Kristallbecher bildete, den die Sonne wunderbar schön beleuchtete. [151]

[Heidelberg]

»Ich saß (aufm Heidelberger Schloß) auf der Terrasse und las Goethes Achilleis; ein Gewitter zog herauf und kündigte sich, wie etwa eine beginnende Schlacht, durch abgemeßne, einzelne Donnerschläge an; der Wind erhub sich und rauschte vor mir in den Bäumen; Regenwolken ergossen in längeren und kürzeren Pausen kalte, dicke Tropfen; von unten schäumte der Neckar zu mir herauf; vor mir sah ich auf einer Bank einen schlafenden Knaben, den Donner, Regen und Wind nicht zu erwecken vermogten und in der Ferne, riesenhaft aufdämmernd, die Rheingebirge.[«] Brief an Brede, 26 Mai 36. [152]

Heute sah ich den Tulpenbaum, himmelhoch, dick und voll mächtiger Äste. Es war mir merkwürdig, wie die Natur zuweilen in so ganz verschiednen Gefäßen, wie z. B. ein kräftiger Baumstamm und ein Blumenstengel, dieselben Säfte kochen läßt.
[153]

Das aus dem Wagen eines Schlachters gehobene schlafende Kalb. [154]

d. 2 Juni 36.
Heute, Fronleichnamsfest, Prozession in der Jesuiten-Kirche. Die Kirche rings mit Laub und Blumen geschmückt, der Haupt-Altar mit tausend Lichtern, hinten durchs Fenster die Morgensonne. Die Gänge, wodurch die Prozession zog, mit Girlanden, von jungen Mädchen getragen, eingefaßt. Ergreifende Ankündigung der Prozession durch Pauken und Trompeten-Geschmetter. Fahnen. Dazwischen, von einem Knaben getragen, ein silberner Christus. Junge Mädchen, von einer erwachsenen Führerin begleitet, weiße Kleider, lächelnde Engelgesichter, gekränzt mit Rosen, rührender Kontrast zwischen dem frischsten Leben und dem vorangetragenen Tod. Knaben. Monstranz unter einem Thronhimmel. Merkwürdiges Pfaffengesicht, welches sich in die Monstranz zu verkriechen schien, wie etwa ein Hund in eine Heiligennische. Grober Unterteil des Gesichts:
Wachskerzen. Viel an den Jesus gedacht. Das alte, schwarze Weib, Gebetbuch und Rosenkranz in der Hand, einen hervorstehenden Zahn im Munde, immer geplappert, gebetet und geneigt. [155]

d. 4. Juni.
All mein Leben und Streben ist jetzt eigentlich nur noch ein Kämpfen für Mutter und Leichenstein. Jene soll nicht darben, wenigstens nicht an Hoffnung – mehr kann ich ihr seit lange schon nicht geben – dieser soll nicht durch hämische Zungen verunglimpft werden. Sonst, wie sie mich drückt, diese hohle, flache Existenz, wie es mich drückt, für eine Last, der ich erliege, auch noch, damit sie mir bleibt, arbeiten zu müssen! [156]

Nur mit Bezug auf sich selbst, auf die innern Konflikte, halte man jenen Grundbegriff notwendiger Verschiedenartigkeit aller individuellen Welt-Anschauung fest. Nach außen hin verfechte man die seinige, das ist Lebensbedürfnis und Lebensbedingung zugleich. [157]

Die Kraft zum Leben fängt immer an, wo die Kraft zum Leben aufhört. Und es ist nicht immer Feigheit, die nicht länger wagt, sich den großen Geheimnissen des Grabes und der Ewigkeit engegenzustellen; es ist auch wohl bloßes Lebensbedürfnis, welches sich in den Gott hineinspielt, um den Menschen durch ein in der Idee sich Angeeignetes zu ergänzen. [158]

Der Jüngling erwählt sich den Irrtum zum Liebchen, das ist schlimm; der Mann erwählt ihn zur Großmutter, das ist schlimmer. [159]

Weil die Deutschen wissen, daß die wilden Tiere frei sind, fürchten sie, durch die Freiheit zu wilden Tieren zu werden. [160]

Nur die nächste Folge einer Tat darf dem Menschen zugerechnet werden; alles andere ist Eigentum der Götter; sie tun, was ihnen gefällt und uns nicht gefällt. [161]

Die Weiber wollen keine Verhältnisse, als ewige. [162]

Neues Recht
Die Richter sind eklektisch,
Die Rechte sind elastisch;
Die Wirkung würde drastisch,
Wär Themis' Arm nicht hektisch. [163]

Unglück zugleich für Welt, wie für Christentum war es, daß die Religion des Orients zum Occident hinüberschritt. [164]

A.'s Mord, weil der Urzustand eingetreten ist. [165]

Gemeiner Menschen Reue verwechselt den Weg mit der Kraft. [166]

Wie oft verwechselt man Einfälle mit Ideen. [167]

Das Recht, als festgestelltes abstractum, berücksichtigt die Kräfte der Menschheit; der Richter berücksichtige die Kraft des

Menschen. Ein Unterschied, so groß, daß strenge Logiker seine Existenz gewiß nicht zugeben werden. [168]

Freier Wille, das Ding, Leben, Natur, Zusammenhang mit der Natur verbergen sich in einem und demselben Abgrund. Dies ist die einzige Frucht langen Grübelns über Unbegreiflichkeiten. Wer die Behaglichkeit, womit die meisten sich mit diesen Sachen abfinden und sie zu erschöpfen glauben, wieder für eine Unbegreiflichkeit hält, der sehe einen Pastor bei Tisch, der über seinen Gott spricht und sich nebenbei betrinkt. [169]

Die Natur – man darfs in guter Gesellschaft freilich nicht sagen – spricht sich in höchster Naivität in einem Hund aus, der eine Petze, die, bevor er seine Triebe befriedigt hat, ihm fortrennen will, ins Ohr beißt. [170]

In dunkler Nacht bei starkem Regen aus dem Fenster lugen. [171]

Kein Mensch hat mehr Selbstgefühl, als Lebensgefühl. [172]

Über Jean Paul ins klare kommen, heißt über den Nebel ins klare kommen. Man sieht entweder nichts *vorm* Nebel oder nichts *vom* Nebel. [173]

Die Professorin Gujet, eine kleine, mittelmäßig-dicke Frau mit lebhaften Augen und lüsternem Gesicht, sagt: Liebe besteht bloß im Austausch der Gedanken, alles Körperliche zieht herab. Gegenstück zum naiven Pudel. [174]

Das Christentum schlägt den Menschen tot, damit er nicht sündigen kann, wie jener verrückte Bauer sein Pferd, damit es ihm die Saat nicht zertrete. [175]

Gravenhorst bemerkte sehr recht: die Verschiedenheit alles Äußern am Menschen, des Gesichts, der Glieder, des Organs pp. sollte ihn billig auf den Begriff der Individualität bringen. [176]

Der Abend, als ich in Heidelberg ankam. Im Wirtshaus, wo dunkel und ernsthaft der Heiligenberg ins Fenster ragte, und ich ihn entzückt begrüßte. Der Spaziergang am Neckar, wo ich die ersten Felsen sah. [177]

d. 9 Juni.
Gestern abend die Anna beendet. Zum erstenmal Respekt gehabt vor meinem dramatisch-episch in Erzählungen sich ergießenden Talent. [178]

Oft sieht man in Heidelberg gravitätisch Pferde aus den Häusern schreiten, was prächtig aussieht. [179]

Der kleine, seinen ihm von mir eingeschenkten Kaffee für schlecht haltend, vertauschte ihn mit dem wirklich schlechten des Bruders [?], sagend: der wird ihn nun für gute Ware saufen, und ruft, indem er mit sichtlicher Behaglichkeit das schlechte Gebräu langsam und wollüstig hinunterschlürft: »bei solchen Sachen tut die Einbildung alles!« [180]

Jener Hamburger Arbeitsmann, der, betrunken und von Straßenkot über und über schmutzig, eine Dame im Vorbeitaumeln beschmutzt und als sie, indigniert, ihm zuruft: Schweinigel, sich umkehrt, sie betrachtet und sagt: Ih, schilt mich einen Schweinigel und ist selbst dreckig, wie ein Schwein. [181]

Merkwürdiges Leben des Abends in der Hauptstraße: die erleuchteten Häuser, die Massen Spaziergänger draußen und drüber, als ob er dazugehörte, dunkelblau der Himmel. [182]

d. 14 Juni.
Heute den König Otto von Griechenland gesehen. Hofbediente mit ihren immer gesenkten Häuptern sehen aus, als ob sie schon halb geköpft wären. [183]

Travestie von Herkules am Scheideweg:
Ein alter Esel, den der Treib-Junge am Halfter mit sich fortzuziehen sucht und an dem der junge Esel saugt, und der nun mit größter Ruhe, ohne ein Glied zu rühren, stehenbleibt. [184]

Vom Jünger Johannes heißt es, er bleibe bis zum Jüngsten Gericht. (Schillers Geisterseher) [185]

Merkwürdiges Verhältnis zu einem Menschen, von dem man nicht weiß, ob er lebt oder tot ist. Etwa eine Beschwörungsszene an den Toten, und der Lebende tritt ein. [186]

d. 17 Juni.
Schneidler bemerkte sehr richtig: mag Selbstmord Feigheit sein: Viele kommen vor Feigheit nicht einmal zu dieser Feigheit. [187]

Die Franzosen werden wütend, wenn sie Blut sehen; ein anderes Volk fällt in Ohnmacht. [188]

Wenn einem Philosophen ein *Licht* aufgeht, ists für den anderen immer ein *Schatten*. [189]

[Landschaftskizze]

Die Verbrecher in England verkaufen ihren Leichnam und besaufen sich fürs Geld. [190]

»Was hat ein Student zu tun, wenn ein andrer Student ihn Flegel nennt?« frägt neulich einer den andern. [191]

In der Nacht vom 27 auf d. 28 Juni.
Den Kaiserstuhl erstiegen. Weg übers Schloß, welches aussah, wie abends beim Zudämmern. Dann, in der Mitte des Bergs, der goldene Mond, hinter dem Berg, zwischen den Bäumen mit jedem Schritt hervorwachsend. Oben am Turm das Feuer, die Studenten rings herum. Beim Hinaufsteigen ruft einer: »fort, Köter!« »Gott verdamm mich, wer ist da?« ist die unerwartete Antwort. Der besoffene F. wars, der es sich auf der Treppe bequem gemacht. Oben die Studenten, alle gelagert, wie etwa eine Räuberbande. Bedeutende Helle, im Osten Röte, sonst der Himmel dunkelblau und die Bäume unter uns, die sich nicht unterscheiden ließen, eine *grüne* Fläche, wie eine Flur. Um

³/₄ auf 4 die Sonne, erst klein, wie ein Licht, schnell zunehmend. Kaiserstuhl über der Meeresfläche 1750 Fuß, der Turm 80 Fuß. Dem Aufgang der Sonne geht immer Wind vorher. [192]

In Pepu herrscht der Glaube: Gott starb mit Erschaffung der Welt und steht mit ihrem Untergang wieder auf.
(Leopold Schefer lyr. Werke.) [193]

»Niemand gehört als sittlicher Mensch der Welt an. Diese schönen allgemeinen Forderungen mache jeder an sich selbst, was daran fehlt, berichtige er mit Gott und seinem Herzen und von dem, was an ihm wahr und gut ist, überzeuge er seine Nächsten. Hingegen als das, wozu ihn die Natur besonders gebildet, als Mann von Kraft, Tätigkeit, Geist und Talent, gehört er der Welt. Alles Vorzügliche kann nur für einen unendlichen Kreis arbeiten, und das nehme denn auch die Welt mit Dank an und bilde sich nicht ein, daß sie befugt sei, in irgend einem andern Sinn zu Gericht zu sitzen.[«]
Goethe, Anmerkungen zu Rameaus Neffen. Artikel Rameaus Neffe. [194]

Niemals berechnet die Natur nach ihrer weisen Ökonomie das letzte Produkt eines Vorhandenen auf *näheren* Nutzen; z.B. der Kern der Pflanze wird nicht gegessen. [195]

d. 1 Juli 36.
Meine Poesien aus der ersten Zeit sind unter allem Begriff schlecht, doch enthielten sie – was mich damals ordentlich plagte, da ich daraus den Schluß zog, daß es mir an Phantasie fehle, keinen Unsinn. [196]

Eine poetische Idee läßt sich gar nicht *allegorisch* ausdrücken; Allegorie ist die Ebbe des Verstandes und der Produktionskraft zugleich. [197]

Auf die *Zoll* kommt bei Baukunst unendlich viel an; so hat z.B. der Fuß darum 12 Zoll, weil diese Zahl in 3, 4, 2 und 6 zugleich aufgeht. (nicht eigne Anmerkung.) [198]

Es ist den Leuten nicht immer begreiflich zu machen, daß ein toter Körper aussieht, wie ein lebendiger. [199]

»Sehr schlimm ist es in unsern Tagen, daß jede Kunst, die doch eigentlich nur zuerst für die Lebenden wirken soll, sich, insofern sie tüchtig und der Ewigkeit wert ist, mit der Zeit im Widerspruch befindet und daß der echte Künstler oft einsam in Verzweiflung lebt, indem er überzeugt ist, daß er das besitzt und mitteilen könnte, was die Menschen suchen.[«]
Goethe an Zelter S. 117, Bd. 1. [200]

»Kein Mensch will begreifen, daß die höchste und einzige Operation der Natur und Kunst die *Gestaltung* sei und in der *Gestalt* die *Spezifikation*, damit ein jedes ein Besonderes, Bedeutendes werde, sei und bleibe.[«]
Goethe, daselbst S. 341 Bd. 1. [201]

»Das Technische einer Kunst muß eigentlich in frühen Jahren ordentlich erlernt werden. Regt sich erst der Geist von innen heraus, so muß die Sorge für äußere Darstellung beseitigt sein und wer das schöne Handwerk kennt, wird gestehn, daß es gleichsam dichten hilft, denn es ernährt die Lust und macht den Trieb frei.« Zelter an Goethe, daselbst. [202]

»Legen Sie ja keinen alten Fehler ab, Sie fallen entweder in einen neuen, oder man hält Ihre neue Tugend für einen Fehler.«
Goethe daselbst. [203]

Sch., als Schumann mich verließ, ergriff sogleich sein Licht. Ich sagte: »bleib doch noch.« »Nein – antwortete er – das sähe aus, als zögen wir nun über ihn los, man muß sich da wirklich in acht nehmen!« [204]

Bäcker Cappelhof hinterm Breitengiebl empfiehlt sich mit Torten. [205]

Wie viele Lichter verdankens bloß ihrem Leuchter, daß man sie sieht. [206]

Furcht ist kein Gefühl, es ist der einzige Zustand, der den Menschen aufhebt. [207]

Siehst du einen bedeutenden Mann in einer dir widrigen oder widerlichen Sphäre, so lache nicht ins Fäustchen und denke: ei, welch ein Mensch bin ich; ich habe die Kraft, dort wegzubleiben und jener hat sie nicht einmal! Sondern denke: Jener hat die Kraft, in einer Region zu existieren, die mich erdrücken würde! [208]

Wirf nicht immer weg, was du verwirfst. Bist du was, so hängt all dein Tüchtiges oft mit deinem Fehler zusammen, wie der Baum mit seinem Erdreich. Sei dieses so schlecht, wie es wolle; es muß geduldet werden, des Baumes wegen. [209]

Reue
Wer klug einen Namen dafür erfand,
Der hat den Zustand gewiß nicht gekannt. [210]

Ein Arzt in Mannheim schneidet das gesunde, statt des kranken Beins, ab. [211]

Der Räuberhauptmann Evolia, und wie er zerrissen wurde.
(aus meinem Jugendleben) [212]

Wie ich zum ersten Mal mit meinem Vater aufs Handwerk ausging und mich krank machen sollte. [213]

Eine Abendszene.
Barbeck (kommt mit finstrem Gesicht, setzt sich stillschweigend nieder und bläst die Dampfwolken.
Ich. Was fehlt dir?
B. Ich bewundre deine Phantasie.
Ich. Wieso?
B. Gehlsen, die kleine Kröte, ein Räuberhauptmann! Ein schöner Räuberhauptmann!
Ich. Er bat darum.

B. Wenn einer von uns die Ehre haben soll, so sehe ich nicht ab, warum der Räuberhauptmann nicht Barbeck heißen soll.

Ich. Ich habs ihm schon versprochen.

B. So laß wenigstens irgend einen welschen Räuber Barbeck heißen.

Ich. Meinetwegen. Geh selbst zu Gehlsen und zeichne dich ein ins Manuskript.

Er zeichnete sich ein: *Johann Nicolaus* Barbeck.

      (in ein damaliges Trauerspiel nämlich) [214]

Ein Käfer, der durchs Licht angelockt, heut nacht um 1 Uhr an mein Fenster flog und possierlich daran herumtappte, erinnerte mich, wie lustig menschliche Bestrebungen um Wahrheit und Wahrhaftigkeit dem höheren Geist sein müssen. [215]

  Stets geht das Sichverkriechen schief,
  Das Wort ist leider zu naiv,
  Das sich allein zum Dienst bequemt,
  Daß es, wie Till, den Herrn beschämt! [216]

Jede Nation findet einen Genius, der in ihrem Kostüm die *ganze* Menschheit repräsentiert, die deutsche Goethen. [217]

Faust ist gemeinsame Geburt des gewichtigsten Stoffs und des gewaltigsten Geistes und kann darum nicht zum zweitenmal produziert werden. Das Werk begreifen, heißt seine Unbegreiflichkeit, die es mit jedem Naturwerk gemein hat, erfassen. [218]

Das Prinzip des Lebens und des Gedankens aufzufinden, ist die Rätselfrage der unsterblichen Sphinx. [219]

Und er wünschte sich für manche Stunden ein unruhiges Gewissen, um weniger Langeweile zu haben. [220]

⟨Cornelius wirft mir die Farbentöpfe⟩ [221]

Schwerer, als dankbar zu sein, ist es, die Ansprüche auf Dank nicht zu übertreiben. [222]

Erinnerungen aus der Jugendzeit. Jener 7mal wiederholte Traum, von Gott geschaukelt zu werden. Wie ich, abends im Bett liegend, Gott zu sehen glaubte. Mein Verhältnis zu einigen Wörtern, z. B. d. W. *Rippe*, jetzt noch zu d. W. *klug*. Das Gebet am Krankenbett des Vaters. [223]

Etwas über Religion zu schreiben. Wie in einem Kind Idee Gottes, Christi, eignen Ichs und der Menschheit aufgehen. [224]

Indische Pagoden sind *in* der Erde. (Notre Dame von V. Hugo.) [225]

Unterirdisches Gefängnis, dahin eine Szene: [226]

Ein Mensch, wie er geboren wird, schon aus Kontrakt [?] der Mutter als Frucht ungeheurer Sünde, dem Satan verfallen, in dem nun das höllische Prinzip vorwaltet, der aber, diesem so, wie andre dem guten, trotzend, Gott zu Gefallen lebt pp. Alle höllischen und himmlischen Gewalten, dem Volksaberglauben gemäß, hineinverwickelt. [227]

O, könnt ich mit euch allen, die ihr begraben seid und in eurer Höhle von Staub einem fröhlichen Erwachen entgegenschlaft, könnt ich mit euch im Glauben an euren Erlöser Jesus Christus Brüderschaft machen! [228]

Aus einem Brief an Herrn K[irch]sp[ie]lschreiber Voß.
Juli 1836
Heidelberg liegt ganz eigentümlich am Neckar, einem kleinen, muntern Fluß, zwischen 2 bedeutenden Bergreihen, harmlos und freundlich, wie es sich bei einer so gigantischen Umgebung geziemt; eine Brücke, schlank, wie der Bogen, den eine Schwalbe im Fliegen beschreibt, führt über den Neckar und endigt sich in einem wirklich imposanten Tor. --- --- Die N. 4 bezeichnet die prachtvollen Ruinen des Heidelberger Schlosses, welches, mit unendlicher Kühnheit, eine gewaltige Masse, an den Berg hinaufgebaut, stolz und majestätisch-ernsthaft, auf die Stadt

herabschaut; man muß, wenn man es in seiner ganzen Bedeutung erfassen will, es des Abends im Mondschein, vom Karlsplatz aus, sehen; da hängt es, geheimnisvoll, wie ein Gespenst des Mittelalters, aber überwuchert von üppigster Vegetation der frischesten Gegenwart – ein Geist, der sich mit Laub und Blumen schmückt, herunter; in den auf Mauern und Türmen aufgeschossenen Bäumen säuselt der Nachtwind, und darüber, gleich einer goldenen Krone, funkelt der Sternenkranz. [229]

d. 16 Juli.
Meiner Mutter 2 Fuder Torf versprochen. Die Briefe an Herrn Ksplsch. Voss und Johann, abgesandt den 18 Juli. [230]

Empfindselig statt empfindelnd. Ein Wort von Hamann. Vorschule der Aesthetik. [231]

Der Papst kann nicht sterben. [232]

Kein Künstler ist schlimmer, wie der Architekt gestellt, der selbst für seine Kunst die Mittel von andern holen soll. [233]

Die französische Revolution lehrt eigentlich recht, wie unendlich viel Menschen von Bedeutung, die sich sonst im gemeinen Leben verpuffen, zu jeder Zeit vorhanden sind. Darum darf uns kein Abgrund erschrecken, kein Gipfel verwundern, der unerwartet und plötzlich erscheint oder hervortritt. [234]

Die Gallier ließen ihre Kinder nur mannbar von sich.
(Jean Paul, Vorschule der Ästhetik) [235]

In menschlichen Verhältnissen gibts eigentlich kein juste-milieu. [236]

Du kannst die Menschheit nicht ehren, außer im Menschen. Ehrst du den König und schlägst seinen Boten? [237]

»Die Tiere werden durch ihre Organe unterrichtet!« Eins der größten Worte, die uns unsre Altvordern hinterlassen.
Goethe, Briefw. mit Zelter. [238]

»Uhland – aus der Region, worin dieser waltet, mögte wohl nichts Aufregendes, Tüchtiges, das Menschengeschick Bezwingendes, hervorgehen.« Daselbst. [239]

Drei Momente bei Thibaut: »Eulalia!« »Aber nein, der Polizeidiener ist zart: Schumm ergreift ihn und er hält sich den Topf vors Gesicht!« »Der verfluchte Bauer hält einen Gaul, der frißt Hafer!« »Ich mag den kleinen nicht!« [240]

Der 2te Teil des Faust ist einer mythologischen Prozedur des Geistes entsprossen, aber das Mythologische ist nicht poetisch, denn es hat keine Grenzen und *darf* keine Grenzen haben. [241]

Unendlich-viele Menschen haben nie einen Gedanken gehabt und sehen doch, wie Denker aus; sie sind, wie Kartenspieler: unendliche Kombinationen durch wenige, gegebene Blätter. Solchen Menschen ist nichts begreiflich zu machen. [242]

»Ei, wie die wunderlichen Knaben
    Sich doch possierlich jetzt gebärden:
    Sie wollen Münzwardeine werden,
Weil sie noch nicht gestohlen haben!« [243]

Der Teufel kann nur töten, nicht verwunden. [244]

[»]Die Sucht, ein großer Mann zu werden,
    Macht manchen zum kleinsten Mann auf Erden!
Nicht, wie so mancher, mögt ich, Inschriften aufkratzend, wie ein Antiquitäten-Krämer, oder Phrasen drechselnd, wie ein Alltagspoet, an den unendlichen Schätzen der Kunst (in Italien) vorüberkriechen, oder vorübertrampeln. Erfassen mögt ichs, soweit es menschlichem Geist möglich ist, was gelebt hat in jenen ewigen Meistern, darstellen durchs Wort wenigstens ihre Intention und dem Auge Rechenschaft abnehmen für den Verstand. Dazu aber gehört bei bestem Naturell ernst-unablässiges Studium, anzufangen, sobald man seine Notwendigkeit erkannt hat, fortzusetzen bis an den Tod.« Brief an Wacker, 28 Juli 1836. [245]

Die Perser glauben, daß jedes ausgesprochne Wort zu einem geisterartigen Wesen sich umwandle, welches die Welt unablässig bis an die Pforten des Paradieses durchstreift, bis es zur Tat wird.« Joh. Schopenhauer, Tante, S. 260 T. 1. [246]

»verdonnern. verknurren«. (Ausdruck des Heidelberger Bierkomments.) [247]

»Quelle, im Hause wohnend, unendlich naiv.« [248]

Des Funken Leben im Eis; des Lichts in der Finsternis. [249]

Der Schmerz ist ein *Eigentum*, wie das Glück und die Freude.
[250]

  Das Licht beleuchtet jedes Ding,
    Allein, nicht jedes hat sich zu bedanken! [251]

d. 4 August.
Heute in Munckes physikalischem collegio gewesen und ein »Gebläse« gesehen, wodurch vermittelst einer Gasflamme Eisen, Platine, Quarz, Graphit geschmolzen wurde. Der Quarz sah aus in der ihn umgebenden Flamme, wie eine milchweiße Lichtperle. *Kreide* zerschmilzt am schwersten. Der Famulus mit dem Peter-Jus-Gesicht. [252]

Mittags habe mit Rousseau eine Gemäldegalerie gesehen; darunter von Holbein eine Maria Stuart, ein Gesicht, welches weiß, daß es einer Königin und der schönsten Frau angehört; einen Albrecht Dürer von ihm selbst, sein Gesicht das Inhaltsverzeichnis seiner Leidensgeschichte, worin sich aber deutlich ausspricht, daß es nun nicht schlimmer werden kann; viele Porträts von Lukas Kranach; Venus, Bacchus, Cybele und Amor von Guido Reni; Schülererzeugnisse aus der Rembrandtschen Schule; einiges von Tizian; eine Kopie nach Raffael. An einzelnen Gemälden, deren Meister ich nicht kannte: das Porträt der Frau von Montespan, übermütig-anziehend, ein Weib, worin sich nur ein König zu verlieben herausnimmt; ein Faun, der eine schlafende Nymphe, den Schleier aufhebend, betrachtet, mit Blicken, die sie erwecken könnten, wie ringelnde Feuerflammen, die am Bett hinauflecken; eine Trinkstube aus der niederländischen Schule: zwei sitzen am Tisch, der Wirt steht vor dem Kamin, die Flamme, zwischen seine Beine hindurchfallend, wunderbar alles beleuchtend.

Ein Spiegel war angebracht, damit, wenn eine Dame betrachten will, das *schönste* Bild nicht fehle. [253]

Übrigens war ich ganz, wie Hans in der großen Stadt; es wird mir jetzt deutlicher, wie vor den Kunstwerken, denn ich drechsle Phrasen. [254]

Elektrizität

Elektrische Aale stellen den Pferden in Südamerika nach. Diese »Gymnoten« haben 5–6 Fuß Länge. Sie sind mächtig genug, die stärksten Tiere zu töten, wenn sie ihre nervenreichen Organe auf einmal in günstiger Richtung entladen. – – – Dies ist der wunderbare Kampf der Pferde und Fische. Was unsichtbar die lebendige Waffe dieser Wasserbewohner ist; was, durch die Berührung feuchter und ungleichartiger Teile erweckt, in allen Organen der Tiere und Pflanzen umtreibt, was die weite Himmelsdecke donnernd entflammt, was Eisen an Eisen bindet, und den stillen, wiederkehrenden Gang der leitenden Nadel lenkt; alles, wie die Farbe des geteilten Lichtstrahls, fließt aus *einer* Quelle, alles schmilzt in eine ewige, allverbreitete Kraft zusammen.

Alexander von Humboldt, Ansichten der Natur, Bd. 1 S. 40
[255]

Die Indianer von Xauxa und Heureka verehrten die Hunde göttlich. Auch wurde die Hundsgottheit von den Gläubigen in Substanz *verzehrt!* Derselbe daselbst. [256]

»Was ist das Herrliche der Vorzeit, wenn sich das Nichtige des Tags aufdrängen will, weil es für diesmal das Privilegium hat, gegenwärtig und lebendig zu sein!«
Goethe, Briefwechsel mit Zelter. [257]

»Oehlenschläger!« Er ist einer von den Halben, die sich für ganz halten und für etwas darüber.
Daselbst derselbe. [258]

Wie Natur und Poesie sich in der neuen Zeit vielleicht niemals inniger zusammengefunden haben, wie bei Shakespeare, so die höchste Kultur und Poesie nie inniger als bei Calderon.

Derselbe daselbst. [259]

Es wäre nicht nachzukommen, was *Goldsmith* und *Sterne* gerade im Hauptpunkt der Entwickelung auf mich gewirkt haben. Diese hohe wohlwollende Ironie, diese Billigkeit bei aller Übersicht, diese Sanftmut bei aller Widerwärtigkeit, diese Gleichheit bei allem Wechsel, und wie alle verwandte Tugenden heißen mögen, erzogen mich aufs löblichste, und am Ende sind es denn doch diese Gesinnungen, die uns von allen Irrschritten des Lebens endlich wieder zurückführen. Merkwürdig ist noch hiebei, daß Yorick sich mehr ins Formlose neigt und Goldsmith ganz Form ist, der ich mich denn auch ergab, indes die werten Deutschen sich überzeugt hatten, die Eigenschaft des wahren Humors sei das Formlose. Goethe an Zelter. [260]

Allegorie ist Puppenspiel. Es gibt freilich poetische Ideen, die nur im Bilde aufzufangen, *keine*, die nur darin abzuspiegeln sind.

(eigne Berichtigung) [261]

Wir kämpfen für die Vollkommenheit eines Kunstwerks *in und an sich selbst*; jene denken an dessen Wirkung *nach außen*, um welche sich der wahre Künstler gar nicht bekümmert, sowenig als die Natur, wenn sie einen Löwen oder einen Kolibri hervorbringt. Goethe an Zelter. [262]

Ich habe nun noch eine besondre Qual, daß gute, wohlwollende, verständige Menschen meine Gedichte auslegen wollen und dazu die Spezialissima, wobei und woran sie entstanden seien, zu eigentlichster Einsicht unentbehrlich halten; anstatt, daß sie zufrieden sein sollten, daß ihnen irgend einer das Speziale so ins Allgemeine emporgehoben, damit sie es wieder in ihre eigene Spezialität ohne weiteres aufnehmen können.

Derselbe daselbst. [263]

Was den freilich einigermaßen paradoxen Titel der Vertraulichkeiten aus meinem Leben: *Wahrheit und Dichtung* betrifft, so ward derselbige durch die Erfahrung veranlaßt, daß das Publikum immer an der Wahrhaftigkeit solcher biographischen Versuche einigen Zweifel hege. Diesem zu begegnen bekannte ich mich zu einer Art von Fiktion, gewissermaßen ohne Not, durch einen gewissen Widerspruchsgeist getrieben; denn es war mein ernstestes Bestreben, das eigentliche Grundwahre, das, insofern ich es einsah, in meinem Leben obgewaltet hatte, möglichst darzustellen und auszudrücken. Wenn aber ein solches in späteren Jahren nicht möglich ist, ohne die Rückerinnerung, und also die Einbildungskraft, wirken zu lassen, und man also immer in den Fall kommt, gewissermaßen das dichterische Vermögen auszuüben; so ist es klar, daß man mehr die *Resultate*, und *wie* wir uns das Vergangene *jetzt* denken, als die *Einzelheiten*, wie sie sich *damals* ereigneten, aufstellen und hervorheben werde.

Dieses alles, was dem Erzählenden und der Erzählung angehört, habe ich hier unter dem Worte Dichtung begriffen, um mich des Wahren, dessen ich mir bewußt war, zu meinem Zweck bedienen zu können. Ob ich ihn erreicht habe, überlaß ich dem günstigen Leser zu entscheiden, da denn die Frage sich hervortut: ob das Vorgetragene kongruent sei, ob man daraus den Begriff stufenweiser Ausbildung einer, durch ihre Arbeiten schon bekannten, Persönlichkeit sich zu bilden vermöge?

Goethe an Zelter, Bd. 5, Brief 711. [264]

– das Wasser, vielleicht einst vor Jahrtausenden durch elektrisches Feuer aus luftförmigen Stoffen zusammengeronnen und jetzt unaufhörlich in der Werkstatt der Wolken, wie in den pulsierenden Gefäßen der Tiere und Pflanzen, zersetzt.

Alex. v. Humboldt, Ansichten der Natur. [265]

Abschreiber: Cam. cand. C. Chevalier wohnhaft bei Fuhrmann Fuchs in der Vorstadt. [266]

Die Hirschteller im Vaterhause. [267]

d. 6 August sonntags.
In Schwetzingen gewesen: auf dem Schloßhof Perspektive, wo Kaiserstuhl und Haardt sich grüßen. Sonnenuntergang, korre-

spondierend mit dem Sonnenaufgang aufm Kaiserstuhl [Königsstuhl]: violettblau der Himmel, schwärzlich-blau das kaum zuvor erleuchtete Gewässer des Teichs, an welchem ich bei einer alten, prächtigen Ulme stand, und in welchem die üppigsten Massen vegetabilischen Lebens sich spiegelten, Schwäne darin. Der Kristallbecher. Gedanken an Amerika, wo die Sonne eben aufging. [268]

Im allgemeinen ist die Heidelberger Gegend, dem letzten Punkt des Begriffs nach, trist, wenigstens für mich, denn statt der himmelanstrebenden Berge, die früher die Phantasie auftürmte, drängte sie mir Zwerge entgegen. Eine Ebene, selbst die dithmarsische, hat etwas Unendliches. [269]

Auf Anerkennung des vorhandenen Trefflichen basiert sich eigentlich das ganze Gefühl der Menschheit. [270]

Die Natur wiederholt ewig in weiterer Ausdehnung *denselben* Gedanken; darum ist der Tropfe ein Bild des Meeres. [271]

Wie der Sternenhimmel die Menschenbrust *weit* machen kann, begreif ich nicht; mir löst er das Gefühl der Persönlichkeit auf, ich kann nicht denken, daß die Natur sich die Mühe geben sollte, mein armseliges Ich in seiner Gebrechlichkeit zu erhalten [272]

Die Petri-Kirche in Rom

Bei dem gotischen Gebäude soll das Haus einer Felsenmasse, hier die Felsenmasse dem Hause ähnlich sehen. Die Kirche ist in Form eines Kreuzes gebaut; man muß daher in die Mitte treten, wenn man den Eindruck, den sie gewährt, ganz genießen will; dann wölbt sich in unermeßlicher Höhe nach oben hin die Kuppel und das Gebäude dehnt sich nach den Seiten in unendlicher Länge und Breite aus. Vier Hauptpfeiler, von einem Umfang, daß man sie selbst nicht für Pfeiler, sondern für beträchtliche Gebäude ansehen könnte, tragen die Kuppel; auf dieser ungeheuren Grundlage stützt sich der Gedanke des Baumeisters, ein Pantheon in der Luft zu erheben. Bramante hieß der Baumeister, welcher Papst Julius II diesen kühnen Gedanken vorlegte. Von der alten, durch Konstantin an diesem Platz gegründeten Kirche, blieb die Gruft der Apostel Paulus und Petrus und der Stuhl des heil. Petrus. Zu dem neuen Tempel legte Julius II 1506 den Grund und Bramante errichtete die 4 ungeheuren Pfeiler, bis an die Bogen, auf welchen noch jetzt die Kuppel ruht. Jetzt starben Julius II und der Baumeister. Unter 3 Päpsten ging der Bau langsam fort und dem allumfassenden Genie des Michel Angelo war es vorbehalten, den kühnen Gedanken des ersten Baumeisters nach eigner Bildung und Umschaffung zur Wirklichkeit zu bringen, indem er unter 5 Päpsten selbst an dieser Kirche baute und zu der Fortsetzung des Baus einen Plan hinterließ, der durch ein päpstliches Breve sanktioniert, nach seinem Tode unabänderlich blieb. Unter Sixtus V wurde dann die Kuppel selbst, nach binnen 22 Monaten Tag und Nacht von 600 Menschen fortgesetzter Arbeit aufgestellt durch den Baumeister Della Porta und Fontana nach Mich. Angelos Plan. Karlo Maderno vollendete den Bau im J. 1614, nachdem er 108 J. gedauert hatte, und Bernini fügte den Säulengang hinzu, welcher, dies. Tempels Majestät vorbereitend, den Platz vor demselben mit prachtvollster Einfassung umschließt. (aus Moritz italienischer Reise.) [273]

Eine unterirdische, den Toten geweihte Kirche am Ufer der Tiber, deren Wände mit Totenschädeln von oben bis unten, gräßlich-zierlich geschmückt sind, in deren Wandnischen die zusammengetrockneten Körper einiger unter freiem Himmel gestorbener Armen leibhaftig, noch mit ihren Lumpen bedeckt, Stäbe in den knöchernen Händen haltend, dem Eintretenden fürchterlich entgegengrinsen, und die durch eine transparente Inschrift, worin Jugend, Pracht und Stolz mit Flammenschrift an die Vergänglichkeit alles Irdischen erinnert werden, erleuchtet wird. *Darüber* eine ordentliche Kirche voll von Menschen und Pfaffen; *davor* drei schwarz gekleidete Männer mit großer eherner Büchse, die sie, ernst zu Totenopfern auffordernd, gegen die Ankommenden schütteln. Daselbst. [274]

Was Überlegung verdiente: jene Idee Goethes zum Werther unsrer Zeit. Ein Mensch mit praktischen Fähigkeiten, sich in die Kunst hineinstürzend, Musik, Poesie, Malerei pp. [275]

Pfarrer Schwarzer, Alleestraße, der Leihbibliothek gegenüber. [276]

Der Sohn des Räubers. [277]

Der Mensch in all seinen Verhältnissen zur Welt (als einzelner) Kunst, Wissenschaft, Leben; auf wenigen Blättern zusammenzudrängen. [278]

»Ich bin kein Adler!« sagte der Strauß. Alles bewunderte ihn wegen seiner Bescheidenheit. Er aber machte ein dumm Gesicht, denn er hatte hinzufügen wollen: darum kann ich nicht allein vortrefflich fliegen, sondern auch vortrefflich gehen! [279]

Oft, wenn ich lese, ziehen mir, wie aus weiter Ferne, die ersten Eindrücke wieder vorüber, die in den frühsten Tagen der Kindheit einzelne Wörter und ganze Ausdrücke auf mich gemacht haben. So hatte das Wort Rippe in dem lutherischen Katechismus etwas so Gräßliches für mich, daß ich, sonst gewohnt, meine Bücher zu schonen, das Blatt ausriß, wo es stand. Heute morgen aber empfand ich einmal recht lebhaft wieder, wie die Eigenschaftswörter, insofern sie etwas Schönes und Liebliches ausdrücken, wie Duft und Farbe in jenen Zeiten reinster Empfänglichkeit mich bezauberten. Tulpe. Rose. [280]

d. 6. August.
Mit größtem Genuß die Biographie von Joachim Nettelbeck, Bürger in Kolberg, gelesen. Die tüchtigste Natur, in angemessenen Verhältnissen. Seeleben: das Vorüberfliegen der Schiffe aneinander auf dem ungeheuren Meer. Erkundigungen nach Europa, nach Krieg oder Frieden des Vaterlands pp. Jene Szene mit den rebellierenden Hamburger Schiffern wegen des Kaffee-Schlampampens. [281]

Die Klage ohne Trauer ist mehr noch, als die Trauer ohne Klage, dasjenige, was die Menschenseele, wo sie sie auch hören oder sehen mag, erdrückt. Es ist das Leben selbst, hingestellt in seiner vollen Bedürftigkeit. [282]

Mitten unter den ungeheuersten Kräften, die ihn umbrausen, mit verbundenen Augen allein zu stehen und doch das lösende Zauberwort auf der Lippe zu fühlen, das ist des Menschen schweres Los. Ein Schiffer in der Sturmnacht auf unbekanntem Gewässer. [283]

d. 11 August.

Wenn der Richter einen Bock schießt, schlachtet der Advokat ihn ab. [284]

Heute nachmittag einmal wieder gelebt; Messe, Spaziergang mit Rendtorf von 4 bis 7 Uhr in den Straßen. [285]

Der Jude, ein Genrebild.

1.

(Hitzig zu einem Käufer) Wenn Sie kaufen wollen, so kaufen Sie, sonst – –

(Der Bauer) sich in den Kopf kratzend, geht weg.

Jude (ihm nachrufend) 1 fl 48 Kreuzer.

Bauer. Wie ich gesagt habe.

Jude (abmessend) Nun, so kommen Sie her.

(zu seiner Frau, die mit verlegenem Gesicht sich ihm nähert) Leck mir den A..s.

(zum Gendarmen) Hören Sie, es ist von größter Wichtigkeit –
(zu Käufern) 2 fl (zu Gendarmen) dreimal an *einem* Nachmittag bestohlen zu werden, das ist eine Frechheit (zu seiner Frau) Was suchst du? (zu Gendarmen) Ich bitte Sie, meine Herren, was Sie tun wollen, tun Sies bald!

Gendarme. Können Sie die Leute denn nicht beschreiben, auf die Sie Verdacht haben?

Jude. Ich begreife nicht, wie Sie als vernünftiger Mensch so fragen können!

2.

Der Jude mit freundlichstem Gesicht, über und über in Lächeln getaucht, eine Dame unterhaltend, seine Frau, ihm den Rücken zugekehrt, mürrisch in einer Ecke sitzend, sein kleiner Knabe pfeifend und mit der Elle spielend.

Gewiß haben die Seidentücher sich wieder gefunden. [286]

Auf der Hamburger Anatomie, in den Zeiten der Cholera, erscheint eine Frau, als gerade ihr verstorbener Mann seziert wird, und macht ein Geschrei, man habe ihn ermordet. [287]

Ein junger Kadett steigt, um einem bärtigen Soldaten eine Ohrfeige zu geben, auf einen Stuhl. [288]

Jene Szene: es ist ja nicht um die Sache, sondern um die Kleider. (Wesselburner Markt.) [289]

»Du hast wenig Leute auf deiner Hochzeit!« Doch mehr, als ich gebeten habe. [290]

d. 16 August.
Gestern auf der Messe traf ich einen Tischlergesellen aus Wesselburen, Franz Jakob Böhn, ehemaliger Schulkamerad, der mich heute abend besucht hat und bis 12 Uhr geblieben ist. [291]

Die Gesellen nennen ihren Meister *Schütz* oder *Kenuter*, einen Ort, wo viel gesoffen wird: *Schmierloch*. [292]

Das Leben bietet eben genug, um nicht zu verschmachten, und das ist der Teufel. [293]

Jene Barbiere, die über den *Richelmann*, den sie seziert haben und der als Geripp zu ihren Häupten hängt, schimpfen und spotten, und entsetzt davoneilen, als plötzlich die Knochen auf sie herunterfallen. [294]

Der Prosektor auf der Hamburger Anatomie, der auf einen Erhenkten, der Läuse hatte, erbost ist, die Gebeine, wenn sie ihm in die Hände fallen, naserümpfend, mit dem Ausruf: »Schweinigel!« beiseite wirft, und wenn ein anderer Kadaver ohne Ungeziefer anlangt, sagt: »Das ist doch noch ein ordentlicher, netter Mensch, aber jener Schweinigel – pfui.[«] [295]

Die Doktorin P...w in Hamburg, bloße Kinderfabrik, sich nicht um ihre Kinder und Haushaltung kümmernd, von Vater und älteren Söhnen selbst als bloße Holzpuppe behandelt. [296]

Als ich zum ersten Mal von der Obduktion eines Körpers (des kleinen Knaben Claus Heinrich Ploog) hörte und nachher keinen Speck mehr essen konnte. [297]

Die hirschlederne Hose – schwarze Meer. [298]

Wolfsgeheul ist kein eigentliches Hundegeheul, doch gleicht der Ton dem des treuen Tiers, wenn seine Wachsamkeit durch die Nacht erhöht wird.   Träger. [299]

Das Steckenpferd ist das einzige Pferd, welches über jeden Abgrund trägt. [300]

Wie Gameratte mit d. Arrestanten Karten spielte.
          München! [301]

Redaktoren: Dr. Wolf die bay. Nationalzeitung und Dr. Birch die Flora. [302]

Stachusgarten auf dem Karlsplatz. [303]

Zu essen in der Kraftsuppenanstalt in der Dinersgasse, oder bei Stümpfig (im Bazar) unter den Arkaden. [304]

im Museum abonnieren.   Frau v. Dörrer (zu haben) [305]

Leseverein unter den Arkaden. Buchhändler Palm in der Theatiner Schwabingergasse.   Kaffeehaus zum Landreubel. Cornelius. Stieler. [306]

Sich eine Studentenkarte ins Theater leihen lassen. [307]

Glyptothek am Dienstag und Freitag.   Hofrat Thiersch, Arcisstraße in dem roten Kölken. [308]

Zentralbildergalerie unter den Arkaden. [309]

Ein Wahnsinniger explizierte anderen die Lebensgeschichte der anderen Irren und sagte zuletzt: »Hier sehen Sie den größten Narren, der hält sich für Gott Sohn, was ich, wenn ers wäre, doch wissen müßte, da ich Gott Vater bin![«] [310]

Ein anderer, der sich für Gott hielt, rief dem eintretenden Aufwärter zu: »Knie nieder vor deinem Gott.« Als dieser ihn auf seine Ketten aufmerksam macht und sagt, er würde diese doch wohl zerreißen, wenn er Gott wäre, entgegnet er: Du Tor, was du für Ketten ansiehst, sind die Bande, welche mich ans Universum fesseln. [311]

d. 28 August 1836.

Heute, als am Geburtstage des Großherzogs von Baden habe ich in der Aula einer Versammlung der Heidelberger naturforschenden Versammlung beigewohnt. Studenten; hinten in Leibrock und Escarpin[s] die Mitglieder. Es wurde ein Vortrag über den *Tabak* gehalten. »Dieser Gegenstand – begann der Redner – hat fast *jede* Feder beschäftigt; ich habe meine Nachrichten aus Seefahrern, Botanikern, Ärzten etc. genommen.« Als er der narkotischen Kraft des Tabaks erwähnte, nahm der Geheimrat Nägele eine doppelte Prise. Der Unterpedell, der dem Gegenstand seine Aufmerksamkeit schenkte, wie die Rede auf Blähungen kam. Die Indianer glauben, die Träume, die ihnen in dem durch Tabak erzeugten Rausch kommen, kommen aus einer andern Welt. Der Prorektor, der 5 Minuten zu spät kam. [312]

Nicht jeden muß man seine Früchte pflücken lassen. [313]

d. 31 August. 1836.

Heute abend eine wunderbar-schöne Beleuchtung des Himmels: Anfangs einige blaßrote Wolken, dann plötzlich das schönste, mildeste Gelb, darauf das reinste Violett und dann ein immer mehr zudunkelndes Rot, alles sich im Neckar spiegelnd und auf den Ziegelhauser Äckern sich reflektierend. [314]

Heute bei Prof. Mittermaier in der Zurechnung: eine Frau bildet sich ein, sie solle wegen Hexerei verbrannt werden; eine Mutter sucht ihren blödsinnigen Sohn zur Ermordung des Stiefvaters zu bewegen; er antwortet: die Ewigkeit ist eine lange Zeit; sie sagt: mir bist du die erste Pflicht schuldig; sie bearbeitet ihn ein volles Jahr; endlich, als der Vater schläft, kommt sie mit 2 Hammern herein und sagt: jetzt kommts darauf an, ob du mich verlassen willst, oder nicht; sie dringt ihm den einen Hammer auf, dann führt sie mit dem zweiten den *ersten* Schlag.

[315]

Die Weinbauern in Rheinbaiern sehen den Kornbauer nur mit Verachtung an. Daniel Christopher Schütt, ein origineller Dieb. [316]

d. 2 Septbr.
Heute bei Munckel [Munke] eine Voltasche Säule (wert 500 fl) gesehen. Sie wird aufgebaut aus miteinander verbundenen Kupfer- und Zinkplatten und in Säure (aus Salpeter, Wasser und Vitriol zusammengesetzt) getränkten viereckten wollnen oder Tuchlappen. Die Wirkungen waren bedeutend; bei der ersten Berührung verbrannte ein dicker Platina-Draht, Kali verflüchtigte sich, Eisen, in leitendes Quecksilber gesteckt, verglühte, Platina brannte *über* dem Wasser in einer Röhre. Die Berührung der Säule (unten und oben zugleich mit nassen Fingern) durchzuckte die Hand, ein Gefühl, welches sich zuletzt in ein unangenehmes Schwirren verlor. [317]

Glaubensbekenntnis, welches bei der katholischen
Priesterweihe beschworen wird.
Aus der Bulle Papsts Pius, 4ten, vom Jahr 1564.

Ich N. glaube mit festem Vertrauen und bekenne alles und jedes einzelne, was in dem Glaubensbekenntnisse, dessen sich die heilige römische Kirche bedient, enthalten ist, nämlich: Ich glaube an einen Gott, den Vater, allmächtigen Schöpfer Himmels und der Erden, alles Sichtbaren und Unsichtbaren. Und an einen Herrn Jesus Christus, den eingebornen Sohn Gottes, der aus dem Vater geboren ist von Ewigkeit, Gott vom Gott, Licht vom Licht, wahrer Gott vom wahren Gott; geboren, nicht erschaffen, gleich wesentlich mit dem Vater, durch den alles erschaffen ist, der wegen uns Menschen und wegen unsers Heils vom Himmel herabstieg und aus dem Heiligen Geist empfangen von Maria, der Jungfrau, und Mensch geworden ist. Der auch für uns gekreuzigt worden ist unter Pontius Pilatus, gelitten hat, begraben worden und am dritten Tage nach Vorsehung der Schrift wieder auferstanden und in den Himmel aufgefahren ist, der zur Rechten des Vaters sitzt und wiederkommen wird mit Herrlichkeit, zu richten die Lebendigen und die Toten. Dessen Reich kein Ende sein wird. Und an den Heiligen Geist, den Herrn und Lebendigmacher, der von dem Vater und dem Sohne ausgeht, der mit dem Vater und Sohne zugleich verehrt und verherrlicht wird, der durch die Propheten gesprochen hat. Und an eine heilige katholische und apostolische Kirche. Ich bekenne eine Taufe zur Nachlassung der Sünden und erwarte die Auferstehung der Toten und ein ewiges Leben. Amen.

Die Überlieferungen der Apostel und der Kirche und die übrigen Gebräuche und Einrichtungen derselben Kirche nehme ich fest an und halte fest daran.

Ebenso nehme ich die Heilige Schrift in dem Sinne an, welchen unsre heilige Mutter, die Kirche, festgehalten hat und festhält, welcher es zukommt, über den wahren Sinn und die Auslegung der heiligen Schriften zu entscheiden, und ich werde dieselbe nie anders, als nach der einmütigen Übereinstimmung der Väter, annehmen und auslegen.

Auch bekenne ich, daß wahrhaftig und eigentlich 7 Sakramente des neuen Bundes seien, von Jesus Christus, unserm Herrn eingesetzt und zum Heil des Menschengeschlechts (jedoch nicht jedem einzelnen alle) notwendig; nämlich die Taufe, Firmung, Eucharistie, Buße, letzte Ölung, Priesterweihe und Ehe; daß sie Gnade bewirken, und daß unter ihnen die Taufe, Firmung und Priesterweihe ohne Verletzung der Religion nicht wiederholt werden können.

Auch die angenommenen und gut geheißenen Gebräuche der katholischen Kirche bei der feierlichen Spendung aller eben genannten Sakramente erkenne ich, und nehme sie an. Ich nehme an und halte fest an allem und jedem einzelnen, was von der heiligen Synode von Trident über die Erbsünde und die Rechtfertigung bestimmt und erläutert worden ist.

Ebenso bekenne ich auch, daß in der Messe Gott ein wahrhaftiges, eigentliches und Versöhnungsopfer für die Lebenden und Toten dargebracht werde, und daß in dem allerheiligsten Sakrament der Eucharistie wahrhaftig, reell und substantiell der Leib und das Blut, zugleich mit der Seele und Gottheit unsers

Herrn Jesu Christi gegenwärtig sei und daß eine Verwandlung der ganzen Substanz des Brotes in den Leib und der ganzen Substanz des Weines in das Blut geschehe, welche Verwandlung die katholische Kirche Transsubstantiation nennt.

Auch bekenne ich, daß auch unter einer Gestalt der ganze, ungeteilte Christus und ein wahres Sakrament, genossen werde.

Ich halte fest, daß ein Reinigungsort sei und daß den darin befindlichen Seelen durch die Fürbitten der Gläubigen geholfen werde. Ebenso auch, daß die Heiligen, die mit Christus regieren, zu verehren und anzurufen seien, daß sie Gott für uns bitten und daß ihre Reliquien zu verehren seien.

Ich behaupte fest, daß man die Abbildungen Christi, der stets Jungfrau gebliebenen Mutter Gottes und anderer Heiligen haben und behalten solle und daß ihnen gebührende Ehre und Hochachtung zu bezeigen sei.

Ich behaupte, daß auch die Gewalt der Ablässe von Christus in der Kirche hinterlassen und daß deren Gebrauch dem christl. Volke sehr heilsam sei.

Ich erkenne die heilige katholische und apostolische römische Kirche als Mutter und Lehrerin aller Kirchen an, und gelobe und schwöre dem römischen Papst, dem Nachfolger des heiligen Petrus, des Fürsten der Apostel, dem Stellvertreter Jesu Christi, wahren Gehorsam. Auch alles übrige, was von den heiligen Schriften, den ökumenischen Konzilien, und besonders von der heiligen Synode von Trident überliefert, festgestellt und erklärt ist, nehme ich ohne allen Zweifel an und bekenne es. Alle entgegenstehenden Sätze und Ketzereien, die von der Kirche verdammt, verworfen und verflucht sind, verdamme, verwerfe und verfluche ebenso auch ich.

Ebenso verspreche, gelobe und schwöre ich N., diesen wahren katholischen Glauben, außer welchem niemand Heil finden kann, den ich gegenwärtig freiwillig bekenne, und wahrhaft daran festhalte, rein und unverletzt bis zum letzten Lebenshauch auf das standhafteste (mit Gottes Hülfe) zu erhalten und zu bekennen, und dafür zu sorgen, soviel ich kann, daß er von meinen Untergebenen, oder denen, deren Sorge mir, meinem Amte gemäß, obliegt, festgehalten, gelehrt und gepredigt werde; so wahr mir Gott helfe und sein heiliges Evangelium!

(Wörtlich aus: Sendschreiben an Seine Gnaden, den Hochwürdigsten Herrn Erzbischof von Freiburg, in Beziehung auf das bei der röm. kath. Priesterweihe zu beschwörende Glaubensbekenntnis, von Dr. Karl Alexander, Freih. von Reichlin-Meldegg; Freiburg, bei Gebr. Groos, 1832.) [318]

»Ist nicht die Lehre von der Transsubstantiation durch den Einfluß der aristotelischen Philosophie und ihren Unterschied zwischen Materie, Form und Beraubung, durch mißverstandene Stellen der Bibel, durch Betrug oder Einfalt der Geistlichen und durch das Übergewicht der römischen Kirchenversammlungen entstanden?« Daselbst Seite 26. [319]

Ist nicht die ganze Lehre vom Fegfeuer bloß durch den Einfluß der platonischen Philosophie und ihren Lehrsatz von einer Seelenwanderung und jenseitigen Seelen-Reinigung entstanden? In den ältsten Zeiten ist sie bloß Lehrsatz der alexandrinischen Schule gewesen, welche eigentl. ebensowenig ein Fegfeuer aufstellte, sondern bloß die Endlichkeit der Höllenstrafen lehrte. Das durch abergläubische Geschichten (ein frommer Pilger, von Jerusalem zurückkehrend, hörte auf einer Insel des mittelländischen Meers von feuerspeienden Bergen, Flammen, den durch diese gequälten armen Seelen und dem sie unterstützenden Gebet der frommen Brüder in Clugni) entstandene Allerseelenfest gab zur Aufstellung der Lehre vom Fegfeuer nächste Veranlassung.
Daselbst S. 28. 29. [320]

Ist nicht der Ablaß nach Geschichte und Vernunft, ein bloßer Nachlaß eines Teils der Kirchenstrafen? Wurde er nicht durch Mißbrauch während der Kreuzzüge zum allgemeinen Ablaß erhoben? Daselbst S. 30. [321]

Mancher Herbsttag ist, wie ein Frühlingstag. [322]

Schneidtler. (Sollt ich wetten, da ich ganz gewiß wußte, daß ich recht hatte? Wär das nicht eine Sünd und Schand gewesen?[)]
[323]

Junge, nach Hamburg von den Hurenhändlern gelockte Mädchen werden in ein schlechtes Haus gebracht und da einige Tage mit Putz, Essen und Trinken, Geld zu Vergnügungen pp. versehen. Darauf werden ihnen die nichtswürdigen Anträge gemacht, und wenn sie diese mit Abscheu zurückweisen, so heißt es: Liebes Kind, hast du Geld? So und so viel bist du schuldig, bezahl das, dann kannst du gehen! [324]

d. 2 Sept.
Heute bei Mittermaier in der Zurechnung: ein Tagelöhner ermordet sein Kind, kämpft stundenlang, betet zu Gott, den schrecklichen Gedanken von ihm zu nehmen, betet an der Wiege des Kindes und zerspaltet ihm zuletzt mit einer Axt den Kopf. [325]

Ein anderer kommt zum Arzt, sagt, er habe immer die gräßliche Neigung, in Blut zu wühlen; der Arzt versucht Aderlässe und alles mögliche, am Ende führt er ihn zu einem Schlachter und läßt ihn dort einen Hammel schlachten. Als der Mensch nach einem Jahr wieder zu ihm kommt, ist er – Schlachter. [326]

Heute abend von Rendtorfs Zimmer am Neckar aus das imposanteste Gewitter beobachtet. Die Wolken türmten sich, anfangs ballenweise, später in ungeheuren schwarzen, festen Massen hinter dem Heiligenberg auf, dann, wie ein Heer, stiegen sie über das Haupt des Berges empor und ergossen sich nun in Strahlenformen im gewaltigsten, den ganzen Berg unsichtbar machenden, von Blitzen durchkreuzten Regen, der sich wie ein in der Luft befindliches Meer ausnahm; man sah einzelne Wolken fast, wie zusammenbrechend unter der Last, auseinanderfließen; der Neckar verlor seine gewöhnliche Wellenbewegung und trieb sein Wasser, wie in Rauch- oder Wolken-Figuren, und gleich nachher stieg in Höhenrauch die zur Erde gekommene Masse wieder als Wolkenknäul auf und lagerte sich abermals um den Berg. [327]

Gegen Friedrich den Großen empört sich einmal seine Garde. Sie dringen in sein Zimmer und fodern mit Ungestüm eine neue

Konstitution. Er dreht sich rasch um. »Gewehr präsentiert!« Es geschieht. »Rechtsum!« Es geschieht. »Marsch!« Sie marschieren ab. [328]

Der Humor ist die einzige absolute Geburt des Lebens. [329]

Vogel und Käfig sind füreinander. Aber der Mensch will keinen kleineren Käfig, als die Welt. [330]

Des Menschen Glück ist nicht an seine *Kraft*, sondern an seine *Laune* geknüpft. [331]

Es hat sein Angenehmes, daß man nicht aus der Welt heraus kann. [332]

Mensch, mit Mensch im Verhältnis, will immer Steigerung dieses Verhältnisses, wenigstens die Möglichkeit derselben. Darum ist der Kulminationspunkt solch eines Verhältnisses oft zugleich der Gefrierpunkt; darum läßt sich so selten an ein wahres Verhältnis zwischen Verheirateten und Unverheirateten denken. Wie oft mögen Freunde sich entzweien, bloß, um sich wieder versöhnen zu können. [333]

Man denke sich, daß alles Leben, selbst der Quantität nach, abgemessen wäre, und daß, was z. B. mich erfüllt, nach 10 oder 20 Jahren eine andere Form erfüllte. Gottlob, das ist albern. [334]

Cremeriana (aus dem Hamburger Johanneo.)
»Ich sehe manche, die nicht hier sind (er meinte die fehlenden Schüler). Jesabel hatte sich das schreckliche Laster angewöhnt, ihren Gemahl zu ermorden. Wallenstein besinnt sich, ob er vom Kaiser abfallen, oder einen Monolog halten soll. Der 6te Akt zum Faust ist überflüssig.[«] [335]

Das Leben eines deutschen Gelehrten im 17 Jahrhundert, wäre ein interessanter Stoff für eine Darstellung. Es ist doch gut, daß jene Zeit, wo man sich nur [durch] den Hintern auszeichnen konnte, vorüber ist. [336]

d. 3 Septbr.

Heute abend in Rendtorfs Zimmer: das Rauschen des Neckars, finstre Nacht, Laternen auf der Brücke, mehr blinzelnd, als leuchtend, ferner Donner und zuweilen ein schwefelblaues Wetterleuchten, welches die sonst verhüllten Bergmassen mit wunderbarer Helle übergoß. [337]

In demselben Zimmer eine Mondnacht: die an der Bergstraße stehenden Gebäude wirklich zauberisch erleuchtet, wenn dies zerfaselte Wort sonst jenen Zustand, den man sieht und doch nicht zu glauben wagt, bezeichnet. [338]

Es ist nicht alles Gold, was glänzt. Aber, es glänzt auch nicht alles, was Gold ist, sollte man billig hinzusetzen. [339]

Was man *in* oder kurz *vor* dem Katzenjammer genossen hat, das widert an, deshalb später so sehr die Philosophie. [340]

Heute abend um und nach Sonnen-Untergang unendlich-eigentümlich-schöner Himmel. Auf *dunkel*blauem Grunde wellenförmige, falb-rötliche, Wolken und an anderen Stellen das Dunkelblau von einem kleinen, weißen Punkt durchbrochen; Farben, die durch die Sprache kaum angedeutet werden können. [341]

> Mir ward das Wort gegeben,
>   Daß ichs gebrauche frei,
> Und zeige, wieviel Leben
>   Drin eingeschlossen sei.
> Ich will ihn mutig schwingen,
>   Den geistgen Donnerkeil,
> Und kann ers mir nicht bringen,
>   So bringt er andern Heil! [342]

d. 5 Sept.

Der Mann hat sich mit Welt und Leben zu plagen, das Weib mit dem Mann. Er sei wahrhaft gegen sie in allen seinen Verhältnissen, sie diskret gegen ihn. Wenn es ihm unmöglich ist, die

Blumenkette des Augenblicks, die er sich anlegen ließ, in die Ankerkette der Ewigkeit zu verwandeln, so tue er das *Ungeziemende*; das wirkt auf sie, wenn sie echtes Weib ist, wie das *Unedle* und *heilt* sie, indem es sie *verwundet*. Unwürdig aber, ja nichtswürdig ists, obwohl die liebe Eitelkeit es nicht gerne zugibt, lieber ein Teufel zu *sein*, als zu *scheinen*. Wenn der Gott vom Altar genommen wird, so zerschmettre man ihn. [343]

»Schlimm ists, wenns mit dem Menschen dahin kommt, daß *gemalte* Leiden auf ihn wirken, wie *wirkliche*!« Dieses Wort Herders mit Bezug auf Goethe zeigt einmal, wie selten der echte Künstler in seinen Bestrebungen und seinem Ziel begriffen wird. Die Masse sieht nie das Ganze, ewig nur den abgerissenen Teil, und auch von diesem nur den Bezug auf sich; das Weltmeer ist für sie nur ein Wasser, worin *sie* ertrinken, der Donnerkeil ein gefährliches Instrument, welches *sie* zerschmettern kann. Der Künstler sieht nichts, als das Ganze, und in jedem Gliede sein Spiegelbild; wenn der Stein zerschlagen wird, so bedenkt er nicht mit klugem Geist, daß dieser es nicht empfindet; er sieht die Auflösung eines Seins in seine Ur-Elemente, bei dem Stein nicht weniger, bei dem Menschen – da steckt das Verbrechen! – nicht mehr. Und dahin zu gelangen sei das Ziel eines jeden, der vorzudringen wünscht zu Anschauung und Auffassung oder zu selbsteigener Tätigkeit im Gebiet wahrer Kunst; nur dann würdigt ihn die Natur, durch seinen Mund ihre innersten Geheimnisse auszusprechen, wenn er sich bestrebt, nicht bloß für ihren Donner, sondern auch für den leisesten Hauch ihrer immer lebendigen Schöpfungskraft empfänglich zu sein. Wenn du den sterbenden Laokoon siehst, sollst du nicht weniger, aber wenn die Blume vertrocknet, sollst du mehr empfinden! [344]

Auch der Treffliche sieht es gern, daß das Schicksal, der Zufall, ihn für manche Unbill rächt, obgleich er selbst den Stein, der ihm etwa in die Hand kommt, nicht schleudern mag. Freilich nur dann, wenn es sich der *Stecknadel* bedient. [345]

Auch die leidige Halbheit, die Mutter innerer Verzweiflung und jedes äußeren Konflikts. Sie ist, wie die alten Stadtsoldaten in den Reichsstädten, die gelöhnt werden, aber im Fall der Not nicht ins Feld wollten. [346]

In Mannheim ein Pastor mit 2 Frauen. Die eine war wahnsinnig und wurde geheilt. [347]

Magnificus grüßt in abgeschabtem Kittel in der Dämmerung einen Studenten. Dieser hält ihn für einen Bettler und wirft ihm einen Kreuzer in den Hut. [348]

Jener kleine Julius: wenn ich gewaschen sein will, kann ich bei Mutter bleiben! [349]

»Und die Kunst ist eine unteilbare, und Maler, Bildhauer und Dichter bringen nur in vereintem Wirken das Abgerundet-Vortreffliche zur vollendeten Anschauung; die Musik hat eine entgegengesetzte Sphäre, indem sie, wenn jene das Allgemeine zum Bestimmt-Abgegrenzten individualisieren, das Bestimmte in ein Allgemeines zu verschmelzen sucht. Darum ist sie vernichtend in ihrer *letzten* Wirkung; nur, wenn ihr Charakter das *Heilige* ist, *gestaltet* sie auf indirekte Weise, indem sie die Gottheit zur Gefühls-Anschauung bringt, wenn sie alles Menschliche, überhaupt Irdische, zersetzt und auflöst.« Brief an Barbeck. [350]

Metalle sind unzerlegbare Grundstoffe, deren man überhaupt 51 hat. [351]

Violett-Licht erzeugt am Eisen Magnetismus. [352]

Manche Genüsse sind in ihren Bestandteilen gleich und in ihrer Wirkung extrem-artig, nährend und giftig. [353]

Es gibt Menschen, die nicht mit *sich*, sondern mit ihren *Bekannten*, renommieren. [354]

Paul Timms Schmiede; die Szene mit Volkmar und dem Schießgewehr. [355]

Die Überschwemmungsnacht in Hamburg. Weiß. [356]

Die Judenfamilie *tête à tête* von Schneidler, am Freitag. Nebukadnezeier im weißen Kleid, Ismaeliten im grünen, Sara im roten, der Rabbiner im Bart. Nebukadnezeier putzt sich nur dann die Nase. [357]

Der Mensch kennt nichts weniger, als seine eigne Nase. [358]

Jene Szene in *Töning*, wo ein fast ertrunkenes Kind von einem anderen mit Lebensgefahr gerettet wurde, und der Vater des Kinds es abprügeln wollte, weil es ins Wasser gefallen war. [359]

Eine Familie, die sich gegenseitig selbst bewundert: die Tochter der Proto-Typus der Schönheit, der Sohn des Anstands, der Vater der Weisheit pp. [360]

In der Nähe von England (vielleicht im Kanal) steht auf kurz vorspringendem Fels ein Leuchtturm, über den bei der bedeutenden Brandung die Wellen zuweilen 30 Fuß hinwegschlagen. Das Leben des Türmers in diesem Turm: die einsame Flamme, das Erbeben der Mauern, das Brausen der Gewässer, der mitten in den Kampf der Elemente hinausgestoßene Mensch. Einmal ist der Turm eingestürzt, in einer Sturmnacht, wo der Meister, der ihn erbaut hatte, darin wachte; zugleich, mitten in der Nacht, fällt in seinem Hause der Riß des Turms zur Erde und zerbricht. (Rendtorf.) [361]

[München]

An Rendtorff habe ich verliehen 6 Louisdor, à 9 fl 52 x, also 59 fl 12 x. [362]

Von Heidelberg abgereist bin ich den 12 Septbr 1836; in München angekommen den 29 Sept: 1836. [363]

Franz logiert Schloßstraße, Herr Greve. [364]

Adresse in München: Vorstadt Max, Sommerstraße N: 3, eine Stiege hoch, bei der Revisorin Rüerl. [365]

Das Weib ist in den engsten Kreis gebannt: wenn die Blumenzwiebel ihr Glas zersprengt, geht sie aus. [366]

Keine Wärme sollte ohne Licht, aber auch kein Licht ohne Wärme sein! [367]

Es wäre ein geistiger Zustand denkbar, wo der Mensch, indem er sich ganz und gar an den irdischen Kreis gewöhnt hätte, in einen anderen nicht mehr eintreten könnte, und dies wäre, was Verdammnis heißen sollte. [368]

Blumen verlieren bei Kranken bald die *Schönheit*.
(Just. Kerner Seherin von Prevorst.) [369]

»Wie wohl ist mir bei diesem Toten!« ruft die Seherin von Prevorst mit Bezug auf eine Erscheinung aus; sie lebte nur durch den Nervengeist anderer, den sie einsog, und die sich in ihrer Nähe bald schwächer fühlten, zitterten pp. Somnambülen haben Sinn für den Geist der Steine und Metalle. Die jüdischen Hohenpriester trugen auf der Herzgrube einen mit Edelsteinen besetzten Schild, der die göttlichen Weissagungen erzeugte. Der *Topas* macht keusch, der *Amethyst* vertreibt die Trunkenheit. (Nach den Alten.) [370]

Dichtende und bildende Kunst treffen darin zusammen, daß beide gestalten, d.h. eine abgegrenzte Masse der Grundmaterie in bestimmten Verhältnissen, die durch die Natur gegeben sind, zur Anschauung bringen sollen, und wenn der Dichter eine Idee darstellt, so ist es ganz dieselbe Verfahrungsweise, als ob der Maler oder Bildhauer die edlen oder schönen Umrisse eines Körpers gibt. [371]

Bei dem Eintritt in die Glyptothek hatte ich das Gefühl, was ein Schnitter hat, wenn er das Ährenfeld betritt. Jede Bildsäule ein verschlossenes eigentümliches Leben, das sich mir entsiegeln soll: Aufgabe ohne Grenzen. [372]

Töten, das Aufheben einer eigentümlichen Lebensrichtung.
[373]

Die Ägypter, ein Volk, zum Stehenbleiben verdammt, den Tod verehrend, aber nicht als *Grundstein* eines *neuen* Lebens, wie der Christ, sondern als *Schlußstein alles* Lebens; selbst in der Kunst, die sonst alles entfesselt, was gebunden war, weil sie selbst erstickt, wenn sie sich in Grenzen einschließen soll, war für sie nur ein neues Band. [374]

Es war eine große Idee der katholischen Religion, daß *bedeutende* Menschen in den Augen der Gottheit etwas gelten und durch Fürbitten wirken konnten. [375]

Der *Geist* steht zu den *Sprachen*, wie der Mann zu den Weibern. Ach, auch er war einst ein Jüngling, und da hatte er eine schöne Liebe; sein Mädchen verstand ihn, verstand ihn so ganz, wie er sich selbst verstand, jedes seiner Gefühle, jeder seiner Gedanken klang aus ihrer Brust reicher und göttlicher wieder; ihr Wesen war das harmonische Echo des seinigen. Das war die griechische Sprache; das himmlische Band, welches beide miteinander verknüpfte, ist längst gelöst, aber wenn ihm jetzt, im hohen Alter, noch einmal eine selige Stunde kommt, so beklagt er es noch immer, daß er sie nicht mehr mit der ersten Geliebten teilen darf. Latein war seine Haushälterin, eine zähe, sparsame Wirtschafterin, die in Kisten und Kasten seine Schätze aufhäufte, aber ihm jede Ausgabe erschwerte. Französisch ist sein Kammermädchen, er schäkert mit ihr, wie alte Herren nach Tisch zu tun pflegen, aber nie darf sie ihm sich nähern, wenn er denkt, nie wenn er empfindet, oder betet. Deutsch ist seine Hausfrau; er hat sie so lieb, wie seine Pflicht und besucht sie, wenn er sich Samen erwecken will, und dennoch zieht er ihre Stieftochter, Englisch, zuweilen vor. Italienisch hat er am liebsten, denn sie hat einige Züge von der frühsten Geliebten und kann ganz so seufzen und klagen, wie sie. [376]

Von manchem Menschen kann man sagen: es ist nicht *Licht*, es sind *Lichter*. [377]

Die Hamburger Bürgergarde *raucht* beim Exerzieren. [378]

Uns freut selten so sehr das einer Natur Gemäße, als das ihr nicht Gemäße. Daß Quecksilber flüchtig ist, finden wir zu alltäglich, aber wenn Eisen zu tanzen anfinge, würden wir klatschen.
[379]

Spaziergang in der Au-Vorstadt, vor mir die blauen Tyroler Alpen, von denen man zuweilen die Gletscher soll sehen; Gefühl bei Erblickung der Wegweiser nach *Innsbruck*. [380]

Die Teufel mußten nach dem *Koran* dem Salomo dienen. Nach seinem Tode ward er ausgestopft und durch einen Stock in der Hand und einen ans Steißbein gestemmten so auf scheinbar lebendigen Fuß gesetzt, daß es die Teufel nicht merkten, bis die Hinterachse von Würmern zernagt wurde und der Souverän umkugelte. Jean Paul, Vorrede zum Siebenkäs. [381]

Dem römischen Kaiser wurde in *Rom* eine goldene, in *Aachen* eine silberne und in *Pavia* eine eiserne Krone aufgesetzt.
Jean Paul, Siebkäs. [382]

Im Reichsapfel steckte eine Handvoll Erde.   Derselbe. [383]

Auf den Spielkarten bedeutet ursprünglich das *Herz* die Geistlichkeit. Derselbe. [384]

Den 16 zum erstenmal eine Madonna von Raffael gesehen.
[385]

Einige Kirchenlehrer, z.B. der heilige Athanasius, nehmen an, die *Weiber* würden am Jüngsten Tage, *Maria* ausgenommen, als *Männer* auferstehen. Siebenkäs, 3 Bd. [386]

Der Meister-Bettler in London hat eine Bude, worin er Krücken, Augenpflaster, falsche Beine u.d.gl. feil hält. [387]

Variation zum Gedicht: *Die Hochzeit*.
        Es ward am andern Tag erblickt
        Die Tote, die sich selbst geschmückt,

statt:

> Tief dunkel wird es rings herum,
> Die Jungfrau ist für ewig stumm! [388]

Von 2 Kindern, die sich küssen, ohne reden zu können, muß nach dem Aberglauben eins sterben.   Siebenkäs, Teil 3. [389]

Wenn ein großer Mann eine Rede gehalten und darin bewiesen hat, daß Jan Hagel ein Mensch sei, so spannt Jan Hagel sich anstatt der Pferde vor den Wagen und beweist dadurch das Gegenteil. [390]

d. 18 Oktbr 1836.

Zum erstenmal (in München und in meinem Leben) wegen Schiffens vor die Polizei geführt, durch die Gendarmerie, hatte aber die Satisfaktion, gleich nachher in *derselben* Gasse durch *denselben* Gendarmen einen andern wegen *desselben* Verbrechens abfassen zu sehen. [391]

Ein Autor ist nicht, wie ein Weinbauer, der nüchtern bleibt, wenn andere seine Produkte trinken. Ein Autor wird schon dadurch berauscht, daß andere sich in seinen Gedichten pp. berauschen. [392]

d. 19 Okt. 1836.

Heute morgen von dem letzten Freund, Rendtorff, Abschied genommen. Trüber Himmel, in der Ferne ein hell von der Sonne beschienener Turm. Es steckt eine Hölle von Reizbarkeit und Empfindlichkeit in mir (Ergebnis meines frühern Lebens, wofür, wie in so manchen Punkten, das jetzige bezahlen muß); mancher Funke davon hat auch ihn angesprüht; mögt ich sie bewältigen können! [393]

d. 19. Okt.

Entschuldige sich nur keiner damit, daß er in der langen Kette zuunterst stehe; er bildet ein Glied, ob das erste oder das letzte, ist gleichgültig, und der elektrische Funke könnte nicht hindurch fahren, wenn er nicht da *stände*. Darum zählen sie alle für einen und einer für alle, und die letzten sind, wie die ersten. Ein

Dieb suchte einmal seinen Diebstahl zu rechtfertigen, ja zur Tugend zu erheben, indem er anführte: es ging einer hinter, oder neben mir, der war ärger, wie ich, und hätte nicht allein die Früchte gepflückt, sondern auch die Zweige geknickt. [394]

Ein *Panther* wird nie im Schlaf überfallen. Ein *Geier* frißt so viel, daß sein Gewicht seine Flügelkraft übersteigt.
Trewlaney's Abenteuer in Ostindien, 1 Bd. [395]

Wir haben Fortunati *Wünschhütlein*, aber nicht seinen *Säckel*. [396]

Heute nachmittag hab ich zum erstenmal einer privilegierten Hetzjagd, wo in der Regel alles, nur der Verstand nicht, aufgejagt wird, beigewohnt, nämlich einem juristischen Examen. Das Vorzimmer: ein mürrischer Pedell, in einem alten Buch lesend, und eine Flasche mit Wasser, aus welcher, auf eine Minute heraustretend, ein Professor trank. Examinationszimmer: ein großer, runder Tisch, belegt mit grüner Decke; auf dem Ehrenplatz der Direktor des Oberappellationsgerichts, in Uniform, mit seiner neben ihm liegenden goldenen Uhr spielend; um ihn herum die vier Examinatoren, darunter zwei Männer, ein Knabe mit einem Gesicht, wie aus spanischem Wind, leer und flegelhaft, aber süß angelaufen, und ein junger Mensch, der sein neues Zeug an hat, und sich über seinen eignen Glanz verwundert. Rings im Kreis saßen Zuschauer, die sich nach Belieben einfinden konnten, lauter Studenten, auf deren Gesichtern es zu lesen stand, ob sie noch ½ oder ¾ oder gar ein ganzes Jahr bis zum eignen Examen vor sich hatten. Candidatus quäst: (aufgestülpte Nase, brandrotes Haar, kleine Augen, heiseres Organ) saß dem Direktor gegenüber und machte mit dem linken Daumen dieselben Bewegungen, die der Seiltänzer auf dem Seil mit der Balancierstange zu machen pflegt. Durch das Pfandrecht steuerte er glücklich hindurch, kaum *einmal*, als er die Sachen gar zu oft *natürlich* fand, zurechtgewiesen; im Hypotheken-Recht mußte er (dem jungen Menschen in braunem Rock) schon Rechenschaft darüber geben, in wie viele Rubriken man Schuld- und Pfand-Protokolle einzuteilen pflege (»lassen Sie mich erst ausreden«, dabei ein gravitätischer Blick), im Kirchen-Recht aber sollt er sogar sagen, wie der Kardinal geheißen, der mit Baiern im Auftrag des Papsts das letzte Konkordat abgeschlossen, und erfuhr dabei, daß Herr von Hans bairischer Bevollmächtigter gewesen sei. [397]

Die Hindu glauben, die Welt ruhe auf dem Rücken einer ungeheuren Schildkröte. (Trewlaney.) Wenn Schildkröten schlafen, steht gewöhnlich etwas von ihrer Schale übers Wasser hervor; denn im Schlaf mögen sie gern die Sonne auf ihren Rücken brennen fühlen. (Derselbe.) Die Araber trauern in Weiß. (Derselbe) [398]

Wohlständigkeit für *Anständigkeit.* (Altdeutsch von 1700) *Dann* für *wie denn. bevoraus* für *zuvörderst.* [399]

Das Metall zu der Vendome-Säule ist von 1200 eroberten Kanonen genommen; sie feiert die Triumphe der Franzosen von 1805. [400]

Zum *Mitleiden* gab die Natur vielen ein Talent, zur *Mitfreude* wenigen. [401]

Über die Steppen (Llanos) in Süd-Amerika meldet Alexander von Humboldt: − − − − Gegen Süden umgibt die Steppe schaudervolle Wildnis. Tausendjährige Wälder, ein undurchdringliches Dickigt, erfüllen den feuchten Erdstrich zwischen dem Orinoko und dem Amazonenstrom. Mächtige, bleifarbige Granitmassen verengen das Bett der schäumenden Flüsse. Berg und Wald hallen wider von dem stürzenden Wasser, von dem Gebrüll des Jaguar und dem dumpfen, regenverkündenden Geheul der bärtigen Affen. Wo der seichte Strom eine Sandbank übrig läßt, da liegen mit offenem Rachen, unbeweglich, wie Felsstücke, hingestreckt, die ungeschlachten Körper der Krokodile. Den Schwanz um einen Baum-Ast befestigt, zusammengerollt, lauert am Ufer, ihrer Beute gewiß, die tigerfleckige Boaschlange. Schnell vorgestreckt, ergreift sie in der Furt den jungen Stier oder das schwächere Wildpret, und zwängt den Raub, in Geifer gehüllt, mühsam durch den schwellenden Hals. [402]

Wenn aber in der Steppe Tiger oder *Krokodile* mit Pferden und Rindern kämpfen, so sehen wir dagegen an ihrem waldigen Ufer, in den Wildnissen der Guyana, ewig den Menschen gegen den Menschen gerüstet. Mit unnatürlicher Begier trinken hier ganze Völkerstämme das ausgesogene Blut ihres Feindes; andere würgen ihn, scheinbar waffenlos, und doch zum Morde vorbereitet, mit vergiftetem Daumennagel. Die schwächeren Horden, wenn sie das sandige Ufer betreten, vertilgen sorgsam mit den Händen die Spur ihrer schüchternen Tritte. [403]

Die *Tories* neigen sich nach der Seite des *Throns;* die *Whigs* nach der Seite des *Volks*. [404]

> Mir will das zimperliche Wesen
> Nun einmal nicht ins Herz hinein,
> Denn, soll man durch den Schnee genesen,
> So muß man erst erfroren sein. [405]

In Baiern besteht ein Gesetz, wornach jeder, der sich ein gewisses Grundeigentum erwirbt, sich adeln lassen muß. [406]

Zum Cholera-Arzt für die Vorstadt Max ist bestimmt: Dr. Ludwig Müller, Glücksstraße N: 6 (in der Maxvorstadt) zu ebener Erde. (Eine Belehrung für Nicht-Ärzte mit Bezug auf die Cholera bekommt man im Büreau des Kreis-Intelligenzblatts im Regierungsgebäude zu ebener Erde.) Bei den ersten Anzeichen des Übelbefindens hat man sich zu Bett zu legen. [407]

Der Himmel wende das Unglück in Gnaden ab, denn aus zwei Gründen mögt ich noch nicht gern sterben. Einmal der Mutter wegen; dann hab ich mich oft über des Lebens Ungerechtigkeit gegen mich beschwert, und mögte durch einige Hervorbringungen, denen ich mich gewachsen fühle, zeigen, daß ich vielleicht angemessenere Verhältnisse verdient. [408]

Ludwig, d. 14te, sagte: L'état c'est moi! – Lettres de Cachet. –
[409]

In der Theatiner-Kirche sah ich ein Gemälde: der Welt-Richter, angetan, wie ein Scharfrichter, in der einen Hand ein gezogenes Schwert, in der andern eine Waage, enthaltend in der einen Schale ein *Herz*, in der andern einen betenden *Christus*.
[410]

Vor den Altären sind zuweilen kleine Zettel aufgehängt, des Inhalts: N. N. bittet im Namen Gottes um ein andächtiges Vaterunser. [411]

Der Papst *Marcellus II*, unzufrieden mit dem damaligen Charakter der Musik, wollte alle Musik aus den Kirchen verbannen; da komponierte (1555) Palestrina seine sechsstimmige Messe, die nachher unter dem Namen Missa papae Marcelli so berühmt geworden ist, um den beleidigten Papst zu versöhnen.
(Hoffmanns Serapionsbrüder.) [412]

In Portugal hat der Dezember allein 28 religiöse Festtage.
(Hoffmanns Ebda.) [413]

In China haben die Damenfüße viel Ähnlichkeit mit Pferdefüßen. (Derselbe.) [414]

Der Charakter des Deutschen Satans hat eine wunderbare Beimischung des Burlesken, durch die das eigentlich Sinn verstörende Grauen, das Entsetzen, das die Seele zermalmt, aufgelöst, verquickt wird. Hoffmann, Serapionsbrüder. [415]

Über Nacht hab ich geträumt, Napoleon zu sehen; ich fragte ihn, was er zum 2ten Teil von Heines Reisebildern sage. [416]

Zu mir hat Welt und Leben nur durch die Kunst ein Organ.
[417]

Julius Apostata müßte eine gute Tragödie geben. [418]

Ich frage meine Aufwärterin eben, da sie mir erzählt, daß morgen das Reformationsfest gefeiert werde, ob die Katholiken

es auch wohl feierlich begehen. Sie weiß es nicht, doch glaubt
sie wohl. [419]

Zu den Zeiten Richelieus betrug die Nachtwache der Stadt
Paris nur 45 Mann, die nicht einmal Dienste taten.
Voltaire, Gesch. Ludwigs 14. [420]

Die Prozessionen schlugen sich untereinander herum, um den
Vorzug ihrer Kreuzfahnen zu behaupten; die Domherren unsrer
lieben Frauen zerzausten sich mit den Domherren der heiligen
Kapelle; das Parlament und die Rechenkammer prügelten sich
in der Kirche U.L.F. um den Vortritt. (Voltaire) [421]

Neben dem Zimmer der Königin *Anna* von Östreich hielt man
bei der Geburt Ludwigs des 14ten einen Astrologen verborgen;
Ludwig der 13te hieß darum der Gerechte, weil er unter dem
Zeichen der Waage geboren war. [422]

»Wenn ich meinen Mann nicht mögte, mögt ich auch doch
keinen andern«, sagte Beppi. [423]

»An den Wolfgang muß ich stundenlang denken, immer, wie
er ein klein Kind war und mir unter den Füßen spielte.«
Goethes Mutter, Brief an Bettina. [424]

Es gibt Augenblicke, wo man nicht mehr empfinden zu können glaubt. [425]

Bettina schreibt an Goethe, Bd 1, Seite 272: Du sagtest: Ich
denke jetzt an Schiller; ich wollte, er wär jetzt hier. Sie würden
anders fühlen, kein Mensch konnte seiner Güte widerstehen,
wenn man ihn nicht so reich achtet und so ergiebig, so wars, weil
sein Geist einströmte in alles Leben seiner Zeit, und weil jeder
durch ihn genährt und gepflegt war und seine Mängel ergänzt.
So war er andern, so war er mir des meisten, und sein Verlust
wird sich nicht ersetzen. – Man berührt nichts umsonst; diese
langjährige Verbindung, dieser tiefe, ernste Verkehr, der ist ein
Teil meiner selbst geworden, und wenn ich jetzt ins Theater

komme und seh nach seinem Platz, und muß es glauben, daß er in dieser Welt nicht mehr da ist, daß diese Augen mich nicht mehr suchen, dann verdrießt mich das Leben und ich mögte lieber auch nicht mehr da sein.« [426]

Platen brüstet sich mit dem *Zügel* und hat nicht das Pferd. [427]

Bei Rückert ist Formlosigkeit. Wenn auch bei Jean Paul Formlosigkeit ist, so ists ein *Ozean*, der über alle Grenzen hinausschwellt und die Unendlichkeit repräsentiert; geringere Geister aber sind, wie ein Bach, der nur durch seine *Ufer* schön wird. (Nicht *ganz* im Bezug auf F. Rückert gesagt!) [428]

Die Alten glaubten, zu sterben, wenn sie eine Göttin gesehen. (Jean Paul) [429]

– vergleichbar dem melancholischen See in Norwegen, auf dem [man] in seiner finstern Ringmauer von steilen Felsen nie die Sonne, sondern nur den gestirnten Taghimmel in der Tiefe erblickt, und über welchen kein Vogel und keine Woge zieht.
Jean Paul. [430]

Ach der große, ungeheure Guy! der tapfre Ritter und Riese! Die Ungeheuer hat er überwunden und erschlagen, die Tochter des großen, reichen Grafen ist nun endlich seine Gemahlin geworden, er, der arme, verachtete, geringe Knappe. Da erwacht, im schönsten Glücke, sein Gewissen. Er pilgert nach dem gelobten Lande. Auch dort kämpft er Jahre hindurch und erschlägt viele Feinde der Christenheit. Nun kommt er zurück, nach langer, langer Zeit, vermagert und unkenntlich. Schon hat er sein Schloß im Auge. Da sieht er hier diese Felsenwand mit ihren wunderbaren Höhlen. Sein Gemüt erregt sich. Er zieht hier ein und lebt, von der Welt vergessen, als Einsiedler. Täglich geht er bettelnd nach seinem eignen Schlosse und empfängt von der Hand seiner schönen und mitleidigen Gemahlin ein Almosen. Sie spricht mit ihm, sie wird von seinen Worten und Erzählungen gerührt. Endlich, Jahre sind so vergangen, kommt er an sein

Ende und fühlt seinen Tod. Er sendet nach der Frau und schickt ihr seinen Trauring. Sie kommt und findet ihn sterbend.
> Tieck. Dichterleben, 1 Teil. [431]

– Die Sage, daß Polens alte Krone geheimnisvoll in einem Kloster bewahrt und nicht eher wieder zum Vorschein kommen werde, bis ein *Piast* sie tragen werde.
> Menzel, Reise durch Östreich. [432]

Novantike Kunst, die Modern und Antik verschmilzt. [433]

Der Ulmer Dom ist entstellt durch das kleine trichterförmige Türmchen, das man auf den unvollendeten Turm gesetzt hat. Eine desto größere Wirkung macht das Innere des Doms durch seine imposante Ausdehnung. Der innere Raum übertrifft an Breite noch den Mailänder Dom und weicht nur der Peterskirche in Rom. Es stehen über 5000 Kirchenstühle darin und doch ist auf allen Seiten noch weiter, leerer Raum übrig. Diese prachtvolle Halle würde sich noch unweit größer ausnehmen, wenn sie nicht auf die zweckwidrigste Weise durch eine Orgel und deren Substruktionen beim Eingang verbaut wäre. Man traut seinem Auge kaum, wenn man solche grobe Beleidigungen der architektonischen Verhältnisse sieht, und wundert sich darüber, sooft mans auch wiederkehren sieht. Die berühmten in Holz geschnitzten Köpfe, womit die Chorsitze geziert sind, zeichnen sich durch eine Schönheit der Form aus, deren ich das Material kaum für fähig gehalten hätte. Kräftig männliche Züge lassen sich noch leichter in Holz denken, aber ein Holzkopf, ein Haubenstock mit den lieblichsten, weiblichen Zügen war mir in der Tat etwas Neues. Die Schönheit dieser braunen Gesichter scheint sogar die barbarische Zerstörungswut in Schranken gehalten zu haben, denn nur an sehr wenigen hat sich der Vandalismus in Verstümmlung der Nasen geübt. Die Ansicht vom Turm herab bietet nur eine ziemlich flache Gegend dar, die jedoch mannigfach verziert ist durch Klöster und Schlösser, ein Landschaftscharakter, der dem ganzen Franken- und Baierlande ganz eigen ist.
> Menzel, Reise durch Östreich. [434]

Stuttgart, von den Reisebeschreibern gewöhnlich nur im Vorübergehen erwähnt, bietet dem Einheimischen weit mehr Reize dar, als dem Fremden. Es hat eine sehr anmutige Lage, weniger in der Mitte, als am Ausgang eines Bergkessels, der gegen die Stadt in unzähligen, mit Wein üppig bepflanzten Terrainwellen konvertiert wie eine Venusmuschel. Dieser Bergkessel öffnet sich nordöstlich gegen das Neckartal, und der Raum zwischen der Stadt und dem Neckar ist durch die königlichen Anlagen und das Lustschloß Rosenstein sehr verschönt. Nur an lebendigem Wasser mangelt es. Stuttg. gehört in die Kategorie der neuen Residenzstädte, die ohne Rücksicht auf merkantilische und militärische Lage aus ländlichen Fürstensitzen sich nach und nach zu großen Städten erweitert haben. Es kann nicht Handelsplatz sein, denn es hat kein Wasser und nur beschwerliche Bergstraßen; auch kein Waffenplatz, da es ringsum von den Bergen okkupiert wird. Cannstadt (1 Stunde davon) liegt weit besser am schiffbaren Neckar und im Durchschnittspunkt großer Heer- und Handelsstraßen.

Derselbe. [435]

Wir kamen um Mitternacht auf *Burgau*, das altertümliche Erbe der österreichischen Markgrafen, die die schöne Philippine Welser dem Kaiserhause geboren. Wie diese liebenswürdige Augsburgerin schon bei Lebzeiten von Kaiser Ferdinand als Schwiegertochter anerkannt wurde, sieht man auch noch in Wien unter den kaiserlichen Familienbildern ihr Bild.

Derselbe [436]

Die Lage dieser alten Reichsstadt in der grünen Ebne ist freundlich. In den Gassen fällt dem Fremden besonders das aus ganz kleinen Kieselsteinen zierlich in Mosaik gesetzte Pflaster auf, sowie die geschmacklose Malerei der Häuser. Die Gegend bis *München* ist einförmig.

Derselbe. [437]

Geil zwar sind diese Tiere (die Orang-Utan in Indien) und den Weibsbildern gefährlich, wenn sie eine allein bekommen und überwältigen können, angemerkt sie ihrer nicht verschonen, aber daraus folgt nicht, daß sie Menschen seien.

Des aus der Finsternis erretteten Naturlichts, oder der Vernunfts-Entledigungen 2ter Teil. An Tag gelegt von Stanislao Reinhard Axtelmeier, Augsburg bei Caspar Brechenmacher, 1700. [438]

– so könnte es auch wohl sein, daß Gott, der Allmächtige, dem heiligen Antonius zu Liebe, damit er nicht im wilden Wald gar sich verirren, oder vertiefen mögte, das Vieh und wilden Tiere redend gemacht. Derselbe. [439]

Ja, des Cardinal Ascanii Papagei wußte den ganzen Apostolischen Glauben deutlich aufzusagen. Derselbe. [440]

Ist dein Gedicht dir etwas anderes, als was anderen ihr Ach und ihr O ist, so ist es nichts. Wenn dich ein menschlicher Zustand erfaßt hat und dir keine Ruh läßt, und du ihn aussprechen, d. h. auflösen mußt, wenn er dich nicht erdrücken soll, dann hast du Beruf, ein Gedicht zu schreiben, sonst nicht. [441]

»Wirf weg, damit du nicht verlierst!« ist die beste Lebensregel. [442]

Ehmals schrieb man samtlich, statt sämtlich. [443]

Ich muß glauben, daß es in meiner Natur an *Verhältnis* fehlt, daß sie nur so aufs Ungefähre hin zusammengezimmert ist, ein rohes Durcheinander von Maschine, das klippt und klappt, ohne Zweck und Ziel. Wenigstens weiß ich mir dies Sauersüße, das darin liegt, wenn ich mich einmal als Individualität empfinde, nicht anders zu erklären. Brief an Gravenhorst. [444]

– Wer, wie ich, mit seinem ganzen Sein, dem Tod anheimgefallen ist, sollte nicht mit verpesteten Armen ein junges blühendes Leben umschlingen. Es ist humoristisch, daß ein Leichnam auf all die süßen Kleinigkeiten und Tändeleien einer Mädchenseele eingeht und sie wohl gar in der Erwiderung überbietet, aber eben, weil der Humor greulich ist, ist er unwiderstehlich. Man wird Egoist im Unglück. Daselbst. [445]

Antiquität. Nach der goldenen Bulle gehört zu einem römischen Kaiser nichts weiter, als ein gerechter, guter und brauchbarer Mann. (homo justus, bonus et utilis.)   Flegeljahre.   [446]

Perser. Die Perser glauben, am Jüngsten Tage würden die Bildsäulen von den Bildhauern Seelen fodern.   Flegeljahre.   [447]

Hexen. Ich schließe aus allem, daß damals (zur Zeit des Hexenglaubens) die Männer sich des Zauberglaubens bedienten, um unter der leichten Verkleidung eines teuflischen Buhlen die Weiber schnöde zu mißbrauchen, ja, daß vielleicht gar irgend eine geheime Gesellschaft ihren Landtag unter die Hülle eines Hexentanzes verbarg.   Flegeljahre.   [448]

Kant. Der Kern der Kantischen Philosophie ist: daß wir einen Gegenstand nur insoweit begreifen, als wir ihn in Gedanken vor uns werden zu lassen, ihn im Verstande zu erschaffen vermögen.
F. H. Jacobi, von Gott und göttlichen Dingen.   [449]

Selbst-Bewußtsein und Persönlichkeit sind beschränkt und endlich.   (Daselbst, doch nicht von Jacobi selbst)   [450]

Ideen sind Plato Urbilder der Dinge selbst.   Kant.   [451]

Für eine zweite Welt spricht unser *Sein* mehr, als unser *Denken.* (H.)   [452]

Cajus Blossius gestand vor dem römischen Senat, er würde das Kapitol angezündet haben, wenn sein Freund Tiberius *Grachus* es ihm geheißen hätte.   (Jacobi; Cicero de amicitia.)   [453]

Nie hat Jean Paul vielleicht ein wahreres Wort gesprochen, als wenn er sagt, es sei noch über ihn keins gesprochen.   [454]

d. 29 Novbr.
Ich bin körperlich nicht gar wohl und geistig noch weniger, die Cholera wütet in der Stadt, dennoch scheints mir unmöglich, daß ich sterben könne. Ob ein mystisches Gefühl im Menschen

liegt, was ihm sagt, ob die ökonomisch-umsichtige Natur ihn schon in ihre Pläne verwendet hat, oder nicht?

Aus einem Brief an Elise. [455]

Der Witz ist das einzige Ding, was um so weniger gefunden wird, je eifriger man es sucht. [456]

– für die meisten (jungen Leute) ist die Poesie ein Kirchhof, auf dem sie verfaulen und faulen. Niemand verachte und verschmähe die Wissenschaft, und am wenigsten der Dichter, der Repräsentant der Weltseele, in dem sich zugleich Schöpfung und Schöpfungsakt abspiegeln sollen; ich weiß, wie mich meine unvollkommene, einseitige Bildung hemmt und stört; ich weiß freilich auch (und dies gibt mir den Standpunkt gegen andere), daß der Besitz kein so großes *Gut* ist, als der Mangel ein *Übel*. [457]

Wir gleichen der Wunderblume, die in der alten Welt nur nachts ihre Blüten auftut, weil es dann in der neuen tagt, die ihre Heimat ist. *(Jean Paul)* Dies Bild wäre noch anders zu brauchen. Wie wunderbar, daß das Traumleben dieser Blume das wirkliche überwiegt, daß nicht unsre Sonne, die doch immer *Sonne* ist, wenn auch nicht Amerikas Sonne, sie aufschließt, sondern unsre kalte, ernste Nacht. [458]

Zu schnöden Zwecken die heilige Dichtkunst mißbrauchen, heißt die Geliebte zur Mätresse – nicht machen, sondern hergeben! [459]

d. 3 Dezember.
Morgens 6 Uhr mit der liebsten, teuersten Beppi eine Adventsmusik in der Skt Michaels-Kirche gehört. Der Morgen in der Stadt ganz, wie der Abend, in den Straßen die trüben Laternen, in den Häusern hie und da ein Lichtlein, einzelne Menschen, die vorüberstreifen, der Himmel, grau und verschlossen darüber, Dach ohne Sterne. In der Kirche: der mit unzähligen Kerzen erleuchtete Haupt-Altar, die Menschenmenge (teilweise *gähnend!*). Die herrliche Musik, nach und nach durch die Fenster erst das

bestimmtere *Blau* des Himmels, dann die zitternde Helle des Tags. [460]

In den Bergen wachsen durch verschüttete Knappen zuweilen Gold-Adern. (Jean Paul Jubelsenior.) [461]

Der Teufel hat öfterer recht, als man ihm und sich zugibt. [462]

Jeden bedeutenden Schriftsteller muß man einmal lesen, um so weit zu kommen, daß man ihn lesen kann. [463]

Die im Leben glücklich Gestellten sollten wissen oder bedenken, daß die Not die Fühlfäden des inneren Menschen nicht abstumpft, sondern verfeinert; dann würden sie sich ihrer Stellung nicht so oft überheben, denn gewiß geschieht dies weniger aus Vorbedacht, als aus Dummheit.

Aus dem Innersten heraus! [464]

Heut abend Schelling gehört. Leute der Art sind gewöhnlich Gewitter, statt Lichter, er nicht. [465]

Es soll Leute gegeben haben, die, wenn sie amputiert wurden, noch Schmerz in den abgenommenen Gliedern empfanden. Doppelte Art des Seins: das von Anfang an *Gewesene* und das *Gewordene*. cogito ergo sum; bin ich nicht viel mehr in Gewalt des in mir Denkenden, als dieses in meiner Gewalt ist? (den 5 Dezbr.) [466]

– *See-Trompete*. Bekanntlich ist dieses gewundene Muschelhorn eine ewige, nie schweigende, Windharfe, eigentlich Luftharfe, und es bewegt die Seele seltsam, wenn mitten im Schweigen der ruhenden Luft gleichwohl die Muschel, wie aus eigener Kraft, dieselben Melodieen fort ertönen läßt, als wäre sie ein Hör-Rohr, hinausgerichtet irgend einer unbekannten Welt-Öffnung entgegen. Jean Paul. [467]

Die Franzosen haben eine Literatur, wie wir eine Freiheit oder einen Staat. [468]

Zum Dank dafür, daß das Licht sie bescheint, werfen die Dinge Schatten. Die Menschen auch, besonders die Schüler großer Männer. [469]

Vor einer hohen Freude zittert der Mensch fast so sehr, wie vor einem großen Schmerz; da mag er fürchten, die Traube des Lebens auf einmal zu pflücken und den dürren Stock in der Hand zu behalten. [470]

Für einen Roman späterer Jahre eignete sich das bis jetzt noch nie abgerollte Bild eines hohen Mannes, wie z. B. Jean Pauls, der durch den Gang, den sein äußeres Leben nimmt, in seiner innersten Entwicklung gestört wird. [471]

Todesanzeige

Dem unerforschlichen Ratschluß Gottes hat es gefallen, heute vormittag pp. den königlichen Forstmeister, Herrn Johann August Weymer, *ausgezeichnet durch die goldene Zivil-Verdienstmedaille*, abzurufen pp. Bairische Landbötin, 1836. Dezbr. [472]

Aus einem Aufsatz des nämlichen Blatts:
Die Pest in Wien im J. 1679.

Auch für Baierns Hauptstadt ist seit einigen Wochen eine beunruhigende Zeit erschienen, aber es lebt auch unter uns, wie damals in Wien (der Fürst von Schwarzenberg) ein hochsinniger, wohl von jedem verehrter, und als Wohltäter der Menschen allen bekannter, Fürst, ein Retter der Bedrängten, ein Tröster der Gebeugten. Mehr aber, als alles, was bisher Großes und Gutes von demselben und nach dessen so schönem Beispiel von vielen andern ausgezeichneten Menschenfreunden geschah, wirken und ermutigen die unschätzbaren, uns unvergeßlichen, Worte Unsers erhabenen Monarchen: »*Ich verlasse meine treuen Münchner nicht!*« Wer wird durch eine solche Aufopferung nicht innigst gerührt, der Herrscher Tugend, die sich in den Tagen der Drangsal so herrlich bewährt, nicht die höchste Bewunderung und den aufrichtigsten Dank zollen, aber auch zugleich ausrufen:

»Ja, auch wir werden Ihn nie verlassen, auch wir werden unsere angestammte Tugend – unerschütterliche Treue und unaussprechliche Liebe – Demselben immer bewähren, und alles, was da kommen mag, *in der Mitte* unsers besten Vaters mit Ruhe und Ergebenheit tragen, uns mit Ihm der waltenden Vorsehung empfehlend.«

München d. 4 Dezbr 1836.   (Landbötin, Sonnabend, 10 Dezbr)
[473]

An der Muttergottes-Säule am Schrannenplatz sieht man jahraus, jahrein, eine arme Weibsperson mit einem kleinen Reisebündel und einem alten Regenschirm (vielleicht Gelübde, vielleicht stiller Wahnsinn) in Hitz und Regen und Kälte auf- und ab gehn. Die Gassenbuben vertreiben sie.   daselbst.   [474]

Je älter der bessere Mensch wird, oder je stiller und frömmer, desto mehr hält er das *Angeborne* für heilig, nämlich den *Sinn* und die *Kraft;* indes sich für die Menge das *Erwerben*, die Fertigkeit und die Wissenschaft, überall prahlend vordrängt, weil dieses allgemein und auch von denen begriffen wird, die es nicht haben, jenes aber nicht.

Jean Paul, komischer Anhang zum Titan, Bd 2.   [475]

Das Leben ist nur ein anderer Tod. Des Lebens Geburt, nicht Ende, ist der Tod.
[476]

Daß man im Takt gehen muß, wenn man Musik hört!   [477]

Das Licht wirkt erregend auf die genitalia.   (Jean Paul.)   [478]

Das Lächerliche ist so leicht zu schreiben, daß es eigentlich niemals mißlingen kann; unsre ernsthaftesten Schriftsteller geben das Beispiel.
[479]

Die tiefsten Wunden muß ein edler Mensch dem andern schlagen.
[480]

Wir begehen manche Sünden bloß, um sie bereuen zu können.
[481]

Manche Dinge sollte man recht *in* die Mode bringen, damit sie endlich *aus* der Mode kommen. [482]

Als mein Vater am Sonnabend, abends um 6 Uhr, den 11 Nov. 1827, nachdem ich ihn am Freitag zuvor noch geärgert hatte, im Sterben lag, da fleht ich krampfhaft: nur noch 8 Tage, Gott; es war, wie ein plötzliches Erfassen der unendlichen Kräfte, ich kanns nur mit dem konvulsivischen Ergreifen eines Menschen am Arm, der in irgend einem ungeheuren Fall, Hülfe oder Rettung bringen kann, vergleichen. Mein Vater erholte sich sogleich; am nächstfolgenden Sonnabend, abends um 6 Uhr, starb er! [483]

Ich habe oft ein Gefühl, als ständen wir Menschen (d.h. jeder einzelne) so unendlich einsam im All da, daß wir nicht einmal einer vom andern das Geringste wüßten und daß all unsre Freundschaft und Liebe dem Aneinanderfliegen vom Wind zerstreuter Sandkörner gliche. [484]

Beppi sagte mir heute: wenn ich, obgleich ich wache, nur die *Augen* nicht aufmache, so weiß ich noch, was mir geträumt hat, sonst aber nicht. [485]

d. 15. Dezbr.

Aus Stuttgart wird von einem Bäckergesellen gemeldet, der plötzlich vor dem Haus seines Meisters stehenbleibt und nicht durch Bitten, Drohungen und Gewalt dahin gebracht werden kann, hineinzutreten. Er wird zuletzt durch die Polizei ins Krankenhaus gebracht und befindet sich dort – sagen die Zeitungen! – wohl, verweigert es aber fortwährend (ohne irgend einen Grund) ins Haus des Bäckers oder zu den Seinigen zurückzukehren. Er hat Angst vor jedem *beschränkten* Raum. [486]

Berlin hat eine Schuldenlast von 4 Millionen preuß. Taler, unter allen deutschen Städten wohl die größte.

Bairische Landbötin. [487]

Zeitungsartikel

Paris d. 9. Dezbr

Der Smuggelhandel an der Nordgrenze wird hauptsächlich

durch Hunde betrieben, welche nach Belgien gebracht und dann, mit Waren bepackt, zurückgeschickt werden. Um dies zu beschränken, hat der Finanzminister auf die Hunde von starker Rasse für die Landgrenze zwischen Dünkirchen und les Rousses einen Ausfuhrzoll von 5 Franken für den Kopf gelegt. Die Zahl der zu solchen Zwecken benutzten Hunde beläuft sich auf 5–600000, und die Douaniers vermögen unter 100 kaum eines sich zu bemächtigen. Jeder trägt 5 bis 6 ℔. 400000 mit Tabak beladene Hunde machen dem Staatsschatz einen Verlust von 5–6 Mill. Franken. Die Dressur besteht darin, daß die Hunde in Frankreich gut behandelt, in Belgien gemißhandelt, und, um sie gegen die Douaniers scheu zu machen, von Zeit zu Zeit ebenfalls in Belgien durch einen in deren Uniform gekleideten Mann durchgepeitscht werden. Sind sie in Belgien ausgehungert, so befrachtet man sie und läßt sie nachts los, wo sie dann in größter Eil nach Frankreich zurückkehren. Von Frankreich *nach* Belgien wurden sie bisher angebunden, bei Tage, durch ihre Herren geführt. Landbötin, 15 Dezbr. [488]

Die russische Eisenbahn zwischen Petersburg und Zars-Koje-Selo hat ihre Dampfwagen-Eilfahrten eröffnet. Der Dampfwagen wurde von dem Geistlichen feierlich eingeweiht.

Daselbst. [489]

Gibts Ärgerlicheres, als einen vorübergehenden Briefboten, der einem nichts bringt? [490]

Die Individualität ist nicht sowohl Ziel, als Weg, und nicht sowohl bester, als einziger. [491]

Religion ist erweiterte Freundschaft. Aberglaube ist der einzig echte *Glaube*. [492]

Es ist erstaunlich, wie weit man *alle* menschlichen Triebe auf einen einzigen zurückführen kann. [493]

Bevor B. die Menstruation gehabt, hat sie immer an fürchterlichen Schmerzen im Unterleib gelitten; wenn sie sich dann zum Vater ins Bett gelegt und dieser die Hand auf ihren Bauch gelegt, hats nachgelassen; bei der Mutter hats nicht geholfen. [494]

Schließt der Begriff Unsterblichkeit den Begriff Ewigkeit ein?
Ist jener ohne diesen denkbar? [495]

Das nächste Ziel mit Lust und Freude und aller Kraft zu verfolgen, ist der einzige Weg, das fernste zu erreichen. [496]

Junge Leute setzen sich zum *Dichten* nieder, und meinen, zum *Gedicht*! [497]

In die Hölle des Lebens kommt nur der hohe Adel der Menschheit; die andern stehen davor und *wärmen* sich. [498]

Als die Totenfrau von der Witwe noch nicht bezahlt war, erzählte sie, bei der Leiche des Herrn Pastors hätte sie in der Nacht die Engel singen hören; als die Bezahlung zu gering ausfiel, fand sie für jenes Singen die natürliche Auflösung in einem Traum. [499]

Manches Land ist leichter zu bedecken, als zu decken. [500]

Willst du wissen: was ist das Leben, so frage dich: was ist der Tod? [501]

Die Weiber kennen keinen Gott, als den Gott der Liebe und kein Sakrament, als das Sakrament der Ehe. [502]

Zwei Menschen sind immer zwei Extreme. [503]

Aus einem Brief an R. [ousseau]
Übrigens entstehen die meisten Irrungen zwischen Menschen, nicht, weil sie verschieden *sind*, sondern weil sie sich, bei der Unzulänglichkeit jeder Mitteilung über innere Zustände und deren Bedingnisse und Folgen verschieden *glauben*, oft sogar, weil sie an andern nicht dulden können, was sie an sich verehren. Legen wir in eine Menschenseele uns heterogene Triebfedern hinein, und sehen dann, daß die nämlichen Resultate entstehen, so wittern wir wohl gar Unnatur, ja Falschheit. – – Die sich auf die Länge vertragen sollen, müssen sich zuweilen prügeln; mögten

sie – sie könnens! – sich lieber wegen keines, als wegen eines, Grundes prügeln! [504]

Der *Pentagraph* ist ein Instrument, mit welchem man Kupferstiche und Gemälde mechanisch und in jeder beliebigen Proportion kopiert. Tristram Shandy. [505]

Aus einem Brief an Elise
– gestört, bin ich in jenen Zustand ungemäßigten und ungemessenen inneren Überfließens, worin der Mensch sich selbst zu verlieren fürchtet, hineingeraten und hab einen wüsten Tag vor mir. An solchen Tagen behandeln Welt und Natur mich, wie der Musikmeister in zerstreuten oder langweiligen Stunden sein Instrument; hier läßt er eine Saite erklingen und dort wieder, zuweilen gar der Ansatz zu einer wilden oder süßen Phantasie, aber nichts kommt zu Ende. Ein Durcheinanderschüttern des Geists und des Herzens ohne Ziel, kaum zum Aushalten. So hats (ich komm auf mein vis-à-vis zurück) der elendeste Wurm immer in seiner Macht, den edelsten Wein zu verderben, bloß dadurch, daß er hineinfällt. Unbeschreiblich ist meine Verachtung der Masse. Da krabbelt dieser geistige Pöbel die Liliputer Turmleiter, die er Wissenschaft nennt, mit Schneckenfüßen, die noch dazu gichtbrüchig sind, hinan, und hält jeden Zoll, den er zurücklegt, für eine Meile, weil er nach seiner *Mühe* mißt und nicht nach der *Länge;* sieht er dann über sich den Adler schweben, so denkt er: [»] du bist freilich nicht völlig so hoch gedrungen, wie der da, aber (hiebei streichelt er die Leiter) du *stehst,* und auf *Holz,* und er hat nichts *unter* sich, als *Luft,* und nichts *über* sich, als höchstens *Wolken* und die *Sonne,* zu der er so wenig hinaufkommt, als du.« Er könnt noch hinzusetzen: fällst du, so fällst du nicht hoch, und jedenfalls auf den *Hintern,* also aus dem *Stehen* ins *Sitzen* hinein. [506]

Der Mensch baut sich nicht bloß lieber, auch leichter einen Vergrößerungsspiegel, als einen verkleinernden. [507]

Je mehr sich ein Körper der vollkommensten (menschlichen) Gestalt nähert, ohne diese völlig zu erreichen, um so häßlicher wird er. Z. B. der Affe. [508]

Aus einem Brief an E. [lise]

Meinen Ansichten über die Ehe wünsch ich keinen Beifall, am wenigsten unter dem weiblichen Geschlecht. Sie gehen überhaupt nicht auf die Ehe selbst, sondern auf mein Verhältnis *zur* Ehe. Mir wird alles Unveränderliche zur Schranke und alle Schranke zur Beschränkung. Die Ehe ist eine bürgerliche, physische und in unendlich vielen Fällen auch geistige, Notwendigkeit. Der Notwendigkeit ist die *Menschheit* unterordnet, jede aber ist mit Regalien verknüpft. Das Individuum darf sich der Notwendigkeit entziehen, wenn es Kraft hat, den Freibrief durch Aufopferung zu lösen, darin liegt seine *Freiheit*. Ich kann alles, nur das nicht, was ich *muß*. [509]

Der Briefwechsel zwischen Goethe und Bettina ist in seiner letzten Wirkung schauerlich, ja furchtbar. Es ist das entsetzliche Schauspiel, wie ein Mensch den andern verschlingt und selbst Abscheu, wenn nicht vor der Speise, so doch vor dem Speisen, hat. Aber das Buch ist zugleich ein vollkommner Beweis für das bedeutendste Wort, was ich darin ausgesprochen finde; dafür nämlich, daß die Leidenschaft der Schlüssel zur Welt sei. [510]

Wie in der physischen, so gibts in der höheren Natur – wie wärs bei der Ökonomie, die der Welt als erstes Konstitutionsgesetz zum Grunde liegt, auch anders möglich? – nur *eine* Anziehungskraft, die Menschen an Menschen kettet; das ist die *Freundschaft*, und was man Liebe nennt, ist entweder die Flammen-Vorläuferin dieser reinen, unvergänglichen Vesta-Glut, oder der schnell aufflackernde und schnell erlöschende abgezogene Spiritus unlauterer Sinne. Die Metamorphosierungsperiode mag, da die edlere Seele dann ihren eigenen Groß-Inquisitor machen und sich Wankelmut, Unbeständigkeit, wenigstens innere Unzulänglichkeit, vorwerfen wird, gar schmerzlich sein; wohl also dem, der *ohne den Weg* zum *Ziel* gelangen kann. – – – Daß ich selbst da *recht* haben kann, wo die Welt nicht *unrecht* hat. [511]

Alle *Belehrung* geht vom Herzen aus, alle Bildung vom *Leben*. [512]

Der Teufel hole das, was man heutzutage schöne Sprache nennt; es ist dasselbe in der Dramatik, was die sog. schönen Redensarten im Leben sind. Kattun, Kattun, und wieder Kattun. Es flimmert wohl, aber es wärmt nicht! – – Also, von Adel ist der Herr Verfasser? Merkwürdig genug, die Herren von Adel stehlen sich alle einen bürgerlichen Namen, wenn sie bei Apoll couren wollen. Es hilft ihnen doch nichts. Aus einem Edelmann ist in Deutschland noch nie ein großer Dichter geworden; oft zwar aus einem großen Dichter ein Edelmann. [513]

Mein Bruder verbraucht meine Briefe ruhig zu Fidibus und sagt: er schreibt mir ja immer welche wieder. [514]

Alle sogenannten sympathetischen Kuren haben einen tiefpsychologischen Grund, wenn sie immer zur Bedingung machen, daß der Kranke sie glauben soll. Der Glaube ist weniger passiv, und weit mehr aktiv, als man denkt; er mag geistig die Kräfte der Wünschelrute, die anzeigt, und des Magneten, der anzieht, in sich vereinen. [515]

Woher kommt das Drückend-Furchtbare, das in der Einsamkeit, besonders in der von der Dunkelheit, die sie eigentlich erst recht hervorbringt, erhöhten, liegt? Und woher kommts, daß die bloße Gegenwart eines Menschen (sei es auch ein Kind) das peinliche Gefühl vertreibt? [516]

In den Kreis des Glaubens oder des Irrens (es nenne ihn jeder, wie er will) ist jedenfalls der Mensch mit all seinen *Kräften* und *Kraft-Äußerungen* gebannt; eben das, was er *Wissen* nennt, müßte die treibende Feder auf ewig anhalten, darum aber kann auch der Glaube in seinem Traum über sein eignes letztes Ziel, das *Schauen*, nicht recht haben. [517]

Berichtigung

In der Landbötin N: 152 und im bair. Volksfreund N. 99 ist eine Anzeige enthalten über das bei Herrn Lechner verfertigte Brautkleid Ihrer Majestät, der neu vermählten Königin von Griechenland. Da diese Anzeige Unrichtigkeiten enthält, so finde ich mich veranlaßt, dieselbe im folgenden zu berichtigen. Ohne den Arbeiten des Herrn Wunsch zu nahe zu treten, mußte mich vor allem die Zueignung eines Titels befremden, der ihm nicht gebührt; Herr Wunsch ist nämlich nicht Hof*borten*macher, sondern Hof-*Knopf*macher. Als solchem steht es ihm, da die Arbeiten dieser beiden Gewerbe sehr wohl ausgeschieden sind, nicht zu, Bortenmacher-Arbeit zu verfertigen, ohne sich einen Gewerbs-Übergriff zu erlauben; ferner sind die an besagtem Brautkleide befindlichen Bortenmacher-Arbeiten nicht von Herrn Wunsch, sondern von einem hiesigen Bortenmacher für Herrn Wunsch angefertigt, ebensowenig sind die ähnlichen Arbeiten an den Möbeln in der neuen Residenz von dem Knopfmacher, Herrn Wunsch, sondern von mehreren hiesigen Bortenmachern verfertigt. Zu dieser Berichtigung verleitete mich nicht Mißgunst, oder Neid, sondern ich glaubte, sie der Wahrung meiner Rechte und der Rechte der hiesigen Bortenmacher schuldig zu sein.   Franz Niederwießer, Hofbortenmacher. [518]

Es gibt nichts *Unvergängliches* im Leben, als die Erkenntnis der jedesmaligen Zustände, worin es sich konzentriert. Zu dieser Erkenntnis, die freilich nur dann möglich ist, wenn der Zustand, den sie erfassen will, nicht mehr wirklich ist, suche denn jeder nach Kräften vorzudringen. [519]

Es ist die größte Dummheit der Maus, daß sie, einmal in der Falle gefangen, nicht wenigstens noch den Speck, der sie hineingelockt hat, verzehrt. [520]

Niemand ist so sehr Atheist, daß er nicht die christlichen Festtage mitfeiern hülfe. [521]

Es gibt Nüsse, deren Schale so hart ist, daß, wenn man sie aufbeißt, die Zähne daraufgehen, so, daß das weiche Fleisch nicht mehr schmeckt. Ebensolche Wahrheiten gibts. [522]

Bilsenkraut gibt, eingenommen, das Gefühl des Fliegens.
                    Komet, von Jean Paul. [523]

Wenn die Katholiken beichten wollen, dürfen sie nichts essen, ja, nicht einmal den Speichel herunterschlucken, müssen sich die Zunge abschaben, die Zähne putzen u. dgl. (Beppi) [524]

Einen *kleinen* (körperlichen, wie geistigen) Schmerz durch eigne Kraft *vergrößern*, heißt, ihn *lindern*. [525]

Ein Mensch, also auch ein Freund, ist nie des andern Universalmixtur, und jeder meint, es zu sein. [526]

Die großen Männer, die sie hervorbringen, sind die Teleskope, wodurch die fernsten Zeiten miteinander korrespondieren. [527]

Unsre Zeit ist dummklug. Andere waren altklug. [528]

Das vornehmste Bestreben der Welt sei darauf gerichtet, keines Herkules zu *bedürfen*. Das ist die einzige Klugheitsmaßregel, die ich der Zeit zugestehe. Es gilt nicht sowohl, einen Augiasstall zu misten, als aufzupassen, daß keiner entstehe! [529]

Versuch über die Geschichte der bürgerlichen Gesellschaft von Ferguson. (Empfohlen in Jacobis Woldemar.) [530]

Timoleon, der göttlich Liebende, nachdem er seinen Bruder *Timophanes*, der ein blutdürstiger, unerbittlicher Tyrann geworden, mit unsäglichem Schmerz, den der erhabenste Mut überwand, dem Vaterland aufgeopfert, versank bald in die tiefste Schwermut und wollte durch Entziehung der Speise sich selbst das Leben nehmen, weil ihn die Lästerungen vieler seiner Mitbürger und der Zorn seiner Mutter in seinem Gewissen irre gemacht und mit sich selbst entzweit hatten.
(Jacobis Woldemar; aus dem Plutarch). [531]

Große und weise Männer hätten zu allen Zeiten behauptet, daß es Fälle gäbe, wo die heiligen Bildnisse der Gerechtigkeit und Milde auf einen Augenblick verhüllt werden müßten. Die Moral selbst unterwärfe sich alsdann einer vorübergehenden Hemmung ihrer *Gesetze*, damit ihre *Prinzipien* erhalten würden.

             Jacobi, Woldemar. [532]

Der *Materialismus* in der Philosophie ging von *Helvetius* aus.
                  Daselbst. [533]

»Luise – sagte Henriette – sage du es Biderthalen, wie dir sein würde, wenn nur ein Schatten von Furcht dich anwandeln könnte, es keime, z. B. in Dorenburg, eine leidenschaftliche Neigung zu dir – – – du würdest dich durch die Wirkung, die von dir ausgegangen wäre, wie unschuldig du auch daran gewesen, für *verunreinigt* halten, und die tiefste Demütigung empfinden.«
               Jacobi Woldemar. [534]

Ein Senator *Schott* in Hamburg soll über 70,000 rtl. (sein ganzes Vermögen!) verwendet haben, um durch den berühmten Architekten *Erasmus* daselbst in 15 Jahren ein jetzt in Dresden befindliches Modell des Tempels Salomonis und der Stiftshütte verfertigen zu lassen.   (Bairische Landbötin, *Dezbr* 1836.) [535]

Am 6 Dezbr 1836 starb zu Passeier Anna Hofer, Witwe des Sandwirts.   [536]

In *Rouen* starb vor einigen Tagen ein gewisser *Leburier* aus Verzweiflung über das Mißlingen seiner Versuche, dem in der letzten Zeit dort und in andern Teilen Frankreichs herrschenden starken Regenwetter Einhalt zu tun, ein Mißlingen, welches er den boshaften Gegenwirkungen seiner Feinde beimaß. Er hatte all sein Vermögen durch Experimente, wodurch er nach Belieben Regen und Sonnenschein bewirken zu können hoffte, verschleudert und starb in größter Dürftigkeit.
               Bair. Landbötin, Dezbr. [537]

   Über Friedrich Rückert. (aus einem Brief an Rousseau
         vom 30 Dezbr 1836)
– Jedes unbedeutende Schlaglicht, das auf irgend einen Gegenstand fällt, aufzufangen; nichts, was einem Jahrmarktsbild ähnlich sieht, sich entwischen zu lassen; keinen Scherz, keinen Ein-

fall, zu verschmähen, und aus solchen Stoffen mit Hülfe einer bei Vorwürfen der Art nicht schwer zu erringenden, gewandten Metrik einen prunkenden Pfauenschweif zu bilden – wenn das Dichten heißt, so hat in meinen Augen die Dichtkunst keine Würde mehr und kein Gewicht.

Ich erachte sie für einen Geist, der in jede *Form* der Existenz und in jeden *Zustand* des Existierenden, hinuntersteigen, und von jener die *Bedingnisse*, von diesem die *Grundfäden* erfassen und zur Anschauung bringen soll. Sie erlöse die Natur zu *selbsteigenem*, die Menschheit zu *freiestem* und die uns in ihrer Unendlichkeit unerfaßbare Gottheit zu *notwendigem* Leben. Das geschieht freilich nicht, wenn wir die Natur in eine ihr nicht gemäße, sog. höhere Region hinüberführen und z. B. sterbenden Blumen unsre Empfindungen und unseren Trost unterlegen. Das geschieht nicht, wenn wir mit Schiller des Menschen Angesicht durch ein Vergrößerungsglas betrachten und den Hintern entweder gar nicht, oder durch ein Verkleinerungsglas. Das geschieht noch weniger, wenn wir uns zu jämmerlichem Gewürm herunterkanzeln, damit der liebe Gott, der am Ende doch, als er schuf, tat, was er konnte, recht prächtig und erhaben darübersitze.

Leben ist Verharren im Angemessenen. Ein Teil des Lebens ist *Ufer* (Gott und Natur), ein anderer (Mensch und Menschheit) ist *Strom*. Wo und wie spiegeln sie sich, tränken und durchdringen sie sich gegenseitig? Dies scheint mir die große Frage von Anbeginn, die dem Dichter der Genius vorlegt. Sein Wesen und Streben, am Ende der Bahn von dem Auge eines Verwandten, wo möglich, Größeren, zusammengefaßt, bilden die Antwort, die dann, als Quintessenz seiner Existenz, fortwirkt ins Unendliche. Vielleicht erscheint gegen den Abschluß aller irdischen Dinge ein Letzter, Allgewaltigster, der die Summen der vorübergerauschten Jahrtausende in seine Persönlichkeit zieht, und sie der Menschheit, die nun einmal nicht aufsummieren kann, zu treuen Händen, als Rein-Ertrag ihres gesamten Haushaltens übermacht. Ich meine in ihren Koryphäen schon jetzt mit Sicherheit ein aufsteigendes Prinzip wahrnehmen zu können. So beherrscht, im Gegensatz zu Homer, der Epiker Dante zugleich *Himmel* und *Erde*, so ist der Humorist Richter ein erweiterter Sterne und Goethe ein, wo nicht verklärter, so doch klärerer, Shakespeare.

– – – Diese (Rückertschen) Gedichte werden auf die deutsche Literatur einen unheilvollen Einfluß ausüben und vielleicht die *Lohensteinsche* Periode zurückführen. Nichts ist *gefährlicher*, als *Mittelmäßigkeit*, die auf *einiges* trotzen kann. [538]

Gibbon, Kap. 1. Seite 20, gibt eine treffliche Schilderung des römischen Waffenwesens. [539]

Die verschiedenen Religions-Dienste, welche in der römischen Welt herrschten, wurden sämtlich vom Volke als gleich *wahr*, vom Philosophen als gleich *falsch*, von der Obrigkeit als gleich *nützlich* betrachtet. Gibbon. [540]

Die Grundlage einer freien Verfassung ist unabhelflich zertrümmert, wenn die gesetzgebende Macht von der vollziehenden ernannt wird. Gibbon. [541]

Ein reicher Verbrecher konnte (unter Commodus) nicht allein Umstoßung des Spruchs erhalten, durch den er gesetzmäßig verurteilt worden war, sondern auch den Ankläger, die Zeugen, den Richter, zu einer jeden Strafe verdammen lassen, die ihm gefiel. Gibbon. [542]

Auf vielfältiges Verlangen teilt die *Landbötin* nachstehenden Aufsatz aus der Zeitschrift *Sion* mit:

»*München*. Seit vielen Jahrhunderten verehrt Bayern die seligste Jungfrau und Mutter des Herrn als besondere Schutzheilige. Einer der weisesten und größten Fürsten, den Bayern gehabt, der Kurfürst Maximilian I., drückte diese Verehrung am schönsten aus, als er seinem Prinzen Ferdinand Maria folgende väterliche Ermahnung gab: »Alle Heilige Gottes, bevor aber die Königin aller Heiligen, die jungfräuliche Mutter Gottes, als eine unsers Kurhauses ewige Patronin, liebe und ehre nicht anders, als wie ein untertänigst ergebener Sohn zu tun schuldig ist. Auf solche Weise bist du versichert, daß sie als eine sorgtragende Mutter dich lieben, und bei dem allerhöchsten Gott dich in Glück und Unglück möglichst beschützen werde.« Von dieser Liebe und Verehrung, die er seinem Sohne und Nachfolger hiemit empfahl, gab der große Kurfürst selbst den schönsten Beweis, als er dem altberühmten Gnadenbilde der Mutter Gottes zu Altenötting einen silbernen Tabernakel zum Opfer brachte, in welchem man nach seinem Tode ein, mit dem kurfürstl. Siegel doppelt verschlossenes, Papier fand, welches folgende, mit seiner eigenen Hand und zwar mit seinem Blute geschriebene, Aufopferung enthielt:

»Ich schenke und opfere mich Dir auf zu einem Leibeigenen,
Heilige Jungfrau Maria!

Das bezeuge ich mit meinem Blute und meiner Handschrift:
Maximilian,
der größte unter den Sündern«

Auch sein Herz wurde, wie er es befohlen hatte, nach seinem Tode, in einem silbernen Herzen verwahrt, am 4ten Okt. 1651 nach Altenötting gebracht und in der heil. Kapelle beigesetzt. Seit dieser Zeit wurden die Herzen vieler Fürsten und Fürstinnen des bayerschen Hauses, zuletzt noch des Königs Maximilian Joseph I., dort beigesetzt.

Besonders ist es die unbefleckte Empfängnis, welcher sich die Andacht des bayerschen Volkes zugewendet hat. Das sprechendste Zeugnis dafür ist das Dasein des vom Kurfürsten Carl Albrecht im Jahre 1729 erneuerten Ritter-Ordens vom heil. Georg, dessen vorzüglicher Zweck die Verehrung und Verteidigung der unbefleckten Empfängnis ist und in welchen, außer den Gliedern des k. Hauses, nur Sprossen der ersten Geschlechter des Landes aufgenommen werden. Davon gibt ferner Zeugnis das gegossene Marienbild in der alten Hauptfassade der k. Residenz, welches die unbefleckte Empfängnis darstellt; auch die Statue auf der, vom Kurfürsten Maximilian I. errichteten, Säule auf dem Schrannenplatze dahier stellt dieselbe vor. Das Gepräge der größern bayerschen Münzen früherer Zeit zeigte ebenfalls die Mutter des Herrn von der unbefleckten Empfängnis mit der Umschrift: »Patrona Bavariae«.

Unter diesen Umständen war es natürlich, daß die neue Medaille von der unbefleckten Empfängnis vorzüglich in Bayern, das sonst das »marianische« genannt war, mit großer Freude aufgenommen und von allen Verehrern der Mutter des Herrn zu tragen verlangt wurde. Wie groß war daher aber auch das allgemeine Erstaunen, als die Medaille und das bei *Doll* darüber erschienene Büchlein mit Beschlag belegt wurden. Diese Maßregel schien um so unerklärlicher, als der Heilige Vater selbst, sowie die hochwürdigsten Erzbischöfe von München und Paris und andere Kirchenprälaten schon unzählige Medaillen geweiht, und hiedurch das Tragen derselben genehmigt hatten. Diese Genehmigung schien in einer *rein geistlichen* Sache genügend, da es der geistlichen Behörde zusteht, in Dingen, die den Glauben betreffen, zu entscheiden. Die allgemeine Verbreitung der Medaille hatte zwar von einer Erscheinung begonnen, die eine Klosterfrau zu Paris gehabt; allein ihre hinlängliche Rechtfertigung findet sie erst in den Wohltaten, die so viele dem Tragen der Medaille und ihrer dadurch angeregten Andacht zur unbefleckten Empfängnis verdanken. Denn wäre das Tragen fruchtlos gewesen, so würde man ohne Zweifel jene Erscheinung zuerst allgemein verlacht, dann aber allgemein vergessen, nicht aber nach diesem Ablaßpfennig allgemein gefragt haben und fragen. Es verhält sich also damit wie mit den Skapulieren, die ihre allgemeine Verbreitung auch nicht den Offenbarungen des Karmeliten Stocks, sondern ihrem Nutzen verdanken. So feiert die Kirche auch zwei der schönsten Feste, das vom Fronleichnam und das vom Herzen Jesu, welche durch Erscheinungen, die zwei Klosterfrauen gehabt, veranlaßt worden; sie hat nämlich die Feste schön und nützlich gefunden und sie genehmigt, ohne die in Mitte liegenden Erscheinungen näher zu untersuchen, was wohl auch kein Resultat gegeben hätte. Doch wir wollen, da die Sache so einfach und klar ist, nicht länger bei den Gründen verweilen, die für sie sprechen, sondern berichten, daß die Aufhebung der Beschlagnahme verfügt und diese Verfügung hinsichtlich der Medaille sogleich vollzogen worden, noch nicht aber hinsichtlich des Büchleins. Welcher Anstand sich bei diesem noch ergeben, ist uns unbekannt. Da sich alle Zeitungen beeilt hatten, die Beschlagnahme anzuzeigen, so hielten wir es für angemessen, den Vorgang ausführlich zu berühren, was um so geeigneter sein möchte, als jene Blätter sich schwerlich beeilen möchten, auch die Aufhebung der Beschlagnahme zu berichten. [543]

Die Prätorianer liefen (nach Ermordung des Pertinax) auf den Wall und riefen mit lauter Stimme aus, daß die römische Welt durch öffentliche Versteigerung verkauft werden sollte. Didius Julianus erstand es. (Im Jahre Christi 193 März 28.)

Gibbon. [544]

Der Charakter des Kaisers Maximinus, Tyrann aus Furcht vor Verachtung, riesenhaft von Körper, von niedrigster Geburt, eignete sich vielleicht für eine Darstellung. [545]

Das Religionsbuch der Perser: Zoroasters Lehren enthaltend, heißt *Zendavesta*. Gibbon, Kap. 8. Bd. 1. [546]

Der Name *Franken* bedeutet ursprünglich *freie* Menschen.
Gibbon. [547]

d. 31. Dezbr 1836.

Am Schlusse dieses 1836sten Jahres mag ich mir sagen, daß das heranrückende 1837ste mehr, wie irgendein vorhergegangenes, Entscheidung für mich mit sich führen muß. Äußerlich handelt es sich um Begründung einer Existenz durch literärische Bestrebungen; auch innerlich kann dieser zwischen überflutender Fülle und gräßlicher Leere hin und her schwankende und gleich dem eines Trunkenbolds auf- und absteigende Zustand nicht lange mehr fortbestehen. Eine Erfahrung von Bedeutung glaube ich über mich selbst im letzten Jahr gemacht zu haben, nämlich die, daß es mir durchaus unmöglich ist, etwas zu schreiben, was sich nicht wirklich mit meinem geistigen Leben aufs innigste verkettet. Ebenfalls fühl ich mich jetzt – das war früher nicht der Fall – vom Innersten heraus zum Dichter bestimmt; irrt ich dennoch darin, so wäre mir mit dem Talent zugleich jede Fähigkeit, das in der Kunst Würdige und Gewichtige zu erkennen, versagt, denn das Zeugnis, mich redlich um den höchsten Maßstab bemüht und diesen streng an die Dokumente meines poetischen Schaffens gelegt zu haben, darf ich mir geben. Die Kunst ist das einzige Medium, wodurch Welt, Leben und Natur Eingang zu mir finden; ich habe in dieser ernsten Stunde nichts zu bitten und zu beten, als, daß es mir durch ein zu hartes Schicksal nicht unmöglich gemacht werden mögte, die Kräfte, die ich für sie in meiner Brust vermute, hervorzukehren! [548]

Meine Aufwärterin (40 Jahr, klein von Person, rotes Gesicht) sagt mir heute, sie habe die Kirche lieber als ihren Geliebten; einen ehemaligen, als treulos befundenen, Herzens-Freund hat sie vor dem Theater mit Steinwürfen vertrieben; ihre Hoffnung und Verlangen ist jetzt auf einen Witwer gestellt. [549]

Abenteuer am Neujahrs-Abend.

Mein Liebchen wollt ich auf mein Zimmer führen,
   Und brach, zu eilig, meinen Schlüssel ab;
Verdrießlich standen wir vor festen Türen,
   Mein schüchtern Liebchen flog die Trepp herab.
In Schnee und Wind schlich ich denn auch von hinnen,
   Der Dom, erleuchtet, hemmte meinen Schritt;
Um wenigstens den Himmel zu gewinnen,
   Ging ich hinein und sang ein Danklied mit! [550]

1837

Mit einem wunderlichen Gefühl schreib ich *zum erstenmal* diese Zahl auf ein weißes Blatt nieder. Sie hat für mich große Bedeutung. [551]

1837

Die erste Bitte, mit der ich in diesem angefangenen neuen Jahr vor den Thron der ewigen Macht zu treten wage, ist die Bitte um einen Stoff zu einer größeren Darstellung. Für so mancherlei, das sich in mir regt, bedarf ich eines Gefäßes, wenn nicht alles, was sich mir aus dem Innersten losgerissen hat, zurücktreten und mich zerstören soll! Wenig positive Kenntnis, aber höhere Einsicht in meine eigene Natur und deren Zustände, bessere Übersicht vieler Dinge der Welt und des Lebens, tiefere Erkenntnis des Wesens der Kunst und größere Herrschaft über jenes Unbegreifliche, das ich unter dem Ausdruck Stil befassen mögte, hab ich doch gewonnen. Ich bin der Natur um tausend Schritt nähergekommen; ich hab sie im letzten Sommer vielleicht zum erstenmal – sonst war sie mir weniger Wein, als Becher, wie so vielen, – genossen, und dafür hat sie mir denn – so gewiß ists, daß nur Genuß zum Verständnis führt, – manches vertraut. An Schriftstellern, die auf mich gewirkt, muß ich zuerst Goethe nennen, den ich in Heidelberg durch Gravenhorsts Güte fast ununterbrochen gelesen habe; dann aber auch Börne und endlich Jean Paul. Ich habe mich mehr und mehr von der Wahrheit des all meinem Streben zum Grunde liegenden Prinzips, daß bei dem Menschen *nie* von äußerer Erleuchtung, sondern nur von innerem *Tagen* die Rede sein könne, überzeugt; mein Evangelium ist: alles Höchste, in welchem Gebiet es auch sei, *erscheint* nur, und wird selbst durch den geweihtesten Priester vergebens *gerufen*; man entdeckt nichts *durch die* Wissenschaft, sondern nur *bei Gelegenheit* der Wissenschaft; dies aber gibt der Wissenschaft noch Würde genug. An bedeutenden Persönlichkeiten hab ich kennengelernt: *Gustav Schwab* und *Ludwig Uhland;* sowie aus anderen Fächern *Thibaut* und Mittermeier; *Schelling* und *Görres;* an Städten *Heidelberg, Straßburg* und *München;* an Werken bildender Kunst: den *Münster* und die Antiken der *Glyptothek*. Etwas, doch nur wenig, bin ich auch in der mir in den Dithmarsischen Schmach- und Pein-Verhältnissen verlorengegangenen Fertigkeit, mich, wenn ich Menschen gegenüberstehe, selbst für einen Menschen zu halten, weitergekommen. [552]

»Weh denen, die sich der Gewalt bedienen, die sie über ein Herz haben, um ihm die einfachen Freuden zu rauben, die aus ihm selbst hervorkeimen.«   Goethe, im Werther. [553]

Das, was man üble Laune nennt, entspringt bei höheren Menschen nicht, wie bei so vielen, aus augenblicklichem Mangel an Genuß, sondern aus jenem Zustand innerer Leere, der ihnen unerträglicher ist, als Stillstand des Lebens selbst. Wenn sie ihre üble

Laune ebensowenig, wie andere, in sich verschließen und sie die Nah- und Nächstgestellten empfinden lassen, so liegt der Grund allerdings teilweise in der durch solche Augenblicke gänzlicher Erschlaffung herbeigeführten Schwäche, hauptsächlich aber wohl in dem halb unbewußten Haschen der Seele nach irgend einer Art von Tätigkeit. Sie verwundet sich selbst, um nur zu erwachen.

[554]

Den widerwärtigsten Eindruck machen auf mich korrigierende, knabenhafte Gesellen, wie man sie in allen Verhältnissen findet, die durch ihre Äußerungen zeigen, daß sie in die Schule gegangen sind, aber noch nicht lange genug.

[555]

Ein solches Denkmal vollkommenster Armseligkeit und ausgemachtester Philiströsität existiert doch wohl kaum irgendwo, als der K.F.R. Vetterleinsche Kommentar zu Klopstocks Oden und Elegieen. Das Buch gewährt den Genuß der besten Humoreske. Ich merke mir wenige Proben, wie ich sie auf der ersten, besten Seite finde. pag. 282. »Ob nun Kl. wohl sah, daß Fanny ihn nicht liebte, so gab er darum doch die Hoffnung nicht auf. *Denn Liebende hoffen, wenn sie auch noch so wenig Grund dazu haben.* — — Der Plan der Ode ist einfach und doch nicht ohne feine Kunst angelegt. — — — *Einsamkeit nennt er das* **Los**, *ohne eine Geliebte in der Welt zu sein.* Dieser Zustand isoliert das Herz mitten unter Tausenden. *Der Gedanke war Kl. damals geläufig.* — — Das Beiwort *göttlich* ist noch ein Überrest aus der frühern deutschen Dichtersprache, worin man ein Mädchen auch wohl seine *Göttin* nannte. Der *allmächtige* Götterblick gehört auch dahin. (Witz!) *Aber, man kam bei uns von dem Mißbrauch solcher heiligen Wörter bald zurück.*

[556]

Goethes Werther, zuerst in Leipzig bei Weygand erschienen, ist in der zweiten Auflage in 2 Teile abgeteilt. Der 2te Teil beginnt mit dem Brief, worin Werther über seine Verhältnisse bei dem Gesandten berichtet. Ich merke mir dies wegen der nachfolgenden Verse, die beiden Teilen auf dem Titelblatt als Motto vorangestellt sind:

Zum 1sten Teil:	*Zum 2ten Teil.*
Jeder Jüngling sehnt sich, so zu lieben,	Du beweinst, du liebst ihn, liebe Seele,
Jedes Mädchen, so geliebt zu sein;	Rettest sein Gedächtnis von der Schmach;
Ach, der heiligste von unsern Trieben,	Sieh, dir winkt sein Geist aus seiner Höhle:
Warum fließt aus ihm die grimme Pein?	Sei ein Mann und folge mir nicht nach!

[557]

Für den Menschen, der Geist und Herz möglichst nach allen Seiten sich frei erhalten, oder befreit hat, ist jede Zeit schlimm, denn jede führt, da sie auf bestimmte Interessen verwiesen ist, etwas Ausschließendes mit sich. Die aber ist die schlimmste, die, wegen wirklicher oder vermeinter Schwäche ihres Fundaments, Mut und Kraft verdammt, so, daß nur Kranke und *Verschnittene* ihr Dienste tun können, oder dürfen. [558]

Ich war heute Zeuge einer närrischen Szene. Seine Säge und Beil unterm Arm, war ein betrunkener Holzhacker in den Schnee gefallen. Einem Gendarmen, der ihm sagte, er habe zu viel getrunken, entgegnete er: für zwei Groschen, das ist das Ganze. Als jener aber versetzte, es sei doch zu viel geworden, ergrimmte er heftig, stemmte die Arme in die Seite, sah den Gendarmen verachtend an und sagte: »Hätten Sie das im Leibe, was ich, Sie wären dreimal mehr betrunken!« [559]

Aus Goethes Aufsätzen über Winckelmann.
Vorrede

Für den Künstler, wie für den Menschen, ist eine geschichtliche Ansicht verwandter Zustände zu schnellerer Bildung höchst vorteilhaft. Wenn der Kenner seine Einsicht bloß der Geschichte verdankt, wenn sie den Körper zu den Ideen hergibt, aus welchen die Kunst entspringt, so ist auch für den jungen Künstler die Geschichte der Kunst von hoher Bedeutung, nur müßte er in ihr nicht trübe, leidenschaftlich zu erjagende Vorbilder, sondern sich selbst, auf seinem *Standpunkt*, in seiner *Beschränkung*, gleichnisweise gewahr werden.

Einleitung

Merkwürdiger Menschen *Andenken* und bedeutender Kunstwerke *Gegenwart* regt von Zeit zu Zeit den Geist der Betrachtung auf. Beide stehen da als Vermächtnisse für jede Generation, in Taten und Nachruhm jene, diese wirklich erhalten, als unaussprechliche Wesen. Jeder Einsichtige weiß recht gut, daß nur das Anschauen ihres besondern Ganzen einen wahren Wert hätte, und doch versucht man immer aufs neue, ihnen durch Wort und Reflexion etwas abzugewinnen.

Eintritt

Gewöhnlichen Menschen ist der lebhafte Trieb, die Außenwelt zu ergreifen und mit ihr vereint ein Ganzes zu bilden, nicht versagt; vorzügliche Geister aber empfinden oft eine Scheu vor dem wirklichen Leben, ziehen sich in sich selbst zurück und leisten das Vortreffliche, nach innen bezüglich. Das für Welt und Nachwelt erfreulichste Dasein bildet sich aus, wenn sich in besonders begabten Menschen jenes gemeinsame Bedürfnis, zu allem, was die Natur in sie gelegt hat, in der äußeren Welt die antwortenden Gegenbilder aufzusuchen und dadurch das Innere völlig zum Ganzen und Gewissen zu steigern, findet. Der Art war Winckelmann; hatte die Natur in ihn gelegt, was den Mann macht und ziert, so verwandte er sein ganzes Leben, im Menschen und in der sich mit diesem vorzugsweise beschäftigenden Kunst ein ihm Gemäßes, Treffliches und Würdiges aufzusuchen.

Antikes

Der Mensch vermag manches durch zweckmäßigen Gebrauch einzelner Kräfte; das Außerordentliche durch Verbindung einz. Fähigkeiten, aber das Einzige, ganz Unerwartete, leistet er nur, wenn sich die sämtlichen Eigenschaften gleichmäßig in ihm vereinen. Das letzte war der Alten, besonders der Griechen, glückliches Los; auf die beiden ersten sind wir Neuern verwiesen.

Wenn die gesunde Natur des Menschen als ein Ganzes wirkt, wenn er sich in der Welt als in einem großen, schönen, würdigen Ganzen fühlt; dann würde das Welt-All, könnt es anders sich selbst empfinden, als an seinen Gipfel gelangt, aufjauchzen und den Gipfel des eigenen Werdens und Wesens bewundern.

Wirft sich der Neuere fast bei jeder Betrachtung ins Unendliche, um zuletzt, wenn es ihm glückt, auf einen beschränkten Punkt wieder zurückzukehren, so fühlten die Alten ohne weitern Umweg sogleich ihre einzige Behaglichkeit innerhalb der lieblichen Grenzen der schönen Welt. Hieher waren sie gesetzt, hiezu berufen, hier fand ihre Tätigkeit Raum, ihre Leidenschaft Gegenstand und Nahrung. Für sie hatte einzigen Wert, was geschah; für uns, was gedacht und empfunden wird. Solch eine antike, völlig auf die Gegenwart angewiesene und durch sie zufriedengestellte Natur war in Winckelmann zurückgekehrt; so wies er sich aus im Leben, in seinen Studien, in seinen Werken.

Heidnisches

Dergleichen Vorzüge sind nur mit einem heidnischen Sinn vereinbar. Jenes Vertrauen auf sich selbst, jenes Wirken in der Gegenwart, die reine Verehrung der Götter, als Ahnherren, die Ergebenheit in ein übermächtiges Schicksal die in dem hohen Wert des Nachruhms selbst wieder auf diese Welt angewiesene Zukunft, gehören so notwendig zusammen, machen solch ein unzertrennliches Ganze, bilden sich zu einem von der Natur selbst beabsichtigten Zustand des menschlichen Wesens, daß wir in den höchsten Augenblicken des Genusses, wie in den tiefsten der Aufopferung, ja, des Untergangs, unverwüstliche Gesundheit gewahr werden.

Diese Denkweise Winckelmanns, diese seine Entfernung von aller christlichen Sinnesart, muß man bei Beurteilung seiner sog. Religionsveränderung im Auge behalten.

Freundschaft

Die Alten, als wahrhaft ganze Menschen mußten die Verbindungen menschlicher Wesen in ihrem ganzen Umfang kennenlernen.

Das Verhältnis zu den Frauen erhob sich bei ihnen kaum über das gemeinste Bedürfnis; zarter war schon das Verhältnis zwischen Eltern und Kindern, aber statt aller Empfindungen galt ihnen die Freundschaft zwischen Personen des männlichen Geschlechts.

Solch einer Freundschaft fühlte sich auch W. im höchsten

Grade so fähig, als bedürftig; er empfand sein eignes Selbst nur unter der Form der Freundschaft. Durch solche schöne Gesinnung erwarb er sich das Glück, mit den Besten seiner Zeit und seines Kreises im schönsten Verhältnis zu stehn.

Schönheit

Über jenem tiefen Freundschaftsbedürfnis, das seinen Gegenstand nicht sowohl empfängt, als es ihn ausbildet, tritt aber ein verwandtes, gleiches Bedürfnis und ein befriedigender Gegenstand desselben hervor, nämlich die Forderung des Sinnlich-Schönen und das Sinnlich-Schöne selbst, denn das letzte Produkt der sich immer steigernden Natur ist der schöne Mensch. Zwar kann sie ihn nur selten hervorbringen, und ihn nicht über einen Augenblick hinaus erhalten. Dann aber tritt die *Kunst* ein. Der Mensch, auf den Gipfel der Natur gestellt, sieht sich wieder für eine ganze Natur an, der einen neuen Gipfel hervorzubringen hat. Dazu steigert er sich, indem er sich mit allen Vollkommenheiten durchdringt, Wahl, Ordnung, Harmonie und Bedeutung aufruft und sich endlich zur Produktion des *Kunstwerks* erhebt, welches, als aus der *Gesamtmasse* der Kräfte entwickelt, den Menschen, indem es die menschliche Gestalt beseelt, über sich selbst erhebt, seinen Lebens- und Tatenkreis aufschließt und ihn für die Gegenwart, in die alles Vergangene und Künftige eingeschlossen ist, vergöttert. Von solchen Gefühlen ward ergriffen, wer den olympischen Jupiter erblickte.

Für diese Schönheit war W. vermöge seiner Natur fähig, er ward seiner in den Schriften der Alten zuerst gewahr; aber sie kam ihm aus den Werken der bildenden Kunst persönlich entgegen.

Finden nun beide Bedürfnisse der Freundschaft und Schönheit zugleich an *einem* Gegenstand Nahrung, so steigt des Menschen Glück ins Grenzenlose. So war denn W. oft im Verhältnis zu schönen Jünglingen und nie belebter, als in Augenblicken der Art.

Hingang

So war er denn auf der höchsten Stufe des Glücks der Welt verschwunden. Ihn erwartete sein Vaterland, ihm streckten seine Freunde die Arme entgegen, alle Äußerungen der Liebe, deren er so sehr bedurfte, alle Zeugnisse der öffentlichen Achtung, auf die er so viel Wert legte, warteten seiner Erscheinung, um ihn zu überhäufen. Und in diesem Sinn dürfen wir ihn wohl glücklich preisen, daß er von dem Gipfel des menschlichen Daseins zu den Seligen emporgestiegen, daß ein kurzer Schrecken, ein schneller Schmerz ihn von den Lebendigen hinweggenommen. Die Gebrechen des Alters, die Abnahme der Geisteskräfte, hat er nicht empfunden; er hat als ein Mann gelebt und ist als ein vollständiger Mann von hinnen gegangen. Nun genießt er im Andenken der Nachwelt den Vorteil, als ein ewig Tüchtiger und Kräftiger zu erscheinen: denn, in der Gestalt, wie der Mensch die Erde verläßt, wandelt er unter den Schatten, und so bleibt uns Achill als ewig strebender Jüngling gegenwärtig. [560]

*Aus Lessings Aufsatz: die Erziehung des
Menschengeschlechts*

§.

1. Offenbarung ist fürs Menschengeschlecht, was Erziehung bei dem einzelnen; Erziehung ist Offenbarung an den einzelnen und Offenbarung Erziehung, die der ganzen Menschheit geschehen ist und geschieht.

§.

Erziehung gibt dem Menschen nichts, was er nicht auch aus sich selbst haben könnte, nur leichter und geschwinder. So gibt auch die *Offenbarung* nicht *mehr*, nur *früher*, als die *Vernunft*. Gott mußte bei seiner Offenbarung eine gewisse Ordnung, ein gewisses Maß halten.

§.

Ab- und Vielgötterei entstand, weil der Mensch, obwohl ausgestattet mit dem Begriff von einem einigen, wahren Gott, diesen mitgeteilten, nicht erworbenen Begriff nicht lange in seiner Lauterkeit festhalten konnte, sondern, sobald ihn die Vernunft zu bearbeiten begann, den Unermeßlichen in mehre Ermeßlichere zerlegen mußte. Da gefiel es Gott, der Vernunft durch einen neuen Stoß eine bessere Richtung zu geben, und er wählte, da er sich jedem einz. Menschen nicht offenbaren konnte, noch wollte, sich ein einzelnes Volk, und zwar, um von vorn anfangen zu können, das verwildertste, rohste, das israelitische in Ägypten, das vielleicht durch die Ägypter in den Glauben gestürzt worden, es habe gar keinen Gott.

§.

Diesem Volk ließ Gott sich als der *Gott seiner Väter* ankündigen; durch die Wunder, mit welchen ers aus Ägypten wegführte und in Kanaan einsetzte, bezeugte er sich ihm als den *mächtigsten*, und, da dies doch nur *Einer* sein konnte, als den *einigen* Gott.

§.

Solch ein Volk war nur der ersten Kinder-Erziehung durch unmittelbar-sinnliche Belohnungen und Bestrafungen fähig; sein Blick war auf *dieses* Leben beschränkt, es wußte von keiner Unsterblichkeit der Seele, ihm taugte nur ein Gesetz, dessen Beobachtung oder Nichtbeobachtung ihm auf Erden Glück oder Leid verhieß. Gott erzog in diesem Volk die künftigen Erzieher des Menschengeschlechts.

§.

Warum wollen wir in allen pos. Religionen nicht lieber weiter nichts, als den Gang erblicken, nach welchem sich der menschliche Verstand jedes Orts einzig und allein entwickeln können, und noch ferner entwickeln soll; – – Gott hätte seine Hand bei allem im Spiel und nur bei unsern Irrtümern nicht?

§.

Christus ward der erste zuverlässige praktische Lehrer der Unsterblichkeit.

§.

Unmöglich hätte irgend ein anderes Buch (– als die neutestamentlichen Schriften –) unter so verschiedenen Völkern so allgemein bekannt werden können, und unstreitig hat das, daß so ganz *ungleiche* Denkungsarten sich mit diesem nämlichen Buch beschäftigten, dem menschlichen Verstand mehr fortgeholfen, als wenn jedes Volk für sich besonders sein eigen Elementarbuch gehabt hätte. [561]

Jean Paul nennt Ludwig den 14ten *Ludwig den Vergrößerten;* Klopstock in der Ode an Gleim erwähnt sein ebenfalls:

»Mehr, als Ludewig, den uns
    Sein Jahrhundert mit aufbewahrt.   [562]

Adelung setzt das goldene Zeitalter der Deutschen zwischen 1740–1760.   (Vorsch. der Ästhetik von Jean Paul.) [563]

Aus Klopstocks Ode: *Die Königin Luise* (von Dänemark.)
    Dich soll der Enkel noch, du Todesstunde feiern,
        Sie sei ein Fest um Mitternacht!
    Voll heiliger tief eingehüllter Schauer,
        Ein Fest der Weinenden.

    Nicht diese Stunde nur, sie starb viel lange Tage,
        Und jeder war des Todes wert,
    Des lehrenden, des ehrenvollen Todes,
        Den sie gestorben ist.

    Die ernste Stunde kam, in Nebel eingehüllet,
        Die sie bei Gräbern bildete!
    Die Königin, nur sie, vernimmt den Fußtritt
        Der kommenden, nur sie

    Hört durch die Nacht herauf der dunklen Flügel
        Den Todeston, da lächelt sie.   [Rauschen,
    Sei ewig, mein Gesang, weil du es singest,
        Daß sie gelächelt hat!   [564]

Ach über all dies dunkle mystische Treiben in der Natur und im Menschen! Ich schreibe eben (d. 5. Jan:) ein Gedicht: *zum letztenmal*, und wer weiß, obs nicht mir selbst etwas bedeutet! [565]

Tollheit reizt und stärkt das Zeugvermögen ungewöhnlich. Vorsch. der Ästh. von Richter.   Von Jean Paul. [566]

»Außerdem hegte das ganze Mittelalter eine beinah abergläubische Verehrung vor *Virgil*. Man glaubte, in seiner 4ten Ekloge eine Ahnung vom Christentum, eine mit dunklem Bewußtsein gegebene Prophezeiung davon zu finden und schrieb deswegen auch seinen übrigen Schriften größere Heiligkeit zu, als irgend einem andern heidnischen Buch.

(Dantes Hölle, Aufsatz im 3 Stück der Horen von Schiller.)
[567]

Bei einem Besuch, den der Papst Paul der 3te bei Michel Angelo abstattete, während er gerade am Jüngsten Gericht malte, nahm der Zeremonienmeister des Heil. Stuhls an den vielen im Gemälde vorkommenden *nackten* Figuren Anstoß. Michel-Angelo schwieg, sobald aber der Kritikus fort war, malte er ihn als Minos mit einem großen Schlangenschweif mitten unter eine Gruppe von Teufeln. Der so Verewigte beschwerte sich darüber beim Papst; dieser fragte, in welchen Teil des Gemäldes ihn denn der Künstler hingestellt. »In die Hölle«. »Das ist sehr übel, sehr übel! Sie dem Fegfeuer zu entreißen, hätte sich etwa tun lassen; aber aus der Hölle – nulla est redemtio!« Daselbst. [568]

Flegyas, erbittert über die Entehrung seiner Tochter *Koronis*, steckte Apollos Tempel zu Delphi in Brand und mußte dafür ewig im Orkus büßen. Apollo tötete darauf die von ihm noch schwangere Geliebte wegen einer Untreue, deren sie angeklagt wurde. Daselbst (ohne weitere Nachweisung). [569]

»Indem wir – heißt es in dem Aufsatz: Ideen zu einer künft. Geschichte der Kunst, Horen, 2tes Stück – von der ältesten griech. Kunst zu handeln gedenken, bietet sich uns gleich zuerst die Bemerkung dar, daß man sehr unrecht getan und sehr wenig Scharfsinn bewiesen hat, dieselbe von den Ägyptiern oder wohl gar von den Indiern, ableiten zu wollen.« Dann fährt der Verf. fort, der Mensch werde vermöge seiner Natur sowohl zur bildenden, als zur Dichtkunst und Musik getrieben, und es sei nicht besonders glaublich, daß ein so allgemeiner Nachahmungstrieb gerade bei den Griechen auf fremde Anregung und auswärtige Muster gewartet habe. Sehr wohl, aber das liegt auch doch wohl eben nicht unbedingt in jener Annahme. Ich kann das Licht, das *mir* leuchten soll, recht gern bei einem andern anzünden, obgleich ich, wenn er nicht zur Hand wäre, allerdings bald meine Fähigkeit, selbst Feuer zu schlagen, entdecken möchte. [570]

Auf dem Münster dacht ich nur an Goethe. Ich stand vor der kleinen Tafel, worauf sein Name eingehauen ist. Ich sah ihn, wie er mit seinem Adler-Auge hinschaute in das reiche, herrliche Elsaß und wie Götz von Berlichingen vor seiner Seele auftauchte und ihn um Erlösung anflehte aus langem Tod zu ewigem Leben. Ich sah ihn unten im Dom, wo die Idee der reinsten, himmelsüßesten Weiblichkeit, des Gretchens vor ihm aufging. Mir war, als ergösse sich der Strom *seines* Lebens durch *meine* Brust – es war ein herrlicher, unvergänglicher Tag! [571]

Damit sich der Mensch in seiner ganzen Menschheit, d.h. zur Persönlichkeit, ausbilde, ist es notwendig, daß er alle verschiedene Lebens-Perioden, die jener letzten, worin er stehen, wirken und genießen soll, voraufgehen, mit angemessener Freiheit durchgenieße. Erstlich die Periode der Passivität, wie ich sie nennen mögte, weil sie den Menschen mit Leben und Welt überschüttet –. [572]

Stellen aus der von dem Pfarrer *Zumiller* in *Flintsbach* gehaltenen Rede bei der ersten Feier des vom Magistrat der Hauptstadt München gestifteten Gottesdienstes in der Otto-Kapelle bei *Kiefersfelden* (aus der bair. Landbötin, 10 Jan: 1837.)
»Müde von der Last und den Tränen des Tages überfiel Otto im Wagen ein sanfter Schlummer, und schlummernd kam er zu *Kufstein* an. (Kufstein ist über die Grenze von Baiern hinaus.) Der grauende Morgen war noch in Nebel und Finsternis gehüllt, da kommt – o staune, Baiern, über die außerordentliche Liebe dieses Prinzen zu dir! – da kommt Otto, nicht achtend die Beschwerlichkeit der Kälte und des Weges zu Fuß hieher, und verweilt eine geraume Zeit an der Stelle, die jetzt diese Kapelle einnimmt. – – – Möge er einst von seinem Volk auch mit einem rühmlichen Beinamen Otto der Größere, oder Otto der Erlauchte, für die Nachwelt verewigt werden.« [573]

Seltsam! Seltsam! Josepha erzählt mir heut abend, sie habe in der Sonntag-Nacht (am Abend zuvor hatte sie mir Geständnisse gemacht, deren Inhalt mich nur ihre große Aufrichtigkeit vergessen machen konnte –) nachdem sie mit dem Gedanken, alles sei nun zwischen uns vorbei, eingeschlafen, geträumt, ein andres Mädchen sei zu ihr gekommen und hab ihr gesagt: sie solle mich nur laufen lassen; ich verspräche *jeder* das Heiraten. [574]

Aus dem Brief an Rouss.[eau] vom 7 Jan: 1837

– Aber der Mensch, vielleicht, weil nun einmal nur das Sinnlich-Wahrnehmbare sich innig in das Gefühl seiner Existenz mischt, empfindet selten das Stetige und immer das Vorüberrauschende im Leben. Da klammert er sich denn (freilich nicht mit Unrecht) an den Augenblick und verlangt von diesem, der ihm doch eigentlich nur für das Höchste *bürgt*, er soll es ihm *auszahlen*; statt sich zu freuen, daß er wächst, schmerzt es ihn, noch nicht gewachsen zu sein und allerdings hat er in diesem ewigen Vorschreiten nirgends Anhalt. Dies ist der Fluch alles *Werdens*, der die Menschheit, wie den Menschen, durch jedweden einzelnen Zustand verfolgt; es ist ein stetes Wiedergebären durch den Tod, und wem, der das im tiefsten an sich selbst erfuhr, steigt nicht ein *Ekel*, selbst gegen das Herrliche und Werte auf, da er voraus weiß, daß es früher oder später einem Herrlicheren, und so ins Unendliche fort, weichen muß. Diese Wahrnehmung (nebenbei bemerkt) reicht hin, die *Idee* der Gottheit, als eines bloßen *Gegensatzes* der als Ganzes aufgefaßten Menschheit, der, wie alle Gegensätze, der Vernunft vor den Füßen lag, völlig zu erschüttern, darum aber nicht die Gottheit selbst, in deren *Schöpfungstrieb* sich ein uns *Gemäßes*, das sich uns entgegenneigt, regen mag. Jener Ekel eben ists, der so störend in all mein Denken und Empfinden, noch mehr aber in mein Tun und Treiben, tritt und den ich nur zuweilen durch die ernste Vorhaltung, daß jede Stufe des Seins durch ein ihr angemessenes Wirken ausgefüllt sein will, wenn sie den sich ihrer bewußten Geist nicht alle Ewigkeit hindurch mit allen Unheimlichkeiten des Wüsten und Leeren peinigen soll, niederzukämpfen vermag.

– Was mich dagegen von jeher gemartert hat, war und ist die innerste Überzeugung, daß nur die Kunst für mich zur Erfassung des Höchsten außer und in mir ein ausreichendes Medium sei, und daß ich, falls sich meine Kräfte für sie als unzulänglich ausweisen würden, mich als einen geistigen Taubstummen betrachten müsse.

– Der Mensch beziehe möglichst all sein Tun und Treiben auf jenes Heiligste in seiner Brust, wovon er fühlt, daß es nur *ihm* angehört und das eben darum ewig und unveränderlich sein muß; da bleibt ihm zum Zweifeln kein Grund, und zum Verzweifeln keine Zeit.

– Wir sind immer so klein, als unser Glück, aber auch so groß, als unser Schmerz.

– Das eigentlich Erdrückende eines Schmerzes bricht sich geistig, wie körperlich, in der Klage.

– In der Kunst ist nichts Künstliches; das Eigentümlichste eines Zustandes verrät er mir eben dann, wenn er mich umgibt. [575]

> Hab Achtung vor dem Menschenbild,
>   Und denke, daß, wie auch verborgen,
>   Darin für irgend einen Morgen
> Der Keim zu allem Höchsten schwillt.
>
> Hab Achtung vor dem Menschenbild,
>   Und denke, daß, wie tief er stecke,
>   Der Lebensodem, der ihn wecke,
> Vielleicht aus deiner Seele quillt.
>
> Hab Achtung vor dem Menschenbild!
>   Die Ewigkeit hat eine Stunde,
>   Wo jegliches dir eine Wunde
> Und, wenn nicht die, ein Sehnen stillt!

Dies Gedicht, entstanden in der Neujahrs-Nacht, schreib ich in mein Tagebuch nieder, weil es für mich im Sittlichen eine Epoche bildet. Es ist der Maßstab, nach dem ich mich richten werde. Aber, was hilfts, sich selbst Sünder nennen, wenn man nicht zu sündigen aufhört, und das ist mein Fall. Durch nichts greif ich die Unverletzbarkeit eines Menschen mehr an, als durch meine nichtswürdige, alle Grenzen überschreitende, Empfindlichkeit, denn gegen sie kann er sich so wenig schützen, als verteidigen, weil er in ihr Krankheit oder Krankhaftigkeit schonen zu müssen glaubt. Es ist nicht wahr, daß *ich* durch sie ebensoviel, oder gar mehr leide, als andere; der Mensch fühlt in seinen Fehlern, wie in seinen Tugenden, nur sein *Wollen* und seine *Kraft* und reißt er die schönsten Blüten von seinem Lebensbaum ab, so dünkt er sich Wunder, wie groß, dabei. Wärs auch wahr, so entschuldigte es nichts, sondern verdoppelte nur die Sünde. So pflegt mir die alles duldende Josephe des Morgens die Landbötin zu bringen. Heut morgen unterbleibts. Tausend Ursachen kanns haben, die alle nicht in der Macht des armen Mädchens stehen; ich weiß es, sag es mir, dennoch schau ich, sowie sie sich, liebevoll und freundlich, wie immer, an ihrem Fenster blicken läßt, mit einem Gesicht zu ihr hinauf, das sie im tiefsten schmerzen muß. Zuletzt kommt sie mit dem Blatt; die Mutter war auf den Markt gegangen und hatt es aus Versehen eingeschlossen. O Schlaffheit! Selbstzwist! Wie recht hatte Herder, wenn er gegen euch beide unversöhnlich war! [576]

d. 9 Jan: 1837.
»Gäbe es mehr Männer, die ihm gleichen!« heißts so oft. Ja wohl, denn da gäb es weniger, die ihm *nicht* gleichen! [577]

Wie seltsam ists, daß man von *Gestorbenen* so selten träumt! [578]

Das gefährlichste Buch wäre von einem diebischen Zensor, der, wie ein Schneider, alle abgeschnittenen Lappen aufhöbe, um sie dann zu verarbeiten, zu erwarten. [579]

Die Stücke, welche vom Diamant unterm Brennspiegel abspringen, behalten völlig Figur, Eckflächen und Spitzen des Ganzen bei. *Jean Paul*, Komet. [580]

Herr *Wesermann* in *Düsseldorf*, Regierungs-Assessor, teilt im neuesten Archiv für den tierischen Magnetismus, Bd. 6 Stück 2, 1820, S. 135, dem Herrn Professor Eschenmeyer die Nachricht mit, daß er durch bloßes Wollen seine Gedankenbilder den Schlafenden als Träume zuführen könne, und sie in der Entfernung von $1/8$ Meile bis zu 9 Meilen träumen lasse, was er wolle.
Jean Paul, Komet. [581]

Wie so manchen Zug des besten Herzens deckt mir Beppi unbewußt auf. So heute, wo sie mir erzählt, daß sie zornig auf eine Tagwerkerin sei, die, hoch schwanger, noch immer Holz und Wasser schleppe, ohne ihr Kind zu schonen. »Oft hab ich ihr schon das Wasser hinaufgetragen.«

Ja wohl, du armes Kind, bist du zum Unglück geboren! Erst mußt du an den geraten und nun an mich! An jenem Sonntag-Abend, wo du mir die Geständnisse machtest, war es wohl menschlicher Kraft unmöglich, jedes bittre Gefühl auf einmal zu unterdrücken und deine aus dem tiefsten Herzen kommende Bitte: »ach Gott, verzeihs mir« zu gewähren. Da in der größten Aufregung geht sie zu Hause und trinkt, glühend in jeder Ader, den kalten Tod herunter; »mit uns – glaubt ich – ists ja doch vorbei, mir ist kein Glück bestimmt, so will ich denn auch nicht länger leben! [«] Heut sagt sie mir, sie speie Blut. [582]

O, wie oft fleh ich aus tiefster Seele: o Gott, warum bin ich, wie ich bin! Das Entsetzlichste!

Zuweilen mein ich, eine reine weibliche Natur könne mich retten. [583]

– Das ist des Menschen letzte Aufgabe, aus sich heraus ein dem Höchsten, Göttlichen, Gemäßes zu entwickeln und so sich selbst Bürge zu werden für jede seinem Bedürfnis entsprechende Verheißung. [584]

Wir müssen nicht klagen, daß alles vergänglich sei. Das Vergänglichste, wenn es uns wahrhaft berührt, weckt in uns ein Unvergängliches. [585]

Der Stifter einer Religion, Sujet für ein Trauerspiel. [586]

Beppi führt ein seltsames, sonderbares Traumleben. Heut nacht hat ihr geträumt, sie wäre mit einem andern Mädchen zum Tode verurteilt gewesen und sie hätten sich mitten aufm Wasser gegenseitig köpfen sollen. Die andere habe sie zuerst geköpft, es sei viel Blut geflossen, dennoch habe sie zu leben und zu denken nicht aufgehört. Nun habe sie mit einem breiten Messer die andere köpfen sollen, sie habe es aber nicht vermogt und sie in den Kopf gehauen, daß man das Gehirn habe liegen sehen können. Dann hätten sie beide angefangen, mit Inbrunst zu beten; viel Volks sei am Ufer des Wassers umhergestanden und habe mitgebetet und geweint. – [587]

Den Unterschied zwischen Vernunft und Verstand, der vor Wolf wenig bekannt, und vor Kant wenig geachtet war, denke ich mir so: der *Verstand* ist das Vermögen der Begriffe, nicht, wiefern er sie bildet, welches nach der Idee des Möglichen, und also durch die Vernunft geschieht, sondern, wiefern er sie anerkennt und Anschauungen begreift oder versteht. (– Ist da ein Unterschied? *Anerkennen* ist *Nachbilden* eines Begriffs. –) Die Vernunft ordnet und prüft alle Begriffe und Urteile nach der Idee des Möglichen, und alle Schlüsse nach der Idee des Notwendigen. Die Vernunft ist also nicht bloß auf Schlüsse eingeschränkt, denn sie bildet und prüft auch Urteile und Begriffe.
Platner. Philosophische Aphorismen. [588]

Wer auf den Toten eine Träne fallen läßt, stirbt ihm nach.
(Jean Paul.) [589]

Ich glaube, wenn mich nichts vom Selbstmord zurückhielte, so wärs der Gedanke, auf die Anatomie geschleppt und dort zerschnitten zu werden. Was bleibt, wenn sogar der letzte Traum: *Ruh im Grabe* dahin ist. [590]

d. 29 Jan:
Woher kommts, daß ichs noch nie so sehr, wie jetzt, gefühlt habe, daß der Glaube an ein Höchstes, nicht bloß in der Menschheit, sondern auch im *einzelnen Menschen*, mir unbedingt zum Leben selbst notwendig ist. Kommts daher, daß ich vielleicht eben jetzt im Begriff stehe, ihn zu verlieren? [591]

Man sollte in dieser hohlen Zeit, wo man nur *auf* und *durch* Papier lebt, eigentlich keine bedeutende Lektüre vornehmen, ohne zugleich zu rezensieren. Dadurch würde in das entnervende Lesen etwas Aktivität gebracht. Ich wills einmal gleich anfangen.
[592]

Julie oder die neue Heloise, von *Rousseau*. Das Vorwort ist einmal ganz, was es sein soll, ein Manneswort, eine kecke, scharfe, Zeichnung des Autors und darum ein Schattenriß seines ganzen Buchs. Unser Verhältnis zu ihm und zu seinem Buch ist gleich von Anfang herein bestimmt und fest; wir wissen, was wir ihm zu vergeben und zu danken haben werden, und, worauf es gar sehr ankommt, wir werden nichts *Unbegreifliches* mehr vorfinden. Ein Wort war für mich im 2ten Vorwort von sehr schmerzlicher Bedeutung: in diesen Zeiten, wo es *niemand* möglich ist, gut zu sein. Ach, es ist wahr, es gibt solche Zeiten, und die *Weiber* führen sie herbei. Ich glaube, es wäre für mich das *Mittel* zum Selbstmord, wenn ich einmal eine Stunde lang auf Gutzkow-Wienbargsche Weise an die Emanzipation der Ehe dächte. Im *ersten* Vorwort ist Rousseau ganz *Mensch*, wenigstens ganz *Rousseau;* im zweiten kommt der Franzos zum Vorschein, er bittet um Entschuldigung, seiner Menschheit wegen. Das excuse macht den Franzosen; er kandiert das ganze Leben, leider aber auch den Zucker selbst.

Vierter Brief. Julie an Ihn

Wenn der Humor das Allgemeinste und das Besonderste, das Unbedingteste und das Zufälligste so wundersam zusammen verquickt, daß die Sonderung nur mit dem Genuß zu erkaufen ist, so ist dieser Brief humoristischer, als alles. Ein glühendes Mädchen und eine kluge Französin; ein schwaches Kind, aber stark genug, sich schwach zu fühlen; eine reine Unschuld, aber eine, die sehr gut weiß, daß sies nicht ewig bleiben wird; ein Dithyrambus, von der Natur in Alexandrinern gedichtet; ein Glas Wein, in einem Becher von Eis; eine Tugend, die über sich selbst ein Kollegium lesen könnte; eine Unschuld, die so viel Ähnlichkeit mit einer Buhlschwester hat, als eine Buhlschwester oft mit einer Unschuld. »So muß es denn endlich gestanden werden, das unselige Geheimnis – nur mit dem Leben, schwur ich, sollt es mein Herz verlassen. Es entschlüpft mir und dahin ist die Ehre. *(Französin.)* Ach, nur allzutreu hab ich Wort gehalten; gibt es denn einen grausameren Tod, als das Überleben der Ehre. (Noch einmal Französin, aber in gesperrter Schrift.) Schrittweise in die Schlingen eines niedrigen Verführers hingezogen, seh ich, ohne mich aufhalten zu können, den entsetzlichen Abgrund vor mir, auf den ich losrenne. (Kokett; es ist das feinste Mittel der Feinsten, einen armen Jungen, der noch an nichts denkt, dadurch zu verführen, daß sie ihm vorwerfen, er *habe* sie schon verführt.) Unglücklicher, ich achtete dich und du *entehrst* mich. (Ich frage: hat die Liebe solch ein Wort? Nein, denn sie hat die Sache nicht. Es ist unmöglich, daß sie sich ihren Gott als gefallen denkt, kaum glaubt sies, wenn sie ihn gefallen sieht. Julie hat mehr Blut, als Liebe im Herzen; damit ist alles erklärt.) Du weißt, keine lasterhafte Neigung war in meinem Gemüt; Demut und Ehrbarkeit waren mir teuer – – von dem ersten Tag an, wo ich zu meinem Unglück dich sah, spürt ich das Gift, das meine Sinne und meinen Verstand zerrüttet. (Die ist klar über ihren Zustand, sie weiß, daß die Liebe nichts ist, als die *Mordbrennerfackel* der *Sinnlichkeit*, sie ist *methodisch* verwirrt.) Deine Blicke, die Gefühle, die du aussprichst, deine Feder machen es mit jedem Tage tödlicher. (O Tugend, die nur ihre *Verwundbarkeit* fühlt!) [593]

Da les ich heute *Gedichte* von Oehlenschläger. Das sind echte Beiträge zur Kunst, das menschliche Leben zu verlängern. Wenn einer 17 Bogen solcher Poesien herausgibt, so wundre ich mich nur, warum es nicht 170 Bogen sind. Nun auch doch so ganz und gar nichts! Solche dicke, niederträchtige Erdschwämme, die sich für Blumen ausgeben! Am widerlichsten ists mir, daß dies halb ausgebackene Gesindel immerfort von Sängers Beruf, von Sängers Lust und Leid schwelgt; gerade so, wie der Herr von Habenichts stets am lautesten auf seinen Adel pocht. Am stärksten sind sie in Allegorien, die ich, als schwindsüchtige Töchter des Verstandes, in der Kunst höchstens als notwendige Übel tolerieren, nie aber als Bürgerinnen anerkennen kann. Hier haben wir eine ganze lange Allegorie: »Das Evangelium des Jahrs, oder das wiederkehrende Leben Jesu in Natur und Menschensinn,« worin, z.B., Johannes der Täufer als – Regen vorkommt. Die Dürftigkeit versucht die Blume am Bach, die Wollust den Vogel im Baum und der Ehrgeiz den Menschen. Das Adagio (dies ist *reine Lyrik*) ist ein schönes *Mädchen*, eine »Maria mit dem Jesuskinde in raffaelscher Himmelsruh; es erhebt durch Engelgüte ein eitles Herz, wird aber, auf Andringen der *Güte* sofort zur *Blüte* degradiert, die freilich schlank, grad und himmelwärts sproßt. Diese Menschen glauben, die Poesie hab alles getan, wenn sie Kammerzofen-Dienste verrichtet und arme Waisen (Gedanken und Gefühle, deren Väter längst Staub und Asche sind) die nackt umherlaufen, kleidet. Folgende Schilderung verdient die Mühe des Abschreibens:

> »Da stürzt ich mich der Herrlichen zu Füßen
>   Und fragte: Mädchen, liebst du mich?
> *Willst du das Leben mir versüßen?*
>   Sie flüsterte: ich liebe dich.
> Da schlug im Baume plötzlich Philomele,
>   Ich lag an ihrer Brust entzückt;
> Sie drückte – wie ein Mädchen drückt,
>   *Nicht stark*, doch fühlt ich es tief in der Seele.«

Hier haben wir den Genius mit allen seinen Brüdern. Nirgends eine Lokalfarbe, und wenn, so hat das Leben sie aufgedrungen und der Poet bringt sie an, wie der Hottentot seinen Schmuck, in der Nase, oder in den Ohren. Es ist freilich wahr, Herr Professor, solange die Welt steht, tun Mädchen, die ihre Liebe gestehen, dasselbe, aber jede tut das nämliche auf andere Weise, und des Dichters Aufgabe ists, das Besonderste aus dem Allgemeinsten herauszufühlen, umgekehrt auch das Allgemeinste aus dem Besondersten. Da ist eine Romanze: »Der Schatzgräber« von der man nicht glauben sollte, daß sie existieren könnte. Der alte Hans erzählt beim Feuer vom Schatzgraben. Plötzlich tritt ein Junggesell herein; verstört, wilde Locken, Spaten in der Hand. »Schatzgräber bist du, nicht?« fragen ihn die Bauern, er verneigt sich, winkt ihnen, sie folgen ihm zum Kirchhof. Da zeigt er ihnen einen aufgegrabenen, mit Blut befleckten Sarg und spricht: »Ich bin der Freudengeber – Schrie er – an diesem Platz; Seht ihr, ich war der Heber, Und hier, hier ist der Schatz! So hab ich euch gegeben, Was längst ich selbst verlor, Hier liegt mein halbes Leben, Im langen Trauerflor.« Es ist ein Verrückter, der die Braut herausgescharrt hat; der Wahnsinn ist witzig und ergeht sich in holden Wortspielen; der trefflichen Synonyme: Schatz – Schatz, haben wir die Romanze zu danken. Wär ich Rezensent, so schlöss' ich meine Rezension, wie folgt: ich muß abbrechen, denn ich machte meinen eignen Verstand verdächtig, wenn ich andern nicht den Verstand zutraute, solche Gedichte pp. pp. pp. [594]

Gäbe man mir – sagt Seneca – alles Wissen, auf die Bedingung, es nicht zu zeigen, – ich mögt es nicht.
Rousseaus neue Heloise, Bd. 1. [595]

Die heilige Klara war eine Zeitgenossin des heil. Franziskus und des heil. Dominikus und, wie man ihr Schuld gibt, beiden (jeder glaubte natürlich, ausschließlich ihm) mit feuriger Liebe zugetan. Dominikus, groß stark, energisch, Franz ein ätherischer, sentimentaler Stutzer, jeder also für gewisse Stunden auf gewisse Weise geeignet. Der handfeste Dominikus traf, heißt es, einmal den brünstigen Franziskus mit der heiligen Klara in einer geistigen Ekstase, die ihm etwas sehr körperlich vorkam, er ergriff in der Wut die nächste Waffe, einen Bratspieß, und stieß damit so grimmig auf den Himmelsführer los, daß er Franz fast vor der Zeit dahingeschickt hätte. Indes, der Patient kam davon, und aus dieser Züchtigung entstanden die *Stigmen*, die noch jetzt in der christlichen Katholizität mit allgemeiner Andacht verehrt werden. Seume, Spaziergang nach Syrakus. [596]

Spaziergang nach Syrakus von Seume. Ein Buch, wie ein dunkler Strom, der nicht die Dinge, sondern ewig sich selbst widerspiegelt. Man muß recht viel Interesse an dem Verf. nehmen, wenn sein Buch etwas Interesse gewähren soll. Aber, wer nähme denn auch an Seume, diesem Eisen-Abguß beharrlichen Männer-Willens, kein Interesse. [597]

Wie mancher würde dem Apoll dadurch das beste Opfer bringen, daß er ihm – seine Opfer entzöge. [598]

Mich verdrießt der Funke, der zuweilen noch aus meinem Innersten hervorspringt, denn er scheint mich zu höhnen, mir ist, als dürft es da, wo noch einiges Feuer schläft, noch nicht so kalt sein. O, abscheulich wahr! [599]

Wir zehren immer auf Rechnung der Zukunft. Kein Wunder, daß sie Konkurs macht. [600]

Nur am Morgen, wenn wir aufstehen, und am Abend, wenn wir zur Ruhe gehen, schauen wir in den Himmel hinein, nicht am lauten, geräuschvollen Tage. [601]

Unsre Zeit ist eine Parodie aller vorhergehenden. [602]

»Du weißt, wie gern ich rote Grütze esse – schrieb ein Mädchen an ihren Geliebten, dem sie ihren Schmerz über das lange Ausbleiben seiner Briefe schildern wollte – gestern hatten wir rote Grütze, und ich aß gar nicht.[«] (Evers.) [603]

Zwei *Freunde*, die es untereinander ausgemacht hatten, daß der eine wegen Lumpenhaftigkeit, den andern auf der Straße nicht grüßen solle. (Derselbe) [604]

Dem *Wahnsinnigen* kündigt sich die Todesnähe durch kurze *Zurückkehr des Verstandes* an, und dem *Sterben* wandelt ein kurzes *Irresein* voraus. Jean Paul, Museum. [605]

Die Jesuiten verboten, als schädlich, die Schriften von Gellert. [606]

Urständ, das alt-deutsche Wort für Auferstehung. [607]

Stück aus einer Predigt, welche zu München von den Haaren Mariä gehalten worden
»Zu Konstantinopel war ein Janitschar von so dicken Haaren, daß keine Kugel ihm zu schaden vermogte. Ein solches Janitscharen-Haar ist das Haar unsrer lieben Frau. So komm denn, lieber Christ, wenn du schußfrei sein willst, hieher in unsr lieb. Frauen Haarkapelle. Verbirg dich hinter die wunderkräftigen Haare der Mutter Gottes, und die Kugeln deiner Feinde werden dir nicht schaden. Als hing ein Wollsack über dich, wirst mitten im Kugelregen stehen, wenn du ein Diener der Haare Mariä bist, denn Mariens Haare schützen ihre Janitscharen.[«] [608]

Ermahnung des heil. *Aloysius* an die unschuldige Jugend.

1. Sobald du unreine Anfechtung verspürst, rede von neuen Zeitungen, zähle die Fensterscheiben.
2. Es ist nicht ratsam, den Kopf zu schütteln, oder über die Versuchung auszuspeien; der Versucher verdient keine Antwort.
4. Schlag dich auf die Hand, beiß dich in die Lefzen, oder tue dir sonst einen Schabernack an.
6. Stelle dir den offnen Höllen-Rachen vor.
8. Schrei, eher verschlucke mich die Erde, als daß ich dich beleidige, o Gott. [609]

Quodlibet von schönen Verehrungen der heil. Jungfrau Maria (bei dem Jesuiten Pater Pemble)

4. 9 Psalmen beten zu Ehren der 9 Monate, welche Christus im Mutterleibe der Jungfrau M. zugebracht hat.
8. Die ersten Kirschen, die auf den Tisch kommen, nicht essen, und U.L.F. opfern.
10. Sich geißeln oder Ohrfeigen geben und die Schläge durch die Hände Mariä Gott opfern lassen.
11. Die Augen an ein schönes Marienbild heften, das Ansehen und Wohlgefallen irdischer Frauenzimmer zu hemmen.
12. Der heil. Anna im Namen der ganzen Welt Dank sagen, daß sie die heil. Jungfrau M. geboren und so gut erzogen hat.
16. Den Namen Mariä küssen, sooft er im Lesen auffällt.
17. Sich bei Nacht hübsch ehrbar zudecken, daß die keuschen Augen Mariä nicht beleidigt werden.
20. Der J. M. sagen, daß man geneigt wäre, ihr seinen Platz im Himmel einzuräumen, falls sie nicht schon ihren eigenen hätte.
24. So vielmal den Boden küssen, als man Lebensjahre zählt.
25. Sich zwischen die Wunden Christi und die Brüste Mariä legen und so viele Gnaden daraus saugen, als möglich ist.
28. Alle Pulsschläge M. opfern. 31. Wünschen, daß man lieber nicht auf der Welt, oder gar in der Hölle wäre, wenn M. nicht gelebt hätte. 33. Die Augen so im Zaum halten, daß man beim Aufstehen oder Niederlegen nie eine bloße Wade od. Zehe sieht.

34. U.L.F. 3 mal in der Litanei eine wunderbarliche Mutter heißen. 35. Zimmer- oder Kassenschlüssel einem M-Bild anhängen, zu beweisen, daß ihr alles offensteht.
39. Mit einem Bildnis der Mutter Gottes ihr im stillen einen angenehmen Diskurs zuzuadressieren. 40. Mit Gebet und guten Werken M. zur freien Disposition ein Präsent machen. 47. Nächst einer Marienkirche sich eine Wohnung wählen.
48. 3 heil. Messen hören, lesen, oder lesen lassen, eine zu Ehren der marianischen Jungfrauschaft *vor*, eine *in*, eine *nach* der Geburt. 49. M. bitten, daß sie einem angenehme Träume von ihr eingebe. [610]

Pater *Sardagna* beweist wider eine alte lutherische Schnurre, daß der Heil. Vater Papst der – Antichrist nicht sein könne, weil der Antichrist noch nicht geboren ist, und wir bei der Menge der Päpste, die wir haben, schon mehre Antichristen zählen müßten, der doch immer nur ein Mensch sein wird. [611]

Einem Brauer in München träumt zur Zeit der Cholera, es käme einer der heiligen drei Könige mit einem Speer zu ihm und stäche ihn nieder. Einer Frau in seiner Nachbarschaft träumt in der nämlichen Nacht das nämliche, nämlich, daß zu jenem Brauer einer der Heil. Drei Könige gekommen und ihn niedergestochen. Diese Frau erzählt ihren Traum am Morgen der Tochter des Brauers, der Vater gleichfalls. In 3 Tagen stirbt er an der Cholera. (Beppi) [612]

»Ich ochse jetzt wütend, sagt Evers, denn ich denke, um so früher kommt die Zeit, wo ich nicht mehr ochsen darf.« In Mainz gehen (nach ihm) die Bürgertöchter abends mit *ihren Gebetbüchern* ins Absteige-Quartier; dann sieht es morgens aus, als kämen sie aus der Messe. [613]

Ich lese jetzt das *goldene Kalb* von Benzel-Sternau. Ein bedeutender Geist! Tiefste Kenntnis der Verhältnisse, namentlich in den höheren Ständen, und des Menschen, namentlich der Weiber, erstere wohl mehr durch Genie, letztere durch Erfahrung, gewonnen. Witz, glänzende Darstellung, scharfe Zeichnung, ein

Schriftsteller, dem man seinen Stand von ganzem Herzen gönnt, weil gerade der ihm seinen geistigen Standpunkt verschafft haben mögte. [614]

In Oporto (Oporto) wird das Amt des *Henkers* von solchen Leuten verwaltet, die einst selbst zum Tode verurteilt, dann aber begnadigt wurden. (Bairische Landbötin) [615]

In den ersten Gesellschaften von Paris werden Hüte und Überröcke und Mäntel verkauft, nach Paul de Kocks Bruder Jakob. [616]

Die durch ausschweifenden Lebensgenuß zerstörten Gestalten in Paris führen den Schaudernamen *Roués* (Geräderte), wie der Herzog von Orleans (in Ludwigs 15ten Zeit) seine welken, zusammengebrochenen Gesellschafter nannte, wenn er sie nach einer durchschwärmten Nacht am Tage wiedersah.
Ludwig Rellstab, Vorrede zu Paul de Kocks Roman Bruder Jakob. [617]

Heute, den 20 Februar, erfahre ich durch Schumann, daß im 55sten Lebensjahre Ludwig Börne zu Paris mit Tode abgegangen ist. Er ist d 12. Febr. gestorben. [618]

In *Nördlingen* (berichtet die bair. Landbötin) brachte eine Bürgersfrau statt eines Kindes eine Mißgeburt in Gestalt einer großen Weintraube zur Welt, mit Stil und Blättern versehen. [619]

– Was könnte aber jenes Befreiungsmittel anders sein, als die aus der Untersuchungssache der Bande des Schinderhannes bekannten sog. *Chlamouny* (zarte Feilen von kleinen Uhrfedern, in Wachs gehüllt) die der Verbrecher im Augenblick der Arretierung verschluckt, demnächst durch Stuhlgang wieder von sich gibt und damit seine Ketten und Fesseln durchfeilt.
(Bair. Landbötin, 10 Februar) [620]

Den *poetischen* und genialen *Gedanken* (beides ist in der Bedeutung eins) unterscheidet von jedem anderen die *Unmittelbar-*

keit, mit der er hervortritt und die *Unveränderlichkeit*, mit der er sich fixiert. [621]

Vielleicht ist das erste Leben ein Probierstein fürs zweite; was sich nicht goldhaltig genug zeigt, wird als Schlacke in die Grabhöhle geworfen und nur das Gediegene dauert fort. [622]

Der große Violinist *Tartini* hörte im Traum den Teufel ein Solo geigen, das er beim Erwachen unter dem Namen *Teufelssonate* niederschrieb, die, obwohl sein bestes Stück, ihm doch so tief unter dem Gehörten schien, daß er seine Geige auf ewig zerschlagen wollte.
   Jean Paul Briefe und bevorstehender Lebenslauf. [623]

Der Spanier *Roccus Martinus* aus Oron fiel sich einen Schlehenstrauch in die Brust; dieser wuchs darin und mußte jeden Frühling beschnitten werden.   Daselbst. [624]

Büffon zog sich weiß und reinlich an, wenn er schreiben wollte.
   Daselbst. [625]

Jean Paul über sich selbst
Aber in der kältesten Stunde des Daseins, in der letzten, ihr Menschen, die ihr mich so oft mißverstandet, kann ich meine Hand aufheben und schwören, daß ich vor meinem Schreibtisch nie etwas anderes suchte, als das Gute und Schöne, so weit, als meine *Lage* und Kräfte mich etwas davon erreichen ließen, und daß ich vielleicht oft geirrt, aber selten gesündigt habe. Habt ihr, wie ich, dem 10jährigen Schmerz eines verarmten, verhüllten Daseins, eines ganz versagten Beifalls, widerstanden, und seid ihr, bekriegt von der Vergessenheit und Hülflosigkeit, so wie ich, der Schönheit, die ihr dafür erkanntet, treu geblieben?«
   Daselbst, Seite 424. [626]

Man muß dem Weibe keine Rechte, nur Privilegien, einräumen. Sie wollen diese auch lieber, als jene.
   Brief an Gravenh. 19. Febr 1837 [627]

– Der *letzte* Abgrund ist für den Menschen immer der *tiefste*. Das ist eine schöne Eigenschaft seiner Natur, viell. diejenige, die sie zusammenhält. – (Über die Gujet) Der Mensch ist so arm, so beschränkt, wenn er das Würdige, das Tüchtige will; warum ist er unermeßlich, sobald er in einen schwarzen Kreis eintritt? Man kann nicht umhin, Erscheinungen dieser Art auf das Ganze zu beziehen und zurückzuführen, und dann werden sie, da sie doch damit in Verbindung stehen, daraus hervorgehen müssen, zu Medusenhäuptern, vor denen das freundliche Antlitz der Natur zu Stein, oder zur Larve erstarrt. Wenn der einzelne Mensch beleidigt oder geschädigt wird, so sind Galgen und Beil sogleich bereit; wer das Bild der Menschheit beschmitzt und in den Staub tritt, für den gibt es keine Strafe. Und doch kenne wenigstens ich keine Gottheit, zu der ich beten könnte, als eben die Menschheit. – Wenn sich sonst der einzelne Mensch in seiner Beschränktheit und Bedürftigkeit ins Allgemeine, ins Ganze und Große, hinüberflüchten konnte, so hat dieses selbst jetzt kaum einen letzten kümmerlichen Opferbrand, an dem sich das erloschene Feuer dereinst wieder entzünden läßt, hineingerettet in eine edlere Menschenbrust. Die Menschheit ist wahrhaft *scheintot*, und nur die *Schmerzen* in ihren edelsten Gliedern bürgen für die Möglichkeit eines Erwachens. – Das Weib und die Sittlichkeit stehen in einem Verhältnis zu einander, wie heutzutage leider die Weiber und die Unsittlichkeit. Übrigens sind sie zu entschuldigen. Die *Gesellschaft* hat sie emanzipiert, statt, daß nur der *Mann* sie emanzipieren sollte. Darin steckt die Wurzel alles Übels. Für das Weib gehört der beschränkteste, der engste, Kreis. Für sie gerinnt das Welt-All in einen Tropfen zusammen. Sie ist die Wünschelrute, die dem Mann die Schätze der *Erde* anzeigt. Sie allein könnte den Himmel entbehren, wenns keinen gäbe, denn für sie ist er nur *Tradition*, kein Weib hätt ihn erfunden. Daß jede sich hineinsehnt, kommt daher, weil er erstlich einige Ähnlichkeit mit einem ausgesuchten Nachtisch hat, und dann, weil sie uns nicht nachstehen, weil sie sein wollen, wo *wir* sind. Weh denen, die das Weib, diese Marketenderin des Augenblicks, zur Sonnenuhr machten, durch die die Ewigkeit ihre Stunden anzeigt. Dies macht sie nicht so verächtlich, als es scheint. *Wir* gehen nur so lange sicher, als die Sterne *über* uns sicher gehen. Wanken die, so fallen wir. Das Weib ahnt kein Ziel, aber sie kennt aufs genauste den Punkt, von dem man ausgehen muß, sie übersieht kein Wirtshaus, wo man eintreten und sich erfrischen kann. Das Weib bildet die Topographie des Lebens. Und dann (darum sagt ich oben, der *Mann* muß sie emanzipieren, nicht die Gesellschaft) sieht das Weib den Himmel recht gut, nicht durch seine eigenen Augen, aber durch ein *Fernglas* und weiß für die Küche zu benutzen, was der Mann in den Sternen entdeckte. – Die Sentiments der Weiber sind Aderlässe, und wie wir durch erhöhtes Empfinden gewinnen, so verlieren sie. Das Weib ist, wie der Weinstock, *soll er Trauben bringen*, so darf er nicht *bluten*. [628]

Dies ist (die Szene im König Johann, wo der König mit Hubert den Tod des jungen Arthur verabredet) eine von jenen Szenen, welchen man einen immerwährenden Beifall versprechen kann. Die Kunst würde nicht leicht etwas zu ihrer Vollkommenheit hinzutun, und die Zeit selbst wird ihr nichts von ihrer Schönheit benehmen können. Johnson. Das klingt doch wahrlich, als wenn, nachdem Gott die Welt geschaffen, ein Schulmeister ihm ein Attestat darüber hätte erteilen wollen, daß sie gut sei und nicht leicht zu übertreffen. [629]

Einem Sperling pflegt man gewöhnlich den Namen *Philipp* zu geben. Pope. König Johann von Schlegel, und Eschenburg; Wiener Ausgabe. [630]

Man glaubt England habe den Namen Albion von den weißen Felsen erhalten, die Frankreich gegenüber sind. Johnson. [631]

Als man in großen Familien Narren und Lustigmacher hielt, trugen diese zum Abzeichen einen Rock aus Kalbsfell oder einer Kuhhaut. (Steevens.) [632]

Bei Verkündigung des päpstlichen Bannfluchs wurden 3 Kerzen, eine nach der andern, ausgelöscht. Daselbst. [633]

In einem unter Heinrich 8 gedruckten Buch heißt es, daß die Häßlichkeit der Verdammten in jener Welt sich nach den Graden ihrer Verbrechen richten werde. Steevens. [634]

Skt. Patrik befreit das Königreich Irland von giftigen Insekten jeder Art. *Steevens*. [635]

Es ist gemeine Sage, daß der Tower in London von Jul. Caesar gebaut sei. *Johnson*. [636]

Aus *Adrianopel* wird gemeldet: ein Grieche schießt einen Raben, Kinder spielen damit, erkranken und sterben an der Pest; wahrscheinlich, weil der Rabe viel Kadaver verzehrt.
Landbötin. [637]

Über die *Türkei* und *Konstantinopel*
Aufsatz *von Michaud*, im *4 Band des Buchs der 101*.
Die *Münzverfälschung* ist eine der größten Plagen des türkischen Reichs. Die Münze, welche aus der kaiserl. Fabrikation kommen, haben so wenig innern Wert, daß man ihnen die Münzen der *Falschmünzer* noch vorzieht.
Schatten der Gottheit ist des Sultans Titel. – Als allgemeine Bemerkung kann ich hinzufügen, daß die Türken auf ihren öffentlichen Plätzen nie Denkmäler errichten. – Es ist nicht erlaubt, in der Nähe einer Moschee zu betteln.
Die Hauptstadt des ottomanischen Reichs gleicht keiner Hauptstadt in Europa und bietet überhaupt kaum den Anblick einer großen Stadt dar. Ich glaube vielmehr, ein weites Feld mit zusammengehörenden Dörfern und Burgen zu erblicken; rot, grün, grau und weiß gemalte Häuser, Kirchhöfe, mit Zypressen bepflanzt, weit ausgedehnte Räume, prachtvolle Moscheen mit ihren bleibedeckten Kuppeln, Gärten und unangebautes Land um große Gebäude her: Alles dies bietet den überraschendsten Anblick. Fügen Sie nun diesem Gemälde noch die Abwechselung des Bodens auf den 7 Hügeln hinzu, einen unermeßlichen Hafen, mit Schiffen aller Nationen bedeckt, das Meer von 3 Seiten und den schönen Himmel des Orients. In dieser unordentlichen Masse von Häusern und Gebäuden erblickt man nur wenig Bauwerke, die *abgesondert* betrachtet zu werden verdienten. Das Einzelne ist unbedeutend, das Majestätische liegt im Ganzen. Wir erblicken fast nie ein hervorragendes Denkmal, die großen Moscheen und schöne Springbrunnen ausgenommen. Stellen wir uns aber auf

einen höhern und offenen Punkt, so sehen wir hinreißende Gemälde. Die von Konstantin erbaute, zur Zeit des Anastasius niedergebrannte, von Justinian wieder hergestellte *Sophienkirche*, von außen etwas derb und schwer, darf inwendig nur selten von Christen betreten werden. Das *Serail* des Sultans (inwendig natürlich auch jedem Fremden verschlossen) ist Konstantinopels hervorragendster Punkt; in den Vorhöfen (in die man gelangt) ist der *Dschellad-Odassi* (Kammer der Henker) wo die in Ungnade gefallenen Großbeamten gefangengehalten, oft sogar hingerichtet werden. Ebenfalls der *Platz*, wo die auf Befehl des Sultans gefallenen Köpfe ausgestellt sind. Jeder Kopf hat sein *Yafta*, oder Überschrift, die Gründe, weshalb er gefallen, enthaltend; die Yaftas sind sehr lakonisch.

Vorschriften des *Islams* über die *Ehe*

Ein Mann kann 4 Frauen heiraten und sie verstoßen nach Belieben. Die Ehe ist verboten zwischen allen Verwandten in gerader Linie; auch darf man sie nicht eingehen mit den Verwandten einer Frau, deren Milch man gesogen, mit der man verbotenen Umgang gepflogen oder gegen die man sich auch nur eine unanständige Handlung erlaubt hat. Sie ist verboten mit einer Sklavin, einer fremden oder verstoßenen Frau, die schwanger ist und nicht die bestimmte Zeit ihrer Absonderung erfüllt hat. Der Ehemann soll alle seine Frauen mit gleicher Achtung behandeln. Wenn er ausreist, so steht es ihm frei, diejenige mitzunehmen, die er vorzieht, doch tut er besser, das Los entscheiden zu lassen. Wer sich mit einer Witwe verheiratet, soll 3 Nächte mit ihr sein Bett teilen; mit einer Jungfrau aber 7. Die Frau ist dem Manne vollkommenen Gehorsam schuldig, sie darf ohne seine Erlaubnis nicht ausgehen, er kann ihr verbieten, von ihren nächsten Verwandten Besuch anzunehmen, wofern er ihr vor Eingehung der Ehe nicht das Gegenteil gelobt hat. Der Mann ist strafbar, der den Zweck der Ehe, Fortpflanzung des Menschengeschlechts, zu vereiteln sucht. Ein einziges Wort des Manns reicht hin, die Verstoßung zu bewirken; sobald es ausgesprochen ist, dürfen die Eheleute einander nicht mehr beiwohnen. Die Frau muß 3 Monat abgesondert leben; nach Ablauf dieser Zeit steht es dem Mann frei, die Frau wieder zu nehmen, selbst gegen ihren

Willen. *Während* der Zeit darf er ihr aber nicht beiwohnen; versucht ers, so hat sie das Recht, ihn zu töten und zu vergiften. Ist die Zeit der Verstoßung erfüllt, kann der Mann die Frau wieder nehmen; doch wird dann ein neuer Ehvertrag nötig. Ebenso bei der 2ten Verstoßung. Aber nach einer 3ten Verstoßung ist die Heirat verboten, bevor sie nicht mit einem andern Mann (der in dem Fall *Hulla*, Auflöser des Verbots, heißt) verheiratet gewesen ist.

Anmerkung zum 1 Bd der 1001 Nacht von Habicht, Schall und Fr. H. von der Hagen) [638]

Dämmerung ist *gesehene* Nacht! – Ich kann mir eine humoristische Weltgeschichte denken, aber nur das größte Genie kann und wird sie schreiben. Es ist die letzte Aufgabe der Poesie. [639]

Bei der Pyramide des *Cestius* werden in Rom die Fremden beerdigt. *Sbirren* heißen die Häscher. Der *spanische Platz* ist eine Freistätte für Mörder. (Hoffmanns Salvator Rosa.) [640]

Rezension über den Musen-Almanach 1837
Man kann sie anfangen und schließen mit der großen betrübten Wahrheit: im ganzen M.-A. steht kein einziges Gedicht. Es sind Verse, zuweilen recht hübsche Verse, voll artiger Anspielungen auf mancherlei; aber, es sind lauter Sachen, von denen ein jeder sich bekennen darf: das wär dir auch eingefallen. Wie ganz anders ist es mit der wahrhaft poetischen Idee! Sie ist das unveräußerliche und sogar in Gedanken unantastbare Eigentum des Genius, der Götterfunke, der in Stunden der Begeisterung aus seinen Tiefen hervorblitzt, unbegreiflich in Bezug auf Quelle und Ursprung, aber sogleich erkannt in Wesen und Ziel, sogleich verstanden und genossen. Die Poesie selbst ist ein Höchstes, unabhängig für sich Bestehendes, wie die Natur und die Gottheit, o sie ist vielleicht das Sublimat dieser beiden äußersten Kreise des Seins und des Lebens, ein Fortbilden der höchsten Form oder Kraft in den zur Aufgabe gestellten Stoffen, und darum nicht durch den Verstand in dem, was man Begriff zu nennen pflegt, zu silhouettieren; was der menschliche Geist erfassen kann, das beherrscht er auch und ordnet es sich unter, die Poesie aber beherrscht ihn und er bannt

von ihr gerade so viel in die Ästhetik, als von Gott ins Dogma und von der Natur in die Physik. Eben dies aber macht das Urteil über den allein fruchtbaren Punkt, die Entscheidung darüber, ob die Poesie irgendwo in die Erscheinung getreten sei, oder nicht, unendlich leicht; der echte Geschmack ist ein Ding, welches nicht sowohl erworben wird, als es verloren geht, er bedarf keiner langwierigen Destillation und Filtration; wer einmal einen Hauch der Gottheit verspürt hat, der ist freilich nicht gleich ein Evangelist oder gar ein Christus; doch wird er sie niemals mehr in einem Katechismus, und noch weniger in einem goldenen Kalbe zu finden glauben. [641]

Unter allen entsetzlichen Dingen das Entsetzlichste ist Musik, wenn sie erst erlernt wird! [642]

Heute sah ich Knaben spielen. »Ich – sagte der eine – bin Gendarm und du, und du, und ihr übrigen seid Lumpe!« [643]

Ich sehne mich nach einer Mondschein-Nacht in Rom. [644]

Alles Dichten ist Offenbarung, in der Brust des Dichters hält die ganze Menschheit mit all ihrem Wohl und Weh ihren Reigen und jedes seiner Gedichte ist ein Evangelium, worin sich irgend ein Tiefstes, was eine Existenz, oder einen ihrer Zustände *bedingt*, ausspricht. (Brief an Elise vom 14 März) [645]

Die meisten Dichter machen das Wort, das sie ihren Gestalten in den Mund legen, zum Spiegel ihrer Zustände; es muß aber zugleich das Echo ihrer *Natur* sein! [646]

Vorgestern hab ich einer Promotion beigewohnt. Der Rektor in rotem Gewand, rote viereckte Kappe, vor ihm her getragen die zwei langen wunderlich geformten akademischen Szepter, die vor ihm auf den Tisch niedergelegt wurden, sobald er in seinem Stuhl Platz genommen hatte. Ihm zur Linken ein niedriger, mit blauem Tuch überzogener Katheder für den Doktoranden, hinter diesem ein zweiter, etwas höherer, für den Dekanus. An langen, blau überzogenen Tischen auf Stühlen die Senatoren in blauen bauschigen Gewändern, mit blauen Kappen, ähnlich der des Rektors. Der Kandidat selbst in schwarzem Frack, einen dreieckten schwarzen Hut unterm Arm, Degen an der Seite. Der Kandidat fordert in aller Form seinen Respondenten zum Angriff der von ihm aufgestellten Theses auf. Der Dekan verliest zuvor seinen Lebenslauf und erteilt ihm nachher die Doktorwürde, nachdem er zuvor den Gelehrten-Eid, Kunst und Wissenschaft, vornehmlich aber dem Vaterland treu sein zu wollen, durch Berührung der akademischen Szepter geleistet hat. [647]

Genie ist *Bewußtsein* der Welt. [648]

Klopstocks Messias steht zu unsrer Zeit, wie ein stattlicher gotischer Dom. Er ist herrlich genug und jeder fühlt Respekt, aber keiner tritt herein. [649]

Es ist (nach der Seherin von Prevorst) ein alter Glaube, daß ein Fenster geöffnet werden müsse, sobald ein Mensch gestorben sei. [650]

Das kleine Kind in der schmerzhaften Kapelle, was die Wunden des Christusbildes küßte; jenes andre aufm Gottesacker, das die Gräber mit Weihwasser besprengte. [651]

Ich glaube an mir selbst erfahren zu haben, daß der Mensch nicht allein, wie oft bemerkt ist, in Worten denkt, sondern, daß er alles, was er denkt, in Gedanken zugleich spricht, und eben, weil er nicht zwei Gedanken zugleich aussprechen kann, kann er sie auch nicht zugleich, ihrem ganzen Umriß und Inhalt nach – als Skizze gehts zur Not, doch auch schwer – festhalten. Dies mögte zu wichtigen Bemerkungen über das Verhältnis des ursprünglich Gedachten zu dem bereits Bearbeiteten führen; vielleicht gar zu der Überzeugung, daß es überall nichts Ursprüngliches für uns gibt, d. h. daß wir den Gedanken in dem Augenblick, wo wir uns seiner bewußt werden, schon zu etwas *gemacht* haben. [652]

Wie schlimm auf den Menschen Regeln, die ihm zu einer Zeit, wo er von der Sache noch nichts versteht, über die Sache gegeben werden, wirken können, erfahr ich an mir mit Bezug auf die Sprache. In irgend einer pedantischen deutschen Grammatik las ich in meinen frühsten Knabenjahren, es sei äußerst fehlerhaft und verwerflich, ein hat, sei, ist pp. am Schluß eines Satzes, dem solch ein Schwänzchen zukomme, auszulassen. Ich prägte mir das um so bereitwilliger ein, als ich eben so weit war, daß ich das Hülfsverbum so, wie etwa ein Unteroffizier ein Bataillon, kommandieren konnte. Längst hab ich mich davon überzeugt, daß nicht allein der numerus des Stils das Kappen dieser abscheulichen Schlepptaue gar oft verlangt, sondern daß die deutsche Sprache überhaupt, je weiter sie sich selbst in ihrer *Grazie* verstehen lernt, manche Zeiten ihrer Hülfsverba ganz und gar, und manche in unendlich vielen Fällen in den Ruhstand versetzen wird. Dennoch laß ich noch immer kein hat, ist pp. ohne ein inneres Mißbehagen aus. Freilich (hierauf bringt mich die mir leider sehr wohl bekannte Beamten-Prosa) muß man ein *hat* niemals im Nachsatz einer Periode streichen, weil man es schon im Vordersatz angebracht hat. [653]

Unterschied zwischen Charakteren und Automaten. [654]

ars lulliana, die Kunst, von allen Dingen sinnlos zu schwatzen, ist eine Erfindung von Raimundus Lullus, einem berüchtigten Scholastiker des 13 Jahrhunderts.
Lichtenbergs Schriften Bd 1. [655]

Lichtenberg ist allenthalben vortrefflich, aber er wird ein Pedant, sobald er auf Poesie kommt, von der ihm, außer dem Rhetorischen, nichts zugänglich gewesen zu sein scheint. [656]

Eine höchst merkwürdige Bemerkung Lichtenbergs:
(Bd 2, S 13.)
Euler sagt, es würde ebensogut donnern und blitzen, wenn auch kein Mensch vorhanden wäre, den der Blitz erschlagen könne. Es ist ein gar gewöhnlicher Ausdruck, ich muß aber bekennen, daß es mir nie leicht gewesen ist, ihn ganz zu fassen. Mir kommt es immer vor, als wenn der Begriff *sein* etwas von unserm Denken Erborgtes wäre, und wenn es keine empfindende und

denkende Geschöpfe mehr gibt, so *ist* auch nichts mehr. So einfältig dies klingt, und so sehr ich verlacht werden würde, wenn ich so etwas öffentlich sagte, so halte ich doch *so etwas mutmaßen zu können*, für einen der größten Vorzüge, eigentlich für eine der sonderbarsten Einrichtungen des menschlichen Geistes. Dieses hängt wieder mit meiner Seelenwanderung zusammen. Ich denke, oder eigentlich, ich empfinde hierbei sehr viel, das ich nicht auszudrücken imstande bin, weil es nicht *gewöhnlichmenschlich* ist, und daher unsre Sprache nicht dafür gemacht ist. Gott gebe, daß es mich nicht einmal verrückt macht. Soviel merke ich, wenn ich darüber schreiben wollte, so würde die Welt mich für einen Narren halten und deswegen schweige ich. Es ist auch nicht zum Sprechen; so wenig, als die Flecke auf meinem Tisch zum Abspielen auf der Geige. [657]

Ich glaube oft, schon etwas gesehen zu haben, was ich erweislich zum erstenmal sehe, namentlich Landschaften. [658]

Zum zweitenmal schon hab ich die Seherin von Prevorst vorgenommen, aber das Buch widersteht mir in innerster Natur. Gott bewahre mich vor der Überzeugung, daß dies Weib recht habe; ich müßte zugleich an *Vorherbestimmung* im allerstrengsten dogmatischen Sinn glauben und mich unter die von Ewigkeit her Verdammten zählen, denn dem von ihr verkündeten Mittelpunkt alles Seins kann sich nie und nimmer in meiner Brust etwas zu-bewegen. Aber, das ist auch völlig unmöglich, schon darum, weil, wovon ich innig überzeugt bin, in diesem irdischen Vorspiel des Lebens nicht einmal die sämtlichen, in den Menschen versenkten Kräfte *angeregt*, geschweige bis zum letzten Punkt *entwickelt* werden. Unser Ahnen, Glauben, Vorempfinden pp. haben wir bis jetzt nur als den Beweis für die Existenz einer uns in ihrer Realität noch unerfaßbaren *außer* uns vorhandenen Welt in Anwendung gebracht; mir sind sie mehr, sie sind mir zugleich die ersten Pulsschläge einer noch schlummernden, *in* uns vorhandenen Welt. – Ich stelle nichts von allem, was Kerner von seiner Kranken erzählt, in Abrede; ich nehme sogar sein Mittel-Reich willig an, um so eher, als dies ja eigentlich schon auf Erden anfängt. Aber, wenn ich gleich nicht weiß, inwiefern sich der physische Zustand jener Unglücklichen medizinisch erklären und auf erste Ursachen zurückführen ließe – in diesem Punkt ist Kerner mangelhafter, als er sein sollte – so scheint es mir doch leicht, den psychischen bis zu seinem Ursprung zu verfolgen. Man müßte von der (gewiß auffallenden) Bemerkung ausgehen, daß die Seherin in ihrer Geisterwelt auch nicht das Geringste, was nicht schon längst vorher in Millionen Köpfen gespukt hätte, *entdeckt*, sondern die alten gewohnten Gestalten bloß *koloriert*. Sie steht *physisch* als eine *einzige* Erscheinung da; dies würde mithin unbegreiflich sein, wenn sie wirklich mit geistigem Auge geschaut und nicht bloß phantastisch *geträumt* hätte. pp [659]

Ein Gott, dessen der Mensch, den er geschaffen, noch bedürfte, müßte doch ein recht trauriger Gott sein. [660]

Ich habe vor einigen Tagen wieder einen Band von Musäus Volksmärchen gelesen und nicht mehr das alte Vergnügen dabei empfunden. Liegt das am Autor, oder an mir? d. h. entspricht er jenen tieferen Einsichten in die Natur des Komischen nicht, die ich im letzten Winter gewonnen zu haben glaube, oder entsprach meine Stimmung der Lektüre nicht? *Antwort:* ich muß ihn übers Jahr noch einmal lesen! [661]

»Ich sehne mich nach Vergangenheit!« Das könnte für mich ein sehr begründeter Seufzer sein! [662]

»Ein Mensch, der sich für ein Genie hält, ist verloren!«
Lichtenberg. [663]

Wenn alberne Weiber und dumme Jungen die Komposition eines großen Meisters abspielen, so kommt es mir vor, als wollte ein Esel Geister beschwören. Es ist mir abscheulich, und gerade über mir wohnt eine Gans, die dem Flügel keine Viertelstunde Ruhe läßt. – [664]

Daß ein Bösewicht nie bei kleinen Verbrechen stehenbleibt, sondern immer zu größeren vorschreitet – spricht dies *gegen* den Bösewicht? [665]

Faust und Christus, zusammenkommend. – [666]

Bei gewitterschwangrer Luft fahren aus Lilien und einigen anderen Blumen kleine Flammen (Jean Paul) Das muß wunderbar-schön sein. [667]

Über Nacht (d 3 April) hatt ich einen wunderlichen Traum. Ich sah baumhohe, graue Bildsäulen; um sie besser zu besehen, ging ich – in einen Stall; hier wurden mir Karaiben (die aber Pferde waren) vorgezeigt und endlich lebendige Bäume, die vor der Tür standen und durch Stroh (ich sah die Fütterung, sie neigten sich mit ihren Zweigen hernieder und führten dann das Stroh mit sich hinauf in die Lüfte) ernährt wurden. [668]

Es ist eine Wahrheit, von der sich jeder möglichst früh zu überzeugen suche, daß sich im Leben nichts nachholen läßt. [669]

– er sah das Wappen verkehrt einhauen und den Schild verkehrt aufhängen und hörte die Schaufeln, die den Helm zerstießen und dem Sarg nachwarfen. (Titan von Jean Paul.) [670]

Ich träumte einmal, ich läse lauter neue, herrliche Romanzen von Uhland und erinnerte mich beim Erwachen noch lebhaft, wie sehr ich die Tiefe ihrer Kompositionen bewundert hatte; ich mag da selbst recht gute Romanzen gemacht haben und kann mich (so lächerlich es klingt) noch jetzt über das Vergessen dieses Traums ärgern. [671]

Jener edlen Gift-Einsaugungskunst, deren Lichtenberg in seinen Schriften gedenkt, hab auch ich mich befleißigt und bin darin, dünkt mich, für mein Alter (seit März 24 Jahr) schon weit genug vorgerückt. Es kommt aber hinzu, daß *ich* (wovon Lichtenberg wenigstens keine Meldung tut) das Gift recht geschickt wieder von mir geben kann, freilich nicht sowohl, um anderen, was nur nebenbei geschieht, ihre Stunden zu verderben, als, um mir manche durch das süße Gefühl, einmal des Stricks und Schandpfahls zugleich würdig gewesen zu sein, recht zu würzen. *Hierin ist nicht die geringste Übertreibung.* Wollt ich mich von diesem Punkt aus einmal schildern, so gäb es gewiß eine Art Charakter, von dem jeder, der ihn bedauerte, zugleich bedauern würde, daß er sich nicht überwinden könne, ihn anzuspeien. Vielleicht ists meine Pflicht, es zu tun. [672]

Der Spaziergang, abends am 4ten April, mit ihr sei mir unvergeßlich; das war ein Blick in ihre Liebe und ihre Seele. Ich sagte ihr, ich sei in eine andre verliebt und mögte sie haben. »Dann bist du auch doch recht falsch!« »Bist du denn aufrichtig gegen mich gewesen?« »Ja, das war ich, ich hätte nicht aufrichtiger sein können.« »Nun, ich habs dir gesagt, niemand kann für seine Leidenschaften.« »Das ist wahr.« Du wärst mir auch doch untreu geworden. »Nein – sagte sie mit einer aus dem Innersten kommenden kalten Bestimmtheit – nie, nie!« Und kein Wort über die Erwählte, die ich ihr (alles war wieder ein bloßer Gifthandel) nannte, von der sie doch, wie sich *später*, als ich ihr, die alles geglaubt, reuig um den Hals fiel, auswies, so manches Schlimme wußte. Sie ist gut! Und ich soll das nicht vergessen! [673]

Ich lese jetzt den Titan von Jean Paul. Der Siebenkäs kann sich einem Roman von Goethe an die Seite stellen, der Titan (freilich bin ich erst bis an den 3ten Band gekommen) kanns nicht. Besonders ist mir dieses Produkt aus Rosen- und Lilien-Essenzen, die Liane, zuwider. So sind die Weiber nicht, und Gott bewahre sie vor solcher Verklärung. Überhaupt fehlt es hier fast überall an Gestaltung. [674]

Ich hab mich eigentlich niemals kleiner gefühlt, als eben im Frühling. Die treibende Unendlichkeit drängt sich um meine Brust herum und schließt sie zu, und erst, wenn der Sommer jämmerlich mit seinen alten Stereotpyen zu Markte zieht, wird mirs wieder leicht, und der innere Vesuv wirft sein altes Feuer. [675]

Der Philister hat *oft* in der *Sache* recht, *nie* in den *Gründen*.
[676]

Es gibt keinen ärgern Tyrannen, als den gemeinen Mann im häuslichen Kreise. [677]

Gemeine Leute verderben ihren Kindern gern ein Fest, *vorher* oder *nachher*. [678]

Auf *Hamann* bin ich sehr begierig; es muß um einen Mann, den nur Goethe, Jean Paul und Herder (und sonst niemand) lesen, etwas Gewaltiges sein. [679]

Wiederholen alter Lektüre ist der sicherste Probierstein gewonnener weiterer Bildung. [680]

Schillers Jungfrau von Orleans ist ein großes Dichterwerk. [681]

An Leute, bei denen eine schöne Handschrift schon ein Vorzug des Briefs ist, sind am schwersten Briefe zu schreiben. [682]

Wenn man weit gekommen ist, aber noch nicht weit genug; das ist sehr schlimm, und diesem Fluch erliegt unsre Zeit. [683]

Es gibt Menschen, die Musiken sind. [684]

d. 13 April.
Heute ist ein glücklicher Tag für mich gewesen. 1. erhielt ich heut morgen 8 Louisdore aus Berlin. 2. kam Rousseau. 3. kam er 1½ [Tage] früher, als er mir geschrieben hatte. 4. ließ ich heut abend mein Licht zu Boden fallen, ohne daß es zerbrach. [685]

Es ist ein Unterschied zwischen einem Mann von Bedeutung, und einem Mann, der etwas bedeutet. [686]

(aus einem Brief an Elise)
Daß die Menschen so viel von Schmerzen und doch so wenig vom *Schmerz* wissen! [687]

Ob es für diese Krankheit ein Heilmittel gibt, weiß ich nicht; das weiß ich, der Doktor, der mich kurieren will, muß vorher die ganze Welt kurieren und dann bin ich gleich kuriert. Von diesem Punkt kommen wir so leicht auf Religion, wie von der Auszehrung auf einen Wunder-Doktor. Die Religion der meisten Leute ist nichts, als ein »Sich schlafen legen« und es ist wirklich zu befürchten, Gott möge sie für ihre Gottesfurcht noch einmal scharf ansehen, denn es ist keine Kunst, zu Bett zu gehen, wenn man müde ist, oder gar – der Fall ist noch häufiger – niemals aufzustehen und die Unbegreiflichkeiten der Natur und des Menschengeistes im Schlaf – d. h. im Glauben – vor sich vorübergehen zu lassen. Es ist wahr, der Gott des wahren Christen paßt in die krause Maschine, wie eine Welle in die Windmühle; aber eben, weil er so erstaunlich gut paßt, mögt ich einen solchen Gott bezweifeln. Wir durchdringen nie eine *Ursach* und erfaßten wirklich bis zur Zuversicht die *End*-Ursach? Ich will dem christlichen Hochmut nur *eine* Frage vorlegen, die vielleicht ihn und, wo nicht, gewiß *mich*, verstummen macht. Woher kommts doch wohl, daß alles, was auf Erden jemals *bedeutend* war, über Christentum dachte, wie ich? Sollten in der Tat Leute, für die es auf *Erden* fast keinen *Unterschied* gibt, berufen sein, *Himmelskarten* zu verfertigen oder zu approbieren? – Für die Existenz des Glücks auf irgend einem fernen Indien im Weltall spricht freilich nichts so sehr, als das Unglück; nicht, weil die Wunde ein Pflaster voraussetzt, sondern, weil die *Idee* des Glücks in einem Menschengeist etwas so Unbegreifliches, Närrisches, ja Wunderbares, ist, daß sie nur durch Offenbarung hineinkommen kann. So liegt der echte Trost eigentlich in der Verzweiflung, und es gibt keinen Propheten, als den Wahnsinn. [688]

Unsere Zeit ist schlimme Zeit. Das große Geheimnis, die letzte Ausbeute alles Forschens und Strebens, die »Einsicht in das Nichts« war ehemals hinter Schlösser und Riegel versteckt, und der Mensch sah sich und das Rätsel zu gleicher Zeit aufgelöst. Die alten Schlösser und Riegel sind schadhaft geworden, der Knabe *kann* sie aufreißen, der Jüngling reißt sie auf; ach, und fliegt der Adler wohl länger, als er an die *Sonne* glaubt? Die Weltgeschichte steht jetzt vor einer ungeheuren Aufgabe; die Hölle ist längst ausgeblasen und ihre letzten Flammen haben den Himmel ergriffen und verzehrt, die Idee der Gottheit reicht nicht mehr aus, denn der Mensch hat in Demut erkannt, daß Gott ohne Schwanz, d. h. ohne eine Menschheit, die er wiegen, säugen und selig machen muß, Gott und selig sein kann; die Natur steht zum Menschen wie das Thema zur Variation; das Leben ist ein Krampf, eine Ohnmacht oder ein Opiumsrausch. Woher soll die Weltgeschichte eine Idee nehmen, die die Idee der Gottheit aufwiegt oder überragt? Ich fürchte, zum erstenmal ist sie ihrer Aufgabe nicht gewachsen; sie hat sich ein Brennglas geschliffen, um die Idee einer freien Menschheit, die, wie der König in Frankreich, auf *Erden* nicht sterben kann, darin aufzufangen; sie sammelt, die *Weltgeschichte* **sammelt,** sie sammelt Strahlen für eine neue Sonne; ach, eine Sonne wird nicht zusammengebettelt! [689]

Manche Menschen schreiben nicht, weil sie etwas fühlen; sie fühlen bloß, daß sie schreiben. Nach seinen Briefen aus Hamburg zu urteilen, gehörte H–r dazu. [690]

Ich bin überzeugt, wenn ich jetzt jenen unheimlichen Geisterschauder, wie ihn nicht Bücher, nicht gespenstische Örter, nicht die Mitternachtsstunde in meiner Brust hervorrufen, empfinde, so ist mir ein Geist nah. [691]

Rousseaus Abenteuer in dem einsamen Hause in der Glücksstraße, wo er das wunderliche Klopfen erst im Ofen, dann in der gegenüberliegenden Ecke, dann unter seinen Füßen, dann über sich, vernahm. [692]

Rousseau glaubt zuweilen zu empfinden, er müsse Herr über irgend einen Geist sein. [693]

Rousseaus Bruder, der *lacht*, wenn alle andern traurig sind, z. B. auch, wenn plötzlich ein Glas oder dergl. zerbrochen wird, nicht (er ist blödsinnig) aus Bosheit, sondern weil es ihm Vergnügen macht. Er unterbricht immer das Vorlesen, doch nie das Gebet. Wie wohl solche Menschen gegen die Geisterwelt stehen, ob sie nicht vielleicht manches empfinden, fühlen und sehen, was ihr angehört und uns verschlossen ist, was sie aber, eben, weil sie *diese* Welt (die unsrige) so wenig kennen, *ihr* zurechnen. [694]

Der Traum löscht zuweilen eine ganze Zeile Lebens aus und führt den Menschen, ganz so, wie er war, als ihm das hätte begegnen *können*, was der Traum ihm vorspiegelt, in eine ferne Vergangenheit zurück. So ging ich (im Traum vom 3ten April) mit *Alberti* und wußte nichts von allem, was sich zwischen uns in Hamburg ereignet hat. [695]

Wie ein Mensch mehr Glück, als er verdient, ertragen kann, begreif ich nicht; dies muß der armseligste aller Zustände sein. [696]

Daß der Mensch sich in den absurdesten Zuständen (z. B. der Trunkenheit) selbst beobachtet, ist vielleicht die merkwürdigste Äußerung des inneren Lebens. [697]

Viele verfluchen nicht das Leben, sondern *ihr* Leben. [698]

Der Mann verliert entweder alles, oder nichts; entweder nicht den Freund, oder zugleich die Freundschaft, die Geliebte, oder zugleich die Liebe. Bei den Weibern ist es anders, in ihrem Schmerz, wie in ihrem Glück liegt Hökerei. [699]

Man wirft Napoleon Selbstsucht vor – was bleibt denn einem solchen Mann, außer Selbstsucht! [700]

Wir Menschen haben darum *so oft* recht, weil wir so selten *ganz* recht haben. [701]

Das Wort ist ein Denkstein, nicht dessen, *was* die Menschheit Jahrtausende hindurch bei gewissen Gegenständen gedacht hat, sondern nur dessen, *daß* sie dabei gedacht hat. Ein bedeutender Unterschied. [702]

Es gibt keinen Weg zur Natur der Dinge, der nicht von ihnen zu entfernen schiene. [703]

Der Virtuos steht zum Komponisten, wie der Schauspieler zum Dichter. Ob wohl der große Musiker mit *Genuß* Noten liest? [704]

Gewöhnlichen Menschen scheint jedes Medium des höheren Lebens *Krankheit*. [705]

Wären Jean Pauls weibliche Engel nur keine Engel mit Bewußtsein! [706]

Weiber *sparen* am liebsten in ihren *Verschwendungen*! [707]

Man kommt schwer dazu, in den Schwächen und Gebrechen der Menschheit, wie in andern Dingen, Notwendigkeit zu sehen und sie als solche gelten zu lassen. Den einzelnen Menschen hebt über seine Schwächen und Gebrechen wohl der Enthusiasmus hinaus; er irrt sich aber, wenn er, was er gern tut, diesen mit in Anschlag bringt, sobald von der Leistung irgendeiner Gesamtheit die Rede ist, denn die Masse, wenige Fälle ausgenommen, kann sich nicht enthusiasmieren. [708]

Der wahrhaft bedeutende Geist kann in keine Zeit fallen, die es ihm unmöglich machte, seine großen Kräfte spielen zu lassen; fällt er in ein mattes, entkräftetes, leeres Jahrhundert, so – ist ja eben das Jahrhundert seine Aufgabe. [709]

In welchem Verhältnis wohl gewisse nichtswürdige Tiere, z.B. Schlangen, Insekten pp. zur Erfindung und Ausbildung der Teufels-Idee stehen? [710]

In den Gestaltungen des Reichs der Fische liegt viel Burlesk-Humoristisches. [711]

Die meisten Erfahrungen über mich selbst habe ich in Augenblicken gemacht, wo ich die Eigentümlichkeiten anderer Menschen erkannte. [712]

Man sollte eigentlich in seiner Nähe nichts dulden, was man nicht völlig kennt. Die Ausübung dieser Lebensregel würde weit führen. [713]

Bei Betrachtung bedeutender Kunstwerke am Einzelnen haften zu können, ist Zeichen eines mittelmäßigen Kopfs; dagegen ist es aber ebenfalls Zeichen der Mittelmäßigkeit eines Kunstwerks (dichterischen oder plastischen) wenn man über das Einzelne nicht hinaus kann, wenn es sich dem Ganzen gewissermaßen in den Weg stellt. [714]

Die plastische Kunst stellt im Mann das Opponierende, im Gott das Dirigierende dar; Jupiter und Prometheus. [715]

Manche Menschen glauben nur darum einen Gott, eine Unsterblichkeit, weil sie sich so ungeheuren Ideen nicht zu opponieren wagen. [716]

Alle Mittelmäßigkeit in der Poesie führt zur Heuchelei in Charakter und Leben. [717]

Die Geschichte des letzten Markgrafen von *Ansbach*, mit dem Ring aus dem Grabgewölbe. [718]

Der gute Erzähler zeichnet immer das Äußere und das Innere *zugleich*, eins *durch* das andere. [719]

Goethe sagt mit Bezug auf den Michel Kohlhaas, solche Fälle müsse man nicht im Weltlauf geltend machen. Das ist wahr, insofern man daraus keine Schlüsse zum Nachteil des Allgemeinen ziehen darf. Doch scheint mir, der Dichter muß eben auf Ausnahmen der Art seine Aufmerksamkeit richten, um zu zeigen, daß sie so gut aus dem Menschlichsten entspringen, wie die Dutzend-Exempel. [720]

Jedem bedeutenden Mann glaube man das Schlimme, das er über sich selbst sagt, aber nie *mehr*. Er sagt nicht zu viel, noch zu wenig, wenn er den Mut hat, überall etwas zu sagen. [721]

Es gibt Erscheinungen (regelmäßig wiederkehrende) in der Natur, die mich aus aller Gegenwart herausreißen und in Vergangenheit und Zukunft zugleich hineinstürzen. So erinnre ich mich z. B. im Frühling bei den ersten Blüten dessen, was ich über und durch sie in der Kindheit dachte und empfand, und meine zu ahnen, was ich über und durch sie im hohen Alter denken und empfinden werde. [722]

Ein Philosoph ist, wie ein toller Hund, der nicht links, noch rechts sieht und nur nach dem schnappt, was ihm *gerade* entgegenkommt. [723]

Ich glaube, an jeden Ton einer verständlichen Musik knüpft sich für die Seele eine plastische *Gestalt*. [724]

Ob die Musik wirklich nur das *Allgemeinste* ausdrücken kann, oder ob ich und viele (wie Tausende von der Poesie) nur ihr Allgemeinstes *verstehen*? Ob es überhaupt für irgend eine Kunst einen anderen Weg zum Allgemeinsten gibt, als der durch das Individuelle führt? [725]

Alle Kunst verlangt irgend ein *ewiges* Element; darum läßt sich auf bloße Sinnlichkeit (von der sich keine unendliche Steigerung denken läßt) kein Kunstwerk basieren. [726]

Gewiß ist ein guter und insbesondere mir für Erlangung weiterer Bildung anzuratender Weg, von irgendeinem Punkt in irgendeiner Wissenschaft auszugehen und sich dabei über alles, was aus andern Wissenschaften dahin einschlägt, nebenbei zu belehren. [727]

Die Zeitungen melden: Ein Geizhals liegt todkrank darnieder und erfährt von seinem Arzt, es sei keine Rettung. Er steht auf, verbrennt sein ganzes Vermögen (ungefähr 100000 rt in Papieren), legt sich wieder hin und fällt in tiefen Schlaf. Als der Arzt ihn wieder sieht, sagt er ihm, die Krisis sei vorbei und nichts mehr zu fürchten. Er erhenkt sich. Wunderbarherrlicher Humor der Nemesis. [728]

Der erste Mensch legt aus Dankbarkeit und zum Opfer das Innerste der Frucht, den Kern, in die Erde, die sie hervorbrachte. Und die Erde treibt einen neuen Baum! [729]

Heute (d. 26 Mai) hatt ich einmal recht wieder ein *Kindergefühl*. Die Kindheit sieht alles, wie hinter einem Flor, die Dinge beziehen sich noch nicht auf sie. So waren mir all die Menschen, die (bei der Militärmusik) ab- und zuströmten. [730]

Der Mensch kann eigentlich sein Ich aus der Welt gar nicht wegdenken. So fest er mit Welt und Leben verwebt ist, ebenso fest, glaubt er, seien auch Leben und Welt mit *ihm* verwebt.
[731]

In jedem Menschen bleibt irgendein Rest von Gutem. Das ist ein letztes grünes Zweiglein der Pflanze, in dem das Leben sich erhält. Der Gärtner wird ihn zu nutzen wissen. [732]

Große Menschen sind Inhalts-Verzeichnisse der Menschheit.
[733]

Wahnsinnige, die ins Irrenhaus gebracht werden, halten dies immer für ein Zuchthaus. Die Öfen im Irrenhaus sind umflochten. [734]

Worte sind Münzen des Geistes, die nicht *sind*, nur *bedeuten*.
[735]

Wenn eine Revolution verunglückt, so verunglückt ein ganzes Jahrhundert, denn dann hat der Philister einen *Sach*beweis. [736]

Gewöhnliche Menschen sind weit mehr Dichter im Sprechen, als im Schreiben; denn, während sie sprechen, wirkt auf sie Leben und Welt gemeinsam ein und läßt sie oft das Rechte, das Inneres und Äußeres verknüpfende Wort, ergreifen; wenn sie schreiben, sind sie auf sich selbst verwiesen. [737]

Wie schlimm, daß ich in ein Zeitalter des *Ausruhens* gefallen bin. [738]

Ob das Christentum fortbestehen wird, oder nicht? Jedenfalls ist die *Krisis* eingetreten, denn was früher nur einen Teil der Literatur bewegte, bewegt jetzt das Leben; hält sich in solchem Kampf eine Institution, so hält sie sich auf ewig. [739]

Man enthusiasmiert sich zweimal für eine Religion (und gerade dann, wenn man ihr noch am wenigsten Dank schuldig ist), wenn sie entsteht und wenn sie untergeht. [740]

Es ist nicht ärgerlich, Brüder zu haben, aber Halbbrüder. [741]

Für meinen Nächsten würde oft dabei wenig herauskommen, wenn ich ihn liebte, wie mich selbst. [742]

Über Nacht träumte mir, meine Mutter und Johann wären nach München gekommen. (d. 29 Mai) [743]

Sich aufs Leben vorzubereiten und zugleich zu leben, ist die höchste Aufgabe. [744]

B: »Nur eins hat mich verdrossen und verdrießt mich noch immer: als du sagtest: ich hätt eine bloß tierische Liebe.[«] [745]

München d. 29 Mai 1837.
Ich habe heute einen Entschluß gefaßt, zu dessen Ausführung Gott mir Kraft verleihe. Ich habe bisher all mein Tun und Treiben zu einseitig auf Poesie bezogen; heut hab ich eingesehen, daß dieser Weg mich am Ende auf ein schales Nichts reduzieren muß. Es heißt, statt des Baums die Blüte pflegen; der Weg zum Dichter geht nur durch den Menschen. Ich werde von nun an arbeiten, arbeiten um der Arbeit und um des Nutzens willen, den sie als solche für mich als Menschen haben wird, oder kann!
[746]

Aus einem Brief an Frau Dokt. S. [choppe]
vom 25 Mai 1837.
– Sie meinen, ich hätte Ihnen etwas zu verzeihen. Das nicht, teure Freundin, denn ich weiß, daß man immer ein Bittender

bleibt, wenn man auch für andere bittet, und ich weiß, was es ein stolzes Herz kostet, zu bitten, unter welchen Umständen es immer sei. Ihre Bitte ist diesmal nicht fruchtlos geblieben; die Frau Gräfin von R. hat mir neben einem Schreiben, das ich zur Verständigung dessen, was ich über diesen Punkt zu sagen gedenke, samt meiner Antwort, abschriftlich beifüge, 8 L. gesandt. Ich gestehe, diese Sendung war mir nicht sowohl erfreulich, als überraschend und unbegreiflich, und ich wußte wirklich nicht, wie ich mich dabei benehmen sollte; zuletzt dachte ich, es sei ein wohlwollender Schritt der hohen Dame, um das Peinliche, was in der Art und Weise, womit sie das Verhältnis zwischen ihr und einem Menschen, dem sie vielleicht doch zu viel getan, abgebrochen hatte, liegen könne, aufzuheben. Da hielt ichs denn für meine *Schuldigkeit*, das Geld nicht, wie mir anfangs nahe lag, zu remittieren, sondern meinen Dank auf eine meiner Stellung zu einer Gönnerin, die eine Härte gut zu machen wünschte, angemessene Weise auszusprechen und das Vornehme, was in diesem Abfinden lag, zu übersehen, um so mehr, als es von Vornehmen ausging. Ihre Zuschrift hat nun erklärt, was unbegreiflich war, und ich kann mich jetzt des Gedankens nicht erwehren, daß es wohl weniger die Rücksicht auf eine begangene (ich finde kein anderes Wort, oder vielmehr, ich mag es nicht setzen) Rücksichtslosigkeit und auf mich, als Mitleid mit meiner anscheinenden Not gewesen sein mag, was mir jene 8 L verschafft hat. Genug hievon, das Geld ist nun einmal in meinen Händen und mein Dank in den Händen der Frau Gräfin, und mit Bezug auf Vergangenheit mag man denken, nur nicht wünschen; was ich aber hoffe, ist – daß nicht mehr komme. Diese in der Sache und in meiner Natur begründete Hoffnung wird mich auch wohl nicht täuschen; geschähe es dennoch (im Widerspruch mit Wahrscheinlichkeit und Weltlauf) so müßt ich freilich aus Zartheit einen unzarten Schritt tun. Ich will meiner Not nichts verdanken, als höchstens meinen Charakter; ich werde meine Geisteskräfte für gering achten, wenn sie, nun sie entwickelt sind, zur Begründung meiner Existenz nicht ausreichen; ich werde, falls ich im Weltmeer untergehen sollte, darin nicht, wie vielleicht früher, einen Privathaß des Schicksals gegen mich sehen, sondern bloß den Beweis, daß ich nicht schwimmen konnte. Sie werden teure,

Freundin, die *Wahrheit* dieser Gefühle nicht darum bezweifeln, weil ich sie zufällig am besten in einer *Metapher* ausdrücken zu können glaube; ich bin überzeugt, aufs *innigste* überzeugt, das Leben ist auf die Dauer gegen niemanden ungerecht, und wer es so schilt, der verwechselt Gerechtigkeit mit Billigkeit und will sich ein *Geschenk* als einen *Tribut* ertrotzen; wehe aber, oder vielmehr pfui dem, der zu Grunde geht, weil er nicht beschenkt wird. Ich gebe allerdings zu, daß der Mensch vor Entscheidung des Prozesses, der zwischen dem Leben und einer falsch gestellten hohen Erscheinung mit Bitterkeit und Strenge geführt wird, *erkranken* kann; ich gebe aber nicht zu, daß solch eine Krankheit *heilbar* ist, und verlange von dem Kranken, daß er (eben in Betätigung seiner höheren Natur) dies beizeiten *fühlen* und an ein *Sterbebett* keinen *Arzt* fesseln soll. Auch ich bin krank; ich irrte mich, als ich beim Austritt aus der Gifthülle mich, einen Freiheitsrausch mit Gesundheit verwechselnd, den Alten glaubte; ich schreibe Ihnen also nicht so (und dies ist für die Würdigung meines Geständnisses ein wichtiger Punkt) weil ich viel *hoffe*, sondern nur, weil ich nichts *fürchte*. Ich bin hypochondrisch im höchsten Grade, mein Leben ist ein tolles Gemengsel von Rausch und ekler Nüchternheit, ich würde, selbst, wenn ich ein Recht hätte, zu hoffen, kaum mehr wünschen können. Als die Aufgabe meines Lebens betrachte ich die Symbolisierung meines Innern, soweit es sich in bedeutenderen Momenten fixiert, durch Schrift und Wort; alles andere, ohne Unterschied, hab ich aufgegeben und auch dies halt ich nur fest, weil ich mich selbst in meinen *Klagen* rechtfertigen will. Mein Studieren bezieht sich deswegen allein auf meine innern Bedürfnisse, und durchaus nicht auf einen äußern Zweck; ich bereite mich auf kein Amt vor, weil ich nie ein Amt suchen oder annehmen werde; ich habe keine Rücksichten auf eine etwanige künftige Familie zu nehmen, weil ich fest entschlossen bin, mich niemals zu verheiraten; ich bewerbe mich aber mit Ernst und Anstrengung um Kenntnis und Wissenschaft, weil sich in einem Jahrhundert, das nicht an den trojanischen Krieg grenzt, ohne Kenntnis und Wissenschaft kein Dichter, ja kein Schriftsteller, denken läßt, weil ein Mensch, der von den vorübergerauschten 6 Jahrtausenden keinen Pfennig geerbt hat, gegen die Menschheit steht, wie das Kind gegen den Mann.

In allen Dingen gibt es ein ABC; das wird einmal erfunden und dann erlernt; für die Menschheit ist jeder große Abschnitt oder Mensch nur die Quadratwurzel eines größeren, darum lebt sie nur *für* und *durch* ihre Geschichte und darum macht selbst Shakespeare keine Ausnahme, denn er ward nur ein *großer* Dramatiker, weil er ein großer Geschichtskundiger war. – – (Thorwaldsens Schiller) Ein grenzenlos geniales Werk, welches durch alle Pforten *zugleich* in die Seele eindringt, welches Sinn und Gedanken bewältigt und dem Menschen nichts läßt, als ein glühendes Gefühl sich aus dem Innersten entwickelnden höheren Lebens; der ganze Mensch ist eine galvanische Strömung. Das ist auch das Zeichen des *Genies;* es steht immer in Bezug auf das Unendliche und erzeugt in jeglichem Werk ein Anagramm der Schöpfung; es braust, wie ein Sturmwind, durch den ganzen Baum und nun überschütten uns Blüten und Früchte – das Talent und das hermaphroditisch ekelhafte Zwitterding, was ich Affengenie nennen mögte, erwischen hie und da ein einzelnes Zweiglein mit einer dürftigen Frucht, einer vertrockneten Blüte, und stillen höchstens – einen Hunger, niemals eine Seele. – – – (den 26 Mai). Ich bin wieder nüchtern, recht sehr nüchtern, und fahre in meiner *Antwort* fort. Was meine Studien anlangt, so werde ich mich wohl nicht weiter darüber auslassen dürfen; ich beziehe sie ausschließlich auf mich selbst, treibe sie nur privatim und ohne die geringste Rücksicht auf irgend eine Stellung im Leben, auf die ich Verzicht leiste, weil ich auf vieles andere Verzicht leisten kann. Seit Okt. v. J. beschäftigen mich Geschichte, Philosophie und plast. Kunst, und solchen Musen kann ich Opfer bringen, wie ich sie gebracht habe, aber bei Gott! nicht der elenden Juristerei, die mich anwidert, seit ich sie von einer andern, als der praktischen Seite kennengelernt habe. – – An A. denk ich, wie an den Tod. Gott kann ihn retten, kein Mensch. Solche Sünden lassen sich nur dann begehen, wenn man schon ganz verderbt ist. Mich schmerzt in der Sache längst nicht mehr das Persönliche, aber sie schmerzt mich jetzt als ein Knochenfraß der Menschheit. Ich habe diesen Winter eine Stunde gehabt, wo ich an ihn schreiben wollte; wenn mir eine so schwache Stunde wiederkäme, die alles, wodurch das Welt-All sich erhält, chaotisch durcheinanderwirft, so müßt ich mich selbst verachten. Das fühl ich. (Börne)

Er ist die merkwürdigste Erscheinung, die ich kenne, ein Mensch, dem man *nie* im einzelnen und *immer* im ganzen recht geben muß. (mit Bezug auf meine Furchtlosigkeit während der Cholera!) Ich fühlte mich mit Welt und Leben zu innig verwebt, ich war zu tief von der Überzeugung, daß ich jenen *Übergangspunkt*, der höhere und irdische Kreise verknüpft, noch nicht erreicht habe, durchdrungen, als daß ich die Furchtbare irgend hätte fürchten können. [747]

Brief an Janinski vom 26 Mai

‒ ‒ ‒ Also Leben genug, mystisch geheimnisvolles der überquellenden Natur und Leben der Menschen (Biertrinken und Kegelschieben) was unter Blütenbäumen und im Frühling auch etwas Unbegreifliches hat und mir zuweilen wie eine Verzauberung vorkommen kann. ‒ ‒ Meine Jurisprudenz hab ich aufgegeben. Ich weiß, daß dieser Schritt von vielen Seiten bitter getadelt werden wird, ich handle aber den Bedürfnissen meiner Natur gemäß und kümmere mich nicht um die Noten der Welt zu diesem heiligen Grundtext, den jeder lästert und lästern muß, der ihn nicht versteht. Hat der Mensch gewisse Erfahrungen über das Höchste gemacht, so würde jahrelanges, sklavisches Versenken in das rein Positive, wie die Jurisprudenz es verlangt, ihn töten. Aber, mit der Jurisprudenz habe ich freilich nicht zugleich auch ernstes Bewerben um Kenntnis und Wissenschaft aufgegeben. Ich fühle mich veranlaßt, Dir über diesen Punkt im Gegensatz zu der Deinigen meine Ansicht mitzuteilen. Du meinst, alle Schulgelehrsamkeit der Welt vergrößere die poet. Mitgabe um kein Haar. Das ist wahr, aber daraus folgt noch nichts, was jene Schulgelehrsamkeit verächtlich oder auch nur entbehrlich machte. Das *Ohr* verstärkt das *Auge* nicht, doch um das Rätsel der Welt zu verstehen, müssen wir zugleich sehen und hören können; *ein* Organ (und wär es auch das vollkommenste) reicht für die *Unendlichkeit* nicht aus. Dazu sind Schulgelehrsamkeit und Wissenschaft so verschiedene Dinge, wie Metrik und Poesie. Es gibt noch etwas, was *über* Wissenschaft und Kunst steht; das ist der *Künstler* selbst, der in sich die Menschheit in ihrer Gesamtkraft und ihrem Gesamtwillen und Streben repräsentieren soll. Daraus, daß der Dichter in einer Hinsicht *mehr* besitzt, folgt nicht, daß er in der andern *weniger* besitzen dürfe; eher das Gegenteil. Thorwaldsen hat gewiß jahrelang Anatomie und Osteologie studiert, bevor er seinen Jason schuf und schaffen *konnte;* der Dichter, der die unendlich schwierigere Aufgabe hat, die Seele in ihren flüchtigsten und zartesten Phasen zu fixieren, den Geist in jeglicher seiner oft bizarren Masken auf das Unvergängliche zu reduzieren und dies Unvergängliche (ich spreche vom Dramatiker, wie eben vorher vom Lyriker) plastisch als Charakter hinzustellen, darf in keinem Gebiet fremd sein, was zu Seele und Geist in irgend einem Bezug steht, denn nur, wenn er das Universum (wozu tausend Wege führen, deren jeder gewandelt sein will, weil jeder einzelne nur in einen einzelnen Punkt ausläuft) in sich aufgenommen hat, kann er es in seinen Schöpfungen wiedergeben. Das haben auch alle Hohepriester der Kunst gefühlt; Goethe war eine Enzyclopädie und Shakespeare ist eine Quelle der englischen Geschichte. [748]

Ein Liebender wünscht seiner Geliebten viel Unglück, bloß, um sie daraus retten zu können, z. B. einen Fall ins Wasser, einen Brand pp [749]

Wir halten in Sachen der Kunst oft etwas unter der Natur, weil es nicht eine Linie *über* die Natur hinaus ist. [750]

Ein Blinder bei Sonnen-Aufgang. [751]

Der Mensch hat ein Gefühl der Zukunft. [752]

Jedes Talent verlangt ein Leben zu seiner Ausbildung, und das schwächere vielleicht am dringendsten. Nun aber frägt es sich, ob die Ernte zu der Saat in Verhältnis steht. [753]

Beppi träumte einmal: ich sei tot und sie packte meine Sachen zusammen. Da fand sie viele zerrissene Westen und ärgerte sich mitten im Weinen darüber, daß ich ihr die nicht zum Ausbessern gegeben. [754]

Ich sah neulich im Traum einen Liebhaber um seine Geliebte bei ihren Eltern durch Violinspielen werben, und *wunderte mich nicht im geringsten* darüber, daß er auf zwei Geigen zugleich spielte. [755]

Die Katholiken glauben, ungetaufte Kinder werden kleine Teufel. [756]

Beppi träumte über Nacht: sie sähe einer Trauung in der Kirche zu und bemerkte plötzlich, die Braut habe einen Totenkopf, der Bräutigam kohlschwarze Zähne; auf einem Seiten-Altar stand ein Käfig, worin ein Affe auf und nieder sprang. [757]

Sie träumt nicht davon, woran sie denkt. [758]

Leichname, welche die Zähne zeigen. [759]

Gestern abend beim Zubettgehen hatt' ich ein Gefühl, wie es mir sein würde, wenn ich meinen Körper verlassen müßte. An diesen wohlgestalteten Leib fühlt der Mensch sich so mannigfach durch Leid und Freude, durch Bedürfnis und Gewohnheit, gefesselt, an diesem Leib, mit ihm und durch ihn hat sich das, was er sein Ich nennt, entwickelt, dieser Leib ist es, der ihn durch die nach allen Seiten aufgeschlossenen Sinne so innig mit der Natur verwebt, ja, das Ich gelangt nur *durch* den Leib zu einer Vorstellung seiner selbst, als eines von den Urkräften freigegebenen, selbständigen und eigentümlichen Wesens und die kühne Ahnung eines noch immer fortbestehenden Verhältnisses zwischen dem Quell alles Seins und der abgerissenen Erscheinung des Menschen geht weit weniger aus Eigenschaften des Geistes, als des Leibes hervor. Nun denke man sich den Tod: ein einziger Augenblick zerreißt alle diese Fäden und alles, was an sie geknüpft ist: das Auge erlischt, das Ohr wird verschlossen, der Leib sinkt abgenutzt ins Grab und die Elemente teilen sich in ihn: indes soll das Ich, das nur durch den Leib ein Bild von sich, nur durch die Sinne ein Bild von der Welt hatte, in neue Sphären, von denen es keine Vorstellung hat, zu neuer Tätigkeit, die es nicht begreift, eintreten: als eine *reine* Kraft kann es nur unter

Verhältnissen und Beziehungen zu andern Kräften, nur wenn es *Widerstand* findet, wirken: eine unvollkommene Maschine ist kein *Hindernis*, sondern ein *Bedingnis* geistiger Tätigkeit, es gibt keine Vermittlung zwischen Gott und den Menschen, als das Fleisch: also ein neues, dem alten, verlassenen, analoges Medium ist nötig und (hier kann man schaudern vor dem Augenblick des Übergangs) es entsteht jedenfalls ein leerer, wüster, Zwischen-Raum, der kurz sein mag, der aber ein völliger Stillstand des Lebens, wahrer *Tod*, ist und eine zweite Geburt, mithin die Wiederholung des größten Wunders der Schöpfung, notwendig macht. (Fragen: ist eine Wirksamkeit des Geistes ohne Körper möglich? Zur Antwort müßten Physiologie und Psychologie, in letzter Entwickelung, führen. Wenn möglich: Zustand des Menschen, der *nur* in seinem Leib und durch ihn gelebt hat: Notwendigkeit höchster Ideen.) [760]

Es ist das Zeichen bedeutenderer Menschen, daß sie zum Gewöhnlichen auf ungewöhnlichem Wege gelangen und sich bloß gebären, nicht aber erschaffen lassen. [761]

Es ist eine Torheit, sich nicht zu betrinken, weil die Nüchternheit auf die Trunkenheit folgt. [762]

Ich weiß nicht, ob man den guten Willen eines Menschen, wenn er nicht in Verhältnis zu der Kraftmasse steht, die er aufzuwenden hat, überall schätzbar finden darf; er ist das Produkt der Eitelkeit und der Schwäche und unterhöhlt die ganze Menschen-Natur. [763]

Man gebietet in – jetzt für amtliche Berichte den guten Stil. Man sollte sich darauf beschränken, ihn nicht zu verbieten. [764]

Wer ganz und von jeher der Natur gemäß lebt, für den ist sie reich genug. Das fühlte ich heut morgen im botanischen Garten so lebhaft, ich, für den sie *nicht* reich genug ist. [765]

Im größten Schmerz ist es noch Wonne, seiner *fähig* zu sein! [766]

Nemo contra Deum nisi Deus ipse! (alter Spruch.) [767]

»Ein Mannsbild ist keinen Sechser wert, und wenns den Groschen im Maul hat«. Bairisches Sprichwort. [768]

Ein alter Invalide, auf den Tod krank, läßt sich vor Napoleons Bild tragen und gibt vor dem Bilde seinen Geist auf.
(Allgemeine Zeitung.) [769]

Der Bischof von Autun, auf den ein Mordversuch gemacht worden, hatte seinen Mörder *als* Mörder im Traum gesehen und verhüllte, als er aus der Kirche trat, sein Gesicht, ehe der Mensch noch eine Bewegung gegen ihn gemacht. (Allg. Zeitung) [770]

Heute, den 27sten Juni, habe ich das erste Honorar eingenommen, nämlich 30 fl. 3 kr. von der Cottaschen Buchhandlung für Korrespondenzberichte und Gedichte. Die goldene Seite der Poesie. [771]

Brief an Elise vom 18 Juni 37
Ich bin nicht gegen viele Menschen wahr, ich kanns nicht sein, denn sie würden mich nicht verstehen und (was das Schlimmste ist) doch zu verstehen glauben; doch mach ichs nicht, wie Moses, der seinen Aussatz hinter dem Schleier für göttlich-blendenden Glanz ausgab und seine Krankheit anbeten ließ. – Mein Talent ist zu groß, um unterdrückt; zu klein, um zum Mittelpunkt meiner Existenz gemacht zu werden. – Auch wüßte ich mich aus einer langen Strecke Vergangenheit keines unreinen Schmerzes von solcher Widerlichkeit zu erinnern, als derjenige ist, womit der Gedanke mich erfüllt, daß Du der Humanität bloß darum geopfert hast, um die Göttin von ihrem Altar zu verdrängen und Dein eignes Bild hinaufzusetzen. – [772]

d. 6 Juli.
Über Nacht träumte mir: Ich sah den alten König Maximilian Joseph beerdigen und den König Ludwig krönen. Beides geschah im Grabgewölbe und Leichen- und Krönungsfeierlichkeiten spielten gräßlich ineinander: die Leichenfackeln dienten zum

Fackelzug bei der Krönung und als der König Ludwig die Krone aufsetzte, nickte der König Maximilian aus seinem Sarg heraus mit dem Kopf. Ich war unter den Kronbeamten; als wir wieder heraufstiegen, verschloß der König Ludwig die Gruft und sagte zu mir, indem er mir den Schlüssel gab: laß *den* nicht heraus, aber mich laß auch nicht hinein! [773]

Es ist schwer, das Kirschenessen zu lassen, weil sich der Mund nicht leicht sauber dabei erhält. Und doch verlangts die Moral zuweilen. [774]

In *Basel* gehen die Uhren eine Stunde zu früh.
(Pfenningmagazin.) [775]

In *Maitlands* Buch ist es charakteristisch, daß er mit größter Sorgfalt jede Äußerung des »Generals Bonaparte«, die zu Gunsten Englands oder irgend einer englischen Institution ausgelegt werden könnte, aufzeichnet. Der gewichtigste Grund gegen las Cases Behauptungen ist wohl der, daß dieser nicht ermangelt haben würde, auf ein schriftliches Instrument zu dringen, wenn Maitland wirklich bestimmte Versicherungen wegen der Aufnahme Napoleons in England gegeben hätte. Daß das Buch durch Walter Scotts Hände gegangen ist, unterstützt seine Ansprüche auf Glaubwürdigkeit nicht besonders; in einer Anekdote meine ich, Scott zu erkennen. Napoleon soll nämlich (nach Montholon) gesagt haben, Arthur Wellington sei ihm in *Führung* einer Armee *gleich*, aber er gehe *vorsichtiger* damit um. [776]

Die Menschen helfen lieber dem, der ihrer Hülfe nicht bedarf, als dem, welchem sie nötig ist. [777]

Einen Charakter der jüngsten Vergangenheit (z. E. Napoleon) dramatisch zu gestalten: ist es bloß schwer, oder unmöglich? Und verwechselt man bei der Verneinung nicht etwa *Effekt* mit *Darstellung an sich*? [778]

Die dümmsten Schafe sind immer zugleich die reißendsten Wölfe. [779]

Grabbes Napoleon: Es ist, als ob ein Unteroffizier die große Armee kommandierte: man hört überall Lärm genug, aber man sieht nicht, man erfährt nur gelegentlich, daß der Lärm auch etwas bedeute. Ich kann die Unmöglichkeit, einen Stoff, der der nächsten Vergangenheit angehört, durch einen großen Dichter gehörig behandelt zu sehen, nicht finden, aber ich finde allerdings, daß ein solcher Stoff nicht in den *Schacher* der *Halben* paßt. Die Masse des Publikums sieht bis *an die* Wolken (weiter freilich nicht) recht gut und läßt sich wohl einen tätowierten Caesar gefallen, weil sie von Rom nichts weiß, aber keinen tätowierten Napoleon, weil sie, hauptsächlich, seit er tot ist, fühlt, daß und wie er gelebt hat. Hier also heißt es: weck ihn auf, Poet, wenn du kannst, ihn selbst, den Mann, dessen Worte Schlachten waren und dessen Schlachten *Worte*, oder schweig, bis unsre Enkel fünf Fuß messen; dann magst du sein *Gespenst* schicken! Übrigens ist der Grabbesche Napoleon nicht einmal eine Figur; das ganze Stück kommt mir vor, wie ein Schachspiel. – [780]

Ein Drama, welches Napoleon zum Gegenstand hat, muß sich gewissermaßen Vergangenheit, Gegenwart und Zukunft zugleich zur Aufgabe setzen, muß ihn durch die Vergangenheit motivieren und die Zukunft durch ihn. Eine ungeheure Aufgabe! Napoleon, als darzustellender Charakter an sich betrachtet, will nur durch ein Gewitter von Taten gezeichnet sein; mit Worten muß der Darsteller so sparsam sein, daß er ihn kaum befehlen lassen darf. [781]

An Gravenhorst

München d. 13 Juli 1837.

Ich habe mich schon seit einiger Zeit des Gedankens nicht erwehren können, daß Euer beiderseitiges langes Stillschweigen einen anderen, als einen bloß zufälligen Grund haben müsse. Worin ich diesen Grund suchen soll, weiß ich nicht; ich habe die ganze Vergangenheit, die wir miteinander gemein haben, geprüft und nirgends den Keim zu einer Mißhelligkeit, die nicht gleich ausgebrochen und abgetan wäre, gefunden; wir haben uns von jeher in unsren Naturen, soweit sie sich im Kampf mit den verschiedenen Lebens-Ereignissen ausgebildet, gewähren lassen, wir haben uns in unsrem Streben geschätzt und uns in unsern Ansichten über die letzten Dinge in ein Wechselverhältnis zu setzen gewußt. Dies ist meines Bedünkens ein unverrückbares Fundament einer Geistes- und Herzens-Verbindung, ein solches, welches wenigstens mir für alle Zukunft Mut und Vertrauen einflößt; wie etwas eingetreten sein könnte, was uns auf einmal anders gegeneinander gestellt hätte, ist mir völlig unbegreiflich.

Um mich haben sich im letzten Winter Leben und Tod gestritten; ein Sandkorn gab dem Leben den Sieg. Ich erinnre mich meiner geführten Korrespondenz nur wenig, da sie immer – worüber ich Dir im letzten Brief geschrieben zu haben meine – unmittelbarster Ausdruck meiner oft flüchtigen Stimmungen ist und nur in ihrer Totalität mit Bezug auf meine Persönlichkeit etwas bedeutet; ich kann mir aber wohl denken, daß sie zu einer Zeit, wo ich fast ausschließlich andere, als die irdischen Zustände, vor Augen hatte, herbe und dunkel genug gewesen sein mag. Doch halte ich mich überzeugt, und ein unbefangener Leser wirds finden, daß das Herbe nur aus Mißwollen gegen mich selbst hervorging, das Schicksal hat mich gemartert und zertreten, ich stieß vielleicht, als es mit Wundpflastern kam, seine Hand zu unsanft und eigensinnig zurück. Auch ging das *Dunkle* nicht aus innerer Unklarheit hervor; dies schien Rendtorff zu meinen, aber ich mußte widersprechen, denn es wäre verächtlich gewesen, wenn ich den gewichtigsten aller menschlichen Entschlüsse gefaßt hätte, ohne mit mir im reinen zu sein; im Gegenteil, das Aphoristische meiner Äußerungen entsprang aus jenem Mißbehagen, welches jeder empfindet, der sich über etwas nach allen Seiten Durch-Dachtes und Durch-Empfundenes auslassen will, das er nur noch als Tat hinstellen oder für ewig unterdrücken und vergessen mag.

Aber, jedenfalls seid Ihr nicht die Leute, die einen Menschen deswegen meiden, weil er Euch krank scheint. Ein Mißverständnis, welcher Art es auch sei, ist eingetreten; wollte der Himmel, ich hätte nur eine Ahnung über den rechten Punkt, dann könnt ichs ja vielleicht durch zwei Worte zerstreuen. Ich bitte Dich inständig um Aufklärung, und ich hoffe, Du kennst mich genug, um selbst dann, wenn Du mich einen Bankerotteur glauben solltest, keinen Bettler in mir zu fürchten.

Über meine jetzigen Verhältnisse, Pläne und Aussichten könnt ich Dir manches schreiben, aber entweder interessiert es Dich nicht, oder es kommt noch in der etwaigen Antwort auf Deinen Brief, den ich billiger, ja gerechter Weise erwarten darf, früh genug.

Freilich wär es möglich (obgleich allerdings ein sonderbares Zusammentreffen wunderlicher Umstände dazu gehörte) daß meine Hypochondrie mich dennoch täuschte, daß Ihr nicht schreiben könnt oder nicht schreiben mögt. Doch, auch in diesem Fall darf ich einigen Zeilen entgegensehen, in jedem anderen aber gewiß.

Grüße R. und sei selbst herzlich gegrüßt, antworte mir aber bald, da ich nicht weiß, wie lange ich noch in München bleibe.

Dein
F. H. [782]

d. 14ten Juli 1837.
Heute erfahre ich, der Herzog von Cumberland habe die Hannöversche Konstitution aufgehoben. [783]

»In allen Schlachten gibt es einen Augenblick, in welchem auch der tapferste Soldat, nachdem er die größten Anstrengungen gemacht hat, von einem geheimen Schrecken überfallen wird. Dieser Schrecken entspringt aus dem Mangel an Vertrauen in den eignen Mut; aber, es bedarf nur einer Kleinigkeit, der kleinsten Anregung, um das Vertrauen wieder zu heben; die große Kunst des Feldherrn ist, dies zu bewirken. Bei *Arcole* habe ich die Schlacht mit 25 Reitern gewonnen. Ich ergriff diesen Moment der Abspannung bei beiden Armeen; ich sah, daß Östreicher und Franzosen sich nach Lager und Zelten sehnten; alle meine Truppen waren bereits im Feuer gewesen; mir blieben nichts, als 25 Guiden, deren Mut noch nicht erschüttert war. Ich schickte sie auf die Flanke der Feinde mit 3 Trompetern voran, die zum Angriff bliesen. Überrascht durchbebte ein Schrecken die Östreicher. »Da ist die französ. Kavallerie!« riefen sie und flohen. So wahr ists, daß man den Augenblick ergreifen muß. Einen Moment früher oder später hätte mir dieser Versuch mit 2000 Pferden nichts genutzt; die Infanterie würde Karrees gebildet haben, der Angriff wäre unmöglich gewesen.[«]

Napoleon. (in Antomarchi, Bd 1 S. 92.) [784]

Napoleon, d. 19 November 1819.
Doktor, welche angenehme Sache ist doch die Ruhe. Das Bett ist mir jetzt der liebste Ort geworden; ich mögte es nicht um alle Throne der Welt vertauschen. Welche Veränderung! Wie tief bin ich gesunken, ich, dessen Tätigkeit ohne Grenzen war, dessen Kopf nie ruhte! [785]

Das Leben hat eine Musik und 1000 Variationen derselben. [786]

Wer die Menschen kennenlernen will, der studiere ihre Entschuldigungsgründe. [787]

Dürfte ich mir nicht sagen, daß ich gewisse Verbrechen niemals begehen kann, so könnt ich das Gefühl der Zukunft nicht aushalten. [788]

Zwischen Ansichten, Eigenheiten, Gestalt pp. eines großen Verbrechers und seinen eignen Ähnlichkeiten zu begegnen!!! [789]

Ein König versicherte seine Untertanen so lange, er sei liberal, bis sie sich erfrechten, es ihm zu *glauben*. [790]

Peter Joseph Schäffer, Priester in Seenheim und Uffholz (im Elsaß) nachher in Köln, doppelter Meuchelmörder.
Erinnert sich in seiner Selbstbiographie jeden Augenblick, daß er schon vor der Mordtat selbst 5mal dem Tod nah gewesen sei; bereut weniger das Verbrechen, als, daß er das *Priestertum* geschändet habe; das Bild des *Hinausgeführt-werdens* zum Blutgerüst scheint ihn mehr zu erschüttern, als das Blutgerüst selbst; erinnert sich der Empfindungen, womit er einst Gott für seine Errettung aus drohender Wassersnot gedankt; hatte (nach den Bemerkungen, die auf die Selbstbiographie folgen) ein von seiner eignen

Hand kopiertes, wie das Brevier abgegriffenes Traum- und Wahrsagebuch; seine Verwirrung (in einem spätern Verhör) ging so weit, daß er in sich selbst überzeugt zu werden schien, man könne ihm sein Gewebe von Unwahrheiten unmöglich glauben; als man ihn in sein Gefängnis brachte, sagte man ihm, es habe kurz zuvor ein anderer Mörder darin seine letzten Tage zugebracht: da schlug er sich vor die Stirn und rief aus: »Gott, wohin bin ich gekommen[«]; geht (als er in der Nacht den Mord an den beiden Weibern, die ihn begleiten, ausführen will) an der für die Tat *geeignetsten* Stelle in den dichten Weiden ruhig vorüber; stopft in der Minute *vor* dem Mord seine Pfeife und raucht.

»Ich verrichtete meine Notdurft und verlor bei dieser Gelegenheit meine Uhr. Sie mogte wohl 15 Louisdor wert sein. *Dieser Verlust setzte mich in Bewegung.*[«] (höchst bedeutender Zug, der sich bei jedem Schwächling wiederholt.)

Er versucht, die Leichen fortzuschleppen bis zum etwa 100 Schritt entfernten Rhein; er vermags nicht aus Körper-Entkräftung; »namenlose Angst und Grausen ergriff mich, mir kam mehrmals der Gedanke, *mich selbst* zu morden; wie ein Wirbelwind jagte das Grausen mich von der Mordstätte fort.[«]

Den Tag nach der Ermordung sucht er die Leichen noch einmal auf; [»]nicht wahr – frägt ihn listig der Polizeimeister – Ihr Mut ging so weit, daß, wenn Sie damals an den beiden Weibern noch Leben gespürt hätten, Sie noch einmal zum Messer gegriffen haben würden?« S. brach in ein grinsendes abscheuliches Lächeln aus.

In seiner Kirche forderte er die Gemeinde auf, um die Beßrung eines verstockten Sünders zu beten.

Vor seinem Geständnis ging er mit dem Untersuchungsrichter im Zimmer auf und ab und kam zufällig vor einem großen Spiegel zu stehen. Er hatte bisher seine Augen zu Boden geschlagen, jetzt fiel sein Blick in den Spiegel und er sah seine eigne Gestalt vor sich. Mit einem abgebrochnen Laut prallte er 3 Schritte zurück. Der Spiegel zeigte ihm den schon aus seinem Äußeren herausgetretenen Mörder. Ein anderer Meuchelmörder, *Klein*, kalt und verhärtet, bat am Tage vor seiner Hinrichtung um die Besorgung eines Spiegels, als letzte Gnade. Er betrachtete sich dann sehr aufmerksam und schien erweicht zu werden; er schien sich nur in seiner äußern Gestalt zu kennen und prägte sich die noch einmal lebhaft ein, um sich jenseits nicht zu verlieren.

»Der Bösewicht, *lechzend* nach dem Blut der Unglücklichen!« sagt der Referent.

»Bis zur Mitternacht währte der Jubel in D. Allgemein ist die Illumination, auch die entlegensten Häuser sind erleuchtet. Dies ist von den Weiden aus (wo der Mord verübt ward) deutlich zu erkennen; Musik tönt herüber.[«] [791]

Es gibt nur *eine* Sünde, die gegen die ganze Menschheit mit allen ihren Geschlechtern begangen werden kann, und dies ist die Verfälschung der Geschichte. [792]

»Ich hab Ihre Sache vergessen, *weil* Sie vergessen haben!« sagte heute ein Dienstmädchen. [793]

Pater Achatius Kretzer saß zugleich mit Schäffer (vide die vorhergehende Seite) im Gefängnis; er war der berüchtigte Kapuziner, der sich den Ruf der Heiligkeit hatte erwerben und eine neue Sekte stiften wollen. Er nannte seinen Orden den *Ersetzungsstand* und lehrte, daß man Gott für alle ihm zugefügte Beleidigung und Schmach eine freiwillige und selbstgewählte Satisfaktion geben müsse, die darin bestehe, daß Männer und Weiber gegenseitig ihre Körper zu fleischlicher Berührung hingäben. Eingebungen und Visionen bestimmten die Wahl der Abbüßung nach dieser Art, kein Ordensglied durfte sich weigern, die Phantasie des andern zu erfüllen. Er hatte mit der neuen Lehre schon eine Menge weiblicher Ordensglieder angesteckt und Wollust aller Art mit ihnen genossen, als er verhaftet ward. Die Sekte ist übrigens nicht so neu; *Michel Molinos* hatte in Spanien, *Dulchino* in Italien und *Cornelius Hadriansen* in den Niederlanden dasselbe gelehrt. (Biographie des doppelten Meuchelmörders Pet. Jos. Schäffers, Pfarrers pp. 2.te Aufl, Köln 1804.) [794]

In *jede* menschliche Handlung hat der Zufall Einfluß. [795]

»Was Europa betrifft, so schien es dem Kaiser mehr, wie je, in Flammen zu stehen. Es hatte Frankreich vernichtet, aber seine

Wiederauferstehung könnte eines Tags die Folge gewaltiger Ausbrüche der Völker sein; denn die gegenwärtige Politik der Monarchen reize zum Haß gegen sie; die Wieder-Auferstehung könnte auch durch künftige Mißhelligkeiten der großen Mächte untereinander bewirkt werden; eine solche Wendung wäre die wahrscheinlichste und werde nicht ausbleiben.«
Napoleon, Tagebuch las Cases, Teil 2, S 224. [796]

In Babylon setzte man die Kranken vor die Haustür und forderte alle Vorübergehende auf, zu sagen, ob sie etwas Ähnliches gehabt und wodurch sie geheilt worden.
Napoleon, las Cases T. 2, S 273. [797]

Napoleon konnte sich immer auf seine eigne Klugheit und auf die Dummheit seiner Gegner verlassen. [798]

Jeder Mensch hat irgendeinen Winkel, von dem er sagen kann: den kenn ich allein; wenn man dem Philister imponieren will, muß man ihn dahin verfolgen. [799]

Denke ich an alte Zeiten, so denk ich immer zugleich an Abend-Dämmerung; denke ich an einen alten Charakter, so erscheint er mir unter Flor oder Spinnweb; so gewiß ists, daß jede innere Erscheinung ohne weitern Prozeß eine ihr analoge äußere hervorruft. [800]

Als Napoleon von Elba zurückkam, ersuchte Talleyrand Fouche, für ihn beim Kaiser die Bürgschaft zu übernehmen; er werde beim König für Fouche gutsagen. [801]

Um einen Schriftsteller in Bezug auf Stil zu beurteilen, muß man besonders auf die Freiheiten passen, die er sich mit der Sprache nimmt, und untersuchen, ob dabei auch Freiheit stattfindet. [802]

Man muß sich hüten, manche Schwäche zu bekennen. Seit ichs z. B. meinen Freunden eingestanden habe, daß ich empfindlich bin, segelt in ihren Augen jedes meiner Gefühle, das nicht überzuckert ist, unter der Flagge der Empfindlichkeit. [803]

Wenn der Pardel dem Jäger nachsetzt, so hat dieser einen Spiegel, den er ihm vorhält. Da steht es auf einmal still. Während es sich nun zum Zweikampf mit seinem Schatten fertig macht, empfängt es die tödliche Wunde. Hamann, Teil 3 S 76. [804]

Es gibt Fälle, wo Pflicht-Erfüllen sündigen heißt. [805]

Das Anscheinend-Gute beziehen wir immer auf überirdische Zustände; warum nicht auch das Anscheinend-Böse? [806]

Bild: Tristes Regenwetter. Ein Knabe in der Tür, der zusieht. [807]

Bilder, für innere Zustände aus der äußern Natur genommen, haben nicht bloß erleuchtende, auch beweisende, Kraft. [808]

Ein Kunstwerk durch Darstellung seiner Idee erschaffen, ist viel; die Idee nicht *fundamentieren*, sondern nur *befruchten* lassen, ist alles. [809]

Ein an vielen im Freiheitskrieg erhaltenen Wunden invalider Landwehroffizier war bei der Behörde um eine Versorgung eingekommen und erhielt, da eben kein anderer Posten vakant war, die abgabenfreie Erlaubnis – ein Bordell zu halten.
tutti frutti, Tl 3 S 8. [810]

Der Barbier, der vor Napoleon *zitterte*, hätte ihm leicht die Kehle abschneiden können. Darum muß ein Held immer zugleich ein (sein) Barbier sein. [811]

Nach den Zeitungen leistet bei der Huldigung der Kronprinzessin von Spanien der erste Huldigende, Infant Franz von Paula, zuerst in die Hände des Patriarchen den *Eid*, dann kniet er vor dem König nieder und gibt sein Ehrenwort, daß er den Eid auch halten werde. tutti frutti Teil 3 S 55. [812]

Furchtbarer noch, als die zermalmende, ist die *versteinernde* Kraft der Zeit. Wenn sie nicht eine Meduse wäre, so hätte unser Jahrhundert gar nicht erscheinen können. [813]

In England heißt nur ein Mädchen *Miß*, eine Frau aber *Mistriß*. Das Wort *Sir* wird zwar als Anrede für Männer aller Stände gebraucht, wird aber nur in *dem* Fall zugleich mit dem Namen verbunden, wenn es den Titel eines *Baronets* bezeichnen soll, wobei noch zu bemerken ist, daß man dann nie den Zunamen, sondern nur den Vornamen hinzusetzt, so, daß man z. B. nicht *Sir Scott*, sondern Sir *Walter* sagt. Ebenso wird, wenn man *von* jemand spricht, das Wort *Sir* nur dann gebraucht, wenn er zugleich Baronet ist, sonst bedient man sich des Worts master.

tutti frutti, T 3 S 90.   [814]

Alles Schreiben läuft auf *Mischen* hinaus, die Ingredienzien bleiben ewig dieselben. Aber, jede neue Zeit ruft ein neues Rezept hervor und jedes neue Rezept eine neue Medizin.   [815]

Ein junger Mensch, der Schillers Verse:
   Unglückselig, unglückselig, die es wagen,
   Götterfunken aus dem Staub zu schlagen pp
rezitiert.   [816]

Einem beweisen, daß wirklich *Illusion* vorhanden gewesen: jene Szene auf dem Wesselb. Liebhabertheater u. d. Geist.   [817]

In Frankfurt am Main hat man zufolge hohen Beschlusses des Senats beim Militär die *Stockprügel* wieder eingeführt.

Baier. Landbötin, Juli 1837.   [818]

In den Tuilerien wurde im *Sommer* auf gestreutem *Salz* eine *Schlittenfahrt* veranstaltet, während das Volk kaum noch wegen der ungeheuren Abgaben kaum noch Salz bezahlen konnte.

tutti frutti, T 3 S 128.   [819]

Friedrichs M. Hunde mußten von den Wärtern immer mit Sie und Monsieur und Mademoiselle angeredet werden.

Daselbst S 174.   [820]

Marxen, der den Zollkontrolleur verklagen wollte, weil er ihn für einen ehrlichen Mann gehalten und ihm auf sein Ehrenwort geglaubt hatte.   [821]

Nur, wer Gott liebt, liebt sich selbst. [822]

Sich selbst etwas versprechen und es nicht halten, ist der nächste Weg zur Nullität und Charakterlosigkeit. [823]

Das Versprechen, was du dir selbst gibst, sei dir heiliger, als jedes andere. Ein dritter weiß sich schon Recht gegen dich zu verschaffen; aber die Pflicht, die du gegen dich selbst eingingst, kann niemals *Zwangs*pflicht werden. Betrachte sie also immer als *Ehrenschuld*, die du an deine Natur zu zahlen hast. [824]

Es ist mir eine grauenhafte Erfahrung, daß nicht bloß das Kleinste, sondern auch das Größte und Höchste in der Menschen-Natur mit der *Gewohnheit* zusammenhängt. [825]

Manchen Institutionen, die aus dem Altertum stammen, läßt sich freilich das Leben nicht geradezu absprechen; aber, sie *wirken* wie *Gespenster*, nicht mehr, wie lebendige Wesen. [826]

Der *Mondstich* macht (nach ägyptischer Sage) schnell erblinden.
tutti frutti T 4. [827]

Heute sah ich einen Kanarienvogel, der gern Zucker fraß, den Zucker aber, als ich ihm gab, fürchtete, weil das Stück zu *groß* war. [828]

Ich und der *Nußknacker*. [829]

Einem Volkstheater, wenn es nicht über seine Sphäre hinausgeht, kommt besonders der Umstand zugute, daß alles, was etwa in Dekoration, Kostüm u. s. w. verfehlt ist oder verunglückt, den burlesken Effekt *verstärkt* und nicht, wie anderswo, aufhebt. [830]

Jerring [Ihering] käuft als Knabe Niemeyers Grundsätze der Erziehung, bringt das Buch seiner Mutter und fordert sie auf, ihn darnach zu erziehen. [831]

Als ich heute in der Königl. Bairischen Schatzkammer war und all die goldnen und silbernen Trinkgeschirre, die Kronen und Diademe, die kostbaren Schwerter pp. erblickte, konnte ich mich an den Gedanken, daß das lauter Kostbarkeiten seien, gar nicht gewöhnen und hatte die feurigsten Edelsteine, die herrlichsten Kleinodien im Verdacht erlogenen Schimmers und usurpierten Glanzes. Bei Theater-Aufzügen geht es mir gerade umgekehrt. Daraus läßt sich mancherlei folgern, insbesondere dies, daß der Mensch lieber in die Wahrheit Mißtrauen setzt, als in die Lüge. [832]

Jerring [Ihering] erzählte mir heute, ihn habe, als er Theologie studieren wollen, immer die Vorstellung verfolgt, Gott und Maria –. [833]

Niemand schreibt, der nicht seine Selbstbiographie schriebe, und dann am besten, wenn er am wenigsten darum weiß. [834]

Hans erzählt eine Geschichte. »Wenig glaublich!« unterbricht ihn ein anderer. »Was? Und du selbst hast sie mir mitgeteilt?« – Wie? – [835]

Ein Erntefeld, das davonläuft, wenn der Schnitter kommt. Das Publikum vor Schaubuden auf Märkten. [836]

Gewisse Menschen muß man abhalten, den *Entschluß* zu fassen, irgend etwas zu tun, wenn sie es wirklich tun sollen. [837]

Ein Knabe aufm Markt, der einer und derselben Person das Temperamentsblatt 2 mal verkauft. [838]

Ob man sich nicht täuscht, wenn man glaubt, es gebe für *jeden Menschen* Stunden, worin ihm das Höchste zugänglich sei? [839]

d 29 Juli.
Heute ging ich unter einem Maurergerüst vorbei. Da fiel es mir ein, es würde mir, wenn ein Stein herunterfiele und mich erschlüge, sogar in dem Fall unangenehm sein, wenn ich schon

die geladene Pistole, mit der ich mich im nächsten Gebüsch erschießen wollte, unterm Rock trüge. [840]

d 29 Juli.
Der Nachthimmel. Die Milchstraße, bleich-dämmernd. Wolken, wie Pfeiler, die sich gegen den Himmel aufbäumten. Das Wetterleuchten, als würde plötzlich eine Hand voll Feuer dreingeworfen. [841]

Die Bestialität hat jetzt Handschuh über die Tatzen gezogen! Das ist das Resultat der ganzen Weltgeschichte. [842]

Einige Menschen sind die Barbiere ihres Jahrhunderts; einige Jahrhunderte die Barbiere der Zeit. [843]

Kann Gott lieben? – [844]

Ich sah heute vor meinem Fenster eine Kunstreiter-Gesellschaft ihren Wagen auspacken. Es ist charakteristisch, daß Menschen dieser Art mit ihren Sachen immer schlecht umgehen; so wurden Mantelsäcke herausgeworfen, eine Hose, die unter ein Wagenrad gefallen war, blieb so lange liegen, bis der Wagen bei einer kleinen Bewegung der Pferde, gelinde darüber hinwegging u.s.w. Dies ist aber gerade recht. [845]

Aus Scham, für dumm angesehen zu werden, wohl mehr, als aus Respekt vor Vernunft und Pflicht, gibt mancher zuweilen selbst zum Nachteil seines Vorteils einem Grund Gehör. [846]

Wir Menschen in all unserm innern Tun und Treiben sind und bleiben ewig mehr oder minder kühne Spieler am Roulett-Tisch. Wir setzen bald auf diese, bald auf jene Farbe und irren gewiß jedesmal, wenn wir daraus, daß die eine gewinnt, oder die andere verliert, irgend Schlüsse zum Vorteil oder zum Nachteil unseres Genies ziehen wollen; nur in der Verwendung der Gewinne und Verlüste ist uns einigermaßen freie Hand gelassen. [847]

Am Kopfschmerz ist mir weniger der *Schmerz* unerträglich, als die damit verbundene Verhinderung reiner und leichter Gedankenproduktion. [848]

Heute ist Coeur Trumpf und morgen Spadille. Aber nichts kommt dem Menschen abscheulicher vor, als wenn die einmal kreierten Trümpfe ihm nichts einbringen; selbst *dann, wenn er auf andere Weise gewinnt.* [849]

B. hatte sich gestoßen und sagte: »Die Schmerzen verdrießen mich nicht, aber die Beule!« [850]

August.

Es gibt Menschen, die ins Zuchthaus müssen, wenn sie spinnen lernen sollen. [851]

Es gibt keine reine Wahrheit, aber ebensowenig einen reinen Irrtum. [852]

Wer das Jucken ein Übel nennt, der denkt gewiß nicht ans Kratzen. [853]

Alles *Erworbene* hat nur auf die irdischen Kreise Bezug und Einfluß; nur das Angeborene reicht darüber hinaus. [854]

Es gibt Menschen, die entweder die Gottheit, oder sich selbst, verleugnen müssen. Dahin führt alle Beschäftigung mit Poesie, wenn sie nicht zum Höchsten führt. Ein Krebs unsrer Zeit!

[855]

Die Zeitungen melden von einem Nachtwandler, der während des Nachtwandelns gewissermaßen vom Gesetz der *Schwere* entbunden ist, z.B. Leuten auf den Nacken hüpft, ohne daß sie es sehr fühlen. Dabei sagt mir Rousseau, dasselbe habe Görres längst von *Somnambulen* (die es in hohem Grade seien) behauptet. [856]

Heute, d. 3 August, wunderbares Wetterleuchten. Dunkler Himmel, zitternde Flammenbewegung, die auf Augenblicke das reine Weiß und Blau sichtbar machte, das den Hintergrund füllte, so daß die Wetterwolke einem zerreißenden Flor glich. [857]

Unterschied zwischen Genie und Talent

Das Talent macht eine vereinzelte Erscheinung des Weltlaufs geltend, wie sie sich entwickeln *kann*, und hat den prüfenden Verstand immer auf seiner Seite; das Genie zeigt uns, wie jeder Gegenstand, den es sich zur Aufgabe gestellt hat, *sein muß*, die ganze große Natur steht im Hintergrund und *bejaht*. Wir können uns ein höchstes Kunstwerk durchaus nur in der Gestalt, worin es der Dichter uns vorführte, denken; so wenig anders, als eben einen Baum, einen Berg oder einen Fluß. [858]

Es gibt eine geistige *Onanie*, der sich in unsern Zeiten viele ergeben. [859]

d. 12 August.

Über Nacht im Traum saß ich in einem Wirtshaus der Au und nahm ein Mittagsmahl ein. Neben mir lag der Woldemar von Jacobi, mir gegenüber saß ein Reisender, der ebenfalls dinierte und mich fragte, welches Buch ich läse. Ich reichte ihm den Band hin, er steckte ihn ohne weiteres in die Tasche und verehrte mir zwei Körbe, in deren größtem eine treffliche Boaschlange, zusammengeringelt und mit ihrem langen Körper eine kleinere Schlange einschließend, lag. [860]

Goethes italienische Reise und in dem zweiten Teil des Werther die Briefe über die Schweiz. Eine höchst schwierige Aufgabe, das Verhältnis, worin beide Darstellungen zueinander stehen, herauszufinden, aber gewiß in ihren Resultaten für die Erfassung Goethescher Art und Weise unendlich belohnend. Das Allgemeinste ist leicht auszusprechen: die italienische Reise ist uferlos, damit das ganze Welt-All für jegliche seiner Bewegungen Raum findet; die Briefe gleichen einem Strom, in den recht viel hineingeht, das sich aber immer die mannigfaltigsten und eigensinnigsten Schranken gefallen lassen muß. [861]

Es gehört schon viel Zeit dazu, nur einzusehen, wo das Rätselhafte in manchen Dingen denn eigentlich sitzt. [862]

Heute sah ich den Seiltänzer Rudolph *Knie*, der mit höchster Grazie die schwierigsten Kunststücke ausführte, z. B. den Schnelllauf in einer Minute; in der Hand eine schwere Balancierstange. Was mir nicht behagte, war, daß er sich einmal die Füße fesselte, da dies meines Bedünkens das Kunststück nur *wenig*, im Unglücksfall aber die Rettung *sehr* erschwerte und jedenfalls der Grazie, vielleicht auch nur ihrer Wahrnehmung, bedeutend im Wege stand. Doch mag dies allerdings auf die Menge berechnet sein, der es immer am Maßstab fehlt und die nicht für die Grenze, sondern nur für die Übertreibung, ein Gefühl hat. Übrigens empfand ichs eben bei dieser Gelegenheit einmal wieder recht deutlich, wie weit der Trieb des Menschen geht, alles Treffliche, was ihm von außen entgegenkommt, selbst hervorzubringen; es juckte mich stark in den Beinen und ich machte mir unwillkürlich Vorwürfe über die Vernachlässigung dieser edlen Gliedmaßen. [863]

d. 13 August.

Heute ging ich, mit Rousseau mich lebhaft unterhaltend, im Englischen Garten spazieren und fuhr plötzlich zurück, weil ich eine sich gegen mich aufbäumende Schlange zu erblicken glaubte. Es war der Schatten meines Stocks, der, wenn ich den Stock erhob, schlangenmäßig in die Höhe zu steigen schien. [864]

Heute sah ich einen Knaben von Rudolph Knie das Seil besteigen. Für sein Alter gut genug, aber keine Muskel-Sicherheit, man mußte sich die Engel des Herrn hinzudenken. [865]

Das Alter, wie die Jugend, sind vielleicht gleich ungerecht gegen das in der Mitte stehende Echte und Wahre, und aus demselben Grunde, weil sie es beide nicht zu erzeugen vermögen. [866]

Goethes Wahlverwandtschaften. Ein Buch, bei dem man dem *Stoff* kaum *Widerstand* zu leisten vermag und wobei man sich am ersten zu einer Intoleranz gegen das echte Prinzip aller Kunst-Darstellung des Lebens in jedem seiner Verhältnisse verführt sehen könnte. [867]

Es gibt Augenblicke, wo der Mensch durch Tat oder Wort sein Innerstes und Eigentümlichstes ausdrückt, ohne es selbst zu wissen; die Kraft des Dichters hat sich in ihrer Erfassung zu betätigen. Dies ist es, was Heine unter Naturlauten und Goethe unter Naivität versteht. [868]

– Tell, und ich gebe mein Verwundern zu erkennen, wie Schiller den Fehler habe machen können, seinen Helden durch das unedle Benehmen gegen den flüchtigen Herzog von Schwaben so herabsinken zu lassen, indem er über diesen ein hartes Gericht hält, während er selbst mit seiner eignen Tat sich brüstet. »Es ist auch kaum begreiflich – sagte Goethe – allein Schiller war dem Einfluß der Frauen unterworfen, wie andere auch.[«]
Eckermann. [869]

Es ist ein wunderlich Gefühl, wenn man manchen Menschen in manches Mädchen verliebt sieht. [870]

Wenn die Hieroglyphenschrift sich vervollkommnet, so wird die Buchstabenschrift nicht erfunden. [871]

»Ist es möglich, daß er weiß, was er ist, und doch ist, was er ist?«
Shakespeare Ende gut, Alles gut. [872]

Liebes-Romane – Seufzerpasteten. [873]

Das Publikum beklatscht ein Feuerwerk, doch keinen Sonnen-Aufgang. [874]

Der Mensch kann nie einer Wahrheit ein Kompliment machen, ohne die zweite auf den Fuß zu treten. [875]

Aus einem Brief an Gravenhorst vom 24 August
– bildende Kunst und ihre Werke. Weit kommt man freilich nicht, wenn man aufrichtig sein und nicht in eigner erlauchter Person den Prometheus, der die Statuen belebt, machen will; das ist sehr leicht, aber ihnen ihr Innerstes und Eigentümlichstes abzugewinnen, habe ich erstaunlich schwer (ich könnte sagen: un-

möglich) gefunden. Es sind so ungeheure Probleme, wie schweigende Menschen, oder schlummernde Götter; mich ergreift immer, wenn ich solch ein in stolzer, geheimnisvoller Ruhe auf mich herabschauendes Steinbild betrachte, ein vernichtendes, mich völlig zersetzendes Gefühl eigner Ohnmacht und der Unermeßlichkeit und *Unverständlichkeit* der Natur, es peinigt mich die *Apotheose* des Steins, und während ich mich so mit dem Allgemeinsten abplage, erfaß ich vom Einzelnen nicht das kleinste Haar, woran es sich festhalten ließe. Ja, und wenn man sich selbst in einen großen Künstler hineinversetzt – kann er wohl, wie der geringste Hand- [876]

Das Gefühl nachmittags im Grase einzuschlafen: Gesumse der Käfer, Sonnenstrahlen, säuselnde Lüfte, all das reiche Leben rings umher. [877]

Man braucht den Schlafrock nur anzuziehen und die Haube aufzusetzen und man fühlt sich in 10 Minuten todkrank. [878]

Viele tragen in ihre Poesie *Logik* hinein und meinen, das heiße motivieren. [879]

Ich vergebe dir gern dein Schlimmes, wenn du nur nicht schlimm dadurch geworden bist. [880]

d. 3 Septbr.
Eine eigne Beruhigung quillt mir daraus, daß ein großer Teil meiner ehemaligen Lektüre mehr und mehr in meiner Achtung sinkt. Sonst wäre die Unzufriedenheit mit meinem eignen Tun und Treiben auch gar nicht auszuhalten. [881]

Ein dem Schnock durchaus analoger Charakter, der aus *Feigheit* **tapfer** ist, wäre möglich und eignete sich vielleicht zu meiner nächsten Aufgabe. [882]

Brief an Rousseau vom 2 Sept.
Der König findet sich leicht in seinen Purpur und der Bettler sich leicht in seine Lumpen; aber gewisse Leute in der Mitte sind schlimm daran! [883]

Das ist die Art der meisten Leute, alles überflüssig zu finden, woran ihnen der Bezug nicht *auffällt*, und da trifft das Verdammungsurteil oder der Spott dann gar oft die *Walze* in der *Mühle*. [884]

Das Freundschäfteln ist die schimpflichste Eitelkeit, die allenthalben, wo sie weiches Wachs zu erblicken glaubt, ihr Bild hineindrücken muß.
– Ich tat Blicke in die Entwickelung eines Robespierres, d. h. ich sah, daß in gewisser Umgebung sich ein solcher Charakter völlig naturgemäß aus reinen und tüchtigen Elementen herausstellen könnte. [885]

Daß er alles *motiviere* und *benutze*, ist die billigste Foderung, die wir an den Dichter stellen können. Ist uns ja doch im Leben selbst ein Faktum kaum noch ein Faktum, wenn wir uns nicht das *Wie* und das *Warum* in inniger Verbindung anschaulich zu machen vermögen. Abgesehen noch davon, daß, wenn das Leben jegliche seiner Erscheinungen unmittelbar durch sich selbst beglaubigt, die Kunst einer Bürgschaft bedarf, die sie nur aus der Ordnung der Menschenseele und des Weltalls und der Kongruenz zwischen beiden schöpfen kann. [886]

Alles Räsonnement (und dahin gehört doch auch, was Schiller unter der Firma des Sentimentalen als Poesie einsmuggeln will) ist einseitig und gewährt dem Geist und dem Herzen keine weitere Tätigkeit, als die der einfachen Verneinung oder Bejahung. Alles Tatsächliche und Gegenständliche dagegen (und hieher gehören die sog. Naturlaute, in denen sich das Innerste eines Zustandes oder einer menschlichen Persönlichkeit offenbart) ist unendlich und eröffnet Teilnehmenden und Nicht-Teilnehmenden für Anwendung aller Kräfte den weitesten Kreis. [887]

Das beste Motivieren ist am Ende das Motivieren durch *analoge Fakta*, genommen aus den heterogensten Verhältnissen. [888]

Du siehst das Unkraut nicht, wenn es wächset, aber du wirst es schon sehen, wenn es gewachsen ist! [889]

Du siehst die leuchtende Sternschnuppe nur dann, wenn sie vergeht! [890]

Das Naive (Unbewußte) ist der Gegenstand aller Darstellung; es liegt aber nicht bloß in der Sache, sondern auch im Wort, manches Wort plaudert die verborgensten Geheimnisse der Seele aus. [891]

Calderons Gedichte sind Proben, was das außerordentliche Talent vermag. Es ist nichts darin Natur, es ist vielmehr Gegensatz der Natur, und doch – [892]

d. 20 Septbr.
Heute erzähl ich meiner Kleinen, Hudson Low. habe sich, als er von las Cases gefodert worden, erhängt. Sie erwiderte: das hätt er nicht tun sollen. Ich fragte: was hätt er denn tun sollen? »Leben bleiben und sagen: ich mag nicht.« [893]

Die Philosophie bemüht sich immer und ewig um das *Absolute*, und es ist doch eigentlich die Aufgabe der *Poesie*. [894]

Der Mensch hat mehr Trieb, als Fähigkeit, gerecht zu sein. [895]

Ein Schriftsteller ist nur so viel wert, als er über seiner Zeit steht, denn nur dies ist sein Eigentum. [896]

Donner und Blitz sind auf Skt. Helena unbekannte Dinge.
O Meara. [897]

Gluse, Kaufmann, von einer Reise durch die Schweiz zurückkommend, sagte zu mir: »O, auf den Bergen fühlt man sich so frei, so unabhängig, vor sich die schöne Natur, hat seinen Paß in Ordnung pp.[«] [898]

d. 22 Oktober habe ich die Stiefeln vom Schuster erhalten und 1 fl. dafür bezahlt.

In der Zeit meines einjährigen Aufenthalts in München habe ich *verbraucht*: 302 fl 13 xr, monatlich also über 25 fl. *Verdient* in der ganzen Zeit 30 fl.

Jene 302 fl 13x bestehen aus nachfolgenden Posten:

    bei meiner Ankunft hatte ich . . . . . . 8 fl.
    d. 19 Okt. erhielt ich von E. . . . . . . 83 ,, 43 x
    im Dezbr. erhielt ich die R. vorgeschossenen 100 ,, —
    im März 2 Dukaten von A . . . . 11 ,, —
    im Mai 1837 erhielt ich von E . . . . . 85 ,,
    im Juli von Cotta 30 fl, davon verbraucht
    bis heute . . . . 14 ,, 30
                               zusammen 302 fl 13 x

Die Rechnung ist verkehrt, denn von der bei meiner Ankunft aus H. erhaltenen Summe lieh ich ja an R., es sind also wenigstens abzuziehen 60 fl; bleibt 242 fl; monatlich also 20 fl. [899]

Das Leben ist, wie ein Stück Gummielastikum. [900]

Jede Herrschaft über die Zeit ist eine Kammerdiener-Herrschaft. [901]

Mit jedem Menschen verschwindet (er sei auch, wer er sei) ein Geheimnis aus der Welt, das vermöge seiner besonderen Konstruktion nur *Er* entdecken konnte und das nach ihm niemand wieder entdecken wird. [902]

Aus einem Brief an Elise, vom 19 Okt. 37.

Wenig Menschen (heutzutage nur die Verschnittenen und die Lumpe) sind so glücklich, in den Bedürfnissen der Zeit zugleich ihre eignen Bedürfnisse zu erblicken; den andern bleibt nichts, als die herbe Wahl zwischen dem Gott und den Silberlingen. Noch wenigere aber haben ein Recht, auf ihre Persönlichkeit ein Gewicht zu legen, und eines solchen Rechts muß sich doch jeder bewußt sein, der nicht am Ende allen Halt verlieren, ja sich nicht durch Kampf und Widerstand lächerlich machen soll. – Die Finsternis ist nicht ein *Mangel*, sie ist ein *Gegensatz* des Lichts. – – um den einzelnen steht es heutzutage jedenfalls schlimm, das Jahrhundert selbst durch seine vorwaltende materielle Richtung ist ein Legat des Teufels und wer jetzt nur nicht schlecht wird, hat vielleicht schon mehr Kraft aufgeboten, als der Gepriesene, der zu Luthers Zeiten ein *Held* ward. [903]

Die Welt will nicht Heil, sie will einen Heiland: das Vermitteln ist ihr sonderbarstes Bedürfnis. [904]

Ein *vertrockneter* Lorbeer! [905]

Der wahrhafte Dichter stillt in seinen eignen Bedürfnissen zugleich die Bedürfnisse der ganzen Menschheit. Daher die *innere Notwendigkeit*, die in jeder Aufgabe liegt, die er sich stellt, während man seinen Nachbarn höchstens zugibt, daß sie – ihr Ziel erreicht, keineswegs aber, daß sie in dem Ziel etwas *erreicht* haben! [906]

Sinnlichkeit: Symbolik unstillbarer geistiger Bedürfnisse. [907]

Alles Analoge in der Kunst ist verwerflich. [908]

Die Jungfrauschaft und ein edler Stolz, beides sind Dinge, die man niemals, oder auf ewig verloren geben muß. [909]

Napoleon war noch nach seinem Tode der Liebling des Glücks. Alle seine Widersacher wurden in Verhältnisse versetzt, wo ihre Unwürdigkeit und innere Nichtigkeit *augenfällig* werden mußte. So Wellington. [910]

Es gibt Menschen, die mehr Beruhigung in der Lüge eines andern, als in ihrer eignen Wahrheit, fanden. [911]

Die Träne – das edelste Kunstprodukt. [912]

Schiller, in seinen lyr. Gedichten, hat eigentlich nur Gefühl *für Gedanken*. Doch haben seine Gedichte, diese seltsamen Monstra, Spiritus genug, um sich noch lange in ihrem eigenen Spiritus zu erhalten. [913]

Nicht das Gute, nur das Schlechte weckt Genie. [914]

Den Menschen trifft kein Unglück, das er nicht aus einer *Schuld* herzuleiten suchte. [915]

Hunde töten, weil sie toll werden können! [916]

Es fällt keinem ein, einen Thron unbesetzt zu lassen, aus Achtung vor dem Toten, der ihn hinterließ. [917]

Erkenntnis und Empfindung gehen immer Hand in Hand. [918]

Es gibt eine chemische Schrift des Geistes, die, unsichtbar in der Gegenwart, hell durch die Jahrhunderte glänzt, die durch die Zeit, die so manches andere auslöscht, aufgefrischt wird. Sie ist die Brücke, mittelst deren sich ein mit seiner Zeit im Widerspruch stehender Geist in *sein* Jahrhundert hinüberrettet. [919]

Es ist *gefährlich*, in Bildern zu denken, aber es ist nicht immer zu vermeiden, denn oft, besonders in Bezug auf die höchsten Dinge, sind Bild und Gedanke identisch. [920]

Die alten Städte trieben im Mai den Tod (d.h. das Bild des Todes) aus der Stadt. (Jean Paul, Vorsch. d. Ästh. 3 Tl) [921]

Ein Hurone kann an ein Klavier geraten, und auch unter seiner plumpen Hand wird es tönen. [922]

Im Turm geht es lustig zu, denn Jürgen, der in drei Tagen von der Welt scheiden soll, erhält, damit er sie noch einmal wieder liebgewinne, alles, was sein Herz begehrt und überzeugt sich, daß sein Diebstahl ihm ebensogut die Himmels- als die Galgenleiter hätte verschaffen können. Er ißt und trinkt, da tritt ein freundlicher Mann herein, der eine Flasche guten Wein auf den Tisch stellt und mit dem armen Sünder auf langes Leben anstößt. Lieber Jürgen, es ist der verkleidete Scharfrichter, der deinen Hals untersucht; darum postiert er sich hinter deinen Stuhl, als ob er dein Bedienter wäre! [923]

Eckermanns Gespräche mit Goethe. Man könnte den Titel übersetzen: Goethes Monologe vor der – höhle. [924]

Um sich mit allen Erscheinungen des Lebens auszusöhnen, muß man immer bedenken, daß das Konto - Courant der Erde und das Konto - Courant der Welt zwei ganz verschiedene Dinge sind. [925]

Es wäre möglich, daß das Christentum in dem neusten Krieg ebensoviel gewönne, als vielleicht Christus verlöre! [926]

Gewisse, sog. Kunstwerke sind in der Kunst, was in der Philosophie die Hypothesen. Man muß sie aber in der Kunst nicht dulden, obwohl in der Philosophie. Dahin gehören fast alle Produktionen der neuern franz. Schule, die überhaupt auf dem Parnaß eine Menagerie (Lucrezia Borgia, die durch Mutterliebe gezähmte, ist ein treffliches Exemplar darin!) anlegen zu wollen scheint. Manche dieser Hypothesen (auch in der Philosophie) kann man nur aus *dem* Grunde nicht widerlegen, weil man nicht der liebe Gott ist. [927]

Ein eifriger Prediger fand eines Sonntags-Nachmittags die ganze Kirche leer. Statt also zu predigen, begann er zu beten, und stellte Gott dem Herrn vor, daß er, der Prediger, wohl predigen, daß aber nur Gott die Kirche füllen könne. Dies Gebet füllte die Kirche, denn am andern Sonntag kamen die Leute, um zu hören, ob ihr Prediger wieder so – impertinent beten würde. [928]

Kinder freuen sich, wenn sie das Arzenei-Glas geleert haben, ohne zu fragen, ob auch das Übel schon gewichen sei. [929]

Den Göttern kannst du nur schenken, was von ihnen selbst ausgeht. [930]

Auf das Stehlen genialer Schätze ist die Strafe gesetzt, daß der Dieb nicht sie selbst, sondern nur ihren Schatten mit sich fortträgt, der eben hinreicht, den Tatbestand des Diebstahls zu fixieren. [931]

Wer die Dinge nicht zeichnen kann, zeichnet ihren Schatten. Dahinter verkriecht sich viel falscher Humor. [932]

Beppi sagte heute: »Alles darfst du mir tun, nur nicht mir die Zähne so zusammenkneifen![«] [933]

Unsre Phantasie selbst geht nie über die Ordnung der Natur, über die *möglichen* und *denkbaren* Kombinationen hinaus. Geschähe dies jemals, so würde es zu einem Punkt über Gott hinaus oder zum Wahnsinn führen. [934]

B..pi: Damals hätte ich mir die Augen aus den Kopf geweint, wenn wir in ein paar Tagen nicht gut gewesen wären. [935]

Beppi träumt einmal: sie steht an einem Grabe, da tut der Himmel sich auf und eine weiße Taube schwebt herunter, setzt sich aufs Grab, legt sich dann auf den Rücken und kehrt die schönen, roten Füße gegen den Himmel; und immer mehr Tauben schweben herunter. – Ein andermal: sie sieht den Himmel aufgetan und eine große Leiter zur Erde herunterführen, auf welcher Paar auf Paar die Toten hinabsteigen; sie betrachtet die Toten scharf, weil sie eine verstorbene Freundin zu erblicken hofft, sie sieht aber niemanden, den sie kennt. – Ein andermal: sie steht vor der Leichenkapelle, da liegen viele Frauen und Kinder, plötzlich schlägt eine der Frauen ihre schönen braunen Augen auf und schaut sie an, dann erhebt sie sich und weckt alle Tote neben sich, die Kinder zuletzt. [936]

Ich träumte mich neulich ganz und gar in meine ängstliche Kindheit zurück, es war nichts zu essen da und ich zitterte vor meinem Vater, wie einst. [937]

Ein kleines Kind erwacht in der Münchner Totenkapelle,

richtet sich auf im Sarge und beginnt – mit den Blumen zu spielen. (Beppi) [938]

In der Fieberphantasie (während der kurzen Krankheit, die seinem Tode vorausging) stand Goethe von seinem Lager auf, und hat, über die Stubenschwelle schreitend, so vor sich hingeredet: »Was betastet ihr meinen Schiller, meinen Geliebten! Lasset ab von ihm, er ist groß und herrlich! Warum liegen seine Briefblätter da zerstreut am Boden umher!« [939]

Goethe bei Tisch über die Pietisten: Diese Frommen sind alle verschnitten, wenn sie fromm werden; der Werner, und wie sie weiter heißen, dachten nicht daran, solange sie auf dem Zeuge waren.
Goethe, in Berlin, machte des Abends seine Promenade zu Madame Schuwitz.
G. Das Benutzen der Erlebnisse ist mir immer alles gewesen, das Erfinden aus der Luft war nie meine Sache, ich habe die Welt stets für genialer gehalten, als mein Genie.
(aus Laubes Reisenovellen, Bd 2, neue Folge.) [940]

– Der Kampf gilt ja nur der Anmaßung; dies Dichtungsleben, was eine nicht eben ungewöhnliche Anregung der Natur enthält, eine historisch-romantische Sehnsucht mit glücklichen weichen Worten ausdrückt, hat in diesem kleinen Kreise seinen Wert; Uhland besonders hat in diesem Kreise einzelne Lieder gemacht, so schön, wie Goethes Lieder aus guter Zeit, aber, haltet auch die Forderung in diesem Kreise. Dies Bergterrassental Stuttgart, diese kleine Residenz mit ihren einzelnen reizenden Vorzügen, mit ihren bescheidenen Landhäusern und Baumgruppen, diese große kleine Stadt – – das ist eure Welt. Sie bringt ihr uns in euren Liedern, dies dunkle Schwaben, was aber nicht hinaus will, was allein Schwaben sein will mit der Sphäre des Gedankens, des Empfindens und jeglichen Anspruchs; in diesem Kleide müßt ihr aber auch nur Geltung verlangen. Die große Welt der Kühnheit, der Entdeckung, sie liegt draußen von euch, sie liebt euch, sie achtet euch, sie hofft auf euch, auf den tiefen Born eurer Bestimmung, auf die dichte Kraft eures Kerns. Aber ihr wohnt im kleinen Tal, ihr seht das Nächste fest und schön, aber ihr seht nicht weit, verlangt nun auch nicht das Unpassende, wollet nicht ein herrschender, tonangebender Leuchtturm sein! Ihr seid es nicht, ihr leuchtet romantisch-violettblau im Tal, darin liegt eure Welt; Gutzkow hat euch geärgert, aber er hat ganz recht mit seinem Ausdruck: es ist Weltschmerz für euch, vom Spaziergang keine neue Gleichnisse mitzubringen. Laube, daselbst. [941]

Das Mitleid ist die wohlfeilste aller menschlichen Empfindungen. [942]

Wenn ich bei Trauerzügen leblose unkörperliche Dinge, als z.B. Flortuch, Fackeln, Musik, gezwungen sehe, einen verdächtigen Schmerz an den Tag zu legen, so ist mir dies viel empörender, als etwa Klageweiber und weinende Erben sein würden.
[943]

– was andere Menschen Stil nennen, ist bei mir *Seele*, oder *Urteils-* und *Verdauungskraft*.
Hamann, Brief an Herder, 8. Okt. 1777. [944]

Die Welt hat sogar Mitleid mit den Märtyrern des Schlechten.
[945]

Man kann die Kunst aus einem reinen *Verstandes*bedürfnis ableiten und sie ist dem Verstand vielleicht noch notwendiger, als dem Gefühl, indem sie dessen eigentlichstes Ziel: Klarheit über Ursprung und Zusammenhang der Dinge erreicht, wenn auch durch einen Sprung. [946]

Philosophie gehört schon aus dem Grunde nicht in die Sphäre der Kunst, weil diese etwas durchaus *Festes*, Unwandelbares, wenn auch Abgerissenes, Vereinzeltes, verlangt. Die Kunst gleicht jenen Kundschaftern Josuas, die Nachricht über das gelobte Land brachten: man mogte über ihre Nachrichten denken, was man wollte, so waren sie, die *geschaut* hatten, jedenfalls nur durch *Schauen* zu widerlegen. [947]

Ein Wunder ist leichter zu wiederholen, als zu erklären. So setzt der Künstler den Schöpfungsakt im höchsten Sinne fort, ohne ihn begreifen zu können. [948]

1838

*
* d. 5ten Jan. *
*

Der gesunde Mensch findet viel leichter ein richtiges Verhältnis gegen die Natur, als gegen die Kunst. [949]

Auch aus der Menschenwelt geht zuweilen als Menschen*wirkung* ohne erfaßbare Ursach etwas Geheimnisvolles hervor; dies ängstigt den Geist am meisten. [950]

Über das *Wie* sollte der Mensch billig im klaren sein, wenn er sein *Was* ausspricht. [951]

Zur Wahrheit wollte ich schon kommen, hätte ich nur Zeit, zu irren. [952]

»Das ist der Fluch der Sünde, daß wir glauben sollen, was wir nicht begreifen können und hoffen, was wir nicht zu hoffen wagen.« Predigt in der Allerheiligenkirche. [953]

Lessing an Gleim

Man hat oft gesagt, wie gut und notwendig es sei, daß sich der Dichter zu dem Volk herablasse. Auch hat es wohl hier und da ein Dichter zu tun versucht. Aber noch keinem ist es eingefallen, es auf die Art zu tun, wie Sie es getan haben, und doch denke ich, daß diese Ihre Art die vorzüglichste, wo nicht die einzig wahre ist. – Sich zum Volk herablassen, hat man geglaubt, heiße: gewisse Wahrheiten (und meistens Wahrheiten der Religion) so leicht und faßlich vortragen, daß sie der blödsinnigste aus dem Volk verstehe. Diese Herablassung also hat man lediglich auf den

Verstand gezogen; und darüber an keine weitere Herablassung zu dem Stande gedacht, welche in einer täuschenden Versetzung in die mancherlei Umstände des Volks besteht. Gleichwohl ist diese letztere Herablassung von der Beschaffenheit, daß jene erstere von selbst daraus folgt; da hingegen jene erstere ohne diese letztere nichts als ein schales Gewäsch ist, dem alle individuelle Applikation fehlt. Ihre Vorgänger haben das Volk bloß und allein für den schwachdenkendsten Teil des Geschlechts genommen und daher für das vornehme und für das gemeine Volk gesungen. Sie nur haben das Volk eigentlich verstanden und den mit seinem Körper tätigern Teil im Auge gehabt, dem es nicht sowohl am Verstand, als an der Gelegenheit fehlt, ihn zu zeigen. Unter dieses Volk haben Sie sich gemengt: nicht, um es durch gewinstlose Betrachtungen von seiner Arbeit abzuziehen, sondern um es zu seiner Arbeit zu ermuntern und seine Arbeit zur Quelle ihm angemessener Begriffe und zugleich zur Quelle seines Vergnügens zu machen.

Lessings Geist von F. Schlegel, T 1. [954]

F. Schlegel sucht den Grund davon, daß die reiche mittelalterliche Poesie völlig unterging, statt das Fundament einer Literatur zu bilden, in dem Mangel eines Zeitalters der Kritik, welches in Griechenland z. B. unmittelbar auf das Zeitalter der Poesie folgte. Daselbst. [955]

Die Poesie will darstellen, die Prosa mitteilen. Dargestellt wird das Unbestimmte, daher jede Darstellung ein Unendliches ist; mitgeteilt wird das Bestimmte. Daselbst. [956]

Wer sich an Natur und Geschichte hält, wird durch seine Irrtümer noch nützen. [957]

Der Gesang

(Nach *Pindar*, von Bouterweck)

Goldne Leier Apollons,
Vollstimmiges Freudenwerkzeug
Der dunkellockigen Musen!

Dir horcht der Jubelführer, der Tanz;
Dir horcht der Chor,
Wenn auf und ab
Im Vorgetön
Dein wallender Wirbelklang sich wälzt.

   Du tönst, und es erlöschen
Die flatternden Flammenspitzen
Des himmlischen Wetterfeuers.
Du tönst; und auf dem Szepter des Zeus
Entschlummert süß
Der Vögel Fürst,
Und senkt die Kraft
Der schnellen Fittiche schwer herab.

   Du ergossest das Dunkel
Der nachtenden Schlummerwolke,
Das liebliche Schloß der Wimpern,
Und sein gebogenes Königshaus.
Von deinem Klang
Geschmeichelt, hebt
Sein Rücken sich.
Sein dichtes Gefieder wallt empor.

   Selbst dem Gott der Speere
Genügt nach Taten der Speere
Die geisterweckende Freude.
Denn aller himmlischen Seele freut
Der Hochgesang,
Den rein und wahr
Latonens Sohn
Im Chor der heiligen Musen singt.

   Aber, wen Zeus nicht liebt,
Den quält es, wenn er die Stimme
Vernimmt der heiligen Musen,
Zu Land und auf dem unendlichen Meer.

So stöhnt im Schlund
Des Tartarus
Der Götterfeind
Typhon, der wütige Hundertkopf.

Ihm, dem frevelnden Störer
Der seligen Himmelsruhe,
Ihm drückt am Wellengestade
Siziliens Boden die zottige Brust.
Ihn drückt und hält
Mit sichrer Kraft
Der Ätna fest,
Die Himmelssäule voll ewigen Schnees.

Drunten liegt er und würgt
Empor die Quellen des Feuers,
Unnahbar jedem Erkunder.
Am Tage flutet der Dampfstrom hin;
Der Finsternis
Entflammend, rollt
Mit Felsen nachts
Die Purpurflamme prasselnd ins Meer.

Hoher Herrscher auf Delos,
Gedenk am hohen Parnassus
Und am kastalischen Quell,
Gedenk der Deinen, o Seliger.
Denn deine Gunst
Gibt Kraft im Geist,
Und Lebensmut
Und überschwengliche Herrlichkeit! [958]

Januar.

Das Urteilen der meisten Menschen ist ein vergleichendes Anatomieren. [959]

Laube, in seinen Novellen, spricht Verhältnisse aus, und bemüht sich um das Medium der Charaktere. Aber diesen Charakteren fehlt der eigentliche Lebenspunkt, das Allgemeine bildet sich in ihnen nicht zu einem Besonderen aus, das Schicksal muß dem Poeten malen helfen, wir wissen wohl, was ihnen begegnen kann, aber nimmer, was sie tun werden. Der Dichter hat sich des edelsten Stoffs bemächtigt, doch ihm widersteht die ewige Form. [960]

»Der Hund hat dich lieb.« Darum sch– er mir auch was. [961]

Literärische Charakteristiken früherer Jahrhunderte. [962]

Das wahrhaft Subjektive ist eigentlich nur eine andre Art des Objektiven. Es erweitert die Welt, indem es die Erscheinungen ausspricht, die nur im Kreis einer bestimmten Menschen-Natur vorkommen können. [963]

Wie die Poesie durchaus nur als Ganzes wirken soll, so soll sie auch nur auf das *Ganze* des Menschen, und nur auf solche Menschen, in denen die abgesonderten Kräfte und Organe einen Zentralpunkt gefunden haben, wirken. [964]

Ein Bild ohne Unterschrift ist darum kein Bild ohne Sinn. Das echte Gedicht hat mit dem sog. *Gedanken*, der immer nur ein Verhältnis zwischen den Gegenständen ausdrückt, nie das Innerste eines Gegenstandes selbst, nichts zu tun. Die poetische Idee ist das wunderbare Produkt einer Lebens-Anschauung, und das Gedicht ist vollendet, wenn es diese dem Gemüt aufzuschließen gewußt hat. Brief an d. Lensing vom 18 Jan: 1838. [965]

Ein moderner Prometheus ist weit vermessener, wenn er auf bildsamen Ton, als wenn er auf den belebenden Himmelsfunken rechnet. [966]

Nur schärfstes Trennen führt weiter zur Erkenntnis und die zur Bewältigung. [967]

Alle Poesie ist Tränenwein, man könnte sogar sagen: Christi-tränenwein! Brief an die Schoppe vom 1 Febr 1838. [968]

»Wenn nicht die zweite Wunde
Die erste immer stillte![«] [969]

Der echte Mann hat, wenn ihm eine Hoffnung fehl schlägt, nur eine Freude weniger, keinen Schmerz mehr. [970]

Über Nacht träumte mir, ich wäre in Elvers Hause. Ich dachte an die tote Katharine, erwähnte ihrer aber nicht, um die Eltern nicht traurig zu machen. Auf einmal trat sie herein. [971]

Nicht, daß du keinen Vorzug mehr hast, als viele, darf dich schmerzen; nur wenn du einen weniger hättest. [972]

Nicht seine Wirkungen nach außen, der Einfluß, den er auf Welt und Leben ausübt, nur seine Wirkungen nach innen, seine Reinigung und Läuterung, hängt von dem Willen des Menschen ab. Er ist die von unsichtbarer Hand geschwungene Axt, die sich selbst schleift. In diesem Sinne könnte man sagen: der Mensch tut sein Schlimmes selbst; sein Gutes wirken Gott und Natur durch ihn. Dies alles ist so wahr, daß gerade, was unbewußt als Wirkung von ihm ausgeht, alles andere bei weitem übertrifft. [973]

Selbst eine große Tat kommt dem Menschen, wie eine poetische Idee. [974]

Für uns Menschen muß überall der Punkt, bis zu dem wir vordringen können, anstatt der Wahrheit gelten. [975]

d. 10 Febr: zum erstenmal die Miete stehen lassen mit 6 fl 30 x. [976]

»Wenn ich Kunstrichter wäre, wenn ich mir getraute, das Kunstrichterschild aushängen zu können, so würde meine Tonleiter diese sein. Gelinde und schmeichelnd gegen den Anfänger; mit Bewunderung zweifelnd, mit Zweifel bewundernd, gegen den Meister; abschreckend und positiv gegen den Stümper; höhnisch gegen den Prahler und so bitter, als möglich gegen den Kabalenmacher.« Lessing. [977]

– so braucht uns weder um unsre Liebe zur Kunst, noch um deren Werke bange zu sein. Getrieben nur können sie nicht werden; nicht einmal vom besten Willen, von Eitelkeit und Liebhaberei an Nationalität gar nicht. Freien Lauf lasse man ihnen; gute Zustände aller Art bereite man, und das ein jeder auf seiner Stelle; das ist das herrlichste Beförderungsmittel, und die Wahrheitsliebe pflege man zehnfach doppelt bedacht in sich. Alle Werke der Kunst zeigen sich gleich als Karikatur ohne sie. Das zeugt, wenn es nötig wäre, von ihrem hohen Ursprung, und ihrer hohen, herrlichen Verwandtschaft. – Rahel. [978]

»Den Urgeist beurteile ich nur nach meiner Mitgift von ihm, im Verhältnis von mir zu ihm: nicht ungemessen, ungebührlich, was er sein kann. Der Gedanke Sein schwindet mir sogar bei solchen Möglichkeiten. Wie ein Adjektiv komme ich mir vor.« Rahel. [979]

Ein Geizhals, der es durch seine Knickerigkeit dahin bringt, daß sein Schwiegersohn, der seine Tochter nur Geldes wegen geheiratet hat, ihn wirklich für arm hält und nun glaubt, er mache noch zu viel Aufwand. [980]

Freuden, die er nicht begreift, haben etwas Gespenstisches für den Menschen. [981]

Die einzige Spannung, die Tieck in seinen Novellen zu erregen sucht, wurzelt darin, daß man fühlt: die *Menschen* können nicht so bleiben, wie sie sind, deswegen betrachtet man auch alle Situationen, die anderswo die ganze Aufmerksamkeit in Anspruch nehmen, nur als Hebel und Schrauben, welche die innere Katastrophe herbeiführen sollen. Ich glaube, Tieck teilt dem Roman die gewordenen, der Novelle die werdenden Charaktere zu. [982]

Als ich ein Knabe von 9 oder 10 Jahren war, las ich in einem alten, halb zerrissenen Neuen Testament (ich glaube, die zerrissene Gestalt des Buchs gehörte mit zum Eindruck) zum erstenmal die Leidens-Geschichte Jesu Christi. Ich wurde aufs tiefste gerührt, und meine Tränen flossen reichlich. Es gehörte seitdem mit zu meinen verstohlnen Wonnen, diese Lektüre in demselben Buch um dieselbe Stunde (gegen die Abend-Dämmerung) zu wiederholen und der Eindruck blieb lange Zeit jenem ersten gleich. Einmal aber bemerkte ich zu meinem Entsetzen, daß mein Gemüt ziemlich ruhig blieb, daß meine Augen sich nicht mit Tränen füllten. Dies drückte mir, wie die größte Sünde, das Herz ab, mir war, als stände meine Verstocktheit wenig unter dem Frevel jenes Kriegsknechts, der des Heilands Seite mit seinem Speer durchstach, daß Wasser und Blut floß, ich wußte mich nicht zu trösten, ich weinte, aber ich weinte über mich selbst. Wie nun aber die gesunde Natur sich immer zu helfen weiß – ich schob meines Herzens Härtigkeit auf die Stunde, ich ergab mich der Hoffnung, die alten Gefühle würden in einer andern Stunde schon mit der alten Gewalt sich wieder einstellen, ich war aber – unbewußt – klug genug, keine meiner Stunden wieder auf die Probe zu stellen, ich las die Historie nicht wieder.

[983]

Der Humor ist eine erweiterte Lyrik. [984]

Uhlands Lyrik liegt durchaus zergliedernde Darstellung der Gemütsregung zum Grunde. [985]

Wie viele sehen an der Minerva nicht das Angesicht, sondern nur das Medusenschild! [986]

Das Spiel enträtselt nicht den Zufall, aber wohl einen Mitspieler dem andern. [987]

Freitag, den 16ten Febr: erhielt ich von der Bibliothek Flögel, und Mittwoch, den 14ten s. M. Solger. [988]

Tieck, in seinen lyrischen Gedichten, sucht die Natur auszusprechen durch Darstellung ihrer äußern Erscheinung ohne das Medium des vermittelnden Menschengefühls. Zu originell! [989]

Bei der Polemik kommt es weniger auf die Soldaten, als auf ihre Bewaffnung, an. [990]

Die Juden im Mittelalter mußten an die Göttlichkeit Christi glauben, bevor sie, wie es ihnen schuld gegeben ward, Hostien durchbohren konnten. [991]

Wir besitzen, auch in geistiger Hinsicht, immer nur auf einige Zeit. Dies gilt von Einsicht, wie von Kraft. [992]

Das Schwein ist das non plus ultra von Glück, es befindet sich wohl im Kot. [993]

Die erste Darstellung, bes. im Lyrischen, stellt keine derbe Grenzen hin, aber sie zieht unsichtbare Kreise, über die man nicht hinaus kann. [994]

Wie oft werden wir gegen das Einzelne ungerecht, weil wir es uns, unbewußt vielleicht, als ein Allgemeines denken. [995]

Der erste Konsul. [»] Seine Gestalt ist klein und unansehnlich, sein Gesicht bleich oder vielmehr gelb, ohne die geringste Spur von Röte und man mögte fast sagen von Leben.«
Solger, Bd 1 S 53. [996]

Wie groß die Macht der Worte ist, wird selten recht bedacht. Ich bin überzeugt, ein Mensch kann dadurch schlecht werden, daß man ihn schlecht nennt. Und wie viele mögen sich nur deswegen auf dem rechten Pfade erhalten, weil die ganze Welt sagt, daß sie ihn wandeln. Ein Verdammungsgrund mehr gegen die Verleumdung. [997]

Den 2ten März erhielt ich Solger, Teil II. [998]

Die Menschen, die auf das Vergnügen so viel Ernst wenden, wie andere auf die wichtigsten Lebenszwecke, sind mir am unbegreiflichsten. [999]

Ein Schritt, oder 100 vom Ziel: es ist für das Gefühl einerlei. [1000]

Diejenigen Menschen, die sich auf demselben Wege befinden, aber in verschiedenen Stadien, sind am weitesten auseinander.
[1001]

So eitel ist der Mensch, daß er sich sogar auf seine Leiden etwas einbildet. Schon die Bibel sagt: wen der Herr lieb hat, den züchtigt er. Mit welchem Behagen erzählt nicht mancher eine Krankheit. Doch sind Wunden diejenigen Orden, denen man ihre Lächerlichkeit noch am ersten vergibt. [1002]

Hiemit ist nicht dasjenige Gefühl zu verwechseln, welches einen Menschen ergreift, wenn einer, der unendlich tief unter ihm steht, seinen Lebensschmerz zu kennen, ja zu teilen glaubt. Es ist verzeihlich, wenn man ein Hühner-Auge, welches nur am Tanzen hindert, nicht für einen Seelenkrebs gelten lassen will.
[1003]

»Der Schmerz ist der geheime Gruß,
Durch den die Seelen sich verstehn.« [1004]

d. 6 März.
Gestern sah ich auf dem Gottesacker eine sehr possierliche Situation. Ich bemerkte einen der patroullierenden Gendarmen, der mit höchster Aufmerksamkeit zwei Frauenzimmer, die sich aus dem Fußsteig entfernt hatten und, ihm den Rücken zuwendend, an einem Grabe beschäftigt waren, beobachtete, wahrscheinlich, um aufzupassen, ob sie auch, wie es hier zuweilen vorkommt, an dem Monument etwas beschädigten. Beim Weitergehen bemerkte ich, daß die eine *betete* und die andere sich *bekreuzte*. [1005]

Meiner Romanze: *Vater und Sohn* liegt als Idee zum Grunde, wie das Verbrechen selbst die edelste Frucht tragen könne; eben dieser Idee wegen, ist der mystische Aufwand, den ich mir erlaubte, hoffentlich zu rechtfertigen. Die Idee verdiente wohl, in einer Novelle oder einem Drama behandelt zu werden. [1006]

Solger verlangt Ironie, als Höchstes der Kunst. Da ist Ironie doch wohl das *Aufhebende*, das herauskommt, wenn die Zeit Handlungen und Begebenheiten miteinander multipliziert. [1007]

Es gibt, wie Freuden, so auch Leiden, die nur der unbedeutende Mensch fühlt. [1008]

Unter *Ironie* versteht er (muß er, Solger, verstehen) nichts anderes, als den Blick auf das Ausgleichende, das in Zeit, Zufall und Schicksal liegt und das den Dichter, der es schon im voraus mit dem geistigen Auge erfaßt hat, das Ungeheuerste der Gegenwart leicht und leichtsinnig betrachten und behandeln läßt.

Brief an R. vom 5 März. [1009]

Wenn der Elefant eine Seele hätte, so müßte sie sich bei so viel Kraft und Unbehelflichkeit schlecht befinden. [1010]

Die Gottheit selbst, wenn sie zur Erreichung großer Zwecke auf ein Individuum unmittelbar einwirkt und sich dadurch einen willkürlichen Eingriff (setzen wir den Fall, so müssen wir die ihm korrespondierenden Ausdrücke gestatten) ins Weltgetriebe erlaubt, kann ihr Werkzeug vor der Zermalmung durch dasselbe Rad, das es einen Augenblick aufhielt oder anders lenkte, nicht schützen. Dies ist wohl das vornehmste tragische Motiv, das in der Geschichte der Jungfrau von Orleans liegt. Eine Tragödie, welche diese Idee abspiegelte, würde einen großen Eindruck hervorbringen durch den Blick in die ewige Ordnung der Natur, die die Gottheit selbst nicht stören darf, ohne es büßen zu müssen.

(Besser auszuführen) [1011]

Napoleon könnte allerdings der Held einer echten Tragödie sein. Der Dichter müßte ihm all die großen, auf das Heil der Menschheit abzielenden Tendenzen, deren er auf Skt Helena gedachte, unterlegen und ihn nur den einen Fehler begehen lassen, daß er sich die Kraft zutraut, alles durch sich selbst, durch seine eigne Person, ohne Mitwirkung, ja Mitwissen, anderer ausführen zu können. Dieser Fehler wäre ganz in seiner großen Individualität begründet und jedenfalls der Fehler eines Gottes; dennoch aber wäre er, besonders in unserer Zeit, wo weniger der einzelne, als die Masse, sich geltend macht, hinreichend, ihn zu stürzen. Nun der ungeheure Schmerz, daß sein übertriebenes Selbst-Vertrauen die Menschheit um die Frucht eines Jahrtausends gebracht habe. [1012]

»Es kann ja nicht anders sein!« sagt man oft. Ja, aber der Fluch liegt eben darin, *daß* es nicht anders sein kann! [1013]

d. 7 März, morgens, helle Sonne, Frühlingsgruß.
Das Gefühl hat doch so oft recht, wenn das Räsonnement lahm ist und es nicht zu verteidigen weiß. So behauptete ich immer, Uhlands Nonne müsse mit dem Vers: [»] ich darf ihn wieder lieben« enden. Meine Freunde fechten diese Äußerung an und ich wußte mir nur dadurch zu helfen, daß ich mich auf das Gesetz der Steigerung berief. Darin liegts aber nicht, denn das führte bloß zu einer Verletzung der Form. Die Nonne *darf* durchaus in diesem Augenblick nicht sterben, wenn die wundersame Situation, daß sie sich über den Tod ihres Geliebten freuen muß, erschöpft werden soll. Da steckts; es wird mir aber erst heute klar, was ich schon vor 2 Jahren aussprach. [1014]

Über Nacht hatte ich einen närrischen, mir sehr auffallenden Traum. Ich *verzehrte* (im eigentlichsten Verstande) die Ottoniade (ein lächerliches Heldengedicht, dessen Verfasser sich selbst mit den besten Mustern des Altertums vergleicht) und fand das Gericht sehr wohlschmeckend, es war dem Spinat ähnlich. [1015]

Die wenigsten Verhältnisse zwischen Menschen sind der Art, daß sie sich bis ans Ende des Lebens durchführen lassen, und unter diesen befindet sich fast kein einziges, das in der Jugend angeknüpft wird. Es ist außerordentlich schlimm, daß dies nur erfahren, nicht überliefert werden kann, denn hier läßt sich über die Erfahrung selten eher ins reine kommen, als wenn es zu spät ist. [1016]

Je individueller ein Gedicht ist, um so sicherer hat es neben der besonderen auch noch eine allgemeine Bedeutung, die man vielleicht in höherem, die Gestaltung nicht aufhebendem, sondern voraussetzendem Sinn allegorisch nennen könnte. [1017]

Alles Individualisieren führt zur ewigen inneren Form, von der die äußere nur der Firnis ist, und nur aus der vollendeten Form geht das *Befreiende* hervor. Unter Befreiung verstehe ich den Akt, der das Gedicht, das immer in einem subjektiven Bedürfnis wurzelt und wurzeln muß, wenn es nicht kalt sein und lassen soll, gewissermaßen von dieser seiner Nabelschnur ablöst. [1018]

Es hält sehr schwer, nicht bloß die Dinge und Anlässe, die poet. Ideen und Empfindungen in unserer Seele erwecken, sondern auch diese Ideen und Empfindungen selbst, für Stoff zu halten. Dahin ist Jean Paul nie oder zu spät gelangt. [1019]

Aller Irrtum ist maskierte Wahrheit. [1020]

Ob es wohl 6000jährige Irrtümer gibt, ich meine solche, zu denen alle, auch die größten, Geister Gevatter gestanden haben? Von der Antwort auf diese Frage könnte das Schicksal der Welt abhangen. [1021]

Als die Londner Börse abbrannte, gab (nach den Zeitungen) die Glocke selbst die Stunde an. [1022]

$2 = 1$ (denn die 1 ist in 2 enthalten) aber 1 ist nicht $= 2$, denn die 2 ist in 1 nicht enthalten. [1023]

Wenn es wirklich in der Kunst nur auf eine gehaltreiche Idee und auf ihren lebhaften Ausdruck durch ein illuminierendes Bild ankommt, nicht auf die Verkörperung derselben, woher nimmt denn z. B. die griechische Tragödie ihre Würde und ihre Bedeutung? Die Idee, welche ihr zum Grunde liegt, ist von den Philosophen würdig genug ausgesprochen und bis an ihre äußersten Grenzen verfolgt, bis in ihre Nerven und ihr Herz zerlegt worden; warum hält man sich denn nicht an den reinen Kern, sondern beißt lieber auf die Schalen, worin Aeschylos, Sophokles und Euripides ihn verhüllt haben? Ich mögte auf diese Frage wohl von einem der erleuchteten Herrn, die jetzt in der Rückertschen Lehrdichterei das Heil der Poesie sehen, eine Antwort hören.

[1024]

d. 10. März.

Über Nacht träumte mir, ich sei Kind, und an einem Weihnachtsmorgen in dem P...schen Bauerhause in der Stube des Gesindes, worin ich in meiner Kindheit oft gewesen bin. Alles war vergnügt und heiter, ich in einer gerührt-festlichen Stimmung, es wurde Kaffee getrunken, dazu Kuchen und Früchte gegessen, die P...schen Kinder standen in der Tür und hatten Freude an der Freude der Knechte und Mägde. Plötzlich trat der alte Franz Sammann herein und blies einen Weihnachts-Choral auf der Flöte. O, wie zerfloß mir in Wonne und Wehmut das Herz! Was mir diesen Traum aber merkwürdig macht, ist dieses. Ich meine, *die* Musik gehört zu haben, die meine Seele ahnte (wenn ich mich so ausdrücken darf, wie ich mich ausdrücken muß, wenn ich nicht ganz stillschweigen soll), als ich in der hiesigen Allerheiligenkapelle das Fresko-Gemälde, welches die Anbetung der Heiligen Drei Könige und der Hirten, die vom Felde kamen, um den Heiland zu sehen, vorstellt, neulich zum erstenmal betrachtete. An der einen Seite sind auf diesem Gemälde die 3 heil: Könige vorgestellt, die dem Kinde, das im Schoß der Mutter liegt, ihre Gaben darbringen; an der andern stehen die Hirten, drei fromme, in unbewußter Andacht versunkene Jünglingsgestalten, und blasen ihre Schalmei. Ich bin (ich wiederhole es) mir bewußt, daß die Flöte des alten Franz diejenigen süßen, kindlichen Weisen erschallen ließ, die ich diesen blasenden frommen Jünglingen auf dem Gemälde aus ihren Gesichtern *ablas*.

[1025]

Wer Jahrszahlen und Geschlechtsregister behalten kann, ist kein Dichter.   Hippel.   [1026]

»Noch ein Gläschen, meine Geliebten!« sagte ein Geistlicher auf der Kanzel. Er meinte das Stundenglas.   Derselbe.   [1027]

Die französische Sprache ist die zweite Erbsünde.

Derselbe. [1028]

Heute, den 10ten März, sah ich Eßlair im Wallenstein. Die Vorzüge und Fehler dieser Tragödie, ihr Eigentümlichstes, ging mir sehr lebhaft auf, besonders ward mir klar, daß eigentlich der Wallenstein das ganze Irrwisch-Nachtfeuerwerk der Schicksals- und Ahnungstragödien entzündet hat. Welche Idee liegt dem Wallenstein zum Grunde? Welche Rolle spielt das Schicksal, und welche der Held selbst? Ist es Natur, daß Wallenstein nach dem Tode des Max so tief empfindet, daß er in ihm seinen einzigen, besten Freund verloren? Warum tritt dies nicht von vornherein besser hervor? Oder ist es hinreichend angedeutet? Kann Wallenstein (ich frage nicht einmal nach dem historischen, sondern nach dem Schillerschen) einen Freund haben? Und kann Max dieser Freund sein? Wozu die Hölle des Max und der Thekla? Nur, daß Wallenstein darin leide? Und wenn es erlaubt ist, Menschen, die nicht schuldig sind und die sich durch nichts schuldig machen, zu zertreten, nur damit ihr Schmerz der Schmerz eines größeren Dritten werde: geschieht dies denn in dieser Tragödie? Hätte nicht jedenfalls aus dem Tode des Max etwas hervorgehen müssen, was auf Wallensteins Schicksal von Einfluß gewesen wäre? (Daß er sich den Schweden in den Weg wirft, kann nicht gerechnet werden, die Schweden siegen ja.) – Wallenstein sagt einmal mit Bezug auf Oktavio:

»Lügt er, so ist die ganze Sternkunst Lüge!«

Tat der Dichter wohl daran, daß er dieses Wort, welches den Helden, wenns im entscheidenden Augenblick Gefühl bei ihm geworden wäre, an allem irre gemacht hätte, durch jenes andre:

»– dies aber ist

Geschehen wider Sternenlauf und Schicksal pp«

aufhebt? pp Rohe Gedanken, die aber eine Auseinandersetzung verdienen. [1029]

Einem erst die Augen ausstechen und ihn dann führen: ob das wirklich eine Tugend ist? [1030]

Es wäre interessant, die Träume aller seiner Freunde und Bekannten, auch nur einer Nacht, in denen man selbst eine Rolle spielte, zu kennen. Da könnte es sich wirklich treffen, daß man in demselben Augenblick Hochzeit machte und begraben würde, den Konsular-Thron einer neu kreierten Republik besetzte und eine Galgenleiter bestiege, küßte und sich duellierte, der geistigen Funktionen, die man übte, gar nicht einmal zu gedenken. Dabei fällt mir ein, daß eigentlich jede bedeutende Idee in den Köpfen der verschiedenen Menschen, die sich ihrer bemächtigen, solch ein wahnsinniges Traumleben führt. [1031]

Eine Mutter freut sich über jede Unart ihres Kindes, die ihm gut steht. [1032]

»Das aber ist gerade die Aufgabe der Geschichte, die zu nichts dient, wenn sie nicht durch die Darstellung der Tatsachen die Eindrücke weckt, welche diese auf die Zeugen gemacht haben.« sagt Walter Scott im **1** Teil des Lebens Napoleons. Ein trefflicher Beweis dafür, daß es keinen Unsinn gibt, der nicht irgendwo behauptet würde. Übrigens existiert wohl kein Werk, dessen Verf. sich im Angesicht von ganz Europa, das er sich, ohne zu eitel zu sein, als seinen Leser denken konnte und sich, ohne wahnsinnig zu sein, als Zeugen des Inhalts seiner Erzählung denken mußte, solche Nichtswürdigkeiten erlaubt, um einen schlechten Zweck zu erreichen. Er verdreht nicht allein Napoleon in jeder seiner Reden und Äußerungen, sondern von vornherein jeden Charakter, der sich in der Revolution ausgezeichnet hat; es ist eine Lektüre ohnegleichen. [1033]

Menschen-Natur und Menschen-Geschick: das sind die beiden Rätsel, die das Drama zu lösen sucht. Der Unterschied zwischen dem Drama der Alten und dem Drama der Neuern liegt darin: die Alten durchwandelten mit der Fackel der Poesie das Labyrinth des Schicksals; wir Neueren suchen die Menschen-Natur, in welcher Gestalt oder Verzerrung sie uns auch entgegentrete, auf gewisse ewige und unveränderliche Grundzüge zurückzuführen. So war den Alten Mittel, was uns Zweck ist, und umgekehrt. Für das Drama überhaupt ist es gleichgültig, welches dieser beiden Ziele verfolgt wird, wenn es nur mit Ernst und mit Würde geschieht, denn sie schließen sich gegenseitig ein. Das *Fatum* der

Griechen hatte keine Physiognomie, es war den Göttern, die sie anbeteten und gestaltet hatten, selbst ein schauerliches Geheimnis; das moderne *Schicksal* ist die Silhouette Gottes, des Unbegreiflichen und Unerfaßbaren. [1034]

Wenn auf Erden irgend etwas das Glück, welches unmöglich ist, ersetzen kann, so ist es der früh und zur rechten Zeit gewonnene Überblick aller Lebens-Verhältnisse. Dies könnte das Fundament einer Novelle, sogar eines Romans, abgeben. [1035]

Ödipus von Sophokles. Was mir als das Eigentümlichste und das wahrhaft Ewige und Nacheifrungswerte aus diesem großen Gemälde entgegentritt, ist die unendliche Reinheit der Zeichnung und des Kolorits, die unvergleichliche Sorgfalt, womit der Dichter die verschiedenen Zustände auseinanderzuhalten gewußt hat. Dies tritt bes. in dem Verhältnis des Ödipus zu seinen undankbaren Söhnen hervor; jeder Neuere hätte das Höllengefühl des unseligen Vaters noch mit den Sünden der Söhne getränkt und ihn ihre Frevel als die Strafe der seinigen empfinden lassen. Aber der Ödipus des Sophokles weiß, daß mit jedem neuen Menschen ein neuer Taten- und Schicksalskreis beginnt, und während er vor dem Fatum anbetend und duldend im Staube liegt, flucht er nichtsdestoweniger der Hand, die die dunkle Sentenz an ihm vollstreckte. Dies ist bewunderungswürdig. Dem Weltall, bekannten und unbekannten Göttern gegenüber fühlt er sich nur sündig (nicht Sünder), aber als ihm Eteokles entgegentritt, fühlt er sich nur als Vater, wohl wissend, daß das Schicksal sich keiner *vergifteten* Pfeile bedient, daß, wenn sich der Sohn zum Henker aufdrängt, ein neuer (wenn auch vielleicht ebenfalls nicht sowohl aus dem Individuum, als aus der unbegreiflichen Welt-Ordnung hervorgehender) Prozeß anhängig geworden ist.

(Brief an Rousseau vom 14 März 1838.) [1036]

Eine Zukunft ohne Angesicht. [1037]

d. 19 März.
Über Nacht hatt' ich einen Traum, der mir deswegen merkwürdig ist, weil er sich so oft (ich hatt' ihn schon früher mehre

Male) in mir wiederholt. Mir träumte nämlich, ich hätte die Idee zu einem Gedicht. Sie gefiel mir sehr; ich ging, wie ich zu tun pflege, mit schnellen Schritten in meinem Zimmer auf und ab und trat zuweilen an den Schreibtisch, um die Verse, sowie sie entstanden, niederzuschreiben. Je mehr ich mich (ich fühlte dies deutlich, ohne mich dessen bewußt zu sein) dem Erwachen näherte, um so weniger war ich mit den Versen zufrieden, und es kam mir zuletzt vor, als ob die Idee überhaupt nichts wert sei. Ich überdachte sie noch einmal, und in derselben Minute, wo ich mich von ihrer Nullität überzeugte, erwachte ich, hatte nun aber auch nicht mehr die leiseste Ahnung von ihr, die mich doch noch kurz zuvor so lebhaft beschäftigt hatte. – Es ist mir (wenn man über Traum-Erfahrungen überall räsonnieren darf, was ich bezweifle, da ich glaube, daß sie niemals rein in das Bewußtsein übergehen, weil sie in das Bewußtsein entweder durchaus nicht hineinpassen, oder weil doch der Akt des Erwachens ihnen einen fremdartigen Bestandteil beimischt, der sie gänzlich verändert), es ist mir schon oft vorgekommen, als ob sich die Seele in Träumen eines veränderten Maßes und Gewichts bedient, wornach sie die Bedeutung der Dinge, die in und außer ihr vorgehen, bestimmt; sie wirkt auf die alte Weise, aber nicht bloß in anderen Stoffen und Elementen, sondern auch, wenn der Ausdruck erlaubt ist, nach einer andern Methode. Hindernisse, mit denen wir wachend nicht in Gedanken zu kämpfen wagen, verfliegen im Traum vor dem Hauch unsres Mundes; an Armseligkeiten, denen wir wachend kaum die Ehre antun würden, sie zu umgehen, bricht sich im Traum unsere ganze Kraft. Ebenso ist es mit Innerlichkeiten; ich bin z. B. überzeugt, daß ich über Nacht nicht erwachte, weil ich wirklich einsah, daß die poet. Idee, die ich erfaßt hatte, nichts tauge und weil also die Tätigkeit meiner Seele plötzlich stockte; ich bin gewiß, daß die sonderbaren Regungen des Selbstbewußtseins, die dem Erwachen immer vorhergehen und die uns den Traum-Zustand, in welchem wir uns befinden, mit mißtrauischen Augen betrachten lassen, die poetischen Operationen meiner Seele erstarrten und den eigentlichen Lebenskeim jener zarten Idee, wie plötzlich hinzudringende kalte Luft, töteten, so, daß die Idee paralysiert wurde, *weil* ich erwachte. Ich glaube nicht, daß mich hier jemand, der nicht an sich selbst etwas

Ähnliches erlebt hat, verstehen würde, und doch ist mir das alles klar, wie das Einmaleins. Freilich gibt es auch Träume anderer Art, die nur gegen das Positive im Leben, das sich auch in wachendem Zustand jeder anders denken kann, ohne daß dadurch an der Welt auch nur das Geringste geändert würde, revolutionieren; es mag sogar Menschen geben, die nur solche Träume haben, das sind dann die *ewigen Philister*. [1038]

Wenn sich ein Mensch entschließen könnte, alle seine Träume, ohne Unterschied, ohne Rücksicht, mit Treue und Umständlichkeit und unter Hinzufügung eines *Kommentars*, der dasjenige umfaßte, was er etwa selbst nach Erinnerungen aus seinem Leben und seiner Lektüre an seinen Träumen erklären könnte, niederzuschreiben, so würde er der Menschheit ein großes Geschenk machen. Doch, so wie die Menschheit jetzt ist, wird das wohl keiner tun; im stillen und zur eignen Beherzigung es zu versuchen, wäre auch schon etwas wert. [1039]

Neulich sah ich im Traum Napoleon. Er ritt mir finster und bleich an einem stürmischen Herbst-Nachmittag schnell vorüber. [1040]

Über Nacht wettete ich im Traum mit dem König, ich wollte in Zeit von 8 Tagen über dem großen Platz, der von der Residenz, dem Theater und dem Postgebäude eingeschlossen ist, ein Dach aufschlagen. [1041]

Das Wort *Wenn* ist das deutscheste aller deutschen Worte. [1042]

Der Deutsche ist der geborene Infinitiv. Er läßt sich deklinieren. [1043]

Wir sollen handeln; nicht, um dem Schicksal zu widerstreben, das können wir nicht, aber um ihm entgegenzukommen. [1044]

Der konstitutionelle Bischof *Gobet* von Paris wurde in feierlichem Aufzug in den Konvent geführt, um zu erklären, daß die Religion, die er so viele Jahre lang gelehrt habe, in jeder

Hinsicht eine Erfindung der Priesterlist und weder in der Geschichte, noch in der reinen Wahrheit begründet sei. Er leugnete in feierlichen und bestimmten Ausdrücken das Dasein der Gottheit, zu deren Verehrung er geweiht worden war, und weihte sich in Zukunft dem Dienst der Freiheit, Gleichheit, Tugend und Moralität. Sodann legte er seinen bischoflichen Ornat auf den Tisch und empfing eine brüderliche Umarmung von dem Präsidenten des Konvents. Mehre Priester folgten dem Beispiel dieses Prälaten. Scott, Gesch. Nap. T 4, S 87. [1045]

Ein muhammedanischer Religionslehrer versicherte Bruce, daß der Degial oder Antichrist in Gestalt eines Esels erscheinen, und daß die Menge, angezogen von der Musik seines Geschreis, ihm in die Hölle folgen werde. Daselbst, S 106. [1046]

Die Geschichte eines falschen Prinzen, der selbst nicht weiß, was er ist, könnte zu einem Lustspiel höheren Stils einen trefflichen Stoff abgeben. [1047]

Repräsentanten der Völker, die sich die Geschichte Napoleons, des Freiheitskrieges, und der neusten Zeit erzählten, gäben gleichfalls einen guten Stoff ab. [1048]

Es wird nichts so Tiefes und Bedeutendes ausgesprochen, dem nicht ein ganz ordinärer, alltäglicher Sinn untergelegt werden könnte. Dies ist der Grund des vorschnellen Verstehens ohne Verständnis. [1049]

d. 21 März.
Ich sah soeben von meinem Fenster aus der Abfahrt einer Leiche auf den Gottes-Acker zu. Der Priester sprach trocken seine Gebete, die Nachbarsleute standen trocken umher, Kinder unterbrachen für einen Augenblick ihr Spiel, ein Holzhacker, der auf der Straße seine Hantierung trieb, machte eine Pause. Aber kein Auge, das weinte, kein Gesicht, das die geringste Bekümmernis ausdrückte; wenn der Postwagen abfährt, sieht man mehr Gefühl. Das erschütterte mich schmerzlich; ich konnte nicht umhin, zu denken: welch ein *Leben* mag der arme Tote geführt haben. [1050]

Der Mensch gerät in große Gefahr, wenn er seine einseitig gewonnene Erfahrung zum alleinigen Maßstab seines Urteils und zum Prinzip seines Handelns macht. Von diesem Gesichtspunkt aus müßte z. B. ein Menschenfeind geschildert werden. [1051]

d. 24 März.

Über Nacht, im Traum, entschloß ich mich, für jemand zu sterben, auf die Weise ungefähr, wie man sich entschließt, für jemand einen Gang über die Straße zu machen. Es war, als ob ich nicht wüßte, was Sterben sei. [1052]

Es ist für mich der größte Schmerz, gewisser kleinlicher Schmerzen fähig zu sein. Daß ich es bin, ist die Folge meiner Kindheit- und Jugend-Jahre. [1053]

Die Poesie des Ausdrucks findet weit mehr Bewunderer, als die Poesie der Idee. Dies erklärt mir die Erfolge, die z. B. Grün gefunden hat. Und doch ist sie nichts. [1054]

Wir Menschen sind des Grauens und der Ahnung nun einmal fähig; es ist dem Dichter daher gewiß erlaubt, sich auch solcher Motive zu bedienen, die er nur diesen trüben Regionen abgewinnen kann. Aber, zweierlei muß er beobachten. Er darf hier, erstlich, weniger, wie jemals, ins rein Willkürliche verfallen, denn dann wird er abgeschmackt. Dies vermeidet er dadurch, daß er auf die Stimmen des Volks und der Sage horcht und nur aus denjenigen Elementen bildet, welche sie, die der Natur alles wirklich Schauerliche längst ablauschten, geheiligt haben. Er muß sich zweitens hüten, solche Phantasie-Gebilde zu erschaffen, die nur einen einzelnen Menschen, etwa den, welchen er, um sie nur überall in Tätigkeit zu setzen, in seinem Gedicht damit in Verbindung bringt, etwas angehen. Nur *die* Gestalt flößt Grauen ein, die mich selbst irgendwo verfolgen kann; nur den gespenstischen Kreis fürchte ich, vor dessen Wirbel ich nicht gesichert bin.

[1055]

d. 27 März.

Über Nacht, im Traum, war ich Napoleons Kammerdiener.

[1056]

Brief an Rousseau vom 3 April

Tiecks Novellen sind eigentlich durchaus didaktischer Art, aber es ist bewunderungswürdig, wie sehr bei ihm alles, was anderen unter den Händen zu frostigem Räsonnement gefriert, in den farbigsten Lebens-Kristallen aufschießt. Auch das ist ihm ganz eigentümlich, daß er nichts zusammenbringt, was nicht unbedingt zusammengehört, was nicht zusammenkommen müßte, wenn es sich in seiner echten Wesenheit, in seiner Bedeutung für die Menschenwelt, entwickeln soll. Und diese Prädestination, wie ichs nennen mögte, die man bei so äußerst wenigen findet und die sich auch so leicht mit dem Fazit verwechseln läßt, das immer entsteht, wenn gut ersonnene Situationen und wohl gezeichnete Charaktere sich aneinander reiben, ist nur bei einer grenzenlos freien Übersicht, bei dem reinsten und ruhigsten Walten möglich. Dennoch mögte ich (wenn ich mich selbst verstehe) dieser Art der Novelle nicht den Preis zuerkennen, obwohl ich sie, was einem Widerspruch ähnlich sieht, für die schwierigere halte. Sie kommentiert die Natur eigentlich mehr, als sie meines Erachtens soll und darf. Die höchste Wirkung der Kunst tritt nur dann ein, wenn sie nicht *fertig* wird; ein Geheimnis muß immer übrig bleiben und läge das Geheimnis auch nur in der dunkeln Kraft des *entziffernden* Worts. Im Lyrischen ist das offenbar; was ist eine Romanze, ein Gedicht, wenn es nicht unermeßlich ist, wenn nicht aus jeder Auflösung des Rätsels ein neues Rätsel hervorgeht? Eben deshalb gehört ja das Didaktische, das »beschränkte Sittliche« nicht hinein, weil es in der Idee den Widerstreit ausschließt, weil es nichts gebären kann, als sich selbst. Aber auch in der Novelle und Erzählung finde ich zu viel Licht bedenklich und gebe darum Kleists Arbeiten und Tiecks eigenen früheren den Vorzug. – [1057]

Satire, die nicht von dem freiesten Geist ausgeht, ist unausstehlicher, wie der ärgste Pedantismus. [1058]

Der Mensch kann plötzlich einen Tag, einen Moment erleben, der ihm seine ganze Vergangenheit aufklärt. [1059]

Niemand spricht eine Wahrheit aus, die er nicht mit einem Irrtum verzollen müßte. [1060]

Bei Nancy zog ein schweizerischer Soldat Karln dem Kühnen den berühmten Diamanten vom Finger, der lange für den größten in Europa galt, der noch jetzt als der zweite in der französischen Krone prangt, und den der unwissende Finder für einen Gulden verkaufte. Schiller, Abf. d. Niederl. S 41. [1061]

Wenn der Dichter Charaktere dadurch zu zeichnen sucht, daß er sie selbst sprechen läßt, so muß er sich hüten, sie über ihr eigenes Innere sprechen zu lassen. Alle ihre Äußerungen müssen sich auf etwas Äußeres beziehen; nur dann spricht sich ihr Inneres farbig und kräftig aus, denn es gestaltet sich nur in den Reflexen der Welt und des Lebens. [1062]

Die frühere lyrische Poesie der Deutschen verschwamm im Allgemeinen; die jetzige wird am Affektierten zugrunde gehen. [1063]

Der echten Situationen-Komik müßte der Weltgeist als Individualität, die sich ausspräche, zum Grunde liegen. [1064]

Zwei verwandte Charaktere, einen durch den andern, zu zeichnen, sie sich gegenseitig in sich abspiegeln zu lassen, ohne daß sies merken, wäre wohl der Triumph der Darstellung. [1065]

Ich glaube, das goldene Zeitalter der wahren Freiheit wird durch nichts mehr zurückgehalten, als dadurch, daß es für so sehr viel Menschen keins wäre. Denn, in einer Zeit, wo die Individualität Geltung und Spielraum hat, wird auch von ihr etwas *verlangt* werden. [1066]

Mein kleines Hündchen erschreckte heute ein kleines Kind; das Schreien des kleinen Kindes erschreckte wieder mein Hündchen. [1067]

Der Letzte eines Stamms, der sein ganzes Leben auf Anfertigung eines Stammbaumes verwendet. [1068]

Das Böse ist deswegen so verderblich, weil es, der Weltordnung und den innersten Naturbedürfnissen entgegengesetzt, keine Konsequenz zuläßt. [1069]

Es ist der Fluch der Vornehmen, daß sich ihnen die höchsten irdischen Genüsse in kahle, schale Bedürfnisse, die sie nimmer befriedigen können, umsetzen. [1070]

Der einfache Ausdruck ist schon deshalb vorzuziehen, weil alle, auch die glänzendsten Rede-Flitter veralten, und weil ein Buch, das damit aufgestutzt ist, deswegen, bei sonst bedeutendem Inhalt, in seiner Form später einen Mumien-Eindruck machen muß. [1071]

Einen Wahnsinnigen zu sehen, oder einen Menschen, der mit Scharfsinn und Verstand das Absurde zu beweisen sucht: ich weiß nicht, was einen schauerlicheren Eindruck macht. [1072]

Sich die äußere umgebende Welt als Theater-Dekoration, die willkürlich verändert würde, denken. [1073]

Eigensinn ist das wohlfeilste Surrogat für Charakter. [1074]

Du mußt bedenken, daß eine Lüge dich nicht bloß eine Wahrheit kostet, sondern die Wahrheit überhaupt. [1075]

Alle Gefühls-Poesie muß Individual-Poesie sein. Denn der Gedanke ist Allgemeingut und, im Gegensatz zum Gefühl, um so weniger wert, je mehr er an den Boden erinnert, auf dem er gewachsen ist. [1076]

Besonders dies sollte den Philistern doch einfallen, daß die Kunst nicht bloß arbeiten, sondern auch essen, d.h. daß sie wie der Mensch nicht bloß für die Welt, sondern auch für sich selbst etwas tun will. [1077]

Alle Teilnahme an der Kunst, beruht auf der Teilnahme an fremden Existenzen. [1078]

Es hilft überall nichts, von dem Göttlichen und Höchsten zu sprechen, wenn dies auch mit Engelzungen geschieht. Es soll *dargestellt* werden, d.h. es soll *leben*. Dies tut es nur dann, wenn es aus der *Erde*, ihrer Beschränkungen ungeachtet, in markiger, kräftiger Gestalt hervorgeht, und sich mit ihr verträgt. [1079]

Ob ein Mensch sich wohl an dem, was ihm fehlt, wirklich erbauen kann? [1080]

Es gebe sich nur jemand her zum *Ideal* des Philisters, er wird schnell Anerkennung finden. [1081]

Es gibt Menschen, die nur das anbeten, was sie vernichten können. [1082]

Was der echten Lyrik vorzüglich im Wege steht, ist der Umstand, daß sie anscheinend immer das Alte, das Gewöhnliche, das längst Bekannte, bringt. Wer könnte dem Rezensenten etwas Erkleckliches erwidern, der Uhlands wunderschönes Lied: »Die linden Lüfte sind erwacht« mit den Worten abfertigte: was ist denn darin gesagt, als daß alles auf Erden sich ändert, das Schlimme ins Gute, das Gute ins Schlimme, und wer wußte das nicht, bevor er dies Lied in die Hände bekam? Welch hohe Freudigkeit der Seele, welch ein Mut für alle Zukunft im Menschen erwacht, wenn ihm die zwischen den ewigen, den Fundamental-Gefühlen in seinem Innern und den Erscheinungen der Natur bestehende untrennbare Harmonie in klarem Licht aufgeht, das scheint niemand zu wissen. Dagegen Gedanken – nun, Gedanken sind auf anderthalb Stunden neu. [1083]

Es gibt Momente, die nur den *Samen* der Freude ins Herz streuen, die der Gegenwart nichts bringen, als einen leisen Schmerz, und die im eigentlichsten Verstande erst unter dem Brennglase der Erinnerung in ihrer Bedeutung, ihrem Reichtum, aufgehen. Mancher dieser Momente mag mit einer Stunde, die uns erst jenseits des Grabes erwartet, korrespondieren. [1084]

Es gibt Gedichte, die durchaus auf das Unsittliche basiert sind. Dahin gehört Thümmels Wilhelmine, und manche Erzählung von Wieland. Diese sind durchaus verwerflich, denn sie formen aus dem Nichts. Das Unsittliche existiert überall nicht, es ist so wenig ein Element der Welt, als irgend eines Individuums, es ist eine Krankheit, die den Zustand zwischen Leben und Tod ausfüllt und sie beide ausschließt. [1085]

Ein Maitag ist ein kategorischer Imperativ der Freude.
                     (Geschrieben am 1sten Mai 1838.)
                  Neues Logis, Landwehrstraße N: 10. [1086]

Viele Menschen sind beständige Schemata, die der nächste, beste Zufall ausfüllt. [1087]

Tieck in seinen Dramat. Blättern tadelt Eßlair wegen seines Vortrags der Stelle im Wallenstein: »und Roß und Reiter sah ich niemals wieder.«, die er, nachdem er die Erzählung seines Traums in höchster Spannung vorgetragen hat, im Konventionston, indem er die Stimme fallen läßt und einen Schritt vortritt, vorbringt. Es ist doch eben dies das Wunderbare, sagt Tieck, deshalb muß Bedeutung darauf gelegt werden. Ich denke mir: der Künstler legt dadurch die größte Bedeutung hinein, daß er, zu sehr von dem Gewicht dieser Stelle erfüllt, sie gar nicht weiter heraushebt, weil er glaubt, daß sie, *wie* sie auch vorgetragen werde, durch keine Art des Vortrags verlieren, noch gewinnen könne. [1088]

Alte Portraits – zerbrochene Menschenformen. [1089]

– Doch, wo du hierdurch auch nicht zu bewegen bist,
   So weiß ich Ärmster nicht, was weiter übrig ist,
   Als daß ich meinen Rumpf an diesen Eichbaum henke.
   Vielleicht liebst du mich tot, da ich dich lebend kränke.
       An Sylvie. Neukirch. (Wielands Neuer Amadis) [1090]

Unschuld ist erwachende Sinnlichkeit, die sich selbst nicht versteht. [1091]

Gegen jede sog. neue Wahrheit bin ich mißtrauisch, die nicht in mir ein Gefühl erregt, als hätte ich ihre Existenz schon lange zuvor geahnt. [1092]

Das Leben hat keinen anderen Zweck, als daß sich der Mensch in seinen Kräften, Mängeln und Bedürfnissen kennenlernen soll. Wenigstens ist dies der einzige Zweck, der immer erreicht wird, das Leben mag nun sein, wie es will. [1093]

Heute, den 5 Mai, eine Sommerhose gekauft zu 4 fl. [1094]

»Alles für nichts!« ist der irdische Imperativ. [1095]

Man tut immer wohl, den Spiegel, der ein verzerrtes Bild zeigt, zu untersuchen, ob er auch fleckig ist. [1096]

Die echte Poesie dringt aus der Seele, wie das heiße Blut aus der Ader, die es selbst aufsprengte. [1097]

Ein gemachtes Gedicht ist auch dasjenige, woran die Empfindung wahr ist, aber nicht die Form. Die Stunde wahrer Begeisterung verschmilzt beides miteinander. Das Gedicht, was der gebildete Geschmack (den ich jedoch lieber den geborenen nennen mögte) sich anders denken kann, als es der Dichter *geschaffen* hat, taugt nichts. [1098]

Heines Dicht-Manier (besonders seine neuere) ist das Erzeugnis der Ohnmacht und der Lüge. Weil seine verworrenen Gemütszustände sich nicht in die Klarheit eines entschiedenen Gefühls auflösen lassen, oder weil er nicht den Mut und die Kraft besitzt, den hiezu notwendigen inneren Prozeß abzuwarten, wirft er den Fackelbrand des Witzes in die werdende Welt hinein und läßt sie gestaltlos für nichts und wieder nichts verflammen. Diese Verklärung durch den Scheiterhaufen ist aber nur dann zu gestatten, wenn ein Phönix davonfliegt; an dem Phönix fehlt es jedoch bei Heine, es bleibt nichts übrig, als Staub und Asche, womit ein müßiger Wind sein Spiel treibt. [1099]

Die meisten Menschen haben gar nicht das Bedürfnis, klar über ihre Zustände zu werden; sie wollen nur hindurch, wie etwa durch eine Krankheit. Diese gewinnen im Leben keine Resultate, sie machen nicht einmal Erfahrungen; ihr ganzes Leben ist vielmehr eine immerwährende Flucht durch Gefängnisse, und sie täten wahrlich wohl, sich an das erste, beste zu gewöhnen, weil sie dann doch einen Standpunkt hätten, von dem aus sie die Welt, gut oder schlecht, betrachten könnten. [1100]

Ein Gedicht soll individuell sein und zugleich allgemein. Ein scheinbarer Widerspruch: wodurch ist er auszugleichen? Durch die poetische Anschauung, deren Resultat das ist, was ich poetische Idee nennen mögte. Das Individuum ist das *Fernrohr*, was die *Sachen* heranholt. [1101]

Phantasie ist nur in der Gesellschaft des Verstandes erträglich. [1102]

Am Ende existiert der Mensch nur durch seine Bedürfnisse. [1103]

Wie es auf Erden Bedürfnisse gibt, die erst der Himmel stillt, so mag auch der Himmel Bedürfnisse haben, die schon die Erde befriedigt. [1104]

Einen Menschen leben lassen und ihm dennoch die notwendigsten Bedingungen des Lebens: gesunde Luft, Essen und Trinken u. d. gl. entziehen, ist eine Strafe, die einer erleiden, aber nicht verdienen kann. [1105]

Es ist ein meisterhafter Zug, daß Sancho, der in Gedanken schon Gubernator ist, sich doch den Verlust dreier junger Esel so sehr zu Herzen gehen läßt, daß er sich das Maul zerschlägt. [1106]

Es gibt Menschen, denen man keinen Schmerz mitteilen kann, ohne daß sie gleich einen ähnlichen mitzuteilen hätten. [1107]

Die Hoffnung der Menschheit auf ewige Fortdauer gründet sich hauptsächlich auf die Bedeutung, den unerschöpflichen Gehalt einzelner großer Menschen. Umgekehrt gibt es aber auch Menschen, deren Anspruch auf Unsterblichkeit sich einzig und allein auf den Anspruch des ganzen Geschlechts gründet. [1108]

Ich kanns unmöglich glauben, daß Friedrich Schlegel die Agnes von Lilien für ein Produkt Goethes gehalten habe. Die ganze Ähnlichkeit mit dem Meister liegt in dem Kopieren einzelner Figuren, z. B. der mignonisierenden Bettina, und des Goetheschen Stils, insofern dieser darin besteht, daß Goethe das Bedeutende gern auf einfache Weise sagt. Eine solche Ähnlichkeit hätte die Täuschung eben unmöglich machen sollen. Das Buch enthält einzelne gute Situationen, und das übertrieben Sentenziöse wird hin und wieder durch einen brauchbaren Gedanken erträglich gemacht. Sonst gebricht ihm nicht weniger, als alles; nichts lebt darin, der Haupt-Charakter wird ununterbrochen durch das stets bedenkliche Mittel des Beschreibens seiner Wirkung auf andere darzustellen gesucht, die Verfasserin trifft zuweilen den Fleck, wo ein Schatz vergraben liegt, aber sie weiß ihn nie zu heben, und eben darum nicht, weil sie zur unrechten Zeit Worte macht. [1109]

Oft ist es, als ob im Menschen ein hohes geistiges Bedürfnis erwachte, indem er ein körperliches befriedigt. Gewiß ist die Sinnlichkeit die Klaviatur des Geistes. [1110]

Den Schlechtesten selbst sollte man, womöglich, vor der Überzeugung schützen, daß er schlecht sei; schon mancher ist schlecht geworden, weil er sich zu früh für schlecht hielt. [1111]

Die erste wahnsinnige Liebe, so spurlos sie gewöhnlich vorübergeht, und von so lächerlichen Erscheinungen sie begleitet wird, ist doch vielleicht das Ernsthafteste am ganzen Leben; wenigstens wird (und hierin liegt eben die bitterste Ironie) durch nichts jede Kraft des Menschen so aufs äußerste angespannt, als durch sie. Ich bin überzeugt, jeder könnte Werthers Leiden erleben, den Helden und den Künstler ausgenommen. [1112]

Der Künstler sieht eigentlich immer nur die Bilder der Dinge, nicht die Dinge selbst. Darum ist es so unrecht nicht, wenn das Leben ihm gewöhnlich Schlimmeres bietet, wie anderen: die unbewußte Reflexion, die im stillen alles, was sich begibt, auf ein sich dadurch entschleierndes Unendliches bezieht, gleicht viel mehr aus, als man denkt. [1113]

Nur dem Künstler ist ein Wirken ins Unendliche vergönnt: alles andere menschliche Wirken hat seine Grenze, an welcher den reichen Herder z.B., als er sich völlig ausgegeben hatte, die Verzweiflung empfing. [1114]

Glücklich ist nur derjenige, in dem die Natur gewissermaßen unmittelbar und ohne sich durch individuelle Schranken gehemmt zu sehen, wirkt, wie in Goethe und Shakespeare. [1115]

Einen Feind in den Fall setzen, eine edle Tat, der er nicht gewachsen ist, zu tun oder vielleicht zu unterlassen. [1116]

Kriege zu führen, ist die menschlichste Versuchung eines Fürsten. [1117]

Der Mensch, sich selbst unbewußt, macht immer auf so viel Lebensglück Anspruch, als er verdient; er rechnet unaufhörlich mit dem Schicksal. Eben darum ist der höhere des Vergnügens, dieser abschläglichen Zahlung eines unvermögenden Schuldners, nicht fähig. [1118]

Vorschlag zu einem Gesetz, wornach jeder Reiche, der sich seinen Reichtum nicht selbst erworben hat, schuldig und gehalten sei, sich einmal auf Leben und Tod um sein Vermögen mit dem ersten, der den Hals daransetzen will, zu schlagen. [1119]

Wirf doch den Mann, der am Pranger steht, nicht mit faulen Eiern und verteidige dich, indem du sagst: es ist ein Sünder. Gegen wen beging er denn das Verbrechen, weshalb man ihn an den Pranger stellte, als eben – gegen Sünder? Vielleicht könnte er sogar bei gehöriger Schärfe des Verstandes herausbringen, daß man nur gegen Sünder sündigen kann. Und dann wäre *deine Sündhaftigkeit* die Ursache *seiner* Sünde. [1120]

Wenn der Adel an der Canaille etwas Schätzenswertes findet, so hebt er sie in seinen eignen Kreis hinein durch das Adeln. Die Canaille sollte sich das nicht gefallen lassen. [1121]

Alle Gründe *für* die fortdauernde Notwendigkeit des Adels sind aus dem Interesse der Throne, keiner aus dem Interesse des Volks hergenommen. Eine sehr merkwürdige Erscheinung. [1122]

»Weil mein Vorfahr den deinigen vor 1000 Jahren beraubt oder überlistet hat, und weil seine Familie die auf solche Weise errungenen Vorteile nun schon 1000 Jahr genießt, und weil, wenn sie dieselben nicht noch länger genösse, sie an Fett verlieren würde, und weil du nicht leugnen kannst, daß jene Vorteile wirklich Vorteile sind und uns zu etwas Besonderem gemacht haben, – –« Ich wüßte nicht, was der Adel weiter für sich anführen könnte. Merkwürdigerweise führt der Bürgerliche mit ebensoviel Grund das nämliche *gegen* ihn an. Ein einziger Fall. [1123]

Ein Dieb, der nicht gleich gehenkt wird, macht auf Würde Anspruch. [1124]

Es ist sonderbar, daß gerade der Gattungsname des Menschen: *Mensch* das Schimpfwort geworden ist, womit man ihn am tiefsten zu erniedrigen glaubt. Auch einen Hund nennt man nur dann *Bestie*, wenn man gegen ihn aufgebracht ist. [1125]

Der Mensch liebt es, an sich zu experimentieren, anstatt sich ruhig zu entwickeln. Es kann zu etwas führen, ist aber sehr riskant. [1126]

Jeder Mensch besitzt alle Talente, doch nur die hervorragendsten soll er ausbilden. Hier liegt aber der Grund, weshalb so viele hartnäckig ein unerreichbares Ziel verfolgen: sie haben das Gefühl, nicht ganz aufm falschen Wege zu sein. [1127]

Es gibt viele Dinge, von denen ich wünschen muß, sie als Kind gesehen, gehört, erlebt zu haben. Gewiß wär ich dann etwas ganz anderes geworden. [1128]

Einige polit. Helden füttern sich nur deshalb mit Tugend heraus, um später die Sünde besser bezahlt zu erhalten. [1129]

Man sollte eigentlich eine langweilige und gehaltlose Strecke des Lebens für einen längeren oder kürzeren Weg halten, der immer zu einem schönen Ziel führt. [1130]

Friedrich Schlegel meint: wenn Goethe die Lehrjahre Lotharios, deren im Vorbeigehen als eines vorhandenen Manuskripts erwähnt wird, dem Meister einverleibt hätte, so würde aller Mißverstand und aller Tadel weggefallen sein, denn das wäre der einzige Einwurf, den Unzufriedene mit einigem Schein gegen das Werk machen könnten, daß es seinen eignen Hauptbegriff (der Bildung) nicht vollständig ausspreche und entfalte. Dann würde es sich nämlich zeigen, ob es neben den Lehrjahren des Künstlers auch noch Lehrjahre des Menschen, eine Kunst zu leben und eine Bildung zu dieser Kunst, geben könne pp – Ich denke, dem ist schon dadurch begegnet, daß Lothario als der einzige Charakter gezeichnet ist, der zu *handeln* versteht. Jenes Manuskript hätte sich wohl auf keinen Fall mitteilen lassen; abgesehen von der notwendigen Umfänglichkeit desselben, hätte es schon der *Reichtum* der Form (welcher in einer gewissen Mannigfaltigkeit besteht, der einen und denselben Ausweg nicht zweimal zuläßt) verboten. Übrigens stellt nicht *Menzel*, wie ich bisher glaubte, sondern schon Schlegel den *Stil*, als einen der größten Vorzüge des Meisters heraus. [1131]

Einer, der nicht spart, weil er doch einmal Schulden hat und seine Gläubiger vom Überschuß bezahlen müßte. [1132]

Es gibt Leute, die gar nicht ins Allgemeine denken können, sondern immer am Faktum (das sie oft erst selbst in Gedanken erschaffen) kleben bleiben. [1133]

Wenn unbedeutende Menschen das Objektive einer Sache hinstellen wollen, entsteht immer ein Gespenst oder ein Zerrbild.

[1134]

F. Schlegel braucht irgendwo den Ausdruck: »wenn die neuere Poesie überhaupt Unvergängliches hervorbringen kann pp« Das klang mir anfangs wunderlich, doch hat der Ausdruck Grund. Die griechische Poesie befriedigt kein Weltbedürfnis mehr; sie dauert aber fort, weil sie in sich vollendet ist, weil sie in sich vollendet werden *konnte*. Die *romantische* Poesie schließt die Vollendung aus, *Darstellung* des Romantischen im eigentlichsten (griechischen) Sinn ist nicht möglich. Könnte also die Welt sich noch einmal ändern, hörte sie auf, Welt-*Bedürfnis* zu sein, so stürzte das Fundament ihrer Existenz zusammen und sie hätte ausgelebt.

[1135]

Ein schwaches Talent ist doch noch immer eine gute Strickleiter, die zur Einsicht führt. Die meisten drehen freilich am liebsten einen Strick daraus, womit sie ihrem Verstand die Kehle zuschnüren, um nur selbst fortproduzieren zu können. [1136]

Es gibt Dichter, die den Gedanken zum Vorwurf der Empfindung machen, und andere, die über die Empfindung räsonnieren.

[1137]

– Einst kam das Gespräch auf Kleist und dessen Käthchen von Heilbronn. Goethe tadelt an ihm die nordische Schärfe des Hypochonders; es sei einem gereiften Verstande unmöglich, in die Gewaltsamkeit solcher Motive, wie er sich ihrer als Dichter bediene, mit Vergnügen einzugehen. Auch in seinem Kohlhaas, artig erzählt und geistreich zusammengestellt, wie er sei, komme doch alles gar zu ungefüg. Es gehöre ein großer Geist des Widerspruchs dazu, um einen so einzelnen Fall mit so durchgeführter gründlicher Hypochondrie im Weltlauf geltend zu machen. Es gebe ein *Unschönes* in der Natur, ein Beängstigendes, mit dem sich die Dichtkunst bei noch so kunstreicher Behandlung weder befassen, noch aussöhnen könne. »Ich habe ein Recht – fuhr er fort – Kleist zu tadeln, weil ich ihn gehoben und geliebt habe.

Aber, sei es nun, daß seine Ausbildung, wie es jetzt bei vielen der Fall ist, durch die Zeit gestört wurde, oder was sonst für eine Ursach zum Grunde liege; genug, er hält nicht, was er zugesagt. Sein Hypochonder ist gar zu arg; er richtet ihn als Menschen und Dichter zugrunde.[«] -- Beim Lesen seiner Penthesilea bin ich neulich gar zu übel fortgekommen. Die Tragödie grenzt in einigen Stellen völlig an das Hochkomische, z. B. wo die Amazone mit *einer* Brust auf dem *Theater* erscheint und das *Publikum* **versichert,** daß alle ihre Gefühle sich in die zweite noch übriggebliebene Hälfte geflüchtet hätten; ein *Motiv*, das auf einem neapolitanischen Volkstheater im Munde einer Colombine, einem ausgelassenen Polichinell gegenüber, keine üble Wirkung auf das Publikum hervorbringen müßte, wofern ein solcher Witz nicht auch dort durch das ihm beigesellte widerwärtige Bild Gefahr liefe, sich einem allgemeinen Mißfallen auszusetzen.

Falck. [1138]

Nicht nach der Länge seines Arms: nach der Länge seines Auges muß der Mensch sein Glück messen. [1139]

Aufs Leben Verzicht leisten: auf Gott Verzicht leisten! [1140]

Eine reiche Quelle des besten Komischen liegt in den Bestrebungen der Menschen, welche das Gegenteil bezwecken von dem, was sie bezwecken sollen. [1141]

Emanzipation des Gassenkots muß man nicht verlangen. [1142]

Die Kunst der Griechen war das Produkt der gesamten Volksbildung; die moderne Kunst ist im glücklichsten Fall das Produkt der Bildung des einzelnen Künstlers. Daher kommt es, daß unsre bedeutendsten Kunstwerke, die das Ganze der Menschheit aussprechen wollen, doch oft so vereinzelt dazustehen und zu stammeln scheinen, wogegen jede Kleinigkeit der griechischen Künstler immer mit dem Allgemeinsten in Bezug stand. [1143]

Gestern sah ich ein schönes Gesicht; in demselben Augenblick, wo ich es betrachten wollte, hatte sich ein gemeines davorgeschoben. Nur zu gewöhnlich im Leben. [1144]

Tacitus ist doch eigentlich der einzige wahrhaft römische Schriftsteller: das Produkt aller der Greuel, von denen er Zeugnis ablegt: der Phönix Roms. [1145]

Daß der verwandte Gedanke durch einen verwandten Klang ausgedrückt wird, ist wunderbar und erregt die Empfindung einer vorher bestimmten, unauflöslichen Harmonie zwischen Stoff und Form, also das, was die Dichtkunst einzig und vor allem erstrebt. Dies ist die große Bedeutung des Reims. [1146]

Man muß Schiller immer in seinen einzelnen Bestrebungen betrachten, wenn man gegen ihn nicht ungerecht werden will. [1147]

Daß so wenig Schriftsteller *Stil* haben, liegt in ihrer Unfähigkeit, dem letzten hohen Zweck die nebenbei erreichbaren näheren und kleineren zu opfern, überhaupt in der menschlichen Unart, mit jeglichem Schritt eine Art von Ziel erreichen zu wollen. [1148]

Ein Mensch, der eine Sache fallen läßt, pflegt, wenn er sie wieder aufhebt, damit zu spielen, um zu zeigen, daß mit Geschicklichkeit eine zufällige Ungeschicklichkeit verbunden sein kann. Das ist wohl im Sittlichen nicht anders. [1149]

Ein guter Papst mußte von jeher, notgedrungen, ein schlechter Christ sein. [1150]

Jenes kleine Kind aufm Schiff, welches Sauflieder sang. [1151]

Wenn die Kalabrier oder Kalifornier wirklich bei entstehenden Sonnenfinsternissen trommeln, um das Ungeheuer, welches die Sonne zu verschlingen droht, wegzuscheuchen, so haben sie in Verlauf einer Stunde doch immer den Trost, daß es nicht umsonst geschah. [1152]

Im Prinzen von Homburg ist es ein meisterhafter Zug, daß der Verdacht: der Kurfürst habe den Prinzen nicht sowohl der auf dem Schlachtfeld begangenen Übereilung wegen, sondern aus einem andern Grunde zum Tode verurteilen lassen, nicht von selbst in des Prinzen Seele aufsteigt, sondern erst durch Zollerns Inquirieren erweckt wird. [1153]

> Und ist ein bloßer Durchgang denn mein Leben
> Durch deinen Tempel, herrliche Natur,
> So ward mir doch ein schöner Trieb gegeben,
> Vom Höchsten zu erforschen jede Spur,
> So tränkt mich doch, bin ich auch selbst vergänglich,
> Ein Quell, der ewig ist und überschwenglich! [1154]

Erhitzt vor einem Glas kühlen Wassers zu sitzen und der Gedanke: jetzt könntest du den Tod trinken! [1155]

Niemand umfaßt das Element, worin er lebt, sondern das Element umfaßt ihn. [1156]

Die Engländer brachen die Rechte der Neutralität und raubten Dänemark seine Flotte, weil sie fürchteten, Napoleon mögte jene Rechte nicht ehren und die Flotte rauben. Sie begingen also ein Verbrechen, damit es ein anderer nicht begehen könne. [1157]

Friedrich der Zweite war ein Despot, aber ein solcher, dessen Leidenschaft zufällig das Gute war. [1158]

> Jedwede Blume muß sich neigen,
> Wenn sie der Tau des Abends tränkt,
> Und um so höher wird sie steigen,
> Je tiefer sie sich hat gesenkt. [1159]

> Da wollt es mir bedünken,
> Ich sei unendlich reich;
> Mein Busen war dem Blinken
> Des Sternenhimmels gleich:
>
> Schon viele sind aufgegangen
> In reiner, klarer Pracht;

Mehr glaubt man noch umfangen
    Vom stillen Schoß der Nacht. [1160]

Das *letzte* Ziel: kanns wohl ein Mensch im Auge haben? Tut er übel, wenn er einstweilen das nächste für das letzte ansieht?
[1161]

Die Natur gab dem Menschen die Willenskraft, damit er sich selbst forthelfe, wenn sie ihn etwa auf der Hälfte des Weges fallen läßt. [1162]

Die Naturwissenschaft gibt den besten Maßstab für die Fortschritte der Menschheit ab: nur, soweit sie die Natur kennt, kennt sie sich selbst. [1163]

Die Alten kannten nur Tag und Nacht; wir kennen nur Dämmerung. Die romantische Liebe zwischen zwei Personen verschiedenen Geschlechts, die zur Verkörperung des Ideals, aber nicht zur Erzeugung eines Kindes führt, spukt in all unsern Verhältnissen. Der Schattenriß gilt uns mehr als die Sache, und wenn wir nur ahnen, so kümmern wir uns wenig um das Wissen.
[1164]

Ich bin überzeugt: der animalische Magnetismus wird entschleiert werden, und dann beginnt die Naturkunde. [1165]

Motto für meine Gedichte:
Und mußt du denn bei Kraft und Mut
    In jedem Dorn dich ritzen,
So hüt dich nur, mit deinem Blut
    Die *Rosen* zu bespritzen!
                  d. 4. Juni 1838. [1166]

Es ist am Ende an der Religion das beste, daß sie Ketzer hervorruft. [1167]

Heute sah ich beim Abendgottesdienst in der Skt Peterskirche eine Alte, die mich fort und fort so bös anblickte, als ob sie den Teufel in mir vermutete. Mir wurde zuletzt gräßlich zumut; es ist ein schauderhafter Gedanke, in einem Menschen die Empfindung des Greuels erregen zu können. Doch war es der Alten wohl nur zuwider, daß ich, als Ketzer, die katholischen Zeremonien nicht mitmachte. (Die schlechten Buchstaben sind meinem kleinen Hänschen zuzuschreiben, welches auf meinem Schoße liegt und die Hand, mit der ich schreibe, fortwährend leckt. Eben legte er sogar sein kleines Köpfchen darauf.) [1168]

Die Jungfrau von Orleans wäre als Novelle (à la Kleist) zu behandeln. Ich muß überhaupt Chroniken lesen. [1169]

Die Philosophie ist eine höhere Pathologie. [1170]

Es ist nicht nötig, daß alle Fragen beantwortet werden; es reicht bei den wichtigsten schon hin, wenn sie nur aufgeworfen werden, denn sie sind es, die im Verlauf der Zeiten den größten Geistern den Tribut abfodern. [1171]

Der Pedantismus wurzelt im Herzen, nicht im Geist. [1172]

d. 7 Juni.
Über Nacht träumte mir, ich sähe ein greuliches Tier, welches Miene machte, auf mich zuzuspringen. Mit einemmal springt mein Hündlein auf mein Bett. Ich erwache, wie dies geschieht, glaube aber, es ist jenes Tier und stoße vor Entsetzen einen Schrei aus. Gleich darauf träumt mir, ich erzähle Rousseau jenen Traum. So träumte ich also im voraus, was erst einen halben Tag später geschah. [1173]

Kluge erzählt: »Tardys Patientin kündigte in einer ihrer Krisen an, daß sie in 2 Monaten an einem bestimmten Tage zu einer Landpartie würde aufgefordert werden, welche aber für sie sehr nachteilig werden könne, wenn man nicht Vorkehrungen dagegen träfe: sie werde nämlich Lust bekommen, ein Pferd zu besteigen, mit diesem stürzen und von neuem in eine sehr langwierige Krankheit fallen. Sie wurde wirklich von einer Anverwandten, die so wenig, wie sie selbst, von der im Schlaf getanen

Aussage etwas wußte, an dem bestimmten Tage aufs Land gebeten und war willens, dort ein Pferd zu besteigen, von welchem sie mit der größten Gewalt fortgerissen werden mußte.« Das Faktum zugegeben (wobei ein Betrug jedoch sehr möglich ist) ist dies das Wunderbarste, was ich über die Wirkungen des somnambülen Zustandes gelesen habe. Wenn eine Clairvoyante etwas entdeckt, was geschehen ist oder geschehen wird, so stützt sie sich doch auf eine entweder schon ins Leben getretene, wenn auch verborgen gebliebene wirkliche Existenz, oder auf eine solche, die im *Werden* begriffen ist und die der vorahnende Geist allerdings als das Resultat mehrerer bereits miteinander in Wechselwirkung getretener Kräfte im voraus erfassen mag. Hier aber spiegelt sich in ihrem Innern etwas ab, was, eben, *weil es sich in ihr abspiegelt,* niemals *wird*! Gewiß ist der somnambüle Zustand mit der Begeisterung des echten Dichters verwandt, nur daß dem Dichter mehr das Allgemeine, die gesamte Menschheit Betreffende aufgeht, der Somnambüle dagegen das Vereinzelte, wovon das Wohl oder Wehe eines Individuums abhängt. Der Dichter aber spricht nie etwas aus, was nicht die Vernunft sofort bejaht, wenn auch der Verstand nicht immer sogleich imstande ist, für dieses Ja die Gründe aufzutreiben. [1174]

Wer Geschmack hat, ist sogar schwerer zu betrügen, wie ein andrer, denn er kann die wahre Stimme der Natur von der nachgemachten unterscheiden. Übt doch jeder, der nicht sein eignes Herz gibt, gut oder schlecht das dichterische Vermögen aus.

[1175]

Das echte Komische ist wahr, d.h. auf die Natur gegründet, und doch kann man sich in der Natur keine Gesetze, keine Bedingungen denken, die es hervorrufen und es möglich machen. Hierin liegt das Pikante des Eindrucks, den es macht. [1176]

Falstaffs Äußerung: »wir fochten eine gute Stunde nach der Glocke von Shrewsbury« ist unerschöpflich. Er sucht seine Lüge dadurch, daß er die geringsten Nebenumstände anführt, glaubhaft zu machen und tut dies auf eine Weise, daß es ihm eben dadurch möglich wird, sie sogleich, wie es nötig würde, für einen Spaß erklären kann [= zu erklären]. [1177]

d 9ten Juni 1838.
Ich habe am heutigen Tage meiner kleinen Beppi versprochen, ihr, wenn ich nach Hamburg abreise, in Zeit von $2^1/_2$ Jahren 100 Gulden zu senden. Dies soll meine heiligste Schuld sein!
[1178]

Es kommt nur darauf an, recht zu haben, nicht, recht zu behalten. [1179]

Es ist ein Vernunftschluß, nicht bloß poet. Fiktion: wenn du wahrhaft liebst, mußt du wieder geliebt werden. Denn die Natur berechnet immer eine Kraft auf die andere. Hierüber wäre ein Roman zu schreiben. [1180]

Es mögte ratsamer sein, sich im Leben oft an die Rechenschaft, die man gewissen Menschen von gewissen Dingen in einer andern Welt wird geben müssen, zu erinnern, als an die Rechenschaft, die man Gott schuldig ist. Mancher Geschichtschreiber mögte diesen Punkt berücksichtigen. [1181]

Auch zu den großen Toten der Geschichte steht man in einem rein *subjektiven* Verhältnis. [1182]

d 10 Juni.
Über Nacht träumte mir: ich faßte eine gute Idee, erinnerte mich aber zugleich dabei, daß es im Traum geschehe, sprach: sieh, die Idee ist denn doch wirklich einmal etwas wert, nicht, wie gewöhnlich, krankhafte Traumgeburt, die sollst du dir merken! Und meinte nun wirklich, in ein Buch, worin ich beim Einschlafen gelesen, ein Merkzeichen niederzulegen. Übrigens bin ich überzeugt, daß die Idee in der Tat trefflich war, denn ich *beurteilte* sie förmlich. [1183]

Daß die Natur ruhig und gleichgültig das Schönste, was sie hervorgebracht hat, zerstört, erregt die Empfindung ihres unermeßlichen Reichtums, ihrer unerschütterlichen Sicherheit, ihres unverrückbaren Ziels. [1184]

Es ist eins der wundersamsten Gefühle, sich plötzlich, nachdem eine lange Zeit verflossen ist, wieder in einem und demselben Zustand, in derselben Umgebung, derselben Tätigkeit oder Beschäftigung zu finden; es erregt im Anfang den Vorschmack zugleich des Todes und der Ewigkeit. Ich hatte es am letzten Pfingstsonntag, wo ich vormittags um 11 Uhr im Hofgarten in dem kleinen Neptunus-Tempel saß und den Wilhelm Meister las, und mich erinnerte, daß ich das nämliche Buch an der nämlichen Stelle vor einem Jahr gelesen und mit dem nämlichen Behagen die strömende Fülle des Frühlings, die mannigfachen Äußerungen menschlichen Lebens und den alles leitenden und lenkenden Geist des Goetheschen Meisterwerks in mich gesogen hatte. [1185]

»Ich will darüber denken!« Dies klingt, wenn nicht von bloßen Verhältnisdingen die Rede ist, völlig so absurd, als: ich will darüber empfinden! [1186]

d. 11 Juni. Abends.
Lebensschmerz! Mit keinem Wort wird mehr Schlechtigkeit getrieben. Nur der spreche von Lebensschmerz, dem von vornherein das Leben völlig unmöglich gemacht, dem ein Ding daraus gedreht wird, das er nicht brauchen kann und doch nicht wegzuwerfen wagt. Der Verlust eines einzelnen Guts erzeugt keinen Lebensschmerz. [1187]

Daß Jean Paul doch so viel Mut behielt! Aber, er war doch als Kind im Paradiese gewesen, es galt ihm nur, das Paradies wieder zu gewinnen! [1188]

Man kann sich aus einem Kerker befreien und wenn man ins Freie kommt, tot zu Boden sinken. [1189]

Es ist meisterhaft, daß im Wilhelm Meister Wilhelm immer der erste ist, der sich über die Vorkommenheiten des breitern ausläßt. [1190]

Die meisten praktischen Irrtümer entspringen daraus, daß für viele Fehler ist, was bei einigen Tugend sein würde. [1191]

Viele Menschen sprechen von Unglück, weil sie sich keines ganz besonderen Glücks rühmen können. [1192]

Das Schlimmste, was von einem einzelnen ausgeht, scheint oft notwendig fürs Allgemeine. [1193]

Bis an seinen Tod kann jeder ohne Speis und Trank leben; man nennt das aber verhungern. [1194]

Es gibt Dinge, die man bereut, bevor man sie tut, und doch tut. [1195]

Bilder der größten Maler, Raffaels, Correggios, kommen mir nie aus dem Gedächtnis, eben weil sie dargestellt sind; andre kommen gar nicht hinein. [1196]

Die Kunst, Bücher zu schreiben, ist die Kunst zu schreiben. [1197]

Es wird am häufigsten vergessen, daß Bilder und Zeichen nichts Notwendiges und Ursprüngliches enthalten. [1198]

Tiecks Sternbald hat gar zu viel Meisterhaftes. (Wilh. Meisterhaftes.) [1199]

So viele Hoffnungen der Menschheit sind wie Lichtfunken in der Nacht: sie erleuchten nichts, als sich selbst. Und dennoch hat schon die Existenz des Lichts an sich etwas unendlich Beruhigendes. [1200]

Wer nach den Sternen reisen will, der sehe sich nicht nach Gesellschaft um. [1201]

Und wer Sterne entdecken will, lerne Brillen schleifen. [1202]

Wenn dich ein Lichtlein lockt, so folg ihm. Führts dich in den Sumpf, so kommst du wohl wieder heraus; folgst du ihm aber nicht, so peinigt dich durch dein ganzes Leben der Gedanke, daß es vielleicht dein *Stern* gewesen sei. [1203]

Allegorie
Einst raubt das Unglück dem Glück die Flügel. Es schwingt sich himmelan und das Glück muß auf der Erde weilen. [1204]

Die Menschen werden doch eigentlich nur verdammt, weil sie auf verkehrte Weise selig zu werden suchen. [1205]

Die Masse macht keine Fortschritte. [1206]

Man nehme das Komische, woher man wolle, nur nicht aus der Natur und ihren großen Verhältnissen. Müßte man an der Würde und Wahrheit des Welt-Fundaments zweifeln, so müßte man untergehen. Dies Komische höbe sich mithin selbst auf. [1207]

Wer in der Kunst auch ohne vorzügliches Talent nur immer fortschreitet und nicht stillesteht, wer sich mit Ernst dessen zu bemächtigen sucht, was erlernt werden kann, der wird schon hin und wieder etwas Annehmliches leisten. Denn das, was in der Kunst Handwerk ist, steht doch unendlich viel höher, als jedes andre Handwerk. [1208]

Der Mensch ist der Basilisk, der stirbt, wenn er sich selbst sieht. [1209]

d. 22. Juni.
Heute in der Metropolitan-Kirche Mozarts Requiem gehört. Einfach und voll. Ich dachte an die Sage von Mozarts Tod. Es liegt etwas Wunderbares darin, auch wenn man sich eine natürliche Auflösung erlaubt. Er schob das Requiem hinaus, weil es seine innersten, höchsten Kräfte in Anspruch nahm, er machte es zuletzt in kürzester Zeit und starb in Folge der Überreizung. [1210]

Es gibt keinen Weg zur Gottheit, als durch das Tun des Menschen. Durch die vorzüglichste Kraft, das hervorragendste Talent, was jedem verliehen worden, hängt er mit dem Ewigen zusammen, und soweit er dies Talent ausbildet, diese Kraft entwickelt, soweit nähert er sich seinem Schöpfer und tritt mit ihm in Verhältnis. Alle andere Religion ist Dunst und leerer Schein.

[1211]

Wer sich nicht bemüht hat, dies erste Leben zu verstehen, der hoffe nur nicht, daß er es in Erkenntnis des zweiten weit bringen werde. Gott gibt den Menschen nur Füße, keine Krücken.

[1212]

Der bildende Künstler, z.B. der Maler, muß so manches lernen, bloß um dagegen gesichert zu sein, daß er gewisse Sünden begehe, z.E. Anatomie; er verfällt aber leicht in den Fehler, es in seinen Arbeiten zu zeigen, daß er gelernt hat. [1213]

Wer die Schlange sieht, der sieht das Paradies nicht mehr.

[1214]

Die Schriftsteller dreschen taubes Stroh und lassen sich die Taglöhner-Arbeit bezahlen. [1215]

Der Mensch, und vor allem der Künstler, dem es um wahre Bildung zu tun ist, vergesse nicht, daß der Geist sehr oft arbeitet, bloß um sich selbst zu ernähren und zu erquicken, daß er viele Früchte erzeugt, die er selbst genießen will und die man ihm nicht rauben muß, um sie irgendwo zum Dessert aufzusetzen.

[1216]

Ein Baum mit goldenen Äpfeln, die in dem Augenblick, wo sie reif sind, Flügel bekommen und in den Himmel hinaufliegen.

[1217]

»Die *Fahnenweihe* wurde mit aller möglichen Feierlichkeit gehalten. Das Regiment erschien in voller Montierung, schloß auf einem geräumigen Platz ein Viereck, die Fahnen standen in der Mitte, um selbe herum sämtliche Offiziere. Der Obrist hielt eine passende Rede, in welcher er uns erklärte, zu welchem Zweck die Fahnen bestimmt wären, wie schändlich es sei, sie zu verlassen, welche Strafe darauf stehe. Dann wurde das Gewehr präsentiert, langsam und feierlich sprach der Obrist die Eidesformel vor und jeder von uns sagte sie ebenso laut nach.«

Der junge Feldjäger. Eingef. v. Goethe 1, 57.   [1218]

Die Gascogne enthält sandige Ebnen und große Morastflächen, die nur auf *Stelzen* zu passieren sind.   Ders. 1, 62.   [1219]

Jeder span. Alkalde (Schulze) hat ein kleines Stäbchen. Zeigt er dieses und spricht: im Namen des Königs, so wird ihm gehorcht.   Ders. 1, 86.   [1220]

Die Spanier belustigen sich, bevor sie einen Ochsen schlachten, mit einem kleinen Stiergefecht, sie führen das Tier an langen, an den Hörnern befestigten Stricken herum und suchen es auf alle Weise zur Wut zu bringen; so halten mehrere ihre großen Mäntel vor, auf welche der Stier in völliger Furie losstürzt, dann lassen sie die Mäntel schnell fallen. Natürlich wird das Fleisch durch dies Abhetzen sehr verschlechtert, feuerrot und voll Blasen.
Ders. 243.   [1221]

Die Spanier liegen tagelang in der Sonnenhitze und suchen sich, ohne sich vor Fremden zu schämen, gegenseitig die Läuse ab. Ihr Sprichwort ist: ein Land ohne Läuse, ein schlechtes Land.
Ders. 1, 245.   [1222]

Naivetät

Eines Abends, als ich mich vor die Batterie begab, stürzte eine Haubitze nicht 4 Fuß weit von mir nieder und wühlte furchtbar die Erde auf; ich warf mich in den Graben, das Untier zerplatzte, ohne mich auch nur im geringsten zu beschädigen. So war zwar wieder einmal die Gefahr vorüber, doch war es nicht ganz ohne Verlust abgegangen, denn ich hatte bei dem Salto mortale den letzten halben Frank, der mein ganzes Vermögen ausmachte, aus der Tasche verloren.   Ders. 261.   [1223]

Ein *fetter* Bettler.   [1224]

Ich könnte eine Broschüre schreiben: über einige merkwürdige Urteile Goethes aus seiner spätesten Zeit.   [1225]

Es fehlt uns nicht sowohl an Licht, als an ausreichendem Licht.
[1226]

Es ist die Frage, ob wir jemals eine ganz neue Wahrheit erfahren werden, eine solche, von der wir nicht von Anfang an schon eine Ahnung gehabt hätten, ja, es ist fast unzweifelhaft, daß dies nicht geschehen wird, eben weil es nicht geschehen kann, da ohne den vollständigsten Kreis aller Wahrheiten die menschliche Existenz, die durchaus eine solche Atmosphäre verlangt, gar nicht denkbar ist. [1227]

Ob ein Mensch wohl empfinden kann, daß von ihm nur widerliche, grauenhafte Wirkungen ausgehen können? [1228]

Der Heilige Geist wird dir eingeben, was du reden sollst. D.h. Gott wird dir soufflieren. [1229]

Sitzen bleiben schützt allerdings gegen die Gefahr, zu fallen.
[1230]

»Solange er schläft, solange mag er noch leben« sagen die Räuber, in deren Höhle sich während ihrer Abwesenheit ein Verirrter niedergelegt hat. [1231]

In dem echten Dichtergeist muß, bevor er etwas ausbilden kann, ein doppelter Prozeß vorgehen. Der gemeine Stoff muß sich in eine Idee auflösen und die Idee sich wieder zur Gestalt verdichten. [1232]

Das Genie ist der Fühlfaden seiner Zeit. [1233]

Vögel durch den Kopf fliegen. [1234]

Ein Echo ist das leerste und scheint das vollste. [1235]

Ein großes Verbrechen die *Basis* eines göttlichen Lebens. Novelle. [1236]

Herr von Rothschild in Paris hat Talleyrands Hotel gekauft. Als er es besichtigt, sagt er: Das Hotel ist etwas kleinlich, doch will ich suchen, es bewohnbar zu machen. Er wollte früher aus dem Hotel Lafittes eine Wagenremise machen lassen. [1237]

Ein Dr Fink zu Landshut hat eine Weibsperson, die am Skorbut rettungslos darnieder lag und dem Tode nahe war, mittelst der Bierhefe, die er bei ihr inwendig und auswendig in kleinen Portionen anwandte, völlig hergestellt. [1238]

Sich erhenken, um nicht zu verhungern. [1239]

Die wurmstichige Welt. [1240]

Wenn der König von Spanien eine Mätresse verabschiedet, so muß sie ins Kloster. Nach ihm darf sie niemand besitzen. [1241]

In Spanien sind *alle* Findelkinder von Adel, damit nicht einige adlige, die zufällig darunter sein mögten, um die daran geknüpften großen Rechte kommen. [1242]

Einige Eltern tun bei Geburt ihrer Kinder das Gelübde, dieselben eine Anzahl von Jahren nur in Kutten zu kleiden. [1243]

sacar per el vicario heißt eine absonderliche Art, zu heiraten, in Spanien. Ein Mädchen, das 12 Jahr alt ist, kann jeden, der ihr bei irgend einem Anlaß ein Kleinod gegeben oder ihr ein Billett (wenn auch kein Wort von Liebe darin steht) geschrieben hat, als ihren Gatten ansprechen. Von Carl III. *aufgehoben*.
(Aus: Die Brautfahrt in Spanien, kom. Roman von P. J. Rehfues.) [1244]

Jeder frevelt an dem Schönen, indem er es darstellt. [1245]

d. 18 Juli.
Heute sahen Rousseau und ich abends gegen 9 Uhr eine der lieblichsten Luft-Erscheinungen. Es war ein schöner silberner

Stern von ungewöhnlicher Größe, der ins Gevierte helle Strahlen schoß. Anfangs stand er still, dann zog er langsam, langsam eine ganze Strecke am lichtblauen Himmel hin, darauf erlosch er plötzlich. [1246]

Es ist ein bedeutender tragischer Zug des Lebens, daß derjenige, der ein Verbrechen straft, dadurch meistens selbst Verbrecher wird. [1247]

Gerade bei dem Komischen ist eine unregelmäßige, gewissermaßen verwirrte Behandlung die beste. Denn, da es nur als Ganzes Bedeutung hat, im einzelnen aber immer nur Nichtiges und Gemeines bringt, so würde durch eine gemessene Behandlung ein unangenehmer Kontrast entstehen. [1248]

Im Turm zu Velilla am Ebro, hängt die sog. *Glocke von Arragonien*, die seit undenklichen Zeiten immer, wenn sie von selbst läutete, auf der pyrenäischen Halbinsel etwas Ungeheures verkündigte.   Weisflog Phantasiestücke T 2, Seite 20. [1249]

Wohl dem, der das Unerreichbare im Leben findet! [1250]

d. 29. Juli.
In der vorletzten Nacht träumte mir, ich hätte eine Schwester. [1251]

Wie viele Kunstwerke hat der Künstler bloß zu seiner eignen Ehre geschaffen. [1252]

Es frägt sich, ob, wenn Kleist das *Gebrechliche* der Welt-Einrichtung zeigt, er nicht dadurch mehr erhebt, als wenn er sie priese. [1253]

Beppi erzählte mir: als sie klein war, stieg sie, wenn ihre Mutter krank im Bette lag, zu ihr aufm Schemel hinauf, schaute sie lange an und machte ihr dann mit den Händen die Augen auf! Wie tief rührt mich jeder menschliche Zug, der die Unergründlichkeit, die unschuldige spielende Tiefsinnigkeit des Lebens ausdrückt, und wie kalt läßt mich jeder Seiltänzersprung der Spekulation.

[1254]

An meinen Träumen bemerk ich seit einiger Zeit, daß ich fast immer das Leben derjenigen dichterischen Charaktere fortsetze, mit denen ich mich kurz vorm Einschlafen beschäftigte. [1255]

Neulich träumte mir, ein ganz gemeiner Kerl, Suhr, reiste im Auftrag des Königs von Dänemark durch alle Länder, um die Verfolgten aufzufordern, nach Dithmarschen zu gehen. [1256]

In Kleists Familie Schroffenstein, deren Ausgang allerdings schwach ist, ist es bedeutend, und man könnte es als die Hauptidee des Stücks ansehen, daß Rupert alle diejenigen Verbrechen, von denen er glaubt, daß der durchaus unschuldige Sylvester sie begangen habe, begeht, *eben* weil, und *nur*, weil er dies glaubt.

[1257]

Vom *Maler Müller* las ich vier Idyllen: Bacchidon und Milon, Satyr Mopsus, die Schafschur und das Nußkernen; sämtlich saftig und kernhaft in hohem Grade. [1258]

»Ein großer Mann, aber ein kleiner Mensch!« Abgeschmacktes Wort. Man nimmt gewöhnlich an, bedeutende Eigenschaften müßten das Kleinliche und Niedrige verzehren, oder von diesem verzehrt werden. Das ist ein schöner Irrtum, aber es ist ein Irrtum. Das Kleine kann neben dem Großen sehr gut bestehen. [1259]

Mir deucht, eben Sünder müssen die Sünde am meisten hassen. Gott kann sie unmöglich so verabscheuen, wie der Mensch.

[1260]

Grenzenlos (in Bezug auf den Inhalt) und *begrenzt* (in Bezug auf die Form) muß jedes Kunstwerk sein. [1261]

Erlebtes Gedicht. Ich sitze in stiller Nacht im Zimmer. Es ist schwül, ich öffne die Fenster. Ein rascher, kräftiger Regenguß, wie

ein Strom erfrischenden Lebens, der unmittelbar vom Himmel kommt. Süße Kühle und die erfrischten Blumen des Gartens senden ihre Düfte herauf.
[1262]

Sobald ein Schriftsteller sich wiederholt, darf die Kritik ein definitives Urteil über ihn fällen, denn dann hat er sich erschöpft.
[1263]

Eine bedeutende Kraft im Menschen kündet sich dem Gefühl als ein *Mangel* an, solange sie sich noch nicht entwickelt hat.
[1264]

d. 6 August.
Über Nacht träumte mir: ich arbeitete in Dithmarschen einen Bericht in einer Armensache aus, in der ich ein Versehen begangen hatte. Dieselben ängstlichen Verhältnisse, die mich immer zwangen, alles über mich ergehen zu lassen und meine Rechtfertigung in meiner Brust zu verschließen; kein Gedanke an die gänzliche Veränderung meiner Lage. Die menschliche Seele ist doch ein wunderbares Wesen, und der Zentralpunkt aller ihrer Geheimnisse ist der Traum. Diejenigen Träume, welche etwas ganz Neues, wohl gar Phantastisches, bringen, sind in meinen Augen bei weitem nicht so bedeutend, als diejenigen, welche die ganze Gegenwart bis auf die leiseste Regung der Erinnerung töten und den Menschen in das Gefängnis eines längst vergangenen Zustandes zurückschleppen. Denn bei jenen ist doch nur dasselbe Vermögen wirksam, worauf die Kunst und alles, was mehr oder weniger annähernd zu ihr heranführt, beruht, und was man Phantasie zu nennen pflegt; bei diesen aber eine ganz eigentümliche rätselhafte Kraft, die dem Menschen im eigentlichsten Verstande sich selbst stiehlt und die ausgemeißelte Statue wieder in den Marmorblock einschließt.
[1265]

Gewissen Gesichtern sollte polizeilich verboten werden, sich bei Tage öffentlich blicken zu lassen. Sie sind wie Standbilder des Teufels, von denen oft eine Klapperschlangenwirkung ausgeht.
[1266]

Gerade, wer die beste Zunge hat, muß stillschweigen. [1267]

Gott teilt sich nur dem Gefühl, nicht dem Verstande mit; dieser ist sein Widersacher, weil er ihn nicht erfassen kann. Das weist dem Verstande den Rang an. [1268]

Wir sehen heute, wie die Rose hervorblüht; wir sehen morgen, wie sie der Sturm verweht, beides gibt uns doch nur ein Gefühl, daß wir leben. Aber, wir suchen das Leben immer im Tode, d.h. in einer Einzelheit. [1269]

d. 12. August.
Über Nacht träumte mir, ich läse im *Braga* meine eignen Gedanken über die modernen Schriftsteller, was mir ein tristes Vergnügen war. [1270]

Das ganze Leben ist ein verdaulicher Widerspruch. [1271]

Heut sah ich von Jules Janin ein Porträt: der Mann sitzt zurückgelehnt im Großvaterstuhl und hat ein Gesicht, als wäre es aus diesem Stuhl hervorgewachsen. [1272]

Wenn Plato aus seiner Republik die Künstler verweist, so gibt es nach seiner Idee *geborene* Verbrecher. [1273]

Was die Philosophie dem Menschen verschaffen will, das verliert er am leichtesten, wenn er sich mit ihr beschäftigt. [1274]

Junge Löwen sterben oft am Zahnen. (Promotion.) [1275]

Große Talente kommen von Gott, geringe vom Teufel. [1276]

Der bedeutende Mensch wird eigentlich von jedem einzelnen nur im Namen der Menschheit beleidigt, und erquickt. [1277]

Wer könnte existieren, wenn er nicht mit Gedanken und Gefühl in eine andere höhere Welt hineinragte. Und doch: wie viele Menschen existieren, bloß, weil sie dies nicht tun! [1278]

Nur das ist Sünde, was so wenig aus einer Leidenschaft, als aus der Tugend hervorgeht. [1279]

An der *Geburt* sterben. [1280]

Man muß sich nicht wundern, daß niemand dem andern den Lorbeer gönnt. Er ist nichts, wenn sich viele in ihn teilen. [1281]

Die Geschichte von der Lorenzo-Dose bei Sterne rührte die Jacobi so sehr, daß sie einen Orden der Humanität zu stiften beschlossen, dessen Patron der Pater Lorenzo sein sollte. Die Horn-Dose war das Ordenszeichen, Gleim war das erste Mitglied. Bald aber wurden sie in einer Fabrik nachgemacht.
Epigonen von Immermann. [1282]

Was in andern Zeiten Sünde war: sich auf sich selbst beschränken, ist jetzt Tugend. [1283]

Denken und Darstellen, das sind die zwei verschiedenen Arten der Offenbarung. Das Denken hat es mit dem Unbeschränktesten zu tun, es verhält sich aber gegen dieses, wie ein bewußtes Gefäß und ist deshalb beschränkt. Das Darstellen wirkt im Beschränkten ein Unbeschränktes; darum sind im Lauf der Zeit alle philos. Systeme abgetan worden, aber kein einziges Kunstwerk. [1284]

Die Musik ist blind, die Bildhauerkunst taub, die Malerei stumm. [1285]

Die Instrumente sollten der Komposition wegen vorhanden sein. Aber oft werden die Komp. bloß der Instr. wegen (der Virtuos ist selbst ein solches) gemacht. Da gibt es denn Töne, die mit Hunden gehetzt werden. [1286]

Es könnte ebensogut eine Kunst, Atem zu holen, als eine Kunst, zu denken, (Logik) geschrieben werden. [1287]

Es ist die Aufgabe der Poesie, das Notwendige und Unabänderliche in den schönsten Bildern, in solchen, die die Menschheit mit ihrem Geschick auszusöhnen vermögen, vorzuführen. [1288]

d. 1 Septbr.

Über Nacht sah ich im Traum ein stattliches Kamel, welches zum Ziehen benutzt wurde. [1289]

Statt das Geistige zu verkörpern, vergeistigen sie gern das Körperliche und meinen, das sei der Triumph. [1290]

Schluß zu dem Gedicht: die dunkle Nacht pp
    Und wenn das Herz mir schwillt, wie nie,
    So seis ein Zeichen mir, daß sie
        Als Geist vorübersäuselt! [1291]

    Es ist so viel zu gewinnen,
        Allein, man ist ein Tor,
    Dem nicht will aus den Sinnen,
        Daß man so viel verlor. [1292]

Es ist ein in der Kritik oft mit Erfolg angewandter Kniff, weitläufig auseinanderzusetzen: die Sache ist nicht so, und es ununtersucht zu lassen, ob sie denn so sein müsse. [1293]

Neues Irren; neues Leben! [1294]

Neues Tagebuch

Angefangen d. 18ten Sept: 1838

München den 18ten Sept. 1838.

Sonntag, den 16ten d. M., als ich kaum zu Mittag gegessen hatte, erhielt ich einen Brief von meinem Bruder, worin er mir anzeigte, daß meine Mutter Antje Margaretha, geb. Schubart, in der Nacht vom 3ten auf den 4ten um 2 Uhr gestorben sei. Sie hat ein Alter von 51 Jahren 7 Monaten erreicht und ist, was ich für eine Gnade Gottes erkennen muß, nur 4 Tage krank gewesen, 4 Tage ganz leidlich, so daß sie noch selbst aufstehen konnte, den 5ten sehr bedeutend, mit Krämpfen geplagt, die ein Schlagfluß mit dem Leben zugleich (auf sanfte Weise, wie der Arzt sich aussprach) endete. Sie war eine gute Frau, deren Gutes und minder Gutes mir in meine eigne Natur versponnen scheint: mit ihr habe ich meinen Jähzorn, mein Aufbrausen gemein, und nicht weniger die Fähigkeit, schnell und ohne weiteres alles, es sei groß oder klein, wieder zu vergeben und zu vergessen. Obwohl sie mich niemals verstanden hat und bei ihrer Geistes- und Erfahrungsstufe verstehen konnte, so muß sie doch immer eine Ahnung meines innersten Wesens gehabt haben, denn sie war es, die mich fort und fort gegen die Anfeindungen meines Vaters, der (von seinem Gesichtspunkt aus mit Recht) in mir stets ein mißratenes, unbrauchbares, wohl gar böswilliges Geschöpf erblickte, mit Eifer in Schutz nahm, und lieber über sich selbst etwas Hartes, woran es wahrlich im eigentlichsten Sinne des Worts nicht fehlte, ergehen ließ, als daß sie mich preisgegeben hätte. Ihr allein verdanke ichs, daß ich nicht, wovon mein Vater jeden Winter, wie von einem Lieblingsplan sprach, den Bauernjungen spielen mußte, was mich vielleicht bei meiner Reizbarkeit schon in den zartesten Jahren bis auf den Grund zerstört haben würde; ihr allein, daß ich regelmäßig die Schule besuchen, und mich in reinlichen, wenn auch geflickten Kleidern öffentlich sehen lassen konnte. Gute, rastlos um deine Kinder bemühte Mutter, du warst eine Märtyrin und ich kann mir nicht das Zeugnis geben, daß ich für die Verbesserung deiner Lage immer soviel getan hätte, als in meinen freilich geringen Kräften stand! Die Möglichkeit deines so frühen Todes ist meinem Geist wohl zuweilen ein Gedanke, doch meinem Herzen nie ein Gefühl gewesen; ich hielt mich in Hinsicht deiner der Zukunft für versichert; ich legte an deine Zustände meinen Maßstab und tat oft nichts, weil ich nicht alles zu tun vermogte. Ich war nicht selten, als ich dir noch näher war, rauh und hart gegen dich; ach, das Herz ist zuweilen ebensogut wahnsinnig, wie der Geist, ich wühlte in deinen Wunden, weil ich sie nicht heilen konnte, deine Wunden waren ein Gegenstand meines Hasses, denn sie ließen mich meine Ohnmacht fühlen. Vergib mir das, was du jetzt in seinem Grunde wahrscheinlich tiefer durchschaust, als ich selbst, und vergib es mir auch, daß ich, verstrickt in die Verworrenheiten meines eigenen Ichs und ungläubig gegen jede Hoffnung, die mir Licht im Innern und einen freien Kreis nach außen verspricht, deinen Tod nicht beklagen, kaum empfinden kann. Diese Unempfindlichkeit ist mir ein neuer Beweis, daß der eigentliche, der vernichtende Tod die menschliche Natur so wenig als Vorstellung, noch als Gefühl zu erschüttern vermag, und daß er eben darum auch gar nicht möglich ist; denn alle Möglichkeiten sind in unserm tiefsten Innern vorgebildet und blitzen als Gestalten auf, wenn eine Begebenheit, ein Zufall, an die dunkle Region, wo sie schlummern, streift und rührt. Auch Klagen, auch Tränen werden dir nicht fehlen, wenn ich einmal wieder ich selbst bin, und ewig wird dein stilles freundliches Bild in aller mütterlichen Heiligkeit vor meiner Seele stehen, lindernd, beschwichtigend, aufmunternd und tröstend. Wenn ich an dich denke, an dein unausgesetztes Leiden, so wird mir jede Last, die mir das Schicksal auflegt, gegen die deinige leicht dünken; wenn ich mich *deiner* kümmerlichen Freuden erinnere, die dein Herz dennoch in sanfter Seligkeit auftauen ließen, so werd ich mich nie freudenleer dünken. So wirst du mir noch über das Grab hinaus Mutter sein; du wirst mir vergeben und ich dich nimmer, nimmer vergessen!

[1295]

†

Der Mensch sollte sich selbst immer als ein Experiment der Natur betrachten. [1296]

Der Reim ist durchaus romantisch. [1297]

Es ist der größte Übelstand, daß es in unsern Zeiten keinen Dummkopf mehr gibt, der nicht etwas gelernt hätte. [1298]

»Der Mann ist wirklich groß in dergleichen Kleinigkeiten« sagte der Jurist Böhmer in Göttingen, wenn er über Werke des Genies sprach. Varnhagen. [1299]

Das Leben ist eine in siebenfaches Goldpapier eingewickelte Bittermandel. [1300]

d. 20 Sept.

Über Nacht im Traum rezensierte ich mein Gedicht: das Haus am Meer. Das Gedicht schien mir nicht allein verfehlt, sondern völlig absurd; ich kann mich aber durchaus nicht mehr erinnern, aus welchen Gründen. Es war jedoch auch nicht mehr dasselbe, die Geschichte eines Hundes kam mit darin vor. [1301]

Die tugendhaften Leute bringen die Tugend herunter. [1302]

Warum bringen sie denn nicht auch die Musik in Worte. Es wäre doch verständiger. [1303]

Wenn ein Mensch recht aufrichtig ist, so schadet ihm nicht sowohl das, was er ausspricht, als das, wovon man meint, daß er es verschweigt. Denn niemand glaubt an seine Aufrichtigkeit, und daraus, daß er viel sagt, schließt die verdorbene Menge bloß, daß er noch viel mehr zu sagen hat. [1304]

†

Auch mein Freund Rousseau ist, wenige Wochen nach meiner Mutter, gestorben. Mein Tagebuch ist seit Monaten ins Stocken geraten, weil ich diese Nachricht hineinzuschreiben hatte. Der 12te Juli war sein Geburtstag. [1305]

†

Ein Gefangener ist ein Prediger der Freiheit. [1306]

Die lyrische Poesie soll das Menschenherz seiner schönsten, edelsten und erhebendsten Gefühle teilhaftig machen. Dies ist die beste Definition. [1307]

d. 12 Novbr.
Ich kann den Gedanken nicht loswerden, daß ich sehr bald sterben werde. Im Traum sah ich über Nacht meinen längst verstorbenen Vater, den ich fast noch nie im Traum sah. Auf der Brust empfind ich einen linden Schmerz. [1308]

d. 13 Nov.
Über Nacht träumte mir, ich machte ein sehr langes Gedicht und zwar deklamierte ich es, indem ich es machte, sogleich, ohne

irgend anzustoßen, laut in einer Gesellschaft. Ob ich damit zufrieden war, weiß ich nicht, doch weiß ich, daß ich mich über diese neue Gestalt meines Talents im stillen sehr verwunderte.

[1309]

Heute sah ich Rousseaus Schwester, die von einer Reise nach Italien zurückkam. Ich empfand dabei sehr lebhaft, daß zwei, die denselben Schmerz empfinden, nicht zusammenkommen dürfen, am wenigsten ein Mann und ein Frauenzimmer. Einer denkt gewiß vom anderen: du bist der Kältere. [1310]

Meine Brustschmerzen nehmen nicht zu und nicht ab. Zu einem Arzt zu gehen und mich einer Kur zu unterwerfen, fehlt es mir an Geld. Ich weiß kaum selbst, ob ich gern oder ungern sterbe. Ich habe noch manches auf dem Herzen, was ich ausführen mögte, und doch ists mir oft, als sei es aus mit meiner Kraft. Jedenfalls mögte ich moralisch in anderer Gestalt den dunklen Schritt machen, aber ich fürchte, ich habe recht, wenn ich mir sage: du wirst auf Erden nicht mehr besser, als du bist. Meine Leidenschaftlichkeit ist mir über den Kopf gewachsen und sie wechselt in ihrem Begehren eigentlich nur mit den Gegenständen, sie selbst bleibt, was sie ist. [1311]

Es gibt ein sichres Zeichen der Selbstkenntnis: wenn man an sich selbst weit mehr Fehler bemerkt, als an andern. [1312]

Ein Fresser, der mehr Viktualien im Magen, als auf den Schultern tragen kann. [1313]

Daß die Schmerzen miteinander abwechseln, macht das Leben erträglich. [1314]

d. 18 Novbr.
Ich habe heut abend Eßlair im Lear (freilich nach der Schröderschen Bearbeitung) gesehen. Ich will nicht urteilen, aber es kam mir vor, als ob seinem Spiel der eigentliche Angelpunkt fehle, als ob er mehr eine Reihe trefflicher Einzelheiten aneinanderreihe, als ein organisches Ganzes aus sich entwickle. Das

Stück ist mir durch die Vorstellung um nichts klarer geworden, und dies halte ich immer für ein schlimmes Zeichen. Freilich mag es eben in dieser Rolle sehr schwer sein, zu innerer Einheit zu gelangen, und noch schwerer, sie anschaulich zu machen; Lear besteht nur aus Extremen und der Punkt, wo diese sich verknüpfen, mag tief liegen, ich glaube, er ist in der *Königswürde* dieses unbedeutenden Menschen zu suchen. Die Extreme gab Eßlair sehr gut. Herrlich war der Moment, wo der unglückliche Vater seine böse Tochter unter erstickenden, die Stimme verschwemmenden Tränen versichert, er *wolle* nicht *weinen;* er will auch nicht, aber er ist nicht Herr über seinen Körper. Für äußerst gelungen halte ich es, daß Eßlair das: »Ich gab euch alles« nicht polternd, oder vorrechnend, sondern fast leise und ruhig sagte. In der Wahnsinnsszene, wo Lear mit Kräutern und Blumen geschmückt auftritt, war er einzig. »Jeder Zoll ein König!« »Es ist niemand Sünder!« Und zuletzt, wo er, sich seiner Töchter erinnernd, ihnen Rache schwört und seine Keule, zum Zeichen, daß er sie töten wolle, hinwirft; das ist dem Innersten der Situation, der im Wahnsinn ungebändigter hervortretenden Leidenschaft, gemäß. Auf das bedeutende Wort:[»] ich bin ins Gehirn gehauen!« legte er ebenfalls gehörig Gewicht. Vorzüglich (doch mehr dem Dichter angehörig) ist es, daß er, bei Cordelia aus seiner Raserei erwachend, sagt: ich bin alt und kindisch; dies ist die furchtbarste Wirkung der ihm widerfahrenen Behandlung.

[1315]

d. 21 Novbr.

Jetzt habe ich schon zum zweiten Mal von meinem R.[ousseau] geträumt. Er lebte noch, aber ich wußte recht gut, daß er bald sterben würde; ich hatte ihn unendlich lieb und suchte ihm dies auf alle Weise an den Tag zu legen. Ich wüßte nicht, daß ich jemals eine Empfindung von so wunder Süßigkeit (ich finde kein anderes Wort) gehabt hätte. [1316]

d. 21 Novbr.

Nie noch habe ich das Tötende der Langeweile so empfunden, wie jetzt. Es ist wohl wahr: wir Menschen gehören zusammen, und je mehr wir sind, je weniger taugen wir in die Einsamkeit.

In der Wüste würde der größte Atheist ein Heiliger, bloß um Gesellschaft zu haben. Der Tod zehrt eigentlich nie am Menschen, er nascht nur an ihm; jetzt kommts mir vor, als ob er an mir käue, wie an einer Bittermandel. [1317]

Ich lese die Rahel. Goethes Wort: »sie hat die Gegenstände« mögt ich doch nur in bedingtem Sinne unterschreiben. Sie urteilt eigentlich, wie eine somnambüle Kranke; immer richtig, aber nur in Bezug auf sie, auf das was ihrem Zustande zusagt. Jedenfalls darf man von dieser höchst gesunden Frau ebenso wenig Folgerungen ableiten, wie von ihrem Gegenbild, der Seherin von Prevorst. Übrigens eine der aller-außerordentlichsten Erscheinungen, und – sie erkennt es zuletzt an, anfangs sah sie darin einen Fluch – ein Glück für sie, daß sie Jüdin geboren war, denn dadurch war ihre Stellung sogleich eine scharf gesonderte, deren diese wundersam-fremde Natur so sehr bedurfte. Ich sagte lieber: sie hat ihr Verhältnis zu den Dingen, und vor allem hat sie ihre Zustände. [1318]

d. 22sten Novbr.

Ein wahres Selbstmordwetter; trister feiner Regen, grauer, verschlossener Himmel. Ich befinde mich sehr unwohl, der Kopf ist mir eingenommen, auch hab ich Schnupfen; mein Hündchen hat in der letzten Nacht 6 Junge geworfen, die bis zum Morgen heulten und wimmerten; wohl 10 mal stand ich auf, um sie, wenn sie vom Kissen heruntergerollt waren, der Mutter wieder unterzulegen, damit sie nicht erfrören. Dabei hab ich mich erkältet, und vor dem Lärm, den sie erhoben, konnte ich, obwohl todmüde, nicht schlafen; das, glaub ich, strapaziert den Körper mehr, als irgend etwas anderes. Wenn ich mich jetzt erschösse – ich mögte wissen, ob das Sünde wäre; ist doch an bösen Zuständen das das Schlimmste, daß man glaubt, es werde wohl nie wieder besser. [1319]

Das Buch Rahel frischt den alten Vorsatz wieder in mir auf, ein regelmäßiges und ausführliches Tagebuch zu führen. Das ist der einzige Ersatz für eine so reiche Korrespondenz, als dieser Frau zu führen vergönnt war. Es ist ein so tiefes Wort von Goethe:

Zustände gehen unwiederbringlich verloren; und eben die Zustände sind es, die von den hellsten Reflexen des innersten Menschen wiederglänzen. Der Mensch ist ein Etwas, das nur zwischen zwei Grenzen zum Vorschein kommt, ein Strom, der nur mittelst seiner Ufer erfaßbar wird. Man sollte sich nicht die Mühe verdrießen lassen, diese Ufer sorgfältig aufzunehmen. Aber, das ist der Irrtum, der so viel am Leben verdirbt: wir wollen immer zu gleicher Zeit ausgeben und einnehmen, und was wir nicht sogleich in unsern Nutzen verwenden können, das hat für uns keinen Wert.

[1320]

Schon das ist ein Beweis der Unsterblichkeit (die auf Notwendigkeit gestützten Beweise trügen am wenigsten), daß der Mensch, *jedes* Zustandes fähig und zur Erweckung und Erprobung bedürftig, doch sein ganzes Leben lang in einen einzelnen, den eben bestehenden historischen, eingesperrt ist, ja, daß er in demselben schon empfangen und geboren wird, daß derselbe daher von vornherein, in sein Fleisch und Blut eindringt. Das Studium der Geschichte leistet nur geringen Ersatz für die Mannigfaltigkeit der Zustände; es kann höchstens (zur Qual des Menschen) inneres Leben entwickeln, und es ist wahrlich noch die Frage, ob es ein reines inneres Leben, d.h. ein bewußtes, denn das *unbewußte* ist doch nicht sowohl Leben, als *Lebensnahrung*, gibt.

[1321]

Es läßt sich im Leben doch nichts, gar nichts, nachholen, keine Arbeit, keine Freude, ja, sogar das Leid kann zu spät kommen. Jeder Moment hat seine eigentümlichen, unabweisbaren Foderungen. Die Kunst zu leben besteht in dem Vermögen, die Reste der Vergangenheit zu jeder Zeit durchstreichen zu können.

[1322]

Den Keim meines Unglücks kenne ich sehr wohl: es ist mein Dichter-Talent. Dieses ist zu groß, als daß ich es unterdrücken, zu klein, als daß es mich für die darauf zu verwendende Sorgfalt verhältnismäßig lohnen könnte. Doch muß ich noch hinzufügen, daß nur der schlimme Weg, den ich durchs Leben machen mußte, mich zu meinem Talent in ein so übles Verhältnis gestellt hat. Ich fühle es nur zu deutlich: die Handhaben, die Hebel, durch die sich meine Kräfte in Bewegung setzen lassen, sind zerbrochen, und ich bin viel reicher, als mir je gelingen wird, zu zeigen. Nur, wer sich in einem ähnlichen Fall befindet, vermag zu fühlen, was dies heißt. Es ist wahr, bei dem ewigen Gott, es ist wahr, ich weiß nichts so gewiß, als dies. Wie mir, mag einem Menschen sein, der um ein Bein gekommen ist; wenn er sitzt, oder liegt, wird er die vollste Gehkraft verspüren und vor keinem Ziel zurückschaudern, steht er aber auf, so ist er lahm und wird wohl gar ausgelacht. Ich bleibe dabei: die Sonne scheint dem Menschen nur einmal, in der Kindheit und der früheren Jugend. Erwarmt er da, so wird er nie wieder völlig kalt, und was in ihm liegt, wird frisch herausgetrieben, wird blühen und Früchte tragen. Tieck sagt in diesem Sinn irgendwo: nur wer Kind war, wird Mann; ich erbebte, als ich dies zum erstenmale las, nun hatte das Gespenst, das mich um mein Leben bestiehlt, einen Namen. Wie war nicht meine Kindheit finster und öde! Mein Vater haßte mich eigentlich, auch ich konnte ihn nicht lieben. Er, ein Sklav der Ehe, mit eisernen Fesseln an die Dürftigkeit, die bare Not geknüpft, außerstande, trotz des Aufbietens aller seiner Kräfte und der ungemessensten Anstrengung, auch nur einen Schritt weiterzukommen, haßte aber auch die *Freude;* zu seinem Herzen war ihr durch Disteln und Dornen der Zugang versperrt, nun konnte er sie auch auf den Gesichtern seiner Kinder nicht ausstehen, das frohe, brusterweiternde Lachen war ihm Frevel, Hohn gegen ihn selbst, Hang zum Spiel deutete auf Leichtsinn, auf Unbrauchbarkeit, Scheu vor grober Handarbeit auf angeborne Verderbnis, auf einen zweiten Sündenfall. Ich und mein Bruder hießen seine Wölfe; unser Appetit vertrieb den seinigen, selten durften wir ein Stück Brot verzehren, ohne anhören zu müssen, daß wir es nicht verdienten. Dennoch war mein Vater (wäre ich davon nicht innig überzeugt, so hätte ich so etwas nicht über ihn niedergeschrieben) ein herzensguter, treuer, wohlmeinender Mann; aber die *Armut* hatte die Stelle seiner *Seele* eingenommen. Ohne Glück keine Gesundheit, ohne Gesundheit kein Mensch! [1323]

d. 23 Novbr.

Der erste Schnee, fein, wie Staub; in der Nacht besser geschlafen, vorm Einschlafen Gustav Schwabs Romanzenzyklus:

Herzog Christoph gelesen. Alles, was bei Uhland aus einer einfachen, starken, großen Seele hervorgeht, sucht bei Schwab die sich selbst bespiegelnde Philiströsität wiederzugebären, darum macht seine Poesie einen Eindruck, wie Roggenbrot, mit Blumen bekränzt. Es ist eben nichts, er bringt Sage und Geschichte in Verse, die sogar zum Teil schlecht sind, und glaubt, was dann noch zum Uhland mangelt, hinreichend durch Bescheidenheit zu ersetzen. Auf ihn paßt Goethes Wort vom Bettlermantel vollkommen. Ich glaube, gerade das hat das Einfache so in Verruf gebracht, daß jeder Philister sich dahinter zu verstecken sucht; lieben Freunde, es ist keine Schande, einen schlichten Rock zu tragen, aber ihr irrt sehr, wenn ihr es für eine Ehre haltet. [1324]

Es ist sehr schlimm, mit äußeren Hindernissen kämpfen und daran die Hälfte der geistigen Mitgift vergeuden zu müssen; am schlimmsten aber ist, daß ein Mensch, der das mußte, nie über sich ins klare kommen, daß er nie wissen kann, ob sein Ich, sein ursprüngliches, unverfälschtes, oder sein verschrobenes Verhältnis zur Welt in ihm wirksam ist, wenn er zuweilen nicht aus noch ein weiß. Dunkelheit über diesen Punkt kann zur Verzweiflung führen; ich wollte mich an jegliche, an die abscheulichste Erscheinung gewöhnen, die aus meinem Innern auftaucht, wenn ich mir sagen dürfte: auch in solcher Gestalt mußtest du eine Zeitlang einhergehen, wenn du überhaupt existieren solltest; doch der Gedanke: es ist nicht deine eigne Krankheit, es ist fremdes Gift, was dich entstellt, ist fürchterlich, *um so fürchterlicher, da er ganz und gar täuschen kann.* [1325]

Napoleons größter Irrtum war, daß er die Menschen nur als Massen, nicht als Individualitäten, sah, und daß er auch, wenn eine Individualität sich bei ihm geltend zu machen wußte, in ihr nur die Kraft, nicht aber ihre eigentümliche Richtung, ehrte und nutzte. Ist dies doch der größte Fortschritt der neueren Zeit, daß der Mensch sich jetzt nicht bloß wohlbefinden, sondern auch gelten will. Napoleons siegreiche Widersacher haben aber nichts von ihm gelernt, auch sie sehen nicht ein, daß die jetzige Welt lieber auf eigene Hand umherirren und Nacht und Sturm riskieren, als durch einen Leithammel zu Stalle geführt sein will. Ich halte es für leicht, dies Gelust der Zeit (Bedürfnis ist es noch keineswegs) zu befriedigen, ohne irgend etwas Reelles aufzuopfern; man sollte z. B. die Ordensverteilung zur Sache der Gemeinheit machen. [1326]

Etwas nicht *haben* – ist es wohl Sünde? Z. B. Gefühl und Gemüt nicht haben. Wir denken (und wie schön ist dies) so edel von der Menschen-Natur, daß uns scheint, so edle Ingredienzien könnten in keinem fehlen, er müsse sie zerstört und ausgelöscht haben. Ein Mensch ohne Gefühl, der ahnt, daß er es ist. [1327]

Ich weine jetzt fast nie aus Schmerz, kaum noch aus Zorn. Aber bei schöner Musik, oder wenn ich ein muntres Kind pp sehe, kommen mir so leicht Tränen ins Auge. [1328]

Wenn ich Gedichte, wie *Bubensonntag*, *Letztes Glas* u. s. w. betrachte, so kann ich gar nicht umhin, mich für einen Dichter zu halten; ich würde sie, auch wenn sie ein andrer gemacht hätte, für sehr schön halten. Ich habe übrigens wirklich in meiner Kindheit einmal geträumt, den lieben Gott zu sehen; es war ein schwankes Seil hoch am Himmel aufgeknüpft, auf das setzte er mich und schaukelte mich. Ich hatte große Angst, wenn ich so in die Wolken hinaufflog und wollte mich immer, wenn das Seil wieder die Erde berührte, herausstürzen, aber ich hatte den Mut nicht. Ich erinnere mich aller dieser Empfindungen noch aufs deutlichste; ich meine, die roten Steinchen, die ich an der Erde bemerkte, wenn mein Blick sie streifte, noch zu sehen. Ein andermal, ich glaube etwas früher, oder um dieselbe Zeit, glaubte ich *im Wachen* unsern Herrgott (Ausdruck meiner Eltern) in unserm Hause zu sehen, und zwar (lächerlich, aber wahr) in einem Zimmergesellen, der zu meinem Vater kam. Ich fragte meine Mutter nachher: nicht wahr, das war unser Herrgott? und wurde von ihr abgefertigt; ich erinnre mich aber nur des Faktums, nicht dessen, was ich dachte oder empfand. Der Zimmergesell trug eine blau- und weißgestreifte Jacke. [1329]

Daß ich heute morgen auftaute, bin ich dem Traum eines schwedischen Pfarrers in Jean Pauls Flegeljahren schuldig. Welch himmelschönes Gemüt! [1330]

Was die gemachten Menschen mittelmäßiger Poeten (von Geist) von den wirklichen unterscheidet, ist, daß jene Einsicht in sich selbst haben, daß sie wissen, was sie sind und warum sie etwas tun, wogegen die wirklichen sich glücklich preisen, wenn sie nur einigermaßen wissen, was sie *waren* und warum sie etwas *getan haben*. Die Darstellung soll das freilich auch zeigen und das muß, da alles Beschreiben und Auseinanderwickeln der Tod der Poesie ist, oft durch den dargestellten Menschen selbst geschehen, nur erreicht der echte Dichter seinen Zweck durch ganz andere Mittel. Er bedient sich der geheimnisvollen Macht des Wortes, welches, wenn es ein Produkt des Charakters und der Situation ist, mehr noch den Menschen, der es gebraucht, als die Sache, die er bezeichnen will, entschleiert. [1331]

Oft schon erzählte ich Geschichten von Menschen, die nie vorgefallen sind, legte ihnen Redensarten unter, die sie nie gebrauchten u. s. w. Dies geschieht aber nicht aus Bosheit oder aus schnöder Lust an der Lüge. Es ist vielmehr eine Äußerung meines dichterischen Vermögens; wenn ich von Leuten spreche, die ich kenne, besonders dann, wenn ich sie anderen bekanntmachen will, geht in mir derselbe Prozeß vor, wie, wenn ich auf dem Papier Charaktere darstelle, es fallen mir Worte ein, die das Innerste solcher Personen bezeichnen und an diese Worte schließt sich dann auf die natürlichste Weise sogleich eine Geschichte. So erzählte ich meinem Freunde einst: S. in W., ein sinnlicher, fast liederlicher Mensch, der während einer Todkrankheit seiner Frau seine Magd beschlief, habe, von mir befragt, wie er das zu einer solchen Zeit doch habe tun können, geantwortet: eben, weil sie krank war. Er hat nie dergleichen gesagt, doch, wer ihn kennt, wird mir zugeben, daß schwerlich etwas Erschöpfenderes über ihn gesagt werden könnte. Ich will jene Eigenheit übrigens nicht loben. [1332]

d. 24sten Nov.
Dunstiges Nebelwetter, doch ist der Himmel in Streifen zerspalten, was einen freundlichen Tag verspricht. Über Nacht das tollste Zeug geträumt; wie ich konfirmiert werden sollte und von zwei Hüten, die ich hatte, den besten verlor, wie ich keine Ge-

sangbuchsverse auswendig wußte u.d.gl. Sklavische, dumme Träume, ohne Geist und Phantasie. [1333]

Das Gebet des Herrn ist himmlisch. Es ist aus dem innersten Zustande des Menschen, aus seinem schwankenden Verhältnis zwischen eigener Kraft, die angestrengt sein will und zwischen einer höheren Macht, die durch erhobenes Gefühl herbeigezogen werden muß, geschöpft. Wie hoch, wie göttlich hoch steht der Mensch, wenn er betet: vergib uns, wie wir vergeben unsern Schuldigern; selbständig, frei, steht er der Gottheit gegenüber, und öffnet sich mit eigner Hand Himmel oder Hölle. Und wie herrlich ist es, daß diese stolzeste Empfindung nichts gebiert, als den reinsten Seufzer der Demut: führe uns nicht in Versuchung! Man kann sagen: wer dieses Gebet *recht* betet, wer es innig empfindet, und soweit es die menschliche Ohnmacht gestattet, den Foderungen desselben gemäß lebt, *ist* schon erhört, *muß* erhört werden. Das Amen geht unmittelbar aus dem Gebet selbst hervor; so ist es im höchsten Sinne ein Kunstwerk. [1334]

Der Gedanke der Erbsünde ist der natürlichste, auf den der Mensch verfallen konnte. Wie oft tut der Mensch etwas, was er schon, indem und bevor er es tut, bereut; wie oft ruft er pfui, und spuckt ins Glas und leert es dennoch! Es ist übrigens von der höchsten Wichtigkeit, alles, was im Lauf der Zeit allgemeiner Glaube, unumstößlich scheinende Satzung geworden ist, auf das persönliche, individuelle Bedürfnis zurückzuführen; nur dadurch gelangt man zu einiger Freiheit der Erkenntnis. Man macht auf diesem Wege die merkwürdigsten Entdeckungen, z.B. daß Gottes Mantel aus dem Schlafrock des Menschen und aus dem Gespenster-Anzug seines Gewissens zusammengestückt ist.

[1335]

Es ist merkwürdig und *unleugbar*, daß die Verbesserung der Religions-Ideen mit dem *Vorteil* der Menschheit Hand in Hand ging. [1336]

Die Menschheit läßt sich keinen Irrtum nehmen, der ihr nützt. Sie würde an Unsterblichkeit glauben, und wenn sie das Gegenteil wüßte. Es wäre möglich, daß unser ganzes höheres Leben nichts, als ein warmes Gespinst von nützlichen Täuschungen lieferte, aber es wäre auf jeden Fall etwas ganz Außerordentliches, und ein Wesen, das so weise, so göttlich träumte, mögte die Realisierung seiner Träume verdienen und – *bewirken*! [1337]

Der Mensch kann nichts Gemeines tun, er kann nur gemein denken und empfinden. Seine Handlungen selbst sind nur Stoff, an welchem sein Innres sich bewährt. [1338]

Ich glaube, eine Weltordnung, die der Mensch begriffe, würde ihm unerträglicher sein, als diese, die er nicht begreift. Das Geheimnis ist seine eigentliche Lebensquelle, mit seinen Augen will er etwas sehen, aber nicht alles; sieht er alles, so meint er, er sieht nichts. [1339]

Wenn das Böse sich nicht zu irgendeiner Zeit ins Gute verwandeln müßte, so hätte es ebensoviel Anspruch auf Existenz, als das Gute. Es paßt auch nur darum nicht in die Weltordnung, weil es nicht bleibt, was es ist. [1340]

Rahel spricht über Tiecks Dichterleben. Sie ist mit dem Tieckschen Shakespeare nicht zufrieden; darin hat sie recht. Es ist ein altes Wort von mir, was mir bei dem famosen Oehlenschlägerschen Correggio klar wurde: das Genie mag sich selbst nicht kennen, solange es nur noch auf dem Wege zum Ziel ist; aber am Ziel angekommen, erkennt es das Ziel und sich selbst gewiß. Diese Bescheidenheit, dieses Sich-Selbstverleugnen, wie sie Tieck zur Lebensader seines Shakespeare machen zu müssen glaubte, ist unnatürlich und unmöglich; Gott gegenüber mag es rühmlich sein, Menschen gegenüber wäre es pure Narrheit, wir *sind* nur dadurch, daß wir uns *behaupten*. Aber, warum greift sie die Novelle von der schwächsten, von der Charakter-Seite, an? Die Situationen sind unvergleichlich ersonnen und dargestellt; Marlow, der alte Shakespeare, insonderheit aber Robert Green, dieser zum fliegenden Fisch degradierte Halb-Adler, sind meisterhaft gezeichnet. Weniger sind wohl Southampton und Rosalinde auf Natur zurückgeführt. [1341]

d. 25 Nov.
Der erste Frost, den ganzen Vormittag fror ich in meinem Zimmer, ohne die Ursach zu begreifen, als ich es gegen 11 verließ, blies mir ein scharfer Wind entgegen und ich sah die ersten Eiszacken. Ich ließ mir einheizen und genieße jetzt mit großer Behaglichkeit die erste Stubenwärme. [1342]

Man altert nur von 25 bis 30, was sich bis dahin erhält, wird sich wohl auf immer erhalten. [1343]

Ich will nicht, daß *mein* Schönes und Treffliches anerkannt werde, ich will nur, daß das Schöne und Treffliche überhaupt anerkannt werde. Findet aber das Schöne und Treffliche überhaupt Eingang, so muß auch das Gute, was von mir ausgeht, eine gute Statt finden und darum darf ich, ohne Egoist zu sein, es immer mit Schmerz empfinden, wenn etwas, das mir gelingt, nur für mich selbst, nicht auch für andere, existiert. Ich glaube, bescheidener kann und darf keiner denken, der kein Narr ist. [1344]

Wenn niemand einen Vorzug hätte, würde keiner einen verlangen. [1345]

d. 26 Novbr.
Heller klingender Frost, schneidende Luft bei gänzlicher Windstille, öder glänzender Sonnenschein. In der vorletzten Nacht träumte mir, ich läse im neuen Musenalmanach ein Gedicht von Uhland, dessen Haupt-Gedanke auf den alten im Hamlet hinauslief: »Caesar verklebt vielleicht jetzt ein Loch in der Lehmwand.[«] Es war im sapphischen Silbenmaß geschrieben und ich fand es, wie natürlich, schlecht. Woher kommt nun doch ein solcher Traum? Mein Ich erschafft etwas, was mir durchaus widerwärtig ist, ein hohles, aufgestelztes Gedanken-Gedicht; ich beziehe den Ursprung dieses Produkts auf den Mann, der unter allen desselben am wenigsten fähig ist; ich ahne und fühle dies sogar, während ich träume, aber ich bin desungeachtet nicht imstande, zum Bewußtsein durchzudringen. [1346]

Heute morgen war ich im Lesezimmer der Hofbibliothek. Ich ließ mir Steffens Anthropologie geben und habe 32 Seiten daraus exzerpiert. Das Buch ist voll von glänzenden Ansichten, aber es ist weit mehr ein Werk kühner Phantasie, als ruhigen Verstandes, und das ist dem Begriff der Wissenschaft nicht angemessen. Man wird einem solchen Buch auch eigentlich nichts schuldig; so wenig, als etwa dem Baum, dem Stein u. s. w., die Gedanken in uns erregen. Solche Bücher sind mehr für den Verfasser, wie für den Leser geschrieben, sie peinigen gewaltig, wenn man sie auffassen und ausschöpfen will, sie haben nur eine Traum-Realität, die für uns kaum noch eine ist. Was ihren Inhalt von dem Inhalt wirklicher Träume unterscheidet, ist das stete Streben, den Nebel des Gefühls zu durchbrechen und den festen Boden der Ideen zu betreten. [1347]

Es wird mir immer klarer, daß das Denken nicht, wie ich früher glaubte, eine allgemeine Gabe ist, sondern ein ganz besonderes Talent. Ich selbst besitze dies Talent nicht, aber ich besitze die Ahnung desselben, und daher kommt es, daß ich mir nie zu genügen vermag, wenn ich einen Aufsatz schreibe. Ich will gehen und kann bloß springen; ich will alles aufs Bestimmte, Zusammenhängende, Gegliederte, zurückführen und kann nur stückweise den Schleier zerreißen, der das Wahre verhüllt. Das echte Denken ist, wie jede schöpferische, ursprüngliche Kraft, produktiv; der *denkt* noch keineswegs, der durch eine Vernunft- oder Verstandes-Operation hie und da einen Irrtum matt macht, das geschieht durch bloßes Messen, Wägen und Vergleichen. Es hätte mir nicht so lange unklar bleiben sollen, daß das Denken ein Talent ist. In jedem Menschen ist übrigens ein Surrogat, welches in einer schnellen Wahrnehmung der Analogie und des Widerspruchs besteht; ich glaube, dies Surrogat gründet sich größtenteils auf das Gefühl und ist also eine höhere Art Instinkt. Jeder große Denker hat gewiß eine neue Denkmethode, obgleich er sich ihrer nicht bewußt sein mag. [1348]

Heute abend ging ich gegen 7 Uhr in der grimmigen Kälte unter den Arkaden, dann in der Ludwigsstraße spazieren. Es war heller, scharfer Mondschein, der mich, wie es mir vorkam, die

Kälte doppelt empfinden ließ; reiner blauer Himmel voll (vor Frost, denkt man unwillkürlich) zitternder Sterne. Auf einmal erscholl eine ängstliche Trommel, Menschen stürzten aus den Häusern und rannten hin und wider, ich lief selbst, ohne zu wissen, wohin, doch ahnte ich, daß irgendwo ein Feuer ausgebrochen sei, und dieser Gedanke war im ersten Augenblick gar nicht unangenehm. Ein Kamin brannte, der Residenz gegenüber, die Funken flogen, wie kleine geschwänzte Schlangen aus dem Schlot heraus und gewährten ein eindringliches Bild des Entstehens und Vergehens, auf einmal, in Anlaß der tätig gewordenen Spritzen, erlosch alles und eine dicke Rauchwolke, die sich gegen den hellen Himmel fast weiß ausnahm, quoll empor und sowie diese sich oben etwas zerteilte, bemerkte ich plötzlich einen klaren, freundlichen Stern, der fast neugierig auf die Brandstätte herabzuschauen schien. [1349]

Mein Bruder verbrennt meine Briefe und sagt: ich erhalte ja immer welche wieder! [1350]

d. 27 Novbr.
Das Wetter, wie gestern. Ich habe fürchterlichen Schnupfen und Katarrh, und infolge desselben heftigen Kopfschmerz. Den ganzen Vormittag habe ich meine Sachen gepackt, meine Briefschatulle eingerichtet u.s.w. Beschäftigung, nur Beschäftigung, und man ist geborgen, man weiß so lange nichts von sich, als man etwas tut. [1351]

Es ist ein großes Unglück für mich, daß Rousseau (über Nacht hat er mir aufm Klavier vorgespielt!) gestorben ist, und ein ebensogroßes, daß er gerade gegen Anbruch des Winters gestorben ist. Abreisen kann ich nicht mehr von München, denn die Reise zu Fuß zu machen ist in dieser Jahreszeit mehr als bedenklich, und zu Wagen würde sie mich zu viel kosten. Wie ich aber den Winter durchkommen soll, weiß ich nicht. So ohne alle Anregung, ohne alle Aufforderung zur Tätigkeit bin ich noch nie gewesen. Ich sehe die ganze Woche keinen einzigen Menschen, ich habe keine Gelegenheit zum Sprechen, was mir doch ein Bedürfnis ist, an Mitteilung dessen, was ich etwa arbeiten könnte, ist gar nicht zu denken, ich erblicke nicht einmal ein Zeitungsblatt. Meine Korrespondenz ist auf den Briefwechsel mit Elise beschränkt; diesen führe ich zwar gern, aber pekuniäre Rücksichten verbieten das zu häufige Schreiben. Gravenhorst ist ganz gewiß imstande, einen Briefwechsel zu führen, aber er ist schon seit einem Jahre stumm; Rendtorf versteht die Natur eines Briefs nicht, oder will sie, was noch schlimmer wäre, nicht gelten lassen, er zieht alles zu sehr ins Enge, glaubt immer nachmessen zu müssen und macht einen freien Geistes- und Stunden-Erguß dadurch unmöglich. Ich muß auch diesen Zustand aushalten, aber was das mich kosten wird, fühle ich, und ich habe wenig oder nichts mehr zuzusetzen. Ich fürchte diese geistigen Entbehrungen weit mehr, als die physischen, obwohl es auch etwas sagen will, daß ich schon seit $2^1/_2$ Jahren, einen Sommer ausgenommen, nicht mehr warm gegessen habe. Das Glück könnte mir, denk ich oft, dadurch den ärgsten Possen spielen, daß es nicht ganz ausbliebe, daß es nur *zu spät* käme; dann brächte es mich richtig auch noch um den Leichenstein, um die wohlverdiente Grabschrift. Armer Baum, mit dem die Sonne zu liebäugeln beginnt, nachdem seine Wurzeln erfroren sind. »Elender Stumpf – ruft der müßige Spaziergänger aus, der ihn belorgnettiert – warum grünst du nicht, da doch alles grünt?« Überhaupt, was ist denn entsetzlich? Nicht, daß eine Welt zu Trümmer gehen, sondern, daß sie so ganz im stillen *verwesen* kann! [1352]

Alles kann man sich denken, Gott, den Tod, nur nicht das Nichts. Hier ist wenigstens für mich der einzige Wirbel. Eigentlich ist das auffallend, da das Nichts doch ein Gegensatz ist. Ich kann den Gang, den meine Gedanken nehmen, um zu diesem Wirbel zu kommen, nicht einmal beschreiben; sie gehen ihn oft, ich kann der Versuchung nicht widerstehen, auch habe ich über diesen Punkt gedacht, solange ich denke. Ein andrer, glaube ich, wird mich hier sehr leicht mißverstehen; man kann sich freilich ohne Mühe ein Nichts neben einem Etwas denken, ich meine aber das Nichts überhaupt, das Nichts an die Stelle des Alls, das Nichts ohne Vergangenheit und Zukunft, das Nichts, welches nicht allein die *Wirklichkeit*, sondern auch die *Möglichkeit* alles übrigen ausschließt. [1353]

Goethes spätere Urteile über Schriftsteller und Bücher sind nicht Urteile seines *Magens*, sondern seines *Gaumens*. [1354]

Es ist unbegreiflich, aber wahr: wie man sich im Traum in mehrere Persönlichkeiten auflöst, so kann man sich auch im Wachen in zwei Wesen zerspalten, die wenig voneinander wissen, in eins, welches Fragen stellt und in ein anderes, welches sie beantwortet. Dies fällt mir eben jetzt, wo ich bei heftigem Kopfweh in der Dämmerung auf- und abgehe und mir Selbst-Unterhaltung abzwinge, zum erstenmal lebhaft auf. Dabei fällt mir weiter ein, daß man dies wohl Nachdenken (einen Prozeß, den ich bisher nicht zu kennen glaubte) nennt. Die Sprache begräbt oft die Sachen; sie bezeichnet so obenhin und man meint, es sei nichts weiter dabei zu denken. [1355]

Keimen und Verfaulen sind nicht weit auseinander und meistens identisch. [1356]

Man mögte zuweilen mit Jean Jacques die Kultur verfluchen. Sie entwickelt eigentlich nichts, als unsre Bedürfnisse, die in einer Welt, wo sie nicht befriedigt werden können, wahre Krankheiten sind. Mensch verlangt vom Menschen, was Mensch dem Menschen nicht gewähren kann oder will. Je tiefer wir in die Natur und ihren Reichtum eindringen, um so größere Ansprüche machen wir an sie. Ehmals waren die Erwachsenen, wie die Kinder; wie hoffnungslos sind die Zeiten, wo die Kinder, wie die Erwachsenen sind. Warum lernen wir so viel und so schnell!

[1357]

Wem es an der Wünschelrute fehlt, der kann recht ungestört von Schätzen träumen. [1358]

»Macht eine neue Erfindung – ruft Rahel aus – die alten sind verbraucht!« Ich fürchte nur, wir stehen an der Grenze unseres Witzes und sind alle für den Himmel reif, was NB der schlechteste Zustand auf Erden ist. Unser Leben ist zu innerlich geworden; es kann ohne ein Wunder nicht wieder äußerlich werden. Dies stete Bespiegeln und Auskundschaften unsrer selbst: wohin führt es? Nicht einmal zum Irrtum, höchstens zu einer verzweiflungsvollen Ahnung unsrer eignen schauerlichen Unendlichkeit, zu einem Punkt, wo uns das eigne Ich als das furchtbarste Gespenst gegenübertritt. Freilich ist hier *Hunger und Sättigung eins*, denn wir können keine neue Frage tun, ohne zuvor eine neue Anschauung gewonnen zu haben; aber es heißt doch, die Wahrheit durch die Tortur auspressen und mit dem Saft des Lebens den Baum der Erkenntnis düngen. Es ist etwas ganz, ganz andres, ob die Welt, der Zufall, das Schicksal, dem Menschen die Fragen vorlegt, oder ob er sich selbst fragt. *Man kann sich selbst fremd werden*, das ist der umgekehrte Wahnsinn und der letzte, d.h. tiefste Abgrund, in den man stürzen kann. [1359]

d. 28 Nov.

Heute wegen der Kälte und meiner Erkältung bis nach 12 Uhr im Bett geblieben. Es ist merkwürdig: man hungert nicht im Bett; nicht, als ob ich nichts zu essen gehabt hätte, sondern weil ichs zu bemerken glaubte. [1360]

Draußen ist wahrhaft goldener Sonnenschein, der in einem mir schräg gegenüberliegenden Gärtchen einen kleinen Baum, der noch immer hartnäckig seine Blätterkrone festhält, feenhaft lieblich bescheint. Es könnten Frühlingsträume in mir aufkommen, wenn nicht das weiße Haus mir vis-à-vis wäre. Man friert, wenn man eine weiße Masse sieht, man schauert vor einer weißen Gestalt; der Schnee ist weiß, Gespenster denkt man sich weiß u.s.w. [1361]

Es ist ein sonderbarer, aber erklärlicher Irrtum, daß ich mein *Leben* bisher für ein Nichts gehalten und deshalb auch nur wenig Aufmerksamkeit darauf verwandt habe. Es ist und bleibt doch immer die Hauptsache, die Bedingung, die Grenze des Ichs.

[1362]

Man soll den Vorsatz sich zu ändern (merkwürdig, ändern heißt im Deutschen immer bessern!) nicht aufgeben, selbst, wenn man längst auf dem Punkt steht, wo man sich nicht mehr ändern kann. [1363]

Der Mensch ist die Kontinuation des Schöpfungsakts, eine ewig werdende, nie fertige Schöpfung, die den Abschluß der Welt, ihre Erstarrung und Verstockung, verhindert. Es ist (dieser Gedanke führte mich auf den soeben ausgesprochenen) höchst bedeutend, daß alles, was als menschlicher Begriff existiert, nicht vollkommen und ganz – wohl stückweise – in der Natur vorhanden ist, und alles, was in der Natur vollkommen und ganz existiert, sich dem menschlichen Begriff entzieht, des Menschen eigne Natur nicht ausgenommen. So wissen und definieren wir, was Recht und Unrecht ist, was Tugend und Unschuld (letztere, sobald wir sie verloren haben) ist, aber nicht, was Leben ist u.s.w. Wo uns Erkenntnis vergönnt ward, da bedarf die Natur unsrer Mithülfe. [1364]

Der Neid wird ärmer, wenn er andere reicher werden sieht. [1365]

Wo wir krank werden, und wovon, da und dadurch müssen wir auch wieder gesund werden. [1366]

Es ist kaum ein Trost, daß wir immer höher kommen, da wir immer auf der Leiter bleiben. [1367]

Du ahnst nicht, liebe Elise, wie unendlich gern ich das Weihnachtsfest bei Dir und in Hamburg zubrächte! Gerade dieses Fest wie jeden anderen Tag gleichgültig und ungenossen an sich vorübergehen zu lassen, ist so schmerzlich. Das hat wohl jedem Kinde, und auch mir etwas gebracht; dann wurde von den blauen Hirsch-Tellern – so genannt, weil in ihrer Mitte ein Hirsch, den mein Vater gewöhnlich mit Kreide auf den Tisch nachzuzeichnen pflegte, gemalt war – gegessen, es gab einen Mehlbeutel, zuweilen wohl gar mit Rosinen oder Pflaumen gefüllt, später ward guter Tee getrunken, hauptsächlich der lieben Mutter wegen, die ohne Tee nur halb vergnügt sein konnte, bevor das Essen kam, sang der Vater in Gemeinschaft mit mir und meinem Bruder ein geistliches Lied, nachher mußte ich aus der ehrwürdigen dickbäuchigen Postille mit den vielen Holzschnitten, die mich so seltsam-fremdartig begrüßten, das Evangelium und eine Predigt vorlesen, darauf erschien der Nachtwächter mit seiner weitdröhnenden Knarre unter dem Fenster, sang einen Vers und erhielt durch mich oder meinen Bruder den schon längst bereitgehaltenen, nicht selten geborgten Schilling, wofür er ein fröhliches Fest anwünschte, die Eltern waren heiter, auch der Vater, den wir fast das ganze Jahr nicht heiter sahen, die dumpfen, erstickenden Gespräche über die Schwierigkeit, Brot herbeizuschaffen (lagen doch meistens zwei oder drei köstliche weiße breite Wecken im Schrank!) unterblieben, Scherz und Lachen waren erlaubt und wir Kinder deuchten uns im Himmel. Dazu am Weihnachtsabend der schöne Gedanke: diese Herrlichkeit dauert zwei volle Tage! Ich bin immer sehr traurig, wenn – was besonders im vorigen Jahr geschah – der Weihnacht mir nicht die geringste Freudenblume zuwirft; an wenig andre Feste mach ich ähnliche Prätensionen, von meinem Geburtstag weiß ich z. B. fast nie, wann er ist. [1368]

Ich habe mir einmal, als ein alter Nachbar und Mitbewohner unsers Hauses mich zwischen seinen Knieen hielt, im größten Ernst dessen rote Nase gewünscht. [1369]

Kunst, Wissenschaft, Gesellschaft u.s.w. sind ewige Formen des Lebens, und als solche jeder Zeit unentbehrlich, wenn ihr Gehalt vollständig ausgeschöpft werden soll. Was unter keiner Form erscheint, hat keine Existenz, wenigstens für uns nicht. [1370]

Mir schwebt das Ideal einer Kritik vor, die die deutsche Literatur noch nicht kennt. Diese hätte die Aufgabe, die Grundidee eines Werkes aus seinen gesamten Einzelheiten wirklich zu entwickeln, sie nicht bloß, wie bisher von allen (wenn sie nicht etwa tadelten) geschah, auszusprechen. Ich glaube, auf diesem Wege würde die Wissenschaft der Kunst, die Ästhetik, sehr viel gewinnen können, denn in dem Sinne, wie ich es meine, von den Einzelheiten ausgehen, heißt die Schöpfung des Werks aus seinen innersten Embryonen anschaulich machen. Schwer, doch nicht unmöglich. [1371]

Eine echte Biographie ist eine Selbstkritik; warum hält falsche Bescheidenheit unsre großen Schriftsteller ab, solche Biographieen ihrer Werke zu liefern? Sie wären ein unermeßlicher Gewinn für die Welt. [1372]

Wäre ich doch einmal wieder recht gesund! Besonders der häßliche Ausschlag auf den Beinen plagt mich. Man steht mit sich selbst auf gespanntem Fuß, wenn man krank ist, der Geist bemitleidet den Körper keineswegs, er haßt und verachtet ihn. Börnes Bemerkung: [»]sinnliche Ausschweifung ist öfterer Folge, als Ursache körperlicher Zerrüttung« scheint mir hierin ihren Grund zu haben. Der Geist will nicht den Krankenwärter spielen, er trotzt dem siechen Gesellen und spornt ihn zu Dingen an, die er nicht vertragen kann. [1373]

d. 29 Novbr.
Der Frost hat sich gelöst, es ist trübes, feuchtes Regenwetter. Über Nacht träumte mir: ich wohnte der Abdankung Napoleons bei. [1374]

Heute überlas ich einmal wieder die fertigen zwei ersten Kapitel meines Philisters. Sie kamen mir erträglich vor. Mein Zweck bei diesem fast aufgegebenen Roman war: die Erscheinung der Philiströsität in ihren diabolischen Wirkungen, die deshalb nicht unbedeutender sind, weil sie lächerlich sind, darzustellen; ich mußte sie deswegen aber auch auf ihre Ursachen zurückführen, und dazu, meine ich, bin ich in den ausgearbeiteten Kapiteln auf dem rechten Wege. Es ist nicht recht, daß ich die Arbeit habe liegen lassen, doch, solange ich in München bin, hat niemand an dem, was ich machte, mir Teilnahme bewiesen, und es ist unmöglich, immer vom eigenen Fett zu zehren. [1375]

»Alle Wesen müssen am Ende träumen!« sagt Jean Paul in den Flegeljahren. [1376]

Je länger man lebt, je weniger weiß man, warum man lebt. [1377]

Wenn man überall Geist annehmen darf, so muß man ihn auch im Menschen annehmen. [1378]

Und doch wäre es möglich, daß dasjenige, was wir in höherem Sinne Geist nennen, der erleuchtende Funke, der uns fremde Welten eröffnet, weil er aus fremden Welten stammt, uns nur besuchte, nicht aber in uns wohne. Er könnte von uns angezogen werden, wie der physische Funke, der Blitz, vom Eisen; wir könnten seine Werkstatt sein, worin er Großes schafft, und die von seiner Flammenkraft glüht und glänzt, ohne für sich selbst etwas zu bedeuten. Geht doch fast alles, was man geistig zu erleben glaubt, spurlos vorüber; *begreift* man doch zuweilen später manchen Zustand nicht, in dem und durch den man früher lebte. [1379]

d. 30 Nov.
Heute ist das Wetter unendlich schön, frische, kräftige Sonne, warme Luft, ein Tag, der zeigt, was wir verloren haben und was der Frühling uns wieder bringen wird, ein Tag, den man ängstlich und hastig genießt, wie eine auf der Zunge zerschmelzende Makrone. [1380]

Ich war von 10–1 Uhr auf der Bibliothek und las in Steffens. Das Buch ist allerdings aus einem unendlichen Vorrat von Wissen hervorgegangen, es überliefert jedoch nicht sowohl die Resultate dieses Wissens, als eine Menge der geistreichsten und herrlichsten Phantasieen, die durch dasselbe in dem Verfasser veranlaßt worden sind. Für mich ist es nicht brauchbar. [1381]

d. 1 Dezbr.
Ein Hofmann ist ein umgekehrter Hofnarr. [1382]

Schiller ist weit mehr lyrischer Dichter in seinen Dramen, als in seinen Gedichten. [1383]

d. 5 Dezbr.
Heut abend war ich im musikalischen Abendzirkel bei Hofrat Vogel. Da ich keins der Gesellschaftsmitglieder kannte, so kostete

der Entschluß, hinzugehen, mich viele Überwindung. Dennoch tat ichs, da diese Verlegenheit nun einmal überwunden werden muß, da ichs als meine nächste Lebensaufgabe betrachten muß, mich auf Verbeugungen u. d. gl. einzuexerzieren. Großer, prächtig erleuchteter Saal, Damen im Halbzirkel um den Teetisch, ich präsentiert, Verbeugung, Gegenverbeugungen, Unterhaltung mit der Tochter vom Hause, alles passabel, und die feste Überzeugung, daß es mir nächstens viel besser, ja ganz nach Wunsch gehen wird. Meine Verlegenheit ist keine innere mehr, ich fühle jetzt mein Verhältnis zu anderen, wie es ist, nicht wie es scheint, und daran fehlte es mir früher. Auch mache ich, und eben darum, jetzt viel leichter Bekanntschaften; dort z. B. zwei. Wie ich wieder zu Hause kam, rief ich unwillkürlich aus: nun, schlechter, als Doktor Ammon (ein dort anwesender junger Mann mit flachem Gesicht und Brille, der sich immer in der Napoleonsstellung durch den Saal bewegte) hab ich mich doch auf keinen Fall gemacht. Innerste Naivität, die sich mit dem *Schlechtesten* vergleicht. Zum Lachen! Trefflich! [1384]

Daß ich in Dithmarschen geistig schon so hoch stand (ich wußte von Kunst und Wissenschaft, was ich jetzt weiß, und hatte die *Jungfrau* und das *Kind* u. s. w. schon gemacht) und dennoch gesellschaftlich von dem K.[irchspielvogt] M.[ohr], der mich *erkannte*, so niedrig gestellt ward, ist das größte Unglück meines Lebens. Dies begreift niemand, als der es selbst erfuhr. [1385]

d. 6 Dezbr.

Neulich war ich im Traum Haupt einer protest. Missionsgesellschaft, welche Katholiken zu bekehren suchte. Ich sagte mit Salbung zu einer Proselytin, indem ich auf ein Kruzifix zeigte: »wenn du *diesen* Gott verehren willst, so mußt du erst die Augen zumachen, um nicht zu sehen, daß er von Holz ist, dagegen – –[«] hier unterbrach ich mich, denn ich sah, daß meine Proselytin sich andächtig vor dem Kruzifix bekreuzte. Die Nacht darauf war ich im Traum ein abgesetzter Papst. [1386]

Nichts kann bewiesen werden, als – was zu beweisen sich nicht verlohnt. [1387]

Nicht, was der Mensch *soll: was* und *wie* ers vermag, zeige die Kunst. [1388]

In den Wahlverwandtschaften rettet dies die Hoheit des Weltgesetzes, daß Ottilie nur durch ihr herbes Schicksal in ihrer tiefsten Innerlichkeit erschlossen werden konnte. – [1389]

Es ist ein sehr wichtiger Unterschied, den Schubarth nicht zu ahnen scheint, ob ein Dichter in sein Werk etwas hineinlegen wollte, oder ob es darin liegt. [1390]

Die Formen der neuern Malerei streben nach dem Idealen und streifen doch das Individuelle nicht ab. [1391]

In der letzten Zeit hab ich mit einem jungen Maler, namens Bischof, Bekanntschaft gemacht. Er redete mich unter den Arkaden an. Sehr an- und aufgeregt, talentvoll, und für seine Jahre außerordentlich klar. Er besucht mich öfters, und wie er meint und ich mit ihm glaube, nicht ohne Nutzen. Heute morgen teilt ich ihm zum erstenmal von meinen Sachen mit und er erfaßte manches. Ein Glück für mich; ich überzeuge mich mehr und mehr, daß nur die Tadler einsam sein sollen, daß man im bloßen Umgang mit sich selbst verfault. [1392]

Die Weiber aktiv zu machen, um sie zeichnen zu können, ist ein Kniff Laubes. Ich glaube, schon Gutzkow bemerkte ihm dies. [1393]

In Jean Pauls Katzenberger ist es des Doktors *Selbstbewußtsein,* was ihn nicht ekelhaft werden läßt. Spräche und täte er unwillkürlich, was er absichtlich spricht und tut, so wäre er nicht zu ertragen. Wir ahnen hinter einem so wunderlichen Willen eine große innerliche Kraft, und respektieren diese; ein Mensch, der sich selbst mit Absicht zum Abscheu aller übrigen macht, muß viel sein, muß auf einem unerschütterlichen Fundament ruhen. Der *Natur* aber würden wir eine solche Fratze nicht vergeben. Bei Falstaff ist es ähnlich. Überhaupt ist es bei der Erschaffung eines Charakters wohl zu berücksichtigen, ob man ihn selbst, oder die Natur zu seinem Demiurgen machen soll. [1394]

»Form ist Ausdruck der Notwendigkeit!« sag ich in einer Kritik. Beste Definition! Stoff ist Aufgabe; Form ist Lösung.

[1395]

Werther erschießt sich nicht, weil er Lotten, sondern weil er sich selbst verloren hat. [1396]

In vielen Menschen ist ihr bißchen Verstand eine kümmerliche Leuchte, die nichts, als ihre eigene Kläglichkeit bescheint.

[1397]

d. 13 Dezbr.
Gestern abend hatte ich bei heftigem Kopfschmerz in Görres Geschichtsstunde ein Gefühl, als ob mein Gehirn, die geistige Masse meines Wesens, sich in Dampf und Rauch auflöste und in alle Lüfte zerstreute. [1398]

Die moderne Poesie der Deutschen saugt nicht an den Brüsten der Natur und des Lebens, sondern an einem Aussatzgeschwür.

[1399]

Der Mensch hält seinen Seufzer gern für das Echo der Welt.

[1400]

d. 15 Dezbr.
Gestern abend beim Spazierengehen sah ich, wie im Sommer mit meinem Freund Rousseau, einen großen lichten Stern, der langsam am Himmel hinzog, dann, nach Art einer Rakete, kleine Sternchen ausschüttete und dann erlosch. Ich kann nicht glauben, daß es eine Rakete war. [1401]

Wenn ein Handwerksbursch Gold aufzeigt, so bringt er sich bloß in den Verdacht, es gestohlen zu haben. [1402]

In der letzten Zeit seines Hierseins erzählte mir Rousseau einen bedeutungsvollen Traum. Er hatte, so glaube ich wenigstens, den Anbruch des Weltgerichts erblickt und so wunderschöne Farben am Himmel gesehen, daß ihnen nichts in der Wirklichkeit gleichkam. Er freute sich dieses Traums innig, ich war aber zerstreut, als er mir ihn erzählte und kann mich des einzelnen deshalb nicht mehr erinnern, obgleich es höchst bedeutend war. Ein anderer Traum, den er mir etwa ein Jahr früher, bald nach seiner Ankunft in München, mitteilte, war furchtbar. In einem fremden unbekannten Hause sieht er einen Sarg, aus welchem ein Geist hervorsteigen will. Er aber hält einen Hammer in der Hand und schlägt, um dies dem Geist unmöglich zu machen, fortwährend auf den Sargdeckel. [1403]

Gartner spielte mir heute einige schöne Melodieen von seiner eignen Komposition vor. Sie begleiteten Lieder von Uhland und Heine und ich fand alle angemessen, einige vorzüglich. Darauf spielte er Variationen von Beethoven, welche mir zum erstenmal das Wesen der Variation enthüllten. Das Thema ist ein Ziel, welches der Künstler auf den anscheinend verschiedenartigsten, oft einander gerade entgegengesetzten Wegen mit Notwendigkeit erreicht. [1404]

Es ist unter den modernen Völkern eigentlich nur das deutsche, welches lyrische Poesie hat. Bei einigen dieser Völker fehlen die Talente bis jetzt; bei anderen, z. B. bei den Engländern, kann das Element, worin die Nation lebt und webt, nie Element der Poesie werden. [1405]

Wenn ein Paar Liebende einander versprechen, daß sie aneinander *denken* wollen, so versprechen sie sich eigentlich, daß sie *atmen* wollen. [1406]

Man hält den Schmerz immer nur für einen Angriff aufs Leben, für eine Pause desselben. Dies ist ein Irrtum; er selbst ist Leben, er will leben. Darum ist es eigentlich mit der Freude vorbei, sobald der Schmerz einmal die menschliche Seele eroberte. [1407]

Die Prosa stellt das *Gedachte*, die Poesie das *Gelebte* dar. Dies ist der Hauptunterschied. [1408]

Varnhagen schreibt gut, aber nicht vorzüglich. Gut, denn er trennt im Ausdruck, wie im Gedanken, was getrennt werden muß; nicht vorzüglich, denn er tut dies mit Bewußtsein, er ringt nach dieser Form, sie ist nicht Eigentum seiner Natur. Es bleibt in seinem Stil immer noch etwas Gezwungenes, wie jede seiner Perioden beweist; so ist der verschwenderische Gebrauch, den er von dem Zeichen des Semikolons macht, zu tadeln. [1409]

Beaumarchais in seinen Memoiren bemerkt: es sei, nach seiner Erfahrung das beste Mittel, um sich nach einer großen Aufregung zu beruhigen, daß man uriniere. [1410]

Man hat sich längst überzeugt, daß man die Helden nicht durch Versicherungen ihrer Todesverachtung zeichnet; man sollte aber endlich auch einsehen, daß ein komischer Charakter nicht durch eine Reihe von lustigen Einfällen, die man ihn aushecken läßt, gezeichnet wird. [1411]

d. 28 Dezbr.
Es hat mir einen tröstlichen Eindruck gemacht, daß Schiller (nach Humboldts Briefwechsel) sowenig die Griechen, als die schwereren Lateiner in der Ursprache las. [1412]

Wenn der Mensch einen großen Schmerz erlitten hat, so sollte er nicht mehr zittern vor einem noch größern. Und doch zittert er eben dann am meisten. [1413]

d. 31 Dezbr. Abends um halb 12 Uhr.
Das Jahr ist abermals zu Ende, und ich schließe es mit der Gewißheit, daß mir das neue gar nicht wieder bringen kann, was mir das alte geraubt hat. Am vorigen Silvester-Abend war ich mit Rousseau zusammen, wir tranken Punsch, tausend Pläne und Hoffnungen gingen, wie Funken, aus unsern entzündeten Seelen hervor, und wie die zwölfte Stunde ausgeschlagen hatte, sprangen wir auf und umarmten und küßten uns innig. Jetzt modert er, und ich – kann dies ruhig niederschreiben. Doch denke ich sehr viel, fast immer, an ihn, und es ist mir ein stiller Trost, daß er meine Zustände, die mir selbst unbegreiflich sind, durchschauen

und verzeihen wird. Es ist mir seit seinem Tode, als ob meine geheimsten Empfindungen und Gedanken ein Verhältnis zu ihm haben, als ob sie ihm schon im Augenblick ihres Entstehens bekannt sein müßten; ich nenne oft unwillkürlich seinen Namen und erkläre mich gegen ihn über manches, als ob er anwesend wäre und mich mißverstanden haben könnte. Weit weniger denk ich an dich, teure Mutter; ich kanns nicht helfen, überhaupt bin ich starr und kalt und werde vom Leben nur noch hin und wieder im Vorbeigehen *besucht*.

Es schlug 12 Uhr, ich habe für die Toten gebetet. [1414]

1839

Der Tod kann noch ärgeres, als töten! [1415]

Der Vogel hat Flügel, weil es so viele Bäume in der Welt gibt. [1416]

Hat eine Genotzüchtigte das Recht, die *Frucht* abzutreiben? [1417]

d. 6 Jan: Morgens.
Die Sonne scheint hell; sie zerschmilzt die Eiszapfen am Dach, sie tröpfeln lustig hernieder, damit sie – unten wieder gefrieren. [1418]

Die Gelegenheit zum Zorn u.s.w. sollte für den Menschen nur eine Gelegenheit sein, Stärke zu beweisen. [1419]

»So viel, was einzig mich beglückt,
 Warum versagt sichs mir?«
Die Rose, die du nie gepflückt,
 Die duftet *ewig* dir! [1420]

Der Mensch ist ein Blinder, der vom Sehen träumt. [1421]

Nur in der Träne des Schmerzes spiegelt sich der Regenbogen einer bessern Welt. [1422]

O, wie liebt der Mensch, wenn sich zwischen ihn und das Geliebte die Unmöglichkeit stellt. Darum auch das Vergangene. [1423]

Sich schöne Träume zu bilden, mögen diese nun Realität haben, oder nicht, ist doch immer ein herrliches Vermögen der Menschheit. [1424]

Ein Hund, den sein Herr verkauft und, wenn er zurückkehrt, mit Prügeln vertreibt, ist ein tragischer Gegenstand. [1425]

Welchen Dingen und Wesen kann man Dank schuldig werden! Wieviel frische, freudige Augenblicke verdanke ich z. B. meinem kleinen Hündchen! Wie erregt es in mir Mut und Lebenslust, wenn ich es so fröhlich herumspringen sehe! [1426]

Kränkungen der Menschen muß man betrachten, als ob sie nicht (wie sie eigentlich auch ja nur selten sind) von ihrem Willen abhängig wären. Dann werden sie gar nicht, oder doch nur halb, verletzen. Die Natur verletzt nie. [1427]

»Ich gebe dir deine Ehre wieder!« sagte er zur Verführten, endlich von ihrer Verzweiflung gerührt. »Wer gibt dir zuvor die deinige wieder!« antwortet sie. [1428]

In der letzten schlaflosen Nacht, wie ich den Sturm so wütend brausen hörte, dachte ich: der Schmerz ist dem Menschen zum Leben ebenso notwendig, wie das Glück. Allerlei phantastische Bilder mischten sich in diesen Gedanken. [1429]

Einem Einbein stiehlt der Wirt, bei dem er übernachtet, das hölzerne Bein und kocht ihm eine Suppe dabei. [1430]

d. 16 Jan:
Vorhin wird zweimal geklingelt, ich öffne die Tür, ein Bettler

steht davor und hält mir seine Hand entgegen. Ich, ohne ihm zu geben, schlage verdrießlich die Tür wieder zu. Da fällt es mir schwer aufs Herz, daß diese rührend vorgeschobene Hand verstümmelt war, ich ziehe einen Kreuzer heraus und öffne abermals die Tür, doch der Mensch war schon fort. So wollte ich *geben*, nicht, um zu geben, sondern um die Härte meines Abschlagens wieder gutzumachen. Unsre Tugenden sind meistens die Bastarde unsrer Sünden. [1431]

Künstlerische Tätigkeit: höchster Genuß, weil zugleich Gegenteil von Genuß. [1432]

»Hätt es der Teufel mir nicht eingegeben, ich würde es nimmer ausgeführt haben!« sagte der Mensch. Aber der Teufel erwiderte: »wenn es keinen Menschen gäbe, der meine Träumereien zu Taten ausprägte, so wäre ich kein Teufel, sondern noch immer der alte Engel.[«] [1433]

Die *Erinnerung* ist das einzig Feste, was dem Menschen bleibt; dies sollte der Bösewicht bedenken, dann würd er sich nicht aus so vielen Stunden Höllen zusammenzimmern. [1434]

d. 20 Jan:
Tolle wilde Träume: ich ritt mit einem verstorbenen Schulkameraden bis zum Ohnmächtigwerden auf tollen Pferden. Später traf ich Gravenhorst, er las mir eine (ich weiß nicht, ob erdichtete oder erlebte) Unterredung mit einem Kandidaten der Theologie vor, die mich vor Lachen fast platzen machte. [1435]

»Das vergossene Blut der die Götter bekämpfenden Titanen tränkte den Erdboden und erzeugte den Weinstock.[«] Ägyptische Sage. (Schellings Vorlesung.) [1436]

»Ich fürchte, daß ich beim Abschied nicht weinen kann; darum nehme ich jetzt, da meine Augen willig sind, die Gelegenheit wahr. Siehst du nicht, wie das rinnt?« [1437]

Einem Schauspieler vergibt man gern seine Eitelkeit; es fällt ja keinem Vernünftigen ein, daß er mit ihm rivalisieren wollte.
[1438]

Mein Hündchen, überfüttert, wie es ist, verschmäht jetzt gewöhnlich seine Morgenkost. Setze ich sie ihm hin und rufe ihm, so verkriecht es sich unters Bett, als ob das Essen Strafe für ihn wäre. [1439]

Wie einer im Trunk Tollheiten verübt und man ihn am andern Morgen dadurch erschreckt, daß man ihm nicht glaubt, er sei betrunken gewesen. [1440]

Viele würden sehen können, trügen sie nur keine Brillen.
[1441]

Ein Schornsteinfeger, der einem aus Entsetzen vor ihm fliehenden Kinde folgt, um es zu fragen, was ihm fehle. [1442]

Gott, als er die Welt schuf, sprach:
      6000 Jahr und immer, oder
      6000 Jahr und nimmer!   Beppi. [1443]

Ein stummer Bettler, der eine Glocke an seinem Hut hatte und sich vor die Fenster stellte und damit läutete.   Beppi. [1444]

Philosopheme: Verstandesträume. [1445]

Kinder müssen geboren werden, sollen die Mütter nicht sterben. [1446]

Ein Vorschlag, die Tiere tugendhaft zu machen, sie so lange zu prügeln und turbieren, bis sie aus Furcht ihre natürlichen Triebe einigermaßen überwinden, bloß, um dem lieben Gott den häßlichen Anblick ihrer zügellosen Begierden zu ersparen. Sie würden dann die ersten unter den Heiligen, denn die Sinnlichkeit verlöre in ihnen durch die Dressur nichts von ihrer Glut, wie wohl bei Menschen. Man wende nur nicht ein, daß sie oft Rückfälle haben würden; man könnte sie ja strafen, und zu weiterem bringt es auch der Mensch nicht. (Schlecht) [1447]

Mein Hündchen zerreißt einen Atlasfetzen, den Beppi für sich bestimmt hatte. »Das Luder – sagt sie – ist mir so zuwider, keinen Bissen soll er mehr von mir bekommen, lieber werf ichs auf die Straße.« Kind, bedenke, er hat ja keinen Menschenverstand. »Eben darum soll ers gehenlassen!« [1448]

Ein Vater, der seinen jungen Sohn mit ins Wirtshaus nimmt, damit dieser ihm ein gutes Beispiel gebe. [1449]

Jeder Trunkenbold ist die Mäßigkeit selbst, wenn er Wasser trinkt. [1450]

Das Aufbrausen ist die Lebensäußerung des Zorns und zugleich sein Tod. [1451]

Um jemandem leichter vergeben zu können, muß man eine kleine Sünde gegen ihn begehen, damit auch er etwas zu vergeben habe. [1452]

Jene Szene, die ich in den Heinrich IV hineinimprovisierte:
Sir John: Pfui, du Trunkenbold, wer säuft aus Kannen!
Junge. Es ist ja Wasser, Sir John.
Sir John. Einerlei, worin du dich übernimmst, du Trunkenbold! [1453]

Der Neid trifft immer nur das Haben, nie das Sein. Man beneidet niemanden in seiner Totalität, nur in seinen einzelnen Eigenschaften, die man sich, seltsam genug, nicht als Ingredienzien, sondern als Besitztümer seines Wesens denkt. Man beneidet keinen, weil er gut ist, oder fromm, oder ein Kind, ein Mann, eine Frau; wohl aber, weil er dichten, malen oder dies bleibenlassen kann. [1454]

Die Blume trinkt den Tau, teils, um sich selbst zu erfrischen, teils auch, damit die später aufgehende Sonne etwas zu verzehren habe, außer ihr selbst. Bild des Idealismus. [1455]

Du mußt deine Tränen nicht zählen. Findest du, daß du schon viele vergossen hast, so hörst du gar nicht mehr auf, zu weinen. Der Gedanke: so viele Schmerzen litt ich schon, wird ein neuer Schmerz; wo gibts dann noch ein Ende? [1456]

Die Pfeile des Schmerzes sind anfangs bitter und zuletzt süß; die Pfeile der Freude haben Honig auf der Spitze und am Ende den Stachel. [1457]

Beppi erzählte mir, sie sei einmal, als wir uns entzweit hätten, entschlossen gewesen, mich ganz zu verlassen. »Aber da fiel mir auf einmal ein, wie viele zerrissene Strümpfe du hättest, und ich fühlte so ein Mitleid mit dir, daß ich mich gleich anders entschloß.« [1458]

Die Poesie soll alle Strahlen des Menschen, dieser Nebelsonne, auffangen, sie verdichtet auf ihn zurückleiten und ihn so durch sich selbst erwärmen. [1459]

Ob die Idee den Dichter überwältigt, oder der Dichter die Idee, davon hängt alles ab. [1460]

Es gibt Persönlichkeiten, deren Ich mehr ihrer Ansprüche befriedigt, denen es mehr bietet, als die ganze übrige Welt. [1461]

Ich pflege (heute abend bemerke ichs zum erstenmal) immer unbewußterweise zu husten oder mich zu räuspern, wenn ich mich irgendwo befinde, wo meine Mit-Hausbewohner mich nicht vermuten. [1462]

Ein Dienstmädchen, welches unter einem Regenschirm einen Regenschirm trägt. [1463]

d. 29 Jan:
Gestern abend zum erstenmal in einem brillanten Zirkel, wo ich die Elite von München fand. Ganzen Nachmittag mit mir in Zweifel, ob ich hingehen solle; endlich den Entschluß gefaßt, weil ich mir vorhielt, daß das Gegenteil Feigheit sei. Erstes Debüt,

und für dieses, in Vergleich zu früher, gut genug. Mich zuletzt weil ich nicht tanzte, gelangweilt; zu tanzen wagte ich nicht, weil ich diese Kunst in 3 Jahren nicht mehr exekutiert habe. Bekanntschaft eines Hof-Kapellmeisters gemacht. Ein sehr schönes Mädchen (Fräulein Maurer) gesehen. Schelling war anwesend. [1464]

Jeder große Mensch fällt durch sein eignes Schwert. Nur weiß es niemand. [1465]

d. 2 Februar.
Über Nacht hatte ich den absurdesten aller Träume. Ich träumte nämlich, das 16te Jahrhundert läge neben mir im Bett, in Gestalt eines großen Bilderbuchs, und ich suchte es umsonst zu erwecken. Ich sah in dem Bilderbuch allerlei Gestalten jenes Jahrhunderts und weißen Raum dabei auf den Blättern. [1466]

Schiller ist alles, was das Individuum sein kann, was sich selbst gibt, ohne sich selbst zu erkennen, und in der Meinung, etwas Höheres zu geben. [1467]

Jeder Klotz paßt hin, wo man ihn hinstellt. [1468]

Ein Advokat, der eine Frau nimmt, weil sie einen fetten Prozeß hat. [1469]

Nur das *Geendete* ist unendlich. Ein unsinnig scheinender Gedanke, der mir dennoch in diesem Augenblick sehr klar ist.
[1470]

Dem Lenzschen Schauspiel: *Die Soldaten* fehlt zur Vollendung nichts weiter, als die höhere Bedeutung der verführten Marie. Eine große erschütternde Idee liegt dem Stück zum Grunde, aber sie wird durch dies gemeine sinnliche Mädchen zu schlecht repräsentiert. Dies Geschöpf taugt nur zur Hure, was zwar nicht den Offizier rechtfertigt, der sie dazu macht, aber doch das Schicksal, welches es geschehen läßt. Der Dichter hat es gefühlt, daß seine Heldin uns kalt lassen könne, darum läßt er zwei miteinander kontrastierende Liebhaber für sie erglühen, er läßt sie sogar das Interesse einer edlen vornehmen Dame erregen und von dieser ins Haus nehmen. Doch, es hilft ihm nichts; Marie erweckt zwar unser Mitleiden, denn dies ist ein Tribut, den unser Herz auch dem bloßen Leiden, dem Leiden an und für sich bewilligt, aber ihr Unglück bringt keine tragische Rührung in uns hervor, denn wir empfinden zu lebhaft, daß es schon einmal ihr Glück gewesen ist, daß es unter anderen Umständen ihr Glück wieder werden kann, daß, worauf alles ankommt, ihr Geschick in keinem Mißverhältnis zu ihrer Natur steht. Ungleich poetischer ist *das leidende Weib*, welches ganz unstreitig von Lenz herrührt. Die Gesandtin und ihr ehebrecherischer Liebhaber trinken den Wein der Sünde, aber sie schmecken nur das Gift, welches er enthält, sie sind ineinander verwachsen, aber sie bieten ihre letzte ohnmächtige Kraft auf, auseinander zu fliehen, sie schauen sich mit unauslöschbarer Sehnsucht ins Angesicht, aber wie zwei Medusen, erstarren und versteinern sie zugleich, indem sie es tun; hier sind die Individuen gerechtfertigt, ja, sie stehen, ungleich dem ersten Menschen, nach dem Fall reiner und göttlicher da, wie vor demselben; freilich büßt die menschliche Natur alles ein, was die beiden Menschen nicht verlieren. Tief ist es, wie durch den Luis die Katastrophe herbeigeführt wird. Er hat immer nur begehrt, selbst als er zu lieben glaubte; sein Verdacht wird rege, sein Argwohn bestätigt sich, nun will er schwelgen, wo sein Nebenbuhler blutet; da ereilt der Todesstreich die beiden Unglücklichen, bloß, weil sie ihrem verzerrten Bilde im Spiegel dieser gemeinen Seele nicht gleichen! Der *Hofmeister* zeigt weniger den Dichter, als den trefflichen Zeichner. Es gibt Poeten, deren Personen nichts als Schauspieler sind, die für ihren Geist agieren. Lenz ist diesen Poeten geradezu entgegengesetzt und dies ist der beste Beweis seines Dichterberufs; er gibt seine poetischen Charaktere frei, wie Gott die Menschen. Nur sind sie oft zu frei, zu wenig in Einklang mit der Idee der kleinen Welt, in welcher sie sich bewegen. Dies ist im Hofmeister der Fall. Poetische Charaktere werden zusammengeführt, damit sie sich durcheinander entwickeln und ineinander abspiegeln und so gemeinschaftlich ihr bedingendes endliches Schicksal erzeugen. Hierin liegt das Geheimnis der künstlerischen Komposition, bloße Charakteristik kann nie die Hauptsache sein, wenn es nicht etwa ein

Charakterbild gilt. Die Menschen im Hofmeister stehen aber keineswegs in einem wahlverwandtschaftlichen Verhältnis, sie finden sich zusammen, wie König und Dame und Bube im Kartenspiel zusammenkommen, und ihr Schicksal ist dann am Ende auch ein Kartenschicksal, eine rohe willkürliche Kombination des Zufalls. Freilich mag auch im Zufall Providenz sein, doch ist es eine Providenz, die wir nicht zu erfassen vermögen, die wir daher nur dann ertragen können, wenn es sich um einen Spaß oder um einen solchen Ernst, der in Lust und Lachen schwimmt, handelt. Man hat den Zufall darum mit Recht ins Lustspiel verwiesen und selbst hier muß er in gewissem Sinn Verstand annehmen. Ohrfeigen mögen aus Mißverständnis gegeben werden, fallen aber Köpfe, so wollen wir wissen, wofür. Nur, weil sie kein System hat, ist die Geschichte für uns keine echte Tragödie; der Zufall mit dem Schwert in der Hand, das Schicksal, welches Blindekuh spielt, macht uns wahnsinnig. Dies schließt den Zufall jedoch nicht völlig aus, er darf allerdings zuweilen eingreifen, nur aber werde er dann als Stoff behandelt, dem der ordnende Geist des Ganzen Form und Physiognomie erteilt. Ein anderer Fehler im Stück ist der, daß Lenz den Hofmeister Läufer durchgehends als symbolisch geltend zu machen sucht, ohne daß er es wirklich ist. Es mag in der Hofmeister-Zeit manchen Lump der Art gegeben haben, aber der Grund davon liegt in der Natur dieser Lumpe, nicht in der Natur ihrer Situation. Läufer macht die Auguste zur Hure und nach der ungeschminkten Lüsternheit der Dirne, die sie in der Bett-Szene entwickelt, zu urteilen, ist es nicht glaublich, daß ihn dies viel Mühe gekostet hat, es ist vielmehr wahrscheinlich, daß sie sich selbst verführte; ein andrer hätte sie vielleicht zur Betschwester gemacht: würde dann das Stück ein Hofmeister-Panegyrikus gewesen sein? Höchstens ein Kompliment in fünf Akten für den einzelnen Hofmeister, ein Beweis, daß die Sache in einem speziellen Fall auch einmal so ausfallen könne, also im höheren Sinne ein Nichts. Erstes und letztes Ziel der Kunst ist, den Lebensprozeß selbst anschaulich zu machen, zu zeigen, wie das Innerste des Menschen sich innerhalb der ihn umgebenden Atmosphäre, sei diese nun ihm angemessen, oder nicht, entwickelt, wie das Gute das Böse und dieses wieder das Bessere in ihm erzeugt, und wie dies ewige Wachstum wohl für unser Erkennen, doch keineswegs reell eine Grenze hat; dies ist Symbolik. Es ist ein Irrtum, wenn behauptet wird, nur das Gewordene sei für den Dichter, im Gegenteil, das Werdende, das sich selbst erst im Kampf mit den Schöpfungselementen Gebärende, ist für ihn. Das Fertige kann nur noch ein Spielball der Wellen sein, es kann nur noch von ihnen zertrümmert und verschlungen werden; was hätte die Kunst mit dem Gemeinsten, d.h. Allgemeinsten, zu tun? Aber, das Werdende soll an der Hand des Dichters von *Gestalt* zu *Gestalt* übergehen, es soll niemals als formloser weicher Ton vor unserm Auge ins Chaotische und Wirre verschwimmen, es soll in gewissem Sinn immer zugleich ein *Fertiges* sein, wie uns denn ja auch im Weltall nirgends die nackte rohe Materie entgegentritt. Der Mensch ist nur seiner Zukunft wegen; ein unauflösbares Geheimnis, aber ein solches, das man nicht ableugnen kann. Der Mensch darf uns daher nicht abgeschlossen vorgeführt werden, denn nicht, wie er auf die Welt wirkt, sondern wie die Welt auf ihn wirkt, erregt unser Interesse und ist uns wichtig; die großen Kräfte und Mächte außer ihm, verkörpern sich, indem sie Einfluß auf ihn üben, und verlieren ihre Furchtbarkeit, das Welt-Rätsel ist gelöst, sowie es ausgesprochen ist, und wenn auch zuletzt eine Frage bleibt, so ertragen wir diese doch viel eher, als eine Leere.

[1471]

Kann ein abgeschiedner Geist erscheinen, so ist es gewiß dann, wenn er es versprochen hat. Dann ist eine Nötigung, ein Bedürfnis. [1472]

Schmerzen, die von Geliebten ausgehen, sind verklärt. [1473]

Das Gemeine ist verloren, sobald es *kämpft*. [1474]

Das Gedicht vom Maler Müller: *Amor und Bachus* ist außerordentlich schön, seine *Idyllen* haben in der deutschen Literatur ihresgleichen nicht, und in der *letzten Faustszene* zeigt sich kräftiger und einfach-edler Humor. Seine *Genoveva* dagegen ist ein Nichts, und Tieck hat recht, wenn er mißverstandene Nachahmung, ja Konzentration Shakespeares darin findet. Sie enthält nur einen einzigen schönen Zug; als Siegfried in die Höhle seines verstoßenen Weibes tritt und das rohe Kruzifix, sowie die übrigen frommen Zeichen verborgener Andacht erblickt, wirft er sich weinend auf die Knie, der kleine Schmerzenreich tritt herzu und sagt: der Mann ist so traurig, wie meine Mutter, sollte es wohl mein Vater sein? Dieser rührend-naive Schluß des Kindes spiegelt dessen ganze Vergangenheit; wir sehen eine Blume, die nur den Tau der Tränen getrunken hat. Das Ganze ist mit Ach und Oh gemalt und wässerig-sentimental; nach Naturlauten wird gehascht und Seufzer, die nichts sagen, weil sie alles sagen, stellen sich ein. Der es am wenigsten verdient, der Pfalzgraf, geht als der allein Glückliche aus der Katastrophe hervor; er hat zwar das Gelübde getan, Gott in der Einsamkeit sein Leben zu weihen, aber er nimmt sich Zeit, vorher seinen Prinzen zu erziehen, und Genoveva begleitet ihn; Golo wird von drei Vettern auf die Seite geführt und im stillen abgeschlachtet. Ich habe die Tiecksche Genoveva bis jetzt nicht gelesen und verspreche mir nicht viel davon; allein, ich habe oft über diesen Stoff nachgedacht und finde seinen dramatischen Gehalt nur im Charakter des Golo. Ich sage, seinen dramatischen Gehalt; in der Erzählung verhält es sich allerdings anders. Der dramatische Dichter kann den Golo des alten Volksbuchs nicht brauchen, nur, wenn es ihm gelingt, diesen flammenden, hastigen Charakter aus menschlichen Beweggründen teuflisch handeln zu lassen, erzeugt er eine Tragödie. Golo liebt ein schönes Weib, das seiner Hut übergeben ward, und er ist kein Werther: darin liegt sein Unglück, seine Schuld und seine Rechtfertigung. Die Liebe selbst, für die er nicht kann, ist schon Sünde, und je edler sein Gemüt ist, je schmerzlicher wird er diese ihm angeflogene Sünde empfinden; Haß des Gegenstandes, der ihn, wenn auch unbewußt, mit sich selbst entzweite, mischt sich von Anfang an in sein süßestes Gefühl und ist nicht einmal durchaus ungerecht. Die Harmonie seines Innern ist einmal gestört, er kann sich selbst nicht mehr achten; soll jenes umsonst geschehen sein? Er ward auf den Weg gestoßen, umzukehren steht nicht in seiner Gewalt, das reizende Ziel schwebt ihm stets vor Augen: ist es ein Wunder, daß er es zu erreichen strebt? Vielleicht täuscht er sich selbst eine Zeitlang und faßt Entschlüsse, die er nicht auszuführen vermag; plötzlich übermannt ihn die Stunde, er gesteht seine Leidenschaft und – bloß gewollt, oder vollbracht, das Verbrechen ist gleich groß, die Schande ist im ersten Fall sogar größer. Er bittet Genoveva um Liebe, das heißt, er verlangt von ihr, daß sie in den Ehebruch willigen soll; auch dies ist bedeutend für sie, wie für ihn. Kann und darf sie ihrem Gemahl, selbst, wenn sie es verspricht, verbergen, welchen Verrat sein Freund an ihm üben wollte; kann Golo sich sicher fühlen, wenn sie rein bleibt? Eine Herstellung des Verhältnisses ist nicht möglich; ein Weib, das ein solches Geheimnis bewahren soll, steht über einer Mine, sie ist eine Blume mit einer brennenden Kohle im Schoß, das Geheimnis vernichtet sie und sie mag es verschweigen, oder nicht, immer verstößt sie, hier oder dort, gegen ihre Pflicht, ja offenbar wirkt es vielleicht nicht so fürchterlich, als unterdrückt und durch einen Zufall unfreiwillig ans Licht gezerrt; Golo, nachdem er begann, muß vollenden, selbst dann, wenn er die Glut seines Herzens erstickt, er muß vollenden, um nur das zu retten, was er längst besaß. Dazu kommt, daß eben der edelste Verführer am wenigsten an die Heiligkeit des kalten Weibes glauben kann; warum soll sie höher stehen, wie er, und, wenn sie durch irgendeinen fallen *muß*, warum nicht durch ihn? So geht Golo Schritt vor Schritt, wollend und nicht wollend, weiter, der Preis wächst mit der Mühe, nur ein großer Entschluß kann die tausend Stricke zerreißen, welche Zufall und Schicksal aus einem einzigen wahnsinnigen Augenblick gesponnen haben. Aber das erdrückende Bewußtsein der Unwürdigkeit macht den großen Entschluß für das knirschende, in sich zusammenbrechende Gemüt zu schwer; nur, wer den Himmel verdient, leistet leicht und freudig auf die Erde Verzicht; nur der wirft das Leben gern weg, der etwas daran wegzuwerfen hat. Schon das steht einem solchen Entschluß im Wege, daß er nicht früher, daß er nicht damals gefaßt ward, als er noch alles gutmachen, oder, richtiger, noch alles abwenden konnte; auch die Tugend ist an einen bedingenden Moment geknüpft. Ein Unverzeihliches, das Golo gegen die Gräfin begeht, erzeugt das andere; kann er vor dem letzten Schritt zurückbeben, nachdem nur noch dieser übrig blieb? Der letzte ist nicht so arg, als der erste, denn er ist notwendig, da dieser freiwillig war, er muß vergeben werden, wenn dieser vergeben wird; gegen Genoveva kann Golo überall nicht so freveln, als er schon gegen seinen Freund gefrevelt hat und der Mensch ist verrückt genug, in der großen Sünde eine Art von Freibrief für die kleineren zu sehen. Genovevas Schicksal muß erfüllt werden, damit Golos *Hölle* ganz werde; kann er nicht ganz selig sein, so will er doch ganz verdammt sein. Er läßt sie ermorden und ist nun als Verbrecher, was er ehemals als Mensch und Mann war, denn dahin drängt ein ewiges Gesetz der Natur, nur fallende Engel wurden Teufel, nicht der fallende Mensch. Dies sind die Hauptmomente: eine ungeheure Bluttat, die aus einem holden Lächeln, einem falsch ausgelegten gütigen Blick entspringt; himmlische Schönheit, die durch sich selbst, durch ihren eignen Glanz, ihren göttlichen Adel, in Marter und Tod stürzt. Golo wird sich seiner heimlichen, das Licht scheuenden Liebe zum erstenmal mit Schrecken bewußt, als Genoveva von ihrem Gemahl Abschied nimmt und in dieser bangen Stunde, wo Angst und Furcht des Kommenden sie überwältigen, ihr ganzes, still-glühendes Herz mit seinem unendlichen Reichtum gegen den Scheidenden aufschließt; des Himmels reinster Blick entzündet die Hölle. Erschütternd und tragisch in höchster Bedeutung ist dieser verhängnisvolle Augenblick; erschütternd und tragisch in jedem Sinn und auf jedem Punkt ist das Schicksal Golos, der nicht weniger, wie Genoveva selbst, durch die Blüte seines Daseins, durch sein edelstes Gefühl, das durch böse Fügung mißgeboren in die Welt tritt, unabwendbarem Verderben als Opfer fällt. Genoveva kann und darf nicht im Vorgrund stehen; ihr Leiden ist ein rein äußerliches, und zugleich ein solches, das die tiefsten Elemente ihres Wesens, die religiösen, befruchtet und entfaltet, und sie als Mutter, da sie, trotz ihrer Verlassenheit, ihre mütterliche Pflicht zu erfüllen weiß, hoch über alle andern Mütter hinaufstellt; sie ist ein durchaus christlicher Charakter, den der Scheiterhaufen nicht verzehrt, sondern verklärt; sie muß (und dies ist in Bezug auf sie Hauptvorwurf der Darstellung) zu Gott in dasselbe Verhältnis kommen, worin sie einst zu Siegfried stand, es muß veranschaulicht werden, daß ihre irdische Liebe von jeher nur eine sich selbst noch nicht erkennende höhere war. Sie sei im Gedicht der mildernde linde Mond hinter Sturm- und Gewitterwolken. Der *Schuldigste* ist der Pfalzgraf; warum hat er eine solche Natur, die ihn bis auf den Grund in ihr klares Innere hinabschauen ließ, nicht erkannt? Es ist ungleich sündlicher, das Göttliche in unsrer Nähe nicht zu ahnen, es ohne weitere Untersuchung für sein schwarzes Gegenteil zu halten, als es in weltmörderischer Raserei zu zerstören, weil wir es nicht besitzen können. Er allein darf durch die Katastrophe gestraft werden, und er wird gestraft, denn er findet die beweinte Verstoßene nur wieder, um die zermalmende Überzeugung zu gewinnen, daß das Band zwischen ihm und ihr für Zeit und Ewigkeit zerrissen ist. Für Genoveva ist dies Wiedersehen die letzte Verklärung; auch ihr *Bild* ist jetzt rein. [1475]

Es gibt eine beschreibende Gefühls-Poesie, welche die Gemütszustände durch gegenseitige Vergleichung derselben, oder durch von außen hergenommene Bilder darzustellen strebt. Je höher sie steht, um so mehr werden Bild und Gegenstand, die völlig identisch sein können, zusammenfallen. [1476]

Tiecks *Zerbino*, reich an Geist, in dessen Genuß aber eine gewisse Unwahrheit der Form etwas stört. Es ist eine Produktion, die sich ihrer eignen Idee nur indirekt, nur dadurch, daß sie mittelst der Art, wie sie falsche Poesie verhöhnt, die wahre zeigt, annähern, dieselbe aber durchaus nicht völlig in sich verkörpern kann; mithin eine solche, die die Vollendung ausschließt und so ein unbehagliches Gefühl erregt. Mit der komischen Wirkung allein, die nicht ausbleibt, ist es hier nicht getan, wie wohl anderswo, wir wollen, sowie der Götze stürzt, den Gott, dem der Altar gebürt, aus den Trümmern hervorwandeln sehen, denn jener ist zu nichtig, als daß wir die ihn bekämpfende Kraft schon deshalb, weil sie Herr über ihn wird, achten könnten, und wir haben es das ganze Stück hindurch unmittelbar mit dem Dichter selbst zu tun, da die aufgeführten Charaktere keineswegs wirkliche, sondern nur allegorische sind, die bloß durch seinen Odem ihr Leben erhalten. Tieck hat, dies fühlend, sein Schauspiel in zwei Hälften geteilt, und in dem Waldbruder, Helikanus, Lila und andern selbständige Poesie zu geben gesucht; aber er hat durch dies Mittel den Bruch schwerlich ganz ausgeglichen. Einesteils kann sich diese Poesie, die verlegen zwischen dem Lyrischen und Dramatischen umhertaumelt und sich selbst mehr träumt, als lebt, an Kraft und Fülle mit der ihr entgegengesetzten Polemik, die sie rechtfertigen, ja begründen soll, durchaus nicht messen; andernteils, und dies ist nicht weniger schlimm, steht sie mit jener Polemik nicht in einem Verhältnis der Notwendigkeit, sondern nur des Bedürfnisses, beide Hälften laufen nicht ineinander, nur nebeneinander aus, es ist eine Verbindung, wie zwischen Herr und Knecht, und man wird kaum klar darüber, wer denn herrscht oder dient. Im Garten der Poesie hätten ganz andere Dinge geschehen müssen, als sich dort ereignen. Die Bäume singen und die Blumen phantasieren zu lassen, ist zu leicht, als daß es schön sein könnte. Alle diese Bemerkungen treffen übrigens nicht sowohl das Tiecksche Gedicht, als vielmehr die Gattung, wozu dasselbe gehört. [1477]

Die Ehe gibt dem einzelnen Begrenzung und dadurch dem Ganzen Sicherheit. [1478]

Ausnahmen sollen geduldet werden, aber nur, solange sie selbst dulden. [1479]

Eigensinn und Laune, Nov. von Tieck. [1480]

Ob wohl auch Bösewichter im Alter kindisch werden? [1481]

Das Leiden gehört so weit in die Poesie, als es innerlich produktiv ist. [1482]

Gemeine Leute tragen ihren Staat, wie eine Last. [1483]

Ein junger Studenten-Löwe, der sich zusammennimmt. [1484]

Ein feuriger Prinz neben einem verdorrten Kronprinzen. [1485]

Es gibt auch eine subjektive *Technik*. [1486]

Jede Strafe, die mehr, als rohe tierische Züchtigung vorstellen will, muß im Menschen dasjenige, wegen dessen sie ihm zugeteilt wird, zugleich voraussetzen und nicht voraussetzen. [1487]

Ob der Mensch die Macht hat, sich selbst zu zerstören, d.h. sich so in einen, dem innersten Prinzip seiner Natur widerstreitenden Zustand so hineinzuleben, daß er sich aus demselben gar nicht wieder befreien, gar nicht wieder zu der eigentlichen Quelle seines Lebens zurückfinden kann? Auf Erden geschieht dies allerdings oft genug, aber der Fluch der Sünde reicht schwerlich über sie hinaus, höchstens insoweit, als der durch den Tod entfesselte Geist im Übergangsmoment seine nie geprüften Flügel nicht zu gebrauchen weiß. Unsere meisten Laster sind zu stark entwickelte körperliche Sympathieen und müssen daher mit dem Körper selbst abgestreift werden; z.B. die Wollust. Andere sind Extreme oder Auswüchse von Tugenden und guten Eigenschaften; so entspringt der Ehrgeiz aus dem zu lebhaften Gefühl individueller Existenzberechtigung. [1488]

Gerade die Seite ist am Laster vornehmlich zu scheuen, über die man gewöhnlich nur zu lachen pflegt, daß es nämlich sich selbst verzehrt, sich selbst auf die Länge unmöglich macht. Von dieser Seite *beraubt* und *benascht* es den Menschen. [1489]

Ein filziger Apotheker, bei dem man 20 alte Rezepte machen läßt, während man für immer davonreist. [1490]

Es gibt Menschen, die nichts haben, als die Kraft, sich zu entschließen, und die doch dadurch schon viel haben. [1491]

d. 13 Febr.
Ich sagte heute zu Gartner: es wird sich niemand entschließen, nach Italien zu gehen, der sich nicht gehörig vorbereitet hat; und es wird sich niemand vorbereiten, der nicht den Entschluß gefaßt hat. Hierin liegt eine tiefe, allgemeine Wahrheit. [1492]

»Wenn Ihr so gütig sein wollt, mich nicht zu vergessen, dann bin ich unsterblich.« N.N. [1493]

d. 14 Februar.

Ich räumte heute nachmittag unter meinen Papieren auf, um mich zur Hamburger Reise vorzubereiten; da erschienen mir die dortigen Verhältnisse in einem außerordentlich widerlichen Licht. Als ich zum ersten Mal dahin kam, wußte ich mich durchaus nicht gegen meine Umgebung zu stellen; ich gab meine Rechte nicht auf, ich fühlte sie stark, aber ich behielt sie mir bis auf gelegenere Zeiten vor, weil ich über die Art und Weise, wie sie geltend zu machen seien, nur selten klar war. So reiste ich denn nach Heidelberg ab, ohne mich entschieden gestellt zu haben, was freilich die erst ganz zuletzt aufgedeckten Albertischen Intrigen noch sehr erschwert hatten. Später, von Heidelberg und von München aus, wo ich eigentlich erst zum Besitz meiner Persönlichkeit gelangte, suchte ich das Versäumte schriftlich wieder einzubringen; ich habe aber die Erfahrung gemacht, daß dies unmöglich ist, daß das Bild, welches der Mensch in dem Herzen und dem Geist seiner Freunde und Bekannten zurückgelassen hat, seine Briefe auslegt. Woher kämen die wunderlichen Vorschläge der Schoppe, daß ich Hauslehrer werden, oder in Kiel mich um stipendia bemühen möge, wenn sie mich in den Bedürfnissen meiner Natur und in dem erlangten Bildungsgrade irgend begriffen hätte? Es gilt also, ganz von vorn anzufangen; dies ist nicht angenehm, aber ich darf es mir nicht verhehlen. Ich scheue diesen Kampf nicht, ich gestehe mir nur, daß er mich in ein zweifelhaftes Licht stellen kann, daß er mir manchen häßlichen Augenblick bringen wird. Keine Rücksichten sollen mich bewegen, mich in meiner Unabhängigkeit beschränken zu lassen, nicht einmal die Gefahr, von Kurzsichtigen für undankbar gehalten, von Böswilligen dafür ausgeschrieen zu werden. Schon Ratschläge sind in vielen Fällen Angriffe auf die Selbständigkeit; ich werde sie bescheiden, aber ernst zurückweisen und ohne Umstände erklären, daß, wer mir helfen will, mir auf dem einmal von mir eingeschlagenen Wege helfen muß. Der ganze Kreis, der mich erwartet, steht in poetischer Schöpfungskraft unter mir, wie ich sagen darf, da bei diesem Selbstlob wenig für mich herauskommt. J, mittelmäßig in seinem Drama, abgeschmackt in dem sog. historischen Roman, weit und allgemein in den wenigen lyrischen Gedichten, hat in der letzten Zeit für kleine Skizzen aus dem Leben ein anmutiges Talent entwickelt; doch, an eine höhere Bedeutung der einzelnen Bilder und an echte Charakteristik ist nicht zu denken, das Beste, was er zu liefern vermag, wird niemals über die Sphäre der Unterhaltungslektüre hinausgehen. Die Dokt. S. macht keine derartige Ansprüche. H., zu dem ich in einem gemachten Freundschaftsverhältnis stehe, hat Geist und eine gewisse witzige Pikantheit, der aber damals, als ich ihn kannte, alle Tiefe abging; Poesie steckt nicht in ihm. B. ist eine zarte, tiefe, oft bizarre Natur, sehr bedeutend als Individualität, weniger als Autor; ihn achte und liebe ich am meisten, doch zeigten auch wir uns einander nur in Manschetten. Da wären alle. Sowie ich jetzt die Feder niederlege, packe ich dies Heft in meinen Koffer; möge es eine freundliche Stunde sein, in der ich es in Hamburg zum erstenmal wieder in die Hand nehme! Ich verlasse München mit Schmerz und wünsche sehnlichst, einst auf längere Zeit wieder dahin zurückzukehren. Vielleicht verfinstert mir diese Gemütsstimmung Hamburgs Bild. Eins ist ausgemacht: ich fange dort ein ganz neues Leben an, die Zeit, die ich in Hamburgs Mauern schon zubrachte, muß für mich sein, als wäre sie nie gewesen!

Und nun ça ira! sagte Rousseau oft! Er wollte mich begleiten!
[1494]

München d. 16 Februar 1839.
Heute morgen habe ich meine Sachen in einer Kiste nach Hamburg abgesandt. [1495]

Gestern abend im Bett las ich seit undenklicher Zeit zum erstenmal wieder Lessings *Emilia Galotti*. Es verlohnt sich der Mühe, zu untersuchen, ist aber schwer zu sagen, warum dieses Gedicht trotz seines reichen Gehalts dennoch kein Gedicht ist. Man könnte sich vielleicht so ausdrücken: es erreicht das Ziel der Poesie insofern dies ein allgemeines sein mag, aber es geht nicht den Weg der Poesie; der Dichter schulmeistert das Musenroß, und treibt es im ganzen freilich, wohin er will, aber im einzelnen immer entweder zu weit oder nicht weit genug. Gerade dies ist der Punkt, worin der echte Dichter sich von seinem nächsten Nachbar, der Lessing gewiß war, unterscheidet; bei jenem ist die Begeisterung heiliges Feuer, das vom Himmel fällt, und das er gewähren läßt; bei diesem ist es ein Flämmchen, welches er selbst anmacht und welches nun, je nachdem die Stoffe sind, womit er es ernährt, bald nur kümmerlich schleicht, bald aber gar zu breit und ungestüm aufleckt. Bei einer solchen Flamme kann man löten und schmieden, aber die Sonne mit ihrer linden, unsichtbaren Glut muß wirken, wenn Bäume und Blumen entstehen sollen. Das Bewußtsein hat an allem wahrhaft Großen und Schönen, welches vom Menschen ausgeht, wenig oder gar keinen Anteil; er gebiert es nur, wie eine Mutter ihr Kind, das von geheimnisvollen Händen in ihrem Schoße ausgebildet wird, und das, ob es gleich Fleisch von ihrem Fleisch ist, ihr dennoch in unabhängiger Selbständigkeit entgegentritt, sobald es zu leben anfängt; der Handwerker weiß allerdings mit Bestimmtheit, warum er jetzt zum Hammer und jetzt zum Hobel greift, aber er macht auch nur Tische und Stühle. Das Bewußtsein ist nicht produktiv, es schafft nicht, es beleuchtet nur, wie der Mond; die Philosophie beweist nicht gegen diese Behauptung, denn sie entwickelt nichts, als sich selbst, sie zeugt nur ihre eigenen Prozesse. Wer mich hier mißversteht, dem mag überhaupt die Fähigkeit gebrechen, über diesen Gegenstand etwas zu verstehen; ich bemerke nur noch, daß man von hier ausgehen muß, wenn man sich klar machen will, inwieweit der Dichter einen Plan haben kann und darf.

Die Charaktere in Emilia Galotti mögen Charaktere sein; es würde zu weit führen, wollte ich untersuchen, ob nicht der Mensch, wenn er sich Menschen denkt, schon deshalb weil er Mensch ist, sich immer solche denken muß, die mit einer gewissen Existenzmöglichkeit auftreten, und ob es genug sei, daß wir poetische Gestalten bloß nicht entschieden verneinen können, ob wir sie nicht vielmehr, wenn wir sie gelten lassen sollen, unbedingt und unwillkürlich bejahen müßten. Jedenfalls sind diese Charaktere zu absichtlich auf ihr endliches Geschick, auf die Katastrophe, berechnet, und dies ist fehlerhaft, denn dadurch erhält das ganze Stück die Gestalt einer Maschine, worin lebendige Menschen die füreinander bestimmten und notgedrungen auf den Glockenschlag ineinandergreifenden Räder vorstellen. Zwar sollen die Charaktere den Blitzstrahl des Schicksals an sich ziehen, er könnte sie sonst nicht treffen, ohne das Band, das die Weltordnung zusammenhält, zu zerreißen; aber, dies muß spielend, und ohne, daß man es ahnt, geschehen, Mensch und Schicksal müssen sich an einem Ort begegnen, wo man es nicht erwarten konnte und wo man desungeachtet, wenn man näher hinsieht, nicht die verhüllte Larve des Zufalls, sondern das ernste Antlitz der Notwendigkeit erblickt: ist das Gegenteil der Fall, so ist nur noch die Exekution oder die Prämienverteilung möglich, und damit hat die Kunst nichts zu tun. Ein Vater, der sich leichter zum Äußersten, als zu etwas anderem entschließt; eine Tochter, die um ihren Tod bettelt, wie Tausende ums Leben betteln würden; eine Mutter, die an sich nichts bedeutet, deren breites Dasein aber Gelegenheit gibt, daß andere sich entfalten; ein hitziger Graf, der weiß, daß die Affen hämisch sind und der sie dennoch aufs ärgste reizt; ein junger Fürst, der seinen Lüsten jedes Gefühl seiner Würde, jede Rücksicht auf Gesetz und Gewissen aufopfert und der sich, um sich vor sich selbst zu schützen, anfangs hinter eine schlangenglatte Dialektik, zuletzt hinter eine Reue, die ärger ist, als selbst die Sünde war, verkriecht; ein Hofmann, der sein Vertrauter ist, und der Teufel dazu; eine rachsüchtige, verlassene Mätresse, die ihren Abgott abschlachten will, weil sie nicht mehr bei ihm schlafen darf; obendrein ein paar Mörder und um die letzte kleine Schwierigkeit beiseite zu schaffen, noch sogar ein tragischer Kutscher, der sich gezwungen mit diesen verständigen muß: das Schicksal hatte es doch gar zu leicht!, wir wollen aber nicht sehen, was nicht ausbleiben kann!

Emilia ist mir ein Ding, wie ein Widerspruch. Von einer Frömmigkeit, daß sie sogar am Hochzeittage die Messe nicht versäumt; geliebt, und – der Dichter hat sie nicht so geschildert, aber was berechtigt uns, anzunehmen, daß er sie nicht hat so schildern wollen? – von Liebe zu ihrem Verlobten erfüllt; zu wissen, daß der Graf tot ist, daß er um ihretwillen tot ist, oder richtiger, dies nicht zu wissen, es bloß zu ahnen, ein noch schrecklicherer Gemütszustand: dennoch, sie sagt es mit klaren Worten, fühlt sie dem meuchelmörderischen Wollüstling gegenüber, nichts so lebhaft, als daß sie warmes Blut hat, daß sie verführt werden kann, und fühlt dies sogleich, in den ersten entsetzensvollen Augenblicken. Ist dies natürlich? Und wenn, ist sie dann nicht eine gemeine Seele? Und wird eine gemeine Seele sterben, um das zu retten, was sie nie besaß? Übrigens übersehe ich nicht, daß Emilia der herrlichste Charakter geworden wäre, wenn ihn ein wahrhafter Dichter geboren hätte; es ist außerordentlich schön, daß das Mädchen aus heiliger Scheu vor den dämonischen Mächten in ihrem Innern in ihrer letzten freien Stunde weiblich furchtsam und doch heldenkühn den Tod erwählt; gewiß hat auch Lessing die Situation seiner Heldin so empfunden, nur, daß ihm die Mittel zur poetischen Darstellung versagten. Es ist möglich, daß ihm die Idee eines weiblichen Romeos vorschwebte; mit den Modifikationen, welche die Umstände mit sich brachten, wie sich von selbst versteht. [1496]

> Die Tränen stillten wir, die brennend uns entstürzen,
> Doch ach, dies hieße, ihn im Tode noch verkürzen;
> Ach, nun er nicht mehr ist, nun zeigt nur unser Schmerz,
> Was er gewesen ist! Drum blute fort o Herz.

[1497]

Des Lebens Überfluß, neuste Novelle von Ludwig Tieck, macht auf innig ergötzliche Weise anschaulich, daß der reine Mensch dem Schicksal gegenüber immer seine Selbständigkeit zu behaupten vermag, wenn er Kraft und Mut genug besitzt, mit der ihm aufgebürdeten Last zu spielen, sie als ein nur zufällig ihm nahgerücktes Objektives zu betrachten. [1498]

Lessing (nach Schink) hat *nie* geträumt; er schlief immer sehr gut, sobald er die Augen schloß; er schrieb an der Emilia Galotti täglich nur 7 Zeilen. [1499]

Jede Sehnsucht fühlt, daß sie Befriedigung verdient, am meisten die Sehnsucht nach Gott. Daraus entspringt unmittelbar die Überzeugung, daß, wenn der Sehnende nicht Magnet sein kann, das Ersehnte Magnet werden muß, daß, wenn jener sich nicht zu erheben vermag, dieses sich zu ihm herablassen muß. Dies ist das festeste Fundament des Glaubens an Offenbarung. [1500]

d. 19 Februar.

Gestern las ich das Leben Lessings von Schink und abends seine Dramaturgie. Ich komme noch einmal auf die Emilia Galotti zurück. [1501]

Es ist allerdings in der ersten Szene, wo Emilia auftritt, genugsam angedeutet, daß sie für den Prinzen empfindet. Sie zittert, sie ist in der größten Aufregung, sie hat nicht gewagt, ihn zum zweitenmal anzusehen; alles Zeichen einer unbewußt aufkeimenden Liebe. Aber, hiedurch entstehen eben neue Bedenklichkeiten. Es frägt sich, welcher Art diese Liebe ist. Ist sie nichts anderes, als das erste Erwachen der bisher in den Schlaf gelullten glühenden Sinnlichkeit, vorbereitet vielleicht durch den Gedanken an die baldige Hochzeit, zurückgehalten wieder durch das naßkalte Bild des nur für die Seele der Braut schwärmenden Bräutigams? Dann sind zwei Fälle möglich. Entweder ist der ungestüme drängende Prinz nur der Funke, der ihr Herz in Flammen setzt, und dieses wendet sich nun mit voller Glut dem Bräutigam zu, den das Mädchen mit ganz anderen Augen betrachten lernt, indem sie den Schlüssel ihres Daseins ahnt; oder, sie wird klar darüber, daß ihr Verhältnis zu dem Grafen nur ein gemachtes ist, daß er mehr der zufällige, als der wahre Gegenstand ihrer Neigung ward, und ist dieses, so kann sie, die uns der Dichter als des größten Entschlusses fähig vorführt, über das, was sich für sie zu tun geziemt, nicht zweifelhaft und unentschieden sein, sie kann nicht zögern und nicht zagen, ein Band zu zerreißen, das nie hätte geknüpft werden sollen. Im Herzen den einen tragen und dem andern zum Altar folgen, das verträgt sich nicht mit ihrer Frömmigkeit, ihrer Gemütsreinheit. Ist aber jene Liebe etwas Höheres, ist sie, was sie sein soll, so verklärt sie auch unmittelbar und notwendig den Gegenstand, der sie erweckt hat; sieht die ganze Welt im Prinzen nur den Wollüstling und den Verführer, Emilia muß etwas Besseres in ihm sehen, denn nie kann vom Gemeinen eine edle Wirkung ausgehen. Und hiemit fällt die Katastrophe weg, soweit nämlich der Wille der Tochter Anteil daran hat; der Vater mag sie immerhin noch morden, um demjenigen ihren Körper zu entreißen, der ihre Seele auf ewig besitzt. Emilie kann nicht mehr fürchten, verführt zu werden, und wenn sie sich auch, hin und her geworfen zwischen innerer und äußerer Pflicht, im Widerstreit mit einer einmal eingegangenen Verbindlichkeit und dem Zuge ihres ganzen Wesens, nicht gleich zu helfen weiß, so kämpft sie doch einen ganz anderen, einen viel ernsteren und heiligeren Kampf, einen solchen, der, falls er nur durch den Tod zu enden wäre, den Tod wahrhaft tragisch machen würde. Sich zu töten, weil man fühlt, daß man, wenn man sich nicht tötet, nicht stark genug sein wird, die Unschuld zu bewahren, ist wohl kaum der Mühe wert. [1501a]

»Kurz, die Tragödie ist keine dialogierte Geschichte; die Geschichte ist für die Tragödie nichts, als ein Repertorium von Namen, mit denen wir gewisse Charaktere zu verbinden gewohnt sind. Findet der Dichter in der Geschichte mehrere Umstände zur Ausschmückung und Individualisierung seines Stoffes bequem: wohl, so brauche er sie. Nur, daß man ihm hieraus ebensowenig ein Verdienst, als aus dem Gegenteile ein Verbrechen mache.« Lessing. Ich denke doch, das Verhältnis zwischen Geschichte und Tragödie kann etwas inniger sein. [1502]

d. 20 Febr.
Heute morgen trug mir G.[artner] eins seiner früher komponierten Lieder vor, das er verändert hatte. Dabei ward mir klar, daß für die meisten Menschen ein großer Genuß darin liegt, eine erst neuerdings erworbene Kenntnis anzuwenden und Regeln zu beobachten, selbst, wenn es nicht nötig ist. Das Lied hatte, wie der Komponist mir sagte, im Periodenbau gewonnen; für mein Gefühl hatte es verloren, und ein Gebäude ist doch nur wegen dessen, was darin wohnt. Regeln und Grundsätze sind für den Künstler nur Stoff, obgleich der edelste und respektabelste; sie zu erlernen ist überflüssig, denn müssen sie durchaus beobachtet werden, so künden sie sich dem Geist in dem Augenblick, wo dies notwendig wird, imperativisch an, sind sie aber gleichgültig, obwohl dienlich, so können sie nur verwirren. [1503]

Am 14. Febr., dem Skt Valentinstag, wählt sich jeder Vogel, wie die Engländer meinen, sein Weibchen für den übrigen Teil des Jahres. Nach uralter Sitte ist der Mann, der an dies. Tage ein

Mädchen zum erstenmal sieht, auf 12 Monate ihr Liebhaber und heißt ihr Valentin, sie seine Valentine.

Scotts Mädchen von Perth. [1504]

Wie andere ihn betrachten und wofür sie ihn halten: das ist die Atmosphäre, worin der Mensch lebt und der beste kann in der schlechtesten ersticken. [1505]

d. 21 Februar.
Über Nacht allerlei geträumt von Prinzen usw. Lebhaft erinnere ich mich eines Blumenbuketts, das auf ganz wundersame Weise glänzte und leuchtete, und zwar nicht im Schein der Sonne, sondern durch sich selbst. [1506]

Die Geschichte einer Heiligen dramatisiert; die, eben, weil es ihr schwer fällt, die größten Sünden gegen die Erde begeht, um dem Himmel zu dienen. [1507]

d. 24sten Febr.
Spaziergang mit Doktor Lilienthal. Gedanken von mir: [1508]

Der Esel hat alles, was ihm an Erkenntnis beschieden ist, wenn er seinen eignen Schatten betrachtet. [1508a]

Viele Menschen gewinnen durch ihre geistigen Operationen deswegen nichts, weil sie durch Weitergehen dasjenige wieder zu verlieren fürchten, was sie schon gewonnen haben. [1508b]

Der Glaube ist der beste, bei welchem der Mensch am meisten gewinnt und Gott am meisten verliert. [1508c]

Der Mensch, wenn er fällt, faltet gern zugleich die Hände, um jenes unter diesem zu verbergen. [1508d]

Warum wird die Wahrheit durch die Subjektivität so gespalten? Weil Welt und Leben nur so möglich sind. [1508e]

Beweis, daß es besser sei, den Schmerz gar nicht aufkommen zu lassen; da ja die besten Menschen ihr möglichstes tun, ihn zu unterdrücken. [1509]

Das Individuum existiert nur als solches, und wenn es sich selbst aufgibt, so ist sein Leben nur noch ein Sterben, ein unnatürliches und unnützes Hinwelken. Der Zustand einer Individualität, die sich einer größeren auf Gnade und Ungnade gefangen gibt, könnte den herrlichsten Stoff zu einer Novelle abgeben. Obgleich aber das Individuum nur als solches existiert, hat es dennoch keine heiligere Pflicht, als zu versuchen, sich von sich selbst loszureißen, denn nur dadurch gelangt es zum Selbstbewußtsein, ja zum Selbstgefühl. [1510]

Ein Kind, das seine Mutter bittet, mit Weinen aufzuhören. [1511]

Die Frucht des Baums ist nicht für den Baum. [1512]

»Warum ficht mich so manches Übel an?«
Weil Gott dich vor dir selbst nicht schützen kann! [1513]

Der Mensch tut wohl, sich nach allen Seiten zu verbreiten, ohne sich viel um das innere Zentrum zu bekümmern, das die vielen verschiedenen Richtungen zusammenhalten soll. Dies letztere geschieht ohnehin, unmittelbar und ohne sein Zutun; und fehlte es an einem solchen Zentrum, so wird niemand eins in sich hineinflicken, sich nachträglich damit versehen können. [1514]

Alles, was zu einem Ding notwendig ist, muß darin sein, muß immer darin sein, oder es ist nicht, ist zuweilen nicht. Dies auf die Welt angewandt, so kann durchaus nichts Neues, Nichtdagewesenes eintreten; nur verschwindet ein Element oft an einem Platz und tritt an einem anderen wieder hervor. Ein unentwickelter, aber sehr reicher Gedanke. [1515]

Durch Dulden Tun: Idee des Weibes. [1516]

Klara dramatisch. [1517]

Der Mensch soll treten in die Welt,
 Wie in sein eignes Haus.
Man geht nicht in die Schlacht als Held,
 Man geht als Held heraus. [1518]

d. 2ten März.

Noch immer bin ich in München. Alle meine Papiere und Sachen sind schon fort, mein Zimmer hat etwas Unheimliches, es ist ein öder, wüster Zustand. Ich lese Romane von Walter Scott, blättre in Schadens Reise-Handbuch, betrachte die Karte von Deutschland und schwebe zwischen Kopfweh und Langeweile in der Mitte. Nachts, die letzte ausgenommen, ein dumpfer, zerrissener Schlaf. Dennoch wünsche ich mich nicht weg, und es kommt mir zuweilen vor, als hätte ich noch länger hierbleiben sollen. Von Hamburg verspreche ich mir gar nichts, die alten, häßlichen Erinnerungen steigen wieder auf – ich vermag niemanden mit Herzlichkeit entgegenzukommen, wie könnten sie mir Herzlichkeit beweisen. Das Grundübel liegt darin, die Leute, mit denen ich dort durch Zufall und Not in Beziehung und Verhältnis gekommen bin, sind nicht für mich; ich hätte mit keinem die Verbindung gesucht, hätten nicht die Umstände sie mir aufgedrungen. E– muß ich freilich ausnehmen. Narrheit ists, dergleichen Stimmungen durch Niederschreiben festzuhalten, aber der Mensch pökelt sich gern seine Qualen ein! — Neulich der Spaziergang auf den Weg nach Ingolstadt hinaus; Empfindungen, München zu verlassen; versüßt durch den Gedanken: du kehrst noch wieder zurück. Und warum sollte ich nicht auch vom Norden aus zurückkehren können? [1519]

Wie wirken Schlaftränke auf den Körper des Menschen?
[1520]

In Hamburg sogleich an G.[räfin] R.[hedern] zu schreiben; vorher mit E.[lise] darüber zu sprechen. [1521]

d. 4 März.

Ich habe in der letzten Zeit mehrere Romane von Scott und zur Vergleichung auch einen von Cooper gelesen. Cooper ist ein nachgebildetes Gefäß ohne Inhalt, Scott dagegen unstreitig ein außerordentliches Talent und dennoch kein Dichter. Warum nicht? Ich weiß mir hierauf nicht befriedigend zu antworten, obgleich mein Gefühl entschieden ist. Zum Teil zeigt er seine undichterische Natur dadurch, daß er immer nur das Äußere der Lebensprozesse, das Handgreifliche und in die Augen fallende derselben darstellt; überhaupt nur das Entwickelte, niemals das Werdende. Es ist freilich das Höchste, Seelen-Ereignisse und Geistes-Revolutionen ohne Zergliederung und Beschwätzung unmittelbar durch das Tun und Leiden des Menschen zu zeichnen, wie es Goethe in seiner Ottilie, Kleist in seinen Novellen getan haben; doch, bei Scott geht innerlich gar nichts vor, seine Personen sind und bleiben, was sie sind, sie gewinnen oder verlieren wohl an Glück und Unglück, aber das Schicksal greift nie den Keim ihres eigenen Wesens an. Daher kommt auch die Monotonie, welche die fortgesetzte Lektüre dieser Romane, trotz des frischen Wechsels von Situationen und Charakteren auf die Länge unangenehm macht; die Verhältnisse werden verrückt und wieder eingerichtet, etwas weiteres geschieht nirgends. Merkwürdig und bezeichnend ist vor allem die Art, wie Scott sich der stoffartig-poetischen Elemente, der Sagen, Träume, Ahnungen pp. bedient; er weiß sie mit kräftiger Hand zu packen und aufs geschickteste in den Gang des Ganzen zu verweben, aber er besprengt sie immer vorher wohlbedächtig mit dem kalten Wasser des Verstandes und erschwert sich dadurch die Wirkung, die er zuletzt doch hervorzubringen weiß. Jedenfalls ist er in der bloßen Unterhaltungsliteratur eine ganz einzige Erscheinung, und zwar vornehmlich wegen der großen Kunst, der Feinheit in der Motivierung, die er aufwendet, um die gewöhnlichsten Zwecke zu erreichen. [1522]

Über Platens Gedichte

Das Gefühl kann sich nicht zum Gegenstand seiner selbst machen, kann sich nicht, in den Spiegel schauend, belächeln, aber der Gedanke; dagegen kann das Gefühl erheuchelt werden, der Gedanke nicht. Der Gedanke ist plastischer, als das Gefühl; schon deshalb mußte er in der alten Literatur vorherrschend sein. Das Gemüt umfaßt die verborgenen Kräfte des Menschen und von den bewußten die dunkleren Richtungen; nur durch das Gemüt hängt er mit der höheren Welt, ohne die die gegenwärtige leer und bedeutungslos sein würde, zusammen. Das Gemüt offenbart sich in den einzelnen Gefühlszuständen und diese, insofern sie durch bestimmte äußere Begegnisse und durch Eindrücke der Natur erzeugt werden, setzen die verschlossensten Geheimnisse der Menschenbrust mit dem Leben und der Welt in fruchtbare, innige Verbindung. Zwischen dem Gedanken und dem Gefühl besteht nur ein gemachtes Verhältnis. [1523]

d. 6 März.

Jetzt gehts ans Abschiednehmen. Gestern war ich zum letztenmal in der Pinakothek, heute in der Leuchtenbergschen Galerie und in der Glyptothek. Es wird mir doch in Hamburg eine große Entbehrung sein, daß ich dort nirgends schöne Gemälde und Bildwerke sehen kann. Welch ein Genuß, in diesen prachtvollen Sälen umherzuwandeln und sich in den Geist der fernen Zeiten und Schulen mit dem vollen Gefühl der frischen, anders gestalteten, Gegenwart zu versenken! Gerade die Kunst ist es, die das Leben erweitert, die es dem beschränkten Individuum vergönnt, sich in das Fremde und Unerreichbare zu verlieren; dies ist ihre herrlichste Wirkung. [1524]

Murillos Madonna. In diesem Christuskinde sind kindliche Naivetät und Ahnung seiner eigenen Göttlichkeit aufs innigste miteinander verschmolzen; in diesem aber auch ganz allein. Christus scheint mit sich selbst zu spielen. [1524a]

Scott ist nirgends größer, als in der Erzählung von Elspet und ihrem Sohn in der Chronik von Canongate. Hier ist er echter Dichter. Durchaus vortrefflich! [1525]

d. 10 März.

Gestern abend ging ich einmal wieder in das Haberedersche Kaffeehaus am Englischen Garten, das ich und Rousseau im vorigen Winter jeden Abend zu besuchen pflegten. Ich setzte mich an den Tisch, wo wir gewöhnlich saßen und ließ mir ein Glas Bier geben, um es auf sein Andenken zu leeren. »Leben Sie auch noch?«

sagte der kleine Wirt, den wir immer den Kobold nannten. Das Zimmer war verändert, die Tochter war lang in die Höhe geschossen, die Gäste waren dieselben. Offiziere, die Karten und Billard spielten; ein Graf darunter, der sich dadurch amüsierte, daß er seine Kameraden zuweilen in die Lenden kniff. Bauern im andern Zimmer, darunter der krausköpfigte Geschichtsforscher, der über Karl den Großen sprach. Eilbote, Landbote, Tageblatt. Gang zu Hause, Arm in Arm, dem Sturm und Schnee entgegen. Abends Kartoffel-Essen oder Pfannkuchen. [1526]

O, wie süß sind die Schmerzen des Abschieds! Wer könnte scheiden, wenn sie nicht wären! Das Herzblut schießt hervor, wir glauben in Wehmut zu zerfließen, uns ist, als sollten wir sterben, und so gehts fort. Fort! [1527]

Mittags.

Als ich ankam in München, hatte ich gleich vorm Tor Gelegenheit, ein Paar Stiefeln zu erhandeln, die ich notwendig brauchte. Ich nahm dies für ein günstiges Zeichen und habe mich nicht getäuscht. Freilich hab ich in München viel verloren, aber ich habe darin doch auch viel besessen. Heute morgen dachte ich: die erste Person, die dir, wenn du ausgehst, begegnet, soll dir Glück oder Unglück bedeuten. Ich hatte dies ganz vergessen, als ich fortging; bei der protestantischen Kirche stieg gerade, wie ich vorüberging, die Königin aus dem Wagen; da fiel es mir wieder ein. Die zweite Person, die mir auffiel (und diese können doch nur gelten) war der Prinz. Also – Glück! Denn diese Personen, die so glücklich sind, können doch unmöglich Unglück verkündigen. Dazu, um mich ganz selig zu machen, ward mir noch einmal die Wonne, zu dichten. Ich machte einen Spaziergang – den letzten – im Englischen Garten; da entstand in Bezug auf das schon vorhandene erste ein zweites Scheidelied:

  Das ist ein eitles Wähnen,
   Sei nicht so feig, mein Herz!
  Gib redlich Tränen um Tränen,
   Nimm tapfer Schmerz um Schmerz!

  Ich will dich weinen sehen,
   Zum ersten und letzten Mal;

Will selbst nicht widerstehen,
  Da löscht sich Qual in Qual.

In diesem bittren Leiden
  Hab ich nur darum Mut,
Nur darum Kraft zum Scheiden,
  Weil es so weh uns tut!

Dann stieg ich den μενοπτερος hinan und übersah noch einmal den großen Garten und die Stadt. Ich habe dort gebetet, um Segen für München, das mich in seinem Schoß so freundlich aufnahm, und um Segen für mich selbst. »Mach etwas aus meinem Leben – rief ich aus – es sei, was es sei!« Auch für meine liebe Beppi habe ich den Segen des Himmels herabgerufen. Und, da dieses Blatt doch beschlossen werden muß: warum soll ich es nicht mit ihrem Namen beschließen? [1528]

Hamburg

Zweiter Aufenthalt

d. 3 April 1839.

Äußerst erkältet kam ich d. 31sten v. M. abends 6 Uhr in Hamburg an. Meine Stiefel waren sehr zerrissen, mein erstes war, mir vorm Altonaer Tor ein Paar neue zu kaufen, dann fuhr ich mit E.[lise] die mir bis Harburg entgegengekommen war, in das Holsteinische Haus. Müde und voll Frost und Kopfweh legte ich mich sehr früh zu Bett und las Gutzkows Seraphine. Anderntags bei E.[lise]. Gestern ging ich zu der Doktorin. Wohlwollendherzliche Aufnahme. Bekanntschaft mit Mad Lina Reinhardt. Von Julius Schoppe hörte ich aus dem Munde der Mutter Dinge, die mich erstarren machten, so daß ich mich krank fühlte, als ich ging. Nachmittags zu Jahnens. Ich traf ihn nicht, aber er eilte zu mir. Heute mit Jahnens in die Konditorei. Dort saßen Gutzkow und Wihl, Jahnens führte mich zu ihnen. Gespräch über meine Studien, München und Hamburg, Laube und Mundt, Kunst und Literatur. Gutzkow forderte mich auf, Beiträge zu den Jahrbüchern zu liefern und ihn zu besuchen. Er sagte mir, daß er mit meinen Ansichten über die Lyrik übereinstimme, daß Freiligrath und Grün in seinen Augen gespreizte Talente seien. Jahnens meinte, er hätte G.[utzkow] nie so gesehen und ich habe große Ursache, mit der Art, wie sich das Verhältnis zu ihm angeknüpft, zufrieden zu sein. [1529]

Die Geschichte ist die Kritik des Weltgeistes. [1530]

Nur, weil die Sonne keinem gehört, gehört sie allen. [1531]

Die Poesie gehört dem Leben an und ist aufs Leben verwiesen. [1532]

Dem Schmerz zu zeigen, daß er sich selbst nicht versteht, am Abgrund nachweisen, daß er tiefer ist, als man glaubt, verdient keinen Dank. Wenn man tief fallen muß, ist es noch immer gut, nicht zu wissen, *wie* tief. [1533]

Lenau ist jetzt sein eigenes Echo. Wie viele! [1534]

Die Poesie sei Bild, aber sie krame nicht mit Bildern! Man setzt einen Spiegel nicht aus Spiegeln zusammen. [1535]

Kleists Arbeiten *starren* von Leben. [1536]

Schillers Talent war so groß, daß er durch die Unnatur selbst zu wirken wußte. [1537]

Kraft ist Ersatz für Glück, darum hat sie keins. [1538]

d. 8 April.
Heut morgen bei Campe. Freundschaftlich unterhielten wir uns über nichts. Kern-Ausdrücke von ihm: »wie schnell hat Freiligrath seine Karriere gemacht!« »vom Heil. Geist glaube ich, was ich für meine Verhältnisse brauche.« [1539]

Musik mit dem Hut auffangen. Einen Ton durchpeitschen. [1540]

Die Welt verliert (im Toten) nur einen Menschen; aber der Mensch verliert die Welt. [1541]

Ein Baum, der Sterne, statt Blüten trägt. Pinselstrich. [1542]

Varnhagen von Enses Denkwürdigkeiten sind aus der kleinlichsten Bettler-Eitelkeit hervorgewachsen. Eitelkeit ist auch der Punkt, aus dem der ganze Montaigne hervorsproßte, aber offene, die sich selbst gefiel und uns dadurch mit sich aussöhnte. Varnhagens Eitelkeit ist versteckt, sie schämt sich ihrer Existenz, sie will es nicht Wort haben, daß sie da ist, und eben daher entspringt die Widerlichkeit dieser lit. Erscheinung. – – $^{1}/_{2}$ Jahr nach dem Tode seiner Rahel geht er wieder auf die Freite. Blutarm kam sein Vater Varnhagen (der den van Ense kaum dem Namen nach kannte) nach Hamburg mit seiner Familie, wo es ihm als Arzt schlecht ging; als er starb, ward er auf dem *Armenkirchhof* als Armer begraben. Die Mutter fristete ihr Leben durch Handarbeit. Eine Familie *Kirchhof* in Hamburg ließ den Sohn, der ihrer *nirgends* mit auch nur einer Zeile gedenkt, studieren. Er hofmeisterte. Dokt. Schoppe. [1543]

Manches für möglich halten, heißt es gewiß machen. [1544]

Jemanden oft prügeln, heißt, ihm aus seiner eignen Haut einen Panzer schmieden. [1545]

Die Schellingsche Idee, daß zu einer bestimmten Zeit aus Gott dem Vater Gott der Sohn hervortreten mußte, führt den Dualismus in die Gottheit selbst hinüber, zerspaltet die Fundamental-Idee des menschlichen Geistes, und macht Gott zur Wurzel der Welt-Entzweiung. Dies sind die nächsten Konsequenzen. [1546]

Nur, wo Leid und Lust in der Lyrik nicht zu trennen ist, ist der Humor an seiner Stelle. Uhland Abreise. [1547]

Das *gestaltete* Leben ist schon vom Tode umarmt, nur das sich erst entwickelnde, sich aus dem Keim losringende ist eigentliches Leben. [1548]

Die Lyrik ist der reinste Ausdruck der Völker-Nationalität.
[1549]

d. 11 April. Abends halb 11 Uhr.

Jetzt sitze ich wieder in der nämlichen Kammer, in welcher ich vor 3 Jahren saß und Vokabeln auswendig lernte. Die Kammer hat sich verändert, wie ich selbst, sie ist größer und stattlicher geworden. Draußen in den Bäumen, die vor dem ehemaligen Hause der Dokt. stehen, heult der Wind, die langsame, schnarrende Stimme des Nachtwächters tönt zu mir herüber, auf dem Vorplatz geht mühsam und schwer eine Uhr. Ein wunderlicher Zustand, alt und doch zugleich völlig neu. Mit ganz anderen Aussichten sitze ich hier, wie ehemals. Zwei schöne Zimmer sind für mich bereitet, die ich aber erst nach Verlauf eines Monats beziehen kann. Der kaum entpuppte Schreiber, der es für eine große Ehre hielt, in einen Gymnasiasten-Verein eingeführt zu werden, wird von den ersten literärischen Berühmtheiten Deutschlands gesucht und respektiert, eine Welt der Wirkung liegt vor mir da. Drei Jahre tun doch außerordentlich viel. Was ich mir in München eigentlich nur noch einbildete, ist jetzt gewiß: ich kenne keine Verlegenheit mehr, mag ich gegenüberstehen, wem ich will; ich kann mich in alle Wege auf meinen Geist verlassen und darf mich getrost herauswagen, auch ins fremdeste Gebiet hinein, er läßt mich nie im Stich. Der Doktor Wihl hat mich dringend aufgefordert, eine Geschichte und Kritik deutscher Lyrik zu schreiben; es trifft mit einer Idee zusammen, die ich schon in München hatte, und ich werde es tun. Ich kann hierüber mehr sagen, als irgend ein anderer. Gutzkow will für den Telegraphen einen Bericht über München, für sein Jahrbuch meine Kritiken über Heinrich Laube. Campe wünscht einen historischen Roman, der in Dithmarschen spielt. Arbeit genug, ich darf nicht länger klagen, die Pforte ist mir geöffnet. [1550]

d. 12 April. Morgens.

Ich habe schon ein paar Seiten über München geschrieben. Dergleichen Geschwätz widert mich an. Aus dem Fenster sehend, erblicke ich dieselbe Waschfrau, die ich schon vor 3 Jahren in ihrem kleinen Stübchen von früh an emsig tätig sah. Gott, drei

Jahre immer dasselbe: fremder Leute Kleider vom Schmutz reinigen. [1551]

Sollten denn von Anfang der Welt an alle Kräfte in ihr sogleich entfesselt sein; sollte nicht manche erst im Lauf der Zeit entfesselt werden? [1552]

Der ganze Band Freiligrathscher Gedichte, der vor mir liegt, enthält nichts, was dem von ihm aus *Thomas Moore* übersetzten Dithyrambus (wie ich das Produkt nennen mögte) gleichkäme:

> *Auf eine schöne Ostindierin*
> Wenn jeder, die ein Sonnenkind,
>   In Aug und Busen Feuer wohnt,
> Dann sind, die dich so nennen, blind,
>   Dich sandte nur der bleiche Mond.
>
> Und dennoch – zündend bliebe kalt
>   Dies Auge, feurig, süß und licht?
> Ihr Lippen, die ihr purpurn wallt,
>   Euch ziemt Dianens Siegel nicht.
>
> O, einen Strahl der Sonne nur,
>   Die deines Ganges Fluten kocht,
> Zu wandeln dich, du Lichtnatur,
>   In alles, was mein Herz *erpocht*.
>
> Ha – plötzlich lodern dich zu sehn
>   In deiner ganzen glühnden Pracht,
> Und dann im Brande zu vergehn,
>   Den ich doch selber angefacht!

Die Schilderung der Einzelheiten in seiner Mohrin ist glänzend und glühend, aber die auf einen handgreiflichen Kontrast gebaute Komposition ist ein leeres Nichts. Noch dazu ist es nicht weiblich, daß die Mohrin an einen schlimmen Ausgang gar nicht denkt. Wenn es auf bloße Schilderungen ankäme: wo sind bessere, als in meiner großen, im Dithm. Boten abgedruckten Romanze mit den Versen:

»Und er hört den kleinen Hund,
   Der ihn oft genug verjagte!«
Die sind nur Mittel zum Zweck. [1553]

Ich bin noch immer Feuer und Flamme. Habe ich doch Tränen vergossen, als auf dem Wege von Soltau bis Welle mein kleiner Hund erkrankte. Es wäre mir aber auch der ärgste Verlust gewesen, der mich treffen konnte. [1554]

Ein Lichtschein beleuchtet plötzlich eine weiße Wand und eine Stimme ruft aus: lies! Ich aber sehe keine Schrift. »Kannst du nicht lesen? Es steht doch deine ganze Zukunft dort geschrieben.« [1555]

Sonntag d. 15. April.

Von 11 Uhr an bei der Doktorin Schoppe. Morgens wurden Gespenstergeschichten erzählt. Nachmittags kamen Gutzkow und Doktorin Assing nebst ihren Töchtern. Diese Mädchen suchen die Genialität in der Aussprache. Gutzkow erzählte Greueldinge von Menzel. Ich stritt mit ihm und Wihl über die Wahlverwandtschaften. Hart aneinander. Wurde von Wihl ersucht, eine Rezension des Blasedow zu schreiben. [1556]

Der letzte Vers des Gedichts *Liebeszauber*:
   Endlich vernimmt sie die Klagen,
      Welche dein Herz erhub;
   Wird dir im Traum dann sagen,
      Daß man sie längst begrub. [1557]

Änderung zu dem Gedicht: *auf eine Gefallene*:
   Und wenn er in dies Auge blickt,
      Da neigt er sich in heilgem Graus,
   Und wähnt, im Innersten entzückt
      Gott selber schaue stumm heraus. [1558]

d. 16ten April.

Ich las gestern und heute: *Charlotte Stieglitz, ein Denkmal.* Theodor Mundt spricht in seiner beliebten Manier wieder von sozialen Zerwürfnissen, die sich in dieser Frau repräsentieren sollen. Unsinn: gab es für sie wohl eine denkbare Lebensform? Sie ging daran zugrunde, daß sie zugleich zu viel und zu wenig besaß; es wogte in ihr eine Überfülle von Liebe und ihr gebrach die Kraft, diese Liebe auf sich selbst zurückzuwenden. Was Mundt über ihre geistige Bedeutsamkeit sagt, kann ich nicht bejahen; sie war in dieser Hinsicht sehr gewöhnlich, wenn ich nach den Tagebuchmitteilungen urteilen darf: gesundes Gefühl und wohl geordneter Verstand, die beide meistens das Rechte ergreifen, weiter keinen Deut. [1559]

Es hat viel Bedenkliches, Erlebnisse, die noch in der Blüte, wo nicht gar in der Knospe stehen, aufzuzeichnen, aber auch viel Vorteilhaftes, wozu besonders das gehört, daß man in späteren Jahren sich oft nur mittelst eines geschriebenen Fadens in den früheren zu orientieren vermag. Deshalb sei denn auch gleich im Anfang ein räsonierendes Wort über die Gestalt, welche meine neue Lebenslage gewonnen hat, erlaubt. Gutzkow hat mich allerdings sehr freundlich aufgenommen, aber wer sagt mir, ob es aus wirklicher Herzlichkeit geschah. Er ist am Ende so schmutzig, daß er sich waschen muß, nicht aus Trieb zur Reinlichkeit, sondern nur, weil er sonst in keinem Kreise mehr geduldet würde. Ich komme ihm vielleicht als ein reines Handtuch gelegen. In allen diesen Leuten liegt keine Wahrheit, darum glauben sie auch an keine. Sie ekeln mich an. [1560]

Wer einmal König war, für den gibt es keine Existenz mehr. [1561]

»Wie befindest du dich?« Wie meine Hose. Antwort von mir. [1562]

Sowie Napoleon seine Pläne offenbarte, war es ihm unmöglich, sie auszuführen. [1563]

Tadel aussprechen, heißt Lob begründen. [1564]

Das *Geheimnis*, letztes aller Poesie. Geheim ist auch alles im Leben, wenigstens in den Folgen. Daher das Triviale sog. abgeschlossener Sachen. [1565]

Humor ist Zweiheit, die sich selbst empfindet. Daher das Umgekehrte von Form und Inhalt. [1566]

Der Geist, der früh für das Untergeordnete eine vollkommene Form findet, ist schwerlich geeignet, das Höchste hervorzubringen. [1567]

Dem, der eine Krone verlor, muß man es nicht zumuten, einen Schwefelholzkram zu gewinnen zu suchen. [1568]

Das wäre prächtig, wenn der Kirschbaum die Kirschen selbst essen könnte. [1569]

Der Dichter, wenn er ganz von einer Idee erfüllt ist, sieht in der Welt nur die Reflexe dieser Idee; erblickt er einen Laternenpfahl, so erregt er Gedanken in ihm, die mit ihr in Verbindung stehen. Ebenso, nur in noch erhöhterem Maße, der Wahnsinnige; die fixe Idee ist der feste Pfeiler, den er in seiner schwankenden Welt umklammert. [1570]

Die meisten Menschen sind nur so lange gut, als sie andere für gut halten; sie wollen nicht geben, sie wollen nur eine Schuldigkeit abtragen. [1571]

Heute, am 2ten Mai, habe ich dem Doktor Huup für sein rheinisches Odeon nachfolgende Gedichte gegeben: 1) der Priester; 2) Schön Hedwig; 3) Scheidelieder: kein Lebewohl pp und Das ist ein eitles Wähnen; 4) Ritt im Spätherbst; 5) An ein Kind: Zur Erde, die dein Veilchen deckt pp [1572]

Als ich gestern abend über den Stintfang ging, saß dort ein öffentliches Mädchen, welches mit einem kleinen Kind spielte, das kaum laufen konnte. »Was sagtest du eben – rief sie, einen unzüchtigen Blick auf mich heftend, indem ich näher kam, dem Kinde zu – was hast du gesagt? Ich wäre eine Hure?« Scheußlich, die Unschuld zur Dolmetscherin der Sünde zu machen. [1573]

Es liegt in der *Beichte* ein echt menschliches Element. Eine Tat, *bekannt*, ist *verziehen*; das Bekenntnis ist die Satisfaktion der beleidigten Idee. [1574]

Gutzkows Nero. Die Aufgabe mußte sein, den Nero zu vermenschlichen, ihn auf etwas Ewiges in der Menschen-Natur zurückzuführen. Aber, nur das Gefühl vermenschlicht und vermittelt, nicht Räsonnement und Spekulation, denn der letzteren bedient sich jeder Bösewicht. Ferner, wenn auch alles Einzelne motiviert ist, so ist dadurch noch keineswegs eine Erscheinung in ihrer Totalität motiviert. Auch ist Nero ein Charakter, der, sowie er über sich selbst *denkt*, nicht mehr existiert. [1575]

Der Kuß ist der Vulkan des Herzens. [1576]

Das Verstecken spielende Licht. [1577]

Im Russischen bezeichnet dasselbe Wort *rot* und *schön*. Übrigens fliegt mir, wenn ich an etwas Schönes denke, zugleich immer die rote Farbe durch den Kopf. [1578]

d. 6ten Mai.
Ich war heute morgen bei Gutzkow, um von ihm, da er Mittwoch reist, Abschied zu nehmen. Er nahm mich sehr freundlich auf und sagte mir gleich, daß er mich zwei Zeitungen, den Hallischen Jahrbüchern und dem erst entrierten Hannöverschen Museum als Mitarbeiter empfohlen habe. Ich dankte ihm dafür und bemerkte, wie sehr es mir darauf ankomme, mit öffentlichen Organen Verhältnisse anzuknüpfen. Darauf fragte er mich, ob Wihl mir gestern ein Frühlingsgedicht vorgelesen und ob ich über dasselbe gesagt hätte: ich kenne nur ein Frühlingslied, das von Uhland: Die linden Lüfte sind erwacht pp und dies sei das zweite. Ich mußte dies in Abrede stellen. Die Sache verhielt sich nämlich so. Wihl war bei der Doktorin Schoppe zum Essen. Nach Tisch ging er mit mir und Janinsky im Garten spazieren, zog ein Blättchen aus der Tasche und sagte, er wünsche uns ein paar Gedichte zu lesen, um sie, wenn sie uns zusagten, auch den Damen vorzutragen. Ich bemerkte, weil ich überhaupt nicht gern und am wenigsten gleich nach dem Essen Gedichte höre, daß es dieser Probe nicht bedürfe. Er ließ sich aber nicht abhalten, sondern trug die Gedichte vor, die ich gut, aber unbedeutend, fand, und die ich zu jeder Zeit besser machen will. Ich sagte ihm

notgedrungen ein ganz gewöhnliches Kompliment, zergliederte das bessere der Gedichte und hob, da es nicht meine Art ist, Leute mit einer bloßen Phrase abzuspeisen, den Schlußgedanken heraus, fügte aber, um ja nicht mißverstanden zu werden, hinzu: ich kenne nur *ein* Frühlingslied: die linden Lüfte sind erwacht. Es konnte mir nicht einfallen, daß die Eitelkeit des Poeten aus dieser Äußerung eine Folgerung ziehen würde, die dem Grund, weshalb ich sie fallen ließ, direkt widersprach; noch weniger konnte ich erwarten, daß er meine Äußerung in dem ihm beliebigen Sinne eigenmächtig ergänzen und mir Worte andichten würde, die ich niemals aussprach. Ich erzählte Gutzkow den Zusammenhang mit möglichster Schonung Wihls; er lächelte. Darauf sprachen wir über Campe; er riet mir, mit diesem »etwas zu machen«, es möge jetzt, nach dem Vorfall mit Heine gerade die rechte Zeit sein. Ich sagte ihm, daß die Herausgabe meiner Gedichte mir am Herzen läge, daß ich über ihren objektiven Wert nicht urteilen wolle, daß ich mich aber überzeugt halten müsse, über den jetzt erreichten Punkt in der Lyrik nicht mehr hinauszukommen und daß deshalb etwas durchaus Abgeschlossenes in meiner Sammlung vorliege. Gutzkow deutete auf den historischen Roman aus der Dithmarsischen Geschichte, von dem er mir schon früher einmal sprach; ich bemerkte, daß ich im Roman etwas *Besseres*, aber nicht etwas so *Gutes*, wie Spindler, hervorzubringen hoffe und teilte ihm die Idee zum Deutschen Philister mit, die seinen Beifall fand. Wir kamen auf die Gedichte zurück, und Gutzkow meinte, Campe habe ja schon einmal 5 Fdor an diese wenden wollen. Diese Wendung schien mir eigen und bewog mich, um in meiner Bescheidenheit von ihm nicht mißverstanden zu werden, zu der Bemerkung: ich glaube, meine Gedichte können sich mit allem, was jetzt erscheint, messen. Er erwiderte: gewiß! Darauf gab er mir vier neue Schriften (Gedichte von Blessig; Wissenschaft und Universität von Biedermann; Leben und Taten Emerich Tökölys, Drama von A. Z. und Sokrates von Theodor Heinsius) mit der Bitte, sie für den Telegraphen zu rezensieren, unter dem Hinzufügen, die Biedermannsche Schrift dann an Wihl zu geben, wenn letzterer durchaus darauf bestehe. Ein neuer Abschnitt in meinem Leben: zum erstenmal Rezensent ex officio. Der Aufsatz für das Jahrbuch der Literatur (über Laube oder irgend einen anderen mir gefälligen und mit den Interessen der modernen Lit. in Beziehung stehenden Gegenstand) versprach ich zu *Juli*. An der Treppe erinnerte ich ihn (absichtlich, um nicht eine Geringschätzung an den Tag zu legen) an sein Versprechen, mir vor seiner Abreise sein Drama zu geben; er bat mich um Zurückgabe seines Worts. Ich brachte noch einmal meine dramatischen Aufsätze in Anregung und er sagte mir, er habe sie schon für Wihl mit auf die Liste gesetzt; sowie ich herunterging, rief er mir noch nach: nehmen Sie sich des Telegraphen an! – Ich hatte meine Gründe, diese Unterredung gleich, nachdem sie vorgefallen, niederzuschreiben. [1579]

»Kind, wenn ich brennen soll,
So steck mich nicht in Brand.« [1580]

Man muß nicht vom Maler verlangen, daß er neue Farben erfinden soll. [1581]

Ein Lehrjunge in Hamburg träumt, er werde auf dem Wege nach Bergedorf ermordet, und erzählt seinem Meister den Traum. »Sonderbar ist es, sagt dieser, daß du eben heute mit Geld nach Bergedorf mußt.« Der Junge hat die größte Angst, aber er muß fort. Als er auf der Straße nach B. an eine berüchtigte einsame Stelle kommt, kehrt er um, geht ins nächste Dorf und bittet den Schulzen, ihm doch bis über diese Strecke hinaus einen Begleiter mitzugeben. Der Schulze läßt seinen Knecht mitgehen. Sobald der Knecht den Jungen wieder verlassen hat, packt ihn noch einmal die Angst, er kehrt ins nämliche Dorf zu dem nämlichen Schulzen zurück und bittet ihn, ihm einen Begleiter bis ganz nach B. mitzugeben. Der Knecht muß abermals mitgehen. Nun erzählt der Junge diesem unterwegs den Traum *und der Knecht ermordet ihn.* [1582]

Saul als Tragödie. Samuel salbt ihn, weil er ihn glaubt beherrschen zu können, und sein Werkzeug wächst ihm über den Kopf; der Mensch, den er verachtete, wird der Felsen, an dem er scheitert. Da salbt er David und auch dieser ist nun im Recht. David ist es, der den bösen Geist in Saul heraufruft, und doch ist er es zugleich, der ihn allein zu beschwören vermag. Welche Szene ist die in der Höhle mit dem Zipfel. [1583]

Es ist schlimm, das Ideal hinter sich zu haben. [1584]

d. 13 Mai.
Der Zustand dichterischer Begeisterung (wie tief empfind ichs in diesem Augenblick!) ist ein Traum-Zustand; so müssen andere Menschen sich ihn denken. Es bereitet sich in des Dichters Seele vor, was er selbst nicht weiß. [1585]

Der Dichter, wie der Priester, trinkt das heilige Blut, und die ganze Welt fühlt die Gegenwart des Gottes. [1586]

Subjektiv ist alles, was innerlich fertig werden kann; objektiv, was hinaus muß in die Welt. Darum gibt es in einem und demselben Wesen Subjektives und Objektives. [1587]

Es gibt rein subjektive Empfindungen, die nur dadurch, daß sie ausgesprochen und gestaltet werden, zur echten Existenz gelangen. Diese gehören ins Gedicht, denn in ihnen liegt die Notwendigkeit der Form. [1588]

Wir Menschen sitzen in einem Käfig von Glas. [1589]

»Ein schlechtes Mädchen« Romanze von mir, wozu mir heute die Idee kam. Sie wird zeigen, daß dem Sünder, der sich reinigen will, zuweilen kein anderes Mittel bleibt, als eine größere Sünde zu begehen. [1590]

Der Trost liegt nicht darin, daß Gott uns auf dunklen Wegen führt, sondern darin, daß die Dunkelheit des Weges oft durch die Erreichung des Ziels bedingt ist. [1591]

Die erste Geliebte ist die Hostie, worin sich alles Glückliche verbirgt. [1592]

Der Pfeil flieht den Bogen, der ihm die Kraft verleiht. [1593]

Ein Student kommt mit gezogenem Degen auf seinen Feind zu. Da dieser ihn finster ansieht, überreicht er ihm den Degen und sagt: den wollt ich Ihnen eben bringen. [1594]

Einen treuen Hund zu verkaufen, ist *schändlich*. [1595]

Man spricht dem großen Menschen die Fähigkeit, zu lieben ab. Doch wohl nur, weil er nur das Große lieben kann. [1596]

Die Literatur ist zu keiner Zeit unbedeutend, höchstens kann ihre hohe Form zuweilen leer an Gehalt sein und doch ists immer der Gehalt der Zeit! [1597]

Gewisse Menschen muß man oft sehen, wenn man sie lieb behalten soll, andere wieder selten. Zu jenen gehören die Unbedeutenden; sei bringen nichts, als sich selbst, darum müssen sie da sein, wenn man ihrer gedenken, ihrer sich erfreuen soll. Zu diesen gehören die Bedeutenden; von ihnen hat der Geist ein Bild und sie selbst sind nur ihresgleichen nicht unbequem. [1598]

Im Shylock beginnt das Tragische, wo seine Gemeinheit beginnt. Es ist in diesem Charakter der durch gerechten Stachel zum Aufschwung angefeuerte Haß, den der Jude gegen den Christen hegen muß, dargestellt; aber das Judentum ist es auch wieder, was den Aufschwung unmöglich macht. Statt das Fleisch auf die Gefahr des Blutvergießens hin auszuschneiden, ist Shylock bereit, sein Geld zu nehmen. [1599]

Scotts Romane sind kolorierte Kupfertafeln der Geschichte. [1600]

Ein Mensch hat Krämpfe; ein anderer gibt ihm eine Ohrfeige, weil er glaubt, jener schneide ihm Grimassen. [1601]

Pistole, die um die Ecke schießt. [1602]

Wie undankbar sind wir gegen die Natur, wenn wir Kräfte ungebraucht lassen und wie viele Verwirrung mögen wir dadurch in sie bringen. [1603]

Ein Haus in Skt. Georg. Wenn der Nachbar gegenüber seine Stalltür öffnet, so hat man vom Fenster aus eine schöne Aussicht auf Gärten u.s.w. Hat man nun Visiten, so bestellt man die Aussicht beim Nachbar, wie den Kuchen beim Bäcker. [1604]

Ein gemachtes Gefühl kann zugleich ein wahres sein. [1605]

Ein in den Lüften umhergetriebenes Blatt: Bild des Menschen. [1606]

Es gibt für Unglückliche einen Punkt, wo das Gefühl erfriert: ist dann noch Zurechnung? [1607]

Er hat eine Stellung, wie eine Scheibe, auf die man schießt. [1608]

In jedem Verhältnis darf ich nur so viel verlangen, als ich selbst geben will und kann. Goldene Regel. [1609]

Zwei, die sich einst gegenseitig liebten: der eine ist kalt geworden, der andere liebt noch. Furchtbarstes Verhältnis, wenn der Kalte nicht unedel ist. [1610]

Einen Menschen zum bloßen Mittel herabzuwürdigen: ärgste Sünde. [1611]

Der Knabe auf der Landstraße nach Bergedorf, langsam, langsam bei Regen und Gewitter dahinziehend: Bild der Ewigkeit; lächerliches nämlich, er kennt die Zeit nicht. [1612]

Der über die Straße hinlaufende Wolkenschatten. [1613]

Die anderthalb Tage bei dem Probst Hammer in Reinbeck: Langeweile, die mir Kopfweh machte. Schöne Fahrt auf der Bille. [1614]

Bittschrift an einen Fürsten um Unterstützung. Kommt sie nicht, schießt Supplikant sich tot. [1615]

Wenn kleine Geister einen guten Gedanken haben, so können sie nicht wieder von ihm loskommen. Der Gedanke hält sie fest, wie ein Magnet, denn er ist größer, wie sie. [1616]

Böse sind nicht eitel. [1617]

Böse berauschen sich nicht; d. h. sie können nicht betrunken werden. [1618]

Der lange Glaser, der seine Frau im Sarge schlägt: »der alte Teufel hatte nie genug!« [1619]

Am 2ten Juni 1839 stand der Tod mir zur Seite; ein Aderlaß eine Stunde länger aufgeschoben, und ich starb noch vor 6 Uhr abends unfehlbar am Lungenschlag. Häßliche Krankheitsperiode – gastrisches Fieber mit greulichem Kopfweh; als ich fast wieder hergestellt war, Erkältung in der Nacht; Lungenhaut-Entzündung, furchtbare Schmerzen, minutenlange Unterbrechung des Atemholens; am Sonntag, dem 2ten Juni, letzter Aderlaß und Schröpfköpfe; günstige Krisis; 8 Tage Schwitzen in ungemachtem Bett; unglaubliche Träume; z.B. von einem Garten mit Riesenblumen, worin Kinder sich schaukelten und ich selbst mich verstecken konnte; dummer Zustand zwischen Schlafen und Wachen, wo ich mich selbst als *Zweiheit* empfand: es war mir nämlich so, als ob mein geistiges Ich für sich existierte, aber doch ganz ungemein von dem heruntergekommenen Körper molestiert ward; der Körper kam mir völlig vor, wie ein überaus unbehülflicher und unartiger König mit einem dicken Bauch; ich sagte zu mir selbst, wenn ich mich vergebens umzuwenden suchte: der Alte will nicht u. d. gl. Endlich Erlaubnis zum Aufstehen, was ich anfangs kaum eine Viertelstunde ertragen konnte; erstes Ausgehen; Sitzen im Garten der Doktorin: die kleine Laube, oben der reine blaue Himmel, ringsum der Blumenduft, der mir wie Atmen der Natur erschien. Ich wollte, ich hätte dies alles zur rechten Zeit aufgeschrieben, jetzt, im August, ist die Erinnerung schon matt und schwach. Nicht zu vergessen, daß ich nachts ganze Szenen des Dithmarsischen Trauerspiels ausarbeitete. Mein Bruder. [1620]

Der Arzt, der, bei einem Gewitter am Fenster sitzt und liest, und sich alle Augenblicke, wenn ein Blitz vorüberfährt, an den Kopf schlägt, weil er glaubt, seine Nachtmütze sei in Brand geraten. (Dokt. A. S.[choppe]) Derselbe vergißt in der Zerstreuung, daß sein Sohn gestorben sei. Merkwürdigstes Beispiel; wie kann man Schmerzen vergessen? Hängt denn der Schmerz vom Bewußtsein ab? [1621]

Die Wissenschaft hat dann ein Ende, wenn ihre tiefsten Resultate plan und deutlich geworden sind, wie ein A.B.C. Solch ein A.B.C. sollen wir machen. [1622]

Das Herz macht des Menschen Glück oder Unglück; nicht sein Verdienst. [1623]

Manches mag in der Seele liegen, das, wenn es ihr Leben jetzt zu hemmen scheint, ihr doch zur Hebelkraft für künft. Kreise werden wird. [1624]

Die Form ist der höchste Inhalt. [1625]

Wirb um das Leben, es ist dir ebensowenig geschenkt, wie ein anderes Gut. [1626]

Einer, der schnell eine Frau nimmt, um ein Duell ablehnen zu können. [1627]

Wenn ein Baum, auch im schlechtesten Boden, ausgeht, so geschieht es nur, weil er die Wurzeln nicht tief genug schlägt. Die ganze Erde ist sein. [1628]

Der Vater, der seinem Sohn mit dem Fluch droht, wenn er ihm seinen Segen nicht abkaufen wolle. [1629]

Schlechte Dichter, die aber gute Köpfe sind, liefern statt der Charaktere ihr Schema und statt der Leidenschaften ihr System. [1630]

d. 27sten August.

Heute morgen nach langem verdrießlichen Regenwetter frischer Sonnenschein. Gott, könnte man solche Morgen doch zu Papier bringen, wie Husten und Schnupfen! Bei heftigem Kopfweh nehme ich mein Tagebuch zur Hand. Es erfüllt mich mit Grauen; wegen dessen, was *nicht* darin steht. Wie manches hab ich erlebt, wovon ich früher halbe Jahre gezehrt hätte, während jetzt die Minute, die es gebiert, es auch verschlingt. So z. B. das Eintreffen des Briefes von Tieck, mancherlei Bekanntschaften u. s. w. Ganz neulich noch die Sache mit Herrn Wilhelm Hocker. Vorbei! heißt es im Faust. Das Leben bringt mir nichts mehr; seit Eingang des Ablehnungsbriefes von Cotta nicht einmal Gedichte. Fahre wohl, Poesie. Nur hin und wieder eine Gelegenheit zur Ausschweifung; ein Trinkabend mit Jahnens, oder –. Dieser Gedankenstrich ist keuscher Natur, hol mich der Teufel, ich bins auch. Arbeiten kann ich nicht mehr, ich bin ein Baum, der vertrocknet; zuweilen noch ein Knospenansatz, welcher der Wurzel die letzten Säfte raubt, ohne der Krone Schmuck zu verleihen. Essen und Trinken und dazu der Gedanke, daß ichs nicht lange mehr werde können, weil das Geld ausgeht; lange Mittagsschlafe – Wunsch, zu reisen – Lesen in Leihbibliothek-Büchern – Rezensionen – nachts ein dummer, dicker Schlaf; Träume, so öde und wüst, wie Disteln auf Mistbeeten. Ohne viel an Selbstmord zu denken, ein Krampf in der Hand, als ob ich stets Pistolen abdrückte, und in den Schläfen eine Empfindung, wie vom Druck der Pistolenmündung. Das Lustigste, daß niemand ahnt, was in mir vorgeht; die Doktorin muß alle meine Münchner Briefe für Lügen halten, weil ich ihr ganz anders vorkommen muß. Ich bin in Gesellschaft heiter; soll ich denn für mich selbst schwarz gehen? Es ist genug, daß ich das Sterben übernehme! [1631]

Flechtet keinem den Lorbeerkranz zu groß: er fällt ihm sonst als Strick um den Nacken! [1632]

Ist die uralte Annahme, daß in den innersten Kern des Menschen etwas eingeschlossen sei, welches ihn selbst befehdet und in manchen Fällen zerstört, nicht eigentlich ein Unsinn? Wo wäre der Baum, mit der selbsterzeugten Axt an der Wurzel, wo wäre nur die Schlange, die am eignen Gifte stirbt? [1633]

Der Geist wird wohl die Materie los, aber nie die Materie den Geist. [1634]

Manche Menschen sind die Zifferblätter der Zeit. Aber, es ändert die Zeit nicht, wenn man ihr Zifferblatt zerschlägt.

[1635]

Der Gedanke ist das Produkt der Individualität. [1636]

Siebenmeilen-Perioden. Fette Worte. [1637]

Das Nichts, das der Kritik in den Weg tritt, zwingt sie, auch ein Nichts zu sein! [1638]

d. 5ten September.
Über Nacht ein seltsamer Traum. Ich sah einen toten Menschen, der sein Geisterleben auf Erden in einem hölzernen Körper fortführte. Anfangs hatte ich vor diesem gräßlichen Wesen, das mir in einer Gesellschaft vorgestellt wurde, große Angst; als es mir aber die Hand reichte, und ich fühlte, daß diese warm war, schwand mein Grauen. [1639]

verknistelt. kartoffelmäßig. [1640]

Das Nichts wird auf den ersten Blick erkannt, das Etwas beim zweiten. [1641]

So dazustehen, daß, wenn man etwas Ungeschicktes und Törigtes begeht, dies gleich zur Norm und zur Regel erhoben wird. [1642]

Der kleine Knabe aufm Wall, der seine Mutter bat, ihn nicht zu verlieren. [1643]

> Die schlanke Wasserlilie
>   Schaut träumend empor aus dem See;
> Da grüßt der Mond herunter
>   Mit lichtem Liebesweh.

Verschämt senkt sie das Köpfchen
Wieder hinab zu den Welln,
Da sieht sie zu ihren Füßen
Den armen blassen Geselln.

                        Heinrich Heine. [1644]

Einer, der einmal etwas prophezeit, welches eintrifft, und der nun glaubt, er sei der Mund des Schicksals. [1645]

                                  d. 9 Septbr.
Einmal ein schöner Tag. Demois. Fabricius. War ein Tor, der Händedrücke und Blicke auf die Goldwaage legte. Elise. Es ist doch eine herrliche Einrichtung der Natur, daß das höchste Glück des Menschen auf einer Mädchenlippe blüht. [1646]

Nach der Meinung der Rabbinen ist der Körper, den wir bei der Auferstehung erhalten sollen, schon in unserm Rückgrat vorhanden. Diesen Knochen, לוז Lus, wie er genannt wird, halten sie für unverweslich; er genießt nicht, wie die übrigen Glieder, die Lüste dieser Welt.

    Leibnitz philos. Werke, übersetzt von Ulrich, Bd 1. [1647]

    »So bist du der Unsterblichkeit
      Ein Zeugnis, ewigen Gewichts;
    Des Todes *Sense* ist die *Zeit*,
      Trifft die uns nicht, so trifft uns nichts.«
Vers aus einem Gelegenheitsgedicht von mir. [1648]

                                  d. 13 Septbr.
Heute vormittag war ich bei Aue, dem ich meinen Schnock gesandt hatte, und erhielt mein Manuskript zurück. Es gab eine Zeit, wo mir aus Hindernissen ein neuer Impuls kam. Sie ist vorüber. Mit jedem Glück, auf das ich gerechnet hatte, verlier ich zugleich einen Teil meiner Kraft. Ein Tag, wie der heutige, greift in meine Brust hinein, und zerreißt dort irgend etwas. Ich kanns fühlen. Mein Leben ist eine langsame Hinrichtung meines innern Menschen. Seis drum. Am Ende ——. [1649]

Wer selbst vergeht, dem ist, als ob die Welt verginge. [1650]

d. 14 Septbr.

Ein echt hamburgischer Regen, bei dem das Ende undenkbar zu sein scheint. Ich beendigte heute vormittag die Lektüre von Justinus Kerners Reiseschatten. Ein seltsames Werk, aber das Werk eines echten, tiefen Dichtergemüts. Welch glückliche Idee, das Innerste eines Menschen durch eine Reihe von Erlebnissen zu zeichnen, die nicht auf sein Handeln, sondern nur auf sein Empfinden influenzieren, und die dennoch in ihrer Mischung des höchsten Ernstes mit dem ungebundensten Spaß sein ganzes Ich nach und nach abwickeln, wie ein Gespinst. Herrliche, komische Szenen, z.B. die, wo der Koch den Pfarrer und den Bronnenmacher für zwei Tolle ausgibt, wovon einer den andern gebissen hat; auch die vorhergehende, wo er in beiden durch Herrechnung der köstlichsten Speisen den Appetit bis ins Unerträgliche steigert. Und solch ein Werk *existiert* kaum, niemand kennt es! [1651]

d. 15ten Septbr.

Als ich heute mittag zu Wihl ging, traf ich Gutzkow bei ihm, der gestern von Frankfurt zurückgekommen war. Er kam mir mit großer Herzlichkeit entgegen, und sagte mir, daß er eben daran gedacht habe, mir seinen Besuch zu machen. Ich glaube denn doch, daß Redlichkeit der Grundzug seiner Natur ist und daß manches, was dem zu widersprechen scheint, aus der schiefen Stellung, in die er von vornherein geriet, erklärt werden muß. Wer weiß, ob wir nicht noch Hand in Hand gehen können. Ich und Wihl kamen uns heute über 1000 Schritt näher; er schloß mir sein Herz auf, erzählte von den großen Drangsalen, die er hat erdulden müssen, und sprach mir Mut ein; wer selbst so viel litt, hat ein Recht dazu. Was ich früher über Wihl und Gutzkow in dies Tagebuch schrieb, annulliere ich ausdrücklich; Gutzkow verdient mein Vertrauen und Wihl meine Freundschaft, und ich werde mit meinem Gefühl nicht länger gegen sie kargen. [1652]

Abends 10 Uhr.

Eine schöne Nacht steht mir bevor. Mir vis-à-vis wird der Polter-Abend eines Brauerknechts gefeiert; fürchterlicher Gesang schallt über die Straße, welchen die Knaben wiederholen, die sich unten vor der Haustür versammelt haben und Töpfe und Schüsseln zerschmeißen; Toaste werden ausgebracht, die meinen unseligen Schlaf in der Geburt ersticken. »Zieh Schimmel zieh, im Dreck bis an die Knie!« [1653]

Was *fesselt* den Baum an die Erde? Seine *Wurzel*! [1654]

Nicht in der Kunst allein, auch in der Geschichte nimmt das Leben zuweilen Form an, und wo dies geschehen ist, da soll die Kunst ihre Stoffe und Aufgaben nicht suchen. [1655]

d. 17 Septbr.
Heute im Tivoli. Mir zuliebe kamen auch Gutzkow und Wihl. Mit Gutzkow ein Gespräch über den Dramatiker Uhland, den er durchaus verwarf. Behauptungen, aber keine Beweise. Man kann mit ihm nicht disputieren; er sucht zu imponieren. Wihl sagte, wie ich von ihm ging: »G.[utzkow] gönnt niemanden etwas, als sich selbst.[«] Richtig, aber schlimm. [1656]

d. 18 Sept.
Heute abend hat mir E.[lise] ihre Geschichte erzählt. Besonders *ein* Zug rührte mich tief. »Als ich von Berlin nach Lenzen zurückkam[«] – sagte sie, und brach dann auf einmal in heftiges Weinen aus. Später fuhr sie fort: [»]ach, ich hatte mich so unendlich gefreut, Mutter wieder zu sehen, und als ich nun kam, lag sie bei Vater im Bett, und reichte mir kaum die Hand.[«] Gräßlich waren die Verhältnisse, in denen sich ihr Leben von Jugend auf bewegte. Der wahnsinnige Vater, den sie prügeln sehen mußte, und als sie ihm einmal etwas zu essen brachte, selbst geprügelt wurde. Dann die Verheiratung der Mutter mit einem Schiffer, sobald der Vater für unheilbar erklärt worden war, und schlechte Behandlung des Stiefvaters. Halbjähriger Aufenthalt in Berlin. Von da nach Lenzen zurück, von Lenzen, nach kurzer Zeit, nach einem Gute. Der Hauptmann, der sich entschloß, sie erziehen zu lassen, weil ihm ihr schüchternes Wesen gefiel. Pension bei Heyse in Magdeburg. Weil sie sich nicht glücklich fühlte, undankbar gescholten; die größten Ansprüche werden ihr gewissermaßen eingeimpft. Lehrerstelle in Calbe. Hamburg. [1657]

Wenn die Hand des Todes den Menschen schon gepackt hat und das Grab vor ihm offen steht, so sieht er noch einmal zurück. Erblickt er dann ein weinendes Auge, so kehrt er wohl noch wieder um, sieht er aber gleichgültig kalte Gesichter, die sich alle schon nach dem Grabscheit umsehen, so stürzt er sich selbst in die Grube. [1658]

An J.

Der Frost, der die zarte Blüte prüfen will, ob sie wohl wirklich lebt, tötet sie. [1659]

»Ich wünsche dir so viele Freuden, als du Tränen vergießest.« Schöner Wunsch, der mich zwingt, mit Weinen gar nicht aufzuhören. [1660]

Feuer essen, um sich zu erwärmen. [1661]

Eitelkeit ist die genügsamste Speise. [1662]

Ein Mädchen vorm Spiegel ist die Frucht, die sich selber ißt. [1663]

Der Urteutone, Herbergvater Jahn, seit 15 Jahren beschäftigt, mit den Füßen schreiben zu lernen. [1664]

Fleming nennt das Glas den »beleibten Wind«. »umleibet.« »Satten Fug.« [1665]

Es war fast immer von glücklichem Erfolg, wenn ich dem Benehmen eines Wahnsinnigen einen Beweggrund unterschob. Begreiflich!! Tagebuch eines Arztes. [1666]

Gott schickt ein Unglück dir ins Haus:
Mach du dir selbst ein Glück daraus! [1667]

Den Wahnsinn aufs Theater bringen! Man könnte ebensogut das, was an Aas und Würmern sich in einem Sarg durcheinanderringelt, zum Gegenstand eines Gemäldes machen. Es gibt Grenzen der Darstellung, es gibt einen Punkt, wo die höchste Wahrheit die höchste Sünde ist, denn, es gibt Momente, wo die Natur unbelauscht bleiben will und wo der Mensch sich durch einen einzigen Blick, der sich in ihr Mysterium hineinstiehlt, aufs gröblichste an ihr versündigt, und zwar deshalb, weil dieser Blick dasjenige voreilig schon zu etwas macht, was erst etwas werden soll. [1668]

Gutzkow behauptete neulich, zwischen dramatisch und theatralisch sei kein Unterschied, vom Schauen sei das Schauspiel ausgegangen und was nicht geschaut werden könne, gehöre nicht hinein. Eng und konfus! Als ob kein Unterschied wäre zwischen Brust und Schnürbrust. [1669]

Das Schicksal ist die Idee der Welt. [1670]

Die Diplomatie sucht aus der neuesten Geschichte ein Stück Gummi elastikum zu machen, um damit die Revolution auszuradieren. [1671]

Warum könnte denn Gott nicht auch einmal den Selbstmord inspirieren? [1672]

d. 25 Septbr.
Ich habe Gutzkows Wally, die ich beim Erscheinen nur durchblätterte, zum erstenmal gelesen. Wie war es der Perfidie doch möglich, dies Buch so in Verruf zu bringen und den Autor an den Pranger zu stellen. Es ist wahrlich nicht, wie der schnöde Menzel, den ich erst von jetzt an verachte, vorgab, aus Eitelkeit und sich spreizender Sinnlichkeit hervorgegangen; der Geist der Wahrheit weht darin und es enthält ein geistiges Erlebnis auf jedem Blatt. In poetischer Hinsicht will ich es nicht verteidigen, aber auch hier ist nicht die Intention, sondern die unzulängliche Ausführung zu tadeln. Eine Bemerkung drängte sich mir bei der Lektüre auf. Nur die große Dichterkraft kann ein verfängliches Thema behandeln, nur sie kann eine scharf einschneidende Idee, die wir gern aus der Welt wegleugnen, solange es geht, *gestalten* und sie so als lebend und dem Leben Gesetze vorschreibend geltend machen; nicht der Verstand vermag dieses, er wird sich

auch bei klarster Erkenntnis der Idee ohne Beihülfe der Poesie
immer den Vorwurf der Unwahrheit und Übertreibung gefallen
lassen müssen. [1673]

Gott war sich vor der Schöpfung selbst ein Geheimnis, er
mußte schaffen, um sich selbst kennenzulernen. [1674]

Wenn man sich auch das größte Verbrechen denkt, man kann
sich Gott doch noch immer daneben denken. [1675]

d. 30 Septbr.
Heute abend bei Sternenlicht Spaziergang durchs Ferdinandstor an der Alster entlang, in der die Sterne sich klar abspiegelten.
Der dunkle Kahn, ein Mann am Steuerruder, in einen großen
Mantel gehüllt und den Ruderern lakonische Befehle erteilend.
Sowie der Kahn sich näherte, fingen die Sterne im Wasser an, zu
tanzen. Auffallend war mirs, daß sie trotz der Ruderbewegung
anfangs noch ganz deutlich zu sehen waren, dann aber zerrannen. [1676]

d. 3ten Oktober.
Gestern fing ich meine Tragödie *Judith* an und schrieb ein paar
Szenen, die mir gefielen. Heute schrieb ich fort und es glückte
wieder. Leben, Situation und Charaktere springen in körniger
Prosa ohne lange bauschige Adjektiva, die den Jambus so oft ausfüllen helfen müssen, frisch und kräftig hervor. Gott, wenn das
ginge! Wenn die bisherige Pause, dies Stocken des poetischen
Stroms nichts bedeutet hätte, als ein neues Bett! Ich wäre glücklich! Von meiner Poesie hängt mein Ich ab; ist jene ein Irrtum,
so bin ich selbst einer! [1677]

Einem spanische Fliegen in den Kopf setzen. [1678]

Ein kleines Kind stürzt sich, weil es im Traum geflogen hat
und fliegen zu können glaubt, zum Fenster heraus. »Ich konnte
sonst doch fliegen!« Elise. [1679]

Ein kleines Mädchen, das einen Mann darum schön findet,
weil er ihrem Vater gleicht. [1680]

Ein Jugendverführer, der plötzlich alles sieht, was er angerichtet. [1681]

Der Wahnsinnige, der ausruft, als er Schafe sieht: ich gehe unter die Schafe! [1682]

Die Menschheit verurteilt den einzelnen zur Todesstrafe und begeht dadurch gegen ihn ein größeres Verbrechen, als er gegen sie begangen hat, indem sie ihm die Besserung unmöglich macht. [1683]

d. 8 Oktober.
Mit meiner Tragödie geht es herrlich, ich schreibe täglich daran fort und machte heute die Hauptszene, von der ich glaube, daß sie sich nicht zu schämen braucht, man mag neben sie stellen, was man will. Ich bin selig und fühle mich auf dem Weg zu einem neuen Leben; Gott verhüte, daß nicht alles plötzlich wieder ins Stocken gerate. [1684]

Von größter Wirkung sind im Dramatischen die zurückspringenden Motive, diejenigen, welche nur etwas Altes zu bestätigen scheinen und doch etwas ganz Neues bringen; z.B. wenn Hamlet sagt: Schlafen – Träumen – und dann plötzlich: Ja, was in dem Schlaf für Träum uns kommen pp [1685]

Das Leben borgt seinen höchsten Reiz vom Tode; es ist nur schön, weil es vergänglich ist. [1686]

Gibt es denn wirklich ein Gut, das höheren Wert hat, als das Leben selbst? Wer ja sagt, muß einen Unterschied zwischen Sein und Wesen annehmen, einen Unterschied, den man wohl bei schärferem Nachdenken kaum festhalten kann. Das Leben bringt jedes Gut, und die meisten Güter (vielleicht alle) haben nur Wert in ihrem Verhältnis zum Leben. [1686a]

Der Mensch ist das Prokrustesbett der Gottheit. [1687]

Gestern las ich von *Uechtritz*: die Babylonier in Jerusalem.

Vielleicht nicht ganz individuell genug; die Ideen vortrefflich,
nur oft nicht so kräftig ausgedrückt, wie sie sein müßten. [1688]

In dem Maß, wie der Gedanke sich ausdehnt, verengt sich die
Welt. Sein Wesen ist, daß er jeden Stoff vernichtet und doch sich
selbst nicht Stoff sein kann. Vielleicht ist er selbst nur Stoff für
etwas Höheres; er ist etwas, was etwas anderes voraussetzt.

[1689]

Ein Schiffer, der, sowie er zur Ruhe kommt, das Schiff, auf
dem er fuhr, sich malen läßt und nicht mehr erworben hat, als
das Bild kostet. [1690]

Vor dem Schicksal schützt nur eins: die Nichtigkeit. [1691]

Es gibt nichts, das der Geist völlig ausdenken kann, und so
sind wir Lichter, die eigentlich nur sich selbst erleuchten. [1692]

d. 12ten Oktober.
Es tritt immer deutlicher hervor, daß ich recht hatte, wenn ich
mir in München die Hamburger Verhältnisse als unleidlich ausmalte. Janinski ist ein guter Mensch, aber ein Mann-Weib;
Egoist in hohem Grade (wer ihn lobt, den lobt er wieder, wer es
bleiben läßt, hat keine Gesinnung!) und doch voll von der Überzeugung, es nicht zu sein; schwächlich als Schriftsteller, schwankend und tappend in seinen Urteilen, so daß sein *heute* immer sein
gestern Lügen straft; dabei schmeichlerisch und ekelhaft gefällig.
Wäre er, was er sein sollte, hätte er Albertis Ränken nicht durch
sein Wort das Siegel aufgedrückt, sondern ihn gezwungen, mir
zu beichten, so würde mein Verhältnis zu der Doktorin nie verschoben worden sein. Daß er so ist, sehen die Frauen ein, die
Doktorin hat ihn im Gespräch mit mir wohl zehnmal ein Weib
genannt; dennoch gefällt er ihnen und sie ziehen stillschweigend
zwischen ihm und mir eine Parallele, die natürlich nicht zu meinen Gunsten ausfällt, da ich ihm Gott sei Dank nicht gleiche.
Ich lernte ihn an dem letzten Vormittag kennen, den ich ihn
besuchte. Er hatte früher über den Dr Wihl bei jedem Anlaß

immer das Ärgste gesagt und sich öfters des Ausdrucks bedient: nun bin ich mit Wihl fertig, nun habe ich Erfahrungen genug gesammelt, nun verachte ich ihn; an jenem Vormittag sagt er mir, ohne die Motive zu nennen, mit einmal: ich bin jetzt mit W. völlig ausgesöhnt, wir verstehen uns, er hat mich über sich aufgeklärt, und (fügte er hinzu) *er hat mich aufgefordert, ihm sogleich eine Novelle für den Telegraphen zu geben.* [1693]

Im Herzen einiger Lyriker scheint statt der Nachtigall ein Kuckuck zu nisten. [1694]

Wenn euer Herz ein Spiegel ist, so schaut doch nicht ewig selbst hinein; er kann ja sonst nichts abspiegeln, als euch selbst. [1695]

Vergiftet mich nur erst; nachher werdet ihr mich schwarz genug finden! [1696]

    Durchbohrt nur erst mein Herz,
        Dann sprecht: er hat ja keins! [1697]

Das Göttliche lehnt sich gegen Gott auf, weil es seinesgleichen ist. [1698]

Der Gedanke tritt zwischen den Menschen und das Leben; er verbrennt die Früchte, die es bietet. [1699]

d. 15ten Oktober.
Heute morgen ging ich zu Campe, ihn um einen ferneren Vorschuß auf meinen historischen Roman zu bitten. Ich sprach erst manches über mein Werk, dann frug er: noch etwas? Ich antwortete: Geld! »Das mag ich nicht.« Ich muß noch 4 Monate an dem Roman arbeiten und soll existieren. »Für gegessenes Brot arbeitet man nicht gern; ich habe diesen Roman schon einmal bezahlt.« Mir nicht. Also Sie wollen nicht? »Erst das Werk geliefert.« Dann kann ich es nicht schreiben. Aber ich bin Ihnen fünf Louisdor schuldig, in 14 Tagen werde ich sie Ihnen zurück-

zahlen. Die Zinsen werden Sie mir dann berechnen. »Zinsen nehme ich nicht.« Und ich lasse mir nichts schenken; ich will Ihr Geld nicht umsonst gehabt haben. – Damit ging ich. Ich kam mit dem festen Entschluß, mit Ernst und Kraft an die Ausführung des Romans zu gehen, und ihn bis Februar zu beseitigen. Jetzt ists vorbei. Was das Beste war, wird die Zeit lehren. Elisens grenzenlose Güte wird mich in den Stand setzen, meine Schuld bei C. abzutragen. *Ihr* und nur *ihr* danke ich, was ich bin. Von ihren Mitteln habe ich in Heidelberg und in München, so wie früher und jetzt in Hamburg gelebt. Sie hat alle meine Launen ertragen und mich in der Krankheit mit einer himmlischen Aufopferung gepflegt. Ihr bin ich verpflichtet, wie keinem. Und doch kann die Frau Doktorin –!! [1700]

d. 16ten Oktober 1839

Es ist ein trüber, wässerigt-nebliger Oktobermorgen, alles, was ich beginne, widert mich an, die Menschen auf der Straße sehen alle grau, verdrießlich und ernsthaft aus, Kinder schreien und aus der Ferne tönt eine heisere Drehorgel zu mir herüber. Elise ist als Gesellschafterin der alten Berliner Geheimrätin auf dem Harz, andere, die ich besuchen könnte und mögte, habe ich nicht, da bin ich denn für den ganzen Tag auf mein Zimmer verwiesen und kann mich recht dick voll Gift saugen. Der Enthusiasmus für meine Tragödie ist ausgelöscht, Frau Doktorin Amalie Schoppe fand sich veranlaßt, das Wasser hinzuzutragen. O, diese Frau! Der ärgste Fluch ists, anderen Verbindlichkeiten schuldig zu werden, wenn nicht der höchste Einklang zwischen Herz und Geist besteht, wenn nicht ein göttlicher Moment vorausgeht, der ein ewiges Verhältnis verbürgt. Ich will, so sehr die Doktorin Schoppe mich durch schnöde Handlungsweise empört hat, ihr Gerechtigkeit widerfahren lassen, ich will mich erinnern, daß sie im Lauf ihres Lebens sehr viel ausgestanden und daß sie desungeachtet sehr viel durchgesetzt hat, ich will es erklärlich und natürlich finden, daß sie jetzt ist, wie sie ist, ich will annehmen, daß sie ehemals anders war. Ich will es nie vergessen, daß sie mir die Tür zum Leben geöffnet hat und daß ich, trotz allem, was in mir liegen mag, ohne ihre Hülfe in meinem Dithmarschen hätte zugrunde gehen müssen; ich will, obwohl sich für mich selbst eine Erniedrigung daran knüpft, es nicht vergessen, daß sie für mich Schritte getan hat, die einer sehr schwer für den anderen tut, und die ich selbst, hätte ich vorher darum gewußt, vielleicht nicht gebilligt haben würde. Aber, nun auch die Kehrseite. Die Art und Weise, wie ich mich bei meiner ersten Ankunft in Hamburg situiert fand, war doch gewiß in hohem Grade drükkend. Ein hochmütiger Priester, der Dr Schmalz, der sich nicht die geringste Mühe gab, mich kennenzulernen, der mich behandelte, wie einen Bettler, war zu meinem Aufseher und – Almosenier bestellt; von ihm mußte ich mir jeden Schilling holen und, in einem Alter von 22 Jahren, Rechenschaft darüber ablegen; der Gang zu den Freitischen war für mich jedesmal ein Gang zur Hinrichtung meines innern Menschen; Leuten allerlei Art wurde ich Verpflichtungen schuldig, und sie verlangten für eine Mahlzeit Essen Danksagungen bis zum Jüngsten Tag. Wie konnten mir in solcher Lage Freude und Mut kommen? Daß sie aber nicht da waren, daß ich nicht aufjauchzte, wenn sich eine Gelegenheit dazu ergab, wurde mir, wenn auch unbewußterweise, zum Verbrechen gemacht. Nur die Bekanntschaft und sich nach und nach entwickelnde Freundschaft mit und zu Gravenhorst und Elise rettete mich vor Verzweiflung. Mit Gravenhorst führte die Doktorin mich selbst zusammen, er gab mir Stunden im Latein, die freilich sehr bald anders ausgefüllt wurden, was ich jetzt bedauern muß, aber doch nicht verdammen kann. Auch zu Elisen brachte sie mich ins Haus; ich war, weil Kisting so schnell von Berlin zurückkam, um ein Zimmer verlegen und die Doktorin, die alles gratis für mich wollte, ermittelte mir eins bei »der Mamsell Lensing.« Nicht genug Schlimmes wußte sie mir über dies Mädchen zu sagen, so daß ich sie von vornherein mit Vorurteilen betrachtete, die aber freilich sehr bald schwanden, als ich sie in ihrer Güte und Herzensreinheit näher kennenlernte. Auf welche Autorität hin hatte die Doktorin den Leumund eines Frauenzimmers, von dem sie selbst nichts wußte, als daß es zuweilen sang, in Fetzen zerrissen? Ein Waschweib, das sich im Schmutz tiefster Gemeinheit wälzt, das als das ärgste Lästermaul und die verworfenste Hure in allgemeinster Verachtung steht, mit dem sie aber dennoch recht oft sich unterhält, hatte zu ihrem Scharfrichterurteil die Motive hergegeben.

Ich zog wieder aus bei Elise, besuchte sie aber öfters; das war abermals eine große Sünde, ich hatte nicht das Recht, meinen Empfindungen zu folgen, ich hatte die Pflicht, ein Schlingel zu sein. Mittlerweile kam Alberti; daß ich ihn bei mir aufnam, wurde ebenfalls mit scheelen Augen betrachtet, und doch verminderte er eher die Kosten meines Aufenthalts, als daß er sie vermehrt hätte, indem er zur Hälfte mit zur Miete kontribuierte. Als mein Bruder mich einmal besuchte und nicht gleich den ersten Tag wieder fortgeschickt wurde, mußte ich eine Szene befürchten und ihn nur schnell wieder auf den Brunsbüttler Ewer packen. Und ich war doch kein Knabe mehr, ich hatte sieben Jahre in öffentlichen Geschäften zugebracht und mir das rühmlichste Zeugnis erworben; es war nicht zu befürchten, daß ich, leichtsinnig über die Zukunft weggaukelnd, die wenigen Mittel, die ich besaß, vergeuden würde. Über mein Verhältnis zu Elise mußte ich mir die unwürdigsten Sticheleien gefallen lassen; besonders ein Auftritt ist mir noch im Gedächtnis. Janinsky, Alberti und ich waren an einem Sonntag bei der Doktorin. Ein hübsches Fruchtkörbchen stand auf dem Tisch. »Dies – sagte sie – verehre ich demjenigen von Ihnen, der sich zuerst verheiratet. Für Hebbel – setzte sie mit einem stechenden Blick auf mich hinzu – nehme ich *eine* Partie aus.« Kann man roher zufahren? Und ist es ein Wunder, wenn solch ein Dolch in meinem Herzen gerade den Punkt traf, wo die Freundschaft saß? Ich weiß es voraus, man wird mich undankbar schelten. Ich bins nicht. Aber freilich bin ich dankbarer für die Wohltaten, die meinem Geist, als für die, die meinem Körper erzeigt werden. Ich bin Uhland dankbarer, als all den Leuten, die mir hin und wieder zu essen geben. Ich glaube, da ich eine Fülle des Lebens in mir fühle, ein *Recht* auf die Bedingnisse zu haben, unter welchen ich mich entwickeln kann. Ich sehe eine *Härte* des Schicksals darin, daß es mir so manches versagte, dessen ich bedurfte; ich sehe (es ist möglich) vielleicht eine bloße Genugtuung des Schicksals darin, wenn es mir jetzt allerlei zuwirft, was ich längst hätte haben sollen; ich denke vielleicht: durch die *Wunde* hab ich den *Balsam* verdient, und hofiere dem Balsam nicht so sehr, wie andere, die ihn *nicht* verdient haben. Ich will die obige Schilderung nicht fortsetzen, da jetzt Alberti mit seinen Ränken hervortrat und alles bis zu einem

Punkt verwirrte, wo nach dem Mein und Dein nicht weiter gefragt werden kann, weil die Antwort unmöglich ist.

(Später die Fortsetzung.)
(Heute kann ich nicht mehr.[)] [1701]

d. 19 Oktober.

Heute abend trotz aller Trübseligkeiten doch einmal wieder eine schöne, erhebende Stunde. Ich ging auf den Stintfang. Die stille, schweigende Stunde; die säuselnden Bäume rund umher; die ruhenden Schiffe im Hafen, auf denen hie und da ein Hund bellte und ein Lichtlein brannte; in der Ferne die Lichter an der hannöverschen Grenze, und darüber der ernste Nachthimmel, an dem der Mond, bald von den Wolken bedeckt, bald klar hervortretend, langsam hinwandelte; alles dies machte auf mich einen unsäglich linden, versöhnenden Eindruck, so daß ich mich auf eine Bank setzte und die Hände unwillkürlich zum Gebet faltete. Gedanken, die ich hatte: [1702]

Der Mensch lebt zwar aus sich selbst, aber nur die äußeren Eindrücke geben ihm das Bewußtsein seines Lebens. [1702a]

Die Wolken wollen den Mond verdunkeln; er rächt sich an ihnen dadurch, daß er sie versilbert. [1702b]

Das ist der ärgste Fluch, daß das Leben uns den *Haß* aufdringt. Es gibt Stunden (heut abend hatt' ich eine) wo man den Haß für unmöglich hält. [1702c]

Es ist gar nicht *möglich*, daß die Ideen von Gott und Unsterblichkeit Irrtümer sind. Wäre das, so überwöge ja der Wahn reell alle Wahrheit, und das ist eine Ungereimtheit. Wir können jene Ideen nicht *beweisen*, wie wir *uns selbst* nicht beweisen können; jene Ideen sind eben wir selbst, und kein Wesen kann die Fähigkeit besitzen, seine eigene Möglichkeit zu deduzieren. Vom Geist zur Materie ist ein Schritt; von der Materie zum Geist aber ein Sprung. Wir könnten die Unsterblichkeit gewiß beweisen, wenn wir nicht selbst unsterblich wären. [1702d]

Schillers Poesie tut immer erst einen Schritt über die Natur hinaus und sehnt sich dann nach ihr zurück. [1703]

Gestern eine kleine Novelle: *Matteo* angefangen. Daß mir auch doch so gar keine Freude aus meinen Arbeiten quillt! Die Idee zu dieser Novelle ist doch wirklich originell und schön, und ich kann sie ausführen, wann ich will, aber der Gedanke: wozu? lähmt mir die Hand und vereist mir die Seele. Das können die guten Leute, die eine »Idee« haben, sobald ihnen eine Spekulation, die einen Buchhändler ködern könnte, einfällt, gewiß nicht begreifen. O, ihr Armseligen, die ihr mit eurem »Fleiß« täglich sechs Bogen voll schmiert, weil das 6 Louisdor einbringt und die ihr für euren Kot doch noch in meiner Seele einen goldnen Rahmen verlangt! Wir stehen einander so fern, daß wir uns gegenseitig nicht einmal erkennen können. [1704]

Als ich so in der herbstlichen Skt-Georgen-Allee vor mich hinging, dachte ich: Gott, wenn nur jeder dieser 1000 Schritte, die man täglich macht, zu einem Ziel führte! [1705]

Man kann am Ziel vorbeilaufen. [1706]

Wie die Natur die Dinge äußerlich gestaltet, soll die Kunst sie innerlich entfalten und beleuchten. Sie soll die in allem Existierenden wohnenden Geister verkörpern. [1707]

Die Welt soll aus nichts gemacht sein. Sie ist vielmehr aus Dreck gemacht. [1708]

Ein Mensch, der so häßlich ist, daß jede Grimasse, die er zieht, ihn schöner macht. [1709]

Was ist der Schlüssel zur Blume? Die Sonne am Himmel.
[1710]

Novalis hatte die wunderliche Idee, weil die ganze Welt poetisch auf ihn wirkte, die ganze Welt zum Gegenstand seiner Poesie zu machen. Es ist ungefähr ebenso, als wenn das menschliche

Herz, das sein Verhältnis zum Körper fühlt, diesen ganzen Körper *einsaugen* wollte. Jean Paul nennt Nov.[alis] mit Recht einen poetischen Nihilisten; Menzel in seiner Literatur-Geschichte weiß ihn nicht genug zu erheben. [1711]

Sowie du um eine Freude reicher bist, ist der Baum des Lebens für dich um eine ärmer. [1712]

Wäre nur irgend etwas *ganz* erklärt, so wäre alles erklärt. [1713]

Über Nacht im Traum war ich Anführer der Kreuzfahrer. [1714]

Die höhere Kritik ist nur eine andere Art von Naturforschung. [1715]

Das Spielen mit mythologischen Beziehungen bei modernen Dichtern heißt Armut hinter scheinbarem Reichtum verstecken. Die Götter der Alten werden zu schnöden Verzierungen gemißbraucht. [1716]

Ein Gedicht soll seine ganze Atmosphäre mitbringen. [1717]

Sich umkehren und seinen eignen Schatten tanzen lassen. [1718]

Die Schranke der Kreatur ist die Freiheit der Natur. [1719]

Die Natur gibt allen Geschöpfen etwas mehr und etwas weniger, als sie brauchen. Mit diesem Mehr dienen sie dem großen Ganzen und verketten sich dadurch mit ihm; dies Weniger bietet ihnen die Welt. Darauf ist der Kreis des Lebens fundamentiert. [1720]

Ein Geschöpf, das nichts braucht, als sich selbst. [1721]

Der Arme, der sich ganz von unten heraufarbeiten muß, wird,

wenn wirklich etwas Bedeutendes in ihm liegt, wohl immer undankbar gescholten werden. Denn, er hat eine Legion von Wohltätern und begegnet auf jedem Schritt einem, der von ihm verlangt, daß er sich bücken soll; stets krumm zu gehen, ist aber doch keinem Menschen möglich. [1722]

Das Höchste soll man lieben. Wenn nun einer selbst das Höchste ist? [1723]

Der Mensch sucht den Frieden; plötzlich springt dieser ihm entgegen, schließt ihn in die Arme und – löscht im Grabe sein Leben aus. (Schlecht ausgedrückt.) ⊖ [1724]

Heut mittag wollt ich einschlafen. Da kam mir ein Gedanke und es war mir, als ob er in meinen Körper hineinblitzte. [1725]

⊖ Besser so. Du suchst den Frieden; er hat sich versteckt, aber plötzlich springt er dir, wo du es nicht vermutest, entgegen und schließt dich für immer in die Arme. [1726]

Ein Keim ward von dem Fuß getreten und er beklagte sich. Aber, der Fuß hatte ihn zugleich mit Erde bedeckt und nun ward er Baum. [1727]

Form ist Grenze und zwar doppelte Grenze, des Teils und des Ganzen, und wiederum sowohl nach innen, als nach außen. Form entspringt aus der Ausdehnungskraft des Teils, gegenüber der Ausdehnungskraft des Ganzen; sie bezeichnet den Punkt, wo beide einander neutralisieren. [1728]

d. 28sten Oktober 1839.
Ich habe es mir jetzt zum Gesetz gemacht, den Gedanken, den ich gestern hatte, heute nicht zu verarbeiten, sondern von jedem Tage etwas Neues zu verlangen, d.h. zu der Aufgabe, die er mir bringt, auch die geistigen Mittel, sie zu erfüllen. Es geht recht gut so; das Gegenteil führt zur Bequemlichkeit, zur Erschlaffung. [1729]

Novellen von Steffens. In ihm ist eigentlich schon die ganze jüngste Generation mit ihren Raffinements und ihrer Sucht nach Pikantheit vorgebildet. Herrliche Beschreibungen, treffliche Gedankenreihen, glänzende Bilder fehlen ihm nicht, aber die poetische Schöpfungskraft ist gering; dies tut sich schon dadurch kund, daß er alles gern bis zum Äußersten treibt, ehe er es darstellt; so muß z.E. Walseth scheintot im Sarge liegen, als das Mädchen ihm ihre Liebe erklärt u.s.w. Ganz ekelhaft ist der Korse, der sich gegen Paoli selbst anklagt, auch keine Spur von Natur, man glaubt, Theodor Körner zu lesen. Es ist keines Menschen Pflicht, dem *äußeren Gesetz* gegenüber förmlich als Kläger gegen sich selbst aufzutreten; wenn er nicht verhehlt, was er getan hat, wenn er es einfach und gelassen erzählt, so kann er abwarten, was ihm nun geschehen wird; tut derjenige, der das Gesetz repräsentiert, nicht, was er tun soll, so fällt das ganze Vergehen auf ihn und der andere ist frei. Es ist, als wollte einer, der keinen Henker findet, sich selbst den Strick um den Hals legen; das mag er tun, sobald die *innere Satisfaktion* es erheischt; es aber noch dazu zu versuchen, wenn er nur das Menschliche, nur dasjenige, was er zu jeder Zeit in gleicher Lage wiederholen wird und muß, getan hat, ist lächerlich und anmaßend zugleich. Das soll immer besser werden, als gut; gleichsam, als finge das Große erst an, wo es aufhört, als lägen die Dinge erst jenseits der Dinge, als wäre der Rauch, in den der Diamant, wenn man ihn über seine Kräfte im Feuer peinigt, sich auflöst, mehr, als der Diamant. *Fragen:* geben Spekulation und eigentlich *geistige* Prozesse ein *darstellbares* Leben? Gelegentlich einen Aufsatz über Steffens! [1730]

Geist haben auch Gespenster, *Leben* nur Menschen. Sowie ihr also eure poetischen Gestalten bloß mit Geist füttert, erzeugt ihr Schatten! [1731]

Viele setzen sich zum Dichten, wie andere zum Rasieren. [1732]

In Erde, Feuer, Luft und Wasser stecken die Keime aller Geschöpfe und Wesen, aber erst die Blume, den Stern, die Wolken, die Sonne u.s.w. bewundern wir! [1733]

Die Liebe ist das griechische Feuer, das am besten im Wasser brennt. [1734]

So ein Erläuterer ist wie ein Johanniswürmchen, das sich, wenn es nachts herumfliegt, einbildet, die Sonne zu ersetzen und der Licht-Mittelpunkt der Welt zu sein. [1735]

Junge Hündchen saugen auch am Tischfuß. [1736]

Im Winter zu schwitzen und im Sommer zu frieren, ist eine Kunst. [1737]

Über den Pfeiler, an den man sich hält, muß man den Boden nicht vergessen, der ihn trägt. [1738]

Wir halten aus bescheidenem Irrtum den inneren Zentralpunkt der uns angeborenen Göttlichkeit für den bloßen Widerstrahl einer himmlischen Sonne. Die arme schwarze Erde betet den stolzen Baum mit seinem Kranz von Blüten und Früchten in Demut an und hat ihn dennoch erzeugt. [1739]

Vielleicht würde keiner den andern morden, hielte er ihn nicht für unsterblich. [1740]

Selbstmord setzt noch nicht Lebenshaß voraus. [1741]

Wer das Brot nicht mehr verdauen kann, muß nicht anfangen, den *Stein* für eine bessere geheimnisvolle Nahrung zu halten. [1742]

Der große Mensch ist allenthalben der Fernseher; aber freilich nicht unter Ochsen und Eseln. [1743]

Die Schöpfung ist die Schnürbrust der Gottheit. [1744]

Nach der Seelenwanderung ist es möglich, daß Plato jetzt wieder auf einer Schulbank Prügel bekommt, weil er den Plato nicht versteht. [1745]

Ein Wahnsinniger, der sich einbildet, die Sünden aller Menschen seien in ihn eingezogen und nun müsse er morden, rauben, stehlen pp und alle andern seien rein und tugendhaft. [1746]

Der Eigennützigste hält sich für uneigennützig, und dies ist kein häßlicher, sondern ein schöner Zug der menschlichen Natur. Er entspringt zum Teil aus der Verehrung vor der Idee dessen, was man in der Wirklichkeit keineswegs besitzt, zum Teil aus dem richtigen Gefühl, daß jedes unserer Laster, sowie jede unserer Tugenden nur Stufen zu einem Äußersten nach unten oder oben sind, nie dies Äußerste selbst. [1747]

Als Caesar den Rubikon überschritt, und die Republik in Gefahr erklärt ward, hätte man, im Vertrauen auf seine Großherzigkeit, ihn selbst zum Diktator, zum Schützer gegen sich selbst ernennen sollen oder vielmehr können. Das wäre eine ganz einzige Stellung in der Geschichte gewesen! [1748]

Ein Philister, der mit seiner Frau das Liebeswerk vollzieht, um in Transpiration zu kommen. [1749]

Der Berg steht freilich da, aber, wer die schöne Aussicht genießen will, muß Füße haben, um ihn zu ersteigen. [1750]

Die Hand, ein Ding, die Peitsche hineinzustecken; der Mund, eine Höhle, mit Branntewein auszufüllen – [1751]

Tränen-Eis ist das härteste und kälteste Eis. Und wird von der Glut erzeugt! [1752]

Schlaf ist ein Hineinkriechen des Menschen in sich selbst.
[1753]

Aufgeklärte Juden: in welchem Verhältnis stehen sie zu der Messianischen Idee? Und ohne diese Idee: sind sie noch Juden?
[1754]

Wunderbar schön ist Julius Mosens Gedicht: Der Trompeter an der Katzbach [1755]

Die Motive vor einer Tat verwandeln sich meistens während der Tat und scheinen wenigstens nach der Tat ganz anders: dies ist ein wichtiger Umstand, den die meisten Dramatiker übersehen. [1756]

Wenn wir von irgendeiner geistigen Erscheinung im Gebiet der Kunst auseinandersetzen, was sie *soll*, so meinen wir meistens nur, was sie *tat*. Wir fassen ihre Vergangenheit zusammen und dekretieren darnach ihre Zukunft. Aber, was sie schon *tat*, soll sie nicht mehr. [1757]

Der Trompeter an der Katzbach

Von Wunden ganz bedecket
   Der Trompeter sterbend ruht,
An der Katzbach hingestrecket,
   Der Brust entströmt das Blut.

Brennt auch die Todeswunde,
   Doch sterben kann er nicht,
Bis neue Siegeskunde
   Zu seinen Ohren bricht.

Und wie er schmerzlich ringet
   In Todesängsten bang,
Zu ihm herüberdringet,
   Ein wohlbekannter Klang.

Das hebt ihn von der Erde,
   Er streckt sich starr und wild –
Dort sitzt er auf dem Pferde,
   Als wie ein steinern Bild.

Und die Trompete schmettert,
   Fest hält sie seine Hand –
Und, wie ein Donner, wettert
   Viktoria in das Land.

Viktoria, so klang es,
   Viktoria – überall,
Viktoria, so drang es
   Hervor mit Donnerschall.

Doch, als es ausgeklungen,
   Die Trompete setzt er ab –
Das Herz ist ihm zersprungen,
   Vom Roß stürzt er herab.

Um ihn herum im Kreise
   Hielts ganze Regiment,
Der Feldmarschall sprach leise:
   Das heißt ein selig End.

                                         Julius Mosen.
Dies Gedicht ist unvergänglich! [1758]

Das Leben ist vielleicht auch nur ein höchster Begriff, wie Raum und Zeit; es ist die Kategorie der *Möglichkeit*. [1759]

Leute, die in der Reue weiter gehen, als in der Beichte. [1760]

Das Wesen der Form liegt in dem harmonischen Verhältnis des ausgesprochenen Individuellen zu dem vorausgesetzten Allgemeinen. [1761]

Man kann in einen Fall kommen, wo man sich vom Leben brauchen läßt, statt es zu brauchen. [1762]

Ausatmen der Seele im Brief. [1763]

Inkarnation des Geistes im Gedicht. [1764]

Der Natur liegt eine ungeheure, geheimnisvolle Kraft zum Grunde, die in ihren Erzeugnissen keineswegs aufgeht, sondern diese augenscheinlich nur ausstößt, so daß man sie vielleicht eher für geile Schößlinge, als für echte Manifestationen der treibenden Grundwurzel halten darf; diese Kraft ist daher immer konzentriert, bei jeglichem Akt ist sie ganz in Tätigkeit, sie ist in jeder Regung groß und gewaltig, sie kann recht gut sich selbst Zweck sein. Anders verhält es sich mit der Kraft, die in die Menschheit eingeschlossen ist. Diese ist unter die einzelnen verteilt, die nebeneinander herlaufen und sich in den Weg treten, für sie gibt es keine Konzentrationsmöglichkeit, und dennoch ist eben Konzentration der ewige Gegenstand ihrer Sehnsucht und zeugt in verzweifelter Selbsthülfe Religionen und Staaten. [1765]

Eine Tat ist, wie ein Schuß; er ist nur einer, wenn er trifft. Aus der Überlegung geht nie eine Tat hervor. [1766]

Es ist ein großer Unterschied, ob das Wort den Gedanken erzeugt, oder der Gedanke das Wort. Der *Witz* (der umgekehrte) ist der Vater der neueren Lyrik, wie sie ein Beck repräsentiert. Bei *Zinken* fällt ihm zunächst der Reim: *sinken* ein, und dann, daß auch Zinken sinken werden. Hiebei kommt aber nichts heraus. [1767]

Wo in der Prosa nicht Stil ist, da ist Ausdruck, wo in der sog. Poesie nicht Form ist, da ist Umgrenzung und Umschreibung. So sind in Gutzkows Richard nicht *Charaktere* dargestellt, aber

die Konturen von Charakteren, die Grenzen, innerhalb deren
die Charaktere sich bewegen, die Haut ohne das Fleisch. [1768]

Jeder einzelne hat in gewissem Betracht in seinem Verhältnis
zu anderen eine polizeiliche Stellung, insofern er nämlich Beleidigungen,
die ihm widerfahren könnten, nicht bloß zu rächen,
sondern zu verhüten wissen muß. [1769]

Zersplitterung: man muß ein Samenkorn nicht in Stücke zerschneiden.
[1770]

Gutzkows Savage ist viel besser, als sein Saul. Aber nur, weil
er sich das Ziel niedriger gesteckt hat. [1771]

Ich sehe in dem Höchsten und Edelsten des Individuums nie
ein Übermaß von Tugend, nur ein Übermaß von Vermögen.
Was ist Tugend? Ein schöner Name für das einfachste Ding:
Gesundheit. [1772]

Ich komme auf mein Verhältnis zur Doktorin Sch. zurück.
Sie sagte mir einmal: der bisherige Kritiker der Abendzeitung,
Herr von Wachsmann, scheine abgegangen zu sein, dort sei jetzt
Gelegenheit für mich, eine lit. Stellung zu gewinnen und mich
eines Organs zu bemächtigen, ob es mir recht sei, wenn sie Hell
hierüber schreibe. Ich nahm ihr Anerbieten an, dachte aber natürlich
an eine Redaktion (von der sie mir auch sprach) nicht an
eine einfache Mitarbeiterstellung. Es kommt ein Brief von Herrn
Theodor Hell, worin er sich freut: »daß ein geistvoller junger
Mann in seinen Verein von würdigen Männern mit eintreten
wolle.« Kein Gedanke an Redaktion, ausdrückliche Bemerkungen,
daß man sich näher kennenlernen und über die Richtungen
verständigen müsse, u. d. gl. Die Doktorin schickt mir den Brief,
ich will eben essen. Ich lese ihn, werfe ihn auf das Sofa und rufe
aus: »das ist also nichts![«] Es fällt mir gar nicht ein, daß man die
Sache anders betrachten könne. Zwei Tage darauf komme ich zu
der Doktorin. Gesellschaft, etwas gemessener Empfang. Als wir
allein sind, sagt sie mir, sie habe es mir übelgenommen, daß ich
nicht gleich nach Empfang des Briefs zu ihr gekommen sei, sie
habe sich so über den Brief gefreut, der eröffne mir eine ganze

Zukunft u. d. gl. Ich erwiderte einfach, daß ich die Sache ganz anders betrachte, daß ich nie an der Aufnahme meiner Beiträge in der Abendzeitung gezweifelt, daß ich aber an eine Redaktion gedacht habe, daß ich daher weit entfernt gewesen sei, mich über Hells Brief zu freuen, daß ich ihm jedoch (ich setzte dies aus Respekt vor ihren Gründen und um sie nicht aufs neue zu verletzen hinzu) Beiträge senden und das übrige abwarten wolle. Denselben Abend schrieb ich ihr in einem kleinen Billett: »Sie freuten sich über Hells Brief und glaubten, daß auch ich mich darüber freuen würde; deshalb durften Sie mit Recht mein Kommen erwarten. Ich freute mich aber nicht, ich hielt die Sache für abgetan, ich sah in dem Brief ein höfliches Nichts, ich irrte mich vielleicht, aber ich betrachtete ihn doch so; dies entschuldigt mein Nicht-Kommen.« Tags darauf sagte sie mir: sie habe jetzt nichts mehr auf'm Herzen. Am Sonntag schickte ich ihr ein Exemplar alte Modeblätter zurück, sie fand diese (die höchstens bestäubt sein konnten und die nach Janinskys Angabe nur mit Kaffeeflecken beschmutzt, nicht auch zerrissen waren) völlig beschmutzt und zerrissen und schrieb mir, indem sie mir meine Bücher zurücksandte, daß sie sich mit solcher Handlungsweise nicht vertragen könne und mich bitte, ihr ihre Bücher, um sie »vor einem ähnlichen Schicksal« zu bewahren, baldmöglichst zu remittieren. Dies geschah. [1773]

Büchners *Danton*, von dem ich eben Proben im Phönix lese, ist herrlich. Warum *schreib* ich solch einen Gemeinplatz hin? Um meinem Gefühl genugzutun. [1774]

Der Traum ist eine Hülle um das Ich, das Wachen ist eine andere, und alle diese Hüllen bedecken am Ende – ein Nichts. So besteht die Zwiebel aus lauter Häuten, zieht die letzte ab, so ist sie nicht mehr. [1775]

Büchners Danton ist freilich ein Produkt der *Revolutions-Idee*, aber nur so, wie wir alle Produkte Gottes sind oder, wie alle Pflanzen und Bäume, trotz ihrer Verschiedenheit, von der Sonne zeugen. [1776]

Was soll die Schranke? Sie soll verhüten, daß ein Ding nicht sein Gegenteil werde. Wenn sie mehr will, so frevelt sie. [1777]

Liebe ist Krankheit. Gott, wenn dies ein öder Philister läse und mit seinen Kartentrümpfen widerlegte! [1778]

Nach Gutzkow im Phönix ist Laube ein Mau[r]ermeister-Sohn aus Sprottau. [1779]

Geschäftsreligion. Mondfinsternisse des Herzens. [1780]

Die lyrische Poesie hat etwas Kindliches, die dramatische etwas Männliches, die epische etwas Greisenhaftes. [1781]

Einige Leute haben ein Herz, wie einen Ofen; er ist an sich kalt, aber sie heizen ihn, wenn sich jemand wärmen will. [1782]

Grabbe und Büchner: der eine hat den Riß zur Schöpfung, der andere die Kraft. [1783]

Es gibt ideenlose Dramen, in denen die Menschen spazierengehen und unterwegs das Unglück antreffen. [1784]

Der Herbst stellt die Grenzen zwischen Innen und Außen fest, er sondert den Menschen von der Natur und gibt ihm das Gefühl seiner selbst. Winter und Sommer greifen in den Menschen hinein, der Frühling lockert sein Fundament auf. [1785]

Der Regen fällt zwar durch die Luft, aber er befruchtet nur den Erdboden. [1786]

Das Instrumentieren in der Musik ist, wie das Kolorieren in der Malerei. [1787]

Der moderne Stil ist ein Zehntenstil, ein solcher, der alle Kreise brandschatzt. [1788]

Ein dramatisches Werk, vorgelesen, wirkt, wie ein lyrisches. [1789]

Die meisten historischen Tragödien-Dichter geben statt der hist. Charaktere Parodieen auf diese Charaktere. [1790]

Es gibt kein Verlieren des einmal Gefundenen, aber es gibt wohl ein Verwandeln desselben in völliges Eigentum, ein Einziehen des Verwandten im Fremden; nachdem dieser Prozeß beendigt und der Rest, der uns nicht taugt, übriggeblieben ist, scheint uns oft ein Verlust eingetreten zu sein. Offenbar ist uns auch die Kirsche entrissen, nachdem wir sie verzehrt haben. Dumm ausgedrückt! [1791]

Die Seele des Künstlers ist das Asyl der Gottheit. Matt. [1792]

Goethes Faust umfaßt alle Geheimnisse der Welt; er kann sie aber nicht anders aussprechen, als wie die Welt selbst sie ausspricht. [1793]

d. 19ten Novbr 1839.
Die Sache mit der Doktorin Schoppe ist beigelegt und ich habe teils mit Freude, teils mit Schmerz, drei Menschen kennengelernt. Das bestimmte Vorgefühl, daß diese Irrung nicht die letzte gewesen ist, bewegt mich, den ganzen Vorgang aufs genaueste niederzuschreiben. Gott ist mein Zeuge, daß es der reinsten Wahrheit gemäß geschehen soll. Ich erhielt an jenem Sonntag, dessen ich schon früher gedachte, einen unerhört schnöden Brief von ihr, einen Brief, den sie mir nicht schreiben durfte, wenn ich ihr das kostbarste Kleinod verdorben hätte, also viel weniger jetzt, da es sich um ein Exemplar Modeblätter handelte. Hätte mir irgend ein anderer solch einen Brief geschrieben, so würde ich das Äußerste getan haben; jetzt, in Erwägung meiner großen Verpflichtungen gegen diese Frau, mäßigte ich mich, und sandte ihr die zurückgeforderten Bücher mit einem kleinen Billett, worin ich sagte: es sei mir unbegreiflich, daß die Modeblätter beschmutzt und zerrissen seien, sie könnten meines Erachtens höchstens bestäubt sein, sie behaupte jedoch das Gegenteil, und ich erlaubte mir keineswegs, ihre Angabe zu bezweifeln. In diesen Worten, die ich beeidigen will, liegt doch gewiß nicht, wie sie sich später ausdrückte, ein Lügenstrafen; unsäglich leid

tut es mir, daß ich das gedachte Billett nicht abschriftlich zurückbehielt; sie hat es niemanden gezeigt, nach Jahnens Angabe nicht einmal ihm, dennoch sagte sie hinter meinem Rücken, ich habe sie eine Lügnerin geheißen, und wagte sogar, es mir später in dem Versöhnungsbrief zu schreiben. Nachdem ich jenes Billett samt den Büchern abgeschickt hatte, ließ ich die Sache ruhen und sprach mit niemanden darüber, als mit Wihl und Fräulein Lensing, mit beiden jedoch unter dem Siegel des Geheimnisses; ich hatte mir nicht das Geringste vorzuwerfen und wartete die Zukunft ab. So mogten 14 Tage vergangen sein, da traf ich Jahnens auf der Straße. Wir machten einen Spaziergang miteinander und kamen auf die Angelegenheit zu reden. Es schien seine Absicht zu sein, mich zu einem Schritt zu bestimmen, er erzählte mir, daß die Doktorin fortwährend mit Achtung von mir spreche, daß sie, als ihr mein Bruch mit Campe bekannt geworden, ausgerufen habe: ach, der arme Hebbel, u. d. gl. Dabei sagte er mir ausdrücklich: die Modeblätter seien nur mit Kaffeeflecken beschmutzt, keineswegs aber zerrissen gewesen; acht Tage später, als ich ihm diese Äußerung in Erinnerung brachte, fand er für gut, hinzuzufügen: soviel er wisse; ich mußte dies klein finden, wie manches andere. (Wie ekelts mich, fortzuschreiben!) Ich hörte alles, was er vorbrachte, ruhig an; ich wußte, daß ich Achtung *fodern* darf, daß sie mir nicht geschenkt wird, ein Ach! konnte noch weniger als ein Gewicht bei mir in die Waage fallen. Abermals vergingen 8 Tage, da kam ich eines Abends zu ihm und ward von ihm mit der Frage empfangen, ob ich vor zwei Tagen der Doktorin und ihrer Mutter im Jungfernstieg begegnet sei und sie angesehen habe, ohne sie zu grüßen. Ich erwiderte: er könne sich es wohl selbst sagen, daß dies nicht geschehen sei; ich sei, wie er wisse, ein gebildeter Mensch, und als solcher keiner Roheit fähig, am wenigsten einer solchen, die zugleich Feigheit gewesen wäre. Er versetzte: dies alles habe auch er der Doktorin augenblicklich eingewandt, aber sowohl sie, als ihre Mutter blieben bei ihrer Behauptung. Ich sagte ihm: dies zeige mir, daß die Doktorin mich niemals erkannt habe, es verletze mich aufs tiefste, es heiße, in mir nicht bloß meine Persönlichkeit, sondern die Menschheit überhaupt, beleidigen. Ich ward sehr heftig, denn das Maß war gefüllt; er wagte, mir zu sagen: die Dokt. hätte (nach ihrem Briefe) erwartet, daß ich noch einmal zu ihr gegangen wäre, sie habe mich als ihren Sohn betrachtet u.s.w. Ich antwortete: nur ein Bube hätte dies tun können, es gäbe eine Grenze in allen Dingen. Ich entschloß mich, ihr über jenes Nichtgrüßen zu schreiben und tats am nächsten Morgen; ich schloß meinen Brief mit den Worten: ich würde in einer *Wunde* nie eine Aufforderung sehen, sie mir noch durch nachträgliche Gemeinheit zu verdienen. Gleich darauf schrieb sie mir einen langen Brief, des Inhalts: ich hätte sie eine Lügnerin geheißen, sie habe sich in Bezug auf mich nie etwas zuschulden kommen lassen, sie habe von Jahnens gehört, daß alles Mißverständnis gewesen sei, sie glaube das, denn sie sei ein Mensch und ich sei einer, sie habe gelitten, sie sei jetzt völlig versöhnt, sie biete mir die Hand u.s.w. Unedel, wie ihr ganzes Benehmen in dieser Sache war auch ihr Brief, sie glaubte, das *Geschehene* dadurch zu vernichten, daß sie behauptete, es sei nicht geschehen, sie stellte ihre Versöhnung auf Schrauben, ich mußte mich jedoch zufrieden geben, wenn ich die Nachrede, daß ich die mir gereichte Hand verschmäht habe, vermeiden wollte, ich dachte: sie will den Schein retten, und ging zu ihr. Den anderen Tag erfuhr ich von Wihl, daß sie bei Assing alles entstellt und verdreht, den schändlichen Brief z.B., auf den alles ankam, mit Stillschweigen übergangen und mich als den Sündenbock hingestellt habe; daß Jahnens in seiner Halt- und Grundlosigkeit ihr Ritter gewesen sei, daß Wihl dagegen (was ich schon halb und halb aus Äußerungen von Jahnens wußte) mich verteidigt habe, und auf eine Weise, die seinem Herzen zur höchsten Ehre gereicht. J.[ahnens] und die Sch.[oppe] kenne ich nun ganz, und Wihl ist von jetzt an mein Freund! [1794]

Sonntag d. 24 Novbr.
Die Lügenhaftigkeit des J.[ahnens] geht ins Weite. Neulich spricht er eine Frau aus Friedrichstadt, die ihm von Leopold Alberti erzählt und ihm sagt: man habe diesen für wahnsinnig gehalten, er habe ihr gegenüber gewohnt und ihr aus seinem Fenster immer Gesichter geschnitten. Er teilt mir die Sache mit, ich mache ihn mit der Sitte in kleinen Örtern, in jedem Genie einen Verrückten zu sehen, bekannt und wir lachen gemeinschaftlich über die Frau. Desungeachtet erzählt er der Dokt.

Sch.[oppe], wie ich heute von ihr höre, er wisse, daß A.[lberti] mehrere Jahre in der Irrenanstalt gewesen sei! Und solch ein Gesell wird wegen seines schönen Gemüts herausgestrichen!

[1795]

Abends im Dunkeln Musik zu hören! Dann denkt man sich die Töne als Menschen, die man in der Finsternis nur nicht sieht.

[1796]

Es ist schlimm, daß man bei Beurteilung einzelner Handlungen und Äußerungen eines Menschen immer sein ganzes Wesen in Anschlag bringt. [1797]

Der Tränenklub, wo man zusammenkommt, und sich traurige Geschichten erzählt, um zu weinen. [1798]

Es gibt ein geistiges Magnetisieren, wo man dem fremden Geist seine Gedanken und Phantasieen vorschreibt, ohne daß ers ahnt. [1799]

Der letzte Zustand ist immer eine Satire auf die vorhergehenden. [1800]

Angesteckter Spiritus gibt eine Flamme, pulsierendes Lebensblut bloß Wärme. [1801]

In der Judith zeichne ich die *Tat* eines *Weibes*, also den ärgsten Kontrast, dies Wollen und Nicht-Können, dies Tun, was doch kein Handeln ist. [1802]

d. 25 Novbr.

Ich blätterte eben in einem Band älterer Gedichte von mir, die noch in Dithmarschen entstanden sind, und sich, manchen besseren zum Trotz, die ich vernichtete, unter meinen Papieren erhalten haben. Dies ist die gräßlichste Art, in die Vergangenheit zurückzublicken; man schaut ins Enge und immer Engere hinein und der Säugling mit dem Zuckerläppchen schließt die Perspektive. Ein Grauen packte mich bei meinen Versen, die doch eine

Zeit erlebten, wo ich sie nicht bloß machte, sondern wo sie mir auch gefielen. Würden mir jetzt dergleichen Sachen vorgelegt, so würde ich auf völlige Impotenz des Verfassers schließen; mit Unrecht, denn ich bin doch zu etwas gekommen! [1803]

Die neueren Lyriker suchen das Gemüt topographisch auszubeuten. [1804]

Die Poesie ist die Schminke des Lebens, die Kunst, uns über unsere Armut zu täuschen. [1805]

d. 19 Novbr.
Heute nachmittag lag ich auf dem Sofa und las Hoffmanns Elixiere des Teufels. Mein kleines Hündchen lag bei mir, sein Köpfchen auf meine Füße legend; es schlief und träumte, wurden die Träume zu ängstlich, so weckte ich es durch Streicheln. Dabei kam mir mein Gedicht: *stillstes Leben*, das mir immer nicht fertig schien, in den Sinn, und ich ahnte den Schluß. [1806]

Eine Seele, wie ein Barometer. [1807]

d. 23 Novbr 1839.
Heute vormittag bei Assing einen Besuch gemacht. Ich hätte es nicht getan, wäre die Doktorin nicht so krank geworden; aus den Gründen, weil man vor 3 Jahren meine Einführung abgelehnt hatte und weil ich den Anschein vermeiden wollte, als sei es meine Absicht, Assing für seine ärztlichen Bemühungen mit Höflichkeiten zu bezahlen. Jetzt ists natürlich ein anderes. Er ist ein vortrefflicher Mann, der gleich, wie ich ihn kennenlernte, den wohltätigsten Eindruck auf mich machte. Die Kinder sind gebildet, aber affektiert dabei. Das Gespräch kam auf Gutzkows Stücke. Gedanken von mir: *Steigerung* ist die Lebensform der Kunst. – Es ist natürlich, daß ein Mensch nicht wie ein Blatt in den Lüften herumsegeln, daß er den Stamm, auf dem er wuchs, kennenlernen will; die Idee (daß Richard seine Mutter sucht) ist daher allgemein menschlich, aber die Ausführung ist rein novellenartig. Ein *Faktum*, keine Handlung. Frage: darf man denn unter gewissen Umständen seine Mutter nicht verachten? Wenn

die Lady ihren Sohn *so* empfing, so hatte er, statt des früheren Schmerzes, seine Mutter *nicht* zu kennen, jetzt den größeren, sie zu *kennen*, und mußte sich in stolzer Entsagung zurückziehen; daß er nach einem solchen Empfang dies nicht tat, rechtfertigt das Benehmen der Lady vollkommen. So, wie ich es andeutete, aufgefaßt, daß im *Finden* der Fluch liegt, und dann eine höhere Ausgleichung herbeigeführt: das wäre groß gewesen. Nun ists – ein bloßes Abspeisen! Dies Pochen auf die *papiernen Dokumente*, der Natur in der Lady gegenüber!!! Die höhere Ausgleichung wäre so herbeizuführen gewesen. Der Sohn zeichnet sich aus, so sehr, daß die Mutter ihn verehren und suchen muß. [1808]

Ein Gesicht, wie ein Spiel Karten. [1809]

Gott läßt sich nicht malen. [1810]

Schmerz und Freude *sind* weniger, als sie *bedeuten*. Der Schmerz ist ein Vorempfinden unendlicher Qual, die Freude ein Ahnen überschwenglicher Wonne. Die Möglichkeit des Schmerzes deutet auf ein tiefes Mysterium in der Natur. [1811]

Ein Berliner Arzt hat über die medizinischen Wirkungen des Shakespeare geschrieben und eine Masse von Krankheiten aufgezählt, die bloß von diesem Dichter herrührten. (Jahnens.)
[1812]

Das Auge ist der Punkt, in welchem Seele und Körper sich vermischen. [1813]

Glocken in der Brust. [1814]

d. 23 Novbr.
Gestern abend durch Sturm und Nacht der Gang über den Wall. Auf der Lombardsbrücke stand ich, unter mir die schwarze, brausende Alster, vor mir den von den Lampen des Jungfernstiegs umschriebenen Lichtkreis und die Feenpaläste im Wasser. Die Schildwache, die mein Hineinschauen in die Wellen bemerkte, stand auf dem Sprung, mich zurückzuhalten, falls ich, wie ich Miene zu machen scheinen mogte, hineinspringen sollte. [1815]

Das gemeine Talent, z. B. das Gutzkowsche, ist der Poesie am fernsten, wenn es ihr stofflich am nächsten ist. [1816]

O, wie beglückt ist, wer das Große schauen kann. Es zieht in seine eigene Brust ein. [1817]

d. 7 Dezbr.
Letzter Besuch bei Gutzkow. Doppelfriedrichsdor Honorar. »Ihm sei es nicht gegeben, sich im Gespräch so auszuströmen, in seinem Gemüt liege das nicht, die Teilnahme habe er doch[«] u. s. w. Ich sagte ihm, daß ich ihn bei mir zu sehen erwartet habe. »Er treffe seine Freunde nur nachmittags um 3, um 5 ziehe er sich schon wieder in sich selbst zurück, ich werde es ja nicht konventionell nehmen[«] u. s. w. Bot mir wieder Bücher zum Rezensieren an, die ich nahm, weil es die ersten von Bedeutung waren, die mir in der Kritik vorkamen: Chamissos Leben u. s. w. Ich blieb nur einen Augenblick, weil er sehr beschäftigt war, und nahm die feste Überzeugung mit mir fort, daß er *weiß*, wie ich über seine Dramen denke, und daß er jetzt gegen mich eingenommen ist. Es ist mir lieb, daß wir uns jetzt kennen, es ist mir aber leid, daß er es von *Wihl* erfahren hat, und dies muß er, denn nur Wihl und Assings kennen meine Urteile über ihn, und bei Assing war er, wie er mir heute selbst sagte, vor 8 Wochen zum letztenmal. Sprach von meinem Rubin, der Anfang sei sehr frisch, das Ende habe er, der undeutlichen Handschrift wegen, nicht lesen können, wollt ihn aber doch behalten. [1818]

Elise träumt: sie sei in einem großen grausigen Saal, drei Lichter brennen, es ist Weihnachtsabend, plötzlich gehen die Lichter aus, ihr wird unendlich angstvoll zumut, da hört sie einen Choral und schöne Kirchenmusik. Und in der nächsten Nacht träumt sie: sie erzähle einem Manne jenen Traum und dieser sage zu ihr, sie möge die Nacht, wo sie das geträumt habe, ja nicht vergessen. [1819]

Chamissos Gedicht: *Kreuzigung* hätte so schließen müssen, daß der Künstler, als man sich seinem Hause mit der Lorbeerkrone naht, aus seiner Werkstatt hervortritt und allen den gekreuzigten Jüngling zeigt! [1820]

Ein Mensch, der sich selbst bekämpft, der seinen Leib für seinen Feind hält und sich Arm und Bein abhackt. [1821]

Die Geschichte ist das Bett, das der Strom des Lebens sich selbst gräbt. [1822]

Das Gute selbst kann Feind des Guten sein, die Rose kann die Lilie verdrängen wollen, beide sind existenzberechtigt, aber nur eins hat Existenz. So entsteht ein Kampf um den Moment, das Ewige muß sich seiner selbst entäußern, um das Zeitliche zu gewinnen, Resignation gilt nicht, denn es heißt auf Wirkung Verzicht leisten und Wirkung ist das Besitztum der Welt, Wirkung ist der Tribut des einzelnen ans Allgemeine. Auf diesem Wege kann die höchste Tragödie entstehen. [1823]

Das Auge: ein Verkleinerungsglas nach innen. [1824]

Sonnabend d. 15ten Dezbr.
Endlich einmal wieder eine Szene an der Judith geschrieben. Im momentanen Wahnsinn sagt sie zur Mirza: sag du mir, was ich sein soll! Das halt ich für gut. Mehrere Dramen gelesen in diesen Tagen. *Sophonisbe* von *Hake*, echt österreichisch; Rom und Karthago, in Butter aufgebraten, ungefähr so, wie ein Tiger, den der Konditor verfertigt und der auf der Zunge auseinandergeht. Scipio ist ordentlich sentimental; Nero, der Römer war eine Guillotine des Menschen! *Anna Bullen* von Waiblinger. Treffliche Einzelheiten, aber das Ganze ein Luftballon, der fliegt, um zu fliegen. *Marggraffs* Täubchen von Amsterdam ebenso. Geschichten, Ansätze zu Charakteren, aber alles um nichts und wieder nichts, diese Dichter machen Welten, wie die Kinder Kartenhäuser bauen, es wohnt keine Seele darin. [1825]

Talleyrand ist das Gewissen der neuesten Geschichte. [1826]

Selbstmord ist immer Sünde, wenn ihn eine Einzelheit, nicht das Ganze des Lebens veranlaßt. [1827]

Ein toter Körper wiegt ebensoviel, wie ein lebendiger, die *Seele* fügt dem Gewicht keine Unze hinzu. [1828]

Wer eine lange Nase hat, kann der die langen Nasen hassen? [1829]

Die größte Torheit ists, gebeugt ins Leben einzutreten. Das Leben ist dem Widerstreben geweiht. Wir sollen uns aufrichten, so hoch wir können, und so lange, bis wir anstoßen. [1830]

Der Schlafende ist ein in der Wärme zerfließender Eiskristall. [1831]

Als ich in meiner Jugend zum erstenmal Branntewein trank, hatt ich ein Gefühl, als ob ich mich in dem Augenblick mit allen Trunkenbolden und Säufern der Welt verbrüderte, ich sah all die roten Nasen und aufgedunsenen Gesichter. Dies Gefühl hab ich noch. Wie lange zögerte ich z. B. auf meiner Reise von München nach Hamburg, trotz meines brennenden Durstes, aus der Flasche, die ich bei mir trug, ein wenig Branntwein zu trinken. [1832]

Einem Fisch aus Mitleid im Winter das Wasser siedheiß machen. [1833]

Als Grabbe wirklich etwas zu konzentrieren hatte (im Gothland) da konzentrierte er nicht. [1834]

Die zurückgedrängte Träne fällt glühend und verzehrend in die Seele zurück, außen ist sie Wasser, innen Feuer. [1835]

»In mir platzt es, wie eine Bombe.« [1836]

Formen heißt Gebären. – Warum ist *Tierschmerz* nicht poetisch? Weil der Schmerz des Tiers mit dem Dasein eins wird, weil das Tier, das z. B. an einem Fieber leidet, nur ein lebendiges Fieber ist. [1837]

Dichten heißt, sich ermorden. [1838]

d. 22 Dezbr.

Einen unendlich gütigen, liebe- und teilnahmsvollen Brief von Rousseaus Schwester erhalten, der mich tief gerührt hat. Dabei sein Porträt, außerordentlich gut getroffen, wie er aussah, wenn er sich ganz in sein Innerstes versenkte. Das macht mich glücklich! Und mit meiner Judith gehts herrlich! Dies ist aber auch mein Römerzug: mißlingt er, so ists aus auf immer! [1839]

Die Weihnachtsmusikanten, die »Nun danket alle Gott« blasen. Ein kleiner Knabe sammelt, als er eine Tür überschlägt, gibt ihm der eine mit dem Horn einen Stoß und sagt: kannst du nicht sehen? Dann bläst er fort. Ein zweiter greift während des Blasens einem Mädchen an den Hintern. Andere, die, bevor sie anfangen, sich erst die Hände warmschlagen. [1840]

Blutfontänen. [1841]

Wahrheit ist der Punkt, wo Glaube und Wissen einander neutralisieren. [1842]

Weihnachts-Abend 1839.

Es ist vier Uhr nachmittags, der Regen saust, Sonnenstrahlen fallen hindurch, ein Frühlingswetter. Ich komme eben aus der Stadt zurück und habe mir Novalis' Schriften geholt, Kaffee steht auf meinem Tisch, die aufgeschlagene Bibel und meine Judith liegen vor mir und seit drei Jahren zum erstenmal wieder werd ich diesen Abend auf eine schöne Weise feiern. Ich habe ein Gefühl, als hätt ich ein *Recht* zur Freude, und dann bleibt die Freude selbst nicht aus; in meiner Kammer stehen die Puppen, Nüsse u.s.w. für die beiden kleinen Mädchen im Hause. [1843]

Ein paar Stunden später.

Mein eigner Gast hat mir noch schnell ein schönes Weihnachtsgeschenk gemacht, eine Szene an der Judith. [1844]

Abends um zwölf Uhr.

Das nenne ich dämonisch. Den letzten Weihnachts-Abend, den ich überhaupt feierte, verlebte ich mit Alberti zusammen bei Elise. Heute war ich wieder bei ihr und sie überraschte mich auf die rührendste Weise mit fast allem, was ich mir wünschte, weil es mir fehlte und ich den Mangel schmerzlich empfand. Nachdem wir gegessen und schönen Punsch getrunken hatten, sagte sie zu mir, sie habe noch etwas auf dem Herzen. Leopold Alberti sei heute mittag bei ihr gewesen und werde sie morgen nachmittag auf längere Zeit besuchen; heute sei sie zu beschäftigt gewesen, um ihn lange bei sich zu sehen. Sie beschrieb mir ihn, ernst, noch viel hagerer, als sonst, fest, im Sprechen nicht so fade, sondern entschieden und bestimmt. Als sie ihn gefragt, ob er nicht zu mir gehen würde, habe er geantwortet: als was er vor mich treten solle. Wie sie von meiner schweren Krankheit gesprochen, sei er ganz blaß geworden. Vor dem Porträt meines Freundes habe er lange gestanden. Er habe sich allerdings alle Schuld in jener schwarzen Sache beigemessen und seine Handlungsweise selbst diabolisch genannt; aber, ich habe mir auch gar nicht die Mühe genommen, ihn anzuhören. Darin hat er recht, eine Sache, die nur *eine* Deutung erlaubte, wollte ich nicht mißdeuten lassen; auch versuchte er nicht ein einziges Mal, etwas zur Entschuldigung für sich anzuführen. Dann hätte ich ihn nicht allein hier, sondern auch in Dithmarschen an den Pranger gestellt. Das ist nicht wahr. Nach Dithmarschen schrieb ich an alle meine Freunde, daß ich mit ihm gebrochen, daß ich mir aber die Verpflichtung auferlegt habe, niemanden die Gründe mitzuteilen und daß ich daher jeden bäte, mich mit Fragen zu verschonen. Dem Kirchspielschreiber Voss, dem ich ihn als Schreiber empfohlen hatte, schrieb ich dasselbe, fügte jedoch hinzu, daß ich ihn bitten müsse, meine Empfehlung nicht weiter zu berücksichtigen und nach seiner eignen Kenntnis von Alberti zu verfahren. Dies *mußte* ich tun, da es sich um eine Anstellung in öffentlichen Geschäften handelte. *Wacker* einem äußerst verschwiegenen Menschen, teilte ich eine von der Doktorin, Gravenhorst und mir unterzeichnete treue Geschichts-Erzählung mit, um mich dagegen zu sichern, daß Alberti, der mich hier so greulich verleumdet hatte, mich nicht auch dort verleumde; ich legte ihm aber bis zum Punkt der *Notwehr* heiliges Stillschweigen auf. *Hier* ist die Sache allerdings, wie ich mit Bekümmernis bei meiner Rückkunft erfahren mußte, bekannt genug geworden, aber nicht durch mich. Dies hätte Alberti sich selbst sagen mögen, wenn er bedachte, daß Jahnens, die Dokt. Schoppe, Gravenhorst, Laisz und andre von vornherein im Geheimnis waren. Ich habe *kaum* meinem Freund Rousseau das Allerallgemeinste mitgeteilt. Mir kommt es vor, als ob Alb. noch jetzt mit mir rechten mögte; das tut mir leid um ihn, denn es zeigt, daß er innerlich nicht weiter gekommen ist, als das äußere Schicksal ihn stieß. Er müßte, auf die Gefahr hin, übel aufgenommen zu werden, zu mir kommen; dann könnt ich ihn achten. Erschüttert hat michs, daß er selbst bekannt hat, wahnsinnig gewesen zu sein. Die Situation, in der ich bin, ist die schwierigste; sein früheres Verfahren gegen mich erreichte den äußersten Grad der Niederträchtigkeit und der Feigheit, *schwieg er* doch in einer großen Versöhnungsstunde, wo er fühlen mußte, daß ich *alles* vergeben konnte; mit diesem Schleichen und Aushorchen, womit er sich Elisen nähert, kann ich auch jetzt nicht zufrieden sein. Dennoch – zieht mein Herz mich zu ihm und es ist mir ein seltsam beklemmender Gedanke, daß er heute seinen Weihnachtsabend mit mir in derselben Stadt verlebt.

[1845]

Leben ist Erwachen. [1846]

Im Leben darf man den Tod fürchten, nur nicht in der Nähe des Todes. [1847]

Zwei Hände können sich wohl fassen, aber doch nicht ineinander verwachsen. So Individualität zu Individualität. [1848]

Die Liebe ist der Kern des Menschen, sie darf deshalb in ihrem gesunden Zustande so wenig zum Gegenstand der Darstellung gemacht werden, wie etwa Essen und Trinken. [1849]

d. 26 Dezbr. Zweiter Weihnachtstag.
Ich ließ Alberti durch Elise grüßen und ihm sagen, daß ich ihn sehen wolle. Vielleicht hätte ich es nicht tun sollen, aber ich konnte nicht anders. Er kam, ich war bei der Doktorin Schoppe und wurde geholt. Es war dämmerig, er stand in meinem Zimmer, wie ich hereintrat, er sagte nichts, ich sagte guten Abend, Alberti, bot ihm die Hand und lud ihn zum Sitzen ein. Gleich-

gültig-allgemeines Gespräch über die Erlebnisse der letzten Jahre; tieferes Eingehen war mir bei der nur mit Mühe beherrschten inneren Bewegung nicht möglich, auch war das, was er vorzubringen hatte, zu bedenklich. Darauf rettete ich das Gespräch in die Literatur hinein. Endlich, nachdem wir beide wieder ruhig atmeten, ging ich mit Ernst und Aufrichtigkeit auf jene Katastrophe über. Ich sagte, ich erwarte, daß er nicht mit mir werde rechten wollen; daß ich in jener Sache nichts, gar nichts, bereue; daß ich sie längst als psychologisches Problem betrachtet habe, daß er jedoch nur dann mit Ruhe auf die Vergangenheit zurückblicken dürfe, wenn er der Zukunft gewiß sei, und wenn ihm das einmal Geschehene als etwas Unmögliches erscheine. Er gab das zu und wollte in der Selbstanklage weiter gehen, als nötig; jedoch könne er mir die Versicherung geben, daß er *nie* gegen mich kabalisiert, sondern eigentlich nur, um die eine Lüge zu retten, alle übrigen hinzugefügt habe. Das verstand sich ohnehin von selbst. Übrigens war er ganz, wie ehemals; noch dasselbe Gesicht, in die Länge gezogen bis zur Verzerrung, aber von schönen Augen erleuchtet; gedehnt im Sprechen, oft verwirrt in Gedanken und Ausdrücken; zu bescheiden. Dies soll durchaus kein Urteil, nur eine vorläufige Bemerkung sein. Frage an mich selbst: darf ich einem vergeben, dem ich nicht ganz wieder vertrauen kann? Und kann ich ihm ganz wieder vertrauen? Mir ist das Halbe in den Verhältnissen mehr, als zuwider, es ist mir unmöglich; und so schenke ich auch Alberti neues Vertrauen und spreche ohne Rückhalt, gestern abend wurde ich jedoch hin und wieder durch ein Zusammenschaudern über die Keckheit des Gesagten unterbrochen, *das mich verdammt.* [1850]

Uneheliche Empfindungen und Gedanken. [1851]

Geister heilen sich am Ende auch homöopathisch; was einen krank macht, muß ihn wieder gesund machen und die Krankheit ist nur ein Übergang zur Gesundheit. [1852]

Religion ist die Phantasie der Menschheit, das Vermögen, alle Widersprüche nicht aufzuheben, sondern zu verneinen. [1853]

Das Leben ist nie etwas, es ist nur die Gelegenheit zu einem Etwas. [1854]

Bei Gelegenheit der Judith. Daß zeugende und empfangende Kraft beide notwendig sind. Sonst wäre es wohl denkbar, daß die Natur den menschlichen Organismus so eingerichtet hätte, daß der Mensch seinesgleichen aus sich selbst durch den bloßen Gedanken erzeugte. [1855]

d. 27 Dezbr.
Alberti hat die Nacht bei mir zugebracht. Er gab mir sein Tagebuch, zwei mich betreffende Stellen verletzten mich aufs tiefste; so hätte er von mir nicht sprechen dürfen und wenn ich der armseligste Gesell gewesen wäre, so durfte er von einem Menschen nicht sprechen, an dem er sich so sehr versündigt hatte, und eben deswegen nicht. Frage: ob es nicht dadurch, daß er mir selbst sein Tagebuch gab, ausgeglichen wird? Von Elise spricht er aufs beste, was ihm zur Ehre gereicht; auch Gravenhorsts, Alers und anderer gedenkt er, meiner nur, wenn ich ihn gelobt habe, oder wenn er Bitteres über mich sagen kann, nie erwähnt er meines doch unleugbar großen Einflusses auf seine Ausbildung, nie unsrer früheren Freundschaft, nie seiner Reue, die freilich nicht negativ, sondern positiv sein soll, die mich aber doch wahrlich nicht so leicht verdauen durfte. . . . . . . – gräßlich! Ich konnte die ganze Nacht nicht schlafen. Am Morgen fragte ich ihn, was er über Jahnens denke. Bei der Antwort schien er sich etwas zu winden und zu drücken; als ich ihm dies offen bemerkte, meinte er: er habe in jenem Verhältnis immer nur an mich und an seine Schuld gedacht, nie an die zufälligen Werkzeuge. Ich sagte ihm, wenn J.[ahnens] seiner Mannespflicht gemäß ihm erklärt hätte, daß er die Lüge nicht unterstützen wolle, so würde die Sache nie so gekommen sein, ich würde alles verziehen und er meine ganze Zukunft geteilt haben. Es ist wahr und es schien ihn zu ergreifen. Er sagte mir: er habe damals in seinem Dünkel geglaubt, mich zu überragen, und sei hierin von J.[ahnens] bestärkt worden; er habe in mir das Bestreben, ihn einstweilen niederzuhalten, zu erblicken gewähnt; Jahnens habe mich auch unter ihn gestellt und in dieser Beziehung allein sei J.[ahnens] ihm

angenehm gewesen; seinen Vertrauten habe derselbe auch in der Missionssache abgegeben, törigte Lebenspläne hätten sie ausgeheckt u. s. w. [1856]

Der dramatische Jambus ist den deutschen Dichtern meistens nur Gelegenheit zum Sündenfall des Gedankens, der mit sich selbst zu kokettieren anfängt. [1857]

Der Geist soll den Körper durch den Gedanken vernichten, der Mensch, der stirbt *durch den bloßen Gedanken, zu sterben,* hat seine Selbstbefreiung vollendet. Vielleicht gelingt diese Aufgabe in einem höheren Kreise. [1858]

Rückblicke auf das frühere Verhältnis mit Alberti. Jene erste Heuchelszene in Dithmarschen, wo er sich stellte, als ob er das Geld, das er nie besessen, zurückgelassen hätte und wo er sich 35 fl von mir auszahlen ließ, die ich nie zurückerhielt, und die er meiner armen Mutter entzog. In Hamburg: als er mich bei Gravenhorst auf hämische Weise wegen eines unschuldigen Spaßes als Lügner darstellte; als er auf Gr.[avenhorsts] Zimmer sagte: die Dokt. habe gesagt, es täte ihr leid, daß sie sich für mich bemüht habe, ich besäße nichts, als Gutmütigkeit; als er in jener großen Versöhnungsstunde, wo er schon die ganze Sünde auf der Seele hatte, *schwieg;* als er des Morgens, wo ich schon alles wußte und ich, mich vorm Spiegel rasierend, zu ihm, um ihm noch eine letzte Brücke zu bauen, sagte, ich wolle doch mit der Sch.[oppe] sprechen, mir davon abriet; als er später, nachdem alles unter uns abgetan war, mich um Geld ansprach, was ich abschlug, weil ich wußte, daß es ihm an Reisegeld nicht fehlte; als er darauf zu Gr.[avenhorst] ging und von diesem einige Drittel erbettelte; als er dann mit den salbungsvollen Worten von mir schied: er habe noch *einen* Wunsch, daß es mir gut gehen möge. Seine List, mich aus dem Zimmer fortzuschwatzen, als ich mit Jahnens, den ich erwartete und der jene Äußerung der Dokt. ihm mitgeteilt haben sollte, reden wollte! [1859]

d. 29 Dezbr.

Heute morgen sagte Alberti zu mir: er habe seine Stellung in Fr.[iedrichstadt] aufgegeben. Seine Absicht sei gewesen, mit seinem in einem hiesigen Geschäft angestellten Bruder nach England zu gehen, sein Bruder könne ihn aber wegen Mittellosigkeit nicht mitnehmen. Nun wolle er sich um eine Schulstelle bemühen und hoffe, dazu durch die Kandidaten Morart und Brauer zu gelangen. Er habe mir dies alles nicht gleich mitgeteilt, damit ich nicht hätte glauben mögen, daß er nur zu mir käme, um meine Hülfe in Anspruch zu nehmen. Ich antwortete ihm, daß ich das Aufgeben seiner Stellung in F.[riedrichstadt] bedauern müsse, daß der Plan mit England, wo er, ohne Englisch zu können, Unterricht im Deutschen hatte geben wollen, ganz unausführbar sei und daß der andere, obwohl an und für sich nicht eben übel, es doch durch die Personen, deren Unterstützung er nachsuchen wolle, werden müsse. Ich müsse voraussetzen, daß er, wenn sonst seine Reue und Sinnesänderung eine echte wäre, solche Heuchler, wie diese Mystiker und Frommen von Profession verachte; wie er nun diese Verachtung mit dem Empfangen von Wohltaten zu vereinigen gedenke? – Jetzt sehe ich und mit mir Elise, daß alles, was Alberti zu uns gesagt und was er getan hat, berechnet *sein kann;* und selbst, wenn er jetzt nicht berechnet – woher bei Verhältnissen, wie er sie sich zu bilden beabsichtigt, Freiheit zur Tugend? [1860]

d. 30sten Dezbr. 1839.

Wie soll die Liebe zum Echten sich äußern, wenn nicht im Haß gegen das Schlechte? In Anlaß des Gesprächs über Schiller, wodurch die Kirchenrätin sich verletzt fand. [1861]

d. 30sten Dezbr 1839.

Heute mittag die besten Nachrichten von der Stich aus Berlin. Gruß an mich und Bitte um schnellste Sendung des Manuskripts. Die Sache würde mir mehr Freude machen, wenn ich mich den Foderungen des Theaters besser gewachsen wüßte. Es kommt mir so vor, als ob mein Stück unaufführbar sei. Holofernes z.B. wird geköpft. Wie soll das gemacht werden? Soll man immer einen wirklichen Sünder in Bereitschaft halten, den man als Holofernes einkleidet und den nun die Schauspielerin, statt des Henkers, durch das Beil vom Leben zum Tode bringt? Vorher geht Judith mit Hol. in die Kammer: wird das Publikum nicht

lachen? Und hat es nicht recht, zu lachen? Die Poesie will ich wohl vertreten, aber das Theatralische macht mir große Sorgen.
[1862]

Man macht es dem Menschen zur *Pflicht*, daß er versöhnlich sein soll; ich mögte fragen, wie weit er ein *Recht* dazu hat. Eine wahre, tiefe Verletzung trifft ja nicht den einzelnen bloß als Persönlichkeit, sie trifft ihn zugleich als Repräsentanten der allem Menschlichen zugrunde liegenden Idee, und dieser Idee darf er nichts vergeben. Wie der Versöhnung mit Gott nach christlichen Begriffen die aufrichtige Beichte und dieser die Erkenntnis der Sünde vorhergehen muß, so gilt dies auch bei Aussöhnung der Individualitäten untereinander. Die Sünde ist eine Todeswunde, die der Mensch sich selbst schlägt und die nur dadurch, daß er sie sieht, geheilt werden kann. Ich darf meinem Feind die Hand nicht eher reichen, als bis die seinige wieder rein ist; wer Vergebung annimmt, ohne sie zu verdienen, frevelt gegen das Herz, wie man in der Sünde gegen den Heiligen Geist am Geist frevelt. Dies ist der äußerste Punkt sittlicher Verderbnis, unheilbar, Knochenfraß, Vernichtung.
[1863]

Die Lehre der katholischen Kirche, daß die Tugenden der Heiligen als Gnadenschatz den Gläubigen zugute kommen, beruht auf einer für das Geistige gezogenen Konsequenz des Begriffs vom Eigentum.
[1864]

d. 31sten Dezember 1839.

Mit etwas größerer Beruhigung, wie sonst, kann ich diesmal den Jahres-Abschluß machen. Die Rückkehr von München nach Hamburg hat sich als durchaus zweckmäßig erwiesen; ich stehe nicht mehr so isoliert da, ich habe zu Literatur und Gesellschaft ein Verhältnis gefunden und darf mit dem Erfolg, den ich in jedem dieser Kreise fand, sehr zufrieden sein. An *Gedichten* sind 24 entstanden; darunter das Scheidelied; Sonne und Erde und das Vaterunser. In den *Telegraphen* gab ich: ein Gemälde von München, das meinen eigenen Beifall, den es nicht hat, entbehren kann, da es den des Publikums erhielt; Rezensionen über Gedichte von Blessig; Sokrates von Heinsius; Emerich Tököly, Drama;

Wissenschaft und Universität von Biedermann; die Dramatiker der Jetztzeit von Wienbarg; Gedichte von Lommel; dito von Ferrand; dito von Julius Krais. Novellen von Ernst; dito von Ferrand; Gedichte von Minna Fischer; Viehofs Schiller-Kommentar; Glaube und Wissen, Roman von Wilhelm Elias; Eduard Elfen, Roman von Ehrenreich Eichholz; Gedichte von Wilhelm Zimmermann; außerdem einen mittelmäßigen Aufsatz über Literatur und Kunst für die Probeblätter und jenen Artikel, der Gutzkow von dem schnöden Verdacht, der Übersetzer seines eigenen Savage zu sein, reinigt. Ich glaube, den besten jener Rezensionen außer ihrer Aufrichtigkeit und dem Ernste, in dem sie wurzeln, einige Selbständigkeit zusprechen zu dürfen, Selbständigkeit in dem Sinne, daß sie einen nicht bloß relativen, sondern einen von den beurteilten Schriften unabhängigen inneren Wert besitzen. Der Artikel über Gutzkow führte meinen Bruch mit Wilhelm Hocker herbei und zeigte mir diesen Menschen, der vor Jahren durch die Doktorin an mich *gekittet* worden, in einer bodenlosen Niedrigkeit. Als Hauptwerk muß ich die *Judith* betrachten, von der jetzt zwei Akte fertig sind und die in mir fast bis ins kleinste hinein vollendet ist. Diese Tragödie hat mir Freudigkeit und Mut gegeben; sie ist der erste Faden des in mir liegenden Höchsten, der sich abwickeln ließ, meine Zukunft steht jetzt vor mir, wie eine neue Welt, die ich erobern soll. Soweit von den Produktionen, nun zu den Verhältnissen. Von *Tieck*, dem ich noch von München aus meinen Schnock sandte, empfing ich einen Brief, der vielleicht das Fundament einer näheren Verbindung werden kann. Ich habe ihm noch nicht geantwortet und will es erst tun, wenn ich ihm, als Direktor des Theaters in Dresden, mein Stück übersende. Mit *Gutzkow* und *Wihl* machte Jahnens mich in der Konditorei bekannt. *Wihl* bin ich so nah gekommen, als man der Schwäche, die sich für stark hält, kommen kann. Ich bin gewiß sein Freund und glaube, sein Herz nicht hoch genug schätzen zu können; seine Kenntnisse scheinen ausgedehnt zu sein und sein Wille ist gut, sein Talent ist jedoch geringfügig und seine Eitelkeit unbändig. *Gutzkow* näherte sich mir anfangs und mag auf Subordination gerechnet haben; leider bin ich noch immer nicht so weit, mich gleich im ersten Moment stellen zu können, ich mache keine Zugeständnisse, aber ich lasse manches passieren; auch ist das Gegenteil schwer, wo nicht unmöglich, da bei der ersten Berührung, wenn sie nicht eine entschieden feindliche ist, ja nur das Allgemeinste, nicht das Besondere, hervortritt. Der Ton, der in: Götter, Helden und Don Quixote herrscht, ist ein würdiger, mit dem meisten, was ausgesprochen wird, kann man sich befreunden; der Blasedow ist in der Idee bedeutend und die Ausführung im ersten und zweiten Band ist gut, teilweise sogar sehr gut; beide Bücher hatte ich noch in München gelesen, das erste hatte mich auf Selbstverständigung und daraus hervorgegangene Sinnesänderung, das zweite auf mögliche höhere Entwickelungen und Progressionen eines in der Wally und den Novellen von mir verachteten poetischen Talents schließen lassen. Bedenklich war es mir freilich gleich, als ich bei meiner Ankunft von Shakespeareschen Tragödien hören mußte, die Gutzkow geschaffen haben sollte, doch wäre es vermessen gewesen, Hervorbringungen, die ich nicht kannte, a priori zu verurteilen und ich ließ die Sache dahingestellt sein. Gutzkow reiste nach Frankfurt ab und wir schieden, als Freunde; er bat mich, ihm zu schreiben, was ich nicht sowohl unterließ, als es unterblieb. Meine Krankheit trat ein; gleich nach derselben erschien die Rezension über Wienbarg, die den Dramatiker Uhland in seine Rechte einführt; Gutzkow kam wieder, wir trafen uns auf meinen Wunsch im Tivoli-Theater, er sprach seine Verwunderung darüber aus, daß ich Uhland als Dramatiker gelten lasse, wir disputierten, es wurde nichts ausgemacht, da er nicht kämpft, sondern ohne weiteres mit dem Arm, der ihm noch nicht abgehauen ist, die Siegsfanfare hält und sie lustig bläst. Mittlerweile hatte ich seinen *Saul* und seinen *Savage* kennengelernt und mich überzeugt, daß es Gutzkow in den Dramen geht, wie im Roman; die Ideen sind allerdings gewichtig, aber das poetische Talent ist ihnen nicht gewachsen und so ist es, als ob Kornsäcke auf der Kaffeemühle durchgemahlen werden sollten. Als Kritiker hatte ich, als ich Gutzkow persönlich nahe kam, angefangen, ihn für einen zu halten, der, wenn die Wahrheit auch nicht seine Natur ist, die Wahrheit doch seiner Natur vindizieren mögte; aber er widerlegte mich siegreichst, daß ich mich schämte; einen Lump nach dem andern setzte er auf den Thron und verfuhr, als ob nicht Kunst und Wissenschaft, sondern als ob sein eignes Ich das Herz der Literatur wäre. Ich teilte Wihl diese meine Urteile mit; er stimmte mir in Bezug auf Gutzkow, den Kritiker, völlig bei, den Dramatiker wollte er anfangs nicht fallen lassen, später sprach er sich dahin aus, daß Gutzkows Dramen doch *spezifisch* höher ständen, als Raupachs dichterisches Geschmeiß, dies hatte ich nie bestritten. Ich glaube, daß Gutzkow durch Wihl weiß, wie ich über ihn denke; es ist mir lieb, obgleich es mir leid tut, daß er es durch Wihl erfahren hat. Mit der *Doktorin* stehe ich wieder gut; der Bruch war vielleicht notwendig, damit wir uns gegenseitig über die Grenzen verständigten; einige Dienste, die ich ihr in der Angelegenheit ihres Sohnes leisten konnte, haben ihr hoffentlich gezeigt, daß ich den Dank, den ich in Worten nicht aussprechen mag, mit Freuden durch Taten an den Tag lege. *Jahnens* ist ein Problem der Achtung, ein Mensch, wie Wasser, ohne Form und ohne Brauchbarkeit für Kunst und Leben, ein solcher, der einem gewissermaßen an den Fingern sitzen bleibt, wenn man ihn anfaßt und der, man erwarte nun im Guten oder Schlimmen Konsequenz von ihm, jedesmal täuscht. Ich darf so über ihn sprechen, denn ich habe ihm meine Freundschaft geschenkt bis zu dem Moment, wo mir seine völlige Unfähigkeit, für irgend ein Verhältnis den nötigen Einschlag herzugeben, klar ward. Er dauert mich und ich wollte, daß ich ihn reich machen könnte. *Elise Lensing* (ich schreibe ihren Namen deshalb ganz aus, weil ich mir bewußt bin, ihrer in meinem Tagebuch noch niemals so gedacht zu haben, wie sie es verdient) ist mein guter Genius, und daß die Doktorin, die mich in ihr Haus brachte, auf das Geschwätz niederträchtiger Waschweiber hin dies edle Wesen so grausam verleumden konnte, ist die Sünde, die ich ihr am schwersten vergebe. Elise ist es, die mich mit Aufopferung ihres ganzen kleinen Vermögens, sowohl in Heidelberg, als in München auf der Universität erhielt und die dafür keinen anderen Lohn begehrte, als einen nicht gar zu unfreundlichen Brief! Was ich durch die Schoppe bekam, hätte mich *kein Jahr* notdürftig gefristet; Elise opferte sich selbst auf, stickte und nähte Tag und Nacht, und freute sich, wenn sie mich der drückendsten Verlegenheit entheben konnte. O du himmlisches, reines Gemüt, das sich selbst nicht zu schätzen weiß, nur deinetwegen, nur um dich vor einer Lage, dich dich ersticken muß, zu sichern, wünsche ich mir eine Zukunft, die mir mehr bringt, als das Stück Brot für meinen eigenen Magen! Ich war so oft hart gegen dich, ich habe dir so manche Träne entpreßt: wenn Gott mir das verzeiht, so brauch ich das übrige nicht zu fürchten. Du bist mir heilig, aber das Heilige reizt ebensooft zur Empörung, als es zur Anbetung zwingt. In deinem Namen schließe ich das Jahr! – Die sieben Nächte, die sie in meiner Krankheit bei mir wachte! [1865]

1840

Abends 12 Uhr.
Nächstes Jahrzehent, voll Entscheidung bist du für mich; was wirst du mir bringen? Den Ruhm oder das Grab? [1866]

Der erste, der den Tod nicht fürchtet, nicht an ihn glaubt, wird nicht sterben. Unser Glaube, unsre Furcht und unsre Hoffnung ist das Band, wodurch wir mit den unsichtbaren Dingen zusammenhängen. [1867]

Der Schlaf ist das Siegel, das eine höhere Hand auf ein Wesen drückt. [1868]

Große Menschen werden immer Egoisten heißen. Ihr Ich verschlingt alle anderen Individualitäten, die ihm nahekommen, und diese halten nun das Natürliche und Unvermeidliche, das einfach aus dem Kraftverhältnis hervorgeht, für Absicht. [1869]

Und wenn das reine Gemüt liebt, was es nicht lieben soll: kann es denn diese unfreiwillige Sünde nicht dadurch schön und herrlich büßen, daß es auf das Ersehnteste freien Verzicht leistet? [1870]

Es gibt aber im ganzen Lauf der Zeiten für jede Sünde nur *einen* Moment der Buße. Dies ist derjenige, wo wir noch im Genuß der Sünde sind. Lassen wir ihn vorübergehen, so ist keine Reinigung mehr möglich, wir sind aussätzig für immer. Viele glauben die Sünde zu hassen, weil sie den Aussatz der Sünde hassen.

[1871]

d. 3ten Jan.

Wegen meiner Judith befinde ich mich jetzt in einer inneren Verlegenheit. Die Judith der Bibel kann ich nicht brauchen. Dort ist Judith eine Witwe, die den Holofernes durch List und Schlauheit ins Netz lockt; sie freut sich, als sie seinen Kopf im Sack hat und singt und jubelt vor und mit ganz Israel drei Monde lang. Das ist gemein; eine solche Natur ist ihres Erfolgs gar nicht würdig, Taten der Art dürfen der Begeisterung, die sich später durch sich selbst gestraft fühlt, gelingen, aber nicht der Verschlagenheit, die in ihrem Glück ihr Verdienst sieht. Meine Judith wird durch ihre Tat paralysiert; sie erstarrt vor der Möglichkeit, einen Sohn des Holofernes zu gebären; es wird ihr klar, daß sie über die Grenzen hinausgegangen ist, daß sie mindestens das Rechte aus unrechten Gründen getan hat. Aber nun der Entschluß zur Tat! Nur aus einer jungfräulichen Seele kann ein Mut hervorgehen, der sich dem Ungeheuersten gewachsen fühlt; dies liegt in der Überzeugung des menschlichen Gemüts, in dem übereinstimmenden Glauben der Völker, in den Zeugnissen der Geschichte. Die Witwe muß daher gestrichen werden. Aber – eine jungfräuliche Seele kann alles opfern, nur nicht sich selbst, denn mit ihrer Reinheit fällt das Fundament ihrer Kraft, sie kann die Zinsen ihrer Unschuld nicht mehr haben, sobald sie ihre Unschuld selbst verlor. Ich habe jetzt die Judith zwischen Weib und Jungfrau in die Mitte gestellt und ihre Tat so allerdings motiviert; es frägt sich nur, ob Judith nicht hiedurch ihre symbolische Bedeutung verliert, ob sie nicht zur bloßen Exegese eines dunklen Menschen-Charakters herabsinkt.

[1872]

Man macht an das Große und Schöne unbewußt immer den Anspruch, daß es nicht bloß da sein, daß es auch zeugen und sein Gegenteil aufheben, vernichten, in etwas ihm Analoges verwandeln soll. Man knüpft seine Existenz immer an seinen Sieg, da es doch, als etwas rein Innerliches, genug getan hat, wenn es dem rohen Andrang der Welt gegenüber sich selbst zu entfalten und zu behaupten wußte.

[1873]

Wenn die alte Welt zum Jupiter betete, so mußte unser Gott erhören. [1874]

d. 3ten Jan:
Den Tag vor Neujahrsabend besuchte Alberti mich. Er sprach von dem Kandidaten B. und sagte, als ich ihn um sein Urteil über diesen fragte, ausweichend, er halte ihn für einen Bibel-Schwärmer. Ich las ihm einen Akt aus Uhlands Herzog Ernst vor, damit er Uhland auch als Dramatiker kennenlerne, dann gingen wir miteinander zur Stadt. Unterwegs sagte ich ihm, daß ich es wohl möge, wenn er mir schriftlich in der Kürze seine innere Geschichte mitteilte, soweit sie Bezug auf mich habe. Er antwortete: er würde sie mir gern geben, die Ausarbeitung werde seine überflüssige Zeit ausfüllen. Zugleich sagte ich ihm, daß ich ihm meine Judith vorzulesen wünsche, um sein Urteil, das mir als das eines ganz außer der Literatur Stehenden interessant sei, zu hören. »Er habe sie längst zu hören gewünscht und nur nicht gewagt, mich um die Mitteilung zu bitten« war seine Antwort. Als wir auseinandergingen, versprach er seinen bestimmten Besuch auf den Nachmittag des folgenden Tags und bediente sich der Phrase: »er lebe nur noch, wenn er bei mir sei[«]; ich war den ganzen Nachmittag für ihn zu Hause, aber er kam nicht. Vier Tage sind seitdem verstrichen, er hat sich nicht blicken lassen. Ihm nachzulaufen, konnte mir nicht einfallen, ich dachte jedoch, er könne krank sein und ging heute abend, um ihm für diesen Fall nach Kräften beizustehen, in sein Wirtshaus. Ich fragte ein Mädchen, ob er noch dort logiere; ja; ob er krank sei; nein! Da ging ich, ohne mich weiter nach ihm zu erkundigen, wieder fort. Kommen muß er noch einmal, denn er hat Bücher von mir und ich Schriftliches von ihm; ich bin begierig, wie er das, was nicht zu entschuldigen scheint, entschuldigen wird. Mich hats für den ganzen Abend verstimmt. [1875]

Lieben heißt, in dem anderen sich selbst erobern. [1876]

Abschied von einem nehmen, den man nicht kennt. Humoristisch. [1877]

»Nimm Abschied von dir selber.« Schöner Ausdruck eines holländ. Volkslieds, welches Wienbarg mitteilt. [1878]

Brief an Fräul Rousseau vom 2 Jan. 40
»Welch hohen Wert hat das Bild eines Freundes überhaupt; einen wie viel höheren das Bild eines geliebten Toten. Der Mensch bedarf zur vollständigen Entfesselung des Innern immer des Äußeren; was wir uns bloß vorstellen (und wärs ein Mensch) ist ein Teil unsrer selbst und hat keine Grenze; es unterscheidet sich kaum noch von einem Erzeugnis der Phantasie und wirkt nicht mehr frei und bestimmt. Ein Bild dagegen lebt ein selbständiges Leben, es spricht mit seiner stummen Sprache in alle Seelenzustände und geistige Erlebnisse hinein, es gibt so weit einen Ersatz, als das durchaus Unersetzliche ihn haben kann. –« [1879]

Ich sage oft zum Leben: *gib* mir nicht so viel, damit du mir nicht so viel *nehmen* kannst. [1880]

Gott ist das Gewissen der Natur. [1881]

Viele Menschen sind, wie schmutziges Eis. Sie tauen auf und bilden sich ein, nun seien sie rein. Aber, der Schmutz liegt unten. [1882]

Der Mensch dachte sich sein eignes Gegenteil; da hatte er seinen Gott. [1883]

Nur auf dem Wasser denkt man an die Erde, nicht, solange man sie unter den Füßen hat. [1884]

Das Dumme scheint viel geistreicher, als das Gescheite. Denn dieses hat Grenzen, jenes nicht. [1885]

Das Auge ist der Mund des Geistes. [1886]

Ein Versprechen ist ein Wechsel, den man auf seine eigne Zukunft ausstellt. [1887]

Mit den Sünden ists, wie mit dem Bart. Nur die Kraft hat beide. [1888]

Daß man dir ihn abschlagen kann, dazu hast du den Kopf. [1889]

Einige dramatisieren, wie die Kinder schreiben: der Buchstaben wegen! [1890]

Schwimmend im Meer der Lust, den Mund fest zuhaltend, daß auch kein Tropfen den brennenden Gaumen kühlt: das heißt Resignation. Der Mensch ist überhaupt ein Geschöpf, das sich selbst zugrunde richten soll. [1891]

d. 19 Jan:
Alberti ist wieder abgereist, ohne von mir Abschied zu nehmen. Vorher versprach er noch einmal feierlichst, daß er mich auf einen von ihm selbst festgesetzten Tag besuchen wolle, und fügte die gewöhnliche Frage, daß er nur bei mir sein Leben fühle, bei; er kam jedoch nicht auf den versprochenen Tag und kam überhaupt nicht mehr. Sein Bruder kam und zeigte mir seine Abreise an; meine Bücher brachte er nicht mit, ich erhielt sie jedoch auf meinen Wunsch am nächsten Tag. Der Bruder sagte mir: er, Alb., sei nie geistesverwirrt gewesen, nur wegen seines Zurückziehens in die Einsamkeit habe ein Gerede ihn so genannt. [1892]

d. 28sten Jan:
Heute habe ich die letzte Szene meiner Judith vollendet. Gestern erhielt ich von Rousseaus Schwester einen sehr lieben Brief mit 100 Gulden in preuß. Tresorscheinen. Hievon habe ich Elise 70 fl, die ich von ihr zum Mantel erhalten hatte, zurückgezahlt; 41 fl muß ich nach Dithmarschen schicken und außerdem noch 2 Drittel an den Johann, der ein Brandunglück erlitten hat; 142 fl sind es im ganzen. Wäre ich den verfluchten Campe doch los! Daß die Judith fertig ist, macht mich recht leicht; daß sie auf Jahnens so stark wirkte, ist mir ein gutes Zeichen. Er hat ein sehr richtiges und unbestechliches Gefühl für Poesie. Am meisten freut

mich, daß er sie in Form und Inhalt durchaus eigentümlich fand, daß er in ihr nicht bloß einen Triumph meines Geistes über einen widerspenstigen Stoff sieht, sondern einen Triumph der Kunst überhaupt. [1893]

Aus einem Brief an Fräul Rousseau vom 29 Jan: 1840.

Das Herbe, Entschiedene, das sich keine Modifikationen gefallen lassen will, das nur im ganzen oder gar nicht genossen werden kann, ist nicht die Speise des jetzigen Publikums. Es gibt jetzt in der Literatur nur *Köche*, keine *Produzenten*. G.[utzkow] ist der rechte Mann. Das Genie ist in seiner höchsten Freiheit *gebunden*, das forcierte Talent kann, was es soll. Heute ist es satirisch, morgen sentimental, übermorgen beides zugleich. Bricht es das Bein, so stellt es sich, als ob das so sein müsse und dichtet einen ironischen Hymnus auf die gelungene Intention; schließt es statt der Muse einmal eine Holzpuppe, die sie vorstellt, in die Arme, so sagt es: ich spielte *Blindekuh*. --- (Über die Judith und daß ich so viel von ihr schrieb.) Es ist etwas Seltsames mit einer solchen Produktion. Erst, wenn sie *heraus* ist, fängt sie an, die Seele ganz zu füllen; es ist, als ob sie wieder hinein wolle. Man hat sie hastig ausgestoßen, wie ein innerlich Überflüssiges; man mögte sie wieder einziehen, wie ein entbehrtes Notwendiges. [1894]

Komisches Bild

Ein Bürger, der nach dem Vogel schießt. Die Flinte ist geladen; hinter ihm steht sein Sohn und seine Frau. Jener hält ihm die Ohren zu, damit er den Knall nicht höre; diese hat die Arme ausgebreitet, um ihn, wenn er zurückfallen sollte, zu empfangen. In der Ferne die Magd mit Essenzen, welche Ohnmachten vertreiben. [1895]

Das *Schöne* ist die Ausgleichung zwischen Inhalt und Form, nicht der Sieg, sondern der Waffenstillstand. Die Schönheit setzt Freiheit voraus, so sehr, daß, wenn uns bei einer Blume einfiele, daß sie nicht anders sein könne, als sie ist, die ganze schöne Wirkung zerstört sein würde. Das Schöne ist die Lüge des Siegs. [1896]

Sog. Derbheiten, warum sind sie in der Poesie erlaubt? Weil die Unschuld alle Dinge geradezu bezeichnet, und weil die dichterische Begeisterung die höchste Unschuld ist. [1897]

Ein Mensch, der einem anderen das Leben nicht geben kann, ohne sein eigenes dabei zu lassen. [1898]

Das Volk wird im Fluchen und Schimpfen poetisch. [1899]

Elise sagte: sei nicht immer so hart gegen mich; ich fürchte, daß ich dann aufhören könnte, dich zu lieben! Und mit einer Angst! [1900]

d. 7 Febr.
Heute sah ich den ersten Druckbogen meiner Judith. Abends 11 Uhr. [1901]

Die Ausübung der Gerechtigkeit in ihrer jetzt schon seit Jahrtausenden bestehenden Gestalt ist die stete Anhäufung von Blutschuld auf unserm Geschlecht. [1902]

Das A.B.C. deklamieren hören und mittelmäßige Gedichte lesen, ist dasselbe. [1903]

Das Leben ist für die meisten ein Geschäft. [1904]

Daß Böses aus Gutem entstehen kann, ist begreiflich; wie aber Gutes aus Bösem? [1905]

  Schmerz ist der Durst nach Wonnen;
   Willst du den Durst verfluchen?
  Er deutet auf den Bronnen,
   Den Bronnen wollt ich suchen. [1906]

d. 9 Febr.
Göttlicher Frühlingstag. Gang über den Wall. Sonnenhelle. Gebet! [1907]

Etwas zu vorschnell bin ich doch von jeher mit dem Verbrennen meiner Gedichte gewesen. Heute fallen mir mehrere dieser vernichteten Gedichte wieder ein, die ich noch besitzen mögte. *Eins:* Vogelleben. *Das zweite:* Königs Tod. (Romanze, wahrscheinlich im Dithm. Boten zu finden.) *Das dritte:* Liebeszauber: (Romanze; ein Mädchen geht zur Hexe, ihr Geliebter folgt ihr ungesehen; er schaut von außen hinein, die Hexe nimmt allerlei Dinge vor, plötzlich nennt das Mädchen, dem er sich nie erklärte, seinen Namen und er stürzt zu ihren Füßen.) *Das vierte:* der junge König. (Romanze; ein junger Ritter ruft, als der König den Thron besteigt, neidisch aus: durch Kampf hätt er ihn nie erhalten; da will der König kämpfen und durch diesen edlen Entschluß allein entwaffnet er seinen Feind.) [1908]

Duften ist Sterben der Blume. [1909]

d. 12 Febr.
Heute mit Herrn Radeker und Hauer auf dem Petri-Turm. Himmlischer Frühlingsmittag. Die Stadt, sich herausschälend aus dem Rauch. Das Glockenspiel: wachet auf, ruft uns die Stimme! Christliche Empfindungen. »Werdet nur alle gut – dacht ich – dadurch *zwingt* ihr Gott, euch glücklich zu machen.« [1910]

Sprach mit Wihl über seine Literaturgeschichte. Ich sagte ihm: das Buch ist Kritik, nicht Geschichte der Literatur; die Kritik versucht sich am Gegebenen, die Geschichte sucht das Notwendige, oder besser, sie liefert den Beweis, daß alles notwendig sei. Auch sprach ich über den von ihm gewählten, oder vielmehr dem ihm natürlichen antichristlichen Standpunkt, den ich nicht am Autor vermissen, im Buch jedoch nicht gern finden mögte, und machte ihn darauf aufmerksam, daß, wenn ein Jude eine von Christen geschaffene Literatur beurteile, der Stoff notwendig spröde und widerspenstig sein müsse. Er gab dies alles zu und freute sich meines Urteils. [1911]

»Es ist doch wohl etwas Wahres daran« sagt man oft, wenn von einer Verleumdung die Rede ist. Jawohl, aber es ist eine von Hunden zu Fetzen zerrissene Wahrheit. [1912]

An Uhland
Hochverehrter Herr!

Ich bin so frei, Ihnen hiebei ein Exemplar meines ersten dramatischen Versuchs zu übersenden. Sie wissen aus meinen früheren Briefen, in welch einem innigen Verhältnis Sie zu meiner geistigen und poetischen Ausbildung stehen, und wie unbedingt die Verehrung ist, die ich Ihnen zolle; ich könnte Ihnen mißfallen, wenn ich dies alles noch einmal aussprechen wollte. Sie mögen aber eben hieraus schließen, wie wichtig mir Ihr Urteil über ein Werk sein muß, das mir ganz aus Geist und Herzen floß, und das ich bei klarer Erkenntnis vieles Tadelswerten und Mangelhaften in den Einzelheiten doch in seiner Totalität nicht für mißlungen halten kann. Sie werden mich daher gewiß nicht zudringlich finden, wenn ich Sie um ein Urteil über mein Stück ersuche; an einem einfachen Wort von Ihnen, sei es günstig oder nicht, liegt mir mehr, als an einem Trompetentusch der gesamten deutschen Journalistik, den ich, wenn ich nur zu Gegendiensten bereit wäre, leicht hervorrufen könnte. Ich weiß, daß derjenige, der an den Schöpfer von Herzog Ernst und Ludwig dem Baier – Dichtungen, die ich in ihrer lauteren Eigentümlichkeit und ihrer großartigen nationalen Symbolik durchaus den höchsten dramat. Erzeugnissen beizähle – eine solche Bitte richtet, sehr viel wagt, auch bin ich auf jeden Ausfall Ihres Urteils gefaßt, nur nicht auf Ihr Stillschweigen; dieses würde mir unendlich wehetun.

d. 17 Feb. 40.

Mit vollk. Hochachtung Ihr aufrichtigster Verehrer H. (Adr.)

[1913]

An Tieck
Hochverehrter Herr!

Wenn ich meine hohe Freude über den Empfang Ihres Briefs vom 23sten Juni v. J. nicht sogleich aussprach, so werden Sie den Grund leicht erraten haben. Ich mogte Ihnen mit Versicherungen, die sich von selbst verstehen, keinen Ihrer Augenblicke rauben, und je höheren Wert ich darauf legte, daß Sie mich auch für die Zukunft zu einem für mich so ehrenvollen Vertrauen ermunterten, umso weniger konnte ich mich entschließen, Ihnen leere Allgemeinheiten zu schreiben. Nur auf einen Punkt, den Sie, widerlicher Erfahrungen gedenkend, in Ihrem Brief anregten, hätte ich Ihnen etwas zu erwidern gehabt; ich hätte Ihnen aus voller Seele zurufen mögen, daß die Verehrung, die ich Ihnen zolle, durch persönliche Rücksichten so wenig verringert, als noch erhöht werden kann, und daß ich, einer schnöden Partei gegenüber, die ihre Furcht und ihr Zittern hinter eitler Arroganz zu verstecken sucht, ewig meinen Stolz darin setzen, ja, meine Pflicht darin sehen werde, einem Mann, der aller Zeit angehört, soviel an mir liegt, den ihm gebührenden Tribut darzubringen.

Jetzt erlaube ich mir, von dem Vertrauen, zu welchem Sie mich aufforderten, Gebrauch zu machen. Ich habe ein Trauerspiel geschrieben, das ich zur Aufführung zu bringen wünsche, und ich nehme mir die Freiheit, Ihnen ein Exemplar desselben zu übersenden. Ich ersuche Sie um freundliche Vermittelung bei der dortigen Bühne, vor allem aber bitte ich Sie um Ihr Urteil, das mir bei diesem Werk, welches mir ganz aus Geist und Herzen floß, und welches ich bei klarer Erkenntnis vieles Tadelswerten und Mangelhaften in den Einzelheiten, dennoch in seiner Totalität nicht für mißlungen halten kann, von der höchsten Wichtigkeit ist. Ein einfaches Wort von Ihnen, sei es günstig oder nicht, ist mir mehr, als ein Trompetentusch der gesamten deutschen Journalistik, den ich leicht hervorrufen könnte, wenn ich nur zu Gegendiensten bereit wäre. Eine lyrische Fontäne werden Sie nicht finden; ob ich aber nicht auf der entgegengesetzten Seite zu weit gegangen und in der dramat. Konzentration hie und da zu starr geworden bin, das ist es, was ich von Ihnen zu erfahren wünsche. Ich selbst erlaube mir über mein Stück nur die eine Bemerkung, daß es in sehr kurzer Zeit entstanden ist. – Sie werden verzeihen, daß ich mein Trauerspiel, statt es direkt bei der Direktion des Theaters einzureichen, an Sie zu schicken wagte; auch werden Sie, wie ich hoffe, mir in Berücksichtigung des Dringlichen einer solchen Angelegenheit eine möglichst baldige Antwort zuteil werden lassen.

Ich bin pp

d. 17 Feb 40. Ihr aufrichtigster Verehrer H. (Adr.) [1914]

Schmerz ist etwas Positives. [1915]

Wie kann ein Gut des Lebens so viel sein, als das Leben selbst, welches alle Güter einschließt? [1916]

Ich sagte zu Wihl, als er mir von Gutzkows Verirrungen sprach: nur in seinen Verirrungen zeigt er Kraft. Sehr wahr.
[1917]

Mancher hat rotes Haar auf dem Kopf und hält es für eine Krone von Gold, wenn es die Sonne bescheint. [1918]

d.

Heute sei zum letztenmal von Leopold Alberti die Rede. Vor mehreren Tagen kam sein Bruder zu mir und überbrachte mir einen Brief von ihm. Ich glaubte ihn längst nicht mehr in Hamburg, er war auch fort gewesen, aber wiedergekommen. Der Brief öffnete mir auf gräßliche Weise die Augen über seine sittliche Beschaffenheit, der Schreiber stellte sich wahnsinnig, ohne es zu sein. Ich ward empört durch dies Äußerste der Niederträchtigkeit und schrieb ihm in zwei Zeilen: sein Brief sei verwirrt und logisch zugleich. Am folgenden Tage überbrachte sein Bruder in meiner Abwesenheit einen zweiten Brief. Dieser enthielt Geständnisse, die die des William Lovell noch übertreffen. Mich schauderte, aber sie kamen mir nicht mehr unerwartet. Heute morgen kam Leopold Alberti selbst. Er wolle – sagte er, als er eintrat – das volle Gefühl meiner Verachtung entgegennehmen. Ich antwortete, daß ich einen Menschen, wie ihn, nur noch als Sache betrachten, ihn aber, wenn er mir in Person gegenüberstünde, nicht als Sache behandeln und deshalb über seinen Brief nicht mit ihm reden könne. »Er sei bodenlos schlecht – fuhr er fort – er habe die Wahrheit nie gekannt und kenne nicht einmal eine Rührung, er habe während der Ausarbeitung jenes Briefs eine Pfeife geraucht.« Ich sagte, daß ich in jedem menschlichen Geist einen Punkt, um den er sich herumbewegen solle und müsse, voraussetze, daß dieser Punkt aber aufgesucht sein wolle und daß das Streben nach einer äußeren Existenz wohl in Lagen, wie die seinige, am sichersten zu einer inneren führen möge. Er bat mich um Erlaubnis, mir hin und wieder Mitteilungen über sein Leben machen zu dürfen; ich gewährte sie ihm. Dann sagte ich ihm: ich würde seinen Brief still bei mir liegen lassen und den Inhalt für mich behalten, wenn er mich nicht durch Verleumdungen und Ränke zur Notwehr zwänge, ich würde jedoch, sobald er es wage, mich als Mensch und Charakter im geringsten anzutasten, der Welt ohne irgend eine Rücksicht die Art seines Wesens und seines Tuns und Treibens aufdecken und ihn vernichten. Ich sagte ihm das zur Warnung, vielleicht auch aus Furcht vor einer so schweren Selbstpflicht, wie die moralische Hinrichtung eines Menschen, den ich jahrelang Freund nannte, mir auflegen würde. Ich fügte noch hinzu, daß ich in dem Augenblick, wo er sich an einen meiner Freunde und näheren Bekannten zu drängen Miene mache, diesem sagen müsse und werde, wer er sei; er erwiderte: davon sehe er selbst die Notwendigkeit ein, aber er werde mich so wenig in den einen, als in den andern Fall setzen, er glaube es zum wenigsten nicht. Ich zeigte ihm hierauf zwei Briefe von Tieck und Uhland, damit er sehe, daß ich mich der Freundschaft dieser Männer mit vollem Recht berühmt hatte; auch zeigte ich ihm ein Exemplar meiner Judith, ebenfalls nur, damit er sich von ihrem Vorhandensein überzeuge und mich nicht irgendwie der Prahlerei bezüchtige. Ich hatte eine Einladung zu Dr Steinheim in Altona und sagte ihm das; er ging! Ich füge keine Bemerkung hinzu! [1919]

Das Leben ist eine Plünderung des inneren Menschen. [1920]

Einer wirft beim Schiffbruch dem andern ein Brett zu, worauf er sich rettet. Angekommen am Lande, frägt dieser: wieviel kostet das Brett? [1921]

Montag d. 2ten März.
Ich kann mir nicht helfen, ich muß Dinge niederschreiben, die ich vielleicht nicht niederschreiben sollte. Ich war gestern bei der Doktorin Schoppe und tat tiefe Blicke in die Heuchelei dieser Frau. Kein Mensch steht der Wahrheit so fern, wie diese, die immer von der Wahrheit spricht. O, wie grenzenlos hat sie in früheren Jahren Elise beleidigt! Ich erröte, wenn ich mich erinnere, daß ich so vieles still hingehen ließ. War das durch irgend eine Rücksicht zu entschuldigen? Nimmermehr. Es war egoistisch, wenn ich, um nicht undankbar zu scheinen, Verhältnisse, die mich zur Erduldung nichtswürdiger Schmähungen eines edlen Wesens zwangen, nicht augenblicklich abbrach. Hätte alle Welt

mich undankbar gescholten, vor Gott und vor mir selbst wäre ich gerechtfertigt gewesen! [1922]

d. 4 März.

Erhielt gestern einen an die Sch.[oppe] geschriebenen Brief der Stich aus Berlin, voll Begeisterung für mich und meine Judith, zugleich voll Einsicht in die Dichtung, der mir große Hoffnung zur Aufführung gibt, aber viele Abänderungen verlangt. Diese hab ich heute unter gräßlichem Kopfweh zu bewerkstelligen versucht, und dabei erfahren, daß es die schwerste Aufgabe ist, etwas *Gutes* schlecht zu machen! [1923]

Abends, desselben Tages.

Jahnens hat Lebrün meine Judith mitgeteilt, er war heute bei ihm und sagte mir: Lebrün sei begeistert für mein Stück gewesen, wie die Stich; das sei durch und durch ein Meisterwerk, der Dichter zeichne sich mit Strahlen seine Bahn vor; wenn er gesund sei, so wolle er alles dafür tun, daß pp – Ich zeichne dergleichen, bei Gott, nicht aus kleinlicher Eitelkeit auf. [1924]

Ich sah Gutzkows Werner. Trivialeres, Unsittlicheres, gibt es nicht; es ist mir unbegreiflich, wie man, selbst dann, wenn man kein Dichter ist, so etwas schaffen kann. Eine Armseligkeit sondergleichen; Motive, die ich wahnsinnig nennen mögte, wenn der Wahnsinn nicht noch immer einige Poesie mit sich führte, die hier fehlt. Dennoch ward mir hie und da wehmütig zumute, denn Jahnens Bemerkung, daß Gutzkow sich selbst im Werner gezeichnet habe, schien sich mir zu bestätigen, und ein Entsetzen packte mich, als ich mir dachte, eine solche Abirrung von allem Menschlichen könne die Wahrheit eines Individuums sein. Aber, die Indignation über den aufgeflirrten Bettel, der unter der Hülle scheinbarer Versöhnung das niederträchtigste Gift in die Lebensader der Menschheit träufelt, drängte Gedanken der Art zurück, ich war außer mir. Am Schluß des zweiten Akts sah Wihl mich. »Sehen Sies zum erstenmal?« »So etwas sollt ich zweimal sehen? – war meine Antwort – Wihl! Gott!« Ich konnte nicht anders, so sehr es Wihl, den ich für gut halte, kränken mogte; auch im Gebiet der Kunst gibt es eine Grenze, wo die Toleranz Sünde wird. Wenn ich jemals von jenem versteckten Egoismus, den der Beste ohne Heuchelei nicht ganz aus sich wegleugnen darf, entfernt war, so war es an diesem Abend, denn den Egoismus hätte eine Kümmerlichkeit, die sich kaum auf den Beinen halten konnte, kitzeln müssen, aber ich war dem Weinen nah. Ich sah auch Gutzkow, er grüßte mich, ich konnte nicht mit ihm sprechen, ich hätte ihm die ärgsten Beleidigungen gesagt!, und ich war ihm Mitleid schuldig. [1925]

Der Mann weicht dem Stein, der ihn zu zerschmettern droht, aus und vermauert ihn in sein Gebäude! [1926]

d. 5 März.
Es ist doch ein Jammer! Da kommt Alberti heut morgen zu mir, will Uhlands Gedichte und 6 fl leihen. Ich habe keine 8 fl im Vermögen, biete ihm 1 fl und er nimmt ihn! Furchtbar, daß ich an einem einstigen Freund das erleben muß! Mir ists nicht anders möglich, ich sehe noch immer den Ehemaligen, den Menschen in ihm! [1927]

d. 6 März.
Heute abend bei Lebrün. Er sagte mir das Schönste über die Judith, und über mein Talent zum dramat. Dichter; »er könne nur wiederholen, was er Jahnens gesagt habe: es könne seines Erachtens keinen Menschen geben, der durch dies Werk nicht im tiefsten ergriffen würde.« Am meisten freute mich sein Wort: es ist alles, selbst im kleinsten, so durch und durch ausgebildet, daß auch nirgends die Frage: was solls sein? entstehen kann. Er wollte eine Wette eingehen, daß auch Tieck so urteilen werde. – Frage: ich wußte, daß man mich bei Lebrün mit Achtung und Begeisterung aufnehmen würde: wie konnt ich denn so verlegen sein, wie ein Bettler? [1928]

Es müßte eigentlich im Leben nichts Besitz sein, nicht einmal das eigne Selbst müßte einem angerechnet werden; es müßte so sein, als ob man in jeder Minute zugleich geboren würde und stürbe. Immer neu; das wär Leben, jetzt zehrt ein Tag vom andern und am andern. [1929]

Ein feuriger Jüngling einer abgelebten Hure gegenüber in einer Schäferstunde, wozu ihn ihre geschminkten Wangen verlockten. So Dichter und Publikum. [1930]

Aus d Brief an die Stich vom 7 März 40.

»Die dramat. und theatr. Kunst sind in meinen Augen zwei Notwendigkeiten, die, obgleich sie aus einem und demselb. Bedürfnis entspringen, doch nur in einem Annäherungsverhältnis zueinander stehen und nicht ganz zusammenfallen können. Gar manches gehört durchaus in die dramat. Dichtung hinein, was bei ihrer theatralischen Verkörperung ebenso notwendig wegfallen muß, denn die Dichtung ist mehr *Natur*, die Darstellung mehr *Bild*, jene empfängt nur ihre letzten und höchsten, diese empfängt alle ihre Gesetze von der Schönheit. Hieraus folgt nun nicht, daß der Dichter sich eigensinnig zurückhalten und sich dadurch um die herrlichste Wirkung bringen soll; es folgt daraus, daß er sein geschaffenes Werk zum Objekt einer ausgleichenden Prozedur machen und in gewissem Sinne eine doppelte Schöpfung versuchen soll. – – (über die Hochzeitsnacht) Die Judith der Bibel ist eine Witwe; eine Witwe aber kann nicht mehr empfinden, was meine Judith in dem gegebenen Fall noch empfinden mußte, wenn ich die Dichtung zu ihrem Wende- und Höhepunkt führen wollte; eine Witwe darf sich zu einem Schritt, dessen Ziel sie *kennt*, nicht einmal entschließen, wohl aber ein Mädchen und eine Witwe, die noch Mädchen ist. [1931]

d. 8 März.

So ist die S.[choppe] Nachdem sie die Stich für mein Stück interessiert hat, sendet sie ihr, bevor das Berliner Theater noch zu einem Entschluß kam, mit dem meinigen zugleich – das ihrige, ein jämmerliches Rührspiel! Nun ists mit meiner Sache vorbei, wenn ich anders die Weiber recht kenne. Das Interesse wird zersplittert, was der Stich früher eine Freude war, wird ihr nun eine Last und sie schafft sich eins, wie das andere, vom Halse. Dennoch ists mir recht, daß die S.[choppe] sich auch hier für ihre meinetwegen aufgewandte Mühe selbst bezahlt macht. Daß ich dieser Frau so vieles verdanke, ist mir gräßlich! [1932]

8 März

Elise ist krank, ich fürchte, sehr krank! Ich kann mich über so viel Schönes, das diese Zeit mir brachte, nicht freuen, solange dies dauert. Gott! Sie ist die letzte, die mir die Welt erträglich macht! Und ich hab so viel, so unendlich viel gegen sie gutzumachen! *Der* Gedanke – ich will ihn nicht denken – er könnte mich vernichten! Es ist fürchterlich, daß man so innig miteinander verflochten sein und doch allein sterben kann! Gnade, Gnade! [1933]

8 März

Welch eine Aufgabe war das gestern für mich, (Sonntag) immer, immer an die geliebte Kranke zu denken und der Frau gegenüberzusitzen, die sie so tödlich beleidigt hat, die sie vielleicht in ihrem Innern noch immer tödlich beleidigt! O, die Frau Dokt. Sch.[oppe] ahnt nicht, wie sie mit den 200 Talern wuchert, die sie mir zu meinen Studien verschaffte; sie ahnt nicht, daß sie meinem Herzen für jeden Pfenning einen Blutstropfen entpreßt! [1934]

d. 15 März 1840.

Die Doktorin Sch.[oppe] hat sich in diesen Tagen nach Elisens Befinden erkundigen lassen und ihr Gelee geschickt, ohne daß ich oder Jahnens von ihrer Krankheit gesprochen hatten. Ich nehme ihr dies hoch auf, denn ich sehe den Beweis darin, daß sie ihre Sünden gegen meine Freundin wenigstens in ihrem Innern nicht mehr fortsetzt und daß sie eine Ausgleichung herbeizuführen wünscht. Ich danke dem Schicksal für eine solche Wendung; die letzten Blätter dieses Tagebuchs müssen zeigen, wie hoch die Gährung in mir gestiegen war; jetzt fühle ich eine Beschwichtigung. Etwas anderes muß ich leider gleich hinzufügen. Jahnens bringt ihr in der Zeit, daß ich nicht bei ihr kam, die Nachricht, daß er für zwei Bände seiner Erzählungen einen Verleger gefunden habe. Sie wird sichtlich verstört und antwortet ihm, ohne, wie es natürlich gewesen wäre, auch nur mit einem Wort ihre Freude zu bezeigen: da wird Hebbel sich ärgern! »Ich sah wohl – sagte J – daß sie *dir* ein Gefühl unterlegte, was sie selbst hatte!« Einerlei; wie kann sie mich so verkennen, um mich einer solchen Armseligkeit fähig zu halten! [1935]

d. 18 März.

Mein Geburtstag. Elise schrieb mir von ihrem Bett aus ein Briefchen, das mich unendlich gerührt hat. Niemals kann ich auf Erden eine wiederfinden, die ihr gleicht! Und sie ist krank, sie leidet an der Leber. – Gott, wenn ich dir irgend etwas gelte, so stelle sie wieder her! Mir ist furchtbar zumute. – Die Kuchen!
[1936]

Ich will aufhören, an Gott zu glauben, wenn ich sehe, daß ein Baum ein Gedicht macht, und ein Hund eine Madonna malt; eher nicht. [1937]

d. 19 März. Abends 12 Uhr.

Wie glücklich könnt ich jetzt sein, wenn Elise nicht so krank wäre! Meine Judith erregt allenthalben, und in den verschiedensten Kreisen Enthusiasmus. Heute abend bei Lotz sagte mir Töpfer: sie hätte ihm tagelang in den Knochen gelegen und ihm das Selbstschaffen unmöglich gemacht; seit langen Jahren sei das die erste Erscheinung, die ihn im tiefsten aufgeregt habe. Er las mehrere Szenen daraus; wunderschön! – Ach, Gott wird doch nicht alle Knospen aus meiner Seele hervorlocken, um sie dann auf einmal zu ersticken! Nein, meine teuerste, geliebteste Freundin muß wieder gesund werden! [1938]

d. 20sten März.

Die Frau Doktorin A. Schoppe, geb. Weise hat, wie J.[ahnens] mir sagte, noch gestern gemeint, es wäre doch besser, wenn ich Jura studiert hätte!!!! [1939]

»Du bist ein Sünder!« Nein, ich bin eine Sünde. [1940]

Die Sperlinge können wohl fliegen, aber – sie bringen bloß Stroh zu Nest. [1941]

Die Scham, die mancher Sünder empfindet, rechnet er sich für Tugend an. [1942]

Scham ist die innere Grenze gegen die Sünde. [1943]

d. 18 März.

Mit meiner Judith gehts immer besser. Sie erregt allgemein, und bei den verschiedensten Leuten, Beifall und Enthusiasmus. In eine sonderbare Verlegenheit setzte mich Jahnens gestern abend. Er fragte mich, ob Ephraim durchaus so sein müsse, wie er sei; ob Judith nicht auch auf andere Weise zu ihrer Tat gelangen könne, als durch die Feigheit dieses Menschen. Judith müsse nämlich einen Mann lieben, der ihr fern stehe, auf den sie gar keinen Anspruch habe, zu dem sie ihre Gedanken kaum zu erheben wage. Diesem wolle sie nun sich annähern durch etwas Außerordentliches und fasse den Entschluß, den Holofernes zu töten. *Antwort hierauf:* Zugegeben, daß ein solches Motiv möglich sei, so würde die Tragödie, die jetzt in der höchsten Sphäre sich bewegt, dadurch in eine ungleich niedrigere hinabsinken; sie würde ihre nationelle Bedeutung einbüßen, und an charakteristischem Wert zum wenigsten nicht gewinnen. Aber, das Motiv ist auch nicht möglich. Wenn Judith einen Mann *liebt*, wie kann sie sich dem Holofernes hingeben; wenn sie ihn *bewundert*, wie kann sie etwas wagen, wovor er zurückschaudert, was er als völlig undenkbar abweist und abweisen muß. Meine Judith sagt: wenn alle Männer in der Gefahr nichts sehen, als die Warnung, sie zu vermeiden, dann hat ein Weib das Recht erlangt auf eine große Tat! Sie sieht also nicht über den Mann, und über sein größeres Recht hinweg. Jene Judith müßte von vornherein den Sprung über die Schranken hinaus machen. Die meinige ist ein wirkliches Weib, das sich verirrt und dafür gestraft wird; jene wäre eine Verirrung der Natur selbst, die einen geistigen Hermaphrodit in ihr geschaffen hätte. Das Weib liebt in dem Mann etwas Höheres, das sie zu sich herabziehen will, darum ist ihrer Liebe immer unfreiwillige Bewunderung beigemischt, darum hört die Liebe auf, sobald sie erkennt, daß der Mann unter ihr steht.

[1944]

Ein Weib, das etwas Außerordentliches tut, um sich von der Ehrfurcht für den Mann zu befreien.

[1945]

Man muß das Leben in seiner Nichtigkeit immer nur betrachten, wie man Essen und Trinken betrachtet, als eine lächerliche

Notwendigkeit, die in dem Augenblick aufhört, wo wir anfangen, zu sein, was wir sein sollen. Wehe dem, der dies nicht faßt und sich doch zum Künstler berufen glaubt. [1946]

Liebe, wie Baumwolle. [1947]

Ein Mensch sitzt am Pharaotisch. Gewinnt. Läßt den Gewinn stehen. Gewinnt abermals. Läßt den Gewinn wieder stehen. Immer fort, bis er die Bank gesprengt hat. Noch jetzt nimmt er sein Geld nicht zu sich; als man ihn auffodert, dies zu tun, findet man – daß er tot ist. Frage: wem gehört das Geld? [1948]

In der Freude ist es ihre Grenze, die uns quält. [1949]

Dummer Einfall: statt älter, immer jünger zu werden! Und doch ist dies die tiefste Notwendigkeit im Leben. [1950]

Menschen mit durchsichtigem Schlaf. [1951]

Genie ist Intelligenz der Begeisterung. [1952]

Aus meinem Begriff der Form folgt sehr viel, und das Verschiedenste. In Bezug auf die Lyrik: das ganze Gefühlsleben ist ein Regen, das eben herausgehobene Gefühl ist ein von der Sonne beleuchteter Tropfen. *Dramatik*. Form ist da der Punkt, wo göttliche und menschliche Kraft einander neutralisieren.
[1953]

2 April.
Wenn Gott dir Glück gibt, so macht er dir eine Vorauszahlung, die du abbezahlen sollst! Ich ruf es mir selbst zu, da ich in dieser Zeit durch die Erfolge meiner Judith wirklich glücklich bin.
[1954]

2 April.
Heute Gedichte für die Cornelie abgeschrieben: Lebensgeheimnis (1. 2.). Knabentod. Der Blinde. Gruß der Zukunft. Gott an die Schöpfung. (Fragm. 1.) [1955]

A. Sag doch nicht, daß deine Geliebte, wie die Sonne ist!
B. Warum nicht?
A. Willst du aber sagen, sie sei nicht, wie der Mond?
B. Wieso.
A. Diese Anmut, Keuschheit des Blicks. – Rose Lilie.   [1956]

Prophetie, Einwirkung der Gottheit, war nur möglich, als die Welt in ihrem Gange noch nicht ganz entfesselt war.   [1957]

Über Judith. (Brief an Mad Stich vom 3 April 40.)
— Judith und Holof. sind, obgleich, wenn ich meine Aufgabe löste, wahre Individualitäten, dennoch zugleich die Repräsentanten ihrer Völker. Judith ist der schwindelnde Gipfelpunkt des Judentums, jenes Volks, welches mit der Gottheit selbst in persönlicher Beziehung zu stehen glaubte; Hol. ist das sich überstürzende Heidentum, er faßt in seiner Kraftfülle die letzten Ideen der Geschichte, die Idee der aus dem Schoß der Menschheit zu gebärenden Gottheit, aber er legt seinen *Gedanken* eine demiurgische Macht bei, er glaubt zu sein, was er denkt. Judentum und Heidentum aber sind wiederum nur Repräsentanten der von Anbeginn in einem unlösbaren Dualismus gespaltenen Menschheit; und so hat der Kampf, in dem die Elemente meiner Tragödie sich gegenseitig aneinander zerreiben, die höchste symbolische Bedeutung, obwohl er von der Leidenschaft entzündet und durch die Wallungen des Bluts und die Verirrungen der Sinne zu Ende gebracht wird. Die Erscheinung des Propheten ist gewissermaßen der Gradmesser des Ganzen; sie deutet auf die Stufe der damaligen Weltentwickelung, sie zeigt, daß das *geschaffene* Leben noch nicht so weit entfesselt war, um der unmittelbaren Eingriffe der höchsten, göttlichen Macht enthoben zu sein und sie entbehren zu können. Eine Kritik, die nicht zum Kern meines Werks durchdränge, könnte fragen, wie Judith durch eine Tat, die Gott durch seinen Propheten verkündigte, und dadurch zur Notwendigkeit stempelte, in ihrem Gemüt vernichtet werden könne; sie könnte hierin einen Widerspruch erblicken. Aber hier wirkt der Fluch, der auf dem gesamten Geschlecht ruht; der Mensch, wenn er sich auch in der heiligsten Begeisterung der Gottheit zum Opfer weiht, ist nie ein ganz reines Opfer, die Sündengeburt be-

dingt den Sündentod, und wenn Judith auch in Wahrheit für die Schuld aller fällt, so fällt sie in ihrem Bewußtsein doch nur für ihre eigne Schuld. Hieran aber knüpft sich der Schluß des Stücks in seiner unbedingten Notwendigkeit. Die Waage muß, weil keine irdische Ausgleichung denkbar ist, in beiden Schalen gleich schweben, und der Dichter muß es unentschieden lassen, ob die unsichtbare Hand über den Wolken noch ein Gewicht hineinwerfen wird, oder nicht! – – – [1958]

Die jetzigen Franzosen in ihren lit. und dichterischen Bestrebungen kommen mir vor, wie Menschen, die einen Rock tragen, der ihnen zu eng ward, und den sie doch nicht los werden können. Nun reißen und zerren sie daran, und wenn irgendwo das Hemd zum Vorschein kommt, so jauchzen sie und schreien: Natur! Natur! [1959]

Jeder wendet seine eigene Lebensform (bewußt oder unwillkürlich) auf fremde Lebensentwickelungen an; bei Pflanzen und Steinen sogar geschieht das. [1960]

Sonntag d. 5 April.
Die letzte Woche war für mich ein wahrer Triumphzug. Lotz krönte mich in den Originalien, und der gute Wille, sowie das wahre warme Gefühl, womit es geschah, konnte mich nur angenehm berühren, wenn der Kranz sonst auch nicht von der rechten Hand geflochten war. Gutzkow ersuchte mich in einem freundlich-schmeichelhaften Brief um die Judith; Baison, den ich persönlich nie sah, tat es nach ihm und meldete mir, daß Gutzkow meinem Werk die größte Würdigung widerfahren lasse. Mad: Crelinger machte mir die größten Hoffnungen zur Aufführung. Ich bin von Dank gegen Gott erfüllt, fürchte mich aber vor dem Unglück, das auf so viel Glück folgen kann. [1961]

Montag d. 6ten April.
Gestern habe ich abermals Gelegenheit gehabt, dem Gange meines Lebens, der mich zu Menschen, denen ich ewig hätte fern bleiben sollen, in ein abhängiges Verhältnis brachte, aus voller Empörung meines im Tiefsten verletzten Gefühls zu fluchen. Ein

Wetter, das längst am Horizont stand, entlud sich auf eine wahrhaft schauderhafte Weise. Ich war mit Jahnens bei der Doktorin Schoppe. Der Mittag verstrich recht angenehm, nachmittags waren Jahnens, die Doktorin, ihr Sohn und ich in ihrem unteren Zimmer versammelt. Sie sprach von Doktor Assing; auf einmal abspringend, sagte sie: Eins darf ich nicht vergessen, mir ist gesagt worden, daß Sie, Hebbel, alle Tage bei Georg Lotz seien. »Ich, alle Tage bei Lotz?« erwiderte ich. »Ich habe H. allerdings dort eingeführt – nahm Jahnens das Wort – und dies war notwendig, wenn sein Stück hier zur Aufführung kommen sollte.« »Ich staune – versetzte die Doktorin – und habe Assings Kindern, die es mir erzählten, die Unwahrheit gesagt, denn ich behauptete, das sei gar nicht möglich! Es steht ja auch in geradem Widerspruch mit allem, was wir hier immer gesprochen und geurteilt haben; solche Schritte wurden an Gutzkow aufs härteste getadelt und nun tut man sie selbst.« »Von Gutzkow – erwiderte ich – wurde erzählt, daß er bei Leuten, wie Lotz, um günstige Rezensionen seiner Stücke gebeten habe; ich dagegen habe für günstige Rezensionen, die meinem Stück ohne mein Zutun zuteil wurden, auf die allgemeinste Weise mich erkenntlich bezeigt, und das ist etwas ganz anderes.« Nun brach sie gegen Lotz in die äußersten Schmähungen aus und sagte Dinge von ihm und seinem Umgang, die ich nicht niederschreiben mag. Ich bemerkte bescheiden, daß ich bei Lotz nur anständige Personen getroffen und in ihm selbst einen blinden, gegen mich herzlichen alten Mann gefunden habe, daß ich mich im übrigen in allen Verhältnissen zu stellen und mich in der gewählten Stellung zu behaupten wisse. »Alles möge sein, wie es wolle – versetzte sie – jedenfalls sei die Konsequenz meines Charakters verletzt und gerade diese habe sie an mir geschätzt.« »Sie *sagen* das, Frau Doktorin, aber niemand wird Ihnen beistimmen!« war meine Antwort. Jahnens bemerkte vermittelnd, daß es zu jedem Ziel nur einen Weg gäbe, der gegangen werden müsse, daß mein Stück ohne Dazwischenkunft der Mad^me Crelinger in Berlin gewiß ohne weiteres zurückgelegt worden wäre, und daß auch in Hamburg die Mittelspersonen nicht hätten ignoriert werden dürfen. »Lotz habe gar keinen Einfluß, er sei nicht da, er könne nicht das Geringste tun!« erwiderte sie. »Dadurch – versetzte ich – daß mein Stück bei Lotz,

Töpfer und Lebrün ein Gegenstand der Besprechung wurde, habe ich doch schon so viel erreicht, daß Herr Baison sich brieflich um Mitteilung desselben an mich gewandt und mir seine tätigste Unterstützung zugesichert hat.« »Er hat es getan – warf sie ein – um es Gutzkow zu geben.« »Das konnte – entgegnete ich – nicht der Grund sein, denn Gutzkow kannte es schon vorher; er hatte mich gleichfalls schriftlich um Mitteilung der Judith ersucht und ich hatte sie ihm geschickt, und aus Baisons Brief erfuhr ich eben, daß Gutzkow sich mit der größten Würdigung über mein Werk ausspreche. Alles dieses geschah in den letzten drei Tagen der Woche, und ich wollte es Ihnen mitteilen, sobald ich von Gutzkow eine Antwort hatte.« »Daß ich Ihr Vertrauen nicht besitze und daß ich es mir, wie eine »gutmütige Dirne« gefallen lasse, weiß ich längst; Sie ziehen mich nur dann ins Vertrauen, wenn ich Ihnen nützen kann.« »Das ist zu viel! – versetzte ich und erhob mich – ich nehme meinen Freund und Ihren eignen Sohn zum Zeugen, wie sehr Sie mich gekränkt haben; Sie behaupteten diesen Sommer in Ihrem Brief, Sie hätten sich gegen mich nie etwas zuschulden kommen lassen und ich ließ es stillschweigends hingehen; fragen Sie sich selbst, ob das wahr ist!« »Ich kann mich fragen – erwiderte sie – ich kann alles gegen Sie verantworten!« »Ich *kann* es gegen *Sie*, Frau Doktorin!« war meine Antwort. Auch Jahnens, empört und entrüstet, wie ich, hatte sich inzwischen erhoben. »Das ist recht, gehen Sie mit, lieber Jahnens!« sagte sie. Wir legten unsre Mäntel um, verbeugten uns und gingen. Ich kann mir das Zeugnis geben, daß ich in dieser verworrenen Situation wirklich das Äußerste abwartete und daß ich nur ging, um der Doktorin die Schande fernerer Beleidigungen, die sie in ihrem eigenen Hause einem Menschen, der ihr in seiner persönlichen Beziehung zu ihr waffenlos gegenüberstand, jedenfalls noch angetan hätte, zu ersparen; mein Freund bestätigte mir dies durch Tat und Wort, und ich werde ihn bitten, die Treue und Wahrhaftigkeit der obigen Darstellung durch seine Unterschrift zu beglaubigen, damit, wenn es dieser Frau, die noch keinen Freund verlor, den sie nicht später als Feind behandelte, gelingen sollte, meinen Charakter zu verdächtigen, mein Tagebuch demjenigen, dem es etwa nach meinem Tode in die Hände fällt, zeige, auf welche Weise sie sich für die

170 Taler, die sie mir zu meinen Studien verschaffte, bezahlt machte. Auch dies fiel noch vor. Sie sagte: »wenn Lotz[s] Umgang Ihnen besser gefällt, als der meinige, so habe ich nichts dagegen!« Ich erwiderte: »daraus, daß ich Lotz besuchte, werden Sie doch nicht sogleich schließen wollen, daß sein Umgang mir besser gefällt, als der Ihrige!« Ferner sagte sie noch: »Meinen Freunden Ihr Stück zu geben, wurde mir verboten; das zweite Exemplar (welches ich der Mad Lina Reinhardt geschenkt hatte) wurde uns sogar wieder weggenommen, damit wir es nur ja nicht verleihen könnten; Sie können auch das andere Exemplar wieder zurücknehmen! Lotz, Baison und anderen haben Sie es nun ja doch ohne weiteres mitgeteilt!« Ich versetzte: »ich habe nur meinen Wunsch ausgesprochen, daß Sie Assings mein Stück nicht geben mögten und dies geschah deshalb, weil ich weiß, daß man sich bei Assing immer höchst geringschätzig über mein Talent ausgesprochen hat und weil ich nicht wollte, daß Leute, die mich, ohne mich zu kennen, verwerfen, glauben sollten, es läge mir daran, ihr Urteil zu modifizieren.« »Das ist nicht wahr – fuhr sie auf – Assings haben Ihnen immer Gerechtigkeit widerfahren lassen.« Sie vergaß, daß sie mir in Jahnens Gegenwart im vorigen Sommer selbst das Gegenteil gesagt hatte; ich mogte sie nicht daran erinnern und sagte: »die Frau Doktorin Assing hat, als einmal mein Name zu Goethes Namen in eine Beziehung gebracht wurde, geäußert, es käme ihr, wenn ich und Goethe zugleich genannt würden, gerade so vor, als ob man Feistmantel und Goethe zusammenstellen wolle; ich weiß dies von Dr. Wihl, der darüber indigniert war.« »Wihl beleidigt und belügt meine Freundin noch im Grabe!« gab sie zur Antwort. Bemerken muß ich noch, daß sie den oben angeführten Umstand mit dem der Mad^me Reinhardt geschenkten zweiten Exemplar verdrehte, daß ich es ihr jedoch, um sie nicht zu reizen, nicht vorhielt. Jahnens hatte sich jenes Exemplar geben lassen, um es Lebrün mitzuteilen; er hatte es bis auf diese Stunde noch nicht zurückerhalten. Ich füge kein Wort hinzu; nur dies, daß sie sich zu einer Zeit, wo meine Judith noch gar nicht vorhanden war, aus freien Stücken erbot, wegen meines Werks mit der Mad^me Crelinger zu korrespondieren, und daß ich sie um diese Gefälligkeit, die ich mir bloß gefallen ließ, weil ich durch die Ablehnung beleidigt

haben würde, um so weniger *ersuchen konnte*, als ich gar nicht wußte, daß sie die Mad^me Crelinger *kannte*, daß also ihr schnöder Vorwurf: »ich zöge sie nur dann ins Vertrauen, wenn sie mir nützen könne« von selbst wegfällt! – Zur Bezeichnung der ganzen Art und Weise der Behandlung dient es noch, daß die Doktorin sich durch das aus- und eingehende Dienstmädchen, durch die Anwesenheit ihres jungen Sohnes und durch das Eintreten der Mad: Reinhardt in ihren Diskussionen im geringsten nicht stören ließ. –

Zur Beglaubigung daß jedes von meinem Freund, niedergeschriebene Wort, genau, und der Wahrheit gemäß ist, bezeuge ich E. Janens [1962]

Gott ist gebundene, Natur ungebundene Kraft. [1963]

Es ist kein Kompliment für die Menschheit überhaupt, daß einzelne Menschen etwas erschaffen können, was alle verehren, und auf ewig. [1964]

Ein sonderbarer Gedanke kommt mir. Darstellen heißt nachschaffen, Leben packen und formen. Darstellen ist im Gebiet des Geistes vom Wort abhängig. Das Wort finden, heißt also die Dinge selbst finden! [1965]

Das Vergängliche kann *zeugen*, denn das ist die Genugtuung für die Vergänglichkeit. [1966]

Der förmliche Abschluß der ehelichen Verbindung ist entweder überflüssig oder frevelhaft. [1967]

Ein Mensch, still, wie ein Gotteshaus. [1968]

Mancher sieht in der Flöte nur das Holz. [1969]

An die Bibel glauben, wie an die Algebra, von der man nichts versteht, und die man doch nicht bestreitet. [1970]

Es wäre doch seltsam, wenn nicht Gott die Welt, sondern wenn die Welt Gott geboren hätte. [1971]

Mancher sieht in den Kleidern seine Haut. [1972]

d. 13 April.
Gräßliche Stimmung! Zahnweh! Jene Geschichte mit der Schoppe. Elisens Zustand. Gutzkows kluger Brief und seine Abreise nach Berlin. Ich will die lenkende Macht nicht beleidigen, aber ich fürchte, jene alte Erfahrung, die ich so oft machte, wird sich aufs neue bestätigen. Die Hoffnungen werden in meiner Seele bis auf den höchsten Grad gesteigert, um sich dann auf einmal in Luft aufzulösen. Was soll ich anfangen, wenn auch die Judith ohne Erfolg bleibt! Elise hat nichts mehr, und ich habe die Qual, daß ich ihr Weniges zum größten Teil aufgebraucht habe, ohne ihr Ersatz leisten zu können. O! [1973]

Das echte Idyll entsteht, wenn ein Mensch innerhalb des ihm bestimmten Kreises als glücklich und abgeschlossen dargestellt wird. Solange er sich in diesem Kreise hält, hat das Schicksal keine Macht über ihn. [1974]

Tags darauf.
Es ist mir jetzt ausgemacht, daß mein Stück in Berlin *nicht* aufgeführt wird. Hätte ich nur bald die Entscheidung! Es komme, wie es wolle. Eine Öde und Leerheit in mir, wie seit meiner Abreise aus München nicht mehr! Alles zerbrochen und zerschlagen! Ohne Glück! [1975]

Mittags desselben Tags.
Meine Vorahnung hat mich getäuscht. Die Judith ist in Berlin definitiv angenommen und wird wahrscheinlich schon in der Mitte Mai's gespielt. Die Doktorin Schoppe hat mir diese Nachricht auf eine Weise gemeldet, die mir alle Freude verdarb, ja vorwegnahm. Diese Frau scheint die Grenzen, innerhalb deren die Bildung sich in allen Situationen halten muß, nicht zu kennen; wenn sie einen Menschen beleidigt hat, so ist sie weit entfernt, Reue zu fühlen, sie häuft vielmehr Beleidigung auf Beleidigung. Daß sie in Berlin die Hand mit im Spiel gehabt hat, ist mir mehr, als widerlich, hat sie ja doch schon vor der Entscheidung gegen Jahnens den ganzen möglichen Erfolg ihrer Empfehlung zugeschrieben. Das Beste ist, daß sie gleich nach meiner Judith ein

Stück von sich selbst an die Mad^me Crelinger sandte; dies hat sie doch gewiß auch empfohlen, und wenn es nicht zur Aufführung kommt, so liegt darin der Beweis, daß nicht ihre Empfehlung, sondern mein Talent mir die Bahn gebrochen hat. [1976]

Der Londoner verlorne Sohn, von Tieck übersetzt, ob er wirklich von Shakespeare ist? Die Charakterzeichnung ist teilweis vortrefflich, besonders die des jungen Flowerdele, aber das Ganze, der Wendepunkt! Es schließt doch ganz, wie ein gemeines Schauspiel, ein Mensch ohne inneren Halt verspricht in einer Aufwallung, die oft kommt, Besserung und die Probe fehlt. Man kann nicht einmal sagen, daß der Moment seiner beschlossenen Sinnesänderung am besten gewählt ist; die Rührung erfaßt ihn, als er die Treue seines mißhandelten Weibes erkennt; warum erfaßt sie ihn nicht schon früher, nicht schon damals, als sie, die ihn gar nicht liebt, die von ihrem Vater zur Heirat mit ihm gezwungen ward, in dem Augenblick, wo er ins Gefängnis gebracht werden soll, ihn begleitet und aus großartigem Pflichtgefühl Enterbung und Schande der Rückkehr ins Vaterhaus vorzieht? Aus einer sehr frühen Zeit ist das Stück auf jeden Fall, man sieht noch allenthalben die unsichre Hand, die das Wichtigste skizzenhaft abtut und das Überflüssige wieder breit ausmalt. Mit Ironie muß Tieck einen solchen Schluß nicht motivieren wollen; allerdings hat die Welt der Kunst nicht die schweren, strengen Gesetze des Lebens, und ein leichtsinniger Hauch der hindurchweht ist nicht allein zu entschuldigen, er ist notwendig; aber es gibt eine Grenze! Ironie darf nicht auf das Geschehende, nur auf die Art, wie es gebraucht und behandelt wird, Einfluß haben! [1977]

Ich denke, es ist kein Fehler an meiner Judith, daß man gar nicht erfährt, wie sie ihren Plan gegen Holof. auszuführen gedenkt. Sie weiß es selbst nicht, sie kann es nicht wissen, aber sie verspricht im Namen Gottes, weil sie sich auf Gott verläßt, und erwartet nun die Gelegenheit. [1978]

König David, ein trefflicher Dramenstoff. Erster Akt Sauls Überwindung und Tod. Urias Weib. Absalom. In Erwägung zu ziehen bei mehr Muße. [1979]

Nicht was der Mensch *ist*, nur was er *tut*, ist sein unverlierbares Eigentum. [1980]

Das Weib im Mann zieht ihn zum Weibe; der Mann im Weibe trotzt dem Mann. [1981]

Die Lüge ist ein Mittelding zwischen Sein und Nichtsein.
[1982]

»Der Wolf und das Lamm, wer ist besser?« Der Wolf fraß das Lamm und sprach: nun bin ich Wolf und Lamm zugleich!
[1983]

An den Herrn Etatsrat, Ritter *Oehlenschläger*
in *Kopenhagen*
Hochverehrter Herr!

Nach einem Artikel im Hamburger Korrespondenten, der mir erst jetzt bekannt wurde, wird die Universität zu Kopenhagen unter Ew. Hochwohlgeboren Mitwirkung bei der bevorstehenden Krönung Ihro Majestät, des Königs, an die Befähigten und Berechtigten akademische Würden erteilen; nach der Fassung jenes Artikels darf ich annehmen, daß dies vermöge eines Gnadenakts, und also auf allerhöchste Kosten, geschehen wird. Als geborner Untertan Ihro Majestät glaube ich ein Recht zu haben, mich bei dieser Gelegenheit um den philosophischen Doktorgrad zu bewerben; meine Befähigung hoffe ich durch die Anschlüsse auf genügende Weise darzutun. pp pp [1984]

d. 18 April.

Die Schoppe ist doch ein elendes, erbärmliches Weib! Nicht, was sie mir getan hat, bewegt mich zu diesem Ausruf; mir hat sie die Tür zum Leben geöffnet, ich darf nie über sie richten. Aber die Art, wie sie sich jetzt gegen Jahnens benimmt, legt ihre Gemeinheit, die Niedrigkeit ihrer Gesinnung, offen an den Tag. Jahrelang ist er ihr innigster Freund gewesen, gegen jedermann hat sie ihn als Mensch und Talent gepriesen, und nun – schreibt sie ihm einen Brief, worin sie ihn ersucht, ihr die ihm geliehenen Bücher und Sachen zurückzusenden, indem sie selbst das gleiche tut. Nein, so *schnell* fertig zu werden mit einem langjährigen Freund, ihn zu behandeln, als ob sie das zufälligste Verhältnis zu ihm gehabt hätte, dies ist durch keine Übereilung zu entschuldigen. Daß sie in dem Brief an ihn sich so ausdrückt: »Lotz Aufsatz über die Judith wird vom Publikum als eine neue Mystifikation a la Schleyer betrachtet« will ich nur erwähnen, um hinzuzufügen, daß die nämliche Frau sich über die Judith so ausdrückte, sie stelle sie zum Shakespeare! Gott, warum sind deine Menschen so schlecht! [1985]

Die Kunst allein ist Bürge menschlicher Unsterblichkeit. Alle übrigen menschlichen Kräfte stehen mit den Geschicklichkeiten der Spinnen, Perlenmuscheln pp al pari, denn sie fangen nichts Neues, Selbständiges an, sie flicken das Vorhandene bloß aus. [1986]

»Hätt ich nur Zahnweh, dann hätt ich schon eher Lust, mich zu schießen.« Gezwungener Duellant. [1987]

d. 22 Ap.
Ich war heute gegen Jahnens unedel. Er teilte mir den Brief mit, den er an die Schoppe schreiben wollte; der Brief war einfach, bestimmt, nicht heftig, aber durchaus auf die Sache gehend, und diese abschließend. Ich fand ihn zu mild, hauptsächlich deshalb, weil ein anderer Brief, den er mir ein paar Tage früher zeigte, in ungleich stärkeren Ausdrücken abgefaßt war. Ich ward darüber verstimmt, sah darin, was gewiß nicht darin lag, eine Vorsicht, für die Zukunft die Ausgleichung nicht unmöglich zu machen, und legte meine Verstimmung, mein halbes Mißtrauen offen an den Tag. Sehr unrecht! [1988]

Brief an Mad^{me} Stich vom 23 April.
– – Meine ganze Tragödie ist darauf basiert, daß in außerordentlichen Weltlagen die Gottheit unmittelbar in den Gang der Ereignisse eingreift und ungeheure Taten durch Menschen, die sie aus *eigenem* Antrieb nicht ausführen würden, vollbringen läßt. Eine solche Weltlage war da, als der gewaltige Holof. das Volk der Verheißung, von dem die Erlösung des ganzen Menschen-

geschlechts ausgehen sollte, zu erdrücken drohte. Das Äußerste trat ein, da kam der Geist über Judith und legte ihr einen Gedanken in die Seele, den sie (darum die Szene mit Ephraim) erst festzuhalten wagt, als sie sieht, daß kein Mann ihn adoptiert, den nun aber auch nicht mehr das bloße Gottesvertrauen, sondern nach der Beschaffenheit der menschlichen Natur, die niemals ganz rein oder ganz unrein ist, zugleich mit die Eitelkeit ausbrütet. Sie kommt zum Holof., sie lernt den »ersten und letzten Mann der Erde« kennen, sie fühlt, ohne sich dessen klar bewußt zu werden, daß er der einzige ist, den sie lieben könnte, sie schaudert, indem er sich in seiner ganzen Größe vor ihr aufrichtet, sie will seine Achtung ertrotzen und gibt ihr ganzes Geheimnis preis, sie erlangt nichts dadurch, als daß er, der vorher schon mit ihr spielte, sie nun wirklich erniedrigt, daß er sie höhnend in jedem ihrer Motive mißdeutet, daß er sie endlich zu seiner Beute macht und ruhig einschläft. Jetzt führt sie die Tat aus, sie führt sie aus auf *Gottes Geheiß*, aber sie ist sich in dem ungeheuren Moment, der ihr ganzes Ich verwirrt, nur ihrer *persönlichen* Gründe bewußt; wie der Prophet durch den Samaja, so wird sie durch ihre Magd, durch die einfach-menschlichen Betrachtungen, die diese anstellt, von ihrer Höhe herabgestürzt; sie zittert, da sie daran erinnert wird, daß sie Mutter werden kann. Es kommt ihr aber auch schon in Bethulien der rechte Gedanke: wenn die Tat von Gott ausging, so wird er sie vor der Folge schützen und sie nicht gebären lassen; gebiert sie, so muß sie, damit ihr Sohn sich nicht zum *Muttermord* versucht fühle, sterben, und zwar muß sie durch ihr Volk den Tod finden, da sie sich für ihr Volk als Opfer dahingab. Das Schwanken und Zweifeln, worin sie nach ihrer Tat versinkt, konnte sie allein zur *trag. Heldin* machen, auch können und dürfen solche Zweifel gar nicht ausbleiben, da der Mensch selbst in den Armen eines Gottes nicht aufhört, Mensch zu sein, und da er, sobald der Gott ihn los läßt, augenblicklich in die rein menschlichen Verhältnisse zurücktritt und nun vor dem *Unbegreiflichen*, was von ihm ausgegangen ist, erbebt, ja erstarrt. – – – – [1989]

Aus meinem Leben von Goethe. Bd. 2 Seite 309.
Dank und Undank gehören zu denen, in der moralischen Welt

jeden Augenblick hervortretenden Ereignissen, worüber sich die Menschen untereinander niemals beruhigen können. Ich pflege einen Unterschied zu machen zwischen Nicht-Dankbarkeit, Undank und Widerwillen gegen den Dank. Jene erste ist dem Menschen angeboren, ja anerschaffen: denn sie entspringt aus einer glücklichen, leichtsinnigen Vergessenheit des Widerwärtigen, wie des Erfreulichen, wodurch ganz allein die Fortsetzung des Lebens möglich wird. Der Mensch bedarf so unendlich vieler äußeren Vor- und Mitwirkungen zu einem leidlichen Dasein, daß, wenn er der Sonne und der Erde, Gott und der Natur, Vorvordern und Eltern, Freunden und Gesellen immer den gebührenden Dank abtragen wollte, ihm weder Zeit, noch Gefühl übrigbliebe, um neue Wohltaten zu empfangen und zu genießen. Läßt nun freilich der natürliche Mensch jenen Leichtsinn in und über sich walten, so nimmt eine kalte Gleichgültigkeit immer mehr überhand, und man sieht den Wohltäter zuletzt als einen Fremden an, zu dessen Schaden man allenfalls, wenn es uns nützlich wäre, auch etwas unternehmen dürfte. Dies allein kann eigentlich Undank genannt werden, der aus der Rohheit entspringt, worin die ungebildete Natur sich am Ende notwendig verlieren muß. Widerwille gegen das Danken jedoch, Erwiderung einer Wohltat durch unmutiges und verdrießliches Wesen ist sehr selten und kommt nur bei vorzüglichen Menschen vor, solchen, die mit großen Anlagen und dem Vorgefühl derselben in einem niederen Stande, oder in einer hülflosen Lage geboren, sich von Jugend auf Schritt vor Schritt durchdrängen und von allen Orten her Hülfe und Beistand annehmen müssen, die ihnen dann manchmal durch Plumpheit der Wohltäter vergällt und widerwärtig werden, indem das, was sie empfangen, irdisch und das, was sie dagegen leisten, höherer Art ist, so daß eine eigentliche Kompensation nicht gedacht werden kann. Lessing hat, bei dem schönen Bewußtsein, das ihm in seiner besten Lebenszeit über irdische Dinge zuteil ward, sich hierüber einmal derb, aber heiter ausgesprochen. [1990]

Selbstbeschauung wäre freilich sehr schön, aber man verändert sich, während man sich beobachtet. [1991]

d. 26 April.

Es ist doch sehr schroff von Uhland, daß er mir auf meinen so bescheidenen Brief, womit ich ihm meine Judith sandte, kein Wort erwidert. Dem Dichter bleibt lebenslang meine Verehrung, dem Mann und Charakter meine tiefe Achtung, aber mit seiner Persönlichkeit bin ich so weit fertig, daß ich zwischen uns beiden kein Verhältnis mehr für möglich halte. Dies tut mir weh, denn wer mag sich mit seiner Liebe abgewiesen sehen! [1992]

Nicht bloß in den Handlungen eines Menschen, auch in den Begebenheiten, die ihn treffen, liegt Konsequenz und Übereinstimmung. [1993]

Das Herz ist der Magnet der Leiden. [1994]

Es ist die Frage, ob die Geschichte eine Wohltat des Menschengeschlechts ist. Die überlieferten Erfahrungen müssen dem Menschen und den Völkern nach und nach alle eigenen abschneiden und unmöglich machen, der Gedanke wird dem Leben immer mehr zuvorkommen, und alles Sein wird sich in Kategorieen verlieren, wenn nicht ein ungeheurer Sturm über kurz oder lang die einbalsamierte Vergangenheit mit Sand überschüttet. Es kann und darf von Sterblichen nichts Unsterbliches ausgehen; auf Jahrtausende mögen sich die Wirkungen großer Dichter und gewaltiger Helden erstrecken, aber sie müssen ihr zeitliches Ziel finden, wenn nicht der lebendige Sprudelquell der Schöpfung erstickt werden soll. Shakespeare, Goethe, alles weg – ungeheurer, unsäglich vernichtender Gedanke! [1995]

Eine Idee, die viel Verlockendes hat, kam mir vor einigen Tagen, als ich selbst über meine Judith eine hämische Rezension ausarbeitete, und kommt von Zeit zu Zeit wieder. Ich könnte jetzt auf eine eklatante Weise aus der Welt gehen. Meine Judith hat Lärm gemacht, sie ist in den Händen vorzüglicher Männer gewesen und hat auch diesen Beifall abgedrungen. Es wäre mir jedoch ein leichtes, alle 50 Exemplare wieder zusammenzubringen; ich könnte dies tun und die Judith, samt allem sonstigen, verbrennen, um dann selbst – – Pfui! Es ist schändlich, dies nieder-

zuschreiben, ich habe heilige Pflichten, die sich vielleicht bald
noch vermehren und steigern! [1996]

»Du bist ja die Häßlichkeit selbst.« Ja, aber ich soll die Schönheit gebären. [1997]

Schlaf ist Zurücksinken ins Chaos. [1998]

An Ludwig Tieck. Ich erlaubte mir Ihnen unterm 17ten Febr. d. J. mein Trauerspiel Judith zu senden. Hoffentlich haben Sie es empfangen. Es tut mir sehr leid, daß ich es Ihnen in seiner ganzen kecken Derbheit, und ohne die Veränderungen, die das Theater notwendig macht, vorgelegt habe, denn vielleicht sind Sie durch die vorkommenden bedenklichen Schilderungen und starken Ausdrücke von vornherein mit Zweifeln über die Möglichkeit der Darstellung erfüllt worden.

Ich sandte um dieselbe Zeit und in derselben Gestalt mein Stück an die Mad^{me} Crelinger in Berlin. Sie nahm es mit Liebe und Begeisterung auf, riet mir jedoch, es vor der förmlichen Übergabe in einigen Teilen zu verändern und insbesondere an mehreren Stellen das Kolorit zu mildern. Ich tat dies und erhielt vor ungefähr 14 Tagen die Nachricht, daß Judith in Berlin definitiv angenommen sei und wahrscheinlich sehr bald zur Aufführung kommen werde.

Es muß mir daran liegen, mein Stück auf mehr, als ein Theater zu bringen. Ich nehme mir daher die Freiheit, bei Ihnen anzufragen, ob die Dresdener Bühne überall auf dasselbe reflektiert. Wäre dies der Fall, so würde ich sogleich ein abgeändertes Exemplar senden. Dürfte ich über diesen Punkt von Ihrer Güte eine Benachrichtigung in ein paar Zeilen erwarten?
d. 28 April 40. H. (Adr:) [1999]

Die Doktorin Schoppe häuft jetzt Beleidigung auf Beleidigung. Ich glaube, sie tut es deshalb, weil sie selbst von der Unmöglichkeit einer Ausgleichung überzeugt ist, weil sie einsieht, daß sie sowohl von Jahnens, wie von mir, in ihrer moralischen Nichtigkeit durchschaut wird, und weil sie nun nach Art gemeiner Naturen ihre letzte Macht aufbietet, uns zu ärgern und zu schaden. [2000]

Ich las Bötticher Zeitgenossen und Zustände. Anfangs belustigte mich diese Naivetät der Gemeinheit, die da ganz allein da zu sein glaubt, aber im Verfolg der Lektüre wurde mir doch peinlich zumute. Wenn ich Herder und Wieland alles verzeihe, was sie gegen Goethe sagten, so kann ich ihnen doch nie verzeihen, daß sie es gegen einen Bötticher sagten. [2001]

Allegorie entsteht, wenn der Verstand sich vorlügt, er habe Phantasie. [2002]

Der Verstand mag an einem entstehenden Dichterwerk manches wegnehmen, aber nie darf er etwas hinzutun. [2003]

Wenn ein Mensch ganz Wunde ist, so heißt ihn heilen – ihn töten! [2004]

Das Leben ist ein ewiges Werden. Sich für geworden halten, heißt sich töten. [2005]

An Gutzkow über seinen Saul.
Im Charakter des Saul, vorzüglich in seinem ersten Monolog, liegen die mich am meisten ansprechenden Elemente dieser Dichtung. [2006]

Gerecht sein zu können, ist ein Talent. [2007]

Dem Egoismus muß der Egoismus an anderen am scheußlichsten vorkommen, denn an jedem findet der Egoistische etwas, was ihm dienen könnte und was jener festhält. [2008]

Auch mit Taten kann man sich *schminken*. Wenn der wahre Mensch manches einzelne durch die Totalität seines Lebens und Wesens zu entschuldigen glaubt, so wähnt der falsche umgekehrt, durch ein löbliches Einzelnes die Schlechtigkeit des Ganzen zu rechtfertigen. [2009]

Auch im schlechtesten Menschen bleibt so viel Göttliches, um sich selbst verwesen zu sehen. [2010]

Wie weit sind die Charaktere des Dichters objektiv? Soweit der Mensch in seinem Verhältnis zu Gott frei ist. Die Notwendigkeit der Schöpfung ist die Grenze menschlicher Freiheit. [2011]

Das Leben Gottes ist Gefühl. Ein Erkennen ist nicht denkbar für ihn, denn er ist sich selbst durchsichtig. [2012]

Das Leben der meisten ist ein Fliehen aus sich selbst heraus. [2013]

Das Leben in reiner, ungemischter Gestalt kann kein Vorwurf künstlerischer Darstellung sein, denn es ist nicht zu packen; nur das in Bewegung gesetzte. [2014]

Das Unwahre durch wahre Motive entwickeln. [2015]

Wie das Feuer in der Asche verglimmt, so der Mensch im Schlaf. (Dumm!) [2016]

Das Kind sieht nur die Dinge, nicht den Nexus der Dinge. [2017]

Es gibt kein Perpetuum mobile, aber auch nicht sein Gegenteil. Wir sehen überhaupt nur *Mittel*dinge. [2018]

Wer die Menschheit auf ihre Grenzen zurückweist, der erwirbt sich ein größeres Verdienst, als wer sie bei ihrem Streben gegen das Unermeßliche unterstützt. [2019]

Im Grunde trägt jeder die ganze Welt. [2020]

Freude am Dasein ist das Blut des Daseins. [2021]

d. 20sten Mai.
Eine furchtbare Arbeit habe ich hinter mir. Die Dokt: Schoppe schrieb mir am 4ten d. M. einen Brief, der alles, was einem Menschen meiner Art an Beleidigungen jemals zuteil ward, übertraf. Dieser Brief hätte mich töten können, und ich habe, als ich

ihn empfing, im tiefsten erfahren, daß Unschuld und Selbstbewußtsein keineswegs, wie man wohl zuweilen sagt, dem Gift, das von außen kommt, den Weg zu der Seele verschließen. Anfangs, den ersten Tag, kam es mir vor, als ob ich juristisch gegen die böse Frau auftreten müsse; es ging aber nicht, denn sie hatte mir nicht Injurien, sondern bloß ärgere Dinge, als Injurien, geschrieben. Darauf entschloß ich mich zu einer bis ins einzelnste gehenden Auseinandersetzung des seit jeher in den verschiedensten Modifikationen zwischen uns bestandenen Verhältnisses und damit bin ich heute fertig geworden. Es ist mir dabei zumute gewesen, als ob ich die vielen rostigen Dolche, die einst in meinem Herzen wühlten, schliffe, um sie noch einmal hineinzubohren. Die Resultate sind wahrhaft fürchterlich und folgen so von selbst, ohne Interpretation, aus den Tatsachen, daß ich vor der Frechheit des Weibes, die mir im vor.[igen] Sommer schrieb: sie habe sich gegen mich nicht das mindeste vorzuwerfen, erstaunen muß. Ich sende ihr mit meiner Darstellung ihren Brief zurück; gebe Gott, daß sie ihn behalte, damit ich des Äußersten überhoben sei. Es ist mir ja nicht um Rache oder auch nur um einen Sieg über eine solche Natur zu tun; ich will ja nur meine Vergangenheit vor Verleumdungen und meine Zukunft vor Vergiftung sichern! [2022]

In die dämmernde, duftende Gefühlswelt des begeisterten Dichters fällt ein Mondenstrahl des Bewußtseins, und das, was er beleuchtet, wird Gestalt. [2023]

Durch den Dichter allein zieht Gott einen Zins von der Schöpfung, denn nur dieser gibt sie ihm schöner zurück. [2024]

Nicht Stillstehen, nicht Fortgehen, nur *Bewegung* ist der Zweck des Lebens. [2025]

Wer doch den wunderbaren Zeugungs- und Sichernährungsprozeß des Geistes darstellen könnte! Eine Idee erwacht, ein Wort kommt ihr entgegen und schließt sie ein, beide bedingen und beschränken sich gegenseitig. Die Idee ist das frische Leben des einzelnen, das Wort das abgezogene Leben der Gesamtheit,

das feinste Sublimat von beiden verfliegt aber, indem sie sich berühren, schlägt in den Geist zurück und dient ihm als Speise.
[2026]

Liebe und Freundschaft der meisten Menschen ist ein *Füllen* ihrer eignen Leere mit fremdem Inhalt. [2027]

Über die Sch.[oppe] von Jahnens
Gang mit dem Offizier, der ihr nachgeht und von dem sie sich begleiten läßt; gebildeter Mann. Daß sie durch den Mann der Lene, Heinrich, bei Lotz Wilh. Hocker als Pasquillanten angab; das Ärgste, Empörendste, was mich bewegte, J. das zu sagen, was sie mir hinsichtlich ihres Verlusts bei seinen Novellen dreimal mitteilte. Daß sie, als er bei Taubert seinen histor. Roman angebracht, sich entfärbt, ihn angefahren: wie er das wagen könne, auf ihr Zimmer gegangen, und erst nach einer Stunde wieder heruntergekommen sei. Daß sie, als *seine* Novelle in der Cornelia anstatt der ihrigen aufgenommen, ausgerufen: ich opfre mich! Daß sie ihn zu Lotz geschickt. Daß sie ihn *vor Gericht* als Zeugen bei einer Lüge, den Atheismus ihres Sohns betreffend, ohne sein Vorwissen, aufgefodert. Daß sie gesagt: »da wird Hebbel sich ärgern!« Daß sie, als er mit Otte auseinanderkam, die von ihr selbst verabredeten Bedingungen zwischen J. und O. nicht mehr erinnern wollte. Die Dose, die sie ihm in Anwesenheit von anderen aufdringt und dann, als er ihr sie einmal präsentiert, sagt: [»]Sie behandeln sie, als ob sie Ihr Eigentum wäre!« [2028]

Fräul Elise Ahlefeldt nennt die Sch.[oppe], die sich ihrer bis an den Tod unverbrüchlich gehaltenen Freundschaft berühmt, in einem Brief an die Mad^{me} Helberg: ein *kopf-* und *hirn*loses Automat, das mit anderen essen, trinken, tanzen und spielen, aber nichts empfinden könne. Die Ausdrücke sind noch stärker, und beweisen, daß diese Frau zu allen Zeiten und in den frühesten Perioden ihres Lebens dieselbe war. Ein Brief, den sie selbst an die Mad^{me} Helberg schrieb, ist ein vollständiger Abdruck ihres leeren, heuchlerischen, sich mit jeder fremden Farbe schminkenden Wesens. »Ihr Mann – schreibt sie – habe sie um 24 *M* fl ersucht, sie habe diese augenblicklich nicht und bäte, sie ihr zu borgen; ist es (fährt sie dann fort) nicht wunderbar, daß ich selbst für einen Mann, der mich so bitter gekränkt hat, Geld anleihe? Ja, wunderbar, aber darauf, daß ich es kann, bin ich stolz!« Da sieht man so ganz den Pfau, der das Aller-Einfachste, das sie aus egoistischen Gründen (damit der Name des Mannes, den ja auch sie trägt, nicht geschändet werde) tut, an sich bewundert, als ob es das Größte und Schwerste wäre. [2029]

Wenn ein begangener Fehler einen neuen, bisher verschlossenen Pflichtkreis öffnet, so ist er gerechtfertigt. Ein Mädchen, das Mutter wird. [2030]

Die Begriffe der Menschen von den Dingen sind meistens nur ihre Urteile über die Dinge. [2031]

d. 2ten Juni.

Einmal wieder den *Wilhelm Meister* gelesen. Seite 204 (im letzten Bande) heißt es: »Mignon fiel mit einem Schrei zu Nataliens Füßen für tot nieder; das liebe Geschöpf war nicht ins Leben zurückzurufen.« Und Seite 256: »Mit welcher Inbrunst küßte sie in ihren letzten Augenblicken das Bild des Gekreuzigten, das auf ihren zarten Armen mit vielen hundert Punkten sehr zierlich abgebildet steht.« Ein Widerspruch, der noch von niemanden bemerkt wurde und der freilich auch wenig bedeutet. Es ist doch ein ganz für sich bestehender, von allen anderen in Form und Inhalt verschiedener Roman! Wenn Novalis ihn »durch und durch prosaisch« nennt, so hat er nur dann ein Recht dazu, wenn ihm die ganze Welt prosaisch dünkt! Wenn Menzel seine Wirkung auf seinen Stil zurückführen will, so ist das so, als ob man die Schönheit in die Gesichts- und Hautfarbe setzen wollte, die doch ohne die vollkommenste Gesundheit gar nicht da sein könnte. Er spiegelt die Ironie des Weltlaufs ab, und wenn ich etwas zu tadeln fände, so läge es darin, daß Wilhelm, der Erzogene, allein, daß nicht auch die Erzieher Jarno, Lothario, der Abbée u. s. w. in steten Widersprüchen herumgeschoben werden. [2032]

Heute die natürliche Tochter wieder gelesen. Unendlich ergreifen mich immer diese Verse:

> Sie ist dahin für alle, sie verschwindet
> Ins Nichts der Asche. Jeder kehret schnell
> Den Blick zum Leben und vergißt, im Taumel
> Der treibenden Begierden, daß auch sie
> Im Reihen der Lebendigen geschwebt!

Das ungeheuerste Weh liegt darin. Ja, geschminkte Asche das Leben und stäubende Asche der Tod, und ein Wirbelwind hinterdrein, der die Asche in jeglicher Gestalt durchs Leere treibt. Das Herz will springen und der Kopf bersten, wenn man solche Bilder festhält! In die Asche weint vielleicht ein Gott glühende Tränen hinunter, die der Blick aufs Leere ihm auspreßt, und diese Tränen allein geben der Asche ein Gefühl, das sie für Leben hält. Oder, wir sind Tränen, die ein Gott in einen Abgrund hinunterweint! Wenn man einen Toten sieht, so ist es einem oft, als wäre er die stille, ruhige, abgeschlossene Statue, die das Leben durch unausgesetzte Schläge ausgemeißelt. Hör auf! [2033]

In jedem wahren Gedicht durchdringt sich das Allgemeinste und das Individuellste. Jenes gibt den Gehalt und dieses die Form. [2034]

Den 23sten Juni, mittags halb 1 Uhr, reiste Elise mit dem Dampfschiff Hamburg nach Wittenberge ab. [2035]

Menschen, wie G. für große erklären, heißt den Bankerott der Menschheit erklären. [2036]

Im Juli.
Judith ist Montag, d. 6ten Juli, zum ersten und Donnerstag d. 9ten zum zweiten Mal gegeben worden und hat Beifall gefunden. Ich schreibe das mit einer Kälte nieder, als obs mich gar nicht anginge. Immer mehr Eis im Blut! [2037]

Ein Mensch, der in einen hineinregnet. [2038]

Die meisten können sowenig mit dem Großen sympathisieren, wie mit dem Flug des Adlers, oder der Kraft des Elefanten. [2039]

Die menschliche Gesellschaft, als Ganzes, als Sozietät, betrachtet, ist völlig so schlecht, wie ihr schlechtestes Individuum. Ihre Gesetze und Einrichtungen sind, was Mord, Raub und Totschlag des einzelnen. Fürchterlich, aber wahr! [2040]

Es ist der fürchterlichste Zustand, wenn einem der Tod natürlich und das Leben ein Wunder scheint. [2041]

Ob das Männer sind, die, wenn ihnen ein Bär begegnet, sich tot stellen? Der Mann würde kämpfen. (Bild.) [2042]

Der Gute, der von dem Bösen verlangt, daß er gut werden soll, frage sich doch zuvor, ob er selbst die Fähigkeit hat, böse zu werden. Eins ist so unmöglich, wie das andre. [2043]

Die Aufgabe des glücklichen Menschen ist, sich zu entwickeln; die des unglücklichen, sich zu *vernichten*. Ganz gewiß! [2044]

Sonntag, d. 20 Juli.
Gestern war ich glücklich, strömend-voll. Emma Schröder, welch ein liebliches Mädchen! Die Rose, die sie mir schenkte, berauscht mich noch mit ihrem Duft. [2045]

»Geh in die Schlacht, und erobre dir die Waffen unterwegs!« So ging es mir. [2046]

Sonntag, d. 27 Juli.
Gestern abend erhielt ich von Emma ein Briefchen. Ich hatte ihr Gedichte und die Judith geschickt. Wie selig hat es mich gemacht! Meine Adern wollten springen, ich konnte mich erst um 1 Uhr zur Ruhe legen. Ich freue mich, daß ich noch solcher Gefühlsaufregung fähig bin. Heute erzählte ichs J. Er nahm es, wie es mir vorkommen wollte, sonderbar auf und Angst, als ob ich das schöne Verhältnis dadurch vernichtet hätte, daß ich gegen meinen Freund mein Entzücken darüber aussprach, bemächtigte sich meiner um so mehr, als er dieses nur gezwungen zu teilen schien. [2047]

Wenn Geister in den Lüften schweben, so kann wohl ein Mensch selbst so wenig Geist sein, daß sie sich seiner bemächtigen, und ihn zum bloßen Medium machen. Die Besessenen der Bibel. [2048]

Ein Hahn, wie G., mag uns wecken, aber er soll nicht am Tage sich spreizen, als ob er allein da wäre. [2049]

Ein Soldat, der vor seinem Feind, einem Vorgesetzten, erst das Gewehr präsentiert und ihn dann damit erschießt. [2050]

Zweierlei Arten von Liebe gibt es. Die eine bemächtigt sich irgend eines einzelnen Wesens, das in die Lücke des Herzens ganz oder teilweise hineinpaßt, umspinnt und umschlingt es und läßt es nicht wieder los. Dies Lieben ist eigentlich ein Selbstheilen. Die andere wagt sich in den Kampf mit der ganzen Welt. [2051]

Das Weib, sobald es ein Kind hat, liebt den Mann nur noch so, wie er selbst das Kind liebt. [2052]

Aus aller Befriedigung entsteht Ekel, weil eben in der Spannung der Kräfte allein die Wollust liegt. [2053]

Schönheit ist Tiefe der Fläche. [2054]

Viele messen sich nach ihrem Schatten. [2055]

Warum wirkt die despotische römische Geschichte eigentlich nicht so widerlich, wie die germanische? Weil die romanische Rechts- und Staats-Idee die Freiheit des Individuums ausschließt, während sie sich in der Geschichte (wär es auch nur durch einen tyrannischen Kaiser) doch zuweilen geltend macht; wogegen die germanische Staats-Idee sie einschließt, die Geschichte sie aber vermissen läßt. [2056]

Es ist leicht, zu sagen: ich bin nicht Kaiser von Östreich; wenn man nur hinzusetzen darf: ich bin Kaiser von Rußland. [2057]

Es gibt auch eine erhabene Naivetät. Sie ist da vorhanden, wo ein hoher Menschengeist, unbekannt mit seiner demiurgischen Kraft und Bedeutung, sich den gewohnten Formen und Begriffen der Welt unterordnen will und es nicht kann. Dante. [2058]

Wer nie liebte, kann sich leicht einbilden, er liebe stets. [2059]

Es ist die Frage, ob wir persönlich existieren. [2060]

Geschichte

Der unbekannte Künstler meißelt seit Jahrtausenden an einem Gott. Sowie aber ein schnurrig gestaltetes Stück vom Marmor unter seinem Meißel abspringt, laufen wir darnach und rufen: da ist er! Wie wird uns sein, wenn der Gott einst leuchtend vor uns steht? [2061]

Das Auge sein eigner Stern. – Waldnächtlich. – [2062]

Solche Bemerkungen im Tagebuch sind als Stufen zu betrachten, auf denen man emporstieg. Oft dachte ich mir sehr viel, wenn ich sehr wenig niederschrieb. Hinter Dummheiten stecken immer Gedanken, die man nicht gebären kann. [2063]

Was der Behandlung der Jungfrau von Orleans, als Drama, sehr entgegensteht, ist der erbärmliche Charakter des Königs, um dessentwillen alles geschieht. Freilich stehen die Volksinteressen im Hintergrunde, aber als letztes Motiv, der König ist das nächste. Schiller scheint dies gar nicht gefühlt zu haben. Daß Frankreich selbständig bleibe, daß Gott ein Wunder tun mußte, um dies zu veranlassen: dies war nötig, weil von Frankreich die *Revolution* ausgehen sollte. [2064]

Warum ein Geschlecht ausstirbt? Weil der *erste* desselben den Lebensfunken endlich zurückfordert. [2065]

d. 13ten August.
Dieses Jahr ist unbedingt das inhaltvollste meines Lebens. Aber, ich muß es bekennen: ich kann mit dem Schicksal, aber

ich kann nicht mit mir selbst zufrieden sein. Die Elemente, aus denen ich bestehe, tosen und gären noch immer durcheinander, als ob sie gar nicht in eine beschränkende individuelle Form eingeschlossen wären; eins kämpft mit dem andern und unterwirft es, oder wird unterworfen, bald ist auf dieser Seite der Sieg, bald auf jener, doch das Gesetz fehlt! Wenn ich mich in meiner Vergangenheit oder in meiner nächsten Gegenwart umsehe: überall derselbe Leichtsinn, dem mein Sinn widerstrebt und der meine Tage ausfüllt; ein Spähen nach Geheimpfaden der Weisheit, um, wenn sie ausgefunden sind, Mittagsschlaf auf dem Weg zum Heiligtum zu halten; gedankenloses Haschen nach so manchem Faden, der ins Gewebe meiner Existenz zu passen scheint, und dann wieder gewissenloses Fahrenlassen desselben oder ein verzweifelndes Festhalten, das zum Umstricken und Ersticken führt! Schwer, unendlich schwer ist es allerdings, das Leben zum Kunstwerk zu adeln, wenn man so heißes Blut hat, wie ich; es setzt die Herrschaft über den Moment voraus, die wenigstens derjenige, der an den Moment noch Ansprüche macht, so leicht nicht erlangt; doch kann man sich diesem Ziel mehr und mehr nähern, und ich bin noch nicht einmal unterwegs. Selbst eine Beichte, wie die jetzige, was ist sie? Sie kommt unwillkürlich, wie ein Seufzer, oder ein Schlag an die Brust, denn ich wollte etwas ganz anderes niederschreiben; sie hat aber leider ganz andere Folgen, als sie haben sollte, denn sie erleichtert das Gemüt, anstatt es mehr zu drücken! [2066]

(Aus zwei für J. geschrieb. Rezens.)
Wenn ein Tacitus die ganze Menschheit verdammt: in ihm selbst, in seinem heiligen Zorn sind ihre schönsten Eigenschaften gerettet, und darum ist einem bei all seinen Greuel-Schilderungen wohl zumute. [2067]

Ein Jupiter, der vorm Spiegel blitzt und donnert. [2068]

Heinse ist eine Feuerwolke, die Deutschland erst dann am Himmel bemerkte, nachdem sie durch einen ihrer Blitze ein paar elende Bauerhütten in Brand gesteckt hatte. [2069]

Der Unterschied zwischen bedeutenden und unbedeutenden Menschen besteht darin, daß jene einem unbekannten Punkt zuwachsen, diese dagegen bald ihre Höhe, über die hinaus es für sie keine mehr gibt, erreichen. [2070]

Ein Kind ist die natürlichste Ableitung der Eigenliebe der Eltern. [2071]

Schlaf ist der Kampf zwischen Leben und Tod. [2072]

Wenn der Mensch betet, so atmet der Gott in ihm auf. [2073]

Die Schlechten achten sich untereinander nur soweit, als sie sich Widerstand leisten. [2074]

Elisens schöner Traum: eine goldene Harfe wird ihr gereicht; sie soll spielen und kann nicht; als sie es aber versucht, spielt sie so herrlich, daß sie selbst entzückt wird. [2075]

Wenn wir einschlafen, erwacht in uns der Gott. [2076]

Ein Abgrund, aus dem unten das Auge Gottes hinaufsieht. [2077]

Was ist das? Sobald der Mensch sich fühlt und sich aufrichtet, empfindet er etwas, wie einen Druck von oben, und doch lebt er nur soweit, als er sich fühlt. Es ist, als ob er sich aus einem Abgrund erhöbe und von unbekannter Hand immer wieder hineingestoßen würde. [2078]

Die Dichtkunst, die höchste, ist die eigentliche Geschichtschreibung, die das Resultat der historischen Prozesse faßt und in unvergänglichen Bildern festhält, wie z.B. Sophokles die Idee des Griechentums. [2079]

Bilder: Die Gedankenfäden, womit die Seele der Welt verknüpft ist, zurückwickeln – Vergiß, was du bist, dann wirst du, was du gern wärst – Der göttliche Springquell in dir, durch den äußeren Druck zurückgepreßt pp – [2080]

Ein lyrisches Gedicht ist da, sowie das Gefühl sich durch den Gedanken im Bewußtsein scharf abgrenzt. [2081]

Die Edelsten leiden den meisten Schmerz. Auch der Schmerz wählt den besten Boden. [2082]

Einen Menschen, den man atmen hört, hört man *leben*, Leben einziehen. [2083]

Das Gelübde der Keuschheit ablegen, heißt der Natur eine Grenze setzen in ihren heiligsten Strebungen. [2084]

Der Mensch muß sich durchs Leben drängen, wie die sich entwickelnde Blume durch den Kot. [2085]

Der echte Dichter ist der Arzt, der falsche der Chirurg seiner Zeit. [2086]

Zur Jungfrau von Orleans ist für die poetische Gestaltung die Naivetät der Schlüssel. Als der König ihr nicht glauben will: »versündigt Euch nicht; wenn Ihr, für den das alles geschehen soll, es nicht glauben könnt, wie soll ich, die es ausführen soll, es glauben?« (von mir) Als sie gar fliehen will und die Stimmen es ihr abraten, springt sie vom Turm herab und denkt, Gott wird mich schon unterstützen, wenn ich nur den Anfang mache. (historisch) [2087]

Mir ist zumute, als hätt ich mich selbst gegessen. [2088]

Nur die Größe kann wahr sein, denn nur sie kann sich gestehen, was sie ist. Anderen ist Wahrheit Feuer, das sie verzehrt. [2089]

Eine Mutter, die sich stellt, als wollte sie ihr Kind von sich schleudern. [2090]

Wer keine Grenzen hat, rechnet das Universum leicht mit zu seinem Individuum. [2091]

Auf der Woge des Lebens schwimmen, heißt *leben*, darin untersinken, heißt *schlafen*. [2092]

E.[lise] Zwischen zweien, die guter Hoffnung waren, im Beichtstuhl. Ihnen wünschte der Priester Gottes Segen, mir nicht. – Wenn das Kind H– zu mir sagte! Ich wollte, es wäre kein Knabe; vor einem Mädchen würde ich mich weniger schämen! – Eine himmlische Seele! Darum aber eben zerfleischte die – sie! [2093]

Ein erstickender Blitz zuckt über sein Angesicht. – [2094]

Könnte der Marmor fühlen, so würde er sich gewiß über die Meißelschläge beklagen, die ihn – zum Gott machen! [2095]

Der Mörder: der Tod in Menschengestalt darf nicht umhergehen. [2096]

In jedem Wesen gibt es einen Punkt, der nicht mehr zu dem Wesen selbst gehört, wodurch es unmittelbar mit dem großen Ganzen zusammenhängt. Der Mensch durch sein Gedanken-Organ mit Gott. [2097]

d. 3ten Septbr.
Gestern abends um 9 Uhr ist Elise abgereist. Nachbaren vor den Türen. Lauwarmer Abend ohne Kühlung. Ihr Wunsch, daß es regnen möge. Das betrachtend vor ihr stehende Hänschen. Warten auf den Wagen; Sitzen auf Treppen und Bänken. Ich begleitete sie. Sie brachte die Sachen ins Haus, dann kam sie wieder heraus und ging noch eine kleine Strecke mit mir. Wenn ich daran denke, was bevorsteht, so will das Herz mir brechen. O Gott, wenn du auf mein Gebet jemals gehört hast, so halte deine Hand über sie. Nie, nie habe ich ihresgleichen gesehen. Sie hat einen Adel des Herzens, der allen Adel des Geistes übertrifft. Auch keine Spur von Egoismus. Ach, wenn ich sie oft quälte, sie satanisch im Tiefsten verletzte – immer sprangen nur schönere Funken aus ihrer Seele hervor, so daß ich mitten im leidenschaftlichen Frevel von ihrem Lächeln, ihren Tränen oft plötzlich erstarrte, als ob ich einen Engel gegeißelt hätte, der sich nur

dadurch rächen mag, daß er seine herrliche Natur zeigt. Sie ist ein Brunnen unerschöpflicher Liebe. Womit ich es verdient habe, daß ein solches Wesen sich mir in seinem Tiefsten ergeben hat, weiß ich nicht. O Gott, halt über sie deine segnende, schützende Hand! Laß sie gesund in ihre Kammer, wovon sie mit so schwerem Herzen Abschied nahm, zurückkehren. Ich finde keine Worte für mein Gefühl, ich kann nur beten, wie ein Kind. Wie stachs mir durchs Herz, als sie gestern mittag sagte: iß noch ein paar Bohnen! und dann so zu weinen anfing und ausrief: ich kann nicht davor, ich denke, wenn das unsre letzte Mahlzeit wäre! [2098]

An Elise!

Mein ganzes Herz, jeder meiner Gedanken, war gestern abend, als ich zu Hause kam, bei Dir, ich hörte Deine Seufzer, Deine Empfindungen drangen mir in meine Brust, Deine Gedanken vermischten sich mit den meinigen, es trieb mich, Dir aus voller Seele zu schreiben, was ich dachte und fühlte. Aber ich konnte nicht, ich fand eine Korrektur vor, und als ich diese gemacht hatte, fühlte ich mich so erschöpft, daß ich mich wider Willen dem Schlaf überlassen mußte. Ich schlief fest und träumte von einer schönen Schlange, die mir nicht, wie diese Tiere doch im Wachen tun, Abscheu einflößte, sondern Wohlgefallen; ein gutes Zeichen! Auch mit Dir führte der Traum mich zusammen, doch weiß ich nicht mehr, wie. Heute morgen ist mir noch ganz so, wie gestern abend, mein Herz ist zugleich erhoben und in Wehmut aufgelöst, alle Quellen des Lebens und der Poesie rauschen auf in Leid und Lust, arbeiten kann und will ich nicht, so wenig, wie einer, dem unerwartet und plötzlich ein himmlisches Sakrament gereicht wird, seinen Beruf, und wärs auch noch so nötig, versehen kann und mag. Ich mögte den ganzen Tag vor Dir auf den Knieen liegen und Dich um Vergebung bitten, daß ich Dich so oft gequält, im Tiefsten verletzt, bitter geschmäht habe. O, es ist oft eine solche Verwirrung in meiner Natur, daß mein besseres Ich ängstlich und schüchtern zwischen diesen chaotischen Strömen von Blut und Leidenschaft, die durcheinanderstürzen, umherirrt, der Mund ist dann im Solde der dämonischen Gewalten, die sich zum Herrn über mich gemacht haben, und ganz bis ins Innerste zurückgedrängt, sitzt meine Seele, wie ein Kind, das vor Tränen und Schauder nicht zu reden vermag und nur stumm die Hände faltet, und erst, wenn der Sturm sich gelegt hat, wieder zum Vorschein kommt. Das kommt von der Erinnerung an frühere Jahre, die ich noch nicht ganz los bin, von dem Druck der Gegenwart, von der Furcht vor der Zukunft; auch wohl, weil der Geist oft, wie Jakob, mit Gott ringen muß, und dabei in eine Untiefe hineingerät. Ach, wenn ich mich so im einzelnen betrachte, in diesem und dem, was ich getan habe, mein Bild zu erkennen suche, so scheint mir alles eitel Stück- und Fetzenwerk; aber doch glaube ich, wenn ich nicht in gar zu verzweifelten Zuständen bin, daß sich in dem Ganzen auch Spuren des Besseren finden lassen. Wie hoch stehst Du über mir, Du, die Du so ganz Liebe bist, Du, bei der ich von dem Fluch und der Schande unseres ganzen Geschlechts, dem Egoismus, nie etwas entdeckte, *nie* auch nur so viel, als nötig ist, den Menschen im Kampf mit der feindlichen, nichtswürdigen Welt zusammenzuhalten. Niemals, das glaube mir, habe ich Dich verkannt, in meinem Wahnsinn habe ich Dich wohl zuweilen boshaft und gegen mein besseres Wissen und Wollen bespritzt und beschmitzt, aber gleich darauf habe ich auch immer wieder Dein edles Bild mit inneren Tränen (äußere sind mir versagt) rein gewaschen. Ach, es ist schändlich genug, daß wir uns, um uns nur zu behaupten, selbst lieben müssen, daß wir uns, trotz des Ekels, den wir an uns empfinden, trotzdem, daß wir uns in unseren besten Stunden steinigen mögten, selbst lieben müssen; daß wir uns selbst lieben müssen, obgleich dies bedingt, daß wir das Bessere hassen müssen. Aber wohl dem, der, wie Du, auf Kosten seines äußeren Friedens dies schlechte Grundgesetz der Existenz bricht, um so recht den inneren zu gewinnen. Es ist heraus aus meinem Herzen, das Beste, was darin war, nun will ich schließen; ich fühle mich matt, wie einer, der sein Blut verlor; nimms hin, teuerstes Wesen, was Dir gehört. Der Segen dessen, in dem wir alle, nach den schönen Worten des Apostels leben, weben und sind, sei mit Dir! Ewiglich, ewiglich Dein F.

3 Sept. morgens. [2099]

Liebe ist darum so schön, weil sie vor Selbstliebe schützt. [2100]

Liebe gleicht die natürliche Feindschaft aus zwischen Mann und Weib. [2101]

Poesie ist ein Blutsturz; der Dichter wird sein Blut los und es zerrinnt im Sande der Welt. [2102]

Freunde, die bloß die Not zusammenhält, wie Laokoon mit seinen Söhnen die Schlange. [2103]

Es gibt eine Wahrheit, eine sogenannte – die Schoppe befleißigte sich ihrer – die aus der allertiefsten Lüge entsteht; es ist der Schnitthandel mit Wahrheiten, in dem sie zum Vorschein kommt, Menschen, die in ihr ihre Stärke suchen, messen den einzelnen immer nach dem Prinzip des Ganzen und verdammen ihn, da sich zwischen dem Prinzip und dem Besten noch immer die Kluft befindet, die eben nur das Ganze ausfüllen kann, mit einer wahren Wollust; durch dies Verdammen aber glauben sie für ihre Person dem Prinzip genugzutun. Scheußliche Individualitäten, philosophierende Schlangen, die erst beißen und dem Gebissenen alsdann die schwarzen Giftflecke zum Vorwurf machen. Nur der innerlich-Schlechte kann in allem Kleinen das sein, was man wahr nennt. Der Gute, der nicht immer bei sich selbst auf der Lauer steht, wird im Sturm und Drang des Lebens nur zu oft verwirrt pp [2104]

Venerie: die letzte Hoffnung der Freiheit. Hegel: unendliche Teilbarkeit des Gedankens. [2105]

Es gibt Facta (Wihl erzählte mir eins) die, wie Steine, entweder die Mühle zertrümmern oder vermahlen werden müssen. [2106]

Gegenstand; Etymologie: Gegen-Stand, entgegenstehend, dem Ich entgegenstehend. Welch ein feines Unterscheidungsgefühl setzt die Bildung dieses Worts voraus. [2107]

Die Kriminal-Justiz sollte sich bemühen, die *Unschuld* zu entdecken, statt der Schuld. [2108]

Viele Menschen zeichnen sich dadurch aus, daß sie, wo es irgend an einem Scharfrichter fehlt, gern gleich den Dienst versehen. [2109]

Eine Schwangere: ihre Liebe wendet sich in ihren eignen Leib hinein. [2110]

Es gibt Stoffe in der physischen, wie psychischen Natur, so wesenlos, daß sie nur in die Nähe von Gift oder – Balsam zu kommen brauchen, um – vergiftet oder durchbalsamt zu werden. [2111]

In den Eltern unterdrückte, in ihrem Blut zurückgehaltene Lüste werden der Fluch der Kinder. [2112]

Der Astronom studiert im Himmel die Wunder der Schöpfung; der Bauer schaut hinauf, obs wohl Regen gibt. [2113]

Das Genie ist ein geborner Mittelpunkt. [2114]

Nur durch die Liebe kann der Mensch von sich selbst befreit werden. [2115]

Manche Menschen: wandelnder Mist. [2116]

Die Eitelkeit ist der Triumph der Natur im Negativen. [2117]

Der Mensch muß sich anderen klar machen, um sich selbst klar zu werden. [2118]

Bei Shakespeare ist *geizigste Ökonomie*, trotz höchsten Reichtums. Zeichen des größten Genies überhaupt. [2119]

Wäre mancher schon erschaffen gewesen, er hätte Gott bei der Schöpfung Rat erteilt. [2120]

Menschen, die in ihrer Tugend einen Freibrief zur Jagd auf die Laster anderer sehen, sind nur tugendhaft geblieben, um Scharfrichter vorstellen zu können. [2121]

d. 13ten Septbr.

Habe ich Genoveva angefangen, weil ich die Tiecksche las, mit der ich nicht zufrieden bin. Die ersten Szenen sind recht geglückt. Doch wird es wohl kein Drama fürs Theater. [2122]

Wir Menschen sind diejenigen Punkte der Natur, worin sie sich zusammenfaßt. Vielleicht auch die Adern der Natur. [2123]

Die Freundschaft der meisten Menschen ist nur eine Vorbereitung auf die Feindschaft. [2124]

Der Begriff seiner selbst ist der Tod des Menschen. [2125]

Die Lüge ist viel teurer, als die Wahrheit. Sie kostet den ganzen Menschen. [2126]

Warum ist der Quell der Sprache, insofern sie für Dinge, die nur aus dem Geist und dem Gemüt kommen, neue Ausdrücke, d.h. ursprüngliche, solche, die nicht aus bloßer Zusammensetzung der alten hervorgingen, bildete, gestockt; ist wirklich alles Denk- und Erlebbare schon zu Worten umgeformt, oder hat man einen willkürlichen Stillstand gemacht? [2127]

Eher noch wird der Mensch die Quellen des allgemeinen Lebens erkennen, als die seines eigenen individuellen. [2128]

Alles Leben ist Kampf des Individuellen mit dem Universum. [2129]

Wie das jedesmalige Wort, das man braucht, Widerklang des jedesmaligen Gedanken ist, den man denkt, so ist die Sprache, oder, um mich allgemeiner auszudrücken, das Medium, wodurch das Innere anschaulich gemacht wird, der vollständige Ausdruck des geistigen Gehalts der verschiedenen Geschlechter. [2130]

Der Mensch sollte denken: die Bäume reden Sanskrit. [2131]

Und kann der Mensch Gott nicht in sich aufnehmen, so muß

wohl Gott den Menschen in sich aufnehmen, aber der Mensch wird sich auch dann nur als kleiner Kreis im größeren fühlen.

[2132]

d. 21 Sept.

Tränen des Danks, nimm sie, Ewiger! Aus allen Tiefen meiner Seele steigt Genoveva hervor! Nur die Kraft, nur die Liebe – dann laß kommen, was da will! [2133]

Lebenspuls, Mittelpunkt, Born der innern Strömungen. Kind, zusammengeflossenes Leben: ich, du, Gott! [2134]

d. 25sten Sept:

Heute morgen den ersten Akt der Genoveva beendet. Bin ganz zufrieden und glücklich. [2135]

Einen Menschen in seinem innersten Leben kommandieren.

[2136]

In der Welt ist ein Gott begraben, der auferstehen will und allenthalben durchzubrechen sucht, in der Liebe, in jeder edlen Tat. [2137]

Die irdischen Freuden sind *Stufen*, auf welchen wir zur Seligkeit emporsteigen. [2138]

In manchem ist die angeborne Schlechtigkeit so groß, daß er – gar nichts Schlechtes zu tun braucht, um zur Selbst-Empfindung zu kommen. Ein solcher bemüht sich oft ums Gute, wie der Gute ums Schlechte. [2139]

Ich weiß im Ernst nicht, wer eher geköpft zu werden verdient: der, welcher bei Shakespeare kalt bleibt, oder der leidenschaftliche Mörder. Aber das Nichts gilt für den Inbegriff aller Tugenden. [2140]

Wenn man einen Gedanken nicht ganz ausdenken kann, so ist es einem, als ob man einen Teil seiner selbst verlöre, ja, als ob man irgendwo innerlich gefesselt wäre und sich umsonst loszureißen versucht hätte. Jeder Gedanke ist ein Gut, das man dem Universum, der Macht, die es festhält, abkämpfen muß. [2141]

Die geistlichen, wie die leiblichen Ärzte, sind freilich Pfleger der Gesundheit, aber sie leben leider nur von der Krankheit.
[2142]

d. 28 Septbr.

Es ist ein schöner, herrlicher Herbstmorgen, golden liegt der Sonnenschein mir auf dem Papier, draußen kühler Wind, der daran mahnt, daß man die Früchte abnehmen soll, innen behagliche Wärme. Gott ist unverdientermaßen unendlich gnädig gegen mich, und wohl will es sich ziemen, daß ich dies in meinem Tagebuch, worin so viele Klagen und Ausbrüche der Verzweiflung stehen, einmal mit freudiger Seele ausspreche. Der einzige Wunsch meiner Jugend, derjenige, in dem ich nur lebte, war, daß ich ein Dichter werden mögte. Ich bin einer geworden und jetzt erst erkenne ich, was das heißt. Höhere Naturen können nur dann, wenn ihnen das schöpferische Talent verliehen ist, zum vollen Ausdruck, ja zum vollen Gefühl ihres Daseins kommen, und dies ist doch das höchste, das einzige Glück. Wie wird Gravenhorst sich plagen, wie wird er Schale nach Schale, die er erst begierig aufgreift, beiseite werfen und sich am Ende sagen müssen: du bist, wie an einen Pfeiler, mit deinen Händen gebunden, oder: du bist, wie ein Baum, dessen Früchte in den *Wurzeln* verwesen, weil die Kraft nicht ausreicht, sie herauszutreiben! Jetzt wieder, nun ich von Genoveva voll bin, fühle ich mich so ganz – Dank, tiefen Dank dem Ewigen! [2143]

Wer einen Menschen töten will, der muß aus ihm selbst (wie es im Mittelalter ja sogar physisch geschehen sein soll) ein Gift zu ziehen suchen. [2144]

d. 1sten Oktober.

Eben nahm Prof. Meddlerkamp von mir Abschied; übermorgen reist er nach Rußland zurück. Schön ists doch auch, sich der geistigen Triumphe bewußt zu werden. Dieser Mann ist überströmendes Gefühl für mich; der Holofernes läßt einen gar nicht wieder los! sagte er. Jener junge Student, der, von der Schoppe kommend, mich mit mißtrauischen Augen ansah, aber abends, als er sich von mir am Tor trennte, überwältigt von dem Sturm, den ich in seiner Brust erregt hatte, meine Hand küßte und sich nur 14 Tage Beisammenseins mit mir wünschte. Warum bin ich selbst doch in solchen Stunden so kalt! [2145]

Es gibt Leute, die, wenn sie am Meer stehen, nur die Schiffe sehen, die darauf segeln, und auf den Schiffen nur die Waren, die sie geladen haben. (Brief an Fräul R. vom 1. Okt. 40) [2146]

Ein geliebtes Mädchen zum erstenmal als Frau eines andern sehen. [2147]

Die Poesie ist, wie das Blut: wohl dem, der frisches Blut hat, aber man soll sichs nicht abziehen, um es zu verkaufen. [2148]

Nur Goethe, in seinen Jugendliedern, stellt die reine Seligkeit, die Seligkeit an sich, die aus dem Dasein selbst entspringt, dar; andere nur die errungene Seligkeit. [2149]

Bewunderung ist *aktiver* Schlaf, Zerrinnen des Ichs in der Anspannung, wie beim Schlaf in der Abspannung. [2150]

Die Kraft des Willens ist eine unendliche, sie geht so weit, daß sie sich selbst in Untätigkeit versetzen und den Schlaf erzwingen kann. Das Absurde kann man nicht *wollen*. [2151]

d. 9ten Oktober.
Heute! [2152]

d. 10ten Oktober.
Genoveva stockt wieder, Ideen habe ich in Masse, aber sie kommen nicht in den Fluß. Eine verfluchte Uhr, die ich in meinem Schlafzimmer höre, hindert mich am Schlaf, das wirkt dann auf die Vormittags-Arbeit ein. Ich will, um die Leute zu zwingen, ihre Uhr wegzunehmen, nachts die Flöte blasen. Schöne Nach-

mittage verlebe ich bei E-, wenn wir uns so zusammen den Kaffee kochen, das erregt in mir eine solche Behaglichkeit, die kaum ihresgleichen hat. Die Abende mit J. sind anderer Art. Der arme Kerl ist ganz ohne Aussichten; sein Blick in die Zukunft trübt auch den meinigen. [2153]

d. 12ten Oktober.

Heute kam Wihl zu mir. Ich war sehr aufgebracht gegen ihn und nahm ihn kühl und förmlich auf. Er sagte, in 8 Tagen würde er abreisen, und fing heftig an, zu weinen. Das ging mir ans Herz, ich ergriff seine Hand und wurde anders gegen ihn. Ach, man sollte nie, nie über einen Menschen urteilen. Alles Gott anheimstellen! [2154]

d. 13ten Okt.

Zum ersten Mal habe ich Goethes Stella gelesen, es war mir früher niemals möglich. Unbegreiflich ist es mir, wie Goethe so etwas schreiben konnte. Auch kein Zug von seiner großen Hand, alles zeitlich, vergänglich, wie ein Wassertropfen, den man auf Mehl rollen läßt, damit er seine runde Gestalt einen Augenblick behalte. Dürr und leer, ein Drama, zwischen Schlafen und Wachen gemacht, um das Handwerk doch nicht ruhen zu lassen. [2155]

Einer, der gemordet wird: eine Fliege erdrückt ich, während ich selbst den Tod erlitt. [2156]

Der neck'sche Geist des Lebens ist kokett
Und wühlt in Kleidern; Jüngling, Kind, Mann, Weib,
Doch nichts beständig. [2157]

Das Unglück gebiert nur Zwillinge. [2158]

Er nahm wohl einen Fußtritt hin, aber er mußte von einem gewichsten Stiefel appliziert werden. [2159]

Die Natur, wenn sie einen Vogel macht, vergißt, daß sie auch Löwen machen kann. [2160]

Der Schuß, der in der Flinte sitzen bleibt, verdirbt sie. So die Kraft im Menschen. [2161]

Wenn man Laternen anzündet, so ist es ein Beweis, daß die Sonne nicht aufgehen soll. So ist es mit den Lobrednern. [2162]

Ohnmacht, wo das Leben Versteckens spielt. [2163]

Mancher Mensch sieht aus, als ob er seiner Amme nur vom Arm gesprungen wäre und sie wieder suchte. [2164]

d. 19 Okt:
Ich bin wieder recht glücklich. Der größte Teil des zweiten Akts von Genoveva ist fertig, und ich fühls, daß es etwas Rechtes wird. Über dies Gefühl geht nichts. [2165]

Wenn mancher etwas wegwirft und sieht, daß einer es aufhebt, so reklamiert ers wieder, denn dann ist er belehrt, daß es noch etwas taugt. [2166]

Ein Mensch, der seinen Namen nur buchstabierend hersagen kann. [2167]

Von einem Stummen: er kann darum nicht reden, weil er zu viel reden würde. [2168]

Shakespeare bedient sich zuweilen des Stils des Reichtums. Dieser ist der vornehmste, aber nicht der edelste. [2169]

d. 23 Okt.
Heute schloß ich den zweiten Akt von Genoveva. Den ersten begann ich am 13ten Septbr. Bis jetzt darf ich zufrieden sein. [2170]

Als Gott wegen einer Masse Menschen, die aus sich selbst nichts machen können, in Verlegenheit war, da schuf er das Glück. [2171]

Nicht bloß den Kunstformen, auch den Lebensformen, liegt in gewissem Sinn etwas Unwahres zu Grunde, indem in keiner einzigen das Wollen des Menschen ganz rein aufgeht. [2172]

Auf Selbstgenuß ist die Natur gerichtet, und alle ihre Geschöpfe sind nur Zungen, womit sie sich selbst schmeckt. [2173]

d. 26sten Oktober.
Bei argem Schnupfen und raucherfülltem Zimmer dachte ich heute morgen über meine Dramen nach. Ihr Unterscheidendes liegt wohl darin, daß ich die Lösung, die andere Dramatiker nur nicht zustande bringen, gar nicht versuche, sondern, die Individuen als nichtig überspringend, die Fragen immer unmittelbar an die Gottheit anknüpfe. Dies ist in Judith der Fall und heute wird es mir klar, daß es auch in Genoveva, namentlich im Golo, der Fall sein wird. Was besser ist, das eine, oder das andere, weiß ich nicht. [2174]

Die Ehe ist für die meisten ein Gefäß, worin sie ihr Gefühl aufbewahren, weil sie wohl wissen, daß es ohne eine solche Vorkehrung bald im Sande des Alltagslebens verrinnt. Diese Armseligen werden es nie begreifen, daß die Liebe eben dann, wenn sie sich ihrer Ewigkeit bewußt ist, die aus Angst der Vergänglichkeit entsprungene zeitliche Form verschmähen und sich lieber einer Mißdeutung aussetzen, als eine innre Inkonsequenz begehen wird. [2175]

d. 28sten Oktober.
Gestern abend war ich seit langer Zeit zum erstenmal wieder im Theater. Es wurde gegeben: Das Zirkassische Paar, von einem Ungenannten. Der Direktor Schmidt trieb mich hinein, er war von der Dichtung entzückt, nannte sie einen würdigen Vorläufer der Judith und hielt sie, wenn ich mich auf Menschen ein wenig verstehe, in seinem Sinn für etwas ganz anderes, als diese. Einige Szenen, die er mir vorlas und vorspielte, gefielen mir, denn sie hatten einen Lebenshauch. Aber, o mein Himmel, das Ganze! Von einer Idee war natürlich hier, wie überall, nicht die Rede, auch suchte ich keine. Die Geschichte zweier Liebenden, die,

während Herz und Leben sie auseinanderreißen und ihnen für das zur rechten Zeit Verlorne würdigen Ersatz dargeboten haben, sich durch im 13ten Jahre gewechselte Ringe und Pfeile gebunden glauben; mit einem Wort: eine Geschichte, die innerhalb willkürlicher Verhältnisse sich dreht und durch den Dolchstoß des Mädchens ein blutiges, also ein tragisches, Ende findet. Solch ein Brei, mit Phrasen und der sog. blühenden Diktion aufgestutzt, ist in den Augen eines Mannes, wie Schmidt, eine Tragödie, ja er mutete mir sogar zu, daß ich das Stück unter meinen lit. Schutz nehmen möge! Wie es mit Judith gehen wird, das weiß Gott. [2176]

d. 29 Okt.
Was ich nach der Judith für unmöglich gehalten, das trifft doch wieder ein: die alten verzweifelten Stimmungen, worin mir mein Beruf für die Dichtkunst unzulänglich schien, kehren zurück. Daß es doch gar kein festes, inneres Kriterium gibt! [2177]

Blühende Diktion: Schimmel, der sich immer einstellt, wo Verwesung und Fäulnis ist. [2178]

Das Böse steht als Schranke zwischen Gott und dem Menschen, aber als solche Schranke, die dem Menschen allein individuellen Bestand gibt. Wäre es nicht da, so würde der Mensch mit Gott zu Eins. [2179]

Gestern abend war ich im Theater und sah Preziosa. Das war freilich etwas anderes, als die Zirkassier. Leben, freilich nicht das höchste, aber doch frisch und voll. Als ich zu Hause kam, arretierte ich einen Dieb. »Haltet den Dieb!« schrieen mehrere Menschen, die einen Flüchtling verfolgten, ich sprang ihm in den Weg, ergriff ihn beim Arm und hielt ihn. Nachher tat es mir sehr leid, wer weiß, wie hungrig der arme Schelm war, bevor er einem fetten Philister eine Kleinigkeit nahm. [2180]

Wie es um meinen dichterischen Beruf steht, weiß ich nicht; aber meine Einsicht in die Natur des Menschen und der Dinge, und meine Fähigkeit, das Erkannte festzuhalten und zu gestalten, wächst immer mehr. Ich habe zuweilen ein Gefühl, als ob ich den tiefsten Schatz auf einmal erheben sollte, so drängt sich meinem geistigen Auge das Wesenhafte aus allen Schalen entgegen. Immer klarer wird mir auch das: nur, was von Gott selbst ausging, ist Gegenstand der höchsten Kunst, nichts, was Menschen den Ursprung verdankt. Sogar im Faust ist das vergänglich, was auf *Magie* gebaut ist, denn eine Zeit wird kommen, wo selbst die Erinnerung an Magie und Zauberei verlorenging. [2181]

d. 2ten Nov.

Einer der unglücklichsten, ja der unglücklichste Freund, den ich je hatte, ist Janinsky. Er ist ein Mensch ohne Organe. Es gibt keinen, der ein richtigeres, entschiednerés Gefühl für Poesie hat, aber bei ihm hat sich ein unglückseliger Drang hinzugesellt, das Schöne und Vortreffliche, was ihn am Ende doch, wie so viele, nur erfreuen soll, zu erzeugen, und da das Resultat seiner dichterischen Prozesse ein Nichts ist, so geht ihm das Dasein, dessen ganzen Inhalt jene verschlingen, unrettbar verloren. Was ich in dem Verhältnis mit ihm leide, kann und mag ich mir selbst nicht gestehen, noch weniger anderen. Gestern abend sagte er mir, er habe angefangen, all sein Handschriftliches zu vertilgen. Ein Gespräch folgte darauf, das, durch alle Labyrinthe hindurchführend, in die ein Mensch hineingeraten muß, der nicht gegen die Krankheit, sondern gegen den Tod Mittel aufsucht, mich wirklich räderte und mir die Stimmung für meine Arbeiten vielleicht auf lange raubte. Es ist Pflicht, dies zu ertragen. [2182]

Man erlangt in unsern Tagen den Begriff vom *Etwas* oft nur auf Kosten des Begriffs vom *Nichts*. [2183]

d. 5ten Novbr.

Welch ein Tag! Gott lasse mich so den *zweiten* nicht erleben! Heute, am 5ten Novbr 1840, einem Donnerstag und Bußtag, wurde mir mein Sohn geboren. Aber, was hat die arme Mutter ausgehalten! Gott, nimm sie in Deinen heiligen Schutz! Unmenschlich. Noch höre ich ihr Geschrei, sehe ihre verstörten Blicke. Instrumente wurden angewandt. Das Kind kam 10 Minuten nach 2 Uhr. Ich bin matt und angegriffen. [2184]

d. 7ten Novbr.

Elisens Entbindung ist eine solche gewesen, wie der seit 18 Jahren praktisierende Arzt noch keine erlebt zu haben bekannte. Was ich im Nebenzimmer empfand, weiß Gott. Der Knabe ist ganz mein Ebenbild: Nase, Kinn, Augen, wie ich, sogar langes blondes Haar, außerordentlich stark und groß, kräftig in jeder seiner Bewegungen. O, es ist doch auch ein schönes Gefühl, Vater zu sein, müßte mans nur nicht so teuer erkaufen. Dennoch mögt ich mich in diesem Augenblick nicht mit meinen Wünschen zwischen den Ewigen und das Neugeborne stellen. Nur Segen! Und nicht ganz, wie ich. Über Nacht wachte ich bei meiner Geliebten. Eine leidliche Nacht. Der Herr wende alles zum besten. Ach, sie ist eine himmlische Natur; edel, gehalten, selbst im höchsten Schmerz. Ihre Liebe zum Kinde und zu mir grenzenlos. Als ich Donnerstag ausging, begegneten mir Schafe. Gutes Zeichen. Später ein auf dem Arm getragenes jauchzendes Kind. Sie zu mir: »Dein Haar, deine Züge![«] Mit bleichem Mund, selbst zum Lächeln zu entkräftet. [2185]

d. 9ten Nov.

Dem Ewigen sei Dank! Es steht recht gut! Über Nacht starker Schweiß. Einiges Irre-Reden. Kein Schlaf. Aber nur noch wenig Schmerz. Der Kleine, durstig, sog an seinen eignen Fingern sich wieder in den Schlaf. [2186]

Selbst-Verachtung ist nur versteckte Eitelkeit. Denn, das sich Verachtende muß notwendig zugleich das sich Achtende sein. Vor mancher Gefühls-Analyse schaudere ich. [2187]

Die krumme Linie kennt kein größeres Wunder, als die gerade. Aber nicht umgekehrt. [2188]

Gestern abend bei Mondschein kam mir ein eiskalter Gedanke. Vielleicht ruft die Natur doch nur eine gewisse Anzahl Bildungen ins Dasein, die zeugende Kraft geht ihr einst aus, dann erfüllen nur noch die abgeschiedenen Schatten das Weltall. [2189]

Gedicht: Gott merkt auf die Träume der Kinder und ruft sie

ins Leben. Daher so viel Possierliches, Liebliches, Unschuldiges
in der Schöpfung. [2190]

d. 9ten Nov.

Heute morgen erhalte ich vom Dresdner Theater die Judith
zurück. 43$^1/_2$ β Porto. Und ich hatte frankiert. Eine Ausgabe
mehr, eine Hoffnung weniger. Nun – ich sehe darin ein gutes
Vorzeichen, daß Elise wieder besser werden wird. Nachher muß
ich sorgen, es sei, wie es sei. Meine Stellung zum Leben ist eine
völlig veränderte geworden. [2191]

Nur der Mensch ist ruhig, den, wie das Wasser, der Frost
zusammenhält. [2192]

d. 16ten Novbr.

Das sind schlimme elf Tage gewesen. Jetzt ist Elise gottlob
außer Gefahr. Ich habe es bisher immer für etwas gehalten, wenn
einer sagte: lieber will ich selbst leiden, als ein Geliebtes leiden
sehen; aber es ist bloßer Egoismus. Viel lieber selbst mit dem
Tode kämpfen, als ein Geliebtes mit dem Tode kämpfen sehen.
[2193]

d. 24sten Novbr.

O, es gibt Stunden! Stunden! Das Leben ist doch gar zu
schlecht. Und wenn mir heute die Idee einer Shakespeareschen
Tragödie käme – ich mögte nicht die Hand bewegen, um sie
niederzuschreiben. Und das Greulichste ist, daß das nicht von
innen kommt, sondern von außen. Da muß ich mich von einem
elenden Schauspiel-Direktor zurücksetzen lassen! Führt ein später
angenommenes Stück von Töpfer auf, statt des meinigen, wird
wortbrüchig und – oft, wenn mir die Beine beim Gehen so
schwer werden, denk ich: warum bist du nicht so schwer, daß
du in die Erde sinkst! Nein, ich halt es nicht aus, Armseligkeiten
quälen mich zu Tode. [2194]

»Ich bleibe mir selbst getreu!« Das ist gerade dein Unglück;
werde dir selbst doch einmal untreu. [2195]

d. 2 Dezbr:

Gestern abend wurde Judith im Stadttheater gegeben. Das Stück fand lauten und stillen Beifall, das ganze Haus war namentlich während des letzten Akts, den ich sah, in echt tragischer Erregung. Mir aus zwei Gründen sehr lieb: erstlich, weil ich nun doch nicht dem Pöbel in die Klauen falle, dann, weil ich nun von der Direktion mit gutem Gewissen das Honorar annehmen kann. [2196]

Der Dualismus geht durch alle unsre Anschauungen und Gedanken, durch jedes einzelne Moment unseres Seins hindurch und er selbst ist unsre höchste, letzte Idee. Wir haben ganz und gar außer ihm keine Grund-Idee. Leben und Tod, Krankheit und Gesundheit, Zeit und Ewigkeit, wie eins sich gegen das andere abschattet, können wir uns denken und vorstellen, aber nicht das, was als Gemeinsames, Lösendes und Versöhnendes hinter diesen gespaltenen Zweiheiten liegt. [2197]

Die kranken Zustände sind übrigens dem Wahren (Dauernd-Ewigen) näher, wie die sog. gesunden. [2198]

Zwei Träume: ich lag in einem Sumpf, frierend und nackt. Menschen gingen vorüber, höhnten mich und spieen mich an. Das war mir recht. Aber es kamen auch andere, die mir die Hand reichten und mich herausziehen wollten. Das stachelte meinen Ingrimm, ich warf mich knirschend zurück und widerstand. »Ists genug?« war mein letzter Gedanke, der sich mit dem Gedanken an Gott verschmolz. – Auf einem Berg lagen lauter Grabsteine und Gräber umher, falbes grauenhaftes Licht beleuchtete den Platz, es war ein Berg bei Heidelberg, ich tanzte mit anderen auf den Gräbern und rief jemanden zu: nimm dich in acht, man sinkt oft plötzlich in ein Grab hinein. – [2199]

Ein Haufen Staub, worin Würmer kriechen, die ihm einen Schein des Lebens geben: so die meisten Menschen. [2200]

Diejenigen, die sagen: Napoleon war klug genug, andere zu nutzen, könnten ebensogut sagen: Shakespeare wußte die vorhandnen Wörter der Sprache: Liebe, und, so pp klug genug zu mischen, so daß ein Macbeth entstand. [2201]

d. 25sten Dezbr.

Weihnacht. Den Heiligen Abend brachte ich bei meiner teuren Elise zu. Schöne Geschenke. Alle drei Tage an Genoveva geschrieben! Gott meinen Dank! [2202]

d. 31sten Dezbr., abends 10 Uhr.

Bedeutender, wie irgendein anderes, ist das vergangene Jahr für mich gewesen. Ich bin Vater geworden, Vater eines Sohnes, den der Himmel in seinen heiligen Schutz nehmen und um dessen willen er mich in meinen Bestrebungen begünstigen möge. Meinen innigsten Dank dafür, daß er den bittersten Kelch an mir vorübergehen ließ, daß er mir meine teuerste Freundin, deren Verlust zu ertragen ich nicht stark genug bin, am Leben erhielt. Ereignisse bedeutender Art sind für mich die beiden Aufführungen der Judith in Berlin und Hamburg gewesen, beide leidlich ausgefallen. Neue Verhältnisse zu Personen haben sich nicht angeknüpft; die Beziehungen zu der Dokt. Schoppe und zu Gutzkow haben sich gelöst, letztere hätten vielleicht, was bei mir stand, festgehalten werden müssen. Gedichte sind nur fünf entstanden; an Genoveva (durch Indignation über Tiecks Drama des Namens hervorgerufen) ist der dritte Akt fast fertig. Bisher haben die Weiber mir Geld gekostet, wenig, aber doch noch immer zu viel; ich habe den festen Entschluß gefaßt, daß dies anders werden soll. Und so werde denn das Jahr 1841 mit Hoffnung und Gottvertrauen eröffnet! [2203]

1841

d. 1sten Jan:

Elise sagte gestern, als wir uns gegenseitig beglückwünschten, sehr gut: was wir uns wünschen, das wünschen wir uns eigentlich doppelt. [2204]

Keiner kann einem Baum, einer Blume etwas hinzusetzen. So ein echtes Kunstwerk. [2205]

Die Kunst muß oft aussprechen, was im Leben Gedanke und Gefühl bleibt. Darin zeige sich der Meister, daß er das aus der Kunst und ihren Grenzen hervorgehende Motiv hiezu durch ein im singulären Fall aus dem Stoff selbst gewonnenes unterstützt. Doch geht dies nicht immer. [2206]

Das Verhältnis der meisten Menschen zu einander: ⚭ [2207]

Liebe ist die Kraft des Herzens. – [2208]

Elise sagte sehr gut: ich wünsche unserm Max nicht das, was du hast, sondern das, was mir fehlt, dann bekommt er am meisten. Unendlich bescheiden! Gibt Gott dem Kinde ihr Gemüt, so hat es einen ewigen Schatz! [2209]

Der Zufall, der sich aller Tat und Handlung des Menschen, als ein anfliegendes Element hinzugesellt, ist der Ausdruck des göttlichen Willens, der im Interesse der Welt und des Allgemeinen den individuellen menschlichen Willen ergänzt und modifiziert. [2210]

d. 11ten Jan.
Gestern, Sonntag, den 10ten, habe ich den dritten Akt der Genoveva mit großer Zufriedenheit geschlossen. Er ist sehr lang geworden, aber er scheint mir im *dramatischen* Sinne das Beste, was ich bis jetzt machte, denn er stellt alles, was geschieht, rein *werdend* dar. In Golo schildere ich die innerste Natur der Leidenschaft, die, wenn sie auch die bösen Triebe, die sie unterstützen könnten, nicht geradezu entfesselt, doch wenigstens die guten, die sich ihr entgegenstellen, so lange unterdrückt und hemmt, bis das Übel da ist. [2211]

Für das Drama sind die Taten nicht, die, wie Schüsse, gradeaus gehen. [2212]

[An Ludwig Tieck]
Hochzuverehrender Herr!

Wenn ich Ihnen noch einmal durch eine Zuschrift beschwerlich falle, so schreiben Sie es einem Bedürfnis meiner Natur zu, die da, wo sie große literärische Verdienste erkennt, nicht gern am Charakter zweifelhaft werden mögte. Ich nahm mir vor langer Zeit die Freiheit, Ihnen einen komischen Roman, den ich selbst als eine Studie bezeichnete, vorzulegen. Sie gaben mir in einem Brief vom 23 Juni 1839 über denselben ein sehr günstiges Urteil, das mich von einem Mann, der einen Eulenböck hervorgebracht, umso mehr erfreuen mußte, als Sie selbst ausdrücklich bemerkten, daß Sie mir Ihr wahres Gefühl und keine komplimentierende Phrasen mitteilten. Sie foderten mich in diesem Brief zugleich auf, Ihnen auch für die Zukunft mein Vertrauen und Wohlwollen (wie Sie sich sehr gütig ausdrückten) zu erhalten. In Anlaß dieser freundlichen Aufforderung erlaubte ich mir, Ihnen im Februar 1840 mein Trauerspiel Judith zu übersenden und Sie um Ihre Vermittelung bei der dortigen Bühne zu ersuchen, was ich umso eher ohne Unbescheidenheit tun durfte, als Sie selbst mir geschrieben hatten, daß es zu Ihren Geschäften gehöre, die für das Theater einlaufenden Manuskripte zu lesen und falls sie nicht gespielt würden, bald an die Verfasser zurückgelangen zu lassen. Neun Monate vergingen und ich erfuhr, obgleich ich die Sache einmal bei Ihnen in Erinnerung brachte, nichts über das Schicksal meines Stücks; endlich am 10ten Novbr v. J. wurde mir das *Ihnen* gesandte Exemplar von der Intendanz remittiert und auf eine Weise, die ich im Vergleich mit dem höflichen Verfahren der anderen deutschen Bühnen-Direktionen als rücksichtslos, ja beleidigend bezeichnen muß. Ich erhielt nämlich ein kurz abfertigendes, schnöde abgefaßtes und mit dreifachem Porto beschwertes Schreiben, dem der unleserlich unterzeichnete Absender nicht einmal, wie es seine Schuldigkeit war, das der Direktion selbst von mir nachträglich mitgeteilte zweite abgeänderte Mskrpt beigefügt hatte. Diese allem Anschein nach durch Ihre Vermittelung herbeigeführte wenigstens durch dieselbe nicht abgewendete Kränkung, die ich so aufnahm, wie sie es verdiente, machte mich lange zweifelhaft, ob ich noch irgend einen Schritt zu tun habe oder nicht. Freunde, die ich mir durch mein Drama gewann und die ein jeder, er sei wer er sei, ohne Widerrede als ehrenhaft und respektabel anerkennen wird, überzeugten mich zuletzt, daß mir auch gegen Sie eine Pflicht zu erfüllen übrig geblieben, und zwar, die Pflicht, offen bei Ihnen anzufragen: ob etwa boshafte Verleumdungen, vielleicht von einer hiesigen Person, gegen welche ich so schreckliche Waffen in Händen habe, daß ich sie nur zur höchsten Notwehr brauchen darf und mag, einer von mir einmal wegen lit. Anmaßung zur Rede gestellten Person in Dresden zugeflüstert und von dieser weiter verbreitet, Ihre Gesinnungen gegen mich verändert hätten. Diese Anfrage stelle ich jetzt an Sie, nicht der Autor an den Autor, sondern der Mann an den Mann, der Mensch an den Menschen. Ich habe kein Recht, bei Ihnen darauf zu dringen, ob Sie mich wissen lassen wollen, weshalb Sie den Roman Schnock mit Freundlichkeit und das in jedem Betracht gewichtigere Drama Judith mit stillschweigender Verachtung behandelten, ungeachtet Ihrer Aufforderung an mich zu Vertrauen und Freundschaft; aber ich glaube ein Recht auf Ihre Erklärung zu haben, ob der Verdacht meiner Freunde Grund hat oder nicht. Da es sich hier um Erfüllung einer Pflicht gegen beargwöhnte dritte Personen, ja einer Selbstpflicht handelt, so erwarte ich eine schnelle Antwort oder gar keine, und habe jedenfalls getan, was meine Ehre und die einem Mann von Ihren lit. Verdiensten schuldige Rücksicht erheischten.

Hamb: d 12 Jan:
41.

Mit hochachtungsvoller Ergebenheit
Friedrich Hebbel.
Adr: [2213]

Von einem, der klein ist: er hütete sich, zu wachsen, um nicht zu viel für seinen Sarg geben zu müssen. [2214]

Casanovas Memoiren: wer noch im 88sten Jahre so schreiben konnte, der durfte so leben. [2215]

Antigone: einen romantisch-individuellen Stoff in antiker Form darstellend, ist das Meisterstück der tragischen Kunst.

[2216]

Aus etwas kann etwas sehr Schlechtes werden, aber aus nichts wird in alle Ewigkeit nichts. Kraft des Herzens oder des Geistes, ja selbst des Körpers, sind die einzigen Realitäten im Menschen. Alles Glauben, Schwärmen u.s.w. ist, als etwas bloß Adoptiertes, reines Nichts. [2217]

Mein Traum: Alberti hatte ein kleines Kind, das den Namen seines Vaters nicht sprechen, sondern niesen konnte. [2218]

Aus nichts wird nie etwas. Dies gibt jeder zu. Aber ebenso ausgemacht ist es, daß etwas nie zu nichts werden kann. [2219]

Die Herdersche Humanitäts-Idee, die im Gegensatz zu aller Geschichte den Fortschritt des Geschlechts annimmt, ist schon darum eine ungereimte, weil das Geschlecht aus lauter vergänglichen Individuen besteht, die sehr ungerecht behandelt würden, wenn das 12te Jahrtausend Dinge verwirklichte, die man im 6ten noch als Träume verwerfen muß. Oder ist der erste unsterblich, der der Unsterblichkeit wert ist? [2220]

Einen Engel schlagen und dabei verlangen, daß er nicht Blut und Tränen vergießen soll. Ich bin ein solcher Hund, der das verlangt. [2221]

Was die bewußte Darstellung in der Kunst von der unbewußten Darstellung im Leben (denn Darstellung ists auch, Heraustreten des Inneren ins Äußere) am strengsten scheidet, ist der Umstand, daß jene scharfe und ganze Umrisse geben muß, wozu sie nur dadurch gelangen kann, daß sie den darzustellenden Charakter zum Maler seiner selbst macht, während diese nur stückweise zu geben braucht. [2222]

Ich kann Gedanken erzeugen, die dennoch nicht meine eigenen, sondern nur durch fremde Befruchtung hervorgerufen sind. [2223]

Ein Mörder, der immer erst bettelt, um das Herz der Menschen auf die Probe zu stellen. Bald als Blinder, bald als Greis pp, immer in täuschender Ähnlichkeit, und von dem andern hängt es ab, ob er den Tod will, ob ein Gotteslohn. [2224]

d. 21 Jan:
Von Cotta wegen Judith abschlägigen Bescheid. Ein anderer Kerl in Leipzig, dem ich Erzählungen antrug, antwortete nicht einmal. Gott, ich will ja nicht viel: nur die Existenz! Wende doch das entsetzlichste Schicksal von mir ab, daß ich im Gefühl bedeutender Kräfte nicht diese Kräfte selbst verfluchen lerne, weil sie mir nicht so weit helfen, als die Geschicklichkeit seiner Fäuste einen Tagelöhner! [2225]

Das Drama soll keine neue Geschichten bringen, sondern neue Verhältnisse. [2226]

Rechtsfrage: Wenn einer sich erhungert, nicht aus Widerwillen gegen die Speise, sondern weil er keine hat, und weil er sowenig stehlen und rauben, als den Bettler machen mag: ist er dann ein Selbstmörder? Die Frage ist nicht unwichtig für einen Mann von Genie, der gar leicht in eine solche Situation geraten kann. Von ihrer Beantwortung hängt es ab, ob er dem Sezier-Messer oder dem Zahn des Wurms anheimfällt. Gegen das Seziermesser habe ich einen unüberwindlichen Abscheu, aber der Selbstmörder verliert nach den gesetzlichen Bestimmungen ja noch das letzte Recht des Menschen, das Recht auf Ruhe im Grabe. [2227]

Wenn ein Mann von Geist im Zorn so weit gebracht wird, daß ihm die Fäuste sich ballen, so ist dies ein ganz sicherer Beweis, daß in dem Gegenstand seines Zorns kein Fünklein Geist mehr zu bekämpfen ist, denn solange ein solches noch vorhanden war, ist der Geist viel zu eifersüchtig auf die Ehre des Siegs, um dem Körper einen Anteil am Kampf einzuräumen. [2228]

Mein kleines Mäxchen läßt sich, während andere Kinder über Liebkosungen unwillig werden, so gern küssen, lächelt dann über das ganze Gesichtchen. [2229]

Werden wir uns wiedersehen? fragt man oft. Ich denke: nein,

aber wir werden uns *wiederfühlen*, wir werden vielleicht so klar und deutlich, wie jetzt durchs Auge die Gestalt, den äußern Umriß, der den einzelnen von der Weltmasse trennt, durch ein anderes Organ das Wesen, den Kern des Seins, erkennen und uns dessen vergewissern. So kommt in diesem Fall, wie in manchem anderen, der Zweifel an einer höchsten, notwendigen Wahrheit nur aus dem unvollkommenen, unangemessenen Ausdruck her, durch den man sie umsonst zu bezeichnen sucht. Übrigens mag mancher recht haben, der mit dem Tode eines Freundes u.s.w. das Verhältnis zu dem Freunde für immer abgebrochen hält, denn der Freund hat ihn vielleicht erst im Tode erkannt und ist nun für ewig geflohen. [2230]

Idee zu einem höchsten Lustspiel: Einer, der sich für einen Prinzen hält und nun nicht weiß, ob er, der selbst über seine Geburt nicht gewiß ist, Versuche machen soll, den Thron zu erobern, oder nicht. Was er auch tue oder unterlasse: Beides ist vielleicht Frevel und Schande, also ein Mensch, der nicht einmal weiß, was für ihn gut oder bös ist. Eine sehr fruchtbare Idee. [2231]

Man muß nicht verlangen, daß das Unbedeutende sich selbst in seinem Verhältnis zu seinesgleichen und zum Bedeutenden erkennen soll. Die Schwere bestimmt zwar die Stellung der Weltkugeln zueinander, aber nicht die der Billardkugeln. [2232]

Der Tod kam in die Welt. Weil die Sünde den reinen Lebensfaden beschmutzte, so schnitt Gott ihn von Zeit zu Zeit wieder ab, um ihn neu und golden wieder anknüpfen zu können. Die Sünde frißt ihn durch pp [2233]

Ein Hund, der vorn so viel hineinfrißt, daß ihm hinten zugleich der Kot entgeht. [2234]

Ein Liebender, der sich ins Haus seiner Geliebten schleicht, wo sie selbst ihn als Dieb arretieren läßt. [2235]

Das Gewissen ist die Wunde, die nie heilt, und an der keiner stirbt. [2236]

Kein Baum steht länger, als er Früchte bringen kann, kein Planet rollt länger, als er Bäume treiben kann, keine Welt dreht sich länger, als die Lebensquelle in ihr frisch bleibt, denn dieselben Kräfte, die ihr Wert geben, sind es auch, von denen ihr Bestand abhängt. [2237]

Es ist doch einer meiner dümmsten Gedanken gewesen, daß die Kunst abgeschlossen sei. Wie unendlich wenig Verhältnisse sind in ewigen Bildern festgehalten, und wie viele solcher Verhältnisse sind möglich. Wahrscheinlich werden so viele Kunstwerke erzeugt werden, als in einem ganzen Menschenalter vom Individuo gelesen werden können. [2238]

Den Schlüssel zum Schrank kann man nicht in den Schrank legen. [2239]

Ein Bettler: um zu sehen, ob es einen noch Ärmeren gibt, hängt er seine abgelegten Hosen an einen Baum auf, es nimmt sie aber keiner weg. [2240]

d. 2ten Febr:
In Anlaß der mit Campe wieder angeknüpften Verbindung die Novelle *Matteo*, längst angefangen, vollendet. Ich halte sie für mein Bestes in dieser Gattung. Ein wahnsinniger Humor herrscht darin, der durch komische Mittel den höchsten tragischen Effekt erzielt. [2241]

Die Kunst hat den Zweck, alles, was im Menschen und seiner irdischen Situation liegt, zum Bewußtsein zu bringen, so daß nach Jahrtausenden alle mögliche Erfahrung aus ihr genommen werden kann und das Geschlecht jedes Lehrgeld erspart. [2242]

Das Begreifende im menschlichen Geist verwirrt sich deswegen so oft, weil es sich selbst begreifen will. [2243]

Nutzen in der Welt: Erdenmist sein, alles aufgeben, um ein paar Pflanzen für den Mittagstisch zu treiben. [2244]

War im Mittelalter die rechte Faust der Mönche auch eine Raubvogelklaue, so war die linke aber auch immer die milde Hand der Barmherzigkeit. [2245]

Das Klappenbachsche Kind, drei Jahre alt, hatte alle Nächte um Mitternacht eine Halluzination, wo es von einem schwarzen Mann sprach. Dann wurde es lahm und auf den Rat der Ärzte gebrannt, woran es bald unrettbar darnieder lag. Wenn sein Vater das Knäblein fragte: Du willst doch wieder besser werden, so antwortete es immer schnell und in empfindlichem Ton: nein, tot, in die Erde! Es lernte in seiner Krankheit vieles sprechen, was es sonst nicht sprechen konnte; der Schmerz macht klug vor der Zeit! [2246]

Bei Gelegenheit von Kleist: ich wüßte nicht, was den Menschen in diesem öden, nichtigen Dasein noch trösten könnte, wäre es nicht eben die Einsicht in die Nichtigkeit dieses Daseins selbst. [2247]

Ein Zug: Es kommt einer, der ein großes Glück oder Unglück, der Mann weiß noch nicht was, berichtet. »Sprich nicht, ich will erst Gott danken, es sei nun, was es sei!« [2248]

Die Treue lebt lange, aber die echte nicht länger, als ihr Gegenstand. (Welch eine Trivialität!) [2249]

War denn der Unterschied zwischen *Götzen-* und *Gottes*dienst für Gott selbst so groß? Der Götze war sein nur unvollkommenes Symbol. [2250]

Torquato Tassos Leben von Carl Streckfuß.
O du speichelleckerischer, wohlwollender Schurke, der du mit Gleisnerei die Schande eines mit Unrecht gepriesenen Fürsten in der Ehre eines edlen, aber herben, erbitterten Gemüts abzuwaschen suchst, um dir selbst dadurch bei einigen höchsten Personen ein niederträchtiges Verdienst zu erwerben. Ich mögte dich rezensieren, wenn du auch nur so viel verdientest, daß man dir durch ein getreues Spiegelbild deiner gemeinen Natur einen

Schauder durch die Seele jagte. Aber fahre hin und laß dir von Tassos Schatten deine Sünden vergeben. Ich durchschaue, sowenig Materialien der parteiische Biograph auch der Selbstbeurteilung seiner Leser vorlegt, das ganze Verhältnis des Dichters zu seinem herzoglichen Gönner, denn der Wahnsinn verfinstert nur den Geist, aber nicht das Herz. Ein Brief Tassos (vide pag: 102) liefert den Schlüssel. »Der Herzog – heißt es hier – meinend, meine Bescheidenheit sei etwas stolz, war überzeugt, daß es seinem Ruhm am besten zusage, mich so zu behandeln, daß ich groß und geehrt sei, aber durch jene Ehre, die allein von ihm abhänge, nicht durch jene, die ich durch Studien und Werke mir verschaffen könne. Im Gegenteil, wenn ich mir einige erworben hatte oder zu erwerben im Begriff war, so stimmte er bei, daß sie verdunkelt und mit Schmach und Unwürdigkeit befleckt wurde. Kurz, sein letzter Gedanke war, die Frevel seines Ministers durch meine offenbare Schande zu bemänteln, und dann meine Schmach mit dem Schmuck seiner Gunstbezeigungen zu adeln und zu zieren. Daher kam es, daß alle meine Kompositionen, für je besser ich sie hielt, ihm um so mehr mißfielen.« Als er im Gefängnis saß, arbeitete er Schriften aus, die es in den Augen eines jeden unglaublich machten, daß er wahnsinnig sei. – Seine kindliche Pietät gegen seinen Vater. – Sieben Jahre und 3 Monate dauerte die Gefangenschaft, kein Wunder wäre es gewesen, wenn ein solcher Geist in einer so lange dauernden schrecklichen Lage, die ihm alles raubte, die Werke, mit denen er sich trug, erstickte und seinem Ruhm Unberechenbares nahm, verrückt geworden wäre, und dennoch war er *geistesgesund*, als er seinen Kerker verließ, der beste Beweis dafür, daß er nie krank, nur trübsinnig, war. – Besser, wie Alphons, ehrten ihn die Räuber. Als er einst in einer Gegend reiste, die eine Bande unsicher machte, ließ der Hauptmann ihm sagen, daß er ihn nicht allein ziehen lassen, sondern sogar alles tun werde, um ihm seine Reise zu erleichtern. Und als Tassos Begleiter ihn dennoch nicht fortließen, zog die *ganze Bande* sich aus der Gegend zurück. – [2251]

»Wenn kein *kräftiger*, noch *edler* Werk am Menschen ist, dann *Reden*; der *Stil* aber nicht schlechte, gemeine Reden vorbildet, sondern die allerbesten, so man mit großem Ernst in den allertrefflichsten Sachen mit den Göttern der Erde redet und dadurch sein Herz und gründlichen Schatz seiner Seele dem ganzen Publiko vermacht: so dürfte freilich zur *Kritik* die höchste *Physiognomik* der menschlichen *Natur* und ihrer vielen *Künste* gehören. Je mehr aber zu gutem Glück die edle Freiheit der Presse die *Deutlichkeit* der Schreibart in unserm erleuchteten und systematischen Jahrhundert begünstigt und erleichtert; mit desto mehr Evidenz und Energie wird das Geheimnis usurpierender Anomie und Apostasie sich selbst offenbaren und auflösen.«

Hamann, Bd 4 S 466. [2252]

Bei allen Geschichts-Ereignissen sehe man auf den Zeitpunkt, wo sie eintreten, dann wird Diagnose und Prognostikon leicht. Gewicht ruft immer Gegengewicht hervor, und sobald das Gegengewicht überwiegt, kehrt das Verhältnis sich um. Der ganze Weltprozeß wird am besten durch die zwei Eimer im Brunnen veranschaulicht. [2253]

Die deutsche Kritik ist die Windrose, die aus allen Richtungen zugleich bläst. [2254]

Eine alte Zeit macht es gern mit der jungen, wie jener König mit dem Kinde, das er schlachten und sich das Blut in die Adern spritzen ließ. [2255]

Dem Herrn Bürgermeister *Müller* in *Tönning.*
Wohlgeb.
Geehrtester Herr!
Als ich vor sechs Jahren nahe daran war, einer schmachvollen Lage zu erliegen, weil mir die zum ersten Eintritt in einen höheren Bildungskreis notwendige kleine Geldsumme fehlte, da schlossen Sie sich denjenigen Personen, welche sich bemühten, mir diese zu verschaffen, mit Wort und Tat an. Glauben Sie nicht, daß ich Ihr Verdienst um meine Entwickelung vergessen habe, weil ich so lange zögerte, Ihnen das Gegenteil zu beweisen. Dies ging aus den Umständen und aus meinem Charakter hervor. Studentenbriefe, die in meinen Verhältnissen immer einige Ähn-

lichkeit mit stummen Bettelbriefen gehabt hätten, mogte ich nicht schreiben, um so weniger, als ich mich schon im Jahre 1836 bei meinem Abgang zur Universität durch bittre Erfahrungen veranlaßt sah, meine Zukunft einzig und allein von mir selbst, von meinen persönlichen Bestrebungen, abhängig zu machen und fremde Beihülfe, die mir auch seitdem nicht ward, abzulehnen. Als ich von der Akademie zurückkehrte, hielt ich es für meine Pflicht, tatsächlich darzutun, daß ich nicht vergebens dort gewesen sei und das, was ich in unreifer Jugend versprochen haben mogte, soviel an mir lag, als Mann zu halten. [2256]

NB. Dergleichen Briefe müssen nicht geschrieben werden. Die Verhältnisse sind solcher Art, daß sie nur persönlich wieder eingerichtet werden können. [2257]

Die Natur hat in der Kunst den großen Vorteil, als fertig zu erscheinen. [2258]

Echte Kritik sollte sich nie so sehr am echten Dichter versündigen, daß sie ihn das Allgemeine erst lehren will, aber auf seine individuellen Schranken sollte sie ihn aufmerksam machen. [2259]

Daß poet. Charaktere zugleich individuell und allgemein sein sollen: was ists denn weiter, als die Aufgabe, die die Natur alle Tage und in jedem Menschen löst? [2260]

Geburt ist derselbe Prozeß, der das Blatt vom Baum abreißt, damit es sich anscheinend-selbständig einen Augenblick im Spiel der Winde drehe und dann zu Boden falle, um dort zu faulen und den Baum neu mit düngen zu helfen. [2261]

Leben ist der Versuch des trotzig-widerspenstigen *Teils*, sich vom Ganzen loszureißen und für sich zu existieren, ein Versuch, der so lange glückt, als die dem Ganzen durch die individ. Absonderung geraubte Kraft ausreicht. [2262]

Freiheit und Gesundheit nenne ich nicht mehr Güter des Lebens, sondern Leben selbst. Freiheit ist die Unabhängigkeit von der Welt, Gesundheit die Unabhängigkeit von der Natur.

[2263]

Alle solche spitze Gedanken sind nur Versuche, sich der Wahrheit zu bemächtigen. Oft blinkt das reine Gold heran, aber das Netz zerreißt unter seiner Last, es ist nur für Goldfische gemacht! O Gehirn! O Herz! [2264]

Zum Vorwort der Judith: Schiller mußte, wie jeder Gedankendichter, der statt des sanften runden Kreises die scharfe Facette bringt, von seiner Zeit überschätzt werden, aber ebenso notwendig mußten sich auch nach und nach die tief begründeten Kunsturteile, die Goethe still, Tieck, Schlegel, Jean Paul laut über ihn aussprachen, von selbst geltend machen. Unterschied des Verdienstes um *Kultur* und *Kunst*; wornach zur Zeit der weiter vorgerückten Nationalbildung ein großer Dichter um erstere weit weniger sich verdient machen kann, als ein früherer kleiner Dichter. – Jedes echte Kunstwerk ist ein geheimnisvolles, vieldeutiges, in gewissem Sinn unergründliches Symbol. Je mehr nun eine Dichtung aus dem bloßen Gedanken hervorging, je weniger ist sie dies, um so eher wird sie also verstanden und aufgefaßt, um so sicherer aber auch bald ausgeschöpft und als unbrauchbare Muschel, die ihre Perle hergab, beiseite geworfen. Der sog. Lehrdichter liefert gar statt des Rätsels, das uns allein interessiert, die nackte, kahle Auflösung. Dichten heißt nicht Leben-Entziffern, sondern Leben-Schaffen! Uhlands Herzog Ernst: statt der Treue selbst, Deklamationen über sie! [2265]

Die böse Individualität darf sich nicht in eine gute umsetzen, wenn sie ihre Kraft für die Ewigkeit nicht in den Nutzen der Zeit vergeuden und sich im Kern zerstören will. Ein echter Bösewicht, der im wahren Sinne gegen den Strom des Ganzen schwimmt, setzt die höchste Kraft voraus und ist nicht denkbar.

[2266]

Heute, den 11ten Febr: schloß ich den vierten Akt der Genoveva; d.h. die Mittel-Szene, alles übrige, der Schluß besonders,

war längst fertig und wurde von mir in einer Begeisterung, die
mir Schlaf und alles raubte, vor drei Wochen geschrieben.

[2267]

d. 12ten Febr.
Wozu? Wozu die Werke? Warum nicht innerer Tod? Ich war
heute bei Herrn Campe! [2268]

So groß Shakespeare ist, eine so weite Welt er umfaßt, dennoch konnte er die reine, ungetrübte Seligkeit nicht darstellen, nur die gebrochene, und dies ist der Hauptbeweis dafür, daß dieses Element in seinem eignen Leben fehlte. [2269]

Das Volk wird nicht bloß geschunden; es ist dahin gebracht, daß es sich selbst schinden muß. [2270]

Wir leben in den Zeiten des Weltgerichts, aber des stummen, wo die Dinge von selbst zusammenbrechen. [2271]

Vorsehung, die leitende, Zufall die kreuzende Macht. [2272]

Einer, der sich im Sumpf spiegelt und hineinfällt. [2273]

Sowenig wir wissen, wie in unserm Innern einer oder der andere Blutstropfen läuft, so Gott mit den Individuen der Welt.

[2274]

d. 21 Febr:
Genoveva nähert sich dem Ende. Inzwischen lese ich mit
höchstem Entzücken die Tragödien des Euripides. [2275]

Jede Geisteskraft ist in Bezug auf die übrigen beschränkend, aber nichts ist dies mehr, als der Verstand. Laut lachen mußte ich, als ich eben in Kants Anthropologie folgendes las: »Die alten Gesänge haben vom Homer an, bis zum Ossian, oder von einem Orpheus bis zu den Propheten, das Glänzende ihres Vortrags bloß dem Mangel an Mitteln, ihre Begriffe auszudrücken, zu verdanken.« [2276]

Einer, dem ein Kind geboren wird, welches gleich wieder stirbt und nun durch Gram die Mutter tötet, so, daß es der Todes-Engel war, der aus ihrem eignen Schoß hervorging.

[2277]

Mein Hündchen. Als ich ihm einmal bei Tisch eine Kartoffel gab, hielt es mir einen Knochen entgegen, um zu zeigen, daß es Fleisch wolle. Sowie es dem Gebären nahkommt, zeigt sich stärkeres Liebesbedürfnis, welches nach der Geburt sich ganz auf die Jungen wirft, so daß es den Herrn vernachlässigt. Im Akt der Geburt winselt es ängstlich, sobald man es allein lassen will, und freut sich, wenn man bleibt.

[2278]

Die Größe ist in der Welt gewiß immer so bescheiden, wie der liebe Gott, der nie mitspricht.

[2279]

Welt: immer neue Gedärme, durch die das Alte geht. [2280]

Jedes Geschöpf, das zwischen zwei Welten in der Mitte steht, soll sich zu der Welt, aus der es hervorwuchs, nicht zu der, der es entgegenwächst, rechnen. Für jene hat es Überfluß, für diese dagegen Mangel.

[2281]

Heute morgen, den ersten März, schloß ich die Genoveva. (d. 1 März 1841.)

[2282]

Warum gibt es Philister in Deutschland? Weil es Studenten gibt!

[2283]

Der Tod ist der beste Bleicher, die Scham der beste Maler.

[2284]

Heute, d. 12ten März schloß ich die Abschrift der Genoveva; morgen werde ich sie in einem cercle brillant lesen.

[2285]

>   Ein neuer Gott, kreiert
>   Aus altem Lehm und Dreck:
>   Die Schildwacht präsentiert,
>   Der Leutnant fällt vor Schreck.

[2286]

Einer, der seine Augen oft zumacht, um sie zu schonen.

[2287]

Das Gefühl ist nur Lebensmaterial, das erst geformt werden soll.

[2288]

Zeugen: Entleerung des Individuums vom Weltstoff. [2289]

Genoveva-Brocken

»Was einer werden kann, das ist er schon.« Gott wird nicht auf die Sünden sündiger Individuen gegen *einander* das entscheidende Gewicht legen, sondern nur auf die Sünden gegen die Idee selbst, und da sind wirkliche und bloß mögliche völlig eins.

[2290]

Wer nicht die Kraft hat, wahr zu sein, hat auch nicht die Kraft, an eines andern Wahrheit zu glauben.

[2291]

Der Mensch darf sich selbst töten, denn er hat die Fähigkeit dazu, und diese Fähigkeit ohne das Recht des Gebrauchs wäre ein *Überfluß*.

[2292]

Das übrig bleibende Gute im Schlechten ist der Punkt, an den die Strafe sich festhäkelt.

[2293]

Unser *Leben* ist der aufzuckende Schmerz einer Wunde.

[2294]

Mir ist zumut, als hätt ich die Welt ausgespieen und mögte sie nun wieder einschlucken.

[2295]

Das Leben ist nur ein Augen-Öffnen und Wieder-Schließen. Darauf kommts an, was man in der kleinen Mittelpause sieht.

[2296]

»Gott versteckt sich hinter das, was wir lieben.« »Man sollte jeden so lieben, wie er Gott liebt.«

[2297]

Es ist ein stetes Abschiednehmen,
Es ist ein stetes Wiedersehn! [2298]

Ein Herz, überfüllt von Seligkeit, wie ein Auge von Licht.
[2299]

Dichten heißt: Abspiegeln der Welt auf individuellem Grunde.
[2300]

Fragen: Betteln! – Der Traum ist die Pforte des Werdenden zum Seienden. – [2301]

Das Ewige muß so vom Zeitlichen träumen, wie das Zeitliche vom Ewigen! [2302]

Ein Atmen über mir, als obs mich einziehen will. – Alles Leben ist Raub des einen am andern. Einer steckt die Kapelle in Brand und die Flamme beleuchtet das Heiligenbild und er betets an. – Der Mensch darf töten, denn er muß selbst den Tod erleiden. – Die Freude ist ein Wundervogel, der uns nur darum entflieht, weil er uns in die Heimat locken soll. – Schönheit ist inneres Licht, herausgetreten. Strafen heißt das Gefühl der Schuld überbieten. – Die Schönheit des Leibes ward der Seele zur Nacheiferung vorgestellt. – Der Mensch muß so viel wert sein, wie seine Gedanken. – [2303]

Freitag, den 12ten März, las ich bei Mad^me. Hellberg in einem zahlreichen Kreise meine Genoveva vor. Es waren da: Elise, Janinski, an Fremden: ein Graf Brockdorf mit seiner Frau, der Obergerichtsadvokat Schütze, Emma Schröder u.s.w. Ich hatte noch nie gelesen, aber ich las ohne Verlegenheit und wenn ich mir selbst, Elisen, der Schröder pp trauen darf, lebhaft und anschaulich. Janinski schien anderer Meinung zu sein. Am Schluß trat für mich eine peinliche Situation ein. Auch kein einziger der Anwesenden sagte mir ein artiges Wort. Ich stand rasch auf. Die Schröder, einer Ohnmacht nah, ward aus dem Zimmer geführt. Sie sagte mir später, das Stück habe so erschütternd auf sie gewirkt. Ich glaube, sie täuschte sich selbst. Schütze sagte mir: er müsse erst verdauen, das Werk habe ihn so ergriffen, daß er sich noch nicht darüber zu äußern vermöge. Ob es Wahrheit war, ob Ausrede: ich weiß es nicht. Es war sehr spät geworden, die Gäste entfernten sich rasch und sagten mir beim Weggehen, was sie mir hätten sagen mögen, als ich noch vor meinem Pult saß, das gewöhnliche Kompliment. Janinski wand und drückte sich den Abend etwas sonderbar in seinen Äußerungen, gestern sagte er mir: der Schluß, wo Golo sich blendet pp habe sein Gefühl erstarrt, anstatt es zu erschüttern. Wenn dies mehr wäre, als individueller Eindruck, so wäre es übel, denn ändern läßt sich an diesem Punkt nichts; eben diese letzte schrecklichste Konsequenz ist die natürlichste in Golos Charakter. Darniedergedrückt von einer ungeheuren Blutschuld, noch mehr durch Siegfrieds Edelmut, bleibt ihm nichts übrig, als die Rache an sich selbst. Eben, weil er, zwischen Mann und Jüngling in der Mitte stehend, von einer furchtbaren Leidenschaft übermannt und zu Boden getreten wurde, springt er beständig von Extrem zu Extrem, wählt im ersten Akt den fast gewissen Tod, zieht »in grimm'ger Notwehr« im 2ten Akt gegen sie das Schwert, verlangt im 3ten von ihr eine Entscheidung an Gottes Statt, tritt im 4ten, wo seine Fieber-Reden ihm als Taten entgegentreten, eine fremde Sünden-Ernte an, als ob er selbst gesät hätte, treibt im 5ten jenen diabolischen Humor, der das Göttliche in der eignen Brust zu vernichten eine Verzweiflungslust empfindet, aufs höchste und wütet dann zuletzt, wo der Zufall ihm die Fäden aus der Hand genommen hat, gegen sich selbst, wie er gegen Gott und Welt gewütet hat. Ich ehre das freie Urteil, aber ich glaube doch, J. ist unbewußterweise etwas parteiisch für Judith, die freilich eine ganz andere Behandlung erforderte, als Genoveva und die sich zu der letzteren verhält, wie der negative Pol zum positiven. [2304]

Heute, den 16ten, abends, erhalte ich ein Paket von Gravenhorst ohne Brief, eine Kritik des Werther enthaltend. Wenn ich den ehemaligen Freund, den ich so lange liebte, bis er mich auf unverzeihliche Weise vernachlässigte, tot und eingesargt vor mir sähe, so würde der Anblick mir nicht so schrecklich gewesen sein, wie die Lektüre jenes Aufsatzes. Etwas Dumpferes, Beschränkteres, das sich zugleich spreizt, ist mir noch nicht leicht vorgekommen. Auch gar keine Ahnung des zu beurteilenden Objekts, seines Umfangs und Gewichts; ein Herabziehen desselben in krankhaft-individuelle Zustände, um das, was die Kunst in ihr ewiges Eigentum verwandelt hat, an dem Nichtigsten zu messen und damit zu vergleichen; daneben eine Keckheit in Rückschlüssen auf Goethe als Mensch und Charakter, durch die mir bei so wenigem Geleisteten mit Schaudern klar wird, daß da, wo die Ehrfurcht fehlt, alles fehlen mag. Gravenhorst hat durch diese Rezension bewiesen, daß er, der das juristische Studium aufgab, es nie hätte aufgeben sollen, da sich, nach der Probe zu urteilen, in ihm nichts ausgebildet hat, als eine ganz geringfügige juristische Dialektik, die ihre Kraft eben vom Negieren alles Höheren und Tieferen entlehnt. Gott gebe, daß er anders sei, als sein Aufsatz. [2305]

Heute, den 18ten März, mein Geburtstag. Elise überrascht mich mit einer wunderschönen Schreibtafel, einer Halsbinde und Glacé-Handschuhen. Ihre Güte und Liebe läßt sich keinen Damm setzen. O, wie mich das rührt! Mehr, als daß es mich freut. Ob denn eine Seele, wie sie, es nicht verdient, daß sie gegen Sorge und Not geschützt wird? Nur ein wenig Glück in meinen Unternehmungen, nur so viel, als dazu gehört, um von ihr das Elend entfernt zu halten! Was wird Campe antworten! Da steht er, der häßliche Name! [2306]

Golo: Eine Welt, die mich zu dem machte, was ich bin, darf ich hassen! [2307]

d. 21 März.
Ehe ich schlafen gehe, dem Himmel, den ich durch Mißtrauen und Verzweiflung beleidigte, Abbitte und innigsten Dank. Heute nachmittag trieb ich Elisen die Tränen durch Gedanken über den Selbstmord aus den Augen, den ganzen Abend tauschte ich mit Jahnens Hypochondrie gegen Hypochondrie, und wie ich zu Hause kam, fand ich von Campe einen höflichen, achtungsvollen Brief vor, der die Sache wegen Judith auf einmal abschließt. Er gibt bare 10 Louisdore. Wieder eine Strecke vor mir, in der ich frei schaffen und wirken kann. Dank! Dank! Dank! In der Nacht

zuvor träumte mir, ich würde von allerlei Gesellen (Hocker und Clemens waren darunter) einen Kirchturm hinaufgejagt, dann suchten sie mich aus der Luke hinauszutreiben. Ich aber sprang auf einmal, statt nach außen heraus, nach innen herunter, hielt mich springend am Geländer fest und riegelte meine Verfolger in den Turm ein. Elise fand den Traum gleich günstig, als ich ihn ihr erzählte. Es hat sich bestätigt. [2308]

Des Weibes Natur ist Beschränkung, Grenze, darum muß sie ins Unbegrenzte streben; des Mannes Natur ist das Unbegrenzte, darum muß er sich zu begrenzen suchen. Innerstes Vermögen und innerste Fessel sind immer eins; was die Uhr zur Uhr macht, hält sie zugleich ab, etwas anderes, als Uhr zu sein. [2309]

Diese Gedanken hatte ich gestern nachmittag über Selbstmord: Gott gab dem Menschen die Fähigkeit, die Welt zu verlassen, weil er ihn nicht gegen die Erniedrigung der Welt schützen konnte. Hat der wahre Selbstmörder also mit Gott zu tun, so kann er die Tat verantworten; hat er nicht mit Gott zu tun, so wird er überall nicht zur Verantwortung gezogen. [2310]

Wenn man von einem sagt, er sei tot: wie kann der besser zeigen, daß er lebt, als indem er um sich haut. [2311]

d. 25 März.
Gestern abend bei Campe. Er war sehr freundlich, zahlte mir, ohne daß ich ein Wort zu sagen brauchte, die 10 Louisd. aus und sagte, daß er das Werk sogleich drucken lassen wolle. Judith hat mir nun im ganzen 43 Louisdore (577 fl; wovon für den Druck 42 fl 8 β abzurechnen sind) eingebracht; eine schöne Summe für ein erstes Werk. [2312]

Der Zufall ist ein Rätsel, welches das Schicksal dem Menschen aufgibt. [2313]

Alle irdische Liebe ist nur der Durchgang zur himmlischen.
[2314]

Abrahams Opfer wäre ein sehr bedeutender Stoff für ein Drama. Die Idee des Opferns müßte aus ihm selbst kommen und je schwerer ihm die Ausführung fiele, um so mehr müßte er an dem furchtbaren Pflichtgedanken festhalten. Dann die Stimme des Herrn. [2315]

Ich las ein paar Romane von Bulwer. Bulwer ist kein Mann von Genie, aber ein Mann von umfassender Bildung, scharfem Verstande und populärem Geist. Sein Ernst Maltravers fängt äußerst interessant an, ungefähr, wie Kleists Toni; nur, daß der Mann von Verstand den Faden da fallen läßt, wo ihn der Mann von Genie gerade aufgenommen haben würde. Als Alice aus der Hütte flieht, vertrieben durch die Mißhandlungen ihres Vaters und die ärgeren eines anderen Menschen, müßte sie durch den letzteren bereits entehrt worden sein, und ein Kind empfangen haben. Nun das Verhältnis der ersten Liebe zu Ernst und von Ernst zu ihr; dazwischen die fortrückende Schwangerschaft, die ihn am Ende in der Unglücklichsten die Verworfenste ihres Geschlechts erblicken läßt. [2316]

Campe: Gutzkow bei Embden, Heine erhalte nicht Honorar genug; das Verlagsrecht der Körnerschen Werke. [2317]

Die einzige Kritik über den Werther ist die schließliche Frage: wenn Werther nun Lotte genossen hätte, in welche fürchterlichere Zustände wäre er dann gestürzt? Jetzt hat sein Leiden doch noch eine Gestalt, eine scheinbare Ursache, dann wäre es nicht einmal für seine Gedanken noch zu fassen gewesen! Aber, hier ist der Punkt, wo alle Kritik aufhört, weil wir an den Grenzen der menschlichen, also auch der dichterischen Kraft sind. Der Dichter muß durchaus nach dem Äußeren, dem Sichtbaren, Begrenzten, Endlichen greifen, wenn er das Innere, Unsichtbare, Unbegrenzte, Unendliche darstellen will. Auch eine andere Katastrophe wäre möglich gewesen. Lotte mußte schwanger werden. Dieser Anblick! [2318]

Daß die Gottheit dem Menschen die formende Kraft verlieh, das ist ihre höchste Selbst-Entäußerung. [2319]

Wenn Golo zu Genoveva sagt: ich schaff Euch Freiheit, könnte sie antworten: wenn Siegfried mich losläßt, dann pp – Schlecht ausgedrückt, aber eine Katastrophe. [2320]

Das Leben des Deutschen besteht in einem Hineinwachsen in die Natur; das des Franzosen in einem Losreißen von der Natur. Dies ist für die Beurteilung der beiderseitigen Literaturen ein wichtiger Punkt. [2321]

Schelling und Hegel: wenn das Pferd den Hund beschuldigt, er habe ihm den Hafer gestohlen und sei nur davon so fett geworden, so soll man den Hund billig freisprechen. [2322]

Es gibt eine Unschuld der Schönheit, wie der Tugend. [2323]

Aus einem Brief an Dr Hauff, vom 6 April 41
Vor einiger Zeit las ich in einem Bande Ihrer Skizzen viel vortrefflich-Konzentriertes, über das Drama, und das deutsche Drama, welches mich wahrhaft erfreut und mit neuen Hoffnungen für die Kritik erfüllt hat. Sehen Sie ein Zeichen meiner ungeheuchelten Achtung darin, wenn ich Ihnen im Anschluß ein Exemplar meiner Judith übersende. Zwar verbinde ich damit, wenn Sie wollen, auch einen Nebenzweck. Die Judith wird nächstens bei H. et C. erscheinen, sie wird rezensiert werden, sie wird vielleicht, da sie manchen unrasierten Ausdruck enthält, den Bannstrahl des Lit. Blatts auf sich ziehen. Ich fürchte diesen Bannstrahl nicht, aber ich mögte ihn vermeiden, denn es tut weh, wenn man aus dem tiefsten sittlichen Ernst heraus eine Dichtung geschaffen hat, die sich der Weiber-Emanzipation schroff gegenüberstellt, und die nur darum Skizzierungen notwendig machte, welche ein unreines Auge lüstern finden könnte, und wenn man nun, des einen oder des anderen grellen Pinselstrichs wegen, der sich nicht mildern ließ, ein Anathema über sich ergehen lassen soll; auch ist dies, der stumpfen, dumpfen Masse gegenüber, die nicht am Prozeß, sondern nur an der Steinigung Anteil nimmt, keine Kleinigkeit. Die Torheit unserer Zeit, die mit einigen abnormen und formlosen, wenn auch reichen Weiber-Individualitäten Abgötterei treibt, und aus der Krankheit, aus dem Zurücksturz ins

Chaos, neue Lebens-Gesetze abstrahieren will, kann keinen Mann mehr anwidern, wie eben mich; sagen Sie sich selbst, wie mir zumute sein müßte, wenn ich mir von einem Krit., auf den noch viele hören, und der sich am Ende nicht einmal die Mühe gibt, mein Drama näher anzusehen, meinen *Haß* zur *Sympathie* umbiegen lassen sollte. Das Wort in der Judith, das ein unbefangenes Gemüt verletzen könnte, würde ich gewiß ausstreichen, aber ich habe hundert Zeugnisse der verschiedensten Menschen in Händen, daß ein solches nicht darin steht. Vor ein paar Tagen schrieb mir ein angesehener Theologe hiesiger Stadt, dessen Ansicht über den kitzlichsten Punkt ich begehrt hatte, wie mir deucht, abschließend: »Durch die Art und Weise – anstößigsten finden werden.« pp Ich weiß wohl, daß Sie auf die Kritik des Lit. Bl. keinen direkten Einfluß haben, denn wäre das der Fall, so würde sie vermutlich anders aussehen, aber es ist eine Beruhigung für mich, daß, wenn der Bannstrahl auf mich geschleudert werden sollte, sich doch auch in Stuttg., im Vat. selbst, ein Mann befindet, der weiß, daß es mit Unrecht geschieht. Die lit. Ehre hängt eng mit der menschlichen zusammen, und meine Sorge für die erstere wird gewiß durch die jedem Mann heilige Angst für die letztere hinreichend entschuldigt. – In der letzten M. Bl. Corr. aus Hamburg werden über meine dram. Laufbahn unter dem Schein des Wohlwollens allerlei Dinge vorgebracht, die zum Teil rein aus der Luft gegriffen, zum Teil entstellt sind. Öffentlich dagegen aufzukommen, kann mir nicht einfallen, denn die Korrespondentin hat sich zu verklausulieren gewußt, aber Ihnen will ich es doch sagen. Das meiste will ich unberührt lassen und nur auf den einz. Punkt eingehen, den ich bis zur Evidenz widerlegen kann. Ich werde, den Nachrichten aller übrigen Blätter entgegen, zum Verfasser eines Stücks gemacht, das hier durchfiel, und dies Schicksal bei seiner lyr., handlungslosen Beschaffenheit auch verdiente. Um Ihnen zu beweisen, daß ich nicht Verfasser des *zirk. Paares* bin, *noch sein kann*, erlaube ich mir, Ihnen das Original eines Briefs des hiesigen Th. Dir., Herrn F. L. Schmidt, zu übersenden, worin dieser Herr mich auf das erwähnte Stück, als *auf eine Novität*, die ein guter Vorläufer meiner Judith sei, aufmerksam macht. Ich denke, der Beweis ist vollständig; auch hat mich in ganz Hamburg kein Mensch für den Verfasser eines Stücks gehalten, das ich selbst mit auszischen half, Ihre Referentin am wenigsten, der ich mich in ihr Gewissen hinein zu behaupten getraue, daß sie mich gar nicht dafür halten konnte, und mich nur aus persönlicher Ranküne und um mich von vornherein mit von den Brettern verdrängen zu helfen, wider ihr *gründliches* besseres Wissen, dazu stempelt. Verzeihen Sie, daß ich die Erbärmlichkeit nicht ganz mit Stillschweigen überging; es geschah nicht bloß meiner selbst wegen, wie Sie mir glauben mögen! Ihr pp (Adr: angegeben) Hiebei Matteo und Episoden aus der Gen. gesandt, mit der Bemerkung, daß ich, wenn sie nicht retourniert würden, sie als angenommen betrachte.

[2324]

Große Menschen fühlen die Weltgesetze stärker, als andere; daher kommt ihre Kraft und ihr Mut. [2325]

»Frohlockend drangen unsre Geister aufwärts und durchbrachen die Schranken, und wie sie sich umsahen, wehe, da war es eine unendliche Leere!« sagt Hölderlin. Jawohl, und eben darum ist gerade das des Menschen Glück, was er für sein Unglück hält: das enge Einschließen. Je enger, je besser, denn um so sicherer hat er sein bißchen Armut zusammen. [2326]

Es ist mir auffallend, wie manche Gedanken und Anschauungen im Hyperion den meinigen ähnlich, ja gleich sind. Ich wollt aus meinem Tagebuch zu Dutzenden die Beispiele herausfinden. Sogar aus Judith. So heißt es Seite 90: »ich glaube, daß wir durch uns selber sind, und nur aus freier Lust so innig mit dem All verbunden!« *Und Holof. sagt:* »oft kommts mir vor, als hätt ich einmal zu mir selbst gesagt: nun will ich leben![«] u.s.w. Dennoch lese ich heute, den 29 April das Buch zuerst. [2327]

Sehr schön heißt es über die Natur: »Sie ist dein Herz nicht wert, wenn sie erröten muß vor deinen Hoffnungen![«] [2328]

Das Urgefühl des Daseins, höher, als die Spaltung: Lieb und Haß, ein solches, womit Gott die Welt umfaßt. [2329]

Durch den Todesgedanken hindurch den goldnen Faden des Lebens zu ziehen! Eine höchste Aufgabe der Poesie. [2330]

Die Ironie, womit der Mensch sich selbst verspottet, ist das Wiederaufgehen in Gott. [2331]

Wenn der Mensch überhaupt dauert, so dauert er als Individuum. Denn er ist ein geborner Mittelpunkt. [2332]

Alle Träume sind vielleicht nur Erinnerungen! [2333]

Der eigentliche Fluch des Menschen-Geschlechts liegt darin, daß nur die wenigsten zum Gefühl ihrer Unendlichkeit kommen, und daß von diesen wenigen wieder die meisten durch das hervorbrechende Gefühl über die Ufer und Grenzen des gegenwärtigen Daseins hinweggetrieben werden. [2334]

Das höchste Lebensgesetz für Staaten und Individuen ist das Gesetz, sich zu behaupten. Ist noch so viel Kraft in der alten Form, daß sie der neuen Widerstand leisten kann, so ist gewiß noch nicht so viel Kraft in der neuen Form, daß sie nach dem Zerbrechen der alten alle Elemente, die zu umfassen sind, umfassen kann. [2335]

Gestern hatte Elise einen sehr grausigen Gedanken: wenn man plötzlich erwachte, vor Ermattung sich kaum erheben könnte, und nun sähe, daß einem im Schlaf die Adern durchschnitten seien! [2336]

d. 29 Mai.
Jetzt wieder ein Pflanzenleben. Genoveva liegt noch immer unfertig da. Ändern muß ich, aber kaum weiß ich, was, noch weniger, wie. Das Drama hat den Fehler seiner Idee mögte ich sagen, und das ist freilich der ärgste Fehler, den es haben kann. Die Idee ist die christliche der Sühnung und Genugtuung durch Heilige. Das Menschliche hat sich in die Charaktere hineingerettet. Ich bin den ganzen Tag schläfrig. Und die Sorgen! die Angst vor der Zukunft! Was werden soll, weiß ich nicht. Wäre ichs allein, dann – Aber so! [2337]

Steffens, Karik. des Heiligsten, sagt über falsche Wohltätigkeit (Ablaßkram, wie er sie nennt) sehr Gutes, S 187. [2338]

Etwas sehen, wie bei einer Weltgerichtsflamme. [2339]

Ich denke an *dem* Gedanken! kann man sagen. [2340]

Kraft-Ausdruck Stecke deine Zunge in deinen eignen Arsch, wenn du nichts Besseres zu sagen weißt. [2341]

d. 30sten Mai. Pfingstsonntag.
Pfingsten! Pfingsten! In Dithmarschen war das, was ich heute habe, immer schon Genuß, denn ich hatte Muße. Nun ist die Muße eben das Unerträgliche. Blumen würden mir Freude machen, ein Strauß! Ich habe keine und mag mir keine kaufen, denn gekaufte Blumen sind keine unschuldige mehr. Ich habe den Morgen über wieder eine Szene in Genoveva vorgenommen; Elise sitzt auf dem Sofa und ruht, die Türe und Fenster stehen auf, frische Luft zieht durch die Zimmer und macht die Hitze menschlich. Zwischendurch spreche ich über die Idee des Christentums. O Genoveva, du machst mir viel Kummer! Lieben darf ich dich nicht und vernichten darf ich dich auch nicht! [2342]

d. 31 Mai.
Nein, das darf ich nicht, denn es ist ein Lebendiges, obwohl Mißratenes, und beim Mord wird nicht gefragt, was man mordete, nur, ob man mordete. O, welche Stunden! [2343]

Elise bemerkte heute sehr gut, daß die kleinen Kinder, wenn sie sich ermüdet die Augen reiben, diese für ein Hindernis des Einschlafens halten, sie als solche fühlen müßten. Geistreich und wahr. [2344]

Ein Gegenstand, der Forschung würdig, ist es, daß bei Tieren, weiblichen Geschlechts, sich der Zeugungstrieb nur zu gewissen, regelmäßig wiederkehrenden Zeiten regt. [2345]

Auch die Bibel spricht gewissermaßen von *Titanen*. Weish. Salomonis, 14,6, heißt es: »Denn auch vor Alters, da die hochmütigen *Riesen* umbracht wurden, flohen die, an welchen Hoffnung blieb, die Welt zu mehren, in ein Schiff.« Dies Buch enthält überhaupt seltsame Dinge. Die Bildkünstler werden verflucht. »Und wird das *Werk*, samt dem *Meister* gequält werden.« (Erinnert an eine persische Sage). [»]Götzen aufrichten ist die höchste Hurerei!« »Ein Vater, so über seinen Sohn, der ihm allzu früh genommen ward, Leid und Schmerzen trug, ließ ein Bild machen, und fing an, den, der ein toter Mensch war, nun für Gott zu halten und stiftete den Seinen einen Gottesdienst und Opfer.[«] (Sehr gut.) [2346]

d. 21sten Juni.

Gestern, Sonntag, litt ich an abscheulichem Zahnweh. Heute ist es wieder weg. Mit größtem Vergnügen lese ich die Tagebücher und Briefe des Lord Byron, wie sie Moore herausgegeben hat. Jetzt zum ersten Male gewinne ich Byrons Persönlichkeit lieb, denn jetzt, aus all diesen Denkmälern, erkenne ich die Notwendigkeit seines Bildungs- und Lebensganges. Auch er ist ein Beweis dafür, daß sich im Leben nichts nachholen, nichts eintragen, noch auslöschen läßt. [2347]

Vor lauter Licht sieht man die Sonne nicht. [2348]

d. 22sten Juni.

Heute, wo ich meine neue Jahresrechnung anfing, mußte ich gleich den widerwärtigsten Ausgabe-Posten eintragen: 24 β Porto für einen Brief von dem Kirchspielschreiber Voß in Wesselburen, dem ich frankiert geschrieben hatte, und der mich einladet, der also nicht einmal seine Einladungen frankiert. Fortwährend mit Byrons Tagebüchern beschäftigt. Merkwürdig ist es, daß der Lord, der immer schießt, nie ein Duell hat. Diese Lektüre macht meinen ganzen innern Grimm wieder rege, daß ich so vertrocknen muß, ohne irgend etwas vom Leben kennenzulernen. Mit höchster Wahrheit kann ich von mir sagen, daß ich keinen einzigen Tag eine Freude habe. Entweder ich sitze so einsam für mich weg in meinem Zimmer, oder ich laufe einsam im Felde oder auf den Straßen umher; hin und wieder, sehr selten, gesellt sich irgend ein gleichgültiger Mensch zu mir und ist immer willkommen. Jahnens sehe ich nicht mehr, die Gespanntheit ist lächerlicher Art und er hat Schuld, sie ist mir aber ganz recht, denn er war in der letzten Zeit völlig unerträglich und ich will lieber die Seufzer des ganzen Hospitals anhören, als die seinigen. Gravenhorst ist mir ein Rätsel, oder vielmehr keins, er ist der eitelste Egoist, der mir noch vorkam, keines Menschen Freund, also auch der meinige nicht, aber doch nicht so umgangsunfähig, wie er mir anfangs erschien. Rendtorff ist zurück und hat mich nicht besucht. Ich stehe jetzt ganz ohne Freunde da, Elise, die freilich alle aufwiegt, ausgenommen; dies ist ein unangenehmes Gefühl, aber die Sache ist bei meinem Lebensgange vielleicht natürlich. [2349]

»Ihr, die sich schämt, der Nacktheit sich zu schämen!« Godwi, Das steinerne Bild der Mutter, von Brentano. Bd 2 S 135. Dies erinnert doch stark an Gutzkow und die neue Schule. Überhaupt enthält dieser Roman sehr starke Dinge, Dinge, gegen die Judith höchst unschuldig ist. [2350]

Viele Poeten besingen nichts, als ihre Speise; ists ein schöner Morgen, so dichten sie über den Morgen; sind sie in Rom, über Rom. [2351]

Ob ich wohl eigentlich undankbar bin, d.h. undankbarer, als der Mensch es ist und sein muß? Ich bin es und bin es nicht. Ich bin es in Bezug auf materielle Dinge, denn ich habe zu viel Stolz, um diesen in meiner Erinnerung so viel einzuräumen, als ich vielleicht müßte. Ich bin es nicht, wenn es sich um empfangene geistige Wohltaten handelt, um Liebe und Freundschaft oder um geistige Eindrücke. So hat z.B. Uhland sich doch gewiß verletzend gegen mich benommen, aber meine Gefühle für ihn haben keine Veränderung erlitten. [2352]

d. 23sten Juni.
Der gestrige Brief von Voß war wohl eigentlich ein Kompliment für meinen Geldbeutel. Die Leute in Dithm. bilden sich ein, es komme mir auf Geld nicht an. Auch gut. Heute um 10 erhalte ich einen Brief von Elise, worin sie mir ihre Ankunft in Magdeburg anzeigt. Sie schreibt sehr gute Briefe, viel bessere, als ich, denn sie gibt Eindrücke, indem sie schreibt, ich grüble.

Der Brief macht mir viele Freude; unter allen Lebenden ist sie die einzige, die mich vermissen würde, wenn ich ginge. Heute nachmittag war ich bei Campe, anderthalb Stunden; nach und nach habe ich Gelegenheit, mich ihm von mehr, als einer Seite zu zeigen, vielleicht entsteht ein dauerndes Verhältnis. Dann ging ich im Bot. Garten spazieren, und traf Jahnens. Ich begrüßte ihn, wir machten ohne weiteres auf alte Manier Menage und blieben bis 10 Uhr beisammen. Ein Vormittag und ein Nachmittag, die ich beide loben muß. [2353]

Es gibt auch Spiegel, in denen man sehen kann, was einem fehlt. [2354]

d. 29 Juni.

Gestern war ich in Barnbeck aufm Jahrmarkt und habe seit vielen Jahren zum erstenmal wieder getanzt. Dies würde noch immer ein Vergnügen für mich sein, wenn ichs öfterer haben könnte. Heute morgen besuchte ich meinen Sohn. Es ist wirklich ein schönes, unendlich belebtes Kind und je mehr es sich entwickelt, je tiefer wird auch mein Gefühl. Heute hatte ich eine wahrhaft selige Stunde. Die Frau legte ihn an die Brust, lange trank er, dann warf er sich auf einmal zurück und sah mich [mit] einem himmlisch-schalkhaften Lächeln an. Sowie ich näher trat, versteckte er sein Köpfchen wieder an die Brust und trank, wenn ich mich aber nur um einen Schritt entfernte, machte er es wieder wie vorher. [2355]

d. 30 Juni.

Heute war ich beim Advokaten Schütze in Wandsbeck, dem ich seit 7 Wochen einen Besuch versprochen hatte. Ich ging erst nach Tisch, weil ich mir selbst eine so kleine Verpflichtung, wie ein Mittagsessen ist, nicht auflegen lassen mag. Daß doch Verhältnisse, die anfangs gut waren, sich immer verschieben! Diese Leute sind gegen mich die Freundlichkeit selbst, aber die Frau hat mich den ganzen Nachmittag hindurch beleidigt und zwar dadurch, daß sie sich nach Elisen, die sie kennt und die sie ehemals immer dringend einlud, nicht erkundigte. Einmal nannte ich ihren Namen, ich sah, daß Mad^me Schütze wohl merkte, weshalb es geschah, aber sie sagte nicht, was sie hätte sagen müssen, wenn sie mich hätte zufriedenstellen wollen. Ich ärgerte mich fortwährend im stillen und gab der inkonsequenten Rahel-Anbeterin manche Pille. Wahrlich, wer Elise auch nur im geringsten vernachlässigt, der bleibt nicht mein Freund! [2356]

d. 1sten Juli.

Heute morgen kommt Elise von Dresden zurück, die größte Freude, die mir werden konnte. Immer muß sie schenken: sehr schöne Handschuhe und Pantoffeln. In Leizpig hat sie sich in die Buchhandlungen gewagt und über Campe Dinge erfahren, die mich sehr erfreuen müssen. Sie ist mein Genius, die Liebe, die Aufopferung selbst und mehr wert, als ihr ganzes Geschlecht und das meinige dazu! [2357]

Mein kleiner Hund, wenn er etwas Eßbares findet, nimmt es ins Maul, läuft mir weit voraus, legt sich nieder und verzehrt den Fund. Dies ist ein Beweis dafür, daß er *Zeit* und *Raum* kennt und berechnet. [2358]

Gott: größtes Individuum, bisher den kleineren Individuen noch ein Gegengewicht entgegensetzend; aber mehr und mehr sich selbst in Individuen auflösend. [2359]

Schütze erzählte mir ein psychologisches Faktum, von Hufeland verbürgt. Ein Mensch, der nicht sehen, nicht riechen und schmecken kann, der sogar die Empfindung verliert, der aber hören, sprechen, sich bewegen und denken kann bis an sein Ende. Als man ihn seziert, findet man sein ganzes Gehirn verfault, bis auf die Ohren- und Zungenstränge der Hirn-Nerven. [2360]

Sonntag d. 4 Juli.

Den ganzen Tag das Haus nicht verlassen, weil das Musikfest begonnen hat und die ganze Stadt sich amüsiert. Man mag sich, wenn man auch nicht kindisch mit dem Schicksal darüber hadert, daß man von jedem Genuß ausgeschlossen ist, doch nicht gern von dem ganzen vornehmen Pöbel als Exkludierten beaugenscheinigen lassen. Gestern begegnete mir Gutzkow, von

Berlin, wo er Triumphe eingesammelt, zurückgekehrt, in elegantem Wagen fahrend, während ich und Jahnens in der brennenden Hitze, zu Fuß den Sand durchmaßen. Dergleichen wirkt so wenig angenehm, als unangenehm auf mich, es ist mir völlig gleichgültig. Die Judith ist noch immer nicht ausgegeben. Bei aller Überzeugung von dem Wert meines Werks hat wohl noch nie ein Autor geringere Erwartungen gehegt, wie ich. Ich hege in Wahrheit gar keine, ein schreckliches Zeichen, was die Abstumpfung meines Herzens betrifft. Hätte ich nur Bücher, so wäre mir die Einsamkeit gar nicht drückend. Aber ich bin auf mein einziges Leihbibliothek-Buch beschränkt. Es will sich auch gar nichts machen, wie bei anderen. [2361]

> Rausche Wind! Du machst die Glut
> Erst nur stärker flammen,
> Sinkt sie auch vor deiner Wut
> Endlich still zusammen! [2362]

Ein Arzt, der sich selbst kuriert, schließt die Welt ab und ist Subjekt und Objekt zugleich. [2363]

Ich kann den Umgang aller Menschen entbehren, aber ich kann mich gegen keinen einzigen, mit dem ich umgehe, verschließen. [2364]

Der lyrische und noch mehr der dramatische Dichter muß alle seine Schilderungen immer zwischen dem Bewußt-Unbewußten halten, daher ist der Stil dieser Kunst viel schwieriger, als der epische, der das Leben reflektierend zurückgibt, während jener es als werdend und doch zugleich geworden darstellen soll. [2365]

Bildsäulen sollten eigentlich geschlossene Augen haben. [2366]

Im Schlaf: Identität zwischen *Vorstellen* und *Sein*. [2367]

Gestern, am 8ten Juli (achten) 1841 wurde mein Sohn Maximilian geimpft. Er benahm sich, wie ein kleiner Held. Alle

andere Kinder schrieen heftig, er, wie er den Schmerz fühlte, legte sich an die Brust seiner Amme, und je heftiger der Schmerz wurde, je öfterer er wiederkehrte, um so eifriger trank er, als ob er, ein unbewußter Philosoph, sich für das unbekannte Weh sogleich durch einen ihm bekannten Genuß entschädigen wollte.
[2368]

Sonntag den 11 Juli.
Gestern besuchte mich Dr Rendtorff. Ich teilte ihm meine Gedanken über Gravenhorst offen mit, vielleicht hätt ichs besser unterlassen, aber es ist mir unmöglich, zurückhaltend zu sein, wo mein Herz beteiligt ist. Er drückte sich vorsichtig aus; er habe sich verstandesmäßig gegen Gr. gestellt, Gr. sei ungeheuer leichtsinnig, ich dagegen fand ihn kraß eogistisch. [2369]

Heine – Pfefferkuchen von Hugo – Campe – »Die Göttinger wollen mich vergiften; sind die Nüsse von Ihnen, so kann ich sie essen.« [2370]

Das Duell ist für den einzelnen, was der Krieg für die Gesamtheit. [2371]

Montag d. 13 Juli.
Sah in Gesellschaft den Grafen Moltke, war trotz eines Anflugs von Zahnweh sehr angeregt und besprach mit ihm alle mögliche Dinge, überzeugte mich dabei, daß ich nur dann verlegen bin, wenn ich Geldsachen abmachen soll oder mit Leuten verkehren muß, die mich in Säuglings- und Knechtsgestalt noch kannten, und glaube, einen guten Eindruck gemacht zu haben.
[2372]

Das *Denken* ist das Kapital, wovon das ganze Menschengeschlecht zehren soll; dies Kapital selbst ist unangreifbar, aber in unsern Philosophieen ziehen wir die Zinsen. --- Die Form schwankt zwischen dem Populären und Wissenschaftlichen; sie ist, wie eine Brücke, der an beiden Seiten just derjenige Bogen fehlt, der sie mit dem Ufer verknüpfen sollte –
Brief an Campe über ein Mspt. [2373]

Es kann so wenig ein reines, sachliches, nicht individuell modifiziertes Denken geben, als es ein solches Dichten gibt. [2374]

Nur ein Narr wird sich einbilden, er könne Sonne, Mond und alle Sterne verschlingen und sie zwingen, aus seinem Magen heraus zu leuchten. [2375]

d. 27 Aug. 1841.
Heute habe ich meine Genoveva, nachdem ich sie nach langen Wehen zu meiner Zufriedenheit abgeschlossen, an die Berliner Bühne abgesandt. [2376]

Wie kann der unbedeutende Dichter ein Dichter sein? Wie kann der Reichtum in der Armut liegen? [2377]

d. 27 Septbr 41.
Heute habe ich das an Campe verkaufte Mskpt meiner Gedichte geendigt und abgeschlossen. Das ist eine schwere Aufgabe gewesen, dies Tuschen und Retouschieren an den frühren Sachen, ich glaube aber, ich habe ihr genügt. [2378]

d. 13ten Okt.
Trüber Regentag. Ohne Bücher, ohne Fähigkeit zu arbeiten, bin ich darauf angewiesen, aus dem Fenster zu sehen und die Tropfen zu zählen. So geht das Leben hin. Gestern las ich Steffens Memoiren, den 4ten Band. Wenn ich so sehe, wie anderen Menschen nach und nach alle Quellen aufgetan werden, so dürste ich um so mehr. [2379]

Die Pinselstriche sehen, statt des Gemäldes. [2380]

d. 20sten Okt.
Heute abend erhielt ich meine Genoveva von Berlin mit einem höflich-ablehnenden Brief der Intendanz zurück. Sie wird nicht angenommen, weil Herrn Raupachs Genoveva sich auf dem Repertoire befindet. Übrigens sei sie mit großem Interesse gelesen worden. Ich sehe es kommen, es wird mir gehen, wie es schon anderen auch ging. Wäre nur nicht Elise und Max, so könnt ichs mit größerer Ruhe ansehen. [2381]

Brief an Campe

Kinderlieder – warum nicht auch *Kinder-Branntewein?* – Der den Löwen dadurch zu töten glaubt, daß er gegen die Flöhe in seinem Pelz zu Felde zieht. – Der Autor ist jung, hat also noch die ganze Perspektive der Zukunft vor sich. Nun, für eine Perspektive geben Sie – eine Perspektive! [2382]

Mäxchen, das erst mir, dann dem brennenden Licht die Trompete zum Blasen hinhält. [2383]

Bei der Begattung wird die Tiefe der Natur im Individuum erschlossen. [2384]

27 Okt.

Ich habe vor längerer Zeit Steffens Memoiren und in diesen Tagen mehrere seiner Novellen, namentlich Malkolm, gelesen. Wie hoch und sicher glaubt dieser Mann über den Verirrungen der Zeit zu stehen, wie genau kennt er sie, wie treffend weiß er sie zu schildern, und wie tief ist er doch selbst in ihnen befangen. Was ist das für ein erlogenes, aufgeputztes hohles Wesen in seinen Produktionen, wie unfähig ist er, auch nur einen einzigen Gedanken zu entwickeln, geschweige darzustellen, wie kümmerlich ist sein Notbehelf, die umgekehrte Seite der Natur, das Affektierte, rein Erdachte zu zeichnen, um sich vor dem Trivialen, d.h. vor dem Trivialen, das auch ein Rezensent kennt, zu retten. Und dabei in den Memoiren die große Selbstlüge, daß er nur darum kein Dichter sei, weil er weit mehr, als ein Dichter sei, daß er keine Verse machen könne, weil er es immer mit der ganzen Welt auf einmal zu tun habe und diese natürlich nicht in ein paar Reime hineingehe. Man mögte, wenn man dies und ähnliches liest, anfangen, an der Möglichkeit der innern Wahrheit zu zweifeln. [2385]

Gerade das kann die Welt entbehren, um dessen willen sie allein zu existieren verdient. [2386]

Die Lerche zwitschert, die Wachtel schlägt, die Nachtigall singt, keins denkt ans andre und doch wird eben daraus die schönste Melodie. [2387]

Zwei Träume von Elise:

Eine Wahrsagerin sagt ihr, daß wenn Max getauft werde, er eine Rose in der Hand halten müsse.

Sie sieht einen, der sich selbst köpft, dann kriecht der Rumpf zum Kopf und begräbt ihn. [2388]

Als Elise Max die ersten Rutenstreiche gab, weil ich in sie drang, fing sie hinterdrein, als ich ihr sagte, das sei ihr Sieg bei Marengo, zu weinen an. [2389]

d. 23 Nov.
Wein von unbekannter Hand durch Campe erhalten. Mein erster Champagner. Brief von Schleiden über Genoveva und Lorbeerkranz. Sehr gefreut alles beides. Meine Wirtin, als sie den Kranz sieht, frägt, ob ich auch sonst noch etwas gekriegt habe. [2390]

»Er frißt immer Menschen, wenn er nichts andres frißt, das heißt: in Gedanken.« [2391]

d. 29 Nov.
Heute abend habe ich das Lustspiel: *Der Diamant* beendigt. [2392]

Komödie und Tragödie sind ja doch im Grunde nur zwei verschiedene Formen für die gleiche Idee. Warum aber haben wir Neuren keine Komödie im Sinne der Alten? Weil sich unsre Tragödie schon so weit ins Individuelle zurückgezogen, daß dies letztere, welches eigentlicher Stoff der Komödie sein sollte, für sie nicht mehr da ist. [2393]

Brief an Campe: Dingelstedts Freikugeln: es ist keine hohe Jagd, sondern ein Gewitterschießen. – Das Gemälde des Verfassers, wenn eine Schmeißfliege sich auf einen weißen Bogen niedersetzt: ein Klecks. Ich kann über Bücher, wie über Mspt nur sagen, ob sie Geist und Charakter haben, nicht, ob sie Glück haben. [2394]

Einer, der buchstabierend beichtet. [2395]

Menschen, die wenig Verstand haben, werden leicht viel Phantasie zu besitzen scheinen. Das kommt aber nicht daher, daß dies Vermögen bei ihnen wirklich in einem höheren, als dem gewöhnlichen, Grade vorhanden ist, es kommt nur daher, weil die Dinge auf sie verworrene Eindrücke machen und eben, weil der Verstand, der alles auf seine ursprünglichen Erscheinungsgründe zurückzuführen sucht, bei ihnen nicht tätig ist, zu allerlei wunderlichen Kombinationen Gelegenheit geben. Echte Phantasie geht immer mit der Vernunft und meistens auch mit dem Verstand Hand in Hand. [2396]

d. 10ten Dezbr
Gestern abend habe ich die Reinschrift des Lustspiels beendet. Nun bin ich zufrieden, aber ich habe auch noch stark an dem Diamanten geschliffen. Dessen glaube ich gewiß zu sein, daß in Deutschland, da Tieck alt ist, kein ebenbürtiges Komödien-Talent neben mir auftreten wird, denn die Töpfer, die Bauernfeld u.s.w. erheben sich nur zu Fratzen und Figuren, denen sie, wenns glückt, einen leidlichen Einfall oder eine Schnurre in den Mund legen, und die Gutzkowe stehen noch niedriger, wie diese, eben weil sie Höheres wollen. Dennoch wird mein Stück wohl sowenig den ersten als den zweiten Preis in Berlin erhalten. Nun, es gehe, wie's wolle. Die Kraft, die Wonne des Schaffens ist doch mein, dieser Lohn geht aus meiner eignen Brust, aus der Gabe selbst hervor und kann nie davon getrennt werden, und so viel, als ich brauche, um meine und der Meinigen leibliche Existenz notdürftig zu fristen, wird ein gütiger Gott nicht versagen. Elise ist ja fast noch bescheidener, als ich; freilich schmerzt es, daß ich ihr nie eine Freude machen kann, daß sie Kinderwärterin, Schneiderin (sogar für mich) oft sogar auch Köchin sein muß, während andere von einer Lustbarkeit zur andern hüpfen. [2397]

Was ist Leben? Du stehst *im* Kreis, bist durch den Kreis beschlossen, wie könnte der Kreis wieder, sei es als Bild oder Begriff, in dir sein? Das Ganze vom Teil umfaßt werden, in ihm aufgehen? [2398]

Vom Wetter: das Wetter, wenn es weht, ist bloß für den Müller gemacht; wenns trocken ist: für den Ziegelsteinbrenner pp [2399]

Einer, der einen Mörder entdeckt und angibt, dafür eine Prämie erhält, durch die Prämie ins lockre Leben hineinkommt, und um dies fortsetzen zu können, als das Gold am Ende aufgeht, selbst einen ermordet. (Herr Ziese) [2400]

Ein Mädchen, das mit seinem Lohn zu Hause geht, einem begegnenden Schlächter sagt, daß sie sich durch einen Wald zu gehen fürchtet, von diesem durch den Wald begleitet und erschlagen wird; im Sterben sagt sie: die Sonne soll dich verraten!, der Schlächter, längst verheiratet, liegt einmal morgens in seinem Bett und lacht, als die Sonne ihm hell ins Gesicht scheint, seine Frau fragt ihn, warum er lacht, er sagt ihr zuletzt: die Sonne soll mich noch verraten und erzählt den Mord, die Frau zeigt den Mord an und er wird hingerichtet. (Herr Ziese.) [2401]

d. 20 Dezbr.

Heute habe ich Schillers Aufsatz über Anmut und Würde gelesen. Wie paßt alles, was er über die schöne Seele, die im Zustand des Affekts ins Erhabene übergehe, so sehr auf Elise, als ob sie im Gemälde kopiert wäre! Mir ist noch kein menschliches Wesen von so wunderbarer, himmlischer Harmonie vorgekommen, wie sie. Ich hätte ohne sie die Genoveva nicht schreiben können. Ich bin ihr alles, meinen äußern und meinen innern Menschen, meine Existenz in der Welt und in der Kunst, schuldig geworden; mögte Gott mich in den Stand setzen, ihr ein leidliches Dasein zu verschaffen! Das ist das einzige, wovor sie bangt und zittert, daß es ihr und dem Kinde noch einmal am Notwendigen fehlen möge. Gott verhüte es gnädig; will er mich strafen, so gibts andre Mittel, als dies! [2402]

d. 23 Dezbr.

Heute habe ich den Prolog zum Diamanten beendigt. Der ist so oft durch Zahnweh unterbrochen worden, daß sein Fertigwerden ein Wunder ist. Ich freue mich, morgen ist Weihnachts-

Abend, heute besah ich mit Elise die Ausstellung in den Läden, Geld hab ich und an Hoffnung fehlts nicht! [2403]

d. 27 Dezbr.
Die Weihnachtstage habe ich bei ihr, die ich nicht mehr zu nennen brauche, wieder schön verlebt. Sie hat mir einen prächtigen Schal geschenkt, außerdem noch gestickte Schuhe, eine feine Geldbörse und, was mich immer tief in meine Kinderzeit zurückversetzt – nicht, weil ich es damals hatte, sondern weil es mir fehlte – Nüsse, Kuchen und Äpfel. Ich bin Gott unendlich dankbar für jeden frohen Tag, den wir in Freude und Heiterkeit miteinander verbringen. Am ersten Weihnachtstag trug ich das Lustspiel auf die Post. Sei Er, ohne dessen Segen die Kraft selbst keine Kraft mehr ist, dem Werke günstig. [2404]

Heute den rasenden Ajax von Sophokles wieder gelesen. An den Ödipus reicht er nicht, aber es ist groß gedacht, daß der Wahnsinn, sowie er sich selbst erkennt, zu noch größerem Wahnsinn führt und daß noch der Tote zur Entfaltung aller Leidenschaften der Lebendigen Anlaß gibt. Die Veränderung der Szene im zweiten Teil zeigt, wie wenig den Alten die sog. Einheit des Orts galt, wenn sie sich nicht von selbst darbot. Die moderne Kritik mit ihren albernen Natürlichkeits-Forderungen mögte es als einen Hauptfehler rügen, daß Teukros nicht erst Wiederbelebungs-Versuche mit dem Bruder anstellt, sondern nur für seine Bestattung sorgt. [2405]

Die Lebensgesetze sind das Leben, die Weltgesetze die Welt. [2406]

Auch das tiefste, geistreichste Wort, was der Mensch spricht, verweht und verliert, nachdem es die fremde Seele befruchtet hat (oder auch, rückwirkend, die eigene) seine Bedeutung durch ein erzeugtes zweites oder drittes, nur er selbst dauert und bleibt. Ein gemeiner Gedanke, mögte man sagen. Allerdings, aber ich wollte, er würde noch etwas gemeiner, er fände auch im Gebiet der Kunst Anwendung, dann würde man erkennen, daß im Dramatischen selbst die schönsten und gewichtigsten Reden, wie man sie bei Schiller auf jeder Seite findet, niemals für Charaktere entschädigen können. [2407]

d. 28 Dezbr.

Nun stehen mir wieder abscheuliche Tage bevor. Das Lustspiel ist fertig und ein neues Werk (obgleich sowohl Moloch, wie das bürgerliche Trauerspiel Klara stark in mir rumoren) läßt sich wohl nicht sogleich wieder anfangen, da kehrt sich denn, wie gewöhnlich, das bißchen Kraft, das ich sonst auf künstlerische Objekte verwende, gegen mich selbst, wie die Zähne, die nichts zu beißen haben, sich in das eigene Fleisch hineingraben, das sie ernähren sollen. Dann geht auch, wie schon heute, das Pflügen im Tagebuch wieder los, allerlei Gedanken fliegen einem durch den Kopf, mit denen man nichts aufzustellen weiß, und man legt sich ein Herbarium von solchen zudringlichen Schmeißfliegen an. Hätt ich nur Bücher! In diesen Pausen, wo das Produktions-Vermögen stockt und aus einer bestimmten einzelnen Richtung sich wieder ins Allgemeine verliert, würde ich wütend studieren und allerlei Wissenschaftliches bewältigen können. Aber Campe bietet mir keine Bücher an und eben weil er das nicht tut, mag ich ihn nicht fragen, ebensowenig mag ich jemanden zumuten, auf der Stadtbibliothek für mich zu bürgen und so muß ich die Zeit vorübergehen lassen, wie ein Huhn, das zur Brütezeit auf einem leeren Nest sitzt. Ach, der Mensch ist so wenig, so ganz ungeheuer wenig, selbst dann, wenn seine Kraft sich bis ans Äußerste ihrer Peripherie ausdehnt, daß er sich gar nichts zu sein deucht, wenn es an diesem inneren Aufpeitschen fehlt, daß es wenigstens mir scheint, als ob mit dem konzentrierenden Gedanken, der meinem Vermögen die Bahn der Wirkung anweist, ich selbst ins Nichts entweiche. [2408]

Alle menschliche Bildung geht den folgenden Gang. Der Mensch erwacht mit einem Gefühl des Allgemeinen, welches eben darum, weil er daraus hervorging, sein Erbteil sein mag. Dann hat er alles, weil er nichts hat, er glaubt die ganze Welt zu besitzen, weil sie ihm in allen ihren Realitäten gleich nah und gleich fern steht, weil keine einzige von allen ihn dadurch, daß sie ihm nähergerückt ist, belehrt, wie weit von ihm die übrigen entfernt sind. Hierauf folgt die Erkenntnis und das Ergreifen des Besonderen, wo der Mensch sich mit unendlicher Behaglichkeit in das, was er einmal erfaßt und durch Selbsttätigkeit zu sich herangebracht hat, versenket. Nun, wenn alles gut geht, entsteht der Trieb, das Besondere wieder ins Allgemeine aufzulösen, es darauf zurückzuführen. Die allermeisten bleiben im ersten Stadium stehen; dies sind die Leersten und Eitelsten, aber auch zugleich die Glücklichsten, weil sie sich durch keine individuelle Form gebunden fühlen und weil sie natürlich nicht erkennen, daß die Form ihnen nur darum fehlt, weil sie dem Nichts überhaupt fehlt. Sehr viele verharren im zweiten Stadium; die sind unglaublich *zäh* und *sicher*, ungefähr so, wie das, was am menschlichen Körper Knochen geblieben ist, auch zäh und gegen die meisten Krankheiten gesichert ist. Die wenigsten erreichen das dritte Stadium, aber nur in diesen setzen Gott und Natur ihr Geschäft fort.

[2409]

Wechselzähne der Kinder. Ich mögte wissen, wie die Medizin sie erklärt. Ich denke mir so. Der Organismus des Kinds ist zu schwach, um in so frühen Jahren den Zähnen schon eine für das ganze Leben ausreichende Festigkeit und Härte zu geben und doch kann die Natur das Kind nicht so lange ohne Zähne lassen, als nötig wäre, wenn sie die Zähne sogleich machen sollte, wie sie sein müssen. Darum Wechselzähne. Freilich Hypothese ohne Erfahrung.

[2410]

d. 29 Dezbr.

Die Genoveva ist doch in Gehalt und Form so bedeutend, wie etwas von mir, nur daß in ihr die Welt unendlich mehr auseinandergeschoben ist, wie in Judith, was die Natur des Dramas notwendig machte, was aber das Verfolgen der einz. Fäden bedeutend erschwert. Wenn ich früher nicht mir ihr zufrieden war, so kam das daher, weil ich aus übertriebener Sprödigkeit gegen Gemüts-Dialektik, die allerdings auch leicht zuweit gehen kann, den Charakter des Golo zu sehr nur in den Blüten, statt in den Wurzeln hingestellt hatte.

[2411]

Mir kam heute ein Gedanke über den Chor der griechischen

Tragödie, der vielleicht nicht ganz verwerflich ist. Es ist bekannt, daß das ganze Drama der Griechen sich aus den Gesängen entwickelte, die am Dionysosfeste gesungen wurden. Diese Gesänge, deren Inhalt religiös war, wurden also Grundstock des Dramas, dadurch erklärt es sich ganz von selbst, daß sie fortwährend das innerste Element desselben ausmachten. Hier ist der Ursprung des Chors; daß später die Meister der Kunst ihn in die Natur des Dramas selbst zu verweben suchten, war natürlich. Schlecht ausgedrückt. [2412]

d. 30 Dezbr.
Einige Bände Lessing durchgelesen. Es ist außer Laokoon und der Dramaturgie doch unendlich wenig Positives in ihm, und die Zeit mag nahe sein, wo alles übrige dem Staube der Bibliotheken anheim fällt. Ich zum wenigsten kann diese kleinen Abhandlungen, selbst die über den Tod u.s.w. nicht mehr durchbringen. Die Irrtümer, die er bestreitet, sind vergessen, die Wahrheiten, die er feststellt, sind ausgemacht und der unbefangene Beschauer, der weniger auf den Prunk der Gelehrsamkeit, als auf die Resultate sieht, kann beide nicht mehr für besonders wichtig halten. Seine Dramen zumal sind mir unausstehlich, je mehr sich das eigentliche Leblose dem Lebendigen nähert, je widerlicher wird es und es läßt sich doch, obgleich selbst die bessere Kritik zuweilen noch eine andere Miene annimmt, durchaus nicht leugnen, daß alle Lessingsche Menschen konstruierte sind und daß seine *Haupttugenden:* die geglättete Sprache, die leichte Diktion und die kaustische Schärfe der Gedanken eben aus diesem *Hauptmangel*, der die feine Ausarbeitung der einzelnen Teile sehr begünstigen mußte, hervorgingen. [2413]

Ein ausführliches kritisches Werk über Shakespeare könnte Gelegenheit geben, Dinge über das Drama und die darin herrschende dichterische Darstellungs-Weise zu sagen, die noch nie gesagt sind. Man müßte, um sich die Arbeit zu erleichtern, nicht vom Allgemeinen zum Einzelnen, sondern umgekehrt vom Einzelnen zum Allgemeinen übergehen und das Ganze etwa in Form eines rhapsodischen Tagebuches geben. Tieck, solange er ausholt, ist mit seinem Werk noch immer nicht da und hat eigentlich bis jetzt über Shakespeare nur noch schöne Reden gehalten, er ist ein Priester am Altar, aber kein spekulativer Theolog, wenn der Ausdruck erlaubt ist. Wenn ich daran ginge, so wäre mir Shakespeare natürlich nur Neben- und das Drama selbst Hauptsache. Im dramatischen Katechismus, wie ihn die krit. Jungen auswendig lernen, stehen bis auf den heutigen Tag Artikel, die zu vertilgen ein größeres Verdienst sein mögte, als neue Dramen zu schaffen. Welche Dummheiten z. B. werden fortwährend über Charaktere, über ihre Treue, ihre Übereinstimmung mit der Geschichte u. s. w. abgeleiert. Daß die Symbolik nicht bloß in der Idee des Dramas wirksam ist, sondern schon in jeglichem seiner Elemente, will niemand ahnen und doch ist nichts gewisser. Diese Herren Kritikaster würden wahrscheinlich laut auflachen, wenn sie jemanden zum Maler sagen hörten: was? das sollen Menschen-Gesichter sein? Du gibst uns für Röte des Bluts Röte des Zinnobers, für Blau des Auges Blau des Indigo pp und meinst, das könne uns täuschen? Dennoch gebärden sie sich nur um ein Weniges komischer, wenn sie in ihren Beurteilungen Geschichte und Poesie miteinander konfrontieren und statt nach der Identität der *letzten Eindrücke*, die allerdings gleich sein müssen, wenn Dichter und Historiker sind, was sie sein sollen, nach der ebenso unmöglichen als überflüssigen Identität der Ingredienzien fragen. [2414]

d. 31 Dezbr.

Als das erheblichste äußere Ereignis des verflossenen Jahres darf ich wohl das mit Campe angeknüpfte Verhältnis betrachten, welches sich anläßt, als ob es ein festes und dauerndes werden wolle. An dieses knüpft sich dann die Herausgabe der Judith und die bevorstehende der Gedichte. An Arbeiten sind entstanden: die beiden letzten Akte der Genoveva; das Lustspiel: der Diamant nebst Prolog; die Novelle: Matteo; kritisch ein Aufsatz über Heines Buch der Lieder im Korrespondenten, und viele Gedichte, noch ungerechnet, daß ich einen großen Teil der älteren Gedichte, denen hie und da in einzelnen Ausdrücken nachzuhelfen war, überarbeitet und zu dem mir möglichen Grad der Vollendung erhoben, andere, bei denen dies nicht ging, vernichtet und so diese Silhouette meines Herzens nach Kräften von

Leberflecken und Sommersprossen gereinigt habe. Mit bedeutenden Menschen bin ich nicht bekannt geworden; Franz Dingelstedt hat mir geschrieben, doch der scheint, wie es mir nach seinen Nachtwächterliedern vorkommen will, die Hand nach allen Seiten zu bieten, um sich ein Heer von guten Freunden anzuwerben, ich habe ihm auch nur ein paar leichte Worte geantwortet. Auch das hab ich erlebt, daß sich jemand, ein Redakteur in Hannover, ein paar Zeilen von meiner Handschrift ausbat; wachse, Zelebrität! Dr Schleiden hat meine Genoveva mit großer Liebe aufgenommen und mir einen Brief darüber geschrieben, der aus dem Tiefsten des Herzens kam; das hat mir von allem, was dem Dichter in mir widerfuhr, die meiste Freude gemacht, denn dies Zeichen der Anerkennung war ebenso frei, als wahr. Bisher hat Gott mich vor Not geschützt; ich bitte um nichts weiter, als daß er es auch fernerhin tun möge, dann muß ich aber im nächsten Jahr etwas *mehr* Geld erhalten, denn nun ist die arme Elise bis aufs letzte ausgesogen – Gott helf uns! [2415]

1842

Den 1sten Jan: Abends 10 Uhr.
Da steht das Datum! Aber was ich hineinschreiben soll, weiß ich wirklich nicht. Statt alles übrigen steht hier am besten das Wort Vertrauen. Ja, Vertrauen! Mit Vertrauen will ich das Jahr anfangen, denn daran fehlt es mir oft gar sehr. Gott, Du weißt es: ich bitte Dich nicht um Tand, nicht um Ehre und Ruhm, so schmerzlich man den letzteren freilich in einer Welt voll bekränzter Lumpen entbehrt, nicht um Überfluß, nur um Fortdauer der inneren und äußeren Existenz, nur um das, was zu meiner und meiner Teuersten Erhaltung notwendig ist und um Deinen Segen für mein geistiges Leben. Darum will ich auch glauben, daß Du mich erhören wirst! [2416]

d. 2ten Jan:
Du armer Seidenwurm! Du wirst spinnen, und wenn auch die ganze Welt aufhört, Seidenzeuge zu tragen! [2417]

Ich traf heute auf dem Weg nach Barmbeck den Doktor Gravenhorst. Miserables Verhältnis, das nie vorbei ist und beide drückt! [2418]

Wenn einer schwört, so macht er sich dadurch nicht anheischig, daß er dich nicht betrügen will, sondern nur, daß er zugleich mit dir auch den lieben Gott betrügen will. [2419]

Ob bei immer fortgehender Tyrannei die Großen der Erde nicht zuletzt sich von der Kanaille ebenso die geistigen, wie die physischen Güter werden steuern lassen, von den Dichtern z. B. die Gedanken, um damit in Gesellschaften zu glänzen u.s.w. [2420]

Einer, der einem andern eine Ohrfeige gibt, weil er glaubt, daß dieser ihm eine Fratze schneidet; näher besehen, ists aber des Menschen natürliches Gesicht. [2421]

Ein Feind, der so groß und dick ist, daß sein Gegner in seinem Schatten kämpfen kann. [2422]

Ein Schuft könnte sagen: was verfolgt ihr mich? Dankt Gott, daß ich da bin! Ich bin die Fontanelle der Menschheit, wodurch sich alles Übel absondert; wenn ihr mich fortschafft, unterbindet (durch den Galgenstrick) so werdet ihr sehen, daß das Gift bei Pfarrern, Gesetzgebern u.s.w. wieder ausbricht. – [2423]

d. 7ten Jan:
Wieder ein Bettelbrief von meinem Bruder. Es ist ein Unglück. Mein Ausgabebuch gibt das Zeugnis, daß ich keinen überflüssigen Schilling ausgebe, mein Mittags-Essen, und wievieles mehr, geht noch immer auf Kosten von Elise, und dieser Mensch will immer Geld haben, zwischen ihm und mir besteht kein anderes Verhältnis, als daß er Geld haben will! [2424]

d. 9ten Jan:
Das meiste von *Hoffmann* hat sich überlebt, aber seine Elixiere des Teufels sind und bleiben ein höchst bedeutendes Buch, so voll

warmen, glühenden Lebens, so wunderbar angelegt und mit solcher Konsequenz durchgeführt, daß, wenn es noch keine Gattung gibt, der Darstellungen dieser Art angehören, das Buch eine eigne Gattung bilden wird. Hoffmann gehört mit zu meinen Jugendbekannten und es ist recht gut, daß er mich früh berührte; ich erinnere mich sehr wohl, daß ich von ihm zuerst auf das Leben, als die einzige Quelle echter Poesie, hingewiesen wurde.

[2425]

Die Szene im ersten Bande (von pag 80 an) der Elixiere, wo Euphemie, den Medardus für Viktorin haltend, diesem erzählt, wie sie sich durch ihre Geisteskraft über alle gestellt habe, während sie sich in demselben Augenblick dem Medardus in die Hand gibt und so ihren *Sieg* durch ihren *Triumph* selbst zerstört, ist so humoristisch-groß, wie etwas. [2426]

Alles von Hoffmann ist aus einem unendlich tiefen Gemüt geflossen, alles das was seine Werke von den höchsten Werken der Kunst unterscheidet, daß z.B. die Ideen, die ihnen zu Grunde liegen, nicht fixe Sonnen, sondern vorüberschießende Kometen sind, daß der Verstand, der dem einzelnen feste plastische Form gibt, nicht ebenso das Ganze einrahmt, trägt dazu bei, sie noch wärmer zu machen, als Kunstwerke. [2427]

Ich liebte Hoffmann sehr, ich liebe ihn noch und die Lektüre der Elixiere gibt mir die Hoffnung, daß ich ihn ewig werde lieben können. Wie viele, die mir einst Speise gaben, liegen jetzt schon völlig ausgekernt hinter mir! [2428]

In Dithmarschen hat mich keiner gekannt. Wenn ein Mensch im Sumpf liegt und dem Ertrinken nahe ist, kann ihn niemand kennenlernen. [2429]

Elise träumte sehr oft, sie befände sich in einem unendlichen dunklen Raum, der mit Sternen besät sei, und löse sich darin auf.

[2430]

Ein Darm muß vollgestopft werden; er ist nichts, wenn er nichts enthält. [2431]

Wahrheit ist das höchste Gut. Sehr richtig. Aber was ist Wahrheit? Dies ist auch die höchste Frage. Wem bin ich Wahrheit schuldig? Doch wohl nur dem, der selbst der Wahrheit fähig ist. [2432]

d. 10 Jan:
H. Gloy, Mitglied des hiesigen Theaters, wird meine Genoveva nächstens in einer Gesellschaft lesen. Er hat sie seit 3 Wochen, ohne daß ich etwas weiteres erfuhr und ich war schon fest überzeugt, daß durch Mitteilung des Manuskripts, die durch Janens geschehen war, ein Mißgriff begangen sei. Heute abend klärte sich nun alles auf, Janens erzählte mir, daß Gloy das Werk unablässig studiere und es zum Teil memoriere, um es gut vortragen zu können; nur Shakespeare habe so etwas gemacht u.s.w. Nicht aus erbärmlicher Eitelkeit schreibe ich dies nieder; Gott weiß, wie sehr ich noch immer in Zwiespalt mit mir selbst liege, wie oft ich über meinen Beruf für das Höchste wieder in Zweifel gerate, und wenn ich dann solche Äußerungen von Leuten, die mir ganz fremd sind und die sich in ihrem Urteil gewiß nicht zu genieren brauchen, vernehme, so kann es mir nicht gleichgültig sein. [2433]

Schäm dich! Es ist die billigste Art, sich zu schminken!
[2434]

Der Jugend wird oft der Vorwurf gemacht, sie glaube immer, daß die Welt mit ihr erst anfange. Wahr. Aber das Alter glaubt noch öfterer, daß mit ihm die Welt aufhöre. Was ist schlimmer?
[2435]

d. 12 Jan:
Heute hab ich die Sonette und die Erzählung: die Nacht im Jägerhause ans Morgenbl. gesandt. [2436]

Daß die Engländer jetzt China zu erobern suchen, scheint mir der genialste Gedanke der neueren Geschichte, ein Gedanke, der allein durch sein Dasein seine wirkliche Ausführung verbürgt. Und so wie sich jetzt die Weltverhältnisse mehr und mehr zu gestalten scheinen, muß wohl jeder den Engländern von ganzem Herzen Glück und Wachstum wünschen. [2437]

d. 13 Jan:
Ich war gestern abend bei Campe. Er suchte mir begreiflich zu machen, daß ich mich, den Kritikastern und Rezensenten gegenüber nicht so spröde verhalten müsse, wie ich bisher getan habe. Ich wollte dies nicht einräumen, aber am Ende hat er nicht ganz unrecht. Es ist, wie mit einer Sache vor Gericht. Auch bei der gerechtesten bedarf man eines Advokaten, eines Mittlers zwischen sich und dem Richter. Etwas anders will ich es von jetzt an verhalten und wenigstens solche Leute nicht geradezu beleidigen. [2438]

d. 14 Jan:
Mein kleiner Max ist krank und nicht unbedeutend. Dies ist es, was ich schon so lange gefürchtet habe. Nichts schneidet tiefer in mein innerstes Wesen ein, als Krankheiten meiner Lieben. Unendlichmal lieber will ich selbst krank sein. [2439]

Was wir Leben nennen, das ist die Vermessenheit eines Teils, dem Ganzen gegenüber. Wie stellen sich die allgemeinen Kräfte dem Besonderen in den Weg und suchen es noch vor der Entwickelung, im Werden selbst, zu zerstören! Wie stürzen sie über das Gewordene her! [2440]

Ja, wenn es ein Kriterium gäbe! Ein höchstes, sicherstes! Daß wenigstens innerlich das Schwanken und Zweifeln aufhörte. Denn, wenn man auch dem Maß seines Erkennens Genüge tut, wie ich mir das Zeugnis geben darf: wer bürgt für dies Maß selbst? [2441]

Ein Wort Napoleons
Die Frau von Colombier führte ihn in Valence, als er noch Offizier war, in ihre Gesellschaften ein. »Der Kaiser spricht noch immer mit einer zärtlichen Dankbarkeit von ihr, und behauptet, daß der ausgezeichnete Umgang und die hohe Lage, in welche ihn diese Dame in seiner so frühen Jugend schon in der Gesell-

schaft zu bringen wußte, einen großen Einfluß auf das künftige Schicksal seines Lebens ausgeübt haben dürfte.« Wahr, sehr wahr. Und so wie Napoleon zum Dank Ursache hatte, so habe ich, dem Kirchspielvogt Mohr gegenüber, Ursache, nicht zum Haß, aber zur bitteren Geringschätzung auf alle Zeiten. Woher kommt mein schüchternes, verlegenes Wesen, als daher, daß dieser Mensch mir in der Lebensperiode, wo man sich geselliges Benehmen erwerben muß, jede Gelegenheit dazu nicht allein abschnitt, sondern mich dadurch, daß er mich mit Kutscher und Stallmagd an einen und denselben Tisch zwang, aufs tiefste demütigte und mir oft im eigentlichsten Verstande das Blut aus den Wangen heraustrieb, wenn jemand kam und mich so antraf. Nie verwinde ich das wieder, nie; und darum habe ich auch nicht das Recht, es zu verzeihen. [2442]

D 17 Jan: an den Freihafen Judith und Gedichte gesandt.
[2443]

d. 18 Jan:
Heute sprach ich meinen Enthusiasten, Herrn Gloy. Ja, ja, das ist der Mann, der das Recht hat, mich mit Shakespeare zu vergleichen. Auch keine Spur eines Verständnisses der Genoveva. Desungeachtet hatte er darüber gedacht und dies war eben das Fürchterlichste. Eine Meinung aus dem Stegreif hätte mich nicht so entwaffnet. Das ist nun ein Bewunderer, ein Verehrer! Deutlicher, immer deutlicher wird es mir, daß ich ganz vom Theater absehen muß. Will ich kein Handwerker werden, so werd ich es auf den Brettern nie zu etwas bringen. Und wenn ich auch gegen die Kunst sündigen wollte – ich *kann* nicht! Kräfte, die mich, wenn mein Gefühl nicht irrt, hin und wieder dem Höchsten nah bringen, verlassen mich augenblicklich, wenn ich das Geringere will. Frägt sich nur, woher Brot nehmen, Brot für Elise, Max und mich. [2444]

Napoleon, als er Englisch lernte. (Las Cases.)
»Je rascher, größer und ausgedehnter ein Geist wirkt, desto weniger kann er sich bei regelmäßigen und kleinlichen Dingen aufhalten. Der Kaiser begriff mit einer staunenswürdigen Leich-

tigkeit alles, was die Gründe der Sprache betrifft, sobald aber von ihrem innerlichen Mechanismus die Rede war, fand er nichts, als unüberwindliche Schwierigkeiten!« Das ist eben das Unglück, darum ist es so schlimm, wenn man Schulsachen nicht in den frühsten Jugendjahren, die für sie bestimmt sind, unter die Füße bringt, später kann man die höchsten geistigen Taten vollbringen, aber – nicht Latein lernen. [2445]

d. 19 Jan:

Tag für Tag verstreicht mir jetzt wieder ohne Unterbrechung von außen und innen in bloßer Zeit-Tötung. Und dennoch bin ich in meinem jetzigen Zustand noch unendlich glücklich, wenn ich mir den Zustand denke, wie er auch sein könnte. Ich habe Elise, ich habe die treuste, edelste Seele, das himmelschönste Gemüt, die alle meine Unarten erträgt, meinen Unmut verscheucht, sich über mich vergißt und nur das fühlt, was von mir ausgeht oder mich angeht. Wenn ich des Mittags zu ihr gehe, wenn wir uns zu unserem kleinen Mahl setzen, so empfinden wir sicher alle beide mehr wahres Glück, als Tausende, die von einer Gesellschaft in die andere fahren. Gott, laß mich einen Tag vor ihr sterben! [2446]

Wie hübsch ist in Las Cases Memoiren der Zug, wo Las Cases den Brief empfängt, den Napoleon mit verstellter Hand an ihn geschrieben und worin er Kindereien vorgebracht hat. Der zeigt so recht, daß jede große Natur kindlich ist und es unter allen Umständen bleibt. Auch sein Zorn, sein heftiges Auffahren u.s.w. [2447]

d. 20sten Jan:

Husten, Schnupfen und Heiserkeit halten mich im Zimmer fest, draußen ist freundliches Frostwetter und ich bleibe ungern im Gefängnis, aber ich muß, denn ich bin schon so weit, daß ich kaum noch einen verständlichen Laut von mir geben kann. Gestern abend las ich zum erstenmal etwas von Platon, und zwar den Phädros und das Gastmahl. Jener ist herrlich. »Die dritte Begeisterung und Wahnsinnigkeit, die von den Musen stammende, bildet, indem sie eine zarte und unbefleckte Seele ergreift, die sie anregt und entzündet zu Gesängen und anderen Arten der Dichtkunst, durch Verherrlichung unzählbarer Taten der Älteren die Nachkommen. Und wer ohne diese Wahnsinnigkeit von den Musen zu den Türen der Poesie hintritt, in der Meinung, durch Kunst ein vollkommener Dichter zu werden, ein solcher wird als ungeweiht befunden und seine, als eines Besonnenen, Dichtung von der des Begeisterten verdunkelt«. – [»] Jede Seele ist unsterblich; denn das stets Bewegte ist unsterblich, das ein anderes Bewegende aber und von einem anderen Bewegte hat, wenn die Bewegung endet, auch sein Lebens-Ende. –«(Über die Prophetie oder Wahrsagerkunst) »Von den größten Krankheiten und Mühseligkeiten, die wegen Versündigungen der Zorn der Götter verhängt hatte, verschaffte der Wahnsinn, in irgend einem Gliede des Stammes erwachend und die Zukunft erkennend, denen, welche es bedurften, Befreiung, indem er seine Zuflucht nahm zu Gebeten und Diensten der Götter, wodurch er eben Reinigung und Weihung erlangend, den von ihm Ergriffenen schuldlos machte für die gegenwärtige und zukünftige Zeit, dem wahrhaft in Wahnsinn und Begeisterung Versetzten Rettung aus dem gegenwärtigen Übel verschaffend.« – (Asts Übersetzung.) Eros ist ein großer Dämon, denn alles Dämonische liegt zwischen dem Göttlichen und Sterblichen. Er deutet und überbringt den Göttern das Menschliche und den Menschen das Göttliche, von diesen nämlich die Gebete und Opfer, von jenen die Gebote und Vergeltungen der Opfer. In der Mitte von beiden füllt er den Zwischenraum aus, so daß das Ganze mit sich selbst in Verbindung und Zusammenhang steht. Auf ihm beruht alle Weissagung und die Kunst der Priester in Bezug auf Opfer, Weihung, Besprechung und jede Art von Wahrsagung und Bezauberung. Gott selbst steht in keiner Berührung mit den Menschen, nur durch das Dämonische wird aller Verkehr und alle Unterredung der Götter mit den Menschen, im Wachen, wie im Schlafen, vermittelt. Wer darin weise ist, ist ein dämonischer Mann, der in anderen Dingen, wie in Künsten und Handwerken, weise, ein gemeiner. (Gastmahl, in Asts Übersetzung.) [2448]

Alle Poesie, mögte ich sagen, ist dramatisch, das heißt lebendig zeugend und fortzeugend. Der Gedanke, der nichts bedeutet, als sich selbst, der nicht auf einen zweiten, dritten und vierten u. s. w. führt und so bis zur höchsten Spitze der Erkenntnis hinauf, der also nicht auf die gesamte Entwickelung, auf den ganzen Lebensprozeß Einfluß hat, ist sowenig poetisch, als lebendig, er ist aber auch gar nicht möglich, denn das Leben zeigt sich nur in der Gestalt des Übergangs. Nun aber sind die Veränderungen, die der Gedanke im Inneren hervorbringt, völlig so gewichtig, als diejenigen, die er, den ihm zunächst liegenden inneren Stoff mit dem äußeren vertauschend, in der Welt bewirkt. [2449]

Wollte der Himmel, die neuere Zeit erzeugte einmal wieder einen Philosophen, wie Plato. Ich erstaune über den unendlichen Reichtum und die Tiefe dieses Geistes, der sich im beschränktesten Raum so klar und so ganz auszugeben weiß. Wie stehen unsere Barbaren, die eigentlich nicht sowohl Geist, als Psychologie geben, hinter ihm zurück! Merkwürdig ist die Übereinstimmung einiger Platonischer Gedanken mit den meinigen. Vor langer Zeit schon schrieb ich irgendwo in dies Tagebuch: »Der Mensch kann zeugen, denn das Zeugen ist der Ersatz für seine Vergänglichkeit!« Hier bei Plato, im Gastmahl, heißt es: »Alle Menschen gehen schwanger, dem Körper und dem Geiste nach, und wenn wir ein gewisses Alter erreichen, so verlangt unsre Natur zu zeugen, zeugen kann sie aber nicht im Häßlichen, sondern nur im Schönen. Die Vereinigung des Mannes und des Weibes nämlich ist Zeugung, und dieses ist etwas Göttliches, denn das Unsterbliche in den sterblichen Wesen ist dieses Empfangen und Gebären.[«] (Später wird dieser Gedanke auch auf das Geistige angewandt.) Sehr gern las ich auch, weil es meine eigene innerste Überzeugung ist: – »Sokrates brachte sie zu dem Eingeständnis, es sei die Sache eines und desselben Mannes, Tragödien und Komödien dichten zu können, und der künstlerische Tragödien-Dichter sei auch Komödien-Dichter.« – [2450]

Napoleon (Band 3 bei Las Cases) äußert sich über Dankbarkeit: die Menschen wären nicht so undankbar, als man wohl behaupte. Die Beschwerde rühre daher, weil die meisten Wohltäter *zu viel* wiederhaben wollten. Er hatte doch wohl Erfahrungen genug gemacht. [2451]

d. 22 Jan:

Ich lese diese Denkwürdigkeiten wieder mit höchstem Vergnügen. Man sage, was man wolle, er ist ein Mann, und wenn er denn durchaus eine Geißel Gottes sein soll, so war diese Geißel die Rücken wert, die sie zerfleischte.

[2452]

Für die wirkliche spezifische Verschiedenheit von Geist und Materie kann man den nächsten und besten Grund aus dem Verhältnis des menschlichen Geistes zum Körper hernehmen. Wenn der Geist nur das Sublimat des Physischen wäre, so müßte dieses, als sein Ur-Element ihm durchsichtig, durchschaubar und erkennbar sein, er müßte es im gesunden und mehr noch im kranken Zustande begreifen, dies ist aber keineswegs der Fall. Geradesowenig als der *Daumen* von dem Gedanken weiß, der den Geist in Freude oder Kummer versetzt, ebensowenig weiß der *Geist*, wenn er nicht auf dem Wege der Erfahrung den die Wissenschaft ihm anweist, also durch Vergleichung eines faktischen Zustandes mit unzähligen anderen, die ihm beschrieben wurden, dazu gelangt, von der Ursache des Juckens oder des Schmerzes im Daumen. Eine Mauer steht zwischen beiden. – Dies dachte ich gestern abend im Bett, als ein dumpfes Zahnweh sich bei mir einstellte und ich mich vergebens bemühte, das Hauptquartier desselben ausfindig zu machen.

[2453]

Ein Wesen, das sich selbst begriffe, würde sich dadurch über sich selbst erheben und augenblicklich ein anderes Wesen werden. Das wunderbarste Verhältnis ist das zwischen Zentrum und Peripherie.

[2454]

d. 24 Jan:

Heute habe ich meinem Bruder die Judith, um die er bat, geschickt und ihm, soweit es, ohne mich geradezu zu blamieren, geschehen konnte, meine Verhältnisse auseinandergesetzt. Ich habe ihm gesagt, daß ich Schulden habe, die bezahlt werden müssen; und hab ich sie denn nicht? Hat nicht Elise all ihr Hab und Gut für mich aufgeopfert? Wäre ich nicht der Schurk aller Schurken, wenn ich nicht den letzten Tropfen Blut einsetzte, um sie vor Not zu schützen? Ich habe ihm deutlich gemacht, daß er, der bloß für sich zu sorgen hat, mit seinen körperlichen Kräften das Wenige, dessen er in seinen Verhältnissen bedarf, leichter erwerben könne, als ich mit meinen geistigen das Viele, dessen ich bedürfe; genug, ich habe alles getan, um ihn zu überzeugen, daß ich nicht aus Hartherzigkeit, sondern nur, weil ich nicht kann, ihm keine Geld-Unterstützung zukommen lasse. [2455]

d. 30 Jan:
Aus Berlin verlautet über die Preisverteilung noch immer nichts. Ich habe heut morgen mein Lustspiel einmal wieder durchgelesen. Nun, ich darf sicher sein, daß nichts Besseres eingegangen ist. Dennoch –! Dem Nichts gegenüber ist Gott selbst keine Macht mehr. [2456]

d. 30 Jan:
Heut abend habe ich berechnet, wie viele Bogen Genoveva bei einem Druck, wie die Judith, machen wird. Ich glaube: 16½ Bogen. Das gäbe denn, da Campe doch wohl 2 L pr Bogen geben wird, 33 Louisdor. Eine schöne Summe! [2457]

Der Mensch ist ein Ding zwischen zwei Lippen, die sich berühren wollen und nicht können. [2458]

d. 31 Jan:
Man ist so oft undankbar gegen den Ewigen. Im Besitz der treusten, edelsten Seele: was fehlt mir? Einige zerstreuende Unterbrechungen des Daseins. Aber, wieviel leichter läßt sich das, was mir fehlt, entbehren, als das, was ich habe! [2459]

Die Schlacht bei Poitiers, wo Karl Martell den Abd-er-Rhaman, den Anführer der Moslemen warf, fiel 732 vor. In jenem Jahre spielt also meine Genoveva. [2460]

d. 2 Februar.
Gestern war denn endlich der seit 6 Wochen erwartete Tag, wo Gloy bei dem Maler J. meine Genoveva las. Solch einen Abend hab ich noch nicht erlebt, der bei der Mad^me H. war noch ein köstlicher dagegen. Das Lesen, mit Ausnahme einiger Partieen, war schlecht, das Auditorium so, als ob man es, wie eine

Masse Matrosen, zusammen*gepreßt* hätte. Auch bei keinem einzigen der Schatten eines Eindrucks. Am Schluß der Akte hin und wieder ein: charmant oder: süperbe! Die arme Elise, die sich, eines bedeutenden Hustens wegen, schon wochenlang zu Hause hielt, machte sich in dem bösen Wetter mit mir auf; als wir nachts um 1 Uhr zurückkamen und schon eine ziemliche Strecke zurückgelegt hatten, wollte die Schildwache uns nicht über den Wall passieren lassen, wir mußten also umkehren und unsern Weg durch die Stadt nehmen. Der Himmel gebe nur, daß sie nicht wieder eine Erkältung davongetragen habe. Als Dichter entmutigen mich solche Erfahrungen nicht, aber als Bühnen-Dichter allerdings. Wenn dies die Menschen sind, auf die man wirken soll – und drei Vierteile des Publikums sind ihnen gleich – so ist keine Möglichkeit eines Erfolges. [2461]

Die Sonne hat ihre Flecken. Aber sie geben keinen Schatten. [2462]

Der Ekel am Leben, den die ewige Wiederholung derselben Dinge, das Drehen im Kreis, hervorruft und hervorrufen muß! Aber der Tod schließt uns vielleicht nicht den Weg zur Steigerung auf, sondern er löscht nur das Bewußtsein aus und alles fängt von vorne an. So könnt es von Ewigkeit zu Ewigkeit fortgehen. Und wenn der Mensch ehrlich sein will: kann er sich in Wahrheit berühmen, daß er einen Faden in sich hat, der nicht abgeschnitten werden kann? [2463]

d. 10 Februar.

Wie mir jetzt die Tage verstreichen! Es ist schmählich. Ich könnte die Zeit so schön aufs Studieren verwenden, aber ich habe keine Bücher und weiß keine zu bekommen. Die elenden Subjekte, die sich Literaten nennen, haben sich durch Veruntreuung von Büchern so berüchtigt gemacht, daß man, wenn man nur irgend mit der Literatur zusammenhängt, keine zu fodern wagt. Arbeiten kann ich nicht, oder vielmehr, ich fürchte mich in den Moloch zu vertiefen, bevor ich weiß, wie es mit Genoveva und dem Diamant wird. Der Moloch muß mein Hauptwerk werden, ich will ihn in der Mitte zwischen antiker und moderner Dichtung halten und mich nicht zu tief ins Individuelle versenken, damit der Schicksalsfaden, der in der Judith zu wenig, in der Genoveva zu sehr mit Gemüts-Darstellungen umsponnen ist, durchgehends erkennbar bleibe. Dies Werk muß entscheiden, ob ich eine große Tragödie dichten und der Zukunft einen Eckstein liefern kann; darum will es aber auch in ruhiger, ungestörter Gemütslage gedichtet sein! Ach mir graut vor den Tagen, die kommen! Der Himmel ist so reich, die Erde so ergiebig, aber für mich –! Noch war ich nicht ein einzigesmal imstande, denen, die ich liebte, eine Freude zu machen, ein kleines Fest zu bereiten. Das ist doch gewiß schmerzlich. O, mir ist zuweilen fürchterlich zumute. Wem die reine Lebensluft versagt ist, der wird in Laster und Ausschweifungen hinabgedrückt. Warum sollte ein Mensch nicht einen Mord verüben können, bloß um der Langeweile zu entgehen! Ich blätterte eben ein wenig in Bettinas Briefwechsel mit Goethe, und ein Gefühl des Neides überkam mich. Auf den wurden alle Lebensblüten herabgeworfen, er konnte sich damit bekränzen oder darin begraben, ganz nach Belieben, und ein anderer, dem doch auch Keime in die Seele gelegt sind, muß die Existenz schleppen, wie eine blinde Spinnerin ihren Faden zieht! Die Mühle meines Geistes beginnt stillzustehen und ich habe Pflichten, große, heilige Pflichten! Was könnt ich nicht alles machen, wenn mich die Sonne auch nur *schief* bestrahlen wollte! Und eigentlich verlange ich nichts mehr, als die Sicherheit, daß es mir in Zukunft nicht schlechter ergehen werde, wie bisher. Damit bin ich zufrieden.   [2464]

d. 12 Februar.

Der Mensch ist der Stoff des Zufalls. Weiter nichts. Aus welchem Ur-Element er auch bestehe, es kommt ganz und gar auf den sich hinzugesellenden atmosphärischen Niederschlag an, ob er sich zu seiner innern Lust und Freude entwickeln oder ob er sich in seinem eignen Feuer verzehren soll. Man hört auf einem gewissen Punkt zu denken auf und schlägt sich nur noch mit Empfindungen herum; das ist sehr gut, man könnte zu schlimmen Resultaten gelangen. Was hilft mir alles, was ich habe, da mir die Fähigkeit fehlt, es zu gebrauchen und geltend zu machen, und daß mir diese fehlt, das liegt doch einzig und allein an meinen

früheren gedrückten Verhältnissen, also an einem Zufall. Bei Gott, wie klein fühl ich mich immer vor Menschen, wie ängstlich und verlegen benehme ich mich den erbärmlichsten Gesellen gegenüber, wie hält mich dies aus allen geselligen Kreisen fern, und andere halten das für Schroffheit! Hätt ich Geld, könnt ich reisen, vielleicht wär ich zu kurieren, aber ich habe nichts und was vor mir steht, das ist Not, Mangel, genug das Schrecklichste.
[2465]

Napoleon (Las Cases Band 8) nennt die Geschichte die »Fabel der Übereinkunft.« [2466]

d. 13 Febr.
Ich las Elise heute einige Gesänge aus der Odyssee vor. Wie wird ihre Seele durch alles Echte und Große, aber auch nur durch dieses, ergriffen! Was Gott mir auch alles entziehen mag, in ihr hat er mir mehr gegeben, als ich je verdienen kann. Aber er selbst sei mein Zeuge, auch nur ihretwegen wünsch ich das übrige. [2467]

Als ich noch ein kleines Kind war, da mußte ich, wenn meine Mutter mir ein reines Hemd anzog, immer dies kleine Gebet dazu sprechen: »Das walte Gott, Vater, Sohn und heiliger Geist[«]. (walte; soll wohl heißen: er sei dabei, leite, lenke pp., das Gebet ist gewiß sehr alt) Fällt mir heute abend, als ich vor Müdigkeit im Macbeth zu lesen aufhöre, plötzlich ein. [2468]

Wie selten trag ich in dies Tagebuch jetzt noch Gedanken ein. Dies kommt nicht daher, weil ich keine mehr habe, sondern weil ich keine mehr aufschreiben mag. Ich habe schon mehrmals daran gedacht, etwas über mein Leben abzufassen. Aber ich weiß nicht, ob ich dieser Aufgabe gewachsen bin. Und wenn – mich reizt nichts mehr. [2469]

d. 14ten Febr.
Heut meldet mir mein Bruder den Empfang der Judith. Sein Brief ist grob und impertinent, aber er macht auf mich einen besseren Eindruck, wie der letzte, der so übertrieben süß war.

Dies ist *Wahrheit* und vielleicht hab ich ihm etwas zu derb geschrieben. Daß er es nicht so einsteckt, gefällt mir. [2470]

Nur so viel Leben, um den Tod zu fühlen! [2471]

Genoveva gefällt mir jetzt wieder gar nicht. Ich fürchte, ich fürchte, ich habe, weil ich zwei Aufgaben auf einmal lösen wollte, beide verfehlt. Es wär schade um die guten Sachen, die doch unleugbar im Stück sind. [2472]

Das Holz, ins Feuer geworfen, spritzt gegen seinen Feind erst sein Wasser aus und sucht ihn zu vernichten, zu löschen. [2473]

Einer, der, durch Krankheit und Zeit verwandelt, zurückkehrt und als Fremder um seine Braut wirbt, um sie zu versuchen. [2474]

d. 18 Febr.
Las Denkwürdigkeiten von Walter Scott. Höchst ehrenhafter Charakter. Was mich besonders freute, war die Gewißheit, daß das Leben Napoleons schon *vor* Ausbruch seines Konkurses projektiert und angefangen war. [2475]

Las Novellen von Contessa: Todes-Engel; Gastmahl; schwarzer See u.s.w. So schwach sie sind, so versetzten sie mich doch in meine Jugend zurück. Ich las sie 1827, also vor 15 Jahren, in einer Nacht, wo ich bei meinem todkranken Vater wachte und wo das Gespenstische, Beklommene, einen starken Eindruck auf mich machte. Noch 15 Jahre weiter – wie stehts dann? [2476]

Golo: ein Dolch wird durch das Blut dessen, den er durchsticht, wenigstens beschmutzt. [2477]

Es heißt, daß der menschliche Körper alle drei Jahre ein anderer ist und sich ganz neu erzeugt. Wie verhält sich diese Annahme zu der Wahrheit, daß gewisse Krankheiten, die der Mensch einmal hat, z.B. Schwindsucht und Syphilis, ihn nie verlassen? Zeugt der kranke Körper einen kranken? Oder bleibt der Mittelpunkt unverändert? [2478]

Schlaf und Rausch im Gegensatz zueinander; im Resultat gleich, indem beide Bewußtsein und Willenskraft aufheben: der eine durch völliges Herunterspannen, der andere durch übermäßiges Anspannen. Aber wie verhält sich im Rausch das psychische Prinzip zum physischen? [2479]

Mehr und mehr überzeuge ich mich, daß die Abänderungen, die ich im Sommer mit Genoveva vornahm, nichts taugen, daß aber die ursprüngliche Gestalt auch nichts taugt und daß aus beiden eine neue gewonnen werden muß. Alles dies gilt und galt immer nur von Golo, das übrige ist, was es sein soll und kann. Aber Golo ist vom 4ten Akt an verfehlt, weil ich die epischen Elemente zu stark vorwalten ließ, und weil ich ihm darum mehr Selbstkenntnis und Bewußtsein verlieh, als er haben darf. Doch ist noch zu helfen. [2480]

d. 19 Febr.

War bei Campe. Genoveva gefällt ihm und er meint, sie werde Beifall finden, er treibt mich zur Herausgabe, was besser ist, als wenn ich ihn triebe. Er war sehr freundschaftlich und ich glaube denn doch wirklich, daß er es recht gut mit mir meint. Seine Frau habe über Margrethe gesagt, ich müsse mehr vom Teufel wissen, als andre Leute, seine Tochter habe hinzugefügt: »aber auch mehr von den Engeln!« Er riet zu einer Vorrede, erbot sich, das Stück nach dem Druck so lange liegenzulassen, bis ich es den Bühnen zugesandt habe und stellte mir vor, daß ich jetzt Antworten auf meine Arbeiten vom Publikum haben und nicht zu lange stillschweigen müsse. Ganz recht. Er hat mich ermutigt und erfrischt. Meine arme Seele wird in der Einsamkeit gar zu dürr. [2481]

Die Juden glauben, daß alle Sonnabend die Sonne scheint. (Campe.) [2482]

d. 20 Febr.

Las die Appelmänner, Puppenspiel, von Arnim. Eine tiefe, eigentümliche Schöpfung. Wie konnte dieser Dichter so unbeachtet bleiben! [2483]

Die Natur hat dem Menschen doch wenig vertraut, als sie es für notwendig fand, selbst die Zeugung und das Essen und Trinken mit *Vergnügen* zu verbinden, um ihm einen Sporn zu geben, beides nicht zu verabsäumen. [2484]

Las den Auerhahn, Drama von Arnim. Auch höchst eigentümlich. Ein fürchterlicher Gedanke, daß der Vater den Sohn so haßt, eben weil er sein Ebenbild ist. [2485]

Die Kunst ist das Gewissen der Menschheit. [2486]

d. 23 Febr.
Erhielt heut morgen einen Brief vom Dr Toepfer, der ein Exemplar der Judith, wie sie in Hamburg gegeben worden, für das Hofburg Theater in Wien verlangt, um das ihn ein Mitglied dieses Theaters ersucht habe. Heut abend ging ich zu Campe und gab ihm wegen Genoveva die Erklärung. Er war heute der reiche Mann. [2487]

Was ist Schmerz? Indefinible! [2488]

Dachte gestern abend mit Innigkeit an einzelne schöne Stunden meiner Jugend, wo der Geist sich zuerst selbst ahnte und sich auf den ersten Blüten, die er trieb, selig wiegte. O wonniges Schwellen der Traube, in dich mischt sich noch kein einziger Schauder vor der Kelter! Du bildest dir ein, daß Sonne und Erde dich nur deiner selbst wegen so freundlich ernähren und doch bist du nur da, um andere zu berauschen! [2489]

Das Leben ist ein Traum, der sich selbst bezweifelt. [2490]

d. 26 Febr.
Habe jetzt, wo ich durchaus nicht arbeiten kann, höchst gesunden Appetit, festen Schlaf, vertreibe mir die Zeit mit Romanlesen und führe eine Existenz, als ob noch tausend Jahre mein wären. Doch sind diese Pausen, wo der Geist ruht, wohl nicht ganz zu verachten. Wenigstens weiß ich nicht, wie ich die Sache ändern soll. So arbeiten, wie Walter Scott, kann ich nicht. Dies

ist auch wohl der Punkt, der den Dichter von einem Talent, wie das Scottsche, unterscheidet, daß jener spornenlos geboren wird und warten muß, ob das Roß von selbst gehen will, während dieser besser daran ist. Herrliche Februar-Tage! Die Sonne ruft schon den ganzen Frühling hervor. [2491]

Mit Blitzen kann man die Welt erleuchten, aber keinen Ofen heizen. [2492]

Es gibt Leute, die, wenn die Welt in Flammen aufginge, nur ihr Haus bedauern würden, das mitverbrennte. [2493]

Ich glaube, im physischen Menschen ist der *Same* und im psychischen das *Gewissen* unverwüstbar und unverderbbar, denn in jenem beginnt die Welt, in diesem Gott. [2494]

– – Man öffnet
Die Augen, schließt sie wieder und nimmt das,
Was man erblickt, hinüber in den Traum.
Das ist das Leben! [2495]

Ein höherer Vorzug muß immer mit dem geringeren erkauft werden. Der zivilisierte Mensch hat nicht mehr die Augen und Ohren des Wilden, der vornehme Geist, der die Welt übersieht, weiß oft mit seinem Hausgesinde nicht fertig zu werden. [2496]

Trinken, wie ein Becher, der alles wieder hergeben muß.
[2497]

Einer, der, wenn er etwas *erlebt*, sich dessen immer nur zu *erinnern* meint. [2498]

Den 1sten März.
Heute ist der erste März! Ich schreib dies mit einem ordentlichen Vergnügen nieder, welches, wie mir deucht, ein Nachhall der Freude ist, womit ich in meiner Kindheit die Eis- und Schneemonate immer entweichen sah. Übrigens ist das Wetter, welches die ganze letzte Hälfte Februars hindurch wunderschön war, wieder rauh geworden, es stürmt und regnet. [2499]

Wär ich Gott und jeder Menschenpflicht so treu, wie ich der Kunst bin, dann könnt ich jedem Richter stehen! Die Religion wächst, wie der Mensch wächst, wer immer unten bleibt, kann sie gar nicht haben. [2500]

Las die Gräfin Dolores von Arnim. Bis zum Ende des dritten Buches voll Geist und guter Einzelheiten; im vierten Buch rächt es sich aber schrecklich, daß das Ganze keine Wurzel hat, es kann nun auch keine Krone bekommen. Was keinen rechten Anfang hat, kann auch kein rechtes Ende finden. [2501]

März 2.
Hatte eine kleine Freude. Ich sah ein Heft Morgenbl. vom vorigen Jahr durch und sah, daß die Episoden aus Genoveva, von denen ich glaubte, daß sie nicht aufgenommen seien, gleich nach dem Eingang abgedruckt worden sind. Hab mich also ein ganzes Jahr mit Unrecht geärgert. [2502]

Wenn irgend etwas in meiner Seele ewig ist und wenn sie einen Mittelpunkt hat, so ist es mein Talent für Poesie und daß ich bei Ausübung desselben keine Schlaffheit und Feilheit kenne, daß ich mir nie genug tun kann, das gibt mir Bürgschaft für die Beschaffenheit meines innersten Wesens. [2503]

Der Mensch hat freien Willen – d.h. er kann einwilligen ins Notwendige! [2504]

d. 12 März.
Wer bin ich? Was ist derjenige, der die völlig waffenlose Liebe, das hingebendste Herz, das keinen Vorbehalt kennt, das nicht einmal ein Opfer kennt, weil meine Wünsche die seinigen nicht bloß aufwägen, sondern sie völlig aufheben, der eine Seele, die nie von ihren eigenen Schmerzen, sondern nur von den meinigen bewegt wird, zu mißhandeln vermag? Der dies nicht einmal, der es täglich, ja stündlich tut? Wer bin ich? Was verdiene ich? —— O, Elise, dein Edelmut —— Ich bin nicht würdig, dich zu loben! [2505]

Dramatische Situation. Ein Mädchen, das die Liebe eines Mannes für sich erkalten sieht, gibt ihm Gelegenheit zur Eifersucht und hofft, ihn dadurch wieder an sich zu fesseln. Aber das Gegenteil erfolgt, er sieht darin den Beweis, daß sie fühlt, wie er und hält sich für frei. [2506]

Bild: Man tritt durstig in ein Wirtshaus. Der Wirt sitzt hinter seinen Gläsern und Flaschen, er ist tot. [2507]

Weggefallenes aus der Genoveva

Akt 3

Genov.

Mich weckte aus dem Schlaf ein Donnerschlag,
Ein einziger, nur um so schrecklicher,
Als ihm kein zweiter folgte. Ich stand auf
Und öffnete das Fenster. Unten stieg
Der Rhein, dumpf brausend, meinem bangen Blick
Entgegen, fast unglaublich war es mir,
Daß ich ihn je im leichten Kahn befuhr.
Von oben sahn die Sterne, rot, wie Blut,
Auf mich herab, es war das erstemal,
Daß mir des Himmels Antlitz schrecklich schien.
Dazwischen manch erstickter Blitz. Und kalt,
Ein Nichts, unheimlich-furchtbar doch belebt,
Strich mir der Sturm vorbei! –

Daselbst

Golo.

Ich hörte einst ein wunderbares Stück.
Ein Frevler brach zur Nacht ins Gotteshaus
Und wollte stehlen. Doch das Mark gefror
Ihm in den Knochen, als er dem Altar
Sich nahte, dessen Schätze ihn gereizt.
Denn drohend sahn ihn alle Heilgen an,
Es war, als ob des Heilands Wunden ihm
Ihr Blut entgegenspritzten und der Kranz

Von Edelsteinen um Marias Haupt
Schoß dunkle Blitze. Schaudernd faltete
Er seine Hände, statt zu frechem Raub
Sie auszustrecken; bald doch lacht er auf,
Trat vor die ewge Lampe hin und sprach:
Dich lösch ich aus, dann seh ich nichts und tus.
Er blies und blies. Allein das stille Licht
Erlosch nicht, sondern ward zum Flammenstrahl,
Der leckend-schweifend sein Gewand ergriff
Und ihn verzehrte. –

Golo.
  Ein Liebe mich! zu ihr,
Wär das nicht so, als sagtest du zum Stern:
Tauch dich in Schlamm, damit der Strahlenkranz
Erlischt, der mich so blendet, und ich dich
Zertreten kann, sobald es mir gefällt!
Welch eine Antwort gäbe wohl der Stern?
Ein schweigendes Verdoppeln jedes Strahls,
Bis ich, von ihm beleuchtet, wie noch nie,
Dem Basilisken gleich, zu taubem Stein
Erstarrte vor der eignen Mißgestalt.
Das ists. Gestehs dir ein. Denn wollte sie,
So wär die Sünd vollbracht, eh noch gedacht.
Und wie der Schwimmer in dem Schoß des Meers
Den Blitz verlacht, so würde Gottes Zorn
In dieser Wollust Abgrund mich umsonst
Zu treffen suchen, immer tiefer nur
Würd ich mich tauchen, und des Donners Hall
Wär, wie Musik mir für mein Hochzeitfest.
Ihr Elemente, die Jahrtausende
Um einen Augenblick der Seligkeit
Sich abgekämpft, erfaßt ihn, er ist da –
So würd ich rufen – und wenn Gott sich jetzt
Durch die Vernichtung eurer Welt für das
Geheimnis, glücklich ohne ihn zu sein,
An euch zu rächen sucht, was kümmerts euch,
Ihr seid am Ziel, sie braucht nicht mehr zu stehn!

Golo.

                                                               Mörder selbst,
Wenn sie gemordet, kehren, wie man sagt,
Den Toten um, daß sie die Wunde nicht
Mehr sehn, den Blutmund, der sie stumm verflucht,
Und plündern schaudernd. Keiner sieht der Tat,
Wenn sie vollbracht ist, frech ins Angesicht.
Doch diesen Hefenrest der Menschlichkeit,
Worin die Strafe schon beginnt und nicht
Die Tugend erst verröchelt, rechnet nur
Die allerschlimmste Heuchelei sich an.
Mich schüttelts jetzt, doch so nur, wie der Wind
Den Schierling schüttelt, der in Blüte steht,
Dann fällt der Schmuck zu Boden und er sieht
Im Sumpf, an dem er wächst, sein wahres Bild.
Ich ging bisher in einem bunten Rock,
In einer Larve, die mir prächtig stand,
Doch am Altar des Ewig-Schweigenden
Bring ich als allerletztes Opfer noch
Die Maske dar, die vor mir selbst mich barg,
Dann wend ich mich und kehre nie zurück.
Mach nie den Teufel, der ein Meßgewand
In die Kapelle schenkt, durch eine Tat,
Die, weil sie ihm nicht aus dem Innern kommt,
Nicht gut, noch böse ist, die Welt verwirrt.
Sprech nie von Selbstverachtung mehr, als ob
Dies schnöde Selbstverachten nicht zugleich
Noch ein Sich-Achten wäre, ein Asyl
Der Eitelkeit, worin sie sicher wohnt.
Nein! Nein! Von nun an streb ich nach dem Punkt,
Wo jede beßre Regung Hochmut mir
Und nur das Böseste Natur noch scheint,
Und dann erst, wenn an einer Missetat,
An einer ungeheuren, meine Kraft
Zerschellt, verzweifle ich und stehle mich,
Erschöpft bis auf den Kern, ins Grab hinein.

Akt 4

Golo.

   – o Lüge, Lüge, wie entflieh ich dir!
Du stiehlst dich nicht nur in mein Wort und Tun,
Du stiehlst dich in mein Denken selbst hinein,
Und dies, was ist es, als der Stoff des Seins,
Dem Wort und Tat Gestalt und Form verschafft.
O Abgrund, bodenlos! Bin ich nicht bloß
Vergiftet? Bin ich selbst Gift? Zeug ich Gift?
Hör auf, mein Geist! Hör auf! Was heißt das nun?
Es heißt: verleugne dich! Die Wahrheit will
Heraus! Verschlucke sie und hülle dich
In Lüge ein, indem du Lüge schiltst!

Golo.

  Ich bin das eiternde Geschwür der Welt,
  Sie ist gesund, sobald ich mich durchstech.

Golo.

  In ihrer schlimmsten Zeit! Ich sehe sie
  Im Schmerz sich windend, in dem bangen Schmerz
  Des ersten Fluchs, dem unbarmherzgen Zoll,
  Womit die Mutter, seit der Mensch das Recht
  Verlor aufs Dasein, für ihr Kind bezahlt!

Golo.

  Durch seines Herzens Flammen hätt er sie
  Vor mir geschützt, durch Glut, der meinen gleich,
  Wo aber ist das Feuer, das sich trennt
  Von seinem Stoff und dennoch nicht erlischt?

Siegfried.

  Sie war in Gott gebunden, nicht durch mich.

Akt 5

Golo.
                                   Man sagt,
  Das Leben steigt im Preis, wie's fällt im Wert,

Und der nur wirft es leicht weg, der daran
Was wegzuwerfen hat. Das find ich nicht.
Ich schätze jetzt nur das am Leben noch,
Daß es, sein eignes Widerspiel, den Tod
Ertrotzen und sich selbst vernichten kann.
Doch, dieser Trost ist eitel. Denn die Kraft
Des Tötens setzt im Dasein eine Kraft
Voraus, die über Tod und Leben thront,
Und immer bleibt ein Rest, ein dunkler Knäul,
Den man vergebens abzuwickeln sucht.

Golo.
– –

Und mit dem Sturm, der dumpf vorüberrauscht,
Entflieht mein Geist und zaust mit ihm die Welt,
Bis in die Glut, die sie verzehren soll,
Ich einst mit beiden Backen blasen darf.

Du wirst dem innern Dämon, der dir schon
Nachtwandelnd durch die Brust schleicht, nicht entgehn!

– ich fühl es tief,
Daß ich auf sie von fern nur blicken soll,
Nur so, wie Feuer auf das Wasser blickt,
Das wohl von Kühlung träumen, aber nicht
Das milde Element umarmen darf,
Denn die Vereinigung ist beider Tod.

Was einer werden kann,
Das ist er schon, zum wenigsten vor Gott,
Und alles das, was in der Wurzel steckt,
Muß auch heraus, es stirbt nur in der Frucht. [2508]

d. 19 März 42.
Gestern war der 18te März, mein Geburtstag. Früher war mir kein Tag gleichgültiger, als dieser, arme Leute feiern die Geburtstage ihrer Kinder nicht. Jetzt macht Elise mir ihn zum Festtag. Möge es nie wieder anders werden, möge ich nie die treue vor-

sorgende Liebe, die soweit sie kann meine leisesten Wünsche befriedigt, wieder vermissen müssen! Ich hätte Entschlüsse fassen mögen, Entschlüsse, mein Naturell zu bändigen, aber die Furcht, in den Augen Gottes lächerlich oder verächtlich zu werden, wenn die alten Fehler doch wieder zum Vorschein kommen, hielt mich ab und ich flehte den Himmel nur um die Bedingungen einer leidlichen Existenz an, nur um die Dinge, die ein Mensch, wie ich, nun einmal nicht entbehren kann, wenn er nicht vernichtet werden soll. Ich bin jetzt 29 Jahre alt und trete das 30ste Jahr an; seit meinem Weggang aus Dithmarschen bin ich aber erst in der Welt, also erst seit 7 Jahren. Mit dem, was ich in dieser Zeit in der Kunst geleistet habe, darf ich zufrieden sein, es übertrifft bei weitem alles, was ich jemals zu hoffen wagte, es reicht an das Maß meiner Erkenntnis und weiter kann der Mensch nicht. Aber ich habe das Talent auf Kosten des Menschen genährt und was in meinen Dramen als aufflammende Leidenschaft Leben und Gestalt erzeugt, das ist in meinem wirklichen Leben ein böses, unheilgebärendes Feuer, das mich selbst und meine Liebsten und Teuersten verzehrt. [2509]

Ein Bösewicht, der im Schlaf wie ein Guter aussieht. [2510]

Ich lebe, d. h. ich unterscheide mich von allem übrigen. [2511]

Karfreitag.
Seit mehreren Tagen schon infolge starker Erkältung heftiges Zahnweh, jetzt Halsweh, ich kann kaum den Mund mehr öffnen und muß mich einige Tage einhalten. Gestern legte ich den ersten Grund zu einer kleinen Büchersammlung, indem ich vom Antiquar für Bücher, die mir völlig wertlos waren, 10 Bände Goethe und 2 Bände Bürger erhielt. Das macht mich recht glücklich. Hätt ich nur 1000 Bücher, so würde ich mit Vergnügen monatelang im Hause sitzen. [2512]

Ostern.
Halsweh, Mundfäule, Unfähigkeit zum Sprechen und zum Schlucken, mußte einen Arzt nehmen, den ersten Tag schlug die Hülfe wenig an, aber den zweiten war es schon viel besser und

heute, den 2ten Ostertag, ist nur noch ein geringer Rest des Übels da. Aber es sind doch gleich fatale Kosten, die ich mir bloß dadurch verursacht habe, daß ich des Abends die Feuerung sparen wollte. Woher kommt meine verfluchte Empfänglichkeit für Erkältung? Was sollte aus mir werden, wenn die Umstände einmal wollten, daß ich zu Felde zöge? »Auch F.H. – würde das Bulletin lauten – hätte vielleicht einen halben Feind erschlagen, aber er hatte Zahnweh.« Oder: [»]F.H. hätte sich gern zu den Freiwilligen gesellt, doch Mundfäule hielt ihn zurück. Zuletzt: F.H. ist auf dem Posten gestorben, aber nicht durch Überfall der feindlichen Vorposten, sondern an Erkältung.« – Diesem nüchternen Spaß liegt einiger Ernst zugrunde. Wer weiß, wie bald ein Krieg ausbricht und in Kriegszeiten nur ein halber Mann zu sein, ist schlimmer, als ein Weib zu sein! [2513]

Ich will jetzt Physiologie studieren und zwar ernsthaft. Statt abends herumzulaufen und mir Stoff zu Zahnweh, Maulfäule u.s.w. einzusammeln, will ich mich zu meinen Büchern niedersetzen und mich gründlich mit Untersuchung der geheimnisvollen Substanz, aus der das Leben kommt, beschäftigen. – Was ist das Gähnen? Wie entstehts? Was *bedeutets* für den Körper?
[2514]

Goethe hat in seiner Biographie ein unerreichbares Meisterstück aufgestellt. Diese Fähigkeit, in die Wurzeln seines Daseins zurückzukriechen, sich auf jede Lebensstufe zurückzuversetzen und jede ganz rein, für sich, abgesondert von allem, was folgt, zu empfinden und beim Leser zur Empfindung zu bringen, nebenbei die ganze jedesmalige Atmosphäre, wie sie das Kindes- Knaben- oder Jünglings-Auge abgezirkelt haben muß, anschaulich zu machen, dies alles ist noch nicht dagewesen. Was ist Rousseau dagegen! Bei Goethe die Wahrheit in ihrer edelsten Naivetät, ganz unbekümmert um Wirkung und Eindruck, und eben deshalb die höchste Wirkung erreichend; bei Rousseau Lüge, die sich selbst nicht mehr erkennt, so daß selbst da, wo er Wahres gibt, die Wahrheit jenem neuen Lappen gleicht, womit ein alter zerrissener Schlauch geflickt wird! [2515]

Wer sein Leben darstellt, der sollte, wie Goethe, nur das Liebliche, Schöne, das Beschwichtigende und Ausgleichende, das sich auch noch in den dunkelsten Verhältnissen auffinden läßt, hervorheben und das übrige auf sich beruhen lassen. [2516]

Man sollte immer denken: gestern war es nichts und morgen ists vorbei; dann würde man sich den Augenblick nie verkümmern lassen! [2517]

Bürgers Gedichte machen doch, wenn man die ganze Sammlung durchliest, einen äußerst beschränkten, dumpfen Eindruck. Außer: Lenore; das Lied von der Treue; und einigen wenigen anderen Stücken wird sich nichts halten. Die dumme Vergötterungssucht der Herausgeber hat unendlich viel Mittelmäßiges hineingewunden, so daß man die Blumen im Strauß vor dem Grase kaum finden kann. [2518]

d. 28 März.
Ich habe heute mit Hampels Physiologie einen Anfang gemacht. Aber ich sehe schon, daß ich, wenn ich zum Verständnis gelangen will, noch tiefer hinein muß, daß es ohne anatomische Kenntnisse nicht geht. [2519]

d. 29 März.
In meinem vierten Jahre brachte mich meine Mutter in die Schule. Eine alte Jungfer, Susanna mit Namen, hoch und riesig von Wuchs, mit freundlichen blauen Augen, war die Schulmeisterin; ich sehe sie noch mit ihrer tönernen Pfeife, eine Tasse Tee vor sich, an ihrem runden Tisch sitzen. Dort wurde ich, wie ich glaube, zuerst mit einer Masse von Knaben bekannt, und es dauerte nicht lange, so erfuhr ich allerlei, was ich besser noch nicht erfahren hätte, nämlich, daß der Storch die Kinder nicht brächte, sondern daß sie ganz wo anders herkämen; auch, daß es nicht das Kind Jesus sei, welches mich zu Weihnacht beschenke, sondern daß meine Eltern das täten. Letzteres konnte ich nicht für mich behalten, sondern teilte es meiner Mutter gleich mit, sie bestritt mich nicht, sondern sagte mir bloß, daß ich, nun ich an das Kind Jesus nicht mehr glaube, auch zu Weihnacht

nichts wieder bekommen würde. Wir Kinder, Knaben und Mädchen zusammen, saßen in einem großen Saal, der ziemlich finster war, weil er nur an einer Seite Fenster hatte; Susanna hatte ihren Platz am Tisch, der mit Schulbüchern beladen war, und an den diejenigen, die älter waren, als ich, und schon Schreibunterricht empfingen, zum Schreiben herantreten durften, während ich und meinesgleichen nur dann herbeigerufen wurden, wenn wir unsere Lektion aufsagen oder Schläge in Empfang nehmen sollten; eine unfreundliche Magd Susannas, die sich hin und wieder auch wohl einen Eingriff ins Strafamt erlaubte, ging ab und zu. Hinter dem Hause war ein Hof, an den Susannas Gärtchen stieß; auf dem Hof trieben wir in den Freistunden unsre Spiele, in das Gärtchen, das voll Blumen stand, durften wir nicht hinein, aber wenn Susanna gut gelaunt war, so schenkte sie uns von den Blumen, deren phantastische Gestalten ich noch im schwülen Sommerwind schwanken sehe. Susanna war übrigens bei Verteilung ihrer Geschenke sehr parteiisch, indem sie das Beste den Kindern der Reichen gab, die ihr außer dem Schulgelde noch allerlei Eß- und Nutzbares ins Haus brachten, während die ärmeren mit dem zufrieden sein mußten, was übrig blieb. Als ein Knabe, der wegen seines »guten Lernens« in Ansehen stand, ward ich zwar nicht ganz zurückgesetzt, aber ich empfand den Unterschied doch auch. Zu Weihnacht verschenkte Susanna Kuchen; da ging es ebenso: ich nebst anderen armen Teufeln erhielt einen einzigen und von einer schlechten Sorte, diejenigen aber, in deren Häusern selbst gebacken wurde und von denen Susanna wußte, daß sie sich gleich den anderen Tag auf gehörige Weise dankbar bezeigen würden, bekamen die Kuchen zu halben Dutzenden. Eines schrecklichen Nachmittags, den wir Kinder in dieser Schule verlebten, erinnere ich noch sehr deutlich. Es kam ein fürchterliches Gewitter auf, welches mit einem ungeheuren Schloßen-Regen verbunden war, die Läden wurden rasch von außen zugemacht, aber es konnte doch nicht so schnell geschehen, daß nicht zuvor ein Teil der Fenster zerschmettert worden wäre; nun befanden wir uns im Finstern, alles tappte und schrie durcheinander, Susanna suchte uns zu beruhigen, aber wenn wir eben anfingen, auf sie zu hören, geschah ein schrecklicher Donnerschlag, dann fuhren die jungen Seelen wieder zusammen, und

Susanna selbst, sich und uns vergessend, stieß einen Angstruf aus. Es war gegen die Zeit der Birnen; als ich zu Hause kam, hatte ich das größte Unglück zu bejammern, das mich damals treffen konnte: der Birnbaum in unserem Garten, dessen Früchte noch nicht zum Abnehmen reif waren, hatte kein Blatt mehr, geschweige eine Birne, und ein Pflaumenbaum hatte einen großen Ast eingebüßt. Merkwürdig ist es, daß ich in jenen frühen Jahren schon die Liebe kennenlernte. Ich hatte die Schule kaum betreten, als ich mich in ein Mädchen, das mit mir von gleichem Alter war und mir gerade gegenübersaß, auf das leidenschaftlichste verliebte. Ich zitterte am ganzen Körper, wenn sie kam, wenn nur ihr Name genannt wurde, ich war unglücklich, wenn sie einen Tag ausblieb, dennoch war ich kaum vier Jahre alt. Besonders ihre roten Lippen und ihre schwarzen Augenbraunen schwebten mir immer vor Augen; daß ihre Stimme Eindruck auf mich gemacht, erinnere ich mich nicht, obgleich hievon später sehr viel bei mir abhing. Natürlich wagte ich nicht, mich ihr zu nähern, sondern floh sie, selbst im Spiel, ja, erzeigte ihr eher Feindseligkeiten, als etwas Freundliches, um eine Neigung, mit der meine Kameraden mich geneckt haben würden, nur zu verbergen. Doch fiel ich, als einmal ein Knabe sie bei den Haaren riß, wütend über ihn her und schlug ihn, bis er blutete, was sie mir gar nicht dankte, da sie diesen Knaben lieber hatte, wie mich. Übrigens hat diese Neigung bis in mein 17tes Jahr gedauert, sie wurde, obgleich das Mädchen – Emilie Voß – sich eher verhäßlichte, als verschönerte, immer heftiger und erlosch erst, als ich vernahm, daß meine Schöne einen Schneider, der ihr die Cour machte, nicht unangenehm finden solle. – In jener Schule blieb ich bis in mein 7tes Jahr, lernte aber nichts darin, als Lesen. Ein einziges Mal ließ ich mich durch einen älteren Knaben, den Sohn eines Tischlers, der neben uns wohnte, verleiten, ohne Bewilligung meiner Mutter aus der Schule wegzubleiben. Es war ein heißer, heißer Nachmittag, auf der Straße oder einem Spielplatz wagte ich nicht, mich blicken zu lassen, weil ich von meiner Mutter gesehen zu werden fürchtete; auf den Rat jenes Knaben verkroch ich mich also zwischen einer Menge von Brettern und Balken, die seinem Vater gehörten und die zwischen unserem Hause und dem des Tischlers aufgeschichtet lagen; in diesem dunklen, dumpfen Schlupfwinkel, wo ich mich vor Hitze nicht zu lassen wußte, beschloß ich so lange zu verharren, bis die anderen Kinder aus der Schule kämen; es war ein peinlicher Zustand, dennoch war ich gar wohl zufrieden, der Schule, in welcher es mir gut ging, einmal entronnen zu sein. Aber mein Verführer, der seinen Spaß mit mir treiben mogte, verriet mich zuletzt an meine Mutter, als sie zum Wasserschöpfen ging, er zeigte ihr mein Versteck, sie trieb mich heraus und brachte mich, obgleich ich sie flehentlich beschwor, es nicht zu tun, und mich vor ihr auf der Erde wälzte, noch zur Schule, wo ich denn zum Spott und Gelächter meiner Mitschüler und Mitschülerinnen eben um die Zeit, wo sie die Schule verlassen wollten, ankam. [2520]

Die Dithmarsische Geschichte, als Geschichte, lebt eigentlich nicht unter dem Volk, auch ist dies nicht wohl möglich, denn mit Ausnahme der großen Schlacht bei Hemmingstedt bietet sie wenig Begebenheiten und gar keine Charaktere dar, um die sich als faßliche, in die Augen fallende Mittelpunkte das übrige herumbewegte. Aber sie lebt als Sage, als unzusammenhängende und oft unverständliche Überlieferung, das Kind hört in früher Jugend von starken Männern, die Königen und Fürsten die Spitze geboten, von Zügen zu Wasser und zu Lande, gegen mächtige Städte, wie Hamburg und Lübeck gerichtet, erzählen, und wenigstens in mir entstand durch das Bewußtsein, von solchen Männern abzustammen, sehr zeitig ein Gefühl, wie es die Brust des jungen Adligen, der seiner Vorfahren gedenkt, kaum stolzer schwellen kann. Mit Grausen und tiefem Schauder erfüllte mich, was ich zwischendurch über den Götzendienst der alten Dithmarschen, über die Opferfeier und den blutbespritzten steinernen Altar, der noch zu sehen sein sollte, vernahm, und alle Angst, aber auch alle Demut und alles Gottvertrauen des jungen Herzens ward aufgeregt, wenn ich an dunklen stürmischen Herbstabenden der furchtbaren Wasserfluten, die so oft den größten Teil des Landes verwüstet, Häuser umgestürzt, Menschen und Tiere erdrückt und die Äcker auf lange unfruchtbar gemacht hatten, von meinen Eltern oder den Nachbaren unter- und gegeneinander, mit Furcht und oft in zitternder Erwartung des Kommenden erwähnen und sie beschreiben hörte. Elf Jahre ungefähr war ich alt, als eine solche Wasserflut im Februar des Jahres 1825 hereinbrach. [2521]

NB. Wenn man wegen Erkältung nicht schlucken kann: je heißer das Getränk ist, je leichter gehts. [2522]

Mein Vater war aus Meldorf gebürtig, und eine Reise nach Meldorf, um die alte Großmutter und die Onkel und Tanten, die dort als Bürger und Handwerker lebten, zu sehen, war der höchste Preis, der mir und meinem Bruder als Lohn für unsre Folgsamkeit und unsern Gehorsam versprochen wurde. Endlich, nachdem wir lange umsonst gehofft hatten, kam es so weit; noch am letzten Tage aber, wo die Reise schon angetreten werden sollte, hätte der Schuster, der mir ein Paar neue Schuhe machte, sie fast wieder hintertrieben, denn anfangs hatte es den Anschein, als ob er die Schuhe trotz seines feierlichen Versprechens gar nicht liefern würde, und als die sehnlichst erwarteten zuletzt gebracht wurden, waren sie zu klein. Ein anderer Schuster half mir jedoch aus der Not, indem er für die derben bestellten ein Paar leichte Marktschuhe hergab, und so machten wir uns denn, ich acht, mein Bruder sechs Jahre alt, mit dem Vater auf den Weg. Meldorf war ungefähr drei Meilen von Wesselburen entfernt, für unser Alter eine beträchtliche Strecke; anfangs freilich ging es rasch vorwärts und der Vater suchte uns vergebens an Vergeudung unsrer Kräfte zu hindern, indem wir lustig links und rechts über die Gräben sprangen und bald eine Blume herbeiholten, bald einen Schmetterling jagten; dann schritten wir ganz ehrbar hinter ihm drein, machten aber doch wohl noch, wenn er uns fragte, ob wir auch schon Müdigkeit fühlten, einen erzwungenen Freudensprung, um ihm nicht für alle Zukunft das Reisen mit uns zu verleiden; endlich aber machte der Moment alle seine Rechte geltend, uns blieb zur Verstellung nicht Mut noch Kraft mehr und als wir mit Einbruch der tiefen Dämmerung in Meldorf eintrafen, fielen wir im wörtlichsten Verstande über jeden Stein. Nun führte der Vater uns aber keineswegs sogleich zu den Verwandten, er begab sich vielmehr mit uns in eine abgelegene Straße, wo er in einen Bäckerladen eintrat und eine Masse Brot kaufte, das wir verzehren mußten, indem wir uns weiterschleppten. Als wir uns murrend für satt erklärten, brachte er uns zur Großmutter, die mit dem Onkel, einem Hutmacher, in einem und demselben Hause wohnte. Die Lichter waren schon angezündet, wir wurden freundlich empfangen, uns Kinder reizten aber nur die Stühle; daß wir nach einem so angreifenden Marsch keinen oder doch nur einen sehr geringen Appetit zeigten, erregte große Verwunderung. Am nächsten Morgen hofften wir nach Lust und Laune in Meldorf herumstreifen zu dürfen, aber darin hatten wir uns verrechnet, denn der Vater erklärte, wir müßten zu Hause bleiben, um Kräfte für die Rückreise zu sammeln, die noch denselben Nachmittag angetreten werden sollte. Umsonst baten wir und machten, da dies nicht half, finstre Gesichter, umsonst legte die Großmutter sich ins Mittel und suchte uns ein längeres Bleiben auszuwirken, der Vater war unerschütterlich, er dachte viel zu ehrenhaft, um seinen Verwandten, die arm waren, wie er, seine Kinder länger, als auf einen Tag, aufzubürden, die Großmutter konnte es kaum erlangen, daß sie mich zu dem eine Viertelstunde vom Ort liegenden Galgenberg, der mich am Abend zuvor, als ich ihn in der Dämmerung abseits liegen sah, schauerlich angezogen hatte, hinausführen durfte, und nachdem ich hier eine rote Mohnblume gepflückt, mußten ich und der Bruder uns bis zum Mittags-Essen nicht allein streng im Zimmer, sondern sogar sitzend auf den Stühlen halten, bis dann gleich nach Tisch die Rückreise angetreten ward. Diese ging übrigens leichter vonstatten, denn wir trafen einen Bauerwagen, und legten die größere Hälfte des Wegs fahrend zurück. Es wollte damals jedoch sowenig mir, als meinem Bruder behagen, daß wir nur darum mit großer Anstrengung von Wesselburen nach Meldorf gewandert waren, um in Meldorf durch Sitzen auf dem Stuhl Kräfte für die Rückwanderung nach Wesselburen zu gewinnen. [2523]

d. 3 April.
Es lichtet sich in meinem Innern. Könnte ich den alten dumpfen Sinn doch ganz vertilgen! Das Leben ist an sich ein Gut, wofür man dankbar sein muß. Es ist die holde Möglichkeit des Glücks, und um dies sein zu können, muß es freilich zugleich auch die Möglichkeit des Unglücks sein. [2524]

Der Tod der Unschuld: *die Liebe*, ist noch viel schöner als sie selbst. [2525]

Brief an Kisting vom 4 April.

Wir erbärmlichen Wesen sind dazu bestimmt, wie Pendeln immer zwischen den äußersten Polen hin und her zu schwanken und den Schwerpunkt nie zu finden, oder ihn doch beständig nach der einen oder der anderen Seite hin zu überhüpfen. Dies ist unser gemeinsames Schicksal, das sich zu allen Zeiten und in allen Verhältnissen wiederholt. Wer es einmal in seiner Notwendigkeit erkannt hat, der wird sich sowenig bemühen, ihm zu entfliehen, als sich darüber beklagen, denn nur um diesen Preis konnte uns die ewige Macht das Dasein verleihen, und das Dasein, die holde Möglichkeit des Glücks, die süße Unterscheidungslinie zwischen Bewußtsein und dumpfer Bewußtlosigkeit, hat an sich einen hohen und unverlierbaren Wert. [2526]

4 Ap.

Drei Sonette gemacht, Gedanken-Gedichte, aber frisch; die ersten Gedichte in diesem Jahr. [2527]

Homo.

Schreib ihm die Wahrheit vor die Stirn,
Sie geht ihm doch nicht ins Gehirn;
Zwar ist der Denkspruch gut gewesen,
Allein ein andrer mag ihn lesen! [2528]

Judas.

Daß du Christus einst verraten,
 Dieses achte ich geringe,
Doch mir scheints die schlimmste deiner Taten,
 Daß dus tatst für dreißig Silberlinge! [2529]

Ist dir der andre erst Sache, bald wirst du dir selber zur Sache
Und um den edelsten Preis kaufst du das niedrigste Gut. [2530]

d. 18ten April.

Der Druck meiner Gedichte, mit dem es jetzt ernst wird,

preßt meinem Geist noch manches ab, soeben das Sonett: An den Äther, welches gut ist. Eigentlich kann ich seit längerer Zeit, seit 1½ Jahren etwa, immer dichten. Schöne Zeit der entwickelten Kraft, wie bald gehst du vielleicht vorüber! Wie die Luft uns die physischen Lebensstoffe zuführt, so atmet und webt der Geist in Gott, jeder Gedanke, jedes Gefühl, das ihm kommt, ist ein Odemzug, es ist eine Torheit, daß man glaubt, man könne sich von ihm losmachen. Sündigen ist nichts weiter, als was das mutwillige Anhalten des Atmens physisch ist, die Luft bricht sich von selbst wieder Bahn. [2531]

Ich rang mit der Natur um ihr geheimstes Sein,
   Da schluckte sie mein eignes wieder ein. [2532]

d. 21 Ap.
Ich mache jetzt regelmäßig Tag für Tag mehrere Sonette und bemächtige mich mehr und mehr dieser Form, die weiter und umfassender ist, als man glauben sollte. [2533]

Das Herz ist ein Siegel, es muß gebrochen werden, eh das Geheimnis zum Vorschein kommt. [2534]

Leiden und Schmerzen sind die Freunde der Seele, die ihren Kerker stürmen. Christlich, aber dumm. [2535]

Wenn unsre Denkgesetze, unsre Erfassung des Weltgeheimnisses nichts wäre? Wenn es einen Zustand gäbe, worin nichts *aus-*, nichts *auf*einander folgte? Einen Zustand, für den wir nur das Wort Wunder haben? Phantasie, aber eine reizende! [2536]

d. 22 Ap.
Heute für eine alte Uhr und drei nutzlose Bücher vom Antiquar Äschylos Werke und den Voßschen Homer, letzteren schön gebunden, eingetauscht. Bin sehr glücklich darüber.
[2537]

Kann es Liebe geben, die sich abschließt, die nicht gegen das

All gewendet ist? Wärme, die sich nach innen, auf sich selbst zurück, richtet? [2538]

Ein eigner Punkt ist es doch, daß alle menschliche Freuden sich an Befriedigung der Bedürfnisse knüpfen, also gewissermaßen nur ein Ergänzen des Daseins, ein Verstopfen seiner Lücken sind. [2539]

d. 23 Ap.
Das nenne ich Zelebrität! Der Schulmeister, in dessen Schule ich aus meinem Schlafzimmer hineinsehe, übt seinen Jungen soeben mit gellender Stimme das famose Beckersche Rheinlied: sie sollen ihn nicht haben! ein. Wunderschöner Morgen! [2540]

Dem äußeren Gesetz gemäß ist es, wenn nur keine Sünden geschehen; ob die Sünde wächst, ist ihm gleich. Und doch ist nur diese zu scheuen, während jene, als ins Äußere getretene Taten, auch gleich außen ein Gegengewicht finden, aber wer begegnet der inneren Fäulnis? [2541]

Den Augenblick immer als den höchsten Brennpunkt der Existenz, auf den die ganze Vergangenheit nur vorbereitete, ansehen und genießen: das würde leben heißen! [2542]

d. 24 Ap.
Heute morgen beim Aufstehen fand ich den ersten Korrektur-Bogen meiner Gedichte vor. Sie nehmen sich in der Zusammenstellung doch sehr gut aus und ich kann es nicht helfen, ich muß sie dem größten Teil nach in Gehalt und Form für vortrefflich erklären. Vieles entsteht jetzt noch so recht vor Torschluß, eine Masse Sonette, ein frisches Lied: Matrosen-Abschied, auch eine Schnurre: Alt und Jung. Mehreres Komische mögte ich lieber weglassen, als aufnehmen, aber eine Gedicht-Sammlung muß auch für die Mäuse ein Stück Speck enthalten. Schöne Tage! Sonnenschein! Hitze! Abendliche Milde! Eine volle Seele! Nur gedrückt durch den Gedanken an die in 14 Tagen zu bezahlende Miete! Doch Gott wird zur rechten Zeit da sein! Hab ich das Geld doch vom Morgenblatt zu fordern. [2543]

Besser ists noch immer, tausend Mal betrogen zu werden, als in schnödem Mißtrauen ein einziges Mal sich selbst betrügen.

[2544]

d. 1sten Mai.
Meine Seele ist tief betrübt. Meine Lebens-Situation wird immer fürchterlicher, ich habe für mein Kind, ich habe für eine Freundin zu sorgen, die ihr Letztes mit mir geteilt hat, und alles, was ich hoffte, worauf ich baute, wird zu Wasser. Campe sehe ich jetzt in seiner wahren Gestalt, er ist ein reicher Mann, der jedem, der ihm nicht frei und unabhängig gegenübersteht, das Blut aus den Adern saugen mögte und der meine Genoveva um einen Judengroschen an sich zu bringen sucht. Ich mag das Nähere nicht niederschreiben, wozu hilft es, aber ich frage mich umsonst, was nun werden soll. In der ganzen Welt habe ich keinen einzigen, von dem ich Hülfe erwarten dürfte, und wenn ich mich auch über den Drang des Augenblicks noch einmal hinüberflüchtete, was wäre damit erreicht? Nur ein Aufschub, eine kurze Frist, die man aus Angst und Furcht des Kommenden nicht einmal zu genießen wagt. Elise ist völlig entblößt, sechs Jahre hat sie mich über den Wellen gehalten, nun ist sie selbst dem Untergang nahe und ich habe kein Boot, in das ich sie hineinziehen kann. Ihr Edelmut, ihre Seelengröße erlauben ihr freilich kaum, nach meiner Hand zu greifen, sie hat noch nicht den Schmerz der Sorge, sie hat nur noch den edlen Schmerz, daß auch sie zu meinen Sorgen gehört, und wenn es ginge, so mögte sie mich gern darüber täuschen, daß sie Bedürfnisse hat. Wahrlich, wenn Amalia Schoppe keine Sünde auf dem Gewissen hätte, als die der Verleumdung eines solchen Mädchens, es wäre genug, es wäre übergenug. Was soll der Name dieser Frau an dieser Stelle! Gott, Du siehst mein Herz, Du weißt, daß es keine eitle Wünsche nährt, daß ich nur das begehre, was ich begehren muß, wenn ich Mensch unter Menschen bleiben soll, Du weißt auch, daß, wenn ich oft mit Dir über mein bisheriges Lebenslos haderte, dies nur wegen der unsicheren Zukunft geschah, steh mir bei! [2545]

Wie ich in meiner Jugend einen solchen Abscheu gegen das

Wort Rippe hatte, daß ich es sogar in meinem Katechismus vertilgte. [2546]

Beim herbstlichen Stoppelholen die Liebesgefühle und das Gefühl, etwas für die Eltern zu tun. [2547]

d. 13 Mai.
Eine Schreckenswoche! Ein Fünftel von Hamburg liegt in Asche, die Campesche Buchhandlung dazu. Aber getrost! Campe hat sich menschlich gegen mich bewiesen, die 10 L, die er mir von Leipzig aus nicht schickte, hat er mir heute gegeben, ich habe wieder einige sorgenfreie Monate vor mir und will sie nutzen. Gott meinen innigsten Dank! [2548]

Eine Vorstellungsart, die sich mir oft unwillkürlich aufdrängt, ist, daß ich mir alle Wesen schlafend denke, oder vielmehr sie schlafen sehe, wie sie dem Fenster, durch das das Licht eindringt, näher oder ferner sitzen und so mehr oder weniger durch den Strahl, der auf ihr geschlossenes Auge brennt und es aufzuküssen sucht, ein Gefühl des Wachens erhalten. [2549]

Die Fliege, die im Begatten stirbt, das schönste Symbol des Lebens. All sein Dasein nur ein Vorbereiten auf den höchsten Moment; in diesem Moment die Auflösung, aber nicht, ohne den Funken auf ein neues Geschöpf zu vererben; so eine unendliche Kette, die immer nur bis zum Genuß führt, niemals über ihn hinaus. [2550]

Den 1sten Pfingsttag.
Alle Angst und Not ist vorüber. Das Feuer, das auch unsre Wohnung bedrohte, ist gelöscht, das Verhältnis mit Campe ist neu angeknüpft, ich habe Geld für mich und Elise, und sitze jetzt bei dem freundlichsten Sonnenschein in einem hellen, schönen Zimmer. Auch innerlich bin ich wieder in Tätigkeit, die Gedichte sind abgeschlossen, ich will keine mehr machen, dagegen steigt eine neue Tragödie aus meiner Seele empor und zwar eine ganz gewaltige: Achill! Schreiben will ich sie erst nach dem Moloch, aber nichts ist süßer, beruhigender, als wenn sich Auf-

gabe an Aufgabe reiht, dann schaut man, wenn man der Zukunft gedenkt, doch nicht mehr ins Leere hinein, sondern sie hat Farbe und Gestalt. Ganz glücklich würde ich bei diesem innern Quellen und Sprudeln sein, wenn sich äußerlich die bescheidenste, aber sichere, Existenz daran knüpfte, doch, so viel Glück habe ich freilich nicht verdient. [2551]

Höltys Gedichte machen noch immer auf mich den alten zauberisch-wehmütigen Eindruck, der alle Kritik zurückdrängt. Einen Fehler hat er von Klopstock angenommen, daß er nämlich oft das Unbildliche durch das Unbildliche zu versinnlichen, ja zuweilen wohl gar das Menschlich-Erfaßbare durch ein erträumtes Überschwengliches auszumalen und zu bestimmen sucht. Unbeschreiblich lieblich sind seine Bilder, wenn er sie aus der Natur hernimmt, wie z. B. in dem Vers:
– Und das steinerne Mahl unter dem Fliederbusch,
Wo ein biblischer Spruch freudig zu sterben lehrt,
Wo der Tod mit der Sense
Und ein Engel mit Palmen steht.
Dagegen verschwimmt alles, wenn er die Seraphime und Cherubime in seine Gedichte hineinwebt. [2552]

d. 19 Mai.
Heute war ich bei Vogt in Wandsbeck und erhielt die ersten Aushängebogen meiner Gedichte. Campe habe ich viel abzubitten. Ich glaubte, alle seine Reden, daß er sich um gutes Papier bemühe, seien nur aus der Luft gegriffen gewesen; jetzt hab ich denn das Papier vor Augen und mir deucht, schöneres habe ich noch nie gesehen. Man mögte noch jeden Vers wieder auf die Goldwaage legen, damit sich nichts einschleiche, das so prächtiger Form unwert ist. Ich freue mich! [2553]

Die Größe muß sich selbst damit bezahlen, daß sie keine Größe mehr kennt. [2554]

d. 22 Mai.
Goethes Meister wieder gelesen. Diesmal hat mich das Negative des Buchs, das Indifferente, das in der Ironie keinen gehörigen Gegensatz gefunden hat, unangenehm berührt. Es ist in die-

sem Roman dargestellt, wie das Nichts, von allem menschlichen Beiwesen unterstützt, Form und Gestalt gewinnt. Die höhere Aufgabe, zu zeigen, wie sich im Widerstreit mit der Welt ein kernhaftes Individuum entwickelt und zur Bildung gelangt, ist noch übrig. [2555]

Ob es einen Künstler ohne Einseitigkeit geben, ob also ein Künstler in eigentlichem Sinne gebildet sein kann? Ich zweifle. [2556]

Im Gedanken fängt auf jeden Fall eine neue Welt an. Und selbst, wenn das Reiben der einen Gehirnfaser an der anderen ihn erzeugte, so ist er doch etwas anderes, als die Gehirnfaser und als der Gehirnfaserstoff. [2557]

> Zwei wollen eines werden,
> Daß keine Scheidung sei,
> Und werden oft auf Erden
> Erst dadurch völlig zwei. [2558]

Hurerei, die Sünde, die die *Quelle* des Lebens vergiftet; alle andere Sünden greifen doch nur Erscheinungen desselben an. [2559]

Die Wissenschaft kann *nur* irren, indem sie, die nie fertig wird, dem Teil, mit dem sie sich eben beschäftigt, immer zu viel Bedeutung einräumt, und, um ihn zu bewältigen, einräumen muß. Die Kunst ist dem Irrtum nicht ausgesetzt, denn, wenn sie Leben gibt, so gibt sie immer Wahrheit; es handelt sich also immer nur darum, ob sie Leben gibt, d. h. ob sie Kunst ist. [2560]

Ein Schriftsteller, wie Jean Paul, ist wie ein Tempel, in dem jeder Stein eine Zunge hätte; weil alles spricht, spricht nichts. [2561]

Heute verbot ich dem kleinen Max, einen Spiegel zu berühren. »Ei! ei!« – sagt das Kind, und streichelt den Spiegel. Ei! Ei! ein plattdeutscher Empfindungslaut, von dem plattdeutschen Verbum: eien – streicheln – abgeleitet. [2562]

An die Frau Regierungsrätin Rousseau in Ansbach
(mit einem Exemplar der Gedichte)
Geehrteste Frau!

Beigeschlossen erlaube ich mir, Ihnen ein Exemplar meiner soeben bei Hoffmann und Campe erschienenen Gedichte zu übersenden. Ich habe diese Gedichte, wie Sie finden werden, Ihrem Sohne gewidmet und auf solche Weise der Freundschaft, die mich mit dem Verewigten verknüpfte, aus den besten Bausteinen, welche Geist und Talent mir darboten, ein Denkmal gestiftet. Ich habe hiedurch einem tiefen Bedürfnis, ja einem stillen Gelübde meines Herzens genügt, und wünsche nur, daß meine Sendung in dem Ihrigen die Wunde, die nicht verharrschen, aber auch nicht ewig bluten soll, nicht zu ungestüm wieder aufreißen möge. Ich hätte Ihnen dieselbe, um dies zu verhüten, gern durch eine vermittelnde dritte Person, die den geeigneten Augenblick besser, wie ich, beurteilen und wahrnehmen konnte, zukommen lassen. Da ich jedoch nicht die Freude hatte, auf meinen letzten, an Ihr Fräulein Tochter gerichteten Brief eine Antwort zu empfangen, so blieb mir nur übrig, mich an Sie selbst zu wenden. Vielleicht hätte ich dies schon früher einmal tun und Ihnen den Dank für die große Teilnahme, die Sie mir in einem bedrängten Lebensmoment edel und schön betätigten, persönlich und direkt ausdrücken sollen. Leider ist es eine Eigenheit meiner Natur, daß ich mich der allgemeinen Formen und Formeln, wodurch die Welt ihren Dank und ihr Mitgefühl zu erkennen gibt, nur mit höchstem Widerstreben, und in freundschaftlichen Verhältnissen fast niemals, bediene; eine Eigenheit freilich, die man nicht kultivieren sollte, da das Leben die Gelegenheiten, Gemüt und Gesinnung auf würdigere Art an den Tag zu legen, sehr oft versagt, und da in solchen Fällen Worte doch immer noch einen gewissen Wert haben mögen. Wenn ich bisher meinen Dank noch nicht gegen Sie selbst aussprach, so unterblieb es zwar nur, weil ich dies erst in dem Augenblick tun wollte, wo ich mich imstande sah, das mir von der Mutter meines einzig teuren Freundes so edelmütig dargebotene Darlehn schuldigermaßen zu erstatten. Allein dieser Zeitpunkt, den ich nicht mehr für fern hielt, ist durch die große Kalamität, welche die Stadt Hamburg und die meisten, die darin wohnen, betroffen hat, wieder ins Weite gerückt, so daß ich mich höchst wahrscheinlich veranlaßt sehen werde, meinen gegenwärtigen Aufenthaltsort im August, wo nicht noch früher, mit Berlin zu vertauschen; mir ist daher jetzt, wo ich zum erstenmal an Sie schreibe, nur vergönnt, die Empfindungen, die ich Ihnen bereits durch Ihr Fräul Tochter ausdrücken ließ, zu wiederholen und Sie zu ersuchen, auch in dieser Beziehung das Vertrauen auf meine Zukunft nicht zu verlieren.

Schließlich sei auch noch dem Dichter eine Bitte gestattet, die Sie gewiß nicht mißdeuten werden. Ich habe der Sammlung meiner Gedichte den mir erreichbaren höchsten Grad der Vollendung zu geben gestrebt, ich habe alles, was mir in Gehalt und Form nicht durchaus genügte, ausgeschieden und manches Frühere einem strengen Läuterungsprozeß unterzogen. Nun ist es mir mehr, als peinlich, diese Sachen noch in einer anderen Gestalt, als in derjenigen, worin ich sie allein anerkennen und vertreten kann, in der Welt zu wissen, und ich habe schon die meisten meiner Freunde, welche handschriftliche Gedichte von mir besitzen, zur Vernichtung derselben veranlaßt, um nicht der Gefahr ausgesetzt zu sein, Stücke, die ich entweder völlig verworfen, oder doch umgeschmolzen habe, in einer späteren Zeit durch den einen oder den anderen Zufall ans Licht gebracht zu sehen. Unter den nachgelassenen Papieren Ihres Sohnes befindet sich ein ganzes Konvolut solcher Handschriften; Sie werden meinen Wunsch ohne Zweifel billigen und erfüllen, wenn ich Sie bitte, diese aussuchen lassen und den Flammen übergeben zu wollen. Es bedarf nicht der Versicherung, daß ich in Ihre und der Ihrigen Diskretion nicht das geringste Mißtrauen setze, sondern daß es sich bloß um ein Opfer handelt, das Dichter und Künstler ihrem ästhetischen Gewissen schuldig sind.

In der Hoffnung, daß es Ihnen und Ihrer geschätzten Familie wohl ergehe, ersuche ich Sie, mich dem geehrten Vater sowie der Schwester meines Freundes bestens zu empfehlen, und mir selbst ein freundliches Andenken zu bewahren.

Mit aufrichtiger Hochachtung pp
F. H.

Hamb. d. 30 Juni 1842. [2563]

Handeln ist höchster Egoismus. [2564]

Bauch und Lenden kann man ernähren, fett machen, aber nicht das Gehirn. [2565]

Jeder Schmerz entsteht aus Aufhebung des Gleichgewichts und der Harmonie; er ist als das das Gemeingefühl überragende Einzelgefühl des Teils zu definieren. [2566]

Könnte man Gott nicht außer den ihm längst beigelegten Eigenschaften noch ein allgemeines Herstellungs-Vermögen beilegen? [2567]

Die Existenz ist in unserer Zeit nur noch durch Aufopferung alles dessen, was ihr Würde und Wert verleiht, zu erkaufen.
[2568]

Nicht das Welträtsel läßt sich entziffern, aber es läßt sich vielleicht noch beweisen, warum dies nicht möglich ist. [2569]

Das denkende Gehirn nach abgenommener Schädeldecke beobachten und zu untersuchen, ob die verschiedenen Gedanken, z. B. die matten und lahmen oder die tiefen und großen; die angenehmen oder die unangenehmen, sich an der Hirnmasse ausdrücken. Natürlich ist dies unmöglich, wie es unmöglich ist, die leibliche Zeugung zu beobachten. Anfang und Ende des Seins entzieht sich unseren Wahrnehmungen. [2570]

d. 23 Juni. [= Juli]
Heute einen Artikel in den Nachrichten gelesen, der mich tief rührte. Es waren in demselben Briefe mitgeteilt, womit Leute aus den niedrigsten Ständen in Berlin ihre Gaben für die abgebrannten Hamburger begleitet hatten. Es hieß unter anderem: »es tut mir leid, daß der Rock zerrissen ist, aber der, den ich behalte, ist noch schlechter; ein Flicken steckt in der Tasche.« Eine Frau schreibt: »ich hätte die Kleider gern erst gereinigt, aber naß läßt sich nichts packen und es war keine Zeit mehr zum Trocknen.« Ein Arbeitsmann: »der Rock ist schlecht, aber für einen Arbeitsmann hält er doch warm, und ich bin selbst nur ein Arbeitsmann. In der Weste stecken ein paar Groschen, von meinen

kleinen Kindern, sie wollten auch gern was geben.« In die Taschen von Kinderkleidern fand man Obst und Spielwerk gesteckt. Alles so menschlich-schön, daß man ausrufen muß: ein einziger dieser Züge gereicht der Menschheit mehr zu Ehren, als alle möglichen Tragödien, die gedichtet sind, oder noch gedichtet werden können. Das kommt so aus dem innersten Gemüt, nur schade, daß der Hamburger Pöbel es so wenig verdient und daß die Empfindungen der Empfänger gewiß nicht denen der armen Absender entsprechen. [2571]

Elise sagte heute sehr schön: wenn ich einen Bettler grob und hart abweise, so werde ich sein Schuldner, statt sein Gläubiger. [2572]

Meine Gedichte befinden sich jetzt in meinen Händen, die Ausstattung ist gut, der Total-Eindruck kann kein schlechter sein, das übrige muß man abwarten. Ich habe jetzt nichts Angelegentlicheres zu tun, als die Handschriften zu vertilgen, da es mich physisch unangenehm berührt, wenn mir eine Produktion, der ich einen gewissen Grad von Vollkommenheit zu geben vermogte, wieder in unreifer Gestalt vor Augen kommt; ich will jedoch die Geburtstage dieser Gedichte, die ich sorgfältig unter der Reinschrift jedes Stücks verzeichnete, weil sie lange Zeit mein einziges Glück ausmachten, hier bemerken. [2573]

Widmung 1841. Hamburg.
Vater unser. 5 Dezbr 1839. Hamburg.
Rose und Lilie. 28 Juli 1841. Hamburg.
Sturm-Abend. 19 Mai 1841. Hamburg.
Zu Pferd! Zu Pferd! 10 Jan: 1839. München.
Das letzte Glas. 27 April 1836. Heidelberg.
Höchstes Gebot. 31 Dezbr 1836. München.
Vorbereitung. 1836. Heidelberg.
Die Polen sollen leben! 28 Aug. 1841. Hamburg.
An die Jünglinge. 22 Juni 1839. Hamburg.
Der Priester. 8 April 1837. München.
Blume und Duft. 10 Febr: 1838. München.
Für wen? 1835. Hamburg.
Horn und Flöte. 7 Novbr. 1835. Hamburg.

Winter-Landschaft. 3 Jan: 1839. München.
Vor dem Wein. 22 Jan: 1837. München.
Vinum sacrum. 10 März 1837. München.
Morgen und Abend. 15 Jan: 1834. Wesselburen.
Menschenfreude. 5 Jan: 1837. München.
Hexenritt. Sommer 1836. Heidelberg.
An ein weinendes Kind. 12 Jan: 1839. München.
An den Tod. Juni 1837. München.
Herbstgefühl. 2 Septbr 1836. Heidelberg.
Auf ein altes Mädchen. 1835. Dithmarschen.
Gruß der Zukunft. 13 Mai 1836. Heidelberg.
Der Becher. Herbst 1836. Straßburg.
Der Sonnen-Jüngling. 13 Jan: 1839. München.
Nachtgefühl. 31 Mai 1836. Heidelberg.
Das Fest in meiner Geburtsnacht. 22 März 1835. Hamburg.
Adams Opfer. 14 Juni 1839. Hamburg.
Der junge Schiffer. 17 Nov. 1836. München.
Großmutter. 8 Juli 1836. Heidelberg.
Ein Liebesleben.

1. Die Jungfrau. 28 Dezbr 1833. Wesselburen.
2. Spuk. 3 Dezbr 1836. München.
3. Nachruf. 16 Juni 1834. Wesselburen.
4. Süße Täuschung. 23 Sept. 1834. Wesselburen.
5. Nachts. 17 Juli 1834. Wesselburen.
6. Offenbarung. 11 August 1835. Hamburg.

Das Bettelmädchen. 1837. München.
Der Baum in der Wüste. 2 Mai 1839. Hamburg.
Schön Hedwig. 7 Novbr 1838. München.
Mystisch. 24 Mai 1836. Heidelberg.
Der Blinde. 14 Sept. 1839. Hamburg.
Knabentod. 3 Mai 1838. München.
Ermutigung. 1 Mai 1839. Hamburg.
Traum. Febr. 1839. München.
An eine Unbekannte. 23 April 1836. Heidelberg.
Bei einem Gewitter. 1835. Hamburg.
Licht in der Nacht. 8 Dezbr 1836. München.
Rosenleben. 1835. Hamburg.
Auf ein schlummerndes Kind. 1835. Hamburg.
Der Pokal. 25 Juli 1841. Hamburg.

Einziges Geschiedensein. 7 Jan: 1837. München.

Das Grab. 24 Febr. 1837. München.

Frühlings-Gedicht. 24 April 1838. München.

Schlachtlied. 18 Mai 1836. Heidelberg.

Leben und Traum. 21 Febr. 1838. München.

Frage und Antwort. 24 März 1834. Wesselburen.

Der Invalide. 17 März 1838. München.

Das Kind. 9 Juli 1834. Wesselburen.

Auf dem Kirchhof. 28 Novbr 1836. München.

Leben. 24 Juli 1841. Hamburg.

Gott. Mensch. Natur. Anschauungen, Phantasieen und Ahnungen in Fragmenten.

1. Gott über der Welt. 1835. Hamburg.
2. Der Mensch. 1833. Wesselburen.
3. Das Sein. 1836. Heidelberg.
4. Offenbarung. 1836. Heidelberg.
5. Das höchste Lebendige. 15 Juni 1834. Wess:

Der junge Jäger. 12 Okb: 1838. München.

Heimkehr. 1837. München.

An Hedwig. 17 Febr 1837. München.

Spaziergang am Herbstabend. 13 Novbr 1836. München.

Magdtum. 18 Sept. 1839. Hamburg.

Das alte Haus. 25 Juni 1834. Wesselburen.

Die Unschuld. 1842. Hamburg.

Erquickung. 20 Juli 1836. Heidelberg.

Winter-Reise. 20 März 1839. Mühlhausen.

Im Walde. 1839. Suhl. 18 März.

Sommer-Reise. 1839. Eichstätt.

Das Licht will sich verstecken. 1839. Hamburg.

Vorfrühling. 20 Juli 1837. München.

Mutterschmerz. 11 Juli 1835. Hamburg.

Neue Liebe. 24 Juli 1841. Hamburg.

Wiedersehen. 15 Mai 1836. Heidelberg.

Liebesgeheimnis. 6 Novbr 1836. München.

Wiegenlied. 9 Jan: 1839. München.

Memento vivere. Winter 1836. München.

Die Spanierin. 15 Aug: 1841. Hamburg.

Das Glück. 17 Mai 1838. München.

Das Haus am Meer. 22 Febr 1838. München.

Stillstes Leben. Sommer 1836. Heidelberg.

Das griechische Mädchen. 30 Mai 1836. Heidelberg.

Auf ein neues Trinkglas. 22 Sept 1834. Wesselburen.
Der blinde Orgelspieler. 23 Novb 1837. München.
Nächtlicher Gruß. 14 Mai 1836. Heidelberg.
Der Bettler weint um seinen Sohn. 22 Aug. 1841. Hamb:
An meine Seele. 16 August 1840. Hamburg.
Matrosen-Abschied. 24 April 1842. Hamburg.
Alt und Jung. 1842. Hamburg.
Abendgefühl. 17 Okt. 1838. München.
Nachtlied. 6 Mai 1836. Heidelberg.
Hochzeit. 26 Okt. 1835. Hamburg.
Zum letzten Mal. 5 Jan: 1837. München.
Vater und Sohn. 31 Okt. 1837. München.
Trennung. 9 März 1834. Wesselburen.
Eine Hinrichtung. 1841. Hamburg.
Unterm Baum. 28 Sept. 1840. Hamburg.
Versöhnung. Winter 1836. München.
Auf eine Verlassene. 15 Sept. 1838. München.
Sprüche und Gleichnisse. 1835. 1837. Wesselb. München.
Zwei Wanderer. 20 Novbr 1837. München.
Der Knabe. 7 Juni 1834. Wesselburen.
Der Schäfer. 24 Jan: 1834. Wesselburen.
Der Maler. 10 Novbr 1835. Hamburg.
Genesungsgefühl. 17 Juni 1839. Hamburg.
Die schöne Stunde. 10 Sept. 1839. Hamburg.
Lebensgeheimnis. a) 31 Mai 1838, b) 4 Juni 1838, München.
Das traurige Licht. 1841. Hamburg.
Der Kranke. 5 Jan: 1838. München.
Sie sehn sich nicht wieder. 24 Sept. 1841. Hamburg.
Virgo et Mater. 11 Sept. 1841. Hamburg.
Entstehen und Vergehen. 3 Mai 1836. Heidelberg.
Der Schmetterling. 18 April 1833. Wesselburen.
Lebens-Momente.
1. Jetzt ist pp 22 Juni 1836. Heidelberg.
2. Schlafen. 20 Novbr 1836. München.
3. Was ist pp 1836. Heidelberg.
4. Was willst pp 1836. Heidelberg.
5. Und mußt du pp 1836. Heidelberg.
6. Unergründlicher pp 21 Sept. 1841. Hamburg.

Du hast kein Herz. 24 Juli 1841. Hamburg.
Gebet für den Genius. 1840. Hamburg.
Die junge Mutter. 4 April 1841. Hamburg.
Situation. 3 Juli 1840. Hamburg.
An Elise. 1840. Hamburg.
Die treuen Brüder. 20 Juni 1838. München.
Requiem. 15 August 1840. Hamburg.
Räuber und Henker. 1841. Hamburg.
Das Kind am Brunnen. 23 Sept. 1841. Hamburg.
Scheidelieder. a) 31. Jan: 1837 und b) 1838. München.
Bubensonntag. 24 Mai 1836. Heidelberg.
Ein Buch Sonette:
  Unsere Zeit. 4 Sept. 1841. Hamburg.
  Die menschliche Gesellschaft. 3 Sept. 1841. Hamburg.
  Der Mensch und die Geschichte. 5 Sept. 1841. Hamburg.
  Mein Päan. 4. September 1841. Hamburg.
  An eine edle Liebende. Frühling 1842. Hamb.
  Goethe. 4 Sept. 1841. Hamburg.
  Kleist. 6 Sept. 1841. Hamburg.
  Ein Bild. 5 April 1842. Hamburg.
  Das höchste Gesetz. Frühling 1842. Hamburg.
  Welt und Ich. Frühling 1842. Hamburg.
  Der Mensch. 1840. Hamburg.
  Das Element des Lebens. Frühling 1842. Hamb.
  Mann und Weib. Frühling 1842. Hamb.
  Der Wein. Frühling 1842. Hamb.
  An ein schönes Kind. Frühling 1842. Hamb.
  Vollendung. Frühling 1842. Hamb.
  Das Heiligste. Frühling 1842. Hamb.
  Mysterium. Frühling 1842. Hamb.
  An den Äther. Frühling 1842. Hamb.
  An die Kunst. 6 Sept. 1841. Hamb.

d. 26 Juni [= Juli]

Die Gedichte sind fertig, Campe läßt nichts von sich sehen, noch hören. Zweimal war ich bei ihm, er behandelte mich schlecht, von oben herab. Ich muß zum drittenmal zu ihm gehen, ich bin es den Meinigen schuldig. O, dem kalten, berechnenden Geschäftsmenschen gegenüber dies glühende, todwunde Dichterherz! Die Zukunft lastet so auf mir, als ob die ganze lange Ewigkeit nur eine einzige ungeheure Säule von finstern Tagen und Nächten wäre, die auf mich drückte. Ich bin, wie einer ohne Arme und Beine in dieser öden Welt. Die Fertigkeiten der Hamster und Ameisen, die neben mir hantieren, hab ich nicht, dafür kann ich singen, aber sie können nicht hören, sie verstehen meine Sprache nicht, ich habe nichts an sie zu fordern, denn ich gewähre ihnen nichts. Könnt ich nur wenigstens meinen Schmerz tief, tief in mich verschließen, könnt ich mich vor ihnen verbergen, daß sie nicht mit Fingern auf mich zeigen! Caesar, als er ermordet wurde, hüllte sich in seine Toga ein, niemand, der den Stolz des Weltüberwinders gesehen hatte, sollte sich berühmen können, sein durch die Marter des Todes entstelltes Gesicht gesehen zu haben. Aber auch dies ist nur einem Caesar vergönnt!

[2574]

d. 29 Juli.

Heute hatte ich einen Besuch von *Uhland*. Gestern mittag sah ich seinen Namen in der Fremdenliste mitten zwischen so viel anderen gleichgültigen Namen; es durchzuckte mich elektrisch und ich machte mich auf der Stelle auf nach seinem Hotel, traf ihn aber nicht mehr zu Hause und ließ ihm einen schriftlichen Gruß nebst meinen Gedichten zurück. Heute morgen wiederholte ich meinen Besuch zur rechten Zeit und traf seine Frau, er war schon auf der Bibliothek. Heute nachmittag kam er zu mir, freilich nur auf einen Augenblick, da der Wagen mit seinen Damen vor dem Hause hielt. Er war sehr herzlich und liebevoll, als ob wir alte Freunde wären, nicht starr und kalt, wie die meisten ihn finden und wie ich ihn 1836 auch fand. Äußerst anspruchlos, schwer im Reden, aber auf eine naive, rührende Weise. Freue mich.

[2575]

Bei der Frage über die Unsterblichkeit der Seele hängt alles davon ab, ob man behaupten darf, daß sie immer war, denn nur wenn sie immer war, wird sie immer sein, hat sie aber einen Anfang genommen, so muß sie auch ein Ende nehmen. Darf man ja sagen? Entsteht sie nicht, entwickelt sie sich nicht, wie der Körper, wächst in ihr das Bewußtsein nicht ebenso, wie im Leibe das Gefühl der Kraft? Findet sie in sich einen Faden, der bis über die Geburt hinausgeht, eine geistige Nabelschnur, die sie auf eine ihr selbst erkennbare Weise mit Gott und Natur verbindet? Und wie ihre Wurzeln nicht über die Geburt, so reichen ihre Fühlfäden nicht über den Tod hinaus und Geburt und Tod selbst entziehen sich ihr, wie Zustände, die ihr nicht mehr *allein* angehören. War sie aber desungeachtet immer, wie fällt dann das christliche Dogma, als ob ihre ganze geistige Existenz in Ewigkeit von dem kleinen Erden-Dasein abhängig sei, in nichts zusammen. [2576]

Der ewige Jude, indem er schon geht: ich wandern? ich will nicht wandern! [2577]

Ich denke viel über das nach, was die Rezensenten das Versöhnende in der tragischen Kunst nennen. Es gibt keine Versöhnung. Die Helden stürzen, weil sie sich überheben. Das mag den, der das Überheben nicht leiden kann, weil es ihm vielleicht selbst Gefahr bringt, oder weil er es nicht nachzumachen versteht, befriedigen. Ich frage: *wozu* die Überhebung? wozu dieser Fluch der Kraft? Nur, wenn sie dadurch gesteigert, wahrhaft veredelt würde, würde ich mich damit ausgesöhnt fühlen. Und doch könnte man selbst dann noch fragen: wozu ist die Gradation nötig? Warum diese aufsteigende Linie, die jeden höheren Grad mit so unsäglichen Schmerzen erkaufen muß? [2578]

d. 8 August.
Elise erzählte mir heute abend eine erschütternde Geschichte, die eine alte Dame ihr erzählt und die sich in Assings Hause zugetragen hat. Assing nimmt für seine Kinder auf Empfehlung aus Wiesbaden ein junges Mädchen ins Haus, die, still und sittsam, ihm und seiner Frau außerordentlich zusagt. Sie bemerken aber an dem Mädchen einen tiefen Schmerz, den sie ihr vergebens abzufragen suchen; am auffallendsten ist dabei, daß dieser Schmerz sich gerade dann am heftigsten äußert, wenn die Mutter ihre kleinen Kinder liebkost; dann fährt das Mädchen zusammen, fängt an, zu schluchzen u.s.w. Endlich gesteht sie der Assing ein, daß sie einen Liebhaber und von diesem ein Kind gehabt hat,

welches gestorben sei; aber es ist klar, daß dies Geständnis nur einen Teil des Geheimnisses umfaßt hat, denn das Mädchen bleibt, wie sie war. Eines Abends, wie die Kinder zu Bett gebracht werden, wird das Mädchen ersucht, die Nachtkleider derselben vom Boden herunterzuholen; sie geht fort und kommt nicht wieder, nach einigen Tagen aber wird ihre Leiche aus der Elbe aufgefischt, und aus Briefen und Papieren in ihrem Nachlaß wird deutlich, daß sie – ihr Kind umgebracht hat. Welche furchtbare Situation des armen Geschöpfs! Inmitten eines Familienkreises! Zeugin, wie die Mutter ihre Kinder liebt und pflegt! – [2579]

d. 12 August.
Heute morgen überraschte mich mein alter Jugendfreund Barbeck aus Wesselburen. Das Herz ging mir auf, als ich ihn sah, mir war, als ob wir uns erst gestern gesehen hatten. Lange freilich taugen wir nicht zusammen, denn die Bildungsstufen sind zu weit auseinander, aber anfangs war es mir ganz, als ob meine Jugend mich besuchte.
[2580]

Wenn alle Menschen Genies wären, das würde ich ganz natürlich finden; daß sie aber sind, was sie sind, das finde ich wunderbar. [2581]

d. 30 Aug.
Ein unheimlicher Sommer. Monatelang schon eine Hitze, die alles Leben ausdörrt. Die Flüsse versanden, die Äcker verdursten, dem Menschen ist, als ob es an Luft zum Atmen fehlt. Die Zeitungen Tag für Tag voll von ungeheuren Brandunfällen. Mir schwebt of das Bild des Jüngsten Tags in aller Furchtbarkeit der christlichen Vorstellungsart vor der Phantasie. Ein Ende muß sein, warum nicht jetzt? Einer muß das erleben, warum nicht ich? Jahnens meinte heute abend, dieser Gedanke hätte doch etwas Schauerliches. Gewiß. Aber ich glaube, nur so lange, bis man die Sache entschieden sähe. Wenn die Erde erst wankte, wenn die Sterne taumelten, würde der Mensch fest stehen! [2582]

d. 1 Sept.
Ich sah die Mad^me Crelinger. Ein determinierender Verstand,

kein Genie, der mich an den Verstand der Amalie Schoppe erinnerte. Ich hatte gottlob eine Stunde, in der mir die Konversation nicht ausging, machte sichtlich keinen ungünstigen Eindruck, empfing guten Rat, dabei aber die Versicherung, daß sie mir gern dienen würde, wo sie könne, und darf hoffen, das von der Schoppe gewobene Lügen-Gespinst durch meine bloße Erscheinung zerstört zu haben. [2583]

Theresens Tagebuch – die Verf. hat das Talent der Erfahrung. »Das Leben läßt sich nicht so leicht, wie ein Strumpf, aufrebbeln.« Therese. [2584]

d. 3 Sept:
Ein großer, wichtiger Freuden-Tag. Der alte Rousseau schickt mir einen Wechsel auf 20 L als Darlehn. Nie zu vergessen: das wird, wenn ein Gott über mich waltet, das Fundament meiner Zukunft werden, denn es setzt mich in den Stand, die Reise nach Kopenhagen durchzusetzen, und so wird sich an den Namen, der mir unter allen der teuerste ist, mein Glück anknüpfen!
[2585]

d. 8 Sept.
Alles, was mit der Reise nach Kopenhagen in Verbindung steht, glückt mir über die Maßen gut, so daß ich nicht fürchte, mich in der Hauptsache zu täuschen. So sehr bin ich noch bei keinem einzigen Unternehmen begünstigt worden, die Gnade Gottes waltet sichtbar über mich, nun will ich auch nicht wieder kleingläubig mäkeln und meistern, sondern mich dem Wellenschlag des Lebens mit freudigem Vertrauen überlassen. Die Empfehlungsbriefe von Moltke waren auf den ersten Wink da. Das Geld aus Ansbach desgleichen. Heute war ich bei Campe – auch er erklärte sich auf der Stelle zu dem Vorschuß von 20 Louisd. bereit und auf eine so noble, seiner bisherigen so ganz entgegengesetzte Art, daß ich ihm dafür ebenso verpflichtet bin, wie für die Anleihe selbst. Bedeutungsvoll in jeder Beziehung wird die Reise für mich werden. Ich hoffe, sie soll mir äußerlich zu einer Existenz verhelfen und auch innerlich die letzte Hand an mich legen. Ich bin gezwungen, mich zu benehmen, ein scharfes Auge

auf meine Umgebung zu halten, ich kann mich nicht, wenn ich nicht alle meine Zwecke aufgeben will, wieder in einen hypochondrischen Winkel zurückziehen, ich muß mit Menschen verkehren und es ist gewiß Zeit, daß ich dies endlich lerne. Der Dichter in mir hat seine Bildung erlangt, aber der Mensch ist noch weit zurück. [2586]

Es gibt keinen Punkt auf der Erde, der nicht zugleich in den Himmel hinauf- und in den Abgrund hinunterführte. Die diametrale Linie nun, die beide Perspektiven verknüpft, ist die Form. [2587]

Der junge Hamburger Dichter, Herr Ebeling, von Campe mir zugeschickt, der mir sagte: er fände seine Gedichte, wenn er sie wieder durchläse, allerdings gut, *denn, wenn er sie nicht gut fände, so würde er sie ja besser gemacht haben.* [2588]

d. 15 Sept.
Eben schließe ich den zweiten Band »des französischen Handwerksburschen« von George Sand. Der erste Band ist langweilig, aber dieser zweite enthält Sachen, die noch in keinem Roman eines Weibes standen. Die Art, wie die List des Grafen gegen ihn selbst ausschlägt, ist unübertrefflich. Wahrhaft groß! Das ist ein Weib! [2589]

Das Liebesverhältnis in jenem Roman, welches mit den Worten der Komtesse: »bin ich denn nicht allein?« anfängt und mit einer Erklärung von ihrer Seite zur Katastrophe kommt, ist groß gedacht. [2590]

Der Roman ist wahrhaft dramatisch. Der erste Teil ist nur darum so weitschweifig geworden, weil die Verf. geglaubt hat, nicht zu viel Staffage geben zu können. Dieser Ausgangspunkt ihres Talents versöhnt mit allen früheren Extremen desselben, die doch, wenn auch keineswegs erlogen oder unsittlich, jedenfalls gar zu individuell waren. [2591]

Die Luft atmet das Licht. [2592]

d. 20 Septbr.

Max schlief früher ohne Singen ein, jetzt tut er es nicht mehr. Als ich Elise heut abend scherzhaft fragte, warum sie sich diese neue Mühe auferlegt habe, antwortete sie: das andere hätte ihr so unnatürlich geschienen, alle Kinder würden von ihren Müttern eingesungen, und wenn sie so in der finstern Kammer an seinem Bett stünde, er ihre Hand in der seinigen festhaltend und sie erst im tiefen Schlaf loslassend, so habe sie ein Muttergefühl, süßer, wie je. [2593]

Diesen Sommer habe ich gar nichts gemacht – merkwürdig genug. Freilich war er außerordentlich heiß und die Hitze trocknet mir das Hirn aus. Aber auch noch regt sich kein Leben in mir. Doch steckt noch zu viel an Ideen in mir, als daß es schon vorbei sein kann. Ich hoffe, die Aufenthaltsveränderung soll mir wohl tun. Der Lebensstrom muß zuweilen ein wenig aufgepeitscht werden, wenn er nicht stocken soll. [2594]

d. 7ten Oktober.

Aus dem Nichts schaffen wollen ist Sache der Toren. Große Kunstschöpfungen setzen große Elemente in Welt und Zeit voraus. Aber, wenn solche Elemente vorhanden sind, erscheint auch jedesmal ein großes Kunst-Genie. Wenn der Körper ausgebildet ist und einen Überfluß enthält, aus dem ein neues Geschöpf sich entwickeln kann, bilden sich die Zeugungs-Organe aus. Ebenso erhält die Zeit im Künstler ihr Zeugungs-Organ, sobald sie in sich gesättigt ist und Speise für die Nachwelt übrig hat. [2595]

Es ist doch immer in Bezug auf die persönliche Fort-Dauer ein bedenkliches Zeichen, daß sich nie ein abgeschiedener Geist dem überlebenden befreundeten angezeigt hat. Der Geist, der so lange in einem Körper wirkte, hat die Fähigkeit, mit der Körperwelt in Verbindung zu treten, und diese Fähigkeit kann er, wenn er derselbe bleibt, nicht *verlieren*. [2596]

Hamann an Herder. 14. Okt. 1776 (Bd 5 S. 185.)
– Ungeachtet in keinem anderen Lande eine Gewissens-Ehe, oder wie man meinen *Fuß, zu leben*, nennen will, so *gesetzmäßig*

als in Preußen ist, so scheint doch wirklich selbige gewissen Leuten anstößiger zu sein, als Hurerei und Ehebruch, weil Mode-Sünden über Gesetze und Gewissen sind. Ungeachtet meiner großen Zufriedenheit, in der ich lebe und die das ganze Glück meines Lebens ausmacht, fühle ich diese Seite des bürgerlichen Übelstands lebhafter als irgend einer jener weisen Leute. Eben das Bauermädchen, dessen vollblütige blühende Gesundheit und ebenso vierschrötige, eigensinnige dumme Ehrlichkeit und Standhaftigkeit so viel Eindruck auf mich gemacht, daß Abwesenheit und die Versuche der höchsten Verzweiflung und kältesten Überlegung ihn nicht haben auslöschen können – diese Magd, die Kindesstelle an meinem alten, unvermögenden gelähmten Vater vertreten und die er als eine leibliche Tochter geliebt und ihr mit sterbender Hand ein gleiches Legat mit unseren nächsten Anverwandten verschrieben – würde vielleicht als meine Ehefrau, ich weiß nicht was, sein. Nicht aus Stolz, dazu bin ich zu dankbar, sondern weil ich die innere Überzeugung habe, daß diese Lage ihre eigne Glückseligkeit mindern und vielleicht dem Glück ihrer Kinder nachteilig werden könnte. Doch dieser bereits in das 17te Jahr laufende Roman meines Lebens und die Erhaltung vom Gespenst meines armen Bruders, der keinen Finger mehr ansetzt, sondern bloß lebt, um zu essen und zu schlafen, sind für mich wahre Zeichen und Wunder, ebenso unaussprechliche, als unbegreifliche Plane einer höheren unsichtbaren Hand und der Stoff zu den Leiden und anis, die keiner kennt, als der sie auflegt und der sie trägt. [2597]

Rendtorff behauptete gestern abend, auch der leibliche Schmerz werde nur im Geist, in der Seele empfunden. Ich muß dies bestreiten, denn damit fiele die *differentia specifica* zwischen Leib und Seele weg, der Materialismus wäre also da. Ich denke mir die Sache so. Der leibliche Schmerz wird allerdings bis in die Seele hinein empfunden, wie der geistige, um mich so auszudrücken, bis in den Körper hinaus. Aber dies ist nicht die Unmittelbarkeit, sondern die Reziprozität des beiderseitigen Schmerzes. Der leibliche Schmerz *hemmt* den geistigen Werkmeister im freien Gebrauch des Werkzeugs und diese *Hemmung*, die seine Wirksamkeit beschränkt und aufhebt, empfindet er und sie wird ihm zum

Schmerz. Wenn die leiblichen Schmerzens- und Krankheits-Zustände steigen, so wird auch die Hemmung, also auch die Empfindung derselben und der reziproke Schmerz, um so größer. Der Leib zentralisiert sich in sich selbst; er ist gewissermaßen ein Diener, der auf den Herrn nicht länger achten kann, weil die Sorge für seine gefährdete eigene Existenz seine ganze Tätigkeit in Anspruch nimmt. Dasselbe tut nun auch der Geist; daher hört das Denken, welches ein immerwährendes bewußtes oder unbewußtes Vergleichen, Anpassen und Analogisieren ist, auf und das Anschauen, das unvermittelte Ergreifen, tritt ein. Da jedoch die Trennung zwischen Leib und Geist immer nur noch eine halbe ist und das reine Geistergesetz nur freier, aber keineswegs frei wirkt, so schlagen die Bilder, oder wie man die Resultate der dem Denken entgegengesetzten höheren und unabhängigeren Geistes-Tätigkeit sonst nennen will, in Phantastereien um. Übrigens ist die Philosophie des Schmerzes aus diesem Gesichtspunkt noch zu liefern. [2598]

Wie wäre ein Magen so groß, daß er den Organismus, dem er angehört, verschlucken und verdauen könnte; wie könnte es einen Menschen, überhaupt ein Wesen geben, das den Begriff seiner selbst hätte? [2599]

»Was einer *werden* kann,
   Das *ist* er schon, zum wenigsten vor Gott!«
Diese fürchterliche Wahrheit ist durch das Ausstreichen aus der Genoveva keineswegs abgetan. Derjenige, der einen Mord verübte, und derjenige, der ihn des Mordes wegen zum Tode verdammt, worin sind sie unterschieden, wenn Gott, der mit der wirklichen zugleich alle mögliche Welten überschaut, erkennt, daß jener bei einer anderen Verkettung der Umstände der Richter und dieser der Mörder hätte sein können. Wenn man die Gewalt der Äußerlichkeiten recht erwägt, so mögte man an aller Wesenheit der menschlichen Natur und jeder Natur verzweifeln.
[2600]

Die unendliche Verschiedenheit im Denken und Empfinden kann man sich vielleicht am besten durch den Parallelismus der physischen Gestaltungswelt verdeutlichen und erklären. Die Elemente sind dort, wie hier, überall dieselben, aber sie gewinnen nur Leben durch die individuellen Formen, in denen sie aufgehen und sich so oft, trotz innerster Verwandtschaft schroff gegenüberstehen. [2601]

Dem *Sündenfall* der Menschen muß selbst in der christlichen Lehre ein Sündenfall der Geister vorangehen. [2602]

Es verzehre nur einmal einer, wenn er hungrig ist, seinen Daumen; er wird lange warten müssen, ehe die dem Magen dadurch zugeflossene Kraft einen neuen Daumen erzeugt. [2603]

Byrons wunderliche, abnorme Persönlichkeit mildert den Eindruck seiner Poesie für die meisten Leser, indem das als hypochondrische Grille eines Individuums erscheint, was doch eigentlich die schneidende Wahrheit des Jahrhunderts ist. [2604]

Nur Narren wollen die Metaphysik aus dem Drama verbannen. Aber es ist ein großer Unterschied, ob sich die Metaphysik aus dem Leben entwickelt, oder ob umgekehrt sich das Leben aus der Metaphysik entwickeln soll. (Schon bemerkt.) [2605]

Hamann wieder gelesen. Daß er sich klüger, als alle andere dünkt, darin hat Goethe ganz recht. Merkwürdig ist auch das, daß gerade er immer so gereizt gegen seine Rezensenten loszieht und Leuten, die er tief verachtet, immer noch die Ehre antut, ihnen diese seine Verachtung gründlich und weitläuftig zu dokumentieren. Er ist ein merkwürdiges Individuum, aber auch weiter nichts. Die Wissenschaft hat in ihm keinen neuen Knoten angesetzt. Man kann ihn übergehen und wird es tun, wie man es getan hat. [2606]

d. 20sten Okt.
Rüste mich zum Abschied. Morgen wird Max getauft. In Hamburg können Kinder, die nicht auf dem zeremoniellen Wege ins Leben gekommen sind, nicht den Namen des Vaters erhalten. Eine grausam-despotisch-pfäffische Bestimmung. Auf dänischem

Boden ist das anders. Der Pastor in Wandsbeck, durch den alten Schütze dazu veranlaßt, wird mir den Gefallen tun, meinen Sohn in die christliche Gemeinde aufzunehmen und ihm meinen Namen beizulegen. Die Sache hat mich zwar nicht gedrückt, aber es freut mich doch sehr, daß sie endlich beseitigt wird. Schütze allein habe ich es zu danken, er hat den Pastor beredet und mir für den Akt sein Haus angeboten, auch steht er Gevatter. Mögte das philosophische Werk, das er schreibt, doch so ausfallen, daß ich es mit einiger Hoffnung des Erfolgs Campe empfehlen könnte! Die kleine Broschüre, die er im Anfang Sommers herausgeben wollte, war leider so matt, daß Campe mich damit auslachte. Er ist sonst so wacker und brav und ich mögte ihm für mein Leben gern einen Freundschafts-Dienst leisten. – Nun wird es Herbst, die Blätter fallen ab, der Geist der Zerstörung weht durch die Luft, die Welt wird ernst und grau. Diese Jahreszeit machte sonst immer einen tiefen Einschnitt in mein Gemüt, ich wurde frisch und lebendig, jetzt bleib ich, wie ich war, dumpf, verdrossen, bis in den Mittelpunkt der Seele hinein überkrustet. Ob die Reise mich wieder erwecken wird? Eine Zeitlang schien es, als ob ich hier bleiben würde. Campe sagte mir, er würde wahrscheinlich mit Gutzkow brechen, und trug mir für den Fall den Telegraphen an. Obgleich ich viel Ärger und Verdruß voraussah, hielt ich mich in meinen Verhältnissen doch nicht berechtigt, ein solches Anerbieten von mir zu stoßen und erklärte mich bereit. Die Sache zieht sich jedoch in die Länge und das ist mir Beweis genug, daß nichts daraus wird. Ich mache mich also zur Abreise bereit. Der erste Schritt, den ich ganz aufs Geratewohl tue. Über die Zwecke und Absichten, die mir vorschweben, mag ich mir gar keine Rechenschaft geben. Eine Professur? Wie lückenhaft, unzusammenhängend, unbedeutend, sind meine Kenntnisse! In ästhetischen Dingen weiß ich freilich einiges und erkenne manches, aber mir geht die Fähigkeit ab, meine Ideenkörner zu zersetzen, mein Korn zu mahlen und zu verbacken. Was sonst? Ein Reisestipendium? Das Glück müßte sehr viel für mich tun, wenn ich ein solches davontragen sollte. Doch, gleichgültig, die Reise eröffnet mir wenigstens Perspektiven und Möglichkeiten, während ich in Hamburg, wie sich hier nun einmal alles mit und ohne meine Schuld gestaltet hat, verwesen müßte. [2607]

d. 21 Okt.

Heute abend ist Max getauft. Mit verdrehten Augen hielt der Pfaff eine miserable Rede; wäre ich nicht als Vater zu ernsten Gefühlen angeregt gewesen, ich hätte gewiß über diese Blumenlese aus dem poetischen Garten von Anno 1770 gelacht. Gottlob, daß die Sache hinter mir liegt! [2608]

d. 22 Okt.

Ein böser Tag. Bei Campe wegen des Geldes – er war nicht zu Hause, obgleich er mich bestellt hatte. Als ich zurückkam, fand ich eine Wohnungs-Aufkündigung für meinen Hauswirt vor, die Elise eine neue Sorge aufbürdet. Als ich auf mein Zimmer ging, fraß Hänschen das für mich zum Mittag bestimmte Fleisch auf. [2609]

Eine Welt, worin ein Hund auch nur ein einziges Mal Prügel bekommen kann, ohne sie verdient zu haben, kann keine vollkommene Welt sein. [2610]

Auffallend ists doch, daß die Bildhauerkunst fast gar keine christliche Objekte hat benutzen können. Existiert wohl ein einziger Christus? [2611]

d. 24 Okt.

War den Abend bei R.[endtorf]. Er hatte Genoveva gelesen, und sagte mir, das Stück habe ihn in Schwindel und Taumel versetzt. Es freute mich sehr, daß die Wirkung eine so entschiedene gewesen, um so mehr, als er durch die Bemerkung, die er über die letzte Hälfte machte, mir zeigte, daß er es begriffen. Er sagte nämlich, es sei ihm klar entgegengetreten, daß alles, was Golo gegen Genov. tut, nur gegen ihn selbst gerichtet sei, und daß sogar der schreckliche Schluß in seiner Situation ein Labsal für ihn sein müsse. Ganz richtig, Wollust des gegen sich selbst-Wütens. Er wisse sich nicht zu erinnern, daß ihn jemals eine Produktion so sich selbst entrückt habe, ihm scheine Genov. noch mehr aus einem Guß, als Judith, auch müsse sie jedenfalls auf die Masse wirken, wenn sie gespielt würde. – Es ist mir um so lieber gewesen, als es ganz natürlich ist, daß gerade Jugendfreunde strenge Richter sind. [2612]

Leben heißt parteiisch sein. [2613]

Viele glauben nichts, aber sie fürchten alles. [2614]

Verbösung – guter Ausdruck. Die Uhr elfte, zwölfte pp –
[2615]

Was ist das Böse? Kann es gut werden, so wird und muß es gut werden, und zwischen Gut und Bös besteht kein anderer, als ein zeitlicher, zufälliger Unterschied. Kann es aber nicht gut werden, hat es dann nicht Existenz-Berechtigung? Und da zwei Gegensätze nicht einen und denselben Grund haben können, ist nicht dann mit dem Bösen eine zwiefache Weltwurzel gesetzt?
[2616]

Tagebuch in Kopenhagen

D. 12ten Novbr 1842 verließ ich abends um 10 Uhr Hamburg. Meine teure Elise begleitete mich zur Post und blieb, bis ich abfuhr. Morgens um 9 Uhr war ich in Kiel. Ich besuchte den Dr Olshausen, an den mich Wienbarg adressiert hatte, um mich bei ihm wegen der Professur der Ästhetik zu erkundigen, die in Kiel besetzt werden soll. Ein kleines blasses Männchen mit einer unangenehm eingedrückten Nase. Ich schien ihm ganz unbekannt zu sein, doch war er freundlich und gab mir Auskunft. Dann ging ich, um das Wirtshaus zu vermeiden, spazieren, nach Düsternbroock hinaus. Ich kam an einem kleinen weißen Häuschen vorbei und dachte: wirst du jemals so glücklich sein, daß du deine Elise in einem solchen Häuschen wohnen lassen kannst? Die Freudenlosigkeit, zu welcher die Ärmste durch ihre Liebe zu mir verdammt ist, die Sorge, die Not, der sie entgegengeht, wenn meine Reise fruchtlos bleibt, fielen mir schwer aufs Herz. Ein toter Fisch lag am Wege, das Wasser hatte ihn ausgestoßen, es kümmerte sich nicht darum, wie er verende. Das Wäldchen von Düsternbroock war vergilbt, Millionen von Blättern lagen am Boden. Ich ging und betete zu Gott. Inzwischen hatte es zu tröpfeln angefangen, nun kam ein starker Regenguß und ich mußte doch ins Wirtshaus, um nicht vor Besteigung des Dampfschiffs durchnäßt zu werden. Um 2 Uhr an Bord, montags um 12 Uhr mittags in Kopenhagen, bis Donnerstag im Hotel d'Angleterre, dann endlich ein Privatlogis aufgetrieben und sogleich bezogen. Eine ganz unbeschreibliche Melancholie drückt mich darnieder, alles, was ich in Hamburg viertehalb Jahre hindurch gegen die treuste Seele, das edelste Gemüt gesündigt habe, preßt mir das Herz. Sogar die alte Mutter, die es so gut meinte und gegen die ich oft so schnöde war, scheint mir jetzt gar keine Fehler mehr zu haben! [2617]

Ist das Leben vielleicht nur ein Verbrennen, ein Ausglühen, ein Wegzehren der Empfänglichkeit für Schmerz und Lust? Ist alles, was als ruhiges Element, als Erde und Stein, uns umgibt, schon lebendig gewesen? Werden auch wir Erde und Stein und ist die Geschichte zu Ende, wenn alles ruht und schweigt? [2618]

Kop. d 22. Nov. 42. An Wienbarg.
Sie wollten mir, Verehrtester, über meine Genov. referieren. Ich überwinde deshalb die Abspannung, in der ich mich befinde, um Ihnen einige Zeilen zu schreiben, wenigstens meine Adresse zu melden. Sehen Sie ums Himmels willen dies Blatt und was darauf zu stehen kommt, nicht für einen ordentlichen Brief an. Ich suche seit einiger Zeit mich selbst und kann mich nicht finden. Sie wissen, wie das geht, denn Sie wohnen auch nicht in einem Luftballon oder im Keller, sondern in der Mitte, wo die Winde sausen. Das Leben ist heutzutage eine Kunst, man muß sich, ungefähr wie Immermanns metallurgischer Münchhausen, selbst die Elemente bereiten, und wenn man sich ungeschickterweise die künstliche Sonne aushustet, weil man sich erkältet hat, so ist sie nicht gleich wieder angesteckt.

Diese Dänenstadt mit den höflichen Dänen darin gefällt mir ganz und gar nicht. Ich habe überhaupt das Unglück, daß der erste Eindruck, der dann wieder von lauter Bagatells abhängig ist, sich leicht bei mir fixiert. Hier kam ich bei naßkaltem Regen an und nun seh ichs immer noch regnen. Güldenstiern und Rosenkranz und zur Abwechselung einmal Rosenkranz und Güldenstiern. Die sind allein aus dem Hamlet am Leben geblieben, es war ein Irrtum von Shakespeare, wenn er glaubte, daß sie in England enthauptet worden seien. Übrigens gilt dies nicht von einz. Personen – im Gegenteil, bei einigen, wenigstens bei einem, habe ich viel Zuvorkommenheit und wahre Humanität gefunden – sondern das Volk, wie mans auf der Straße sieht, kommt mir so vor. Immer die Mütze in der Hand, ich kanns nun einmal nicht leiden, die Grobheit, die es gut mit sich selbst meint, ist mir lieber. Kiel dagegen, wo ich früher noch nicht war, gefiel mir sehr mit seinem herbstlich-vergilbten Düsternbroock.

Begierig bin ich, wie es Ihnen bei den Schauspielern mit diesem Stück ergeht. Sie haben sich nun einmal die Mühe aufgeladen und ich sehe dem Schauspiel vor dem Schauspiel ruhig zu. Das Stück ist aus sehr trüben und bittern Gemütsstimmungen hervorgegangen, es ist eher ein aufgebrochenes Geschwür, als ein »objektives Werk«. Das soll nicht sein, gewiß nicht, aber ich fürchte, alle Poesie unserer Zeit ist der Alternative unterworfen, ob sie schwarz aber wahr oder bunt, aber falsch sein will. Unbefriedigend ist sie in dem einen Fall, wie in dem andern. Was soll der Poet machen? Soll er der Poet aller Poeten werden und sich aus seiner in eine fremde Haut hineinlügen? Es wär ein Meisterstück, wenn ers bis zur Illusion brächte. Doch ich glaube, dies ist selbst unserm Tieck nicht gelungen; er zieht, wenn er unbemerkt ist, mitten im Paradies wollene Strümpfe an. Ich denke, es ist erlaubt, hin und her zu taumeln, wenn die Erde bebt und der Himmel Grimassen zieht. Ohnehin entsteht die gute Musik nur dann, wenn der Musikant die Courage hat, aus seinen eignen Eingeweiden die Saiten zusammenzudrehen.

Verzeihen Sie diesen Ton. Wir haben uns eigentlich nur einmal gesehen, aber ich hoffe, wir sind miteinander bekannt geworden. Im Wachtmantel der Förmlichkeit kann ich kein Glied rühren, Steifleinen ist mein Tod. Ich sollte nun auch noch von meinen Aussichten reden. Doch – meine Augen sind heute nicht in »Maientau« gebadet, übrigens scheinen die Sterne auch für mich. In Kiel besuchte ich Ihren Freund Olshausen. Er bestätigte mir, was Sie mir sagten, legte aber etwas mehr Akzent auf Gelhusen. Der Konferenzrat D.[ankwart] an den ich empfohlen war, hat mir seine tatsächliche Verwendung und auf morgen Auskunft über alle Verhältnisse versprochen; durch diesen werde ich auch leicht zum König gelangen, der aber augenblicklich nicht hier ist. So viel davon. Ich hoffe, daß Sie mir bald antworten werden und bin mit wahrer Hochachtung

der Ihrige F. H. [2619]

d. 25sten Nov.
Heute die erste Freude in Kopenhagen erlebt; als ich mittags aus der Bibliothek kam, lag ein Brief von Elise auf dem Tisch. Wie glücklich hat mich das bloße Erblicken ihrer Schriftzüge gemacht! [2620]

Mäxchen nennt sich selbst immer *du*, nämlich so, daß er sagt: Du will auch essen, womit er meint, daß *er* essen will. [2621]

d. 30sten Nov.
Einen Fortschritt gemacht nach langer Pause. Zum ersten Mal selbst Strümpfe gestopft. Ich schreibe das nicht mit Jean Paul-Wutzischem Humor nieder. 30 Jahr alt und schon alles bergab. Ich glaube nicht mehr an die Zukunft und dieser Glaube allein war es, der mich bisher oben erhielt. Die Jahre, die in meinen Augen bisher Schmerzens- und Prüfungsjahre waren, sind fette Jahre gewesen, nun gehts hinunter, tiefer und immer tiefer, bis sich zuletzt die Erde erbarmt und den Kerl hineinschluckt. Wäre nur das Kind nicht, wäre Elise nicht, ich wollts kommen sehen!
[2622]

Sonnabend d. 3 Dezbr.
Donnerstag wollte ich den Konferenzrat Dankwart besuchen – er nahm mich nicht an, weil er mit einem Bericht an den König beschäftigt sei. Ich hielt dies für ein schlechtes Zeichen. Heute ging ich zum Hofmarschall Levetzau – er sei nicht zu Hause, sagte mir der Bediente mit einem Spitzbubengesicht. Was soll ich nun tun? Hingehen und wieder hingehen? Höchstens bei beiden noch ein Versuch, dann – Es ist gewiß, mehr als gewiß, ich werde nicht das geringste ausrichten. Dabei bin ich geistig tot, mein Kopf ist so öde, so finster, als wenn Gottes Licht nie darin geschienen hätte. In dieser Woche habe ich mich denn auch, seit meiner Jugend zum erstenmal, einen ganzen Tag lang

von trockenem Brot und Kaffee ohne Milch ernährt. Aus Not, aus Mangel an Geld, noch nicht, aber doch auch nicht freiwillig. Im Wirtshaus wollte ich, der Kosten wegen, nicht essen, ich habs die ganze Woche nicht getan, und meine Wirtin hatte vergessen, mir Butter holen zu lassen, fodern mogte ich diese aber nicht, weil es ihr dann ja klar geworden wäre, daß ich immer bei verschlossenen Türen auf meine eigene Hand diniere. Ich bin beständig in köstlicher Stimmung, doch will ich mich hüten, diese in meine Briefe an Elise einwirken zu lassen, die Arme hat Sorge und Kummer genug! [2623]

Die Krankheit selbst ist eine Erscheinung des Lebens, die Toten sind nicht mehr krank, nur die Lebendigen. [2624]

d. 18 Dezbr.

Über mein hiesiges Leben führe ich Tagebuch in den Briefen an Elise. Eben habe ich einen geschlossen und darin den Ewers zu rehabilitieren gesucht, als der Kerl – hol ihn der Teufel! – sich wieder degradiert und mich schamlos, trotzdem, daß er mir in München Geld und Bücher abgeluchset hat, um ein Darlehn anspricht! Daß ich mich mit solchen Leuten auch doch immer wieder einlasse! Ich denke, sie haben sich gebessert, ich mag ihnen nicht wehe tun und hinterdrein muß ich meine Gutmütigkeit doch bereuen! Die 5 Taler habe ich ihm nicht gegeben, aber den Kaffee hab ich für ihn bezahlt – für mich schon immer genug, da ich die ganze Woche nichts als Brot esse. Doch hat er diese Auslage gewissermaßen durch einen guten Witz, den er mir von einem seiner aufschneiderischen Bekannten erzählte, vergütet. Dieser nämlich, der in Algier den Feldzug mitgemacht, erzählt in einer Hamburger Gesellschaft: dort sei auf jeden Türkenkopf ein Preis von 5 Franken gesetzt worden; nun sei man denn der Köpfe wegen Truppweise ausgezogen, wenn man kein Geld mehr gehabt und habe die Köpfe, am Gürtel befestigt, heimgebracht; es sei aber zu umständlich gewesen, sich dafür erst das Geld auszahlen zu lassen, man habe vielmehr die Köpfe in Wirts- und Hurenhäusern an Zahlungsstatt ausgegeben. Sehr gut!

[2625]

d. 22 Dezbr.

Heute morgen bei Dankwart. Ich sagte ihm von dem Reisestipendium. Er ermunterte mich zu diesem Schritt, versprach mir seine Unterstützung und erbot sich, Erkundigungen einzuziehen, wie es mit dem Fond stände. Als ich in sein Palais trat, begegnete mir ein Mädchen mit Kränzen, von denen sie mir einen anbot. Ich gab ihr ein kleines Almosen; mögte der Kranz mir etwas Gutes bedeuten! [2626]

d. 31. Dezbr.

Ich sitze in Kopenhagen, mein Zimmer ist voll Rauch, draußen regnets. Weil ich es jedes Jahr getan habe, will ich auch heute einen geistigen Abschluß machen, obgleich es nichts abzuschließen gibt. Gearbeitet hab ich das ganze Jahr nichts; ein paar Gedichte sind entstanden, ich schäme mich, die Lumperei aufzuführen. Als ein bedeutendes Ereignis kann der Hamburger Brand in alle Wege gelten, doch ist dies ein Ereignis, welches der Geschichte angehört, nicht meinem Privat-Leben. Außer Oehlenschläger habe ich niemand kennengelernt. Großes Verdienst um mich hat sich der alte Rousseau erworben. Auch Campe, obgleich ich über seine eigentlichen Absichten mit mir nicht im klaren bin, hat sich human bezeigt. Für die Genoveva denkt er mich freilich mit einem Lumpen-Schilling abgefunden zu haben, doch hat er mir Vorschüsse gemacht, ohne die ich nicht hätte reisen können. Die Reise scheint, allen Ahnungen und Hoffnungen zum Trotz, zu nichts zu führen. Was weiter werden soll, weiß ich nicht. Die Audienz beim König war erfolglos. Die Empfehlungen des Grafen Moltke haben keinen Eindruck gemacht. Der Brief von Schütz an Dankwart hat eine Art von Verhältnis angeknüpft, doch wer weiß, ob das Resultat nicht desungeachtet nichtig sein wird. Literarisch bin ich fast tot. Von jedem Reimschmied ist die Rede, über meine Gedichte wird kein Wort gesagt. Davon liegt die Schuld zum Teil am Verleger; ich zweifle, ob er Rezensions-Exemplare abgesandt hat, denn da die Leute alles rezensieren, warum sollten sie mich ausschließen. Wie es mit der Aufführung Genovevas steht, weiß ich nicht. Wienbarg wollte mir darüber referieren – er schweigt. Gutzkow hat, wie mir Jahnens gestern schrieb, das Drama hart angegriffen. Ich

werde abgemacht. Knüpften sich nicht die Schicksale zweier Menschen an das meinige, so wäre mir alles gleich. Mein Leben ist im Zuschnitt verdorben; das Glück verschmäht mich vielleicht nur deshalb, weil es einsieht, daß mit mir doch nichts mehr aufzustellen ist. Aber Elise, aber Max! Geistig bin ich verdummt und verdumpft. Die inneren Quellen springen nicht mehr; es sitzt jetzt mehr wie ein Körper um meine Seele. Alles, was ich beginne, mißlingt. Wenn ich studiere, so füllt sich mein Hirn nicht mit Ideen, sondern mit Dampf. Wozu weiterschreiben!
[2627]

1843

d. 4 Jan:
Gewisse Dichter können immer produzieren. Jawohl, wie man immer denken kann, solange man die eigentlichen Denkprobleme noch nicht kennt und lustig über die Tiefen, worin ein andrer stecken bleibt, hinweghüpft. [2628]

d. 5ten Jan:
Es ist doch ein Unglück, ein armer Teufel zu sein und für reich gehalten zu werden. Die Leute, bei denen ich hier wohne, scheinen mich als reich zu betrachten, denn sie rupfen mich, wie sie können. Ich glaube, das Laufmädchen erhält nur so viel Lohn, als sie mir wegstibitzen kann. Ein unheimlich-verdrießliches Leben! Und nicht einmal in Briefen kann ich mich darüber auslassen, denn Elise hat zu Hause Verdruß genug, durch mich soll sie keinen haben. [2629]

Das einfache Gefühl gewöhnlicher Menschen, die den heiligen Lebensfunken ruhig von sich auf ihre Kinder fortleiten, bis er in der zehnten oder zwanzigsten Generation endlich zur Flamme wird. [2630]

Eben weil er fliegen kann, kann der Adler nicht gehen. [2631]

Nur solange wir nicht sind, was wir sein sollen, sind wir etwas

Besonderes, wie die Schneeflocke nur darum Schneeflocke, weil sie noch nicht ganz Wasser ist. (bei fallendem Schnee) [2632]

> Wir Menschen sind gefrorne Gott-Gedanken,
> Die innre Glut, von Gott uns eingehaucht,
> Kämpft mit dem Frost, der uns als Leib umgibt,
> Sie schmilzt ihn oder wird von ihm erstickt –
> In beiden Fällen stirbt der Mensch! [2633]

Brief an Schütze,
Oehlenschläger – In seiner Persönlichkeit liegt etwas, was seine Poesie ergänzt; auch stellt sich über ihn als Dichter das Resultat anders, wenn man ihn aus dem dänischen Gesichtspunkt betrachtet, als wenn man den deutschen festhält. Eine werdende und eine gewordene Literatur, welch ein Unterschied! Wir walten freilich in fast entgegengesetzten Sphären, aber eben deswegen geraten wir einander nicht in die Haare, und vielleicht hält er das völlige Auseinandergehen unsrer Prinzipien, das nicht einmal eine Berührung, wie zwischen *Schwert* und *Schwert* zuläßt, für Übereinstimmung. – Daß die Tragödie die Wunden auf eine andere Weise heilt, als die Chirurgie, wird und kann er nicht zugeben, aber Shakesp. und Aeschylos sagen ja. Er will Versöhnung, die will ich auch; aber ich will nur die Versöhnung der Idee, er will die Versöhnung des Individuums, als ob das Tragische im Kreise der individuellen Ausgleichung möglich wäre!
[2634]

Brief an Dr Rendtorff.
– *Diamant*. Ich glaube darin die schwere und der Komödie allein würdige Aufgabe, daß für die dargestellten Personen alles bitterster Ernst ist, was sich für den Zuschauer, der von außen in die künstliche Welt hineinblickt, in Schein auflöst, auf eine Weise, wie es in Deutschland noch nicht geschah, erfüllt zu haben. – Meine eigene Komödie hat mich in der letzten Zeit zum Aristophanes geführt, von dem ich nur wenig kannte. Mich freut, daß er mir nicht früher in die Hände gefallen ist, denn er hätte mir gefährlich werden können, wenn auch nicht auf die Art, wie dem Grafen Platen, der dadurch, daß er die abgestreifte bunte Schlan-

genhaut mit Luft aufblies, den Arist. wieder zu erwecken glaubte. Nach meiner Ansicht kommt eine solche Vollendung der Form selbst bei den Griechen nicht zum zweiten Mal vor; bei den Neueren nun ja ohnehin nicht. Es ist strengste Geschlossenheit und freistes Darüberstehen zu gleicher Zeit. Die Philologen wundern sich, daß er den sog. Plan so oft fallen läßt. Die Narren! Eben darum nannte ihn Plato den Liebling der Grazien, und er ist nicht bloß ihr Liebling, er [ist] ihr Mann, er hat ihnen zu gebieten. Wahrlich, die wahnsinnige Trunkenheit, womit er den Schlauch, worin er eben seinen Wein gefaßt hat, zerreißt und ihn gen Himmel, den Olympiern in die Augen spritzt, ist die höchste Höhe der Kunst; er verbrennt Opfer und Altar zugleich. – (Oehlenschl.) Er will Versöhnung im Drama – wer will sie nicht? Ich kann sie nur darin nicht finden, daß der Held, oder der Dichter für ihn, seine gefalteten Hände über die Wunde legt und sie dadurch verdeckt! – [2635]

d. 16ten Jan: 1843.

Heute morgen besuchte ich Oehlenschläger und traf Thorwaldsen bei ihm. Eine imponierende Gestalt, edle, gebietende Züge, im Gespräch einfach, aber markig. Freundlichst lud er mich ein, ihn in seinem Atelier zu besuchen und wiederholte die Einladung, als er ging. Ich werde natürlich von dieser Erlaubnis Gebrauch machen. Er hat ein Gesicht, dem gegenüber niemand Komplimente drechseln wird. Ich bin einem großen Mann immer dankbar dafür, wenn er nicht aussieht, als ob ihn ein Töpfer aus Lehm gebacken hätte. Uhland – ich bin gewiß sein Freund – sieht aus, als ob ein großer Geist, in Verlegenheit um einen Körper und aus Angst zu spät zu kommen, eine Schusterseele zurückgedrängt und sich durch einen Raub vor der Geburt ins Leben hineingeschlichen hätte. Auch Thorwaldsens Geliebte, die Baronesse Stampe, war anwesend. Die hat mir zu viel Männliches in ihren Zügen. Später, nachdem ich wieder mit Oehlenschl. allein war, kam der Dichter Andersen. Eine lange, schlotterige, lemurenhaft-eingeknickte Gestalt mit einem ausnehmend häßlichen Gesicht. [2636]

Es gibt Egoisten, die nicht über ihren Kreis hinaussehen, die deshalb, wenn sie bloß für ihren Kreis tätig sind, für die ganze Welt tätig zu sein glauben. Diese sind die schlimmsten, denn nicht einmal das Bewußtsein setzt ihnen eine Grenze. Übrigens ist der Mensch mit Notwendigkeit Egoist, denn er ist ein Punkt und der Punkt vertieft sich in sich selbst. [2637]

d. 20sten Jan:
Heute morgen war ich mit Oehlenschläger bei Thorwaldsen. Er wohnt sehr schön, in dem Schloß Charlottenburg, wo sich die Zeichenschule befindet, in der er selbst als kleiner Knabe das Zeichnen erlernt hat. Zwei ziemlich große Zimmer voll interessanter Gemälde, die er mir zuerst zeigte. Aus seinem Wohnzimmer führte eine kleine Treppe ins Atelier. Da sah ich denn so viel, daß ich eigentlich nichts gesehen habe. Bewunderungswürdig Ganymed und der Adler, dem er zu trinken gibt; der Vogel blickt gravitätisch, wie ein Großvater, der sich vom Enkel bedienen läßt, der Knabe ist von himmlischer Schönheit. Herrliche Basreliefs. Die drei Grazien. Ein wunderbar-lebendiger Löwe. Seine Venus. Ein Hirten-Knabe mit einem Schäferhund. Zu viel! Zu viel! Der Alte war heute wie ein patriarchalischer Erzvater, er trug große wollene Strümpfe und eine Art Pudelmütze, die er abnahm und durchaus erst dann wieder aufsetzen wollte, wenn auch wir unsre Hüte aufsetzten. Ich werde, da er mich einlud, mir die Freiheit nehmen, öfter zu kommen. [2638]

Brief an Janens vom 20sten Jan:
—— jedenfalls bleibt die Reise nicht ohne wichtige Folgen für mich, sie wird eine neue Epoche in meinem Leben bezeichnen, denn trotz der vielen Hindernisse, auf die ich stoße, und der wenigen Aussichten, die sich mir eröffnen, hat sie mich den Menschen wieder näher geführt und ich freue mich dessen. Ich finde, es ist bedenklicher und sittlich gefährlicher, sich in kalter Erbitterung von ihnen entfernt zu halten, als sich mit ihnen einzulassen, und das richtige Verhältnis stellt sich, wenn man die Foderungen nur immer nach der dargelegten Kraft und der daraus entspringenden Berechtigung abmißt, von selber her, nur muß man ihnen die Hand in warmer Bruderliebe zum Druck,

nicht in vornehmer Herablassung zum Kuß reichen, denn diese zu ertragen ist die menschliche Natur selbst im Geringsten zu edel, auch wird die wahre Kraft, die es nur dadurch ist, daß sie ihre Grenzen kennt, nie hochmütig sein, sie wird über die Kluft, die sie selbst vom Höchsten trennt, gern den Abstand, der das Niedrigere von ihr scheidet, vergessen, und sich dadurch, daß sie dieses zu sich heranzieht, der Gnade, vom Höchsten angezogen zu werden, würdig zu machen suchen. Zu diesen Überzeugungen, mit denen ich ins Leben eintrat, bin ich jetzt zurückgekehrt, ich bereue es aber gar nicht, auch das entgegengesetzte Extrem kennengelernt zu haben, denn die Wahrheit ist wahr an sich, aber sie wird erst stark durch den Irrtum. Nicht der Sonnenschein hat das Eis aus meiner Brust weggeschmelzt, sondern der ernste strenge Gedanke hat es in kalter Winternacht durchbrochen, darin liegt der Beweis, daß ich von einem Durchgangspunkt wirklich zu einem Ruhepunkt gelangt bin. Ich habe mich einer scharfen Selbstprüfung unterworfen und bin zu Resultaten gekommen, die für mich keineswegs erfreulich sind; ich muß der Welt ein viel größeres und mir selbst ein viel geringeres Recht einräumen, wie je zuvor, und das in einem Augenblick, wo ich ihr lieber fluchen, als mich ihr beugen mögte; es ist ebenso, als ob einer in dem Moment, wo er *ermordet* zu werden glaubt, sich überzeugt, daß *ein gerechter Richterspruch* an ihm vollzogen wird. Schwere Arbeiten, große Anstrengungen und Aufopferungen, stehen mir bevor, aber wenn es mir nur gelingt, mir wieder einige Fußbreit Existenz zu erkämpfen, so hoffe ich auch diesmal dem Maß meines Erkennens zu genügen, vorausgesetzt freilich, daß die physische Kraft der geistigen treu bleibe. Dies Ergebnis eines Jahre langen trüben Prozesses, den wir großenteils zusammen durchgemacht haben, durfte ich dir nicht vorenthalten; auch du mußt nahe am Abschluß sein und vielleicht ergänzen deine Gedanken die meinigen. Ich finde, daß man die Unzufriedenheit mit sich selbst leichter trägt, als die mit der Welt, obgleich das Gegenteil wahrscheinlicher aussehen dürfte, denn jene läßt Hoffnung zu, diese nicht, die Sonne kann den Dunst, der sich aus einem Menschenkopf entwickelt, wohl verzehren, aber nie kann der Leuchtkäfer, der aus einem Menschenkopf aufsteigt, die Sonne ersetzen. – [2639]

d. 23sten Jan:

Heute ist der glücklichste Tag, den ich in Kopenhagen verlebte. Ich war mit meinem Gesuch um ein Reisestipendium beim König. Er war sehr freundlich und entließ mich mit den Worten: gern werde ich unterstützen! Das ist denn doch wenigstens ein Grund zur Hoffnung. Nun stehen mir noch schwere Gänge bevor, Visiten und Aufwartungen, doch will ich nichts vernachlässigen, denn zu viel steht auf dem Spiel. Als ich zu Hause ging, wandelte mir vorauf der Postbote in mein Logis und brachte mir zwei Briefe, einen von Campe, einen von einem jungen Poeten Klein aus Straßburg. Ersterer war voll der erfreulichsten Nachrichten, Campe nimmt die Dithmarschen und, wenn ich sie wirklich ausarbeite, auch die Reisebeschreibung, er zahlt für den Roman das gefoderte Honorar von 40 L, ohne zu dingen, und ist sogar erbötig, es vorauszugeben. Das ist höchst ehrenhaft von ihm; 20 L hat er mir ohnehin schon zur Reise vorgeschossen, ich hätte ohne ihn die letztere nicht machen und ebensowenig in Hamburg existieren können. Nun bin ich aller Sorgen los und ledig, die Angst, die mich die Zeit über, daß ich hier bin, niedergedrückt und aller Arbeit unfähig gemacht hat, verläßt mich, ich sehe ohne Beben in die nächste und, wofern ich ein Reisestipendium erhalte, auch in die fernere Zukunft. Der Ewige sieht mein Herz, er weiß, daß ich für seine hohe Gnade um so dankbarer bin, je weniger ich mich ihrer würdig fühle; ich habe vor tiefster Rührung geweint, als ich den Brief las. [2640]

d. 30sten Jan:

Es ist Sonntag, das Wetter, den etwas zu heftigen Wind abgerechnet, war wunderschön, ich machte einen Spaziergang nach Friedrichsberg hinaus, und fühlte mich, vom Sturm gejagt, von den Wellen umtost, einmal wieder als Dichter, es entstand auch wirklich ein Gedicht, doch weiß ich nicht, ob es etwas taugt. Jetzt macht mir der Gedanke oft Angst, daß mein poetischer Fonds vielleicht schon erschöpft ist, wunderbar ist es auf jeden Fall, daß sich gar nichts Dramatisches mehr in mir gestaltet und ausbildet, selbst der Moloch nicht, der mir doch schon so nahe stand, daß ich ihn mit Händen hätte greifen können. Das käme, selbst von der äußeren Existenz abgesehen, ein wenig zu früh,

Judith und Genoveva sind, wie ich jetzt klar erkenne, nur noch Kraft- und Talentproben, keine Werke, der Diamant, vortrefflich in der komischen Hälfte, läßt in der phantastisch-ernsthaften noch Unendliches zu wünschen übrig, die lyrischen Gedichte bilden freilich ein erträgliches Ganzes, auch sind ein paar Novellen und einige Kapitel aus dem Schnock nicht ganz zu verachten, aber bei alledem mögte ich gar nicht angefangen haben, wenn ich jetzt schon aufhören und mich mit diesen Trophäen begnügen müßte. Ich bin physisch nicht gesund, das fühl ich, dies ewige Schlafen-Können, diese Dumpfheit im Kopf, dies Zittern und Beben der Nerven, wenn ich mich einmal in ein Studium vertiefen will, deutet auf eine Störung im Organismus: ein Bad, vor allem aber frische Lebens-Verhältnisse, könnten viel für mich tun, denn hier sitze ich doch eigentlich wieder ebenso im Winkel, wie in Hamburg, die paarmal abgerechnet, daß ich Oehlenschläger wöchentlich sehe, spreche ich keinen Menschen, in Gesellschaften komme ich gar nicht und doch bedarf ich jetzt der äußeren Anregungen, denn die schöne Zeit, wo man den Sporn in sich hatte, ist vorüber. Möser in seinen patriotischen Phantasieen behauptet, Fleiß und Ausdauer hätten von jeher in der Welt ebensoviel gewirkt, als Genie und Begabung, es mag sein, aber ich habe davon keinen Begriff und es paßt ganz gewiß nicht auf den Dichter, ich wenigstens, wenn ich noch so gern wollte, ich kann nur arbeiten, wenn eine Idee mich begeistert. Es hat poetische Geister von unermeßlichem Umfang, von unergründlicher Produktivität gegeben, ein solcher ist Shakespeare, aber sie sind selten, ja ich wüßte den zweiten nicht zu nennen, denn der Scottschen Produktivität, obgleich auch immer bewunderungswürdig, liegt etwas anderes zugrunde. Oehlenschl. meint, es sei doch immer besser, auf die Gefahr hin, etwas Mißratenes zu Tage zu fördern, tätig zu sein, als die Hände in den Schoß zu legen; ich habe nichts dagegen und wollte, daß ich das Prinzip zu dem meinigen machen könnte, denn ich glaube gewiß, daß die innere Friktion der Kräfte mir manchen Funken entlocken würde; aber mir ists unmöglich, mich packt Ekel und Selbst-Verachtung, auch wünsche ich mir freilich keine Stunden für einen Hugo von Rheinsberg. Der ist entsetzlich! [2641]

Ein Pferd braucht nur zu sch–, so hat ein Spatz eine Mahlzeit.

[2642]

Einmal den Tod kosten: sich ins Meer stürzen und Leute bestellen, die einen wieder herausziehen.

[2643]

Zum Kleist: »Ich will dich töten, ja, aber unter einer Bedingung! (er will ihr sagen, daß er gleich nachher sich selbst töten muß.) Doch nein, ich tus ohne eine Bedingung.[«] (weil das andere unedel wäre.)

[2644]

Der Mensch, wenn er den Geschmack am Leben nicht verlieren soll, muß innerlich einen Überfluß an Kräften verspüren, er muß mehr besitzen, als bloß das zur Erhaltung notwendige Maß. Aus diesem Grunde vor allem sollte man Ausschweifungen scheuen, denn sie verschlingen den Überfluß, der die Fontänen der Leidenschaften so lustig steigen läßt und einen immerwährenden Reiz erhält.

[2645]

d. 6 Febr.

In meiner Jugend und frühsten Kindheit gingen die Dinge, die mich umgaben, fast in mich über. Mit welch unendlicher Seligkeit führte ich bei meinem Zeichenlehrer Harding die erste Zeichnung aus. Ein Garten, Herbsttag, ein Mädchen stand hinter der Pforte. Mir war wirklich, als müßte die von mir gemalte Pforte sich auftun, sobald ich nur auch das Mädchen fertig gemacht. Ich hab das Gefühl noch ganz, aber wie wärs auszudrükken! Auch die Nacht, wo ich mit dem Sohn des Malers zusammen aufsaß und wir Bürgers Lenore miteinander lasen. Wonne, Wehmut, Leben, Tod, alles auf einmal: ein Urgefühl! [2646]

Wie mein Vater die mir von Harding geliehene Zeichnung (eine Weintraube) zerknitterte, weil er über die Zeit, die es kostete, verdrießlich war; und wie ich mich schämte, es dem Maler zu sagen, daß mein Vater es getan, und nun von ihm selbst wegen Unachtsamkeit gescholten wurde.

[2647]

Brief an Lotte Rousseau vom 14 Feb 43.

– einen ganzen Katalog voll Steine auf einmal verdauen, wie die reisenden Engländer. – Leute, die glauben, daß die Welt von Rechts wegen mit ihnen aufhören müßte und die sich ordentlich darüber ereifern, daß das Leben sein Geschäft fortsetzt; wie der alte Hecht verlangt, daß der Ozean austrocknen soll. – Gemeine Misere ist aus der Kunst ausgeschlossen; nicht des *Goldes* wegen, woraus sie besteht, darf Macbeth die Krone stehlen, nur des *Szepters* wegen, das sich an sie knüpft. – – Zwar sagt Klopstock: (oder vielmehr sein Haus in der Königsstraße in Hamburg) die Unsterblichkeit ist ein großer Gedanke. Doch das ist nicht wahr. Die zweite Welt jenseits des finsteren Grabes ist keinen Schuß Pulver wert, wenn wir uns darin auch nur eines einzigen unsrer poetischen oder heroischen Katzensprünge erinnern können; das gilt für Shakespeare, wie für seinen Schuhputzer, für Napoleon, wie für seinen geringsten Unteroffizier. Das Leben ist das Höchste und dieses Höchsten Höchstes ist wieder die ruhige reine Entwickelung. – Die Poesie ist ein Moloch, man muß ihr den ganzen Wald mit all seinen Bäumen opfern und der ganze Lohn besteht darin, daß man in ihren glühenden Armen verbrennen darf! – Ob ein Sporn aus Gold oder Messing, ist gleich . . [2648]

Ein Toter wirkt auf den, der ihn sieht, wie der Tod selbst; man glaubt, er könnte die Wimper heben und dann müßte der Pfeil herausfahren; man sieht hinter seinen geschlossenen Augen den Tod mit gespanntem Bogen. [2649]

Die Eitelkeit verläßt selbst den Selbstmörder nicht. Keiner wird sich erhängen, der sich noch erschießen kann. [2650]

Wie gebunden die Natur an die Vereinzelung der Formen ist und wie die bildenden Kräfte sich immer in *eine* Richtung ergießen, zeigt sich besonders darin, daß sie kein einziges Gewächs erzeugt hat, das zwiefache Früchte trägt, keinen Kirschbaum mit Weintrauben, keine Lilie mit Rosen. Für ein Märchen: ein Wunderbaum mit allen Blüten und Früchten. [2651]

Wie, wenn das Leben sich durchaus nur in der auf und absteigenden Linie bewegen könnte? Wenn die Sünde der notwendige Abfall von der Tugend wäre, weil diese sich auf der Höhe nicht erhalten und auch nicht weiter kann? Und so umgekehrt? (Poetisch) [2652]

Wer sich die Gedanken-Sünden nicht anrechnen lassen will, der muß auch nicht verlangen, daß Gott sich durch Reue und Buße versöhnen lasse; innere Schuld – innerer Abtrag. Oehlenschl. wills nicht zugeben, und es ist doch so klar. Die Sünde ist die Luftblase im Wasser: sie zerspringt und der Strom wallt wieder so eben, wie zuvor. [2653]

Reise-Journal von München nach Hamburg
(wörtlich nach dem unterwegs mit Bleifeder geschr. Original)
Bei sehr schönem Frostwetter, morgens um 6 Uhr, ging ich am 11ten März aus München. Beppi trug mir mein Ränzchen bis ans Ende der Ludwigsstraße, dort nahm ich es selbst auf den Rücken. Einen Torzettel, den ich mir noch tags zuvor mit vieler Mühe besorgte, brauchte ich nicht. Dies erregte mir eigentlich ein unangenehmes Gefühl, man mag nichts umsonst tun. Beppi begleitete mich über 2 Stunden, in einer Bauerschenke, die einsam im Walde stand, der sog. kalten Herberge, tranken wir das letzte Glas Bier zusammen, dann schieden wir unter unendlichen Tränen. In Unterbruck holte ich einen Forstkandidaten wieder ein, der mir schon bei der kalten Herberge vorübergekommen war; ein rüstiger junger Mann mit roten Stiefeln, bescheiden, von gutem Aussehen. Mit diesem ging ich nach Pfaffenhofen, wo wir in der Posthalterei einkehrten. Die Gegend bis dahin war ermüdend kahl, das Wirtshaus war nicht besonders, schlechte Aufwartung für teure Bezahlung. Des Morgens um halb 7 Uhr brachen wir wieder auf und gingen, ohne innezuhalten, bis Ingolstadt, wo wir nachmittags um 2 Uhr todmüde ankamen. Es ist nicht ratsam, eine so große Strecke ohne Unterbrechung zu machen, die Ermüdung wird zu groß. In Ingolstadt besahen wir miteinander die Festung, ein kostbares und kostspieliges Werk, das seinen Zweck noch von der Zukunft hofft. Dann kehrte ich ins Wirtshaus, den goldnen Adler, zurück, woselbst ich jetzt, nachdem ich zu Abend gegessen, aus bloßer Langeweile diese

nutzlosen Notizen niederschreibe. Am anderen Morgen um halb 7 Uhr nach Eichstätt, wo ich um 12 anlangte. Mein Gefährte blieb in Ingolstadt, um Gustav Adolfs Schimmel zu sehen. Heller Sonnenschein, bald durch zusammenziehende Wolken erstickt. Dies war gut, denn es kam kein Regen und der Weg blieb bis Eichstätt fest. Jetzt, wo ich im Wirtshaus schreibe, wieder klare Sonne und blauer Himmel. Der Weg, zwei Stunden vor Eichstätt, sehr malerisch. Ein Tal zwischen zwei Bergketten; düstre Tannen; Schläge im innern Walde; blauer Himmel darüber. Nahe vor Eichstätt eine Inschrift im Felsen: »Dem unvergeßlichen Eugen die Bewohner Eichstätts!« Ein Pavillon, in der Luft schwebend, über der Inschrift. Eichstätt liegt schön in einem Bergkessel, ist freundlich. Dann nach *Weissenburg*. Anfangs Bergschlucht, sehr hoch hinauf. Schneefläche, von gelb-grünen Tannen eingefaßt. Unterwegs ein Brunnen, wo der heilige Wilibald Heiden getauft haben soll. Abends im Löwen in Weissenburg, ein äußerst miserables Wirtshaus, wo man essen muß, was auf den Tisch gestellt wird, und nicht einmal das Recht hat, es seinem Hund zu überlassen. Ein Nürnberger Hausierer, Pflaster über einem Auge, wie in der Holbergschen Komödie, der einem hinkenden Handwerksburschen ein Rezept gegen Frostbeulen verkaufte. Wie ich höre, kann ich nach Nürnberg in einem Tage kommen, doch glaube ich dies nicht. Den folgenden Tag kam ich über Roth bis Schwabach. Roth liegt sehr freundlich, und ist protestantisch; merkwürdig war es mir, daß die Kinder- und Mädchen-Gesichter alle viel frischer und freier waren. In Roth ließ ich mich, hauptsächlich aus Rücksicht auf mein Hündchen, verführen, zu Mittag zu essen, und mußte für das nämliche Essen doppelt so viel zahlen, als ein Handwerksbursch, der dort ebenfalls aß. In Schwabach hatte ich ein sehr gutes Logis um äußerst billigen Preis. Am anderen Morgen um halb 11 Uhr kam ich in Nürnberg an. Es war schönes Wetter; aber empfindlich kalt. Ich beschloß, mich einen Tag aufzuhalten, und bereue dies jetzt. Eines Rasttags bedurfte ich nicht, um aber eine solche Stadt kennenzulernen, ist ein Tag zu wenig. Mittags fuhr ich auf der Eisenbahn per Dampf nach Fürth, Hänschen auf dem Schoß. Die Bewegung ist von steigender Geschwindigkeit; wie schnell es geht, bemerkt man am besten, wenn man gerade an einem Gegenstand vorüberkommt,

Meilensteine, Bäume, Häuser verschwinden, wie sie auftauchen. Das Albrecht-Dürer-Haus in Nürnberg wurde ebenfalls besehen und erregte Empfindungen in mir, die mich später verdrossen, als ich erfuhr, daß es eine moderne Antike, eine restaurierte Altertümlichkeit, sei. Am andern Tag besuchte ich die Stadt-Bibliothek; gezwungen, weil ich wegen schlechten Wetters fahren mußte, und weil der Kutscher erst um 2 Uhr abfuhr. Ein alter, sehr gefälliger Bibliothekar, der sein Leben auf Abfassung eines Katalogs verwendet, führte mich herum; die Bücher waren in unheizbarem Lokale schlecht aufgestellt und die Kälte so angreifend, daß ich nicht lange bleiben konnte; ich sah mancherlei Interessantes, viele Inkunabeln, ein Konzept-Mspt von Luther, Handschriften von Frischlin, Regomontanus und anderen. Um halb 2 Uhr fuhr ich nach Bamberg ab, mit mir im Wagen saß, die Kinder auf die Erwachsenen und die Hunde auf die Kinder gepreßt, eine reisende Künstler-Familie. Der Vater war gemein in Manieren und Unterhaltung, und freute sich über den vielen Tabak, den man bei Nürnberg angepflanzt sah. Die Söhne, von denen einer ein verquollenes Auge hatte, standen ein paar Stufen höher, die kleineren Knaben, die Wunder-Kinder der Konzerte, waren leidlich. Schlecht verhehlter Zwist unter allen, unterwegs wurde ein grobes Brot verzehrt und dabei gegen mich weidlich geprahlt; sie blieben in Erlangen. Dort setzte sich ein pensionierter Gendarm mit in den Wagen, der seinen Stand verfluchte, wahrscheinlich nur, weil er im Begriff war, in einen anderen einzutreten. Von dem Ludwigskanal und der Gegend sah ich nichts, das Wetter war mörderisch, und ich erbrach mich fortwährend, weil ich – was mir nie zuvor passierte – das Fahren nicht vertragen konnte. In Bamberg fuhren wir bei finstrer Nacht ein, ich ging des Morgens zeitig wieder heraus, die Stadt schien mir sehr ausgedehnt. Sie hatte ein festliches Ansehen, weil es eben Sonntag war. Von Bamberg bis Coburg sehr langer Weg, zwei Stunden vor Coburg traf ich einen leeren Postwagen, der mich um ein Billiges aufnahm. Der Wagenmeister sagte mir, ich könne um geringen Preis mit dem Brief-Felleisen von Coburg nach Gotha hinauffahren. Ich ließ mich darauf ein und fuhr nachts um 3 Uhr ab. Ein Wägelchen, auf dem man kaum sitzen konnte; schneidende Kälte; ohne Mantel, mit nassen Stiefeln; eine wahre

Tortur. Mehr fast, als ich selbst, dauerte mich mein armes Hündchen, das ich vergebens auf meinem Schoß zu erwärmen suchte; vom Laufen waren ihm die kleinen Füße wund und blutig, es war so erkältet, daß es fast jede Minute sein Wasser lassen mußte; auf dem Wagen erfror es. In Hildburghausen verließ ich das Fuhrwerk und ging über Schleusingen nach Suhl. Nach Suhl führte, außer der Chaussee, noch ein sich über die verschneiten Berge durchs Gehölz windender Fußweg; kurz, bevor ich zu diesem gelangte, gesellte sich ein rothaariger, höchst widerwärtiger Kerl zu mir und trug sich zum Gesellschafter an. Ich erklärte ihm, ich wolle allein gehen, aber er wußte es so einzurichten, daß er immer in meiner Nähe blieb. Bald blieb er stehen und betrachtete einen der Berge, die er als Einheimischer, schon tausendmal gesehen haben mußte; bald redete er einen Begegnenden an und fragte nach Weg und Steg, die er, da er sich mir als Wegweiser und Ränzchen-Träger angeboten hatte, ohne Zweifel kannte; bald machte er sich an seinen zerrissenen Schuhen etwas zu schaffen. Dann schwang er, indem er weiterschritt, seinen keulförmigen Knittel um den Kopf. Ich konnte mich zum Umweg über die Chaussee nicht entschließen und hütete mich nur, daß der unheimliche Gesell mir nicht in den Rücken kam, was bei dem schmalen, auf beiden Seiten von himmelhoch getürmten Schnee-Lagen eingefaßten Paß, der nicht so viel Raum darbot, daß zwei Menschen nebeneinander hätten schreiten können, gefährlich gewesen wäre; in den Wipfeln der Bäume horsteten ganze Scharen von Raben. Von dem Kerl, der sich fleißig umwandte, fortwährend mit Frechheit beobachtet, machte ich den Weg durch den Wald; die Handschuh hatte ich ausgezogen, um nötigenfalls meinen Stock-Degen ziehen zu können, und eigentlich verdroß es mich, daß ich keine Gelegenheit fand, ihn zu gebrauchen. In Suhl fürchtete ich, mit einer Kneipe vorlieb nehmen zu müssen und wurde mit dem besten Wirtshaus überrascht, das ich noch auf der ganzen Reise getroffen; der Kerl stellte sich mir noch einmal in den Weg, nun aber als Bettler und in höchster Demut, ich gab ihm aber nichts. Ein schon geheiztes Zimmer nahm mich auf; ein zuvorkommender Kellner bemühte sich aufs freundlichste um den äußerlich nichts weniger als glänzenden Gast; da es mein Geburtstag war und ich schon um 3 Uhr ankam, ließ ich mir Kaffee bringen, der, köstlich bereitet, mich an Leib und Seele erfrischte; dann schrieb ich ein Gedicht. Abends sehr schönes Essen, die ersten guten Kartoffeln seit langer Zeit, Hecht und Kalbsbraten; nur dazu leider die unausstehliche Gesellschaft großprahlerischer Handlungs-Diener. Abends Konzert und Ball, wozu ich von dem Wirt, der nebst dem Kellner im Kasino, jener dirigierend, dieser musizierend am Konzert tätigen Anteil nahm, eingeladen wurde, was ich jedoch, da ich keinen Frack, ja nicht einmal ordentliche Stiefel bei mir führte, ablehnen mußte. Von Suhl über Zella und Ohrdruf nach Gotha; ich mußte die höchste Höhe des Thüringer Waldes (2500 Fuß) ersteigen und hätte bei heitrem Wetter die Schneekoppe erblicken müssen, doch es schneite und der Himmel war bedeckt. Eine alte Frau, mit der ich eine Zeitlang ging, belehrte mich, wie die Einwohner in Ermangelung der Wiesen und Äcker vom Walde leben könnten: Holzhauen; Bretterschneiden; ein paar Kühe, die Butter und Käse geben, welche sie dann wieder verkaufen. Viel Schnee oben, und ein Denkmal, das der Gründer der freilich vortrefflichen Straße, der Herzog von Sachsen-Coburg, sich anscheinend selbst gesetzt hatte; seltsam-ergreifend traten die schwarzen Wälder auf dem weißen Grunde hervor; trotz der Winter-Kälte ein göttlicher Eindruck. Von Gotha sah ich nichts, als meinen Gasthof, ein gegenüberliegendes großes Palais und beim Herausgehen ein hübsches Bäckermädchen, von dem ich sehr gutes Brot einkaufte; im Gasthof ein possierlicher Doktor, der ein ungemeines Mitleid mit der Liederlichkeit der Hunde an den Tag legte. Nun kam ich ins preußische Gebiet und mußte über die Größe der Dörfer und Städte erstaunen. In Mühlhausen, der ehemaligen freien Reichsstadt, übernachtete ich; von da nach Heiligenstadt. Bei Regenwetter traf ich in Göttingen ein; ein Student, dem ich in München einmal aus einer Geldverlegenheit geholfen hatte, bot mir Logis bei sich an; während er ins Kollegium ging, schrieb ich einen Brief an Elise. Anfangs war mein Wirt die Zuvorkommenheit selbst; mittags fragte er mich, ob er seine Bekannten einladen und eine Spielpartie arrangieren solle; als ich ihm erwiderte, daß mir dies ganz recht sein würde, daß ich selbst jedoch nicht spiele und also an der Partie keinen Anteil nehmen könne, wurde er auffallend-verstimmt. Von Göttingen nach Eimbek, wo ich trotz des reichlichen Regens nachmittags um 3 Uhr ziemlich trocken ankam. Von Eimbeck nach Elze; bis Alfeld in Gesellschaft eines aufschneiderischen hannöverschen Studenten, der mir sehr zuwider wurde; er hatte einen halb verhungerten Hund bei sich, dem er auch nicht das Geringste zu fressen gab. Kurz vor Elze traf ich mit einem Kandidaten der Theologie zusammen, welcher den Namen Klingsohr führte; ein in Honig getauchtes Gesicht, lange Pfeife im Maul. Er blieb in Elze, wie ich, es war mir angenehm, weil ich mir von seiner Unterhaltung für den langen Abend etwas versprach, er war aber unbedeutend bis zur Durchsichtigkeit und, wie ich mich den nächsten Morgen überzeugte, ebenso gemein. Die Wirtin kam nämlich des Morgens, als er hinuntergegangen war, zu mir aufs Zimmer, und fragte, ob ich für ihn mit bezahle; als ich dies mit Verwunderung verneinte, versetzte sie, sie hätte es wohl gedacht, er habe es jedoch behauptet und gesagt, es sei nicht nötig, daß sie mir die Zeche spezifiziert angäbe, ich sei kein Freund von Umständen, sie brauche mir nur die ganze Summe zu nennen; dies sei ihr verdächtig vorgekommen. Als der geistliche Freund wieder heraufkam, hielt ich ihm seine Schmutzigkeit vor; nun hatte die Frau ihn natürlich mißverstanden, als er aber seine paar Groschen hergeben mußte, wurde er kreideweiß vor Ärger, schimpfte über die ungeheuer-teuren Preise und ergoß seine Galle ins Fremden-Buch. Ich dagegen fand die Zeche äußerst billig und sprach es ebenfalls im Fremden-Buch aus. Den Abend zuvor hatte er den Betrug schon einzufädeln gesucht, indem er, da wir das Zimmer miteinander teilten, mehrmals zu mir sagte: ich logiere also gewissermaßen bei Ihnen, worauf ich, ohne Arges zu denken, erwiderte: oder ich bei Ihnen! Von Elze über Tiedemannswiese nach Hannover; des Morgens heftiges Schnee-Gestöber, so daß mein armes Hündchen, welches bisher immer auf seinen wunden Füßen so treu hinter mir hergekommen war, endlich verzweifelte und sich, wie zum Sterben, mitten auf dem Wege in einer tiefen Wagenspur niederlegte; nachmittags wurde es besser. In Hannover ließ ich mir die Haare schneiden, die so lang waren, daß ich damit ein unangenehmes Aufsehen erregte. Von Hannover nach Celle; ein schöner Morgen, nachmittags starker Regen. An der einen Seite der Chaussee waren Steine aufgelagert; mein Hündchen lief hinter den Steinen, die es, wie eine Mauer, gegen den Regen schützten, jeden Augenblick aber erhob es das kleine gelbe Köpfchen über die Steine, um sich zu überzeugen, daß ich noch da sei, dann wedelte es und setzte den Weg fort. Selten hat mich etwas so gerührt. In Celle vortreffliches Wirtshaus und nicht übertrieben teuer; ich schrieb ein paar unterwegs entstandene Gedichte ins reine. Von Celle nach Soltau. In Soltau ließ ich dem Hündchen Milch geben, die mußte sauer gewesen sein, denn es fing an, sich aufs heftigste darnach zu erbrechen, was die ganze Nacht fortdauerte. Von Soltau nach Welle. Das Hündchen war ganz jämmerlich; unterwegs kehrte ich bei einem Bauer ein und ließ dem Tierchen Boullion geben; es wollte sie nicht genießen, ich fragte den Bauer, ob er glaube, daß das Tier durchkäme. »Nein – versetzte er paffend und die messingne Brille über die Nase schiebend – das glaube ich nicht, Sie täten wohl, den Hund bei mir zurückzulassen, dann hätten Sie keine Mühe mehr von ihm; ich sähe die Sache heute an und schlüge ihn morgen, wenns nicht besser wäre, tot.« Ich gab ihm keine Antwort und verließ sein Haus; es war mir ein unsäglich peinlicher Gedanke, daß das treue Tierchen unterwegs sterben solle; ich konnte die Tränen nicht zurückhalten, nahm es, ungeachtet ich einen schweren Ranzen zu schleppen hatte, auf den Arm, bedeckte es, so gut es ging, mit meinem Rock und versprach ihm, als ob es mich verstehen könne, in Hamburg das schönste Leben. In Welle ließ ich mich verleiten, mich wieder auf ein Brief-Felleisen-Wägelchen zu setzen, wie in Coburg um noch in derselben Nacht nach Harburg zu kommen; es war eine Torheit, ich konnte es nicht aushalten; des Abends um 10 Uhr, auf einer Station, verließ ich das Fuhrwerk, nun war aber im Wirtshause kein Platz für mich vorhanden, ich irrte auf der Landstraße umher und fand zuletzt auf einem Bauernhofe Aufnahme. Eine unheimliche Nacht; schmutzige Betten; häßliche Menschen im Hause; mein Zimmer war nicht zu verriegeln, nicht einmal die Fenster hatten Läden; frech und kalt schien der Mond hinein. Am nächsten Morgen beizeiten nach Harburg, wo ich schon am Vormittag eintraf; beklemmendes Gefühl, als ich die Türme von Hamburg, die mir bei einer Biegung des Weges plötzlich in die Augen sprangen, wieder erblickte; lauter halbe, zerrissene, in sich nichtige und bestandlose Verhältnisse; ein Wolkenheer und nur ein einziger Stern: Elise; diese, von Göttingen aus über den Tag meiner Ankunft benachrichtigt, kam nachmittags mit dem Dampfschiff in Harburg an; schmerzlich-süßes Wiedersehen, denn auch wir standen nicht zueinander, wie wir sollten und schlecht vergalt ich ihr ihre unendliche Liebe, ihre zahllosen Opfer, durch ein dumpfes, lebefaules Wesen. – Die Reise hatte mich doch sehr mitgenommen, ein Glück war es, daß das Wetter mich, mit Ausnahme der letzten Tage, fortwährend begünstigte, sonst hätt ich mich unterwegs in den Postwagen setzen oder liegenbleiben müssen. Des Morgens, wenn ich in die frische Kälte hinausschritt, Mut und Kraft in jeder Ader und jedem Nerv, wie ein Schwimmer, den die Wellen schaukeln und der das ganze große Meer unter sich zu haben und es ordentlich zu drücken meint, wie ein keuchendes Roß; dann wurden Lieder gesungen oder gedichtet; lustig bergauf, lustiger bergab; auf einem Meilenstein oder im Walde auf einem hohlen Stamm gefrühstückt und sogar hin und wieder von dem verachteten Branntwein, den ich nur der Füße wegen in der Korbflasche mitgenommen hatte, ein Schluck versucht; eine solche Waldszene schwebt mir noch jetzt (ich schreibe dies 1843 in Kopenhagen) deutlich vor: ein stiller, abgeschlossener Platz, himmelhohe Bäume um mich herum, vor mir eine Niederung, jenseits derselben ein Berg und ein an denselben festgefrorner Wasserfall, ich auf einem morschen Stumpf, Hänschen, anmutig um sein Teil bittend und von Zeit zu Zeit einen seiner Füße aus dem Schnee erhebend, um ihn ein wenig zu erwärmen, vor mir. Mittags war ich kein Dichter mehr, aber immer noch ein rüstiger Wanderer, dann wurde im Wirtshaus ein Glas Bier oder, als ich Baiern hinter mir hatte, eine Tasse Kaffee getrunken und Brot dazu gegessen; Hänschen erhielt einen Teller Suppe oder was sonst Warmes zu haben war. Während ich mich eine halbe Stunde ausruhte, schrieb ich die ReiseNotizen oder die unterwegs entstandenen Verse nieder; das reinliche Hänschen, statt es sich in der Wärme behaglich zu machen und unter den Ofen zu kriechen, leckte sich den Schmutz ab und war gewöhnlich fertig, wenn ich wieder aufbrach; auf eine fast unwiderstehliche Weise gab es mir, wenn ich zu Stock und Ränzchen griff, durch die lieblichsten Gebärden und Bewegungen zu verstehen, daß es noch bleiben mögte, aber ich durfte mich nicht daran kehren, sondern es hieß vorwärts. Nun war das Marschieren eine Arbeit, die Sonne hatte die Wege aufgeweicht, man konnte keinen festen Fuß fassen; statt Gedanken nachzuhängen und Phantasieen abzuspinnen, – wurden die Meilensteine gezählt und die Begegnenden nach der Entfernung der Örter befragt; um 4 oder 5 Uhr noch einmal ein Glas Bier und dann kein weiterer Aufenthalt vor dem Nachtquartier. Abends wurde warm gegessen, Mut und Heiterkeit leuchteten ein wenig wieder auf, ein halbes Stündchen den Gästen in der Wirts-Stube zugehört, dann ein Licht gefodert und zu Bett, Hänschen mir zu Füßen unter die Decke schlüpfend. Unterwegs einmal ein impertinentes Wirtsweib, die mich, auf meinen langen Bart anspielend, fragte: Sie sind gewiß aus Polen. Ich antwortete: nein, aber Sie sind ohne Zweifel aus Ungarn. – [2654]

d. 6ten März.
Eben war der alte Oehlenschläger bei mir. Er brachte mir in höchster Freundschaftlichkeit die Nachricht, daß er mit Konferenzrat Collin meinetwegen gesprochen und daß dieser ihm gute Hoffnung gegeben habe. Ein vortrefflicher Mann in jeder Beziehung! Ich leide jetzt an Rheumatismus, es war schon fast wieder weg, aber ich ging zu früh aus und es kam wieder. Ich kann nicht gehen. Anfangs war ich besorgt, daß es etwas anderes sei, denn ich bin vor 2 Monaten einmal eine Treppe heruntergefallen, jetzt aber weiß ich, was es ist, denn es zieht von Ort zu Ort im Körper. [2655]

Wessen Augen die furchtbare Kraft haben, daß sie bis ins Innerste der Erde dringen und die verwesenden Leichname sehen können, der sieht die Blumen, die den Grund bedecken, nicht mehr. [2656]

Schweinsblasen an den toten Gebilden befestigen, um sie über Wasser zu halten. [2657]

Eine dicke Frau – man weiß nicht: ist sie schwanger, oder hat sie die Wassersucht? [2658]

Einer, der auf jeden Spiegel ergrimmt ist: soviel, als zu meinem Bilde gehört, scheuert das verfluchte Glas von mir ab; nur dadurch, daß wir uns spiegeln, uns spiegeln müssen, im Wasser, im Glas, einer in des andern Auge, werden wir alt. [2659]

Märchen: Ein Knabe, der einen schönen Garten malt, ein Mädchen darin: auf einmal tut sich die Pforte auf dem Papier (sowie er den Drücker hinzeichnet) auf, die Bäume rauschen, die Quellen springen, das Mädchen tritt auf ihn zu und sagt, du hast uns erlöst, dadurch, daß wir, ganz wie wir waren, in dir lebendig wurden, waren wir zu erlösen; so wäre die ganze Vergangenheit zu erlösen und wieder ins Leben zu rufen. [2660]

König (in der Schlacht zu einem Ritter) Du hast noch einen weißen Schild: tu jetzt oder leide: Eines oder das andere wird dein Wappen!

Das ist der Gedanke; ein poetischer Gedanke würde so lauten: »Dein Schild ist weiß, nimm dein Schwert und haue dir aus einem Feind dein Wappen zurecht oder – laß dich selbst von einem Feind zum Wappen zurechthauen![«] [2661]

Den Schmerz opfern; höchstes Opfer. [2662]

Die Welt: die große Wunde Gottes. [2663]

Die Versöhnung im Tragischen geschieht im Interesse der *Gesamtheit*, nicht in dem des *Einzelnen*, des Helden, und es ist gar nicht nötig, obgleich besser, daß er sich selbst ihrer bewußt wird. Das Leben ist der große Strom, die Individualitäten sind Tropfen, die tragischen aber Eisstücke, die wieder zerschmolzen werden müssen und sich, damit dies möglich sei, aneinander abreißen und zerstoßen. [2664]

Das Leben – ein Weg zum Grabe, den der gemeine Mensch mit farblosen Schweißtropfen, der Dichter mit rubinroten Blutstropfen bezeichnet. Zuletzt gibts einen Rosenkranz, wie von Christi Tränen in Gethsemane, und den legt man ihm aufs Grab. [2665]

Ein spitznasigtes, dünnleibigtes Ding mit einer Fistelstimme, Tochter eines Musikanten: als ob sie aus der Violine unterm Steg hervorgefiedelt wäre. [2666]

Einer, der plötzlich bemerkt, daß er bei einer Giftmischerin wohnt; er ist krank, um sich zu retten, stellt er sich in die Tochter verliebt. [2667]

Die Schlange muß doch dem Menschen von jeher das gräßlichste Tier gewesen sein, daß schon das erste Menschen-Paar mit ihr in feindselige Beziehung gebracht wird. [2668]

Brief an Campe vom 28 Mart:
– Gutzkows Rez. habe ich gestern auch erhalten, obgleich nicht durch Sie. Ich will in Golo die Liebenswürdigkeit des Bösen darstellen? Wäre das gegründet, so würde ich nicht vor ein ästh. Forum, sondern vor das Kriminal-Gericht gehören; das ist eine härtere Beschuldigung, als Menzel gegen den Verfasser der Wally ausgesprochen hat. Darauf müßte man ja fast *moralisch* antworten, um nicht von der Polizei zur Antwort gezwungen zu werden. Doch ich werde schweigen, wenigstens glaube ichs, obgleich ich überzeugt bin, daß sich im ganzen Deutschland meiner niemand annehmen wird; nur weil Gutzkow dieses wußte, da er meine völlige Isoliertheit kennt, beeilte er sich so, der erste zu sein, der ein Urteil abgab. Ich habe auch über ihn und seine Dramen gesprochen; ich nahm absichtlich Gelegenheit im Morgenblatt. Ich war mir eines kleinen Unrechts gegen ihn bewußt und dies wollte ich meines eigenen Gewissens wegen gut machen. Dies Unrecht bestand darin, daß ich über die Leblosigkeit seiner Automaten und Papp-Figuren die Ideen, in deren Interesse sie geschoben werden, vergaß. Ich schrieb, nachdem mir der Inhalt seiner Rezension bekannt war, wie das Datum meines Aufsatzes ausweist. Es freut mich, daß es geschehen ist und nicht erst zu geschehen braucht; es war wie eine Höflichkeit beim Duell. Kommt er meinem 3ten Stück, wie dem zweiten, so wollen wir nicht bloß unsre Sänger-Kehlen, sondern auch unsre Klingen messen und dann ein Gang –. [2669]

d. 2ten April.

Herrliches Intermezzo! Seit 4 Wochen an Rheumatismus krank. Gestern das erste russische Bad! Schreckliche Geld-Ausgaben. Ob dies der Ausgangspunkt der Reise ist? [2670]

d. 4ten April.

Vorgestern begann ich die obige Jeremiade – mich wundert, daß ich sie nicht einige Seiten fortgesetzt habe, denn in dem Punkt bin ich unerschöpflich. Heute ist ein großer, wichtiger Wendepunkt meines Lebens, denn ich weiß jetzt mit *Bestimmtheit*, wenn auch noch nicht offiziell, daß der König mir auf 2 Jahre ein Reisestipendium von 600 Rthl jährl ausgesetzt hat, und – sollte mans begreifen? – ich wäre fast zu Bett gegangen, ohne diesen großen, entscheidenden Tag auch nur mit einer Silbe in meinem Tagebuch anzuzeichnen. Nun, ewiger Vater über den Wolken, der Du den ohnmächtigen Hader des blöden Kranken nicht angesehen, sondern mir in Gnaden die Brücke zur Zukunft gebaut und mir ein schönes Pfand des Gelingens gegeben hast, ich fühle die Größe Deiner Gnade und die Schwere der Pflichten, die sie mir auflegt und ich werde redlich ringen und streben. Der alte herrliche Oehlenschläger brachte mir mit Tränen in den Augen die Nachricht – ihm bin ich unter den Menschen den meisten Dank dafür schuldig! Könnt ich es doch dir, teuerste Elise, aus meiner Krankenstube über den Ozean zurufen! Mögte ein Traum dir es ins Ohr flüstern und deiner Seele zugleich ein Zeichen der Beglaubigung geben, daß du ihn auch noch am Tage festhieltest! Ich bin doch so matt, daß das Schreiben mich angreift! [2671]

Sonntag d. 12 April.

Gestern erhielt ich aus der Finanz-Deputation die offizielle Anzeige über das Reisestipendium! Dank Dir, mein himmlischer Vater, daß Du die Fülle Deiner Gnaden über den Unwürdigsten ausgeschüttet hast; es gibt mir ein Vertrauen, daß auch ich mich dermaleinst zurecht finden und zum Ziel gelangen werde! [2672]

d. 26 April.

Bülow, Günstling des alten Königs. »Ich mögte die Stelle haben,

Herr von Bülow, aber ich werde sie nicht bekommen«. B. Nicht bekommen? Wetten wir? Wetten wir um 1000 Tlr? »Ja wohl!« Und am nächsten Tage hatte der Zweifler die Stelle! [2673]

Ein Pfarrer, der *gedruckt* die von ihm gemachte Entdeckung mitteilte, daß man die Gänse *lebendig* rupfen müsse, weil die Federn dann zu einer neuen Ernte wieder nachwüchsen. [2674]

d. 25 April.
Übermorgen reis ich ab. – [2675]

Den 27sten Ap. abends 6 Uhr reiste ich mit dem Dampfschiff Christian VIII von Kopenhagen ab. Die Sonne vergoldete die Stadt, die mir ewig teuer sein wird. Wir hatten die herrlichste Reise von der Welt. Das Schiff schwamm dahin, wie auf einem Spiegel, auch keine Spur von Seekrankheit. Am nächsten Morgen um halb 11 Uhr schon in Kiel, wo mich die wärmste Luft begrüßte, die ich wie Medizin einatmete; blühende Bäume. Abends nach 9 Uhr in Hamburg, Elise auf der Post. [2676]

d. 1sten Mai.
Heute morgen den ersten Akt vom »bürgerlichen Trauerspiel« geschlossen. [2677]

Neues kann im wissenschaftlichen Kreise eigentlich durchaus nicht geliefert werden, denn alle Faktoren des Lebens sind immer und zu allen Zeiten in Tätigkeit gewesen, da das Leben eben das Resultat von *allen* ist, und einen dieser Faktoren wissenschaftlich konstruieren heißt nur, den einzelnen Faden im Gewebe hervorheben und nachweisen, wie er entspringt und verläuft, es heißt aber keineswegs, ihn aus innerem Vermögen hinzutun. [2678]

Der Mensch ist eine Bestie, und er hat seine Kultur vollendet, sobald er sich nur nichts mehr darauf einbildet, daß er es ist. [2679]

Ästhetische Sünder stehen darin gegen moralische zurück, daß diese doch wenigstens eine Vorstellung der Idee haben, die sie beleidigen, während jenen diese Vorstellung fehlt. [2680]

Der Wahnsinn, die Möglichkeit des aufgehobenen Bewußtseins, ist vielleicht der schärfste Grund gegen die persönliche Fortdauer. Vielleicht tritt der Zustand, in den der Wahnsinnige vor der Zeit hineingerät, für uns alle nach dem Tode ein. [2681]

Was Kern geworden ist, verdichtetes Resultat des Lebensprozesses, das ist so gut, wie das Tote, aus dem lebendigen Kreise ausgeschieden, es muß wieder in Fäulnis zergehen, wenn es des Lebens, der allgemeinen Wechselwirkung der tätigen Kräfte wieder teilhaftig werden soll. Die Pflanze genießt Luft und Licht, nicht der Kern, in dem sie schlummerte. [2682]

Es gibt eine verfluchte Art, die Wahrheit zu sagen; so z.B. von einem großen Helden zu berichten, daß er nicht tanzen kann und über alle seine übrigen Eigenschaften zu schweigen. Diese Art der aufrichtigen Besprechung wird bei Dichterwerken oft angewendet, man bringt sie in die einzige Kategorie, in die sie nicht hineingehören und spricht dann das Urteil. [2683]

d. 20 Mai.
Der Mai vergeht in Nässe und Kälte. Die Blüten auf den Bäumen sehen aus, wie frierende Kinder im Hemde. [2684]

Talent und Genie unterscheiden sich im Drama, vielleicht allenthalben, hauptsächlich in einem Punkt. Das Talent faßt sein Ziel scharf und bestimmt ins Auge und sucht es auf dem nächsten Wege zu erreichen, was ihm, wenn es anders ein echtes ist, auch gelingt; nie aber erreicht es mehr. Das Genie weiß auch recht gut, wohin es soll, aber vor innerem Drang und Überfülle macht es allerlei Kreuz- und Quersprünge, die es scheinbar vom Ziel entfernen, aber nur, damit es um so reicher ankomme, und zu dem Kranz, der ihm dort aufgesetzt werden soll, die Blumen gleich mitbringe. [2685]

Jean Paul in seiner Ästhetik hat über die lyrische Poesie nur einen leeren Raum, und seine eigene Versicherung, daß es kein leerer Raum sei. [2686]

Die Lyrik ist das Elementarische der Poesie, die unmittelbarste Vermittlung zwischen Subjekt und Objekt. [2687]

Von großer Wirkung ist es im Drama, wenn die Motive auf ein ganz bestimmtes, dem Leser und Zuschauer deutliches Ziel hinzuwirken scheinen, und dann plötzlich außer diesem noch ein ganz anderes, ungeahntes und unvorhergesehenes erreichen. Doch wird nur dem Genie ein solcher Doppelschlag oder zurückspringender Blitz gelingen, das Talent wird da Äußerlichkeiten zu verknüpfen suchen, wo eben ein tiefstes Innerliches zu entschleiern war. [2688]

Elise sagte gestern, als wir im botanischen Garten eine Schwert-Lilie erblickten: ich mag diese Blume nicht, sie ist so unordentlich. [2689]

Immermanns Alexis hat einzelne große Züge, es ist aber durchaus kein Ganzes. Höchst verfehlt ist es, wenn er in der letzten Unterredung zwischen Alexis und Peter eine gewisse Versöhnung zwischen beiden, eine Überzeugung des ersteren, daß letzterer mit Notwendigkeit handle, herbeiführt; dadurch hat er der Tragödie die Zähne ausgebrochen. Wenn Peter und Alexis noch einmal zusammenkommen sollten, so hatten sie sich nichts, als das Nachfolgende zu sagen.

Peter.
Ich komme, Prinz Alexis, Euch anzuzeigen, daß ich Euch in einer Stunde enthaupten lassen werde.
Alexis.
Eine Stunde hat sechzig Minuten – Ihr seid sehr langmütig.
Peter.
Ich bitte Euch, auf die Richter keinen Haß zu werfen; sie haben Euch nur verurteilt, weil ich es befahl.
Alexis.
Sie haben also nicht mehr Schuld an mir gefunden, als ich selbst.
Peter.
Ich auch nicht, Prinz, und ich werde keinen Anstand nehmen,

dies vor ganz Europa zu erklären, Ihr braucht nicht zu fürchten, daß Euer Name mit einem Flecken in die Geschichte eingezeichnet werde!

Alexis.

Ich danke Euch, Zar Peter, und ich fange an, Euch zu begreifen. Ihr nehmt meine letzte Angst von mir, dies verdient, daß ich Euch mit Eurem Gewissen aussöhne. Ihr tötet mich, weil Ihr fürchtet, daß ich den stolzen Bau, den die Nachwelt mit Eurem Standbild krönen wird, zertrümmern könnte. Ihr fürchtet es nur, Ihr wißt es noch nicht. Vernehmt zu Eurer ewigen Beruhigung, daß Ihr Euch nicht irrt! Ja, Ihr zerbrecht in mir die Axt, die das Piedestal Eures Ruhms zertrümmern würde, also tötet Ihr mich mit Recht!

Peter.

Ihr seid mein Sohn!

Alexis.

Ich bins, Peter, und ich geb Euch noch einen Beweis! Ihr glaubt, das was Ihr jetzt tut, zum Besten Eures Volks und Eures Lands zu tun. Das ist nicht so, Ihr tut es nur für Euch selbst! Hätte ein anderer vor Euch sich die Unsterblichkeit durch eine Schöpfung, der Eurigen gleich, errungen, Ihr würdet sie, wie ich, in der Vernichtung seines Werks gesucht haben. Jetzt wollt Ihr sie mit meinem Blut begießen – sei's drum, vivat Peter der Große!

(er wendet dem Zar den Rücken!) [2690]

Dasselbe Gesetz des Entstehens und Vergehens, was für das geringste Erzeugnis der Erde gilt, muß für die Erde selbst gelten.
[2691]

»Die Bäume unter den Linden entfalten ihr erstes Grün!« Steffens, Bd 5 S 175. – Als Napoleon durch Halle zieht, sieht Steffens nicht so lange aus dem Fenster, um ihn auch nur zu sehen. – Später wird Nap. ihm »inmitten seiner geschichtlichen Größe« verächtlich. Der moderne Dschingis-Chan. – [2692]

Das Drama ist das lebendige Feuer inmitten des geschichtlichen Stoffs, das die starren Massen umschmilzt und dem Tode selbst wieder Leben gibt.
[2693]

Liebt der Schiffbrüchige den Balken, den er so fest umklammert? [2694]

Das Knirschen des Korns unterm Mühlstein, und das Knirschen des Menschen unter den Rädern des Schicksals-Wagens: sollte ein Unterschied sein? [2695]

Man sagte dem Wolf so oft, er habe nichts vom Lamm, daß er sich zuletzt entschloß, das Lamm aufzufressen, um alles vom Lamm zu haben. [2696]

Der lebenhaltigste Stoff ist ohne Zweifel der Samen des Animals; desungeachtet kann er aus dem männlichen Individuum dem weiblichen nicht zur Assimilation zugeführt werden, sondern nur zur Bildung eines neuen Geschöpfs. Alle Individualisierung ist geschlossen, punktualisch. [2697]

Wo es ein Volk gibt, da gibt es auch eine Bühne, und wenn das Volk in Deutschland ein Theater hätte, anstatt der »gebildeten Leute« so würde der dramatische Dichter auf Dank rechnen können, denn das Volk hat immer Phantasie, die »Gebildeten« haben bloß Lange-Weile. [2698]

Ein humoristischer Prediger, der in den Leichenreden nicht an die Tugenden und Verdienste, sondern an die Fehler und Schwächen der Abgeschiedenen erinnert, damit die Überliebenen sich um so eher trösten. [2699]

Die Menschen, in ihren Verhältnissen zueinander, denken immer nur, wenn sie miteinander über abnehmende Neigungen rechten, an ihr bewußtes Wollen und Tun, niemals aber an die mit der früheren oft im grellsten Widerspruch stehende Entwicklungsstufe ihres Wesens, die sie unbewußterweise erreicht haben oder auf die sie zurückgesunken sind. [2700]

Geschichte aus den Zeitungen, die Janens erzählte. Ein Mann hat einen beträchtlichen Teil seines Vermögens in Papiergeld bei Licht überzählt. Er geht hinaus und läßt das Licht auf dem Tisch brennen. Sein kleines Söhnchen nimmt in seiner Abwesenheit die Kassenscheine, einen nach dem anderen, und verbrennt sie im Licht, weil ihm die Flamme so wohl gefällt. Gerade den letzten steckt es ins Licht, als der Vater zurückkehrt. Starres Entsetzen packt diesen, dann wahnsinnige Wut, er ergreift das Kind bei den Beinen und schmettert es gegen die Wand, daß das Gehirn aus dem Schädel hervorspritzt und der Tod augenblicklich eintritt. Nun Verzweiflung, er nimmt einen Strick, steigt auf den Boden und erhängt sich. Bald darauf kommen die Frau und der Knecht zu Hause. Sie suchen den Wirt und Mann, der Knecht nimmt eine Laterne und steigt damit auf den Boden. Gerade über der Leiter hängt der Tote. Der Knecht entsetzt sich so über den Anblick, daß er mit seiner Laterne rücklings überschlägt und den Hals bricht. Die Laterne fällt in einen Strohhaufen und das Haus geht in Flammen auf. – Es ist ein Bauer, der mit jenen Kassenscheinen eine Kuh, die er gekauft hat und erwartet, bezahlen wollte. Um nachzusehen, ob die Kuh noch nicht komme, verläßt er das Zimmer. [2701]

Manche Kinderspiele sind darauf berechnet, daß die Kinder allerlei willkürlich gemachte Verlegenheiten ersinnen und sich dann aus diesen herauszuhelfen suchen. Wenn man nachdenkt, so wird man finden, daß auch die Erwachsenen sehr oft durch dasselbe Mittel den langweilig dahinfließenden Lebensstrom aufzupeitschen wissen. [2702]

Existenzgefühl eines Menschen, der seinen Stolz darin setzt, sich darin fühlt, daß auch doch gegen ihn alle mögliche Verbrechen begangen werden können, daß man ihn morden pp kann, daß so andere seinetwegen hingerichtet werden können. [2703]

Eigentlich ist nichts pedantischer, als in der Gesellschaft Geist zu zeigen. [2704]

Für eine Novelle a la Boccaccio. Ein junger hübscher Musiklehrer und eine Schülerin, die sich verstehen. Aber die Mutter des Mädchens ist besorgt und tritt jedesmal sogleich ins Zimmer, wenn eine verdächtige Pause im Spielen eintritt. Das Mädchen muß daher *spielen*, solange er ihr –. [2705]

Die Emanzipation der Juden unter den Bedingungen, welche die Juden vorschreiben, würde im weiteren geschichtlichen Verlauf zu einer Krisis führen, welche – die Emanzipation der Christen notwendig machte. [2706]

Zwei schwören sich Treue. »Bis in den Tod!« sagt der eine. »Bis morgen!« tönt eine Stimme. Morgen – ist er tot. [2707]

– jeder neue Freund ist ein wieder erobertes Stück unsrer selbst. Brief an Duller. [2708]

Max, wenn es regnet, hebt den Finger gegen die Regentropfen auf und sagt: willst du! [2709]

d. 22 Juni.
Soeben sehe ich von meinem Hinterstübchen etwas, was ich doch nicht für möglich gehalten hätte. Ein 5jähriger Knabe, Sohn des nebenan wohnenden Buchbinders, hatte in einer kleinen Butike, die im Garten steht, ein Mädchen von etwa 6 bis Jahren auf den Arbeitstisch seines Vaters gelegt, ihr die Röcke aufgehoben, – natürlich mit ihrer Einwilligung, denn sie sträubte sich nicht im geringsten – sie völlig entblößt und betastete nun ihren Leib und ihre Geschlechtsteile. Dies dauerte wenigstens 2 Minuten, da wurde das Mädchen, durch das Fenster blinzelnd, mich gewahr. Nun huschte sie vom Tisch herunter, der Knabe trat heraus, aber nur, um die bis dahin offen gewesene Tür mittelst eines Spatens, den er von außen vorsetzte, zuzumachen. Jetzt schlüpfte er wieder mit großer Behutsamkeit, damit der Spaten nicht umfalle, hinein, ich behielt die Butike im Auge und es dauerte nicht lange, als die Tür wieder aufging, weil das Mädchen, nun rücklings auf der Erde liegend, sie in einer Bewegung mit dem Kopf aufgestoßen hatte. Der Knabe kam wieder heraus, setzte den Spaten vor und schlüpfte abermals vorsichtig hinein. Jetzt blieb die Tür geraume Zeit zu, darauf erschien der Knabe wieder, das Mädchen aber, zu meinem Fenster hinaufspähend,

wagte sich nicht heraus, sondern guckte nur von Zeit zu Zeit um die Ecke, ohne Zweifel, weil sie die Verführerin war und ein Bewußtsein für die Sache hatte, das dem Knaben noch abzugehen schien. [2710]

Der Mensch – Lebenstraum des Staubes; Gott – Lebenstraum des Menschen. Bunte Erde – das vergängliche Element des Menschen; der Mensch das vergängliche Element Gottes. [2711]

Der anspielende Witz verträgt sich sowenig mit der höchsten komischen Darstellung, der dramatischen Gestaltung, als die Sentenz mit der ernsten, denn jener ist so gut eine Form der Reflexion, wie diese. [2712]

Ein Geograph über Napoleon: (lustiger Zug) Der heillose Gesell, der mit seinem breiten Schwert nicht bloß den Erdball zerhackt, sondern mit diesem zugleich auch meine Wissenschaft, so daß seine Eroberungen mitten durch meinen Kopf gehen pp [2713]

Lustspiel-Situation: Einer, der einem anderen sagen will, daß er ihn beleidigt habe; aber ehe er so weit kommt, widerfährt ihm eine größere Beleidigung, und so immer fort bis zu Ohrfeigen hinauf. – [2714]

Im Tode ruht der Mensch so vom Leben selbst aus, wie im Schlaf von jeder einzelnen Mühe des Lebens. (Gedanke für eine dramat. Figur.) [2715]

Das Leben und die Individuen darin: die Essig-Aale der Materie. [2716]

Sonntag d. 3 Juli.
Zum ersten Mal in Peter Ahrens Salon gewesen und wahrscheinlich auch zum letzten Mal. Der Saal war unter meiner Erwartung, zwar lang, aber zu niedrig von Boden und etwas angeräuchert. An den Wänden die Wappen aller Länder der Erde, merkwürdig genug. Die weibliche Gesellschaft nur aus

Freudenmädchen, angehenden und ausgelernten, bestehend. Es hatte für mich etwas Furchtbares, diese Mädchen in ihrer Raserei zu sehen und doch auch wieder etwas Versöhnendes. Mir war, als sähe ich in allen diesen geschminkten, dem Zerspringen und Zerbrechen nahen Larven das eingepferchte Leben sich abarbeiten, hämmern und klopfen, wie an einen bunt bemalten Sarg-Deckel, um wieder heraus und ins Freie zu kommen, und nie wurde es mir gewisser, daß die Seele unmöglich mit all dem Kot, der ihr auf dem Weg durchs Dasein anfliegt, für alle Ewigkeit beladen bleiben kann, als in diesem Gewühl der gegen- und nebeneinander hin tobenden Leidenschaften. Das Laster *kann* wenigstens unter Umständen die Petarde sein, die das Tor aufsprengt, und die Tugend, die sich behaglich einknöpft, um das liebe Ich möglichst lange zu konservieren, hat zuweilen etwas von der Haut über die Leberwurst, die sie zusammenhält. [2717]

(Komisch.) Dem Tierquäler-Verein der Menschen sollte sich unter den Tieren ein Verein gegen die Menschenquäler anschließen. Zunächst müßte eintreten die Katze als Mäuse-Vertilgerin, die Spinne als Fliegen-Töterin u.s.w. [2718]

d. 6 Juli.
Heute nachmittag ist Mäxchen so fürchterlich auf den Hinterkopf gefallen, daß er aus der Nase blutete. Übelkeit hat sich bis jetzt nicht eingestellt. Gott gebe, daß die Sache so vorübergehe!
[2719]

d. 12 Juli.
Dr Wihl bei mir. Daß Wienbarg ein Bild von ihm, wie er eben hoch Wasser gehabt, im Tagebuch von Helgoland benutzt; daß Wienbarg ihm gesagt, er sei eine Natur, aber eine kleine Natur; er spiele 2 bis 3 Rollen, sei selbst nichts Eigentümliches, habe keine Schmerzen. Daß *Gravenh* gesagt, ich habe ihn schulmeisterlich-pedantisch behandelt; er Gr: er sei ein perfider Korse pp

Wozu solche Bemerkungen, wie die vorstehende? [2720]

– Das Leben ist eine furchtbare Notwendigkeit, die auf Treu und Glauben angenommen werden muß, die aber keiner begreift, und die tragische Kunst, die, indem sie das individuelle Leben der Idee gegenüber vernichtet, sich zugleich darüber erhebt, ist der leuchtendste Blitz des menschlichen Bewußtseins, der aber freilich nichts erhellen kann, was er nicht zugleich verzehrte. – Die tragische Kunst wächst allein aus solchen Anschauungen hervor, wie eine fremdartige, unheimliche Blume aus dem Nachtschatten, denn wenn die epische und die lyrische Poesie auch hin und wieder mit den bunten Blasen der Erscheinung spielen dürfen, so hat die dramatische durchaus die *Grundverhältnisse*, innerhalb derer alles vereinzelte Dasein entsteht und vergeht, ins Auge zu fassen, und die sind bei dem beschränkten Gesichtskreis des Menschen grauenhaft. – Brief an Lotte Rousseau vom 7 Juli 43. [2721]

Ist es ein gerechter Zustand der Gesellschaft, in welchem der einzelne, wenn ihn die Verhältnisse begünstigen, das an sich raffen und wofern es ihm beliebt behalten, für die Gesellschaft unfruchtbar machen kann, was eben weil er es besitzt, Tausenden fehlt und sie in Not und Tod hineintreibt? [2722]

Eine Stadt, worin gar keine Notzucht verübt werden kann, weil alle Mädchen einwilligen. [2723]

Schlechte Dichter – Nachtigallen, die mit dem Hintern singen! [2724]

Immermann hat in seinen beiden Romanen alle Bewegungen und Richtungen der Zeit abgespiegelt, und zwar in den Epigonen die ernsthaften und wichtigen, soweit sie sich fratzenhaft darstellten, im Münchhausen aber die fratzenhaften und nichtigen, die sich ernsthaft gebärdeten. [2725]

Jedem Gebet an die Gottheit sollte man hinzufügen: schenke mir die Sache, aber nicht erst dann, wenn sie mir nicht mehr ist, als die von dem Kinde heiß ersehnte Klapper dem Mann. [2726]

Manches, was man ohne Grund verwirft, muß man studieren, um es – mit Grund verwerfen zu lernen. [2727]

Alle Wissenschaften nehmen einen eigentümlichen Gang. Sehr oft, wenn man die letzten Resultate gezogen zu haben glaubt, hat man nur ein neues, aber freilich viel ergiebigeres, Alphabet gewonnen, und so fort. [2728]

Mäßigkeits- und Lotto-Verein: Gegenwart und Zukunft, Genuß und Hoffnung dem Volk verschließend. Dr S., *taumelnd* zum Beitritt auffordernd. Gedicht eines Mitgliedes (das er machen sollte:) An das *Wasser*, das sich schämen müsse, dem Branntewein zu seiner Geburt zu verhelfen. [2729]

– Schon zum Begriff eines Charakters gehört die Idee. Nur die Idee macht den Unterschied zwischen dramat. Charakteren und dramat. Figuren. Das gilt sogar im Komischen. Falstaff ist ein komischer Charakter. Warum? Weil er ein Bewußtsein seiner Unabhängigkeit von den Natur-Einflüssen hat, denen er sich hingibt. [2730]

Alles Individuelle ist nur ein an dem Einen und Ewigen hervortretendes und von demselben unzertrennliches Farbenspiel. [2731]

Wie kann das Blatt am Baum gefragt werden, ob es werden will, was es wird? Es muß sein, ehe es gefragt werden kann, und dann kommt die Frage zu spät. [2732]

Warum *reift* der Wurmstich die Frucht? [2733]

Hofrat Gumprecht, der einen Toten, zu dem er gerufen worden, um ihn zu besichtigen, pfändet, und der später durchaus nicht begreift, daß er gemein gehandelt. [2734]

Brief an Oehlenschl. vom 31 Juli.
Verpflichtungen, welche Freundschaft und Liebe auflegen, sind zu heilig, als daß man, wenn die Gelegenheiten zum Dank sich nicht von selbst darbieten, ihnen nachjagen dürfte. [2735]

Wenn ein Affe auf den Schild gehoben wird, was hat er davon? Nichts, als daß die Menge, die ihn erhob, jetzt seinen *Schwanz* gewahrt, indes er vielleicht bisher als Mensch so mitlief. [2736]

D. 31 Juli meine Erwiderung gegen Prof. Heiberg geschlossen. [2737]

– Einem Spiegel verbieten, mein (oder ein) Bild wiederzugeben. [2738]

Es gibt nichts Häßlicheres, als das Bild der Tugend in einer gemeinen Seele. [2739]

Ich denke mir, daß die Schönheit der Früchte bei einem Baum von der Beschaffenheit seines Holzes, insofern dieses nämlich sehr fest ist und die Säfte nicht zu rasch fortleitet, so daß sie zuvor gehörig destilliert werden, abhängt. [2740]

Bei meiner Erwiderung an Heiberg habe ich die Faktoren meines Geistes einmal in ihrem Geschäft belauscht. Es sind deren zwei wirksam: ich habe immer das größte Vertrauen, soweit es die Sache und ihre Richtigkeit im allgemeinen betrifft, aber zugleich auch das größte Mißtrauen im einzelnen. Jenes gibt mir die Sicherheit, die mich nie verläßt; dieses die Vorsichtigkeit, die mich oft am Weitergehen hindert. [2741]

Jemanden verklagen, weil er niederträchtig von einem träumt. »Denn das setzt voraus, daß er niederträchtig von einem denkt.« [2742]

Wenn man an Leute schreibt, die mit Orden pp ausgezeichnet sind, so muß man nicht allein sorgfältig jeden einzelnen aufzählen, sondern zum Schluß, der Zukunft wegen, die ja noch mehr bescheren kann, ein u. s. w. hinzufügen. [2743]

Der Mensch ist weniger er selbst, als der Begriff von sich. [2744]

Schnurrige Figur: ein Mensch, darüber mit Gott und Welt zerfallen, daß er noch nie Rebhühner gegessen hat, und um zu diesem Genuß zu gelangen, alles Mögliche versuchend. [2745]

Einer, der den Trank der Unsterblichkeit bereitet hat, ohne es selbst zu wissen. Er trinkt und ist unsterblich. Aber er kann ihn nicht bereiten, er muß allein unsterblich sein. [2746]

Der Pauperismus ist doch eine ganz furchtbare Frage. Wie, wenn die Leute, die jetzt den Armen hinrichten lassen, weil er sich an ihrem Eigentum vergreift, einmal von den Armen hingerichtet würden, weil sie Eigentum besitzen? Das Recht des Besitzes hat scheußliche Konsequenzen. Wenn die Soldaten sich einmal plötzlich erinnerten, daß sie selbst zum Volk gehören, und wenn Feuer kommandiert würde, allerdings auch Feuer gäben, aber auf den, der kommandiert hätte? Ich wünsche solche Zustände nicht, aber sie scheinen mir sehr möglich! [2747]

Die Eigentumsfrage ist eine sehr schwer zu entscheidende. Auf der einen Seite hat jeder, den die Erde trägt, ein Recht darauf, daß sie ihn auch ernähre; auf der anderen würde eine allgemeine Güter-Gemeinschaft unendlich viele Motive aufheben, die der insolenten Menschen-Natur notwendig sind, wenn sie nicht erschlaffen soll. Aber, ob es nicht ein Maß des Besitzes geben könnte! [2748]

Ein Spiegel, der jede Wunde heilt, sobald der Verwundete hineinschaut. [2749]

Gedicht: Traum. Ich erhalte eine Wunde von einem Mörder, noch eine, noch eine. Warum drei? Weil die Zahl 3 in der Lotterie herauskommen wird und weil, wenn die Wundenzahl diese Zahl nicht erreicht hätte, ich nicht gewonnen haben würde. Volkstümlich-fratzenhaft. [2750]

d. 9ten August.
Noch 3 Wochen, so bin ich in Paris. Heibergs Angriff ist zurückgeschlagen. Kümmerliche Anschauungen, denen ich nur

mit Widerwillen meine eigenen entgegensetzen mogte. Nie habe ich so klar erkannt, daß auch im Wort die Unschuld zu respektieren ist und daß, wer es notzüchtigen mag, jeden beliebigen Bastard damit erzeugen kann. Jetzt treibe ich Französisch. Das geht furchtbar schlecht. Ich zweifle, ob mir selbst der Aufenthalt in Paris zu der Sprache verhelfen wird, ich bin über die Periode des Lernens hinaus. Der gegenwärtige Sommer ist so naß und regnerisch, wie der vorjährige trocken und heiß. Das ist fatal. [2751]

Das Prinzip des zu viel Regierens braucht nur bis zur letzten Konsequenz durchgeführt zu werden, dann hebt es sich von selbst wieder auf. So wie man bisher jedem Dorf und in demselben wieder jeder Korporation einen Vormund gesetzt hat, so wird man zuletzt jedem einzelnen Menschen einen setzen müssen, und da man die Vormünder doch eben nur aus der menschlichen Gesellschaft selbst hernehmen kann, so wird dann jeder Mensch wieder sein eigener Vormund sein. Wie denn alle Bewegung der Geschichte weniger eine Vermittlung der Extreme ist, als eine allmählige Wanderung von einem Extrem zum andern, und wieder zurück. [2752]

d. 10ten Aug.
Gestern saß ich mit Elise in der Konditorei, als uns auf einmal das hastige Rennen und Durcheinanderstürzen der Menschen aufmerksam machte, daß etwas vorgefallen sein müsse. Ich ging hinaus, und erfuhr, daß ein Haus zusammengestürzt sei und zirka 15 Menschen teils erschlagen, teils beschädigt habe. Das von dem Baumeister gewählte schlechte Material war Schuld an dem Unglück. Abends ging er selbst ruhig unter den versammelten Volkshaufen umher, der letzte Römer. [2753]

Das Gesicht meines Friseurs: eine Gurke, mit Zucker bestreut. [2754]

Das Höchste, was Shakespeare geschaffen hat, ist der Lear. Wie Hamlet diesem vorgezogen werden konnte, begreife ich nicht. Hamlet ist Shakespeares Testament, in Geheimschrift abgefaßt; es ist ein Stück, wie im Grabe geschrieben; es ist, als ob der Tote sich noch einmal aufrichtet und in seine Eingeweide hineingreift und die Würmer, die alles das verzehren, was er fünfzig Jahr lang sorgfältig durch Essen und Trinken ernährt hat, herauswirft, uns, die wir ihm in Lebenslust und Lebenskraft neugierig zuschauen, geradezu ins Gesicht hinein; durchaus verzweiflungsvoll, ein furchtbares Ade, das er der Welt zurief, als er ihr den Rücken wandte und wieder ins Nichts verschwand. Aber Lear ist der Triumph über alle diese Schmerzen, die den Dichter später bewältigt zu haben scheinen, so daß er es aufgab, mit ihnen zu kämpfen und sich nur noch durch einen Schrei, den er eben im Hamlet ausstieß, Erleichterung zu verschaffen suchte; Lear ist das einzige Werk, das mit der Antigone verglichen werden kann, indem es die sittlichen Wurzeln des Lebens durch das Wegmähen des sie verdeckenden Unkrauts auf die grandioseste Weise bloßlegt, wie jene; auch der Form nach einzig und unerreichbar, besonders auch darin, was, wie ich glaube, noch von keinem bemerkt worden, daß Goneril und Regan selbst, obgleich sie scheinbar als böse Potenzen an sich hingestellt sind, doch eben in Lear selbst nicht allein eine Art von Berechtigung finden, sondern auch ihre Erklärung; wir sehen ein, daß ein so jähzorniger Vater eben solche heimtückische, kalte, ihn nur *fürchtende* Kinder erzeugen mußte, die, sobald sie der Furcht entbunden wurden, gar kein Verhältnis mehr zu dem Erzeuger haben und ihn eher als ein feindseliges Wesen betrachten, wie als ein verwandtes, und die, da sie ihr Ich ihm gegenüber früher immer verleugnen mußten, jetzt auch nichts mehr kennen, als ihr Ich, wenn er ihnen in den Weg tritt; es ist ein Meisterstück der Form, daß der Dichter uns den früheren Lear durch den jetzigen wahnsinnigen zeichnet und dadurch zugleich die Töchter in Nerven und Geäder hinstellt. [2755]

ANHANG

ABKÜRZUNGEN

Bamberg – Friedrich Hebbels Tagebücher. Mit einem Vorwort hrsg. von Felix Bamberg, Berlin 1885/87.

Bornstein – Sämtliche Werke nebst den Tagebüchern und einer Auswahl der Briefe. Hrsg. von Paul Bornstein, Bd. 1-6, 1911 ff.

HKA – Sämtliche Werke, Histor.-krit. Ausgabe, besorgt von R. M. Werner, 1911 ff. (HKA VI, 350 = HKA Bd. VI, S. 350.)

Krumm – Friedrich Hebbels Tagebücher in vier Bänden. Hrsg. von Hermann Krumm, Leipzig o. J. (1904).

W – Werke, Bd. I-V der von Gerhard Fricke, Werner Keller und Karl Pörnbacher im Carl Hanser Verlag, München, 1966/67 erschienenen Ausgabe. (W II, 20 = Werke Bd. II, S. 20.)

⟨ ⟩ – Text von Hebbel gestrichen.

[ ] – Zusätze des Herausgebers.

ANMERKUNGEN

(Die Anmerkungen folgen den Nummern der Tagebuchnotizen. Bei Erläuterungen zu Notizen, die sich über mehrere Seiten erstrecken, sind außerdem die Seitenzahlen angegeben. – Als Ergänzung zu den Anmerkungen vgl. das Personenregister in Bd. III).

Zu Hebbels Tagebüchern

Als Friedrich Hebbel im Frühjahr 1863 mit seinem Verleger Campe wegen einer Gesamtausgabe verhandelte, verlangte er ausdrücklich: »Weiter wünsche ich, daß auch mein *Nachlaß*, bestehend aus meiner Korrespondenz, meinen Tagebuch-Aufzeichnungen und meinen Memoiren, seiner Zeit hinzukomme; dieser wird nicht bloß sehr bedeutend sein, sondern wird auch rasch und allgemein wirken, denn er umfaßt die ganze soziale und politische Welt, er kann aber freilich auch erst nach dem Tode erscheinen.« Einzelne Teile seiner Notizen hatte er bereits zu Lebzeiten veröffentlicht, das gesamte Tagebuch aber wollte er nach seinem Tode gedruckt wissen.

Am 13. Dezember 1863 starb Hebbel. Nach seinem Tod schlossen Julius Glaser und Emil Kuh zwar die Tagebücher und Briefe Hebbels von einer Gesamtausgabe aus, doch verwendete Emil Kuh die Tagebücher bereits für seine große, zweibändige Biographie über den Dichter, die nach Kuhs Tod von Rudolph Valdeck abgeschlossen wurde. Die erste Ausgabe der Tagebücher besorgte Hebbels Freund aus den Pariser Tagen, Felix Bamberg, der dafür an Christine Hebbel 6000.– Franken in Gold bezahlte und sich außerdem verpflichtete, den gesamten buchhändlerischen Ertrag Christine Hebbel oder ihrer Tochter zu überlassen. – Bamberg sah in den Notizen Hebbels vor allem eine »*Selbstbiographie*«, und deshalb ließ er alle Texte fort, die ihm nicht zu dem Hebbelbild, das er dem Leser bieten wollte, zu passen schienen. Dies geschah jedoch nicht nur aus eigenem Ermessen, sondern weil er dazu von Christine Hebbel verpflichtet worden war, die ihm am 7. 5. 1882 geschrieben hatte: »Auch sollen mir oder meiner Tochter von den betreffenden Veröffentlichungen Probebogen mitgeteilt werden und dasjenige, wogegen aus Familienrücksichten gegründeter Einwand erhoben wird, soll wegfallen.« Dementsprechend schnitt Bamberg einzelne Blätter aus dem Tagebuch, radierte Worte und Sätze aus oder machte sie sonst unleserlich. Außerdem ergaben sich beim Entziffern und Abschreiben durch seine Hilfskräfte zahlreiche Lesefehler. Was sich nicht leicht entziffern ließ, fiel weg. – Im Jahre 1892 schenkte Christine Hebbel den gesamten Nachlaß Friedrich Hebbels, also auch die Tagebücher, dem Großherzogspaar in Weimar. Felix Bamberg ließ zu diesem Anlaß die Einzelblätter und Hefte des Tagebuchs in rotes Maroquinleder binden.

Mit Genehmigung von Christine Hebbel und von Großherzog Carl Alexander von Sachsen-Weimar benützte Richard Maria Werner die

Hebbelschen Tagebücher und stellte eine genaue Abschrift her, um sie neu herauszugeben – was einer Bestimmung Felix Bambergs zufolge erst wieder im Februar 1903 erfolgen sollte. Diese Neuausgabe erschien dann 1903/04 in vier Bänden. Werner konnte nicht nur viele Lesefehler Bambergs verbessern, sondern auch zahlreiche Notizen genauer datieren. Außerdem numerierte er sämtliche Tagebuchnotizen, um sie leichter benutzbar zu machen. Seine Arbeit wurde zur Grundlage für alle späteren Ausgaben von Hebbels Tagebüchern.

Von Anfang an hatte Hebbel seine Tagebücher mit dem Ziel der späteren Drucklegung geschrieben. Nach ihrer Veröffentlichung wurde Hebbel als Mensch in anderem Lichte gesehen und als Dichter anders gewertet.

Schon Wilhelm Scherer, zu seiner Zeit eine maßgebende Autorität, hatte auf Felix Bambergs Anfrage hin die Tagebücher Hebbels als ein »literarisches Denkmal ersten Ranges« bezeichnet, und Ernst Beutler nennt sie »die großartigste Aphorismensammlung, die es in deutscher Sprache gibt«, und betont, daß wir nur sehr wenige Bücher haben, »die eine solche Fülle gescheiter Einsichten und tiefer Gedanken verschwenderisch vor dem Leser ausbreiten.« (Essays um Goethe I, ²1947, S. 441) Bei aller Vorsicht gegenüber Superlativen läßt sich die Bedeutung der Tagebücher im Gesamtwerk Hebbels und in der Literatur des 19. Jahrhunderts nicht übersehen.

Überlieferung und Erstdruck

Die Manuskripte der Tagebücher verwahrt das Goethe-Schiller-Archiv in Weimar.

Der Erstdruck erschien in zwei Bänden, hrsg. von Felix Bamberg, Berlin 1885/87.

1 Im Gegensatz zu R. M. Werner, der den Text ironisch aufgefaßt wissen will, gilt diese feierliche Präambel Hebbels wohl als Ausdruck seines Selbstbewußtseins und seiner Überzeugung, daß er zum Dichter geboren sei. Vgl. dagegen etwa Wolfgang Liepe, Hebbels Tagebuchpräambel und ihr Ideenhintergrund. In: Gedenkschrift für F. J. Schneider, 1956, S. 241–253. Liepe betont u. a. den selbstironischen Charakter dieser Notiz. – Hebbel hatte ziemlich sicher schon in früheren Jahren Tagebuch geführt, doch vernichtete er alle diese Notizen zu Beginn seines neuen Lebensabschnittes in Hamburg.

2 Hebbel sollte durch Privatunterricht seine Wissenslücken ergänzen, Latein und Griechisch lernen und dann ins Johanneum eintreten, um sich auf das juristische Studium vorzubereiten. Friedrich Wilhelm Gravenhorst, ein Gymnasiast, gab Hebbel unentgeltlich Privatunterricht.

3 *Brief an M.* – Gemeint ist wohl Theodor Mundt, ein Wesselburener Jugendfreund Hebbels.

4 *Die Linie des Schönen* – Vgl. Tgb. 19. – »*der Wahnsinns-Traum*« – nicht erhalten.

5 Ebenso wie Tgb. 9f. Hinweis auf die Beschäftigung mit dem Roman »Der Seelenmord«; vgl. dazu W III, 941.

8 *Kirsch* – gemeint ist: Adami Friderici Kirschii Lexikon »Abundantissimum Cornucopiae Linguae et Germanicae Selectum« (Ratisb. 1746). Die Definition lautet (S. 444) »*Ero, ûs* f. *Nom. propr.* einer schönen Jungfer aus der Thracischen Stadt *Sesto*, ohnweit dem *Hellespont* gelegen, in welche sich, weil sie eine Priesterin *Veneris* war, und also nicht verheyrathen durffte, ein schöner und reicher Jüngling *Leander*, aus *Abydo* gebürtig, verliebte, und immer des Nachts zu ihr hinüber schwamm, einstmahls aber in einem entstandenen Sturme blieb; dahero die *Ero* sich für Leidwesen ins Meer stürzte.« (Bornstein)

9 Vgl. Anm. zu Tgb. 5.

11 Früh beginnen Hebbels Überlegungen über seine Pflicht zur Dankbarkeit; vgl. Tgb. 219, 1722, 1990, 4316 und

Die Dankbarkeit
Wärest du wirklich die schwerste der Tugenden, wie man
versichert?
Eine schwerere noch gibt es: des Danks nicht zu viel
Für die Gabe zu fodern und nicht, zu stolz, zu gestehen,
Daß er dem Himmel dankt, wenn er den Armen beschenkt.

13 *Logis* – Hebbel war am 14. 2. 1835 von Wesselburen nach Hamburg abgereist, hatte zunächst auf Vermittlung von Amalie Schoppe das Zimmer Kistings bewohnt (vgl. Tgb. 1701) und war nach dessen Rückkehr aus Berlin am 31. März zu Elise Lensings Stiefvater, dem Schiffer Ziese, am Hamburger Stadtdeich Nr. 43 gezogen. – *Amalie Emma Sophie Schoppe*, geb. Weise (1791–1858) hatte nach dem Tode ihres Mannes die »Neuen Pariser Modeblätter« in Hamburg herausgegeben und darin Hebbels Gedichte veröffentlicht. Durch Sammlungen ermöglichte sie Hebbels Aufenthalt in Hamburg. Nach dessen Rückkehr aus München kam es zu Differenzen und schließlich zur Trennung. 1851 zog sie nach Amerika, wo sie bis zu ihrem Tode blieb. – *Elise Lensing* (1804–1854) lernte Hebbel 1835 in Hamburg kennen und opferte ihm jahrelang in hingebender Liebe ihre Ersparnisse. Hebbel lebte mit ihr in Hamburg zeitweise zusammen und hatte von ihr zwei Kinder *Max* (1842–1843) und *Ernst* (1844–1847). Während Hebbels Reise nach Paris und Italien immer stärkere Entfremdung. Nach Hebbels Heirat mit Christine Enghaus kam es zum Bruch. Von Mai 1847 bis August 1848 war Elise auf Einladung Christines in Wien. (Vgl. Detlef Cölln, Hebbel und Elise Lensing. Hebbel-Jb. 1951, S. 74–96.)

15 *Naturalismus* – Das Gedicht ist nicht erhalten; nach Bornstein identisch mit »Der Mensch«, W III, 895.

18 *Auffenberg* – Joseph Freiherr von Auffenberg (1798–1857), Dramatiker. Das Zitat ist ungenau; nach Werner muß es heißen:
Du willst ihn – morden! meinen Gatten morden!
Den Mann, durch Priesterhände mir getraut?
19 *Die Linie des Schönen* – Vgl. Tgb. 4.
24 Vgl. »Einem Freunde«, HKA VII, 132.
26 *Barbeck* – Hebbels Freund in Wesselburen, Schreiber beim Advokaten Knölck.
Nach Tgb. 26 findet sich die eigenhändige Unterschrift *Elise Lensings* (über sie vgl. Anm. zu Tgb. 13).
27 Vgl. »Blume und Duft«, W III, 73.
28 Über »Barbier Zitterlein« vgl. W III, 930 f.
30 Bezieht sich auf den Abschied von Elise.
31 Hebbel zieht zu einem Herrn Weiß auf dem Stadtdeich. Aufschlußreich ist, wie Hebbel hier zwischen Elise und seiner künftigen Frau unterscheidet.
43 *Sch.* – A. Schoppe (vgl. Anm. zu Tgb. 13) hatte sich mit dem Buchdrucker J. H. Meldau entzweit. Vgl. darüber auch das »Memorial« aus dem Jahre 1840.
47 *Alberti* – Leopold Alberti (1816–1892), Sohn eines Polizeikommissars aus Friedrichstadt; Hebbel hatte ihn in Wesselburen durch Johann B. Gehlsen kennengelernt. H. teilte mit ihm in Hamburg zeitweilig das Zimmer und suchte ihn vor dem geplanten Übertritt zum Katholizismus zu bewahren (vgl. Brief an Wacker vom 15. 3. 1836). Alberti trug durch Intrigen zu den Zerwürfnissen Hebbels mit A. Schoppe bei.
56 *Blutmann* – Vgl. W III, 501.
57 *Oehlenschläger* – Hebbel war verärgert, weil ihm Oe. auf seinen Brief aus Wesselburen nicht geantwortet hatte. *Adam Gottlob Oehlenschläger* (1779–1850), berühmter dänischer Dichter, der Hebbel vor allem bei den Bemühungen um ein Reisestipendium unterstützte. Vgl. Stolte, Adam Oehlenschläger – der Förderer Friedrich Hebbels. Hebbel-Jb. 1964, S. 74–104.
58 Vgl. Tgb. 289. Hebbel übernimmt diese Szene in den IV. Gesang von »Mutter und Kind«, W III, 185 f.
60 *Raupach* – Ernst Benjamin Salomo Raupach (1784–1852), dramatischer Dichter.
64 Vgl. W II, 726.
67 Seit dem 14. 5. 1835 gehörte Hebbel dem »Wissenschaftlichen Verein von 1817« am Johanneum an und mußte die pflichtgemäß eingereichten Aufsätze rezensieren. Diese und die folgende Notiz beziehen sich auf Schwabes Aufsatz »Über die Geisteskräfte der Tiere«.
72 Hebbel wendet sich skeptisch gegen die Existenz Gottes, gegen Christentum und Unsterblichkeit.
74 Bezieht sich vermutlich auf Bielenbergs Aufsatz »Was berechtigt uns zu dem Glauben an Unsterblichkeit« für den »Wissenschaftlichen

Verein«. Hebbel zeigt sich von Gravenhorsts (vgl. Anm. zu Tgb. 2) pantheistischen Ansichten beeinflußt.

75 *L.* – vielleicht Leopold Alberti (vgl. Anm. zu Tgb. 47) gemeint.
78 Vermutlich auf Kleists »Michael Kohlhaas« zu beziehen. Hebbel hatte am 28. Juli einen Vortrag »Über Körner und Kleist« gehalten.
83 Am Rand: NB.
85 *Albrecht* – Justizrat Albrecht in Hamburg.
87 *Zitterlein* – Über »Barbier Zitterlein« vgl. W III, 930f.
89 Für den »Wissenschaftlichen Verein« rezensierte Hebbel einen Aufsatz Gravenhorsts über Goethes »Faust«. Den II. Teil des »Faust« kannte er damals noch nicht.
90 Am Rand: NB. – Bruchstück aus Hebbels Kritik zu Bielenbergs Aufsatz über die Unsterblichkeit. Bielenberg hatte die Unabhängigkeit der Seele vom Körper betont; vgl. Tgb. 74 u. Anm.
92 Als Hamburger Korrespondentin des Morgenblattes hatte Amalie Schoppe (vgl. Anm. zu Tgb. 13) die Verbindung zu Cotta hergestellt. Die Gedichte wurden gedruckt.
95 Bezieht sich vermutlich auf den Tod von Doris Voß; über sie vgl. W III, 974, Anm. zu 726, *22*. – *Barb:* – Barbeck, vgl. Anm. zu Tgb. 26.
98 Vermutlich Vorrede zu »Schnock«, W III, 394ff.
101 Hebbel meint wohl die Verse aus dem II. Buch, 7. Kap. von Heinrich von Alkmars »Reynke de Vos«:

> Ik wart van Lampen so seer beköret
> He spranck vor my, und was wohl veth.
> (Bornstein)

105 *Surrogat* – Ersatz, Behelf.
107 *Zensor Hoffmann* – Das Gedicht Hebbels ist nicht erhalten. Der Zensor wird auch in Heines »Deutschland, ein Wintermärchen« verspottet. (Krumm)
110 Die folgenden Notizen sind Zitate aus Hebbels Aufsatz »Über Theodor Körner und Heinrich von Kleist«; er hatte ihn am 15. 10. zur Selbstkritik zurückgehalten, konnte jedoch nach nochmaliger Prüfung nichts finden, was er verändern sollte.
113 Bezieht sich auf Natalie im »Prinzen von Homburg«.
116 Hebbel bezieht sich auf Immermanns »Kaiser Friedrich der Zweite« II, 11:

> Dann da man zu den Wilden mich verstößt,
> So darf ich wild und blutig mich gebaren.
> (Bornstein)

123 Vielleicht auf Elise Lensing (vgl. Anm. zu Tgb. 13) zu beziehen.
124 In dieser und der folgenden Notiz Namen von Hamburger Schülern, wohl Mitglieder des »Wissenschaftlichen Vereins«.
134 *Die goldnen Sternlein*... – Aus der 3. Strophe von Paul Gerhards Lied »Nun ruhen alle Wälder«. Vgl. »Aufzeichnungen aus meinem Leben«, W III, 732: »als ich ... den Abendsegen vorlas«.

136 Über Uhlands Einfluß auf Hebbel vgl. W III, 883 ff.

Odeum – F. E. Rambach gab in Berlin (1800–02) ein »Odeum« heraus. Von G. Lening erschien 1832 in Danzig ein »Neues Odeum«.

141 *Mohr* – Hebbel war nach dem Tod seines Vaters (November 1827) als Laufbursche und Schreiber zum Kirchspielvogt Johann Jacob Mohr (1798–1873) gekommen und dort 7 Jahre geblieben. – Hebbel ist hier verärgert, weil Mohr nun seinen Bruder, Johann Hebbel, nicht mehr beschäftigte. Vgl. Tgb. 5300 und G. Biebau, Der Kirchspielvogt Mohr. Hebbel-Jb. 1965 S. 168–176.

151 Zusammen mit Gravenhorst, Otto Rendtorff und Patow, seinen Freunden aus der Hamburger Studienzeit, hatte Hebbel am 27. 3. 1836 Hamburg verlassen und war am 3. April nach Heidelberg gekommen. In Frankfurt und Schwetzingen hatte er sich jeweils einen Tag aufgehalten.

152 *Brede* – Ferdinand Julius Brede, Buchhalter in Altona; Mitarbeiter an den »Modeblättern« der Schoppe (vgl. Anm. zu Tgb. 13).

156 Vgl. Tgb. 1352.

160 Vgl. »Mein Traum in der Neujahrs-Nacht 1849«: »Nur die wilden Tiere sind frei, und wenn man ihn dann fragte: folgt daraus, daß die Freiheit wilde Tiere aus den Menschen macht?« (W III, 745 f.)

163 *eklektisch* – andere Lesart: *elektrisch*. Die folgenden Notizen erwuchsen aus Hebbels juristischen Studien.

174 *Professorin Gujet* – Hebbel hörte bei dem Extraordinarius K. J. Guyet Rechtsenzyklopädie. Durch Gravenhorst wurde er in dessen Haus eingeführt. Noch während Hebbels Heidelberger Zeit wurde Guyet als ordentlicher Professor nach Jena berufen.

178 *Anna* – Vgl. W III, 342 und 931.

183 *König Otto* – Otto I. (1815–1867), 2. Sohn Ludwigs I. v. Bayern, war vom 6. 2. 1833 bis 1862 König von Griechenland.

185 *Johannes* – Joh. 21, 22: »Und Jesus sprach zu ihm: Wenn ich will, daß er so bleibt, bis ich komme, was geht das dich an?«

186 Am Rand: – Vgl. auch »Liebeszauber«, W III, 17.

187 *Schneidler* – war mit Hebbel vom »Wissenschaftlichen Verein« her bekannt.

189 Nach dieser Notiz findet sich der Versuch einer Landschaftszeichnung.

192 *Kaiserstuhl* – Königsstuhl bei Heidelberg.

193 *Schefer* – Leopold Schefer (1784–1862), Lyriker und Novellist. Hebbel zitiert die Anm. zu dem Gedicht »Der Tod Gottes oder die großen Epheben.«

197 Nach dieser Notiz steht das Wort *Aufgeben*, jedoch ohne weitere Angaben.

204 *Sch.* – vermutlich Schneidler (vgl. Anm. zu Tgb. 187). – *Schumann* – Sohn eines Münchner Appellationsrates, war Hebbels Hausgenosse in Heidelberg.

212 Vgl. W II, 726 f. Hebbels Mutter zerriß das Jugenddrama »Evolia«,

weil sich Friedrich wegen des Manuskriptes mit seinem Bruder Johann gestritten hatte.
214 Vgl. W II, 477.
217 Vgl. »Shakespeare«, HKA VI, 354.
221 Nicht zu erklären.
222 Bezieht sich wohl auf A. Schoppe (vgl. Anm. zu Tgb. 13).
223 *Rippe* – Vgl. Tgb. 280, 2546, 3012, 3353 und »Aufzeichnungen aus meinem Leben«, W III, 729, 2f.
225 *Pagoden* – Hebbel zitiert aus Victor Hugos »Notre Dame de Paris«: »Je nachdem das darzustellende Symbol heiter oder ernst war, krönte Griechenland seine Berge mit einem harmonisch ins Auge fallenden Tempel, grub *Indien* die seinigen *tief in die Erde* ein und meißelte unter dem Boden jene ungestalten, von gigantischen steinernen Elephanten getragenen *Pagoden*.« (Bornstein)
227 *aus Kontrakt* – nicht sicher zu lesen.
229 Am Briefkopf eine Lithographie »Heidelberg vom Neckar aus«, worauf sich die »N. 4« bezieht. – *Voß* – Klaus Sterck Voß (1785 bis 1856), Kirchspielschreiber in Wesselburen. Hebbel verkehrte viel in seinem Haus und war seinen Töchtern freundschaftlich verbunden. Vgl. Anm. zu Tgb. 95
230 *Johann* – Hebbels Bruder.
239 *Uhland* – Vgl. dazu Hebbels Vorwort zu »Maria Magdalene«, W I, 316: »Ein solcher, von einem total verkehrt gewählten Gesichtspunkt aus gefällter Ausspruch, den Goethe selbst in den Gesprächen mit Eckermann schon modifizierte, hätte der Kritik zu nichts Veranlassung geben sollen, als zu einer gründlichen Auseinandersetzung, worin sich Uhland und der piepsende Ratten- und Mäusekönig, der sich ihm angehängt hat, die »schwäbische Schule«, voneinander unterscheiden, da ja nicht Uhland, sondern ein von Goethe unbesehens für ein Mitglied dieser Schule gehaltener schwäbischer Dichter [Gustav Pfizer, geb. 1807] den Ausspruch hervorrief.«
240 *Thibaut* – Anton Friedrich Justus Thibaut (1772–1840) war seit 1806 Ordinarius für römisches Recht in Heidelberg. Hebbel hörte bei ihm.
243 *Münzwardeine* – Wardein ist Beamter, der Münzen auf ihren Gehalt zu untersuchen hat.
245 Der Brief an den Jugendfreund Wacker ist nicht erhalten.
246 Die Romanschriftstellerin Johanna Schopenhauer (1770–1838) veröffentlichte 1823 den Roman »Die Tante«.
252 *Muncke* – Georg Wilhelm Muncke (1772–1847) war seit 1817 Ordinarius für Physik in Heidelberg.
253 *Rousseau* – Emil Rousseau (1817–1838), Sohn eines Appellationsrates aus Ansbach, seit Heidelberg mit Hebbel eng befreundet. Er folgte Hebbel später nach München. Sein Tod war für den Dichter ein schwerer Verlust. – *Gemäldegalerie* – Die Graimbergische Altertümersammlung, die seit 1811 von Graf Karl von Graimberg ange-

legt wurde. – *Holbein* – Das Porträt kann nicht von Holbein sein, da Holbein 1543 starb und Maria Stuart 1542 geboren wurde. – *Montespan* – Françoise Athénais Marquise von Montespan (1641 bis 1707), Mätresse Ludwigs XIV.

255 *Humboldt* – Friedrich Heinrich Alexander Freiherr von Humboldt (1769–1859) veröffentlichte 1808 in Stuttgart die »Ansichten der Natur« in 2 Bden. Hebbel zitiert aus dem Kapitel »Über Steppen und Wüsten«.

258 Hebbel stimmte mit dieser Kritik Goethes überein; vgl. Tgb. 57.

260 *Goldsmith* – Oliver Goldsmith (1730–74) veröffentlichte 1766 seinen berühmtesten Roman »Vicar of Wakefield«, der zum Welterfolg wurde und namentlich auf die dt. Literatur großen Einfluß ausübte (vgl. Goethes »Dichtung und Wahrheit« 10. Buch). – *Sterne* – Laurence Sterne (1713–1768), Vertreter des sentimentalisch-satirischen Humors. In Deutschland vor allem durch »Yoricks empfindsame Reise« berühmt geworden.

265 Über Humboldt vgl. Anm. zu Tgb. 255; Hebbel zitiert aus »Ideen zu einer Physiognomik der Gewächse«.

266 Diese Notiz wurde von fremder Hand eingeschrieben.

267 *Die Hirschteller* – Vgl. die ausführliche Notiz Tgb. 1368.

272 Vgl. »Nachtlied«, W III, 9 und 890.

273 Karl Philipp Moritz (1757–1793) veröffentlichte 1792f. in Berlin die »Reisen eines Deutschen in Italien in den Jahren 1786–1788«. – Hebbel zitiert nicht wörtlich.
Donato Bramante (1444–1514) wurde von Papst *Julius II.* (1503 bis 1513) im Jahre 1506 zum Architekt der Peterskirche berufen. 1546 erhielt Michelangelo die Leitung des Baues. – *Sixtus V* (1585–1590), Papst. – *Giacomo della Porta* (1539–1604), Architekt. – *Domenico Fontana* (1543–1607), Architekt. – *Carlo Maderna* (1556–1629), Architekt. – *Lorenzo Bernini* (1598–1680), Bildhauer, Maler, Architekt.

274 Vgl. »La chiesa sotterranea dei Capucini a Roma«, HKA VI, 332.

275 *Idee Goethes* – Gemeint ist wohl Goethes Brief an Zelter: »Ich getraute mir einen neuen *Werther* zu schreiben, über den dem Volke die Haare noch mehr zu Berge stehen sollten als über den ersten.« (Bornstein). Zu denken wäre auch an das Gespräch mit Eckermann vom 2. Januar 1824: »Der ›Werther‹ hat Epoche gemacht, weil er erschien, nicht weil er in einer gewissen Zeit erschien. Es liegt in jeder Zeit so viel unausgesprochenes Leiden, so viel heimliche Unzufriedenheit und Lebensüberdruß, und in einzelnen Menschen so viele Mißverhältnisse zur Welt, so viele Konflikte ihrer Natur mit bürgerlichen Einrichtungen, daß der ›Werther‹ Epoche machen würde und wenn er erst heute erschiene.«

277 *Sohn des Räubers* – Vielleicht Hinweis auf »Julia«, W I, 419 ff.

280 Vgl. Tgb. 223.

281 *Biographie* – gemeint ist: Joachim Nettelbeck, Bürger zu Colberg. – Eine Lebensbeschreibung, von ihm selbst aufgezeichnet und her-

ausgegeben von J. E. L. Haken, Leipzig 1821-23. – Hebbel wurde vermutlich durch Zelters Hinweis in einem Brief an Goethe auf das Buch aufmerksam.

285 *Rendtorf* – Hebbels Freund auf der Universität, Mitglied des »Wissenschaftlichen Vereins von 1817« in Hamburg; vgl. Tgb. 151.

289 Vgl. Tgb. 58.

296 P...w – vielleicht Patow. Ein Hamburger C. W. Patow war zugleich mit Hebbel nach Hamburg gekommen; vgl. Tgb. 151.

298 Diese Bemerkung findet sich auch in den Notizen zu »Aufzeichnungen aus meinem Leben« (HKA XV, 8); nicht zu erklären.

301 *Gameratte* – Vgl. »Der Diamant« IV, 4. Gameratte war der Wesselburener Polizist. – *München* – Bezieht sich auf Hebbels Plan, im Anschluß an Heidelberg in München zu studieren. Er glaubte, dort billiger leben zu können.

302 Die Notizen 302–305 und 307–309 wurden von fremder Hand in Hebbels Tgb. eingetragen; vielleicht von Rousseau? Es handelt sich um Pläne, Anschriften und Ratschläge für die Münchner Zeit. – *Birch* – Christian Birch (gest. 1868).

306 *Cornelius* – Vgl. Anm. zu Tgb. 3265. – *Stieler* – Carl Joseph Stieler (1781–1858), seit 1812 in München; hervorragender Porträtmaler.

308 *Thiersch* – Friedrich von Thiersch (1784–1860), Altphilologe; seit 1809 in München.

310 Vermutlich Notiz (ebenso wie Tgb. 315) aus Karl Joseph Anton *Mittermayers* (Strafrechtler, seit 1821 in Heidelberg) Kolleg über die »Zurechnung«.

312 *Großherzog* – Karl Leopold Friedrich (1830–1852). – *Escarpin* – leichte (Tanz-) Schuhe, seidene Strümpfe und kurze Beinkleider.

315 Vgl. Anm. zu Tgb. 310.

317 *Munke* – über ihn vgl. Anm. zu Tgb. 252. – *viereckten* – Lesung fraglich.

318 Hebbel zitiert aus einem Sendschreiben des Freiherrn Karl Alexander v. Reichlin-Meldegg (1810–1877) an den Freiburger Erzbischof Dr. Bernhard Boll. Reichlin-Meldegg wurde 1830 ordentl. Professor der Theologie in Freiburg und veröffentlichte im gleichen Jahr die »Geschichte des Christentums«. Er geriet in Widerspruch zum Freiburger Ordinariat, trat 1832 zur evangelischen Kirche über und wurde Dozent für Kirchengeschichte in Heidelberg.

319 *Transsubstantiation* – Wesensverwandlung, gemäß der in der Feier der Eucharistie aus Brot und Wein Leib und Blut Christi werden.

320 *Lehre vom Fegfeuer* – Bereits im frühen Christentum gab es den Glauben an ein Purgatorium (Ort der Läuterung). Etwa 1029 führte Abt Odilo von Cluny (994–1048) den Allerseelentag ein.

323 *Schneidtler* – Vgl. Anm. zu Tgb. 187.

325 Vgl. Anm. zu Tgb. 310.

327 *Rendtorfs* – Vgl. Anm. zu Tgb. 285.

335 *Cremeriana* – Cremer war Lehrer am Johanneum in Hamburg.
336 [*durch*] – fehlt bei Hebbel.
342 Vgl. W III, 899 ff.
350 *Barbeck* – Vgl. Anm. zu Tgb. 26.
351 Ebenso wie die folgende Notiz Gedanken aus dem Kolleg von Muncke; über ihn vgl. Anm. zu Tgb. 252.
355 Vgl. Hebbels Brief an A. H. Th. Schacht vom 18. 1. 1834 (in W V): Hebbel will zur Hochzeit eines Bekannten eine Kanone, Gewehre usw. abschießen und lädt dazu seine Freunde in Timms Schmiede ein. Der Schneidermeister Curt Friedrich Volkmar kommt dazu, lobt die Versammelten und bekommt plötzlich eine Büchse in die Hand gedrückt, doch erklärt er dann, »dazu könne er sich auf keinen Fall einlassen, das werde auch seine Frau nicht zugeben? Male Dir diese lächerliche Geschichte aus.«
356 *Weiß* – Vielleicht Hebbels Zimmerwirt in Hamburg; vgl. Anm. zu Tgb. 31.
357 *tête à tête* – Hebbel schreibt *tet a tet*. – *Schneidler* – Vgl. Anm. zu Tgb. 187.
361 *Rendtorf* – Vgl. Anm. zu Tgb. 285.
362 Erste Notiz in München. Hebbel war am 12. September in Heidelberg abmarschiert und über Straßburg, wo er die Plattform des Münsters erstieg, Stuttgart und Tübingen (Besuch bei Uhland) am 29. September nach München gekommen.
364 *Franz* – Jakob Franz, zunächst Gehilfe in der Wesselburener Apotheke, später Apothekenbesitzer auf Helgoland. Hebbel notiert sich hier seine Adresse in Kiel.
366 Vgl. Tgb. 628.
369 Der schwäbische Dichter und Arzt Andreas Justinus Kerner (1786–1862) veröffentlichte 1829 in 2 Bänden »Die Seherin von Prevorst [Friederike Hauffe]. Eröffnungen über das innere Leben des Menschen und über das Hereinragen einer Geisterwelt in die unsere.« Hier und in den folgenden Notizen bezieht sich Hebbel auf dieses Buch.
370 *Topas* – Vgl. »Der Rubin«, W III, 391: »Es soll Edelsteine geben, die den Menschen sanft und mild machen, andere, die ihm liebliche Träume bringen.«
371 Diese und die folgende Notiz gehen auf Hebbels Besuch in der Glyptothek zurück.
379 Vgl. Brief an Elise von Ostern 1837 (in W V): »Oft hab ichs mir schon gedacht, wie es entsetzlich ins Fundament der Menschenseele hineingreifen würde, wenn die Natur (was so möglich ist, als es unmöglich scheint, da das allwaltende Grundgesetz eine Steigerung der *Schöpfung* auf Kosten der Geschöpfe keineswegs ausschließt) einmal das Abnorme, das von allem bisher Vorhandenen Abweichende, hervorbrächte, etwa einen konversierenden Baum, oder einen philosophierenden Pudel, mit Sprach-Organen begabt.«

380 Schon während des Münchner Aufenthaltes trug sich Hebbel mit dem Gedanken an eine Italienreise. Vgl. seinen Brief an die Kirchspielschreiberin Voß vom 19. 10. 1836: ». . . jetzt schon kann ich nicht ohne Anwandlungen von Sehnsucht die Wegweiser, die hier freilich sehr verlockende Inschriften tragen (z.B. nach Innsbruck – in Tirol – nach Trient – *letzte* Stadt vor Italien –) erblicken . . .«.

385 Am 16. Oktober 1836 wurde die Alte Pinakothek erstmals für die Öffentlichkeit zur Besichtigung freigegeben. Hebbel ging schon am Eröffnungstag hin.

388 Am Rand: – Es handelt sich um die letzten beiden Zeilen der Schlußstrophe, die in der endgültigen Fassung lautet:
>Die Mutter tritt am nächsten Tag
>Beim Morgenstrahl in ihr Gemach;
>Mit Grauen hat sie da erblickt
>Die Tote, die sich selbst geschmückt. (HKA VII, 128 f.)

392 Vgl. die Schlußzeilen von »Geschlossener Kreis«:
>Noch viel weniger hält ihn [den Wein] der Dichter, der ihn getrunken
>Jetzt zurück, als Gedicht fliegt er schon wieder davon;
>Mög es den Hörer berauschen, und mög er nicht eher ernüchtern
>Bis er Reben gepflanzt, daß sich vollende der Kreis!

393 *Rendtorff* – Vgl. Anm. zu Tgb. 285 und Tgb. 4736.

395 Edward John Trelawny (1792–1881) veröffentlichte 1831 seine »Adventures of a Younger Son«. Hebbel liest die Übersetzung in Demmlers Bibliothek der vorzügl. Klassiker des Auslandes (Stuttgart 1836).

398 *Die Hindu* – Werner liest hier fälschlich *Die Heiden.* – Vgl. auch Tgb. 6100.

401 Vgl. Tgb. 942.

402 Zitat aus den »Ansichten der Natur« von Humboldt; vgl. Anm. zu Tgb. 255.

403 *Guyana* – Werner liest hier fälschlich *Guyenne.*

407 Im Jahre 1836 grassierte in München die Brechruhr. In der Zeit vom 23. 10. 1836 bis 18. 1. 1837 erkrankten 1974 Menschen, 1056 konnten geheilt werden, 918 starben. Für das Stuttgarter »Morgenblatt« schrieb Hebbel einen Bericht über »Die Cholera in München«.

412 Am Rand: *Musik.* – Hebbel zitiert aus E. T. A. Hoffmanns »Die Serapionsbrüder«, II, 4. Abschnitt.

413 Am Rand: *Völkerkunde.*

414 Am Rand: dito.

415 *verquickt* – Werner liest fälschlich: *erquickt.*

417 Vgl. Tgb. 548: »Die Kunst ist das einzige Medium, wodurch Welt, Leben und Natur Eingang zu mir finden.«

420 Am Rand: *Völkerkunde.* – Hebbel liest Voltaires »Le siècle de Louis XIV«; nicht zu ermitteln, welche Übersetzung er benützte.

421 Am Rand: dito.

423 *Beppi* – Josepha Schwarz, Tochter des Tischlermeisters Anton Schwarz, zu dem Hebbel im April 1838 als Untermieter gezogen war. Hebbel hatte Beppi, die ihm die Wäsche in Ordnung hielt und ihn nach Möglichkeit unterstützte, am 5. 10. 1836 kennengelernt. Über sein intimes Verhältnis zu ihr vgl. Tgb. 550 und Brief an Jakob Franz vom 26. 10. 1836: »Solltest Dus glauben, daß ich verliebt bin? Und doch ist das wirklich der Fall, und in so hohem Grade, wie jemals. Mir gerade gegenüber wohnt ein wunderschönes Mädchen.« – Bezeichnend ist, daß die Briefe an Elise Lensing (vgl. Anm. zu Tgb. 13) von Beppi schweigen und daß das Münchner Tagebuch fast ganz von Elise schweigt. Vgl. Ernst Beutler, Beppi, in: Essays um Goethe I, ²1947.

424 Hebbel zitiert aus Bettina von Arnims (1785–1859) »Goethes Briefwechsel mit einem Kinde«, Berlin 1835, 3 Bde.

426 Am Rand: Goethe.

427 Am 18. Oktober 1836 war das Dekret Ludwigs I. erschienen, das ein Reliefporträt von August Graf von Platen-Hallermünde (1796 bis 1835) für die Walhalla anordnete. Hebbel wendet sich dagegen. Vgl. dazu seine Ansicht in dem Aufsatz »Schöne Verse« (1859): »Der Götze, den die heutigen Dichter der ›schönen Verse‹ anbeten, ist Platen... Der Poet in ihm war ein Dilettant.« (HKA XII, 248f.)

428 Hebbel versuchte, seinen Freund Rousseau von seiner Bewunderung für Rückert abzubringen. Vgl. Tgb. 538.

431 Am Rand: *Für eine Tragödie.* – Hebbel zitiert aus »Das Fest zu Kenilworth«. Prolog zu »Ein Dichterleben«.

432 Am Rand: *Polen.*

433 Hebbel zitiert aus Wolfgang Menzels (1798–1873) »Reise nach Österreich im Sommer 1831«, Stuttgart 1832. Den Begriff *Novantik* wendet Menzel auf die Bauten Ludwigs I. an und schreibt: »Solche Novantiken sind in der Poesie wie in der Plastik und Baukunst allemal unausstehlich.« (Bornstein)

434 Am Rand: *Ulmer Dom.*

435 Am Rand: *Stuttgart.*

436 Am Rand: *Burgau.*

437 Am Rand: *Augsburg.*

438 *Brechenmacher* – Werner liest fälschlich *Buchenmacher.*

442 Grundgedanke für das in München entstandene Märchen »Der Rubin«, W III, 384ff und 933f.

444 *Brief an Gravenhorst* – Hebbels Briefe an Gravenhorst (vgl. Anm. zu Tgb. 2) sind verloren.

445 Am Rand: *Novelle.*

449 Hebbel zitiert aus Friedrich Heinrich Jacobis (1743–1819) Werk »Von den göttlichen Dingen und ihrer Offenbarung« (1811).

450 Auf S. 117 zitiert Jacobi Fichtes »Wissenschaftslehre«: »Man darf Gott weder Bewußtseyn noch Persönlichkeit zuschreiben, denn

Bewußtseyn und Persönlichkeit sind an Beschränkung und Endlichkeit gebunden.« (Bornstein)

452 (H.) – wohl Hebbel.

465 *Schelling* – Friedrich Wilhelm Joseph von Schelling (1775–1854) war von 1827–1840 Professor für Philosophie in München. Hebbel besuchte seine Vorlesungen. – *Lichter* – »Schelling betrat den Hörsaal nie ohne Feierlichkeit, Hebbel wird ihn im Winter zum ersten Male gesehen haben, wie Pedelle mit brennenden Armleuchtern vor ihm einhergingen.« (Josef M. Wehner, Hebbel. Stuttgart 1938, S. 39).

466 Wohl Reminiszenz aus Schellings Vorlesung.
Cogito . . . – ich denke, also bin ich.

467 Am Rand: *Die Seetrompete.*

470 Vgl.   Menschenlos
Was der Mensch auch gewinne, er muß es zu teuer bezahlen,
Wär es auch nur mit der Furcht, ob ers nicht wieder verliert.

472 *Bairische Landbötin* – herausgegeben und verlegt von Dr. Karl Friedr. August Müller. Das Blatt war berühmt und berüchtigt wegen seiner patriotischen Einstellung und wurde viel gelesen. Hebbel, der die Zeitung jeden Morgen von Beppi bekam und sie – gleich den anderen – gründlich las, schrieb 1863: »[Eine Zeitung,] die, von einem äußerst pfiffigen, zum Katholizismus übergetretenen, norddeutschen Doktor geleitet, im populärsten Pumpernickel-Stil bald die Gendarmerie, bald den König Ludwig pries und sich über den letzteren bei Gelegenheit eines sehr glänzend ausgefallenen Volksfestes einmal des Passus bediente: ›Der Höchste (der liebe Gott nämlich) habe gewiß nicht ohne Neid auf den Allerhöchsten (den bairischen Monarchen) herabgeschaut.‹« (HKA X, 343)

474 Am Rand: *Für die Correspondenz.* – Gemeint ist das Cottaische Morgenblatt.

486 Am Rand: *Novität. Psychologisch.*

488 Am Rand: *Französische Smuggelei.* – Hebbels Schreibung von *Smuggel* ergab sich aus seiner Aussprache.

494 Am Rand: *Frage für Mediziner. – B.* – Beppi (vgl. Anm. zu Tgb. 423).

501 Vgl. Tgb. 476.

502 Die Notiz bezieht sich vermutlich auf Elise (vgl. Anm. zu Tgb. 13).

504 *R.* – Vermutlich ist Emil Rousseau (vgl. Anm. zu Tgb. 253) gemeint, doch wäre auch Rendtorff (vgl. Anm. zu Tgb. 285) möglich. Rousseau war zunächst in Heidelberg geblieben und dann am 13. 4. 1837 nach München gekommen. Vgl. Tgb. 685. – *Bedingnisse* – bei Werner fälschlich *Bedingungen.*

505 Am Rand: *Der Pentagraph.* – Bei Werner fälschlich: *Pantograph.* – Hebbel zitiert aus Sternes »Tristram Shandy«.

508 Vgl. Goethes Gespräche mit Eckermann vom 9. 7. 1827: »Wir sprachen über die Häßlichkeit dieser Bestien [Affen], und daß sie

desto unangenehmer, je ähnlicher die Rasse dem Menschen sei.«
(Bornstein)
510 Vgl. Anm. zu Tgb. 424.
513 Bezieht sich wohl auf das Drama »Griseldis«, das der Wiener Dichter Eligius Joseph Freiherr von Münch-Bellinghausen (1806–1871) unter dem Pseudonym Friedrich Halm veröffentlichte. – *couren* – den Hof machen.
514 Vgl. Tgb. 1350.
518 Am Rand: *Artikel aus der Bairischen Landbötin.*
522 Zwischen den Nummern 522 und 523 schrieb sich Beppi (vgl. Anm. zu Tgb. 422) ins Tagebuch ein.
524 Beppi war zwar katholisch, aber ohne richtige Kenntnisse. Hebbel scheint ihr bisweilen auch das Unmöglichste geglaubt zu haben und verhält sich gegenüber dem Katholizismus wie gegenüber einem Zauberglauben. Jedoch begleitet er Beppi eifrig zu den katholischen Gottesdiensten (vgl. Tgb. 460, 756, 1168, 1210).
530 Am Rand: *Lektüre!* – Hebbel zitiert hier und im folgenden aus Friedrich Heinrich Jacobis (1743–1819) Roman »Woldemar«. – *Ferguson* – Gemeint ist Adam Ferguson (1723–1816), englischer Geschichtsforscher und Moralphilosoph, der 1767 in London sein »Essay on the history of civil society« veröffentlichte.
531 Am Rand: *Für eine Tragödie.*
536 Notiz aus der »Landbötin«.
537 Am Rand: Tragischer Tod. Charakterbild!
538 Vgl. Tgb. 428. – *Sie erlöse die Natur* – dazu am Rand: *Wie lebt das Wasser in Goethes Fischer!* – *Shakespeare* – am Rand: *Woher diese Progression?* – *Lohensteinsche* – Daniel Kaspar von Lohenstein (1635–1683), Verfasser von Romanen und Tragödien.
539 Hier und in den folgenden Notizen Zitat aus »History of the decline and fall of the Roman Empire« (London 1782–88) von Edward Gibbon (1737–1794).
542 Am Rand: NB.
543 Eingeklebtes Blatt aus der »Landbötin«, 1836, Nr. 83 vom 12. Juli, S. 730.
545 Ebenfalls Zitat aus Gibbon (vgl. Tgb. 539).
548 *Die Kunst ist das einzige Medium* – Vgl. Tgb. 417.
550 Vermutlich Episode mit Beppi.
552 Die Jahreszahl wurde von Hebbel verziert.
Gravenhorsts – Vgl. Anm. zu Tgb. 2. – *sowie aus anderen Fächern*... *Görres* – dieser Satz am Rand hinzugesetzt. – *Schwab* – Gustav Schwab (1792–1850), Vertreter der schwäb. Dichterschule, Redakteur des Musenalmanachs und des literarischen Teils des Cotta'schen Morgenblattes. – *Thibaut* – Vgl. Anm. zu Tgb. 240. – *Mittermeier* – Vgl. Anm. zu Tgb. 310. – *Schelling* – Vgl. Anm. zu Tgb. 465. – *Görres* – Joseph Görres (1776–1848) wurde 1826 aus seinem Straßburger Exil von König Ludwig I. nach München berufen, wo er

seit 1827 an der Universität Geschichte dozierte. »Die christliche Mystik« erschien 1836–42 in Regensburg.
553 Ebenso wie die folgende Notiz Selbstvorwürfe wegen seines Benehmens gegen Beppi (vgl. Anm. zu Tgb. 423).
Am Rand: *Vetterleins* Kommentar zu Klopstocks Oden.
556 *Vetterleinsche Kommentar* – Hebbel meint: Klopstocks Oden und Elegien, mit erklärenden Anmerkungen und einer Einleitung von dem Leben und den Schriften des Dichters von C. F. R. Vetterlein (Leipzig 1827).
557 *zweiten Auflage* – die »zweyte ächte Auflage« von Jahre 1775.
560 Am Rand: Winckelmann. – Hebbel wollte in München mit Hilfe von Johann Joachim Winckelmanns (1717–1768) Schriften die Antike studieren. Die Zitate aus Winckelmann sind nur teilweise wörtlich; meist Inhaltsangabe.
S. 103 *Jeder Einsichtige* . . . – Am Rand: Wie sind Kunstwerke mit Bezug auf den Künstler, der sie hervorbrachte, zu betrachten.
S. 104 *zurückzukehren* . . . – Am Rand: Welche Vorteile entspringen aus diesem Verhältnis für uns Neuere.
561 Inhaltsangabe, keine wörtlichen Zitate. – Am Rand: *Lessing.*
S. 106 . . . *zerlegen mußte* – Am Rand: *Die Gegensätze.*
562 *Gleim* – Johann Ludwig Gleim (1719–1813), neben Uz und Götz wichtigster deutscher Anakreontiker.
563 *Adelung* – Johann Christoph Adelung (1732–1806), Sprachforscher. Hauptwerk: »Grammatisch-kritisches Wörterbuch der hochdeutschen Mundart« (Leipzig 1774–86).
567 *Horen von Schiller* – Der Aufsatz steht in Schillers »Horen« I, 1795. Verfasser ist A. W. Schlegel (1767–1845).
568 *nulla* . . . – Es gibt keine Erlösung.
569 Verfasser des Aufsatzes ist Heinrich Meyer (1759–1832), Kunst- und Altertumsforscher, Freund Goethes.
Am Rand: Tragödien-Stoff.
571 Hebbel bezieht sich auf seine Fußreise von Heidelberg nach München und den Aufenthalt in Straßburg; vgl. Anm. zu Tgb. 362.
573 Zitat aus der »Landbötin« vom 10. 1. 1837.
Zumiller . . . – Werner liest fälschlich: *Zumitter in Flinksbach.*
574 *heut abend* – 8. Januar 1837.
575 *das Höchste birgt* – Am Rand: Wie?
576 *Hab Achtung* . . . – erhielt den Titel »Höchstes Gebot«; vgl. W III, 893.
S. 113 *Selbstzwist!* – Bei Werner fälschlich: *Selbstgewiß!*
581 Zitat aus der Vorrede zum Zweiten Bändchen von Jean Pauls »Komet«.
582 . . . *und trinkt* . . . – Vgl. Tgb. 1155.
586 Erster Plan zum »Moloch«; vgl. W II, 731.
588 Hebbel beschäftigt sich mit den »Philosophischen Aphorismen«, die der Anthropologe Ernst Platner (1744–1818) in den Jahren 1793 bis 1800 neu bearbeitet herausgegeben hatte.

590 Vgl. Tgb. 2227.

591 Am Rand: Das Leben eines Menschen mit Büchern; Schilderung von hoher Bedeutung und Zeitgemäßheit. Etwa (?) neue Form einer Ästhetik.

593 Jean Jacques Rousseaus (1712–1778) Roman »Julie ou la nouvelle Héloise« war 1761 erschienen. Hebbel zitiert aus dem Second préface: »Je ne veux pas passer pour meilleur que je ne suis ... dans des temps ou il n'est possible à personne d'être bon.« (Bornstein) S. 116 *Zucker selbst.* – Am Rand notierte Hebbel: Eine Wolke, die den zündenden Blitz trägt, trägt auch das löschende Wasser.

594 Oehlenschlägers (vgl. Anm. zu Tgb. 57) Gedichte waren erstmals in Stuttgart 1817 erschienen, seine gesammelten Werke in Breslau (1829–30) in 18 Bänden.

596 Am Rand: Ursprung der Stigmen des heil. Franziskus. – Johann Gottfried Seume (1763–1810) veröffentlichte 1803 den »Spaziergang nach Syrakus«, wo er von seiner berühmten Fußreise nach Sizilien berichtet. Hebbel zitiert nicht wörtlich. – Zu dieser aus antikatholischem Affekt entstandenen Erfindung vgl. die Forschungen von Karl Hampe in: Historische Zeitschrift 96 (1906), S. 385–402; Archiv für Kulturgeschichte 8 (1910), S. 257–290 und Michael Bihl in Historisches Jahrbuch 28 (1908), S. 529–550.

598 Vgl. dazu Hebbels Kritik der Gedichte von Minna Fischer (HKA X, 384): »Dem Apoll keine Opfer zu bringen, das ist das einzige Opfer, das er von den meisten verlangt.«

601 Vgl. die letzte Strophe des Gedichtes »An Hedwig«, W III, 44.

603 *Evers* – Landsmann Hebbels, der gleichzeitig mit ihm in München war und über den er sich in Briefen an den Kirchspielschreiber Voß (13. 3. 1837, in W V) und an Elise (Februar 1838) scharf äußerte. Er traf ihn später nochmals in Kopenhagen.

606 Am Rand: A. v. Bucher: *Jesuiten in Baiern.* – Anton von Buchers (1746–1817) Schriften wurden von J. v. Klessing unter dem Titel »Die Jesuiten in Baiern vor und nach ihrer Aufhebung« 1819/20 herausgegeben. Hebbel plante, seinem Roman »Der deutsche Philister« »dadurch ein bedeutenderes Fundament zu geben, daß ich ihn in die neuesten Versuche zur Wieder-Einführung des Jesuitismus verwebe.« (An Elise am 26. 11. 1837, in W V). Hebbel schrieb also die Notizen aus Bucher (Tgb. 606–611) für seinen Roman. – *Gellert* – Christian Fürchtegott Gellert (1715–1769), weltl. und geistl. Lyriker.

608 *Als hing* – Bei Werner irrtümlich: *lieg.*

611 *Pater Sardagna* – Bei Werner irrtümlich: *Pater Sardegna.*

612 Am Rand: *Traum.*

613 *Evers* – Vgl. Anm. zu Tgb. 603.

614 *Benzel-Sternau* – Christian Ernst Graf von Bentzel-Sternau (1767 bis 1849) veröffentlichte 1802/4 sein Hauptwerk »Das goldene Kalb. Eine Biographie«.

615 Am Rand: *Sitten.*
616 Am Rand: *dito.*
617 Am Rand: *Roué's.*
   Charles Paul de Kock (1794–1871), fruchtbarer franz. Romanschriftsteller, der vielfach ins Deutsche übersetzt wurde. – Ludwig Rellstab (1799–1860), Romanschriftsteller und Musikkritiker in Berlin.
618 Am Rand: †
   Schumann – Vgl. Anm. zu Tgb. 204.
619 Am Rand: *Mißgeburt.*
620 Am Rand: *Chlamouny.*
623 Zitat aus Jean Pauls »Briefe und bevorstehender Lebenslauf«, Gera 1799.
   Tartini – Giuseppe Tartini, berühmter Geiger und Komponist.
625 *Buffon* – George Louis Leclerc, Graf von (1707–1788), Naturforscher.
627 *Gravenh.* – Vgl. Anm. zu Tgb. 2.
628 Am Rand: *Über die Weiber. – Gujet* – Vgl. Anm. zu Tgb. 174. – *Für das Weib gehört der beschränkteste ... Kreis* – Vgl. Tgb. 366.
629 Am Rand: *Ben Jonsonsche Kritik des Shakespeare.*
   Irrtum Hebbels; hier handelt es sich (nach Bornstein und Krumm) um Notizen von Samuel Johnson und Georg Steevens als Anmerkungen in Band XV von Eschenburgs Shakespeareübersetzung. Eschenburg übernahm sie aus »The plays of Shakespeare ... To which are added notes by Samuel Johnson und George Steevens (1773)«.
637 Am Rand: *Pest-Ansteckung durch einen Raben.*
638 Am Rand: *Türkei.*
   Die Hauptstadt des ottomanischen Reichs ... – Diese und die folgende Notiz lassen Hebbels Beschäftigung mit dem »Rubin« vermuten. Hebbel zitiert aus »Paris oder das Buch der 101«, aus dem Französischen übersetzt von Th. Hell. (Potsdam 1832/33) – *Michaud* – Joseph François Michaud (1767–1839), franz. Historiker.
   S. 129 *Zeit der Verstoßung* – Am Rand: NB. – *Anmerkungen ...* – Gemeint ist: »Tausend und Eine Nacht.« Arabische Erzählungen. Deutsch von Max Habicht, Fr. H. von der Hagen und Carl Schall (Breslau 1836).
640 Hebbel liest »Die Serapions-Brüder« von E. T. A. Hoffmann, Bd. IV (1821), »Signor Formica«.
641 Vgl. dazu den Brief an Elise vom 14. 3. 1837.
642 Bezieht sich wohl auf ähnliche Verhältnisse wie Tgb. 664.
650 *Seherin von Prevorst* – Vgl. Anm. zu Tgb. 369. Kerner schreibt: »Sie sagte dabei ... sie fühle, daß doch etwas an dem Glauben sei, die Fenster, im Moment wo ein Mensch sterbe, aufzumachen.« (Bornstein)
652 Vgl.   Grenze des Denkens
   Rein zu denken, vermeinst du? Wie sehr du die Bilder auch
                                 sichtest,

Bilder bleiben es doch, wenn auch zu Worten verdünnt,
Und sie borgen sich bloß im ewigen Wechsel die Lichter,
Denn das erste erlischt, wenn sich das zweite erhellt.
Aber ein anderes ists, in Blei Figuren zu gießen,
Wie es die Mägde tun, oder zu zeichnen, wie Kant.

655 Hebbel liest »Georg Christoph Lichtenbergs vermischte Schriften«, hrsg. von Ludwig Christian Lichtenberg und Friedrich Kries, Göttingen 1800–1806. – *Lullus* – Raimundus Lullus (1234–1315); die *Ars magna Lulli* bestand in einer mechanischen Methode, durch systematische Kombinationen der allgemeinsten Grundbegriffe unfehlbare Lösungen für alle erdenklichen wissenschaftlichen Aufgaben zu finden.

656 Zu Hebbels Urteil vgl. Tgb. 2948.

657 *Euler* – Leonhard Euler (1707–1783), Mathematiker und Physiker.

659 Hebbel hatte sich bereits im September 1736 mit diesem Buch beschäftigt; vgl. Tgb. 368. Auf erneute Lektüre deutet auch Tgb. 650.

661 Hebbel liest von Johann Karl August Musäus (1735–1787) »Volksmärchen der Deutschen«, Gotha 1782–87.

663 Hebbel zitiert aus Lichtenberg: »Man liest jetzt so viele Abhandlungen über das Genie, daß jeder glaubt, er sei eines. Der Mensch ist verloren, der sich früh für ein Genie hält.« (Bornstein)

664 Vgl. Tgb. 642.

665 Erster Hinweis auf Golo (»Genoveva«).

667 Zitat aus Jean Pauls »Titan«.

668 Vgl. »Traum und Poesie«, HKA VI, 372. – *Karaiben* – Indianer.

669 Vgl. Tgb. 1322.

670 Am Rand: Wenn der *letzte* eines fürstl. Geschlechts stirbt.

672 Lichtenberg: »Meine Hypochondrie ist eigentlich eine Fähigkeit, aus jedem Vorfalle des Lebens, er mag Namen haben wie er will, die größtmögliche Quantität Gift zu eigenem Gebrauch auszusaugen.« (Bornstein) Vgl. den Charakter des Nepomuk Schlägel, W III, 363 ff. und in der folgenden Notiz den Ausdruck »Gifthandel«.

676 Beschäftigung mit dem »Deutschen Philister«; vgl. Brief an Elise vom 18. 6. 1837 (in W V): ». . . mein Held ein Mann, der *immer* recht hat, nur niemals in seinen Gründen.«

677 Bezieht sich ebenso wie die folgende Notiz auf Beppis Vater (und auf Meister Anton in »Maria Magdalene«); vgl. Anm. zu Tgb. 422. – Hebbel war am 1. 4. 1837 von der Sommerstraße 3 zu Beppis Eltern, dem Schreinermeister Schwarz, Sommerstr. 6 gezogen. Die neue Wohnung lag unmittelbar gegenüber der alten.

680 Hebbel las Musäus, Jean Paul und Kerner zum zweitenmal.

681 Damit widerruft Hebbel zahlreiche frühere Urteile.

684 Bezieht sich vermutlich bereits auf Emil Rousseau (vgl. Anm. zu Tgb. 253).

685 Das Geld kam von der Gräfin Rhedern aus Berlin; vgl. auch Tgb. 747.

687 Aus dem Brief an Elise vom 11. 4. 1837.
690 *H-r* – vermutlich Wilhelm Hocker, den A. Schoppe als »ausgezeichneten jungen Mann, als reinen und begabten Jüngling« bezeichnete. Hebbel konnte Hocker, der später am Delirium starb, nicht leiden. Vgl. auch Tgb. 4764.
695 *Alberti* – Vgl. Anm. zu Tgb. 47.
696 Vgl. »Zwölf Jahre später«, W III, 125.
699 *Hökerei* – Geschäftemacherei.
700 Beginn der Notizen über Napoleon, die auf einen Dramenplan schließen lassen. Vgl. W II, 654 ff. und 739.
702 Vgl. Tgb. 735.
704 Vgl. »Virtuosen-Porträts«, W III, 123.
705 Vgl. den Brief an Elise vom 12. 5. 1837 (in W V): »... was Du meine Krankheit nennst, ist zugleich die Quelle meines, wie jedes, höheren Lebens.«
709 Vgl. dagegen Tgb. 738.
710 Vgl. »Der Bramine« V. 57 ff., W III, 142.
718 Bornstein verweist auf das »Markgrafen-Büchlein« von Franz Hermann, Bayreuth 1902: Dem bayreuthischen Kammerherrn von Bose träumte im Jahre 1766, daß er im Traum den offenen Sarg des Markgrafen Christian Heinrich und an einem Finger desselben einen Ring gesehen habe, wobei ihm eine Stimme sagte: Nimm diesen Ring ab, sonst stirbt die bayreuthische Linie aus. Kurz vor dem Tod des kinderlosen Markgrafen Friedrich Christian (gest. 1796) öffnete Bose den Sarg Christian Heinrichs und fand am kleinen Finger der linken Hand den geträumten Ring.
Bornstein sieht in der Geschichte wegen des Fundorts des Ringes und in der Tatsache, daß sich an den Ring das Schicksal einer Dynastie knüpft, einen ersten Anstoß zu Hebbels Beschäftigung mit der Gyges-Handlung.
719 Bezieht sich auf Kleist. Vgl. Brief an Elise vom 23. 5. 1837 (in W V): »Er [Kleist] zeichnet immer das *Innere* und das *Äußere zugleich, eins durch das andere*, und dies ist das allein rechte.«
720 Hebbel bezieht sich auf Johannes Daniel Falk (1768–1826): »Goethe aus näherm persönlichem Umgange dargestellt« (Leipzig 1832), wo es heißt: »... es gehöre ein großer Geist des Widerspruchs dazu, um einen so einzelnen Fall mit so durchgeführter, gründlicher Hypochondrie im Weltlaufe geltend zu machen.« (Bornstein)
722 Vgl. »Nachtgefühl«, W III, 48 und 893.
728 Aus der »Landbötin« Nr. 61 vom 23. Mai.
729 Vgl. »Adam und der Fruchtkern«, HKA VI, 378.
735 Vgl. Tgb. 702.
736 Gedanke zum »Deutschen Philister«.
738 Vgl. dagegen Tgb. 709.
743 Vgl. Brief an Elise vom 19. 6. 1837 (in W V) : »So hab ich auch meine Mutter und Johann im Traum bei mir gesehen.«

745 *B:* – Beppi.
747 S. 146 *Gräfin von R.* – Vgl. Tgb. 685.

S. 148 *Thorwaldsens Schiller* – Das für Stuttgart bestimmte Schillerdenkmal wurde in München von Stiegelmayr gegossen. Thorwaldsen kam dazu selbst nach München. – *Affengenie* – vgl. »Heroenschicksal«, HKA VI, 344. – *An A.* – An Alberti (vgl. Anm. zu Tgb. 47); vgl. »Die Grenze des Vergebens«, HKA VI, 444.

748 *Brief an Janinski* – Antonio Richard Eduard Janinsky, auch Jahnens oder Janens (geb. 1805), Freund Hebbels und der A. Schoppe; ging 1850 nach Amerika, dort verschollen. – Hebbels Brief an ihn weist zahlreiche Ähnlichkeiten zum Brief an A. Schoppe auf.
Osteologie – Knochenlehre.
Jason – Unmittelbar vor Bertel Thorwaldsens Abreise von Rom bestellte der Engländer Sir Th. Hope bei ihm die Ausführung eines Modells von Jason; damit war über Thorwaldsens weiteren Aufenthalt in Rom und über seine künstlerische Laufbahn entschieden.

749 Werner verweist auf das Dramenfragment »Die Schauspielerin«, W II, 541.
754 Vgl. Tgb. 1458.
756 Vgl. Tgb. 596 und Anm.
760 Vgl. »An den Tod«, W III, 75.
767 *Nemo contra Deum* ... – Niemand ist gegen Gott außer Gott selbst. Ursprung des Satzes unklar. Motto zum IV. Buch von Goethes »Dichtung und Wahrheit«. Goethe verwendet das Wort später nochmals im Zusammenhang mit dämonischen Menschen. Vgl. hierzu E. Spranger in Goethe XI, 1949, S. 51: »Der Satz hat, für sich genommen, zunächst den Sinn: Gott ist alles und allmächtig. Sollte es also etwas geben, das (scheinbar) gegen Gott ist, so muß doch auch dies in Wahrheit aus Gott selbst herstammen. Die Ausdrucksweise ist natürlich paradox. Denn daß Gott in einem endgültigen Sinne gegen sich selbst wirkt, wird niemand behaupten dürfen. Spinozistisch gesprochen fällt ein solcher Anschein immer nur in die Stufe der unvollkommenen Erkenntnis: der imaginatio, die sich in den höheren Erkenntnisstufen aufhebt.« (Zitiert nach Hamburger Ausgabe X, 616)
770 Vgl. »Der Heideknabe«, W III, 26 und »Herr und Knecht«, HKA VI, 388.
772 ... *solcher Widerlichkeit* – Am Rand: NB. – Vermutlich Zusammenhang mit den Gaben, die ihm Elise zukommen ließ.
773 Vgl. »Traum. Ein wirklicher«, HKA VII, 166 ff.
Maximilian Joseph – erster bayerischer König (1799–1825); Nachfolger wurde sein Sohn, König Ludwig I. (1825–1848).
774 Am Rand: *1837 Juli*.
775 Notiz aus »Das Pfennigmagazin zur Verbreitung gemeinnütziger Kenntnisse«, hrsg. von Friedrich Brockhaus, Leipzig 1837, Nr. 220 vom 17. Juni, S. 188.

776 *Maitlands Buch* – Narrative of the Surrender of Buonaparte and of his Residence on Board H. M. S. Bellerophon... by Captain F. L. Maitland (London 1826). Im Anhang Maitlands Widerlegung der Behauptungen Las Cases (vgl. Anm. zu Tgb. 796). (Bornstein)

778 Zusammenhang mit der übernächsten Notiz. Krumm verweist auf Hebbels Kritik von Gisekes Roman »Moderne Titanen« aus dem Jahre 1851: ». . . an und für sich ist die Aufgabe [einen Charakter der jüngsten Vergangenheit dramatisch zu gestalten] durchaus nicht unlösbar, aber es gehört ein Talent dazu, das man nur in den allerseltensten Fällen voraussetzen darf.« (HKA XI, 371)

780 Grabbes Drama »Napoleon oder die Hundert Tage« war 1831 in Frankfurt erschienen. Vgl. dazu auch Tgb. 778.

782 *beiderseitiges* – Hebbels Brief richtet sich an Grafenhorst (vgl. Anm. zu Tgb. 2) und Rendtorff (vgl. Anm. zu Tgb. 285).
Grüße R. – Rendtorff.

783 *Herzog von Cumberland* – Ernst August, König von Hannover, Herzog von Cumberland (der fünfte Sohn Georgs III. von England) (1771–1851) hob am 1. 11. 1837 das Staatsgrundgesetz von 1833 förmlich auf. Mit dieser Aufhebung hing die Entlassung der an der Verfassung festhaltenden sieben Göttinger Professoren (die »Göttinger sieben«) zusammen.

784 Hebbel zitiert aus Francesco Antomarchi: »Mémoires, ou les derniers moments de Napoléon«; die deutsche Übersetzung war 1825 in Stuttgart erschienen. F. Antomarchi (1780–1838) war Napoleons Arzt auf St. Helena.

785 Zitat aus Antomarchi.

788 Vermutlich beziehen sich diese und die folgende Notiz bereits auf die »Biographie des doppelten Meuchelmörders Schäffer«; vgl. Tgb. 791.

789 *Am Rand: NB.* – Vgl. den selben Hinweis bei Tgb. 791, wo die Rede vom Äußeren des Verbrechers ist. Ähnlich wie bei dem Verbrecher bemerkte Hebbel auch an sich selbst das Interesse an der äußeren Gestalt und am Spiegelbild.

790 Gemeint ist König Ludwig I. (1825–48) von Bayern, dessen liberale Bestrebungen an der mangelnden politischen Reife der Untertanen gescheitert waren. – Vgl. dazu den Prolog zu »Der Diamant«, aus dem folgende Verse für den Druck weggelassen wurden:

> Er residiert im guten München,
> Man kanns mit Mönchen übertünchen.
> Es schwur ein König tausendmal:
> Ich bin unendlich liberal!
> Er war Anführer in den Chören
> Und hielt nicht eher ein mit schwören,
> Als bis er hie und da im Land
> Für seine Schwüre Glauben fand. (W I, 781 f.)

791 Vgl. Anm. zu Tgb. 788 f.
S. 159 *Jetzt fiel sein Blick in den Spiegel* – am Rand: NB. – *Klein* –
Eigenname; bei Werner fälschlich *klein*.
S. 160 *in seiner äußern Gestalt* – am Rand: NB.
794 Am Rand: *Muckerei in Köln*.
796 Am Rand: *Politisch*. – Hebbel beschäftigte sich im Rahmen seiner
Napoleonstudien (vgl. Tgb. 700) auch mit Las Cases »Mémorial de
Ste-Hélène«, Paris 1821–23, deutsch unter dem Titel »Denkwürdigkeiten von Sanct-Helena oder Tagebuch, in welchem alles, was
Napoleon in einem Zeitraum von achtzehn Monaten gesprochen
und gethan hat, Tag für Tag aufgezeichnet ist.« Stuttgart 1822–26. –
Emmanuel Augustin Dieudonné Graf de Las Cases (1766–1842), ein
Freund Napoleons, folgte diesem nach St. Helena, wo ihm Napoleon einen Teil seiner »Mémoires« diktierte.
801 Charles Maurice, Prinz von *Talleyrand-Périgord*, Fürst von Benevent
(1754–1838) war unter Ludwig XVIII von Frankreich Minister des
Äußeren und erfolgreicher Vertreter Frankreichs auf dem Wiener
Kongreß. Napoleon versuchte nach seiner Rückkehr vergeblich,
Talleyrand für sich zu gewinnen. – Joseph *Fouché*, Herzog von
Otranto (1763–1820), wurde von Napoleon nach dessen Rückkehr
aus Elba zum Polizeiminister berufen.
803 Hebbel beschäftigt sich mit »Hamanns Schriften«, hrsg. von Friedrich Roth.
805 Bezieht sich vermutlich auf Hebbels Verhältnis zu Elise.
810 Hermann Ludwig Heinrich Fürst von Pückler-Muskau (1785–1871)
veröffentlichte 1834 in Stuttgart anonym »Tutti Frutti, aus den
Papieren eines Verstorbenen«.
812 Werner verweist auf »Ein Eid und seine Auslegung«, HKA VI, 371.
816 Zitat aus Schillers »Melancholie«.
817 Bezieht sich wohl auf eine »Hamlet«-Aufführung in Wesselburen.
818 Aus der »Landbötin« Nr. 87 vom 22. 7. 1837.
Am Rand: *Zeitgeist*.
819 *kaum noch* – von Hebbel versehentlich zweimal verwendet. – Vgl.
Tgb. 3116.
823 Vgl. folgende Notiz.
824 Fortsetzung von Tgb. 823.
829 Vgl. dazu »Aufzeichnungen aus meinem Leben«, W III, 729 f.
830 *Volkstheater* – das Schweizersche Volkstheater in der Au; vgl.
»Gemälde von München«, W III, 790.
831 *Jerring* – Hebbel kannte den später berühmt gewordenen Juristen
Rudolf Ihering (1818–1892) von Heidelberg her. Vgl. Tgb. 2654. –
Niemeyers Grundsätze – Der Theologe und Pädagoge August Hermann Niemeyer (1754–1828) veröffentlichte 1796 »Grundsätze der
Erziehung und des Unterrichts«.
838 *Temperamentsblatt* – Hauchbild.
845 Wohl im Zusammenhang mit Tgb. 863 und 865.

849 *Spadille* – Höchste Trumpfkarte im L'hombrespiel (Pik-As).
850 *B.* – Beppi (vgl. Anm. zu Tgb. 423).
851 Am Rand: *August.*
856 *Rousseau* – Vgl. Anm. zu Tgb. 253. – *Görres* – Vgl. Anm. zu Tgb. 552.
858 Vgl. »Das Genie und die Talente«, HKA VI, 345.
860 *Woldemar von Jacobi* – Vgl. Anm. zu Tgb. 530.
863 Vgl. Tgb. 845.
867 Zu Goethes »Wahlverwandtschaften« vgl. Tgb. 1389.
868 Am Rand: 10/1.
869 *Eckermann* – Gespräch am 16. 3. 1831.
876 *Gravenhorst* – Vgl. Anm. zu Tgb. 2. – *Hand*- – Die nachfolgende Seite des Tagebuchs ist leergelassen; Hebbel wollte die Notiz offensichtlich fortsetzen.
882 Werner verweist auf Joseph in »Herodes und Mariamne«, W I, 522f.
883 *Rousseau* – Vgl. Anm. zu Tgb. 253.
885 *Robespierres* – Vgl. Anm. zu Tgb. 2800.
886 *benutze* – Lesung fraglich. – Zu dieser Notiz vgl. auch Tgb. 888.
887 *einsmuggeln* – Hebbels Aussprache.
892 *Gedichte* – Dramen.
893 *Kleinen* – Beppi. – *Low* – Sir Hudson Lowe (1770–1844), Gouverneur von St. Helena während Napoleons Gefangenschaft. Er wurde von Emanuel de Las Cases (vgl. Anm. zu Tgb. 796) am 22. 10. 1822 auf öffentlicher Straße zum Zweikampf herausgefordert, doch lehnte er das Duell ab.
897 Wiederum Zeugnis der gründlichen Beschäftigung mit Napoleon (vgl. Anm. zu Tgb. 700). – Barry Edward *O'Meara* (1770–1836) war Napoleons Arzt auf St. Helena. 1822 veröffentlichte er in London »Napoleon in exile, or a voice from St. Helena«; die deutsche Übersetzung erschien in Stuttgart 1822. – Werner schreibt fälschlich: O *Meere.*
898 *Gluse* – Lesung unsicher.
899 *zusammen* – Unter dem Wort im Original ein Verweisungszeichen, welches sich auf eine Notiz oberhalb der Abrechnung am Rande der Seite bezieht. Dort steht: »siehe *unten«,* dann folgt: »Die Rechnung ist verkehrt...«. *E.* – Elise. – *R.* – Rentdorff; vgl. Anm. zu Tgb. 285. – *A.* – Justizrat Albrecht aus Hamburg.
903 *Wer jetzt nur nicht schlecht wird* – Vgl.

Das Dezennium
Jetzt kein Schelm und kein Lump zu werden, erfordert die Kraft schon,
Welche in besserer Zeit Helden und Heilgen genügt.

910 *Wellington* – Sir Arthur Wellesley, Herzog von Wellington, Fürst von Waterloo (1769–1852), engl. Feldherr und Staatsmann, siegte mit Blücher am 18. 6. 1815 über Napoleon.

922 Vgl. Die Poesie der Formen
Was in den Formen schon liegt, das setze nicht dir auf die Rechnung:
Ist das Klavier erst gebaut, wecken auch Kinder den Ton.

927 Vgl. Tgb. 3183.

929 Am Rand: *Ernst Lime. F. L. Hamann.*

930 Vgl. »Adams Opfer«, W III, 56 und 894, sowie »Maria Magdalene«, I, 3: »Unser Pfarrer sagt, vor Dir seien die Opfer nichts, denn alles sei Dein, und man müßte Dir das, was Du schon hast, nicht erst geben wollen!« (W I, 335).

934 Am Rand: *d. 3ten, inkl. W. . st berechnet.*
Damals – Nach Beppis Geständnissen; vgl. Tgb. 574.

935 Am Rand: *d. 5. Dezbr Holz gekauft; dafür 4 fl 6 x.*

939 Am Rand: *Goethe.*

940 *Werner* – Friedrich Ludwig Zacharias Werner (1768–1823) war im Winter 1807/08 oft mit Goethe zusammengetroffen; 1811 Übertritt zum Katholizismus, 1814 Priesterweihe. – Hebbel zitiert aus Heinrich *Laubes* (1806–1884) »Reisenovellen«, Mannheim 1834–37.

941 Am Rand: *Schwäbische Dichterschule.*
Die große Welt der Kühnheit – Am Rand drei lange Ausrufezeichen, die bis zum Schluß der Eintragung reichen. Hebbel ist mit Laubes Urteil nicht einverstanden. Vgl. auch Tgb. 960.

942 Vgl. auch Tgb. 401.

944 Zitat aus »Hamanns Schriften«, vgl. Anm. zu Tgb. 803.
Am Rand: *Hamann* über Stil.

951 Am Rand: *Arnolds Kirchen- und Ketzer-Geschichte.* Darunter:
2 fl 34
3 fl 42
Gottfried *Arnold* (1666–1714) veröffentlichte 1696/1700 seine »Unparteiische Kirchen- und Ketzerhistorie«. Vgl. dazu Brief an Elise vom 27. 4. 1838 (in W V): ». . . alle fragen nur nach dem *Was* . . . nach dem *Wie*, worauf es doch allein ankommt, frägt keiner.« Vgl. »Faust« V. 6992: Das *Was* bedenke, mehr bedenke *Wie*.

954 Am Rand: *Lessing über Volkslieder.*
Hebbel zitiert frei aus: »Lessings Geist aus seinen Schriften oder dessen Gedanken und Meinungen zusammengestellt und erläutert von Friedrich Schlegel.« (Leipzig 1810) Es handelt sich um Lessings Brief vom 22. 3. 1772 an Gleim (vgl. Anm. zu Tgb. 562).

955 Am Rand: *Tuileries.* – Von hier ab stehen am Rand zahlreiche Notizen, die nicht gleichzeitig mit dem Tagebucheintrag niedergeschrieben wurden und mit diesen auch in keinem Zusammenhang stehen. Vielleicht nur kurze Gedächtnisstützen für spätere Eintragungen oder auch für Epigramme.

958 Zitat aus Friedrich Bouterweks (1765–1828) »Gedichte« (Wien 1810).
S. 183 *Genügt nach Taten der Speere* – am Rand: *Trianon.*

959 Vgl. Tgb. 967 und 985.

960 Vgl. Tgb. 941 und Anm.

962 Am Rand: *Zu lesen:* Erfahrungsseelenlehre von Moritz. – Flögels Geschichte der Hofnarren.
Karl Philipp *Moritz* (1757–1793): Magazin zur Erfahrungsseelenkunde, 1783–93 (vgl. Anm. zu Tgb. 273). – Karl Friedrich *Flögel* (1729–1788): Geschichte der Hofnarren, Leipzig 1789.

965 Hebbel bezieht sich auf einen Brief vom 18. 1. 1838.

967 Vgl. dazu Tgb. 959 und 985.

971 *Elvers Hause* – Paul Elvers war Zimmermann und Holzhändler in Wesselburen.

973 Vgl. »Ethischer Imperativ«, W III, 124 und 907.

974 Am Rand: Talma, père la chaise.
François Joseph *Talma* (1763–1826), berühmter franz. Schauspieler. – *Père Lachaise* – berühmter Friedhof in Paris; ursprünglich Gärten des François d'Aix Lachaise, genannt le Père L. (1624–1709), Beichtvater Ludwigs XIV.

977 Am Rand: Lessing. – Hebbel zitiert Lessings »Briefe antiquarischen Inhalts«, »Siebenundfunfzigster Brief«; vgl. auch »Mein Wort über das Drama« (W III, 552,14ff u. Anm.)

978 Karl August Varnhagen von Ense (1785–1858) veröffentlichte nach dem Tode seiner Frau *Rahel* Antonie Friederike geb. Levin (1771 bis 1833) aus ihrem Nachlaß »Rahel, ein Buch des Andenkens für ihre Freunde«, Berlin 1833, mit dem sich Hebbel beschäftigt.

980 Vgl. W III, 512.

982 Zu Hebbels Äußerungen über Tieck vgl. Tgb. 1057.

985 Vgl. Tgb. 959 und 967.

988 *Flögel* – Hebbel las die »Geschichte der komischen Litteratur« (Liegnitz 1784–87) von Karl Friedrich Flögel (vgl. Anm. zu Tgb. 962). – *Solger* – Ludwig Tieck und Friedrich von Raumer gaben die »Nachgelassenen Schriften und Briefwechsel« von Karl Wilhelm Ferdinand Solger (1780–1819), Professor für Ästhetik, heraus. Hebbel las den I. Band. Band II erhielt er am 2. März; vgl. Tgb. 998.

992 Am Rand: *Vincennes*.

995 Am Rand: d. 13. März Subskrib. auf Schiller.

996 *Solger* – Vgl. Anm. zu Tgb. 988. Hebbel zitiert aus Solgers Aufzeichnung vom »15tem September 1802«.

997 Vgl. Tgb. 1111 (bei Werner fälschlich 1110).

998 *Solger* – Vgl. Anm. zu Tgb. 988.

1003 *Lebensschmerz* – vgl. Tgb. 1187.

1004 Fast wörtlich im Oktober 1846 wiederholt; vgl. Tgb. 3720.

1006 Am Rand: ▬ –Vgl. »Vater und Sohn«, HKA VI, 427. Die Ballade war am 31. 10. 1837 entstanden.

1009 Zu *Solger* vgl. Anm. zu Tgb. 988. Hebbel bezieht sich auf Solgers Beurteilung von A. W. Schlegels »Vorlesungen über dramatische Kunst und Literatur«: »Sie [die Kunst] erlangt die höchste Heiterkeit, indem sie sich frei über einen Schmerz erhebt, denn das Irdische muß als solches verzehrt werden, wenn wir erkennen sollen, wie das Ewige und Wesentliche darin gegenwärtig ist.« – »Jene Stimmung ..., worin die Widersprüche sich vernichten und doch eben dadurch das Wesentliche für uns entfalten, nennen wir die *Ironie*, oder im Komischen auch wohl *Laune* und *Humor*. Was ist alle dramatische Poesie und alle theatralische Darstellung ohne Ironie und Humor?« (Bornstein)

R. – Rousseau (vgl. Anm. zu Tgb. 253).

1011 Wesentliches Motiv für die »Judith«.

1012 Am Rand: *Jardin des Plantes*.
Diese Notiz entstand wohl unter dem Eindruck von Grabbes »Napoleon«; vgl. Tgb. 780.
daß er sich die Kraft zutraut – Vgl. dazu die Gestalt des Holofernes in der »Judith«.

1014 Hebbel übernahm die Idee, Zeit und Klima genau zu vermerken, vermutlich aus Rahel Varnhagens (vgl. Anm. zu Tgb. 978) Briefen.
Uhlands Nonne – Die Ballade »Die Nonne« entstand 1805. Nicht die letzte, sondern die zweite Strophe lautet:

> O wohl mir, daß gestorben
> Der treue Buhle mein!
> Ich darf ihn wieder lieben:
> Er wird ein Engel sein,
> Und Engel darf ich lieben.

Gesetz der Steigerung – Vgl. Tgb. 1808: »Steigerung ist die Lebensform der Kunst.«

1015 *Verfasser* – hieß Stoltz u. war ein Bekannter Rousseaus. Nach der »Landbötin« vom 8. 2. 1838 las Stoltz Anfang Februar im Odeon vor. (Bornstein) Am 15. 2. 1863 erinnert sich Hebbel nochmals an die Ottoniade; vgl. Tgb. 6080 und Hebbels Besprechung in den »Münchner Briefen« 6: »Carneval. Ein großes Epos. Pinakothek« HKA IX, 391. – *Spinat* – Vgl. die weggefallenen Distichen des Epigramms »Traum und Poesie«:

> Essen sah ich die Bäume, es lag ein ganzes Jahrhundert
> Einmal bei mir im Bett, ja, ich aß ein Gedicht,
> das wie Spinat mir schmeckte ... (Krumm)

1017 *Je individueller ...* – Bornstein verweist auf Eckermanns »Gespräche mit Goethe« vom 11. 6. 1825: »Der Poet, sagte Goethe, soll das Besondere ergreifen, und er wird, wenn dieses nur etwas Gesundes ist, **darin** ein Allgemeines darstellen.«

1018 Fortsetzung der vorhergehenden Tagebuchnotiz.

1019 Im Zusammenhang mit der »inneren Form« setzt Hebbels Kritik an Jean Paul ein.

1021 Vgl. dazu Tgb. 1443 und »Geschichte der Jungfrau von Orleans«: »O über die Närrinnen, die glauben, es gäbe sechstausendjährige Irrtümer der Geschichte«, HKA IX, 299.

1022 Die Londoner Börse war am 10. 1. 1838 abgebrannt (Neubau 1844 von William Tite).

1025 *Gesindes* – Am Rand: *Jardin des Luxembourg*.
Heß – Heinrich von Heß (1798–1863); seine Fresken für die Allerheiligen Hofkirche entstanden in den Jahren 1827–1837. Vgl. »Gemälde von München«, W III, 783, *30ff*.

1026 *Hippel* – Theodor Gottlieb von Hippel (1741–1796) veröffentlichte 1778–81 in vier Bänden »Lebensläufe nach aufsteigender Linie, nebst Beilagen A. B. C.«.

1027 Am Rand: Luthers Tischreden.

1029 Zu Hebbels Urteil über »Wallenstein« vgl. W III, 590 ff.
Eßlair – Ferdinand Eßlair (1772–1840) war seit 1820 als Schauspieler und Regisseur am Münchner Hoftheater. Vgl. »Gemälde von München«, W III, 788. *Rohe Gedanken* . . . – erst später hinzugefügt.

1032 Werner verweist auf »Maria Magdalene« I, 3 (W I, 333).
Am Rand: *zu lesen*. Denkwürdigkeiten, Rückerinnerungen und Anekdoten aus dem Leben des Grafen von Segur. Denkwürdigkeiten der Madame Roland.
Gemeint sind wohl Louis Philippe Graf von *Ségur* D'Aguesseau (1753–1830), dessen »Mémoires« 1825/26 in Paris erschienen, und Marie Jeanne *Roland* (1754–1793), Gattin des franz. Staatsmannes Jean Marie Roland de la Platière (1734–1793). Ihre »Mémoires« erschienen in Paris 1820.

1033 *Nichtswürdigkeiten* – Am Rand: *Rom. Colosseum*.
Walter Scott – Gemeint ist sein Buch »Life of Napoleon Buonaparte«, 1827.

1034 *Menschen-Natur* . . . *und umgekehrt* – Diese Stelle zitiert Hebbel wörtlich in seiner Kritik von Wienbargs »Die Dramatiker der Jetztzeit«, W III, 537, *18ff*.

1036 Krumm verweist auf Hebbels Rezension von »Schillers Briefwechsel mit Körner«: »Wir wissen es längst, daß mit jedem Individuum, das in die Welt tritt, ein neuer, ein unendlicher Lebens- und Tatenkreis beginnt.« (HKA XI, 196)

1038 *Stoffen und Elementen* . . . – Am Rand: *Marseille*.

1039 Zu Hebbels zahlreichen Notizen über Träume, denen er besonderen Wert beimißt, vgl. Tgb. 4188: »Mein Gedanke, daß Traum und Poesie identisch sind . . .«.

1041 *Platz* – Max-Josephs-Platz; vgl. »Gemälde von München«, W III, 783 f.

1045 Am Rand: *Romanze*.
Scott – Vgl. Anm. zu Tgb. 1033.

1047 Am Rand: NB. – Erster Hinweis auf »Demetrius«.

1048 Am Rand: NB.

1049 Am Rand: Guido Renis Aurora. – (Hebbel schreibt: *Auora*.)

1052 Bornstein zitiert aus Hebbels Distichen zu dem Epigramm »Traum und Poesie«

> . . . und ging für einen Bekannten
> Dem es an Zeit gebrach, lustigen Muts in den Tod.

1053 Vgl. dazu Tgb. 1008.
1054 *Grün* – Anton Alexander Graf von Auersperg (1806–1876) veröffentlichte unter dem Pseudonym Anastasius *Grün*. Vgl. auch Tgb. 1529.
1057 Vgl. Tgb. 982.
Dennoch mögte ich ... – Am Rand: Physiologie und Physik des Magnetismus von Bartels. – Versuch einer Darstellung des animalischen Magnetismus, als Heilmittels, von Kluge.
Bartels »Grundzüge einer Physiologie und Physik des animalischen Magnetismus« war 1812 in Frankfurt/M erschienen. – C. A. F. Kluge, Versuch einer Darstellung des animalischen Magnetismus als Heilmittel, Berlin ²1815.
1058 Am Rand: Scherbenberg. – Vgl. Tgb. 4022.
Bornstein verweist auf Hebbels Aufsatz »Wilhelm Waiblingers gesammelte Schriften«: »... die Satire, die nicht aus der höchsten Freiheit entspringt, [wirkt] unbehaglicher, als die Philiströsität, die sie verspottet.« (HKA X, 410)
1061 Vgl. dazu »Der Diamant«, W I, 219 ff.
1064 Am Rand: *K. E. Schubarth* zur Beurteilung Goethes mit Beziehung auf verwandte Literatur und Kunst. 2 Bde. – Das Werk war 1817 erschienen.
1069 Vgl. Tgb. 1340.
1075 Vgl. »Lüge und Wahrheit«, W III, 124 und 907.
1077 Am Rand: *Wigand* Geschichte der Feme. – Paul Wigand (1786 bis 1866) veröffentlichte 1825 (Hamm) »Die Femegerichte Westfalens«.
Vgl. auch Hebbels Rezension von »Wilhelm Waiblingers gesammelte Schriften«: »Der Kampf um die Existenz ist der einzige, mit dem ein Mensch um so eher verschont werden sollte, je höher er steht, und doch ist es grade dieser, den die Bedeutendsten kämpfen müssen.« (HKA X, 408)
1081 Am Rand: Philister-Ideal, das er selbst verlacht.
1083 *Uhlands Lied* – »Frühlingsglaube«. Vgl. Tgb. 1084 und 1086. Am Rand, neben »*Uhlands ... Lied*«: Fest der Dauer. – Weihnacht.
1084 Vgl. Tgb. 1086 und Hebbels »Frühlingslied«, W III, 15 und 891.
1085 *Thümmels* – Moritz August von Thümmel (1738–1817) veröffentlichte 1764 »Wilhelmine, oder der vermählte Pedant«. – *Wieland* – Bezieht sich wohl auf Christoph Martin Wielands (1733–1813) »Der neue Amadis« (Leipzig 1771); vgl. Tgb. 1090.
1086 Hebbel zog mit Beppis Vater, Anton Schwarz, in die Landwehrstraße um.
1088 *Tieck* – in den »Dramaturgischen Blättern« (Breslau 1826). – *Eßlair* – vgl. Anm. zu Tgb. 1029. – *Und Roß und Reiter* – »Wallensteins Tod« II, 3.
1090 Wieland bezieht sich im »Neuen Amadis« auf Benjamin Neukirchs (1665–1729) Gedicht »An Sylvien«.
1092 Vgl. Tgb. 1227.

1097 Vgl. Tgb. 2595 und »Grundbedingung des Schönen«, W III, 121.
Werner verweist auf die Distichen:
Wie mir der Dichter gefällt? Wenn ihm vor innerer Fülle
Jegliche Ader zerspringt, daß der entfesselte Strom
Droben die Sterne bespritzt und drunten die Blumen beträufelt.
1098 Werner verweist auf Hebbels Rezension »Buch der Lieder, von Heinrich Heine«, W III, 540 ff. Vgl. die folgende Notiz.
1099 Am Rand: Villa Ludovisi.
Phönix – Vgl. Tgb. 1145 und »Der Phönix«, HKA VI, 331.
1105 Vgl. »Judith« III: *Judith:* O, greulich, statt des Lebens, das man nicht nehmen kann, die Bedingung des Lebens zu nehmen. (W I, 30)
Am Rand: Fortdauer.

> Sancho.
> Moral.

Sancho ist Merkwort für Tgb. 1106; *Fortdauer* Merkwort für Tgb. 1108.
1106 *Sancho* – in Miguel de Cervantes-Saavedra (1547–1616) »Don Quichote«.
1109 Karoline von Wolzogen, geb. Lengefeld (1763–1847) veröffentlichte ihren ersten Roman »Agnes von Lilien« 1796 anonym in Schillers »Horen«. Werner verweist auf Schillers Brief an Goethe vom 6. 12. 1796: »Sollten Sie es aber denken, daß unsre großen hiesigen Kritiker, die Schlegels, nicht einen Augenblick daran gezweifelt, daß das Produkt von Ihnen sei.« (Bornstein) – In der Rezension von »Schillers Briefwechsel mit Körner« (1848/49) erwähnt Hebbel diese Tatsache nochmals. (HKA XI, 183) Vgl. Tgb. 4015.
1111 Vgl. Tgb. 997.
1112 Am Rand: *Frascati.*
1113 Vgl. Tgb. 5387 und »An den Künstler«, W III, 106 und 902.
1121 Diese und die folgenden Notizen sind Ausdruck von Hebbels Abneigung gegen den Adel.
1128 Hebbel bedauert immer wieder die unwiederbringlich vertanen Jugendjahre; vgl. Tgb. 1323 und 2442.
1129 Am Rand: Cäcilia Metella.
1131 *Friedrich Schlegel* – in seinen »Sämtlichen Werken« (Wien 1825) Bd. X. – *Menzel* – gemeint ist der Kritiker und Literarhistoriker Wolfgang Menzel (1798–1873).
Schlegel – »Das Verdienst des Stils in diesem Werk ist von der Art, daß vielleicht nur derjenige, der sich aus der immer fortschreitenden Erforschung und Ausbildung der Sprache ein eignes Geschäft gemacht hat, die ganze Größe desselben zu würdigen imstande ist.« (Bornstein)
1135 *Schlegel* – »Lieder wie diese [König von Thule, Sänger, Fischer, Erlkönig] sind es vorzüglich, die, wenn anders die jetzige Dichtkunst Unvergängliches hervorbringen mag, im lebendigen Munde des Gesangs als ein Eigentum des gesamten Volks die Jahrhunderte überdauern mögen.« (Bornstein)

1136 Vgl. Der Dilettant
Nimmer zum Kunstwerk wirst dus bringen, aber zur Einsicht
In das Wesen der Kunst, wenn du dein Nichts erst erkennst.
1138 Am Rand: *Goethe über Kleist.*
d. 10 Mai, Stiefeln zu 3 fl 24 x.
Hebbel zitiert aus Falk, vgl. Anm. zu Tgb. 720.
einer Brust – »Penthesilea«, 15. Auftritt. Hier am Rand: Fontana egéria.
1145 Vgl. Tgb. 1099.
1154 Vgl. Tgb. 2314.
1155 Vgl. Beppis Ausspruch Tgb. 582.
1157 Seeschlacht auf der Reede von Kopenhagen vom 2. 9.–5. 9. 1807.
1159 Weitgehende Übereinstimmung mit Hebbels Gedicht »Musik« von 1832.
1160 Hebbel übernahm die Strophen leicht verändert in das Gedicht »Ein Geburtstag auf der Reise«, W III, 64.
1164 Am Rand: *Tasso: Eiche.*
1165 Am Rand: Das Gedicht: *Geburtstag* ist jedenfalls in die Sammlung aufzunehmen.
1166 Vgl. W III, 92 und 899.
1168 Vgl. Tgb. 1228 und 1266.
Hänschen – Hebbels Hündchen.
1169 Hebbel erhielt am 6. Juni aus der Bibliothek Friedrich Schlegels »Geschichte der Jungfrau von Orleans« (Berlin 1802) und am 13. Juni J. Görres' »Die Jungfrau von Orleans« (Regensburg 1834).
1171 Am Rand: Die gegenwärtige Zeit und wie sie geworden. Von H. Steffens.
D.[ie] Karikaturen des Heiligsten von Steffens, 2 T.
Henrik Steffens (1773–1845), Philosoph, Naturforscher und Schriftsteller, veröffentlichte 1817 »Die gegenwärtige Zeit ...« und 1819–21 »Karikaturen des Heiligsten«.
1174 *Kluge* – Vgl. Anm. zu Tgb. 1057.
Am Rand: *Somnambulismus.*
1177 *Falstaffs Äußerung* – in Shakespeares Heinrich IV., I. Teil, V. 4.
fochten – bei Werner fälschlich *fechten.*
erklären kann – Flüchtigkeitsfehler Hebbels.
Am Rand: Tassus Gruft [?].
1178 Am Rand: NB NB NB NB. – Dieses Versprechen leistete Hebbel wohl ohne Zutun Beppis. Über seine Einlösung ist nichts bekannt.
1181 Bezieht sich vielleicht auf Scott und seine Geschichte Napoleons, vgl. Tgb. 1033.
müßte – bei Werner fälschlich *mögte.*
1182 Bornstein verweist auf Hebbels Rezension über Heinsius: »Jeder, dem die Geschichte mehr als Gedächtnisfutter sein soll, muß zu ihr ein durchaus individuelles Verhältnis suchen.« (HKA X, 354)
1185 *Pfingstsonntag* – 3. Juni.

1187 Vgl. Tgb. 998.
1188 Am Rand angestrichen und daneben mit Bleistift: NB.
1189 Am Rand: NB.
Werner verweist auf Hebbels Aufsatz über Wilhelm Waiblinger: »Und es kann sich ereignen, daß die Kraft des Gefangenen nur eben zum Durchbrechen der Kerkermauern ausreicht, und daß er ohnmächtig dahinsinkt, wenn er an die freie Luft kommt.« (HKA X, 408)
1197 Am Rand: Hinweiszeichen.
1198 Am Rand: *Terracina*.
d 21 Juni ein Paket mit Briefen an Gutzkow und nach Dithm. an die Dokt. Sch.[oppe] abgesandt.
1199 Ludwig Tieck veröffentlichte 1798 in Berlin »Franz Sternbalds Wanderungen«.
1204 Am Rand: Kurt Sprengels Versuch einer pragmatischen Geschichte der Arzneikunde.
Die beiden Billetts, Lustspiel von Anton Wall.

Kurt *Sprengel* (1766–1833), Arzt und Botaniker, veröffentlichte 1792–1803 die »Pragmatische Geschichte der Heilkunde«.
1208 Vgl. Tgb. 1136 und Anm.
1210 *Metropolitan-Kirche* – Liebfrauendom in München. – *Mozarts Requiem* – Mozart hatte das Werk im Auftrag des Gemahls der verstorbenen Gräfin Waldsegg geschrieben. Die Bestellung des Werkes durch den damals Unbekannten wurde lange als geheimnisvoller Abruf aus dem Jenseits angesehen.
1212 Vgl. Brief an Elise vom 12. 2. 1837 (in W V): »Er will nicht die *Krücke* des Menschen sein, darum hat er ihm *Beine* gegeben.«
1218 Am Rand: *Fahnenweihe*.
Zitat aus »Der junge Feldjäger in französischen und englischen Diensten während des Spanisch-Portugiesischen Krieges von 1806–1816« [von Joh. Christian Mämpel].
1219 *Ebnen* – Bei Werner fälschlich *Ebene*.
1222 Am Rand: Pompeji.
1225 Am Rand: NB.
Vgl. dazu Tgb. 1354 und Brief an Elise vom 20. 9. 1837 (in W V).
1227 Vgl. Tgb. 1092.
1228 Vgl. Tgb. 1266, 1323, 1385.
1237 Am Rand: *Judenhochmut*.
Hebbel las die Begebenheit in der »Landbötin« Nr. 83 vom 12. 7. 1838.
Rothschild – Jakob (James) Rothschild (1792–1868) leitete seit 1812 das Pariser Haus der »Gebrüder Rothschild« und wurde 1822 österr. Generalkonsul. – *Talleyrand* – Vgl. Anm. zu Tgb. 801. – *Lafittes* – Jacques Lafitte (1767–1844), franz. Staatsmann und Bankier. 1831 mußte er alle Besitzungen verkaufen, um seine Schulden von 50 Mill. Frank zu decken; sein Haus in Paris blieb ihm durch eine Nationalsubskription erhalten. – *Wagenremise* – Wagenschuppen.

1238 Am Rand: *Scorbut.*
Hebbel las die Begebenheit in der »Landbötin«.

1239 Am Rand: Am 16ten Juli Solger und Raumer erhalten.
Solger – Bornstein vermutet Hebbels Lektüre von Karl Wilhelm Ferdinand Solgers (vgl. Anm. zu Tgb. 988) »Erwin. Vier Gespräche über das Schöne und die Kunst.« (Berlin 1815) – *Raumer* – Von Friedrich Georg v. Raumer (1781–1873) las Hebbel vermutlich die »Geschichte der Hohenstaufen und ihrer Zeit«, Leipzig 1823–25.

1244 *sacar* . . . – herausnehmen durch einen Vertreter. – *Rehfues* – Philipp Joseph Rehfues (1779–1843), Brautfahrt in Spanien, frei nach Lantier (Berlin 1811).

1246 Vgl. Tgb. 1401.

1247 Vielleicht im Zusammenhang mit der Lektüre von Kleists »Familie Schroffenstein«; vgl. Tgb. 1257.

1249 Am Rand: *Villa reale.*
Hebbel zitiert frei aus Karl Weisflogs (1770–1828) Novelle »Sebastian, König von Portugal«, enthalten in »Phantasiestücken und Historien«, Dresden 1824–29.

1253 Hebbel setzt sich nochmals mit Goethes Urteil über Kleist, vor allem über Michael Kohlhaas auseinander; vgl. Tgb. 1138.

1254 *Wie tief . . . Spekulation* – späterer Zusatz.

1256 *Suhr* – aus Wesselburen; nochmals in Tgb. 1332 erwähnt.

1257 Vgl. Tgb. 1247.

1258 *Maler Müller* – Hebbel liest Friedrich Müllers, genannt Maler Müller, (1749–1825) »Werke«, 3 Bde (Heidelberg 1811). Zur Fortsetzung seiner Lektüre vgl. Tgb. 1475.

1260 Am Rand: Scola di Virgilio.

1262 Am Rand:

1266 Vgl. Tgb. 1228.

1267 Vielleicht im Zusammenhang mit Tgb. 1265 »alles über mich ergehen zu lassen und meine Rechtfertigung in meiner Brust zu verschließen« zu sehen.

1270 *Brage* – Braga. Vollständige Sammlung klassischer und volkstümlicher deutscher Gedichte aus dem 18. und 19. Jahrhundert, hrsg. von Anton Dietrich. Mit einer Einleitung von Ludwig Tieck (Dresden 1827 ff.).

1272 *Janin* – Jules Janin (1804–1874), franz. Kritiker und Romanschriftsteller.

1276 Vgl. Brief an Elise vom 18. 6. 1837 (in W V): »Die Natur sollte keine Dichter erwecken, die keine *Goethes* sind, darin steckt der Teufel.«

1277 *und erquickt* – später hinzugesetzt.

1282 *Sterne* – »Yoricks empfindsame Reise«, vgl. Anm. zu Tgb. 260. Zitat aus Karl Leberecht Immermanns (1796–1840) Roman »Epigonen«, 1836.

1284 Vgl. »Philosophie und Kunst«, W III, 121 und 906.

1291 Bezieht sich auf das Gedicht »Nachts«, W III, 39.
1294 Am Rand: Herculaneum, Mors am Brunnen. [?]
1295 *4 Tage krank* ... – Am Rand: Grab des Scaurus. – *Ihr allein verdanke ichs* – Vgl. »Vier Nationen unter einem Dache«, W II, 629: »Nun, wenn Ihr wüßtet, was die alles aufbieten mußte, um mir das bißchen Freiheit zu erhalten, dessen ich bedurfte, um nicht schon als Kind zugrunde zu gehen.«
was du jetzt . . . tiefer durchschaust – Vgl. »Offenbarung« 4. Str., W III, 40 f. – *menschliche Natur* – am Rand: Capo di monte.
Bei dieser Notiz legte sich Hebbel den Brief seines Bruders ins Tagebuch:

[Johann Hebbel an seinen Bruder]

Wesselbuhren d. 5ten Sept: 38.

Mein armer Bruder! –

Wie bitter – wie unendlich schwer wird es mir! Dich gute Seele Dein Innerstes so sehr trüben zu müssen –

Ach! vernimm, und ertrage Standhaft das Schmerzliche was ich Dich berichten muß.

Deine! meine für mich so gewaltig bitter unentbehrliche Mutter, die vor wenigen Tagen noch ihre Seele mit Nahrungsschweren Gedanken beengte, – vor wenigen Tagen das Siegbette drückte – schläft nun den ungestörten Friedensschlummer – in stiller Gruft. – Ach! – möchte doch diese harte Botschafft, Deine, Dir immer festen Natur – aber Dein so leicht empfindsames Herz, sanft rühren – Ach! nicht mit starkem Druck erschüttern! nicht die Fesseln Deiner Gesundheit zerreißen – Deine Mutter, Sie war Dir in gerechtem Sinne des Worts was ihr Nahme betheuerte. Auch *Du* warst ihr ein Gleiches. – Bruder! Du wirst viel – an ihr verlieren – Sie ist nicht mehr – die Dein Werden begründete; die für Dich aus Liebe Schmähung litt – Aber! mangen süßen Lohn der Kindespflicht sich freuete; oh! daß Sie nicht das Kommende genoß, wonach sie pp sehnte, ihr aber nicht aus dem dunklen Schooß der Zukunft wurde. –

Dein Bruder hat viel verloren – Unstät und flüchtig ist fortan mein Leben; fern vom Bruder – das Band des Hauses zerrissen für *immer;* ein nie empfundenes nie überlegtes Gefühl von Ahndung hält mich umfangen – Ich soll den Schritt thun – wofür sich meine Haare sträuben wenn ich daran gedenke. Und warum preßt sich die Brust? – Warum ahnt mir so schwer? – Ach! wandern soll ich – Wohin? – »Das Weltall ist groß lieber Johann; zersträue dich nach allen Vier Winden; vieleicht – wirst du finden was du suchst; vieleicht auch erfahren – was Du bist!« Ja Erde groß bist du – doch –

wo finde ich Dich! Du schwächstes Härmchen, [Hälmchen] woran ich mich stütze – wobei ich mich aufrecht halten werde – aus dieser Wogenbrandung – aus diesem Strudel von Verwirrung und Zerrüttung! Hätte ich nur ein Sicheres oder nur eine Profession erlernt, worauf ich mich verlassen könnte, so müßte ein Thor seyn, ja! ich mußte mich schämen wenn ich sagte: ich kannte eine Verlegenheit mich zu ernähren da die Mutter nicht mehr ist – Dies ist umgekehrt der Fall. Alles Das, was uns früher auf Ein oder die Andre Art erhielt, ist nicht mehr. Du willst mehr wissen. Deine Mutter ist nur fünf Tage krank gewesen; 4 Tage siechtig, doch nicht gefährlich krank; eine Aufwärterin hatten wir bei uns, sie trank ihren Thee, den sie sich noch selbst einschenkte; wenn ihr was ankam, stand auf und ging wieder zu Bette, an Suppen und Getränken wurden ihr geschickt von der Madam Hanssen u. d. F. Ksplrin, nur hatte sie keinen Appetit; es mangelte nicht. Schlömer, der sich in Eifer um sie bemühte, gab eine Ernteseuche vor; aber am fünften Tag wurde sie auf einenmal bedeutent krank – ihre Besinnung verliese sie plötzlich, weil, da sie, wie Du weißt schwach war – von Krämpfen – das selbe Schicksal Deines Vater – heimgesucht wurde. Durch ein Schlagfluß endigte sie – ohne ihr den Tod – wie es der Arzt meint, da sie keine Besinnung hätte – schwer fühlen zu lassen. – Sie starb die Nacht vom 3ten auf den 4ten Spt: um 2 Uhr. Die Nacht – mein jetziges Leben – ist fürchterlich vor mir. Ich bin allein; habe keinen Menschen der mir verwandt – Keinen der mir rathen kann. – Ein weit größeres Meer von Erfahrung u. Versuchung trägt Dich mein Bruder. Doch ich bin bishero nicht für Das geboren wozu ich jetz bin erkohren. Den elenden Bauern muß ich spielen lernen. – Doch fühle ich es zu sehr, daß ich mich lange noch sträube, dieses zu thun. – O Vergangenheit! wie schlecht bist du verweht! – Anders hätte es seyn sollen, können u. müssen; doch wer war Schuld? – Zutrauen! Hoffnung! Alles das kann ich zu meinen Bruder fassen; aber in diesen Augenblick rathen, von Dir kann ich keinen Aufschluss erwarten. –

In welche Verwirrung ich war und bin kanst Du Dich denken. – Ich ging am verhängnissvollen Morgen zum Kirchspielschreiber auf dessen Wort der Tischler Care Pagel den Sarg machte. Der Herr Kaufmann Hanssen that baaren Vorschuß mir auf Zutrauen des Bruders; gab mir auch sein Wort: so viel an Waaren zu holen als ich gebrauchte. An Leinen und Weißzeug wurde von der Frau H. u. V. geschickt, um das Leichenbegängniss nach gebräuchlicher Sitte zu vollziehen, und die gute Mutter wie jede Bürgersfrau anständig zu beerdigen.

Nun verlangt der Herr Kirchspielschreiber, das daß Wenige was die Mutter nachgelassen hat, soll verauctioniret werden, um der gemachten Schuld in etwas zu erleichtern was aber wenig beitragen kann. Ich lasse mich bis hero auch zu Nichts ein, bis ich Dein

Wort hören werde. 10 fl Geld ohne die Waare habe ich von Hanssen erhalten; die Lensing schickt auch auf mein Schreiben vom Sonntag 12 fl, weil die Mutter es verlangte, da unsre Kassa erschöpft war und man nicht wußte, wie lange die Krankheit anhalten würde; aber das Schlimmste was geschah wurde nicht gedacht! – nicht die mindeste Spur von Ahndung fühlte sie. – Ihr letztes Wort hab ich nicht verstanden; kein einziges Mal hat ihre Zunge den ihr lieben Nahmen, Christian! gestammelt, daß ichs weiß. Ihr Alter ist 51 Jahre 7 Monat. Der Sarg kostet auf anrathen des Kirchspielschreibers 6 rth. mit dem aber was nebenbei ist, als: Schrauben, Handgriffe Schemel und Verzierungen 7 rth. So viel als dieses Angerechnete, kostet die Bestattung nicht. Im Fall der Noth hatte ich Geld geliehen; in diesen verhängnißvollen Tagen, habe ich eine Frau haben müßen, die hat 6 fl erhalten u. mit mir gelebt von das wenige das ich hatte.

Lieber Bruder! verüble doch nicht, daß Du nicht ein oder zwei Tagen eher diese Nachricht von mir erhältst. Doch wirst Du mir Recht wieder fahren lassen, da Du weißt: In welcher Unbeständigkeit Dein Bruder sich befindet – So schnell, so schnell – Du immer kannst, wirst Du schreiben, um mich über *das* in Kenntniss zu setzen, wonach ich Dich fragen werde. – Deine Mutter wirst Du die letzte Mitgift gewärtigen; kanst Du nicht selbst im Augenblicke, daß zu erwarten ist – so hast Du eine Freundin die Dich die Last vieleicht erleichtern kann. Daß ichs nicht kann weißt Du – Vett der Hauswirth läßt die Wohnung an mir abtreten für 2 rth, mehr denn die Hälfte Miethe. Das halbe Jahr Miethe gehört ihn ohne dessen, bestand er darauf, so mußte ihm daß Ganze werden.

Du wirst mir schreiben was Du willst und kanst.

Schreibe mir ob ich das Nachgelassene verkaufen soll oder nicht. Unterdeß werde ich da mit warten. Vieleicht lerne ich noch ein Handwerk; daß ich sein Geld in einem Jahre [zurückgeben?] kann. Dann könnte ich auch mit auf Augenblicke bei Dir seyn; die Welt ist offen. Der Kirchsplschr. wird an Dich schreiben. Er maßt sich in gewisser Hinsicht mehr Recht an, als ihn zu kommt; er giebt mir nichts auch hat er der Mutter nichts gegeben; Seine F. hat mir einige Stüber verdienen lassen, daß er doch wohl konnte. Die Frau ist gut. Schreibe doch den Hrr. Hanssen, er ist der Mann der um 10 mal mehr Achtung von Dir verdient. als C. Stark. Auch die Mutter ihre Schulden muß ich tilgen, wenn ich den Kram verkaufen müßte; wenn es in fremde Hände sollte. Nun gehabe Dich wohl, lieber Bruder! Du weißt nun von Allem; was Du befiehlst soll geschehen – ach *wärst Du nicht so weit* ich wäre sonst bei Dir! – Ich schreibe in Eile, u. sehe die Zeile bald nicht. [Lesung des Schlusses unsicher]

Johann.

1299 *Varnhagen* – Vgl. Tgb. 978.

1301 *Gedicht* – W III, 76.

1302 Am Rand: d 27 Septbr habe ich die Miete auf Bitte vorausbezahlt bis 10. Oktober; am 10ten Novbr ist daher zum erstenmal wieder ein Monat fällig.

1305 Emil Rousseau starb am 2. 10. 1838 in Ansbach im Alter von 22 Jahren an Typhus. Sein Tod traf Hebbel noch schmerzlicher als der Tod der Mutter. Für einige Wochen setzte er mit den Eintragungen ins Tagebuch aus. Vgl. auch den Brief an Elise vom 5. 10. 1838 (in W V).

1308 Vgl. Brief an Elise vom 17. 9. 1838 (in W V): »Von nun an will ich glauben, daß auch ich sterben kann.«

1309 *Gesellschaft* – Am Rand: Angiolina.

1310 *Rousseaus Schwester* – Charlotte Rousseau.

1312 Vgl. »Selbsterkenntnis«, W III, 119.

1313 Vgl. »Judith« III: »Leute, wie dich, ... die mehr Viktualien im Magen als auf den Schultern tragen können.« (I, 31.)

1315 *Eßlair* – Vgl. Anm. zu Tgb. 1029. Vgl. auch »Gemälde von München«, W III, 789. – *Wahnsinnsszene* – Am Rand: Elise wohnt jetzt Stadtdeich N: 32.

1317 *Rahel* – Vgl. Anm. zu Tgb. 978. Im III. Band fand Hebbel die Notiz: »Der Tod, der schon an mir käute, ... hat mich wieder weggespieen.« (Bornstein)

1318 Brief Goethes an Varnhagen am 10. 12. 1811: »... sie hat den Gegenstand, und insofern sie ihn nicht besitzt, geht er sie nichts an.« *ein Glück* ... – »Rahel« Bd. I, 43 :»Was so lange Zeit meines Lebens mir die größte Schmach, das herbste Leid und Unglück war, eine Jüdin geboren zu sein, um keinen Preis möcht ich das jetzt missen.« (Bornstein)

1320 *Wort von Goethe* – Krumm verweist auf »Maximen und Reflexionen III«: »Die Gedanken kommen wieder, die Überzeugungen pflanzen sich fort; die Zustände gehen unwiederbringlich vorüber.« (Hamburger Ausgabe Bd. 12, S. 418) – Vgl. auch »Ein Diarium«, W III, 806: »Goethe hat recht: Zustände gehen unwiederbringlich verloren, wenn man sie nicht zu fixieren sucht.«

1322 Vgl. Tgb. 669 und »An den Dichter«, HKA VI, 352.

1323 Vgl. Brief an Elise vom 18. 6. 1837: »Das ist der Fluch meines Daseins, daß mein Talent zu groß ist, um unterdrückt, und zu klein, um zum Mittelpunkt meiner Existenz gemacht werden zu können.« – Zu Hebbels wiederholten Bemerkungen über seine verlorene Kindheit und Jugend vgl. Tgb. 1228 und Anm.

1324 *Goethes Wort* – an Zelter am 4. 10. 1831: »Wundersam ist es, wie sich die Herrlein [schwäbische Dichter] einen gewissen sittig-religios-poetischen Bettlermantel so geschickt umzuschlagen wissen, daß, wenn auch der Ellenbogen herausguckt, man diesen Mangel für eine poetische Intention halten muß.« (Bornstein)

1329 *Wenn ich ... betrachte* – Die Gedichte waren im Morgenblatt veröffentlicht worden. – *geträumt* – Vgl. »Aufzeichnungen aus meinem Leben«, W III, 730.

1332 *S. in W.* – wohl Suhr in Wesselburen; vgl. Tgb. 1256.

1334 *Das Gebet des Herrn* – Vgl. »Das Vaterunser«, W III, 126 und 908.

1335 Vgl. Tgb. 1195. – *Gottes Mantel* – Hebbel fand den Ausdruck bei Rahel, Bd. I, 36 f. (vgl. Anm. zu Tgb. 978).

1337 Vgl. auch Tgb. 1339.

1340 Vgl. Tgb. 1069.

1341 *Rahel* – Band III, 223; vgl. Anm. zu Tgb. 978. – Zu Hebbels Ansicht über Tiecks Novellen vgl. »Erinnerungen an Ludwig Tieck«, HKA XII, 24. – *Oehlenschlägerschen* – Vgl. Anm. zu Tgb. 57 und die Rezension von »Meine Lebens-Erinnerungen von Adam Oehlenschläger«, HKA XI, 374 ff.

1346 *Caesar ...* – »Hamlet« V, 1.

1347 *Steffens Anthropologie* – H. Steffens (vgl. Anm. zu Tgb. 1171) veröffentlichte 1824 seine »Anthropologie« (Breslau).

1350 Vgl. Tgb. 514.

1352 Zu Rousseaus Tod vgl. Tgb. 1305. – *Rendtorff* – Vgl. Anm. zu Tgb. 285. – *Leichenstein* – Vgl. Tgb. 156.

1353 Vgl. »Der Wirbel des Seins«, W III, 117 und 905.

1354 Vgl. Tgb. 1225.

1355 Vgl. Tgb. 1348.

1356 Vgl. Tgb. 2682.

1357 *Jean Jacques* – Rousseau (vgl. Anm. zu Tgb. 253) beantwortete eine Preisfrage der Akademie von Dijon über den Wert der Bildung und der Kultur in seinem »Discours sur les arts et les sciences« (1750) negativ. – *Kinder* – Am Rand: *Emilia*.

1359 *Rahel* – »Es muß eine neue Erfindung gemacht werden! Die alten sind verbraucht.« (Bd. II, 20; vgl. Anm. zu Tgb. 978)
Erkenntnis ... – Am Rand: Es gibt einen Zustand, worin man des Wahnsinns nicht mehr fähig ist. – Nur das Elend ist liebenswürdig.

1364 *Schöpfung ...* – Am Rand: Dies ist die tiefste Bemerkung im ganzen Buch. d. 7 Jan: 1840. – Vgl. »Goethes Biographie«, W III, 122.
Erkenntnis – Vgl.   Die Grenze des Menschen
Wo die Natur die Erkenntnis vergönnt und Einsicht ins Wesen?
Wo sie deiner bedarf? Das ist nur selten der Fall.

1368 Die Notiz stammt aus einem der (erhaltenen!) Briefe an Elise. *Hirsch-Tellern* – Vgl. Tgb. 267.

1369 *rote Nase* – Der Nachbar war der Maurer Klaus Ohl; über ihn vgl. »Aufzeichnungen aus meinem Leben«, W III, 715 ff.

1371 Am Rand: Grabmal der Horatier und Curatier.

1373 *Börne* – Ludwig Börne (1786–1837) in den »Fragmenten und Aphorismen«.

1375 Vgl. dazu W III, 508–512 und 941 f.

1379 Vgl. »Dem Schmerz sein Recht« 10, letzte Strophe, W III, 93.
1381 *Steffens* – Vgl. Anm. zu Tgb. 1347.
1382 Lektüre von Flögels »Geschichte der Hofnarren«; vgl. Anm. zu Tgb. 962. Vgl. Brief an Elise vom 12. 12. 1838: »Ich exzerpiere jetzt Flögels Geschichte der *Hofnarren*.«
1384 *Hofrat Vogel* – Seine Frau war eine Tante Emil Rousseaus, die bereits mehrmals den Besuch Hebbels gewünscht hatte. Vgl. Hebbels Brief an Elise vom 18. 11. 1838. – Über einen zweiten Besuch vgl. Tgb. 1464. – *junger Mann* ... – Am Rand: Pont. Sümpfe.
1385 Zu Hebbels Bemerkungen über Kindheit und Jugend vgl. auch Tgb. 1228 und Anm.
1389 Vgl. Tgb. 867.
1390 *Schubarth* – Vgl. Tgb. 1064.
1392 *Bischof* – Hebbel lernte Friedrich Bischof (geb. 1819 in Ansbach) durch Rousseau kennen. Er erwähnt ihn ohne Namensnennung im »Gemälde von München«, W III, 794f.
1393 *Kniff Laubes* – in den »Reisenovellen«; vgl. Anm. zu Tgb. 940.
1395 Vgl. Brief an Rat Rousseau vom 25. 10. 1838.
1398 *Görres Geschichtsstunde* – Görres (vgl. Anm. zu Tgb. 552) las im Winter 1838/39 »Universalgeschichte von den Habsburgern bis auf die neuere Zeit«.
1401 Vgl. Tgb. 1246.
1403 Am Rand: Shelleys Grab.
1404 *Gartner* – Franz Gartner (1816–1882), Verwandter und Freund Rousseaus; später Regierungsrat an der Rechnungskammer in München. Für Hebbel spielte er vor allem Mozart und Beethoven.
1407 Vgl. »Das Urgeheimnis«, W III, 127 und 908.
1408 Am Rand sehr klein: 2 – 42 –
                                2 – 1 –
                                      41 –
1409 *Semikolons* – Vgl. Tgb. 3314 und »Über das Semikolon«, HKA XI, 76f.
1410 Die Memoiren von Pierre Augustin Caron de Beaumarchais (1732–1799), franz. Schriftsteller, erschienen 1839 in deutscher Übersetzung.
1412 Hebbel hatte am 21. 12. den »Briefwechsel zwischen Schiller und Wilhelm von Humboldt«, Stuttgart 1830, aus der Bibliothek erhalten. – *tröstlichen Eindruck* – Schiller schrieb am 9. 11. 1795: »Wissen Sie mir keine erträglichen französischen oder besser deutschen Übersetzungen von Juvenal, Persius und Plautus zu empfehlen? Denn gerade diese Herren machen mir fremden Beistand nötig.« (Bornstein)
1414 *geraubt* – Rousseau war am 2. 10. 1838, Hebbels Mutter am 3. 9. 1838 gestorben.
1417 Vgl. Rahel (Anm. zu Tgb. 978) Bd. III: »Fürchterlich ist die Natur darin, daß eine Frau gemißbraucht werden kann und wider Lust

und Willen einen Menschen erzeugen kann.« (Bornstein) In dieser Situation befindet sich auch Judith.

1418 Am Rand: Goethe filius.
1422 Am Rand, später hinzugesetzt: Ein wundervoller Gedanke, der für Agnes Franz und Caroline Pichler nicht zu schlecht wäre. Hoffentlich ein unbewußtes Plagiat. – Agnes *Franz* (1794–1843), Verfasserin von Gedichten und zahlreichen Erzählungen und Romanen für die Jugend. – Caroline *Pichler* (1769–1843), vielgelesene Wiener Schriftstellerin.
1423 Vermutlich Bezug auf Beppi oder Elise (?).
1429 *der Schmerz* – Vgl. »Dem Schmerz sein Recht« 10, W III, 93 und 899. An Charlotte Rousseau am 14. 11. 1838: »Der Schmerz ist der größte Wohltäter, ja der wahre Schöpfer des Menschen.«
1430 Vgl. »Der Diamant«, W I, 239.
1435 *Gravenhorst* – Vgl. Anm. zu Tgb. 2.
1436 *Schelling* (vgl. Anm. zu Tgb. 465) las im Winter 1838/39 »Philosophie der Offenbarung«. (Bornstein)
1437 Zu Beppi (?).
1440 Am Rand: NB. – Vgl. Tgb. 4152 und W II, 673.
1443 Vgl. Tgb. 1021.
1447 *Rückfälle* – Am Rand: *Humboldt.*
 (Schlecht) – Später hinzugesetzt.
1453 Vgl. Tgb. 1450.
1458 Vgl. Tgb. 754; beide Notizen verweisen auf den gleichen Charakterzug.
1462 Vgl. »Gyges«, W II, 21, V. 399 ff.
 Wenn ich wo bin, wo man mich nicht erwartet,
 So mach ich ein Geräusch, damit mans merkt
 Und ja nicht spricht, was ich nicht hören soll ...
1464 Hebbel war bei Hofrat Vogel; vgl. Tgb. 1384.
1466 Vgl. das Distichon zu »Traum und Poesie« (vgl. Anm. zu Tgb. 1015):
 ... es lag ein ganzes Jahrhundert / Einmal bei mir im Bett.
1469 Die Notiz schrieb Hebbel am Rande dazu; daneben: NB.
1471 Am 13. 2. 1839 erhielt Hebbel die »Gesammelten Schriften« von Jakob Michael Reinhold Lenz (1751–1792), hrsg. von L. Tieck (Berlin 1828).
 S. 269 *das leidende Weib* – nicht von Lenz, sondern von Friedrich Klinger (1752–1831). – *nicht verlieren* – Lesung fraglich.
 S. 270 *Blindekuh* – Vgl. »Der Rubin« V. 1098 ff.
1475 Vgl. Tgb. 1258. – Hebbel zitiert aus dem II. Band, vermutlich aus dem Gedächtnis. Bei Müller heißt die Stelle: »Wie blaß! Weint, wie meine Mutter. Ei, wenns doch mein Vater wär!« (Werner) – Hebbel entwirft in der Kritik bereits eine genaue Skizze für seine »Genoveva«.
 S. 273 *offenbart* – geoffenbart.

1477 *Tiecks Zerbino* – »Prinz Zerbino, oder die Reise nach dem guten Geschmack« war 1799 (Jena) erschienen. Über Hebbels Beurteilung von Tiecks Dramen vgl. »Tieck als Dramen-Dichter«, W III, 122.
1480 Die Novelle war 1835 in der »Urania auf 1836« erschienen.
1492 *Gartner* – Vgl. Anm. zu Tgb. 1404. – Über Hebbels Italienpläne vgl. die zahlreichen Randnotizen im Tagebuch, die sich meist auf Italien beziehen und seine intensive Beschäftigung mit Italien zeigen. Vgl. auch Anm. zu Tgb. 380.
1494 S. 278 *Albertischen Intrigen* – Vgl. Anm. zu Tgb. 47. – *J.* – Janinsky; vgl. Anm. zu Tgb. 748. – *S.* – Schoppe; vgl. Anm. zu Tgb. 13. – *H.* – Hocker; vgl. Anm. zu Tgb. 690. – *B.* – Brede; vgl. Anm. zu Tgb. 152. – *packe ich dies Heft* – was Hebbel dann doch nicht getan hat.
1496 Hebbel setzte seine Kritik über »Emilia Galotti« am 19. 2. 1839 fort; vgl. Tgb. 1501.
1497 Grabschrift für Emil Rousseau.
1498 Tiecks Novelle »Des Lebens Überfluß« war 1838 in der »Urania auf 1839« erschienen.
1500 Vgl. »Der Bramine«, W III, 141 und 909 f.
1501 Johann Friedrich Schinks (1755–1834) »Charakteristik Lessings« war 1817 erschienen.
1501a Diese Untergliederung nicht bei Werner.
1502 Zitat aus Lessings »Hamburgische Dramaturgie« 24. Stück.
1503 *Gartner* – Vgl. Anm. zu Tgb. 1404. – *Regeln und Grundsätze* – Vgl. »Die Regel«, W III, 121.
1504 Am Rand: *Englische Sitte*.
Hebbel liest wohl »Fair maid of Perth« – »Das schöne Mädchen von Perth« (Stuttgart 1830) aus Scotts »The Chronicles of the Canongate« (1828).
1507 Am Rand: NB.
1508 *Lilienthal* – junger Orientalist, den Hebbel in der Bibliothek kennengelernt hatte. Im Brief an Elise charakterisiert ihn Hebbel als »äußerst gelehrten jungen Mann«, der »vornehmlich eine umfassende Kenntnis der Orientalischen und talmudischen Literatur« besitzt.
1510 Am Rand: NB.
1512 Vgl. Tgb. 1569 und »Der Baum in der Wüste«, W III, 56.
1516 Am Rand: NB. – Ebenso wie die folgende Notiz erste Ansätze zu »Maria Magdalene«.
1519 Vgl. Brief an Elise vom 24. 2. 1839. – *E-* – Elise.
1520 Am Rand: *Frage*.
1521 Am Rand: NB. – Hebbel wollte wegen der erhaltenen 10 fl (vgl. Tgb. 747) schreiben.
1522 *Cooper* – James Fenimore Cooper (1789–1851), erfolgreicher nordamerikan. Romanautor in der Nachfolge Scotts.
1523 Vgl. »Platen«, W III, 122 und 906.
Am Rand: *Die Madame Pfeiffer*. Hegereuter Evers.
Evers (vgl. Anm. zu Tgb. 603) war ohne Paß von München wegge-

zogen und hatte große Schulden (etwa 1000 fl) hinterlassen, so auch bei einer Madame Pfeiffer, die trotz ihrer Armut Evers Geld geliehen hatte. Bereits am 18. 8. 1838 hatte Hebbel Elise brieflich ersucht, bei Evers Schwester um die Bezahlung der Schuld zu bitten; jetzt notierte er sich die Sache nochmals, wohl zur persönlichen Erledigung.

1524a Bornstein vermerkt, daß die Pinakothek keine Madonna von Murillo besitzt, daß jedoch zu Hebbels Zeit in der Leuchtenbergschen Galerie eine Madonna hing, die Murillo zugeschrieben wurde.

1528 *Scheidelied* – Vgl. W III, 14 und 891. – μενοπτεροσ – Monopteros, offener, von einer Säulenreihe getragener Rundbau, von König Ludwig I. im Englischen Garten erbaut. – Die Reise von München nach Hamburg trug Hebbel erst am 14. 2. 1843 ein; vgl. Tgb. 2654.

1529 *Gutzkows Seraphine* – Hebbel hatte sich Gutzkows Roman und Freiligraths Gedichte schon von München aus bei Elise bestellt. – *Doktorin* – A. Schoppe, vgl. Anm. zu Tgb. 13. – *Lina Reinhardt* – Kirchenrätin, A. Schoppes Freundin. – *Julius Schoppe* – A. Schoppes zweiter Sohn, der später zum Trinker wurde und ins Gefängnis kam; er starb 1844 auf Java. – *Gutzkow* – Karl Gutzkow (1811–1878), Schriftsteller, einer der maßgebenden Vertreter des »Jungen Deutschland«. Seit Ende 1837 war er in Hamburg und gab seit Anfang 1838 bei Campe den »Telegraphen« heraus. Er lud anfänglich Hebbel zur Mitarbeit ein, doch bald Entfremdung, – bis 1859 zum völligen Bruch kam. Vgl. auch Gutzkows »Dionysius Longinus, oder: Über den ästhetischen Schwulst in der neueren deutschen Literatur« (Stuttgart 1878). – *Wihl* – Ludwig Wihl (1807–1882) unterstützte Gutzkow bei der Herausgabe des »Telegraphen«. – *Jahnens* – vgl. Anm. zu Tgb. 748. – *Laube* – vgl. Anm. zu Tgb. 940. – *Mundt* – Theodor Mundt (1808–1861), Schriftsteller, Mitglied des »Jungen Deutschland«. – *Grün* – Vgl. Anm. zu Tgb. 1054.

1534 *Lenau* – bezieht sich wohl auf Lenaus »Neuere Gedichte« (1838).

1535 Vgl. »Die Poesie der Formen«, Anm. zu Tgb. 922.

1536 Vgl. Hebbels Brief an Elise vom 23. 5. 1837 (in W V): ». . . in einer einzigen Situation bei ihm [Kleist] drängt sich mehr Leben, als in drei Teilen unserer modernen Roman-Lieferanten.«

1540 *Einen Ton* . . . – erst später dazugeschrieben.

1543 Am Rand: Ein Urteil, auf dessen Prämissen die *Schoppe* Einfluß hatte, also keins.
Varnhagen . . . – Vgl. Anm. zu Tgb. 978. – *Montaigne* – Michel Eyquem Seigneur de Montaigne (1533–1592), franz. Philosoph und Schriftsteller.

1546 Gedanke aus Schellings Vorlesung in München, Wintersemester 1838/39; vgl. Tgb. 1436 und Tgb. 5540.

1547 *Abreise* – »Wanderlieder« 7. Stück, »So hab ich nun die Stadt verlassen«.

1549 Vgl. die Besprechung von Heines »Buch der Lieder«: »Die Lyrik ist weit mehr, als Drama und Epos, National-Ausdruck eines Volks«, W III, 541.

1550 *Gymnasiasten-Verein* – »Wissenschaftlicher Verein von 1817«, vgl. Anm. zu Tgb. 67. – *Bericht über München* – Vgl. »Gemälde von München«, W III, 777ff. – *Kritiken über Heinrich Laube* – nicht erhalten. – *Roman, der in Dithmarschen spielt* – Vgl. »Die Dithmarschen« W II, 487ff.

1551 *über München geschrieben* – »Gemälde von München«, W III, 777ff.

1553 *erpocht* – daneben am Rand ein Ausrufezeichen. – *in seiner Mohrin* – »Mohrenfürst«. – *Und er hört . . .* – »Das Wiedersehen«, Romanzenzyklus (1834). – Ferdinand *Freiligrath* (1810–1876), schrieb zahlreiche pathetisch-exotische Balladen.

1554 Vgl. Tgb. 2654.

1555 Am Rand: *Gespenstisches Bild*. – Bornstein verweist auf Heines »Belsazar«.

1556 *Assing* – Rosa Maria Assing, Schwester Varnhagens, mit A. Schoppe befreundet. Die Töchter hießen Ottilie und Ludmilla. – *Menzel* – W. Menzel (vgl. Anm. zu Tgb. 1131) hatte durch seine Anklage von Gutzkows »Wally« das Verbot des »Jungen Deutschland« bewirkt; vgl. Tgb. 1673. – *Blasedow* – Hebbel kannte Gutzkows Roman »Blasedow und seine Söhne« schon von München her. Seine Rezension wurde nicht veröffentlicht.

1557 Am Rand: *Der große Traum*. gemacht 26 Febr. 1839. – Das Gedicht ist nicht erhalten.

1558 *Gedicht* – späterer Titel des Gedichtes, das in München am 15. 9. 1838 entstanden war: »Auf eine Verlassene«.

1559 *Stieglitz* – Charlotte Stieglitz nahm sich 1834 das Leben, um ihren Mann (Heinrich Stieglitz, 1801–1849, Bibliothekskustos und Gymnasiallehrer) durch Schmerz dichterisch reifen zu lassen. – *Mundt* – Vgl. Anm. zu Tgb. 1529.

1560 Hebbel ändert sein Urteil über Gutzkow noch im gleichen Jahr; vgl. Tgb. 1652.

1561 Vgl. Tgb. 1568.

1562 Vgl. Tgb. 3874.

1565 Vgl. Tgb. 1057.

1566 Am Rand: NB. *Sehr gut* Vgl. Hebbels Rezension von Heines »Buch der Lieder«: »Der Humor ist empfundener Dualismus.« W III, 542.

1568 Vgl. Tgb. 1561.

1569 Vgl. Tgb. 1511.

1570 Vgl. HKA X, 399: ». . . jedenfalls müssen wir über den Pfeiler, den wir umklammern, den Erdboden nicht vergessen, der diesen trägt.« (Rezension über »Glaube und Wissen« von Wilhelm Elias, 1840.)

1571 Vgl. Tgb. 997 und 1111.

1572 Mit Ausnahme von »1) der Priester« erschienen die genannten Gedichte im »Rheinischen Odeon«, hrsg. von J. Hub und A. Schnezler, 3. Jg., Düsseldorf 1840. - »Ritt im Spätherbst« erschien unter dem Titel »Zu Pferd! Zu Pferd!«

1573 Am Rand: *Szene.*

1574 Am Rand: Laube hat mit 126 die lit. Bl. zur Unterhaltung bei Brockhaus eingeleitet. - Laube, der damals in Paris war, berichtete in Nr. 126 der »Blätter für literarische Unterhaltung« vom 6. Mai über »Die neueste Kunstausstellung in Paris.«

1575 Gutzkows erstes Drama »Nero« war 1835 erschienen.

1577 Vgl. »Das Licht will sich verstecken«, HKA VII, 173.

1579 S. 299 *Abschied* - Gutzkow fuhr zur Uraufführung seines »Richard Savage« (15. 7. 1839) nach Frankfurt/M. - *zwei Zeitungen* - die »Hallischen Jahrbücher«, hrsg. von Ruge und Echtermayer; das »Hannoversche Museum«, 1839 von Hermann Harrys begründet. - *Wihl* - Vgl. Anm. zu Tgb. 1529. - *Janinsky* - Vgl. Anm. zu Tgb. 748.

S. 300 *Vorfall mit Heine* - Heines Aufsatz »Der Schwabenspiegel« für das »Jahrbuch« war von der Zensur gekürzt worden, worauf ihn Heine zurückzog und über Campe, Gutzkow und Wihl verärgert war. Von da ab erschien das »Jahrbuch« nicht mehr. - *historischen Roman* - »Die Dithmarschen«, W II, 487 ff. - *Spindler* - Karl Spindler (1796-1855), vielgelesener Romanschriftsteller. - *vier neue Schriften* - Die Rezensionen erschienen im »Telegraphen«, HKA X, 353-360. Vgl. dazu den Bericht von Gutzkow in »Dionysius Longinus, oder: über den ästhetischen Schwulst in der neueren deutschen Literatur« (Stuttgart 1878), zitiert nach Bornstein, Hebbels Persönlichkeit: »Hebbel war so träge, so verbummelt, so vergrübelt in hundert Anfänge von Dingen, die er fortzusetzen keine Kraft besaß, daß er sich alle sechs bis acht Wochen einmal aus dem enormen Vorrat von Büchern, die einer Redaktion zugesandt werden, bei mir aussuchte, was sich für ihn zum Besprechen eignete und zuletzt zu einem Paket, das er selbst nach Hause trug, vereinigen ließ. Wußte er manchen Namen bei seiner totalen Unwissenheit nicht unterzubringen, so gab ich ihm die Standpunkte an. Selten überschritt er sein Pensum oder brachte Überraschendes.« - *Aufsatz* - wurde nicht geschrieben. - *Jahrbuch* - »Hallische Jahrbücher«. - *ex officio* - von Amts wegen.

S. 301 *Drama* - »Richard Savage«; vgl. HKA X, 360 ff.

1582 Am Rand: *Mord aus Traum.*
Vgl. »Der Heideknabe«, W III, 26 und 891.

1583 Am Rand: *Saul.* - Vgl. W II, 663 und 739.

1585 Bornstein verweist darauf, wie sehr Hebbel hier und immer wieder das »traumhaft Visionäre des produktiven Zustandes« betont.

1588 Entstanden aus Tgb. 1587.

1590 *Romanze* - nicht erhalten; oder nicht ausgeführt?

1596 Vgl. Tgb. 700.

1600 Zu Hebbels Ansicht über Scott vgl. auch Tgb. 1522.

1606 Vgl. Tgb. 2261.
1611 Vgl. »Der Führer durchs Leben«, HKA VI, 340.
1612 *lächerliches ... nicht* – später hinzugesetzt.
1614 *Probst Hammer* – Onkel der A. Schoppe.
1619 Vgl. »Die Dithmarschen« W II, 490: »... riß er grimmig die Tür zum Piesel auf, wo seine Frau bei Kerzenlicht im Totenhemde lag, gab dem blauen, stillen Leichnam einen schallenden Backenstreich und sprach: die war doch nie zufrieden!«
1620 Am Rand: NB.
Hebbels Bemerkung über seine Krankheit im August nachgetragen. Vgl. Brief an Kirchspielschreiber Voss vom 25. 7. 1839.
Erlaubnis zum Aufstehen – Vgl. »Genesungsgefühl«, HKA VII, 172. – *Szenen des Dithmarsischen Trauerspiels* – Vgl. Anm. zu dem Dramenfragment in W II, 727f. – *Mein Bruder* – Besuch von Johann Hebbel.
1622 Vgl. Tgb. 2728.
1628 Nach Werner diente diese Notiz als Anregung für das Motiv von Hebbels Grabdenkmal auf dem Matzleinsdorfer Friedhof in Wien.
1629 Vgl. »Ein Trauerspiel in Sizilien« V. 372ff.

> Kauf mir den Segen ab, verdammter Bube,
> Damit ich mich einmal betrinken kann,
> Sonst gebe ich dir meinen Fluch umsonst!

1631 *Eintreffen des Briefes von Tieck* – Tiecks Brief vom 23. 6. 1839; vgl. auch Tgb. 1765: »Von Tieck ... empfing ich einen Brief.« – *Hocker* – Vgl. Anm. zu Tgb. 690. Hebbel überwarf sich mit ihm wegen des Artikels über Gutzkow; vgl. HKA X, 360ff. – *Ablehnungsbriefes* – Vermutlich hatte Hebbel seine Gedichte angeboten.
1632 Bezieht sich auf die vorhergehende Notiz.
1638 Vermutlich Zusammenhang mit Rezensionsarbeiten.
1639 Hebbel erinnert sich dieses Traumes noch im Oktober 1863; vgl. Brief an Schöll vom 2. 10. 1863.
1644 Aus H. Heines »Neuen Gedichten«. In der Rezension von Heines »Buch der Lieder« erwähnt Hebbel dieses Gedicht, obwohl es nicht in dieser Gedichtsammlung steht; vgl. W III, 541f.
1646 *Demois. Fabricius* – Nach Bornstein eine Schauspielerin, Soubrette am Tivoli-Theater in St. Georg. Elise war offensichtlich auf sie eifersüchtig.
1647 Am Rand: Der Knochen *Lus*.
Wilhelm Leibniz, Philosophische Werke. »Neue Versuche über den menschlichen Verstand«. 2. Buch: »Von den Ideen«. 27. Hauptstück: »Von der Identität und der Verschiedenheit«. (Bornstein)
1648 Strophe aus dem Gedicht »An Lina«. – *Lina* – Die Kirchenrätin Reinhardt, vgl. Anm. zu Tgb. 1529.
1649 *Aue* – Karl Aue, Verleger in Altona; hatte ebenso wie Campe den Schnock abgelehnt; vgl. W III, 935.
1651 *Kerners* – Andreas Justinus Kerner (1786–1862) veröffentlichte 1811 »Reiseschatten von dem Schattenspieler Lux« (Heidelberg); viel-

leicht hatte A. Schoppe, eine Jugendfreundin Kerners, Hebbel auf das Werk aufmerksam gemacht. Am Ende der Notiz steht: d 14 Sept. für 1¹/₂ Tausend Torf 5 fl 6 ß.
Vgl. die Figur des »Gebißnen« in dem Fragment »Die Poesie und ihre Werber«, W II, 480.

1652 *Ich glaube denn doch* – Charakteristisch ist Hebbels Unsicherheit bei der Beurteilung Gutzkows.

1655 Vgl. dagegen Hebbels Ansichten über den geschichtlichen Stoff von »Herodes und Mariamne« in der Besprechung von Massingers »Ludovico«, HKA XI, 247 ff. (Hinweis Krumms).

1657 *Lenzen* – Westpriegnitz; Korrektur nach Bornstein; bei Werner: *Leezen*. – *Schiffer* – Elises Stiefvater hieß Ziese. – *Hauptmann* – Johann Roohrt, Gutsherr auf Breez bei Lenzen. – *Pension bei Heyse* – Johann Christian August Heyse (Großvater des Dichters Paul Heyse) war von 1819–1829 Direktor der Höheren Töchterschule in Magdeburg.

1658 Vgl. »Herodes und Mariamne« V. 2969 ff.

1664 *Jahn* – Friedrich Ludwig Jahn (1778–1852); 1838 brannten seine Wohnung und die Bibliothek ab; eine öffentliche Sammlung deckte den Verlust.

1665 Hebbel zitiert aus Flemings »Teutsche Poemata«: »Je subtiler ausgeschmücket / den beleibten Wind: sein Glaß / uns Venedig überschicket, / je geschwinder bricht auch das.« . . . »Satten Fug habt ihr zu zagen.« (Bornstein)
Satten – Bei Werner fälschlich: *Selten*. – In der Rezension von Blessigs Gedichten zitiert Hebbel ebenfalls Fleming; vgl. HKA X, 357.

1673 Gutzkows Roman »Wally, die Zweiflerin« war 1835 in Frankfurt erschienen.
Menzel – Vgl. Tgb. 1556 und Anm. Vgl. auch Hebbels Rezension über »Glaube und Wissen« von Wilhelm Elias, HKA X, 399 f.

1677 *Judith* – Vgl. dazu W I, 769 ff.

1683 Vgl. Tgb. 1247 und »Die menschliche Gesellschaft«, W III, 108 und 903.

1685 »Hamlet« III, 1.

1686 Vgl. »Judith«: »Was ist der Tod? – Ein Ding, um dessentwillen wir das Leben lieben! – Ja wohl, nur weil wir es stündlich verlieren können, halten wirs fest.« (W I, 46)

1686a Vgl. Tgb. 1916.

1687 Am Rand: Gutzkow sagte mir vor seiner Abreise, daß er mir 8 fl Honorar gebe. Empfangen einmal 8 Drittel. d. 10 Oktober 1 Doppel-F^{dor}.

1688 Friedrich von Üchtritz (1800–1875) veröffentlichte 1836 »Die Babylonier in Jerusalem«. Hebbel lernte ihn 1854 in Marienbad kennen; vgl. Tgb. 5275 ff.

1693 *Janinsky* – Vgl. Anm. zu Tgb. 748 und »Der schlimmste Egoist«, W III, 124 und 907. – *Albertis* – Vgl. Anm. zu Tgb. 47. – *Doktorin* –

Amalie Schoppe. – *Wihl* – Vgl. Anm. zu Tgb. 1529. – *aufgeklärt* – Vielleicht persiflierende Nachahmung von Janinskys Sprechweise (Max Hecker).

1694 Vgl. Hebbels Rezension über Ferrands »Erlebnisse des Herzens«: »er vergesse jedoch nicht, daß ein Herz, das immer von sich selbst spricht, sich leicht in den Verdacht bringt, statt einer Nachtigall einen Kuckuck zu beherbergen.« (HKA X, 381)

1696 Vgl. »Dem Schmerz sein Recht«, 5. Stück, W III, 91 und 899.

1698 Vgl. »Nemo contra Deum ...«, Tgb. 767.

1700 *historischen Roman* – »Die Dithmarschen«; vgl. W II, 727.

1701 S. 319 *nicht gebilligt* – Amalie Schoppes Bittgesuche bei der Gräfin Rhedern in Berlin; vgl. Anm. zu Tgb. 747. – *Gravenhorst* – Vgl. Anm. zu Tgb. 2. – *Kisting* – Vgl. Anm. zu Tgb. 13. – *in allgemeinster Verachtung steht* – danach mehrere Worte unleserlich gemacht. S. 320 *Alberti* – Vgl. Anm. zu Tgb. 47. Im Brief an Wacker vom 15. 3. 1836 behauptet Hebbel das Gegenteil. – *mein Bruder* – Nach Albertis »Eingesandt« (im »Hamburger Correspondent« vom 26. 8. 1877) gab es zwischen den Brüdern viel Streit, und Johann Hebbel ging von Hamburg weg, weil er mit Friedrich »nicht leben« könne. (Bornstein)

1704 *Matteo* – Zur Entstehung der Novelle vgl. W III, 938.

1709 Bezieht sich wohl auf Matteo.

1710 Vgl. »Idee und Gestalt«, W III, 120 und 905.

1711 In Jean Pauls »Vorschule der Ästhetik« wird Novalis als »Seiten- und Wahlverwandter der poetischen Nihilisten, wenigstens deren Lehenvetter« bezeichnet. (Werner).

1722 Zu Hebbels Überlegungen über die Pflicht zur Dankbarkeit vgl. Tgb. 11 und Anm.

1724 Fortgeführt in Tgb. 1726.

1727 Vgl. »Adam und der Fruchtkern«, HKA VI, 378.

1729 Vgl. »Judith« IV, Holofernes: »Gings ewig so fort, wie gestern und heut ...« W I, 47.

1730 Über Steffens vgl. Anm. zu Tgb. 1171. Hebbel liest »Die Familien Walseth und Leith« (3 Bde. Breslau 1827). Vgl. ferner Tgb. 2338 und 2385.
darstellbares Leben – Am Rand: NB.

1734 Vgl.   Das griechische Feuer
Wie? Das griechische Feuer, das fortbrennt mitten im Wasser,
Wäre erloschen? Es sprüht, denk ich, aus jeglichem Blick.
Griechisches Feuer – Gemisch von 300 g Benzin und 0,5 g Kalium **ent**zündet sich im Wasser; ähnlich 3 Teile Benzin und 1 Teil phosphorhaltiger Schwefelkohlenstoff.

1735 *Erläuterer* – wohl der Literarhistoriker und Übersetzer Heinrich Viehoff (1804–1886). Hebbel hatte von ihm »Schillers Gedichte, in allen Beziehungen erläutert und auf ihre Quellen zurückgeführt« für den »Telegraphen« rezensiert. (HKA X, 385 ff.)

1738 Vgl. Tgb. 1570 und Anm.
1742 Vgl.   Auf einen vielgedruckten Lyricus
     Kalk bleibt Kalk; er wird nicht darum von dem Gesunden
     Mitgerechnet zum Mehl, weil ihn der Kranke verschlingt.
1746 Am Rand: NB.
1747 Urteil über Janinsky; vgl. Tgb. 1693.
1748 Am Rand: NB.
1755 Julius Mosen (1803-1867) veröffentlichte 1826 seine Gedichte (Leipzig). Berühmt wurden: »Die letzten Zehn vom vierten Regiment«, »Andreas Hofer« und »Der Trompeter an der Katzbach«. Vgl. Tgb. 1758.
1756 Wichtig für die Gestalt der Judith.
1767 *Beck* – Karl Beck (1817-1879) veröffentlichte »Nächte, gepanzerte Lieder« (Leipzig 1838) und »Stille Lieder« (Leipzig 1839); beide Veröffentlichungen erregten großes Aufsehen.
1768 *Gutzkows Richard* – gemeint ist »Richard Savage«; vgl. Tgb. 1790.
1772 Vgl. »Tugend nennt ihrs ...«, HKA VI, 454.
1773 *Abendzeitung* – Dresdner Abendzeitung. Schon von München aus hatte sich Hebbel im Brief vom 19. 2. 1839 an Elise wegen seiner Aussichten, als Unbekannter die Stelle eines Redakteurs zu erhalten, sehr skeptisch geäußert.
     Hell – Theodor Hell, Pseudonym von Karl Gottfried Theodor Winkler (1775-1856), redigierte die Abendzeitung von 1817-1843.
1774 Auf Gutzkows Betreiben erschien Büchners »Danton« (wenn auch etwas verändert) im »Phönix«.
1784 Vgl. Tgb. 4218.
1785 Vgl. »Herbstgefühl«, W III, 50.
1790 Vgl. dazu die Gedanken über Gutzkows »Richard Savage«, Tgb. 1768.
1792 Vgl. Tgb. 2024.
1794 Vgl. Tgb. 1773.
     S. 333 *schnöden Brief* – vom 13. 10. 1839.
     S. 334 *Jahnens* – Vgl. Anm. zu Tgb. 748. – *Wihl* – Vgl. Anm. zu Tgb. 1529. – *Bruch mit Campe* – Vgl. Tgb. 1700. – *die Menschheit ... beleidigen* – Vgl. »Die Grenze des Vergebens«, HKA VI, 444 und »Herodes und Mariamne«: »Du hast in mir die Menschheit geschändet«, V. 1684f., W I, 540.
     S. 335 *Assing* – Vgl. Anm. zu Tgb. 1556.
1795 *Alberti* – Vgl. Anm. zu Tgb. 47.
1806 Die Daten von Tgb. 1806, 1808 und 1815 wurden von Hebbel versehentlich falsch angegeben.
     stillstes Leben – im Sommer 1836 in Heidelberg entstanden.
1808 S. 337 *Assing* – Frau Rosa Maria Assing starb am 22. 6. 1840. – *kennenlernte* – bei Hebbels Krankheit im Juni 1839. – *Kinder* – Ottilie und Ludmilla. – *Steigerung ist die Lebensform* – Vgl. Tgb. 1014.

S. 338 *Die höhere Ausgleichung ... suchen muß* – Am Rand hinzugesetzt. Bezieht sich auf Gutzkows Drama »Richard Savage«. Richard Savage ist der uneheliche Sohn einer Dame. Er geht daran zugrunde, daß ihn seine Mutter nicht anerkennen will, als er sich ihr zu erkennen gibt.

1809 Steht neben Tgb. 1810.

1811 Vgl. »Die doppelten Tränen des Menschen«, HKA VI, 338.

1818 *Chamissos Leben* – »Leben und Briefe von Adalbert von Chamisso«, hrsg. durch Julius Eduard Hitzig, Leipzig 1839. Vgl. HKA X, 412 ff. – *behalten* – Hebbel fordert sein Drama im Brief vom 3. 6. 1840 zurück.

1819 Hebbel übernahm den Traum in »Judith« II. Vgl. W I, 20f. und Brief an Elise vom 27. 2. 1843.

1820 *Gedicht* – »Das Kruzifix. Eine Künstlerlegende«.

1821 Vgl. »Judith« I: »... ich hacke den heutigen Holofernes lustig in Stücke und geb ihn dem Holofernes von morgen zu essen«, W I, 13.

1825 *Judith* – V. Akt, W I, 64f.
Hake – A. v. Hakes Drama »Sophonisbe« erschien 1839 in Leipzig. Vgl. Tgb. 3268. – *Waiblinger* – Bezieht sich wohl auf Hebbels Beschäftigung mit Wilhelm Waiblingers (1804–1830) Gesammelten Schriften. Vgl. HKA X, 407 ff. – *Marggrafs* – Hermann Marggraffs (1809–1864) »Das Täubchen von Amsterdam« erschien 1839 in Leipzig.

1826 *Talleyrand* – Vgl. Anm. zu Tgb. 801.

1828 Vgl. Brief an Elise vom 12. 9. 1838 (in W V) über Freiligraths Poesie: »*toter* Körper, der sich bekanntlich von dem *lebendigen* durch nichts unterscheidet, als durch das, was *unsichtbar* ist, durch den belebenden Geist.«

1834 *Grabbe* – Grabbes Erstlingswerk »Herzog Theodor von Gothland« war 1822 erschienen.

1837 Vgl. Tgb. 3402 und 3990.

1839 Der Brief ist nicht erhalten. – *Porträt* – Hebbel hatte es bis zu seinem Tode auf dem Schreibtisch stehen.

1841 Vgl. Tgb. 1097 und »Antwort«, HKA VII, 340.

1845 S. 343 *Voss* – Brief vom 13. 3. 1837.
S. 344 *Laisz* – Besitzer einer Leihbibliothek. – *womit er sich Elisen nähert* – Hebbel war wohl auf Alberti eifersüchtig; vgl. auch Anm. zu Tgb. 1856.

1846 Vgl. »Judith« IV: »Oft kommts mir vor, als hätt ich einmal zu mir selbst gesagt: Nun will ich leben! Da ward ich losgelassen, wie aus zärtlichster Umschlingung, es ward hell um mich, mich fröstelte, ein Ruck, und ich war da!« W I, 47.

1852 Nach Bornstein Einfluß der Lektüre von Novalis' »Fragmenten«. Nach Tgb. 1852 Absatz, dann: Gutzkow kommt mir, wie einer vor, der Kornsäcke auf der Kaffeemühle durchmahlen will. – Vgl. Tgb. 1865.

1855 Vgl. Anm. zu Tgb. 1846.
1856 *Gravenhorsts* – Vgl. Anm. zu Tgb. 2. – *Alers* – Ahlers war Mitglied des »Wissenschaftlichen Vereins von 1817«. – *Jahnens* – Vgl. Anm. zu Tgb. 748. – *überragen* ... – Vgl. Albertis »Eingesandt« (im »Hamburger Correspondenten« vom 26. 8. 1877: »Er [Hebbel] quälte und demütigte mich oft genug und stark genug, besonders auch, da er dulden mußte, daß ich in dem Urteil unserer Umgebung und ganz besonders in demjenigen der Lensing ihm gleichgestellt, ja von letzterer ... halb scherzhaft, halb ernsthaft sogar in etwas über ihn gestellt wurde.« (Bornstein) – *Missionssache* – Konversionspläne.
1858 Einfluß von Kleists »Penthesilea« und von Novalis' »Fragmenten«. Vgl. »Judith«, Holofernes: »So mögt ich auch einmal zu mir selbst sagen: Nun will ich sterben! Und wenn ich nicht, sowie ich das Wort ausspreche ... so will ich mich schämen.« (W I, 47)
1860 *Friedrichstadt* – Albertis Heimat.
1861 *Kirchenrätin* – Lina Reinhardt; vgl. Anm. zu Tgb. 1529.
1862 *Nachrichten von der Stich* – Auguste Stich-Crelinger (1795–1865) hatte durch A. Schoppe von Hebbel gehört und sich in Berlin für die Aufführung der »Judith« eingesetzt. Bei der Uraufführung (6. 7. 1840) verkörperte sie die Rolle der Judith.
1863 Vgl. Tgb. 1794 und »Die Grenze des Vergebens«, HKA VI, 444. – *Knochenfraß, Vernichtung* ... – Vgl. Tgb. 747.
1865 S. 349 *Scheidelied* – Vgl. Anm. zu Tgb. 1528. – *Vaterunser* – Vgl. Anm. zu Tgb. 1334. – *Telegraphen* – Rezensionen in HKA X und zum Teil in W III.
S. 350 *Hocker* – Vgl. Anm. zu Tgb. 690. – *Tieck* – Vgl. Anm. zu Tgb. 1631.
S. 351 *Götter, Helden und Gelehrte* – Sammlung von Kritiken und Aufsätzen, 1838 veröffentlicht. – *Kornsäcke* – Vgl. Anm. zu Tgb. 1852.
S. 352 *Sohnes* – Julius Schoppe; über ihn vgl. Anm. zu Tgb. 1529 und Dankbrief der Amalie Schoppe vom 30. 11. 1839.
1868 Vgl. dazu die Schlußzeilen der ursprünglichen Fassung von »Die Weihe der Nacht«, W III, 898.
1871 *nur einen Moment der Buße* – Vgl. Tgb. 1859: »Als er in jener großen Versöhnungsstunde ... schwieg.«
1872 *Wegen meiner Judith* – Vgl. dazu W I, 769f.
1873 Vgl. Tgb. 1896.
1875 *Kandidaten B.* – Vermutlich der Kandidat Brauer, der bereits Tgb. 1860 genannt wurde. – *Herzog Ernst* – Uhlands »Herzog Ernst von Schwaben« war 1818 (Heidelberg) erschienen.
1879 *Bild eines Freundes* – Hebbel hatte das Bild Emil Rousseaus erhalten; vgl. Tgb. 1839.
1880 Vgl. Tgb. 422.
1888 *Sünden ... Bart* – Vgl. »Die Dithmarschen«, W II, 500, 22.
1892 Vgl. Tgb. 1875. – *Frage* – Wohl Schreibversehen Hebbels; müßte

sinngemäß (ebenso wie in Tgb. 1875) *Phrase* heißen. – *Sein Bruder* – Eduard Alberti, später Kustos an der Universitäts-Bibliothek in Kiel.

1893 *nach Dithmarschen schicken* – Von der Beerdigung der Mutter her waren noch Schulden zu begleichen; vgl. den Brief Johann Hebbels nach Anm. zu Tgb. 1295. – *verfluchten Campe* – Hebbel meint Campes Vorschuß; vgl. Tgb. 1700. – *Jahnens* – Hebbel beruft sich auf sein Urteil im Brief an Charlotte Rousseau vom 29. 1. 1840 (in W V).

1896 Wörtliches Zitat in der Rezension von »Masaniello«, HKA X, 405: »Das Schöne aber ist die Ausgleichung zwischen Inhalt und Form; es ist zwar nicht der Sieg des einen Widerstrebenden über das andre, es ist jedoch der Waffenstillstand.« – Vgl. dagegen »Platen« W III, 122 und Tgb. 1873.

1897 Vgl. Hebbels Rezension über »Masaniello«, HKA X, 406: »Der Dichter darf sich über bedenkliche Dinge derb und geradezu ausdrücken, denn die Unschuld tut dies immer, und die dichterische Begeisterung ist die höchste Unschuld...«.

1900 Am Rand: Wunderbar: schön! Ach, du Beste!

1901 Von Hebbel in Antiqua geschrieben. Es handelt sich um einen Bühnendruck der »Judith«; vgl. W I, 770.

1906 Als Nr. 1 in »Sprüche und Gleichnisse«; dort die Variante: »Den Bronnen sollst du suchen.«

1908 *Vogelleben* – Vgl. Tgb. 6137. – *Königs Tod* – im »Dithmarscher Boten« vom 15. 1. 1835. – *Liebeszauber* – in dieser frühen Fassung nicht erhalten; vgl. W III, 17. – *der junge König* – nicht erhalten.

1909 Vgl. »Blume und Duft«, W III, 73 und 897.

Am Rand: *Exemplare der Judith gegeben an:*

1 Frau Dokt. Schoppe	1.
1 „ Lina Reinhart	1.
1 Fräul Lensing	1.
1 „ Rousseau	1.
1 an Uhland	1.
1 „ Tieck	1.
1 Mad. Stich	1
an *Jahnens*	1.
„ denselben	1
(für Töpfer)	

1911 *Wihl* – Vgl. Anm. zu Tgb. 1529. – *Literaturgeschichte* – »Geschichte der deutschen National-Literatur von ihren ersten Anfängen bis auf unsere Tage« (Altona 1840).

1913 Der Brief ist in seiner ganzen Länge angestrichen; Hebbel bemerkt dazu: Diesen Brief habe ich, ganz, wie er hier steht, mit der Judith an Uhland gesandt. Er hat mir nicht geantwortet. Dies ist der schlagendste Beweis dafür, daß zwischen Jugend und Alter kein Verhältnis möglich ist.

1914 *schnöden Partei* – Tieck hatte an Hebbel geschrieben: »Viele junge Autoren, denen ich unmöglich etwas Aufmunterndes sagen konnte, sind aus scheinbaren Freunden zornige und schmähende Feinde geworden; ein Talent, wie ich es in Ihnen zu erkennen glaube, ist niemals ohne Enthusiasmus und lebt diesem, nicht kleinen persönlichen Rücksichten.« (Krumm)

1916 Vgl. Tgb. 1686a.

1919 S. 363 d. – ohne Datum. – *Bruder* – Vgl. Anm. zu Tgb. 1892. – *William Lovell* – Tiecks erster Roman (Berlin 1795/96).
S. 364 *zwei Briefe* – Uhlands Brief vom 2. 2. 1838; Tiecks Brief vom 23. 6. 1839. – *Dr. Steinheim* – Arzt, der Hebbel zusammen mit Dr. Assing während seiner Krankheit im Juni 1839 behandelt hatte.

1921 Vgl. »Ausgleichung«, W III, 127 und 908.

1923 *Stich* – Vgl. Anm. zu Tgb. 1862. – *Abänderungen* – Vgl. W I, 771.

1924 *Lebrün* – Karl August Lebrun (1792–1842), Direktor des Hamburger Stadttheaters von 1827–1837.

1925 S. 365 *Werner* – Gutzkows Stück wurde am 22. 2. 1840 in Hamburg erstmals aufgeführt.
S. 366 *er grüßte mich* – Vgl. Gutzkows »Rückblicke auf mein Leben« (Berlin 1875), danach soll Hebbel Gutzkow ein hämisches, langgedehntes »Guten Abend« zugerufen haben. (Bornstein)

1928 *Lebrün* – Vgl. Anm. zu Tgb. 1924.

1931 Antwort auf den Brief der Mad. Stich an A. Schoppe vom 29. 2. 1840.
Die dramat. und theatr. Kunst – Vgl. Tgb. 1669. – *(über die Hochzeitsnacht)* – Vgl. Tgb. 1872.

1933 *allein sterben* – Vgl. »Herodes und Mariamne« V. 2605 f.
Zwei Menschen, die sich lieben, wie sie sollen,
Können einander gar nicht überleben...

1934 *(Sonntag)* – Sonntag war der 8. 3. 1840, Hebbel schreibt also am 9. März. – *200 Talern* – es waren 150 Taler.

1935 *Erzählungen* – »Tableaux aus dem Leben«, 1840.

1938 *Lotz* – Georg Lotz (1784–1844) schrieb eine Besprechung der »Judith« in den »Originalien aus dem Gebiete der Wahrheit, Kunst, Laune und Phantasie«, Hamburg am 1. 4. 1840, Nr. 40. – *Töpfer* – Karl Töpfer (1792–1871), Verfasser von Lustspielen und Erzählungen.

1942 Zu dieser und der folgenden Notiz vgl. »Die Scham«, HKA VI, 339.

1944 *d. 18. März* – gemeint ist wohl der 28. März. – *Hermaphrodit* – Zwitter.

1945 In Verbindung mit Tgb. 1944.

1948 Vgl. »Eine moderne Ballade«, HKA VII, 188 ff.

1949 Vgl. »Die doppelten Tränen des Menschen«, HKA VI, 338.

1950 Vgl. »Närrisch«, HKA VII, 177.

1955 *Cornelie* – Das von Aloys Schreiber redigierte Taschenbuch »Cornelia« erschien bei dem Heidelberger Verleger Joseph Engelmann.

Zu den Mitarbeitern gehörten neben Amalie Schoppe (die auch als »Adalbert von Schonen« zeichnete) Julius Schoppe, Janinsky, Lina Reinhardt. (Bornstein)

1956 Am Rand starke Striche und: Daß man doch solche Lumpereien niederschreiben kann!

1957 Vgl. folgende Notiz: »Die Erscheinung der Propheten ...«.

1958 *der Menschheit zu gebärenden Gottheit* – Vgl. »Judith«: »die Menschheit hat nur den einen großen Zweck, einen Gott aus sich zu gebären.« (W I, 15.)

1961 *Lotz* – Vgl. Anm. zu Tgb. 1938. – *Baison* – Jean Baptiste Baison (1812–1849), Schauspieler und Direktor am Thalia-Theater in Hamburg.

1962 S. 373 *Gestern ...* – Bei dieser Gelegenheit kam es zum Bruch zwischen Hebbel und Amalie Schoppe.
S. 374 *Assing* – Vgl. Anm. zu Tgb. 1556. – *blinden Mann* – Lotz (vgl. Anm. zu Tgb. 1938) war seit vielen Jahren blind.
S. 375 *Töpfer* – Vgl. Anm. zu Tgb. 1938. – *Lebrün* – Vgl. Anm. zu Tgb. 1924. – *Baison* – Vgl. Anm. zu Tgb. 1961.
S. 376 *Assings mein Stück nicht geben ...* – A. Schoppe hatte dies jedoch getan. – *Feistmantel* – der als Possenreißer bekannte Hamburger Schauspieler Feistmantel (1786–1857); Krumm bezweifelt dies.
S. 377 *Zur Beglaubigung ...* – von Jahnens eingetragen.

1965 *Das Wort finden* – Vgl. Tgb. 3434.

1967 Bezieht sich wohl auf Hebbels Verhältnis zu Elise.

1969 Vgl. »Vorwort zu Maria Magdalene«, W I, 316: »Man soll die *Flöte* nicht nach dem Brennholz, das sich allenfalls für den prophezeiten Weltbrand aus ihr gewinnen ließe, abschätzen.«

1973 *Elisens Zustand* – Elises Schwangerschaft.
ich fürchte ... – die Nichtaufführung der »Judith« in Berlin.

1974 Die Notiz am Rand hinzugesetzt.

1976 *auf eine Weise* – Brief von A. Schoppe an Hebbel vom 14. 4. 1840.

1977 *Der Londoner verlorne Sohn* – erschienen in »Vier Schauspiele von Shakespeare«, 1836. Die Übersetzung ist nicht von Tieck, sondern von Graf Wolf Baudissin (1789–1878). Das Stück ist nicht von Shakespeare. – In den Jahren 1540–1575 entstanden in England eine Reihe von Stücken über den Verlorenen Sohn (Grundlage dafür ist Lukas XV, 11–32). Schon früh wurde an der Autorschaft Shakespeares für die vier Stücke gezweifelt, so Grillparzer, Tgb. 3222, 1836 (Sämtl. Werke Bd. III, München 1964, S. 659).

1979 Vgl. dazu W II, 663 (»Saul als Tragödie«) und 684 (»König David und sein Haus«), sowie Anm. S. 739 und 741. Bornstein verweist auf »Die Dithmarschen« und vermutet erneute Beschäftigung mit diesem Plan. Vgl. W II, 499: »Und was denkt Ihr über das Weib des Uria?«

1983 Vgl. Tgb. 2696.

1984 *Oehlenschläger* – Vgl. Anm. zu Tgb. 57; er vermochte diesmal

Hebbel nicht zu unterstützen, doch setzte er sich bei Hebbels Aufenthalt in Kopenhagen sehr für ihn ein und bewirkte durch seine Fürsprache die Bewilligung eines Reisestipendiums durch den König. – *Krönung Ihro Majestät* – Christian VIII. Friedrich (1786 bis 1848) gelangte durch den Tod seines Vetters Friedrich VI. (3. 12. 1839) auf den dänischen Thron und wurde am 28. 6. 1840 gekrönt.

1985 *Lotz* – Vgl. Anm. zu Tgb. 1938. – *a la Schleyer* – Ludolf Schleyer, ein theaterbesessener Kaufmann, der ohne jede Begabung zum Gaudium des Publikums im Tivoli in St. Georg auftrat und den stürmischen Applaus, den er erhielt, als Bestätigung seines Talentes ansah. Selbst die Zeitungen machten dieses Spiel mit. (Bornstein) Für Hebbel ist der Vergleich kein Kompliment. – *Shakespeare* – A. Schoppe hatte Hebbel am 17. 2. 1840 geschrieben: »Ich stelle die Judith zum Shakespeare; damit ist, denke ich, alles gesagt.«

1987 Hebbel hatte damals selbst Zahnweh; vgl. Tgb. 1973: »Gräßliche Stimmung! Zahnweh!«

1989 *Madme Stich* – Vgl. Anm. zu Tgb. 1989. – *die Gottheit ... in den Gang der Ereignisse eingreift* – Vgl. Tgb. 1011.

1990 Hebbel zitiert aus dem 2. Teil, 10. Buch. Er erinnert daran im »Memorial«. Goethes Gedanken entsprechen auch Hebbels häufigen Überlegungen über die Pflicht zur Dankbarkeit (vgl. Anm. zu Tgb. 1722).
Lessing hat ... sich ... ausgesprochen. – Vermutlich ist Lessings Fabel »Der Knabe und die Schlange« gemeint, deren Schlußteil lautet: »Aber gleichwohl, wenn du einmal von einem außerordentlichen Undanke hören solltest, so untersuche ja alle Umstände genau, bevor du einen Menschen mit so einem abscheulichen Schandflecke brandmarken lässest. *Wahre* Wohltäter haben selten Undankbare verpflichtet; ja, ich will zur Ehre der Menschen hoffen, – niemals. Aber die Wohltäter mit kleinen, eigennützigen Absichten, die sind es wert, mein Sohn, daß sie Undank statt Erkenntlichkeit einwuchern.« – Wie sehr Hebbel diese Stelle bei Goethe auf sich bezog, zeigt auch, daß er den letzten Satz Goethes wegläßt: »Herder hingegen vergällte sich und andern immerfort die schönsten Tage, da er jenen Unmut, der ihn in der Jugend notwendig ergriffen hatte, in der Folgezeit durch Geisteskraft nicht zu mäßigen wußte.« (Hamburger Ausgabe IX, S. 410 f.)

1992 *meinen ... Brief* – vom 17. 2. 1840 (in W V).

1996 *Eine Idee* – Die Rezension ist nicht vorhanden. – *50 Exemplare* – des Bühnendrucks. – *ich habe heilige Pflichten* – Hinweis auf das Kind, das Elise erwartete.

1999 Am Rand: *Nicht abgesandt.* – Der Hinweis ist zweimal unterstrichen. Hebbel schrieb erst am 10. 7. 1840, nach der Berliner Aufführung, an Tieck. Vgl. Anm. zu Tgb. 2037. – *Crelinger* – Vgl. Anm. zu Tgb. 1862.

2001 *Bötticher Zeitgenossen* – Karl Wilhelm Böttiger (1790–1862) gab

1838 in zwei Bänden den handschriftlichen Nachlaß seines Vaters Karl August Böttiger (1760–1835) unter dem Titel »Litterarische Zustände und Zeitgenossen« (Leipzig) heraus. Hebbel war nicht gut auf Böttiger zu sprechen; vgl. seine Bemerkung in den Rezensionen von »Schillers Briefwechsel mit Körner« (HKA XI, 93) und von »Knebels Briefwechsel mit seiner Schwester« (HKA XII, 122).

2002 *Am Rand:* Am 1 Mai fürs Morgenbl: abgeschrieben: 1) Vater unser. 2) Lebensgeheimnis (2) 3) Knabentod. 4) Der Blinde.
Die Gedichte erschienen mit Ausnahme des »Knabentod« am 27. 7. 1840 im »Morgenblatt« Nr. 178.

2004 Vgl. »Genoveva« V. 715 f. »Ich bin ganz Wunde, und mich heilen, heißt / Mich töten.«

2009 Vgl. »Genoveva« V. 2957 f.: »Und nicht mit Worten bloß, mit Taten auch / Kann man sich schminken.«

2010 *verwesen* – bei Werner fälschlich: *verwehen.*

2017 *Nexus* – Zusammenhang.

2022 S. 387 *Brief* – vom 4. 5. 1840.
S. 388 *Auseinandersetzung* – Vgl. das »Memorial«.

2024 Vgl. Tgb. 1792.

2025 Vgl. die letzte Strophe von »Das höchste Gesetz«, W III, 911.

2028 *Lotz* – Vgl. Anm. zu Tgb. 1938. – *Hocker* – Vgl. Anm. zu Tgb. 690. – *Pasquillanten* – Verfasser einer Schmähschrift. – *Taubert* – Leipziger Verleger der A. Schoppe, der 1838 Janinskys histor. Roman »Die Gräfin von Kindelsberg« herausbrachte. – *Cornelia* – Vgl. Anm. zu Tgb. 1955; 1838 war von Janinsky »Das befreite Rhodus«, romantisch-histor. Sage erschienen. – *O.* – Otte, Hamburger Buchhändler und Verleger.

2029 *Helberg* – geborene Gräfin von Brockdorf, Bekannte Elisens und der A. Schoppe.

2030 *Ein Mädchen, das Mutter wird.* – Elise. Vgl. »Maria Magdalene« und »Virgo et Mater«, HKA VI, 178 f.

2032 *Wilhelm Meister* – Hebbel liest den Roman zum vierten Mal. – *Novalis* – »Wilhelm Meisters Lehrjahre sind gewissermaßen durchaus prosaisch und modern ... Wilhelm Meister ist eigentlich ein Candide, gegen die Poesie gerichtet; das Buch ist undichterisch in einem hohen Grade, was den Geist betrifft, so poetisch auch die Darstellung ist.« (Bornstein) – *Menzel* – Vgl. Anm. zu Tgb. 1131.

2033 Goethes »*Die natürliche Tochter*«, III, 1.
Am Rand: d. 24 Mai einen neuen, schwarzen Rock gekauft zu

```
                                    . . . . . . . . 32 fl
       eine Weste . . . . . . . . . . . . . . .  4 ,,
       d 13. Juni eine schw. Hose zu . . . . . . . . 12,,8
                                            zus.   48 fl 8 ß
```

2035 Elise ging als Reisebegleiterin nach Rügen.

2036 *G.* – Vermutlich Gutzkow.

2037 Am Rand: d 10 Juli an Tieck wegen Judith zum zweiten Mal geschrieben. – Der Brief ist nicht erhalten. Vgl. auch Tgb. 1999.
2043 Vgl. »Christus«-Fragment, W II, 648:
>   Ich soll mein Wesen tauschen?
>   Wenn mans vermag, so ging es nun,
>   Wo Erd und Himmel lauschen,
>   Tu Böses, soll ich Gutes tun!
2045 *Emma Schröder* – Hamburger Senatorstochter; Hebbel hatte sie bei Mad. Hellberg kennengelernt. Im Brief vom 20. 7. 1840 (in W V) berichtet er Elise, wie sehr er in dieses Mädchen verliebt sei und meint ebenso überschwenglich wie taktlos: »Du wirst Dich dessen freuen...«; H. schickte aber diesen Teil des Briefes nicht ab.
2048 Vgl. »Requiem«, W III, 11.
2049 *G.* – Gutzkow.
2050 Hebbel bezieht sich wohl auf Elise und Emma. Vgl. die folgenden Notizen.
2056 Später auf dem freien Raum nach Tgb. 2055 nachgetragen und eingerahmt.
2061 Vgl. »Der Mensch und die Geschichte«, W III, 110.
2064 *Jungfrau von Orleans* – Hebbel schrieb im August die »Geschichte der Jungfrau von Orleans«, HKA IX, 223 ff., und veröffentlichte sie unter dem Pseudonym Dr. J. F. Franz. – *Daß Frankreich ... sollte* – Am Rand hinzugesetzt.
2067 *J.* – wohl Janinsky.
2069 *Heinse* – Wilhelm Heinse (1746–1803); 1787 war sein Hauptwerk, der Roman »Ardinghello« erschienen.
2070 Vgl. Tgb. 2097.
2071 Gedanke an Elises Schwangerschaft.
2075 Vgl. »An Elise«, W III, 150 und 911.
2076 Vgl. »Judith«: »... der Schlaf ist Gott selbst, der die müden Menschen umarmt.« W I, 66.
2077 Vgl. »Judith« II: Gott spricht »aus dem Abgrund herauf« (W I, 19).
2079 Vgl. »Unsterbliche und Unbegrabene«, HKA VI, 351.
2080 Vgl. Tgb. 442.
2087 Vgl. Tgb. 2064.
2093 *zerfleischte die – sie!* – Gemeint ist A. Schoppe.
2095 Steht neben Tgb. 2093 und 2094.
2097 Vgl. Tgb. 2070. Die Notiz wurde erst später in den freien Raum vor Tgb. 2098 eingetragen.
2098 Elise ging nach Ottensen, um dort ihre Niederkunft zu erwarten. – *Hänschen* – Hebbels Hündchen. – *wenn ich sie oft quälte* – Vgl. »Genoveva« Nachspiel V. 271 ff.: »Ich peitschte einen Engel...« und Tgb. 2221.
2099 S. 399 *Korrektur* – Vermutlich von der »Geschichte der Jungfrau von Orleans«; vgl. Anm. zu Tgb. 2064.
S. 400 *wie Jakob mit Gott ringen muß* – 1 Moses 32. – *schönen Worte*

des Apostels – »Denn in ihm leben, weben und sind wir.« »Apostelgeschichte« 17, 28.

2100 Vgl.   Neue Liebe
Denn du befreist mich von der Qual,
Daß ich mich selber lieben muß.

2105 *Venerie* – Lesung ist unsicher.

2109 Vgl. Tgb. 2121 und »Rubin« V. 882f., W I, 632.

2110 Bezieht sich auf Elise.

2116 Vgl. »Julia« I, 5: ». . . hab ich denn nicht vortrefflichen Mist aus mir gemacht?« (W I, 435) und Tgb. 2244.

2119 Ebenso wie die folgende Notiz neben Tgb. 2114–2117 geschrieben. Vgl. dagegen Tgb. 2169.

2121 Vgl. Tgb. 2109.

2122 Der erste Plan zur »Genoveva« noch in der Münchner Zeit; vgl. Tgb. 1475. Zur Entstehung des Dramas vgl. W I, 773 ff.

2123 Später in den freien Raum vor dem Datum von Tgb. 2122 hineingeschrieben.

2126 Vgl. »Lüge und Wahrheit«, W III, 124 und 907, sowie Tgb. 1075.

2129 Vgl. Tgb. 2141.

2141 Vgl. vorhergehende Notiz.

2145 *Meddlerkamp* – Russischer Professor, der Hebbel besuchte; vgl. Brief an Elise vom 19. 7. 1804.

2146 Der Brief ist vom 3. 10. datiert. – *R*. – Charlotte Rousseau.

2147 Vgl. die Gestalt des Golo in »Genoveva«.

2149 Vgl. Brief an Gurlitt vom 23. 6. 1847.

2153 *bei E-* – Bei Elise in Ottensen. – *J*. – Janinsky.

2154 *Wihl* – Wihl (vgl. Anm. zu Tgb. 1529) hatte sich mit Gutzkow überworfen und wollte deshalb in Frankfurt ein Schulpensionat gründen, was ihm als Jude verboten wurde. Hebbel vermutete, daß Wihl durch Indiskretion an seinem (Hebbels) schlechten Verhältnis zu Gutzkow schuld war.

2158 Steht neben Tgb. 2157.

2160 Werner bezieht die Notiz auf Dichter, die keinen Einfall unterdrücken können.

2169 Vgl. dagegen Tgb. 2119. Ebenso in der Rezension von »Schillers Briefwechsel mit Körner«: Shakespeare »bringt keine Figur hervor, die nicht so viel Blut im Leibe hätte, daß sie nicht das ganze Drama überschwemmen müßte, wenn sie die Hand auch nur an einer Nadel ritzte.« (HKA XI, 187f.)

2172 Vgl. »Mein Wort über das Drama«, W III, 548, *3–12*.

2175 Hebbels Gedanken über die Ehe sind lange Zeit hindurch von der unbestimmten Furcht vor einer Heirat mit Elise geformt.

2176 A. Schoppe hatte das Stück in einem anonymen Bericht für das Cottasche Morgenblatt (Nr. 53 vom 3. 3. 1841) Hebbel zugeschrieben. (Bornstein) Hebbel verwahrt sich dagegen in einem Brief an Dr. Hermann Hauff vom 6. 4. 1841; vgl. Tgb. 2324.

2177 Vgl. Tgb. 2441.

2179 Vgl. »Christus«: »Das Böse gibt den Menschen allein individuellen Bestand.« (W II, 646)

2180 Karl Maria von Weber (1786–1826) errang mit der Musik zu dem Schauspiel »Preziosa« von Pius Alexander Wolff (1782–1828) seinen ersten großen Erfolg.

2184 *mein Sohn* – Friedrich Maximilian Hebbel, genannt Max (5. 11. 1840–2. 10. 1843).

2185 *praktisierende* – Werner vermutet, daß die Schreibweise Hebbels Aussprache wiedergibt.

2187 Vgl. dazu »Genoveva« V. 1714–18 und Tgb. 2765.

2188 Im Anschluß an das Fragment »Krumme Linie« von Novalis.

2191 Hebbel schreibt deshalb am 12. 1. 1841 an Tieck.

2194 *Schauspiel-Direktor* – F. L. Schmidt, Direktor des Stadttheaters. – *Töpfer* – Vgl. Anm. zu Tgb. 1938.

2199 *man sinkt oft plötzlich* ... – Vgl. Tgb. 2194: »warum bist du nicht so schwer, daß du in die Erde sinkst!«

2201 Vgl. »Napoleon«, HKA VI, 368:
Nennt doch den Korsen nicht groß! Er wußte die Menschen zu brauchen,
Wies jedwedem den Platz, welcher ihm eignete, an – ...
Freilich, was rühmt man den Shakespeare! Er reihte Buchstab an Buchstab
... Bis ein Macbeth, ein Lear oder ein Hamlet entstand. (Bornstein)

2203 *Gedichte* – Vgl. HKA VII, 454. – *durch Indignation* – Vgl. Tgb. 2122.

2210 Vgl. Tgb. 2272.

2213 Am Rand: *An Tieck.* – Das Konzept ist stark korrigiert. Vgl. Hebbels Brief an Elise aus Kopenhagen vom 27. 2. 1843 (in W V).
S. 417 *einen komischen Roman* – Hebbel hatte den »Schnock« am 3. 8. 1838 an Tieck geschickt. – *Eulenböck* – Hauptperson in Tiecks Novelle »Die Gemälde« (1821). – *Februar 1840* – 17. 2. 1840. – *in Erinnerung brachte* – Brief vom 10. 7. 1840 (in W V). – *remittiert* – Vgl. Tgb. 2191. – *wenigstens ... abgewendete* – Am Rand nachgetragen.
S. 418 *Person in Dresden* – Gemeint ist Theodor Hell; vgl. Anm. zu Tgb. 1773. Hebbel spielt an auf die »Erklärung« gegen Theodor Hell im »Telegraphen«, vgl. HKA X, 404.

2217 Vgl. Tgb. 2219.

2220 In der Rezension von »Fallmerayers literärischem Nachlaß« (1862) schreibt Hebbel über Herders Humanitätsidee als von einem schönen Traum, »den unser Herder aus seinem weichen Gemüt und nicht allzu starken Gehirn hervorspann.« (HKA XII, 317)

2221 *Einen Engel schlagen* – bezieht sich auf Elise; vgl. Tgb. 2098.

2222 Vgl. »Mein Wort über das Drama«, W III, 545 ff.

2224 Vgl. »Matteo«, W III, 465 ff.

2227 Am Rand: Die Entscheidung dieser Frage bilde die Katastrophe

meines Dichters. – Zu dem Dramenplan vgl. »Der Dichter«, W II, 521 ff. und 729.
2228 Bezieht sich vermutlich auf das Verhältnis mit Elise.
2229 Am Rand: NB.
2230 ... *ist nun für ewig geflohen* – Lesung von *nun* fraglich.
2231 Vgl. Tgb. 1047 und W II, 714 ff.
2232 Vgl. Schlußzeilen zu »Die Weihe der Nacht«, W III, 86 und Tgb. 2230.
2238 Vgl. Tgb. 1359.
2239 Vgl. Tgb. 6217.
2241 *Matteo* – Vgl. W III, 465 ff.
2244 Vgl. Tgb. 2116.
2246 Vgl. »Judith« V: »... wenn die Qual sein Kindesauge vor der Zeit klug macht und es mich, wie ein Abgrund von Elend daraus anschauert.« (W I, 71)
2247 Vgl. Tgb. 2644.
2251 Adolf Friedrich Karl Streckfuß (1778–1844) veröffentlichte 1840 »Torquato Tassos Leben«. – *einigen* – Lesung fraglich.
2252 Hebbel zitiert: Hamanns Schriften. Hrsg. von Friedrich Roth, Berlin 1823. Vierter Teil: Über den Stil.
2253 *die zwei Eimer* – Vgl. »Mein Wort über das Drama«: »die beiden Eimer im Brunnen, wovon immer nur einer voll sein kann, sind das bezeichnendste Symbol aller Schöpfung« (W III, 548).
2254 *Windrose* – Vgl. Brief an Charlotte Rousseau vom 27. 7. 1841 (in W V): »Hier haben Sie ein treues Bild der deutschen Kritik; sie ist die Windrose, die das Entgegengesetzte verknüpft!«
2255 Steht neben Tgb. 2254.
2256 *Müller* – Bei Werner fälschlich *Möller*. Müller hatte zu Hebbels Stipendium beigetragen.
2261 Vgl. Tgb. 1606.
2262 Vgl. »Die Jungfrau von Orleans«: »Nur soweit der einzelne sich von dem Ganzen ... loszulösen ... weiß, ist er glücklich und frei.« (Bornstein) Vgl. auch die folgende Tagebuchnotiz.
2265 *Vorwort* – nicht veröffentlicht. – *Uhlands Herzog Ernst* – Hebbels Urteil über Uhland hat sich vollständig gewandelt.
2266 Vgl. Tgb. 2043 und Tgb. 2516.
2271 *Zeiten des Weltgerichts* – Vgl. »Gyges« V. 1810 und »Unsere Zeit« 1. Strophe, W III, 108 und 903.
2272 *Vorsehung* – Vgl. Tgb. 2210.
2276 *Kants Anthropologie* – »Anthropologie in pragmatischer Hinsicht abgefaßt von Immanuel Kant« (Königsberg 1798). Hebbel liest »Von dem Bezeichnungsvermögen (Facultas signatrix).« Vgl. »Vorwort zu Maria Magdalene« W I, 322: »Wer diese Schilderung für übertrieben hält, der erinnere sich an Kants famosen Ausspruch in der Anthropologie, wo der Alte vom Berge alles Ernstes erklärt, das poetische Vermögen, von Homer an, beweise nichts, als eine Unfähigkeit zum reinen Denken ... «.

2277 Vgl. »Die junge Mutter«, W III, 29 und 892.
Am Rand: NB NB. – zweimal unterstrichen.
2286 Vgl. »Judith« W I, 60: »Das heißt Götter machen aus Dreck ...«.
2287 Steht neben Tgb. 2286.
2289 Steht neben Tgb. 2288. Vgl. »An die Kunst«, W III, 902f.:

    Die echte Zeugung ist Entleerung
    Des Einzelwesens von dem Weltenstoffe.

2290 Vgl. W I, 778.
2292 Vgl. dazu Tgb. 2310, wo Hebbel diesen Gedanken weiterführt.
2295 Bezieht sich auf die Vollendung der »Genoveva«. Bornstein verweist auf Hebbels Brief an Charlotte Rousseau vom 29. 1. 1840 (in W V): »... es ist etwas Seltsames mit einer solchen Produktion [gemeint ist die »Judith«] ... Man hat sie hastig ausgestoßen, wie etwas innerlich Überflüssiges, man mögte sie wieder einziehen, wie ein entbehrtes Notwendiges.«
2298 Vgl. Tgb. 2495.
2299 Ebenso wie die folgende Notiz neben Tgb. 2298.
2304 S. 431 *Hellberg* – Vgl. Anm. zu Tgb. 2029. – *Schütze* – Ludwig Claußen Schütz, Hebbels Freund. Er war Taufpate für die beiden Kinder von Elise und empfahl Hebbel später an den Konferenzrat Dankwart in Kopenhagen. – *Schröder* – Vgl. Anm. zu Tgb. 2045.
2305 *Gravenhorst* – Vgl. Anm. zu Tgb. 2.
2306 *Was wird Campe antworten* – Hebbel hatte ihm den Druck der »Judith« angeboten.
2307 *hassen* – Bei Werner fälschlich: *lassen.*
2310 Vgl. Tgb. 2292.
2314 Vgl. Tgb. 1154.
2316 *Bulwer* – Edward George Earle Lytton-Bulwer (1803–1873), bekannt als Edward Bulwer, veröffentlichte 1837 den Roman »Ernest Maltravers«, der sich an Goethes »Wilhelm Meister« anlehnt und »dem großen deutschen Volk, einer Nation von Denkern und Kritikern« gewidmet ist. 1838 erschien die Fortsetzung »Alice«. – *Toni* – Kleists »Die Verlobung in St. Domingo«. – *Als Alice ... flieht* – Werner sieht hier mit Recht bereits den Keim für »Maria Magdalene«.
2318 Vgl. Tgb. 2306.
2320 Am Rand: NB NB.
2324 S. 436 *Dr. Hauff* – Vgl. Anm. zu Tgb. 2545. – *H. et C.* – Hoffmann und Campe. – *Anathema* – Bann.
S. 437 *schrieb mir* – Hebbel zitiert nur Anfang und Ende des Briefes. – *im Vat.* – im Vatikan. – *M. Bl. Corr.* – Morgenblattkorrespondenz. – *Korrespondentin* – Hebbel vermutet Amalie Schoppe; vgl. Tgb. 2176 und Anm. – *Schmidt* – Vgl. Anm. zu Tgb. 2194.
S. 438 *Matteo* – Vgl. W III, 465 ff. Über den Druck vgl. W III, 938. – *Episoden* – aus der »Genoveva«; vgl. Tgb. 2502.

2326 Daneben: Der Frost ist der Mittelpunkt der Glut. – Zitat aus dem 1. Buch von Hölderlins »Hyperion«.

2327 *Hyperion* – Hebbel zitiert aus dem 4. Buch. – *Holof.* – »Judith«, W I, 47.

2328 »Hyperion« 2. Buch.

2329 Steht neben Tgb. 2328.

2335 Am Rand: d. 24 und 27 Mai E – 30 dito. Juli 4.

2338 Tgb. 2338–41 stehen am Rand neben Tgb. 2335 ff. – *Steffens* – Vgl. Anm. zu Tgb. 1171.

2344 Bezieht sich auf die vorhergehende Notiz.

2346 Hebbel zitiert Weisheit Salamonis 14, 6; 14, 10; 14, 12; 14, 15.

2347 Vgl. Tgb. 35, 669. – *Byron* – Hebbel liest: Th. Moore (1779–1852), »Letters and journals of Byron with notices of his life.« London 1830 (deutsch 1831 f.). – *Beweis dafür* – Vgl. Tgb. 669.

2350 Am Rand des Tagebuchs quer dazugeschrieben. Brentanos Roman war bereits 1800/1802 erschienen.

2352 Vgl. Tgb. 11 und Anm.

2353 Vgl. Tgb. 2349. – *Menage* – Essen.

2355 *Barnbeck* – Zu Hebbels Zeiten noch Dorf in der Nähe von Hamburg; inzwischen längst eingemeindet.

2356 *Schütze* – Vgl. Anm. zu Tgb. 2304. – *Rahel* – Vgl. Anm. zu Tgb. 978.

2358 Diese und die folgende Notiz am Rand.

2360 *Hufeland* – Christoph Wilhelm Hufeland (1762–1836), Arzt, Verfasser einer Reihe von medizinischen Schriften.

3262 Ebenso wie die nächste Notiz am Rand von Tgb. 2361. – Variante zu dem Gedicht »Sturmabend«, vgl. W III, 9 f. und 890.

2366 Diese und die folgende Notiz am Rand neben Tgb. 2365.

2368 Am Rand: NB.

2372 *Moltke* – Karl von Moltke (1800–1866), Präsident der schleswigholstein. Kanzlei. Er gab Hebbel im folgenden Jahr zwei Empfehlungsbriefe für Kopenhagen mit; vgl. Brief an Elise vom 23. 11. 1842.

2373 Steht am Rand des Tagebuchs.

2374 Vgl. »Grenze des Denkens«, Anm. zu Tgb. 652.

2378 Zur Veröffentlichung der Gedichte vgl. W III, 886.

2379 *Memoiren* – Henrich Steffens (vgl. Anm. zu Tgb. 1171) veröffentlichte in Breslau 1840–45 in 10 Bänden seine Selbstbiographie: »Was ich erlebte«.

2381 *Raupachs* – Ernst Benjamin Salomo Raupach (1784–1852); vgl. W I, 775.

2385 Vgl. »Das Heiligste«, W III, 112 und 903. – *Novellen* – Steffens dichterische Werke erschienen unter dem Titel »Novellen«, Breslau 1837–38, 16 Bändchen. – *Malkolm* – 1831 in 2 Bänden erschienen.

2386 Vgl. Prolog zu »Der Diamant« V. 357 ff., W I, 233.

2390 *Schleiden* – Vgl. Tgb. 2415.

2393 Vgl. »Die moderne Komödie«, W III, 123 und 906.
2394 *Dingelstedts Freikugeln* – Franz Dingelstedt (1814–1881), 1851 Theaterintendant in München, 1857 in Weimar, 1867 artist. Direktor des Wiener Hofopernthesters. Vgl. auch Tgb. 2415. Hebbels Anspielung nicht zu deuten.
2397 *Lustspiels* – »Der Diamant«; vgl. Tgb. 2392. – *Töpfer* – Vgl. Anm. zu Tgb. 1938. – *Bauernfeld* – Eduard v. Bauernfeld (1802–1890), Verfasser zahlreicher Lustspiele.
2400 *Herr Ziese* – Elises Stiefvater.
2402 *Schillers Aufsatz* – »Über Anmut und Würde«, zuerst in der »Neuen Thalia« III. Bd. 2. Stück, 1793 veröffentlicht.
2405 *Ajax* – Die älteste erhaltene Tragödie des Sophokles (vor 441 entstanden).
2408 *Moloch* – Vgl. W II, 572. – *Klara* – »Maria Magdalene«.
2413 *Tod* – »Wie die Alten den Tod gebildet« 1769, im Zusammenhang mit den Auseinandersetzungen mit Prof. Chr. A. Klotz.
2414 Vgl. dazu »Mein Wort über das Drama«, W III, 545 und 946 ff.
2415 *Heines Buch der Lieder* – W III, 540 ff. – *Dingelstedt* – Vgl. Tgb. 2394 und Anm. Dingelstedt hatte 1841 seine »Lieder eines Kosmopolitischen Nachtwächters« veröffentlicht. – *Schleiden* – Karl Heinrich Schleiden; vgl. Tgb. 2390.
2417 Krumm verweist auf Goethes »Tasso« V. 3083 ff. und vermutet unbewußte Anlehnung:
> Verbiete du dem Seidenwurm zu spinnen,
> Wenn er sich schon dem Tode näher spinnt:
> Das köstliche Geweb entwickelt er
> Aus seinem Innersten und läßt nicht ab,
> Bis er in seinen Sarg sich eingeschlossen.
2419 Vgl. »Ein Eid und seine Auslegung«, HKA VI, 376.
2423 Am Rand: *Gut.* – *Fontanelle* – Bis ins 19. Jh. vielverwendetes »Ableitungsmittel«; man verursachte eine Hautwunde, die in ständigem Reizzustand gehalten wurde.
2424 Vgl. Tgb. 2455.
2426 Über den Einfluß E. T. A. Hoffmanns auf Hebbel vgl. W III, 921. Hebbel spricht hier vom 2. Abschnitt der Elixiere, »Der Eintritt in die Welt«.
2431 Am Rand: Sonntag d. 9ten Jan. Elisens Tag.
2433 *H. Gloy* – Vgl. auch Tgb. 2444 und 2461.
2436 Am Rand: 1 Bogen im Morgenblatt (16 Spalten, a 52 Linien) 50 fl; a Linie 46 Buchstaben. Matteo hat nach meiner Berechnung 11 Spalten. – Zur Erzählung vgl. W III, 465 ff. und 938.
2440 Vgl. »Das Urgeheimnis«, W III, 127.
2441 Vgl. Tgb. 2178.
2442 Hebbel liest in Las Cases; vgl. Anm. zu Tgb. 796. Charakteristisch sind die wiederholten Hinweise auf die versäumte Jugend (vgl. Anm. zu Tgb. 1128).

2443 Die Notiz steht am Rand des Tagebuches.
2444 Vgl. Tgb. 2433 und 2461.
2445 Vgl. Tgb. 2442.
2447 Vgl. Tgb. 2442.
2448 Hebbel benützte die Platon-Übersetzung von Georg Anton Friedrich Ast (1776-1841).
2450 *Vor langer Zeit schon schrieb ich* - Tgb. 1966.
2451 Vgl. »Die Dankbarkeit«, HKA VII, 230.
2452 *Denkwürdigkeiten* - Vgl. Anm. zu Tgb. 796.
2455 *Verhältnisse* - Johann Hebbel hatte seinen Bruder um Geld gebeten; vgl. Tgb. 2424.
2457 *wie viele Bogen* - »Genoveva« umfaßte 14½ Bogen.
2458 Die Notiz steht im freien Raum bei dem Datum von Tgb. 2457.
2461 Vgl. Tgb. 2433, 2444.
Mad^me H. - Mad. Hellberg (vgl. Anm. zu Tgb. 2029).
2462 Die Notiz steht neben dem Datum von Tgb. 2461.
2463 Vgl. »Vergeblicher Wunsch«, HKA VI, 373.
2464 S. 468 *Moloch* - Vgl. W II, 572 ff. und 731 ff. Das Stück blieb Fragment. - *Genoveva* - wurde erst nach vielen Änderungen 1854 mit dem Titel »Magellona« in Wien uraufgeführt; vgl. W I, 773 ff. - *Diamant* - Hebbel erhielt den erwarteten Preis nicht; vgl. W I, 778 f.
2466 *Las Cases* - Vgl. Anm. zu Tgb. 796. - *Übereinkunft* - Vgl. »Mein Wort über das Drama«, W III, 551.
2470 *Empfang der Judith* - Vgl. Tgb. 2455.
2475 *Denkwürdigkeiten* - »Memoirs of Sir Walter Scott«, von Scotts Schwiegersohn John Gibson Lockhart (1794-1854) in 7 Bden (1838); deutscher Auszug 1839 (Leipzig). - *Leben Napoleons* - »The Life of Napoleon Buonaparte« war im Jahre 1827 erschienen; der finanzielle Zusammenbruch, auf den Hebbel hier anspielt, war im Jahre 1826.
2476 *Contessa* - Karl Wilhelm Salice-Contessa (1777-1825); über seinen Einfluß auf Hebbel vgl. W III, 928.
2483 Achim von Arnims (1781-1831) Dramen erschienen in der »Schaubühne« Arnims, hrsg. von Wilhelm Grimm, Berlin 1840.
2487 *Dr. Toepfer* - Vgl. Anm. zu Tgb. 1938. - *Mitglied des Theaters* - Vielleicht Christine Enghaus, Hebbels spätere Gemahlin.
2488 *Schmerz* - Vgl. »Das Urgeheimnis«, W III, 127 und Tgb. 2566.
2494 Am Rand: Nur halb wahr, denn Kinder werden venerisch geboren.
2495 Gehört zu »Genoveva«; vgl. Tgb. 2298.
2501 *Gräfin Dolores* - »Armut, Reichtum, Schuld und Buße der Gräfin Dolores«, Berlin 1810.
2502 *eine kleine Freude* - Vgl. Tgb. 2324 und 2461.
2505 Vgl. Tgb. 2098 und 2221.
2506 Am Rand: NB.
2508 S. 478 *Die, weil sie ihm nicht aus dem Innern kommt* - Krumm korrigiert das Original zu: *Die, weil sie dir nicht* ...

2509 Vgl. dazu Hebbels Brief an L. A. Frankl vom 18. 3. 1858 (in W V):
»In meiner Jugend wurde mein Geburtstag dadurch gefeiert, daß
ich am 18. März von meinem Vater keine Schläge erhielt; wenn ich
sie verdiente, bekam ich sie am nächsten Morgen.«

2512 *Karfreitag* – 25. März.

2513 *2ten Ostertag* – 28. März.

2516 Hebbel trägt sich bereits mit dem Gedanken einer Selbstbiographie;
vgl. auch die vorhergehende Notiz.

2520 Gehört zu einer der Skizzen, die Hebbel später zu »Aufzeichnungen aus meinem Leben« (W III, 711 ff.) umarbeitete; zur Entstehung vgl. W III, 973.
S. 485 *Emilie Voß* – verheiratete sich später mit dem Lotterie-Kollekteur Martens und nach dessen Tode mit dem Kirchspielschreiber Dethleffs. – *Sohn eines Tischlers* – Wilhelm Elsner.

2522 Die Notiz steht am Rand.

2523 *ich acht ... Jahre alt* – der Altersangabe entsprechend war die »Reise« im Jahre 1821.

2524 Vgl. Tgb. 2526.

2525 Vor dem Datum von Tgb. 2524.

2526 *Kisting* – Vgl. Tgb. 13 und Anm. – *zwischen den ... Polen* – Vgl. »Das höchste Gesetz«, W III, 911.

2527 Nach Krumm sind sicher »Das Element des Lebens« und »Das höchste Gesetz« gemeint.

2528 Dieser und der folgende Vierzeiler stehen nebeneinander. Am Rand mit roter Tinte: bis pag. 86 (Gedicht: der Mensch) hat der Buchdrucker Voigt am 18 Ap. die Gedichte erhalten. – Vgl. Tgb. 2553.

2531 *Der Druck meiner Gedichte* – Vgl. W III, 886. – *Sündigen ist nichts weiter* – Vgl. »Die Freiheit der Sünde«, W III, 105 und 902.

2534 Diese und die folgende Notiz zwischen Tgb. 2532 und 2533 nachgetragen. Zu Tgb. 2534 vgl. »Letzter Gruß«, HKA VI, 214, letzte Strophe.

2538 Später nachgetragen.

2540 *das famose Beckersche Rheinlied* – Nikolaus Becker (1809–1845) schrieb 1840 das Lied: »Sie sollen ihn nicht haben, den freien, deutschen Rhein...«, das über 70 mal vertont wurde. B. erhielt von Ludwig I. v. Bayern für dieses Gedicht einen Pokal und vom preuß. König 1000 Taler.

2544 In den freien Raum vor Tgb. 2543 nachgetragen.

2545 *Elise ist völlig entblößt* – Elisens Gesundheit hatte durch die Geburt des Söhnchens sehr gelitten; sie konnte nicht mehr wie früher der Arbeit nachgehen. Als Amalie Schoppe, die Hamburger Korrespondentin des Cottaschen Morgenblattes, nach Jena zieht, schreibt Hebbel am 12. 4. 1842 an Dr. Hermann Hauff in Stuttgart, er möchte Elise Lensing die Hamburger Korrespondenz für das Morgenblatt übergeben; er plante, selbst die entsprechenden Berichte zu schreiben. Elise scheint den Auftrag nicht erhalten zu

haben. (Vgl. »Hebbel-Dokumente«, hrsg. von Rudolf Kardel, 1931, S. 2f.).
2546 Vgl. Anm. zu Tgb. 223.
2548 *Schreckenswoche* – Vom 5.–8. 5. 1842 verbrannten 4219 Gebäude in 75 Straßen; vgl. Tgb. 3595.
2551 *Pfingsttag* – 15. Mai. – *Achill* – Vgl. W II, 511–13 und 728.
2552 *Vers* – Aus der Ode: »Das Landleben«, vorletzte Strophe.
2553 *Vogt* – Der Buchdrucker H. G. Voigt; vgl. Anm. zu Tgb. 2528.
2557 Am Rand: Schnock würde im M. Bl. 4 Bogen machen; also 188 fl.
2563 S. 496 *Regierungsrätin Rousseau* – Mutter von Hebbels verstorbenem Freund Emil Rousseau. – *Ihrem Sohne gewidmet* – Durch das Gedicht: »Dem Andenken meines früh geschiedenen Freundes Emil Rousseau aus Ansbach«. – *für die große Teilnahme* – Vgl. Tgb. 1893. – *Kalamität* – Vgl. Tgb. 2548 u. Anm.
2566 Vgl. Tgb. 2488.
2570 Am Rand: Torheit; vide Burdach.
Hebbel beschäftigte sich vermutlich mit Karl Friedrich Burdachs (1776–1847) »Der Mensch nach den verschiedenen Seiten seiner Natur« (Stuttgart 1836f.).
2571 *d. 23 Juni* – wohl Schreibversehen Hebbels statt *Juli*.
2573 *die Ausstattung ist gut* – Vgl. auch Tgb. 2553.
2575 *wie ich ihn 1836 auch fand* – Vgl. Brief an Elise vom 30. 9. 1836.
2576 Vgl. »Mysterium«, W III, 112 und 903. – Hebbel beschäftigte sich schon früh mit Überlegungen zur Unsterblichkeit; vgl. Tgb. 72.
2580 *Barbeck* – Vgl. Anm. zu Tgb. 26.
2581 Vgl. »Verwunderung und Auflösung«, HKA VI, 344.
2583 *Crelinger* – Vgl. Anm. zu Tgb. 1862.
2584 *die Verf.* – Werner vermutet die Schriftstellerin Charlotte von Ahlefeld (1781–1849).
2585 *Rousseau* – Vater von Hebbels verstorbenem Freund Emil Rousseau. – *Kopenhagen* – Hebbel plante eine Reise zu seinem Landesherrn, König Christian VIII. Friedrich (1786–1848), wo er eine Professur in Kiel für Ästhetik und Literaturgeschichte (vgl. Tgb. 2617) oder ein Reisestipendium zu erhalten hoffte.
2586 *Moltke* – Vgl. Anm. zu Tgb. 2372.
2588 Vgl. »Eine Antwort sondergleichen«, W III, 126 und 908.
2589 George Sand (Aurore Dupin) (1804–1876) veröffentlichte 1840 den Roman »Le compagnon du tour de France«.
2590 *Roman* – Krumm vermutet G. Sands Roman »Lélia«, 1833.
2595 Vgl. Tgb. 1097.
2597 Am Rand: Hamanns Ehe. – Hebbel sucht nach einer Rechtfertigung für sein Verhältnis zu Elise.
Hamann – Johann Georg Hamanns »Sämtliche Schriften«, hrsg. von Fr. Roth, Berlin 1821–43, 8 Bde. – *anis* – Anisöl, gewonnen durch Destillation von Anissamen mit Wasser; Heilmittel gegen Hautpilze.

2598 *differentia specifica* – bezeichnender Unterschied. – *Reziprozität* – Wechselbeziehung.

2605 (*Schon bemerkt.*) – Vgl. »Mein Wort über das Drama«, W III, 550, 37 ff.

2606 *Goethe* – in »Dichtung und Wahrheit«, III. Teil, 12. Buch: »Soviel glaubte ich jedoch durchaus zu ersehn, daß er, die Überlegenheit seiner Geistesgaben aufs naivste fühlend, sich jederzeit für etwas weiser und klüger gehalten als seine Korrespondenten, denen er mehr ironisch als herzlich begegnete.« (Hamburger Ausgabe Bd. IX, S. 515 f.).

2607 *Schütze* – Vgl. Anm. zu Tgb. 2304.

2609 *Bei Campe wegen des Geldes* – Vgl. Tgb. 2586. – *Hänschen* – Hebbels Hund.

2612 *Rendtorf* – Vgl. Anm. zu Tgb. 285.

2617 *Dr. Olshausen* – Vermutlich Justus Olshausen (1800–1882), Orientalist, der seit 1823 Professor für orientalische Sprachen in Kiel war. Vgl. Anm. zu Tgb. 2585. – Zur Reise vgl. Brief an Elise vom 13. und 23. 11. 1842.

2619 S. 516 Über Wienbarg vgl. W III, 944. – *Güldenstiern und Rosenkranz* – Hofleute am königlichen Hof in Dänemark in Shakespeares »Hamlet«. Sie reisen zusammen mit Hamlet nach England und führen einen geheimen Brief mit, der Hamlets sofortige Tötung befiehlt. Dieser entdeckt sein Todesurteil und schreibt es auf Rosenkranz und Güldenstern um.

S. 517 *bei einem* – Vermutlich ist Oehlenschläger gemeint; Krumm verneint dies. – »*Maientau*« – Vgl. »Genoveva« II, 5 V. 938: »So wäscht ein Kind sich wohl in Maientau.« – *Gelhusen* – nicht eindeutig zu entziffern. Krumm vermutet *Gardthausen*, geb. 1807 in Kopenhagen, später Pastor in Ulkebüll auf Alsen, Verfasser des epischen Gedichtes »Die Ostsee«, war ein Schützling des Königs und kam eventuell als Kandidat für die Professur der Ästhetik in Frage. – *Dankwart* – Vgl. Tgb. 2623 und 2627.

2622 *Jean Paul* – »Leben des vergnügten Schulmeisterlein Maria Wutz in Auenthal«.

2625 *Ewers* – Vgl. Anm. zu Tgb. 603. – *Witz* – Vgl. »Ein Trauerspiel in Sizilien«, W I, 392, V. 42 ff.

2627 S. 520 *ein paar Gedichte* – Vgl. HKA VII, 247. – *die Audienz* – Vgl. Brief am 11.–13. 12. 1842 an Elise. – *Moltke* – Vgl. Anm. zu Tgb. 2372.

S. 521 *Wenn ich studiere* – Hebbel beschäftigte sich mit Hegels Ästhetik.

2628 *Gewisse Dichter* – Hebbel denkt auch an Oehlenschläger; vgl. Tgb. 2634.

2633 Vgl. auch W III, 911.

2634 Diesen und den folgenden Brief legte Hebbel einem Brief vom 23. 1. 1843 an Elise bei.

2635 *Rendtorff* – Vgl. Anm. zu Tgb. 285.
Plato – Krumm zitiert das dem Platon zugeschriebene Distichon: »Die Grazien, die einen Tempel suchten, der nicht einfallen wird, fanden als solchen die Seele des Aristophanes.« – [*ist*] – fehlt bei Hebbel. – *Mann* – Bamberg liest – dem Sinn entsprechend – im Gegensatz zum Original *Herr.*

2636 *Thorwaldsen* – Bertel Thorwaldsen (1770–1844) war im Oktober 1842 aus Rom nach Dänemark gekommen. – *Er hat ein Gesicht ...* – Vgl. Hebbels Rezension über »Schillers Briefwechsel mit Körner«, HKA XI, 149: »Auch unsere Zeit hat einen großen Lyriker, der, wenn er wagte, sich für sich selbst auszugeben, ohne sich durch seinen Reisepaß oder durch einen Bekannten ausweisen zu können, sehr leicht für einen Betrüger gehalten werden würde...«. Hebbel denkt an Uhland. – *Andersen* – Der dänische Dichter Hans Christian Andersen (1805–1875), der 1833 in Rom Thorwaldsen kennengelernt und mit ihm Freundschaft geschlossen hatte.

2637 Vgl. Tgb. 1693 und »Der schlimmste Egoist«, W III, 124 und 907.

2638 Vgl. Brief an Elise vom 27. 2. 1843 (in W V).
Ganymed und der Adler – stammte aus dem Jahre 1805, ebenso auch die *Venus.* – *Hirten-Knabe* – aus dem Jahre 1817/18.

2640 Vgl. Brief an Elise vom 23. 1. 1843 (in W V). – *die Dithmarschen* – W II, 727.

2641 S. 526 *Spaziergang* – Vgl. Brief an Elise vom 31. 1. 1843. – *Gedicht* – »Letzter Gruß«.
S. 527 *Möser* – Justus Möser (1720–1794) veröffentlichte 1774 seine »Patriotischen Phantasien«, die in den folgenden Jahren mehrmals aufgelegt wurden. – *Scottschen Produktivität* – Anspielung auf den ungeheuren Fleiß, mit dem Sir Walter Scott seit 1826 Romane verfaßte, um dadurch für die Schuldenlast seiner Geschäftspartner aufzukommen. Scott hat sich buchstäblich zu Tode geschrieben. – *Rheinsberg* – »Hugo von Rheinberg«, Drama Oehlenschlägers.

2644 Vgl. auch Tgb. 2247 und W III, 515.

2646 *Ein Garten ...* – Vgl. Tgb. 2660.

2648 *Lotte* – Schwester von Hebbels verstorbenem Freund Emil Rousseau.

2649 Vgl. Hebbels Epigramm »Bei der Bestattung des Herzogs von Augustenburg«: »Ich nur sehe den Toten mit seinem geschlossenen Auge.« Hebbel hatte der Beerdigung eines Augustenburgers beigewohnt.

2651 *Wunderbaum* – Vgl. »Der Rubin« V. 19 ff.

2654 Hebbel fügte den Bericht über seine Fußreise von München nach Hamburg im Jahre 1839 erst jetzt ins Tagebuch ein.
S. 530 *Beppi* – Josepha Schwarz; vgl. Anm. zu Tgb. 422.
S. 531 *Holbergschen Komödie* – Ludwig Freiherr von Holberg (1684–1754), der »Vater des dänischen Lustspiels«, Verfasser zahlreicher Lustspiele. – *den folgenden Tag* – 14. März 1839.
S. 532 *Frischlin* – Nikodemus Frischlin (1547–1590), einer der be-

rühmtesten lateinischen Dichter und Philologen seiner Zeit. – *Regomontanus* – Johannes Müller (1436–1476), Mathematiker und Astronom. – *Ludwigskanal* – Verbindung von Bamberg bis Kehlheim, in den Jahren 1836–1845 unter König Ludwig I. von Bayern erbaut.

S. 534 *ein Gedicht* – »Im Walde«. – *Schneekoppe* – Schneekopf (983 m). – *Nun kam ich* – am 20. März. – *in Göttingen* – 22. März. – *ein Student* – Ihering; vgl. Anm. zu Tgb. 831 und Rudolf von Iherings Bericht (Friedrich Hebbels Persönlichkeit, hrsg. von Paul Bornstein, Berlin 1924.): Drei Semester hatte ich dort [in Göttingen dem Studium der Jurisprudenz] obgelegen, und es war, wenn ich mich recht entsinne, vor den Osterferien, als es eines Tages bei mir klopfte und ein Mann hereintrat, den ich beim ersten Blick nach seiner ganzen äußeren Erscheinung für einen Handwerksburschen hielt, der mich um ein Almosen ansprechen wollte. Die Kleidung und der Hut abgetragen und völlig bestaubt, die Stiefel schmutzig und abgetreten, der starke Knotenstock in der Hand, alles verkündete einen Mann, der eine lange Reise zu Fuß zurückgelegt hatte ... Hebbel kam, ohne sich mir vorher angekündigt zu haben, als mein Gast zu mir, und es zeigte sich sehr bald, wie nötig ihm der Zuspruch an meine Gastfreundschaft gewesen war. Er war von allen und jeden Mitteln entblößt, und es handelte sich nicht nur um seine Aufnahme bei mir, sondern ich war sogar genötigt, ihm sofort seine Stiefel, die alle ferneren Dienste versagten, neu versohlen zu lassen und ihn mit etwas Reisegeld für seine Weiterreise nach Hamburg zu versehen ... Ohne Zutun von meiner Seite hatte sich das Verhältnis sofort ungefähr so gestaltet, als beehrte der Lehrer den Schüler, ihn auf seinem Zimmer zu besuchen. Hebbel war der Gebende, ich der Empfangende; er erwies mir die Ehre, eine Gefälligkeit von mir entgegenzunehmen, für die allenfalls ich ihm, nicht er mir dankbar zu sein habe, und gab sich nicht einmal die Mühe, auf meine Interessen einzugehen, eine Vermittlung mit mir durch das Herabsteigen auf meinen Standpunkt zu suchen oder mir das Gefühl meiner geistigen Unreife oder Inferiorität zu ersparen ... als ich ihm für den Genuß und die Anregung, die er mir gewährt habe, meine Befriedigung ausdrückte, erwiderte er mir: daß er nicht sowohl meinetwegen geredet, als um sich seine Gedanken klarzusprechen. Ich hätte ihm bloß als Wand gedient, gegen die er sprach.«

S. 535 *Von Elze* ... – 26. März. – *Von Hannover* – 27. März.

S. 536 *Selten hat mich etwas so gerührt.* – Vgl. Hebbels Brief an seine Frau vom 26. 10. 1861. – *Von Soltau* ... – 29. März. – *Am nächsten Morgen* ... – 30. März. Ankunft in Hamburg am 31. März abends.

S. 537 *verachteten Branntewein* – Vgl. Tgb. 1832.

S. 538 *schlüpfend.* – Danach Schlußstrich ausradiert und der Schlußsatz später mit kleinerer Schrift hinzugefügt.

2660 Vgl. Tgb. 2646.

2661 Vielleicht Notiz zu den »Dithmarschen«, W II, 487 ff.

2663 Vgl. »Das Urgeheimnis«, W III, 127 und 908.

2665 *der Dichter mit rubinroten Blutstropfen* ... – Vgl. Brief an Elise vom 20. 3. 1843: Die dunkelroten Blutstropfen, die ich auf dem Wege zum Grabe ausschwitze ...«.

2666 *Ding* – Vielleicht die Tochter von Hebbels Hauswirt in Kopenhagen.

2669 *Menzel* – Vgl. Anm. zu Tgb. 1556.

2671 *Reisestipendium* – Hebbel erhielt ein Billett des Konferenzrates Collin mit folgendem Inhalt: »S. Majestät der König haben Hebbel allergnädigst ein Reisestipendium von 600 Rtl. jährlich auf zwei Jahre bewilligt.« (Krumm) Vgl. Brief an Elise vom 4. April 1843 (in W V).

2673 *Bülow* – Vermutlich der dän. General Frederik Rudbek Henrik von Bülow (1791–1858).

2677 *vom »bürgerlichen Trauerspiel«* – »Maria Magdalene«; die ersten Szenen waren während Hebbels Krankheit im März entstanden.

2688 Vgl. Tgb. 1685.

2690 *Alexis* – Hebbel bezieht sich auf Karl Leberecht Immermanns (1796–1840) Trilogie »Alexis« (Düsseldorf 1832).

2692 *Steffens* – Vgl. Anm. zu Tgb. 1171. Die entsprechende Stelle lautet: »Ich haßte, aber bewunderte ihn zugleich ... Von jetzt an, als ich die gemeine Gesinnung entdeckte [Angriff auf die königl. Familie, 1806] ward er mir inmitten seiner geschichtlichen Größe verächtlich.« (Krumm)

2696 Vgl. Tgb. 1983.

2701 Vorlage für die Erzählung »Die Kuh«, W III, 489 und 939.

2708 *Duller* – Vermutlich Eduard Duller (1809–1853), Schriftsteller und Historiker, der die »Genoveva« wohlwollend rezensiert hatte.

2710 *6 bis Jahren* – Die Zahl nach *bis* fehlt.

2714 Vgl. W II, 666.

2715 Vgl. »Gyges« V. 1830 ff. und »Frommer Spruch«, HKA VI, 370.

2717 *Ahrens Salon* – von Dirnen frequentiertes, berühmtes Hamburger Tanzlokal; vgl. »Mutter und Kind« V. 959 und Hebbels Anm. zu V. 1689. – *Petarde* – Sprengladung.

2719 Vgl. Anm. zu Tgb. 2935.

2720 *Dr. Wihl* – Vgl. Anm. zu Tgb. 1529. – *Wienbarg* – Vgl. W III, 944. – *Gravenh.* – Vgl. Anm. zu Tgb. 2. – *ein perfider Korse* – Nicht eindeutig zu entziffern. Werner nennt als Lesarten: eine gefickte Lerche, ein gescheiter Kerle.

2722 Vgl. »Ein Trauerspiel in Sizilien« V. 595 ff. und Tgb. 2747 und 2777.

2726 Vgl. »Zur Erinnerung«, W III, 144 und 910.

2728 Vgl. Tgb. 1622 und »Philosophenschicksal«, HKA VI, 339.

2737 *Erwiderung* – »Mein Wort über das Drama«, W III, 545 und 946 f.

2741 *Heiberg* – Vgl. vorhergehende Anm.

2747 *Das Recht des Besitzes hat scheußliche Konsequenzen.* – Hebbel beschäftigt sich wiederholt mit dieser Frage; vgl. auch Anm. zu Tgb. 2722.

2748 *insolenten* – anmaßenden. Krumm vertritt eine Korrektur zu *indolenten* (trägen, gleichgültigen).

2751 *Heibergs Angriff* – Vgl. Anm. zu Tgb. 2737.

daß auch im Wort die Unschuld ... – Vgl. »Vorwort zur Maria Magdalene«, W I, 307: »... denn wenn die Unschuld des Worts nicht respektiert, und von der dialektischen Natur der Sprache, deren ganze Kraft auf dem Gegensatz beruht, abgesehen wird, so kann man mit jedem eigentümlichen Ausdruck jeden beliebigen Wechselbalg erzeugen, man braucht nur einfach in die Bejahung der eben hervorgehobenen Seite eine stillschweigende Verneinung aller übrigen zu legen.«

2752 Vgl. »Nur weiter«, HKA VI, 362.

2754 Beim Datum von Tgb. 2753 nachgetragen.

2755 *Hamlet ist Shakespeares Testament* – Vermutlich entstand »Hamlet« bereits im Jahre 1600/01, während die Entstehung des »Lear« für das Jahr 1605/06 angenommen wird.

Heinrich Heine

»Heine wirkt jetzt mit einem Mal wieder frisch wie
am ersten Tag – ein unstreitbares Verdienst
des Herausgebers. Wie Briegleb mit Heine umgeht,
das sieht auf eine so geniale Weise selbstverständlich und einleuchtend (wenn auch keineswegs
einfach) aus, daß man sich fragt, wie man Heine
jemals habe anders edieren können.«

Frankfurter Allgemeine Zeitung

**Heinrich Heine
Sämtliche Schriften**
Herausgegeben von Klaus Briegleb.
1968 ff. Sechs in sieben Dünndruckbänden. Leinen.

Fordern Sie unseren ausführlichen Klassikerprospekt an bei:
Carl Hanser Verlag, Kolbergerstr. 22, 8000 München 80

bei Hanser

Friedrich Hebbel · Tagebücher · Band 2

Literatur · Philosophie · Wissenschaft

Friedrich Hebbel

Tagebücher
1843–1847

Band 2

Deutscher Taschenbuch Verlag

Vollständige Ausgabe in drei Bänden.
Herausgegeben und mit Anmerkungen versehen
von Karl Pörnbacher.
Text und Anhang sind der im Carl Hanser Verlag,
München, erschienenen fünfbändigen Hebbel-Ausgabe,
Werke, herausgegeben von Gerhard Fricke, Werner Keller
und Karl Pörnbacher, Band IV und V, entnommen.

Band 3 der vorliegenden Ausgabe enthält im Anhang
ein Personenregister von Karl Pörnbacher und eine Lebens- und
Werkchronik; Werner Keller erstellte zusammen mit
Jan-Dirk Müller, Köln, die Bibliographie und
ein Begriffsregister.

August 1984
Deutscher Taschenbuch Verlag GmbH & Co. KG, München
© 1966/67 Carl Hanser Verlag, München
Umschlaggestaltung: Celestino Piatti unter Verwendung
eines Stiches von C. Geyer:
Porträt Friedrich Hebbel, 1847
(Theatergeschichtliche Sammlung der Stadt Kiel)
Gesamtherstellung: C. H. Beck'sche Buchdruckerei,
Nördlingen
Printed in Germany · ISBN 3-423-05947-8

INHALTSÜBERSICHT

Tagebücher (1843–1847) 7
Anhang 367
  Abkürzungen 368
  Anmerkungen 369

ZWEITES TAGEBUCH

Angefangen August 1843
d. 19 August 1843.

Ich werde meinen Gewohnheiten ungetreu. Ein gebundenes Tagebuch! Vierundzwanzig Bogen auf einmal! Ein starker Wechsel, auf die Zukunft gezogen! Sonst beschrieb ich Blatt nach Blatt und heftete nachher alles mühsam mit der Nadel zusammen. Doch, man reist nach Paris und Italien steht in Aussicht. Da ist es vielleicht vernünftig, daß man sich durch eine solche Masse weißen Papiers die Pflicht, es zu beschreiben, immer gegenwärtig erhält. Im allgemeinen haben meine Tagebücher freilich sehr geringen Wert: Zustände und Dinge kommen kaum darin vor, nur Gedanken-Gänge, und auch diese nur, soweit sie unreif sind. Es ist, als ob eine Schlange ihre Häute sammeln wollte, statt sie den Elementen zurückzugeben. Aber man sieht doch einigermaßen, wie man war, und das ist sehr notwendig, wenn man erfahren will, wie man ist. Das ganze Leben ist ein verunglückter Versuch des Individuums, Form zu erlangen; man springt beständig von der einen in die andere hinein und findet jede zu eng oder zu weit, bis man des Experimentierens müde wird und sich von der letzten ersticken oder auseinanderreißen läßt. Ein Tagebuch zeichnet den Weg. Also fortgefahren! [2756]

Diese letzten 14 Tage über in wahrhaft verrückten Gemütsstimmungen verlebt. Liebes-Empfindungen – 30 Jahre alt! [2757]

Form: ein kümmerlicher Damm zwischen dem Bach und dem Meer. Beide arbeiten, ihn zu zerbrechen. [2758]

Gott: das Selbstbewußtsein der Welt, nach Analogie menschlichen Selbstbewußtseins gesetzt. Ob er ist, ob nicht? Wer will antworten! Aber so viel ist gewiß, daß mit ihm, wenn nicht der Grund, so doch der Zweck der Welt wegfällt. [2759]

Rasch und langsam leben. Das eine heißt, das Leben genießen, das zweite: sich die Gelegenheit zum Lebensgenuß erhalten, das Mittel mit dem Zweck erkaufen. [2760]

Im Lebensstrom schwimmen. Wer nicht untergehen will muß nichts erfassen. [2761]

Ich sah neulich den Sohn der Wildnis von Halm. Das ganze Stück bewegt sich um den *Bart* des Ingomar, des Tektosarden-Häuptlings. Er ist ein Barbar, solange er den Bart trägt, und seine Gesittung ist vollständig, sobald er sich ihn abschneiden läßt. Der dramatische Geist erscheint hier also zur Abwechselung einmal als Barbier. Köstlicheres, als die Szene, wo Parthenia dem Wilden ihr Erdbeerkörbchen aufzwingt und sich dafür mit seinen Waffen beladet, habe ich lange nicht gesehen; der Kontrast war schon an und für sich ziemlich verständlich, aber der Dichter kam der Fassungskraft des Parterres noch ausdrücklich durch ein: »nun er den Korb hat, können wir gehen« zu Hülfe und die Wirkung war natürlich schlagend. Parthenia ist ein herrliches Gebilde. Sie ex[z]elliert so recht in der Kulissen-Naivetät, die ich die zweite Unschuld nennen mögte, diejenige, die durchs Fallen erstarkt und die eben darum gar nicht verlorengehen kann. Jawohl, das ist die zweite Iphigenie, wie sich ein Hamburger Rezensent ausdrückte! Einmal, im fünften Akt, zitterte ich für den Dichter. Ich glaubte, ihm sei ein vernünftiger Gedanke gekommen und da ward mir bange, wie einem wird, wenn man einen Funken in einen Strohschober fliegen sieht. Aber ich hatte mich getäuscht. Wie Ingomar sich nämlich Parthenias wegen seiner Häuptlingsschaft abgetan hat und bei ihrem Vater, dem Schmied, in die Lehre gegangen ist, machen ihm die Griechen den Antrag, er solle sich in das Lager der Tektosarden schleichen, die die Stadt bedrohen, und ihre Pläne auskundschaften. Ich dachte, dies geschähe, um sich zu überzeugen, ob er des Verrates fähig und also für einen Verräter zu halten sei. Ich dachte: wenn er seinen Abscheu gegen eine solche Tat ausspricht, so werden die Antragsteller ihn umarmen und ihm nichts Böses mehr zutrauen; wenn er aber Ja sagt, so ist er verloren, darum ködern sie ihn mit Bürgerrecht und Landbesitz. Das wäre übel gewesen, denn dann hätte die Alberheit sich nicht vollständig entwickeln können, das bißchen Vernunft würde gestört haben. Doch ich hatte ohne Grund gefürchtet. Es war ernsthaft gemeint, der Dichter hatte es noch auf einen letzten großartigen Kontrast abgesehen gehabt, er hatte zeigen wollen, daß man in der Wüste edel und menschlich, in der Stadt listig und schlecht sein könne! Was mag er sich auf diesen Gedanken einbilden! O Drama, o Theater, o Publikum! [2762]

Vater speist den Max und Max speist die Birne. [2763]

Die Menschen haben viele absonderliche Tugenden erfunden, aber die absonderlichste von allen ist die Bescheidenheit. Das Nichts glaubt dadurch etwas zu werden, daß es bekennt: ich bin nichts! [2764]

Der Bescheidene
Ich bin nichts und wills gestehen
Und das ist mir nur ein Spiel,
Denn ihr sollt ein Wunder sehen:
Eben dadurch werd ich viel! [2765]

Das Auge gibt den Ring ab für die Atmosphäre. [2766]

Eine erlaubte Art des Selbstmords. Ein Mensch vollzieht wegen Beleidigung der sittlichen Idee ganz in der Stille an sich selbst das Todesurteil. [2767]

Komische Verzweiflung eines Materialisten: Millionen Bäume haben Früchte getragen und ich habe sie nicht gekostet, weil ich noch nicht geboren war; Millionen Bäume werden Früchte tragen und ich werde sie nicht kosten, weil ich gestorben bin; das ist eine Wahrheit, die ich nicht verwinden kann. [2768]

d. 29sten August.
Gestern sah ich Emma Schröder wieder. Nicht ohne Wehmut, denn dieses Mädchen, das ausgezeichnetste, das ich kennenlernte, neigte sich mir vor Jahren in Liebe entgegen, und wenn sich nicht nichtswürdige Dinge zwischen sie und mich gestellt hätten, so würde ich das höchste Glück der Erde auch einmal

gekostet haben und das hätte mein Leben vielleicht in der innersten Wurzel wieder aufgefrischt. Das sollte nicht sein, der Neid eines alten Weibes wußte uns auseinanderzubringen, ja er wußte noch mehr zu tun, er wußte ihr Bild in meiner Seele zu verdunkeln, indem er ihr Reden über mich und Elise in den Mund legte, die sich mit einem edlen jungfräulichen Gemüt nicht vertrugen. Sie hat sich gestern gegen Elise ausgesprochen, alles ist Lüge und Verleumdung und mir tut es unendlich wohl, daß ich nun doch wenigstens ihr Bild gerettet habe. Eine Erscheinung von wunderbarem Liebreiz, dämmernd wie der Sternen-Himmel in einer duftigen Nacht! [2769]

Bildung ist ein durchaus relativer Begriff. Gebildet ist jeder, der das hat, was er für seinen Lebenskreis braucht. Was darüber, das ist vom Übel. [2770]

In Bezug auf unsere höchsten Bedürfnisse sind wir gewiß wie die Kinder. Wir verlangen, und wissen nicht warum. [2771]

Woher die Abneigung artistischer Naturen gegen die bürgerlichen Verhältnisse? Weil diese, wie z.B. die Ehe, von allem schönen Menschlichen den Duft abstreifen, schon dadurch, weil sie es zwingen wollen, länger zu dauern, als es in den meisten Fällen kann. [2772]

Die Liebe ist vergänglich. Ja. Aber das Taufwasser vertrocknet auch. Sollen wir darum die Weihe der Taufe gering achten?
[2773]

Wie oft träumt man und weiß, daß man nur träumt. Aber man weiß auch, daß das Zimmer noch nicht geheizt, der Kaffee noch nicht gekocht ist, und träumt fort. [2774]

Wer an Glück glaubt, der hat Glück. [2775]

Es ist törigt, von dem Dichter das zu verlangen, was Gott selbst nicht darbietet, Versöhnung und Ausgleichung der Dissonanzen. Aber allerdings kann man fodern, daß er die Dissonanzen selbst gebe und nicht in der Mitte zwischen dem Zufälligen und dem Notwendigen stehenbleibe. So darf er jeden Charakter zugrunde gehen lassen, aber er muß uns zugleich zeigen, daß der Untergang unvermeidlich, daß er, wie der Tod, mit der Geburt selbst gesetzt ist. Dämmert noch die leiseste Möglichkeit einer Rettung auf, so ist der Poet ein Pfuscher. Von diesem Gesichtspunkt aus ergibt sich dann aber auch eine viel höhere Schönheit und ein ganz anderer, zum Teil umgekehrter Weg, ihr zu genügen, als diejenige war, die Goethe anbetete. [2776]

Rothschild müßte den Gedanken haben, all sein Geld in Landbesitz zu stecken und das Land unbebaut liegen zu lassen. Nach dem in der Welt geltenden Eigentumsrecht könnte er es tun, wenn auch Millionen darüber verhungerten. [2777]

Ein Held, der einen schwachen König vom Thron stößt, weil ihn das Volk jammert, nicht aus Ehrgeiz, sondern weil er fühlt, daß der größte Wirkungskreis für ihn ist, und weil er es mit zu seiner Lebens-Aufgabe erachtet, jenen zu verdrängen. [2778]

Prinzmetall – in eines Königs Lenden. Ausdruck. [2779]

Wem der Wind die Perücke einmal entführt hat, der kann sie noch immer wieder aufsetzen, aber man hat vorher seinen kahlen Kopf gesehen. [2780]

Ein Ehemann, der sich von seiner Frau jedesmal Quittung geben läßt, wenn er seiner Pflicht Genüge geleistet hat. [2781]

Die Sonne kann nicht Gegenstand eines Gemäldes werden.
[2782]

Ein Baumeister, der einen Tempel so baut, daß der erste, der einen Stein daran verrückt, erschlagen werden muß, weil dann das Ganze zusammenstürzt. [2783]

Gott ist alles, weil er nichts ist, nichts Bestimmtes. [2784]

Die Proletarier in Paris, wie die Ungeheuer des Meeres in der Tiefe, während oben alles blank und ruhig scheint. [2785]

So wenig das abgezapfte Blut der Mensch ist, so wenig ist der auf Sentenzen gezogene Gedanken-Gehalt das Gedicht. [2786]

Wie wenig ist *Gehirn* am *Menschen;* sollte mehr *Gehirn* an der Menschheit sein? Das meiste träges, dickes Fleisch. [2787]

d. 20sten Sept:
St Germain en Laye.
Am 8ten d. M. reisete ich von Hamburg ab, am 12ten abends spät kam ich in Paris an. Ich befinde mich hier im allerhöchsten Grade unbehaglich, und glaube nicht, daß dies sich ändern wird. [2788]

Die Lilie tritt aus der Erde hervor, denn es war ihr in deren Schoß zu finster, aber sie mögte wieder in die Erde zurück, denn draußen ists ihr zu hell. [2789]

d. 28sten Sept:
Gestern abend spät erhielt ich einen Brief von Elise. Meine erste Freude in Frankreich. [2790]

Für einen Dichter ist es immer schlimm, wenn er zum Haupt einer Schule erklärt wird. Das ist unstreitig Tiecks Unglück gewesen. Ihm wurden nun aus Stimmungen Tendenzen gemacht und er mußte noch katholisieren, als er schon mehr als Protestant war. [2791]

Wenn gewisse Blumen blühen, kann ich nicht leben, ich mögte die Zeit verschlafen. [2792]

– Er kann es sich nicht vergeben, daß er einmal Käse und Brot zu Mittag gegessen hat. [2793]

Brief an Elise vom 3 Okt.
– Versailles. Es ist ein erdrückender Eindruck. Das Ganze läßt sich nicht bewältigen und vor dem Einzelnen kann man nicht

verweilen, man hat keine Ruhe, einem solchen Reichtum gegenüber. Man würde sich nicht wundern, zur Abwechselung auch einmal einen der Säle mit Goldstücken gepflastert zu finden, man würde sich gewiß keinen Augenblick bedenken, darauf zu treten. Wer bleibt denn noch stehen vor einer Statue, wenn er die Statuen regimentsweise aufgestellt sieht. Wer betrachtet ein Gemälde, wo die Gemälde wie Kartenblätter umhergestreut sind. Das Höchste, das Schönste sinkt im Preis, wenn es nicht mehr das einzige ist. Aber ich wußte mich doch bald zu fassen, ich machte es, wie ich es schon öfter machte, wenn Sinne und Organe nicht mehr ausreichen, ich suchte das Verwandteste auf und klammerte mich an dieses an. Das Verwandteste auf diesem Boden ist mir aber das Historische. Mehr Porträts weltgeschichtlich bedeutender Personen, wie hier, findet man wohl nirgends beisammen, und für die Treue bürgt der Ort, wo sie hängen.

– wie dem Landjunker, der erschrocken aufsprang, als er sah, daß er mit dem König zu Tisch saß.

– Notre Dame de Paris. Ein wahrhaft mittelalterliches Gebäude, schwarz, finster, schnörkelhaft, das ungefähr wie eine Krähe aussieht, die sich verspätet hat und die mit blinden Augen in den ringsumher aufgeblühten Mai hineinstiert.

– Das Pantheon. Welch ein Gebäude! Einen solchen Eindruck hat noch kein Werk der Architektur auf mich gemacht. Von außen treten dem Auge die einfachsten, edelsten Formen entgegen; Säulen wie Eichen, Wände, wie geglättete Felsen. Im Innern ein ungeheures, heiter-stilles Oval; die Kämpfe sind abgetan, die Kraft ist erprobt, hier darf die Größe in ungestörtem Frieden sich selbst genießen. Die Gewölbe, nicht ganz finster und nicht ganz hell, vergegenwärtigen ergreifend jene Dämmerung, worin man sich die Schatten der Abgeschiedenen immer unwillkürlich denkt. [2794]

Untergeordnete Berühmtheiten: Kork, auf den Wellen der Zeit. [2795]

Französische Huren: man kann sich die Liebe gradweise bestellen. Erster Grad: 5 Franken. Dann sind sie gewissermaßen Jungfrauen, die sich duldend und leidend ins Unvermeidliche ergeben; sie werden auf gelinde Weise genotzüchtigt. Zweiter Grad: 10 Franken. Nun werden sie Ehefrauen, die noch nicht zu lange verheiratet sind und die den Mann gut zu stimmen suchen, weil sie einen Schal zu erküssen wünschen. Sied-Grad: 15 Fr. Dann sind sie alles, was sie sein sollen. (Übrigens reine Phantasie, bis jetzt wenigstens nicht auf Erfahrung gegründet.) [2796]

Was nimmt dem Leben den Zauber in späteren Jahren? Weil wir in all den bunten verzerrten Puppen die Walze sehen, die sie in Bewegung setzt, und weil eben darum die reizende Mannigfaltigkeit der Welt sich in eine hölzerne Einförmigkeit auflöst. Wenn ein Kind die Seiltänzer singen, die Musikanten blasen, die Mädchen Wasser tragen, die Kutscher fahren sieht, so denkt es, das geschehe alles aus Lust und Freude an der Sache; es kann sich gar nicht vorstellen, daß diese Leute auch essen und trinken, zu Bett gehen und wieder aufstehen. Wir aber wissen, warum es geschieht. [2797]

> Nicht darf der Staub noch klagen,
>   Der glühend und bewußt
> Die ganze Welt getragen
>   In eigner enger Brust;
> Worin ich mich versenke,
>   Das wird mit mir zu eins,
> Ich bin, wenn ich ihn denke,
>   Wie Gott, der Quell des Seins.
>   (in Heidelberg geschrieben.) [2798]

d. 14ten Oktober.
Heine war bei mir und sprach mir über die Judith. Er habe sie in einer Sitzung gelesen und sie habe einen tiefen Eindruck auf ihn gemacht. Ein Urteil über das Werk als Werk habe er noch nicht, aber über einzelnes sei ihm schon manches klar geworden. Daß dies Werk in unsrer Zeit möglich gewesen, sei ihm wunderbar; ich gehöre mit meiner außerordentlichen Gestaltungskraft noch unserer großen Literatur-Epoche an, in die jetzige Epoche der Tendenzen passe ich nicht hinein. Das Schöne

des Werks, und besonders das Große, sei ihm gleich entschieden
entgegengetreten; vieles habe er bewundert und angestaunt. Es
sei aber auch etwas Gespenstisches darin, und jedenfalls mehr
Wahrheit, als *Natur*, ... Natur, wie man sie bei Shakespeare
finde. Dies Gespenstische walte vorzüglich in der Schilderung der
ersten Hochzeitsnacht, die sehr schön sei. Auch Holofernes in
seiner Selbst-Vergötterung sei sehr tief angelegt und ich hätte
ihm, dem blassen jüdischen Spiritualismus gegenüber, gern noch
mehr kecke Lebenslust geben können. Doch sei Holof. nicht
ganz so, wie das übrige, zum Vorschein gekommen, sondern
gebrochen, wenigstens die Masse werde ihn nie verstehen. Die
Darstellung der Zeit und des Volks sei mir ebenfalls, ohne daß ich
nach Art der Romantiker in weitläufigen Einzelheiten luxuriert
hätte, außerordentlich geglückt; ein einziger Zug gebe oft das
Bild. Ich ginge denselben Weg, den Shakespeare, Heinrich Kleist
und Grabbe gegangen. – Einige Tage zuvor sagte mir Dr Bamberg schon, daß Heine mit größter Anerkennung zu ihm über die
Judith gesprochen und geäußert habe, ich sei der Bedeutendste
von allen. [2799]

d. 16 Okt.

Heute abend saß ich mit Bamberg in einem Café am Place de
Grève, das Stadthaus mit seiner illuminierten Uhr, wo Robespierre sich erschossen hat, vor mir. Es war mir eine ganz eigene
Empfindung. Die Comptoir-Dame las die Memoiren der Herzogin
von Abrantes, ein Gast spielte Schach mit einer alten Dame,
draußen vor der Tür spielten die Kinder, ich selbst studierte
französische Zeitungen, aber im Geist sah ich die Karren rollen,
die den Inhalt der Gefängnisse an die Guillotine ablieferten, ich
sah den schrecklichen Henriot, ich hörte das Beil fallen. – Nachher erzählte mir Bamberg, daß er in Wien Glucks Schädel hätte
ausgraben und stehlen wollen; darauf sei er gekommen, weil
man Haydns Schädel, als der Fürst Esterhazi den Leichnam habe
ausgraben lassen, vermißt und herausgebracht hätte, daß ein Arzt
ihn dem Toten bei der Bestattung im Leichenhause abgeschnitten
und, unterm Mantel verborgen, mit nach Hause genommen habe.
[2800]

d. 17 Okt.
Heute morgen den zweiten Akt am bürgerlichen Trauerspiel geschlossen. Pariser Regenwetter. Grauer Himmel – kalt. [2801]

Wenn ein Bildhauer, statt zu meißeln und das Bild, das ihm vorschwebt, in Marmor hinzustellen, ausrufen wollte: o wie schön, wie herrlich! so würde man ihn auslachen; mittelmäßigen Poeten gestattet man es noch immer. [2802]

Wir Menschen sind, wie Schwämme, wir trinken uns voll Leben, dann wirds wieder ausgedrückt. [2803]

Den Schmerz wie einen Mantel um sich schlagen. [2804]

d. 24sten Oktober.
†
Mein Max, mein holdes, lächelndes Engelkind mit seinen tiefen blauen Augen, seinen süßen blonden Locken, ist tot. Sonntag, den 22sten, mittags um 1 Uhr erhielt ich die Nachricht. Da liegt seine kleine Locke vor mir, die ich schon nach Kopenhagen mitnahm und die ich seither – es stehe hier! – noch nie betrachtete; sie ist das einzige, was mir von ihm übrigblieb. O, wenn ich mir das denke, daß dies Kind, das keiner – mich selbst, den Vater, den großen Dichter ausgenommen, es stehe auch hier! – ohne Freude und Entzücken betrachten konnte, so schön, so anmutig war es, daß dies Kind nun verwesen und sich von Würmern fressen lassen muß, so mögt ich selbst ein Wurm werden, um mitzuessen, um als scheuseliges Tier meinen Anteil dahinzunehmen, den ich als Mensch, als Vater verschmähte. Ich könnte diese Locke hinunterschlingen, ich könnte etwas noch Ärgeres tun, ich könnte sie verbrennen, weil ich sie nicht verdiene! O mein Max, umschwebe mich nicht, auch keine Minute, bleibe bei deiner Mutter, tröste sie, lindere ihren Schmerz durch deine geisterhafte Nähe, wenn du es vermagst, nur nicht meinen, nicht meinen! »Ich habe mich versteckt, sucht mich, der wird mich nie wieder finden, der mich nicht genug geliebt hat!« Das ist der Trost, der aus der Ewigkeit zu mir herüberklingt. Ich sehe dich, Kind, süßes aufquellendes Leben, wie du mittags an deinem

kleinen Tisch saßest und mir zunicktest und sagtest: ich mag auch Wein! und wartetest, ob ich einen Tropfen für dich übrig ließe. Und das Gesicht, das süße, süße Gesicht! O Gott, o Gott! Du stelltest den Engel vor meine Tür und er lächelte mich an und sagte: willst du mich? Ich nickte nicht ja, aber er kehrte doch bei mir ein, er dachte: sieh mich nur erst recht an, dann wirst du mich schon behalten, mich nicht wieder lassen wollen. Aber ich hatte selten einen anderen Gedanken, als den: wie soll ich ihn ernähren, und in meiner unmännlichen Verzagtheit war ich stumpf und dumpf gegen das Glück, das sich um mich herum bewegte, das ich nur in die Arme zu schließen brauchte, um einen Schatz für alle Zeiten zu haben. Da rief Gott ihn wieder ab, und er ging doch nicht gern, denn er hatte eine Mutter, die ihm zum Ersatz für den Vater zweimal Mutter war. Nun helfen keine Klagen, keine Schmerzen, keine Tränen! O, es ist wahr, ich zittere vor der Zukunft, ich weiß nicht, woher ich den Bissen Brot nehmen soll, dessen ich bedarf, ich habe eine größere Angst, als der Bettler am Wege, denn ich fürchte das zu werden, was er schon ist. Aber, ich hätte mich auf das Ärgste gefaßt machen, ich hätte den Entschluß fassen sollen, das Kind mit Betteln durchzubringen und ihm den Bettelstab, als Erbteil, zu hinterlassen, dann hätt ich meine Pflicht getan, dann braucht ich mich nicht vor jedem Arbeitsmann, der mir im Schweiß seines Angesichts begegnet, zu schämen, dann könnt ich jetzt ruhig sein und sprechen: der Herr hat ihn gegeben, der Herr hat ihn genommen, der Name des Herrn sei gepriesen! Und wie oft war ich hart, grausam gegen das Kind, wenn es mir in meinen finstern Stimmungen in seiner rührenden unschuldigen Lebenslust entgegen trat! O, daß ich nie geboren wäre! Der Seufzer kommt mir aus tiefster Brust! Und nicht einmal den kleinen Trost hab ich, daß es leicht gestorben ist, daß es seine Seele spielend ausgehaucht hat! Es hat furchtbar gelitten, acht Tage lang, an der Gehirn-Entzündung, gequält von zwei privilegierten Mördern, deren einer, Dr **Krämer,** die Mutter sogar einmal, als sie in Person zu ihm eilt und er noch nicht mit der Toilette fertig ist, in ihrer Todesangst empörend angefahren hat! Und nun, in meinem tiefen Weh, in meiner durch kein Bewußtsein erfüllter Pflicht und bewiesener reiner Menschlichkeit gelinderten Verzweiflung muß ich einen noch härteren

Schlag fürchten! Was hat Elise ausgehalten! Welch einen Brief hat sie mir geschrieben! So schreibt kein Held! Diese Fassung flößt mir Entsetzen ein! Gott, Gott! Du hättest ihr das Kind lassen sollen, als Du sahst, was sie litt, was sie tat, was sie ertrug! Hätte sies durchgebracht, so wollt ich hoffen; kann und wird sies jetzt verwinden? Wenn ein Funke Erbarmens für mich übrig ist, wenn alle Geschöpfe versorgt sind, und es blieb noch ein Rest, so muß ich mich täuschen! Ich bin so lange, bis ich wieder einen Brief aus Hamburg erhalte, wie einer, der mit dem Kopf auf dem Block liegt – fünf Tage läuft mein eigner Brief, fünf Tage für die Antwort, also zehn solcher Tage stehen mir bevor und dann werd ich ersehen, ob das Haupt mir abgeschlagen wird oder ob ich es wieder aufrichten darf. Am 2ten Oktober starb mein Max; vor 4 Jahren starb an demselben Tage mein Freund Rousseau. Du hast recht, Elise, September, Oktober, das sind für mich verhängnisvolle Monate! Erst am 22sten Oktober, nachdem er längst zur Erde bestattet war, erfuhr ichs. Ich hatte nicht die geringste Ahnung gehabt, und weil ich erst von Skt Germain nach Paris hineinziehen mußte und also die Adresse veränderte, konnte Elise mir nicht eher schreiben. O Gott, fröhlich war ich in der Zeit nicht, aber ich arbeitete doch, ich dichtete an meinem Trauerspiel, ich tat mir vielleicht in demselben Augenblick auf eine gelungene Szene etwas zugute und freute mich, als das Kind mit dem Tode kämpfte. Schrecklich! Ja, ich erinnere mich, den Abend des 1sten Oktobers war ich auf einem Ball und sah den Cancan tanzen! Freilich gefiel mir nicht der Tanz, aber doch die Musik! Einmal haben sie dem Kind mein Bild gereicht, da hat das Süße es mit Lebhaftigkeit erfaßt und es an seine heißen Lippen gedrückt und geküßt und wieder geküßt. Ach alle Liebe der Mutter wohnte in ihm, ich hab es wohl gemerkt. Und auch das hat nicht in die Ferne auf mich gewirkt. Nein, Elise, es gibt keine Ahnung. Darf das ein Trost, ein kleiner Trost in meiner Angst um dich sein? O du teures, liebevolles Kind! Könnte ich wenigstens dein Bild in mir hervorrufen. Ich kanns nicht, ich habs nie gekonnt. Allmächtiger Gott, sie! Sie! Ginge sie auch dahin, und ich könnte nicht wieder gutmachen, was ich an ihr verbrochen habe, könnte ihr nicht wenigstens meinen Namen geben, wenn ich denn nichts anderes zu geben habe, dann wollt ich, der

Schmerz um sie sengte mir den Geist bis auf den letzten Gedanken aus dem Gehirn und ich müßte Gras fressen, wie ein Tier. Die Donner rollen über mir – mir ist, als ob ich schon getroffen bin, indem ich erst getroffen zu werden zittere. Und da geht der Bamberg an mir hin und her und spricht: fassen Sie sich, bedenken Sie, was Sie sich und der Welt schuldig sind! Mir! Mich in allen Tiefen aufzuwühlen und mich zu zernagen, solange der letzte Zahn noch nicht verstumpft ist. Der Welt! Ein Mensch zu sein, nicht ein solcher, der sich durch das, was man Kraft und Talent nennt, über die einfach-ewigen sittlichen Gesetze hinauszuschrauben sucht, sondern ein solcher, der sich dahin stellt, wo ihm alle Messer mitten durch die Brust schneiden. O, ich bilde mir nicht ein, daß ich durch meinen Schmerz etwas abbüßen kann. Aber ich werde mir auch nie einreden lassen, daß Gefühllosigkeit Kraft ist und daß man Fassung hat, wenn man seine Tränen im Glase auffängt und nachzählt und spricht: es ist genug, nun schone die Augen, denke daran, daß du blind werden kannst und dann eines Führers bedarfst, der Welt also eine Last aufbürdest, indem sie den Führer hergeben muß. Hör auf. [2805]

d. 26 Okt.
Allmächtiger Gott! Wie mir jetzt die Tage verstreichen! Eine namenlose Angst erfüllt mich, ich weiß mich nicht zu lassen! Ein Jahr meines Lebens für einen Brief von Elise! Schon zweimal habe ich ihr geschrieben, kurz hintereinander, damit wenn der erste Brief zu wirken aufhört, der zweite wieder anfange! Wenn ein Funke von Erbarmen bei Gott für mich vorhanden ist, so werde ich nicht so schrecklich bestraft, alles, was ich liebe, auf einmal zu verlieren. Auf ihren Brief antworten, hieß sprechen nach der Hinrichtung! Ich habe mich möglichst gefaßt, als ich ihr schrieb. O Gott! O Gott! [2806]

d. 3ten November.
Gestern mittag erhielt ich einen Brief von Elise. Gott sei Dank! Er ist zwar wenig tröstlich, denn noch immer spricht die fürchterlichste Aufregung aus ihm, aber es ist doch ein Brief von ihr. Nun will ich ihr Bild wieder über meiner Kommode aufhängen. Ich hatte es abgenommen, weil ich fürchtete, die Menschen, die

in meiner Abwesenheit das Zimmer reinigen, könnten es zerbrechen. O Elise, denke an den Schmerz um dein Kind, wie du ihn fühlst, und dann frage dich, ob es an einem Leben, worin solche Schmerzen möglich sind, viel verloren hat! Und doch – das sind Reden! [2807]

†

An Elise

Paris d. 6ten Nov.

Meine teuerste Elise!

Gestern wirst Du meinen letzten Brief empfangen haben, wie ich den Deinigen; möge er Dir an diesem Tage zu einiger Freude gereicht sein. Trösten konnte ich Dich nicht, das kann Gott selbst nicht, er kann nur wiedergeben; aber wie man, wenn man Arm und Bein verlöre, sich doch wieder in das verstümmelte Dasein einleben müßte, so muß man sich auch nach dem schmerzlichsten Verlust wieder in sich selbst und in die verödete Welt zu finden suchen, und die dunklen Mächte nicht durch ungebändigtes Anklammern an das Einzelne reizen, das Ganze zu nehmen, und den Menschen, der sie *grausam* schilt, dadurch zu belehren, daß sie *gnädig* waren, indem sie ihm noch etwas ließen. Es ist eine Wollust, sich selbst zu zerstören, die Wunden, wenn sie sich zu schließen anfangen, wieder aufzureißen und das edelste Lebensblut als Toten-Opfer dahinströmen zu lassen; ich kenne sie und habe oft auf diese Weise gefrevelt, bin Gott oft in meinem eigenen Ich als Teufel, dem schaffenden und bindenden Prinzip als vernichtendes und lösendes, entgegengetreten; auch kann der Mensch im ersten Augenblick nicht anders, wenn ihm das Teuerste entrissen ist, weil er sein über Tod und Grab hinausreichendes Liebesbedürfnis nur noch so zu befriedigen vermag. Aber endlich muß man widerstreben, und dies gelingt am ersten, wenn man auf das zurückblickt, was einem noch blieb, und wenn man bedenkt, daß man dies mit zerstört, wenn man sich selbst aufreibt. Sieh, Elise, ich habe Gott auf meinen Knieen gedankt, als ich mit Deinem ersten Brief die Gewißheit dahinnahm, daß er mir Dich gelassen hatte, und ihm meinen Schmerz geopfert; wenn ich Dir etwas bin, so wirst Du es ebenso machen. Und vielleicht führt in diesem Fall für Dich, wie für mich, das Trostlose etwas Tröstliches mit sich, darum will ich Dich auffordern, unsere Lage, meine Zukunft, ins Auge zu fassen. Über mir wölbt sich ein Himmel, wie von Backsteinen, den Sonne, Mond und Sterne mit ihren Strahlen nicht durchdringen; ich habe nicht so viele Aussichten, wie der gemeinste Tagelöhner, denn seine Geschicklichkeiten besitze ich nicht und die meinigen helfen mir zu nichts; es ist kein Gedanke daran, daß ich, selbst wenn eine solche mir angetragen würde, jemals eine Professur übernehmen könnte, ich habe mich nun geprüft und gefunden, daß ich durchaus unfähig bin, noch irgend etwas zu lernen, mir bleibt also nichts, gar nichts, als mein Dichter-Talent, und damit werde ich mir, kein Hund wird zweifeln, die Unsterblichkeit, d.h. einen Platz am Kreuz neben meinen Vorgängern, erobern, aber auch nicht die unscheinbarste bürgerliche Existenz. Von diesem Gesichtspunkte aus betrachte Dir das Grab unseres Kindes noch einmal, und dann frage Dich, ob Du es lieber ruhig unter den Rosen, die meines Freundes edle Hand pflanzte, *schlafen*, oder als gehetztes Wild von Pfeilen bedeckt, durch die Reihen der Menschen, die, wenn sie nicht selbst mitschießen, doch wenigstens ruhig oder mit einem: Gott erbarm sich! zuschauen, *hinkeuchen* sehen mögtest. Wenn seine süßen blonden Locken Dir einfallen, so erinnere Dich, daß er sie sich als Mann, wenn sie nicht von selbst ausgegangen wären, in Verzweiflung vielleicht ausgerauft hätte; wenn seine roten Wangen Dir vorschweben, so bedenke, wie bald sie das Leben gebleicht haben würde. Wer kann ohne die tiefste Erschütterung daran denken, daß ihm Ausgang und Eingang so schwer gemacht wurden; spielend hätte es bei einem so kurzen Dasein in die Welt hinein, spielend hätte es hinaushüpfen sollen. Aber, was es auch erlitten hat, die Leiden waren körperlicher Art, sie haben seinem unsterblichen Geist die Flucht aus dem Kerker des Leibes erschwert, aber sie haben ihm selbst keine Wunden-Male aufgedrückt. Wer tilgt aus eines Mannes, wer tilgt aus *meiner* Seele, alle die Risse und Blutspuren wieder weg, die sie nun schon seit zwanzig Jahren entstellen! Ich glaube mit Dir, daß Max auch geistig begabt gewesen ist, denn so entfaltet das Leben sich nicht in einem Kinde ohne mächtig treibende Grundkraft; aber um so schlimmer für ihn! Mir hat die Natur viel, sehr viel, gegeben; solange die Welt steht, sind mir in meinem Kreise nicht viele gleich, wenige überlegen gewesen; in einem Augenblick, wo ich wünsche, ich wäre der Geringsten einer, darf ich es sagen; ich spreche davon, wie ich von meinen Hühner-Augen sprechen würde. Wozu hilft es mir? Ich will die Erde herausfordern, ob sie einen Unglücklicheren trägt, wie mich; sie soll mich verschlingen, wenn sie mir ihn zeigen kann. Geisteskraft ist das Höchste, ja, aber nur dann, wenn das Niedrigste sich damit vereinigt, d. h. wenn das Lächeln des Glücks die Gunst der Natur vergoldet, im entgegengesetzten Fall aber verstärkt sie nur das Empfindungs-Vermögen für die Schläge des Geschicks und führt zu verdoppeltem Elend. Nun gib dem Kinde alles, was ich habe, und gib ihm mehr dazu; gib ihm aber auch das, worin er, da er mein Sohn und so ganz mein leibliches und geistiges Ebenbild war, mir gewiß auch gleich gewesen wäre, gib ihm meine ungeheure Reizbarkeit und den possierlichen Segen des Glücks, alles nur darum empfangen zu haben, um auch nicht das Geringste damit auszurichten: dann frage Dich, ob nicht eine einzige Stunde, wie Du solche Stunden bei mir kennst, worin er dies so recht bis zur Vernichtung, bis zur innersten Selbst-Verhöhnung, gefühlt hätte, mehr der Qual enthalten haben würde, als die Krankheit, die ihn in Gottes Arme zurückgeführt hat! – [2808]

Jung sterben nur die Guten; nie die Bösen. [2809]

Ein junger Künstler, der die großen Meister der Vorzeit nicht erreichen kann und nun, im Interesse der strebenden Jugend, wie er sich einbildet, so viele ihrer Werke zerstört, als möglich ist. [2810]

Ein großer Dichter, der in der höchsten Not, um heilige Pflichten erfüllen zu können, sein Werk einem anderen für Geld abtritt, so daß dieser als Verfasser gilt; noch dazu etwa einem Nebenbuhler, der lange vergebens mit ihm gerungen hat. [2811]

Wenn alle Tafeln, die Raffael nicht bemalt hat, darüber sich beschweren dürften: welch ein Sünder wäre er! [2812]

Es gibt Musik, die uns bloß angenehme Töne vorreitet; sie ist einer Poesie ähnlich, die bloß schöne Worte zusammenstellen wollte, wie: Lilie, Stern, Rose, Rubin! [2813]

»Ich preise Gott, daß er mich gemacht hat!« Niemand hat mehr Ursache dazu, als du, es muß ihn Überwindung gekostet haben. [2814]

Was hilft es dir, daß deine Uhr richtig geht und die Stadtuhr geht verkehrt? Umsonst wirst du dich auf die Sonne berufen, wenn du zu früh oder zu spät kommst. [2815]

Eine Totengräber-Frau, die ein kostbares Stück Bernstein fand und es, statt es zu verkaufen, zu Räucherpulver zerstampfte. (Bamberg) [2816]

Ein Hirt, der einen Topf mit Dukaten aus der Erde grub, ohne sie zu kennen, der sie verschleuderte, ohne etwas davon zu haben, der aber später, weil er den Fund nicht angezeigt, ins Zuchthaus kam. (Bamberg) [2817]

Bilder im Louvre:
Ein Mädchen von Greuze. Kindes-Unschuld, durch nichts befleckt, nicht einmal durch den Gedanken: ich bins! [2818]

Brutus, der seine Söhne verurteilt. Unglaublich groß. [2819]

Statuen
Eine scheußliche: Psyche, die nicht von ihren Flügeln getragen wird, sondern die ihre Flügel trägt, trägt, wie ein Esel, aufm Rücken. [2820]

Eine Jupiter-Herme: nur so weit aus dem Chaos aufgetaucht, und die Welt zittert schon. [2821]

Als ich noch nicht dichterische Werke ausführte, träumte ich dichterisch, nun nicht mehr. [2822]

Es gibt nur Tod, und es gibt keinen Tod: denn die Verwesung selbst ist nur ein Zerfallen des komplizierten Lebens in seine selbständigen atomistischen Teile. [2823]

»Er hat das getan!« So. »Und das!« So. »Und das!« So. »Und –« Mehr hat er nicht getan, hör auf, denn grimmiger kann ich nicht werden. [2824]

Einer fällt beim Gefecht ins Wasser, ein anderer will ihn retten, da fällt er selbst hinein und durchsticht den ersten mit dem Bajonett. [2825]

»Wie gefällt Ihnen das Gemälde?« »Ich muß erst sehen, von wem es ist.« [2826]

Dumpfheit im Kopf, vielleicht schon beginnender Tod. Denn da der Tod auf der Höhe der Entwickelung schon zu wirken anfängt, warum ihn nicht fühlen? [2827]

Es gibt nur eine Notwendigkeit, die, daß die Welt besteht; wie es den Individuen aber in der Welt ergeht, ist gleichgültig. Das Böse, das sie verüben, muß, indem es die Existenz der Welt gefährdet, bestraft werden; aber zu ihrer Entschädigung für das Unglück, das sie erleiden, ist kein Grund vorhanden. [2828]

†

Heute war ich in der Bibliothek des Conservatoirs und las Mozarts Biographie. Ach, mein Max, wie schmerzlich sollte ich an dich erinnert werden! Da wird von Mozart als Beweis seines tiefen Liebesbedürfnisses erzählt, er habe als Kind jeden Menschen wohl zehnmal des Tags gefragt, ob er ihn auch lieb habe. Das tat mein Kind auch, immer noch höre ich sein: magst mich auch heiden? Das L konnte er noch nicht aussprechen, dafür gebrauchte er das H. O, wie tief hat es mich gerührt! Ich sah ihn, ich hörte ihn! [2829]

†

Die Erde könnte mit lauter Augen, wie mit Perlen, übersät werden, wenn man überzählt, wie viele Augen in ihr schon zu

Staub zerfallen sind. Auch deine wunderschönen blauen Augen, mein Kind! [2830]

†

d. 9 Nov.

Heute war ich am linken Ufer der Seine und sah die Kirche St Sulpice. Auch ein grandioses Gebäude. Oben auf einem der beiden Türme spielte der Telegraph; der andere auf dem zweiten Turm war müßig. In der Kirche fand gerade eine Trauung statt. Die Braut konnte, als sie ihrem Bräutigam die Hand reichen sollte, die Handschuhe nicht von den Fingern los werden, es war, als ob sie die Haut selbst herunterziehen sollte. Der Bräutigam stand da, wie aus Holz geschnitzt, mutmaßlich war er ein Schuster. Die Trauzeugen unterhielten sich ganz ruhig während der Zeremonie miteinander, der Geistliche las ebenso ruhig, ohne sich dadurch stören zu lassen, die Formel ab, man sah, er war dergleichen gewohnt. Zuletzt wurde eine Art von Laken über das Paar gehalten, dann war die Handlung beendigt. War das ein Symbol für das Bettlaken? [2331]

d. 10ten Nov.

Gestern abend spazierte in der Galerie d'Orleans nachstehendes *Bild*, denn so muß ich es nennen. Eine dicke und dabei hohe Französin, mit den Schritten der Elisabeth von England, wenn sie Gotts Tod gesagt hatte; hochrot im Gesicht, eine Nase, wie der Turm von Damaskus und im Munde eine brennende Zigarre. Neben ihr, kaum sichtbar, ihr Ehemann, dünn, ein Gesicht, das man niemals en face zu sehen glaubte, bis auf einen unscheinbaren Rest eingesogen von seiner riesigen Hälfte, übrigens schwarz bebartet und martialisch um sich blickend. Hinter beiden, wie ein Brocken Fleisch, den das Weib hatte fallen lassen, ein schmales Mädchen, das einen großen Hund an einem Strick spazieren führte. Die Gruppe fiel selbst den Franzosen auf. [2832]

d. 10ten Nov.

Heute besuchte mich Herr Goldschmidt, Redakteur des Corsaren, aus Kopenhagen, durch Møller an mich empfohlen, ein bis zum Enthusiasmus von Paris entzückter junger Mann, der mir in höchster Naivetät gestand, daß meine Judith ihn nach Paris getrieben habe, indem er hier auch ein großes Dichterwerk: Judas Maccabäus, dessen Idee ihn aber auf französischem Boden verlassen, zu schreiben hoffe. Ich sprach mit ihm über Frankreich und das französische Volk. Alle Völker sind, wie alle Menschen, am sichersten darnach zu messen, ob und wie sie sich gegenseitig erkennen und schätzen; das zeigt, wo nicht ihre Begabung, doch jedenfalls die erreichte Stufe ihrer Bildung .– Das revolutionär-anatomische Element, wie es die neueren Franzosen unstreitig in ihren Dichtungen haben, muß in großen Dichter-Werken nicht bloß aufgeregt, sondern auch überwunden und es muß demselben etwas abgewonnen werden; ja es kann Dichter-Werke geben, die es, als schon überwunden, voraussetzen. [2833]

d. 11ten Nov.
Es ist Sonntag und schon seit einigen Tagen eine heillose Kälte, so daß ich in meinem mit Steinen gepflasterten Zimmer ehrlich friere, und in meinem Mantel nicht einmal auf der Straße warm werde. Als Morgengruß ein Brief von Cotta, an den ich mich mit der Anfrage gewandt hatte, ob ihm Reise-Schilderungen aus Paris und Italien aus meiner Feder willkommen seien und ob er ein Drama von mir verlegen wolle; die Antwort ist unendlich kühl, da man im voraus so wenig den Wert, als den Umfang meiner Arbeiten beurteilen könne, so sei man nicht imstande, mir für dieselben Honorar-Anerbietungen zu machen, und da man das Mspt meines Dramas nicht kenne, so könne man auch auf diesen meinen Vorschlag nicht definitiv erwidern. Ich hörte hier von Leuten, die es wissen konnten, daß die Cottasche Buchhandlung dem faden Dingelstedt, in dem sowenig ein Dichter, als ein Mann oder auch nur ein Mensch steckt, für seine koketten Gehaltlosigkeiten monatlich 250 Fl gezahlt habe; ich dachte als Schriftsteller so viel Achtung zu verdienen, daß allenfalls der Wert meiner Beiträge vorauszusetzen sei, und hoffte, auch einmal, wie andere, zu einer Reihe von Artikeln, die wohl keiner, wenigstens kein Dichter, aus eigenem Impuls schreibt, ermuntert und aufgefordert zu werden; ich glaubte sogar auf ein Lächeln des Glücks rechnen zu dürfen, da ich doch wahrlich in der letzten Zeit genug gelitten habe – hier ist der Erfolg! Nein, Elise, wir

sind bestimmt, unterzugehen, aber ehe es so weit kommt, sollen wir erst alle möglichen Schmerzen und Leiden, die großen, wie die kleineren, durchempfinden! Ich schreibe dies mit einem zugespitzten Schwefelfaden. [2834]

Eine Stunde nachher.
Ich habe Strümpfe gestopft, drei Paar, mit unendlicher Geduld. O, nur so fort, bald bin ich fähig, Schuster zu werden! [2835]

Gestern abend entdeckte ich auch ein neues Mittel, sich auf einsamen Spaziergängen, wenn man der Gedanken-Qualen müde ist und keine 8 Sous an eine Tasse Kaffee wenden mag, die Langeweile zu würzen. Man hält den Odem an, so lange, bis die Augen aus dem Kopf herausspringen wollen und die Brust zu zerreißen droht – dann stößt die Lunge den Mund gewaltsam auf, man atmet wieder und hat darin einen ordentlichen Genuß. Ebenso könnte man sich mit Nadeln die Haut aufritzen oder sich auch wirkliche Wunden mit einem Messer beibringen, man hätte dann doch etwas zu erwarten, die Heilung und das Aufhören der Schmerzen. Jede Gegenwart läßt sich ertragen, nur nicht die vergangenheit- und die zukunftlose, und so ist die meinige beschaffen. Hinter mir nichts und vor mir nichts – ich weiß, wie alles gekommen ist und wie alles kommen wird, und das ist der Tod! [2836]

Die Idee, die ich auf einem der früheren Blätter notiert habe, daß ein großer Dichter seinem Nebenbuhler sein Werk verkauft, um nur Frau und Kind nicht verhungern lassen zu dürfen, ist gar nicht übel; es müßte nur noch dies hinzukommen, daß der Dichter sich verpflichten müßte, das Werk des Nebenbuhlers über denselben Gegenstand drucken oder aufführen zu lassen, um so den Abstand zwischen sich und dem Mann, der ihn übertroffen, recht glänzend zu zeigen. [2837]

Die Katastrophe wäre dann die. Der Dichter soll das Werk loben, und er tadelt. Da ist er in den Augen der Gemeinen ein Neidhart, aber aus der Art, wie er tadelt, schließt ein Höherer auf ihn, als den Schöpfer. [2837a]

Auch so: der wirkliche Dichter stirbt, nun kann der andere nichts mehr machen. [2837b]

Im Gegenteil so: der andere hat später Gelegenheit, sich als Mann der Tat zu entwickeln. Krieg. Krisen. Da wird er sich selbst klar, er tritt das Werk wieder ab, denn es war in ihm bloß der Gedanke: nichts zu sein, der ihn bewogen hatte. [2837c]

Es ist so kalt, die Füße frieren mir, ich will mich anziehen und ausgehen, um zu sehen, ob es nicht auf der Straße wärmer ist, wie in meinem Zimmer. Gestern aß ich nur darum zu Mittag, um von innen heraus aufzutauen. [2838]

Abends.

Bamberg holte mich ab, um mich nach dem Père-Lachaise zu begleiten. Ein kalter Wind, wie vom Nordpol her, wehte draußen, ich fror während des ganzen Wegs, den man kaum in 1½ Stunden zurücklegt, aber das rege Durcheinanderwimmeln der Menschen auf den Straßen wirkte doch erheiternd auf mich, und ich kam in eine ganz leidliche Stimmung. Unterwegs kamen wir an einer russischen Schaukel vorbei, darin saß ein Betrunkener, der noch nicht schwindlig genug war, und, weil er vielleicht nicht Geld genug hatte, um ein hinreichendes Quantum Wein zu bezahlen, sich auf kürzerem und wohlfeilerem Wege in den Zustand der Besinnungslosigkeit zu versetzen suchte; das Gesicht rot angelaufen, die Augen zugefallen. Als wir an dem Platz der Bastille vorbeikamen, hatte ich noch einmal Gelegenheit, die Juli-Säule mit ihren schlanken Formen zu bewundern und daneben das nun schon zerfallende Modell zu dem plumpen Elephanten zu betrachten, den Napoleon mit großartiger Ironie als Monument der wilden Volkstat in Erz hat gießen lassen wollen. Wenn man sich dem Père Lachaise nähert, so kommt man in eine Straße, wo nur Immortellen-Kranz-Händler und Steinmetzen oder halbe Bildhauer wohnen; man sieht an beiden Seiten eine unendliche Menge von Monumenten, auch Gipsfiguren, wie z.B. betende Engel, um sie auf Gräber zu stellen. Der Kirchhof selbst ist groß und ausgedehnt, wie die Stadt, die Wege sind gepflastert, wie Straßen, und die Gräber der Toten lassen sich ohne eine Cicerone ebenso schwer finden, wie die Wohnungen der Lebendigen ohne den Adreß-Kalender; der ganze Unterschied besteht darin, daß es auf dem Kirchhof heißt: hier ruht! und in der Stadt: hier wohnt! Als ich hinging, dachte ich: wie diesem, so näherst du dich auch auf all deinen Kreuz- und Quer-Wegen deinem eigenen, nur daß du nicht so genau weißt, wann du ankommst. Ich sah zuerst das Grab von Casimir Périer, ein prachtvolles Denkmal, er steht oben darauf und an den Seiten des Obelisken erblickt man die Figuren der Beredsamkeit, der Justiz u.s.w.; nichts fehlte, als die Schildwache, die jeden zurückweist, der mit trockenen Augen kommt. Dann suchten wir das Grabmal von Abälard und Heloise auf; es ist in gotischem Stil aus den Trümmern der von Abälard erbauten Abtei errichtet, nimmt sich aber, wie alles Gotische, das nicht in den ungeheuren Dimensionen, die dieser Stil durchaus bedingt, aufgeführt wird, nicht besonders aus. Dieses Grab wird von den Parisern viel besucht, die Liebenden schwören sich dort Treue und das Paar von heute stiehlt den Immortellen-Kranz, den das Paar von gestern geopfert hat. Mir zog, als ich dort stand, auf einmal mein ganzes Leben, wie in einer Zickzackfigur, vorüber; ich erinnerte mich eines alten Kupferstichs, den ich bei meinem Zeichenlehrer, dem Maler Harding in Wesselburen gesehen und der Abälard und Heloise darstellte, wie sie von dem Oheim des Mädchens belauscht wurden; was ist seitdem alles geschehen! Hierauf kamen wir an dem pomphaften Denkmal eines Herzogs vorbei, der seinem Bedienten wahrscheinlich mehr Arbeit gegeben hat, als der Geschichte; nicht der Marmor reizte mich zum Stillstehen, aber eine Rose, die eben aus der Knospe gekommen war und in ihrer roten Lebensglut seltsam gegen den kalten weißen Stein abstach, ich roch an ihr, halb, um ihren Duft einzuziehen, halb aber auch, um mich zu überzeugen, ob ich noch keinen Schnupfen habe. Nun sahen wir die Gräber von allerlei Generälen und Marschällen, worunter Suchet und Kellermann, ebenso von den Malern Gerard und David; dann erstiegen wir die mittlere Anhöhe, worauf eine Betkapelle steht, und erfreuten uns der herrlichen Aussicht auf Paris, die freilich durch den Nebel getrübt, aber zugleich auch eigentümlicher wurde, indem man die große lebendige Stadt, wie durch einen darübergebreiteten Flor erblickte. Es dämmerte schon, wie wir den Père Lachaise verließen und es war ganz dunkel, als wir die Boulevards St Martin wieder erreichten; durch eine Straße hindurch sahen wir auf den Mont Martre, der in einer wahrhaft phantastischen Beleuchtung vor uns lag, man glaubte nichts Wirkliches, Wahrhaftes zu sehen, sondern eine Kulisse aus einer Wunder-Oper. Überhaupt hatte der Himmel heute abend eine seltsame, alles Geisterhafte und Schauerliche in meiner Natur aufregende Färbung, er war golden und blutig zu gleicher Zeit; ich mußte eines Nordlichts gedenken, das ich vor vielen Jahren sah und das einen Anblick gewährte, als ob oben an der Wölbung der Kugel Blut ausgegossen und in breiten Streifen bis an den Rand niedergelaufen sei; diesmal war der Grund grell-gelb, damals schwarzblau. Vor den sieben Theatern, die sich an den Boulevards St Martin befinden, drängten sich Tausende von Menschen, um des Glücks teilhaftig zu werden, eine Posse zu sehen und darüber die Not und Plage, die sie zu Hause in der einen oder der anderen Gestalt erwartet, zu vergessen; o, wie sind die zu beneiden, die das können, die das öde Grau, das die bunten Erscheinungen des Lebens nur hervortreten läßt, um sie gleich darauf wieder zu verschlucken, nie bemerken; die sich freuen, daß die Favorit-Karte heute rot ist, morgen schwarz, und es nie gewahr werden, daß die lockenden Farben immer nur denselben Papier-Fetzen schminken und herausputzen! – Da wäre auch einmal eine Schilderung; ob sie schlechter ist, als eine Dingelstedtsche? [2839]

Beethoven, wie er sich mit dem Ochsen unterhält, ihn anbrüllend und dann, um sich gegen das gereizte Tier zu schützen, hinter einen Pfahl tretend. (Bamberg.) [2840]

Beethoven, wie er in seinem Zimmer mit dem Stiefelknecht gegen die Wand schlägt, und dann lauscht, ob er einen so starken Ton nicht einmal mehr vernimmt; wie er sich schämt, als ein Fremder darüber ins Zimmer tritt. (Bamberg.) [2841]

Mozart, dem Quartette zurückgeschickt werden, weil die Empfänger (eine Kapelle) glauben, daß die eigentümlichen Ausdrücke darin Schreibfehler sind.
(Artikel in Schillings Lexikon.) [2842]

Mozart, den sein Bischof einen »schlechten Kerl, einen Taugenichts u.s.w.« nennt, und der mit den Bedienten an einem Tisch essen muß, er als Direktor der Kapelle.
                        (Art. in Schillings Lex.) [2843]

Oft schweben mir, wie glänzende Schatten, Bilder aus meiner Jugend vor. Welche Freude damals, wenn es regnete und man geschützt unter einem Baum stand und dem Fall der Tropfen zusah! [2844]

Versöhnung im Drama: Heilung der Wunde durch den Nachweis, daß sie für die erhöhte Gesundheit notwendig war. [2845]

Die höchste Form ist der Tod, denn eben indem sie die Elemente zur Gestalt kristallisiert, hebt sie das Durcheinanderfluten, worin das Leben besteht, auf. [2846]

Hineinschauen in idyllisches Glück, und es eben dadurch genießen, daß man von dem engen Ring, der es umschließt, nicht mit befangen ist. »Wer tritt denn hinein in ein Bild!« [2847]

Wie oft werden die Krampfwehen der Eitelkeit, die sich über ihr Maß ausdehnen mögte, mit dem echt menschlichen Schmerz, im Leben vergebens einen Haltpunkt zu suchen, verwechselt; oft sogar in dem Menschen selbst, der beider fähig ist. [2848]

In Versailles: eine Dame, die sich auf ihrem Sarkophag in einem bunten Gewande hat abmeißeln lassen, sah aus, wie eine geschuppte Schlange. [2849]

Man will einen im Walde nach dem Weg fragen, der hat blutige Hände, denn er hat eben gemordet. [2850]

Wie fest hält der Baum eine unreife Frucht, und der Geist ein unreifes Gebilde! Wie lösen sich beide, wenn sie gereift sind, von selbst ab! [2851]

Hermen: die Gestalten, aus dem Chaos hervortretend, der Schöpfungsprozeß selbst. [2852]

Eine Hure im Palais Royal: küssen müssen, wenn man morden mögte! [2853]

Bei dergleichen Halb-Gedanken und Bildern denke ich mir unendlich viel mehr, als ich zu Papier bringe; es sind Marksteine für meinen Geist, um sich auf gewisse Wege, die er einmal gegangen ist, wieder zu besinnen und sie dann ganz auszugehen. [2854]

Der Verschwundene. [2855]

Man kann den Apfel essen, aber nicht den Apfelbaum. [2856]

– als ob man einen Menschen nicht mehr nach seiner Schönheit oder seiner Kraft beurteilen wollte, sondern nach seinen *Nägeln*, ob sie lang genug zum *Kratzen* sind. (über die politische Dichterei, an Oehlenschläger.) [2857]

Ein Dieb, der sich mit einem Helden vergleicht, indem er ebensogut Mut haben müsse, dem Kriminalgesetz pp gegenüber, wie jener. [2858]

Ein Mensch, der darüber wahnsinnig wird, weil er mit aller Gewalt einen neuen Gurgellaut, der nicht im A.B.C. aufgeht, hervorbringen will. [2859]

d. 16ten Novbr.
Das Pariser Klima ist rauher, als das Hamburger. Nun ist es schon seit 8 Tagen rasend kalt, seit 2 Tagen hat es Eis gefroren und heute, wo man in Norddeutschland noch die schönsten Herbsttage erwarten kann, schneit es, wie in Grönland. Die Feurung soll hier der kostbarste Artikel sein; ich denke, den billigsten daraus zu machen und gar nicht einlegen zu lassen. Des Morgens gehe ich auf die Königl. Bibliothek, des Nachmittags ins Louvre, und dann zum Essen, denn beides zugleich, der warme Kamin und das Mittags-Essen, läßt sich nicht ersparen. [2860]

Genügsamkeit der Franzosen. Wie genügsam dies Volk ist, sieht man, wo man geht und steht. Wenn man die Arbeiter, die Bauleute, die Maurer pp betrachtet, wie sauer sie es sich werden lassen, und wie leicht sie mittags abgefunden sind, indem sie mit heiterem Gesicht ein Stück Brot und einige Weintrauben, oder etwas Käse, im Stehen verzehren und dann gleich wieder ans Geschäft gehen! In Deutschland würden solche Menschen umzukommen glauben, wenn sie sich nicht 2 oder 3 mal des Tags mit Speck und Würsten ausstopfen dürften! Welche Schlüsse ergeben sich aus dieser einfachen Beobachtung, über die *Größe* des Drucks vor der Revolution! Was haben die alles ertragen und mit Ruhe hingenommen, ehe sie zum Äußersten gebracht wurden! [2861]

Gestern sah ich einen Mann ohne Füße, der nun auf den Beinen ging, als ob es nach hinten angesetzte Füße wären, und zwar mit einiger Geschwindigkeit. Vor längerer Zeit sah ich einen anderen, der auch nicht einmal Beine hatte, sondern nur Kopf und Rumpf war und auf den Händen ging, indem er mit denselben Bretter, die einen Stiel hatten, festhielt und sich dadurch, daß er diese vorwärts schob, von Ort zu Ort bewegte. [2862]

Ein Laden auf den Boul.[evards], worin Kinderspielzeug feilgeboten wird. Von außen sind Puppen in Kindergröße angebracht, als obs Kinder wären, die hineinschauten. [2863]

Das neue Drama, wenn ein solches zustande kommt, wird sich vom Shakespeareschen, über das durchaus hinausgegangen werden muß, dadurch unterscheiden, daß die dramatische Dialektik nicht bloß in die Charaktere, sondern unmittelbar in die Idee selbst hineingelegt, daß also nicht bloß das Verhältnis des Menschen zu der Idee, sondern die Berechtigung der Idee selbst debattiert werden wird. [2864]

Die Goetheschen Charaktere, namentlich Faust, unterscheiden sich dadurch von den Shakespeareschen, daß in jenen die Extreme *neben*einander, in diesen *aus*einander hervortreten. Ich glaube, dies ist es überhaupt, was epische und dramatische Naturen, bei übrigens gleicher Begabung, unterscheidet. [2865]

Einer will sich ermorden. Unterwegs: ein Bekannter, der ihn

einladet, eine Flasche Wein zu trinken. Eine Hure, die ihn lockt. Ein Bettler, dem er seine Uhr schenkt. Zuletzt eine Gelegenheit, einen Menschen – etwa in einem brennenden Hause – mit Gefahr seines eigenen das Leben zu retten. Dadurch neue Verhältnisse und Umkehr. [2866]

d. 17ten Novbr.

Gestern morgen, nachdem ich kaum aufgestanden war, holte mich ein Bekannter ab, um im großen Saal des Conservatoires der Probe eines Berliozschen Konzerts beizuwohnen. Ich hörte, freilich zerhackt und zerstückelt, schöne Musik und wurde durch die dämmernden Lampen, die von ihrem Licht rötlich beglänzten Gesichter der Orchester-Mitglieder und den im Anfang noch halb finstern Saal in meine Jugend zurückversetzt; sogar der Frost in den Füßen trug das Seinige dazu bei. In meinem Geburtsort wurden in der Adventzeit und an den hohen Festtagen der Christenheit Kirchen-Musiken aufgeführt; der Stadtmusikus dirigierte sie, Waldhörner, Hoboen, Posaunen, Pauken ergossen, von den breiten Orgeltönen, die der sehr geschickte Organist in voller Gewalt hervorzulocken verstand, getragen, ihre wunderbaren, fremdartig-feierlichen Klänge durch das dämmernde Oval der Kirche, der Rektor, dessen quäkend-piepige Stimme ich damals als ebenso zur Sache gehörend betrachtete, wie das Schneidende der Violin-Töne und das Schmelzende der Flöten, sang mit seltsam verzogenem Gesicht eine Arie und die Chorknaben, die ich solange beneidete, bis ich selbst ihnen beigesellt wurde, schlossen mit einem Choral. Lampen, die mit der Finsternis zu kämpfen schienen, weil ihre matten Flammen zitterten, verbreiteten ein rötliches Licht, das all den wohlbekannten Gesichtern in meinen Augen etwas Überirdisches verlieh und sie hoch über die anderen Menschen, die sich nach und nach hustend und räuspernd unter und neben mir einfanden, hinaushob, jede Bewegung, die sie machten, das Taschentuch, das der Organist zog, die Brille, die der Stadtmusikus aufsetzte, vor allem aber die Noten-Bücher, wenn sie auf die Pulte gelegt wurden, hatte für mich etwas Religiöses, wenn die Knaben miteinander flüsterten, so war es mir, als ob ich sie vor der Himmelstür Scherz treiben sähe, sogar über den die Bälge tretenden Schuster mit dem ungeheuren Mund konnte ich nicht mehr lachen, wenn er so ernsthaft um die Ecke sah, und an den über dem Orgelwerk schwebend abgebildeten Engeln verwunderte es mich ordentlich, daß sie ihre Flügel nicht bewegten. Wenn ich mich jener Empfindungen jetzt erinnere, so muß ich sagen: ich schwamm im Element der Poesie, wo die Dinge nicht sind, was sie scheinen, und nicht scheinen, was sie sind, das Wunder der weltlichen Transsubstantiation vollbrachte sich in meinem Gemüt und alle Welten flossen durcheinander. Gar abscheulich-nüchtern ward mir hinterher zumut, wenn die Lampen ausgelöscht und die Notenpulte weggesetzt wurden, wenn die Musiker sich zurückzogen, wenn ordinäre, verschnupfte Menschen die Orgel füllten und sich mit ihrem Gesangbuch blökend dahin stellten, wo kurz zuvor Hörner und Hoboen im Lampenschein geheimnisvoll geblinkt und geklungen hatten, wenn dann der kleine pausbäckige Pastor auf die Kanzel stieg und allein das Wort nahm, und wenn noch obendrein Emilie ausblieb, Emilie in ihrem blauen Kleide, in die ich von meinem 4ten Jahre an verliebt war! – Um auf Berlioz zurückzukommen, so hatte der dramatische Dichter alle Ursache, den Komponisten zu beneiden. Wahr ist und bleibt es, Kunstwerke, die aufgeführt werden können, sollen auch aufgeführt werden, aber welch ein Unterschied zwischen einem Orchester und einem Theater! Verfehlt ein Orchester-Mitglied das Tempo, so gibt es einen Schlag mit dem Direktorstab aufs Notenpult und es heißt: encore!, der Mann wird schamrot, er sagt nicht: es ist meine Individualität, zu spät zu kommen, sondern er guckt ins Blatt und paßt besser auf. Der Schauspieler dagegen – wozu die Erörterung! Wenn der Miserabelste das Tiefste karikiert und auf den Kopf stellt, wenn Komma und Semikolon allein da sein wollen, wenn der Punkt sich zum Gedankenstrich macht und der Gedankenstrich zum Punkt, wenn Buchstaben und Interjektionszeichen miteinander in Kampf geraten oder gar geradezu die Rollen wechseln, so wird der Dichter allein zur Verantwortung gezogen; er ist der Unglücksmensch, gegen den die schreiendsten Sünden nicht bloß begangen werden, sondern der wegen dieser Sünden auch noch bestraft wird, man ermordet ihn und mißhandelt dann noch den Toten dafür, daß er die Eigenschaft hatte, ermordet werden zu können! [2867]

Jeder, der einen in Paris betrügt, einem schlechte Ware für gute gibt pp macht ein Gesicht, als wollte er sagen: ich gebe dir Paris ja obendrein! [2868]

Daraus, daß wir ein höheres Leben hoffen, daß wir ein Bedürfnis fühlen, das uns die Unsterblichkeit wünschenswert macht, folgt die letztere gewiß nicht, denn dies Bedürfnis deutet ja auf nichts Fremdes, noch Unbekanntes und Niebesessenes, das sich instinktartig ankündigte, sondern nur darauf, daß wir dem Gegenwärtigen ewige Dauer und höchste Steigerung verleihen mögten. [2869]

d. 20sten Novbr.

Gestern, Sonntag, war ein sehr schöner Tag, das Wetter war mild und die Herbst-Sonne vergoldete Paris, wie ein Juwel, mit rötlichen Strahlen. Ich ging um 2 aus und machte den schönsten Spaziergang, den man hier machen kann; ich durchwanderte die Boulevards ihrer ganzen Länge nach bis zur Madeleine, ging dann von der Madeleine geradeaus bis auf den Place de la Concorde und wandte mich nun rechts gegen die Champs Elysées, die ich bis an den Arc de Triomphe, also bis an die Barrièren, durchschritt. Einen breiteren Strom des Lebens, in einer glänzenderen Umgebung kann man wohl auf der Erde nicht fluten sehen, als auf diesem Spaziergang, wie man ihn, wenn man, wie ich, mit scharfen Augen ausgerüstet ist, von der Madeleine aus, oder vom Place de la Concorde, oder auch, rückwärts blickend, von der Höhe, worauf der Arc de Triomphe steht, übersieht. Welche Gebäude, welche Straßen, welche Plätze, und an diesem Tage, der noch wie ein letztes köstliches Geschenk vom Himmel fiel, welche Massen von Menschen, Fußgängern und Equipagen, die sich durcheinander drängten, um ihn zu genießen! Zuerst die Madeleine. Sie schließt an diesem Ende der Stadt die Boulevards, ist aber nicht diesen, sondern dem Place de la Concorde en face zugekehrt und korrespondiert in grandioser Anmut der Chambre des Deputés, welche sich an der entgegengesetzten Seite demselben Platz in gleicher Entfernung gegenüber befindet. Sie ist nach dem Tempel der Diana in Ephesus, aber in erweiterten Formen errichtet und war von Napoleon nicht für einen kirchlichen Zweck bestimmt, ist auch allerdings, heiter und hell, wie sie vor uns steht und uns die Augen klar macht, nicht geeignet, uns darauf vorzubereiten, daß sie uns in ihrem Innern durch Rauch und Kerzen-Dunst gleich wieder getrübt und umnebelt werden sollen. Ich rate jedem, nicht einzutreten, wenigstens nicht an einem Sonntag, wo drinnen geklingelt und genäselt wird; in der Woche geht es eher, da nimmt man die wenigen alten Weiber, die in den Betstühlen hocken, für umgefallene Fliegen, man denkt sich die Heiligenbilder, für die sich ja wohl anderwärts nackte Wände fänden, weg und betrachtet nichts, als das Deckengemälde über dem Altar, wo man Napoleon und Henry quatre einträchtiglich mit- und nebeneinander apotheosiert sieht, was an dieser Stätte eine ganz besondere Wirkung tut. Von außen kann man dies Gebäude, das eine ernste Anmut charakterisiert, wie sie gesättigten Formen, die aus dem Schönen dem Erhabenen entgegenschwellen, eigen ist, gar nicht genug anschauen; vor allem herrlich ist das Portal mit seiner Säulenhalle, die schlank und frei um den ganzen Tempel herumspringt. Nur mit Mühe wendet man der Madeleine den Rücken, ist es aber einmal geschehen, so schreitet man entschieden vorwärts, um auf den Place de la Concorde zu gelangen, obgleich die schöne breite rue es keineswegs verdient, daß man ihr so wenig Aufmerksamkeit schenkt. Der Platz de la Concorde wird schwerlich von irgend einem anderen in der Welt überboten, man mag ihn nun bei Tage betreten, oder am Abend, wo die Reverbieren ihn feenhaft beleuchten. In der Mitte, zwischen zwei springenden Fontänen, erhebt sich der ägyptische Obelisk, den Ibrahim Pascha Louis Philipp zum Geschenk machte, oder – ich weiß in diesem Augenblick nicht, denn ich habe beides gehört – den Napoleon aus Ägypten mitbrachte, und gibt jedem, der vor ihm stehen bleibt, seine krausen Rätsel auf, Rätsel, die seit Jahrtausenden die Gelehrsamkeit äffen und die doch gewiß nichts anderes besagen, als wann Pharao der dreißigste Pharao dem einunddreißigsten den goldenen Zirkel hinterlassen, oder höchstens, welche Träume dieser oder jener Priester über Gott und Welt gesponnen hat. Dennoch gelingt es außer den Leuten, die Blusen tragen, nur wenigen, an dem starren Stein, der so trocken-herausfordernd in den Himmel hineinragt, schnell vorbeizukommen, es ist, als ob ein uralter Zauber in ihm wirksam wäre, der die Füße der Vorübergehenden fesselt und ihre Blicke zwingt, auf diesen Vögeln mit den spitzen Schnäbeln, die einem das Gehirn flockenweis aus dem Kopf zerren, und auf dem Hexentanz der übrigen Schnörkel und Figuren zu verweilen; man spielt Schach mit der ältesten Vergangenheit, mit Menschen, die nicht einmal als Staub mehr vorhanden sind oder die der Apotheker unzenweise als Mumien verhökert und von denen man in der letzten Krankheit selbst ein Atom verschluckt haben kann, die Sonne sieht freundlich zu und sagt, wenn man zuletzt kopfschüttelnd und ohne Gewinn davoneilt: laß dichs nicht verdrießen, es geht mir, wie dir, meine glühendsten Strahlen buhlen mit diesem steinernen Joseph seit tausend Jahren, aber sie haben ihm noch nie den kleinsten Grashalm entlockt, er ist ebenso keusch, als verschwiegen. Von dem Obelisken aus sieht man auf die Deputierten-Kammer; es ist ein einfach-stolzes Gebäude, ganz wie ein Heiligtum des Volks beschaffen sein muß, das sowenig prunken, als sich verkriechen soll; das Innere habe ich noch nicht gesehen, am Eingange sind kolossale Statuen aufgestellt, die ich ein anderes Mal besichtigen will, hoffentlich sind es Männer der Geschichte, nicht jene vermaledeiten allegorischen Figuren der Gerechtigkeit, Weisheit u.s.w., über die ich, da ich sie in der Welt so oft vergebens suche, in der Kunst nicht alle Tage stolpern mag. Links vom Obelisk zieht sich der Jardin des Tuileries hin und hinter diesem der Tuilerien-Palast selbst, der sich viel besser von der Rückseite ausnimmt, als von vorn; rechts dehnen sich die Champs Elysées aus, die der Arc de Triomphe schließt. Rund herum um den Place de la Concorde, der ein großes Rondell bildet, sind die Festungen Frankreichs gruppiert, trotzige, gewaltige Jungfrauen, wie aus dem Nibelungen-Kreis herausgeschnitten, auch eine zornglühende Brunhild darunter, die keinen anderen Gedanken mehr hat, als den, daß sie überwältigt worden ist, zuerst Lille, dann Strassbourg, Lyon mit dem Merkuriusstab, Marseille mit dem Anker, Bourdeaux mit dem Thyrsus, Nantes, u.s.w.; ich sah sie hier alle gern, sogar Straßburg, denn dies Mädchen haben wir doch wohl nur in französische Pension gegeben und werden es wieder heimholen, wenn wir für die übrigen Töchter eine Gouvernante brauchen. Hat man den Place de la Concorde umwandert, so mischt man sich als Tropfen zum Strome und wendet sich rechts, die Champs Elysées hinunter. Die Pariser gehen immer gern spazieren, man kann denken, ob sie es an einem Sonntag, der vielleicht der letzte schöne des Jahres ist und der schon einen beschneiten Vorgänger hatte, tun. In diesem Gewühl von Menschen war gewiß nicht bloß das Geschlecht, die Bildungsstufe und der Stand, sondern jede Spezies bis zur individuellsten herab, repräsentiert; es gab keine bessere Gelegenheit, physiognomische Studien zu machen, und die Lücken in meiner Kenntnis des Volks auszustopfen, aber es fehlte an Ruhe, in einer Bibliothek von hunderttausend Bänden kommt man nicht leicht dazu, sich in ein einzelnes Buch zu vertiefen. Ich ließ mich von der großen Welle so mit fortschieben und bückte mich nur hin und wieder nach einer Muschel oder einem bunten Stein; so verwunderte mich die Neigung vieler Leute, sich wägen zu lassen, als ob sie erfahren wollten, ob der Magen auch seine Schuldigkeit täte, auch ergötzte mich ein Wagen-Fabrikant, der auf einem kleinen, durch eine Maschine in Bewegung gesetzten Pferd fortwährend um sein Haus fuhr, anscheinend zu seinem eigenen harmlosen Vergnügen, eigentlich aber, um die Vorübergehenden aufmerksam und lüstern zu machen, nicht weniger eine Mutter, die ihre Kinder so über alles Maß auffallend herausgeputzt hatte, daß sie sogar hier Aufsehen damit erregte, was übrigens ihr Wunsch gewesen zu sein schien, da sie sich sichtlich darüber freute. Bis zum Arc de Triomphe ist es eine beträchtliche Strecke, man wird aber dafür belohnt, denn dieser Triumphbogen ist ohne Zweifel das stolzeste Siegeszeichen, das sich seit Jahrhunderten ein Held errichtet hat, er ist des Mannes würdig, dessen Ruhm er verkünden soll, und das ist in wenig Worten viel gesagt. Die Darstellungen der Kriegsfurie, sowie Napoleons, wie er das Schwert zieht, wie er es einsteckt, wie er gekrönt wird, sind herrlich, ebenso die Reliefs, die sie oben und unten umkränzen. Das ganze Werk besteht aus zwei grandiosen Bogen, die man kreuzweis durchschreiten kann und die oben in der Fassade zusammenlaufen; an den inneren Wänden liest man die Namen der berühmtesten Schlachthelden und Generäle Napoleons, an den äußeren sind in erhobener und halb erhobener Arbeit die allegorischen und historischen Darstellungen angebracht, die ich schon erwähnte, weil sie dem Beschauer auf diesem großen steinernen Würfel zuerst ins Auge fallen. Die Durchfuhr ist mit eisernen Ketten versperrt, sie steht nur dem König frei, und daß er sich dieses Regals, wie jedes anderen, bedient, sollte ich selbst sehen. Als ich nämlich, langsam zurückwandernd, dem Place de la Concorde schon wieder sehr nahe war, erblickte ich auf einmal, von Musketieren umgeben, mehrere Hof-Equipagen, die mit einer so rasenden Eile dahinrasselten, als ob noch vor Abend die Reise um die Welt zu vollenden sei; ich dachte: das ist Louis Philipp, denn so fährt niemand, außer ihm, und ich irrte mich nicht! Ich trat hart an den Weg, in dem ersten Wagen saß die Königin, eine alte Dame, die unaufhörlich nach allen Seiten nickte, in dem zweiten befanden sich drei oder vier Herren, in deren einem ich den König zu erkennen glaubte, aber auch nur glaubte; als er vorüber war, fragte ich einen Franzosen: pardon, Monsieur, le Roi?« und er antwortete, auf die Soldaten deutend, die den Nachtrab bildeten: oui, Monsieur! Ich verfolgte die Equipagen mit meinen Augen und sah, daß die Ketten des Triumphbogens wirklich gehorsam fielen, wie sie sich näherten, und daß sie kühn unter so viel Schlachten und Helden hindurchfuhren – es war ein sonderbarer Anblick, mir wurde zumut, als hätte ich den Ruhm notzüchtigen sehen, ich erinnerte mich auf einmal, daß ich noch nicht zu Mittag gegessen und suchte meine Restauration auf. –   [2870]

– ob der Tod sich die Mühe nimmt, den Pfeil selbst auf einen abzudrücken, oder ob man es für ihn tun muß. –   [2871]

d. 21 Nov.
Heute sah ich auf den Pariser Straßen eine neue Figur, einen Menschen, der eine ungeheure Trage von Zeitungspaketen auf die Post trug; er erlag fast unter seiner Last, die er gewiß in einem Redaktionsbüreau abgeholt hatte.   [2872]

Heine meint, es sei mit der Nationalität der Völker vorbei. Unstreitig, aber darum noch nicht mit ihrer Poesie. Im Gegenteil bin ich überzeugt, daß sie alle noch Werke produzieren werden, die, indem sie nicht mehr die streng-nationale Physiognomie tragen, die Welt-Literatur zugleich begründen und die National-Literatur abschließen. [2873]

Ein Unter-Offiziers-Ruhm. [2874]

In Paris kostet die größte Scheibe, türhoch und breit, wie sie in den meisten Läden im Palays Royal und den Passagen sind, nicht mehr, als die kleinste, wenn jemand, der vorübergeht, sie, ausgleitend, eindrückt. [2875]

Dr Bamberg sagte mir gestern abend etwas, was, wenn es sich so verhält, die außerordentliche Teilnahme der Franzosen an politischen Dingen auf die allernatürlichsten Gründe zurückführt. Sobald ein Ministerwechsel eintritt, tritt nicht bloß der Minister von seinem Posten ab, sondern zugleich mit ihm alle Beamte, die er, bis zu den untersten herab, angestellt hat, das Polizei- das Post-Personal, jedes Büreau, verändert sich, hunderttausend Familien werden brotlos, für zweimalhunderttausend andere Familien eröffnen sich Aussichten, alle Gläubiger der Quiszierten sind beteiligt, jeder Schuster, jeder Schneider zittert für seine Bezahlung, da ist es kein Wunder, daß alle Kreise vibrieren, sobald der Wind umspringt, auch die Deutschen würden nicht so ruhig ihre Journale zur Hand nehmen, wenn dieselbe Einrichtung bestände. Ich muß mirs aber noch bestätigen lassen. [2876]

Brief an Elise vom 21 Nov.
Man weiß nie, was man an einem Kinde verliert und darin liegt beides, Trost und Qual. [2877]

Seltsam ist es, daß die Menschen so oft zu handeln glauben, wenn sie leiden, daß sie, wenn ein mächtiger Eindruck sie verzehrt und vernichtet, sich einbilden, erst geschaffen zu werden. [2878]

– mein Max! Entweder bist du noch, und dann haben wir, wie du, die Qual hinter uns und die Freude vor uns. Oder – und dann muß ich Gott und alle Vernunft der Welt aufgeben, dann ist das All ein Wahnsinns-Traum, und das Beste darin das Verkehrteste, dann bin ich selbst auf ein Nichts reduziert und also auch mein Schmerz! vive la bagatelle! sagte Swift, als ihm der Hirnschädel barst. [2879]

Das ist der Fluch der Armut, man darf keiner menschlichen Empfindung folgen, man muß resignieren und immer wieder resignieren, bis man zuletzt das erhält, was auch dem Bettler nicht versagt wird, weil die christliche Barmherzigkeit, wenn sie ihn, wie Katz und Hund unverscharrt an der Straßen-Ecke liegen ließe, sich die Nase zuhalten müßte: ein Grab! [2880]

Es gibt nur eine Notwendigkeit, die, daß die Welt besteht, wie es aber den Individuen darin ergeht, ist gleichgültig, ein Mensch, der sich in Leid verzehrt und ein Blatt, das vor der Zeit verwelkt, sind vor der höchsten Macht gleichviel und sowenig dies Blatt, als Blatt, für sein Welken eine Entschädigung erhält oder auch erhalten kann, sowenig der Mensch für sein Leiden, der Baum hat der Blätter im Überfluß und die Welt der Menschen. [2881]

d. 22 Nov.
Das erste Deutsch, was ich hier auf der Straße hörte, war, daß ein Commis zum andern sagte: wenn Sie Philosoph wären, wie ich, so pp Das zweite hörte ich soeben von zwei sich raufenden Gassenjungen, wahrscheinlich aus dem Elsaß: nun, du Lumpenhund, kratz mir nur nicht das Nas entzwei! Bezeichnend genug: raufen und philosophieren! [2882]

Eben gebe ich einen Brief an Elise auf die Post, worin ich ihr schreibe, daß ich mir den Kaffee abgewöhnen will, und nun steht die Maschine schon wieder vor mir auf dem Tisch und kocht. Aber, was soll ich machen? Ich werde nach dem Essen so durstig und vor dem Wasser muß man sich hier in acht nehmen, ohnehin ekelt Wasser mich schon von Jugend auf an, weil das Wasser in Dithmarschen so schlecht ist. [2883]

Die Vorstadt Skt Antoine: düster und drohend, als ob man in die Mündung einer Kanone hineinkröche. [2884]

Die Stadt Nürnberg, mit ihren vielen Spitzen und Zacken: als ob sie zusammengefroren wäre. [2885]

Es wäre vielleicht gut, wenn der Mensch sich mehr mit seiner Natur-Geschichte beschäftigte, als mit seiner Taten-Geschichte. [2886]

Der Tod zeigt dem Menschen, was er ist. [2887]

Möglich ist es, daß wir eben dadurch, und *nur* dadurch, daß wir die Signatur höherer Wesen erkennen, höhere Wesen werden. [2888]

Wahnsinnige, verrückte Träume, die uns selbst im Traum doch vernünftig vorkommen: die Seele setzt mit einem Alphabet, das sie noch nicht versteht, unsinnige Figuren zusammen, wie ein Kind mit den 24 Buchstaben; es ist aber gar nicht gesagt, daß dies Alphabet an und für sich unsinnig ist. [2889]

d. 24 Nov.
Gestern morgen, als ich erwachte, schien die Sonne so hell in mein Zimmer hinein, daß ich es für eine Sünde hielt, zu Hause zu bleiben und den Tag über Büchern und Papieren zu versitzen, ich zog mich also rasch an und ging aus, um den Jardin des Plantes noch einmal vor Einbruch des Winters zu sehen. Ich ging die Rue Richelieu hinunter, über den Karussellplatz, an dem die Tuilerieen liegen und betrachtete mir im Vorübergehen das Haus, wegen dessen dieser grandiose Platz schon von Napoleons Zeiten her vergebens seiner Verschönerung entgegensieht, da der Eigentümer es nur gegen die allerunverschämteste Summe, die selbst in den Kriegsjahren, wo ganz Europa die Bank Frankreichs war, zu hoch gefunden wurde, an die Stadt abtreten will. Es steht nicht in der Mitte, sondern in einem der Winkel des großen Quadrats, fällt aber schon jetzt unangenehm genug auf und würde den Platz, wenn er nicht mehr das wüste, verödete Aussehen hätte, unstreitig noch mehr entstellen, wie man die Warze in dem Gesicht eines Mädchens häßlicher findet, wenn sie geputzt ist, als wenn sie in Hauskleidern geht. Jetzt sieht es wie ein ungeheurer

Affichen-Pfahl aus, jeder Restaurant, jeder Fabrikant scheint dort wegen der starken Passage seinen Zettel anzukleben, man kann sich gar nichts Buntscheckigeres vorstellen; es trägt einen Rock von Neuigkeiten, man bemerkt nur dann, daß es Fenster und Türen hat, wenn aus jenen ein Mensch herausschaut und in diese ein Mensch hineintritt, vielleicht läßt der Besitzer sich seine Toleranz bezahlen, vielleicht kann er nichts dagegen machen, und dann muß er die Halsstarrigkeit, seine Steine 50 Taler per Stück nicht hergeben zu wollen, denn eine Million soll ihm geboten sein, damit büßen, daß er in einem gemauerten Intelligenzblatt wohnt. Allerdings müssen, obgleich in geringerem Grade, die meisten Häuser in den gangbarsten Straßen von Paris etwas Ähnliches erdulden, sehr viele sind, wenn auch groß genug für die Leute, die darin kaufen und verkaufen, doch zu klein für die Buchstaben und die hieroglyphischen Embleme auf den Wänden, womit Handschuhe, Stiefel, Hüte und andere Realitäten den Vorüberwandelnden ihr Dasein entgegenposaunen, sie mögten sich bis an den Himmel ausrecken, wenn es nur ginge; die Stadt, aus diesem Gesichtspunkt betrachtet, ist eine Ausgabe des Almanac de Commerce in Stein, jede Straße bildet eine Seite, jedes Haus eine Zeile, aber die Lektüre ist nur dann interessant, wenn man Geld in der Tasche und zufällig einen durch den gestrigen Platzregen ruinierten Hut auf dem Kopfe hat. Die Tuilerieen, die sich an zwei (oder drei?) Seiten des Platzes hinziehen, sind unansehnlich, sie kleben zu sehr am Boden und der davor errichtete Triumphbogen, der ehemals von Ludwig dem 15ten prahlte und jetzt von Napoleon stammelt, dient nur, das ursprüngliche Mißverhältnis zwischen der Breite des Palastes und seiner Höhe augenfälliger zu machen; er ist zu hoch für den Palast, er könnte ihm, wenn er sich auf die Zehen stellte, über die Schulter gucken und dennoch durfte er nicht niedriger sein, als er ist, wenn er nicht abgeschmackt werden sollte. Über den Pont Royal gehend, betritt man das andere Ufer der Seine, den Sitz der Gelehrsamkeit und der Musen, deren Apparat von einer unzähligen Menge von Antiquaren, die ihre Bücher in auf die Kais des Flusses gestellten Kasten ausgebreitet haben, feilgeboten wird. Ich hatte zu tun, daß ich schnell vorüberkam, wessen Bibliothek, wie die meinige, fast nur aus einer Lücke besteht, der nimmt jede Gelegenheit wahr, sie auszufüllen, auch sehe ich mich oft in mitleidigem Patriotismus um, ob nicht dieser oder jener unglückliche Landsmann hieher verschlagen ist und erlöse die armen Lumpen, die sich in ihren grauen löschpapiernen Röcken so betrübt neben den in Velin glänzenden Franzosen und Engländern ausnehmen, und sich schämen, daß sie in gute Gesellschaft geraten sind, um den Spottpreis, den ihr Hüter zur Schande unserer Literatur meistens fordert, aus ihrer Gefangenschaft. So befreie ich neulich Hoffmanns Serapionsbrüder, die von den Gedichten einer englischen Miß und den Memoiren der Herzogin von Abrantes in die Mitte genommen waren, und das Buch erzeigte sich dankbar gegen mich, es vertraute mir außer den Grauen-Geschichten, die es jedermann erzählt, seine Schicksale und sagte mir, unter anderem, der Antiquar, bei dem ich es getroffen, habe sich in seine bettelhafte Gestalt anfangs gar nicht finden können, dann aber sei ihm das Richtige eingefallen und er habe ausgerufen: die deutschen Autoren sind, das sieht man, die unverschämtesten von der Welt, sie zwingen ihren armen Verlegern so ungeheure Honorare ab, daß diesen für die Ausstattung ihrer Werke nichts mehr übrig bleibt, pfui über solche Väter, die den Rock ihrer Kinder verprassen, pfui über Hoffmann, der dem seinigen sogar das Hemd ausgezogen hat! Der Jardin des Plantes sah noch nicht so spätherbstlich aus, als ich gedacht hätte, viele Bäume hatten ihr Laub noch festgehalten und die abgefallenen Blätter der übrigen waren sorgfältig weggekehrt. Ein herrliches Institut, das ich freilich nicht speziell zu würdigen weiß. Ich besah mir die Tiere, die bis zwei Uhr aus ihren Käfigen und Ställen heraus in die frische Luft gelassen werden. Zuerst eine Menge Adler. Sähe man einen solchen Vogel mit dem klaren gebietenden Auge, im einsamen Walde auf einem Baum sitzend, er würde Respekt einflößen. Einer tat mir den Gefallen, seine Flügel mehrmals auszurecken und dann einen Versuch zum Fliegen zu machen, er duckte sich, dann schwang er sich empor, es machte mir Vergnügen, die Bewegung zu sehen. Nun kam ich an das Schlangen-Kabinett und zwang mich, auch diese mir sehr widerwärtigen Geschöpfe mit Aufmerksamkeit zu betrachten, um ihnen ihr Eigentümliches abzugewinnen. Sie lagen in Glaskäfigen auf wollenen Decken, Baumäste waren hineingestellt, um die sich einige herumwanden. Welch ein Gegensatz zwischen einem Schlangen- und einem Adler-Auge und doch dort, wie hier, Entschiedenheit, eine gesättigte Form. Ihr Blick ist das für den Geist, was ihr Biß für den Körper, es liegt etwas Zersetzendes, Auflösendes, darin. Die Klapperschlange streckte ihre gespaltene, stachelähnliche Zunge in zitternder Bewegung immer in eines Zolles Länge hervor. Auch zwei kleine Krokodile sah ich. Schöne Mädchen schauten ins Fenster und ergötzten sich an den lebendigen Unförmlichkeiten, die kriechend, leckend und den Kopf in die Höhe reckend hinter dem Glase ihr Wesen trieben; man sah einen vollendeten Kontrast, den Anfangs- und den Ausgangspunkt des animalischen Schöpfungs-Prozesses, ohne die Mittelglieder zu begreifen. Jetzt höher hinauf, zu den Elefanten, Giraffen u. s. w. Vor allem fesselte mich der Elefant mit seiner kleinen roten Augen-Ritze; ein Tier, wie ein ödes Haus, in dem die Fenster bis auf ein kleines, hinterdrein erst gebohrtes Loch vergessen sind. Der Pascha von Ägypten hat dies prachtvolle Exemplar geschenkt; er bettelte, seinen Rüssel durch die Pallisaden seines kleinen Gehöftes steckend, bei den Umherstehenden um Brot, das er, wenn man es ihm stückweise zuwarf, mit außerordentlicher, fast anmutiger, Geschicklichkeit und Schnelligkeit in den Mund zu bringen wußte; mit ihm zugleich bettelte ein lahmer Hund, der sich aber, da niemand sein Bitten berücksichtigte, begnügen mußte, die dem Elefanten zugedachten Bissen aufzusammeln, wenn sie zur Erde fielen, es war ein Bild: der Elefant und der Hund, der sich, natürlich *vor* den Pallisaden, immer unter seinem Rüssel hielt. Die Giraffen spazierten mit gravitätischer Koketterie auf und ab, ein Büffel nahm von nichts Notiz, das Dromedar, das berühmte Tier der Wüste, hätte ich mir größer gedacht. Vier junge Bären, die sogar mit Spielzeug, mit einer Kugel, versehen waren, purzelten possierlich durcheinander, ein paar alte schnappten sich grimmig und brummend gegenseitig das Brot weg, das ihnen reichlich zugeworfen wurde, besonders verdrießlich wurde der eine, als er getanzt hatte und der andere ihm den Lohn vor der Nase mit der Tatze wegholte, ein zerrissener Sonnenschirm im Bärenzwinger, den eine Dame wahrscheinlich aus Versehen hatte hinunterfallen lassen, wirkte komisch genug. Die Affen sah ich nicht, ich konnte sie nicht finden, die Löwen, Panther, Hyänen, das Feuer in Fleisches-Gestalt, wie die Vögel die Luft, Bären und Elefanten die träge Erde und die Fische das Wasser repräsentieren, hatte ich schon früher einmal gesehen. Die Zeder, die 1735 gepflanzt ist, mußte ich aufs neue begrüßen, ihr spitzes Nadellaub steht zu ihrem gewaltigen Wuchs und der Dicke ihres Stammes und ihrer Zweige in einem seltsamen Widerspruch, sie ist um nichts stolzer, wie die Eiche und macht, das Fremdartige abgerechnet, kaum einen so mächtigen Eindruck. Beim Zurückgehen beschaute ich mir auf der Seine die schwimmenden Waschanstalten, lange, hölzerne Barken, voll Geschwätz und Tätigkeit; es fiel mir heute nicht zum erstenmal auf, daß ich lauter alte Weiber, durchaus keine junge Mädchen, wie in Deutschland, darin beschäftigt sah. An Notre Dame de Paris durfte ich nicht vorübergehen, obgleich dies Gebäude weniger durch sich selbst, als durch die historischen Erinnerungen, die sich daran knüpfen, wirkt. Der Grund wurde mir gestern klar, von außen tritt dieser gotische Dom dem Auge nicht grandios genug entgegen, man muß ihn erst lange ansehen, um ihn nicht für kleiner zu halten, als er wirklich ist, im Innern aber wird durch die an den Seiten angebrachten doppelten Kreuzgänge das Mittelschiff so verengt und zusammengedrängt, daß ein dem architektonischen Sinn höchst drückendes Mißverhältnis entsteht, die Kreuzgänge, die die im Straßburger Münster bei weitem übertreffen, deuten auf einen ungeheuren Mittel-Raum und den findet man nicht. [2890]

Es ist doch vernünftig, daß die Franzosen Napoleon nicht ins Pantheon gebracht haben: wer hätte sich außer ihm hineingetraut? Und doch wäre es groß, wenn er *allein* darin läge! [2891]

Im Jardin des Plantes: jedes Tier hat eine Umgebung, wie in dem Lande, woher es kommt. Dem Renntier fehlt die Lappenhütte nicht u.s.w. [2892]

Der Docht, schwarz, häßlich, die Flamme so schön, und er doch ihr Vater! [2893]

Lebt der Blutstropfe in uns? Nein, wir durch ihn. So der Mensch in der Welt. [2894]

»Wenn dieser Schriftsteller nur nicht so viel geschrieben hätte, er hätte gewiß was Besseres gemacht!« So spricht der gebildete Jan Hagel und erklärt sich Uhlands Vortrefflichkeit aus seinem einen Band und Friedrich Rückerts Jämmerlichkeit aus seinen 30 Bden. Ja wohl, wenn jener Acker seine Gänse- und Butterblumen nur nicht herausließe, es entstünde sicher eine Aloe!

[2895]

d. 25sten Novbr.

Erhielt einen Brief von meinem alten Freund Kisting mit der Nachricht, daß die Mad^{me} Crelinger meinem neuen Trauerspiel mit Verlangen entgegensehe; nun muß es denn fertig werden! [2896]

Was Stil in der Kunst ist, das begreifen die Leute am wenigsten. So in der Tragödie, daß die Idee im ersten Akt als zuckendes Licht, im zweiten als Stern, der mit Nebeln kämpft, im dritten als dämmernder Mond, im vierten als strahlende Sonne, die keiner mehr verleugnen kann, und im fünften als verzehrender und zerstörender Komet hervortreten muß – das werden sie nie fassen. Sentenzen werden ihnen immer besser zum Verständnis helfen. [2897]

d. 27sten Novbr.

Ich war in der Deputierten-Kammer. In dem ersten Vorsaal steht ein vortrefflicher Abguß des Laokoon; ich muß aber gestehen, daß ich für die hohe Vortrefflichkeit dieser Gruppe, die ich nicht bezweifle, keine Augen habe, die Würmer lassen in mir keine Indifferenz gegen den Gegenstand zu. In dem zweiten befinden sich die Statuen von Louis Philipp und von Mirabeau, außer anderen, die mich weniger interessierten; sie sind ausgezeichnet gearbeitet, aber doch zu porträtartig, zu sehr individuell-lebendig, auch stört das moderne Kostüm, der Frack des Königs und die Perücke des revolutionären Redners außerordentlich, der letztere kam mir vor, wie eine Kanone, der man eine Haube aufgestülpt hat. Der Saal, in dem sich die Deputierten versammeln, bildet einen Halbkreis und ist nicht so groß, als man sich ihn vorstellt; die Sitze erheben sich amphitheatralisch der Tribüne und dem hinter dieser befindlichen Präsidentenstuhl gegenüber; die erste Bank ist für die Minister bestimmt. Rund herum um den Saal laufen zwei Galerieen, deren erste die Gesandten, die zweite, oberste Journalisten und Zuschauer aufnimmt. Über dem Präsidenten-Stuhl, an dessen Stelle bei Eröffnung der Kammern ein Thron für den König errichtet wird, befindet sich ein großes Fresco-Gemälde, den Augenblick darstellend, wie Louis-Philipp in der Kammer die Charte beschwört; es ist der vielen Porträts wegen höchst interessant, man sieht Guizot, Benjamin Constant, Talleyrand, Lafayette und andere, alle stehen, wie der König selbst, nur Benjamin Constant, der dem Tode nahe, sitzt. Lafayette, in seinem blauen altmodischen Frack, ist doch ein wenig Philister und Talleyrand ist ein Fell, das einige Falten geworfen hat, dennoch ist die Fratze des letzteren vielleicht noch eher die Vignette der Geschichte, als der ehrliche Sauertopf des ersteren. Mein Begleiter Bamberg stieg zum Präsidenten-Stuhl hinauf, um auf ein paar Minuten den Platz einzunehmen, den in vier Wochen, wo zu meinem Glück die Kammern eröffnet werden, der König einnehmen wird, ich konnte mich nicht dazu entschließen. [2898]

d. 28sten Nov.
Seit acht Tagen haben wir wieder wahres Frühlingswetter in Paris, ich freue mich jeden Morgen, wenn ich die Augen öffne und die Sonne so hell in mein Fenster scheinen sehe. [2899]

Das Kartenspiel konnte nur einmal erfunden werden, aber Karten spielen kann man ins Unendliche hinein. [2900]

Man sollte im Dramatischen noch einen Unterschied zwischen *Schuld* und *Natur* machen. Das Böse einer ursprünglich edlen, aber verwilderten Natur gibt die *Schuld*, das ursprünglich in den Charakteren bedingte Böse die *Natur*. [2901]

d. 1sten Dezbr.
Ein auf den Boulevards italienne ausgehängter Kupferstich ergötzt mich jedesmal, wenn ich vorübergehe. Es ist eine Karikatur, aber von hohem Kunstwert: das englische Parlament, von

Hunden repräsentiert, die mit unglaublicher Kenntnis dieser Tierart ausgeführt sind. In der Mitte sitzt ein ungeheurer weißer Pudel, die Pfoten kreuzweis, wie zum Schwur, auf ein Buch gelegt und gravitätisch um sich blickend, wie es dem Kanzler geziemt; um ihn herum sind Doggen, Möpse, Stöber u.s.w. gelagert, die zum Teil andächtig zu ihm hinaufschauen, zum Teil in stumpfer Gleichgültigkeit vor sich hinbrüten, oder wohl gar, wie ein kritischer Spitz, sich auf einige Opposition vorbereiten; alle von unübertrefflicher Lebendigkeit. [2902]

Meisterstück der niederländ. Schule.
Der Maler spuckt aus und malts hin. Der Betrachter wendet sich mit Ekel ab, denn er glaubt wirklichen Speichel zu sehen, da klatscht der Künstler in die Hände und denkt: ich bin ein zweiter Zeuxis. [2903]

Oft, wenn man das Vortreffliche sieht, kommt es einem vor, als habe man es schon gesehen, und wenn es neu ist, so wundert man sich darüber, denn es sollte eigentlich alt sein. Das kommt daher: es scheint so notwendig zur Welt zu gehören, daß man gar nicht begreift, wie es in ihr jemals hat fehlen können. [2904]

Gutzkow sagt über den Arc de Triomphe: »ein kaltes, frostiges Gebäude!« Dergleichen Abfertigungen der bedeutendsten Gegenstände sind doch wirklich nicht viel besser, als die Inschriften, womit die Gamins ein solches Denkmal wohl zu versehen pflegen. [2905]

Herabstimmung der Mittel kann oft den höchsten Zweck der Kunst befördern. So Raffaels matte Farben. Die hellen, brennenden würden sich mit dem dargestellten Idealischen kaum vertragen. [2906]

Ich will eine vermutlich alberne Frage niederschreiben. Ist es doch nicht vielleicht eine Illusion, daß, wenn das Geld richtiger verteilt wäre, es nicht so viel Armut und Not geben könnte? Es wird ja alles konsumiert, was die Erde produziert, die Früchte des Feldes, der Wein, das Getreide, kommen nicht um und werden nicht in den Scheunen und Kellern der Reichen aufgespeichert und gelagert, sondern alles wird verzehrt – woher denn für die Darbenden den Bedarf nehmen, da kein Überschuß vorhanden ist? [2907]

d. 3 Dezbr.

Ich sah heute zum ersten Mal einen Blinden, den sein Hund, ein junger muntrer Pudel, führte. Der Alte spielte eine Violine und hatte einen Strick um den Leib gebunden, an dem der Hund befestigt war; das Tier tat immer einige Schritte vorwärts, dann stand es still. [2908]

Ebenfalls sah ich im Palais Royal eine Araberin, die von einem Europäer spazieren geführt wurde und ein ungeheures Aufsehen erregte. Die Tracht war geschmacklos und entstellte das junge Mädchen so sehr, daß man sie in der Ferne für eine alte Frau hielt, ihr Gesicht war höchst interessant, ein angenehmes Braun, entschiedene Züge und ein schönes, tiefes Auge. [2909]

d. 4ten Dezbr.

Heute habe ich mein viertes Drama: »Ein bürgerliches Trauerspiel!« geschlossen. Bei dieser Dichtung ging es eigen in mir zu. Es kam darauf an, durch das einfache Lebensbild selbst zu wirken und alle Seitenblicke des Gedankens und der Reflexion zu vermeiden, da sie mit den dargestellten Charakteren sich nicht vertragen. Das ist aber schwerer, als man denkt, wenn man es gewohnt ist, die Erscheinungen und Gestalten, die man erschafft, immer auf Ideen, die sie repräsentieren, überhaupt auf das Ganze und Tiefe des Lebens und der Welt zurückzuziehen. Ich hatte mich also sorgfältig zu hüten, mich bei der Arbeit zu erhitzen, um nicht über den beschränkten Rahmen des Gemäldes hinwegzusehen und Dinge hineinzubringen, die nicht hineingehören, obgleich es eben diese Dinge sind, die mich am meisten reizen, denn das Haupt-Vergnügen des Dichtens besteht für mich darin, einen Charakter bis zu seinem im Anfang von mir selbst durchaus nicht zu berechnenden Höhepunkt zu führen und von da aus die Welt zu überschauen. Ich glaube, daß mir diese Selbst-Aufopferung, diese Resignation auf die Befriedigung meines individuellen Bedürfnisses geglückt ist, eben darum aber rückte das Werk langsam vor, und als ich so recht im Mittelpunkt angelangt war, schleuderte mich der Tod meines Sohnes wieder heraus. Es war meine Absicht, das bürgerliche Trauerspiel zu regenerieren und zu zeigen, daß auch im eingeschränktesten Kreis eine zerschmetternde Tragik möglich ist, wenn man sie nur aus den rechten Elementen, aus den diesem Kreise selbst angehörigen, abzuleiten versteht. Gewöhnlich haben die Poeten, wenn sie bürgerliche Trauerspiele zu schreiben sich herabließen, es darin versehen, daß sie den derben, gründlichen Menschen, mit denen sie es zu tun hatten, allerlei übertriebene Empfindeleien oder eine stöckige Borniertheit andichteten, die sie als amphibienhafte Zwitter-Wesen, die eben nirgends zu Hause waren, erscheinen ließen. [2910]

Wie die Vernunft, das Ich, oder wie mans nennen will, *Sprache* werden muß, also in Worten auseinanderfallen, so die Gottheit *Welt*, individuelle Mannigfaltigkeit. [2911]

Von deinem besten Freund darfst du sagen, er sei ein Lump und habe keinen Heller in der Tasche, wenn ein Räuber, der ihm nachsetzen will, dich darnach fragt. [2912]

Café im Palais Royal. Sind die Vorhänge niedergelassen, so sitzt die häßliche Tochter vom Hause dahinter, sind sie aufgezogen, die schöne. Gefühl der Häßlichen, wenn sie die Vorhänge niederläßt. [2913]

Der polnische Bauer, der einen Herrn deutsch sprechen hört, und als er gefragt wird, wie ihm dies Polnisch gefalle, antwortet: es sei so fein, daß er es nicht verstehe. (Bamberg) [2914]

Die polnischen Damen, die sich am Kamin mit aufgehobenen Röcken den Hintern wärmen. (Bamberg) [2915]

Der Kaiser von Rußland schenkt in Berlin einem schönen Hutmacher-Mädchen für ihre Gunst 100 Dukaten. Der Hutmacher erscheint tags darauf vor Gericht und erklärt, ihm seien

100 Duk. gestohlen. Man findet die 100 Duk. bei dem Mädchen, sie sagt aus, der Kaiser von Rußland habe sie ihr geschenkt. Die Justiz in Verlegenheit, den Kaiser zu fragen. (Bamberg) [2916]

Wenn man etwas recht gründlich haßt, ohne zu wissen, warum, so kann man überzeugt sein, daß man davon einen Zug in seiner eigenen Natur hat. [2917]

d. 6 Dezbr.
In einem öffentlichen Hause in Hamburg haben sie einen Menschen ermordet, ihm den Kopf abgeschnitten, alle Dirnen habens gewußt, eine hats verraten. *Szene:* in einem hintern Zimmer sind alle Dirnen um die Schlächterei versammelt; da geht die Tür, ein Liebhaber kommt, eine hüpft ihm entgegen, schließt sich mit ihm ein, küßt ihn und – Oder auch der Wirt, indem er den Toten zerhackt, sagt: Ha, ihr seid alle hier, einige müssen ans Fenster, es ist verdächtig, wenn ihr dort alle fehlt! [2918]

Ein vollkommener Nihilist, der in sich alle Unterschiede zwischen Gut und Bös aufgehoben hat, kann alles werden, auch – Polizeispion! Moderner Charakter. [2919]

Bei persönlicher Fortdauer mit Bewußtsein ist eine Existenz in infinitum hinein kaum denkbar, denn eins von beidem: Langeweile oder Ekel müßte sich einstellen, selbst dann, wenn man eine beständige Steigerung des geistigen Vermögens, des Erkennens und Schaffens, wahrnähme, indem der Rückblick auf die vielen überwundenen Standpunkte dem Geist den errungenen letzten immer verleiden müßte, weil er ja wüßte, daß auch dort nur ein Ruhepunkt, und nichts weiter, erreicht sei, und weil die *Möglichkeit* der *Steigerung* ja an sich die *Möglichkeit* eines dereinstigen *Sich-Selbst-Genügens* ausschließt. Ohne Bewußtsein dagegen läßt der Spaß sich forttreiben. [2920]

Glaube, Liebe, Hoffnung: glaube, liebe Hoffnung! [2921]

Musikanten: sie erst zusammen blasen hören und sich dann prügeln sehen! [2922]

d. 7ten Dezbr.
Bisher hatten wir wunderschönes Wetter, wie im Frühling, man konnte sich ganz der Täuschung hingeben, daß er im Anziehen begriffen sei, auf den Boulevards wurden von Blumenmädchen Veilchen ausgeboten und es war ein Brüten in der Luft, dem die Erde sich nicht verschließen konnte. Ich fürchte, jetzt wird das sich ändern. Als ich heut nachmittag ausging, strich ein kalter Wind, dicke Wolken standen am Himmel. Später, da ich den Hofraum des Louvre durchschritt, wunderte ich mich über das rötliche Glänzen des Pflasters, das auf dem Karussellplatz noch zunahm, als ich aber an den Pont Royal kam, sah ich, daß es von der blutroten Färbung des Himmels-Randes, den ich wegen der hohen Mauern im Innern des Louvre nicht hatte wahrnehmen können, herrührte. Ich ging nun durch den Tulerien-Garten, um nach dem Place Vendome zu kommen; alle Leute eilten, sogar eine hinkende Dame, die Bäume waren entblättert, die weißen Statuen daher alle bemerkbar, sie nahmen sich gespensterhaft aus, von der Rue Rivoli klang wilde jauchzende Militär-Musik herüber, ein Regiment zog vorbei, es war ein Traum-Zustand. [2923]

Man verliert seine Freunde, wie seine Zähne. Man hat zuletzt keine Schmerzen mehr, aber auch keine – [2924]

Zu irgend einer Zeit. Tragödie der Zukunft. [2925]

d. 8ten Dezbr.
Heute morgen habe ich die Reinschrift des bürgerlichen Trauerspiels geendigt und ein schönes Mspt liegt vor mir. Nun will es mir doch vorkommen, daß ich auch diesmal etwas Gutes gemacht habe. Bei Dramen, wie Judith und Genoveva zog ich gewissermaßen auf jeder Seite das Resultat des Dichtungsprozesses, bei diesem letzten ist es anders, der Gehalt kann nur im Ganzen, nur in der vollendeten Geschlossenheit der Form gesucht werden und deshalb kann man auch vor dem völligen Abschluß nicht wissen, wie man mit sich selbst daran ist. Jetzt sind alle Mauslöcher ausgestopft und ich bin zufrieden, besonders damit, daß sie eigentlich alle recht haben, sogar Leonhard, wenn

man nur nicht aus den Augen läßt, daß er von Haus aus eine gemeine Natur ist, die sich in höhere nicht finden und an sie nicht glauben kann, und daß also die Gebundenheit des Lebens in der Einseitigkeit, aus der von vornherein alles Unheil der Welt entspringt, so recht schneidend hervortritt, weshalb ich mich denn auch wohl gehütet habe, den Hauptcharakter, den eisernen Alten, am Ende in dem Scheidewasser, das der Sekretär, den der Tod einen Blick in die Verwirrung tun läßt und auf den Punkt, von wo aus die Übersicht möglich wird, erhebt, sterbend gegen ihn ausspritzt, aufgelöst erscheinen zu lassen, er darf nicht weiter kommen, als zu einer *Ahnung* seines Mißverhältnisses zur Welt, zum Nachdenken über sich selbst. Leonhard ist ein Lump, aber eben deswegen – ein Lump kann nichts Böses tun! [2926]

Das echte Weib ist seinem eigenen Gefühl nach nichts für sich, es ist nur etwas in seinem Verhältnis zu Mann, Kind oder Geliebtem – wie zeigen dies Elisens Briefe! [2927]

Die Menschen, wenn sie einander über den Verlust geliebter Personen trösten wollen, borgen diese Trostgründe gewöhnlich von den Attributen des *Nichts:* er leidet nun nicht mehr, ihm kann nichts Böses widerfahren u.s.w. Eine Absurdität sondergleichen. Aber ein sehr reeller Zustand ist es, wenn man das Nichts selbst um seine Attribute zu beneiden anfängt. [2928]

Für einen Schulmeister ist dasjenige Geschichts-Buch, das er *selbst* besitzt, immer das wahre Evangelium. [2929]

Eine Frau in der Ehe mit einem Mann, der das Entsetzlichste begeht oder begehen will und sie zwingt oder zwingen will, daran teilzunehmen. Sie wird wahnsinnig und verrät ihren Mann in diesem Zustand dadurch, daß sie ihn verteidigen will, indem sie sagt: er hat es nicht getan, er nicht, wie könnte er es getan haben u.s.w. [2930]

an Campe vom 10ten Dez.
– In Paris bin ich sehr gern. Wie es Leute hat geben können, die nicht gern hier waren, begreif ich nicht, ich mögte mich

jahrelang, ja ein Leben lang hier aufhalten, und denke nur mit Entsetzen daran, daß ich wieder werde scheiden müssen. Es ist denn doch ein ganz anderer Strom, auf dem man segelt, und zu einem guten Schiff gehört ein ordentliches Wasser. Ich bin kein Enthusiast für die Franzosen, es liegt manches in ihrem National-Charakter, das mir widerstrebt und ewig widerstreben wird, aber daß sie sich das Leben zu bereiten verstehen und daß ihre Geschichte sich verleiblicht hat, daß sie aus den Büchern auf die Straßen hinüberspaziert ist, das greift sich mit Händen und niemand kann es besser empfinden, als ein Deutscher. Auch bin ich überzeugt, daß diese Stadt die Schnürbrust, die man ihr jetzt anlegt, ich meine die Festungswerke, die allerdings bedrohlich genug sind, mit einem einzigen Atemzug von *unten herauf* wieder zersprengen wird, sobald es darauf ankommt. – Heines Ankunft wird Sie so überrascht haben, wie mich seine Abreise, die ich aus einer mir von ihm gesandten Karte erfuhr. Ich wollte Ihnen über ihn schreiben, denn ich habe eine sehr entschiedene Ansicht über ihn gewonnen und es ist mir im allgemeinen doch lieb, daß ich Ihrem Rat gefolgt bin und seine Bekanntschaft gemacht habe. Aber als ich Ihnen wegen des Gelds schrieb, war keine Zeit, weil die Post drängte, und ich konnte Sie bloß vorbereiten; nachher reiste er und stellte sich Ihnen selbst als Objekt. Ich glaube nicht, daß er seine Taten schon hinter sich hat, nur sollte er – aber ganz entre nous! – sich am wenigsten mit Leuten verbinden, die er selbst ins Leben rief, denn durch die Verbrüderung mit *seinem eignen Schatten* ward noch keiner stark. Ich denke hiebei an einen Glacé-Handschuh, der allerdings angenehm duftet. Ich habe sein Urteil auch speziell sehr schätzen lernen, er hat mir, als er bei mir war, über meine Judith mehr Wichtiges und Tiefes gesagt, als alle meine Rezensenten – mit alleiniger Ausnahme von Wihl und Nielsen – zusammen, und ich habe auch für ihn einen Gesichtspunkt. – [2931]

An Elise, vom 5ten Dez.
– Der Mensch, dem gar nichts übrig blieb, mag den Schmerz um das *Letzte*, das er verlor, festhalten, wie eine Feuerkohle, damit er ihn verzehre, aber das ist doch noch lange nicht Dein Fall. – So viel sehe ich schon jetzt: Ihr seid beneidenswert. Das

ungeheure Weh der Welt muß Euch gar nicht berühren, denn so groß könnte der Schmerz um das *Einzelne* gar nicht werden, wenn Ihr irgend einen Schmerz um das *Ganze* hättet, Euch quälen die Rätsel des Daseins erst dann, wenn sie Eueren eigenen Kreis verfinstern, und nur soweit, als dieses geschieht. (Freilich ists auch ein anderes, vor dem Messer, das nur schneiden *kann*, das ist das *Allgemeine*, zusammenschaudern, und unter dem Messer, das wirklich schneidet, das ist das Spezielle, zusammenzucken.) – Ich glaube nicht an einen guten Hausvater über den Sternen, der, zu ohnmächtig, die Wunden seiner lieben Kinder zu verhüten, doch allmächtig genug ist, sie alle zu heilen, aber allerdings zieht sich ein Faden ewiger Weisheit (der ja eben nur die *Äußerung* der *Selbst-Erhaltung* im *Ganzen* ist) durch die Welt, und diese Weisheit betätigt sich gerade darin, daß das Leben sich *aus sich selbst* herstellen *kann* und also auch *muß*. Dein Kind *lebt* und ist *mehr*, als es *war;* Du wirst es nicht um den Weihnachtsbaum tanzen sehen, aber dafür tanzt es vielleicht um einen Baum, auf dem jedes Licht ein Stern ist, um den Baum der Welt, und nichts fehlt, als daß Du seine Freude nicht siehst, es ist also nicht *sein,* nur *Dein* Entzücken weggefallen, und das kannst Du doch wohl ertragen. – Du wirfst Dich mit aller Gewalt in Deine Empfindungen, wie in einen Strom, der Dich mitleidig selbst zurückstößt, hinein, dagegen muß ich kämpfen, sonst liebte ich Dich nicht. – Ich glaube gern, daß Dein Schmerz sich vergrößere, oder richtiger, denn die Vergrößerung ist nicht möglich, daß er sich mit auf mich erstrecken würde, wenn der Tod auch mich abriefe, aber das kann ich kaum für etwas anschlagen, da mein Dasein ihn um nichts zu verringern vermag! – [2932]

d. 10ten Dez.

Heute war ich einige Stunden im Louvre, in den ägyptischen Sälen. Wer kann sich Rechenschaft geben über alles, was man sieht! Da wandelte ich unter den Resten uraltester Vergangenheit umher, die wunderbarerweise zugleich von einem untergegangenen Jahrtausend und von der hervorragendsten Erscheinung des jetzigen, von Napoleon, der sie auf seinem Siegeswagen nach Europa herübergeführt hat, zeugen. Mumien, Götzen, heilige Tiere, alle mögliche Gerätschaften, Ringe, seltsame Reliefs, Schrift-Denkmale auf leinewandähnlichen Stoffen und in Stein, nichts fehlt; sogar Gerste, Weizen, Roggen, noch wohl erkennbar, ja nicht sehr verschieden von frischem Korn, Datteln, Rosinen, Brot, in versteinertem Zustande, und andere Specifica, die man den Toten in ihre Gräber mitgegeben hat, liegen aufgeschichtet da vor dem erstaunten Blick. Paris ist keine Stadt, sondern eine Welt, wenigstens hat man nirgends so viel auf einmal von der Welt beisammen, wie hier, es ist eben genug, um einen Menschen, der alles auffassen und in seinen Nutzen verwenden mögte, zur Verzweiflung zu bringen. [2933]

Kleist schoß sich weg aus der erbärmlichen Welt, als ob er der allein überflüssige Sperling darin wäre. Er und Körner, der weggeschossen wurde und in dem Jan-Hagel einen zweiten Schiller beklagte, während sich um Kleist keiner bekümmerte! [2934]

d. 10ten Dez.
Ich schickte Elise einen großen Trost- und Ermunterungsbrief, weil ich glaube, daß ich alle Macht, die ich über sie besitze, anwenden muß, um sie ihrem Gemütszustand zu entreißen. Abends ging ich über die Boulevards St Martin und sah ein Kind in der Größe von Max mit einem Fallhut. Die Tränen kamen mir wieder um mein herrliches Kind ins Auge, hätte er einen solchen Fallhut getragen, er würde noch unter den Lebendigen sein! Man muß sich ja mit aller Gewalt abhalten, unter sich hinabzublicken, um nicht schwindlig zu werden, aber wenn man sich so etwas denkt – und es ist ausgemacht, vom Fallen kam seine Krankheit – so erkennt man mit Schaudern, auf welcher Nadelspitze sich Welt und Leben dreht. [2935]

d. 12 Dez.
Das Wetter ist noch immer schön, aber es wird doch schon winterlicher, man friert im ungeheizten Zimmer, wenn man nicht dichtet, denn dann bin ich unempfindlich für äußere Einflüsse, obgleich die innere Erhitzung meistens mit einem Schnupfen endet. [2936]

Ein Mädchen wird von allen jungen Leuten angesehen und freut sich sehr darüber. Kokett sagt sie zu ihrer Nachbarin: was die wohl zu gaffen haben! »Du hast einen schwarzen Fleck an der Nase, wisch dir ihn nur ab, dann hast du Ruhe!« ist die Antwort.

[2937]

Ein Lump, der es recht von innen heraus ist, kann mit größtem Recht zu Sokrates und Plato sagen: nehmt mich, wie ich bin, ich muß euch ja auch nehmen, wie ihr seid! [2938]

d. 13 Dezbr.
Ich fürchte, nun wird der Aufenthalt in Paris, der im Sommer unvergleichlich sein muß, für mich etwas unangenehmer werden, denn es wird kalt und ich bin bei den außerordentlich hohen Holzpreisen entschlossen, mir in den Kamin nichts einlegen zu lassen. Gestern habe ich mein Trauerspiel an den alten guten Kisting mit der Messagerie Lafitte abgesandt; Dr Bamberg war mir hiebei, wie bei allem, was ich hier noch getan und vorgenommen habe, behülflich, es ziemt sich wohl, es zu bemerken, denn ich würde ohne ihn in Paris bei meiner Unkenntnis der französischen Sprache wie verraten und verkauft gewesen sein. Ich lernte ihn durch Hagen kennen, und dieser Bekanntschaft wegen will ich mit etwas vermindertem Ärger daran denken, daß ich an diesen indefiniblen Menschen einen Brief mitgenommen, ja, ihm von Hamburg aus, ohne ihn zu kennen, selbst geschrieben habe. Er ist ein Jude, aber es ist ein Glück für seine Nation, daß ich mit ihm in Berührung gekommen bin, denn meine liberalen Ansichten über die Juden haben sich im allgemeinen verändert und bedurften der Unterstützung durch die Bekanntschaft mit respektablen jüdischen Persönlichkeiten gar sehr. Als wir gestern von der Messagerie zurückkamen und an der Ecke der Rue Vivienne auseinandergingen, kam Bamberg mir rasch wieder nach und forderte mich auf, ein seltsames Phänomen am Himmel in Augenschein zu nehmen. Ich kehrte mit ihm bis zur Ecke der Rue Vivienne zurück und sah nun über dieser Straße den Mond in einem blutroten Licht stehen; es war ein Uhr Mittag, ein dicker Nebel, den man, wie etwas körperlich-Verdichtetes, einatmete, lag über Paris, das Mondlicht gab ihm

eine blaßrötliche Färbung und wurde eben dadurch, bei der völlig verhüllten Sonne, in seiner Tag-Wirkung sichtbar, was ich nie zuvor bemerkt habe. Abends gingen wir zusammen ins Theatre Français und ich sah zum ersten Mal die Tragödie und die Komödie der Franzosen, glücklich genug beide zugleich an einem und demselben Abend, und in der vorzüglichsten Repräsentation zwei der besten Stücke, den Cinna von Corneille und die Gaunereien des Scapin von Moliere. Das Foyer des Theaters ist grandios, Voltaires Statue, umgeben von denen Talmas und le Kains, macht die Honneurs[,] in dem oberen Foyer sieht man unter vielen anderen die Büsten von Moliere und Corneille. Das Theater selbst ist nicht so groß, als man es sich bei der Pracht der Eingänge und Korridore vorstellen muß, doch ist es hoch und faßt vielleicht mehr Menschen, als man denkt, jedenfalls ist die Beschränkung des Raums dem deklamatorisch-rhetorischen Charakter des französischen Dramas angemessen und kommt den Akteuren, die gehalten rezitieren, nicht leidenschaftlich spielen sollen, zustatten. Das Orchester schien mir auffallend klein zu sein, es hat, da in den Zwischen-Akten der Vorhang nicht fällt, sondern nur eine unbedeutende Pause eintritt, die kaum so groß ist, wie eine bei uns, wenn während des Akts verwandelt wird, wenig zu tun. Die Rachel, als Aemilie, eröffnete den Cinna. Es ist eine Erscheinung, wie eine marmorne Statue, es wird einem gespenstisch zumut, wenn man sie stehen sieht, man erschrickt, wenn sie sich zu bewegen oder zu reden anfängt, das Tragische, das sie umfließt, wie eine dunkle Wolke, die ihre Schönheit umsonst zu durchbrechen sucht, läßt sie von vornherein als Opfer erscheinen, das schon halb gebracht ist und nun noch halb gebracht werden soll, und so sehr sie durch ihre im höchsten Grade ausgezeichnete Rezitation wirkt, so erschüttert sie doch fast noch mehr durch die Art, wie sie sich in jeder Situation hinzustellen weiß, es ist als ob jedes Mal die entsprechende Statue, die das vorüberrauschende Leben verewigen soll, aus ihr herausgehauen würde. Auf mich hat sie einen tiefen, unverlöschbaren Eindruck gemacht; sowenig ich vom Stück verstand, so fühlte ich doch: das ist, was du brauchst, wenn du Eingang auf dem Theater finden sollst! Auch Auguste zeichnete sich aus, obgleich nur so, wie neben dem primitiven Genie das Talent sich geltend macht. Im allgemeinen, sowohl in der Tragödie, als in der darauf folgenden Komödie, charakterisierte die Schauspieler jene Freiheit und scheinbare Unabhängigkeit vom Publikum, die man in Deutschland, wo die Leute sich ihr bißchen Existenz kümmerlich aus den Gesichtern im Parterre und der Rezensentenloge herauslesen, so selten trifft und ohne die doch keine Illusion möglich ist. Diese Franzosen treten auf und geben sich, als ob sie ihre Welt für sich hätten, und dadurch gefallen sie und reißen hin. – [2939]

Es gibt Leute, denen es zu gemein ist, daß der Wein vom Weinstock gewonnen werden muß; sie mögten unmittelbar die Sonnenstrahlen keltern. [2940]

Frische Augen: als ob die zwei leuchtendsten Tautropfen an einem schönen Sommermorgen von einer Rose abgenommen worden und in dies Mädchengesicht eingesetzt wären. [2941]

Brief an Elise vom 15ten Dez.
– Wenn der Mensch sich so recht in die Unermeßlichkeit des Welt-Ganzen verliert, so wird nicht bloß er selbst klein, sondern auch sein Schmerz! [2942]

Hätten wir! Das ist die Melodie, aus der die ganze Zukunft geht. [2943]

d. 19ten Dez.
Ich freue mich sehr, daß das Gedicht, das ich Elisen zum Weihnachts-Abend bestimmte, fertig geworden ist. Ich habe mich darin zum erstenmal in der Terzinen-Form versucht und diese Form sehr lieb gewonnen, sie ist, wie eine Glocke, die freilich nur von einem Mann, nicht von einem Kinde in Bewegung gesetzt werden kann. [2944]

Das Kaffeehaus in der Rue Sct Honoré, wo Philidors Bild hängt und der Konrektor in Wesselburen, der nach dem Philidor Schach spielte und in der andern Welt Philidor gewiß eher, als Napoleon aufsuchen wird, obgleich er auch letzteren verehrte. [2945]

Es ist sehr richtig, daß wir Deutsche nicht im Zusammenhang mit der Geschichte unsres Volks stehen, wie der Rez. meiner Genoveva in der Bl. für lit. Unterhaltung sagt. Aber worin liegt der Grund? Weil diese Geschichte *resultatlos* war, weil wir uns nicht als Produkt ihres organischen Verlaufs betrachten können, wie z. B. Engländer und Franzosen, sondern weil das, was wir freilich unsre Geschichte nennen müssen, nicht unsere *Lebens-* sondern unsere *Krankheits-*Geschichte ist, die noch bis heute nicht zur Krisis geführt hat. Ich erschrecke, wenn ich die dramatischen Dichter sich mit den Hohenstaufen abplagen sehe, die, so groß Friedrich Barbarossa und Friedrich der Zweite als Individualitäten waren, doch zu Deutschland, das sie zerrissen und zersplitterten, statt es zusammenzuhalten und abzuründen, kein anderes Verhältnis hatten, als das des *Bandwurms* zum *Magen*. Ja, wenn ihnen Kaiser gefolgt wären, die alles wieder ausgeglichen, die den schrecklichen Riß wieder geschlossen hätten! Dann hätte man sich für das Auseinandergehen schon des Zusammenschließens wegen interessieren müssen, aber jetzt? Doch der Grund liegt darin, daß diese Poeten das eigentliche Lebens-Element des Dramas gar nicht kennen! Sie malen Bilder, und wieder Bilder, daß die Bilder etwas bedeuten müssen, davon ahnen sie nichts. [2946]

Man mag die Poeten zitieren, ich habe nichts dagegen, nur zitiere man sie nicht, wie die Theologen die Bibel, oder die Juristen das corpus juris. Welcher Dichter wird nicht schaudern, wenn er liest: Shakespeare sagt, Goethe sagt pp. und daraus folgt, daß pp[.] Der Dichter, wenn er anders wirklicher Dichter ist, wenn seine Stärke nicht gerade in Gnomen und Sentenzen liegt, wird die Ideen immer nur dialektisch und zwar in dem Sinne, worin Welt und Leben selbst dialektisch sind und jede Erscheinung unmittelbar in und durch sich selbst ihren Gegensatz hervorruft, aussprechen, und wenn man den Shakespeare einmal zum Zeugen für die Nichtigkeit des Lebens aufruft und nicht hinzufügt, daß er an einem anderen Ort mit gleichem Ernst von dem hohen und einzigen Wert des Lebens redet, so sündigt man gegen ihn ebensosehr, wie man gegen den Philosophen sündigen würde, von dem man einen Satz nur halb, etwa nur bis zum Aber, das ihn zerschneidet und einschränkt, anführen, dann aber doch den Schluß ziehen wollte. Die Poesie ist Leben, nicht Denken, Umkleiden, nicht Skalpieren und je größer die Poeten sind, um so weniger werden sie sich, ihrer subjektiven Vorliebe folgend, mit Entschiedenheit auf die linke oder die rechte Seite stellen, nur die Halben, die von dem Kampf, den jeder tiefere Mensch in sich durchkämpfen muß, ohne jemals zu einem schachbretts-mäßigen Sieg zu gelangen, nichts wissen, schlachten ihrem sogenannten Ideal den Gegensatz, der bei ihnen natürlich nie lebendig wird, sondern Schemen und Schatten bleibt, kaltblütig ab und geben ihm, wenn sie ihn niedergestreckt haben, noch einen Fußtritt obendrein, der wahre und ganze Dichter macht gar bald die Erfahrung, daß Ideal und Gegensatz, Licht und Schatten sich nicht gegenseitig aufheben, sondern sich gegenseitig bedingen, und daß sie nur in den ersten Stadien so weit auseinanderfallen, sich später aber auf höchst beunruhigende Weise ineinander verlieren. Von dem dramatischen Dichter versteht sich dies von selbst und leuchtet wohl den meisten ein, wenn sie sich die Sache freilich auch nur unvollkommen vorstellen mögen, aber es gilt von jedem, jeder Dichter ist den Ideen gegenüber das, was dem dramatischen gegenüber die von ihm dargestellten Charaktere sind. Damit ist aber keineswegs gesagt, daß er als Mensch verlegen zwischen den Extremen umher schwanken soll. [2947]

Daß man ein verständiger, witziger und sogar geistreicher Kopf sein und doch in allem, was die Poesie und überhaupt die höchsten Dinge betrifft, höchst philisterhaft denken kann, beweist niemand bündiger, als der Göttinger Hofrat und Professor Lichtenberg, wenn er erst den Horaz als einen großen Dichter hinstellt und dann bemerkt, noch lieber, als die Schriften des Horaz lesen, hätte er in der Gesellschaft, in der Horaz sich für die Verfertigung dieser Schriften herangebildet, und aus der er den Stoff zu denselben herausgenommen habe, leben mögen. Der Philister weiß nichts von der Autonomie des menschlichen Geistes, denn er erinnert sich ja gar zu genau, wie er seinen eigenen Bettel, mit dem er prunkt, zusammengebracht hat; er hat alles gelernt, und er hält streng über das Dogma, daß man alles lernen könne, damit er, wenn er, ins Gedränge geratend, zugeben muß, noch keine Ilias geschrieben und keinen Pythagoräischen Lehrsatz entdeckt zu haben, antworten kann: es ist wahr und gereicht mir allerdings nicht zur Ehre, aber woher kommts? ich habe mich nicht beizeiten darauf gelegt! Darum nimmt er von jedem Individiuum, das ihm Respekt abdringt, an, es trage, wie er, erborgten Putz, dann braucht er die Reverenz nicht zu tief zu machen, im Gegenteil, es ist seine Schuldigkeit, die geheime Quelle, woher der unbequeme Reichtum rührt, aufzuspüren und dann zu sagen: das Gold ist echt, aber, Freund, es beweist nichts, als daß du ein gewandter Dieb bist! Daß er doch immer auf irgend *ein* Individuum zurückkommen muß, fällt ihm nicht ein, oder plagt ihn wenigstens nicht, genug, wenn es nur *das* nicht ist, was vor ihm steht. Die Lichtenbergsche Geistreichigkeit ist eine kaleidoskopmäßige; kein Begatten des Verwandten, sondern ein Durcheinanderkugeln des Fremdartigen. [2948]

Gewisse moderne Autoren machen Toilette vor dem Publikum, und bilden sich ein, diese große Unverschämtheit sei eine große Tat. [2949]

Man sieht in Paris auf der Straße auffallend viele Blatternarbige. [2950]

d. 19 Dez.
Die englische Lithographie mit den Hunden, die das Parlament vorstellen, macht mir noch immer viel Vergnügen. Es ist eine Karikatur und keine. Keine, denn hier sind keine Verzerrungen, sondern die wahrste, lebendigste Natur; eine, denn diese Hunde repräsentieren. Der große weiße Pudel in der Mitte hat die eine Pfote auf das Gesetzbuch gelegt und leistet seinen Schwur ab; eine Brille liegt auf dem Buch, man sieht, er hat es vorher sorgfältig studiert, er kann und will sich nicht mit Unwissenheit entschuldigen, wie sein Ältervater. Diesen seinen Ältervater nämlich nahm der Schlachter in Dienst, weil er ihm zugeschworen hatte, daß er kein Fleisch fressen wolle, er riß seinem Brotherrn aber noch denselben Tag eine Wade aus und erklärte, als er wegen Eidbrüchigkeit zur Rede gesetzt wurde, er habe auf Fleisch ge-

schworen, nicht auf Waden. Ein kleiner Köter schaut bedenklich zu dem ehrwürdigen Weißen auf, er scheint ihm zurufen zu wollen: Bedenke, was du tust, ich bin ein Zwerg gegen dich, aber *ich* könnte das nicht halten, was du da schwörst, wie willst *du* es durchsetzen? Ein Bullenbeißer dagegen betrachtet die Pfote des Schwörenden und denkt: es sind Tatzen daran, die noch ganz andere Dinge zerreißen können, als dies Buch, aber es ist richtig: ehe man es zerreißen darf, muß man darauf geschworen haben, sonst ist man nicht im Recht! [2951]

Rosen und Lilien, wo habt ihr euere *Früchte?* [2952]

d. 20sten Dezbr.
Heute nachmittag um halb 3 Uhr, als ich in die Rue Faubourg Poissonière einbiegen wollte, um in meine Wohnung zu gehen, trat mir Casimir Delavigne in den Weg, d.h. der tote, nicht der lebendige, nämlich sein Leichenzug, äußerst prachtvoll, ein glänzendes Gefolge in einer großen Reihe von Wagen. Ich wußte aber nicht, daß er es war, der bestattet wurde, sonst würde ich schon wegen meiner Erinnerung an den Abend, wo ich in Hamburg mit Elise Louis onze sah und den Pastor Schmalz zum Logen-Nachbar hatte, mich dem Zug angeschlossen haben, ich erfuhr es erst heute. Ich hätte bei der Gelegenheit die ganze neufranzösische Literatur sehen können, fast alle Autoren sind auf dem Père Lachaise anwesend gewesen, Victor Hugo hat am Grabe gesprochen. [2953]

Im Kriege schlägt man einander wohl tot, aber man erklärt dadurch keineswegs, daß man totgeschlagen zu werden verdiene. [2954]

Wenn man gereizt wird, so sollte man ganz Verstand werden; leider werde ich ganz Gefühl! G. »Sie haben ja nur einen Stuhl und der war besetzt.« »Ich sollte Ihnen nun auch Komplimente machen, aber ich habe leider schon gesagt, daß ich nichts von Ihnen gelesen habe; doch, was tuts, ich nehme es zurück: Ihr Musik-Lexikon ist vortrefflich!« Hätte ich meine Gereiztheit unterdrücken können, die Ironie meines Benehmens wäre zu loben gewesen. Vor den Bucklichten soll man sich hüten, der Grund ist einfach, Shakespeare im Richard hat ihn erschöpft.

[2955]

Schmerz: ein Nichts im Nichts um Nichts! [2956]

Kommentar
Nebukad Nezar, fraß Gras. Symbolisch zu verstehen: er war ein Liebhaber von Salat und wurde deshalb für verrückt ausgeschrieen. So müssen große Geister, die zum Heil der Menschheit neue Entdeckungen machen, es büßen! – [2957]

d. 23 Dezbr.
Oft entsetze ich mich über mich selbst, wenn ich erkenne, daß in mir die Reizbarkeit, statt abzunehmen, immer mehr zunimmt, daß jede Welle des Gefühls, und wenn sie von einem Sandkorn herrührt, das der Zufall in mein Gemüt hineinwarf, mir über den Kopf zusammenschlägt. Da sitze ich eben im besten Behagen an meinem Tisch und schreibe ein Gedicht ins reine, zu dem ich gestern abend, im Palays Royal spazieren gehend, die letzten Verse machte. Die Portiere tritt herein und will die Tasse, worin sie mir des Morgens die Milch zu meinem Frühstück bringt. Nun ist das allerdings eine französische Unverschämtheit, denn sie weiß recht gut, daß ich die Tasse, da ich mir immer einen Teil der Milch bis zum Abend aufhebe, den ganzen Tag brauche. Aber, statt ihr dies auf die gebührende Weise zu erklären und zu diesem Zweck all mein bißchen Französisch zusammenzuraffen, dann aber über die Sache, wie sie es verdient, zu lachen und in meiner Arbeit fortzufahren, lasse ich sie, freilich ohne die Tasse, wieder hinausgehen und ärgere mich, daß mir das Blut in den Kopf steigt. Woher diese schreckliche Abhängigkeit von äußeren Eindrücken, deren Nichtigkeit ich ja ebensogut erkenne, wie ein anderer? Und doch wüßte ich mich ihr auf keine Weise zu entziehen, im Gegenteil, sie kriegt mich immer mehr unter die Füße, ein Lächeln auf dem Gesicht eines Menschen, der mich ansieht, ein Blick auf meine Stiefeln, selbst, wenn ich die zierlichsten trage, wie ich jetzt tue, alles bringt mich aus dem Gleichgewicht und der Verstand, an dem es mir wahrhaftig nicht fehlt,

kann nichts dazu tun, als daß er mich, wie es wohl dem Betrunkenen, der hin und her taumelnd und tolle Streiche ausübend, auch recht gut weiß, daß er sich nicht beträgt, wie er sich betragen soll, begegnen mag, ausspottet und mich so die doppelte Qual, den Zustand zu durchschauen, geistig über ihm zu stehen, und ihn dennoch nicht überwinden zu können, empfinden läßt. Es ist ein großes Unglück, sowohl für mich selbst, als für die wenigen, die sich mir anschließen und es entspringt *nur zum Teil* aus meiner dichterischen Natur, die allerdings an sich, da sie vermöge der bloßen Vorstellung das Geheimste menschlicher Situationen und Charaktere in sich hervorrufen soll, eine größere Rezeptivität, als die gewöhnliche, voraussetzt; zum größeren Teil ist es die Folge meiner trüben Kindheit und meiner gedrückten Jünglings-Jahre, es geht mir, wie einem, der ein Dezennium zwischen Fußangeln und Selbst-Schüssen umhergeirrt ist und nur die wenigsten davon vermieden hat, er wird selbst auf *Pflastersteinen* anders auftreten, wie andere. Was hilft es mir, daß ich dagegen angehe! Das kann die Menschen, mit denen ich zu tun habe, freilich gegen *mich*, gegen mein Auffahren, schützen, aber in mir bleibts das nämliche! [2958]

d. 23 Dezbr.
Noch immer ist hier schöner Herbst, zwar nicht mehr frühlingsmäßig, aber doch auch noch nicht winterlich; noch immer werden auf den Boulevards Veilchen feil geboten, und im Zimmer kann ich es wenigstens aushalten, draußen aber, wenn man nur erst etwas gegangen ist, fühlt man sich ganz behaglich.

[2959]

d. 23 Dezbr.
Bei dieser ungeheuren Reizbarkeit, deren ich oben gedachte, woher die jetzt in mir schon eingetretene Beruhigung über den Tod meines Sohnes? Ist das Kraft des Geistes, oder Schwäche des Herzens? Ich wage nicht, ja oder nein zu sagen, aber ich habe schon oft darüber gedacht. [2960]

Man pflanzt das Große nicht durch Reiser,
Und lächelnd spricht der jüngste Ruhm:

> Es fehlt auch jetzt noch einem Kaiser
> Auf Erden nicht sein Kaisertum! [2961]

Rußland, als es die Polen verbannte; einer, der einen ermordet, und die zerfetzten Glieder selbst in alle Welt herumschickt! Der Pole auf der Terrasse in St Germain-en-Laye. [2962]

d. 24 Dezbr.

Heute ist Weihnachts-Abend, heute morgen wußte ich es noch nicht, erst als mein Wäscher kam und von den vielen Geschenken sprach, die an diesem Tage in »Allemagne«, wo der Mann mit Napoleon gewesen ist, gemacht würden, erfuhr ichs. Da habe ich denn ordentlich zu Mittag gegessen und mir abends im Palays Royal einen Goethe zu 30 fl gekauft. Ob ich recht getan? Ich denke. Haben muß ich durchaus mehr Bücher und hier besonders, wo mir aller Umgang fehlt, auch habe ich meine eigentliche Kasse nicht angegriffen, sondern das für den Prolog zum Diamant eingelaufene Honorar dazu verwendet. Als ich mit meinem Schatz, der ziemlich schwer zu tragen war und den ich mir doch nicht zuschicken lassen wollte, weil ich ihn dann erst morgen erhalten hätte, zu Hause kam, fand ich zwei Briefe vor, einen längst erwarteten, überaus liebevollen von dem alten herrlichen Oehlenschläger, der mich über vieles beruhigt, und einen zweiten von Elise, den ich erst beim Zubettgehen lesen will. Gott gebe ihr den Frieden, dessen ihre arme Seele bedarf! [2963]

Abends 11½ Uhr.

Bis 10 Uhr war ich im Café de Paris mit Bamberg, dann ging ich zu Hause, kaufte mir aber zuvor, da ich den Weihnachts-Abend doch auszeichnen mußte, für 3 Sous Galette, eine Art von Blätter-Backwerk, das (ich schreibe dies deinetwegen nieder, teure Elise) ungefähr so schmeckt, wie ein gut bereiteter deutscher Pfannkuchen und das ich ganz in der Nähe meines Hauses, eher heiß, als warm, bekomme, in einer Butike, deren Treiben lustig anzusehen ist; zwei Mädchen sind immerwährend vom frühen Morgen bis nach Mitternacht mit dem Vorschneiden der Galetten beschäftigt, die Kunden bilden förmlich Queus vor der Bude, wie vor den Theatern, und es sind nicht etwa bloß Gamins, sondern höchst anständige Damen und Herren, hinten ist die Backstube, wo das Feuer nie ausgeht, wo eine Menge Gesellen beständig für neuen Vorrat sorgen und, sobald eins der Mädchen mit ihrem Messer auf den Tisch klopft, rasch einen dampfenden Kuchen herbeitragen. Nun verfügte ich mich mit meinem Abend-Essen auf mein Zimmer, nahm Elisens Brief aus meiner Brusttasche hervor, küßte ihn noch einmal, erbrach ihn und fing an zu lesen, während ich aß. Der Brief machte einen wohltuenden und beruhigenden Eindruck auf mich, er war in einer ungleich gefaßteren Stimmung geschrieben, wie der zuletzt empfangene, und es tröstete mich besonders, daß er zum größten Teil schon vor Eingang des meinigen abgefaßt, also nicht als eine, vielleicht erzwungene, Wirkung des letzteren zu betrachten war. [2964]

Ob man, wenn man zu Napoleons Zeit gelebt hätte, ihn richtig gewürdigt haben würde? Ich zweifle. Großen Erscheinungen gegenüber regt sich zunächst immer der Selbst-Erhaltungs-Trieb, die kleine, die von ihr verschlungen zu werden in Gefahr steht, muß ihr widerstreben, wenn sie auch, sobald sie wirklich verschlungen ist, die Notwendigkeit und den Nutzen davon erkennt. Der Apfel, der Blut werden und so im Menschen zu Ehren gelangen soll, trotzt noch zwischen den Zähnen. [2965]

d. 25 Dez.

Über Nacht, wo ich nicht schlafen konnte, den Don Carlos von Schiller gelesen, seit langer Zeit zum ersten Mal wieder. Das Stück hat einen überraschend-mächtigen Eindruck auf mich gemacht, die großen Elemente, die sich darin bewegen, ergreifen den Geist so sehr, daß er für die mangelhafte Gestaltungskraft, die hier, wie in allen Schillerschen Werken, doch nur Symbole, statt individueller Charaktere hinstellt, keine Aufmerksamkeit behält. Bei alledem ist es von inneren Widersprüchen voll und der Hauptsache nach auf durchaus unhaltbare Motive gebaut, alles zum Teil daraus entspringend, daß der Dichter, wie er selbst irgendwo erklärt, sich damit zu lange getragen und daß ein Held den andern verdrängt hat. Denn nur ein zwiefacher Ausgang war möglich. Der Prinz konnte durch die Leidenschaft für seines Vaters Frau untergehen, oder er konnte durch seine Leidenschaft über sich selbst hinaus-, und im Interesse der flandrischen Provinzen und der ganzen Menschheit zum welthistorischen Repräsentanten der liberalen Ideen erhoben werden. In dem einen Fall durften er und die Königin in der letzten Szene die Rollen nicht wechseln, *sie* konnte immerhin von ihrer Höhe herabsteigen und erklären, daß sie nun auch einmal ihrem Herzen folgen wolle, aber der Prinz durfte ihr nicht mit einem: nicht weiter Mutter! in den Weg treten, er durfte nicht davon sprechen, daß er jetzt ein größeres Gut kenne, als sie zu besitzen, er mußte sie in seine Arme schließen, er mußte den ganzen Inhalt seines Lebens in einer einzigen Minute verschwelgen und dann an der Hand des Kardinal-Groß-Inquisitors zum Blutgerüst forttaumeln. Das wäre nicht groß, aber es wäre individuell-wahr gewesen, und der Charakter hätte seinen Abschluß in sich gefunden, wenn auch nicht das Stück, mit den, außer den pathologischen, darin losgelassenen geistigen Mächten. In dem anderen Fall, den der Dichter mit Recht vorzog, durfte der Prinz, auf dem Wege, seine gewonnenen inneren Erfahrungen zu betätigen und seiner Erziehung durch den Marquis und durch seine jetzt überwundene und darum auch verstandene Liebe, Ehre zu machen, seinem Vater nicht in die Hände fallen, er durfte nicht sterben, und am wenigsten durfte die Katastrophe, die an und für sich keine ist, keine innere, in sich selbst mit Notwendigkeit bedingte, sondern eine äußere, rein-zufällige, auf die Weise, wie es im Stück geschieht, herbeigeführt werden, nämlich durch die Entlarvung des Gespenster-Betrugs, den wir in seiner grandiosen Dummheit und Plumpheit dem Dichter ja nur dann verzeihen und nachsehen können, wenn er gelingt, aber nimmermehr, wenn er, wie hier, mißglückt. Hamlet durfte fallen durch ein Fechterspiel, ja Shakespeare hätte ihm durch einen vom Dach herunterstürzenden Ziegel den Kopf zerschmettern lassen dürfen, und es wäre doch nicht durch Zufall geschehen, denn Hamlet gehörte dem Tode an, er war ein schon außer dem Grabe verwesender Mensch und es war gleichgültig, auf welche Weise der Tod sich seines Eigentums bemächtigte. Aber Carlos der durch das letzte große Ereignis, den Tod seines Freundes, erst zum wahren Leben erweckte und sich seines Berufs und seiner Würde bis in die kleinste Faser seines Wesens hinein bewußte Carlos, der im Begriff stand, sich mit Männerkraft und Männer-Ernst einer hohen Mission zu unterziehen, durfte der Geschichte nimmermehr auf eine so jammervolle Weise unterschlagen werden; das ist nicht tragisch, das erfüllt uns nicht mit jenem ehrfurchtsvollen Schauder vor der allwaltenden höchsten Macht, die in dem Moment, wo sie sich zwischen ein welt-historisches Individuum und den welthistorischen Zweck, den es verfolgt, hindernd und zerstörend hinstellt, beides zugleich aufzeigt: in dem Individuum den faulen Fleck, der der wirklichen Realisierung dieses Zwecks durch dasselbe im Wege steht, und außer dem Individuum ein anderes Medium des Zwecks, welches eben dieses Individuum entbehrlich macht; das ist nichtig, entsetzlich, wahnsinnig, und wir können dem Dichter nicht einmal daraus, daß in seinem Stück nirgends die aus der Geschichte bekannte Möglichkeit einer Rettung der Niederlande, außer durch Vermittlung des Prinzen Carlos, hervortritt, einen Vorwurf machen, der die Lücke, auf die er hindeutet, gewissermaßen selbst stopfen würde, denn, wenn dies auch geschehen wäre, so würde es wenig geholfen haben, falls es dem Dichter dennoch beliebt hätte, den Helden in dem Augenblick, wo sein Leben in die Blüte trat, dem Tode zu überantworten, es hätte uns freilich über das Schicksal eines Volks, für das wir uns mit dem Marquis Posa so lebhaft interessieren, eine äußere Beruhigung gegeben, aber wir hätten nun wohl gar gefragt, was der Prinz uns denn überhaupt noch angehe, da er, nach Besiegung seiner Leidenschaft aus seinem individuellen Lebens-Kreis heraustretend, doch von dem großen historischen ausgeschlossen und wie ein Soldat, der erst kommt, wenn das Regiment vollzählig ist, zurückgewiesen wird. So stehts ums Zentrum, aber auch am Räderwerk ist viel auszusetzen. Daß der Prinz sich nur deshalb zur Eboli verirrt, weil er die *Hand* der Königin nicht kennt, daß er aber desungeachtet, wie wir aus dem vierten Akt erfahren, nach Skt Germain Briefe mit ihr gewechselt hat, davon wollen wir nicht reden, es ist schon von anderen bemerkt worden. Aber die Motive, welche die Katastrophe mit dem Marquis herbeiführen! Er spielt das allergewagteste Spiel und findet nicht für notwendig, oder auch nur für gut, dem Prinzen den leisesten Wink mitzuteilen, selbst da nicht, wo er ihm sein Portefeuille abfordert, ja, wo er einen

Verhafts-Befehl gegen ihn in der Tasche mit sich herumträgt. Das heißt, den Erdball auf eine Nadelspitze stellen und sich nachher zu verwundern, daß sie sich biegt. Und wozu? Das hübsche Bild von der Wetterwolke und dem Schlafenden entscheidet nichts, es paßt nicht einmal, denn Carlos ist kein Schlafender, er kennt, wir erfahren es gleich in der ersten Szene des ersten Akts, seine Situation ganz genau und erwartet einen schrecklichen Ausgang, und wenn er auch wirklich schliefe, so ist die Sicherheit eines ganzen Lebens ja wohl einen gestörten Morgen- oder Mittags-Schlummer wert. Eine solche *Grille*, von einem besseren Namen kann und darf nicht die Rede sein, ist schon dann unstatthaft, wenn nur einige Verwirrungen daraus hervorgehen, sie wird aber widerlich, wenn der Charakter, der sie sich zuschulden kommen läßt, durch sie seinen Untergang findet, was in diesem Stück geschieht, und sie wird geradezu unerträglich, wenn noch mehr, wenn alles, wenn das ganze Drama mit der vorbereitenden und der Haupt-Katastrophe davon abhängt. Hier tritt bei Schiller eben der eingangs gedachte Mangel an gestaltender Kraft hervor, die den Dichter, der sie in hinreichendem Grade besitzt, gegen dergleichen Verirrungen schon durch ihre erste Eigenschaft, dadurch, daß sie, sozusagen, die Motive selbst wieder motiviert, daß sie das Nerven- und Adergeflecht nicht bloß in seinen Hauptstämmen, sondern bis zum Haar-Gewebe herab, bloßlegt, schützt, und es zeigt sich, daß der konsequenteste Verstand im Verein mit einer mächtigen Phantasie, die aber immer nur das Allgemeine sieht und es nicht aus dem Besonderen hervorspinnt, sie nicht ersetzen kann. Shakespeare hätte sich gefragt: wie kommt der Marquis dazu, daß er dem Prinzen alles verbirgt, daß er in demselben Augenblick, wo er selbst unverantwortlich gegen das Vertrauen, welches die Freundschaft erfordert, sündigt, in dem Freund ein das Maß des Menschlichen überschreitendes Vertrauen voraussetzt? Dann würde er das, was er als äußeres Motiv für seine Dichtung brauchte, zu einem inneren erhoben, er würde es aus einem allgemein-menschlichen oder einem speziell-individuellen Zug abgeleitet haben, z. B. daraus, daß der Marquis den Wert des Prinzen an der Kraft seines Herzens, zu lieben, und also auch zu vertrauen, ermessen wollte, oder er hätte sich überzeugt, daß dies nicht gehe, und dann hätte er, wenn er das Motiv im

Organismus des Ganzen nicht entbehren konnte, das Schweigen des Marquis auf die Unmöglichkeit, den Prinzen zu sprechen, oder auf ein anderes äußeres Hindernis, das freilich wieder von einer anderen Seite her zu motivieren und nicht in seiner bloßen Zufälligkeit hinzustellen war, begründet. Ferner. Als der Marquis den Prinzen zum zweiten Mal bei der Eboli findet, weiß er schon, daß diese dem König durch den von ihr an den Prinzen geschriebenen und gerade von ihm dem König übergebenen Brief bereits verdächtig geworden ist; desungeachtet, obgleich es sich nur noch um *einen* Tag handelt, denn der Prinz soll ja schon fliehen, um einen Tag, währenddessen der Marquis bei seiner Allmacht am Hofe der Prinzessin den Weg zum König ja wohl hätte versperren können, desungeachtet kennt er keine andere Alternative, als entweder das Weib zu töten oder sich selbst zu opfern! Nun opfert er sich selbst, als ob das *Faktum*, daß der Prinz die Eboli um Verschaffung einer Audienz bei seiner Mutter gebeten hat, durch seine Lüge aufgehoben würde! – Dies sind die hauptsächlichsten Gedanken, die mir bei der letzten Lektüre dieses Dramas kamen. Auch das Erschossenwerden des Marq. Posa ist höchst seltsam. Wozu? Warum nicht erst ein Gericht?

[2966]

d. 27sten Dez.

Die Weihnachts-Tage ganz leidlich verlebt. Weihnachts-Abend: Regen und Nebel, oder vielmehr Nebel-Dampf. Erster Weihnachts-Tag: Frühlingswetter; ich ging, von Bamberg abgeholt, früh aus und hörte eine Messe in Notre-Dame de Paris, wo die Musik aber sehr schlecht war und auf keine Weise mit der in München zu vergleichen; dagegen ergötzte ich mich nicht wenig über die Prozession, es wurden nämlich mit aller priesterlicher Grandezza Kuchen, die man mit Lichtern besteckt hatte, in der Kirche herumgetragen, ich wagte kaum, meinen Augen zu trauen. Nachher spazierten wir auf dem Place de la Concorde und erfreuten uns an den künstlichen Regenbögen, die wir erblickten, wenn wir durch die Wasser-Strahlen der Fontänen zum Himmel aufsahen. Später gingen wir ins Louvre und besahen eine Gemälde-Galerie und einen Statuen-Saal, die wir noch gar nicht gesehen, ja von deren Existenz wir nicht gewußt hatten.

Unter Kuriositäten in einem der oberen Säle stieß uns neben allerlei merkwürdigen Beichtstühlen auch ein plump zusammengesetzter, mit gemeinem Leder überzogener und an einer Stelle sichtlich mit Blut bespritzter Stuhl mit niedriger Lehne auf, von dem der Kustode uns sagte, daß ein spanischer Inquisitionsrichter bei den Verhören und der Folterung darauf gesessen habe. Leider hatte ich gleich des Morgens nasse Füße bekommen und ging erst um 6 Uhr zu Hause, um Stiefeln und Strümpfe zu wechseln; die Folge ist eine tüchtige Erkältung, und die ist hier nicht so leicht zu nehmen, wie anderswo, denn Paris ist eine herrliche Stadt für die Gesunden, aber eine sehr unbarmherzige für die Kranken. Am zweiten Weihnachtstag war das Wetter zwar nicht frühlingsschön, aber doch auch mild und gut. Einen lieblichen Eindruck auf mich macht es, daß hier noch immer auf den Boulevards Veilchen feilgeboten werden. [2967]

Langweilst du dich? Zähle deine Pulsschläge! [2968]

Wie könnten wir Menschen besitzen, da wir selbst besessen werden? Der Zweig hat das Blatt, aber der Stamm hat den Zweig, die Wurzel hat den Stamm, die Erde hat die Wurzel u.s.fort. [2969]

Die Schönheit ist in der Welt der Kunst ebenso unbequem, wie in der wirklichen die Tugend. [2970]

Monologe im Drama sind nur dann statthaft, wenn im Individuum der Dualismus hervortritt, so daß die *zwei* Personen, die sonst immer zugleich auf der Bühne sein sollen, in seiner Brust ihr Wesen zu treiben scheinen. [2971]

Versöhnung in der Tragödie – darunter verstehen die meisten, daß die kämpfenden Potenzen sich erst miteinander schlagen, dann aber miteinander tanzen sollen. [2972]

Wie gering die Alten vom Weibe dachten, das sieht man am deutlichsten an der Ilias. Helena war keine *Person*, die ein Unrecht am verlassenen Gemahl begangen, sie war eine Sache, ein hübsches Ding, das ein Unrecht erlitten hatte, ohne selbst dafür verantwortlich zu sein, darum zog ganz Griechenland ihretwegen vor Troja. [2973]

Die sittlichen Ideen sind eine Art Diätetik des Universums. [2974]

d. 31sten Dezbr.
Es ist Neujahrs-Abend, d.h. Silvester-Tag, denn die Uhr ist erst 11, und ich liege, da ich seit mehreren Tagen unwohl bin, noch im Bett. Ich will den Jahres-Schluß machen, so gut es mir mein dumpfer, verschnupfter Kopf erlaubt. Dies Jahr ist sehr verhängnisvoll gewesen. Des Glücks werde zuerst gedacht. Mit den finstersten Gedanken, völlig aussichts- und vertrauenlos, trat ich es an. Aber es kam besser, als ich gedacht hatte, ich erhielt das Reisestipendium und konnte, obwohl krank, von Kopenhagen mit gutem Mut abreisen. In Hamburg, zum Teil durch den nur langsam weichenden Rheumatismus gefesselt, zum Teil durch Elisens Wünsche und meine eigenen zurückgehalten, verblieb ich bis September. Ich konnte nichts arbeiten, es entstanden kaum ein paar Gedichte, und außerdem nur noch die mir abgedrungene Schrift wider den Professor Heiberg, die geschrieben zu haben mir jetzt doch lieb ist. Eine tolle Leidenschaft hatte sich meiner bemächtigt; sie gewährte mir selbst keinen Genuß, verfinsterte aber ein Dasein, das ich billig aus allen Kräften zu erhalten und zu erheitern bestrebt sein sollte. Anfang September reiste ich nach Paris ab. Ich verließ mein so hold und lieb aufblühendes Kind im besten Wohlsein; Elisens zweiter Brief, lange durch meine Schuld verzögert, meldete mir seinen Tod. Es stehe hier, wie eine Kalender-Notiz; wie es im Moment auf mich gewirkt, wie es mich zur Selbstzerstörung herausgefordert und mich dann wieder auf die Frage: verwindet man seine Schmerzen aus Kraft des Geistes oder aus Schwäche des Herzens? zurückgedrängt hat, davon geben meine Briefe und dies Tagebuch Zeugnis. Ich denke, *der Egoismus*, d.h. der *Selbst-Erhaltungstrieb* des *Universums* und des *Individuums* wirken in solchen Fällen ineinander, und die aus jenem hergenommenen allgemeinen Anschauungen und Ideen, an denen dieses sich allmählig wieder auf-

richtet, werden uns nur deshalb zuteil, weil wir als Teile sonst
früher zusammenbrechen würden, als es das Interesse des Ganzen
gestattet. Der höchste Stachel im Schmerz war für mich das
Bewußtsein, die Vater-Freuden an dem holden Geschöpf nicht
genossen zu haben. Aber ich hadre darüber jetzt nicht mehr mit
mir, denn nur meine Situation, nur die Angst vor der Zukunft
war schuld daran, und die ist sehr begründet. – Paris hat sich von
seiner lebendigen und belebenden Seite bald bei mir geltend
gemacht, ich glaube auch fast, diese gewaltige Stadt hätte von
Anfang an den rechten Eindruck auf mich hervorgebracht, wenn
ich mich nicht in Hamburg von einem Menschen, in den ich
Vertrauen setzte, weil er Jahre in Frankreich verlebt hatte, hätte
verleiten lassen, meinen Aufenthalt zuerst in St Germain en Laye
zu nehmen und mich so zu einer Zeit, wo ich, losgerissen aus den
Armen der Liebe und der Freundschaft, eben der Aufregung und
Zerstreuung bedurfte, in die Einsamkeit zu verbannen. Ich wußte
nicht, wo St Germain lag, ich glaubte, es sei eine Vorstadt, und
war sehr unangenehm überrascht, als ich fand, daß es mich über
6 Meilen von Paris entfernt hielt, aber das Logis war im voraus
gemietet, und ich glaubte, es, um den Zins nicht nutzlos zu ent-
richten, beziehen zu müssen, obgleich ich viel besser getan haben
würde, wenn ich das Geldopfer gebracht hätte und sogleich in
die Stadt zurückgekehrt wäre. Was ich von diesem Herrn G. S.
eigentlich denken, ob ich ihn für einen Einfaltspinsel oder für
etwas Schlimmeres halten soll, weiß ich noch zur Stunde nicht;
er drängte sich mir, früher von mir auf eine etwas harte und, da
es aus Mißverständnis entsprang, später von mir selbst gemiß-
billigte Weise zurückgewiesen, bei Campe wieder auf und erbot
sich in Bezug auf meine Reise zu allen möglichen Gefälligkeiten;
und die von ihm mir mitgegebenen Briefe haben mich mit Menschen zusammengeführt, denen ich, wenn ich sie auch nur im
geringsten gekannt hätte, um hundert Meilen aus dem Wege
gegangen sein würde. Einer dieser Briefe, an einen Dr Schuster
aus Hannover gerichtet, der, wie ich erst hier von dem Dr Bamberg erfuhr, als Demagoge kompromittiert sein soll, liegt noch in
meinem Sekretär; Herr G. S., als er mir den Brief gab, sagte:
nicht wahr, Sie tun mir den Gefallen und geben den Brief ab?
worauf ich erwiderte: mein Gott, Sie erzeigen ja mir einen Ge-

fallen!; und was ist der Inhalt des Briefs? »Überbringer ist der
Dr H., der Ihre Bekanntschaft zu machen wünscht!« Das ist der
Wahrheit entgegen, es verschiebt das ganze Verhältnis, und es ist
die Manier, in der man Hinz und Kunz, die um Briefe betteln,
empfehlen, nicht aber der Ton, in dem man von einem Mann,
dem man seine Briefe fast aufdrängt, dem man sie wenigstens
dringend anbietet, sprechen darf. Bamberg sah den uneröffneten
Brief bei mir liegen, er las ihn, und teilte mir, obgleich ich ihn
nicht hören wollte, den Inhalt mit. Eine neue Lehre! Von Campe
hatte ich zwei Briefe, an Heine und an Herrn August Gathy.
Mit Heine bin ich in ein Mißverhältnis geraten, nicht ganz ohne
meine Schuld; Herr Gathy scheint ein mißliches Subjekt zu sein,
das zwar sehr gutmütig aus matten Augen blickt, das aber trotzdem pfiffig, boshaft ist und in seinem Buckel freilich Entschuldigung findet. Meinen eigentlichen Umgang bildet Dr Bamberg.
Dr E. Duller und Wil. Alexis haben sich durch gründliche und
wohlwollende Rezensionen um mich verdient gemacht; mit
ersterem habe ich ein persönliches Verhältnis angeknüpft. Gearbeitet habe ich in diesem Jahr: Maria Magdalena, ein bürgerliches Trauerspiel; die Schrift gegen Heiberg; 14 Gedichte;
außerdem sind mehrere Pläne zu neuen dramatischen Werken
in mir ausgebildet worden. [2975]

1844

d. 3ten Jan

Mit einer starken Erkältung, an Husten und Schnupfen und
zugleich am Magen leidend, trat ich in dies Jahr ein und fürchtete
nicht ohne Grund, ernstlich zu erkranken, was überall schlimm
ist, in Paris aber schlimmer, als irgendwo. Doch hoffe ich, daß
der Zustand sich allmählig wieder in einen gesunden umsetzen
wird; ich habe durch Fasten dem Magen wieder aufgeholfen und
dadurch, daß ich mich warm hielt, daß ich bis zum Ausgehen im
Bett blieb und mich dann augenblicklich in ein Café begab, die
Erkältung zurückgeschlagen und befinde mich heute morgen,
wenn auch noch nicht vollkommen wohl, so doch viel leidlicher,

wie gestern, wo ich, besonders am Abend, fiebrisch aufgeregt war. Dr Bamberg hat mir treulich beigestanden, mich zu Hause besucht und außer Hause begleitet; sonst würde ich vor Langeweile umgekommen sein. An Elise habe ich gestern geschrieben; ich hatte schon in der Nacht, wo ich nicht schlafen konnte, einen Brief fertig gemacht, aber ich zerriß ihn wieder, denn nicht bloß die unsichere Handschrift, sondern auch einige Worte, die ich über meine Erkältung hatte fallen lassen, hätten ihr Angst eingejagt, und obgleich ich sonst auch in diesen Dingen die Wahrheit für des Beste halte, so verlangt doch ihr jetziger Zustand eine Ausnahme. Sie ist wieder schwanger; wenn Gott ihr eine glückliche Entbindung schenkt, so mag dies das einzige Mittel sein, sie über den Verlust unseres Sohnes zu beruhigen, und dann will ich das Schicksal preisen, das ihr den Ersatz schon zu einer Zeit zuführte, wo wir den Verlust noch nicht ahnen konnten. Aber ihre erste Entbindung war so außerordentlich schwer, sie litt so über alles Maß, daß ich, wenn ich mich hieran erinnere, mir etwas Entsetzliches als möglich denken muß. Gott sei ihr und mir gnädig! [2976]

Man könnte sagen: warum sollen die Russen nicht nach Deutschland kommen? Sind doch die Deutschen nach Rom gezogen! Aber, welch ein Unterschied! Die alten Germanen waren ein edles, großes, freies Volk, es fehlte ihnen an entwickelter Kultur, aber nicht an der schönsten Menschlichkeit, aus der die Kultur von selbst hervorgehen mußte. Dagegen die Russen: Hunde und Knechte! [2977]

Einer, der selbst nicht wahr ist, wird sich nie einreden lassen, ein anderer sei wahr. Dies ist das Mittel, wodurch die individuelle Natur sich in allen Fällen wieder herstellt; so viel sie selbst, der Idee gegenüber, in ihrem eigenen Ich vermißt, soviel zieht sie der gesamten Menschheit ab. [2978]

Man sollte zu anderen nie über das Verhältnis, das man zu ihnen hat, sprechen. [2979]

Warum ist das unbedeutendste Weib immer schneller mit

einer Intrige pp fertig, als der geistreichste Mann? Weil in ihnen
Natur ist, was in uns Talent sein muß! [2980]

»Brauche den Dativ nur ruhig, wie andere Leute, wenn du ihn
brauchen sollst, du wirst ihn nicht abnutzen, oder, er ist für dich
da, wie für Goethe.« [2981]

Was der Größte sich denkt? Dies denkt er: Hole der Teufel
euer ganzes Geschlecht, wenn ich das bin, was ihr meint. [2982]

d. 15 Jan:
Heute wurde das Molière zu Ehren in der Rue Richelieu errichtete Denkmal feierlich enthüllt. Schon Tage vorher in allen Buchläden große Annoncen: la vie de Molière. Auf dem Platze kleine Denkmünzen feilgeboten. Fahnen. Das Haus, worin er gestorben ist, mit rotem Samt und goldenen Fransen bekleidet. Das Monument: er sitzt, in nachdenkender Stellung, den Lorbeerkranz auf dem Haupt, auf einem Lehnstuhl. Unter ihm, halb zu ihm hinauf-, halb vor sich hinsehend, zwei weibliche Figuren, in der Hand eine Rolle mit den Titeln seiner Werke. Keine Möglichkeit, nahe hinzuzukommen, also ging ich in die Bibliothek. Die Trikolore am Theater français ausgesteckt. So viel ist gewiß: in Frankreich kennt jeder Bauer den Molière, in Deutschland nicht jeder Schulmeister den Namen Goethe. Dem König wurde es sehr übel genommen, daß er nicht erschienen, und er hätte sich auch nichts vergeben, wenn er gekommen wäre, denn was er vor dem Dichter im Leben, das hat der Dichter vor ihm im Tode voraus; dessen Krone erblindet nicht, auch geht sie nicht auf einen Nachfolger über. Bei solchen Gelegenheiten treten mir immer die Tränen in die Augen. [2983]

Sah heute eine Rue de la Femme sans tête. [2984]

Neulich im hellen Sonnenschein einen Mann, der eine schwarze
Maske trug. [2985]

Er spricht mit dir im Traum und doch willst du ihn strafen?
Erst, wenn ein Mensch erwacht, weiß er, daß er geschlafen.
[2986]

> Einseitigkeit ist mir ein Dorn,
>   Wer wird sich drin begraben?
> Man soll nicht hinten und nicht vorn,
>   Man soll die Nase allenthalben haben,
> Und dann, damit es jeder weiß,
> Da, wo sie sitzt, zugleich den Steiß! [2987]

d. 17 Jan:

Wieder ein paar Tage kalt gewesen. Aber, wie es scheint, nur der Konditor wegen, damit sie Eis für den Sommer haben, denn es ist schon wieder vorbei. Der Frost kommt hier immer im Gefolge eines scharfen Winds. [2988]

d. 19 Jan:

Elisens Brief blieb über die Zeit aus, gestern kam er an. Daß die Natur doch so gebunden ist, daß sie den einen Zweck nicht erreichen kann, ohne den andern aufzuopfern, daß sie, da sie der Mutter bei der völligen Abhängigkeit des jungen Menschen von ihr und ihrer Sorge, so viel Liebe für ihn einflößen mußte, ihr alle Selbst-Liebe und alles Selbst-Gefühl raubte! Es ist schrecklich. Ich hatte mir von meinen Briefen und von dem tiefen Terzinen-Gedicht einige nachhaltige Wirkung versprochen, aber trotz ihrer Worte sehe ich wohl, daß alles nichts hilft; es ist, als ob man ihr nach Welt-Untergang wieder eine Hütte zusammenflicken wollte. Zustände, kaum zum Ertragen! Mein Talent hat sich in der letzten Zeit wieder so schön geregt, ich habe die Ballade Liebeszauber geschrieben, mir doppelt willkommen, da Töne, die das Leben ausklingen lassen, bei mir so sparsam sind, aber wie soll man sich solcher Eindrücke erwehren! [2989]

Napoleon hatte nur deshalb so viel Respekt vor dem Privatrecht, weil er das öffentliche Recht als sein eigenes Privat-Recht betrachtete. [2990]

d. 20 Jan:

Heute ein Tag, wie der schönste Frühlingstag. [2991]

Man kann kein Blut in sich hineintrinken, sondern der Organismus muß sich das Blut selbst aus den Nahrungsmitteln bereiten. Ebensowenig kann man sich im höchsten Sinn fremde Erfahrungen aneignen, sondern man muß sie selbst machen.

[2992]

Ein echtes Talent – das erfahre ich an mir selbst – ist die innerste Lebens-Ader dessen, der es besitzt, alles, Lust, wie Leid, geht in sie hinein und verwandelt sich in ihr zu rotem oder schwarzem Blut. [2993]

Taten des Sturms – des Gewitters – des Erdbebens pp [2994]

»Ein großer Mann!« Ja wohl, wie ein Trumpf im Kartenspiel.
[2995]

Was wir im Drama bös *werden* sehen, das müssen wir auch wieder *gut* werden sehen. [2996]

Wir sind in unsrer Zeit so sittlich, daß wir alle als Homunculi hätten entstehen mögen. Wir wollen es gar nicht wissen, daß es etwas Unsittliches gibt, bewahre, schon der Gedanke, daß es vorhanden ist, befleckt uns, da wir es aber bei alledem im Leben – und warum auch? sollen wir doppelt bezahlen? Dürfen wir, da wir auf der einen Seite zu viel zu tun, uns auf der anderen nicht ein wenig nachsehen? – nicht so genau nehmen, so stellen wir in uns eine neue Unschuld her, die der Tiere nämlich, die auch nur im Tun unsittlich sind, um es so zu nennen, nicht im Gedanken.

[2997]

In Japan, wo die Religion es mit sich bringt, daß man die Exkremente des Dalai Lama wohlriechend finden muß, sagt man gewiß: die Rose stinkt. [2998]

»Wahrheit ist meine Leidenschaft; ich muß alles, alles herausbringen; darum steh ich auch so oft an den Türen und horche! Das ist dann aber kein gemeines Horchen, sondern ein edles.«
[2999]

Die Distel sprach: nun will ich Rose werden!
Ich hörte es und schüttelte das Haupt.
Ihr Vetter Dornbusch sahs und sprach mit Zorn-Gebärden:
Ein Schelm und Narr, wer ihr nicht glaubt!
Die Rosenstacheln hat sie schon,
Bald keimt die Blume selbst, dem frommen Wunsch zum Lohn!

[3000]

d. 23 Jan:
Sonntag erhielt ich einen Brief der Mad^me Crelinger über Maria Magdalena. Es ist wieder nichts. Ich bin ein sehr talentvoller Mensch, habe Gedanken, Sprache, was weiß ich, was alles mehr, aber, aber – – die Heldin ist schwanger, und das ist ein unüberwindlicher Stein des Anstoßes. O Pöbel, Pöbel! Wäre ich bemittelt, wie wollte ich darüber lachen, nun ich ein armer Teufel bin, ists ein Donnerschlag. Ja wohl – wenn man in der Krankheit selbst die Gesundheit aufzeigen könnte! Wenn man Arzt sein könnte, ohne sich mit dem Fieber zu befassen! [3001]

Einer, der bei Raffaels Madonna nur denkt: sieh, sie hat doch ein Kind. [3002]

Antwort an die Crelinger vom 23 Jan:
—— Ich weiß recht gut, daß Sie mein Werk nicht mit Ihren, sondern mit den Augen des Publ. betrachtet haben, meine Einwendungen gelten also auch nicht Ihnen, sondern dem Publ., das wir allerdings nicht verändern können. Aber dem Publ. ist diese Situation, ohne die mein Stück unmöglich ist, an die es geknüpft ist, wie die Blume an die schwarze Erde, aus der sie hervorwächst, ja nicht fremd. *Gretchen* im Faust ist auch eine schwangere Heldin, und dies Gretchen gehört nicht bloß zu den höchsten und reinsten Gestalten aller Poesie, sondern es wird gespielt, eben aber auf den Zustand des Mädchens wird die ganze Katastrophe gebaut, mit jenem fällt sie weg und mit ihr der ganze Faust. *Klärchen* im Egmont ist noch etwas viel Schlimmeres, sie ist eine Dirne, die Dirne eines Grafen, den sie nie besitzen kann, aber weil der Dichter sie mit einem über alle bloße Sitte weit hinausgehenden und sie vergessen machenden sittlichen Adel zu

umkleiden wußte, fällt das keinem ein, oder doch nur demjenigen, dem auch bei Raffaels Madonna allerlei einfällt. Das Problematische ist der Lebens-Odem der Poesie und ihre einzige Quelle, denn alles Abgemachte, Fertige, still in sich Ruhende, ist für sie nicht vorhanden, sowenig, wie die *Gesunden* für den *Arzt*. Nur, wo das *Leben* sich *bricht*, wo die *inneren* Verhältnisse – die *äußeren* sind für den Handwerker da, der sie durcheinanderschiebt und dadurch denn freilich auch die müßige Neugier befriedigt, ja, wenn er sie wieder zurechtrückt, eine so vollständige Versöhnung zustande bringt, daß der wahre Dichter, der sich eben mit dem Unauflöslichen beschäftigt, und der das Böse sowenig aus dem Ring seines Dramas verweisen kann, als Gott es aus der Welt verweisen konnte, weit hinter dem Mann zurückbleibt – nur wo die inneren Verhältnisse sich verwirren, hat die Poesie eine Aufgabe, und wenn es ihr verwehrt wird, sie hier zu suchen, wenn man sie, statt sie zu fragen: bringst du die *Gesundheit*, nämlich den geläuterten sittlichen Zustand, wieder hervor, fragt, warum sie sich mit einem so häßlichen *Fieber*, worin die Helden nur noch Unterjacken, aber nicht die Toga tragen, befaßt, so ist kein dramatischer Messias möglich, oder vielmehr, da das Drama sich auch im Notfall selbständig entfalten kann, er wird für das Theater seiner Zeit nicht vorhanden sein. Nur auf die Behandlung des Prozesses, und auf das Resultat, das aus ihm hervorgeht, kommt es an, und was die Behandlung des hier in Frage stehenden Verhältnisses betrifft, so weiß ich, daß sie nicht zarter sein kann, und bilde mir auf diesen Mädchen-Charakter, besonders aber auf die Spitze desselben in der Schluß-Szene des zweiten Akts – wenn ich es anders sagen darf – etwas ein. Das Resultat aber ist ein so vollständiges, wie nur irgend möglich, denn ein Fehltritt, der eigentlich gar keiner ist, weil das unglückliche Wesen ja nicht sowohl vom geraden Wege abweicht, als aus diesem Wege herausgedrängt und gestoßen wird, kann nicht entsetzlicher gebüßt werden, und ich dächte, das Tragische der ganzen Situation, das sich mit dem Bedenklichen *zugleich*, nicht erst *hinterher*, entfaltet, sollte jeden Gedanken an dieses entfernt halten. Ja, ich bin überzeugt, daß eine Schauspielerin, die auf die tragischen Motive das gehörige Gewicht legt, die übrigen ebensogut vergessen macht, als uns im Faust Gretchens: o neige, neige, du Schmerzenreiche pp über das Anstößige ihres Zustandes weit hinausführt. Es ist gewiß nicht die Sucht nach dem Ungewöhnlichen, und hoffentlich auch keine Lücke in meinem geistigen Organismus, was mich veranlaßt, meine Gebilde so und nicht anders hinzustellen; ich befolge nur das einfache Gesetz, das zu allen Zeiten von den Meistern der tragischen Kunst befolgt wurde: das minder Wesentliche dem Wesentlichen zu opfern. Jeder wird mir zugeben müssen, daß mein Stück ohne den Punkt, der eingeräumt werden muß, nicht möglich ist; mancher wird aber doch Anstand nehmen, zu sagen, daß es auch besser sei, wenn es wirklich nicht existierte. —— (früher) Wenn Sie meinem Stück anzumerken glaubten, daß ich nun schon vieles gesehen habe, so muß das in der unbewußten Entwickelung meines Geistes liegen, denn nicht 5 mal war ich seit meiner Judith im Theater. Ihre Bemerkung bestätigt also nur, was ich leider selbst fühle, daß die dramatische Form mir angeboren ist. Ich sage: leider, denn als Dramen-Dichter will man mich nicht und in eine andere Façon kann ich mich nicht gießen. (Später, über den Diamant) Er ist in Berlin nicht gekrönt, nicht dem Sieben-Gestirn, worin Herz und Industrie, und andere gestalten- und ideenlose Possen, die die Preisrichter gewiß nur aus Verzweiflung aus der Spreu hervorhoben, glänzten, einverleibt worden. Ich denke, man hat ihn nicht gelesen, und das entschuldigt niemand leichter, als ich; wenn ich 100 Msp zu lesen hätte, würde ich gewiß auch die Hälfte beiseite schieben und denken: es ist eben nur beschriebenes Papier! – [3003]

Die Sonne ist nicht bloß für die Erde, und noch weniger für die Krautgärten auf der Erde, da, sie ist auch für sich, auch als Glied in der großen Sonnen-Kette da; wer auf Erden sollte aber wohl daran denken? Wenn sie anders beschäftigt ist, so daß uns die Ernten nicht geraten oder wir nicht spazierengehen können, so heißt es: sie erfüllt ihre Pflichten schlecht. [3004]

So wie die Huren nichts mit der Liebe zu schaffen haben, eben weil sie ein Geschäft aus der Liebe machen, so die Handwerker nichts mit der Kunst. [3005]

Habt Form, d.h. steckt erst einmal in einer Haut, dann wollen wir untersuchen, wie ihr darin steckt, ob ihr fett oder mager seid.
[3006]

Je schwieriger die äußeren Formen sind, denkt der Pfuscher, um so eher darf man sich eine sog. Licentia poetica erlauben; ein Lied muß reine Reime haben, aber in einem Sonett, oder in der Terzine darf man sich wohl auch einen unechten gestatten. Gerade umgekehrt, lieben Freunde! Denn es ist nicht nötig, daß ihr euch Schwierigkeiten setzt, die ihr nicht überwinden könnt, wenn es euch aber einmal gelüstet, so müßt ihr ihnen auch genügen; niemand braucht einen Graben zu überspringen, der für ihn zu breit ist, wenn er es aber doch versucht und hineinplumpt, so wird er ausgelacht. Der eigentliche Grund liegt freilich noch viel tiefer. Eben das Schwerste soll in der Kunst das Leichteste scheinen und nirgends darf auch nur die Spur des Meißels sichtbar bleiben, denn das würde jeden Genuß zerstören, wir würden nicht mehr ein in freier Schönheit dastehendes Götterbild, sondern den mühseligen Kampf eines Menschen mit dem widerspenstigen Marmor erblicken.
[3007]

Ruhm! Unsterblichkeit! – Der Riesen-Schatten eines großen Daseins macht gemeine Köpfe schwindeln, und dieser Schwindel soll das Genie für ein unter diesem Volk vergeudetes Leben belohnen!
[3008]

In keiner Stadt der Welt werden mehr Nadeln verloren, als in Paris, man sieht deren allenthalben liegen, und wenn ich eine brauche, so hefte ich den Blick beim Spazierengehen nur einfach aufs Trottoir, und habe gewiß, ehe ich 50 Schritte mache, meinen Bedarf. Ebenso sieht man nirgends so viel Damen, die Hunde spazieren führen, wie hier.
[3009]

d. 27 Jan:
Gestern abend hatte ich das merkwürdigste Abenteuer in Paris, oder doch Gelegenheit zu einem solchen. Ich kam nach 9 Uhr aus der Rue Skt Honoré in die Rue Richelieu und war bis an das Denkmal Molières gekommen, als mich eine alte Dame anredete.

Sie schien den höheren Ständen anzugehören, war demgemäß gekleidet, wenn auch für ihr Alter etwas bunt und flitterhaft, und trug einen Muff von Pelz. Sie sprach in einem fort zu mir, ohne daß ich verstand, was sie eigentlich wolle; anfangs glaubte ich, sie erkundigte sich bei mir nach etwas und nahm die erste Pause, wo sie ein wenig inne hielt, wahr, um ihr zu sagen, daß ich nicht französisch spräche, doch darauf hörte sie gar nicht hin, sondern zog mich mit Lebhaftigkeit über die Straße fort bis zur anderen Seite, wo es weniger hell war, und blieb hier vor dem Torweg eines Hauses stehen. Sie erschöpfte ihre Beredsamkeit, ich antwortete, wie man einen gar zu langen Satz an schicklichen Stellen mit dem nichtssagenden Komma unterbricht, von Zeit zu Zeit: compre ne pas, und hörte ihr dann wieder zu. Endlich fragte sie mich: ob ich die Bekanntschaft einer schönen, jungen und reichen Dame machen wolle. Ich sagte: ja, das wäre ja unter allen Umständen angenehm. Sie fuhr fort: bei dieser Dame könne ich alles haben, Diner, Dejeuner, Geld, was ich nur wünsche. Ich sagte: Das wäre ja eine vortreffliche Dame. (une Dame extraordinaire et ex[c]ellente.) »Ja, mein Herr, versetzte sie, so ist es, und wenn Sie wollen, so geben Sie mir eine kleine Münze.« Ich fragte sie nun, was ich denn bei dieser Dame solle. Zur Antwort streichelte und küßte sie mir die Hand. Ich dachte: Du bist es doch nicht am Ende selbst? und wollte mich mit Ekel zurückziehen, aber der Gedanke hielt nicht Stich, denn sie wiederholte dringender und auf eine auch dem Tauben verständliche Weise die Bitte um die »petite monnaie«. Ich gab ihr eine Kleinigkeit, sie wollte mehr, aber ich sagte, ich hätte nicht gewechselt und müsse nun erst die Dame sehen. Sie ergriff meinen Arm und zog mich mit sich fort. Nachdem wir mehrere Nebenstraßen durchkreuzt hatten, sie von der Tugend, Schönheit und dem Reichtum der Dame, ich von meinem Nicht-Französisch-Sprechen redend, stand sie vor einem Hause still, das ein zwar nicht prachtvolles, aber doch sehr solides Aussehen hatte. Sie fing wieder von der kleinen Münze an, und forderte mir mein Ehrenwort ab, daß ich ihr nachher etwas geben wolle. Ich gabs. Die Tür stand offen, was so spät in Paris selten oder nie der Fall ist, die Treppe war hell erleuchtet, die Concierge war im Entresol, wie man in großen Buchstaben über der Treppe las. Sie forderte mich auf, leise zu gehen, es schien ihr besonders daran zu liegen, daß ich von dem Concierge, der mit einem mürrischen, unangenehmen Gesicht da saß, nicht bemerkt würde. Ich folgte ihrer Vorschrift. In der zweiten Etage blieb sie stehen und zog die Klingel. Es wurde nicht gleich geöffnet. Während wir so standen, sie die Klingel in der Hand, ich mich mit dem Rücken gegen das Treppen-Geländer lehnend, kam eine Frauensperson, einen Korb über den Arm, die Treppe hinauf, die sich zu uns stellte. Die Alte sprach mit ihr, dann sagte sie zu mir: es wäre die femme de la maison, worauf ich sie mit einer kurzen Verbeugung grüßte und von ihr gemustert wurde. Die Alte gab ihr einen Wink, sie ging die Treppe wieder hinunter, es kam mir vor, als ob sie entweder mit dem Concierge sprechen oder ihn beobachten, etwa ihn ausforschen solle, ob er mich gesehen habe, und ich war nun fest entschlossen, *nicht* einzutreten. Die Alte zog heftig und ungeduldig zum zweiten Mal die Klingel, es dauerte nun nur noch eine kurze Weile, so hörte man eine fragende Stimme von innen, und die Tür wurde aufgemacht. Ich erblickte ein allerdings prächtiges Appartement, vier bis fünf Zimmer gingen ineinander, die Türen standen sämtlich offen, die ersten waren finster, aber das letzte, das Boudoir, war hell erleuchtet, ich sah rote Fauteuils, mit Samt überzogen, und allen Komfort, den – die reiche Wollust, die nicht zur Befriedigung zu gelangen weiß, oder die Kurtisane um sich verbreitet. Vor mir stand eine weißgekleidete Dame, von mittlerer Größe, deren Gesicht ich, der Dunkelheit wegen, die im Zimmer herrschte, nicht sehen konnte. Die Alte nötigte mich dringend, einzutreten, und faßte mich, lebhaft und ungestüm, wie sie sich auch unterwegs schon erwiesen hatte, am Mantel, als ich zögerte, ich aber sagte: pardon! verbeugte mich und ging die Treppe wieder hinunter. Noch stand die Tür offen, die mir als femme de la maison vorgestellte Person ward ich nirgends mehr gewahr, den Concierge sah ich an seinem Fenster. Auf der Straße blieb ich vor dem Hause stehen, es hatte die N: 16 und lag in der Rue de Chabannais, die dicht am Place Courois, also an der Rue Richelieu, liegt. Die Straße ist nicht abgelegen, sondern gangbar, das Appartement im zweiten Stock ging mit den Fenstern auf die Straße hinaus. Bald, nachdem ich hinaus war, kam der Concierge herunter, sah sich um, es kam mir vor, nach mir, und verschloß die Tür. Später ging noch ein Frauenzimmer in das Haus, von dem es mir, da ich die Treppe bis oben hinauf durchs Fenster sehen konnte, schien, als ob es im zweiten Stock bliebe; die Alte kam nicht wieder zum Vorschein, aber einige junge Leute kamen nach einiger Zeit heraus, die aber, da das Haus 6 bis 7 Stockwerke hatte, ebensogut aus dem 3ten- 4ten- und 5ten, als aus dem 2ten Stock kommen mogten. Hier ist das simple Faktum, nun die Reflexionen. Warum trat ich nicht ein? In der Einförmigkeit meines hiesigen Lebens war ein Abenteuer, das doch wenigstens etwas Pikantes hatte und das vielleicht sogar zu einer interessanten Bekanntschaft geführt hätte, nicht zu verachten, und für einen Poeten, der so viel Romanhaftes zusammenspinnt, ist es ein höchst angenehmes Gefühl, wenn das Romanhafte ihm auch einmal in seinem eigenen Leben entgegentritt. Warum ergriff ich die Gelegenheit denn nicht? Kein Gedanke hielt mich ab, keine Empfindung, nicht Furcht, noch Unruhe, obgleich in einer Stadt, wie Paris, wo man 14 Tage in der Morgue zur Schau ausgestellt werden könnte, ohne erkannt zu werden und wo einen niemand vermißt, mich nicht einmal ein Gläubiger, da ich keinem etwas schuldig bin, beide in einer ähnlichen Situation erlaubt sind. Ich war durchaus gleichgültig, als ich mich ans Treppen-Geländer lehnte, und von dem Gesicht der öffnenden Dame würde es abgehangen haben, ob ich eingetreten wäre, oder nicht, aber die »femme de la maison« mißfiel mir, und ihr Heruntergehen auf den Wink der Alten machte mir die Sache verdächtig. Dennoch konnten dieser Wink und dies Heruntergehen sehr unschuldig sein, denn wenn ich wirklich zu einem vor der Welt unbescholtenen Frauenzimmer, die einer Kupplerin ihre Not anvertraut hatte, geführt wurde, so war nichts natürlicher, als daß die Dienerin den Concierge beobachtete, ob er auch gemerkt habe, was er nicht merken durfte. Aber auch das Gegenteil war möglich, und es war wahrscheinlicher. Der Concierge war mit der Kurtisane, die auf Raub oder etwas noch Schlimmeres ausging, im Bunde, man brauchte den Mann, um mit mir, wenn ich etwa die Börse und die Ringe weigerte, fertig zu werden, er wurde also aufgefordert, sich bereit zu halten und die Tür zu schließen. Daß die Alte mich zum Leise-Gehen aufforderte, war desungeachtet natürlich, denn in mir mußte ja auf alle Weise die

Illusion, ein ganz anderes Frauenzimmer vorzufinden, erhalten werden, und es gibt auch außer der Scham der Unschuld noch Gründe, warum ein Weib sich nur auf Socken beschleichen läßt. Die Alte war in diesem Fall nur deshalb auf die »petit monnaie«, die ihr als Lohn ja gleichgültig sein konnte, da sie ihren Anteil am ganzen Raub erhielt, so erpicht, weil sie hoffte, daß ich vielleicht die Börse ziehen und ihr bei der Gelegenheit zeigen würde, ob es sich auch mit mir der Mühe verlohne. Der Haupt-Umstand, der für einen besseren Ausgang des Abenteuers zeugt, liegt in ihrem Abfordern des Ehrenworts, ihr später Geld zu geben, obgleich auch dieses auf das Erregen der Illusion zurückgeführt werden kann. Was war mir nun nah? Ein glühendes, vor Lebenslust verschmachtendes und, bei vielleicht sehr diffizilen Verhältnissen, zu den ungewöhnlichsten Mitteln greifendes Weib, oder eine kalte Räuberin, das Bett der Wollust, oder der Dolch, demnächst der Sack, die Seine und die Morgue? Ich mögte es wissen!

[3010]

Einen Toten tragen. Der Tote wird immer schwerer, immer schwerer. »Weil du mich umgebracht hast.« [3011]

Gestern war ich in den naturhistorischen Museen im Jardin des Plantes. Ich sah eine aus Algier herübergebrachte versteinerte Erd-Schicht, worin Knochen und Gewächse, mehr oder minder vermürbt und zerfallen, saßen, unter anderem Ochsen-Knochen. Gefühl, wie in der Kindheit, wo ich das Wort Rippe in meinem kleinen lutherischen Katechismus (Stelle: Und Er machte ihm ein Weib aus seiner Rippe) auskratzte und wo mir, wenn ich einen alten Knochen erblickte, zumute war, als sähe ich den Tod selbst. Ja, wenn man so sieht, wie das sich durcheinander verschlingt, das Leben und der Tod, wenn man bedenkt, daß auf der ganzen Erde vielleicht kein Stäubchen ist, das nicht schon gelacht und geweint, geblüht und geduftet hätte, so wird einem trostlos zumute und alle Philosophie schlägt nicht dagegen an, denn leider, was hat der Geist, wenn er nichts, als sich selbst hat? Er muß immer aufs neue die Mesalliance eingehen, wenn er es einmal mußte, und bei der Unsterblichkeit kommt nichts heraus, als das Wieder- und Wiederkäuen. [3012]

»Du sollst nicht töten!« Das Gebot geht den Scharfrichter nicht an. [3013]

Jedes neue Verhältnis ist, wie ein Spiel. Man weiß nicht, ob man gewinnt, oder verliert, aber man muß den Einsatz wagen, denn sonst kann man überhaupt nicht spielen. Der Einsatz besteht darin, daß man, ohne den anderen zu kennen, seine Ansichten und Gedanken bloßgeben muß. Wer klug ist – ich bin es nicht – der hält sich dabei möglichst im allgemeinen. Ich müßte z.B., wenn ich über Kunst und Poesie spräche, nichts geben, als mein Prinzip und dem anderen die Anwendung aufs Singuläre überlassen. [3014]

So sehr ist der Mensch Gewohnheits-Tier! Wenn ich hier auf der Straße deutsch sprechen höre, so wunderts mich nicht, der erste Eindruck ist immer, als ob das so sein müsse, erst später stellt sich die Verwunderung über die Nicht-Verwunderung ein. Dennoch bin ich 5 Monate in Paris. [3015]

—— Ich halte nur weniges noch so fest, daß das Schicksal, wenn es mir mein Gut entreißen will, mich selbst mit hinabreißen muß. Brief an Oehlenschläger vom 30. Jan: 44. [3016]

d. 30 Jan:
Heute habe ich drei Briefe nach Kopenhagen abgesandt, d.h. an den dänischen Gesandten gegeben, der sich zur Besorgung erbot, die mir schwer gefallen sind, nämlich an Dankwart, Collin und Oehlenschläger; der an letzteren ist mir freilich nicht schwer gefallen. Schreiben mußte ich an jene Herren einmal, aber was? [3017]

d. 31 Jan:
Einen solchen Winter, wie diesen, habe ich, was die Mildigkeit des Wetters betrifft, noch nicht erlebt; wahre Frühlingstage. Vorgestern spielten die Knaben im Tuilerien-Garten in Hemds-Ärmeln. Ein Glück für mich, da ich fest entschlossen bin, hier für Feuerung keinen Sou auszugeben. [3018]

Ich lese in meinem Goethe die Lebens-Geschichte des Benvenuto Cellini. Wie wohltuend ist eine reine Natur, die sich selbst fühlt, ohne auf dem Wege der Reflexion dazugekommen zu sein, sie mag sich so keck und zudringlich herausstellen, wie sie will, man läßt es sich gefallen, man hat nichts dagegen, nur das nüchterne Vergleichen und Rechnen: ich bin mehr, als der, denn ich pp widert an, ebenso das advokatenmäßige Sich-Selbst-Entschuldigen, wie bei Rousseau, dessen Beichten eigentlich ein beständiges Rasieren ist, wobei er sich aber unbewußter Weise, und darin liegt bei ihm das Naive, immer schneidet. Haupt-Gedanke, den die Lektüre in mir weckte: von welch unschätzbarem Nutzen, ja von welcher Unentbehrlichkeit ist dem dramatischen Dichter eine lebendige Anschauung des geistigen Komplexes aller Völker; daraus allein kann er die Farben für seine Gemälde gewinnen. Freilich muß er sich nicht einbilden, daß er sie nur so geradezu auf die Tafel zu werfen braucht, was die Stümper tun; zwischen dem Farbenbrett und dem Gemälde bleibt immer ein Unterschied, aber sie müssen da sein, er muß wissen, und es muß ihm in die Fingerspitzen gedrungen sein: so steht der Italiener zum 5ten oder 6ten Gebot, so der Franzose, so der Deutsche, und nun kommen die individuellen Schattierungen. So bezieht der Franzose alles auf den äußeren Schein, es ist daher gar nicht so unvernünftig, wie Lessing es darstellt, daß in ihrer Tragödie die Konvenienz eine so große Rolle spielt; in Italien wird man, wenn man einen schönen Jüngling sieht, geneigt sein, zu denken: der wird sich vor Dolchen in acht zu nehmen haben u.s.w. [3019]

»Der Mensch kündigt sich bei mir an und nachher kommt er nicht; wie eine Sonnenfinsternis, die ausbleibt.« [3020]

In Deutschland, wenn man auch nichts an den Leuten *gehabt* hat, hat man, sowie sie sterben, doch immer etwas an ihnen *verloren*. [3021]

Das Weib wohnt im Moment, der Mann ragt immer mit Kopf und Füßen darüber hinaus und wird bei dem Frost in den Extremitäten auch im Herzen nicht recht warm. [3022]

Jeder Tote ist ein *Vampir*, die ungeliebten ausgenommen.

[3023]

Man sollte sich die Toten immer lebendig denken, denn daß sie leben, daß die ewige Kraft, die das caput mortuum hinter sich zurückließ, augenblicklich wieder in die allgemeine Tätigkeit hineingezogen wird, ist ja selbst auf dem atheistischen Standpunkt nicht zu bezweifeln; wird es doch das caput mortuum selbst. Und da die Organe dieselben bleiben müssen, so ist die Veränderung eigentlich keine, denn sie besteht allein darin, daß wir *dasselbe* auf andere Weise tun oder erleiden, und höchstens noch darin, daß dies deutlicher oder undeutlicher in unser Bewußtsein fällt. Ganz gewöhnliche Gedanken, denen nur zu wünschen wäre, daß sie noch gewöhnlicher würden. [3024]

Nur dadurch, daß er den ganzen Kreis zurücklegt und, wie einer, der einen Berg ersteigt, hundert anfangs beschränkte und sich mehr und mehr erweiternde Aussichten und Gesichtskreise, hinter sich liegen läßt, gelangt der Künstler zum Vortrefflichen; sonst würde jeder nur *ein einziges Kunstwerk* erschaffen. [3025]

Daß der Mensch nirgends einen Brennpunkt hat, worin sein ganzes Ich, zusammengefaßt, auf einmal hervortritt! Es macht in manchen Stunden auf mich einen ganz eigenen Eindruck, daß man sich ihn immer erst aus Kopf und Rumpf, aus Armen und Beinen zusammensetzen und zusammensuchen muß, ja, daß er sogar *zwei* Augen hat, nicht ein einziges, aus dem die Seele blickt. [3026]

Menschen, die statt eines Gehirns eine zusammengeballte Faust im Hirnschädel zu haben scheinen; so eigensinnig sind sie in ihrer Dummheit. [3027]

In allem Denken sucht Gott sich selbst, und er würde sich schneller wiederfinden, wenn er nicht auch darüber mitdächte, wie er sich verlieren konnte. [3028]

Ein Maler, der für sein höchstes Kunstwerk ein schönes Mädchen als Modell gebraucht und sie dann tötet, damit kein zweiter sie gebrauchen und damit niemand sagen könne, es sei Porträt.

[3029]

Unser Hauptfehler ist, daß wir unser bißchen Bewußtsein über den Moment zu einem Bewußtsein über alle Zukunft ausdehnen mögten. Keine schönere Naturen, als diejenigen, die sich ohne Dumpfheit und Frechheit in gläubigem Vertrauen ans Leben hingeben. [3030]

»Die Welt ist Gottes Sündenfall.« [3031]

In der Kirche weiß jeder die 10 Gebote, aber auf der Straße weiß er immer nur 9, dasjenige, an das er sich gerade erinnern sollte, ist vergessen. Wer stiehlt, weiß recht gut, daß er nicht töten soll, auch beschwichtigt er sein Gewissen wohl selbst damit, daß er es nicht tut. [3032]

Ein Bedienter, mit seiner Herrschaft in einer Bilder-Galerie, ist eine unendlich komische Person. [3033]

Mit der Verehrung der Kleinen für die Großen ist es eine eigene Sache. Sie sollen sie dafür verehren, daß sie ihnen ihr eigenes Nichts so recht zu empfinden geben; kein Wunder, daß sie sich sperren. Die Geschichts-Galerie, Alexander, Caesar, Napoleon, in einem Schulmeister-Schädel: sollte er nicht springen? [3034]

Die Revolution ist eine Krankheit des Volks; aber eine solche, an der die Könige sterben. [3035]

Die Trunkenheit, die daraus entsteht, daß der Natur-Geist, dessen edelste Verkörperung der Wein ist, in den Menschen eingelassen, den Menschen-Geist überwältigt, und, wie er den Menschen physisch aus Takt und Maß herausreißt und ihm den Schwerpunkt sowie die Zeugungskraft raubt, ihn auch geistig auflöst, so daß seine Ideen keinen Zusammenhang mehr haben und sein Bewußtsein erlischt, ist eine der allerwichtigsten Erscheinungen und noch lange nicht genug gewürdigt, am wenigsten aber hinreichend erklärt. Anfangs wird der Menschen-Geist durch den Natur-Geist gesteigert, das scheint auf Verwandtschaft und Einheit zu deuten, nachher aber überwältigt, im eigentlichsten Verstande überflutet, das deutet doch auf Feindschaft und Zusammenhangslosigkeit. [3036]

Die Kantsche Philosophie hat ihre Eigentümlichkeit darin, daß sie die Werkzeuge, mit denen der Mensch, dem Universum gegenüber, ausgerüstet ist, *besieht*, statt sie zu *gebrauchen*. Eigentlich ein sehr unglücklicher Gedanke, denn da es keinen Weg gibt, uns anderes Maß und Gewicht zu verschaffen, so ist unser *Erkennen* unsere *Wahrheit*, und wir dringen auch unstreitig in alles so weit, freilich auch nicht weiter, wenn es noch ein Weiteres gibt, ein, bis wir uns darin *wiederfinden*. Ein blinder Ochse, der mit dem Kopf gegen den Felsen rennt, hat in der Härte des Felsens, von der ihn der Stoß überzeugt, die Wahrheit desselben und in der Wunde das Resultat dieser Wahrheit. [3037]

Logisch nennen es die Leute, wenn das Gedankenkind den Uterus hinter sich herschleppt. [3038]

Charakter. Ein Mensch, der in der Kunst das Höchste erkennt, aber nur das Mittelmäßige produziert. Mit dieser Mittelmäßigkeit gewinnt er die Welt, aber als sie ihm zu Füßen liegt, erhebt er sich mit Verachtung und zeigt, ein goldenes Kalb, das auf Jehova deutet, auf das Echte hin. [3039]

Wenn im All einmal alles Mittelpunkt gewesen ist, ist die Welt am Ende, dann hat das All sich ganz durchgenossen. Natürlich keine Philosophie. [3040]

In jedem Menschen ist etwas, was aus ihm ins Universum zurückgreift. Diese Räder, die erst im Tode laufen dürfen, soll er zum Stehen bringen, sonst wird er zu früh zermalmt. [3041]

Das Leben der meisten Menschen besteht darin, daß sie die Natur ein- und auslassen, daß sie den Weltstoff auf ihre kleine

Mühle schütten und ihn weiterleiten; sie essen und trinken und haben ihren größten Spaß, wenn sie ihresgleichen hervorbringen.

[3042]

Es wäre doch so unmöglich nicht, daß von der Läuterung des Einzelnen auch für das Ganze etwas abhinge, und mehr, als man sich im ersten Augenblick bei diesen Worten denkt. [3043]

Das schönste Mädchen wird vielleicht im Traum von dem schmutzigsten Kerl entehrt. Vielleicht träumt sie dann, daß die Blumen-Wiese sich unter ihr in einen Morast verwandelt. [3044]

Der Traum ist der beste Beweis dafür, daß wir nicht so fest in unsere Haut eingeschlossen sind, als es scheint. [3045]

Ein Mensch, der sich die Adern öffnete, sollte über das allmählige Erlöschen des geistigen Lebens in ihm, über die letzten Gedanken u.s.w. Buch führen. [3046]

Wie ich mich in die Gedanken- d.h. in die innere Erscheinungswelt stürze, denn Gedanken sind auch Erscheinungen, Formen, die ebenso entstehen und eben das bedeuten, was Sterne, Muscheln, Blumen, so stürzen sich andere in die äußere, denn der Mensch kann nicht mit sich allein sein, d.h. er kann nicht leer und tot sein, und aller Unterschied zwischen den Geistern beruht darauf, ob sie den Gegensatz in sich selbst hervorrufen können, oder ihn draußen aufsuchen müssen. [3047]

Die Geschichte mündet doch eigentlich nur in die Individuen, wie sie von ihnen ausgeht. Die Masse zieht davon, ob ein Stadium zurückgelegt ist, oder nicht, keinen oder doch nicht den rechten Vorteil, aber ein großes Ich, obgleich es alle früheren Stadien durchlaufen muß, denn was auf der allgemeinen Mühle vermahlen ist, wird dem einzelnen immer wieder aufgeschüttet, kommt schneller hindurch. [3048]

Es ist eine Sünde, heißt es, den Menschen die Wahrheit vorzuenthalten. Mag sein. Aber es ist eine größere, es ist ein Frevel, die

Wahrheit einem Individuum gegenüber, das kein Organ für sie hat, preiszugeben. Es heißt, die Rose mit einer Hundsnase in Berührung bringen; das Bild ist schwach. [3049]

Leute, denen damit gedient gewesen wäre, wenn Kant statt seiner philosophischen Werke die Anekdoten, an denen er bei Tisch so reich gewesen sein soll, herausgegeben hätte. [3050]

»Der Mensch muß immer an etwas denken!« sagte gestern abend eine deutsche Gans zu mir. Es ist sehr richtig, und dies ist ein höchst geheimnisvolles Muß, denn es beweist, daß in uns kein einziger unabhängiger Gedanke, oder wie man den unmittelbaren Erguß des Ichs, den einfachen Strahl, nennen will, vorhanden ist, sondern daß jeder nur durch Reibung, durch einen Gegenstand, geweckt wird. Von diesem Punkt aus könnte man zu merkwürdigen Resultaten gelangen. [3051]

Die Morgue. An der Seite derselben auf dem Quai hat sich ein Vogelhändler angesiedelt, draußen pfeifen die Lerchen und Rotkehlchen, drinnen liegen die Toten. Niemand geht vorbei, der nicht einspräche; der Fuhrmanns-Junge steigt vom Pferde und geht hinein, die Magd mit den Kindern, die sie aus der Schule abgeholt hat, erübrigt so viel Zeit, sogar die Betrunkenen gehen nicht vorbei. Es ist, wie ein Schauspiel; man sieht den 5ten Akt einer Tragödie, und ohne Entrée. [3052]

d. 8 Febr.
Gestern abend fand ich einen Brief aus Berlin vor, wornach es doch noch möglich ist, daß Maria Magdalena zur Aufführung gelangt. [3053]

»Daß man doch im Strom dahinfließen, daß man sich in einem Erguß auflösen und mit Fleisch und Knochen in der wollüstigen Umarmung sich ausgießen könnte!« Charakter. [3054]

– Die Weltuhr von hinten betrachten und das Rollen und Schnurren der Räder anhören, ohne je nach dem Zifferblatt zu fragen. [3055]

– Die negative Tugend: der Gefrierpunkt des Ich. [3056]

Die Zeit steht darum nicht still, weil man die Uhr anhält, es wird Abend, obgleich der Zeiger noch immer auf Mittag zeigt. Wenn doch die Menschen dies bedächten! [3057]

d. 11 März.
Armes Tagebuch! So frisch im Wachsen und doch ins Stocken geraten! Aber heute abend können wir glänzend kontinuieren! Auch in Deutschland fängt man an, einzusehen, daß es gut ist, die dramatischen Dichter nicht verhungern zu lassen. Die Allg. Zeitung brachte einen Artikel aus Wien, des Inhalts, daß das Kaiserlich Königliche Hof-Burgtheater den Dichtern von dem Tage der Bekanntmachung dieser Bestimmung an für jede Darstellung ihrer zur Aufführung kommenden Werke 10 p. ct. von der Brutto-Einnahme bewillige, falls das Werk den Abend fülle, 6 p. ct. dagegen, falls es noch eines einaktigen Vor- oder Nachspiels bedürfe, und 3 p. ct., falls Vor- oder Nachspiel mehraktig sein müßten. Dies alles solle bis 10 Jahre nach dem Tode des Dichters gezahlt werden, dabei sei es einem jeden freigestellt, die bisherige Honorar-Zahlung zu bedingen. – Ich weiß, daß ich nie davon profitieren werde, dennoch schreib ichs ins Tagebuch. Aber eigentlich nur, weil ich zu warm bin, um mich bei meinem Schnupfen gleich entkleiden zu dürfen, und weil die Minuten getötet sein wollen. [3058]

Das *Ende* eines Fiebers *dekretieren*! So machens die Staatsärzte! [3059]

Man kann sich selbst kein Rätsel aufgeben. [3060]

Herr Meyerbeer, als er hörte, daß auch ein anderer Komponist in seiner Oper eine Orgel anbringen wollte, kaufte, um der erste zu sein, der dies tat, alle Orgeln in Paris auf. Mozart würde dies nicht getan haben, er würde die Wirkung seiner Oper auf die Orgel, nicht auf die *erste* Orgel, berechnet haben. [3061]

Ein Menschenfeind ist der verächtlichste aller Menschen, denn er könnte nicht Menschenfeind sein, wenn er nicht bloß für die Erbfehler der Menschen, sondern auch für seine eigenen, Augen gehabt hätte. [3062]

Sittlich ist jede Tat, die den Menschen über sich selbst erhebt. Darum ist eine und dieselbe Tat nie *zwei*mal sittlich in dem Leben eines und desselben Menschen, denn die erste stellte ihn schon so hoch, daß die Wiederholung ihn nicht mehr höher stellen konnte. [3063]

d. 18 März.
Es ist heute der 18te März, also mein Geburtstag. Ich würde es nicht gewußt haben, wenn Herr Dr Bamberg mir nicht heute morgen eine Gratulationskarte geschickt hätte. Ich feire ihn diesmal aber doch besser, wie das letztemal in Kopenhagen, wo ich krank und auch noch wegen des Reisestipendiums nicht außer Zweifel war. Heute geht das Vorwort und der entscheidende Brief, der unser Verhältnis aufheben, oder ganz anders stellen wird, an Campe ab! [3064]

– Homer – Ilias. Es ist unstreitig das unvergänglichste Gedicht, unvergänglicher, wie Shakespeare und alles, denn es hängt nicht, wie alles Spätere, von dem menschlichen Gedanken über die Welt ab, nur von der Welt selbst. [3065]

Gott stellt den Menschen in die Welt hinein, ohne ihm auf die Stirn ein Inhalts-Register seines Wesens zu schreiben; mittelmäßige Poeten machens umgekehrt. [3066]

d. 25 März.
Ähnliche Bestimmungen, wie in Wien, sind jetzt in Bezug auf die dramatischen Dichter auch in Berlin getroffen. Freue dich, Charlotte! [3067]

Schiller beschwert sich über Leute, die im Schweiß ihres Angesichts über das Schöne richten. Schlimmer sind doch noch solche, die sogar ohne diesen Schweiß das Richteramt ausüben. Zu schwachen Augen kann man jemandem wohl eine Brille geben; wie aber zur Brille ein Auge? [3068]

Es gibt nur Tod *im* Leben. Solange ich dieser spezielle Mensch bin, in diese spezielle Haut eingeschlossen, die mir neue Assimilationen unmöglich macht, muß ich, wenn ich mich nicht frei entwickeln kann, den göttlichen Odemzug anhalten, also scheintot sein. »Doch nur in deiner Hand sind sie im Grab.« [3069]

Ein Mensch hat ein schweres Verbrechen begangen, es quält ihn sein ganzes Leben lang, ohne daß es herauskommt. Da tritt ein ungeheurer Fall ein, wo es eines Menschen bedarf, der sein Leben opfert. Er tuts, man bewundert ihn, aber er denkt: es war verwirkt, aber Gott hat es mir gelassen, damit ich diese Tat ausführte; wäre ich feig vor ihr zurückgewichen, morgen schon würden die Eumeniden aufgewacht sein und mich aufs Blutgerüst gejagt haben. [3070]

Alles ist vergänglich. Jawohl, jeder Ring, in dem wir uns dehnen, muß endlich zerspringen, aber an den Ring scheint alles Bewußtsein geknüpft zu sein, sowie wir an ihn anstoßen, haben wir im Zentrum unseres Ichs einen Widerklang. [3071]

»Wenn ich dein Talent nicht achtete, würde ich dich angegriffen haben?« So könnte der Hund, der mir in die Waden beißt, sagen: ich wollte dir bloß zeigen, daß ich sie für wirkliche, nicht für bloß ausgestopfte, halte. [3072]

Ich bin zwar A und du bist B;
Doch stehen wir beide im A.B.C. [3073]

Essen und Trinken sind seine Heldentaten. [3074]

Von einem Großprahler, der für eine und dieselbe Sache einmal so viel, das andere Mal so viel ausgegeben haben wollte: sein Geld trägt noch Zinsen in seinem Kopf. [3075]

Es gibt einen Unterschied zwischen Unsterblichen und noch nicht Gestorbenen. [3076]

Wer seine Nahrung nicht aus dem Universum ziehen kann, der zieht sie dachsmäßig aus sich selbst. [3077]

Wenn man Mirabeau und Robespierre mit Perücken abgebildet sieht, so muß man sich doch wundern, daß sie die Revolution nicht bei ihrem eigenen Kopf anfingen. [3078]

Abtreibung der Leibesfrucht aus Furcht vor zu schwerer Geburt und weil der Arzt den Tod prophezeit: wie ist dies Verbrechen zu beurteilen? [3079]

Einer erschießt sich über der Leiche seiner Braut, davon erwacht sie, denn sie ist nur scheintot gewesen. [3080]

Ein mildes Mädchen: ich seh dich schwimmen und plätschern in deinem Blut. [3081]

Sie hat ihre Jungferschaft *versetzt*. D.h. sie muß die Jungferschaft geben, wenn sie das erborgte Geld nicht wiedergeben kann. Ein sehr unsicheres Pfand. [3082]

Er würde die Sonne wohl auch gemacht haben, aber nur, damit sie ihn selbst bescheine. [3083]

Wer sich für überflüssig in der Welt hält, der kann nicht überflüssig sein. [3084]

»Ich erkläre Konkurs, da ist der Bettel, den ich bisher mein nannte, aber ich erkläre zugleich, daß ich von jetzt an die Grenze zwischen meinem und eurem Eigentum nicht mehr respektiere, und daß ich so viel besitze, als überhaupt in der Welt zu besitzen ist!« So machens unbewußt viele. [3085]

Die höchsten Wesen wissen nicht von sich, nur von Gott. Daß wir von uns wissen, darin liegt eben der Grund, daß wir nicht alles von Gott wissen; wo das Wissen von uns anfängt, da hört das Wissen von Gott auf, es ist der Flecken im Spiegel. [3086]

Ein Verrückter, der jeden, den er anblickt, erschlagen zu haben glaubt und ihn dann beweint. Als er sie alle lebendig vor sich sieht, hält er sie für Gespenster. [3087]

Hegel, Schuldbegriff, Rechts-Philosophie § 140, *ganz der meinige*. Hätt ichs gewußt, als ich gegen Herrn Heiberg schrieb!

[3088]

Man sieht einen Menschen im Begriff einen Mord zu begehen und kann ihn nur dadurch hindern, daß man ihn selbst tötet; man hat etwa eine Flinte in der Hand und jener auch, und sieht, daß er abdrücken will; aber man weiß nicht, *aus welchem Grunde* jener morden will; was ist zu tun?

[3089]

Einer, der in höchster Wut, sich selbst ermordet und schreit, ein anderer, der eben bei ihm ist, und mit dem er sich entzweit hat, habe es getan.

[3090]

Ich war wieder auf dem Père-Lachaise. Visiten in der Kutsche bei den Gräbern. Man könnte es sich noch bequemer machen und den Bedienten mit dem Immortellen-Kranz hinschicken. Das Grabmal von Heloise und Abälard war verändert: man konnte nicht mehr übersteigen, denn statt des hölzernen war ein hohes eisernes Gitter gesetzt, desungeachtet war der alle Poesie vernichtende Pfahl, der das polizeiliche Verbot trug, stehengeblieben.

[3091]

Nie kann ein Frosch erröten!

[3092]

d. 31 März.
Sonntag. Göttlicher Frühlingstag. Ganzen Morgen heiter gestimmt. Nachmittags um 2 die Mendelssohnsche Musik zur Antigone im Odeon-Theater gehört. Paßt zum Sophokles, wie ein Walzer zur Predigt. Nachher ging ich in den Garten des Luxembourg und fand zu meiner großen Freude das Museum offen; es war der erste Tag. Flog nur durch, sah aber doch die Judith von Horace Vernet und ein göttliches Stück, Raffael und Michel Angelo, überhaupt römisches Leben darstellend.

[3093]

Das Universum, wie alles für sich besteht und doch wieder Teil und Glied eines größeren Ganzen ist, das sich wieder in ein noch größeres verliert, und so fort und fort, ist ein Gedanke, auf den der Mensch stolz sein darf.

[3094]

Einer, der von den Buchstaben nur so viele schreiben kann,
als zu seinem Namen gehören. [3095]

    Ich bin zwar kein so starker Esser,
        Daß ichs en gros betriebe,
    Doch, würd ich je Franzosenfresser,
        So würde ichs aus Liebe! [3096]

Zwar stirbt das alte Frankreich auch nicht aus. Le nouveau tours de Nesle ist ein Beweis davon. Diese noble Gesellschaft, durch die Polizei aufgehoben und jetzt vor Gericht gestellt, hat Dinge verübt, womit ich dies Tagebuch nicht beflecken mag, namentlich junge Mädchen von 11 bis 13 Jahren auf der Straße geraubt, mit narkotischen Getränken betäubt, gemißbraucht und dann in unbekannten Gassen wieder ausgesetzt. Zwei Damen »aus der Welt« haben dabei präsidiert und die Namen der Margarite de Bourgogne und der Marquise de Brinvillières angenommen. [3097]

Die Liebe der meisten: *warmer* Egoismus. [3098]

d. 9ten April.
Soeben habe ich Schillers Braut von Messina einmal wieder gelesen. Das ist denn doch das sinnloseste aller seiner Produkte. In der Jungfrau von Orleans sieht man doch, was er will, wenn er auch bei dem gänzlichen Mangel aller Naivetät, die die Darstellung dieses Charakters erforderte, das Ziel nicht erreichen konnte. Aber hier weiß ich wirklich nicht, was er beabsichtigt hat, ich sehe auch keine Spur von Idee. Warum geschieht dies alles? Was wird mit diesem Blut abgewaschen? Man frägt sich umsonst. Denn das Stück ist ein modernes, die christliche Welt-Anschauung, wenn auch wunderlich genug mit antiken Arabesken umrändert und ausgeziert, liegt ihm zugrunde, ja, sie muß ihm zugrunde gelegt sein, da der Dichter aus der antiken nur diejenigen Momente, die nicht aufgelöst und vernichtet, wenn auch mit der neueren verschmolzen und dadurch verändert sind, herausnehmen darf, nicht aber diejenigen, die, als in sich nichtige und darum überwundene und beseitigte, hinter uns liegen, und sich nur durch einen willkürlichen Verengerungs-

Prozeß des Bewußtseins notdürftig reproduzieren lassen. Wir sind darüber hinaus, dem Fluch, den ein Individuum gegen das andere ausstößt, und wäre es auch im Verhältnis von Vater und Sohn, eine magische, die höchste Macht zwingende und ihr die Exekution abdringende Kraft beizulegen, wir sehen in einem solchen Fluch nur noch den leidenschaftlichen Ausdruck eines gerechten oder ungerechten Zorns, der realisiert werden mag, wenn der Verfluchte es an und für sich verdient, wenn es also auch ohne den Fluch geschähe, der aber mit Vernunft und Gefühl in Widerspruch tritt, wenn er an und für sich, und abgesehen davon, daß er wohl in den meisten Fällen nur durch eine wirkliche Schuld ausgepreßt wird, etwas bedeuten und für das sittliche Gesetz, dem er, wie es z.B. in der Racineschen Phädra offenbar der Fall ist, geradezu entgegengesetzt sein kann, in die Stelle treten will. Das Individuum ist emanzipiert, daraus folgt unter anderem auch, daß mit jedem eine neue Welt, ein unendlicher Lebens- und Taten-Kreis beginnt, der nicht willkürlich, um den Rache-Durst eines anderen Individuums zu befriedigen, abgeschlossen und unterbrochen werden darf, sondern sich durch sich selbst vernichten muß; darum tut, um auch hierin an die Weisheit Shakespeares zu erinnern, sich die Erde nicht auf, als Lear seine Töchter verflucht, um sie zu verschlingen, sondern es wird uns veranschaulicht, wie sich in ihnen, infolge der ersten und größten, Sünde nach Sünde entbindet und wie sie dadurch ihren Untergang finden. In der Braut von Messina ist alles edel und gut und bleibt es bis zu Ende; die Mutter ist ohne Schuld, denn

> – den Rachegeistern überlaß ich
> Dies Haus, ein Frevel führte mich herein,
> Ein Frevel treibt mich aus – Mit *Widerwillen*
> Hab ichs betreten und mit Furcht bewohnt,
> Und in Verzweiflung räum ichs –

dennoch wird ihr das Schrecklichste auferlegt; die Söhne sind es auch, wenn anders ihr heißes Blut nicht ihre Schuld sein soll, dennoch müssen sie das Schrecklichste aneinander vollziehen; Beatrice ist ein Engel und mehr, dennoch muß sie das Schrecklichste hervorrufen; und dies alles, weil –

> Auch ein Raub wars, wie wir alle wissen,
> Der des alten Fürsten ehliches Gemahl

> In ein frevelnd Ehbett gerissen,
>   Denn sie war des Vaters Wahl.
> Und der Ahnherr schüttete im Zorne
> Grauenvoller Flüche schrecklichen Samen
>   Über das sündige Ehbett aus.
> Greueltaten ohne Namen,
>   Schwarze Verbrechen verbirgt dies Haus;

und weil –

> Es ist kein Zufall und blindes Los,
>   Daß die Brüder wütend sich selbst zerstören,
> Denn verflucht ward der Mutterschoß,
>   Sie sollte den Haß und den Streit gebären;

also, weil sie verflucht sind. Wir haben hier daher wirklich den nackten, rohen Fluch an sich, den ein Ahnherr, über dessen Wert und Würdigkeit wir, wie über die Größe des an ihm verübten Frevels durchaus im ungewissen gelassen werden, ausstößt, und der ein ganzes herrliches Geschlecht, das in Kraft, Jugend und Schönheit dasteht, austilgt, und dies geschieht, um die Verwirrung vollkommen zu machen, sogar erst nach dem Tode dessen, der dadurch eigentlich gestraft werden sollte, nach dem Tode des Fürsten, denn –

> er hemmte zwar mit strengem Machtgebot
> Den rohen Ausbruch eures wilden Triebs,
> Doch ungebessert in der tiefen Brust
> Ließ er den *Haß* – der Starke achtet es
> Gering, die leise Quelle zu verstopfen,
>   Weil er dem Strome mächtig wehren kann!

es geschieht demnach ohne Zweck, wie ohne Motiv, und es bleibt nichts übrig, als eine häßliche, schaudererregende Anekdote, die, weit entfernt, uns die ewigen Gesetze der sittlichen Welt zu vergegenwärtigen, uns vielmehr bange machen könnte, daß sie nicht immer wirksam sind. Eine unbegreifliche Verirrung! Von den Einzelheiten will ich schweigen; gar zu unnatürlich ist es aber doch, wenn Don Cesar, um dem Chor für seine Sentenzen Platz zu machen, gleich nach Ermordung des Bruders ausruft:

> Ich kann nicht länger weilen, denn mich ruft
>   Die Sorge fort um die geraubte Schwester!

und abgeht.

[3099]

d. 13 April.

Ich wurde im Traum mit Gewalt durchs Meer gezogen, furchtbare Abgründe, hie und da ein Fels, sich daran zu halten.

[3100]

Sah neulich im Traum essende Tote. [3101]

Das Leben im Menschen ist, wie Proteus in den Armen des Odysseus. [3102]

d. 28 Ap.

War bei Franconi. Wahre Wunder. Stellungen unmöglicher Art. Walzendes Pferd. Unsäglich absurd, wenn es sich hinten drehte, wobei mir die sehnsuchtsvoll herausgedrehten Hintern der Damen einfielen. Ein anderes, das aß und trank und dabei dem Aufwärter klingelte. Ein drittes, das eine Pistole abfeuerte mit dem Maul; sie war natürlich an einem Balken auf einen Tisch befestigt. Aber nichts gegen die Menschen, nur schnurrige Lückenbüßer. [3103]

Männer sind auf Vorzüge bei ihresgleichen nicht so neidisch, wie Weiber. Jene rechnen sich alles zu, was ihrem Geschlecht angehört; jeder hat Amerika mit entdeckt und den Faust mit gemacht. Diese glauben sich immer um so viel verkürzt, als eine Mitschwester mehr besitzt. [3104]

»Es ist doch eine Versöhnung, wenn im Drama die Bösen zugrunde gehen«. Nun ja, in dem Sinn, worin der Galgen ein Versöhnungspfahl ist. [3105]

Ein Kerl, der ein Opfer zu bringen, sich selbst zu überwinden glaubt, wenn er die Damen nicht in den Hintern kneipt. [3106]

Man sollte nie mit jemandem disputieren, der sich nicht auf gleichem Niveau mit einem befindet. Wie kann man mit einem Menschen fechten, dem man das Fechten selbst erst beibringen, ja das Schwert erst schmieden soll! [3107]

Das Allervernünftigste für das Individuum kann das Allerunvernünftigste für das Universum sein. Was wäre z.B. vernünftiger, als daß das Individuum sich die ewige Jugend, in der sich alle seine Kräfte auf dem Höhepunkt der Entwicklung und der Wirkung befinden, wünscht? Und doch, was ist unvernünftiger für das Universum? Das Individuum, das diesen Wunsch zurücknimmt, ist kein Individuum mehr. [3108]

Der Geist scheint eine sonderbare Freude daran zu haben, sich selbst zu binden und dann wieder zu lösen, denn läuft nicht alles Leben darauf hinaus? [3109]

»Wie die Blätter der Bäume vergehen der Menschen Geschlechter!« Man könnte auch sagen: wie die Töne der Harfe! [3110]

Die Menschheit, oder der Mensch, ist, wie die edle Melusine nur passabel bis zum Nabel – dann folgt das Ungeheuer. [3111]

Es ist unstreitig ein Verbrechen, einen Menschen umzubringen, aber die Atmosphäre, worin er sich bewegt, durch ein giftiges Ferment zu zersetzen, so daß er von selbst sterben muß, das ist keine Sünde. So würde auch derjenige, der z.B. die Luft durch das von Lichtenberg nicht für unmöglich gehaltene Ferment zersetzte, ungestraft bleiben, schon deshalb, weil mit der ganzen Menschheit auch der Richter und Rächer, freilich auch der Verbrecher selbst, den Tod erlitte. [3112]

Alle Betrachtungen, die ins Weite und Schrankenlose führen, sind nichts wert. In dem Augenblick, wo ich esse und trinke, ist dies Essen und Trinken das allein wichtige, und die Hinter- und Vor-Gedanken, daß eben dies Essen und Trinken auf eine Lücke in mir hinweist, und daß diese Lücke dadurch nur für einen Moment gestopft wird, können höchstens dazu dienen, den Genuß oder die Verdauung zu stören. Ebenso ist es mit dem Leben. Es mag im höheren Sinn auch nur ein Essen und Trinken sein, aber das soll den Menschen eben nicht kümmern. [3113]

Der wahre Dichter ist indifferent, wie die Natur, eben *weil* er Natur ist. Desungeachtet aber sind bei ihm die Adler mit Krallen begabt, um die Schlangen darin fortzutragen, und die Löwen mit Tatzen, um den Hunden Respekt beizubringen. [3114]

Noahs Töchter, die dem Vater Samen erwecken, sind ein Gegenstand für die Bibel, denn sie stehen darin, aber keiner für die Kunst. Dennoch ist diese scheußliche Situation gemalt. Das Bild befindet sich auf der Pariser Kunst-Ausstellung. [3115]

Die Versailler Wasser: die Tränen Frankreichs. Nicht zu viel gesagt für jene Zeit der Schlittenfahrten im Juli auf Salz. [3116]

Ich stand gestern abend bei Sonnen-Untergang auf dem Pont Neuf. Ihr rotglühendes Bild in der Seine, unter dem Pont Royal hervorschimmernd, nahm sich zauberhaft aus; das Wasser schien zu brennen. [3117]

Eine Blume, so dunkelrot, daß man denkt, sie müsse von einem Nadelstich bluten. [3118]

d. 11 Mai.
Gestern nachmittag war ich zum zweiten Mal mit Napoleon unter einem Dach, nämlich im Dom der Invaliden. Das große prachtvolle Gebäude war mit einem Kranz von blühenden Gärten umgeben; Erbsen und Bohnen rankten sich empor und die durch einen gelinden Regen nach so großer Hitze, wie wir sie hier gehabt haben, erfrischten Blumen hauchten ihre unschuldigen Düfte aus. Dabei hat alles einen militärischen Anstrich, Kanonen an beiden Seiten des Portals, ein Offizier mit abgeschossenem Bein auf Wache, jedoch nicht stehend, sondern sitzend auf einem Stuhl. Wenn man in den inneren Hof tritt, so fällt einem zunächst das große steinerne Standbild Napoleons auf der Galerie unter der Uhr in die Augen; es ist imposant, aber der Gesichtsausdruck ist zu finster oder scheint es wenigstens zu sein, denn da man die Statue, durch ein eisernes Gitter verhindert, nicht umgehen kann, so weiß man nicht, ob man richtig sieht. Ein paar Immortellen-Kränze, die ihm über den Degen gehängt waren, nahmen

sich possierlich aus, da sie seltsam gegen den weißen Stein mit ihrem schmutzigen Gelb abstachen. Ich ging in die Kapelle. Sie ist gar zu hell, gar zu farbig; es schadet jedem gottesdienstlichen Gebäude, wenn es von gestern her ist, man will etwas Düsteres, Verräuchertes, man will Wände, die von einer Million verbrannter Kerzen geschwärzt sind, Fenster, die kein Licht mehr durchlassen. Oben, rings um das Gewölbe herum, Lappen an Lappen, hängen die in den Napoleonschen Kriegen erbeuteten Fahnen, an beiden Seiten der Orgel sind die Standarten aufgestellt. Hierauf ließ ich mich in das Bibliothek-Zimmer führen, von wo aus man eine wunderbar schöne Aussicht auf das Marsfeld hat, das sich vor dem Dom der Invaliden ausdehnt, diesmal im vollsten saftigsten Grün des Frühlings. Nun wanderte ich in dem Gebäude umher, die Korridore auf und ab. Von einem derselben blickte ich in ein kleines Gärtchen, wo ich Napoleon en miniature aufgestellt sah, mit gewichsten Stiefeln und Hütchen; gewiß hatte einer der alten Invaliden seine spärlichen Trinkgelder zusammengespart und die Figur dafür zu seiner Privat-Erbauung angeschafft; aber der Zug, so rührend er sein mag, verfehlte auf mich durchaus seine Wirkung, dies Pfeifenkopf-Napoleönchen sah gar zu putzig aus. Als ich wieder gehen wollte, fing es stark zu regnen an, ich mußte daher bleiben, und schritt, nebst anderen Fremden, Damen und Herren, die aus derselben Ursache zurückgehalten wurden, wohl anderthalb Stunden in den Galerieen auf und ab. Wenn ich in den verdammt regelmäßigen Tropfenfall hineinschaute, der mich mit seiner einförmigen Rhythmik zur Verzweiflung brachte, so schien der steinerne Napoleon mit seinem unveränderlichen Ernst mich ordentlich zu verhöhnen.

[3119]

Die materia medica als Speise auf den Tisch setzen. [3120]

Größen lösen sich einander nicht ab, wie Schildwachen.

[3121]

Es ist ein wichtiger und noch nie gehörig gewürdigter Punkt, daß in der Kunst derjenige, der eine größere Form nicht wenigstens halb ausfüllen kann, auch die engere nie *ganz* ausfüllen wird.

[3122]

d. 16 Mai.

Heute, am Himmelfahrtstag, erhalte ich zwei Briefe, einen aus Berlin und einen aus Hamburg von Elise. Jener benachrichtigt mich, daß mein neues Stück von der Intendanz abgelehnt worden ist; das Schreiben der Intendantur, lithographiert, also so gut an die Herren Töpfer, Friedrich u.s.w., als an mich gerichtet, belehrt mich, daß die Vorzüge meiner Arbeit nicht verkannt worden sind; ein Brief der Crelinger gibt mir die Versicherung, daß sie mich in allen und jeden Fällen mit der ganzen Energie ihres Willens unterstützen will, diejenigen natürlich ausgenommen, wo mir ihre Unterstützung von Nutzen sein könnte. Elise, in Erwartung ihrer nahen Krisis, schreibt mir Dinge, die mir das Herz zerreißen und umkehren; wie es nach ihrem Tode verhalten werden soll, wohin sie meine Bücher, meine Papiere getan hat, u.s.w. Edelste Seele, hast du nicht gefühlt, daß deine Liebe, die noch über ein Extrem hinaus, das, wenn es einträte, mir alles gleichgültig machte, für mich sorgen wollte, dies nicht aussprechen konnte, ohne mir bis ins Innerste wehe zu tun? Nein, nein, dies wird nicht geschehen, oder wenn – mein Gott wie erbärmlich ist der Mensch, daß er noch eine Wahl hat! [3123]

Schlechte Tragödien-Dichter bringen allerdings auch eine Tragödie zustande, aber sie ist nicht im Stück, sondern außer dem Stück zu suchen. Der Dichter selbst ist der Held und der Stoff, den er behandelt, ist sein Schicksal, mit dem er ringt; eine Zeitlang schwebt der Kampf, dann aber entscheidet er sich, das Schicksal siegt, der Dichter fällt und wird leider nicht beweint, sondern ausgelacht. [3124]

Naivetät in der Kunst, unstreitig das Höchste. Aber es gibt auch eine Naivetät in der Kunst, die darin besteht, daß der sog. Künstler mit der Behaglichkeit des größten Genies seine Trivialitäten aus sich heraus produziert, weil er von der Idee, die sein Stroh in seinem eignen Kopf verzehren würde, wenn auch nur einer ihrer Strahlen hineinfiele, nicht das Geringste ahnt und weiß, und diese Naivetät findet auch ihre Verehrer! [3125]

Niemand erlebt seinen Tod, und es gibt auch andere Dinge, die man nicht erlebt, die einen töten, sobald sie nur herannahen.

[3126]

d. 17 Mai.

Ich muß mich zerstreuen, machte deshalb eine Visite und ging dann in die Industrie-Ausstellung. Da empfand ich denn so recht die Grenzen meines Ichs. Alle diese Dinge sind mir nicht allein gleichgültig, sie sind mir widerwärtig. Je mehr sie sich der Kunst nähern, um so mehr ekeln sie mich an. Es ist ganz dasselbe Gefühl im Künstler, das man als Mensch hat, wenn man den Affen sieht.

[3127]

Träumen – dumpf, da haben wir eine doppelte und dreifache Haut und können gar nicht heraus – heller und heller, da fällt eine Haut nach der andern – erwachen – da entströmen wir uns selbst und sind nichts mehr für uns selbst!

[3128]

Glaube! Da hast du einen Beutel mit Gold! – Einen Beutel wohl, aber er ist leer! – Kleingläubiger, er ist voll! – Niemand gibt mir etwas dafür, wenn ich ihn ausschütte! – Butter und Brot kannst du nicht dafür kaufen, aber ganz andere Dinge. – Was für Dinge? – Solche, die Bedürfnisse befriedigen, die du noch gar nicht kennst! – Wann? – Einst! Du kommst einst in ein Land, wo – genug, glaube, denn wäre dein Glaube nötig, wenn man dir die Wunder begreiflich machen könnte, die dir bevorstehen?

[3129]

Die Dummheiten platter Köpfe sind immer unfreiwillige Parodieen von der Weisheit der Gescheiten; denn nicht einmal darin sind sie originell.

[3130]

Das erste Stadium der Form ist das Wort, in dem der Gedanke sich verkörpern muß, um nur selbst zu werden.

[3131]

Die Allegorie verhält sich zum wahren poetischen Lebensbilde, wie eine Land-Karte zu einer Landschaft. Beides sind Gemälde der Erde.

[3132]

In den Zuständen zu sein und nicht darin zu sein, das gibt ihnen den Reiz. Daher reizt uns der durch die Kunst vermittelte Genuß des Lebens mehr, wie der eigentliche, denn er gibt uns das Hinübergehen, statt des darin Aufgehens. Das durch die Kunst erregte Gefühl ist demjenigen gleich, das wir haben, wenn wir erst in einen Zustand eintreten: Duft ohne Hefe. [3133]

d. 22sten Mai.

Gestern bei Regenwetter bis 4 Uhr nachmittags zu Hause. Als ich ausging, fand ich unten bei der Concierge zwei Briefe vor, die vielleicht schon lange dagelegen hatten. Sie waren von der Mad^{me} Ruschke und meinem alten vortrefflichen Schütze und brachten mir die Nachricht, die ich noch nicht erwarten durfte, der ich aber mit der höchsten Angst entgegenharrte. Elise ist glücklich und leicht von einem kleinen Sohn mit großen Augen und schwarzen Haaren entbunden, sie befindet sich wohl und kann selbst stillen! Da mir das Leben ein so großes Geschenk gemacht hat, so will ich dem Tod denn nun auch entschieden den Rücken wenden. Dem Himmel sei Dank! Noch hatte ich nur im allgemeinen, nicht im besonderen gefürchtet, und die Marterzeit der Erwartung ist vorüber, bevor sie noch recht anfing! Nun will ich ausgehen und den Montmartre, den ich so deutlich von meinem Zimmer aus sehe, ohne ihn noch bestiegen zu haben, aufsuchen und besteigen. [3134]

Es bleibt immer nur die eine Frage nach der höchsten, vollendetsten Form, denn der Gehalt, so oder so verstreut, ist überall. Und da stellt sich das Verhältnis zwischen Kunst und Philosophie so heraus, daß jene diese Form ist, diese aber ihre Probe. – [3135]

Gestern, beim Aufgang auf den Montmartre, traf ich einen Kirchhof und ging hinein. Weißgekleidete junge Mädchen begegneten mir; sie aßen, und hatten wahrscheinlich eben erst einen Gespielen zur Gruft begleitet. Ich setzte mich auf eine Bank, über den Weg kroch ein Maikäfer, er war schon etwas beschädigt und ich sah ihm gespannt zu, ob er herüberkommen würde, ohne von den vielen Hin- und Hergehenden völlig zertreten zu werden; an der Seite wäre er in Sicherheit gewesen und hätte sich erholen und wieder herstellen können. Als er sich eben gewaltig anstrengte, kam ein Mann, der ihn gar nicht sah und ihn zertrat. – Nachher pflückte ich mir eine rote Mohnblume und dachte jener Mohnblume, die ich mir als kleines Kind einmal in Meldorf an der Hand meiner Großmutter gepflückt hatte. [3136]

Durch den ganzen Hegel geht ein Zug grandioser Ignobilität hindurch, der darin besteht, daß er keine Waffe verschmäht, die irgend dienen kann. [3137]

»Der aus dem Marmor griechsches Feuer schlug«
und:
»Der aus dem Stein die weiße Flamme trieb!«

Der erste Vers hat in dem Gedicht auf Thorwaldsen den zweiten verdrängt, ich weiß aber nicht, was besser ist; d.h. an sich, für das Gedicht ist der erste besser.

[3138]

»Verschluck die Welt, dann verschluckst du all die Kuchen mit, die darin gebacken werden!« [3139]

Brief an Elise vom 26 Mai.
– Ahnung und alles, was damit zusammenhängt, existiert nur in der Poesie, deren eigentliche Aufgabe darin besteht, das verknöcherte All wieder flüssig zu machen, und die vereinzelten Wesen, die in sich selbst erfrieren, durch geheime Fäden wieder zusammenzuknüpfen, um so die Wärme von dem einen zum andern hinüberzuleiten. Der Mensch ist unendlich beschränkt; ich bin überzeugt, er kann sanft und ruhig schlafen, während dicht neben ihm im anstoßenden Zimmer sein liebster Freund ermordet wird. Dies ist auf der einen Seite schlimm, auf der anderen aber auch wieder gut. Mein Gott, wenn alles das, was wir sein, was wir tun und leisten, was wir genießen und aufnehmen könnten, wenn das Element sich etwas anders um uns zusammengesetzt hätte, auch nur von fern in den Kreis unseres Bewußtseins fiele, so würde unser Leben in Zeit und Ewigkeit nur ein ununterbrochen fortgesetzter Selbstmord sein, denn die Natur, oder wie man es nennen will, kann von zwei Gegensätzen

immer nur einen verleihen, der eine in die Existenz getretene sehnt sich aber beständig nach dem anderen in den Kern zurückgesenkten hinüber, und wenn er diesen im Geist wirklich *erfassen* und sich mit ihm *identifizieren*, wenn die Blume z.B. sich den Vogel wirklich *denken* könnte, so würde er sich augenblicklich in ihn auflösen, die Blume würde Vogel werden, nun aber würde der Vogel in die Blume zurückwollen, es würde also kein Leben mehr, nur noch ein stetes Um- und Wieder-Gebären vorhanden sein, eine andere Art von Chaos. Zum Teil hat eine solche Stellung zum Welt-All der Künstler, daher die ewige Unruhe in einem Dichter, alle Möglichkeiten treten so nah an ihn heran, daß sie ihm alle Wirklichkeit verleiden würden, wenn die Kraft, die sie heranbeschwört, ihn nicht auch wieder von ihnen befreite, indem er ihnen dadurch, daß er ihnen Gestalt und Form gibt, selbst auf gewisse Weise zur Wirklichkeit verhilft und so ihren Zauber bricht; es gehört aber ungeheuer viel, und mehr, als irgend ein Mensch, der es nicht in sich selbst erlebt, ahnen kann, dazu, um nicht das Gleichgewicht zu verlieren, und Naturen, denen das wahre Form-Talent abgeht, müssen durchaus in sich gebrochen werden, woraus denn auch so viel Schmerz und Verrücktheit entspringt. [3140]

»An die Unsterblichkeit will ich glauben, wenn ich sehe, daß die Natur die Blätter, die im Herbst vom Baum abfallen, im Frühling wieder anleimt.« [3141]

Daß man die Zeit nicht zurücklegen kann, wie ein Kapital! Die einzige Ausgabe, die man immer macht, man mag etwas dafür haben, oder nicht. [3142]

d. 31 Mai.

Gestern war das Leichenbegängnis von Lafitte, dem ersten Bankier von Paris und dem Haupt-Begründer des Juli-Throns. Da Napoleon über Lafitte gesagt hat, daß er ihn für den ehrlichsten Mann in Frankreich halte, so ging ich zeitig aus, um seinem Leichen-Begängnis beizuwohnen. Die Exequien wurden in der Kirche St Roche gehalten, eine ungeheure Volksmenge drängte sich in der Rue Skt Honoré und in der Rue Rivoli. Die Häuser, von oben bis unten in allen Straßen, durch die der Zug kam, an den Fenstern mit Zuschauern besetzt, gewährten einen höchst lebendigen Anblick. Ich entdeckte, indem ich sie musterte, in der Rue Dauphine die Wohnung eines der schönsten Mädchen, die ich in Paris und überhaupt in meinem Leben gesehen habe; ich sah sie mehrere Male im Tuilerien-Garten spazieren gehen und es machte mir Vergnügen, sie in ihrem Familien-Kreise, von 5 bis 6 Schwestern, sowie von Vater und Mutter, Tanten und Basen, umgeben, zu betrachten. Später gesellte sich in der Passage Delorme ein französischer Offizier zu mir, der ein wenig deutsch spricht, und den spanischen Krieg mitgemacht hat, auch nächstens nach Spanien zurückkehrt. Der Zug war grandios; königl. Equipagen führten ihn an, den Leibkutscher Louis-Philipps mit seinem breiten Gesicht und dreieckigen Hut an der Spitze, unendliche Massen von Bürgern und Studenten und ganze Regimenter von Soldaten ergossen sich hinterdrein. Für einen Bankier war doch gar zu viel Militär auf den Beinen, sogar Artillerie, ein ganzer Train; der Offizier meinte, das habe den Anschein, als ob es der Ehre wegen geschähe, aber der eigentliche Grund sei, um gleich Truppen zur Hand zu haben, wenn Unruhen ausbrächen. Ich war sicher genug, daß keine ausbrechen würden, denn das Volk hatte sich nur eingefunden, um den schönen Tag zu genießen und auf gute Art faulenzen zu können. Hätte es geregnet, wie die Tage vorher, so würde niemand gekommen sein. Wäre gestern ein Tumult entstanden, so hätte der Bischof dafür die Verantwortlichkeit zu tragen gehabt, der die Leichen-Rede so lang machte, als ob er jede Million des Verstorbenen besonders belobpreise, denn der große Haufe mag auf seine Schauspiele nicht warten, und nur von einem Schauspiel war die Rede. Ich sah auch wirklich einige Frauenzimmer in die Hände klatschen, als der Leichenwagen, mit silbernen Sternen besät, sich näherte. Die französische Industrie hatte ich abermals zu bewundern. Eine Menge Industrie-Ritter zogen mit Tischen und Bänken auf dem Rücken in den Straßen umher und boten den Umstehenden Plätze darauf an, besonders zwei Gebrüder bemerkte ich, die alle beide bucklicht zu sein schienen, ohne es, wenn man sie näher besah, wirklich zu sein; sie machten mit einem wurmstichigen Tisch in der Rue Dauphine gute Geschäfte.

[3143]

In dem Augenblick, wo das Elixir des ewigen Lebens entdeckt wird, können die Menschen nicht mehr zeugen – der Brunnen trocknet aus. Es stirbt niemand mehr, es wird aber auch niemand mehr geboren. [3144]

Wenn alle übrige Fragen abgetan sind, so wird dem Dichter von der höchsten Instanz die letzte vorgelegt: ob er wahrhaft gestaltet hat. Muß er mit Nein antworten, so wird er zum Tode verurteilt. [3145]

»Er drückt der Welt ihr Todes-Urteil in die Hand. Es ist in schöner Frakturschrift geschrieben. Die Welt beklatscht die bunten Buchstaben und ahnt nicht den Sinn.« (von einem großen Dichter) [3146]

Jemand überbringt dem Scharfrichter ein Papier, sein Todesurteil. Der Scharfrichter kann nicht lesen, er selbst nur buchstabieren – er buchstabiert es heraus und wie er vor Schreck das Blatt fallen läßt, wird ihm der Kopf abgeschlagen. [3147]

Dichter mit geistigen Augen für die Risse und Spalte der Welt und des menschlichen Ich, wie ein leibliches Auge, mit dem Vergrößerungsglas bewaffnet, das z. B. in einem schönen Gesicht nur noch ein Stück durchlöcherte Haut erblickt. [3148]

Sich etwas borgen wollen auf den Anteil, den man an dem großen Diamanten im Innern der Erde hat. [3149]

Zerstoß dir im Finstern an einem Pfahl den Kopf und sieh zu, ob das Feuer, das dir aus den Augen fährt, hinreicht, ihn zu beleuchten. [3150]

Der wahre und tiefe Humor spielt so mit der Unzulänglichkeit der höchsten menschlichen Dinge, wie der falsche mit der einzelner, herausgerissener Individuen. [3151]

Die Rose weiß nur von der Sonne, die sie küßt, aber nicht von der Wurzel, aus der sie hervorging. [3152]

Le Soleil – die Sonne ist ein Mann in Frankreich – kein Wunder, daß die Französinnen ihr nicht so gerade ins Gesicht sehen, wie die Deutschen, die dafür dem Mond nicht recht trauen! [3153]

Ein schlechter Wein: ein tugendhafter Wein. [3154]

Ein Mensch, der sich von selbst, ohne es zu wissen, in die Unsterblichkeit hineinlebt, der nicht stirbt, weil er das Geheimnis gefunden hat, ganz der Natur gemäß zu leben. [3155]

In Rom: *Abeken*, Sekretär der archäologischen Gesellschaft. [3156]

d. 13 Juni.
Heute morgen, im Bette liegend, sah ich auf dem Montmartre den Telegraphen spielen. Da man es nicht alle Tage sieht, wenn man im Bett liegt, so stehe es hier vermerkt. [3157]

– Es hängt nicht weniger, als alles davon ab, daß der Begriff der Schuld richtig gefaßt und nicht, wäre es auch nur nach irgendeiner Seite hin, mit dem untergeordneten der Sünde, der selbst im modernen Drama, wo er freilich aus naheliegenden Gründen größeren Spielraum findet, als im antiken, immer wieder in jenen aufgelöst werden muß, wenn das Drama sich über das Anekdotische hinaus zum Symbolischen erheben soll, verwechselt werde, denn wie der Begriff der tragischen *Schuld* nur aus dem Leben selbst, aus der ursprünglichen Inkongruenz zwischen Idee und Erscheinung, die sich in der letzteren eben als Maßlosigkeit, der natürlichen Folge des Selbst-Erhaltungs- und Behauptungstriebes, des ersten und berechtigtsten von allen, äußert, entwickelt werden darf, nicht aber erst aus einer von den vielen Konsequenzen dieser ursprünglichen Inkongruenz, die viel zu tief in die individuellen Verirrungen und Verwirrungen hinabführen, um die Herausarbeitung des höchsten dramatischen Gehalts noch zuzulassen, so ist auch der Begriff der tragischen Versöhnung nur aus der Maßlosigkeit, die, da sie sich in der Erscheinung nicht aufheben kann, diese selbst aufhebt, indem sie sie zerstört und so die Idee wieder von ihrer mangelhaften Form befreit, zu entwickeln. Allerdings bleibt die ursprüngliche Inkongruenz zwischen Idee und Erscheinung unbeseitigt und unerledigt, aber es ist einleuchtend, daß im Kreise des Lebens, den die Kunst, solange sie sich selbst versteht, nie überschreiten wird, nichts abgetan werden kann, was außerhalb dieses Kreises liegt, und daß sie ihr höchstes Ziel erreicht, wenn sie gleich die *nächste* Konsequenz dieser Inkongruenz, die Maßlosigkeit, ergreift und in ihr das Sich-Selbst-Aufhebungs-Moment aufzeigt, die Inkongruenz selbst aber, die sich in die Nacht der Kreation verliert, als unmittelbar gegebenes Faktum auf sich beruhen läßt.

(aus der Abhandlung.) [3158]

Kinder sind Scharaden, die den Eltern aufgegeben werden. [3159]

Was hat man nach einem *Fall* zu tun? Was die Kinder tun: wieder aufzustehen! [3160]

Rez. der Judith im Hamb. Korresp. 1842,
     N: 4. (Januar).
„   „   Genoveva in den Bl. f. lit. Unt. 1843
     N: 298. 299. (Oktober)
„   „   „   im Vaterland, 1843, N:
     43. 44.

} Der Abhandlung beigeschlossen

[3161]

d. 21 Juni.

Es ist jetzt am Tage wieder so heiß, daß man kaum atmen und also abends auch nicht zu Bett finden kann. Es ist Nacht und nach 12 Uhr; ich saß bis zu diesem Augenblick auf einem der beiden kleinen Balkone, die sich vor meinen Fenstern befinden und die mir, da ich in der 5ten Etage wohne, eine freie Übersicht über den unendlichen Häuser-Knäuel der Stadt Paris bis zum Montmartre gestatten; das Zimmer ist wirklich mit seiner Aussicht allerliebst. Über mir der stille Himmel mit schwachem Stern-Geflimmer; ein dampfender Schornstein trieb in der Ferne seltsame Rauchwolken in die Höhe; in einer Mansarde, sehr weit von mir, aber doch wegen der offnen Fenster erkennbar, entkleidete sich langsam ein Mädchen, von dem Licht ihres Lämpchens, wie von einer glänzenden Welle, umflossen; die zunächst liegenden Straßen waren dunkel und einsam, besonders diejenige, in die ich unmittelbar hinabsehe, aber die sich weiter oben hinziehenden Boulevards ließen sich an den bis in die öbersten Etagen der Häuser hinaufspielenden Licht-Reflexen der Laternen noch deutlich unterscheiden. Ich rezitierte das Gedicht auf Thorwaldsen vor mich hin und merkte kaum selbst, daß ich es tat; mein Geist hält sein letztes Erzeugnis immer so lange fest und bespiegelt sich darin, bis er etwas Neues gebiert, es ist ganz eigen. [3162]

– ein bißchen zu wenig in der Kunst (an Talent zu besitzen) und das Perpetuum mobile ist fertig. (Bief an Elise) [3163]

d. 23 Juni.

Die Hitze hält an. Was ist man dem Element gegenüber! Aus mir brennt sie den letzten Gedanken weg. Unter dem Äquator würde ich Kretin sein! Freilich, wenn man seine Wünsche realisieren könnte, so wäre ihr schon zu begegnen. Ein Palast, große Säle mit kühlen Marmorwänden, plätschernde Springbrunnen darin, das würde gute Dienste leisten. Heute mittag war ich in einer musikalischen Matinee im Salle Erard. Eine Dame trug ihre Kompositionen vor, Quartette u. d. gl. Weitschichtigkeiten, sehr kunstgerecht ausgeführt, aber ziemlich gehaltlos. Wie viele Fliegen klettern nicht auf der Leiter der Unsterblichkeit. Der Mann schlug ihr die Blätter um, und annoncierte nebenbei im Saal die Urteile Aubers über seine verkannte Hälfte, denn alles, was nicht bekannt ist, ist verkannt. Nachmittags von meinem Zimmer aus sah ich einen Luftballon steigen und fallen. Es war schon der zweite, denn schon vor längerer Zeit hatte ich, als ich am Quai de Louvre ging, ein gleiches Schauspiel, dadurch noch gewürzt, daß ein öffentliches Mädchen, das vor mir herspazierte und sich für den Gegenstand meiner Aufmerksamkeit hielt, den Ballon, als sie ihn bemerkte, als einen Störer ihres Geschäfts durch sehr unzweideutige Mienen verwünschte. Abends machte ich eine Promenade in den Champs Elysées. Diese erleuchteten Buden, diese Spiele, das Klingeln der Limonadieren mit ihren Bechern, der unendliche Menschenstrom, alles macht auf mich immer von neuem wieder einen frischen, anregenden Eindruck. [3164]

d. 24 Juni.

Wieder ein Tag, für den der Champagner dem Himmel danken mag, nur nicht der Mensch. Nachmittags um 2 Uhr ging ich in den Tuilerien-Garten, da meine Fenster mir Brennspiegel zu sein schienen, die sich bestrebten, jeden Strahl der Sonne aufzufangen. Ich nahm Sue's Mystères de Paris mit, denn so weit bin ich doch gekommen, daß ich dies Buch notdürftig lesen kann, und setzte mich auf eine Bank. Kaum saß ich, als eine ganze Mädchen-Pension mich umschwärmte, lauter junge, lebhafte Kinder, 15 bis zwanzig an der Zahl, die wie bunte Sommervögel im Garten umherflatterten, von Zeit zu Zeit aber wieder zu der Bank, auf der die Gouvernante Platz genommen hatte, zurückkehrten, und sich auch wohl selbst niedersetzten, um zu verschnaufen. Zuletzt ersannen sie ein gar artiges Spiel. Sie extemporierten einen Thée dansante, den sie allerliebst ausführten. Sie teilten sich in zwei Hälften, deren eine die Damen, die andere die Herren vorstellte. Es amüsierte mich sehr, mit welcher Feierlichkeit diese kleinen Messieurs ihre Damen zum Tanz aufforderten und mit welcher Grazie die Dämchen der Aufforderung bald Folge leisteten, bald refüsierten. Das ist eine außerordentlich gute Übung. Die Gouvernante, eine noch junge Dame mit einem recht angenehmen Gesicht, dem ein über ihre Jahre und auch wohl über ihr Naturell hinausgehender, in ihrer Situation aber notwendiger Ernst sehr wohl stand, behandelte die Kinder mit ungeheuchelter Liebe und wandte ihnen die größte Aufmerksamkeit zu, indem sie bald an ihren Spielen teilnahm, sie bald, wenn sie sich gar zu weit entfernten, umrief, bald die entstehenden Streitigkeiten im Keim beizulegen suchte. Einmal ließ sie zwei Flaschen Bier aus dem benachbarten Café holen. Nun drängte sich natürlich alles um sie herum, und die kleinen Clementinen, Paulinen, und wie sie sonst hießen, bekamen nach ihren Schul-Nummern zu trinken; erst N: 1, dann N: 2 und so fort. Bei der zweiten Flasche wollte der Stöpsel nicht heraus und brach ab. Nun war guter Rat teuer, es blieb nichts übrig, als ihn hineinzustoßen, aber auch das wollte nicht gehen. Ich bot meine Dienste

an und erreichte denn auch mit Hülfe des Sonnenschirmes der
Dame meinen Zweck, was mir einen freundlichen Dank zuwege
brachte. Eine kleine Desirée setzte sich neben mich und schielte
mir ins Buch. Ich hielt es ihr zum Mit-Lesen hin, anmutig, wie
ein erwachsenes Frauenzimmer, das eine Gefälligkeit ablehnt, auf
die es allerdings Anspruch hat, sagte sie: merci, Monsieur! Das
frische Lebensbild erfreute mich sehr, und der Schatten unter den
hohen Kastanien, der leise Luftzug, der sie durchwehte, trug das
Seinige dazu bei. [3165]

d. 25 Juni.

Ich war heute wieder in der Industrie-Ausstellung und mußte
stundenlang darin bleiben, da es stark zu regnen anfing. Da
wandelte ich denn in einer Welt, die mir fremder ist, als mir die
von Herkulanum und Pompeji sein würde, denn mit all diesen
Maschinen, diesen kostbaren Möbeln, diesen Pracht-Stoffen, diesen zur Kunst gesteigerten Produkten des Handwerks verknüpft
mich kein einziges Band, nicht das des Erkennens, nicht das des
Genießens, nicht einmal das des Verlangens, es ist mir geradezu
zuwider, daß Dinge, die doch für den bloßen Nutzen bestimmt
sind, sich durch ihre den Sinnen schmeichelnde und dennoch
innerlich leere Form in den Kreis der Schönheit hineinlügen, und
wer kann denn wissen, ob sie nicht alle höhere Wahrheit aus
diesem Kreis verdrängen, ob nicht Malerei und Bildhauerkunst
sich wirklich nach und nach, erstere auf Glas, Porzellan und
Tapeten, letztere in die Erzgießereien zurückziehen, und in noch
viel schlimmerem Sinne, wie bisher, wo die Bedürfnisse doch
wenigstens noch geistiger, wenn auch beschränkt religiöser Art
waren, dem Bedürfnis dienen werden. Freilich würde dies letztere nur beweisen, daß diejenigen Gattungen der Kunst, in denen
der Geist nicht seiner ganzen Totalität nach zum Ausdruck
kommen kann, wie es in den bildenden Künsten, die durchaus
auf einzelne Seiten verwiesen sind, der Fall ist, sich nicht ins
Unendliche fortentwickeln, sondern ihr Geschäft zuletzt wieder
an die höchste Kunst, die sie eine Zeitlang emanzipierte, abgeben
und in ihr aufgehen müssen, und daß das Ende der Geschichte,
wie der Anfang, nur noch eine Kunst kennen wird: die Poesie!
[3166]

Die Natur scheint sich in allen Möglichkeiten erschöpfen und alle erschaffen zu müssen. Es mag ein reizendes Spiel für sie sein, vielleicht am pikantesten, wenn sie das hervorruft, was ihre ewigen Zwecke stört oder doch durchkreuzt, denn für sie bleibt jede trotzende Erscheinung ja nur ein Kind, dem der Vater Waffen zum Zeitvertreib gegeben hat und das ihn damit bedroht.

[3167]

Daß in der dramatischen Kunst die Versöhnung immer über den Kreis des speziellen Dramas hinausfällt, werden wenige begreifen. [3168]

d. 28sten Juni 1844.

Ich war heute abend im Odeon-Theater, dem zweiten Theater von Paris, und sah die Antigone aufführen. Sie hat hier mehr Glück gemacht, als in Deutschland; das begreift sich leicht, wenn man den in dieser Beziehung dem griechischen Drama sich nähernden rhetorisch-deklamatorischen Charakter des französischen ins Auge faßt. Man hat sie aber auch dem Geschmack des Publikums mundgerechter zu machen gesucht, und nicht sowohl dem Sophokles geopfert, als ihn geopfert. Bis zur Mitte ungefähr machte die Darstellung auf mich einen Eindruck, der allerdings geeignet war, mir die antike Welt lebendiger, als das bloße Lesen einer griechischen Tragödie es vermag, aufzuschließen. Dieser bekränzte Altar des Bacchus, der ihn umwandelnde Chor der Greise, der einfache Prospekt des Königspalastes zu Theben, vorher der sich senkende, statt in die Höhe rollende Vorhang, die ganze Einrichtung, alles stimmte die Seele feierlich, denn man sah, was man im Geist schon oft gesehen hatte, aber nur halb, nur, wie im Nebel, lebendig vor sich. Nun trat Antigone heraus. Ach, es war nicht die jungfräuliche Tochter des blinden Ödip, nicht das schüchterne Kind, das sich zu ducken gewohnt war, und das erst, als es alle göttliche und menschliche Gesetze durch ein tyrannisches Gebot verletzt sah, in seiner Liebe zu dem Bruder, in seiner Ehrfurcht vor den Göttern die Kraft fand, dem König zu trotzen und diesen Trotz mit dem Tode zu büßen; es war eine dicke, französische Mamsell, protzig von Haus aus, ohne eine Spur von jenem inneren Zagen, ohne das man kein Maß für die Tat und kaum Angst für die Folgen derselben hat. Ismene war etwas leidlicher, denn sie hatte etwas weniger embonpoint, sie war namentlich nicht mit so stattlichen Brüsten und so herausforderndem Hintern gesegnet. Doch gewöhnte ich mich bald an Antigone, wie an das notwendige Übel in der vollkommensten Welt, und der Chor, die Musik, die ihn trug, hatten auf mich volle Wirkung, bis sie, von Kreon zum Hungertode verurteilt, zum dritten Male, in schwarze Grabgewande gekleidet, erschien, um in die Höhle abgeführt zu werden. Von dem aber, was nun folgte, macht man sich keine Vorstellung. Die Sophokleische Antigone klagt in einem einzigen rührenden Vers, daß sie die schöne Welt, daß sie das Licht der Sonne nicht mehr schauen soll; aber sie hat dies vorher gewußt, sie hat, als sie den toten Bruder mit Staub bedeckte, gleich gefühlt, daß dies sich neben ihm niederstrecken hieße; sie faßt sich daher auch bald und fügt sich ruhig ihrem ernsten Schicksal. Die französische dagegen heult und schreit, wie ein verzogenes Kind, das nicht zu Bett will, wenn es Zeit ist, man sieht, sie hat die Tat aus Dummheit begangen, sie hat nicht geglaubt, daß es Ernst werden würde, oder sie hat vorher in den Spiegel geschaut, ihr charmantes Gesicht betrachtet, und sich gesagt: kein Mann wird wagen, der Welt eine solche Zierde zu rauben; sie will durchaus nichts vom Sterben, von Genugtuung wissen, sie sträubt sich mit Händen und Füßen gegen die zur Vollstreckung der Exekution beauftragten Soldaten, ja, sie schlägt sich, als Kreon scharfrichtermäßig im Hintergrunde erscheint und die Soldaten zum tapferen Angreifen encouragiert, bis zum Altar des Bacchus durch, umklammert ihn, küßt den Greisen, die sie umsonst zur Fügung und Gelassenheit ermuntern, die Hände und wird endlich mit Gewalt fortgeschleppt. Das wurde rasend beklatscht, die Zeit, um den Mode-Ausdruck zu gebrauchen, war also richtig erkannt. Die Szene zwischen Kreon und dem blinden Teiresias war glücklicherweise lang genug, um mich vom Ekel einigermaßen wieder erholen zu können, und wie nun der Chor den durch die Prophezeiung des erzürnt abgehenden Sehers erschütterten König dringend auffordert, Antigone wieder aus der Höhle zu befreien, wie dieser am Ende nachgibt und mit seinen Soldaten und Haus-Sklaven abgeht und der Chor, berauscht von dem errungenen

Sieg, in mächtigen Akkorden den Bacchus, den Gott des Lebens und Gedeihens, feiert und sich mit Laub bekränzt, da hatte ich die parodistische Umkehrung des innersten Motivs der Tragödie wieder vergessen und fühlte mich noch einmal mächtig bewegt. Das war freilich auch das letzte Mal, denn man denke sich: nachdem der Bote das Ende des Hämon und die Katastrophe in der Höhle erzählt hat, tritt Kreon wieder auf, eine große Puppe, den Hämon vorstellend, auf dem Arm, legt die Puppe nieder und kniet vor sie hin; ja, wenn zuletzt, wie es Sophokles vorschreibt, der Palast geöffnet wird und man die entleibte Eurydice erblickt, wendet er sich perpendikelmäßig bald zu ihr, bald wieder zu dem Sohn, was denn ja allerdings ein sogenanntes Tableaux abgeben und vielen Leuten gefallen mag. Doch machte der Schluß-Gesang des Chores, der noch bleibt, wenn der Vorhang schon wieder gestiegen ist und singend abgeht, wieder Eindruck auf mich, und im allgemeinen sehe ich jetzt deutlicher ein, wie früher, daß die Tragödie am Chor ein wesentliches Element verloren hat, denn, um eben nur eines zu berühren, wie kahl ist der Schluß unserer Stücke, wenn die Helden weggemäht und höchstens die Leichen-Bestatter und die Klageweiber übrig geblieben sind, und welch eine schwere Arbeit wird dem Geist, der endlich ausruhen mögte, noch ganz zuletzt in dem Reproduzieren der nicht plastisch hervortretenden Idee zugemutet, während bei den Alten der Chor, als der breite Stamm des Geschlechts, an dem das Schicksal einzelne zu geile Auswüchse abschnitt, unmittelbar alles das vergegenwärtigt und versinnlicht, was wir erst auf dem Wege der Reflexion gewinnen können. [3169]

»Liebe ist eine so starke Würze, daß selbst schale und ekle Brühen davon schmackhaft werden.« Goethe, Wilh. Meister, T. 1 Cap. 15. Das ist nicht sehr schmackhaft. Für ein zweites Gleichnis der Art bei ihm eine Million! [3170]

Für einen Deutschen ist das Pathos der Franzosen schon aus dem Grunde in ihrer Tragödie unerträglich, weil so viele ihrer Ausdrücke und Wörter in unsere Sprache übergegangen sind, bei uns aber, zwar noch dasselbe, aber in anderem Sinne, oft in parodistischem, bedeuten, und diesen Sinn, wenn wir sie in

Paris hören, immer mit hervorrufen, z.B. encouragieren – ermutigen: welch ein Unterschied! [3171]

d. 1sten Juli.

Vor längerer Zeit, es sind aber kaum 4 Wochen, habe ich angefangen, die Mystères de Paris von Sue zu lesen und da das Buch mich reizte, so habe ich sie wirklich in französischer Sprache zu Ende gebracht. Hätte ich mich sogleich im Oktober vor. Jahres über einen interessanten Roman hergemacht, statt mich mit der Grammatik abzuquälen, ich würde fertig Französisch gelernt haben! [3172]

d. 4ten Juli.

Gestern trat ich bei einem alten Schuhflicker ein und ließ mir einen Riß im Stiefel nähen. Der Mann, ein fröhliches Gesicht, graue Haare, saß auf seinem kleinen Schemel, hinter ihm, an der Wand seiner kleinen Bude, hing ein Gemälde, ein Duell vorstellend, auf dem der eine tödlich getroffen von dem Stoß des anderen zurücksinkt; dies Gemälde hatte nachfolgende Unterschrift, die ich erst später bemerkte: »Le credit et mort, les payeurs mauvais l'ont tuér!« Es war also symbolisch. [3173]

Daß Shakespeare Mörder schuf, war seine Rettung, daß er nicht selbst Mörder zu werden brauchte. Und wenn dies, einer solchen Kraft gegenüber, zuviel gesagt sein könnte, so ist doch sehr gut eine gebrochene Dichter-Natur denkbar, bei der das in anderen Menschen gebundene und von vornherein ins Gleichgewicht gebrachte, im Künstler aber entfesselte und auf ein zu erringendes Gleichgewicht angewiesene elementarische Leben unmittelbar in Taten hervorbräche, weil die künstlerischen Produktionen in sich ersticken oder in der Geburt verunglücken.
[3174]

Die Poesie ist die Wurzel aller Kunst, sie wird auch ihre letzte Frucht sein, der die untergeordneten Künste, wie Blüten, voraufgehen. Darauf deutet schon das vergängliche Material, an das sie sämtlich gebunden sind, hin. [3175]

Jede andere Kunst hat eine Seite, wo sie ans Handwerk grenzt, nur die Poesie nicht. Das stellt sie in der wirklichen Welt so schlimm. [3176]

Späne aus Maria Magdalena

Klara: O die Welt! Sie kam mir wie ein vergoldet Kästchen vor, voll blanker Spielsachen, alles so schön, so bunt durcheinander, sich spiegelnd eins im anderen, und ich hielt mich selbst blank und rein, denn ich dachte: unter den vielen, über die du dich freust, ist wohl auch eins, das sich an dir erfreut! [3177]

Man soll über die Brücke gehen und baut sich ein Haus darauf. [3178]

»Ich ging vor 10 Jahren, als mein Kopf sich ohne Friseur zu pudern anfing, eine Wette mit ihm ein. Ich sagte: du willst Ruhe haben, ich merks wohl, darum stülpest du mir die Perücke der Weisheit auf, nun, meinst du, muß ich ein Gesicht machen, wie es dazu paßt, und aus meinen Augen griesgrämlich, wie aus Kirchenfenstern, auf die Welt und ihre Lust herabschauen. Aber du verrechnest dich! Für jedes Haar, das du mir zum Verdruß weißfärbst, räche ich mich durch drei neue Torheiten! Er hat sich nicht einschüchtern lassen, nun muß auch ich zeigen, daß ich ein Mann von Wort bin, und wenn einer einmal nachzählen will, so wird er finden, daß mir das nicht leicht werden kann.« [3179]

Wenn die Steine aus der Mauer springen, muß das Haus doch wohl auf den Kopf fallen? Und was haben sie davon, daß sie so still sitzen? Nichts, als daß einer den anderen drückt. [3180]

»Er sollte sich ein Paar enge Stiefel machen lassen.«
  Warum?
»Solange die ihn drücken, würde er an Gott denken!«
  Dann dürfte ich sie ja nicht viel beschreiten, denn wenn du recht hättest, so schritte ich geradezu in die Frömmigkeit hinein! [3181]

In der Frucht kommt immer der Keim wieder zum Vorschein.
[3182]

Victor Hugo gibt seiner Lucrezia Borgia die Liebe zum Gennaro ebenso, wie er ihr auch eine goldene Kette um den Hals hängen könnte. [3183]

Von einem Maler, der sich selbst gemalt und sich geschmeichelt hätte: der hat sich selbst übertroffen! [3184]

Auf dem Boulevard abends bei drückender Hitze, und dann plötzlich aus dem schwarzen Himmel ein schwerer Regentropfen niederfallend! [3185]

»Auf einem Weibe liegend und Shakespearesche Tragödien dichtend!« (H.) [3186]

Einer verführt ein Mädchen. Er kann sie nicht heiraten, denn er hat eine Frau. Sie vergiftet die Frau und gesteht es ihm: Situation! [3187]

1 Aug.
Eben seh ich von meinem Fenster aus, wie ein Liebhaber seine Grisette rasiert. Ich sehe es mittelst des in ihrem Zimmer hängenden Spiegels. [3188]

Mein Zimmer bietet des Abends wirklich eine köstliche Aussicht. Eben sehe ich in der Ferne in den dunkeln Nachthimmel hinein Raketen steigen, gleich beim Eintritt. Mehrmals einen Luft-Ballon. [3189]

Moralisches Bedenken
Weil gegen uns die Erde sich nicht wehrt,
   Die wir zerpflügen und zerstücken,
Darf ich den Floh, der sich auf mir ernährt,
   Wie ich auf ihr, darum nicht knicken? [3190]

– Wenn man sich den Weltgeist ungefähr auf dieselbe Weise in die Welt, wie den Menschengeist in den Leib versenkt vorstellen darf, so ist die Poesie für ihn, was das Gewissen für den Menschen: das Organ der inneren Freiheit in der äußeren Gebundenheit, und eben deshalb unzerbrechliches und sich von selbst allem ins Dasein Hervortretenden anlegendes Maß. Das Gewissen wird unstreitig nur dann aufgefaßt, wie es aufgefaßt werden soll, wenn man darin nicht mehr die bloße Negation des menschlichen Tuns von einem sog. höheren Standpunkt herab erblickt, sondern das Allerpositivste im Menschen, ja das allein wahrhaft Menschliche; der Mensch hat seine sittliche Bildung erst dann vollendet, wenn er, natürlich im umgekehrten Sinn, als dem gewöhnlichen, worin dieser Höhepunkt der Sittlichkeit freilich ebenso leicht zu erreichen ist, als der sokratische des Wissens unseres Nichtswissens in der Weisheit, kein Gewissen mehr hat, wenn er den Zwiespalt zwischen Sollen und Wollen in sich gelöst und sich nur noch im Gesetz als seiend fühlt. Ebenso ist auch die Poesie das Positivste des Weltgeistes, und auch von ihm kann man sagen, daß er sein Ziel erst dann erreicht hat, wenn es keine Poesie mehr geben, d.h. wenn der Widerspruch zwischen Idee und Erscheinung aufgehoben und alles poetisch sein wird. Es ist hiemit nicht etwa auf ein bloßes Bild abgesehen, sondern die *Tatsache* der *Poesie* im *Makro*kosmus entspricht durchaus der *Tatsache* des *Gewissens* im *Mikro*kosmus, sie deutet auf dasselbe *Bedürfnis* und hat denselben *Zweck*.

(aus der Beantwortung der mir vorgelegten Fakultäts-Fragen.)

[3191]

Die Natur hat nur einen höchsten Prozeß, im Geistigen, wie im Physischen, den der Verdichtung. Wunderbar ist es, daß sie bei ihrem unbegrenzten, immer auf das höchste Mögliche gerichteten Streben doch auf jeder Stufe verweilen muß, und auf eine Art, als ob es für immer wäre. Es scheint, als ob alle untergeordneten Bildungen auf nichts weiter, als auf Läuterung des Elements abzielten. So kommt sie vom Stein zur Pflanze, von der Pflanze zum Tier, vom Tier zum Menschen; so im Menschen zum Genie.

[3192]

Es gibt Menschen, vor denen man nur den Kaiser von China loben darf.

[3193]

»Hilf mir diesen Gedanken ausdenken!« wird niemand sagen, der einen Gedanken produziert, denn er müßte den Gedanken zugleich haben und nicht haben; haben, um dem, der ihm helfen soll, zu zeigen, wovon die Rede sei, und nicht haben, um überhaupt noch der Hülfe zu bedürfen. Und dennoch kann man sich einbilden, daß die höchsten Gedanken, die einer Shakespeareschen Tragödie z.B., durch mehrere ausgeführt werden könnten.

[3194]

»Er ist zu faul zum Schreiben!« D.h. eigentlich: er ist zu faul zum Leben, zum Genießen und Handeln, zu dem einzigen Moment, der beides vereinigt in sich schließt. [3195]

Das Geistreiche besteht darin, daß die Leute im Zickzack von einem Gegenstand zum andern hüpfen und das Netz, das ihre Schritte beschreiben, als das Resultat der Wanderung aufzeigen.

[3196]

Gib den Gegenklang, dann wird der Klang stärker! Wenn der Stern in deinem Auge den Strahl entbindet, wird er selbst heller, denn er saugt ihn ein. [3197]

Ewig neu zu sein, o Wunder der Natur! [3198]

Wir sind Spiegel mit Gefühl und Bewußtsein für die Bilder, die wir in uns aufnehmen. [3199]

Eine Rose, so reif, daß ein Schmetterling, der seine Flügel regt, sie entblättert. [3200]

Er ist kein Vogel, aber ein Tausend-Fuß! Jedes sog. Talent.

[3201]

»Er hat so viel aus sich gemacht, daß er nun nichts mehr aus sich zu machen braucht!« [3202]

Man hat Momente, wo man über die Schranken des Ichs so hinausgehoben ist, daß man in anderen nur sich selbst sieht, daß man ihnen ordentlich zunicken und sagen könnte: sieh, gefällst du dir jetzt auch in dieser Verkleidung? Aber sie sind die seltensten der seltenen. [3203]

Rothschild, unabhängig vom Glück, weil er es macht. [3204]

Struensee, über glühendem Eisen gehend und scheinbar tanzend, aber nur des heißen Bodens wegen, Abgründe zu beiden Seiten, Großes wirkend, aber nur, weil ihm der Untergang gewiß ist. [3205]

Kleines Mädchen im Tuilerieen-Garten mit stechenden Bienenaugen. [3206]

Wer nicht eine höhere Form *halb* ausfüllen kann, kann auch die niedere nicht *ganz* ausfüllen. Schlimmster Punkt der schlimmen! [3207]

Korrespondenz mit dem Dr. med. Krämer in Hamburg

1.

Paris d. 3ten Mai 1844.

Beifolgend, Herr Dr Krämer, erhalten Sie den Betrag Ihrer Arztrechnung mit 20 fl. Sie haben mir, obgleich ich mich, wie allgemein, und aus den Zeitungen, bekannt ist, im Auslande befinde, diese Rechnung mit beleidigender Ängstlichkeit in Zeit von 5 Monaten zweimal gesandt. Ich will Ihrer Ängstlichkeit den Namen, den sie verdient, nicht geben, aber ich will Ihnen bemerklich machen, daß man sie nur dem notorischen Bettler, kaum dem wissenschaftlichen Handwerker, verzeiht.

Ich würde Ihrer Ängstlichkeit begegnet sein, wenn ich nicht den Wunsch und die Hoffnung gehegt hätte, von Paris vor meiner Weiter-Reise nach Rom auf 4 Wochen nach Deutschland zurückkehren und dann bei persönlicher Bezahlung dieser Kleinigkeit noch einen ganz anderen Punkt zwischen Ihnen und mir berichtigen zu können. Aber Verhältnisse, deren Modifikation nicht von mir abhängt, scheinen mir die Realisierung dieses sehr dringenden Wunsches nicht gestatten zu wollen, und da ich, wenn ich die immer noch zweifelhafte Entscheidung abwarten wollte, in den Fall kommen könnte, von Ihnen noch eine dritte

Rechnung zu erhalten, so muß ich mich in einer Angelegenheit schriftlich äußern, die ich mündlich, Stirn gegen Stirn, mit Ihnen zu erörtern angemessener fände.

Als mein armes Kind in Todeskrämpfen lag, und die Mutter, die zu Ihnen, dem von Gott und Gewissen, ja von dem Staat, verpflichteten und verantwortlichen zweiten Arzt dieses Kindes geschickt hatte, ohne daß Sie gekommen waren, sich in ihrer Verzweiflung selbst aufraffte und Sie, in Ihre Tür tretend, mit den Worten: Herr Dr, mein Kind stirbt! zur Beschleunigung Ihres Besuches antrieb, haben Sie, nicht im Anziehen, sondern im Toilette-Machen unterbrochen, sich unterstanden, mit dem Fuß zu trampen und sie anzufahren. Dies ist ein Benehmen, das sich in einer solchen Situation gegen eine Mutter, die in Angst um ihr Kind vergeht, kein Mann, er sei, wer er sei, gestatten wird, wenn er noch einen Rest von Menschlichkeit in seiner Brust verspürt; es ist ein Benehmen, das die öffentliche Meinung sogar dem nur aus Not als Ersatzmann herbeigerufenen und sich selbst als bloßen Handwerker betrachtenden fremden Arzt, der in einem Sterbenden nur den aus der Welt gehenden Kunden eines Kollegen, der ihm nichts zu verdienen gab, erblickt, nicht ohne Verdikt hingehen lassen würde; es ist ein Benehmen, das Sie sich gegen meine Frau, die es darum nicht weniger ist, weil ich bis jetzt in der nicht bloß von der Gesellschaft, sondern bis auf einen gewissen Grad auch von der Kirche sanktionierten Form der Gewissens-Ehe mit ihr lebe, nicht erlaubt haben sollen, ohne dafür die gebührende Strafe, zunächst durch das mündliche Bekanntmachen in einem engeren, und dann durch ein ganz anderes im weiteren und weitesten Kreise zu empfangen, wenn Sie sich nicht noch jetzt bequemen, meiner Frau schriftlich Abbitte zu tun.

Einer meiner Freunde wird Ihnen diesen Brief, den er gelesen hat, persönlich und unversiegelt überreichen, damit er später, wenn ich in den Fall komme, von der zurückbehaltenen Abschrift Gebrauch zu machen, bezeugen kann, daß Sie ihn richtig empfangen haben.

Ergebenst

Dr Fr. H.

[3208]

2.

Paris d. 26 August 1844.

Zwei Gründe, Herr Dr Krämer, bestimmen mich, Ihren Brief vom 31sten Mai zu beantworten. Sie könnten mein Stillschweigen so auslegen, als ob ich die im Anfang Ihres Briefes enthaltene Drohung, die der Schluß desselben versteckt zu wiederholen scheint, anders betrachtete, als sie betrachtet zu werden verdient. Sie könnten ferner, wenn Sie die zwischen uns obschwebende sehr ernste Sache jetzt nicht augenblicklich auf dem gewöhnlichen Wege vor das öffentliche Forum gebracht sehen, annehmen, daß dies überhaupt nicht geschehen werde, und wohl gar auch, daß Ihr Brief meinen Entschluß verändert habe. Beiden Irrtümern muß ich begegnen.

Sie insultieren mich, indem Sie behaupten, ich habe Sie insultiert. Wo habe ich dies getan? Aus einer Tatsache, die Sie nicht in Abrede stellen, habe ich einen Schluß gezogen, dessen evidente Konsequenz jedem einleuchten muß; aus der Tatsache, daß Sie eine verzweifelnde Mutter, die Sie persönlich zu dem Sterbebett ihres Kindes rief, weil sie umsonst zu Ihnen geschickt hatte, angefahren und dabei mit dem Fuß getrampft haben, den Schluß, daß die öffentliche Meinung ein solches Benehmen mit dem Verdikt belegen wird. Ich habe diese Tatsache nicht mit einem einzigen charakterisierenden Adjektiv bezeichnet, ich habe nur, um sie in ihrer ganzen schneidenden Schärfe hervorzuheben, der Situation, worin sie sich wirklich ereignete, die extreme, in der sie sich eher mit dem Anschein der Entschuldbarkeit hätte ereignen können, gegenübergestellt, und dann gesagt, daß das, was dem nur aus Not als Ersatzmann an ein Sterbebett gerufenen, und sich selbst als bloßen Handwerker betrachtenden fremden Arzt nicht ungerügt hingehen würde, dem von vornherein angenommenen, vor Gott, Gewissen und Staat verpflichteten und verantwortlichen wirklichen Arzt noch ganz anders anzurechnen sei. Dies ist nicht der subjektive Ausspruch eines Herzens, das zu stark bewegt sein könnte, es ist der apodiktische Ausspruch der Vernunft; wollen Sie die Wahrheit ein Insult, den Richterspruch der Vernunft eine Schmähung nennen? Hiemit ist Ihre Drohung beseitigt; jeder Advokat, der den Konjunktiv vom Indikativ zu unterscheiden, und das Verhältnis der Nebensätze zum Hauptsatz im deutschen Perioden zu bestimmen weiß, wird Ihnen sagen, daß, da Sie die Tatsache zugeben müssen, es sich zwischen Ihnen und mir nicht um Insulte und gerichtliche Genugtuungs-Forderungen, die auf diese zu begründen wären, handelt, sondern höchstens noch um die Richtigkeit des von mir aus dieser Tatsache gezogenen Schlusses, und also um die Probe, ob die öffentliche Stimme sich für oder gegen Sie ausspricht. Sie legen in Ihrem Brief ein Gewicht darauf, daß Sie, als Sie zum zweiten Mal zu dem Sterbebett meines Kindes gerufen wurden, nicht, wie irrtümlich behauptet werde, Toilette gemacht, sondern sich noch angezogen hätten. Ich will nicht untersuchen, ob die inzwischen erweisbarermaßen über das Hin- und Her-Schicken des Kinder-Mädchens u. s. w. verstrichene Zeit zum Ankleiden genügte, oder nicht, denn diese diffizile Untersuchung würde nur zu der noch diffizileren führen, wieviel Zeit überhaupt zum Ankleiden eines Arztes, der bei Tage an ein Sterbebett gerufen wird, gehöre, und zu diesem Punkt könnte ich höchstens bemerken, daß ich einen Arzt kannte, es war der edle Assing in Hamburg, der sich in einem solchen Fall kaum die Zeit nahm, den Rock zu wechseln, was aber ja nur bewiese, daß es Ärzte gibt, die in dringlichen Umständen mit dem Ankleiden schnell fertig werden, keineswegs jedoch, daß die hiemit verbundene Vernachlässigung ihres Äußern im allgemeinen von den Ärzten zu verlangen sei. Ich räume Ihnen also bereitwillig ein, daß Sie sich noch angekleidet und nicht schon Toilette gemacht haben, aber dies verändert am Faktum selbst nicht das geringste, denn mein Brief hat es durchaus nicht mit Ihrer Zögerung, sondern nur mit dem Benehmen, das Sie sich gegen die Mutter herausnahmen, als sie selbst zu Ihnen kam, zu tun, und wie Sie sich erlauben dürfen, zu behaupten, daß ich Sie neben der »Herzlosigkeit« auch, wie Sie sich ausdrücken, der »gröbsten Pflicht-Vergessenheit« beschuldigt habe, begreife ich nicht, wenn Sie anders hiebei, wie ich annehmen muß, die Pflichten Ihres Berufs im Auge hatten. Sie meinen endlich noch, damit ich Ihre übel begründeten Vorwürfe doch bis auf den letzten beseitige, das Publikum werde etwas Unangemessenes darin finden, daß mein Brief Ihnen durch einen meiner Freunde offen überbracht worden sei. Wenn man sich auf Briefe früher oder später öffentlich zu beziehen gedenkt, so muß man beweisen können, daß die Briefe wirklich geschrieben und in die rechten Hände gelangt sind. Dieser Beweis ist nur auf dem Wege, den ich einschlug und der durchaus nicht neu und ungewöhnlich ist, zu führen, und alles Notwendige ist angemessen. Es ist demnach auch hierin kein Insult zu suchen.

Für den übrigen Inhalt Ihres Briefes könnte ich Ihnen fast danken. Einer solchen Tatsache eine solche Rechtfertigung hinzugefügt zu sehen, ist alles, was nur irgend zu wünschen stand. Sie hatten also wirklich den Mut, die Todesangst einer verzweifelnden Mutter zur »Ungeduld« herabzusetzen und dieser »Ungeduld« die Ungeduld eines Arztes, der im Ankleiden gestört wird und deshalb, trotz der Rücksicht, die er schon dem Geschlecht, der Achtung, die er der Bildung und der Ehrfurcht, die er dem Unglück schuldig war, aufzufahren und mit dem Fuß zu trampen wagt, gegenüberzustellen? Sie hatten den Mut, von »einseitigen und befangenen« Zeugnissen, und davon, daß nicht auch Sie zuvor über das Ihnen zur Last Gelegte gehört worden seien, zu sprechen, als ob sich in solchen Fällen, wo, um von allem übrigen abzusehen, gar keine Möglichkeit einer fälschlichen Anklage, ja nicht einmal die Empfänglichkeit für eine andere, als eine das innerste Gefühl der betreffenden Person empörende und sich dadurch selbst beweisende Behandlung vorhanden ist, die Wahrheit nicht von selbst verstände, und als ob es meine Schuldigkeit gewesen wäre, Sie zu fragen, ob Sie auch in dem Augenblick, wo Sie mit dem Fuß trampften, am Fußkrampf gelitten hätten? Ja, Sie hatten den Mut, die Hauptsache im Vorübergehen abzutun, und sich bei Neben-Dingen, die sich zu jener, wie der Rahmen zum Gemälde verhalten, zu verweilen, und ahnten nicht, daß Sie eben hiedurch alles bestätigten, was Sie, wenn auch nicht geradezu in Abrede stellen, so doch unter einen Ihnen günstigeren Gesichtspunkt bringen mögten? Sie fühlten es endlich nicht einmal, daß, wenn ich die schriftliche Genugtuung überall noch in Ihren Willen stellte, ich mich dazu nur schwer entschloß, nur deshalb, weil ich es selbst in dieser Extremität nicht unterlassen zu dürfen glaubte, daß die Ehre mir aber gebot, mich, indem ich mich einer mir schwer fallenden letzten Pflicht gegen Sie entledigte, einer Form zu bedienen, welche auf keine Weise den mir fern liegenden Wunsch ausdrückte, meiner Aufforderung entsprochen zu sehen? Sie wagten sogar, den gewiß natürlichen Umstand, daß ich bei Gelegenheit der mir von Ihnen zugefügten schweren Kränkung auch der nachträglichen Beleidigung durch Ihre ganz unverhohlen an den Tag gelegte Ängstlichkeit für Ihren Arztlohn gedachte, so zu deuten, als ob erst diese verhältnismäßig geringfügige, obgleich an sich nichtsdestoweniger allenthalben und ganz besonders in Hamburg reale Beleidigung meine Beschwerde über jene große Kränkung veranlaßt haben möge? Herr Dr Krämer, diese Wendung wird für diejenigen, die in der Dialektik, deren ein Mensch sich bedient, mit Recht den treusten Spiegel seines inneren Lebensprozesses erblicken, vielleicht die merkwürdigste und konsequenzenreichste von allen sein! Ich brauche nicht auf sie einzugehen, denn sie war widerlegt, ehe sie noch ausgesprochen wurde, durch meinen ersten Brief, in dem ich schon sagte, was ich durch unverwerfliche Zeugen, z. B. durch meinen ehrwürdigen Freund Oehlenschläger in Kopenhagen, beweisen kann, daß ich nur deshalb zögerte, mich gegen Sie auszusprechen, weil ich persönlich nach Deutschland zu gehen und die Sache mündlich mit Ihnen abzutun wünschte. Sie konnten meiner Zögerung natürlich kein anderes Motiv, als das von mir selbst angegebene, unterschieben, ohne in die Wahrheit meiner Versicherung Zweifel zu setzen, und also, ohne mich zu beleidigen, aber von dieser dritten Beleidigung, wie von der zweiten, sehe ich ab, und es handelt sich hier zuerst und zuletzt nur um die einem hülflosen Weibe, das ich zu schützen und zu verteidigen habe, in der verzweiflungsvollsten Situation ihres Lebens von Ihnen zugefügte Kränkung.

Und nun zum Resultat. Unsere Korrespondenz ist geschlossen. Ich kann keine Briefe mehr annehmen, denn ich kann keine mehr beantworten. Gefällt es Ihnen, diejenige schriftliche Genugtuung zu geben, die ein Mann von Ehre, der sich übereilt hat, nicht zu verweigern pflegt, so wenden Sie sich an meinen Freund, den Herrn Ober-Gerichts-Advokaten Claussen-Schütze in Wandsbek. Er wird sich mit Ihnen über Form und Inhalt der notwendigen Erklärung vereinigen. Gefällt es Ihnen nicht, so werde ich wissen, was ich zu tun habe. Es kann einige Zeit dauern, bis Sie es erfahren, daß man einen Schriftsteller, der als Talent und Charakter die Achtung seiner Nation genießt, nicht ungestraft in seinen teuersten Interessen verletzt, aber Sie werden diese Erfahrung machen.

Wenn Sie diese Antwort spät erhalten, so liegt die Ursache zum Teil darin, daß zum Eilen kein Grund vorhanden war, zum Teil aber auch darin, daß ich mir Ihren Brief erst Ende Juli schicken ließ, weil meine Freunde geglaubt hatten, er bedürfe keiner schriftlichen Antwort, und endlich zum Teil auch noch darin, daß mich in den letzten 4 Wochen ein allernächstens erscheinendes Werk fortdauernd in Anspruch nahm.

Ergebenst Dr Fr. H. [3208a]

»Je crois, qu'il n'y a point de génie sans activité. Je crois que le génie dépend en grande partie de nos passions. Je crois qu'il se forme du concours de beaucoup de différentes qualités, et des convenances secrètes de nos inclinations avec nos lumiéres. Lorsque quelqu'une des conditions necessaires manque, le génie n'est point, ou n'est qu'imperfait: et on lui conteste son nom. – – – C'est la nécessité de ce concours de tant de qualités indépendantes les unes des autres, qui fait apparemment que le génie est toujours si rare. Il semble que c'est une espéce de hasard, quand la nature assortit ces divers mérites dans un même homme. Je dirais volontiers, qu'il lui en coute moins pour former un homme d'esprit, parce qu'il n'est pas besoin de mettre entre ses talens cette correspondance que veut le genie. – – Cependant il ne faut pas croire que ce caractère original doive exclure l'art d'imiter. Je ne connais point de grands hommes, qui n'aient adopté des modèles. Rousseau a imité Marot; Corneille, Lucain et Sénèque; Bossuet les prophétes; Racine les Grecs et Virgile; et Montaigne dit quelque part, qu'il y a en lui une condition aucunement singeresse et imitatrice. Mais ces grands hommes, en imitant, sont demeurés originaux, parce qu'ils avaient a peu prés le même génie, que ceux qu'il prenaient pour modèles; de sorte qu'ils cultivaient leur propre caractère, sous ses maitres, qu'ils consultaient, et qu'ils surpassaient quelquefois; au lieu que ceux, qui n'ont que de l'esprit, sont toujours de faibles copistes des meilleurs modèles, et n'atteignent jamais leur art. Preuve incontestable qu'il faut du genie pour bien imiter, et même un genie étendu pour prendre divers caractères; tant s'en faut, que l'imagination donne l'exclusion au génie.

(Introduction a la connaissance de l'esprit humain par
Vauvenargues.) [3209]

In der spanischen Galerie Bild von Ribera: ein Mensch hat in der Brust eine tiefe Wunde, die reißt er mit beiden Händen auf und schreit dabei gräßlich, als ob er es nicht selbst täte, sondern gezwungen würde, es zu tun. Schreckliche Idee! Dabei der schwarze, hier ganz unheimliche Hintergrund, den alle spanische Gemälde haben. Von demselben Maler: der heilige Bartholomäus, der geschunden wird. Das Gesicht des Heiligen und besonders die Augen, fest, ruhig, ein Ausdruck, als ob der ganze Mensch sich ins Auge zurückgezogen hätte und von dem, was den Gliedern zugefügt wird, nichts mehr fühlte. [3210]

Aus der Auflösung der Nationalitäten soll die Auflösung der Kunst folgen. Als ob, wenn auch alle Völker nur eine Form mehr hätten, dies nicht desungeachtet wieder eine Form wäre! [3211]

Wer stellte sich nicht unbewußt immer dem Toten-Gericht vorangegangener Freunde, wem erschiene nicht oft, wenn er etwas denkt oder etwas tun will, ein gebrochenes Auge, das sich wieder öffnet! [3212]

d. 29 Aug.
Oehlenschläger ist hier. Ich erfuhr sogleich seine Adresse, indem der Gesandtschafts-Sekretär die Güte hatte, sie mir zu schicken, und eilte zu ihm. Er nahm mich auf, wie in Kopenhagen, aber etwas Seltsames ereignete sich, das, wenn es wirklich ein Zufall ist, zu den wunderlichsten aller Zufälle gehört. Ich sagte ihm, als ich bei ihm war, daß ich nächstens abreisen wolle, nun aber seinetwegen noch einige Tage länger in Paris verweilen werde. Er erwiderte darauf lebhaft, seinetwegen möge ich meine Reisepläne nicht abändern. Hierin fand ich nichts. Aber ich bin seitdem noch nicht zu ihm gekommen, ohne daß er mich gefragt hätte: wann reisen Sie denn? Gestern, wo er die Frage zum 4ten Mal an mich stellte, fügte er sogar hinzu: ich will Sie nicht jagen!,

als ob dies überhaupt möglich wäre. Ich gestehe, daß mir dies aufgefallen ist. [3213]

Ich glaube, keine Mädchen der Welt sind leichter zu betrügen, als die französischen. An dem Anbeter zweifeln, hieße an der Allmacht ihrer Reize zweifeln, und da dies letztere unmöglich ist, so ist es natürlich auch das erstere. [3214]

Sollte ein Mensch ohne Sehnsucht nach einem höheren Zustand in einen höheren Zustand übergehen können? Ich halte es für unmöglich. [3215]

Sein Bild verklagen, weil es nicht schön genug ist. [3216]

Die Straßen in Paris, d.h. der unterirdische Teil derselben, die ungeheuren eisernen Röhren. [3217]

250,000 Fl Recompense für das Wieder-Liefern von Papieren, aus einer englischen Erbschaft verschwunden: Anschlags-Zettel an allen Ecken von Paris. [3218]

Cafe de la Régence beim Palais Royal mit dem Bilde Philidors und der alte Konrektor Drussen in Wesselburen, der immer auf seine eigene Hand Schach spielte und in der Welt-Geschichte Philidor und Napoleon am meisten verehrte. [3219]

Wie sich einst die Stände in den einzelnen Staaten, so stehen sich jetzt die Staaten im großen Staaten-Verbande gegenüber; es ist aber auch sehr die Frage, ob sie sich anders gegenüberstehen können und ob der Kommunismus nicht ebenso unausführbar im Völker-Haushalt ist, wie im Haushalt der Familien, wo er auf unbesiegbare Schwierigkeiten stößt. [3220]

Die Schwäche kommt am leichtesten zur Menschen-Verachtung, denn sie ist unzufrieden, im großen Haufen nur so mitzuzählen und kann sich doch nicht über ihn erheben, da glaubt sie sich denn durchs Naserümpfen zu unterscheiden. [3221]

Das Strafrecht ist durchaus nur aus dem Selbst-Erhaltungs-Trieb der Gesellschaft abzuleiten. Die Gesellschaft tötet den Verbrecher, um ihn zu verhindern, das Böse, was er möglicherweise noch verüben könne, wirklich zu verüben, und frägt nicht darnach, daß sie so auf jeden Fall das Gute, das sich auch doch möglicherweise aus ihm noch entwickeln könnte, erstickt. Freilich kann sie nicht anders. [3222]

Faire quelque chose pour le Roi de Prusse. Franz. Sprichwort, um zu bezeichnen, daß man etwas durchaus Undankbares mache. [3223]

In manchen Talenten ist die Notwendigkeit, zu gebären, nicht zu verkennen; aber es ist leider keine Notwendigkeit vorhanden, daß das von ihnen Geborene existiere. [3224]

Ein großer Dichter ist noch nicht derjenige, der große Kräfte besitzt und Großes damit erschafft; es muß durchaus noch hinzukommen, daß dies Große auch eine Notwendigkeit für die Welt habe. Kleist z.B. ist ein Maler, der *erfundene* Schlachten malt; Shakespeare einer, der solche darstellt, die wirklich vorgefallen und der Menschheit deshalb ewig teuer sind. [3225]

Wer da fühlt, daß er etwas Höheres sein könne, als er ist, der hat darin den Beweis, daß er schon etwas Höheres gewesen ist. [3226]

Dem Teufel Absolution geben müssen, und das sogar, ehe er noch gebeichtet hat. [3227]

Man sollte seine Fehler immer für individuelle, und seine Tugenden für allgemeine halten, man macht es leider aber immer umgekehrt. [3228]

In dem: »Sie ist gerettet!« im ersten Teil von Goethes Faust liegt schon der ganze zweite. [3229]

L'art de plaire est l'art de tromper! (Vauvenargues.) [3230]

Brief an Duller vom 13 Sept:
– Man kann sich nicht im Atemholen gegenseitig unterstützen, aber man kann gegenseitig für reine Luft sorgen, man kann Kanonen gegen die faulen Dunstwolken, die den Horizont verfinstern, aufführen, und da ein solches Bestreben kein egoistisches ist, sondern allem und jedem, der sich gesunder Lungen erfreut, auf gleiche Weise zustatten kommt, so dürfen sich Männer dafür wohl die Hand reichen. – Es ist sehr leicht, Anekdoten zu sog. Dramen zurechtzustutzen und dem Theater dadurch einen neuen Glanz zu geben, daß man es vollends in *Brand* steckt, aber es ist schwerer, aus dem großen Fort-Bildungs-Prozeß der Menschheit heraus eine neue sittliche Welt zu gestalten, denn das setzt voraus, daß man innerlich dabei beteiligt sein, daß man den Bruch nicht bloß erkennen, sondern auch fühlen, ja, daß man für die Geister-Schlacht, die *Großvater* und *Kindes-Kind* in unserer eigenen Brust, in der sich beide begegnen, schlagen, ein Auge und eine darstellende Hand haben muß. – [3231]

In dem Augenblick, wo die Liebe ihr Alles gibt, macht sie zugleich Bankerott. [3232]

d. 14ten Sept.
Heute, den 14ten Septbr des Jahres 1844, bringt die Augsburger Allgemeine Zeitung die Nachricht, daß eine Gräfin von Droste-Vischering, Verwandte des bekannten Erzbischofs von Köln, vor dem in Trier seit 50 Jahren zum ersten Mal wieder zur Verehrung der Gläubigen ausgestellten und von Hunderttausenden andächtig besuchten Rock des Heilandes den freien Gebrauch ihrer gichtbrüchigen Glieder wieder erlangt, daß sie, die seit Jahren unheilbar Gelähmte, zum Erstaunen aller ihrer Bekannten, gewandelt und ihre Krücken im Heiligtum zurückgelassen habe. Also seit lange wieder das erste Wunder! Und jedenfalls ein Zeichen! [3233]

Außerdem ist in diesem Jahre merkwürdig die Titel-Frage. Einige herzogliche Häuser in Deutschland haben nämlich, ohne nötig zu finden, sich vorher ein Königreich zu erobern, den Titel Hoheit angenommen. Darüber entstand anfangs viel Miß-

Behagen, indem nun alle auf diese Rang-Erhöhung Anspruch machten; der Deutsche Bund entschied aber in letzter Instanz, daß in der Tat auch alle berechtigt sein sollten, sich den Hoheits-Titel beizulegen, und alles war zufriedengestellt. [3234]

Heute sah ich eine über alle Maßen enge Straße in Paris; sie hieß: Rue du demi Saint! [3235]

Die bisherige Geschichte hat nur die Idee des ewigen Rechts selbst erobert; die kommende wird sie anzuwenden haben. [3236]

Bild. Auf dem Boulevard des Capucines steht jetzt alle Abend ein alter Mann mit einem hölzernen Käfig, in dem Eulen sitzen und vor dem eine strahlende Lampe brennt; die Zuschauer legen einen Sous auf einen kleinen Teller. [3237]

Ein Skythe, aus seinem Vaterlande verbannt, geriet in die traurige Notwendigkeit, in Athen leben zu müssen. [3238]

Ein Weib, das eine Tochter gebiert, und diese gebiert gleich wieder eine, und so fort. Das Drama in seiner Steigerung. [3239]

Die Schreckens-Charaktere der Revolution: wenn das Rote Meer nur einmal wieder da wäre, die Ungeheuer würden nicht ausbleiben, sie sind immer vorhanden, aber sie halten sich in der Tiefe. [3240]

d. 26sten Sept. Morgens früh vorm Einpacken. 22 Jahre auf einem Fleck in Dithmarschen und jetzt doch im Begriff, nach Rom zu gehen! Es ist wie ein Traum! Ich fuhr mit diesem Gedanken aus dem Schlaf auf, sprang aus dem Bett und kleidete mich an. Heute nachmittag um 5 reise ich. Es war ein paar Tage Regenwetter, aber jetzt scheint die Sonne wieder so freundlich, als wollte sie mir die Stadt, die ich verlassen muß, noch einmal im glänzendsten Licht zeigen, damit ich sie nicht vergesse. Das ist unnötig, Paris wird immer der Mittelpunkt aller meiner Wünsche bleiben. Lebe wohl, du schöne, herrliche Stadt, die mich so gastfreundlich aufnahm! Empfange meinen wärmsten Segen! Blühe länger, als alle Städte der Welt zusammengenommen! [3241]

d. 10ten Oktober.

Meine Reise ist so begünstigt gewesen, als sie nur irgend sein konnte; Donnerstag, den 26sten Septbr, abends um 5 Uhr, fuhr ich von Paris ab und Donnerstag, den 3ten Oktober, abends zwischen 8 und 9 Uhr, fuhr ich in Rom hinein. Erst gestern abend habe ich mir Tinte gekauft, darum wird diese Notiz erst heute ins Tagebuch eingetragen. [3242]

Im Colliseum das Kreuz: es ist, als ob man es einem erschlagenen Titanen auf die Stirn gebrannt und ihn dadurch noch im Grabe zum Kreuzritter umgeschaffen zu haben geglaubt hätte. [3243]

Wenn ein Mensch eine neue Sprache erfinden wollte, so wäre das nicht ein so ganz unsinniges Unternehmen, als es unstreitig auf den ersten Anblick scheint. Welch eine innere Notwendigkeit ist zum Beispiel vorhanden, die Empfindung der Liebe, der Achtung, des Hasses u.s.w. gerade mit den Worten zu bezeichnen, welche die deutsche, französische, italienische Sprache dafür darbietet? Gar keine, wir sind durchaus im Gebiet der Willkür. [3244]

Ja, es ist alles belebt in deinen heiligen Mauern,
    Ewige Roma, nur mir schweiget noch alles so still!
                                    Goethe. [3245]

Die Sprach-Bildung hat, wie es scheint, zu früh aufgehört, sie hat sich, statt alles zu individualisieren, d.h. bestimmte Zeichen für alles Bestimmbare zu setzen, größtenteils begnügt, dies nur nach der rechten, positiven Seite hin zu tun und die negative linke mit der bloßen Verneinungs-Partikel abgefertigt. Glück – *Un*glück; Tiefe – *Un*tiefe u.s.w. [3246]

d. 18 Okt.

Gewitter, *purpurne* Blitze, durchsichtiger breiter Purpur-Flammenstrahl. [3247]

Der Tod! Das ewige Sich-Ablösen der Geschlechter, ohne daß sie sich steigern, ohne daß die letzten mehr sind, als die ersten!
[3248]

»– So wälzen sich frühe Versäumnisse bis in unser spätes Leben hinein, und zerreißen strafend die Tage, welche wir zu genießen und meist nachzuholen, dann erst fähig und am bedürftigsten werden! Rahel, T 3 S 366. [3249]

Die Juden zitieren gerne einen Ausspruch Hamanns für sich, hier ist einer gegen sie, den sie nicht zitieren:
»Allerdings liegt die Schuld an Ihnen, die unerkannte Schuld, daß Sie Wahrheit bei einem Juden (Mendelssohn), einem natürlichen Feinde derselben, gesucht und vorausgesetzt haben.«
(Hamann an Jacobi, Briefwechsel. Brief 39, S 173,
Bd 4 der Jacobischen Schriften) [3250]

Warum steht noch nichts über Rom in diesem Tagebuch? Weil etwas ganz Besonderes darin stehen sollte! [3251]

Ich glaubte, schon etwas sehr Absonderliches getan zu haben, als ich mich bei dem Maler Widmer mit seiner italienischen Frau durchs Wörterbuch unterhielt. Als ich es erzählte, sagte einer meiner Bekannten, er habe in Neapel durchs Wörterbuch geschimpft. [3252]

Sah gestern in der Academie Sct Luca den heiligen Lukas von Raffael, dem die Madonna mit dem Kind erscheint, damit er sie malen könne. Raffael selbst steht im Hintergrunde und sieht zu. Lukas etwas affektiert, das übrige wunderbar schön. [3253]

Sah heute die Aurora, von den Horen umgeben, von Guido Reni, Freske, herrlich-frisch erhalten. [3254]

Szene, die sich hier ereignet hat. Ein deutscher Künstler geht mit seiner Frau spazieren. Ein Römer tritt herzu und fragt ihn, was er mit *seiner* Frau zu schaffen habe und will ihm seine Begleiterin entreißen. »Es sei ja seine eigene.« Nichts doch. Volk kommt hinzu. Balgerei. Am Ende hat der Deutsche ein blaues Auge und – leere Taschen. [3255]

Eine Erklärung des Lichts, oder der Gebrauch desselben: so groß ist der Unterschied zwischen Prinzipien-Entwickeln und Anwenden! Also auch zwischen Hegel und Lessing! [3256]

In der bildenden Kunst ist die Schönheit dasselbe, was in der Tragödie die Versöhnung ist, Resultat des Kampfes (dort der physischen Elemente, wie hier der geistigen) nicht breites Fundament eines ungestörten Daseins. [3257]

Wenn ein Stein einen Menschen erschlagen, wenn der physischen Schwere also das Amt des Todes-Engels übertragen sein kann, so wäre es doch seltsam, wenn nicht auch auf den Willen des Menschen und auf seine eigne Hand zu gleichem Zweck gerechnet sein könnte! [3258]

d. 28sten Okt.
Ich träumte über Nacht von meinem Max, ich hatte den kleinen Engel und trug ihn, ich zeigte ihm ein Storchnest, er plauderte anmutig und ich küßte ihn mit unsäglicher Inbrunst. Dieser Traum hat mich ganz glücklich gemacht. [3259]

Klopstock singt:
— Ich habe gesungen,
Versöhner Gottes, des neuen Bundes Gesang!
Durchlaufen bin ich die furchtbare Laufbahn,
Ich hofft es zu Dir!

Mad^me de Staël übersetzt dies:
J'ai terminé le chant de la nouvelle alliance; la redoutable carrière est parcourue. O Mediateur celeste, je l'esperais de toi!
Eine Erhabenheit ist der anderen würdig! [3260]

Maler Rahl aus Wien brauchte heute den guten Ausdruck: Menschen das Blut abzapfen, um sie am Sündigen zu verhindern. Und: daß das Christentum vom Judentum herstammt, sieht man

schon daraus, daß alles auf Gewinn und Verlust: Himmel und
Hölle, berechnet ist. [3261]

d. 5ten Novbr.
Als das Aller-Scheußlichste ist mir von jeher erschienen, was
ich vor Jahren einmal über die Greuel der Soldaten im Dreißigjährigen Krieg las. Es hieß, ich glaube in Friedrich von Raumer
oder in Galetti, die Landsknechte hätten die toten Weiber geschändet. Ich konnte es kaum glauben, es schien mir das Maß
des Menschen-Möglichen zu überschreiten. Ich sprach gestern
abend davon, da unterbrach mich Rahl und sagte: das ist zur
Zeit der Cholera hier in Rom vorgekommen, die Totengräber
haben alle schönen Mädchen vor der Beerdigung gemißbraucht;
es war namentlich eine hier, die die Krone von allen war und
auch, in ihrem 17ten Jahre, ein Opfer der Krankheit wurde; der
Totengräber wurde bei dem Akt überrascht, und kam auf die
Galeere, man schickte seitdem mit einem toten Mädchen immer
zugleich einen Dragoner als Wächter auf den Kirchhof! – Man
denke sich eine Scheintote, die auf solche Weise wieder ins Leben
gerufen und zugleich schwanger wird; einen Menschen, der auf
solche Weise entsteht! Wenn ein Ungeheuer zu motivieren
wäre, hier wären die Motive. [3262]

Diesen Totengräber habe ich später gesehen, es ist ein von der
Galeere wieder zurückgekommener Neger, der jetzt in den Stra
ßen von Rom und in den Cafés Blumen feilbietet. Ich fragte ihn
einmal, ob er sich in der nächsten Nacht auf St Lorenzo wieder
eine Braut herausgraben werde, er antwortete mit Grinsen. –
März 46 [3262a]

Als die Neapolitaner, eine ungeheure Menge, von den Östreichern angegriffen werden, fliehen sie. Nur ein einziger Leutenant
will Widerstand leisten. »Bravo, Colonel!« rufen seine Truppen,
bleiben aber nicht stehen, sondern setzen die Flucht ruhig fort.
(Rahl) [3263]

Als die Schlacht bei Waterloo geschlagen und alles verloren
war für Napoleon, geht ein Cafétier in **Valence**, der an den

hundert Tagen nicht persönlich Anteil genommen, wohl aber die übrigen Schlachten des Kaisers mitgefochten hatte, auf sein Zimmer und erschießt sich, Frau und Kinder in peinlicher Lage zurücklassend. (Holz) [3264]

Der alte Maler Koch (Freund, nachheriger Feind von Cornelius und Schadow, die ihn veranlaßt hatten, gegen die Akademien zu schreiben und nachher selbst Vorsteher von Akademien wurden; Verfasser von nicht erschienenen, aber höchst genialen Zeichnungen zum Dante; Tiroler, rücksichtslos, fast verhungert, aber nie in die Straße, die zu Brot und Ehre führte, einlenkend; enthusiastischer Verkündiger der Verdienste des jungen Thorwaldsens, als dieser wegen Mangels an Arbeit im Begriff stand, Italien wieder zu verlassen) sagt einmal, als ihn der Fürst Esterhazy besucht und allerhand dumme Bemerkungen über seine Bilder macht: wer sind Sie, mein Herr? »Fürst E!« So? Ich glaubte, Sie wären sein Kutscher! – Ein andermal, als der König von Baiern ihm die Hand gibt und die seinige naß findet: »Ich habe eben gepißt, Ew. Majestät![«] – Zu Thorwaldsen, als der ihn im hohen Alter einmal fragt: wie gehts? »Ich bin bald die Schlange der Ewigkeit, die sich selbst in den Schwanz beißt!« Weil er krumm geworden war. (Maler Willers) [3265]

Das Geheimnis der Geheimnisse ist und bleibt doch die Sprache: sie ist das im Individuum, was der Individualisierungstrieb und die Individualisierungs-Notwendigkeit im Universum ist! [3266]

d. 15ten Novbr.

Heute bringt die Allg. Zeitung die Nachricht, daß *Lenau*, von dessen Krankheit schon mehrmals die Rede war, ins Irrenhaus gebracht worden sei. Furchtbar! Er hatte sich mit einem Mädchen verlobt, diese Liebe hatte ihn im Tiefsten aufgeregt, und die mit der Herbeischaffung der für die Kopulation nötigen Papiere verbundenen Reisen seinen Körper angegriffen. Es soll mit Bestimmtheit eine baldige und völlige Herstellung zu hoffen sein. Dann müßte das Mädchen, die Ursache der Krankheit, zurücktreten oder von den Eltern das Versprechen, das vor den Gerichten nach einem solchen Vorfall leicht zu lösen wäre, zurückgenommen werden, und die Tragödie wäre vollständig! [3267]

Sophonisbe! [3268]

»Dieser Mensch ist ein Gewinde von Schlangen, die auseinanderfliehen mögten, aber mit den Schwänzen ineinander verwickelt sind. Wenn sie sich beißen, glaubt er, daß in ihm das Gewissen sich regt.[«] [3269]

In Dantes Divina commedia ist das Weltrichteramt, das der Dichter sich anmaßen mußte, um den Zustand der Menschen in Himmel und Hölle schildern zu können, außerordentlich schön durch den Ausspruch der Beatrice, daß gerade er es nötig gehabt habe, die Schrecken der Hölle zu erblicken, um auf dem Wege zum Himmel zu verharren, motiviert, denn nun kehrt alles sich um, aus einem Stolzen, wenigstens vorzüglich Begünstigten wird ein Schwacher, wenig Begnadigter, nur durch die Fürbitte einer engelreinen Liebe über sein eigenes Verdienst Erhobener, und das ist die *Form*, die dann natürlich auch dem objektiven Teil des Gedichts zugute kommt, indem die Bedeutung der Darstellung mit ihrer Unabhängigkeit vom darstellenden Subjekt nur wächst. [3270]

Jacobi in seinem Woldemar referiert die Gemützustände, und glaubt sie darzustellen. [3271]

– Freundschaft. Eine von den Ursachen der Seltenheit dieser nach meiner Einsicht größten menschlichen Tugend lieget mit an der Religion, worin wir erzogen sind. Auf alles, was sie befiehlt oder anpreist, sind zeitliche oder ewige Belohnungen gelegt; die Privat-Freundschaft ist im ganzen Neuen Testament nicht einmal dem Namen nach gedacht, wie ich unumstößlich beweisen kann, und es ist vielleicht ein Glück für die Freundschaft, denn sonst bliebe gar kein Platz für den Uneigennutz.
Winckelmanns Briefwechsel, Bd 1, S 86. [3272]

– Anfänglich, da mich einige Ketzer, die mich kennen, in der

Messe knieen sahen, habe ich mich geschämet, allein ich wurde dreister. Es würde mich aber niemand sehen, wenn ich nicht die Messe hörte von 11 bis 12, da die Musik ist. Mein Vater hat, wie ich nunmehr anfange, zu merken, keinen Katholiken aus mir machen wollen, er hat mir ein gar zu dünnes empfindliches Knieleder gemacht, als man haben muß, um mit guter grace katholisch zu knieen: ein Stück von seinem büffelmäßigen Knieriemen hätte er dahin füttern sollen. Im Winter habe ich meinen Manchon untergelegt, im Sommer werde ich bloß darum ein Paar Schlag-Handschuh bei mir führen müssen, um andächtig zu knieen.

(Ebendaselbst, Bd 1, S 109.) [3273]

– Alle Franzosen sind hier (in Rom) lächerlich, als eine elende Nation, und ich kann mich rühmen, daß ich mit keinem von der verachtungswürdigsten Art zweifüßiger Kreaturen eine Gemeinschaft habe. Ihre Akademie ist eine Gesellschaft der Narren, und ein junger Römer machte ein Wappen für dieselbe, nämlich zwei Esel, welche sich kratzen, weil den Eseln alles gefällt. Ich muß aber auch gestehen, daß alle Deutsche, die hier kommen, französische Meerkätzchen sein wollen, und es gelinget ihnen nicht einmal, denn man muß von Mutterleibe ein Narr sein.

Ebendaselbst. [3274]

– Meine Absicht ist allezeit gewesen und ist es noch, ein Werk zu liefern, dergleichen in deutscher Sprache, in was vor Art es sei, noch niemals ans Licht getreten, um den Ausländern zu zeigen, was man vermögend ist, zu tun. Mir sind wenigstens nicht viele Bücher bekannt, in welchen so viel wichtige Sachen, fremde und eigne Gedanken, in einen würdigen Stil gefasset sind. – Ich wünsche, daß man aus meiner Schrift lerne, wie man schreiben und seiner und der Nachwelt würdig denken soll. In dieser eigenen Versicherung werde ich die Zuschrift an den Kurprinzen so abfassen, daß Prinzen lernen sollen, daß nicht wir, sondern sie sich eine Ehre daraus zu machen haben, ihren Namen an der Spitze eines solchen Werks zu sehen.

Ebendaselbst, S 276. [3275]

Bloß um die Festigkeit meiner Hand zu prüfen, schreibe ich

dies. Ich liege nun schon einige Tage am Fieber und genieße den römischen Aufenthalt auf wundervolle Weise. [3276]

d. 31 Dezbr 1844.

Ein Jahres-Schluß in Rom! Aber er ist schnell gemacht. Gearbeitet habe ich außer 16 Gedichten, von denen Liebeszauber allerdings nicht zu verachten, sondern unter meinen lyrischen Sachen obenan zu stellen ist, und dem ideenreichen, aber zum Nachteil der Form zu sehr ins Enge gezogenen Vorwort zur Maria Magdalena, nicht das geringste; ich habe also im rechten Verstande, da diese Dinge wenig bedeuten wollen, nichts gearbeitet. Gelebt habe ich, wie man leben kann, wenn man jeden Sous dreimal umkehren muß, ehe man ihn auszugeben wagt; ich bin nicht verhungert, habe mich zuweilen gefreut, besonders in Paris, und noch öfterer gesehen, wie andere sich freuen. In Rom habe ich seit meiner Ankunft nur Krankheiten abzuwarten gehabt; 8 Tage nach meiner Ankunft befiel mich die erste, jetzt leide ich an den Drüsen. Der fröhlichste Tag für mich in Rom war der Weihnachts-Abend, den ich bei meinen Landsleuten, den Dänen und Holsteinern, zubrachte; ein himmlisches Wetter, wovon man im Norden keine Vorstellung hat, ein Himmel über mir, als ich die Spanische Treppe hinaufstieg, wie eine blaue Kristall-Glocke, in den Gärten blühende Rosen. Wir genossen, mit Weinlaub bekränzt, ein einfaches Mahl, Toaste wurden ausgebracht, sogar einer auf mich, und alles war glücklich. Ich hätte weinen können, denn ich empfand es einmal wieder recht lebhaft, daß ich gar nichts Besonderes für mich will, sondern daß all mein Mißmut daher rührt, mich mein ganzes Leben hindurch von jedem Kreis, worin man bescheiden das Leben genießt, wie einen Hund, ausgesperrt zu sehen, denn das war immer der Fall mit mir, von Jugend auf. Bekanntschaften: Gurlitt, Landschafts-Maler, trefflicher Künstler und Mensch, der sich meiner in kranken und gesunden Tagen wacker angenommen und mir auch zu jener Weihnachts-Feier den Zutritt verschafft hat. Hier ist der Inhalt des Jahres. Was wird das neue mir bringen? Eine Frau zu dem Kinde, das schon wieder da ist? Kann ich, muß ich heiraten? Kann ich, muß ich einen Schritt tun, der mich auf jeden Fall unglücklich und dich! nicht glücklich machen wird? O meine

Lebens-Verhältnisse? Wie doch immer das, was mich dem einen Abgrund entriß, mich dem anderen wieder nah führte! Was ist darüber zu sagen! Elise ist das beste Weib der Erde, das edelste Herz, die reinste Seele, aber sie liebt, was sie nicht wiederlieben kann, die Liebe will besitzen, und wer nicht liebt, kann sich nicht hingeben, sondern sich höchstens opfern! [3277]

1845

Ein echtes Drama ist einem jener großen Gebäude zu vergleichen, die fast ebensoviel Gänge und Zimmer unter, als über der Erde haben. Gewöhnliche Menschen kennen nur diese, der Baumeister auch jene. [3278]

Goethes Wilhelm Meister, trotz der schönen Einzelheiten, ist doch eigentlich formlos und wird vergehen. Es schmerzt einen um Mignon, den Harfenspieler u.s.w., man hat ein Gefühl, als ob man schöne Menschen ertrinken sähe. [3279]

Ein Hund hat so scharfen Geruch, daß er selbst im Kot noch die Ingredienzien von Fleisch u.s.w. herauswittert. Aber die Folge davon ist, daß er Kot frißt. [3280]

Zwischen einem wahren Dichter und einem Kunstpoeten, der des Publikums wegen schreibt, ist ein Unterschied, wie zwischen einem Menschen, der seine innerste Überzeugung ausspricht, und einem andern, der den Leuten etwas vorschwatzt, um ihnen Spaß zu machen und sie für sich zu gewinnen. Darum kann der Dichter auch durchaus keinen Rat von dem Kunstpoeten annehmen. [3281]

Ein Engländer, der, in Norwegen reisend, abends in ein Haus kommt, das ihm verdächtig scheint, schleicht sich wieder heraus, spannt sein Pferd vor den Wagen und fährt wie rasend davon. Bald hört er, daß er verfolgt und aufgefordert wird, anzuhalten.

Er tuts nicht. Zuletzt kommt er zum Haus des Predigers und kehrt dort ein. Bald kommt auch sein Verfolger und sagt: Herr, Sie haben bei mir Ihre Uhr auf dem Tisch liegen lassen, da ist sie!
(Gurlitt) [3282]

Ein anderer geht in Neapel spazieren. Es geht ein Herr ganz nah an ihm vorbei. Er denkt: ich bin bestohlen, und untersucht seine Taschen. Börse, Taschenbuch ist da, aber die Uhr fehlt. Er dem Herrn nach und packt ihn beim Arm. »Was wollen Sie?« »Die Uhr!« »Da!« Als der Engländer zu Hause kommt, liegt seine Uhr auf dem Tisch und er hat zwei für eine. [3283]

Im Cafe dell' bell' arti: die schöne neapolitänische Sängerin und der famöse Pietro, sie betrachtend, wie ein Regenwurm, der an einer Lilie hinaufkriechen mögte. [3284]

Wenn einer von der Tarantel gestochen wird, so ist es nötig, daß er 24 Stunden lang nicht einschlafe, er wird also, müde und bleich, wie er ist, mit halb geschlossenen Augen, im ganzen Ort unter ungeheurem Lärm, um ihn munter zu erhalten, herumgeführt, man schlägt, als obs die lustigste Szene wäre, das Tambourin, hämmert auf kupfernen Kesseln, klappert mit Feuerzange und Ofengabel u.s.w. (Gurlitt) [3285]

Idee zu einer Tragödie. Ein wunderschönes Mädchen, noch unbekannt mit der Gewalt ihrer Reize, tritt ins Leben ein aus klösterlicher Abgeschiedenheit. Alles schart sich um sie zusammen, Brüder entzweien sich auf Tod und Leben, Freundschafts-Bande zerreißen, ihre eignen Freundinnen, neidisch oder durch Untreue ihrer Anbeter verletzt, verlassen sie. Sie liebt einen, dessen Bruder seinem Leben nachzustellen anfängt, da schaudert sie vor sich selbst und tritt ins Kloster zurück. [3286]

d. 8 Jan:

Ich habe aus Langeweile den Oberon von Wieland gelesen; seit meinen Schüler-Jahren zum erstenmal. Dies ist eben auch eines derjenigen Werke, denen die Zeit, die sie entstehen sieht, so keck die Unsterblichkeit prophezeit, und dennoch muß ich mich entweder über die Prinzipien der Kunst völlig irren, oder eine solche rein aus der Luft gegriffene Märchen-Anekdote, die sowenig in die Mysterien der Natur, als des Menschen-Herzens hineinführt, ist ohne allen Wert, noch ganz abgesehen davon, daß Wieland sie aus allen Ecken und Enden zusammengestohlen und für sich nur das dürftige Verdienst der leichten Versifikation zu beanspruchen hat. Wohin ist ein solches Produkt zu stellen? Die klassische Poesie kennt diese leeren Spielereien nicht, die in guter Kinder-Manier die willkürlich ersonnenen Hindernisse bis ins Unglaubliche steigern, um sie dann wieder durch ebenso willkürliche Hülfsmittel, auf die die Helden, das erstemal etwa ausgenommen, wo ihnen denn das Wasser auch noch nicht an die Kehle geht, mit Bestimmtheit rechnen können, wieder aufzulösen. Die romantische kennt sie aber auch nicht, denn was in ihr an Wundern und Zauber-Wirkungen, womit freilich immer und überall sehr vorsichtig umzugehen ist, vorkommen darf, muß auf der in neueren Zeiten tiefer durchschauten Verwandtschaft zwischen dem Mikrokosmus und dem Makrokosmus beruhen, es muß auf das, wenn auch geheimnisvolle, so doch in sich wohlbegründete Ineinanderspielen der beiderseitigen Kräfte basiert und keineswegs aus der Verlegenheit eines sogenannten Poeten, der einen lächerlichen Plan nicht ausführen kann, ohne Hörnern und Ringen und Bechern unbegreifliche und unsinnige Eigenschaften beizulegen, hervorgegangen sein. Wieland scheint sich etwas darauf zugute getan und das vielleicht unruhige ästhetische Gewissen dadurch beschwichtigt zu haben, daß er diese Dinge mit einer gewissen platten Ironie behandelt und ihnen Wirkungen beilegt, die den Helden zwar aus seiner verwickelten Lage ziehen, die an sich aber komisch sind; doch dies, obgleich fein und geschickt, ändert an der Hauptsache nichts, denn das Alberne hört nicht dadurch auf, albern zu sein, daß man mit zugekniffenen Augen selbst die Albernheit einräumt, im Gegenteil, es verliert noch denjenigen naiven Reiz, den es haben könnte, den Reiz eines in sich dummen, aber mit Ernst betriebenen Kinderspiels.

[3287]

Wenn in Rom Schnee fällt, was alle 100 Jahr einmal geschieht, so sind die Soldaten vom Dienst befreit, ausgenommen von

Besetzung der allerwichtigsten Posten, kein Richter hat nötig, ins Gericht zu gehen, keine Schule wird eröffnet, und doch hat sich das weiße Ungeheuer, das die Straßen nächtlich bedeckt hat, zu Mittag schon immer wieder in das bekannte Wasser, mit dem man vertraut ist, aufgelöst. [3288]

In Hannover. Ein sehr schönes Mädchen tritt, von ihrer Mutter dazu genötigt, in den Dienst. Aber das Bewußtsein ihrer Schönheit macht es ihr unmöglich, zu dienen. Sie glaubt, ihre Schönheit müsse ihr Glück machen, auch erblickt sie keiner, der nicht davon geblendet wird, doch die Anträge, die man ihr macht, deuten alle aufs Hurenhaus, keiner auf ein gräfliches Schloß. Sie wird erbittert, kann es in den Verhältnissen (vielleicht auch noch durch den Neid häßlicher Weiber im Hause gequält) nicht länger aushalten und kehrt zu ihrer Mutter zurück. Aber auch bei dieser will sie keine niedrige Arbeiten mehr verrichten, wenn sie in den Stall gehen und melken soll, sagt sie, sie sei dazu da, eine Gräfin zu werden, nicht aber, die Kühe zu melken. Die Mutter, aufgebracht, mißhandelt sie, sie geht fort und stürzt sich in einen Brunnen. (Szene: sie soll waschen und das Wasser zeigt ihr ihr Bild!) [3289]

Es ist ein ungeheurer Irrtum von Hegel, daß die Kunst überwunden werden könne. Aber ein höchstes und letztes Stadium der Kunst kann es allerdings geben. [3290]

d. 11 Jan:
Den Göttern ein Hahn! Ich bin genesen! Nicht bloß mein Magen beweist mir das, sondern ich habe heute zwei Gedichte gemacht, wovon das eine (Magdtum N: 2) sehr schön und meinem Aller-Besten gleich ist. Die Idee ist seit Jahren (seit ich N: 1 machte) vor mir geflohen, wie ein Sommerfaden, den der Wind entführt, heute abend im Cafe dell' bell' arti ließ sie sich plötzlich packen und es ist denn auch zum Lohn für das lange Harren etwas Rechtes geworden. Mir doppelt erfreulich, erstlich weil ich nun eine innere Last los bin, die mich doch von Zeit zu Zeit immer wieder zu plagen anfing, und dann weil ich hoffe, daß diese Schwalbe mir einmal wieder einen Frühling verkündigt! [3291]

Es gibt Leute, die sich über den Weltuntergang trösten würden, wenn sie ihn nur vorhergesagt hätten. [3292]

Mutter und Tochter gebären zu gleicher Zeit und die Kinder werden verwechselt. Ein in Rom vorgekommener Fall. [3293]

Römische Dirne: Mein Mann sitzt jetzt im Gefängnis, ich mache die Hure und ernähre mich ganz gut; kommt er wieder heraus, so reiz ich ihn so lange, bis er meinen Schwieger-Vater umbringt, dann kommt er wieder hinein und ich bin frei, wie vorher.
(Kolbenheiner.) [3294]

Sind wir nicht Flammen, welche rastlos brennen
Und alles, alles, was sie auch umwinden,
Verzehren nur, doch nichts umarmen können?
(Aus einem alten Sonett von mir.) [3295]

Tragisches Bild
Ein Kronprinz darf nicht mehr hoffen, einen Erben zu erzeugen; das Land wird daher an eine gehaßte Seitenlinie fallen, was für das Königliche Haus an und für sich, zugleich aber auch für das Land selbst aus gewissen Gründen ein entschiedenes Unglück ist. Der Kronprinz entschließt sich zum Äußersten, er darf seiner Gemahlin aber keine Anträge machen, die mit seinen Plänen übereinstimmen, da er wohl weiß, daß sie diese mit Abscheu zurückweisen würde. Es wird daher versucht, sie irrezuleiten, ein junger Mann, der sie längst im stillen leidenschaftlich geliebt hat, wird in ihren Dienst gebracht, und wirklich fängt sie an, für diesen Teilnahme zu empfinden. *Szene:* wie er sich ihr entdeckt und sie ihm antwortet, ob er wohl wisse, daß sie ihn jetzt eigentlich vernichten müsse. Genug, alles bleibt, trotzdem, daß der Gemahl selbst alle Hindernisse aus dem Wege räumt, in den gehörigen Schranken. Als dieser aber sieht, daß das Manöver zu nichts führt, denkt er: so soll es mir wenigstens einen Grund hergeben, daß ich mich von dir scheiden kann, um eine Willfährigere zu suchen; dies unschuldige, von ihm selbst begünstigte Verhältnis wird also jetzt verdächtigt, die Ehre der Prinzessin gebrandmarkt und sie fortgeschickt, – [3296]

d. 1sten Februar.

Ich habe gestern zwei Stücke von Calderon gelesen: die Seherin des Morgens und die Morgenröte in Copacavana. Der Übersetzer, von der Malsburg, hat eine Vorrede voll Überschwenglichkeiten vorangeschickt; er weiß den Tiefsinn dieser Dramen nicht genug zu bewundern. Ich erinnere mich nicht, von einer seit Jahrhunderten einregistrierten Unsterblichkeit je solche Trivialitäten gesehen zu haben. In der Seherin des Morgens wird ein Baum gefällt, der mit für den Salomonischen Tempel verwendet werden soll, aber er ist bald zu groß, bald zu klein, und als man am Ende eine Brücke aus ihm macht, tut er, wie Salomo und die Königin Saba im Begriff sind, diese zu betreten, allerlei Wunder, und die letztere, vom Geist der Weissagung ergriffen, verkündigt allem Volk, daß dies ein heiliger Baum sei, ein Baum des Lebens, der dereinst den für die Menschheit sterbenden Gott tragen solle, worauf sich denn alle in der Verehrung des wunderbaren Holzes vereinigen. In der Morgenröte von Copacavana erscheint Pizarro in Peru, und pflanzt in der Nähe des Sonnentempels das Kreuz auf; eine Priesterin und ihr Geliebter, die der Sonne geopfert werden sollen, umklammern es und können nicht losgerissen, ebensowenig erschossen werden; man trifft sie im 3ten Akt als Eheleute und Christen wieder und der Mann sucht sich dem Himmel für die ihm bewiesene Gnade dadurch dankbar zu erzeigen, daß er ein Marienbild anfertigt, woran es noch fehlt; dies mißlingt zweimal und gelingt auch das drittemal nur halb, aber nun schweben die Cherubim und Seraphim in eigener Person hernieder, vollenden die mit mehr Kühnheit als Kunstgeist unternommene Pfuscherei und kehren dann in die Regionen des Lichts zurück; das Bild wird bewundert und aufgestellt und das ist die neue Morgenröte! Ich stelle mich, wie sich von selbst versteht, bei Beurteilung dieser Stücke, auf den christlichen und den christkatholischen Standpunkt, da sie auf jedem anderen gar nicht in den Kreis der Betrachtung fallen. Aber auch von diesem aus scheinen sie mir völlig nichtig und gehaltlos, denn die Poesie, wenn sie sich mit dem Mysterium zu schaffen macht, soll dies zu begründen, d.h. zu vermenschlichen suchen, sie soll sich aber keineswegs einbilden, etwas zu tun, wenn sie es gewissermaßen wie einen Zauber-Ring an den Finger steckt und aus dem Wunder wieder Wunder ableitet. Die vorliegenden Stücke geben freilich zu solchen Gedanken nicht einmal im negativen Sinn einen Anlaß, denn die darin niedergelegte Anschauung des Christentums ist so heidnisch-roh, so völlig ideenlos, daß man nicht weiß, ob man sie als fratzenhaft beiseite schieben, oder als unsittlich züchtigen soll. [3297]

Das französische Adjektiv malt meistens den *Effekt* der Dinge, statt ihrer Eigenschaften. [3298]

Woher kommt unsre tiefste Verzweiflung? Weil wir die Ohnmacht, die wir in gewissen Momenten empfinden, immer auf unser ganzes Dasein übertragen und dem gar nicht entgehen können. [3299]

Eine Sprachlehre, die die Eigentümlichkeiten der verschiedenen Sprachen aus ihren ersten Ursprüngen entwickelte. Eine allgemeine. [3300]

Die Fruchtbarkeit gewisser Autoren gleicht dem Werfen der Hündinnen. [3301]

»Wenn die Geliebte manchem den Hintern zeigte, so würde der Mann gerade darauf gespitzt sein!« [3302]

»Die Bibel kann schon darum nicht von Gott sein, weil er darin gar zu viel Gutes von sich selbst und gar zu viel Schlimmes von den Menschen sagt. Oder gleicht der Umstand, daß er diese gemacht hat, alles aus?« [3303]

Wir sterben, weil unsre Organe nicht essen können. [3304]

Es ist recht übel, daß, während man das eine sagt, man nicht auch zugleich das andre sagen kann. Menschen mit einer Anzahl von Munden, wie jetzt mit Poren, würden doch noch immer nicht imstande sein, alle Seiten der kleinsten Sache so weit zu berücksichtigen, daß keiner einzigen Unrecht geschähe. [3305]

Alles Sprechen und Schreiben heißt würfeln um den Gedanken. Wie oft fällt nur ein Auge, wenn alle 6 fallen sollten.

[3306]

Warum vergeben die meisten Menschen so leicht? Weil sie sich heimlich bewußt sind, daß sie dieselben Sünden, die andere gegen sie begangen haben, auch gegen diese begangen haben würden, wenn die Situation eine umgekehrte gewesen wäre. Und solche Menschen sind immer gemeine, aber noch keine schlechte; sehr schlecht dagegen sind diejenigen, die sich innerlich das gleiche gestehen müssen und doch nicht vergeben. Es wäre übrigens nicht unmöglich, daß ein Mensch gerade dadurch, daß sein Gewissen ihm aus diesem Grunde in einem bestimmten Fall die Vergebung abdränge, sich zu einer höheren sittlichen Stufe erhöbe, auf der er sich sagen dürfte, daß er des gegen ihn begangenen Unrechts nicht mehr fähig sei, und daß er, wenn der gleiche Fall wiederkehrte, die Hand nicht mehr hinzuhalten brauchte. Das könnte in einem Drama einen vortrefflichen Zug abgeben.

[3307]

Jemanden das Sakrament vorhalten, wenn er gerade bei Tische sitzt und ißt und trinkt.

[3308]

Ein Arzt kommt in ein Haus zu einem seiner Kranken und hört, er befinde sich besser. »Ei, ei, was wars doch noch, das ich gestern morgen – – geben Sie mir das Rezept!«

[3309]

Ein genesender Greis: es wird dir vergönnt, dich auf dem Wege aus der Welt noch einmal umzusehen.

[3310]

Hamlet ist schon *Aas* vor der Tragödie und diese zeigt uns nur die Rosen und Disteln, die aus ihm aufschießen.

[3311]

Es wird, wenn man beweisen will, daß diese Welt von allen möglichen trotz Not und Elend, Krankheit und Tod die beste sei, gewöhnlich der Fehler begangen, daß man, während man dartut, wie gewisse Eigenschaften der menschlichen Natur nur durch die ihr in dieser Welt entgegentretenden Hindernisse entwickelt werden können, übersieht, daß alle diese Eigenschaften dem Menschen eben nur notwendig sind, weil die Welt ist, wie sie ist, und daß er ein ganz anderer sein dürfte und sein würde, wenn sie eine andere wäre. Überhaupt würde, selbst wenn sich beweisen ließe, was sich nicht beweisen läßt, daß diese Welt die beste sei, immer nur bewiesen sein, daß *keine* Welt besser sei, als *eine*! [3312]

Ein Kind ist krank und leidet heftigen Durst, es sehnt sich nach einem Glas Limonade und bittet seine Mutter darum, die Limonade wird endlich gemacht, aber nun ist in der Krankheit des Kindes ein neues Stadium eingetreten, es mag sie kaum sehen, geschweige trinken, darüber wird die Mutter so aufgebracht, daß sie das kranke Kind fast mißhandelt. Wenn eine solche Geschichte ohne Kommentar erzählt würde, wie würden unsre sentimentalen Damen auffahren, wie würden sie der Mutter alle mütterliche Gefühle absprechen, und wie würde es sie beleidigen, wenn der Erzähler sie unterbräche: Sie irren sich, meine Gnädigen, es war eine Mutter, so gut, wie es nur die beste von Ihnen sein kann! Vermutlich würde aber doch die eine oder die andere nachdenklich werden, wenn er dann noch hinzufügte, daß jene Mutter den letzten Heller für die Limonade des kranken Kindes ausgegeben und nicht so viel übrigbehalten habe, um für das gesunde, das mittags aus der Schule kam, Brot zu kaufen. Die Geschichte ist übrigens nicht von mir ersonnen, um die Notwendigkeit der Kommentare zu beweisen, sondern ich habe sie in meiner Kindheit selbst erlebt. [3313]

Die tiefsten Bemerkungen über die Sprache ließen sich an die Unterscheidungszeichen knüpfen. Am schwersten von diesen ist das Semikolon stilrichtig zu gebrauchen und nur ein Meister weiß es zu handhaben. Im gemeinen Ausdruck ist es die Deichsel am Beiwagen, auf dem die Neben-Gedanken, wie man sie nennt, oder die Nachgeburten, nachgekarrt werden. Da wird denn oft wieder Beiwagen an Beiwagen gehängt und es gibt einen ganzen Train. Es soll aber nur Zwillings- und Drillings-Gedanken, die alle ein Recht auf selbständige Existenz haben und deshalb nicht in einen und denselben Rock, dessen Knopf der Punkt ist, gesteckt werden können, verbinden. Ich sage Zwillings- und Drillings-Gedanken, darin liegt zugleich, daß sie sehr nah miteinander verwandt und also, trotzdem, daß jeder seinen eignen Kopf aufgesetzt hat, auf Vereinigung angewiesen sein müssen. [3314]

Schrecklich, schrecklich, daß auch die Unschuld geboren werden muß! Mein Gott, mein Gott, was sieht das Kind, wenn es die Meerenge passiert! [3315]

Es ist jetzt in der Beilage der Allgemeinen Zeitung jeden Monat ein paarmal von Dichter- und Schriftsteller-Misere die Rede. Zuerst trat Herr Marggraff auf und stimmte das Klagelied an. Er führte eine ganze Reihe deutscher Poeten auf, die verhungert oder sonst verkommen seien, und deutete dann auf England mit seinem London, wo das nicht vorfalle. Aber er fand Widerspruch, es kam ein besser unterrichteter Mann, der ihm für jeden verhungerten Deutschen zwei Engländer stellte und noch ein Schock Weiber obendrein. Ich finde wenig Erbauliches in solchen Verhandlungen, die den großen Haufen nur in seinen Vorurteilen gegen Menschen, die ohne ihre Schuld, aber freilich auch ohne ihr Verdienst sich über ihn hinausgehoben finden, bestärken können, ohne zur Verbesserung der hier obwaltenden Verhältnisse oder auch nur zu ihrer Aufklärung etwas beizutragen. Denn das eine ist an sich unmöglich, und das andere, obgleich keineswegs schwer, wird wenigstens nicht durch Leute, die den Grund des Übels in äußeren Umständen suchen, bewerkstelligt werden. Diese Herren dokumentieren ihre Unfähigkeit und Unbefugtheit, in solchen Sachen mitzusprechen, schon durch die Naivetät, womit sie Götter und Heroen und diejenigen, die es gern hätten auch sein mögen, miteinander bunte Reihe machen lassen. Da ziehen einträchtiglich zusammen auf bei Herrn Marggraff Bürger, Kleist, Grabbe, und die Herren Halirsch, Gaudy und andere, deren Namen einem jeden, der nicht ihr Schneider oder ihr Speisewirt war, völlig so gleichgültig sind, wie alle übrigen, über die die Geschichte kein Register führt, weil Sorgen und Tränen allein auf diese Auszeichnung kein Recht begründen, da sonst ohne weitere Sichtung alle Tauf- und Sterbeprotokolle der Welt ihr einzuverleiben wären. Es kommt hier auf strengste Ausscheidung an, und zwar ist eine doppelte vorzunehmen. Zunächst sind alle Gewerbs-Schriftsteller, auf die allein man den Literaten-Namen anwenden sollte, auszuweisen, denn sie sind, mag das Gewerb nun gehen oder stocken, mag es für ehrenvoll oder schimpflich gehalten werden, bei der Haupt-Frage nicht beteiligt, ihre sich immer mehr vergrößernde Zunft steht im Gegenteil unter den Hindernissen, womit das Genie zu kämpfen hat, oben an, und sie haben in einer Welt, wo die Patente mehr und mehr in die Mode kommen, sogar noch vieles zu hoffen. Ebensowohl sind auch diejenigen abzusondern, die mit einem auf das Unbegrenzte gerichteten Streben keine entsprechende Kraft verbinden, und deren ganzes Unglück daher rührt, daß sie das zwischen ihrem ursprünglichen Vermögen und der Richtung desselben bestehende Mißverhältnis nicht früh genug wahrgenommen oder ins Gleiche gebracht haben; auch sie können nicht mitzählen, obgleich sie, wenn sie wirklich einem angeborenen Drang folgten und ihn nicht mutwillig aus Ehrgeiz und Sucht, sich hervorzutun, in sich erregten, aufrichtig als Opfer des in ihnen nicht fertig gewordenen Natur-Geistes zu beklagen sind, da sie ihr Leben erst vergeuden müssen, ehe sie erfahren können, daß sie es nutzlos vergeudeten, denn wie soll ein Mensch, der sich über seine Anlage nicht täuscht, den möglichen Grad ihrer Ausbildung vorausbestimmen? Es bleiben also nur die sehr wenigen übrig, in denen der bildende Trieb zugleich ursprünglich und stark ist, und diesen ist nicht zu helfen, oder doch nur durch das allerverzweifeltste Mittel, das sie selbst schwerlich anraten würden, dadurch nämlich, daß der Staat die ganze Poeten-Gilde, sie eingeschlossen, pensionierte und jedem, der sich über seinen Band Gedichte ausweisen könnte, ein Drohnen-Recht auf unentgeltlichen Honig einräumte. Das geht nun nicht an, schon deswegen nicht, weil ein aus lauter Dichtern bestehender Staat die unausbleibliche Folge wäre, da bei solchen Aussichten jedes Kind ohne Ausnahme durch die Sorgsamkeit seiner Eltern beizeiten zum Reimen und Skandieren angehalten werden und nach meiner festen Überzeugung als Jüngling auch zum Ziel, d. h. zu dem nötigen Band Gedichte gelangen würde. Wenn aber eine Sonderung eintreten, wenn nur das sogenannte Bessere, das von der allgemeinen Stimme als vortrefflich Bezeichnete vom Staat, als dem verpflichteten Pfleger des Schönen belohnt werden und es also, um auf Dichter-Verdienst Anspruch zu machen, nicht genügen sollte, Gedichte geschrieben zu haben, so würde dies und jenes hübsche, aber untergeordnete Talent vielleicht besser gedeihen und sich breiter und gemächlicher entwickeln, doch die wirklichen Genies, die Träger der Kunst und der Literatur, würden sich unstreitig noch schlechter befinden, man würde ihnen die Prytanäen verschließen, und da sie es doch nicht vergessen könnten, daß diese nur für sie errichtet seien, so hätten sie zu der bisherigen Misere noch den Verdruß obendrein, andere auf ihren Stühlen sitzen und für sich essen, trinken und satt werden zu sehen. Der Beweis ist leicht geführt. Das Genie ist nur darum immer der Märtyrer seiner Zeit, weil es immer feindlich zu seiner Zeit steht, weil es ihr nehmen muß, ehe es ihr geben kann, und weil sie nur Augen hat für das, was es ihr entreißen, nicht aber für das, was es ihr bringen soll. Dies ist der Hauptgrund, weshalb es anfangs ignoriert, dann geschmäht und verfolgt und immer verkannt wird, und der kann nie aufhören, zu wirken, wenn die Menschen nicht aufhören, mehr in der Gegenwart, als in der Zukunft zu leben, und anfangen, ihren noch ungeborenen Enkeln und Ur-Enkeln ihr eigenes Dasein zu opfern, was sich so wenig erwarten, als verlangen läßt. Nun wirft das Genie ohnehin bekanntlich, wie alles, seinen Schatten, und der ist das Talent. Dieses drängt sich in seine Stelle; es nimmt so viel vom Neuen, als es braucht, um pikant zu sein, und tut so viel vom Alten hinzu, als nötig ist, um nicht herbe zu werden; die Mischung gefällt und was gefällt, macht Glück. Dennoch stellt sich im Lauf der Zeit das richtige Verhältnis immer wieder heraus; die Leutchen, die die dem Genius abgelauschten Ideen, wie Sardellen, zum täglichen Butterbrot herumreichen, empfangen ihren Aufwärter-Lohn und gehen vorüber, aber der Genius selbst erhebt immer gewaltiger seine Stimme, und endlich erkennt auch der blöde Haufen, daß das ganze Verdienst der von ihm verehrten falschen Propheten im Aufhorchen und Nachsprechen bestanden hat. Und was das Verhungern betrifft, so ist auch dagegen so ziemlich gesorgt, wenigstens zweifle ich sehr, ob, wenn man die wenigen Werke der modernen Literatur, die das Zeichen der Unsterblichkeit an der Stirn tragen, einmal sammelte, sich auch nur ein einziges, das von einem Verhungerten herrührte, darunter befinden würde, und man kann doch nicht sagen, es sei ein Genie verhungert, wenn man nicht beweisen kann, daß ein Verhungerter ein unsterbliches Werk hervorgebracht habe. Diese Unglücklichen gehören wohl alle zu einer der beiden von mir oben als hier nicht in Betracht kommend ausgeschiedenen Klassen der Gewerbs-Schriftsteller oder der unzulänglich Begabten; man mag sie bedauern, aber man hat kein Recht, das Schicksal zu schelten und den Nationen zu fluchen, denn wenn auch der eine oder der andere darunter wäre, der seinen Schmerzen einen starken und dauernden Ausdruck gegeben, der die Verzweiflung kraftvoll dargestellt und melodisch geflucht hätte, so ist das augenscheinlich an und für sich nichts geleistet und auch der Rückschluß auf einen zugrunde gegangenen großen Fond ist ebenso bedenklich, wie der aus den Fieber-Anstrengungen eines Kranken auf eine Heldenkraft im gesunden Zustande. [3316]

d. 16 Februar.

Ich glaube, aus der Unsterblichkeit hat sich noch keiner etwas gemacht, der sie wirklich verdiente, oder doch wenigstens nur so lange, als er sie noch nicht verdiente. Auf der Höhe der Bildung erkennt der Mensch, daß er das für einen Lohn gehalten hat, was ein bloßes Reizmittel war, das ihn ermuntern sollte, emporzuklimmen. Der Mann erlebt, was der Knabe mit den Rosinen erlebte; ihretwegen erlernte er die Buchstaben, aber als er lesen konnte, überließ er sie seinem jüngeren Bruder. Bildung hat nur der erlangt, der sein Verhältnis zum Ganzen und zu jedem der unendlichen Kreise, aus denen es besteht, abzumessen weiß, und daraus ergibt sich unmittelbar die richtige Würdigung unseres individuellen Leistens und zugleich auch aller und jeder Belohnungen, die das Geschlecht, das aus lauter solchen Punkten, wie wir selbst sind, zusammengesetzt ist, gewähren kann. Etwas anderes ist es jedoch noch mit dem zeitlichen, als mit dem ewigen Ruhm, der aus jenem hervorwächst; die Wurzel ist der Frucht unbedingt vorzuziehen, denn sie kann genossen werden und nützt schon dadurch, daß sie den Wirkungskreis erweitert und die Tätigkeit erleichtert, während die Frucht erst über dem Grabe blüht, wo keine Hand sich mehr ausstreckt, um sie zu pflücken, kein Mund sich mehr öffnet, um sie zu verzehren und doch hoffentlich auch kein Auge mehr auf sie herabsieht, um sich an ihr zu weiden. Über den letzten Punkt freilich gibt es verschiedene Meinungen, ich erinnere, daß Doktor Wihl, der Lyrikus, einmal in Hamburg, als von Buchdruckern und Literaten dem Gutenberg zu Ehren ein Fest gefeiert wurde, mit feierlicher Miene im Festsaal zu mir sagte: wie muß es den großen Geist erfreuen, uns hier alle seinetwegen versammelt zu sehen! Ich gab damals eine dumme, nämlich eine ernsthafte, Antwort, wie es mir leider noch immer so oft passiert. [3317]

d. 20sten Februar.

Ich bin nun so lange in Italien, daß ich schwerlich eine noch ebenso lange Zeit werde verweilen können, und dennoch steht in diesem Tagebuch fast nichts über Land und Volk, wie sie mir vorgekommen sind. Dies würde durch mein immerwährendes Unwohlsein, das mich alles nur wie mit Fisch-Augen betrachten ließ, nur halb gerechtfertigt sein, wenn ich nicht einen genügenderen Grund anzuführen hätte. Ich kann nichts tun, wozu mich nicht die Begeisterung oder, um für das Narrenwort einen bis jetzt annoch unbefleckten Ausdruck zu brauchen, ein volles und bewegtes Herz treibt. Nun ist die bildende Kunst mir das nicht, was sie anderen, was sie z. B. Goethe war; die Momente, wo ich mich mit Gewalt zu ihr hinzugezogen und mich im Anschauen der Meisterwerke selig fühle, sind sehr selten bei mir, und den Drang, mich über die allmähliche Entwicklung der Schulen aufzuklären und zu dem Ende mit allem und jedem, was im Lauf der unendlichen Zeit gemalt und gemeißelt worden ist, bekannt zu machen, empfinde ich gar nicht, ich kann mich sowenig mit einem unbedeutenden Maler beschäftigen, wie mit einem unbedeutenden Schriftsteller. Ebensowenig hat die antiquarische Seite der Stadt Rom einen Reiz für mich; ich kann mir den Götter-Tempel aus dem Steinhaufen, der noch von ihm übrigblieb, nicht wieder zusammensetzen, und es ist mir völlig gleichgültig, ob er so hoch war, wie man sagt, oder nicht, da ich ja doch nicht mehr hinaufsteigen und mich umsehen kann. Rom ist nur als Ganzes etwas für mich und die höchste Poesie, die ich daraus mit wegnehmen werde, ist der Gedanke, dagewesen zu sein. Was aber gewaltig auf mich wirkt, und ewig auf mich wirken wird, das ist die göttliche Natur, die dies Grab der Vergangenheit, in dem wir, wie Würmer herumkriechen, um uns einen Maßstab für unsere Kleinheit daraus hervorzuscharren, umgibt. Vor allem das Blau dieses Himmels an einem schönen Tag! Ich kann nicht zu ihm emporschauen, ohne daß er, um ein Kinder-Gefühl, wie ich es jedesmal habe, auch in einen Kinder-Ausdruck zu kleiden, augenblicklich ein Stück Taft fallen läßt, in das meine Seele sich hüllt, und nun seine Farbe trägt. [3318]

Wörter sehen sich nicht immer nach Gedanken um, aber Gedanken immer nach Wörtern. Warum nicht, und warum? Jedes Wort ist an sich schon ein Gedanke, aber kein Gedanke ist es ganz, der noch keine Wörter gefunden hat. Es ist im höchsten Grade interessant, das Verfahren des platten Kopfes, der jene Wort-Gedanken, gestempelt, wie sie sind, ausgibt, und das des tiefsinnigen Geistes, der sich des Worts, als des allgemeinen Darstellungsmittels, nur bedient, weil es durch kein individuelles ersetzt werden kann, in den Resultaten miteinander zu vergleichen. Der platte Kopf, sollte man meinen, müsse wenigstens gegen den Unsinn gesichert sein, da er ja die Wörter nur mischt, wie Karten, und ihnen nichts von sich selbst aufdrängt, der tiefsinnige Geist dagegen müsse durchaus unverständlich werden, da sein ganzes Bestreben dahin geht, den Wörtern das kurrente Gepräge, das sie im gevatterlichen Verkehr so bequem macht, zu rauben und ihnen ein neues aufzudrücken. Dennoch ist, wenn der Prozeß anders vor dem Richterstuhl der Vernunft abgeurteilt wird, keines von beidem der Fall. Die Wörter sind nur so lange Gedanken, als sie abgesondert für sich stehen und nicht aneinandergeschoben werden, aber sie lösen sich augenblicklich, sowie sie sich nur berühren, gleich gefrorenen Quecksilberkügelchen wieder in das unbestimmte allgemeine Element auf, über dem der Geist schweben und woraus er das Bild seiner selbst und dessen, was in ihm vorgeht, erschaffen soll; der platte Kopf ist daher nur dann gegen den Unsinn gesichert, wenn er sich begnügt, das Wörter-Buch zu rezitieren, aber nicht mehr ganz, wenn er z. B. den Worten Gehen, Tanzen u. s. w. ein unschuldiges Ich oder Du vorzusetzen wagt, obgleich er freilich, wenn er sich in dieser Sphäre hält, wenig riskiert und höchstens eine schwache Silhouette seiner selbst gibt, die sich erst in einem höheren Stadium in ein illuminiertes Portrait und in einem noch höheren in eine Karikatur zunächst seines eigenen und dann des menschlichen Wesens überhaupt umsetzt. Der tiefsinnige Geist im Gegenteil ist eben der zweite Faktor, auf den die Sprache rechnete, als sie nur einer von den vier Würfelseiten der Wörter ein Merkzeichen, damit die Verwechselung unmöglich sei, aufprägte und die übrigen drei weiß ließ, er gibt dem unorganisierten Element erst Form, Gestalt und den rechten Inhalt und er steht eben darum auch in Bezug auf die Verständlichkeit gegen den platten Kopf, wie die Welt gegen das Nichts, aus dem sie, wie es heißt, hervorgegangen, und das unbegreiflicher, als alles ist, da demjenigen, der sich damit beschäftigt, nicht einmal ein Rätsel aufgegeben, sondern verlangt wird, erst das Rätsel selbst zu erraten und dann die Lösung zu versuchen. [3319]

An das Nichts kann man nicht denken, ohne ihm etwas zu schenken, wenigstens den Namen, der es schon zu etwas macht und es aus der Sphäre der Ununterscheidbarkeit, der es angehört, erhebt. Die Sprache kommt noch öfter in den Fall, daß sie das Undenkbare denken, das Unmögliche und nicht Existierende als möglich und existierend behandeln muß, weil sie den entgegengesetzten Begriffen nur so einen vollständigen Ausdruck verschaffen kann. Eine ihrer dunkelsten und wichtigsten Seiten! [3320]

Wie oft wird innerhalb eines Kreises philosophiert, d.h. über die schöne runde Linie, die den Philosophen umgibt, allerlei Geistreiches gesagt, wenn über den Kreis philosophiert, d.h. wenn er in einen größeren aufgelöst werden sollte. [3321]

Er zieht, wie ein Gewitter, vorbei und hält es für eine große Gnade, daß er nicht einschlägt. [3322]

d. 21 Februar.

O, wie mich das schmerzt! Käthchen, du mein liebes Käthchen von Heilbronn, dich muß ich verstoßen, dir darf ich nicht mehr so gut bleiben, als ich dir wurde, da ich dir, noch Jüngling, zum erstenmal in die süßen blauen Augen schaute, und mir dein rührendes Bild alles aufopfernder und darum vom Himmel nach langer schmerzlicher Probe gekrönter Liebe, ich glaubte für ewig, in die Seele drückte! Wie ein Stern bist du in einer trüben Zeit über meinem Haupt aufgegangen und hast jene Seligkeit, die mir das Leben noch verweigerte und nach der mein Herz doch schon ungeduldig schmachtete, in meine Brust hineingelächelt; deine Schmerzen habe ich geteilt, denn mir war, als ob ich ebenso hinter dem Glück herzöge, wie du hinter deinem spröden Grafen, und auf deiner Hochzeit war ich der fröhlichste, wenn auch zugleich der stillste Gast, denn ich glaubte, fest, wie du, wenn ich mich auch nicht so klar auf den prophetischen Traum, der meinen Wünschen die Erfüllung verhieß, besinnen konnte, an endliche Erhörung. Sie ziehen alle wieder an mir vorbei, die linden Frühlings- und Sommertage, die oft so schön waren, und die mir doch nichts brachten, als erhöhte Sehnsucht und zuweilen auch erhöhtes Vertrauen; wie goldene Rahmen kommen sie mir jetzt vor, die sich nicht um ein Bild, sondern um die leere Luft zusammenschlossen. Aber damals empfand ich das nicht so, ich schaute durch diese Rahmen hindurch in den Duft der Abendröte hinein, wo die Zaubergestalten tanzen und schweben, die der Dichter schafft, weil die Natur sie nicht unmittelbar schaffen kann, und von diesen Gestalten warst du lange der Mittelpunkt. Jahre sind inzwischen vergangen, sie haben mir ernste Geschenke gebracht, und mir andere Gesichter gezeigt, als ich erwartete, sie waren grau und düster und die Vergangenheit, die auf ihre Rechnung zu leben, sich im voraus mit ihrem Glanz zu schmücken glaubte, könnte ihnen noch borgen. Sie tut es auch oft, ich wende mich oft nach jener Zeit des unbegrenzten Verlangens und unbestimmten Vermögens zurück, aber nicht immer duften die Blumen mir, die ich auf den Gräbern meiner jugendlichen Freuden pflücke, nicht selten zerfallen sie vor meinem Finger, ja vor meinem Auge in Staub und dann ist es mir, als ob sie nie gewesen sind und ich verarme, wo man es für unmöglich halten sollte, noch verarmen zu können. So, nein, nicht gerade so, aber doch anders, als ich gewünscht hätte, ging es mir auch heute morgen mit dir, mein Käthchen, als ich dich nach so langer

Zeit zum erstenmal wieder ans Kinn faßte, und dein Köpfchen mit den blonden Locken in die Höhe hob! Nicht du hast dich verändert, du bist und bleibst eine rührende, mit dem Liebreiz himmlischer Unschuld ausgestattete Gestalt, eine echtgeborene Tochter der Poesie, der die Mutter ihre eigenen Züge geborgt hat, aber die Welt, in der du dich bewegst und die dich hebt und trägt, will mir nicht mehr, wie früher, gefallen, ja nicht einmal ganz mehr, dies wirst du am schwersten verzeihen, dein Wetter von Strahl, der dich erst zu heiraten wagt, nun du eine Kaisertochter bist. Ja, Kind, hiemit ist alles gesagt, gerade dies behagt mir nicht in deiner Welt, daß es darin hergeht, als ob der liebe Gott selbst, der doch bekanntlich ganz ohne Ahnen ist, ein Ritter wäre und seine Garde von Cherubimen und Seraphinen hauptsächlich dazu hielte, die Sünden-Früchte großer Herren zu überwachen, damit das erlauchte Blut, das in ihnen fließt, nicht zuschanden werde, sondern, wenn auch erst nach einer wegen ihres verdammlichen Ursprungs aus einem Fehltritt nicht zu umgehenden sorgfältigen Gradierung, zu den verdienten Ehren gelange. Ich gönne es dir, Kind, daß du eine Kaisertochter bist, denn ich weiß von dir ganz gewiß, daß du darüber so wenig deinen andern Pflege-Vater, als jenen höheren, der die Kaiser macht, wie die Bettler, und vielleicht nur, weil er diese einmal gemacht hat, vergessen wirst; ich fechte es auch nicht an, weil ich antiaristokratisch gesinnt bin, denn ich bin, wie du weißt, kein politischer Poet, der von der Höhe der Gesinnung herunter es den Malern bei Strafe des Hochverrats verbieten könnte, Adler oder Geier zu malen, weil diese Vögel auf Wappenschildern vorkommen; aber, warum mußt du es gerade sein? Mir deucht, du kamst in die Welt, um zu zeigen, daß die Liebe eben darum, weil sie alles hingibt, alles gewinnt, und vielleicht auch, um zu beweisen, daß Plato, als er, über dem Geheimnis der Neigung brütend, sich zu der Idee der Reminiszenz verstieg, wenn auch ein halber, so doch kein ganzer Narr gewesen ist. Aber, soviel du auch tust, so rührend du dich auch opferst, du hast so wenig den einen, als den anderen Beweis geliefert; denn du siegst nicht durch dich selbst, nicht durch die Magie der Schönheit, nicht durch die höhere des Edelmuts, nicht einmal durch das Cherubim-Geleite von oben, du siegst durch eine Pergamentrolle, durch den kaiserlichen Brief, der dich zur Prinzessin von Schwaben erhebt, und daß kaiserliche Briefe dieser Art und Prinzessinnen-Titel unwiderstehlich sind, hat die Welt nie bezweifelt. Du beweisest also das Gegenteil von dem, was du beweisen sollst, und deshalb wünschte ich, du wärst die simple Waffenschmieds-Tochter geblieben; wenigstens hättest du als solche den Grafen Strahl zu deinen Füßen sehen, und erst, nachdem er dich geheiratet hatte, zu dem dir angestammten Rang erhoben werden müssen, wenn anders deine vielleicht nur so zu erlangende Sicherheit gegen das Naserümpfen deiner hochadligen Verwandtschaft nicht durch die Schande deiner Mutter zu teuer erkauft worden wäre. Dies alles, ich sagte es schon, ist nicht deine Schuld, es ist die Schuld dessen, der dich in eine Welt hineinstellte, die freilich nicht dich, aber doch dein Tun aufhob, und dieser ist nicht gerechtfertigt, wenn er etwa für sich anführte, daß er ja eben ein Bild aus der Ritterzeit hätte geben wollen, denn er durfte den Lebenskeim, aus dem du hervorwuchsest, nicht in eine Sphäre versetzen, in der er ersticken oder in der doch die Blume, deretwegen allein er sich entwickeln sollte, verschrumpfen mußte; es ist lächerlich, eine in sich abgerundete und auf sich selbst beruhende Schöpfung zu verurteilen, weil sie feindlich mit Ideen zusammenstößt, die außerhalb ihres Kreises liegen, aber es würde nicht minder törigt sein, sie gegen einen inneren Widerspruch, wie den nachgewiesenen verteidigen zu wollen, da sie ihre unbeschränkte Freiheit und Unabhängigkeit nach außen mit der größten Gebundenheit nach innen, d. h. mit der vollkommensten und unbedingtesten Harmonie der Elemente, woraus sie besteht, zu bezahlen hat. Aus diesem Haupt-Fehler der Idee geht nun noch ein anderer der Form hervor, den ich nur kurz berühren will. Es ist der, daß die so herrlich und tief gedachten und ausgeführten allgemein-menschlichen Motive, die in den beiden Hauptcharakteren, in dem Grafen Friedrich sowohl, bei dem sie negativ und, was innerhalb des nun einmal so und nicht anders abgesteckten Kreises außerordentlich schön ist, bis zur rohen Mißhandlung der mit Zähneknirschen Geliebten wirksam sind, wie in dem dem Zug ihres Herzens in kindlichem Vertrauen folgenden Käthchen agieren, von einem in sich überflüssigen und auch nichtigen, weil nur in einem schon jetzt zum Teil verschwundenen Aberglauben begründeten, sonst aber freilich mit großer Kraft und Lebensfrische in die Handlung verflochtenen Traum-Visionen- und Zauberwesen begleitet und fast überwuchert werden. Das wäre, wenn das Mädchen durch ihren Liebreiz bloß einen Mann zu besiegen, nicht einen Ritter zu entwaffnen und einen Reichs- und Standesherrn bis zum Verfechten ihrer durch die Aussage eines Cherubims bewahrheiteten Ansprüche vor dem Thron des Kaisers zu ermutigen gehabt hätte, nicht nötig gewesen; es ist daher ein Fehler, aber allerdings ein solcher, der mit Notwendigkeit aus jenem ersten und größeren entspringt. Vielleicht sollte ich diesem nicht ganz beistimmenden Urteil über das Käthchen von Heilbronn einen Panegyrikus auf den Verfasser, ein: [»]Damit ist nicht gesagt, daß pp[«] oder ein »Übrigens hat pp[«] zu meiner Verwahrung hinzusetzen. Aber es gibt Geister von solcher Bedeutung, daß nur die Unverschämtheit oder die Dummheit sie zu loben wagt, Namen, die jedes ganz gehorsamste Adjektiv, das sich ihnen mit einem Räucherfaß und einem Fliegenwedel zur Seite stellen wollte, verzehren würden, wie das Feuer den Kranz, wenn jemand die Abgeschmacktheit beginge, ihm einen aufzusetzen. Zu diesen rechne ich Heinrich von Kleist. Ich werde nie zum Frühling sagen: verzeihen Sie, Sie haben dort ein welkes Blatt, oder zum Herbst: nehmen Sie es ja nicht übel, dieser Apfel ist nur zur Hälfte rot! [3323]

In die größte Verlegenheit gerät ein gebildeter Mann, wenn er befragt wird, ob er Dinge kenne, die er, eben als solcher, nicht kennen noch kennenlernen kann, z. B. Schriften, die für Primaner und solche, die es ewig bleiben sollen, geschrieben sind, Maler, die für die Blinden malen, Komponisten, die für die Tauben setzen und Dichter, die ihnen gleichen. Leute, die ihm diese Verlegenheit durch ihre naiven Fragen bereiten, wird er nie zufriedenstellen, wenn er ihnen sagt, daß der Mensch sich nur darum um Bildung bemüht, um manche Dinge ohne Umstände von sich abweisen zu können; sie werden und wenn er ihnen bis zur Überzeugung dartut, daß der Köter, den sie ihm als einen Löwen angepriesen haben, auf Hundepfoten dahergeht, ihn inquirieren, ob er ihn denn auch bellen hörte, und wenn, ob denn nicht wenigstens die Mähne eine königliche sei. Wie oft, wenn ich von einem miserablen Poeten sprach, wurde ich unterbrochen: aber, kennen Sie dies von ihm? und wenn ich die Frage zufällig bejahen und also auch das Machwerk mit wenigen Worten vernichten konnte, so folgte gewiß die zweite: aber kennen Sie auch das?, und das so lange fort, bis ich endlich nein sagen mußte. Die Leute sehen es nicht ein, daß, wenn man den Stein allerdings erst mit seinem eigenen Stahl prüfen soll, ehe man über die Zahl und die Stärke seiner Funken urteilt, man doch das gute Recht hat, zuvor den Stein selbst bei dem allgemeinen Sonnenlicht zu untersuchen, ob er überhaupt Feuer enthält. [3324]

Die Weiber haben den Zweck, jung zu sein! [3325]

Ein Betrunkener wird für krank, für dem Tode nah gehalten, man ruft Geistliche herbei, die zu singen und zu beten anfangen und den ganzen Sünder-Bekehrungs-Apparat in Bewegung setzen. Umgekehrt, wie die Geistlichen aus seiner Trunkenheit, schließt er aus deren Anwesenheit auf seinen bedenklichen Zustand und fängt an, zu beichten, das ihm vorgehaltene Kruzifix zu küssen u.s.w. Am Morgen wird er wieder, was er selbst *nüchtern*, seine fromme Gesellschaft aber *gesund* nennt; diese preisen den Herrn, daß er ein Wunder getan und er ergibt sich im stillen dem Teufel, weil er eine Dummheit begangen hat. [3326]

Der König von Hannover, wurde gestern erzählt, hat Marschner einmal befohlen, eine Händelsche Musik in einem anderen, als dem vom Komponisten selbst vorgeschriebenen Zeitmaß aufzuführen. Das nenn ich Konsequenz! Es fehlt nur noch, daß er die Idee absoluter Souveränität auch ins Einmaleins überträgt und dem Rechenmeister befiehlt, zweimal zwei endlich einmal fünf oder besser, um ein paar Fliegen mit einer Klappe zu schlagen und neben Ausübung seiner unbeschränkten Hohheitsrechte zugleich den geometrischen Hochmut dieser beiden Zahlen zu züchtigen, die sich bisher für undegradierbar hielten, nur drei sein zu lassen. [3327]

Man hat die Feder im Maul und sucht sie eine halbe Stunde. Endlich fängt man zu fluchen an und da fällt sie herunter.

[3328]

Ist nur das Heuchelei, Empfindungen und Gedanken auszusprechen, die man nicht hat? Ist es nicht auch Heuchelei, künstlich einen Gemüts- oder Geistes-Zustand in sich zu erregen, aus dem solche in sich unwahre Empfindungen und Gedanken mit scheinbarer Wahrheit hervorgehen? Ich denke, und eine viel schlimmere, denn sie macht warm, während die erste kalt läßt, und nichts ist gefährlicher, als ein geheizter Mensch, der sein Feuer nicht aus den Adern zieht, sondern aus der Trunkenheit, sei es nun die gemeine, die der Becher erzeugt, oder die andere, die aus dem Enthusiasmus entspringt. Wenn das die Herren, die sich bei den Katholiken Priester und bei den Protestanten Diener des Worts nennen, bedächten, so würden sie sich sogar dann noch, wenn sie selbst von der unbedingten Wahrheit ihres Evangeliums überzeugt wären, d.h. natürlich wenn sie diese Überzeugung hätten, ohne sie dem künstlich präparierten Gemüts- und Geistes-Zustand, dessen ich vorhin gedachte, zu verdanken, ein wenig besinnen, ob sie in den Herzen einen Grad von Wärme erwecken dürften, der den des Lichts in den Köpfen überstiege. Sie würden sich überzeugen, daß die auf diese Weise zwischen Gott und den Menschen bei dem himmlischen Wein gestifteten Freundschaften meistens nicht viel stichhaltiger sind, als die profanen, die beim irdischen entstehen und die nicht aus der Erkenntnis des gegenseitigen Werts und des gegenseitigen Bedürfnisses, sondern aus dem Rausch, aus dem Nebel, in dem alles verschwimmt, selbst die abstoßendsten Ecken, hervorgehen: sie sind fruchtbar an Schwüren und Versicherungen, jeder bereit, für den anderen ins Grab zu steigen, als obs das Bett wäre, wo er ausschlafen soll, und am nächsten Morgen haßt man sich oft schon deswegen, weil man sich abends die Hand gegeben hat und sich nun das Geduztwerden gefallen lassen muß. Sie würden aber auch einsehen, daß, wenn der umgekehrte Fall einträte, wenn das Herz nicht wieder erkaltete, d.h. wenn der momentane Rausch sich ins Delirium tremens umsetzte, denn ein Enthusiasmus, der nicht sich selbst zu motivieren weiß, ist immer ein solches, er zeige sich in der Kirche, auf dem Schlachtfelde, und wo er wolle, sie würden, sage ich, einsehen, daß sie sich auch dann ihres Triumphs noch nicht zu rühmen hätten und daß es weniger, als nichts gewinnen heißt, die Brust kochen und die Fäuste ballen zu machen, wenn man die Augen, die ihre zuschlägerische Tätigkeit lenken und leiten sollen, nicht zugleich erschließen kann. Was wäre verächtlicher, als jene erste Klasse von Menschen, die vom Abendmahl zurückkommen, wie aus der Schenke, die aber, wenn sie den Herrn auch noch am nächsten Tag im Besitz des ihm geopferten Herzens belassen, es nur tun, weil sie ja ohnehin keine Suppe darauf kochen können? Was wäre gefährlicher, als die zweite der Fanatiker, die vor Gott zu stehen glauben, wie die Soldaten vor ihrem General und die den Feind natürlich nicht in ihrer eignen reinen Brust, sondern draußen im Freien, wo so mancher zu treffen ist, der das Feldgeschrei nicht kennt, aufsuchen. Ich halte es für ruchlos, den Willen des Menschen anzuspannen, was sich durch den bekannten Kniff, diese Anspannung selbst für eine große Tat auszugeben, leicht ins Werk richten läßt, wenn man seine Erkenntniskräfte nicht zugleich im entsprechenden Maß zu steigern, wenn man ihm die dumpfen Gefühle, die man in ihm erregt, nicht in allgemeine Ideen aufzulösen und diese, die er ja am Ende auch nachbeten lernt, nicht durch bessere Nägel, als die der Autorität, der Versicherung, daß das alles bewiesen sei und den übrigen Kanzel-Hokus-Pokus in seinem Kopf zu befestigen weiß; es heißt eine Dampf-Maschine aus ihm machen und sie ohne Kondukteur auf die allgemeine Fahrstraße schicken, die Folgen sind schrecklich oder können es wenigstens sein.

(Betrachtungen, angestellt, als ich die Predigt eines Hamburger Predigers las, der öffentlich vor seiner Gemeinde geweint hatte, weil sein Kollege, als er die Petri-Kirche einweihte, den Namen Christus nicht genannt.) [3329]

Uhren sind keine Welten; darum Stücke à la Lessing keine Dramen. [3330]

Wenn keine Talente vorhanden sind und daher von den Unberufenen, die sich an ihre Stelle setzen, die alten Kniffe, dies zu verbergen, angewandt werden, so nennt die Tags-Kritik das: neue Wege einschlagen. Daß einer, der einer Aufgabe nicht zu genügen vermag, dies gar nicht geschickter verstecken kann, als wenn er ihr eine andere, der er sich gewachsen fühlt, unterschiebt, sieht niemand ein. [3331]

Jedes Mädchen ist Witwe; es fragt sich nur, wie oft. [3332]

– »Wenn sie lustig sind, so singen sie das Lied, das der Großvater vor hundert Jahren sang, wenn er lustig war; wenn ein Unglück begegnet, so schlagen sie die Bibel auf, wo er sie aufzuschlagen pflegte und hören auf, wo er aufhörte; sie würden sich einer vor dem anderen schämen, wenn ihnen die Augen auch nur eine Minute länger naß blieben, wie ihm!« [3333]

Nichts empört die Menschen mehr, als wenn man aus ihren eignen Behauptungen die Konsequenzen zieht, sie zu widerlegen. Und freilich heißt das auch selbst den Hanf zum Strick hergeben müssen. [3334]

Die Zeit wirft alles ab, wovon sie nicht weiß, daß die Welt es noch am Morgen des Untergangs braucht. Sie weiß, wieviel sie zu tragen haben wird, wenn sie einst alle Jahrtausende durchlaufen hat! [3335]

Wie mag sich – vorkommen, wenn er sich neben Tiberius stellt. [3336]

Wie würden die kritischen Thron-Inhaber in Deutschland lachen, wenn ich behauptete: ob ein Schwindsüchtiger oder ein Gesunder spricht, das muß der dramatische Dichter schon durch die Wahl der gezogenen oder der abgekürzten Zeit-Formen auszudrücken wissen. Und doch ists richtig. Der Schwindsüchtige wird sagen: gehet ans Fenster, der Gesunde: geht! [3337]

Les plus beau[x] monuments des arts, les plus admirables statues ont été jetées dans le Tibre et sont cachées sous ses flots. Qui sait si, pour les chercher, on ne le detournera pas un jour de son lit?   Corinne ou l'Italie par Mad: de Staël.
Also noch eine Galerie, und die schönste, in der Tiber, nur von Fischen besucht. [3338]

Das Glück ist blind, heißt es. Aber diejenigen, die hinter ihm herlaufen, sind auch blind. So ist Fortuna denn die Blinde unter Blinden. [3339]

Ein eitles Mädchen vorm Spiegel mit dem Licht. Sie löscht aus Versehen das Licht aus, und die Nacht, die sie nun so plötzlich umgibt, mahnt sie an den Tod. [3340]

Wie glücklich sind die Philister! mögte man oft ausrufen. Aber man beißt sich doch auf die Lippen, denn man müßte hinzusetzen: Wie glücklich sind die Steine! [3341]

»Er spricht die deutsche Sprache, als ob sie gesündigt hätte und er sie dafür strafen solle!« [3342]

Viele Deutsche glauben sich jetzt dadurch patriotisch zu zeigen, daß sie Deutschland als Spucknapf gebrauchen, wenn sie in der Fremde sind. [3343]

Ich habe ein Gericht über meine Gedichte gehalten und arbeite einige um. Jetzt bin ich bei *Genesungsgefühl*. Zum Exempel, daß es nicht der Mangel, sondern die Menge der Gedanken ist, der die Sache schwer macht, hier einige Varianten des neuen Anfangs, wie sie mir heute morgen durch den Kopf laufen, ohne daß ich mich für eine bestimmen kann.

> Ich ward vom Tode überschattet,
>   Er trat mir nah, mein Blut gefror,
> Ich fühlte jeden Sinn ermattet
>   Und aufgetan des Lebens Tor;
> Und, wie der Wind den Baum entblättert,
>   Eh der Gewitterstrahl ihn fällt pp
>   oder:
> Ich ward vom Tode überschattet,
>   Der warme Gotteshauch gefror,
> Der sich mit Staub in mir gegattet
>   Und offen stand des Lebens Tor;
> Doch statt hinaus ins Unermess'ne
>   Zu fliehn, umschwebte er sein Beet
> Von Erde, das nicht lang besess'ne,
>   Das er umspielte früh und spät pp

oder:
Und wie ein Vogel auf und nieder
   Im Käfig fliegt, der offen steht,
So prüft die Seele ihr Gefieder,
   Die niemals gern von dannen geht.
oder:
Und wie ein Vogel auf und nieder
   Den Käfig, den er offen sieht,
Durchirrt, so prüfte sein Gefieder
   Der Geist, der niemals gern entflieht. pp
oder:
Und jener Hauch, der lange, lange
   Den roten Strom in Ebb' und Flut
Regiert pp

[3344]

Am schönsten stirbt der Zweig, der unter der Schwere seiner eignen Früchte erliegt. [3345]

Ein schönes Mädchen wird ermordet. Ein anderes Mädchen steht den Mördern bei und streckt gegen die Sterbende die Zunge aus. (Zug) [3346]

Die Gräfin Baudissin, die alle ihre Kinder zusammenruft und sie zu überreden sucht, daß der Vater wahnsinnig sei, ohne daß dies sich so verhält, und, als es nicht gelingt, mit ihrem Galan, einem häßlichen Organisten, entflieht. Ein jüngerer Sohn, der das unziemliche Verhältnis seiner Mutter gemerkt hat und sich, nachdem er zuvor seinen Freunden ein Gastmahl gab, sich erschießt, ohne zu sagen, warum. (Gurlitt) [3347]

Ich glaube, wir Dichter in deutscher Sprache sollen nicht sowohl nach positivem Wohlklang zu streben, als den Mißklang nach Kräften zu vermeiden suchen. Sie ist keine klingende und wir können sie nicht dazu machen, wenigstens nicht, ohne sie ihres ersten Vorzugs, den Gedanken in allen seinen Gliederungen vollständiger, wie irgend eine andere der neueren, auszudrücken, zu berauben. Aber sie ist auch keine schnarrende, und man kann sie sehr leicht davor bewahren, daß sie unangenehm ins Ohr fällt. Es ist ein anderes, ob man nur ihre musikalischen Wörter gebrauchen, d.h. neun Zehnteile ihres unermeßlichen Zeichen-Schatzes ungebraucht lassen will, und ein anderes, ob man die geradezu unmusikalischen und barbarischen beiseite legt und, namentlich im Vers, eine gar zu unmelodische Anhäufung klangloser Konsonanten zu umgehen sich bemüht. Musik kann sie nicht werden, selbst unter der Hand des Meisters nicht, aber das Gegenteil von Musik wird sie nur dann sein, wenn ein Pfuscher sich an ihr abquält. [3348]

> Doch, so wie der fruchtgedrückte
> Ast von selbst sich niederneigt,
> Und dem, der sie sonst nicht pflückte
> Goldne Frucht zur Labung reicht pp [3349]

> Sternenhimmel
> Da wollt es mich bedünken,
> Ich sei unendlich reich;
> Mein Busen war dem Blinken
> Des Sternenhimmels gleich:
>
> Schon viele sind aufgegangen
> In reiner klarer Pracht,
> Mehr glaubt man noch umfangen
> Vom stillen Schoß der Nacht.
> (Alte Gedichte von mir) [3350]

Es gibt Verse in unserer neuen deutschen Literatur, die selbst dann noch nicht entschuldigt wären, wenn es in den Zehn Geboten hieße: Du sollst Verse machen! [3351]

Ich lese jetzt Italienisch. Es ist ein ganz eigener Eindruck, wenn man eine neue Sprache lernt. Das Italienische z. B. kam mir heute nachmittag wie ein Kind vor, das seine Gedanken herausstammelt, so daß man sie nur halb versteht. Komisch genug, da der Mangel natürlich in mir, nicht in der Sprache liegt. [3352]

Wiederholung des Jugend-Eindrucks der deutschen Worte: die Tulpe schien mir ihren Tau zum Abküssen zu bieten, die Rose duftete mir, die scheußliche Rippe stank. [3353]

Bild. Einer spricht mit einem Mann; dieser antwortet nicht. Jener spricht lauter, denn er denkt: der ist taub. Wieder keine Antwort. Nun, er ist taubstumm, sprechen wir durch Zeichen. Wie vorher. Auch blind? So wird er fühlen können, ich will ihn kneifen: ach, er ist tot! [3354]

> Einer will den andern töten
> Und er tötet, ach, sich selbst!
> (weil er sich für den andern hält.) [3355]

Nemesis

Und hab ich gestern was gesagt,
  Das irrig war und dumm und schwach,
So bin ich schon darum geplagt,
  Ihr sprecht mirs heute nach.

Ja, meinen eignen Irrtum stellt
  Ihr mir als Feind vors Angesicht,
Doch wie der alte Hund auch bellt,
  Er beißt die Wahrheit nicht. [3356]

Motto für die Zukunft

Wir mieden freilich das Gequiek,
  Allein es gilt, noch strenger sein:
Es gibt auch nimmermehr Musik,
  Wenn wir in guten Rhythmen schrein!

Ein jeder hat am eignen Schmerz
  Genug, wie ihn das Glück auch liebt;
Es ist zu viel schon für ein Herz,
  Zu ahnen, daß es Schmerzen gibt.

Doch keinen macht die eigne Lust
  So voll, daß ihm kein Raum mehr bleibt
Für eine fremde in der Brust,
  Drum singe, wenn die Lust dich treibt!

Doch sei nicht ängstlich! seinen Wert
 Hat auch wohl noch dein Wehgeschrei,
Wenns auch den Glücklichen nur lehrt,
 Daß er den Göttern dankbar sei! [3357]

Der Hund hat eine feine Nase,
 Er riecht im Kote noch den Speck,
Den Weihnachts-Braten noch im Aase;
 Was folgt daraus? Der Hund frißt Dreck! [3358]

So wird man denn nicht klug auf Erden!
 Da haltet ihr die Uhren an,
Als könnt es dann nicht Abend werden!
 Nun wißt ihr bloß nicht mehr das Wann!

Warum den Schatten nur erschlagen
 Mit seinem doppelten Gesicht?
Und heißt es denn den Tod verjagen,
 Wenn man den Doktor niedersticht?

Hab ich die Schwindsucht, muß ich sterben,
 Heil dem, der mir die Krankheit nennt!
Denn nun versetz ich meinen Erben
 Noch eins in meinem Testament! [3359]

Die gemeinen Italiener sprechen ihre schöne Sprache, wie ich
die Flöte spiele. [3360]

Man sollte so wenig von dem Engländer Shakespeare sprechen,
als man von dem Juden Christus spricht. [3361]

Der Esel, wenn er von einem Raubtier angefallen wird, verteidigt sich nicht; entweder, weil er sich einen ruhigen Tod wünscht, oder weil er niemanden im Genuß stören mag, nicht einmal den, der ihn frißt. [3362]

Freunde hast du so viel, wie Tage im Jahre, nur leider
 Schließt der Plural hier immer den Singular aus. [3363]

Schreib ihm die Wahrheit vor die Stirn,
Er läßt sie doch nicht ins Gehirn,
Er wird die Inschrift freilich hegen,
Allein – er trägt sie andrer wegen.
(steht schon irgendwo im Tagebuch) [3364]

Niemals wehrt sich der Esel, als christlichstes unter den Beestern
Stört er niemands Genuß, selbst nicht des Wolfs, der ihn frißt. [3365]

Einer, der einem anderen verspricht, eine schöne Tochter zu zeugen und sie ihm dann zu überlassen, wenn er ihn dafür (etwa bei einem Duell) unangefochten lassen will. [3366]

Auf dem Capitol
Caesar entblößte sein Haupt und hatte sich selbst nicht zu grüßen;
Tät ich weniger jetzt, nun sein Schatten hier weilt? [3367]

In diesen Launen, bunt und kraus,
Willst du die Regel finden?
Du könntest leichter einen Strauß
Aus Feuerwerkers Blumen winden. [3368]

Dir hätte nimmer Mohammed den Wein
Verboten, könntst du ewig trunken sein! [3369]

Ein König hat weniger Recht, ein Individuum zu sein, als jeder andere. [3370]

Der Dichter muß die Substantive nicht durch diejenigen Adjektive, die untrennbar von ihnen sind, ausmalen wollen. Er darf sagen: der blaue Himmel, denn der Himmel ist zuweilen grau, aber nicht das blaue Blau. [3371]

Bei der Abreise von der Erde
Die Aussicht fand ich schön genug,
Die Sternschrift konnt ich zwar nicht lesen;

Auch schrieb ich mich ins große Buch
      Zum Zeichen, daß ich dagewesen. [3372]

Nichts macht mich so heiß,   Was ich nicht weiß,
Als was ich nicht weiß.   Macht mich nicht heiß.

[3373]

Bella Italia, amate sponde,
   Pur vi torno a riveder.
Trema in petto è si confonde
   L'alma oppressa dal piacer.

(Monti.) [3374]

Es fällt mir doch zuweilen ein,
   Wenn ich mein Bestes mache:
Wie werd ich weit gekommen sein,
   Wenn ich dies erst verlache! [3375]

Die meisten sind, der Schönheit gegenüber, Feuer, die wenigsten Verehrer. [3376]

Das Rührendste: die Schönheit, die an ihre Vergänglichkeit denkt; der Gedanke an den Tod ist der Schatten des Todes und legt sich, wie Reif auf das frische Leben. [3377]

Warum darf man eher sagen: ich habe einen schönen Kopf, eine schöne Hand u.s.w. als: ich bin schön? Nicht darin ist der Grund zu suchen, daß man in dem ersten Fall ein eingeschränkteres Lob erteilt, als in dem zweiten, sondern darin, daß, wenn nur ein Teil gelobt wird, immer noch ein Unterschied zwischen dem lobenden Subjekt und dem gelobt werdenden Objekt bestehen bleibt, welcher wegfällt, wenn das Lob sich auf das Ganze erstreckt. [3378]

Nur nicht lange leben und nicht lange sterben, das übrige ist gleich! Das Leben ist ein Verbrennungsprozeß: ein trübes Dasein ist wie ein Scheiterhaufen, der angezündet wird, während es regnet! [3379]

Was geht den Käfer sein Name an? Soviel, wie dich der deine! [3380]

Gesund aussehen, für *zwei*. – [3381]

365 Freunde haben! [3382]

Wie die Erde den Leib, so verschluckt vielleicht eine alles umfließende geistige Materie den Geist. [3383]

Fingerchen steht Körperchen gegenüber, denn Körperchen will bewundert sein, aber Körperchen mag Fingerchen doch auch nicht entbehren und frißt es von Zeit zu Zeit wieder hinein. [3384]

Das Schreiben in der bildenden Kunst, ohne Gedanken-Ausdruck, ist allerdings schwerer, wie in der Poesie, aber es bleibt doch immer bloßes Schreiben. Mögten die sog. Meister der Technik sichs merken! [3385]

Ein naives Mädchen-Gesicht: Fragezeichen an die Welt. [3386]

Einer der bald stirbt ist schon immer von einem Kreis von Toten umgeben. [3387]

Sprich niemals lebe wohl! zu mir,
Wenn ich wohl leben soll! [3388]

Einfälle sind die Läuse der Vernunft. [3389]

Zwei duellieren sich, keiner trifft, aber die erste Kugel jagt einen Hasen auf, den die zweite tötet; den verzehren sie beim Versöhnungsschmaus. [3390]

Die Kunst ist die höchste Form des Lebens, wenn auch nicht des Geistes. [3391]

Goethe macht zuweilen namenlos schlechte Verse; ich meine die Verse, abgesehen vom Gehalt. Die sind wahrscheinlich aus seiner Verzweiflung an der deutschen Sprache hervorgegangen und also die Praxis der Verzweiflung. [3392]

Nie noch sah ich einen Mann mit dem Wunsch: wärst du ein Weib! oder umgekehrt. [3393]

»Gott hört auch, was man in Gedanken singt.« [3394]

»Meine Wunden macht sie tiefer,
Meine Schmerzen, macht sie größer,
Einzig darum bitt ich euch![«] (daß Kraft zur Rache komme!) [3395]

Er hat eine lebenslängliche Pension und beweist nun durch seine Bilder, daß er sie nötig hatte. [3396]

Ich habe vieles fallen lassen und bin ärmer geworden, aber nur, wie der Baum, der das welke Laub fallen läßt. [3397]

»Verzeih mir, ich schlage mich nicht, aber ich will eine hübsche Tochter zeugen, die soll dir zu Willen sein!« [3398]

Der selbstbewußte Friede, der die Schönheit umfließt, und das lächerliche Wohlgefallen der Eitelkeit! [3399]

Man sieht in der Apfelsine gewöhnlich das Symbolum Italiens. Aber dies Licht ist nicht gelb, es ist so rein, wie gewaschen. [3400]

Wir sind nur darum sterblich, weil in uns die Natur ihr allgemeines Leben fortsetzt, weil in jedem Atom von uns schon eine Blume, ein Tier, sich entwickelt. Ein Wort, das diesen den Tod gäbe, gäbe uns ewiges Leben. (Phantastisch) [3401]

Ein gequältes Tier *ist* Schmerz, es leidet nicht bloß Schmerz.
[3402]

Es kann kein Mensch geboren werden, wenn nicht eben vorher einer stirbt. [3403]

Das Feuer stirbt, wenn es nicht tötet. [3404]

Die Kron erlangen, wenn man eben stirbt
Und statt fürs Haupt, sie für den Sarg erwirbt. [3405]

Die Kunst ist eine zusammengepreßte Natur und die Natur eine auseinandergelaufene Kunst. [3406]

Die Italiener ziehen den, der am Abend trunken war und sich am Morgen noch im Bett überraschen läßt, mit klingendem Spiel durch die Straßen. [3407]

Eine sehr gute Idee, die ich in meinen alten Papieren aufgezeichnet finde, ist diese: ein Mensch, der in eine Märchen- und Unschuldswelt hineingehört, tritt in die wirkliche, wie in eine Märchen-Welt hinein; er begreift sie nicht, er hält alle Menschen für bezaubert, die sich um Dinge bemühen, die in seinen Augen keinen Wert haben und sich dagegen um andere, die in reizen, nicht kümmern pp [3408]

Gedichte mit schlechten Reimen: Gesichter mit Blatternarben. [3409]

Weil Gott die Welt aus nichts gemacht hat, steht das Nichts darin auch immer obenan. [3410]

Ein edles Mädchen: sowie sie sieht, daß ihr Geliebter sich von ihr entfernt, in demselben Grade, um ihm Schmerz und Vorwürfe zu ersparen, entfernt sie sich von ihm, und als ihr das Herz bricht, sagt sie, ohne daß er ihr Opfer ahnt: wir taugen nicht füreinander, widersteht seinen Bitten, scheint alle Schuld zu tragen und macht ihn frei. pp [3411]

	oder:
Eine Glockenblume, welche	Eine Glocke sah ich sprießen,
Wurzelt in der Erde Schoß,	Wie des Himmels Halb-
Schießt empor zum Himmels-	kelch groß,
kelche,	Ihn von unten aufzuschließen,
Blau, wie er, und riesengroß,	Blau, aus schwarzem Erden-
Beide schließen sich zusam-	schoß.
men	Beide tun sich schnell zu-
Und das ungeheure All	sammen
Mit den tausend Sternen-	Und das ungeheure All
flammen	Mit den tausend Sternen-
Wird ein einziger Kristall!	flammen
	Wird ein einziger Kristall! [3412]

– Und sie zögert, sich zu sagen,
    Denn sie zweifelt: das bin ich! [3413]

Die Flammme ist die Blume der Nacht [3414]

In der Sprache, die man am schlechtesten spricht, kann man am wenigsten lügen. [3415]

Ein Mensch, der, wenn er bei seiner Braut ist, sich nur mit ihrem Bilde beschäftigt. [3416]

A. »Dieser Mann hat viel durchgemacht, er hat Nerven- Fleck- und noch viele andere Fieber bestanden!«
B. Ei, Sie vergessen den Hauptpunkt, er ist 30 Jahre der Freund von N. gewesen! [3417]

Wie lange darf ein schönes Mädchen in den Spiegel sehen? So lange, als sie sich wie eine Fremde vorkommt. [3418]

Kann man dies und jenes sagen? (bei schlechten Poeten) Es ist wenigstens nicht polizeilich verboten. [3419]

Was alles zugleich ist oder doch sein soll, kann nicht darge- stellt werden, darum kein Christus. [3420]

»Vielleicht ist unsre ganze Welt nicht mehr, als ein Wort, wie man es auf ein Stück weißes Papier schreibt, um die Feder zu probieren.« (Dumm.) [3421]

Die Langeweile geht aus dem Bewußtsein des Ichs hervor, alles nacheinander sein zu können, und das Leben ist schon deshalb langweilig, weil es uns zu lange an eine einzige Form des Daseins fesselt, obgleich in dieser freilich die verschiedenen Entwickelungsstufen ziemlich weit auseinanderliegen. [3422]

Das Leben ist ein beschneites Feuerwerk. [3423]

Was bleibt von der Freude übrig, wenn man den Reiz, den es von der Notdurft borgt, abzieht? [3424]

Schüttle alles ab, was dich in deiner Entwicklung hemmt, und wenns auch ein Mensch wäre, der dich liebt, denn was dich vernichtet, kann keinen anderen fördern. [3425]

»Ungetreu, wie ein Spiegel, der, wenn er eben das Bild eines Fürsten in sich aufnahm, es gleich nachher durch das eines Mohren verdrängen läßt.« [3426]

> Seien deine Tage Chiffern!
> Doch du wirst sie nicht entziffern,
> Als am Ende, also fort!
> Erst die letzte schließt das Wort. [3427]

Brief an Elise, 30 März.
— Jüngstes Gericht; denn unsinnig ist dies Zurückkriechen der Geister in ihre Staubkittel auf jeden Fall schon deswegen, weil die Leiber sich am Ende aller Tage nach tausendfachen Metamorphosen ärger ineinandergenestelt haben müßten, wie die Beine der Schildbürger. [3428]

— Wie neben dem Apoll ein Werk von Thorwaldsen oder Canova zu nichts verschwindet, so würde der Apoll neben der Juno wenigstens zu etwas herabgesetzt werden, d.h. er würde

aufhören, ein alle Elemente umfassendes Wunder der Darstellung
zu sein, für das ich ihn anfangs hielt. [3428a]

– mir ist, als ob ich wieder in die Elemente zerfallen und als ob
die Natur hier beschäftigt wäre, mich aufs neue wieder zusam-
menzusetzen. [3429]

– Der Dichter muß eine behagliche Existenz haben, ehe er
arbeiten kann; andere arbeiten, um diese Existenz zu erlangen.
[3430]

– ein Wiedersehen, wie das der drei Männer im feurigen Ofen.
[3431]

– Ich glaube gern, daß alle Haare auf meinem Haupt gezählt
sind, aber daraus folgt nicht, daß keine vor Kummer ausfallen
dürfen. [3432]

> Das merke dir, vermaledeite Zunft:
> Einfälle sind die Läuse der Vernunft!
> Wer den Gedanken Schwänze macht,
> Der hat geschändet, nicht gedacht! [3433]

> Wörter sind Laternen, steckt ein Licht hinein
> Und sie geben einen guten Schein. [3434]

Du kannst dem Hauch, den du ausatmest, nicht wehren,
deinen Todfeind zu erquicken. [3435]

Nach der Allg. Zeitung hat sich kürzlich in Bielefeld nachstehendes ereignet. In einem Wirtshaus sprechen mehrere Bürger
über die Mängel der preußischen Konstitution. Namentlich ein
Buchhändler tadelt manches an derselben. Ein anwesender
Offizier tritt hinzu und sagt: sie mögten über Dinge schweigen,
die sie nicht verstünden. Der Buchhändler erwidert: er sei preußischer Bürger und habe das Recht zu sprechen; wer seine Reden
der Unverständigkeit zeihe, möge sie widerlegen. Darauf zieht
der Offizier den Degen und verwundet ihn lebensgefährlich in

den Kopf. Nach meiner Ansicht hat der Mann Ursache, eine Konstitution gut zu finden, die ihm so etwas erlaubt. [3436]

Gurlitt hat mir heute vorgeschossen als
   freundschaftliches Anlehen die Summe von 100 Scudi,
nämlich in Anweisung auf Herrn
   Donner in Altona, zu erheben durch Fräulein Lensing,
100 Mfl Cour: oder ... 26$^2/_3$ Sc.
(der Scudo zu 1 Spezies T,
  3 fl 12 β gerechnet)
und bar .... 73$^1/_3$ "
                macht .... 100 "
worüber ich Empfangschein mit dem für mich, und im Todesfall, für meine Erben unbedingt gültigen und bindenen Versprechen baldtunlichster dankbarer Rückzahlung ausgestellt habe.
Rom den 15ten April 1845.   Dr Friedrich Hebbel. [3437]

Die Welt mit ihren starren Erscheinungen, die alle zueinander passen, aber doch nicht recht zusammenkommen können, hat wirklich etwas von einem erfrorenen Gehirn; die Gedanken sind lebendig geblieben, aber das Element, das sie vereinigen sollte, ist nicht mehr flüssig. [3438]

Eine Mensch gewordene Flamme: so zart, durchsichtig pp [3439]

Zahlen müssen und nicht einmal Quittung verlangen dürfen. [3440]

Weiber werden in Krankheitsfällen, die ihre Männer oder Geliebten betreffen, aktiv; bei den Männern ists umgekehrt. Darum können jene sich auch besser darein finden, wie Männer, die sich durchaus vernichtet fühlen. Weiber können überhaupt Schmerzen hegen, wie Kinder; sie können in der Vergangenheit leben, Männer nur in der Zukunft. [3441]

Ich mögte mich nie an Menschen rächen, die mir Übels tun, aber an Gott, der solche Menschen geschaffen hat. Buchstäblich wahr. [3442]

Was Liebe war, meinte Gurlitt heute, könnte in einem höheren Leben Selbstgenuß werden, d. h. das Getrennte könnte eins werden; dann wäre die Sehnsucht Glück. [3443]

Wie unglücklich sind Kreaturen, in denen die Freude zum Klang, aber zum unmelodischen Klang wird, z. B. ein Sperling, ein Mensch, der schlecht singt u. s. w. Denn die Freude löst ein solches Wesen, es geht aus sich selbst heraus, aber die Welt stößt es zurück und muß wünschen, daß es sich nie freuen möge.

[3444]

»Du nährst den Schmerz, als wäre er die Freude; und die Freude, als wäre sie der Schmerz!« [3445]

Wie um unser Ich die tausend Gedanken-Funken, so tanzen um Gott die Millionen Gestalten herum. [3446]

d. 19ten April.
So wie hier habe ich es noch nie erlebt, daß ich ganz wie der Tag bin, heiter und hell, oder düster und umwölkt, wie er. Wörtlich. Gestern in der Villa Malta bei Gurlitt. Göttlicher Sonnen-Untergang. Champagner. [3447]

Einen Hund tadeln, heißt dem lieben Gott, der ihn gemacht hat, Sottisen sagen. [3448]

Ein schwächlicher Sohn, der seinen Vater zum Duell fodert, weil er vor der Ehe zu viel von seinem, des Sohnes Eigentum vergeudet, d. h. weil er die Säfte, aus denen der Sohn werden sollte, verschwendet hat, ehe er ihn zeugte. [3449]

Ein Kurzsichtiger macht eine Liebes-Erklärung; vorher aber sagt er: ehe ich anfange, geben Sie mir Ihr Wort, daß Sie die und die wirklich sind! [3450]

d. 20sten April.

Heute abend sah ich in der Trattorie einen Menschen von stupidem Aussehen, der mit dem Munde ein völliges Konzert aufführte. Er hatte inneren Genuß dabei und schien wahnsinnig.
[3451]

Was heißt loben? Einem anderen sein Dasein bestätigen. Welche Anmaßung! [3452]

Im Dichter wird, wie in dem glühenden Stier des Phalaris, der Schmerz der Menschheit Musik. [3453]

Judith zu Holofernes:
Du Gott? Nein, nur bei uns wohnt der Herr, und so schwach ich bin, er ist stark genug in mir, dich zu vernichten! [3454]

Alle Tage geht man zu Tisch, aber nur einmal im Jahr zum Tisch des Herrn. [3455]

Ein früher Tod oder ein später! [3456]

Wenn in uns das Einzelgefühl des Teils das Gemein-Gefühl des Organismus überragt, entsteht Schmerz. Könnten wir nicht in diesem Sinne Schmerzen Gottes sein? [3457]

Solange das Elixier der Unsterblichkeit nicht erfunden ist, darf uns das gemeine Essen und Trinken niemand übelnehmen.
[3458]

Don Miguel lebt in der Nähe von Rom. Sein Haupt-Vergnügen ist, mit eignen Händen Schweine zu schlachten.
(Gurlitt) [3459]

Im Spiel fängt jemand an, mit zwei Feuersteinen gegeneinander zu schlagen. Der erste Funke fliegt ihm ins Auge und macht ihm Schmerz, aber dann freut er sich, daß er Herr über das Feuer ist. [3460]

Der kleine schwache kränkliche Maler Hauser, der in der chiesa sotterranea die starken Schulter-Knochen der toten Kapuziner beneidete. [3461]

In so reizender Form hat wohl noch nie jemand die Abgeschmacktheit des Weltwesens dargestellt, wie Ariost. [3462]

Es schläft jemand. Als er erwacht, sieht er den Henker neben sich stehen, der das Schwert schon schwingt und ihm zuruft: ich hätt Euch ja fast im Schlaf töten müssen. Phantastisch. [3463]

Es sitzt einer im Gefängnis. Seine Geliebte bittet ihn frei und verbürgt sich, daß er sich nicht rächen werde. Aber er will nicht verzeihen. Da tötet sie sich, um ihr Wort zu halten. Nun denkt er nicht mehr an Rache. [3464]

Ich halte es für sehr möglich, daß die Medizin dereinst alle Krankheiten heilen, und daß der Mensch nur noch am Leben, an dem allmähligen Verschwinden aller Kräfte, sterben wird. [3465]

Dem All scheint nur ein einziger Prozeß zugrunde zu liegen: der einer völligen Entfremdung bis zum Haß und des Zurückkehrens zu sich selbst durch die Liebe, denn das ist der einzige Weg zum Selbstgenuß. Welten sind immer nötig. [3466]

Du darfst philosophieren innerhalb der Kreise des Staats und der Kirche, d.h. du darfst beweisen, daß das, was wir gemacht haben, gut sei. [3467]

Die Aristophanische Komödie vernichtet *in* der Form die Form selbst und hebt so nicht bloß die Welt, der sie parodierend gegenübertritt, sondern auch sich selbst auf, was auf dem Standpunkt, von dem sie ausgeht, notwendig ist. [3468]

Welch ein unendlicher Unterschied zwischen der Kunst des Äschylos, aus dem düstern mythologischen Hintergrund eine Welt voll Leben hervorzuspinnen, und den fratzenhaften modernen Versuchen, z.B. Goethes im 2ten Teile des Faust, die Mythologie in eine Art von Mosaik aufzulösen, und diese zum Putz um neue, fremdartige, gar nicht damit in organischer Verbindung stehende Ideen, ja Einfälle, herumzureihen. [3469]

Der König, wie er wird, d.h., wie ein sterblicher Mensch sich zu der Idee erhebt, ein Gott zu sein, obgleich ihm Geschichte, Leben und Kunst mit tausend ehernen Zungen das Gegenteil predigen; wie er etwa anhebt mit einem dem allgemeinen Interesse notwendigen Befehl und aufhört mit einem dieses vernichtenden, nur auf ihn allein abzielenden: Drama! [3470]

»Warum ziehst du den Hut ab?« Ich grüße meine Elter-Mutter, den Kot, aus dem ich gemacht bin! [3471]

d. 3ten Juli.
Jetzt bin ich schon 14 Tage in Neapel. Die Hitze ist hier nicht so drückend, wie in Rom, aber ich kann hier dennoch nichts arbeiten. [3472]

Die Farben auf dem Golf: zerpflückte Regenbogen. [3473]

»In meiner Hand liegt der Stoff zu einer Komödie, wie zu einer Tragödie: ich kann Ohrfeigen damit erteilen, ich kann damit morden!« [3474]

Das Weib und der Mann in ihrem reinen Verhältnis zueinander; jenes diesen vernichtend. [3475]

Ob Raffael wohl je etwas Häßliches gesehen hat? [3476]

Ich lese die Shakespeareschen Stücke jetzt des Shakespeareschen Individuums wegen, das zwar selten, aber doch zuweilen hervortritt. Ein Zug ist mir besonders interessant, der, wie er die Poeten darstellt und behandelt. Welche Subjekte im Caesar und Timon, welche erniedrigende Vergleiche im Heinrich dem 4ten. Diese Jammermenschen, die statt des Huts einen Lorbeerkranz tragen und jedem Vorübergehenden auf die Leichdornen treten, um zu beweisen, daß sie in Begeisterung sind, müssen ihm ebenso zuwider gewesen sein, wie mir. Ich glaube auch fest, daß es keine armseligere Geschöpfe gibt, als diese, deren ganze Existenz nur eine einzige Lüge ist. [3477]

Dr Hettner erzählte mir eine allerliebste Szene aus seinem Leben. Auf einer Ferienreise ins elterliche Haus zurückgekehrt, kommt er einmal mit seinem Bruder aus einer Gesellschaft zurück. Dieser ist betrunken, er auch, aber doch nur so weit, daß er es noch vor seinem Vater verbergen kann. Am anderen Tage hunzt der Vater jenen aus und lobt ihn. »Ja, sagt der Bruder, ich begreife aber auch Hermanns Nüchternheit nicht; er hat ja ebensoviel getrunken, wie ich!« »Was, ruft der Vater; ebensoviel hast du getrunken und man spürt es nicht einmal? Mensch, wie lebst du auf der Universität!« Und nun unendliche Vorwürfe, daß er *nicht* betrunken gewesen. [3478]

Eben nehme ich eine Medizin, die so schlecht schmeckt, daß ich Rhabarber darauf nehme an Zuckers Statt, da mir der Zucker fehlt. [3479]

d. 13 Juli.

In Neapel, wie in Rom, die durch die Stadt getriebenen Ziegenherden mit vollen Eutern; der Hirte pfeift, dann kommt, wer frische Milch will. In Neapel auch Kühe, z.B. gestern auf dem Toledo. Gestern wurde ein Trupp Ziegen durch die Strada chiaja getrieben; ein Mann bot Aprikosen feil und hatte seine Körbe auf die Erde gestellt; mit unendlicher Zierlichkeit naschte eine junge Ziege eine aus dem Korb. [3480]

»Sein Kopf ist die beste Gedanken-Guillotine von der Welt.« [3481]

Heiraten sollen ohne zu lieben: Dummheiten auf vernünftige Weise begehen sollen! [3482]

Man straft keinen Menschen dafür, daß er häßlich ist; warum dafür, daß er nicht gut ist? Ich bin weit entfernt, diese Frage, als eine absolut begründete aufzuwerfen, aber ich glaube, daß sie auch nicht unbedingt abzulehnen ist. Es scheint doch ganz der nämliche Prozeß in der physischen und in der moralischen Welt zu walten, das Streben nämlich, die ewigen, in sich selbst beruhenden Gesetze der Harmonie, des Übereinstimmens der Dinge mit sich selbst, einem widerspenstigen Stoff gegenüber geltend zu machen, und ich glaube, dieses Streben findet in der häßlichen Seele ganz denselben und keinen anderen Widerstand, als in dem häßlichen Körper. [3483]

Die stumme Laute. (Wortspiel.) [3484]

Zeitungen sind die einzige dem Schießpulver analoge Erfindung, und eine noch gefährlichere, als diese, denn sie dienen nur *einer* Partei. [3485]

»Das Gold ist verächtlicher, als selbst der Kot, denn wenn diesen die Sonne bescheint und ein Samenkorn fällt hinein, so brütet er es aus und ein Baum, eine Pflanze oder eine Blume entsteht, aber im Gold regt sich nie eine Spur des Lebens, kein Element kann es befruchten!« »Das Gold hat seine Schuld ans Welt-All schon bezahlt, es ist Erde, die schon alles gewesen ist!« [3486]

d. 4 August.
Ich lese jetzt wieder die Sachen von Byron. Seine erstaunliche Produktivität hat mir in der Erinnerung immer viel Respekt eingeflößt, aber ich sehe jetzt ein, daß sie mit der Scottschen einen und denselben Grund hat. Sie beruht offenbar auf einer gewissen Einförmigkeit, um nicht zu sagen Armut, der Ideen. Der Dichter tat nicht, wie es die größten aller Zeiten getan haben, mit jeder Produktion eine Lebens- und Bildungsstufe ab, um dann eine höhere zu erklimmen und diese abermals auszusprechen, sondern er blieb bis zum Don Juan auf der nämlichen stehen und sein Produzieren besteht in dem etwas ermüdenden Geschäft, dieser einen immer neuen Ausdruck zu geben. Er stellte im Childe Harold einen Menschen dar, der durch Sünde zum Trotz, durch Trotz zur Beharrlichkeit, aber nicht zum Frieden gekommen ist

und sich, ohne innerlich etwas abzumachen, nach außen hin zu behaupten sucht. Dieser Charakter kehrt beständig wieder und erscheint nicht einmal gesteigert, wenn man den Kain ausnimmt, in dem die Motivierung versucht und zum Teil auch vollbracht wird. So Lara, der Korsar, Manfred u.s.w. Mitunter erzählt Byron auch bloß Geschichten und tut in Versen, was der Romanschreiber in Prosa tut, indem er uns Seltsamkeiten und Abenteuerlichkeiten vorführt, ohne an den großen sittlichen Prozeß, der die Poesie in ihren höheren Formen immer erst beseelen muß, auch nur anzuknüpfen. So Mazeppa, Parisina u.s.w., die ich durchaus trivial finde. Im Drama kann man nicht einseitig sein, es ist der charakteristische Vorzug dieser höchsten Form der Kunst, daß sich das Individuum nicht in ihr, wie in den anderen, austoben kann, ohne sie zu vernichten, d.h. zum dialogisierten Monolog, um es so zu nennen, herabzusetzen. Das Drama riß Byron daher auch aus seiner Selbst-Gefälligkeit heraus, wenigstens insoweit, als er sich gezwungen sah, den großen Gegensatz, dem er das Individuum bisher mit verschränkten Armen gegenübergestellt hatte, ins Auge zu fassen und ihn zu skizzieren. Hiebei benahm er sich nun freilich sonderbar genug. Im Kain stellt er dem trotzigen Individuum einen Gott gegenüber, der diesem Individuum auf ein Haar gleicht und nur die Macht vor ihm voraus hat. Die Macht macht den Gott, die Ohnmacht den Menschen und auch den Teufel und beide kennen keinen anderen Schmerz, als den der Sklaven, es dem Herrn nicht heimgeben zu können, während sie dem Herrn auch keinen anderen Genuß zuschreiben, als den, Herr zu sein, und tyrannisieren zu dürfen. Im Marino Faliero und den beiden Foscari, sowie im Werner, tritt das Schicksal auf, wie im Kain der Gott. Es vernichtet und zerstört, aber es schmiedet sein Schwert nachher nicht zur Pflugschar um, es schneidet, wie es im Drama geschehen soll, die Hälse ab, die zu anmaßend hervorragen, aber es ist viel zu vornehm, um uns über das Warum und Wozu zu belehren und uns trotz unseres Schauders unsre Zustimmung abzudringen. Keine Spur von jener großen Versöhnung, die in der Notwendigkeit liegt, wenn der Poet die äußere nur in eine innere aufzulösen weiß. Sardanapal macht einen minder verletzenden Eindruck, aus dem einfachen Grunde, weil er lyrischer gehalten und der

Konflikt minder scharf ausgesprochen ist. Dagegen mußte ein Individuum, wie das Byronsche, das sich selbst in unerheuchelter Naivetät als ein einmal gegebenes hinnahm, im subjektiven Epos, dem einzigen noch möglichen, Außerordentliches leisten und das ist im Don Juan geschehen. Denn es ist ein anderes, ob sich dieses Individuum den höchsten Mächten an sich, oder ob es sich dem gemeinen Weltlauf, in dem sie sich immer noch unvollkommener, wie in ihm selbst, abspiegeln, entgegenstemmt. Diesem gegenüber, der trotz seines Stolzierens mit Tugend und Sittlichkeit und mit zusammenhaltenden allgemeinen Institutionen in das schmutzigste Wurm- und Einzelleben zerfällt, hat es in seiner Kraft und Konsequenz eine Berechtigung, wenigstens so weit, um ihm sein wahres Bild vorführen und ihm die Verachtung eines, wenn auch nicht mit sich selbst in Harmonie stehenden, so doch ursprünglich großen und über das Ersäufen im Sumpf hinausgehobenen Geistes ausdrücken zu dürfen. Dies aber tut das subjektive Epos, das Byron in seinem Don Juan nicht bloß vollständig ausgefüllt, sondern erschaffen hat. [3487]

»Je suis Monsieur le Docteur Baron Zimmermann.« [3488]

Die Sizilianischen Schwestern
Angiolina   Emilia
von
Messina

Baron Mühlholz, Postmeister
von
Nürnberg [3489]

»– Wärs dasselbe doch,
Wenn ich ein lichtes Sternbild liebt und wollte
Mich ihm vermählen – so steht er zu hoch mir,
In seinem lichten Strahlenkreise nur
Darf ich mich freun, doch nicht in seiner Sphäre!
    Shakespeare, Ende gut, Alles gut.
    Akt 1, Sz. 1.

»Die Sterne, die begehrt man nicht,
Man freut sich ihrer Pracht pp
  Goethe, Trost in Tränen   [3490]

Ich hörte gestern abend zwei schreckliche Geschichten, die sich hier in Neapel, d.h. im Königreich zugetragen haben. Ein deutscher Kaufmann erzählte sie mir. Ein kleiner Knabe von etwa 6 Jahren verschwindet. Seine Eltern suchen ihn allenthalben. Umsonst. Ein Kuchen-Verkäufer, der die Straßen auf und ab durchzieht und bei dem das Kind immer gern gewesen ist, wird befragt, aber er weiß nichts von ihm. Da kommt ein Bedienter zu seinem Herrn und erzählt, er habe in einem fast verschütteten Brunnen Jammertöne, wie eines menschlichen Wesens, gehört; man untersucht den Brunnen, und der verlorene Knabe wird in einem schrecklichen Zustande hervorgezogen. Die Untersuchung stellt heraus, daß er auf schändliche Weise gemißbraucht und dann in den Brunnen geschafft worden ist; der Kopf ist mittelst von oben auf ihn herabgeworfener Steine zerschmettert, aber es sind noch einige schwache Spuren von Leben in ihm übrig. Als der nächste, den man des Verbrechens schuldig halten muß, wird der Kuchen-Verkäufer ergriffen und zu dem Sterbenden geführt; man legt dem Kinde die Frage vor, ob dieser der Schuldige sei, man glaubt ein bejahendes Kopfnicken oder ein anderes ähnliches Zeichen zu bemerken, führt den Menschen trotz der Beteuerungen seiner Unschuld ins Gefängnis, preßt ihm auf der Folter ein halbes Geständnis ab und erhängt ihn, obgleich er das letztere noch am Fuß des Galgens widerruft. Vierzehn Tage darauf stirbt jener Bedienter, der das Kind entdeckt hatte und bekennt seinem Beichtvater, daß er die Greueltat selbst begangen hat! Noch entsetzlicher fast ist die zweite. Ein Mädchen hat sich mit ihrem Geliebten verabredet, aus dem elterlichen Hause zu entfliehen, um den Eltern dadurch die hartnäckig versagte Einwilligung zu ihrer Heirat abzunötigen. Sie tut es eines Abends, und trifft vor den Toren der Stadt zwei Gendarmen, die sie befragen, wohin sie will. Sie nennt den Ort und eilt weiter, aber in den Kerlen steigt ein böses Gelüste auf, sie verfolgen die Unglückliche, tun ihr Gewalt an und töten sie zuletzt, da sie wissen, daß der Bräutigam bald folgen wird, und da sie ohnedies durch den Anblick von allerlei Schmuck und Kostbarkeiten, die das Mädchen bei sich führt, gereizt werden. Nun harren sie, bis der Bräutigam kommt, ergreifen ihn, beflecken ihn mit Blut, führen ihn zum Richter und klagen ihn des Mordes an. Aber der Zufall will, daß ein Obstdieb in der Nähe war, der von einem Baum aus das Ganze angesehen hat. Dieser begibt sich ebenfalls zum Richter, erzählt, daß die Elenden die Säbel in ihren Hemden abgewischt und den Schmuck in ihren Stiefeln verborgen haben und deckt so den Frevel auf eine Weise, die den Beweis unmittelbar mit sich führte, auf. [3491]

Emilias Augen – Augenknospen. [3492]

»Du sollst meine Tochter haben, aber nur, wenn du sie einen Tag lang ansehen kannst, ohne mit den Augenwimpern zu zucken!« [3493]

> Der Tod bricht alle Blumen;
> Ich kanns ihm nur verzeihn,
> Wenn er sie bricht, solange
> Sie heilig sind und rein. [3494]

Ahnenstolz: als ob der Hintere sich auf das Gesicht berufen wollte, das ihm vorausging. [3495]

> Das Fallen
Ist beim Gehen erlaubt, doch beim Tanzen nicht mehr. [3496]

> d. 23 Sept.

Wer hätte in Deutschland je gedacht, daß Skt Januarius mir noch einmal in den Weg treten würde! Und doch war es heute der Fall! Meine schönen Sizilianerinnen, die ich des Vormittags von Zeit zu Zeit auf dem Balkon erblicken muß, wenn ich mich wohl befinden soll, gingen heute zeitig in die Kathedrale, um die Bottiglia, worin das Blut dieses Heiligen aufbewahrt wird, zu küssen und ließen mich allein. [3497]

d. 29 Sept.

War mit meinen Nachbarinnen in den Studien und berührte vor der Alexander-Schlacht, als sie auf den Stuhl gestiegen waren, wenigstens ihre Hand. Abends Feuerwerk zu Ehren der Madonna, der zwei Tage zuvor schon Tausende von Lampen gebrannt hatten. Hinter dem Feuerwerk der dunkelrot aufflammende Vesuv. [3498]

Ein König, der sich seiner Würde begibt, weil sie ihm Gelegenheit verschafft hatte, etwas Fürchterliches zu tun, was er auch tun wollte, aber nicht zur Ausführung brachte, da er vorher zur Besinnung kam. »Nein, in diese Versuchung soll keiner wieder fallen.[«] [3499]

d. 30 Sept.

Um gegen den großen Schillerschen Geist nicht ungerecht zu werden und den Eindruck der Übersättigung nicht mit dem des Ekels zu verwechseln, ist es für einen Deutschen, der an und durch Schiller aufwächst, notwendig, seine Werke jahrelang liegen zu lassen und sie dann wieder vorzunehmen. Das letztere tue ich jetzt und tat es gestern abend mit dem Geisterseher. Dieser Roman ist eine gewaltige Komposition und, obgleich nicht vollständig ausgeführt im Detail, doch im großen und ganzen vollständig beisammen, wie mancher andere Torso, der eben nur für das ungeweihte Auge Torso ist. [3500]

Zu Assing, als er in Pompeji keine Steine einsteckte: Sie verraten sich durch Nichtstehlen als Dieb. [3501]

In Pompeji: Die aus dem großen Grabe wieder hervorgescharrten kleinen Gräber. [3502]

Jede andere Kunst verstehst du, sobald sie dir leicht wird; die des Schreibens, wenn sie dir schwer wurde. [3503]

Im zweiten Teil des Faust verrichtete Goethe doch nur seine Notdurft. [3504]

Kein Mensch kann sich zu seiner Person etwas hinzu-, oder von ihr etwas hinwegdenken. [3505]

Leute, die so lange essen bis sie zu – anfangen. [3506]

d 8ten Okt. morgens früh um 5 Uhr verließ ich Neapel bei heftigem Regen und kam d 11ten, nachmittags um 4 wieder in Rom an. Noi vogliami mangiare al fino che noi siamo stanco. [3507]

Für das Lustspiel:
Ein Luftschein: wer ihn nicht lösen kann, wird von Staats wegen erstickt; Leichenschmaus, an der Leiche selbst gehalten. [3508]

– Leute, die den Josua wieder aufwecken mögten, daß er die Sonne zum Stehen bringe, damit sie den Traktat über eine alte Vase beendigen können! [3509]

Gott schuf die Welt, weil er sie schaffen konnte. [3510]

Manche Leute mögten den blauen Himmel mit roter Farbe gemalt haben. [3511]

G.
»Was zeigt dein grauser Bücherschwall?
Ein Regen ist kein Wasserfall![«] [3512]

ad Situation. (Gedicht)
Ihn reizt um den Hals ihr goldnes Geschmeid,
Doch muß er sie töten und ist bereit,
Wie käme er sonst auch dazu? [3513]

Einer, mit einem Dolch durchstochen, zieht ihn heraus, wischt ihn säuberlich ab, gibt ihn dem Mörder zurück und stirbt. [3514]

Die Leute machen aus der Feuerkohle, an der sie sich verbrannten, gern einen Vesuv. [3515]

Ein schönes Kind mit 30 Jahren an den Beinen. [3516]

Die Speise ekelt uns in dem Augenblick an, wo sie zu wirken anfängt und uns stärkt. [3517]

»Es gab noch keinen König, denn nur der ists, der seinesgleichen nicht kennt.[«] [3518]

Wollust – Wohl-Lust – *wohl* Lust! Tiefsinnige Wort-Bildung. [3519]

Die Berge nehmen und das Meer damit ausfüllen. [3520]

Wenn das Gold einmal blüht, wie jetzt die Erde, wird es die Frucht der Unsterblichkeit liefern. [3521]

d. 15ten Dez.
Abreise von Rom. Ankunft in Wien. Nichts über alles. – Sah heute eine vortreffliche Darstellung der Emilia Galotti. An dieses Stück könnte ich jenes, daß ein Fürst seiner Würde entsagt, weil er sieht, daß ein Stand, wie der seinige, die Ungeheuer mit Notwendigkeit erzeugt, anknüpfen. Der Prinz, erschüttert durch Emilias Tod, gibt seinem Lande eine Verfassung. [3522]

So. Das Volk dringt in den König um Konstitution. Nein. Jetzt macht er eine Erfahrung, die ihm zeigt, daß die Königs-Gewalt ihm erlaubt, alles zu sein und zu tun; etwa wirft er den Hauptredner der Freiheitspartei ins Gefängnis, dieser wird wahnsinnig, er sieht ihn wieder. Nun gibt er nach. [3523]

Rohe Ideen. Aber welch ein Hintergrund. Und so muß es werden! [3523a]

Einer, der die Liebe eines Weibes dadurch gewinnt, daß er sich nicht erklärt. Sie hält ihn nämlich für edel deswegen. [3524]

Aristoteles hat auf die dramatische Kunst vielleicht noch schlimmer eingewirkt durch seine Bestimmung, daß die Tragödie

Furcht und Mitleid erwecken solle, als durch seine Einheiten. Und doch ist jene richtig, wenn man nur eine Beschreibung des Gemütszustands, den die Tragödie hervorbringen muß, falls sie echt ist, nicht für die Definition ihres Zwecks hält. Allerdings muß die Tragödie Furcht erregen, denn wenn sie es nicht tut, so ist dies ein Beweis, daß sie aus nichtigen Elementen aufgebaut ist, und wenn sich zu dieser Furcht nicht Mitleid gesellt, so zeigt es an, daß die dargestellten Charaktere oder die Situationen, in die sie hineingeraten, sich vom Menschlichen und vom Möglichen oder doch Wahrscheinlichen zu weit entfernen. – [3525]

1846

Es ist die charakterisierendste Eigenschaft des Enthusiasmus, daß er, wie die Liebe, gar nicht begreifen kann, wie es Menschen geben könne, die ihn nicht teilten. [3526]

Einer spielt die Violine: vor den Hintern wird er gepeitscht und spielt, statt zu schreien. [3527]

Kneipt die Mäuse in den Schwanz, so habt ihr die Töne der neusten Violin-Virtuosen. [3528]

Einer hat ein Verhältnis mit einem Mädchen und ist verheiratet. Er verspricht, sie nach dem Tode seiner Frau zu ehelichen. Sie kommt in andre Umstände, sieht Elend und Schande vor sich. Sie entschließt sich, die Frau zu vergiften, tut das Gift in ein Glas Wasser, faßt aber wieder einen bessern Entschluß. Da kommt die Frau und will das Wasser trinken. Sie läßt es geschehen. [3529]

Oder so. Der Mann hat bloß mit ihr gescherzt, sie glaubt sich geliebt, vergiftet die Frau, sieht an dem Schmerz des Mannes über deren Tod, daß sie sich getäuscht hat und gibt sich an.
[3530]

Augen, die zu tränen anfangen, wenn sie nur das Wort: Zwiebel sehen! [3531]

»Kann ich mich nicht darüber freuen, daß ich einen Taler habe, so freu ich mich, daß ich 24 Groschen habe.[«] [3532]

Er hatte sich vorgenommen, alle Bettler auszurotten und wurde darüber selbst zum Bettler. (Der Freigebige.) [3533]

Wir leben für Gott. [3534]

Wenn in unsrer Welt etwas begangen oder gemacht wird, was nicht hineinpaßt, so paßt es vielleicht in eine andre hinein. [3535]

Rosen, auf ein Sterbebett gestreut. [3536]

Geistige Schönheit durch Gedankenschminke erlügen, wie leibliche durch den Kamin. [3537]

Die Schönheit, die ihre eigne Vergänglichkeit denkt: Weiß im Rot. [3538]

In den Dichtern träumt die Menschheit. [3539]

Fortuna: die Blinde unter den Blinden. [3540]

Daß ein Mensch, der sie besitzt, das Recht hat, die Juno Ludovisi zu zertrümmern! [3541]

Zwei schwören sich Treue. »Auf ewig.« Stimme: »bis morgen!« – Morgen ist er tot, ermordet. [3542]

Schwarze Augen schauen in blaue hinein, wie blitzende Sterne in einen blauen See. [3543]

Die Vestalin des Schmerzes, die ihn nährt, weil er ihr letztes Leben ist. [3544]

Was man zum letztenmal sieht, das sieht man wieder, als sähe mans zum erstenmal. [3545]

Die deutsche Sprache ist die Orgel unter den Sprachen. (sagt schon Jean Paul, obgleich es jeder sagen kann.) [3546]

Der unglücklichste Mensch: der nie Verlangen einflößt. [3547]

Ein Baum mit geflügelten Äpfeln. [3548]

Holder, lächelnder Knabe, so bist du mir wieder entrissen? Und du warst mir ja doch kaum zur Hälfte geschenkt! [3549]

Menschen ertrinken im Meer. Soll einer ruhig drin atmen,
 Muß er Neptunus sein oder ein Fisch und ein Frosch. [3550]

Was du dir wünschest, wird man stets gewähren:
 Du wirst ja wieder schöner durchs Begehren! [3551]

Benjamin. Ich glaube, gleich nach dem Tode fällt jedem ein Mittel gegen die Krankheit ein, an der er krepierte. [3552]

Christine, der zwei Knospen auf dem Kopf aufblühten. [3553]

Für zwanzig Küsse zwanzig Jahr!
 Von den schönsten Mädchen aller Völker. [3554]

Christine: – Ich denke jetzt an Jesus Christus! – Der hat doch nur eine Marter erlitten; ich schon so viele! [3555]

D 10 April nach Dithmarschen geschrieben.

D 11 April nach Ansbach. an Rousseau.

D 12 April nach Kopenhagen an Oehlenschläger. [3556]

»Als die Natur die Männer geschaffen hatte, stellte sie ihnen schnell Weiber gegenüber, damit diese ihnen wieder abnehmen mögten, was sie besaßen.« Ein Charakter. [3557]

Ein Mensch, der ein Mädchen verführt und verläßt, sie aber erst später, als er sieht, wie sie ihr Unglück erträgt, wahrhaft zu lieben anfängt und nun von ihr zurückgestoßen wird. [3558]

Es gibt kranke, mißgeschaffene Gedanken, die ihrer Verwandtschaft mit dem Wahnsinn ihre ganze Originalität verdanken. [3559]

Ich sah einen Menschen im Traum, der Kirschen aß, die auf seinem eignen Kopf wuchsen. [3560]

Sonne, Mond und Sterne bescheinen alle Menschen, wie wenig Astronomen sind darunter. So mit den Ideen. [3561]

Dichte, Dichter, nur halte dich in den Grenzen der Bühne! Wachse, Knabe, nur nie über den Maßstab hinaus! [3562]

»Du verlangst zu viel.« Ich verlange, was ich gebe, freilich ists zu viel! [3563]

Ein Mörder, in höchster Zerknirschung, beichtet vor einem Christusbilde seinen Mord. Ein andrer hörts und nun muß er den zweiten begehen, damit der erste nicht verraten wird. [3564]

d. 26sten Mai 1846.
Es ist zehn Uhr morgens, ich bin angekleidet, um zu Mittag in die Kirche zu fahren und mich mit Christine Enghaus aus Braunschweig zu verheiraten. [3565]

Im Helenental ein Kerl, der sich wusch, aus der Tür des Wirtshauses tretend. Er führte das Waschwasser im Maul bei sich, denn er spuckte sich in die Hände. [3566]

Wie widersinnig ist das deutsche Wort Mahlzeit gebildet; als ob die Zeit des Mahls gegessen würde! [3567]

Und wenn ich heute sterbe,
Was wirst du morgen tun?

> Ich werde dich nicht beweinen,
> Ich werde bei dir ruhn! [3568]

Immergrün-Blüten: Immerblau. [3569]

Wo sich zwei Menschen umarmen, da bilden sie einen Kreis. [3570]

> Brief an Lotte R.[ousseau]
> – ich komme so schwer zum Schreiben, als sollte ich jedesmal dem schnellsten Adler erst eine Feder ausrupfen. [3571]

Das Schiff betrachten, worauf man fährt, statt des Ozeans, der es trägt. [3572]

Was ein Dichter vermag in diesen barbarischen Zeiten? Daß er selbst rein bleibt! Aber es ist doch ein zu negativer Lebenszweck, sich vor der Krätze zu bewahren. [3573]

Willst du den Frauen gefallen, so übe ein kleines Geheimnis, Wenn du mit ihnen verkehrst: binde und löse zugleich! [3574]

Einer geht ins Wirtshaus, um etwas zu essen, vertieft sich in die Zeitung, ruft nach 2 Stunden den Kellner, fragt, was er schuldig ist und rechnet alles, was er essen wollte, auf, als ob ers gegessen hätte. [3575]

Man hat zuweilen inmitten der blöden Menschenmasse ein Gefühl, als ob man das letzte Asyl des Weltgeistes wäre, als ob er sich aber auch in einem nur erhinge. [3576]

> Ach, wie läßt ein Menschenleben
> Doch so wenig Frucht zurück!
> Ob die Jahre, die entschweben,
> Auch zum Hundert sich verweben,
> Alles, was sie dir gegeben,
> Zählst du auf im Augenblick! [3577]

Für Liebhaber könnte ein Franzose recht gut sagen: lieber Haber. [3578]

In Hamburg haben die Mäuse Christinen die Pomade aus den Haaren gefressen. [3579]

Ein fleißiger Schriftsteller zieht, um nicht zu viel zu schlafen, nur ein, wo es Wanzen gibt. [3580]

Diejenigen Berge, über die man im Leben am schwersten hinwegkommt, häufen sich immer aus Sandkörnchen auf. [3581]

Ein Mädchen will wissen, was sie ihrem Geliebten gilt und überredet eine Freundin, sie für tot auszugeben, während sie verreist. Die Freundin tut es, sie liebt den jungen Mann aber auch, sie lernen sich gegenseitig lieben, indem sie sich gegenseitig trösten, und als die andre zurückkehrt, bleibt ihr nichts, als wirklich zu sterben. [3582]

Die Natur ißt, wenn wir sterben. [3583]

Der Dichter verbrennt eines seiner schönsten Gedichte als Opfer für die Musen. Nur Könige können Diamanten verbrennen. [3584]

Himmel und Erde, wenn sie ausgepreßt würden und nur einen Tropfen gäben, würden nicht die kleinste Kinder-Freude ersetzen. [3585]

Wieder in die Wiege oder in den Sarg gelegt zu werden, ist im Grunde einerlei. [3586]

Nicht als Billardkugel, sondern als Kanonenkugel seinen Weg machen wollen. [3587]

Mad: S.[ophie] S.[chröder] Sie war nicht mit dem einen oder dem anderen, sie war mit Deutschland verheiratet. [3588]

Nur für einen Moment bestimmt zu sein und diesen Moment zu verfehlen: welch ein Totengefühl in dem Gedanken. [3589]

Der Kot ist fast so allgegenwärtig, wie Gott. [3590]

Seine Mutter hat ihn auf der Straße fallen lassen und ein Schlachterhund, der gerade satt war, hat ihr ihn apportiert. [3591]

Eine Frau will ihren Mann vergiften, er merkts, wird durch eine so schreckliche Erfahrung vernichtet, trinkt das Gift, sagt ihr, daß er alles weiß und dringt ihr eine schriftliche Erklärung auf, daß er sich selbst vergiftet habe. Nun will sie ihn um jeden Preis retten, weil ihr Herz sich wieder umkehrt, aber er verschließt sich und stirbt. [3592]

Es gibt auch ein Benennen, was Denken ist. Hauptsächlich dies Denken liegt der Sprache zugrunde, aber auch individuell und innerhalb des allgemeinen Sprechkreises tritt es noch zuweilen hervor. [3593]

Wer bekommt denn gerade das kalte Fieber, wenn er die Wüste Sahara durchreist, oder das hitzige, wenn er nach Sibirien verwiesen wird. [3594]

– Das brennende Hamburg war ein schrecklicher, aber zugleich ein gewaltiger Anblick. Das Überwältigende, was die Sinne nicht bloß erfüllte, sondern sie zerriß, schien neue Organe im menschlichen Geist zu erschließen, er fühlte sich über den Moment, über seine Drangsale und sein gemeines Leid, hinausgehoben und überschaute die Gegenwart, wie von der Höhe der Geschichte herab. Mir wenigstens war es, als ob ich nichts Gegenwärtiges sähe, aber die ungeheuersten Bilder der Vergangenheit standen vor meinem Blick, ich sah Karthago mit dem zerschmelzenden Moloch, ich sah Persepolis und die tanzende Thais, ich sah Moskau und den Imperator, wie er unwillig und finster den Kremlin verließ. Ja sogar in den Momenten, wo ich selbst mit Hand anlegte, war mir zumute, wie bei einer Tätigkeit im Traum. Aber das brennende Hamburg verwandelte sich in ein niedergebranntes, der Feuerdrache zog sich wieder zusammen in den Funken, aus dem er hervorgekrochen war und der flammenrote Himmel wurde wieder trübselig und grau. Nun ward auch mir alles zur Gegenwart und anfangs zur Gegenwart ohne Zukunft, das stolze Element, das nichts verzehren kann, ohne es zugleich zu verklären, hatte sich zurückgezogen und bei dem nüchternen Tagslicht besah man sich mit Schauder und Entsetzen den Leichnam einer Stadt. –

(in Kopenhagen niedergeschrieben) [3595]

Wenn ein Italiener dem Deutschen ein Kompliment über eine artistische Leistung macht, so muß dieser nie dafür danken. Der Italiener drückt dadurch, selbst wenn er es ehrlich meint, immer nur seine Verwunderung darüber aus, daß ein Bär tanzen kann, nie aber seine Bewunderung des Tanzes selbst. [3596]

Mit jeder Dekorations-Veränderung, jedem Szenenwechsel fängt ein Stück für das Publ. von vorn an. Das bedenke der Dichter und sei sparsam damit! [3597]

DRITTES TAGEBUCH

Angefangen d. 30sten Juni 1846
in Wien

d. 30sten Juni, abends.

Wenn man sich ein neues Tagebuch einrichtet, so kann man der Versuchung nicht widerstehen, gleich etwas hineinzuschreiben, mag nun Anlaß dazu da sein, oder nicht. Ich mache, während ich schreibe, die alte Bemerkung, daß Dinge aufhören, mir zu gefallen, sobald sie mein sind. So hätte ich dies Büchlein doch gewiß nicht gekauft, wenn es mir mißfallen hätte, dennoch ist es mir jetzt zuwider. So geht es mir mit allem, mit Kleidern, Wohnungen u.s.w. Den Dingen kann gar nichts Schlimmeres begegnen, als in meinen Besitz zu geraten. Ich habe über diese Erscheinung oft reflektiert, aber nie den Grund entdecken können; bei anderen glaube ich nicht selten die entgegengesetzte bemerkt zu haben. [3598]

Morgen in der Früh reise ich mit meiner Frau nach Ofen in Ungarn, wo sie gastieren wird. Eine Reise mit einer Schauspielerin zu ihrem Gastspiel, und mit einer Schauspielerin, die meine Frau ist! Wer mir davon im vorigen Jahr in Neapel gesprochen hätte, den hätte ich ins Irrenhaus verwiesen! [3599]

Es gibt auch Irren unter den Völkern. [3600]

Wenn die Erde bebt, so zerschmettert ein fallender Schornstein dem einen den Kopf und dem anderen fällt die reifste Birne des Baums zu Füßen. [3601]

Einer kommt zu einem Freund, ihm zum Tode seiner Frau zu kondolieren; dieser stellt ihm seine Braut vor. [3602]

Motto für die erste Abt. d. Ged.
Hier stellt ich auf, was innerstes Vermögen
Den Musen, die mich segnen, abgewann;

Wenn diese eure Hoffnungen betrögen,
>   So schaut die andern Bilder gar nicht an! [3603]

– Das zu erkennen, ist ein Strahl vom Sirius nötig. [3604]

Einer heiratet die Witwe, um ein Andenken an den Mann zu haben. [3605]

Auch die Bösen haben ihre Schutz-Engel. Es sind die Geister derer, die im Leben schlecht waren, wie sie, und die erst dann Begnadigung finden, wenn sie jemand auf den rechten Weg zurückgeleitet haben. [3606]

Wird dir das Leben schwer, so wird der Tod dir leicht. [3607]

Daß ihr euch selbst nicht erkennt, das scheint euch so sehr zu bekümmern;
Menschen, ihr lebt nur dadurch, daß ihr nicht wißt, was ihr seid! [3608]

Eine Mutter, eine schwangre, oder eine im Kreise ihrer Kinder; wo wäre im Leben des Mannes eine Situation, die dieser an Heiligkeit gliche? [3609]

Nach einem neuen Stück: ich freue mich, daß dieser Dichter es geschrieben hat, nun kann ich es doch nicht mehr schreiben. [3610]

Ein Stück wird aufgeführt, die Schauspieler spielen vortrefflich, das Publikum ist außer sich, aber der Vorhang ist unaufgezogen geblieben. [3611]

Die Ungarn wollen von Europa Dank dafür, daß sie sich zum Bollwerk gegen die Türken gemacht hätten. Dank, weil sie sich selbst vor dem Sklavenjoch zu bewahren suchten? Das ist, als ob einer, der ins Wasser fällt und sich durch Schwimmen rettet, eine Bürgerkrone verlangt, weil er dem Staat einen Bürger gerettet habe. [3612]

Man verbietet nach öffentlichen Blättern in Breslau meine Maria Magdalena. Das heißt doch in Wahrheit die Moral selbst verbieten. [3613]

Ein originelles Drama: in der zweiten Szene wird erzählt, daß in der ersten nichts vorgefallen ist; in der dritten, daß man dies in der zweiten erzählt hat, und so zu Ende. [3614]

Weinender: Amphibium. [3615]

Das Stammbuch der Feinde trägt der Student im Gesicht. [3616]

»Ich habe nie geliebt. Ich bin kurzsichtig.[«] [3617]

Ein Verschönerungsglas. [3618]

Hoffnung läßt nicht zuschanden werden. Gute Hoffnung doch zuweilen. [3619]

Das Wort ist der verdaute Gedanke. Hippel. [3620]

In dieses Land reiste ich im Mai und sah mich in den April geschickt. [3621]

Aale von Schlangen zu unterscheiden, ist eine schwere Kunst und verlohnt sich am Ende nicht einmal der Mühe. [3622]

Wenn man das deutsche Theater mit seinem Gemengsel von Übersetzungen und Nachahmungen betrachtet, so sollte man zu dem Schluß kommen, daß der Deutsche sich nicht selbst zu amüsieren verstehe. Dies wäre sehr schlimm, denn es würde eine Unfähigkeit unseres Volks beweisen, sich in dem dem Menschen allein möglichen Sinne vom Druck des Lebens freizumachen und den stumpfen Ernst, der nur für den Augenblick gilt, durch ein geistreiches Spiel, das Ausdruck der Zeit selbst ist, aufzuheben. [3623]

Es ist die Frage, ob Eva durch das Feigenblatt gewonnen oder verloren hat. [3624]

Die Entfernung verkleinert alles Physische und vergrößert alles Moralische. [3625]

Wie klein, wie armselig ist eine Milbe. Aber die Rotte bewegt den ganzen Käse. [3626]

Die Natur hat mit dem Menschen in die Lotterie gesetzt und wird ihren Einsatz verlieren. [3627]

Die Hölle der Ungläubigen wird leicht zu ertragen sein, denn sie beweist ihnen den Himmel und den Gott, den sie bezweifelten. [3628]

Beim Beten und Rasieren macht der Mensch ein gleich andächtiges Gesicht. [3629]

Ein Mensch spiegelt sich im andern. Liebe. [3630]

»Wenn alle Menschen zugleich beteten, so wäre die Welt erlöst!« [3631]

Räuber: Töte dich! Sonst quäl ich dich! [3632]

Eine entflieht ihrem Mann und steckt das Haus an, als ob sie verbrannt sei. [3633]

Daß diese Trauerspiel-Verfasser, die nichts, als die allgemeinsten Kategorien des Lebens veranschaulichen, die Trivialität ihres Treibens nicht einsehen! Man könnte mit gleichem Fug, wie manche ihrer Lehren, die erhabene Mahnung, daß der Mensch essen und trinken müsse, wenn er nicht verhungern wolle, vortragen. [3634]

Noch nie hat mir ein Weib durch Tiefe des Geistes imponiert, aber wohl durch Tiefe des Gemüts. Im Gemüt wurzelt die Kraft des Geschlechts, mag die Kraft einzelner Individuen auch allerdings im Geist wurzeln. Reizenderes gibt es nicht, als das weibliche Gemüt durch den weiblichen Geist beleuchtet zu sehen.

[3635]

Söhne fangen oft erst an, ihre Väter zu lieben, wenn sie aufhören, ihre Mütter zu achten. [3636]

Traum. Ein Mann ruft: Fleisch! Fleisch! durch die Straßen und schneidet den Leuten die Beefsteaks aus seinem ansehnlichen Bauch heraus. [3637]

»Das tu ich, wenn der Regenbogen seinen Kreis einmal schließt.« [3638]

Es ist doch seltsam, daß es keine Kaiser- und Königsfrüchte gibt. Von keiner, nicht einmal von der Ananas wächst so wenig, daß nur die Häupter der Menschheit davon essen könnten.

[3639]

Fast in allen Klassen und Ständen der Gesellschaft, vorzüglich aber in den Handel und Gewerb treibenden, hat man eine Art von generellem Standes-Gewissen erfunden, worin das individuelle der einzelnen aufatmet oder, wie man will, erstickt. So betrügt ein Kaufmann, weil es alle tun, so mißhandelt ein Adliger den Bürgerlichen, weil es alle tun, so beträgt ein Soldat sich ungezogen, weil es alle tun, so verleumdet ein Journalist, weil es alle tun. Überhaupt ist der Mensch erstaunlich ingeniös in Erfindungen, den reflektierenden Teil seines Ichs über den handelnden zu betrügen, und was ihm im Physischen nie gelingt: sein Bild noch im Spiegel zu korrigieren, das mißlingt ihm im Sittlich-Moralischen selten. [3640]

Der Traum ist ganz entschieden für den Geist, was der Schlaf für den Leib. [3641]

Wenn ein Mensch in den Spiegel sieht, glättet er jedesmal sein Gesicht und sucht ihm den freundlichsten Ausdruck zu geben.

Mögte er sich doch erinnern, daß alle Menschen, denen er auf der Straße begegnet, in Bezug auf ihn Spiegel sind! [3642]

Eine höchst seltsame Empfindung für einen Kranken ist es, seine Kleidungsstücke im Zimmer herumhängen zu sehen.

[3643]

[Christine Hebbel
geborne Enghaus]
Da steht der Name eines Engels. [3644]

Ein Weib, was jemanden um ein Almosen anspricht und eine Menge fremde Kinder, die hinter ihr herkommen, für ihre eigenen ausgibt. [3645]

Es wurde vor einigen Abenden am Theater an der Wien ein altes Stück, Graf Waltron, gegeben, welches die berühmteste dramatische Dichterin unserer Tage, Madame Charlotte Birchpfeiffer überarbeitet und einer unserer berühmtesten Mimen, Herr Emil Devrient, zu seinem Benefiz ausgewählt hatte. Also ein Stück, welches doppelt mit roter Kreide angestrichen war und einen Menschen, wie mich, der es für seine Pflicht hält, sich mit den Zeichen der Zeit bekannt zu machen, wohl zur Aufopferung eines Abends und zu einer Geldausgabe verleiten konnte. Ich ging erst bei der dritten Wiederholung, fand aber dessenungeachtet, und trotz der drückenden Hitze des Tags, das Haus eine halbe Stunde vor Anfang schon so gefüllt, daß ich nur kaum noch einen Platz erhielt. Dieses hätte manchen geniert, mich aber, der ich an Rheumatismus leide, freute es sehr, denn es ist mir von jeher angenehm gewesen, zwei Fliegen mit einer Klappe schlagen zu können, und ich hatte hier Gelegenheit, zugleich ein Schauspiel zu genießen und die Wirkung eines russischen Dampfbades auf meine körperlichen Zustände zu erproben. Der Vorhang ging auf, und mir blitzten so viele Uniformen entgegen, daß ich das gefüllte Haus schon begriff, ehe noch ein Wort gesprochen war. Mir kam die Idee zu einer ganz neuen Gattung von Dramen, deren Realisierung vielleicht eine völlige Umgestaltung der Bühne, die man ja schon so lange mit Sehnsucht und Ungeduld erwartet, zur Folge haben würde. Es steht ja doch wohl fest, daß man an Schauspielerinnen und Schauspielern hauptsächlich die Garderobe bewundert und das ist niemanden zu verdenken, denn an lebenden Personen, mit denen man sich, was Statur, Embonpoint u.s.w. betrifft, vergleichen kann, sieht man ganz anders, wie die neuen Pariser Moden stehen, als an den leblosen Kupfern des Modejournals. Wie wäre es, wenn man weiter ginge, wenn man alles störende Beiwerk, zu allernächst z.B. die Poesie, die es mit allem, mit Herz und Welt, nur nie oder selten, mit der wirklichen reellen Hauptsache, zu tun hat, wegwürfe und, da nun freilich Dialog sein muß, die Beschaffenheit und den Preis der Waren-Artikel, die Adressen der Kaufleute und Schneider, darin abhandelte? Man wende mir hier nicht Abgeschmacktheiten ein, spreche mir nicht von Einförmigkeit des Gegenstandes und solchen Dingen. Einförmigkeit des Gegenstandes ist an und für sich kein Fehler, denn ich wüßte nicht, was einförmiger wäre, als die beiden Achsen, um die sich seit Jahrtausenden Trauerspiel und Lustspiel drehen, oder sagen sie uns etwas anderes, als daß die Ruchlosen bestraft werden, was das Trauerspiel predigt, und daß die Guten zum Ziel, nämlich zu einer Frau gelangen, worüber uns das Lustspiel belehrt? Ja sieht man, wenigstens bei guten Poeten, das Ende nicht immer mit solcher Bestimmtheit voraus, daß das große Publikum vielleicht eben aus diesem Grunde die schlechten vorzieht, bei denen alle Augenblick Querstriche vorkommen, die der ästhetische Griesgram als Willkürlichkeiten verachtet, die verständige Menge aber, der Abwechslung wegen, die sie darbieten, in Schutz nimmt? Es würde jedoch, genau betrachtet, bei den beständigen Krisen und Schwankungen der merkantilischen Welt von Einförmigkeit auf der Bühne der Zukunft so wenig die Rede sein, wie an der Börse, mit welcher sie, wenn sie sich den hier ausgesprochenen Ideen gemäß gestaltete, einen so intimen Bund schließen würde, wie ehemals mit Kanzel und Schulstube. An der Börse langweilt sich keiner, der Kurs mag steigen, oder fallen, im Gegenteil, was auch die Schiller und Goethe, die Eckhof und Schröder sich einbilden mögen, es wird dort ganz anders gehofft und gezittert, gelacht und geweint, wie vor den Lampen; wie sollte man sich also wohl langweilen, wenn man von der Bühne herunter statt der Resultate dichterischer

Welt-Betrachtung, an denen den wenigsten liegt, die Resultate des Kommerzes, die für jedermann, selbst für die ästhetischen Murrköpfe, von Wichtigkeit sind, verkünden hörte? Wir haben hier, wie sich wohl von selbst versteht, da wir uns im Kreis des Schönen befinden, ja nicht jene rohste Art des von uns vorgeschlagenen modernen Dramas im Auge, die im Leben selbst abgespielt wird. Nichts da vom Ablesen des Konto-Courants, nichts von der Ausrufer-Rhetorik, die man auf der Straße vernimmt. Das würde freilich ermüden, damit ließe sich gewiß kein Publikum von Bildung zufriedenstellen. Nein, das Drama soll Drama bleiben, es soll nur den Gehalt der Zeit in sich aufnehmen. Was wurde aus jenen ersten Anfängen der dramatischen Kunst bei den Griechen, aus diesen armseligen Chorgesängen, aus den Rezitationen vom Thespiskarren herab unter Äschylos und Sophokles. Was würde eine Birch-Pfeiffer, ein Gutzkow nicht aus einer gewöhnlichen Laden-Szene, wo ein Mädchen kaufen und der Vater nicht bezahlen will und ein Kommis in dem Moment, wo sie schon die Tür in der Hand haben, aus einem Brief erfährt, daß er den Artikel billiger lassen kann, wie zuvor, ich sage, was würden diese Genien daraus machen. Sie würden uns moralische Stücke geben und uns unverschämte Kaufleute und Schneider vorführen, die, weil sie zuviel verlangen, nichts erhalten und aus Mangel an Abnehmern und Kunden bankerottieren müssen, und das würde manches einschlafende Gewissen wieder ermuntern. Sie würden uns Intrigenstücke liefern, und diese vor allen, welche Intrigen könnten z.B. bloß einer Schneider-Adresse wegen, die eine Dame zu haben und eine andere, um allein nach dem neusten Schnitt zu gehen, zu verheimlichen wünscht, gesponnen werden. Tragödien im höchsten Stil, auf die Schillers Worte passen: aber auch aus entwölkten Höhen pp wären nicht ausgeschlossen, man denke nur an die Kartoffel-Seuche und vergegenwärtige sich einen Mann, der eine Million hineingesteckt hätte. Es sind dies Fingerzeige und geben sich für nichts weiter. Zurück zu Graf Waltron. Es wurde auch gesprochen in dem Stück, viel gesprochen, doch merkte ich bald, daß darauf wenig ankam und daß noch etwas ganz anderes bevorstand, ich ergab mich also ruhig dem Schwitzen und wartete die Überraschung ab. Ich sah mich nicht getäuscht. Die Schauspieler waren diesmal alle Nebenpersonen, Pferde hatten die Haupt-Rollen übernommen, sie erschienen einzeln, zu zweien und dem Gesetz der Gradation gemäß am Ende zu sechsen und kaum der berühmte Emil Devrient tat sich neben ihnen hervor. Es ging mir mit diesem großen Künstler absonderlich, er war schon lange da und ich sah noch immer nach ihm aus, bis ich ihn plötzlich Graf Waltron anreden hörte und nun zu meinem Erstaunen belehrt ward, daß er übersehen werden kann. Das Spiel dieses Mannes erweckte in mir, wie das Stück, eigene Gedanken. Es ist natürlich, daß das Drama der Zukunft, welches ich oben zu charakterisieren suchte, auch einer neuen Schauspielkunst bedarf, die es trägt und hebt, und für diese schien mir Devrient ganz der Prototypus. Er spielt sein Herz mit dem Kopf, bedarf es weiteren Zeugnisses? Freilich ist er eines Organs wegen mit Recht berühmt, auf dem er jeden Ton anzugeben versteht, denjenigen ausgenommen, den man eben erwartet, weil man sich an die neue Manier, das Lachen durchs Weinen zu malen und umgekehrt, noch nicht gewöhnt hat. Welche Wunder würde er damit wirken, wenn er noch einige Sklavenfesseln bräche, wenn er sich nicht mehr an die gewöhnliche Akzentuation kehrte und z. B. statt gehen gehen sagte? Annäherungsweise tut er es schon jetzt! [3646]

Der lebendige Schatten von Calderon, ein reizendes Stück, das ich eben aus der Hand lege. Die spanischen Dramen zeigen so recht deutlich, daß ein Mädchen sich sowenig, wie eine Flamme, unter den Scheffel stellen läßt, da es den Scheffel verzehrt, und das ist eigentlich ihre Moral. Trotz aller dummen, eifersüchtigen Männer und argwöhnischen Väter immer versteckte Liebhaber!
[3647]

Es ist sehr wahrscheinlich, daß die Natur alles machen muß, was sie machen kann, daß aber auch eine Krisis eintritt, sobald sie nur noch sich wiederholen könnte, wenn sie nicht aufhören wollte, zu produzieren. Ich bin hievon *fast* überzeugt. [3648]

Können wohl Kinder wahnsinnig werden? Hat man Exempel? Wenn nicht, so würde das ein merkwürdiges Licht auf den Wahnsinn werfen.
[3649]

Ein Kranker, wie er nach und nach wieder gesund und der Lebensgenüsse, der reinsten und einfachsten fähig wird. Wohl die einzige Methode, das Leben an sich, das ursprüngliche, allen gemeinsame, von aller Konvenienz unabhängige, darzustellen.

[3650]

Ein Liebespaar, das sich gegen, wenigstens ohne den Willen der beiderseitigen Eltern verbunden hat und nun von diesen durch zugemutete Entbehrungen auf die Probe gesetzt wird.

[3651]

Der Dichter des Stücks sollte immer zugleich auch Souffleur sein. [3652]

»Sie sind verrückt!« Das würde immer nur heißen, daß ich Ihren Verstand bekommen hätte und Sie also nicht kümmern.

[3653]

d. 3 Sept.

In der letzten Nacht träumte mir: ich sollte begraben werden, war aber, so seltsam es mir auch in der Erinnerung vorkommt, zugleich in und außer der Truhe und wurde von dem Geistlichen, einem mir aus meiner Jugend sehr wohl bekannten Prediger, befragt, ob ich der zu bestattende Friedrich Hebbel sei. Da ich es nicht leugnen konnte, verfügte er, daß ich vorläufig, ich glaube auf eine Stunde, in einem Grabgewölbe, worin schon mehrere Särge standen, untergebracht werden solle, indem so viel Zeit dazu gehöre, ein Grab für mich fertig zu machen. Nun apellierte ich an die Menschlichkeit des Geistlichen, gab ihm zu bedenken, daß keiner gern in die Erde hinuntergehe und ich am wenigsten, und daß ich sehr bitten müsse, die noch übrige Stunde noch in freier Luft verweilen zu dürfen. Dazu gab er mir denn endlich auch die Erlaubnis, aber nicht, ohne mir nachdrücklich vorzuhalten, daß ich darauf keineswegs ein *Recht* hätte, daß es im Gegenteil unerlaubt und unanständig sei, als Toter noch unter den Lebendigen so mit herumzulaufen und daß ich auf den Glockenschlag wieder da sein müsse.

[3654]

Wenn eine Trinkgesellschaft zusammengebeten würde, so würde sie ein seltsames Bild abgeben, wenn der eine über den Wein, über die Erde, aus der er die Kraft gesogen, über die Salze, die sich in ihm indifferenziert hätten, nachgrübeln wollte und der andere über die Entschuldigungen, die er der im Rausch etwa zu verübenden Narrheiten wegen machen könnte, falls ihn ein Nüchterner zur Verantwortung zöge. Und doch stehen wir dem Leben meistens so oder so gegenüber. [3655]

4 Sept.
Es las mir gestern abend ein hiesiger Dichter sein neues Trauerspiel vor. Wenn ich diese Stücke ohne Motive, Charaktere und Situationen, die den Knochenbau des Dramas durch das faule Fleisch aufgedunsener Redensarten zu ersetzen suchen, ins Auge fasse, so ist mir wirklich, als sähe ich auf leerem Platz statt eines Baumeisters einen wahnsinnigen Mauermann mit einem gefüllten Tünch-Eimer stehen, der seine Tünche aufs Geratewohl nach allen Weltgegenden verquistet, und gar nicht bemerkt, daß es um ihn her an Wänden fehlt, ja, daß zu einem Gebäude nicht einmal ein Fundament gelegt ist. [3656]

Ich glaube, geistreiche Menschen von einer gewissen Gattung, solche, die nicht produktiv sind, oder die aufgehört haben, es zu sein, schreiben nie interessanter, als wenn sie über Bücher schreiben, sie tun es aber zu selten. Von Rezensenten ist hier nicht die Rede, nicht einmal von guten, denn deren Aufgabe ist, einem Buch seine Sphäre anzuweisen, es zu loben oder zu tadeln, nicht aber, es hinzunehmen, wie gutes oder schlechtes Wetter und sich dadurch in eine spielende Tätigkeit versetzen zu lassen. Ich meine ohnehin mehr die Beschäftigung mit alten Büchern, als mit neuen, mehr die mit unbedeutenden, als mit bedeutenden. Neue Bücher sind oft nichts, als Hitzblattern des Tags, alte Bücher, die neu geblieben sind, müssen von einem interessanten Individuum ausgegangen sein und einen großen Gehalt, sei er nun subjektiver oder objektiver Art, in sich aufgenommen haben. Jene erregen Ärger und Verdruß, wenn man nicht mit zu den Enthusiasten gehört, die den Anfang der Welt von morgens acht Uhr her datieren; diese imponieren. Ich meine Bücher, wie sie der Jude aus seinem Packen fallen läßt, ohne sie wieder aufzuheben. Liebesbriefe an die Nachwelt, die mit Füßen getreten wurden. Nur in diesen spiegelt sich die Mittelmäßigkeit und die Mittelmäßigkeit hat eine höchst instruktive Seite, ein Rückblick auf sie belohnt sich immer, wenn die Zeit ihrer Herrschaft vorüber ist. [3657]

Wie selten wissen die Menschen Urteile anderer zu nutzen! Man sollte keins bekämpfen, aber sich auch keins zu Herzen nehmen, als im Verhältnis-Sinne, worin das Urteil eines Bauern über Seekrebse sogar Berücksichtigung verdient, indem es seinen Wirt bestimmen muß, ihm keine vorzusetzen. [3658]

Er schlägt seinen Diener heute tot und schimpft morgen auf ihn, daß er ihm kein Frühstück bringt. [3659]

»Mündlich vielleicht etwas, wenn Sie zu fragen wissen!« Ein sehr gutes Wort von Schröder. [3660]

Warum reisen Sie so lange? Um mehr Schufte kennenzulernen? Schröder. [3661]

Das Meyersche Buch: Friedrich Ludwig Schröder, das ich aus Langeweile zu lesen anfing, hat einen äußerst wohltätigen Eindruck auf mich gemacht. Der Verfasser an und für sich ist ein gebildeter Mann und zeigt sich seinem Gegenstand durchaus gewachsen, ja man kann vermuten, daß er ihn ungenügender behandelt haben würde, wenn seine Bildung in ästhetischen Dingen tiefer gegriffen hätte. Jetzt steht er seinem Herrn und Meister als ein kindlicher Schüler gegenüber, der über abweichende Gedanken und Meinungen, die sich ihm aus dem eigenen Kopf heraus entwickeln, eher erschrickt, als sich ihrer freut, sie aber desungeachtet nicht unterdrückt, weil er nicht zweifelt, daß sie sich zur rechten Zeit schon wieder mit dem übrigen harmonisch verbinden werden. Biographieen sollen keine Rezensionen sein, darum muß die Liebe sie schreiben, was denn ja auch nicht bloß bei Auto-Biographieen zu geschehen pflegt. Rührend ist die Pietät, womit Meyer sein Geschäft vollbringt, so rührend, daß man kaum lächelt, wenn er die Seife vom Mond herunterholt, um einen irdischen Flecken, der ihm auf sein Bild geriet, wieder auszulöschen. Er könnte auf seinem Standpunkt einen Beweis nötig gefunden haben, daß Schröder in seinem dreiundsiebzigsten Jahre ungeachtet der auf der Hamburger Bühne eingerissenen Unordnungen berechtigt gewesen sei, zu sterben und man hätte auch diesen nicht verlacht. Schröder selbst tritt bei allen seinen Mängeln zu seinem höchsten Vorteil hervor; man fühlt und erkennt, daß er von seiner, wie von aller Kunst, den würdigsten Begriff hatte, daß er unglücklich geworden wäre, wenn er ihn hätte aufgeben, wenn er sich zu dem Pöbel-Glauben an ihren ausschließlichen Unterhaltungszweck hätte bekennen müssen, und ohne diese Gesinnung gibt es keinen Künstler. Klar wird dem Leser freilich, daß er der Poesie fremd war, daß Schiller und Goethe ihm geradeso fern standen, wie Kotzebue und Iffland nah und daß er selbst in Shakespeare nichts erkannt haben kann, was er nicht auch in diesen bürgerlichen Dichtern abgeschwächt und verblaßt aufzufinden verstanden hätte. Den Hintergrund des Buchs bildet der damalige Parnaß, aus Unsterblichen zusammengesetzt, die jetzt begraben sind; in unantastbarer Würde thronen Gotter und Bode, ja Schink und Bock, Großmann und andere neben Lessing und Wieland; Klopstock, obgleich in Hamburg lebend und also Mitbürger Schröders kommt nicht vor und die Lücke deutet auf finstre Augbraunen des heiligen Sängers; Schiller und Goethe tauchen auf, aber sie sind nur halb willkommen in ihrer kometarisch-drohenden Gestalt. [3662]

Das Stück ist die Langeweile in 5 Akten. [3663]

Einen Menschen, den die Erfahrung nicht klug macht, muß man nicht belehren wollen. Was durch die Ohren nicht eingeht, geht oft durch den Rücken ein, aber was nicht durch den Rücken eingeht, geht nie durch die Ohren ein. [3664]

Die Sprachen nach dem Wohlklang zu beurteilen, ist eine Unangemessenheit, die darum nicht aufhört, eine zu sein, weil sich ganze Nationen statt einzelner Individuen sie zuschulden kommen lassen. Die Sprache ist allerdings die sinnliche Erscheinung des Geistes, aber das Sinnliche dieser Erscheinung liegt in der Gedanken-Abbildung durch das Spiel mannigfaltiger Laute an sich, in der Fixierung des geistigen Sich-Selbst-Entbindens durch ein körperliches Medium, und es ließe sich sogar von dieser Seite aus gegen die differentia specifica zwischen Geist und Körper ein nicht unerheblicher Einwand aufstellen. Man muß sich nicht einbilden, wie Franzosen und Italiener doch unstreitig tun, daß eine Sprache erst dann sinnlich werde, wenn sie angenehm in das so oder anders gewohnte Ohr fällt, sondern zugeben, daß sie sinnlich ist, sobald sie unterscheidende Zeichen für die innere Welt, wie für die äußere hat, ohne sich zu oft zu wiederholen oder zu verwirren, und das ist vorzugsweise bei der deutschen der Fall. Könnte selbst eine Sprache mit der Musik ringen, was keine kann, so würde es noch kein Grund sein, ihr deswegen einen besonderen Vorzug zuzusprechen, denn eben weil der Geist, wie das Herz, seinen eigentümlichen, nur ihm gehörigen Ausdruck haben sollte, entwickelten sich aus dem Element des Tons zwiefache Media, und eine musikalische Sprache, wie eine geistreiche Musik würden, wenn sie nämlich nur das und nicht zugleich noch etwas anderes wären, beide ihren Zweck verfehlen.

[3665]

Es ist der Vorzug höherer Naturen, daß sie die Welt mit allen ihren Einzelheiten immer symbolisch sehen. [3666]

Alle Regierungen fordern blinden Glauben, sogar die göttliche. [3667]

Ein Baum, in strotzender Fülle aus der Erde emporschießend und mit laubbeschwerten Zweigen wieder zu ihr zurückstrebend, scheint ein Springbrunnen, der uns das Wechselspiel ihrer unendlichen Kräfte veranschaulicht. [3668]

Mit nichts wird in der Poesie des Tags größerer Mißbrauch getrieben, als mit den Gleichnissen; es ist darum ganz gewiß nicht unzeitgemäß, über die richtige Anwendung derselben etwas festzustellen. Es wäre hier Unendliches zu sagen; ich will diesmal nur auf einen Punkt aufmerksam machen. Jedes

Gleichnis erheischt einen Stillstand des Gedankens und diesen lassen wir uns nicht überall und noch weniger aus jedem Grunde gefallen. Wenn unser Geist schon in die größte Tätigkeit versetzt ist, wenn er ungeduldig ans Ziel zu kommen verlangt, wenn er dieses Ziel bereits ahnt oder sieht: wie sollte ihm noch ein willkürlicher Aufenthalt zugemutet werden können, wie sollte man ihm Aufmerksamkeit für diese oder jene Schönheit des Wegs, die den Spaziergänger entzückt, den Kurier aber kalt läßt, abdringen dürfen? Hier ist also jedes Gleichnis vom Übel, es sei an und für sich, was es wolle. Wenn wir aber auch noch zum Stillstehen geneigt sind, so wollen wir es doch in jedem Fall bezahlt erhalten, wenn sich der rechte Ort für ein Gleichnis findet, so kommt alles darauf an, daß sich auch das rechte Gleichnis einstelle, und es ist ungleich besser, eine Lücke zu lassen, die keiner bemerkt, als sie ungeschickt auszufüllen. Ein rechtes Gleichnis ist aber nur ein solches, das nicht bloß im verwandtschaftlichen Verhältnis zum Gegenstand steht, sondern auch einen Reichtum von Nebenbeziehungen enthält, die der rasch vorübereilende Gedanke liegen lassen müßte. Gleichnisse, die nichts tun, als daß sie das schon einmal Gesagte in der Bildersprache wiederholen, ohne ihm etwas Ersprießliches hinzuzusetzen, sind völlig unfruchtbar und darum durchaus verwerflich; ihrer finden sich nur zu viele in der Sprache selbst. Dies ist der allgemeine Teil meiner Bemerkung; die Anwendung auf die verschiedenen Dichtungsarten ergibt sich ziemlich leicht. Das Epos hat, wie unsere Ästhetiker versichern, auf nutzlose Gleichnisse ein unbestreitbares Recht, es verweilt, wo es ihm gefällt und malt aus, was ihm beliebt; ich glaube nicht zu irren, wenn ich in der schrankenlosen Ausübung dieses Rechts einen Hauptgrund seiner Langweiligkeit erblicke, und mögte ihm raten, es aufzugeben. Die Lyrik, d.h. die moderne, setzt ihren ganzen Witz ins Hin- und Her-Vergleichen trivialer Dinge und ist einem Tannzapfen ähnlich, den man vor lauter Spitzen nicht anfassen kann; es ist nur schade, daß magere Gedanken durch Bilder-Futter nie fett werden. Was das Drama betrifft, so ist noch zu erwägen, daß, wenn Epos und Lyrik uns doch Erzähler und Sänger, also in gewissem Sinn charakteristische Masken mit bestimmten Eigentümlichkeiten vorführen, dieses uns den nackten Menschen, wie er aus seiner Natur heraus handelt und spricht, hinstellen soll. Es ergibt sich hieraus für das Drama in Bezug auf Gleichnisse kein anderes Gesetz, als das entwickelte, aber es tritt eine noch größere Schwierigkeit in der Applikation ein; der Ort, wo ein dramatischer Dichter ein Gleichnis anzubringen wagt, muß ein ganz besonders geeigneter und das Gleichnis selbst ein so reiches sein, daß es uns nicht bloß den doppelt fühlbaren Stillstand vergessen macht, sondern uns auch über das Ungewöhnliche, die Menschen im Bilde Metaphern spinnen zu sehen, die ihnen im wirklichen Leben nicht einfallen, hinaushebt. [3669]

Die Wahrheit hat keine Zeit, nur die Lüge. Trost. [3670]

Es gibt Zeiten, in denen der Mensch durchaus nur seiner eigenen Bildung nachgehen kann; je höher er diese aber steigert, je unfähiger wird er für den Verkehr mit der Welt. [3671]

Die allgemeinen Schmerzen als persönliche fühlen: großes Unglück! [3672]

Es ist nicht die gelindeste Strafe für ein begangenes Unrecht, es erzählen zu müssen. Dies geschieht im Beichtstuhl und in einer Autobiographie. [3673]

d. 16 Septbr.
Ist es ein natürlicher Zustand des Menschen, wenn schlechte Reime guter Gedichte, schlechtgebaute Perioden guter Schriften ihm physischen Schmerz verursachen, demjenigen ähnlich, den manche empfinden, wenn sie Spinnwebsfäden in Zimmer-Ecken erblicken? Ich weiß es nicht, aber bei mir ist es der Fall. Ich kann Hegel schon seiner Stil-Fehler wegen nicht mehr lesen, wenn ich mich nicht umbringen will, obgleich diese Fehler freilich einen tieferen Grund haben, der den mißlichen Eindruck noch erhöht. Er trennt das Gewebe der Sprache wieder auf, verschlingt die Fäden anders, als sie verschlungen waren und verwirrt die Zeichen, während er die Begriffe umzuordnen scheint. [3674]

Ich habe angefangen, meine Jugend-Geschichte aufzuschreiben und bin überrascht, wie klar sich das längst vergessen Geglaubte wieder vor mir auseinanderbreitet. Nun darf ich fortfahren, denn nun bin ich gewiß, daß ich mein Leben darstellen kann und nicht darüber zu räsonnieren brauche. [3675]

Vom Berg oder Hügel herab die Treppe, auf der man emporstieg, rezensieren, das nennen viele eine Selbstbiographie schreiben. [3676]

Bei den Katholiken besteht, wenn ich recht berichtet bin, der Glaube, daß keiner verloren gehen könne, der eine Seele gerettet habe. Es ist nun natürlich, daß jeder nach dem größten Gewinn trachtet und die Arbeit, die er auf seine eigne Seele verwenden sollte, lieber auf eine fremde verwendet, da, wenn er sich selbst rein hielte, ja nur einer ins Paradies käme, während, wenn er sich um seinen Nächsten bemüht, jedenfalls zwei hineinkommen. Dieser Glaube, daß man andere waschen müsse, um selbst weiß zu werden, scheint mir aber nicht ausschließlich dem Katholiken, sondern dem Menschen überhaupt, anzugehören. Wir halten uns gern in einem unserer Freunde einen moralischen Rechtfertiger, dem wir nicht den geringsten Verstoß gegen das sittliche Gesetz, nicht die kleinste Abweichung von der Bahn, die zum Leben führt, gestatten, ja dem wir, wenn er es sich erlaubt, uns in der unbedeutendsten seiner Handlungen nachzuahmen, sogleich beim Kopf nehmen und aufknüpfen, damit Gott und Welt sehen, wie ernst wir es meinen. Wenn es uns an Freunden fehlt, so besetzen wir den Platz sogar mit einem Feind und zeigen ihm durch Steinwürfe, daß wir ihm, wenn auch nicht das tägliche Brot, so doch die ewige Seligkeit gönnen. Ich hatte einen solchen Freund in Janinski. [3677]

»Mich wundert, daß, wenn ein König stirbt, der Leibarzt nicht jedesmal gehängt wird.« [3678]

Es ist eine interessante Frage, ob individuelle Abweichungen von allgemeinen Kunstgesetzen sich durch die besondere Beschaffenheit des künstlerischen Individuums rechtfertigen lassen. Ich kenne nur einen einzigen Fall, worin es geschehen ist und diesen gibt Shakespeare an die Hand. Es ist für mich kein Zweifel, daß sein Zerfließen in unendliche Einzelheiten sich mit der Form des Dramas nicht verträgt. Vor der Kunst ist es gleich, ob ein Fehler auf königliche Weise oder in Bettler-Manier begangen, ob ein entbehrlicher, obgleich an sich gehaltvoller, Charakter gebracht oder eine ebenso überflüssige als nichtige Sentenz eingeflickt wird, denn jener Charakter würde Sentenz geblieben und diese Sentenz würde Charakter geworden sein, wenn König und Bettler Reichtum und Armut gegeneinander ausgetauscht hätten. Die Kunst kann sich nicht, wie die Natur, ins Unermeßliche ausdehnen, und die Natur sich nicht, wie die Kunst, ins Enge zusammenziehen; hierin unterscheiden sie sich und aus diesem Unterschied sind die Grundgesetze der Kunst abzuleiten, wie die meisten Probleme der Natur, namentlich die Kunst selbst, auf ihn zurückzuführen. Es folgt daraus für die Kunst zunächst die Notwendigkeit freier Beschränkung; das singuläre Kunstgebilde muß mit dem Universum in Verbindung gesetzt und doch auch von demselben abgeschnitten, die Adern der Natur müssen hineingeleitet und doch auch wieder unterbunden werden. Hiegegen verstößt Shakespeare, aber man vergibt es ihm nicht allein, man hat ein Gefühl, als ob man ihm nicht zu vergeben, sondern ihm für die Grenz-Verwirrung sogar noch zu danken hätte. Warum? Wahrscheinlich, weil in diesem Dichter die beleidigende subjektive Willkür so ganz wegfällt, daß uns sein Individuum völlig verschwindet und daß wir durch das Medium der Kunst eine unmittelbare Natur-Wirkung zu erfahren glauben. Will man das Umgekehrte empfinden, so lese man einen sogenannten Humoristen, z. B. Jean Paul. [3679]

»Dieser Priester sieht aus, als ob er Christus, der Herr, wäre und ich Lazarus, der ihm die Auferweckung von den Toten noch nicht gedankt hätte!« [3680]

Jede Flamme stirbt den Aschentod, aber der Verstand beurteilt gern das Feuer selbst, worin ein Mensch glühte, nach der Asche, worin er zuletzt erstickt. [3681]

Komödianten, die Komödie spielen müssen, um ihre Sünden dadurch abzubüßen. Man fing sie nämlich auf der Landstraße ein. – [3682]

Der Frühling ist die Korrektur des Winters, der Sommer die des Frühlings, der Herbst die des Sommers! wäre ein Jean Paulscher Witz und ist vielleicht einer. [3683]

d. 21 Sept:
Pausen sind dem Geist zu gönnen, aber wenn das ganze Leben Pause wird, ist es doch schlimm. In meinem alten Tagebuch blätternd, sehe ich, daß ich den Diamant schon am 10ten Dezbr 1841, also vor bald 5 Jahren, und die Maria Magdalena am 4ten Dezbr 1843, also vor bald 3 Jahren, geendigt habe. Seitdem ist nichts mehr entstanden. [3684]

Es ist psychologisch erklärbar, weshalb man, wenn man auf jemand sehr aufgebracht ist, an die Spitze der herabsetzenden Ausdrücke, womit man ihn dann belegt, den Ausdruck Mensch stellt, als einen letzten, auf dem man ausruht, weil man nicht weiterkommen kann. Man nennt ihn Schuft, das stempelt ihn noch nicht zum Esel; man nennt ihn Esel, das stempelt ihn noch nicht zum Schuft; kein einziges Schimpfwort umfaßt alle Negationen zugleich und doch mögte man ihm nicht das geringste Positive lassen. Da verfällt denn der höchste Zorn auf den Ausdruck Mensch, weil dieser, in nackter Weitschichtigkeit auf ein bestimmtes Individuum angewendet, gewissermaßen besagt, daß an demselben, außer dem Umstand, daß es mit zum Menschen-Geschlecht gehöre, durchaus nichts Menschliches, überhaupt nichts, was es vom Nichts unterscheide, aufzufinden sei. [3685]

Wann wird der geistige Mensch sich ganz in Christus hineinleben? Wenn der leibliche in den Apoll von Belvedere hineinwächst! [3686]

Der erste Mensch hätte aus Furcht vor dem Tode auch einen Selbstmord begehen können. [3687]

Ein Fürst, der einen, der ihn stark tadelt, an seiner Statt zum Fürsten macht, aber mit dem heimlichen Vorbeding, daß er, wenn er es schlechter macht, das Leben verlieren, wenn aber besser, den Thron behalten soll. [3688]

Der Hund geht mit dem Menschen funfzehn Jahre um, aber es fällt ihm darum nicht ein, sich umzubringen. So der geistige Pöbel mit den geistigen Größen. [3689]

Bei den ersten Menschen gabs keine Blutschande. [3690]

Nur die Wolke konzentriert die Elektrizität zum Blitz, nicht die gemeine Luft; nur der große Geist die Zeit, nicht der unbedeutende. [3691]

Man kann sowenig ein Buch nach einem Blatt beurteilen, als einen Baum. [3692]

»Sie verschenkt Stecknadeln und kassiert sich den Dank mit Dolchen ein!« (Brief an Campe) [3693]

Im Menschen begegnen sich alle Elemente und sein Leben besteht darin, daß sie sich abwechselnd rezensieren. [3694]

Der Mann traf seine Frau im Ehebruch. Freund, rief sie ihm entgegen, ich wollte mich bloß überzeugen, daß du in allen Dingen einzig bist. [3695]

Der Mensch ist Frost in Gott. [3696]

Nur durch Handlungen sollten wir rezensieren; im Handeln können wir unbedingt wahr sein, ohne zu verletzen, im Reden kaum. [3697]

Der Baum muß seine Früchte nicht bezahlt haben wollen. Mit denen zahlt er selbst. So auch der Mensch. Aber – [3698]

Die Holsteiner wollen mich vor ihren Musen-Almanach malen lassen. Das wird sein, als würde ich an die Tür eines Gänsestalls gemalt. Denn diese holst. Dichter singen, wie die Gänse. [3699]

»Der Hase weiß wohl, warum er so läuft; sein Fleisch schmeckt zu gut!« würde ein Hase gewiß zur Verteidigung seiner Feigheit anführen. [3700]

Was wäre zu wählen: der Beste unter den Schlechten zu sein oder der Schlechteste unter den Besten? [3701]

Wer mehr, als einen Freund verlangt, verdient keinen. [3702]

»Wenn du mich mahnst, so bin ich dir nicht allein nichts mehr schuldig, sondern du wirst mir das schuldig, was ich dir schuldig war.« [3703]

Meinem Gedicht: der Maler könnte man den allegorischen Sinn, auf den es natürlich nicht abgesehen war, unterlegen, daß die Phantasie alles Reelle tötet, sobald sie es abbildet! [3704]

d. 26 Sept:
Ein tolles Ding: Ein Trauerspiel in Sizilien! habe ich vor 14 Tagen angefangen, wobei mir etwas Seltsames vorschwebte, aber es konnte nur in einem Zug und ohne daß der Geist gezwungen war, sich Rechenschaft über sein Vorhaben zu geben, gelingen und es ist mir wie dem Nachtwandler gegangen, ich bin angerufen worden. Ich bekam die Grippe, konnte nicht fortschreiten, wie ich anfing, geriet also ins Reflektieren hinein und werde nun schwerlich fortfahren können. [3705]

d. 27 Sept.
In der letzten Nacht hat Christine geträumt, sie werde, im Bade liegend, entbunden, und zwar von einer Taube. »Tut sie nur ins Wasser – ruft sie aus – dann gehen die Federn schon ab.« [3706]

Antinous Selbstaufopferung für Hadrian, um diesem seinen Lebensrest zu schenken. Hier, wie überall, hat der Aberglaube keine Grenze. Denn, wenn Hadrian bald nach Antinous gestorben wäre, so hätte man sagen können, eine längere Lebensdauer sei diesem nicht bestimmt gewesen, der Alte aber, der das Opfer eines jüngeren annehme, trete nun ganz in die Stelle des letzteren, den Todesgöttern gegenüber, und wage oft in Hoffnung des Gewinns einen Verlust. [3707]

Jung freilich; aber jungfräulich? [3708]

Es liegt in der Natur des Menschen, manches Übel, von dem er sich befreien könnte, zu ertragen, weil er sich dadurch gegen größere zu schützen glaubt. [3709]

Man nennt das irdische Leben die Vorschule des Himmels. Es ist merkwürdig, daß sie so gute Teufel zieht. [3710]

Christliche Mystik von Görres. Hätte Görres sich doch zu diesem Buch in Kupfer stechen lassen! Ich glaube, niemand kann es lesen, der ihn nicht selbst mit Augen gesehen hat! Aber wer je in sein Gesicht hineinschaute, den mag es reizen, ihn bis in die dickste Finsternis hineinzuverfolgen, wäre es auch nur, um zu erproben, wie weit einer mit geschlossenen Augen forttaumeln kann, ehe er sich an einem Balken den Kopf einstößt. Sein Gesicht ist eine Walstatt erschlagener Gedanken; jede Idee, die seit der Revolution den Ozean deutschen Geistes mit ihrem Dreizack erschütterte, hat ihre Furche darin gezogen und diese Furchen sind, als der Jakobiner in den Heiligen zurückkroch, alle stehengeblieben. Man hat ein Wirtshaus in eine Kapelle verwandelt, aber den Schild abzunehmen vergessen; wer nicht weiß, daß drinnen gesungen und gebetet wird, der könnte hineintreten und Wein und Würfel fordern.

Man muß Görres nicht mit den Leuten verwechseln, die ihn umgeben und ihn zu sich rechnen; er ist ein homo sui generis. Am meisten innere Verwandtschaft hat er mit unserem deutschen Norweger Heinrich Steffens. Dieser hat als Protestant alle Görresschen Phasen durchgemacht, wenn auch zum Teil in anderen Sphären. Ohne Genie, aber mit einem fruchtbaren Kombinations-Talent ausgerüstet, das dem Besitzer immer für Genie gilt, stehen solche Individuen der Welt und der Geschichte, wie einem Schachbrett gegenüber und spielen, da sie nicht schaffen können. Sie spielen mit den Dingen und glauben, es dem Genie gleichzutun, wenn sie sie auf neue Art ineinanderwirren; sie spielen mit sich selbst und glauben, sich zu bilden, wenn sie den Sprung von Extrem zu Extrem einüben und ausführen. Ihre Wurzellosigkeit halten sie für Freiheit, ihr willkürliches Sich-Ausdehnen und Wieder-Zusammenziehen für die Magen-Bewegung der Verdauung. Der Ausgangspunkt dieser Naturen kann ein zwiefacher sein. Entweder verläßt sie die Sehnsucht, einen Zentralpunkt zu finden; dann werden sie ganz Peripherie, dünne Peripherie, wie die Ochsenhaut der Dido und bilden sich ein, all die widersprechenden Dinge, die ihr weiter Kreis umschlossen hält, seien dadurch auch wirklich miteinander verknüpft. Oder es fröstelt sie in ihrer Abgetrenntheit vom organischen Lebensprozeß; dann ziehen sie sich wurmförmig zusammen und winden sich um ihren eigenen Nabel oder um ein Kruzifix herum. In dem einen Fall Indifferentist, aber in dem Sinn, worin sie den Weltgeist für indifferent halten; in dem anderen Fanatiker, in beiden die Lüge der Versöhnung gegen Bewußtlosigkeit eintauschend.

Man kann das Görressche Buch gar nicht als wissenschaftliche Leistung, man muß es als eine psychologische Tatsache betrachten, diese Tatsache ist aber furchtbarer Art. Ist es nicht entsetzlich, daß ein Universitätslehrer sich der Natur-Philosophie mit ihrem ganzen inneren Reichtum des äußeren Formalismus nur deshalb bemächtigt hat, um durch ein halb verständiges, halb mysteriöses Räsonnement, durch ein quasi-poetisches Motivieren, den Defensor der Hexenprozesse zu machen? Dabei hat man fortwährend den Eindruck der Unehrlichkeit. So viel Geist und Gesundheit in den Prämissen, kann sie sich mit so viel Abgeschmacktheit in den Konsequenzen vertragen? Man kommt über diese Frage nicht weg! [3711]

Unter allem Bedenklichen ist es das Bedenklichste, sich ganz singuläre Verhältnisse einzurichten, solche, die von den allgemeinen abweichen und, weil sie eben deshalb schwer zu beurteilen sind, von jedem, der sie nicht genau kennt, falsch beurteilt werden. [3712]

d. 3 Oktober.
Die einzige Wahrheit, die das Leben mich gelehrt hat, ist die, daß der Mensch über nichts zu einer unveränderlichen Über-

zeugung kommt und daß alle seine Urteile nichts, als Entschlüsse sind, Entschlüsse, die Sache so oder so anzusehen. [3713]

Es ist eine eigentümliche Erscheinung, daß die Poeten sich immer vermehren, wie die Nahrung, von der sie leben könnten, sich vermindert. Sowie ein großer Poet dagewesen ist, ist der nationale Gehalt erschöpft, und wenn selbst ein gleich großer wieder erschiene, würde er auf sein Individuum verwiesen, also zur Übernahme der zweiten Rolle verurteilt sein. Dies fassen zum Heil des deutschen Parnasses nur wenige. [3714]

Die Lichterhöhle. Das Licht, das der Wandrer ausbläst, war sein Lebenslicht. [3715]

Gott zu den Träumenden: Was sich haßte, soll sich lieben! Jetzt ruhen sie Brust an Brust, damit sie morgen wieder die Kraft haben, sich zu bekämpfen. [3716]

»Der Mensch muß sterben, darum darf er töten![«] [3717]

Wie man nur schwimmen kann, wenn man sich dem Wasser überläßt, so nur leben, wenn man sich den Elementen übergibt. [3718]

Einer stiehlt eine Uhr, bekommt Gewissensbisse, bringt sie wieder und wird beim Bringen ertappt. [3719]

Der Schmerz ist der geheime Gruß,
An dem die Seelen sich verstehn. [3720]

Der Tod stellt dem Menschen das Bild seiner selbst vor Augen. [3721]

Räuber fangen einen Bräutigam. Die Braut soll ihn auslösen, er hat aber die Blattern bekommen und sie mag ihn nicht mehr. [3722]

Schlaf ist genossener Tod. [3723]

Ein König, der eine Schlacht verliert, wird auf dem Schlachtfeld wahnsinnig und deshalb von seinem Feind verschont.

[3724]

Ein Kerl, der sich in der Schlacht ungeheuer auszeichnet und sonst feig war. Am Ende kommt heraus, daß er sich von einem tollen Hund gebissen und der Wasserscheu nah glaubte. [3725]

Die Selbstmords-Lotterie. [3726]

»Seit tausend Jahren ist kein Bischof so begabt gewesen, als ich, und ich rühme mich dessen, denn der Gaben Gottes soll man sich rühmen.« *Luther* in den Tischreden. [3727]

Jetzt bin ich mehr, wie mein Bild, bald ist mein Bild mehr, wie ich. [3728]

Dem Echo das letzte Wort abgewinnen. [3729]

»Du wirst soviel Kinder bekommen, als du Haare aufm Haupte hast, nämlich gar keine.« [3730]

»Alle schlafen!
Wer noch wacht, muß glücklich sein![«] [3731]

Wo alle Grenzen sich durchschneiden, alle Widersprüche sich berühren, da ist der Punkt, wo das Leben entspringt. [3732]

Eine unentdeckte Kindesmörderin. Der Vater: wo ist dein Kind? (als er zurückkehrt) Er gibt sie an. [3733]

Menschen, worin Gottes Odem sitzt, wie in einem aufgeblasenen Darm. [3734]

Kant, der die Poesie als die Unfähigkeit, Ideen und Begriffe zu bilden, definierte, hätte die Blume doch auch als die Unfähigkeit, sich in Salze und Erden aufzulösen, definieren sollen.

[3735]

Die Sehnsucht nach Unsterblichkeit ist der fortbrennende Schmerz der Wunde, die entstand, als wir vom All losgerissen wurden, um als Polypen-Glieder ein Einzeldasein zu führen.
[3736]

»Hätte Gott keine Löwen gemacht, so hätten wir die Kraft der Löwen!« [3737]

Nepomuck Schlägel auf der Freudenjagd ist gemacht München, Winter 1837, geendigt d. 16. Jan: [3738]

Wenn nicht Gott-Schöpfer, warum nicht Gott-Geschöpf? Wenn nicht ein ungeheures Individuum am Anfang, warum nicht am Ende? [3739]

Wir führen alle ein Leben, wie im Spiegel, denn das, was wir sind, bedeutet wenig gegen das, wofür man uns hält. [3740]

Für den sterblichen Menschen ist das Unglück in gewissem Sinn ein Glück. Wie den Tod ertragen, wenn das Leben nicht unerträglich wäre? [3741]

Abgeschr. d. Nepomuk am 6 Okt. 46. [3742]

Keine Kirsche ohne ihren Stein. [3743]

Der Soldat, dem sein Freund an der Seite weggeschossen wird, wird *Held*. [3744]

»Du bist süß, wie die Welt!« [3745]

In Wien bin ich angekommen morgens d. 4ten November 1845. [3746]

Ein Affe sieht aus, wie ein verdammter Mensch. [3747]

Die Sprache ist der Papagei des Gedankens, und ein schwer gelehriger, nichts weiter. [3748]

Beim Sultan fand immer nur einer aus dem Volk Zutritt: der Henker! [3749]

Sich große Menschen, die es in allem waren, denken, heißt sich selbst auf noble Weise töten; es ist die subtilste Art des Selbstmords. [3750]

Ich bin fest überzeugt, daß die Welt einmal eine Form erlangen wird, die dem entspricht, was die Edelsten des Geschlechts denken und fühlen. Aber auch dann werden Bestien und Teufel nicht verschwinden, sie werden nur gebunden werden. [3751]

»Wo der Mensch fürs All tätig ist, bei der Fortpflanzung des Geschlechts, entschädigt ihn die Natur durch höchste Wollust!« Zerboni. [3752]

d. 10ten Oktober.
Gestern habe ich mit meiner Frau eine Wohnung am Josephstädter Glacis bezogen, die so schön ist, daß ich mir für meine ganze Lebenszeit keine schönere wünsche. Es ist ein äußerst angenehmes Gefühl, in irgend einem Punkt den Gipfel der Wünsche, der bei mir immer weit über den Gipfel der Hoffnungen hinausgeht, erreicht zu haben, und das ist diesmal der Fall. Was aber diesem Gefühl noch einen ganz besonderen Reiz verleiht, ist der Umstand, daß diese Wohnung über einem Cafe liegt, in welchem ich während der ersten Zeit meines Aufenthalts in Wien zu frühstücken pflegte und von welchem ich, wie ich genau erinnere, auch an dem Morgen ausging, als ich mir für die Eisenbahn nach Prag ein Billett lösen wollte, was nur deshalb unterblieb, weil ich das Bureau vergebens suchte. [3753]

»Ein Stück, so schlecht, daß es bei dem Dichter selbst hätte durchfallen sollen.« [3754]

Ein Missionär, der einen Götzen zerschlägt und dafür gehangen werden soll, sich aber dadurch rettet, daß er sich selbst für einen Gott ausgibt. Lustspiel-Idee. [3755]

»Wie mag ein Mensch gerechter sein, wie Gott!« Hiob. Grenzenlos tiefsinnig. [3756]

»–« Etwas Poesie, um viel Niederträchtigkeit zu vergolden! [3757]

d. 12 Okt.
Mit Zerboni morgens im Lichtenstein-Garten. Mich für die Sophonisbe bestimmt. »Wenn der Fürst wüßte, was er zu tun hätte, würde er Ihnen dies Palais schenken!« [3758]

Behaglichkeit des Nichts: wofür sollte es denn zu Schmerzen verdammt sein? [3759]

Wenn alle Menschen sich bei der Hand fassen, ist Gott fertig. [3760]

Eine Welt, die so im Feuer lebte, wie unsre in der Luft. [3761]

Ein Fürst fordert einem General wegen einer Infamie den Orden ab. Als der General ihn gibt, hängt er ihm denselben zum Lohn für den Gehorsam wieder um. [3762]

Die Langeweile. Drama. [3763]

Wie gütig ist Gott! Er schuf Menschen, damit ich mich ernähren kann! sagte ein Bandwurm. [3764]

»Quäle ihn, Teufel, quäle ihn so lange, bis – du aufhörst.[«] [3765]

– Sie wissen, daß ich auch von der Poesie eine gewisse Realität verlange und ihr das Recht, erst die Erscheinung zu erdichten, oder eine wirklich vorhandene willkürlich zu wenden und ihr dann einen schiefen Gedanken unterzulegen, nicht einräumen kann. – [3766]

– Wie groß ist der Unterschied zwischen der Barbarei vor der Kultur und der Barbarei nach der Kultur! – [3766a]

– Die Natur erlaubt sich manches. Sie schafft im Menschen selbst schon ein Wesen, dem offenbar ein größerer Begriff zugrunde liegt, als es rein ausspricht. Sie wiederholt die Freiheit, die hierin liegt, auch innerhalb des Kreises der Menschheit, ja wiederum in jedem untergeordneten Kreise dieses Kreises.
Brief an Bamberg vom 24 Okt. [3767]

»Ich habe keine Zeit, mir Bewegung zu machen.« D.h. ich habe keine Zeit, Medizin zu nehmen. [3768]

Als es donnerte, sagte ein gewisser Graf: mein Bruder ist verdrießlich. [3769]

Gute Dichter sollten den schlechten eigentlich dafür dankbar sein, daß sie in einem Garten, wo so viele Rosen stehen, nur Brennesseln pflücken. [3770]

Deutschland hat gerade so viel Fürsten, als ein Mensch Zähne. [3771]

Schmerz eines Menschen darüber, daß er geborner Katholik ist, da er nun nicht erst übertreten kann. [3772]

Man kann einen dramatischen Charakter, warum er so oder so ist, nicht aus dem Charakter selbst erklären, sowenig als die Nase, warum sie sich [so] oder anders zieht, aus der Nase; man muß ihn aus dem Stück zu erklären suchen, wie die Nase aus dem Gesicht, und es spricht eher für als gegen den Dichter, wenn auch dann noch etwas Unerklärliches übrig bleibt. [3773]

Nur, weil die Sonne am Tage da gewesen ist, brennen die Kerzen in der Nacht. [3774]

»Jeder Fürst hat sich dem Teufel verschrieben und muß ein Zauberer sein!« sagt ein dummer Kerl. [3775]

Ein Knabe sieht gestern einen Soldaten an, sagt: ich mögte auch wohl Soldat werden, aber, ehe ich das alles lernte, was dazu gehört, Gewehre und Pistolen machen pp pp verginge mir wohl die Geduld. Eine äußerst seltsame, aber eine wahre Kinder-Idee, wie mir scheint. [3776]

Der Dichter, der den Weltzustand, wie er ist, aufdeckt, muß nicht Liebe von seinen Zeit-Genossen fodern. Wann hätten die Leute denn ihren Henker geküßt! [3777]

Ein Mensch wird für tot ausgegeben, etwa ein Heiliger, um nachher als erscheinender Geist fungieren zu können. [3778]

Wer sich auf einem Kirchhof erschießt: Toter und Totenträger zugleich. [3779]

d. 1 Nov.
Wielands Euthanasia gelesen. Ein sehr verständiges Buch und in den Hauptpunkten durchaus zu unterschreiben. Die Kritik der Anekdoten von Swedenborg ist wohl zu weit getrieben. Ich würde mich, solchen Männern gegenüber, nie auf Einzelheiten einlassen, denn hier ist der juristische Beweis nötig. Aber in ihrer Totalität würde ich sie umso schärfer anpacken und von Swedenborg, der mit Caesar, Homer, Plato, Shakespeare, genug mit der ganzen Welt-Geschichte umging, eine Gedankenlese dieser Geister fodern, statt kümmerlicher Erläuterungen bekannter Tatsachen in Neben-Dingen. Könnte er diese nicht liefern, mir also nicht durch ein Genie imponieren, das über jedes Einzel-Genie seines intimen Umgangs noch weit hinausginge, weil es ja eben die Ausstrahlungen aller umfaßte, so würde ich ihn einen Phantasten oder Windbeutel nennen. [3780]

Swedenborg als dramatische Figur: »Ja, Christus!« – Da stimm ich nicht bei, Plato u.s.w. So tritt er auf, wenn er allein ist. [3781]

»Wenn ein Arzt krank ist und durch den andern behandelt wird, so kann er sich noch im Sterben mit dem Gedanken trösten, dem werd ich in der andren Welt entgegentreten und sagen: Du bist ein Pfuscher, sieh in mir den Beweis.« [3782]

»Ich verdiente mir als Monument ein Kapital, wovon ich nun Zeitlebens zehre. Weil ich die große Ähnlichkeit mit Bonaparte habe, so wurde ich so lange, bis die Metall-Figur desselben fertig war, auf die Vendome-Säule gestellt.« [3783]

Ein Nebenbuhler, der den anderen fodert, um ihn zu verhäßlichen, um ihm einen Schmiß über die Nase beizubringen und ihn so unschädlich zu machen. [3784]

Ein Lustspiel, worin alle Personen des Trauerspiels auftreten und sich selbst parodieren. Allegorisch, im höchsten Sinn. Ein Dichter tritt auf, der bei seinem Stück die Idee hatte, einmal eins zu schreiben, das gerade 2½ Stunden spiele. Nun unterbrechen ihn immer seine Personen, obs auch zu lange daure pp pp [3785]

Mit Geliebten kann man jeden Schmerz teilen, nur nicht den größten über ihren Verlust. [3786]

Ein Mensch, der an der Überwältigung durch den ersten Gott-Gedanken stirbt. [3787]

Gedicht: die Biene, die sich in der Tulpe verspätete, so daß die Blume sie gefangenhält und ihr die Flügel netzt, aber die Sonne befreit sie wieder und macht sie wieder trocken. [3788]

Komischer Kerl. »Eins bereu ich tief. Ich kam einmal einem vernagelten Kasten vorbei, worin sich ein Gemälde befand, und zog den Hut nicht ab. Konnte nicht das Bild eines Potentaten darin sein?« [3789]

Zwei, die sich schimpfen. Der eine von der Straße herauf, der andre vom 3ten Stock herunter. [3790]

D. 10. Nov. 46. nach Leipzig an Kühne den Moloch und nach Stuttgart an Hauff Gedichte geschickt. [3791]

Für gewisse Leute ist die Zensur das größte Glück. Sie können behaupten, daß nur diese alles Shakespearesche, Schillersche, an ihren Gedanken abschneidet. [3792]

Es gibt im Ästhetischen gar keine reine oder unreine Stoffe. Wird der höchste nicht befleckt durch niedrige Form und umgekehrt? [3793]

Ein Großer leidet so viele physische Not, wie ein Armer: hier hat er ein Winkelkind, dort ein andres, und diese dursten und hungern für ihn. [3794]

Don Juan und Faust von Grabbe
wird eben jetzt von mir gelesen. Wie hohl alles Ästhetische aufgefaßt wird, erkenne ich an nichts so deutlich, als an den seltsamen Parallelen, die man so oft zwischen mir und Grabbe zieht. Ist der Abstand zwischen uns beiden doch grenzenlos und nicht einmal in den Elementen die geringste Verwandtschaft. Grabbe hat sich, seine Verehrer mögen mir einwenden, was sie wollen, vor der Trivialität, der er nie entging, wenn er sich auf das Menschliche einließ, in die Hyper-Genialität, die die Welt überbieten und die Idee durch die Erscheinung vernichten will, hineingeflüchtet, und bewegt sich darum, wie der Schöpfer der Wolkenbilder, der Wind, durchaus im Leeren. Er erkennt die Wahrheit, die dem Anagramm der Natur zugrunde liegt, nicht an und bekämpft im eigentlichsten Verstande mit dem Buchstaben das Wort, zum Teil, indem er ihn auf seine, immer armselige Chiffre-Bedeutung an sich zurückführt, zum Teil, indem er zeigt, wie viele Verbindungen er außer der mit Notwendigkeit gegebenen und allein gültigen noch eingehen kann. Wenn er sich trotzdem im einzelnen um Wahrheit der Darstellung bemüht und sie auch wohl erreicht, so geschieht das in demselben Sinne, worin derjenige, der dartun wollte, daß die Sprache die Individuation, die sie nur ausdrückt, selbst erzeuge, sich doch der Sprache bedienen müßte, um seinem an sich sinnlosen Gedanken formelle Verständlichkeit zu verleihen. Wenn Grabbes Richtung eine unbedingte Konsequenz zuließe, so müßten seine Menschen nur auftreten, um sich die Kehle abzuschneiden, aber sie dürften nicht so weit kommen,

denn das Messer müßte sich in dem Moment, wo sie darnach griffen, wieder in rohes Eisen verwandeln, um sich auch seinerseits der teleologischen Verknüpfung der Dinge zu entziehen und dem εν και παν nichts zu vergeben. Es ist dies nicht, wie es scheinen könnte, ein nur so obenhin gewähltes Gleichnis, das die eine oder die andere negative Seite des Grabbeschen Darstellungsprozesses auf Kosten der übrigen positiven hervorhebt, sondern es ist ein getreues Abbild dieses Darstellungsprozesses selbst, dessen letzter Ausgangspunkt der Wahnsinn der Willkür ist und also dem gesunden Ausgangspunkt der dramatischen Kunst geradezu entgegensteht. Man wird mir den Nachweis am Speziellen gern schenken, da jeder Grabbesche Held, ja jede einigermaßen hervortretende Figur meine Entwicklung bestätigt, ebensowenig brauche ich einen geistigen Linnäus auf die Wichtigkeit der Grabbeschen Individualität für seinen enzyklopädistischen Zweck aufmerksam zu machen, da sie in die Augen fällt, aber es könnte der Zweifel aufgeworfen werden, ob nicht eben das Grabbesche Negieren aller Natur und sein Erstreben einer neuen Ur-Form der Welt, um es so zu nennen, ein Beweis für die Größe seines Genies sei und diesem Zweifel muß ich noch begegnen, da ich oben das gerade Gegenteil behauptet habe. Die Richtigkeit der Ansicht, leichterer Widerlegung wegen, einmal vorausgesetzt, so würde daraus folgen, daß Grabbe ein größerer Dichter sein müsse, als Äschylos und Sophokles, Shakespeare und Goethe zusammen, da sie alle den individuellen Widerspruch gegen die Weltordnung nur aufkommen ließen, um ihn aufzulösen und zu beseitigen, und diesem sittlichen Versuch höchstens zuweilen erlagen, ihn aber nie aufgaben. Das klingt denn doch schon bedenklich. Aber es wäre noch denkbar, nur müßte der Dichter, der diese sehr großen so weit überträfe, daß er, wie das wieder verkörperte Chaos, im Namen einer höheren Möglichkeit, die sie nicht ahnen, gegen die Wirklichkeit Protest einlegte, ihnen wenigstens gleich sein, wo er mit ihnen zusammentrifft, er müßte, da die Form von keinem vornehmen Abfertigen weiß, sondern Insekten und Löwen mit gleicher Liebe und Befriedigung ausführt, ebenso frische, in ihrer Haut abgeschlossene, bis auf die kleinste Linie vollendete Gestalten erschaffen, wie sie, wenn er sich auf Gottes und ihre Welt einmal einläßt, er müßte, mit einem Wort, seine

Titanen durch die Ameisen in ihrem Pelz beglaubigen. Dies geschieht aber nirgends auf genügende Weise, wo er wahr ist, da ist er, einzelne glückliche Züge ausgenommen, immer auch platt und abstrakt, und da er das selbst fühlt, so stellt er seine gewöhnlichen Figuren auf den Kopf, um sie zu ungewöhnlichen zu machen, und verläßt, sobald er nur kann, den gefährlichen Boden, wo der Verstand mit seinem Maßstab hinter ihm herschreitet, um sich in eine nebelhafte Ferne zurückzuziehen, in die hinein dieser ihm, so zudringlich er auch gefunden wird, nicht zu folgen wagt. Doch, es hilft ihm nichts, dem Verstand steht entschieden das erste Wort zu, wenn auch nicht das letzte, und wenn der Verstand dem Flüchtling nachspottete: ein Dichter, der am Fuß des Berges Marionetten tanzen läßt, kann auf den Gipfel desselben auch nur einen Schneemann setzen, so ist gar nichts weiter zu sagen. Nur wenn er die Lebensfülle einräumen und der Gruppierung beistimmen müßte, die Idee aber anfechten wollte, wäre er einstweilen zur Ruhe und der ganze Handel vor eine höhere Instanz zu verweisen.

(Fortzusetzen) [3795]

Ein Dichter, der keinen Gedanken fallen lassen kann, ist, wie ein Bildhauer, der aus Liebe zum Marmor-Block nicht zum Wegmeißeln des überflüssigen Materials käme. An und für sich hat das Stück Marmor, das am Apoll von Belvedere die Nase vorstellt, freilich keinen höheren Wert, als das daneben weggeschlagene, das in der Werkstatt des Künstlers mit Füßen getreten wurde. [3796]

Wenn man abends die Finger gegen das Licht hält, werden sie, wie durchsichtig, das Blut nimmt eine zauberische Farbe an und man sieht es pulsieren. Daraus wäre ein sehr schönes Bild herzunehmen. [3797]

d. 15 Novbr.
Oehlenschläger in Kopenhagen hat jetzt einen Hamlet geschrieben. Ein Kerl, der gewiß ein Schuft ist, und mich gestern als Durchreisender besuchte, sagte mir das. Die erste Entrüstung über die Kinderei riß mich zum aufrichtigen Aussprechen meiner

Meinung hin. Ist die sittliche Situation des Menschen auf Erden nicht entsetzlich? Alle Wahrheit, selbst in Wissenschaft und Kunst, soll man verleugnen, wenn man jemand, der in grenzenloser Eitelkeit in beide hineinpfuscht, verpflichtet ist. Das wird verlangt. [3798]

Auf dem Lande wird der Geburtstag eines Bauerkindes so gefeiert, daß die Mutter z.B. sagt: heute ist dein Geburtstag, darum verschone ich dich mit der Tracht Prügel, die du verdient hast und gebe sie dir erst morgen! [3799]

»Die Erde ist ein Wrack im Schiffbruch, auf dem die Leute sich um den Zwieback schlagen.« [3800]

Posse: Die verkehrte Welt. (Schluß: Das Stück habe ich schon aufführen sehen!) A. Aber woher kommts: Hasen sind eure Soldaten, Füchse eure Prediger u.s.w. B. Bei Besetzung der Ämter spielen wir Blindekuh, und wen wir packen, erhälts Amt. [3801]

– Es muß ein Schaltjahr sein, die Theater spielen ein Stück von mir. – [3802]

Während des Erdbebens betrachtet man keine Bildergalerie. [3803]

Ein Arzt, der nichts zu tun hat, nimmt gewöhnlich die Medizin selbst in die Kur. [3804]

Ich habe in der letzten Zeit viel von Jean Paul gelesen und einiges von Lichtenberg. Welch ein herrlicher Kopf ist der letztere! Ich will lieber mit Lichtenberg vergessen werden, als unsterblich sein mit Jean Paul! [3805]

d. 20 Novbr.
Heute den zweiten Akt der Julia geschlossen, um die ich, seltsamer Kasus, schon von zwei Theatern ersucht worden bin. Ein Stück, das ich noch durchaus nicht beurteilen kann. [3806]

Goethes Stella ist ein durchaus unsittliches Produkt. Dagegen würde ein Stück, das das freie Weib predigte, nicht darum schon unsittlich sein, sondern bloß verrückt, es würde, wenn es im übrigen naiv wäre, nicht empören, sondern höchstens zum Lachen reizen. Denn es ist ein ganz anderes, das Institut aufheben, oder das Institut bestehen lassen und allen möglichen Sünden-Greuel darin unterbringen zu wollen. Zu dem Gedanken der Aufhebung könnte den sittlichen Menschen zuweilen schon der Blick auf die praktische Gestaltung des Instituts verleiten, denn diese zeugt, wenn auch nicht gegen die ihm zugrunde liegende Idee, so doch sicher gegen das menschliche Vermögen, ihr zu entsprechen. Man braucht übrigens diese Stella und ihren jammervollen Träger, den Hans Liederlich Fernando, nicht zu bekämpfen, denn der Dichter selbst hat sie schon durch ein Element, das er bei letzter Umarbeitung in sie hineinquälte, vernichtet. Graf Gleichen und dieser Romantikus, welch ein Unterschied! Wie Feuer und Stroh! [3807]

Ein Leser (im Gegensatz zum handelnden, ja auch zum studierenden Menschen) Charakterbild unserer Zeit, und sehr wichtiges, indem ein solcher Mensch sich durch ein Vorwegnehmen mit der Phantasie um alle Reellität bringt. [3808]

Sittlich muß das Drama immer sein, gesittet kann es nicht immer sein. [3809]

Die Toten sollten, ein immer wachsendes Heer, als dräuende Schatten mit aufgehobenen Fingern unter den Lebendigen umhergehen, bis der letzte begraben wäre! [3810]

Was ist das Höhere des Höchstgestellten? Das Gefühl der Gesamtheit! [3811]

Brief an Gurlitt vom 26 Nov.
– ein junger Mensch, der Steine verdaut und an Christi Statt durch tapfern Inbiß dem Teufel bewiesen hätte, daß die verlangte Transsubstantiation derselben in Brot höchst überflüssig sei. [3812]

Man muß (auf Reisen) lernen, daß das Haus nicht die Welt ist und daß Asien, Afrika und Amerika etwas mehr bedeuten, als die Landkarten, die man davon an den Wänden hängen hat. Ist man zu dieser Erkenntnis gekommen, so darf man sich eingestehen, daß die Welt auch nicht das Haus ist. [3812a]

An Holstein und die Verwicklungen mit Dänemark mag ich gar nicht denken. Ehrlich und offen gestanden: der Trinkspruch, den ich zu Rom am Weihnachtsabend ausbrachte, hat mich seit dieser Wendung der Sache schon oft gereut, und wenn ich eine Form dafür wüßte, und das Inkonvenable, was nach meinem Gefühl in dem persönlichen Hervortreten bei allgemeinen politischen Angelegenheiten liegt, nicht haßte, ich hätte ihn schon öffentlich zurückgenommen, so unschuldig er auch gemeint war. Ich hasse neue Etablissements von Fürstentümern und das provinzielle Verfestigen in einer Zeit, die, wenn nicht alle Anzeichen trügen, dem Völkerbund entgegenstrebt, ich mag kurz vorm Jüngsten Tag der Nationalitäten das Rücken mit den Stühlen nicht und hätte aus diesem Grunde wohl gewünscht, daß alles beim Alten geblieben wäre. pp pp [3812b]

Wenn ein katholisches, und also auch katholisch kopuliertes Ehepaar protestantisch wird, wie steht es um die Auflösung einer solchen Ehe? [3813]

Schlechte Poeten meinen wunder was zu sagen, wenn sie statt auf die 9 Musen auf 9 hungrige Kinder verweisen können. [3814]

Ein Bart, wie ein Urwald, in den man nach der Manier der französischen Gärten ein Gesicht hineingeschnitten hat. [3815]

Ein Kerl, der das Gelübde getan hat, nie zu lachen, weil er einmal zur rechten Zeit nicht weinte. [3816]

Einer, der seinen Nebenbuhler fordert, um ihn häßlich zu machen. [3817]

d. 29 Nov.

Gestern abend den 3ten Akt der Julia geschlossen. Das Stück breitet sich weiter aus, als ich gedacht hatte, und nimmt sehr viel in sich auf, was in mir fertig war. [3818]

Was nur dem Meister der Kunst begreiflich ist: die Notwendigkeit, das Wesentlichste oft ganz beiläufig zu sagen, um den schönen Schein der Freiheit nicht aufzuheben! [3819]

Ein Mensch findet ein Armband, schenkt es der Geliebten, die wird als Diebin in Anspruch genommen, dann er selbst. [3820]

Ein Mensch, dem man alle seine Geheimnisse sagen kann – seltenste der Seltenheiten! [3821]

Das Sprechenlernen der Kinder durchs Hören ist und bleibt mir geheimnisvoll. Wenn ein Erwachsener es sollte, er würde schlecht bestehen, er muß sich, um eine neue Sprache zu erobern, immer auf eine ihm schon geläufige zurückbeziehen können. Besonders verwundre ich mich darüber, daß Kinder schon so früh die Partikeln richtig zu brauchen anfangen. [3822]

d. 30 Nov.

Über Nacht konnte ich nicht schlafen, weil die Uhr mich störte. Ich stand um 1 Uhr auf und hielt sie an. Sowie sie stillstand, hatte ich ein Kleinkinder-Gefühl. Ich empfand nämlich eine Art Reue, aus Mitleid entspringend, mir war, als hätte ich sie gemordet. [3823]

Man wirft mir zuweilen Schwerfälligkeit des Dialogs vor und verlangt ihn fließender. Darauf antworte ich: das Wasser wirft die wenigsten Blasen auf, in dem keine Fische schwimmen.

[3824]

Ein Russe, der seine Frau so zärtlich liebt, daß er ihr kein Haar auf dem Haupt krümmen mögte. Die Frau dagegen teilt den allgemeinen Volksglauben und zweifelt an seiner Liebe, weil er sie nicht prügelt, weint, ist unglücklich. Seltsames Idyll. [3825]

Lope de Vega hat über 2000 Dramen hervorgebracht und außerdem noch eine Unzahl anderer Dichtungen, so daß wenigstens 900 Zeilen auf einen Tag kommen, die nur niederzuschreiben eine rüstige Schreiberfaust erforderlich ist. Da sollte man denn doch billig mit seinem Übersetzer, dem Grafen Soden, von dem ich diese Notizen entlehne, ausrufen: wozu noch andere Götter suchen, hier will ich niederknieen und anbeten, denn was ist Shakespeare selbst mit seinen 30 Stücken gegen Lope; was wohl sonst, als was 30 gegen 2000 sind; nichts, soviel wie nichts! Prüft man die Sache jedoch genauer, so findet man, wenigstens nach den mir vorliegenden Akten, daß die ganze Kunst auf die zweideutige Geschicklichkeit, unermüdlich dasselbe zu sagen, sich ohne Unterlaß zu wiederholen und bei jeder Wiederholung gleich flach zu sein, hinausläuft. Ich sage, nach den mir vorliegenden Akten, von denen sich freilich annehmen läßt, daß der Bewunderer, der sie aus dem Staube des Literaturarchivs zum Zweck einer erneuten Krönung hervorzog, mit Takt und Umsicht ausgewählt haben wird. Im allgemeinen ist und bleibt es meine feste Überzeugung, daß der Reichtum solcher Dichter, die man, wenn man sich eine etymologische Spielerei erlauben wollte, Verdünner nennen könnte, nie in den Ideen, die haben sie gar nicht und verachten sie, auch nicht in den Charakteren, woher sie nehmen ohne Ideen, sondern einzig und allein in den Situationen und in noch untergeordneteren Elementen liegt und liegen kann. Bei den Spaniern zum mindesten gilt dies ohne Einschränkung; wie sie die gemeinsten Gedanken und Vorstellungen in ihrem Dialog mit neuen und gesuchten Bildern zu umkleiden nicht aufhören, so ermüden sie ebensowenig, die gemeinsten Charaktere, mit neuen Dialog-Flittern behängt, wieder vorzuführen und glauben, alles getan zu haben, wenn sie die Verhältnisse auf eine neue Art ineinanderwirrten. Nach meinem Gefühl ist das trivial zum Sterben. [3826]

Die Vernunft des Irrenhauses ist, daß die Menschen darin verrückt sind. [3827]

»Soll ich mich aufhängen, weil Shakespeare einmal gelebt hat?« Schlechter Dichter. [3828]

Das deutsche Vaterland kann gar nicht wissen, was es an seinen politischen Dichtern hat. Mag die Poesie doch zu kurz kommen, was tuts? Der Gewinn wird sich erst im Fall eines Krieges zeigen. Denn jeder wird doch zur Zeit der Not als Freiwilliger in die Reihen treten, und diejenigen, die es nicht tun, kann man ja immer noch hängen, also lasse man sie schreien. [3829]

Von so vielen Seiten wird als erster Anspruch an den dramatischen Stil die Leichtigkeit erhoben. Ich glaube, mit großem Unverstand. [3829a]

Der Dialog ist leicht! Der Dialog ist schwerfällig! Das ist das einzige, was die Rezensenten und selbst die besseren, über den dramatischen Stil zu bemerken pflegen. Diese Bemerkungen zeigen schon durch ihre Allgemeinheit, daß diejenigen, die sie machen, nur halb wissen, wovon sie sprechen. Denn sonst müßten sie sie auf einzelne Szenen, ja auf einzelne Reden, beschränken, da die Leichtigkeit oder Schwerfälligkeit des Dialogs gar kein charakteristisches Kennzeichen eines ganzen Dramas sein kann, wenn es anders ein Dichterwerk ist. Unstreitig ist die Sprache das allerwichtigste Element, wie der Poesie überhaupt, so speziell auch des Dramas, und jede Kritik täte wohl, bei ihr zu beginnen. In der Fabel, selbst in den Konturen der Charaktere versteckt sich das Abstrakte zuweilen sehr tief, in der Sprache offenbart es sich dem ästhetischen Sinn sogleich. Aber freilich muß man, ehe man sich an die Analyse der Sprache wagt, den Unterschied zwischen einer Darstellung, einer unmittelbaren Abspiegelung des Lebensprozesses, und einer Relation, einem verständigen Aufzählen seiner verschiedenen Momente und seines endlichen Resultats erkannt haben. Dann wird man ganz andere Seiten ins Auge fassen, als die äußerliche Beschaffenheit des Satz- und Perioden-Baus, und Lessing, auf den man gern verweist, nur in sehr bedingtem Sinn als Muster aufstellen. Lessing, der eben nur Relationen gab, der nie zwischen tausend Zügen das Gleichgewicht herzustellen, sondern immer nur die zwei oder drei, die er seiner Belesenheit und seiner Menschen-Kenntnis abgewann, unterzubringen hatte, Lessing konnte diesen leicht ihr Recht antun, er konnte sie leicht bis ins einzelste ausmalen und doch ein schnell durchwandertes etymologisches Gebäude zustande bringen. Ein anderes ist es bei dem wahren Dichter, dem mit jedem Schritt, den er tut, eine Welt von Anschauungen und Beziehungen, die zugleich rückwärts und vorwärts deuten, aufgeht und der nur dann den Eindruck macht, den er machen will und soll, wenn er uns diesen schwellenden Reichtum, diese unendliche Lebensfülle mitgenießen läßt. Dort, wo nie ein Gedanke dem andern auf die Fersen tritt, nie eine Farbe in die andere hineinspielt, war der Häckerling kleiner Sätze am Platz; hier würde er es sehr wenig sein. Es ist nicht wahr, daß der Mensch alles, was er denkt, ganz zu Ende denkt, was er empfindet, ganz ausempfindet; die Lebensäußerungen kreuzen sich, sie heben sich auf, und dies vor allem soll der dramatische Stil veranschaulichen, den jedesmaligen ganzen Zustand, das Sich-Ineinander-Verlaufen seiner einzelnen Momente und die Verwirrung selbst, die dies mit sich bringt. Daraus folgt denn, daß die beliebte Leichtigkeit des Dialogs sehr oft ein Fehler sein kann und die Schwerfälligkeit eine Tugend. Übrigens kennt man den Strom, der die wenigsten Blasen aufwirft: es ist derjenige, in dem die wenigsten Fische schwimmen. [3830]

In meinen Augen ist die Journalistik eine große National-Vergiftung. Die Folgen derselben werden schrecklich sein, denn sie wird, je mehr sie sich verbreitet, um so schlechter, und ist schon jetzt fast ganz entsittlicht. [3831]

Ein König, der sich selbst seiner Würde begibt, weil er, als kronenlos umherirrender Prätendent mit der Institution des Königtums kämpfen mußte und ihre negativen Seiten kennenlernte. Ein Weltzustand wird angenommen, der Kommunismus und alles schon durchgemacht hat und wieder zur Besinnung gekommen ist. Hintergrund: die Doppel-Revolution Frankreichs.
[3832]

Es ist eine alte Bemerkung, daß die Dezenz steigt, wie die Moralität fällt. Auch hat die Sache ihre positive Seite, denn offenbar wird ein unreines Gemüt durch Worte und Dinge in Aufruhr gebracht, die auf ein reines eine solche Wirkung nicht gehabt hätten, ich sehe aber nicht ein, warum, wenn der Unreinen mehr sind, als der Reinen, nicht auch bei Feststellung der Konvenienzen auf jene mehr Rücksicht genommen werden sollte, als auf diese. So sind denn auch die Dezenz-Forderungen, die man an den Künstler und vorzüglich an den dramatischen Dichter macht, nicht eigentlich anzufechten, sondern es ist höchstens darzutun, daß sie den Begriff seiner Kunst aufheben und ihm das Recht auf die Existenz absprechen. Mit der Sittlichkeit kann er sich niemals im Widerspruch befinden, mit der Moralität nur selten, mit der Konvenienz sehr oft. Die Sittlichkeit ist das Weltgesetz selbst, wie es sich im Grenzensetzen zwischen dem Ganzen und der Einzel-Erscheinung äußert; was tut der Künstler, was tut vor allen der dramatische Dichter anderes, als daß er diese Harmonie aufzeigt und sie an jedem Punkt, wo er sie gestört sieht, wieder herstellt. Die Moralität ist die angewandte, die auf den nächsten Lebenskreis bezogene Sittlichkeit; mit ihr kann der Dichter bei gebrochenen Erscheinungen, in denen die Natur und selbst die Gesellschaft experimentiert oder vorbereitet, in Zwiespalt geraten, doch wird es nur in extremen Fällen geschehen. Die Konvenienz ist, wie schon ihr Name beweist, nichts Ursprüngliches, sondern eine Übereinkunft, die sehr viel Sittlichkeit und Moralität, ganz so viel, als davon naiv und instinktiv ist, in sich aufnehmen kann, und meistens sehr viel Unsittlichkeit und Unmoralität in sich aufnimmt.

(Fortzusetzen) [3833]

d. 7 Dez.

Über Nacht hatte Christine wegen der zu starken Bewegungen des Kindes unter ihrem Herzen nicht schlafen können. »O, wie habe ich den armen Wurm bedauert!« sagte sie am Morgen mit ihrem engelfreundlichen Gesicht. Gutes Weib, gutes Geschlecht! Ein Mann hätte ihn verwünscht. [3834]

Über Nacht träumte mir, ich müsse in einer alten Kirche in einem Gewölbe mit einem Jugendfreund und einem Hund die Nacht zubringen. Eine Masse Stroh war da, auch fanden wir alte Kleider, die wir anzogen, uns vor dem Frieren zu schützen, denn es war kalt. Christine hat geträumt, ihre Großmutter würde aufgegraben, um einen neuen Sarg zu erhalten, und sie müsse, am 16ten, dabei sein. [3835]

Eine Menge Lichter sind angezündet und ein Windhauch zieht hindurch, nun erlischt manches und manche brennen fort. Das ist die Erde mit ihren Menschen und dem Tod. [3836]

Herodes und Mariamne. Tragödie, aber natürlich das ganze Leben des Herodes umfassend. [3837]

Wenn Schnee fällt: das ist die bequemste Weise, alle Teufel weiß zu machen. [3838]

Oehlenschläger ist für seinen »Hamlet« in den Adelstand erhoben worden. »Für seine Unschuld!« sagte Christine. [3839]

Traum: der blutrote Mond, alle Sterne dicht um ihn im Kreis zusammengedrängt, wie sich fürchtend, grauerliches Bild.
[3840]

d. 15 Dez.
Über Nacht nicht geschlafen, weil für Christine die Stunde gekommen zu sein schien. Ich saß gestern abend noch am Schreibtisch, es war gegen 9 Uhr, da trat sie in mein Zimmer und sagte: mein Freund, mir wird so seltsam! Wie ein Vöglein, das sein Nest baut, hatte sie sich vorher in ihrem Schmerz schon alles, was sie brauchte, zusammengeschleppt, die Wiege mit dem Bettchen fürs Kind, daß es warm würde u.s.w. Wie rührt mich jeder Blick in die weibliche Natur! [3841]

»Gott biß eine Nuß auf, die eine Schale wölbt sich über uns, die andre unter uns, da fuhr allerlei heraus, nun sucht er sie umsonst wieder zusammenzubringen – das ist die Weltgeschichte!«
[3842]

Große Gedanken können nicht einfach genug ausgesprochen werden, denn die Poesie hängt nie vom Bildertand ab, aber kleine verlangen Putz. Den Vögeln gab die Natur bunte Federn, beim Löwen läßt sies bei einfachen Haaren bewenden. [3843]

Sich das Blut abzapfen, um sich rote Wangen zu malen.

[3844]

Jemand, der sich selbst im Spiegel sieht und um Hülfe schreit, weil er einen Fremden zu sehen glaubt; man hat ihn nämlich angemalt. [3845]

Es gibt gar keinen Tadel, der nicht nützlich wäre. Der Tadel, der mich nicht mit einem eignen Mangel bekannt macht, macht mich mit dem Mangel eines anderen, des Tadlers selbst, bekannt.

[3846]

Ein Mensch, der aus einem anderen alles macht, was er will. »Du bist ein Türk!« Und er ists. »Nein, ein Mohr!« Wieder.

[3847]

»– ich fühle, daß meine herrlichsten Taten nur Nachahmungen herrlicherer seien, wovon ich einst geträumt pp –« [3848]

d. 16 Dez.
Über Nacht Traum: eine kleine freundliche Straße, hell von der Sonne beschienen, in die ich einbog; dann eine lange Brücke; dann ein düstrer Gang, durch Häuser, deren Fensterseite man nicht sah, gebildet; unheimliche Bettler-Gestalten am Eingang und auch drinnen; es war nicht ganz finster, man sah Bäume am Ende herüberschimmern; die Gestalten wurden immer drohender; wohin führt dieser Weg? fragte ich; nach dem Kirchhof! war die Antwort; sie rotteten sich um mich zusammen, ohne mir jedoch etwas zu tun; ich kehrte um. [3849]

Eine Schlange aufnehmen, um sie jemand ins Gesicht zu werfen und selbst von ihr gestochen zu werden. [3850]

Der einzelne kann sich der Welt gar nicht gegenüberstellen, ohne sein kleines Recht in ein großes Unrecht zu verwandeln.

[3851]

d. 18 Dezbr.
Gegen keinen Menschen, der sich in der laufenden Literatur

neben mir bewegt, habe ich eine so große Abneigung, wie gegen Karl Gutzkow, und gegen keinen mögt ich eben darum lieber gerecht sein. Sein literärischer Charakter erlaubt gar keine Doppel-Deutung, denn die entschiedenste Charlatanerie liegt offen zutage, aber seine Begabung kann aus mehr, als einem Gesichtspunkt betrachtet werden. Deshalb nehm ich seine Bücher, obgleich sie, wenn sie etwas anderes, als Journal-Artikel bringen, mir immer peinlich sind, doch von Zeit zu Zeit wieder vor; ich will sie in den mannigfaltigsten, entgegengesetztesten Stimmungen auf mich einwirken lassen, um mich der Richtigkeit meiner ersten Eindrücke zu versichern, oder sie zu modifizieren. Merkwürdig ist es mir aber, daß die Eindrücke immer dieselben bleiben. Als Journalist ist er mir stets willkommen, er mag sich gebärden, wie er will; seine Reiseskizzen, seine Charakteristiken und Bücher-Extrakte, alles regt mich an. Das rührt daher, weil die ganze Sphäre den erschöpfenden Ernst ausschließt, wie die Unterhaltung, weil sie nichts verlangt, als ein blitzartiges Beleuchten pikanter Einzelheiten, weil die Journalistik überhaupt nicht die Dinge, sondern nur sich selbst zeigen soll oder doch zeigt. Als Darsteller dagegen, als Quasi-Dichter, ist er mir so unerträglich, wie gar kein anderer Autor, so viele es auch gibt, die den Elementen nach unter ihm stehen. Er macht mir den Eindruck eines Wesens, das nicht Affe geblieben und doch nicht Mensch geworden ist, das aber alle seine Mängel und die Surrogate dafür kennt und jene hinter diesen versteckt. Dies Bild ist nicht übertrieben. Ich habe heute seine Seraphine zum zweitenmal gelesen. Der Grundgedanke ist gewiß nicht gemein und hätte etwas werden können. Ein Weib gerät an einen Mann, für den es nicht paßt; dies Unglück wäre zu ertragen, aber Seraphine sieht leider im Individuum die Gattung, sie abstrahiert sich aus Arthur die Regel für den Umgang mit seinem Nachfolger, dem gerade mit der naiven Äußerung ihrer ursprünglichen Natur gedient gewesen wäre und verdirbt sich so die ganze Zukunft. Dergleichen geschieht, und es kann nichts Schlimmeres geschehen; klar motiviert und hinreichend ins Enge gebracht, würde es ein höchst bedeutendes Lebensbild geben und die Wirkung nicht verfehlen. Aber, wie ist dies Bild hier ausgefallen! Der Anfang ist ganz gut, es kommt ihm zustatten, was jedem

Anfang zustatten kommt, die Hoffnung, daß es besser werden wird; die ersten Linien werden ja nur durch die letzten rezensiert. Die ganze Einkleidung freilich, daß Seraphinens Kreuzigung einer kalten Salon-Dame, die dabei einschläft, von ihren beiden Liebhabern erzählt wird, ist läppisch, obgleich der Verfasser auf einen bedeutenden Effekt gerechnet haben mag; denn niemand sagt sich: einem so teilnahmlosen Geschöpf ward ein so edles Wesen geopfert, sondern jeder denkt: welche Narren, schwatzen stundenlang und kümmern sich gar nicht darum, ob man Ohren für sie hat! Ich rüge das, weil ein Gutzkowscher Rahmen immer so abgeschmackt gegen einen dichterischen Arabeskenschmuck absticht, sonst weiß ich recht gut, daß man bei einem Schwindsüchtigen sich nicht noch viel um den Buckel bekümmern soll. Das Interesse hält eine Zeitlang vor; die Dialektik der Situationen vertritt die der Charaktere, an einzelnen glücklichen Zügen, die allerdings mehr aus dem Gedächtniskasten zusammengelesen, als wirklich produziert werden, ist kein Mangel und die Farbenkörner scheinen den Maler-Pinsel zu versprechen. Gegen den Schluß des ersten Buchs, das seinen größeren Reiz vielleicht wahren Erlebnissen verdankt, spannen sich die Erwartungen schon herunter, und am Ende des zweiten lacht man sich aus, daß man überall welche gehabt hat. Im dritten ergreift Seraphine, nachdem ihre beiden Liebhaber sich über sie ausgesprochen haben, in eigener Person das Wort und gibt unmögliche Tagebuch-Mitteilungen; im vierten und fünften wirft denn endlich der Dichter nach seiner Art die Scham von sich und füllt eine Menge Bogen, die nicht leer bleiben dürfen, wenn der Roman dem Buchbinder nicht zu dünn vorkommen soll, mit Gesprächen über alles, worüber sich sprechen läßt. Darunter kommen Dinge von bodenloser Unsinnigkeit vor; z.B. der Galimathias über die Unsterblichkeit. Phine geht von ihren vornehmen Freunden an einen Jäger über, der sie anfangs maßlos verehrt und sie dann, nachdem er wegen Wild-Dieberei im Zuchthause gesessen und die Brutalität studiert hat, körperlich mißhandelt; während der Geliebte seine Strafe absitzt oder abkarrt, ist sie Erzieherin in einem Ministerhause und fesselt den Minister auf eine Art, daß er ihr einmal abends nach elf im Schlafrock eine Visite macht. Das bekommt ihm freilich schlecht, denn er trifft bei ihr sein Kind im Sterben, wovon er nichts weiß und seine Frau nichts wissen will. Wer das Ende dieses Ministers Magnus erfand, der sollte sich nicht mehr unterstehen, eine literärische Schustergesellenleistung zu beurteilen. Der Mann wird seines Amts entlassen, warum erfährt man nicht, im Gegenteil ist vorher von lauter fürstlichen Gnaden die Rede, und verfällt nun zum Zeitvertreib auf die Eifersucht. Da er nun aber gegen ein Weib, das sich längst als herrenlos betrachten durfte, mit seinen verjährten Ansprüchen nichts ausrichtet, beschließt er, nicht zu sterben, auch nicht, sich den Sarg zu bestellen, sondern sich vorläufig einen Baum aus dem Walde zum Sarg heraushauen zu lassen. Dies geschieht, aber der Baum fällt ihm auf den Kopf und erschlägt ihn. Er wird in der Familiengruft beigesetzt und alles ist vorbei, denkt der Leser. Nicht doch. Er wacht wieder auf, läßt seine Frau zu sich ins Grabgewölbe kommen, parlamentiert mit ihr aus dem Sarg heraus und droht ihr, sich den Kopf am Sarg völlig einzudrücken, wenn sie sich ihrer Libertinage nicht abtun wolle. Was drohen, er droht ihr nicht, wird der Dichter einwenden, dazu ist er viel zu edel, er läßt ihr freien Willen und erklärt ihr bloß, daß er, wenn dieser freie Wille sich gegen sein Wieder-Auferstehen erkläre, sich den Garaus machen werde. Richtig. Aber Julia wird gerührt, der Herr von Magnus verläßt den Sarg und wandelt vielleicht noch jetzt mit silberner Hirnplatte unter uns herum, während Seraphine, statt mit dem Kramladen, dem sie am Ende des Buchs vorsteht, in die Höhe zu kommen, sich begraben lassen muß, damit der Verfasser ihr einige Tränen nachweinen kann. O, welch eine Zeit, die solchen Erbärmlichkeiten, die, eben weil sie es auf mehr absehen, noch hinter Iffland und Kotzebue zurückbleiben, nicht die entschiedenste Verachtung entgegensetzt!   [3852]

Das größte Individuum, das sich eben, weil es ist, was es ist, aus dem allgemeinen Nexus, worin die Mittelmäßigkeit wurzelt, herausgerissen fühlt, kann nie eine solche Sicherheit des Bewußtseins und der Situation in sich tragen, wie jene.   [3853]

Der Genius der Dichtkunst ergreift einen Menschen beim Schopf, wie der Engel den Habakuk, dreht ihn gegen Morgen und sagt: male mir, was du siehst. Dieser tuts, zitternd und mit

Angst, inzwischen kommen aber seine lieben Brüder und zünden ein Feuer unter seinen Füßen an. [3854]

Viel Entsetzliches kann man erleben, solange man noch nicht im Grabe liegt; aber das Entsetzlichste erst dann, wenn man hineingelegt wird und noch Bewußtsein, aber nicht die Fähigkeit hat, es zu zeigen. [3855]

d. 22 Dezbr.
Heute mittag um 11 Uhr ging ich mit meiner lieben Frau ein wenig spazieren, aber kaum funfzig Schritte hatten wir über die Glacis gemacht, als sie umzukehren bat. Sie konnte kaum noch nach Hause kommen, erholte sich jedoch wieder aufm Sofa und aß mit Appetit zu Mittag. Gleich nach Tisch stellten sich aber die verdächtigen Schmerzen, die sie am Fortspazieren verhindert hatten, wieder ein, es wurde zur Hebamme geschickt, diese erklärte, daß die Entbindung bevorstehe und nun sieht sie, bei noch leidlichen Wehen, abends um 5 Uhr, dem entscheidenden Augenblick entgegen. Möge er bald kommen und glücklich vorübergehen! [3856]

d. 24sten Dez.
Es ist noch nichts geworden, es waren ein paar ängstliche Tage, heute ist nun Weihnachts-Abend und Christine befindet sich wieder leidlich. Solche Notizen zeigen recht deutlich, was dabei herauskäme, wenn ich, wie ich es mir zuweilen vornehme, ein Tagebuch im gewöhnlichen Sinn führen wollte. Gedanken und Einfälle, wie ich sie mir notiere, bedeuten sehr wenig, aber immer noch mehr, als das äußere Leben. [3857]

Man läßt den ersten Menschen gern im Bach seinen ersten Spiegel finden. Er könnte ihn aber ebensogut im zweiten Menschen gefunden haben, der Mann also, der doch unstreitig der erste gewesen ist, im Weibe, als dem zur Vervollständigung des Schöpfungsakts notwendigen zweiten. Adam hat der Eva, als er sie erblickte, ins Auge gesehen und so zu seinem Erstaunen das Bild seiner selbst gewonnen; so daß physisch geschah, was psychisch immer geschieht. Daß der Gedanke hübsch ist, versteht sich von selbst; ich mögte wissen, ob er auch wahr ist. [3858]

»Ich war vorgestern betrunken, vielleicht kommt heute der Rausch!« [3859]

Ein Mädchen, das, wohin es sieht, Sterne erblickt, die für niemand bemerkbar sind. Es ist aber der Widerschein ihrer Augen. [3860]

Jean Paul beweist, daß Erkenntnis der Form nicht zur Form führt und daß sie nicht ein Resultat der freien Tätigkeit des Geistes ist, sondern ein Produkt seiner ursprünglichen Beschaffenheit. Es liegt in diesem Gedanken eine Welt von Konsequenzen, die weit über den Kreis der Kunst hinausgehen; ich mögte mich aber nicht erkühnen, diese Konsequenzen zu ziehen. [3861]

Ob Anschauungen poetisch sind, d. h. ob sie wahr sind, das heißt wieder, ob sie aus einem reinen oder einen raffinierten Akt der Phantasie hervorgegangen sind, erfährt man am besten von den Kindern. Alles, was Kindern kommt oder doch kommen kann, ist allgemein-menschlich und darum auch, wenn es im poetischen Kreise liegt, poetisch. [3862]

»Der Mensch wird das nach dem Tode, was er lebhaft zu werden wünscht, darum wünsch ich, Kaiser zu werden!« [3863]

Daß erst die Ehe den Menschen zum ganzen Menschen macht: dramatisch darzustellen. [3864]

Wie jede Kristallisation von gewissen physikalischen Bedingungen abhängt, so jede Individualisierung des menschlichen Wesens von der Beschaffenheit der Geschichtsepoche, in die es fällt. Diese Modifikationen der Menschen-Natur in ihrer relativen Notwendigkeit zur Anschauung zu bringen, ist die Haupt-Aufgabe, die die Poesie, der Geschichte gegenüber, hat, und hier kann sie, wenn die reine Darstellung ihr gelingt, ein Höchstes leisten. Aber es ist so schwer, das Zufällige von der Aufgabe selbst abzuscheiden und dann noch die subjektive Beliebigkeit zu vermeiden, daß wir zu Dichtungen, wie sie mir hiebei vorschweben, kaum noch die Anfänge haben. [3865]

Der Mann. Liebst du mich? *Das Mädchen:* Ich glaube, ja!
Der Mann. Es tut mir leid! Sit.[uation] [3866]

Der Mensch denkt sich die andern, wie er selbst ist! sagt man oft gedankenlos und sieht in dem, was die höchste Strafe, der schwerste Fluch ist, wohl gar ein Verbrechen. Aber wie fürchterlich wird die Menschheit an einem niederträchtigen Subjekt eben dadurch gerächt, daß er sich von seinesgleichen umgeben glaubt. [3867]

In den Fall kommen, einem Feind das Leben retten oder sich bei sich selbst für einen Schurken erklären zu müssen. [3868]

Wie ein Feind dem anderen Gelegenheit gibt, ihn zu morden, aber so, daß er gedeckt ist, bloß, um ihn des Mordversuchs anklagen zu können. [3869]

d. 26 Dez.
Mein junger, geistreicher Freund Siegmund Engländer brachte mir vor einiger Zeit einen Roman: der Egoist!, und zwar den ersten Teil, zur Durchsicht und Beurteilung. Ich bin dadurch in eine besondere Verlegenheit versetzt worden. Läge das ganze Werk mir vor, so würde ich mich zum entschiedensten Aussprechen meiner Meinung, sie mögte nun so ungünstig ausfallen, wie sie wollte, verpflichtet halten. Jetzt aber, wo mir kaum die Hälfte vorgelegt ist, drängt sich mir das Bedenken auf, ob ich, wenn ich ihn in der völligen Durchführung einer Studie unterbreche, ihm nicht einen wesentlichen Schaden zufügen kann. Seine Arbeit hat viele gute Elemente und ist oft im einzelnen ebensosehr gelungen, als im ganzen verfehlt. Es kommt mir aber vor, als ob er sich viel besser auf das Kolorieren, als auf das Zeichnen versteht, und das wäre schlimm. Sein Buch wird noch eher einen Verleger, als einen Leser finden, denn der Hauptcharakter ist nicht allein im höchsten Grade abstoßend und widerlich, er wird auch nicht einmal psychologisch genießbar gemacht, sondern nur so geradezu als ein Wesen, wofür die Natur unmittelbar die Verantwortung übernehmen muß, hingestellt. Die Natur bedankt sich aber, und selbst die Gesellschaft wird sich einen sehr gründlichen Be-

weis ausbitten, ehe sie ein Ungeheuer, das nicht einmal mehr mit einer menschlichen Regung zu kämpfen hat, als eine ihrer Ausgeburten gelten läßt. Es kann gar kein Interesse für diesen Charakter aufkommen; man mögte vielleicht erfahren, wie ein Mensch Hyäne wird, aber sicher nicht, wie viele harmlose Geschöpfe er als Hyäne zerfleischt. [3870]

Ich muß mich hüten, bei meinen Dramen in einen Fehler zu fallen, den ich kaum vermeiden kann, wenn ich fortfahre, meine Ideen so konsequent durchzuführen, wie bisher. Es ist sicher, daß ich mich im Hauptpunkt nicht irre, daß jedes Drama ein festes, unverrückbares Fundament haben muß. Muß es darum aber auch jeder Charakter haben und jede Leidenschaft, die in einem Charakter entsteht? Dennoch kann ich mich nicht ohne Ekel auf bloße Relativitäten einlassen. [3871]

d 27sten Dezbr.

Heute, den 27sten Dezbr 1846, den Sonn-Tag nach Weihnachten, nachmittags, zehn Minuten vor zwei Uhr, gebar meine teure Frau mir einen gesunden Knaben, den wir, da es ja auch ein Mädchen hätte sein können, lange vorher scherzend schon immer Ariel genannt hatten. Die ersten Wehen stellten sich um halb zwölf Uhr ein, die Geburt war also eine schnelle und glückliche, obgleich so schwer, daß ich mich am Ende der bittersten Tränen nicht enthalten konnte. Jetzt ist es sieben Uhr abends und die Wöchnerin befindet sich so wohl, wie sie nur kann, ebenso das kleine Kind; möge es so fortgehen. [3872]

d. 29sten Dezbr.

Bis jetzt geht alles gut. Das Kind ist wieder mein treues Abbild und ich mache jetzt eine Erfahrung, an die ich nie geglaubt habe, daß man nämlich die Mutter lieben muß, um ein Kind lieben zu können. Der kleine Max war gewiß liebenswürdig, das erkannte ich, das sagte mir mein Verstand, aber erst mit seinem Tode erwachte mein Gefühl für ihn und auch da nur in der Form der Reue, bis dahin war sein Dasein für mich nichts, als eine Fessel des meinigen. Darum sündigt ein Weib, das Liebe gibt, ohne Liebe zu empfangen; die Strafe trifft nicht sie allein. Wie ganz anders ist es jetzt! [3873]

d 30sten und 31sten Dezbr.

Die alte, gute Gewohnheit, die ich im vorigen Jahr versäumen mußte, weil mein Tagebuch im unausgepackten Reisekoffer lag, soll wieder in ihr Recht eingesetzt werden; ich will am Jahresschluß das Jahr rekapitulieren. Es hat alle meine Verhältnisse umgestaltet; ich bin verheiratet und nicht mit Elise Lensing in Hamburg; damit ist alles gesagt. Ich verließ Italien, weil ich dort nicht länger verweilen konnte, wenn ich nicht meine Schulden bis zu einem unabtragbaren Grade erhöhen wollte; ich kam nach Deutschland zurück, ohne die geringste Aussicht zu haben. Mein Buchhändler würdigte mich auf zwei Briefe aus Rom, worin ich ihm Manuskripte antrug, nicht einmal einer Antwort; an eine andere Einnahme war nicht zu denken. Von dem Reisestipendium war nicht allein nicht das Doktor-Diplom bezahlt worden, ich hatte davon nicht einmal meine Schuld an Rousseau abtragen können und noch überdies von meinem Freund Gurlitt in Rom 200 Speziestaler angeliehen. In Hamburg erwarteten mich Elisens Gläubiger, leben sollte man auch, es war eine verzweifelte Situation, in der bei mir kein Entschluß feststand, als der eine, nach Hamburg nicht zurückzukehren. Ich kam nach Wien und wurde die ersten vierzehn Tage völlig ignoriert; dann brachte ein Blatt eine Notiz über meine Anwesenheit und gleich darauf erschien ein Aufsatz von Engländer über mich, der so viel Selbstgedachtes und Eigentümliches enthielt, daß ich den Verfasser aufzusuchen beschloß. Inzwischen die Bekanntschaft mit Deinhardstein. Nun die Einführung in den Lese-Verein, dann in die Concordia, das Zusammentreffen mit Otto Prechtler in der Concordia, sein Erbieten, mich mit dem Fräulein Enghaus bekannt zu machen; auf der anderen Seite die Bekanntschaft mit Zerboni, zu der der erste Faden in dem Augenblick, wo ich in Ancona das Dampfschiff betrat und ein Gespräch mit meinen polnischen Reise-Gefährten anknüpfte, geschlungen ward, der Weihnachts-Abend im Erzherzog Carl, das Weihnachts-Geschenk. Auch Deinhardsteins lügnerische Vorspiegelungen hatten wohltätige Folgen; er sprach mit solcher Sicherheit von der Leichtigkeit, meine Stücke auf dem Hofburgtheater zur Aufführung zu bringen, daß ich meinen Aufenthalt in Wien bis auf unbestimmte Zeit verlängerte, was ich doch wegen Zerboni allein kaum gewagt haben würde. Nun ich blieb, wurde mein Verhältnis zu Zerboni immer inniger, und mit Fräulein Enghaus knüpfte sich eins an; das erstemal besuchte ich sie mit Armesünder-Empfindungen, die mein schlechter Reise-Habit mir einflößte, aber mit einem anderen Rock wurde ich ein anderer Mensch. Ich bemerke dies ausdrücklich; es mag kleinlich scheinen, ist es aber keineswegs; ich antwortete schon in Heidelberg einmal auf die Frage, wie ich mich befände: wie meine Hose! und wollte nicht witzig sein; das Kleid weist dem Menschen überall seine Stelle an, und bei denen oft am ersten, die es am schärfsten bestreiten. Das Einfache, Seelenvolle dieses schwer geprüften Mädchens machte einen mächtigen Eindruck auf mich; kaum aber nannte ich ihren Namen in einem Brief nach Hamburg, als Elise, die sich schon über mein bloßes Verweilen in Wien auf die rücksichtsloseste Weise geäußert hatte, mir die ärgsten Schmählichkeiten über sie schrieb, und in einem Ton gemachter Naivetät, der mich noch mehr verdroß, als die Sache selbst. Die Absicht, mich abzuschrecken, ohne daß ich es merken sollte, lag zutage, und wenn es mich schon an und für sich empören mußte, daß gerade sie, die selbst ein Opfer der Verleumdung gewesen war, der Verleumdung das Sprachrohr lieh, so erbitterte mich noch mehr das falsche Spiel, das sie dabei trieb, denn statt mir zuzurufen: nimm dich in acht! plauderte sie ihre boshaften Neuigkeiten aus, als ob sie gar nicht ahnte, daß sie verletzen könnten. Dieser Zug trat früher schon zuweilen hervor, aber noch nie mit solcher Deutlichkeit; sie hatte mir immer gesagt und geschrieben, daß ich frei sei, daß sie keinen Anspruch auf mich mache, sondern unbedingt zurücktreten werde, sobald sie meinem Glück im Wege stehe; ich hatte hierin stets einen Beweis hoher Sittlichkeit erblickt und oft davon gegen meine Freunde, z.B. gegen Bamberg und Gurlitt, gesprochen, ich war also auf ein ganz andres Benehmen gefaßt gewesen, und zum allerwenigsten auf ein offnes und ehrliches, nicht auf diese kleinliche List. Ich verlobte mich mit Fräulein Enghaus; ich tat es sicher aus Liebe, aber ich hätte dieser Liebe Herr zu werden gesucht und meine Reise fortgesetzt, wenn nicht der Druck des Lebens so schwer über mir geworden wäre, daß ich in der Neigung, die dies edle Mädchen mir zuwendete, meine einzige Rettung sehen mußte. Ich zögere nicht, dieses Bekenntnis unumwunden abzulegen, soviel ich auch dabei verlieren würde, wenn ich einen deutschen Jüngling zum Richter hätte; auf eine unbesiegbare Leidenschaft darf man sich nach dem dreißigsten Jahre nach meinem Gefühl nicht mehr berufen, wenn man nicht ein völlig inhaltloses Leben führt, wohl aber auf eine Situation, die, ein Resultat aller vorhergegangenen, das Dasein selbst mit seinem ganzen Gehalt ins Gedränge bringt, wie es in jedem Sinn mein Fall war. Es ist meine Überzeugung und wird es in alle Ewigkeit bleiben, daß der ganze Mensch derjenigen Kraft in ihm angehört, die die bedeutendste ist, denn aus ihr allein entspringt sein eigenes Glück und zugleich aller Nutzen, den die Welt von ihm ziehen kann; diese Kraft ist in mir die poetische: wie hätte ich sie in dem miserablen Kampf um die Existenz lebendig erhalten und wie hätte ich diesen Kampf ohne sie auch nur notdürftig in die Länge ziehen sollen, da bei meiner unablenkbaren Richtung auf das Wahre und Echte, bei meiner völligen Unfähigkeit, zu handwerkern, an einen Sieg gar nicht zu denken war. Wenn die Ruhe des Gewissens die Probe des Handelns ist, so habe ich nie besser gehandelt, als indem ich den Schritt tat, aus dem Elise mir eine Todsünde macht; ich will aber, so sehr sie sich auch in Sophistereien verstrickt, um den ungeheuren Abstand zwischen ihren Resignations-Versicherungen und ihrem Betragen zu verkleistern, nicht den Stab über sie brechen, sondern darin nichts, als den Beweis erblicken, daß der Mensch auf alles, nur nicht auf die Grund-Bedingung seiner Existenz Verzicht zu leisten vermag, und mich der Hoffnung ergeben, daß sie einmal, früher oder später, zu einer klareren Einsicht in das Sach-Verhältnis gelangen wird. Ich verheiratete mich, wie mir mein Trauring sagt, den ich in diesem Augenblick abziehe, am 26sten Mai mit meiner Braut; ich geriet dadurch in eine singuläre Stellung zur Gesellschaft, ich werde es aber nie bereuen, mir um diesen Preis das edelste Herz erkauft zu haben, denn nie schlug ein besseres in einer weiblichen Brust, davon hab ich die vollgültigste Probe. Indem ich dies schreibe, liegt sie mit meinem kleinen Sohn, den sie mir vor vier Tagen gebracht hat, in ihrem Bett und gibt ihm die zärtlichsten Namen; ich kann mir nicht helfen, aber ich empfinde für dieses Kind ganz anders, wie für die beiden früheren, die Natur macht mehr von der Liebe, von dem unwillkürlichen Zug zweier

Menschen zueinander abhängig, als man denkt, doch soll mich dies nie abhalten, meine Pflichten gegen mein Kind von Elise zu erfüllen. »Wie er mich immer ansieht, der kleine Schuncksel! Bist du zufrieden mit deinem Plätzchen? Du wirst kein beßres finden![«] sagt meine Frau zu ihrem Ariel und hätschelt ihn; kann ich dafür, bin ich ein schlechter Kerl deswegen, daß mir das Herz dabei überläuft, während es mir sonst gefror, wenn – Weiter. Die Wiener Literaten machten mir im Anfang förmlich den Hof, als sie aber merkten, daß ich meinen Aufenthalt bleibend unter ihnen aufschlagen würde, verwandelten sich die glatten Aale in Schlangen. Gearbeitet habe ich: noch in Italien das Buch Epigramme, das nicht sowohl augenblickliche Einfälle enthält, als prägnant ausgedrückte Lebens-Resultate, die vielleicht zu tiefsinnig sind, um in einem weiteren Kreise zu zünden; das Trauerspiel: Julia, das bis auf einige Szenen vollendet ist und einen zweiten Teil zur Maria Magdalena bildet, und die Hälfte eines seltsamen Stücks: ein Trauerspiel in Sizilien, das liegengeblieben ist und wahrscheinlich auch ferner liegenbleiben wird; endlich noch habe ich sehr viele Ideen zu dramatischen Werken, die vielleicht einen ganz anderen Charakter tragen werden, als meine bisherigen, weiter vorwärts gebracht. Aufgeführt wurde von mir auf verschiedenen Theatern, in Leipzig mit großem Beifall, die Maria Magdalena, doch ist kein Gedanke an weitere Konsequenzen und also die ganze Sache gleichgültig. Bekanntschaften: Engländer, Fritsch, Grillparzer, Halm, Fürst Schwarzenberg, Hammer-Purgstall. Über mich geschrieben: Bamberg eine Broschüre und einen mir bis jetzt unbekannten Aufsatz in einer französischen Zeitung. Als feste Überzeugung nehme ich es ins neue Jahr hinüber, daß aller Kampf gegen die in der Literatur eingetretene Barbarei ein vergeblicher ist und daß dem Mann, der das Echte will, nichts übrig bleibt, als die Aussicht auf eine Statue im Winkel. [3874]

1847

d. 1sten Jan.
Ich will dieses Jahr, wie ich es mir schon oft vornahm, einmal regelmäßig Tagebuch führen, bloß, um zu sehen, ob etwas dabei herauskommt, und was. Hoffentlich brauche ich nicht zu dem Mittel jenes holsteinischen Kandidaten der Theologie, dessen Tagebuch ich als Knabe in Händen hatte, meine Zuflucht zu nehmen, daß ich nämlich die Blätter mit ewig wiederholten Berichten über mein Waschen, Haarkämmen, Kaffeetrinken und Pfeifestopfen fülle, um sie nicht weiß lassen zu müssen. Was mir fehlt, ist der Zwang zum Schreiben, ich meine nicht zum Dichten, sondern zum bloßen schriftlichen Aussprechen meiner Gedanken, denn die Form fängt an, mich zu tyrannisieren und mich selbst in gleichgültigen Äußerungen des geistigen Lebens zu hindern. Freilich glaube ich, daß ein jeder Dichter an dieser Krankheit leiden muß, wenn er das dreißigste Jahr zurückgelegt und sein individuelles Verhältnis zur Sprache kennengelernt hat, aber eine Krankheit bleibt immer Krankheit, wenn sie auch nur edlere Organisationen befällt, und es muß gegen sie gekämpft werden. Vielleicht wird das Tagebuchführen gute Dienste leisten. – Heute bin ich fast den ganzen Tag zu Hause gewesen und habe nur abends einen kleinen Spaziergang durch die Vorstadt gemacht, um frische Luft zu schöpfen. Meine liebe Frau (wozu das Adjektiv? und doch, wer läßt es aus, ohne ein ganz eigenes Gefühl zu haben!) meine liebe Frau befindet sich so wohl, als das Milchfieber und die damit verbundene Schlaflosigkeit es zuläßt, an eine Rückkehr zu meinem in der letzten Szene unterbrochenen Trauerspiel ist für mich aber noch nicht zu denken, der Gemütszustand, worin ich mich befinde, ist noch immer zu gespannt. Nachmittags erhielt ich mit der Stadtpost ein Billett mit der lakonischen Anzeige, daß für mich auf dem Rothschildschen Comptoir ein Paket liege; es wird von Bamberg aus Paris sein und wahrscheinlich den Aufsatz über mich enthalten. Ein treuer Mensch, dessen Anhänglichkeit um so höher zu schätzen ist, als sie aus einem reichen Geist hervorgeht. Abends kam Fritsch und blieb bis halb acht. Über Nacht werde ich die

Obhut des Kindes übernehmen, ich habe die Mutter endlich so weit gebracht, daß sie in diese äußerst notwendige Trennung für die nächsten zwölf Stunden eingewilligt hat. Der kleine Schelm ist schon bei mir, sein Wiegenkorb steht auf meinem Sofa und die Magd liegt hinter mir auf ihrer Matratze. Heute viel darüber nachgedacht, ob das Talent schon an sich einen Vorzug begründet, oder nur zu einem Vorzug führt; die Frage ist, wenn man die Sphäre des moralischen Gemeinplatzes verläßt, nicht leicht zu entscheiden. Merkwürdige Situation zwischen mir und meiner Frau: sie liebt meinen Namen Friedrich und spricht ihn gern aus, ich kann ihn nicht ausstehen; an wem ist es nun, Rücksicht auf die Empfindungen des anderen zu nehmen und seine eignen zu opfern? Ich glaube, an ihr, auch zweifle ich nicht, daß sie es gern tun würde, wenn sie wüßte, daß ich, der ich durchaus nicht friedereich bin, mich so äußerst ungern Friedrich nennen lasse. [3875]

d. 2 Jan. Nachts 1 Uhr.
Ich lese soeben zum Zeitvertreib Tiecks Zauber-Geschichte Pietro von Abano zum zweitenmal durch, denn einmal tat ich es schon als Student in München und mit noch geringerer Befriedigung wie jetzt, wo ich wohl nur deswegen manches fand, weil ich nach jener Erinnerung gar nichts erwartete. Jeder, der für die Unterhaltung schreibt oder doch seine Poesie in den der Unterhaltung gewidmeten Formen ausgibt, muß es büßen; diese Formen sind so bequem, so locker, daß sie, weit entfernt, den Geist zusammenzuhalten, wie die höheren es tun, im Gegenteil von ihm zusammengehalten werden müssen und sich jedem Inhalt bequemen, wenn er einmal die Spannkraft verliert. Welch ein Abfall von sich selbst ist dieser Pietro Tiecks, vollkommen würdig, eine neue Gattung einzuleiten, die vom Fiebertraum die Form und vom Köhlerglauben den Stoff entlehnt! Jawohl, eine Zauber-Geschichte, in dem Sinn, worin das Zaubern eine Kunst ist, die der Vernunft, wie dem Verstande widerspricht und die nicht allein nicht in der wirklichen Welt, sondern auch nicht in irgendeiner möglichen einen Platz finden kann! Wenn die Fratzen, die uns hier mit ihren Seltsamkeiten entgegentreten, originelle Phantasie-Gebilde sind, so würden Figuren, die mit den Fingern

sprächen und mit dem Mund schrieben, es auch sein, und wenn diese Situationen-Mosaik ohne Anfang und Ende sich für eine organisierte Fabel ausgeben darf, so ist es freilich schwer, trivial zu werden. Eine wunderliche Manier ist es auch bei Tieck, allerlei hohe Dinge in gemeinen Köpfen Spießruten laufen zu lassen und die Albernheiten, die zum Vorschein kommen, wenn sich z.B. Pancrazia und Beresynth über Weltseele, Schönheit, Liebe u.s.w. unterhalten, für Humor auszugeben. Daran leidet er oft, und es gibt zuweilen seinen besten Darstellungen aus späterer Zeit etwas Erkünsteltes, Absichtliches in den Einzelheiten, was den reinen Eindruck des tiefsinnig erfundenen Ganzen ebenso stört, wie das Reflektieren der Personen über sich selbst bei geringeren Talenten. [3876]

Abends.

Heute morgen das Paket geholt, es war von Bamberg und enthielt, was ich vermutete. Nachmittags kam ein zweites, gleichen Inhalts, das wahrscheinlich schon lange in Wien gelegen hat, mit der Post, so daß ich die Revue Nouvelle nun in doppelten Exemplaren besitze. Der Aufsatz machte mir eine kindische Freude, nicht durch seinen Inhalt, sondern durch sein bloßes Dasein; es erregte mir Behagen, in der Hauptstadt der zivilisierten Welt auch einmal die Revue passiert zu sein. Nach Tisch ließ sich ein Fremder bei mir melden, der sich Meyer nannte und für einen Dänen ausgab. Ich hielt die Visite für eine von denen, wie sie nur in den Mansardstübchen der Poeten und in Menagerieen abgelegt werden und ließ den Menschen kommen. Er langweilte mich wohl eine halbe Stunde, denn er war nicht imstande, das geringste Gespräch im Gange zu erhalten oder auch nur zu sich sprechen zu lassen; dann sprach er mich um ein Darlehn an. Es ist unglaublich, was man erlebt, ich hätte des Himmels Einsturz eher erwartet und sah aus der Art, wie er sein seltsames Gesuch vortrug, daß er nicht debütierte. Wäre er verlegen gewesen, so hätte er mich sicher selbst verlegen gemacht und seinen Zweck erreicht; dem routinierten Industrie-Ritter gab ich die Antwort, die sich gebührte. – Bamberg hat mir zugleich geschrieben; sein Brief enthält sehr gute Gedanken über das Trauerspiel in Sizilien, dessen Plan ich ihm mitgeteilt habe. Er rät mir, das Stück eine

Tragikomödie zu nennen, und er hat recht. Christinen geht es von Tag zu Tag besser und besonders hat ihr der Schlaf der letzten Nacht wohl getan. Einen selsamen Traum erzählte sie mir heute morgen. Auf einem Maskenball sah sie eine Braut, die unter eine Menge Tauben schießen und eine davon erlegen mußte, um der Verheiratung mit ihrem Bräutigam gewiß zu werden. [3877]

d. 3 Jan.

Warum hat der Arme, der reich wird, noch immer so viel Respekt vor dem Gelde, daß er es nur selten auszugeben wagt, wenn er anders nicht ein unbedeutender Mensch ist? Weil es ein Verhältnis ist, als ob ein Sklave dem Herrn, dem er viele Jahre gedient hat, plötzlich befehlen sollte; er würde sich ungeschickt dabei benehmen. [3878]

Warum haben die Menschen gegen die Verbindung mit einem Mädchen, das ein andrer schon bis in die tiefste Seele hinein besaß, so wenig Abneigung, und warum wird diese Abneigung gleich so groß, wenn der *Körper* mit ins Spiel gekommen ist? [3879]

Heute war ich bis 5 Uhr abends zu Hause und machte dann einen Spaziergang von zwei Stunden. Der ganze Tag verstrich in dem geschäftigen Nichtstun, das die Lage meiner Frau mit sich bringt, man muß auf alles passen und kommt eben darum nicht zu der geringsten wirklichen Tätigkeit. Gegen Mittag hatte ich mein Trauerspiel in Sizilien wieder durchgelesen und wäre vielleicht wieder hineingekommen, aber die Magd hatte sich aus Versehen über alle Gebühr mit dem Essen-Kochen übereilt und so wurde ich abgerufen, ehe ich noch eine Feder angesetzt hatte. Es ist die Frage, ob in Wien bei der völligen Demoralisation aller Menschenklassen das Gesinde mehr von der Herrschaft leidet, oder die Herrschaft mehr von dem Gesinde. Wir halten jetzt 2 Dienstmädchen, und die Folge davon ist, daß alles viel schlechter geht, als da wir nur eines hielten; mit dreien wäre gewiß gar nicht auszukommen. – Eben durchblätterte ich noch Tiecks Novelle: Eine Sommer-Reise. Potz Tausend, Novelle! Achtung vor dem Publikum kann ein großes Talent nicht haben, aber hat es denn auch keine Achtung vor sich selbst? Von dem Prozeß, worin dergleichen Produkte entstehen, habe ich gar keine Vorstellung. Eine Erfindung drängt den Verfasser nicht zum Schreiben, denn es ist keine da, ein Charakter auch nicht, denn es tauchen nicht einmal Tapeten-Figuren auf, und eine Reihe interessanter Gedanken ebensowenig, denn es wird nur geschwatzt, wie beim Umbinden der Krawatte oder dem Anprobieren der Handschuhe. Woher die Beharrlichkeit im Kontinuieren? [3880]

Wenn man die sämtlichen Journalisten, wie sie da sind, ins Zuchthaus sperrte, würde man gewiß nicht so viele Unschuldige hineinsperren, als jetzt schon im Zuchthaus sitzen. [3881]

d. 4 Jan.
Das Universum, wie einen Mantel, um sich herumziehen und sich so darin einwickeln, daß das Fernste und das Nächste uns gleichmäßig erwärmt: das heißt Dichten, Formen überhaupt. Dies Gedanken-Gefühl kam mir heute, als ich auf der Straße mein Gedicht: das Opfer des Frühlings für mich hin rezitierte. [3882]

Ein Tag, wie das Leben selbst, ein kleiner Extrakt des Ganzen. Zu Mittag erhielt ich einen Brief aus Leipzig, voll angenehmer Dinge, von Kühne, worin er mir für die ihm mitgeteilte Szene des Moloch dankt und mir sein Blatt zur Verfügung stellt, so daß ich nun doch ein Organ habe, das mir im Notfall offen steht. Abends ging ich seit langer Zeit zum ersten Mal wieder in den Leseverein, Engländer suchte mich auf und zeigte mir einen mir entgangenen Artikel in der Allgemeinen Zeitung, worin ein gewisser Schücking Stallknecht bei Karl Gutzkow, Bericht über eine Aufführung der M. M. in Köln abstattet und mich schmählich herunterreißt, daneben sagte er mir noch allerlei, was mich verstimmen mußte und was ich nicht zu wissen brauchte. Ich machte dabei die Erfahrung, daß uns ein Mensch, der uns etwas Unangenehmes sagt, wirklich für den Moment selbst unangenehm wird, und ersuchte Engländer in seinem eignen Interesse, mich in Zukunft mit Notizen über vorgefallene Gespräche u. d. gl. zu verschonen. Mir deucht, ich tat recht daran, denn was kümmern mich die Zungen-Dreschereien unbekannter Personen? Läßt sich ihnen doch nichts entgegensetzen! Wozu die Kugeln, die mich nicht trafen, sorgfältig sammeln und mir nachträglich an den Kopf werfen! Wenn das ein Freundschafts-Beweis ist, so gibt es jedenfalls bessere. [3883]

d. 5 Jan.

Einen hübschen Posten haben die Deutschen wieder in ihr Schuldbuch bekommen. Dr Friedrich List, der berühmte National-Ökonom, hat sich erschossen, aus Lebens-Überdruß und wegen Nahrungssorgen. Seinen Tod las ich schon vor einiger Zeit, die Art seines Todes und die Motive erfuhr ich erst heute. Das war nun ein Mann, der nicht, wie Dichter und Künstler, idealistischen Bestrebungen lebte, sondern sein ganzes Dasein einer praktischen Idee opferte und, da er diese wirklich durchsetzte, da er den Zollverein, den er anriet, wirklich ins Leben treten sah, die Realität seiner Idee doch gewiß genügend dartat. Dennoch traf ihn ein Los, wie es ihn nicht härter hätte treffen können, wenn er sich mit Alchimie beschäftigt hätte. Nun jammert und lamentiert alles. O, dieser deutsche Pöbel! [3884]

»Die Erde würde weggeweht werden, wenn nicht die Vögel aus ihren Nestern Federn genug fliegen ließen, um sie festzuhalten.« [3885]

d. 6 Jan:

Dicke Nebel haben seit einigen Tagen den klingenden, scharfen Frost abgelöst und sind mir willkommener, als dieser, obgleich ich sie körperlich nicht zuträglich finde, sondern schon einen tüchtigen Schnupfen davongetragen habe. Das stammt auch noch aus der Kindheit, wo ein nasser Winter der Holz-Ersparnis halber heiß ersehnt wurde. In der letzten Nacht hatte ich mein Söhnchen wieder bei mir und kam deswegen nicht zum Schlafen, was mir denn den ganzen Tag verdorben hat; ich ging heute morgen in den Lese-Verein, erhielt zu Mittag einen Besuch von Herrn Theodor Hagen aus Hamburg, dem das Döschen Kritik, das ich ihm aus Paris eingab, sehr genützt zu haben scheint, und nachmittags einen zweiten von Engländer; den Abend werde ich zu Hause zubringen, und in Kants physikalischen Aufsätzen fortlesen, die mir das Universum auf eine höchst faßliche Weise auseinanderlegen. Ich habe mich seit einiger Zeit mit den Werken dieses außerordentlichen Mannes beschäftigt und zunächst ein sehr klares Bild seiner selbst gewonnen, mich nebenbei aber auch mehr und mehr in dem mir längst aufgestiegenen Zweifel befestigt, ob die nach ihm hervorgetretene Philosophie den allgemein-menschlichen Bildungsprozeß nicht mehr verwirrt, als gefördert hat. »Campe hat sich so gegen mich vergessen, daß ich mich schämen muß, daran zu denken!« [3886]

Ein Mensch, der ein Tagebuch führt und manches nur deshalb tut, um etwas hineinzuschreiben zu haben! [3887]

d. 7 Jan.
Bei der gründlichen Gemeinheit, die gegen mich mehr und mehr Platz greift, muß ich doch endlich auf Verteidigungsmittel sinnen, da Kunstwerke allein nur für die Zukunft sind. Ich will daher für die Europa ein »literärisches Tagebuch« schreiben und entschließe mich in diesem Augenblick dazu. Was läßt sich in einem solchen nicht unterbringen, und hab ich nicht eine unendliche Menge von Ideen disponibel liegen? Da eben eine neue Ausgabe der Werke Heinrichs von Kleist erscheint, so will ich zuallernächst durch eine Kritik derselben die Ehrenschuld jedes Deutschen gegen dieses außerordentliche, zu Tode gemarterte Genie für meine Person abtragen. – Heute morgen habe ich meiner Frau das Trauerspiel in Sizilien, soweit es fertig war, vorgelesen und, da es auf sie wirkte, daran zu schreiben fortgefahren. Nachmittags besuchte ich den Lese-Verein und unterhielt mich mit Engländer, dann ging ich, von ihm begleitet und ein paar neue Bände von Kant in der Tasche, zu Hause. Jetzt werde ich noch studieren und arbeiten. [3888]

d. 8 Jan.
Bis auf einen kleinen Spaziergang, den ich kurz vor Tisch machte, war ich den ganzen Tag zu Hause und schrieb fort an

dem Trauerspiel in Sizilien. Abends kam Prechtler, mit dem ich viel über meine Ansicht der dramatischen Kunst und über Schiller sprach. Ich entwickelte ihm, oder eigentlich mir selbst, denn zu meinen Gedanken komme ich am bequemsten durchs Sprechen, die völlige Ideenlosigkeit des Wallenstein, indem ich ihm auseinandersetzte, daß das zur Anschauung gebrachte Problem, welches in dem Mißverhältnis zwischen der bestehenden Staatsform und dem darüber hinausgewachsenen großen Individuum zu suchen sei, nur durch eine in eben diesem Individuum aufdämmernde höhere Staatsform zu lösen gewesen wäre, daß Schiller es aber nicht allein nicht gelöst, sondern es nicht einmal rein ausgesprochen habe. Das ist auch unbestreitbar. [3889]

d. 9 Jan.

Heute morgen habe ich das Trauerspiel in Sizilien geschlossen, bis auf eine Kleinigkeit, die ich vielleicht jetzt noch hinzufüge. Abends erhielt ich den Abdruck meiner Moloch-Szene, der mir aber wenig Freude machte, da der Redakteur nicht allein, wie er mir schon entschuldigend schrieb, die Aktion auf eine mir im Drama von jeher widerwärtig gewesene Weise bezeichnet, sondern am Schluß sogar anderthalb Verse hinzugefügt, auch vorher ein Hu! in ein Seht!, welches mit dem gleich darauf folgenden Schaut! seltsam kontrastiert, da keine Gradation in diesen beiden Wörtern liegt und also keine Ursache war, das einmal gewählte mit einem anderen, gleichbedeutenden zu vertauschen, verändert hat. Unstreitig geschah dies alles, wie er mir auch meldete, in der guten Absicht, der Fassungskraft des größeren Haufens zu Hülfe zu kommen, aber ebenso unstreitig habe ich auch recht, wenn ich diese Modifikationen und Zusätze auf Kosten der höheren Kunstform und selbst des Stils gemacht finde. Ich werde mich gegen den Herrn Dr Kühne darüber äußern, aber auf zarte Weise. – Ich habe das Trauerspiel noch beendigt und gehe jetzt zu Bett. [3890]

d. 10 Jan.

In der Nacht tolle, wüste Traumbilder. Unter anderem sollte der Wesselburner Turm, wie ein Luftballon in die Höhe fliegen, er war gefüllt und der Dampf quoll rings um ihn her hervor. Ich war aber noch ein Knabe und wurde von meinem guten Platz von Erwachsenen, die Gefahr für mich befürchteten, vertrieben.

[3891]

Diejenigen, die vom Tragödien-Dichter verlangen, daß er nicht bloß die sittliche Idee retten, sondern zugleich auch den Helden vor dem Untergang bewahren soll, fordern eigentlich etwas ebenso Unvernünftiges, als wenn sie vom Arzt verlangten, daß er den Organismus nicht bloß von einer Krankheit befreien, sondern die Krankheit selbst auch, als eine individuelle Modifikation des allgemeinen Lebensprozesses, respektieren und also am Leben erhalten solle.

[3892]

Heute den ganzen Tag studierend im Hause zugebracht, abends im Leseverein Engländer getroffen, und, da er mir mit großem Interesse von dem durch Simrock herausgegebenen alten Puppenspiel von Faust sprach, ihn mit herausgenommen, um ihm mein Trauerspiel in Sizilien vorzulesen, das mir nach allem, was er mir sagte, damit verwandt scheint. Es machte auf ihn, wie früher schon auf meine Frau, einen sehr verschiedenen, und nicht ungünstigen, Eindruck. Über Nacht werde ich wieder bei meinem Knäbchen wachen, es liegt schon in seinem Wiegenkorb auf meinem Sofa und die schnarchende Magd hinter mir auf ihrer Matratze; mögte es doch wenigstens nicht eher zu schreien anfangen, bis die arme Mutter, die wegen der nächtlichen Unruhe ganz herunterkommt, eingeschlafen ist.

[3893]

d. 11 Jan.

Den Tag wegen der gehabten schlaflosen Nacht verspaziert, abends mit Engländer um die Bastei gegangen und von ihm seine seltsame Bildungs-Geschichte gehört, die vieles in seinen Produktionen erklärt.

[3894]

d. 12 Jan.

Über Nacht träumte mir, ich sähe zwei Tiere, die alles zugleich waren, häßlich, sonderbar, ekelhaft u.s.w. Sie hatten keine Haare, keine Wolle, keine Federn, aber doch eine Art von

Bekleidung der Haut, die moos-ähnlich in der Mitte von allem
diesem stand, und waren so grob und ungeschickt von der Natur
ausgeführt, daß ich in ihren Muskeln noch das offenbar Elementarische, unorganisierte Erde, Holz u.s.w. wahrzunehmen
glaubte und dachte: hier siehst du einmal ein Übergangs-Geschöpf, das dir den Lebens-Erschaffungs-Prozeß verdeutlichen
wird. Der Traum war sicher die Folge einer Abend-Lektüre in
Kant, ich las nämlich die vortreffliche Entwickelung, wie Welten
entstehen und vergehen, wie die Sonnen sich verdichten u.s.w.

[3895]

Wien d. 13 Jan. 1847.
An die Redaktion der Allgemeinen
Zeitung in Augsburg.

Einer verehrl. Redaktion

kann ich nicht umhin, im Anschluß ein lit. Aktenstück, nämlich
mein Trauerspiel Maria Magdalena, mitzuteilen. Es geschieht
nicht gern, daß ich die zahlreichen Zusendungen aller Art, mit
denen Sie ohne Zweifel aus ganz Deutschland behelligt werden,
um eine vermehre. Aber Sie kennen die Bedeutung Ihrer Zeitung
zu gut, um es nicht natürlich zu finden, daß ich mich auf dem
nach meinem Gefühl anständigsten Wege zu überzeugen suche,
ob Sie selbst die Art, wie jenes dichterischen Versuchs kürzlich
in derselben erwähnt wurde, billigen oder nicht. Ein Zweifel
über diesen Punkt ist bei den vielen, einstimmig in ungewöhnlich
hohem Grade anerkennenden Urteilen wohlakkreditierter lit.
Personen und Institute, in neuester Zeit z.B. Kühnes in der
Europa, Kurandas in den Grenzboten; früher Deinhardsteins
in den Wiener Jahrbüchern, erlaubt, ja begründet. Inspizieren
Sie das Aktenstück, und wenn Sie sich, wie schon so mancher,
überzeugen, daß in meinem Werk nicht von neufranzösischer
Effekthascherei die Rede ist, sondern von simpler Darstellung
eines Problems, das man freilich, wie jedes, von zwei Seiten auffassen kann, so werden Sie sich wohl auch sagen, daß ich die von
mir nicht gesuchte, und an und für sich geringfügige Ehre einer
Aufführung, die ich selbst erst aus den Zeitungen erfuhr, mit
unmotivierten, quasi-*moralischen* Verdächtigungen etwas teuer
bezahlen mußte. Ob Sie sich in Gemäßheit Ihrer Devise: audiatur

et altera pars zu einer angemessenen Satisfaktion gedrungen fühlen und zu diesem Zweck meine der Maria Magdalena seit 1840 vorhergegangenen und ungleich erheblicheren Produktionen Judith, Genoveva und Gedichte mit in den Kreis Ihrer Betrachtung ziehen wollen, muß ich abwarten; letztere wurden in Ihren Spalten nie erwähnt, sind aber sowenig unbekannt, als wirkungslos geblieben, wie unter anderem Hillebrands Geschichte unserer Nationalliteratur beweist, und dürften deshalb, nicht bloß der inneren Berechtigung nach, sondern auch wegen der erlangten Position im Literatur-Prozeß, das völlige Ignorieren einer Zeitung, die doch über so sehr vieles, hieher Gehöriges referiert, nicht verdienen. Wenn Sie Exemplare wünschen, so werde ich sie Ihnen zugehen lassen; daß ich sie jetzt zurückhalte, möge Ihnen dartun, daß ich die Grenzen erlaubter Notwehr gegen Schnödigkeiten von ganz eigner Art nicht zu überschreiten gedenke.

Hochachtungsvoll ergebenst

Dr Fr. H. [3896]

Diesen Brief sende ich morgen an die Redaktion der A.Z. ab. Er kann keine nachteilige Folgen haben. Heute haben wir die Familienstube von der Kinderstube getrennt, es mußte durchaus geschehen, da der Kleine nie bei Nacht schläft, wie er nie bei Tag wacht. Ich habe also auch ein anderes Zimmer bekommen. Nachmittags erhielt ich einen Brief von der Leipziger Moden-Zeitung, die mich um mein Porträt bittet, weil sie mein Bild zu geben wünscht. Sie mag es gegen ihre Leser verantworten, ich werde ihren Wunsch erfüllen. »Freilich – schrieb ich soeben der Redaktion – sollten nur die Heroen für die Welt und wir übrigen für die Familienstube gemalt werden; wenn einer von uns nun aber einmal in Folge eines schwachen Augenblicks, worin er dies vergaß, das Unglück hat, in Karikatur an den Fensterläden ausgehängt zu sein, so ist ein zweiter schwacher Augenblick ähnlicher Art vielleicht zu entschuldigen!« Ich meine die Kaysersche Lithographie, worauf ich aussehe, als ob ich an einem gewissen Ort einige Blut-Igel hängen hätte und darüber nachdächte, wann sie wohl endlich abfallen würden. – Abends am Trauerspiel in Sizilien abgeschrieben.

[3897]

d. 14ten Jan.

Eine völlig schlaflose Nacht. Morgens die Briefe an Dr Diezmann und Dr Kolb besorgt, im übrigen kein Titus-Tag. Studiert, fortgefahren mir durch Kant das Universum aufschließen zu lassen. [3898]

Wenn mir jemand die Züge meines Gesichts rezensiert, so geb ich ihm eine Ohrfeige, wenn er mir aber einen Flecken im Gesicht zeigt, so wasche ich mich. [3899]

Menschen, in deren Ohr ein tausendfaches Echo sich verläuft und die doch zum Schwören bereit sind. [3900]

d. 15 Jan:

Heute habe ich die Abschrift des Trauerspiels beendigt. Nun ists fertig, fertig in dem Sinn, worin ein Mensch etwas fertig machen kann, es ist der Punkt erreicht, wo sich nur noch das Ganze verwerfen läßt, wo man mit diesem aber, wenn man ihm die Existenz-Berechtigung nicht abzusprechen wagt, jede Einzelheit hinnehmen muß. Ich werde mich, und gelobe es hiedurch feierlich an, der Mühe, meine Arbeiten selbst ins Reine zu schreiben, nie entziehen, denn sie haben dadurch noch immer gewonnen; ich bin gewiß einer der gewissenhaftesten und sorgsamsten Autoren, die es gibt und weiß sicher bei jedem Schritt, wohin ich will, aber wenn man, wie das Abschreiben es mit sich bringt, jeden Gedanken, der vorkommt, eine ganze Minute allein im Kopf hat, so treten die Beziehungen, worin er zu allem steht, was ihm vorhergeht, und was ihm nachfolgt, mit einer vielleicht nur auf diesem Wege zu erreichenden Deutlichkeit hervor und das ist für die Nachhülfe im kleinen in Bezug auf die Verständlichkeit von außerordentlichem Vorteil. – Abends war ich im Verein und unterhielt mich eine Stunde mit Engländer, der mich dann trotz der schneidenden Wind-Kälte zu Hause begleitete. Er schalt auf das Publikum, ich sagte ihm: geben Sie mir eine Bude, pressen Sie Menschen dafür, wie sie auf der Straße stehen und gehen und lassen Sie drei Stücke aufführen, N: 1 von Gutzkow, N: 2 von Laube und erst N: 3 von mir; wenn ich trotzdem, daß die Leute müde sind, nicht dennoch gewinne, so soll der Henker, der draußen mit dem Beil passen mag, mir den Kopf herunterschlagen. Ich bin dessen so gewiß, daß ich mich noch obendrein anheischig mache, mich während der Zeit, daß etwa die Judith gespielt wird, zu rasieren, ohne mich zu schneiden. Das klingt außerordentlich stark, aber es ist meine innerste Überzeugung, soll jedoch nicht für meine Kraft, sondern nur für die Ohnmacht jener anderen Zeugnis ablegen. [3901]

Der Lorbeer verwelkt schnell. Aber in unsrer Zeit doch nicht so schnell, als das Verdienst, für das man ihn reicht. [3902]

d. 15 Jan.
Eine Bemerkung noch über das Trauerspiel in Sizilien. Ich habe die Handlung natürlich nicht ohne einen inneren Grund nach Italien verlegt, die Leute aber, obgleich ich sie alle durch Züge, die vielleicht nur dem mit dem Lande vertraut gewordenen Reisenden erkennbar sind, als Italiener zu zeichnen suchte, nicht mit Signor und Signora um sich werfen lassen. Das ist mir nämlich in innerster Seele zuwider, mir deucht, man könnte ebensogut dem Souffleur auftragen, von Zeit zu Zeit aus seinem Kasten herauszuschreien: Hier ist Italien! als durch solche fremde Sprachbrocken die Szene ins Gedächtnis rufen. Vielleicht stammt dieser armselige Behelf aber auch gar nicht aus dem Wunsch unsrer Poeten, ihrer unzulänglichen Individualisierungskunst beizuspringen, als aus dem Erbfehler der Nation, das fremdländisch Klingende vornehmer und schöner zu finden. [3903]

d. 16 Jan.
Heute morgen ging ich aus, um einige lange verschobene Besuche zu machen, ließ mich aber noch unterwegs wieder davon abhalten. Diesen Fehler, Besuche so lange zu verschieben, bis es mir unmöglich vorkommt, sie noch machen zu können, werde ich wohl nie ablegen. Abends las ich im Verein den 10ten Band des Neuen Pitaval. Die Darstellung des Perez-Ebolischen Prozesses regte seltsame Gedanken in mir an. Sicher war Philipp der IIte nur in dem Sinn ein König, worin ein Straßenräuber oder ein Mordbrenner ein Gesellschafts-Mitglied ist, und es wäre sehr unrecht, aus der Beschaffenheit eines solchen Individuums

Gründe gegen das Institut herzunehmen, das er repräsentierte. Aber schrecklich ist an diesem Institut doch die Seite, daß die Welt vermöge desselben unter Umständen ein Spielwerk des allerschlechtesten Subjekts werden kann, das sie enthält. [3904]

»Er ist so unschuldig an dem Verbrechen, wie ich selbst!« sagt einer, der eben Mit-Verbrecher ist, ohne daß derjenige, dem er diese Versicherung gibt, eine Ahnung davon hat. [3905]

Ein Sohn, der seinen Vater nur dadurch, daß er ihn tötet, von einem furchtbaren Verbrechen abhalten kann. [3906]

Ich will nichts weiter, als daß die Aristokratie für sich sorgen soll, aber sie soll es nur wirklich tun, für das Jahr, nicht bloß für den Tag. [3907]

Die ausgestorbene Welt und ein zweiter Adam, der in sie hineingesetzt würde und nun über die Dinge, die er darin anträfe, seine Meinung, wozu sie wohl gedient haben könnten und ihm dienen müßten, abgäbe. [3908]

Ein Dichter, der, selbst unversöhnt, seinen Werken Versöhnung aufzuprägen sucht. [3909]

d. 17 Jan:
Heute mittag machte ich die gestern unterlassene Visite, abends teilte ich Engländer meine unumwundene Ansicht über seinen Egoisten mit, nun werde ich noch einen Brief zu schreiben versuchen, den ich schon oft, und heute nachmittag wieder, anfing, aber immer wieder liegen ließ, weil ich dabei kalt bleiben wollte und doch immer warm wurde: die Antwort nämlich an Elise auf ihre letzte Zuschrift! [3910]

d. 18 Jan.
Heute den gestern angefangenen Brief fortgesetzt, und da die Erfahrung mich belehrt, daß es unmöglich ist, ihn bei kaltem Blut zu schreiben, mich entschlossen, ihn in dieser Gestalt abzusenden. Mittags um halb 1 Uhr war mir von Fritsch eine Visite

zugedacht; da der Mann weiß, daß ich um die Zeit speise und also nur kam, um seine Karte abzugeben, so ließ ich mich verleugnen. Überhaupt, wie sind die Freunde beschaffen, die man sich durch lit. Bestrebungen erwirbt; fast lauter Subjekte, die auf die Teilnahme am schon erworbenen oder noch zu erwerbenden Ruhm spekulieren! Abends erhielt ich einen Brief von Gurlitt, den Christine mir auf die anmutigste Weise überreichte, indem sie sich stellte, als ob bei ihr im Zimmer jemand versteckt sei. Er war dessen aber nicht würdig, denn er verletzte mich auf zwiefache Weise, erstlich durch ein gar zu nonchalantes Wesen und dick aufgetragene Eitelkeit und dann durch die Antwort auf meine Vorfrage wegen des Geldpunkts. »Wenn es mir nicht zu große Opfer koste, so u.s.w.« Und kurz vorher sprach er mir von seinem immer steigenden Verdienst, seiner steigenden Einnahme. Ich gestehe es, dies hastige Zugreifen wirkte nicht angenehm auf mich.

[3911]

Einer soll Prügel erhalten. Die Mittelsperson will sie ihm ersparen und statt zuzuschlagen, fordert sie ihn auf, bloß zu schreien, als ob er geschlagen würde, damit ein andrer glauben möge, daß er sie wirklich erhalte.

[3912]

---

d. 19 Jan:
Den vorstehenden Brief abgeschrieben für dies Tagebuch, da er alle Punkte befaßt, die für das betreffende Verhältnis in Betracht kommen, und mich fest entschlossen, ihn morgen auf die Post zu geben. Er ist mir abgedrungen und würde mir, wenn ich ihn wieder zurückhielte, noch abgedrungen werden, denn jede Mäßigung von meiner Seite wird mir verkehrt ausgelegt; auch ist er, gegen den Brief, den ich empfing, noch sehr mild. Weh tut es mir bei alledem, daß ich ihn absenden muß, denn alle diese Widersprüche in Elisens Benehmen mögen nun zusammenhängen, wie sie wollen: ihre Seele ist und bleibt in meinen Augen eine edle. Aber sie ist so sehr unglücklich! – Ich war bis Abend zu Hause, ging dann in den Verein, las den Perez-Ebolischen

Prozeß zu Ende, für den es mir an der Bezeichnung fehlt, schwatzte mit Engländer und wurde von ihm, wie gewöhnlich zu Hause begleitet. Ich fand eine Menge Bücher auf meinem Tisch, die ich mir aus Engländers Bibliothek hatte holen lassen, darunter Lists National-Ökonomie, auf die ich begierig bin. Woher kommt es wohl, daß man sich in der zweiten Hälfte des Lebens mehr zur Natur hingezogen fühlt, was bei mir entschieden der Fall ist, und in der ersten mehr zur Kunst? Wahrscheinlich, weil man sich durch das konzentrierte Bild die Fähigkeit erworben hat, das große Ganze selbst aufzunehmen. [3913]

d. 20sten Jan:
Ob von einer Geschichte des Menschen-Geschlechts überall die Rede sein kann? In dem Sinne die Rede sein kann, daß man von Realisierung der Idee, von einem Fortschreiten des Weltgeists im Bewußtsein seiner selbst durch die irdischen Vorkommenheiten in Ereignissen und Charakteren sprechen darf, ohne ein Unendlich-Großes zu direkt auf ein Unendlich-Kleines zu beziehen, es von demselben abhängig zu machen? Ob das mathematische Verhältnis, das die Erde, dem Universum gegenüber, zum Sandkorn einschwinden läßt, nicht für alle Kategorieen maßgebend ist, und ob wir uns nicht begnügen müssen, zu sagen, daß alles, was bei uns geschieht und erscheint, dem Welt-Gesetz nie widersprechen kann, ohne hinzufügen zu dürfen, was wir gern hinzufügen, um uns ein wenig in die Höhe zu schrauben, daß es in uns auf eine bei dem Blick aufs Ganze irgend in Betracht kommende Weise aktiv wird? Ich weiß sehr wohl, daß Anschauungen und Gedanken dieser Art nicht für den täglichen Gebrauch sind, aber ich glaube, daß sie in die geistige Apotheke gehören, daß sie nicht als Speisen ernähren, aber in kritischen Fällen als heroische Arzneimittel die Gesundheit wieder herstellen können, besonders, wenn man sie sich durch Herder-Hegelsche Konstruktionen des sogenannten welthistorischen Prozesses verdorben hat. [3914]

Die Sprache ist, wie Raum und Zeit, eine dem menschlichen Geist notwendige Anschauungs-Form, die uns die unsrer Fassungskraft fort und fort sich entziehenden Objekte dadurch näher bringt, daß sie sie bricht und zerbricht. [3915]

Daß selbst die ältesten Leute, denen diese Welt nichts mehr bietet, nicht Genüsse, nicht Hoffnung, nicht einmal Wünsche, sich von der anderen so wenig angezogen fühlen, beweist stark gegen deren magnetische Kraft! [3916]

Von einem Menschen, der ins Wasser fällt, muß man nicht verlangen, daß die konvulsivischen Anstrengungen, die er sich zu retten macht, sich in den Wellen-Linien der Schönheit halten sollen. Dies will ich nicht vergessen, wenn ich an Elise denke. Auf der entgegengesetzten Seite will ich mich aber auch nicht daran kehren, daß mein Verhältnis zu ihr vor vollständiger Vorlegung der Aktenstücke vielleicht von keinem Menschen richtig beurteilt werden kann, es soll mir genügen, nur das Notwendige, und auf notwendige Weise, getan zu haben und mein Gewissen soll mir nicht bloß höchste, sondern auch einzige Instanz sein. In der Welt ist fast niemand so billig, zwischen aufgedrungnen und frei gewählten Verhältnissen zu unterscheiden. [3917]

Ob die Menschen, wie sie sind, dem Schachspiel auf dem Brett oder auf der Welt-Bühne zusehen, ist ihnen völlig gleich.
[3918]

d. 20sten Jan: Abends.
Den Tag, wie gewöhnlich, verbracht. Abends Fritsch das Trauerspiel in Sizilien mitgeteilt; es schien ihn aber zu verwirren. Freilich ist es sehr konzentriert, vielleicht zu sehr, aber mich drängt meine Natur dazu und ich bin fest überzeugt, daß die Zukunft das Vorzug und Tugend an mir nennen wird, was die Gegenwart Fehler und Mangel nennt. Wie dumm die Menschen selbst dann sind, wenn es sich um ihren eignen Vorteil handelt, erfahre ich wieder einmal recht deutlich durch das Listsche Buch. Auf mich macht es den entschiedensten Eindruck der Überflüssigkeit, denn mir deucht, der Grund-Gedanke versteht sich so sehr von selbst, daß er der Unterstützung durch Darlegung faktischer Zustände gar nicht bedarf; dennoch weiß ich recht wohl, daß dies nur für wenige gilt, obgleich ich es nie begreifen werde. – Welch eine Freude mir mein kleines Kind macht, ist kaum zu sagen. Daran sehe ich, wie ich die Mutter liebe. Könnte ich der Welt zeigen, wie sehr sie es verdient! [3919]

»Er aß mittags Linsen, um abends, wenn er in Gesellschaft gehen sollte, eau de Cologne zu sparen.[«] [3920]

d. 21sten Jan.

Über Nacht keine Minute geschlafen, am Morgen ausgegangen und mich durch Fritsch mit seinem Abschreiber bekannt machen lassen. Ich traf eine kleine Familie, die mich, weil ich dem Vater Arbeit brachte, als einen Wohltäter betrachtete: Mann und Frau, eine erwachsene Tochter und einen kleinen Sohn. Der Mann, der am Fuß leidet und humpelt, hatte ein freundliches Gesicht und ein gebildetes Wesen, war aber desungeachtet nicht imstande, sich sogleich in meine Handschrift hineinzufinden und las die Szene, die ich ihm zur Probe aus dem Mspt der Julia vorlegte, den Worten nach so, wie sie dem Sinn nach später von dem großen Haufen gelesen werden mag. Ich ließ ihm deshalb als nächste Arbeit das Trauerspiel in Sizilien zurück, das ich selbst ins Reine geschrieben habe. Der ganze Besuch hinterließ in mir einen wehmütigen Eindruck und versetzte mich in mein väterliches Haus zurück, wo wir auch, wenn jemand kam, der dem Vater eine kleine Arbeit auftrug, uns nicht dankbar genug bezeigen zu können glaubten. Um zwölf Uhr zurückgekommen und nicht wieder fortgegangen. [3921]

d. 22sten Jan:

In Folge einer abermaligen schlaflosen Nacht befand ich mich bis Mittag in übelster Stimmung, als ich von Prof. Rötscher aus Berlin eine Zuschrift erhielt, die mich sehr erfreute. Er schickte mir den Prospekt zu den dramatischen Jahrbüchern, die er herauszugeben denkt und lud mich zur Mitarbeiterschaft und allerbaldigsten Teilnahme am ersten Heft, wenn auch nur durch einen kleinen Beitrag, auf eine Weise ein, die keine bloße Höflichkeits-Bezeugung sein kann, sondern mir beweist, daß ihm sowohl an und für sich, als auch des Publikums wegen, wirklich etwas an mir und meinem Namen gelegen sein muß. Solcher äußerer Zeichen der Wirkung bedarf ich jetzt und wenn sie von einem Mann, wie Rötscher kommen, sind sie mir doppelt wert und anregend, denn ich halte ihn entschieden für unseren ersten und einzigen Kritiker, und wenn er in seinen neuerdings herausgegebenen dramatischen Charakteristiken untergeordneten Schillerschen, ja Lessingschen Figuren, wie z.B. dem Sekretär Wurm, dem Marinelli u.s.w. durch ausführliche Analyse auch viel zu viel Ehre antut und es zweifelhaft läßt, wie tief er in den Gestaltungsprozeß schaut, so ist er dagegen doch ein Meister in der Entwicklung der Ideen und jedenfalls ein Richter, von dem mir ein gründlicher Tadel lieber wäre, wie von jedem anderen Beifall und Lob. Ich hatte eine Annäherung gewünscht – da kommt sie von selbst. Später traf auch noch ein Brief von Dr H. Hauff ein. [3922]

Reiche Leute pränumerieren sich bei armen auf ihr erstes Kind, suchen gesunde Personen aus, lassen sie sich, bloß zu jenem Zweck, heiraten, versetzen sie in sorgenlose Verhältnisse, versprechen ihnen für den Säugling, eine bedeutende Summe; sowie aber das Kind da ist, will die Mutter nicht auf die Abtretung mehr eingehen und nun kehren sich alle Verhältnisse um, denn die Armen würden sich nicht geheiratet haben, wenn sie nicht auf das Geld gerechnet hätten; sie versittlichen sich durch den Entschluß der angestrengtesten Arbeit, wodurch sie sich aus der Verlegenheit ziehen und den in Gedanken begangenen Frevel abbüßen. [3923]

Was ist das Leben denn anders, als eine Ideenprobe, als ein sich selbst darstellender Beweis, daß man sich ihnen nur entfremden kann und darf, um mit größerer Überzeugung zu ihnen zurückzukehren! Darum ist ein Leben ohne Zweifel ein Leben ohne Inhalt, ein Prozeß, der gar nicht in den Gang kommt. [3924]

Mein Freund G. würde, wenn seine Frau ihm gesagt hätte, Essen und Trinken errege ihr Widerwillen und sie esse und trinke nur seinetwegen, um ihm nicht zu früh entrissen zu werden, es sicher geglaubt haben; er würde nicht einmal gezweifelt haben, wenn sie immer nach den leckersten Bissen gegriffen hätte.

[3925]

Einen Zauber sollte wahre Liebe ausüben, den, daß zwei Herzen, die ineinander aufgehen, nicht getrennt werden, sondern nur zusammen sterben könnten; das sollte ihre Probe sein und so sehr, daß auch der Entfernte stürbe in dem Moment, wo der oder die andere gestorben wäre. [3926]

d. 23sten Jan.

Heute habe ich mich den ganzen Tag in der angeregtesten Stimmung befunden und doch, wie so oft, nichts getan, sondern mich ganz einfach des erhöhten Daseins erfreut! Sicher ist das naturgemäß, aber ebenso sicher ist das auch ein Grund, weshalb ich so weit hinter vielen anderen zurückbleibe, was die Wirkung auf die große Masse anlangt, denn diese will nicht Tiefe, sondern Breite, und wenn man zu lange mit seinen Gedanken spielt, streifen sie alle die bunten Hülsen ab, durch die sie sich bei ihr einschmeicheln könnten und werden zu ernst und streng. Ich las die Rosenkranzsche Geschichte der Kantschen Philosophie, die ich in ihrem Anknüpfen an äußere Zustände in der Einleitung äußerst belehrend fand, ging abends in den Verein und traf beim Nachhausegehen auf Fritsch, der mir voller Freude verkündigte, daß seine Bearbeitung eines Calderonschen Stücks auf dem Hofburgtheater zur Aufführung kommen werde. Mein Bild, welches schon in Leipzig sein sollte, ist noch immer hier; hätte es doch Beine, oder Flügel, um mit Genoveva zu reden! [3927]

d. 24 Jan.

Der denkende Mensch ist der allgemeine, der empfindende der besondere; daher rühren die Widersprüche zwischen Kopf und Herz, daher kommt es, daß man ein Bagatell verachten und sich doch davon verletzt fühlen kann. Ich machte noch heute diese Erfahrung, als ich dem Dichter Prechtler einen Besuch machte und von ihm, ganz zufällig, eine Ungezogenheit erfuhr, die sich die Pester Zeitung in einer Notiz über mein Trauerspiel in Sizilien hat zuschulden kommen lassen. Da ich weiß, welcher Art Leute die Blätter mit Korrespondenzartikeln versorgen, da ich mit dem Neid und dem Haß, den die Wiener Sudler gegen mich hegen, bekannt bin, so kann eine von hier ausgehende Bosheit nicht einmal als pikanter Ausdruck einer subjektiv begründeten Meinung bei mir in Betracht kommen und ich belüge mich sicher nicht, wenn ich das Bewußtsein zu haben glaube, dergleichen verachten zu dürfen und auch wirklich zu verachten. Dennoch verstimmt es mich für einen Augenblick, zum Teil freilich aus gerechtem sittlichen Verdruß über die Möglichkeit entschiedener Bubenhaftigkeiten in der doch eigentlich ideellen Welt der Literatur, zum Teil aber auch aus persönlicher Nachgiebigkeit, einem negativen Eindruck gegenüber, also aus einzugestehender Schwäche. Abends in den Verein gegangen und mit Engländer, wie gewöhnlich, allerlei durchgesprochen; um acht ins Haus zurückgekehrt. Für Rötscher will ich, wenn ich kann, eine kleine Abhandlung über das Unsittliche in der Kunst schreiben und darin beweisen, daß der Stoff eines Kunstwerks nie unsittlich ist und daß, wenn er unsittlich erscheint, dies durchaus an der Form liegt, nicht aber an der Form an sich, sondern an der ihr anklebenden zufälligen Mangelhaftigkeit, die durch das darstellende Subjekt bedingt wird. [3928]

Ich lese in einem Buch und lache über den Inhalt. Der Verfasser geht vorbei, fühlt sich beleidigt und fodert mich. Muß ich mich stellen? [3929]

Ich weiß sehr wohl, welche unübersteiglich scheinende Hindernisse sich dem Versuch, ein Loch durch die Erde zu bohren, um ihre innere Beschaffenheit zu erforschen, entgegenstellen. Dennoch ist das für mich ein unendlich reizender Gedanke und wenn ich König wäre, wer weiß, ob ich nicht einen Versuch anstellen ließe und mich so der Galerie unsterblicher Narren anschlösse. Genau mit diesem Gedanken in Verbindung steht ein anderer, der aber jünger ist und mir erst heute kam. Sollte man nicht in einem geräumigen Hause von Eisen, das doch sicher wasserdicht gemacht werden und Luft für viele Tage fassen könnte, längere Zeit auf dem Boden des Meers zubringen und dort bohren können? [3930]

d. 25sten Jan.
Nicht durch Verwirrung der sittlichen Verhältnisse wird der Humanitätsgedanke verwirklicht; auch nicht durch Abschwächung der Leidenschaften, deren edles Feuer uns nur im unglücklichen Fall verbrennt, im glücklichen aber erwärmt; noch

weniger durch abgeschmackte Erwartungen von der letzten Generation, denen die bisher gemachten Erfahrungen durchaus widersprechen; einzig und allein dadurch, daß wir das Bewußtsein unserer individuellen Schwäche in uns lebendig zu erhalten suchen, unserer Unfähigkeit, dem sittlichen Gesetz anders als mit Beihülfe des Zufalls, der uns in der Geburt ausstattet, wie er uns später die Lebens-Situation anweist, zu genügen. [3931]

Besitzen, das Wort: welch eine seltsame Etymologie setzt es voraus; man sollte glauben, daß in der Zeit, wo der erste Begriff des Eigentums sich entwickelte, dieses nur dadurch zu schützen gewesen ist, daß der Inhaber sich darauf setzte. [3932]

d. 25 Jan:
Heute mancherlei abgemacht, eine Kiste für das Bild bestellt, die Abschrift des Trauerspiels abgeholt, abends sogar den so lange aufgeschobenen Besuch bei der Fürstin Schwarzenberg abgelegt. Der fiel mir schwer, ich machte neuerdings die Erfahrung, daß man sich nicht ungestraft ein ganzes Jahr aus aller Gesellschaft zurückzieht, wenn man nicht ein geborner Salonmensch ist. Später las ich im Verein im Neuen Pitaval noch zwei Kriminalgeschichten. Daß ein Mensch im Moment auch die furchtbarste Tat verüben, daß er z. B. seine unschuldige Frau erschießen kann, begreife ich, denn wer hat nicht hin und wieder einen Augenblick, worin Vergangenheit und Zukunft völlig zu erlöschen scheinen. Daß ein Mensch aber nachher, wenn ihm das Bewußtsein zurückkehrt, noch um das elende Leben mit dem Gesetz kämpfen, daß er, um es sich zu retten, die jammervollsten Ausflüchte ersinnen kann, begreife ich nicht. [3933]

d. 26 Jan:
Endlich das Bild in die Kiste und das Trauerspiel unters Kuvert gebracht, so daß morgen früh alles nach Leipzig abgehen kann. Damit aber auch den ganzen Tag verloren. Abends las ich im Verein Rötschers Abhandlung über Byrons Manfred. Die inneren Momente des Charakters legt er sehr gut auseinander, aber im ganzen benimmt er sich doch diesem seltsamen Produkt gegenüber, wie ein Anatom sich benehmen würde, der etwa ein Pferd

sezierte und es für einen Löwen hielte, weil er die Okular-Inspektion unterlassen hätte. Welche Merkwürdigkeiten würde der nicht entdecken! Dann an Campe in Hamburg geschrieben.

[3934]

d. 27sten Jan.

Wenn die Menschen wüßten, wie mir vor dem Dichter-Titel graust, so würden sie mich damit verschonen. Jede Notiz in einem öffentlichen Blatt, die so anfängt: der Dichter H. – ist mir in innerster Seele zuwider, während eine solche, die mich einfach bei meinem Namen nennt, durchaus kein unangenehmes Gefühl in mir erregt.

[3935]

Mit Erfindung des Pulvers war es noch nicht getan, es mußte noch die Büchse hinzuerfunden werden.

[3936]

Heute hat sich meine liebe Frau zum erstenmal wieder ins Freie gewagt und ihrem Chef, dem Grafen Dietrichstein, Visite gemacht. Ich begleitete sie und besorgte dann Briefe und Pakete auf die Post. Abends im Verein las ich Schlesiers Biographie Wilh. von Humboldts und erfreute mich des energischen Auftretens dieses bedeutenden Mannes gegen die Karlsbader Beschlüsse. Eine unendliche Freude macht mir mein Kind. Es ist gesund und gedeiht sichtlich; die größte Wohltat der Natur. Das Leben legt so viele Lasten auf; wenn es auch noch an sich eine Last ist, muß es nicht zu ertragen sein, oder nur deshalb, weil Menschen, denen dies fürchterlichste Schicksal auferlegt wird, keinen besseren Zustand kennen. Mit hellen, stahlblauen Weltspiegeln in dem regelmäßigen, schon völlig entwickelten Gesicht schaut es mich an; sein kurzes Atmen rührt mich, es ist, als hätte es schon Mühe um sein Dasein.

[3937]

d. 28 Jan.

Heute morgen erwachte ich heiter und wohlgemut, aber gleich nach dem Aufstehen überkam mich eine Stimmung, wie ich sie früher schon öfter hatte, eine solche, wo der Mensch sich in seine Atome aufzulösen und jedes Atom sich auf seine eigene Hand zu verlebendigen scheint; Kopf und Herz wollen zerspringen, die

Gehirn-Fasern drohen, zu reißen, die Adern schwellen, man begreift den Schöpfungsmoment, aber als die Krisis einer Krankheit. Ich ging aus und brachte meinem Abschreiber eine Novelle zum Kopieren fürs Morgenblatt; als ich wieder zu Hause kam, fand ich einen Brief aus Dithmarschen von einem dortigen Poeten vor, der einen Holsteinischen Musen-Almanach herausgeben will und mich schon früher um Beiträge ersuchte. Täppisch-zudringlich; der Bursche hat mich nie gesehen und schreibt flach und seicht, wie ein Theater-Rezensent, ist aber desungeachtet keck genug, mich zur Privat-Korrespondenz einzuladen. Abends im Verein sah ich aus einer Notiz im Frankfurter Konversationsblatt, daß man von jungdeutscher Seite schon gegen meinen Moloch zu Felde zu ziehen beginnt; die mitgeteilte Szene verspricht ein gigantisches Dichterwerk, aber schwerlich ein wirksames Bühnenstück, übrigens bin ich der genialste dramat. Dichter der Gegenwart, d.h. in meine Sprache übersetzt, die glänzendste Mücke im Sonnenstrahl dieser Sekunde. Gut maskiert, sehr gut maskiert, dieser Fechterstreich, aber, man mag tun, was man will, man kann mich einmauern, aber ich werde mich nicht im Finstern erhängen, sondern lebendig wieder hervortreten, sobald eine Revolution meinen Kerker sprengt. [3938]

Für jeden denkenden Menschen ist die Zeit, in der er lebt, schon dadurch wichtig genug, *daß* er in ihr lebt; es bedarf gar keines weiteren Grunds, um ihr seine rege Teilnahme zu sichern.
[3939]

Der erste und der letzte Mensch.

(Schlußvers eines alten Gedichts von mir)

– –

Dem letzten begegnet der erste dann,
  Den einst die Erde getragen;
Sie schauen sich stumm und ernsthaft an
  Und haben sich nichts zu sagen. [3940]

d. 29. Jan.
Heute morgen habe ich für Kühnes Europa eine neue Sendung geordnet und angefangen, ihm zu schreiben. Ich will ihm meine

Gedanken über den Literatur-Zustand und über die Unbill, die man mir zufügt, offen mitteilen; seine Kritiken haben auf mich den Eindruck der Wahrheit gemacht und wenn ich mich in ihm täusche, so wird mein Vertrauen noch immer kein weggeworfenes sein. Abends im Verein las ich in Ruges ges. Schriften, die mich lebhaft an die Tage unsres Zusammenseins in Paris erinnerten. Im allgemeinen sind sie, obgleich frisch, etwas flau, aber einzelnes ist sehr gut, z.B. der Aufsatz über den Kammerdiener Böttiger und seine sog. Memoiren, die er mit dem Schlußwort: wenn das alles auch passiert ist, so ist es darum doch nicht wahr! erschöpfend charakterisiert. [3941]

Ein Märchen-Kerl, dem alles Wachstum in die Nägel fährt, so daß er, wenn er sie heute schneidet, morgen schon wieder Krallen hat. [3942]

d. 30sten Jan.
Heute den Brief an Kühne geschlossen. Da er unser Verhältnis entweder neu fundamentiert oder aufhebt, so stehe er hier. Der Kopf ist mir ohnehin so wüst, daß ich nur noch zum Kopisten tauge.

Wien d. 28 Jan. 47.
Hochgeehrter Herr!
Schon früher würde ich Ihre freundliche Zuschrift vom letzten vor. Mon. beantwortet haben, wenn nicht häusliche Ereignisse, die Niederkunft meiner Frau mit einem gesunden Knaben und was sich daran knüpft, mich abgehalten hätten. Für die Auszeichnung, die Sie der Ihnen mitgeteilten Moloch-Szene durch persönliches Vorlesen angedeihen lassen mogten, sage ich Ihnen, da sie mir Ihre mir in hohem Grade schätzenswerte Teilnahme verbürgt, meinen besten Dank. Die kleinen Zusätze hinsichtlich der Aktion beim Abdruck habe ich in dem Sinn aufgenommen, worin sie von Ihnen gemacht wurden. Ich selbst schreibe dem Schauspieler in meinen dramatischen Arbeiten ungern etwas vor und bestrebe mich, nach Art der Alten, ihm durch kleine Fingerzeige im Dialog selbst die Gebärden, die ich zur Begleitung wünsche, leise anzudeuten. Das geht so weit, daß ich nicht einmal des Vorhangs gern erwähne, wie ich es vielleicht auch nie getan

habe; auch glaube ich nicht, daß mein Gefühl hierin zu individuell ist. Ein anderer Gesichtspunkt ergibt sich jedoch für ein ganzes Drama und ein anderer für eine einzelne Szene. Bei jenem ist, wenn es anders Gestalt erlangt hat, jedes Mißverständnis ein vorübergehendes, das sich im Fortgang von selbst löst; bei dieser mag, wenn sie dem Publikum fragmentarisch vorgelegt wird, eine kleine Nachhülfe notwendig genug sein. Ich danke Ihnen also auch für diese. Eine Notiz in dem Frankfurter Konversationsblatt, die mir gestern abend im Lese-Verein zu Gesicht kam, belehrt mich, daß sogar eine Anmerkung über die dem Ganzen zugrunde liegende Idee nicht überflüssig gewesen wäre, die ich nur unterdrückte, weil ich sie dafür hielt. Es ist mir gar nicht eingefallen, durch mein Stück den Zug der Cimbern und Teutonen zu motivieren, wie dieses Blatt konjekturiert, denn sog. historische Dramen, die sich nach einer der Gegenwart völlig abgestorbenen Vergangenheit umwenden und dem Auferstehungs-Wunder im Tal Josaphat zuvorzukommen suchen, sind für mich testimonia des gründlichsten Mißverstehens der dramatischen Kunst und ihres Zwecks. Ich will darin den Entstehungsprozeß der bis auf unsere Tage fortdauernden, wenn auch durch die Jahrhunderte beträchtlich modifizierten religiösen und politischen Verhältnisse veranschaulichen, und mein Held ist der auf dem Titel genannte. Rom und Karthago bilden nur den Hintergrund, wie zwei sich kreuzende Schwerter, und auch die deutschen Urzustände sollen nur die einer Darstellung, die sich nicht ins Verblasene verlaufen will, nötigen Farbenkörner hergeben. Im übrigen aber werden mir die historischen und traditionellen Überlieferungen, die dem Fachgelehrten in den Sinn kommen mögen, wenn ihm mein Stück unter die Augen gerät, so viel gelten, als sie dem Dichter, der das Wesen des Geschichtsprozesses erfaßt hat, nach meiner mit hinreichenden Beweisen unterstützten Entwicklung in einer Vorrede und einer kleinen Schrift gelten dürfen, nämlich nichts. Die Kühnheit der Kombinationen, die sich auf meinem Standpunkt ergeben, mag befremden, aber er ist mir noch nie widerlegt und nur selten verstanden worden, und es handelt sich ja eben um eine neue Form.

Dies führt mich auf Ihre freundliche Aufforderung, das Publikum durch Ihr Journal über den Stand meiner jetzigen Arbeiten in Kenntnis zu setzen. Ich habe die letzten drei Jahre zum größten Teil in Frankreich und Italien zugebracht und stehe im Begriff, die künstlerischen Resultate dieses Aufenthalts, soweit sie aus mir hervorgearbeitet sind, zu veröffentlichen. Ich habe zunächst ein Lustspiel, der Diamant, das freilich schon vor fünf Jahren geschrieben, jedoch erst in Neapel bis in die letzten Kleinigkeiten vollendet wurde. Es ist nach meinem Gefühl die beste und sicher die eigenartigste meiner Produktionen, eine Komödie, die sich frei und selbständig, wie die Tragödie, dem Universum gegenüberstellt und den Dualismus desselben auf eigene Hand, ohne die Vermittlung dieser gewöhnlich als vorhergehend gedachten Kunstform in Anspruch zu nehmen, zu bewältigen sucht. Dabei ist es durchaus bühnenfähig, aber freilich so wenig Parodie, als Sitten-Gemälde und darum auf einen Maßstab angewiesen, den es, der Masse unserer Kritiker gegenüber selbst erst wird erzeugen helfen müssen. Ich habe ferner einen Band neuerer Gedichte und darunter ein Buch Epigramme. Davon teilte ich die besten: Liebeszauber; Frühlingsopfer; Venerabile u.s.w. bereits im Morgenblatt mit, muß mir aber mit künstlerischem Schmerz eingestehen, daß die geringeren, die Epigramme, in denen ich neben einiger Poesie das Spezielle meiner Lebens- und Welt-Anschauung mit möglichster Ausschließung blasenhafter Einfälle des Moments niederzulegen suchte, sie an Wirkung bei weitem übertreffen werden. Ich habe endlich, um nur von dem wirklich Fertigen zu reden, hier in Wien zwei neue Trauerspiele abgeschlossen; das eine: Ein Trauerspiel in Sizilien! ganz, das zweite: Julia! bis auf die Schluß-Szene, aus der ich durch die Geburt meines Sohnes herausgerissen wurde. Beide natürlich in strengster Festhaltung meiner Lebensaufgabe, den gegenwärtigen Welt-Zustand, wie er ist und ward, darzustellen; darum mit Notwendigkeit aufs Problem, in dem der Bruch allein zum Vorschein kommt, hingedrängt, und eben darum auch – doch, davon nachher. Das Tr. in Siz. veranschaulicht die schrecklichste Seite des Polizeistaats, daß die Werkzeuge sich zuweilen umbiegen, und zugleich die Extreme der Besitzfrage. Die Julia vergegenwärtigt die Stellung des außer der Gesellschaft geborenen Menschen, indem sie in einem der drei Hauptcharaktere den Sohn des Verbrechers vorführt, und auf der entgegengesetzten

Seite stellt sie dar, wie verfallenes Menschenleben sich in unaufgedrungener Anerkennung schwerer Selbstschuld der sittlichen Idee zur unbedingten Verfügung als Sache dahingibt und das Personen-Recht schon vor dem Tode opfert. Bei Ihnen bin ich nicht der Gefahr tendenziöser Auslegung dieser Andeutungen, die den über alle diese Einzelheiten weit hinausgehenden Ring der Form ja nur der Verständigung wegen wieder in seine metallischen Urbestandteile auflösen, ausgesetzt. Das Drama ist nach meinem Urteil ein aus lauter kleineren zusammengesetzter großer Kreis; jene kleineren darf und muß die Zeit mit ihrem materiellen Inhalt ausfüllen, denn woher käme der Kunstform an sich sonst die Notwendigkeit des Fortbestehens; dieser Inhalt aber, wie ihn die partiellen Charaktere, ja unter Umständen sogar die Situationen, herantragen, muß allerdings in dem sie umschließenden großen Kreis des Ganzen geläutert und dialektisch auf seinen wahren Gehalt reduziert werden. Diesen einfachen Gedankengang festgehalten und Hegels Behauptung, daß der Standpunkt der Kunst überwunden sei oder doch überwunden werden könne, ist widerlegt; ob aber eine Widerlegung auf anderem Wege möglich ist, bezweifle ich stark.

Verzeihen Sie, hochgeehrter Herr, diese Weitläufigkeit über mich selbst. Aber es gibt Punkte, über die man sich ganz aussprechen oder schweigen muß, und wenn ich mich bei Ihnen zum ersteren versucht fühlte, so können Sie darin nur ein Zeichen meiner Hochachtung erblicken. Sie kennen meine lit. Position, Sie wissen, wie sehr gerade das in meinen Arbeiten, was ich aus guten Gründen für das punctum saliens halte, angefochten wird und Sie ermessen schon aus der kurzen Charakteristik meiner nächsten Produktionen, daß auch diese der Mißdeutung ausgesetzt sein werden. Was man mir in ästhetischer Beziehung ab- oder zuspricht, hat mich nie angefochten, wie sich von selbst versteht, denn niemand kann seine Kräfte erhöhen und es genügt, wenn sie nur nicht so unbedeutend sind, daß die Kultivierung selbst für Anmaßung erklärt werden kann. Dagegen haben mich die unverdienten sittlichen Schmähungen, die aus totalem Mißverständnis der Zeit-Aufgabe überhaupt und meines sehr bewußten Verhältnisses zu ihr hervorgingen, tief verletzt, und das ist begreiflich, da hier Zurechnung stattfände. Wenn diese

Schmähungen nun noch obendrein, wie es begegnete, von Leuten kamen, die das, was ich tatsächlich zu leisten bestrebt bin, durch Proklamationen als ihr eigenes Wünschen und Wollen ausgerufen hatten und ich auf solche Weise nach einem Kodex hingerichtet wurde, der vorher feierlich bei Trompetenschall für veraltet erklärt worden war, so ging das etwas weit. Es ist natürlich, daß ich gleicher Unbill für die Zukunft vorzubeugen suche und die mir gebotene Gelegenheit ergreife, Ihnen, der Sie ein sehr bedeutendes Gewicht in die Waagschale zu legen haben, den Tatbestand auseinanderzusetzen. Mein Tr. in Siz. habe ich dem Herrn Regisseur Marr vor einigen Tagen zugesandt; vielleicht kennen Sie ihn und nehmen eine vorläufige Inspektion von dem kleinen Werk. Im nächsten Sommer hoffe ich persönlich nach Leipzig zu kommen und Sie mündlich zu begrüßen.

Ich schließe einstweilen für die Europa ein paar Gedichte bei. Vielleicht wären Ihnen Mitteilungen aus einem ästhetischen Tagebuch, das ich auf meinen Reisen führte, nicht unwillkommen; ich werde Ihnen gelegentlich eine Probe senden. Da Sie der Honorar-Bestimmung gedenken, so habe ich noch beizufügen, daß ich sie Ihnen gänzlich anheimstelle.

Hochachtungsvoll
Ihr ergebenster
Fr. Hebbel. [3943]

Abends noch an Dr Hauff in Stuttg. die Erzählung: Pauls merkwürdigste Nacht! gesandt. [3944]

d. 31sten Jan.

Wenn es sich bestätigen sollte, daß die Poesie für ewig von der deutschen Bühne verbannt ist, so beweist das die unverbesserliche Schlechtigkeit der hier in Betracht kommenden Verhältnisse, aber es beweist nicht, daß die dramatische Kunst sich nach der Bühne bequemen, daß sie schlecht werden soll, wie sie. Durch den Selbstmord, den sie zu diesem Zweck begehen müßte, würde sie sicher nicht wieder zum Leben gelangen.

[3945]

Nicht bloß die Verwirrungen, in die die Menschen unter-

und zueinander geraten, sind zuweilen unlösbar; auch höhere Verhältnisse, diejenigen, die sich aus dem Bezug des Individuums zum Staat und des Staats zur sittlichen Idee ergeben, können es unter Umständen sein. Es fiel mir heute ein Fall ein. Ein Mensch hat in der Aufregung der Leidenschaft ein Verbrechen verübt, ein Verbrechen, das in der sittlichen Welt keine Folgen hinterließ, in der bürgerlichen aber eine Spur, die ein schlechtes Subjekt zur Entdeckung führt. Der andere hat sich durch das Verbrechen von der Sündhaftigkeit, durch die positive böse Handlung von dem verwahrlosten Seelen-Zustand, der an bösen Handlungen trächtig, also niederträchtig, war, befreit und so, mittelbar durch diese Handlung selbst, durch die einmalige Entfesselung des Teufels in sich, einen Punkt erreicht, auf dem kein Rückfall mehr möglich ist. Das kann nicht bloß geschehen, das geschieht auch mitunter; ich weiß daß Natur-Kinder bloß deswegen, weil sie die Erfahrung machten, daß sie im Rausch zornig wurden und im Zorn Torheiten und Unsinnigkeiten verübten, den festen Entschluß faßten, nie wieder zu trinken und den Entschluß hielten. Nun aber kommt der Denunziator, zunächst in der Droh-Gestalt des Erpressers, beutet das Verbrechen, solange es geht, zu seinem Vorteil aus und zeigt es an, als er seinen Erpressungen die Grenze gesteckt sieht. Der Staat kann sich, wenn sein Begriff nicht alle Realität verlieren, nicht von der Beamten-Interpretation abhängig werden soll, auf die sich hier ergebenden moralischen Distinktionen nicht einlassen; ihn darf es nicht kümmern, daß das Verbrechen in dem von ihm überwachten äußerlichen Polizei-Gebiet ohne Folgen blieb und innerlich im Verbrecher segensreiche Folgen hatte; er muß untersuchen und strafen, ja er straft schon dadurch, daß er untersucht. Der sittlichen Idee wird aber dadurch kein Dienst geleistet, es wird ihr vielmehr offenbar Abbruch getan, da ihr mit der zwecklosen Hinopferung eines ihr wegen seiner zeitweisen Entfremdung eben doppelt und dreifach wieder verbundenen Individuums einer ihrer Haupt-Träger entrissen wird. Sie kann dies Individuum aber, wie ich schon zeigte, gegen dies Schicksal nicht schützen und steht ihrem Körper und Werkzeug, dem reellen Staat gegenüber, in dieser Extremität ohnmächtig da, und, wohl verstanden, nicht bloß diesem oder jenem konkreten Staat, sondern dem abstrakten Staat, dem Staat an sich, da jeder, er sei konstruiert, wie er wolle, untersuchen muß, ehe er lossprechen kann. Daß Denunzianten oft belohnt, niemals aber, meines Wissens nicht einmal im Fall erwiesener vorhergegangener Erpressungen, bestraft, überhaupt hinsichtlich ihrer Beweggründe gar nicht oder doch nur in Beziehung auf ihre Glaubwürdigkeit geprüft werden, ist freilich nicht in der Ordnung, fällt dem konkreten Staat zur Last und wird einmal Abstellung finden. Damit ist jedoch der Fall selbst nicht beseitigt, es würden damit nicht einmal Denunziationen aus niedrigen, subjektiven Motiven, z. B. aus Rachsucht, ausgeschlossen, sondern nur die Erpressungs-Versuche erschwert, vielleicht, wenn nämlich jeder Denunziator persönlich hervortreten müßte, wie es gerecht und billig sein möge, unmöglich gemacht werden. Die Juristen werden mir das Institut der Verjährung und der Gnade nicht einwenden wollen, denn sie würden dadurch nur beweisen, daß sie mich nicht verstehen; die Philosophen aber müssen mir auch nicht von einem Opfer sprechen, das der Idee an sich ohne Rücksicht auf concreta zu bringen sei, denn das würde heißen, das Wesen für den Schein hingeben; und der Psycholog muß mir ebensowenig mit dem Gewissen und mit der Frage kommen, ob dieses ohne das Bewußtsein geleisteter Satisfaktion wieder zur vollen Ruhe gelangt, denn wenn das sich auch so verhielte, so läge gerade hierin diejenige Strafe, die dem Individuum nicht abzunehmen wäre. Wenn der Philosoph argumentiert: das Individuum hat durch seine Willkür alle diese Verwirrungen veranlaßt und ist deshalb nicht bloß für die singuläre Handlung, sondern auch für alle ihre Folgen verantwortlich, sogar für den Konflikt zwischen der sittlichen Idee und ihrem Körper, dem Staat, so ist das ganz richtig, zeigt aber nur die Wahrheit meiner Grund-Bemerkung und läßt die Lücke selbst ungestopft, da die Idee, wenn sie durch ein ehemals verbrecherisches Individuum gezwungen werden kann, gegen sich selbst zu handeln, nichts durch die persönliche Verantwortlichkeit desselben gewinnt. Wenn der Psycholog aber auf den wunden Fleck im Gewissen deutet, so ist zunächst zu untersuchen, ob er nicht positiv-religiöse Nachzuckungen, die zufällig und in sich nichtig sind, mit einem Phänomen, das ewig und notwendig ist, verwechselt, was bei der Natur des Geistes zu vermuten steht, da er sich von einer in ihm selbst, wie in der Welt, erloschenen und innerlich und äußerlich auf ein Nichts reduzierten Vergangenheit unmöglich noch gedrückt fühlen kann; stellte sich dies aber anders heraus, so könnte freilich von einer der Idee in dem befleckten Individuum durch die Strafe selbst nötigen Läuterung die Rede sein, dann würde aber jedenfalls das Straf-Bedürfnis besser läutern, als die rohe Strafe selbst und von jenem zu dieser übergehen, hieße, im Interesse des Individuums und auf Kosten der Idee die größere Strafe mit der geringeren vertauschen, also das notwendig befundene Läuterungsmittel schwächen. Daß der Einwand an sich leer ist, leuchtet ein. [3946]

Weil einer gegen alle nicht ausreicht, so verbanden sich alle gegen den einen, den Verbrecher. So entstand der Staat. [3947]

»In diesem Dichter ist der Ernst der Gesinnung, die aufs höchste gehende Richtung pp nicht genug anzuerkennen, nur daß die Kraft ihm versagte.« Dieser Mensch ist der nobelste Mensch, ein Ideal-Mensch, nur schade, daß er nicht existiert.

[3948]

d. 31 Jan.
Den ganzen Tag schreibend und studierend zugebracht, abends im Verein mit Engl.[änder] gesprochen. Die Briefe an Kühne und Hauff abgesandt. [3949]

d. 31 Jan.
Der schöne Gedanke. Wie ist er aesthetisch zu definieren? Darüber nachzudenken! [3950]

d. 1 Febr.
Ein verlorner Tag, bis aufs Studieren. Des Morgens mußte ich aufs Gericht, weil wir eine Bettstatt, die ein Trunkenbold von Tischler unbestellt für uns gemacht hatte, nicht nehmen wollten. Dann begleitete ich Tine zum Zahnarzt, weil sie sich einen Zahn einsetzen lassen muß, ehe sie wieder auftreten kann. Der Mann mit seinem gescheitelten Haar und seinem schlauen Augustuskopf hatte in Gestalt, Mienen und Bewegungen eine unglaub-

liche Ähnlichkeit mit dem Buchhändler Campe in Hamburg. Die Art, wie er verfuhr und wie ein lebendiger Organismus, ein in blühendster Jugendlichkeit prangender Menschenleib mechanisch ergänzt wurde, machte auf mich einen phantastischen Eindruck, der sich ins Unheimliche verlor und Homunkulus-Gedanken in mir hervorrief. Nachher machte er sich auch über meine Zähne her und ich verwunderte mich, als er, statt von vielen unrettbar verlorenen und einigen guten zu sprechen, umgekehrt von vielen guten und einigen unrettbar-verlorenen sprach. Nachmittags beschäftigte ich mich mit Feuerbachs Darstellung der Leibnizschen Philosophie, abends las ich in Ruges Schriften und faßte aufs neue den Vorsatz, ihm einmal zu schreiben, wärs auch nur, um mich bei seiner Frau zu entschuldigen, daß ich, als ich sie in Paris zum letztenmal besuchte, bis 2 Uhr in die Nacht, des starken Regens wegen, bei ihnen blieb; freilich ohne es zu ahnen. [3951]

Ein kleines Kind und eine Mutter zusammen: ob noch gleiche Extreme von unbegrenztem Egoismus und ebenso unbegrenzter Aufopferung zu finden sind? [3952]

A. (in einem Buch blätternd) Dies Gedicht kann ich durchaus nicht wieder finden!
B. Es wird herausgefallen sein! [3953]

Ein roher Mensch erschlägt, etwa im Duell, einen großen Dichter. Er wird dadurch gestraft, daß er sich bildet und später, zu den Werken des Toten hingezogen, erkennt, welch eine Welt er erstickt, welch eine Fackel die ihm selbst leuchten sollte, er gelöscht hat. In niedererem Kreise dasselbe: ein Räuber und ein Maler, vor dessen Madonna er später Buße tut. [3954]

d. 2 Febr.
Selbst, wenn das Sterben vom Willen des Menschen abhinge, würde keiner am Leben bleiben. [3955]

Nur in der Jugend stirbt der Mensch schön; wenn alle Kräfte in ihm entwickelt sind, und alle Blumen aufbrechen wollen, so daß es nur eines einzigen Frühlingshauches bedarf, um sie hervorzulocken. Aber das gilt nur für einen Moment, nur in dem des Übergangs, bei dem es gleichgültig ist, wie weit er führt, gleich nachher schon nicht mehr! [3956]

Gleich heute morgen erhielt ich von Rousseaus Schwester einen Brief, worin sie mir den Tod ihres Vaters anzeigte. Was ein solcher Schlag Tröstliches mit sich führen kann, hat er diesmal mit sich geführt: der alte Mann ist schnell und schmerzlos gestorben. Dennoch hat mich die Nachricht tief erschüttert: ich sehe die Familie vor mir! [3957]

d. 3 Febr.
Heute morgen wieder mit meiner Frau beim Zahnarzt gewesen, darauf an dem für Rötschers Journal bestimmten Aufsatz geschrieben und einiges über die Sprache auf eine mir nicht ganz ungenügend scheinende Weise ins klare gebracht. Mittags erhielt ich einen Brief von Campe, nicht in Antwort auf den meinigen, denn der konnte bei der Absendung noch nicht eingetroffen sein, sondern aus eigner Bewegung erlassen. Die Moloch-Szene hat ihn dazu veranlaßt, soviel ist deutlich, er hält das Stück für fertig und mögte es haben. Mein kleiner Sohn hat in der Mittagsstunde die erste Bekanntschaft mit der frischen Luft gemacht, Tine ließ ihn hinuntertragen, weil die Sonne frühlingswarm schien. [3958]

»Ein Tyrann, der einmal den ganzen Tag nicht befiehlt, sondern will, daß man alle seine Wünsche errate, den aber, der dies nicht kann, tötet, weil er ihn nicht genug studiert habe. Nebucad-Nezar.« [3959]

d. 4 Febr.
Ich war den ganzen Tag zu Hause und beschäftigte mich mit Feuerbachs Geschichte der Philosophie. In der Darstellung der Jacob Böhmeschen Ideen fand ich Gedanken über die Sprache, die den von mir in dem Sonett ausgesprochenen nicht zu fern stehen; so hat man in allem Vorgänger und es ist vielleicht nicht so unsinnig, wie ich ehemals glaubte, das ganze Leben zu verstudieren. Abends ging ich in den Verein. [3960]

d. 5ten Februar

Ich habe den Diamant heute an Campe abgesandt. Es ist doch in Form und Gehalt mein bedeutendstes Werk und man muß die Pfeile nicht im Köcher rosten lassen. [3961]

Nach dem Grade, wie ein Mensch die in der Sprache niedergelegten allgemeinen Erfahrungen zu seinen eigenen erhoben hat, soll man seine Bildung messen und diesen Grad nach dem Gebrauch, den er von den Wörtern macht. [3962]

d. 6 Febr.

Heute nach Berlin an die Intendanz wegen eines Gastspiels geschrieben. Abends sah ich im Verein mit Erstaunen aus einer Notiz, daß auch Herr Gutzkow an Rötschers Jahrbüchern mitarbeiten wird. Gegen wen denkt der Herausgeber, der nach dem mir mitgeteilten Programm doch polemisch auftreten will, seine Polemik denn zu richten, wenn nicht gegen diesen Scharlatan? Und liegt nicht in der Aufforderung zur Mitarbeiterschaft, oder auch in der bloßen Annahme derselben eine Art von Anerkennung, gelte sie nun der Person oder der Position? Die Menschen tun nichts, als mir Rätsel aufgeben. – Auch an Fräul Rousseau habe ich geschrieben. Den Aufsatz für R.[ötscher] fortgesetzt. [3963]

Es ist eine auffällige Erscheinung, daß, je mehr ein Mensch wahrer Poet ist, er um so weniger als Poet in Aufsätzen auftritt und umgekehrt. [3964]

Was der Zukunft gegenüber willkürlich erscheint, ist es darum nicht auch der Vergangenheit gegenüber. Das ist bei Beurteilung positiver Verhältnisse wohl zu berücksichtigen. Positive Institutionen sind immer nur ein Abfinden mit den Zuständen; sie sind nicht mehr, aber auch nicht weniger. [3965]

d. 7 Febr.

Heute morgen habe ich fortgefahren, an dem Aufsatz für Rötscher zu schreiben und zum ersten Mal mit einiger Befriedigung. Nachmittags machte ich einen großen Spaziergang, abends sprach ich eine Stunde mit Engländer im Verein. Voilà tout! [3966]

Beschränkte Menschen kann man sich vorstellen, als ob sie ihre früheren Zustände noch nicht abgetan haben, als ob sie unter ihrer Menschenhaut noch das Tierfell, und so weiter herab, tragen. [3967]

d. 8 Febr:
Wieder an dem Aufsatz gearbeitet. [3968]

d. 9 Februar
Tinens Geburtstag. Ich machte eine Hyazinthe zum Herold meiner Wünsche. Wir brachten den ganzen Tag in völliger Einsamkeit zu, aber darum nicht minder vergnügt. Abends tranken wir ein Glas Punsch und ich suchte meine Tanzkünste wieder hervor. [3969]

»Verzeihen Sie, daß ich in Gold komme; es ist noch kein edleres Metall entdeckt worden!« (Eine Dame beim Besuch) [3970]

d. 10 Febr.
Wieder an dem Aufsatz gearbeitet. Dergleichen kostet mir für das Resultat zu viel Mühe, obgleich ich am Schluß gewöhnlich mit der Ausbeute zufrieden bin. Abends zwei Briefe; von Campe und von Elise. Jener voll erfreulicher Nachrichten; dieser, wie immer, und ohne die Erklärung, daß der Inhalt nicht wieder ehrenrührig sei. Ich wollte ihn zurückschicken, Tine gab es nicht zu. Die Ärmste! Schon, wie ich in die Tür trat, sah ich, daß etwas vorgefallen sein müsse; auf meine Frage reichte sie mir das Kuvert und zerfloß dann in Tränen, dennoch hielt sie mich ab, zu tun, was recht war und notwendig dabei, weil es ihr zu hart schien. [3971]

Sieh einen Menschen genau an und du siehst ihn nicht mehr; er wird vor deinen Augen etwas anderes, als er eigentlich ist. [3972]

Der tiefe Mensch *arbeitet* in Gesellschaft, genießt in der Einsamkeit. [3973]

d. 11 Febr.
Sich Columbus vorstellen, als ob er Amerika entdeckt, die Rückreise fast vollbracht, aber noch im Hafen das Unglück gehabt hätte, zu scheitern. Der erste, der den Weg zur neuen Welt fand, ward in der neuen Welt gebraten, der zweite hatte das Unglück, bei der Rückkehr zu scheitern, der dritte kam zurück. Wer war der Unglücklichste? [3974]

Heute morgen mit Tine Besuche gemacht und den Tag darüber verloren; Elisens Brief gelesen und menschlicher gefunden, als der Anfang erwarten ließ. [3975]

d. 12 Febr.
Unendlicher Schnupfen. Den ganzen Tag bis auf einen kleinen Spaziergang zu Hause zugebracht. Abends Besuch gehabt von Mad^me Brede. [3976]

Alles Handeln ist der Idee gegenüber auch ein Handeln im kaufmännischen Sinn. [3977]

Die Hegelsche Philosophie sucht das Kunstwerk zur bloßen Materie zu machen, die nur im phänomenologischen Sinn, als letztlich abschließend und aufsummierend, auf Form Anspruch machen kann, während es eben abschließt mit der Phänomenologie. [3978]

d. 13 Febr.
Der Schnupfen hat mich nicht verhindert, an dem Aufsatz fortzuschreiben. Besuch von Fritsch. Kurzer Spaziergang.
[3979]

† d. 18 Febr.
Auf dem 2ten Kirchhof zur Schmelz, N: 1776, oberhalb des Grabes von einem zehnjährigen Knaben, so daß man, wenn man sich mit dem Rücken gegen den Grabstein des letzteren

stellt und mit dem rechten Fuß einen Schritt tut, auf das Grab tritt, ruht mein Ariel, mein teures, heißgeliebtes Kind. Diese Adresse glaubte ich in diesem Tagebuch nicht so bald einzutragen. Sonntag, den 14ten Februar, abends 9 Uhr, ist der Engel gestorben, ohne vorher krank gewesen zu sein, an den Fraisen, oder am Herzkrampf, wie der Arzt sagte. Den ganzen Tag hielt ich mich, meines Schnupfens wegen, zu Hause, ab und zu besuchte ich, von meiner Arbeit an dem Rötscherschen Aufsatz aufstehend, das Kind, zuweilen brachte seine arme Mutter es mir herein. Nachmittags nach dem Kaffee, hatte ich es bei mir auf dem Sofa, es schlief ein, wachte aber noch einmal wieder auf und lächelte mich himmlisch-süß an, dann ward es fortgetragen. Abends nach 7 Uhr ging ich in die Kinderstube, wo Tine sich befand, eben hatte das Kind mit Appetit gegessen, ich nahm es auf den Arm, scherzte, sagte: solange, als deine Mutter dich getragen hat, wird dich keiner wieder unausgesetzt tragen, gab es an das Mädchen zurück und ging in unser Wohnzimmer, um meinen Kaffee zu trinken. Eine Viertelstunde später, ehe ich noch mit dem Kaffeetrinken fertig war, ging ich wieder hin und traf meine Frau in der größten Aufregung, das Kind schrie heftig, es hatte die Augen im Kopf verdreht, wie ich hörte, und um sich geschlagen, ich ahnte nicht, daß der Zufall etwas Schlimmes bedeuten könne, aber es ward zum Arzt geschickt. Der Arzt erschien in wenigen Minuten, ich kannte ihn nicht, er war aus der Nachbarschaft, wir hatten sonst einen anderen, er sprach von der größten Gefahr, ich hielt ihn für einen rohen Scharlatan und sagte das zu meiner Frau, als sie zusammensank. Es wurden dem Kinde kalte Umschläge auf den Kopf und ein Senfpflaster auf den Rücken gelegt, nach und nach hörte es zu schreien auf, ich sah darin einen Beweis, daß ich den Arzt richtig beurteilt habe und fragte ihn: nicht wahr, es geht besser?, er antwortete: ich fürchte, daß alles zu spät ist, ja, es ist zu spät, sehen Sie, es ist aus! Das Kind hatte zu atmen aufgehört. Den ganzen Tag hatte ich mich, meines Schnupfens wegen, enthalten, es zu küssen, nun –. Ich will nicht mit meiner Lebens-Philosophie in Widerspruch treten, ich habe einen raschen Tod immer für den besten erklärt und er ist es. Aber nur für den Sterbenden selbst, auf den man freilich auch allein sehen soll, nicht für die

Hinterbliebenen, diese werden sich unendlich viel eher mit ihm versöhnen, wenn er als Wohltat erscheint, als das Ende schwerer Leiden und bitterer Kämpfe. Was man leidet, wenn man sich so plötzlich ohne Vorbereitung und Übergang an die äußerste Grenze der Menschheit gedrängt sieht, ist nicht auszusprechen; aber ich halte es für Pflicht, die Lebenskräfte zu sparen und zusammenzuhalten, darum gestatte ich es der Erinnerung nicht, in der Wunde zu wühlen, obgleich die Wollust, die darin liegt, der Wonne des Besitzes fast gleich ist. Das einzige Mittel, dieser Pflicht genugzutun, ist dasjenige, das der Instinkt von selbst ergreift, sich mit Gewalt zu zerstreuen, wie es die Sprache so außerordentlich tiefsinnig nennt, d.h. sich nicht in den Schmerz zu vertiefen, ihn nicht in seine Einzelheiten aufzulösen; den Gedanken: Dein Liebling ist tot! konnte ich in seiner nackten Allgemeinheit schon während der letzten drei Tage ertragen, aber stromweis rannen meine Tränen, wenn mir irgend ein konkreter Zug, das Lächeln des Kindes, sein Auge, vor die Seele trat, ja wenn ich nur etwas, das ihm angehört hatte, erblickte, sein Mützchen oder was es war. Unendlich haben wir gelitten, die arme Mutter und ich, denn wir haben das kleine Wesen geliebt, als ob es statt sieben Wochen sieben Monate, ja Jahre, alt gewesen wäre; ich habe es nie geahnt, wie fest die Natur bindet, wenn menschliche Verhältnisse nicht durch den Zwang der Umstände herbeigeführt, sondern auf die rechte Basis gegründet sind, und den Trost entbehre ich jetzt nicht, wie einst, die schuldige Vater-Empfindung aus vollstem Herzen gezahlt und mein Kind für ewig, mag es mir nun wieder begegnen, in welcher Gestalt es will, an mich gefesselt zu haben. – Gestern, um 4 Uhr nachmittags, wurde es beerdigt, bei Regen und Wind, in seinem eignen Grabe, das ich für 35 Gulden kaufte, so daß ich jetzt Landbesitzer geworden bin. Ach, all dies Drum und Dran, dies Füllen gieriger Fäuste, dies Abfinden der durch Kirche und Staat privilegierten Bettler! Getauft war der Engel nicht, an seinem Todestag setzte seine liebe Mutter ihm das für die Taufe bestimmte Mützchen auf und sagte: mach, Vater, daß dein Söhnchen getauft wird, sonst wird das Köpfchen für das Mützchen zu groß, nun trägt er dies Mützchen im Sarg! Der protestantische Pfarrer, der übrigens mit der Beisetzung protestantischer Leichen nichts zu schaffen hat, riet meinem Schwager, dem katholischen zu sagen, das Kind habe die Nottaufe empfangen, um großen Unannehmlichkeiten zu entgehen; dies ist denn geschehen, sonst wäre die Erde vielleicht noch nicht zu dem Ihrigen gekommen. – Nun ruhe sanft, du holdes Wesen, Freude hast du deinen Eltern gemacht, Freude hast du, soweit dein Traum-Leben dafür erschlossen war, selbst genossen, gelitten hast du nicht viel und wieder begegnen werden wir dir, so oder so, gewiß! [3980]

†

Noch d. 18 Febr.
Mit dem Lesen den ganzen Tag verbracht. Der für Rötscher bestimmte Aufsatz widert mich ordentlich an, obgleich er gut geraten und nur noch ins reine zu schreiben ist. Der Gedanke, daß ich unter den Augen des Todes so ruhig und ahnungslos arbeiten konnte, macht mich schaudern! [3981]

d. 20 Febr.
Öde! Öde! Und die Mutter! Die Mutter! Diese plötzlich in einer Träne zerspringenden Augen! [3982]

d. 22 Febr.
Das Tagebuch widert mich jetzt an. Heute morgen habe ich den Rötscherschen Aufsatz geschlossen. [3983]

d. 23 Febr.
Heute den Aufsatz nach Berlin abgesandt und die Mariamne begonnen. Nicht ohne die Gunst der Musen, nach dem Anfang zu urteilen. [3984]

d. 26 Febr.
Campe geantwortet. Der Diamant wird also gedruckt werden. Nach fünf Jahren ist es Zeit. An der Mariamne wird fortgefahren. Arbeit ist alles. Morgen tritt Christine wieder auf. Es ist gut für sie. [3985]

»So muß ich deine Schmerzen übernehmen!« »Nun ist ein Teil, ein Hauch von mir selig!« [3986]

Wenn alle Spinnen einen Faden spännen, wäre das Gewebe bald fertig, das die Sonne verfinstern könnte. [3987]

Die Menschen sind in Gott, was die Einzel-Gedanken im Menschen. [3988]

Die Pflanze leidet daran, nicht Tier zu sein u.s.f. [3989]

Die Natur hat den Pflanzen- und Tierschmerz unmittelbar; sie gab dem Menschen Bewußtsein, um Schmerz in ihm abzulagern. [3990]

Die Erde ist vielleicht der Mittel-Planet, auf dem das Bewußtsein erst dämmert, und darum der relativ-schlechteste; auf dem niedrigeren existiert nur Tierleben, auf dem höheren reines Geistesleben. [3991]

Wenn Gutzkow einen Dichter rezensiert, so zeigt die Rez. wie ein Stück Gold aussieht, wenn es in den Kot fällt und wieder herauskommt. [3992]

Man kann mit demselben Recht vom Menschen fodern, daß er nach Ideen leben soll, die er nicht hat, womit man verlangen würde, daß er Geld ausgeben soll, was er nicht hat. [3993]

d. 27 Febr.
An der Mariamne gearbeitet. Abends im Theater. Maria Stuart. Tine vortrefflich. Aber, daß selbst ein Mann, wie Schiller, auf feuchte Schnupftücher spekulierte, ist entsetzlich. Und was tut er anders im fünften Akt! [3994]

d. 28 Febr.
Die Mariamne fortgesetzt. Abends im Theater *Traum ein Leben* von Grillparzer gesehen. Vortreffliche Darstellung bis auf die Holzpuppen von Weibern. Das Stück hat, wie mir O.[tto] P.[rechtler] sagte, nicht einmal das Verdienst der Erfindung für sich anzusprechen, denn es ist einem Voltaireschen Märchen nachgebildet. Dabei die Idee aus dem Calderon entlehnt. [3995]

Nur eine einzige Traube!
Nur einen einzigen Mund! [3996]

Die Menschen fragen sich wohl zuweilen: was bedeutet mein Ich in meinem Kreise, aber selten: was bedeutet mein Kreis im größeren und dieser im größten? Daher ihre Zuversicht, ihr Stolz, ihr Hochmut, zugleich aber auch die unschätzbare Fähigkeit, alle ihre Nerven für das nächste Ziel anstrengen zu können. Wüßte ich nicht so schrecklich genau, was die Dichtkunst an sich ist, ich würde als Dichter viel weiter kommen! Unstreitig aber gibt es Geister, die die Erkenntnis mit mir und die Spannkraft mit jenen Geringeren teilen. Diese sind die vornehmsten und leisten das Höchste. [3997]

»Ich bin von Eisen!«
»Wenn es fließt!« (Tine) [3998]

»Wie alt?« Ich bin so alt, wie die Welt; aber als Hans existiere ich erst 30 Jahre. [3999]

d. 1 März.
Ob die Allgemeine Zeitung wirklich ein Blatt ist, welches geheimen Einflüssen gehorcht? Es ist doch ganz sicher, daß ich in den Referaten, wegen deren ich mich beschwerend an den Redakteur wandte, höchst ungerecht behandelt wurde, wenn auch nur, um den zweifellosesten Gesichtspunkt aufzustellen, im Vergleich mit anderen, laut ausposaunten und wohl selbst in ihren eigenen Augen tief unter mir stehenden Nullitäten. Dennoch hat der Redakteur von meinem Brief nicht allein keine Notiz genommen, sondern die Zeitung fährt fort, mich auf die schnödeste Weise zu behandeln, mich im ganzen zu ignorieren und im einzelnen durch allerlei Seitenhiebe zu bekriegen. So heute in einem Artikel von Hermann Marggraff, in dem freilich von der tieferen Ursprünglichkeit meiner Dramen gesprochen, zugleich aber auch meiner herben Übertreibungen und psychologischen Verirrungen auf eine Art gedacht wird, als ob das eine nur gesagt wäre, um das andere mit guter Manier daran knüpfen zu können.
[4000]

Jede geringere Potenz hat das Recht, sich eine Zeitlang gegen die höhere aufzulehnen, ohne daß diese darum gleich befugt wäre, jene zu vernichten, denn jene ist zur Probe berechtigt und diese verpflichtet. Dies hat jedoch seine Grenze. [4001]

d. 2 März.

Heute war ich unfähig, zu arbeiten und machte mit Tine einen kleinen Morgenspaziergang. Als wir zurückkamen, fanden wir eine Karte von Zerboni vor, der aus Galizien zurückgekommen war und sich auf den Nachmittag anmeldete. Ich freute mich sehr, den alten Freund nach so langer Abwesenheit wieder zu sehen. Abends erhielt ich schon eine Antwort von Rötscher, eine fast umgehende. Er kommt mir mit Vertrauen entgegen und ich will seinen Jahrbüchern eine so lebhafte Teilnahme widmen, als mir, dem ein Aufsatz leider mehr Mühe und Zeit kostet, als der beste verdient, irgend möglich ist. [4002]

d. 3 März.

Nichts getan. Besuch bei Zerboni. Abends Tine im Theater, ich im Lese-Verein. [4003]

d. 4 März.

Seit dem Tode des Kindes ist dies Tagebuch auf ein Nichts reduziert. Schöner Tag, der ganze Frühling auf Besuch. Wenig gearbeitet, aber doch etwas. Dies Königsbild kann etwas werden, in den Charakter des Herodes hinein ist aber auch die ganze Bedeutung des Dramas zu legen. [4004]

Die Geschichte, das Gedächtnis der Menschheit. [4005]

»Ich will alle meine Untertanen gefangensetzen; das geschieht dadurch, daß ich selbst das Land verlasse und es dadurch für ein Gefängnis erkläre.[«] [4006]

d. 5 März.

Nichts gearbeitet. Spaziergang. Abends Besuch von Fritsch. [4007]

d. 6 März.

Etwas gearbeitet. Wieder im Zug. Wahrscheinlich ist meine Frau wieder in einem Zustande, der Ersatz für unseren Verlust verspricht. Nachmittags und abends war Zerboni bei uns. Ich teilte ihm das Tr. in Siz. mit; es ward ihm ebensowenig klar, wie Fritsch. [4008]

Mit Recht wird eine Verschwörung an die Spitze aller Verbrechen gestellt, denn alle andere greifen nur einzelne Gesetze an, die Verschwörung den Grund der Gesetze, also alle zugleich. [4009]

»Er hat die Erde, aber sie ist ihm nichts, als ein Grab für seinen Leichnam.[«] [4010]

d. 7 März.

Nichts gearbeitet. Nachmittags mit meiner Frau Zerboni besucht. Abends die Pagenstreiche im Horburgtheater angesehen. Welch ein Stück! Und welche Unsittlichkeiten! Da bestellt ein Betrunkener alles Ernstes eine Person, die er für ein Kammermädchen hält, zu sich ins Bett, sagt noch im Abgehen: folge mir bald! und das liebe Publikum hat nichts dagegen einzuwenden, läßt sich den Schmutz gefallen und redet sich vermutlich gegen sich selbst damit aus, daß die bestellte Person ja ein Mann sei, also keine Gefahr entstehen könne. O Heuchelei dieser Zeit! [4011]

Ob jemand wohl so durstig werden kann, daß er ein Glas Wasser trinkt, welches vergiftet ist? [4012]

d. 8 März.

Über Nacht träumte mir, ich ertränkte den Dichter Otto Prechtler, weil er nicht aufhörte, mir Verse vorzulesen, in einer Wasch-Schüssel, denn er war nicht größer, als eine Hand. [4013]

Dies Wort ist eine Tochter der Echo. [4014]

Heute morgen habe ich wieder mit Eifer an der Mariamne

gearbeitet. Gegen Mittag ging ich in den Lese-Verein und las in der Allg. Zeitung einen schaudererregenden Artikel. In Karlsruhe ist das Schauspielhaus in Brand geraten und an zweihundert Menschen haben ihren Tod in den Flammen gefunden; als verkohlte Gerippe, die von niemandem erkannt werden können, sind sie hervorgezogen worden. Die Zeitung fügte hinzu: der Mark-Graf, obwohl unpäßlich, habe in eigener Person stundenlang die Feuer-Lösch-Anstalten dirigiert. – Nachmittags das Buch der Frau v. Wolzogen über Schiller gelesen; nach den Briefen, die er an sie und ihre Schwester, seine spätere Frau, geschrieben hat, kann die Bildung dieser Damen doch eben keine tiefe gewesen sein, so viel Rühmens auch davon gemacht wird und wenn er ihnen in seinen Produktionen zu gefallen gesucht hat, so war das sehr schlimm. [4015]

d. 9 März.
Sah im Theater das neue Stück von Halm: Donna Maria de Molina. Es ist nicht ohne interessante Szenen, die aber wahrscheinlich dem spanischen Dichter, der nach dem Anschlagszettel den Stoff hergegeben hat, angehören. Von einer Idee ist natürlich nicht die Spur vorhanden. [4016]

Ein auf den Tod im Kerker Sitzender macht eine wichtige Erfindung, die er nur um den Preis des Lebens entdecken will. [4017]

d. 10 März.
Heute morgen eine Szene an der Mariamne geschrieben. Es ist doch Täuschung, wenn man glaubt, daß ein Stoff an sich schon etwas sei und dem gestaltenden Geist einen reinen Gehalt entgegenbringe; ich überzeuge mich bei dieser Arbeit zu meiner großen Satisfaktion vom Gegenteil. Ich konnte mich lange nicht überwinden, die Geschichte des Herodes und der Mariamne zu behandeln, weil es mir schien, daß ich dabei zu wenig zu tun vorfände; aber die wirkliche Arbeit belehrt mich eines anderen. Mit um so größerem Eifer werde ich fortfahren. Nachmittags ging ich in den Verein und blieb bis sieben Uhr aus. Es war seit dem Tode des Kindes das erste Mal; als ich wieder zu Hause kam,

fand ich Tine wieder in Tränen schwimmend, sie kann in den Dämmerungs- und Abendstunden nicht allein sein. Seltsam, diese Abhängigkeit weiblicher Naturen von Ort und Stunde in der Wiederkehr ihrer Empfindungen, die ich schon so oft Gelegenheit hatte, zu bemerken! [4018]

Bleistift-Bemerkungen, aus der Schreibtafel. [4019]

Es wäre so unmöglich nicht, daß unser ganzes individuelles Lebens-Gefühl, unser Bewußtsein, in demselben Sinn ein Schmerzgefühl ist, wie z.B. das individuelle Lebens-Gefühl des Fingers oder eines sonstigen Gliedes am Körper, der erst dann für sich zu leben und sich individuell zu empfinden anfängt, wenn er nicht mehr das richtige Verhältnis zum Ganzen hat, zum Organismus, dem er als Teil angehört. [4019a]

»Betet denn keiner für mich?« Ausruf eines kath. Mädchens in Gefahr. [4020]

Eine Bartholomäusnacht, aber in anderem Sinn, als die erste, um die Bevölkerung der Erde auf das ihrer Produktionskraft entsprechende Maß zu reduzieren; infolge allgemeinen Volks-Beschlusses. [4021]

Schönes Mädchen in Rom: die Rose auf dem Scherbenberg der Welt. [4022]

Von Rom, was blieb? Nichts, als der Gedanke, und der war früher, wie er später ist. [4023]

Auf ein ewiges Ab- und Widerspiegeln läuft alles Leben hinaus. Gott spiegelt sich in der Welt, die Welt sich im Menschen, der Mensch sich in der Kunst. [4024]

Einst: die Sonne geht noch auf, aber sie entlockt der Erde keinen Halm mehr. pp pp [4025]

Es ist ein großer Widerspruch im Menschen, daß er in der

Kunst durchaus nur das Eigentümliche, auf sich Beruhende, keinem äußeren Eindruck Nachgebende, will und es doch im Leben selbst nicht ertragen kann. [4026]

Der Dichter verbrennt eins seiner schönsten Gedichte als Opfer für die Musen. Ich selbst sah einst einen Edelstein verbrennen. [4027]

Diejenigen, die den Zweck der Ehe in die Kinderzeugung setzen, müssen es höchst unsittlich finden, sich *vor* dem ersten Kinde zu verheiraten, da erst dies Kind beweist, daß jener Zweck unter bestimmten Personen realisierbar ist. [4028]

Es gibt nur eine einzige Kritik, die zu respektieren ist. Diese entwickelt aus dem Innersten der Sache heraus. Sie sagt zum Dichter: dies hast du gewollt, denn dies hast du wollen müssen und untersucht nun, in welchem Verhältnis sein Vollbringen zu seinem Wollen steht. Jede andere ist vom Übel. [4029]

Daß die beschreibende Poesie nichts sei, ist längst zugegeben. Ist aber die reflektierende nicht auch eine beschreibende? Beschreibt sie nicht, was sie darstellen sollte, das Innere? [4030]

Christus: Wie könnt ich Mensch geworden sein, wenn ich jetzt noch fühlte, Gott zu sein? (in der Versuchung.) [4031]

Der Türke und die Odaliske. [4032]

Wer Böses fürchtet, dem trifft Böses ein. Die Dämonen züchtigen ihn für seinen Verdacht. [4033]

»Maler, zeig mir das Urbild deines Bildes!« Ich hatte keins! »So stirb, Verfluchter, du hast mich wahnsinnig gemacht.[«] [4034]

Schönheit: das Genie der Materie. [4035]

Die Würde des Menschen im Tode. Eine düstere Majestät umfließt die umgefallene Gestalt, ein Tier ist ekelhaft und häßlich. [4036]

Bei der mediceischen Venus: die Scham fällt, wie ein Schleier, von ihr ab. [4037]

Die Welt, wenn sie nicht mehr durch den Flor der Jugend und der Poesie betrachtet wird, macht keinen besseren Eindruck, wie der menschliche Körper, wenn man ihm die Epidermis abgestreift hat; es bleibt noch immer ein höchst vernünftig eingerichteter Organismus übrig, aber die Schönheit ist dahin. [4038]

Das Universum kommt nur durch Individualisierung zum Selbstgenuß, darum ist diese ohne Ende. [4039]

Werke schreiben, die nicht aus dem Innern hervorgehen und die sich doch für den Ausdruck eines solchen geben, d.h. Empfindungen aussprechen, die man nicht hat, sondern nur einfängt, wie Vögel, auf deren Gesang man andere horchen sah, und Dinge sagen, die man nicht fühlt – im gewöhnlichen Leben – also lügen, Handlungen verrichten, die einem nicht bloß gleichgültig sind, sondern von denen man das Gegenteil tun mögte: Beides kommt auf eins hinaus. Dichten und Erdichten. [4040]

Die Juden wollen ins Gelobte Land, sie wollen emanzipiert werden. Aber ich dächte, die Gesetzgeber machten es wie Moses, der sie so lange in der Wüste zurückhielt, bis sie die Fleischtöpfe Ägyptens vergessen hatten, d.h. bis ein neues Geschlecht da war. [4041]

Gott zur Seele: Da du so ungern in einen Menschenleib hineinfährst, obgleich ich es dir gebiete, so sei das deine Strafe, daß du ihn im Tode ebenso ungern wieder verlassen sollst!
                                       Mahomet-Sage. [4042]

Hasen-Gedanken, Fuchs-Gedanken pp nach dem Fleisch, das man mittags aß. [4043]

Gesund aussehen für zwei. [4044]

So viel Freunde haben, als das Jahr Tage hat. [4045]

Über alles hat der Mensch Gewalt, nur nicht über sein Herz. Er kann nicht lieben, wann er will. [4046]

»Die Kannibalen haben am besten das letzte Ziel der Geschichte begriffen. Sie tun schon jetzt, was dann geschehen wird: sie fressen sich untereinander.« [4047]

Der Mensch denkt sich leichter einen Gott, als sich selbst. [4048]

Das niedrigste Tier hat den Vorteil, daß nicht ein noch niedrigeres auf dasselbe angewiesen ist. Die Flöhe haben keine Flöhe. [4049]

Der Dichter, der dramatische, kann die großen historischen Mächte, die zu wirken und berechtigt zu sein, aufgehört haben, noch in negativem Sinn benutzen, sie parodistisch behandeln. Z.B. Die höchsten Pers. sind komisch an sich und untereinander, aber tragisch, Schicksals-Mächte, für andere. [4050]

Man muß im Drama das Faktum, welches den tragischen Konflikt erzeugt, hinnehmen, auch wenn es in rein zufälliger Gestalt auftritt, denn das Eigentümliche des Zufalls liegt eben darin, daß er sich nicht motivieren läßt. Dagegen muß in den Charakteren eine höhere Existenznotwendigkeit, als diejenige z.B. wäre, daß das Stück nicht zustande kommen könnte, wenn sie nicht diese oder jene Eigenheiten und Eigenschaften hätten, aufgezeigt werden; der Dichter muß uns in der Perspektive den unendlichen Abgrund des Lebens eröffnen, aus dem sie hervorsteigen, und uns veranschaulichen, daß das Universum, wenn es in voller Gliederung hervortreten sollte, sie erschaffen oder doch in den Kauf nehmen mußte. [4051]

Eitelkeit wird verziehen, nicht Stolz. Durch jene macht man sich abhängig von anderen, durch diesen erhebt man sich über sie. [4052]

»So wird es sein!« Höchst merkwürdiger Gebrauch des Futurums. [4053]

Was dem Auge die Träne, das ist der Wange das Lächeln.
[4054]

Der Moment, wo man mit der Geliebten zuerst spricht: sie zittert, wie ein Kranz im Morgenwind, in dem sich alle Blumen bewegen. [4055]

Was die Perlen im Wein, das waren die Tage in Neapel in meinem italienischen Aufenthalt. [4056]

Das Tunkönnen ist oft die Strafe für das Tunwollen. [4057]

Die Eier haben, aber nicht die Hühnerleiter zum Nest. In gelehrten Dingen. [4058]

Eine Extra-Strafe für den Geist in Bezug auf die Sünde. Es ist ganz so, als ob der Leib dafür, daß er Gift nahm, durch Schläge gestraft werden müßte, nicht unmittelbar durch den Tod gestraft würde. [4059]

»Der König von Baiern, der dem Verein gegen die Tierquäler dadurch beitritt, daß er vom Pegasus absteigt.«
(Karikatur) [4060]

Ein Weib, das auf Kinder bettelt, die ihr gar nicht angehören, sondern nur zufällig hinter ihr hergehen. [4061]

Das griechische Feuer, das auch im Wasser brennt: der Funke im Auge. [4062]

»Macht Wasser zu kochen, steckt den Finger hinein, zieht ihn wieder heraus, dann habt ihr Neapolitanische Bouillon und könnt beschwören, daß Fleisch darin gewesen ist.[«] [4063]

Ein Vergnügen, lang, wie Maccaroni. [4064]

Lehm-Gestalten. [4065]

Die Natur ist bewußtlos, sagt Hegel. Aber, wenn ihr kein allgemeines Bewußtsein zugrunde läge, wie käme sie je im Menschen zum besonderen. [4066]

»Ich pflanze Rosen auf die Wangen meiner Tochter und säe Gedankenblitze ins Gehirn meines Sohns.« Wallungen bekämpfend. [4067]

Jeder verdient sein Schicksal, es fragt sich nur, ob vorher oder nachher. [4068]

Es ist der größte Fehler des Menschen, die Dinge erst leidenschaftlich zu erstreben und *dann* zu untersuchen, was sie wert sind. [4069]

Es ist unglaublich, wie viel Geist in der Welt aufgeboten wird, um Dummheiten zu beweisen. [4070]

»Wie viele große Männer zeichnen sich durch diese scheinbar einseitige Sprachbildung aus; sie ist immer entschiedener, je tiefer, allumfassender sich der wahre Geist in der Seele regt![«] Steffens Mem. Bd 7, S 257. (wo er erzählt, daß er kein Französisch kann.[)] [4071]

Ein wunderbarer Irrtum ist es, die qualitative Armut eines Geistes, seinem quantitativen Reichtum gegenüber, seinen Mangel an organisierender Kraft, der sich in dem massenhaften Überquellen des letzteren über den Ring der Form hinaus manifestiert, für ihr Gegenteil zu halten, wie z.B. bei Jean Paul. [4072]

Für wen das von der Geschichte abweichende histor. Drama eine Sünde an der Geschichte ist, für den muß auch der Tisch eine Sünde am Baum sein. [4073]

Ein unter der Erde auf Maulwurfswegen erworbener Ruhm. [4074]

Goethes Geist: wie der Rosenstrauch, vom Winde bewegt, Blatt nach Blatt fallen läßt. [4075]

»Der Staat besoldet seine Beamten nicht nach den Verdiensten, die sie haben, sondern nach denen, die ihnen befehlen, und nach diesem beziehen wenige zu viel.« Komischer Kerl. [4076]

So wenig man sich im Fieber vorstellen kann, daß man gesund war und es wieder werden wird, so wenig im individuellen Leben, daß ein allgemeines ihm zugrunde liegt. Der Schauer vor dem ind.[ividuellen] Leben ist vielleicht sein letztes, höchstes Resultat.
(Siehe das Gedicht: M. F. Hebbel an seine Mutter.) [4077]

Einer malt ein Bild mit seinem eignen Blut, das aus einer Herzenswunde hervorquillt. Er glaubt müde vom Malen zu sein, als er sein Bild vollendet und sich verblutet hat. [4078]

Mit dem ersten bedeutenden Menschen war die ganze Menschheit geboren. [4079]

Schwitzte in der letzten Nacht (wann?) sehr stark und träumte, ich schwitzte Deinhardsteins, jeder Tropfe war ein Deinhardstein. (Wird zu spät notiert, jetzt ohne Farbe und Umriß.) [4080]

»Neues? Das erste Neue war die Schöpfung der Welt, das zweite und letzte wird ihr Untergang sein!« Charakter. [4081]

Gottlob, daß ich fertig mit dieser Blumenlese bin! [4081a]

~~~~~~~~~~

Ehe wir Menschen waren, hörten wir Musik. [4082]

Die Freude verallgemeinert, der Schmerz individualisiert den Menschen. [4083]

Wer den Fisch zum Tode verurteilt, der muß ihn nicht ins Wasser werfen. [4084]

Eine Tragödie, worin alle Völker und die Volksgeister auftreten. Oder Komödie? [4085]

Musik, die den Schnupfen hat. [4086]

»Ein Ruhm, wie der Rum!« [4087]

»Bin ich schlecht geworden? Das Glück erklärt sich ja für mich!« [4088]

Einer, der eine böse Tat befiehlt und sie für ausgeführt hält, erfährt später das Gegenteil, betrachtet sich aber dennoch so, als ob sie ausgeführt wäre. [4089]

Was ist die physische Macht gegen eine geistige. Statt nichts zu sehen, alles verkehrt zu sehen! [4090]

Ein Dichter legt eine Pistole auf den Tisch, er will sich erschießen, wenn er nicht bis Mitternacht ein Gedicht macht.

[4091]

Wenn mancher Mensch vor dem Chimborasso stände und andere schauten nach dem Berg, er würde glauben, sie schauten nach ihm. [4092]

Durch die Sprache sucht der Mensch sich selbst von der Welt zu unterscheiden, mehr noch, als die Welt von sich. [4093]

Der Feuilletonist wäre der populärste Mann, wenn der Ausrufer nicht wäre. [4094]

Durch verständiges Schmeicheln bilden. [4095]

Das Wortspiel ist in gewissem Sinn dem Reim entgegengesetzt. Beim Reim beruht der Reiz darauf, daß verschiedene Gedanken durch gleiche Klänge ausgedrückt werden, beim Wortspiel darauf, daß gleiche Klänge verschiedene Gedanken ausdrücken.

[4096]

Mörder, sowie ein Körper fällt und sich in seinem Blut wieder erhebt, werden ihn für ein Mittelding von Mensch und Geist halten. [4097]

Einer will einen anderen morden, tut es, indem er ihn zum Scheinduell auffordert. [4098]

Baron Wilster forderte seine Fràu auf, zu ihm zu kommen und als Mätresse bei ihm zu leben, weil seine Mätr. für seine Frau galt. (N. Pitaval) [4099]

d. 11 März.
Nägel, verschluckt, sind ein starkes Gift. (Tine.) [4100]

Wie weit gehört das Wunderbare, Mystische, in die moderne Dichtkunst hinein? Nur soweit es elementarisch bleibt. D.h. die dumpfen, ahnungsvollen Gefühle und Phantasieen, auf denen es beruht, und die vor etwas Verstecktem, Heimlichen in der Natur zittern, vor einem ihr innewohnenden Vermögen, von sich selbst abzuweichen, dürfen angeregt, sie dürfen aber nicht zu konkreten Gestalten, etwa Gespenster- und Geister-Erscheinungen verarbeitet werden, denn dem Glauben an diese ist das Welt-Bewußtsein entwachsen, während jene Gefühle selbst ewiger Art sind. [4101]

Eine moderne phantastische Komödie ist noch immer möglich, denn der Komödie kommt das Sich-Selbst-Aufheben, das schon in ihrer Form liegt, dabei zustatten, sie fordert keinen Glauben für ihren Stoff, sie rechnet sogar mit Bestimmtheit darauf, keinen zu finden. Aber es gibt eine Grenze. Der Poet versetze sich durch einen Sprung, wohin er will, nur höre er zu springen auf, sobald er in seiner verrückten Welt angelangt ist, denn nur dies unterscheidet ihn vom Fieberkranken und Wahnsinnigen. Der phantastische Mittelpunkt in seiner Komödie sei, was die fixe Idee in einem bis auf diese gesunden Kopf ist, die die Welt nicht aufhebt, sondern sich mit ihr in Einklang zu setzen sucht. So leiht Arist.[ophanes] den Vögeln menschliche Leidenschaften, aber im übrigen bleiben sie Vögel. [4102]

Einer wollte seiner Frau los sein, kaufte ihr einen Schmuck, schickte sie mit diesem durch den Wald, die Räuber erschlugen sie. [4103]

d. 12ten März.

Den Abend zuvor sahen wir das Bauernfeldsche Stück: Groß‑
jährig, eine seltsame Anomalie der hiesigen Zensur‑Zustände. –
Heute morgen, in einer innig‑schönen Stunde, sah Tine mir
lange ins Gesicht und fing dann auf einmal heftig zu weinen an.
»Dein Auge erinnert mich so oft an das Auge des Kindes!«

[4104]

d. 13ten März.

Wilde, verworrene Träume, unaufschreibbarer Natur, mit sich
ineinander verlaufend. Gearbeitet. In Hillebrands Literatur‑Ge‑
schichte gelesen, die viele gute Urteile bringt und aus einer
soliden ästhetischen Bildung hervorgegangen ist.

[4105]

d. 14 März.

Sah Kabale und Liebe von Schiller und war doch überrascht
von der grenzenlosen Nichtigkeit dieses Stücks, die erst bei einer
Darstellung ganz heraustritt.

[4106]

d. 15 März.

Wunderschöner Tag. Meine Frau deklamierte in einer Aka‑
demie mein Gedicht: Liebeszauber! Sie wurde zum Deklamieren,
ich zur Hergabe des Gedichts von einer Komitee aufgefordert,
die zum Besten der Pester Schauspieler zusammengetreten war;
ungern willigten wir beide ein, ich nur, weil ich durchaus nicht
umhin konnte, wenn ich nicht für allzu bescheiden gehalten
werden sollte. Ich ging nicht hin, obgleich meine Frau in ihrem
weißatlaßnen Kleide, mit der Blumenkrone im Haar erhaben‑
schön war, wie die Muse selbst; statt dessen begab ich mich in
den Prater und dichtete mit Glück an der Mariamne fort. Als ich
zurückkam, stand sie, noch in ihrem Kostüm, am Fenster; ich
flog die Treppen hinauf und umarmte sie, und sie rezitierte nun
auch mir das Gedicht, das erstemal, daß es überhaupt geschah,
denn sie tut es nie. Warum, dachte ich, wird das Schöne in einer
Seele, die es so ganz empfindet, nicht auch geboren, wozu der
Umweg durch mich in sie!

[4107]

d. 16 März.

Ein Tag, wie der gestrige. Der Himmel streckenweise, wenn

er sich gerade gegen ein vorspringendes Gebäude abschnitt, schön, wie in Italien. Morgens gearbeitet, dann in den Lese-Verein gegangen, nachmittags Zerboni besucht. Als ich wieder zurückkam, fand ich ein sehr freundschaftliches Billett und sehr schöne Blumen von Engländer vor. Er glaubte, daß heute mein Geburtstag sei und gratulierte mir dazu. Es hat mir sehr wohl getan, auf den Datum kommt es nicht an. Abends Louis Blanc über die Organisation der Arbeit gelesen, ein an faktischen Darlegungen der Welt-Verhältnisse reiches Büchlein. Sie sind schrecklich, aber wer kann sie ändern? Mir kommt mein alter Gedanke immer wieder, daß die Publizisten bei ihren Verbesserungs-Vorschlägen gerade den Hauptpunkt übersehen. Wer will leugnen, daß die edlen Metalle, Gold und Silber gleichmäßiger unter die Menschen verteilt werden könnten, wie sie es sind? Aber folgt daraus, was man daraus zu folgern pflegt? Ich zweifle. Wenn alles Geld sich in Taschen, statt in Schatullen und in den Staatsbänken, befände, wenn also jeder, der lebt, imstande wäre, den Markt zu besuchen: würde der Markt darum imstande sein, die Bedürfnisse eines jeden zu befriedigen? Ich glaube in der Tat, daß hier ein ungeheurer Irrtum vorliegt. [4108]

d. 17 März.

Vormittags bei dem herrlichsten Wetter im Prater spaziert und eine Szene an der Mar.[iamne] im Kopf hin und her gewälzt. Darauf eine Rezension meiner M.[aria] M.[agdalene] in einer Leipziger Revue gelesen, die günstig genug und vermutlich von Ruge war. Abends abermals spaziert und um 7 Uhr zu Hause gegangen, wo ich unser Wohnzimmer festlich geschmückt, meine Büste bekränzt und meine liebe Frau im Hochzeitskleide fand, wie ich es mir zu meinem Geburtstag ausgebeten hatte. Da sie heute spielen muß, so hatte sie den gestrigen Tag gewählt und überraschte mich um so sicherer. [4109]

d. 18 März.

34 Jahre! Sicher werden keine 68 daraus. Gearbeitet, spaziert, abends die Ponsardsche Lukretia gesehen und Tine in der Titel-Rolle. Ein im allgemeinen doch recht wackres Stück; Tinens Darstellung einzig. [4110]

Wenn man sich in alle aus dem Begriff der Individualität und des ihm zugrunde liegenden Prinzips folgende Konsequenzen vertieft und erkennt, daß ihm zufolge jeder Mensch nicht bloß zu der Welt, sondern auch zu jedem Einzel-Objekt der Welt und zu jeder Idee, die ein solches Einzel-Objekt anregt, ein spezielles Verhältnis hat, so erstaunt man, daß bei so viel natürlicher Zwietracht doch noch so viel geschichtliche Eintracht möglich ist, als man wahrnimmt. [4111]

d. 19 März.
An der Mar.[iamne] gearbeitet. Eine neue Vorrede an Campe geschickt zum Diamant, die aber sicher zu spät kommt. In Kant einen herrlichen Aufsatz: Ideen zur Philosophie der Geschichte! gelesen und daraus nicht ohne einige Satisfaktion gesehen, daß er über die materielle Geschichte ebenso dachte, wie ich. [4112]

d. 20 März.
An der Mar.[iamne] gearbeitet, spaziert, Zeitungen gelesen, abends wieder gearbeitet. [4113]

d. 21 März.
Ein windig-kalter Sonntag. Gearbeitet, aber wenig, weil ich in der Nacht nicht ordentlich schlief. Ein solcher Defekt wirkt jetzt ganz anders auf mich, wie früher. Ob das aber nicht darin seinen Grund hat, daß ich für meine jetzige Lebensaufgabe viel höherer Kräfte und reinerer Stimmungen bedarf, wie früher, ist schwer zu entscheiden. Viel mit meiner lieben, guten Frau spaziert. [4114]

d. 24 März.
Den 1sten Akt der Mar.[iamne] geschlossen. Abermalige starke Angriffe auf mich in der Allg. Zeitung. [4115]

d. 26 März.
Nach Leipzig wegen eines Gastspiels geschrieben, da von Berlin abschlägige Antwort eingegangen ist. Den Tag zuvor an Kühne die einzutragende Erklärung geschickt. [4116]

Die Menschen finden jedes Selbst-Gefühl, es sei so begründet, wie es wolle, unerträglich, jede Äußerung desselben anmaßend, haben aber für die Anmaßung, die darin liegt und die üblen Folgen, die daraus hervorgehen, daß einer sich mit Dingen, wie z.B. Poesie und Kunst, für die die Natur ihn nicht begabte, beschäftigt, kein Auge, billigen und loben sie sogar, wenn sie nur durch Wort-Bescheidenheit maskiert wird. [4117]

Das Fleisch der Pflaume nicht schmecken, aber den Blausäure-Stoff herausziehen. [4118]

Die Charaktere im Drama werden nur dann mit der höchsten Meisterschaft behandelt, wenn der Dichter, um in der Ökonomie seines Stücks den nötigen Gewinn von ihnen zu ziehen, ihnen gar nicht erst besondere Entschlüsse, d.h. Anläufe zu bestimmten Taten unterzulegen braucht, sondern wenn diese unmittelbar aus ihrer Natur hervorgehen und die gegenseitigen Täuschungen nur aus den gegenseitigen Irrtümern über deren Beschaffenheit und Wesenheit entspringen. So ein Charakter wird mein Joseph in der Mar.[iamne] [4119]

d. 27 März.
Im Theater. Er muß aufs Land. Das können sie hier spielen. Aber trist ist der Eindruck immer, wenn man sieht, daß die Schauspielkunst immer nur im Leeren und Armseligen ihre Stärke hat. [4120]

»Wenn du Goldstücke einnimmst, kommt die Schönheit der darauf dargestellten Köpfe bei dir in Betracht? Was geht dich denn die Schönheit deines Weibes an, wenn sie dir nur zubringt, was du bedarfst!« [4121]

Einer, der einen anderen auf Tod und Leben verfolgt, weil er ihn im Selbstmord gehindert hat. [4122]

Herrn Dr Kühne, Leipzig
Geehrtester Herr!
Ein heftiger Angriff auf mich, den die vorgestrige Allgemeine

Zeitung in Anlaß des von Ihnen mitgeteilten Auszuges aus einem Brief von mir enthielt, nötigt mich zu dieser Zuschrift. Ich hatte jenen Brief nur für Sie, nicht für die Öffentlichkeit, bestimmt; ich wollte Ihnen infolge Ihrer freundlichen Aufforderung, das Publikum durch Ihr Journal vom Stande meiner Arbeiten zu unterrichten, Materialien zu einer etwanigen kurzen Anzeige der von mir zu erwartenden nächsten Produktionen für Ihr »Tagebuch« liefern und mußte dabei doch über die nackte Angabe der Titel hinausgehen; ich wollte aber nicht persönlich hervortreten. Ich sprach dies auch aus; an der Stelle meines Briefes, wo die Europa das Wort »öffentlich« eingeschaltet hat, muß sich im Original ein Zwischensatz, der die ganze Auseinandersetzung direkt an Sie adressierte, befinden. Sie fanden es angemessen, meinen Brief, wie er war, zu extrahieren und drucken zu lassen; unstreitig, weil Sie glaubten, daß man es im allgemeinen nicht ungern und nicht ohne Nutzen unmittelbar vom Autor selbst höre, was er wolle, und weil Ihnen die einzelnen Ausnahmen, die in einer simplen Erklärung über Absichten und Zwecke eine die Gegenrede ausschließende Versicherung des Vollbringens und Erreichthabens erblicken, hiebei nicht in Betracht zu kommen schienen. Es verhält sich aber in unserem Deutschland vielleicht umgekehrt, und jedenfalls ist diese Darstellung des Sachverhältnisses notwendig geworden. Um Mitteilung und Bestätigung derselben in Ihrem Blatt muß ich Sie daher ersuchen. Einigen Bemerkungen zu dem Artikel in der A. Z. vergönnen Sie in billiger Erwägung der Veranlassung desselben wohl auch den Raum. Der Verfasser dieses Artikels erlaubt sich, meinen Ausspruch über das Verhältnis der Geschichte zum historischen Drama so hinzustellen, als ob ich ihn über die Geschichte an sich getan hätte. Ist das ehrlich? Er behauptet, ich sei wohl hin und wieder getadelt worden, aber mir seien keine sittlichen Schmähungen widerfahren. Ist das wahr? Er findet in dem Satz, daß meine Komödie sich frei und selbständig, wie die Tragödie, dem Universum gegenüberstelle, u.s.w., eine ungeheure Phrase. Kann das jemand, der auch nur die notdürftigste philosophische Bildung besitzt? Schwebt nicht, und weiß dies nicht jeder Gebildete, seit lange die Frage ob, ob ein Lustspiel, das sich nicht als Parodie an die geschlossene Tragödie, oder als Sittengemälde an eine Hauptstadt, als den Zentralpunkt des nationalen Lebens anlehnt, existieren könne? Liegt also in der kurzen Charakteristik des meinigen etwas anderes, als ein Fingerzeig, daß ich die Lösung dieser Aufgabe versucht habe? Er zerreißt meinen Brief zu Fetzen, knüpft an die aus dem Zusammenhang gerissenen einzelnen Äußerungen desselben schnöde Betrachtungen, und unterdrückt diejenige, die jeden Billig-Denkenden mit den übrigen ausgesöhnt haben würde, die doch gewiß nicht unbescheidene Äußerung über das Maß der mir nach meinem Gefühl verliehenen Kraft. Ist das nicht ganz so, als ob er meine Vordersätze angeführt und den Nachsatz, der sie näher bestimmt und einschränkt, willkürlich und betrüglich abgeschnitten hätte? Wie ist nun ein Anonymus zu bezeichnen, der, wie ich zeigte, den relativen Ausspruch eines Autors in einen generellen verwandelt; der die offenkundigen Fakta, die diesem Autor nicht bloß das *Recht* geben, sondern die *Verpflichtung* auflegen, sich über einen hart angefochtenen Punkt seiner Dichtungen zu verantworten, ableugnet; der entweder keine philosophische und ästhetische Bildung besitzt, oder, was noch schlimmer wäre, sich die Miene gibt, als ob er keine besäße, damit er den Autor nicht zu verstehen braucht, wo das Nichtverstehen zu einem trivialen Spaß führt; und der endlich aus einem Brief, den er für unser gelesenstes politisches Blatt – welches sich hoffentlich in diesem Fall an das audiatur et altera pars in seiner Devise erinnern wird – extrahiert, diejenige Stelle, durch die alle übrigen erst das rechte Licht erhalten, wegläßt? Übrigens versteht es sich von selbst, daß ich, wenn ich meinen Brief, der Form nach, auch nicht für die Öffentlichkeit bestimmte, mich doch zu dem richtig verstandenen Inhalt desselben in jedem Sinn bekenne.

Wien d 24 März 1847. .Ihr

pp pp [4123]

d. 28 März.

Vormittags Gedichte ausgesucht für Pröhles Jahrbuch. Nachmittags mit Tinen eine Visite bei Mad^me Haizinger und ihrer Tochter gemacht. O Gott, wie sticht meine Frau gegen die anderen Weiber vom Theater ab! Und nicht bloß gegen die vom Theater! Sowie ich sie unter ihren Mitschwestern sehe, gewinne ich sie jedesmal lieber. Eine Herzensreinheit und Engelgüte ohnegleichen! [4124]

d. 29 März.

Ein Brief von einer Leipziger Buchhandlung, die mich zu einer »Gesamt-Ausgabe« meiner »Werke« auffordert. »Gesamt-Ausgabe!« »Werke!« Wie imponierte mir solch ein Titel in meiner Jugend! Ein Mensch, der zu einer solchen Ehre gelangt war, schien mir »den Göttern« verwandt. Jetzt weiß ich, daß er dadurch in ganz andere Verwandtschaften gerät. Bei alledem ist ein solcher Brief ein Beweis, daß es mit dem Absatz meiner »Werke« nicht ganz so schlecht stehen kann, als ich nach Campes Berichten annehmen mußte. [4125]

d. 30 März.

Den zweiten Akt der Mariamne angefangen. Aber es ging schlecht, weil der erste beim Abschreiber war und ich den Hennen gleiche, die nur, wenn sich schon ein Ei im Nest befindet, ein zweites dazulegen. [4126]

d. 31 März.

Gearbeitet, aber soviel, wie nichts und vielleicht weniger, wie nichts, da ich das Niedergeschriebene wieder werde ausstreichen müssen. Warum vermag der Wille doch im Ästhetischen so ganz und gar nichts! Seit einigen Tagen im Verein die Psyche von Carus gelesen. Ein höchst vortreffliches Werk, das sich an viele meiner Gedanken bequem anschließt und andere erweitert oder schärfer begrenzt. Hinterließe jeder Mensch bei dem Abtreten von der Erde – Carus ist ein Greis – ein solches Buch, wir würden den Gipfel des Wissens bald erklimmen! [4127]

d. 1 April.

Grün-Donnerstag. Nichts gearbeitet. Des Morgens war das Wetter sehr rauh. Nachmittags wurde es wieder mild. Gelesen: König Renés Tochter von dem Dänen Herz. Romantisch, also ohne Motiv. Aber nicht übel. Macht Glück auf deutschen Bühnen. [4128]

d. 3 April.
Heute an Ruge nach Dresden und an die Webersche Buchhandlung nach Leipzig geschrieben. Die Allg. Zeit. hatte auch einmal einen Artikel für mich. Wunder! [4129]

d. 4 April.
In Carus fortstudiert und infolge dieses Studiums auch Sömmerings Schriften vorgenommen. Aus dem S.schen Briefwechsel und den Lebensnachrichten sehe ich, daß der ganze schriftliche Nachlaß Wilh. Heinses sich unter S.s Papieren befindet. [4130]

Charlotte Cordays Haupt *errötete* sichtbar nach der Enthauptung, als der Henker ihm einen Backenstreich gab.
(Oelsner, Augenzeuge; T 2 S 64. Sömm: Leben.) [4130a]

»Hättest du den Gründling nie gefressen, so würde ich dich nicht gefangen haben«, sprach der Fischer, der sich als Nemesis fühlte, zum Hecht! »Nein – versetzte dieser – denn ich würde zuvor verhungert sein![«] [4131]

d. 4 April.
Wenn ein Schuster-Junge den Lear rezensierte und sagte: dies Stück hat keine Bedeutung für mich, ein Kunstwerk soll aber für die ganze Welt Bedeutung haben und die Welt ist nicht ganz ohne mich: wer wollte ihn widerlegen? Das muß man sich ins Gedächtnis zurückrufen. [4132]

»Wenig Sachen sind mir etwas wert, aber von diesen wenigen ist mir jede auch meinen Kopf wert.« [4133]

»Deine Augen sind ein See; zuweilen steigen Schlangen in diesem See auf!« [4134]

»Mich mußt du hinnehmen, wie das Nervenfieber.« [4135]

d. 5 Ap.
An Campe geschrieben, mich wegen des Diamant erkundigt, weil er nicht im Meßkatalog steht, und ihn beauftragt, von dem Honorar 14 Louisd an Elise zu zahlen. [4136]

Ein Mensch, der das Menschenschicksal an sich, daß man Schmerzen leiden, daß man alt werden und sterben muß, als ein persönliches empfindet. Neuer Charakter und sicher möglich.

[4137]

Die Idee des echten Kommunismus schließt allen Besitz, also auch den geistigen aus. Wenn er ausgeführt wird, so wird nur die Menschheit noch malen, dichten, komponieren; Dichter, Maler, Komponisten wird es aber nicht mehr geben, denn keiner darf sich nennen und jeder ist ein Verbrecher, der es tut. (Zu meinem Lustspiel.) [4138]

Ein Mädchen ist auf einen Mann sehr aufgebracht, den sie nie gesehen hat, von dem sie sich aber beleidigt glaubt und dem sie alles Böse zutraut. Er erfährts, führt sich unter fremdem Namen bei ihr ein, schimpft auf sich selbst, erlangt was er will und rächt sich an ihr, indem er sich nennt. [4139]

d. 10 April.

»Ich hätte mit Goethe oder Shakespeare nicht zusammentreffen mögen!« »Und doch sind sie mit der Natur jeden Tag zusammen und fühlen sich von ihr nicht erdrückt!« – Ich habe hierin aber nur scheinbar recht! [4140]

d. 11 April. Sonntagmorgen.

Dies werd ich wohl nie los! Nach jeder schöpferischen Periode, wie ich sie diesen Winter gehabt habe, stellt sich eine erbärmliche Pause elendester Ohnmacht ein, die aber nur in Bezug auf das Ausführen eine ist, nicht in Bezug auf das Erfinden und innerliche Fort-Bilden. Die Gedanken kommen in Masse, aber sie sind alle, wie Tannzapfen, die sich im Gehirn festhäkeln; wenn ich übrigens keinen höheren Zustand kennte, so würde ich auch in einem solchen schreiben können, eben darum aber, weil die Untätigkeit, zu der ich mich verdammt sehe, keine absolute, sondern nur eine relative ist, erträgt sie sich um so schwerer. [4141]

Kein Wesen ist eines Begriffs fähig, der es auflösen würde.

[4142]

d. 13 Ap.

Eine sehr freundliche Antwort von Ruge, die zu rechter Zeit eintraf, weil ich sehr verstimmt war. [4143]

Einer wird durch einen vornehmen Herrn durch den Kopf geschossen. Etwas Atem bleibt ihm noch. »Ich danke Ew. Gnaden, daß Sie sich die Mühe genommen haben!« [4144]

Keine Blume ist so schön,
    Kind, du darfst sie pflücken! } Auf ein sehr schönes Mädchen.

[4145]

d. 18 Ap.

Zur Kunst gehört Liebe, denn Liebe ist der physischen Wärme analog und nur an der Wärme reift die Geburt. [4146]

Zum Darstellen gehört zweierlei. Erstlich, daß der Gegenstand in die ihm eigentümlichen Grenzen eingeschlossen, dann, daß er mit dem allgemeinen Kreise, dem er angehört, in die natürliche Beziehung gebracht wird. [4147]

Wenn der Dichter sich sagte: dadurch, daß du das, was dich bewegt, zur Form erhebst, erhebst du es meistens auch über das Fassungsvermögen der Menschen, auf die du wirken mögtest, wie würde ihm zumut werden? Und doch hätte er Ursache dazu. [4148]

Ein Weib zu ihrem Mann: ja, es ist wahr, nur eins dieser drei Kinder ist von dir, aber ich sage dir nicht, welches, damit du die andern nicht schlecht behandelst. [4149]

d. 19 Ap.

Ich weiß nicht, ob ich mich irre, aber mir deucht es eine Sünde wider den heiligen Geist der Wahrheit, wenn der Dichter seinem Kunstwerk eine Versöhnung mit der menschlichen Situation und den Weltzuständen überhaupt, einzuhauchen sucht, von der er selbst noch fern ist. Mir scheint, daß das Kunstwerk dann jeden Wert verliert. [4150]

Mit Steinen kann man werfen und sich wehren; mit Bildsäulen nicht! [4151]

Lustspiel. Schneidtler, der im Rausch alle foderte und den man dadurch strafte, daß man ihm nicht glaubte, berauscht gewesen zu sein; man könnte ihm ein Mädchen gegenüberstellen, der er die Ehe versprochen, *nach ihrer Versicherung*. Vielmehr, eine, die er liebt, der er im Rausch die Liebe gestanden, bei der es ihm darauf ankommt, für *nüchtern* gehalten worden zu sein. So der Konflikt. [4152]

Eine Königin. »Umarmen magst du mich, wenn du dich töten willst, sobald du es getan.[«] [4153]

d. 20 Ap.
Schillers Leben von Gustav Schwab. Ein unerträgliches Buch. Welche Mühe gibt sich dieser Superintend von Württemberg, den großen Dichter als ein Individuum hinzustellen, das sich zwar in Worten von der Kirche und ihrer Vorstellungs-Art lossagt, in der Tat aber immer wieder zu derselben zurückkehrt. Um dies zu beweisen, wird nichts verschmäht, jede Äußerung, die flüchtigste momentane, wie die bildlichste, sich der Umgebung akkommodierende, wird herbeigezogen und den Resultaten langjähriger Untersuchungen gegenübergestellt, und der Gedanke an die allen eingeborne und anerzogene christliche und jüdische Mythologie darf gar nicht aufkommen. [4154]

»Es ist doch offenbar eine Schranke in Gott, daß er nie ein Lump werden kann!« Kom.[ischer] Charakter. [4155]

»Um süß küssen zu können, bestrich sie sich die Lippen mit Honig.« [4156]

Der niedere Mensch hat im Hohen seine Poesie, der hohe im Niederen, dieser seine komische, jener seine hohe. [4157]

Motive, die sich einseitig auf Empfindungen basieren und auf weiter nichts, eignen sich nicht für das Drama. [4158]

d. 25 Ap.

In der letzten Nacht träumte mir, ich stände in einem uralten Brunnen von unabsehlicher Tiefe, d.h. oben innerhalb des Geländers auf einem Balken; dieser Brunnen war aber eigentlich eine Uhr, Räder gingen, wie die grünlichen Wasser flossen, Gewichte stiegen auf und nieder, ich mußte alle Augenblicke meinen Platz verändern, wenn ich nicht erquetscht oder in die Tiefe hinabgestoßen werden wollte. Meine Angst stieg von Minute zu Minute, endlich wurde sie so groß, daß ich mich auf die Gefahr des Untergangs hin aus meiner Lage zu befreien suchte, ich wagte einen Sprung und entkam. Nun traf ich Tine, die mir sagte, in dem Brunnen seien fünf alte Kaiser begraben. [4159]

»Den Fluch, der über die Juden verhängt wurde, wissen sie sehr geschickt wieder auf andere Häupter abzuleiten!« [4160]

Wer sollte glauben, daß das Wasser Häuser in Brand stecken könne. Dennoch ist es in Hamburg neulich geschehen. Die Sturmflut drang nämlich in einen Keller, worin ungelöschter Kalk aufbewahrt wurde und dieser Kalk entzündete sich.

(A. Zeitung.) [4161]

Meine Stücke haben den Wert von Kugeln. [4162]

d. 2 Mai.

Tine hat über Nacht geträumt, sie sähe ein Luftschiff, voll von Passagieren, das über einem großen Wasser schwebte; es warf beständig Feuer aus, das zischend in das Wasser fiel. Ich selbst träumte, ich vagabondierte mit Leopold Alberti in Italien, wir lagen fremden Leuten zur Last, ich ging in einem erborgten Mantel. [4163]

d. 4 Mai.

Heute ward der Erzherzog Carl bestattet. Es kam ein starkes Gewitter während der Feierlichkeit. [4164]

Ein Schauspieler, der zugleich ein Bauchredner ist und immer sich selbst ruft. [4165]

Dem einzelnen Menschen gegenüber führt die Menschheit in ihren Institutionen ein allgemeines Leben. [4166]

d. 13 Mai.

Gestern war ich mit Tine auf dem Lande. In der Nähe von Hadersdorf begegnete uns ein Mensch, der eine lebendige Schlange, gleich unterm Kopf gefaßt, in der bloßen Hand trug und sie schwenkte, wie eine Peitsche. [4167]

d. 16 Mai.

Gestern morgen erhielt ich ein Druck-Exemplar meines Diamant. Ich kann auch jetzt noch nicht umhin, dies Stück für mein bestes zu halten. [4168]

†

Auch mein kleiner Ernst in Hamburg! Den 12ten Mai! Ich sah ihn nie! [4169]

†

Was war das erste, das meine Frau sagte, als sie die Todes-Botschaft wegen meines Kindes erfuhr? »Laß sie – die Mutter – zu uns kommen, laß sie gleich kommen!« Und aufs tödlichste war sie von der gekränkt und beleidigt. Lebt noch eine zweite auf Erden, die so spräche und gleich ein Zimmer einrichtete, Betten besorgte u.s.w.? Ich zweifle! [4170]

d. 20 Mai.

Heute abend empfing ich einen Brief von Janinsky. Aus der Öde einer rettungslos verlorenen Existenz ruft er um Hülfe zu mir. Könnte ich sie gewähren! Antworten wenigstens will ich sogleich. Wer weiß, ob mir Elise über den die Wahrheit geschrieben hat! [4171]

Seltsam, daß die beiden ungeheuersten Umwälzungen der neueren Zeiten sich an zwei unmäßige Bauten anknüpften, die Reformation an den Bau der Peterskirche, die Revolution an den von Versailles! [4172]

Der Herr niest im Zimmer. Der Bediente verbeugt sich zum Prosit im Vorzimmer. [4173]

Einer will einen Mord an einem Menschen begehen und kommt in dem Moment, wo ein anderer ihn gerade begangen hat, nun wird er ergriffen. [4174]

Das Notwendige bringen, aber in der Form des Zufälligen: das ist das ganze Geheimnis des dramatischen Stils. [4175]

Wenn die Charaktere die sittliche Idee nicht verneinen, was hilft es, daß das Stück sie bejaht? Eben um dem Ja des Ganzen Nachdruck zu geben, muß das Nein der einzelnen Faktoren ein so entschiedenes sein. [4176]

d. 23 Mai, Pfingstsonntag.
Übermäßige Hitze, die mich zum Arbeiten unfähig machte und mich veranlaßte, einen Besuch, der längst notwendig gewesen wäre, endlich einmal abzutun. Ich ging zum Baron Hügel, bei dem ich mich im vorigen Jahr einführen ließ und den ich seither nicht wieder gesehen hatte. Er las mir Gedichte vor und gab mir einen Aufsatz von sich über Cuvier. Übrigens ein höchst origineller und geistreicher Mann. [4177]

d. 25 Mai.
Fortwährend eine Hitze, als ob jeder Sonnenstrahl von oben durch ein Brennglas fiele und als ob von unten das unterirdische Feuer durch verborgene Risse und Spalten der Erde aufqualmte. Nicht größer in Italien! [4178]

Der Arzt verordnet jemandem reines Wasser. Er schickt wegen der Medizin auf die Apotheke, denn er hat es nie getrunken und kennt es nicht. [4179]

d. 28 Mai.
Ein ganz verlorner Tag, für meine gute Tine, wie für mich. Elise schrieb uns, daß sie am 26sten aus Hamburg abreisen und in 42 Stunden bei uns eintreffen würde. Das hätte denn heute

morgen um 6 Uhr geschehen müssen, wie uns denn auch im
Büreau auf unsre Erkundigung bestätigt wurde. Wir standen also
um 4 Uhr auf, machten uns um ³/₄5 Uhr zu Fuß auf den Weg
und waren vor 6 Uhr im Bahnhof. Dort warteten wir bis halb
10 Uhr und litten Unsägliches von der Hitze. Endlich kam der
so sehr verspätete Train aus Olmütz an und ohne die Erwartete!
[4180]

d. 30sten Mai.
Gestern morgen um 8 Uhr kam Elise! Gewiß ist sie edel und
gut, nie habe ich das bezweifelt! Möge sie sich in unserem Hause
wohl fühlen, möge sie sich die Lebensaufgabe nicht zu schwer
gestellt haben! [4181]

– Jeder Tote nimmt das aus uns mit, was ihm allein gehörte,
der Vater z. B. alles das, was Sohn im Menschen ist.
– Wenn die Elemente selbst noch nicht wirken wollen, so muß
man den Pflanzensaft, den man ihnen abgewonnen hat, an ihre
Stelle treten lassen!   Brief an Bamberg vom 27 Mai.   [4182]

Sei etwas! Wolle etwas! Sei mein Feind, wolle mich ermorden,
gut, du existierst für mich, du bist mir etwas, aber was soll ich
mit dem Nichts machen! [4183]

Die menschlichen Institutionen wollen den allgemeinen Menschen, der Mensch aber, wer und wie er sei, will sich individualisieren, ja ist individualisiert. Daher der Bruch. [4184]

Eine Frau, die es sich bei Eingehung der Ehe ausbedingt, den
Mann einen Tag im Jahr nicht küssen zu dürfen, ohne ihm zu
sagen, warum. Dann ist sie Totenbraut. [4185]

Der Geist im Hamlet wäre auch so zu denken gewesen, daß
Hamlet das Verbrechen geahnt und genannt und der Geist, ohne
zu sprechen, es bloß durch Nicken bejaht hätte. [4186]

Es gibt doch Wahrheiten, gegen die bestimmte Individuen
verschlossen sind, wenigstens eine. Man mache z. B. einem wirk-

lich widerlichen Menschen einmal seine Widerlichkeit begreiflich. Aber das Beispiel löst sich in nichts auf, denn kein Mensch ist widerlich für alle. [4187]

d. 3ten Juni.

Einen himmelschönen und doch grauenvollen Traum hat Tine gestern nacht gehabt. Ihr wird von einer ihrer Kolleginnen am Hofburgtheater in einem hohen gewölbten Zimmer ein Spiegel gezeigt, in welchem sie ihr ganzes Leben sehen könne. Sie schaut hinein und erblickt ihr eignes Gesicht, erst tief jugendlich, von Rosenlicht umflossen, so jugendlich-unbestimmt, daß sie es erst bei der dritten oder vierten Verwandlung erkennt, dann ohne Rosenlicht, nun bleicher und immer bleicher, bis sie zuletzt mit Entsetzen ausruft: nun kommt mein Gerippt, das will ich nicht sehen! und sich abwendet. Der Spiegel selbst war anfangs trübe, wie angelaufen und wurde nach und nach heller, wie die Gesichter deutlicher wurden. – Mein Gedanke, daß Traum und Poesie identisch sind, bestätigt sich mir mehr und mehr. [4188]

Monaldeschi

von Heinrich Laube, Wohlgeboren. Welch ein Machwerk! Wenn ein glühendes Liebesleben dargestellt worden wäre, gleich gewaltig auf seiten des Mannes, wie des Weibes und bloß geschlechtlich verschieden, in dem Sinn nämlich verschieden, daß der Mann seiner Natur gemäß über das Weib hinaus liebt und sich durch die Königin der Welt zu bemächtigen sucht, während das Weib sich in den Mann verliert und die Königin von sich wirft, um sich völlig mit ihm zu identifizieren, dann wäre ein tragischer Konflikt wenigstens möglich gewesen, dann hätten sich beide im Moment der innigsten Vereinigung durch diesen Geschlechtsunterschied getrennt gefühlt und ihn für einen individuellen genommen, sie hätten sich niemals verständigen, also auseinandergehen, bis zur Vernichtung gegeneinander rasen können und doch in ihrer Raserei eben nur die Unauflöslichkeit des überall hervortretenden Dualismus der Welt zur Anschauung gebracht! [4189]

Ein Mensch, der seine Haare oft zurückstreicht, bloß um zu zeigen, daß er vor der Stirn nicht gebrandmarkt ist. [4190]

Eine Kirche mit einer Drehorgel darin. [4191]

d. 6 Juni.
Las heute Prof. Friedrich Vischers Aufsatz über mich. Er erkennt die M.[aria] M.[agdalene] fast unbedingt an und befehdet nur die Vorrede. Diesem harten, schroffen Geist so viel abgezwungen zu haben, schlage ich hoch an. Es gereicht mir zur inneren Beruhigung, denn mehr als Vischer und Rötscher brauche ich nicht, die sind mir aber auch notwendig. [4192]

Brief an Rötscher.
Jedes Saatkorn hat einen Moment, wo es dem Miste gleicht.
[4193]

Eine Stadt im Fluge besehen: ein Diner im Posthause, während der Postillon zum Aufbruch bläst. [4194]

»Der würde (vor Freude) noch leben, wenn er seine Grabschrift gelesen hätte!« [4195]

»– Wenn ich – – –. Dann sollst du das Recht haben, alles was du willst, zu erfinden, das Unglaublichste zu erzählen und zu behaupten, du habest das alles von mir gehört.« [4196]

Eine Stadt, wo nur eine gewisse Anzahl Kinder ins Leben gerufen werden darf, weil nur eine gewisse Anzahl Menschen darin leben kann, und wo jeder, der die Zahl überschreitet, zum Tode verurteilt wird, damit das Kind in seine Stelle treten kann.
[4197]

d. 16 Juni.
Heute erhielt ich von einem jungen Schauspieler aus Oldenburg, Palleske mit Namen, einen Brief, der freilich von Enthusiasmus für mich überfließt, bei alledem aber von großer Bildung und wahrer, entschiedener Einsicht in ästhetischen Dingen zeugt, so daß er mir, als Ausdruck der Gesinnungen, die ein Teil der heranwachsenden Generation für mich zu hegen anfängt, und als Abdruck eines eigentümlich entwickelten Individuums von Wert sein darf. [4198]

»Es ist wahr, ich tötete manchen, aber ich setzte dafür jedesmal auch noch denselben Tag wieder einen ins Leben: so ists ausgeglichen!« Charakter. [4199]

Grün ist die Farbe der Hoffnung. Wahrscheinlich, weil an alles Ergrünende sich die Hoffnung knüpft. Die Hoffnung auf Blüten und Früchte. [4200]

Ein hinkender Schauspieler auf einer Provinzbühne, der alle mögliche Rollen spielt und um den Naturfehler zu verdecken, in jedem Stück die Bemerkung einschiebt, daß er das Bein kürzlich gebrochen habe. *Karlos.* Aber, Posa, was ist Euch? Ihr gingt sonst rascher! *Posa.* Freilich, freilich, mein Prinz, aber auf Rhodus – – Nun, was tuts, daß ich das Bein brach, ich hätte ja auch den Hals brechen können! [4201]

Das Unglück, das den Menschen trifft, ist wie eine Krankheit zu betrachten, auf die die Gesundheit, und oft sogar die verdoppelte, folgt; aber wie wird er bei noch so viel Glück der innern Niedrigkeit los, wenn sie mit ihm geboren ist? Es läßt sich gar nicht leugnen, daß dem Menschen in der jetzigen Welt gerade seine edelsten Eigenschaften am meisten im Wege sind, aber sollte das niemals aufhören, sollten sie ihm nirgends im Universum zustatten kommen, sollten sie nicht einmal unentbehrlich werden? [4202]

Ein zu einer Schlange als Nahrung in den Kerker gesetzter Frosch blies sich auf, soweit er konnte, um zum Verschlingen zu groß zu sein; er tats noch in ihrem Rachen.

(Engländer, Augenzeuge.) [4203]

Meine Frau im Schlaf.
Ein Kind, das von dem Ernst des Lebens träumt! [4204]

Die – Kirche wurde verdammt, Theater zu sein. [4205]

d. 30 Juli.

Mit Weber in Leipzig habe ich abgemacht: er druckt von den neueren Gedichten 1000 Ex. und zahlt dafür 150 r. [4206]

Einer stößt dem andern den Dolch in die Brust. »So weißt du, daß ich dich vergiftet habe?« stöhnt dieser und stirbt. [4207]

»Ist nur ein Mädchen, wie Maria, rein,
Der zweite Christ wird bald geboren sein!« [4208]

Zwei Alte, die dreißig Jahre Freunde gewesen sind, sich dann eines Abends ihre Geschichte erzählen, nun finden, daß einer dem anderen, ohne daß dieser es wußte, die Geliebte entführt hat, die dann gestorben ist, und sich gegenseitig töten. [4209]

Annonce eines Engländers.
»Demjenigen, welcher mich zur größten Torheit verleitet, sichere ich als Erbteil meinen Landsitz. Habe aber schon viele begangen!« – Einen Dieb ins Haus nehmen. Eine Hure durch einen Geistlichen bekehren lassen, ihr aber aufzugeben, diesen zu verführen. [4210]

Die Nov.[elle] *Matteo* geschrieben d. *1 Febr. 1841*. [4211]

»Der Mensch ist nicht Schlange, nur Igel. Die Schlange kann stechen und umschnüren, er kann nur stechen!« [4212]

Der Scherz ist die Probe für die Stichhaltigkeit des Ernstes; was den Scherz nicht vertragen kann, steht auf schwachen Füßen. Das gilt von Leben und Kunst. [4213]

Der Tod ist nur eine Maske, die das Leben vornimmt. [4214]

Von den Cimberen und Teutonen, unseren Vorfahren, wird erzählt, daß sie sich in der Schlacht mit Eisenringen aneinanderketteten. Das zeigt, daß sie uns glichen, daß sie sonst auseinandergelaufen wären. [4215]

»Niemand ist unabhängig, nicht einmal der, der an einem Balken hängt, denn er hängt vom Balken ab.« [4216]

Ein Land, wo der Besuch des Theaters, um den Untergang

des Instituts zu verhüten, befohlen wird, wie anderwärts der Kirchenbesuch. [4217]

Im Leben geraten die menschlichen Charaktere freilich oft genug in Situationen hinein, die ihnen nicht entsprechen, in der Kunst darf dies aber nicht vorkommen, im Drama wenigstens müssen die Verhältnisse aus der Natur der Menschen mit Notwendigkeit hervorgehen. [4218]

In Serbien heißt es: ein Mädchen kann nicht schwören, wenn sie keinen Bruder hat, denn sie schwört immer bei dessen Leben. (Dr Frankl) [4219]

»Die Frage nach dem äußeren Erfolg kommt auf dem höheren Standpunkt für die Kunst gar nicht und für den Künstler nur so weit in Betracht, als er allerdings von der Welt erfahren muß, ob er überall zu den Berufenen gehört; hat sie ihm dies bestätigt, so hat sie ihm weiter nichts zu sagen.«
(Brief an Palleske vom 23 Juni.) [4220]

Graz d 28sten Juni.
Am 26sten morgens um 6 Uhr fuhr ich mit meiner lieben Frau auf der Eisenbahn von Wien ab. Der Morgen war wunderschön und stellte mich mit seinem frischen Hauch augenblicklich von den Folgen der schlaflosen Nacht her, die bei mir jeder Reise vorangeht. Wir nahmen die zweite Klasse, die bis zur Überfüllung frequentiert war und fuhren in einem Getümmel von Damen und Herren, ja schreienden und essenden Kindern zu meiner großen Ergötzung dahin. In Baden sprach ich Deinhardstein, den ich im Bahnhof erblickte, in Neustadt zum zweitenmal. Ich versprach ihm zweierlei, erstlich einen Besuch mit meiner Frau, und dann Exemplare von Maria Magdalena und vom Diamant. In Gloggnitz wurden wir in eine Post-Kalesche geladen, die uns in Schnecken- oder Schraubenwindungen über den Semmering schleppte. Die Fahrt ging so schnell sie konnte, die Pferde wurden nicht geschont, dennoch dauerte sie fünf Stunden. Für den Zeit-Verlust entschädigten uns aber fabelhaftschöne Aussichten: anmutige Täler, voll von wilden Rosen,

gewaltige Felsmassen und vor allem der immer näher herantretende Schneeberg, der uns seine Nachbarschaft auch durch die Kälte, die von ihm ausging, verriet. Ich schlummerte von Zeit zu Zeit, aber Tines Entzücken über den raschen Wechsel der oft seltsam miteinander kontrastierenden Gegenden ließ es nicht zu, daß ich mich in wirklichen Schlaf verlor und ich war ihr sehr dankbar dafür. Auf der Höhe des Bergs liegt ein Dörfchen, dessen Häuser sämtlich mit Schindeln gedeckt sind; welche schauerliche Einsamkeit, welche Abgeschnittenheit vom menschlichen Verkehr im Winter, welche Bedürfnislosigkeit in den Menschen, die sie ertragen können! Eine unendliche Menge weißer Schmetterlinge, die über den Blumen flatterten und von der Staubwolke unseres Wagens eingehüllt wurden, während sich aber der Himmel düster bezog und die vom Berg aufsteigenden Dünste sich fast sichtlich zu Regentropfen verdichteten, gewährte ein wunderliches Bild, dem ein grauenhafter Hintergrund nicht ganz fehlte, denn die kleine Welt voll Leben, die sich so sorglos dem Genuß dahingab, die sich in Duft berauschte und die Seligkeit des Rausches durch Fliegen verdoppelte, mußte dem drohenden Wolkenbruch zum Opfer fallen und es war zweifellos, daß dieser nicht ausbleiben würde. Wie wir in Mürz-Zuschlag ankamen, brach das Wetter aus, aber wir hatten im Wirtshaus, wo zu Mittag gegessen wurde und wo ein Kellner funfzig Personen, von denen keine Zeit hatte, bedienen sollte, so viel zu tun, um nur des Allernotwendigsten habhaft zu werden, daß wir kaum bemerkten, wie es draußen herging. Erst wie wir fertig waren und den Wagen besteigen wollten, sahen wir es an den hinterlassenen Spuren, denn es hatte sich vor dem Wirtshause ein solcher Regenpfuhl gebildet, daß ich meine Frau auf den Armen hindurchtragen mußte. Von Mürz-Zuschlag bis Graz ging es nun rasch auf der Eisenbahn weiter, fast alle Passagiere schliefen nach und nach ein und wir waren nicht die letzten, doch hatten wir natürlich auch unsere munteren Pausen und in einer solchen gewahrte ich den elektro-magnetischen Telegraphen, den geheimnisvollen Geheimnisleiter. Um fünf Uhr kamen wir in Graz an und stiegen in dem uns empfohlenen Wilden Mann ab. Wir erhielten ein Zimmer auf die sogenannte Terrasse hinaus, welches eine schöne Aussicht, zunächst auf den

Wirtshaus-Garten, dann auf den botanischen und weiterhin auf eine imposante Kastanien-Allee darbietet. Des Abends hatte es zu regnen aufgehört und wir machten noch einen Spaziergang durch die Stadt, die sich recht weit anläßt. Seitdem ist das Wetter sehr unfreundlich. Den Sonntag ging ich allein aus und trat in eine Kirche ein, die ich anfangs fand, wie jede andere, die ihr halb Dutzend Madonnen- und Christusbilder aufzuzeigen hat. Wie ich mich aber dem Altar näherte, bemerkte ich, daß sie noch einen zweiten Ausgang hatte, der ins Grüne zu führen schien. Ich verwunderte mich über den ungewöhnlichen Anblick, der sich mir darbot und folgte den Menschen, die sich dieses Ausgangs bedienten. Nun wurde ich auf eine wirklich köstliche Weise überrascht. Ich trat in einen Klosterhof, in dem der Friede selbst seine Hütte erbaut zu haben schien. Ein längliches Viereck, von einem Gang umgeben, in dem kleine Kapellen und Beichtstühle miteinander abwechselten und an den die ehemaligen Zellen der Mönche stießen, lag vor mir. In der Mitte erhob sich ein Kastanienbaum, der vielleicht nicht seinesgleichen auf der Welt hat; seine Zweige breiteten sich wie Arme über den ganzen großen Raum aus, und wie jetzt vor dem Regen, der ihm nur die Krone netzte, ohne durchdringen zu können, wird er den Platz an heißen Tagen vor der Sonnenglut schützen; genug, es war ein Baum, der mir den Eindruck eines lebendigen Wesens machte, der mir eine wahre Ehrfurcht einflößte. Den nächsten Morgen führte ich Tine dahin, der Ort und der Baum erregten in ihr die nämlichen Empfindungen und ich fühlte mich gedrungen, demjenigen, der sich je an ihm vergreifen sollte, meinen Fluch, sei er nur eine Flaumfeder oder ein Felsblock, aufzulegen, natürlich aber nicht dem armen Tagelöhner, der mit der Holzaxt die Exekution vollzieht, sondern dem stumpfsinnigen Pfaffen oder Beamten, der sie befiehlt. Den Abend gingen wir ins Theater und sahen Nestroys Schützling, ihn selbst als Hauptperson. Das Stück ist nicht ohne gute Züge im Einzelnen, nicht ohne Rundung im Ganzen, und völlig geeignet, den Zuschauer drei Stunden lang es vergessen zu machen, daß jede aus sechzig Minuten besteht. Das Publikum war zahlreich versammelt und geizte nicht mit seinem Beifall, ich selbst klatschte wacker mit, denn jeder lebendigen Bestrebung in dem auch mir angewiesenen Kreise gönne ich von Herzen ihren Lohn, nur das entschieden Nullenhafte, der verblüfften Masse Aufgedrungene ärgert mich mit seinen erschlichenen Erfolgen. Ich kann Nestroy freilich nicht mit Fritz Schwarzenberg, dem Landsknecht, einen modernen Shakespeare nennen, aber ich verkenne durchaus nicht sein gesundes Naturell, sein tüchtiges Talent und schätze ihn höher, wie das meiste, was sich in Wien auf Jamben-Stelzen um ihn herumbewegt. In diesem Theater erhielt ich übrigens seit meinen Jugendjahren den ersten Verweis wegen Zuspätkommens, von dem Mann nämlich, der die Sperrsitze anwies und aufschloß. Ich war jedoch nicht der einzige, dem er es vorwarf, daß ich erst zehn Minuten vor Anfang erschien, sondern meine Frau und noch einige andere, uns fremde Damen teilten, wie die Schuld, so auch die Strafe. Das war Sonntag, der Montag verging uns, beschäftigungs- und unterhaltungslos, wie wir waren, auf äußerst unerfreuliche Weise. Heute, Dienstag, bestiegen wir, ohne zu ahnen, welch ein Genuß uns erwartete, den Schloßberg. Eine Aussicht, wie die von dem herunter glaube ich in meinem Leben noch nicht gehabt zu haben. Gottlob, daß die Zeit der Festungen vorüber ist, daß die Stapelplätze der Kanonen und der Bombenkesseln sich in Gärten verwandeln! Im Hinaufsteigen, welches so langsam geschieht, daß man es kaum bemerkt, begegneten uns zwei ältliche Herren mit Kupfer-Nasen. Sie waren Brüder und hatten in ihrem dreißigsten Jahre offenbar miteinander gewettet, wer es am ersten zu einem Rubin bringen könne. Der älteste war im Vorteil. Die lassen sich in diesem Tagebuch für die Erinnerung festhalten, aber wer könnte auf dem Papier der Unendlichkeit von Wäldern und Tälern, von Flüssen und Strömen, die sich auf der Höhe vor dem entzückten Blick ausbreitete, etwas abgewinnen! Mittwoch, der 30ste, ging langsam und langweilig unter Regen und Sonnenschein, zu Hausesitzen und Spazierengehen dahin. Große Freude gewähren uns die außerordentlich schönen Früchte, die Erdbeeren und Kirschen, die in unglaublicher Menge und für den von Wien Kommenden zu überraschend billigen Preisen feilgeboten werden. Wir beweisen tatsächlich, wieviel sie uns gelten. Abends klärte sich das Wetter auf und es ist möglich, daß uns jetzt schöne Tage bevorstehen. Wir können sie aber nur mit halbem Herzen willkommen heißen, denn sie werden dem Theater das Publikum entführen und morgen tritt Tine zum erstenmal in der Maria Stuart auf. Es wäre doch höchst unangenehm, wenn wir erst, da wir müßig gingen, durch den Regen um die Ausflüge in die Umgegend gebracht worden wären, und jetzt, da wir arbeiten sollen, durch den Sonnenschein um den so sauer zu verdienenden Lohn gebracht würden. Freilich trugen die Berge noch immer ihre Nebelkappe. Der Donnerstag beginnt wieder, diesmal nicht unerwünscht, naß und kalt. Es ist halb elf Uhr, ich habe Tine eben in die Probe gebracht und Erdbeeren zum Nachtisch eingekauft, nun will ich sehen, ob ich den Musen nicht eine kleine Gunst abgewinnen kann. Ich verlange nicht Eingebungen zu Neuem, nur Segen für Nachbesserungen an schon Vorhandenem. Die kleinsten Inkongruenzen zwischen Gehalt und Form, nicht bloß im Allgemeinen, sondern auch im Speziellen und Speziellsten, z. B. bei Bildern, die entweder über den Gedanken hinausgehen oder ihn nicht vollständig decken, sind mir peinlich, wenn ich auch wohl weiß, daß sie von den meisten gar nicht bemerkt, von anderen, die im Schielenden das Reizende finden, sogar für Schönheiten gehalten werden. Bei mir ist das Natur, wenn es das aber auch nicht wäre, so würde ich es mir zur Regel machen, denn niemand bilde sich ein, daß er im einzelnen und kleinen pfuschen kann, ohne sich nach und nach zu gewöhnen, auch im ganzen und großen zu pfuschen. Im Ästhetischen wie im Ethischen gilt dasselbe Gesetz, noch ganz davon abgesehen, daß jeder für sein ästhetisches Treiben ethisch verantwortlich ist, und daß eine geistige National-Vergiftung durch journalistische Kniffe und Afterkunstwerke, denen durch jene Bahn gebrochen wird, an Nichtswürdigkeit einer Brunnen-Vergiftung nicht nachsteht. Abends bei mäßig vollem Hause Maria Stuart, eine Darstellung von meiner Frau, wie ich noch nie eine zweite sah, selbst in Paris nicht von der Rachel, und die denn auch hier, wie allenthalben, enthusiastischen Beifall fand. Den Abend darauf Donna Diana und sonntags die Jungfrau von Orleans. Das spanische Stück in seiner graziösen Haltung bei aller Tiefe entzückt mich jedesmal, die Schillersche sog. romantische Tragödie dagegen hat mir noch niemals munden wollen, sie ist ein ungeheurer Irrtum des großen Mannes. Ich bin aus dem regelmäßigen Tagebuchführen herausgekommen und muß das in diesem Augenblick, wo ich das Versäumte aus dem Gedächtnis nachzuholen suche, teuer bezahlen. Wir hatten fortwährend das herrlichste Wetter, was an und für sich gut, für das Theater aber schlimm war, dazu kam, um uns noch mehr zu verstimmen, das schmutzige Benehmen des Direktors. Desungeachtet verfinsterten uns diese Dinge nur wenige halbe Stunden, im allgemeinen genossen wir, was sich uns zu genießen darbot, und dessen war wahrlich genug vorhanden. Sonntag-Vormittag erstieg ich den Schloßberg zum zweitenmal; als Kuriosität verdient es angemerkt zu werden, daß ganz oben mitten in der schrankenlos nach allen Seiten aufgeschlossenen Natur ein Mann in einer Art von Hundehaus ein Panorama mit Aussichten von Salzburg u.s.w. eingerichtet hat, der mich dringend zum Eintritt einlud. Übrigens war es diesmal eine brennende Hitze und ein summend in unermüdlicher Tätigkeit über einem Beet voll wilder Blumen schwebender Bienenstock flößte mir einen wahren Respekt ein. In der Stadt, die ich oft durchstreifte, wie es meine Gewohnheit ist, fielen mir die Buchläden dadurch auf, daß ich an den Fenstern derselben nichts ausgestellt sah, als Legenden- und Gebet-Bücher und Räuber-Geschichten. Vorgestern abend, während Tine im Deutschen Krieger spielte, spazierte ich zum Rosenhügel hinauf und hörte im Dorf, durch das ich kam, den ersten Dreschflegel; diese mir von meiner Jugend her so wohlbekannten Töne erfreuten mich in dieser Zeit der Teurung und halben Hungersnot mehr, wie die schönste Musik. Als ich denselben Weg tags zuvor mit meiner Frau machte, begegnete uns ein jungfräulicher Leichenzug; der Lilienkranz auf dem Sarg, das lange Gefolge von fast lauter Mädchen, jungen und jüngsten, ein verweintes Jünglings-Gesicht und die Sonne, die das alles vergoldete, wie die Blumen- und Weingärten rings herum, es war ein Anblick, der uns im tiefsten rührte und erschütterte! Beim Rosenkaufen wurde die arme Tine, ehe wir das Insekt nur bemerkt hatten, von einer Wespe gestochen; durch aufgelegte kühle Erde wandte ich die schmerzlichen Folgen glücklich genug völlig ab, in einer halben Stunde war alles vorüber. Gestern waren wir in Eggenberg, einem reizenden Park, der ein Schloß umgibt, das mit seinen mittelalterlichen Laufgräben und den modernen

Fenstern auf seltsame Weise zwischen Burg und Palais in der Mitte schwebt. Bei unendlicher Schwüle kamen wir an, dann zogen an allen Seiten finstere Wetter-Wolken auf und einige linde Donnerhalle schienen einen Ausbruch anzukünden, aber es erfolgte nichts, als ein sanfter Regen, den wir teils im Wirtshaus, teils unter einem Tannenbaum verpaßten. Darauf durchstrichen wir bei abgekühlter Luft den Park und kehrten zu Fuß nach Graz zurück. Heute tritt Tine zum letztenmal, in der Griseldis, auf, morgen gehts zurück. Auf dem Rückweg furchtbares Gewitter im Gebirg, unendlicher Regen; Wilixen, der mir die Nachricht mitteilte, daß Graf J., mit dem ich von Ancona nach Wien reiste, zum Kaukasus verurteilt sei pp pp – [4221]

Wien d. 10ten Juli.
Zurückgekommen höre ich von Engländer, daß die Grenzboten einen wunderlichen Aufsatz über mich enthalten, der mich sehr hoch, über Kleist hinaus, stellt, mir aber prognostiziert, daß ich dereinst wahnsinnig werden muß. Seltsame Manier, mit einem lebendigen Menschen umzugehen! Also nur darum ein Nebucad Nezar der Literatur, um mit der Zeit auf allen Vieren zu kriechen, und Gras zu fressen? Nein, da weiß ichs besser! Das wird nie geschehen, nie, ich fühle etwas von einem ehernen Reif im Kopf, und habe in Todkrankheiten schon die Erfahrung gemacht, daß selbst die wildesten Fieber-Phantasieen das Bewußtsein in mir nicht überwuchern konnten, daß ich, wenn ich sie auch nicht ganz zu ersticken vermogte, sie doch innerlich bespöttelte und verlachte. Übrigens ist ein solches Urteil nicht ohne allen Grund, indem es doch auf einiger Einsicht in die schöpferischen Prozesse des dichterischen Geistes beruht und es nur darin versieht, daß es die *befreiende* Kraft des Darstellungs-Vermögens, die doch im subjektiven, wie im objektiven Sinne damit verbunden ist, nicht in Anschlag bringt. Ich habe es oft gesagt und werde nie davon abweichen: die Darstellung tötet das Darzustellende, zunächst im Darsteller selbst, der das, was ihm bis dahin zu schaffen machte, durch sie unter die Füße bringt, dann aber auch für den, der sie genießt! Es gibt Ungerechtigkeiten, denen ein Dichter nicht entgehen kann, die er also auch niemanden anrechnen darf, und die vorliegende gehört dazu. Er bringt

in jedem seiner Werke das Resultat eines Bildungs-Moments, ein
Resultat, das zugleich vorwärts und rückwärts deutet, das sowenig
ohne das, was darauf folgt, als ohne das, was ihm vorherging,
richtig abzuschätzen ist, das sich aber doch einstweilen als
ein Letztes hinstellt und das Urteil herausfordert. Wie wäre hier
bei der Unberechenbarkeit der Zukunft die Ungerechtigkeit zu
vermeiden? [4222]

Berlin d. 15ten Juli 1847.

Endlich bin ich auch einmal in Berlin, wohin mich äußerlich
immer so manches gezogen, wovon mich innerlich so viel zurückgehalten
hat. Nun werde ich denn mit eigenen Augen prüfen,
wie die Menschen sich ausnehmen, wenn sie in Masse »gebildet«
sind und daneben die schwere Aufgabe haben, die Natur,
die dürftige, im Sande erstickte, zu vertreten. Was ich gestern
abend beim Hineinfahren von der Stadt sah, was ich heute
morgen aus den Fenstern meines Zimmers sehe, gefällt mir sehr
wohl, trägt ein Gepräge, wie ich es liebe. Breite Straßen, imposante
Häuser, eine wogende, sich unablässig treibende Menge,
das alles ist sehr geeignet, mir ein günstiges Vorurteil einzuflößen
oder, wie ich in meinem Fall wohl besser sage, das schon gefaßte
ungünstige wieder zu tilgen. Nur Leben, Leben, Ufer und Strom;
welcher Art die Fische sind, die darin plätschern und schwimmen
ist bei mir eine untergeordnete Frage. Ich bin in diesem
Punkt anders, wie die meisten meiner Freunde, die sich in die
Einsamkeit einzuspinnen lieben; bei mir ersetzt ein einzelner
Baum, wenn er nur so viel Schatten darbietet, um mich gegen
die impertinentesten Sonnenstrahlen zu schützen, sehr leicht
einen Wald, aber nie ein einzelner Mensch die Menschheit oder
auch nur ein Volk mit seinen Tugenden und seinen Verkehrtheiten.
Ich erfuhr von der Nachtigall selten oder nie etwas
Neues, denn daß der Frühling wieder da ist, das weiß ich auch
ohne sie, aber ich erfuhr noch immer etwas von einem Narren,
der mir in den Weg kam. Montag, den 12ten, abends um halb
acht Uhr fuhr ich mit meiner Frau von Wien ab. Wir waren
anfangs entschlossen, die ganze Reise bis Berlin ohne eine Ruhepause
zu machen, aber in Breslau fühlten wir uns so ermüdet,
daß wir von unserm Plan abgingen, und die Nacht dort ver-

weilten. Es ging uns freilich schlecht, denn der uns dringend als der beste Gasthof empfohlene Weiße Adler gewährte uns zwar für teures Geld ein leidliches Unterkommen in einem sehr hoch gelegenen Zimmer, speiste und tränkte uns aber so kümmerlich, daß ich Beefsteaks und Bier für ewig hätte verschwören mögen. Bis Breslau befanden wir uns in Gesellschaft einer Dame, die gleich uns von Wien gekommen war und eine Art von Gouvernante zu sein schien. Sie hatte kein entschieden garstiges, aber ein gründlich gemeines Gesicht, die Nase namentlich, aufgestülpt und an beiden Seiten eingedrückt, war ein offenbares Experiment der Natur, wie weit sie im Ordinären gehen könne, ohne abstoßend-widerlich zu werden. Kaum jemals sah ich bei einigem Geist und dem gewöhnlichen weiblichen Wissen eine so freche Lügenhaftigkeit. Da war niemand in Wien, den sie nicht kannte, mit dem sie nicht auf vertrautem Fuß stand, vom Kaiser wußte sie hundert wohl »verbürgte« Anekdoten zu erzählen, mit Metternich hatte sie erst ganz kürzlich Philippinchen gespielt, und gleich darauf wieder lebte sie in klösterlicher Einsamkeit und sah und hörte nichts von Menschen, als was die Dienstboten an Neuigkeiten ins Haus brachten. Uns sprach sie von einer Reise durch Europa, die sie zu unternehmen gedenke, und einer Cousine, mit der sie im Bahnhof zu Ratibor zusammentraf, gelobte sie, in sechs Wochen auf einen ordentlichen Besuch bei ihr vorzusprechen. Einmal zog sie Goethes Faust hervor, blätterte ein wenig darin und bemerkte dann, sie habe ihn noch nie gelesen, fände dazu auch nirgends Muße und Stimmung, als im Dampfwagen und wünsche nur, daß er nicht zu lang sei, um noch vor Breslau mit der Lektüre fertig zu werden. Ein unglaubliches Geschöpf, übrigens nicht Wienerin, sondern Schlesierin. Am nächsten Morgen in aller Frühe verließen wir Breslau wieder und fuhren immer tiefer in Schlesien hinein. Schon am Tag zuvor hatten wir alles, was Berg heißt, hinter uns gelassen, nun wichen auch die Hügel, die Wälder und Wäldchen, und eine unabsehbare Ebene, fruchtbar und wohl bebaut, aber ohne Reiz für das Auge, dehnte sich vor unseren Blicken aus. Die Rebe verschwand, an ihre Stelle trat die Kartoffel, die nützliche, aber völlig poesielose Pflanze mit ihrem schmutzig-grünen Laub, ihren häßlichen Blumen, üppig wuchernde Kornfelder zogen sich meilenweit dahin und wurden nur selten von etwas Buschwerk unterbrochen. Die ganze Flora veränderte sich, die vornehmen Baum-Geschlechter gingen aus und die gemeinen drängten sich hervor, wohin man schaute, überall erblickte man die Weide und höchstens kamen noch hin und wieder einige Tannen. Dabei, um bei mir den vaterländisch-Norderdithmarsischen Eindruck noch mehr zu vervollständigen, statt der Wasser-Mühlen, an die ich jetzt gewohnt bin, dick-behaubte, mit den Flügeln weit ausgreifende Windmühlen, die für mich etwas Winterliches haben, weil sie im Herbst, wo die scharfen Lüfte sich so oft zu Stürmen verdichten, am lustigsten zu laufen pflegen; sogar Torfmoore und Ziegel-Brennereien, wie der Boden sich zu verschlechtern, wie ihm die Zeugungskraft für Getreide und Rappsaat auszugehen anfing. Mit der Gesellschaft trafen wir es besser, eine alte Dame, die ihre kränkliche, hektisch aussehende Tochter ins Bad brachte und zwei preußische Barone, die sich unterwegs zu ihr gesellten, füllten neben uns das ganze Coupé. Einer von diesen Herren hatte eine Erstaunen erregende Gabe, mit Worten zu klappern, ohne etwas zu sagen; er war Bräutigam, und ich malte mir im stillen die Braut aus, die in ihm ihr Ideal verkörpert gefunden hatte. Der zweite, ein hochgestellter Beamter, war ein Mann von Geist und Bildung, mit dem ich mich nach Abgang des ersten, der uns auf einer Station verließ, sehr gern unterhielt. Den Haupt-Gegenstand des Gesprächs bildete natürlich der Landtag, der in allen Gemütern nachklingt; daneben wurden zur Belustigung der Damen aber auch Anekdoten erzählt, von denen zwei oder drei unmittelbar aus dem Leben gegriffene, erhalten zu werden verdienten. Ein dreiundsiebzigjähriger Greis z. B., der allmorgendlich stundenlang vor dem Spiegel auf einer lahmen Rosinante kurbettierte, kommt gewiß nicht alle Tage vor, und ein alter Hagestolz, der im Sterben liegt und zwei Personen aus der Stadt in höchster Eile unter der Vorspiegelung, daß sie in sein Testament gesetzt werden sollten, zu sich bitten läßt, um ihnen mit röchelnder Lunge zu sagen: nun kann ich ruhig abfahren, da die drei niederträchtigsten Menschen von ganz Breslau beisammen sind, und dann wirklich zu verscheiden, dürfte auch ein einigermaßen seltenes Gewächs sein. Die Zeit verging uns rasch genug und wir hatten den Berliner Bahnhof erreicht, ehe wir es dachten. Hier fing die Not nun aber an, es war keine Droschke zu bekommen, jede war bestellt und keine rührte sich vom Platz. Ich fand zuletzt einen anderen, etwas geräumigeren Wagen, der aber nach und nach sechs Personen und eine unendliche Menge Gepäcks aufnahm, so daß wir auf sehr abenteuerliche Weise in Berlin einzogen. Im Hotel de Russie fanden wir alsbald in freundlichen Zimmern ein Unterkommen, das Nacht-Essen entschädigte uns vollständig für das gräßliche Souper des vorigen Abends und das im Fluge genossene halbe Diner des Tags und ein fester Schlaf stellte sich ein, sobald wir uns ihm ergaben. [4223]

d. 8 Aug.
Über Nacht sah ich im Traum Soldaten, die je nach dem der kommandierende Offizier das Schwert erhob oder es senkte, bis in den Himmel hineinschossen und wieder klein wie andre Menschen wurden. [4224]

Wenn in der griechischen Tragödie die Helden deswegen fallen, weil sie über das Maß des Menschlichen hinausragen und von den Göttern als Eindringlinge in den höheren Kreis beneidet werden, so muß man dies so betrachten, daß in ihnen die Anmaßung des gesamten Geschlechts, nicht ihre eigene, gestraft wird. [4225]

Mancher findet den elektrischen Funken, dessen Hervorspringen aus der Elektrisier-Maschine ihn ergötzte, impertinent, sobald er sich zum Blitz verdichtet. [4226]

Es muß und soll, dem Volk zuliebe, ein Individuum enthauptet werden, das man doch am Leben zu erhalten wünscht. Nun steckt man ein anderes, ebenfalls verbrecherisches, in dessen Kleider und läßt es hinrichten. [4227]

d. 15ten Aug.
Ein greulicher Sonntag. Elise ließ sich, da sie schon ein halbes Jahr lang mit Zahnweh geplagt war, zwei Zähne ausziehen, und zwar unter Anwendung des Schwefel-Äthers. Die Opera-

tion ging glücklich und schmerzlos vorüber, aber es stellte sich eine Nachblutung ein, die sich gar nicht wieder stillen lassen wollte und selbst dem Arzt das größte Bedenken einflößte. Welche Angst, und eine doppelte, denn wie wirkte ein solcher Vorfall auf Tine in ihrem jetzigen Zustand! Abends spät um 10 Uhr endlich gelangte Dr Haller einigermaßen zum Ziel! Ich blieb bis gegen Morgen bei der Patientin auf, damit sie sich ruhig verhalte! [4228]

– »Intrigen zwischen ihm und mir!« [»]Fräulein, nichts intrigiert gegen Sie, als Ihre Leberflecke, Ihre Runzeln, Ihr übelriechender Atem!« [4229]

»Hat ein Mensch wohl so viel Blut im Leibe, daß er darin ertrinken kann?« [4230]

Heilges Licht, das alles scheidet!
    Du *machst* die Dinge, beleuchtest sie nicht bloß. Ohne dich ein Chaos. [4231]

Jemandem eine Pistolenkugel in einer Brühe durch den Leib jagen! (für: ihn vergiften)
    Ausdruck der Brinvillier[s], nach dem ä. Pitaval. [4232]

»Wenn ich sterbe und einer stirbt mir nach aus Gram um mich: hab ich seinen Tod zu vertreten?« [4233]

                              d. 21sten Aug.
Indem ich eben im Neuen Pitaval die Greuelgeschichte vom Magister Tinius lese, drängt sich mir eine Betrachtung auf, die der Kriminalist, wie mir scheint, kaum genug beherzigen kann. Wie viel hängt bei solchen Prozessen von den Zeugen-Aussagen ab, und bei den Zeugen-Aussagen wie viel von genauer Ermittlung und Feststellung solcher Dinge, über die vielleicht kein Mensch in Wahrheit etwas Bestimmtes anzugeben vermag. Wenn ich z. B. über eine einzige der vielen Personen, mit denen ich auf meiner letzten Reise zusammenkam, ja über einen meiner intimsten Freunde angeben sollte, zu welcher Zeit an einem ge-

wissen Tage ich ihn gesehen habe, wie er bekleidet gewesen sei u. s. w., ich würde unfähig sein, es zu tun! Gott, Gott, auf welchem Fundament ruht die menschliche Gerechtigkeitspflege!

[4234]

Ein *angesehener* Mann! Wie sinnlich ist dies Wort gebildet. Ein Mann, der viel angesehen wird! [4235]

d. 24 Aug.

Es ist, als ob sich über das falsche, lügnerische Regierungssystem des Königs von Frankreich ein ungeheures Gewitter entlüde, damit alle Welt aufmerksam werde und die Atmosphäre an den Gift-Pflanzen, die in ihr gedeihen, erkennen lerne. Noch sind es nicht zwei Monate, daß einer seiner Minister wegen infamen Unterschleifs und schamloser Bestechungen vom Gericht verurteilt, von der öffentlichen Meinung gebrandmarkt wurde und schon muß die Geschichte einen neuen, noch fürchterlicheren Beweis der bodenlosen Unsittlichkeit eines nur den gemeinsten merkantilischen Interessen lebenden Gouvernements in ihre Blätter eintragen. Der Herzog von Praslin, ein Choiseul, hat seine Frau, eine Sebastiani, jung, schön und geistreich, Mutter von neun Kindern, in seinem eigenen Hotel bei nächtlicher Weile auf gemein-meuchelmörderische Weise ums Leben gebracht, und nach den bis jetzt noch spärlichen und versteckten Andeutungen der Zeitungs-Berichte nicht aus Eifersucht und momentaner Übereilung, sondern aus pekuniären Gründen, wegen seiner zerrütteten Finanzen und ihrer Erbschafts-Ansprüche! Es ist in den meisten Fällen unerlaubt, in einem Verbrechen etwas anderes, als eine Ausnahme, eine wilde, individuelle Störung des gesellschaftlichen Zustandes zu sehen, aber hier liegt ein Zeichen der Zeit vor! – [4236]

d. 28 Aug.

Dieser Duc de Choiseul! Dieses zusammengeknickte Ungeheuer, das sich jetzt auf die kläglichste Weise mit den Gerichten um sein miserables Leben abzankt! Dem ein solches Leben noch etwas wert ist! – Der Mensch verteidigt sich gegen den gegründetsten Verdacht auf eine Weise – – ich sagte heute im Scherz, er habe nicht gewußt, daß seine Gemahlin von Fleisch und Bein sei und auf sie losgestochen, als ob sie von Stein wäre, aber im Ernst, wenn er das vorgäbe, es würde gerade so viel Glauben verdienen, als das, was er vorschützt! Nicht in den Taten selbst, denn jeder Mensch ist unter Umständen jeder fähig, unterscheiden sich die großen und die kleinen Naturen voneinander, sondern in dem, was darauf folgt. Was söhnt uns mit dem Verbrecher aus, obgleich darum noch nicht mit dem Verbrechen? Die Kraft! Kraft zum wenigsten muß derjenige haben, der mit der Welt und ihren Gesetzen, denen Millionen sich fügen, in den Kampf zu treten wagt, denn wenn auch sie ihm fehlt, wie kommt ihm der Mut und der Grund, sich auf seine eignen Füße zu stellen! Die Kraft soll er aber dadurch zeigen, daß er sich zu seinen Taten bekennt. *Frage:* wenn ein König (in Frankreich natürlich) ein solches Verbrechen begänge, was würde mit ihm? *Einfall:* Es ließe sich jemand erkaufen (etwa zum Besten seiner Familie, etwa ein Mensch, der an eine solche Tat schon gedacht, sich schon innerlich damit befleckt hätte) das Verbrechen zu übernehmen? [4237]

Warum der großen Seele selbst noch mancher Fleck geblieben? Daß sie das Schlechte kann verzeihn und das Beschränkte lieben! [4238]

Warum der große Haufe unbeständig?
Er glaubt, nur dadurch werde er lebendig! [4239]

In einigen Ländern werden denjenigen Beamten, denen in einem öffentlichen Blatt Rügen zugedacht sind, diese Rügen vorher von Zensur wegen zur Approbation oder Disapprobation mitgeteilt. Das ist doch wirklich so, als ob man sich von demjenigen, den man zu ohrfeigen gedenkt, vorher eine Bescheinigung ausbäte, daß er nichts dagegen einzuwenden habe. [4240]

Der Philister! (wieder in den Vorgrund zu rücken.) [4241]

Man glaubt, der Mensch könne nur einmal sterben? Torheit! Wer liebt, kann zweimal sterben! Damit muß er sein Glück bezahlen. [4242]

Die Handwerker der Kunst nehmen es meistens sehr leicht mit der realen Welt, sie wissen nicht, daß diese in der Kunst, die, wenigstens die dramatische, es mit lauter Ungläubigen zu tun hat, ein doppeltes Fundament haben muß. [4243]

d. 29 Aug.
Tine als Kriemhild: eine schwarze Flamme! Groß! Übergewaltig! [4244]

Schwarze Flamme, Weltgerichts-Flamme! Die rote Flamme verzehrt zwar auch, aber sie hat doch die Farbe des Lebens, denn rot ist das Blut und aus dem Blut kommt alles Leben. [4245]

Leute, die für ihre Gedichte Brillantringe empfangen und nachher schlecht rezensiert werden, haben ihre Antikritik in der Hand. So Herr Dr Frankl, der Vrf. des Don Juan. [4246]

Eine dicke Person: zieh Dochte hindurch und du kannst mit ihr illuminieren. [4247]

»Wenn ich zwei Flügel hätt
Schnitt ich sie ab!
(auf einer Landpartie an einem schönen Platz.) [4248]

Ein Einsiedler, der in einem Wirtshaus logiert. [4249]

»Mit der rechten Hand malen, mit der linken Annoncen über das Bild schreiben!« [4250]

Den Ort, wo sich die geliebten Toten befinden, weiß ich nicht; den, wo sie sich nicht befinden, weiß ich: das Grab! [4251]

Der Tod ist doch im Grunde nur eine Anschauungsform, wie die Zeit, die er abzumarken scheint. [4252]

Ballett: die Menschen kommen mir darin wie Taubstumme vor, die verrückt geworden sind. [4253]

Was mit dem Heldenschwert erworben ward, wird oft mit dem Kinderschwert erhalten. [4254]

Der Teufel zeigt jemand einen köstlichen Leichenzug und sagt: so schön sollst du begraben werden, wenn du dich selbst tötest! [4255]

Zu einem Verschwender: warum hast du denn alles hindurchgebracht? »Um mit Ruhe krank sein zu können! Wäre ich erkrankt, als ich noch etwas besaß, ich würde aus bloßer Angst, jung sterben und alles ungenossen hinter mir zurücklassen zu müssen, wirklich gestorben [sein«]. [4256]

O. wäre der Mann, eine Deputation der Menschheit ehrbar anzuhören, die ihm dafür dankte, daß er die Welt und sich selbst erschaffen habe. [4257]

Die meisten unserer Kritiker sind nur deshalb Scharfrichter geworden, weil sie keine Könige werden konnten. [4258]

Wenn man kein Kalbfleisch mag, ist das eine Beleidigung für die Kälber? [4259]

»Man macht ihr schon ein Kompliment, wenn man ihr einräumt, daß sie einen Körper hat.« [4260]

Was will man mit dem alten Rom. Selbst seine Gesetze waren Verbrechen. [4261]

Daß die Idee im Kunstwerk nur ihr Licht, nicht ihre Wärme gebe, daß sie es erleuchte, nicht verbrenne! [4262]

Keine Wanze stirbt, ohne daß sie zehne hinterläßt, aber mancher Löwe. [4263]

Beweisen! Wer kann alles beweisen! Darum setzte der Glaube der Völker aber auch einen Gott auf den Thron der Welt, keinen Dokt: juris. [4264]

Wie Gertrud zu einem hinkenden Mann kam. (Alte Idee)
[4265]

Ein schönes Mädchen in armem Stande: ein himmlisches Bild auf gemeiner Leinwand. [4266]

Es gibt Trauben, so voll von Beeren, daß manche nicht reif wird, aber eben deshalb für die unbegrenzte Zeugungsfähigkeit des Weinstocks ein Zeugnis ablegt. Unter diesem Bilde stelle ich mir, seit ich in einem Weinlande lebe, gern die Welt vor. [4267]

Meine dichterischen Arbeiten:
    Abgestoßne Blütenschalen,
        Drin die Frucht, die ernste, schwoll!
Wenn wieder eine fällt: Beweis, daß die Frucht selbst sich vergrößerte. Mag also mit jenen der Wind spielen! [4268]

Die Idee des Käthchens von Heilbronn, daß die Liebe, die alles opfert, alles gewinnt, wäre wieder aufzunehmen und konsequent durchzuführen. Einer fühlt sich von einem ihm treu ergebenen weiblichen Wesen zu einem ihn aus der Ferne reizenden hingezogen; jenes fühlt den Treubruch nicht als Sünde, nur als Schmerz, sie gibt sich auf und sucht dem Geliebten die Liebe des anderen Mädchens zu verschaffen. Die Art, wie sie sich zum Opfer darbringt und wie die andere das Opfer annimmt, öffnet ihm die Augen und in dem Moment, wo er sich mit dieser verbinden soll, kehrt er um und wählt jene. [4269]

d. 17ten Sept.
Heute Kühne für die Europa aus dem Tagebuch ex[z]erpiert: 1, über das Käthchen von Heilbronn 2, den Spaziergang über die Boulevards 3, über Byron, mit einem Nachtrag.

Vorlängst Rötscher: 1, über Gleichnisse; 2, über Schröders Leben; 3, über das Semikolon.

Es ist nötig, dergleichen sich zu merken, da ich jetzt von vielen Seiten in Anspruch genommen werde. Gottlob, der Herbst übt seine alte Wirkung auf mich. Große Tätigkeit und in dieser Genuß und Fülle des Daseins. [4270]

Woher entspringt das Lebendige der echten Charaktere im Drama und in der Kunst überhaupt? Daher, daß der Dichter in jeder ihrer Äußerungen ihre Atmosphäre wiederzuspiegeln weiß, die geistige, wie die leibliche, den Ideenkreis, wie Volk und Land, Stand und Rang, dem sie angehören. Daraus geht die wunderbare Farbenbrechung hervor, die jedes Allgemeine als ein Besonderes, jedes Bekannte als ein Unbekanntes erscheinen läßt und eben den Reiz erzeugt. [4271]

Worin besteht die Naivetät in der Kunst? Ist es wirklich ein Zustand vollkommener Dumpfheit, in dem der Künstler nichts von sich selbst weiß, nichts von seiner eigenen Tätigkeit? Das ist unmöglich, denn wenn er nicht erkennt oder fühlt: dieser Zug ist tief, dieser Gedanke ist schön, warum zeichnet er den einen hin, warum hält er den andern fest? Die Frage wird wohl am einfachsten so beantwortet. Unbewußterweise erzeugt sich im Künstler alles Stoffliche, beim dramatischen Dichter z.B. die Gestalten, die Situationen, zuweilen sogar die ganze Handlung, ihrer anekdotischen Seite nach, denn das tritt plötzlich und ohne Ankündigung aus der Phantasie hervor. Alles übrige aber fällt notwendig in den Kreis des Bewußtseins. [4272]

d. 18ten Sept.
Tines Traum. Düstrer Himmel. Das Glacis beschneit. Und aus allen Poren ihres Körpers fahren Blitze: sie macht das Gewitter!
[4273]

d. 18 Sept.
Wenn der Mensch sein individuelles Verhältnis zum Universum in seiner Notwendigkeit begreift, so hat er seine Bildung vollendet und eigentlich auch schon aufgehört, ein Individuum zu sein, denn der Begriff dieser Notwendigkeit, die Fähigkeit, sich bis zu ihm durchzuarbeiten und die Kraft, ihn festzuhalten, ist eben das Universelle im Individuellen, löscht allen unberechtigten Egoismus aus und befreit den Geist vom Tode, indem er diesen im wesentlichen antizipiert. [4274]

Zug: Einem Menschen ist ein unerhörtes Unglück begegnet,

da drängt sich ein anderer bei ihm ein, sucht ihm vollends den Rest zu geben und sagt: mir ist von einem Unbekannten dies oder das geschehen, ich habe gleich gedacht, daß Gott ihn dafür züchtigen würde, wie keinen andern, du bist so gezüchtigt, also bist dus! [4275]

»Alles Poetische sollte rhythmisch sein!« schrieb Goethe an Schiller, als dieser ihm angezeigt hatte, daß er seinen in Prosa angefangenen Wallenstein in Verse umschreibe. Ein höchst einseitiger und sicher nur durch den speziellen Fall hervorgerufener Ausspruch! Es gibt Gegenstände, die im ganzen durchaus poetisch sind, im einzelnen aber so nah an das Gebiet der Prosa streifen, daß sie das Pomphafte, was dem Vers anklebt, nicht vertragen, in alltäglicher Prosa aber freilich auch nicht aufgehen und darum ein Mittleres verlangen, welches aus beiden Elementen zu bilden dann eben die Hauptaufgabe des Dichters ist. Dahin gehört z. E. jeder Stoff einer bürgerlichen Tragödie. [4276]

Die meisten Menschen halten den Vers an sich schon für eine Leistung und sind darum so nachsichtig gegen alles, was in Versen vorgetragen wird. [4277]

d. 20 Sept.
In der letzten Nacht, wo ich nicht schlafen konnte, las ich in Holzmanns Übersetzung das indische Gedicht Nal und Dajamanti. Von welcher Lieblichkeit ist es, frisch und taubeperlt, wie eine Lilie, die erst heute morgen aufbrach, und doch hat es schon Jahrtausende erfreut und ist aus einer Sprache zu uns herübergerettet, die nicht mehr gesprochen wird. Ja, ja, es ist doch ein anderes: Rhetorik und Poesie, und wer es nur bis zu wahren Gestalten bringt, dem darf nicht bange sein, daß diese wieder untergehen! Wie schließt sich schon der Rhythmus des Gedichts dem Homerschen Hexameter und dem Vers des Nibelungen-Liedes würdig an:

> Es herrschte im Widarferland
>   Der König Fim von hoher Kraft.
> Ihm wuchs die reizende Tochter heran,
>   Die Dajamanti, deren Ruhm

Weit in der Menschen Welt erscholl,
   Daß sie der Frauen Perle sei. [4278]

Einmal im lieblich duftenden Garten,
   Im wasserreichen, schattigen,
Lustwandelnd mit der Freundinnen Schar,
   Sah sie, wie durch die Lüfte hoch
Von goldgeflügelten Gänsen ein Zug
   In ihrer Nähe sich niederließ.
Da liefen, um die Vögel zu haschen,
   Die Mädchen hocherfreut herbei.
Die Wundervögel aber sogleich
   Zerstreuten sich im ganzen Hain,
Und einzeln, einen Vogel zu fangen,
   Lief jedes Mädchen hinterher.
Die Gans, die Dajamanti verfolgte,
   Als diese ihr ganz nahe kam,
Begann mit deutlich-menschlicher Stimme
   Zu sprechen zu der Lieblichen:
O Dajamanti, Nala heißt
   Der König im Nischagerland.
Der ist wie die Aswiner schön
   Und ist nicht andern Menschen gleich.

Du bist die Perle unter den Fraun,
   Der Männer Preis ist König Nal,
Die Einzige mit dem Einzigen sollte
   Zu ihrem Heile verbunden sein!
        u.s.w.
Gibt es ein reizenderes Bild, als wie die Gänse sich zerstreuen, und die Mädchen hinterdreinfliegen, damit Dajamanti ohne Zeugen sei? [4279]

»Ich habe dich gewonnen, womit muß ichs bezahlen? Mit der Angst, daß ich dich nun verlieren kann.« [4280]

Noch hält der Zweig seine Äpfel fest, der Wind gewinnt sie ihm nicht ab und du kannst sie nicht erreichen. Laß sie nur wachsen und reifen, dann beugen sie ihn und fallen dir von selbst vor die Füße. [4281]

Wenn ein Etymologist sagte, der Arm sei darum Arm genannt worden, weil der Arme nach dem Los der Armen unter allen Gliedern des Leibes die meiste Arbeit verrichten müsse, so wäre das ohne Zweifel abgeschmackt, gewiß aber ist nicht unmöglich, daß es geschehen kann. [4282]

»Nur den Mord würd ich entschuldigen, der dem Mörder so viel Jahre zulegte, als der Gemordete einbüßte!« [4283]

d. 22 Sept.
Heute habe ich eine Rezension der von Holtzmann übersetzten Indischen Sagen an die Allg. Zeitung geschickt. Die Gedichte ergriffen mich so sehr, daß ich ganz von selbst ins Niederschreiben meiner Eindrücke hineingeriet. [4284]

Aus dem Begriff der Individualität, auf dem jede vernünftige Welt-Anschauung beruht, folgt mit Notwendigkeit der Begriff der qualitativen und quantitativen Unterschiede in den Mischungsverhältnissen und also auch in den Resultaten derselben, den Begabungen, ja er schließt sich erst in diesem ab. [4285]

d. 24 Sept.
Heute an Rötscher einen Aufsatz: »über das Verhältnis von Kraft und Erkenntnis im Dichter« gesandt. [4286]

d. 25 Sept.
Nun habe ich rein aufgearbeitet. Rötscher, Kühne, die Allg. Zeitung haben Aufsätze von mir, Ruge eine neue Novelle, Engländer desgleichen, alle übrige Novellen, den Schnock eingerechnet, sind bis ins kleinste hinein durchgenommen und druckfertig gemacht, die Gedichte, denen ich noch einen Zuschuß nachsandte, müssen die Presse in diesen Tagen verlassen oder sie schon verlassen haben. Jetzt ist die Gunst der Musen für die Tragödie nötig. Daß sie nicht zu lange ausbleiben mögte!
[4287]

»Eines Abends wurden alle meine Nachbarn gegen mich aufgebracht, klopften an Wände und Türen, drangen zuletzt in mein Zimmer und fragten mich, was das für ein Lärm sei, den ich mache. Beschämt freilich zogen sie ab, denn sie überzeugten sich, daß mein Herz so laut schlug, weil ich für die Freiheit erglüht war!« Münchhausen. [4288]

Als hier in Wien die Korporäle beim Aufstand im Arbeitshause befehligt wurden, mit ihren Stöcken einzuhauen, verweigerten sie das, weil sie sich die Stöcke selbst anschaffen müßten und sie nicht im Zivildienst zerschlagen wollten. (E. Kayser). [4289]

Es gibt Mädchen, um deren Hals rote Korallen blaß werden und an deren Brust Blumen schnell verblühen.

(Derselbe) [4290]

Der Wucherer, der einen, dem er zu hohen Zinsen vorschießen soll, mit in den Tempel nimmt, dort eine Predigt gegen den Wucher mit vieler Andacht anhört, seinem Begleiter aber beim Herausgehen, als dieser ihm sagt, er werde nun wohl den Zinsfuß herabsetzen, erwidert: im Gegenteil, erhöhen: das war ein guter Prediger, aber ich bin auch ein guter Wucherer!

(Derselbe) [4291]

d. 26. Sept:
Gestern abend las ich in der Revue independente einen Aufsatz über meine Maria Magdalena, der mir um so mehr wohl tat, als ich eben vorher einen schmählichen Angriff auf das Stück in einer Korrespondenz des Morgenblatts gelesen hatte. Es ist freilich eine Illusion, aus dergleichen einzelnen Aufsätzen auf die wirkliche Teilnahme des französischen Publikums zu schließen, eine Illusion, der ich mich sicher niemals hingeben werde. Aber in Deutschland wird doch auf solche Aufsätze Wert gelegt, wie ich wenigstens aus den Bemühungen meiner Kollegen, sie hervorzurufen, schließen muß, und da ist es immer gut, nicht hinter anderen zurückzustehen. [4292]

Das Gehirn *kämmen*! [4293]

Erfinden will doch jeder gern in der Literatur, und wer keine
Gedichte erfinden kann, der erfindet Dichter. [4294]

Eine kleine Uhr, deren Räder ungeheuer rasch gehen, erregt
einen Eindruck, als ob die Zeit das Fieber hätte. [4295]

Ganz aus demselben Grunde und zur Befriedigung desselben
Bedürfnisses haben sich die Menschen ihren Gott erfunden, wie
ihre Zeit. [4296]

Wilhelm Ritter von Zerboni di Sposetti, Herrschaftsbesitzer
auf Lisiatycke bei Stry, nächst Lemberg, in Galizien. [4297]

Es ist ohne Zweifel richtig, daß nichts ist, was nicht vernünftig
wäre, und daß selbst Wanzen und Flöhe nicht sein würden, wenn
sie nicht sein müßten. Daraus folgt aber nur, daß man mit der
Natur wegen der Existenz dieser Mißgeschöpfe nicht hadern,
keineswegs jedoch, daß man sie selbst in ihrer Existenz ungestört
belassen soll. Man tut genug, wenn man sich mit dem Vorhandensein der Gattung im allgemeinern aussöhnt, indes man sie im
einzelnen bekämpft und soviel möglich auszurotten sucht.
[4298]

d. 5 Okt.
Ich las Julius Mosens Otto III. Das soll nun eine historische
Tragödie sein! [4299]

Ein Arzt hat eine Aufgabe, als ob ein Mensch in einem dunklen
Zimmer in einem Buch lesen sollte. [4300]

d. 8 Oktober.
Engländers Großmutter. Alttestamentarisch aufgeschmückt
mit einer der hohenpriesterlichen ähnlichen Haube lag sie jahrelang im Bett, ein hageres Gerippe, der geputzte Tod, um den
knöchernen Hals eine drei- oder mehrfach gewundene Schnur
von Dukaten, unter der Decke Edelsteine und Kleinodien versteckt haltend. Sie war nicht krank, sie stand nur bloß nicht auf,
um ungestört beten zu können; aus dem Beten fiel sie aber jeden

Augenblick ins Fluchen, wenn sie von ihrer Schwiegertochter etwas sah oder hörte, denn sie konnte es nicht ertragen, daß ihr Sohn diese nicht nach altjüdischer Sitte als Sklavin behandelte, sondern sie liebte, sie verlangte, daß er sie, eben weil er dies tat, verstoßen solle, ein Händedruck, ein freundliches Wort waren in ihren Augen todeswürdige Verbrechen, in einem Kuß, wenn er je in ihrer Gegenwart gewagt worden wäre, würde sie den äußersten Verstoß gegen die ihr schuldige kindliche Ehrfurcht erblickt haben, ein Vorzeichen des Weltuntergangs. Eins der Kinder mußte fast den ganzen Tag vor ihrem Bett zubringen, auf die Kniee hingekauert und die Gebete nachplappernd, die sie aus ihrem ebräischen Gebetbuch ablas; Engländer selbst suchte sich dieser Pflicht zu entziehen und wurde deshalb von ihr gemißhandelt, sooft sie seiner nur habhaft werden konnte. Die ganze Familie hatte nur zwei Zimmer; das eine gehörte der Großmutter, das andere den Eltern und den Kindern, nahm des Abends aber auch noch sog. Bettgäste auf. Die bitterste Armut herrschte, der Vater verdiente wenig und gab das meiste für die Alte hin, desungeachtet entäußerte diese sich bis an ihren Tod, den erst sehr spät in ihrem neunzigsten Jahre die Cholera herbeiführte, nicht eines einzigen ihrer zahlreichen Goldstücke. Als sie gestorben war, reichte ihr Nachlaß hin, die Verhältnisse völlig umzugestalten; ein grauenhaftes Bild! [4301]

d. 10 Okt.

Die christliche Mystik von Görres hat jetzt in einer Schrift von Daumer ihr antichristliches Gegenstück gefunden. Ebensoviel Wahnsinn in den Prämissen und juristische Dialektik in den Konsequenzen! Es wäre entsetzlich, wenn Ruge eine solche Ausgeburt einer perfiden Hypochondrie in seine Protektion nähme, wie ich fast befürchten muß! [4302]

Ich lese Soldans Geschichte der Hexenprozesse. Wohl den Tieren, daß sie keine Geschichte haben! Merkwürdig ist es, daß man, wie von unreiner Vermischung der Weiber mit dem Teufel, nicht auch von Verbindungen der Männer mit des Teufels Großmutter liest. [4303]

d. 11 Okt.

Vor etwa acht Tagen brachte mir der Buchhändler Wigand aus Preßburg ein Briefchen von Gurlitt, im Juli hier in Wien geschrieben und dem Buchh.[ändler] Gerold zur Bes.[orgung] anvertraut. Dieser hatte es monatelang liegen lassen und es dem Wigand jetzt offenbar nur gegeben, weil meine Adresse darauf stand und Wigand ein Anliegen an mich hatte. Seltsame Art, einen Brief zu bestellen. [4304]

In diesem Jahr habe ich verdient:

1, für den Diamant		20 Louisdore
(sämtlich an Elise gegeben; von Campe nachzuz. 20 L.)		
2, für das Trauerspiel in Sizilien und die neuen Gedichte		200 r P. C.
3, von Engländer für Anna u.s.w.	15 fl.	
„ „ „ die Vagab.	25 „	
4, von Tendler et Scheffer für Schnock	60 „	
5, von der Wiener Zeitschrift. . .	4 „	
	zus: 104 fl 200 r 20 Louisdore	
oder	300 „ und	
	180	
	zus. 584 fl.	[4305]

Der Dichter ist der erste Souffleur. (in höherem Sinn.) [4306]

Wallensteins schändlicher Betrug, den Obrist Buttler zu einem Gesuch um den Adelsbrief anzuhalten und ihm beim Hof den Weg zu verlegen, wie verträgt er sich mit der Würde eines tragischen Charakters? [4307]

Ein Autograph, was ein Philister deshalb zurückweist, weil nicht alle 24 Buchstaben darin vorkommen. [4308]

»Mein Bild mag die Geliebte auch bei Tage sehen; mich selbst aber nur bei Nacht!« [4309]

Wer mich in den Arm haut, muß nicht glauben, sich dadurch rechtfertigen zu können, daß er mich mit der Heilkraft eines Pflasters habe bekannt machen wollen. [4310]

Der Tod ist der einzige Gott, der die Opfer verschmäht, sagen die Alten. Wahr. Dafür ist er aber auch der einzige, der kommen muß, sobald man ihn ruft. [4311]

d. 24 Okt.
Gestern, Sonnabend, habe ich mein Trauerspiel Julia, das schon in Rom angefangen wurde, endlich vollendet. Engländer, dem ich in seiner Krankheit das Fertige mitteilte, trieb mich zum Abschließen des Ganzen und ich bin ihm dankbar dafür, denn nun bin ich die Last vom Halse los. Das Werk hat die Vorzüge und die Fehler eines Stücks, in dem die Situation stärker akzentuiert ist, wie die Charakter-Entwicklung; da das aber meine Intention war, so bin ich nicht deshalb zu schelten, auch hoffe ich im dritten Akt alles, was die neueren Franzosen z.B. nur äußerlich zu einem scheinbaren Abschluß zu führen pflegen, innerlich aufgelöst zu haben. [4312]

»Ich bin das letzte Unglück der Heroen, ich erklärte mir das viele Fasten der Heiligen gern aus ihrem schlechten Magen, den spröden Joseph stellte ich mir immer kurzsichtig vor und den frommen Daniel in der Löwengrube als mageres Skelett.« [4313]

»Fürchten Sie nicht, daß ich den Selbstmord, in dem Sie mich störten, jetzt noch ausführen werde! Der Mensch kann ohnehin nichts tun, was nicht schon ein andrer vor ihm getan hat, soll er auch noch sich selbst wiederholen? Es war von mir bloße Pietät gegen die Stunde, die nun vorüber ist, keine getraut sich ohne volle Sündenfracht in die Ewigkeit hinein, Totschlag, Ehebruch, Verführung, alles muß beisammen sein und alles war beisammen, nur am Selbstmord fehlte es noch, ich wollte die Lücke füllen, ein anderer kam mir zuvor, nun ists zu spät!« [4313a]

»Einer sah seine Geliebte in Ohnmacht fallen, in todähnliche Ohnmacht. Es fehlte an Wasser, er öffnete sich eine Ader, um sie damit zu besprengen, sie erwachte, aber wie ward ihr, als sie nun ihn bleich dahinsinken sah!« [4314]

d. 27 Okt.
Was kommt doch bei dem maßlosen Negieren heraus! Da las ich gestern abend in einer neuen Schrift von Bruno Bauer. Diese Armseligkeit ist wahrhaft unglaublich! Übrigens arbeitet er jetzt im konservativen Sinn, denn er ruiniert durch seine Bücher seinen revolutionären Bruder. [4315]

Ein Wohltäter hat immer etwas von einem Gläubiger. [4316]

Eine, die bereut und sich vergiftet, dann in Gestalt einer Warnung ihre Beichte ablegt gegen eine andre und mit den Worten stirbt: und dann – »Und dann?« ruft die andre ihr nach. Nämlich so: dies folgt darauf, dann das (Gewissensbisse pp pp) und dann – [4317]

Welchem Baum ichs gönne, daß alle Winde in ihm wühlen? Dem Lorbeer! [4318]

»Von den beiden Gründen, wegen deren Caesar eine Lorbeerkrone trug, geht mir jeder ab; ich habe die Welt noch nicht gewonnen und mein Haar noch nicht verloren.« [4319]

Der Verstand frage im Kunstwerk, aber er antworte nicht. [4320]

Es wäre möglich, daß der Mensch, der den höchsten Gedanken dächte, in dem Augenblick, wo er ihn aussprechen wollte, durch denjenigen getötet würde, der den niedrigsten hegte. Spinoza und ein Mörder. [4321]

Einer, der an einem Tage alle Gebote zugleich erfüllt und übertritt. Humoreske. [4322]

Mit K. hat man einen Umgang, wie mit einer Mäusefalle, wenns eine lebendige gäbe außer der Katze. [4323]

Der Tod ist ein Opfer, das jeder Mensch der Idee bringt.
[4324]

»Sie macht einen Eindruck, als ob sie nicht bloß mit den Augen sehen könne.« [4325]

Über Nacht im Dämmer-Zustand zwischen Schlafen und Wachen: ein Mensch, der so vortrefflich ist, daß ein König ihm das Privilegium gegeben hat, es solle nie einer Anklage wider ihn Glauben beigemessen werden. [4326]

> Einschlafen
> Altes Chaos,
> Quillst du in Dämpfen,
> Alles benebelnd,
> Vieles erstickend,
> Um die Welt wieder auf? [4327]

Aus einem Brief an Ruge vom 11 Dez.
– ich halte die Ärzte für Leute, die ein chaldäisch geschr.[iebenes] Buch im Finstern lesen sollen. Auch bediene ich mich ihrer in Krankheitsfällen nur meiner Umgebung wegen; ich weiß, daß sie der nützen und lasse mir selbst dafür schaden. – Was Sie mir über die Aufnahme von Haidvogel und Julie schreiben, überrascht mich nicht; ein jeder sagt: ich lebe mit in der Zeit, die der Verf.[asser] darstellt und kann ihre Krankheiten nicht gelten lassen, ohne mich selbst für infiziert zu erklären. Dagegen habe ich nichts einzuwenden, im übrigen sind wir es alle; ich beweise es dadurch, daß ich die Übel malen kann, sie also kennen muß; andere dadurch, daß sie mich deswegen hassen. Merkwürdig ist und bleibt mir bei alledem der Hang der Leute zur Lüge und zu Lügnern; darin gleichen sie den Schwindsüchtigen, die den Windbeutel, der ihnen noch am Todestag ein Kompliment über ihr gesundes Aussehen macht, zum Universal-Erben einsetzen, wenigstens eher, als den Arzt, der ihnen die abgelaufene Sanduhr zeigt. Ich sitze so fest in meiner Haut, wie irgend einer; aber ich würde mich schämen, der objektiven Welt, die ich darstelle, meine Privat-Versöhnung als eine allgemeine aufzudringen, ich

würde mich deshalb schämen, weil sie auf Resignation beruht, und ich als Individuum wohl für mich resignieren darf, nicht aber für die Menschheit mit ihren ewigen Rechten und Interessen.

[4328]

Ein Verrücktgewordener, der einen Totengräber vors Gericht zieht und sagt, er habe einen ganzen Acker voll Leichen; er meint den Kirchhof. [4329]

Wer zu Fuß geht, denkt, wenn er den Reiter sieht: Du kommst schneller von der Stelle, brichst aber auch leichter den Hals.

[4330]

Ein in einer Häcksellade zerschnittener Mensch. [4331]

d. 20 Dez.

Soeben lese ich den 3ten Teil des Briefwechsels zwischen Schiller und Körner. Seite 120 u. s. f. kommt eine Auseinandersetzung Schillers über das Verhältnis des Dichters zur Sprache vor, die ganz und gar von denselben Anschauungen und Gedanken ausgeht, welche meinem Aufsatz über den Stil des Dramas zu Grunde liegen. Solch ein Siegel aus dem Grabe heraus ist doch interessant! [4332]

Vielleicht erfüllt nur derjenige den Zweck des Lebens, der mit der vollen Überzeugung, daß er nichts daran verliert, davon scheidet! [4333]

d. 22 Dez.

Eben die Reinschrift vom 2ten Akt der Mariamne geschlossen. Ich glaube, zufrieden sein zu dürfen; ich habe es mir aber auch Schweiß kosten lassen, denn dies verrückte Motiv, daß Joseph der Mar.[iamne] den erhaltenen Auftrag, sie zu töten, verrät, um ihr zu zeigen, wie Herodes sie liebe, war fast nicht in Vernunft umzusetzen. Nun ists gelungen und ich habe mich dem mir gesteckten Ziel, einmal eine Tragödie unbedingtester Notwendigkeit zu schreiben, um einen starken Schritt genähert. Was es übrigens heißt, einen fast phantastischen Stoff auf die derbste

Realität zurückzuführen, ahnt man nicht, wenn mans nicht selbst versucht hat. [4334]

d. 24 Dezbr.

Weihnachts-Abend! Meine liebe Frau befindet sich in demselben ängstlichen Zustande, wie das vorige Jahr; sie erwartet jeden Tag ihre Niederkunft. Es geht ihr heute aber wohl und sie ist eben beschäftigt, den Tannenbaum aufzuputzen. Ich erhielt heute aus Königsberg ein Paket, für welches ich 1 fl. 2 x zahlen mußte; ein Dichter Wolf hat mir seine Gedichte dediziert und sendet sie mir zu, mit einem Brief, wie ich kaum je einen dürftigeren empfing. [4335]

d. 25 Dezbr.

Mit einem Herzen voll Dank und Freude schreibe ich es nieder, daß meine teure Christine mir heute, am 1sten Weihnachtstag, nachmittags, eine Viertelstunde vor fünf Uhr ein kleines Mädchen geboren hat. Möge alles fortgehen, wie es anfing! [4336]

d. 27 Dez.

Noch steht alles wohl. Das Kind hat gleich den ersten Abend herzhaft getrunken. Freilich sind wir noch immer im Anfang. [4337]

d. 31 Dez.

Silvester-Abend. Ich bin jetzt Tag und Nacht auf den Füßen, denn Elise, auf deren Hülfe wir stark gerechnet hatten, ist selbst erkrankt, weil sie sich zu unvorsichtig der Erkältung ausgesetzt hat. Meine arme Frau muß sich nun grausam anstrengen und alles selbst besorgen; für die Verwandten, die sie ernähren muß, existiert sie nicht; ihre Mutter hat noch nicht ein einziges Mal nach ihrem Befinden fragen lassen, geschweige, daß sie selbst gekommen wäre. Möge der Himmel schlechte Folgen verhüten! Ich übe mich in den Pflichten eines Johanniters, bis zu den niedrigsten herab, deren Schiller in seinen Distichen erwähnt und gehe von Krankenbett zu Krankenbett. Da bleibt mir denn zu dem gewöhnlichen Rückblick auf das verflossene Jahr wenig Zeit; er wäre auch ganz überflüssig, wenn ich mein Gelübde, regelmäßig

Tagebuch zu führen, gehalten hätte, aber ich dispensierte mich davon, nachdem mich der monatelang durchgesetzte Versuch von der Nutzlosigkeit und Trivialität des Unternehmens überzeugt hatte. Im allgemeinen darf ich sagen: ich bin vorwärts gekommen, äußerlich und innerlich, mein Leben hat also noch immer einen Zweck. Harte Schicksals-Schläge haben mich getroffen, zwei Kinder sind mir gestorben, was ich doppelt schwer empfinden mußte, da mich jetzt die Sorge um mein Auskommen nicht mehr so quält, wie früher. Ein Ersatz ist in einem freundlichen kleinen Mädchen wieder da; möge das kleine Wesen so gesund sein, als es aussieht! Bekanntschaften von Bedeutung: Kühne, Rötscher; aufgefrischte alte: Ruge, Cornelius; neue, noch ungewisse: Dingelstedt, Laube, Lewald pp pp Gearbeitet: Julia; zwar nur vollendet, aber so gut, wie neu angefangen; zwei Akte der Mariamne; die Novelle: Herr Haidvogel; die Aufsätze über den Stil des Dramas und über das Verhältnis von Kraft und Erkenntnis im Dichter. Druckfertig gemacht meine sämtlichen Novellen; am Schnock noch Unendliches getan. Herausgegeben: der Diamant; ein Tr. in Siz. in der Novellen-Zeitung; ein Band neuer Gedichte. Erstere beide Werke wurden höchst mißfällig aufgenommen, aber nur, weil keiner sich die Mühe gab, sie verstehen zu wollen; den Gedichten steht ein besseres Schicksal bevor, wenn der Schein nicht täuscht. Maria Magdalena hat sich noch wacker gezeigt; eben jetzt wird sie in Berlin aufgeführt und selbst dem spröden Vischer hat sie Anerkennung abgedrungen. Im ganzen sind meine lit. Hoffnungen um etwas gestiegen und zwar mit Recht; ich sehe, auf wie schwachen Füßen die Armseligkeit steht. [4338]

ANHANG

ABKÜRZUNGEN

Bamberg – Friedrich Hebbels Tagebücher. Mit einem Vorwort hrsg. von Felix Bamberg, Berlin 1885/87.

Bornstein – Sämtliche Werke nebst den Tagebüchern und einer Auswahl der Briefe. Hrsg. von Paul Bornstein, Bd. 1–6, 1911 ff.

HKA – Sämtliche Werke, Histor.-krit. Ausgabe, besorgt von R. M. Werner, 1911 ff. (HKA VI, 350 = HKA Bd. VI, S. 350.)

Krumm – Friedrich Hebbels Tagebücher in vier Bänden. Hrsg. von Hermann Krumm, Leipzig o. J. (1904).

W – Werke, Bd. I–V der von Gerhard Fricke, Werner Keller und Karl Pörnbacher im Carl Hanser Verlag, München, 1966/67 erschienenen Ausgabe. (W II, 20 = Werke Bd. II, S. 20.)

⟨ ⟩ – Text von Hebbel gestrichen.

[ ] – Zusätze des Herausgebers.

ANMERKUNGEN

(Die Anmerkungen folgen den Nummern der Tagebuchnotizen. Bei Erläuterungen zu Notizen, die sich über mehrere Seiten erstrecken, sind außerdem die Seitenzahlen angegeben. Zu Namen, die bereits in den Anmerkungen zu Bd. I erläutert worden sind, wird im folgenden nur dann etwas angemerkt, wenn sie von Hebbel in neuem Zusammenhang genannt werden. Einen Überblick über alle in den Tagebüchern vorkommenden Namen gibt das Personenregister am Ende des Bandes III.)

2757 *30 Jahre alt!* – Zusammenhang unklar. Nach *alt!* sind einige Worte unleserlich gemacht.

2762 *Halm* – Pseudonym für Eligius Franz Joseph Freiherr von Bellinghausen (1806–1871). »Der Sohn der Wildnis« (1842) errang auf allen deutschen Bühnen große Erfolge. – *Tektosarden* – schreibt Hebbel fälschlich statt Tektosagen.

2767 Vgl. dazu Graf Bertram in »Julia« I, 5 (W I, 434 ff.).

2769 *Emma Schröder* – Vgl. Anm. zu Tgb. 2045.

2772 Rechtfertigung seines Verhältnisses zu Elise.

2776 *Dissonanzen* – Vgl. Brief an Kühne vom 16. 6. 1848 (in W V): »Die Schönheit, die sich an den Dissonanzen vorbeischleicht, verschmähe ich, und darum kann ich manches an Goethe nicht bewundern, wenn ich die Bewunderung anderer auch sehr wohl begreife.«

2777 Am Rand: NB. NB. – Vgl. Anm. zu Tgb. 2722 und 2747.

2782 Vgl. »Novalis«, HKA VII, 344.

2787 Vgl. »Verwunderung und Auflösung«, HKA VI, 344.

2788 Über die Seereise von Hamburg nach Havre und die Reise nach Paris vgl. Brief an Elise vom 16. 9. 1843 (in W V).

2791 Vgl. »Tieck«, HKA VII, 227.

2794 Hebbel war am 1. 10. 1843 von St. Germain nach Paris gezogen. S. 13 *Notre Dame* – Vgl. »Notre Dame de Paris«, HKA VII, 228 und Tgb. 2890. – *Pantheon* – Vgl. »Das römische Pantheon«, HKA VI, 372.

2795 Aus dem Brief an Elise vom 3. 10. 1843 (in W V).

2798 Vgl. W III, 899 f.

2799 *Heine* – Campe, der auch Heines Werke verlegte, hatte Hebbel ein Empfehlungsschreiben an Heine mitgegeben. – ... *Natur* – Das Wort vor Natur ist nicht zu entziffern. – *Dr. Bamberg* – Dr. Felix Bamberg (1820–1893), Schriftsteller, Konsul in Paris. Dort Hebbels Ratgeber und Freund; führte ihn in die Philosophie Hegels ein. Später Generalkonsul in Messina. Erster Herausgeber von Hebbels Tagebüchern und von Hebbels Briefwechsel »mit Freunden und berühmten Zeitgenossen«.

2800 *Comptoir* – Hebbel schreibt hier Comtoir. Da er nicht Französisch kann, macht er in den folgenden Notizen sehr viele Schreibversehen; Fehler bei Eigennamen wurden stillschweigend verbessert. –

Robespierre – Maximilien Marie Isidore de Robespierre (geb. 1758), einer der Führer der franz. Revolution, wollte sich bei der Erstürmung des Stadthauses durch Barras erschießen, doch zerschmetterte er sich nur die Kinnlade. Am 28. 7. 1794 starb er auf dem Schafott. – *Herzogin von Abrantes* – Laurette des Saint-Martin-Permon Junot, Herzogin von Abrantes (1784–1838) veröffentlichte 1831–35 ihre »Mémoires, ou Souvenirs historiques sur Napoléon, la Révolution, le Directoire, le Consulat, l'Empire et la Restauration« (18 Bde). – *Henriot* – François Henriot (1761–1794), Scherge Robespierres, mit dem er hingerichtet wurde. – *Esterhazy* – Joseph Haydn war seit 1760 Kapellmeister des Fürsten Nikolaus Joseph von Esterhazy (1714–1790).

2801 *Trauerspiel* – »Maria Magdalene«.

2805 Das † wurde später hinzugesetzt.

S. 16 *Locke* – Die Locke liegt in einem dem Tagebuch beigefügten Umschlag mit der Aufschrift: *Res sacra.*

S. 17 *Dr. Krämer* – Vgl. Tgb. 3208 f.

S. 18 *September* – Hebbels Mutter war am 3. 9. 1838 gestorben. – *hineinziehen* – Vgl. Anm. zu Tgb. 2794. – *Trauerspiel* – »Maria Magdalene«.

2806 *schon zweimal* – am 23. und 25. Oktober; vgl. W V.

2808 S. 21 *eine Professur* – Hebbel wendet sich immer wieder gegen den Vorschlag, er könne eine Professur ausüben.

2811 Vgl. »Der Dichter«, W II, 521 und 729, sowie Tgb. 2837.

2815 Vgl. »Ein Praktiker spricht«, HKA VI, 334.

2818 *Greuze* – Jean Baptiste Greuze (1725–1805), franz. Maler. Berühmt durch seine Darstellungen junger Mädchen.

2821 Vgl. »Die Herme«, HKA VI, 334.

2822 Vgl. »Traum und Poesie« (1. Fassung), HKA VI, 372.

2828 Vgl. Brief an Elise vom 21. 11. (in W V): »Sonst ist meine Philosophie jetzt die: es gibt nur eine Notwendigkeit, die, daß die Welt besteht; wie es aber den Individuen darin ergeht, ist gleichgültig.«

2830 *mit lauter Augen* – Vgl. »Agnes Bernauer« IV, 4: »Die Erde kann schon mit gebrochenen Augen gepflastert werden! Es kam ein Paar hinzu.« (W I, 735)

2831 *St. Sulpice* – 1646–1749 erbaut.

2832 *Gotts Tod* – »Sdeath« war Elisabeths I. Lieblingsfluch; Hebbel wußte dies vermutlich aus Scotts Roman »Kenilworth«. (Krumm)

2833 *Møler* – Hebbel hatte Møller in Kopenhagen kennengelernt; vgl. Hebbels Briefe aus Kopenhagen.

2834 *Brief von Cotta* – Vgl. dazu Anm. zu »Erinnerungen an Paris«, W III, 979. – *Dingelstedt* – Vgl. Anm. zu Tgb. 2394. – *Gehaltlosigkeiten* – Feuilletonistische Berichte aus Paris.

2837 Diese und die folgenden Notizen beziehen sich auf den Dramenplan »Der Dichter«; vgl. Anm. zu Tgb. 2811. – Die Notizen 2837 a-c sind am Rand nach und nach mit verschiedener Tinte in Absätzen aufgeschrieben.

2839 S. 28 *Père-Lachaise* – Vgl. Anm. zu Tgb. 974.

S. 29 *Périer* – Casimir Périer (1777–1832), franz. Staatsmann. – *Abälard* – Pierre Abélard (1079–1142), Philosoph und Theologe, der sich mit 38 Jahren in seine 17jährige Schülerin Heloise verliebte. Die Asche der beiden wurde 1808 in das Museum der franz. Denkmäler nach Paris gebracht und 1828 in einem eigens dazu erbauten Grabmal im Père Lachaise beigesetzt. – *Suchet* – Louis Gabriel Suchet, Herzog von Albufera (1770–1826), franz. Marschall. – *Kellermann* – François Christophe Kellermann, Herzog von Valmy (1735–1820), Marschall von Frankreich. – *Gerard und David* – François Pascal Baron de *Gérard* (1770–1837) und Jaques Louis David (1748–1825), franz. Maler.

S. 30 *Dingelstedtsche* – Vgl. Tgb. 2834.

2845 Vgl. dazu »Agnes Bernauer«.

2846 Vgl. »Herodes und Mariamne« V. 3217ff., W I, 591.

2847 Vgl. »Das Haus im Walde«, HKA VI, 221f.

2852 Vgl. Tgb. 2821 und Anm.

2857 Die Briefe an Oehlenschläger sind nicht erhalten.

2864 Vgl. »Vorwort zu Maria Magdalene«, W I, 308.

2867 S. 34 *Berliozschen Konzerts* – Hector Berlioz (1803–1869), franz. Komponist.

S. 35 *Transsubstantiation* – Wesensumwandlung. – *Emilie* – Vgl. W III, 726, 20 ff. und Tgb. 2520.

2870 Vgl. dazu Hebbels »Erinnerungen an Paris«, W III, 796 und Anm.

S. 37 *die schöne breite rue* – Der Name der Straße fehlt hier. Im Druck ergänzte Hebbel: *Royale*.

2873 Vgl. »Welt-Poesie«, HKA VI, 347.

2876 Bamberg schreibt in seiner Ausgabe der Tagebücher (Bd. II, S. 31): »Hebbel hat mich hier insofern mißverstanden, als die Ministerwechsel in Frankreich zwar Veränderungen im Beamten-Personal, aber niemals in dieser Ausdehnung mit sich gebracht haben.«

2877 Ebenso wie die folgende Notizen aus einem Brief an Elise.

2881 Vgl. »Ein Spaziergang in Paris«, W III, 59 ff. und 894 f.

2883 Vgl. Brief an Elise vom 21. 11. 1843 (in W V): »doch denke ich mir den Kaffee abzugewöhnen, wenn es geht ...«.

2890 S. 44 *Affichen-Pfahl* – Anschlagsäule.

S. 45 *Velin* – weiches Pergament. – *Herzogin von Abrantes* – Vgl. Anm. zu Tgb. 2800.

S. 47 *Notre Dame* – Vgl. Tgb. 2794.

2895 Vgl. »Grundirrtum«, HKA VI, 356.

2896 *Kisting* – Vgl. Tgb. 13. – *Mad^{me} Crelinger* – hatte bereits die »Judith« zur Uraufführung gebracht; vgl. Anm. zu Tgb. 1862. – *Trauerspiel* – »Maria Magdalene«.

2897 Vgl. »Über den Stil des Dramas«, W III, 581, 24 und 952.
2898 S. 48 *Mirabeau* – Honoré Gabriel Victor Riquetti Graf von Mirabeau (1749–1791), einer der maßgebendsten Männer der franz. Revolution.

S. 49 *Guizot* – François Pierre Guillaume Guizot (1787–1874), bedeutender franz. Staatsmann und Schriftsteller, seit 1840 Außenminister und 1847/48 Chef des Kabinetts. – *Constant* – Henri Benjamin Constant de Rebecque (1767–1830), franz. polit. Schriftsteller. – *Talleyrand* – Vgl. Anm. zu Tgb. 801. – *Lafayette* – Marie Joseph Paul Roch Yves Gilbert Motier Marquis de Lafayette (1757–1834), franz. Staatsmann und General.

2902 Vgl. Tgb. 2951.
2903 Vgl. »Niederländische Schule«, HKA VI, 348 und W III, 923. – *Zeuxis* – berühmter griech. Maler um 450 v. Chr., der besonders die sinnl. Illusion seiner Gemälde erstrebte.
2910 S. 51 *mein viertes Drama* – »Maria Magdalene«.

S. 52 *Tod meines Sohnes* – am 2. 10. 1843.
2913 *Palais* – bei Hebbel: *Palay*.
2921 *Glaube, Liebe, Hoffnung* – 1. Kor. 13,13.
2925 *Zu irgend einer Zeit* – Vgl. W II, 530 und 729f.
2926 *Trauerspiels* – »Maria Magdalene«. – *Leonhard ist ... nichts Böses tun!* – später hinzugesetzt.
2931 Vgl. »Erinnerungen an Paris«, W III, 800f.

S. 56 *mit seinem eigenen Schatten* – Vgl. »Das Genie und seine Nachahmer«, HKA VII, 230. – *Wihl* – Krumm liest hier *Wille* und bezieht sich auf den Hamburger Journalisten und Kritiker Jean François Wille, der mit der Romanschriftstellerin Eliza Wille-Sloman verheiratet war. – *Nielsen* – nicht festzustellen.
2935 Hebbel führte den Tod seines Kindes auf den schweren Fall am 6. 7. 1843 zurück; vgl. Tgb. 2719.
2939 S. 59 *Trauerspiel* – »Maria Magdalene«. – *Kisting* – Vgl. Anm. zu Tgb. 13. – *Messagerie* – Botenmeisterei.

S. 60 *Corneille* – Pierre Corneille (1606–1684) veröffentlichte 1640 seine historische Tragödie »Cinna«. – *Scapin* – Gemeint ist Jean Baptiste Molières (eigentlich Poquelin) (1622–73) Lustspiel »Fourberies de Scapin«. – *Voltaires* – François Marie Arouet Voltaire (1694–1778). – *Talmas* – François Joseph Talma (1763–1826), berühmter franz. Schauspieler, der »einzige wahrhaft tragische Schauspieler« (Voltaire). – *Rachel* – Elisa Rachel, genannt Felix (1820 bis 1858), eine der berühmtesten franz. Schauspielerinnen ihrer Zeit. Vgl. Tgb. 4221. – *Eindruck* – Hebbel stellt später seine Frau Christine über die Rachel; vgl. »Auf die deutsche Künstlerin«. – *Auguste* – Name des römischen Kaisers im »Cinna«.
2944 *Gedicht* – »Das abgeschiedene Kind an seine Mutter«, W III, 95 und 901.

2945 *Philidors Bild* – François André Dancian Philidor (1726–1795), franz. Komponist, einer der Begründer der komischen französischen Oper; schrieb 21 Opern, war außerdem ein glänzender Schachspieler; 1777 erschien sein »Traité du jeu d'échecs«.

2946 *Rez.* – Willibald Alexis, Pseudonym für Georg Wilhelm Heinrich Häring (1798–1871). – Vgl. auch »Vorwort zu Maria Magdalene«, W I, 324f. – *Hohenstaufen* – Hebbel meint vermutlich Grabbes »Friedrich Barbarossa« und »Kaiser Heinrich VI«, sowie Immermanns »Kaiser Friedrich II«.

2947 Vgl. »Über die sogenannten politischen Demonstrationen bei theatralischen Vorstellungen«, W III, 646 und 961.

2948 *Lichtenberg* – »Die Dichter sind vielleicht nie die weisesten unter den Menschen gewesen; allein es ist mehr als wahrscheinlich, daß sie uns das Beste ihres Umgangs und ihrer Gesellschaft liefern. Da Horaz uns so viel Vortreffliches hinterlassen hat, so denke ich immer, wie viel Vortreffliches mag nicht in den Gesellschaften gesprochen worden sein; denn schwerlich haben die Wahrheiten den Dichtern mehr als das Kleid zu danken.« (Krumm)

2949 Krumm bezieht diese Notiz auf Heinrich Heine.

2951 Vgl. Tgb. 2902.

2953 *Wohnung* – Hebbel wohnte zunächst in der Rue des petites écuries Nr. 49, seit Anfang März 1844 in der Rue de Mulhouse Nr. 13. – *Delavigne* – Jean Françoise Casimir Delavigne (1793–11. 12. 1843). Hebbel hatte »Ludwig XI« im Frühjahr 1837 in München gesehen.

2954 Vgl. »Kriegsrecht«, HKA VI, 357.

2955 *G* – August Gathy (1800–1858), Musikschriftsteller, der 1835 in Hamburg ein Musiklexikon veröffentlichte, 1841 nach Paris übersiedelte. Hebbel war an ihn empfohlen worden.

2957 *fraß Gras* – Hebbel zitiert Daniel 4, 22: »man wird dich Gras essen lassen wie die Ochsen«.

2958 *ein Gedicht* – »Das Haus im Walde«, HKA VI, 221 ff.

2960 *Reizbarkeit* – Vgl. Tgb. 2958.

2961 Vgl. »Diocletian« V. 24, W III, 138.

2963 *Prolog* – erschien Anfang 1843 im »Morgenblatt für gebildete Leser«; vgl. W I, 780.

2964 *Gamins* – Gassenbuben.

2966 S. 69 *irgendwo erklärt* – »Briefe über Don Carlos«, 1780.
S. 72 *Das hübsche Bild* – »Don Carlos« IV, 6, Monolog des Marquis Posa: »Warum dem Schlafenden die Wetterwolke zeigen, / Die über seinem Scheitel hängt.«

2973 *ein hübsches Ding* – Vgl. Hebbels Brief an Karl Werner vom 16. 5. 1856: »Der alte Homer wäre eine gute Vorbereitung, denn seine Griechen und Trojaner schlagen sich doch buchstäblich um die Helena, wie um ein Möbel, welches dadurch nichts an seinem Wert verliert, daß es von Hand zu Hand geht.« (Krumm)

2974 Erst später zum Datum von Tgb. 2975 geschrieben.

2975 S. 75 *wider den Professor Heiberg* – Vgl. »Mein Wort über das Drama!«, W III, 545 ff. – *tolle Leidenschaft* – Vgl. Tgb. 2757. – *durch meine Schuld verzögert* – Hebbel hatte seiner Pariser Adresse nicht gleich nach Hamburg mitgeteilt.

S. 76 *G. S.* – Georg Schirges, seit 1842 als Nachfolger Gutzkows Redakteur des »Telegraph« in Hamburg.

S. 77 *Gathy* – Vgl. Anm. zu Tgb. 2955. – *Heine* – Ursache für das schlechte Verhältnis zwischen Hebbel und Heine ist nicht klar; vielleicht weil Hebbel nicht zwischen Heine und Campe vermittelt hatte? – *E. Duller* – Eduard Duller (1809–53), Schriftsteller, der Hebbels »Genoveva« rezensiert hatte. – *Alexis* – Vgl. Anm. zu Tgb. 2946; er hatte Hebbels Gedichte besprochen. – *14 Gedichte* – Hebbel hatte zuerst *16 Gedichte* geschrieben.

2976 *in Paris aber schlimmer* – Vgl. Tgb. 2967: »denn Paris ist eine herrliche Stadt für die Gesunden, aber eine sehr unbarmherzige für die Kranken.«

2977 Vgl. »Verschiedener Casus«, HKA VI, 361.

2982 Vgl. »Der Größte«, HKA VI, 342.

2983 Als Hebbel mit Bamberg vor dem neu enthüllten Molière-Denkmal stand, äußerte er: »mir ists als ob ich auch einmal eine Nische bekommen werde.« Bamberg erinnerte sich an den Ausspruch, als er mit Christine Hebbel bei der Hebbel-Büste vor dem Burgtheater stand. (Vgl. Bamberg, Hebbels Tagebücher II, 582).

2984 *Rue* ... – Straße der Frau ohne Kopf.

2989 *Terzinen-Gedicht* – Vgl. Tgb. 2944 und Anm. – *Liebeszauber* – Vgl. W III, 17 und 891.

2996 Vgl. Tgb. 1366.

2997 *Homunculi* – künstlich erzeugte Menschen (nach Goethes »Faust«).

3000 Am Rand: Eben machte ich dem Vaterlande eine Konzession, auf die es stolz sein kann. Ich ging auf den Abtritt, fand ihn, wie gewöhnlich, schmutzig und rief im höchsten Ingrimm aus: nein, ich lobe mir Deutschland! Es war durchaus naiv, denn ich fing gleich darauf selbst an, zu lachen.

3001 Vgl. auch Tgb. 3003. Zur Uraufführung vgl. W I, 784.

3003 S. 83 *bei Raffaels Madonna* – Vgl. Tgb. 3002. – *Lebens-Odem* ... – Vgl. »Vorwort zu Maria Magdalene«, W I, 312 ff.

3007 Vgl. »Die poetische Lizenz«, HKA VI, 380.

3010 S. 86 *compre nes pas* – ich verstehe nicht. – *une Dame* ... – eine außerordentliche und ausgezeichnete Dame. – *»petite monnaie«* – kleine Münze. – *Concierge* – Hausmeister. – *Entresol* – Zwischenstock.

S. 87 *femme* ... – Frau des Hauses.

S. 88 *Morgue* – Leichenhaus, Leichenbeschaustätte.

3012 *Rippe* – Vgl. Anm. zu Tgb. 223 und »Aufzeichnungen aus meinem Leben«, W III, 729, 2f.
Mesalliance – Mißheirat.

3017 *drei Briefe* – nicht erhalten.

3019 *Benvenuto Cellini* – (1500–1571), it. Bildhauer und Goldschmied. Seine Selbstbiographie wurde zuerst durch Goethes Übersetzung (1803) in Deutschland bekannt.

3021 Vgl. »Nach der Lektüre eines Deutschen Dichter-Nekrologs«, HKA VI, 356.

3023 Fast wörtlich im Nachspiel zu »Genoveva«, V. 97ff., W I, 210.

3024 *caput mortuum* – Der trockene Rückstand bei Destillationen, vor allem von Mineralien.

3035 Vgl.   Das revolutionäre Fieber
       Freilich, ein Fieber des Volks, das revolutionäre,
       Aber, wie traurig, es stirbt öfter der König daran!

3052 *Morgue* – Leichenhaus, Leichenbeschaustätte.

3053 Vgl. Tgb. 3001 und 3003.

3057 Vgl. »Zu erwägen«, HKA VI, 361.

3058 *ins Stocken geraten* – Die Lücke im Tagebuch kam durch die Arbeit am Vorwort zu »Maria Magdalene«.

3060 Vgl. Tgb. 4710.

3061 Vgl. »Ein Spaziergang in Paris« V. 140, W III, 63 und 895.

3062 Vgl. »Auf einen Menschenfeind«, W III, 124 und 907.

3064 *Vorwort* – zu »Maria Magdalene«.

3066 Vgl. Tgb. 2528.

3067 *Ähnliche Bestimmungen* – Vgl. Tgb. 3058. – *Charlotte* – Charlotte (Karoline) Birch-Pfeiffer (1800–1868), Schauspielerin, Theaterleiterin und Verfasserin zahlreicher, zu ihrer Zeit erfolgreichen Theaterstücke. Von 1843–1868 war sie am Berliner Theater tätig.

3068 Vgl. »Abfertigung eines ästhetischen Kannegießers«, W III, 650, 5 und 962.

3069 »*Doch nur in deiner Hand* . . .« – »Die Rosen«, HKA VI, 229, Schluß der 2. Strophe.

3076 Vgl. »Unsterbliche und Unbegrabene«, HKA VI, 351.

3078 *Mirabeau* – Honoré Gabriel Victor Riquetti Graf de Mirabeau (1749–1791), einer der bedeutendsten Männer der franz. Revolution. – *Robespierre* – Vgl. Anm. zu Tgb. 2800.

3087 *Als er sie* . . . – später hinzugesetzt.

3088 Am Rand: NB NB. – Werner zitiert aus Hegel, wo dieser darauf verweist, daß der »tragische Untergang höchst sittlicher Gestalten nur insofern interessieren, . . . erheben und mit sich selbst versöhnen kann, als solche Gestalten gegen einander mit gleichberechtigten unterschiedenen sittlichen Mächten, welche durch Unglück in *Kollision* gekommen, auftreten und so nun durch diese ihre Entgegensetzung gegen ein Sittliches *Schuld* haben, woraus das Recht und das Unrecht beider, und damit die wahre sittliche Idee gereinigt und triumphierend über diese *Einseitigkeit*, somit versöhnt in uns hervorgeht, daß sonach nicht das *Höchste* in uns es ist, welches untergeht, und wir uns nicht am *Untergange des Besten*, sondern im Gegenteile am Triumphe des Wahren *erheben*, – daß dies das wahrhafte rein sittliche Interesse der antiken Tragödie ist.«

3091 *Heloise* ... – Vgl. Anm. zu Tgb. 2839. – ... *stehengeblieben* – Am Rand: Jetzt weggenommen.

3093 *Vernet* – Horace Vernet (1789–1863); aus seiner italienischen Zeit (als Direktor der franz. Akademie in Rom, 1828–1835) stammen die Bilder »Judith und Holofernes«, »Raffael und Michelangelo im Vatikan«; letzteres beeinflußte Hebbels »Michel Angelo«.

3097 *Le nouveau* ... – »La tour de Nesles«, ehemals Turm an der Seine, dann Titel eines Pariser Volksstückes. (Krumm)

3099 S. 102 *Braut von Messina* – Vgl. Hebbels Rezension von »Schillers Briefwechsel mit Körner«, HKA XI, 193: »ich brauche hoffentlich das meinige [Urteil] über die Braut von Messina nicht zurückzuhalten. Mir scheint sie ein völlig ideenloses Produkt.«

S. 103 *Racineschen Phädra* – Jean de Racines (1639–1699) »Phèdre« war 1677 erschienen.

3101 Beim Datum von Tgb. 3100 dazugeschrieben.

3102 *Proteus* – Menelaos (nicht Odysseus) fing durch List den Proteus. Vgl. zu dieser und der folgenden Notiz: »Nach dem ersten Abend bei Franconi in Paris«, HKA VI, 330.

3103 *Franconi* – Berühmte Kunstreitergesellschaft.

3110 Zitat aus »Ilias« VI, 146. Hebbel beschäftigte sich mit dem Plan zu einer Tragödie über »Achill«; vgl. W II, 511 ff.

3111 Vgl. »Lear«, IV, 6: »Vom Gürtel nieder sinds Zentauren ...«.

3116 *Schlittenfahrten im Juli auf Salz* – Vgl. Tgb. 819.

3118 Vgl. »Sommerbild«, W III, 49 und 893.

3121 Vgl. »Ein Spaziergang in Paris«, V. 127 f., W III, 63.

3123 *Crelinger* – Vgl. Anm. zu Tgb. 1862. – *Töpfer* – Vgl. Anm. zu Tgb. 1938. – *Friedrich* – Hermann Friedrich (geb. 1828), Schriftsteller. – *Krisis* – Elise erwartete ihr zweites Kind.

3124 Vgl. »Zur Beherzigung«, HKA VI, 359.

3127 Vgl. Anm. zu Tgb. 3166.

3132 Vgl. »Allegorie und Symbol«, HKA VI, 355.

3134 *Schütze* – Vgl. Anm. zu Tgb. 2304. – *Sohn* – Hebbels zweiter Sohn Ernst, den der Dichter nie gesehen hat, wurde am 14. Mai 1844 geboren; er starb am 12. Mai 1847.

3136 *Gestern* ... – 22. Mai; Hebbel schreibt die Notiz am 23. Mai. – *ich sah ihm ... zu* – Vgl. »Ein Trauerspiel in Sizilien«, V. 22 ff., W I, 391. – *Meldorf* – Vgl. Tgb. 2523.

3138 Vgl. »Ein Spaziergang in Paris« V. 152, W III, 64.

3141 Zu Hebbels Gedanken über die Unsterblichkeit vgl. Tgb. 72.

3143 *Lafitte* – Vgl. Anm. zu Tgb. 1237.

3144 *Es stirbt niemand mehr* ... – erst später dazugeschrieben.
3146 *(von einem großen Dichter)* – Am Rand hinzugefügt.
3148 Ähnlich in Hebbels Aufsatz »Zur Anthologien-Literatur«, HKA XII, 82, 27ff. über Lenau.
3156 Notiz für die geplante Romfahrt. – *Abeken* – Nicht eindeutig, wen Hebbel hier meint; vielleicht Wilhelm Abeken (1813–1843), der in Rom Studien über die alte Bevölkerung in Etrurien, Samnium und Umbrien gemacht hatte.
3158 Ebenso wie Tgb. 3161 Bruchstücke aus der verlorengegangenen Dissertation für Erlangen. Vgl. Tgb. 3191.
3159 Vgl. »Gottes Rätsel«, HKA VI, 343.
3162 Vgl. »Das Mädchen im Kampf mit sich selbst«, W III, 52 und 893 und »Das Mädchen nachts vor dem Spiegel«, W III, 83 und 897.
3164 *Auber* – Daniel François Esprit Auber (1782–1871), franz. Opernkomponist.
3165 *Sues* – Joseph Marie, genannt Eugène Sue (1804–1859) veröffentlichte 1842 den Sittenroman »Mystères de Paris«, 10 Bde, der ungeheueren Erfolg hatte.
3166 *Industrie-Ausstellung* – Seit 1798 fanden in Paris Industrieausstellungen statt; Hebbel besuchte die Ausstellung des Jahres 1844. – Vgl. Tgb. 3127.
3169 *klagt in einem einzigen ... Vers* – Krumm verweist darauf, daß sich Antigones Klage auf Strophe *und* Gegenstrophe des Kommos erstreckt.
3172 *Mystères* – Vgl. Anm. zu Tgb. 3165.
3173 *Le credit* ... – Der Kredit ist tot, die schlechten Zahler haben ihn getötet.
3175 Vgl. die Schlußzeilen von Tgb. 3166.
3177 Von Tgb. 3177–3181 Notizen zu »Maria Magdalene«.
3183 *Lucrezia* – »Lucrèce Borgia« von Victor Marie Hugo (1802–1885) war 1833 erschienen und wurde in Paris häufig aufgeführt. Vgl. Tgb. 927. (Über die Aufführung vgl. Grillparzers Urteil vom Jahre 1836, in seinem Tagebuch Nr. 2911.)
3186 Werner vermutet einen Ausspruch Heines.
3191 S. 127 *Zwiespalt* ... – Vgl. »Das Höchste und das Tiefste«, W III, 117 und 905. – *Fakultäts-Fragen* – nicht erhalten; vgl. Tgb. 3158.
3194 Vgl. dagegen »Der Genius«, HKA VI, 369.
3200 Vgl. »Sommerbild«, W III, 49 und 893.
3201 Vgl. »An einen Schriftsteller«, HKA VI, 352.
3205 Zu Hebbels »Struensee«-Plan vgl. W II, 516 und 728f.
3207 Vgl. Tgb. 3122.
3208 S. 129 *Dr. med. Krämer* – Vgl. auch Tgb. 2805.
3208a S. 132 *im deutschen Perioden* – Perioden auch als Maskulin möglich. – *Assing* – Vgl. Anm. zu Tgb. 1556.

3209 »Ich glaube, daß es kein Genie ohne Aktivität gibt. Ich glaube, daß das Genie zum großen Teil von unseren Leidenschaften abhängt. Ich glaube, daß es sich aus dem Zusammenwirken von vielen verschiedenen Eigenschaften formt und aus den geheimen Beziehungen unserer Neigungen mit unseren Erkenntnissen. Wenn irgend eine der notwendigen Eigenschaften fehlt, gibt es kein Genie, oder es ist nur unvollkommen: und man macht ihm seinen Namen streitig. – – –

Die Notwendigkeit dieses Zusammenwirkens so vieler voneinander unabhängiger Eigenschaften bewirkt offenbar, daß das Genie stets so selten ist. Es scheint, daß es eine Art Zufall ist, wenn die Natur diese verschiedenartigen Qualitäten in ein und demselben Menschen zusammenstellt. Ich möchte fast behaupten, daß es sie weniger (Mühe) kostet, einen homme d'esprit (einen geistreichen Menschen) zu bilden, denn es ist nicht nötig, zwischen seine Talente jene innere Beziehung zu legen, die das Genie erfordert. – – Indessen darf man nicht glauben, daß diese ursprüngliche Personalität die Kunst der Nachahmung ausschließen dürfte. Ich kenne keine großen Männer, die nicht Vorbilder angenommen hätten. Rousseau hat Marot nachgeahmt; Corneille Lukian und Seneca; Bossuet die Propheten; Racine die Griechen und Vergil; und Montaigne sagt irgendwo, daß es in ihm eine keineswegs nachäffende und nachahmende Eigenschaft gebe. Aber diese großen Männer sind, während sie nachahmten, Originale geblieben, weil sie nahezu dasselbe Genie hatten wie jene, die sie sich zum Vorbild nahmen; dergestalt daß sie ihren eigenen Charakter unter jenen Meistern, die sie zu Rate zogen und welche sie bisweilen übertrafen, ausbildeten und formten; jene, hingegen, die nur Geist oder Witz besitzen, bleiben stets nur schwache Nachahmer der besten Vorbilder und erreichen niemals deren Kunst. Das ist ein unbestreitbarer Beweis dafür, daß Genie erforderlich ist, um gut nachzuahmen, ja, daß sogar ein großes Genie nötig ist, um verschiedenartige Charaktere anzunehmen; soweit fehlt es daran, daß die Einbildungskraft dem Genie die Ausschließlichkeit verleiht.

(Einführung in die Kenntnis des menschlichen Geistes von Vauvenargues.) – Luc de Clapier, Marquis de *Vauvenargues* (1715–1747), berühmter franz. Moralist.

3210 *Ribera* – Jusepe de Ribera, lo Spagnoletto (1588–1656), span. Maler, neben Caravaggio der bedeutendste Naturalist der neapolitanischen Malerschule. Zahlreiche Darstellungen des Entsetzlichen und Grauenerregenden.

3218 *Recompense* – Belohnung.

3219 *Pilidors* – Vgl. Anm. zu Tgb. 2945. – *Drussen* – Lesung fraglich; könnte auch Dreesen heißen.

3223 *Faire ...* – Etwas für den König von Preußen machen.

3224 Vgl. »Auf manchen«, HKA VI, 349.

3228 Vgl. »Ethischer Imperativ«, W III, 124 und 907.

3230 *L'art* ... – Die Kunst zu gefallen ist die Kunst zu täuschen! (Vauvenargues.)

3231 *Duller* – Vgl. Anm. zu Tgb. 2975.

3232 Bei der Überschrift von Tgb. 3231 nachgetragen.

3233 *Rock des Heilandes* – Im Jahre 1844 fand eine berühmte Wallfahrt zum »Heiligen Rock« nach Trier statt. Vom 18. 8.–6. 10. kam über eine Million Pilger nach Trier. – Die Verehrung gilt nicht dem Rock, sondern dem hinter dem Zeichen stehenden Christus.

3235 *Rue* ... – Straße des Halbheiligen (des halben Heiligen?).

3236 Vgl. »Jetziger Standpunkt der Geschichte«, HKA VI, 360.

3238 *Ein Skythe* – Hebbel in Paris.

3240 Vgl. »Ein Erfahrungssatz«, HKA VI, 361.

3242 Hebbel verließ Paris am 26. 9. 1844 und kam am 3. 10. in Rom an. Über die Reise vgl. »Ein Diarium«, W III, 804 und 980.

3248 »Vergeblicher Wunsch«, HKA VI, 373.

3249 Aus einem Brief der Rahel Varnhagen (vgl. Anm. zu Tgb. 978) an Antonie von Horn.

3253 *Raffael* – Raffaello Santi da Urbino (1483–1520).

3254 *Aurora* – eigentlich »Der Triumphzug des Sonnengottes« von Guido Reni (1575–1642).

3257 Vgl. »Juno Ludovisi«, W III, 114.

3260 *J'ai terminé* ... – Ich habe den Gesang des Neuen Bundes beendet; die furchtbare Laufbahn ist durchlaufen. O himmlischer Mittler, ich erhoffte es von dir! – Zu Mad^{me} de *Staël* vgl. Anm. zu Tgb. 3338.

3261 *Rahl* – Karl Rahl (1812–1865) lebte seit 1836 in Italien; schuf eines der bekannten Porträts von Friedrich Hebbel.

3262 *Raumer* – Friedrich von Raumer (1781–1873), dt. Historiker. – *Galetti* – Johann Georg August Galletti (1750–1828), dt. Historiker. – *Man denke sich* ... – Am Rand:

3262a Erst später am Rand mit Verweisungszeichen aufnotiert. – *März 46* – Jahreszahl nicht sicher zu lesen.

3265 *Koch* – Joseph Anton Koch (1768–1839), Maler und Radierer. – *Cornelius* – Peter Ritter von Cornelius (1783–1867), Maler. Seit 1819 Direktor der Akademie in Düsseldorf, ab 1825 Direktor der Münchner Akademie. – *Schadow* – Johann Gottfried Schadow (1764–1850), Bildhauer, seit 1816 Direktor der Akademie der Künste in Berlin. – *König von Baiern* – Ludwig I. v. Bayern (1825 bis 1848). – *Willers* – Ernst Willers (1804–1880), Maler, verkehrte während seines Romaufenthaltes viel mit Joseph Anton Koch. Krumms Lesung *Wigand* ist wohl nicht richtig.

3266 Vgl. dagegen »Die Sprache«, W III, 113 und 903.

3267 *Lenau* – Nikolaus Niembsch von Strehlenau (1802–1850) war seit Sommer 1844 in der Anstalt Winnenthal bei Stuttgart, ab 1847 in der Irrenanstalt Oberdöbling bei Wien.

3268 *Sophonisbe* – Vgl. W II, 666 und 739.
3271 *Jacobi* – Vgl. Anm. zu Tgb. 449.
3272 Johann Joachim Winckelmanns (1717–1768) Briefwechsel der Jahre 1747–1766 war in Berlin (1824–25) in drei Bänden erschienen.
3277 S. 698 *Gurlitt* – Louis Gurlitt (1812–97), Maler. – *Kann ich, muß ich heiraten* – Charakteristisch für Hebbels Verhältnis zu Elise.
3286 Vgl. W II, 666; Krumm verweist auf das Motiv der »Agnes Bernauer«.
3290 Vgl. »Vorwort zu Maria Magdalene«, W I, 307 ff.
3291 *Magdtum* – Vgl. »Das Mädchen im Kampf mit sich selbst«, W III, 52 und 893.
3294 *Kolbenheiner* – Robert Kolbenheyer, Hebbels Begleiter in Rom; vgl. W III, 981.
3295 Vgl. »Was mich quält«, HKA VII, 90.
3296 Vgl. W II, 666.
3297 *Malsburg* – Ernst Friedrich Georg Otto Freih. von der Malsburg (1786–1824), bekannt geworden durch seine Übersetzung von Calderons Werken (1818–1825 in 5 Bden).
3306 Vgl. »Über den Stil des Dramas«, W III, 583, 22 f.: »denn jedes [Wort] ist ein auf mehr als einer Seite gezeichneter Würfel.«
3310 Vgl. »Der Greis«, W III, 913 f.
3314 Vgl. »Über das Semikolon«, HKA XI, 76 f.
3316 S. 708 *Marggraf* – Hermann Marggraf (1809–1880) war von 1845 bis 47 Redakteur bei der Augsburger »Allgemeinen Zeitung«. – *Halirsch* – Ludwig Halirsch (1802–1832), Schriftsteller und Beamter des Hofkriegsrates in Wien. – *Gaudy* – Franz Bernhard Heinrich Wilhelm Freih. von Gaudy (1800–1840), Dichter und Novellist.
S. 159 *Grad ihrer Ausbildung vorausbestimmen* – Vgl. »Pietät«, HKA VI, 364
S. 160 *Prytanäen* – Prytanen heißen die Mitglieder des Athenischen Ratsausschusses, welcher die Regierungsgeschäfte führte.
S. 161 *gesunden Zustande* – Vgl. »An den Künstler«, W III, 106 und 902.
3317 S. 162 *Doktor Wihl* – Vgl. Anm. zu Tgb. 1529. – *Über den letzten Punkt ... so oft passiert* – später hinzugesetzt. – Vgl. »Der Größte«, HKA VI, 342.
3318 *Stadt Rom* – Vgl. »Rom«, HKA VI, 331.
3319 S. 164 *vier Würfelseiten* – Vgl. Anm. zu Tgb. 3306.
3320 Vgl. »Der Wirbel des Seins«, W III, 117 und 905.
3323 Unter dem Titel »Mitteilungen aus meinem Tagebuch. Gedanken beim Wiederlesen des Käthchens von Heilbronn von Heinrich Kleist« in Rötschers »Jahrbücher für dramatische Kunst und Literatur« (1847) veröffentlicht. (Vgl. HKA XI, 86–90.) Vgl. Tgb. 4270.
S. 165 *Sommertage, die oft so schön waren ...* – Hebbel erweiterte den Text für den Druck: »Sommertage, die oft selbst in dem von der

fernen Eider bespülten kleinen Dithmarschen, meinem Vaterlande,
so schön waren...«.

3327 *König von Hannover* – Ernst August, seit 1837 König von Hannover, Herzog von Cumberland (1771–1851). – *Marschner* – Heinrich Marschner (1796–1861), Komponist, war von 1831–1859 in Hannover als Kapellmeister und später Generalmusikdirektor tätig.

3329 S. 170 *Delirium tremens* – Säuferwahnsinn.

3334 Vgl. »Ein Trauerspiel in Sizilien« V. 352 f.:
> Wenn dirs am Strick fehlt, einen aufzuknüpfen,
> So zupf ihm aus dem eignen Mund den Hanf.

3338 *Mad: de Staël* – Anne Louise Germaine Baronin von Staël-Holstein (1766–1817) hatte 1807 unter dem Titel »Corinne, ou l'Italie« eine begeisterte Schilderung Italiens veröffentlicht. – *Les plus beaux monuments*... – Die schönsten Kunstwerke und die bewundernswürdigsten Statuen wurden in den Tiber geworfen und von seinen Fluten verborgen. Wer weiß, ob man nicht eines Tages den Fluß umleitet, um sie zu suchen.

3339 Vgl. »An das Glück«, HKA VI, 340.

3340 Am Rand: NB. – Vgl. »Das Mädchen nachts vorm Spiegel«, W III, 83 und 897.

3343 *wenn sie*... – Der Nachsatz wurde erst später dazugeschrieben.

3344 »Genesungsgefühl«, HKA VII, 172.

3345 Vgl. Tgb. 3349.

3347 *Gurlitt* – Vgl. Anm. zu Tgb. 3277.

3348 Vgl. »Die deutsche Sprache«, W III, 120 und 905.

3349 Vgl. Tgb. 3345.

3350 Vgl. Tgb. 1160 und »Ein Geburtstag auf der Reise«, W III, 64 und 895.

3353 Vgl. Tgb. 223 und Anm.

3354 Vgl. »Parabel«, HKA VI, 378 f.

3357 In die Gedichtsammlung von 1848 unter dem Titel »Schmerzgedichte. An mich selbst« aufgenommen.

3358 Vgl. Tgb. 3280.

3359 Vgl. Tgb. 3057. – *Schatten* – Korrektur nach Krumm; bei Werner: *Schotten*.

3361 Vgl. »Shakespeare«, HKA VI, 354.

3362 Vgl. Tgb. 3365.

3363 Vgl. Tgb. 3382.

3364 Vgl. Tgb. 2528, 3066.

3365 Vgl. Tgb. 3362.

3366 Vgl. Tgb. 3398.

3374 Am Rand: Belle Italie, bords chéris, je vais donc vous revoir encore, mon ame tremble et succombe à l'exès de ce plaisir. – Schönes Italien, geliebtes Land, ich werde dich noch einmal wiedersehen, meine Seele zittert und unterliegt dem Übermaß an Glück.
Monti – Vincenzo Monti (1754–1828), it. Dichter.

3376 Diese und die folgende Notiz neben Tgb. 3375. – *Feuer* – Krumm liest hier *Freier*.

3377 Vgl. Tgb. 3162 und 3340.

3379 Vgl. »Der Phönix«, HKA VI, 331.

3382 Vgl. Tgb. 3363.

3383 Neben Tgb. 3381 f.

3385 *Schreiben* – Nicht eindeutig zu lesen; heißt vielleicht *Streiten*.

3389 Steht neben Tgb. 3388. Vgl. Tgb. 3431.

3390 Vgl. »Ein Hasen-Schicksal«, HKA VII, 195.

3398 Vgl. Tgb. 3366.

3401 *gäbe uns . . . – uns* fehlt bei Werner; nach Krumm ergänzt.

3404 Vgl. »Das Feuer«, HKA VI, 370.

3408 Am Rand: ☛ – Vgl. W III, 517.

3411 Am Rand: ☛ – Hebbel wünscht sich wohl ein solches Verhalten von Elise.

3425 Bezieht sich auf Hebbels Verhältnis zu Elise.

3428 Zu dieser Notiz und den folgenden Tgb.-Nummern vgl. Brief an Elise vom 30. 3. 1845 (in W V). – *Jüngstes Gericht* – Fresko in der Sixtinischen Kapelle von Michelangelo Buonarroti (1475–1564).

3428a *Thorwaldsen* – Vgl. Anm. zu Tgb. 2636. – *Canova* – Antonio Canova (1757–1822), einer der berühmtesten it. Bildhauer seiner Zeit. – *Apoll* – Hebbel meint vermutlich den Apoll von Belvedere in den Vatikan. Museen in Rom. – *Juno* – Bezieht sich auf Juno Ludovisi; vgl. W III, 114 und 903.

3430 Vgl. »Die Situation des Dichters«, HKA VI, 358.

3433 Vgl. Tgb. 3389.

3434 Neben Tgb. 3433.

3437 Am Rand: Dazu hat G. mir später noch einmal 100 Sc. geliehen, macht zus: 750 fl oder 300 r P. C. – Diese habe ich wiederbezahlt, am 7 März 1848 mit 200 rt. und am 14 Aug 50 mit 100 r. P. C.

3442 Vgl. Tgb. 3448.

3448 *Sottisen* – Dummheiten, Grobheiten.

3449 Vgl. »Julia«, I, 6: ». . . dein eigener Sohn würde dich dereinst dafür auf Pistolen fordern!« (W I, 441)

3453 Vgl. Hebbels Vorwort zur Ausgabe von Ernst Frh. von Feuchterslebens Werken: »seine Liedersammlung mahnt an den fabelhaften ehernen Stier des Phalaris . . .«. (HKA XII, 61, 14) – Hier in Bezug auf Heine gesagt.
Phalaris – Tyrann von Akragas, dem heutigen Agrigent (565–549 v. Chr.), der in dem von Perillos verfertigten ehernen Stier Menschen verbrennen ließ; das Geschrei der armen Opfer klang wie Stiergebrüll.

3454 Am Rand: ☛

3457 Vgl. »Das Urgeheimnis«, W III, 127 und 908.

3459 *Don Miguel* – Dom Maria Evarist Miguel (1802–1866), Usurpator Portugals, lebte von 1834–1851 in Italien.

3461 *Hauser* – Maler, der Hebbel in Rom gemalt hat (vgl. Brief an Elise vom 29. 5. 1845); vgl. »La chiesa sotteranea dei Capucini a Roma«, HKA VI, 332.

3462 Vgl. »Ariost«, HKA VI, 354.

3464 Vgl. W III, 517.

3467 Vgl. »Modernes Privilegium der Wissenschaft«, HKA VII, 230.

3468 Der gleiche Gedanke in der Rezension »Sidonia von Bork, die Klosterhexe«, HKA XI, 244, 2ff.: »... Komödie, z.B. die des Aristophanes, die die reale Welt aufheben darf, weil sie sich selbst auch wieder aufhebt ...«.

3472 Über die Reise nach Neapel vgl. »Der Vesuv«, W III, 824ff.

3478 *Hettner* – Hermann Theodor Hettner (1821–1882), Literarhistoriker, reiste von 1844–1847 in Italien und traf während Hebbels Romaufenthalt fast täglich mit diesem zusammen.

3482 Bezieht sich auf Hebbels Verhältnis zu Elise; Hebbel hat sich längst innerlich von ihr gelöst.

3486 Vgl. »Rechtfertigung«, HKA VI, 311.

3487 Vgl. »Blätter aus meinem Tagebuch. 1848, Lord Byron«, HKA XI, 82–86 und Tgb. 35.

3488 *Zimmermann* – Vielleicht Klemens v. Zimmermann (1789–1869), Maler und seit 1846 Direktor der königl. Zentralgalerie in München.

3489 Als Titel auf ein besonderes Blatt geschrieben; die Rückseite blieb leer, dann folgen auf der nächsten Seite die beiden Motti Tgb. 3490.

3491 *Noch entsetzlicher fast ist die zweite* – Vgl. »Ein Trauerspiel in Sizilien«, W I, 383ff. und 788ff.

3497 *Skt. Januarius* – Das Blutwunder des hl. Januarius in Neapel seit 1389 belegt; jährlich am Samstag vor dem 1. Maisonntag, sowie am 19. 9. und 16. 12. wird das Blut des Heiligen flüssig. (Zu den zahlreichen Blutwundern vgl. Lexikon für Theologie und Kirche, 2. Aufl. Bd. 2, Sp. 548f.; danach kann das Blutwunder in Neapel laut wissenschaftlicher Untersuchung ein hohes Maß von Glaubwürdigkeit beanspruchen. Verehrung genießt nicht das Blut, sondern Gott, der das Wunder gewirkt hat.)

3498 *Alexander-Schlacht* – Mosaik aus Pompei im Museum von Neapel. Vgl. »Die Alexanderschlacht in Neapel«, HKA VI, 335.

3499 Vgl. Tgb. 3470 und 3522.

3501 *Assing* – Gemeint ist der dän. Altphilologe Johann Louis Ussing (1820–1905); vgl. W III, 827, *16*.

3502 »Auf einen Schmetterling«, HKA VI, 336.

3504 Vgl. Hebbels Rezension von Schillers Briefwechsel mit Körner: »den zweiten Teil des Faust ... dies wunderliche Gefäß, worin Goethe seine geistige Notdurft verrichtete.« (HKA XI, 159)

3507 *Noi vogliami* ... – Wir wollen essen, bis wir müde sind.

3508 Vgl. »Zu irgend einer Zeit«, W II, 530ff. und 729.

3509 Anspielung auf das Buch Josua, 10, 12f.: »Sonne, stehe stille zu Gibeon.«

3512 *G.* – Nicht sicher zu deuten; Werner vermutet Gutzkow.

3514 Die Notizen 3514–3516 stehen neben Tgb. 3512f.

3522 Vgl. Brief an Elise vom 9. 11. 1845 (in W V). Hebbel kam am 4. 12. morgens 6 Uhr in Wien an. – *Emilia Galotti* – Christine Engehausen, Hebbels spätere Frau (vgl. Tgb. 3565 und Anm.) spielte die Claudia. Vgl. Tgb. 3470 und 3499.

Vor dieser und der folgenden Notiz am Rand eine große Klammer.

3525 Über die folgende Lücke im Tagebuch vgl. den Jahresrückblick zum Jahre 1846, Tgb. 3874.

3529 Vgl. W II, 668.

3530 Am Rand hinzugeschrieben.

3534 *leben* – auch als *beten* zu lesen.

3540 Vgl. Tgb. 3339.

3541 Zur Frage des Besitztums und der Rechtskonsequenzen vgl. auch Tgb. 2747 u. Anm.

3542 Vgl. Tgb. 2707.

3546 (*sagt schon . . .*) – später dazugeschrieben.

3548 Vgl. »Die Schauspielerin«, W II, 552: »Die Erde trägt ihn nicht, den Baum mit geflügelten Gold-Äpfeln.«

3552 *Benjamin* – in dem Lustspiel »Der Diamant«.

3553 Vgl.   Christine auf dem Ball
Knospen trugst du im Haar und führtest den Reigen, doch leise
    Gingen sie auf, und nun hauchen dir Blüten den Duft.
Gemeint ist Christine Engehausen; vgl. Anm. zu Tgb. 3565.

3556 Hebbel schrieb diese Briefe wegen seiner bevorstehenden Heirat.

3558 Motiv zu dem Fragment »Die Schauspielerin«, W II, 541 ff.

3565 *Christine* – Christine Engehausen (1817–1910) entstammte einer verarmten Braunschweiger Familie. Von 1840–1875 am Hofburgtheater in Wien. Ihr unehelicher Sohn Karl, den sie mit in die Ehe gebracht hatte, wurde von Hebbel adoptiert und von Elise Lensing in Hamburg erzogen; vgl. auch Anm. zu Tgb. 3644.

3566 *Helenental* – in der Nähe von Baden bei Wien.

3569 steht neben Tgb. 3568.

3571 *Brief* – vom 6. 6. 1846 (in W V).

3572 Aus einem Brief an Rat Rousseau vom 6. 6. 1846.

3582 Am Rand: *Dramen-Zug.* – Vgl. W II, 665 und Tgb. 3411.

3584 Vgl. Tgb. 4027.

3588 *Schröder* – Sophie Schröder (1781–1868), seit 1815 am Wiener Hofburgtheater; eine der berühmtesten Schauspielerinnen ihrer Zeit.

3592 Vgl. W II, 669.

3593 *Sprechkreises* – Krumm schlägt dagegen *Sprachkreises* vor.

3595 Vgl. Tgb. 2548 und Anm.

3600 Vgl. »Herodes und Mariamne« V. 2044 und Brief an Felix Bamberg vom 23. 10. 1846 (in W V): ». . . war ich in Ungarn und lernte ein ganzes Volk von Irren kennen.«

3604 Vgl. »Die Schauspielerin«, W II, 563: »Dazu gehört ein Strahl vom Sirius.«

3612 Vgl. »Der Ungar und seine Ansprüche an Deutschland«, HKA VI, 362.

3613 Vgl. »Selbstkritik meiner Dramen«, W III, 124 und 907.

3615 *Amphibium* – Lurch, Tier, das zu Wasser und zu Land leben kann.

3616 Bekannter Witz über die Mensuren.

3617 Vgl. Tgb. 3450.

3620 *Hippel* – Vgl. Anm. zu Tgb. 1026.

3622 Hebbels Enttäuschungen über die rasch schwindende Liebenswürdigkeit der Wiener. Vgl. Brief an Bamberg vom 23. 10. 1846 (in W V) und Tgb. 3873.

3639 Vgl. »Der Rubin« V. 1002 ff., W I, 637.

3644 Christine schrieb hier ihren Namen ein. Der Zusatz stammt von Hebbel. – Die erste Zeit der Ehe war erfüllt von Spannungen und Auseinandersetzungen, die nicht zuletzt durch Hebbels leichte Erregbarkeit und Launenhaftigkeit hervorgerufen wurden. Wie sehr er dies jedesmal bedauerte, zeigt die folgende Notiz:

Meine allerteuerste Christine!

Du bist ein Engel, ein Engel vom Himmel und ich küsse Dir mit Tränen die Füße, Du treue, reine, edle Seele.

Ewig Dein reuiger

F.

3645 Vgl. »Michel Angelo« V. 335 ff. und Tgb. 4061.

3646 S. 213 *Graf Waltron* – Soldatenstück von Heinrich Ferdinand Möller, bearbeitet von Birch-Pfeiffer; über sie vgl. Anm. zu Tgb. 3067. – *Devrient* – Gustav Emil Devrient (1803–1872), einer der berühmtesten Schauspieler seiner Zeit. – *Benefiz* – Vorstellung, deren Einnahmen einem Theatermitglied zugute kommen.
S. 214 *Eckhof* – Konrad Ekhof (1720–1778), »Vater der deutschen Schauspielkunst«. – *Schröder* – Friedrich Ludwig Schröder (1744 bis 1816), hervorragender Schauspieler und Theaterdirektor.

3650 Vgl. »Die Krankheit«, HKA VI, 377.

3655 Vgl. »Die beiden Zecher«, HKA VI, 319.

3556 *Dichter* – nicht festzustellen; unter Umständen handelt es sich um Prechtler; vgl. Anm. zu Tgb. 3874. – *verquistet* – vergeudet.

3660 *Schröder* – Hebbel liest: Meyer, F. L. Schröder, Hamburg 1819. Über Schröder vgl. Anm. zu Tgb. 3646.

3662 Vgl. »Über Schröders Leben von Meyer«, HKA XI, 75 f.
S. 220 *Gotter* – Friedrich Wilhelm Gotter (1746–1797), Verfasser von Dramen, Gedichten und Erzählungen. – *Bode* – Johann Joachim Christoph Bode (1730–1793), Übersetzer. – *Schink* – Johann Friedrich Schink (1755–1834), Dichter und Dramaturg. – *Bock* – vermutlich Johann Michael Böck (1743–1793), berühmter Schauspieler; Erfinder des beklatschten Abgangs. – *Großmann* – Gustav

Friedrich Wilhelm Großmann (1746–1796), Schauspieler und Schauspieldichter.
3663 Vgl. Tgb. 3763.
3665 Vgl. »Die deutsche Sprache«, W III, 120 und 905.
3669 Vgl. »Über Gleichnisse«, HKA XI, 73 f.
3675 Zu Hebbels »Aufzeichnungen aus meinem Leben« vgl. W III, 973 und Tgb. 3673.
3676 Später hinzugeschrieben.
3677 *Janinski* – Vgl. Anm. zu Tgb. 748.
3678 Vgl. »Der Rubin« V. 967 f., W I, 635.
3679 *Adern der Natur* – Am Rand: *Wallf.* [isch? Wallfahrt?]
3684 *Diamant* – Vgl. Tgb. 2397. – *Maria Magdalena* – Vgl. Tgb. 2910.
3685 *Mensch* – Vgl. Tgb. 1125.
3691 Vgl. »Den Staatsmännern«, HKA VI, 360.
3704 *Der Maler* – Vgl. HKA VI, 175 f.
3705 *Ein Trauerspiel in Sizilien* – W I, 383 ff. und 788 ff.
3707 Am Rand: NB. – *Antinous* – aus Claudiopolis in Bithynien, Liebling und Reisegefährte des Kaisers Hadrian, starb freiwillig bei Besa im Nil, entweder aus Schwermut, oder – nach einem Aberglauben – um durch seinen Opfertod das Leben des Kaisers zu verlängern. – Vgl. auch die übernächste Notiz.
3708 Hebbel verwendet den gleichen Ausdruck in »Der Schneidermeister Nepomuk Schlägel«, W III, 364, *36 f.*
3709 Vgl. Tgb. 3707.
3711 S. 229 *Görres* – »Die christliche Mystik« von Joseph v. Görres war in Regensburg 1836–42 in 4 Bden erschienen. – *homo sui generis* – ein durchaus eigenständiger Mensch. – *Steffens* – Vgl. Anm. zu Tgb. 1171.
S. 230 *Dido* – kaufte von dem numidischen König Hjarbas so viel Land, als mit einer Stierhaut belegt werden könne, zerschnitt aber dann die Haut in dünne Riemen und begrenzte damit einen großen Raum. Das gleiche Bild in »Mein Wort über das Drama«, W III, 563, *29 f.*
3719 Vgl. »Die Schauspielerin« I, 3, W II, 548 f.
3720 Vgl. Tgb. 1004.
3723 Vgl. »Der Schlaf«, W III, 118 und 905.
3727 Am Rand: Luthers Bescheidenheit. – Zu Hebbels Plan, ein Drama mit Luther als Mittelpunkt zu schreiben, vgl. W II, 677 f. und Tgb. 36 und 100.
3728 Vgl. »Unter mein Bild von Rahl«, HKA VI, 373.
3738 *Nepomuk Schlägel* – Vgl. W III, 363 ff. und 932 f.
3742 Vgl. W III, 932.
3748 Zunächst notierte sich Hebbel: Es ist leichter, einen Papagei singen lehren sogar zur treuen Wiederholung.
3751 Vgl. »Michel Angelo« V. 673 ff., W I, 676 und »Gyges« V. 1810 f., W II, 67.

3752 Vgl. Tgb. 2484. – *Zerboni* – Wilhelm und Julius Zerboni di Sposetti, galizische Edelleute und Verehrer Hebbels; vgl. Tgb. 3874.

3755 Daneben: ☛ – Vgl. W II, 670.

3756 Hiob 4, 17.

3757 »–« – Werner vermutet, daß Hebbel hier an Gutzkow denkt.

3758 *Sophonisbe* – Vgl. Tgb. 3268.

3760 Steht neben Tgb. 3761.

3763 Am Rand: ☛ – Vgl. Tgb. 3663 und W II, 670.

3765 Ebenso wie Tgb. 3766 neben Tgb. 3764.

3766 Vgl. Brief an Bamberg vom 24. 10. 1846 (in W V).

3767 Vgl. »Natur und Mensch«, W III, 116 und 904.

3775 Später hinzugeschrieben zwischen Tgb. 3774 und 3776.

3778 Am Rand: ☛ – Vgl. W II, 670.

3780 *Euthanasia* – »Euthanasia. Drei Gespräche über das Leben nach dem Tode. Hrsg. von C. M. Wieland, Leipzig, Göschen, 1805.« – *Swedenborg* – Vgl. W II, 670 und 740.

3784 Vgl. Tgb. 3817 und W III, 518.

3785 Am Rand: ☛ – Vgl. W II, 671.

3791 *Moloch* – Zur Entstehung des Fragmentes vgl. W II, 731 ff. – *Kühne* – Vgl. Anm. zu Tgb. 3883. – *Hauff* – Hebbel schickte an Dr. Hauff (vgl. Anm. zu Tgb. 2545) mehrere römische Sonette.

3792 *gewisse Leute* – Wiener Dichter, welche die Mängel ihrer Werke der Zensur zuschrieben.

3795 S. 239 »*Don Juan und Faust*« – war 1829 erschienen. – *Anagramm* – Buchstabenversetzrätsel.

S. 240 εν και παν – eins und alles. – *Linnäus* – Karl von Linné (1707 bis 1778), Naturforscher.

3798 Oehlenschläger veröffentlichte 1846 die Tragödie »Amleth«. Vgl. Tgb. 3839.

3799 Vgl. Brief an L. A. Frankl in der Anm. zu Tgb. 2509.

3800 Vgl. »Politische Situation«, HKA VI, 360.

3801 Vgl. »Der Rubin« V. 1104 ff., W I, 640 und »Zu irgend einer Zeit«, W II, 531.

3812 Vgl. W V. – *Transsubstantiation* – Wesensverwandlung.

3812b *Trinkspruch* – Vgl. »An meine Landsleute«, HKA VII, 234. – Hebbel soll gesagt haben »Up ewig ungedeelt«. König Christian von Dänemark hatte am 8. 7. 1846 in einem »Offenen Brief« erklärt, daß Schleswig-Holstein der Erbfolge des dän. Königsgesetzes unterworfen und dementsprechend untrennbar mit dem dän. Gesamtstaat verbunden sei. Die Folge war heftige Erregung in Schleswig-Holstein und in ganz Deutschland.

3817 Vgl. Tgb. 3784.

3824 Vgl. Tgb. 3830, wo Hebbel den gleichen Gedanken ausführlicher niederschreibt.

3825 *Russe* – auch als *Schuster* zu lesen.

3826 *Soden* – Friedrich Julius Heinrich Graf von Soden (1754–1831), Schriftsteller; übersetzte Cervantes und Lope de Vega. – *30 Stücken* – Shakespeare schrieb 37 Dramen.

3829a Keim zur folgenden Notiz.

3830 Vgl. Tgb. 3824 und »Über den Stil des Dramas«, W III, 577 und 950 f.

3831 Vgl. Tgb. 4221.

3832 Am Rand: ☞ – Vgl. W II, 668.

3836 Vgl. Tgb. 3715.

3837 Erste Notiz zu »Herodes und Mariamne«.

3839 Vgl. Tgb. 3798.

3845 *man hat ihn* ... – später hinzugesetzt.

3852 Über Hebbels Verhältnis zu Gutzkow vgl. Anm. zu Tgb. 1529, 1579 und 1652.

S. 254 *Iffland* – August Wilhelm Iffland (1759–1814), berühmter Schauspieler, Theaterdirektor und Verfasser vieler höchst erfolgreicher Bühnenstücke. – *Kotzebue* – August Friedrich Ferdinand von Kotzebue (1761–1819), der fruchtbarste dt. Lustspieldichter.

3854 Vgl. Habakuk 2,2: »Der Herr aber antwortet mir und spricht: Schreibe das Gesicht, und male es auf eine Tafel, daß es lesen könne, wer vorüberläuft.«

3558 Vgl. »Tändelei«, W III, 45.

3864 Vgl. W II, 671.

3865 Vgl. »Gyges«, V. 1810 ff., W II, 67.

3866 Vgl. W II, 671.

3867 Vgl. »Jedermann ins Album«, W III, 118 und 905.

3870 Vgl. Tgb. 3910. – *Engländer* – Vgl. Anm. zu Tgb. 3874. – *Hyäne* – Vgl. Hebbels Rezension über »Sidonia von Bork, die Klosterhexe«, HKA XI, 245: »... wie ein Mensch Hyäne *wird*, das kann uns interessieren, aber nicht, wie er als Hyäne *wütet*.«

3873 *ein Weib* – Elise.

3874 S. 259 *Buchhändler* – Campe. – *Gurlitt* – Vgl. Anm. zu Tgb. 3277. – *ein Blatt* – In Frankls »Sonntagsblätter« stand: »*Herr Hebbel*, der geistvolle Dichter der Genovefa, der Judith, der Maria Magdalena, befindet sich seit einigen Tagen in Wien.« Begründer und Herausgeber der Zeitschrift war der Wiener Literat und Schriftsteller Ludwig August Ritter von *Frankl* (1810–1894). – *Aufsatz* – in Vogls »Österreichischem Morgenblatt« vom 29. 11. 1845. Verfasser des Aufsatzes war *Sigmund Engländer*, mit dem Hebbel bald Freundschaft schloß. Nach 1848 kam es wegen unterschiedlicher politischer Ansichten zur Trennung. Als Hebbel Engländer 1862 in London traf, wurde die alte Freundschaft erneuert. – *Deinhardstein* – Johann Ludwig Deinhardstein (1794–1859), Dramatiker, Professor für Ästhetik und seit 1832 Vizedirektor des Hofburgtheaters; hatte in den »Wiener Jahrbüchern« wiederholt auf Hebbel verwiesen. –

Prechtler – Otto Prechtler (1813–1881), Freund Grillparzers und dessen Nachfolger als Archivdirektor; hatte Hebbel mitgeteilt, daß die Schauspielerin Christine Enghaus seit Jahren die »Judith« in Wien auf die Bühne bringen wolle und auf diese Weise eine Begegnung zwischen Hebbel und Christine vermittelt. – *Zerboni* – Vgl. Anm. zu Tgb. 3752. – *Weihnachtsgeschenk* – Vgl. Brief an Elise vom 18. 12. 1845 (in W V).

S. 260 *wie meine Hose* – Vgl. Tgb. 1562.

S. 262 *mein Kind von Elise* – Ernst (1844–1847), den Hebbel nie gesehen hat. – *die glatten Aale* – Vgl. Tgb. 3622. – *Fritsch* – Franz X. Fritsch, Schriftsteller, der unter dem Pseudonym Franz von Braunau veröffentlichte. – *Halm* – Vgl. Anm. zu Tgb. 2762. – *Fürst Schwarzenberg* – Fürst Friedrich von Schwarzenberg (1800–1870), veröffentlichte Erzählungen und Reiseberichte. – *Hammer-Purgstall* – Freih. Joseph v. Hammer-Purgstall (1774–1856), Diplomat und Schriftsteller; übersetzte vor allem aus den orientalischen Sprachen. – *Broschüre* – »Über den Einfluß der Weltzustände auf die Richtungen der Kunst und über die Werke Friedrich Hebbels.« Hamburg bei Hoffmann und Campe. 1846.

3879 Vgl. »Die Schauspielerin«, W II, 562: »Ich war ganz sein, innerlich: das ist mir ganz so, als ob ichs auch in anderem Sinn gewesen wäre.«

3882 *Gedicht* – HKA VI, 217ff.

3883 *Kühne* – Gustav Kühne (1806–1888), Schriftsteller, der 1835–1842 in Leipzig die »Zeitung für die elegante Welt« und 1846–1859 die Wochenschrift »Europa« herausgab. – *Schücking* – Vgl. Brief an Bamberg vom 26. 2. 1847 (in W V). Gemeint ist Levin Schücking (1814–1883), der 1843/44 Redakteur der »Allgemeinen Zeitung« war und von 1844–1852 das Feuilleton der »Kölnischen Zeitung« redigierte. Vgl. Tgb. 3896.

3884 *List* – Friedrich List (1789–1846), Nationalökonom, hatte sich 1844/45 vergeblich in Württemberg, Bayern und Wien um eine Anstellung bemüht und sich am 30. 11. 1846 in Kufstein erschossen.

3886 *Hagen* – Vgl. Tgb. 2939. – »*Campe hat sich...*« – Vermutlich Zitat aus einem Brief Hebbels.

3888 *Europa* – Wochenschrift, hrsg. von G. Kühne; vgl. Anm. zu Tgb. 3883. – *Heinrich v. Kleist* – Ausgewählte Schriften, hrsg. von L. Tieck, Berlin 1846/47.

3890 *Ich werde mich ... äußern* – Vgl. Tgb. 3943.

3893 *Simrock* – Der Dichter und Germanist Karl Joseph Simrock (1802 bis 1876) gab das »Puppenspiel vom Doktor Faust« 1846 in seiner ursprünglichen Gestalt heraus.

3896 Vgl. Tgb. 3883. – *Kühnes* – Vgl. Anm. zu Tgb. 3883. – *Kurandas* – Ignaz Kuranda (1812–1884), österr. Publizist, begründete 1841 die Wochenschrift »Grenzboten«. – *Deinhardsteins* – Vgl. Anm. zu Tgb. 3874. – *audiatur ...* – auch die andere Partei soll gehört werden. – *Hillebrands* – Joseph Hillebrand (1788–1871), Literarhistoriker, veröffentlichte 1845 »Die deutsche Nationalliteratur seit dem Anfang des 18. Jahrhunderts«.

3898 *Dr. Diezmann* – Johann August Diezmann (1805–1869), Redakteur der Leipziger Modenzeitung; vgl. Tgb. 3897. – *Kolb* – Gustav Kolb, Chefredakteur der Allgemeinen Zeitung.

3901 *Trauerspiels* – »Ein Trauerspiel in Sizilien«.

3903 *Signor*... – Vgl. Hebbels Rezension über »Andreas Hofer« von Wilhelm Gärtner: »... die Leutchen mögen so viele Signoras oder Donnas in den Dialog ihrer Stücke hineinflicken, wie sie wollen, und ganze Berge von Goldorangen aufhäufen: man kommt Italien und Spanien um keinen Hahnenschritt näher.« (HKA XI, 279)

3904 *Pitaval* – François Gayot de Pitaval (1673–1743), franz. Rechtsgelehrter, wurde durch seine Sammlung merkwürdiger Kriminalfälle »Causes célèbres et intéressantes« berühmt. Eine ähnliche Sammlung erschien von Hitzig und Häring, fortgesetzt von A. Vollert unter dem Titel »Der neue Pitaval«; vgl. Tgb. 5703. – *Perez* – Antonio Perez (1539–1611), Minister Philipps II. von Spanien, wurde von Ana de Mendoza y la Cerda Prinzessin Eboli zum Mord an Escovedos, dem Vertrauten Juan d'Austrias, getrieben. Nach langem Prozeß 1585 zum Gefängnis verurteilt, gelang es ihm, 1590 zu entfliehen.

3907 Vgl. »Des Adels Stolz«, W II, 571.

3910 Vgl. Tgb. 3870.

3911 *Fritsch* – Vgl. Anm. zu Tgb. 3874 – *Gurlitt* – Vgl. Anm. zu Tgb. 3277. – *nonchalantes* – nachlässiges, formloses.

3912 Felix Bamberg, der erste Herausgeber der Tagebücher (oder Christine Hebbel?) schnitt achteinhalb Seiten mit dem Brief Hebbels an Elise Lensing aus dem Tagebuch.

3913 *bevorstehenden Brief* – Vgl. vorhergehende Anm. – *Perez* – Vgl. Anm. zu Tgb. 3904. – *Woher kommt es wohl* – Vgl. »Der Weg zur Bildung«, W III, 119.

3917 *vollständiger Vorlegung* – Durch die Zerstörung der entsprechenden Dokumente (vgl. Anm. zu Tgb. 3912) nicht mehr möglich.

3919 *Fritsch* – Vgl. Anm. zu Tgb. 3874.

3922 *Rötscher* – Heinrich Theodor Rötscher (1803–1871), Kritiker und Dramaturg. Einflußreich wurden vor allem seine Theorie der Schauspielkunst, »Die Kunst der dramatischen Darstellung«, Berlin 1841/46 und der »Cyklus dramatischer Charaktere«. Vgl. auch Tgb. 3934. – *Hauff* – Vgl. Anm. zu Tgb. 2545.

3923 Am Rand: ☞ – Erster Hinweis auf das Epos »Mutter und Kind«. – *denn die Armen*... – später hinzugesetzt.

3925 *Mein Freund G.* – Werner vermutet den Maler Götzlof, Krumm denkt an Gurlitt, der damals jedoch noch nicht verheiratet war.

3926 Vgl. »Herodes und Mariamne« V. 2605 ff., W I, 570.

3927 *Rosenkranzsche Geschichte* – Karl Rosenkranz (1805–1879), Philosoph, veröffentlichte im letzten Band seiner Ausgabe der Werke Kants, die er zusammen mit F. W. Schubert herausgab, eine »Geschichte der Kantschen Philosophie«. – *Fritsch* – Vgl. Anm. zu Tgb. 3874.

3928 S. 282 *Prechtler* – Vgl. Anm. zu Tgb. 3874.
S. 283 *Rötscher* – Vgl. Anm. zu Tgb. 3922.

3931 *individuellen Schwäche* – Vgl. »Selbsterkenntnis«, W III, 119.

3933 *Bild* – Vgl. Tgb. 3897. – *Abschrift des Trauerspiels* – Vgl. Tgb. 3921. – *Fürstin Schwarzenberg* – Vgl. Anm. zu Tgb. 3874. – *im Neuen Pitaval* – Vgl. Anm. zu Tgb. 3904. – *seine unschuldige Frau . . .* – Vgl. Tgb. 4236f.

3934 *Bild* – Vgl. Tgb. 3897 und 3933. – *Trauerspiel* – »Ein Trauerspiel in Sizilien«; zum Erstdruck vgl. W I, 790. – *Rötschers Abhandlung* – H. Th. Rötscher (vgl. Anm. zu Tgb. 3922) hatte 1844 die Schrift »Über Byrons Manfred« veröffentlicht. Vgl. »Ein philosophischer Analytiker der Kunst«, HKA VI, 357. – *an Campe* – nicht erhalten.

3937 *Dietrichstein* – Moritz Joseph Johann Graf von Dietrichstein (1775 bis 1864), Leiter der Hofbühne und seit 1845 Oberstkämmerer. – *Schlesiers Biographie* – »Erinnerungen an Wilhelm von Humboldt«, Stuttgart 1843–45. – *Karlsbader Beschlüsse* – Auf Veranlassung Metternichs faßte eine Ministerkonferenz im August 1819 die *Karlsbader Beschlüsse:* Vorzensur für Zeitungen und alle Schriften unter 20 Druckbogen; Verbot der Burschenschaften; Entlassung revolutionär gestimmter Lehrkräfte; Überwachung der Universitäten.

3938 *Stimmung, wie ich sie früher schon öfter hatte* – Vgl. »Das Urgeheimnis«, W III, 127 und 908. – *Novelle* – »Pauls merkwürdigste Nacht« (vgl. Tgb. 3944), die jedoch nicht im Morgenblatt erschien; vgl. W III, 932.

3940 *eines alten Gedichts* – nicht erhalten.

3941 *. . . angefangen, ihm zu schreiben.* – Vgl. Tgb. 3943. – *Ruges* – Arnold Ruge (1802–1880), Schriftsteller; begründete 1837 mit Echtermayer die »Halleschen Jahrbücher für Kunst und Wissenschaft« (seit 1841 »Deutsche Jahrbücher«).

3943 S. 288 *testimonia* – Zeugnisse. – *Vorrede* – zu »Maria Magdalene«, W I, 307ff. – *Schrift* – »Mein Wort über das Drama!«, W III, 545ff.
S. 289 *Tr. in Siz.* – »Ein Trauerspiel in Sizilien«. – *Besitzfrage* – Vgl. Anm. zu Tgb. 2747.
S. 290 *punctum saliens* – der springende Punkt.
S. 291 *Marr* – Heinrich Marr (1797–1871), war im Jahre 1847 als Oberregisseur am Leipziger Stadttheater.

3944 Vgl. Tgb. 3938.

3946 S. 293 *zeigt aber nur die Wahrheit* – *nur* fehlt bei Werner.

3951 *Homunkulus* – künstlich erzeugter Mensch. – *Feuerbachs* – Ludwig Andreas Feuerbachs (1804–1872) »Darstellung der Geschichte der neuern Philosophie«, Ansbach 1833–37, 2 Bde. – *Ruges Schriften* – Vgl. Anm. zu Tgb. 3941.

3954 Vgl. W III, 518.
3957 *Rousseaus Schwester* – Charlotte Rousseau, die Schwester von Hebbels verstorbenem Freund Emil Rousseau; vgl. Anm. zu Tgb. 253.
3958 *Einiges über die Sprache* – »Über den Stil des Dramas«, W III, 577ff. und 950f.
3960 *Feuerbachs Geschichte* – Vgl. Anm. zu Tgb. 3951. – *Sonett* – »Die Sprache«, W III, 113 und 903.
3963 *Heute ... geschrieben* – Brief nicht erhalten. – *Rötschers Jahrbüchern* – Vgl. Anm. zu Tgb. 3922.
3964 Vgl. Brief an Bamberg vom 27. 5. 1847 (in W V): »Ein Aufsatz kostet mir mehr, als eine Tragödie« und Tgb. 3971.
3966 *Voilà tout* – Nun, das ist alles!
3970 Vgl. »Herodes und Mariamne« V. 450ff., W I, 501.
3971 Vgl. Tgb. 3964 und Anm.
3974 Vgl. »Drei Schicksale«, HKA VII, 198f.
3979 *Fritsch* – Vgl. Anm. zu Tgb. 3874.
3984 *Aufsatz* – »Über den Stil des Dramas«; vgl. Tgb. 3958.
3986 Wohl Aussprüche von Christine Hebbel.
3987 »Herodes und Mariamne« V. 1550ff., W I, 536.
3988 Vgl. »Das Urgeheimnis«, W III, 127 und 908.
3995 *Prechtler* – Vgl. Anm. zu Tgb. 3874. – *Verdienst der Erfindung* – Grillparzer verweist selbst darauf in der »Selbstbiographie« und in seiner Tagebuchnotiz Nr. 2194.
3996 *Traube* – Werner zieht die Lesart *Taube* vor, verweist jedoch (wie Krumm) auf die Möglichkeit, *Traube* zu lesen.
3997 Vgl. »Höchstes Kriterium der Bildung«, HKA VI, 364.
3998 *»Ich bin von Eisen!«* – Ausspruch Hebbels, darauf die Antwort von Christine.
3999 Vgl. Tgb. 4634.
4000 *... von meinem Brief* – Vgl. Tgb. 3896. – *Marggraff* – Vgl. Anm. zu Tgb. 3316.
4001 Bezieht sich auf die vorhergehende Notiz.
4002 *Zerboni* – Vgl. Anm. zu Tgb. 3752.
4004 *Königsbild* – in »Herodes und Mariamne«.
4007 *Fritsch* – Vgl. Anm. zu Tgb. 3874.
4011 *Pagenstreiche* – Lustspiel von August von Kotzebue (1761–1819).
4013 *Prechtler* – Vgl. Anm. zu Tgb. 3874.
4014 *Tochter der Echo* – Tochter der Nymphe Echo.
4015 *Mark-Graf* – Karl Leopold Friedrich Großherzog von Baden (1830 bis 1852). – *Frau v. Wolzogen* – Karoline von Wolzogen (vgl. Tgb. 1109), Schillers Schwägerin, veröffentlichte »Schillers Leben, verfaßt aus den Erinnerungen der Familie, seinen eignen Briefen und den Nachrichten seines Freundes Körner« (Stuttgart 1830).
4016 *Halm* – Vgl. Anm. zu Tgb. 2762.
4017 Vgl. W II, 534.

4019 Die folgenden Notizen stammen zum Teil noch aus der Zeit in Italien.
4019a Vgl. Anm. zu Tgb. 3988.
4021 Vgl. »Zu irgend einer Zeit«, W II, 533.
4022 Vgl. Anm. zu Tgb. 1058.
4027 Am Rand: NB. – Vgl. Tgb. 3584.
4031 Vgl. W II, 648 und 737f.
4032 Vgl. »Die Odaliske«, HKA VI, 187ff.
4037 *der mediceischen Venus* – in Florenz.
4042 Aus: L. A. Frankl, »Arabische Legenden«.
4045 Vgl. »Fatale Konsequenz«, HKA VI, 370 und Tgb. 3363 und 3382.
4060 König Ludwig I. v. Bayern (1825–1848).
4061 Vgl. Tgb. 3645 und Anm.
4062 Vgl. »Das griechische Feuer«, Anm. zu Tgb. 1743.
4069 Vgl. »Zur Erinnerung«, W III, 144 und 910.
4071 *Steffens* – Vgl. Anm. zu Tgb. 1171.
4075 Vgl. »Rose und Lilie«, HKA VI, 259f.
4077 *Gedicht* – »Das abgeschiedene Kind an seine Mutter«, W III, 95 und 901.
4078 Vgl. »Die Schauspielerin«, W II, 569, 5.
4080 *Deinhardsteins* – Vgl. Anm. zu Tgb. 3874.
4081a *Blumenlese* – Notizen aus der italienischen Brieftasche.
4085 Vgl. »Vier Nationen unter einem Dache«, W II, 625 und 736.
4099 *(N. Pitaval)* – Vgl. Anm. zu Tgb. 3904.
4104 *Bauernfeld* – Vgl. Anm. zu Tgb. 2397. – *Anomalie* – Abartigkeit.
4105 *Hillebrands Literatur-Geschichte* – Vgl. Anm. zu Tgb. 3896.
4107 *Liebeszauber* – Vgl. W III, 17 und 891.
4108 *Zerboni* – Vgl. Anm. zu Tgb. 3752. – *Blanc* – Jean Joseph Louis Blanc (1811–1882), franz. Publizist und Historiker; 1840 war »Organisation du travail« (deutsch 1847) erschienen. – *Mir kommt mein alter Gedanke* – Vgl. Tgb. 2907.
4109 *Rezension* – »Hebbels Maria Magdalena, eine Tragödie; Gutzkows Uriel Acosta, keine Tragödie« in der Leipziger Revue unter dem Pseudonym D. Sempach. (Krumm) – *Ruge* – Vgl. Anm. zu Tgb. 3941.
4110 *Ponsard* – François Ponsard (1814–1867) hatte 1843 das Trauerspiel »Lucrèce« veröffentlicht.
4116 Vgl. Tgb. 4123.
4117 *maskiert* – Bei Werner: *markiert*. Bamberg und Krumm lesen: *maskiert*.
4118 Vgl. »Fallmerayers literärischer Nachlaß«: »Aber er verstand die Kunst, Pfirsiche zu essen, ohne an Blausäure zu sterben.« (HKA XII, 319).
4120 *Er muß aufs Land* – von Jean François Alfred Bayard (1796–1853), franz. Lustspieldichter; Verfasser von über 200 Stücken.
4123 Vgl. Tgb. 4116.

S. 321 *Auszuges* – »Europa« vom 27. 2. 1847. – *Brief* – vom 28. 1. 1847; vgl. Tgb. 3943.

S. 322 *audiatur* ... – Auch der andere Teil soll gehört werden. (Hebbel schreibt *audiater*.)

4124 *Gedichte* – nicht erschienen. – *Pröhles Jahrbuch* – Heinrich Pröhle (geb. 1822), Schriftsteller und Journalist. – *Haizinger* – Amalie Haizinger (1800–1884), seit 1846 am Wiener Hofburgtheater in der Rolle der komischen Alten.

4127 *Carus* – Karl Gustav Carus (1789–1869), Mediziner, veröffentlichte 1846 (Pforzheim) »Psyche, zur Entwicklungsgeschichte der Seele«.

4128 *Herz* – Henrik Hertz (1798–1870), dän. Dichter, hatte mit »Kong Renés Datter« großen Erfolg; das Stück wurde viermal ins Deutsche übersetzt.

4129 *Ruge* – Vgl. Anm. zu Tgb. 3941. – *Webersche Buchhandlung* – Vgl. Anm. zu Tgb. 4206.

4130 *Sömmerings Schriften* – S. Th. v. Sömmering (1755–1830), Mediziner. Rudolf Wagner veröffentlichte 1844 (Leipzig) »Samuel Thomas von Sömmerings Leben und Verkehr mit Zeitgenossen«. – *Heinses* – Johann Jakob Wilhelm Heinse (1749–1803), Schriftsteller.

4130a *Cordays Haupt* – Marie Aline Anne Charlotte Corday d'Armans (geb. 1768) ermordete Marat, um Frankreich von der Tyrannei der Schreckensmänner der Revolution zu befreien. Am 17. 7. 1793 gegen 19 Uhr betrat sie freudig die Guillotine.

4138 Vgl. »Zu irgend einer Zeit«, W II, 533.

4139 Vgl. W III, 519.

4140 Vielleicht aus einem Gespräch mit Engländer.

4143 *Ruge* – Vgl. Anm. zu Tgb. 3941.

4145 Vgl. »Herodes und Mariamne« V. 2511f., W I, 567 und »Auf ein sehr schönes Mädchen«, HKA VI, 426f.

4148 Vgl. »Gewissensfrage«, HKA VI, 346.

4151 Vgl. »Richtschnur«, HKA VI, 352.

4152 Am Rand: NB.–Vgl. W II, 674. – *Schneidtler* – Vgl. Anm. zu Tgb. 187.

4153 Am Rand: NB.

4154 Gustav Schwab (1792–1850) veröffentlichte 1840 (Stuttgart) »Schillers Leben«; vgl. HKA XI, 106, *18*.

4160 Vielleicht ein Gespräch mit Engländer.

4163 *Alberti* – Vgl. Anm. zu Tgb. 47.

4164 *Carl* – Karl Ludwig Johann, Erzherzog von Österreich, Herzog von Teschen (1771–30. 4. 1847), österr. Feldherr.

4165 *Schauspieler* – Vielleicht Direktor Carl, der den berühmten Bauchredner Alexandre Vattemare in »Staberl als Bauchredner« karikierte, oder Alexandre selbst.

4167 *Hadersdorf* – Hardersdorf.

4169 *Ernst* – war am 14. 5. 1844 geboren worden.

4171 *Janinsky* – Vgl. Anm. zu Tgb. 748.

4173 Vgl. »Demetrius« V. 1358, W II, 373.

4176 Vgl. »Dem Teufel sein Recht im Drama«, W III, 123 und 907.

4177 *Hügel* – Clemens Wenzel Hügel war seit 1846 Direktor des geh. Haus- Hof- und Staatsarchives. – *Cuvier* – Georges Baron von Cuvier (1769–1832), Naturwissenschaftler.

4181 Elise blieb bis August 1848 und wurde zur Freundin Christinens.

4182 Vgl. Briefe in W V.

4188 Vgl. »Herodes und Mariamne« V. 2491 ff., W I, 567. – *Mein Gedanke* ... – Vgl. die zahlreichen Notizen Hebbels über Träume.

4189 Vgl. W II, 674 und 740.

4192 Friedrich Theodor Vischer (1807–1887), berühmter Literaturhistoriker und Ästhetiker, veröffentlichte den Aufsatz im Tübinger »Jahrbuch der Gegenwart«. Vgl. auch W II, 707.

4197 Krumm vermutet, daß die Notiz für die satir. Komödie »Zu irgend einer Zeit« bestimmt war; vgl. W II, 530.

4198 *Palleske* – Emil Palleske (1823–1880), Schriftsteller und Schauspieler.

4200 Vgl. »Die Farbe der Hoffnung«, HKA VI, 448 und »Die Nibelungen«, V. 3215 f., W II, 235.

4206 *30 Juli* – wohl verschrieben für 20. Juni? – *Weber* – Johann Jakob Weber (1803–1880), Buchhändler und Verleger; 1848 erschien bei ihm die zweite, vermehrte Ausgabe von Hebbels Gedichten.

4209 Vgl. W III, 519.

4211 Vgl. Tgb. 1704 und 2241.

4219 *Frankl* – Vgl. Anm. zu Tgb. 3874.

4220 *Palleske* – Vgl. Anm. zu Tgb. 4198.

4221 S. 336 *Baden* – bei Wien. – *Deinhardstein* – Vgl. Anm. zu Tgb. 3874. – *Semmering* – Hebbel schreibt – vermutlich der Aussprache entsprechend – *Simmering*.

S. 338 *Den Sonntag* – 27. Juni. – *Pfaffen oder Beamten* – Am Rand: Brüder. – *Nestroys* – Johann Nestroy (1802–1862).

S. 339 *Fritz Schwarzenberg* – Vgl. Anm. zu Tgb. 3874. – *für die Erinnerung* – Am Rand: Gurlitt. Vermutlich entstand damals das Sonett »An meinen Freund Gurlitt«, HKA VI, 324 f.

S. 340 *im einzelnen und kleinen pfuschen kann* – Am Rand unleserlich gemachte Notizen. – *durch journalistische Kniffe* – Vgl. Tgb. 3831. – *Rachel* – Vgl. Anm. zu Tgb. 2939. – *Donna Diana* – »El desden con el desden« von Don Agustin Moreto y Cabana (um 1618–1668) wurde von Joseph Schreyvogel (1768–1832) als »Donna Diana« für die deutsche Bühne bearbeitet.

S. 341 *Direktors* – Remarck; vgl. Hebbels Brief vom 5. 7. 1847 Briefe IV, 45 f. – *Übrigens war es ... Respekt ein* – Am Rand dazugeschrieben. – *im Deutschen Krieger* – von Bauernfeld; vgl. Anm. zu Tgb. 2397.

S. 342 *Griseldis* – von Friedrich Halm; vgl. Anm. zu Tgb. 2762. – *Wilixen* – auch als *Willixena* zu lesen.

4222 *Aufsatz* – Julian Schmidt schrieb über Hebbel in den »Grenzboten«; vgl. Anm. zu »Abfertigung eines ästhetischen Kannegießers«, W III,

962 sowie den Brief von Arnold Ruge an Konstantin Rößler vom 30. 7. 1847: »Hebbel war [19. Juli] rasend und wild über die Kritik, und seine Frau, eine heroische, hübsche Dame, schwur, ihn [Julian Schmidt] zu erschießen ... (Bornstein, Friedrich Hebbels Persönlichkeit, I, 214.)

4223 S. 344 *Philippinchen* – Vielliebchen; Spiel mit Zwillingsfrüchten oder Doppelkernen, die geteilt werden, wobei der Partner beim Wiedersehen mit »Guten Morgen, Vielliebchen« zu begrüßen ist. Wer dies zuerst tut, erhält vom anderen ein Geschenk.

S. 345 *Landtag* – Preußens erster vereinigter Landtag vom 11. 4. bis 26. 6. 1847, dessen geringe Befugnisse beim liberalen Bürgertum Enttäuschung hervorriefen.

4227 Vgl. »Das erste Todesurteil«, W II, 535 und 730.

4232 *Brinvilliers* – Marie Madelaine, Marquise de Brinvilliers, berüchtigte franz. Giftmischerin, die 1676 enthauptet wurde. – *Pitaval* – Vgl. Anm. zu Tgb. 3904.

4234 *Tinius* – Vgl. »Lessing und Goeze«: »... daß der protestantische Prediger Tinius mit seinem Hammer einen Greis erschlug, um Bibliotheken zusammenkaufen zu können.« (HKA XII, 337)

4236 *Minister* – Amadée Louis Despans de Cubières (1786–1853), seit 1840 Kriegsminister. Wegen Bestechung 1847 zur bürgerlichen Degradation und 10.000 Frank Geldbuße verurteilt, 1852 rehabilitiert. – *Herzog von Praslin* – Charles Laure Hugues Théobald, Herzog von Choiseul-Praslin; vgl. W II, 740. – *Zeit* – Hier und in der folgenden Notiz meint Hebbel die Regierung durch Louis Philippe von der Juli-Revolution 1833 bis zur Februar-Revolution 1848.

4237 Vgl. Tgb. 3933 und W II, 674f.

4241 *Der Philister* – Vgl. W III, 511 und 942.

4242 Vgl. Tgb. 4280.

4244 *Kriemhild* – in Ernst Raupachs »Nibelungenhort«. Über Raupach vgl. Anm. zu Tgb. 60.

4245 Am Rand neben Tgb. 4244.

4246 *Brillantringe* – Ludwig August Frankl erhielt einen Ring für seinen »Don Juan d'Austria« (Leipzig 1846). Vgl. »Lord Byron«: »... die Antikritik sogleich nicht bloß *bei* der Hand hätten, sondern sogar *in* der Hand, in dem Brillantring am Finger nämlich, den sie, wenn auch nicht für ihr Werk, so doch für die submisse Überreichung desselben von irgend einem Potentaten erhielten.« (HKA XI, 85f.).

4248 Vgl. »Vorwärts«, HKA VI, 146f.

4251 Werner zitiert Hebbels Ausspruch (zu Christine): »Suche mich nicht auf dem Friedhof, dort bin ich nicht zu finden.«

4257 *O.* – Werner vermutet Oehlenschläger.

4265 Am Rand: *Novelle!* – Vgl. W III, 502 und 942.

4269 Am Rand: *Tragödie* – Vgl. W II, 676 und 740.

4270 *Europa* – vom 11. 3. 1848; vgl. Anm. zu Tgb. 3883. – *Rötscher* – Vgl. Anm. zu Tgb. 3922.

4274 Vgl. »Gyges« V. 1810, W II, 67.
4276 Goethe an Schiller am 25. 11. 1797: »Alles Poetische sollte rhythmisch behandelt werden!« (Hamburger Ausgabe, Briefe 2, S. 316.) – Vgl. »Auf einen Absolutisten des Verses im Drama«, HKA VI, 353.
4277 Vgl. »Literaturbriefe II«: »Das Publikum ist leider noch immer geneigt, den Vers an sich schon als eine Leistung zu betrachten und sich in gebundener Rede Dinge gefallen zu lassen, welche es mit Entrüstung abweisen würde, wenn der Poet sie ihm in schlichter Prosa vortragen wollte.« (HKA XII, 130)
4278 *Holzmanns* – Adolf Holtzmann (1810–1870), seit 1852 Professor für deutsche und indische Sprache in Heidelberg, veröffentlichte 1845–47 die »Indischen Sagen«. – Vgl. auch Hebbels Rezension der Übersetzungen Holtzmanns, HKA XI, 197ff.
4280 Vgl. Tgb. 4242 und »Menschenlos«, HKA VI, 343.
4281 Vgl. »An die Erde«, W III, 118 und 905.
4283 Vgl. Tgb. 3707, 4367 und »Herodes und Mariamne« V. 2935f., W I, 581.
4284 Die Rezension erschien in den »Wiener Jahrbüchern«, nicht in der Allg. Zeitung; vgl. HKA XI, 197ff.
4286 *Aufsatz* – »Wie verhalten sich im Dichter Kraft und Erkenntnis zueinander«, W III, 585 und 952.
4287 *Novelle* – »Herr Haidvogel«, W III, 477ff. und 938f. – *Engländer desgleichen* – »Die beiden Vagabonden«, W III, 442ff. und 937f. – *Gedichte* – Vgl. Anm. zu Tgb. 4206.
4288 Werner vermerkt, daß Hebbel selbst einen sehr lauten Herzschlag hatte.
4289 *Kayser* – Der Maler E. Kayser; vgl. Tgb. 3897.
4294 Vgl. »Der Kritiker als Demiurg«, HKA VI, 357.
4297 Am Rand: *Zerbonis* Ad.[resse] – Über Zerboni vgl. Anm. zu Tgb. 3752.
4298 Vgl. »Devise für Kunst und Leben«, HKA VI, 364.
4299 *Mosens* – Julius Mosen (1803–1867) veröffentlichte 1842 »Otto III.«, vgl. »Literaturbriefe XIV«, HKA XII, 222.
4300 Vgl. Tgb. 4328.
4302 Vgl. Tgb. 3711. – *Daumer* – Georg Friedrich Daumer (1800–1857), Dichter und Philosoph; vor seinem Übertritt zum Katholizismus ein entschiedener Gegner der kath. Kirche. Aus dieser Zeit stammt sein Werk »Die Geheimnisse des christlichen Altertums« (Hamburg 1847). – *Ruge* – Vgl. Anm. zu Tgb. 3941.
4303 *Soldans Geschichte der Hexenprozesse* – war 1843 (Darmstadt) erschienen.
4306 Vgl. Tgb. 3652.
4311 Vgl. »An den Tod«, W III, 75.
4313f. Werner vermutet, daß es sich um weggefallene Notizen zur »Julia« handelt.
4315 *Bauer* – Bruno Bauer (1809–1882), theolog. und hist. Schriftsteller;

Werner vermutet, daß Hebbel sein Werk »Vollständige Geschichte der Parteikämpfe in Deutschland während der Jahre 1842–1846« (1847 erschienen) gelesen hat. – *Bruder* – Edgar Bauer (1820–1886), philos. und histor. Schriftsteller.

4316 Zu Hebbels Gedanken über Wohltaten und Dankbarkeit vgl. Anm. zu Tgb. 11.

4318 Vgl. »Mein Lorbeer«, HKA VI, 366.

4319 Vgl. »Lorbeer und Perücke«, HKA VI, 477.

4320 Vgl. »Den Verstand in Ehren«, W III, 126 und 908.

4321 Am Rand: ☛ – Vgl. »Michel Angelo« V. 45 ff., W I, 656.

4322 Am Rand: ☛ – Vgl. W III, 519.

4323 *K.* – Werner vermutet Kolatschek.

4328 S. 363 *Buch im Finstern* – Vgl. Tgb. 4300. – *Haidvogel* – Vgl. W III, 477 ff. – *Julie* – Vgl. W I, 419 ff. – *noch am Todestag* – Vgl. »Sag einem Kranken«, HKA VII, 235.

4330 Vgl. »Erwiderung«, HKA VII, 234.

4331 Später nachgetragen.

4332 Vgl. Hebbels Rezension von »Schillers Briefwechsel mit Körner«. (HKA XI, 166, 28 ff.)

4334 Vgl. Brief an Rötscher vom 22. 12. 1847 (in W V).

4335 *ein Dichter Wolf* – August Wolf (1816–1861), lyr. Dichter.

4338 S. 365 *Distichen* – »Die Johanniter«; Hebbel meint die folgenden Verse:
Dient an des Kranken Bett, dem Lechzenden Labung bereitet
    Und die niedrige Pflicht christlicher Milde vollbringt.

S. 366 *Kühne* – Vgl. Anm. zu Tgb. 3883. – *Rötscher* – Vgl. Anm. zu Tgb. 3922. – *Ruge* – Vgl. Anm. zu Tgb. 3941. – *Cornelius* – Vgl. Anm. zu Tgb. 3265. – *Dingelstedt* – Vgl. Anm. zu Tgb. 2394. – *Laube* – Heinrich Laube (1806–1884); seit 1849 Leiter des Burgtheaters. – *Lewald* – Johann Karl August Lewald (1792–1871), Schriftsteller, Gründer der Zeitschrift »Europa«, deren Redaktion er 1846 an Kühne abgetreten hatte; 1849–62 Regisseur des Hoftheaters in Stuttgart. – *Vischer* – Vgl. Anm. zu Tgb. 4192.

Stefan George
Werke in vier Bänden

4 Bände in Kassette
Gesamtumfang 1216 Seiten
5940 / DM 48,–

Band 1:
Hymnen · Pilgerfahrten · Algabel
Die Bücher der Hirten- und
Preisgedichte · Der Sagen und Sänge
und der Hängenden Gärten
Das Jahr der Seele
Der Teppich des Lebens und die Lieder
von Traum und Tod
Mit einem Vorspiel

Band 2:
Der siebente Ring
Der Stern des Bundes
Das neue Reich
Tage und Taten

Band 3:
Dante · Die Göttliche Komödie ·
Übertragungen
Shakespaere Sonnette
Umdichtung
Baudelaire Die Blumen des Bösen
Umdichtungen

Band 4:
Zeitgenössische Dichter
Übertragungen · Erster Teil
Zeitgenössische Dichter
Übertragungen · Zweiter Teil
Die Fibel · Auswahl erster Verse
Schlußband
Nachwort von Werner Vordtriede
Zeittafel zu den Werken

Friedrich Hebbel · Tagebücher · Band 3

Literatur · Philosophie · Wissenschaft

Friedrich Hebbel

Tagebücher
1848–1863

Band 3

Deutscher Taschenbuch Verlag

Vollständige Ausgabe in drei Bänden.
Herausgegeben und mit Anmerkungen versehen
von Karl Pörnbacher.
Text und Anhang sind der im Carl Hanser Verlag,
München, erschienenen fünfbändigen Hebbel-Ausgabe,
Werke, herausgegeben von Gerhard Fricke, Werner Keller
und Karl Pörnbacher, Band IV und V, entnommen.

Band 3 der vorliegenden Ausgabe enthält im Anhang
ein Personenregister von Karl Pörnbacher und eine Lebens- und
Werkchronik; Werner Keller erstellte zusammen mit
Jan-Dirk Müller, Köln, die Bibliographie und
ein Begriffsregister.

August 1984
Deutscher Taschenbuch Verlag GmbH & Co. KG, München
© 1966/67 Carl Hanser Verlag, München
Umschlaggestaltung: Celestino Piatti unter Verwendung
eines Porträts von Friedrich Hebbel, 1858
(Theatergeschichtliche Sammlung der Stadt Kiel)
Gesamtherstellung: C. H. Beck'sche Buchdruckerei,
Nördlingen
Printed in Germany · ISBN 3-423-05947-8

INHALTSÜBERSICHT

Tagebücher (1848–1863) 7
Anhang 399
  Abkürzungen 400
  Anmerkungen 401
  Literaturhinweise 446
  Lebens- und Werkchronik 447
  Begriffsregister 453
  Personenregister 471

1848

d. 3 Jan.

Alles geht besser. Die Patientin ist auf dem Wege, wieder gesund zu werden. Das Kind ist freilich sehr unruhig und läßt uns so wenig bei Nacht als am Tage schlafen, dennoch befindet meine Frau sich leidlich wohl. Von Engl.[änder] hatte ich heute schon einen eigenhändigen Brief. Seit 6 Tagen kam ich nicht mehr in die Luft, heute hoffe ich so weit zu kommen. Ich habe so manches zu besorgen. [4339]

Es gibt keinen Menschen ohne Sünde, denn es darf keinen geben, er dürfte wenigstens nicht auf die Erde gesetzt werden, denn er würde für die übrigen keine Duldung haben, er würde ein Schwert sein, auf dem sie sich spießten. Dramat. Charakter der Art, der mehr Unheil anrichtete, als der größte Sünder. [4340]

Manche Arten der Toleranz kann man nur auf die Gefahr hin ausüben, daß diejenigen, denen sie erwiesen werden, uns für ihresgleichen halten. Jene Idee, die ich schon in München hatte und die in der Julia nur halb verbraucht wurde: Einer heiratet ein Mädchen, das er beim Selbstmord überrascht, der treulos Geglaubte kehrt zurück und nun redet sie sich nach und nach ein, die edle Tat ihres Mannes sei eine gemeine. [4341]

Einer wird ermordet. Er lebt noch, wie man ihn findet, er sagt aus, daß er den Mörder gekannt, will ihn aber nicht nennen, weil er nicht will, daß seinetwegen jemand sterben soll. Das wird anders ausgelegt nach seinem Tode, man glaubt, es sei einer seiner Freunde pp gewesen, Nebenumstände häufen sich und ein Unschuldiger muß sterben. [4342]

d. 7 Jan.

In diesen Tagen der Verwirrung habe ich, nicht aus einem höheren Grunde, sondern bloß, um die Stunden auszufüllen,

Steffens' Memoiren wieder gelesen. Was ist doch ein Mensch, dem die Form fehlt! Ein Eimer voll Wasser ohne den Eimer!

[4343]

d. 8 Jan.

Von Ruge einen Brief erhalten, der ein weiteres Verhältnis unmöglich macht. Ich hatte ihm meine Gedichte zugeschickt; er gibt mir in seiner Antwort Belehrungen über den Versbau und die Ermahnung, den »europäischen Toten« aus dem Campo santo »nichts nachzugeben«. In dem ersten Punkt erweist er sich als anmaßlichen Pedanten, dem es entgeht, daß die metrischen Abweichungen von der strikten Voß-Platenschen Observanz in meinen Distichen nicht bloß in dem Beispiel Schillers und Goethes eine Stütze finden, sondern nur aus der völligen Unmöglichkeit, im Deutschen einen vollkommenen, einen zugleich regelrechten und dabei wohlklingenden Hexameter zustande zu bringen, hervorgehen. Der zweite Punkt kann nur aus dem Epigramm auf Tieck und dem zweiten auf das Vaterunser, oder aus dem großen philosophischen Gedicht in Terzinen, welches freilich einen Gott nennt und kennt, in sehr unberechtigtem Ärger abgezogen sein. Was soll man aber sagen zu einem Mann, der das Christentum aus der Weltgeschichte ausstreichen, d.h. zwei Jahrtausende, als nicht dagewesen und als für den Dichter und Darsteller nicht daseiend, betrachten zu können meint? Lehre: verbinde dich nie mit einem Menschen, dem das Mittel ist, was dir Zweck ist! Er lobt in seinem Brief ein Stück und schließt dann: der Schluß und die Versöhnung sind freilich theatermäßig. Das ist, als ob er sagte: ein prächtiger (logischer) Schluß, herrliche Prämissen, nur schade, die Konklusion taugt nichts.

[4344]

Mittwochs, d. 12ten Jan:,

ist mein kleines Töchterlein auf die Namen Christine Elisabeth Adolphine durch den Pfarrer der hiesigen protestantischen Gemeinde getauft worden. Paten waren Herr Adolph v Kolaczek aus Teschen und Elise.

[4345]

d. 13 Jan.

Ein großer Leichenzug zieht eben an unserem Fenster vorbei. Der Tote muß zum wenigsten Feldmarschall gewesen sein, denn ihm folgen ganze Regimenter mit Fahnen, Trommeln und Kanonen. Zum ersten Mal seh ich ein Pferd, dem die Schleppe nachgetragen wird; ein schwarzes in schwarzem Flor. Meine Frau steht neben mir am Fenster und säugt ihr Kind, das mächtig trinkt. [4346]

Kollaczek und Dr Schott in Stuttgart, wie letzterer ihn in den Klub einführen will und, als er ihn befrackt trifft, ihn ersucht, den Frack auszuziehen und in Reisekleidern zu erscheinen. – Derselbe und Auerbach, der ihm ein Souper gibt im Gasthause und ihn selbst die Zeche zahlen läßt für beide. – Kolbenheier: »ich bin ja General![«] [4347]

d. 14 Jan.

Heute habe ich meinem Bruder 10 r Pr. Cour: geschickt und das Versprechen hinzugefügt, diese Sendung jährlich zu wiederholen. Vor 3 Wochen ungefähr schrieb ich ihm seit Jahren zum ersten Mal wieder und erhielt vor einigen Tagen seine Antwort. Mein langes Stillschweigen war mir durch sein Benehmen abgedrungen; er wollte haben, immer haben und ich konnte nichts geben, da ich nichts hatte. Sein Brief gefiel mir. Wenn er ist, wie der, hat er sich geändert und alles ist gut. [4348]

d. 15 Jan:

Ohne alle Tätigkeit verstreichen mir die Tage, weil ohne allen Schlaf die Nächte. Ich stehe jeden Morgen mit einem Gehirn auf, das mir wie ausgebrannt erscheint und sicher auch ausgebrannt ist. Unser Kind ist so unruhig und mehr noch, wie sein Geschrei, stört mich die Angst. Sie ist sicher zu groß, aber nach meinen Erfahrungen doch so natürlich! Die Tragödie geht darüber in die Brüche und wie viele Pläne mit ihr! Man muß im allgemeinen, ein für alle Male, resignieren und ich tus. [4349]

Kein Tier erkennt sich, wenn es sich im Spiegel sieht. Der Hund bellt sein Bild an, wie ein fremdes. Vom Affen wird freilich erzählt, daß er sich vorm Spiegel rasiert, wenn er einen Menschen sich rasieren sah, aber auch, daß er sich die Kehle dabei abschneidet, woraus denn hervorgeht, daß der Spiegel ihm nichts über sich selber sagt. Ich glaube, das verbürgt am sichersten den Mangel an Bewußtsein in der Tierwelt, die Richtigkeit des Faktums, das ich selbst immer bestätigt fand, vorausgesetzt. [4350]

In der Maria Magdalena ist der Charakter des Leonhard vielleicht dadurch, daß die Schwierigkeit, eine Existenz in der modernen Welt zu erringen, als treibendes Grundmotiv mehr wie jetzt durchscheint, noch tiefer zu begründen. [4351]

d. 18 Jan.
Welch ein ängstlicher Besitz ist der eines geliebten Kindes! Bis jetzt ist mein kleines Mädchen nicht krank, aber auch nicht gesund. Mich erschreckt jedes Geschrei, das es von sich gibt und ich komme weder bei Tage noch bei Nacht zur Ruhe. Diesen Zoll will ich gern bezahlen, wenn es mir nur erhalten bleibt. Ist das Schicksal aber noch einmal grausam gegen mich, so steht mein Entschluß fest. Ein fünftes Kind will ich nicht haben.
[4352]

Ich weiß nicht, ob ich die nachstehende Bemerkung schon einmal niederschrieb, aber sie ist wichtig genug, noch einmal niedergeschrieben zu werden. Es gibt ein ganz untrügliches Kriterium für Genie und Talent und dies besteht darin, daß man sich frägt, wenn man sich einer imponierenden Leistung gegenüber befindet, ob man bei einer hinreichenden Potenzierung des eigenen Vermögens ihrer selbst fähig gewesen wäre oder nicht. Darf man die Frage bejahen, findet man in sich einen Faden, der, gehörig ausgesponnen, sich an den fremden anknüpfen ließe, so hat man es immer mit einem Talent zu tun und nur im entgegengesetzten Fall mit dem Genie. Im Genie liegt immer etwas durchaus Neues, streng an ein bestimmtes Individuum Geknüpftes. Der mittelmäßigste Poet, der die Abendröte besingt oder ein Sonett auf einen Maikäfer macht, würde es zu einem Gedicht, wie Schillers Spaziergang oder seine Glocke bringen, wenn seine Kraft millionenfach verstärkt würde; Schiller selbst aber würde nie einen Fischer oder einen Erlkönig erzeugen. [4353]

Auch eine Krankheit hat ihren Lohn: die reine Freude am Dasein, am Dasein selbst, nicht an einer Einzelheit desselben.

[4354]

d. 20 Jan.

O, welche Qualen knüpfen sich an den Besitz des Kindes! Es gedeiht so schön, ist schon so ausgebildet und doch – das Übel gibt sich nicht, schon zeigen sich gelinde Krampf-Anfälle und der Arzt verordnet Senfpflaster! Nie, nie wieder eins! Solche Schmerzen soll meine arme Frau durch mich nicht wieder leiden und müßt ich – Das steht fest!

[4355]

Eine ironische Situation ist die des verurteilten Verbrechers, der um Mittag hingerichtet werden soll und um acht noch frühstückt, als ob er sich wirklich noch zu ernähren hätte.

[4356]

In Goethes Wahlverwandtschaften ist doch eine Seite abstrakt geblieben, es ist nämlich die unermeßliche Bedeutung der Ehe für Staat und Menschheit wohl räsonierend angedeutet, aber nicht im Ring der Darstellung zur Anschauung gebracht worden, was gleichwohl möglich gewesen wäre und den Eindruck des ganzen Werkes noch sehr verstärkt hätte.

[4357]

Wenn jemand, der nicht selbst betrunken wäre, einem Trunkenen nachäffte, sich stellte, als ob er taumeln müsse, die Augen verdrehte u.s.w., so wäre das gewiß ein wunderbarer Anblick. Wie oft gewährt das Publ.[ikum] einen solchen!

[4358]

d. 29sten Jan:

Heute nachmittag las ich im Verein, ganz unvorbereitet, den Tod Christians des Achten, Königs von Dänemark. Ich fühlte mich tief erschüttert und bedurfte eines einsamen Spaziergangs, um meiner Bewegung Meister zu werden. Mich selbst knüpfte das Band der Dankbarkeit an ihn, denn wenn er nicht bei der Verteilung der Reisestipendien, die nur denjenigen zuteil werden sollen, die auf einer der Landes-Universitäten studiert haben, meinetwegen eine Ausnahme von der Regel gemacht hätte, so würde ich schwerlich nach Frankreich und Italien gekommen sein. Das fühlt man denn in einem solchen Moment doppelt und dreifach. Aber auch abgesehen von diesem persönlichen Bezug, hatten seine mir in Kopenhagen bekannt gewordenen Jugend-Schicksale, namentlich in der ersten Ehe, sowie seine ganze historische Stellung, inmitten so scharfer, unlösbarer Konflikte mit einem so weichen Gemüt, etwas Tragisches, das mir ein allgemein-menschliches Interesse einflößte. Der Zufall wollte nun noch obendrein, daß ich gar nichts über seine Krankheit gelesen und gehört hatte. [4359]

– Wer wird durch etwas anderes, als durch die Schönheit einer Erfindung entzündet werden und wer wird im Gestalten noch über das Gestalten hinausdenken oder wohl gar etwas bedenken! Es fragt sich nur, aus welchen Elementen sich eine solche Erfindung zusammenstellt und ob diese reine Schönheit auf dem rechten Wege zustande kommt, dadurch nämlich, daß sie vorher alle Momente des Bedeutenden, und namentlich das letzte und höchste, welches eben ein Produkt des Geschichts-Abschnittes ist, in sich aufnimmt. Unwillkürlich geschieht das immer, das Denkvermögen ist dabei durchaus nicht beteiligt pp. Von der Antwort, die es auf diese Frage hat, hängt nun aber der Gehalt jedes Kunstwerks ab; darnach entscheidet sichs, ob es *neben* dem bloßen Bilderwert, der allerdings unter Umständen auch schon ein beträchtlicher sein kann, noch einen höheren, seine Existenz zur Notwendigkeit erhebenden und im doppelten Sinn der Abspiegelung und Fort-Entwicklung historischen besitzt oder nicht. Es knüpft sich hieran für die Kunst selbst noch ein viel wichtigerer Punkt, der mich hier nicht kümmert; nur so viel ist noch hinzuzufügen, daß, je weniger die Schönheit auf dem von mir bezeichneten Wege zustande kommt, d.h. je mehr die Ideen, die das Zentrum eines Kunstwerks bilden, sich vom Konkreten entfernen und im Allgemeinen verharren, um so seltner auch die Konkretisierung und Verlebendigung dieser Ideen in ihren Trägern, beim Drama z.B. in den Charakteren, zu gelingen pflegt. pp pp (Brief an E. Palleske vom 27 Jan. 48). [4360]

Dieser gute, im übrigen geistreiche Palleske näherte sich mir brieflich mit einem Enthusiasmus, als ob es vor mir noch nie einen Poeten in der Welt gegeben hätte, stellte sich mir in seinem ersten Brief aber nur als Schauspieler dar und schrieb mir über meine Arbeiten viel Verständiges und Eigen-Gedachtes, dessen ich mich erfreuen zu dürfen glaubte, da ich von dem mir gespendeten Lob gleich 100 p. ct abzog. Ich antwortete ihm auf angemessene Weise, suchte seine Meinung von mir herabzustimmen und gab mich ihm als Mensch menschlich-teilnehmend hin. Darauf kam Prof. Dahlmann nach Wien und ich erfuhr von dessen Frau, daß mein neu erworbener Freund keineswegs bloß auf einen Schauspieler, sondern noch vielmehr auf einen Dichter ausgehe. Nun ging ein Stück: Achill! von ihm bei mir ein, das ich in Anlage und Ausführung wohl durchdacht und geistvoll finden mußte, das aber trotzdem in der Idee abstrakt und in den Charakteren unlebendig war. Ich konnte es daher nicht loben, tadelte es jedoch noch weniger, sondern gab ihm zur beliebigen Anlegung den allgemeinen Maßstab für die Erstlings-Produktion in die Hand. Die Folge war ein Brief, in dem derselbe Mensch, der die Vorrede zu meiner M.[aria] M.[agdalene] seinen dramatischen Katechismus genannt hatte, mir einfach deklarierte, daß er über den Hauptpunkt der Kunst grundverschieden denke und sich selbst nicht undeutlich als mein Vorbild hinstellte! [4361]

d. 8 Febr.

Heute morgen las ich von Karl Gutzkow eine Novelle: Imagina, die an Erbärmlichkeit noch die Seraphine übertraf. Heute abend lese ich sein Urbild des Tartüffe, habe soeben den zweiten Akt geschlossen und finde die beiden Akte vortrefflich. Geht es so fort, so hat er ein sehr gutes Stück gemacht und es soll ihm viel dafür vergeben sein. – Ich habe geendigt, das Stück ist wirklich sehr gut. [4362]

d. 9 Febr.

Tines Geburtstag. Elise hatte den guten Einfall gehabt, das kleine Kind sehr früh anzukleiden, wie es bei der Taufe gekleidet war, ihm einen Blumenstrauß in die Hand zu geben und es der Mutter beim Erwachen zu bringen. Es war allerliebst. [4363]

Das Publikum muß hingenommen werden, wie jedes andre Element. [4364]

»Hier ist ein Gift! Gib es mir denselben Tag ein, wo du mich zu lieben aufhörst! Hier ist ein Bekenntnis von mir dabei, daß ich mich selbst vergiftet habe.« Umgekehrt. Er schenkt ihr bei der Hochzeit ein Kästchen: das öffne, wenn du mich zu lieben aufhörst! – [4365]

d. 20 Febr.
Lewald sagt mir, die Idee zum Urbild des Tartüffe sei aus dem Französischen! [4366]

»Ja, würden die Jahre dessen, den ich tötete, meinen zugelegt, dann –« [4367]

Einer will einen anderen vergiften und mischt ihm Gift in den Wein. Dieser beschließt inzwischen, sich selbst zu vergiften und tut ebenfalls ein Gift hinein. Stirbt mit dem Gefühl, sich selbst den Tod gegeben zu haben und spricht es schriftlich aus, während der andere das Gegenteil glaubt, und von Gewissensbissen geplagt, sich angibt. Oder: die Gifte sind Gift und Gegengift und der Mensch bleibt am Leben. [4368]

d. 1 März.
Die dritte französische Revolution ist da, Louis Philipp entthront, die Republik deklariert! Welch ein folgenschweres Ereignis! [4369]

d. 7 März.
Heute endlich habe ich, nach drei Jahren, an Gurlitt auf die empf. 300 Taler P. C. (200 röm. Scudi) 200 T. pr Anweisung (das Honorar meiner neueren Gedichte) zurückgezahlt. Der Krieg scheint vor der Tür zu sein, man muß abmachen, was man kann. [4370]

d. 15ten März.
Ich lebe jetzt in einem anderen Östreich, in einem Östreich, worin ich sicherer bin, wie Fürst Metternich, wo Preßfreiheit proklamiert, National-Bewaffnung eingeführt, eine Konstitution versprochen ist! Wer hat Zeit, das Nähere niederzuschreiben,

aber so viel muß hier stehen! Ein ganz neues Stück habe ich, gleich nachdem ich das letzte Plakat des Kaisers vernahm, erfunden. Wenn nur ein andrer die Ideen für mich niederschriebe!

[4371]

d. 25 März.

Auch in Preußen ist alles durchgesetzt, jedoch nur nach einem furchtbaren Blutvergießen in Berlin! Der König von Preußen wußte nichts davon, daß Blut ein ganz besonderer Saft ist und Blut der Untertanen noch mehr, wie jedes andere Blut. Gleichviel, man ist am Ziel. Was aber weiter werden wird, ist schwer zu sagen und jubeln kann ich nur, wenn ich an eine spätere Generation denke, die jetzige ist wohl zu schweren Dingen bestimmt!

[4372]

»Ob Du mich liebst, will ich gleich sehen. Ich stoße mich: Du mußt den Schmerz fühlen, nicht ich, sonst ists nicht wahr!«

[4373]

Die Ernährungsfrage tritt immer mehr in den Vordergrund. Ob dabei von der Natur nicht ebensosehr auf das Meer, wie auf die Erde und die Luft gerechnet war? Den Kraken einfangen, der ein Jahrhundert vorhielte.

[4374]

Das erste Todesurteil: Pol.[itisches] Drama.

[4375]

Metternichs F..z in Anwesenheit eines gebildeten Mannes.

[4376]

Das Duell, das über einen Hund entsteht. Der Geforderte haut demjenigen, der wegen des Hundes forderte, die Nase ab, der Köter verschluckt sie. (Prechtler) [4377]

Einer berühmt sich einer Heldentat, die er erlügt, wird Lügen gestraft, fordert und wird im Duell getötet. Ironie.

[4378]

Ich sagte längst: Östreich kommt mir wie ein Leichnam vor, der vorm Sterben die Geier, die ihn zerhacken sollten, selbst mit

Ketten an sich befestigte: Ungarn, Böhmen, Lombardei. – Nun
zeigt sichs. – [4379]

d. 28 März.

Die großen Welt-Ereignisse greifen auch in meinen kleinen
Privatkreis hinein. Das Hofburgtheater wird meine Stücke spielen, Julia ist angenommen, Holbein zeigte es mir heute morgen
persönlich an. Wer Kind genug wäre, sich darüber freuen zu
können! Mir schmeckt das Ei nicht, das der Weltbrand geröstet
hat. [4380]

»Der Goldfisch hat in einem Glase Raum,
     Der Walfisch braucht den ganzen Ozean![« [4381]

d. 29 März.

Gestern abend befand ich mich in dem Verein der Volksfreunde, wie sie sich nennen. Zerboni lud mich dazu ein und
führte mich hin; ich hatte ihn lange nicht gesehen und konnte
es ihm nicht abschlagen. Wenn alle Vereine dieser Art so sind,
so gibt es nichts Harmloseres. Reden, anderthalb Stunden lang,
wurden gehalten, aus lauter trivialen Phrasen bestehend, Debatten
über kümmerliche Abstraktheiten wurden geführt und Beschlüsse
der lächerlichsten Art gefaßt. Dabei ward denn gegessen und
getrunken, und alles dutzte sich. Hätte ich nicht gefürchtet, zu
beleidigen, ich wäre nach einer halben Stunde wieder fortgegangen. Nein, meine Herren, nein! So langweilte ich mich noch
nie! Sich die Nägel beschneiden, ist Amüsement dagegen.

[4382]

Eine Angeklagte, die sich in den Richter verliebt und nun
anfangs leugnet, weil sie sich ihres Vergehens dieser Liebe wegen
schämt, dann gesteht, um sich sittlich zu erheben vor ihm. »Ihre
Augen habens gewirkt, nicht die Gesetze.« [4383]

»Die jüdischen Grabschriften sind der vorläufigen Zensur zu
unterziehen und dem Kreisamt durch die Judenschaft in 3 Ex. zu
überreichen!« (Also Zensur des Hebräischen.)
Böhmische Gubernial-Verfügung v. 10 April 1810. (Schletter.)
[4384]

Es darf niemand ein von der inländischen Zensur verworfenes Mspt anderen mitteilen oder mit Gefahr weiterer Ausbreitung *aufbewahren!*

Zensur-Ordnung vom 22 Feb. 1795. (Schletter.) [4385]

ad *Zu irgend einer Zeit.*
Kindsmörderin-Prämie. Astronom: »ich verliere die Natur-Gesetze. (zum Schluß) ich hab sie wieder; die Erde ist aus ihrer Bahn gewichen: sie wird zertrümmern! Ende des Planeten.[«])
[4386]

Die Freiheit soll nicht erlernt werden, man soll sich nur wieder auf sie besinnen. [4387]

Beim Pistolenladen: »ich lade den Tod hinein![«] [4388]

d. 18 April.
Die lieben Östreicher! Sie sinnen jetzt darüber nach, wie sie sich mit Deutschland vereinigen können, ohne sich mit Deutschland zu vereinigen! Das wird schwer auszuführen sein, ebensoschwer, als wenn zwei, die sich küssen wollten, sich dabei den Rücken zuzukehren wünschten! [4389]

Der Krieg ist die Freiheit gewisser Barbaren, darum ist es kein Wunder, daß sie ihn lieben. [4390]

Wie Menschen zusammenkommen. Man geht ins Wirtshaus und findet für seine Lebenszeit einen Freund. Die Gattin.
[4391]

Der Jüngling kann vom Mann nichts wissen, der Mann aber weiß vom Jüngling, denn der Mann ist Jüngling gewesen, der Jüngling soll erst Mann werden. [4392]

Der Kommunismus kann momentan siegen, d.h. er kann sich so lange behaupten, bis er alle seine Schrecknisse entfaltet und die Menschheit mit einem für alle Zeiten ausreichenden Abscheu getränkt hat. [4393]

d. 1sten Mai.

Es ist seltsam, daß der Frühling mir so feindlich ist. Das wiederholt sich nun schon seit so vielen Jahren. Immer eine Dumpfheit im Kopf, eine Abgespanntheit in allen Gliedern, als ob ich auseinanderfallen sollte! [4394]

d. 7ten Mai.

Die Zeitungen bringen eine Nachricht, die mich empört. Herr Herwegh, der poetische Rhetor, ist mit Freischaren in Deutschland eingefallen, um die Republik zu etablieren. Das war, den Stand der Dinge, wie er ist, ins Auge gefaßt, schon viel, aber ich war weit entfernt, es hart zu richten, denn man kann von niemand mehr Verstand verlangen, als er hat. Aber, wie gings weiter! Als es zwischen diesen Freischaren, armen Arbeitern, die durch unwahre Vorspiegelungen in Frankreich zusammengebracht worden waren, und den württembergschen Truppen zum Zusammenstoß kam, lief Herr Herwegh davon, ehe der Kampf noch begann und ließ die Seinigen im Stich. Das ist niederträchtig, denn wenn ein solcher Mensch nicht ras'te, sondern rechnete, wenn ihn nicht ein blinder Fanatismus trieb, sondern eine kaltblütige Kalkulation, so ist er ein Verräter am deutschen Volk. Man deckte ehemals die Lücken des Poeten mit dem Helden; man wird doch jetzt die des »Helden« nicht mit dem Poeten decken wollen! Zu einem Poeten an sich gehört vielleicht nicht unbedingt der Mut, obgleich er beim echten selten fehlen wird; aber zu einem Poeten, wie Herwegh, gehört er. [4395]

d. 9ten Mai.

Gestern abend brachte das K. K. Hofburgtheater meine Maria Magdalena, unverkürzt und unverändert. Das Stück war eine Bildungsprobe für das Wiener Publikum, es fand aber den ungeteiltesten Beifall und machte auch nicht in dem bedenklichsten seiner Momente die Prüderie rege. Der Grund ist einfach darin zu suchen, daß das Stück ein darstellendes ist, daß es nicht, wie dies z. B. in Laubes sonst sehr verdienstlichen Karlsschülern geschieht, ein durch den Witz zusammengesetztes Mosaikbild gibt, daß es zeigt, was aus- und durcheinander folgt, nicht, was sich nach- und nebeneinander ereignet. Denn kein Mensch ist so blöde, daß er sich gegen die Notwendigkeit auflehnte; da das Wesen der Darstellung nun aber eben in der Veranschaulichung der Notwendigkeit besteht, so ist sie des Erfolgs sicher, was den Hauptpunkt betrifft, und es handelt sich nur noch darum, ob die Anerkennung, die ihr nicht versagt werden kann, in der Form der Liebe oder des bloßen Respekts hervortritt. In meinem Fall waren Respekt und Liebe gemischt. Freilich war die Darstellung auch eine unvergleichliche; Anschütz als Meister Anton stellte ein ehernes Bild hin und Tine legte ein zerfleischtes Herz auf eine mich so erschütternde Weise bloß, daß ich für sie zitterte und bebte. Ich hatte mich auf eine Galerie begeben und war fest entschlossen, für den Fall des Gerufenwerdens nicht zu erscheinen, blieb auch, wo ich war, trotzdem, daß dieser Fall gleich nach Schluß des ersten Akts schon eintrat und sich beim Schluß des zweiten wiederholte. Dann aber ließ Tine mich herunterholen und ich mußte mich ungeachtet meines Ekels gegen dieses Hervortreten mit der eigenen überflüssigen Person entschließen, das nachzumachen, was ein Schock Narren vorgemacht hat. Ich fühlte, daß die Schauspieler in ihrer Behauptung, alles stehe für mich und meine künftigen Stücke auf dem Spiel, nicht unrecht hatten und beugte mich der Notwendigkeit. [4396]

d. 20sten Mai.
Eben ruft Tine mich, um mir etwas Merkwürdiges zu zeigen. Sie steht am offnen Fenster und liest ihre Rolle durch – die der Clara in Maria Magd:, die morgen ist – da fliegt eine Schwalbe vorbei, entleert sich ihres Überflusses und so, daß es mitten ins Zimmer fliegt! [4397]

Menschen verlassen, selbst ihrem Äußern nach, die Erde immer vertiert oder dämonisiert. [4398]

Ein halber Sieg der Idee ist schlimmer, als eine völlige Niederlage. [4399]

Der Tannzapfen ist die Karikatur der Ananas. [4400]

Die griechischen Dichter auf den Schulen lesen und sich mit ihren Schönheiten vertraut machen sollen, ist geradeso, als wenn man den menschlichen Körper schön finden sollte, während man ihn seziert. [4401]

»Ich zeige die Wunde am Körper auf, nun sagt man, ich sei in Wunden verliebt.« [4402]

Es kommt zuweilen wie für den einzelnen Menschen, so für ein ganzes Volk ein Moment, wo es über sich selbst Gericht hält. Es wird ihm nämlich Gelegenheit gegeben, die Vergangenheit zu reparieren und sich der alten Sünden abzutun. Dann steht aber die Nemesis ihm zur linken Seite und wehe ihm, wenn es nun noch nicht den rechten Weg einschlägt. So steht es jetzt mit Deutschland. [4403]

Der Mensch kann die Natur nicht erreichen, nur übertreffen; er ist entweder über ihr oder unter ihr. [4404]

Lustspiel: Das Entsetzen aller Völker über das Erwachen Deutschlands. [4405]

»Ein östreichischer Bauer nimmt immer eine Gabel, ein Schnupftuch und ein Häusel-Papier mit ins Grab.« – Seine Hand nämlich. (Dr Wildner) [4406]

Wie man die Prinzen in der Jugend physisch zu verderben sucht, so später durch den Gedanken des Absolutismus. [4407]

Ein Wurm wird noch während des Weltuntergangs schmarotzen. [4408]

Erzherzog Johann.
»Durchaus konstitutionell.« Annäherung des Kaisers nach Wien. Polen. »Ein Wunsch, den jeder als Jüngling sonst einzeln durchmachte, jetzt massenhaft. Jugend: Keim der Zukunft. »Reif für eine gewisse Sache!« Ital: Krieg – nutzloses Völker-Duell der Ehre wegen. Frieden um jeden Preis. [4409]

In Tyrol sah ich die »Fleischblume« wie sie in Wesselburen heißt, wieder. Seit ich Wesselburen verließ, nicht mehr. Seltsamer Eindruck. [4410]

Es wird hinten am Steißbein, wo sich die ersten kalten Schauer zeigen, ein in kaltes Wasser getauchtes baumwollnes Tuch appliziert, um Wärme zu sammeln und Schweiß zu treiben.

(Dr Wildner) [4410a]

d. 20 Juni.
Man reißt jetzt das Pflaster des Staats und der Gesellschaft auf. Ich habe dabei ein eigentümliches Gefühl. Mir ist, als ob dem Bau, der jetzt zerstört wird, uralte Erfahrungen zugrunde lägen, aus Zuständen gewonnen, wie sie jetzt wieder im Anzug sind, als ob jeder Pflasterstein auf der umgekehrten Seite die Inschrift trüge: auch wir wissen, daß dies ein Pflasterstein ist, wenn wir ihm gleich das Bild eines Gottes aufgeprägt haben; seht ihr zu, wie ihr ohne Pflastersteine, die man für mehr als Pflastersteine hält, fertig werden wollt! [4411]

Ein Pfarrer, der im Ruf der Heiligkeit steht, besucht nichtsdestoweniger von Zeit zu Zeit ein Bordell. Ein Mädchen wird bestochen, ihn zu verraten. Es geschieht. Als man eindringt: »ich wäre der? O nein! Das ist ein Mann –« Nun lobt er sich selbst. Dann singt er zum Beweis, daß ers nicht sei, Zotenlieder. »»Nun wir glaubens, das tut kein Geistlicher. Aber um ganz sicher zu gehen – Eure Frau!«« [4412]

Der Blinde muß tasten, um sich zu orientieren; der Sehende hat das nicht nötig. Das Talent muß reflektieren; das Genie schaut an. [4413]

Die ganze dramatische Kunst hat es mit dem Unverstand und der Unsittlichkeit zu tun, denn was ist unverständiger und unsittlicher, als die Leidenschaft? [4414]

Der Maler stellt sein Bild auf einmal als ein Ganzes vor dem Publikum hin; der dramatische Dichter muß es vor den Augen des Publikums ausführen und wird nun leider nach den einz. Strichen beurteilt, nicht nach der daraus entspringenden Totalität. [4415]

d. 12 Juli.

Schullehrer Paul Gamsjäger aus Naßwald bei Reichenau. 26 Jahre nicht in Wien. Jetzt, um sich Zähne einsetzen zu lassen, Klopstocks Messias zu kaufen und ein Buch mit Leichenreden, die er immer statt des Pfarrers halten muß, aufzutreiben. Schenkte ihm Goethes Hermann und Dorothea. Rührendes Bild des Vorwärtsstreben aus dem äußersten Vorhof in den Tempel der Wissenschaft. Die ganze Bildung aus der Bibel gezogen, immer Sprüche im Munde, aber nur, wo sie aufs beste paßten. »In alle Ewigkeit mögte ich nichts, als Schullehrer sein. Freilich nur 400 fl Schein jährl. Gehalt. Aber wenn der Herr mich fragte: hats dir je gemangelt, so müßt ich mit Beschämung antworten: nein, Herr!« Nicht um die Welt hätte ich gegen diesen würdigen Alten ein Wort gegen Religion gesagt. Große, eisenbeschlagene Schuh, grüner Rock und dito Kappe. War bei uns zum Kaffee. Gefiel ebensosehr meiner lieben Frau. [4416]

Der Bilderreichtum mittelmäßiger Poeten geht immer aus ihrem Denk-Unvermögen, aus ihrer Unfähigkeit, den Gedanken aus seiner rohen Vorstellungs-Schale herauszulösen, hervor. Mittelmäßige Kritiker halten aber das, was nur Vorstellung, d.h. *noch nicht einmal* Gedanke ist, für Anschauung. Die Anschauung umfaßt immer den Gedanken und die Vorstellung zugleich. [4417]

Wenn man über einen Menschen sagte: es charakterisiert ihn, daß er Nase, Augen und Mund hat, so würde man ausgelacht. Unsre Kunstkritik macht es jeden Tag so. Sie rechnet dem Individ.[uum] an, was dem Genus anzurechnen ist. Aber freilich, wo Pferde und Kühe für Menschen passieren, sind Nase, Augen pp wirklich Vorzüge. [4418]

Ob ein Auge braun oder blau, die Sehkraft ist dieselbe. Form. [4419]

Die Ehrfurcht, die jedem Menschen vor jedem anderen Menschen innewohnt und ihn ein größeres oder kleineres Gewicht auf jedes Urteil eines solchen legen läßt, ist ein Ausfluß der reinsten Pietät und der beste Beweis dafür, daß es ein Gemein-Gefühl gibt, vermöge dessen wir uns eben alle als Glieder eines zusammenhängenden großen Organismus fühlen, des Organismus der Menschheit nämlich. [4420]

Die Kunst ist nur eine höhere Art von Tod; sie hat mit dem Tod, der auch alles Mangelhafte, der Idee gegenüber, durch sich selbst vernichtet, dasselbe Geschäft. [4421]

Lümpin! [4422]

Daß die Tiere kein Bewußtsein und keine Intelligenz haben, wird durch nichts so schlagend erwiesen, als dadurch, daß sie sich nicht untereinander gegen ihren Tyrannen, den Menschen, verbinden. Der Erfolg könnte nicht zweifelhaft sein. [4423]

Ein Mensch, als Uhr, die Zeit an den Pulsschlägen abzählend: 60 – eine Minute pp pp pp [4424]

Wunder-Wasser! Sowie man es in den Mund nimmt und an einen bestimmten Wein denkt, verwandelt es sich in den. [4425]

Jüngster Tag. Eine ungeheure rote *Blume*, die alles Rot einsaugt und mit der alles Rot aus der Welt weicht, eine blaue u. s. w. Halb erträumt. [4426]

Klavierspieler-Talente, bevor die Klaviere erfunden waren. [4427]

Wenn man eine lustige Gesellschaft, eine fröhliche Familie sähe, singend, trinkend, vergnügt, aber hinter jedem stünde, von ihm nicht gesehen, ein Henker mit blankem Schwert, so würde die Lust nur Grauen einflößen, keiner würde noch über einen Witz, der vorfiele, lachen oder ein Lied, das angestimmt würde, mitsingen. Gerade so aber geht es in der echten Tragödie her und dennoch lacht das Publikum, dem Dichter zum Entsetzen, über die nur des Kontrastes wegen eingestreuten komischen Elemente, weil es für die Totalität der Komp.[osition] k.[eine] Augen hat. [4428]

Der Arm kann freilich das Herz durchbohren, das ist aber auch sicher seine letzte Tat.   Kor.[respondenz] B.[ericht] von mir.

[4429]

Es gibt Leute, die es glauben würden, wenn man ihnen einreden wollte, die Äpfel seien nicht auf dem Baum gewachsen, sondern vom Himmel auf ihn herabgeworfen und angeleimt.

[4430]

d. 9 August.
Die letzten 14 Tage, vorzüglich aber die allerletzten 3 bis 4, habe ich mich einmal wieder so recht Poet gefühlt. Der 4te Akt der Mar:[iamne] ist entstanden bis auf weniges. So strömte es in mir zur Zeit der Genoveva. [4431]

Es ist nicht die geringste Tat der Menschen-Spitzen, daß sie die Basis begreifen. [4432]

Der Verstand macht so wenig die Poesie, wie das Salz die Speise, aber er gehört zur Poesie, wie das Salz zur Speise. [4433]

»Im Hause Habsburg geht eine Sage, daß in schlimmen Zeiten ein Blödsinniger in ihm geboren wird, das ist dann der Genius des Geschlechts.«   Mad: Kracher.
Übrigens poetisch. [4434]

d. 22 Aug:
Mit meiner poetischen Stimmung ist es wieder vorüber, hauptsächlich durch kleine äußerliche Verdrießlichkeiten, namentlich auch dadurch, daß ich Holbein die ersten vier Akte mitgeteilt habe, der mir zwar allerlei Verbindliches darüber schreibt, das er auch ehrlich meinen mag, die sofortige Aufführung aber ablehnt. Man sollte vorsichtig werden; die Stimmung des Dichters hat zu viel vom Nachtwandeln, sie wird ebenso leicht gestört, wie der Traum-Zustand, worin dies geschieht. Sonderbar ist es, daß ich in einer solchen Stimmung immer Melodieen höre, und das, was ich schreibe, darnach absinge; so diesmal vorzüglich die Stelle:

»Titus, du siehst, wie meine Tochter trauert!«
Akt vier ist fertig. [4435]

d. 23 Aug.
Mir träumte gegen Morgen von einem Menschen, der sich dorthin, wo andere das Herz sitzen haben, ein spanisches Fliegenpflaster legte, um doch auch etwas zu fühlen. [4436]

Malen und Dichten in Deutschland: Gemälde-Galerie für die Fische anlegen. [4437]

Brief an Franz vom 25 Aug 48.
– »Ehemals mogte es mir reizend vorkommen, mich den guten Pfahlbürgern des guten Wesselburens im Geist belorbeert zu präsentieren. Jetzt hätte ich ungefähr ebenso viele Lust dazu, als eine Dame haben mag, sich in der neusten Pariser Toilette den Fischen zu zeigen. Es gibt eine Zeit, wo man einem Haushund Komplimente macht, bloß um zu sehen, ob man sich auf die edle Kunst versteht; später spart man sie so lange, bis man notgedrungen scharwenzeln muß. [4438]

d. 27 Aug.
Heute abend reiste Elise wieder nach Hamburg zurück und nimmt den Knaben mit. – Eine Periode, von der ich nicht weiß, ob sie segenbringend war oder nicht. Der erste Zweck wurde freilich erreicht: sie wurde ihrer Selbst-Quälerei entzogen.

[4439]

»Werde nicht krank! Und wenn du krank wirst, werde wieder gesund!« [4440]

»Ich wollte, du arme Seele, es gäbe einen Himmel, damit du für alle deine Leiden Vergeltung erhieltest, ich wollte es, obgleich es für mich dann auch eine Hölle gäbe!« [4441]

Zwei Ehegatten, entschlossen, zusammen zu sterben, wenn einer stirbt. Gift. »Wirst dus mir reichen oder ich dir?[«] [4442]

»Die sind alle zusammengelaufen, um den General des Herrn zu erblicken!« »»Es würden noch mehr gekommen sein, wenn sie mich hängen sehen könnten.««

Hist: Antwort von Cromwell. [4443]

Suwarow führt seinen Sohn zum erstenmal zur Kaiserin Katharina, läßt ihn aber erst im Vorgemach die Runde machen mit Verbeugungen und zwar so, daß der Vornehmste die kürzeste erhält, der Ofenheizer die tiefste. »Der ist, was er werden kann; dieser kann noch alles werden.[«]

Arndt aus m:[einem] Leben. [4444]

Zu Suwarow in seinem hohen Alter schickt Kaiser Paul als Spion einen von ihm zum General ernannten ehemaligen Nägel- und Leichdorn-Beschneider. Suw: stellt sich, als ob er ohne alle Erinnerung sei. »Ja, ja, ich kenne Sie, auf dem Schlachtfeld bei – eroberten Sie eine Fahne.« – Nicht ich, Exellenz. – »Nein, nein, aber bei – taten Sie das! – »Nicht ich, Ex.[«] – So fort, bis er auf seinen früheren Stand kommt und erklärt, nur durch des Kaisers Gnade G.[eneral] zu sein. Da ruft S. seinen Haiducken, prügelt ihn und sagt: Täglich arbeite ich an dir und nichts wird aus dir, sieh den Herren hier an, der war, was du bist, was ist er jetzt?

Ebenda. [4445]

Sogar der Wind bestellt zuweilen einen Brief. [4446]

d. 7 und 8 Sept. in Baden. Deutscher Krieger. Vorstellung für die Armen. Schöne zwei Tage. Kalvarienberg. [4447]

»Aus Gummi-Elastikum hat die Natur mich nicht gemacht: sie hatte den edlen Stoff zu sehr vergeudet.« [4448]

Die Lücken der Geschichte bemerkt der Mensch erst, wenn sie ausgefüllt werden; keine Ahnung vorher. Dampfschiffe. [4449]

»Sind nur die Elemente erst geläutert,
   So wird die reinste Form von selber kommen![«] [4450]

Der Mensch ist eine vollständige Menagerie. [4451]

Szene: Das Mädchen, welches den Geliebten untreu glaubt, sagt zu ihm: ich liebe einen anderen! Sie tuts, um ihn zu prüfen; als er erfreut darüber ist, tötet sie sich. [4452]

d. 22 Septber.
Ich habe einiges von den Feuerbachschen Sachen gelesen und finde Kolazceks Wort bestätigt, daß ich in unendlich vielem mit ihm übereinstimme. Manches habe ich gefunden, was ich schon 1835 dachte und in einem alten Tagebuch (N: 1) aussprach, so z. B. über Zeit und Raum. In Hamburg hatte ich sein Wesen des Christentums in Händen, blätterte aber nur darin. Die Gründe, worauf der Glaube an Gott und Unsterblichkeit sich bis jetzt stützte, widerlegt er vollkommen, das ist wahr. Ob es aber, was wenigstens die Unsterblichkeit betrifft, nicht noch andere gibt? Ich denke manches, was ich nicht aufschreiben mag. In den Lebens-Gesetzen gibt es etwas Mystisches; in den Denk-Gesetzen nicht auch? – [4453]

Es ist ein anderes, ob der Welt-Apfel dein Apfel ist, oder der Apfel des Apfelbaums. [4454]

Man muß dem Blinden nicht von der Farbe reden wollen. Schon deswegen nicht, weil er sie besser zu kennen glaubt, als der Sehende. [4455]

Man entwickelt sich durchs Leben fürs Leben: die Momente fallen zusammen. [4456]

Den 27 Septbr 1848 [4457]

Wenn man in ein Zimmer eintritt, worin Reseda steht, so spürt man den Duft; ist man fünf Minuten darin, so ists vorbei. So ists mit allem in der Welt. [4458]

Das Händchenfalten und an die Brustdrücken meines Töchterchens, wenn man es nimmt. [4459]

Für mich den Wein, für das Kind die Beere. [4460]

d. 14ten Nov. 1848.
Heute mittag um halb 12 Uhr habe ich endlich die Mariamne geschlossen. Die Haupt-Szene des 5ten Akts, die sechste, zwischen Mariamne und Titus wurde während der Wiener Schrekkenszeit geschrieben. Ja, das Werk war mir im Element des nach jeder Seite hin Widerwärtigen die einzige Rettung und es stand mir auch mit Frau und Kind, für die ich zitterte, in gleicher Linie. Ich glaube, einen Fortschritt gemacht zu haben. Angefangen wurde sie den 23. Februar 1847. [4461]

Kämpfen ohne Haß. [4462]

Jul: Caesar von Sh:[akespeare] die Irren erschlagen ihren Arzt. [4463]

Ein Mörder. Strafe: Dich darf jeder töten. [4464]

Hintermann drückt Vordermanns Gewehr ab, ohne daß der es merkt. [4465]

»So etwas ist schon Hut auf.« Über ein Verbrechen. [4466]

»Das kleinste Tier ist der Tyrann des größten,
Denn dies hat keine Waffen gegen das.[«] [4467]

»Ich fürcht, wenn Sonn und Mond zusammenstoßen,
Fühlts auch der Wurm, der sich im Schlamm verkriecht.[«] [4468]

Solang es mehr als einen König gibt, gibts keinen. [4469]

Vom kl. Menschen wird der große mit Notwendigkeit verkannt. [4470]

Antonius. »Ich kann nicht König sein, doch Kön'ge machen.[«] [4471]

Ein Mensch, der alle Blumen abrupft, die er sieht. [4472]

Her:[odes] Ich sah auf dem Schlachtfeld einen Sterbenden, den ein Insekt stach. Sein letztes ein Insektenstich. [4473]

Dr W. aus Hamburg hat in das gedruckte Mspt eines seiner Stücke die Beifalls-Äußerungen, die es gefunden, als mit dazu gehörig eingezeichnet, z. B:
H. Großer Beifall. M. Ungeheurer u. s. w.
Der sollte dem Publikum aber auch einen Souffleur bestellen. [4474]

»Sie zanken sich um des K.[aisers] Bart und der K. hat keinen Bart.« Graf Breda. *Kaiser.* »Ich hab den Wienern alles gegeben, wie – mein Vater seliger.« Ders. W. »Wenns aus ist, muß ich nach Amerika.« Dr Böhm. [4475]

Man fängt nicht den Verbrecher, sondern seinen Hund und entdeckt den durch diesen. [4476]

Der Rabe eines Knaben stiehlt und verschluckt einen Ring. Der Knabe, um den Raben vorm Aufschlitzen zu retten, sagt, er habs selbst getan, macht sich anheischig, ihn in kurzer Zeit wieder zu liefern, hofft, daß der Rabe sich seiner entledigen wird. Kollisionen. Gilt noch später für einen Dieb. [4477]

d. 16 Dez.
Heute erhalte ich einen Brief von meinem Bruder Johann aus Holstein, worin er mir meldet, daß er, der Kriegsläufte wegen, weil er »kein Held und kein Krieger« sei, sich verheiratet habe, indem die Unverheirateten beim bevorstehenden Dänenkampf zuerst ins Feuer müßten. [4478]

Abends lese ich in der Allgemeinen Zeitung, daß auf einem Englischen Dampfschiff 150 Auswanderer während eines Sturms, eingepfercht in eine kleine Kajüte, wie sie es waren, und außerstande, sich bei dem Toben der Elemente den Matrosen vernehmbar zu machen, bis auf einige wenige erstickt sind.
Komödie und Tragödie in einem Tag! [4479]

d. 25 Dez.

Der gestrige Weihnachts-Abend wurde auf eine fast vornehme Weise bei uns gefeiert. Ein Tannenbaum für das kleine Titele, an dem mehr hing, als ich mein ganzes Lebelang beschert erhalten habe; freilich alles von außen her ins Haus geschenkt, sonst wär es sündlich gewesen. Gesellschaft; Fasanen, Karpfen, Champagner, unerhört, wie weit man es auf Erden bringen kann. Meine liebe Frau schenkte mir Walter Scotts Romane, die ich längst gern besessen hätte; Frau von la Roche überraschte mich mit einem Autograph von Goethe! [4480]

d. 31 Dezbr.

Das Jahr ist wieder herum. Es hat Deutschland eine Revolution gebracht; ob mehr, soll sich erst zeigen. Alle Erbfehler unserer Nation stehen wieder in voller Blüte; hie Gelf, hie Ghibelline! Mich wundert nur, daß in dem Körper eines Deutschen Einigkeit herrscht, daß sich nicht das Herz gegen den Kopf, der Arm gegen das Bein empört. Zu einem imponierenden, wohl gegründeten Staatsbau werden wir es wohl nicht bringen, das ist unmöglich, wo jeder Stein Schlußstein werden will. Aber der Absolutismus ist doch, wie es scheint, beseitigt und daß der nicht wiederkehren kann, mögte ich hoffen. Das ist denn freilich schon ein unendlicher Gewinn. Hier in Wien machte ich den Oktober mit durch; ich schloß meine Mariamne in dieser Zeit, sonst hätte mich das Element des Widerwärtigen vielleicht erstickt. Furchtbare, ekelhafte Tage; man erfuhr, was das Chaos eigentlich für ein Ding ist und lernte das *Pflaster* der Sozietät, von dem niemand mehr weiß, wie schwer es zu legen war, gründlich schätzen. Ich sah in die Vergangenheit bis in den mit Bären bevölkerten deutschen Urwald hinein. Ein Tagebuch hätte ich führen sollen; doch durch zu ängstliche Bemühungen, außerordentliche Eindrücke festzuhalten, stumpft man sich selbst ab und raubt ihnen ihr Frisches. – Mein kleines Mädchen gedeiht und macht mir große Freude; an meiner lieben Frau ängstigt mich ein hartnäckiger Husten, den die Ärzte freilich für die Folge eines Schleimhaut-Kitzels erklären, der nichts bedeutet. Mögen sie recht haben! Als Deputierter des Schriftsteller-Vereins machte ich im Mai eine Reise nach Tyrol zum Kaiser und war Sprecher bei der Majestät; über diese verfaßte ich einen in der Donauzeitung veröffentlichten Bericht. Gearbeitet: die letzten drei Akte der Mariamne; den ersten Akt eines Schauspiels: die Schauspielerin; zwei Kritiken in den Wiener Jahrbüchern über Schillers Briefwechsel mit Körner und über Holzmanns Übertragung indischer Gedichte; eine gründliche Besprechung der hiesigen Aufführung von Schillers Wallenstein und eine Rezension von Massingers Ludovico; drei Gedichte, worunter Mensch und Erde; und seit März zirka 30 Artikel für die Augsburger Allgemeine Zeitung. Drucken ließ ich nichts Größeres, nur unnützer Weise als Mspt die Julia; an Kleinigkeiten, außer den angeführten, noch zwei Fragmente über Paris und Lord Byron in Kühnes Europa und etwas über Kleists Käthchen in Rötschers Jahrbüchern. Da ist alles. In Wien wurde 9 mal gegeben die Maria Magdalena; sie hätte 18 mal gegeben werden können, wenn der Direktor, als Verfasser von Fridolin nicht gegen alles, was Poesie enthält, eine Antipathie hätte. Bekanntschaften: Prof. Seligmann, Auerbach, Frau von Goethe u.s.w. – So stehts! Möge mir nur bleiben, was ich habe, mehr will ich vom neuen Jahr gar nicht fordern [4481]

1849

Mariamne hat 3330 Verse; Schillers M.[aria] Stuart zirka 4350; also Gottlob immer noch ein Überschuß von 1000.

```
                        Akt 1 – 664.
                        Akt 2 – 745.
                        Akt 3 – 545.
                        Akt 4 – 670.
                        Akt 5 – 702.
                        zus:   3326.
Für die Darst: in Wien herausgenommen etwa  108
                        rest:  3218
                        und noch 175
                               3043 Verse.
```

[4482]

»Und glaube mir, daß es Naturen gibt,
Die jeden täuschen müssen, welcher ihnen
Nicht ganz vertraut und die nicht in der Probe,
Nein, durch die Probe selbst, zugrunde gehn,
Weil sie zu zart, zu edel für sie sind.« [4483]

Lindenkohle, präpariert, gut gegen Hals-Entzündung. [4484]

d. 10 Jan:
Wie vieles bleibt dem Menschen doch, trotz der redlichsten Bemühungen, allgemein, d.h. tot, obgleich es ihn in nächster Nähe umgibt, ja zu ihm selbst gehört! Davon mache ich eben heute eine Erfahrung. Sechsunddreißig Jahre spreche ich nun schon; heute zum erstenmal erstaune ich über das physische Wunder, das dem Sprechen-Können zugrunde liegt, über den Ursprung der Tonbildung aus Zungenschlägen und Lippen-Bewegungen, die so wenig ins Bewußtsein fallen, wie die Entstehung des Gedankens. – Dann im Auge die *brennende* Materie, die der Sprache zu Hülfe kommt und sie oft ersetzt! [4485]

Das alte Gedicht von mir:
»Gott spricht noch einmal, du bist wohl gemacht pp[«]
und sein tiefer Grundgedanke. [4486]

»Kleist war gegen Kritik sehr empfindlich.« Bülow. Warum? Weil er mit Notwendigkeit so und nicht anders produzierte.
[4487]

»Ich muß wohl glücklich sein,
Man hält mich ja dafür!« [4488]

Der Maler: »Lächle, lächle, schönes Kind!« Nicht meinetwegen. Aber, wenn du nicht mehr bist, wird dies Lächeln noch deine Kinder, Fremde u.s.w. erfreuen! [4489]

Eine Frucht, jedem tödlich, nur den Königen nicht. [4490]

Eine garstige alte Vettel, zum Tode verurteilt. »Wenn dich einer heiraten will, sollst du leben.« Nun stellt sie am Pranger ihre Reize zur Schau. [4491]

Schauspieler, die jeder aus dem Parterre ersetzen kann. [4492]

»Und schlägt man dann den Kopf mir ab,
Brauch ich ihn nicht mehr zu tragen.« [4493]

»Gib du mir frei Brot, ich gebe dir dafür freie Medizin.«
[4494]

Wer mich schöner macht (im Bilde) als ich bin, der erweist mir einen ebenso schlechten Dienst, als wenn er mich für einen Flötenbläser ausgäbe, der ich nicht bin. [4495]

Stücke, in denen die Menschen über einen Flohstich in Verzweiflung geraten. [4496]

»Atemholen ist Arbeit für ihn!« [4497]

»Man reißt ein Haar dir aus
Und spricht: das ist der Kerl!« [4498]

Man muß den Wanzen nicht beweisen wollen,
Daß sie sich selber knicken sollen. [4499]

Zweimal zwei ist fünf. »Das ist nicht wahr, aber poetisch!«
[4500]

Beim Einschlafen reckt sich alles. [4501]

»Wissen Sie nicht etwas von Sch –?« Shakespeare hat viel Gutes über ihn gesagt; im Polonius nämlich! [4502]

»Ich will mich des objektiven Stils befleißigen.« D.h. ich will ein Millionär werden! [4503]

Wer blind ist, kann mit Überzeugung behaupten, daß ich ohne Nase bin. [4504]

Für den Blinden ist der tastbare Letternkasten lesbarer, als das Buch. [4505]

»Der Unglückliche ist immer mein Bruder, der Glückliche selten.« [4506]

Wenn der Arzt eine Reise verordnet, sollte der Apotheker das Geld hergeben. [4507]

Einer schwört einen falschen Eid, aber nur in seiner Einbildung, denn er hat sich über die Sache getäuscht, sie verhält sich, ohne daß ers weiß, so, wie ers beschwört. [4508]

»Der hat dich verleumdet! Aber, er hat orthographische Fehler dabei gemacht!« [4509]

Zwei reden miteinander, der eine spricht deutsch, der andere französisch, sie verstehen einander mit keinem Wort, unterhalten sich aber recht gut. [4510]

Viele böhmische Schneider, die in Wien leben, lernen kein Deutsch, vergessen aber ihr Böhmisch. (Dr Tedesco.) [4511]

Geburtstage meiner neueren Gedichte

Liebeszauber. d. 18 Jan: 1844. Paris.
Das Opfer des Frühlings. d. 18 März 1845. Rom.
Das Venerabile in der Nacht. d. 12 Juli 1845. Neapel.
Stanzen auf ein siz. Schwesterpaar. d. 18 Aug. 1845. Neapel.
Auf ein errötendes junges Mädchen im Louvre. d. 30 Jan. 1844. Paris.
Sommerbild. d. 31 Aug. 1844. Paris.
Lied. d. 21 Mai 1845. Neapel.
Die Rosen. d. 27 Jan: 1844. Paris.
Die Kirmes. d. 7 März 1844. Paris.
Das Mädchen nachts vorm Spiegel. d. 9 Aug. 1845. Neapel.
Das abgesch.[iedene] Kind an seine Mutter. d. 17 Dez. 1843. Paris.
Auf dem Meer. d. 28 Dez. 1842. Kopenhagen.
Gebet. d. 6 Febr. 1843. Kopenhagen.
Dicker Wald. d. 29 Jan: 1843. Kopenhagen.
Thorwaldsens Ganymed. d. 31 Jan: 1843. Kopenhagen.

Ich und du. 1843. Kopenhagen.
Gesicht. d. 30 Jan: 1843. Kopenhagen.
Dämmer-Empfindung. d. 2 Febr: 1843. Kopenhagen.
Reminiszenz. d. 29 Jan: 1843. Kopenhagen.
Aus der Kindheit. d. 24 Febr. 1843. Kopenhagen.
Im tiefsten Schmerz. d. 16 Jan: 1844. Paris.
Letztes Gebet. d. 24 Jan: 1844. Paris.
Thorwaldsen. d. 28 Mai 1844. Paris.
Ballade. d. 8 März 1844. Paris.
Eine moderne Ballade. d. 20 Jan: 1844. Paris.
's ist Mitternacht. d. 26 Sept: 1843. Paris.
Der Jude an den Christen. 1839. Hamburg.
Auf die Genesung eines schönen Mädchens. d. 24 März 1845. Rom.
Meeresleuchten. d. 18 Jan: 1845. Rom.
An einen Freund. d. 10 April 1845. Rom.
An ein junges Mädchen. 1843. Hamburg.
Das Haus im Walde d. 22 Dez. 1843. Paris.
Böser Ort. d. 24 Dez. 1843. Paris.
Eine Pflicht. d. 10 Jan: 1845. Rom.
Magdtum N: 2. d. 11 Jan: 1845. Rom.
In öder Zeit. d. 9 Juli 1845. Neapel.
Lied. d. 5 Juni 1844. Paris.
Vorwärts d. 1 Sept: 1847. Wien.

Sonette

An eine Römerin. d. 30 März 1845. Rom.
Im röm. Karneval. d. 24 Sept: 1846. Wien.
Juno Ludovisi. d. 18 Sept: 1845. Neapel.
Eine Mondnacht in Rom. d. 16 Sept: 1845. Neapel.
Apollo von Belvedere. d. 5 Mai 1845. Neapel.
Die Schönheit. d. 15 Sept: 1845. Neapel.
Die Verschmähte. d. 14 April 1845. Rom.
Rechtfertigung. d. 28 Sept: 1845. Neapel.
Die Freiheit der Sünde. d. 4 Okt. 1845. Rom.
Schönheitsprobe. d. 30 März 1845. Rom.
Die beiden Zecher. d. 25 Sept: 1846. Wien.
Die Lerche. d. 23 Sept: 1846. Wien.
An Christine. d. 11 Aug. 1846. Wien.

An einen Freund. d. 10 Aug. 1846. Wien.
Die Sprache. d. 23 Mai 1845. Rom.
Doppelter Krieg. d. 14 April 1845. Rom.
An den Künstler. d. 8 Okt. 1845. Neapel.
Ein zweites. d. 2 Sept. 1847. Wien.

Die Epigramme entstanden fast alle ohne Ausnahme in Rom und Neapel. [4512]

d. 18 Jan:
Heute die Erzählung: *Die Kuh* geschlossen. Ich habe mich seit meinem letzten Aufenthalt in Hamburg damit getragen, so klein sie ist! [4513]

Ein Mensch, der eine schwindsüchtige Frau aus Spekulation heiratet, um ihr Leben versichern zu lassen. (Wahr; hier in Wien passiert.) Man male sich die Ehe aus! [4514]

Jener Ungar in Rom, der mir den Inhalt des Lear erzählte und sagte: was muß das für ein niederträchtiger Kerl sein, der solche Lügen erfindet! [4515]

Ein Falschmünzer, aber ein anderer, als die gewöhnlichen, der aus reiner Lust aus purem Golde Münzen schlägt und die Münzen des Staats dadurch diskreditiert, weil sie stärker legiert sind.
[4516]

d. 24 Jan:
Auch der Metall-König wird entthront. Ungeheure Gold-Quellen in Kalifornien sind entdeckt. Ob man aber nicht, so wie die Holländer ehemals $9/10$ der edlen Gewürze, die sie jährlich auf ihren Inseln gewannen, den Flammen übergaben, um das übrige Zehnteil im Preise zu erhalten, früher oder später den Gold-Zuwachs im Ozean versenken wird müssen, damit die Welt nicht um ein bequemes Tauschmittel durch den Überfluß gebracht werde? [4517]

Wäre es nicht denkbar und selbst wahrscheinlich, daß das Innere der Erde aus lauter Edelstein-Schichten, die nach dem

Maß ihrer Schwere und Dichtigkeit aufeinanderfolgten, bestände, so daß, wie erst der Schiefer, dann der Granit kommt in den uns noch zugänglichen Räumen, später der Saphir, dann der Rubin u.s.w. käme, bis der Diamant alle ablöste und den eigentlichen Kern abgäbe? [4518]

Ehemals stellte man nur die Rosen ins Wasserglas, jetzt auch das Gras. [4519]

Lebend: Menschen haben einen Punkt, worin sie Puppen gleichen, Puppen einen Punkt, worin sie lebendigen Menschen ähnlich sehen, und daraus entspringen alle ästhetische Verwechselungen. [4520]

Ob die Art, wie ein Mensch spricht, nicht einigermaßen von seinem Puls dependiert, so, daß er rasch spricht, wenn dieser rasch geht, und umgekehrt? [4521]

Kölnisches Wasser auf einen Misthaufen gießen. [4522]

Der Wiener National-Gardist, auf den Tine mich aufmerksam machte, der, am 6 Okt bewaffnet in die Stadt eilend, wo schon geschossen wurde, vorher in den Guckkasten eines Bettlers blickte. [4523]

Im Fieber lösen sich alle Gedanken des Menschen wieder in Bilder auf, daher sein Phantasieren. Nichts beweist aber mehr den Ursprung der Gedanken *aus* Bildern. Sie sind am Ende nur eine Art reduzierter Hieroglyphen. [4524]

Wenn ein Mensch einen schweren, sittlichen Sieg erringt: wer weiß, ob er nicht dadurch in demselben Augenblick auf der großen Wesenleiter höher steigt! [4525]

d. 2 Febr:
Es wird manches reif vor Abend. Gestern ging meine Judith, in der Hamburger Umarbeitung, über das Hofburgtheater. Vor Jahren sandte ich sie naiverweise hieher und erhielt natürlich

nicht einmal eine Antwort. Ihrer Natur nach flößte sie dem Publikum Respekt ein, gewann ihm aber keine Liebe ab. Das Haus war gesteckt voll und eine Aufmerksamkeit herrschte, wie im Tempel. Gespielt wurde im allgemeinen gut; die Judith meiner Frau war eine vollendete Leistung. Jede Stellung ein antikes Bild! [4526]

»Ich besehe mich nach innen, wenn ich nachmittags so dämmre.« Außerordentlich schönes Wort von Tine. [4527]

d. 7 Febr:
Der Maler Ammerling, durch Tines Judith so hingerissen, daß er die ganze Nacht geweint, bat sich von uns aus, daß wir eine vor vier Wochen von ihm vollendete Judith ansehen mögten. Das taten wir heute abend, auf seinen Wunsch bei Beleuchtung. Sein Bild war schön und kindisch freute er sich, daß es meiner Frau nicht bloß gefiel, sondern auch glich. Maler Schilcher, Herle, alle sind gleich entzückt; Hammer-Purgstall, Bauernfeldt, das ganze Publikum. Und doch gab es zwei Kritikaster, die tadeln wollten. Freilich sind sie bezahlt, d. h. bestochen. [4528]

d. 8ten Febr.
Mit Judith mache ich in Wien Glück. Heute ist die vierte Vorstellung und wieder war der Zulauf so groß, daß viele Menschen keinen Platz bekommen konnten. [4529]

Prof. Seligmann teilte mir heute abend seltsame Tatsachen mit. Wird einem Tier (Kaninchen z. E.) ein gewisser Teil des Gehirns genommen, so dreht es sich beständig um sich selbst herum. Wird ihm ein andrer Teil genommen, so rennt es immer grade aus. Wird ihm noch ein andrer genommen, so läuft es rückwärts. Wird ein gewisser Nerv, der das Gefühl des Hungers vermittelt, durchschnitten, so frißt das Tier so viel, bis ihm die Speise wieder aus dem Halse herauskommt. – Wie furchtbar mechanisch ist das alles! [4530]

d. 10 Febr.

Gestern abend an Tines Geburtstag die Mariamne vor 16 Personen, worunter Hammer-Purgstall und la Roche sich befanden, vorgelesen. Wie? und mit welchem Erfolg? blieb mir zweifelhaft. Heute mittag wurde mir ein alter Herr gemeldet, der sich mir näherte, wie dem Holofernes sich die Gesandten aus Mesopotamien nähern. Es war ein alter, 66jähriger Pfarrer aus Mühlbach in Siebenbürgen, Filtsch mit Namen, den die Begeisterung für Judith, das Werk und die Darstellung durch meine Frau, zu mir trieb. Dergleichen tut mir wohler, als alle Kritiken der Welt.

[4531]

Grandiose Lügner haben mir immer imponiert, ich habe in ihren Lügen immer eine Abart von Poesie erblickt. Nachstehende Lüge Cagliostros scheint mir alles zu übertreffen, was mir jemals vorkam. »Zu Medina befreien sich die Einwohner von den Raubtieren, als Löwen, Tigern, Leoparden, dadurch, daß sie *Schweine mit Arsenik mästen* und sie in die Wälder jagen. Die wilden Tiere zerreißen und fressen diese Schweine und sterben am Arsenik; den Schweinen selbst schadet er nicht!«

(Neuer Pitaval, Bd 8.) [4532]

»Wenn man solch einem böhmischen oder kroatischen Rekruten nun endlich beigebracht hat, welche Hand die rechte oder die linke ist, so weiß er darum noch nicht, welches Bein das rechte oder das linke ist.« (Eitelberger.) [4533]

»Der Offizier lernt nicht Italienisch, sein Bedienter muß es für ihn tun.« (Derselbe.) [4534]

»Als ich die fürchterliche Tat beging, da ward ich, was ich sonst nicht war, der Sklav des Lebens; jeder hat den Mut, den Tod zu rufen, ich hab ihn nicht mehr!« (in dem Moment der Strafe.) [4535]

Ein Mensch hat früher ein Zimmer bewohnt. Er verschwindet, kommt nach Jahren zurück und sucht um jeden Preis das Zimmer wieder zu erhalten. Man meint, der Erinnerung wegen. Er hat in demselben aber etwas vergraben, wegen dessen er im Zuchthaus gesessen hat. [4536]

Der Zufall ist der Gott der Reisenden. [4537]

Ein in die ungeheuersten Ereignisse ohne seine Schuld und sein Zutun hineingeflochtener Mensch, der von Zeit zu Zeit in einer Tragödie auftaucht und kein Gefühl für das Furchtbare, nur für das Unbequeme seiner Lage hat. »Wieder kein Frühstück!« »Wieder den weiten Weg zu machen!« pp [4538]

Die Mücke, die dem zur Hinrichtung Geführten Blut entsaugt. [4539]

Wer ist der Fleißigste auf Erden? Der Magen, der arbeitet sogar im Faulenzer. [4540]

Wer ist der größte Mann? Der sich sogar beim Weltbrand seinen Apfel brät! [4541]

»Ich schnitt mich in den Finger und war in großer Gefahr!« Zu verbluten? »Nein, in dem Blutstrom zu ertrinken!« [4542]

Der Mensch wird nicht aus einem Menschen ein Engel, sondern aus einem Engel ein Mensch. [4543]

Heute trat ich E. auf den Fuß und bat P. um Verzeihung. [4544]

Tine wurde in früheren Jahren immer *heiser*, wenn sie eine stumme Rolle spielte, z. B. die Yelva. [4545]

»Napoleon tötete ungefähr 500,000 Menschen und setzte nur einen dafür in die Welt!« [4546]

Es ist ein tiefer Zug in der Menschen-Natur, daß einer für den anderen errötet, er deutet, wie kein anderer, auf den geheimnisvollen Nexus, der alle miteinander verknüpft. Der Mann errötet aber nur für den Mann, das Weib nur für das Weib. [4547]

Mancher glaubt, etwas zu übersehen, weil er es gar nicht sieht.
[4548]

Wenn ein Hund bellt und ein Mensch spricht: ist das eine Konversation?
[4549]

Weidmanns Jäger-Erzählung in Reichenau. [4550]

Ein Dienstmädchen zieht einmal das schöne Kleid ihrer Herrschaft an, kann nicht wieder vergessen, wie gut es ihr stand, stiehlts.
[4551]

Weiß denn die Tafel, was man an sie schreibt? [4552]

Der Herr niest. Der Bediente sitzt im Vorzimmer und verbeugt sich.
[4553]

Alle Vögel unterm Himmel in ein Netz zu bringen oder alle Goldstücke in einen Sack: was ist schwerer?
[4554]

»Sie sind doch nicht eben vorher vergiftet?« (Als ich E. ein Glas Wasser reichte.)
[4555]

»Satan war der erste Philosoph!« (Nach Dr Wilhelm Gärtner Ausspruch des Bischofs von Leitmeritz.)
[4556]

Es ist die Frage, ob der Musiker seine Musik macht oder hört, ob er nicht wirklich für die Harmonie der Sphären ein Ohr hat.
[4557]

Würmer haben keine Löwenschmerzen, Löwen teilen aber Würmerschmerzen.
[4558]

Ein Starker, der den Schwachen in die Hände fällt und nicht zeigt, was er vermag, bis sie, jeder auf seine Art, ihren bösen Willen an ihm ausgelassen haben. Nun vergilt er, Maß für Maß.
[4559]

Ein Apfelbaum ward arretiert,
Der Blätter ausgestreut,
Auf denen klar zu lesen stand,
Daß sich die Zeit erneut. [4560]

Ein tollkühner Reiter (Graf S[andor]) soll in seinem Schlaf-Kabinett eine Menge Gemälde hängen haben, auf denen dargestellt wird, wie er den Hals bricht. (E.) [4561]

Widerleger. Staatspersonen im neuen Staat, die aus den ersten Talenten gewählt werden und mit allen Waffen des Geistes gegen unberechtigte Neuerer kämpfen. [4562]

Auch im Wasser ist Elektrizität. Sahst du je ein Gewitter im Wasser? [4563]

Zwei Freunde sollen nicht, wie zwei Dreiecke, einander decken. [4564]

»In diesem Jahr werdet ihr in eurem Lande keinen einzigen Raben sehen! Sie haben im Nachbarlande zu viele Leichname zu verzehren!« [4565]

Ein Prinz, der nicht weiß, daß er es ist, der in der Verborgenheit erzogen wird, in der Wut einen Mord begeht und nun, da das Gesetz ihn packen will, da er selbst auch damit übereinstimmt, daß es geschehe, plötzlich erfährt, daß er über dem Gesetz steht; so wie auch diejenigen es erfahren, die ihn packen wollen. [4566]

d. 7 März.
Ein gespenstisches Wesen, das nichts ist und hat, aber jedem, dem es begegnet oder der es erblickt, das nimmt, was an ihm das beste und dem Gespenst das nötigste ist. Dem ersten die Beine, so daß er lahm wird und das so lange lahme Gespenst wandelt; dem zweiten die Sprache u.s.w. Es dauert aber nur eine Nacht. [4567]

Ein Gutsbesitzer wünschte, daß seine Bauern Obstbäume pflanzen sollten und bot ihnen unentgeltlich Pflanzen an. Keiner nahm sie. Da fiel er darauf, ihnen das Stehlen der jungen Bäume bei Strafe zu verbieten. Nun stahl ein jeder und er erreichte seinen Zweck. (Schwarzer) [4568]

In Italien kaufte ich Obst, bekam kleine Münze heraus, die Verkäuferin hatte keine und erbot sich, Vaterunser dafür zu beten. Das tat sie, und je weiter ich mich entfernte, mit um so lauterer Stimme. (Schwarzer) [4569]

Ein Kerl warf geweihte Ringe unter die Leute, ohne etwas dafür zu verlangen. Doch, während sie sich um die Ringe rauften, leerte ihnen ein Konsorte die Taschen. (Schwarzer). [4570]

»Als ich zu Becher in sein Zimmer trat, war eine Hitze zum Ersticken darin, er aber fror und knöpfte sich den Rock zu.« Pfarrer Porubski. [4571]

Es ist genug, daß Menschen blind geboren werden, und zu viel, daß sie blind werden können. [4572]

Dies Knötchen knüpfen und lösen im Pseudo-Dramatischen! [4573]

Dafür, daß der Blitz den Menschen ihre Häuser so oft in Brand steckte, muß er jetzt ihren Brief- und Depeschenträger abgeben. (Elektro-magn. Telegraph.) [4574]

Ein Kerl, der im Schlaf so laut furzt, daß er erschreckt selbst davon aufwacht. (Faktum.) [4575]

d. 28 März.
Man setzt sich nicht zum Klavierspielen nieder, um die mathematischen Gesetze zu beweisen. Ebensowenig dichtet man, um etwas darzutun. Ach, wenn die Leute das einmal begreifen lernten! Es ist ja an aller höheren Tätigkeit des Menschen gerade das das Schöne, daß Zwecke, an die das Subjekt gar nicht denkt, dadurch erreicht werden. [4576]

d. 29 März.

Ich lese Schacks Gesch. der dramat. Lit. der Spanier. Bin ich zu streng oder ist er zu nachsichtig? Lope de Vega und Calderon, soweit ich sie kenne, wiederholen sich immer und ewig. Neue Mischungen, alte Elemente, darauf läufts hinaus. Ich verlange mehr vom Dichter, ich verlange, daß er tut, was das Jahr tut. Jede Jahreszeit hat ihre eigenen Gewächse, Tiere u. s. w. Was im Frühling möglich ist, das wird hervorgebracht, das wird ebenso vollendet hervorgebracht, wie das, was in den Kräften des Herbstes liegt. So im Sommer, im Herbst, im Winter. Nicht alles auf einmal, das geht nicht an. Aber jedes vollkommen. [4577]

d. 5 April.

Heute morgen habe ich den ersten Akt eines phantastischen Lustspiels: *der Rubin* geschlossen, welches ich am 1sten April anfing. [4578]

d. 7 April.

Heute mußte ich mich vom Rubin unterbrechen, um einen merkwürdigen Gang zu tun. Vor einiger Zeit überbrachte mir Herr Wilhelm Gärtner, ein Weltgeistlicher, einige Schriften, unter anderem ein Mspt: *Simson*, über welche ich mich mündlich und schriftlich sehr günstig aussprach, weil ich – fast zum erstenmal in solchem Fall – ein echtes, schönes Talent darin fand. Gestern schickte er mir ein Schächtelchen mit einer goldenen Kette und einem Brief, der keine Mißdeutung aufkommen ließ und mich tief rührte. Nichtsdestoweniger widerstrebte es meinem Gefühl, das Geschenk zu behalten, um aber den Geber nicht zu verletzen, beschloß ich, es ihm persönlich zurückzubringen. Dies tat ich denn und er benahm sich außerordentlich zart. Ich versprach ihm, zu jeder Zeit, wo er mir einen Dienst leisten könne, den Dienst von ihm zu fordern, und er schlug mir vor, die Kette anonym irgendeinem strebsamen und talentvollen jungen Literaten, den ich ihm nennen mögte, zu übersenden. Einen solchen werde ich ihm auch nennen, sobald ich einen kennenlerne, und wir schieden auf eine schöne Weise voneinander. [4579]

d. 15 Ap.

Heute den 2 Akt vom Rubin geschlossen. [4580]

d. 19 April.

Herodes und Mariamne wurde gegeben. Das Spiel war vortrefflich, die Inszenierung glänzend, die Aufnahme im höchsten Grade kühl. Das Publikum war sichtlich nicht imstande, der Komposition zu folgen, auch spielte das Stück zu lange, bis ¾ auf 11 Uhr. Das Verwirrende lag für die Masse der Zuschauer in dem zweiten Moment des Dramas, in dem historischen, dessen Notwendigkeit bei der großen Gleichgültigkeit der meisten gegen alle und jede tiefere Motivierung sie nicht begriffen. – Zu Hause lag mein Töchterlein an den Blattern, den natürlichen, darnieder, dabei mußte meine arme Frau spielen und erhielt für ihre wunderbare Leistung nicht den geringsten Dank. Ein schmerzenreicher, qualvoller Abend für mich als Mensch.

[4581]

Ein Liebhaber, der seiner Geliebten zu ihrem Geburtstage eine Menge Blutigel schenkt, da sie sehr vollblütig ist. [4582]

Bild. Marodeurs kommen vom Schlachtfeld. Einer trägt einen Toten aufm Rücken, der Kleidung wegen. Ein anderer zwei Beine, der Stiefel halber. [4583]

d. 6 Mai.

Böse Zeit. Für die Welt und auch speziell für mich. Ein Zyklus von Krankheiten. Erst das Kind. Dann meine Frau. Darauf ich selbst; wir beide von katarrhalischem Fieber befallen, was freilich nicht viel sagen will, was aber doch hinreicht, einem einmal das Gedächtnis dafür aufzufrischen, was eine Störung im Gefäßleben bedeutet. Jetzt gehts wieder passabel, das Kind ist Gottlob ganz munter und wohl durchgekommen. [4584]

Eine Schrift am Himmel: bei Nacht Feuer; bei Tage wie aus der Nacht herausgeschnitten. [4585]

Taumeln, weil die Erde bebt und als Trunkenbold bestraft werden. [4586]

Neulich träumte mir, ich wohne in einer sehr engen Straße, in welcher sich zwei Leichenzüge begegneten. Die Särge konnten einander nicht ausweichen und der eine wurde so lange durchs Fenster in mein Zimmer hineingeschoben, bis der andre vorbei war. [4587]

Zwei Mädchen winden Kränze. Eine hat ihren schon geschlossen, die andre flicht noch an ihrem. Diese läßt eine Blume fallen, ohne sie wieder aufzuheben. Jene hebt die Blume auf und flicht sie in ihren. Zwei Charaktere. [4588]

Einer sitzt im Baum versteckt. Da setzt sich ein Vogel, auf den legt ein Jäger an. Situation. [4589]

Friedrich Wilhelm III und Schönlein, wie jener gegen den Arzt den Absolutismus kehrt und keine Medizin nehmen will, die schlecht schmeckt. Geheimerat Neigebaur. [4590]

Wie, wenn die Menschheit nichts, als ein auseinandergelegter Organismus wäre, eine Vereinzelung der Glieder und Wieder-Zusammenknüpfung derselben durch Instinkt und Sympathie? [4591]

d. 19 Mai
habe ich den dritten Akt des Rubin geschlossen, und zwar in Penzing, und dem Stück den Titel: Märchen-Lustspiel gegeben. Auch dieser Akt hat mir höchstens acht Tage gekostet; nie arbeitete ich so rasch. [4592]

Schlag einem nur auf den Kopf, gleich hört er zu singen auf. [4593]

Es gibt Leute, denen man, wenn sie den einen Stiefel schon anhaben, nicht unbedingt zutrauen darf, daß sie auch den zweiten anziehen werden. [4594]

Wann hat ein Mensch die mildeste Stimmung? Ich wenigstens dann, wenn ich einem Regenwurm aus dem Wege gehe, anstatt ihn zu zertreten. [4595]

Hollunder, blühend, die Blütenballen so dick, daß sie wie Wolken aussahen. In Hügels Garten. [4596]

Ein Blütenbaum, so überreich beblütet, daß er in der Ferne wie eine farbige Luft-Erscheinung aussah, weil man sowenig Blätter, als Zweige bemerkte. Bot. Garten in Schönbrunn.
[4597]

Ob nicht später ein Fieber bloß dadurch, daß man Gase ins Blut einströmen läßt, vertrieben wird? Chloroform. Gewiß sind alle Krankheiten nur darum tödlich, weil man sie noch nicht rasch genug bewältigen kann. [4598]

Republ. Farben sind verboten. Ob die Rosen wieder rot aussehen werden in diesem Jahr. [4599]

Die Pflanzen sind gar nichts Selbständiges für sich, sie sind die Organe der Erde, durch welche sie uns die Lebenskräfte entgegenströmen läßt, durch die sie uns anhaucht. [4600]

Der Arzt, der kein Rezept schreiben konnte, weil er so ins Schreiben kam, daß er nicht wieder aufhörte. (Fritsch.) [4601]

Zu Warschau will sich ein Pole in einem Ofen verstecken. Es sitzt schon ein anderer darin und ein Vornehmerer, doch ist Platz für zwei. »Hut ab!« ruft der dem geringeren zu.
(HE. Tennenbaum:) [4602]

»Es ist wohl Fleisch, aber ausgeblutetes.« [4603]

In Pompeji. »Sehen Sie sich alles an. Wenn Ihnen etwas gefällt, so sagen Sies mir. Ich stehl es Ihnen in der ersten Vollmond-Nacht.[«] [4604]

Die Schwindsucht soll anstecken. Wie ist das möglich? Worauf beruht überhaupt die Ansteckung? [4605]

Ein Mensch, der eine Sammlung Monarchen-Raritäten zusammenbringt, Barthaar, Pantoffeln u.s.w. und etwas stiehlt.
[4606]

Warum ist der Dichter nicht auch gleich Mann der Tat? Warum das Gehirn nicht auch Faust? [4607]

Die Ameisen-Wirtschaft im bot. Garten, wie sie über den ganzen Weg in einer Kolonne liefen, einige vorwärts, andre zurück.
[4608]

Auch das ist eine wichtige Seite an der Liebe, daß der Liebende durch die Liebende eine Versicherung des persönlichen Wertes erhält, daß er sich sagen darf: ich bin zu etwas da, ich bin kein leeres Nichts. [4609]

Beim Fronleichnamsfest in Penzing: ein alter Mann trug die Pauken, die ein anderer schlug, aufm Rücken und ein Notenblatt am Rockkragen. [4610]

d. 12 Juni.
Heute habe ich den ersten Akt des Moloch geschlossen. Die Idee zu dem Stück kam mir schon in Hamburg während der Ausarbeitung der Judith. Ausgeführt wurde die erste Hälfte des ersten Akts in Neapel in der Locanda la bella Venezia. Die Schwierigkeit liegt darin, daß das Werk durchaus im Basrelief-Stil gehalten werden muß und doch nicht kalt werden darf, was schwer zu vermeiden ist, wenn man Herz und Nieren nicht bloßlegen soll. Übrigens belehrt mich mein Aufenthalt auf dem Lande, daß mein Nichtarbeitenkönnen im Sommer einzig und allein in der fürchterlichen Stadt-Hitze seinen Grund gehabt hat. [4611]

»In Despotieen zittert ein jeder, aber keiner so sehr, wie der Despot selbst.« [4612]

Eine Stadt, die erst als Totenstadt eingenommen wird, nachdem auch der letzte sich getötet hat oder gestorben ist. [4613]

In einem gewissen Lande soll fast jeder Schauspieler sein. Natürlich, dies Talent allein können sie entwickeln. [4614]

Penzing d. – Juni.
Es gibt Leute, die einen nur dann im Schreiben zu stören glauben, wenn sie einem die Hände binden. [4615]

»Was soll ich essen? Ich muß mir schon Perlen, echte Perlen, kochen lassen.« Eine Reiche, die als Bettlerin starb. [4616]

d. 25 Juli.
Welch ein Ende wird Zerboni nehmen! Vorgestern erhielt ich seit vielen Monaten zum erstenmal wieder Nachricht von ihm. Er sitzt im Schuldturm, seine Frau wohnt kümmerlich in einem elenden Gasthof. Im vor.[igen] Herbst gab ich ihm schon 30 fl, gestern brachte ich ihr 20 fl. Wie froh war sie darüber! Vor zwei Jahren hätte sie sich kaum darum gebückt! [4617]

Ein Herr hört in der Nacht seinen Bedienten fortwährend winseln: ach, wie bin ich durstig! Er ruft ihn: »Johann!« Johann kommt. »Ein Glas Wasser!« Hier, Euer Gnaden! »Nun trink, fauler Schlingel!« (Raab) [4618]

Im Umgang lernen, heißt zugleich genießen. [4619]

»Kugeln oder Mücken, mir gleich, was mich umschwärmt.« [4620]

In Deutschland kann nur der gehorchen, der zum Befehlen geboren ist. [4621]

Nur derjenige Witz ist gut, der den Witz der Natur aufdeckt. [4622]

d. 1sten Oktober.
Gestern bereitete meine liebe Frau mir eine schöne Überraschung, die ihr vollkommen gelang. Sie hatte zur Erinnerung an einen wichtigen Moment unser Kind malen lassen, ohne daß

ich etwas davon wußte. Nun hatte sie auf den Abend Freunde geladen, und wie ich um 6 Uhr vom Spaziergang zu Hause kam, fand ich unser großes Zimmer festlich erleuchtet. Ich trat hinein, begrüßte meine Gäste und merkte noch immer nichts, bis mein Auge endlich auf die Wand fiel, an der das Bild aufgehängt war. Anfangs war ich, wie es mir bei Überraschungen immer geht, konsterniert, dann freute ich mich herzlich, mein Titele nun auch so zu besitzen. Das Bild ist außerordentlich gelungen und das kleine Ding, ausgelassen vergnügt wegen der vielen Lichter, trat immer vor die Wand hin und rief: Tietzi! Tietzi! Das wiederholte sie diesen Morgen gleich wieder.

[4623]

Es gibt Menschen, die eine Krone und eine Stecknadel zugleich aufheben können. [4624]

Der Mensch ist ein Aeolus-Schlauch mit den in alle Richtungen auseinandergehenden Winden. [4625]

Sowenig es groß und erhaben wäre, sich von der Luft ernähren, Fleisch, Brot, Wein und Obst verschmähen zu wollen, sowenig ist es groß und erhaben, die gewöhnlichen Mittel zu verachten, durch die ein vernünftiger Zweck allein erreicht werden kann.

[4626]

Altes Weib. »Die Träume meiner Nachbaren haben mich ruiniert. Ich besetzte sie jedesmal in der Lotterie.« [4627]

Der Jäger hat sein Gewehr an einen Baum gelehnt. Der Hase läuft daran vorbei, stößt es um, es geht los und der Jäger fällt.

[4628]

Jedes Schloß an der Tür ist ein Pasquill auf Gott. [4629]

Prosa, die in Verse »ausartet«. [4630]

Dr Böhm rechnet die Todesfurcht mit zu den sichersten Symptomen der Cholera und zwar nach eigener, an sich selbst gemachter Erfahrung, da er nur in der Cholera, nicht aber in anderen Todkrankheiten den Tod gefürchtet hat. Ich glaube, er hat recht. [4631]

Warum ist das Übersetzen so schwer? Weil die Wörter verschiedener Sprachen sich nur in den seltensten Fällen vollständig decken, da die verschiedenen Völker mit Notwendigkeit an den Dingen durch ihre Sprachen die verschiedensten Eigenschaften mit Vorliebe hervorheben. Darum zeichnet das Wort in der einen Sprache das Ding nur in den äußersten Umrissen, wogegen es in der anderen jede Linie, ja jede Tinte anschaulich macht. [4632]

Mit Blut Blumen begießen wollen. [4633]

»Wie alt bist du?« 40 Jahre. »Also 40 Streiche.« Infolge deren der Tod. (H.) [4634]

Einer kommt darauf zu, wie ein anderer hingerichtet werden soll. »Der Schuft, mich hat er auch einmal verwundet!« Wer bist du? »Der und der!« Wie? Hat er dich nicht getötet? Dafür soll er sterben! [4635]

Alles Sprechen ist ein rasches Buchstabieren. [4636]

»Wir drängen uns zum Menschentume!«
                    Worte der Letten. [4637]

Der blühende Lindenbaum, in dem Tausende von Bienen so summten, als ob es der Sturm wäre. [4638]

Rousseaus Bandgeschichte – Dramolett. [4639]

Das Sein ist eine aus lauter Knoten bestehende Linie. [4640]

Am Regenbogen muß man nicht Wäsche aufhängen wollen. [4641]

Wer schwimmen kann, den reizt die Tiefe nur. [4642]

Gott muß man nicht auf der Geige Musik machen wollen; er hat ein Ohr für die Sphären. [4643]

> Mach dir das Leben ja nicht sauer
> Und renne ruhig gegen die Mauer
> Mit deinem Kopf; hast du nur Glück,
> So weicht die Mauer vor dir zurück. [4644]

»Du hast mich eben vergiftet!«
  Du wußtest es und nahmst das Gift?
»Weil ich sterben will, seit ich weiß, daß ich dir im Wege bin!«
[4645]

Die Natur sorgt für alles, was sich nicht von ihr emanzipiert, z.B. für Wilde und Kinder. [4646]

Wenn jemand verheiratet ist, kennt man sein Ideal oder sollte es doch kennen. [4647]

Den, der schon schläft, wecke nicht auf, um ihm gute Nacht zu wünschen. [4648]

Eine Armee ist doch nur für den Feldherrn, was ein Lexikon für den Dichter, die Siege stecken darin, wie die Tragödien in diesem. [4649]

> Häßlichkeit zur Schönheit:

Wärst du nicht, so wär ich auch nicht, ich bin dein Niederschlag. [4650]

»Die Luft hat sich zu weit ausgedehnt, darum wird sie nie ein Saphir.« [4651]

Viele Leute betrachten die poetische Literatur als eine Art Irrenhaus, worin sie alles sagen dürfen, was ihnen anderwärts die Zwangsjacke zuziehen würde. [4652]

»Der ist nicht einmal in seinen Druckfehlern naiv!« [4653]

»Motiviert!«
Warum nicht!
Aber weißt du, was es heißt? Es heißt, deine Luftsteine in wirkliche zu verwandeln und nachzuweisen, wie das geschieht. Der Versuch wird aber zeigen, daß die Prozedur unmöglich ist. [4654]

d. 20 Nov.
Morgen, d. 21sten, kommt mein Rubin zur Aufführung. Bei der Fremdartigkeit des Gegenstandes und der sich immer mehr vergrößernden Zahl meiner Feinde, die schon jetzt in öffentlichen Blättern gegen das ihnen noch unbekannte Stück zu Felde ziehen, befürchte ich einen schlimmen Ausfall. [4655]

d. 22 Dez.
Gestern hatte ich die Freude, Zerboni für seine Aufsätze in der Reichszeitung 32 fl zu bringen. Nun hat er doch über die Festtage, was er braucht. [4656]

d. 25 Dez.
Gestern wurde ich am Weihnachtsabend durch ein allerliebstes Bild überrascht. Wie ich in das erleuchtete Zimmer zu dem prachtvollen Tannenbaum hineingerufen wurde, trappte mir mein Töchterlein in der Gestalt eines Braunschweiger Bauermädchens, wie sie dort auf den Markt gehen, entgegen. Schwarzes Hütchen, nur den Hinterkopf deckend, mit langen roten Bändern; rotes Kleid, kurz geschürzt; Zwickelstrümpfe nebst Leder-Schuhen; eine geflochtene Kiepe auf dem Rücken, angefüllt mit Nüssen und Kuchen für mich. Das alles hatte meine liebe Frau an den Abenden gemacht, wenn ich nicht zu Hause und sie nicht auf der Bühne beschäftigt war; ich hatte nicht das geringste davon gemerkt. Das närrische kleine Ding wollte die Kiepe den ganzen Abend nicht wieder ablegen, es saß damit auf dem Stuhl und aß und trank. Des Morgens holt sie immer meine Tasse, wenn ich, noch im Bett liegend, ausgetrunken habe; heute morgen kam sie ebenfalls im Häubchen der Mutter, blieb aber

vor dem Baum bewundernd stehen, den ich durch die Glastüre
erblickte, küßte das darin hängende Konfekt, rief einmal über
das andere: schön! schön! [4657]

J. drei Monat im Zimmer sitzend, um nachher sagen zu können, er sei verreist gewesen. [4658]

d. 31 Dez. 1849.
Wieder ein Jahr zu Ende. Im allgemeinen dieselbe Unsicherheit der Zustände, wie im vorigen Jahr; nirgends eine Hoffnung
auf endliche Lösung des ungeheuren gesellschaftlichen Rätsels;
nirgends auch nur ein ernstlicher Versuch; dagegen wieder überall die Furcht, die Krankheit beim rechten Namen zu nennen
und die Wunden zu sondieren; überall der alte Haß gegen die
Männer, die als redliche Ärzte das tun. Man lebt so hin und
genießt, wie am Abend vor einer Schlacht, was sich eben bietet;
selbst dem Künstler wird es schwer, sich in seiner Mongolfiere
über den Dunst-Wolken zu halten. Gearbeitet: den Rubin und
den ersten Akt des Moloch. Viele Aufsätze, die teils in der Presse,
teils in der Ostdeutschen Post, teils in Rötschers Jahrbüchern,
teils in den Wiener Jahrbüchern, teils in der Reichszeitung stehen.
Eine Erzählung: die Kuh! Einen Prolog zu Goethes Jubiläum.
Ein paar Gedichte. Aufgeführt wurden am Burgtheater von mir:
Mariamne und der Rubin. Beide sprachen wenig an, aber größtenteils aus äußeren Gründen: jedoch ist es wohl ratsam, wenn
ich alle meine Dramen vorher drucken lasse, Gewissenhaftigkeit
in der Motivierung und Tiefe im Bau sind dem Publikum zu
fremd geworden, als daß es den Blick in die Totalität eines
Werks, wenn es ihn nicht ins Theater schon mitbringt, im Theater erlangen sollte. Drucken ließ ich den Schnock bei Weber,
der in seiner äußerst eleganten Ausstattung Beifall zu finden
scheint; es ist auch ein ganz drolliger Menschen-Käfer, mehr aber
freilich auch nicht, was mir jedoch die Kritik nicht glauben will.
Auch der Druck der Mariamne ist angefangen. Unter den neu
gemachten zahlreichen Bekanntschaften will ich nur Cotta nennen, der mich besuchte; gegen die Hamburger Zeit ein merkwürdiger Kontrast. Nähere Verhältnisse angeknüpft mit Raab
und Dittenberger. Redakteur geworden, und zwar des Feuille-

tons an der Österreichschen Reichszeitung, ob das Verhältnis jedoch Bestand haben wird, ist die Frage. Das kleine Mädchen gedeiht, es hat seine Blattern glücklich überwunden, zu dem Zweck brachten wir den Sommer auf dem Lande zu. Es ist unsere größte Freude und steht jetzt in der Periode, wo man die Fortschritte der Kinder nach den Worten mißt, die sie aussprechen können. Mit der Gesundheit meiner lieben Frau geht es besser, wie es im vorigen Jahre ging, obgleich sie jetzt überbeschäftigt ist. In mir selbst regt sich das Leben noch immer mächtig, so viele Steine man mir auch auf den Kopf wirft. Voilà tout! [4659]

1850

1 Jan:
Den gestrigen Abend sehr vergnügt bei Dittenberger zugebracht. Meine liebe Frau tanzte die Cachuka und war sehr lustig. Eine Baronin aus Galizien erzählte mir Schauderdinge über den Aufstand von 1846, wo die Edelleute sich die »Guillotine« gewünscht haben, um nichts Ärgeres leiden zu müssen. [4660]

Die Krankheiten, die das Wachstum der Menschheit bezeichnen, nennt man Revolutionen. [4661]

Ich trug mein Mädchen auf den Armen, drückte es innig an mich und sagte: Gott erhalte dich! »Ja, ja!« sprach das kleine Ding, als ob es das verstanden hätte. [4662]

ad Faust. (bei der Aufführung)
Wie konnte Gretchens Mutter vergiftet werden? Konnte Faust, der Naturkundige, sich so vergreifen?
Wie konnte Gretchen ihr Kind umbringen, da die Mutter schon tot war? [4663]

»Es kam nur zur Komödie der Herausforderung, nicht zur Tragödie des Duells.« [4664]

d. 6 Febr.

Eben erfahre ich aus der Reichszeitung, daß Oehlenschläger tot ist. Er hat sich in Kopenhagen edel-menschlich große Verdienste um mich erworben. In dem Sinne, worin er es wohl gewünscht haben mag, konnte ich ihm nicht dankbar sein, denn als Dichter konnte ich ihn nicht so hoch stellen, wie er sich selbst stellte. Aber gern werde ichs zu seiner Zeit offen bekennen, was ich ihm schuldig ward. [4665]

d. 13 Febr.

Tine träumt in der letzten Nacht, ein Jude soll getauft werden und zwar durch den Henker. Dieser tippt ihm dreimal hinten mit dem Schwert auf den Nacken, während er niedergekniet ist. Der Täufling stellt sich, als ob er weine, es ist aber ein grinsendes Lachen. Dabei trägt er einen langen Schlafrock, statt des schwarzen Feierkleids. [4666]

»Er sagte, es sei ihm ein gewisser Liquor bekannt, der, wenn er bei gemäßigter Wärme auf das Blut eines Menschen oder eines Tieres gegossen würde, die ganze Gestalt des (toten) Menschen oder des Tieres vorstellte und zwar die Gestalt des Menschen durchsichtig.« Edelmanns Selbstbiographie S 315. [4667]

Ein kleines Kind, mit lächelndem Gesicht: »Heut brauch ich nicht in die Schule zu gehen (klatscht in die Hände) denn heut wird meine Mutter begraben.« Baronin Feuchtersleben. [4668]

Eine Mutter (die Mutter der B. F) träumt, sie sähe ihr totes Kind in einem ganz nassen Hemdchen. »Aber, Poldi, warum so naß?« »Warum weint die Mutter?« antwortet das Kind und stößt sie mit der Hand beiseite. Dieselbe. [4669]

Die Ideen-Verbindungen scheinen im Wahnsinnigen unter dem Gesetz des Widerspruchs zu stehen. [4670]

Zu wissen, daß er dumm ist, das ist des Dummen höchste Klugheit. [4671]

Das Mißbehagen, was der Neid dich empfinden läßt, wenn ihm eine kleine Bosheit gegen dich gelingt, das empfindet er immer. [4672]

Für Titi heißt ba! soviel als weg. Neulich war die Suppe heiß. Da sagte sie: ba, heiß! Eine wunderbare Sprachbildung, in der man den ringenden Menschengeist deutlich erblickt. Sie erhob das Adjektiv *heiß* zum Substantiv und hieß es fort gehen. [4673]

Titi sagt: Titi will dies oder das! Caesar spricht ebenso, mit gleicher Objektivität. Die Enden der Menschheit! [4674]

Bettelrock. [4675]

»Pinscher!« Was willst du? »Dich selbst!« [4676]

Die Wirkung erlischt plötzlich, wie der elektrische Strom in dem unterbrochnen Telegraphen. [4677]

Die Handlung kriecht, wie eine Dezemberfliege. [4678]

Wer nicht Metall genug zu einer Glocke hat, der macht einen Fingerhut und hängt ihn in der Kirche der Liliputaner als Glocke auf. [4679]

»Liebes Volk, leg dich schlafen! So schön kannst du gar nicht träumen, daß du den Traum beim Erwachen nicht verwirklicht fändest!« [4680]

Wohl redet sich die Liebe ein, der Eindruck, den ein Abgeschiedener hinterließ, könne nie verbleichen. Aber sie irrt. Die Zeit mildert den Schmerz nur durch das Verdunkeln dieses Eindrucks. [4681]

Die Schauspieler dürfen in Deutschland schon wagen, kein Gedächtnis zu haben, denn das Publikum hat keins. [4682]

Die Jungfrau von Orleans ist Schillers höchste bewußte Konzeption, wie die Räuber seine höchste unbewußte. [4683]

Ein Tendenzstück, worin die Personen einfach die Parteiblätter ablesen. [4684]

Ein Insekt in den Dimensionen eines Walfisches ausgeführt: gräßlichstes Geschöpf! [4685]

»Den, der dir die Grabschrift machen wird, kennst du nicht!« [4686]

»Ein liebenswürdiger Biltz! Eine süperbe Tragödie!« [4687]

»Ich will mir ein Denkmal setzen, so hoch, daß man es schon an den Grenzen meines Reiches erblicken soll.« [4688]

Schauspielen heißt doch am Ende nur: rasch leben, unendlich rasch! Einen Schauspieler rezensieren, heißt also den Lebensprozeß eines Menschen rezensieren. [4689]

Volksszenen: die Erbärmlichkeit des Volks wirkt tragisch, weil es wie losgetrennt vom allgemeinen Nexus erscheint, gleichsam, als wüßte es nicht, daß die Erde es trägt und nährt. [4690]

Wer wird denn die Perle ins Meer werfen, weil es Taucher gibt, die sie wieder herausfischen können! [4691]

Einem Kinde kann man von dem Küchlein sprechen, das ihm gebraten werden soll, sobald die Henne das Ei, worin es steckt, gelegt und ausgebrütet hat. [4692]

Ein Kind bläst ein Instrument, bringt himmlische Töne hervor, und weiß selbst nicht, daß es das tut, wird vor Wonne entzückt. [4693]

Die Lichterhöhle. (Altes Gedicht von mir.) [4694]

Erst die letzte Linie eines Bildes rezensiert die erste. [4695]

Es gibt Menschen, die in ihrer Niederträchtigkeit ihren Vorzug sehen, z. B. in ihrer Fähigkeit, andere zu betrügen. [4696]

Am Wetterglas das Weibchen, das auf gutes Wetter deutet, mit Gewalt draußen anhalten und nun daran glauben, daß auch wirklich gutes Wetter komme: dies tun die Kinder und einige Regierungen! [4697]

Der Geschichtschreiber malt die Maschine in ihren äußeren Umrissen, der Dichter selbst das innere Getriebe dar, wobei er denn oft, wo es verdeckt ist, auf die Naturgesetze zurückgehen muß. [4698]

Der Müller Arnold und Friedrich der Große. Drama. [4699]

d. 10 April.
Sollte sichs ein Menschenkind denken, daß man, ohne Staatssekretär zu sein, das Tintenfaß fürs Sandfaß halten und ins Tagebuch ausgießen kann? Mir ists begegnet! [4700]

Brief an Prof. Zimmermann ad Mariamne.
– Später kann sie ihr Schweigen noch weniger brechen, denn sie vermag so wenig mehr mit, als ohne Herodes zu leben, sie vermag ihre Liebe zu ihm aber nur mit dem Dasein selbst zu ersticken und daß diese ihre Liebe in den letzten Momenten die Gestalt des Hasses borgt, dürfte tief in der weiblichen Natur begründet sein und am Ende gar nur geschehen, weil auch sie wünscht, was er wünscht, nämlich daß er sie nicht überleben möge. 22 Mai 50.
[4701]

Die Alten wollten aus dem Traum weissagen, was dem Menschen geschehen würde. Das war verkehrt. Weit eher läßt sich aus dem Traum weissagen, was er tun wird. [4702]

Ein Mann glaubt im Fieber geduldig zu sein, wenn er das Fieber nicht auf Pistolen fordert. [4703]

TAGEBUCH

N: 4

1850

Agram in Kroatien d. 2 Juli.
Nur um anzufangen! [4704]

Der Hutmacher aus den Bergen: »unsre buckligte Welt!«
[4705]

Es ist ganz natürlich, daß jedes Geschlecht das Ideal der Menschheit in dem anderen erblickt, der Mann im Weibe und das Weib im Mann. [4706]

Warum gehen die sinnlichen Triebe des höheren Menschen nie auf die reine Schönheit? Weil in der Wollust eine gewisse Zerstörungssucht liegt, deren sie sich wohl bewußt ist, und weil der Mensch das Vollkommene, wie es sich in der Schönheit spiegelt, nicht zerstören kann! [4707]

»Große Herren öffnen dem Publikum ihre Parks, weil sie sich schämen, das allein zu besitzen, was sie nicht allein genießen können.« [4708]

Nicht ein Defizit ist schuld, daß der Mensch sterben muß, sondern ein Überfluß. [4709]

Man kann sich selbst keine Rätsel aufgeben. [4710]

Den Kindern wird zuweilen zu Weihnacht ein Theater beschert. Bei diesen Theatern sollte man einige Wiener Theater-Dichter anstellen. [4711]

Wenn man einen Brand löscht, hat man sich darum gegen das Feuer verschworen? [4712]

Jedes Wort ist, wie eine Farbe, so auch wie Maß. [4713]

»Nach Sonnenuntergang und vor Lichtanzünden zanken und prügeln die Menschen sich nicht; erst, wenn sie sich deutlich wieder sehen.« [4714]

d. 6 Sept.
»Wir, wir müßten schon alle, allein über Schleswig-Holstein, am gebrochenen Herzen gestorben sein, wenn wir, wie die Franzosen, daran sterben könnten! Gagern?« sagte Prof. Fichte zu mir. Er hat ganz recht. [4715]

Man kann es verhüten, daß Sümpfe entstehen. Aber man kann es nicht verhüten, daß Krokodile in den Sümpfen entstehen. [4716]

Jeder Charakter ist ein Irrtum. [4717]

Als Brutus ausrief: die Tugend ist ein leerer Name! da entschloß er sich nicht zum Lasterleben, sondern durchstach sich die Brust, um in seinem Blut den letzten Funken der Tugend auszulöschen. [4718]

Wenn ein universeller, alles umfassender und beherrschender Mensch geboren wird, so geht ein Wollust-Gefühl durchs Weltall; es ist ein anderes, ein höher gesteigertes, solange er lebt. [4719]

Was soll das Gesetz, das Gesetz in jeder Sphäre? Dem Höchsten den Ausdruck geben, dessen der Mensch in seinen besten Momenten, die Menschheit in ihren besten Individuen fähig ist, damit es dem Menschen in seinen schwachen Momenten zu Hülfe komme und die Menschheit gegen ihre schlechten Individuen schütze. [4720]

»Selbst wenn du blutest, sag: ich schminkte mich!« [4721]

Wenn man montags grüne Blätter zu sich nimmt, dienstags Essig und mittwochs Öl: kann man dann Donnerstag sagen, man habe Salat gegessen? [4722]

»Eine Kanone erfinden, groß genug, die Erde hineinzuladen und sie Gott ins Gesicht zu schießen.« [4723]

»Steuerzahler!« Schimpfname in Ungarn und Kroatien. [4724]

Ein kalekutscher Hahn wird berauscht und dann auf Hühner-Eier gesetzt. Er brütet sie aus und hält die Küchlein für die seinigen. (Kroatien) [4725]

Nasenbluten zu stillen. Blutets aus dem linken Nasenloch, so unterbinde man, so stark man kann, die Nagelwurzel des kleinen Fingers der linken Hand; rechts, die der rechten.
(Th.[eater] Dir.[ektor] Schwarz in Agram) [4726]

Luther sah seinen eignen Schatten an der Wand und warf das Tintenfaß nach ihm. Aber, wie das sich entleerte, war der Teufel wirklich gemalt. [4727]

Mit dem Feigenblatt begann die Kultur. Wenn man auf Frankreich sieht, so scheint sie mit dem Wegwerfen desselben zu enden. [4728]

Eine Frau wird älter, aber nicht alt. [4729]

»Dein Bild ist meinem Gesicht nicht ähnlich!« Nun, so mach du daß dein Gesicht meinem Bild ähnlich werde! [4730]

»Nicht genug ist die Natur im menschlichen Auge zu bewundern, aber unbegreiflich hat sie im Ohr gestümpert.«
(Dittenberger. Ausspruch des alten Tiedemann in Heidelberg.)
[4731]

Bei dem großen Schriftsteller hat jeder Satz ein Menschengesicht. [4732]

Ein Franzose sang, statt: Gott erhalte unsern Kaiser! Gott behalte u.s.w. weil er die Verben verwechselte. [4733]

d. 25sten Okt.
Heute den 2ten Akt des Moloch geschlossen. [4734]

Wenn man an Äschylos, Sophokles u.s.w. denkt, ist es nicht, als ob man Adler sähe, welche die Krallen ins Felsengeripp der Erde geschlagen hätten und so dem Orkan Trotz bieten? [4735]

Ein kleines Kind, das einen Fisch von Honigteig verspeist, das, als es ihn halb verzehrt hat, ausruft: er weint! und nun zu essen aufhört und selbst zu weinen anfängt. [4736]

d. 2 Nov.
Abends, wie ich schon im Bett lag und meine Frau sich entkleidete, fiel auf einmal das schwere Judith-Bild, das über dem Sofa im Gesellschaftszimmer hängt, mit argem Gepolter herunter und zerschlug die auf dem Tisch stehende Vase mit den Visitenkarten. Die Taue, woran es hing, waren zu dünn gewesen. Das Bild hätte jemand erschlagen können, wenn gerade einer aufm Sofa gesessen hätte. [4737]

Ein Mörder, der sich von seinem Opfer zu dem Mordgeschäft selbst wecken läßt. »Um 6 wollt ichs tun, der stand gewöhnlich um 6 auf, ich noch nicht, also bat ich ihn, mich zu wecken.« [4738]

Der Tod steht immer mit ausgebreiteten Armen hinter uns; im Schlaf schlingt er sie um uns! [4739]

Die Preßfreiheit gehört nicht zu denjenigen Gütern, die von zeitlichen, vorübergehenden Bedingungen abhängen, die also heute gegeben, morgen wieder genommen werden können. Ein Eingriff in die Preßfreiheit eines einzelnen Volks ist immer zugleich auch ein Eingriff in die allgemeinen Rechte der Menschheit. Oft erzeugt das eine Volk durch hervorragende Individuen Ideen, die ein anderes verleiblichen soll und die erstickt werden, wenn die Preßfreiheit fehlt. Dann kommt die Menschheit um ihren Tribut. Die Preßfreiheit allein ist es solchem nach, durch die der Staat, der große Körper, in dem ein einzelnes Volk sich gliederte, in die Menschheit, den noch größeren Körper, der aus allen einzelnen Völkern besteht, [sich] wieder auflöst, indem sie den Ideen-Überschuß, der in jenem vielleicht hervortritt, diesem zuführt. Freilich ist Preßfreiheit von Journal-Frechheit streng zu unterscheiden. [4740]

15 Nov.
Titerl küßt ihre liebe Mutter eben, schmatzt dann mit dem Munde und sagt: ich esse alle Küsse! [4741]

Ein Aderlaß ist nötig und von einem Floh läßt er sich beißen. [4742]

In *Homburg* beschert die fürstliche Familie den Ahnen zu Weihnacht; unter jedes Ahnenbild wird ein Tisch mit Geschenken und Lichtern gestellt. (Ein Kammermädchen) [4743]

Auch die Pferde (sagte mir ein Offizier) haben das Kanonenfieber. Das ist die Legitimation für das des Menschen. [4744]

Mörder: ich befreie dich vom Nervenfieber, Zahnweh u.s.w. [4745]

Angiolina im Tr. v. Siz. steht da, wie der Mensch im Paradiese zwischen den wilden Tieren. [4746]

Titi stieg mit mir die Treppen hinauf und zählte: 1. 8. 3. 5. Die Zahlen hatte sie im Gedächtnis, aber die Reihenfolge und Verknüpfung kannte sie noch nicht. [4747]

Titi kam in mein Zimmer, als ich gerade mit Freunden politische Dinge erörterte und sagte nach ihrer Art: auf den Schoß, schöne Geschichte erzählen. Ich nahm sie auf den Schoß, sprach fort und fragte in den Pausen: ist das eine schöne Geschichte? Sie: Ja, wieder! [4748]

Ein hiesiger Professor hat nur einen einzigen Zuhörer, der auch nur aus Dankbarkeit für ein Stipendium kommt. Am Schluß des Semesters steigert er seinen Lehrer: um den Preis kann ich den Weg nicht mehr machen! (Schrötter) [4749]

Eschenmayer steht in Heidelberg vor dem Universitäts-Gebäude und will es durch seinen Willen *bewegen*.
(Dittenberger) [4750]

Professor Schrötter, der Chemiker, erzählte mir, daß Messenhauser ihn ein paar Tage vor der Einnahme von Wien zu sich rufen ließ und ihn bestürmte, irgend ein Zerstörungsmittel unerhörter Art zu erfinden. »N. N. hat Antwerpen gerettet, retten Sie Wien!« [4751]

Derselbe: Endlicher, der sich entleibete, verkauft an jemanden ein Gut in Ungarn, das ihm nicht nur nicht gehört, sondern gar nicht existiert, stellt alle Urkunden aus und zahlt die Renten bis an s. Tod. [4752]

> O, die Antike steht nicht mehr auf,
> Es liegt nicht in der Dinge Lauf,
> Daß etwas erst heute geboren sei
> Und tausend Jahre alt dabei. [4753]

Wir haben eine deutsche Flotte, aber k.[ein] Deutschland, also herrenloses Gut. [4754]

Warum imponiert die Keckheit eines Niederträchtigen bis zu dem Grade, daß man selbst verlegen wird, wenn er nicht verlegen ist? Weil man denkt, er könne so keck unmöglich sein, wenn er wirklich so niederträchtig wäre, und darum glaubt, man habe ihm unrecht getan. [4755]

Der Mensch: das Durchschnittsprodukt von Natur und Bildung. [4756]

Worin besteht die sog. Anmaßung des höheren Individuums gegen das geringere? In seinem Gefühl des natürlichen Verhältnisses! Warum verlangt das geringere Anerkennung der Parität? Weil natürlich der Korporal gewinnt, was der General verliert. Warum kann das höhere darauf nicht eingehen? Weil es lügen und heucheln müßte! [4757]

d. 18 Dez.

Eben, abends um 8 Uhr, habe ich das Drama *Michel Angelo* vollendet, das ich vor etwa vier Wochen anfing. [4758]

d. 25 Dez.

Den gestrigen Weihnachts-Abend sehr glücklich mit den Meinigen verbracht. Titele war, meinem Wunsch gemäß, wieder als Braunschweiger Bauermädchen angekleidet, was ihr allerliebst stand, und wartete nun im Kabinett meiner Frau, mit dem Rücken gegen die Glastür gesetzt und von der kleinen Komtesse Lichtenberg unterhalten, aufs Anzünden des prächtig herausgeputzten, im großen Zimmer aufgepflanzten Baums. Zuletzt mußten ihr die Augen zugehalten werden, weil sie gerade im entscheidenden Moment nicht länger zu vertrösten war. Dann eine Überraschung, eine Freude, die sie wirklich sprachlos machte. Sie glühte, wie eine dunkelrote Kirsche, wie meine liebe Frau sagte. Heute sah ich auf der Straße noch einen kleinen Weihnachtsbaum tragen; der hat gewiß das meiste Entzücken hervorgerufen, denn offenbar hatte die Mutter erst so spät Rat geschafft. Ein verspäteter Weihnachtsbaum! [4759]

Ein Schlosser in Wien erfindet ein künstliches Schloß und setzt einen Preis darauf, es zu lösen. Keiner kanns, da wird es ins Kriminal gebracht und dort findet sich gleich einer, der es vermag. (Raab) [4760]

Aufenthalt in Hamburg, Sommer 1850. [4761]

Gravenhorst: Säufer, von seinen Eltern getrennt, in Altona lebend. Elende Kneipe; elendestes Zimmer darin das seine. Er nicht zu Hause, auf der Kegelbahn. Ich hinüber: »Sind Sie nicht der Neffe von Campe?« Dann mich erkennend; große Freude. »Das ist schön von dir, du bist ein berühmter Mann geworden, ich –« Übrigens noch immer ein wackrer Knabe. Sein Bruder: Werner aus Wilh. Meister. Die Eltern steinalt, gerunzelte Gesichter, ein Zug leidenden Unwillens über den Sohn. Er sollte schon Bürgermeister sein und ist kaum Doktor. (Rückblick, wie er mein Latein-Lehrer war. *Ernst Albrecht:* Sie fürchten Gravenhorst? Ei, Sie sind ja stärker, wie er.« Sein erster Besuch bei mir, als rescher Gymnasiast. Kaffee-Trinken bei ihm. Hochzeitsgedicht. Wissensch. Verein. Die Mitglieder.) [4762]

Rendtorf. Philister. Dokt. der Medizin, im Stadium der Armenpraxis. Gang mit ihm zum Cholerakranken. Er sicher; ich wußte schon, wie wir in die Straße kamen, daß der Pat. tot sei, weil die alten Weiber die Hände zum Himmel erhoben, als sie den Arzt sahen. Kam, obgleich ich ihn augenblicklich aufsuchte, kaum auf 5 Minuten zu uns in den Gasthof. Ganz dazu gemacht, Kinder zu wiegen. Abgetan für immer. [4763]

Wilh. Hocker. Tot. Im Hospital verschieden. P . . . . . . Letztes Etablissement: Weinkeller, in dem sich jeder für 4 Schilling betrinken konnte, während der Wirt ihn mit Witzen a la Saphir unterhielt. An dies Individuum habe ich aus Dithmarschen freundschaftliche Briefe geschrieben, weil die Schoppe es zum »reinen und begabten« Jüngling gestempelt hatte. Erster Eindruck schon widerwärtig. »Wenn sie reif werden, fallen sie ab.« [4764]

Doktor Vucks. Im stillen Wahnsinn, berechnend (nach Gravenhorst) wie hoch der zum Himmel gefahrene Christus jetzt schon sein muß, wenn er auch nur $2^1/_2$ Fuß in der Sekunde geflogen ist. Ehemals Hegelianer, aber ohne allen Gehalt, Erbsenschote ohne Erbsen, die der Herr Wihl protegierte, weil ihm das Protegieren so lange wohl tat, als der Protegé nicht zu hoch wuchs. Jetzt ausgehalten von Freunden, die das Essen für ihn bezahlten. [4765]

Julius Campe. Wie immer, aber mit Schnee bedeckt; sein Laden das Lager des Radikalismus; doch ist sein Anteil nicht *ganz* der des Geschäftsmannes, obgleich großenteils. [4766]

Amalia Schoppe. Auch, wie immer. Zur Miete wohnend auf dem Stadtdeich. [4767]

In *Altona*. Nach der Schlacht bei Idstedt, der Balkon im Eisenbahnhof, von wo immer die Heerberichte mit einer Stentorstimme verkündigt wurden. [4768]

d. 29sten Dez.
Am ersten Weihnachtstage trank ich mit meinem alten Freunde Fritsch auf du und du. Heute morgen sagt mir meine Frau: »im ersten Moment war mir das nicht recht, mir war – dabei traten ihr die Tränen in die Augen – als obs ein Raub an mir wäre!« Ein allerschönster Zug des tiefsten Gemüts, wert, an einer Julia, einer Desdemona zu leuchten! Und vollkommen berechtigt! [4769]

Ein Mensch begeht in Graz einen Mord, wird fast überwiesen, erhält aber, weil er selbst zum Gericht gehört, ja die Untersuchung eine Zeitlang geleitet hat, durch seine Kollegen Gelegenheit zur Flucht, und flüchtet nach Ungarn. Dort tritt er, unter falschem Namen, als Kommis in ein Handlungshaus, gewinnt die Liebe der Tochter und weiß sie zu überreden, sich entführen zu lassen. Sie wollen aber nicht zugleich verschwinden, er versteckt sich daher einige Tage vor dem festgesetzten Tage im Keller, zu dem sie allein die Schlüssel hat, und wird dort von ihr ernährt. Aber infolge der fiebrischen Gespanntheit erkrankt sie, bekommt ein Nervenfieber, spricht in ihren Phantasieen immer vom Keller, was niemand versteht und liegt so wochenlang da. Als sie genesen ist, ist er verhungert, da niemand in die Keller kam, als sie. (Dr Pachler) [4770]

Zacharias Werner hat in Wien einmal so gepredigt. »Ein kleines, ganz kleines Ding hat der Mensch, ein niederträchtiges Stück Fleisch, womit er am meisten sündigt, es ist das unansehnlichste seiner Glieder und das böseste zugleich.« So fährt er lange in Equivoquen fort, vor denen die Damen sich entsetzen und die Männer schaudern. Endlich ruft er aus: »soll ichs euch zeigen, dies böse kleine Ding? Ich habs leider auch, ich bin nicht ausgeschlossen; seht her; da ists!« Dabei streckt er die *Zunge* aus und befreit die Andächtigen von ihrer Angst. (Fritsch.) [4771]

Ein ordentlicher Konservativer darf sich nicht einmal *waschen*.
[4772]

Werke des Witzes können unsittlich sein und waren es oft; poetische Werke können es gar nicht sein und waren es nie. Die Poesie faßt alles in der Wurzel und im Zusammenhang, der Witz kann sich recht wohl auch ans einzelne hängen. [4773]

d. 31sten Dez.
Abermals der Jahres-Abschluß da! Im allgemeinen ist nichts geschehen: Deutschland liegt zerrissen und zerschlissen da, wie immer, und auch die europäischen Zustände sind ganz die alten geblieben. Aber der Strom, der im vorigen Jahre doch noch Wellen schlug, ist jetzt völlig wieder eingefroren und die Diplomatie kann Schlittschuh laufen, wie sie will. Was daraus werden soll, weiß ich nicht, aber ich fürchte früher oder später böse Folgen, denn ich sehe nicht, daß die Regierungen sich irgendwo ernstlich bestreben, die unabweisbaren National-Bedürfnisse, deren brennendes Gefühl die Revolution allein hervorrief, auch nur annähernd zu befriedigen, und wahrlich, sie lassen sich auf die Länge nicht mit Gewalt ersticken! Ich selbst bin jetzt ruhiger, wie in den letzten zwei Jahren; ich weiß, daß es wieder Winter ist, aber auch, daß der einzelne den Frühling nicht zurückrufen kann, darum lasse ich meinen Pflug im Stall stehen und tue, was sich hinterm Ofen tun läßt. Meine Privat-Verhältnisse haben sich verschlechtert, seit der Dokter Laube das Burgtheater dirigiert; der Mann ist vom ersten Augenblick an aufs gehässigste gegen mich und meine Frau aufgetreten, und sucht uns bis zur Stunde den Boden unter den Füßen wegzuziehen. Was mich betrifft, so begann er damit, daß er meine Bearbeitung des Julius Caesar ohne alle Umstände beiseite warf und seine eigene spielen ließ, ja meiner Frau sogar die bereits studierte Rolle der Portia wieder nahm und ihr die erst zu studierende der Calpurnia zuteilte. Später entschuldigte er sich, er habe von meiner Bearbeitung gar nichts gewußt, was ich freilich gelten lassen mußte, was aber, da die Rollen schon ausgeteilt waren, gar nicht denkbar ist. Weiter lehnte er die Darstellung der von Holbein unbedingt angenommenen Julia, ja sogar die Wiederholung des Herodes unter den

nichtigsten Vorwänden ab, während er die miserabelsten Machwerke dutzendweise zur Aufführung bringt und Birchpfeiffereien neu einstudieren läßt. Damit verletzte er sogar den Rechtspunkt, da jedes angenommene Stück wenigstens honoriert und selbst ein durchgefallenes dreimal wiederholt wird. Was meine Frau anlangt, so nahm er ihr ihre besten Rollen und gab ihr auch nicht eine einzige neue, ja er zwang sie, auf einen alten, von Holbein selbst für ungültig erklärten und nur aus Versehen, wie ein unzerrissen gebliebener, aber bezahlter Wechsel, noch unter den Akten befindlichen Revers gestützt, Großmütter und Ammen zu spielen. Das ist denn ein Versuch zum moralischen Mord, da eine Künstlerin, die ihre Kräfte ungebraucht ruhen lassen muß, sich bewußt oder unbewußt selbst verzehrt, und natürlich auch verliert. Bezeichnend für den Mann ist es, daß er *auf den Tag*, wo wir von unserer Hamburger Reise zurückkommen sollten, weil der Urlaub abgelaufen war, den Uriel Acosta, worin meine Frau die Judith spielt, angesetzt hatte; morgens traf sie ein, abends mußte sie auftreten, und wenn wir unterwegs ein Unglück gehabt hätten, also ein paar Stunden länger ausgeblieben wären, würde sie das Repertoire gestört, also Gott weiß, was, zu erwarten gehabt haben. Wahrlich, bei solchen Erfahrungen ist das Wort des Pharisäers: Herr ich danke dir, daß ich nicht bin, wie dieser da! am Ort; Individuen, die dieser Kleinlichkeit fähig sind, wollen Dichter sein! Genug davon. – Im Sommer machten wir eine Reise, erst nach Agram, dann nach Hamburg. Über Kroatien legte ich meine Eindrücke in einigen Reisebriefen im Wanderer nieder, die freilich nicht viel sagen wollen; in Hamburg kamen wir ein paar Tage vor der Schlacht bei Idstedt an. Alles baute fest auf den Sieg der Schleswig-Holsteiner, dennoch verloren sie und im Grunde war beides einerlei, denn über das Stadium, wo der Sieg noch etwas entschieden hätte, war die Frage ja schon längst hinaus. Im Altonaer Bahnhofe wurden nachmittags immer die neusten Nachrichten über den Stand der Dinge von einem Balkon herunter durch einen Mann mit einer Stentorstimme verkündet. Tausende versammelten sich dort, unter denen auch ich selten fehlte. Es war meine Absicht, meine Frau allein nach Wien zurückreisen zu lassen, aber die Laubeschen Manöver zwangen mich, meinen Plan zu ändern, ich mußte also darauf verzichten, auf vierzehn Tage nach Kiel zu gehen, obgleich ich meinen Paß schon hatte. Drucken ließ ich: Herodes und Mariamne; Rubin; Trauerspiel in Sizilien und Julia; deren letzten Bogen ich vor vier Tagen korrigierte. Gearbeitet: viele Aufsätze; den zweiten Akt des Moloch; das satirische Drama Michel Angelo und ganz zuletzt noch die Abfertigung eines ästhetischen Kannegießers, die mir abgedrungen wurde und ihre Dienste schon tun wird, wenn auch nicht im Augenblick. Auch die Schauspielerin wurde wieder aufgenommen und ich hoffe noch auf gute Stimmung für allerlei. Das lyrische Vermögen beginnt zu stocken; die entstandenen Gedichte wollen nichts mehr heißen. Im Frühling hatte ich eine schlimme Krankheitsperiode durchzumachen; ein rheumatisch-hämorrhoidalisches Leiden ergriff mich und verursachte mir große Schmerzen, doch taten Schröpfköpfe und dann die Kaltwasserkur gute Dienste und jetzt bin ich, wenn ich das Übel auch noch fühle, doch schon längst so gut, als hergestellt. Mein Titele gedeiht, ist dick und fett, an meiner lieben Frau ängstigt mich noch immer das Hüsteln, sonst geht es auch ihr wohl. Bekanntschaften: Prof: *Fichte* in Tübingen, mit dem ich genußreiche Stunden hatte; *Holtey*, dessen Shakespeare-Vorlesungen ich die mächtigsten Anregungen verdanke, wenn ich ihm auch nicht darin beistimmen kann, daß Shakespeare ein Jean Paul im Drama sei; Baronin *Feuchtersleben*, zu der das schon im vorigen Jahr angeknüpfte Verhältnis weit inniger geworden ist, was ich von manchem anderen nicht sagen kann. Wenn ich nur behalte, was ich habe, so will ich unendlich zufrieden sein! [4774]

1851

d. 1 Jan:
Den gestrigen Abend mit meinen Freunden bei mir sehr vergnügt zugebracht; der neue Kronleuchter wurde zum erstenmal angezündet. [4775]

Wenn man die Blut- und Nervenlosigkeit des gegenwärtigen Geschlechts betrachtet, so sollte man glauben, die Toten seien wieder auferstanden und spielten Leben. [4776]

Ob ich nicht doch im Rubin eine Granate in einen Rosenkelch hineingelegt habe? [4777]

Man kann einen Stein wohl in die Luft werfen, aber er bekommt darum keine Flügel. [4778]

Hammer-Purgstall. Als er nach der Trauung mit seiner Frau aufs Land fährt, drückt er sich in die eine Ecke des Wagens, zieht ein Buch hervor, gibt ihr ein zweites, eine Grammatik, und fängt zu lesen an. – An ihrem Namenstage fährt er mit ihr aus, sie weiß nicht wohin und erwartet eine angenehme Überraschung, er lenkt auf den Kirchhof ein und zeigt ihr ihr Grab!
(Prof: Schrötter) [4779]

Ein Apotheker in Triest bekommt eine Schachtel voll Vipern, deren er bedarf, und läßt sie in sein Schlafgemach stellen, ohne die Schachtel vorher genauer zu untersuchen. In der Nacht erwacht er und findet alle Vipern auf seinem Bett. Er sucht ein Bein zu heben, ohne eine zu verletzten, es gelingt ihm und er springt heraus, entkommt auch glücklich. Aber am nächsten Morgen sind seine vorher noch schwarzen Haare grau.
(Dr Schmidl) [4780]

Zur Natur des Lebens gehört vor allem die unendliche Reihe von Eindrücken, die allem Existierenden, allen Wesens-Formen, zuteil werden und sie augenblicklich verändern, so daß eben dadurch auch von ihnen gleich wieder ein neuer Eindruck ausgeht, der abermals neue weckt, die auf sie zurückwirken und so in Ewigkeit fort. [4781]

»Gibts denn noch Kröten, Spinnen in der Welt,
Ich dächte doch, der Stoff wär aufgebraucht,
Seit dieser Mensch geboren ward!« [4782]

»Lauf nicht schnell, geh langsam hinter ihm her, dann fängst du ihn!« [4783]

Im höheren Gebiet der Kunst gibt es sowenig liederliche Menschen, wie im Garten liederliche Rosen: Alles wird, was es werden kann. [4784]

Eine wohlgeordnete Menschennatur setzt sich, ohne sich der Kräfte bewußt zu sein, sowenig den Zweck: eine Tragödie zu dichten oder ein anderes Kunstwerk hervorzubringen, als sie sich den Zweck setzt, aus dem Kopf eine Rose hervorzutreiben.
[4785]

Das Dramatisieren, überhaupt das Dichten, ist sehr oft nicht mehr, wie das Klimpern der Kinder auf dem Klavier. Wie diese nur die Töne angeben, die im Instrument liegen, so erreichen untergeordnete Dichter nur die Wirkungen, die von den Formen unzertrennlich sind. [4786]

Sich berauscht fühlen bei dem bloßen Gedanken daran, daß es Wein gibt. [4787]

»Irgend ein entscheidender Schlag soll geschehen, aber erst am Geburtstag des Fürsten. Dadurch zu spät.« Zug. [4788]

Die Natur hätte den Menschen nicht hervorbringen können, wenn sie sich seinen Hoffnungen und Wünschen nicht gewachsen fühlte. Die gehören zu ihm, wie das Wasser zum Fisch. [4789]

Es gibt dramatische Dichter, die wohl eine einzige Figur mit Leben auszustatten vermögen, alle übrigen aber schattenhaft lassen müssen. Das sind die widerwärtigsten von allen. Entweder überall Sehnen, Adern und Muskeln oder überall Kreidestriche!
[4790]

1ste Stufe künstlerischer Wirkung: es kann so sein!
2te   ”   ”   ”   es ist!
3te   ”   ”   ”   es muß so sein! [4791]

Durch Beratung ein Bild zustande bringen nach dem Gesetz der Majorität! Ach, die Majoritäten!!! [4792]

Am Teufel ein weißes Haar aufsuchen! [4793]

Einen weinenden Mann muß man durch eine Ohrfeige schnell in einen wütenden verwandeln. [4794]

Die meisten unsrer Dutzend-Dichter wollen etwas ganz andres sagen, wenn sie anfangen, als sie gesagt haben, wenn sie aufhören. [4795]

Würdige keinen des Hasses, den du nicht auch der Liebe würdigen könntest! [4796]

Wer nichts ist, kann im höheren Sinne auch nicht schön sein! [4797]

»Ich esse auf Ihre Gesundheit!« [4798]

Die Pietät ist mit dem Schlaf zu vergleichen. Nichts Positives, aber doch unendlich mehr, wie alle zugespitzte Einzelheit! [4799]

Alles Vortreffliche bereichert die Zukunft, ist aber auch ein Raub an ihr, denn nie ist ein gleiches möglich. [4800]

Freunde können nicht unparteiisch sein, wohl aber vor lauter Unparteilichkeit ungerecht werden. [4801]

Es ist schlimm, wenn der gute Mensch zu viel spezielle Erfahrungen über die schlechten macht; er lernt sich dann zu hoch schätzen. [4802]

Man kann ein Drama durch Kürzen verlängern. [4803]

Es gibt Verbrechen, die von selbst straflos werden, wenn Tausende sie begehen. [4804]

Der Maler, der dir selbst dein Bild malt, kommt erst zuletzt: es ist der Tod! [4805]

Wie könnte ein Mensch durch schlechte Erfahrungen an anderen zur Menschen-Verachtung kommen, wenn er selbst gut bleibt und fühlt, daß er besser ist? Er gehört ja mit zum Geschlecht! [4806]

»Ein Mittel, das unter allen Umständen wirken soll, muß aus dem erkrankten Individuum selbst gewonnen werden. [4807]

Castelli: Besuch von mir in Lilienfeld bei ihm, von ihm in Wien bei mir: mors ultima linea rerum! [4808]

Kammerherren leiden gewöhnlich an Steinschmerzen. (weil sie nicht oft genug urinieren können, wenn sie im Dienst sind)
Ärztliche Beobachtung. [4809]

Es ist noch nie ein Scharfrichter dadurch berühmt geworden, daß er einem Helden den Kopf abschlug. [4810]

d. 21sten Jan:
Heute habe ich den Epilog zur Genoveva geendigt. [4811]

In London werden Kirchen und Kapellen auf *Aktien* gebaut und die Vermietung der Kirchenstühle bringt große Dividenden.
(Pitaval) [4812]

Ein Zeuge, der gegen einen Mörder zeugt, weil er es wohl mit ihm meint, nicht seinem Leib, sondern seine Seele retten will. [4813]

Herr Anschütz hat, wie ich höre, aus dem Falstaff einen Possenreißer gemacht: neuer Beweis für die völlige Unfähigkeit unserer Schauspieler, in die Natur des Komischen einzudringen. Falstaff setzt die Konsequenzen seiner Weltanschauung mit dem höchsten Ernste durch, weil er sie für die allein richtige und sich, den Träger derselben, für den eigentlichen Kopf der Menschheit hält. Er würde sie selbst Gott gegenüber behaupten, und wenn dieser ihn in die Hölle verwiese, ausrufen: der Gewalt muß ich weichen, aber Recht hab ich doch und wunderbar ists nur, daß eine Welt, die eine so borniert Spitze hat, mich hervorbringen konnte! [4814]

Der Eroberer mit seinem Schwerte steht auf der Erdkugel unter all den Linien, die Rechte und Verträge auf ihr gezogen haben, ungefähr so da, wie in einem ungeheuren Spinnennetz. [4815]

Man kann so wenig einen Brief für jemand schreiben, als man für ihn in den Spiegel gucken kann. [4816]

Republik: Alle Tiere sind Untergebene, der Mensch ist Präsident, aber jeder Untertan darf nach ihm schnappen und es handelt sich darum, ob ihn mehr angreifen oder verteidigen. [4817]

Künstler am Klavier
Mir ist,
Als wär ich da eingeschlossen
Und spielte mich selbst heraus. [4818]

Ich kann mich nicht fünf Minuten verleugnen, ich will es aber auch nicht, denn wenn ich mich nur um diesen Preis behaupten könnte, so will ich mich lieber gar nicht behaupten, ich lebte dann ja nicht selbst, sondern ein anderer lebte für mich, ein Wesen, das ich nicht bin. [4819]

Wenn das Volk keine Leidenschaften mehr anschauen will, so hat es keine mehr. [4820]

Es gibt Sprachen, in denen die poetischen Gedanken erfrieren. [4821]

Kinder sind Rätsel. [4822]

d. 10 Febr.
Gestern den Geburtstag meiner lieben Frau recht fröhlich begangen; über 17 Gäste. [4823]

Die Montespan, ein Kind aufm Schoß, beim Gewitter; durch das Kind glaubte die Sünderin, sich gegen den Blitz zu sichern.
(Tiedge. Urania) [4824]

»Welche liebliche Kinder!« Fi donc, ils sont les' enfants d'un vaillard! (F^{stin} M–ch; Dittenberger.) [4825]

Ein Serezaner raubt bei der Erstürmung Wiens ein Kind. Sein Hauptmann will es ihm abhandeln, um es den Eltern zurück zu geben. Er will nicht. »Eher freß ichs!« (Dittenberger) [4826]

Dittenberger sprach einen sehr schönen Gedanken aus. Man solle die Leichen mit Gips übergießen. Dann wäre jedes Wieder-Erwachen unmöglich und noch nach hundert Jahren würde die Form des Menschen erhalten, vom Körper aber, ohne daß er die ekelhafte Verwesungsprozedur auf die gewöhnliche Weise durchzumachen brauchte, die letzte Spur bis auf die Handvoll Staub verschwunden sein. [4827]

Den Tod nicht bloß erleiden, sondern ihn genießen: Abschluß der Welt. [4828]

Prahle nicht mit deinen Verwandten. Der Steiß könnte sich sonst auch aufs Gesicht berufen. [4829]

Der Hund hat eine so feine Nase, daß er noch aus dem Kot den Braten herausriecht. Was hat er davon? Daß er ihn frißt! [4830]

Wecke den Irrenden sanft und laß ihn schelten und um sich hauen. Erst wenn der Mensch erwacht, räumt er dir ein, daß er geschlafen hat. [4831]

Bedenken
Weil gegen uns die Erde sich nicht wehrt,
   Die wir zerpflügen und zerstücken,
Darf ich den Floh, der sich auf mir ernährt,
   Wie ich auf ihr, darum nicht knicken? [4832]

An die Deutschen
Eins, hofft ich, sollt euch einig machen:
Der offen aufgesperrte Rachen
   Des Ungeheuers, das euch droht,
Doch nein, ihr wollt euch erst vertragen,
Wenn ihr schon steckt in seinem Magen,
   Doch seid ihr dann erquetscht und tot. [4833]

Karlsschüler
Welch ein Schauspiel für Götter! Dem unvergänglichen Schiller
Wird ein Vivat gebracht! Laube bedankt sich dafür! [4834]

Eben noch blies der Aufruhr zum Angriff auf dieser Trompete;
Dennoch ist sie dem Recht nicht fürs Tedeum zu schlecht?

[4835]

Wenn man die Kunstausstellungen besucht, so sollte man glauben, manche Bilder seien nur aufgehängt, weil das Komitee die Abschreckungstheorie adoptiert habe. [4836]

Von der Luft leben! Sollte es ganz unmöglich sein? Sollte der Mensch nicht dereinst reine Gase zu sich nehmen können? Wird er dann nicht vielleicht unsterblich sein und mit dem Tode die Zeugung, die ja gewiß einander gegenseitig bedingen, aufhören?

[4837]

Dr Lotmar aus Frankfurt erzählte mir über B. Ein dortiger Mauermeister, namens Ritter, habe wegen Wucherei flüchten müssen, sei B. auf dem Wege zur Post begegnet und habe ihm ein Paket gegeben, mit den Worten: Bewahren Sie mirs auf, es sind 10,000 fl darin. Dieser behaupte nun, B. habe ihm das Pak: nur mit 7000 fl wieder zurückgestellt, während B. darauf bestehe, es seien nur 7000 fl darin gewesen. Die Sache sei gerichtlich geworden. [4838]

»Der Mensch sollte sich immer seine Armseligkeit gegenwärtig halten. Dann würde das Glück in dankbarer, das Unglück ihn gefaßter finden, denn er sagte sich: was bin ich denn?« [4839]

d. 1 März.

Ich war mit meiner lieben Frau zwei Tage in Preßburg, wo die Judith zum Besten der protestantischen Kranken-Anstalt gegeben wurde. Wir waren sehr vergnügt. Lustiger Abend mit Löwe, Pastor Raabe (der akademische Lieder sang) Schreiber, Rotter, dem alten Arzt u. s. w. Das ausgebrannte Schloß mit seinen Fenster-Augen-Höhlen und dem hineinschauenden blauen Himmel, das mich ans Kollisseum erinnerte. Der Kell[n]er im Gasthof hieß *Rochus*. Brechend-volles Haus; Gedichte, Kränze. Meine Empfindung: mit welchem Leichtsinn, wie ein Kinderspiel, wurde diese Judith geschrieben, die jetzt so ernsthafte Menschen in Bewegung setzt. [4840]

Welch ein ungeheurer Irrtum, zu glauben, daß die Welt auf den eingebüßten alten Schwerpunkt wieder zurückgeführt werden könne! Als ob sie ihn jemals verloren hätte, wenn noch Anziehungskraft genug in ihm vorhanden wäre, um die vorwärtsstrebenden Elemente zu paralysieren! [4841]

Die Menschheit hat immer ein höchstes Haupt, aber wie selten kennt sie ihren König! [4842]

d. 15 März.

War bei Schwarzer draußen. Seine Frau, von der er getrennt lebt, lag im Sterben; hatte ihm, obgleich sie schon seit einem Jahre an der Lungensucht darniederliegt, immer sagen lassen, sie sei gesund. Er hat die höchste Achtung für sie, aber sie sei die Karikatur der Tugend, die unerbittliche, letzte Konsequenz derselben. Als er Hemden zu eng findet: »dies sind Hemden für einen ordentlichen Menschen; warum bist du so dick?[«] Der Schwiegervater, der seine sterbende Frau nicht versehen lassen will, und den die Kinder einsperren müssen, damit ein Geistlicher ins Haus kommen kann. Schwarzer selbst: »das Unglück weicht vor mir zurück, es kommt immer in meiner Abwesenheit; Todesfälle, wenn ich auf Reisen*. Jetzt feit mich mein Werk (Allkunde), ich würde den Hals nicht brechen, wenn ich vom Dach fiele, darum scheue ich mich, es zu enden.« Sein Bruder, der Oberstleutnant, der ihm zu Ehren einem Soldaten die verdienten Rutenstreiche nach dem Diner schon heute, statt morgen, geben ließ. – Die neue Verheiratung in acht Tagen. Sein Bild auf der Kunstausstellung und die Rezension desselben durch den Verleger Sommer. »Warum haben Sie mir das getan?« [4843]

* *zwei Tage später*.

Während er mir das erzählt, stirbt seine Frau: ich war Ursache, daß er auch diesmal nicht das Unglück sah. Ein Mann, mit dem ich in nichts übereinstimme, aber höchst interessant. Scharf. Eckig. [4844]

Leute, die man in acht nehmen muß, daß sie die Sonne nicht zu oft aufgehen sehen, weil das sie berauscht, wie andre das Champagner-Trinken. [4845]

Den Autor eines –ckhaufens will ich niemals wissen. [4846]

Schieße nicht mit Kanonen nach mir. Ob du mich tötest, ist ungewiß, gewiß aber, daß du alle Welt wieder an mein Dasein erinnerst. [4847]

Auch das Weltgericht hat Pausen. [4848]

Der Blutumlauf im Kinde: ist es nicht, als ob er sein Ufer erweitre? (Das Wachsen) [4849]

Die ganze Natur arbeitet für den Menschen, aber der Mensch arbeitet nur für sich: dadurch schließt sich der Kreis, ob sich aber die Unsterblichkeit daraus folgern läßt, weiß ich nicht: auf der höchsten Stufe mußte diese Selbst-Verzehrung und daran geknüpfte Neigung sich notwendig ergeben. [4850]

»Schiller ist ein Verdienst Napoleons!« [4851]

d. 2ten Mai. Penzing bei einer Kälte,
daß einem die Haut schaudert.

Ich war elf Tage in Berlin und brachte dort das Gastspiel meiner Frau und die Wiederaufnahme der Judith zustande. Lebte eigentlich in einem mir fremden, ja feindlichen Element, indem ich an Dingen teilnehmen mußte, die mir wenigstens gleichgültig sind, ich hatte aber den Selbstgenuß dabei, mich so weit verleugnen zu können, als dazu gehörte, es auszuhalten. *Küstner*, als zu Goethes hundertj. Geburtstagsfeier die Iphigenia aufgeführt werden soll: »aber, was soll uns die Antike?« Als er im Theater in dem Saal, wo die Büsten von Schiller, Goethe, Lessing u.s.w. stehen, die leeren Nischen erblickt: warum sind die nicht auch voll? wir haben ja Dichter genug! Dies der siebenjährige Leiter der Kunstanstalten!!! Die Abende bei *Mundts:* Werther mit seiner Vorlesung über Chemie; Marx, der Musik-Schriftsteller; Ring der Dichter; Rott und Frau: dort war mir wohl. Das *Diner unter den Linden* mit Carriere, Rötscher u.s.w. Gräfin *Rhedern;* Rückblick auf Hamburg. *Cornelius:* die Hoffnung ist eine große männliche Tugend; die Rachel habe ich absolviert, sie ist mir ein

Greuel. Der *Polizist*, der mir den Weg wies und mich vor Taschendieben warnte: ich bin einer von den Geheimen! *Metternichs* Antwort auf die Frage, woher er die Zeit zu seinen Arbeiten nehme: »ich mache nichts, was auch andre machen können[«]. Der *alte Theater-Diener*, der Hendrichs Darstellung des *Schiller* in den Karlsschülern rezensierte: so hat Schiller nie geschrieen, er hatte ja keine Lunge, ich sah ihn bei Hufeland! »Geh zu Hause, Friedrich, dir kann niemand helfen!« Hufeland. Das Hufeisen auf der Schwelle einer schlechten Restauration. In der Oper und im Schauspielhause: die komische Verwechslung des Mazarin und des Propheten und der junge Mann neben mir, dem das Umgekehrte begegnet war. *Humboldt:* Religion ist nicht mein Genre. Seine Frau, die Caroline von Dacheröden: jedes Kind von ihr hatte einen anderen Vater, namentlich vertrat der Bildhauer Rauch den Ehemann mit dessen Wissen und Willen. (Mundt.) Die Madme *Düpiter:* »Mann, bist du schon tot? Sags mir, wenn du stirbst, du weißt, ich kann keine Toten sehen!« Dann mit dem Traueranzug zu ihm tretend: »nun, wie stehts mir?« *Mundts Wagen* angehalten, weil er am Ostertag an der Kirche nicht im Schritt vorbeifuhr. *Varnhagen* ohrfeigt die Nichte, die Ottilie Assing (von der mir die Schoppe erzählte, daß sie ihrer Mutter gleich nach deren Tode die Ohrringe ausgenommen und sich eingehängt habe, um der Schwester Ludmilla zuvorzukommen) diese läuft aus dem Hause und kommt nicht zurück. Ludmilla zur Mundt: sie will uns ängstigen und wird schon wieder erscheinen, es ist eine Komödie! Die Mundt, zu Hause kommend, wird von ihrer Magd benachrichtigt, die Assing sei da. Sie findet sie, totenbleich im Sessel sitzend. »Nun, Ottilie, Ludmilla hatte also recht, Sie spielten Komödie?« So wissen Sie alles? »Ja« – »Dies wissen Sie aber nicht!« Damit schlägt sie ihr Tuch auseinander und zeigt drei große, tiefe Wunden in der Brust, nur durch Zufall nicht tödlich. Die hat sie sich mit einem Dolch in einem Gebüsch des Tiergartens beigebracht, ist dann in Folge des Blutverlusts bewußtlos zusammengesunken und erst am Morgen durch die ihr ins Gesicht gekrochenen Ameisen wieder erweckt worden. *Ludmilla* herbeigerufen, sagt: (Goneril im Lear noch übertreffend) sie hat sich interessant machen wollen, wie Caspar *Hauser;* von der Mundt gescholten, verändert sie die Rolle und schreit:

meine Schwester, o meine Schwester! *Varnhagen*, von Mundt benachrichtigt und den Skandal scheuend, schlägt vor (ärgerer Egoist, als Robert Macaire), das Mädchen für wahnsinnig erklären zu lassen! *Ottilie* selbst freilich, hergestellt, renommiert: Das tut mir keine nach! Ist das nicht wie ein Blick ins Schlangennest? Zwei Schwestern, die sich unter der Maske der Liebe tödlich hassen und ein Onkel, der sie aus Rücksicht auf die Welt zärtlich pflegt, während er sie vergiften mögte! Aber das dachte ich schon in Hamburg, als ich diese dürftigen Naturen mit Gewalt zu »bedeutenden« stempeln sah. O Welt, wohin wirst du noch geraten? – Der katholische Pfarrer, mit einer Bordellwirtin zusammentreffend auf dem Lande, die er natürlich für eine ordentliche Tante ihrer Nichten nimmt, von ihr zur Einkehr in der Stadt eingeladen, wirklich kommend und nach dem Frühstück in geistlichem Talar aus dem Fenster sehend, von den Buben verhöhnt, ohne zu wissen warum! *Rötscher*, den ein Bedienter auffordert, nach dem Schlusse seiner Vorlesung den Versammelten doch anzuzeigen, daß er, der Bediente, mit der Einladung zur Auktion nicht ganz herumgekommen sei und die Einladung selbst zu machen. – Ich: »ich habe keinen Mund!«
[4852]

Die Erde treibt ihre Blumen, wenn das Erdbeben auch schon vor der Tür ist. [4853]

Das kleine Licht in der Höhle, das ein künstliches zu sein scheint, und es ist der Widerschein des Himmels von der anderen Seite. [4854]

»Wir Deutsche haben nur noch einen Trost: unser Henker ist noch schlechter, wie wir, sonst würde die Exekution gleich vollzogen.« D.h. wir von Rußland gefressen. [4855]

Ein Feuerwerk bei Mittagszeit. [4856]

Das Bewußtsein im Menschen ist dasselbe, was der Resonanzboden im Instrument. [4857]

Brief an die Dokt. Schoppe vom 12. Mai.
Mir deucht, Amerika hat die freien Institutionen und Europa die Menschen, die ihrer zu ihrer Entwicklung bedürften. [4858]

Der Dichter, der selbst im Zentrum seiner Schöpfung steht, erfährt erst durch fremde Urteile, wie viele Standpunkte von der Peripherie aus möglich sind, und das gereicht ihm sowohl zum Genuß, als zur Belehrung. [4859]

Brief an Hofr. Teichmann vom 16 Mai.
Sie haben gewiß auch für bestimmte Bücher bestimmte Jahrszeiten; ich fasse es gar nicht, wie man gewisse W[er]ke im Winter lesen kann. – – Und so solls sein, ein Gedicht soll dem Leser ein Individuum, ein moralisches Wesen werden, an dem und durch das er etwas erlebt. – Dies hängt nun einzig und allein davon ab, ob wahres Leben darin sprudelt oder nicht, und das zu ermitteln, zeigt alle Kritik sich unzulänglich. Es ist ein Unterschied, wie zwischen einem wirklichen Mineralwasser und einem nachgemachten; die Chemie findet in beiden die gleichen Salze, aber die Wirkung fehlt! [4860]

Wie tief das Bedürfnis der bildenden Kunst in der menschlichen Natur wurzelt, beweist schon der Umstand, daß es in der Zeit des Fracks überall noch Maler gibt. [4861]

»Der Mann will sich schon schießen, aber nur, wenn der Gegner in Amerika steht, und er in Europa«. [4862]

Man sagt, die Wahrheit trage einen Schleier,
   Sie ändert aber bloß das Angesicht
Und zeigt allein dem tapfersten der Freier
   Das echte, jedem andern nicht. [4863]

Die guten Gedanken dramatischer *Schemen* stehen in keinem innigeren Verhältnis zu ihnen, wie der Wein zum Schlauch, in den er gefüllt ward. [4864]

»Ich war sehr schön als Kind, bin aber ausgewechselt worden.« sagt ein häßlicher Mensch.   Tennenbaum. [4865]

Es wird noch einmal ein Volk geben, das an Shakespeareschen Tragödien stirbt. [4866]

Wenn man im Frühling so im Freien sitzt und die Augen schließt, hat man eindämmernd ein Gefühl, als ob man selbst zu leben aufhörte, und alles andere, von uns freigegeben, zu leben anfinge. [4867]

Die allgemeinen Organe der Menschheit, z.B. für Poesie, treten im einz. Individuum verselbständigt hervor. [4868]

»Die Rose ist ein Aderlaß der Erde.« Bild. [4869]

»Jeder Verbrecher sträubt sich, seine Verbrechen einzugestehen. So auch die Gesellschaft.« Charakter. [4870]

Ophelia ist einmal Mutter geworden, nämlich mit Gretchen. [4871]

»Der Kastanienbaum beleuchtet seine eigene Schönheit. Seine Blüten sind kerzengleich.» Pinscher. [4872]

»Du willst mir an Talent gleich sein und bist mir an Charakter nicht gleich? Sei nur niederträchtig gegen mich, dadurch befreist du mich von der letzten Angst.« [4873]

Tinte, die erst zu leuchten anfängt, wenn das rechte Auge auf die Schrift fällt. [4874]

Wenn man ein Ifflandsches pp Naturstück gesehen hat und auf die Straße oder ins Wirtshaus kommt, so glaubt man, es spiele fort. [4875]

Das Examen meines Vaters mit mir, ob ich die Kornarten auch kennte. Als ich schlecht bestand: »das ist Gerste, die hat einen Bart!« Dann warf er mir die Stachelbeeren, die er, zu meiner Belohnung bestimmt, in der Tasche getragen hatte, an den Kopf. [4876]

d. 23 Mai.

Eine erst kürzlich gebaute neue Brücke ist von der ersten Überschwemmung weggerissen worden. Die alte, die ihr Platz machte, mußte mit Pulver in die Luft gesprengt werden. Als sie noch stand und schon gesperrt war, ließ man mehrere, viele tausend Zentner schwere Lokomotive darüber fahren, von denen man fürchtete, daß sie die Notbrücke zermalmen mögten. Sowie diese hinüber waren, sperrte man wieder und wies die Menschen, die auch hinüber wollten, zurück. Dittenberger. [4877]

Ein Verbrecher steht wegen Diebstahls vor Gericht und beruft sich auf die bittre Not. »Du hast ja einen Goldring am Finger, warum hast du den nicht lieber verkauft?« Daran soll ich einst meine Mutter erkennen. »Lüge, in den Kerker!« Da erschallt eine Frauenstimme: »Es ist mein Sohn und (zum Richter) der deinige!« Faktum. Glaser. [4878]

Graf Sandor ist verrückt geworden. Sein letztes war, daß er dem Pförtner befahl, dem ersten, der käme, den Kopf herunterzuhauen, wenns auch sein bester Freund wäre. – Vorher hat er immer *Ludwig Löwe* als *Holofernes* kopiert. Seine Wette, daß er im Kaffeehaus arretiert werden wolle. Zieht sich zerlumpt an und gibt einen Tausender zum Wechseln. Gut. [4879]

Ein Diener will einen Tyrannen ermorden, in dessen nächster Nähe er sich befindet. Aber er bestellt zuvor sein Haus, nimmt das Abendmahl u. s. w. Dadurch wird jener aufmerksam und errät seinen Plan. »Warum tatst du das?« Ich hatte eine Ahnung, daß ich bald sterben würde. »Sie täuschte dich nicht, da –!« Er durchbohrt ihn. [4880]

Brief an Hofr. Teichmann vom 28 Mai 51.
D. *Trank der Vergessenheit.* – Offenbarer Wahnsinn, aber nicht jener phantastische, in dem das Mysterium der Natur doch gebrochen hervortritt, sondern ein hölzern-trockener, als ob die Zahlen verrückt durcheinander liefen und dadurch Phantasie zu erobern glaubten, daß sie behaupteten, zweimal zwei sei nicht mehr vier. [4881]

Im sittlichen Staat ist der Empörungsversuch immer zugleich auch ein Selbstmord-Versuch, denn da das Individuum nur durch den Staat existiert, so würde es sich in ihm vernichten. [4882]

Das Kunstwerk *zeugt*, wie der Mensch; die Philosophie *ernährt* (ein System wird zur Speise des anderen) wie das Element. [4883]

Ein Mann heilt seine Frau dadurch von der Verschwendung, daß er sich, wenn sie eine überflüssige Ausgabe gemacht hat, jedesmal so lange das Nötige entzieht, bis sie wieder gedeckt ist, so lange z. B. kein Bier trinkt, bis der Preis eines Kleides wieder herausgebracht wurde. [4884]

Situation. Ein Mensch will sich einmal etwas zugute tun und geht ins Wirtshaus; sein Gläubiger setzt sich ihm gegenüber. *Jener:* ein Huhn! *Dieser:* Käse und Brot! [4885]

Alte Bäume werden immer fruchtbarer, sie bringen von Jahr zu Jahr mehr Früchte hervor, aber diese werden immer kleiner. (Rosskopf) [4886]

Napoleon und der Katechismus! Ein Individuum, das nur in die Welt getreten ist, um sie zu verändern, und ihr neue Gesetze zu geben: wie kann es vor den Gesetzen Respekt haben, die sie in ihrem bisherigen Zustand zusammenhielten? [4887]

Als die Alten die Erfahrung machten, daß der Kreis der Sittlichkeit nicht rein im positiven Gesetz aufgehe, sondern ein dunkler Fleck übrig bleibe, da erfanden sie das Wort Pietät. Die Pietät ist, wie der Schlaf, die Hauptwurzel des sittlichen Menschen und so wenig durch Gesetze zu ersetzen, wie jener durch Essen und Trinken. [4888]

Der Schlaf ist die Nabelschnur, durch die das Individuum mit dem Weltall zusammenhängt. [4889]

Das Kostüm der modernen Welt ist ebenso im Interesse der Armseligkeit und Mittelmäßigkeit erfunden, wie z. B. die Konvention der Gesellschaft. Das Schöne und Herrliche, die antike Körperbildung, muß sich verhüllen lassen, damit das Häßliche sich verbergen könne. [4890]

Nimm Kunst und Wissenschaft in dich auf, und was je auf Erden atmete, das zieht als Hauch durch deine Brust! [4891]

»Im Schweiß deines Angesichts sollst du dein Brot essen!« Davon kann nicht einmal das Glück den Menschen entbinden, denn das Brot, was nicht mit Schweiß bezahlt wurde, wird zu Stein. [4892]

Ein Urteil von Gervinus über mich
(Aus einem an Emil Kuh gerichteten Brief vom 16ten April 1851)
Sie fragen mich, es scheint mit einiger Besorgnis, um meine Meinung über Hebbel. Ich müßte wohl keine Sinne zum Vergleichen haben, wenn ich nicht anerkennen sollte, daß er wie ein Baum unter dem vielen Gestrüpp unserer Dramatiker hervorragt. [4893]

Vom Blut des Menschen hängt der Eindruck, den er macht, nicht ab, sondern vom Gesicht; von den Ideen des Kunstwerks nicht die nächste Wirkung. [4894]

Immermann ist ein tüchtiger Mann, der sich aber wie ein Riese gebärdet. [4895]

»Ich mögte den Jüngsten Tag erleben!« [4896]

»Der Mensch zerfällt in Hut, Kopf, Frack und Beine!« [4897]

d. 27 Juni.
Heute abend in Schönbrunn sah ich das Naturbild, das unstreitig die Monstranz hervorgerufen hat: die untergehende, rotgolden glühende Sonne, wie sie, ein aus Strahlen gewobenes Spinnen-Netz, durch die Bäume äugelte. [4898]

Jeder Unsterbliche ist ein unverdauter Stein im Magen der Menschheit. [4899]

Mensch und Welt sind nur die zwei Hälften eines größeren Ganzen; darum sollen sie sich niemals trennen. [4900]

Spielende Kinder sind lebendig gewordene Freuden. [4901]

Handeln sollte der Jude, d. h. Handel treiben, nichts weiter. Nun, er handelte und wurde durchs Handeln, in Rothschild, der Herr der Welt. Betätigung des tragischen Gesetzes für mich.

[4902]

»Bald kommt die Zeit, wo zehn Bauern nur einen Rock haben, aber auf die folgt die Zeit, wo zehn Herren nur noch einen Kopf haben.« Tyroler Prophezeiung. Prof: Pichler. [4903]

»Du wirst vor mir sterben, aber ich vor dir begraben werden!« prophezeit ein Müller seinem Nachbar. Dieser ertrinkt später, so daß sein Leichnam nicht gefunden und der Müller also allerdings vor ihm begraben wird. Derselbe. [4904]

Wenn die Bäume an der Ufelswiese (bei Innsbruck) so groß sind, daß man ein Pferd daran festbinden kann, werden so viele Schweizer über die Berge kommen, daß der erste schon in Innsbruck frühstückt, wenn der letzte erst sein Haus verläßt, so groß wird die Zahl sein, die in einer Linie aufmarschiert. Dann gibt es einen fürchterlichen Kampf und das Ende ist die Wiederaufrichtung des alten deutschen Reichs, es fallen aber so viele, daß die Tyroler Überbleibenden unter einem Baum Platz finden, die Schweizer sich aber streiten, ob sie an zwei oder drei Tischen essen sollen. Derselbe. [4905]

Die Bären essen gern Weintrauben. Ein Tyroler Bauer merkt, daß seine Weintrauben jeden Abend benascht werden und legt sich auf die Lauer. Er sieht eine dunkle Gestalt, die über die Mauer greift, schleicht hinzu und packt sie beim Arm. Dieser Arm ist aber die Tatze eines Bären. Der Bauer taumelt zurück, aber auch der Bär rennt davon. Pichler. [4906]

Proudhomme [= Proudhon] und seinesgleichen könnten ebensogut gegen den Typhus, die Schwindsucht u. s. w. eine

Philippika halten, wie gegen das, was sie die Grundübel der Gesellschaft nennen, denn diese können in ihrem Sinne ebensowenig abgestellt werden, wie jene, und nur die vollkommene Unfähigkeit, bis zum Kern der Dinge durchzudringen, kann das bestreiten. [4907]

Wäre es den Menschen doch endlich beizubringen, daß der dramatische Dichter sich in demselben Sinn auf jede Spezies menschlicher Charaktere einlassen muß, wie der Naturforscher auf jede Tier- und Pflanzengattung, gleichviel, ob sie schön oder häßlich, giftig oder heilsam ist, indem er die Totalität darzustellen hat. [4908]

d. 20 Aug.
Emil Kuh ließ vor einiger Zeit im Wanderer ein Gedicht: »Schöpferstunde« erscheinen, keins von seinen besten, abstrus und inkorrekt, worin er darstellte, wie das *Lied* in der Menschenbrust durch die Befruchtung der Natur auf einem abendlichen Spaziergang entsteht. Er schilderte also den Abend, und was dieser ihn erblicken ließ: den blauen Berg, die purpurrote Rose und was nicht mehr. Ich tadelte das Gedicht in seiner Abstraktheit, nachdem ich es gelesen hatte und schlug es bei dem Dichter selbst tot. Gestern erhielt der junge Mann eine Vorladung vors Kriegs-Gericht und als er heute erscheint, vernimmt er zu seinem höchsten Erstaunen, daß es dieses Gedichts wegen sei, in welchem nämlich die Farben der piemontesischen Trikolore vorkämen. Er gibt natürlich die Erklärung ab, daß er an diese nicht allein nicht gedacht, sondern sie nicht einmal gekannt hat, was jeder, der ihn kennt, ihm ohne weitre Versicherung gern glauben wird, da ich zweifle, ob er auch nur die Grenzen oder die Hauptstadt von Piemont kennt. Seltsames Zusammentreffen! Und daß es gerade jemanden begegnen mußte, der sich infolge meiner dringenden Ermahnungen, die übrigens gewiß völlig überflüssig sind, auch nicht im geringsten mit Politik befaßt! [4909]

Eine Frau, die um voller im Gesicht zu erscheinen, Wachskugeln hinter den Backen trägt, die noch im Munde der Leiche gefunden werden.   Baronin Feuchtersleben. [4910]

(Abends, beim Lichtanzünden-Sehen) Wenn die erbarmungsvolle Nacht den Jammer der Welt in ihren Mantel hüllt, beleuchten die Menschen ihn selbst. [4911]

»In der demokratischen Republik soll sich keiner vor dem andern hervortun!« Dann hat Shakespeare die Aufgabe, ewig stumm zu sein, Raffael muß sich die Hände abhauen, Mozart sich die Ohren verstopfen. [4912]

Die Seele ist der einzige Artikel, den man verkaufen und doch behalten kann. Darum verkaufen sie auch so viele. [4913]

d. 28 Aug.

Meine liebe Frau träumt über Nacht, sie sähe eine zweite Sonnenfinsternis. Wie sie durchs Glas schaut, sieht sie Napoleon, der den Schatten auf einem Stock mit raschen Schritten durch die Sonne trägt; in der andern Hand hält er einen Regenschirm, und ein gemeiner Soldat folgt ihm nach. [4914]

In die Kindheit sich zurückwünschen? Nein! Das hieße, das Bewußtsein: dies und das ist dir gelungen! mit der Qual: wird dir irgend etwas gelingen? vertauschen. Wehe dem, der es kann; es ist der größte Beweis der Nullität in Existenz und Wesen.

[4915]

Den Rhabarber vergolden. [4916]

»Eine Messe kostet nur einen Gulden!« »Nun, das ist billig, dafür läßt sich nur der liebe Gott auffressen.«

Charakterzug. [4917]

Jener benimmt sich gemein gegen dich; benimm du dich edel gegen ihn, sonst hat er dir ja nicht bloß geschadet, sondern dich zu seinesgleichen gemacht. [4918]

Aus einer Oper streicht mir keinen Takt,
Aus einem Drama ruhig jeden Akt! [4919]

Rückblick auf Berlin und Hamburg, wo wir den Juli zubrachten. Wohnung bei der Majorin Czarnowska, Leipzigerstraße, N: 22. (das täppisch-verliebt-zudringliche Mädchen von 13 Jahren.) [4920]

Mundt und Frau: Anfangs comme il faut, aber außerstande unsern Umgang mit Rötscher zu ertragen, den sie hassen, weil er die Stücke der Frau nicht als Mitglied des Lese-Komitees goutiert hat. *Sie:* eine potenzierte Schoppe, als Schriftstellerin, nur unendlich viel voller von Selbstbewußtsein; die größten Hände, die ich jemals an einer Dame sah. *Er:* ganz und gar Diplomat in eigenem Interesse. Mir sagte er über die Judith die außerordentlichsten Dinge und fand den Erfolg so durchgreifend, daß die Berliner nach seinem eigenen Ausdruck sich durch die an den Tag gelegte Rezeptivität förmlich wieder rehabilitiert hätten; an den Dr Landsteiner, der Kuh es wieder mitteilte, weil dieser ihn wegen Nicht-Aufnahme eines Berichts über die Darstellung zur Rede setzte, schrieb er das direkte Gegenteil, wahrscheinlich um dem jungen Mann das Feuilleton zu versperren. Den Michel Angelo, den ich bei ihnen vorlas, nannte er »einen Kristall, den die Sonne selbst erzeugt hätte« und meinte, es sei die Pflicht eines jeden, auf das W[er]k aufmerksam zu machen, es fiel ihm aber nicht ein, das zu tun. Doch, wie gesagt, an alledem war der Umstand schuld, daß ich Rötscher nicht fallen ließ. [4921]

Rott. (Holofernes) Vollkommner Komödiant. Heute Orest und Pylades; morgen –! Gang unter den Linden in der Nacht, wo er den Holofernes rezitierte und wir fast von den Konstablern arretiert worden wären. Gute Anekdote: in Wien fragt ihn auf der Probe ein ungarischer Soldat, der im Stück auf ihn zu schießen hat: »Ew. Gnaden, soll ich wirklich laden?« Lächerliche Korrespondenz mit ihm wegen des Wohlaufschen Briefs, durch die freilich unbegreifliche Indiskretion der Mundt herbeigeführt, die als ich ihr die Geschichte zum Spaß erzählte, mir sagte: der gute Rott ist auch nicht frei davon, er läßt sichs oft an einem Abend 5 Taler kosten!, und als ich darauf lächelnd antwortete: nun ja, auch er wurde genannt! unmittelbar von mir zu ihm lief und es ihm hinterbrachte. Ich strafte beide dadurch, daß ich nie eine Silbe mit ihnen darüber sprach. Als Holof. war Rott ein guter Bürger, der, als assyrischer Tyrann verkleidet, auf eine Maskerade ging, aber ein viel zu gutes Herz hatte, um irgend jemand wirklich zu erschrecken. Eine Strohwelle gegen Ludwig Löwe. Wie er aufm Posten steht, als Schildwache und Handschuh käuft, die ihm das Ladenmädchen bringen muß und die er dann, das Gewehr zwischen den Knieen, anzieht. (Birchpfeiffer) Wie er, von der Begräbnisfeier im Friedrichshain zurückkehrend, in einen Wagen genötigt wird, zu einer Gräfin einzusteigen glaubt und mit der »Schwefelhölzer-Marie« (einer berüchtigten Dirne) durch Berlin fährt, die sich vor Prügeln fürchtet. (Dieselbe.) [4922]

Ch. Birchpfeiffer. Äußerst verständig, im äußern unglaublich gemein, aber eine Frau, mit der man umgehen könnte, weil sie nie ihre Schranken überschreiten wird, während die Mundt alles Ernstes den Michel Angelo als eine Defension ihrer selbst betrachtet. Ihre Tochter, häßlich aber rotlippig, wie sie die Rachel, die Crelinger u.s.w. nachahmte. Sie selbst: Scheerenbergs Gedichte vortragend. Hübsches Landhaus. Ihre Verteidigung Küstners, die ihr zur Ehre gereichte und wirklich aus dem Herzen kam. [4923]

Claque. Der Wohlaufsche Brief. »Es ist Sitte, daß das Publikum durch Claqueurs zum Beifall-Klatschen angeregt wird und ich fungiere seit Jahren als Claqueur.« Wie er dann des Morgens kam, in Kuhs Zimmer von mir empfangen ward, mir alle mögliche Auskunft erteilte, alle mögliche Menschen blamierte und endlich, als ich ihm höflich dankte, seine Dienste aber ablehnte, Rache schnaubend davonging. Übrigens war viel damit gewagt, der Erfolg hätte nur etwas weniger durchgreifend sein dürfen, so würde der Bube sich mit seinem Anhang schon Luft zu schaffen gewußt haben, nun wurde er freilich erstickt. [4924]

Varnhagen von Ense. Doch weit mehr Entschiedenheit in Gesicht und Wesen, als ich erwartet hätte. Anekdote aus der Franzosen-Zeit: »was – sagen die Paßvigilanten [–] ihr habt keine

Legitimation und bedient euch der ordentlichen Landstraße? Marsch, auf die Schleichwege!« Konnte wegen Schwindel nicht mehr allein über die Straße gehen, rief mich, echt diplomatisch, bei der Gegenvisite, die er mir machte, noch einmal um, wie wir uns schon gegenseitig beabschiedet hatten und sagte: wie schön ist Ihre Frau, was verlier ich, sie nicht auf der Bühne zu sehen.« [4925]

Hofrat Teichmann und Frau. Durchaus edel und gebildet. Sie: lang, aber von interessantem, leidendem Gesichts-Ausdruck; Seydelmanns Schwester, die wir bei ihr trafen, unzufrieden mit Rötschers Werk über ihren Bruder. Beide, er und sie, rechneten die Darstellungen meiner Frau zum Höchsten, was sie jemals gesehen, und sie sahen viel! [4926]

Im Eisenbahn-Wagen: Mutter: Was macht der Papa? *Kleines Mädchen:* Putzt Stiefel! *Mutter:* Aber, Ostchen! [4927]

Theater: Die Perspektive, die meiner armen Frau in der Judithprobe auf den Kopf fiel. [4928]

Klein, J. L. Ein Holofernes-Kopf, ganz ein Wüsten-Sohn. »Stawinsky läßt sich bei Luther und Wegener sogar das Beefsteak durch den Kellner zerschneiden, aber er wird doch verhungern, er wird es bald zu anstrengend finden, zu kauen.« [4929]

Rötscher. Innerlichst gebildet, durch und durch liebenswürdig. Ich hätte den Artikel in der Reichszeitung über das Schmidtsche W[er]k doch nicht geben sollen; die Mundt hatte einfach verleumdet, wie ich mich, ohne daß *er* auch nur ein Wort darüber verlor, überzeugte, aber wie konnte ich denn wissen, daß die Frau auch Stücke schreibe! Die Abende bei uns, wo wir Beefsteaks aßen, dann bei Fuchs, der im Cap-Keller, Tiger- und Löwenfelle ringsum, die Studenten und Kuh. Reise mit seinem Vater nach Paris, wo er einen viel geringeren Kostenüberschlag macht, als richtig ist, um nur fortzukommen; wie dem Alten der Lohnbediente nur in der Bluse, nicht in der Livree gefällt: »das müssen wir ja alles bezahlen, gib ihm doch den Regen-

Tieck. Morgen im Lehnstuhl. »Die Rettich ist meine Schülerin, ja, aber eine ungeratene, ich konnte sie nicht mehr sehen, als sie wieder nach Dresden kam, sie ist das Gegenteil von dem geworden, was ich aus ihr machen wollte!« Der Morgen, wie meine Frau bei ihm war; gekämmt, ein Gesicht, wie ein Kind; das Gedicht, was er ihr mit gelähmten Händen schrieb. Das Diner in Potsdam, sein Fall. »Oehlenschläger sah ich, gleich nachdem er bei Goethe gewesen und so unendlich liebevoll von ihm aufgenommen worden war; er sprach aber kein Wort über Goethe.« Sein Wort über Iffland. [4931]

Gubitz. Seine Ermahnung, mein Versprechen, mich zu bessern. »Stoffbuch; Sie kennen das!« Ich: »wie sollt ich nicht, Herr Kollege!« [4932]

Rau. (Lizentiat der Theologie) Mit seinem wilden Gesicht und langen, schwarzen Locken mir schon im Theater (bei der dritten Vorstellung der Judith) aufgefallen, weil er auf die Bühne springen zu wollen schien. Im Zwischenakt vorgestellt durch Teichmann. »Ich muß Sie sprechen!« »Vielleicht auf eine Viertelstunde im Cap-Keller.« Wie ich dann durch Kuh abbestellte: »ich warte die ganze Nacht vor dem Hause.« Wie er darauf heraufgerufen wurde und ich ihn bei Kuh sprach, er mich fragte, ob ich ihm in Hamburg Zeit gönnen würde und er nachreiste, am Sonntag wieder nach Berlin ging, um zu predigen und am Montag abermals nach Hamburg kam. Sein Gedicht und Brief. Halb Begeisterung für die Kunst, halb aber auch religiöser Eifer; Renegat, jüdischer. [4933]

Hamburg: Die Szene, wo ich vor Elisens Schreibpult saß und dachte: darin liegen die Mspte von Judith, Genoveva, Diamant, dann darnach fragte und erfuhr, daß sie alle verbrannt habe. – Sonnenfinsternis, im Jungfernstieg beobachtet. [4934]

Ein Professor, der so hämisch ist, daß er sich eine Liste über die Geburts- und Namenstage sämtlicher Schüler im Konvikt hält, diese Liste jedesmal vor Besuch der Klasse durchliest und dann denjenigen, dessen Namens- oder Geburtstag ist, so lange examiniert, bis er ihn strafen kann.

(Debrois von seinem Vater.) [4935]

Titi sieht den Mond aufgehen und sagt: da kommt die liebe Sonne. Ihre Mutter versetzt: nein, Kind, das ist ja der Mond! Schelmisch erwidert das Kind: der Mond ist die Sonne zum Spaß! (Sie sagt immer: essen wir zum Spaß u. s. w. wenn sie sich nur stellt, als ob sie äße). Die Treppe hinaufsteigend, zählt sie die Stufen, aber so: 2. 5. 3. 9. 1. [4936]

An *Varnhagen von Ense*
(Mit Autographen)

Abschrift

Hochverehrter Herr!

Sie wünschten von mir einige Autographe. Ich sende Ihnen zunächst ein Blatt von Siegmund Engländer, der leider in allerneuester Zeit als Mitglied der großen Konspiration, die man in Paris entdeckt haben will, die allgemeine Aufmerksamkeit wieder auf sich gezogen hat. Aus den vielen Briefen, die er mir schrieb, wählte ich einen möglichst charakteristischen, der einen für ihn höchst wichtigen, vielleicht für alle Zeiten folgereichen Wendepunkt bezeichnet, und mich selbst zu sehr ernstem Nachdenken über ein wichtiges sittliches Problem anregt. Dieser Brief exponiert sich freilich selbst, ich füge aber dennoch einen Kommentar hinzu, der Ihnen einen Menschen näherführen wird, für welchen ich die Teilnahme nie verlieren werde, weil ich ihn in allen seinen Verirrungen zu begreifen glaube. Er hatte mir damals einen Roman zugeschickt, über den er mit der ihm eigenen Feierlichkeit mein gewissenhaft-strenges Urteil verlangte. Ich bin überhaupt der Meinung, daß man angehende, zweifelhafte Talente nicht verhätscheln soll; in diesem Fall aber fühlte ich mich doppelt verpflichtet, mich schonungslos und unumwunden auszusprechen. Denn E–s Roman, geistvoll und eigentümlich an sich, war doch dem Gehalte nach so bizarr und der Form nach so unorganisiert, daß er mich in ein Chaos hineinschauen ließ, und in ein Chaos, das nie und nimmer zur Welt werden zu können schien. Er stellte einen Egoisten darin dar, aber er zeichnete nach Art aller Geister, die zwischen Spekulation und Intuition in der Mitte stehen, nur die Resultate, nicht die Motive. Darauf machte ich ihn aufmerksam und da er augenblicklich erkannte, daß diesem Fehler des Werks ein Mangel seiner Natur zugrunde liege, so erklärte er mir, unter Umständen, die seinem sittlichen Charakter in hohem Grade zur Ehre gereichen, deren Anführung aber zu weit führen müßte, daß er nie wieder etwas Poetisches schreiben würde. Dies Versprechen hielt er mit eiserner Konsequenz, veränderte sich auch nicht im mindesten gegen mich, was gewiß sehr für ihn spricht, hatte aber offenbar seit diesem Tage den Mittel- und Zielpunkt seines Strebens verloren und fand leider in wissenschaftlichen Studien, die er mit großer Energie betrieb, keinen genügenden Ersatz. Doch glaube ich, daß er sich wieder gesammelt haben würde, wenn der Weltsturm nicht gekommen wäre, und daß wir dann bei seinem außerordentlichen Blick für das Spezifisch-Poetische und bei seinem bis zur Genialität anschaulichen Stil einen Kritiker in ihm erhalten hätten, wie wir ihn gerade brauchen. Aber die Revolution riß ihn aus allen Fugen heraus, und wohl mag seine tolle, völlig vernunftlose Beteiligung an dem Treiben der Ultra-Partei eher ein Akt der aus Lebensüberdruß hervorgegangenen Verzweiflung gewesen, als aus Absicht und Entschluß entsprungen sein. Wenigstens sagte er mir selbst im Jahre 1848 einmal, als ich, auf der Straße mit ihm zusammentreffend, über die empörende Richtung seines Deutschen Charivari ihn zur Rede stellte: was wollen Sie, Ihr Element ist die Luft mit Sonne, Mond und Sternen; das meinige der Sumpf mit Kröten, Fröschen, Schlangen und Molchen! – Ich konnte, als ich das beifolgende Blatt für Sie heraussuchte, nicht widerstehen, mir den merkwürdigen, bedeutenden Menschen, über den ein geistiger Linnäus ohne Zweifel günstiger urteilen wird, als der Polizeiminister der französischen Republik, wieder gegenständlich zu machen; mögte es mir gelungen sein, ihm auch ihre tiefere Teilnahme zu gewinnen.

Ich lege noch ein zweites Blatt bei; eins aus dem Nachlaß unseres früheren Unterstaatssekretärs, eigentlich Unterrichtsministers, Freiherrn von Feuchtersleben, dessen Werke ich jetzt herausgebe. Gern werde ich noch mehr senden, wenn Sie mir nur sagen wollen, was Ihnen besonders lieb wäre.

Ihrer lieben Nichte bitte ich, mich bestens zu empfehlen; ich hatte nicht die Freude, sie in Hamburg zu sehen, weil ich dort nur drei Tage bleiben konnte. Hamburg war mir diesmal überhaupt nicht günstig; es empfing mich mit einem November- und entließ mich, wie zum Hohn, mit einem Maigesicht. Meine Frau grüßt freundlichst und ich bin mit der ausgezeichnetsten Hochachtung

          Ihr ergebenster

Wien d. 14 Sept: 1851   Fr. H.   [4937]

Was man auch über das Verhältnis der neuen Zeit zur alten denken, wie man es auch beurteilen möge, so viel steht fest, daß die neue Zeit bis jetzt von bloßen Gedanken lebt, während die alte einen unermeßlichen, freilich mystischen, Ideen-Hintergrund hatte. Man halte im religiösen Gebiet einmal den Katholizismus gegen den Protestantismus und im politischen den Absolutismus gegen den Konstitutionalismus, und man wird dies unbedingt bestätigt finden.   [4938]

Du hast einen Feind. Was heißt das? Du hast einen Menschen vor dir, den du entweder zu deinem Freund oder zu deinem Knecht machen sollst.   [4939]

Man nennt die Armeen Selbstgeschosse der Völker. Schön. Man vergesse nur nicht, daß eine Armee der wunderbarste Mechanismus ist, der existiert und die kunstvollste Uhr noch übertrifft.   [4940]

                          d. 30 Sept:
Eben, abends um 8 Uhr, schließe ich den ersten Akt der *Agnes Bernauer*, den ich vor acht Tagen begann. Längst hatte ich die Idee, auch die Schönheit einmal von der tragischen, den Untergang durch sich selbst bedingenden Seite darzustellen, und die *Agnes Bernauerin* ist dazu, wie gefunden.   [4941]

d. 14 Okt.
Heute den 2ten Akt der Agnes Bernauer geschlossen. [4942]

d. 15 Okt.
Titi sagt heut morgen, als sie die Vögel im Volksgarten so lustig singen hört: der liebe Gott ist recht brav, daß er so schön singt und es die kleinen Vögel lehrt. [4943]

Wie sie mich immer auf die Stirn küßt und mir den Hut abnimmt; den Mund fürchtet sie, des Barts wegen. [4944]

Hegel schlägt das Leben tot und sagt dann, er habe es abgetan. [4945]

»Sie zapfen dem starken Knecht das Blut ab, bloß weil er schlagen kann; was tuts, daß er dann nur halb so viel arbeitet!« [4946]

Es gibt Leute, die sich selbst waschen, wenn sie sehen, daß andere schmutzig sind. [4947]

Paul von Stetten, Chronik von Augsburg
1419 Die ersten Zigeuner in Augsburg.
1496. Philipp, Prinz Kaiser Maximilians, ließ ein 95 Fuß hohes Johannisfeuer (damals gewöhnl. Sitte) aufrichten und die Geschlechter-Frauen und Töchter dazu einladen, Susanna Neidhart mußte dann mit einer Fackel den Scheiterhaufen anzunden und er tanzte, nebst den übrigen, mit ihr unter Trompetenschall um ihn herum.
Die *Fugger*, ursprünglich Weber.
1499. »Das bisherige Huren-Ausrufen an Skt Galli Abend wurde abgestellt und dies Gesindel heimlich aus der Stadt geschafft.« [4948]

Meine liebe Frau träumt: sie ißt sehr viel und verzehrt zuletzt eine Zwei-Gulden-Banknote. [4949]

Der Jugend vergebe ich lieber tausend Sünden, als gar keine!
[4950]

Was lebendig gewesen ist, das ist die beste Nahrung für das Lebendige. [4951]

»Wo zwei versammelt sind in meinem Namen, da bin ich mitten unter ihnen!« sagt Christus, aber nicht Christus allein.
[4952]

Titi, die vorgestern von mir eine kleine Züchtigung erhielt, sagte gestern zu mir, als sie sich daran erinnerte: wenn ich ein großes Mädchen geworden bin und du ein kleiner Knabe, züchtige ich dich auch! [4953]

Gurlitt erzählte mir gestern folgende ergötzliche Geschichte. In Nischwitz, wo er wohnt, wird auf einmal der Turm der Kirche abgedeckt, nachdem schon sehr viel Reparaturen an derselben gemacht worden sind. Da das Dorf arm und überschuldet ist, fragt er den ihm zufällig begegnenden Prediger, warum denn das geschehe, es scheine ihm überflüssig. Der Prediger erwidert: er wisse von nichts, man habe ihm bloß mir nichts dir nichts die Kirchenschlüssel abgefordert, die Vorsteher müßten es eigenmächtig beschlossen haben. Gleich darauf trifft er einen dieser Vorsteher. Dieser sagt: ihm sei das ebenso unerwartet gekommen, wie irgendeinem, der Prediger müsse es eigenmächtig angeordnet haben, er stehe nicht gut mit dem, und mische sich nicht hinein. Der zweite Vorsteher ebenso; alle ärgern sich übereinander, keiner stellt den andern zur Rede. Zuletzt ergibt sich, daß die Turmdecker Vagabonden sind, die *niemand* berief, die, um im Dorf zu zehren, das Ganze unternahmen, vom Prediger die Schlüssel holten, anderwärts die Leitern borgten u.s.w. [4954]

Wenn die Leute keine Milch mögen, so sind sie Feinde von Idyllen, und so überall. [4955]

d. 26sten Oktober.
Den dritten Akt der Agnes Bernauer geschlossen. [4956]

d. 27sten Okt.

Meine liebe Frau hatte über Nacht einen höchst phantastischen Traum. Das Mädchen kommt zu ihr hinein und meldet ihr: gnädige Frau, der Mann ohne Kopf aus Brasilien ist da, und bittet dringend, zu sprechen. Ganz so, als ob sie den allergewöhnlichsten Besuch meldete. Meine Frau geht hinaus und sieht wirklich einen Mann ohne Kopf dastehen, übrigens elegant gekleidet, im schwarzen Frack, weiße Handschuhe an. Er spricht und ist äußerst höflich und artig, was ihr das meiste Grauen einflößt. Bei alledem kommt es ihr zuletzt vor, als ob er doch einen Kopf hätte; wenn sie nicht hinsieht, glaubt sie einen zu bemerken, und zwar einen recht schönen; wenn sie aber hinsieht, ist er wieder weg. [4957]

Ein Mensch will essen und ist eilig: da verschlingt er eine Banknote, statt dessen, was er dafür haben könnte und eilt davon. [4958]

d. 28 Okt.

Was ist die Welt? Ich mögt es wissen! Welch ein Spektakel in England mit Herrn Kossuth! Und wenn das kein Phraseur, ja eine fleischgewordene Phrase ist, so gibts keine! Pfui! [4959]

»Kann dich der König dekorieren, so mußt du den König besingen können!« [4960]

Perlen gehen immer verloren, wenn sie in den Schnee fallen, aber auf wie lange? [4961]

Wer sich verbeugt, der macht eine Bewegung, als ob er stoßen wolle; verhüllte Opposition. [4962]

d. 1sten Nov.

Den 4ten Akt der Agn: B.[ernauer] begonnen. Das Stück steigert sich sehr und durch die einfachsten Motive. [4963]

In dem Sinn, worin die Verbeugung ein verhüllter Stoß ist, ist der Kuß auch ein verhüllter Biß. [4964]

d. 25sten Nov.
Den 4ten Akt der Agn: B.[ernauer] geschlossen. [4965]

d. 17 Dezbr.
Den 5ten Akt der Agn: B.[ernauer] geschlossen. Zufrieden.
[4966]

Noch immer sind die lieben Deutschen nicht einig. Nun will Preußen wieder nicht, was Österreich will. Dennoch bin ich überzeugt, daß sie augenblicklich Hand in Hand gehen würden, wenns einen Krieg gäbe! Unglückliches Volk, das die Arbeit gemeinschaftlich verrichtet, aber nicht in Frieden miteinander essen und trinken kann, sondern sich, anstatt brüderlich die guten Tage zu genießen, Messer und Gabel an den Kopf wirft!
(d. 21 Dez., als ich ausnahmsweise einmal wieder Zeitungen gelesen hatte.) [4967]

Ein Kluger und ein Edler. Der Edle will etwas Großes erreichen, aber nicht durch die Mittel des Klugen. Dieser will ihn belehren, läßt ihn scheinbar gewähren, handelt aber im stillen für ihn. Der Edle kommt wirklich zum Zweck, triumphiert darüber, daß es auch auf geradem Wege möglich gewesen ist und will den Klugen beschämen. Da tritt dieser hervor und enttäuscht ihn. Nun leistet der Edle aber Verzicht!

Obiges ist ein sehr guter Gedanke für ein Drama. Freilich würde jeder lächeln, der dies läse und sich den Gedanken selbst ausführen sollte. Nun, ein Tagebuch ist nur für den, ders schreibt und braucht nichts, als Winke und Bleifederstriche zu enthalten. Ich versteh noch nach zehn Jahren, was ich meinte. Hätt ich doch so viel altes Zeug nicht verbrannt. Aber der Mensch von 20 Jahren sitzt immer über den von 18 zu Gericht, der von 30 über den von 20 u. s. f., während sie doch entweder alle nichts sind, oder jeder etwas. Freilich, wenn man sieht, wie mit dem Goetheschen Nachlaß umgegangen, wie der ganze Papierkorb verhandelt und das Unbedeutendste, das eben nur als Merkzeichen für den Dichter Wert haben konnte, zu Markt getragen wird, so erscheint die Strenge notwendig. Ist man auch kein Goethe, so steht man doch nicht so ganz tief unten, daß man ganz gegen Ähnliches gesichert wäre! [4968]

Die sogenannte Freiheit des Menschen läuft darauf hinaus, daß er seine Abhängigkeit von den allgemeinen Gesetzen nicht kennt.
[4969]

Wenn Gott nicht notwendig gewesen wäre, die Welt zu erschaffen, so würde er notwendig sein, sie zu genießen. [4970]

Zwei miserable Poeten machen sich anheischig, gegenseitig ihre Gedichte auswendigzulernen und auf Reisen u.s.w. zu rezitieren. [4971]

In Adrian van der Werfft beleckt die Kunst sich, wie ein Bär.
[4972]

Ein stolzes Weib von Tizian: schwellendes Fleisch, wie im Munde auseinandergebrochen. [4973]

»Die Unschuld hat sich in die Lilien zurückgezogen!« Zug.
[4974]

Ein großer Dichter ist vorherzusagen, wie ein Komet. Held und Dichter können nie zusammenfallen, denn sie befruchten sich gegenseitig, wie Mann und Weib. [4975]

Wer den Generalbaß des Universums noch nicht hörte, kann freilich mit seiner Pfeife nicht einstimmen. [4976]

In Berlin sagte die Kreuzzeitung über Holofernes: »blutwürstiger Dieterich« statt blutdürstiger Wüterich!« Dortiges Witzwort. [4977]

Sowenig die ganze Erde auf die Leinwand gebracht werden kann, ebensowenig geht die Totalität aller Erscheinungen, mit einem Wort: das Detail der Welt, ins Drama; wohl aber geht das Weltgesetz hinein. [4978]

Gründlicher kann man keinen Wirt verstimmen, als wenn man ihn beim heutigen Mittagsmahl schon fragt, was es morgen gibt.
[4979]

»Ich taufe dich mit dem Tropfen Tau, der an der Lilie hängt.«
Zug. [4980]

Was im Genius die Intuition, das ist bei der Masse der Instinkt.
[4981]

d. 24 Dez.

Erst jetzt, am Weihnachtsabend, kann ich sagen: Agnes Bernauer ist fertig, so lange habe ich doch noch Ratten- und Mäuselöcher zu verstopfen gehabt. Nun, das ist bei alledem doch rasch genug gegangen: in drei Monaten ein solches Stück zustande zu bringen, will etwas heißen. Mir ist bei der Arbeit unendlich wohl zumute gewesen und abermals hat sichs mir bestätigt, was ich freilich schon oft an mir selbst erfuhr, daß in der Kunst das Kind den Vater, das Werk den Meister, belehrt. Nie habe ich das Verhältnis, worin das Individuum zum Staat steht, so deutlich erkannt, wie jetzt, und das ist doch ein großer Gewinn. Nun bin ich auf die Theater-Direktionen und die Kritiker begierig. Hier kann man mir doch gewiß nicht vorwerfen, daß ich irgend gegen die gesellschaftlichen Konventionen verstoßen hätte, im Gegenteil. Jetzt werde ich also sehen, ob persönliche Feindschaft oder wirkliche Meinungsverschiedenheit das bisherige Benehmen gegen mich motiviert hat. Die Ultra-Demokraten werden mich freilich steinigen, doch mit Leuten, die Eigentum und Familie nicht respektieren, die also gar keine Gesellschaft wollen, ja, die konsequenterweise auch nicht den Menschen, das Tier, den Baum u.s.w. wollen können, weil das doch auch Kerker freier Kräfte, nämlich der Elemente, sind, habe ich nichts zu schaffen. [4982]

Nicht zu vergessen: die Berggänge in diesem Jahr. [4983]

Es gibt Leute, welche die Sonne für den einzigen Schandfleck am Himmel halten und denen die ewigen Ideen des Wahren, Guten und Schönen wie eine Art Aussatz des Menschengeistes vorkommen. (Proudhomme [=Proudhon] und seine Schule.)
[4984]

Ein jüdischer Offizier, nicht zu voll Mut, zieht in die Schlacht. Sein Diener sagt zu ihm: Herr, geben Sie mir Ihre goldne Uhr, daß ich ein Andenken von Ihnen habe, sie brauchen sie ja doch nicht mehr. [4985]

Titi

Wenn die Mägde ihr nicht zu Gefallen leben wollen, so droht sie »*sich anzuw . . . . eln*«. [4986]

Aufgefordert, einen Spruch zu wiederholen, den sie nicht mehr aufsagen mag, versetzt sie: der Mund tut mir weh! [4987]

»Die liebe Mama schläft, aber nicht sehr!« [4988]

Wir waren mit ihr im Krippenspiel, was auf mich selbst einen Kinder-Eindruck hervorbrachte. Es kam ein Elefant, der den Kopf hin und her bewegte, da rief sie aus: »ich will brav sein!« [4989]

Ihr »So?« wenn sie fragt, ist süß, wie eine Erdbeere. [4990]

Beim Kommunismus käme es dahin, daß in der ganzen Welt kein Stück Fleisch mehr gekocht werden könnte. Es hätte ja einen neuen Herrn, eh es gar würde. [4991]

Je winziger ein Individuum ist, je stolzer ist es darauf, ein Mensch zu sein, und umgekehrt. Beides mit Recht und mit Grund. [4992]

Die Tulpen-Zwiebeln haben Anlaß zur Erfindung der Wechsel gegeben, indem in Amsterdam ein Kaufmann sie dem anderen zuschrieb, ohne sie gleich zu schicken, da sie durch den Transport gelitten haben würden. G. [4993]

Mein Arzt Dr Tedesco, der Leibarzt von Windischgräz, erzählte mir, er habe den Fürsten Milosch einmal, von seinem Hofstaat umgeben, in Gala gesehen, wie er sich mit der Hand nach Bauernmanier die Nase schneuzte. So ein Zug malt die Kultur Serbiens besser, wie tausend Bücher. [4994]

Derselbe erzählte: zur Zeit der venez.(ianischen) Empörung sei ein venez.(ianischer) Emissär nach Dalmatien gekommen und habe die Bauern aufzuwiegeln gesucht, davon gesprochen, daß von jetzt an immer die Gescheitesten regieren sollten u.s.w. Der Bauer fragt: hat der Mann was? »Nicht doch, Ihr hört ja, die Zeit des Haben-Müssens ist vorüber, er ist bloß geistreich.« Der Bauer antwortet: »der Kaiser von Östreich hat sehr viel und doch sind die Steuern so hoch; was müßten wir erst an einen zahlen, der gar nichts hat!« Vortreffliche Kritik! [4995]

Derselbe (Dr Tedesco) erzählte: dem Schauspieler Stein sei unlängst ein Kind gestorben und er habe am Abend der Beerdigung eine Rolle spielen sollen, die ein anderer gern für ihn übernehmen wollen, der Direktor habe es aber nicht zugegeben, obgleich sie keine zwei Worte enthalten, nun habe er gespielt, mittlerweile habe seine kranke Frau, die der Entbindung nah gewesen, abortiert. Tags darauf feierte Mamsell Anschütz ihre Hochzeit, wofür die ganze Familie (d.h. das halbe Theater) frei gemacht wurde. Tedesco hatte es von Demois. Neumann, die gewiß glaubwürdig ist, so unglaublich es auch scheint. [4996]

Pfarrer Porubski hat neulich einen erwachsenen Juden zu taufen, der das Ritual nicht kennt, und als das Wasser kommt, die Hände selbst zum Taufen hineintun will. [4997]

Im Drama soll kein Gedanke ausgesprochen werden, denn *an* dem Gedanken des Dramas sprechen alle Personen. [4998]

Feuer! Das Feuer des Bluts ist gewiß ein edles, aber es kann keine Zigarre dabei angezündet werden. [4999]

Es will sich einer vergiften, verschluckt einen Kupfer-Kreuzer und trinkt dann Tinte. Als er sich zu erbrechen anfängt, wird der Arzt gerufen, der über den Auswurf nicht wenig erstaunt. Natürlich stirbt der Held nicht. (Professor Roskof) [5000]

Ein Mensch wird an einen Abgrund gestellt. Dort wird ihm in die linke Hand ein Rasierspiegel, in die rechte ein Rasiermesser gegeben und er muß sich nun auf einen Fuß stellen und sich rasieren. Gelingts, so ist er frei, gelingts nicht, so stürzt er hinab. [5001]

Wohin der Wahnsinn der Kritik in allen Kreisen will, ist schwer zu fassen, am besten wärs, sie hörte für funfzig Jahre auf. Überall hat man sich nun drei Generationen hindurch bemüht, Kompromisse herbeizuführen. Da nun aber natürlich in einem Kompromiß die nackten Gegensätze nicht zugleich vermittelt werden und in voller Schroffheit bestehen bleiben können, so rezensiert man sie ungefähr so. Ein Glas Wein mit Wasser ist nicht Wasser und auch nicht Wein, also ist es gar nichts. Edle Freunde, es ist Wasser *mit* Wein! [5002]

Gott sei Dank, daß ich fertig bin. [5003]

Ein Mensch wiederholt die Worte eines anderen, als obs das Echo täte. [5004]

»Je größer die Meisterschaft, je kälter die Werke!« Ja, ja, je höher die Organisation, je weniger rohes Element. Das edelste Feuer liegt im Blut, aber selbst, wenn der Mensch im Innern siedet und schäumt, kann man keine Zigarre dabei anzünden.
[5005]

d. 25 Dez.
Den Weihnachtsabend unter den Meinen und meinen Freunden aufs heiterste verbracht. Meine liebe Frau verehrte mir Rötschers und Ulricis Abhandlungen über den Shakespeare, Kuh den Minckwitzschen Äschylos, Bücher, die ich mir längst gewünscht hatte. Der kleine Werner aus Olmüz war auch da. Es kommt einem seit dem neusten Pariser Ereignis doch nach und nach mehr Sicherheitsgefühl der Existenz, man wagt wieder Pläne zu machen und auf die Zukunft zu rechnen. Man merkt das selbst nicht so, wie es wächst, man wird plötzlich davon überrascht, daß es da ist. [5006]

Nicht alles ist möglich, aber der Schein von allem. [5007]

Warum verzehrt ein Gedanke den anderen, so daß auf den tiefen immer ein tieferer, auf den weiten immer ein weiterer, noch mehr umfassender, folgt? Weil der Gedanke es immer mit dem Ewigen zu tun hat und alles ihm anhängende Individuelle, das er doch, weil im Individuum erzeugt, nie völlig los wird, seiner Natur nach abstreifen muß. Warum schlägt eine Gestalt nicht auch die andere tot, warum ist jede wirklich lebendige bleibend und ewig? Weil das Individuelle ihre Basis ist und notwendig zu ihnen gehört. [5008]

In Gedanken gehend, dann einen anderen fragend: war nicht jemand bei mir? [5009]

Der Teufel ist für die Erwachsenen, was der Schornsteinfeger für die Kinder. [5010]

Kunst und Gesellschaft verhalten sich jetzt zueinander, wie Gewissen und Tun. Welch eine Zeit, wenn sie sich dereinst decken, wenn die Kunst gar nicht schöner träumen kann, als die Gesellschaft lebt! [5011]

Ein preußischer Offizier tritt in ein Wirtshaus und ruft: eine Flasche Wein und zwölf Gläser! Ein österreichischer Offizier sitzt schon da und ruft: 12 Flaschen Wein und ein Glas! (Dittenberger) [5012]

Sowenig die Erde, als Erde, die Äpfel und Trauben erzeugen kann, sondern erst Bäume u.s.w. treiben muß, ebensowenig die Völker, als Völker, große Leistungen, sondern nur große Individuen. Darum, ihr Herren Nivellisten, Respekt für Könige, Propheten, Dichter! [5013]

»Sechstausend Jahre wandern und dann zum Lohn einen neuen Mantel für die nächsten sechstausend Jahre erhalten!« [5014]

»Der hat mir bei der ersten Mahlzeit alles weggefressen! (z.B. Shakespeare dem P.)« Zug. [5015]

Wie viel rohe Materie läuft einem durch den Kopf, wenn man nicht an einem Werk arbeitet: das ist die Zeit des Tagebuchführens. [5016]

Wer verstand noch ein Kind? So ward schon oft gefragt. Aber wer einen Greis? Kann dem eine höhere Welt nicht in demselben Maß nahtreten, wie ihm die gegenwärtige entschwindet? Und kann das erste Geheimnis, was diese ihm mitteilt, nicht eben das sein, daß er ihre Geheimnisse nicht mitteilen darf? [5017]

Schnitzel aus Agnes Bernauer.
»Man schließt in jedem Schlaf die Augen selbst, nur nicht im letzten; da bleiben sie offen, bis ein Fremder sie zudrückt.« Zug. [5018]

Alte Idee von mir:
»Ich spreche wieder bei dir vor,
Dann akkordieren wir, du Tor.«
sagt der Teufel zum Armen, alles gedeiht diesem, aber jener kommt nicht wieder. u.s.w. [5019]

Einer will den Teufel töten. Der Teufel willigt ein, sagt aber: sowie du die Tat bereust, wach ich wieder auf! [5020]

»Der Dampf des heißen Bluts, der das Gehirn verdüstert.«
[5021]

»Man nimmt ein Weib, um wieder zur verlornen Rippe zu kommen; das übrige ist dann Beigewicht.« Zug. [5022]

Bleibt dir der Ton am Finger kleben, so ists kein Tag, an dem du bilden sollst. [5023]

»Ein Klöppel, in die Himmelsglocke gehängt.« Farbenstrich.
[5024]

»Das Menschenauge zeugt im Schmerz seinesgleichen; jede Träne ist ein verkleinertes Auge.« Farbenstrich. [5025]

Der Garten ist ein Stern, dem man nahsteht, der Stern ein Garten, dem man fernsteht. [5026]

»Das ist meine Schwalbe«. Von einem Menschen, der immer frohe Botschaft bringt. [5027]

Wird die Rose zu stolz, so lege ihr einen Kloß Erde in den Kelch. [5028]

»Was der Tod ist? Schau zur Nacht aus dem Fenster, dann weißt dus!« [5029]

Kastellan. »Ich zittre immer, wenn ich von einer großen Missetat höre, denn ich lebe ja mit dem Sünder auf derselben Erde.« [5030]

»Schöne Worte sind wie edle Früchte, die vom Baum fallen.«
Derselbe. [5031]

»Ich drückte ihnen gestern
Die Kunde in die Hand.«
Der Geschiedene. [5032]

»Das Unglück macht den längsten Weg mit einem Schritt.« [5033]

Ernst: Die Kirschen, die die Jugend am meisten locken, wachsen auf Mädchenlippen. [5034]

»Adam verlor das Paradies nur darum, weil es ihm geschenkt wurde.« (Albrecht.) [5035]

d. 31sten Dezbr.
Die Weltlage hat eine feste Gestalt wieder gewonnen, die letzten Ereignisse in Frankreich sind entscheidend gewesen, es tritt eine Periode ein, wo die Gegensätze sich ins Auge fassen und unter Benutzung der auf beiden Seiten gemachten Erfahrungen auf dauernde Vermittlung ausgehen können. Dazu gebe Gott

seinen Segen. Meine persönlichen Verhältnisse haben sich, womöglich, noch mehr verschlechtert, und es ist wahrlich keine Kleinigkeit, seine Frau zum moralischen Tode in ihrer künstlerischen Blüte verurteilt zu sehen, weil man von Deutschland für einen besseren Dichter gehalten wird, wie der neue Theater-Direktor. Über die Berliner Reise habe ich Briefe im Wanderer geschrieben, daher hier nichts darüber. Bekanntschaften: die mit dem jungen Kuh ist inniger geworden, dafür hat manche andere den letzten Rest von Bedeutung verloren. Gearbeitet: Epilog zur Genoveva; Agnes Bernauer; viele Epigramme; ein paar Aufsätze. Mein Kind gedeiht, ich studiere die menschliche Natur in ihm; meine liebe Frau ist ihren Husten los, der mich früher so ängstigte. Mögte in meinem Hause alles bleiben, wie es ist!

[5036]

1852

In der Natur ist immer alles beisammen, nichts kommt hinzu, nichts fällt weg in einem Organismus, alles entwickelt sich nur. Im Mechanismus folgt immer eins auf das andre. [5037]

d. 7 Jan:
Von dem Dramaturgen des Theaters an der Wien, Herrn Feldmann, der mir heute einen Besuch machte, hörte ich etwas, was ich doch nicht auf der ganzen Welt für möglich gehalten hätte, und was Feldmann mir zum Beweise der Roheit und Unklugheit seines Publikums erzählte. Otto von Wittelsbach wird gegeben und nach dem Kaisermord schreit man: da capo! Das ist das Empörendste, was ich in meinem Leben vernahm und würde nach meiner Meinung nicht bloß die strengste Zensur, sondern den funfzigjährigen Schluß aller Volkstheater rechtfertigen. Und solche Leute wundern sich, daß sie auf schmale Kost gesetzt werden! Übrigens sehe ich darin, daß dies Stück gegeben werden darf, den Beweis, daß auch Agnes Bernauer gegeben werden kann, denn in beiden kommt ja ein Wittelsbach vor.

[5038]

d. 10 Jan.

Es ist in Baiern, wie Kuh mir sagt, eine Broschüre wider die Juden erschienen, worin auch ich zu den Beschnittenen gerechnet werde. Nun, das würde ich nur übel nehmen, wenn ich ein Dukaten wäre.

[5039]

Bei einer Assentierung in Böhmen wurde ein reicher Bauernsohn für untüchtig zum Dienst erklärt, weil er vorgab, kein Brot essen zu können; ein andrer Fehler war nämlich, trotz der Bemühungen des Arztes, nicht zu entdecken.

Dr Tedesco. [5040]

Titi, die bisher immer Kipfel zum Frühstück aß, sagte heute morgen: morgen will ich wieder Semmel, ich und die Semmel sind wieder gut miteinander.

[5041]

Begeisterung des Dichters für einen einzelnen Charakter, statt fürs Total-Gebilde ist doch im Grunde eins mit der Begeisterung für das einzelne Wort, statt für den Satz.

[5042]

Alles hat seinen Schwerpunkt auf der Erde, das Fliegen selbst ist eine Täuschung, die irdische Atmosphäre trägt den Vogel.

[5043]

Bengalische Flamme von außen: entbundener Phosphor von innen: welch ein Unterschied!

[5044]

Einer will einem andern ein Weihnachtsgeschenk machen, dieser merkts und kauft sich die Sache den Tag vorher selbst.

[5045]

Es kostet ein Jahr, die Erde zu umsegeln, aber mehr, rund um einen Menschen herumzugehen.

[5046]

d. 31 Dezbr.

Wenn aus dem Inhalt dieses Tagebuchs auf mein geistiges Leben geschlossen werden dürfte, so wäre ich dem Erlöschen nah. Das ist glücklicherweise nicht der Fall, ich habe nur deshalb diese Blätter nicht beschrieben, weil ich das Buch fast das ganze Jahr lang im Koffer verschlossen hielt. Man hörte so viel von Haussuchungen, selbst bei den unverdächtigsten Personen, daß es niemand gab, der sich für vollkommen gesichert gegen eine Papier-Durchstöberung halten konnte und lieber wollte ich meine Gedanken einbüßen, als mich in meiner aphoristischen Unterhaltung mit mir selbst belauschen lassen. – Die Weltlage hat sich wieder verändert, und ich fürchte, weit mehr, als die meisten Menschen sich gestehen wollen: ein Bonaparte trägt die französische Kaiserkrone und nennt sich Napoleon den Dritten. Ich zweifle stark, daß er ein Großsiegelbewahrer des Weltfriedens sein wird, ich glaube sogar, daß er es nicht werden kann, wenn er es auch werden will. In Deutschland ist alles beim Alten, doch wird mir versichert, daß wenigstens die Zoll-Vereinigung zustande komme. Gott gebs, es wäre ein Anfang! Im Frühling war ich in München: Dingelstedt nahm mich sehr herzlich auf und tat alles mögliche für mich. Agnes Bernauer wurde dort mit mäßigem, dann in Weimar mit entschiedenem und kürzlich in Stuttgart mit stürmischem Beifall aufgeführt; sie findet überhaupt viel Freunde. König Max, die schöne Königin, der Abend bei ihr. König Ludwig; Disput mit ihm über Herzog Ernst; was er von seiner Zusammenkunft mit Goethe erzählte. Wiedersehen alter Bekannten. Im Sommer war ich mit meiner lieben Frau in Venedig und Mailand; General Marsano, Auditeur Schreiber, Platzmajor Prüsker und, der Abschreckung wegen, Maler Nerly, der Zögling Rumohrs. Über Venedig: die Stadt scheint bizarr, ist es aber nicht, denn sie ist das Resultat notwendiger Bedingungen. Gearbeitet: Skizze zu Feuchterslebens Schriften, mit deren Herausgabe ich mich unvorsichtig genug bepackte; Ballade: die heilige Drei; Gedicht: auf der Reise! Schöne Frucht eines ganzen Jahrs! Dagegen haben sich die Theaterverhältnisse für meine Frau ein wenig verbessert, auch sind wir, bis auf eine fatale Zahnweh-Periode, in der die Ärmste heftig litt, Gottlob alle gesund geblieben. Freude machte mir eine sehr anerkennende Abhandlung über mich von Saint René Taillandier in Montpellier, die ich mir umso eher aneignen durfte, als ich mit dem Verfasser nie in der geringsten Berührung stand. Auch ein Wort von dem spröden Rückert, das ich erst gestern durch Hofrat Teichmann in Berlin erfuhr. »Wenn Gervinus H.[ebbel] den einzigen Baum unter vielem Gestrüpp nennt, so stimme ich ganz bei. Er ist ein ursprünglicher Dichter, wie Goethe. Er macht die Poesie nicht, wie die andern, er hat sie!« Bleibe es im nächsten Jahre, wie es ist! [5047]

1853

Ein mattes Porträt: dies Gesicht war nie im Magen. [5048]

»Wann wurde Christus geboren?« Schüler: ich weiß nicht. »Was schreiben wir?« 1853. [5049]

»Ohne Hauptstadt kein Lustspiel!« Was hat Shakespeares Lustspiel mit London zu schaffen? [5050]

»Oben brennt das Haus, unten ists unterminiert und in der Mitte schlagen sie sich um den Besitz!« [5051]

»Ein Modell«, das sich selbst auf der Kunstausstellung wieder sieht, in einer Situation, die der auf dem Bilde dargestellten ganz entgegengesetzt ist. [5052]

Wie entsteht eine Stadt? Dadurch, daß jeder ein Haus baut! [5053]

Ein Kind, das seinen eignen Schatten sieht und ihn greifen will. (Kuh) [5054]

Iffland wollte kein Prediger werden und ist doch einer geworden. [5055]

(Bellend) »Kann ich Ihnen vielleicht eine Gefälligkeit erweisen?[«] [5056]

Der ganze Frühling guckt aus dem Baum heraus! [5057]

In Havannah darf der Teufel auf dem Theater, des Neger-Publikums wegen, nicht schwarz genannt werden, man nennt ihn grün! [5058]

Lessing hatte ein Auge, zugleich für die zeugende Sonne und für den letzten Halm, den sie ins Leben ruft. [5059]

Welch ein Geschlecht! Die eigenen Großväter scheinen den Enkeln Dämonen zu sein, so riesenhaft, daß sie ihre Existenz bezweifeln und ins mythische Gebiet verweisen. [5060]

Er spricht und beweist es nur dadurch, daß er nicht y–aht. [5061]

Bettina
»Dies Buch gehört dem Könige!«
Drum lesens auch so wenige. [5062]

»Höhne den Doktor, streck die Zunge gegen ihn aus!« (Bei Dingelstedt zum kranken Kind, wenn es die Zunge nicht zeigen wollte.) [5063]

Die Geschäfte des Königs: ein hinaufsteigender Wasserfall! [5064]

Sich weiter entwickeln, heißt für die meisten, von sich selbst abfallen. [5065]

Ob wohl je ein Fürst seine Familien-Galerie erneuern, d.h. die Ahnen neu malen ließ? [5066]

Lorbeerkronen entführt der Zephir, Dornenkronen sitzen selbst im Sturme fest. [5067]

– mitten in der treibenden und schwellenden Unendlichkeit, der ungeschaffene Welten, wie aus den Poren, spritzen (im Frühling). [5068]

»Von dem Kalvarienberg nimmt man die Aussicht nicht aus!«
[5069]

Ein überschuldeter Privatmann, der nur dadurch noch gegen den Bankerott geschützt ist, daß seine Gläubiger sich nicht kennen und sprechen. [5070]

Goethe konnte das Element, aus dem Schiller hervorging, nicht würdigen; wie ihn selbst? [5071]

Es ist in freundschaftlichen Verhältnissen jedesmal ein wichtiger Moment, wenn plötzlich der Eindruck wiederkehrt, den der Freund, der physische Mensch, auf uns machte, als wir ihn das erstemal sahen und er noch nicht unser Freund war. [5072]

»Geben Sie mir etwas oder ich erschieß mich!« Haben Sie schon eine Pistole? Da ist eine, geladen obendrein. »Her damit!« Der Lump nimmt sie und trägt sie zum Trödler.
(Debrois sen:) [5073]

Kuh, sein Onkel und die Marillen. Onkel: was kostet eine?« *Kuh* (sich scheuend, den rechten Preis zu nennen) [:] 3 Kreuzer! *Onkel:* zehn her! – Als er dann 30 x zahlen will, werden 3 fl 20 x gefordert, weil jede 20 x kostete. Onkel ein Filz. [5074]

Zwei Ärzte, beide von einem Diner zum Krankenbett abgerufen. Aus Versehen bekommt beim Pulsfühlen einer die Hand des andern zu fassen. »Der Kerl ist nicht krank, er hat einen Rausch!« [5075]

d. 18 Febr:
Man scheint dazu aufgespart zu sein, Greuel der entsetzlichsten Art zu erleben. Ruhig sitze ich heute vormittag gegen 1 Uhr in meinem Zimmer und bin mit meinem Diamant beschäftigt, als Emil Kuh, der mich erst vor einer halben Stunde verlassen hatte, totenbleich hereintritt und mir sagt: es ist nach dem Kaiser gestochen worden, wie er auf der Bastei spazierenging! Ich kanns nicht glauben und verweise ihm ernstlichst seine Unvorsichtig-

keit, ein solches Gerücht zu wiederholen, wenn auch nur gegen mich, erhalte aber von ihm die Antwort, daß die ganze Stadt von der Schreckensnachricht voll sei und daß alles nach der Burg ströme. Da mache ich mich mit ihm zusammen gleichfalls auf und empfange von Wilhelm von Metzerich, dem wir auf dem Graben begegnen, die Bestätigung auf eine Weise, die keinen Zweifel mehr zuläßt, denn sein eigener Schwager, mit der Frau in dem nämlichen Moment über die Bastei gehend, ist Augenzeuge gewesen und hat dem Mörder sein Instrument (ein Messer oder einen Dolch) entwunden. Das ruchlose Attentat hat seinen Zweck Gott sei Dank verfehlt, die Majestät, die nach dem Dichterwort den Gesalbten des Herrn umfließt, hat ihre Unnahbarkeit nicht verleugnet, aber der bloße Versuch ist in den Augen eines denkenden und empfindenden Menschen furchtbarer, wie jede andere Missetat, die wirklich vollbracht wird, denn das ärgste Verbrechen anderer Art trifft nur ein einzelnes Individuum, das am Staatsoberhaupt verübte trifft in und mit ihm alle zugleich. Aber Ansichten dieser Art, die doch wahrlich nicht an der Oberfläche geschöpft, sondern aus der Tiefe der Dinge heraufgeholt sind, scheinen nirgends mehr in ihrer Wahrheit erkannt oder anerkannt zu werden, selbst nicht in Kreisen, wo man sie billig hegen und pflegen sollte, sonst würde ein Stück, wie Agnes Bernauer, das sie mit tausend Zungen predigt, ja wohl nicht zurückgewiesen! Verzeih mir Gott die Sünde, daß ich hier groß und klein zusammenknüpfe, aber es ist gewiß, daß ein Zusammenhang besteht. – In Mailand wurde kurz vorher wieder ein Revolutiönchen aufgeführt, zu unbedeutend, zu erbärmlich an sich, um auch nur ein Notat im Tagebuch zu verdienen, aber, wie sich erst nach und nach herausstellt, mit einer Niederträchtigkeit im einzelnen verbunden, daß einem die Haut schaudert. Soldaten beim *Essen*, in der *Kapelle* durchbohrt! Warum zapft man dieser Stadt nicht ihr Gold ab; viele Millionen könnte sie hergeben! [5076]

d. 19 Febr.

Meine häuslichen Ereignisse vom gestrigen Tage sind noch nachzutragen. Am Morgen war meine Frau mit dem Kinde nach Penzing zu ihrer Mutter gefahren; ich erwartete sie bis 5 zurück und verschob bis dahin das Kaffee-Trinken. Um halb 7 kam das Mädchen herein und sagte mir, es werde illuminiert und alle Linien seien abgesperrt. Nun zündete ich rasch auch meine Armleuchter an, dann ging ich fort, um mich näher zu erkundigen. Richtig, kein Mensch durfte hinaus und herein, so daß ich die Meinigen erst heute morgen wieder sah; sie hatten draußen eine sehr schlechte Nacht gehabt. – Das Individuum soll ein ungarischer Schneider sein, jung und stark, kaum imstande, sich deutsch zu äußern. Gestern stand ich zu sehr unter dem Eindruck jenes Gefühls, das uns immer ergreift, wenn wir nicht das gewöhnliche Schlechte, worauf man im Weltlauf gefaßt sein muß, sondern das ganz Fremde, unheimliche Teuflisch-Dämonische, an das man erst glaubt, wenn man es sieht, vor uns hintreten sehen. Heute die Reflexion: Italien schickt abermals die Revolution, Ungarn nun gar den Kaisermord: sollte das nicht ein Wink sein, nirgends das Fundament des Throns zu suchen, als in Deutschland und also Deutschland und deutsches Element zu kräftigen? Mein altes Lied! Soll ichs noch länger allein singen? [5077]

d. 23 Febr.

Gestern schalt meine Frau das Mädchen. Ich sagte: so spielt ein andrer auf der Guitarre. [5078]

Titi sagte: ich will gar nicht sterben; ich bin ein ganzer Mensch, die andern sind nur halb. [5079]

Regen und Tau: Schweiß der Luft! [5080]

d. 4 März.

Waren in Preßburg. Macbeth. Löwe: entsetzlich schlecht. Meine Frau als Lady: das Bedeutendste, was ich jemals von ihr sah; die Nachtwandel-Szene, wie aus einer andern Welt. Tiefes Wort von ihr über den Charakter: mir ist während des ganzen Stücks, als ob ich die Augen nicht auftun könnte. Das ists! Zu Hause kommend, entnehme ich den Zeitungen zu meinem größten Erstaunen, daß ein Erzherzog auf eine Zeitlang die Reichsgeschäfte als alter ego des Kaisers übernimmt, während ich zu Preßburg in den Bulletins las, daß die Genesung nah bevorstehe.

Meine Frau eilte gleich zu ihrer alten Herzogin, um sich zu erkundigen, wie es denn eigentlich stehe, und erfuhr denn Gottlob das Beste; es ist eine bloße Rekonvaleszenz-Maßregel und als solche nur zu billigen. Das Subjekt ist bereits expediert; es hieß *Lybeni:* mich wundert, daß man es nicht als Beweismittel länger aufgespart hat. Mir wirds von Tag zu Tag unbegreiflicher, daß an solchem Ort zu solcher Zeit eine solche Tat bis auf einen solchen Grad glücken konnte! [5081]

Die Spaltung Deutschlands und Östreichs: die beiden Herzkammern trennen und doch den Blutumlauf erhalten wollen! [5082]

Man kann keine Kirchen mehr bauen, aber man könnte die vorhandenen vervielfältigen, wie man z.B. die Raffaelschen Madonnen kopiert: warum steht der Stephan bloß in Wien? [5083]

Dogenpalast, Markuskirche: nicht zum Stehenbleiben, sondern zum Wegfliegen erbaut! [5084]

Sprich zum Ton: verhalle nicht! Und er verhallt nicht. [5085]

—— Brief an W. Gärtner vom 15 März 53.
Ich hatte im Jahre 1839 nach meiner Zurückkunft von der Universität eine ähnliche Probe zu bestehen, und machte damals Erfahrungen, die ich, so teuer ich sie auch erkaufen mußte, doch um keinen Preis im Komplex meines Lebens entbehren mögte. Eine Lungen-Entzündung, der nicht rasch genug durch Blut-Entziehungen begegnet wurde, brachte mich dem Tode so nah, als der Mensch ihm kommen kann, ohne ihm wirklich zu verfallen. Da war es mir nun höchst merkwürdig, daß mein Zustand, obgleich ich mich über die Gefahr durchaus nicht täuschte, innerlich gar nichts Ängstigendes und Beklemmendes für mich hatte, sondern daß ich dem Fortschritt der Selbstauflösung, soweit das allerdings große und mit jedem Moment steigende physische Leiden es gestattete, mit Freiheit, ja mit einer gewissen

kalten Ruhe zusah. Mich hob und trug ein unbegrenztes, zuversichtliches Vertrauen, das ich jedoch, wenn da überhaupt noch zu scheiden ist, lieber ein allgemein-poetisches, als ein spezifisch-religiöses nennen mögte, und damit war ein unwiderstehlicher Drang verbunden, alle Spuren meines irdischen Daseins, namentlich meine Gedichte, zu vertilgen, nicht weil sie mich sittlich beunruhigten, sondern weil sie mir bis auf weniges, meinem Wollen und Sollen gegenüber, gar zu unzulänglich vorkamen. Dabei war es eigen, daß gerade dies wenige, was sich mir gegenüber behauptete, mich am meisten quälte und peinigte; ich wandte es unablässig hin und her, um es auch verurteilen zu können, aber ich hätte es ohne hinreichenden Grund verdammen müssen, denn es entsprach meinen Forderungen noch jetzt, und so stand ich denn von seiner Vernichtung ab, wie von einer Art Mord. Unmittelbar auf diese Krankheits-Periode folgte meine Judith. – [5086]

Meine Nachfolger im Bibeldrama glauben wunder was zu tun, wenn sie z. B. Simsons Eselskinnbacken in ein Schwert verwandeln; es ist aber verkehrt. [5087]

Grenzboten-Kritik des Agamemnon
Agamemnon erfand die Telegraphen, doch Atreus
Aß die Beefsteaks zuerst: dies ist der Inhalt des Stücks.

[5088]

Tröstung
Deutsche Autoren, man läßt euch freilich lebendig verhungern,
Aber tröstet euch nur, denn man begräbt euch in Speck!

[5089]

d. 18ten März.
Mit dem heutigen Tage bin ich vierzig Jahre geworden. Mein Vater wurde nur achtunddreißig, ich habe also schon zwei mehr, wie er. In Wahrheit kann ich sagen, daß ich mich leiblich und geistig nicht geschwächt fühle; da ist die Zeit denn gleichgültig. – Der Abend wurde in meinem Hause von einigen Freunden fest

lich begangen; *zu* festlich nach meinem Gefühl, aber ich wollte nicht stören, was anderen Freude machte. Kuh trug mir einen Prolog vor, nach dem ich »mit Stolz« auf meine vierzig Jahre zurückschauen darf; Debrois hat eine Ouvertüre zur Agnes Bernauer gesetzt, die er sehr gut spielte, und Angelo Kuh las einen dramatischen Scherz, das Publikum des Burgtheaters im vierten Stock bei der ersten Vorstellung der Agnes behandelnd, der mich wirklich ergötzte. Den ganzen Tag hatte ich in Walter Scotts Denkwürdigkeiten gelesen, die meine liebe Frau mir schenkte; welch ungeheure Tätigkeit war die dieses Mannes! Davon habe ich keinen Begriff und am wenigsten von seinem ewigen Am-Pult-Sitzen; ich kann nie arbeiten, als unter Gottes freiem Himmel! [5090]

Das Atmen einstellen, um anderen die Luft nicht zu verderben. [5091]

Schanzer, Kuhs Erzieher, der eines Abends nach dem Theater Bier will, Abscheu gegen Wasser erheuchelt und dadurch bei der Mutter die Angst erregt, daß er von einem tollen Hunde gebissen sein möge. (Kuh) [5092]

Rabbi Löw: Wer wird begraben? »Ein unbedeutender Mensch, ohne Gefolge.« Kann doch nicht sein, denn ich sehe König David mit der Harfe hinter dem Sarg.
(Prager Sage aus der Zeit Kaiser Rudolphs.) [5093]

Bötticher, alt, überreicht einer alten Künstlerin, die mit ihm jung war, mit zitternden Händen eine Rose: Ihr Sinnbild! Aber in s. Händen zerzitterte die Rose und ohne es zu merken, hatte er nur noch den Stengel in der Hand. (Pabsch.) [5094]

Zwei Menschen treffen auf einem Scheideweg zusammen. Sie finden Gefallen aneinander und reichen sich die Hand. Aber der eine soll nach Westen, der andere nach Osten. Doch statt sich nun loszulassen, reißen sie sich lieber gegenseitig die Arme aus und nennen das Treue. [5095]

Wie die Natur zwischen dem großen und dem kleinen Menschen das Gleichgewicht herstellt? Jenem gibt sie das Bewußtsein dessen, was ihm mangelt, diesem versagt sies! [5096]

Der Tod begeht keinen Fehler, wenigstens macht er keinen wieder gut. [5097]

»Brüste, als Globen, mit der Weltkarte beklebt.« [5098]

»Wenn, in Amerika, irgendwo eine Klapperschlange sich naht, hüpft immer eine Eidechse warnend voran.« (Dr Senger) [5099]

d. 14ten April.
Mein alter Jugendlehrer F. C. Detlefsen schrieb aus Dithmarschen um Unterstützung an mich. Ich schickte ihm zehn Taler und schämte mich innerlich, daß es nicht mehr war, denn großen Dank bin ich diesem braven Manne schuldig. Er antwortete mir und sein Brief rührte mich tief, denn er wußte seiner Erkenntlichkeit für die kleine Summe gar keine Grenze zu finden, versicherte, nun könne er seine Schulden (!) bezahlen u.s.w. Daraus sehe ich, daß er ein edler Mensch ist und das will umso mehr heißen, als er, wie ich leider nur zu gut weiß, sich schon seit 20 Jahren aus Mißmut u.s.w. dem Trunk ergeben hat. [5100]

Menschen, die man nicht leiden mag, kann man nicht essen sehen. [5101]

»Wachse nicht!« Alte Idee von mir. Phantastisch, aber wahr. [5102]

Schattengestalten, welche ein *Blick* tötet, wie uns ein Dolch. [5103]

»Umarme mich, als ob die Menschheit ausgestorben wäre und wir sie erhalten sollten!« [5104]

»Jeder Charakter der Welt kann das sprechen, nur nicht der, dems der Dichter in den Mund legt.« [5105]

Familienbild im größten Stil: Adam und alle seine Nachkommen! [5106]

d. 2ten Mai 1853.
Tieck ist hinüber! Gestern abend wurde es bei uns en passant von Frau von R. erzählt, ungefähr so, wie man von Wind und Wetter spricht. Ich hoffte, ihn diesen Sommer wieder zu sehen und freue mich jetzt, ihn doch überhaupt im Leben noch gesehen zu haben! [5107]

d. 5ten Mai.
Mit dem Fürsten Schwarzenberg wieder das alte kordiale Verhältnis. Wir hatten vor Jahren eine heftige Szene miteinander und sahen uns nicht mehr; neulich begegnete er mir in der Jägerzeil, blieb stehen und redete mich an, dann gingen wir zusammen spazieren. Mir recht lieb, es ist ein bedeutender Mensch, der mich bei meiner Ankunft in Wien so freundlich bei sich aufnahm, daß die Spannung mich aufrichtig schmerzte. »Fürst M.[etternich] erklärt das Deutsche Parl.[ament] für legal.« [5108]

Wenn E. schreibt, so machts einen Eindruck, als ob er Vögel in ein Netz und Fische in einen Käfig getan hätte. [5109]

Einem räumlich ungeheuren, aber sachlich leeren Bilde gegenüber: als ob ein Mensch eine Stunde brauchte, um U–n–d, *(und)* zu sagen. [5110]

Den Komödie-Dichter auf die Hauptstadt-Sitten beschränken, ist so viel, als den Maler auf die Mode-Kostüme beschränken. [5111]

Christ. Ihr habt unsern Herrgott gekreuzigt. *Jude:* Kriegt ihr den unsrigen, so rächt euch und tut ihm dasselbe.
(Alter Witz.) [5112]

Der Erdgeist atmet sich durch die verschiednen Blumen aus, wie sie aufeinander folgen: Veilchen – Rose – Nelke pp [5113]

Die Menschheit ist ein Kapital, das nie zu heben ist. Von Zeit zu Zeit fallen in einem bedeutenden Individuum die Zinsen.

[5114]

Sich begreiflich machen wollen, daß und warum man geliebt werden kann: unlösbarstes aller Rätsel. [5115]

Die Könige von England gehörten einst in die materia medica und wurden den Skrophulösen von den Ärzten verschrieben.

[5116]

Joh. Aurel. Augurelli dedizierte dem Papst seine Goldmacherkunst und erhielt als Gegengeschenk einen seidenen Beutel, das Gold hineinzutun. [5117]

Paracelsus sah im Zustand der Ekstase die Bilder der Zukunft auf s. [einen] Nägeln. [5118]

»Jedes Land bringt einen vorzüglichen Arzt hervor, dessen Grundsätze gerade für das Land angemessen sind.[«] Paracelsus.

[5119]

Par.[acelsus] Hast du schon eingenommen? *Kranker.* Nichts, als den Leib des Herrn. Par. Da du dich also schon nach einem andern Arzt umgesehen, so bin ich überflüssig. Paracelsus ging.

[5120]

Ein jeder Körper, bes.[onders] der menschliche, ist doppelt, ein geistiger und ein materieller. Der geistige, der zugleich der astralische oder siderische genannt werden kann, entsteht aus den himmlischen Intelligenzen und man kann nach ihm eine Figur machen, wodurch alle magische Wirkungen vollbracht werden. Kann man nun nicht auf den Körper selbst wirken, so wirke man auf diese durch Charaktere, Beschwörungen pp pp

Paracelsus. [5121]

Die Wiedererzeugung eines Gewächses aus der Asche desselben.

[5122]

Wenn die mittelalterlichen Ärzte irgendeine Erfahrung machten, die mit dem Hypokrates nicht übereinstimmte, so glaubten sie nicht, dieser habe sich geirrt, sondern die Natur sei in dem Punkt degeneriert. [5123]

Der alte Tieck: blauäugiger Adler mit zerschossenen Flügeln. [5124]

Russischer Bauer zu s[eine]r Frau. »Ich arbeite tags, wie ein Ochs, soll ich nachts auch noch wie ein Stier arbeiten?«
(Russe im Dampfwagen.) [5125]

»Der Schlachter glaubt, der Ochs sei nur da, damit er ihn absteche und trete nur darum nicht gleich als rohes Fleisch hervor, damit er eine Beschäftigung habe.« [5126]

Wenn du mir die Hände festhältst, sind deine auch so gut, wie gehalten. [5127]

»Ich lasse den Groß-Mogul als Puppe köpfen; nun muß er sterben!« [5128]

Es gibt Leute, die erst ernten wollen, dann säen. [5129]

Hunde schlafen beim Erdbeben ebenso fest, wie Götter. [5130]

Schlangen drücken langsam. [5131]

Raffael wäre auch ohne Hände der größte Maler, sagt Lessing. Er konnte aber ohne Hände gar nicht geboren werden. [5132]

Es gibt eine Möwe, die auf Austern jagt. Die Auster öffnet sich nämlich zuweilen, um Luft zu schöpfen. Dann pickt die Möwe zu. Gelingt es ihr nun, die Auster zu töten, so kann sie sie verzehren, gelingt es ihr nicht, so schließt die Auster sich wieder und die Möwe erstickt. [5133]

Franz. Du p.... st auf der Stelle, wo Emilie mir das Du zuerst antrug. [5134]

Franz. »Um 4 steh ich gern auf, nur nicht um 7 oder 8.« (Abends vor der Abreise.) [5135]

Struensee: das Geripp, was ihm nachts beim Lesen leuchtete. (Wienbarg.) [5136]

Tod am Druckfehler in einem neuen medizinischen Werk. [5137]

Campes Ölkrug, 60 Jahre in der Buchhandlung und immer um 7 Pfund betrogen, weil er nur 18 ℔ faßte und für 25 ℔ bezahlt wurde. [5138]

Hahn Franz als Nachtwächter für den betrunkenen zum Nachtwächter herabgesunkenen akademischen Freund, der nachts um Grog an sein Fenster kommt. (Wienbarg) [5139]

Altes Taschenbuch
Warum wirken gute weiße Zähne so ästhetisch? Weil in ihnen das Knochengebäude sichtbar zu werden scheint und man sich denkt, dieses sei so weiß und glänzend, wie sie. [5140]

Venedig ist nicht die versunkene, sondern die aus dem Meer aufgestiegene Stadt, im Stil der Muscheln und Korallen erbaut und eben darum auch so einzig in seinen Menschen und seiner Geschichte. [5141]

Markuskirche: ein Kind und ein Traum wirkten Hand in Hand und Skt Markus entstand. [5142]

Dogenpalast unbewohnt: wer zöge Napoleons Rock an? [5143]

Auf dem Markusturm mein Artaxerxes, ein Mann, der die Stunden auf der Glocke anschlägt. [5144]

Auf dem Markus-Turm stehend, erblickte ich unten aufm Platz im grellen Sonnenschein fliegende Tauben, aber dem Anscheine nach doppelt so viele, als vorhanden waren, indem jede einen Schatten warf, der von ihr selbst nicht unterschieden werden konnte. Erhob die Taube sich sehr hoch, so ward der Schatten allmählich schwächer, näherte sie sich der Erde zu sehr, wurde er immer dicker und schwärzer, bis sich Schatten und Tier (sehr schön) ineinander verloren. [5145]

Der stürmische Abend und der Gondolier, der das Geld nicht nehmen wollte. [5146]

In der Luna der Stumme, der das Rad drehte. [5147]

Die Fliegen in Treviglio. [5148]

Judenkirchhof aufm Lido. [5149]

Aufm Markusplatz versammeln sich alle Tauben gegen 2 Uhr, weil sie dann gefüttert werden; mit dem ersten Schlage der Uhr fliegen sie herunter. [5150]

»Umwickle dich mit Hanf, beträufle dich mit Teer und illuminiere mit dir selbst!« [5151]

Die wahre Poesie sucht das Außerordentliche gewöhnlich darzustellen, die falsche das Gewöhnliche außerordentlich [5152]

Als unter Joseph II die Juden sich Namen beilegen mußten, verkauften die Beamten die wohlklingenden, wie Gold u. s. w. um teures Geld. (Werner) [5153]

»Die Grundrechte Jehovahs, die zehn Gebote, aufgehoben.« [5154]

»Die Juden sind zu bescheiden, Christen zu werden!« [5155]

Ein Wesen, bloß als Stimme existierend. [5156]

Der große Christoph und der Esel. (Werner) [5157]

Ein Fiaker überfuhr jemand und bat ihn dadurch um Verzeihung, daß er ihn mit der Peitsche über den Kopf hieb.
(Erlebt) [5158]

Aus der Antwort an Gutzkow vom 20 Aug 53.
– Ihre Bemerkungen über meine beiden Stücke waren mir sehr interessant und gaben mir viel zu denken. Wie Sie die A.[gnes] B.[ernauer] wollen, ist sie ungefähr in dem alten Törringschen Schauspiel: fertiges Verhältnis gleich zu Anfang und Donner und Blitz folgt unmittelbar hinterdrein. Ich kannte dies Werk, ich achtete es auch als eine sehr gelungene Ausbeutung der hist. Anekdote, konnte mich aber mit der Auffassung so wenig befreunden, daß gerade sie mich vorzugsweise mit zu meiner Arbeit antrieb. Mehr sag ich nicht, wir haben hier, glaub ich, einen Grundunterschied unsrer gegenseitigen Naturen vor uns, in den wir uns finden müssen, wie in den der Augen und der Haare, denn »A. und B stehen alle beide im A.B.C.« Sie können mich hier nicht mißverstehen, mir deucht, das Verhältnis zwischen Schiller und Goethe, in dem ich von jeher etwas Symbolisches erblickte, wurde nur dadurch möglich, daß jeder sich in den Kreis des andern zu versetzen suchte und von ihm nur forderte, was innerhalb desselben zu leisten war. Ich meine, kurz gesagt, man muß sich überall die Linien zugeben, denn diese gehen ohne Wahl mit innerer Notwendigkeit aus der allgemeinen Anschauungsweise der Dinge hervor, während man über die Farben und die Verteilung von Licht und Schatten sehr gut die Kontroverse eröffnen kann. Sollte ich mich irren, wenn ich das für die beste Basis halte?

Ich rufe Ihnen entgegen, wie Sie mir: lassen Sie uns zueinander halten! Wir können gegenseitig geben und nehmen; auch ich bin nicht so exklusiv, wie ich Ihnen vor Jahren erschienen sein mag: die Knospen sind es ja alle, aber was aufsprang, trinkt und saugt. Und wir wollen die Sache äußerst einfach fassen! Was Sie in Ihrem ersten Brief schreiben, ist so wahr, daß es in Gold gefaßt zu werden verdiente: die Literatur ist in einer Anarchie begriffen, daß sie sich auflösen muß, wenn sich nicht

Zentral-Punkte bilden, welche der Fieberbewegung der Atome einen Damm setzen. Nun, dahin wollen wir gemeinschaftlich streben, und die Trivialität auf der einen Seite, die originell zu sein glaubt, während sie nachahmt und stiehlt, sowie die hohle Abstraktion auf der andern, die alles Lebendige erstickt, kräftig bekämpfen. Das Mittel: daß wir uns überall die Arena zu öffnen suchen, wo man sie uns verschließt, ohne dem Spruch der dort richtenden Instanz vorzugreifen.« [5159]

»Die Geschichte bringt alles wieder ins Gleiche, aber wer kann von dem Gedanken an seine Grabschrift leben?«
Brief an Wienbarg. [5160]

Der Vorrang, den die Natur dem Tat-Genie vor dem Kunst-Genie einräumt, zeigt sich auch dadurch, daß jenes gar nicht um die Frucht seiner Lebens-Äußerungen gebracht werden kann, wohl aber dieses. Wer will Napoleon seine Schlachten vergällen? Dort liegt der Feind und hier steht der Sieger. Wie sind Shakespearen, Beethoven u.s.w. ihre Werke vergällt worden! [5161]

Lieder singen und Geschichten erzählen: Unterschied zwischen dem lyrischen und dem charakteristischen Schauspieler. [5162]

Die Musik kann nur das Allgemeine ausdrücken. Richard Wagner mögte das bestreiten. Aber man lasse einmal eine Beethovensche Symphonie aufführen, setze ein Publikum aus lauter Goethen, Schillern, Shakespearen, ja Mozarten, Glucken u.s.w. zusammen und lasse jeden Anwesenden dann für sich aufschreiben, was er für den Ideengang des Werkes hält. Man wird dann so viele verschiedene Auffassungen zusammenkommen sehen, als Individuen anwesend waren. [5163]

Ein Wald, in baumloser Gegend dadurch zusammengebracht, daß seit hundert Jahren jedes Braut-Paar zwei Bäume pflanzen mußte. Jetzt gehen die Liebenden darin spazieren.
(Faktum. Debrois.) [5164]

Zweierlei Holzarten werfen sich nie zu gleicher Zeit. Darum kleben die Instrumentenmacher immer zwei verschiedene Hölzer zusammen, dann hält eins das andere und keins wirft sich. [5165]

Der Wunsch, fortzuleben, ist einer der besten Beweise für die Kraft, fortzuleben. Wie könnte der Mensch den Wunsch ohne die Kraft festhalten? [5166]

Eine der ärgsten Vexationen der Natur ist es, wenn sie die Dummheit aus Kristall-Fenstern schauen läßt und die Trivialität in schöne Formen kleidet. [5167]

Es gibt Menschen, wie Äolusschläuche: jeder Wind treibt sie, weil er ein Loch in ihrer Brust findet. Ein solcher war der alte Görres. [5168]

d. 2 Sept:
Schlimme 14 Tage. Meine arme Frau hatte einen Andrax, litt heftige Schmerzen und war in großer Gefahr. Prof. Rahl im Dianabad. [5169]

»Wollt ihr Steuer zahlen oder soll ich falschmünzen?« Herzog Rudolph von Österreich zu den Ständen. Wiener Jahrbücher, 2 Heft, 1 Bd. Rezension von Schnellers Geschichte. [5170]

Die Muse hieß einmal die Opitzinne; also Madme Opitz.
[5170a]

d'Argenson, Polizei-Leutnant des Regenten, lud in seine Abendgesellschaften zuweilen 5-6 der berühmtesten Spitzbuben, um seinen Gästen eine Vorstellung ihres Handwerks zu geben. Es wurden große Summen auf die Matadore gewettet und sie hatten die Aufgabe, ihn selbst und seine Freunde zu bestehlen.
(Galanterien der Gräfin Parabère, Leipzig, Lit. Museum.)
[5171]

Meine Dramen haben zu viel Eingeweide; die meiner Zeitgenossen zu viel Haut. [5172]

In der Literatur kehren die Kinderkrankheiten immer wieder.
[5173]

Es gibt keinen Weg zum Z, der nicht am A vorbeiführte.
[5174]

Die schlechtesten Dramen fangen oft an, wie die besten. Die Schlacht, die am schimpflichsten verlorengeht, beginnt so gut mit Donner und Blitz, wie die, die am glorreichsten gewonnen wird. [5175]

d. 16 Sept: war ich mit einem alten Mann in einer Abendgesellschaft zusammen, der noch mit Klopstock und Kant gespeist hat; nämlich mit dem ehemaligen Deklamator, Baron Theodor von Sydow, jetzt 83 Jahr alt, bei Hirsch. [5176]

Am 8ten Sept: trat die Gouvernante, Fräul[ein] Braunthal, bei uns ein. [5177]

Der dramatische Individualisierungs-Prozeß ist vielleicht durch das Wasser am besten zu versinnlichen. Überall ist das Wasser Wasser und der Mensch Mensch; aber wie jenes von jeder Erdschichte, durch die es strömt oder sickert, einen geheimnisvollen Beigeschmack annimmt, so der Mensch ein Eigentümliches von Zeit, Nation, Geschichte und Geschick. [5178]

Eine Mutter liegt im Bett und sieht, daß ihr einjähriges Kind, das noch nicht einen Fuß vor den andern setzen kann, die Wiege verläßt, durchs Zimmer wandelt, an der Wand hinaufklettert und endlich sogar an der Decke herumkriecht. Sie schreit auf, das Kind stürzt und ist tot. – Ob es wirklich nachtwandelnde Kinder gibt? –   Fräul Braunthal. [5179]

Willst du wissen, wie die Eltern es mit dir meinen, so sieh dir die Kinder an; willst du wissen, wie der Herr dich empfangen wird, so gib acht, wie der Bediente dir die Tür öffnet. [5180]

Damjanich, serbischer General unter den Ungarn schloß eine seiner Proklamationen an seine Landsleute mit diesen Worten: »Ich komme, euch alle samt und sonders auszurotten und dann mir selbst eine Kugel durch den Kopf zu schießen, damit auch der letzte Raize von der Erde verschwinde!«

Aus Ungarn. [5181]

»Deine Leute schwitzen nicht!« mögte ich zu jedem unserer jetzigen Dramen-Dichter sagen. Obs Juden oder Türken, Heiden oder Christen, Opium-Käuer oder Knoblauch-Esser sind, man merkts der Atmosphäre nicht an. [5182]

Der Staat beruht sowenig auf einem bloßen Vertrag, als der Mensch. [5183]

Naturrecht – historisches Recht: sind das Gegensätze, wie die Schulen glauben, die beide vertreten? Ich dächte nicht! Allem historischen Recht liegt das Naturrecht zugrunde, wie der Begriff des Menschen, als eines denkenden und empfindenden Wesens, jedem empirischen Menschen, und alles Naturrecht existiert nur als historisches Recht, da es nur unter bestimmten Bedingungen und in bestimmten Grenzen hervortreten kann.

[5184]

Eine Magd erhält von ihrer Herrschaft Erlaubnis, nach Schönbrunn zu gehn und die Menagerie anzusehen. Sie kommt ganz entzückt wieder nach Hause und hört nicht auf, von den erblickten Wundern zu reden. »Aber – schließt sie mit einem Klimax – das außerordentlichste ist doch, daß es dort einen Adler gibt, der nur *einen* Kopf hat.« Sie hatte den Adler nämlich auf Wappen und Schildern immer zweiköpfig gesehen.

(Frankl) [5185]

Es gibt Leute, die ein Buch nur einmal lesen und dann epitomieren. Als ob nicht ein wirkliches Buch ein Mensch wäre, der sich, obgleich konzentriert, doch in einer Unterhaltung nie ganz ausgibt! [5186]

d. 4 Okt: 1853

Wunderliches kommt im Leben vor. Mein Schwager, der zum zweitenmal bankerott ist, weil er das Billard und die Jagd mühsamen spießbürgerlichen Beschäftigungen vorzieht, hört von meiner Bekanntschaft mit Hirsch und fragt mich auf einmal, weil er glaubt, dieser habe etwas mit der Polizei zu tun, angelegentlich und ernsthaft, ob er durch ihn nicht als geheimer Agent (vulgo Spitzel) empfohlen werden könne. [5187]

Xerxes ließ den schäumenden Hellespont zwar geißeln und ihm die Opfer entziehen, aber er beschenkte einen Platanenbaum auch seiner Schönheit wegen mit einem goldenen Schmuck. [5188]

Alles geht rasch in unserer Zeit, ausgenommen das Wachsen, was noch immer das alte tempus einhält. [5189]

Erfrorne Freuden. [5190]

d. 13 Okt.

Ein sehr fröhlicher Abend bei Saphir; er in seinem besten Humor. Ein paar Geschichten zum Totlachen für mich; 70 Trauerspiele wert. Ein reicher Kauz, Protektor und zugleich Stiefelputzer von Dichtern und Schauspielern, wird von ihm überredet, Bäuerle besitze die Kunst, sich unsichtbar zu machen. Verdrießlich eilt er zu diesem: schlechter Kerl, bist Besitzer der Kunst, dich unsichtbar zu machen und hältst damit hinter dem Berge. »Wer hat dir das gesagt?« Wer? Saphir! »Höchst indiskret«. Auf sein Andringen, teilt B.[äuerle] ihm das Geheimnis mit: vierzehn Tage Reiben mit einer gewissen Salbe, dabei ein Gebet, am funfzehnten die Probe. Der funfzehnte kommt heran, ein großes Diner wird in Weidling veranstaltet, alle Eingeladenen sind unterrichtet. Als man beim Wein sitzt, gibt Bäuerle seinem Kandidaten einen Wink, dieser erhebt sich, geht in den Wald, reibt und betet noch einmal und kommt dann, in Gedanken unsichtbar, zurück. Nun kneipt er den einen in die Wangen, zupft den andern bei den Ohren, nimmt dem dritten sein Brot weg und alle stellen sich, als ob sie glaubten, daß sie sich untereinander den Schabernack zufügten. Er ist überglücklich und geht zu dem Tisch der Kutscher, die von nichts wissen. Hier trinkt er dem einen sein Bier aus. »Herr, was machens, gehen Sie mir, sonst gibts Ohrfeigen.« Aber, sehens mich denn? »Wie sollt ich ›Ihnen‹ nicht sehen, ich bin nicht betrunken, wie Sie!« Betrübt schleicht er zu Bäuerle zurück und ruft ihm ins Ohr: »Die Kutscher sehen mich ja!« [5191]

»Von hier bis da ist es anderthalb Pfeifen Tabak.« sagen die Pommerschen Bauern. Morgenpost. [5192]

d. 18 Okt

Einen neuen Feind gemacht. Ein Herr Reich präsentierte sich mir um vier Uhr, als ich gerade ausgehen wollte, mit einem Brief von sich selbst. Der Brief fing an: »Töten mag ich mich nicht, betteln kann ich nicht, ich befinde mich aber in Geld-Verlegenheit und bitte Sie um ein Darlehn; der Mensch tritt zum Menschen, ob später auch der Poet zum Poeten, lehre die Zukunft.« Ein freches Judenbürschchen von höchstens 19 Jahren, das, als ich mich entschuldigte, sehr trotzig aus der Tür ging und sich gewiß gleich nach einer Journal-Kloake umsehen wird, um Kot gegen mich zu spritzen! Was soll aus einer solchen Jugend werden! Eher den Hungertod wäre ich gestorben, als daß ich Uhland oder Tieck so angesprochen hätte! Dabei war der Kerl wohlgenährt. Ein Beispiel von vielen! [5193]

»Von Forster begreife ichs nicht, denn der hatte ja zu leben!« sagte der Herzog von Braunschweig über Georg Forster nach der Wieder-Einnahme von Mainz.

Haus und Welt von König. [5194]

»Glückliche Kinder geben glückliche Menschen. Alle Verstimmung des Charakters hat seinen wahrscheinlichsten Grund in diesen frühen Eindrücken!« sagt Forster und hat sehr recht. [5195]

»Und man fällt in ihre Arme,
Wie man in das Feuer fällt!« [5196]

Wenn man aus Italien nach Deutschland zurückkommt, hat man ein Gefühl, als ob man plötzlich alt würde. [5197]

Man stritt, ob der Mond bevölkert sei. »Was bevölkert – rief ein kroatischer Arzt dazwischen – wenn Mond abnimmt, wo bliebe wohl Bevölkerung?[«] (Prof. Brücke) [5198]

In Rußland darf kein Eingeborner (Saufens halber) Bäcker oder Apotheker sein, das sind immer Deutsche.
(Prof. Littrow) [5199]

In Griechenland ist jetzt der erste Räuberhauptmann Bruder des Kriegsministers. (Prof. Brücke) [5200]

In Griechenland werden alle Scharfrichter ermordet. Deshalb köpft jetzt ein *Vermummter*, der ohnedas noch 30 Meilen von Athen wohnt. Grauenhaft. Derselbe. [5201]

Ein Fluch, den der Verfluchte nicht hört, wie er ausgestoßen wird, weil er Lärm machen läßt, und den er Wort für Wort in der Seele vernimmt, in dem Moment, wo er sich vollzieht. [5202]

d. 8 Nov.
Mit Prof. Brücke im neuen Irrenhause. Grauenvoll: *Massen* von Wahnsinnigen zu sehen, denn dadurch wird das Unnormale scheinbar wieder normal. Schuster- Schneider- Buchbinder- u.s.w. *Werkstätten*, Dutzende darin arbeitend. Der Maler, Schüler Führichs und der Liguorianer, und die Mappen mit seinen Zeichnungen; sein Drang, nicht den kleinsten Raum unausgefüllt zu lassen. Der Korridor, wo rasiert wurde durch einen Verrückten; die Bemerkung Dr Fröhlichs: wir selbst bedienen uns seiner. Die Menschen: verstimmte Instrumente. [5203]

Die theologischen Streitigkeiten sind unwichtig geworden, die Physiologie hat sie abgetan. Die ist weit gekommen und wohin wird sie noch gelangen! Es kann noch einmal eine Welt geben, wo die Menschen sagen: ja, der Goethe, der hatte viel Stickstoff eingesogen, bei mir prävaliert leider der Sauerstoff u.s.w. [5204]

Irgendein Mensch ist immer der unglücklichste. Aber nicht lange, und darin liegt der Trost. [5205]

> Die Kleinen könnten dich nicht quälen?
> Gib acht, sie machen dir noch warm!
> Man kann dir nicht die Knochen stehlen,
> Allein, man bindet dir den Arm. [5206]

Anch' io sono pittore. (Oehlenschläger, Correggio)
Er schießt, bis sie (die Kanonen) springen! (Grabbe, Hund.[ert] Tage.])]
Leopold Albertis Gedicht von den 12 Flaschen Wein der 12 Freunde.
Alfred Meißners Zug in der Bathseba, daß sie von ihrem Manne nichts mehr wissen will, seit der König sie erkannt hat.
»Man scheidet nicht von Philipp.« (Gutzkow Antonio Perez.)
Alle diese Momente habe ich, zum Teil gegen die Dichter selbst, als wahrhaft geniale, unter dem übrigen blendend, wie der goldene Finger im Märchen, hervorleuchtende, herausgehoben, ohne durch meine begeisterte Anerkennung die gewöhnliche Freude zu erregen. Später erfuhr ich dann, daß sie sämtlich entlehnt waren, entweder der Geschichte und dem Leben, oder gar, wie bei Alberti und Meißner, fremden Autoren. (einem englischen Roman und dem Jacques.) [5207]

Professor X. Foitczik, Dr et Prof: in Padua; Reisegefährte 1845. »Der Mann lebt keine 6 Monate mehr.« [5208]

Es ist das Kennzeichen der höchsten Schönheit, daß die Begierde, ihr gegenüber, gar nicht erwachen kann. [5209]

Abend. Die sich in immer dunklere Schatten einspinnende Welt. Nur noch die Spitze des Stephans-Turms im Licht der sinkenden Sonne glühend, als ob die Glut aller Andächtigen, die am Tage darin gebetet, sich zum Strahl verdichtet hätte und zum Himmel empor flammte. [5210]

d. 26 Nov.

Goethes natürliche Tochter gelesen, seit langer Zeit zum erstenmal wieder. Darin steckt mehr Griechisches, als in der Iphigenie, wenn man auf die Hauptsache geht. Übrigens steht das Produkt ganz auf der Grenze. [5211]

Kaiser Joseph glich einem Mann, der ein Licht auf den Tisch stellt und nicht weiß, daß er zuerst davon beschienen wird. [5212]

d. 14 Dezbr.

Heute den 1sten Akt der Rhodope geendigt. Braun von Braunthal machte mich auf Herodots alte Fabel vom Gyges aufmerksam, ich las sie nach und fand, daß allerdings eine Tragödie darin stecke. Freilich wird die Motivierung der Königin schwer sein. – [5213]

Aus der Brieftasche
(Bleistiftbemerkungen)

War im Oktober mit Hirsch in Bisenz hinter Lundenburg bei seinem Vetter, dem Förster. Zur Jagd geladen, sah ich kein Gewehr. Schöne Herbsttage, die letzten des Jahrs. Der Förster, trocken in sich zugeknöpfter Mann mit einem gewissen Humor; er setzte uns alles vor, was eine Försterei bietet und nannte die Fasanen seine Hühner, die Schnepfen seine Sperlinge, das Reh sein Kalb. Engbegrenzte Existenz, aber behäbig und voll. In dem Dorfarzt lernte ich meinen Doktor Pfeffer aus dem Diamant kennen; die Dinge, die dieser vollbringt, wurden ihm buchstäblich vorgeworfen, z. B. das Aufhetzen der Bauern zur Prügelei durch Mittelspersonen, um sie heilen zu können. »Herr Dr, geben Sie mir die *grüne* Medizin«; diejenige nämlich, die vor 50 Jahren sein Großvater bekommen hatte. Der Apotheker, wie er in den Besitz der Ap.[otheke] gekommen war. Der Jude Davidl, blöde, aber voll Geist, nur in abruptester Erscheinungsweise. »Man erdichtet allerlei Hüt, wozu man den Hasenbalg nicht braucht. – Adam lebte 930 Jahr, 70 trat er dem König David ab, er wußte voraus, daß der kommen werde. – Herr, warum geben Sie der Zigeunerbande 20 fl, hätten Sie mir 10 gegeben und selbst 10 behalten, wär es besser. –«Witz, Eigennutz, talmudische Eindrücke, alles bunt durcheinander in seltsamstem Gemisch. Schloß Buchlau. Hoch aufm Berg, schwer zugänglich. Drei Linden mit dem heiligen Johannis. Verschlossen, unser Kutscher über die Ringmauer geklettert, wir glaubten aus Heldenmut, aber es war geschehen, weil beim Probieren ihm der Stiefel hinuntergeglitten war. Riegel aufgeschoben, wir hinein. Völlige Einsamkeit, immer nur ein alter Mann als Kastellan anwesend, jetzt auch der nicht zu finden. Eine Geiß, wie Esmeraldas, Hühner, die ich jagte, bemooster Brunnen. Kohlenbergwerk; die Schwämme, ein Hermelin; das erste, das ich sah. Große Weinpresse: mitten in den gelben, mistähnlichen ausgepreßten Beeren hie und da eine noch frische; unheimliches Bild. Auf dem Wege: schwarze Raben in der grünen Saat hüpfend. Slavisches Wirtshaus, mein Gefühl: ich eß das Schlechteste mit, wenn es dein Bestes ist! Die tausendjährige Linde, unter der ein Regiment ruhen kann; Tanzplatz ringsherum, wer herumtanzt, ist müde; ein ganzer Wald aus dem alten Baum hervorgeschossen, in dem man spazierengehen kann. [5214]

Wenn du von einem Menschen gehst,
Behalt im Ohr sein letztes Wort. [5215]

Erschiene das Ding einem doch vor dem Besitz, wie nachher, und umgekehrt! [5216]

d. 28 Dez.
Diesmal den Weihnachtsabend nicht so fröhlich, wie sonst, verbracht. Ursache: die Gelbsucht, von der ich befallen wurde, und das bis auf einen Grad, daß Bart und Kopfhaar mir grau geworden sind. Der Ärger über die Verhandlungen wegen der Genoveva gaben den Anlaß dazu, doch war ich schon gastrisch leidend und sehr stark erkältet. Übrigens ging der Heilige Abend noch leidlicher vorüber, wie die Feiertage; die Freunde waren anwesend, die wir in der Regel bei uns sehen und große Freude machte mir ein Mützchen, das mein Töchterlein schon mit seinen kleinen Händen für mich gehäkelt hat. [5217]

d. 31 Dezbr.

In diesem Jahre allerlei zweifelhafte Bekanntschaften gemacht und allerdings nur aus diplomatischen Gründen gepflegt, dafür aber auch gleich darin die Strafe erhalten, daß ich mich mit ein paar Individuen duzen muß, die nur deshalb die Anmaßung hatten, mich dazu aufzufordern, weil sie den Kern meiner Natur nicht kennenlernten und mich mit einem gewissen Recht für ihresgleichen hielten. Gearbeitet nichts bis auf ein paar Gedichte und einen Akt der Rhodope. Reise nach Hamburg und von da nach Helgoland; Aufenthalt beim Apotheker Franz, der mich erträglich genug aufnahm und mir doch die Regel abdrang, einen Jugendfreund nie wieder heimzusuchen; Reisebriefe. Große Angst nach der Rückkunft wegen meiner lieben Frau, die von einem Andrax befallen wurde und sehr litt. Ich selbst jetzt mit Gallenfieber und Gelbsucht beladen, doch freudigen Muts der Zukunft entgegensehend. Titi blüht. Bleibe alles, wie es ist!

[5218]

1854

d. 4 Jan:

Die Jammer-Periode ist vorüber, ich fühle mich in meinen Knochen, wie in meinen vier Wänden wieder wohl, kann aber doch eine Betrachtung nicht unterdrücken, die sich mir immer von neuem wieder aufdrängt. Ohne Zweifel stehe ich jetzt auf der Höhe meiner Existenz; ich habe ein teures Weib, ein lieblich aufblühendes Kind und wenigstens einen wahren, erprobten Freund; mit meiner Gesundheit kann ich zufrieden sein, die Geistes- wie die Leibes-Kräfte sind ungeschwächt und meine Tätigkeit ist keine wirkungslose; dabei habe ich, was man zu einem bequemen Leben braucht und bin sogar imstande, für die Zukunft einen Pfenning zurückzulegen. Ich bin, dies Zeugnis darf ich mir geben, von ganzem Herzen dankbar dafür und freue mich jedes Tags; das Mittagsmahl und besonders die bei einem Glase Bier und einem Butterbrot verplauderte letzte

Abendstunde ist mir immer ein Fest und ich nähre keinen anderen Wunsch mehr, als den natürlichen, der in allen Verhältnissen übrig bleibt, daß es bleiben möge, wie es ist! Aber es kann nach der Natur der Dinge nur noch heruntergehen; meine Gesundheit wird wankend werden, das Talent wird schwinden u.s.w. [5219]

d. 21 Jan:

Am 13 Sept. 1840 begann ich die Genoveva, schrieb aber zugleich in mein Tagebuch: es wird wohl kein Drama fürs Theater. Gestern kam sie zum erstenmal zur Darstellung und der Erfolg war noch größer, wie bei der Judith. Nach jedem Akt wurde ich gerufen und zum Schluß zweimal. Auch der Kaiser war anwesend und blieb, was er bei Trauerspielen fast nie tut, bis zum Schluß. [5220]

An Gutzkow, 26 Jan: 54.

– – Es war mir Ernst mit diesem Brief und mit allem, was er enthielt, denn wohin soll es kommen mit unserer Literatur, wenn die wenigen Produzenten, die vorhanden sind, sich der nihilistischen, hohnsprechenden Kritik gegenüber, nicht zusammenschließen, um den gemeinschaftlichen Boden zu verteidigen, sondern statt dessen die Sommersprossen und Warzen aneinander zählen. Ich habe mich, wie Sie wissen, zur Zeit meiner Entwicklung ganz für mich gehalten, weil ich das Bedürfnis fühlte, den reinen Widerklang der Welt zu vernehmen, um zur Selbst-Erkenntnis und zur richtigen Schätzung meiner Kräfte zu gelangen. Daran mag ein gewisser Stolz oder Dünkel, der von der Jugend wohl unzertrennlich ist, seinen Anteil gehabt haben, aber ich bereue es noch jetzt nicht, weil ich mir nun sagen darf, daß sich die zweiunddreißig Winde an meinem Ehrenkranz bereits alle versuchten und daß die Blätter, die sitzenblieben, mögen es auch noch so wenige sein, fest sitzen müssen. Doch diese Zeit ist vorüber und mit der neuen sind neue Gesetze in ihr Recht eingetreten. – – (in Bezug auf den frühern Brief) [5221]

Schwarzer ist ein Mensch, der aus den neuen Doktrinen nur das Gift, nicht den Nahrungsstoff herausgesogen hat. Er gleicht einem, der aus dem Pfirsich nur die Blausäure, nicht den Zucker, sich assimilierte, wenn es einen solchen geben könnte. [5222]

»Alles muß beseitigt werden, was die Revolution brachte; nicht bloß das, was *durch* sie, sondern auch das, was *mit* ihr kam.« Das ist gerade so, als ob man eine Blüte, die eine Frucht verbürgt, vom Baum abreißen wollte, weil sie in derselben Stunde aus der Knospe hervorbrach, wo ein Mord vorfiel. [5223]

Sag von einem Mann, er habe Arme, Beine, Rumpf und Kopf, so wird dir ein Feind beweisen, du habest einen Panegyrikus auf ihn gemacht. [5224]

Dein Charakter ist das Wort, das du der ganzen Welt gibst. Wirst du also deinem Charakter ungetreu, so brichst du der ganzen Welt dein Wort. [5225]

»Er hat ein so dünnes Gesicht, daß er einen Geißbock zwischen den Hörnern küssen kann.« [5226]

d. 20 März.
Gestern erschien der alte Engländer bei mir und ersuchte mich im Namen seines Sohns um die Julia für eine Pariser Bühne. Ich schrieb heute an letzteren, weil der Vater es sehr zu wünschen schien, einen Begleitungsbrief, und darin über den Hauptpunkt, der uns früher trennte:
»Es hat mich gestern sehr gefreut, Ihren alten Vater einmal wieder bei mir zu sehen; er ist weiß geworden. – Lassen Sie uns den Faden einfach so wieder aufnehmen, wie wir ihn vor dem großen politischen Sturm gemeinschaftlich zu spinnen pflegten; es ist leicht, denn er wurde ja nicht abgeschnitten, sondern er riß nur ab, weil sich fremde und, den verschiedenen Altersstufen nach, entgegengesetzte, Gewalten an die Individuen hängten. Ich habe das Interesse für Sie nie verloren und bin eines gleichen von Ihnen überzeugt; auch mögen Sie glauben, daß ich Sie psychologisch immer begriff, wenn ich gleich nicht mit Ihnen gehen konnte, weil ich den »stumpfen Widerstand der Welt« besser zu würdigen wußte, wie Sie.« [5227]

Er schwatzt darauf los, und wenn er sich selbst nicht mehr versteht, glaubt er, es rede ein Genius aus ihm. [5228]

Dienstmädchen in einem neuen Kleide sehen immer so aus, als trügen sies für ihre Herrschaft. [5229]

Einer, der sich vor dem Hause seiner Geliebten mit dem Freunde prügelt, weil er kein Ständchen zusammenbringen kann, um sie ans Fenster zu locken. [5230]

Ein General in Südamerika ist auf einen Neger aufgebracht und schlägt ihn ins Gesicht. Dabei verletzt er sich die Hand ein wenig an einem Zahn des Menschen und stirbt fast an der Wunde, weil die kleinste Verletzung in jenem Klima (Nadelstiche nicht ausgenommen) tödlich-gefährlich sind in den Sommermonaten.
(Frau von Warrens) [5231]

Der Deutsche fragt bei seiner Erziehung nicht: was braucht der Mensch fürs Haus? sondern: was braucht er, wenn er, wie Robinson, einmal auf eine wüste Insel verschlagen wird? und darnach richtet er den Lehrplan ein. Überhaupt geht bei uns nichts vom Zentrum aus, sondern wir ziehen aufs Geratewohl einen Kreis und suchen dann für diesen einen Mittelpunkt. [5232]

Jede Nichtswürdigkeit wird verziehen, nur kein Charakter. Wer die Welt verstehen will, der merke sich das. [5233]

Wenn ein Gast jetzt auf dem Burgtheater Zutritt erhalten will, so muß er durchaus in den Stücken Monaldeschi, Struensee und Karlsschüler spielen. Das erinnert an die Helden in gewissen alten Märchen, die erst die Drachen vor der Pforte küssen mußten, ehe sie zur Prinzessin gelangten. [5234]

(Bei Gelegenheit einer überzuckerten, aber perfiden Rezension.)
Willst du jemand vergiften, so tue so viel Gift in den Becher, daß das Getränk vergiftet wird, aber nicht so viel, daß das Gefäß zerspringt. [5235]

Nach dem Utilitätsprinzip mancher Leute müßte die Kornblume vor Gericht gezogen werden, weil sie die Ähre bestiehlt.

[5236]

Mittelmäßige Poeten: verunglückte Lerchen. [5237]

Wie wenig Duft hat das einzelne Veilchen: wie viel der ganze Strauß! [5238]

Meinen ersten Frühlingsstrauß flechte ich mir aus dem ersten Laub. [5239]

Wer die Welt durch ein morgenrotes Glas betrachten will, der schaue sie durch die Augen eines Kinds, womöglich seines eigenen, an. [5240]

Wäge das Gehirn des Menschen gegen sein Fleisch: wie wird es im Nachteil sein. [5241]

Nach dem ersten Donner verlieren die Veilchen den Duft. (Bauernwort.) [5242]

»Und ungestraft hebt nur der Wind den Schleier.« [5243]

Es ist keine Tugend am Wasser, daß es nicht brennt, und kein Fehler am Feuer, daß es den Durst nicht löscht. [5244]

Heines Ironie besteht sehr oft darin, daß er erst den Kopf und dann den Hintern zeigt. [5245]

Zwei Reime, die erst eine Reise um die Welt gemacht zu haben scheinen, eh sie sich gefunden haben. [5246]

»Es sind immer so viel Bäume auf der Erde vorhanden, als Menschen; jeder hat seinen Galgen.« [5247]

Ich an Neros Statt hätte lieber einmal für einen Tag die Gesetze aufgehoben, als Rom angezündet: das Schauspiel wäre noch merk-

würdiger gewesen und die brennende Stadt unstreitig als Episode
mit vorgekommen. [5248]

»Wenn auch eine Obrigkeit gottlos, tyrannisch und habsüchtig sei, so gebühre doch den Untertanen nicht, sich dagegen zu setzen und aufzulehnen, vielmehr das Dasein einer solchen Obrigkeit sei für eine Sündenstrafe Gottes anzusehen.«
(Der Hamburger Bürgermeister Dietrich von Holte zur Bürgerschaft, 19 Nov. 1602. Gallois Gesch. v. Hamburg, 1, 432.)
[5249]

Weichliches Haar, so lang, daß man es wie eine Schleppe
nachtragen könnte. [5250]

>Ist dein Gesicht der helle Tag –

– – –

So ist dein Haar die finstre Nacht,
Womit du ihn verschleiern kannst. [5251]

Lessings Nathan:
Akt 4, in der Szene zwischen dem Klosterbruder und Nathan
heißt es:
N – Indem stiegt Ihr (der *Reitknecht*)
Vom Pferd und überreichtet mir das Kind,
In Euren Mantel eingehüllt. –
Akt 5, in der Szene zwischen Recha, Sittah und Saladin heißt es:
R – Denn Daja will von meiner *Amm'*
Es haben, die sterbend ihr es zu vertrauen sich
verbunden fühlte.
Widerspruch! Pendant: Mignon. Carlos. [5252]

Die hiesigen Bauern ärgern sich, daß die Ernte so gut steht;
viel Arbeit beim Einheimsen – sagen sie – und wenig Geld.
Lächerlicheres kanns doch nicht geben, als die Auerbachsche
Bauern-Verhimmlung. Wenn der Dichter sich die Prinzen und
Prinzessinnen anders träumt, als sie vielleicht sind, so hat er
eine Entschuldigung. Diese Menschen sind durch ihre Stellung

von allem Niedrigen ausgeschlossen und harren des Elements: wo soll sich denn das Schöne ungestört entfalten, wenn nicht in ihrer Sphäre? Darum durfte Goethe seine Eleonore dichten. Aber die Bauern! In einem neuen Theaterstück, welches sehr gefällt, sind die Vieh- und Milchmägde, die auf der Senn-Alp wohnen, sogar über die Sonnenuntergänge entzückt. Für den Bauer ist die Sonne aber bloß eine Uhr, die dem Knecht immer zu langsam geht und dem Wirt immer zu schnell. [5253]

(In Bezug auf lit.[erarische] Diebstähle) Man kann das ganze Mobiliar stehlen, aber freilich nicht das Haus. [5254]

Dem Gänsejungen stirbt eine junge Gans. Er richtet ihr ein Leichenbegängnis ein: Der Kinderwagen des Hauses wird mit Gras bedeckt, das Tier daraufgelegt und dann mit Blumen bestreut. Nun muß der jüngere Bruder den Wagen ziehen, er selbst aber schreitet gesenkten Hauptes hinterher und ihm folgen zum Erstaunen des ganzen Dorfs, ebenfalls gesenkten Hauptes, wie Leidträger, alle Gänse, Enten, Hühner, das ganze Geflügel des Hofs. Die Sache klärt sich nachher so auf, daß der Zugführer die Hand voll Hafer hat und bei jedem Schritt ein paar Körner fallen läßt, nach denen die Leidtragenden schnappen. – In dem Knaben kann ein Dichter stecken. (Mad Robeck.) [5255]

Christus sah zwölf Leute bei sich zu Tisch und es war nur ein einziger Judas darunter: woher jetzt elf Ehrliche nehmen! [5256]

König Georg III über Shakespeare
Mad. d'Arblay (Miß Burney), die Verfasserin der ersten englischen Romane, der Cicilia u.s.w. wurde vom König bei einer Freundin getroffen. »Se Majestät geruhte, statt nach Belehrung zu suchen, dergleichen mitzuteilen und fällte über viele große Autoren das Urteil. Voltaire nannte er ein Ungeheuer, Rousseau konnte er etwas besser leiden. »Aber gab es jemals – rief er – solches Zeug, wie ein großer Teil von Shakespeare? Man darf es nur nicht sagen. Aber was denken Sie, was? Ist es nicht trauriges Zeug?« Macaulays Essays (Bd 3) [5257]

Auf jeder Mädchenlippe ruhen Vaterkuß und Mutterkuß, dem erblühenden Kinde als heilige Siegel aufgedrückt: o Jüngling, hüte dich, sie zu erbrechen. [5258]

Die Geliebte küssen, wenn sie gezürnt und noch halb lacht, halb weint
»heißt Kirschen pflücken, wenns geregnet hat.« [5259]

Gab dem Töchterchen einer armen Frau aufm Glacis einen Kreuzer; das Kind freute sich, weil er so blank war, die Mutter, weil sie die Münze erhielt. [5260]

Ein Dieb, von einem anderen zum Einbruch gerufen, öffnet ein Gewölbe und in diesem wieder eine Kiste, ohne zu finden, was sich der Mühe verlohnte und was der Anstifter versprach. Nun wirft er diesen in die Kiste und verschließt sie wieder, wie vorher. Situation. [5261]

Ein fünfsilbiges Wort, als Zeichen eines Bundes, aber unter fünf verteilt, die nach ihrem Eide in den fünf verschiedenen Weltteilen leben müssen und nur in dem Fall, daß der Obere stirbt, zusammenkommen dürfen; jeglichem ist *eine* Silbe anvertraut. [5262]

Wer hat nicht von den Deutschen entlehnt; die Deutschen selbst aber haben nur von Griechen und Römern entlehnt und das ist fast soviel oder sowenig, als in der Schuld der Götter stehen. [5263]

Jean Paul gelingt im Komischen wohl wirklich ein Charakter. Aber auch da verleitet ihn seine Anspielungssucht zu der Abgeschmacktheit, daß er die Gesichter seiner Menschen beschreibt, als ob ihre Haut ein Pergament wäre. [5264]

Mir geht es mit Beleidigungen, wie mit Holzsplittern, die ins Fleisch dringen: anfangs spürt man sie kaum, aber sie schwären und dann tun sie weh. [5265]

FÜNFTES TAGEBUCH

Angefangen d. 3 Juli 1854

Marienbad d. 3 Juli 54.

Hier sitz ich in einem böhmischen Bade, wohin ich mit meiner lieben Frau gereist bin, weil sich ein heftiges Leberleiden bei ihr eingestellt hat. Die erste Nachricht, die ich einzutragen habe, ist die, daß wir heute ganz nah daran waren, das Leben zu verlieren. In Petschau waren wir kaum eingestiegen, als unmittelbar vor dem Posthause selbst, der Postillion uns auf der Straße umwarf. Hätte nicht der Sohn des Postmeisters den Wagen dadurch aufzuhalten gesucht, daß er sich mit seinem ganzen Leibe entgegenstemmte, so konnten wir dem Schicksal kaum entgehen, auf dem harten spitzigen Pflaster zerschmettert zu werden. Jetzt kamen wir mit einigen Kontusionen davon, während dieser arme Mensch, der den Fall des Wagens nur zu mäßigen, nicht aber zu verhindern vermogte, tödlich verletzt wurde. Ursache des Unglücks waren ein Paar junge, der Zucht noch nicht gewohnte Pferde und der steile, abschüssige Weg. [5266]

d. 4 Juli.

Ein außerordentlich schöner Morgen, als wir um halb sechs Uhr erwachten und aufstanden! Über Nacht ein possierlicher Zufall; ich fiel aus dem Bett, was mir, seit ich in der Wiege lag, nicht mehr passierte. Gestern abend hörte ich noch von einem Arzt, der sich mir als »Verehrer« vorstellte, daß der fürchterliche Weg von Petschau nach Marienbad durch Bestechung zustande gekommen ist, und daß jetzt der bessere, der gleich anfangs von einsichtigen Männern vorgeschlagen wurde, angelegt werden soll, weil der Hals- Bein- und Rippenbrüche genug beisammen sind. Rückblick auf Prag: die großen, breiten Straßen, die dennoch nichts Berlinisches haben; die seltsamen Türme mit spitzigen Nebentürmchen, die als Auswüchse des Urturms erscheinen; die mit Heiligenstatuen besetzte Brücke, unter der die Moldau schäumt und die zum Hradschin hinaufführt! Alles wirkt auf die Phantasie und dennoch kommt der Verstand dabei auch nicht zu kurz; es ist ein Glück, in einer solchen Stadt geboren zu sein, denn wenn die als ein ungeheures Lebendiges mit ihren Rätseln und Wundern in die früheste Kindheit hineinnickt, so wirkt es durchs ganze Leben fort und nach. Ein Reise-Gefährte, von einem Offizier für einen »Börsianer« erklärt, der aber Militär gewesen sein und sogar die Wiener Nationalgarde im März kommandiert haben will, hatte uns ein Logis besorgt, so daß wir gleich ein bequemes Unterkommen fanden, ohne erst ein Hotel beziehen zu müssen. Das Bad macht einen sehr freundlichen Eindruck; überall die schönsten Waldspaziergänge und geschwätzige Bäche, die bald still dahinrieseln, bald tosen und aufschäumen; in unser Zimmer rauscht eine Fontäne hinein, die nicht weit von unserm Hause steht. Ich glaube, es muß schwer sein, sich in einem Badeort zu verlieben, da alle Damen, die einem begegnen und bei denen man sonst an Werther und Lotte denken kann, hier nur des Purgierens wegen im Walde herumlaufen; wir sind eben von unserer Morgenpromenade zurückgekommen und, während ich dem Geist des Brunnens infolge der genossenen drei ersten Becher an einem gewissen Ort mein Opfer darbrachte, wurde mir vor meinen Fenstern von der Musik-Kapelle ein Ständchen gemacht. Übrigens macht ein besuchter Badeort einen Eindruck, wie ein Jahrmarkt, der in einer kleinen Stadt abgehalten wird; viele Menschen drängen sich in einem kleinen Raum und jedem sieht mans an, daß er nicht zu bleiben gedenkt. Dabei hier die fortwährende Erinnerung des Menschen an eine Pflicht, die er nicht gerne nennt, wenn er sich auch zu ihr bekennt; wie der Kirchhof ihm unaufhörlich zuruft: bedenke, daß du sterben mußt, so mahnt Marienbad ihn unermüdlich: vergiß nicht, daß du –ßen mußt! Wohin man auch komme, überall kleine Häuschen in Pyramidal-Form, deren Bestimmung sich keine Minute verkennen läßt, mögen sie nun über einem silbern dahinrieselnden Bach oder unter blühendem Hollunder und flüsternden Birken angebracht sein, und wie oft stößt man auf bebänderte Herren oder nach Ambra duftende Damen, die mit verlegenen Gesichtern auf sie zueilen oder mit beschämten herausschlüpfen. [5267]

d. 5 Juli.

Einen Teil der Reise machten wir mit Rick, dem Schwager Bauernfelds. Er erzählte unerhörte Anekdoten von Castellis Schmutzigkeit. Einmal beim Prälaten von Lilienfelde nebst einem Bischof zu Tisch, führt er solche Gespräche, daß der Bischof zuletzt ausruft: Herr Castelli, jetzt müssen Sie aufstehen oder ich. »Bischöfliche Gnaden – erwidert er frech – genierns Sich ja nicht, zu gehen; ich bleibe noch sitzen.« – Der nackte Ball. »Aber, wie kannst du auf einen solchen Ball gehen?« Ich gehe nie auf einen andern. [5268]

Zur Madonna gehört eigentlich der Tod nach der Geburt ihres Kindes. [5269]

»Sobieski war der erste Narr; ich der zweite!« Kaiser Nikolaus. [5270]

Zwei Löwen küssen einander nicht. [5271]

Man kann den Engel nicht schwarz, den Teufel nicht weiß machen, aber man kann beide anstreichen. [5272]

Wie wenig Menschen wünscht man etwas Gutes, wenn man ihnen wünscht, daß sie ihresgleichen finden mögten. [5273]

Wie schwer fällt es den meisten, aus den Windeln des Kindes nicht auf den Rock des Mannes zu schließen! [5274]

d. 6 Juli.

Der gestrige Tag begann kläglich, endete aber ganz gut. Die Nacht vorher schlief ich gar nicht; wie ich eindämmerte, störte mich das Geklatsch eines heftigen Regens, der an unsere Fenster schlug, wieder auf. Anfangs glaubte ich, es sei die Fontäne vor unserem Hause, die sich in der Stille der Nacht stärker vernehmen lasse und machte mir wenig daraus; als ich mir aber die traurige Wahrheit, welche die schöne Hoffnung auf einen Witterungswechsel so grausam wieder durchstrich, endlich bekennen mußte, ward ich verdrießlich und fand den Schlaf nicht mehr. Die Morgenpromenade war kalt und frostig, im Kursaal mußte die Kalkluft eingeatmet und im Hause gefrühstückt werden; dann kam unser Reisegefährte, der Kaufmann und brachte mir die Ostdeutsche Post und man hatte leider einmal wieder Zeit, an den armen Kaiser von Rußland zu denken, der sich, nachdem er so lange von seinem bloßen Kredit lebte, nun plötzlich in eine Lage hineinpoltronisiert hat, wo er bar zahlen muß. Der Nachmittag heiterte sich auf und wurde zuletzt noch recht schön; wir tranken unsren Kaffee in der Marienbader Mühle und ich merkte mir bei der Gelegenheit einen neuen Ausdruck, wie sie jeder Ort, jeder Stand und jedes Gewerk nach ihren besonderen Verhältnissen und Bedürfnissen erfinden: eine Portion mit viel Kaffee und wenig Milch heißt eine gerade und eine mit wenig Kaffee und viel Milch eine verkehrte. Abends ein Spaziergang auf die Hohendorfer Höhe, wo neben einer Bank eine Tafel angebracht war, die den Platz als Goethes Sitz bezeichnete. Sie war natürlich links und rechts beschrieben und vorzugsweise tat sich ein Kandidat der Theologie hervor; er hatte den Vers:

»Deinem hohen Geiste angemessen,
Wähltest du dir diesen hohen Sitz«

extemporiert und seinen Namen hinzugefügt. Der heutige Morgen war schön, aber nicht klar, was uns denn antrieb, ihn rasch und mit einer gewissen Angst zu genießen, doch hielt sich das Wetter, so daß den ganzen Tag kein Tropfen fiel. Meine Frau nahm ihr erstes Schlammbad, aus verkohlten Pflanzenstoffen bestehend; ich besuchte den Moorgrund, wo die Erde gegraben wird, die sie enthält. Ein ziemlich ausgedehntes Lager, das sich dem Auge in Tintenschwärze darstellt; an der einen Seite ein brodelnder Teich voll braun-gelben Wassers, welches quillt und quallt, als ob es aus der Hölle aufstiege. Dann schweifte ich noch weit herum und bohrte mich ins Detail ein; Marienbad ist wirklich, wie aus einem Urwald herausgeschnitten, von dem noch ein ganz respektabler Rest stehenblieb. Des Mittags erfuhr ich, daß Herr von Putlitz, der Lustspiel-Dichter, mich aufgesucht habe; des Nachmittags traf ich ihn auf der Promenade, wo er mir auch Uechtritz vorstellte, der uns begegnete. Er blieb bei uns, bis wir zu Hause gingen, und begleitete uns bis an die Tür.

»Eigentum ist Diebstahl!« sagt Proudhomme [Proudhon]. Großen Kunstwerken gegenüber, wie z.B. die Madonna von Raffael oder der Apoll, wird diese Phrase zur Wahrheit. [5276]

d. 7ten Juli.

Das wunderbare Auge meiner Frau für vierblättrigen Klee betätigt sich auch hier, denn eine ansehnliche Zahl dieser unscheinbaren und doch gern gesehenen Boten des Glücks liegt schon vor mir und manches von ihrem Überfluß hat sie gewohnterweise wieder verschenkt. Es ist ganz eigentümlich, sie sucht nicht und braucht nicht zu suchen, sie wandelt unbekümmert und an jedem Gespräch teilnehmend an den Wiesen und Grasplätzen vorbei, sie bückt sich plötzlich und reicht mir vergnügt ihren Fund. Mein Auge ist ganz so scharf, wie das ihrige, mir entgeht keine Stecknadel am Boden und ich habe deren in Paris zum Spaß bis in die Hunderte hinein aufgehoben, aber nie gelang es mir noch, trotz aller Mühe, die ich aufbot, und aller Aufmerksamkeit, die ich anwendete, ein solches Blatt zu finden. Die Sehkraft macht es also nicht aus, sondern es ist eine besondere Eigenschaft, die sie in einem staunenerregenden Grade besitzt. – Heute war der Tag geteilt, vormittags hell, nachmittags regnerisch, und ich mit Putlitz auf der Richards-Höhe. Ein Leichdorn plagte mich sehr und das Gehen ist mir fast, was anderen das Atemholen. – [5277]

Wenn deutsche Autoren von dem Range des A. Stahr sich die Übersetzung ihrer Sachen ins Französische und Englische verbitten, so ist das ungefähr so, als ob sie zu einem Engländer oder einem Franzosen sagten: zieh ja den Hut nicht vor mir ab, ich danke dir mit einer Ohrfeige! [5278]

d. 8 Juli.

Der Himmel grau, rings umwölkt, abwechselnd ein Regentropfen oder ein Sonnenstrahl. Ein Vögelchen, das sich zum Ausruhen auf einen Grashalm niederließ, dabei aber, als der Halm sich bog und einzuknicken drohte, fortwährend mit den kleinen Flügeln flatterte, um sich leichter zu machen. Uechtritz am Brunnen. Prinz Friedrich von Preußen zu ihm über Immermann, nachdem das Düsseldorfer Theater gesprengt war: »Niemand wagte je, dem Mann etwas (im Leitungskomitee) zu sagen; nur ich tat es zuweilen.« Spaziergang nach der kleinen Schweiz, während meine Frau ihr Bad nahm; ganz einsam, mächtige Felsblöcke, von denen der eine auf den Namen des Königs von Sachsen getauft ist; oben im Pavillon geschrieben. Dann mit Putlitz zur Waldquelle, zu Hause kommend der Juwelier Hossauer aus Berlin, der, weil er die große Künstlerin, meine Frau, »im verehrten Andenken konserviert« mir die Hühner-Augen mit einem Elixier beträufelte. Possierlicher Mensch, der an Hoffmanns Pater Schönfeld erinnert und beweist, daß der phantastischste unserer Novellisten, wenn auch nicht aus der Welt, so doch wenigstens aus Berlin geschöpft hat. Mich kannte er längst, und zwar genauer, als ich selbst, bis ich ihm erklärte, daß er nie ein Wort mit mir gesprochen; sieht er Fremde Kaffee trinken, so tritt er zudringlich zu ihnen heran und versichert ihnen, daß das »nach seinem dummen Verstande« ein Gegenmittel gegen den Kreuzbrunn sei; als er fortging, bat er um die Erlaubnis, die Aussicht aus meinem Zimmer »telegraphisch« aufnehmen zu dürfen. Dabei gutmütig und schwer reich. [5279]

Wenn man in Gastein eine ganz verwelkte Blume in die Quelle hält, so wird sie augenblicklich wieder frisch. [5280]

Manche Menschen in ihren Verhältnissen zu den Weibern gleichen einem Trinker, der eine Flasche Champagner geleert hat und die Flasche nun, wie ein köstliches Kleinod, zum Dank verehren und respektieren muß. Z. B. Grillparzer in Wien. [5281]

Erst wenn ein Haus in Brand gerät, zeigt sichs, wieviel Ungeziefer darin wohnt. Dann erfährt sogar der König, daß er sein Logis mit mancher Ratte geteilt hat. [5282]

d. 9 Juli.
Winterkälte, bleierner Himmel, dennoch um 5 Uhr am Brunnen. Dann klärte sich das Wetter auf, die Sonne brachte es wenigstens zu messingnen Strahlen, wenn die Wolken auch das Gold verschluckten, und wir machten gleich nach dem Früh-

stück einen Spaziergang zum Moorlager. Nie sah ich die Tanne noch so schlank und so stämmig, wie hier, wo sie der einzige Baum ist, diesmal rauschten die Kronen im frischen Winde, und nie vernahm ich noch ein solches Rauschen; leise, fast säuselnd, begann es, als ob in der Ferne nur ein einziger Baum geschüttelt würde, dann verstärkte es sich, wurde dichter und dichter und konzentrierte sich zum Sturmakkord über unserem Haupt, darauf schwächte es sich ab, und endlich verlor es sich mit Tönen, wie sie ein langsam fortrollender Wagen wohl von sich gibt. Um halb 11 Uhr kaum wieder zu Hause, ging ich gleich mit Putlitz wieder fort, der mich abholte. Er ist ein höchst gebildeter Mensch, der in manche Tiefe geschaut hat, wenn seine Poesie auch leicht, wie ein gaukelnder Schmetterling, darüberschwebt. [5283]

Der Greis nimmt, indem er genießt, gewiß auch immer schon Abschied von den Dingen. Ich bin kein Greis, aber ich ertappe mich oft schon auf ähnlichen Empfindungen. [5284]

d. 10 Juli.
Ein sehr schöner Tag. Die blauen Libellen auf den grünen Tannen, die unbeweglich-still darüber zu schweben schienen, weil man ihre Füßchen nicht sah. Ein im Heu herumhüpfendes Vöglein, das ganz wie das Heu koloriert war. Die Tannen über dem Erdriß, deren schlangenhaft verschlungene Wurzeln man sah. Die seltsame Tanne, die sich etwa zehn Fuß über der Erde teilte, als ob zwei Bäume entstehen sollten, die auch einige Ellen lang auseinander blieben, sich dann aber wieder vereinigten, und zwar so, daß der eine Stamm um den anderen, wie eine Schlange, herumkroch und in der Spitze völlig und ununterscheidbar zusammengingen. Die Bauerweiber, die in ihren mit Eiderdunen ausgestopften Kleider-Ärmeln in der Ferne wie viereckig aussahen. Die Krücken, welche die Lahmen in der Kirche zurückgelassen haben. Dr Lucka: »ich bin überall tot, in Paris und London, in Rom und Neapel, warum nicht auch hier, in diesem kleinen Winkel!« [5285]

Es gibt Leute, die einen Hahn, der bei Tage kräht, umbringen könnten, weil er schlechtes Wetter prophezeit. [5286]

Die Toten sehen fast immer ruhig-heiter, ja befreit aus, als wäre der Staub ebenso froh, den Geist los zu sein, wie umgekehrt. [5287]

Gervinus in seiner Literaturgeschichte wühlt sich mit unermüdlicher Emsigkeit durch alle möglichen Konchylien, Muscheln und Schneckenhäuser durch, bis er zum Gipfel kommt. Rückwärts will er aber nicht einmal durch Löwen und Elefanten. [5288]

d. 11 Juli.
Abermals sehr schön. Mit Putlitz auf dem Potthorn, anderthalb Stunden von Marienbad, ein Berg, mit Felsen übersät, die auf vulkanischen Ursprung deuten, aber ganz vereinzelt, und wie versprengt, dastehen. Herrliche Aussicht auf die dunklen Waldungen, zwischendurch hie und da ein See. [5289]

d. 12 Juli.
Regnerisch und windig. Am Morgen gegenseitiges Verfehlen meiner Frau und meiner zwischen dem Kursaal und dem Ferdinandsbrunnen; Angst und Schreck, trotz der Überzeugung, daß nichts Übles passiert sein könne; endliches Finden, durch Fräul. Bölte vermittelt. Frühstück mit der letzteren zusammen in der Marienbader Mühle; Gespräch über Gutzkow, der in ihrem Beisein mehrmals gesagt habe, daß meine Dramen ebenso klassisch seien, wie die von Schiller und Goethe; seine fortwährende Hypochondrie. Abends schön; Putlitz bis zur Brunnenstunde bei uns; sein Schmerz über einen Brief seiner Frau, die in seiner Abwesenheit wieder bei ihren Eltern lebt und sich dort für sein Gefühl zu wohl befindet und zu sehr einwohnt, was ein Zug ist, der auf einen tiefen Menschen deutet; ruhige Nacht, trotz des Dampfnudel-Abenteuers in der Stadt Warschau, und zu langer Schlaf. [5290]

d. 13 Juli.
Nach Tisch mitten im Regen mit meiner Frau zur Friedrichs-Wilhelms-Höhe hinauf, dem höchsten Punkt des Orts, den wir noch nicht erstiegen. Unter den dichten Tannen gingen wir

ziemlich geschützt, und wie wir oben waren, kam die Sonne. Links und rechts Felsblöcke, oft von Steinnelken überwuchert, und ein üppiger Blumenflor, der doppelt heiße Düfte ausströmte, versteckte Bäche, laut und wild unter den breiten Farrenkräutern dahinhüpfend, und von Zeit zu Zeit ein dreister Vogel oder ein nasser, nur noch schwer flatternder Schmetterling. Zwischendurch Partieen, die recht schauerlich an Tod und Verwesung mahnten, weil unter den grünen Tannen schichtenweis die seit vielen Jahren abgefallenen Nadeln vergilbt und modernd und dem Wind unzugänglich liegen geblieben waren; bemooste Stümpfe darunter gesät, so faul und morsch, daß sie in der Nacht leuchten und glimmen müssen. Die Aussicht vom Gipfel herab imposant; man hat das Tal, das Marienbad einschließt, zweigeteilt vor sich und sieht in eine wahre Unendlichkeit hinaus. Pinscher machte den sehr guten Witz, daß aus den besten Vorsätzen gewöhnlich Absätze (unter den Schuhen) würden. [5291]

Caracalla vergiftete seinen Freund Festus, um die Spiele Achills um den Patroclus erneuern zu können. (Noten zu Byrons Braut von Abydos.) [5292]

d. 14 Juli.
Wir haben schon aufgehört, auf Verbesserung des Wetters zu hoffen, und wünschen nur noch, daß es sich nicht verschlimmern möge. Immer Regen, dabei zuweilen empfindliche Kälte, aber zwischendurch schöne Stunden, die hastig genossen werden. Kurios ist es, wie rasch der Mensch in einer neuen Umgebung seinen gewohnten Maßstab verändert; es gibt jetzt auch schon für mich Entfernungen in Marienbad, obgleich es so dicht zusammengebaut ist, daß man kaum von Straßen reden kann, es würde wahrscheinlich auch in einer Puppenschachtel bald Entfernungen für mich geben, wenn ich hineingesperrt würde. Gestern, als am Geburtstage der Kaiserin von Rußland wagten wir eine kleine politische Demonstration; wir ließen morgens die russische, die preußische und die österreichische Volkshymne bei der Promenade spielen. Aus Wien fast gar keine Briefe; Kuh zeigte uns an, daß am Tage unserer Abreise alles wohl gestanden, was wir selbst wußten, und schweigt seitdem baumstill. [5293]

d. 15 Juli.

Der Morgen wunderschön. Mit Putlitz in Schönau gefrühstückt, dann über die Anhöhe mit dem Pavillon zurück. Das herrliche frische Wasser, das wir im Hause haben, veranlaßte mich zu der Frage, woher es komme. Die Antwort lautete: aus dem Keller! Dort springt eine Quelle, man denke sich, welch ein reizendes Bild! Das ist ein freundlicher Spiritus familiaris, den ich einem widerwärtigen Kobold bei weitem vorzöge. Nachmittags mit Uechtritz in der Waldmühle; fein im Innern, wie im Äußern, scheint, er mir ein Mensch, mit dem sich fürs Leben ein Verhältnis anknüpfen läßt, übrigens hat er nie etwas von mir gelesen und das ist mir gar nicht unangenehm, denn ich wirke lieber durch meine Persönlichkeit, wie durch die Werke. In Tiecks Hause sah es doch etwas seltsam aus: er lebte mit der Finckenstein; seine Frau mit Herrn von Burgdorf und die Agnes mit Herrn von Baudissin; als die Dorothea am Typhus starb, fuhr er über Land, um nicht angesteckt zu werden, und sah sie sowenig im Sarg, als bei der Beerdigung. Zu Mittag endlich ein zweiter Brief von Kuh; Titi ist Gottlob gesund und wohl.

[5294]

Der Dumme wird dem Gescheiten gegenüber nicht gescheit, aber der Gescheite dem Dummen gegenüber dumm. [5295]

Es gibt eine Zeit, wo man in jeder Krippe den Heiland sucht. [5296]

d. 16 Juli.

Sonntag, schon der zweite. Entsetzlich schwül. Gewitter stehen über dem Tal und entladen sich nur unvollständig. Putlitz speist bei der Großherzogin von Mecklenburg, auch Uechtritz ist in Beschlag genommen, aber die Einsamkeit ist mir ganz recht, das viele Reden von gestern hat mich förmlich erschöpft, eine mir völlig neue Erfahrung. Das Hantieren der Mägde in den Badehäusern mit dem Thermometer, wie anderwärts mit Borst und Flederwisch; wunderliches Bild. Kuh geantwortet. Die Glocke schlägt hier so langsam, als ob sie zugleich zählte und sich immer verzählte. Die Bölte auf der Promenade, höchlich auf Putlitz piquiert, weil er nie Notiz von ihr nahm, sich gegen mich darüber bitter beschwerend, ja von mir Angabe der Ursache verlangend, und wie ein Fischweib davonrennend, als er kam, von mir aber wieder eingeholt und mit ihm bekannt gemacht. Feiner weiblicher Takt! – Übrigens ist dies ein Sommer ohne Fliegen und Ungeziefer! Wir sind den Hundstagen nah und es ist in den Zimmern so still, wie zur Dezemberzeit. [5297]

d. 17 Juli.
Ein Tag ohne Regen. Der verwitterte, unter dem Fuß modernd zerbröckelnde Koloß von Baumstumpf auf dem Wege zum Kreuzberg, aus dem eine Tanne hervorgeschossen war, die schon mächtig gen Himmel strebte. Mittags, wie wir mit Putlitz vom Essen kamen, fand meine Frau drei Vierblätter auf einmal in dem Klee, der am Wege stand, und verteilte sie unter uns. Der Baum mit Stiernacken und Stierkopf und dem ungeheuren Zweigbüschel, der einem Haarbüschel glich, welcher sich emporsträubt. Ein preuß. Major erzählte mir, daß die Polen sowenig, wie die Kroaten, ein Wort für Ehre haben; sie sagen: honor. [5298]

d. 18 Juli.
Himmlischer Morgen mit Aussicht auf einen ähnlichen Tag. Der Heilige Medardus hat sich mir diesen Sommer unvergeßlich gemacht. Hossauer, vom Prinzen Albert in London und dem Schild, den Cornelius mit Zeichnungen schmückte, erzählend: »er besah alles ganz genau, von Christi Einzug in Jerusalem an, bis zur Ankunft des Königs auf dem Dampfschiff, das Dampfschiff natürlich antik.« Putlitz teilte mir eine Geschichte aus der Gesellschaft mit, wie man sie kaum beim Sue findet. Ein Freund von ihm hat eine wahnsinnige Mutter, die dem Jüngling einmal in halblichtem Zustand entgegenruft: Du wirst dereinst ganz, wie ich! Er kommt in ein Haus, wo eine erwachsene Tochter ist, ein scheues, gedrücktes Wesen, die einst zu ihm sagt: ich habe keinen Freund, keinen Menschen, dem ich vertrauen kann, hören Sie mich an und geben Sie mir einen Rat. Nun erfährt er, daß ihre halbverrückte Mutter bei Lebzeiten ihres Vaters seit lange ein Verhältnis mit einem Manne hat, welches in ihrer Anwesenheit gepflogen wird, damit sie als Deckmantel diene und daß sie

jetzt gezwungen werden soll, eben diesen Mann zu heiraten. Er entschließt sich, um sie zu retten, um sie anzuhalten und sich mit ihr zu verloben, unter der Bedingung jedoch, daß sie sich nie verheiraten und den Bund zur rechten Zeit wieder lösen wollen, da in beiden Familien der erbliche Wahnsinn herrscht und sie diesen nicht auf Kinder fortpflanzen wollen. Das geschieht und jahrelang gelten sie für ein Paar; mittlerweile bricht der Irrsinn auch bei der Mutter des Mädchens offen aus und bestätigt sie nur um so mehr in dem Vorsatz, sich nie näherzutreten. Endlich machen sie die Verlobung rückgängig, was abseiten des Vaters und des Bruders der weiblichen Seite fast Duelle setzt, und gehen auch vor der Welt wieder auseinander. Das Mädchen, hülfs- und mittellos, wie sie ist, wird Hofdame bei einer geschiedenen Prinzessin, die in Europa herumreist; diese vertraut ihr plötzlich in Italien, daß sie sich in anderen Umständen befindet und fordert sie auf, für eine Summe von zwanzigtausend Talern die Mutterschaft zu übernehmen, damit sie das Kind nicht von sich zu geben braucht. Das Mädchen weigert sich, wird nun plötzlich entlassen und erhält nicht einmal Reisegeld. Als die Prinzessin hört, daß sie von Palermo, wo die Sache sich ereignete, nach Neapel zu dortigen Verwandten zurück will, erbietet sie sich, sie dahinzubringen, und schon im Begriff, das Schiff zu besteigen, erfährt die Ärmste von einem Arzt, daß man sie nach Alexandrien zu entführen gedenkt, und tritt zurück. In Deutschland wieder angelangt, trifft das Paar wieder zusammen und die einst öffentlich Verlobten, dann nicht ohne Eklat Getrennten, sehen sich nun heimlich bei einer Freundin. Das Mädchen aber faßt sich zuletzt edel und opfert sich auf, um den Mann zu befreien, indem sie einen alten Hagestolz heiratet, der sich nach einer Krankenwärterin umsieht, und so ist wenigstens *ein* Menschenleben ohne einen einzigen Moment, der entschädigt und versöhnt, so gut, wie vorüber.

[5299]

Zur Biographie

An den Kirchspielvogt Mohr in Wesselburen schickte ich heute nachstehenden Brief ab.

Marienbad in Böhmen d 15 Juli 1854.
Es tut mir leid, daß ich im Lauf meines Lebens noch einmal mit Ihnen in Berührung treten muß. Aber ich sehe mich dazu gezwungen, denn ich kann die zwischen dem Herrn Dr Kuh in Wien und Ihnen in betreff meiner geführte Korrespondenz nicht ignorieren. Diese Korrespondenz wurde mir erst wenige Tage vor meiner Abreise ins Bad mitgeteilt und auch jetzt nur, weil ich den Herrn Dr Kuh zur Rede stellte, warum er Ihrer in seiner »Charakteristik Friedrich Hebbels« auf eine so herbe Weise gedacht habe; ich selbst hatte ihm dazu keinen Anlaß gegeben, denn ich habe mich nie über Sie geäußert. Zu seiner Rechtfertigung übersandte er mir Ihre beiden Briefe, nebst seiner Antwort und ich muß bekennen, daß er vollkommen gerechtfertigt ist, ja daß er es wäre, wenn er sich noch ganz anders über Sie ausgelassen hätte. Nur darin irrte er, wenn er dachte, daß ich von dem Vorgang keine Notiz zu nehmen brauchte; er kannte die Verhältnisse nicht und konnte sie nicht kennen.

Glauben Sie nicht, daß ich mich von Ihnen beleidigt fühle; das ist nicht der Fall und kann nicht der Fall sein. Ihr ästhetisches Urteil berührt mich nicht, denn Sie sitzen nicht mit in dem Areopag, der über mich und meinesgleichen richtet und müssen sich es selbst sagen. Ihr moralisches Urteil, um Ihre Expektoration über meine Bescheidenheit so zu nennen, ist mir günstig, soweit es die Ihnen bekannte erste Hälfte meines Lebens betrifft, und wenn Sie der letzte Jurist der Welt sein sollten, so müßten Sie noch wissen, was es hinsichtlich der Ihnen gänzlich unbekannten zweiten bedeutet. Ihre Kritik eines nicht für Sie bestimmten Briefs beweiset endlich nur, daß Sie ihn nicht verstanden haben und das ist ein Unglück, aber kein Verbrechen. Zwar ist der Ton, in dem Sie sich gefallen, nicht der feinste, und dem Witz, in dem Sie exzellieren, völlig ebenbürtig, doch daraus geht nur hervor, daß Sie zu den Leuten gehören, die immer aus den Windeln des Kindes auf den Rock des Mannes schließen, und deshalb oft am unrechten Ort plump oder zart sind. Das ist ein Naturfehler, und wer wird einen solchen nicht entschuldigen?

Hätte ich also bloß einen inkompetenten und zudringlichen Pseudo-Richter vor mir, so hätte der Herr Dr Kuh recht gehabt, mir den Vorgang zu unterschlagen; den würde der erste beste

Büttel der Themis schon ohne meine Beihülfe von seinem angemaßten Sitz verjagen. Aber ich habe es auch mit einem Pseudo-Wohltäter zu tun, der behauptet, daß ich in seinem Hause »aufgewachsen« sei und dadurch zu verstehen gibt, daß er Ansprüche an mich habe, und den muß ich zurechtweisen, denn der könnte gehört werden. Ich bin nun *nicht* in Ihrem Hause aufgewachsen, ich kam in meinem vierzehnten Jahr, mit vortrefflichen Schulkenntnissen ausgerüstet, zu Ihnen, und leistete Ihnen vom ersten Tage an Dienste, die anfangs zwar gering waren, die Sie aber sehr bald in den Stand setzten, Ihren Schreiber zu entlassen und mich an seiner Statt zu verwenden. Dadurch ersparten Sie den nicht unbeträchtlichen Gehalt, den Sie ihm zahlen mußten und ich erhielt als Äquivalent Ihre abgelegten Kleider und die Beköstigung am Gesindetisch; für meine Bildung aber taten sie gar nichts, wenn Sie es sich nicht etwa als Verdienst anrechnen, daß Sie mir Ihre paar Bücher nicht geradezu aus der Hand rissen und auch später trugen Sie zu meinen Studien nicht das mindeste bei. Noch leben Hunderte, die das bestätigen müssen; wie können Sie sich dann unterstehen, das Gegenteil zu schreiben? Wohl stand es bei Ihnen, mich zu Ihrem ewigen Schuldner zu machen; Sie aber brauchtes mich, unbekümmert um meine Zukunft, wozu ich eben gut war und gefielen sich, wenn Sie mir die letzten Jahre auch aus Scham eine Kleinigkeit aussetzten, bis zu dem Tage, wo ich Ihr Haus und Wesselburen zugleich verließ, in einem rohen Benehmen. In jenem Fall würde ich Ihnen bis an mein Lebens-Ende dankbar gewesen sein, so gewiß, als ich es meinem braven Jugendlehrer, dem Herrn Rektor Dethlefsen und der Frau Doktorin Amalie Schoppe bin, die mit mir recht zufrieden sind; ein bloßes Dienstverhältnis aber begründet keine Rechte und Verbindlichkeiten, die über das bedungene momentane Leisten hinausgehen.

Nein, Herr Mohr, ich stehe nicht in Ihrer Schuld, wohl aber Sie in der meinigen, denn Sie haben sich schwer an meiner Jugend versündigt und der Mann ist in der Lage, sich Satisfaktion für das zu verschaffen, was Sie an dem Jüngling verbrachen. Schlägt Ihnen das Herz nicht, indem Sie dies lesen? Nach meiner Kenntnis der menschlichen Natur mögte ich es annehmen, aber nach der Rücksichtslosigkeit, die sich in Ihren Briefen ausspricht, muß ich es bezweifeln, darum will ich Ihr Gewissen wecken. Sie schwängerten Ihre Dienstmagd und hatten bei der Gelegenheit den brutalen Mut, mir einen Antrag zu tun, der sogar für den Bäckergesellen, der ihn nachher einging, entehrend war und ihm die Verachtung seiner Genossen zuzog. Damals waren Sie mein Prinzipal und mein Obervormund, hatten also die zwiefache Pflicht, mich zu allem Guten anzuleiten und vom Schlechten und Nichtswürdigen abzuhalten; wissen Sie, was das heißt und mit welchem Verdikt die ganze moralische Welt Sie belegen würde, wenn ich das Faktum in meinen Memoiren erzählte? Bis jetzt hatten Sie nichts zu befürchten, es ziemt dem Menschen, zu vergeben und zu vergessen, und ich war entschlossen, Ihrer nur im allgemeinsten zu gedenken und jene scheußliche Szene mit Nacht zu bedecken. Auch in diesem Augenblick noch wünsche ich, mit einer so traurigen moralischen Exekution verschont zu bleiben, nun aber hängt das nicht mehr von mir, sondern von Ihnen ab, denn ehe ich großmütig gegen Sie sein kann, muß ich mich sicher gegen Sie gestellt haben. Ginge das Selbstbewußtsein in mir auch nur um eine Linie über das Erlaubte, ja durch die erworbene Position Gebotene und von allen Seiten Bestätigte hinaus, so würde ich Ihnen eine schwere Bedingung setzen; aber die Beschäftigung mit der tragischen Kunst stimmt das Gemüt demütiger, als die stündliche Betrachtung eines Totenkopfs und ich will nur das Unbedingt-Notwendige fordern. Sie erklären dem Herrn Dr Kuh, daß Sie Ihre beiden Briefe nach Form und Inhalt als übereilt mißbilligen und erbitten sie sich zum Zweck der Vernichtung zurück. Damit will ich zufrieden sein, bemerke Ihnen jedoch zugleich, daß ich selbst keine Zeile von Ihnen annehmen kann.

Erwägen Sie nun wohl, was Sie tun. Sie haben die Wahl zwischen einem einfachen Akt der Reue und zwischen der Ehre, die Ihnen aus der dereinstigen Veröffentlichung der obigen Szene erwachsen wird. Jener Akt bleibt unter drei Personen und wird bald vergessen; diese Ehre dürfte keine flüchtige sein, denn meine Memoiren werden länger dauern, als die von mir im Dithmarscher und Eiderstedter Boten mitgeteilten Produktionen, denen Sie den Maßstab für mich zu entlehnen scheinen. Mir ist Ihr Entschluß natürlich gleichgültig; ich werde, wenn Sie nicht innerhalb der nächsten vier Wochen meinem sehr mäßigen Verlangen auf angemessene Weise entsprechen, gleich nach der Rückkehr in mein Haus dem Herrn Dr Kuh zur einstweiligen Ergänzung seiner Akten und demnächstigen beliebigen Verfügung eine Abschrift des gegenwärtigen Briefs zustellen, und dann meine Jugend-Geschichte zum Abschluß zu bringen suchen, da ich während der Nachkur ohnehin nichts Dramatisches ausführen darf.

Schließlich noch ein Gruß an den alten treuen Christoph, dessen Sie auf eine Art gedenken, als ob Sie glaubten, daß ich mich seiner schäme. Das ist durchaus nicht der Fall, wenn ich auch vor zwanzig Jahren seine Rekonvaleszenz nach dem Fleckfieber nicht auf Ihren Befehl mit ihm in einem und demselben Bett durchmachen wollte, um Ihnen mit Gefahr meines Lebens eine kleine Ausgabe zu ersparen. Im Gegenteil, ich habe ihm in meiner Julia schon ein Denkmal gesetzt und er wäre mir in Wien von Herzen willkommen; hätte er das Unglück, gerade einen Freund bei mir zu treffen, der ihm an Bildung, Rang und Stand gar zu weit überlegen wäre, z. B. den Fürsten Schwarzenberg, so würde er gewiß im Vorzimmer etwas warten oder sich noch einmal zu mir bemühen. Dies könnte vornehm klingen, aber dem Absender solcher Briefe gegenüber muß ich mich notgedrungen auf den zweifelhaftesten aller Größenmesser, den Hof- und Staatskalender berufen, da die Koryphäen der Wissenschaft und der Kunst offenbar nicht hinreichten, um Ihnen das Wunder begreiflich zu machen, daß man der Sohn eines armen Mannes sein, sieben Jahre lang für Sie Lizitations-Akten abfassen und es doch noch zu etwas bringen kann. – Übrigens habe ich die Ehre, zu sein

Ihr ergebener
Fr. Hebbel. [5300]

d. 19 Juli.

Wieder ein sehr schöner Tag, es scheint Konsequenz ins Wetter zu kommen. Mit Putlitz zum letztenmal zusammen, weil er morgen geht. Uechtritz erzählte manches über Grabbe, seltsam und abenteuerlich genug, aber nicht befremdlich für den, der diese aphoristische und eigentlich hohle Natur durchschaut hat. Von Heine entdeckt und in den Freundeskreis eingeführt, fragt er gleich den ersten Abend bei diesem und jenen an, ob er ihn beißen solle und zeigt dabei grinsend die Zähne. Ein sonst ganz philiströser Registrant fühlt sich ganz besonders von ihm angezogen; dem sagt er dann bei einem Spaziergang unter den Linden, es müsse sich unter den Bäumen trefflich ruhen und wirft sich zum Erstaunen der Vorübergehenden und zum Entsetzen des Begleiters wirklich hin. Uechtriz selbst unterhält er einmal einen ganzen Abend davon, daß er irgendwo bei einer Herrschaft als Lakai in den Dienst treten und sich im Intelligenzblatt als solchen unter dem Beisatz ausbieten wolle, daß er auch Tragödien liefern könne. Später, in Dresden bei Tieck, benimmt er sich ganz anders, so daß die ganze Familie nicht die geringste Extravaganz an ihm bemerkt; also eine Verrücktheit, die er in seiner Gewalt hatte, wie einen gezähmten Tiger. In Düsseldorf macht ihn Immermanns Geliebte, die Gräfin Ahlefeldt, die nebenbei gesagt, zehn Jahre in dem Hause des letzten Romantikers lebte, ohne daß seine intimsten Freunde es wußten, oder vielmehr wissen durften, den wilden Menschen mit den langen Zottelhaaren und den kurzen Beinkleidern mit einer Dame bekannt. Es geschieht auf einer Landpartie, die Dame ist gebrechlich und häßlich, und als es etwas in die Höhe geht, muß er ihr den Arm reichen. Er gebärdet sich dabei so wunderlich, daß die Ahlefeldt ihm zuruft: was machen Sie denn, Grabbe? antwortet: ich schiebe Ihr Rhinozeros hinauf! [5301]

Eine Kegelbahn macht viel Lärm, bis ein Gewitter zum Ausbruch kommt. [5302]

Die meisten dramatischen Dichter benehmen sich der Geschichte gegenüber ungefähr, wie ein Maler, der vom Menschen nur den Kopf oder den Rumpf oder Hand und Fuß abzeichnen und das für ein Gemälde ausgeben wollte. [5303]

d. 20 Juli.
Abermals schön. Ich nahm meinen Gyges hervor aus dem Paket, konnte ihn aber nicht lesen, geschweige an ihm arbeiten. Worin wurzelt nun eine solche Stimmung? Offenbar in einer

gewissen prosaischen Unfähigkeit, auf die Voraussetzungen einzugehen, unter denen ein poetisches Werk allein existiert. Das soll man sich recht deutlich machen, wenn man das Verhältnis der großen Menge zur Poesie begreifen will. Sie ist der Dichter in der Abspannung, dem alles zu blaß oder zu grell erscheint. – Um zehn einsamer Spaziergang zur kleinen Schweiz hinauf, etwas dort gesessen und das Auge am Grün der Tannen gestärkt, das sich vom Pavillon aus fast wie eine ungeheure Wiese ausnimmt, weil die Bäume terrassenförmig hintereinander aufsteigen, dann hinunter zur Waldquelle. Die Tannen rauschten diesmal im leisen Winde, der sie nur leicht bewegte, ganz so, als ob hoch oben in jeder Krone ein Bienenschwarm säße und emsig arbeitend sein Wohlbehagen in Tönen aussummte; daneben an der einen Seite ein fröhlicher Bach, wie denn überhaupt diese ewig sprudelnden Wasser, die bald als Quellen, gleich naiven Kindern, die nicht viel nach Ort und Stunde fragen, aus der Erde hervorbrechen, bald als Bäche aus den Wäldern herausstürzen, einen Eindruck machen, als ob die Natur hier ein unaufhörliches Freudenfest feierte. – Heute hat der liebe kleine Pinscher mir das Tagebuch geschenkt, was er über Venedig geführt hat. [5304]

d. 21 Juli.

Heute mittag sah ich ein liebliches Naturbild, das mir noch nie vorkam. Ein Zug von weißen Schmetterlingen gaukelte durch den Wald, bald im Grün verschwindend, bald wieder auftauchend, einer immer als Vorhut voran, wie bei den wilden Gänsen und Enten, an den aus Papierschnitzeln zusammengesetzten Schwanz mahnend, mit dem die Knaben ihre Drachen aufsteigen lassen. Nicht so erfreulich sind kleine dünne Schlangen von schwarzer Farbe, die ziemlich frech und ungeniert über die Wege kriechen und einem das Blumenpflücken verleiden, wenigstens mir, da man sie sich massenweise unter Gras und Geröll denken darf. [5305]

Wie kommt in Schillers Jungfrau von Orleans der Geist des Talbot, des grimmigsten Widersachers der Heldin, gerade dazu, sie zu warnen? [5306]

Die geschaffene Welt ist nicht frei, aber sie wird frei. Das letzte Resultat der Schöpfung ist der Schauder vor der Vereinzelung; sie kann wieder abfallen von Gott, aber sie will nicht. [5307]

d. 22 Juli.

Um zehn Uhr fuhren wir mit Uechtritz zusammen nach Königswart, einer Besitzung des Fürsten Metternich. Unterwegs lebhaftes Gespräch in Ernst und Scherz, namentlich über die Sprache; wie kann eine Sprache, die, wie die deutsche, vorzugsweise das Entstehen und Werden darstellt, eine klingende sein, da sich doch nur das Seiende und Gewordene austönt? Auch auf Namenstage kam die Rede und es wurde die Frage aufgeworfen, ob die Marien nicht besser daran seien, wie alle andere Mädchen, da es doch so viele Marienfeste gebe. Meine Ansicht, daß der Liebhaber einer Marie wahrscheinlich alle diese Feste feiern, der Mann sich aber mit einem einzigen begnügen dürfte, fand Beifall. Angekommen, bestellten wir zuerst unser Essen und besahen dann das Museum, um es hinter uns zu bringen; es enthält manches Interessante, ist aber offenbar mehr durch den Zufall zusammengebracht, als mit Sinn und Absicht angelegt. Eine neugriechische Staatsschrift, von Lord Byron im Namen der Regierung unterzeichnet und in italienischer und hellenischer Sprache auf zweigeteiltem Blatt ausgeführt, erregte einen wunderlichen Eindruck; was würde wohl geworden sein, wenn das verkommene Volk und der Misanthrop ohne Grund, die so abenteuerlich zusammentrafen und sich einander in die Arme warfen, Zeit gehabt hätten, sich gegenseitig kennenzulernen! Eine Haarlocke der Jungfrau von Orleans gehört wohl zu den zweifelhaften Besitztümern, da der verliebte Dunois leider nur in Schillers Tragödie existiert und der Scharfrichter von Rouen sich schwerlich eine abgeschnitten hat, um sie auf Kinder und Kindeskinder zu vererben; sehr reell dagegen sind die spanischen Stiefel, nebst den Daumschrauben und den übrigen Folterwerkzeugen, die im Waffensaal eisern und zum Teil blutbespritzt von der Wand herunterdräuen. Andenken an die Paulskirche in Frankfurt am Main, bestehend in ausgeschnittenen Stücken Holz von den Pulten, an welchen Raveau[x], Trütschler, Blum u.s.w. im Parlamente saßen, überraschen doch einigermaßen. Höchst merkwürdig war mir aber ein Stück Bernstein, das einem Insekt, allem Anscheine nach einer Heuschrecke, zum durchsichtigen Grabe diente, denn dies Naturspiel kam mir noch niemals vor; auch ein Ameisennest erregte Verwunderung und Erstaunen in einem ausgezeichneten Exemplar. Nach Tisch wurden wir vom Inspektor im Schloß herumgeführt, während die fürstliche Familie speiste; das elegante Arbeitszimmer des Fürsten und die noch elegantere Kapelle interessierte besonders, daneben eine Reihe von Familien-Porträts, unter denen das Bild der zweiten Frau, einer himmlisch-anmutigen Schönheit und das einer im frühsten Jungfrauen-Alter abgeschiedenen Tochter sich vorzüglich hervortaten und auch dem flüchtigsten Beschauer einschmeichelten. Dann nahmen wir den Park in Augenschein, während meine Frau, den jungen Fürstinnen bekannt und wohl empfohlen, sich melden ließ; ein roh zusammengezimmertes Bethaus, auf das wir zuerst stießen und in dem der dort aufgehängte französische Kupferstich einer italienischen Madonna Wunder tut, wie ein ganzer Winkel voll aufbewahrter Krücken schlagend beweist, erweckte eigene Gedanken. Mittlerweile waren wir schon gesucht worden und erfuhren zu unserer großen Freude, daß der Fürst sich uns vorstellen lassen wolle. Wir trafen ihn, nebst seiner jüngsten Tochter, der Gräfin Zichy, und meiner Frau im Garten, wo er auf einer Bank saß; er kam uns entgegen, wie wir uns näherten, und lud uns, nachdem meine Frau unsere Namen genannt hatte, zum Sitzen ein. Von mittlerer Größe, hält er sich noch immer vornehm-aufrecht und hat sich für seine fünf und achtzig Jahre so gut konserviert, daß er gewiß die Neunzig erreichen, wo nicht überschreiten wird; echt aristokratisch feine Züge, die aber etwas Gefälliges und Gewinnendes haben und ein mildes, blaues Auge, in dem sogar etwas Feuchtes, ja Verschwimmendes, liegt. Die Unterhaltung nahm er, wie alle Halb-Taube, allein auf sich; er erzählte uns die Geschichte seines Parks. Vor dreißig Jahren sei das Schloß fast eine Ruine in einer Wüstenei gewesen; er habe die Fensterläden nicht öffnen können, weil die Baumäste es verhindert hätten, und statt auf grünen Wiesen spazierenzugehen, habe er in Sümpfen zu waten gehabt. Jetzt sei alles umgestaltet und das sogar ohne alle Kosten, denn das zu Anfang Hineingesteckte sei längst verdoppelt und verdreifacht wieder herausgebracht worden; und dies – fügte er hinzu – bloß dadurch, daß ich den rechten Mann fand und ihm Zeit ließ. Mit großer Behaglichkeit ging er dann ins einzelne ein, lobte seinen alten Gärtner als einen Menschen, der keine Prätension habe, als die der Pflicht-Erfüllung, setzte uns sein patriarchalisches Verhältnis zu seinen Nachbarn, den umwohnenden Bauern, auseinander, und drückte namentlich darüber seine Freude aus, daß er gar keiner Sicherheitsmaßregeln gegen Baum- und Waldfrevler bedürfe, weil die Leute sich selbst überwachten, seit sie wüßten, daß sie von niemand sonst überwacht würden. Zum Schluß erzählte er uns noch, was mir wenigstens neu war, daß die Nordamerikaner auf die schönsten Kinder von einem und einem halben Jahr Preise ausgeschrieben hätten und meinte, er begriffe ein solches Manöver bei Ochsen und Kälbern, weil sie gegessen würden, aber nicht bei Menschen; darauf beurlaubten wir uns. Uechtritz war über die Behaglichkeit, die das Gespräch charakterisierte, verwundert, und meinte, ein alter Landedelmann würde sich ungefähr so äußern; ich glaube doch, die Eigenschaft des Fürsten Metternich kennengelernt zu haben, durch die alle übrigen, mögen sie nun so bedeutend sein, wie sie wollen, allein zur Geltung gelangt sind. Dieser Mann weiß im rechten Moment das Rechte zu tun und das ist die Hauptsache; wir waren da, um seinen Park zu besehen, darum sprach er uns von seinem Park und das geschah mit so viel Geist und unter so geschickten Übergängen, daß ich begreife, wie viel er von jeher im Salon gegolten hat. [5308]

d. 23 Juli.
Heute sah ich Swift in der Natur. Ein großer Käfer, frisch und gesund, kräftig und lebendig, war in ein Ameisen-Nest hineingeraten und konnte nicht wieder herauskommen, wie sehr er sich auch bemühte. Die Ameisen hingen sich zu Dutzenden an seine Beine, sie krochen an ihm hinauf und spazierten auf seinem blanken Rücken herum und wenn sie auch wieder herunterglitten oder er sie abschüttelte, so gab es ihm nur augenblickliche Erleichterung, sie waren gleich wieder da. Es war eigentlich ein furchtbares Bild, denn so kämpft das Kleine immer mit dem Großen und ich hätte nur eine Lupe zu nehmen brauchen, um

mich wirklich zu entsetzen. Ich wollte das Ende abwarten, aber es dauerte mir zu lange, so spielte ich denn lieber die Providenz und schleuderte den Käfer, um ihn zu retten, von dem Wege, auf dem er kroch, ins Grüne hinein. [5309]

d. 24 Juli.

Laß den Jüngling, der dich liebt,
    Eine Lilie pflücken,
Eh dein Herz sich ihm ergibt,
    Um ihn zu beglücken.

Wird kein Tropfe von dem Tau
    Dann durch ihn vergossen,
Der sie netzte auf der Au,
    Sei der Bund geschlossen.

Wer so zart die Blume bricht,
    Daß die nicht entwallen,
Sorgt auch, daß die Tränen nicht
    Deinem Aug entfallen!

Dies Gedicht habe ich, nach einem schönen Naturbilde, am Namenstage meiner lieben Frau, heute morgen niedergeschrieben; Rosen- und Nelkenduft umströmte mich dabei, denn drei prächtige Blumensträuße, der eine von Hossauer, die zwei anderen von Uechtritz auf der Promenade überreicht, standen in frischem Wasser auf dem Tisch vor mir; es ist aber nicht ganz so ausgefallen, wie es der zarten Idee nach könnte und sollte. Nachmittags trank Uechtritz den Kaffee bei uns, dann machten wir einen gemeinschaftlichen Spaziergang zusammen. Der Hauptmann der sächsischen Garde, welcher seiner Mutter während der Schlacht von Dresden die Geschichte der Makkabäer vorlesen wollte, weil diese noch »grausamer« gewirtschaftet hätten, wie Napoleon. [5310]

d. 25 Juli.

Den ganzen Tag die fürchterlichste Hitze. Abendbild um neun von unserm Fenster aus: links der Abendstern in ruhiger Klarheit;

rechts ein Wetterleuchten, in dem das heiß ersehnte Gewitter zu verpuffen schien; vor uns das beleuchtete Kreuz, das gesetzt worden ist, als die ringsum wütende Cholera das stille Marienbad verschonte. [5311]

d. 26 Juli.

Heute wegen des Soldaten Johann Dengler aus Kleinsichtig (Gemeinde Großsichtig, kuriose Ortsnamen) an den Fürsten Schwarzenberg geschrieben, weil der arme Teufel 11 Schlachten mitgemacht, seinem Rittmeister das Leben gerettet, eine arge Handwunde bekommen, auch die große goldene Verdienstmedaille erhalten hat, nun aber ohne Bedienstung und Pension herumläuft. Dann über des Fürsten Fidibusschnitzel:

— Ich würde dann Gelegenheit erhalten haben, Ihnen den Dank für den vierten Teil Ihrer Fidibus-Schnitzel motivierter auszudrücken, als es in Wien geschah; gestatten Sie mir jetzt, es schriftlich zu tun. Der große Reiz, den Ihre Schriften auf mich ausüben, beruht hauptsächlich darauf, daß Sie Wege wandeln, die, wenn auch nicht immer neu, so doch immer mit so dichtem Grase bewachsen sind, daß niemand sie mehr kennt, oder gar geht. Das führt zunächst zur gründlichen Einsicht in frühere Zustände, dann aber auch, da sich im großen Komplex der Geschichte doch alles bedingt und manche Ader noch verborgen sprudelt, die nicht in blauen Linien auf der Haut hervortritt, zum besseren Verständnis der Gegenwart. Sie sind nur. zugleich in dem Sinne Dichter, daß Ihre Persönlichkeit sich mit allem und jeden, was Sie ergreifen, identifiziert, und so haben Sie auch in diesem vierten Teil mehr von sich selbst gegeben, als es dem oberflächlichen Beurteiler scheinen mag, denn schon durch die Wahl der Gegenstände sprechen Sie sich aus. Dennoch wird mein Dank, wie ich leider merke, zuletzt noch auf einen halben Undank hinauslaufen, da ich, anstatt mit dem Gebotenen zufrieden zu sein, die Begierde nach dem Zurückgehaltenen durchaus nicht unterdrücken kann. Niemand in Deutschland ist berufener, zusammenhängende Memoiren zu schreiben, wie Sie, und niemand hat das dazu gehörige Talent der Selbstbeobachtung im dramatischen Detail des Lebens glänzender bewiesen. Nichtsdestoweniger glaube ich in Ihren Mitteilungen hie und da einer gewissen Scheu zu begegnen, sich selbst als Mittelpunkt hinzustellen, die sich mit der Aufgabe nicht verträgt, welche hier zu lösen ist. Wer eine Seereise gemacht, mit Wind und Wetter gekämpft, Schiffbruch erlitten, auch wohl einige unbekannte Inseln entdeckt hat, der spreche uns nicht von den Elementen, sondern von seinem Verhältnis zu ihnen; er erzähle uns seine Abenteuer und zeige uns die Perlen und die bunten Muscheln, die er als Gewinn mit heimbrachte. Welch eine Lücke der Literatur würden Sie ausstopfen, wie viel würden Sie zur Beleuchtung der so schwer verständlichen und so selten auch nur einigermaßen richtig aufgefaßten speziell österreichischen Zustände beitragen, wenn Sie Ihre Jugend- und Bildungs-Geschichte niederschreiben mögten. Dabei könnten Sie aber gar nicht genug ins Detail gehen, denn eben aus Sandkörnern bauen sich die Berge auf und mit dem Allgemeinen ist wenig getan. Was haben die Franzosen in diesem Kreise geleistet und wie leicht ist es eben deshalb sich von jeder Phase ihrer Entwicklung eine anschauliche Vorstellung zu machen, während wir bei uns überall nur einen blauen Dunst sehen. Denn ich gestehe Ihnen offen, daß ich wohl Geschichte kenne, allenfalls auch Geschichts-Quellen, nur keine Geschichtsbücher. Mir ist Geschichte etwas Individuelles, was mir durchaus kein anderer machen kann; aber mir helfen kann ein jeder, und das Beste tut derjenige für mich, der mir einen Barometer in die Hand gibt, wornach sich die jedesmalige Atmosphäre bestimmen läßt. Der muß aber eben mit seiner ganzen Persönlichkeit hervortreten, denn nur mit seinen Nerven kann ich messen. – – [5312]

Noch d. 26sten Juli.

Nachdem ich den Brief geschrieben, ging ich zur Hirtenruhe hinauf. Dort traf ich mit einem jungen Manne zusammen, der mir ganz eigentümliche Dinge über den Regenbogen sagte. Er behauptete, der Regenbogen sei der beste Wetterprophet, man müsse nur genau beobachten, welche Farbe zuerst hervortrete, wenn er sich bilde. Sei dieses blau, so gäbe es kalte und nasse Tage, sei es rot und gelb, mit weißen Streifen untermischt, so stelle sich Trocknis und große Hitze ein, kämpften die Farben miteinander, so deute das auf Unbeständigkeit; dabei sei nach der Größe des Regenbogens die Dauer der Witterung, die er anzeige,

mathematisch genau zu bemessen, wie er denn nach einem vor
seiner Abreise in Stuttgart gesehenen Hitze und Trocknis, allenfalls durch einen Gewitter-Regen unterbrochen, bis zum 26sten
bis 28sten August vorausverkündige. – Mittags, wie wir zum
Essen gingen, fand meine liebe Frau im Klee ein Fünfblatt; gleich
darauf begegnete uns Hossauer mit seinem Töchterlein, das sehr
herausgeputzt war, weil es seinen Namenstag feierte; meine Frau
gab dem Kinde als Gratulation das Glückszeichen: ein schönes
Bild! – Abends, ich allein auf die Friedrich-Wilhelms-Höhe;
durch die Wald-Allee fielen die roten Sonnenstrahlen, wie Streifen, die regelmäßig abgeschnitten sind, und übergossen ein paar
bräunliche Baumstümpfe mit dunklem Gold; in den Büschen
und Zweigen hingen die Regentropfen, die der Wolkenbruch
vom Mittag hineingesät hatte, und glänzten in allen Farben; zuweilen zitterten einige nieder, weil ein Vögelchen oder auch nur
ein Käfer sich bewegte, und dann war es wirklich, als ob zerschmolzene Edelsteine zur Erde tröpfelten. – Zu Hause erwartete
ich, einen Brief aus Wien zu finden, aber der gute Kuh gefällt
sich diesmal in einem völligen Stillschweigen, denn es sind über
14 Tage, daß ich keine Zeile mehr von ihm sah. [5313]

d. 27 Juli.
Regen des Morgens, den ganzen Tag kühl, aber angenehm.
Nachmittags mit Uechtritz zusammen. Er erzählte mir einen
wunderbaren Zug aus dem Leben eines alt-italienischen Tyrannen. Die Pest kommt ins Land, der Tyrann zieht sich in ein festes
Schloß zurück, läßt alle Zugänge sperren und stellt obendrein
noch einen Wächter auf die Zinne, der es augenblicklich verkünden muß, wenn sich von fern jemand nähert. Dennoch sieht
er nach einiger Zeit zu seinem höchsten Erstaunen, daß ein Reiter
heransprengt; er gerät darüber in Wut und befiehlt, den Wächter
auf der Stelle zu ihm zu rufen. Ein Diener eilt aufs Dach, kommt
aber gleich darauf mit der Meldung zurück, daß der Mensch tot
daliegt und an der Pest gestorben ist. [5314]

In Napoleons Charakter liegt etwas so Unüberwindlich-Nüchternes, daß ich zweifle, ob ein dramatischer Dichter künf-

tiger Jahrhunderte ihm den mangelnden ideellen Gehalt auch nur
wird *leihen* können. [5315]

d. 28 Juli.

Moloch hat schon Unheil angestiftet, obgleich er noch nicht
einmal geboren ist. Ich teilte meinem neuen Freunde Uechtritz
gestern die Idee des Stücks mit und sie ergriff ihn so, daß er gar
nicht wieder davon loskommen konnte, obgleich ich selbst das
Gespräch mehrmals zu wechseln suchte, weil ich weiß, daß er
sich nicht zu sehr im Denken anstrengen darf. Nun hat er eine
äußerst schlechte Nacht und infolge deren einen schlaffen Morgen
gehabt; er leidet nämlich an einem gewissen Gehirn-Schwindel,
der ihn plötzlich erfaßt und zwingt, im Sprechen abzubrechen
und auf die Seite zu gehen. Ich hielt mich auch am Morgen absichtlich fern von ihm, um ihn nicht wieder aufzuregen, aber um
elf Uhr begegneten wir einander und gingen zusammen. Eine
Stunde darauf erschien seine Frau auf der Promenade, und als sie
ihren Mann in meiner Gesellschaft erblickte, machte sie, obgleich
sie mir sonst auch recht wohl will, ein Gesicht, als ob sie ihn
Arsenik essen sähe, und, wie man einem Kinde des verdorbenen
Magens wegen den Kuchen verbietet, so machte sie mit ihm ab,
daß er heute nicht wieder mit mir zusammenkommen solle.
[5316]

Welch ein Ideal schwebt den meisten Kritikern, ja Menschen
vor, wenn sie ans Kunstwerk herantreten? Sie denken sich: so
darf es um keinen Preis sein, wie es ist, und stimmte es auch aufs
vollkommenste mit unsrer eignen Vorstellung überein; wir ändern diese, um nur mäkeln zu können. [5317]

d. 29 Juli.

Rick war hier, er kam gestern nachmittag an, um uns zu sehen,
und ging heute morgen wieder fort. Eine tüchtige, sympathische
Natur, ich zeigte ihm auf forciertem Spaziergang in einer Stunde
alle Herrlichkeiten Marienbads, wie der Teufel dem Heiland die
Reiche der Welt. – Hegel hat persönlich gegen Uechtritz den
Lear und den Macbeth für barbarische Kompositionen erklärt,
auf die eine gebildete Welt nicht mehr eingehen könne. [5318]

d. 30sten Juli.

Die Morgen und die Abende werden schon herbstlich-kühl, mir äußerst angenehm und der Kur auch förderlicher, wie die drückende Sommerhitze. Kuh, mit dessen Korrespondenz ich bisher wenig zufrieden war, schrieb meiner Frau einen allerliebsten Brief. Ein anderer von Titele, dem er die Hand geführt hatte, lag bei; das Kind beklagt sich, daß ihm die Kleider so klein seien, es ist also gewachsen. [5319]

Es gibt alte Menschen, die wie Kinder aussehen, aber wie Kinder einer anderen Welt. Dazu gehörte Tieck. [5320]

Schiller nennt den Dichter den einzigen Menschen. Warum ist er es? Weil Rezeptivität und Produktivität bei ihm in einem notwendigen Gleichgewicht stehen, weil er immer gerade so viel gibt, als er empfängt, und umgekehrt. [5321]

d. 31sten Juli.

Eben, zehn Uhr morgens, fährt unser Reisegefährte, Herr Rodisch, im Postwagen an unserm Hause vorbei und winkt mit dem Taschentuch hinauf; heute über acht Tage werden wir folgen. Schon sind die Menschen, die wir bei unsrer Ankunft vorfanden, fast alle verschwunden, lauter fremde Gesichter wandeln umher und ich habe ein Gefühl, wie es etwa ein Greis haben mag, der durch die neue Generation hindurch, seinen Jugendfreunden langsam folgt und auf den Kirchhof zuschreitet. Und im Grunde geht es uns mit der Erde selbst ganz so, wie mit diesem kleinen Fleck Erde, nur nicht so rasch, und ohne, daß wirs merken, nach und nach lichten sich die Reihen und füllen sich wieder und erst ganz zuletzt wird mans gewahr, daß man keinen einzigen alten Bekannten hat, als die Sonne, die einen bescheint, wie sie Adam auch beschien. [5322]

d. 1sten August.

Welch ein widerspruchvolles Wesen ist der Mensch! Ich ging heute abend etwas früher, wie gewöhnlich, zu Hause, um meine Frau aufzufordern, sich eine Erfrischung bringen zu lassen, die wir uns in der Regel versagen. Wie ich kam, sah ich, daß sie es schon getan hatte, und statt mich darüber zu freuen, fehlte nicht viel, daß ich mich geärgert hätte. [5323]

Ein abgebrochener Arm heilt wieder an, der zerschnittene Polyp wächst wieder zusammen, aber wenn einer einen Menschenkopf, einen Löwennacken, einen Pferdefuß und einen Straußflügel auf einen Haufen zusammentrüge und erwartete, die Zeit werde die auch schon zu einem organisch-untrennbaren Gebilde ineinanderfügen: wem gliche er? [5324]

Die Kette des Kolumbus klirrt durch die ganze Weltgeschichte. [5325]

d. 2ten August.

Frische, kühle Morgen und kalte Abende, dazwischen stets ein heißer Mittag; schon erscheinen die Georginen und die Stockrosen, daneben blühen freilich auch noch die Linden und die Kirschen kommen erst an. Wie reizend ist es, wenn der Frühling schon durch den Winter seine Kette hindurchspinnt, wenn die ersten Blumen noch unter Eis und Schnee die Augen aufschlagen und die Lerche des Morgens singt, obgleich sie des Abends noch friert und sich bei dem Sperling unterm Dach im warmen Nest einquartieren mögte! Einen schwermütigen Eindruck macht es dagegen, wenn der Herbst und der hinter ihm kauernde Winter schon in den Sommer hineinschauen, und wenn die ersten Glieder der Kette sichtbar werden, die in der Aster endet. Das ist hier schon der Fall, man wittert schon etwas von dem Hauch, vor dem die Farben erblassen und das Laub vergilbt! Abends mit der Familie Prittwitz nach dem Dorf Auschowitsch, wo die Kurgäste ehemals begraben wurden; ein hochliegender Kirchhof, rings von Getreidefeldern umgeben, der eine weite Aussicht darbietet, sonst viel Schmutz und lauter hölzerne Häuser, die jedoch hie und da auf rührende Weise mit Blumen verziert waren. [5326]

d. 3 August.

Regenluft, warm und schwer, die aber nicht zur Entladung kommt und nicht näßt, nur drückt. Wir waren mit Uechtritz auf der Richards-Höhe, die meine Frau noch nicht sah. Gespräch über Schiller. Uechtritz meinte, er habe bei größerer Vertiefung in seinen Gegenstand manches Ungehörige, Klaffend-Unmotivierte wohl überwinden und seinen Werken so auch im Detail eine höhere Vollendung geben können. Ich mußte das verneinen, weil ich für ihn die Möglichkeit einer solchen Vertiefung nicht zugeben konnte. Schiller kommt, wie schon oft gesagt ist, vom Allgemeinen zum Besonderen und behandelt eben darum das Drama nicht bloß im einzelnen, sondern auch im ganzen, wie ein Gleichnis, wodurch er zu versinnlichen sucht, was ihm am Herzen liegt. Von einem Gleichnis wird nun aber durchaus keine absolute Kongruenz, sondern nur eine relative Übereinstimmung verlangt, ein Dichter, wie er, konnte also gar nicht auf sie ausgehen.

[5327]

Realismus und Idealismus, wie vereinigen sie sich im Drama? Dadurch, daß man jenen steigert und diesen schwächt. Ein Charakter z.B. handle und spreche nie über seine Welt hinaus, aber für das, was in seiner Welt möglich ist, finde er die reinste Form und den edelsten Ausdruck, selbst der Bauer. [5328]

Wenn Goethe in den Wanderjahren die Meisterschen Figuren wieder auftreten läßt, den Wilhelm als Wundarzt, den Jarno als Bergmann, die Philine sogar als Schneiderin, so ist das ungefähr so, als ob ein verrückt gewordener Vater seinen Kindern mit Kreide ein Pasquill auf den Rücken geschrieben hat und sie dadurch organisch umgestaltet zu haben glaubt. [5329]

Friedrich Wilhelm der Dritte und sein Sprechen im Infinitiv. Uechtritz meint, er habe diesen Ausweg gewählt, weil er in eine Zeit gefallen sei, wo die Großen zu den Geringeren noch nicht Sie sagen mogten und nicht mehr Er sagen wollten. [5330]

Heute nickte ich meiner Frau und ein Mädchen vor einem Fenster glaubte sich von mir gegrüßt und dankte mir. Das erinnerte mich an einen komischen Fall in Wien. Ein Herr geht im Micheler Haus an mir vorbei und zieht den Hut tief ab. Ich ziehe den meinigen ebensotief und sehe mich dann nach ihm um, weil ich ihn nicht erkannt habe. Er sieht sich aber auch nach mir um und ich bemerke, daß er ein Kruzifix gegrüßt und zu seiner größten Verwunderung von mir den Dank dafür empfangen hat.

[5331]

Wäre Goethe in seiner letzten realistischen Periode zum König von Thule zurückgekehrt: er hätte den ins Meer geschleuderten Becher durch einen Taucher wieder auffischen und Dukaten daraus prägen lassen. [5332]

d. 4 August.

Ein Tag, an dem die Unbehaglichkeit des Nichtstuns mich zum erstenmal in voller Stärke überkam. Nun, es sind nur noch zwei übrig, so sitze ich im Postwagen. [5333]

d. 5 August.

Es ist acht Uhr abends, eben steigt der Mond in seltsamer Gestalt über den Bergen auf, die Pässe liegen vor mir, übermorgen gehts fort und der morgende Tag wird durch allerlei Plackereien in Anspruch genommen, das Tagebuch werde daher noch heute für Marienbad geschlossen. Mit Uechtritz am Moorlager, beim Zurückwandeln pflückte seine Frau Blumen und die meinige nicht, ich machte ihn darauf aufmerksam, denn es war ein Symbol des Bleibens und des Scheidens! Er ist ein wahrhaft gebildeter Mensch und macht Tieck, in dessen Umgang er reifte, vielleicht mehr Ehre, als seine sämtlichen Werke; die ungeheuren Probleme des Lebens, an welche die meisten sich nur erinnern, wenn sie zufällig einer Aufführung des Hamlet und des Faust beiwohnen, liegen ihm ebensosehr am Herzen, wie mir; doch suchen wir die Lösung auf verschiedenen Wegen. Er ist Christ und nicht bloß im ethischen Sinne, wie ich, ohne sich doch, was ich nicht begreife, für irgendein bestimmtes Dogma zu entscheiden; nach meiner Erfahrung gibt es keine Ergänzung der menschlichen Beschränkung, als das Gefühl dieser Beschränkung selbst und das aus eben diesem Gefühl entspringende unendliche Fortstreben; er findet sie im Gott-Menschen, für den ich in meiner Anschauung der Welt und der Dinge nun absolut keinen Platz ermitteln kann. Dennoch hat diese Grunddifferenz unser stilles ruhiges Verhältnis nicht einen Augenblick gestört. Begierig bin ich nun, wie meine Arbeiten auf ihn wirken werden.

[5334]

d. 8ten August.

Heute morgen um 6 Uhr kamen wir in Prag an und ich hätte Zeit genug gehabt, dies Tagebuch mit einem Nachtrag über die Reise zu versehen, denn fast den ganzen Tag goß es in Strömen vom Himmel. Kaum war ich im Wirtshaus, noch war mir nicht mein Zimmer angewiesen, sondern ich kampierte noch im Salon, so wurde mir schon ein Polizei-Meldungs-Zettel zur Ausfüllung vorgelegt. Eben hatte ich das Zimmer betreten, aber noch war mir kein Wasser gebracht und kein Bett überzogen, so klopfte es an meine Tür und ein Geistlicher trat mit seiner Almosen-Büchse herein. Dann legten wir uns auf ein paar Stunden nieder, weniger um zu schlafen, als um die zerschüttelten Glieder wieder einzurenken, denn ein alter Postwagen kann jede orthopädische Anstalt vertreten, doch blieb auch der Schlaf nicht aus, nur zeigte er sich nicht erquicklich und nahm mir das Kopfweh, das ich mitbrachte, nicht ab. Nachher folgte, gleich einer Kette von Ameisen, wie man sie zuweilen über den Weg laufen sieht, eine Ärgerlichkeit auf die andere, zu unbedeutend im einzelnen, aber im ganzen doch empfindlich genug. Die Hauptsache war freilich der Regen, denn in eine fremde Stadt kommen und nicht gleich nach Lust darin herumstreifen dürfen, ist für mich soviel, als mit verbundenen Augen vor einen Guckkasten gestellt zu werden.

[5335]

d. 9 August.

Ein schöner Tag, der mit Besichtigung der Merkwürdigkeiten hingebracht wurde. Ich muß freilich gestehen, daß ich wenig Sinn fürs Detail habe, bevor ich mit der Totalität fertig bin, ich muß mich auf den Gassen und den Plätzen müde getummelt haben, ehe ich mich in die Ecken und Winkel verkriechen und mich an den dort aufgespeicherten Schätzen erfreuen kann. Dennoch fand ich mich hier leichter und schneller in ein Interesse hinein, wie sonst. In Straho[w], dem Kloster aufm Hradschin, der sonderbare alte Geistliche, der sich mit einem schweren Fuß schleppte und von Zeit zu Zeit Töne von sich gab, wie ein Idiot, der aber, wie sein mitunter scharf aufblitzendes Auge hinreichend bewies, sicher keiner war, sondern sich die langweilige Existenz durch eine Art von Humor zu würzen schien; Ziskas Bild mit dem Morgenstern auf der Schulter und Tycho de Brahes Handschrift, die Buchstaben so lang und breit, als ob er statt eines Blattes Papier das Planiglobium vor sich gehabt hätte. In der Schatzkammer des Loretto-Häuschens die Monstranz, aus zahllosen Brillanten in Strahlenform zusammengesetzt, und zwar aus dem Brautschmuck einer Gräfin Kolowrat, deren Porträt über der Tür hängt; ein sehr schöner Gedanke. Im Dom die Gräber der alten böhmischen Herzöge und Könige, namentlich Ottokars und das versilberte Martyrium des heiligen Johann von Nepomuk, der übrigens erst vor hundert Jahren kanonisiert wurde; er ist nicht ausgebaut und das Modell, das in einer Kapelle aufbewahrt wird, mahnt an einen Embryo, der es nicht zum Manne brachte und in Spiritus gesetzt ist. Die Ratsstube mit den alten, wurmzerfressenen Tischen und Bänken und der wunderbaren Aussicht; Martiniz und Slavatas Bilder, die charakteristisch genug dem Mist ihre Rettung dankten. In Waldsteins Palais sein groteskes Badezimmer, die daranstoßende phantastisch prächtige Gartenhalle, die kolossale Gartenmauer, das Spielzimmer mit dem ausgestopften Pferde, das ihn in der Schlacht bei Lützen trug und die altertümliche Kapelle mit den verblichenen Teppichen und den Betstühlen. [5336]

d. 10 August.

Morgen wird die Judith in Dresden gegeben und ein Brief von Dawison bestimmt mich, hinüberzugehen. Eine bedenkliche Sache, aber ich kann nicht anders! Heute den Judenkirchhof und die alte Synagoge gesehen, beide allerdings einzig in ihrer Art! Merkwürdig war mir der Unterschied zwischen den beiden Führern, die uns begleiteten. Der Bursch, der uns auf dem Kirchhof herumjagte, denn er hatte Eile und trieb von Grabstein zu Grabstein fort, war eine ganz gemeine Schacher-Seele, die einem Drechsler allenfalls auch ein paar alte Schädel zu Kunst-Zwecken verhandelt haben würde. Der Greis, der uns in die Mysterien der Synagoge blicken ließ und mit welken Lippen und lahmer Zunge ihre Geschichte erzählte, schien mit seinem Gewissen in Zwiespalt zu leben und hätte ohne Zweifel lieber alte Hosen an uns verkauft, als uns die goldenen Kronen der heiligen Schrift und die Thora vorgezeigt. Er murmelte immer allerlei in den Bart, sah uns zuweilen fremd und seltsam an, und wollte namentlich von einem Zugang zu dem Golem, nach dem ich fragte, nicht das geringste wissen. [5337]

Wien d. 14 Aug. 1854.

Gestern abend um 9 Uhr kam ich zurück und traf meine Frau, die vorausging, und mein Töchterlein, das bereits von der Großmutter aus Penzing hereingeholt war, im besten Wohlsein an, wie sie nämlich eben im Begriff waren, mit Kuh und Debrois zusammen einen »Puffer« zu verzehren. Heute habe ich nun aus- und umgepackt, die Lücken im Bücherkasten sind ausgefüllt, die nutzlos mitgenommenen Manuskripte liegen wieder an ihrem Ort, und mit einem Rückblick auf die letzten Begegnisse werde denn auch dies Reise-Diarium geschlossen, das ich im Grunde nur aus Langeweile anfing. Nach Dresden ging ich umsonst, die Judith wurde nicht aufgeführt, aber nicht ein Schnupfen der Heldin oder eine Heiserkeit des Holofernes verhinderte die Darstellung, sondern der tragische Tod des Königs von Sachsen, den der Hufschlag eines Pferdes vom Thron ins Grab hinunterschleuderte, als er in Tyrol einen Berg herabfuhr. Ich hörte nichts von diesem Ereignis in Prag, obgleich Herr von Prittwitz, mein dortiger Begleiter, jeden Tag die Zeitung las, ich hörte nichts davon auf der Eisenbahn, obgleich ich unterwegs mit vielen Menschen sprach, ich hörte nicht einmal in Dresden in meinem Hotel de Saxe davon reden. Erst als ich mich im Souterrain des Theaters bei einer Frau nach Dawisons Adresse erkundigte, erfuhr ich das Faktum, und auch hier ganz so, wie jener Edelmann den Brand seines Schlosses, als er nach seinem Raben frug. »Es wird heute nicht gespielt?« Nein, o nein, in drei Wochen nicht. »In drei Wochen nicht? Um diese Zeit? Es wird doch sonst gespielt!« Das wohl, aber es ist wegen dem König. »Wegen des Königs? Was hat denn der König für Grillen?« O, er hat gar keine Grillen, er ist tot! – Jetzt eilte ich zu Dawison, der nicht zu Hause war, dann nach einigem Umherstreifen im naßkalten Regenwetter zu Gutzkow, den ich auch nicht traf, der aber bald kam. Interessantes Gespräch, aber wie verschieden von den Unterhaltungen mit Uechtritz; hier alles aus dem Ewigen und Vollen heraus und auf das Zufällige und Wechselnde bezogen; dort umgekehrt! Eine gute Bemerkung von ihm über einen kritischen Attila, der in Leipzig sein Wesen treibt, war die, daß er sein eignes Bild nicht leiden könne und eben darum keinen gebildeten Menschen passieren lasse, sondern nur Schäfer und Bauern. Ein sehr zarter Punkt kam auch zwischen uns zur Sprache, er fragte mich, ob ich für meine Dramen ausführliche Pläne mache, und als ich es verneinte, gestand er mir, daß es ihm ebenso gehe, daß er das Gegenteil aber doch für besser halte. Ich bestritt dies, ich setzte ihm das Gefährliche einer zu großen Vertiefung ins Detail auseinander, das den Reiz vor der Zeit abstreift und im Gehirn abtut, was nur vor der Staffelei abgetan werden darf, ich behauptete, eine gründliche Skizze vor dem Kunstwerk sei nicht viel besser, wie eine Biographie vor dem Leben, dem Menschen gleich mit in die Wiege gelegt, ich glaube aber doch, daß er recht hat und daß für ihn das eine besser ist, wie für mich das zweite. Dann ins Hotel zurück und am nächsten Morgen zu Dawison, mit dem ich den ganzen Tag verbrachte. Schauspieler Bürde, Dr Ernst Fischer, Dr Lederer, der Lyriker, die arme hektische Frau, die mich so ängstlich fragte, ob sie nicht schwindsüchtig aussehe. Dawison bei Lüttichau, dem Intendanten, er vom Verlust des Königs Friedrich August sprechend und jener vom Gewinn des Königs Johann; ich, gewarnt, den Vorgang gar nicht berührend. [5338]

Mit wem das Pferd nie durchgeht, der reitet einen hölzernen Gaul. [5339]

Dem König Anton von Sachsen wurden von einem Kammerdiener die Diamant-Knöpfe gestohlen und gläserne dafür aufgenäht, so daß er lange Zeit mit falschem Putz umherging. [5340]

»Wenn der Genius geboren werden soll, so müssen Gott und Teufel einmal einig werden und sich von oben und unten die Hand reichen.« [5341]

> – Als aber ihn zum Könige weihen
> Pratiza wollte, verweigerten
> Die Brahmanen, die Opfer zu halten,
> Weil nicht gesund Dnevazi war.
> Die Götter lieben Könige nicht,
> Die an den Gliedern bresthaft sind.
>
> Die Kuruinge. Indisches Heldengedicht von
> Hol[t]zmann. [5342]

> – Mir ekelt zu leben; fechten und morden
> Und immer fechten, ohne je
> Nur einen tapfern Helden zu finden,
> Der meiner Kraft gewachsen sei.
>
> Fischma. (Ebenda) Klage, wie Holofernes. [5343]

> – Kare aber hob den herrlichen Bogen
> Und schoß die Pfeile Fimasens
> Mit seinen Pfeilen mitten entzwei,
> Daß jeder matt zu Boden sank.
>
> Ebenda. [5344]

De mortuis nil nisi bene! Aber Schinderhannes ist auch tot! [5345]

Im Deutschen Bund gibts leider Stimmen ohne Körper. [5346]

Der Mensch wird durch künstlich gemachten Ruhm so wenig groß, als er durch ein Faß Butter, das man ihm auf den Rücken bindet, fett wird. [5347]

d. 14 Novbr.

Heute habe ich das Trauerspiel
Gyges und sein Ring
vollendet; ich fing es im Frühling an und brachte bis zur Abreise nach Marienbad 2½ Akte fertig, die anderen 2½ Akte sind im Herbst entstanden. [5348]

Das Krokodil ist das einzige Tier ohne Zunge. Herodot. [5349]

Die Ägypter übergeben den Einbalsamierern die Leichen nicht frisch, sondern erst drei Tage nach dem Tode, damit jene »nicht Unzucht« damit treiben. Herodot. [5350]

Cheops machte seine eigne Tochter zur Hure, damit sie Geld verdiente und er seine Pyramide ausbauen konnte.
Herodot. [5351]

Das Weib des Intafernes kam jeden Tag zum König Dareios, der ihre ganze Familie zum Tode verurteilt hatte, um ihn zu erweichen. Endlich gestattete er ihr, sich ein Haupt zu erbitten und sie wählte ihren Bruder, anstatt ihres Gatten pp. Er verwunderte sich darüber und sie erwiderte:

»O König, ich bekomme wohl noch einen anderen Mann oder andere Kinder, wenn ich diese verliere; da aber mein Vater und meine Mutter nicht mehr leben, so bekomme ich niemals einen Bruder wieder.«

(Vide Antigone.) Herodot, Buch 3. [5352]

»Das Volk der Thraker aber ist das größeste, nach den Indern, versteht sich, von allen Menschen. Und wenn es einen einigen Herrn hätte oder zusammenhielte, so wäre es unbezwinglich und bei weitem das mächtigste von allen Völkern, meiner Meinung nach; aber das ist ihnen unmöglich und kommt nimmermehr dazu, darum sind sie schwach. Namen haben sie viele, ein jeglich Volk nach seiner Gegend; auch haben sie fast durchweg gleiche Sitten und Gebräuche.« Herodot, Buch 5. [5353]

Der Wein ist das Blut der Götter (ein Tropfen Bluts von Dyonisos zeugte die Rebe) aber was diese hell und klar macht, verdüstert die Sinne der Menschen. (Gyges-Brocken.) [5354]

Wenn es mit Eisenbahnen und Dampfschiffen so fortgeht, so wird man in künftigen Zeiten einen Schimmel durch die Lupe betrachten müssen, wenn man sich vergegenwärtigen will, wie ein Wald ausgesehen hat. [5355]

Das Was im Drama sei bekannt und werfe seinen Schatten, nur nicht das Wie. Wir wissen, daß der Mensch sterben muß, aber nicht, an welchem Fieber. [5356]

Die Höhe der Kultur ist die einzige, zu der viele Schritte hinaufführen und nur ein einziger herunter. [5357]

Ein zu weitläufiges lyrisches Talent hält sich gern für ein dramatisches. [5358]

Der Kandidat, der sich beim tauben Minister selbst taub stellt, um ihm auf die bessere rechte Seite zu kommen und gehört zu werden. [5359]

d. 18 Dezbr.
Das arme Titele hat die Masern. »Ist es sehr kalt?« fragt meine Frau eben die Magd. »Nein!« antwortet das Kind aus seiner Fieberhitze heraus. [5360]

– Mich haben Ihre Hymnen innig und warm angesprochen. Doch zweifle ich, ob diese Form sich jemals in Deutschland einbürgern wird, und habe mich ihrer, wie aller verwandten, in eigener Praxis bis aufs Distichon streng enthalten, obgleich ich die Stimmungen, in denen der Reim eine Fessel scheint, recht gut kenne. Es ist bis jetzt wenigstens immer mißlungen, von Klopstock und Voß an bis auf Platen herab; nichts von allem, was versucht wurde, lebt im Volk und ich kann den Grund davon durchaus nicht in den Talenten finden. Nach meiner Meinung ist unsere Sprache bildungsfähig genug, die antiken Maße nachzuschaffen, wenn es sich um die Übertragung eines Gehalts handelt, der von ihnen untrennbar ist, aber nicht, sie aus sich selbst mit innerer Notwendigkeit hervorzutreiben, wie ein Spiegel das Bild, das er treu und klar auffängt, ja auch nicht rückwärts in den Gegenstand selbst verwandeln kann. Sie kommt wohl nicht weiter, wie z.B. die lateinische, wenn sie reimt; es geht, aber es beweist auch nichts weiter, als daß es geht.
(Brief an Pichler von 22 Dez. 54.) [5361]

Christus hatte Brüder und Schwestern, aber keins seiner Geschwister gesellte sich zu seinen Aposteln. [5362]

d. 31 Dezbr.

Elise ist nicht mehr; am 18ten November 1854 gegen Morgen ist sie verschieden. Lange vorher schon war für sie nichts mehr zu hoffen, und also nur der Tod noch zu wünschen; so erschütterte mich die Schmerzens-Kunde denn im Moment des Eintreffens nicht so sehr, als sie in mir nachzitterte und nachzittern wird! Welch ein verworrenes Leben; wie tief mit dem meinigen verflochten, und doch gegen den Willen der Natur und ohne den rechten inneren Bezug! Dennoch werde ich niemand lieber, als ihr, in den reineren Regionen begegnen, wenn sie sich mir dereinst erschließen. – Gearbeitet: Gyges und sein Ring; das erste Stück, das ich in den Kasten lege. Neue Bekanntschaften: Putliz und Uechtritz; jenen im Anfang gewiß überschätzt, diesen vielleicht. Alles übrige geblieben, wie es war; möge es auch fernerhin der Fall sein. Ich will das Üble um des Guten willen gern ertragen.

[5363]

1855

Friedrich der Große schrieb an den ersten Herausgeber der Nibelungen und des Tristan, Prof: Müller in Berlin:

Hochgelahrter, Lieber, Getreuer!

Ihr urteilt viel zu vorteilhaft von denen Gedichten aus dem 12. 13. und 14. Seculo, deren Druck Ihr befördert habet und zur Bereicherung der deutschen Sprache so brauchbar haltet. Meiner Einsicht nach sind solche nicht einen Schuß Pulver wert und verdienen nicht, aus dem Staube der Vergessenheit gezogen zu werden. In meiner Büchersammlung wenigstens würde ich dergleichen elendes Zeug nicht dulden, sondern herausschmeißen. Das mir davon eingesandte Exemplar mag dahero sein Schicksal in der dortigen großen Bibliothek abwarten. Viele Nachfrage verspricht aber demselben nicht Euer sonst gnädiger König

Potsdam 22 Febr: 1784.   Friedrich.

(Morgenblatt 1808. p. 44.)

Würdiges Seitenstück zu Georgs III Ansicht über Shakespeare!

[5364]

»Das Weib ist nur hienieden, damit wieder ein Mann lebe; hat sie einen Knaben geboren, dann eilt sie willig zu der ewigen Mutter!« sagte eine Frau von Türk, bei der Charlotte von Kalb aufwuchs; Judith sagts auch bei mir.

(Weimarisches Jahrbuch, 1 Bd, 2 Heft, 1854.) [5365]

»Der Löwe bekommt das Fieber durch den Anblick des Menschen. Aber wenn er es hat, so frißt er einen Affen und ist wieder geheilt. Similia similibus.

(Ebenda, 1 Bd. 2 Heft. Nach arabischen Nachrichten von
Vincenz von Beauvais.) [5366]

Wenn die Kaiser von Österreich begraben werden, so werden sie auf dem nächsten Wege aus der Burg zur Kapuzinergruft geführt. Angelangt mit dem Sarg, klopft der Zeremonienmeister mit seinem Stabe an die verschlossene Pforte und verlangt Einlaß. »Wer ist da?« antwortet von innen der Guardian, ohne zu öffnen. »S^e Majestät, der allerdurchlauchtigste u.s.w.« Stimme von innen: »Den kenn ich nicht!« Der Zeremonienmeister klopft zum zweitenmal. »Wer ist da?« – Der Kaiser von Österreich! – »Den kenn ich nicht«. Der Zeremonienmeister klopft zum drittenmal. »Wer ist da?« – Unser Bruder Franz! – Augenblicklich rasselt die Pforte auf und der Sarg wird versenkt.

(Dr Frankl.) [5367]

Alle Poesie ist einem orientalischen Selam zu vergleichen; wer den Sinn nicht erfaßt, der kann sich noch immer an dem Strauß erfreuen. [5368]

Mad: Lämmel (eine geizige Frau, bei der er schlecht gegessen hatte) fragt Saphir nach dem Diner, *wann* er einmal wieder bei ihr essen wolle. »Gleich!« war seine Antwort. [5369]

Dieselbe ließ ihn nach einer Krankheit abermals zu einem Diner bei ihr einladen. Er antwortete: ich lasse danken, es geht mir schon besser, ich darf schon wieder essen. (Er selbst.)

[5370]

Als es vor einigen Jahren zwischen den Vereinigten Staaten und Mexiko zum Kriege kam, erbot sich ein New Yorker Bankier, diesen Krieg gegen Überlassung der Beute privatim zu führen, die nötigen Generäle aus Europa zu verschreiben, die Truppen anzuwerben und einen Reuschilling zu erlegen, falls das Land nicht in der vereinbarten Frist erobert sei. – Ist das nicht die glänzendste Rechtfertigung meines Gregorio im Trauerspiel von Sizilien? – (Prof. Brücke.) [5371]

Hirschler und seine Gesellschaft: 30 Gäste und 2 Flaschen Wein, als ob wir das Abendmahl nehmen sollten. [5372]

Die Phantasie des Einmaleins! [5373]

In: »Demiurgos. Ein Mysterium von Wilhelm Jordan. 3 Tle. Brockhaus, 1854.«, mir von der Hofbibliothek geschickt fand ich (in der Parabase des 2ten Bandes) beim Blättern folgende Verse:

> Von jener Warte, drauf die Meister standen
>   In unsrer Dichtung schönster Blütenzeit,
> Von welcher sie die Richtungspunkte fanden
>   Für neue Bahnen, frei und weltenweit,
> Die Sänger freilich nach und nach verschwanden;
>   Nun stehn sie tief im Tageslärm und Streit,
> Ihr Seherblick ins All wird immer trüber
> Und Goethes Krone ging auf Humboldt über.
>
> – – – –
>
> Beim Singturnier, bei dem Gedankenblöße
>   Gefordert wird und Kunstvollendung heißt,
> Beneid ich keinem die Posaunenstöße,
>   Mit welchen man die Mondscheinsänger preist.
> Ich lobe mir die still bewußte Größe
>   Von Friedrich Hebbels tiefem Dichtergeist;
> Man *lehrt* ihn keck und lernt ihn kaum begreifen,
> Der Sprosser singt – und läßt die Gimpel pfeifen.

Also ein Anhänger und ein mir ganz unbekannter! [5374]

Es gibt Lichter, die alles bescheinen, nur nicht den eigenen Leuchter. [5375]

Mit Menschen, denen alles Trumpf ist, kann man nicht Karten spielen. [5376]

Abstrahieren heißt die Luft melken. [5377]

Die alte Ziese. Ein Lorbeerkranz: Herr Doktor, wo ist der Schinken? [5378]

Nichts ist so unwiderleglich, als ein Gegenstand. [5379]

Der Greis wird wieder Kind, aber ein Kind für jene Welt. [5380]

Bei Gervinus in seiner Literatur-Geschichte ist im Grunde jeder unserer Dichter eine Null, aber wenn er alle diese Nullen zusammenrechnet, bringt er doch eine Million heraus. [5381]

d. 12 Mai.
Bamberg aus Paris war hier, vier Wochen lang, doch hatte das Beisammensein nur durch die Erinnerung etwas Erquickliches. Er hat jeden Enthusiasmus für Kunst und Wissenschaft verloren, es gab nicht ein einziges Mal ein wirkliches Gespräch. [5382]

An die Muse
Was ich ohne dich wäre, ich weiß es nicht, aber mir grauet,
Seh ich, was ohne dich Hunderte, Tausende sind!
Schiller. [5383]

Lessing war der Pflug der deutschen Literatur, aber den Pflug kann man nicht essen. [5384]

– Die Welt, in der ich im Sommer lebe, ist von der des Winters so weit geschieden, daß sie auf diese fast so zurückschaut, wie der Tag auf die Nacht mit ihren Träumen und Phantasieen, und ihr

Gesetz nicht mehr versteht. Ich finde mich in meine eignen Ideen nicht mehr hinein und wenn ich mich zum Arbeiten zwingen will, so kommt es mir vor, als ob ich einen nur schwach reflektierten Regenbogen mit dem Tüncher-Pinsel zu Ende bringen sollte. –

Brief an Glaser vom 3 Aug. aus Gmunden. [5385]

– Alles, was sich auf der Oberfläche der Erde herumdreht, Schäfer und Jäger, Fischer und Gärtner, hadert und zankt miteinander, aber die Bergleute in ihrer Nacht leben in Frieden und gewiß fiel in einem Schacht noch nie ein Mord vor.

Brief an Kuh vom 4 Aug. aus Gmunden. [5386]

– Aber der bloße Besitz eines Talents ist ein so unschätzbares Gut, daß sich keine Verstimmung auf die Länge dagegen hält. Dabei kommt es nicht einmal auf den Grad des Talents, sondern nur auf die Qualität an, denn wenn von jenem auch allerdings der äußere Erfolg abhängt, so geht doch aus dieser allein der innere Friede hervor, weil er auf dem Gefühl beruht, daß man durch ein Band mehr mit dem Ewigen verknüpft ist, als den gewöhnlichen Menschen damit verbindet. Man frage sich z. B. ob der Jurist oder der Mediziner, um nicht noch tiefer hinabzusteigen, von allem, was er ein ganzes Menschenleben hindurch lernt oder treibt, für die höhere Existenz, die wir alle vertrauend erwarten, in und nach dem Tode auch nur das Geringste noch brauchen kann. Das corpus juris und Galenus bleiben da, wo die Ahle des Schusters und der Hobel des Tischlers auch bleiben, denn mit dem absolut Nichtigen und Vergänglichen haben sie es zu tun und niemand wird sich wohl ein Himmelreich erträumen, wo er wieder Prozesse zu schlichten oder Fieber zu kurieren hätte. Dagegen führt den Künstler, er sei nun Musiker, Maler oder Dichter, jeder Weg zu Ideen, d. h. zur Anschauung der Urbilder, die allem Zeitlichen zugrunde liegen, und das bringt eine solche Fülle innerer Befriedigung mit sich, daß es in Bezug auf ihn selbst gleichgültig ist, ob er von diesen Urbildern einen farbigen Abdruck zu geben vermag, der die Welt fortreißt, oder ob seine nach außen gerichtete Leistung einem Regenbogen gleicht, der nicht recht sichtbar wird. Nach der ordinären Ansicht verhält es sich freilich umgekehrt; der Künstler treibt sich im Leeren herum und die direkteste Landstraße zum Wesentlichen geht durch die Pandekten. – – –

Brief an Gartner vom 6 Aug. aus Gmunden. [5387]

d. 14ten August 1855.

Ich habe Shakespeare immer für unerreichbar gehalten und mir nie eingebildet, ihm in irgend etwas nachzukommen. Dennoch hätte ich in früheren Jahren immer noch eher gehofft, einmal irgendeinen Charakter zu zeichnen, wie er, oder irgendeine Situation zu malen, als mir, wie er, ein Grundstück zu kaufen. Nichtsdestoweniger habe ich heute mittag 10 Uhr einen Kontrakt unterzeichnet, durch den ich Besitzer eines Hauses am Gmundner See geworden bin! [5388]

Gmunden oder vielmehr Orth, im eigenen Hause, N: 31,
d. 21 August.

Die erste Nacht im eigenen Hause zugebracht und gut geschlafen, so knapp und eng auch alles war. Da die alten Leute, die es mir verkauft haben, noch da sind, so haben wir nur ein einziges kleines Zimmer, das ungefähr so unter uns verteilt ist, wie das Jean Paulsche in den Flegeljahren zwischen Walt und Vult. Zwei große Betten und ein ungeheurer Ofen füllen es fast allein aus und wir schlüpfen in die Ecken hinein, der eine in diese, der andere in jene, und dürfen uns nicht rühren, wenn wir uns nicht gegenseitig erdrücken wollen. Mein Verschlag ist hinter den Betten, wo ich jetzt auch schreibe und ich gucke aus demselben hervor, wenn ich mich umdrehe, wie die Löwen aus ihrem Käfig in Schönbrunn. Übrigens ist das Zimmerchen hell und freundlich und das ganze Häuschen könnte in Amsterdam stehen, so holländisch-reinlich ist es in jedem Winkel gehalten. Auch brauchen wir das Zimmer nur als Nest für die Regentage anzusehen, denn unser Garten ist groß und bietet die Aussicht auf den Traunstein und den See, so daß man bei gutem Wetter gar keinen schöneren Platz finden kann. – Heute morgen fiel mir ein, wie glücklich mein armer Vater gewesen wäre, wenn er es jemals zu einem so bescheidenen kleinen Besitz gebracht hätte! Es war ihm nicht vergönnt, und doch hat er mehr Tropfen

Schweiß vergossen, als das Haus Atome zählt! Bei meinem heutigen Morgenspaziergang erzählte mir ein Fräulein, meine Nachbarin, daß der Adler in dem Garten ihres Vaters bestimmt ist, ausgebälgt und ausgestopft zu werden, sobald er ausgewachsen sein wird. Das junge, kühne Tier mit seinen feurigen Augen hat uns alle schon oft ergötzt; welch ein Schicksal! [5389]

Lord Byrons ganze Poesie kommt mir vor, wie ein absichtlich in die Länge gezogener Selbstmord aus Spleen. Der edle Lord schabt ohne Unterlaß an seiner Kehle, aber mit dem Rücken des Rasiermessers, anstatt mit der Schneide. [5390]

Orth d. 27 August, morgens 7 Uhr.
Es geht nach Wien zurück, meine Frau ist eifrigst mit Packen beschäftigt, ich muß aber des gestrigen Abends noch mit einigen Worten gedenken. Wir waren mit Gärtner auf ein einsames Bauergehöft in der Nähe von Münster gegangen, das er zu kaufen gedenkt und erlebten dort ein Idyll. Großmutter, Vater und drei Töchter, drei Generationen, die gegenseitig aufeinander herab- und zueinander hinaufsahen, dieselben Züge, kein Unterschied, als der des Alters. Die Mädchen sangen einige Lieder, anspruchslos, schlicht und fromm, der Vater stand mit gefalteten Händen dabei und sang innerlich mit, ein kleiner Dachs lag zu ihren Füßen, schaute vergnüglich zu ihnen hinauf und schlug mit seinem Schwänzchen den Takt. Als wir gingen, sangen sie sogar das Lebewohl, was sich bei den schwachen, leise verhallenden Tönen der begleitenden Zither tief rührend ausnahm. Unterwegs eine Bewegung am Himmel, ein Arbeiten, wie ichs noch niemals sah, ein Wetterleuchten hinter allen Bergspitzen hervor, das unsren Pfad fast mit Feuer überschüttete und sich zuweilen zu einem wahren Flammen-Fall steigerte, im Gegensatz dazu arbeitete sich der Voll-Mond hinter dem Traunstein herauf und drückte, sich in voller Pracht ausbreitend, das sich türmende Gewitter eine Zeitlang siegreich zurück, dann aber verschwand er wieder und Donner und Blitz triumphierten. [5391]

Heine spricht von Dantes schrecklichen Terzinen, in die so mancher Narr und Bösewicht eingesperrt sei. Das ist wahr, der

Dichter kann einsperren, aber – und darum sei er vorsichtig! – nicht wieder auslassen. [5392]

Aus dem Kunstwerk die abstrakten Kategorieen, auf die es sich durch einen unendlichen Verflüchtigungsprozeß am Ende zurückführen läßt, herausnehmen, und statt der Dinge die Wörter, durch die sie bezeichnet werden, verspeisen, statt der wirklichen Kirsche z. B. die Buchstaben, womit sie bezeichnet wird, zum Munde führen: das ist im Grunde dasselbe. [5393]

Stelle den Menschen vor die Sonne: er wird sie nicht ihrer Strahlen wegen anbeten, sondern weil er, wie im Monde, einen »Mann« in ihr entdeckt. [5394]

Dem Dichter phosphoreszieren alle Dinge, dem Fieberkranken brennen sie, dem Wahnsinnigen lösen sie sich in Rauch auf. [5395]

d. 18 Oktober.
Ich fange an, mich ernstlicher mit den Nibelungen zu beschäftigen, mit denen ich bisher in Gedanken nur spielte. Der erste Akt (von *zehnen* vermutlich!) wird bald fertig sein und verspricht eine gute Exposition. Hagen und Siegfried stehen schon da, Kriemhild soll mir, wenn es ihr gefällt, heute das erste Wort anvertrauen. [5396]

d. 2 Nov.
Heute abend den ersten Akt von »Kriemhildens Leid« geschlossen. [5397]

Poesie ist Illusion, sagt man. Wohl. Aber ists die Farbe und der Ton weniger? Warum denn gerade an die Poesie den plumpen realistischen Maßstab legen, den man Malern und Musikern erläßt? [5398]

»Die katholischen Mächte schlagen sich jetzt für die Integrität der Türkei. Jerusalem gehört zur Türkei«, sagte Gärtner in Gmunden. [5399]

Vertrauen ist die größte Selbst-Aufopferung. [5400]

Es gibt Leute, die einem kein Kompliment und keinen Bückling erlassen würden, und wenn sie sähen, daß man links den Erzengel Gabriel und rechts den Erzengel Michael zu Begleitern hätte. [5401]

Der Hund ist der sechste Sinn des Menschen. Darum hat die Natur dem Menschen ihn beigeordnet. [5402]

Ein eigenes Volk, das französische; die gewöhnliche Mischung vollständig umgekehrt. Darum kann ein Engländer, ein Deutscher, selbst ein Italiener und ein Spanier eine allgemeine, eine Welt-Erscheinung werden, aber nie ein Franzose! In Shakespeare oder Goethe ist außerordentlich wenig speziell englisch oder deutsch und außerordentlich viel allgemein-menschlich; in Corneille und Racine dagegen ist außerordentlich viel französisch und außerordentlich wenig allgemein menschlich! [5403]

Wieder ein neues Buch über Lessing! Und doch dürfte Lessing selbst wieder auferstehen und er würde nichts Neues mehr über sich sagen können. [5404]

Das Nibelungenlied kommt mir jetzt, wo ich mich viel damit beschäftigen muß, wie ein taubstummes Gedicht vor, das nur durch Zeichen redet. [5405]

Titi, mit dem Kammerdiener der alten Herzogin von Württemberg Judith und Holofernes spielend, ihm die Perücke herunterreißend und nun entsetzt dastehend, als ob sie ihm den Kopf selbst abgerissen hätte. [5406]

Ein Pilger kommt nach Spalatro [Spalato] (in Dalmatien) und kniet in seinem Pilgerkleide vor dem Bilde der Madonna in der Hauptkirche nieder. Bald verbreitet sich das Gerücht, der heilige Rochus (der Stadtpatron) sei da und bete. Die ganze Stadt versammelt sich und kniet hinter dem Pilger nieder. Die Gendarmerie meldet dem Kreishauptmann amtlich, der heilige Rochus sei da und fragt an, was geschehen solle. Der Kreishauptmann sieht sich gezwungen, die Sache ernst zu nehmen und befiehlt, den Heiligen ungestört zu lassen, aber dafür zu sorgen, daß ihm, wenn er sich wieder in die Einsamkeit seiner Locanda zurückziehe, niemand dahin folge. Der Pilger verläßt die Kirche, mit entblößtem Haupte ziehen alle hinter ihm her, so daß er glaubt, noch nie einen so frommen Ort gesehen zu haben. Der Kreishauptmann sucht ihn abends auf, sagt ihm, wofür er gehalten wird und warnt ihn, während seines Aufenthalts die Illusion zu zerstören, wenn er nicht totgeschlagen werden wolle. Er bleibt noch ein paar Tage, die Szenen wiederholen sich, alles jubelt, nun werde die Cholera nicht kommen, endlich wird er nachts durch den Kreishauptmann wieder fortgeschafft, und am nächsten Morgen heißt es, der Heilige sei ebenso geheimnisvoll wieder verschwunden, wie gekommen. (Eitelberger) Man nehme nun einen Pilger á la Boccaccio, der aufs Stehlen ausgeht. Er wird ertappt. »Ei, heiliger Rochus, willst du das?« – Ja, für die Armen. – »Da nimm!« Und alles leert sich die Taschen. [5407]

Wie lange der Mensch in Gebet oder Begeisterung dort oben verweilt? So lange, als der Blitzstrahl hier unten. [5408]

Willst du wissen, ob irgend ein Gedanke dramatischen Wert hat, so frag dich, ob er an mehr, als einem Orte gebraucht werden kann. Kann ers, so taugt er nichts; das Bein, das du abtreten, das Auge, das du herausnehmen kannst, hast du auch irgendwo gekauft. [5409]

–Was Sie mir über die amerikanischen Verhältnisse schreiben, überrascht mich gar nicht. Ohne je dort gewesen zu sein, will ich das Land besser malen, als ob ich darin geboren wäre. Die Freiheit besteht darin, daß man nach Lust und Belieben auf Europa schimpfen darf; einer ähnlichen genießen wir in Bezug auf Amerika, und sind also vollkommen quitt. Im übrigen aber ruht dort ein ganz anderes Joch über Menschen und Dingen, wie bei uns, denn alle Zustände sind poesie- und schwunglos von *Anfang*, sie sind es nicht erst *geworden* und das ist ein ungeheurer Unterschied, der sich immer folgenschwerer zeigen wird. Mir

ist die Handschrift des Generals Washington immer unendlich charakteristisch für das Land gewesen: so sauber und kalligraphisch schön, daß die Kinder danach schreiben lernen könnten, aber auch so leer und interesselos, wie eine Vorschrift! –
Brief an Amalie Schoppe in New-York vom 29 Dez. 1855.
[5410]

d. 31 Dez.
Diesmal den Neujahrs-Abend traurig verbracht; meine arme Frau schon seit drei Tagen infolge einer heftigen Erkältung krank zu Bette; ich ganz allein, ihr Eisumschläge auf den Kopf legend. – Hausbesitzer in Gmunden geworden. Die Schwiegermutter im 68sten Jahre an der Cholera gestorben; ich meiner Frau nach Wellersdorf die Botschaft bringend, gerade zu Mittag eintreffend, sie mir mit vor Freude und Überraschung gerötetem Gesicht entgegenrufend: »Hältst dus ohne deine Pinsche nicht länger aus?« Eine wunderliche, schwer zu beurteilende Person, die Abgeschiedene! Gearbeitet zwei Akte an den Nibelungen, zufrieden mit dem Fertigen, jedoch ohne Vertrauen zu dem Ganzen und zweifelnd, ob ich fortfahren werde. An einem meiner jüngeren Freunde eine Erfahrung gemacht, die mich, ohne daß ich ihn schelten will, doch bestimmen wird, mehr in die Breite mit allen zu leben, als in die Tiefe mit einzelnen; das letztere geht nur in den seltensten Fällen. Neue Bekanntschaften: Hofrat Nordberg und Hofrat Engelhofen, beide, jeder in seiner Art, verdiente Männer. Nur Gesundheit fürs kommende Jahr! Von meinem Töchterchen die ersten geschriebenen Weihnachts- und Neujahrs-Wünsche erhalten; für ihr Alter schon recht gut. [5411]

1856

d. 4 Jan:
Meine Frau ist wieder außer dem Bette; ihre Leber hat sich wieder geregt! Unter keiner Bedingung darf sie die Bühne wieder betreten, wenn sie unwohl ist. [5412]

d. 7 Jan:
Mein Freund Brücke erhielt von dem Prosektor des Josephinums zum neuen Jahr ein Stück von dem Dünndarm eines Feld-Paters geschenkt, der zwei Stunden nach einer reichlichen Mahlzeit gestorben war. [5413]

Der Tod streckt, heißt es. Aber nicht bloß physisch, auch moralisch. [5414]

Ein alter Küster hat im Dom zu Köln am Rhein funfzig Jahre lang an einem Altar die Lichter angezündet. Der Altar wird abgetragen, weil ein neuer gestiftet wird, und er erhält ihn zum Geschenk. Er macht sich zu Hause einen Abtritt daraus.
(Brentanos Briefe) [5415]

Die natürlichen Völker nennen ihre anders redenden Nachbarn, die sie nicht verstehen, die *Stummen*.
Bunsen, Zeichen der Zeit. [5416]

Ein König verurteilt einen Menschen zum Tode. Dieser sagt ihm, nun er doch sterben muß, furchtbare Wahrheiten. Der König wird erschüttert und läßt ihn frei. [5417]

Im Gräfl. Erbachschen wird in den Zeiten des Heil. Röm. Reichs ein Verbrecher zum Tode verurteilt, es ist aber im Gebiet des kleinen Souveräns kein Scharfrichter vorhanden. Man fragt bei dem benachbarten Scharfrichter an, was die Hinrichtung kostet, und findet die Forderung zu hoch. Inkulpat wird inquiriert, ob er die Kosten aus eigenem Seckel bestreiten kann. Er ist bettelarm und da der Graf auch nicht so viel daran wenden will, so begnadigt er ihn. (Überhaupt in früheren Zeiten die vielen Todesstrafen deshalb, weil man die Kosten der Atzung, die das vieljährige Gefängnis mit sich bringt, scheute.)
Glaser. [5418]

d. 25 Feb.
Heute habe ich den ersten Gesang eines idyllischen Epos geendigt, den ich am Geburtstage meiner lieben Frau anfing. Eine gar liebliche Idee schwebt mir vor. [5419]

d. 7 März.
Heute habe ich den zweiten Gesang geschlossen. [5420]

Ein Frühling mit lauter Riesenblumen, in denen die Kraft der Natur sich erschöpfte, so daß kein Herbst folgen kann. [5421]

Solange menschliche Verhältnisse sind, was sie sein sollen, wird das Wort durch den Charakter ausgelegt; wenn sie sich umgedreht haben, der Charakter durch das Wort. [5422]

Wie die Träne physisch das Sandkörnlein aus dem Auge fortspült, so geistig den Schmerz aus der Seele. [5423]

Was nicht sterben kann, das kann auch nicht schlafen. [5424]

d. 23sten März.
Warum werde denn ich nicht verfolgt? fragt die triumphierende Mittelmäßigkeit wohl den Genius? Weil das Haar im Schweif nie Kopf zu werden droht. [5425]

Heute den dritten Gesang geschlossen. [5426]

Wenn das Christentum sich auch nur als das zweckmäßigste und unwiderstehlichste Organisations- und Zivilisations-Institut vor der Vernunft legitimierte, wäre es damit nicht genug legitimiert? [5427]

d. 15 April.
Ich bin, nach einiger Stockung, in das Gedicht wieder hineingekommen und habe den vierten Gesang fast geendigt. Er ist fast ganz im Prater beim Veilchenpflücken entstanden; es waren himmlische Tage. Sowie ich einen Strauß beisammen hatte, waren auch dreißig oder vierzig Hexameter fertig. [5428]

Ich hatte das Glück, eine alte Frau, Witwe Procop, bei der ich ein paar Monate wohnte, als ich nach Wien kam, durch Glasers treue Bemühungen aus schwerer Bedrängnis zu retten. Sie war von drei Dirnen, denen sie wegen unordentlichen

Lebenswandels gleich nach dem Einziehen die Wohnung aufgekündigt hatte, des Verbrechens der Majestäts-Beleidigung angeklagt worden, und lief große Gefahr, verurteilt zu werden, da die Personen geschworen hatten. Das erzählte sie mir bei zufälliger Begegnung auf der Straße; es war seit zehn Jahren das zweite Mal, daß ich sie traf, und ich bestellte sie zu mir. Als besonders belastender Neben-Umstand wurde von den Anklägerinnen hervorgehoben, daß sie die Bilder des Kaisers und der Kaiserin in der »*Küche*« hängen habe; aber – sagte sie auf gut Böhmisch-Deutsch zu mir – die Küche, das ist ja Ich sein Zimmer! Es war übrigens kein Spaß, denn es handelte sich um einige Jahre schweren Kerkers und damit wäre ihre Existenz für immer vernichtet gewesen! [5429]

d. 16 April

Heute den vierten Gesang geschlossen. [5430]

Die Natur sorgt allerhöchst unmittelbar dafür, daß der Mensch Atem holt, aber sie überläßt es ihm selbst, ob er sich auch waschen und sich die Nägel putzen will. Der Staat sollte sie hierin zum Vorbild nehmen. [5431]

Man kann sich aufs Dichten so wenig vorbereiten, wie aufs Träumen. [5432]

Nicht der Adler saugt den Honig der Blumen, sondern die Biene. Sekundäre Poeten. [5433]

Ein schönes Mädchen loben, ist so viel, als eine Blume begießen. [5434]

Wo wäre in freundschaftlichen Verhältnissen die Sünde, die man nicht eher verziehe, als die Lüge, wodurch sie verdeckt werden soll. [5435]

Bodmer rügte es bitter an dem jungen Klopstock, daß dieser seinen Tubus nach der Stadt und zu den Mädchen gewandt habe, anstatt mit ihm und dem alten Sulzer nach den Alpen und den

Gletschern zu schauen. Klopstock, als er es vernahm, erwiderte: vielleicht hat er auch erwartet, daß ich mich von Heuschrecken und wildem Honig nähre! Das einzige gute Wort, das ich je von ihm vernahm. Weimarer Jahrbücher. [5436]

Was der größte Dichter vom Menschen weiß? So viel, als im Edelsten und im Verruchtesten seines Volks liegt. [5437]

Jener römische Konsul, der seinen Soldaten gebot, die griechischen Statuen nicht zu zerbrechen, weil sie sie sonst wieder machen lassen müßten, sprach ein prophetisches Wort aus. Denn allerdings muß der Barbar das Buch, das er zerreißt u.s.w. wieder schreiben, freilich erst nach Jahrhunderten. [5438]

Ungrische und slavonische Studenten, wenn sie in früheren Jahrhunderten auf deutschen Universitäten studierten, pflegten sich Ferkel mit auf die Kammer zu nehmen, und aufzuziehen, um die Schweine dann einzuschlachten.
(Weimarer Jahrbücher) [5439]

d. 25 Mai.
»Allen Verehrern der Natur!« steht über dem Eingang zum Lichtenstein-Garten. Abgeschmackt! Das sagt jeder mit mir, aber wie sollte es statt dessen heißen? Ich wüßte es nicht anzugeben! Gar nichts wäre in diesem Fall sicher das Beste, ob aber nicht zugleich in allen Fällen? Nie sah ich noch eine Inschrift, die mir gefiel, ausgenommen an Wegweisern die Namen der Dörfer und Landstraßen. Wem sagt nicht z.B. der Kirchhof als solcher unendlich viel mehr, als ihm ein einzelnes Grab sagen kann, und wem nicht das Grab selbst ohne Beziehung auf irgendeinen bestimmten Menschen? Und so nach meinem Gefühl überall, wo man über Namen und Zahl hinausgeht. [5440]

d. 26 Mai.
Mein zehnter Hochzeitstag! Dies sind die zehn Finger, sagte ich heute beim Erwachen zu meiner lieben Frau, nun kommen die Zehen, und dann die Zähne, die uns noch übrig geblieben sind! Mögte es so werden! Ich habe heute morgen meinen letzten Willen aufgesetzt. [5441]

Der Mensch nennt in allen Sprachen das Erbarmen Menschlichkeit. Jacobi, Woldemar. [5442]

Tertullian sagt: das Hergebrachte hat unsern Herrn ans Kreuz geschlagen. Ebenda. [5443]

Die griechischen Kaiser in Konstantinopel setzten einen Tribut auf das Einatmen der Luft. (pro haustu aëris)
Jacobi, Wke, Bd 6 p 279. [5444]

Jacobis Briefwechsel. T 1. S 35. Wieland ist ein zarter hagrer Mann von mittelmäßiger Größe, seine Augen sind klein und trübe, seine Haut mit Blatternarben überdeckt. *Wieland* schreibt p. 58. »Sie haben recht, der Verf. der Grecourtschen Gedichte scheint nicht dazu gemacht zu sein, mit Ihnen und Sophie, George und mir Hand in Hand in den Tempel der Freundschaft zu gehen. Javais tort, de lui offrir mon coeur, c. a. d. de me servir d'une expression consacrée a la veritable amitié.« Wieland will p. 66 eine Verlagshandlung gründen und Jacobi willigt ein, verbittet sich aber *Gleim*; er fürchtet sich vor dessen Eigensinn und Despotismus. Wieland schreibt p. 106 »Ihr Bildnis ist angekommen und tut Wunder über Wunder; mein ganzes Haus ist in meinen Jacobi verliebt, sogar das kleine Dorchen, die ungefähr 18 Monate alt ist und kürzlich zu reden angefangen hat, gerät bei Erblickung dieses wundertätigen Bildes in Enthusiasmus.(!)« Jacobi und Wieland gründen miteinander den Deutschen Merkur, Wieland lobt darin Nicolais Notanker und wird darüber von Jacobi zur Rede gesetzt, weil sein Bruder darin als Karikatur vorkomme. Anfangs entschuldigt sich Wieland mit Unwissenheit, gibt das Karikierte im »Säugling« aber zu und glaubt, alles sei damit abgetan, daß er sich einmal über das andere einen dummen Teufel nennt. Als er damit jedoch nicht durchkommt, dreht er sich, erklärt den »Säugling« für den edelsten Charakter des ganzen Romans und meint, wenn er nicht Wieland wäre, so mögte er nur noch »Säugling« sein. (p. 117 u. s. f.) p. 158 empfiehlt Jacobi der Sophie la Roche seinen alten Vater, der sein ganzes Vermögen verloren hat und nun in Mannheim mit dem Kurfürsten liquidieren will. »Von selbst wird er schwerlich zu Ihnen gehen, ob ich ihn gleich sehr darum gebeten habe; Sie müssen ins weiße Roß schicken und ihn zu sich fordern lassen.« Von einer Amtsreise zurückgekehrt (Mai 1774) aus dem Herzogtum Berg, schildert Jacobi höchst ergötzlich den Magistrat des Städtchens Rade vorm Wald. »Einmal – erzählte ihm eins der Mitglieder – während des Kriegs haben wir selbst den Franzosen die Stricke holen müssen, womit wir gebunden werden sollten, um dann, wie Vieh, auf einen Karren geladen und fortgeschleppt zu werden.« Wieland stirbt ein Kind; Jacobi verweist ihn in einer von hohlem Bombast strotzenden Antwort auf ein Gedicht in der Iris und ruft einmal über das andere aus: o Tod, schöner Jüngling! (p. 193) Wieland schreibt Jacobi (p 206) einen sehr vernünftigen Brief über die Unmöglichkeit, zugleich mit ihm, mit Klopstock und Goethe, intim zu sein und sagt über Klopstock: »Er verachtet mich und glaubt, ich hasse ihn. Da tut er unrecht. Kl.[opstock] ist für mich der Mann im Mond oder im Hundsstern, ein Wesen, wovon ich nichts begreife.[«] p. 219 verteidigt er ein triviales Produkt seiner Feder, die Dialoge des Pfarrers zu – gegen Jacobi. »Wenn dies nur soviel sagen will: Sie ärgern sich darüber, daß ich in der Notwendigkeit sein konnte, diese Dialoge zu schreiben, d'accord. Denken Sie aber, ich hätte sie nicht schreiben sollen, so haben Sie wahrhaftig unrecht. Die Wirkung, die sie bereits in Deutschland tun, ist erstaunlich. Alle *mittelmäßige* Leute – welche Zahl – alle gute, ehrliche, nüchterne Seelen strömen nun in voller Flut wieder auf meine Seite; die Nikodemen, die aus Furcht vor den Juden nur heimliche Jünger waren, gestehens jetzt überlaut, das Öchslein und das Eselein erkennen Gott den Herren fein und die Menge der Heerscharen, Krethi und Plethi, Ohim und Zihim, die sinds, die den zeitlichen Ruhm, Ansehen und Glück eines lebenden Autors entscheiden.« p. 258 Jacobi über Friedrich den Großen: »Wer Freunde verloren hat und vor Schmerz darüber zu sterben meinte, der schreibt gewiß nicht: j'en ai perdu 5 ou 6, als wenn es 5 oder 6 Pistolen wären.« p. 273 schreibt Jacobi: Hompesch (Minister des Kurfürsten) meint, man würde ihm eher eine Mistrechnung von 100, 1000 fl verzeihen, als das Ausbleiben der Deutschen Oper. (von Wielands mißratener Rosemunda ist die Rede) p. 294 erzählt Jacobi von einer »weichen« Minerva, die sich eine Maschine habe machen lassen, worin sie die Insekten ihres Zimmers fange und ins Freie schaffe, ohne sie töten zu müssen. Daran knüpft er das sehr wahre Wort: So wahr ist es, daß echte Natur wohl niemals, Affektation immer lächerlich ist; kuriert die Leute von der Empfindsamkeit, so werden sie Euch mit der Un-Empfindsamkeit spuken! p. 317 etwas Furchtbares über Lessings Ende von Jacobi in einem Brief an Elise Reimarus, März 1781. »Ich mögte sehr gern wissen, wieviel heimlicher Gram zu seinem Tode beigetragen haben mag. Es lag eine gewaltige Schwermut auf ihm und ich werde nie einen Morgen vergessen, den ich auf meiner Zurückreise bei ihm zubrachte. Erst disputierten wir; ich widerlegte einige seiner Behauptungen so nachdrücklich, daß er nicht weiter konnte. Sein Gesicht wurde *entsetzlich*, ich habe nie so ein Gesicht gesehen. Aber bald darauf wurde er weich, und je länger, um so vertraulicher. Er klagte mir, daß ihn alles verließe. Er ließ mich von fern argwöhnen, seine verstorbene Frau habe ihm auf dem Todbett Vorwürfe gemacht, daß er sie mit unglücklichen Meinungen angesteckt habe. So etwas wäre entsetzlich und verböte ihm, an Ehe, an Kinder, an Liebe zu denken!« p. 334. Etwas Ähnliches fühlte Lessing dabei (bei Allwil[l]) und ließ mich noch kurz vor seinem Tode, *als er schon blind* war, ermahnen, nichts daran zu bessern. (Wie stimmt diese Blindheit zu den anderen Nachrichten über Lessings Tod?) p. 367 zeigt Jacobi seinem Schwager das Ableben seiner Frau an und beginnt den Brief: »Unsere Heilige, mein Freund, ist an ihrem Ort. Ich bete zu ihr und sie hilft mir u.s.w.« Lavater schreibt p. 385: »Es *müssen* Christen in der Welt sein, apostolische Christen, Initiierte durch Hand-Auflegung. Es müssen reinere, weisere, Gott nähere Menschen sein, als wir sind. Uns fehlt die himmelfeste Weisheit, die reine, unegoistische Liebe, und die Natur bezwingende Kraft. Es muß Menschen geben, königliche, priesterliche, prophetische Seelen, Christen, die das haben, was wir zu haben wünschen. Solche Menschen müssen zu uns kommen, uns in ihre Schule nehmen, uns Mittel zum Mittel werden. u.s.f. (Und dabei nicht Katholik, ja sogar selbst Prophet? p. 418 ein vortrefflicher Ausspruch von Jacobi an Lavater. »Man läuft am wenigsten Gefahr, sich zu verirren, wenn man nur immer den Wurzeln der Wörter so tief, wie möglich, nachgräbt. Ich habe für mich keine andere Art, zu philosophieren und glaube alles auf Grammatik reduzieren zu können.« Teil 2 pag 15 über Rousseau. Die Fortsetzung der Confessions hast du gewiß gelesen. Wie lehrreich und wie abscheulich! Und der eitle Geck ist darauf gestorben, daß er der beste unter allen Menschen sei. p. 33, Jacobi an Joh. v. Müller (1790) über die Verfassung des Deutschen Reichs. »Alle ihre Einrichtungen werden so sinnlos, so abgeschmackt, so lächerlich, daß man oft mit einem: Herr, erlaube uns, unter die Säue zu fahren! von ihr Abschied nehmen mögte.« p. 58 Jacobi an Ewald. »Als man Lessing vorwarf, daß er wider Götz schrieb, da doch Götzens Publ. nicht seine und sein Publikum nicht Götzens Schriften läse, antwortete er: das weiß ich wohl, aber zwischen beiden ist ein Publikum in der Mitte. Das will ich haben.« p. 91 findet Jacobi den Don Juan unerträglich und langweilig und freut sich, daß er ihn »überstanden« hat. Lavater schreibt p 158 »Ich sagte vorher: die Auferstehung unseres Herrn (o, laß mich ihn *unsern* Herrn nennen, lieber Bruder, nicht wahr, ich darf!)[«] – Wie pfäffisch! p. 162 macht Jacobi in seinem Brief an Claudius eine feine Bemerkung. »Frage Dich selbst, frage jeden gut geschaffenen Menschen, ob bei der ersten Anregung von Liebe ein Gedanke an sinnliche Lust sich ihm nahen konnte. Die Feindschaft zwischen Fleisch und Geist manifestiert sich ursprünglich hier am auffallendsten, wo beide nachher in den größten Kampf miteinander zu geraten pflegen.« (Gewiß unwidersprechlich.) p. 164. schreibt er über die Fürstin Gallizin in Münster: »Ich fand sie, wie ich sie immer gefunden habe, gespannt, zudringlich, buchstäbelnd, ohne wahre Einfalt und Ruhe und höchst unzuverlässig in allem, was sie erzählt.« Später kommts freilich anders, aber damit auch ein vollkommener Widerspruch; oder kann einer solchen Person »jede Grazie zur Seite stehen, wenn sie nur winkt?« Zur Verteidigung des Woldemar sagt er ein zwar übel angebrachtes, aber sehr wahres Wort: »Daneben wollte ich bemerken, daß auch der Dichter und jeder Künstler das Wahrscheinliche hintansetzen muß und nur unter dieser Bedingung diejenige Täuschung, die sein Zweck ist, hervorbringen kann. Ja, das Werk der Kunst setzt gleichsam eine vorhergegangene Verabredung mit dem, auf den es wirken soll, voraus und das größte Genie macht oft die härtesten Bedingungen.« *Fichte* erklärt pag 222 bei erster Annäherung in einem schüchternen Brief Jacobi für einen Mann, den er für das schönste Bild der reinen Menschheit in unserem Zeitalter halte. Ein Franzos ruft aus, als er den Titel der Klopstockschen Messiade hört: quel pauvre sujet! (p. 252.) Der Dichter des Woldemar nennt in einem Brief an W. v. Humboldt den Schillerschen Don Carlos das unnaivste aller Produkte, einen kalten Palast, worin die überheizten Öfen riechen; bis zum 10ten Auftritt des 4ten Akts ist sein Herz ganz ungerührt geblieben, dann kommt etwas Bewunderung. Die Braut von Messina (Brief an Elise Reimarus, Okt 1803) gefällt ihm, wie der Alarcos und macht zu lachen, wie dieser; es ist bis auf einige lyrische Stellen ein ekelhafter Spuk, aus Hölle und Himmel zusammengemischt. Mitten in die Napoleonsche Spionen-Wirtschaft hinein versetzt ein Brief an Perthes vom 25 Jan: 1810. »Das Schlimmste ist, daß die Französ. Gesandten und Geschäfträger in beständiger Angst leben, daß ihnen irgend ein Ankläger zuvorkomme mit Berichten nach Paris von Wahrheiten und Lügen; daß ein Argwohn laut werde, den sie nicht zuerst gehabt und schon kundgetan hätten. Die unter ihnen am billigsten und vernünftigsten denken, sind gerade die besorgtesten und gefährlichsten.« Über Jung-Stilling heißt es pag: 487: »Seine Erzählungen sind nicht überall ganz lauter, sondern zusammengesetzt aus Wahrheit und Dichtung, mehr und noch ganz anders als die Goetheschen, denen ich das Zeugnis geben muß (ich erlebte ja so vieles mit) daß sie oft wahrhafter sind, als die Wahrheit selbst.« Jedenfalls ein für unsere Literatur-Zustände interessantes und wichtiges Buch! – [5445]

Lessing: »Meinen Faust soll der Teufel holen, aber den Goetheschen der meinige.« (Jacobis Briefwechsel.) [5446]

Lebensnachrichten über B. G. Niebuhr. 1 Band. pag. 179. *Schönborn.* Mangel an Reichhaltigkeit ist in ihm, worin er Klopstock etwas ähnlich ist, ohne, wie dieser pflegt, viel von sich zu erzählen. p. 212. Aus Edinburgh. Unter jungen Leuten gibt es freilich eine gewaltige Menge von Freunden, aber es gilt bloß Ausschweifungen oder Erholung. Jungen Engländern kommt es sehr sonderbar vor, an abwesende Freunde mit Wärme zu denken. Ebensowenig begreifen sie, daß die Unterhaltung mit

Frauenzimmern eine Erholung sein kann. p. 220. Ebenfalls aus Edinburgh. Man hielt die deutschen Gelehrten ehemals für sehr langsame eingeschränkte Köpfe; jetzt ist man geneigt, sie für geschickte Männer zu erklären, aber ebensoviele Verschwörer gegen den Frieden der Welt in ihnen zu sehen; eine Meinung, die auf eine noch mehr unbegreifliche Art von jungen Ruchlosen aufgenommen und von ihnen ebenso begierig, als von den andern mit Abscheu geglaubt wird. So einer fragte mich mit großem Befremden: Sprechen Sie, was Sie sagen, im Ernst? Wir glaubten, daß alle deutsche Gelehrte ohne Ausnahme Atheisten sind und wir bewundern sie darum.« p. 227. »Scott, der Hume sehr gut kannte, sagt, er sei gewiß, er würde mein Freund gewesen sein. Ach, aber, wie lange ist er nicht mehr! Solche Wartung soll man denn nicht haben, sondern muß durch sich selbst werden, wozu etwa ein Keim in uns liegt!« (Kann ich auch ausrufen!) p. 238. »Ich wollte, daß eine glückliche Idee einmal in mir aufwachte, deren Ausbildung ein edles und schönes und Dauer verheißendes Geisteswerk würde!« p. 245. Es ist ein nationaler Zug in England, nie beim Persönlichen zu verweilen; es ist mir z. B. ganz besonders aufgefallen, daß, wenn man jemand antrifft, in dessen Familie einer krank geworden ist, dieser es schwerlich erwähnen oder mit Anteil davon reden wird. – Scotts haben nie nach meiner Mutter und Schwester gefragt! p. 376 entschuldigt er sich, daß er Russisch und Slavonisch gelernt hat. – »Auch wenn die Natur mich zum Dichter bestimmt hätte, wäre es ein anderes: solche mühselige Arbeit ist unter dem. Aber dem Geschichtschreiber und wenn auch das über mir wäre, dem Geschichtsforscher ist es nötig, alle Völker in ihren eigenen Zungen zu vernehmen. Die Sprachen sind *eines* ersten unbegreiflichen Ursprungs, wie die Nationalitäten.« p. 469 ein höchst merkwürdiger Brief über Religion, sein Verhältnis zu ihr und Katholizismus und Protestantismus. Er hatte keinen Glauben und meint, der sei entweder nicht jedermann gegeben oder könne durch ein disharmonisches intellektuelles Leben in der Wurzel erstickt werden. Doch hat Christus für ihn eine vollkommen reale Existenz und sein Sohn soll gläubig erzogen werden und Altes und Neues Testament mit buchstäblichem Glauben vernehmen. »Ich frage mich oft, wie soll es werden? In den katholischen Ländern stirbt die Klerisei aus, niemand wird bald mehr geistlich werden können oder wollen. Bei uns haben wir die Namen und Formen und ein allgemeines dumpfes Bewußtsein, daß es nicht richtig sei; jedermann ist unheimlich, wir fühlen uns wie Gespenster bei lebendigem Leibe. Ich bin aber dabei ganz ruhig. Man wird wahrer und lauterer werden, wenn sich alles ausscheidet, was nicht von Herzen zu irgendeiner der vielen Gemeinden gehört, die sich bilden werden. Ich mögte die tote Kirche nicht einreißen, aber wenn sie von selbst fallen soll, wird es mich nicht beunruhigen.« – »Mystizismus – denke ich – ist nichts anderes, als der Glaube, daß der Fromme, nur fähig, sich nach dem Zustande des Glaubens und der christlichen Gesinnung zu sehnen, ihn durch ein wundervolles Entgegenkommen erreicht, und wenn er dessen teilhaftig geworden, auf eine der Logik und Psychologie unerklärliche und für sie törigte Weise Erleuchtungen des Geistes und des Herzens erlangen kann.« (Gnadenwahl; warum den Namen scheuen?) p. 492 werden menschliche Quappen sehr gut charakterisiert. »Bei andern ist alles so unbestimmt und schwach, daß sich über alles nicht Animalische in ihnen nur Gewohnheiten, auch die guten ohne innern Wert, bilden. Von diesen magst du völlig recht haben, daß ihre Uneigennützigkeit einen Platz einnimmt, wohin andere Umstände Habsucht und dreiste Anmaßung hätten pflanzen können.« p. 513. *Joh: von Müller.* – »Seine Urteile und Gefühle waren von seiner frühsten Jugend an gemacht. Der reine Lebensatem der frischen Wahrheit fehlt in allen seinen Schriften. Er hatte ein außerordentliches Talent, sich eine Natur anzunehmen und mit Konsequenz zu behaupten, bis er sie wieder mit einer andern vertauschte, aber er war ohne alle Haltung. Ihm fehlte alle Harmonie und mit dem Alter versiegte er immer mehr. Seine Talente bestimmten ihn zum Gelehrten im engsten Sinne des Worts, historische Kritik hatte er gar nicht, seine Phantasie war auf wenige Punkte beschränkt und die beispiellose Anhäufung von faktischen Notizen als ein zahlloses Einerlei war doch im Grunde tot in seinem Kopf. (1812) p. 530. Plato. Theages ihm am liebsten, die Äußerungen des Jünglings, wie er sich schon dann besser und gehoben fühle, wenn er mit Sokrates in einem Hause sei. Bd II. p. 50. (Brief an Adam Moltke, Jan: 1806, über dessen Gedichte) Vielleicht überlebt die Literatur unsere Nation, das vermögen wir nicht zu bestimmen, aber ich glaube Dir verheißen zu können, daß solange sie lebt, Du Dir ein festes Denkmal gegründet hast. (Viel Nachsicht, freilich war Niebuhr damals erst 20 Jahre) p. 64 (An denselben, 1808 aus Amsterdam) Weißt Du wohl, was von allen Dingen mir hier am meisten fehlt? Ein Goethe, wäre es auch nur sein Faust: mein Katechismus, der Inbegriff meiner Überzeugungen und Gefühle; denn was nicht darin, im Fragment steht, würde dastehen, wenn er vollendet wäre. Hundertmal hab ich daran gedacht, ihn zu vollenden, aber die Kräfte sind dem Willen nicht gemäß. (Was soll man nun noch die »Schönes« schelten?) p. 71. In der Tat scheint es mir, daß, wie die bürgerlichen Ordnungen nach den verschiedenen Ländern und Völkern verschieden sein müssen, auch die Methoden der ärztlichen Kunst in verschiedenen Gegenden des Erdballs verschieden sein müssen. (Gewiß, darum Krankheiten in der Fremde so gefährlich!) p. 166 (Berlin 1816) Die Pest entvölkert und tötet nicht bloß, sie nagt auch an der moralischen Kraft und vernichtet sie oft ganz: so habe ich schon in der letzten öffentlichen Vorlesung der Akademie gezeigt, wie die plötzliche gänzliche Ausartung der römischen Welt von Markus Antoninus' Zeiten an durch die orientalische Pest zu erklären ist, die damals über Europa kam, so wie 600 Jahre früher die Seuche, welche eigentlich ein gelbes Fieber war, mit dem Untergang der idealischen Zeit des Altertums zu sehr koinzidierte, um nicht als Ursache derselben betrachtet werden zu müssen. In solchen Epidemien sterben immer die Besten und die übrigen arten moralisch aus. Die Zeiten der Pest sind immer da, wo das Tierische und Teuflische im Menschen hervortritt. (Wichtig) p. 231. Das alt-rhätische Wort Covolo = Kofel = Kogel = Berg. p. 249. (Aus Rom an Savigny 1816) Rom sollte gar nicht diesen Namen tragen, sondern höchstens Neu-Rom (wie New-York) heißen. p. 260. Auch unsere Engländer sehe ich, aber wir bleiben uns fremd. Der Wiener Kongreß und die Parlaments-Debatten darüber sind in meinem Herzen nicht vernarbt und werden es nie. Das ital. Volk macht den, der hier lebt, über allen Ausdruck wehmütig. Hier ist keine Besserung möglich: nur Bonaparte konnte ihnen aufhelfen! p. 287 (noch aus Rom) Es gehört zu meinen Trübsalen, hier nur die Allgemeine Zeitung zu lesen: irgendeine deutsche Zeitung ist eine Nahrung, die man sich nicht versagen kann: aber dies ist ein Brot, wovon man den Kot abkratzen muß. p. 303 (Rom, 1817, bei dem Wochenbett seiner zweiten Frau) Ich gab Gretchen den Trost, Male werde Hülfe senden. Wie es am allerschrecklichsten war und sie, fast sterbend, ihr müdes Haupt an mich lehnte, ächzte sie: ach, kann denn Amalie (die erste Frau) mir keinen Segen senden? p. 352. Sie träumen, sie könnten eine Kirchen-Reformation machen, weil sie neuerungssüchtig sind und ahnen nicht, daß solche Werke nur gelingen können, wenn Herzen dabei sich erheben, wie in Luthers Zeit, während sie selbst nichts dabei empfinden und bei einem Regulativ äußerer Verhältnisse auch niemand etwas empfinden kann. p. 377. Ich wünsche sehnlich, daß Markus (sein Sohn) recht von Herzen und aus dem Herzen fromm werde. Ich kann ihm diese Frömmigkeit nicht geben, aber den Geistlichen unterstützen kann ich und will ich. p. 386. Ehre ist für den Deutschen ein entsetzlich drückendes Gefühl. p. 396 (Rom, 1819) Die Wirkungen des hiesigen Klima auf eine nervöse Konstitution sind etwas, wovon man sich außer Italien keinen Begriff macht. Die Zahl der Deutschen, welche hier verrückt werden, ist wenigstens 10 bis 20 mal größer als in Deutschland in den nämlichen Ständen und den nämlichen Ideen-Beschäftigungen. p. 399. Der Italiener ist noch jetzt, wie zu der Römer Zeiten, ganz und ausschließlich für den Ackerbau geschaffen. Eine poetische Nation sind sie so wenig, wie es die alten Römer waren; sie sind vielmehr prosaisch und nicht einmal heiter, wie es der Deutsche in einigen Gegenden ist. Kein Volk kann unmusikalischer sein: sie haben nur eine Ritornellmelodie, die ganz abscheulich klingt und gar keine Volkslieder. p. 417. Die Karlsbader Beschlüsse haben bei den hiesigen Deutschen, meistens jungen Leuten, den allerärgsten Eindruck gemacht; wornach sich leicht denken läßt, welchen sie in Deutschland machen werden. Einen günstigen können sie auch bei keinem Unparteiischen machen. Es ist so unsinnig, als ungerecht, zu strengen Zwangsmitteln gegen eine Sekte, die man mit Gewalt zur Partei macht, zu schreiten, ohne sich selbst im allergeringsten zu reformieren, ohne eine einzige der gerechtesten Beschwerden abzustellen. Welches Leben ohne Liebe, ohne Patriotismus, voll Mißmut und Groll entsteht aus solchen Verhältnissen zwischen

Volk und Regierung. Die Machthaber bei uns begreifen nicht, daß Preußen nur auf einer moralischen und geistigen Basis bestehen kann. Ich weiß sehr wohl, wes Geistes Kind die Demokraten sind, ich weiß, daß man ihr wildes Geschrei nicht beschwichtigen könnte, wenn man noch so vortrefflich regierte, ihnen aber nicht den Gefallen täte, ihre ungereimten Pläne aufzunehmen: aber vom Volk ließen sie sich isolieren, wenn dieses empfand, daß die Regierung ihm wohltat und weise war. (Gilt auch noch 1856) p 493 (an Savigny) Im Vorbeigehen muß ich Ihnen sagen oder vielmehr wiederholen, daß ich Macchiavells Principe vollkommen und buchstäblich genommen, so wie er ihn gewiß im bittersten Ernst geschrieben, völlig verteidige. Wie viel darf man nicht laut sagen, um nicht von den dummen Guten gesteinigt zu werden! Es gibt Zeiten, in denen einem jeder Mensch heilig sein muß, andere, wo man sie nur als eine Masse behandeln kann und soll, es kommt darauf an, die Zeit zu kennen. p. 359. Die Jeremiaden über das Elend Roms unter Bonaparte sind dummes Gewäsch unwissender Künstler. Das Pfaffenwesen, so wie es war und ist, mit der Wurzel auszureißen, war eine notwendige Amputation und sie ward im ganzen mit Klugheit, Schonung und Mäßigung vorgenommen, das Volk ward beschäftigt und versorgt. Die Zahl der Geborenen nahm sehr zu, die Priester durften nicht mehr den Abort gebieten oder erlauben, die der Toten nahm unglaublich ab. [5447]

Tagebuch

– Der Welt-Friede, den Sie im März noch bezweifelten, ist also richtig zustande gekommen; es müssen Ihnen von den Pariser Kanonen-Schüssen noch die Ohren gellen. Ich wundere mich nicht darüber; man kann ihn ja zu jeder Stunde wieder brechen. In dieser Region darf man wohl keine Prinzipien suchen; man trifft höchstens Charaktere und zwar lauter Spielarten vom Löwen und vom Fuchs. Auf der Welt-Bühne machen nur Kraft und List sich geltend; das Ethische tritt nur in den größten Umgestaltungs-Epochen hervor und wird gleich nach dem Sieg entstellt, wie z. B. das Christentum. Dies hat mir von jeher bewiesen, daß der Fortschritt ausschließlich ins Individuum verlegt ist.

Brief an Bamberg, 11 Juni 56. [5448]

Das Drama hat es leider am öftersten mit der Wiederbringung des Teufels zu tun. [5449]

Niebuhr [(] Denkwürdigkeiten T III. [)] litt sehr an Flechten, auch an Händen und Fingern. (Persönlich interessant für mich, weil ich es auch tue, obgleich nicht an den Händen, und er mit meinem Vater aus einem Ort, Meldorf, war.) Italien ist in Bezug auf Kinder lebensreich und auch für Bejahrte, die sich schonen, sind Krankheiten selten und das Alter ist sicher. »Das sind Fakta, die der moralischen Betrachtung des Landes ganz fremd sind.[«] p. 104. H's Geschichte hat gar nichts Unglaubliches. Hab ich dir denn erzählt, daß sie mich im Frühling fragte, ob ich nie daran gedacht habe, mich adeln zu lassen. Wenn die Leute gar wüßten, daß der König mich Herr von N. anredet! (aus Berlin). p. 107. – (ich) halte auch noch immer an der Meinung fest, daß in mir ein guter General unentwickelt erstickt ist. Lache immer dabei über meine Selbst-Meinung, mein Gretchen; etwas Wahres ist doch daran. p. 157. Hat in seiner Geschichte Reden gedichtet, wie Thukydides, und hält diese, wenn sie nicht aus Gemeinplätzen bestehen, sondern aus genauer Einsicht in die speziellsten Verhältnisse hervorgehen, für das eigentliche Licht der Historie. p. 164. Es soll mich nicht verführen, an der Spitze einer Schule zu stehen: es ist sonst in Deutschland bei dem Parteiwesen fast notwendig, um sich zu behaupten: wenn die Jünglinge und Ergebenen gegen die Anfeinder kämpfen, so braucht man sie sich nicht stören zu lassen. p. 169. (aus Bonn) Meine ganze Aufmerksamkeit ist auf das Getreibe der Katholiken gerichtet. Es scheint mir keine Frage, daß eine verwegene Faktion unter ihnen einen Religionskrieg im Schilde führe. In Frankreich haben die Priester seit zehn Jahren dahin gearbeitet, eine physische Macht zu bekommen und sie haben sich des Pöbels schon wieder bemächtigt. p. 179. (An Perthes, 1827) [:] Sie sagen, Sie stehen gegen den Katholiken, wie Ost zu Nord. Ganz recht, daß Sie so stehen. Das ist aber gegen den Katholiken, wie er in der wohltätigen Zeit der Demütigung war, wo von Verschiedenheit der Ansichten die Rede war und nichts weiterem. Jetzt aber ist alles alte Böse in seinem ganzen Umfang erwacht, alles Pfaffenwesen, alle, auch die gigantischsten, Eroberungs- und Unterjochungs-

Pläne, und es ist kein Zweifel, daß sie auf Religionskriege und alles, was dahin führt, hinarbeiten. Daher müssen wir jetzt sehr auf unserer Hut sein. p. 249 (über die Umarbeitung seiner Geschichte) – wobei es mir wohl oft ernsthaft in den Sinn gekommen, ob nicht die Geister der alten Zeit zum Lohn für die Treue meiner Mühe um ihr Andenken, mir die Gedanken eingeben. (So war auch mir oft.) p. 274 (nach der Juli-Revolution von 1830) Daß Mirabeau aus der Leute Augen und Gedanken verschwunden war, galt mir als ein Beweis, daß es mit der Revolution vorbei sei, und noch entschiedener folgerte ich dies aus der offenbaren Gewißheit, daß niemand mehr jene Hoffnungen, wo nicht goldener, so doch besserer Zeiten hege, die unsere Jugend in Träume wiegte: und wer hätte es möglich gehalten, daß eine ganz unpoetische Zeit, der verwandt, die Petronius malt, die den Göttern, wenn sie ihnen opferte, Gold in Barren weihte, damit die Façon nicht verlorengehe, Reichtum und Wolhabenheit aufs Spiel setzen würde, um ihr Mütchen zu kühlen? – Die Wahrheit der Sache ist die Bettel-Armut des Volks, welche es nicht länger ertragen will, und die bereitet denn eine Revision des Eigentums. Wir sind in den Zustand Roms nach den Zeiten der Grachen geraten, und wer das nicht sieht, ist blind, wer da glaubt, es sei von Freiheit die Rede, ist ein Tor: Formen halten nichts mehr, wir werden den Despotismus segnen, wenn er unser Leben schützt, wie die Römer den des Augustus segneten. Daß vernunftige Männer dies tun könnten, hatte ich längst begriffen, nun ist es mir vollends klar und nun begreife ich auch Catilina. p. 420. (Bleibt nicht in Heidelberg, auf einer Reise, weil Voss und Thibaut Feinde sind und er Freund von beiden.) [5450]

Tagebuch
Der Genius des Lineals schwebt über Berlin. [5451]

Ein Geist, der sich mit Blumen schmückt. [5452]

Der Dichter opfert dem Apoll: soll Plutus ihn belohnen? [5453]

Der Selbstmörder schrickt vor dem klaren See zurück, in dem die Sonne sich spiegelt, er stürzt sich in einen finstern Brunnen oder einen sumpfigen Teich. [5454]

Die Varnhagen von Ense kutschieren zierlich dahin mit sechs gut abgerichteten Flöhen; die Hamann und Jean Paul haben das Gespann des Ezechiel zu regieren. [5455]

Auf ein Mädchen
Fehlt dir auch nur ein Laub an deinem Myrtenkranz,
So ist dein Zauber hin, du bindest keinen ganz. [5456]

Nur eine Uhr geht immer richtig: das Gewissen. [5457]

Nicht sein Herz zu entblößen, ist die Keuschheit des Mannes. [5458]

Zu den absoluten Forderungen, die allen Welt-Perioden gemein sind, kommen noch die relativen jeder einzelnen, die gewissermaßen nicht von der Sonne, sondern von der Sonnen-Finsternis ausgehen. [5459]

Titi hat in gesundem Zustande 100 Pulsschläge, Pinscher 80. [5460]

Jacobis Briefwechsel mit Hamann.
p. 42. – Vater Abraham, wenn er von seiner Sarah wegen Unvermögenheit und von der ägyptischen Magd wegen Schwängerung verklagt worden wäre. (Hamann). [5461]

p. 126. Mendelssohn hat gesagt, sein Vergehen gegen mich liefe wohl darauf hinaus, was ihm schon eher seine Freunde vorgeworfen hätten, daß er keinen rechten Begriff von Ehre und point d'honneur habe und man hieran seine Erziehung erkenne. (Jacobi) [5462]

p. 143. Es ist sonderbar, daß in dem alten Mann (Mendelssohn) der versteckte Haß gegen die Christen von Tag zu Tag mehr hervorzutreten scheint. (H.) [5463]

p. 155. Vorgestern gehe ich des Morgens hin. Er sitzt im Pudermantel und sie neben ihm am Kaffeetisch. Ich will *ihm* die Hand küssen. – Sie sehen mich für meine Frau an. Ich biete *ihr* den Mund und setze mich ein wenig verdrießlich hin, ohne zu wissen, warum mir Hand und Mund versagt wird, rede ins Gelag hinein und komme nicht eher zu mir selbst, als bis ich auf der Straße bin. (H.) [5464]

p. 173. Allerdings liegt die Schuld an Ihnen, die unerkannte Schuld, daß Sie Wahrheit bei einem Juden, einem natürlichen Feinde derselben, gesucht und vorausgesetzt haben. (H.) [5465]

p. 221. Ich habe darauf, wie ein Tagelöhner geschlafen und hatte den Morgen eine Öffnung, wie ich sie lange nicht gehabt. Dies ist eine von den Haupt-Anekdoten, wovon unser lieber Kritiker (Kant) des Morgens seine Besucher unterhält, auch selbst der Gräfin Kaiserling vor der Tafel nicht ermangelt, zu referieren, zum herzlichen Gelächter meines Freundes mit der satirischen Hippe. (H.) [5466]

p. 330. Man vermutet sich eine Fortsetzung der Lebensläufe. Wie mir alles ein Wunder ist, so auch dieses, wie Hippel bei seinen Geschäften an »solche Nebendinge« denken kann. (H) [5467]

p. 336. Kant zu Hamann über eine neue Schrift: Nichts klar, aber schön geschrieben, man liest es mit Vergnügen. Ich müßte mir es erst in Gedanken übersetzen, um es zu verstehen. (H.) [5468]

p. 347. – Glaube hat Vernunft ebenso nötig, als diese jenen. Philosophie ist aus Idealismus und Realismus, wie unsere Natur aus Leib und Seele zusammengesetzt. Nur die Schulvernunft teilt sich in Idealismus und Realismus. Die rechte und echte weiß nichts von diesem erdichteten Unterschiede, der nicht in der Natur der Sache gegründet ist und der Einheit widerspricht, die allen unseren Begriffen zum Grunde liegt oder wenigstens liegen sollte. Jede Philosophie besteht aus gewisser und ungewisser Erkenntnis, aus Idealismus und Realismus, aus Sinnlichkeit und Schlüssen. Wozu soll bloß die ungewisse Glaube genannt werden? Was sind nicht-Vernunftgründe? Ist Erkenntnis ohne Vernunftgründe möglich? Ebensowenig, als sensus sine intellectu.

Zusammengesetzte Wesen sind keiner einfachen Empfindungen, noch weniger Erkenntnisse, fähig. Empfindung kann in der menschlichen Natur ebensowenig von Vernunft, als diese von der Sinnlichkeit geschieden werden. Die Bejahung identischer Sätze schließt zugleich die Verneinung widersprechender Sätze in sich. Identität und Widerspruch sind von ganz gleicher Gewißheit, beruhen aber oft auf einem optischen oder transzendentalen Schein, Gedanken, Schatten und Wortspiel. Das ist das Quecksilber Deiner Philosophie, welches Du umsonst zu fixieren bemüht bist: Bejahung *des Daseins an sich*; das abstrakteste Verhältnis, das nicht verdient, zu den Dingen, geschweige als ein besonderes Ding gerechnet zu werden. Verba sind die Götzen Deiner Begriffe. (H.) [5469]

p. 354. Ein allgemeines Wort ist ein leerer Schlauch, der sich alle Augenblick anders modifiziert und überspannt platzt und gar nicht mehr Luft in sich behalten kann; lohnt es sich wohl, sich um ein dummes Salz, um einen Balg zu zanken, der ohne Inhalt ist? (H) [5470]

p. 376. Noch eins, lieber Jonathan, nenne mich, wie Du willst; aber duzen kann ich mich nicht, als unter vier Augen. (H.)
(Er hatte es in Briefen selbst angefangen.) [5471]

d. 4ten Juli.
Zum zweitenmal in Gmunden. Wir hatten auf der Donau, wie auf der Eisenbahn, eine köstliche Fahrt. Auf dem Dampfschiff »der Herr mit dem Stern« »und dem Stiefelknecht«! Mein Begleiter der 2000jährige Kelte, ein Skelett, das ich für Brücke mitgenommen hatte. In unserem kleinen Hause die mit Blumengewinden, ehrenpfortartig geschmückte Tür; vor allem die schönen Lilien und Rosen! [5472]

Es ist eine bekannte Erfahrung, daß der Mensch die Beleidigungen, die er empfängt, leichter vergibt und vergißt, als diejenigen, die er anderen zufügt. Dieser Zug, mag er ihm nun zur Ehre oder zur Schande gereichen, ist jedenfalls ein Beweis für den hohen Adel seiner Natur. Sie verträgt die Selbstbefleckung nicht und haßt den Gegenstand, der sie zu einer solchen verleitete. [5473]

Ein Wandrer wird im Walde von Räubern überfallen. Er bietet für sein Leben einen Preis und geht mit ihnen zu einer alten Kapelle, um ihnen zu schwören, daß er diesen an einer bestimmten Stelle unter einem Baum niederlegen wird. Wie er eben die Schwurfinger in die Höhe hebt, erscheinen Jäger und die Räuber wollen fliehen. Aber er sagt: »glaubt ihr, daß ich nicht auch vor Menschen beteuern werde, was ich vor Gott beteuern wollte? Ich bin euch so viel (er nennt eine Summe) schuldig geworden und gelobe, sie in drei Tagen zu bezahlen.« [5474]

Der Jude sagt in Bezug auf seinen Feind: Herr, ich bitte nicht um Rache, ich bitte nur um ein langes Leben! [5475]

Wien d. 20 Aug.
Aus Gmunden zurück. Dort: Dr Likawetz, Herr v Koschitzka, Dr Drechsel, Lechner. [5476]

d. 3 Okt.
Gestern abend habe ich den ersten Akt der Nibelungen vollendet, wie er wahrscheinlich bleiben wird. Ich habe mich nämlich entschlossen, anstatt der anfangs projektierten 10 kurzen Akte, 5 lange zu machen und den fertigen ersten deshalb durch den beabsichtigten zweiten erweitert. Mich leitet hiebei die Überzeugung, daß ich, wenn das Werk einmal vollendet ist, eher einen beherzten Metzger unter den Theater-Direktoren finden werde, einen solchen nämlich, der Arme und Beine abhackt, als einen Mann, der sich auf eine Bilogie einläßt. Und das Theater ist hier doch Hauptsache, denn es kann sich absolut nur um die dramatische Vermittlung des Gedichts mit der Nation handeln. [5477]

Eine gute Theater-Vorstellung macht auf mich ungefähr den Eindruck, als ob ich lebhaft träumte. Ich weiß: es ist nicht wahr! aber ich kann mich nicht losreißen. [5478]

Das reproduktive Talent bringt immer nur das Allgemeine, sich von selbst Verstehende, der Menschen und Zustände, das produktive aber das Besondere, wodurch jenes sich erst als wahr und wirklich beglaubigt. [5479]

d. 20 Okt.
Wieder ein neues griechisches Stück mit unendlichem Jubel über die Bühne gegangen, während mein Gyges, der die Griechen wieder in die Mode gebracht hat, in der Schublade ruht. Ich fühle aber so wenig Eifersucht und Neid, als ob ich ein Pferd im Wettlaufen siegen sähe. [5480]

Ob wohl je der feurigste Liebhaber sich den Kuß noch nehmen würde, wenn die Geliebte: Wart! sagte und sich die Nase schneuzte? Dennoch widerfährt dies dem Künstler bei seinen Mitteilungen Tag für Tag. [5481]

Ein junger Ritter hat sich in die Königsburg zur jungen Prinzessin geschlichen. »Ich will ihm verzeihen – sagt der König – wenn er lebendig wieder herauszukommen weiß.[«] [5482]

d. 27 Okt.
Recht unwohl. Aber ich mache die alte Erfahrung: das nützt der Arbeit. Nie blitzte das Gehirn mir mehr, wie heut. Seltsam; Brücke zu fragen. Eine Meister-Szene geschrieben, mit der Hagen fertig ist! Eins darf ich mir sagen zu einigem inneren Trost. Hätt ich die Wahl jetzt, ein Theaterstück hervorzubringen, welches über alle Bühnen der Welt gehen und die Anerkennung aller kritischen Schöppenstühle finden, aber nach einem Jahrhundert verurteilt werden sollte, oder ein würdiges Drama zu erzeugen, das aber mit Füßen getreten und bei meinen Lebzeiten nie zu einiger Geltung gelangen, später aber gekrönt werden sollte, ich wäre nicht eine Sekunde in der Wahl zweifelhaft. So genügt man denn doch wenigstens nach einer Seite dem höchsten Gesetz. An Tagen, wie diesem, ist einem zumut, als ob man die Feder, statt in Tinte, unmittelbar in Blut und Gehirn eintauchte. [5483]

»Hof-Gewehr« heißt in Westfalen der Beschlag eines Bauerhofs, Vieh, Ackergerät u.s.w. Sehr gut.
(Möser, Patr.[iotische] Phant.[asien]) [5484]

Bei den alten Sachsen wurde einem Übeltäter der Brunnen verschüttet und der Backofen umgerissen.

(Möser, Osnab.[rückische] Gesch.[ichte]) [5485]

Der Vater unsers Pfarrers Porubski fragt seinen Sohn, wie er bei ihm die ersten Anwandlungen des Liebesfiebers entdeckt, wornach er bei der Geliebten zuerst sehen würde, und korrigiert dessen Antwort so: »Nach den Zähnen! Sind die nicht gesund, so taugt das ganze Knochen-Geripp nicht, sie vererben sich auf Kind- und Kindskinder und $^3/_4$ des Lebens verstreicht bei Zahnweh.[«]

(Habichs Kindtaufe) [5486]

»Sie sollen, mag es (das Epos) so groß werden, als es will, nicht mehr dafür geben, als ich jetzt für ein Drama erhalte, das ist pr[o] Akt 100 fl. Dabei verliere ich, denn man würde mir den Gesang unbedingt so hoch honorieren, wie den Akt, und mit Recht, weil ebensoviel darin steckt. Doch das tut nichts.«

An Campe d. 27 Okt 56.
[5487]

Eine abstrakte Bezeichnung gibt kein Bild, sowenig, wie der Name des Menschen sein Gesicht ist.   Ebenda. [5488]

d. 30 Okt.
War gestern abend im Lear. Friede mit dir, Shakespeare, wo du auch seiest! Du allein hast mehr getan, als sonst hundert Generationen zusammen! – Mich stören jetzt auch die Verwandlungen auf dem Theater nicht mehr so, wie früher. Es ist doch nur so, als wenn zwei Träume ineinander übergehen, durch einen Moment der Ernüchterung zusammengeknüpft. [5489]

Der Mensch kann nachsichtiger gegen andere, als gegen sich selbst sein. Denn gegen jene hat er die Pflicht der Billigkeit zu üben, nicht aber gegen sich.   [5490]

d. 10 Nov.
Ich durchblätterte in diesen Tagen die Geibelschen Gedichte. Es war die vierzigste Auflage! Nun, das nenn ich doch Erfolg!

Bei solcher Trivialität unglaublich! In welchem Stadium muß sich das deutsche Publikum befinden! Mich erinnerts an die Kranken, die Kalk und Raupen essen. Für die Nahrhaftigkeit des Kalks und der Raupen beweist es nichts, aber viel für den traurigen Zustand des Patienten. [5491]

d. 21 Nov.

Traf eben auf der Straße Dr Frankl, der zu Hammer ging, um zu sehen, ob er noch lebe; ich wußte kaum, daß er krank sei. Ich ging mit; sonst weiche ich dem Tode aus, wenn ers ebenso macht, werden wir uns nie treffen. Der Kranke wurde gerade versehen, wie wir schon an den Chorknaben merkten, die auf der Treppe standen und beteten; das Zimmer voll knieender Menschen; die Uhr stand, wie immer in Sterbehäusern. [5492]

»Hier ist ein Sumpf!« »Die Erde ist aber doch ein schöner Welt-Körper!« Wie oft wird so disputiert. [5493]

Schreiben heißt Bleigießen. [5494]

Die Jugend ist freier vom Neide, wie jedes andere Alter. Warum? Weil sie nicht weiß, wie schwer man die Güter auf Erden erwirbt. [5495]

Elfriede als Theaterstück. [5496]

Wenn ein Mensch plötzlich eine Erfahrung an sich machte, die mit seinem ganzen früheren Wesen in Widerspruch stände! Wenn ich z. B. meine Schlangenfurcht verlöre. [5497]

Wer seine Schweißtropfen zählt, wird nie sein Geld zählen. [5498]

Auch bei der Religion muß man auf den Urgrund zurückgehen. Dieser ist ewig, aber er tritt nur in vergänglicher Erscheinung hervor, und darin, daß diese sich zu lange behaupten will, liegt hier, wie überall, der tragische Fluch. Das Sterben wird immer mit zum Leben gerechnet. [5499]

Wenn eine Maschine dadurch lebendig würde, daß sie Menschen zerquetschte, wer wollte sie schelten? Aber – [5500]

Geburt und Tod sind für den Menschen dasselbe, was die Pole für die Erde sind; er kennt sie nicht, weil er sie nicht zu kennen braucht. [5501]

Die deutsche Nation verteilt ihre Lorbeeren, wie Ophelia ihre Blumen. [5502]

Wenn dem Phidias aufgegeben worden wäre, nach dem Schönsten das Absurdeste zu erfinden, so würde er auf unseren Frack gekommen sein. [5503]

Echte Anschauungen sind nicht Gedanken, sondern Gedanken-Mütter. [5504]

Kein Kind tauft sich selbst. Ein Mensch soll es auch nicht tun. [5505]

Jeder Mensch ist eine Hieroglyphe, die zweimal ergründet werden will. Zuerst ist zu ermitteln, ob er die Schlange, den Vogel oder was sonst auf der Pyramide vorstellt, dann, was Schlange und Vogel bedeuten. [5506]

Jede Geliebte wird einmal Hausfrau, jeder Purpur Rock, jede Krone Hut. [5507]

Der Tag ernährt seinen Mann immer, das Jahrhundert den seinigen selten. [5508]

Was sind die gewöhnlichen Dramen und Romane anders, als Rätsel und Scharaden im größeren Stil? [5509]

Klopstock machte sich in höherem Alter Vorwürfe über seine Liebe zur Fanny, weil er nicht wußte, ob sie ihrer auch wert gewesen sei. Mit demselben Recht hätte er sich über das Besingen der Rosen Vorwürfe machen sollen, weil sie sich später in Mist umgewandelt haben. [5510]

Es gibt Poeten, die den Lear nur deshalb nicht zu schreiben glauben, weil er leider von Shakespeare schon geschrieben ist, aber auch Gelehrte, die nach ihrer Meinung ebensogut wie Newton, das Gesetz der Schwere bei Gelegenheit des fallenden Apfels entdeckt haben würden, wenn dieser ihnen nicht zuvorgekommen wäre. [5511]

Griechische Stücke! Warum nicht so gut, wie christliche? Sind Jupiter und Jehova fürs gemeine Bewußtsein denn noch weit auseinander? [5512]

Hirsch: Mit Wasser hat Gott die Welt gezüchtigt, nicht mit Feuer oder Luft; sie waren ihm viel zu edel. [5513]

Leidenschaft und Kritik
Wohl ist die Waage gestempelt, geprüft auch sind die Gewichte,
Aber es fiebert die Hand, aber es flimmert der Blick! [5514]

Die meisten Menschen täuschen sich über sich und andere, weil sie die Vernunft für die schaffende und leitende Macht halten, da sie doch nur die erhaltende und korrigierende ist. [5515]

Nach Cassiodor sagte Theodorich der Große: Die Völker stellen sich ihren Kaiser vor, wie sein Haus aussieht.
(Eitelbergers Vorlesung.[)] [5516]

Nachzutragen aus der Schreib-Tafel: *Aufenthalt in Bertholdstein* vom 10ten bis 16ten September: [5517]

d. 29 Dez.
Gestern abend die zwei Nibelungen-Akte vorgelesen, so gut es bei Grippe und Schnupfen ging. Die Wirkung war eine große, aber, wie es mir vorkam, zugleich eine betäubende. Ich glaube, obgleich die Zeit des Stücks weit hinter der Zeit des Lear zurückliegt, doch nicht so viel Kultur hineingezogen zu haben, wie Shakespeare in diesen, und doch nicht trocken geworden zu sein. »Wie die Kinder!« sagte Kuh; »wie die ersten Menschen« sagte meine Frau. Das wäre etwas. [5518]

Bertholdstein, vom 10 bis 16 Sept:
Motto: Versprich nicht, was du ungern hältst, wenn du kein Lump bist! Weil ich das getan hatte, mußte ich plötzlich aus meiner kaum begonnenen herbstlichen Tätigkeit wieder heraus. In Graz: der alte Fink, bei dem Nordberg und ich übernachteten, und der mir am nächsten Morgen sagte, daß er den Natur-Selbstdruck erfunden und seine Arbeit der Staatsdruckerei, die sie jetzt als ihr Eigentum ausbeute, vorgelegt habe. (»Wie sich der stolze *Auer*hahn mit *Finken*-Federn schmückt.«) Nachmittags um drei Uhr Ankunft in Bertholdstein, welches hart an der ungrischen Grenze liegt, so daß man nachts vor seinem Bett neben dem Glas Wasser schon sehr gut ein Paar Pistolen brauchen kann; an Heinfeld, Hammer-Purgstalls Besitzung vorüber, die durch eine Menge goldener Tafeln mit orientalischen Inschriften, überall in dem nicht gar zu großen Garten angebracht, schon von fern an den Eigentümer mahnt. Bertholdstein ist ein altes verfallenes Schloß, das Nordberg neben den großen Ländereien und Waldungen nur als Stein- und Trümmerhaufen mit angerechnet wurde und das er mit Glück wieder zusammenflickt; hoch gelegen, mit einem Turm geziert, der einem Ausrufungs-Zeichen gleicht, ist es schon von weitem sichtbar, ein schlechter Weg, der mich an Dithmarschen erinnerte, und mit dessen Herstellung die Bauern widerwilligst beschäftigt waren, führte vom Dorf hinauf. Alte Fassade, mit Weinlaub umsponnen; an- und ineinander geschobene Gebäude aus verschiednen Jahrhunderten; in der Mitte ein ungeheuerlicher Turnierplatz, von Galerien, die an den Gebäuden fortlaufen, eingefaßt; inmitten des Turnierplatzes wieder ein uralter Brunnen und ein düstrer Nußbaum. Bei einbrechender Nacht einsamer Gang auf den Galerien; Eintritt in einen Saal, in dem ich unter Tischen und Bänken einen zerlumpten Menschen fand, der sich mir als Schullehrer zu erkennen gab und der die ganze Woche von Wasser und Brot leben muß bis auf den Sonntag, weil ein anderer armer Schullehrer ihn »auf etwas Warmes« einladet. So ist es hier überall mit der Erziehung bestellt; ich gab dem Mann, was ich entbehren konnte und sagte ihm dabei, daß bei mir zu Lande nur die Verbrecher auf Wasser und Brot gesetzt seien und auch immer nur in Intervallen von fünf zu fünf Tagen. Nachher mit Nordberg Gang in

die Kapelle mit der Familien-Gruft der Grafen Bertholdstein und Lenkheim, der zur Linken mir das Schlafzimmer angewiesen ist; Anzünden unseres Lichts bei der ewigen Lampe und dann wieder der ewigen Lampe bei unserem Licht, letzteres durch mich. Das Bild, welches der Graf Lenkheim mitnahm, als er das Gut verkaufte und welches seine Ur-Enkelin auf ihrem Sterbebett wieder in die Kapelle zurückgestiftet hat; Familienstück, Vater und Mutter von ihren blühenden Knaben und Mädchen umgeben, jetzt alle Staub und Asche in der Gruft unten, die der schwere Stein bedeckt. Diese Gruft selbst, von dem letzten Bertholdstein im Testament sein »liebes Schlafkämmerlein« genannt, vor unvordenklicher Zeit, wie man erst bei zufälliger Eröffnung bemerkte, ausgeraubt; die Blei- und Kupfer-Särge gestohlen und die Knochen wüst durcheinandergeworfen, so daß Nordberg sie alle, auf einen Haufen zusammengetragen, in der Mitte unter Zuziehung eines Priesters noch einmal begraben und dann über ihnen sein eigenes Familien-Begräbnis einzurichten gedenkt. In der Sakristei die alten Schränke mit stäubigen Marien-Kronen, zerfetzten Priestermützen, zerbogenen Kelchen u.s.w. Nordbergs Testaments-Bestimmung, daß seine Angehörigen sich nach seinem Tode an einem ihnen beliebigen Tage, sei es der Geburts-, der Hochzeits- oder der Sterbetag, bei der Gruft einfinden und eine Seelenmesse hören sollen; nicht, weil er davon für sich selbst noch über das Leben hinaus etwas erwartet, sondern weil er glaubt, daß dies als ein Band der Vereinigung dienen wird. Abends das Vorlesen des von ihm beim Kaiser über seine Dienst-Laufbahn, die nach dreißig Jahren der Anstrengung, ja der Gefahren mit plötzlicher Entlassung endigte, eingereichten Memorials; durch heftiges Schluchzen und Weinen des ernsten und gehaltenen Mannes unterbrochen. Nachts der Traum von Gretchen Carstens, die ich in Wesselburen so leidenschaftlich liebte und die jetzt auch schon längst begraben ist; wir hatten uns lange nicht gesehen, gaben uns die Hand und küßten uns herzlich. In der Nähe der Toten von der Toten, denn nur *ein* Zimmer trennte mich von der Kapelle, seltsam genug; übrigens war es der erste Kuß, den ich von ihr empfing, denn im Leben kam ich nie so weit, sondern belauschte nur des Abends ihren Schatten auf der Fenster-Gardine oder drückte die Türklinke. Am nächsten Morgen Besichtigung des Ganzen; einsames Herumklettern auf den weitläuftigen alten Böden und Durchwandern der langen Säle; Eindruck, wie in Venedig: versunkene Pracht und notdürftige Restauration des Einzelnen ohne Sinn für das Ganze: der Tod mit Manschetten! Kontrast zwischen mir und Nordberg, der alles das, als noch nicht beseitigt, entschuldigte, was mich allein reizte; bei alledem aber ein bildender Umgang für mich, weil er bei seinem tapfern Ergreifen des Augenblicks alle die Eigenschaften hat, die mir fehlen. Die alten Familienbilder; ein Graf Bertholdstein, den Richterstab in der Hand und einen Scheiterhaufen hinter sich; ihm gegenüber seine Gemahlin mit einem Affen, die er zum Feuertode verurteilt haben soll, weil er sie mit dem ekelhaften Tier in einem scheußlichen Verdacht hatte, er ein grimmiges, sie ein stumpf-blödes Gesicht; geputzte Mohren-Könige und Königinnen, seltsam grimassierend, daneben geschwollene allegorische Figuren, wie Milde und Gerechtigkeit. In der Nähe ein Wald mit Römer-Gräbern, die ich jedoch nicht gesehen habe; reich an Münzen aus der Kaiserzeit. Darauf Ausflüge in die Umgegend, zunächst nach der Riegersburg. Diese ist die imposanteste Burg, die ich je erblickte; in Felsen gehauene Wege; armdicker Epheu; Bild einer Wirtschafterin, die als Hexe verbrannt worden ist, weil sie im Winter schöne Blumen gezogen hat; die *Galerie* mit ihrem Spruch: Bauen ist eine schöne Lust, Was es kost't, ist mir bewußt! Darauf nach Gleichenberg, wo wir als einzige Merkwürdigkeit das Gräflich Wickenburgsche Erbbegräbnis besahen; der feiste Superior, der uns führte und uns mit aller Gewalt vorher zu seinen speisenden Mitbrüdern ins Refektorium schleppen wollte. Eine Rotunda, durch ein Gitter verschlossen, welches das Tageslicht gedämpft durchläßt und das Innere mäßig erhellt; in den Wandnischen die hermetisch versiegelten Särge, von lauter jungen Mädchen und Kindern; die hallenden Fußtritte, der mit hinuntergelaufene Hund des Mönchs und dieser selbst mit seinem stieren Lächeln und seinem wiederholt hervorgestoßenen: angenehme Gruft! angenehme Gruft! Unterwegs ergötzte mich der kleine ungarische Kutscher, dessen schwarzer, tief in die Stirn bis zwischen die Augbrauen hineinlaufender Haarbusch ihm das Ansehen gab, als ob er unterm Hut eine schmutzige Mütze trage, und dessen

Zwickelbart aussah, als ob er eine Zigarre rauchte, was ich wohl zehnmal glaubte. Dann durch Ungarn über Steinamanger, wo wir übernachteten und Ödenburg, wo wir zu Mittag aßen, zurück. [5519]

Kuriosa und Anekdoten, die ich von meinem Freunde erfuhr

Rebhühner werden von den Köchinnen *abgefedert*. D.h. man zieht ihnen eine Feder aus dem Steiß und durchsticht ihnen damit den Hals. [5520]

Eine Frau tötet in Ungarn eine andere, eine Försterin ihre Gebieterin durch einen Schuß, indem sie sie abends spät mit einem Brief ans Fenster lockt, in Nordbergs zweitem Schloß. Es kommt nicht auf, als die mutmaßliche Mörderin aber im Sterben liegt, verordnet sie in ihrem Testament, daß dem heiligen Johannes auf ihre Kosten eine Statue errichtet und daß er mit dem Finger auf dem Mund, also als der Patron des Schweigens, dargestellt werden soll. [5521]

Ein Pfarrer verkehrt viel mit einer Gräfin. Diese verreist nach Italien. Einst heißt es spät abends: die Gräfin kommt! Er wundert sich, denn sie kam nie zu ihm, sondern ließ ihn immer zu sich rufen. Er eilt ihr entgegen und sie ist es wirklich, aber im Sarg. Sie will in seiner Kirche ruhen. [5522]

Nordberg, als Polizeikommissär einen verfolgend, das Signalement in der Tasche und selbst von Bauern als Verdächtiger angehalten, weil er dem Verfolgten gleicht. [5523]

Seine Frau, die ihm seit seiner Entlassung als Stadthauptmann keinen Kuß mehr gibt und die als Braut so arm war, daß sein erstes Geschenk in zwölf Hemden bestand. [5524]

Rebhühner werden auf großen Gütern in Netzen gefangen und dann den ganzen Winter in einer mit Tannenzweigen ausgesteckten, dem Wind und dem Schnee zugängigen Wildkammer lebendig gehegt. Um sie zu fangen, malt der Jäger auf eine steife Leinwand eine Kuh, die er mit einer Schelle behängt und hinter der er sich versteckt. Neuer Triumph für Zeuxis. [5525]

Raab-Fürsten nannte Kaiser Joseph die Müller im Raab-Tal, weil sie mit ihren Mühlen, statt *am*, breit *über* dem Fluß sitzen.
[5526]

Ein Vater, der seinen Knaben bei sich hat, wird erschlagen. Am Morgen findet man die Leiche und das Kind im tiefen Schlafe auf ihr. [5527]

Politika

Minister Bach und Nordberg, als dieser ihm in seiner stadthauptmannschaftlichen Eigenschaft meldet, daß ein Wiener Wagen-Fabrikant ihn an einem öffentlichen Ort Betrüger genannt hat. »Mischen Sie sich nicht in meine Angelegenheiten.[«]
[5528]

Derselbe und der ungr. Stuhlrichter, der eine Audienz beim Kaiser nehmen will, um ihm wegen der ungr. Zustände Vorstellungen zu machen und der, als er den Wink des Ministers, in seiner Abendgesellschaft gegeben, daß er davon abstehen möge, nicht befolgt, des Nachts in seinem Hotel beim Zuhausekommen einen Polizeikommissär vorfindet, der ihm befiehlt, auf der Stelle abzureisen. [5529]

Das im Jahr 1848 zu Mainz durch Hofr. E und Frau verbrannte österreichische Archiv der Bundes-Zentral-Kommission. [5530]

Der von Rußland nach der polnischen Revolution reklamierte poln. Fürst. Das ihm von Metternich durch NB. [Nordberg] übersandte Schreiben, das er nur lesen, aber nicht behalten durfte, infolgedessen er augenblicklich mit NB. abreisen mußte. Die falschen Quarantäne-Scheine u. s. w. »Österreich will keine Unglückliche machen.« [5531]

Der alte Herzog von Nassau zu NB. [Nordberg] »Wie lange wirds dauern, so bin ich nur noch ein großer Grund-Besitzer.«

Nbergs Ablehnung der Tafel: das würde auffallen. Metternich bei Gelegenheit eines NB. zugedachten preuß. Ordens: »*Aus*zeichnen hieße *Be*zeichnen.« [5532]

Kaiser Franz in Verona, von NB. [Nordberg] im Theater, zur Zeit des Kongresses überwacht, in allen Räumen Geheime verteilt, die seines Winks harrten. Darunter der Pole Jasomirski, der Dolchwerfer, der sich unter NB-gs Augen in dessen Zimmer stundenlang übte. [5533]

Kais. Franz und Kämpf. Drei Individuen sollten sich in London verschworen haben, den Kaiser Franz, den König von Preußen und noch einen Monarchen zu ermorden. Zwei wurden, weil sie verraten waren, an der Grenze aufgefangen, nur der für Franz bestimmte Kämpf erschien nicht. Der Kaiser wurde so ängstlich, daß er nicht einmal mehr ins Theater ging. Endlich mittelte NB. [Nordberg] eine Geliebte des K. aus und durch einen bei dieser gefundenen Brief erfuhr man, daß K. seine Auftraggeber angeführt und sich mit seinem Reisegeld nach Amerika begeben hatte. Der alte Kaiser, als es ihm gemeldet wurde: »Brave Leute habe ich, brave Leut!« Wenige Wochen darauf starb er. [5534]

Da wäre alles! Gottlob. Farbenkörner, die oft mehr wert sind, als man denkt; die politischen sämtlich NBgs Memorial entnommen. [5535]

Der Troppauer Buchhändler, der Pulver smuggelt. Der Kosaken-Offizier, der sagt: ich will auch zu den österreichschen Vorposten! und sich zu ihm mit auf den Pulverwagen setzt, seine Pfeife hervorzieht, Feuer schlägt und raucht, dann aber beim Absteigen hinzufügt: ich weiß recht gut, was du führst, aber ich wollte prüfen, ob du Courage hast. (E. Kuh.)
[5536]

d. 31 Dezember.
Mich plagt jetzt schon seit Monaten eine fast Schillersche Schlaflosigkeit, von der ich nicht weiß, ob ich sie der beständigen

Nerven-Aufregung durch meine Arbeiten, oder dem leider immer mehr zunehmenden, an sich freilich nach dem Ausspruch der Ärzte völlig unschädlichen, aber nichtsdestoweniger unbequemen Flechten-Übel, mit dem ich, wie mein Landsmann Niebuhr seit meinem sechszehnten Jahre behaftet bin, zuschreiben soll. So habe ich auch in der letzten Nacht erst um vier Uhr mein Licht ausgelöscht und auch dann nicht geschlafen und muß also heute mit fast verkalktem Gehirn den Jahres-Abschluß machen. Im allgemeinen habe ich alle Ursache zufrieden zu sein. Von Krankheiten habe ich nichts zu berichten und meine Tätigkeit ist sehr ergiebig gewesen; nie habe ich so leicht, so anhaltend und so befriedigend gearbeitet. Das Epos, am Geburtstage meiner lieben Frau, nicht ohne ein günstiges Vorurteil, angefangen, ist bis auf vier Gesänge gebracht und wird sich, wie ich zuversichtlich glauben mögte, bei den Deutschen einschmeicheln. Aus den beiden Nibelungen-Akten des vorigen Winters habe ich, auf einfach-mechanische Weise durch Wegnehmen des Zwischenstrichs, einen einzigen gemacht und einen zweiten hinzugefügt, der, wenn ich nicht sehr irre, schon etwas Zaubergold des versunkenen Horts enthält. Dazu habe ich meine sämtlichen Gedichte, gedruckte und ungedruckte, durchgesehen und sie, zum Teil freilich durch simples Zurückgehen auf die ganz ursprünglichen, später verworfenen Lese-Arten, unendlich gesteigert, so daß die bevorstehende Gesamt-Ausgabe, die möglich zu werden scheint, da Campe mir die freie Verfügung über die erste Sammlung gestattet hat, unbedingt durch ihren Reichtum und ihre Reinheit einen günstigen Eindruck machen muß. Es sind sogar neue Gedichte in Menge hinzugekommen und echt lyrische vom besten Schlag, deren ich mich so wenig noch fähig hielt, wie den Spätsommer eines Veilchens; ja ich kann diese Stimmung, die mir die Rückkehr zum Drama erschwert, noch gar nicht wieder loswerden. So viel hatte ich lange nicht zu verzeichnen. Neue Bekanntschaften: Grailich, sehr tüchtig in seinem spezifischen Fach, aber ebenso befähigt, am Allgemeinen teilzunehmen. Weihnachts-Abend mit den alten Freunden äußerst vergnügt zugebracht; Kuh kam von Troppau herüber und macht sich wieder, wie zuvor. Titi verschenkte an uns alle selbstgestickte Buchzeichen und war selig, daß sie nicht mehr bloß

empfing, sondern auch gab. Meinen Epigrammen »An die Götter« und »Conditio sine qua non«, die einen unbefriedigten Zustand scharf und spitz aussprachen, fügte ich im neuen Mspt Nachstehendes hinzu:
»Götter, öffnet die Hände nicht mehr, ich würde erschrecken,
  Denn ihr gabt mir genug: hebt sie nur schirmend empor!«
Ich wiederhole dies Gebet hier aus innerster Seele! [5537]

1857

d. 1 Januar.
Den gestrigen Abend in einer großen Soirée zugebracht, wo alles zusammenpaßte, wie Öl und Wasser, und wo man um Mitternacht kaum bei Tische saß. Doch schlief ich dafür einige Stunden. Auffallend war mir der alte Castelli in seiner Niedergeschlagenheit und seinem ersichtlichen Verfall. [5538]

Klage nicht zu sehr über einen kleinen Schmerz; das Schicksal könnte ihn durch einen größeren heilen! [5539]

Schellings Vorlesung über das Wort: Er war gehorsam bis zum Tode am Kreuz! Der Philosoph deduzierte, daß Christus auch vom Vater hätte abfallen können und verlegte damit den Teufel unmittelbar in Gott hinein. Seine Eröffnungsrede: »Ich hoffe, daß kein Schurke unter uns ist!« [5540]

Wahrheit in Kunst und Poesie! Gewiß. Aber hoffentlich zum weinenden Auge doch nicht auch die fließende Nase? Dennoch hat noch keiner Tränen vergossen, ohne den Schnupfen zu bekommen. Also die Grenzen respektiert, Gevatter Dorfgeschichten-Mann! [5541]

Es ist eine eigentümliche Erscheinung der moralischen Welt, daß man mit manchem Menschen noch umgehen kann, aber nicht mehr mit seinen Freunden. Die Seiten, die uns bei diesen abstoßen, müssen bei jenem natürlich auch schon vorhanden sein, weil sie ja eben das zusammenknüpfende Band bilden, aber sie treten noch zu schwach hervor, um zu stören. [5542]

Ich hinter Hammers Sarg in der Stephans-Kirche, zu meiner Rechten Dr L. A. Frankl, zu meiner Linken Reg. Rat Deinhardstein. Frankl (mir ins Ohr:) ich habe eine Hand voll Erde aus dem Tal Josaphat in der Tasche und werde sie auf den Sarg werfen. (Er dachte daran, wie hübsch sich das in einem Gedicht ausnehmen würde.) Deinh: (mir gleichfalls ins Ohr:) Sehen Sie, Freund? Niemand vom Hof, nicht einmal der Oberstkämmerer! In Preußen, in Sachsen oder wo Sie wollen, würde es an einem Prinzen nicht fehlen. (Er sah sich selbst im Geist schon begraben und den Prinzen gleichfalls ausbleiben) Später gesellte sich Bonitz zu mir und erzählte von dem Toten eine komische Geschichte. (»Wollen Sie sich nicht versehen lassen, Herr Hofrat?« Habe auch schon daran gedacht, nur schnell, damit es noch ins Abendblatt kommt! Die Kaiserin Mutter hat geschickt, aber nicht der Minister.) Sie charakterisiert ihn vollkommen, er war das wunderlichste Gemisch von groß und klein und schlug sich mit ebensoviel Energie für eine Partikel (Graz und Gräz; mit mir brieflich um die drei Weisen aus dem Morgenlande, statt der Heil. Drei Könige.) wie für ein Weltsystem. Aber – das sind die Ehren, die man im Tode hat, wenn man nicht dafür sorgt, daß man aus der Hintertür herausgeschoben wird. [5543]

d. 4 Jan:
Ich war gestern bei Hofrat Nordberg in Gesellschaft mit einem Oberkriegskommissär, einem geistreichen Mann, der sich lange in Hamburg aufgehalten hatte. Dieser erzählte, daß dort in den vornehmen Häusern kein Domestik Lohn erhalte, sondern daß jeder auf die Trinkgelder angewiesen sei, die denn auch eben deshalb bei Diners und Soupers in kolossalem Maß gereicht würden, 3 Taler jedesmal. Dies hatte die Mad^me Jenisch ihm selbst gesagt und hinzugefügt, daß die Bedienten es immer meldeten, wenn irgend ein Gast aus Unkunde der Sitte oder aus sonstigen Gründen mit der Steuer im Rückstand geblieben sei. Unglaublich, aber es paßt zum übrigen. [5544]

Ein Richter läßt sich in einem ital. Dorf rasieren und wundert sich, daß der Barbier ihn mit allen seinen Titulaturen anredet, während er ihn einseift. Er fragt den Menschen, woher er ihn kenne. »Ei, Herr Geheimerat – erwidert dieser und setzt das Messer an – kennen Sie mich denn *nicht* mehr? Sie haben mich ja zu zehn Jahren Galeeren verurteilt, aber ich bin entkommen.« [5545]

d. 11 Jan:
Ein Priester hat den Erzbischof von Paris ermordet. Scheußlich. In der Kirche während des Amts. Scheußlicher. Sein Messer, zu lang, um in die Tasche zu gehen, hatte er unter einem großen Blumenstrauß verborgen. Am scheußlichsten! [5546]

Unglaublich ist es, wie es mit den ästhetischen Begriffen wissenschaftlicher Köpfe aussieht. So hat der Physiolog L.[udwig], den ich zuweilen bei Brücke treffe, einen Begriff von der Kunst, wie sich ein junges Mädchen einen von der Physiologie bilden würde, wenn sie den Physiologen ein Kind aufschneiden sähe. Sie würde sie ohne Zweifel für eine bloße barbarische Lust am Metzgern erkären, da sie nicht ahnte, daß die Prozedur zu wissenschaftlichen oder gerichtlichen Zwecken vorgenommen wird. [5547]

»Den 6 Aprilis aber um 2 Uhr Nachmittage seyn J. F. G. (Herzog Friedrich von Liegnitz) mit großer Schwachheit überfallen und also ganz sanfte und stille von dieser Welt abgeschieden und mit Tode verblichen. J. F. G. aber haben sich zum Tode ungern begeben, haben vor ihrem Abscheiden zwo Stunden ein Gläslein mit Hanischem Bier in Händen gehabt und mir solches zum öftern zugetrunken; es haben J. F. G. aber nichts hinderbringen mögen, denn der Fluß war J. F. G. so stark in den Schlung und Brust gefallen und ist J. F. G. letzter Schlung Hanisch Bier gewesen; inmaßen denn J. F. G. Herrn Vater letzter Trunk auch Bier gewesen, welches ich J. F. G. auch selbst gebracht habe.«   Hans von Schweinichen, Bd 3 S 128. [5548]

Das Sublime ist in der Kunst dasselbe, was die Konsequenz-Macherei in der Wissenschaft ist. Es paralysiert und vernichtet, indem es zu potenzieren und zu steigern glaubt. Dies fällt mir bei einem Gedicht von Kuh ein, in welchem dem Liebenden zunächst aus den Augen der Geliebten Sonne, Mond und Sterne strahlen, worauf dann die Seelen förmlich umgetauscht werden und sich endlich nicht mehr zwei Menschen, sondern Himmel und Erde in ihnen umarmen. [5549]

Es gibt Leute, die nur aus dem Grunde in jeder Suppe ein Haar finden, weil sie, wenn sie davor sitzen, so lange den Kopf schütteln, bis eins hineinfällt. [5550]

Man kann auf wunderliche Weise fortleben. So lebt Joh. Fr. Martens aus Wesselburen durch sein Niesen, das ich mir angeeignet habe, weil ich es anfangs aus Spott nachahmte, in mir fort, obgleich er längst begraben ist. [5551]

Die Natur ist dem Menschen dafür eine Entschädigung schuldig, daß sie ihn mit dem Gedanken des Todes beladen hat. [5552]

Der erste Mensch war schon darum der beste, weil er der einzige war, denn gegen Berg und Tal läßt sich nicht sündigen. [5553]

Mancher glaubt schon darum höflich zu sein, weil er sich überhaupt noch der Worte und nicht der Fäuste bedient. [5554]

d. 18 Februar.
Heute abend um halb sechs Uhr auf der Mariahilfer Hauptstraße habe ich den dritten Akt der Nibelungen-Tragödie und damit die erste Abteilung (Siegfrieds Tod) geschlossen. Ich habe ihn, wie auch den zweiten, größtenteils mit der Adler-Feder geschrieben, die mir Dr Bamberg bei meiner Abreise von Paris für den Moloch schenkte, und schreibe auch diese Zeilen damit nieder; jedoch aus keinem anderen Grunde, als weil sie doch einmal aufgebraucht werden muß. Nie habe ich ein reineres Manuskript gehabt, fast kein Wort ist ausgestrichen und auch jetzt

glaube ich nicht, daß ich viel zu korrigieren nötig habe; ich blicke mit vollkommen ruhigem ästhetischen Gewissen auf das Ganze, wie aufs Detail. Hiebei fällt mir der Moment ein, wo ich das Nibelungen-Epos zum erstenmal zu Gesicht bekam. Es war in Hamburg, als ich Amalie Schoppe zum erstenmal, aus Dithmarschen zu dem Zweck herübergekommen, besuchte und bei ihr zu Tisch gewesen war; sie schlief nach dem Essen und ich unterhielt mich mit Büchern in ihrem Garten. Unter diesen befand sich, neben Helmina von Chezys Werken, das alte Lied, und ich las den Gesang, der Siegfrieds Tod erzählt. [5555]

Dunkle Hyazinthen (vielleicht Blumen überhaupt) duften stärker, als hellfarbige. Warum? [5556]

Zwei Fragen in Bezug auf Hamlet

1. Der König baut seinen ganzen Plan auf Hamlets Fechter-Ehrgeiz und Neid. Wie kann aber Hamlet noch ehrgeizig und neidisch auf Fechter-Talent sein? Und er ists, denn des Königs Plan glückt.

2. Laertes ist ein stolzer, mutiger, edler Jüngling. Wie kann er aufs Vergiften eingehen, ja zuerst darauf verfallen? Ist er nicht mehr zu edel dazu, so muß er noch immer zu stolz und zu mutig dazu sein. [5557]

Im Württembergschen heißt das Ende der Ernte die *Sichelhenke*. Franz Xaver Bronners Leben, Bd 2 p 88. [5558]

Wolfsaiten, sobald sie auf eine Geige gespannt und gestrichen werden, sprengen alle Schafsaiten ab. Ders., 2, 313. [5559]

Der Regent im Konvikt zu Dillingen behauptete, es sei Sünde, einen Taubenschlag an die offene Straße zu bauen, weil das Schnäbeln der Tauber und ihre verliebten Spiele die Vorübergehenden zur Unzucht reizten. Ders. 2, 323. [5560]

Bei Einweihung einer Kirche streut der Bischof in der Mitte mit Asche ein Kreuz auf den Fußboden und schreibt auf den einen Balken das griechische Alphabet, auf den andern das lateinische, um die Vereinigung der griech. und der lat. Kirche zu versinnlichen.   Ders., 2, 344. [5561]

Um einen Schatz zu heben, ist eine Bibel, ein Geistlicher und eine Jungfrau nötig. Der Geistliche und die Jungfrau graben Erde aus und legen Erde auf einen Altar, beide nackt, wie Adam und Eva, der Geistliche liest eine Zwingmesse, die Erde wird wieder heruntergeworfen, die Jungfrau streckt sich darauf hin, der Geistliche löst das Band der Jungfrauschaft und ebenso löst sich das Band, womit der Schatz an die Erde gefesselt ist.
Ders. 3, 168. [5562]

Zur Zeit des ersten Ausbruchs der franz. Revolution hielten alle Wirte im Elsaß gezwungenermaßen willige Dirnen für die Sergeanten u. s. w.   Ders. 3, 494. [5563]

Der Dom in Kolmar trug eine sehr große schwarze Tafel, auf der in goldenen kolossalen Buchstaben die Inschrift glänzte: Temple de la Raison. Auf der anderen Seite des Münsters stand die Guillotine, um die sich die Sanskulotten herumjagten.
Ders. 3, 505. [5564]

Dieses Buch: Franz Xaver Bronners Leben, von ihm selbst beschrieben, 3 Bde (starke) Zürich bei Orell, Geßner, Füßli und Comp:, ist längst herrenlos, denn es erschien 1795, und verdiente neu gedruckt zu werden. [5564a]

d. 20 Febr.
In der letzten Nacht war ich einmal wieder in der wüstesten Traum-Region. Die beiden Professoren Brücke und Ludwig, mit denen ich mich am Abend in Gesellschaft befand, waren wissenschaftlicher Zwecke wegen eingesperrt und ich leistete ihnen freiwillig Gesellschaft, ging aber ab und zu. Wenn ich das Zimmer verließ, wollte Ludwig jedesmal mit hinausschlüpfen, Brücke flüsterte mir aber ins Ohr, es ja nicht zu gestatten, weil er draußen gleich verloren sei. Endlich täuschte er meine Wachsamkeit aber doch und augenblicklich, wie er ins Freie kam, ver-

wandelte er sich in einen weißen Schmetterling, den der Wind herumwirbelte. Ich suchte ihn wieder einzufangen, aber vergebens, der Wind trieb ihn weiter und weiter und ich rief aus, indem ich seinem Kampf mit dem Element zusah: Das ist doch jammerschade, ein so braver Naturforscher! [5565]

d. 1sten März.

Gestern abend schloß ich den fünften Gesang meines epischen Gedichts, den ich am 23sten Febr: begann und also in fünf Tagen beendete. Die produktive Stimmung hält diesmal lange bei mir an und macht seltsame Sprünge. [5566]

Ob gewisse Leute (sie sind nicht unter dem Pöbel zu suchen) im Theater den Shakespeare sehen oder den Raupach, ist ihnen einerlei: sie gähnen immer, wenn auch im ersteren Fall hinterm Schnupftuch und im zweiten offen und frei. [5567]

Der Genesende darf zu seiner Belohnung für die überstandenen Schmerzen den ersten Odemzug noch einmal tun. [5568]

»Wenn die Zunge versagt, so redet der Körper statt ihrer.«
[5569]

Die Liebe ist ein Gut, was allen anderen den Schein abstreift.
[5570]

Ein auf Aktien zustande gebrachter Napoleon. [5571]

d. 7 März.

Einen alten Brief von sich selbst lesen, heißt in den Spiegel sehen. Mir kommt eben einer von mir aus dem Jahre 1848 zu Gesicht, den man, statt ihn zu bestellen, einer Autographen-Sammlung einverleibt hat und den mir Herr Dr Büdinger durch die Stadtpost zuschickt; ich habe aber, indem ich ihn durchlese, das angenehme Gefühl, daß ich über die berührten Punkte noch jetzt nicht anders schreiben würde, nicht einmal in anderem Ton. Er ist an Janinski gerichtet. [5572]

d. 8 März.

Heute den sechsten Gesang von »Mutter und Kind« geschlossen. Was doch alles in solchen Stoffen liegt! Man ahnt es selbst nicht.

[5573]

Brief an Uechtritz vom 12 März.

– Ich kenne diesen Autor bis jetzt durchaus nicht, aber ich kenne die Absonderlichkeiten manches anderen meiner Zeitgenossen und ich hoffe doch, daß die meinigen, selbst die aus der frühesten Zeit, sich wesentlich von den ihrigen unterscheiden. Ihnen ist es immer nur um die Absonderlichkeit selbst, um die unnütze und unfruchtbare Spannung der Phantasie zu tun, die sich einer Sack-Gasse gegenüber wohl einstellen muß. Ich dagegen gehe, wenn ich nicht irre, beständig auf die Selbst-Korrektur der Welt, auf die plötzliche und unvorhergesehene Entbindung des sittlichen Geistes aus und wenn ich mich daher auch mit ihnen zuweilen auf demselben Wege finden mag, so ist mein Ziel doch von dem ihrigen unendlich verschieden. – [5574]

d. 20 März.

Heute den siebenten und letzten Gesang von Mutter und Kind geschlossen. Ich glaube, das Thema hat gehalten, was es versprach und sogar noch etwas mehr. [5575]

Vor dem Bürgermeister bückt sich der Senator, vor dem König der Bürgermeister, vor Gott der König
 »Und auch dieser bezahlt, er ärgert sich über uns alle!«
Der Doktor aus Mutter und Kind. [5576]

Ein Schurke fällt nie über einen ehrlichen Mann. [5577]

Du atmest fremden Tod als dein Leben ein und fremdes Leben als deinen Tod aus. [5578]

Man kann gar wohl fragen: was wäre der Mensch ohne die Tiere? Aber nicht umgekehrt: was wären die Tiere ohne den Menschen? [5579]

d. 7 April.

Gestern zum erstenmal »Mutter und Kind« vorgelesen. Ich wußte nicht, ob ich Hexameter vortragen könne, aber es ging. Heute morgen fand ich, wie ich in einem alten Tagebuch blätterte, daß ich den ersten Gedanken zu diesem Gedicht am 22sten Jan: 1847, also vor 10 Jahren, gehabt habe, natürlich ohne die geringste Ahnung von der Form, in der er hervortreten würde.

[5580]

Es gibt Leute, die sich ganz gemütlich vom Turm herunterstürzen, weil sie erwarten, daß ihnen während des Falls Flügel wachsen. [5581]

Die Nibelungen auf viele Dichter zurückführen, heißt behaupten, ein Apfel sei nicht das Produkt eines Baums, sondern eines Waldes. [5582]

Wenn es mit Gott und Unsterblichkeit nichts wäre, so wäre auch für den Materialisten der Instinkt des Menschen noch immer bewundrungswürdig, weil er erfand, was die Gesellschaft allein möglich machte, und mit ihr den Fortschritt. [5583]

Ein Jagd-Ausflug. An den Fürsten Fr. zu Schwarzenberg, Durchl.

Hiebei, lieber Fürst, remittiere ich Ihnen mit bestem Dank Ihr Mkpt. Ich habe es mit vielem Vergnügen gelesen. Sie haben ein Auge für das Klein-Leben der Natur und der Menschenwelt, um das Sie mancher Poet beneiden könnte, wenn Sie nicht selbst einer wären. Man begleitet Sie gern auf Ihren Jagd-Ausflügen, denn Sie entdecken überall etwas Neues und wissen es mit markigem Pinselstrich vortrefflich hinzustellen. Auch die kleinen Novelletten, die Sie hie und da einstreuen, sind immer reizend und stehen meistens am rechten Ort. Ebenso bin ich ganz auf Ihrer Seite, wenn Sie das moderne Bevormundungs-System bekämpfen, da Sie dies nach meiner Kenntnis Ihres Charakters nicht aus Standes-Interessen, wie die preußischen Junker, sondern aus allgemein-menschlichen Gründen tun. Dagegen würde ich es mir doch überlegen, ob ich die Stelle über

Wien drucken ließe und nicht aus Rücksichten der Politik, sondern der Humanität und der Vernunft. Ich kann es Ihnen durchaus nicht verargen, wenn Sie Ihrem Freunde Alfred Windischgrätz einige Lorbeeren wünschen; wer einmal das Glück oder das Unglück hat, der Geschichte verfallen zu sein, wäre es auch nur im alleruntergeordnetsten Sinne, braucht Schatten, und Titel, Orden und Würden gewähren keinen auf die Länge. Ob die Flammen einer harmlosen, des Widerstandes unfähigen und von ihren natürlichen Beschützern im Stich gelassenen Stadt, die nicht mehr und nicht weniger, wie jede andere, dem allgemeinen europäischen Sankt Veits-Tanz unterworfen gewesen war, diese Lorbeeren aber gezeitigt haben würden, bezweifle ich stark; eine solche Tat konnte ja auch ein Feldwebel vollbringen und die ungrischen Schlachtfelder hätten jedenfalls einen besseren Boden abgegeben. Übrigens wissen Sie vielleicht gar nicht, was bei der sogenannten Einnahme der Residenz, die Sie an allen vier Ecken hätten angezündet erblicken mögen, alles geleistet wurde; ich, der ich mich damals mit meiner Familie darin befand, weil ich meine gute Gesinnung irrtümlicherweise besser durch Verharren auf dem Posten, als durch Davonlaufen bewähren zu können glaubte, kann mit einigem Detail dienen, das wahrscheinlich im Dunkeln geblieben ist. Im Brünnel-Bad z.B., um nur *einen* Zug anzuführen, fand man die ganze Familie, Weiber und Kinder eingeschlossen, ausgemordet, und die männlichen Leichname hatten ihre Geschlechts-Glieder als Zigarren im Munde; das ist doch immer schon etwas und wird, ich bürge dafür und ich bin – Sie verzeihen, daß ich hier auch einmal stolz auftrete – der Mann, mein Wort zu halten, der Geschichte nicht verlorengehen. Nein, lieber Fürst, lassen Sie die Stelle lieber weg, sie kann Ihnen nur entfahren sein, denn sie paßt durchaus nicht zu der Milde und Liebe, womit Sie alles, was zwischen Himmel und Erde durcheinanderwimmelt, betrachten und umfassen; jedenfalls aber nehmen Sie mir mein offenes Urteil nicht übel, das Ihnen ja nur meine Hochachtung vor Ihrer weiten und reichen Natur und die Aufrichtigkeit meiner Beistimmung in so vielen anderen Dingen beweisen kann.

Ihr

v. H. d. 8 Juni 1857.   F. H.   [5584]

Gmunden d. 13 Juli.

Eben ist ein Gewitter vorüber, nachmittags 5 Uhr. Titi ist mit ihrer Gespielin bei uns im Zimmer, die Vögelchen draußen werden bedauert, ich sage: die Vögel leben von dem, was der Mensch liegen läßt, und frage das Kind dann: was läßt der Mensch liegen? Es erwidert: nichts, aber zuweilen verliert er was!
[5585]

d. 17 Aug.

Ein sehr merkwürdiges Gespräch mit Brücke. Ich drückte meine Verwunderung darüber aus, daß die gräßliche Hitze, die neben dem größten Regenmangel während der letzten Monate in Wien geherrscht hat, die Cholera nicht hervorgerufen habe. Er antwortete: wir hatten ja Frieden! und setzte mir dann auseinander, daß die Alten sehr wohl gewußt hätten, warum sie Krieg und Pestilenz immer zusammen in ihren Litaneien genannt und daß namentlich die Cholera immer nur im Gefolge des Kriegs eingetroffen sei.
[5586]

Daß der Mensch, der die Wahrheit so flieht, den Spiegel erfunden hat, ist die größte historische Merkwürdigkeit. [5587]

König Lear als Springinsfeld. (Pinscher) [5588]

Man legt gern Kränze auf Gräber. Aber Gräber werden von selbst grün. [5589]

Trage deine Mutter auf den Armen, wenn ihr die Beine versagen; sie trug dich im Schoß, als du noch keine hattest. [5590]

– Die Formalitäten sind ungefähr so in die Welt gekommen, wie die Handschuhe, die bekanntlich der Pest wegen erfunden wurden. Ein Orden ist eine Batterie und ein Titel eine ganze Festung, doch wir beide brauchen keine Deckung und können gleich ins Freie treten, wie es vor der Zeit der Ritter ohne Roß und der Räte ohne Stuhl jeder tun mußte.

Brief an Kl. Groth vom 27 Sept: 57. [5591]

Gewisse moderne Literatur-Geschichten wollen »die Luft reinigen«. Das tat Omar freilich auch, als er die Bibliothek verbrannte. [5592]

Der Künstler kann heutzutage nur noch den Funken unter der Asche hegen. [5593]

Wir Deutsche brauchen bald nicht mehr Eisen, als zum Federschneiden nötig ist. [5594]

Die gemelkte Kuh stößt den Milch-Eimer zuweilen wieder um, wenn er voll ist. [5595]

Was bleibt übrig von einem Volk? Das, woran das Volk selbst seine Freude hat. [5596]

Der Mensch tritt die Erde, die ihn zeugt und ernährt, mit Füßen: wie sollte er dankbar sein? [5597]

Manchem scheint das Leben kurz, dem der Tag doch sehr lang vorkommt. [5598]

Nur die Einheit Deutschlands führt zu seiner Freiheit als Nation. [5599]

Der Mensch ist der beste, der nur die Fehler hat, die die Zeit von selbst wegnimmt. [5600]

Man behauptet, der Mensch spreche gern von sich selbst. Kein Kriminalrichter wird diese Erfahrung machen. [5601]

Besser, unter der kahlsten Rebe geboren werden, als im Weinfaß. [5602]

Schillers Vater: Schöpfer der Württembergschen Obstkultur.
  (Direktor Walz von Hohenheim) [5603]

Bei Passau: Der fürchterlich häßliche Gnom, der vor dem bildschönen Mädchen stand; er vergnügt, sie verdrießlich aussehend. [5604]

Bei Shakespeare sieht man das Kind im Mutterleibe. [5605]

Wenn einer dem andern seine Niederträchtigkeit vorwirft, so wirft er ihm in der Regel vor, daß er so ist, wie er selbst. [5606]

Das Drama hat es vor allem mit der Wiederbringung des Teufels zu tun. [5607]

Pinscher: Blau-Auge! Antwort: Was blau an mir ist, das ist dein! [5608]

Der Mensch hätte vielleicht noch immer ebensofeine Sinne, wie das Tier, wenn das Denken ihn nicht von der Außenwelt abzöge. [5609]

Ein reuiger Mörder: »Lebe ich ewig, um zu büßen, so lebt mein Opfer ja auch ewig, um belohnt zu werden.[«] [5610]

Das böse Gewissen des Menschen hat die Tragödie erfunden. [5611]

»*Deine* Götter sollst du auch in *meinem* Hause verehren.« [5612]

Zwei uralte Greise: Wer ist Vater, wer ist Sohn? Beide habens vergessen. [5613]

Der langweiligste Tag: welch ein Ideal in der Krankheit! [5614]

Es gibt eine Bewegung, dem Abgrund zu, so schnell, daß man sie so wenig mehr bemerkt, wie die der Erde. [5615]

Das Schicksal Goethes bei der Nation, als Mann, Mensch und Charakter, im Gegensatz zu Schiller beweist unter anderem auch, wie viel mehr Glück die Phrase macht, als die Sache, der sie im besten Fall zur Enveloppe dient. [5616]

Es ist besser, den Schlamm zu waschen und den Goldstaub zu sammeln, als sich bemühen, den Stein der Weisen zu erfinden, um dann mit diesem den Schlamm in Gold zu verwandeln. [5617]

Es gibt Leute, die heute Sozialisten und Rebellen sind und morgen Verwaltungsräte. Die sind Personifikationen der Seelenwanderung. [5618]

Der Deutsche wird vom Franzosen noch immer gern für geistlos erklärt. Abgesehen von der National-Eitelkeit, hat der Umstand nicht wenig Anteil daran, daß der Deutsche, dem Franzosen zu Gefallen, gewöhnlich französisch spricht und darum in der Regel nur das sagt, was sich von selbst versteht. Wenn man umgekehrt den Franzosen nach dem esprit beurteilen wollte, den er in der deutschen Sprache von sich gibt! [5619]

d. 31sten Dezbr.
Eben komme ich von der Leiche Alexander Baumanns, den ich von der Baumannshöhle her kannte. Ich erhielt dort von vielen Seiten über einen in die Wiener Zeitung gegebenen Aufsatz allerlei Lobsprüche; seltsamer Ort dafür und seltsamer Eindruck auf mich! Von besonderen Glücksfällen des letzten Jahres habe ich nichts zu verzeichnen, aber auch nicht von besonderen Unglücksfällen, und das ist genug. Mit meinen Arbeiten kann ich zufrieden sein: die erste Abteilung der Nibelungen ist vollendet, und ebenso das Epos. Außerdem sind im letzten Herbst noch fünf Balladen tüchtigster Art entstanden und gleichfalls zwei Abhandlungen über Gentz und Holberg; ob es nun noch zu etwas Größerem kommt, muß ich abwarten, ich schwanke zwischen der Fortsetzung der Nibelungen und der Vollendung des Schillerschen Demitrius, dem ich freilich eine ganz andere psychologische Grundlage geben müßte, wie er, und der mich, was ich fast vergessen hatte, schon mit 18 Jahren beschäftigt hat. Die Gesamt-Ausgabe meiner Gedichte ist im Cottaschen Verlage erschienen und macht Glück, wie es scheint; ob sich ein Verhältnis aus dieser ersten gelungenen Anknüpfung ergeben wird, ist noch zweifelhaft. Das Epos hat in Dresden den von dem Komitee der Tiedge-Stiftung ausgesetzten Preis gewonnen; er ist nicht groß, aber es ist eine gute Annonce für das Buch. Zur Einsendung wurde ich durch den Dr Hammer veranlaßt. Eine große Reise durch Deutschland, im Frühling wegen meines Adoptiv-Sohns unternommen, war ohne Resultat

und ohne Erquickung; so genußunfähig und verdrußsüchtig war ich noch selten und ich hatte überall, wo ich weg ging, das Gefühl, die früher vielleicht gemachten günstigen Eindrücke völlig zerstört und verwischt zu haben. In Gmunden war ich dem Tode nah; ich schwamm in der Traun unter einer Brücke durch und sah nach einer Libelle, die im Sonnenlicht schimmernd vor mir herschwebte, als mir ein toller Mensch auf den Rücken sprang. Von ernsten Krankheiten meiner Frau, die mir von Jahr zu Jahr, von Tag zu Tag teurer wird, oder meines Töchterchens habe ich Gottlob nichts zu vermelden und so will ich von Herzen froh sein, wenn das neue Jahr dem jetzt ablaufenden alten gleicht! [5620]

1858

Mit nachstehendem Brief sandte ich Uhland ein Exemplar meiner Gedichte:

Hochverehrter Herr!

Vor einem vollen Viertel-Jahrhundert, im Sept:1832, wandte sich ein junger Mensch aus dem fernen Holstein brieflich an Sie und trug Ihnen vor, was er auf dem Herzen hatte; Sie waren auch wohlwollend genug, ihm beschwichtigend und tröstend zu antworten. Dieser junge Mensch war ich. Sie haben seitdem viel erlebt; Sie haben, nachdem Sie schon in Ihrer Jugend Zeuge der Auflösung des alten Deutschen Reichs und des Untergangs Napoleons gewesen waren, abermals Throne stürzen und Könige flüchten, ja Parlamente zusammenrufen und wieder auseinanderjagen sehen, und nicht, ohne selbst durch Rat und Tat mit einzugreifen. In diesem Wechsel der Dinge, der die Menschen in der Regel auch noch wankelmütiger zu machen pflegt, als sie an sich schon sind, ist es ein wohltuendes Gefühl, auf etwas Beharrendes zu stoßen und sich zu überzeugen, daß nicht alles im Wirbel untergeht. Vielleicht spüren Sie etwas davon, wenn Sie die Widmung des beifolgenden Buches lesen. Sie wird Ihnen beweisen, daß die Verehrung, die der Jüngling Ihnen zollte, auch noch die Brust des Mannes erfüllt und dieser mußte bereits unendlich viel von dem fallen lassen, was er ehemals festhielt und hat sich selbst in Wissenschaft und Kunst redlich bemüht. Nehmen Sie die Gabe in dem Sinne an, in welchem ich sie biete und erfreuen Sie sich noch lange eines heitern Greisen-Alters.

In unwandelbarer Hochachtung

Wien d. 21 Sept: Fr. H.
1857.   [5621]

Der Unreife steht dem Vortrefflichen gegenüber geradeso da, wie der Reife dem Unzulänglichen. [5622]

Die Billigkeit ist das Gesetz, welches der Mensch sich selbst setzt, das Opfer, welches er von seinem Recht freiwillig den Göttern darbringt, ein höchster Akt der Pietät. [5623]

Man geht und steht nur dadurch, daß man das Auge fixiert. Blind sein und in die Luft starren, ist dasselbe. [5624]

Königin Mathilde zu Struensee (nach seiner Erklärung): Ich muß dich töten lassen, wenn ich dich nicht erhören will; ich – erhöre dich! [5625]

»Am Mittwoch hat uns Goethe seine Reflexionen über die Nibelungen mitgeteilt. Er glaubt, daß in den damaligen Zeiten das eigentliche Heidentum gewesen wäre, ob sie gleich kirchliche Gebräuche hatten, denn Homer hätte mit den Göttern in Verbindung gestanden, aber in diesen Leuten finde sich keine Spur von irgend einem himmlischen Reflex.[«]

Briefw. von Knebel und seiner Schwester. p. 353. [5626]

d. 16 März.

Heute habe ich – 800 fl C. M. (mehr, als für Judith, Genoveva, Maria Magdalena, Gedichte und Diamant zusammen) für einen Opern-Text eingenommen, den ich für den Komponisten Rubinstein in den letzten drei Wochen geschrieben und dem ich den Titel: Opfer um Opfer gegeben habe. Ein gutes Geschäft und da mir die Arbeit noch obendrein ganz neue Blicke in das

Verhältnis der Musik zum Drama, ja in die Natur des Dramas selbst verschafft hat, so kann ich in jeder Beziehung zufrieden sein. [5627]

Im März 1858 sind meine gute Frau und ich zum zweitenmal geimpft worden, ich, nachdem es vor 45 Jahren zum erstenmal geschah; auch sind die Blattern gekommen, bei meiner Frau *einige* schwach, bei mir *eine* auf dem rechten Arm stark. Brücke war so freundlich. [5628]

Es gibt Leute, die Höflichkeit vom Schluß-Vermögen und Bescheidenheit vom Einmaleins verlangen und die sind in der Regel selbst so aufgeblasen, daß sie Gefahr laufen, plötzlich, wie Montgolfière, in die Luft zu steigen. [5629]

– Fliehend des Vaters Zorn, des Ormeniden Amyntor,
Der um die Neben-Gemahlin, die schöngelockte, mir zürnte:
Denn ihr schenkt er die Lieb und entehrte die ehliche Gattin,
Meine Mutter. Doch stets umschlang sie mir flehend die Kniee,
Jene zuvor zu beschlafen, daß gram sie würde dem Greise.
Ihr gehorcht ich und tats. Doch sobald es merkte der Vater,
Rief er mit gräßlichem Fluch der Erynnien furchtbare Gottheit,
Daß nie sitzen ihm mögt auf seinen Knieen ein Söhnlein,
Aufgewachsen von mir, und den Fluch vollbrachte der grause
Unterirdische Zeus und die schreckliche Persephoneia.
Erst nur trieb mich der Zorn, mit scharfem Erz ihn zu töten,
Doch der Unsterblichen einer bezähmte mich, welcher ins Herz
mir
Legte des Volks Nachred und so viel Vorwürfe der Menschen,
Daß nicht rings die Achaier den Vatermörder mich nennten.
                                Ilias, Ges. 9, 445–460.
(So erzählt Phönix, der Pfleger Achills. Es wäre etwas für Mons: Alex. Dumas.) [5630]

d. 12ten Mai.
Der Kuriosität wegen will ich doch in dies vernachlässigte Tagebuch einzeichnen, daß ich gestern nachmittag die Ehre hatte, vor dem Großherzog von Weimar zu stehen. La Roche hatte mir gesagt, daß er wünsche, mich persönlich kennenzulernen,

und mich in seinem Namen eingeladen; kurz vor Tafel wurde ich empfangen. Er sagte mir allerlei Verbindliches über mein »kerniges« Talent und teilte mir mit, daß er sich zu seinem Geburtstag die Genoveva aufführen lasse, was ich schon wußte, da Dingelstedt es mir geschrieben und mich zur Herüberkunft eingeladen hatte; dann verabschiedete er mich mit den Worten: Auf Wiedersehen in Weimar! Mein Gefühl: welch ein Glück, daß du nichts von ihm willst! [5631]

d. 27 Mai.
Gestern feierten wir den zwölften Hochzeitstag. Unter denselben blühenden Kastanien in Schönbrunn, unter denen wir 1846 spazierengingen, wandelten wir auch diesmal, aber Titi war mit dabei und warf uns mit Blüten-Schnee-Ballen, denn die Blüten lagen, vom etwas starken Wind heruntergefegt, so hoch auf den Wegen, wie der erste Winter-Schnee. [5632]

Axiome sind dadurch, was sie sind, daß sie nicht überliefert zu werden brauchen, sondern in jedem Menschen ganz von selbst entstehen. [5633]

Wäre die Sprache ein Produkt des logischen Geistes, anstatt des poetischen, so würden wir nur *eine* haben. [5634]

Abraham opfert den Isaak; er legt nämlich eine Flinte auf ihn an und im Augenblick des Abdrückens erscheint der rettende Engel und *pißt* aufs Zündloch! Ein wirklich vorhandenes, seit Jahrhunderten in einer mährischen Kirche zur Verehrung der Gläubigen aufgehängtes Bild! (Werner) [5635]

d. 1 Nov.
Gestern, am 31sten Okt:, feierte meine liebe Frau in häuslichem Kreise ihr fünfundzwanzigjähriges Theater-Jubiläum, von ihrem ersten Auftreten in der Jungfrau von Orleans an gerechnet. Wir waren sehr vergnügt, Debrois spielte Sachen von Chopin, Adele Kuh-Ferrari sang ein paar Lieder von mir und Titi ergötzte uns als Gamin de Paris in einem kleinen Festspiel. Des Morgens erhielt ich den ersten Aushängebogen von Mutter und Kind. [5636]

d. 29 Nov.

Vor ein paar Tagen erhielt ich von Prof: Peissner in New York einen Brief, worin er mir anzeigte, daß Amalie Schoppe gestorben sei und mich im Namen ihrer amerikanischen Schülerinnen aufforderte, ihr eine Grabschrift zu setzen. Ich antwortete: – »Die Todes-Nachricht, die Sie mir jetzt mitteilen, war schon durch die Zeitungen zu mir gedrungen und Sie, mögte ich sagen, haben nur noch den Trost hinzugefügt, der in einem solchen Fall möglich ist. Denn die Verlängerung des Lebens in einem Zustande, der den Genuß, wie die Tätigkeit, auf gleiche Weise ausschließt, ist schwerlich ein Glück, und wenn auch ein ganz eigener Schauder den Menschen abhält, einem schwer und hoffnungslos Leidenden das Ende wirklich zu wünschen, so gelingt es ihm unter diesen Umständen doch leichter, seinen Schmerz zu unterdrücken, da er ihn für einen durchaus eigennützigen erklären muß. Darum wollen wir uns denn auch daran gewöhnen, unsere hart geprüfte und noch ganz zuletzt, wie ich von Ihnen vernehme, schwer heimgesuchte Freundin Amalie Schoppe unter den Toten statt unter den Lebendigen zu suchen und uns auch in Bezug auf sie der stillen Hoffnung zu getrösten, die der Instinkt des Geschlechts festhält, wie Verstand und Vernunft des einzelnen auch darüber denken mögen.« Ich schlug das Distichon vor:

»Wie von den einzelnen Mühen und Lasten des Lebens im
Schlummer,
Ruht sie vom Leben selbst endlich im Tode sich aus.«

[5637]

Wenn der alte Ring der Kunst gesprengt wird, so kann das Produkt, das in ihm möglich war, in gleicher Schönheit nie wieder hervortreten, sondern der neue erzeugt ein neues, ohne das alte zu beeinträchtigen. Daher die Möglichkeit der Klassizität trotz des ewigen Wechsels. [5638]

d. 10ten Dez. 1858.

Gestern abend wurde ich durch einen häuslichen Vorfall stark an die Vergänglichkeit alles Irdischen erinnert. Gleich nach unserer Hochzeit kauften meine Frau und ich bei einem Spaziergang über das Glacis ein kleines gelbes Hündchen, das ein Schuster-junge feilbot. Es entwickelte sich allerliebst, blieb zwar aus Domestiken-Gründen nicht lange im Hause, sondern wurde von der Schwiegermutter zu sich genommen, bewahrte uns aber eine große Anhänglichkeit und kam nach dem Tode der letzteren wieder zu uns zurück. Wahrhaft leidenschaftlich seiner Herrin ergeben, hatte es in ihrer Abwesenheit nicht Rast noch Ruhe; genau kannte es die Schlußzeit des Theaters und horchte, bis der Wagen vor der Tür hielt; mit einem rührend-fröhlichen Gebell stürzte es dann, ihr entgegen, die Treppe hinunter. Gestern sitzen wir, wie gewöhnlich, um 9 Uhr bei Tisch und rufen den Sindsal; er heult, aber er kommt nicht. Wir öffnen die Tür des Salons; er tappt hin und her und findet den Ausgang nicht. Wir nehmen ihn, setzen ihn auf den Sofa und halten ihm Fleisch hin; er bemerkts nicht und schnappt erst zu, wenn er den Bissen riecht. Meine Frau sagt mit feuchten Augen: wenn er nur nicht blind geworden ist! Ich lache darüber, da ich ihn am Mittag noch munter auf meinen Ruf: Essen! Essen! hinter mir herspringen sah, aber ich drohe ihm mit der Hand und er fürchtet sich nicht. Heute morgen scheint es sich traurig zu bestätigen; welch ein entsetzlich-rascher Übergang! Du armes Tier! Wie oft hast du mich durch ein anmutiges Bitten bei Tisch innig ergötzt, wie zierlich kratztest du mit deinem Vorder-Pfötchen auf den Tisch und ticktest deiner Herrin an Arm und Schulter! Ich mag mir selbst nicht gestehen, wie mich der kleine Vorfall ergreift! [5639]

Die Selbst-Erkenntnis soll so schwer sein. Sie ist es ohne Frage. Ist es für den Menschen doch schon keine leichte Aufgabe, sein Äußeres, das er in jedem Spiegel, ja in jedem stillen Wasser plastisch vor sich hat, richtig zu würdigen und die Zerstörungen, die Zeit und Umstände darin anrichten, gewahr zu werden, wie das Beispiel alter und junger Gecken beweist. [5640]

Die Fabel mit der Sphinx wiederholt sich Tag für Tag. Das Rätsel, das du nicht lösen kannst, zerstört dich! [5641]

d. 31 Dezbr.
In schwerer Zeit bin ich mit meiner lieben Familie bis jetzt gesund geblieben; etwas Besseres kann ich zum Jahres-Schluß

nicht eintragen. Aus Weimar, wo ich eine mir unvergeßlich-herzliche Aufnahme fand, kehrte ich mit einem Orden zurück und zu Liszt und dem Wittgensteinschen Hause hat sich ein schönes Verhältnis gebildet. Das Epos hat mir zu der endlichen Regelung meiner Verhältnisse mit Campe verholfen, was ich als einen großen Gewinn für die Zukunft betrachten darf. Gearbeitet: zwei Akte Demetrius, die ich aber noch nicht beurteilen kann. Bleibe alles, wie es ist; ich will das Gute gern mit den Trakasserien bezahlen! [5642]

1859

Ein Flötenbläser: die Töne verwandeln sich in Sterne und kreisen um ihn herum. Traumbild. [5643]

Das Wunderbare ist doch nur wunderbar, d.h. unvermittelt hervortretend, in Bezug auf die Erscheinungs-Reihen, die sich eben abspinnen und die Welt bilden, nicht aber in Bezug auf die Idee, die dieser, als unerschöpfliche Mutter einer unendlichen Menge von möglichen Welt-Formen zugrunde liegt; vielmehr muß es dieser Idee viel besser entsprechen und sie viel tiefer offenbaren, als das sog: Natürliche, an dessen Stelle es tritt und sich dadurch in ein noch Natürlicheres, d.h. Zweckmäßigeres, verwandeln, sonst ist es Alfanzerei. [5644]

Ob Raum und Zeit überhaupt existieren, bleibe dahingestellt; fürs Drama existieren sie gewiß nicht. [5645]

d. 19 Febr.
Ich fühle mich jetzt wieder unendlich zur Natur hingezogen; die Gedanken des Menschen verlieren Tag für Tag mehr in meinen Augen und die Gedanken Gottes treten wieder in ihre Stelle. Man wird so von neuem Kind, aber mit Bewußtsein und darum für immer; man fühlt sich dem Urgrund eine lange Zeit durch die einzelnen Erscheinungen entfremdet, aber man kehrt

zuletzt unbefriedigt wieder zu ihm zurück, weil man erkennt, daß nur er alles in allem bietet, wenn auch nichts so grell und bunt daß Rausch und Wollust entstehen können. Dasselbe wiederholt sich in der Kunst, die immer die Probe des Lebens ist. [5646]

Warum sind Charaktere, wie die von Napoleon und Friedrich, unpoetisch? Weil sie nicht idealisiert werden können. Warum können sie nicht idealisiert werden? Weil sie nur durch den Verstand groß sind und weil der Verstand der gerade Gegensatz des Ideals ist. [5647]

Das Weib muß nach der Herrschaft über den Mann streben, weil sie fühlt, daß die Natur sie bestimmt hat, ihm unterwürfig zu sein und weil sie nun in jedem einzelnen Fall prüfen muß, ob das Individuum, dem sie sich vis-à-vis befindet, imstande ist, das ihm seinem Geschlecht nach zustehende Recht auszuüben. Sie strebt also nach einem Ziel, das sie unglücklich macht, wenn sies erreicht. [5648]

Wie es, außer den fünf Sinnen, noch ein körperliches Gemein-Gefühl gibt, das sie ergänzt und in mancher Beziehung über sie hinausgeht, so ist auch ein geistiges Analogon vorhanden, das man nennen mag, wie man will, das aber keiner leugnen kann, der sich selbst aufrichtig beobachtet, und das vielleicht mit dem Instinkt der Tiere unmittelbar zusammenfällt und so den gemeinschaftlichen Urgrund des Menschen und des Tiers wiederherstellt. [5649]

Es ist ein hartes Los, einer Gattung von Wesen anzugehören, welche die Schönheit ausschließt, wie viele Tiere; es ist ein noch härteres Los, ein häßliches Individuum einer Gattung darzustellen, die in der Regel schöne hervorbringt, wie viele Menschen. [5650]

Die französische Revolution ist kein Drama, sondern ein Roman, und ein sehr häßlicher. [5651]

Es ist äußerst charakteristisch für die Völker, auf welche Eigenschaften der Dinge sie das meiste Gewicht legen, und das erfährt man aus ihren Sprachen, denn die im Wort niedergelegte Bezeichnung jedes Dinges wurzelt eben in der Eigenschaft, die ihnen am meisten imponiert hat. [5652]

Wer nicht im Weibe das Ideale sieht, wo soll der es überhaupt noch sehen, da das Weib doch offenbar in seiner Blüte die idealste Erscheinung der Natur ist. [5653]

»Wie reich ist die Natur!« ruft der Mensch so oft bewundernd aus. Das ist aber gar kein Glück für ihn, denn eben weil sie so reich ist, macht sie sich so wenig aus ihm. [5654]

d. 19 März.
Gestern abend meinen Geburtstag mit meinen alten Freunden vergnügt gefeiert. Nachmittags fand ich im Augarten die ersten drei Veilchen für meine liebe Frau. [5655]

Ob es Freunde, wie Orest und Pylades, gegeben hat, mag zweifelhaft sein, aber Freunde, wie Tubal und Shylock, sterben nicht aus. [5656]

Wenn ich dichten kann, so kann ich jederzeit auch beten. Wenn das Publikum aber im Theater zusammenläuft, um ein Trauerspiel anzusehen, so könnte es jederzeit statt dessen auch einen Salat genießen. Wie soll da »der Seelen entzückender Zusammenklang« zustande kommen? [5657]

d. 25 März.
Über Nacht träumte mir, ich wohnte Klopstocks Bestattung bei und würde am Grabe plötzlich aufgefordert, ihm die Leichen-Rede zu halten, was mich in große Verlegenheit setzte. [5658]

Die Geschichte der Menschheit macht zuweilen einen Eindruck auf mich, als ob sie der Traum eines Raubtiers wäre. [5659]

In der Kunst, wie in allem Lebendigen, gibt es keinen Fortschritt, nur Varietäten des Reizes. [5660]

Heute d. 25 März hatte im ges. Zustande meine l. Frau 80 und Titi 84 Pulsschläge.   [5661]

Dem Menschen-Geschlecht, als solchem, mögen Eigenschaften innewohnen, deren der einzelne Mensch, als solcher, sich nicht bewußt ist und die doch über die letzten und höchsten Fragen entscheiden, die sich z.B. im Glauben an Gott und Unsterblichkeit manifestieren.   [5662]

Oft wird vom Künstler eine Interesselosigkeit verlangt, die den geistigen Zeugungsakt so unbedingt aufheben würde, wie die völlige Gleichgültigkeit gegen ein Weib den physischen. Von dieser Interesselosigkeit erwartet man mit demselben Recht das reine Produkt, wie etwa von einer Umarmung ohne Leidenschaft und Feuer den sündenlosen Messias. Es entsteht aber eben gar nichts.   [5663]

Die Volks-Poesie ist in dem Sinn, worin man den Ausdruck gewöhnlich nimmt, ein Unding, denn immer haben nur einzelne Individuen gedichtet. Aber freilich hat es eine Zeit gegeben, wo das ganze Volk den poetischen Stoff zusammentrug, indem vermöge des noch bestehenden innigen Zusammenhangs des Menschen und der Natur jeder einzelne beobachtete und die tausendfach verstreuten Züge auflesen half, aus denen das dichterische Gebild hervorgehen sollte. Jetzt beobachtet eigentlich nur noch der, der auch schaffen soll, und ohne Zweifel bemerkt eine Million Augen mehr, als ein Paar, wenn es auch das schärfste wäre.   [5664]

Honoria, die Byzantinische Kaiser-Tochter, in frühster Jugend zur Augusta erklärt und dadurch über alle Umwerbung hinausgehoben, schickt dem Attila, als er an den Grenzen des Reichs steht, einen Ring und läßt ihn bitten, er möge sie, als seine Verlobte, von ihrem Bruder fordern. Attila tut das auch, aber er fordert die Hälfte des Reichs, als ihre Mitgift, zugleich. Tragischer Konflikt; Sühne: sie geht allein zu ihm hinaus und tötet sich, um seine rohen Ansprüche durch Selbst-Vernichtung zu ersticken, vor seinen Augen.   [5665]

Ein veränderter und gebesserter Mensch, der keinen anderen Feind hat, als sich selbst von ehedem, der an diesem Feind aber auch zugrunde geht. [5666]

d. 1 April.
Ging heute abend in der Dämmerung am israelitischen Taubstummen-Institut vorbei und sah eine Menge spielender Kinder am Fenster stehen, die sich ihre Scherze und Neckereien lächelnd durch die Fingersprache mitteilten. [5667]

Ein kunstphilosophischer Aufsatz, den ich dieser Tage las, suchte zu entwickeln, daß nicht bloß der Poesie, sondern allen Künsten Gedanken zugrunde lägen. Gewiß, nur weiß ich nicht, was dabei herauskommt, wenn man einen Ausdruck, bei dem man sich bisher etwas Bestimmtes dachte, so sehr erweitert, daß er die ganze Sphäre umfaßt, in der eben eins vom anderen unterschieden werden soll. Wenn wir von Gedanken sprechen, so schweben uns nur diejenigen vor, die ihre Verkörperung in Worten finden, nicht aber zugleich auch diejenigen, die in Linien und Farben oder in Tönen hervortreten; werden wir gewinnen, wenn sich fortan auch diese hinzugesellen? Wer dem Gedanken das plastische und das Klang-Element mit unterschiebt, der wird sich nicht entlegen können, auch eine Dialektik der Gestalten, ja eine Kontroverse der Konturen und der Ton-Figuren einzuräumen. [5668]

Die Alten nannten die Erde ein Tier und wußten, so kindlich-kindisch der Ausdruck klingt, sehr wohl, was sie damit sagen wollten. Das ganze Universum ist eins und führt trotz der Individualisierung ein allgemeines Leben, denn woher käme sonst der Tod? Sich dieses Tier aber vorzustellen, ist die schwerste Aufgabe, die der Mensch sich setzen kann. [5669]

»Ich habe ihm auch schon zuweilen die *Wahrheit* gesagt!« Naiv-wunderlicher Ausdruck. [5670]

Eltern, die das zweite Kind nicht zeugen dürfen, weil dann das erste stirbt. [5671]

Es gibt Schauspieler, die, wenn sie von ihrer Liebe sprechen, die Geschichte ihres Nachbars zu erzählen scheinen. [5672]

Geister lassen sich nach dem Glauben der Völker beschwören, aber nicht Gott. [5673]

Am Grabe hängt man wohl Kränze auf, aber keine Orden; Schatten werden gekrönt, aber nicht dekoriert. [5674]

Mein Freund G. spricht über alles mit, seit S. sein Schwager ist, er hat sich in die Wissenschaft hineingeheiratet. [5675]

Die Natur verlegt das Schöne nicht in die Zwecke, die sie sich setzt, sondern in die Mittel, wodurch sie diese Zwecke zu erreichen sucht. [5676]

Den Don Karlos einmal vom Standpunkt der Prüderie aus zerlegen. [5677]

Unter Palmen wandeln und mit bedeutenden Menschen verkehren, ist dasselbe. [5678]

Der Bauer fühlt nicht, daß ihm Shakespeares Gehirn fehlt, aber Shakespeare fühlt, daß ihm das Mark des Bauern fehlt. [5679]

Wünsche dir den Strauß des Jahrs zusammen, die Rose und das Veilchen zugleich, so bist du schon beim Unmöglichen. [5680]

Festhalten kannst du den Frühling nicht, aber ihn plündern. [5681]

Orakelsprüche sind keine Paragraphen. [5682]

Die Welt bleibt immer der Wirt, der erst illuminiert, wenn der Kaiser wieder fort ist. [5683]

Man liest manches Buch mit einem Gefühl, als ob man dem Verfasser ein Almosen erteilte. [5684]

Das letzte Schicksal eines Dramas ist immer: gelesen zu werden; warum soll es nicht anfangen, wie es doch einmal endigt?
[5685]

Troilus und Cressida, pag: 167. [5686]

Der Jüngling fordert vom Tag, daß er etwas bringt, der Mann ist zufrieden, wenn er nur nichts nimmt. [5687]

Die Eidechse, die eine Fliege erschnappt und die Otter, die in demselben Augenblick die Eidechse verschlingt.
(Naturbild) [5688]

Pfaff: »Geh auf dein Kämmerlein!«
Armer: Ich geh auch auf mein Kämmerlein!
(um sich zu töten; wahre Anekdote.) [5689]

Der individuelle Zusatz zu der reinen Linie in Gesicht, Leibes-Gestalt und Bewegung stört den allgemeinen Menschen und fesselt den besonderen, den Liebenden. [5690]

Ich betrachte den Frühling, als ob er zu mir allein käme, um dankbarer zu sein. [5691]

Der betende Jude und sein Edelstein, auf den geboten wird.
[5692]

Zwischen dem Szepter und dem Bettelstab liegt allerdings noch die Elle in der Mitte, aber nur für den Krämer. [5693]

Wie selten kann der Mensch dem Menschen mit sich selbst eine Freude machen und wie rein empfindet er diese Freude beim Wiedersehen. [5694]

Die Ideen sind im Drama dasselbe, was der Kontra-Punkt in der Musik; nichts an sich, aber Grundbedingung für alles.
[5695]

Oft heißt es, dieser oder jener sei wegen seines blinden Köhlerglaubens, des Trostes wegen, zu beneiden. Nach derselben Logik ist auch der Besitzer einer fixen Idee zu beneiden, z. B. der Narr, der sich für den Kaiser hält und nicht merkt, daß er eben darum im Irrenhause sitzt. [5696]

Ein physisch schöner Mensch, der aber innerlich nullenhaft ist, macht einen Eindruck, als ob ein geborner Schneider sich die Maske und den Rock eines Königs gestohlen hätte. [5697]

Oft begegnet es, daß man ein häßliches Mädchen unbewußt so lange anschaut, bis sie selbst vergnügt zu lächeln anfängt. Für die meisten wird das komisch sein; mich rührt es. [5698]

Es gibt Leute, die immer nüchterner werden, je mehr sie trinken. Dazu gehört G.[utzkow] in D.[resden] [5699]

Die höchste Bildung erzeugt ein Produkt, was dem krassesten Aberglauben entgegengesetzt und ihm in der Wirkung doch zuweilen gleich ist. Wie dieser nämlich an jede Absurdität glaubt, weil er nie nach Gründen fragt, so jene an keine, weil sie immer nach Gründen fragt, und doch ist das eine, den Menschen und die Welt betrachtet, wie sie sind und ewig sein werden, vielleicht noch törigter, als das andre. [5700]

Wenn ich mich mit einem Tier beschäftige, so habe ich es mit einem Gedanken der Natur zu tun, und mit einem unergründlichen, denn wer gelangt zum Begriff des Organismus? Wenn ich mich aber mit einem Menschen einlasse, der nicht ein höchst bedeutender ist, so dresche ich leeres Stroh, denn die Natur spricht nicht mehr unmittelbar durch ihn und er selbst hat nichts zu sagen. Ja, selbst dem bedeutendsten Menschen gegenüber ist das Tier relativ im Vorteil, denn es spricht den Gedanken seiner Gattung rein und ganz aus; welcher Mensch aber täte das?
[5701]

Die Monstra weiblicher Geburten sind doch eigentlich auch ein Beweis dafür, daß der menschliche Organismus nur die letzte

Spitze aller tierischen ist, indem die zeugende Natur in ihnen gewissermaßen auf eine überwundene Stufe zurücksinkt. [5702]

Der Neue Pitaval enthält einige ganz entschiedene Tragödienstoffe; z.B. »Der Graf und die Gräfin Somerset«, Michel Ney, die Herzogin von Praslin. [5703]

Ein Mensch ist ein großer Tierfreund und sammelt Vögel, Hunde, Eichkätzchen u.s.w. um sich her. Nun ist es ihm aber natürlich ein großer Schmerz, sie alt werden und dem Tode nahrücken zu sehen. Er löst jedes vom Tode durch das Opfer eines seiner Glieder, gelobt sich aber dabei, kein Tier wieder aufzunehmen, kann das Gelübde jedoch nicht halten, da ihm bald ein hülfloser Vogel aus Furcht vor dem Habicht zugeflogen kommt, bald ein verlassenes Hündchen sich ihm anschließt u.s.w. [5704]

Dem[etrius]: Ich bin nur auf [einen] einzigen Menschen neidisch. *Marina.* Und wer ist das? *Dem.* Ich kenne ihn nicht. (Der, der sie dereinst heimführt.) [5705]

»Jeder brave Kavallerist muß immer eine F–zlaus bei sich führen.« Östr. Kav. Reglement. *Jude:* »Geh zurück!« [5706]

Wo hat das Spezialisieren in der Kunst ein Ende? Beim Atomistischen, weil hier die Gesetze der Schönheit aufhören und die der Zweckmäßigkeit anfangen. [5707]

Ein Engel fliegt. Ein Mensch macht mit Händen und Füßen die Flug-Bewegungen nach. [5708]

Romane schreiben, ist ein gutes Geschäft, wenn man mit der Kritik verheiratet ist. [5709]

Alles Realistische hat einen idealen Moment, sei es nun der der Jugend, der Liebe, des Traums u.s.w. [5710]

»Ich bin, der ich war und ich werde sein, der ich bin.« sagt Moses. »Ich bin unveränderlich« würden Campe, Adelung und Julian Schmidt es übersetzen. [5711]

Mir sind die Leute lieber, die in dem Leisten ihre Welt sehen, als diejenigen, die in der Welt ihren Leisten erblicken. [5712]

Um sich Löwen zu halten, muß man entweder ein Kaiser oder ein Tierführer sein. [5713]

»Niemand wandelt ungestraft unter Palmen.« Es geht auch niemand mit großen Menschen um. [5714]

Caro
Welcher keinen Fehler hatte,
   Als den einen, daß er wuchs. [5715]

»Die Sonne geht unter!« heißt es. Die Sprache hält sich gern an die Erscheinung. [5716]

Siebenzüngig-doppelzüngig. [5717]

Im Juden liegt eine nicht zum zweitenmal vorkommende höchst eigentümliche Mischung von kaustischem Verstand und von symbolisch-allegorischer Phantasie. Er mußte darum groß im Religionsstiften sein, denn sein Verstand gestattete ihm nicht, an dem Grundgeheimnis der Welt mit zugedrückten Augen vorüberzugehen und seine Phantasie war besser geeignet, wie die irgend eines anderen Volks, es visionär zu lösen. [5718]

Wie man durch Blank-Feilen ein Stück Erz vermindern, ja, wenn man gar nicht aufhört, in Staub verwandeln kann, so kann man auch den Verstand durch »Bilden« vernichten. [5719]

Es kommt einem manches Jugendliche in späteren Jahren so unreif vor. Und doch ists am Ende nur die Unreife des Lenz-Veilchens oder der Sommer-Nelke gegen die Traube des Herbstes. [5720]

– Rom. Das ist ein glücklicher Gedanke; nirgends pflückt der Mensch die Rosen mit so zaghafter Hand, wie auf dem Scherbenberg der Welt und auch die eifersüchtigste Eumenide gönnt ihm jedes Gut, das er mit Zittern ergreift.
Brief an die Fürstin Hohenlohe vom 13 Okt. [5721]

Ein hochadeliger Herr von Habenichts schreibt seinen Namen zu Mittag auf ein Blatt Papier und verzehrt ihn, anstatt eines Beefsteaks. [5722]

Der Mond nimmt ab; er hat wieder so viel Schlechtes gesehen, daß er sein Angesicht wegwendet und wieder um die Ecke geht. In vier Wochen kommt er wieder, weil er hofft, daß die Menschen sich gebessert haben. Sei recht brav, mein Kind, vielleicht bleibt er dann. –
                                Zu einem Kindergedicht. [5723]

d. 15 Okt.
Wir haben seit einem Jahr ein kleines Eichkätzchen, das uns allen unendliche Freude macht. Neulich verletzt das arme Tier sich den Fuß und reißt sich, weil es im Käfig hängenbleibt, beim Losmachen eine ganze Tatze aus. Es blutet furchtbar und weil es den Fuß schüttelt, befleckt es sich mit den Blutstropfen die weiße Brust. Augenblicklich hört es auf, den wunden Fuß zu lecken und leckt die Brust, die es beschmutzt glaubt. Rührenderes habe ich in der Natur nie gesehen. [5724]

Fürst Schwarzenberg erzählte mir, er habe einmal ein Eichkätzchen schießen sehen, das, mitten in die Brust getroffen, die Vorderpfötchen über diese zusammengekreuzt habe und so am Baum niedergesunken sei. Seit der Zeit lasse er auf seinen Besitzungen keins mehr schießen. [5725]

d. 19 Okt.
Mit diesem lieben Tierchen teilte ich eben eine Haselnuß. Es hielt sie im Mäulchen, ich biß die Hälfte ab, es ließ es ruhig geschehen. Kann es weiter gehen? [5726]

Das schöne Mädchen in der kleinen Stadt. In der großen sind alle Blumen zugleich da, die Rose unmittelbar neben dem Veilchen. [5727]

Die Eitelkeit ist im höheren Menschen das erhaltende, im niederen das zerstörende Prinzip. [5728]

»Er ist heruntergekommen.« Der Mensch kann sterben, aber nicht Hund werden. [5729]

Ein auf lauter Nebenumständen beruhender Beweis mag so kompliziert sein, wie er will: er gilt gar nichts, wenn er mit der Hauptsache in Widerspruch steht. Wie viele juristische Protokolle liegen vor, in denen die unverdächtigsten, glaubwürdigsten Personen für die wirkliche Existenz des Kraken und des Vampirs Zeugnis ablegen. Dennoch ist der Kraken oder der Vampir bis dato noch nicht in die Natur-Geschichte eingetragen. Ebenso steht es mit der Viel-Vaterschaft der Ilias und der Nibelungen. Es gibt Kinder, die in mehrere Familien hineinschielen und Weiber, die mit mehreren Männern zu tun haben. Wenn man daraus schließen wollte, daß solche Kinder auch wirklich mehrere Väter hätten: würde der Physiolog nicht lachen? [5730]

Man sieht den Vogel meistens erst, wenn er davonfliegt. [5731]

Wer ein Kunstwerk in sich aufnimmt, macht denselben Prozeß durch, wie der Künstler, der es hervorbrachte, nur umgekehrt und unendlich viel rascher. [5732]

Der eine strebt, die Quellen des Nil zu entdecken, der andere bittet sich einen Tropfen von seinem Wasser aus und beide haben ihr Leben lang zu tun. [5733]

»Nicht, wie lange ich noch leben soll, mögt ich wissen, aber wohl, ob der Baum im Walde schon gefällt ist, der mir zum Sarg dienen wird und ob die schon alle geboren sind, die mich zu Grabe tragen werden.« [5734]

In einer Zeit, wie die unsrige, sieht man gewissermaßen das Meer zurückgetreten und die Urschleusen, die sonst immer vom bunten Wellentanz bedeckt sind, offen. [5735]

»Wenn das Eichkätzchen reden könnte, welche wunderliche Gedanken über Sonnenschein und Duft würden wir vernehmen?

Denn eigentlich ist der Eindruck immer vorüber, sobald sich ein Wort dafür findet und vielleicht sind die Tiere nur darum stumm, weil sie zu stark und zu einseitig empfinden.« [5736]

In Gmunden während meiner Gicht-Periode: »ich wäre von unten am besten zu köpfen!« [5737]

»apprendre par coeur« Ein guter Ausdruck. [5738]

– Hallstadt im Nebel, ein Traum, den ein andrer verschluckt. [5739]

In Heinrich von Kleists falscher Plastik wird gewissermaßen der Lebensodem auch sichtbar gemacht. [5740]

Meine liebe Frau machte mich im Walde auf einen *durch* einen Baum gewachsenen Epheu aufmerksam. [5741]

Villa franca
Preußen bei Verbesserung seiner inneren Zustände gleicht einem Mann, der sich rasiert, während die Todesaxt über seinem Haupt geschwungen wird. [5742]

»– Kätzchen, schöner Elf,
Gottes einzges Sonntagsstück.« [5743]

Auf dem Tisch Klavier spielen und in der Gesellschaft Geist entwickeln sollen, ist das nämliche. [5744]

Der Traum des Pfarrers: »Die Bibel spielt Klavier.« [5745]

Die keusche Susanna, den alten Gecken gegenüber, bedeutet nicht mehr, als Falstaffs Mäßigkeit, wenn er am Brunnen steht. [5746]

»Höhere Kommisbildung – nicht akademisch – Schuft.«
Gutzkow über Kuh. [5747]

Bei Tizians Christus mit dem Zinsgroschen fiel mir ein, daß Christus dem Maler nur dann gelingt, wenn er ihn in Aktion setzt, daß er dadurch aber auch den Grundbegriff seines Wesens zerstört. [5748]

»Der Mensch unterwirft unbewußt alles den ästhetischen und logischen Kategorieen. Ich mache diese Bemerkung im Wartesaal der Thüringer Eisenbahn: Tritt jemand ein, so empfinde ich zunächst, ob sein Auftreten komisch ist, oder nicht. Dann frage ich: was tust du? Welchen Stuhl wählst du zum Niedersetzen? Wohin legst du dein Gepäck?[«] [5749]

Der ganze Unterschied zwischen den Menschen hängt davon ab, ob sie den Zweck ihres Lebens über das Leben hinausrücken und hinausrücken dürfen, oder nicht. [5750]

Pfarrer Luck, Jugendfreund von Georg Büchner, Wolfskehlen bei Darmstadt. [5751]

Tokaier im Keller: 26 große Flaschen, 7 kleine; ab 1 große und 1 kleine. Okt. 59. [5752]

Salzburger Pillen gegen Gicht, empfohlen durch HE. Kassierer Meyer: Stadtwundarzt Johann Schroff in Salzburg. 6 Schachteln 2 fl. [5753]

d. 26 Okt.
Heute abend den ersten Akt von »Kriemhilds Rache« geschlossen. So gibts am Ende wirklich noch eine Trilogie. Ich glaube, das düstre Familien-Gemälde, womit die Tragödie wieder beginnt, ist mir nicht übel gelungen, wie es denn überhaupt bei diesem ungeheuren Stoff merkwürdig ist, daß alles, wenn der große Maßstab des Ganzen nur nicht außer acht gelassen wird, aus den menschlichsten Motiven hervorgeht. Dies Herbst-Geschenk ist mir um so lieber, als es zugleich auch das Entree in einer neuen Wohnung bezeichnet. Ich fing etwa vor 3 Wochen an.
[5754]

d. 27 Okt.

Einen wunderlichen Leichenhaufen gesehen, eine Menge heruntergeschlagener Spitzbögen- und Erker-Verzierungen nämlich, die jahrhundertelang den Stephans-Turm und die Kirche schmückten und die jetzt zerbrochen und zerstückelt, wie schlechtes Geröll, zu seinen Füßen liegen. [5755]

Ein Schneider trug in einem schwarzen Tuch ein Leichenkleid. Eine alte Frau nebst ihrer jungen Tochter hielten den Mann auf der Straße neugierig an, taten das Tuch auseinander und schauten bewundernd hinein. [5756]

Hier steht ein Mensch und fünfzig Schritte von ihm das Horn, in das er zu blasen glaubt. Solche Dichter gibts. [5757]

Die Welt ist schon rund, aber jeder muß sie von neuem umsegeln und wenige kommen herum. [5758]

Die Torheit sitzt hoch zu Roß und Verstand und Vernunft schreiten als Knappen an beiden Seiten einher, um ihr wieder in den Sattel zu helfen, wenn sie einmal stürzt. [5759]

d. 8 Nov.

Gestern abend großer Fackelzug zu Schillers Ehren. Sehr schön. Ich sah in der Jägerzeil zu und verfolgte die große Feuerschlange dann auf Umwegen, bis sie sich auf dem Glacis um die weiße Statue zusammenrollte. Prachtvoll unter anderem, wie der Zug an der Donau entlang die Bischof-Gasse sich hinaufwand; alle Gewerke, namentlich Bäcker und Schmiede, vertreten, wie Wissenschaft und Kunst. Eine echte National-Feier. Wann wird aber der Buß- und Bettag folgen, dafür, daß auch ein Iffland und ein Kotzebue nicht bloß ihren Tag, sondern ihre Dezennien gehabt haben? [5760]

Wie es in der realen Welt nichts Lächerlicheres gibt, als Kron-Prätendenten, die Karrenschieber sind, so in der idealen nichts Verächtlicheres, als gemachte Poeten, und in beiden Fällen aus gleichem Grund, wegen der hohen Würde des Königs- und des Dichteramts. [5761]

Der Leser eines Dramas steht zwischen zwei Bühnen in der Mitte, auf welchen die gleiche Handlung vor sich geht, zwischen der Welt-Bühne, auf welcher sie sich wirklich abgespielt hat und dem Theater, das sie im konzentrierten Reflex wiedergibt.

[5762]

d. 10 Nov.
Schillers hundertjähriger Geburtstag. Ich habe eine Haupt-Szene am 2ten Teil der Nibelungen geschrieben, Siegfrieds Geburt behandelnd. Der letzte und tiefste Brunnen hat gesprungen.

[5763]

d. 11 Nov.
Meine Frau umarmt und küßt mich eben und sagt dabei:
»Seid umschlungen, Millionen,
    Diesen Kuß der ganzen Welt!«
Sehr, sehr schön! [5764]

d. 13 Nov.
Gestern abend, wo das große Schiller-Bankett stattfand, feierten auch wir mit unseren alten Freunden im häuslichen Kreise das Gedächtnis des Dichters, der auch auf mich in der Jugend gewirkt hat, wie kein anderer. Titi verteilte Sträußchen an die Eintretenden, was ihr in ihrer schamhaften Verlegenheit allerliebst stand, Debrois spielte Beethovens schönste Sonate, ich las den »Spaziergang«, Kuhs Frau sang ein paar Lieder und bei Tisch brachte Kuh einen Toast aus und ich trug ein paar komische Verse vor. Wir waren unter uns sehr vergnügt. [5765]

d. 18 Nov.
Meine Frau hatte zwei phantastische Träume in der letzten Woche. *Einmal:* wir haben ein Haus gekauft, geschmackvoll, heiter und komfortable, aber im Parterre befindet sich der Kirchhof, auf dessen verschneite Leichensteine und Denkmäler man vom ersten Stock hinabsieht. *Heute Sonntag:* Man zeigt ihr einen Kirchhof, auf dem sich das Grab der Hofschauspielerin Rudlof, einer jungen Person, die sich ganz kürzlich erst mit einem Engländer verheiratet hat, befinden soll. Sie entschließt

sich, es zu besuchen und einen Rosenkranz, den sie gerade im Haar trägt, darauf niederzulegen. Angekommen, kann sie das Denkmal nicht finden und fragt des Totengräbers Tochter, wo es sei. Sie wird in eine Kapelle gewiesen und trifft dort die R. selbst, mumienartig zusammengetrocknet, mit ausgefallenen Zähnen. Diese sagt ihr, sie habe sich zur Buße für ihre unrechtmäßig geschlossene Ehe lebendig begraben lassen, empfängt den Kranz mit Freuden und gibt ihrerseits zum Andenken eine Busen-Nadel her, die sie aus einer Kommode nimmt, welche sie mit ins Grab genommen hat. [5766]

d. 22 Nov: 1859.

Heute abend den zweiten Akt von Kriemhilds Rache geschlossen. Ich fing ihn acht Tage nach Abschluß des ersten an, habe also ungefähr drei Wochen dazu gebraucht. Die Prophezeiung der Meerweiber, die eine furchtbare Perspektive für die Zukunft eröffnet und Siegfrieds Geburt, die ein mystisches Licht auf die Vergangenheit wirft, dürften gelungen sein, wenigstens sinds Dinge, auf die man sich sowenig vorbereiten kann, wie aufs Träumen. [5767]

Der große Stil des Lebens unterscheidet sich vom gewöhnlichen, wie Lesen vom Buchstabieren. [5768]

TAGEBUCH

N: 6

Angefangen d. 24sten Novbr.
1859

d. 24sten Novbr 1859.
Noch ein Tagebuch und bald 47 Jahr! Lohnt sichs der Mühe? Eben legt meine liebe Frau mirs auf den Tisch. In ihrem Namen seis denn angefangen. – Abends sah ich Wallensteins Lager, seit lange, des Kapuziners wegen, vom Repertoire verschwunden und jetzt plötzlich, zum Beweis des »wirklichen Fortschritts«, wie es scheint, wieder aufgetaucht. Dies Bild ist von einer so unglaublichen Schönheit, daß es mich fast zu Tränen rührt, wenn ich es sehe oder lese, was ich von Schillers Tragödien eben nicht sagen kann. Wer wissen will, wie Realismus und Idealismus sich im Indifferenz-Punkt ausgleichen, der kann es hier erfahren; all diese Mücken und Ameisen tanzen im Sonnenstrahl, ohne ihn zu kennen, und doch gibt er allein ihnen die Kraft und das Vermögen. [5769]

»Wenn einer dich aufrichtig beweint, wenn du gehängt wirst, so schließe ja nicht daraus, daß er sich auch aufrichtig freuen wird, wenn der Galgen bricht oder wenn dich einer losschneidet.« [5770]

d. 3 Dez.
Die Baronin Engelhofen erzählte mir einen höchst phantastischen Traum. Sie sieht in Gmunden aus dem Fenster in die Berge hinein, auf einmal wird sie durch einen Stoß heftig ins Zimmer zurückgeworfen und als sie sich vom Schreck wieder erholt, bemerkt sie einen großen Adler, der ihr gegen die Brust geflogen ist und der nun auf dem Tisch herumkugelt. Sie geht zu ihm, weil sie ihn für verletzt hält, um ihm zu helfen, da entdeckt sie, daß er blind scheint und ruft ihrer Magd, die dabeisteht,

zu: der Vogel ist blind, was tun wir mit ihm? Die Magd erwidert: ans Fenster in die Sonne halten, vielleicht ist er nicht ganz blind und fliegt wieder davon, hier bringt er uns alle um. Sie befolgt diesen Rat und das Tier fängt, wie der Lichtstrahl es berührt, wirklich an, zu blinzeln, dann erhebt es sich in die Lüfte, wirft aber im Emporschweben noch einen dankbaren Blick mit blitzendem Auge zurück. – Bald darauf wird der Baron in *einer* Nacht blind und wieder sehend. [5771]

Wo Könige gehen, müssen Diamanten verloren werden. Wenn der Bettler keine findet, hat er das Recht, die Majestät zu bezweifeln. [5772]

Das Schiller-Fest hat Anlaß gegeben, Schiller für den nationalsten Dichter der Deutschen zu erklären. Er ist dies aber nur in dem Sinne, daß er seine Nation ganz, wie sie sich selbst, verleugnet und ihrem kosmopolitischen Zug, wie kein zweiter, zum Ausdruck verhilft. [5773]

d. 17 Dezbr

den dritten Akt von Kriemhilds Rache geschlossen. Nie arbeitete ich mehr in einem Zuge, nie hat mich ein Werk aber auch so angegriffen, ich habe abends ordentlich Fieber. Ich habe nicht ganz drei Wochen gebraucht. [5774]

d. 23 Dezbr, morgens 10 Uhr.

Komme eben von einer schweren Arbeit. Beim Kaffee erzählt meine liebe Frau, sie habe im Traum den kleinen Sindsal, unser armes blindes Hündchen, in neuverjüngter Gestalt gesehen; mit glänzenden Augen und schönen langen Ohren habe er bittend mit seinen zierlichen Pfötchen bei mir auf dem Sofa gesessen. Nach dem Frühstück fragt mich die Marie, ob sie es der gnädigen Frau sagen dürfe, sie habe den kleinen Sindsal heute morgen in seinen Tüchern tot gefunden. Es tat mir sehr weh und ich habe ihn, in eine Schachtel gelegt und in ein weißes Tuch gewickelt, sowie mit dem bißchen Grün, das sich im Hause vorfand bedeckt, im Keller begraben, nicht ohne ihm die vier kleinen Pfötchen noch einmal zu drücken und seinen steifen, kalten Körper mit den

Lippen zu berühren. Nie gab es ein treueres, anhänglicheres Tier; wer das als Mensch wäre, was er als Hund gewesen ist, von dem würde nichts mehr verlangt werden. [5775]

d. 25sten s. M.

So schrieb ich am 23sten. Als ich am ersten Weihnachtstag, nach froh im alten Kreise verlebtem Christabend, das Haus verließ, um vor Tisch ein wenig spazierenzugehen, bemerkte ich in der Kärnthnerstraße einen Mann, der einen großen Christbaum und zugleich ein allerliebstes Hündchen von der Farbe des unsrigen trug. Mich rührte der Anblick und ich folgte ihm nach, weil mein Weg mich ohnehin vors Tor führte. Draußen setzte er seinen Baum nieder und ließ das Hündchen frei, welches mit unendlicher Lust zur Ergötzung vieler Personen hin und her sprang und namentlich mir viel Aufmerksamkeit bezeigte. Als der Mann das Tier wieder aufnahm, trat ich herzu und klopfte es, da sagte er zu mir: ich habs um fünf Sechser gekauft und gebs wieder her. Auf der Stelle gab ich ihm einen Gulden und trug das schöne Geschöpf nach Hause. Hier angekommen, fragte ich meine Frau: Hast du deinen Sindsal in dieser Gestalt gesehen? und sie sagte: Ja! [5776]

d. 31 Dezbr.

Ehemals lächelte ich wohl, wenn ich in fremde Tagebücher oder Briefe, besonders in solche, die aus älterer Zeit stammten, durch Zufall hineinsah und fand, daß sie gewöhnlich mit Gesundheitsberichten anfingen. Jetzt mache ich es ebenso und freue mich unendlich, in diesem Augenblick niederschreiben zu können: es steht mit uns allen wohl! Mir ist es persönlich in dieser Beziehung während des letzten Jahrs nicht zum besten gegangen. Gegen Ende des Juni-Monats bekam ich einen heftigen Anfall von Rheumatismus, den Freund Brücke für einen podagristischen erklärte. Auf einem Spaziergang im Augarten mit meiner Frau und mit Emil Kuh zuckte es mir auf einmal empfindlich quer durch den Fuß und zwar durch den rechten. An diesem Fuß litt ich zum erstenmal in Kopenhagen infolge zweimaliger heftiger Erkältung, die sich zunächst in der Hüfte setzte, dann aber nach einer Reihe von Dampfbädern hinunterkroch und sich im

Knöchel verschanzte. Ich konnte nur mit Mühe gehen, als ich nach Deutschland zurückkam; in Frankreich und Italien schien sich das Übel zu verlieren, in Wien stellte es sich aber gleich wieder ein und wich erst dem Gebrauch des alten Blocksbades in Ofen. Viele Jahre spürte ich nichts mehr davon; nach einer sehr anstrengenden Berg-Partie in Gmunden, bei der ich mit gänzlich zerrissenen Schuhen stundenlang im Schnee und dann im Regen herumwatete, kehrten die Schmerzen jedoch im Knöchel, ihrem alten Sitz, zurück, verschwanden aber nach einigen Tagen von selbst wieder, und ließen nicht die geringste Spur. Geneigt zu Rheumatismen muß mein Organismus sein, denn, um alles zu rekapitulieren, was hieher gehört, auch als Student in München litt ich zur Zeit meiner Ankunft einmal stark daran, diesmal freilich im Arm und im Rücken. Das hatte seinen Grund in einer äußerst feuchten Wohnung, in der das Wasser an den Wänden niederlief; als ich sie, von meinem Freund Rousseau aufmerksam gemacht und angetrieben, verließ, war ich in vierzehn Tagen wieder gesund. Diesmal, um auf diesen Sommer zurückzukommen, verteilte der Schmerz sich zwischen dem Knöchel und der großen Zehe, die alle beide mächtig anschwollen; auch der linke Fuß trat in Mitleidenschaft, besonders in der Ferse, jedoch nur schwach und ohne große Unbequemlichkeit für mich. Magenbeschwerden, Appetitlosigkeit u. s. w. gingen nicht vorher und was an derartigen Erscheinungen später folgte, mögte ich nicht aus dem Zustand, sondern aus dem mir sehr empfindlichen Mangel an Bewegung ableiten. Einer bedeutenden Erkältung war ich mir aber auch nicht bewußt, doch erinnerte mich viel später nach längst eingetretener Herstellung im Dampfbade die Bemerkung eines gichtischen Badegastes, daß er dort alles, nur nicht das steinerne Bassin ohne nachteilige Folgen ertragen könne, an den Mißbrauch, den ich im vorhergegangenen Winter mit eben diesem Bassin getrieben hatte. Ich pflegte darin nämlich, um den mir angenehmen Kältegrad hervorzurufen, zwei- bis dreimal mit dem rechten Bein so lange niederzuknieen, bis ich langsam bis hundert zählte und brachte dadurch Bein und Fuß nicht bloß, wie den übrigen Körper, mit dem kalten Wasser, sondern auch mit dem Stein in unmittelbare Berührung. Möglicherweise war dieser Umstand, möglicherweise auch ein anderer, vielleicht ein irrtümlich genommenes Medikament Gelegenheitsursache gewesen; schlimm war es gewiß, und mein Arzt und Freund Schulz verwies es mir ernstlichst, daß ich dem Fuß nicht gleich Ruhe gönnte, sondern ihn noch anstrengte, solange er es noch irgend ertrug, ja ihn sogar mit dem dicksten Strahl des Diana-Bades stark duschte. Die Schmerzen wurden denn auch bald unerträglich und die Geschwulst so arg, daß ich den Fuß nicht mehr aufsetzen konnte, sondern mich legen mußte; die Schmerzen vertrieb Schulz in etwa acht Tagen durch Eis-Umschläge, die Brücke nachher in seiner stillen Weise durch Berufung auf die alte Methode mißbilligte, die Geschwulst verhärtete sich aber und nur mit großer Mühe kam ich nach Gmunden. Hier nahm ich anfangs ein paar kalte Bäder, jedoch mit entschiedenem Nachteil, dann ging ich zur entgegengesetzten Behandlungsweise über, wickelte den Fuß in Gutta-Percha ein, und ging ins Solenbad, was denn nach und nach, äußerst langsam zwar und unter stetem Wechsel des Befindens von einem auf den zweiten oder dritten Tag, in Verbindung mit dem überaus heißen Sommer, die Besserung herbeiführte. Bei der Rückkehr nach Wien konnte ich wieder leidlich gehen und nahm nun auf ärztliche Anordnung jede Woche zwei bis drei Dampfbäder; auch jetzt ist alles noch keineswegs vorüber, da ich um den Knöchel herum noch immer eine gewisse Spannung fühle, doch geniert mich das nicht. Schmerzen hatte ich auch in Gmunden nur selten und niemals stark; aber der Fuß war durch die Bewegung gleich erschöpft, gewissermaßen tot und ich mußte in der ersten Zeit von 50 bis 50 Schritt ausruhen. Zu Gichtknoten und Beulen kam es nicht, auch nicht zu erheblichen Verdauungs-Beschwerden, aber im Winter vorher spürte ich zuweilen ein gewisses gichtisches Zucken in Arm und Bein, besonders nachmittags vorm Einschlummern, das dem Übel vorangegangen sein und es angekündigt haben mag. Der Gemüts-Zustand war sehr finster, die Arbeitsunfähigkeit groß und mit tiefster Reue gedenke ich so mancher heftigen Aufwallung gegen die Meinigen, die selbst durch Krankheit nicht zu entschuldigen ist und die meine teure Frau mit Engel-Geduld ertrug. Freilich war ich fest überzeugt, daß ich nie wieder gesund werden würde und wer mir die Beine nimmt, der nimmt mir auch den Kopf. Ich habe dies alles aufgezeichnet, weil ich wohl leider auf die Wiederkehr des Zustandes rechnen muß und dann an meinen Erinnerungen eine Richtschnur zu haben wünsche, die mir diesmal fehlte; die ganze Epoche währte zirka acht Wochen. Nach meiner Herstellung machte ich, teils um einer dringenden Einladung der Prinzessin Wittgenstein zu folgen, teils um einem notwendig gewordenen Umzug zu entgehen und teils um dem Wunsch meiner Frau zu entsprechen, eine Reise nach Weimar. Wunderlicher Abend der Ankunft und unerwartete Geständnisse, die mich im Verein mit dem zwischen Liszt und Dingelstedt ausgebrochenen Zerwürfnis veranlaßten, von meinem ursprünglichen Plan abzugehen und unter dem Vorwand dringender Geschäfte gleich wieder fortzueilen. Der Pfarrer Luck, Georg Büchners Jugendfreund, den ich auf dem Weimarer Bahnhof traf und der mich bis Dresden begleitete; in Dresden die Szene mit Gutzkow, der Emil Kuh, von dem er wußte, daß er mein vieljähriger Hausfreund ist und ein Buch über mich geschrieben hat, beim Glase Bier und in Anwesenheit des Pfarrers, wohl zehnmal hintereinander in unglaublicher Wut einen »Kommis, dem die akademische Bildung mangle«, ja einen »Schurken« zu nennen beliebte, weil er mit seiner Beurteilung des Zauberers von Rom nicht zufrieden war, um die er ihn selbst mündlich und schriftlich dringend ersucht hatte. Mit Hettner wieder angeknüpft, wie ich mir gleich vornahm, als ich von Gurlitt erfuhr, daß Adolph Stahr, der in Italien zwischen ihn und mich trat, ihn einen Schurken nenne, weil er eine alte Schachtel, die man ihm im Rausch aufdisputiert haben mogte, nicht im Ernst heiraten wollte; schöne Reminiszenzen, vielleicht eine fruchtbare Korrespondenz. Kolatschek [Kolaczek] näher getreten; die Freude gehabt, Robert Kolbenheier wieder zu sehen, auch von Engländer Brief empfangen. Des Weltlaufs erwähne ich nicht; mein politisches Glaubensbekenntnis, unverhohlen ausgesprochen, hat mir, wie ich besorge, Uechtritzs Freundschaft gekostet, dennoch dürfte es sich in nicht zu ferner Zeit zeigen, daß sich den beiden Blutschlachten, die Österreich verloren hat, weil Preußen die Hülfe verweigerte, die dritte gesellen wird, welche Preußen verliert, weil Österreich sich nicht einstellt. Gearbeitet mehr, als ich erwarten durfte; einen dritten Akt Demetrius, drei Akte Nibelungen und dazu Aufsätze und Gedichte in Menge. Gott schütze die Meinigen! [5777]

Es soll ein gutes Mittel gegen Gicht und Rheumatismus sein, den leidenden Teil in den Magen und die Eingeweide frisch geschlachteter Ochsen zu stecken und in den hiesigen Schlacht-Häusern viel angewendet werden. [5777a]

Gegen Wunden: Kolophonium zerstoßen und hineinstreuen. (Castelli.) [5777b]

1860

d. 4 Jan:
Wein im Keller (durch Freundes-Hand geschenkt)

Tokaier . . 24 große Flaschen.	9 Febr: ab 1 Tok.	April 61-10 Fl.
Grinzinger . 4 do do	1 Grinz.	
Hinzu Grinzinger, Ostern	1 Tok.	
1860 . . 2 " "	18 März 1 Tok.	
	4 Grinz:	
	1 Juli " 1 Tok.	
	" 2 T.	

[5778]

Reif sein, ist alles! heißt es im Lear. Was reif ist, fällt aber auch bald ab, fügt meine Frau hinzu. [5779]

Es ist möglich, daß der Deutsche noch einmal von der Weltbühne verschwindet, denn er hat alle Eigenschaften, sich den Himmel zu erwerben, aber keine einzige, sich auf der Erde zu behaupten und alle Nationen hassen ihn, wie die Bösen den Guten. Wenn es ihnen aber wirklich einmal gelingt, ihn zu verdrängen, wird ein Zustand entstehen, in dem sie ihn wieder mit den Nägeln aus dem Grabe kratzen mögten. [5780]

Der Hase, der ein Feuer-Gewehr abdrückt. [5781]

d. 11 Jan:
War bei Kolatschek gestern abend mit einem Oberbeamten aus Lemberg in Gesellschaft, dem Grafen K., der erzählte, daß er im Jahre 1846 drei Fälle zu untersuchen gehabt habe, in welchen ein Bruder sein Brüderchen, eine Mutter ihr viertehalbjähriges Töchterchen u. s. w. geschlachtet, um vor Hunger das Fleisch zu braten und zu essen. Der Bruder hatte sein Brüderchen mit aufs Feld zur Viehweide hinausgenommen, die Mutter ihr Kind im Ofen erstickt u. s. w. Letztere hatte erklärt, das Fleisch sei zu süß gewesen, sie habe sich es schmackhafter vorgestellt. [5782]

eodem dato.
Ich hatte über Nacht einen merkwürdigen Traum. Ich fuhr an einer Art von Badehaus vorüber und bekam ein ängstliches, beklemmendes Gefühl, als mein Blick auf eins der Kämmerchen fiel. Da erinnerte ich mich, daß in diesem Kämmerchen ein junges Mädchen verscharrt sei, bei dessen Ermordung ich zugegen gewesen. Das Auffallende ist nun, daß ich in irgendeiner Nacht die Mord-Geschichte wirklich geträumt, sie vor dem Erwachen aber vollständig wieder vergessen habe. [5783]

Es gibt Motive im Drama, Grundmotive, die zu den übrigen ganz so stehen, wie die siderischen und tellurischen Kräfte im Organismus zu den chemischen und physiologischen; sie bedingen und bestimmen alles, aber nur in der letzten Instanz.
[5784]

d. 1 Febr:
Bei der letzten Vorstellung des Lear war ich mit Emil Kuh im Theater; es sind keine drei Wochen. Die Vorstellung regte und beide an zu lebhaftem Gespräch. Gestern abend sah ich Lessings Emilia Galotti; Emil Kuh kam auch, saß dicht vor mir und grüßte mich nicht. Es war für mich die Reprise des Lear, nur daß er diesmal nicht auf der Bühne, sondern im Parterre spielte. Ich habe durch diesen Menschen, wegen dessen ich mich noch vor einigen Monaten mit Gutzkow auf Tod und Leben

entzweite, weil er ihn einen Kommis nannte, schweres Unrecht erlitten und gründlich erfahren, wie bitter der Undank ist. Aber ich habe es mir, obgleich ich vierzehn Tage lang keine Nacht schlief und dem Typhus nahe war, doch dadurch zu versüßen gewußt, daß ich es als eine Art von Kompensation für das Unrecht betrachtete, das ich selbst begangen haben mag und dadurch wirkliche Erleichterung gefühlt. So liegt der Gedanke der Buße in der Menschenseele. [5785]

Ein Mann kann in die Schlacht ziehen, wo voraussichtlich Tausende fallen müssen, und sich doch vorher ein Heftpflaster auf die Schnittwunde legen, die er sich beim Rasieren beibrachte. [5786]

Eine merkwürdige psychologische Erscheinung ist es, daß der Mensch, der von Natur keineswegs zur Dankbarkeit besonders geneigt ist, gerade durch den Undank tödlicher, wie durch irgend etwas anderes, verletzt wird. [5787]

Einen vortrefflichen Vortrag von Bonitz wider die Einheit des Homer gehört, der aber dennoch auf dem vollkommensten Mißverständnis der Kunst beruhte und demnach zu Beweisen griff, die z. B. aus den Kategorieen von Zeit und Raum hergenommen waren und dartaten, daß an *einem* Tage und an *einem* bestimmten Ort unmöglich so viel geschehen sein könne, als der Dichter geschehen lasse. Sehr wohl, ihr Herren, aber der erste Akt der Kunst ist eben die vollständige Negation der realen Welt, in dem Sinne nämlich, daß sie sich von der jetzt zufällig vorhandenen Erscheinungsreihe, worin das Universum hervortritt, trennt und auf den Urgrund, aus dem sich eine ganz andere Kette hervorspinnen kann, wie sie sich historisch nachweisbar schon daraus hervorgesponnen hat, zurückgeht.

NB. Der berühmte Theolog de Wette behauptete analog, die 5 Bücher Mosis seien eine Sammlung von Bruchstücken, unabhängig voneinander entstanden, und erst von einem zur Zeit des Exils lebenden Schriftsteller zu einem epischen Gedicht zusammengereiht, welches die Theokratie verherrlichen sollte.
Konvers. Lexikon. [5788]

d. 7 März.

Heut vormittag den 4ten Akt von Kriemhilds Rache geschlossen. Von Weihnacht bis Anfang Februar konnte ich nichts tun, wegen furchtbar konsequenter Migräne. [5789]

Wenn der Mensch nicht beizeiten von der Erde Abschied nimmt, so nimmt sie Abschied von ihm. [5790]

Die Menschen der Englischen Rev.[olution] haben alle eine gemeinschaftliche Nabelschnur. Es ist derselbe Fall, wie bei den Nibelungen, in denen auch, so locker die Episoden scheinen, kein Glied übersprungen werden kann, wenn nicht zum Schluß, statt der furchtbaren Stimme des Schicksals Hüons Wunderhorn ertönen soll, nach dem alles sich im Wirbel dreht, ohne daß man ahnt, warum. [5791]

Über ein sehr spitziges scharfes Gesicht einer Ehefrau zum Mann: Wenn Sie Ihre Frau küssen, so rasieren Sie sich zugleich! [5792]

»An seiner Waffe kenne deinen Feind,
Die wählt er nach der innersten Natur![«] [5793]

»Wer die Vögelsprache kennt, der wünscht in der ersten Stunde schon, taub zu sein.[«] [5794]

Im Tier tritt die Natur dem Menschen hülflos und nackt entgegen und spricht: ich tat so viel für dich; was tust du jetzt für mich? [5795]

Nibelungen-Brocken.

Saphir war nur unparteiisch in bezug auf Meteor-Steine, weil es zu diesen keine Relationen gab. [5796]

d. 21 März.

Heute, am ersten schönen Frühlingstage, Ernst von Schwarzer unter die Erde bringen helfen. Ein wunderlich-abenteuerlicher

Mann, jahrelang mein großer Verehrer wegen der Judith; dann mein heftiger Gegner wegen der Agnes Bernauer. Etwa sechs Wochen vor seinem Tode besuchte ich ihn; ich fand ihn mit stark geschwollenem Körper im Lehnstuhl, von der Wassersucht im furchtbarsten Grade ergriffen. »Keine Gefahr, aber beschwerlich und langwierig!« rief er mir zu, dann erzählte er, er habe schon 14 Eimer Wasser von sich gelassen, denn – bemerkte er ganz in seiner alten Weise – ich ließ sogleich sorgfältig messen, eine solche Gelegenheit kommt nicht leicht zum zweitenmal.

[5797]

d. 22 März.

Eben, abends 7 Uhr, schreibe ich die letzten Verse des fünften Akts von Kriemhilds Rache nieder. Draußen tobt das erste Frühlings-Gewitter sich aus, der Donner rollt und die blauen Blitze zucken durch das Fenster, vor dem mein Schreibtisch steht. Beendet, wenn nicht vollendet. Die Haupt-Szene fiel auf meinen Geburtstag, mir immer ein schönes Zeichen fürs ganze Jahr. Oktober 1855 begann ich. [5798]

d. 24 März.

Frau von Engelhofen bei uns. Sie erzählte, ihr Mann habe acht Nächte vor seinem Erkranken immer denselben Traum gehabt, die neunte mit einer Variation. Er ist in einer fremden, ihm ganz unbekannten Landschaft, ein breiter, heller Strom in der Mitte, jenseits Nebel. Ein Schiffer steht am Strom, wenn er sich aber nähert und ihm Geld fürs Überfahren bietet, weist der Mann ihn finster zurück. In der neunten Nacht wird er aber freundlich, läßt ihn in seinen Nachen steigen und führt ihn pfeilschnell hinüber ans andre Ufer. Hier wird alles hell und ein stattlicher Palast erhebt sich, aus dem sein verstorbener Vater hervortritt und ihn freundlich bewillkommt. – Er deutete diesen Traum auf eine Reise, zu der der Kaiser ihn kommandieren werde; an eben diesem neunten Tage aber erkrankte er und starb im Verlauf einer kurzen Woche. [5799]

Die Götter schenken, wie die Kinder; sie nehmen alles zurück, sobald es ihnen gefällt. [5800]

Strychnin-Alkaloide aus *Krähen*-Augen. (N. Pitaval, Dr Castaing, p. 388.) [5801]

Die Träume der Kunst können den Sonnenstich sowenig vertragen, wie die der Nacht. [5802]

Der Rosenbusch, den die Rosen zur Erde beugen. [5803]

Ein Kind kann noch nicht küssen und ein Greis nicht mehr. [5804]

Was die Hostie unter dem gemeinen Teig, das ist die Geliebte unter dem Mädchentroß. [5805]

Spei ihn an und reiche ihm dann ein Taschentuch zum Abtrocknen, so bedankt er sich noch. [5806]

Jean Pauls alter Vorschlag, den Pfefferkuchen zur Basis unseres National-Museums zu machen, verdient nicht bloß aus dem Grunde der Billigkeit Erwägung. Es ist doch zu wünschen, daß das Denkmal nie länger daure, als der Ruhm, und der moderne Ruhm dauert in der Regel nicht länger, als ein nicht gar zu hungriges Kind braucht, einen nicht gar zu leckern Pfefferkuchen zu verzehren. [5807]

d. 1 April.
Die Mamsell Ludmilla Assing hat den skandalösesten Briefwechsel veröffentlicht, der je das Licht der Welt erblickt hat, den zwischen Humboldt und ihrem Oheim. Es ist natürlich nicht des Honorars, sondern des Fortschritts wegen geschehen; sie hat nicht dem Geldbeutel, sondern der Zeit gedient. Die Stimmen der Richter sind geteilt, auch, wer die Frechheit der Publikation verdammt, mögte die Verbrecherin wegen des Werts derselben halb entschuldigen. Vielleicht ist der Fall durch einen analogen, wenn auch bei weitem harmloseren, zu illustrieren. Ein Dieb bricht irgendwo ein, um Wert-Papiere zu stehlen und erwischt bei dieser Gelegenheit zugleich eine im Kästchen mitversteckte Konspirations-Liste. Die so entdeckte Verschwörung wird ver-

hindert, der Staat gerettet und der Friede erhalten; darf der Dieb, der an das alles nicht dachte, als er mit seinem Dietrich ans nächtliche Werk ging, darum nicht gehängt werden? Ich denke doch. [5808]

»Fi donc! Wie könnten Sie heut ins Theater gehen! Richard der Dritte ist ein Stück, in das man höchstens den Hofmeister seiner Kinder schickt.«
    Fürstin Lobkowitz zur Hohenlohe. (Bülow) [5809]

Je mehr du fluchst, umsoweniger darfst du segnen.« [5810]

Wer Gespenster verscheuchen will, der braucht bloß Licht zu bringen. [5811]

Das Kind vieler Väter wäre ein größeres Wunder, als das Kind ohne Vater. Im Geistigen, wie im Physischen. [5812]

Wer leben will, muß das Fieber riskieren. [5813]

Hier in Wien wurde neulich ein Haus niedergerissen, dessen Treppen so knapp und eng waren, daß die Möbel mittelst einer Winde aus den Fenstern transportiert werden mußten. Wie bezeichnet ein solcher Zug den Unterschied zweier Jahrhunderte! Als es gebaut wurde, war ohne Zweifel noch eine Zeit, wo die Familien nicht daran dachten, die einmal bezogene Wohnung vor dem Tode wieder zu verlassen und wo Tische und Schränke von Generation auf Generation übergingen, bis sie in Staub zerfielen. Da brauchte man also bei den Treppen nur an die Menschen, nicht auch an die Sachen zu denken, denn einmal in hundert Jahren ging es schon durchs Fenster mit ihnen! [5814]

Die Dummheit hat ihren eignen Witz, der am besten mit den architektonischen Einsichten der Ratten und Mäuse zu vergleichen ist, die sich so gut auf Schlupflöcher verstehen. [5815]

Man wirft es der Wissenschaft der Kunst wohl vor, daß sie unfruchtbar sei und das Produktionsvermögen des Künstlers sowenig verleihen, als steigern könne. Aber ganz ebenso verhält es sich ja mit der Wissenschaft der Welt, wie man vielleicht sagen darf, wenn man die philosophischen und die physikalischen Doktrinen mit einem einzigen Ausdruck umfassen will. Die Flugmaschine, der Homunkulus u. s. w. stehen um nichts höher, als Joh. Jakob Wagners Gedichte, oder ein akademisches Gemälde. [5816]

Das Tier war der Lehrer des Menschen. Dafür dressiert der Mensch das Tier. [5817]

d. 26 April.

Es liegen schwere vierzehn Tage hinter uns. Abends am 12ten legte sich unser liebes Kind mit Halsweh nieder, am nächsten Tage stellte sich heftiges Fieber ein und als wir am Sonnabend Schulz kommen ließen, erklärte er den Ausschlag, der sich mittlerweile hinzugesellt hatte, für Scharlach. Er war sehr besorgt und sagte mir gleich, daß das Übel mit der größten Heftigkeit auftrete; 150 Pulsschläge in der Minute und mit 170 hört das Zählen auf. Drei Tage lang fortwährendes Phantasieren; hin und wieder, wahrscheinlich infolge eines betäubenden Medikaments, etwas Schlaf, aber alle zehn Minuten durch Irre-Reden und Singen unterbrochen; einmal zu mir in der Nacht, als ich sie umkehrte: armer Baf! als ob sie mich wegen des Wachens an ihrem Krankenlager bemitleidete; ein andermal mit süßester Stimme: ich habe das Scharlach-Fieber! als ob sie einer ihrer Gespielinnen Auskunft erteilte. Jetzt ist die Gefahr, Gott sei Dank, vorüber! Seltsam genug behauptet meine Frau, daß jedesmal Krankheit eintritt oder großer Ärger vorfällt, wenn sie von Wasser träumt und daß sie mir kurz vor dem Erkranken des Kindes einen solchen Traum höchst phantastischer Art erzählte. [5818]

Goethe schließt die Umarbeitung seiner Stella mit der Teilung zweier Weiber in einen Mann. Dabei vergaß er aber, daß in der Eins die wahre Unendlichkeit liegt, in der Zwei aber die schlechte, die Million. [5819]

Gebildete Menschen können sich oft nicht darüber beruhigen, daß Verstand und Vernunft im Weltgetriebe so wenig ausrichten. Sie vergessen, daß beide nur Elemente neben anderen sind, wie Luft und Feuer neben Erde und Wasser, und daß in der sittlichen Welt, wie in der physischen, alles in Organismen gebunden ist, die auf desperat erscheinenden, obgleich ohne Zweifel durchaus gesetzlichen Mischungs-Verhältnissen beruhen. [5820]

Wenn ein gemeiner Mensch mit dir bricht, so hat er gleich nachher so viele neue Freunde, als du Feinde hast. [5821]

Sich gewisse Bücher in gewissen Händen denken! Falstaff z.B., wie er Werthers Leiden liest. [5822]

Alle Krankheiten sollen den Menschen feig machen, einige machen ihn zugleich törigt, z.B. die Schwindsucht. [5823]

d. 12 Mai.
Rhinozeros und Elefant in Schönbrunn, sich liebkosend; ergötzlichstes Bild, das ich jemals sah! [5824]

HE. Debrois van Bruyck.
Allerdings, mein lieber Debrois, steht Ihr Brief im schneidendsten Widerspruch mit allem, was Sie im letzten Vierteljahr gesagt und getan haben. Glauben Sie jedoch nicht, daß ich angemessen finde, mit Ihnen darüber zu rechten. In Erinnerung rufen will ich Ihnen nur, daß ich Ihnen mein Haus bloß auf Ihren gegen meine Frau dringend ausgesprochenen Wunsch wieder öffnete, und bemerken muß ich Ihnen, da Sie mir die Wieder-Aufnahme der persönlichen Beziehungen in Aussicht zu stellen scheinen, daß ich fortan für Sie ein Mann bin, der schon jenseits des Styx wandelt, an dem ich ja auch wahrscheinlich um ein beträchtliches früher anlangen werde, wie Sie. Das schließt natürlich ein anständiges Benehmen bei zufälliger Begegnung und einen literarischen Gefälligkeiten-Wechsel nicht aus, indem wenigstens ich mich nicht bewogen fühle, der Schadenfreude des Pöbels, der immer jubelt, wenn menschliche Verhältnisse höherer Art auseinandergehen, ein Schauspiel aufzuführen.

Sie und Ihr Freund, in dessen Namen Sie teilweise mitreden, haben die fetten zehn Jahre der Produktion, der nie stockenden Lebensfülle, der Gesundheit und des Glücks, mit mir geteilt. Nun die magern vor der Tür stehen, nun Alter, Krankheit, Lebensüberdruß u.s.w. sich melden, wenden Sie mir den Rücken und beziehen sich dabei auf eine Charakter-Eigenschaft, die Sie am ersten Tage entdecken mußten und die mich, je nachdem man den hohen oder den niedern Stil liebt, den unschädlichen Dämonen oder den gutmütigen Polterern anreiht, da ich in meinen nordischen Berserker-Anfällen, die ich keineswegs zu leugnen oder zu beschönigen gedenke, noch nie zum letzten Wort gekommen bin, ohne, wie Sie beide recht gut wissen, mir selbst zu sagen: Das ist ja alles nicht wahr! und jede mögliche Genugtuung zu geben. Sie wählen für Ihren Rückzug den Moment, wo ich mich Ihres Freundes wegen, in Zeugen-Gegenwart, auf Tod und Leben mit dem mächtigsten Schriftsteller des Tags entzweit, ja den Krieg mit ihm begonnen habe und wo ich mich Ihretwegen mit dem dritten in unserem früheren Bunde, mit Glaser, fast überworfen hätte, weil ich mir in meiner Teilnahme für Sie einbildete, er habe sich bei Gelegenheit Ihres Konzert-Unternehmens nicht tätig genug gezeigt. Das sind Tatsachen, die durch keine Dialektik der Welt beseitigt oder alteriert werden können, und die ich bloß fixieren will. Aus Achtung vor Ihnen und Ihrem Freund, sowie vor mir selbst, mögte ich nicht annnehmen, daß auch der Klatsch sein schmutziges Gewicht mit in die Waagschale gelegt hat; doch habe ich Grund, der Sache zu erwähnen und jede mir etwa beigemessene Äußerung u.s.w. ausdrücklich für niederträchtige Verleumdung zu erklären, die mit dem in Widerspruch steht, was von mir zu erwarten war.

Dies zur Erwiderung, sowie zum Abschluß eines Verhältnisses, das ich nicht suchte, das die letzten zehn Jahre, in denen man überhaupt noch engere Verbindungen anknüpft, bei mir ausfüllte und das manchen, der sich möglicherweise auch mit in den Winter des Lebens hineingewagt hätte, von mir fernhielt. Gern füge ich jedoch das Zeugnis hinzu, daß Sie anständig von mir Abschied genommen haben; auch will ich, nach allem, was Sie mir jetzt mitteilten und was Sie mir freilich mündlich nicht hätten vorenthalten sollen, gern glauben, daß Ihr Freund es nur aus verzeihlicher Unsicherheit anders gemacht hat. Ich scheide daher in Frieden und ohne Groll von Ihnen beiden und beklage nur mein Kind, das bei dieser Gelegenheit etwas früher, als mir lieb ist, den Unbestand alles Menschlichen kennenlernt. Der Versicherung, daß ich Sie in Kunst und Poesie immer auf meiner Seite erblicken werde, bedurfte es nicht, da ich das Gegenteil bei Ihrem vorgerückten Alter für unmöglich halte; Ihren Dank gebe ich Ihnen aber von Herzen zurück, denn auch ich habe die Anregungen, die mir der um mich versammelte jugendliche Kreis so oft gewährte, nicht vergessen, und ich werde sie nicht ohne Schmerz entbehren.

Und so leben Sie wohl!

Ihr ergebener

Wien d. 7 Juni 1860.   Fr. H.

N. S. Daß unsere Korrespondenz hiemit geschlossen ist, wie unser Verkehr, brauche ich nicht erst zu bemerken.   [5825]

Gmunden d. 2ten August.

Seit meinem Aufenthalt in Kopenhagen hielt ich mich für taub auf dem rechten Ohr. Vor etwa drei Wochen fing dies Ohr an, mir zu jucken, weil ich beim Baden zufällig einen Wasserstrahl hineinleitete. Dies hörte nicht wieder auf, so daß ich hier in Gmunden gezwungen war, mich einer Nadel zum Kratzen zu bedienen. Infolgedessen zog ich – mehrere Knäuel Baumwolle aus dem Ohr hervor, vor 18 Jahren wegen Zahnwehs hineingesteckt, und jetzt habe ich mein vollständiges Gehör wieder. Fabelhaft!   [5826]

Es geht mit dem preußischen Helm, wie mit dem des Don Quixote. Man wagt nicht, ihn zu prüfen.   [5827]

»Erweise niemand eine Wohltat. Du kannst ihn von einer so schweren Last gar nicht frei machen, daß er dir nicht durch Undank eine größere aufzuerlegen vermögte.«   [5828]

Ein Prinz, den niemand als solchen erkennt, wird dadurch entdeckt, daß er in Lebensgefahr gerät und daß einer seiner Vertrauten einen großen Preis für seine Rettung aussetzt.   [5829]

Es gibt eine lateinische, griechische, englische u.s.w. Sprache, aber keine lateinische, griechische, englische u.s.w. Mathematik, Astronomie u.s.w. Der beste Beweis dafür, daß die Sprache nicht logischer Natur ist. [5830]

Der wahre Schmerz ist schamhaft. [5831]

Fängt ein Buch geistreich zu sprechen an, weil viel Gutes hineingeschrieben ist? Ebensowenig ein Gelehrter. [5832]

Wundern muß ich mich sehr, daß Hunde die Menschen so lieben, Denn ein erbärmlicher Schuft gegen den Hund ist der Mensch. [5833]

Der Taube beurteilt die Musik nach den Mund-Verzerrungen der Sänger und den absurden Bewegungen der Geiger und Bläser; kein Wunder, daß er sie häßlich findet. [5834]

Es gibt Wesen, die neue Namen gewinnen, ohne die alten zu verlieren, die als Jungfrauen noch Kinder bleiben, als Frauen noch Jungfrauen und Kinder. [5835]

Die Mutter in der Mühle, die den Knecht als Mörder angibt, ohne zu ahnen, daß der Sohn mit im Komplott ist. (Zeitungsnotiz.) [5836]

Die Hochzeits-Zeremonie besteht bei den Hottentotten darin, daß der Priester die Brautleute bepißt. Wenn eine Witwe sich wieder vermählt, so muß sie sich ein Glied vom Finger schneiden lassen, und das wiederholt sich bei jeder neuen Heirat.
(Thunbergs Reise nach Japan. (Neue Reisebeschr.[eibungen] für die Jugend. 1ster Teil. Tübingen, Cotta, 1794, S. 81.) [5837]

Würde Raffael zu malen aufhören, wenn die ganze Welt bis auf ihn blind würde? [5838]

Der echte Dichter würde auch noch auf einer wüsten Insel dichten und seine Verse in den Sand schreiben, selbst, wenn er das Rhinozeros schon erblickte, das sie gleich nachher zertreten sollte. [5839]

Ein Geizhals gönnt sich einen Genuß und liest in einem Kochbuch. [5840]

An H. Pfarrer Luck in Wolfskehlen
— Lassen Sie mich mit dem Allgemeinen beginnen. Sie mögten mich dem positiven Christentum näher bringen, als Sie mich ihm gestellt glauben. Seien Sie überzeugt, daß ich Ihr Motiv auf keine Weise verkenne. Aber ich habe über denselben Gegenstand schon vor Jahren mit meinem Freunde Friedrich von Uechtritz eifrig korrespondiert, ohne daß es mehr, als einen Waffenstillstand zur Folge gehabt hätte. Ich stehe durchaus in keinem feindlichen Verhältnis zur Religion, wie Sie selbst sehr richtig bemerken; das ist auch bei einem Dichter, und Sie erklären mich für einen solchen, nicht wohl möglich, wenn er anders den Namen verdient und nicht zu der französischen Zwitter-Gattung gehört, denn Religion und Poesie haben einen gemeinschaftlichen Ursprung und einen gemeinschaftlichen Zweck, und alle Meinungs-Differenzen sind darauf zurückzuführen, ob man die Religion oder die Poesie für die Urquelle hält. Ich muß mich nun für die Poesie entscheiden, und kann sowenig in den religiösen Anthropomorphismen, wie in den philosophischen Doktrinen etwas von den großen poetischen Schöpfungen spezifisch Verschiedenes erblicken; es sind für mich alles Gedanken-Trauerspiele, in denen bald die Phantasie, bald der Intellekt vorschlägt, bis beide sich im reinen Kunstwerk durchdringen und in gegenseitiger Sättigung zusammenwirken. Damit verschwindet denn für mich der christliche Gottmensch, wie der griechische und persische, oder vielmehr, sie treten in die symbolische Sphäre zurück, ohne daß die neuere Bibel-Kritik, die Straußsche z. B., mir diese erst hätte erschließen müssen, denn sie ist der Anfang aller Kunst und dürfte auch, nur in verwandelter Gestalt, ihr Ende sein. Sollte Ihnen das zu profan klingen, so erwägen Sie, daß ich ja von der Religion nicht geringer, sondern von der Poesie, der Allumfasserin, nur höher denke; jedenfalls glaube ich nicht, daß es einen Dichter geben kann, dem die

universellen Formen des Dramas und des Epos zu Gebote stehen und der zu der positiven Religion ein anderes Verhältnis hat. Calderon werden Sie mir nicht einwenden wollen; es fehlt ihm eben das Beste, wenn man ihn in Herz und Nieren prüft. Es ist nun freilich wahr, daß auch diejenigen Dichter, die uns hier allein beschäftigen dürfen, den religiösen Anschauungen und Empfindungen nicht selten einen Ausdruck verleihen, der den Gläubigsten nicht allein befriedigt, sondern ihm sogar in seinem eigensten Wesen ganz ungeahnte Tiefen öffnet. Das rührt aber nicht daher, weil der Poet in solchen Momenten gewissermaßen mit ihm zum Abendmahl geht, sondern weil ihm das Geheimnis des Lebens anvertraut ist, weil er, immer den rechten Mann vorausgesetzt, instinktiv jede Existenz in ihrer Wurzel und jedes Moment einer Existenz in seinen allgemeinen und besonderen Bedingungen ergreift, und davon sind die religiösen natürlich nicht ausgenommen. Er ist also darum ebensowenig Christ, weil er dem Christen seine Sehnsucht erklärt und verklärt, als er gerade verliebt zu sein braucht, weil er den Liebenden über sein Herz belehrt; er ist einfach der Proteus, der den Honig aller Daseins-Formen einsaugt (allerdings nur, um ihn wieder von sich zu geben) der aber in keiner für immer eingefangen wird. Wer diesen Standpunkt festhält, der würde sich nicht wundern, wenn der Hamlet und der standhafte Prinz einen und den nämlichen Verfasser hätten; wer ihn aus den Augen läßt, der muß über die Widersprüche des Poeten außer sich geraten, und ihn in gut vulgärem Sinn für charakterlos erklären. Es sind aber die Widersprüche der Welt, die trotz ihrer des bindenden und regelnden Mittelpunkts nicht entbehrt, wenn man ihn auch auf keine Formel zurückführen kann! – Hiebei muß ich es bewenden lassen; Sie werden wenigstens meinen guten Willen nicht verkennen, mich mit Ihnen zu verständigen. Ich gehe nie ohne Kampf und Widerstreben in diese Dinge ein, und kümmere mich für mich selbst eigentlich ganz und gar nicht um die Pole, zwischen denen meine Existenz sich dreht; die geistige Zeugung geht, wie die leibliche, am besten im Dunkeln vonstatten und auch der Dichter erfährts erst von der Hebamme, ob seine Kinder männlichen oder weiblichen Geschlechts sind.

d. 16 Okt. 1860. [5841]

Alle menschliche Verhältnisse gebären ihr Maß und Gewicht aus sich selbst und müssen mit diesem gewogen und gemessen werden, nicht aber mit dem, was auf dem Markte gilt. [5842]

Das Gute existiert in der Gattung, das Böse nur in den Individuen. [5843]

Es gibt Künstler, die einen Gegenstand nur dadurch zu erschöpfen glauben, daß sie ihn sezieren und zerlegen, d.h. vernichten. [5844]

Kaulbachs Bilder wirken auch dann als allegorische auf . . . . [5845]

. . . .
den Regierungsrat Deinhardstein, dessen Häuslichkeit er zum Dank dafür bei Bier und Wein Mal für Mal persiflierte und karikierte. Als er das zweite- oder drittemal zu mir kam, vertraute er mir »weil er vor mir keine Geheimnisse haben könne«, daß er in Triest schon . . . .
gehabt habe und daß sein Onkel in Blutschande mit der Tochter einer Frau lebe, die früher seine Geliebte gewesen sei. Einst kam er an meine Tür und teilte mir mit, in dem neuesten Heft der Revue des deux mondes sei ich der erste Schriftsteller des Jahrhunderts genannt worden; als ich das Journal nachsah, kam nicht einmal mein Name darin vor. Das alles hätte mich warnen sollen, es bewog mich aber bloß, mich um so ernster mit ihm zu befassen und dafür habe ich denn jetzt den Dank. Sei's darum! –
Gearbeitet 1860 die letzten zwei Akte der Nibelungen. War in Paris. Erhielt vom König von Baiern den Maximilians-Orden. [5846]

[1861]

An den H Pfarrer Luck
                        Wien d. 21sten Jan: 1861.
Verehrter Herr und Freund!

Auf Ihrem Standpunkt sind Sie des persönlichen Gottes und des unsterblichen Menschen gewiß; auf dem meinigen ist alles Geheimnis und jeder Versuch, das Welträtsel zu lösen, ein Gedanken-Trauerspiel, nicht, wie Sie mich korrigieren, bloßes Drama und noch weniger Hymnus. Auf welcher Seite sich die größere Demut findet, lasse ich dahingestellt, obgleich Stolz und Eigensucht bei dem, der weiß, daß er gar nichts weiß, unmögliche Eigenschaften sein dürften; daß es keine Verständigung gibt, wenn nicht der Mangel an Übereinstimmung wohlfeilerweise auf gewissenlosen Leichtsinn oder grobe Unwissenheit zurückgeführt wird, leuchtet ein. Es ergibt sich daraus von selbst, daß ich, ohne das Geistreiche und Eigentümliche Ihres Ideen-Ganges zu verkennen oder zu unterschätzen, auf das Materielle der Frage nicht weiter eingehen kann; ich weiß die Bibel, zu deren Lesung Sie mich ermahnen, von Jugend auf halb auswendig und mir ist auch schwerlich irgend eine der bedeutenderen protest. oder kath. Kirchen-Geschichten entgangen, aber Ihre religiösen Tatsachen sind und bleiben mir Anthropomorphismen. Dagegen muß ich mir erlauben, unser persönliches Verhältnis in dieser Angelegenheit, das mir durch Ihren letzten Brief ein wenig verschoben scheint, wieder zurechtzurücken. Sie sagen nämlich im Eingang, Sie hofften, daß ich »Ihrer ehrlichen Überzeugung und Ihrem Wahrheit liebenden Denken ebensowohl Berechtigung zugestehen würde, wie meinem eigenen« und kommen am Schluß darauf zurück. Es handelt sich ja aber nicht um Ihre Denkfreiheit, sondern um die meinige; ich habe Sie nicht darüber zur Verantwortung gezogen, daß Sie glauben, was ich nicht glaube, sondern Sie mich darüber, daß ich nicht glaube, was Sie glauben. Ich habe mich einfach verteidigt und schon das hätte ich, ohne Ihnen irgendwie zu nahe zu treten, ablehnen können, denn jeder Bekehrungsversuch ist ein Griff in Herz und Eingeweide hinein, und ich brauche mir das Kitzeln mit einem Sezier-Messer nicht darum gleich gefallen zu lassen, weil derjenige, der es anfaßt, es in guter Meinung tut. Ich habe mich weiter in meiner Verteidigung auch des leisesten Gegen-Angriffs enthalten, und, obgleich ich den Dichter sprechen ließ, da Sie diesen angeredet hatten, mir keineswegs ein künstlerisches Privilegium zu erschleichen gesucht, sondern mir bloß das allgemeine Menschenrecht, auf dem das ganze Prinzip der Reformation beruht, reserviert. Nichtsdestoweniger verfahren Sie, als ob es sich geradezu umgekehrt verhielte. Ich habe Sie nicht auf die Philosophen, Kritiker und Naturforscher verwiesen, die mein »hieroglyphisches Bekenntnis«, wie Sie meinen Brief nennen, allenfalls kommentieren könnten; Sie ersparen mir, als ob bei meiner Konfirmation etwas versehen wäre, nicht einmal das »kurzgefaßte Religionsbuch.« Meine Versicherung, daß ich in keinem feindlichen Verhältnis zur Religion stehe, die obendrein nur an Ihre eigene Bemerkung gleichen Inhalts angeknüpft wurde, begleiten Sie mit der Glosse: »sie wird sich dafür zu bedanken haben.« Mein Geständnis, daß ich nicht ohne Kampf und Widerstreben auf die Grund-Probleme eingehe, erklären Sie für »bequem und indifferent.« Ich gebe Ihrem kalten Blut (Sie reden selbst von Ihrer Hitze und Ihrem Eifer) die Würdigung solcher Glossen und Abfertigungen anheim. Meinem Freunde Friedrich von Uechtritz stellen Sie einen »ganzen Menschen« gegenüber, als ob Sie wüßten, daß er selbst keiner wäre und als ob ich diesen ganzen Menschen seiner Konfession halber gleich aufs Christentum zurückführen und einräumen müßte, daß er nur durch dies zustande kommen könne. Aus Goethe wird unter Ihrer Feder »Herr von Goethe« und aus seinem Abendseufzer, der nichts ausdrücken will, als das Christen, Juden, Heiden und Türken gemeinsame Gefühl, was auf den erschöpften und erschöpfenden Tag zu folgen pflegt, ein Verzweiflungsruf nach Bethlehem und Golgatha hinüber. Bei mir entdecken Sie »Widerwärtigkeit« gegen das positive Christentum, die doch darum nicht gleich vorhanden zu sein braucht, weil ich nichts Ausschließliches darin finden, sondern es nur als ein Symbol neben anderen Symbolen betrachten und ehren kann. Es kommen sogar Ausdrücke, wie »titanenhaft-aristokratischer Stolz«, weil ich sage, daß der Dichter auch dem Gläubigsten Befriedigung zu gewähren, ja Ungeahntes zu bieten vermag, ohne in solchen Momenten gewissermaßen mit ihm zum Abendmahl zu gehen, wobei Sie augenscheinlich die bildliche Wendung, die ebensogut dem Judentum oder dem Muhammedanismus hätte entlehnt werden können, in einen faktischen Protest gegen einen Akt der christlichen Kirche verwandeln. Doch, es sei hiemit genug; ich will den Spieß nicht umkehren, ich will gern annehmen, daß Sie in Ihren religiösen Überzeugungen unerschüttert geblieben sind, obgleich Sie sich mit dem Gegensatz so vertraut gemacht haben, als ob Ihnen alles daran gelegen gewesen wäre, sie loszuwerden. Erweisen Sie mir dieselbe Gerechtigkeit; auch ich habe mir die Arbeit nicht erspart. Übrigens verstehen sich Demut und Bescheidenheit, sowie unbedingte Unterordnung und Unterwürfigkeit unter das große Ganze überall von selbst, wo man etwas Tüchtiges will; das Gegenteil ergibt sich nur da, wo man sich im Leeren herumtreibt und wird dann ebensowenig durch das christliche Prinzip, wie durch ein anderes, erstickt, denn es ist völlig gleichgültig, ob der hohle Mensch sich bläht, weil er »weiß, was not tut« oder ob er als »Lichtfreund« oder »Pantheist von der neuesten Façon« mit einem grünen Band von Paulus oder einem roten von Feuerbach herumstolziert. – – [5847]

d. 23 Febr.
Ein Abkömmling von Götz von Berlichingen, Graf Friedrich v B. in Mannheim, wandte sich an mich um einen poetischen Beitrag zur Biographie seines Ahnherrn, die er herausgeben will. Ich schrieb:

> *Auf Götz von Berlichingen*
> Du hast im Leben jede Zier,
>   Die Helden ehrt, errungen,
> Doch ist der Taten höchste dir
>   Im Tode erst gelungen:
> Du hast den größten Dichtergeist
>   Des deutschen Volks entzündet,
> Und wo man Goethes Namen preist,
>   Wird deiner auch verkündet. [5848]

d. 26 Feb.

Meine liebe Frau hat einen tief poetischen Traum gehabt. Sie ist krank gewesen, kann noch nicht wieder gehen, soll irgendwohin und wird von Prof. Brücke an der Hand geführt, während Sindsal, der verstorbene kleine Hund, hinterherläuft. Plötzlich läßt Brücke sie los, sie wird schwindlich und will umfallen. Da erhebt sich auf einmal auf seinen Hinterbeinen das Hündchen, reicht ihr die Pfote, wird größer und größer und schickt sich an sie zu führen. Dadurch wird sie so ergriffen und gerührt, daß sie sich in die Kniee wirft und ausruft: Gott, Du bist groß! [5849]

d. 1 März.

Österreichs neue Verfassung ist da, und nach meiner Meinung ein neuer Beweis für meinen alten Satz, daß Minister Jungfern-Politik treiben müssen, wenn sie etwas erlangen wollen. [5850]

Suppen werden immer gekocht, die Petersilie muß also immer da sein, aber den Lorbeer könnte man oft jahrhundertelang entbehren und die Erde würde einen echt poetischen Gedanken ausführen, wenn sie ihn nie eher sprossen ließe, als bis das Kind, das ihn pflücken soll, in der Wiege läge. [5851]

Man lebt jetzt von der Kunst, den Taler auszugeben, den der Nachbar in der Tasche trägt. [5852]

Die meisten Menschen werden sich darüber wundern, daß Karl der Fünfte ins Kloster ging, *obgleich* er Kaiser war. Einige aber werden denken, daß er es tat, *weil* er Kaiser war. [5853]

Ob es schon ein Jahrhundert gab, in welchem die Menschheit alle ihre Köpfe zugleich hatte? Ich kenne keins das einen großen Regenten, einen großen Soldaten, einen großen Naturforscher, einen großen Dichter, einen großen Philosophen pp aufzuzeigen hat. [5854]

»Ist sie krank?«[»] Sie liegt zu Bett und wartet auf die Schmerzen.«
(Titi.) [5855]

»Nenne mir das Wort, das den Himmel aufschließt« Ich kann es dir nicht nennen, ohne es selbst zu vergessen. Wirst dus mir wieder nennen? [5856]

»Heinrich Heines Nachlaß von Steinmann!« Herr Steinmann kriecht hinter jeden Busch, wo er Herrn Heine einmal sitzen sah und sammelt auf, was er fallen ließ. [5857]

Jede echte komische Figur muß dem Buckligten gleichen, der in sich selbst verliebt ist. [5858]

Semele, die Jupiter durch einen Blitz der höchsten Schönheit die Vernichtung zurückgibt. [5859]

Der Pole mögte einen oft vor Liebe fressen. Nur fängt er sich in der Regel schon zu speien an, bevor er noch mit der Mahlzeit fertig ist. [5860]

Wer die Geheimnisse der Dreieinigkeit auseinandersetzt, kann zum wenigsten doch nicht sagen, er trage Mathematik vor. [5861]

Eine schöne Frau, um die sich bei einem Gewitter der Blitz schlängelt, ohne sie zu verletzen. (Baron Maltiz. Faktum.) [5862]

Sie studieren sich untereinander, darum haben sie keine Zeit, Gott und Welt zu studieren. [5863]

Der sog. Ernst des Lebens läuft bei den meisten darauf hinaus, sich die Genuß- und Luxus-Mittel zu verschaffen. [5864]

Der gerade Weg braucht nicht gerade der des Ochsen zu sein. [5865]

Jeder neue Künstler trägt neue Gedanken in neuer Sprache vor. Die Sprache selbst will gelernt sein, bevor die Gedanken verstanden werden können. [5866]

Wenn ein Mensch zu sprechen anfängt, so beginnt der Hund zu bellen, der Hahn zu krähen, das Roß zu wiehern, die ganze Tierwelt wird laut. Fährt er aber nur ruhig fort, so werden sie wieder still. Gewöhnlich jedoch versucht er in das Gebell, Gekräh, Gewieher u.s.w. einzustimmen, um ein Verständnis herbeizuführen und dann ist er verloren. [5867]

Herodias. Dramatisch. [5868]

Im Winter *sieht* man seinen Odem. [5869]

Dem einen darfst du diesen Finger reichen, dem anderen jenen; aber wem die ganze Hand? [5870]

Im Louvre: Gestalten, wie Regentropfen. [5871]

Mirabeau: Wie schaden die Laster meiner Jugend dem öffentlichen Wohl! (Patrie) [5872]

Man weiß nichts von den Schmerzen der Steine, aber sehr viel von den Schmerzen der Prinzen, die in Steine verwandelt wurden. [5873]

Jeder Mensch trägt einen Zauber im Gesicht: irgendeinem gefällt er. [5874]

Der essende Mensch ist, je nach dem Standpunkt des Betrachters, ein Gegenstand der Rührung oder des Neides. [5875]

Es gibt Leute, die einen Autor so auslegen, wie ein altes Weib die Flecken der Kaffee-Tasse. [5876]

Es gibt Menschen, die einen Vogel kaum festhalten, wenn er ihnen in die Hand geflogen kommt, die aber Kopf und Kragen an ihn setzen, wenn er wieder weg ist. [5877]

Je näher der Tod kommt, je weiter scheint sich der Gedanke an den Tod vom Menschen zu entfernen. [5878]

Es gibt Mantelkinder der Unsterblichkeit. [5879]

Der Gedanke an den Feldherrn muß für den Soldaten sein, wie ein Schluck Branntewein. [5880]

Eine Literatur-Geschichte und ein alter Hof-Kalender nebeneinander. [5881]

Major Schwarzmann sieht bei Beginn eines Gefechts, daß einer seiner Leute ausreißt. Mit dem Degen holt er ihn wieder um und versetzt ihm einen Hieb. Nun eilt er wieder in den Kampf und bemerkt, daß besonders *ein* Soldat ihn in die größten Gefahren begleitet. Nach gewonnenem Sieg teilt er unter seinen Leuten aus was er gerade an Geld bei sich hat und berücksichtigt namentlich seinen treuen Begleiter. Da bemerkt er, daß dieser verwundet ist und sein Wachmeister sagt ihm: die Wunde hat der Mensch von Ihnen, denn er ist der Ausreißer.

(selbst erzählt) [5882]

Man kann mit einer geladenen Pistole umgehen, man kann mit einer ungeladenen Pistole umgehen, aber man kann mit keiner Pistole umgehen, von der man nicht weiß, ob sie geladen oder ungeladen ist. [5883]

(Aus: Aug. Ludw. von Schlözers Leben, von s. Sohn:)
Schlözer bezeichnet Attila irgendwo als Ungeheuer, wilder Kalmyk. Sein Göttinger Kollege *Gatterer* nimmt davon Gelegenheit, diesen Hunnen in einem seiner Handbücher als das Muster eines weisen, tapfern und edeln Regenten anzupreisen. (p. 209) [5884]

»Überhaupt, statt ›unreinlich‹ werde ich künftig immer: ›italienisch‹ sagen.[«]   Schlözer, Brief aus Rom, p. 305. [5885]

»Graf H. in Mainz hat dem Kurfürsten sein längst gemachtes Testament entwandt, ein falsches untergeschoben, und sogar einen Menschen, als Kurfürst verkleidet, inkognito zu einem Frankfurter Notar behufs der Legalisierung gebracht.«
Graf Schmettow (geistreicher Holsteiner) an Schlözer. 149, T 2. [5886]

König Gustav III von Schweden findet bei den Dänen, die ihn bekriegen, auf einem weggenommnen Boote einen Kasten mit chirurgischen Instrumenten, die er nach Gothenburg aufs Rathaus bringen ließ und von denen er, das Volk persönlich haranguierend, sagte, es seien Marter-Instrumente, bestimmt, die Szenen Christians II in Stockholm zu erneuern.

Ders. p. 153. [5887]

Der nämliche König, geister- und gespenstergläubig, verzagte, als ihm der dänische Führer Prinz Carl von Hessen, auf einem Schimmel entgegenkam, denn in den Büchern der Geisterwelt stand geschrieben, daß ihn ein Feldherr auf weißem Roß schlagen werde. Ders. p. 161. [5888]

Grün-Donnerstag.

Schwere acht Tage hinter mir. Meine l. Frau erkrankte vor acht Tagen; heftige Krämpfe in der Nacht, Morphium vergebens angewandt. Noch jetzt sehr matt. Brücke ... fürchtet die Wiederkehr, jedoch ohne schlimme Folgen. [5889]

In Folge zu frühen Ausgehens am Ostertage erkrankte sie abermals. Krämpfe: Magen-Katarrh. Mittel: Chinin. Es dauerte über 14 Tage. [5890]

An Luck.

– Gewiß können wir jetzt Frieden schließen, oder vielmehr auf den alten Friedens-Fuß zurückkehren. Mein Standpunkt hat nichts Ausschließliches, ich ehre einen jeden und lasse es ganz dahingestellt, wer den besseren hat; ich will nur nicht von dem rohen Zufall der Geburt, der dem Mensch seine Religion anweist und den er nicht korrigieren kann, ohne das allen Völkern gemeinsame und äußerst schwer ins Gewicht fallende Vorurteil gegen Renegaten hervorzurufen, sein zeitliches und ewiges Heil abhängig gemacht wissen. Die absolute Philosophie gebe ich Ihnen von Herzen preis, wenn ich es auch an ihr schätzen muß, daß sie selbst in ihren ärgsten Verirrungen nur den intelligibeln Menschen angreift, nicht, wie die absolute Religion, den moralischen, denn wenn Hegel jemand das Begriffs-Vermögen abspricht, so liegt in dem angeschuldigten Mangel zugleich die Rechtfertigung, wenn demselben Individuo aber die Sünde gegen den Heiligen Geist vorgeworfen wird, so gibt es keine Rettung mehr, denn der absichtlichen Verstockung muß die Verdammung folgen. Friedrich Schlegel erklärte seinem Freunde Tieck einmal, die himmlischen Gestirne würden dereinst zusammenrücken und in der Form des Kreuzes auf die Erde herabblitzen; ob er bei Tieck damit etwas ausrichtete, weiß ich nicht, aber für mich würde auch das, wenn es plötzlich geschähe, nichts weiter sein, als eine zufällige Konstellation der Himmelslichter, über die ich mich bei der Astronomie Rats zu erholen hätte. Ebensowenig freilich kümmert es mich, wenn der Philosoph mir versichert, er habe den Ring Salamonis wieder aufgefunden und trage ihn am Finger; wie seine Diamanten auch funkeln und schwache Augen blenden mögen, ich weiß, daß kein Talisman darunter ist, weil keiner darunter sein kann. Dabei verkenne ich durchaus nicht, daß mein Standpunkt sein Gefährliches hat, denn wenn es auf der einen Seite feststeht, daß die Welt jeden großen Fortschritt nur durch Individuen machte, welche, seien es nun Religionsstifter, Feldherren oder Künstler, das Gesetz aus sich selbst nahmen und mit den Zuständen und Anschauungen brachen, die sie vorfanden, so läßt es sich auf der anderen Seite nicht leugnen, daß das Prinzip scheußliche Karikaturen erzeugt, die sich wohl gar, wie der blöde Sand, in ihrem Dünkel zu Weltrichtern aufwerfen. Aber genau besehen werden das immer Nachbeter sein, die, sobald sie die Theorie in Praxis umzusetzen suchen, der bürgerlichen Gesellschaft verfallen, während, wenn man ein Absolutes für Millionen aufstellt, die schlimmsten Triebe der menschlichen Natur unter heiligem Deckmantel rasen und ungestraft von der einzelnen Ketzer-Verfolgung zur Bekehrung oder Vertilgung ganzer Völker durch Feuer und Schwert fortschreiten können, wie die Geschichte es uns schaudernd lehrt. Es steht daher ein Unendlich-Kleines dem Unendlich-Großen gegenüber und da ist die Entscheidung leicht. Doch, wozu mehr; wir sind im Grunde ja einig. Auch ich halte es für schwerer, das Vaterunser zu beten, als alle Schlachten Napoleons zu gewinnen, ja ich bezweifle es stark, daß es auf Erden schon gebetet worden ist, aber freilich nur wegen seiner ethischen Voraussetzungen, die ich nicht ausschließlich vom Christentum abhängig machen kann, wenn dieses ihnen auch in diesem Gebet für alle Zeiten eine unübertreffliche Fassung gegeben hat. Wenn ich sagte, dem Dichter sei das Geheimnis des Lebens anvertraut, so dachte ich allerdings nicht, wie Sie auch selbst schon bemerken, ans Wissen, sondern ans Können, nicht ans Erklären, sondern ans Hinstellen und eins hängt im geistigen Gebiet sowenig, wie im physischen, vom anderen ab, hier aber macht jedermann die Erfahrung, daß er frisches Blut in Zirkulation setzen kann, ohne den Blut-Umlauf zu kennen, wie Haller. Goethes Gedicht: »Friede« entstand, um auch diese Kleinigkeit zu berichtigen, 1789, also in seinem 40sten Jahre, wo er die größten seiner Taten noch vor sich hatte, nicht hinter sich; es kann daher nicht gut etwas anderes ausdrücken, als das, was ich ihm unterlegte. – [5891]

Oster-Abend,
1861
Alle Tier-Gattungen, mit ihren spezifischen Eigenschaften zu einem Gesamt-Organismus vereinigt gedacht geben ein viel großartigeres Geschöpf, als alle Menschen-Rassen, wenn es sich um das Verhältnis zum Erdball handelt, um das instinktive Durchdringen und Ausbeuten desselben. [5892]

Der Poltron ballt die Faust gegen den Mann im Mond und läßt sich einschüchtern durch einen Käfer, der etwas laut zu brummen anfängt. [5893]

d. 3 Mai.
Dem Prof. Bodenstedt auf seine Unziemlichkeiten in zwei Artikeln der Wiener Zeitung geantwortet und diese Artikel an Kaulbach mit nachstehendem Brief gesandt, damit doch wenigstens einer aus der Umgebung des Königs weiß, daß ich nicht auf mir sitzen ließ, was einen Tertianer in Mißkredit bringen würde.
Hochverehrter Herr!
Wundern Sie sich nicht zu sehr, daß ich Ihnen hiebei unter Kreuzband ein kleines Paket schicke, und daß dieses Paket nichts enthält, als drei Nummern der Wiener Zeitung mit zwei Aufsätzen von mir. Erblicken Sie hierin vielmehr einen Beweis

unserer österreichschen Bescheidenheit, von der ich, wenn ich auch keineswegs ein gemütlicher Sohn der Berge, sondern nur ein meerumschlungener Schleswig-Holsteiner bin, doch nach und nach etwas angenommen habe. Diese läßt uns nämlich glauben, daß unsere Gegner von aller Welt gelesen werden, wir aber nur von den wenigen, die wir kniefällig und mit aufgehobenen Händen darum ersuchen. Ich bin nun unmittelbar vom Olymp herunter, und zwar, wie es scheint, von dem obersten der Götter, wegen einiger schüchterner Bemerkungen zurechtgewiesen worden, die ich vor Jahren in einer nach menschlichen Begriffen höchst anständigen Rezension gewagt habe. Leider spürte ich aber bis jetzt nur den Donnerkeil auf dem Schädel, nicht das Einströmen der göttlichen Weisheit ins Gehirn, ja mein eigner dummer Verstand ist impertinent genug, zu behaupten, daß er trotz des Gewitters am Leben geblieben sei. Möge er sich vor Ihnen legitimieren! Ich zweifle nicht daran, daß ich ganz vorzüglich Ihnen die Verleihung des Maximilians-Ordens durch die Gnade Sr Majestät zu verdanken habe; darum mögte ich am ungernsten in Ihren Augen als ein Individuum erscheinen, das statt des Kopfs ein ausgelaufenes Ei zwischen den Schultern trägt. – Ich reise morgen auf Einladung des Großherzogs nach Weimar zur Gesamt-Aufführung meiner Nibelungen-Trilogie; da werde ich wieder viel von Ihnen hören, obgleich Ihre glühende Verehrerin, die Fürstin Wittgenstein noch nicht wieder da ist. Ihr Reineke hat mir über acht Krankheitstage hinweggeholfen, eine Dame schenkte mir ihn zu dem Zweck und richtete mehr aus, als der Doktor.

In wahrer Verehrung
Ihr treu ergebner H. [5894]

Es geht ein Mißgeschaffener in der Welt herum; wer den verspottet, der wird in seine Gestalt verwandelt. [5895]

Sowie in Goethe das Gestaltungs-Vermögen abnahm, griff er auch zu Extrablättern in Jean Pauls Manier, vide Ottiliens Tagebuch. [5896]

Einer, der Zeuge eines Mordes wird und flieht, um nicht zeugen zu müssen, weil er den Mörder liebt, den nun aber der

Mörder, um sich weiß zu brennen, verdächtigt, der verfolgt wird und endlich eingefangen, alles gesteht. [5897]

Grabbe: bleierne Soldaten in grotesken Formen. [5898]

Je kürzere Zeit ein Tier lebt, um so mehr Schlaf braucht es. [5899]

Ein Vöglein fliegt um die Morgenröte an einer Blume vorbei, als sie ihren Kelch gerade öffnet; der Duft tötet es. [5900]

Wenn die Zigeuner sich verheiraten, trinkt das neue Paar aus einem Krug. Dann wirft die Braut ihn über die Schulter weg zu Boden und in so viele Stücke er zerspringt, auf so viele Jahre gilt die Ehe. [5901]

Jede Regierungsform sollte im Sinn der ihr gerade entgegengesetzten gehandhabt werden; die republikanische autokratisch und die monarchische republikanisch. [5902]

Das Glück ist die Ausnahme von Regel und Gesetz und widerlegt darum keine und keins. [5903]

Eleonora-Schrey- und Gemeinde-Stifts-Haupt-Schule
          (Buchstäblich, Augartenstr.) [5904]

Ein Spinoza hat es leicht, die irdischen Genüsse zu verschmähen. Eben die Kraft, mittelst deren er ihre Nichtigkeit durchschaut, entschädigt ihn. Welch einen Ersatz hat aber der, dem diese Kraft fehlt? [5905]

Bei einem großen Dichter hat man ein Gefühl, als ob Dinge emportauchten, die im Chaos steckengeblieben sind. [5906]

Monologe: laute Atemzüge der Seele. [5907]

Von einem Schweigsamen: Er denkt nur mit dem Hinterkopf, der keinen Mund hat. [5908]

Du kannst mit der Kanonen-Kugel nicht in die Wette laufen, aber sie kann auch nicht um die Ecke biegen, wie du! [5909]

Ich sagte zum Großh. v. Sachs. Weimar: »Ich bin, wenn ich Österreich verteidige, in der jämmerlichen Lage manches Ehemannes, der die Schwächen, Fehler und Laster seines Weibes besser kennt, wie irgendeiner, und sie doch ritterlich vertreten muß gegen jedermann, selbst gegen einen abtrünnig gewordenen Liebhaber.« Es ist mehr, als ein Witz. [5910]

Weil die Nachtigall für die meisten ein angenehmes Objekt ist, ist es auch gleich jeder mittelmäßige Vers, der von ihr singt. [5911]

Der Künstler hat lauter Kugel-Gestalten im Kopf, der gewöhnliche Mensch lauter Dreiecke. [5912]

Ein Spucknapf, der lebendig wird: Varnhagen und Humbold. [5913]

Die *Erde* kann man nicht essen, wie die Früchte, die in ihr stecken. [5914]

Die römischen Kaiser waren das notwendige Produkt der auf lauter Unnatur beruhenden römischen Republik; die römischen Könige ohne diese wären anders gewesen. [5915]

Man sollte in großen Städten überall, wo man das P.ssen verhindern will, Denktafeln für verdiente Männer anbringen, statt der Polizei-Verbote. [5916]

Mai 1861 vor der Sixtina in Dresden. Barbara ist die reinste Schönheit der Erde, aber der Erde; Maria die höchste des Himmels, eine unendliche Differenz. Maria hält ein Kind im Arm, Barbara keins, und doch ist jene jungfräulicher, wie diese. Das Kind ist wild, die Zähne zusammengebissen, das Auge lodernd; es könnte in einer Minute zum Manne werden und hält sich nur mit Gewalt zurück. [5917]

Hofrat Marschall will sich bei Gelegenheit der Goethe-Feier aus Dankbarkeit gegen Goethe und in Erinnerung an dessen bek.[anntes] Epigramm das Rauchen, das er sehr liebt, abgewöhnen und hälts auch 6 Wochen aus. [5918]

Die Materialisten wollen Gott im Detail finden und doch darf man ihn nur im Ganzen suchen. Das könnte ihnen die Materie selbst schon sagen, denn sie brennt doch offenbar in der Schönheit zusammen und nur der ganze Mensch ist schön, nicht der einzelne Teil, der ist bloß zweckmäßig und es gibt keinen Übergang von dem Zwölffingerdarm der medieceischen Venus zu ihrem Gesicht und ihrem Auge. [5919]

Woher das Gewissen, das alle Zwecke, welche die Natur nach dem Standpunkt der Materialisten mit dem Menschen hat, beeinträchtigt, ja aufhebt? Und wenn der Gedanke wirklich das Produkt der wägbaren und meßbaren Kräfte wäre, wie könnte dies Produkt über seine Faktoren hinausgehen? Er könnte diese multiplizieren und steigern, aber nicht verändern, er könnte sich immer nur auf die Materie zurückbeziehen, es könnte nur Anatomen und National-Ökonomen geben, aber kaum Physiologen und Mathematiker, gewiß aber keine Künstler und Philosophen, auch könnte der Mensch nicht träumen. [5920]

Wer leugnet den Egoismus? Worauf sollen die Radien eines Kreises zurückführen, als auf den Mittelpunkt, der sie bindet, worauf sollen die Bestrebungen eines Individuums, das nur durch den Selbstzweck ein solches ist, abzielen, als auf den Selbstgenuß? Da aber der dauernde Selbstgenuß unwandelbar an die Selbst-Entwicklung und Selbst-Vervollkommnung geknüpft ist und auf jedem anderen Wege in Selbst-Zerstörung umschlägt, so führt dieser Egoismus eben auf die sittliche Grundwurzel der Welt zurück und es stellt sich als letztes heraus, daß man der Welt nur insoweit dient, als man sich selbst liebt. [5921]

d. 15 Juni.

An meinem Eichkätzchen mache ich Erfahrungen, die über alles hinausreichen, was man der Tierwelt bisher zugestand. Wenn es ein kleines Stück Zucker erhält, so verzehrt es das mit

Behagen, jedoch ganz so, wie jede andere Leckerei; wenn das Stück aber groß ist, so groß z.B. daß das Tierchen es kaum heben kann, so singt es und stößt Freudentöne aus. Wenn meine Frau sich des Abends an meine rechte Seite stellt und ich das Tierchen in der Hand halte, so bleibt es ruhig und liebkost oder läßt sich liebkosen; wenn sie dann aber auf die linke hinübertritt, wird es ungeduldig und sucht, auf ihren Arm zu kommen. Nach rechts liegen nämlich die Fenster, links ist das Schlafzimmer mit seinem Nest im grünen Bettvorhang. Es weiß also zu unterscheiden zwischen groß und klein und zwischen links und rechts. [5922]

An
Se Königl. Hoheit,
den Großherzog von   Zum Geburtstage,
Sachsen-Weimar.   dem 24sten Juni.
      Ew. Königl. Hoheit
werden es zu entschuldigen geruhen, wenn ich an dem freudigen Tage, den nicht allein der Kreis der Liebe, sondern zugleich ein ganzes glückliches Volk an die Spitze seines Fest-Kalenders stellt, auch an mich zu erinnern und mich in den frohen Reigen der Jubelnden zu mischen wage. Die Zurückhaltung will mir den Mund jetzt, wie früher, verschließen, und sie ist in meinen Augen nicht bloß eine gesellige, sie ist eine allgemein menschliche, wenn auch stille und nur selten in ihrem wahren Wert erkannte Tugend, denn wieviel Gutes unterbleibt auf Erden, weil derjenige, der es gern ausüben mögte, mit Recht besorgt, daß er sich dadurch zu mehr anheischig macht, als in seinem Willen und seinen Kräften liegt, da der Empfänger die Grenze, die sich immer von selbst verstehen sollte, nur zu leicht überschreitet. Aber die Dankbarkeit ermuntert mich, die Lippen zu öffnen, und ihr will ich diesmal gehorchen, überzeugt, daß die Kühnheit, die ich mir zuschulden kommen lassen mag, wenn ich mein ehrfurchtsvolles Schweigen breche und meinen Empfindungen und Gesinnungen Ausdruck und Sprache verleihe, des aufrichtigen Herzens wegen, das mich dazu treibt, Vergebung finden wird. Ew. Königl. Hoheit haben mich mit Huld und Gnade überschüttet; meine Muse, hart geschmäht und vom Markt verdrängt, weil sie den ewigen Symbolen der Welt treu blieb und nicht, statt des

Schwertes und des Szepters, die Kunkel und die Krämer-Elle zu verherrlichen anfing, darf ihr Haupt wieder erheben; meine Frau hat ein Fest der Verjüngung und der Wieder-Erneuerung gefeiert, seit es ihr vergönnt war, vor dem erhabenen Fürsten-Paar, das »jedem Zauberschlage der Kunst rührbar ist« und die Mängel der Leistungen, deren wir uns alle beide nur zu wohl bewußt sind, durch ureigene Fülle des Geistes und des Gemüts ergänzt, als Künstlerin zu erscheinen. Da will ich doch lieber Gefahr laufen, ungeschickt zu reden, als ungeschickt zu verstummen, und in diesem Sinne hoffe ich, daß Ew. Königl. Hoheit den schüchternen Glückwunsch aufzunehmen geruhen werden, den ich mich unterfange, neben Millionen anderen zu Höchst-Ihren Füßen niederzulegen.

In tiefster Ehrfurcht ersterbe ich als

Ew. Königl. Hoheit
untertänigster

Wien d. 21 Juni 1861.   F. H.

[5923]

– Wenn der Geist des Menschen sich auch ohne großes Widerstreben in das Naturgesetz fügt, so kommt das Herz doch nicht über den Wunsch hinweg, endlich einmal eine Ausnahme gemacht zu sehen und leugnen läßt es sich nicht, daß der Tod nicht bloß seine Opfer entführt, sondern auch in demjenigen, der zurückbleibt, alle Nerven zerschneidet, die ihn mit diesem Opfer verknüpften, so daß er partiell eigentlich mitstirbt.

Brief an den Duc Tascher de la Pagerie a Paris,
23 Juni 61.   [5924]

Bogumil Dawison: Doppel-Pole im Herausfordern; Doppel-Jude im Einstecken.   [5925]

d. 30sten Juli.

Wir haben dies Jahr wieder wunderbares Wetter in Gmunden. Gestern waren wir zu einer goldenen Hochzeit eingeladen; ein alter Leineweber und seine Frau, er 84 und sie 77, waren die Hochzeiter und ihre Kinder, fünf Überlebende von zwölf zur Welt geborenen, arm, wie die Eltern und brav wie sie, richteten ihnen von ihrem Ersparten das Fest aus. Wir gingen in die Kirche, und sahen mit Rührung zu, wie das greise Paar, vor dem Altare sitzend und von allen Verwandten, kleine blondlockige Enkel und Enkelinnen mit eingeschlossen, umstanden, sich noch einmal die Hände gab. Das Essen im Gasthof teilten wir nicht, dagegen suchten wir sie heute in ihrer Wohnung auf und brachten ihnen, was sonst der Wirt bekommen hätte. Sie haben ein Zimmer im Schloß zu Orth, die Söhne waren da, der Alte eben aufgestanden und forderte, wie er meine Frau erblickte, einen »Kampel«, um sich die wenigen Haare zu kämmen, sein Webstuhl, vor zwei Jahren noch im Gange, stand im Winkel. Der eine Sohn sagte mir, der Vater wisse von allem, was vorgefallen, gar nichts mehr, er sei ganz ohne Gedächtnis und habe schon gestern, als er die Kirche kaum im Rücken gehabt, ärgerlich gefragt, ob er denn ein Verbrecher sei, daß ihn alles so anstiere; dagegen habe die Mutter noch rüstig getanzt. Die Alte erzählte manches aus der Vergangenheit; einmal sitzt der Mann noch um Mitternacht, wie tausend und tausendmal, an seinem Webstuhl und wirkt für Weib und Kind, während ihm gegenüber in einem Wirtshaus Komödie gespielt wird, da pocht es plötzlich und ein Kellner tritt mit einer Maß Bier herein, darf ihm aber nicht sagen, wer die Erquickung schickt! – Was sind alle Schlachten Napoleons, alle Werke Raffaels, Shakespeares und Mozarts gegen den Entsagungsmut, den ein solches Leben voraussetzt! [5926]

> Sr Königl. Hoheit, dem Großherzog
> von Sachsen-Weimar

E. K. Hoheit

haben geruht, mich in meinem ländlichen Aufenthalt durch einen neuen Huldbeweis zu beglücken; ich nehme ihn entgegen, wie man die Gnaden-Geschenke empfängt, die von oben kommen. Man erfreut sich ihrer mit innigstem Dank, ohne mit sich darüber zu hadern, ob man ihrer auch würdig sei, denn man weiß, daß die Rechnung eine unendliche ist. Aber ich will der Ermunterung E. K. H., im Handeln immer dem tiefsten Zug der Seele zu folgen, sogleich entsprechen, indem ich mich erkühne, diesem Blatt ein Gedicht beizuschließen, das noch keinen Leser gehabt hat. Das furchtbare Ereignis in Baden hat mir acht Tage lang keine Ruhe gelassen; Erdbeben, Überschwemmungen, feuerspeiende Berge sind in meinen Augen nichts gegen solche Eruptionen des menschlichen Gehirns, die doch, da sie mit der Vernunft absolut nichts zu tun haben, unbeschadet der Zurechnungsfähigkeit, mit ihnen zusammenhängen müssen, und ich gelange nicht eher wieder zum Frieden mit mir selbst, ja mit der Menschen-Natur überhaupt, als bis ich sie mir auf irgendeine Weise moralisch auflösen kann. Mein Gedicht, ein Pendant zu einem früheren, infolge einer amtlichen Aufforderung des Ministeriums bei gleichem schrecklichen Anlaß an den Kaiser gerichteten, entstand gestern; mögen E. K. H. es des Gegenstandes wegen flüchtiger Durchsicht nicht unwert halten! Carl August von Sachsen-Weimar bildet den Mittelpunkt und ich durfte Ihm die Ehre geben, die Ihm gebührt, ohne bei Seinem Erlauchten Enkel einen unrühmlichen Verdacht zu erwecken, denn ich wiederholte nur, was die Geschichte sagt.

In tiefster Ehrfurcht pp

Gmunden d. 31 Juli
1861. [5927]

d. 6 August, morgens 7 Uhr.

Ein allerliebstes Bild! Unser kleines Eichkätzchen beim schönsten Sonnenschein von Zweig zu Zweig, von Baum zu Baum hüpfend und ganze Scharen von Vögeln, zwitschernd und singend, um das Tierchen herum, überall hinfolgend und es neugierig betrachtend! Ich glaubte den ganzen Winter, der kleine Liebling fange schon zu altern an, weil er sich viel stiller verhielt, wie sonst, viel weniger aß und viel mehr schlief, aber seit Mitte Juli hat er seine volle Munterkeit wieder und ich höre hier, daß die Eichhörnchen weit über das 7te Jahr hinauskommen. Eine Eigenheit, daß er diesmal nicht in den Bäumen bleibt, sondern immer rasch wieder hinunterhuscht, um, wie ein Hündchen, auf geradem Wege ins Haus zurückzukehren. [5928]

Tanterich – Ausdruck der Gräfin Baudissin. [5929]

d. 7 Aug.

Ich sah ein kleines Mädchen, Weinlaub um den Kopf. Das soll gegen Kopfweh helfen, aber Blätter der Hollunderstaude noch mehr, jedoch nur diejenigen, die paarweise am Stiele sitzen, nicht die gewöhnlichen, am häufigsten auf der Staude vorkommenden Drillinge. So sagte mir ein altes Weib. [5930]

Die Dichter im feurigen Ofen der Nachwelt. [5931]

d. 14ten August.

Es wäre undankbar, von Gmunden abzureisen, ohne des überaus herrlichen Wetters zu gedenken, dessen wir uns mit kaum einer Ausnahme vom ersten bis zum letzten Tage erfreut haben. Immer Gold und Himmelblau, dazwischen, wie noch gestern abend, ein imposantes Gewitter oder ein Sturm, dann wieder, als ob nichts geschehen wäre, die alte ungetrübte Herrlichkeit. Nur die Stürme waren jedesmal außerordentlich stark und erhoben sich zu verheerenden Orkanen, welche die dicksten Bäume, wie dürres Schilf, abknickten, so daß sie, wie grüne Leichen, herumlagen, wohin man trat. Den ersten erlebten wir bei Traunkirchen, glücklicherweise unter Dach, im Gasthof zum Stein; ich sah zum erstenmal in meinem Leben Regen*strahlen*, die wie Säulen, von dem hineinblasenden Winde zerbrochen und umhergeschleudert wurden, und eine Reihe hoch gewachsener Pappeln bückte sich bei jedem Stoß so tief, wie Federn auf dem Jägerhut, mit denen der frische Hauch des Morgens spielt. Der zweite brach eines Sonntags-Mittags kurz vor dem Essen aus, nachdem ich eben vom Baden zu Hause gekommen war; ich sah durchs Fenster in mein Gärtchen hinaus und bemerkte, daß ein alter Birnbaum, der dicht davor steht, so gezaust wurde, daß die Erde sich spaltete. In einer Stunde war alles aus und wir konnten das Schlachtfeld beim schönsten Sonnenlicht in Augenschein nehmen. Ganz wunderbar war der dritte, der eines Abends stundenlang mit einem Gewitter kämpfte, das sich entladen wollte; er jagte es wohl dreimal an der Himmelswölbung herum, zuweilen pausierend, aber augenblicklich wieder mit vollen Backen ansetzend, wenn sich ein Blitz hervorwagte, oder eine Regenwolke brach und nicht ablassend, als bis er es hinter den Traunstein getrieben hatte, wo der Kampf sich meiner weiteren Beobachtung entzog. Die Wirtstochter in Ebenzweier, die mir zum großen Ergötzen der Anwesenden glaubte, als ich ihr erzählte, ich hätte in Triest einen Sturm erlebt, der den Leuten auf der Straße nicht bloß die Hüte, sondern auch die Köpfe abgerissen habe. Ich habe hier bei Gelegenheit des Attentats ein Gedicht an den König von Preußen gemacht. [5932]

ad Nibelungen

Mir scheint, daß auf dem vom Gegenstand unzertrennlichen mythischen Fundament eine rein menschliche, in allen ihren Motiven natürliche Tragödie errichtet werden kann und daß ich sie, soweit meine Kräfte reichen, errichtet habe. Der Mystizismus des Hintergrunds soll höchstens daran erinnern, daß in dem Gedicht nicht die Sekunden-Uhr, die das Dasein der Mücken und Ameisen abmißt, sondern nur die Stunden-Uhr schlägt. Wen das mythische Fundament dennoch stört, der erwäge, daß er es, genau besehen, doch auch im Menschen selbst mit einem solchen zu tun hat und zwar schon im reinen Menschen, im Repräsentanten der Gattung, und nicht bloß in der noch weiter spezifizierten Abzweigung desselben, im Individuum. Oder lassen sich seine Grund-Eigenschaften, man nehme die physischen oder die geistigen, erklären, d.h. aus einem anderen als dem mit ihm selbst ein für allemal gesetzten und nicht weiter auf einen letzten Urgrund der Dinge zurückzuführenden oder kritisch aufzulösenden organischen Kanon ableiten? Stehen sie nicht zum Teil, wie z.B. die meisten Leidenschaften, im Widerspruch mit Vernunft und Gewissen, d.h. mit denjenigen Vermögen des Menschen, die man am sichersten als diejenigen bezeichnen darf, die ihn unmittelbar, als ganz allgemeine und interesselose, mit dem Welt-Ganzen zusammenknüpfen, und ist dieser Widerspruch jemals aufgehoben worden? Warum denn in der Kunst einen Akt negieren, auf dem doch sogar die Betrachtung der Natur beruht? [5933]

Ein jeder Gelehrte erinnert sich von der Universität her irgendeines guten Bekannten, der vorgab, er befinde sich in poetischer Begeisterung, wenn es sich ums Arbeiten handelte, wie faule Weiber aufm Lande in der Erntezeit Kissen vor den Leib binden, um als grob schwanger zu erscheinen und keinen Schweiß vergießen zu dürfen, und darnach beurteilen sie dann ihr ganzes Leben lang die Dichter. [5934]

d. 10 Sept.

Sehr schön sagte meine l. Frau gestern abend, als wir zu Bette gingen: in der Jugend steht man fröhlich auf, im Alter legt man sich fröhlich nieder. [5935]

Otto Prechtler erzählte mir folgendes. Wie Grillparzer mich bei meiner Ankunft in Wien kennenlernt, sagt er ihm: »Auf diesen Mann wird niemand auf Erden wirken; einer hätte es vermogt, aber der ist tot, nämlich Goethe.« Einige Jahre später fügt er hinzu: »Ich habe mich geirrt, auch Goethe hätte nicht auf ihn wirken können.[«] [5936]

d. 6ten Nov: 61.

Der gestrige Abend war ein sehr trauriger für uns alle; unser Liebling Herzi Lampi, Schatzi ist verschieden, kaum 3 Jahre und einige Monate alt. Erst zwei Tage bin ich von einer Reise zurück, alle meine kleinen Zwecke habe ich erreicht, eine neue, schönere Wohnung hat mich empfangen, aber ich wollte, das alles wäre anders und das liebe Geschöpf lebte noch. Wieder etwas vorüber, und diesmal etwas Himmel-Schönes, das so nicht wiederkehrt! Wen die Gattung für das Individuum zu entschädigen vermag, der ist gegen jeden Verlust gedeckt; ich kenne keine Surrogate, ich liebe das Individuum, und dies Tier war so einzig, daß es jedermann wie ein Wunder vorkam, und mir wie eine Offenbarung der Natur. Ich glaube jetzt an den Löwen des Andronikus, an die säugende Wölfin der Römer, an die Hirschkuh der Genoveva, ich werde nie wieder eine Maus oder auch nur einen Wurm zertreten, ich ehre die Verwandtschaft mit dem Entschlafenen, sei sie auch noch so entfernt und suche nicht bloß im Menschen, sondern in allem, was lebt und webt, ein unergründliches göttliches Geheimnis, dem man durch Liebe näherkommen kann. So hat das Tier mich veredelt und meinen Gesichtskreis erweitert; wenn ich nun aber gar die Unsumme von Freude und Heiterkeit aufzählen sollte, die es für seine paar Nüsse und seinen Fingerhut voll Milch ins Haus brachte, so würden wir wie arme Schächer dastehen, die ihre Schuld nie bezahlen können. Daß ein Hund sein eigenes Geschlecht verleugnet und sich dem Menschen anschließt, ist man gewohnt; daß aber auch ein Eichkätzchen es tut, daß es dem Menschen seine Händchen entgegenbreitet, wenn er ins Zimmer tritt, daß es sich liebebedürftig zeigt und, wenn man es küßt, den Kuß mit seinem süßen Samt-Züngelchen erwidert, das ist wunderbar! Wie an einen Traum denk ich schon jetzt, wo die kleine Leiche noch in tiefstem Frieden zwischen meinen Fenstern liegt, an das Tier zurück; wie Fragmente eines Traums will ich zu meinem ewigen Gedächtnis die Erinnerungen an seine kurze Laufbahn, denn es hätte noch drei bis vier Jahre um mich herumhüpfen können, trotz meiner Rührung und Erschütterung, aufzeichnen. Aber zunächst sein Ende. Bei meiner Zurückkunft war Schatzi lustig und gesund, er spielte noch um den Fikus-Topf herum und wühlte sich in die Blumen-Erde ein, doch fand ich ihn noch ebenso grau, wie bei der Abreise, wenn nicht grauer, anstatt wieder braun, wie ich gehofft hatte. Lustig und gesund blieb er auch bis zum Mittag des fünften, auch da fehlte ihm noch nichts, nur wollte er nicht essen, als ich ihn aus seinem Bettchen nahm, was jedoch oft vorkam, ich kümmerte mich daher auch nicht darum, scherzte mit ihm, trug ihn herum, hielt ihn den abräumenden Mägden vor, küßte ihn, ach, zum letztenmal! und ging in mein Zimmer. Als ich zum Kaffee gerufen wurde, sagte mir meine Frau, daß er sich mehrmals, wohl zwanzigmale erbrochen habe, wimmernd und aus seinem Bettchen im Korb hervorsteigend, um es ja nicht zu verunreinigen, dann mit Begierde kaltes Wasser schlürfend und wieder zurückschlüpfend. Ich fand ihn ruhig und wollte ihn nehmen, er glitt aber rasch aus meiner Hand wieder in seine Tücher, und ich ließ ihm seinen Willen, damit er sich wieder gesundschlafe. Um fünf ging ich ohne alle Unruhe fort, um sechs fuhr meine Frau ins Theater, um neun kamen wir alle beide zurück. Als wir das Kind nach ihm fragten, sagte es: er ist still, er schläft, ich glaube es wenigstens! Ich griff, noch ohne Angst, in den Korb und er war kalt, steif und tot! Fürchterliches Gefühl, wenn sich ein heißes warmblütiges Geschöpf in ein Amphibium verwandelt hat! Dann erfuhren wir, er habe gegen sieben noch einmal leise gewimmert, gezuckt und sich gestreckt, auch noch einmal sein großes schönes Auge geöffnet und die Hand meines

Töchterleins ein wenig geleckt; darauf sei er eingeschlummert und mit warmen Tüchern bedeckt worden. Der Abend verstrich uns unendlich trübe und ich schäme mich der Seufzer und Tränen nicht, obgleich ich kurz zuvor in Hamburg den Tod eines Universitäts-Genossen ohne die geringste Bewegung vernommen hatte, denn hier war ein inniges Band zerrissen, wenn auch nur zwischen Mensch und Tier, dort war nie eins vorhanden gewesen. Von Essen war nicht die Rede, von Schlafen in der Nacht ebensowenig, den nächsten Tag ließ ich die kleine Leiche liegen und bedeckte Mund, Brust, Hände und Füße mit unendlichen Küssen, dann trug ich sie, um wenigstens die anmutige Form zu erhalten, zum Ausstopfer, und ging auf dessen Rat mit dem herausgelösten Körper zur Untersuchung der Eingeweide zum Professor Bruckmüller im Tier-Spital. Dieser sehr gefällige Mann schritt gleich zur Sektion und gab mir die beruhigende Versicherung, daß das arme Geschöpf durchaus nichts Schädliches genossen habe, daß seine Leber aber degeneriert und daß es an einem jetzt stark grassierenden Darm-Katarrh gestorben sei. Nun legte ich die Reste in eine Schachtel, ging tief in den Prater hinab, höhlte in der morschen Wurzel eines Baums, bei dem ich vor Jahren oft mit meinem Töchterlein gespielt hatte, ein Grab aus, stellte die Schachtel hinein, legte einen Stein darauf und bedeckte alles dicht mit Erde, die ich in einem Tuch aus den benachbarten Maulwurfshügeln zusammentrug. Dort ruht mein Schatzi; in vierzehn Tagen kommt seine ausgestopfte Hülle in mein Haus zurück, ob ich den Anblick aushalten werde, weiß ich noch nicht, vergessen werde ich meinen Liebling nie! Veilchen werden deinem Grabe entsprießen, du allerbestes Kind, wie ich dich unzählige Male rief! und nie werde ich etwas Übles tun, wenn ich an dich denke, denn du hast dich zu den Genien meines Lebens gesellt und blickst mit anderen teuren Toten auf mich herab. Heute hole ich noch die letzten kleinen Körperteilchen, das Köpfchen, die Beinchen u.s.w. vom Ausstopfer, um sie an derselben Stelle beizusetzen, kein Atom von dir soll in den Staub getreten werden, wenn ichs verhüten kann. Du warst mir Ersatz für die Verräter, die mich auf so niederträchtige Weise verließen; dich hat die Natur zurückgefordert und gewiß bist du ungern gegangen. —— [5937]

d. 11ten Nov.

Erst gestern, Sonntag-Morgen, habe ich die letzten Reste bestattet, und zwar im Augarten, neben der breiten steinernen Treppe, die zu dem Rondell führt; Sonnabend-Abend erhielt ich sie vom Ausstopfer und ging damit hinab, aber es war zu spät, noch ein Grab zu machen. An dem bezeichneten Orte stehen vier dicke Bäume, einer davon ist in zwei Stämme gespalten, hinter diesem ruht nun das kleine Köpfchen mit der Rosen-Zunge, die mir Hand und Gesicht tausendmal leckte, wie hinter dem hohlen Baum im Prater das liebevolle Herz, das sie in Bewegung setzte. Mit der Papier-Schere, die ich noch aus Wesselburen mitbrachte, grub ich das eine Grab und mit dem Dolch, den mir Bamberg in Paris für Italien mit auf den Weg gab, das zweite, und nie ist mir eine Arbeit saurer geworden; das Skelett des anmutigen Schwänzchens bewahre ich auf. – Ganz jung, kaum vierzehntägig, brachte meine liebe Frau das teure Geschöpf am 18ten Aug: 1858 ins Haus; ich war krank und die ersten vier Wochen wohnte es in meiner Achselhöhle, wohin es sich der Wärme wegen verkroch. Es war wunderschön, braun, als ob es unmittelbar aus einer Kastanie hervorgesprungen wäre und ein Rosenblatt als Zunge im Mäulchen trüge, übrigens ein geborner Italiener und aus Triest nach Wien herübergekommen. Wunderbarerweise unterschied es gleich zwischen den Familien-Mitgliedern und Fremden; wir drei, ich, meine Frau und das Kind, konnten mit ihm machen, was wir wollten, es ließ sich alles gefallen, im Schlaf, wie im Wachen, aber wenn eine der Mägde sich ihm näherte oder es gar berührte, wies es sie durch die possierlichsten Töne des Unwillens und des Zorns zurück, und wenn das nicht half, bediente es sich seiner Zähnchen. Mich hat es nur ein einziges Mal gebissen, und da war es in seinem Recht; es war gewohnt, wenn ich schrieb, über den Tisch zu laufen und zuweilen an meiner Feder zu zupfen und geriet dabei einmal mit seinem Händchen in die Tinte. Emsig begann es, sich zu reinigen, ich besorgte, die Tinte könne ihm schaden und tauchte es mehrmals ins Waschbecken, das mußte es natürlich für eine Feindseligkeit halten und sich zur Wehre setzen. Unendlich rührend war es, wie es ein anderes Mal dasselbe Händchen in seinem Käfig so verletzt hatte, daß es stark blutete. Es leckte das Blut ab und bespritzte dabei sein weißes

Brüstchen; kaum bemerkte es den Fleck, so bekümmerte es sich nicht mehr um die gewiß schmerzliche Wunde, sondern beeiferte sich, den Fleck wieder wegzubringen. Größer geworden, nahm es, wie es mir des Morgens immer ins Bett gebracht wurde, regelmäßig an unserem Abendessen Teil, kostete überall, speiste auf das Zierlichste, trug in den ersten anderthalb Jahren, später nicht mehr, Nüsse und Zucker beiseite, schleppte oft eine ganze Semmel den Fenster-Vorhang hinauf und versteckte sie oben in der Brüstung, glitt dann wieder herunter, knäuelte die Servietten in seinem Mäulchen zusammen, trug sie, eine nach der anderen, in den Schoß meiner Frau, stürzte sich zuletzt selbst hinein und bedeckte sich damit. Dagegen sang es in der Frühe, beim Kaffee, so lieblich, wie ein Vogel, und modulierte die Stimme auf das mannigfaltigste; wenn das Stück Zucker, das es zu seiner eingeweichten Semmel erhielt, zu groß war, trug es den Rest selbst in den Zuckerkasten zurück und vergrub ihn unter dem anderen Zucker. Es schlief später stets in dem grünen Bett-Vorhang meiner Frau und hatte ohne alle Frage den Begriff vom Ort, den der dünkelhafte Mensch sich so gern allein vindizieren mögte, denn wenn es abends nach dem Essen in sein Bettchen zurückwollte und meine Frau aufstand, um es mir abzunehmen und aus dem Speisezimmer ins Schlafgemach hinüberzubringen, so blieb es ruhig in meiner Hand liegen, solange sie sich an meiner rechten Seite hielt, wurde aber höchst ungeduldig, sobald sie an die linke trat, da jene zum Fenster, diese aber zur Tür führte, woraus aufs bestimmteste hervorgeht, daß es den Weg genau kannte. Im Sommer, in seiner munteren Zeit, behielt ich es fast den ganzen Tag bei mir und auf das allerdeutlichste gab es mir alle seine Wünsche zu erkennen; wollte es auf den Bücherschrank, so stieß es gewisse Töne aus, die ich verstand, wie das menschliche Wort, wollte es herunter, so lief es hin und her, dann fragte ich von meinem Schreibtisch herüber: soll ich kommen? und zur Antwort breitete es seine Händchen aus. Mit ausgebreiteten Händchen begrüßte es mich auch, wenn ich zu Hause kam; auch vertrat ich in seiner Jugend bei ihm den Baum, indem es immer um mich, wie um einen solchen, herumlief. Dreimal war es mit in Gmunden; dort schlief es das erste Jahr in einem Käfig, der nachts vor meinem Bett stand und aus dem es des Morgens, die kleinen

Arme auf die Tür gestützt, wie ein Müllerknappe hervorschaute, später in einem Wandkorb, auf den es gleich wieder zustrebte, als wir zurückkehrten. Setzte ich es in einen Baum, so kletterte es hinauf, sah sich um, probierte eine Zwetsche, betrachtete die Vögel, die es verwundert umkreisten und glitt dann in meine Hand zurück. Setzte ich es auf die Erde, so hüpfte es auf dem gebahnten, mit Sand bestreuten Wege mit unendlicher Eile ins Haus zurück! Wer will dieser Fülle anmutiger Bilder nachkommen; in dem Gedicht: »das Geheimnis der Schönheit«, welches das liebliche Tier hervorrief, sind sie aufsummiert, ich aber muß endigen, denn meine Augen füllen sich wieder mit Wasser. Noch einmal: ruhe sanft, mein Herzi, Lampi, Schatzi, dies wünscht dir dein ewiger Schuldner Friedrich Hebbel. –

Sein Gähnen und Strecken! Sein himmlisches Liegen im Bett-Vorhang, wie ein kleines Kind, oft die Händchen vor dem Gesicht, oft das Köpfchen in die eine Hand gelegt! [5938]

> Halt nicht zu fest, was du gewannst,
> Und schlags dir aus dem Sinn,
> Denn eh dus recht beweinen kannst,
> Bist du schon selbst dahin! [5939]

d. 17 Dez.

Moloch einmal wieder hervorgezogen; schon vergilbt. Der Ton ist zu hoch genommen; ich müßte von vorn wieder anfangen. Das ist aber ein Prozeß, als ob man schon vorhandene Rosen, Bäume, Tiere u.s.w. durch chemische Zerstörung wieder in die Elemente zurückjagen sollte. [5940]

Man erobert die Welt nicht bloß als Feldherr, indem man sie unterwirft, sondern auch als Philosoph, indem man sie durchdringt und als Künstler, indem man sie in sich aufnimmt und sie wieder gebiert. [5941]

Wer sich einer fremden Sprache bedient, der beißt sich halb die Zunge ab. [5942]

Der Purist übersetzte *Idee* mit »Schöngedacht.« [5943]

Liebestrank: Nimm alle Kräuter, die auf Erden stehen; fehlt
eins, so erweckt die Mischung Haß. [5944]

d. 27sten Dezbr.

Den Weihnachts-Abend haben wir diesmal ganz unter uns
zugebracht; zum erstenmal, aber darum nicht weniger vergnügt.
Im Tannenbaum saß, was von dem lieblichen Geschöpf, von
Herzi-Lampi-Schatzi noch übrig ist und sonst zu Shakespeares
Füßen auf meinem Schranke steht; meine Frau hatte ihn hineingestellt, aber er erweckte uns allen nur Schmerz und Tränen.
Titi spielte uns zum erstenmal etwas vor; etwas geht es schon
über »Ach, du lieber Augustin!« hinaus, obgleich nicht viel, eine
Schumann steckt nicht in ihr, und das tut auch nichts. Die Feiertage waren wunderschön; tief blauer Himmel, italienischer Sonnenschein, freilich etwas kalt, aber das ist mir gerade recht.

[5945]

d. 30 Dez.

Die Frau Kompert erzählte mir gestern abend eine furchtbare
Geschichte aus ihrer Jugend. Ihr Vater war Jude und Juwelier und
hielt ihr seit ihrem zehnten Jahre eine Gouvernante. Diese, eine
Polin, stattlich und schön, bemächtigte sich der Kinder-Seele,
wie ein Vampir, brachte ihr den Glauben bei, daß sie eine mächtige Zauberin sei, daß dies Judenhaus mit allen seinen Bewohnern
der Hölle angehöre, daß sie den Fluch aber wenden und das
Schlimmste verhüten könne, wenn sie das nötige Geld habe, um
Vorkehrungen zu treffen. Nun mußte das Kind die Eltern bestehlen, bald, weil ein Brand bevorstehe, bald, weil die Mutter
sonst sterben werde, und wenn es einen guten Fang getan hatte,
durfte es mit in die christliche Kirche und zur Belohnung beten.
Das dauerte zwei Jahre! [5946]

d. 31 Dezbr.

Aufführung der Nibelungen-Trilogie in Weimar, sehr gegen
meinen Willen, weil ich bei den geringen Bühnen-Kräften einen
Miß-Erfolg besorgte, der mir schaden mußte, während ein
dortiger Erfolg mir wenig nützen konnte; Reise dahin im Februar
auf Befehl des Großherzogs; äußerst glücklicher Ausfall der

beiden ersten Stücke; die größten Auszeichnungen vom Hof, worüber die Briefe an meine Frau das Nähere enthalten. Am letzten Abend mußte ich dem Großherzog versprechen, ihn auf jedes junge Talent, das der Förderung bedürfe und ihrer würdig sei, aufmerksam zu machen, wogegen er gelobte, es auf meine Empfehlung hin zu unterstützen. Geheimerat Vogel, Goethes Arzt, auf dem Ball über die Nibelungen: »Hier ist mehr, als Goethe; er selbst würde gesagt haben: Sie, Vogel, das ist ein Kerl, der könnte einem die Rippen im Leibe entzweidrücken!« Nicht aus Eitelkeit notiert.

Im Mai: Reise mit meiner Frau nach Weimar zur Aufführung des dritten Stücks, die ohne ihre Mitwirkung unmöglich gewesen wäre und auf Liszts Vorschlag durch unmittelbare Verwendung des Großherzogs beim Kaiser ermöglicht wurde. Unterdrückte Verstimmung Dingelstedts darüber, der, wie die Folge lehrt, Gott weiß was darunter gesucht haben mag; offene Gereiztheit in Wien, obgleich ich mit höchster Vorsicht mich jeglicher persönlicher Beteiligung an der Sache enthalten, ja sogar die Bedingung gestellt hatte, ganz auf eigene Kosten reisen und kein Honorar entgegennehmen zu dürfen. Der Graf Lanckoronsky, der Oberstkämmerer, drohte, sie wegen dieses, von ihr nicht nachgesuchten, sondern ihr vom Kaiser erteilten Urlaubs zu pensionieren; Korrespondenz zwischen mir und dem Hofrat Raymond. Als ich den Vorgang Dingelstedt erzählte: »Kommt zu uns, das Fach der Genast ist frei, 1500 Taler kann ich geben!« Ich ging darauf ein, weil mir Wien aus vielen Gründen widerwärtig geworden war, zweifelte aber an Dingelstedts Machtvollkommenheit und teilte dem Sekretär der Großherzogin, dem Hofrat Marschall, den Vorgang mit. Dieser sagte mir, daß Dingelstedt vollkommen befugt sei, ein solches Engagement abzuschließen, freute sich sehr und sprach der Großherzogin davon. Die Herrschaften gingen gleichfalls aufs bereitwilligste darauf ein und in einer zweistündigen Audienz bei der Großherzogin, während deren der Großherzog ab- und zuging, wurde abgemacht, daß die Großherzogin meiner Frau aus eigner Kasse eine Pension von 500 r. zahlen wolle, falls sie beim Theater nicht herauszuschlagen sei. Dingelstedt war nämlich in demselben Maße, als die Herrschaften für die Sache erglühten, kälter geworden; er machte namentlich wegen der Pension Schwierigkeiten und ging so weit, zu sagen: »Am Ende erweisen wir den Wienern noch einen Gefallen« was mich natürlich veranlaßt haben würde, auf der Stelle abzubrechen, wenn ich noch gekonnt hätte. Sein Verdruß erreichte den höchsten Grad, als meine Frau bei der Abschieds-Audienz, die an sich schon eine seltne Auszeichnung war, unmittelbar von der Großherzogin, statt durch den Intendanten oder bestenfalls durch die Obersthofmeisterin, ein kostbares Armband erhielt. Wir brachten den letzten Abend bei ihm zu; er konnte sich nicht mehr beherrschen und wurde entschieden unartig. Übrigens war auch die Wirkung des dritten Teils der Nibelungen außerordentlich und die Leistung meiner Frau gewaltig. Aber welche Angst vorher! Infolge des Wiener Ärgers reiste sie krank ab und kam krank in Weimar an. Den Tag vor der Vorstellung eine Heiserkeit, die alles in Frage stellte. Wunder-Kur eines Homöopathen!

In Wien: Memorial an Laube. Seine Erwiderung, jungdeutsch-patzig in der Form, schüchtern und furchtsam im Kern. Raymonds Begütigungs-Versuche. Dingelstedts Abschreckungs-Brief, von mir im höchsten Vertrauen dem Hofrat Marschall mitgeteilt und in allen Punkten unrichtig befunden. Entlassungs-Gesuch an den Grafen Lanckoronsky. Nach mehrmonatlicher Pause Warnungsbrief von Marschall; Nachricht, daß Gutzkow von D.[resden] nach Weimar gezogen sei; Aufforderung, Weimar nur als ein pis aller zu betrachten; Verpflichtung zu unverbrüchlichem Stillschweigen über den Brief. Meine Antwort, daß die Würfel geworfen, aber noch nicht gefallen seien, und daß ich nach solchen Eröffnungen sicher nicht kommen werde, wenn ich in Wien noch bleiben könne. Zwischenhandlung: Eitelberger und Lewinsky wegen der Professur. Da die Entscheidung des Oberstkämmerers gar nicht kam, Abreise nach Hamburg wegen der Nibelungen. Diese an Campe für 400 r. P. C. bei unbestimmter Auflage, aber unter Vorbehalt des Rechts zur Aufnahme in die Gesamt-Ausgabe verkauft; mein Antrag, sie ihm für immer zu geben, dies Recht ausgenommen; seine Antwort: ich will sie gar nicht für immer haben! In Berlin Zusammentreffen mit dem Großherzog, worüber das Nähere in der Korrespondenz mit meiner Frau. Marschalls Warnung tönte mir von allen Seiten entgegen; Beaulieu, Putlitz sprachen wie er, sogar die Großherzogin, mit der mich der Zufall oder etwas anderes zusammenführte, als ich im Audienz-Zimmer des Berliner Schlosses auf den Großherzog wartete. Sie sagte: ich wollte, daß ich egoistisch sein dürfte, dann würde ich unbedingt raten, zu kommen, denn ich würde manche schöne Stunde mehr haben, aber Dingelstedt ist »*un charactère abominable*«. Nun mußte mein Entschluß wohl feststehen, falls mir noch einer übrigblieb, was ich nicht wissen konnte. Der Großherzog wußte von nichts; als ich ihm sagte, er habe in Gutzkow ja meinen Antagonisten nach Weimar berufen, versicherte er mir, er habe nicht den geringsten Anteil daran gehabt, und jeden meiner Gründe wußte er mit einer Allgemeinheit abzufertigen. »Ich rechne mit Bestimmtheit auf Ihr Kommen, ich wäre sonst blamiert, ich habe es aller Welt schon gesagt.« Er hätte auch recht gehabt, wenn es nicht Dinge gäbe, die kein Souverän befehlen oder wenigstens, wenn sie erst befohlen werden müssen, kein Ehrenmann annehmen kann. Zuletzt forderte er mich auf, auf der Rückreise nach Weimar zu gehen und mich mit D. persönlich zu besprechen. Wozu sollte es führen? und doch konnte ich den Vorschlag nicht ablehnen, ohne D. direkt anzuklagen. Glücklicherweise war im rechten Moment aus Wien die Entscheidung eingetroffen und es war notwendig, nach Wien zurückzueilen, da meine Frau, nur halb unterrichtet, sich nicht zu helfen wußte. Ich sprach mit Beaulieu, der mir dringend riet, nicht erst nach Weimar zu gehen und ihm einen ostensiblen Brief über die Notwendigkeit meiner raschen Rückreise zu schreiben, durch den er mich beim Großherzog entschuldigen wolle. Dies tat ich, und zwar im Atelier des Malers Schramm. In Dresden hörte ich von Hettner, daß ich zum Oberbibliothekar in Weimar bestimmt sei; was sich daran knüpfte, siehe in den Briefen Hettners und Sterns. In Wien wartete ich acht Tage, um zu erfahren, ob an diesem Gerücht, das von Weimar selbst ausgegangen und durch alle Zeitungen gelaufen, an mich selbst aber ganz zuletzt gekommen war, irgend etwas sei; dann teilte ich dem Hof-Marschall, Grafen Beust, die Entscheidung des Grafen Lanckoronsky mit und gab die Erklärung, die ich geben *mußte* und doch nicht gründlich motivieren *durfte*, wenn ich nicht Dingelstedt in erster Linie, Marschall in der zweiten und vielleicht sogar die

Großherzogin in der dritten bloßstellen wollte. Ich habe seitdem nichts mehr von Weimar gehört, nicht vom Großherzog, nicht von Beust, nicht einmal von Marschall, dessen Ratschlägen ich gefolgt war und dem ich es anzeigte. Wohl aber wurde in der Weimarer Hof-Zeitung jenes Gerücht, das man sechs Wochen lang hatte durch die Welt laufen lassen, auf eine Weise dementiert, die mich verletzte und von meinen Widersachern aufs boshafteste ausgebeutet wurde. Siehe über das Ganze die Aktenstücke.

Gedicht an den König von Preußen bei Gelegenheit des Attentats. Die ganze östreichsche Monarchie durch die vier Verse:
»Auch die Bedienten-Völker u. s. w.«
erschüttert. Wut der Polen und der Tschechen; Schändlichkeiten aber nur von den Deutschen, die es bis zur Kritik meiner Visiten-Karten trieben und mir den Chevalier de plusieurs ordres vorrückten, den ich, weil ich von den Grenzen eines deutschen Renommees nicht so schmeichelhaft denke, wie meine Kollegen, für meine Pariser Reise mit aufnehmen ließ.

Polemik mit Herrn Bodenstedt. [5947]

1862

d. 5 Jan:

Mit einem sehr schmerzlichen Ereignis muß ich das neue Jahr eröffnen. Wir hatten in den letzten Monaten neben dem unvergeßlichen Herzi-Lampi-Schatzi noch ein zweites Eichkätzchen, von seiner Semmel-Farbe *Semmi* genannt; unendlich lieblich und gutmütig, sein Schweif wie Lindenblüte. Ich hatte aus einem gewissen Aberglauben das Tierchen nicht gern ins Haus kommen sehen und rief, als Herzi-Lampi-Schatzi so plötzlich schied, im ersten Schmerz aus: nun soll der andere auch fort! Ach, wie bald war dies Wort vergessen, denn das liebliche Geschöpf schmeichelte sich in kürzester Zeit bei mir, wie bei uns allen, durch seine unwiderstehliche Holdseligkeit ein, aber es hat sich gerächt; seit gestern abend liegt auch dies liebliche Wesen, wo Schatzi vor sieben Wochen lag, starr und steif, mit Tannenlaub vom Weihnachtsbaum bedeckt, zwischen meinen Fenstern. Es erkrankte,

unter Erbrechungen, am 1sten Jan: und lag des Nachmittags schon einmal in seinen Tüchern, wie tot da; wir saßen traurig beim Kaffee umher und wagten nicht, uns unsre Gedanken mitzuteilen; da erhob es plötzlich sein süßes Köpfchen gegen uns und ich sprach: wenn Gott dich erhält, so schenke ich morgen dem ersten Armen einen Gulden! Es wurde wirklich, wie es schien, wieder besser, und ich hielt mein Gelübde, indem ich eine alte Frau, die an Krücken ging, mit dem Gulden erfreute; wir waren über alle Angst hinaus und zündeten gestern abend im Salon den Weihnachtsbaum noch einmal an, um ihn dann zu plündern und für das liebe Tierchen zum Klettern ins Familienzimmer hinüberschaffen zu lassen. Meine Frau und Tochter gehen, um den Eßtisch zu richten, ich bleibe noch, um einen Nibelungen-Bogen zu korrigieren, da ruft Titi mich ab. Ich denke, das liebe Geschöpf tut irgend etwas Anmutiges und eile, um das schöne Bild nicht zu versäumen; wie finde ichs? Im Sterben; Zuckung auf Zuckung; es will sich erbrechen und kann nicht. Meine Frau trägts auf den Armen herum, wir reichen ihm Kamillen-Tee, gutmütig bis zum letzten Augenblick läßt es sich das Mäulchen aufbrechen und schluckt. Aber es hilft nichts; die Angst des Todes überkommts, es entspringt meiner Frau, auf den Tisch, nun erbricht es sich, aber Blut, fällt um, dehnt die Glieder aus und verhaucht seinen letzten Odem in meiner Hand! – Von den Menschen getäuscht, bin ich zu den Tieren geflohen, wie bitter, daß mir keins bleibt!
[5948]

d. 11ten Jan.
Erst gestern habe ich ihn begraben. So lange lag er in der strengen Kälte zwischen meinen Fenstern; auf grünen Tannen, mit grünen Tannen bedeckt, von dem Weihnachtsbaum gebrochen, auf dem er hätte herumhüpfen sollen. Süß schlafend, wie sonst auf seinem Tuch, in nichts den kalten Tod verratend, die kleine Hand vor die weiße Brust gedrückt, ein tief rührendes Bild. Zu seinen Füßen stand Herzi-Lampi-Schatzi, als ob er die Toten-Wache hielte. Auch er wird ausgestopft, die Schachtel mit seinen Resten habe ich, weil die Jahres-Zeit kein Grab zuließ, vis-à-vis der Dampf-Mühle in die Donau versenkt. Ruhe sanft, du Sanfter!
[5949]

d. 13 Jan:

Vor etwa 6 Wochen erhielt ich aus Hamburg einen Brief von einem jungen Dichter und das dritte Heft einer von ihm herausgegebenen Vierteljahrs-Schrift. Dem Brief war ein Sonett beigelegt, das ich zuerst las und über das ich während des Lesens urteilte: »Du würdest anders denken und empfinden, wie der Verfasser, aber du könntest die gleichen Gedanken und Empfindungen, wenn du eben solltest und wolltest, kaum besser ausdrücken.[«] Aus dem Brief erfuhr ich dann, daß das Sonett von mir selbst sei, und die Bemerkung, daß es aus dem Nachlaß eines Verschollenen herrühre, erweckte zuletzt auch in mir die Erinnerung an meine wirkliche Autorschaft. Ich habe es nämlich einmal für Eduard Janinsky gemacht, als er eine Dame ansingen wollte und nicht konnte; der junge Dichter ersuchte mich, die »Perle« zuerst in seinem Braga veröffentlichen zu dürfen, und da man auch mit »Erbsen« nicht zu streng sein soll, so verbat ich es mir nicht geradezu und seit gestern liegt es in einem neuen Heft des Braga gedruckt vor mir. [5950]

d. 30 Jan:

Der erste Band der Nibelungen-Trilogie ist gedruckt; noch immer beschäftigt mich der zweite, wenn auch nur in Kleinigkeiten. Am 2ten Novbr. 1855 schloß ich, nach meinem Tagebuch, den 1sten Akt des ersten Stücks; es geht also bereits ins *siebente* Jahr, nicht, wie ich bisher immer glaubte, ins *fünfte*. [5951]

– Die Schule (der Materialisten) beurteilen Sie ganz, wie ich; die Herren taufen das Problem um und glauben es gelöst zu haben, weil sie nicht wissen, daß alle Taufen der Sprache Nottaufen sind und daß fast jedes Objekt der Welt so zu seinem Namen kommt, wie der Mensch zu seinem Adolph, Friedrich oder Christoph. Dann fehlt es ihnen ganz und gar an Maß und Gewicht für ihre allerdings ruhmwürdigen Detail-Eroberungen. Sie werden noch Unendliches leisten, aber doch mit allen ihren Triumphen nicht über den Begriff des Zweckmäßigen hinauskommen, und zwar des *Zweckmäßigen* im *Einzelnen*. Die Natur verbirgt es durchaus nicht, wie sie die Erscheinungen aufbaut und im Gange erhält; darum wird z. B. die Tätigkeit des Gehirns früher oder später ebensogut ihren Harvey finden, wie der Umlauf des Bluts ihn gefunden hat. Aber was ist damit in Bezug auf den eigentlichen Knoten gewonnen, daß man den Menschen in diesem Sinn vollständig begreift und die ganze Erscheinungs-Reihe, der er angehört, mit ihm? Man steht im letzten Akt wieder, wo man im ersten stand, nur daß man nicht mehr von einem allmächtigen Schöpfer, sondern von unerbittlichen Gesetzen redet, was denn doch nur eine Kinderklapper mit der anderen vertauschen heißt. Dem Urgrund, aus dem die Erscheinungs-Reihen selbst aufsteigen, um sich dann in notwendigen Organismen auseinanderzubreiten, hat man sich seit der Zeit, wo Moses den Mann aus gekneteten Ton und das Weib aus der Rippe ihres Gebieters entstehen ließ, um keinen Hahnen-Schritt genähert. Darauf aber kommt es an und die wunderliche Wissenschaft des Mittelalters wußte sehr wohl, warum sie den Homunculus suchte, denn erst, wenn man Menschen *machen* kann, hat man den Menschen *begriffen*. (Brief an A. Stern, 31 Jan: [)] [5952]

An den Pfarrer Luck. 3 April 62.
– Ich halte sehr viel von den *Ohren* des versteckten inneren Poeten, aber sehr wenig von seiner *Zunge* – Denn in der Sprache der Götter darf man wohl faseln und winseln, aber nicht stottern und stammeln. – Das Versmachen ist für eine Natur, wie die Ihrige, identisch mit dem Latein-Schreiben; es kommen nur Verrenkungen und Schiefheiten dabei heraus. – Nur keine Dialektik mehr, die an jedem meiner Worte saugt, als ob es zehn Zitzen hätte, wie ein Kaninchen. [5953]

»Ich habe gehört, wie ein bejahrter (preußischer) General in einer Gesellschaft die Damen mit französischer fatuité aufforderte, ihm Aufträge nach Paris zu geben, und das, was sie von dort wünschten, bei ihm zu bestellen; und wie ein Major vor dem Aufbruch zur Schlacht bei Jena prahlte, er wolle »den miserabeln Bonaparte beim Kopf nehmen und zu seinem Stallknecht machen.« Friedrich Jacobs Leben, Seite 67. [5954]

»Außerdem verfuhren die Kommandierenden, wie in einem eroberten Lande (in Gotha) ohne Rücksicht und Achtung, selbst

gegen die Residenz und den Herzog, der sie bewohnte. In dem
schmählichsten Müßiggang lebend, erlaubten sich die Offiziere
jeden Frevel, verfolgten des Nachts die Dienstmädchen bis in die
Häuser ihrer Herrschaften; drängten sich mit Gewalt in geschlossene Gesellschaften und fingen hier Händel an, alles ungestraft und mit Konnivenz der Ober-Offiziere.«

Ebenda, pag 68. [5955]

Holzhausen sagte mir und zeigte es mir in seinen Büchern, daß
der Druck der Nibelungen, 2000 Ex, 2 Bde, Papier, Buchbinder
und Umschlag eingeschlossen . . . . . 625 fl gekostet hat.

Ebenso sagte er mir und berechnete es genau, daß jeder Band
meiner sämtl. Werke, a 20 Bogen gerechnet, wie die Heineschen,
Papier, Buchbinder und Umschlag eingerechnet . . . . . 525 fl
kosten würde.

[5956]

d. 23 Mai.

Über meinem Fenster im Gesimse hat sich eine Sperlings-
Familie angesiedelt. Als ich sie zuerst bemerkte, wunderte ich
mich über das große Bündel Heu, das aus ihrem Nest heraushing,
und glaubte, Menschenhand habe es ihnen aufgesteckt. Später
habe ich gesehen, daß ihnen vielmehr jeder etwas stärkere Wind
das ganze Nest entführt, weil es zu flach sitzt und Rührenderes
kann es nicht geben, als zu beobachten, wie sie es dann Halm für
Halm mühsam wieder zusammentragen. So recht das Schicksal
des Menschen.

[5957]

d. 1 Juni.

Meine Tochter wird heute konfirmiert. Eben sagt sie zu ihrer
Mutter: »Du wirst alle Tage kleiner in meinen Augen!« (physisch) Das zeigt aber nur, daß *sie* mit jedem Tage größer wird.

[5958]

Jedes unfertige Wesen leidet. [5959]

In einem jüdischen Kalender, der vor mir liegt, heißt es: »Zu
dem Gedanken eines ›Welt-Schöpfers‹ hat sich die heidnische
Philosophie nie aufgeschwungen; das war uns vorbehalten.« Ich

mögte dies ausdrücken: »Zu dem Gedanken eines Welt-Schöpfers ist die Philosophie der Alten nie herabgesunken, vor diesem krassesten aller Anthropomorphismen hat sie ihr gesunder Instinkt immer glücklich bewahrt. [5960]

d. 8 Okt.

Eben rezitiert mein Töchterlein mir zu meiner großen Verwunderung mein Gedicht: »Drei Schwestern«; ich ahnte nicht, daß sie es auswendig weiß. Als sie an die Stelle kommt:
»Sie weiß noch kaum, daß sie ein Mädchen ist«
versteckt sie sich hinter ihrer Mutter und fängt herzlich zu lachen an. Ich dachte, sie fühle den Bezug auf sich selbst und verrate das naiverweise durch ihr Lachen; es war aber das Ergebnis einer noch größeren Naivetät, sie fand den Vers doch gar zu dumm, denn »daß sie ein Mädchen sei, werde die jüngste doch wohl wissen.« Allerliebst, abends bei der Lampe. [5961]

d. 15 Okt.

Ich lese Varnhagens Tagebücher. Bisher hielt ich die Schlange für die gefährlichste Bestie, jetzt sehe ich aber, daß ein Kammerdiener, der sich sein lebelang vergebens um eine Stelle bemüht, sie an Bosheit und Giftigkeit bei weitem übertrifft. [5962]

Wer das deutsche Theater in einen Tempel der Kunst verwandeln will, der soll doch auch die Buden, in denen auf Jahrmärkten von den »Ägyptischen Zauberern« zum Erstaunen der Bauern die »Natürliche Magie« mit ihren Wundern vorgeführt wird, in den Dienst der Natur-Wissenschaften bringen. [5963]

d. 18 Okt.

Darf ein Schornstein-Feger oder ein Farben-Reiber in dichtem Gedränge im Amtskostüm spazierengehen? Ich sah heute einen solchen, und fragte mich, ob er ein Polizei-Verbrecher sei oder bloß sein Menschenrecht übe. [5964]

Philidor, der große Schachspieler, kam gewiß sehr selten zu einer Partie. Ebensoselten ich zu einem Gespräch und aus demselben Grunde. [5965]

Historische Erscheinungen, welche die Kritik auflöst, muß die Poesie wieder ins Leben rufen. Erst, wenn der mythische Christus der Wissenschaft in einen historisch-psychologischen des Dramas verwandelt sein wird, ist der religiöse Kreis geschlossen. [5966]

Der Katholizismus befindet sich, dem Protestantismus gegenüber, in Bezug auf die neuere Bibel-Kritik in einer sehr vorteilhaften Lage; er hat seine Kirche nie auf die Evangelien gebaut, es kann ihm also sehr gleichgültig sein, wie es den Evangelien unterm Sezier-Messer ergeht. [5967]

d. 23 Okt.
Heute morgen tanzte unser kleines Eichkätzchen – es ist ein neues da, so ist der Mensch!!! – zwischen den Fenstern. Da flogen alle Sperlinge heran, sieben bis acht, und drängten sich gegen die Scheiben; liebliches Bild. [5968]

Städte müssen Launen und Grillen haben, wie Menschen, d.h. krumme Gassen, dunkle Häuser u.s.w. Ich sehe es ungern, daß man Wien reguliert. [5969]

»Mich rührt eine so unendliche Fruchtbarkeit des Jahrs; es ist, als ob ein neuer Liebes- und Lebensblitz durchs Weltall zuckte.«
Brief an Uechtritz, 25 Okt. [5970]

»O Haupt, voll Blut und Wunden,
Wie bist du so bespeit.«
Shakespeares »Whore« im Othello.
»Ich weiß, daß die Theater-Direktoren und Pastoren diese Verse zu waschen pflegen, aber nach meinem Gefühl löschen sie mit ihrem Purifikations-Wasser auch das ganze Bild aus.«
Ebenda. [5971]

Man sagt so oft, das Volk sei der Ur-Poet. Hoffentlich doch in keinem anderen Sinn, als in dem es auch der Ur-Jurist und der Ur-Mediziner ist. [5972]

Ein Mensch, der gar keine Ahnung von Musik hat und gar nicht weiß, daß sie auf der harmonischen Verknüpfung der Töne zu einem Seelenbilde beruht, muß sich für einen guten Klavierspieler halten, sobald er die Tasten berührt und die Erfahrung macht, daß sie unter seinen Fingern so gut erklingen, wie unter denen des Virtuosen. Solch ein Mensch ist aber ein Symbol; Dichter dieser Art gibt es viele. [5973]

Varnhagen glaubt die Kritiken des zweiten Teils von Goethes Faust dadurch zu widerlegen, daß er daran erinnert, daß vieles darin aus Goethes bester Zeit herrühre. Als ob Goethe nicht schon in seiner besten Zeit (vide Bürger-General, Groß-Cophta u.s.w.) sehr schlechte Stunden gehabt hätte. [5974]

»Wer da hat, dem wird gegeben.« Das Glück ist, wie die Henne; sie legt das zweite Ei nur dahin, wo schon das erste liegt. [5975]

Das Tier ist physisch an Klima und Boden gebunden; es entartet, wenn man es versetzt. Mit dem Menschen scheint es moralisch der Fall zu sein. [5976]

Warum so viele Schauspieler in den gewöhnlichen Dutzendstücken gefallen, in höheren aber gleich verloren sind? Dichter, wie Kotzebue und Iffland, liefern gewissermaßen nur einen Rock, in den ein Mensch hineinschlüpfen kann; wer es auch sei, der Rock gewinnt und erhält einen Anschein von Lebendigkeit. Shakespeare, Schiller und Goethe stellen einen Menschen hin, mit dem ein anderer Mensch sich identifizieren soll; wenn das nicht gelingt, so kommt ein Monstrum, ein vierbeiniges Ungeheuer mit einem Doppel-Kopf zur Welt, vor dem Natur und Kunst sich gleichmäßig entsetzen. [5977]

»Es war, als wäre mein Körper eine große Kehle und die Welt eine große Faust, welche sie zuschnürte.« Ungeheuerste aller Metaphern. Hermann Grimm Novellen, p. 209. [5978]

Über das Christus-Kind der Sixtinischen Madonna sagte eine Dame »que ce soit un petit gamin, auquel il faudrait donner la verge, si on le rencontrerait dans la vie ordinaire, ou si on avait le malheur, d'etre la mère d'un tel fils dégénéré.« (Heucking, die

Sixtinische Madonna, Petersburg 1862.) Ich betrachtete das letztemal, daß ich das Bild in Dresden sah, auch vorzugsweise das Kind und dachte: es wächst nach der Stunden-Glocke! Für mich war das der notwendige Ausdruck seiner göttlichen Natur, was der ästhetischen Russin, denn eine solche wird es doch wohl sein, einen kleinen Taugenichts von Paris versprach. [5979]

Napoleon hat allerdings seine Schlachten nicht geschlagen, den Zug nach Rußland nicht unternommen, das ungeheure Schach bei Leipzig nicht geboten und nach dem Verlust desselben die letzten erträglichen Friedensbedingungen in Chatillon nicht abgelehnt, um zu beweisen, daß Hochmut vor dem Falle kommt, und ein Dichter, der die Geschichte des großen Soldaten-Kaisers zur Illustration dieses alten Moralsatzes benutzen wollte, würde übel beraten sein, dennoch aber schadet es nichts, wenn der gemeine Leser seines Dramas einen Schulmeister-Schluß daraus zieht, während der höhere über die Identität des Schicksals und des Charakters erstaunt. [5980]

Grabbe glaubte wahrscheinlich Wunder was zu tun, als er einen Don Juan und Faust schrieb. Das sind aber gar keine zwei Personen, denn jeder Don Juan endet als Faust und jeder Faust als Don Juan. [5981]

ad Nibelungen und Homer
Kennst du das lebendige Wesen, das aus anderen lebendigen Wesen zusammengesetzt ist? Gewiß nicht. Aber das lebendige Wesen, das davon lebt, daß es andere lebendige Wesen verzehrt hat und verzehrt, brauchst du nicht lange zu suchen. [5982]

d. 15 Novbr 1862.
Ludwig Uhland ist gestorben. Die Zeitungen bringen soeben die Nachricht; es ist früh morgens. Der einzige Dichter, von dem ich ganz gewiß weiß, daß er auf die Nachwelt kommt, nicht als Name, sondern als fortwirkende, lebendige Persönlichkeit. Seine Freunde verlieren wenig an ihm; er hatte wenig zu geben und war fest in sein Talent eingesperrt, wie Robert Schumann. Die Literatur verliert gar nichts; er hatte nur einen Frühling, keinen

Sommer und keinen Herbst, denn seine Dramen überschätzte ich ehemals, und in allem, was er sonst betrieb, konnte ihn der mittelmäßigste Fach-Gelehrte ersetzen. Er selbst muß auch von der Welt genug gehabt haben; er zählte 76 Jahre. Kein anderer hat in der Jugend auf mich gewirkt, wie er; doch würde das in geringerem Maß der Fall gewesen sein, wenn ich Goethe gekannt hätte. Das persönliche Verhältnis war unfruchtbar; jeder seiner Briefe trocken und dürftig und nicht aus Zurückhaltung. Sein Tod überrascht mich nicht; ich erwartete ihn mit Bestimmtheit, als ich von dem neuen Anfall hörte. Er war im letzten Frühling schon schwer krank und genas wieder, hatte aber, wie man mir auf meiner Durchreise in Stuttgart erzählte, nicht das geringste Verlangen nach seiner Bibliothek, in der er sonst den ganzen Tag zu verbringen pflegte. Dies beunruhigte seine Frau und das mit Recht, denn wenn die Lieblings-Neigungen scheiden und erlöschen, so ist es mit dem Menschen aus. Die Großmutter meiner Frau war eine große Freundin von Blumen, pflegte sie sorgfältig und duldete nicht, daß die Kinder sie auch nur berührten. Eines Morgens reißt sie selbst alle aus den Töpfen heraus und streut sie herum. Sie ist dem Anschein nach noch gesund und wohl, aber den nächsten Tag in der Frühe, gleich nachdem sie ihr Bett gemacht hat, trifft sie der Schlag; sie sitzt in ihrer reinlichen weißen Haube gelähmt auf der Treppe und stirbt noch vor Abend.

[5983]

Ein absoluter Monarch muß ein Spieler sein, ein konstitutioneller ein Intrigant. Das ist Naturgesetz. [5984]

d. 19 Nov.
Fanny Lewalds Biographie zu lesen angefangen; die erste, die ich nicht zu Ende bringen konnte. Herz- und phantasielos; dabei eine Wichtig-Tuerei sondergleichen. Wenn man das wäre, was die zu sein glaubt! Das Schubartsche Cap-Lied hält sie für ein Schubertsches. Ihre *Schulzeugnisse* werden mit abgedruckt.

[5985]

Tragisch, buchstäblich übersetzt: böckisch, bocksartig, ein Sinn, in dem namentlich die franz. Tragiker das Wort noch zu nehmen pflegen. [5986]

Wenn man im Deutschen sagt: »ein gewisser N. N pp« so will man damit ausdrücken, daß N. N. *keine* gewisse Person ist, sondern eine sehr *un*gewisse, nebelhafte, unbekannte, die plötzlich auftaucht, wie ein Fisch aus dem Meer. Der Österreicher bedient sich statt dessen in gänzlichem Mißverständnis der feinen, sprachlichen Ironie des Worts: »ein sicherer«, was das gerade Gegenteil besagt. [5987]

Esther. König Ahasverus muß gar nicht wissen, daß Esther eine Jüdin ist, wenn sie für die Juden fleht. [5988]

Belisar und Justinian: allerdings ein Tragödienstoff, insofern das Verhältnis zwischen dem allmächtigen Feldherrn und dem ängstlichen Kaiser sich von selbst tragisch gestaltet. [5989]

d. 26 Nov.

Ich war gestern abend mit dem Physiologen Ludwig in Gesellschaft. Dieser erzählte köstliche medizinische Geschichten. In Marburg zog der Prosektor allen Leichen, die aufs anatomische Theater kamen, vom Nabel angefangen, die Haut ab, ließ die Häute gerben und verkaufte sie an die Landleute als lederne Hosen. Ein Anatom Aßmann hat seinen alten Vater zu ernähren und bewerkstelligt es dadurch, daß er für andere Präparate macht. Seine Kollegen bedauern ihn, daß er sich so anstrengen muß, endlich stirbt sein Vater und einer von ihnen geht zu ihm, um ihn wegen des Verlustes zu trösten. Dieser trifft den Sohn, wie er gerade beschäftigt ist, den Vater zu zergliedern, und wie der Besuchende ein entsetztes Gesicht zeigt, antwortet der Professor: »ich habe so viel für meinen Alten getan, und nun soll ich wohl gar erst um Erlaubnis fragen, ob ich ihn präparieren darf!« Ein anderer bewahrt den Abortus seiner Frau in Spiritus auf und sagt: »Dort steht meine Familie!« In Glarus in der Schweiz besucht ein Wunder-Doktor die Hörsäle, um doch auch nachträglich etwas zu lernen, meint aber, daß er das eigentlich nicht nötig habe und mehr verstehe, wie die Lehrer. Von Ludwig befragt, ob er denn besondere Gottes-Gaben besitze, versetzt er: »Nein, aber ein altes Rezeptbuch«, und weiter befragt, ob denn dies Buch nicht auch anderen zugänglich sei, erwidert er: »Nein, denn vorn fehlt das Titelblatt!« Wie dieser Mann später mit einer Medizinal-Behörde in Kollisionen gerät, promoviert ihn die *Landes-Gemeinde* aus eigener Machtvollkommenheit; ein demokratischer Akt, der doch ohne Beispiel sein dürfte. Alle diese Erzählungen wurden durch eine Zeitungs-Notiz hervorgerufen, die Dr Falke mitteilte. Ein Engländer ist ein so großer Verehrer des Homer, daß er testamentarisch verordnet hat, seine Haut zu Pergament umgerben und die Ilias nebst der Odyssee darauf niederschreiben zu lassen. [5990]

»Leinenlos, ehrlos« sagte meine Mutter immer.
(Brief meines Bruders.) [5991]

Die Geschichte ist eine Mühle, worin die Lebendigen zu arbeiten glauben, die Geister aber die Arbeit verrichten. Wie sich die übermütigen Zwerge, die im Sonnenschein herumhüpfen, auch anstrengen mögen, die toten Riesen, die aus der Ewigkeit in unermeßlichem Zuge hervorschreiten, machen sie zu unnützen Knechten und schauen mitleidig auf ihr Gezappel herab. [5992]

Der gute Nik. Lenau meint, mit dem Drama sei es vorbei, und schließt das aus der schlechten Beschaffenheit des Theaters. Der Schluß ist um nichts bündiger, wie der, daß man nicht dichten dürfe, weil die Feder zu stumpf sei, um die Gedichte niederzuschreiben, oder die Buchdrucker-Presse zu beschäftigt, etwa durch politische Manifeste, um sie zu publizieren. Aber welch eine Denkweise! [5993]

Es gibt Fälle im Drama, wo man den Sprachbildungs-Prozeß selbst als Darstellungs-Mittel brauchen muß. [5994]

Oft scheint der Teufel an die Tür zu klopfen, und es ist doch nur der Schornsteinfeger. [5995]

Es gehört mit zu den Illusions-Mitteln der Kunst, das Gebild der schöpferischen Phantasie in einen gewissen Einklang mit der Wirklichkeit zu setzen. Immer aber bleibt es Mittel, wird nie Zweck, außer auf der alleruntersten Stufe, wo z.B. Ifflandsche

Schauspiele und Photographieen entstehen, deren ganzes Verdienst in dem Grade der Ähnlichkeit liegt, und man darf es unter Umständen ruhig mit einem ganz anderen, ja mit dem entgegengesetzten, vertauschen, wenn man dadurch rascher zum Ziel gelangt. [5996]

Große Talente sind große Natur-Erscheinungen, wie alle anderen. Ein Trauerspiel von Shakespeare, eine Symphonie von Beethoven und ein Gewitter beruhen auf den nämlichen Grundbedingungen. [5997]

Sowie Joseph seinen Traum erzählt, erhebt sich die Welt, ihn unmöglich zu machen. [5998]

Wie der griechische Plastiker den physischen Menschen erschöpfte und in ewigen Symbolen hinstellte, wird der Tragiker dereinst den sittlichen erschöpfen; Shakespeares Lear ist in bezug auf den Undank und alle aus diesem hervorgehenden moralischen Erscheinungen gleich ein schlagendes Beispiel, er hat das Grund-Thema für immer weggenommen und läßt nur noch Spielarten zu. [5999]

Ein Sklave erbietet sich zu einer außerordentlichen Tat für seinen Herrn. Dieser läßt ihn vor der Tat frei und gibt es ihm anheim, ob er sie auch jetzt noch vollbringen will. [6000]

Die Strafe des Individualisierungs-Aktes ist, daß sich jetzt alles haßt und verfolgt, was sich lieben sollte. [6001]

Das Zahnweh ist oft die Folge eines verdorbenen Magens und wird dann durch eine Laxans vertrieben. (Marschall) [6002]

Die Gegner des christlichen Prinzips, die es aus Gründen der Schönheit sind, wie H. Heine, sollten sich doch fragen, ob denn die Welt der Resignation, der freudigen Entsagung, nicht ihre eigentümliche Schönheit habe und ob sie diese auslöschen mögten. [6003]

Die echte Kritik muß verfahren, wie die Natur, wenn sie eine Erscheinung auflöst. Aber Totschlagen ist leicht und Zergliedern schwer. [6004]

Der Mensch kann nichts zeichnen, nicht die ärgste Fratze: sie ist aus der Natur genommen. [6005]

Die Oper ist der entschiedenste Bruch mit der gemeinen Illusion und wirkt doch. [6006]

Ob man die Gerechtigkeit mit Schwert und Waage malt, wie die alten Allegoriker, oder den Aristides, der sie vorstellen soll, wie Kaulbach, ist dasselbe und gilt gleich. [6007]

Die Größe der englischen Dichter beruht darauf, daß die einzelnen Individuen der Nation gar keine poetische Ader haben und daß das allen Völkern eigentümliche und notwendige poetische Vermögen sich ganz in den Ausnahmen ergießt. [6008]

Wenn in Pompeji ein Haus ausgegraben wird, so sind die Farben noch ganz frisch rot, gelb, grün u.s.w., aber sie erblassen auf der Stelle, wenn sie mit Licht und Luft in Berührung treten und sie vergehen schneller, wie die der Wolken.
(Großherzogin von Sachsen-Weimar.) [6009]

Das Genie ist ungebunden gegen die Tiefe, gebunden gegen die Fläche; es kann sich nach unten versenken, soweit es will, aber es kann sich nicht in gleichem Grade ausbreiten und alles in seinen Kreis ziehen. Beim Talent verhält es sich gerade umgekehrt, beim großen natürlich. [6010]

Der Theater-Schriftsteller studiere die Kunst, Kolophonium für Elektrizität auszugeben. [6011]

Englische Reise
Im Britischen Museum sah ich einen Gefangenen, wie keinen zweiten; nämlich in einem Baumstamm einen versteinerten Menschen. [6012]

Seltsam genug ists, daß Shakespeare einen Kontrakt unterzeichnen mußte, um auch in den Autographen-Sammlungen unsterblich zu werden, denn kein Blatt aus Hamlet und Lear, nur eine gerichtlich konfirmierte Unterschrift von ihm ist übrig.
[6013]

Die Engländer*in* grüßt zuerst. (HE Neuberg) [6014]

Georg, der Dritte. »Ich mag den Park nicht länger mit dem Volk teilen, ich mögte ihn für mich allein haben, was kann mich das kosten?«
Walpole. »Drei Kronen.« [6015]

Die Parks heißen die Lungen von London. [6016]

Eine schwarze Sklavin hat einen Bart, wie ein Mann; ein Amerikaner verspricht sie zu heiraten, wenn sie sich von ihm entführen lassen will, tut es wirklich, geht mit ihr nach London und zeigt sie für Geld. Sie stirbt in der ersten Niederkunft, er läßt die Leiche einbalsamieren und zeigt auch diese für Geld.
[6017]

Mein erster Traum in England war, daß ich zwei Pferde am Rande eines Turms ruhend hängen sah, die dann hinabstürzten.
[6018]

Dr Dawin in London nennt die Lungensucht die europäische Krankheit. Engländer. [6019]

Im Industrie-Palast ließen sich die Lahmen auf Rollstühlen herumfahren. [6020]

Im Zoologischen Garten der Adler, der mich fünf Minuten lang mit ausgebreiteten glänzenden Flügeln ansah. [6021]

»E[s]tablishment for young Ladys«. Erziehungs-Anstalten und andere. [6022]

Der Schwamm im Kaffee-Kessel. [6023]

Der Police-Mann als Zeuge in galanten Fällen. [6024]

Die Straße mit verschleierten Büchern. [6025]

Ich hörte keine Stunden-Glocke in London, bis zu dem Moment, wo ich diese Bemerkung auf Freiligraths Bureau niederschrieb. [6026]

Die Schauspielerin, die die ihr aufgedrängte Banknote zusammenrollt, sie anzündet und zu dem die Treppe mit hinaufgestiegenen zudringlichen Begleiter sagt: »Ich muß Ihnen doch hinunterleuchten!« [6027]

Das Diebs-Meeting. »Ich brauche Kleingeld. Hier ist ein Souverain [sovereign]. Wer holts mir?« Einer fort. Lange Pause. Wut unter den Dieben selbst. Endlich Rückkehr. [6028]

Das gleiche Dirnen-Meeting. [6029]

Die Dirne als Führerin, wie ich von Freiligrath kam; nachts um 12 Uhr. Alle fünf Minuten *ich*: »Finsbury-Square.« *Sie*: »Yes, Sire.« Meine Retterin. [6030]

Das Haus der Ostindischen Compagnie, wie es abgetragen wurde. [6031]

In London werden in den Annoncen nicht *Arbeiter* gesucht, sondern *Hände*. [6032]

Rückreise [6033]

Zwischen Paris und Straßburg in der Nacht die beiden französ. Kadetten, der eine von der Armee sehr artig, der zweite von der Marine vorlaut und unverschämt. Zu meinen Begleitern, Deutsch-Böhmen, wie sie schienen: »Sie kommen von der Welt-Ausstellung? Ich dächte, Sie wären Förster und Pächter aus der Umgegend und hätten Ihre Schweine besehen.« Unanständiges Schmauchen. Am Morgen zu dem anderen Kadetten: »nous sommes l'espérance de France« dann zu mir, als ich den Halbschlummer abzuschütteln suchte, keck und spitzig: »Mein Herr schläft man in Ihrem Vaterlande immer so lange?« Ich erwiderte: »Man erwacht immer zur rechten Zeit!« und machte dabei die Bewegung des Ohrfeigens gegen ihn! Dabei knüpfte ich meine Ordensbänder hervor, er wurde totenblaß und stotterte, er habe mich nicht beleidigen wollen. Ich erwiderte trocken, ich setze das voraus. Später stieg ein älterer Offizier ein, dem er, wieder auflebend und die Papier-Zigarre wieder anzündend, den Handel ausführlich mitteilte. Dieser hörte ihn ruhig an, sagte dann aber, er könne sich glücklich preisen, daß er die Ohrfeige nicht wirklich bekommen habe, denn sie sei wohl verdient gewesen. Das erzählten mir meine Begleiter, die gehorcht hatten. [6034]

Stuttgart.

Ich erkundigte mich abends im Dunkeln nach einer mir unterwegs angerühmten Bierkneipe. Der Herr, den ich fragte und der den Namen, den ich nannte, nicht recht verstand, antwortete mir: »Ich weiß, daß der Herr Baron ausgetreten ist (aus dem Heer) und daß die Frau Baronin um die Erlaubnis zu einer Schankwirtschaft nachgesucht hat, aber sie ist noch nicht eröffnet.« [6035]

Im Gasthof, das Diner mit den wunderschönen Kindern. Ich glaubte in eine Gemälde-Galerie, statt in eine Wirtsstube gekommen zu sein, als ich diese vier Mädchen mit ihren feinen Alabaster-Gesichtern und ihren Gold-Locken um den Tisch herumsitzen sah. Mit ihnen war ein Jude, grundhäßlich und schwarzbehaart, wie ein Neger, der sich als Vater gebärdete und vor dem sie, wie deutlich zu bemerken war, zitterten und bebten.
[6036]

Baron von Cotta entschuldigte sich, daß seine Allg. Zeitung die Nibelungen-Kritik Hofrat Schölls nicht gebracht habe; er habe es nicht gewagt, um »Herrn von Geibel nicht noch mehr zu reizen und gegen sich aufzubringen, er sei ohnehin schon so unzufrieden, daß er kaum noch den Anstand respektiere«. Er sagte das aus freien Stücken, es fiel mir nicht ein, ihn zu fragen;

so führen diese zarten Lyriker den Sängerkrieg! Über eine neue Publikation der Goetheschen Erben: »Ich würde gern das Honorar zahlen und das Mspt ungedruckt lassen; die Veröffentlichung ist geradezu vatermörderisch.« [6037]

Eduard Mörike, dem ich die Nibelungen zugeschickt hatte, sagte mir buchstäblich: »Mir war bei Ihren Nibelungen, als ob plötzlich ein Felsblock durchs Dach gefallen sei. Dort ist der Sofa, dort lag ich, dort empfand ich die Schauer, die allein das Große hervorruft, das zugleich schön ist, dort fühlte ich die übers Gesicht kriechenden Spinnwebsfäden und rief einmal übers andere aus: und solch ein Mann hält dich würdig, dir ein solches Werk zu schicken? Hier ist meine Frau, sie mags bezeugen, wars so? Du lügst nicht!« Er versprach mir dann, mir ausführlich über das Werk zu schreiben, hat es aber nicht getan. Nachmittags mit ihm und dem Dr Zoller bei Theobald Kerner (Hofrat) in Cannstadt, den ich morgens bei Zoller getroffen hatte. Spaziergang; Flasche Bier im Wirtshaus; das Kerner-Album mit den zu phantastischen Figuren verarbeiteten Tinten-Flecken; die Orgel der Seherin von Prevorst. Ein Fremder zu Uhland, nachdem er ihn angeredet hatte: »Ach, verzeihen Sie, ich glaubte, Sie seien der berühmte Herr Bruder.« Der alte Cotta beschäftigte sich jeden Abend damit, die Siegel der eingelaufenen Briefe abzulösen und in eine Stange zusammenzuschmelzen. Christian Höppl, der Jung-Germane, und seine Verzweiflung darüber, immer mit mir verwechselt zu werden; sein Selbstmord, weil er in eine hübsche Kellnerin verliebt war, die mehr Wert auf die handgreiflichen Bewerbungen eines Jägers, als auf seine Gedichte legte; sein Nekrolog, wornach er sich nicht der Kellnerin wegen getötet haben wollte, sondern um in einem vornehmen Hause Mann und Frau nicht miteinander zu entzweien und der von seiner eigenen Hand geschrieben und den Frankfurter Didaskalien vor vollbrachter Tat zugeschickt worden war. Die anderswo eingetragenen Geschichten von Lenau. Gewährsmann für alles: Kerner. [6038]

»Das ist einmal wieder gutes Bier; bisher glaubte ich immer, ich sei in der Apotheke.«   (Station Ulm.) [6039]

Die Pariser Akademie hat den Gebrauch der China, die Pocken-Impfung, die Blitz-Ableiter und die Dampf-Maschinen verworfen; Réaumur hielt Peyssonel, der 1735 die Polypen für Tiere erklärte, für einen Toren; die Akademie dekretierte 1802, es gebe keine Meteorsteine und gleich darauf stürzten in einem einzigen Departement 2000 herab.

Perty, Die myst. Erscheinungen der menschlichen Natur. p. X.

[6040]

Wer sich durchaus nicht mit dem Tier, diesem unendlich belehrenden Kommentar zum Menschen, einlassen mag, der kommt mir vor, wie einer, der nur eine Sprache kann, und sich mit Händen und Füßen dagegen sträubt, noch eine zweite zu lernen.

[6041]

Deutsche jour fixe bei Tee und Kuchen! Sie werden nie in Aufnahme kommen, denn sie widersprechen der Art, wie sich das Geselligkeits-Bedürfnis in der Nation äußert. Der Franzos ist glücklich, wenn er seinen Witz auf der Zungenspitze tanzen lassen kann; das geht allenfalls auch bei einem Glase Wasser. Der Deutsche will sein Herz erschließen; dazu gehört Wein.

[6042]

Zum Kaiser Franz kommt eine Frau um ein Kielmanns-Eggesches Stipendium. Der Kaiser sagt ihr, sie müsse sich an die Grafen selbst wenden und sie geht. Plötzlich reißt sie aber die Tür wieder auf und fragt: Majestät, wo wohnen die Grafen? Er antwortet: Federl-Hof, N: so oder so.

(Präsident Schaarschmidt.) [6043]

Kaiser Franz kommt durch einen der Küche benachbarten Gang der Burg. Ein Hofbedienter geht im Mantel vor ihm her, unterm Mantel einen Fisch, den er sorgfältig zu verbergen sucht, dessen Schwanz aber doch vorguckt. Der Kaiser klopft ihn auf die Achseln und sagt: Ein andermal einen längeren Mantel oder einen kürzeren Fisch!

(Derselbe) [6044]

Ein Maler ist seit Jahren krank und kann das Bett nicht verlassen. Zu ihm kommt eines Abends, frisch und gesund, ein

Freund, stürzt aber gleich nach »dem guten Abend« tot zusammen. Niemand ist in der Nähe; der Tote und der Kranke sind bis zum nächsten Morgen allein. (Prof: Unger.) [6045]

»Graf Schulenburg-Klosterrode, sächsischer Gesandter in Wien, todkrank in Turin, traf seine letzten Anordnungen, und als man ihm, dem Protestanten, für den Begräbnis-Platz allein 6000 fl anrechnete, geriet er über die Höhe der Ausgabe in eine solche Aufregung, daß diese ihm das Leben rettete; er reiste ab, um das letzte Bett billiger zu haben, weil er äußerst geizig war, und starb erst nach 30 Jahren.« (Andlaw, Memoiren.) [6046]

Das Tier hat den Empfindungs-Laut in allen Modulationen mit dem Menschen gemein und der Empfindungslaut ist die Wurzel der Sprache. [6047]

d. 14 Dez.
Mein Töchterchen glaubte sich in unserer letzten Gesellschaft von Gabriele Nordberg vernachlässigt. »Was die sich einbildet! sagte sie gestern. In einigen Tagen habe auch ich das Recht, zu sagen, daß ich ins sechszehnte Jahr gehe.« [6048]

Das Steigen hat seine Grenze, aber nicht das Fallen. [6049]

d. 21 Dezbr.
Die Brille ist bei mir eingerückt; heut trug ich sie zum erstenmal, zwar nur noch zur Schonung des Auges. Werden Stock und Krücke folgen? Die Frage hat zwei Seiten; man kann so kräftig bleiben, daß man ihrer im Alter nicht bedarf, man kann –.
[6050]

Ein spanischer Papagei wird betrunken gemacht, indem man ihm einen in roten Wein getränkten Zwieback reicht. Dann spricht man ihm etwas vor und er behält es sogleich.
(Fräul Gerber.) [6051]

d. 31sten Dezbr.
Gott sei Dank, ich kann von diesem Jahre sagen, daß es gesund verlaufen ist, bis auf kleine Störungen; gesund für Frau und

Kind, gesund für mich! Reise nach London; Aufenthalt in Wilhelmsthal. Die Eindrücke in Briefen niedergelegt. Außer Gedichten und dem Prolog zur österreichschen Verfassungs-Feier nichts gearbeitet; der Demetrius ruht, wie ein Stein, möge er im stillen wachsen, wie der! Die Nibelungen haben mehr Erfolg, wie je ein Werk von mir; in der Presse, wie auf dem Theater. Ganz gegen meine Erwartung, so sehr, daß sich auch nicht im letzten Winkel des Herzens eine stumme Hoffnung verbarg, die das ahnte. In Berlin und Schwerin wurden sie bereits mit Pauken und Trompeten gegeben; in München, sogar in Wien stehen sie bevor. Aufhören, den Dudelsack an den Nagel hängen wäre jetzt vielleicht das Beste! [6052]

1863

d. 1 Jan:

Silvester-Abend auf einem Ball bei Kompert. Ich sah meine Tochter zum erstenmal tanzen. Liebliches Bild, nicht für mich allein; ganz eingehüllt vom Wirbel bis zur Zeh in jungfräuliche Scheu und wie aus einer Wolke hervorblickend und antwortend, wenn sie angeredet wurde. Leider war meine Frau nicht wohl, so daß wir aufbrechen mußten, wie man noch bei Tische saß. Titi rasch fertig, aber doch nicht ohne stille Tränen Abschied nehmend, weil sie um den Kotillon und den Kotillon-Orden kam. [6053]

d. 2 Jan.

Ich erhalte einen Brief von meinem Bruder, worin er mir anzeigt, daß er von dem Dr Eggers in Hamburg, meinem dithmarsischen Landsmann, zu Weihnachten die 20 r P. C., die ich ihm anwies, richtig empfangen hat. Ich lieh diesem Eggers im Jahre 1854, als er sich in großer Not befand und wie ein Bettler daherzog, 50 Gulden; unaufgefordert und ohne eine Rückzahlung zu erwarten. Im vorigen Herbst traf ich ihn im Hamburger Pavillon, ohne aber Notiz von ihm zu nehmen, weil ich ihn zu inkommodieren besorgte; er trat jedoch zu mir heran, sagte mir, daß er jetzt Lehrer am Johanneum sei und kam dann auf seine Schuld, indem er sich bereit erklärte, sie zu jeder beliebigen Zeit abzutragen. Ich ersuchte ihn darauf schriftlich von Wien aus, meinem Bruder 10 r auf Abschlag als Weihnachts-Geschenk zu schicken. Er tats, fand aber nicht nötig, mir eine Zeile zu antworten. Ebenso scheint ers diesmal zu machen. Nun, es ist eine alte Geschichte, wenn ein Schuldner bezahlt, so glaubt er, dem Gläubiger das Geld zu schenken. [6054]

d. 3 Jan:

Schrieb an Klaus Groth über einen alten Narren, einen Kieler Professor Horn, der sich mit 59 Jahren auf die Trauerspiel-Schreiberei gelegt und mir ein paar Machwerke geschickt hatte. Diese Leute würden sich sehr hüten, aus ihrer Philologie in die Medizin hinüberzuhüpfen oder umgekehrt; sie haben viel zu viel Respekt vor dem Positiven, das dazu gehört. Aber in die Kunst brechen sie ein, wie die Säue in den Vesta-Tempel; sie würden sich wahrscheinlich in acht nehmen, wenn sie ahnten, daß zur Kunst nicht bloß auch etwas sehr Positives gehört, sondern daß dies Positive sich von dem Positiven der Wissenschaft auch noch wesentlich unterscheidet, indem nicht darum geworben werden kann. [6055]

d. 4 Jan.

War gestern abend in Gesellschaft, bei Littrow. Sie hatten mich oft zu ihrem jour fix geladen, ich war aber nicht hingegangen, denn ein jour fix, der Freund und Feind zusammenwürfelt, ist für Städte, wie London und Paris eine traurige Notwendigkeit, aber für Wien und Berlin ein lächerlich-willkürlicher Zwang. Amüsierte mich gut, besonders mit einer Gräfin, die recht gut sprach und mir interessante Dinge erzählte, z.B. daß die Erzherzöge in einem Hof-Konzert, in welchem der Violinist Joachim spielte, einen Lärm gemacht hätten, wie die Stallknechte, während sie, wenn ein Komiker etwas Lustiges vorträgt, still dabeisitzen, als ob das Gebet für die Toten gesprochen würde und den armen Schauspieler durch gänzliche Teilnahmlosigkeit zur Verzweiflung bringen. Sie ist an einen Baron Ebner verheiratet und leider, wie ich später erfuhr, eine heimliche Schriftstellerin. [6056]

d. 5 Jan:

»Manchen Menschen – sagt Lichtenberg – ist ein Mann von Kopf verhaßter, als der deklarierteste Schurke.« Natürlich, und mit Recht. Denn gegen den Schurken kann man sich schützen, auch wird er bestraft, wenn er Übles tut. Aber, wer schützt uns gegen den Mann von Kopf und wer bestraft ihn, wenn er »unsers Nichts durchbohrendes Gefühl« so recht brennend in uns erweckt? Die Katzen fangen erst Funken zu sprühen an, wenn man sie streichelt und das braucht man nicht zu tun. Aber jene blitzen von selbst und wenn man sie schlägt und stößt, gibts erst recht ein Gewitter. [6057]

d. 6 Jan:

Seltsamer Traum meiner lieben Frau. Ein Mörder sitzt an einem Tisch und spielt mit seinem Kinde, welches er auf dem Schoß hält. Plötzlich fällt etwas Schweres, es ist sein Kopf, das Kind hat ihm diesen abgesägt. [6058]

d. 7 Jan:

Nach den Zeitungen soll in Rom ein Orden des heiligen Präputiums gegründet werden. Jesus Christus hat Karl dem Großen diese eigentümliche Reliquie geschenkt und irgend ein französ. Kloster befindet sich im Besitz. [6059]

d. 8 Jan:

Eine russische Brautschau steht wieder bevor. Ein Großfürst ist für die Vermählung reif geworden und bereist nun alle Höfe Europas, wo Prinzessinnen sind, um sie in Augenschein zu nehmen und zu wählen. Das ist von einem Sklaven-Markt doch auch nicht allzu verschieden. [6060]

d. 9 Jan.

Nicht zu vergessen den Professor Pfeiffer, der deutsche Literatur an der Universität vorträgt. Der Mann ist wenigstens sieben Jahre in Wien, ohne mich besucht zu haben, plötzlich wird er mir gemeldet, während ich gerade bei Tisch sitze. Ich lasse ihn in meinen Salon eintreten und gehe gleich hinüber. Wie finde ich ihn? In Oberrock und Galoschen, von Regen triefend und dicke Kotspuren bei jedem Tritt hinterlassend. Ich lade ihn höflich ein, sich zu setzen, er »will nicht lange inkommodieren« und fragt mich ohne allen Übergang, ob ich dem Komitee, das er zum Zweck eines Uhland-Denkmals zu bilden gedenke, beitreten wolle. Natürlich fertige ich den Grobian nun kurz und trocken ab, wie ers verdient, indem ich nein sage, weil ich kein Österreicher sei und mich also auch in speziell österreichsche Dinge nicht mischen dürfe. Dieselbe Antwort hätte ich immer gegeben, jedoch in anderen Formen. [6061]

d. 12 Jan:
Gutzkows Zauberer von Rom endlich beendigt; ich las drei bis vier Jahre daran. Immer Seraphine. Im Anfang schnitzt er Käse-Rinden, und wenn sie nach und nach ein halb-menschliches Gesicht bekommen und Interesse zu erwecken anfangen, haut er seine Männerchen wieder zusammen. Das ist das objektive Resultat bei unleugbar vorhandenem subjektiven Reichtum.

[6062]

d. 21 Jan:
Wir waren auf dem Mediziner-Ball. Ich wurde dem Handels-Minister, dem Grafen Wickenburg vorgestellt, oder er mir; ich hatte wenigstens nicht um die Ehre gebeten. Er sagte mir viele Artigkeiten und machte mir unter anderem ein äußerst schmeichelhaftes Kompliment über meine – Alemannischen Gedichte. Die Schulmeisterin Betz in Münster tat das auch, als wir das erstemal in Gmunden waren; diese fragte ich, ob ich meine hundert Jahre, die ich damals als Konsistorial-Rat Hebel hatte, nicht mit Anstand trüge, einer Exellenz vis-à-vis konnte ich mich nur dankend verneigen. [6063]

d. 22 Jan.
Ich trat abends einen Augenblick in ein Café. An einem Tisch mir gegenüber saß ein alter Herr, von dem ich glaubte, daß er schliefe, weil er ganz teilnahmlos vor sich hinstierte. Als ich aufbrach und ihn noch einmal betrachtete, erkannte ich, daß er blind sei. Welch ein Elend! Die Zeit, uns allen so kostbar, ihm die größte Last. Und doch noch nicht das Äußerste! Er könnte ja

auch in Regen und Wind in Lumpen an einer Straßen-Ecke stehen und sich die Pfenninge zum Nacht-Quartier zusammenbetteln.

[6064]

d. 23 Jan:

Es ist frühmorgens, die Sonne scheint hell und die Straßen werden gekehrt, nicht aber von Schnee oder Kot, sondern von Staub. Dieser fliegt, wie im Sommer, und Sommer ist es auch seit acht Tagen. Gestern las ich zum erstenmal in Simrocks Sammlung das alte Volksbuch von den Heiligen Drei Königen und war nicht wenig erstaunt, als ich daraus ersah, daß ich diese Figuren in Herodes und Mariamne gerade so angelegt habe, wie sie hier gefaßt sind; sie wissen nichts von einander, sie wohnen in ganz verschiedenen Ländern und treffen erst in Jerusalem zusammen, ganz, wie in meinem Stück. Das war mir eine große Freude. Schon einmal, in den Nibelungen, bei der Konzeption der Brunhild, hatte ich eine ähnliche. Ich erschrak, als ich merkte, daß mir Norne und Valkyre zusammenrannen und konnte sie doch nicht auseinanderhalten, war und blieb aber höchst unzufrieden. Da ging ich einmal in Grimms Deutscher Mythologie spazieren, denn so muß mans wohl nennen, wenn man sich mit diesem konfusen Buch beschäftigt, und entnahm daraus, daß Nornen und Valkyrien ursprünglich wirklich eins sind. [6065]

d. 25 Jan:

Ich ging gegen Abend mit meiner Familie in die Stadt; beim Schotten-Tor trennten wir uns. Ich bemerkte einen Zusammenlauf von Menschen und sah, daß ein Soldat einen alten Herrn vom Straßen-Pflaster auf hob und mühsam auf die Seite schleppte; die Beine des Mannes schienen ihn nicht mehr tragen zu wollen, sie schleiften hinterher, als obs die leeren Hosen wären. Ich glaubte anfangs, er sei betrunken, aber er war vom Schlage gerührt. Furchtbar! [6066]

d. 2 Febr.

Meiner Frau träumt über Nacht, sie wird, wie ein Bild, als Madonna über einem Altar in einer kath. Kirche aufgehängt und

herrlich geschmückt. Plötzlich steht sie, sich selbst betrachtend, vor dem Altar, aber nun ists ihre Mutter, die eine Rede hält.
[6067]

d. 3 Febr.

Prof. Pfeiffer hat den Verfasser des Nibelungen-Liedes entdeckt. Es ist ein gewisser Kürenberger, von dem man noch ein paar Strophen hat, die im Nibelungen-Versmaß gedichtet sind. Daß der Mann Eigentümer dieser Strophen ist, steht hypothekarisch fest; daß ihm auch das Nibelungen-Lied gehört, weiß man nicht, aber Prof: Pfeiffer schreibt es ihm im Germanisten-Grundbuch zu, weil das Versmaß übereinstimmt. Napoleons sämtliche Schlachten werden nach dieser Analogie einst vergessen sein, aber der graue Rock und der dreieckigte Hut werden leben!
[6068]

d. 4 Febr.

Geist macht auf bedeutende Frauen denselben Eindruck, wie Tapferkeit. Warum? Weil er identisch mit ihr ist und seine Taten sogar noch in einer höheren Region vollbringt. [6069]

Der Polizei-Minister, Baron Thierry, erzählte mir bei einem Souper eine Geschichte, die unglaublich scheint und doch amtlich erhoben ist. Ein ungarischer Soldat steht irgendwo an der Donau auf dem Posten. Ein Mensch kommt daher, entkleidet sich halb und springt ins Wasser, um sich zu ertränken. Leider kann er schwimmen und die Natur trägt den Sieg davon. Er steigt also nach langem Kampf wieder ans Ufer, greift aber sogleich nach seinem Halstuch und hängt sich an einem Baum auf. Der Soldat sieht ruhig zu und stört ihn diesmal so wenig, wie er ihn früher gestört hat. Als er abgelöst und zur Rede gestellt wird, weil der Korporal den Leichnam erblickt, gibt er zur Antwort: »ich glaubte, der Kerl habe sich erst gewaschen und dann zum Trocknen aufgehängt.« Bei Hofrat Nordberg. [6070]

d. 6 Februar.

Mein Freund Rousseau, der längst Begrabene, verliebte sich in Heidelberg in ein sehr schönes Mädchen, eine Handwerker-

Tochter, hatte aber nicht die Courage, sich ihr zu nähern. Sie ging abends gewöhnlich, wie es dort Sitte ist oder war, mit ihren Freundinnen in der Hauptstraße spazieren, von den Studenten umkreist, jedoch diskreter Weise. Einmal teilte mein Freund mir mit, er habe einen sehr guten Einfall, er wolle ein feines Taschentuch kaufen und es dem Mädchen überreichen, als ob er glaube, daß sie es verloren habe. Die Stunde kam heran, das Mädchen erschien und der Zufall war günstig, denn sie war allein. Mein Freund, von mir begleitet, faßte Mut, er zog sein Tuch hervor und stotterte: »Mein Fräulein, gehört das nicht Ihnen? Mir deucht, daß Sie es eben fallen ließen.« Sie nahm das Tuch, nickte dankend und steckte es ein, indem sie ruhig weiterging. Wir sahen ihr verblüfft nach, aber mein Freund war glücklicherweise nicht bloß das Tuch, sondern auch die Liebe los. [6071]

d. 7 Febr.

Ein Pferd wird beschlagen; als der Schmied fertig ist, reckt auch der Frosch seinen Schenkel hin.

(Serbisches Sprichwort.) [6072]

Gestern abend, auf einem Hausball, sah ich zum erstenmal gepuderte Damen, junge und alte, Sprößlinge des Militärs und der Robe. Die Kaiserin, hieß es, sei auf dem letzten Kammerball so erschienen, und als ich ironisch-unschuldig bemerkte, ich könne unmöglich glauben, daß man in einer so wichtigen europäischen Angelegenheit in Wien die Initiative ergriffen habe, müsse vielmehr annehmen, daß die Parole von den Tuilerieen ausgegangen sei, antwortete man mir so unbefangen, als ob ich mich auf ein Natur-Gesetz berufen hätte, das verstehe sich von selbst. Nun, der Puder ist die einfache Konsequenz des Reifrocks, von dem mir auch nicht ahnte, daß ich seine Wieder-Auferstehung erleben würde, wie ich ihn in meiner Kindheit, als bestäubte Reliquie von der Großmutter her, in der Kleider-Kammer einer reichen Bauern-Familie neben dem Dreimaster und dem Tressen-Rock des Großpapas hängen sah, aber der Zopf ist wieder die Konsequenz des Puders und ich bin doch begierig, ob dies verschriene Symbol der alten in ihrem Gott vergnügten Zeit kein Loch in der Welt mehr findet, um auch wieder hineinzuschlüpfen. Es wäre doch gar zu hübsch! Freilich muß die Perücke vorhergehen! [6073]

Seit acht Tagen ist das russische Polen in Aufstand; das Beispiel Italiens wird anstecken. Ich glaube nicht an ein Resultat, aber so viel beweist die Bewegung doch, daß das alte Wort von den tönernen Füßen des ehernen Kolosses einigen Grund hatte. Immer neue Zuckungen! Unerhörte Dinge werden gemeldet. In Wilno ließ der Gouverneur nach den Zeitungen die ärgsten Verbrecher frei, Räuber und Mörder, damit sie sich, wie eine geöffnete Menagerie, durch das Land verbreiten und durch ihre Greuel die allgemeine Unsicherheit noch steigern mögten. Und das Petersburger Hof-Journal erklärt offiziell, daß die letzte Rekrutierung in Polen allerdings abnorm und ungesetzlich gewesen sei, daß die Regierung sich aber gezwungen gesehen habe, ein so außerordentliches Mittel zu ergreifen, um der Revolution zuvorzukommen, denn der Häupter habe sie sich nicht bemächtigen können, da sie im Ausland lebten, sie habe sich also ihrer Werkzeuge, nämlich der waffenfähigen Mannschaft, versichern müssen. Es gibt ein Staats-Notrecht; der Belagerungs-Zustand, in England die Aufhebung der habeas-corpus-Akte, die gesetzliche Verletzung des Brief-Geheimnisses u.s.w. sind Beweise dafür. Ob man aber infolgedessselben auf der einen Seite Menschen konfiszieren darf, wie Pulver und Blei, unschuldige Menschen, die noch nichts verbrochen haben, als daß sie da sind und allenfalls gemißbraucht werden können, und ob man auf der anderen Seite die Befugnis hat, Mordbrenner-Banden auszusenden, das dürfte doch noch die Frage sein. Jedenfalls zeigen solche Maßregeln, daß die Lage eine verzweifelte sein muß. Wären die Polen nur von anderem Schrot und Korn! Aber jemand, der sie genau kennt, sagte: der Wilde tätowiert seinen Leib und der Pole besetzt seinen Rock mit Achselbändern und Schnüren, und beide aus dem nämlichen Grunde, weil sie Barbaren sind!
[6074]

d. 9ten Febr.
Heute ist der Geburtstag meiner lieben Frau und wir sind alle gesund; wie weiß ich dies Glück zu schätzen! Felix Bamberg

wunderte sich vor vielen Jahren schon einmal darüber, daß Paris, in dem ich fast jeden Tag mit ihm herumstrich, mir nichts Altes wurde, und beneidete mich darum. Ich verstand ihn damals nicht, aber er hatte Ursache, denn das Leben der meisten Menschen ist eben deshalb so reiz- und interesselos, weil sie alles, was sie besitzen, was aber auch gar wohl fehlen könnte, ohne daß sie gleich zu existieren aufhörten, gewissermaßen mit zu sich selbst rechnen und als etwas von ihrem Wesen Unzertrennliches betrachten. Da muß natürlich eine vollkommene innere Stockung eintreten, die nur noch allenfalls durch ein plötzlich aus den Schultern hervorsprossendes Flügel-Paar gehoben werden kann und auch dann nur für einen Moment, da Mensch und Engel ja gleich wieder zusammenschmelzen würden. Bei mir ist das ganz anders. Ich freue mich zwar auch nicht darüber, daß ich Lungen habe, denn ohne Lungen würde ich nicht da sein, aber ich freue mich schon darüber, daß meine Lungen gesund sind, daß ich nicht bucklig bin, daß Arme und Beine mir den Dienst nicht versagen u.s.w. Ich freue mich meines Morgen-Kaffees, meines Mittags-Essens, meines Abendbrots, meines Betts und ich halte selbst an dem verdrießlichsten Tage meinen Unmut noch dadurch im Zügel, daß ich denke: er kann dir noch einmal als ein unerreichbares Ideal, als ein Sektor aus der goldenen Zeit vorschweben, wenn du alt, arm, krank und einsam daliegst! [6075]

d. 10 Febr.

Sehr angenehm verbrachten wir den gestrigen Abend; Brücke, Ludwig, Littrow, Glaser, samt Frauen und Töchtern, alles äußerst animiert. Nie noch waren so viele Blumen in mein Haus gekommen; das Zimmer mit all den Hyazinthen, Kamelien u.s.w. glich einem Frühlings-Garten und das liebe Geburtstags-Kind war ganz glücklich darüber. Titi lieferte ihre ersten Verse, da ich ihr keine gemacht hatte. Fräul. Littrow erzählte, daß sie bei ihrer Überfahrt nach England trotz des stürmischen Wetters nicht seekrank geworden sei, und wollte das der Lektüre meines Nibelungen-Trauerspiels zuschreiben, die sie so stark gefesselt habe. Ich pries meinen Stern, der Erfinder des so lange umsonst gesuchten Mittels gegen das mal de mer geworden zu sein, setzte das junge Mädchen durch diesen Scherz aber sehr gegen meinen Willen in Verlegenheit, wie man sich denn mit dem Humor fast noch mehr in acht nehmen muß, wie mit Gift. Littrow selbst gab eine köstliche Geschichte von dem verstorbenen Feuchtersleben zum besten, die ihm als praktischem Arzt sehr zur Ehre gereicht. Er trifft, auf dem Lande bei der Familie zu Tisch geladen, im Garten, hell von der Mittags-Sonne beleuchtet, Littrows Bruder, der von der Gelbsucht ergriffen war und das in dem Grade, daß nicht bloß das Weiß des Auges, sondern auch der Bart und das Haupthaar die Farbe gewechselt hatte. Der Doktor tritt auf ihn zu, fragt ihn, wie es geht, fixiert ihn scharf und beantwortet sich dann seine Frage selbst, indem er ausruft: »O, vortrefflich, man siehts, Sie sind ja das wahre Bild der Gesundheit!« Bei solcher Schärfe des medizinischen Blicks begreift sichs, daß er, als er Goethes Enkelin am Schnupfen-Fieber behandelte, sein Bestes tun und trotzdem als das arme Kind infolge seiner Methode wider alles Menschen-Gedenken starb, die Mutter in den Verdacht bringen konnte, sie habe ihre eigene Tochter, der Erbschaft wegen, in schwerer Gläubiger-Bedrängnis vergiftet. [6076]

d. 11 Febr.

Als Radetzky starb, wurde er nicht in seiner Familien-Gruft oder an einem anderen Ort, wo man die Zelebritäten der Geschichte sucht, beigesetzt, sondern auf dem Gute Wetzdorf in dem sogenannten »Heldenberg.« Mit diesem Heldenberg hatte es eine ganz eigentümliche Bewandtnis. Wer den Namen hört, der denkt natürlich zuerst an eine alt-heidnische Begräbnisstätte, an ein Hünen-Grab, einen Wodans-Hain oder dergleichen. Aber die Phantasie täuscht ihn sehr, der Heldenberg ist ein ganz modernes und äußerst lächerliches Etablissement, das einige Ähnlichkeit mit einem Wachs-Figuren-Kabinett hat, nur mit dem Unterschied, daß die Berühmtheiten hier in effigie ausgestellt sind und dort in ihren Särgen als Leichname. Ein Jude, namens Parkfrieder, ehemaliger Armee-Lieferant unter Radetzky, demnächstiger Millionär, hat ihn einrichten, vielleicht, ich weiß es nicht, mühsam zusammenkarren lassen und sich dann die nötigen Helden gekauft, d.h. ihre Spielschulden bezahlt und sich dafür ihre Kadaver zur Bestattung eingehandelt, wie sich die

Ärzte wohl interessanter Subjekte noch bei Lebzeiten derselben durch ein Honorar oder eine kleine Pension für den Sezier-Tisch versichern. Er kam auf diese Weise in den Besitz von Wimpfen und Radetzky und es machte auf mich einen wunderlichen Eindruck, als die Leiche des letzteren mit den höchsten militärischen Ehren, den Kaiser von Österreich an der Spitze des Kondukts, durch Wien geleitet wurde, um einige Meilen jenseits der Residenz in Parkfrieders Hände überzugehen und den Heldenberg zu zieren. Jetzt ist der Mann selbst gestorben und hat persönlich neben den beiden Vorgängern als Dritter im Bunde in seinem Pantheon Platz genommen. Er ist aber nicht mit feierlichem Gepränge eingezogen; man hat ihn in eine Kiste packen müssen, die aus ungehobelten Brettern zusammengeschlagen war, der Sarg ist auf einen gemeinen Leiterwagen gesetzt worden und so ist er abends um zehn Uhr ohne Glocken-Geläut und Priester-Begleitung demütiglichst eingetroffen. Es muß ein sonderbarer Kauz gewesen sein; seiner Dienerschaft hat er reiche Legate vermacht, einem natürlichen Sohn aber bloß ein großes Paket von Post-Rezepissen über vorher empfangene und mutmaßlich leichtsinnig vergeudete Unterstützungs-Gelder, deren Gesamtsumme den Vater allerdings von jeder weiteren Verpflichtung losspricht. Über Radetzky noch ein Wort Friedrich Schwarzenbergs. Dieser sagte: Ich erkläre mir das Methusalems-Alter des Feldmarschalls aus seiner gänzlichen Teilnahmlosigkeit; für ihn gibt es nur einen wichtigen Moment am Tage, nämlich den des Diners, wer aber da um eine Minute zu spät erscheint, den bittet er wohl ironisch um Entschuldigung, ihn trotz seiner vielen Geschäfte eingeladen zu haben, denn er selbst umkreist die Tafel schon eine volle halbe Stunde vor Anfang in seiner Uniform und mit allen seinen Orden. [6077]

d. 12 Febr.

Gestern die erste Probe der Nibelungen. Da ist man noch nicht einmal in der Küche, sondern im Hof, wo das Gemüse geputzt wird. Ein Gefühl, wie bei der Durchsicht eines Korrektur-Bogens, der von Druckfehlern wimmelt, die in der Regel gar keinen Sinn geben, zuweilen aber auch einen höchst possierlichen, über den der Verfasser selbst lachen muß. [6078]

d. 14 Febr.

Ich las Strombecks Darstellungen aus meinem Leben und meiner Zeit. Matt und farblos, aber nicht ganz ohne historisches Interesse. Johannes von Müller, der deutsche Tacitus, taucht in seiner ganzen Erbärmlichkeit auf; er hält am Hofe Jéromes beim Schluß der sog. Stände-Versammlung eine Rede, worin er Napoleon denjenigen nennt »vor dem die Welt schweigt, weil Gott die Welt in seine Hände gegeben hat«. Das war 1808. Charakteristisch ist auch die Schilderung aus dem Jahr 1813, wie Jérome von den Russen aus Kassel verjagt, für ein paar Tage von den Franzosen wieder zurückgeführt wird. »Das war ein Drängen der Hoffähigen, von dem König bemerkt zu werden; das war eine Zuversicht auf den Sieg der guten Sache, wie man damals die Sache des Königreichs Westfalen nannte!« Eine kleine Flankenbewegung Sr Majestät hätte einem Napoleon Ehre gemacht; ein berittener Minister berühmte sich laut, bei dieser Gelegenheit Adjutanten-Dienste geleistet zu haben. Acht Tage später natürlich das entgegengesetzte Schauspiel. Wie Joh. von Müller zeigt sich auch Klopstock in seiner vollen phrasenhaften Glorie. Strombeck übersetzt den Tibull, fügt eine Dedikation an »Olympia« hinzu, natürlich im Chiffern-Stil der Liebe geschrieben, und sendet dem Haupt- und Ur-Barden ein Exemplar. Dieser antwortet: »Herr Klopstock an den Herrn von Strombek. – Sie haben mir durch Übersendung Ihres Tibull ein doppeltes Vergnügen gemacht. Das zweite ist, daß Sie mich zugleich Anteil an Ihrer Liebe nehmen lassen. Daß dieser Anteil nicht klein sei, zeige ich Ihnen dadurch, daß ich Sie bitte, mich, wenn es Olympia erlaubt, zum noch näheren Vertrauten Ihrer Liebe zu machen, als Sie getan haben. Ich bin schon oft in meinem Leben Vertrauter von Liebenden gewesen, und ich darf sagen, daß ich es auch durch Mit-Empfindung und Verschwiegenheit verdient habe. Hamburg, 15 März 1800.« Der Mann war damals über die Sechszig hinaus und Strombeck hatte ihn nicht im geringsten mit seinen Privat-Interessen inkommodiert. Auch die Geschichte einer Somnambule kommt vor, die sich selbst heilt; äußerst merkwürdig, wenigstens für den, der in Hamlets Wort: »Es gibt mehr Ding u.s.w.« einstimmt. [6079]

d. 15 Fber.

Wir hatten drei Wochen lang das schönste Frühlings-Wetter; die Knospen der Bäume in Augarten und Prater waren dem Aufbrechen nah, die Schneeglöckchen krochen aus und das Veilchenkraut legte sich Blatt für Blatt breit auseinander. Gestern, als ich um zwölf Uhr von der vierten Nibelungen-Probe aus dem Burg-Theater kam, wirbelte der Schnee mir entgegen und heute haben wir starken Frost. Auf der Welt-Bühne spielen sich die wunderlichsten Tragi-Komödien ab; eine wahre Burleske in Griechenland. Wie ich im Jahre 1836 als Student nach München ging, fiel ich noch so recht mitten in den bairischen Hof- und Volks-Jubel über das wiedergeborene und endlich auch mit einem passenden König versehene Hellas hinein. An der Stelle, wo die Königin Therese, damals noch kein Bierfaß und also mobil, unter vielen Tränen von ihrem Sohne Abschied genommen hatte, wurde von dem Münchner Magistrat zum ewigen Andenken eine Kapelle errichtet. Ein gewisser Stolz, persönlicher Bekannter meines Freundes Rousseau, dichtete zur Feier des großen, welthistorischen Ereignisses die »Ottoniade« und las sie im Odeon, freilich vor wenig Zuhörern, unter denen sich jedoch der König Ludwig befand und die, mich und Rousseau ausgenommen, alle reich mit Orden dekoriert waren, öffentlich vor; der erste Vers lautete, wenn mich mein Gedächtnis nicht täuscht:

»Ludwig, der Große, erhob sich und sprach zu Otto, dem
Sohne u. s. w.«

und der Dichter versicherte in dem gedruckt ausgegebenen Programm, sein Werk gehe zwar weit über Homer und Virgil, sowie über Dante und Tasso hinaus, das sei aber nicht das Verdienst seines Talents, sondern der in der Kultur fortgeschrittenen Zeit. Er erhielt als Honorar für sein Epos eine Professur am Kadetten-Hause. Auch der königliche Sänger ließ die Lyra begeistert ertönen und wurde von der Bairischen Landbötin, einem viel gelesenen Volksblatt niedrigster Gattung, wacker akkompagniert. Genug, überall Hymnen und nur in der Stände-Versammlung entstand einiger Mißlaut, als es sich um den Fort-Bezug der Apanage handelte; hier erinnerte nämlich ein unbequemes Mitglied daran, daß die bairischen Prinzen nur so lange Anspruch auf ihre Apanage hätten, als sie noch nicht etabliert wären und fragte dann, wer in der Welt denn noch als etabliert betrachtet werden könne, wenn nicht ein gekrönter König. Doch dieser Rabe wurde ausgezischt, und der Hofrat Thiersch, der das neue Hellas im stillen als eine Schöpfung der Philologen ansah und sich von jedermann, der an den Grund-Vesten desselben rüttelte, persönlich insultiert fühlte, trug sein immer weit in den Nacken zurückgebogenes Haupt nur um so stolzer. Wie sieht es jetzt aus! Der König Otto ist verjagt und doch war er so gut konstitutionell, daß er gewiß keine bairische Dampf-Nudeln aß, wenn er sich nicht auf einen Paragraphen der Karte berufen konnte, und daß er sich seinen Widder vielleicht nach Vorschrift der Odyssee braten ließ, um ja nicht gegen die National-Sitten zu verstoßen. Ein Ultra aus Rahls Schule, der Kupferstecher Meier, jauchzte darüber, und als ich ihn fragte, worin denn nach seiner Meinung die Verschuldung des Königs bestehe, erwiderte der Mann Gottes, anfangs etwas verblüfft, nach einigem Besinnen: er habe ja gar nichts aus den Griechen gemacht! Eine Naivetät sondergleichen; anderswo rebellieren die Völker, weil sie selbst machen wollen und der König sich einmischt! Die hohen Garanten, die sog. Großmächte, die den griechischen Thron mit schwerem Geld aufgerichtet und die Stiftungsakte zwar nicht mit Blut, aber doch auch nicht mit chemischer Tinte unterschrieben haben, schauen ruhig und gelassen zu. Ich würde sagen: wie die Figuranten im Fastnachtsspiel, wenn sie den neuen Kandidaten nicht Prügel zwischen die Beine würfen und sich um die Besetzung des vakant gewordenen Platzes miteinander zankten. Und an solchen Kandidaten fehlt es wirklich nicht, es gibt Prinzen, sogar deutsche, die sich um dies Nadelkissen drängen, ganz unbekümmert darum, ob sie positive Rechte verletzen oder nicht und nur besorgt um die Zivilliste und den Extra-Zuschuß von England oder Rußland. Ein schöner Kommentar zum Staatsrecht und ein trauriger Beweis für die Erbärmlichkeit der menschlichen Natur. Es liegt für mich nichts Unbegreifliches darin, daß ein Individuum, welches sich großer Regenten-Eigenschaften bewußt ist, wie mein Zeitgenosse Napoleon, über den Katechismus wegspringt, um zur Krone zu gelangen; es ist ein Drang, wie der des Fisches nach Wasser und des Vogels nach Luft, und der Mann söhnt die Welt früher oder später durch seine Taten wieder mit sich aus. Aber, wie man sich versucht fühlen kann, den König bloß zu spielen, außer auf dem Theater, fasse ich nicht; es gibt kein kläglicheres Schauspiel in der ganzen Geschichte, als das, welches Stanislaus Poniatowsky aufführte. Vom »Strapanzer« Katharinas, wie der vortreffliche Wiener Ausdruck lautet, diente er sich zum gekrönten Präfekten auf, dem alles aufgebürdet wurde, zu dem selbst sie nicht die Stirn hatte, sich offen zu bekennen; er war jedesmal ein Jupiter, mit Donner und Blitz wohl versehen, wenn es sich um eine Gewalttat gegen sein eigenes, unglückliches Volk handelte, aber eine bloße Puppe, der man die Goldflitter wieder abzureißen drohte, wenn es eine russische Schnödigkeit zurückzuweisen galt, und er mußte auch bei der größten Willfährigkeit noch immer mit seinem ehemaligen Jugendfreund, dem Staatsrat Sivers, um den Sündenlohn markten und dingen! Es ist unglaublich, daß es Liebhaber für solche Rollen gibt. [6080]

d. 16 Febr.

Gestern abend war ich zum erstenmal Ball-Vater. Titi wollte die Soiree bei Nordberg so ungern vorbeigehen lassen und ihre Mutter konnte sie wegen einer leichten Indisposition nicht begleiten. Ich mußte bis halb vier Uhr morgens aushalten, da der Kotillon mit seinen Orden und Blumensträußen das Kind gar zu sehr lockte, und schlief zuletzt fast im Stehen ein. Immerhin aber war meine Lage noch besser, wie die Alexanders von Humboldt in seinen letzten Jahren; es handelte sich doch um meine eigene Tochter, er aber mußte, wie mir Schöll in Weimar erzählte, die Töchter seines Kammerdieners Nacht für Nacht auf den Berliner Bällen herumschleppen, wenn er bei Tage Frieden haben wollte. Es fehlte nicht an Personen, mit welchen ich ein Gespräch hätte führen mögen, aber die saßen am Spieltisch, und so blieb für mich denn wirklich nichts übrig, als das Souper. Die Damen haben mich gewiß äußerst unliebenswürdig gefunden, weil ich hartnäckig schwieg, obgleich sich mir die eine nach der anderen für die Konversation zur Disposition stellte; es ist unerträglich, sich zehnmal hintereinander mit Pathos versichern zu lassen, daß zweimal zwei vier sind und daß vierundzwanzig Buchstaben im deutschen Alphabet stehen und doch ist das der letzte Sinn aller gesellschaftlichen Phrasen, die kaum die äußerste Oberfläche der Dinge berühren. Wie sehne ich mich oft, wenn ich standhalten muß, nach einem Schuster, der die Abenteuer seiner Wanderschaft erzählt! Der Hofrat sagte mir in einer Spiel-Pause etwas Gutes; er hatte eine der heurigen Fastnachts-Maskeraden besucht, auf denen es arg hergehen soll und war durch den Kontrast in die Zeit zurückversetzt worden, wo die Kaiserin Mutter, die noch am Leben befindliche Witwe des alten Franz, sich persönlich um die Trikots der Ballett-Tänzerinnen bekümmerte. Einst kommt ein neuer Befehl, die Länge der Kleider betreffend und der Polizei-Direktor ruft in seiner Verzweiflung aus: »Geben Sie acht, meine Herren, bald werden wir den Pudeln Hosen anziehen müssen, damit man Männlein und Weiblein nicht länger unterscheiden kann![«] [6081]

d. 17 Febr.

Aus Polen werden Greuel-Dinge gemeldet, die Russen sollen ihr Prinzip, sich in Ermangelung der Häupter beizeiten der »Werkzeuge« zu bemächtigen, bis zur äußersten Konsequenz verfolgen und neutrale Dörfer und Städte verbrennen, weil sie sich doch einmal für die Insurgenten erklären könnten, Kinder töten, weil sie mit jedem Tage älter, also gefährlicher werden, Weiber erwürgen, weil die Karthagerinnen im letzten Verzweiflungskampf Steine auf die römischen Soldaten schleuderten und Bogen-Sehnen aus ihren Locken drehten. Aber ich weiß aus Erfahrung, daß die Polen Lügen und Verleumdungen mit zu den erlaubten Kriegs-Mitteln rechnen und sich ihrer sogar im Frieden ohne Scheu bedienen. Als ich aus Italien zurückkam, im Herbst 1845, reiste ich mit einem jungen polnischen Grafen und seinem Arzt. Die russische Tyrannei und der Kaiser Nikolaus bildeten das ausschließliche Thema der Unterhaltung und ich hörte Geschichten, über die ich jetzt lache, die mir damals aber die Haut zum Schaudern brachten. So sollten nach dem Fall von Warschau den Gefangenen im Kerker Glasscherben unter die Nägel getrieben, ja einige in einen mit Ungeziefer, mit Läusen, Flöhen und Wanzen angefüllten Sarg gelegt und dieser dann hermetisch bis auf ein Loch zum Atemholen verschlossen worden sein, und diese ganz neuen Martern sollte der Kaiser selbst erfunden haben.

Im übrigen waren meine Begleiter ganz liebe, gefällige Leute, denen ich umso eher Glauben schenkte, weil sie sich meiner auf das bereitwilligste annahmen und mir sogar den besten Eckplatz im Wagen abtraten, als sie sahen, daß ich das Fieber hatte. [6082]

d. 18 Febr.

Gestern die vorletzte Nibelungen-Probe. Der alte Anschütz ist Regisseur, aber sein Geschäft besteht nur darin, daß er zischt, wenn die Arbeitsleute hinter der Szene zu laut werden. Für den ersten Abend ist niemand besonders bange, die Frage ist nur, ob ein fünfter, zehnter, funfzehnter pp darauf folgen wird. Das hängt davon ab, ob man dem Stück Zeit läßt, sich seine Voraussetzungen zu erobern, und fast mögte ich an den guten Willen der Direktion glauben. Prächtige Geschichte in den Zeitungen. In einem österreichschen Kasino wird gespielt und ein Unbekannter, von dem niemand weiß, wer ihn eingeführt hat, versucht sein Glück, anfangs mäßig und bescheiden, dann aber plötzlich die ganze Brieftasche auf den Tisch werfend und Va banque rufend. Er verliert, als der Bankhalter nun aber den Inhalt der Brieftasche zu sich nehmen will, zeigt sichs, daß sie leer ist und der Waghals sagt ganz ruhig: »Werfen Sie mich hinaus, meine Herren, ich bin bloß ein Schneider!« [6083]

d. 21 Febr.

Am 19ten waren die Nibelungen. Ich ging nicht ins Theater; im Hause hätte ich überall den heiligen Sebastian vorgestellt, denn Blicke sind ebenso empfindlich, wie Pfeile, wenigstens für mich, und auf der Bühne konnte ich nicht sein, wenn ich nicht in einen Frack kriechen und Glacé-Handschuhe anziehen wollte, was mir schon deshalb widerstrebt, weil es doch etwas zuviel Selbst-Vertrauen und Zuversicht an den Tag legt, und weil der Frack sich in ein Nessus-Hemd verwandelt, wenn er sich gegen den dritten, vierten Akt hin entbehrlich zeigt. Ich machte daher meinen gewöhnlichen Spaziergang und las und kramte dann bis halb elf, wo meine Frau und Glasers, die so freundlich gewesen waren, mein neugieriges Töchterlein in ihre Loge mitzunehmen, vom Schlachtfelde zurückkehrten und mir das Resultat mitteilten. Vollständiger Erfolg; neunmal gerufen und nicht einmal gekommen. Gestern sah ich mir das Stück nun selbst an; Laube hatte mich mit Titi in seine Loge eingeladen und ich saß sehr gut, ohne gesehen zu werden. Gesteckt voll, große Aufmerksamkeit, nicht einmal Gelächter bei der Nachahmung der Vögelstimmen. Ich wurde wieder fünfmal gerufen; der alte Anschütz dankte und zeigte mir, wie ich mich in fünfundzwanzig Jahren präsentieren werde, wenn sie mir noch beschieden sind. Ich wurde den ganzen Abend den Gedanken nicht los, daß der Schöpfer eines solchen Gedichts bis auf den Namen vergessen werden konnte. Das geht mir über den Untergang Babylons und Ninives. Heute gratulierten mir zu dem Erfolg zwei Damen, deren Namen ich schon oft las, als ich mich noch in Wesselburen befand, nämlich Charlotte von Hagn, die zu der Vorstellung ausdrücklich von München herübergekommen ist, und Fanny Elßler. Wer mir damals, als meine Werke in Lizitations- und Distributions-Protokollen bestanden, so etwas vorausgesagt hätte, wenn ich sonntags morgens aus dem Hamburger Freischütz ersah, wie viele Kränze man beiden die Woche zuvor in den verschiedenen Städten Deutschlands geworfen hatte! Märchenhaft; man schläft ein auf Stroh und erwacht in einem Palast. [6084]

d. 23 Feb.

An S. Engländer.

»— Was nun Ihre Bedenken gegen den Realismus des Gyges und der Nibelungen anlangt, so setze ich den Realismus hier und überall ausschließlich in das psychologische Moment, nicht in das kosmische. Die *Welt* kenne ich nicht, denn obgleich ich selbst ein Stück von ihr vorstelle, so ist das doch ein so verschwindend kleiner Teil, daß daraus kein Schluß auf ihr wahres Wesen abgeleitet werden kann. Den *Menschen* aber kenn ich, denn ich bin selbst einer, und wenn ich auch nicht weiß, wie er aus der Welt entspringt, so weiß ich doch sehr wohl, wie er, einmal entsprungen, auf sie zurückwirkt. Die Gesetze der menschlichen Seele respektiere ich daher ängstlich; in Bezug auf alles übrige aber glaube ich, daß die Phantasie aus derselben Tiefe schöpft, aus der die Welt selbst, d.h. die bunte Kette von Erscheinungen, die jetzt existiert, die aber vielleicht einmal von einer anderen abgelöst wird, hervorgestiegen ist. Mir sind die Nibelungen demnach nicht der »Aberglaube der deutschen Nation[«], wie Ihnen, sondern, wenn Sie mir einen Ausdruck gestatten wollen, den ich nur Ihnen gegenüber zu brauchen wage, ein Sternbild, das nur *zufällig* nicht mit am Sternen-Himmel funkelt. Doch dies ist ein Punkt, den man brieflich nur berühren kann, aber die Einschränkung, die ich mir auf der einen Seite auflege, wenn ich auf der anderen gewissermaßen ins Grenzenlose hinaussteure, will ich doch noch markieren. Nie gestatte ich mir, aus der dunklen Region unbestimmter und unbestimmbarer Kräfte, die ich hier vor Augen habe, ein Motiv zu entlehnen; ich beschränke mich darauf, die wunderbaren Lichter und Farben aufzufangen, welche unsere wirklich bestehende Welt in einen neuen Glanz tauchen, ohne sie zu verändern. Der Gyges ist ohne Ring möglich, die Nibelungen sind es ohne Hornhaut und Nebelkappe; prüfen Sie, Sie werden es finden.« – [6085]

Bemerkenswert ist es, daß alle Zauber-Dichtung, das Märchen nicht ausgeschlossen, sich innerhalb der Grenzen hält, die ich in diesem Brief zu ziehen versuchte. Sie springt mit der Welt um, wie die Kinder mit dem Lehm, aus dem sie allerlei Figuren kneten, aber sie rührt nicht an den Menschen. Sie jagt ihn freilich durch alle mögliche Tierleiber hindurch, denn sein Körper gehört noch mit zur Welt, ja sie sperrt ihn in Bäume und Felsblöcke ein, aber der Prinz bleibt Prinz, das Mädchen Mädchen u.s.w. In der Regel begnügt sie sich sogar damit, Raum und Zeit aufzuheben, die der Philosoph ohnehin für bloße Anschauungs-Formen erklärt, also den gleißenden Schein-Realismus, der gar nicht existiert, zu beseitigen, und das ist am allermerkwürdigsten. [6086]

d. 24sten Febr.
Gestern abend die dritte Vorstellung der Nibelungen. Das Haus so voll, daß kein Apfel zur Erde konnte, Aufmerksamkeit, wie bei Messe und Predigt, am Schlusse abermaliger Hervor-Ruf, und für die vierte Wiederholung die Sitze schon alle verkauft. Ich kam um halb neun Uhr auf die Bühne, um den

Schauspielern, die ich seit der letzten Probe nicht mehr gesehen hatte, einige Worte des Danks und der Ermunterung zu sagen. In Erwiderung derselben richtete Mad^me Rettich mir viel Schmeichelhaftes von der Erzherzogin Sophie, der Mutter des Kaisers, aus, die über das Stück entzückt sei und sie beauftragt habe, mir das mitzuteilen. Also Publikum und Hof gewonnen; da darf man ja wohl an einen Erfolg glauben! Nicht zu verachten! »Laßt mich die Lieder eines Volks machen und macht ihr die Gesetze« sagt Fletcher. [6087]

d. 25 Febr.

Die Russen müssen in Polen doch grimmig hausen und zeigen, daß sie von der goldenen Horde etwas gelernt haben; das beweist eine Tatsache, die alle Zeitungen einstimmig melden. Der Oberst Korff, der eine russische Kolonne führte, ruft eines Abends die Offiziere seines Korps zusammen, teilt ihnen mit, daß er höheren Orts Befehle erhalten habe, die er aus besonderen Gründen nicht strikt zur Ausführung bringen könne und gibt sein Kommando an den nächst-ältesten Major ab. Darauf verabschiedet er sich, geht in sein Zelt und erschießt sich, bevor sein Stab noch auseinandergegangen ist. Man findet ihn mit zerschmettertem Haupt am Boden und in seinem Portefeuille eine Ordre, alles niederzubrennen und der Erde gleichzumachen, was er auf seiner Marsch-Route trifft. Was man als Mensch über so unerhörte Barbareien denkt, versteht sich von selbst. Aber, was sind das für politische Köpfe, die mit solchen Mitteln auf die Dauer etwas auszurichten glauben. Volks-Erhebungen scheitern regelmäßig daran, daß sie das Ziel über den Weg vergessen, und die kostbare Zeit, in der sie zur ewigen Deckung vor dem niedergeworfenen Gegner eine Wagenburg schlagen könnten, dadurch verlieren, daß sie ihre Leidenschaften austoben. Die Stärke der Regierungen liegt nun gerade darin, daß sie keine Leidenschaften haben und empörte Menschenmassen geradeso betrachten, wie ausgetretene Flüsse oder nächtliche Feuersbrünste. Sie sind verloren, wenn sie sich in Persönlichkeiten mit Fleisch und Blut, mit Leber und Gallenblase verwandeln, so schwer es auch sein mag, die Rolle reiner Geister zu spielen, und gleichen dann auf ein Haar jenem betrunkenen Arzt, der, anstatt

den Fieberkranken zu heilen, ihn durchprügelte, weil er sich
ungebärdig stellte. [6088]

d. 26 Febr.

Zweite Jahres-Feier der Verfassung. Keine Illumination, oder
doch eine so klägliche, daß keine besser wäre; in wenigen
Straßen und in ein paar Häusern! Einerlei, die Leute wissen
noch nicht, daß sie Lichter vor ihre Fenster stellen dürfen, ohne
dazu kommandiert zu sein; sie werdens schon lernen. Im vorigen
Jahre verfaßte ich den Prolog, der im Theater am Kärntner
Tor gesprochen wurde; ich wurde dazu vom Professor Stubenrauch im Namen des Magistrats aufgefordert. Ich hielt es für
einen Achtungs- und Vertrauens-Beweis; das war es nun eigentlich
nicht, denn man hatte schon an drei andere Türen umsonst
geklopft, bevor man sich der meinigen erinnerte. L. A. Frankl
sagte mir das später; er weiß solche Dinge immer genau und
teilt sie gern mit. Friedrich Halm hatte abgelehnt, weil seine
starke Grippe keine Poesie aufkommen lasse, Joh. Gabriel
Seidl, weil er überhaupt nicht mehr dichte, Anastasius Grün-
Auersperg, weil er niemand in den Weg treten wolle. Der
Grund war aber ein ganz anderer, echt alt-österreichscher; die
Herren wußten noch nicht, wie sie Licht und Wind zwischen
der alten Krone und ihrem neuen Rat verteilen sollten, und
zogen vor, zu diplomatisieren. Mein Prolog gefiel, soweit er
sich im ordinären Gleise hielt; als die Sachen kamen, wegen
deren ich ihn allein geschrieben hatte, die schöne Erfindung von
dem Zauberhort und die Schluß-Vision, kühlte das Publikum
sich ab und ich hatte, nach den Referaten der Zeitungen, meinen
Dichterschwung verloren. Dabei ereignete sich die Wunderlichkeit, daß man mir für das theatre paré nicht einmal einen Sitz
schickte, so daß ich selbst meine Verse nicht zu hören bekam. Am
nächsten Morgen erschien freilich, mit allen seinen Orden behängt, ein Gemeinderat bei mir, bat um Entschuldigung und
versicherte, daß zwei für mich bestimmte Karten nur aus Versehen nicht an die rechte Adresse gelangt seien; das geschah aber
gewiß nur in Folge einer Journal-Notiz. Aber acht Tage später
überbrachte Stubenrauch einen Ehrensold von vierzig Dukaten
in Gold, sowie von zwanzig für das Sprechen von Schillers

Glocke, in Gemeinschaft mit Anschütz für meine Frau. Abends häuslicher Scherz; Dukaten-Regen; Nibelungen-Hort; ich anfangs empört, weil ich glaubte, daß das Geld vom Hof komme; dann Spaß über Spaß. [6089]

d. 27 Febr.
Die Essays von Thomas Carlyle sind mir in die Hände gefallen. Als Geschichtschreiber ist der Mann mir unerträglich; er gleicht einem Zeugen, der ruhig erzählen soll und alle Augenblick vom Veitstanz ergriffen wird. Aber seine Abhandlungen finde ich anziehend, obgleich sich auch in diesen oft die ungesündesten Phantasie-Dünste zusammenballen, wo man logische Entwicklungen erwarten darf. Er gehört zu den sehr wenigen in der Welt, die eine Ahnung davon haben, was der Künstler und namentlich der Dichter bedeutet, aber auch hier blickt er nicht in die Tiefe. Denn wenn er auch richtig erkennt, daß jede künstlerische Größe die allgemein menschliche voraussetzt, und daß man nicht den Hamlet dichten und ein Shylock sein kann, während es sich auf allen anderen Gebieten menschlicher Tätigkeit umgekehrt verhält, so zieht er doch einen höchst absurden Schluß daraus. Er meint nämlich, der Künstler könne vermöge dieser allgemein menschlichen Größe, wenn das Bedürfnis der Zeiten es erheische, wohl auch für den Mann des Rats und der Tat eintreten, Shakespeare z.B. für Napoleon die Schlachten schlagen und Goethe für Richelieu mit dem Haus Österreich das diplomatische Schach abspielen. Dies beweist, daß er keinen Begriff vom Spezifischen hat, durch welches das Allgemeine erst lebendig wird, denn Kunst-Genie und Tat-Genie können einander nur decken, wo die gegenseitigen Kreise sich schneiden, was z.B. geschieht, wenn Napoleon nach dem achtzehnten Brumaire eine Proklamation schreiben und Shakespeare, etwa nach dem Wild-Diebstahl, rasch einen über seine ganze Zukunft entscheidenden Entschluß fassen soll. Merkwürdig für einen Schotten ist die Härte, womit er Walter Scott beurteilt, und ich würde ihm dafür danken, wenn er nicht gar zu mild gegen unsern Jean Paul wäre, was damit in einem so schroffen Widerspruch steht, daß es sich nur aus einer sehr bedenklichen Verwirrung der Grundbegriffe erklären läßt. Er geht gegen seinen berühmten

Landsmann zu weit, viel zu weit, aber er berührt eins der wichtigsten Probleme, indem er sagt: »Es wäre ein langes Kapitel, wenn man den Unterschied in der Charakterzeichnung zwischen einem Scott und einem Shakespeare oder Goethe nachweisen und begründen wollte. Und dennoch ist dies ein Unterschied, der buchstäblich unermeßlich ist; sie sind von ganz verschiedener Gattung und der Wert des einen kann in der Münze des anderen gar nicht berechnet werden. Wir mögten mit kurzen Worten, worin aber sehr viel liegt, bemerken, daß Shakespeare seine Charaktere von dem Herzen heraus formt, während Scott sie von der Haut an nach innen entwickelt, aber niemals bis zum Herzen gelangt.« Hiemit ist die Erscheinung selbst sehr richtig markiert, aber worauf beruht sie? [6090]

d. 28 Febr.

Vierte Vorstellung der Nibelungen. Das Haus noch voller, wie je zuvor. Die höchste Einnahme, bis auf wenige Gulden. Jetzt zeigt sichs aber auch schon, was ich von dem guten Willen der Direktion zu erwarten habe. Die Vorstellungen werden gereckt, um die Teilnahme des Publikums zu ersticken; ein oft erprobtes, unfehlbares Mittel. Jedes neue Stück, das einschlägt, wird in der ersten Woche dreimal wiederholt, in den beiden folgenden einmal; der Theater-Almanach beweist das. Das meinige ward für die erste Woche zweimal angesetzt und für die bevorstehende nächste einmal; auch kommt schon am Freitag eine Novität. Zugleich geht der Direktor herum und erklärt jedermann, der es hören will, die Nibelungen seien, trotz ihres Erfolgs kein Drama und würden nur durch die Darstellerin der Kriemhild gehalten. Möglicherweise will er damit bloß die frühere Ablehnung maskieren; ich will mich aber doch bei dieser Gelegenheit der Worte erinnern, die er mir sagte, als er im Jahre 1848 nach Wien kam. Wir hatten, als ich ihm meinen Gegenbesuch machte, in seinem Gasthaus ein Gespräch über Grillparzer, den er so weit wegwarf, daß ich mich zu der Frage veranlaßt sah, ob er ihn denn auch gelesen habe; später ließ er über den Mann im Familienbuch des österreichischen Lloyd einen Panegyricus drucken. Grillparzer war nach seinem Ausdruck ein toter »Kadaver«, der nur noch so auf den Wellen mit fortgeschoben werde, und er könne es gar nicht glauben, daß ich über diese »hohle Nachgeburt der Romantik« anders dächte, aber *ich*, ich sei der Messias. »Wenn Sie – fügte er dann hinzu – bei der Wahl Ihrer Stoffe nicht immer erst zwei Drittel Ihrer Kräfte aufbieten müßten, um dem Publikum den Gegenstand appetitlich zu machen, so würden Sie mich, Gutzkow und uns alle so darniederwerfen, daß wir nie wieder aufstehen könnten.« Die Äußerung blieb mir buchstäblich im Gedächtnis, weil ich etwas Wahres darin fand. Übrigens hat er sich mit meinem Stück auf den Proben alle Mühe gegeben und manche Änderung getroffen, die ich nicht bloß aus Höflichkeit billigte; auch hatten die Schauspieler Ursache, ihm für seine Winke dankbar zu sein. Ich habe jetzt den Schlüssel zu seiner Natur; der Theater-Direktor verwertet den Poeten! [6091]

Der polnische Aufstand scheint sich in einen allgemeinrussischen zu verwandeln, denn auch Litauen fängt Feuer, und dann kann er gefährlich werden, ja für Europa eine neue Epoche einleiten. Das Faktum überrascht mich nicht, ich sagte schon vor drei Jahren, als die ganze Welt den Kaiser Alexander wegen der Bauern-Emanzipation pries: »Mir beweist das nicht, daß das Haus Romanow seine Prinzipien aufgibt, sondern nur, daß die Zustände unhaltbar geworden sind!« und so wird es auch wohl sein. Hübsch benimmt sich Preußen; es drängt sich zum Profosen-Amt, aber Europa windet ihm die Knute aus den Händen, die es so gern schwingen mögte. Doppelte Schmach für den deutschen Namen; man mögte die niedrigsten Schergen-Dienste leisten und darf nicht einmal. Übrigens ist die preußisch-russische Konvention, aus einem höheren Gesichtspunkt betrachtet, unbezahlbar, denn sie wirft ein blendendes Licht auf den eigentlichen Stand der Dinge und zerstört die letzte Täuschung. Ein Abgeordneter von der Linken unterzieht sie in der Kammer seiner Kritik; der Minister entgegnet, er gehöre zu den Steuer-Verweigerern von 1848 und bezüchtigt ihn fortgesetzter revolutionärer Bestrebungen. Der Präsident erklärt, er müsse dem Minister das Wort verbieten, wenn er fortfahre, sich in solchen Insinuationen der persönlichsten Art zu ergehen; der Minister erwidert trotzig, das könne er nicht, denn er sitze hier auf den

Befehl seines Königs und nicht auf Grund der Geschäfts-Ordnung. Der Präsident versetzt, so könne er wenigstens das Haus vertagen, und Herr von Bismarck macht fast nötig, daß es geschehen muß. Dies ist ein Bild, das gewiß keiner Unterschrift bedarf. [6092]

d. 1 März.

Possierlicher Brief vom alten Campe. Er ist nicht ganz zufrieden mit mir, daß ich nicht herausgekommen bin, als das Publikum mich so stürmisch rief, und meint, das würde die Hamburger empfindlich verstimmt haben. Dann verbreitet er sich über den »Orion«, sein neues Journal, über den er mir zu Anfang des Jahrs enthusiastisch schrieb, und bekennt, was ich ihm voraussagte, daß die festen Bestellungen sehr spärlich einträfen, aber er sei von vornherein *opfermutig*. Heinrich Heine glaubte, unser gemeinschaftliche Freund und Verleger habe nur die eine gute Eigenschaft, daß wir ganz sicher bei ihm wären, indem er sich nie durch Großmut ruinieren würde. Jetzt wird er opfermutig, aber Gott sei Dank, er weiß es, denn er versichert es selbst, und dann ist die Krankheit nicht gefährlich. [6093]

d. 2 März.

Vom Kreisgericht zu Sankt Pölten wird ein Dieb zu neun Monaten schwerem Kerker verurteilt, weigert sich aber, die Strafe anzutreten, nicht, weil er sie zu lang findet, sondern, weil sie ihm zu kurz ist. Er hat nämlich ausgerechnet, daß er das warme Gefängnis mit seiner erträglichen Kost mitten im Winter ohne Aussicht auf ein besseres oder auch nur ebensogutes Unterkommen werde verlassen müssen, und deshalb noch eine ganze Menge anderer Vergehen einbekannt, wegen deren er nie in Verdacht geraten war, um einer so raschen Wohnungs-Veränderung überhoben zu sein. Der Fall ist komisch, aber der Mann hat gar nicht unrecht. [6094]

In Währing, in der nächsten Nähe von Wien, legt man das Fundament zu einer neuen Schule und entdeckt bei der Gelegenheit einen versunkenen Friedhof mit vielen Hunderten von morschen Särgen und ganzen Haufen von menschlichen Gebeinen. Daß Gräber bald vergessen werden, auch die berühmter Toten, ist bekannt; man weiß z.B. in Braunschweig nicht, wo Lessing liegt. Daß aber auch ganze Friedhöfe aus dem Gedächtnis der Lebendigen verschwinden, und das bis auf den Grad, daß selbst die Kirche, welcher der Grund und Boden gehört, sich ihrer nicht mehr erinnert, geht weiter, als ich dachte. Aber freilich, eine Welle drängt die andere und auch der Ozean nennt keinen einzigen Tropfen sein. Mit tiefster Wehmut erfüllten mich oft gewisse Anakoluthe der Grabsteine, wie man sie so zahlreich in den alten Domen, an die Kirchenwände gelehnt oder eingemauert, trifft. Ein Ehegatte stirbt, der Überlebende errichtet ihm das Denkmal und läßt seinen eigenen Namen, nebst dem Geburts-Jahr gleich mit eingraben, hält für den Todestag aber den nötigen Raum offen. Wie selten wird er hinzugefügt, obgleich das in voreiligem Vertrauen schon mit eingemeißelte obiit den Erben an jedem Aller-Seelentag mahnen müßte, dem vorangegangenen Wohltäter die letzte kleine Pflicht nicht schuldig zu bleiben! Aber er kommt eben nicht und schickt höchstens, wie ichs in Paris auf dem Père Lachaise einmal sah, den Bedienten mit einem Kranz! [6095]

d. 3 März.

Gestern abend in Gesellschaft bei Fanny Elßler. Diese Dame hat etwas von der Ninon de Lenclos; sie ist bereits Großmutter, aber noch immer fein und graziös. Dabei versteht sie sich auf die Geheimnisse der Toilette, auf die unschuldigen, mögte ich sagen, deren Wirkung mit der der Natur fast zusammenfällt. Die Frauen sollten es machen, wie das Jahr; der Frühling kleidet sich in den ersten Schmelz, der Sommer prangt in der vollen Pracht der Farbe, aber der Herbst dämpft sie weise und der Winter löscht sie völlig aus. [6096]

d. 4 März.

Ich habe mich mit französischen Memoiren aus der Zeit Richelieus und mit Poeten-Biographieen umringt; Falke hat mir einen ganzen Korb voll aus der Liechtensteinschen Bibliothek geschickt. Das Verhältnis zwischen Corneille und Richelieu ist mir nämlich sehr wichtig für meinen »Dichter« geworden; vielleicht finde ich in der Anekdote, die über den Cid kursiert, den Anknüpfungs-Punkt für mein Gewebe. Die Sehnsucht des Kardinals, sich in der Literatur hervorzutun, wie im Kabinett und auf dem Schlachtfelde, ist mir von jeher ein Beweis für die Tiefe und den Umfang seiner Natur gewesen, während die Franzosen nur lächerliche Eitelkeit darin erblicken; er wußte, daß die unvergänglichen Lorbeern sowenig auf den Trümmern zerschossener Städte, als auf diplomatischen Kongressen gepflückt werden und er dürstete nach Unsterblichkeit. Jedenfalls ist es mir gestattet, den Charakter so zu fassen, und das genügt. Der »große Corneille« wird schwerer zu appretieren sein, denn Dedikationen, in denen der Autor versichert, daß ein einz: Blick in das Gesicht des Patrons, nämlich Richelieus, instruktiver für ihn sei, als die gesamte französische Kritik, vertragen sich doch gar zu schlecht mit der Majestät des Künstlers, selbst wenn man den kriecherischen, submissen Ton des Zeitalters doppelt und dreifach in Anschlag bringt. Aber, was der Mann nicht hat, muß man ihm borgen. [6097]

Häusliche Szene. Meine Tochter liegt im Morgen-Schlummer auf dem Sofa, und eine der Mägde kehrt das Zimmer. Sie geht hinaus und lehnt den Besen so unvorsichtig mit dem schweren Ende gegen die Wand, daß er umschlägt und der Schlafenden aufs Gesicht fällt. Das Kind ist augenblicklich mit Blut bedeckt, glücklicherweise nur aus der Nase, läutet und ruft nach Tüchern und Wasser. Die zweite Magd tritt ein und sagt, anstatt ihr beizuspringen: »Geschieht Ihnen schon recht, warum sinds nicht früher aufgestanden?« Diese Person haben wir zwölf Jahre im Hause! Ein hübscher Epilog zu Shakespeares altem Adam in »Wie es Euch gefällt.« Modern. [6098]

d. 5 März.

Gestern abend in der italienischen Oper; Glaser brachte uns eine Loge. Die Patti in der Somnambula; das Mädchen so lieblich, als die Musik widerlich und das Sujet absurd. So viel ist an Richard Wagners lächerlicher Theorie richtig, daß die Oper ihre Stoffe immer aus der Mythe entlehnen sollte; wenn ein Schwanen-Ritter singt, wird sich niemand wundern, denn ein Mensch, der den Ozean auf dem Rücken eines Vogels durchschneidet, kommt aus einer Welt, worin es anders hergeht, wie in der unsrigen; aber wenn ein Notar sich in Rouladen erschöpft, während er einen Heirats-Kontrakt zu Papier bringt, klafft uns ein Widerspruch entgegen, den wir uns nur dadurch erträglich machen, daß wir uns bemühen, das Ganze über das Einzelne zu vergessen und also auf die höchste Wirkung der Kunst, die umgekehrt alles Einzelne ins Ganze auflösen will, Verzicht leisten. [6099]

d. 6 März.

Fünfte Vorstellung der Nibelungen; das Haus wieder ausverkauft. Welch einen Lärm das Stück hier machen muß, hatte ich auch gestern abend in der italienischen Oper Gelegenheit, zu bemerken. Ich bin einmal wieder am Leben für die Wiener; mein alter Schädel, wenn ich ihn hie und da aus dem Hintergrund der Loge hervorstreckte, tat dem Maiblumen-Gesicht der jungen Sängerin ordentlich Eintrag. Auch prangt meine Photographie, die griesgrämigste von allen, am Graben, neben der des Grafen Rechtern, eines niederländischen Diplomaten, der im Duell um eine H– gefallen ist; er und ich sind jetzt die Löwen des Tags, teilen die Ehre jedoch mit der Madame, die ihr eigener Mann, ein Jude, in seinem Interesse artistisch flüssig gemacht haben soll. War mit Titi im Zirkus Renz; ganz die alten Empfindungen, wie in Paris, die ich in einem Epigramm niederlegte. Wunderbare Pferde; ein Mensch, der das Pferd und den Hund nicht liebt, wie z.B. in Wien der Professor Romeo Seligmann, weil er immer daran denkt, daß er auf dem einen den Hals brechen und von dem andern die Wasserscheu bekommen kann, scheint mir unnatürlich. Eins der Tiere gefiel seiner Zierlichkeit wegen meiner Tochter gar zu sehr. Ich fragte: mögest dus haben? Sie antwortete: Nein, aber es streicheln! Zum Schluß Löwenbändigung. Ein kolossaler Käfig wird verdeckt hereingeschoben, man nimmt den Bretter-Verschlag ab und eine alte Löwin samt ihren vier Jungen glotzt in das Meer von Licht, das die Hunderte von Gas-Flammen ausgießen, verdutzt und geblendet hinein. Nun strengt das Orchester sich an, als ob die alte taube Schildkröte, die nach der Vorstellung gewisser Völker den Erdkuchen auf ihrem Rücken trägt, aus dem Schlummer geweckt und zu ihrem ersten Freudensprung verlockt werden sollte; man wundert sich, daß die Trompeten nicht bersten und die große Trommel kein Loch bekommt. Währenddem steigt ein Mensch mit einer Peitsche zu den brüllenden Ungeheuern hinein, reizt sie aufs äußerste, schlägt sie, zwingt sie, über ihn wegzuspringen, reißt ihnen den Rachen auf und steckt seinen Kopf hinein, wirft sich auf sie, öffnet ihr Gebiß und klappt es wieder zu, wie einen Nußknacker und schießt zuletzt sogar eine Flinte unter ihnen ab. Das heiß ich, mit Feuer spielen! Interessant war es mir, die natürlichen Bewegungen dieser Geschöpfe zu beobachten; sie wehrten sich mit ihren Vorder-Pfoten ganz so, wie die Katzen.

[6100]

d. 7 März.

Gestern abend Gesellschaft bei uns; die letzte in diesem Jahr, denn meinen funfzigsten Geburtstag will ich nicht feiern. Etwas zerrissen, weil die stark grassierende Grippe mehrere Gäste fernhielt; La Roche und Familie, die Owen, Kalchbergs. Seltsamer Traum meiner Frau. Sie tritt in mein Zimmer, ich sitze auf dem Sofa und zu meinen Füßen auf dem Teppich kauert ein altes Weib, das mir Karten legt und dem ich gespannt zuschaue. *Meine Frau.* Aber was ist das? Alles schwarz! Das bedeutet Tod. *Ich.* Ist denn die *Lang* (die Schloßhauptmännin war gemeint) noch nicht gestorben? *Meine Frau.* Ich glaube nicht. *Professor Glaser* (die Tür aufreißend) Ich komme von *Langs;* es ist aus. *Meine Frau.* Nun, die übrigen Karten sind gut. [6101]

d. 8 März.

Ein Bienen-Züchter leidet an einem starken Rheumatismus im Arm; eine Biene sticht ihn, und in demselben Maße, wie der Schmerz des Stichs zunimmt, verschwindet der andere. Als die Geschwulst sich legt, ist der Rheumatismus fort. Ein halbes Jahr später kehrt er infolge einer heftigen Erkältung wieder; nun läßt der Mann sich absichtlich in den kranken Arm stechen und das Resultat ist das nämliche. So meldet eine Zeitung. Die Frau von La Roche will etwas Ähnliches infolge eines

Wespenstichs an sich erfahren haben. – Ich erzählte das Brücke, er lächelte und sagte: in allen diesen Fällen würde auch eine spanische Fliege gute Dienste geleistet haben, aber es gibt viele Formen des Rheumatismus, worin die spanische Fliege nicht wirkt und worin auch Bienen- und Wespenstiche nicht wirken würden. Das ist also nichts, aber nichtsdestoweniger will ich auf Tatsachen dieser Art aufmerksam sein. So gewiß es ist, daß es kein Mittel gegen den Tod gibt und geben kann, weil die Natur nun einmal das Gesamtleben vom Wechsel der Individuen abhängig gemacht hat, wie das Einzelleben vom Wechsel der Stoffe, so gewiß ist es auch, daß es gegen jede Krankheit ein Mittel geben muß, denn für die Beseitigung aller zufälligen Entwicklungs-Störungen muß nach dem Grund-Prinzip der Natur so sicher gesorgt sein, wie für Essen und Trinken, und es wird sich nach Verlauf von Jahrtausenden nur noch darum handeln, ob man den rechten Arzt zur rechten Stunde ruft oder nicht. Ein Fall. In Hamburg auf dem Stadtdeich kommt eines Morgens zu meinen Wirtsleuten, den alten Zieses, ein Bauerweib mit Gemüse. Sie erblickt auf dem Fenster-Gesims eine Pflanze, ich glaube, es war eine Art Kaktus, setzt ihren Korb beiseite und kniet nieder. Dann sagt sie: Das tu ich jedesmal, sobald ich diesen »Baum« sehe, denn ihm verdank ichs, daß ich wieder gehen und stehen kann; ich war gichtbrüchig, wie Lazarus, da riet man mir, den Saft seiner Blätter auszupressen und zu trinken, und davon wurde ich wieder gesund! [6102]

d. 9 März.

Morgens um zehn Uhr eine Deputation der Techniker; die Burschenschaft Libertas will mir einen Kommers geben. Seit Heidelberg sah ich die grünen Kappen nicht mehr. [6103]

Nachmittags beim Kaffee sagte mir meine Frau, sie habe fest geschlafen und sogar geträumt, aber von häßlichen Dingen, die bei ihr immer Ärger oder Krankheit bedeuteten, nämlich von Wasser und Wäsche. Wir haben jetzt schon alles beides. Eine halbe Stunde später kam aus dem Theater-Bureau eine Repertoire-Veränderung; die Nibelungen können am Donnerstag nicht sein, weil König Gunther hustet. Und am Abend hat der Gripp-

Zustand meiner Frau sich so verschlimmert, daß sie sich gleichfalls unpäßlich melden muß. [6104]

Ein paar gute Geschichten. Eine Fürstin Esterhazy erzählt, sie habe bei der Robot-Aufhebung im Jahre 1848 zirka 100,000 Gulden an Jahres-Einkünften eingebüßt, aber sie freue sich darüber, denn sie habe ohnehin nie gewußt, was sie mit dem Gelde machen solle. [6105]

Über den Wien-Fluß führte eine uralte steinerne Brücke, die dem Magistrat auf einmal lebensgefährlich vorkam. Er läßt also provisorisch eine hölzerne schlagen und bei der alten einen Posten aufstellen, der die Passage verbietet. Nun ergibt sich der Fall, daß eine schwere Lokomotive transportiert werden soll. Der Erbauer der neuen Brücke erklärt, daß sie die Last nicht tragen kann; man versucht es also mit der alten und es geht. Kaum aber ist die Lokomotive hinüber, so tritt der Posten wieder hervor, und weist einen kleinen Knaben, der ihr folgen will, zurück. Er wird auch nicht abkommandiert. [6106]

»Das gemeine Theaterstück, wie es bei uns die Bühnen überschwemmt, hat es mit den allergewöhnlichsten Zuständen und Menschen zu tun. Es braucht sich nicht erst Glauben zu erkämpfen, denn er versteht sich von selbst; auf jeder Straße trifft man den Helden, und sein Schicksal obendrein. Das poetische Drama kann gar nicht existieren, ohne mit dieser Welt zu brechen und eine andere dafür aufzubauen, ganz gleichgültig, ob es sich in einer Bürgerstube oder einem Königs-Saal abspinnt. Das Publikum, man sage, was man wolle, läßt sich auch ebensogern beim Schopf nehmen und über alle Erbsen-Felder und Düngerhaufen weg durch die Lüfte führen, wie der Prophet des alten Bundes, der Speise aufs Feld trug. Aber es muß der Engel des Herrn sein, kein eitler Narr, der die Hand ausstreckt. Nun gibt es jedoch eine Menge Gesellen, die sich berufen fühlen, seine Rolle zu spielen, ohne seinen starken Arm zu haben; da ist es denn kein Wunder, wenn Habakuk sich wehrt, denn was hätte er davon, wenn er sich willig zeigte? Ausgerissene Haare, Schmerz im Nacken und einen zerbrochenen Grütztopf.« (An Adolph Stern.) [6107]

d. 10 März.

Ich las, daß in der Brigitten-Au schon ein Weichselbaum blühen solle. Das verdroß mich halb und halb, denn in der Regel entdecke ich die Boten des Frühlings zuerst, denn schon in der frühsten Kindheit wetteiferten ich und mein Bruder, wer das erste Marienblümchen u.s.w. fände und der Triumphierende brachte es jubelnd zu Hause. Ich ging also heute nach dem Kaffee hinunter, spürte den Baum aber nicht auf und glaube auch kaum, daß er vorhanden ist, weil die übrigen, denen sogar das Laub noch mangelt, dann gar zu weit hinter ihm zurückgeblieben wären. Dagegen erblickte ich schon einige Ziegen, die sich an dem frischen Grün des Dammes gütlich taten. Das ist das Tier des armen Mannes, genügsam und dankbar, wie kein zweites; mit welcher Rührung sah ich im vorigen Jahr die beiden Pfleglinge meines Bruders! [6108]

d. 14 März.

Donnerstag, den 12ten, hätte nach dem Repertoire die sechste, am morgenden Sonntag die siebente Wiederholung der Nibelungen stattfinden sollen; Schauspieler-Erkrankungen sind dazwischengetreten. In allen anderen Fällen werden dann die betreffenden Rollen, wenn es sich nicht eben um die Haupt-Personen handelt, aufs rascheste neu besetzt; meiner Frau wurden ihre Partien schon abgeholt, wenn sie sich kaum ins Bett gelegt hatte. Jetzt dürfen König Gunther und Mutter Ute ruhig stören und das Publikum, das natürlich von der Geschichte des Hauses keine Notiz nimmt, fängt zu glauben an, daß das Stück abgespielt sei und wirft es zu den Toten. Einerlei; die Schlacht ist gewonnen und die Beute kann ich entbehren, wenn ich muß. [6109]

Gestern suchte ich mir bei Falke noch einige französische Memoiren zusammen. Er zeigte mir bei der Gelegenheit das große Pracht-Kupferwerk, das die Porträts aller Zelebritäten seit Ludwig dem Dreizehnten enthält. Ich hatte dabei ein Gefühl, wie einst in der Schatzkammer des Kaisers von Österreich. Der Edelstein hört gewissermaßen auf, einer zu sein, wenn man ihn in ganzen Haufen erblickt und der Ruhm verliert seinen Glanz, wenn man sieht, daß zuletzt doch ein ganzes Heer von lorbeergekrönten Häuptern zusammenkommt. Merkwürdig vor allen war mir wieder das Gesicht des Kardinals Richelieu. Ich erinnere mich noch, wie sein lebensgroßes Bild mit dem klaren, ruhigen Auge auf mich wirkte, als ich zum erstenmal im Palais Royal in Paris davorstand; ich konnte mir (damals!) diese sichre, von Bonhommie strahlende Persönlichkeit mit dem schrecklichen Mann, der die Protestanten in Frankreich unterdrückte und in Deutschland unterstützte, gar nicht zusammenreimen. Jetzt mögte ich von ihm sagen, was Napoleon von Goethe gesagt haben soll; er sieht wie ein Mensch aus, und wie der einzige Mensch seines Jahrhunderts. Ich glaube, die Natur kann ein solches Gesicht nur dann zustande bringen, wenn sie ein Individuum mit allen menschlichen Vermögen zugleich ausgestattet hat; die Spezialitäten tragen ein ganz anderes Gepräge. Wie es Partial-Talente gibt, so gibt es auch Partial-Physiognomieen, in denen sich List, Schlauheit, Verstand u.s.w. spiegeln, nur nichts Allgemeines; diese fordern zur Karikatur heraus, während die General-Gesichter, wenn ich sie so nennen darf, kaum entstellt werden können. Man denke an Alexander, Caesar, Napoleon, Goethe, Raffael, auch wohl Richelieu, deren Köpfe auf Pfeifenköpfen und Tassen noch ebenso erkennbar sind, wie auf den Tafeln großer Meister. [6110]

d. 15 März.
Für die nächste Woche sind die Nibelungen wieder zweimal angesetzt; es ist abzuwarten, ob das Publikum nicht schon erkältet ist, denn ähnliche Unterbrechungen brachten die Genoveva-Magellona um. Ich notiere mir die einzelnen Vorgänge so genau, weil ich sie sonst vergäße und weil ich sie vielleicht einmal brauche. Habe ich doch lesen müssen, die Judith habe nur durch Ludwig Löwes »frappantes Spiel« einige Zugkraft gehabt, die Judith, in der meine Frau von Freund und Feind bewundert und die an dreißigmal wiederholt, dann gewaltsam, nebst der Maria Magdalena, vom Repertoire heruntergeworfen wurde; wer weiß, was jetzt geschieht! [6111]

Im Theater gestern abend Schillers Glocke einmal wieder gehört; Titi zuliebe. Tief ergriff michs, aber nicht die Poesie, sondern meine arme, bleiche, noch halb kranke Frau. Sie schildert sich selbst in dem schönen häuslichen Gemälde. [6112]

d. 16 März.

Recht unwohl; Seitenstiche, seit drei Wochen kommend und schwindend, sind sehr stark wiedergekehrt und erschweren nicht bloß das Atmen, sondern verbieten auch das Gehen. Ich bin selbst schuld; man sollte lernen, daß man kein Jüngling mehr ist. Ein Tag, wie keiner; Shakespeare hätte ihn noch mitbekommen sollen, denn mir nützte er zu nichts. Al. Dumas fing für mich zu leben an; später las ich Rezensionen von Huber, Schillers Jugendfreund. Über Kleists Erstlingswerk, Goethes Tasso u. s. w. Ungewöhnlich gut. Verdienten, wieder aufgefrischt zu werden; eine kritische Anthologie wäre überhaupt sehr wünschenswert. Prächtig spricht er über Klopstocks sog: Bardiet Hermann; er respektiert die Stellung des Mannes und beweist ihm zugleich während seiner höflichen Verbeugung aufs feinste, daß er nicht das geringste Recht auf sie hat. In Goethes »Natürlicher Tochter« erscheint ihm die deutsche Poesie noch immer reizend, aber »bleich und krank«. Dagegen erzählt die Herausgeberin, die Witwe Hubers, Therese Forster-Heyne mit seltsamer Naivetät eine höchst wunderliche Geschichte. Als Forster Paris zum letztenmal verläßt, um die Seinigen in der Schweiz noch einmal zu sehen, überschreitet er die Grenze und teilt sein Geld mit ihnen. Darauf steht damals Todesstrafe. Er hat aber einen Paß als agent public genommen, um sich zu decken, denn diese Art von Leuten konnte auf ihre geheimen Zwecke hin auch unter dem Konvent alles wagen, und schreibt sich in Neufchâtel noch obendrein ein Aktenstück ab, das zufällig in Hubers Hände geraten ist und das den bereits gefangengesetzten und angeklagten General Legendre ganz sicher dem Blutgericht überliefern muß, wenn er sich ihm sonst vielleicht entziehen sollte. Davon will Forster in Übereinstimmung mit dem Familien-Rat für den Fall der Not *Gebrauch* machen, vorschützend, daß er die Schweiz nur betreten habe, um dies Aktenstück zu ermitteln, und die Tochter des großen Göttinger »Humanisten« findet es ganz in der Ordnung, weil Legendre ohnehin 84 Jahre alt gewesen sei! [6113]

d. 25 März.

Über meinen Geburtstag bin ich, wie im Traum weggekommen; ich war krank. Das ist denn so übel nicht; ich war ohnehin entschlossen, ihn nicht zu feiern. Nun sind die Funfzig überschritten, und ich denke, man treibts fort, wie bisher. Doch ist mir an diesem Tage so viel Herzliches und Freundliches zuteil geworden, daß es undankbar von mir wäre, wenn ich nicht eine kleine Um- und Rückschau hielte. Moriz Kolbenheyer in Oedenburg schickte mir zwölf Flaschen Ungarwein; ich habe ihn noch nicht gekostet, aber ich habe gesehen, mit welcher Andacht ihn andere tranken. Die Großherzogin von Sachsen-Weimar verehrte mir einen kostbaren silbernen Pokal; dafür bin ich Marschall den Dank schuldig. Marschall schrieb mir zugleich, der Großherzog habe mich zu seinem Hof-Bibliothekar ernannt, ohne Besoldung natürlich, wie ohne Verpflichtung; doch ist das Patent nicht eingetroffen. L. A. Frankl schenkte mir die Canovasche Gruppe, wie Theseus den Zentauren erlegt und fügte in Anspielung auf den Erfolg der Nibelungen sinnig bei, sie sei ein Symbol meines Doppelsiegs: der Kunst und des gebändigten Widerstandes; möge es ein prophetisches Wort gewesen sein. A. Stern aus Chemnitz stellte sich mit einem Sonett ein, La Roche brachte mir einen Toast der Grünen Insel, von Konstantin Wurzbach gedichtet und am Abend zuvor gesprochen, Eitelberger gratulierte mir in ein paar herzlichen Worten, Campe telegraphierte aus Hamburg und das vierjährige Töchterchen von Littrow brachte mir einen Blumenstrauß und eine Malerei der Schwester vor mein Bett. Auch Adolph Strodtmann ließ sich vernehmen, meinte jedoch seltsamerweise, ich würde wohl nicht mit Jubel, sondern mit Wehmut auf das abgelaufene halbe Jahrhundert zurückschauen und hielt mir eine förmliche Parentation, wie einem Lebendig-Begrabenen. Das Schönste aber kam von Glasers; zwei Aquarell-Gemälde, die mir die ferne Vergangenheit unmittelbar vor die Augen und die Seele rückten, nämlich das Bild der Wesselburner Kirche und des Kirchspielvogt Mohrschen Hauses. Diese zarte Aufmerksamkeit hat mich tief gerührt! Das war kein flüchtiger, momentaner Einfall, den man ausführt, weil der Laden, an dem man zufällig vorbeigeht, Gelegenheit dazu bietet; das war ein Gedanke, der durch eine lange Kette von Händen laufen mußte, bevor er verkörpert werden konnte. An die Kosten freilich mag ich nicht denken! [6114]

d. 27 März.

Der polnische Aufstand ist niedergeworfen. Resultat: die vornehmen Damen werden ihren Bedarf an Hermelin billiger haben, denn die Zahl der Zobelfänger in Sibirien wird sich vermehren! Es hat sich gezeigt, daß der Bauer von seinen Aristokraten absolut nichts mehr hören will; welch ein unverantwortlicher Leichtsinn, dennoch den Versuch zu machen! Mein Freund Robert Kolbenheyer sagt mir, daß der Landmann in Galizien jede Stunde bereit sei, seine Edelleute wieder, wie 1846, zwischen Brettern zu zersägen oder in der Häcksel-Lade Zoll um Zoll zu zerschneiden und er kann es wissen, denn er sitzt mitten unter den Polen. Ist es möglich, daß das Revolutions-Komitee mit einer solchen Tatsache unbekannt war? Oder bildeten die Mitglieder sich ein, die Menschen zwingen zu können? Hübsch, was von den Russen gemeldet wird. Versprengte Insurgenten überschreiten die österreichische Grenze; ein Kosaken-Pulk hinterher. Die kaiserlichen Truppen protestieren gegen die Gebiets-Verletzung; umsonst, die Kosaken feuern und erschießen einen Mann. Soweit ist alles begreiflich; ein wütender Soldat mag blind für Grenz-Pfähle und taub für Berufungen aufs Völker-Recht sein. Aber nun kommt das speziell russische. Die Bande macht halt, läßt die Polen laufen und plündert die Österreicher; sie raubt dem kommandierenden Leutnant Uhr und Börse und zieht sogar dem Toten die Stiefel aus, auch ist der Offizier, der sie führt, gänzlich außerstande, ihr Einhalt zu tun! Prächtig! »Noch ist Deutschland nicht verloren!«

[6115]

d. 30 März.

An Freiligrath nach London geschrieben, dem ich bei der Abreise meine und der Meinigen Photographien versprach. »Unsere Meinungen über die Tragweite der politischen Formen für das große soziale Problem, an dessen Lösung wir gemeinschaftlich arbeiten, mögen und werden auseinandergehen. Dennoch, glaube ich, würde das unseren Verkehr nicht stören, denn es wird Ihnen genügen, daß ein Mann nicht um einen Schritt hinter seinen Überzeugungen zurückbleibt, und Sie werden nicht verlangen, daß er über sie hinausspringen soll. Bei Ruge bin ich dessen nicht sicher.«

[6116]

Abends eine kleine Nachfeier meines Geburtstags; meiner Freunde wegen, denn ich bin noch immer nicht wieder gesund. Kolbenheyer hatte neben seinem Wein dreizehn versiegelte Devisen geschickt; diese wurden von Glaser geöffnet und gelesen, während der Wein in dem Pokal der Großherzogin herumging. Alle waren fein und sinnig, einige epigrammisch-vortrefflich; z.B.

»Die gröbsten sind in Wesselburen!«
   Das ist nicht in der Parfümierten Sinn.
Ich lobe mir die Kraft-Naturen:
   Wo fiel denn Goethes »Schneider« hin?

und:

Toldi war vom Stamm der plumpen Recken;
   Doch, wer weiß nicht, daß man junge Bären,
Wenn die Mütter erst sie tüchtig lecken,
   Menuett sogar kann tanzen lehren?

und:

Du brachtest Uhland deine Huldigung,
   Ich sage nicht, wer größer und wer kleiner,
   Doch jünger war von beiden Sängern einer,
Und auch der Siebziger, er war noch jung.

Wenn erst vier Lustren dir im raschen Schwung
   Vorübergehn und deine Ruhmes-Kränze
   Ein jüngrer Sänger feiert, o, dann glänze
Dir auf der Stirn, wie Uhland: ewig jung!

Sie erregten große Heiterkeit und konnten sich neben dem köstlichen Wein wohl sehen lassen, was etwas heißen will. Nur mir selbst waren die Gedanken im Kopf, wie an Ketten gelegt und ich saß dabei, wie ein Ölgötze, der nicht rot noch bleich werden kann. Innerlich: »So viel Lärm um dich!« [6117]

d. 31 März.

Houwalds Bild gelesen; eine der wenigen Antiquitäten der deutschen Literatur, die ich noch nicht kannte. Wer Börnes Kritik im Gedächtnis hat, der sollte denken, das Werk sei hart behandelt worden, aber der Rezensent ist umgekehrt noch zu mild verfahren, die Tatsache des allgemeinen Beifalls hat ihm, wenn auch vielleicht unbewußt, imponiert. Der Maler Lenz-Spinarosa sagt einmal:

»Wenn
Des Lebens heißer Tag zur Rüste ging,
Verlangt die Nacht des Todes ihren Tau!«

Das soll heißen: wenn die Leute gestorben sind, muß man an ihrem Grabe weinen. Derselbe sagt ein andermal (zu seinem Schüler)

»Nimm Abschied von dem Baum, in dessen Zweigen
Dein Nestchen war, wo du, der jungen Brut
Der Nachtigall gleich, deine ersten Lieder
Gesungen.«

Das soll heißen: »Adjeu, ich gehe davon, nun hilf dir selbst weiter!« Und von diesem Stück war die erste Auflage, wie Campe mir einmal erzählte, früher verkauft, als gedruckt. Ja, der Erfolg ist ein Gottes-Urteil! [6118]

d. 7 April.

Wunderbare Tage; man widersteht nur mit Mühe der Versuchung, Sommer-Kleider anzulegen. Das erste Sprenkel-Grün der Bäume gleicht dem ersten Gefieder der jungen Vögel; es ist duftig und hingehaucht zum Wegblasen. [6919]

Ich las das Buch von Gregorovius über Korsika. Daraus erfuhr ich, daß die Vendetta, die Blutrache, keineswegs, wie man bisher glaubte, aus dem National-Charakter, aus der disparaten Mischung von glühender Leidenschaft und beschränktem Verstand, hervorgegangen ist, sondern aus bestimmt nachweisbaren unsichren und rechtlosen Zuständen unter dem genuesischen Regiment und daß sie nicht höher hinaufreicht, als bis ins funfzehnte Jahrhundert. Also ganz, wie die deutsche Feme, dem Ursprung nach, ein historischer Akt der Notwehr. Aber nun, welch ein Unterschied zwischen dem germanischen und dem romanischen Geist! Der Deutsche errichtet ein neues Rechts-Institut und setzt es an die Stelle des alten; der Italiener springt ins Chaos zurück und freut sich, die Gesetze los zu sein. Der Deutsche tritt gleich von seiner roten Erde wieder auf die grüne hinüber und wirft

Strick und Dolch beiseite, als er Schwert und Waage wieder in den rechten Händen erblickt; der Italiener hält beide fest bis auf den gegenwärtigen Tag und trotzt der Staatsgewalt, überglücklich, sich persönlich austoben zu können, und unbekümmert darum, ob das Allgemeine zugrunde geht. [6120]

d. 10 April.
»In vielen Gegenden Ungarns kann man auf einem Getreide-Haufen verhungern« sagte der Graf Szechenyi, den die Magyaren als Märtyrer und Heiligen zugleich verehren. Das Wort enthält mehr Anklagen, als alle Regierungs-Organe zusammengenommen gegen die Magnaten-Wirtschaft vorbringen könnten.
[6121]

Gestern morgen erhielt ich endlich das Dekret aus Weimar, das mich zum Hof-Bibliothekar macht; es ist ein bloßer Titel, aber in Wien kann er mir nützen. Mittags empfing ich die Tantieme für die ersten acht Vorstellungen der Nibelungen; sie belief sich auf 860 fl. und die Verrechnung zeigte, daß das Haus bis auf weniges am letzten Abend so voll gewesen war, wie am ersten. Um fünf Uhr dinierte ich beim Grafen Salm; ein großes Opfer von meiner Seite, da eine so späte Eßstunde mir den ganzen Tag zerreißt, aber ich mußte es bringen, denn der Graf war zweimal persönlich bei mir, um mich einzuladen. Ich sah dort die Fürstin Hohenlohe, seit Jahren zum erstenmal wieder, und hatte Mühe, die Prinzessin Wittgenstein in ihr wiederzuerkennen; so blaß, abgefallen und verschüchtert war sie. Sie hatte dies Zusammentreffen veranstaltet, indem sie mir nach der Aufführung der Nibelungen ein freundliches Billett schrieb, worin sie mich bat, ihre Freundin, die Gräfin Salm, die mich kennenzulernen wünsche, einmal zu besuchen, was ich nach meiner Genesung tat.
[6122]

d. 12 April.
Gute Geschichte; als wahr verbürgt. In einer Judenkneipe läßt ein Gast sich Sauerkraut geben und entdeckt, wie er eben zu essen beginnen will, in seiner Portion einen Leinwand-Fetzen. Ergrimmt nimmt er ihn auf die Gabel und zeigt ihn dem Wirt;

dieser aber sagt: »Nun, hätte ich für Ihre paar Kreuzer vielleicht eine Samt-Mantille hineintun sollen?« [6123]

d. 13 April.

Die Römer des Mittelalters zerschlugen die Statuen und Götterbilder ihrer großen Vorfahren und brannten Kalk daraus, mit dem sie ihre Wohnungen und Pferdeställe aufführten. Dies Verfahren ist um nichts barbarischer, als das der gelehrten und philosophischen Kritiker, die das dichterische Kunstwerk analysieren, um es auf irgendeinen Gemeinplatz zurückzuführen und diesen in ihrem eigenen Nutzen zu verwenden. Alle Kommentare zum Goetheschen Faust z. B. beweisen nichts, als das eine, daß die Verfasser vom Begriff des Organismus nicht die leiseste Ahnung haben. [6124]

d. 14 April.

Brief aus Mannheim vom Schauspieler Lehfeld. Die Nibelungen sind dort aufgeführt worden und »das riesige Werk hat einen riesigen Erfolg gehabt«, wie der Berichterstatter sich ausdrückt. Daran wird die Heidelberger Universitäts-Jugend, die schon zu meiner Zeit zu interessanten Vorstellungen hinüberpilgerte, einigen Anteil gehabt haben, und das ist mir ein angenehmer Gedanke. Aus Berlin die zweite Tantiemen-Verrechnung; im Februar war die siebente Wiederholung, trotz Kladderadatsch und Adolph Stahr. Die innere Kraft des Werks muß doch nicht so leicht zu brechen sein. [6125]

d. 15 April.

Wie glücklich sind die Natur-Forscher, wenn sie irgendeinen alten Irrtum widerlegt haben, wenn irgendeine für unübersteigbar gehaltene Schranke, wie z. B. die zwischen dem Serum und dem Blutkuchen, endlich fällt! Sie sollten aber nicht vergessen, daß sie dann jedesmal über sich selbst triumphieren, daß sie ein Kleid zerreißen, was sie selbst dem neckischen Proteus des Lebens einmal anzogen, und daß sie, weit entfernt, etwas Neues zu bestimmen, nur eine alte Bestimmung aufheben, von der es in der Regel sogar noch fraglich ist, ob sie wirklich den Anspruch machte, das Wesen der Sache zu ergründen oder ob sie sich nicht vielmehr begnügte, die allgemeine Zeichenschrift, auf der alle Verständigung, selbst über das Relative beruht, ohne weitere Prätensionen zu vermehren. [6126]

d. 19 April.

Gestern abend fand der Studenten-Kommers statt, den die Libertas in Verbindung mit den übrigen Techniker-Vereinen mir zum 18ten v. M. zugedacht hatte. Noch immer nicht wieder gesund, ging ich nur ungern hin, aber ich konnte mich einer solchen Freundlichkeit unmöglich entziehen. So saß ich denn seit siebenundzwanzig Jahren zum erstenmal wieder unter Studierenden, und was ehemals auch für mich volle, schöne Wirklichkeit war, ging als Schauspiel, Traum und Schatten an mir vorüber. Ein langer, langer Saal; Zugang durch ein mit Lampen erhelltes Gärtchen, die Wände mit Fahnen und Emblemen, unter denen sich natürlich Germania und Libertas hervortaten, bunt aufgeschmückt, und an hundert junger Leute in ihren roten, grünen und blauen Kappen und mit den phantastisch geformten Pfeifen, ohne die der Bursch defekt sein würde, um die Tische herumgelagert. Sie führten zum Teil wunderliche Namen; es fand sich ein Winkelried von der Silesia, und auch ein Hebbel war da, der schon zu der Zeitungs-Notiz, daß ein Sohn von mir Technik studiere, Anlaß gegeben hatte. Mir wurde mein Platz oben beim Präses angewiesen; Kulke hatte ich mitgebracht, um doch mit der Jugend nicht ganz allein zu sein, es kamen aber auch einige Professoren, unter anderen der Welt-Umsegler Hochstetter und Freund Frankl. Reden, Gedichte, Trinksprüche, bei denen ich, wie auf Kohlen saß. Aber Napoleon sagt: Es ist einerlei, *wofür* der Jüngling sich begeistert, *wenn* er sich nur begeistert! und dies tiefsinnige Wort half mir zuletzt über die Verlegenheit hinweg. Ein schönes Blatt, von dem Maler der Verbindung ausgeführt und mit den Unterschriften der sämtlichen Mitglieder versehen, ward mir zu bleibendem Andenken verehrt; mein Bild, nach einer Photographie, und ringsherum Gruppen aus Judith, Gyges, Mutter und Kind und den Nibelungen. [6127]

d. 20 April.

Goethes Briefwechsel mit dem Grafen Reinhard gelesen; zum erstenmal, weil ich besorgte, auch in dieser Korrespondenz dem

Dalai-Lamatum zu begegnen, das mir so manche andere gründlich verleidet hat. Ein höchst bedeutendes Buch, worin Goethe zu seinem größten Vorteil erscheint, namentlich von der menschlichen Seite, und welches beweist, daß ein außerordentlicher Mensch sich nur vor seinesgleichen entkleiden kann. Reinhard schöpfte selbst aus dem Vollen; kein Wunder, daß es ihm voll entgegenströmte, aber Leute, die sich schon über die Buchstaben freuen, werden keine Briefe voll Salamonischer Weisheit erhalten. Neu war es mir, daß die Bourbonsche Partei sich im Jahr 1814 nach dem Sturz des Kaisertums große Mühe gab, unter den Franzosen die Lüge zu verbreiten, daß der Kaiser nicht Napoleon, sondern Nicolaus heiße, und doch war das in Frankreich, so absurd es einem Deutschen und einem Engländer klingen muß, vielleicht nicht so ganz übel auf den National-Charakter berechnet. Ein Wort von Goethe über junge Leute. »Einfluß gestehen sie uns, Einsicht trauen sie sich zu und den ersteren zugunsten der letzteren zu nutzen, ist eigentlich ihre stille Absicht.« Wie oft habe ich das nicht schon im eigenen Leben bestätigt gefunden! Reinhard über Napoleon: »Seine Natur war größer, als seine Maximen!« [6128]

d. 24 April.

Die Verschwörung von Dublin! von Kühne, Drama. Diese scheußliche Nachgeburt des Egmont und des Fiesko könnte einem beide Stücke auf ewig verleiden. Wie doch ein Mensch, der nicht einmal steht, sondern liegt, sich einbilden kann, daß er gehe! Die Heldin spricht eine halbe Szene hindurch im Schlaf und aus ihren Reden schöpft der Held seine Motive zum Handeln. Die Sprache aktenmäßig nüchtern und alles, wie auswendig gelernt. Zuweilen aufgebauscht, wie Schaum im Nachttopf. »Schüttle endlich dein Schlangenhaupt, Nemesis und entlaß die Sturmvögel, die in deinen Locken nisten.« Ist es nicht unerhört, Geier und Adler unter Vipern und Nattern zu verstecken? Aber das ist die Plastik dieser phantasielosen Gesellen. Ich sagte einmal zu Ottilie von Goethe: »Wenn Ihr Freund auf jedem der Millionen Sterne unseres Sonnen-Systems millionenmal geboren würde, so bekäme er doch keinen dramatischen Funken!« Wie wahr ist das. Zum Schluß vier Verwandlungen; vom Handwerk so wenig ein Begriff, wie von der Kunst. Und das ergreift Schillers niedergelegte Feder und setzt den Demetrius fort. [6129]

d. 25 April.

Eine schreckliche Geschichte aus Petersburg durchläuft die Zeitungen. Eine deutsche Schauspielerin wird von einem brutalen russischen Baron erschossen, weil sie ihm den Korb gegeben hat und einen anderen heiraten will. Es geschah, als sie gerade aus einer Probe der »Judith« kam. Ich wunderte mich oft, daß man in Petersburg meine Stücke so gänzlich ignoriere. Bei dieser traurigen Gelegenheit erfahre ich denn, daß dies keineswegs der Fall ist, sondern daß man sie nur billiger, wie von mir selbst, zu beziehen weiß. [6130]

d. 26 April.

Der »Orion« bringt ungedruckte Briefe von Heinrich Heine an Eduard Schenk, den Dichter und damaligen königl. bairischen Staats-Minister. Daraus ersieht man, daß er sich angelegentlichst um eine bairische Professur beworben und daß Schenk sie ihm bestimmt in Aussicht gestellt hatte, denn er hoffte das Ernennungs-Dekret schon beim Antritt seiner italienischen Reise in Florenz zu finden und wollte dann gleich umkehren; König Ludwig muß aber noch in der letzten Stunde nein gesagt haben. Daher denn die Erbitterung, die sich noch zur Zeit meines Pariser Aufenthalts in Aretinoschen Satiren entlud. Ein schlechter Dienst, lieber Strodtmann! Du gibst deinem Gott seinen eigenen Kot zu fressen; ein gescheiter Priester begnügt sich aber, ihn den Gläubigen vorzusetzen. [6131]

d. 29 April.

Viktor Sterns Trauerspiel gelesen; es heißt: die Macht der Verhältnisse. Seltsam ist es, daß die Erstlings-Versuche junger Juden alle von einer so unreinen Phantasie zeugen und namentlich die Geschlechts-Latrinen aufwühlen, während der dichterische Jüngling sonst immer in den entgegengesetzten Fehler zu verfallen und die ganze Welt in Himmelblau und Morgenrot zu tauchen pflegt! Ich habe es so oft erfahren, daß ich wohl endlich etwas Allgemeines darin erblicken muß, während ich es für etwas Individuelles hielt, als es mir die ersten Male vorkam. Stern hat seine Tragik aus der Nymphomanie abgeleitet und zwar aus der Nymphomanie eines dreizehnjährigen Mädchens, deren Tun und Treiben ohne diesen physiologischen Grund ganz unbegreiflich wären; im übrigen gleicht sein Stück, und in diesem Punkt trifft die Schüler-Arbeit mit manchem viel beklatschten Chef d'oeuvres des Tags zusammen, einem ganz glatt und rein gesponnenen Faden, in das er willkürlich allerlei sonderbare und überflüssige Knoten hineingeschlagen hat, deren Aufknöpfelung die dramatische Handlung abgeben soll. [6132]

d. 1 Mai.

An Siegmund Engländer

– Sie wollen an den Dichter glauben, wie an die Gottheit; warum so hoch hinauf, in die Nebel-Region hinein, wo alles aufhört, sogar die Analogie? Sollten Sie nicht weiter gelangen, wenn Sie zum Tier hinuntersteigen und dem künstlerischen Vermögen die Mittelstufe zwischen dem Instinkt des Tiers und dem Bewußtsein des Menschen anweisen? Da sind wir doch im Bereich der Erfahrung und haben Aussicht, durch die Anwendung zweier bekannter Größen auf eine unbekannte etwas Reales zu ermitteln. Das Tier führt ein Traumleben, das die Natur unmittelbar regelt und streng auf die Zwecke bezieht, durch deren Erreichung auf der einen Seite das Geschöpf selbst, auf der anderen aber die Welt besteht. Ein ähnliches Traumleben führt der Künstler, natürlich nur als Künstler, und wahrscheinlich aus demselben Grunde, denn die kosmischen Gesetze dürften nicht klarer in seinen Gesichtskreis fallen, wie die organischen in den des Tieres und dennoch kann er keins seiner Bilder abrunden und schließen, ohne auf sie zurückzugehen. Warum sollte nun die Natur nicht für ihn tun, was sie für das Tier tut. Sie werden aber auch überhaupt finden, um tiefer auszugreifen, daß die Lebensprozesse nichts mit dem Bewußtsein zu tun haben, und die künstlerische Zeugung ist der höchste von allen; sie unterscheiden sich ja eben dadurch von den logischen, daß man sie absolut nicht auf bestimmte Faktoren zurückführen kann. Wer hat das Werden je in irgendeiner seiner Phasen belauscht und was hat die Befruchtungs-Theorie der Physiologie trotz der mikroskopisch-genauen Beschreibung des arbeitenden Apparats für die Lösung des Grund-Geheimnisses getan? Kann sie auch nur einen Buckel erklären? Dagegen kann es keine Kombination geben, die nicht in allen ihren Schlangen-Windungen zu verfolgen und endlich aufzulösen wäre; das Welt-Gebäude ist uns erschlossen, zum Tanz der Himmelskörper können wir allenfalls die Geige streichen, aber der sprossende Halm ist uns ein Rätsel und wird es ewig bleiben. Sie hätten daher vollkommen recht, Newton auszulachen, wenn er »das naive Kind spielen« und behaupten wollte, der fallende Apfel habe ihn mit dem Gravitations-System inspiriert, während er ihm recht gern den ersten Anstoß zum Reflektieren über den Gegenstand gegeben haben kann; wogegen Sie Dante zu nah treten würden, wenn Sie es bezweifeln wollten, daß ihm Himmel und Hölle zugleich beim Anblick eines halb hellen, halb dunklen Waldes in kolossalen Umrissen vor der Seele aufgestiegen seien. Denn Systeme werden nicht erträumt, Kunstwerke aber auch nicht errechnet oder, was auf das nämliche hinausläuft, da das Denken nur ein höheres Rechnen ist, erdacht. Die künstlerische Phantasie ist eben das Organ, welches diejenigen Tiefen der Welt erschöpft, die den übrigen Fakultäten unzugänglich sind, und meine Anschauungsweise setzt demnach an die Stelle eines falschen Realismus, der den Teil für das Ganze nimmt, nur den wahren, der auch das mit umfaßt, was nicht auf der Oberfläche liegt. Übrigens wird auch dieser falsche nicht dadurch verkürzt, denn wenn man sich auch sowenig aufs Dichten, wie aufs Träumen, vorbereiten kann, so werden die Träume doch immer die Tages- und Jahres-Eindrücke und die Poesieen nicht minder, die Sympathieen und Antipathieen des Schöpfers abspiegeln. Ich glaube, alle diese Sätze sind einfach und verständlich. Wer sie nicht anerkennt, muß die halbe Literatur über Bord werfen, z. B. den Ödipus auf Kolonos, denn Götterhaine kennt die Geographie nicht, den Shakespeareschen Sturm, denn Zauber gibts nicht, den Hamlet und den Macbeth, denn nur ein Narr fürchtet die Geister u. s. w.; er muß aber auch, und dazu wird sich doch selbst der nicht leicht entschließen, der zu dem anderen Opfer bereit wäre, die Franzosen an die Spitze dessen, was übrigbleibt, stellen, denn wo fände man Realisten, wie Voltaire u. s. w. Damit schienen mir meine Sätze erwiesen; wenigstens ist die Gegen-Probe gemacht. – –

[6133]

d. 3 Mai.

Endlich einmal wieder ein poetischer Atemzug; das Gedicht: Diocletian! Sonst bin ich so prosaisch-nüchtern und unproduktiv, wie man es nur sein kann, wenn das ganze Nerven-System sich in einen rheumatisch-hämorrhoidalischen Knoten verwandelt hat. [6134]

d. 5ten Mai.

Ein paar Stücke von Victor Hugo wieder gelesen; zum erstenmal seit langer, langer Zeit. Marion de Lorme, le Roi s'amuse, Hernani! Welche Mißgeburten! Und doch Phantasie-Gebilde, keine Rechen-Exempel! Das Merkwürdige liegt aber gerade darin, daß die Phantasie bei dem Franzosen durchaus mit dem Kunst-Verstand keine Ehe eingehen zu können scheint. Wie das sogenannte »Ideal« ihrer klassischen Tragödie eine hohle Abstraktion ist, so der ihm mit so vielem Lärm und so großem Stolz entgegengesetzte »Naturalismus« der Romantiker nicht minder. Sie müssen alles in flüchtige Gase auflösen, oder in tote Asche verwandeln; die schöne Mittelstufe, auf der die Erscheinung sich in ihrem vollen Rechte behauptet, ohne das Gesetz, aus der sie hervorging, darum zu verdunkeln oder gar zu ersticken, ist ihnen unbekannt. Übrigens steige ich lieber mit Corneille und Racine in den Luft-Ballon, als ich mich mit Victor Hugo und Konsorten in den Mist einwühle. [6135]

d. 8ten Mai.

Meine Tochter hat einen Zeisig, ein allerliebstes Vögelchen mit einem roten Tippel auf dem Kopf, welches wir auf der Brigitten-Au in demselben Augenblick kauften, wo es gefangen wurde. Sie läßt es zuweilen in ihrem Zimmer frei laufen und tut es gestern wieder; in dem nämlichen Moment bemerkt sie eine dicke, scheußliche Kreuzspinne, will sie im ersten Schauder zertreten, tut sich aber Gewalt an und schenkt ihr Leben und Freiheit. Nach einer Viertelstunde fängt sie ihren Liebling wieder ein und küßt ihn aufs Schnäbelchen; was bemerkt sie da? Ein langes Spinnenbein, welches aus dem Schnabel hervorhängt oder daranklebt; der Zeisig hat die Spinne verzehrt. [6136]

d. 9ten Mai.

Du blicktest in Geduld,
 Gehüllt in dein Gefieder,
 Vom kahlen Zweig hernieder,
Vom Sturm noch eingelullt.

Und ruhig trankst du auch,
 Im Sterben noch zufrieden,
 Den dir ein Gott beschieden,
Den letzten kühlen Hauch!

Diese Verse gehen mir den ganzen Tag im Kopf herum; sie stammen aus einem alten, schon in Wesselburen entstandenen und verbrannten Gedicht, worin ich das Leben eines Vogels schilderte. Wie das längst Vergessene so plötzlich wieder auftaucht! [6137]

d. 10ten Mai.

Gestern abend bei Bonitz in Gesellschaft; den ganzen Tag hatte ich Fieber gehabt, aber ich wollte nicht gern absagen. Überhaupt will meine Gesundheit sich gar nicht wieder befestigen; ein Luftzug wirft mich gleich wieder um und seit ich Flanell trage, vergieße ich bei Tage, wie bei Nacht, Ströme von Schweiß, was mir dies Mittel, das im allgemeinen anzuraten ist, in meinem speziellen Fall doch verdächtig macht. Aber es geht mir eigen mit den Ärzten, fast so, wie mit den Dichtern. Diese müssen schon kolossal arrogant auftreten, wenn ich die Verse, die sie mir vorlesen, tadeln soll, und jene müssen sich so vergreifen, daß es sich um Leben und Tod handelt, wenn ich zur Opposition schreiten soll. In der Regel hören sie von mir nur, was sie hören wollen; wenn sie selbst ein naives Vertrauen zu ihrer Methode an den Tag legen, so kann ich es nicht übers Herz bringen, sie darin zu stören, und erkläre lieber, daß ich Besserung verspüre, als daß ich die Wahrheit sage. Das veranlaßt denn allerlei Irrtümer; so glaubte Freund Schulz mich im Anfang des Winters durch Anwendung der Elektrizität, auf die er so große Stücke hält, von meinem Rheumatismus befreit zu haben, während der Teufel auch nicht um einen Schritt zurückgewichen war. Später wage ich mich dann kaum wieder hin. – Herr von Wittgenstein sagte zu mir: »Der Fürst Liechtenstein hat die letzten dreißig Jahre nichts getan, als gespielt und gejagt, und der Baron Rothschild hat unermüdlich auf dem Welt-Markt seine Kapitalien umgesetzt; dennoch hat das Vermögen des einen sich ebensogut verdoppelt, wie das des andern.« So soll der Grundbesitz im Preise steigen. [6138]

d. 12ten Mai.

Rührend! Vor mir auf meinem Schreibtisch steht das liebe, teure Geschöpf, das wir so ungern verloren und hält seine Lieblings-Nuß in den Händchen, wie tausendmal im Leben. Eben kommt ein kleiner Nachfolger des Toten dahergesprungen, setzt setzt sich ihm zu Füßen nieder, sucht ihm die Nuß zu rauben, und hüpft endlich, als ihm das durchaus nicht gelingen will, unwillige Laute ausstoßend und ein paarmal zurückkehrend, davon.

[6139]

d. 14 Mai.

Pfisters Kriminal-Fälle durchblättert; einiges gelesen. Als Untersuchungs-Richter ist er Feuerbach gleich, als Psycholog und Darsteller steht er freilich weit hinter ihm zurück, jedoch weiß auch er das entschiedenste dramatische Interesse zu erregen. Ein Jude ermordet seine junge, schwangere Frau und legt einen von ihrer Hand geschriebenen Zettel neben den Leichnam, der die Worte enthält: »Mein Mann ist ohne Schuld.« Er hat ihn aus einem alten Brief von ihr herausgeschnitten. Ein Schuster-Weib in Heidelberg erwürgt mit eigenen Händen ihren Mieter, einen siebzigjährigen Doktor, indem sie sich nächtlicherweile in sein Zimmer schleicht, als er es eines Bedürfnisses wegen auf einen Augenblick verläßt. Zwei Stunden später steigt sie wieder mit Salz und Essig zu ihm hinauf, um ihm beizustehen, falls er noch lebt und bei der Gelegenheit wird von einer Nachbarin ihr Licht bemerkt. Eine Kindes-Mörderin, übrigens ein unentwirrbares Geschöpf, ein rätselhaftes Gemisch von Nymphomanie und Verrücktheit, weint bittre Tränen, wenn von ihren Kindern die Rede ist, lacht aber in demselben Odemzug und nickt fröhlich, wie »in Erinnerung des Nachgenusses« wenn der Inquirent auf das Stuprum kommt. Sie gibt sich an, weil sie Geister sieht und

Stimmen hört, hat aber Ruhe vor der unsichtbaren Welt, sobald sie zu essen anfängt; ein merkwürdiger Zug, der an die psychologischen Erfahrungen des Dichters erinnert, denn dieser braucht nur ein Stückchen Brot zu sich zu nehmen, so ist er auf der Stelle der Traum-Sphäre der Produktion entrückt und wieder in die gemeine Wirklichkeit versetzt. Ein anderes Bekenntnis der Inquisitin, an deren Aufrechtigkeit und Wahrhaftigkeit bei der Beschaffenheit ihrer Natur gar nicht zu zweifeln ist, könnte der wunderlichen Schopenhauerschen Theorie von der Liebe zustatten kommen; sie spürte jedesmal, und lange vor ihrem eigenen Unglück, sobald sie Kinder erblickte, große Lust, sie aus der Welt zu schaffen und dachte: wenn es nur niemand sähe, so brächte ich euch um! war dabei aber eine äußerst gutmütige Person. Nach Schopenhauer ist es ja nämlich das Kind, was die Eltern zusammenführt, weil es um jeden Preis entstehen will, und diese Arme, die den Geschlechts-Zwang so bitter empfinden und ihm so widerstandslos erliegen sollte, durfte die ens ratio, wenn sie ihr objektiv entgegentrat, wohl hassen; aber es ist nichts mit Schopenhauer, denn die Produkte der leidenschaftlichen Ehen gleichen denen der konventionellen auf ein Haar und sie müßten sich, wenn er recht hätte, von diesen doch wenigstens so unterscheiden, wie Goethe sich von seinem Schuster unterschied oder Napoleon von seinem Rustan. Einem Mörder, der nicht einmal durch die Tortur zum Geständnis gebracht werden kann, wird von Gerichts wegen aufgelegt, sich gleich nach seiner Entlassung nach Ungarn zu begeben und in diesem Lande, was er vorher nie gesehen hat, weil er ein guter Deutscher ist, zu bleiben, da nach des Referenten Meinung derartige Leute dort nicht auffallen oder das bürgerliche Leben besonders stören; die Ansichten über die Magyaren haben sich seitdem verändert. »Sie hat sich hintersonnen« für »Sie ist wahnsinnig geworden«. Ebenso, und bei Pfister selbst, zweiterer und dritterer für zweiter und dritter; Provinzialismen, die mir noch nie vorgekommen sind. Einen tiefen Blick hat man hier Gelegenheit, in das Poröse des Gefängniswesens zu tun; alles ist durchsichtig und sogar die Gerichtsdiener und Kerkermeister sind Gucklöcher. Übrigens bin ich überzeugt, daß unsere Geschichtschreiber das Pandämonium der Kriminalistiker, worin die Unsterblichen mit abgeschlagenen

Köpfen herumwandern, mit großem Unrecht vernachlässigen; das Verbrechen hat seine historisch-soziale Seite, wie der Heroismus und man trifft in dieser Sphäre Farben und Lichter, die man anderswo überall umsonst suchen würde. [6140]

d. 15 Mai.

Wunderbar schöne Tage! Wenn man den Horaz studiert, namentlich die Satiren und die Episteln, so wundert man sich durchaus nicht mehr über die spätere Kaiser-Zeit. Sie war unter August schon in allen ihren Vorbedingungen da, sogar in seinem eigenen Hause, die Fäulnis griff unaufhaltsam um sich und da Rom die ganze Welt aufgesogen hatte, so mußte der Verwesungsprozeß statt der gewöhnlichen Maden die ungeheuersten Lindwürmer erzeugen, welche die Welt an ihm rächten. Ich glaube, die Historiker haben den Horaz zu wenig und den Juvenal vielleicht zu viel benutzt. [6141]

d. 16 Mai.

»Selig ist das arme Land, das alte Gesetze umwachen; noch seliger das reiche, das sie umgeben. Ungarn, warum bist du nicht dreimal, viermal und noch öfter in Europa da?« So schrieb Jean Paul (nach dem Papier-Drachen) im Okt. 1817 einem Ungarn ins Stammbuch und bewies dadurch so recht, daß er von dem Magyarentum nicht das geringste wußte, denn er mit seinen Prinzipien hätte es verfluchen müssen. [6142]

d. 19 Mai.

Heute Mozarts Requiem einmal wieder gehört, in der vortrefflichsten Weise von den Mitgliedern der Hof-Oper exekutiert. Ich habe diesen Genuß dem verstorbenen Grafen Lanckoronski, dem Oberstkämmerer und Theater-Direktor, zu danken, weil es zu seinem Toten-Amt aufgeführt wurde, und das ist der einzige Dank, den ich ihm schuldig geworden bin. Das Glimpflichste, was man von ihm sagen kann, ist, daß er sich von seinem Subaltern schmählich hat mißbrauchen lassen; wie weit das aber ging, lehrte noch die letzte Zeit. Die Direktion hatte meiner Frau eine Rolle in einem oft gespielten Stück, in dem Fräulein von Seiglière, zugeteilt; sie war fünf Bogen groß und bestand aus lauter kleinen Sätzen, so daß man die Rolle nicht lernen konnte, ohne zugleich das ganze Stück mitzulernen. Meine Frau war außerstande, in der ihr anberaumten kurzen Frist mit der Rolle fertig zu werden, und das umsomehr, als sie zwei andere, bereits früher ausgeteilte, in ganz neuen Stücken einzustudieren hatte und obendrein noch, um das durch eine Unpäßlichkeit der Frau Rettich mit Störung bedrohte Gastspiel des Fräuleins Janauschek im Gange zu erhalten, bereitwilligst für ihre Kollegin die längst abgegebene Claudia in der Emilie Galotti übernahm. Sie zeigte das zur rechten Zeit an und bat um Aufschub; nichtsdestoweniger wurde das Stück angesetzt

. . . .

[6143]

d. 21sten Mai.

Die Seebach gastiert im Karlstheater; ohne Erfolg, von den Kritikern heruntergemacht, vom Publikum im Stich gelassen. Eine Reklamen-Größe, die sich selbst hinrichtet; dem Bauchredner vergleichbar, der sich jahrelang selbst lobt und plötzlich aufhört, weil er sich einbildet, daß alle die Ecken und Winkel, aus denen er so lange heraussprach, endlich selbst Stimmen und Seelen bekommen haben und das Geschäft ohne weitere Unterstützung fortsetzen müßten. Doch, was geht mich das an, ich wollte eine andere Bemerkung machen. Man sagt mir, daß diese Dame in Hannover als Gretchen in Goethes Faust den bösen Geist, der in der Kirchen-Szene vorkommt, selbst zu sprechen pflegt; hier hat sie es nicht getan. Damit wäre die nüchternprosaische Anschauung, die das Gespenst des alten Königs aus dem Hamlet und das Gespenst des Banquo aus dem Macbeth tilgen mögte, weil sie die höchsten Schöpfungen der Phantasie nicht von den hohlen Mißgeburten wurzelloser Phantasterei zu unterscheiden weiß, denn auf dem äußersten Gipfel angelangt. Prosit, Nicolai im Weiber-Rock! Die früheren Theater-Prinzipale, die bei Macbeths Ausruf: »Ist das ein Dolch, was ich hier vor mir sehe u.s.w.« einen wirklichen Dolch aus der Luft niederbaumeln ließen, waren freilich komisch genug, denn sie illustrierten ein bloßes Bild, das sich nicht einmal zur Vision steigerte, aber man könnte sie sich zurückwünschen, wenn man sie mit den ganz poesielosen Verstandes-Klüglern der modernen Zeit vergleicht. [6144]

d. 23sten Mai.
Ließ mich photographieren bei Herrn Lichtenstern, der darum gebeten hatte. Statt der Gedichte von Geibel und ähnlicher leichter Ware, die man in den Ateliers solcher Leute zu treffen pflegt, lagen kolossale dicke Bände herum, deren einer mir sogar in die Hand gegeben wurde. Als ich ihn aufschlug, fand ich, daß die jungen Damen hier Gelegenheit hatten, in Canstatts Pathologie und Therapie einen Blick zu werfen; auch erwischte ich, rascher, wie ein Eskimo bis drei zählt, drei neue furchtbare Todes-Arten, die mir bis dahin trotz meines gediegenen medizinischen Umgangs gänzlich unbekannt geblieben waren. Das Rätsel löste sich mir, ohne daß ich zu fragen brauchte; Herr Lichtenstern war selbst Doktor der Medizin und erklärte mir das. [6145]

d. 26sten Mai.
Unser siebzehnter Hochzeitstag! Wir waren nachmittags in Schönbrunn; allein, Vater, Mutter und Kind, und ich wollte, wir wären es immer gewesen. Die praktischen Nationen, die Italiener, Franzosen und Engländer, die sich fest in ihrem Familienkreis abschließen und kein fremdes Element zulassen, folgen einem sehr richtigen Instinkt. Was hab ich davon, daß ich mich zehn Jahre lang mit sogenannten Freunden schleppte und jeden Abend um acht Uhr ängstlich zu Hause eilte, um ja für sie daheim zu sein! Viele kostbare Stunden habe ich geopfert, den Meinigen oder meinen Arbeiten entzogen, und mein Gewinn besteht darin, daß ich mich nicht umsehen darf. Denn, wie hell das Licht auch in der Vergangenheit brennen mag, überall fällt mein Blick zuerst auf diese Larven, die es umtanzen, und das erfüllt mich mit einem solchen Schauder, daß ich selbst von der schönen Sternen-Kette der Weihnachts-Abende mein Auge abwenden muß. [6146]

d. 29sten Mai.
Mir träumte, ich sei in Moskau, und zwar mit Engländer, der vortrefflichst russisch sprach, las und schrieb. Wir gingen aus,

da mußten wir plötzlich eine Strickleiter hinaufklimmen, um weiterzukommen. Die Passage führte über einen Boden, unter einer Menge von Glocken durch, an die man stieß, auch wenn man kroch und die dann Töne von sich gaben. »So erhält der Zar sein Glockenspiel im Gange!« sagte mein Begleiter. [6147]

d. 30sten Mai.

Wir waren im Augarten; Herr von Goethe schloß sich uns an. Er sagte mir, daß im Juni die Korrespondenz zwischen Goethe und Karl August erscheinen wird, und zwar auf Betrieb des Großherzogs, zu dessen Geburtstag sie ausgegeben werden soll. Ich bin äußerst begierig; dies kann die Publikation nicht sein, von der Herr von Cotta im vorigen Jahr bei meiner Durchreise in Stuttgart erklärte, daß sie ihm vatermörderisch vorkomme und daß er sie lieber bezahlen, als drucken wolle. Herr von Goethe sprach sehr gut über das Buch; er meinte, es werde für alle Zeiten die Frage lösen, ob zwischen einem Fürsten und einem Nicht-Fürsten ein Freundschafts-Verhältnis bestehen könne oder nicht, im übrigen aber müsse man nichts Tatsächlich-Neues davon erwarten, denn umgebracht habe sein Großvater niemand und, einen etwa verheimlichten Mord ausgenommen, sei ja alles aus seinem Leben bekannt. [6148]

d. 1sten Juni.

Ein »roi Candaules« wird mir von einer hiesigen Kunsthandlung zugeschickt, wahrscheinlich weil ich Verfasser des Gyges bin. Ein scheußlicher französischer Kupferstich, ganz neu in Paris erschienen; wenn mein Stück ihn hervorgerufen haben sollte, so habe ich viel verschuldet. Kandaules liegt ganz gemütlich im Bett und freut sich seines Besitzes; von Rhodope, die sich eben das letzte Gewand über den Kopf zieht, sind nur die Posteriora sichtbar und Gyges lauscht, wie der Eunuch in dem bekannten Lustspiel des Terenz. [6149]

d. 2ten Juni.

Großer Studenten-Commers zu meinen Ehren im Zeisig. Ich hätte gern abgelehnt, denn ich liebe die Wiederholungen nicht und bin überdies krank, aber ich war der letzte, der eingeladen wurde. Wohl vierhundert junger Männer; alle Fakultäten zahlreich vertreten. An Professoren: Unger für die Jurisprudenz; Dumreicher für die Medizin; Stein für die National-Ökonomie; Zimmermann für die Philosophie u.s.w. Brücke entschuldigte sich den Abend vorher gegen mich mit einer Komitee-Sitzung, fügte aber hinzu, daß er auch ohnehin nicht gekommen sein würde; er wolle nicht den Michel Perin, den Spion wider Willen spielen und er halte es nicht für unwahrscheinlich, daß unter irgendeinem neuen Ministerium noch einmal wieder Untersuchungen wegen schwarzrotgoldner Westenbänder und Pfeifen-Quasten eingeleitet werden könnten. Das ist freilich möglich. Glaser vermißte ich; seltsam genug ergab es sich später, daß er übergangen war. Unger sprach über die Poesie des Rechts, an den fünften Nibelungen-Akt anknüpfend; Zimmermann entwickelte meine Stellung in der Literatur und ging dabei von dem alten dithmarsischen Schlachtruf: »Wahr di, Bur, de Garr, de kummt« und dem zweiten: »Wahr di, Garr, de Bur, de kummt« ebenso originell, als ergötzlich aus. Beide Reden waren vortrefflich; Stein tickte mit Vorsicht an die Schleswig-Holsteinische Frage und rief dadurch viele Unvorsichtigkeiten hervor; ich druckste mir ein paar schickliche Worte des Dankes ab. Kolbenheyer hatte sich mit einem lustigen Gedicht eingestellt, worin er der alten schlesischen Dichter gedachte, denn er selbst ist Schlesier und die Silesia hatte das Fest veranstaltet. Ovationen der Art setzen mich immer in Verlegenheit, aber ich ertrage diese, weil sie wahr sind. Die Jugend ist unbestechlich; sie ruft nicht hurra! wenn sie nichts empfindet. [6150]

d. 3 Juni.

Ein paar gute Geschichten von Marschall, die ich nicht vergessen mögte: Thomson war unendlich faul; als ihn einer seiner Freunde spät nachmittags noch im Bett trifft und ihn fragt, warum er nicht aufgestanden sei, antwortet er: ich hatte kein Motiv dazu! Ein anderes Mal ging er in einem Garten spazieren und erblickte schöne Pfirsiche, die ihn reizten; er war aber zu träge, sie abzupflücken und fand es bequemer, sie gleich vom Spalier mit dem Maul herunterzufressen. – Als Swift seine antiministeriellen Broschüren schrieb und der anonyme Verfasser überall gesucht wurde, übernahm sich sein Bedienter, der das Geheimnis wußte, im Gefühl seiner Wichtigkeit gegen ihn und wurde unverschämt. Auf der Stelle entläßt er ihn. Nach einigen Monaten kehrt der Mensch zurück und sagt: »Herr, nehmen Sie mich wieder auf, die Not wird groß, ich finde kein Unterkommen und ich könnte am Ende aus Verzweiflung etwas Schlechtes tun!« – Napoleon zu seinen Soldaten: »Wenn ihr euch brav haltet, so verspreche ich euch, nicht in den Kampf zu gehen.« Welch ein Feldherr, der so reden darf! Derselbe zum Hof-Dichter, als dieser ihn nach der Rückkehr von Elba mit einer Ode begrüßt und aus Versehen das noch im Frack steckende Poem überreicht, womit er Ludwig den Achtzehnten gefeiert hatte: »l'autre, Monsieur, l'autre!« Das ist für mich Humor. – Ein schottischer Prediger flüchtet sich vor Claverhouse und seinen Rotten; eine Witwe entschließt sich, ihn auf eine Nacht zu verbergen und legt ihn, als Mädchen verkleidet, die Jungfern-Haube auf dem Kopf, zu ihrer Tochter ins Bett. Der Plan glückt, obgleich die Soldaten kommen und visitieren, aber nach neun Monaten ist sie Großmutter, und das von Zwillingen! – Johnson, als Student, schlägt es seinem Vater ab, einen Augenblick auf dem Markt bei seiner Antiquar-Bude stehenzubleiben und sie zu überwachen, weil er es mit seiner Ehre nicht verträglich findet; als Mann tut er Buße, indem er auf dem Platz, wo die Bude stand, eine volle Stunde mit abgezogenem Hut bei strömendem Regen verweilt. – Ein Buchhalter wird vom Starrkrampf befallen, man hält ihn für tot und er erwacht erst, als er bereits im Sarge fortgetragen wird; das geschah in seinen besten Jahren und im hohen Alter erschießt er sich, weil er fürchtet, daß es sich wiederholen könne. – Auf einen Gecken, der sich gern vornehmer Bekanntschaften rühmt, hat Marschall das Epigramm gemacht:

»Der Herzog und ich sind du auf du,
Wir haben nur keine Gelegenheit dazu!«

Dem Erbprinzen, den er auf einer kleinen Reise begleitet, liest er zu Bayreuth aus Jean Pauls Denkbüchern einen Streckvers vor, der so lautet:

»Fürsten und Gauner reisen gern inkognito.«

Er improvisiert ihn aber, denn Jean Paul hat nicht daran gedacht, ihn niederzuschreiben. – In Rußland werden die Leute fabelhaft alt. Das rührt aber in der Regel daher, daß, wenn *ein* Iwan als Beamter mit Tode abgeht, ihm sogleich auf dem Protektions-Wege ein zweiter, oft sogar auch noch ein dritter ohne Meldung bei der höheren Behörde, die den Menschen nie zu sehen bekommt, nachgeschoben wird. Sterben diese Nachfolger dann auch, so ist ein Jahrhundert beisammen und das geht auf die Rechnung des ersten. [6151]

d. 4ten Juni.

Der König von Preußen kommentiert die Verfassung, indem er die Kammern auflöst und die Preßfreiheit so gut, wie aufhebt. In Wien jubelt man darüber und wirft sich in die Brust; ich bleibe aber dabei: es sind Ausnahme-Zustände, und zwar in beiden Ländern! [6152]

d. 5ten Juni.

Thiers tritt wieder auf die Bühne. Das halte ich für ein so wichtiges Zeichen der Zeit, daß es gar nicht überschätzt werden kann. Ohne Zweifel hat sich in Frankreich ein ungeheurer Umschwung vollzogen, denn wer einen Welt-Ruhm zu verlieren hat, der minaudiert nicht zehn Jahre, um sich noch im elften an den Schweif des Rosses zu hängen, das den Triumphator trägt. Aber Napoleon wird sich drehen, wie der Wind sich gedreht hat, und die beiden Widersacher werden sich über den Rhein die Hand reichen. Auf von den Toten, Niclas Becker, und blase dein Horn! [6153]

d. 6ten Juni.

War im Liechtenstein-Garten, um den furchtbaren Scirocco zu ertragen. Massen von Kindern! Wer sich auf die Algebra dieser unbestimmten Größen verstünde! Auch Napoleon sprang einmal so herum und schrie nach Kirschen. [6154]

d. 9ten Juni.

Ich fuhr des Morgens nach Baden, um der Gräfin Salm, geb. Liechtenstein, die mich schon im Mai eingeladen hatte, adjeu zu sagen, traf sie aber nicht zu Hause. In ihrem Garten pflückte ich mir eine schöne Rose, unterwegs begegnete mir ein kleines Mädchen und bat mich um die Blume, da das Kind eine Medizin-

Flasche trug, gab ich sie gleich hin. Dann aß ich und legte mich, von Sonnenschein und Scirocco zusammengedrückt, im Park auf einer Bank zum Schlafen nieder. Eine Amme saß in der Nähe und sang ihren Pflegling ein; die monotone Melodie gewann es auch über mich und ich schlief wirklich eine volle Viertelstunde lang. Darauf, wunderbar erquickt und erfrischt, als ob ich dem Tod sein Recht angetan und ihn abgeschüttelt hätte, erstieg ich die »Moritz-Ruhe«, eine Anhöhe mit einem kleinen Holz-Pavillon, welchen das dankbare Baden dem Genius Saphirs gesetzt hat, aber bei Lebzeiten, als er die Zähne noch zeigen konnte. Die Aussicht ist schön, allein aus dem zum Einzeichnen aufgelegten Album sind die Zwangs-Huldigungen der ersten Jahre herausgeschnitten und den neuen Raum füllen schlechte Witze von höchst unschmeichelhafter Natur. Sic transit gloria mundi. Ich erinnerte mich des Tags, wo er mich samt einer ganzen Gesellschaft hinaufschleppte; ich sollte meinen Tribut darbringen und er war sehr unangenehm überrascht, als ich statt des erwarteten Impromptus ein Frühlingslied aus meiner Gedicht-Sammlung hineinschrieb. Auf der Eisenbahn die Magd mit dem kleinen Hund auf dem Schoß. Ein Soldat fragte sie, ob sie das Tier so liebe. Sie versetzte: ich mögte ihn lieber erwürgen, aber meine Gnädige erwürgte mich wieder, wenn ich dem Vieh etwas täte. Dabei streichelte sie ihn und er leckte sie. Abends brannte das Treumanns-Theater ab; glücklicherweise nach der Vorstellung. Wir sahen das Flammen-Meer von unseren Fenstern aus; ich lag schon im Bett, meine Frau holte mich herüber. Es war der feuergefährlichste Holzkasten von der Welt und eine Polizei, welche die Errichtung desselben gestattete, hatte eigentlich das Recht verloren, noch irgend etwas zu verbieten. Aber Herr Treumann war Hof-Hanswurst und die Verdienste, die er sich als solcher erwarb, mußten belohnt werden, wenn auch auf Kosten der allgemeinen Sicherheit. [6155]

d. 10 Juni.

Leichenbegängnis der Generalin Jablonski, kaum seit vier Monaten verwitwet von einem schwerkranken Mann, den sie viele Jahre zu pflegen gehabt hatte. Ich kannte sie nicht, sie machte meiner Frau mit ihrer siebzehnjährigen Tochter einen Besuch und das Mädchen schloß sich sehr an Titi an. Mit Titi fuhr ich daher nach Döbling, wo sie seit kurzem wohnte, hinaus; großer Leichenzug durchs ganze Dorf, unter blühenden Akazien, mit Musik und militärischem Pomp. Am Wege saß ein alter blinder Mann und horchte, mit tiefem Ernst im Gesicht; ich folgte, meine Tochter am Arm. [6156]

d. 11 Juni.
Der Kaiser Napoleon war 52 Jahre alt, als er starb, 46, als man ihn nach Skt Helena schickte. Wenn man seine Geschichte liest und sich seiner Taten erinnert, sollte man glauben, es müßten ebensoviele Jahrtausende gewesen sein. [6157]

d. 13 Juni.
Gestern abend die Nibelungen. Ein gesteckt volles Haus; ohne Beispiel um diese Zeit. Unter dem Publikum, das sich die Urwelts-Recken ansah, bemerkte meine Tochter auch die drei Zwerge, die zuletzt im Treumanns-Theater gastierten. Sie waren höchst andächtig; die kleinen Männer freuten sich von Herzen über die großen und gaben ein gutes Beispiel, denn diese Eigenschaft ist die seltenste von allen. [6158]

Mittags beim Begräbnis des jungen Laube, einzigen Sohns seines Vaters. Ich hätte um alles in der Welt nicht fehlen, freilich aber auch um alles in der Welt meine Teilnahme nicht in Worten aussprechen mögen; eben weil sie echt und darum empfindlich war. Kläglich benahm sich der Schauspieler Ludwig Löwe; er stand in einer Ecke der Kapelle und skandalisierte sich über seine Kollegen, daß sie sich so zahlreich eingestellt hatten. Sie steckten es ruhig ein, statt ihn zu fragen, warum er selbst denn nicht ausgeblieben sei. In diesem Manne hat der Komödiant den Menschen rein aufgezehrt; ihm ist Unrecht widerfahren, gewiß, und ich habe es oft ausgesprochen, aber wer das in solchen Momenten nicht vergißt, der hat es fast verdient! Dabei ist er den Siebzigen nah! [6159]

d. 15ten Juni.
In Orth; zum erstenmal allein, um die Solenbäder zu brauchen! Bei strömendem Regen angekommen, gestern abend gegen

sieben; auch der heutige Vormittag war ungenießbar und gehörte dem Jupiter Pluvius. Aber um vier schlug ich mir doch einen ganz hübschen Spaziergang heraus, wenn auch an das Anfangen der Kur noch nicht zu denken war. Ein zweibeinigtes Schwein karrte zwei vierbeinigte zu Hause; ein Bauer nämlich, der mir auf dem Rückwege begegnete, warf mit dem Schiebkarren um, und ich vernahm dabei so unerhörte Töne, daß ich eine ganz neue Melodie des Verdrusses kennenzulernen glaubte und über die Leistungs-Fähigkeit der menschlichen Kehle erstaunte. Als ich aber näher hinsah, bemerkte ich, daß sich in der von der Karre herabgeglittenen Kufe unter den darübergedeckten Säcken etwas Lebendiges bewegte, das grunzend große Unzufriedenheit an den Tag legte, und als ich den Mann fragte, ob es Schweine seien, erwiderte er mit höflichem Lallen: jawohl, zwei ganz kleine, und er habe sie auf dem heutigen Markt so teuer bezahlen müssen, daß er sich aus Ärger einen Rausch angetrunken hätte und nun nicht wisse, wie er damit heimkommen solle. [6160]

d. 18 Juni.

Gestern nahm ich das erste Solenbad und zwar in dem neuen Etablissement. Kaltes Zimmer, kalte Metall-Wanne, kaltes Wasser, keine Spur von Transpiration, vielmehr Schaudern und Frösteln. Resultat: ein scheußlicher Tag. Heute nahm ich das zweite, aber in der alten Bad-Hütte auf der Traun-Brücke; alles umgekehrt. Als ich aus meinem Zimmer heraustrat, flatterte mir eine Schwalbe entgegen, die auf der Diele ihr Nest hatte; ich nahm es »für ein günstig Zeichen, ein Zeichen, wie's der Kranke braucht«, um Uhlands Verse mit einer kleinen Variation anzuwenden. [6161]

Vorher schrieb ich meiner Frau einen Brief über Geselligkeit und gesellige Leute. Als ich zurückkam, tief in meinen Überrock eingeknöpft, begegnete mir einer von der nobeln Klasse und ich rief: der wird nun über dich herstürzen, wie das Faultier über den grünen Baum! Es geschah zufällig nicht, aber der Prozeß, aus dem dieser Gedanke hervorging, wurde mir merkwürdig. Bis zum vergleichenden *Wie* war er natürlich, als sich ganz von selbst verstehend, beim Anblick des bedrohlichen Individuums auf der Stelle da und wurde auch laut ausgesprochen. Beim *Wie* stockte die Zunge, augenblicklich aber schoß das ergänzende Bild nach, ohne daß die Genesis desselben vorher ins Bewußtsein gefallen wäre. Das geschieht auch nie, aber in diesem speziellen Fall ist der Ideen-Assoziation, die das Bild erweckte, vielleicht mit Bestimmtheit nachzukommen. Das Faultier tötet den Baum, auf den es sich setzt, wenigstens für einen Sommer, und der langweilige Mensch denjenigen, an den er sich hängt, wenigstens für eine Stunde oder für einen Tag. So decken sich diese beiden analogen Erscheinungen der physischen und der intellektuellen Welt für die Phantasie in dem Punkt, der für sie der wesentliche ist, vollständig und müssen sich darum auch gegenseitig hervorrufen. Dieser Prozeß wird aber immer stattfinden, wenn er sich auch nur selten so klar in seine einzelnen Momente auflösen lassen mag. [6162]

d. 20 Juni.

Nachmittags von sechs bis Sonnen-Untergang beim Kogelbräu. Die Wirtin, kaum ein paar Jahre verheiratet, ist schon so dick, wie ein Faß. Wie sie sich so durch den Saal schob und ihrem Schädel für jeden der Gäste ein paar nichtssagende Worte abzupressen suchte, war sie die Karikatur einer Fürstin, die im Hofzirkel die nämliche Rolle zu spielen hat. Gespräch. Ein Gast machte die zufällige Bemerkung: »Was hat eine Kellnerin im Alter!« Eine Kellnerin, die gerade vorüberging, hörte es und versetzte: »Wie viele Kellnerinnen sterben jung!« Der Tod ist solch einem Mädchen gewiß der Schrecken aller Schrecken; nichtsdestoweniger mußte er hier als Schild gegen den Gedanken an ein hülfloses Alter dienen. Aber so ist der Mensch! Die Nibelungen sind am 19ten zum zehntenmal gegeben; diesmal auf Befehl des Hofs zur Eröffnung des Reichsrats. [6163]

d. 21 Juni.

Das vierte Solenbad. Der Himmel war bedeckt, als ich hinging und entlud sich in scharfen Windstößen und Regen, als ich zurückkam. Es hat mir aber nicht geschadet, im Gegenteil, ich befinde mich ungewöhnlich wohl und Doktor Wagner, den ich zufällig traf, sagte mir, daß man sich überhaupt mit Solen-

Bädern nicht so ängstlich in acht zu nehmen braucht, wie mit anderen, weil das Salz die Poren verstopft, und die Erkältung gewissermaßen absperrt. [6164]

Nach einer Volks-Sage werden alle Voll-Mond-Gesichter zurückgelegt. Von Kinder-Köpfen wäre das lieblicher, denn dies Hinüberblühen des einen Engel-Antlitzes in das andere ist wohl das Schönste, was man auf Erden sehen kann. In wie vielen Gestalten schwebt mir mein Töchterchen vor. [6165]

»Sie tat in dieser verzweifelten Situation das Gelübde, sich nicht eher rasieren zu lassen, als bis ihr ein Bart gewachsen sei.« [6166]

Einmal wieder über Gutzkow nachgedacht. Resultat: Er würde am Menschen eher den H–, als den Mund entdeckt haben. [6167]

Wie reich kommt man sich in der Jugend vor. Und im Alter ist man der Vogel, der den Ozean austrinken und den Berg, Sandkorn nach Sandkorn, abtragen soll! Aber beides muß sein! [6168]

d. 22 Juni.
Fürchterlicher Regen. Keine Möglichkeit, den Fuß vor die Tür zu setzen. Ein schon in Wien angefangenes hübsches Buch geendigt; Otto Beneke »Von unehrlichen Leuten«. Was seit Riehl im kulturhistorischen Gebiet in Deutschland geschieht, ist unschätzbar, und der Verfasser hat einen gewichtigen Beitrag dazu geliefert. Er hat auch Geist gezeigt und den Humor, der in den Dingen liegt, vortrefflich hervorgehoben. Nur in einem Punkt scheint er mirs zu versehen; wenn er nämlich glaubt, die Spielleute und die sämtlichen fahrenden Jünger der fröhlichen Künste seien verachtet worden, weil sie »Gut über Ehre« setzten, so ist es wohl umgekehrt geschehen, weil sie »Ehre« höher hielten, als »Gut«. Von Erwerb war bei ihnen ja gar nicht die Rede, sie schätzten sich glücklich, wenn sie sich von einem Tage zum anderen hinüberfristeten und fanden für alle ihre Not und Beschwerde in dem Beifall, den sie dem griesgrämigen Philister

widerwillig abtrotzten, wenn sie tanzten und sprangen, pfiffen und sangen, einen voll genügenden Ersatz. Gerade dies aber war es, was der Philister dem leichtblütigen Völklein nicht verzieh; er nannte ihr Treiben ein »brotloses«, kein »ehrloses« und er mied sie nicht, weil er Schimpf von ihnen besorgte, sondern weil er Schaden fürchtete. Das konnte ja auch nicht anders sein, da er ja selbst nicht durch das Streben nach Ehre, sondern durch das Trachten nach Geld und Gut in Bewegung gesetzt ward. Der Kaufmann befrachtete seine Schiffe, nicht, um die Weltteile miteinander zu verknüpfen, sondern um von den Waren seine Prozente zu erheben und Schätze aufzuhäufen; der Arzt schrieb seine Rezepte, nicht, um die Leiden der Menschheit zu vermindern und wissenschaftliche Triumphe zu feiern, sondern um sich die Visiten bezahlen zu lassen; der Advokat führte die Prozesse seines Nächsten, nicht um sich in der Dialektik zu vervollkommnen und der blinden Themis einen verworrenen Knäuel auflösen zu helfen, sondern um sich von den Sporteln zu mästen u. s. w. Auch wird keiner von diesen behauptet haben, daß das Spekulieren auf den möglichst größten Vorteil, der notwendige Hokuspokus an einem rätselhaften Krankenbett oder das Drehen und Wenden schmutziger Rechtshändel dem Seelen-Adel und der Charakter-Entwickelung zuträglicher sei, als das Erfinden und Vortragen von schönen Liedern und Melodieen. Es war absolut nur der Mangel des »goldenen Bodens«, wegen dessen man die Künste mit dem Verdikt belegte und ganz in demselben Maße, als sie diesen gewannen, wurden sie rehabilitiert. Die letzten waren die Schauspieler. Wie wurden sie noch zu Ekhofs und Ackermanns Zeit über die Achsel angesehen; ganz natürlich, denn sie hingen vom Prinzipal ab und der Prinzipal vom Publikum, wie verläßlich das Publikum aber war, wußte der Philister am besten, denn er war es selbst. Da hieß es denn: der Mensch muß gänzlich ausgehöhlt werden, der aus der täglichen Verstellung ein Gewerbe macht und heute im Königs-Mantel, morgen in Bettler-Tracht einhergeht; als ob das alles den Dichter, wenigstens den dramatischen, nicht noch in viel höherem Maß träfe und als ob der Herr Pastor, der alle Sonntag, bald für den lieben Gott und bald für den Teufel das Wort ergreift, ohne daß der Rollen-Wechsel ihm in den Augen der Gläubigen Nachteil bringt, nicht auch davon berührt würde. Die stehenden Theater mit den fixen Gagen und den Pensionen kamen und plötzlich war der Mime Vollbürger, denn nun konnte man ihn – pfänden, was nicht anging, solange er nur noch Talent besaß. [6169]

d. 23 Juni.

Einen allerliebsten Brief von Titi; acht Seiten lang. Seltsames Gefühl, eigentümliche, den eigenen zum Teil widersprechende Gedanken und Empfindungen von einem Wesen entgegenzunehmen, das ohne einen nicht da wäre. Sie richtet mir Grüße nach der »Jelänger-Jelieber-Liste« aus, nämlich von der Mama, von Schatzi, Schelmi, Pintschi, Drossi und Zeisi. Da ist auch wirklich so ziemlich alles aufgezählt, was ich mit Liebe und Vertrauen zugleich umfasse. Alle übrigen Verhältnisse sind mehr oder weniger konventioneller Natur und werden durch den Strick von Sand aus dem Kinder-Märchen zusammengehalten, den man bekanntlich nicht anrühren darf und auch vor dem Luftzug in acht nehmen muß. [6170]

d. 25 Juni.

Heiße Tage. Im Verein mit diesen fangen die Bäder an, zu wirken. Ich bekomme, wenn ich in der Wanne liege, wieder gute Gedanken und das ist bei mir immer ein untrügliches Zeichen. [6171]

Goethe will im zweiten Teil des Faust Öde und Einsamkeit schildern und räumt zu diesem Zweck die Wellenbewegung und die Wolkenbildung weg. Aber das genügt nicht; solange der Mensch seine Atemzüge und seine Pulsschläge zählen kann, fühlt er sich zu zweien, ist wenigstens nicht ganz allein. [6172]

d. 26 Juni.

Furchtbare Schwüle. Um halb fünf Uhr ein Gewitter mit einem wahren Welt-Untergangs-Regen. Ich beobachtete vom Salon aus die Vögel, die sich in den großen Birnbaum flüchteten. Ein Stadel und eine Meise waren mir besonders merkwürdig. Das Meislein saß ganz ruhig, bis alles vorüber war, hinter einem ganz kleinen Ast und drehte nicht einmal das sonst doch so bewegliche Köpfchen; wohl eine halbe Stunde lang. Der Stadel gewöhnte sich nach und nach an den Aufruhr der Elemente; er veränderte von Zeit zu Zeit die Stelle und klaubte Insekten ab.

[6173]

Sehr hübscher Brief vom Großherzog. Er dankt mir für meine Gratulation zu seinem Geburtstage, und nennt mich den »Fürsten der Gedanken«. [6174]

d. 27 Juni.

Ich schritt vorbei an manchem Baum,
 Im Spiel der Morgenwinde;
Da rief ich plötzlich, wie im Traum:
 »O Gott, o Gott, wie linde!«

Es war der holde Lindenbaum,
 Ihn kräuselten die Winde,
Da weckte aus dem Dichtertraum
 Sein süßer Duft mich linde.

Ich aber sprach: Du einzger Baum,
 Dich grüßt wohl selbst der Blinde,
Der deinen Namen nie im Traum
 Vernommen, noch als Linde!

Buchstäblich. Erlebt, als ich um halb zehn ins Bad ging; gemacht während des Bades; niedergeschrieben, wie ich wieder zu Hause kam. [6175]

d. 25 Oktober.

Eine große Leidens-Periode, die noch nicht vorüber ist, so daß ich sie später fixieren kann. Aber seltsam genug, hat seit 14 Tagen der poetische Geist angefangen, sich in mir zu regen, es entstanden anderthalb Akte des Demetrius, obgleich ich, durch Rheumatismen verhindert, kaum imstande war, sie niederzuschreiben, und wenn es so fort geht, darf ich hoffen, das Stück im Winter unter Dach und Fach zu bringen. Wunderlicheigensinnige Kraft, die sich jahrelang so tief verbirgt, wie eine zurückgetretene Quelle unter der Erde, und die dann, wie diese, plötzlich und oft zur unbequemsten Stunde, wieder hervorbricht!

[6176]

ANHANG

ABKÜRZUNGEN

Bamberg – Friedrich Hebbels Tagebücher. Mit einem Vorwort hrsg. von Felix Bamberg, Berlin 1885/87.

Bornstein – Sämtliche Werke nebst den Tagebüchern und einer Auswahl der Briefe. Hrsg. von Paul Bornstein, Bd. 1–6, 1911 ff.

HKA – Sämtliche Werke, Histor.-krit. Ausgabe, besorgt von R. M. Werner, 1911 ff. (HKA VI, 350 = HKA Bd. VI, S. 350.)

Krumm – Friedrich Hebbels Tagebücher in vier Bänden. Hrsg. von Hermann Krumm, Leipzig o. J. (1904).

W – Werke, Bd. I–V der von Gerhard Fricke, Werner Keller und Karl Pörnbacher im Carl Hanser Verlag, München, 1966/67 erschienenen Ausgabe. (W II, 20 = Werke Bd. II, S. 20.)

‹ › – Text von Hebbel gestrichen.

[ ] – Zusätze des Herausgebers.

ANMERKUNGEN

ANMERKUNGEN ZU DEN TAGEBÜCHERN

(Die Anmerkungen folgen den Nummern der Tagebuchnotizen. Bei Erläuterungen zu Notizen, die sich über mehrere Seiten erstrecken, sind außerdem die Seitenzahlen angegeben. Zu Namen, die bereits in den Anmerkungen zu Bd. I und Bd. II erläutert worden sind, wird im folgenden nur dann etwas angemerkt, wenn sie von Hebbel in neuem Zusammenhang genannt werden. Einen Überblick über alle in den Tagebüchern vorkommenden Namen gibt das Personenregister am Ende des Bandes.)

4339 *Die Patientin* – Hebbels Frau *Christine*, die am 25. 12. 1847 ein Mädchen, *Christine (Titi)*, geboren hatte.

4342 Vgl. W III, 520.

4343 *Steffens' Memoiren* – Die Memoiren von Henrich Steffens (1773–1845) waren unter dem Titel »Was ich erlebte« (Breslau 1840–45, 10 Bde) erschienen.

4344 *Von Ruge einen Brief* ... – Arnold Ruge hatte Hebbel darauf aufmerksam gemacht, daß seine Distichen (vor allem die Pentameter) fehlerhaft waren; in der zweiten Hälfte des Pentameters, nach der Zäsur, setzte er an die Stelle des Daktylus einen Trochäus (Hinweis Krumms). – *Voß-Platenschen Observanz* – Vgl. Motto zu den Epigrammen, W III, 115. – *Er lobt* ... – Am Rand hinzugesetzt.

4347 *Schott* – Vermutlich Siegmund Schott (geb. 1818), Advokat, Schriftsteller und Abgeordneter der württ. Abgeordnetenkammer. – *Auerbach* – Berthold Auerbach (1812–1882), Schriftsteller, Schöpfer der realistischen Dorfgeschichte. Vgl. auch W III, 685.

4351 Am Rand:

4353 *... schon einmal niederschrieb* – jedoch nicht im Tagebuch. Vgl. »Zur Anthologien-Literatur« (HKA XII, 80): »Man braucht sich, wenn man im einzelnen Fall wissen will, ob man es mit einem Kristall, oder mit einer Reflexionsspitze zu tun habe, nur einfach zu fragen, ob eine Leiter zu dem Produkt hinaufführt, oder nicht, d. h. ob es die bloße höhere Potenz einer längst vorhandenen Gedankenreihe ist, oder ob es an die Minerva mahnt, die plötzlich aus Jupiters Haupt entsprang. So wird niemand die Genealogie des Goetheschen Erlkönigs, des Uhlandschen Glücks von Edenhall, der Heineschen Meerlilie nachweisen können.«

4354 Vgl. »Die Krankheit«, HKA VI, 377.

4357 Vgl. »Vorwort zu Maria Magdalene«, W I, 309.

4359 Christian VIII. von Dänemark (geb. 1786) war am 20. 1. 1848 gestorben. 1806 hatte er sich mit Prinzessin Charlotte von Mecklenburg-Schwerin verheiratet, wurde 1809 von ihr geschieden und heiratete 1815 die Prinzessin Karoline Amalie von Schleswig-Holstein-Sonderburg-Augustenburg. War am 28. 6. 1840 zum König von Dänemark gekrönt worden.

4361 *Dahlmann* – Friedrich Christoph Dahlmann (1785–1860), Staatsmann und Geschichtsschreiber.
4362 *Urbild des Tartüffe* – Vgl. W III, 594 und 954.
4363 *Elise* – Elise Lensing war auf Wunsch *Christines* im Mai 1847 nach Wien eingeladen worden; sie blieb eineinviertel Jahre. Vgl. Tgb. 4181 und Anm.
4369 *Louis Philipp* – Louis Philipp (1773–1850), seit August 1830 »König der Franzosen«; mußte am 24. 2. 1848 im Zusammenhang mit der Wahlreformfrage abdanken.
4370 Vgl. Tgb. 3437 und Anm.
4371 *Metternich* – Klemens Lothar Wenzel Fürst von Metternich (1773 bis 1859), österr. Staatsmann; am 13. 3. 1848 wurde er durch den Wiener Aufstand gezwungen, seine Entlassung zu nehmen. – *Ein ganz neues Stück* – »Das erste Todesurteil«, W II, 535 und 730. – *des Kaisers* – Ferdinand I. (1835–1848), Kaiser von Österreich.
4372 *Blutvergießen* – Am 18. 3. 1848 war es in Berlin zu blutigen Auseinandersetzungen zwischen dem König, Friedrich Wilhelm IV. (1840–1861), und dem Volk gekommen. Am 19. 3. zog der König seine Truppen zurück, am 22. 3. kam es zur Berufung einer preußischen Nationalversammlung nach Berlin. – *Blut ein ganz besondrer Saft* – Vgl. »Faust I«: Blut ist ein ganz besondrer Saft. V. 1740.
4374 Vgl. »Die Erde und der Mensch«, W III, 102 und 901 f.
4375 Vgl. Tgb. 4371.
4380 *meine Stücke spielen* – am 8. 5. 1848 »Maria Magdalene«; am 1. 2. 1849 »Judith«; am 19. 4. 1849 »Herodes und Mariamne«. – *Holbein* – Franz Ignaz von Holbein, Edler von Holbeinsberg (1779–1855), Theaterdirektor und Verfasser von Dramen; 1841–1849 Direktor des Hofburgtheaters in Wien. Vgl. W III, 842 und 982.
4384 Am Rand: *Zensur in Österreich.* – Vgl. »Wiener Briefe« 5 (HKA X, 245): »Es kam so weit, daß, wie die hebräischen Grabschriften des Judenkirchhofs einer Zensur unterworfen wurden, die Puppenspieler ... Ordre erhielten, sich des Worts ganz zu enthalten.« – *Schletter* – Hermann Theodor Schletter (1816–1873), Rechtsgelehrter. Hebbel zitiert aus seinem »Handbuch der deutschen Preßgesetzgebung«, Leipzig 1846.
4389 Vgl. dazu die »Berichte aus Wien« und »Österreich und Deutschland«, W III, 831 ff. und 981 ff.
4391 *Die Gattin.* – Lesung fraglich.
4392 Vgl. »Berichte aus Wien« (HKA X, 92): »Der Mann kann dem Jüngling Gerechtigkeit widerfahren lassen, denn er ist selbst Jüngling gewesen; der Jüngling nicht dem Mann, denn er soll erst Mann werden, und er wird die besonnene Mäßigung, an welche die Geschichte den wahren Fortschritt nun einmal geknüpft hat, nur zu leicht mit zaghafter Unentschlossenheit, die sich ohne Aufhören im Kreis herumdreht, verwechseln.«
4395 *Herwegh* – Georg Herwegh (1817–1875), polit. Dichter. Gleich

nach der Pariser Februarrevolution von 1848 trat er bei mehreren Kundgebungen der Deutschen in Paris als Führer auf und fiel im April 1848 an der Spitze einer deutsch-französischen republikanischen Arbeiterkolonne in Baden ein, wurde jedoch am 27. April bei Schopfheim von den württembergischen Truppen besiegt.

4396 *Anschütz* – Heinrich Anschütz (1785–1865), seit 1821 als Schauspieler und Regisseur am Wiener Hofburgtheater. – *Tine* – Hebbels Frau hatte die Rolle der Klara übernommen.

4400 Vgl. Brief an Kühne vom 16. 6. 1848: »Noch einmal, lieber Kühne, meinen besten Dank für Ihre liebevolle Beschäftigung mit meiner etwas unzugänglichen Individualität, die jedenfalls bis dato einem Tannzapfen noch immer ähnlicher ist, als einer Ananas!« (Hinweis Krumms).

4403 Vgl. »Herodes und Mariamne« III, 6 (W I, 543 ff.).

4404 Vgl. »Das Prinzip der Naturnachahmung«, W III, 121 und 906.

4405 Vgl. »Vier Nationen unter einem Dache«, W II, 625 und 736.

4406 *Wildner* – Wildner-Maithstein war neben Hebbel, Saphir und Prechtler Mitglied der Schriftsteller-Deputation nach Innsbruck.

4409 *Erzherzog Johann* – Johann Baptist Joseph Fabian Sebastian, Erzherzog von Österreich (1782–1859). Kaiser Ferdinand ernannte ihn 1848 zu seinem Stellvertreter in Wien. Am 27. 7. 1848 wurde er vom Frankfurter Bundestag zum Reichsverweser gewählt. – Bei dieser Tagebuchstelle handelt es sich wohl um Notizen von Hebbels Gespräch mit Erzherzog Johann in Innsbruck.

4410 *Fleischblume* – Lichtnelke (Lychnis).

4410a Am Rand: Mittel gegen das kalte Fieber.

4411 Vgl. »Gyges« V. 1810 ff. (W II, 67) und Tgb. 4481.

4412 Am Rand: Humoreske. – Vgl. W III, 520.

4415 Vgl. »Wallenstein«, W III, 591, *13 ff.*

4417 Vgl. »Einem Ursprünglichen«, HKA VI, 350.

4419 Vgl.

Die Form

Braune Augen und blaue, man sieht mit beiden, warum denn
    Sind die Farben nicht gleich? Ahne das Wunder der Form!

4420 Vgl. »Michelangelo« V. 619 ff. (W I, 675).

4424 Am Rand: ☞ – Vgl. »Herodes und Mariamne« V. 2285 ff. (W I, 559).

4429 Vgl. »Berichte aus Wien« (HKA X, 117): »*Der Arm kann freilich das Herz durchbohren, aber das ist auch sicher seine letzte Tat.*« und »Nibelungen II« V. 2456 ff. (W II, 205).

4435 »*Titus, du siehst . . .*« – Vgl. »Herodes und Mariamne« V. 2452 (W I, 565).

4437 Vgl. Tgb. 3338 und 4438.

4438 *Franz* – Jakob Franz, Jugendfreund Hebbels, Apotheker auf Helgoland. Vgl. »Mutter und Kind« V. 509 (W III, 171).

4439 *Knaben* – Christine Hebbels Sohn Karl, den Hebbel später adoptierte; vgl. seine Notiz vom Jahre 1855 (zitiert nach Hebbel-Dokumente, hrsg. von Rudolf Kardel, Heide 1931, S. 37):

Durch Gegenwärtiges erkläre ich, daß ich den vor der Ehe geborenen Sohn meiner lieben Frau Christine, geb: Engehausen, welcher den Namen Carl Engehausen führt, als den meinigen adoptire, daß ich ihm daher insbesondere das Recht einräume, meinen Namen, statt des ihm in der Taufe beigelegten, anzunehmen, und daß ich bei seiner Confirmation diese Privat-Erklärung legalisieren lassen werde. Wien d. 3ten Sept: 1855.

Friedrich Hebbel, Dr phil:

Gegenstück zu einer von meiner l. Frau ausgestellten Erklärung. Gmunden d. 27. Aug: 1855.

4441 Krumm bezieht diese Stelle auf Christine.
4443 *Cromwell* – Oliver Cromwell (1599–1658), engl. Staatsmann, von 1653–58 Lordprotector. Seine Leiche wurde von den Stuarts nach ihrer Rückkehr wieder ausgegraben und an den Galgen gehängt.
4444 Vgl. W II, 685 und 741.
4446 Vgl. »Der beste Liebesbrief«, HKA VI, 285.
4452 Vgl. Tgb. 3411 und 3582.
4453 *Feuerbachschen Sachen* – Ludwig Andreas Feuerbach (1804–1872), Philosoph. Sein Hauptwerk, »Das Wesen des Christentums«, war 1841 in Leipzig erschienen. Der Einfluß Feuerbachs auf Hebbel darf, wie diese Notiz zeigt, nicht überbewertet werden. – *in einem alten Tagebuch* – Tgb. 80.
4457 Bedeutung des Datums unbekannt.
4458 Vgl. »Im Großen, wie im Kleinen«, HKA VI, 374.
4462 Vgl. »Kriegsrecht«, HKA VI, 357 und Tgb. 2954.
4463 Vgl. »Berichte aus Wien« (HKA X, 142): »Shakespeares ›Julius Caesar‹ wurde vorbereitet, ist aber, um einem aufdringlichen Machwerk Platz zu machen, wieder zurückgeschoben; dennoch wäre kein Stück mehr an der Zeit, wie dieses, denn wenn es auch allerdings den Absolutismus nicht predigt, so veranschaulicht es doch so eindringlich, wie möglich, was bei einem unmotivirten republikanischen Experiment herauskommt, und was die Folge davon ist, wenn die Irren ihren Arzt erschlagen.«
4467–4473 Schnitzel aus »Herodes und Mariamne«.
4477 Vgl. W III, 521.
4480 *la Roche* – Karl Ritter von La Roche (1794–1884), namhafter Schauspieler, seit 1833 am Burgtheater (lebenslängliches Engagement).
4481 *Gelf* – Guelfen hießen im Mittelalter seit der Stauferzeit die Verfechter der päpstlichen Interessen im Gegensatz zu den *Ghibellinen*, den Anhängern des Kaisers. – *Frau von Goethe* – Ottilie von Goethe (gest. 1872), Goethes Schwiegertochter. Vgl. W III, 641 und 960.
4482 Später neben Tgb. 4483 nachgetragen.
4483 Schnitzel aus »Herodes und Mariamne«.
4484 Am Rand:

4487 *Bülow* – Karl Eduard von Bülow (1803–1853), Schriftsteller. Seine Kleistbiographie erschien 1848 in Berlin unter dem Titel »Heinrich von Kleists Leben und Briefe«.

4490 Am Rand: ☛ – Vgl. »Der Rubin« V. 1002 ff. (W I, 637) und Tgb. 3639.

4499 Vgl. »Michel Angelo« V. 711 f. (W I, 677).

4500 Vgl. Tgb. 4881.

4502 *Sch-?* – Beziehung unklar.

4508 Am Rand: ☛ – Vgl. W III, 521.

4511 *Dr. Tedesco* – Hebbels Hausarzt.

4513 *Die Kuh* – Vgl. W III, 489 und 939. Die Notiz wurde von Hebbel erst später nachgetragen.

4515 Vgl. »Shakespeares Zeitgenossen und ihre Werke« (HKA XII, 303 f.): »Ein reisender Ungar setzte sich eines Abends in einer römischen Osteria zu mir und einigen befreundeten Künstlern und tat nach den paar Wechselreden, womit eine Wirtshaus-Bekanntschaft angeknüpft wird, ohne weiteren Übergang und ohne zu ahnen, daß sich ›ein talentvoller, mit Recht hochgeachteter Dichter‹ in der Gesellschaft befinde, gegen uns zu unserem größten Erstaunen den Ausspruch, daß er die ›Theaterstückschreiber‹ für die niederträchtigsten aller Menschen halte. Als wir ihn, nachdem wir von der ersten Überraschung zurückgekommen waren, mit aller Höflichkeit um seine Gründe baten, erzählte er uns mit Entrüstung den Inhalt des Königs Lear, den er in Wien gesehen hatte, ohne sich den Titel zu merken und den Verfasser zu kennen, und schloß in wahrer Berserkerwut mit der Beteuerung, so nichtswürdige Frauenzimmer, wie diese Töchter des alten braven Mannes, gebe es nicht, der schlechte Kerl habe sie der Menschheit auf den Hals gelogen, und er sehne sich darnach, ihn zu treffen und ihn tüchtig dafür durchzuwalken. Wir erblickten in dieser Szene einen der höchsten Triumphe des Dichterkönigs.«

4516 Am Rand: ☛

4521 Vgl. Tgb. 3337.

4524 Vgl. »Einem Ursprünglichen«, HKA VI, 350 und »Grenze des Denkens«, W IV, 935 f.

4527 Vgl. »Gyges« V. 975 (W II, 40):
              Dies ist gewiß die Stunde,
     In welcher du, wie dus so lieblich nennst,
     Dich innerlich besiehst!

4528 *Ammerling* – Friedrich von Amerling (1803–1887), einer der angesehensten österr. Bildnismaler; Porträtist der Wiener Aristokratie. – *Schilcher* – Friedrich Schilcher (1811–1881), Portrait- und Genremaler.

4532 *Cagliostros* – Alexander Graf von Cagliostro, eigentlich Joseph Balsamo (1743–1795), Abenteurer und Hochstapler. – *Pitaval* – Vgl. Anm. zu Tgb. 3904.

4533 *Eitelberger* – Rudolf Eitelberger von Edelberg (1817–1885), seit 1847 Dozent für Kunstgeschichte an der Wiener Universität.

4536 Am Rand: *Novellen-Zug.* – Vgl. W III, 521.

4538 Am Rand: *Figur.* – Vgl. W III, 522.

4541 Vgl. Tgb. 4380.

4542 Vgl. »Schillers Briefwechsel mit Körner« (HKA XI, 187): »Shakespeare; er bringt keine Figur hervor, die nicht so viel Blut im Leibe hätte, daß sie nicht das ganze Drama überschwemmen müßte, wenn sie die Hand auch nur an einer Nadel ritzte.«

4544 Am Rand: ☛ – *E.* – Elise Lensing. – *P* – Pinscher, Hebbels Kosename für Christine.

4545 Am Rand: ☛ – *Yelva* – Drama von Augustin Eugène Scribe (1791–1861).

4553 Vgl. Tgb. 4173 und Anm.

4555 *E.* – Elise.

4556 *Gärtner* – Wilhelm Gärtner, kath. Geistlicher, Verfasser des »Attila« und des »Simson«; vgl. Tgb. 4579.

4559 Am Rand: NB.

4560 Vermutlich Satire auf die reaktionären Bestrebungen der Zeit.

4561 *(E.)* – Eitelberger (vgl. Anm. zu Tgb. 4533)?

4566 Am Rand: ☛ – Vgl. die Entstehung des »Demetrius«, W II, 714f.

4568 *Schwarzer* – Ernst von Schwarzer, im Jahre 1848 Arbeitsminister.

4569 Hebbel verwendet diese Episode in »Michel Angelo« V. 400 (W I, 667).

4571 *Becher* – Alfred Julius Becher (1803–1848), Hauptführer der Wiener Oktoberrevolution. Musikkritiker und Redakteur des revolutionären Blattes »Der Radikale«. Wurde am 23. 11. 1848 vor dem Neutor in Wien erschossen. – *Porubski* – Pfarrer der protestantischen Gemeinde in Wien.

4577 *Schacks* – Adolf Friedrich Graf von Schack (1815–1894), Dichter und Literarhistoriker, veröffentlichte »Geschichte der dramatischen Litteratur und Kunst in Spanien«, Berlin 1845f., 3 Bde.

4578 *Rubin* – Vgl. W I, 595 ff. und 800 f.

4579 *Gärtner* – Vgl. Tgb. 4556.

4581 Zur Uraufführung von »Herodes und Mariamne« vgl. W I, 795.

4582 *schenkt* – Krumm liest hier: *schickt.*

4587 Später hinzugesetzt.

4589 Vgl. »Briefe aus Wien« (HKA X, 342): »Ein junger Mensch ahmt im Böhmerwald mit großer Geschicklichkeit die Stimme eines Auerhahns nach, und ein hitziger Jäger, der schon wochenlang auf den Auerhahn lauert, erschießt ihn.«

4590 *Friedrich Wilhelm III* – König von Preußen (1797–1840). – *Schönlein* – Johann Lukas Schönlein (1793–1864), Arzt, seit 1839 als Professor für Pathologie und Therapie in Berlin und zugleich Leibarzt Friedrich Wilhelms III. – *Neigebaur* – Freund von Gustav Kühne; besuchte Hebbel in Wien. – Vgl. zu der Episode »Der Rubin« V. 962 ff. (W I, 635).

Nur hat er leider
Die Kunst noch nicht entdeckt, den Arzeneien
Den widerwärtigen Geschmack zu nehmen.

4596 *In Hügels Garten.* – Clemens Wenzel Frh. von Hügel (1792–1849), seit 1846 Direktor des k.k. geheimen Hausarchivs.

4602 Vgl. »Noch ist Polen nicht verloren«, HKA VII, 216ff.

4604 Vgl. »Michel Angelo« V. 389ff. (W I, 667):
Sprecht, sprecht, ich liefre Euch, was Euch gefällt,
Die alte Ware für neues Geld!
Geht ins Museum und sucht Euch aus,
Ich folg Euch, Ihr nickt mir, ich schaffs Euch ins Haus!

4607 Vgl. Tgb. 6090.

4612 Vgl. »Der Rubin« V. 1068f. (W I, 639):
Ich zittre nachts im Traum / Vor euch, wie ihr bei Tag vor mir!

4625 Gemeint ist Jakob Joseph von Görres (1776–1848); vgl. Tgb. 5158.

4629 *Pasquill* – Schmähschrift, Anklage.

4630 Vgl. »Vers und Prosa«, HKA VI, 346.

4634 Vgl. Tgb. 3999.

4635 Vgl. W III, 522.

4639 Vgl. W II, 679.

4648 Vgl. »Gyges« V. 1827ff. (W II, 67).

4655 Zur Uraufführung vgl. W I, 801.

4659 *Weber* – J. J. Weber (1803–1880), Verleger und Buchhändler; vgl. W III, 935. – *Cotta* – Georg Frh. von Cotta (1796–1863), einer der bedeutendsten Verleger seiner Zeit. – *Raab* – Ferdinand Raab, Beamter der Hofbibliothek. – *Dittenberger* – Johann Gustav Dittenberger (geb. 1799), Landschafts- und Historienmaler. – *Voilà tout!* – Das ist alles!

4660 *Cachuka* – Cachucha, spanischer Tanz mit Begleitung von Kastagnetten, von einer Person getanzt; wurde durch Fanny Elßler berühmt. – *Aufstand* – Im Frühjahr 1846 Aufstand des ruthenischen Landvolkes gegen den polnischen Adel.

4667 Das gleiche Motiv in »Agnes Bernauer« I, 9 (W I, 689): »So soll man drei Tropfen seines Blutes nehmen und sie um Mitternacht, mit einem gewissen Liquor vermischt, auf eine glühende Eibenkohle träufeln. Dann wird der Verstorbene im Dampf erscheinen, wie er leibte und lebte, aber in durchsichtiger Gestalt, gleich einer Wasserblase, mit einem dunkelroten Punkt in der Mitte, der das Herz vorstellt.«
Edelmanns Selbstbiographie – Johann Christian Edelmann (1698 bis 1767), Atheist und kämpferischer Gegner des Christentums. Seine 1752 geschriebene »Selbstbiographie« erschien 1849 in Berlin.

4668 *Baronin Feuchtersleben* – Gemahlin des Ernst Frh. von Feuchtersleben (1806–1849), Arzt und Schriftsteller. 1848 Unterstaatssekretär im Unterrichtsministerium. Hebbel gab (1851–1853) seine »Sämtlichen Werke« heraus (7 Bde). Vgl. HKA XII, 31ff.

4669 Märchenmotiv; vgl. das Märchen »Tränenkrüglein«.
4682 Vgl. »Der deutsche Mime«, HKA VI, 374.
4683 *Konzeption* – Lesung unsicher. – Vgl. auch die Rezension von V. P. Webers »Die Wahabitin«, W III, 599.
4689 Vgl. »Schauspielerkritik«, HKA VI, 374.
4690 *Nexus* – Zusammenhang.
4694 Vgl. »Das Licht will sich verstecken«, HKA VII, 173 f., entstanden im Jahre 1839 in Hamburg.
4697 Vgl.   Zu erwägen
       Haltet die Uhr nur an und denkt, nun werd es nicht Abend;
       Stand die Sonne schon still, weil es ein Küster gebot?
4699 *Arnold* – Gemeint ist der Prozeß des Müllers Johann Arnold gegen den Grafen von Schmettau, der von Friedrich II. von Preußen entgegen der Meinung der Juristen und Gutachter zugunsten des Müllers entschieden wurde. Das Urteil Friedrichs war ungerecht, diente aber als Beispiel seiner Fürsorge für die niederen Stände und war Ausdruck seines Mißtrauens gegen die Beamten. Vgl. W II, 680.
4700 Diese Seite des Tagebuchs ist mit Tinte übergossen.
4701 *Zimmermann* – Robert Zimmermann (1824–1898), wurde 1849 Privatdozent für Philosophie an der Universität Wien. In der Wiener Zeitung vom 11. und 14. Mai 1850 hatte er Hebbels »Herodes und Mariamne« ausführlich besprochen.
4702 Vgl. »Der Traum als Prophet«, HKA VI, 344.
4704 *Agram* – Christine spielte im Sommer 1850 in Agram die Judith. Vgl. Hebbels Berichte aus Agram, W III, 843 und 983.
4710 Vgl. Tgb. 3060.
4715 *Gagern* – Heinrich Wilhelm August Frh. von Gagern (1799–1880) wurde am 19. 5. 1848 zum Präsidenten der Frankfurter Nationalversammlung gewählt. – *Fichte* – Immanuel Hermann von Fichte (1797–1879), Sohn des Philosophen Johann Gottlieb Fichte; seit 1840 Professor für Philosophie in Bonn, ab 1842 in Tübingen.
4716 Vgl.   Ein Erfahrungssatz
       Leicht ist ein Sumpf zu verhüten, doch ist er einmal entstanden,
       So verhütet kein Gott Schlangen und Molche in ihm.
4718 Vgl. »Verschiedene Konsequenzen«, W III, 126 und 908.
4720 Vgl. »Das Gesetz«, HKA VI, 365.
4722 Vgl.   Rätsel
       Montags verzehrt er die Blätter und Dienstags trinkt er den Essig,
       Mittwochs genießt er das Öl; sagt mir nur: aß er Salat?
4725 *Ein kalekutscher Hahn* – Truthahn.
4726 *Agram* – Vgl. Anm. zu Tgb. 4704.
4731 *Tiedemann* – Friedrich Tiedemann (1781–1861), seit 1816 Ordinarius für Anatomie und Physiologie an der Universität Heidelberg.
4736 Am Rand: *Titi*.
4738 Am Rand:
4740 [*sich*] – fehlt bei Hebbel; nach Krumm ergänzt. Vgl. zu der Notiz:

Die Freiheit der Presse

Wäre der Presse Freiheit ein Gut nur der einzelnen Völker,
 So verschmerzt ichs wohl noch, würde sie einem verkürzt,
Aber sie eignet der Welt, Gedanken, noch schädlich im Norden,
 Nützen dem Süden vielleicht, während sie jener erzeugt!

Freilich ist Preßfreiheit... – später hinzugesetzt.

4746 *Tr. v. Siz.* – »Ein Trauerspiel in Sizilien«, W I, 383 ff.

4749 *Schrötter* – Anton Schrötter, Ritter von Kristelli (1802–1875), seit 1843 Professor für Chemie in Wien. (Entdecker des amorphen Phosphors.)

4750 *Eschenmayer* – Karl Adolf von Eschenmayer (1768–1852), seit 1811 ao. Professor für Philosophie und Medizin in Tübingen. Neigte zu Mystizismus und Magnetismus.

4751 *Messenhauser* – Cäsar Wenzel Messenhauser (1813–1848), 1848 Kommandant der Wiener Nationalgarde. Nach der Einnahme Wiens durch Windischgrätz wurde er am 16. 11. 1848 standrechtlich erschossen.

4753 Vgl. »Michel Angelo« V. 269 ff. (W I, 662).

4758 *Michel Angelo* – W I, 651 ff.

4762 Hebbel hatte im Sommer 1850 erstmals nach sieben Jahren wieder Hamburg besucht. Die Reiseerinnerungen trug er erst am Jahresende ins Tagebuch ein.

4764 *Saphir* – Moritz Gottlieb Saphir (1795–1858), Humorist und gefürchteter Kritiker, »Meister des journalistischen Skandals«. – *»Wenn sie reif werden...«* – Vgl.

Prophezeiung

Deine Freunde sind jung, es wird dir mit ihnen ergehen,
 Wie mit den Früchten dem Baum: reifen sie, fallen sie ab!

4768 *Idstedt* – Dorf in Schleswig-Holstein. Am 24. und 25. Juli 1850 siegten die Dänen über die Schleswig-Holsteiner.

4770 Vgl. W III, 522f. und 943.

4771 *Equivoquen* – Zweideutigkeiten. – Vgl. »Wiener Briefe« (HKA X, 227): »So perorierte er einmal, wie ich von Augen- und Ohrenzeugen weiß, eine volle Viertelstunde lang über ein ›kleines spitziges Stückel Fleisch‹, was der Mensch bei sich trage und womit er mehr sündige, wie mit allen Gliedmaßen seines Körpers zusammen. Dann fuhr er in glühendem Zorneifer fort: ›Ja, ich will es euch nicht bloß nennen, ich will es euch zeigen, dies Höllenglied!‹ Die Damen wurden kreideweiß, die Männer glaubten, der geistliche Herr sei plötzlich wahnsinnig geworden, und alle erwarteten das Entsetzlichste, er aber streckte nach einer langen Pause die Zunge aus und rief: ›Da seht ihrs!‹«

4774 *Diplomatie kann Schlittschuh laufen* – Vgl. »Figuren, welche die Schlittschuh laufende Diplomatie dem Eise einzuprägen sucht«, W III, 851. – *Laube* – Heinrich Laube (1806–1884) wurde Ende 1849 als artistischer Leiter des Burgtheaters nach Wien berufen. – *meine*

Bearbeitung – nicht erhalten. – *Uriel Acosta* – Tragödie von Karl
Gutzkow; vgl. W III, 954. – *Abfertigung* ... – Vgl. W III, 651 und
962. – *Die Schauspielerin* – W II, 541 und 730. – *Holtey* – Karl von
Holtei (1798–1880), Dichter und Schriftsteller.

4780 *Schmidl* – Redakteur der »Wiener Zeitung«.
4786 Vgl.   Die Poesie der Formen

     Was in den Formen schon liegt, das setze nicht dir auf die Rechnung:
        Ist das Klavier erst gebaut, wecken auch Kinder den Ton.

4788 Vgl. Tgb. 4880.
4791 Vgl. »Über den Stil des Dramas«, W III, 582f. und 952.
4792 Vgl. »Der Genius«, HKA VI, 369.
4796 Vgl. »Haß und Liebe«, HKA VI, 344.
4799 Vgl. »Gyges« V. 1810ff. (W II, 67).
4801 Vgl. »Das Urteil der Freunde«, HKA VI, 368.
4806 Vgl. »Auf einen Menschenfeind«, W III, 124 und 907.
4808 *Castelli* – Ignaz Franz Castelli (1781–1862), Wiener Literat. Besaß
ein Landhaus in Lilienfeld. – *mors ultima* ... – Der Tod ist das Ende
aller Dinge.
4824 *Montespan* – Françoise Athénais Marquise von Montespan (1641 bis
1707), Mätresse Ludwigs XIV.

    Tiedge – Christoph August Tiedge (1752–1841); sein Ruf als Dichter wurde durch das Lehrgedicht »Urania« (Halle 1800) begründet.
Seine Bedeutung für Hebbels dichterische Anfänge wird neuerdings
stark betont. Vgl. W III, 912ff. und 921. Hebbel denkt an den V.
Gesang:

     Die Frevlerin dort hört die Wetterwolke schelten;
     Sie faßt ein Kind und wähnt sich heilig überschirmt.

4825 *Fi donc* ... – Pfui! es sind die Kinder eines alten Lüstlings. – *M-ch* –
Fürstin Melanie Metternich (gest. 1854).
4827 Am Rand: NB.
4830 Vgl. Tgb. 3280 und 3358.
4832 Vgl. »Moralisches Bedenken«, Tgb. 3190.
4834 Bezieht sich auf Laubes Drama »Die Karlsschüler« (1847), das Schillers Flucht behandelte und mit großem Erfolg aufgeführt wurde.
4835 Bezieht sich auf den politischen Wechsel Laubes, der anfangs ein
überzeugter Anhänger der Jungdeutschen war.
4842 Vgl. »Der verborgene Kaiser«, HKA VI, 378.
4848 Vgl. »Gyges« V. 1826 (W II, 67) und

          Der Jüngste Tag und die Welt
    Pausen hatte die Schöpfung, dies lehrte uns Moses, und Pausen
      Hat auch das Jüngste Gericht, doch die verblendete Welt
    Nützt sie selten und nennt den Tag der zerschmelzenden Sterne
      Lieber ein Feuerwerk, welches erstickte im Schnee.

4851 Vgl. »Schiller und Napoleon«, HKA VI, 353.
4852 Vgl. »Berlin«, W III, 849 und 983.

    S. 80 *Küstner* – Karl Theodor Küstner (1784–1864), seit 1842 als

Generalintendant in Berlin. – *Mundts* – Theodor Mundt (1808 bis 1861), seit 1850 als Professor für allgemeine Literaturgeschichte und Universitätsbibliothekar in Berlin. – *Marx* – Adolf Bernhard Marx (1799–1866), seit 1830 Professor für Musik an der Berliner Universität und Musikschriftsteller. – *Ring* – Max Ring (geb. 1817), Romanschriftsteller, lebte seit 1850 in Berlin. – *Rott* – Vermutlich Karl Rott (1807–1876), Schauspieler. – *Carriere* – Moritz Carriere (1817–1895), Schriftsteller und Philosoph; seit 1853 Professor für Philosophie in München. – *Cornelius* – Peter Ritter von Cornelius (1783–1867), wurde 1841 von Friedrich Wilhelm IV. nach Berlin berufen. Vgl. auch W III, 984. –

S. 81 *Hendrichs Darstellung* – Hermann Hendrichs (1809–1871), Schauspieler, von 1844–1864 Mitglied des Hoftheaters in Berlin; »der letzte große Romantiker der deutschen Bühne«. – *Hufeland* – Christoph Wilhelm Hufeland (1762–1836), Mediziner, Begründer des poliklinischen Instituts in Berlin. – *Humboldt* – Alexander von Humboldt (1769–1859). – *Rauch* – Christian Daniel Rauch (1777 bis 1857), Bildhauer. – *Varnhagen* – Karl August Varnhagen von Ense (1785–1858), Schriftsteller und Diplomat. – *Hauser* – Kaspar Hauser (gest. 1833), berühmter und geheimnisvoller Findling. Vermutet wurde u. a., daß es sich um einen Sohn des Großherzogs von Baden oder Napoleons handelte; stand im Verdacht, sich durch seine Geschichte berühmt machen zu wollen.

S. 82 *Macaire* – Robert de Macaire, Mörder Aubrys de Montdidier. – *Der katholische Pfarrer* – Vgl. W III, 523 und 943.

4854 Vgl. »Die Höhle«, HKA VI, 373.

4855 Vgl.   Verschiedener Kasus

Deutsche zogen nach Rom, warum nicht Russen nach Deutschland?
    Jene waren ein Volk, tapfer und markig und frisch,
Und als solches vom Himmel zu Erben der Römer berufen,
    Ja, sie bliebens bis heut, diese sind nur noch Geschmeiß,
Und das schlechtere Volk ward nie noch der Henker des edlern,
    Während der lauterste Mensch oft durch den niedrigsten fällt.
Wenn der Russe den Tasso verbessert, der Deutsche die Knute,
    Will ich zittern für uns, aber ich warte es ab!

4858 *Amerika* – Amalie Schoppe reiste im Juli 1851 zu ihrem jüngsten Sohn, der als Ingenieur in den USA lebte. Sie starb dort 1858. Hebbel verfaßte für sie einen Grabspruch.

4860 *Teichmann* – Hofrat Valentin Teichmann gehörte zur Intendanz der Berliner Theater. – *W[er]ke* – Krumm vermutet, daß sich diese Stelle auf Tiecks Jugendschriften bezieht, vor allem auf die Märchen.

4866 Krumm zitiert Kuhs Biographie (II, 665), wo es heißt, daß Hebbel, als er von der Bearbeitung des »Richard III.« durch Laube gehört hatte, äußerte: »Warum auch nicht! Dieses Gesindel wird noch einmal an einer Aufführung des Lear auf dem Fleck krepieren.«

4871 Vgl. die Rezension »Shakespeares Zeitgenossen und ihre Werke« (HKA XII, 300): »Ophelia, über deren Virginität wohl noch mancher possierliche Kampf unter Kommentatoren und Kritikern entbrennen wird, ist wenigstens geistig einmal in die Wochen gekommen und kann das deutsche Gretchen nicht als Tochter verleugnen.«

4872 *Pinscher* – Hebbels Kosename für Christine.

4875 *Ifflandsches* – August Wilhelm Iffland (1759–1814), berühmter Schauspieler, Theaterdirektor und Dramatiker.

4876 Am Rand: NB.

4878 Vgl. W III, 523 und 943.

Glaser – Julius Anton Glaser (1831–1885) wurde 1850 wegen seiner Monographie »Das englisch-schottische Strafverfahren« bekannt. Habilitierte sich als Strafrechtler; 1871–79 Justizminister im Kabinett Adolf Auersperg.

4879 *Löwe* – Ludwig Löwe (1795–1871), seit 1826 am Hofburgtheater in Wien.

4880 Vgl. W III, 523 und Tgb. 4788.

4881 *Trank der Vergessenheit* – Drama von Bachmayer; über ihn vgl. den 13. »Wiener Brief« von Anfang Oktober 1862 (HKA X, 300): »Viel interessanter, als diese Schauspiele auf der Bühne, war ein anderes außer der Bühne, das ein hiesiger Dichter mit der Direktion aufführte, das aber Solo-Lustspiel blieb, weil Laube nicht zu bewegen war, die zweite Rolle zu übernehmen. Wie Berlin seinen Karl Hugo, den unsterblichen Verfasser des ›gemaßregelten Genies‹, hat Wien seinen Bachmeier, den Schöpfer des ›Tranks der Vergessenheit‹, der die Qualen der Vernachlässigung erträgt, sehr lange, aber nur, wie der Nordländer den Zorn, um dann mit einer wahren Berserkerwut loszubrechen. Vor vielen Jahren setzte er Herrn von Holbein öffentlich zur Rede, warum er seine Stücke nicht zur Aufführung bringe, jetzt apostrophierte er Laube im gleichen Sinne, und von beiden bekam er die nämliche Antwort, nämlich gar keine, das Journal-Publikum ergötzte sich aber sehr. Es soll damit nicht geleugnet werden, daß Bachmeier ebensoviel Talent und also auch recht hat, wie Nissel und manche andere, aber das kann die Unverständigkeit und Taktlosigkeit eines solchen Schritts nicht entschuldigen.«

4884 Am Rand: NB.

4888 Vgl. »Gyges« V. 1810ff. (W II, 67).

4891 Vgl. »An einen Jüngling«, HKA VI, 373.

4893 *Gervinus* – Georg Gottfried Gervinus (1805–71), angesehener Literarhistoriker. – *Kuh* – Emil Kuh (1828–1876), Hebbels Freund und Bewunderer. Verfasser der ersten Hebbel-Biographie und zusammen mit Julius Glaser (vgl. Anm. zu Tgb. 4878) Herausgeber von Hebbels Werken. Anfang 1860 kam es zwischen Hebbel und ihm zu einem schweren Bruch.

4895 *Immermann* – Karl Leberecht Immermann (1796–1840), Dramatiker und Erzähler.
4903 *Pichler* – Adolf Pichler (1819–1900), Dichter und Naturforscher. Hebbel stand mit ihm im engen brieflichen Kontakt.
4907 *Proudhon* – Pierre Joseph Proudhon (1809–1865), franz. Sozialist.
4909 *im Wanderer* – »Der Wanderer« vom 10. 8. 1851.
4912 Vgl. »Zu irgend einer Zeit«, W II, 530 und 729.
4921 *Frau* – Klara Mundt (1814–1873), Romanschriftstellerin, veröffentlichte unter dem Pseudonym Klara Mühlbach. – *Landsteiner* – Redakteur der Wiener »Reichszeitung«, für die Emil Kuh einen Bericht über Christines Gastspiel mit Hebbels »Judith« schreiben wollte.
4922 *Rott* – Karl Rott (1807–1876) war bekannt als Komiker.
4923 *Ihre Tochter* – Wilhelmine von Hillern (geb. 1836), wurde zunächst Schauspielerin und veröffentlichte seit 1865 Dramen und Romane. *Scheerenbergs* – Christian Friedrich Scherenberg (1798–1881), Dichter.
4924 *Claque* – Gedungene Beifallklatscher.
4926 *Seydelmanns* – Karl Seydelmann (1793–1843), hervorragender Schauspieler. Rötscher hatte über ihn »Seydelmanns Leben und Wirken« (Berlin 1845) veröffentlicht. Vgl. W I, 320 und 787.
4929 *Klein* – Julius Leopold Klein (1810–1876), Dramatiker und Literarhistoriker. (Werner schreibt fälschlich: *Klein, J. C.*)
4931 *Rettich* – Julie Rettich (1809–1866), seit 1830 am Wiener Hofburgtheater.
4932 *Gubitz* – Friedrich Wilhelm Gubitz (1786–1870), Volksschriftsteller; Redakteur des »Gesellschafter«.
4937 S. 96 *Charivari* – Durcheinander, Katzenmusik. Vielleicht auch Hinweis auf das seit 1832 in Paris erscheinende politische Witzblatt »Le Charivari« – *Linnäus* – Karl von Linné (1707–1778), Naturforscher, Begründer der modernen Botanik.
S. 97 *Nichte* – Ludmilla Assing.
4941 Am Rand: NB.
4942 Am Rand: NB.
4943 Am Rand:
4944 Vgl. »Ein Geburtstag auf der Reise«, V. 30ff. (W III, 65):
        Reich auch dein Kind zum Kuß,
        Das meiner bärtgen Lippe
        Nur naht, wenns eben muß.
4948 *Paul von Stetten* – veröffentlichte die »Geschichte der ... Stadt Augspurg ...« Frankfurt und Leipzig 1743–58.
4949 Vgl. Tgb. 4958.
4952 Matth. 18, 20.
4954 Vgl. »Der Turmbau zu Babel«, W II, 620ff. und 736.
4958 Vgl. Tgb. 4949.
4959 *Kossuth* – Ludwig Kossuth (1802–1894), Führer der ungar. Revolu-

tion von 1849. Bei seinem ersten Besuch in England (23. 10. 1851 Ankunft in Southhampton) wurde er mit großem Enthusiasmus aufgenommen.
4962 Vgl. »Ausrede«, HKA VI, 372.
4963 Vgl. Tgb. 4626.
4968 Am Rand: NB. – Vgl. W II, 681.
4972 *Adrian van der Werfft* – Adriaen van der Werff (1659–1722), holländ. Maler; seine Darstellung des menschlichen Körpers ist von besonderer Glätte.
4978 Am Rand: NB NB NB NB.
Vgl. Grenze der Kunst
Himmel und Erde gehn dem Dichter zwar nicht in den Rahmen,
Aber wohl das Gesetz, das sie beherrscht und bewegt.
4983 Am Rand:
4984 *Proudhomme* – Proudhon (vgl. Tgb. 4907).
4986 Am Rand: NB.
4987 Ebenso wie die folgende Notiz späterer Zusatz.
4992 Vgl. »Majestas hominis«, HKA VI, 340.
4993 G. – Glaser. – Vgl. »Mutter und Kind«, V. 289 (W III, 164).
4994 *Windischgrätz* – Alfred zu Windischgrätz (1787–1862), Feldmarschall. – *Milosch* – Milosch Obrénowitsch (1780—1860), Fürst von Serbien.
4996 *Neumann* – Luise Neumann, Burgschauspielerin, die am 14. 1. 1857 Rittmeister Karl Graf Schönfeld heiratete.
4999 Vgl. Tgb. 5005.
5001 Am Rand: *Phantastisch*.
5003 Vermutlich sind die Eintragungen aus der Schreibtafel gemeint.
5005 Vgl. Tgb. 4999.
5006 *Ulricis* – Hermann Ulrici (1806–1884), Ästhetiker und Philosoph, veröffentlichte »Shakespeares dramatische Kunst«, Halle 1839. – *Minckwitzschen* – Johannes Minckwitz (1812–1885), Dichter, Übersetzer und Philologe; veröffentlichte Übersetzungen der griechischen Dichter. – *Werner* – Karl Werner, Gymnasiallehrer in Olmütz. – *Pariser Ereignis* – Staatsstreich Louis Napoleons vom 2. 12. 1851.
5008 Vgl. Tgb. 4883.
5013 Vgl. »Der Genius«, HKA VI, 369.
5014 Am Rand: *Zug*.
5015 P. – Vielleicht Prechtler.
5019 Vgl. »Der Ring«, HKA VI, 390ff.
5036 *Ereignisse in Frankreich* – Staatsstreich Louis Napoleons vom 2. 12. 1851. – *Theaterdirektor* – Heinrich Laube.
5038 *Feldmann* – Leopold Feldmann (1802–1882), von 1850–54 als Dramaturg am Theater an der Wien. – *Otto von Wittelsbach* – erfolgreichstes Schauspiel (1781) von Joseph Marius von Babo (1756 bis 1822).
5039 Vgl. »Die Juden und der deutsche Staat«, HKA XII, 306ff.

5046 Vgl. »Welt und Mensch«, HKA VI, 344.
5047 S. 112 *in München* – Vgl. Briefe an Christine vom 22. 2. – 16. 3. 1852.
– *König Max* – Maximilian II. von Bayern (1848–1864). – *König Ludwig* – Ludwig I. von Bayern (1825–1848). – *Nerly* – Friedrich Nerly, eigentlich Nehrlich (1807–1878), Maler; erhielt von dem Kunsthistoriker Baron Karl von Rumohr (1785–1843) die Mittel für eine Ausbildung in Italien. – *Taillandier* – Saint-René Taillandier, eigentlich René Gaspard Ernest (1817–1879), franz. Schriftsteller, der sich vor allem bemühte, die Franzosen mit deutscher Geschichte und Literatur bekannt zu machen. Vgl. »Selbstbiographie für S. R. T.«, W III, 748 und 975.
5050 Vgl. Tgb. 5111.
5051 Vgl. Politische Situation
  Oben brennt es im Dach und unten rauchen die Minen,
  Aber mitten im Haus schlägt man sich um den Besitz.
5059 Vgl. »Lessing und seine Nachfolger«, HKA VI, 353.
5062 Bettina von *Arnim* (1785–1859) versucht in ihrer Schrift »Dies Buch gehört dem König« (Berlin 1843, 2 Bde) die Frage des Pauperismus und des sozialen Elends zu lösen.
5067 Vgl. »Blumen und Dornen«, W III, 119 und 905.
5073 *(Debrois sen:)* – Vater von Carl Debrois van Bruyck, eines jungen Musikers, der zu Hebbels Freundeskreis gehörte.
5076 Nach dem Attentat wurde den Dichtern Österreichs befohlen, über die Errettung des Kaisers zu schreiben. Vgl. »An des Kaisers von Österreich Majestät. Bei Gelegenheit des Attentats.«, HKA VI, 306.
5081 *Löwe* – Ludwig Löwe (vgl. Anm. zu Tgb. 4879). – *Herzogin* – Gemeint ist eine Herzogin von Württemberg, Schwester des Fürsten Metternich (Krumm).
5086 Der Brief an den Gärtner wurde von fremder Hand (vielleicht von Emil Kuh) ins Tagebuch eingetragen.
5088 Vgl. »Moderne Analyse des Agamemnon«, HKA VI, 358. – Hebbel wandte sich hier gegen Julian Schmidt (1818–1886); über ihn vgl. W III, 962.
5089 Vgl. Dichterlos
  Laß dich tadeln fürs Gute und laß dich loben fürs Schlechte;
  Fällt dir eines zu schwer, schlage die Leier entzwei.
5090 *Scotts* – Sir Walter Scott (1771–1832); Hebbel meint die »Memoirs of Sir Walter Scott«, hrsg. von J. Lockhart, 7 Bde, 1838; deutsche Ausgabe Leipzig 1839–41. – *unter Gottes freiem Himmel* – Vgl. »Auch einmal dem Wicht eine Antwort«, HKA VI, 365.
5093 *Rabbi Löw* – Sagengestalt aus der Zeit Rudolfs II., vgl. W II, 703.
5096 Vgl. »Nie begreift der Kleine«, HKA VI, 457.
5107 *Tieck* – Johann Ludwig Tieck (geb. 1773) war am 28. 4. 1853 gestorben.
5108 *Szene* – bei einem Gespräch über den Fürsten Windischgrätz und

seine Belagerung der Stadt Wien (1848). – *das Deutsche Parl.[ament]* – in Frankfurt.

5109 *E.* – Vermutlich Siegmund Engländer.
5111 Vgl. Tgb. 5050.
5117 Vgl. »Alchimist und Papst«, HKA VI, 369.
5118 *Paracelsus* – Philippus Aureolus Theophrastus Paracelsus von Hohenheim (1493–1541), berühmter Arzt und Naturforscher.
5123 *Hypokrates* – Hippokrates von Kos (um 460–377 oder 364 v. Chr.), berühmtester Arzt des Alterums, »Vater der Heilkunde«.
5132 *sagt Lessing* – »Emilia Galotti« I, 4.
5134 Am Rand: *Helgoland.* – *Franz* – Hebbels Schulfreund, Jakob Franz, Apotheker auf Helgoland. Diese und die folgenden Notizen beziehen sich auf Hebbels Aufenthalt in Hamburg und Helgoland.
5136 *Struensee* – Johann Friedrich Struensee (1737–1772); vgl. W II, 728.
5139 Am Rand: *Helgoland.* – *Wienbarg* – Ludolf Wienbarg (1802–1872), vgl. W III, 986.
5140 Am Rand: *Venedig.* – Bezieht sich auf die Reise vom Sommer 1852. Vgl. Tgb. 5047.
5144 *Artaxerxes* – Vgl. Artaxerxes in »Herodes und Mariamne« V. 2262ff. (W I, 559).
5151 Vgl. »Herodes und Mariamne« V. 2319f. (W I, 560).
5159 Hebbel hatte am 9. 6. 1853 die von ihm edierten Werke Feuchterslebens an Gutzkow gesandt; dieser bedankte sich und schrieb Hebbel seine Gedanken zu »Michel Angelo« und »Agnes Bernauer«. – *Törringschen Schauspiel* – Hebbel bezieht sich auf: Joseph August Graf von Törring, Agnes Bernauerin. Ein vaterländisches Schauspiel. München 1781. – *A. und B...* – Vgl. Tgb. 3073.
5163 Richard Wagner (1813–1883) erläuterte seine Ansichten in den Schriften »Das Kunstwerk der Zukunft« (1850) und »Oper und Drama« (1851).
5168 Vgl. Tgb. 4625.
5169 *Andrax* – Anthrax (= Milzbrand).
5170 *Schnellers Geschichte* – Julius Franz Schneller (1777–1833), Historiker; veröffentlichte eine »Staatengeschichte des Kaisertums Österreich«, Graz 1817–20, 5 Bde.
5170a Vgl. »Moderne Lyrik«, W III, 677: »Die deutsche Muse hat schon manchen Mann gehabt, seit sie Madame Opitz hieß.«
5176 *Hirsch* – Rudolf Hirsch (1816–1872), österr. Dichter; wurde 1852 zum Bibliothekar des Polizeiministeriums ernannt.
5181 *Damjanich* – Johann Damjanich (1804–1849), ungarischer General, der den Serben die Ausrottung zuschwor. Starb am 6. 10. 1849 mit 12 anderen ungarischen Generalen, die am Aufstand gegen Österreich teilgenommen hatten, in Arad am Galgen. – *Raize* – Name der griech.-orient. Serben in Ungarn.
5186 *epitomieren* – kurz zusammenfassen, einen kurzen Auszug bringen.
5188 Vgl. »Dareios«, HKA VI, 369.

5191 *Bäuerle* – Adolf Bäuerle (1784–1859), Wiener Lustspiel- und Romandichter.
5194 *Forster* – Johann Georg Adam Forster (1754–1794), seit 1788 Bibliothekar des Kurfürsten in Mainz; wurde 1793 nach Paris gesandt, um die Vereinigung des linken Rheinufers mit Frankreich zu erwirken. Hebbel zitiert aus Heinrich Joseph Königs (1790–1869) »Georg Forsters Leben in Haus und Welt« (Leipzig 1844). Vgl. Anm. zu Tgb. 6113.
5198 *Brücke* – Ernst Wilhelm von Brücke (1819–1892), Mediziner, seit 1849 als Professor der Physiologie und mikroskopischen Anatomie in Wien. Mit Hebbel befreundet. – Vgl. zur Notiz »Wiener Briefe« Nr. 7 (HKA X, 259): »In Wien erzählte man z. B., ein ungarischer Astronom habe einem gelehrten Disput über den Mondwechsel zugehört und ihn endlich tiefsinnig durch die Erklärung zur Entscheidung gebracht, daß Ab- und Zunehmen des Mondes schon darum illusorisch sein müßten, weil der Mond Einwohner habe, und weil die Einwohner, wenn der Mond wirklich abnähme und zu Zeiten ganz verschwände, ja nicht wissen würden, wohin sie sich retirieren sollten.«
5199 *Littrow* – Karl Ludwig von Littrow (1811–1877), Astronom.
5203 *Führichs* – Joseph von Führich (1800–1876), Maler, seit 1841 Professor für geschichtliche Komposition an der Akademie in Wien. – *Liguorianer* – Alfons von Liguori (1696–1787), gründete 1732 den Orden der Liguorianer. Klemens Maria Hofbauer (1751–1820) führte den Orden in Wien ein; 1848 wurde er aus Wien vertrieben, doch kam er später wieder zurück.
5204 *prävaliert* – überwiegt, herrscht vor.
5207 *Anch' io sono...* – Auch ich bin ein Maler. – *Meißners* – Alfred Meißner (1822–1885), Dichter. »Das Weib des Urias« war 1850 erschienen. – *Gutzkow* – Karl Ferdinand Gutzkows (1811–1878) Tragödie »Philipp und Perez« war 1853 erschienen.
5209 Vgl. Tgb. 4707.
5212 *Kaiser Joseph* – Joseph II. (1764–1790).
5213 *Rhodope* – »Gyges und sein Ring«; zur Entstehung vgl. W II, 695. – *Braun von Braunthal* – Karl Johann Braun von Braunthal (1802 bis 1866), österr. Dichter und Schriftsteller.
5214 *Bisenz* – Stadt in Mähren.
5216 Vgl. »Der Mensch und die Güter des Lebens«, HKA VI, 445:
... Glänzte das Gut, das wir haben, wie jenes, welches uns mangelt,
 Stände das Gut, das uns fehlt, nackt vor den Blicken, wie dies:
Welch ein Heil für uns alle! Wir würden nicht törigt verlangen
 Und des bescheidensten Glücks ruhig und still uns erfreun!
5217 *Genoveva* – Das Stück wurde am 20. 1. 1854 unter dem Titel »Magellone« in einer gekürzten Bearbeitung erstmals in Wien gegeben. Vgl. W I, 775f.
5219 *letzte Abendstunde* – Hebbel wartete mit dem Abendessen so lange,

bis Christine vom Theater zurückkam. Auf ihre Vorhaltungen deswegen antwortete er: »Du verdienst und ich sollte essen.«

5220 Vgl. Tgb. 2122.
5221 *frühern Brief* – Vgl. Tgb. 5159.
5224 Vgl. Tgb. 4418. – *Panegyrikus* – Lobgedicht.
5228 Vgl.   Philosophus teutonicus
Wunderts dich, daß er noch immer so faselt? Ich kann es begreifen!
Wenn er sich selbst nicht versteht, glaubt er, ein Genius spricht.
5236 Vgl. »Ein Weizenfeld«, HKA VI, 328.
5238 Vgl. »Schön und lieblich«, HKA VI, 342.
5241 Vgl. Tgb. 2581 und 2787, sowie »Verwunderung und Auflösung«, HKA VI, 344.
5242 Bezieht sich auf Rhodope in »Gyges«.
5249 *Gallois* – Johann Gustav Gallois veröffentlichte 1856f. eine »Geschichte der Stadt Hamburg«. Hebbel bezieht sich auf eine frühere lokalhistorische Schrift.
5251 Vgl. Tgb. 5250.
5252 *Widerspruch* – Vgl. Tgb. 2032.
5253 *Auerbachsche Bauern-Verhimmlung* – Vgl. Anm. zu Tgb. 4347 und W III, 685.
5254 Vgl. Tgb. 5207.
5255 Am Rand: *Idyll*.
5256 Vgl.   Christus und seine Apostel
Zwölf Apostel und doch nur ein einziger Judas darunter?
Würbe der Göttliche heut, zählte er mindestens elf!
5257 Vgl. Tgb. 5364. – *König Georg III* – Georg III. Wilhelm Friedrich (1760–1820), König von England und Irland. – *d'Arblay* – Frances Burney, nacherige Madame d'Arblay (1752–1840), englische Romanschriftstellerin, war einige Jahre hindurch Kammerfrau bei der Gemahlin Georgs III. – Thomas Babington *Macauly* (1800–1859) veröffentlichte zahlreiche literarische und politische Porträts, die von ihm unter dem Titel »Critical and historical essays« (London 1843, deutsch 1852–58) veröffentlicht wurden.
5262 Vgl. W II, 684.
5266 *Kontusionen* – Quetschungen.
5267 *Ambra* – Riechstoff.
5270 *Sobieski* – wohl Johann III. (1674–1696), König von Polen. – *Kaiser Nikolaus* – Nikolaus I. Pawlowitsch (1825–1855), Kaiser von Rußland.
5273 Vgl. »Jedermann ins Album«, W III, 118 und 905.
5275 *Kaiser von Rußland* – Nikolaus I.; Anspielung Hebbels auf den Krimkrieg (1853–1856). – *poltronisieren* – prahlen. – *Goethes Sitz* – Goethe war zwischen 1820–23 dreimal in Marienbad. Vom 5.–12. 9. 1823 schrieb er die »Marienbader Elegie«. – *Putlitz* – Gustav Heinrich Gans, Edler von und zu Putlitz (1821–1890), Leiter des Hoftheaters in Schwerin, später Generalintendant in Karlsruhe. Verfasser zahl-

reicher Lustspiele, Tragödien und Erzählungen. – *Uechtritz* – Friedrich von Üchtritz (1800–1875), Verfasser von Dramen und Romanen.

5277 *Leichdorn* – Hühnerauge.

5278 *A. Stahr* – Adolf Wilhelm Stahr (1805–1876), Schriftsteller.

5279 *Immermann* – Karl Leberecht Immermann (1796–1840) leitete das Düsseldorfer Theater von 1835–1838. *Prinz Friedrich* Wilhelm Ludwig *von Preußen* (1794–1863) residierte bis 1848 in Düsseldorf.

5281 *Grillparzer* – Anspielung auf Grillparzers Verhältnis zu Kathi Fröhlich.

5288 *Konchylien* – Mollusken (Schnecken und Muscheln).

5290 *seiner Frau* – Putlitz war seit 1853 mit Gräfin Elisabeth von Königsmark vermählt.

5292 *Caracalla* (211–217), röm. Kaiser. – *Byrons* – George Noel Gordon Lord Byrons »The bride of Abydos« war 1813 erschienen. – *Noten* – Anmerkungen.

5299 *Medardus* – Madardustag, 8. Juni, als sogenannter Wettermacher bekannt. »Wie's wettert am Medardustag, so bleibts sechs Wochen lang danach.« – *Prinzen Albert* – Albert Franz August Karl Emanuel Prinz von Sachsen-Koburg-Gotha (1819–1861), Gemahl der Königin Viktoria von England. – *Sue* – Joseph Marie, genannt Eugène Sue (1804–1859), der 1842 den Sittenroman »Mystères de Paris« veröffentlicht hatte.

5300 Das Original dieses Briefes, den Hebbel vollständig für das Tagebuch abgeschrieben hatte, fand sich in Hebbels Nachlaß, da Mohr ihn nicht angenommen hatte. Zum Verhältnis zwischen Hebbel und Mohr vgl. auch Gustav Biebau, Der Kirchspielvogt Mohr. In: Hebbel-Jahrbuch 1965, S. 168–177.
S. 158 *herbe Weise* – Kuh hatte Mohr als einen Pedanten vom trivialsten Schlag bezeichnet. – *Expektoration* – Erklärung, Auslassung.
S. 159 *Themis* – Göttin der Gerechtigkeit.
S. 161 *Christoph* – der Bediente in »Julia«. – *Lizitations-Akten* – Versteigerungsakten.

5301 *Ahlefeldt* – Elisa Davidia Margarete Gräfin von Ahlefeldt (1788 bis 1855), Gemahlin von Ludwig Adolf Wilhelm Freiherrn von Lützow (1782–1834); sie lebte nach ihrer Scheidung seit 1827 mit Immermann zusammen, lehnte aber entschieden ab, sich mit ihm zu vermählen.

5304 Am Ende der Notiz unterschrieb Christine mit ihrem Kosenamen *Pinscher*.

5308 S. 164 *Königswart* – 5 km von Marienbad entfernt. – *Museum* – Berühmt waren vor allem die Münzsammlungen, sowie die Bibliothek. – *Raveaux, Trütschler* – Abgeordnete im Frankfurter Parlament. – *Blum* – Robert Blum (1807–1848), Schriftsteller; Anfang 1848 wird er Hauptführer der sächsischen Demokratie. Vizepräsident im Frankfurter Vorparlament; gehörte der Frankfurter Dele-

gation an das aufständische Wien an; wurde dort am 4. 11. 1848 von den kaiserlichen Truppen verhaftet und trotz seiner Unverletzlichkeit als Reichstagsabgeordneter am 9. 11. 1848 erschossen.
S. 165 *der zweiten Frau* – Metternich war in erster Ehe (seit 1795) mit der Gräfin Eleonore von Kaunitz (gest. 1825) vermählt. 1827 heiratete er die Freiin von Leykam (spätere Gräfin von Beilstein), die 1829 starb. Zwei Jahre später, 1831, heiratete er die Gräfin Melanie Zichi-Ferraris (gest. 1854). – *die Neunzig erreichen* – Metternich starb am 4. 6. 1859 im Alter von 86 Jahren.

5309 *Swift* – Hebbel denkt an Jonathan Swifts (1667–1745) »Gulliver's Travels«.

5310 Vgl. »Liebesprobe«, W III, 44 und 893.

5312 *Fürsten Schwarzenberg* – Friedrich Karl Fürst von Schwarzenberg (1800–1870), österr. General, veröffentlichte »Aus dem Wanderbuch eines verabschiedeten Landsknechts« (Wien 1844–48, 5 Bde), sowie Reiseberichte und Erzählungen.

5314 Vgl. »Der Tod kennt den Weg«, HKA VI, 394f.

5316 *Moloch* – Vgl. W II, 731 ff.

5318 *Rick* – Schwager Bauernfelds; vgl. Tgb. 5268. – *wie der Teufel dem Heiland* – Matth. 4, 1–11.

5320 Vgl. Tgb. 5380.

5324 Vgl.   Moderne Staatsbildungen
Raubt dem Löwen die Klaue, dem Adler die mächtige Schwinge,
    Aber dem Stiere das Haupt, glaubt ihr, es gebe ein Tier?

5325 Vgl. »An Columbus«, HKA VI, 341.

5326 Vgl. »Mutter und Kind« V. 1049 ff. (W III, 189 ff.).

5329 *Pasquill* – Anklage-, Schmähschrift.

5330 *Sprechen im Infinitiv* – Friedrich Wilhelm III. (1770–1840), König von Preußen, war so unbeholfen im Auftreten, daß er auch im Umgang mit Untergebenen meist nur im Infinitiv sprach.

5334 *... wirken werden.* – Uechtritz schrieb am 21. 9. 1854, nachdem er »Herodes und Mariamne«, »Judith«, »Magdalene« u.a. gelesen hatte, an Hebbel: »Lassen Sie mich meine Freude über das Glück aussprechen, das mir so unverhofft noch in späteren Lebensjahren zuteil werden sollte, der gewaltigsten Dichterkraft unter meinen jüngeren Zeitgenossen in Freundschaft nahezutreten.« (Krumm)

5336 *Straho[w]* – Prämonstratenserstift, 1140 gegründet, mit schöner Kirche, prächtigem Bibliothekssaal, Gemäldegalerie und großem Garten. – *Ziskas Bild* – Johann Ziska von Trocnow (1360–1424), Feldherr der Hussiten. – *Brahes* – Tycho Brahe (1546–1601), Astronom; war 1599 einem Ruf Kaiser Rudolfs II. nach Prag gefolgt. – *Planiglobium* – Abbildung der Erd- oder der Himmelshalbkugeln auf ebener Fläche. – *Kolowrat* – altes böhmisch-österreichisches Adelsgeschlecht. – *Ottokars* – Ottokar II. von Böhmen (um 1230–1278). – *Nepomuk* – Johannes von Nepomuk (um 1350–1393); seit 1389 Generalvikar des Prager Erzbischofs Johannes von Jenz(en)stein. Am

20. 3. 1393 wurde er im Zusammenhang mit den sachlichen und persönlichen Differenzen zwischen Erzbischof und König Wenzel gefangengenommen und nach schwerer Folterung in der Moldau ertränkt. Zusammenhang mit dem Beichtgeheimnis erst seit 1433 nachweisbar; vermutlich wurde er ein Opfer der Auseinandersetzungen zwischen König und Erzbischof. 1729 Heiligsprechung durch Papst Benedikt XIII. – *Martiniz* – Jaroslaw Bořita von Martiniz (1582–1649), wurde am 23. 5. 1618 zusammen mit Graf Wilhelm Slavata (1572–1652), einem tschechischem Staatsmann, aus dem Fenster der Prager Burg in den Burggraben gestürzt.

5337 *Dawison* – Bogumil Dawison (1818–1872), berühmter Schauspieler; seit 1849 am Hofburgtheater in Wien, ab 1854 in Dresden. Dawison sollte den Holofernes spielen. – *Golem* – Vgl. W II, 703, Anm. zu »Ein Steinwurf«, V. 287.

5338 S. 178 *Königs von Sachsen* – Friedrich August (1836–1854), König von Sachsen. Starb an den Folgen eines Sturzes aus dem Wagen bei Brennbüchel zwischen Imst und Wenns am 9. August.
S. 179 *Attila* – vermutlich Julian Schmidt. – *Bürde* – Emil Bürde, Dresdner Hofschauspieler. – *Königs Johann* – Johann (1854–1873), König von Sachsen, Bruder des verstorbenen Königs.

5340 *König Anton* – Anton Klemens Theodor (1827–1836), König von Sachsen.

5345 *De mortuis . . .* – Über die Toten soll man nur Gutes sprechen. – *Schinderhannes* – Johannes Bückler (1779–1803), genannt Schinderhannes; Anführer einer berüchtigten Räuberbande.

5349–5354 Notizen zu »Gyges«.

5351 *Cheops* – König von Memphis (um 3000 v. Chr.); Erbauer der größten erhaltenen Pyramide.

5352 *Intafernes* – Einer der sieben Verschworenen, die 521 v. Chr. Dareios I. (550–485 v. Chr.) auf den persischen Thron erhoben. Wegen einer Gewalttat gegen einen Diener des Königs wurde er nebst seiner Verwandtschaft zum Tode verurteilt. Dareios schenkte der Frau nicht nur den Bruder, sondern auch den ältesten Sohn. – *Vide Antigone* – Siehe Antigone.

5353 Am Rand: *Die antiken Deutschen.*

5354 Vgl. Tgb. 1436.

5361 Friedrich Gottlieb *Klopstock* (1724–1803), Verfasser zahlreicher formvollendeter Oden; Johann Heinrich *Voß* (1751–1826) schrieb neben seiner Übersetzung der »Odyssee« und der »Ilias« zahlreiche Hexameteridyllen; August Graf von *Platen*-Hallermünde (1796 bis 1835) beherrschte in vollkommener Weise alle lyr. Ausdrucksmöglichkeiten.

5362 Über Hebbels Pläne zu einem Christus-Drama vgl. W II, 644 und 737.

5363 *Elise* – Elise Lensing. – *in den Kasten lege* – »Gyges« wurde erst am 25. 4. 1889 im Wiener Hofburgtheater uraufgeführt; vgl. W II, 697.

5364 *Müller* – Christoph Heinrich Müller hatte 1782 »Der Nibelungen Liet« veröffentlicht. – *Georgs III Ansicht* – Vgl. Tgb. 5257.

5365 *Kalb* – Charlotte von Kalb (1761–1843); war eng mit dem Weimarer Dichterkreis verbunden. – *Judith* – »Judith« II (W I, 23): »Ein Weib ist ein Nichts; nur durch den Mann kann sie etwas werden; sie kann Mutter durch ihn werden. Das Kind, das sie gebiert, ist der einzige Dank, den sie der Natur für ihr Dasein darbringen kann.«

5366 *Similia similibus* – Ähnliches wird durch ähnliches geheilt (Grundsatz der Homöopathie).

5367 Die gleiche Szene in den »Nibelungen« V. 2602 ff. (W II, 211 ff.).

5368 *Selam* – arabisch für Blumensprache; vgl. die später verworfene Widmung zu »Mutter und Kind«:
Nicht dem Markte und nicht dem Herrn und Fürsten der Erde:
  Einem gebildeten Geist weih ich dies schlechte Gedicht.
Denn ein solcher erkennt, wie Recht und Pflicht sich verketten,
  Und entziffert sich gern seinen bescheidenen Sinn.
Wem er sich aber verbirgt, der möge nur eins nicht vergessen:
  Auch ein Selam bleibt immer ein blühender Strauß!
Wär ihm sogar noch der Strauß zu bunt und zu ängstlich geflochten,
  Nun, so halt er sich doch still an die Blume allein.

5369 Am Rand: *Saphiriana*.

5371 *zum Kriege kam* – Nachdem Texas von Mexiko abgefallen war, kam es 1846–1848 zwischen Amerika und Mexiko zum Krieg, den Mexiko verlor.

5373 Vgl. Tgb. 4500.

5374 *Jordan* – Wilhelm Jordan (1819–1904), Dichter und Schriftsteller, veröffentlichte 1852–54 »Demiurgos«, ein Mysterium, 3 Bde. – *Parabase* – witzige Ansprache des Chores an die Zuschauer ohne Zusammenhang mit dem Stück, meist in der Mitte der Komödie.

5378 Ausspruch von Elise Lensings Mutter; vgl. Tgb. 2390.

5380 Vgl. Tgb. 5320 und »Das Paradies steht offen«, W III, 144 und 910.

5381 Vgl. »Literaturgeschichtschreiber«, HKA VI, 445.

5382 Bamberg weilte damals zu einer politischen Mission in Wien. Er vermerkt in seiner Ausgabe der Tagebücher (Band II S. 420): »Unverhofftes Lob für eine strenge Pflicht-Erfüllung während einer mehr der Politik gewidmeten Reise nach Wien, deren Zweck auch Hebbel nicht ahnte. Als Preußen von der Wiener Conferenz ausgeschlossen war, litt allerdings, selbst Hebbel gegenüber, mein alter Hang zur Entwicklung ästhetischer Probleme.«

5383 Werner bezieht diese Notiz ebenfalls auf Bamberg. Hebbel zitiert aus »Tabulae Votivae von Schiller und Goethe« Nr. 15.

5387 *... ob der Jurist oder der Mediziner ...* – Vgl. »Philosophie und Kunst«, W III, 121 und 906. – *corpus juris* – Sammlung von Gesetz- und Rechtsbüchern, vor allem die Sammlung des oströmischen Kaisers Flavius Justinianus (527–565). – *Galenus* – Claudius Galenus (129–199 n. Chr.), neben Hippokrates der berühmteste Arzt und der fruchtbarste medizinische Schriftsteller des Altertums. – *Pandekten* – Sammlung von Sprüchen aus dem römischen Recht.

5389 ... *in den Flegeljahren* – Nr. 57 Regenpfeifer (Doppel-Leben).

5392 *Heine spricht* – in »Deutschland. Ein Wintermärchen«, Kap. XXVII, vorletzte Strophe:

    Kennst du die Hölle des Dante nicht,
    Die schrecklichen Terzetten?
    Wen da der Dichter hineingesperrt,
    Den kann kein Gott mehr retten –

Vgl. auch »Warnung«, W III, 127 und 908.

5394 Vgl. »Homo sapiens«, HKA VI, 341.

5396 Zur Entstehung der »Nibelungen« vgl. W II, 704 ff.

5398 Vgl. »Ton und Farbe«, HKA VI, 358.

5399 Vgl.   Unsere Zeit und die der Kreuzzüge
Alle katholischen Mächte verbürgen dem Türken das Seine!
Aber das heilige Grab liegt im Gebiet der Türkei.

5403 Vgl. »Shakespeare«, HKA VI, 354.

5404 *ein neues Buch* – nicht festzustellen, welches Buch gemeint ist.

5405 *ein taubstummes Gedicht* – Vgl. »Auf das Nibelungenlied«, W III, 145 und 910.

5407 Vgl. auch W III, 524 f. und 943. – *Locanda* – Herberge, Gasthaus.

5410 *Washington* – George Washington (1732–1799), erster Präsident der USA.

5411 *An einem meiner jüngeren Freunde* – vielleicht Debrois van Bruyck.

5413 *Prosektor* – Verfertiger der anatomischen Präparate.

5415 Vgl. auch Hebbels Äußerung über die Briefe Brentanos an A. Pichler am 30. 12. 1855, S. 769.

5416 *Bunsen* – Christian Karl Josias Freiherr von Bunsen (1791–1860), Diplomat und Gelehrter; veröffentlichte 1855 »Zeichen der Zeit, Briefe an Freunde über Gewissensfreiheit und das Recht der christlichen Gemeinde«, 2 Bde.

5418 *Inkulpat wird inquiriert* – Beschuldiger wird befragt.

5419 *eines idyllischen Epos* – »Mutter und Kind«; zur Entstehung vgl. W III, 915.

5426 Beim Datum von Tgb. 6525 nachträglich eingeschrieben.

5432 Vgl. »Traum und Poesie«, HKA VI, 372.

5433 Vgl. »Die alten Naturdichter und die neuen«, W III, 122 und 906.

5436 *Bodmer* – Johann Jakob Bodmer (1698–1783). Schweizer Dichter und Literat; setzte sich besonders für Klopstock ein, der ihn im Sommer 1750 in Zürich besucht hatte; Bodmer war von Klopstock enttäuscht, da sich dieser weniger »seraphisch« gab, als dies sein »Messias«-Epos hätte vermuten lassen. – *Tubus* – Fernrohr. – *Sulzer* – Johann Georg Sulzer (1720–1779), Ästhetiker, Schüler Bodmers.

5438 *Konsul* – Lucius Mummius Achaicus, der von Korinth aus Schiffsladungen von Kunstschätzen nach Rom brachte. Vgl. auch »Nibelungen« V. 4880 ff. (W II, 297 ff).

5443 *Tertullian* – Quintus Septimius Florens Tertullianus (um 160- um 230 n. Chr.), lat. Kirchenvater.

5442–5444 Am Rande nachgetragen.

5444 Vgl. Tgb. 3508 und »Rubin« V. 1127ff. (W I, 641).

5445 S. 198 *Jacobis Briefwechsel* – Johann Georg Jacobis (1740–1819) »Auserlesener Briefwechsel« erschien 1825–27 in 2 Bänden. – *Grecourtschen Gedichte* – Jean Baptiste Joseph Villart de Grécourt (1683–1743), franz. Dichter. Seine Gedichte, »Oeuvres badines«, erschienen 1796 in deutscher Übersetzung. – *Sophie* – Marie Sophie von Laroche (1731–1807), Verfasserin der »Geschichte des Fräuleins von Sternheim« (Leipzig 1771, 2 Bde). – *George* – J. G. Jacobis älterer Bruder. – *Javais* . . . – Ich hatte unrecht, ihm mein Herz anzubieten, d.h., mich eines Ausdrucks zu bedienen, welcher der Freundschaft geweiht ist. – *den Deutschen Merkur* – Christoph Martin Wieland (1733–1813) führte von 1773–1789 die Redaktion der Zeitschrift »Der teutsche Merkur«. – *Notanker* – Christoph Friedrich Nicolais (1733–1811) Roman »Leben und Meinung des Magisters Sebaldus Nothanker« war 1773 erschienen.

S. 199 *d'accord* – einverstanden. – *j'en ai perdu . . .* – ich habe davon 5 oder 6 verloren. – *Hompesch* – Ferdinand Freiherr von Hompesch (1744–1805).

S. 200 *Elise Reimarus* – Tochter des Philosophen Hermann Samuel Reimarus (1694–1768). – *Allwil[l]* – Jacobis Werk »Eduard Allwills Briefsammlung«, Breslau 1781. – *Lavater* – Johann Kaspar Lavater (1741–1801), geistl. Dichter der Sturm und Drang Zeit. – *Initiierte* – Eingeweihte.

S. 201 *Ewald* – Johann Ludwig Ewald (1747–1822), theologischer Schriftsteller. – *Götz* – Johann Melchior Goeze (1717–1786), Bibliograph und Theologe, der Goethe, Ramler, Büsching und vor allem Lessing angriff; Lessing schrieb gegen ihn seinen Antigoeze. – *Claudius* – Matthias Claudius (1740–1815). – *Fürstin Gallizin* – Adelheid Amalie Fürstin von Galizyn (1748–1806), versammelte in Münster einen Kreis von Gelehrten und Dichtern um sich, zu dem auch Goethe und Jacobi Beziehung hatten.

S. 202 *quel pauvre sujet* – welch erbärmlicher Gegenstand. – *Perthes* – Friedrich Christoph Perthes (1772–1843), namhafter Buchhändler und Patriot; Schwiegersohn von Matthias Claudius. – *Jung-Stilling* – Johann Heinrich Jung, genannt Stilling (1740–1817), wurde berühmt durch seine Autobiographie »Heinrich Stillings Leben, eine wahre Geschichte«, Berlin 1806.

5447 S. 202 *Lebensnachrichten* – »»Lebensnachrichten über Barthold Georg Niebuhr, aus Briefen desselben und aus Erinnerungen einiger seiner nächsten Freunde« von Dorothea Hensler, Hamburg 1838-39, 3 Bde. Barthold G. Niebuhr (1776–1831) war einer der bedeutendsten Geschichtsforscher seiner Zeit. – *Schönborn* – dänischer Gesandtschaftssekretär in London.

S. 203 *Scott* – Francis Scott. – *Hume* – David Hume (1711–76), engl. Philosoph und Historiker.

S. 204 *Müller* – Johannes von Müller (1752–1809), berühmter Historiker. – *Theages* – Anhänger des Sokrates (wird im 6. Buch von Platos »Republik« genannt). – *Moltke* – Adam Wilhelm von Moltke (1785–1864), dänischer Minister.

S. 205 *20 Jahre* – Niebuhr war damals 30 Jahre alt. – *die »Schönes«* – gemeint sind Leute wie Schöne, der den Goetheschen Faust fortsetzte (Berlin 1808). – *Markus Antoninus* – röm. Triumvir (83–31 v. Chr.), der nach Caesars Tod dessen Erbe an sich zu reißen versuchte. – *Savigny* – Friedrich Karl von Savigny (1779–1861), seit 1810 Prof. für röm. Recht in Berlin. Begründer der historischen Rechtsschule.

S. 206 *einer zweiten Frau* – Amalie, die Nichte seiner ersten Frau. – Niebuhr war von 1816–1823 als preuß. Gesandter am Vatikan in Rom. – *Ritornellmelodie* – Ritornell ist die älteste Form der italienischen Volkspoesie; sie besteht aus einer dreizeiligen Strophe, deren erste und dritte Zeile reimen. – *Karlsbader Beschlüsse* – Im August 1819 faßte auf Betreiben Metternichs eine Ministerkonferenz die sogenannten Karlsbader Beschlüsse: Vorzensur für Zeitungen und alle Schriften unter 20 Druckbogen, Verbot der Burschenschaften, Überwachung der Universitäten, Entlassung revolutionär gesinnter Lehrkräfte.

S. 207 *Macchiavells* – Niccolo di Bernardo dei Machiavelli (1469 bis 1527) schrieb 1513 sein Hauptwerk »Il Principe«, die Schilderung eines Fürsten, der seine Alleinherrschaft ohne Rücksicht auf moralische Grundsätze begründet.

5448 *Welt-Friede* – Am 30. März 1856 wurde durch den Frieden von Paris der Krimkrieg beendet.

5450 S. 208 *»Das sind Fakta ...«* – Aus einem Brief Niebuhrs an seine Frau. – *Thukydides* – griech. Geschichtsschreiber (471–um 400 v. Chr.). – *Es soll mich nicht verführen ...* – Niebuhr meint den großen Beifall, den er für seine Vorlesungen über alte und neueste Geschichte an der Universität Bonn (wo er seit 1823 lehrte) erhielt. – *Faktion* – politische Partei.

S. 209 *Mirabeau* – Honoré Gabriel Victor Riquetti Graf von Mirabeau (1749–1791), einer der bedeutendsten Männer der franz. Revolution. – *Petronius* – Gaius Petronius (gest. 65 n. Chr. durch Selbstmord), unter Kaiser Nero verantwortlich für die Vergnügungen am Hof; Verfasser eines satirischen Romans, der die Menschen und Sitten seiner Zeit sehr genau schildert. – *Grachen* – Tiberius Sempronius Gracchus und Gajus Sempronius Gracchus, röm. Volkstribune, die 133–121 v. Chr. in Rom eine Sozialrevolution durchführen wollten. – *Catilina* – Lucius Sergius Catilina (um 108–62 v. Chr.), plante im Jahre 65 eine Verschwörung gegen den röm. Senat. – *Voss* – Johann Heinrich Voß (1751–1826), Dichter und Philologe, lebte seit 1805 in Heidelberg. – *Thibaut* – Anton Friedrich Justus Thibaut (1772–1840), Prof. für röm. Recht, seit 1806 in Heidelberg.

5455 *Gespann des Ezechiel* – Hesekiel Kap. 1.

5458 Vgl. »Die Nibelungen« V. 4539 (W II, 285).

5462 *Mendelssohn* – Moses Mendelssohn (1729–1786), Philosoph. – *point d'honneur* – Ehrgefühl.

5463 *(H.)* – Herder, aus dessen Brief Hamann zitiert.

5465 Vgl. Tgb. 3250, wo Hebbel das gleiche Zitat notierte.

5466 *Hippe* – Gemeint ist: Theodor Gottlieb von Hippel (1741–1796), humorist. Dichter, dessen »Lebensläufe nach aufsteigender Linie, nebst Beilagen A. B. C.« in Berlin (1778–81, 3 Bde) erschienen.

5467 *bei seinen Geschäften* – Hippel wurde 1780 dirigierender Bürgermeister und Polizeidirektor in Königsberg.

5469 *sensus ...* – Gefühl ohne Verstand. – *Wortspiel* – Hier ließ Hebbel den folgenden Satz aus Hamanns Briefe weg: »Die Sprache ist die wächserne Nase, die Du Dir selbst angedreht, der Pappendeckel, den Du Deinem Spinoza vorhängst, und ein geronnen Fett, das in Deiner ganzen Denkungsart oben schwimmt.« (Krumm)

5477 *Bilogie* – zwei Dramen, die inhaltlich eng miteinander verknüpft sind. (Das Wort ist gebildet in Anlehnung an Trilogie.)

5482 Am Rand: *Ballade.*

5484 *Möser* – Justus Möser (1720–1794), Staatsmann, Publizist und Historiker, veröffentlichte 1774 »Patriotische Phantasien«.

5485 Mösers »Osnabrückische Geschichte« erschien 1768 in 2 Bden.

5487 *(das Epos)* – »Mutter und Kind«.

5489 *... wie früher* – Vgl. Tgb. 3597.

5491 *Geibelschen Gedichte* – Emanuel Geibels (1815–1884) Gedichte erreichten bis 1884 100 Auflagen. – Vgl. »Auf einen vielgedruckten Lyricus«, HKA VI, 353 f. und W III, 677.

5496 Am Rand: NB. – Vgl. W II, 637 ff. und 736 f.

5502 Vgl.   Ophelia in der Literatur
Wie die Verrückte im Hamlet die Blumen, verteilt ihr die Kränze
  Unter die »Männer der Zeit«, aber ihr seid bei Verstand.

5503 *Phidias* – einer der berühmtesten griech. Bildhauer (um 500 bis um 430 v. Chr.).

5504 Zu dieser Notiz und zu Tgb. 5506 vgl. »Einem Ursprünglichen«, HKA VI, 350 f.

5505 Vgl. Tgb. 136.

5509 Vgl. »Auf die modernen Franzosen und ihre deutschen Genossen«, HKA VI, 359.

5510 *Fanny* – Marie Sophie Schmidt, Schwester von Klopstocks Vetter in Langensalza, die Klopstocks leidenschaftliche Liebe nicht erwiderte.

5511 *Newton* – Isaak Newton (1643–1727), Begründer der neueren mathematischen Physik; soll durch einen vom Baum fallenden Apfel auf das Gesetz der Schwerkraft aufmerksam geworden sein.

5513 Am Rand: NB.
5516 Vgl. »Nibelungen« V. 4000 f. (W II, 265). – *Cassiodor* – Magnus Aurelius Cassiodorus (um 468–562), hoher Staatsbeamter und Geschichtsschreiber.
5517 Am Rand: ☞ – Vgl. Tgb. 5519.
5518 *Zeit des Lear.* – Shakespeares »King Lear« spielt in vorchristlicher Zeit.
5519 S. 219 *Auerhahn* – Bamberg vermerkt dazu: »Aloys Auer war bekanntlich Direktor der Staatsdruckerei.«
S. 220 *Gretchen Carstens* – Vgl. »Ein frühes Liebesleben«, »4. Glück«, W III, 36 und 892 und »Ein Schloß und eine alte Familiengruft« (HKA X, 213): »Ich eilte in mein Bett zurück und schlief nun sehr bald ein, verkehrte aber im Traum mit lauter Toten... mit der ersten Jugendgeliebten usw.«
5520 *Freunde* – Nordberg.
5521 *Johannes* – Vgl. Anm. zu Tgb. 5336 und »Ein Schloß und eine alte Familiengruft« (HKA X, 211): »Es steht im Hof ein steinerner Johannes, der sich dadurch von allen übrigen Standbildern des vielverehrten Heiligen unterscheidet, daß er bedeutungsvoll den Finger der rechten Hand auf den Mund gelegt hält; er war mir in seiner Nische, trotz des wilden Ahorns, der ihn zur Hälfte verdeckte, keineswegs entgangen. Dieser soll so zu Stande gekommen sein. Eine schöne junge Dame, vom Grafen heimgeführt, zieht als Gebieterin ein und waltet des Amts der Schlüssel etwas strenger, als dem Gesinde, das bis dahin sich selbst überlassen war, lieb sein kann. Sie wird eines Abends ans Fenster gelockt, durch einen Brief, wie es heißt, den man mit dem roten Siegel gegen die Scheiben drückt, und den sie in Empfang nehmen will; wie sie aber näher tritt, fällt ein Schuß, und wohl getroffen sinkt sie ihrem rasch und bestürzt vom Familientisch herbeispringenden Gatten tot in die Arme. Der Verdacht haftet auf jedermann und darum auf keinem; viele Jahre später aber stirbt die Försterin, welche die Wirtschaft vor ihr geführt und nach ihr wieder übernommen hatte, und diese ordnet in ihrem Testament bei Strafe der Enterbung die Errichtung der rätselhaften Statue mit dem Attribut des Schweigens an, denn der heilige Johannes habe ihr sein Wort gehalten, und sie wolle ihm auch das ihrige nicht brechen.«
5525 *Zeuxis* – eigentl. Zeuxippos (um 400 v. Chr.), griech. Maler, der besonderen Wert auf die sinnl. Illusion seiner Bilder legte.
5528 *Bach* – Alexander Freiherr von Bach (1813–1893), 1848 Justizminister, 1849–1859 Innenminister in Wien.
5529 *ungr. Stuhlrichter* – ungarischer Inhaber einer Patrimonialgerichtsbarkeit.
5536 *smuggelt* – Hebbels Schreibung ergab sich aus seiner Aussprache.
5537 S. 225 *Flechten-Übel... wie mein Landsmann Niebuhr* – vgl. Tgb. 5450. – *Epos* – »Mutter und Kind«. – *neue Gedichte* – u. a. zu dem

Zyklus »Ein frühes Liebesleben«; vgl. W III, 35 ff. und 892 f. – *Grailich* – Professor für Physik. – *Epigrammen* – Vgl. W III, 125 und 907.

5541 Vgl. An die Realisten
Wahrheit wollt ihr; ich auch! Doch mir genügt es, die Träne
Aufzufangen, indes Boz ihr den Schnupfen gesellt.
Leugnen läßt es sich nicht, er folgt ihr im Leben beständig,
Doch ein gebildeter Sinn schaudert vor solcher Natur.
Dorfgeschichten-Mann – Berthold Auerbach.

5543 *Bonitz* – Hermann Bonitz (1814–1888), seit 1849 Prof. der klassischen Philologie an der Univ. Wien. – *Graz und Gräz* – Man stritt sich, welche Form die richtige sei. – *die drei Weisen* – in »Herodes und Mariamne« V, 8 (W I, 587 f.).

5544 Vgl. »Mutter und Kind« V. 123 (W III, 158). – *Jenisch* – Mutter der Gräfin Rhedern.

5547 *L.[udwig]* – Karl Friedrich Wilhelm Ludwig (1816–1895), von 1855 bis 1865 Professor der Physiologie und Physik am Josephinum in Wien.

5548 Am Rand: *Seliges Ende*. – *Schweinichen* – Hans von Schweinichen (1552–1616), abenteuernder Ritter, der ein Tagebuch hinterließ, das einen wertvollen Beitrag zur Sittengeschichte des 16. Jahrhunderts liefert.

5550 Vgl. »Das Haar in der Suppe«, HKA VI, 444.

5555 *Adler-Feder* – Vgl. »Ein Diarium«, W III, 804. – ... *Chezys Werken* – Helmina Christiane von Chezy (1783–1856) veröffentlichte Gedichte, Romane und Erzählungen. – *das alte Lied* – das Nibelungenlied. Vgl. zu der Episode das Widmungsgedicht zu den »Nibelungen«, W II, 113 f.

5557 Hebbel bezieht sich auf »Hamlet« IV, 7.

5558 *Bronners Leben* – Franz Xaver Bronners (1758–1850) »Jugendleben« erschien 1795–97 in Zürich in drei Bänden; vgl. Tgb. 5564a.

5560 *Regent* – Gemeint ist der Regens, der Vorsteher einer geistlichen Anstalt.

5564 Am Rand: NB. – *Temple* ... – Tempel der Vernunft.

5564a Hebbel suchte J. J. Weber für einen Neudruck zu gewinnen.

5569 Vermutlich aus »Mutter und Kind« weggefallen.

5574 *Autor* – Herman Grimm (1828–1901), in dessen Novellen Uechtritz eine »Richtung nach dem Absonderlichen, Seltsamen und Starkgewürzten« erkannte. (Krumm)

5576 Diese Notiz ebenso wie die beiden folgenden Schnitzel aus »Mutter und Kind«.

5580 ... *in einem alten Tagebuch blätterte* – Vgl. Tgb. 3923.

5581 Vgl. Tgb. 2087.

5582 Hebbel mokiert sich wiederholt über die Ansicht, daß das Nibelungenlied auf mehrere Verfasser zurückzuführen sei. Vgl. den Aufsatz »Aus Wien und Österreich« 6. (HKA X, 342 ff.) und
Phidias hätte den Zeus geschaffen? Nach Wolf und nach Lachmann
Drehte das ganze Athen ihm den olympischen Bart.

5584 S. 235 *... und wird ... der Geschichte nicht verlorengehen.* – Deshalb schrieb Hebbel diese Stelle ins Tagebuch ein. Fürst Schwarzenberg verspricht in seiner Antwort vom 9. Juni die betreffende Stelle zu streichen und schreibt: »Ich habe Mailand brennen sehen, manchen Jammerszenen in Ungarn beigewohnt, und gewiß mit blutendem Herzen – Wien aber, das Schandnest, mit seinen ebenso niederträchtigen als stupiden Bewohnern, gehört in eine ganz andere Kategorie.« (Zitat nach Krumm)

5588 Die Notiz bezieht sich auf Bogumil Dawison (1818–1872), zu dessen Glanzrollen der Lear gehörte; vgl. Tgb. 5337.

5590 Vgl. dazu Tgb. 3980.

5591 *Groth* – Klaus Groth (1819–1899), niederdeutscher Dichter, »Schöpfer der plattdeutschen Lyrik«. Von Hebbel oft gerühmt; vgl. W II, 704.

5592 Hebbel wendet sich gegen Julian Schmidt. – *Omar* – zweiter Kalif (um 592–644).

5597 Vgl. Tgb. 3190.

5603 *Schillers Vater* – Johann Caspar Schiller (1723–1796) war Leiter der herzoglichen Gärtnerei auf Schloß Solitude. Er schreibt in seinem »Curriculum vitae meum«: »Endlich geriet ich auf die Baumzucht, legte hinter meinem Logis in Ludwigsburg eine kleine Baumschule an, aus der ich über 4000. Stück junge, meist schon mit den besten Gattungen oculierte Apfel- u. Birn-Bäume auf die Solitude mitbringen konnte.«

5607 Vgl. Tgb. 5449.

5620 S. 239 *Baumanns* – Alexander Baumann (1814–1857), Wiener Lustspieldichter. – *Aufsatz* – »Ludwig Holberg« (HKA XII, 98 ff.). – *fünf Balladen* – «Der Zauberkreis«, »Herr und Knecht«, »Der Ring«, »Der Tod kennt den Weg«, »Ein Wald«. – *Gentz* – »Briefwechsel zwischen Friedrich Gentz und Adam Heinrich Müller 1800–1829« (HKA XII, 87 ff.). – *Epos* – »Mutter und Kind«. – *Adoptiv-Sohns* – Karl Hebbel; vgl. Anm. zu Tgb. 4439.

5622 Vgl. das Epigramm.
Nie begreift der Kleine den Großen, doch mag er sich trösten,
 Denn der Große begreift ebensowenig ihn selbst.
Aber ein Goethe vermißt zuweilen die Fäuste des Bauern,
 Während der Bauer gewiß Goethes Gehirn nicht begehrt.

5625 Vgl. W II, 519.

5626 Vgl. »Aus Karl Ludwig v. Knebels Briefwechsel mit seiner Schwester Henriette (1774–1813)« (HKA XII, 120 ff.).

5627 *Opern-Text* – »Ein Steinwurf«, W II, 73 und 702. – *Rubinstein* – Anton Rubinstein (1830–1894), Komponist und gefeierter Pianist.

5628 Am Rand: NB.

5629 *Montgolfière* – Joseph Michel Montgolfier (1740–1810), Erfinder des Luftballons.

5630 *Dumas* – Alexander Dumas (1824–1895), der mit der »Kameliendame« (1848 als Roman, 1852 als Drama und 1853 als Oper – Verdis »La Traviata«) einen Welterfolg hatte.

5631 *Großherzog* – Karl Alexander August Johann von Weimar (1818 bis 1901). – *Genoveva* – Aufführung am 24. Juni 1858.

5632 In Hebbels Ausgabenbuch steht unter dem 26. 5. 1858 der Eintrag: »An meine liebe, gute, teure Frau zum Hochzeitstag 10 fl.« (zitiert nach Kardel a.a.O. S. 19).

5633 *Axiome* – Grundsätze, die keines Beweises bedürfen.

5636 *ersten Auftreten* – im Stadttheater in Bremen. – *Adele Kuh* – Emil Kuhs Frau war Opernsängerin.

5641 Im Nachlaß Hebbels fand sich folgende Notiz, die er wohl seiner Frau am Weihnachtsabend überreicht hat (zitiert nach Kardel, Hebbel-Dokumente, a.a.O. S. 19): Meine liebe gute Frau erhält von jetzt an monatlich zehn Gulden mehr, wie bisher; ich weiß, daß sie es nicht fordern würde, wenn sie es nicht notwendig brauchte und gebe es ihr mit Freuden als Weihnachts-Geschenk. Will sie dreißig Gulden voraus haben, so braucht sie es nur zu sagen.
Weihnachts-Abend 1858.
Fr. Hebbel

5642 *Trakasserien* – Quälereien. Das Wort ist nicht eindeutig zu lesen.

Im Winter 1858/59 machte sich Hebbel auf einem Zettel einige Notizen, die er nicht ins Tagebuch übertrug (zitiert nach Kardel, Hebbel-Dokumente, a.a.O. S. 40):
Die Poesie der Welt.

Der Tischler, der sich Hochzeitsbett u Sarg zugleich macht, ist poetisch, nicht aber der Reimer, ders in Verse bringt oder doch nur dann, wenn er Motive hinzufügt, die den Einfall des Tischlers noch übertreffen.

Der Dichter vernichtet den realistischen Stoff durch Steigerung; diese Steigerung liegt aber schon in den Ausdrucksmitteln und diese Ausdrucksmittel stehen mit den platten Natürlichkeits-Forderungen im direktesten Widerspruch.

Platens Abassiden.

Zur Poesie der Welt gehören auch die neuen Formen, die durch geniale Dichter-Naturen in die Welt treten. Calderons Leben ein Traum ist *Eigentum*, Grillparzers Traum ein Leben *Aneignung*.

5644 *Alfanzerei* – Gaukelei, Betrug.

5645 Vgl. Tgb. 5788.

5646 Vgl. dazu »Das Paradies steht offen«, W III, 144 und 910, sowie Tgb. 5320 und 5380.

5647 Vgl. Tgb. 5315.

5656 *Tubal und Shylock* – In Shakespeares »Kaufmann von Venedig«.

5657 *»der Seelen...«* – Vgl. »Don Carlos« V. 1786f. »Der Seelen entzückender Zusammenklang«.

5661 Am Rand nachgetragen. – Vgl. Tgb. 5460.
5664 Vgl. dazu Hebbels Rezension über Johann Meyers »Dithmarscher Gedichte« (HKA XII, 238 ff), in der er fast wortwörtlich den gleichen Gedanken ausdrückt: »Denn eine Volks-Poesie in dem banalen Sinn, worin man den Ausdruck gewöhnlich nimmt, hat nie existiert und wird nie existieren.«
5665 Am Rand: NB. – Vgl. W II, 682 und 741.
5668 *sich nicht entlegen können* – sich nicht weigern können; niederdeutscher Ausdruck.
5674 Vgl.   Marktruf
      Tummelt euch, Freunde, und bringt euch im Leben zur Geltung!
                                                    Dem Toten
      Reicht zwar das Volk noch den Kranz, aber der Fürst nicht den
                                                                   Stern.
5675 Vermutlich denkt Hebbel an Gurlitt und Stahr. Krumm zitiert aus dem Brief an Klaus Groth vom 26. 11. 1862: »Gurlitt war mir in Rom ein sehr lieber Freund, und wir haben auch jetzt gewiß nichts gegen einander, aber seit er Adolf Stahr seinen Schwager und Fanny Lewald seine Schwägerin nennt, will es mit uns nicht recht mehr fort.«
5678 Vgl. Tgb. 5714.
5683 Vgl. »Zum Schiller-Jubiläum«, HKA VI, 407 f.
5690 Vgl. »An die Exakten«, W III, 144 und 910.
5703 Vgl. W II, 683 und 741.
5704 Am Rand: Märchen.
5705 Gehört wohl in das Vorspiel des »Demetrius«.
5709 Krumm bezieht diese Notiz zurecht auf Gustav Freytag und Julian Schmidt; vgl. »Das Hofburgtheater« (HKA XII, 343 ff.): ». . . neue Stücke von Gewicht schienen nur dann nicht auf unbesiegbare Schwierigkeiten zu stoßen, wenn die Verfasser Redakteure einflußreicher Journale oder gar, wie Freytag, mit der ›Literatur – Geschichte der Gegenwart‹ verheiratet waren.«
5711 Vgl. »Jehovah vor der absoluten Kritik«, HKA VI, 456.
5714 Vgl. Tgb. 5678.
5715 Vgl. »Schau ich in die tiefste Ferne«, W III, 130 und 908.
5718 *kaustischem* – scharfem, beißendem.
5720 Vgl. »Ideal und Leben«, HKA VI, 445.
5721 Hebbel schrieb den Brief an die Prinzessin Wittgenstein zu ihrem Hochzeitstag; sie wollte mit ihrem Mann den Winter in Rom verbringen. – *Scherbenberg* – Vgl. Tgb. 1058 und 4022.
5724 Vgl. »Das Hermelin«, HKA VI, 264.
5730 Hebbel wiederholt diese Notiz fast wörtlich in der Anzeige von Adolph Schölls »Gründlicher Unterricht über die Tetralogie des attischen Theaters und die Compositionsweise des Sophokles usw.« (HKA XII, 258 f.). – *Viel-Vaterschaft* – Vgl. Tgb. 5812.
5732 Am Rand: NB.

5734 Vgl. Eduard Mörikes »Denk es, o Seele!«.
5738 »*apprendre* ...« – mit dem Herzen lernen.
5742 *Villa franca* – Distriktshauptort der ital. Provinz Verona; hier wurde am 11. 7. 1859 der Präliminarfriede zwischen Kaiser Franz Josef von Österreich und Napoleon III. geschlossen.
5743 Vgl. »Die Nibelungen« V. 2959 (W II, 226).
5747 Vgl. Tgb. 5777 (S. 268).
5748 *Christus mit dem Zinsgroschen* – in der Dresdner Galerie.
5751 *Pfarrer Luck* – Hebbel traf ihn auf dem Thüringer Bahnhof; vgl. Tgb. 5777 (S. 268).
5753 Am Rand: NB.
5755 Hebbel berichtet über die Arbeit am Stephansturm im 5. »Wiener Brief« vom 15. 8. 1861.
5760 Vgl. »Zum Schiller-Jubiläum«, HKA VI, 407f.
5763 *Haupt-Szene* – Hebbel strich die Szene vor dem Druck.
5765 *komische Verse* – »Zum Schiller-Jubiläum«, HKA VI, 407f.
5777 S. 265 *podagristischen* – gichtischen.
S. 266 *herumwatete* – am 16. Juli 1855.
S. 267 *Schulz* – Benedikt Schulz.
S. 268 *Reise nach Weimar* – Abreise am 1. September 1859. – *Zauberers von Rom* – Roman von Karl Gutzkow, der 1858–61 in 9 Bden erschien.
5781 Vgl. Tgb. 4628.
5784 *siderischen* – auf die Sterne bezüglich; *tellurisch* – auf die Erde bezüglich.
5785 *Emil Kuh ... grüßte mich nicht.* – Zwischen Hebbel und Kuh war es zum Bruch gekommen. – *Kommis* – Vgl. Tgb. 5777 (S. 268).
5788 *Vortrag* – Am 3. 3. 1860 unter dem Titel »Über den Ursprung der homerischen Gedichte«. Vgl. Tgb. 5645. – *Der Theolog de Wette* – Wilhelm Martin Leberecht De Wette (1780–1849), protestantischer Theologe, dessen Einleitungen und Kommentare zum Alten und Neuen Testament berühmt waren, vor allem sein »Lehrbuch der historisch-kritischen Einleitung in die Bibel Alten und Neuen Testaments«.
5795 Vgl. Tgb. 5817.
5807 *Jean Pauls alter Vorschlag* – zu Beginn des »Hesperus«.
5808 *skandalösesten Briefwechsel* – Ludmilla Assing (1827–1880) wurde nach dem Tode ihres Onkels Varnhagen von Ense mit der Herausgabe seines Nachlasses betraut. Zunächst erschienen »Briefe Alexander von Humboldts an Varnhagen von Ense«, Leipzig 1860, deren Bekanntmachung sie als eine Pflicht gegen die Nation und die beiden Verstorbenen bezeichnete. – Vgl. Tgb. 5913.
5809 *Lobkowitz* – altes böhmisches Geschlecht. – *Bülow* – Hans von Bülow (1830–1894), Dirigent und Pianist. Hebbel hatte ihn im Frühjahr 1860 kennengelernt.
5812 Vgl. Tgb. 5730.

5816 *Wagners Gedichte* – Johann Jakob Wagner (1775–1841), seit 1803 Professor der Philosophie, gab in seiner »Dichterschule« (Ulm 1840) Anweisungen, wie man »ohne Genie« Kunstwerke hervorbringen könne. Vgl. »Dramatische Literatur« (HKA XII, 117f.): »Der Würzburger Philosoph Johann Jacob Wagner gab eine förmliche Dichterschule heraus und machte sich anheischig, jeden auch nur halbwegs begabten Menschen zu einem guten Poeten umzuschaffen.«

5817 Vgl. Tgb. 5795 und »Auf das Tier«, W III, 132 und 909.

5825 *Debrois van Bruyck* – hatte sich, wie Emil Kuh, mit Hebbel entzweit.

S. 278 *alteriert* – geändert.

S. 279 *Freund* – Emil Kuh.

5826 Vgl. »Der Rubin« V. 369ff. (W I, 613f.).

5827 *Helm ... des Don Quixote* – Don Quixote trug ein Barbierbecken als Helm.

5837 *Thunbergs Reise* – Karl Peter Thunberg (1743–1828), Botaniker und Zoologe, veröffentlichte mehrere Reisebeschreibungen, die 1792 bis 1794 in deutscher Übersetzung erschienen.

5841 S. 281 *Anthropomorphismen* – Vermenschlichungen des Göttlichen. – *Straußsche* – Hebbel denkt an David Friedrich Strauß (1808–1874) und dessen aufsehenerregendes Erstlingswerk »Das Leben Jesu, kritisch bearbeitet«, Tübingen 1835.

S. 282 *Proteus* – Vgl. »Proteus«, W III, 70 und 895.

5845 Im Original ist ein Blatt, das eine Darstellung des Bruches zwischen Hebbel, Kuh und Debrois enthielt, unleserlich gemacht. Krumm vermutet, daß Kuh dies getan hat, als er nach Hebbels Tod Einsicht in die Tagebücher erhielt.

5847 S. 285 *Abendseufzer* – »Wanderers Nachtlied«.

S. 286 *»weiß, was not tut«* – Zitat aus dem evangelisch-lutherischen Gesangbuch der Provinz Schleswig-Holstein. – *Paulus* – Heinrich Eberhard Gottlob Paulus (1761–1851), theologisches Haupt des Rationalismus.

5848 Friedrich Wolfgang von Berlichingen-Rossach (1826–1887) verfaßte eine »Geschichte des Ritters Götz von Berlichingen und seiner Familie« (Leipzig 1861).

5853 Vgl. W II, 666 und 739.

5857 Gemeint sind die von Fr. Steinmann herausgegebenen »Dichtungen« (Amsterdam 1860, 2 Bde) und »Briefe« (Amsterdam 1861–62, 2 Bde), die als Fälschungen ausgewiesen wurden.

5862 Apollonius Freiherr von *Maltitz* (1795–1870) war seit 1841 als russischer Gesandter in Weimar.

5868 Vgl. W II, 684 und 741.

5871 Hebbel besuchte Paris im November 1860.

5872 *(Patrie)* – Vaterland.

5880 Vgl. »Demetrius« V. 1189f. (W II, 367).

5881 Vgl. Tgb. 5300.

5884 *Schlözer* – August Ludwig von Schlözer (1735–1809). Seine Biographie, verfaßt von Christian Schlözer, erschien 1828 in Leipzig (2 Bde). – *Gatterer* – Johann Christoph Gatterer (1727–1799), Historiker, lehrte seit 1759 in Göttingen.
5887 *Gustav III.* (1746–1792), König von Schweden, führte 1788 Krieg mit Rußland und Dänemark. – *das Volk persönlich haranguierend* – er wandte sich in einer Ansprache persönlich an das Volk. – *Szenen Christians II.* – Christian II., genannt der Böse (1481–1559), König von Norwegen und Dänemark, brachte 1520 Schweden unter seine Herrschaft und ließ über 600 seiner Gegner im sogenannten Stockholmer Blutbad (8.–10. 11. 1520) hinrichten.
5889 *Grün-Donnerstag* – 28. März 1861.
5891 S. 291 *Renegaten* – (Glaubens-) Abtrünnige .

S. 292 *der blöde Sand* – Karl Ludwig Sand (1795–1820) ermordete am 23. 3. 1819 August von Kotzebue aus einer schwärmerischen Begeisterung für Vaterland und Freiheit heraus; er hatte in Kotzebue einen Feind der deutschen Burschenschaft und einen Spion Rußlands gesehen. – *das Vaterunser* – Vgl. »Das Vaterunser«, W III, 126 und 908.

S. 293 *Haller* – Albrecht von Haller (1708–1777), Botaniker, Anatom, Physiolog, Arzt und Dichter, der grundlegende Entdeckungen über den Blutkreislauf machte. – *Goethes Gedicht: »Friede«* – Goethes Gedicht »Wandrers Nachtlied« entstand am 12. Februar 1776, wurde erstmals 1780 gedruckt und erschien 1789 im 8. Band von Goethes Schriften. Vgl. Tgb. 5847.
5893 *Poltron* – Feigling, Prahler.
5894 *Bodenstedt* – Friedrich Bodenstedt (1819–1892), Dichter und Schriftsteller, veröffentlichte u. a. »Shakespeares Zeitgenossen« (Berlin 1858–60, 3 Bde). Hebbel rezensierte den ersten Band in seinen Literaturbriefen (in der »Wiener Zeitung«); vgl. »Shakespeares Zeitgenossen und ihre Werke« (HKA XII, 139 ff.). In der Einleitung zum zweiten Band wehrt sich Bodenstedt gegen Hebbels Beurteilung; daraufhin veröffentlicht Hebbel im Jahre 1861 eine zweite Rezension (HKA XII, 273 ff.). – *Kaulbach* – Wilhelm von Kaulbach (1805–1874), Historienmaler, seit 1825 in München, seit 1847 Direktor der Kunstakademie in München. – *Gesamt-Aufführung meiner Nibelungen-Trilogie* – unter Dingelstedts Leitung am 16. und 18. Mai 1861. – *Ihr Reineke* – Die zwischen 1840 und 1846 entstandenen Zeichnungen zu Goethes »Reineke Fuchs« gehören zum Besten, was Kaulbach geschaffen hat und begründeten seinen Ruhm als Illustrator.
5895 Vgl. Tgb. 4567.
5906 Vgl. Tgb. 2821, 2852 und

Die Herme

Herme, ich liebe auch dich! Mir ist, als säh ich das Chaos
Nach unendlichem Kampf hier von sich selbst sich befrein!

5910 *Großh. v. Sachs. Weimar* – Karl Alexander.
5913 Vgl. Tgb. 5808.
5917 *Sixtina* – Raffaels »Sixtinische Madonna«. – Vgl. »Auf die Sixtinische Madonna«, W III, 84 und 898.
5918 *Marschall* – Hofrat John Marshall war Sekretär der Großherzogin Sophie. – *Epigramm* – Nr. 67 von Goethes »Venetianischen Epigrammen«.
5919 Zu dieser und der folgenden Notiz vgl. »An die Exakten«, W III, 144 und 910.
5923 *Großherzog* – Karl Alexander.
S. 299 *die Kunkel und die Krämer-Elle* – Hebbel spielt auf Auerbach und Freytag an. Vgl. Tgb. 5693.
5924 *Duc Tascher* – Nach Krumm ein Verwandter Napoleons, den Hebbel bereits 1852 in München kennengelernt und dann im Herbst 1860 in Paris getroffen hatte.
5927 *Das furchtbare Ereignis* – Am 14. 7. 1861 machte der Student Oskar Becker (1839–1868) in Baden-Baden ein Attentat auf Wilhelm I., den späteren dt. Kaiser, verwundete ihn aber nur leicht. – *bei gleichem schrecklichen Anlaß* – Vgl. Tgb. 5076 f. und 5081. – *Carl August* – Karl August von Sachsen-Weimar (1757–1828).
5932 *Attentats* – Vgl. Anm. zu Tgb. 5927. – *Gedicht* – »An seine Majestät, König Wilhelm I. von Preußen«, HKA VI, 412 ff.
5937 S. 304 *unser Liebling* – das Eichhörnchen, dem Hebbel in den »Nibelungen« V. 2959 ff. (W II, 226) ein Denkmal setzte. – *Reise* – vom 9. 10.–3. 11. nach Hamburg und Berlin.
S. 305 *Fikus-Topf* – Gummibaum.
S. 306 *Tod eines Universitäts-Genossen* – Krumm vermutet Gravenhorst. – *für die Verräter* – Kuh und Debrois.
5938 S. 307 *ein anderes Mal* – Vgl. Tgb. 5724.
S. 308 *vindizieren* – in Anspruch nehmen.
S. 309 *»das Geheimnis der Schönheit«* – W III, 129 und 908.
5939 Bezieht sich auf das Eichhörnchen.
5945 *eine Schumann* – Klara Josephine Schumann (1819–1896), die Gattin des Komponisten Robert Schumann war eine gefeierte Pianistin. – *das tut auch nichts* – Krumm zitiert aus dem Brief an Uechtritz vom 29. 1. 1862, in dem Hebbel über seine Tochter schreibt: »Es ist ein frisches, gesundes Kind, und glücklicherweise hat sie nichts ›Geniales‹, wovon ich bei weiblichen Naturen kein besonderer Freund bin.«
5947 S. 310 *Aufführung* – Vgl. dazu die Angaben zur Uraufführung der »Nibelungen« in W II, 709. – *Großherzogs* – Karl Alexander.
S. 311 *Kaiser* – Franz Joseph. – *Fach der Genast* – Karoline Christine Genast (geb. 1800) war am 15. 4. 1860 in Weimar gestorben; zu ihren besten Rollen gehörten die Prinzessin im »Tasso«, Minna von Barnhelm, Thekla im »Wallenstein«.
S. 312 *Memorial* – Hebbel rechnete mit Laube wegen der Schikanen

ab, die Laube ihm und seiner Frau jahrelang zugefügt hatte. Vgl.
S. 816 ff. – *nach Weimar* – Gutzkow wurde General-Sekretär der
Schillerstiftung. – *pis aller* – schlimmster Fall. – *Lewinsky* – Joseph
Lewinsky (1835–1907), seit 1858 am Wiener Hofburgtheater.

S. 313 *Beaulieu* – Karl Olivier von Beaulieu-Marconnay (1811 bis
1889), Diplomat und Historiker, war seit 1843 im Weimarer
Staatsdienst; seit 1853 Oberhofmeister der Großherzogin. – *»un
charactère...«* – ein abscheulicher Charakter. – *Antagonisten* –
Gegner. – *ostensiblen* – zum Vorzeigen geeigneten. – *Schramm* –
Johann Heinrich Schramm (1809–1865), Professor in Weimar, Porträtist. Hatte Hebbel 1851 gemalt. – *Sterns* – Adolf Stern (1835 bis
1907), Dichter und Literarhistoriker. – *Gerücht* – Hebbel erhielt die
Ernennungsurkunde zum Weimarer »Privat-Bibliothekar« erst im
Frühjahr 1863. Vgl. Anm. zu Tgb. 6122. – *Grafen Beust* – Friedrich
Ferdinand Graf von Beust (1809–1886), sächsischer und österr.
Staatsmann.

S. 314 *Aktenstücke* – nicht erhalten. – *die vier Verse* – Es handelt sich
um die Verse 37–40:

> Auch die Bedientenvölker rütteln
> Am Bau, den jeder tot geglaubt,
> Die Tschechen und Polacken schütteln
> Ihr strupp'ges Karyatidenhaupt.

Chevalier... – Inhaber mehrerer Orden. – *Polemik mit Herrn Bodenstedt* – Vgl. Tgb. 5894.

5950 *Sonett* – »Was ist ein Hauch?...«, HKA VII, 174. – *Braga* – »Braga, Organ für Wissenschaft und Kunst. Redigiert von einem Kreise deutscher Jünglinge.«

5951 Vgl. Tgb. 5397 und W II, 704 ff.

5952 Vgl. »An die Exakten«, W III, 144. – *ihren Harvey* – William Harvey (1578–1657), engl. Mediziner, Entdecker des Blutkreislaufes; maßgebend wurden seine Schriften »De motu cordis et sanguinis« (Frankfurt 1628) und »De circulatione sanguinis ad Riolanum« (Cambridge 1649). – *wo Moses den Mann... entstehen ließ* – im 1. Buch Moses, 2. Kapitel.

5954 Am Rand: *Schlacht bei Jena*. – *fatuité* – Geckenhaftigkeit. – *Jacobs* – Friedrich Jacobs (1764–1847), Humanist und Schriftsteller. Seine Selbstbiographie erschien unter dem Titel »Personalien« im 7. Band seiner »Vermischten Schriften«.

5955 *Konnivenz* – Nachsicht.

5956 Am Rand: *ad Campe. Nibelungen*. – *Holzhausen* – A. Holzhausen, Wiener Buchdrucker, Neffe Julius Campes.

5958 Vgl. »Meiner Tochter Christine ins Gebetbuch«, HKA VI, 423.

5961 *»Drei Schwestern«* – HKA VI, 405 f.

5962 *Varnhagens Tagebücher* – erschienen in 14 Bänden (1861–1870); Hebbel kannte nur die Bände 1–6, die in Hamburg 1861–62 erschienen waren. – Vgl. »Varnhagens Tagebuch«, HKA VI, 456.

5965 *Philidor* – François André Danican Philidor (1726–1795), franz. Komponist und berühmter Schachspieler.
5966 Zu Hebbels Beschäftigung mit einem Christus-Drama vgl. W II, 737 f.
5970 Hebbel verteidigte in dem Brief an Uechtritz den V. 2443 in den »Nibelungen«: »du kannst Mich gleich bespein, wie einen Haufen Staub« (W II, 204). Darauf bezieht sich auch die folgende Notiz.
5971 »O Haupt . . .« – Verse aus Paul Gerhardts Gedicht »An das Angesicht des Herrn Jesu«. – »*Whore*« – Hure, Metze. In »Othello« IV, 2 heißt die Stelle (in Tiecks Übersetzung):
Dies reine Blatt, dies schöne Buch nur dazu,
Um Metze drauf zu schreiben?
5973 Vgl. Tgb. 922 und »Die Poesie der Formen« (s. Anm. zu Tgb. 922).
5975 Vgl. Tgb. 4126.
5979 »*que ce soit* . . .« – »daß es ein kleiner Lausejunge sei, dem man die Rute geben müßte, wenn man ihm im gewöhnlichen Leben begegnete oder wenn man das Unglück hätte, die Mutter eines solchen heruntergekommenen (degenerierten) Sohnes zu sein.«
5980 Bezieht sich ebenso wie die folgende Notiz auf Grabbe.
5983 *Uhland* – starb am 13. 11. 1862 in Tübingen.
5985 *Fanny Lewalds* (1811–1889) Selbstbiographie erschien unter dem Titel »Meine Lebensgeschichte«, Berlin 1861–63, 6 Bde. – Christian Friedrich Daniel *Schubarts* (1739–1791) Cap-Lied (»Auf, auf, ihr Brüder, und seid stark«), vom Dichter selbst vertont, entstand anläßlich einer Entsendung württembergischer Truppen nach Südafrika, zu der sich Herzog Carl Eugen in einem Subsidienvertrag mit der Holländisch-Ostindischen Compagnie verpflichtet hatte.
5988 Vgl. W II, 687 und 742.
5989 Vgl. W II, 686 und 741.
5990 *Prosektor* – Verfertiger anatomischer Präparate. – *Falke* – Jakob Falke (1825–1897), Kultur- und Kunsthistoriker, seit 1858 als Bibliothekar und Direktor der Gemäldegalerie des Fürsten Liechtenstein in Wien.
6002 Am Rand: NB.
6003 Vgl. »Die Nibelungen« V. 4915 ff. (W II, 299).
6007 *Aristides* (um 530–467 v. Chr.), athen. Feldherr und Staatsmann, ausgezeichnet durch Gerechtigkeit und Uneigennützigkeit.
6013 Irrtum Hebbels; von Shakespeare sind mehrere Unterschriften und andere Schriftproben erhalten.
6014 *Neuberg* – Nach Krumm Übersetzer Carlyles, den Hebbel in London bei S. Engländer traf.
6015 *Walpole* – Sir Robert Walpole (1676–1745), englischer Staatsmann unter Georg I. und Georg II. Dementsprechend kann es sich nicht, wie Hebbel notiert, um Georg III. handeln.
6019 *Dr. Dawin* – Krumm liest: *Darwin*.
6026 *Freiligraths Bureau* – Ferdinand Freiligrath (1810–1876) lebte seit den Fünfziger Jahren in London als Direktor einer Schweizer Bank.

6029 Vgl. Hebbels Aufsatz über »Lessing und Goeze« (HKA XII, 336): »Das ist der erste Morgenausläufer der innern Mission, die des Abends in einem Damenmeeting zu gipfeln pflegt, einem Meeting nämlich, zu dem um Mitternacht eine gewisse Art von Frauenzimmern in Folge öffentlicher Einladung zahlreich zusammenströmt, um traktiert und bekehrt zu werden.«

6032 *Hände* – Das englische »hands« wird in der Bedeutung von Arbeitern, Leuten gebraucht.

6034 *»nous sommes...«* – Wir sind die Hoffnung von Frankreich.

6037 *Hofrat Schölls* – Gustav Adolf Schöll (1805–1882), Archäologe und Kunstschriftsteller; seit 1843 in Weimar als »Direktor der Kunstanstalten«. – *vatermörderisch* – Vgl. Tgb. 6148.

6038 *Dr Zoller* – Edmund (oder Eduard) von Zoller (1822–1902), Schriftsteller, Redakteur und seit 1885 Direktor der königl. Hofbibliothek in Stuttgart. – *Theobald Kerner* – (1817–1907), Sohn Justinus Kerners, Arzt und Schriftsteller. – *Kerner-Album* – Justinus Kerners berühmte »Klecksographien«, die er in der Einleitung zu den »Hadesbildern« beschreibt: »Die Zunahme meiner halben Erblindung war die Ursache, daß ... mir wenn ich schrieb, sehr oft Tintentropfen aufs Papier fielen. Manchmal bemerkte ich diese nicht und legte das Papier, ohne sie zu trocknen, zusammen. Zog ich es nun wieder voneinander, so sah ich, besonders wenn diese Tropfen nahe an einen Falz des Papiers gekommen waren, wie sich manchmal symmetrische Zeichnungen gebildet hatten, namentlich Arabesken, Tier und Menschenbilder usw. Dies brachte mich auf den Gedanken, diese Erscheinung durch Übung zu etwas größerer Ausbildung zu bringen...«. – *Der alte Cotta* – Johann Friedrich Frh. v. Cotta, der in ärmlichen Verhältnissen aufgewachsen war, lebte höchst sparsam. – *Höppl* – Christian Höppl (1826–1862), Lyriker und Übersetzer; endete durch Selbstmord.

6040 *China* – Chinin. – *Réaumur* – René Antoine Ferchault de Réaumur (1683–1757), franz. Physiker, Erfinder des Weingeistthermometers. – *Perty* – Joseph Anton Maximilian Perty (1804–1884), Naturforscher, veröffentlichte »Die mystischen Erscheinungen in der menschlichen Natur« (Leipzig 1861).

6043 *Kielmanns-Eggesches* – Adolf August Friedrich Reichsgraf von Kielmannsegge (1796–1866).

6045 *Unger* – Joseph Unger (1828–1913), österr. Jurist und Staatsmann, seit 1857 als Professor für Zivilrecht in Wien.

6046 *Graf Schulenburg* – Friedrich Albrecht Graf von der Schulenburg (1772–1853), wurde 1794 Attaché der kursächsischen Gesandtschaft in Wien. – *Andlaw* – Franz Xaver Reichsfreiherr von Andlaw-Birseck (1799–1874), Diplomat, veröffentlichte »Erinnerungsblätter aus den Papieren eines Diplomaten« (Frankfurt 1857) und »Mein Tagebuch, 1811–61« (Frankfurt 1862, 2 Bde).

6050 *man kann –.* – zu ergänzen: früher sterben.

6052 *Wilhelmsthal* – Mitte August 1862 war Hebbel als Gast der Großherzogin von Sachsen-Weimar in Schloß Wilhelmsthal bei Eisenach. – *Verfassungs-Feier* – 26. Februar 1862. Vgl. »Wiener Briefe 10« von Anfang März 1862 (HKA X, 278 ff.).
6053 *Kompert* – Leopold Kompert (1822–1886), Schriftsteller.
6055 *Horn* – Direktor des Gymnasiums in Kiel (nach Krumm). – *Machwerke* – »Sophonisbe« und »König Lothar«.
6056 *Gräfin* – Marie von Ebner-Eschenbach (1830–1916), geb. Gräfin Dubsky. – *Joachim* – Joseph Joachim (1831–1907), Geiger und Komponist.
6057 *»unsers Nichts...«* – Vgl. »Don Carlos« V. 1033 »In seines Nichts durchbohrendem Gefühle«.
6061 *Pfeiffer* – Franz Pfeiffer (1815–1868), Germanist, seit 1857 in Wien. Nach Krumm soll Hebbel die Antwort gegeben haben: »Ich habe Uhland bereits ein Denkmal gesetzt«, wobei er an die Gesamtausgabe seiner Gedichte bei Cotta dachte, die er L. Uhland gewidmet hatte.
6063 *dem Grafen Wickenburg* – Matthias Constant. Capello Graf von Wickenburg (1797–1880), Gouverneur der Steiermark; Handelsminister. – Zu der Verwechslung Hebbels mit Johann Peter Hebel (1760–1826) vgl. den Brief an Elise vom 18. 12. 1845, S. 630 ff.
6065 *Simrocks Sammlung* – Karl Joseph Simrock (1802–1876), Dichter und Germanist, gab eine Bearbeitung der »Deutschen Volksbücher« (Berlin 1839–43, 13 Bde) heraus. – *Grimms Deutscher Mythologie* – Jakob Ludwig Karl Grimm (1785–1863), Begründer der dt. Philologie, hatte 1835 eine »Deutsche Mythologie« (Göttingen) veröffentlicht. Hebbel hatte 1856 in dem Werk gelesen.
6068 Franz Pfeiffer hatte das Buch »Der Dichter des Nibelungenliedes« (Wien 1862) veröffentlicht. Vgl. »Aus Wien und Österreich 3.« (HKA X, 326 und 344–350).
6071 Vgl. Tgb. 4639 und W II, 679.
6074 *Seit acht Tagen* – Am 22. 1. 1863 kam es zu einem polnischen Aufstand gegen Rußland: das von den Bauern genutzte Land wird für deren unentziehbares Eigentum erklärt. Der Aufstand wurde blutig niedergeschlagen (Hinrichtungen und Verbannungen), doch wird am 19. 2. 1864 eine Agrarreform durchgeführt, welche diese Ziele verwirklicht. – *Rekrutierung* – Der polnische Aufstand wurde durch die im Januar 1863 befohlene Rekrutierung beschleunigt. – *habeascorpus-Akte* – Englisches Staatsgrundgesetz, zum Schutz der persönlichen Freiheit 1679 erlassen.
6076 *mal de mer* – Übel des Meeres, Seekrankheit. – *Goethes Enkelin* – Alma von Goethe, die als 16jähriges Mädchen am 29. September 1844 in Wien gestorben war.
6077 *Radetzky* – Johann Joseph Wenzel Anton Franz Karl Graf Radetzky (1766–1858), österr. Feldmarschall; wurde im Parkfriederschen Mausoleum zu Wetzdorf bei Wien beigesetzt. Der Armeelieferant

Parkfrieder hatte angeblich mit schlechter Ware so viel Geld verdient, daß er die Feldmarschälle Radetzky und Wimpfen (Max Freiherr von *Wimpfen*, 1770-1854) zu ihren Lebzeiten aus ihren Finanznöten retten konnte; er erkaufte sich damit die Erlaubnis, die beiden Marschälle zu beiden Seiten seines Grabes beizusetzen. Vgl. »Aus Wien und Österreich 3.« (HKA X, 327). – *in effigie* – im Bilde.

6079 *Strombecks Darstellungen* – Friedrich Karl von Strombeck (1771 bis 1848) veröffentlichte »Darstellungen aus meinem Leben und aus meiner Zeit« (1833-1840). Vgl. Tgb. 6290. – *Jéromes* – Jérôme Bonaparte, Graf von Montfort (1784-1860), Bruder Napoleons I.; erhielt am 1. 12. 1807 das neugegründete Königreich Westfalen.

6080 *Ottoniade* – Vgl. Tgb. 1015. – *Bairische Landbötin* – Vgl. Anm. zu Tgb. 472. – *König Otto* – Otto, Sohn Ludwigs I. von Bayern, wurde 1832 von der griech. Nationalversammlung zum König gewählt. 1843 kam es zu einer Militärrevolte, die ein parlamentarisches Regierungssystem erzwang. 1862 wurde Otto I. durch einen Militäraufstand abgesetzt und der dänische Prinz Wilhelm als Georg I. zum König gewählt. – *Poniatowsky* – Stanislaus II. August (1732-1798), der letzte König von Polen. Die Kaiserin Katharina, deren Liebhaber er mehrere Jahre lang war, brachte es dahin, daß er 1764 zum König von Polen gewählt wurde. Wegen seines Widerspruchs gegen die zweite Teilung Polens wurde er von Katharina abgesetzt. – *Sivers* – Jakob Johann Graf Sievers (1731-1808), russischer Staatsmann; wurde 1781 russischer Gesandter in Polen und leitete die zweite und dritte Teilung.

6083 *Va banque rufend* – alles aufs Spiel setzend.

6084 *Nessus-Hemd* – nach der griech. Sage vergiftetes, verderbenbringendes Gewand. – *Hagn* – Charlotte von Hagn (1809-1891), berühmte Schauspielerin. – *Elßler* – Fanny Elßler (1810-1884), berühmte Tänzerin.

6086 *In der Regel . . .* – Vgl. Tgb. 5645 und 5788.

6087 *Fletcher* – Krumm vermutet, daß es sich um den englischen Dramatiker John Fletcher (1576-1625) handelt.

6089 *Professor Stubenrauch* – Moritz von Stubenrauch (1811-1865), Politiker, Professor der Rechtswissenschaft. – *Seidl* – Johann Gabriel Seidl (1804-1875), Wiener Dichter.

6090 *Carlyle* – Thomas Carlyle (1795-1881), englischer Historiker und Essayist. – *Brumaire* – Zweiter Monat im französischen Revolutionskalender. Der 18. B. des Jahres VIII (9. 11. 1799) ist berühmt, weil Napoleon an diesem Tag das Direktorium stürzte und sich zum Ersten Konsul machte.

6091 *Novität* – »Kunz von Kaufungen« von Roderich Anschütz (1818 bis 1888), der seit 1852 in österr. Staatsdiensten stand. – *Darstellerin* – Charlotte Wolter (1834-1897), seit 1862 am Hofburgtheater in Wien.

6092 *Bauern-Emanzipation* – Am 19. 2. 1861 erließ Kaiser Alexander II.

(1855–1881) das »Gesetz über die Aufhebung der Leibeigenschaft«, durch das 47 Millionen Bauern die Freiheit erhielten. Trotz mehrjähriger Vorbereitung war das Gesetz ein Mißerfolg, da die Landanteile der Bauern zu klein und die Ablösungszahlungen zu hoch waren, so daß sie den Landwert überstiegen. – *Profosen-Amt* – Verwaltung der Gerichtsbarkeit im Heer; Stockmeisteramt. – *preußisch-russische Konvention* – Während des polnischen Aufstandes schloß Preußen mit Rußland im Februar 1863 die Alvenslebensche Konvention. – *Minister* – Seit 23. 9. 1862 war Otto von Bismarck (1815–1898) preußischer Ministerpräsident. Nach Krumm handelte es sich bei dem *Steuerverweigerer* um Hans Viktor von Unruh (1806–1886), Techniker und Politiker. – *Präsident* – Vizepräsident Behrend.

6095 *Anakoluthe* – Folgewidrigkeit in der Satzfügung. – *obiit* – er (sie, es) starb. – *Père Lachaise* – Vgl. Tgb. 2839.

6096 *Lenclos* – Ninon (Anne) de Lenclos (1616–1706), ausgezeichnet durch Schönheit und Verstand, machte ihren Salon zu einem Sammelplatz für Dichter und Gelehrte.

6097 Vgl. W II, 526 und 729. – *appretieren* – zurichten.

6098 *»Wie es Euch gefällt«* – Gemeint ist die 3. Szene im II. Aufzug.

6099 *Die Patti* – Adelina Patti (1843–1919), berühmte Koloratursängerin. Vgl. auch »Aus Wien und Österreich 5.« (HKA X, 340f.). – *Somnambula* – »Die Nachtwandlerin«, Oper von Vincenzo Bellini (1801–1834). – *Schwanenritter* – in Richard Wagners Oper »Lohengrin«. – *Rouladen* – Läufen.

6100 *in Paris* – Vgl. Tgb. 3103 und Anm. – *Schildkröte* – Vgl. Tgb. 398.

6102 *spanische Fliege* – Käfergattung, deren Chitin das Kantharidin (ein blasenziehendes und die Haut reizendes Mittel) enthält. – *gegen jede Krankheit ein Mittel* – Vgl. Tgb. 3401.

6105 Der ungarische Reichstag hatte im April 1848 die Befreiung der Bauern von der Leibeigenschaft beschlossen.

6106 Vgl. Tgb. 4877.

6107 *Prophet* – Habakuk 2,2; vgl. Tgb. 3854 und Anm.

6108 *meines Bruders* – Hebbel hatte seinen Bruder, der in einem Dorfe bei Rendsburg lebte, am 18. 10. 1861 besucht.

6109 *König Gunther* – Adolf von Sonnenthal (1834–1809). – *Mutter Ute* – Julie Rettich.

6110 *Napoleon von Goethe* – am 2. 10. 1808: Voilà un homme.

6113 *Huber* – Ludwig Ferdinand Huber (1764–1804), Schriftsteller, der zu Schillers Freundeskreis in Leipzig gehörte. – *Forster* – Johann Georg Adam Forster (1754–1794), Reiseschriftsteller; hatte sich 1784 mit Therese Heyne, der Tochter des Göttinger Philologen und Archäologen Christian Gottlob Heyne (1729–1812), verheiratet. 1788 Bibliothekar des Kurfürsten in Mainz, von hier aus 1792 Anschluß an die Mainzer Klubbisten. 1793 in Paris; aus Enttäuschung über die Entartung der franz. Revolution beschließt er, nach Indien zu

gehen. Über seine Frau vgl. Anm. zu »Letzte Brieftasche« 47 (W V, 895).
6114 *Großherzog* – Karl Alexander. – *Großherzogin* – Wilhelmine Marie Sophie Luise. – *Hofbibliothekar* – Vgl. Anm. zu Tgb. 6122. – *der Grünen Insel* – Wiener Künstlergesellschaft. – *Wurzbach* – Konstant Ritter von Wurzbach (1818–1893), österr. Dichter und Schriftsteller. – *Strodtmann* – Adolf Strodtmann (1829–1879), Dichter und Publizist. – *Parentation* – Trauer-, Leichenrede.
6115 *Der polnische Aufstand* – Vgl. Anm. zu Tgb. 6074. – *Pulk* – Truppenabteilung; Regiment. – »*Noch ist Deutschland nicht verloren!*« – Gebildet nach dem von Joseph Wybicki (1747–1822) im Jahre 1797 gedichteten Dombrowski-Marsch: Noch ist Polen nicht verloren.
6117 »*Die gröbsten sind in Wesselburen*« – Vgl. »Mutter und Kind« V. 976 und Hebbels Anmerkung dazu S. 222. – »*Schneider*« – Vgl. Goethes Gedicht »Schneidercourage«. – *Toldi* – Bezieht sich (nach Krumm) auf die Erzählung »Toldi, Poetische Erzählung in 12 Gesängen. Aus dem Ungarischen des Johann Arany übersetzt von Moritz Kolbenheyer. Mit einem Brief von Fr. Hebbel.« (Pesth 1855).
6118 *Houwalds Bild* – Christoph Ernst Freiherr von Houwald (1778–1845) hatte 1821 die Schicksalstragödie »Das Bild« (Leipzig) veröffentlicht. – *Börnes Kritik* – »Dramaturgische Blätter« (1829).
6119 Vgl. Tgb. 6325.
6120 *Gregorovius* – Ferdinand Gregorovius (1821–1891), Geschichtschreiber und Schriftsteller, hatte 1854 »Corsica« (Stuttgart) veröffentlicht.
6121 *Graf Szechenyi* – Stephan Graf von Széchényi (1792–1860), ungar. Staatsmann.
6122 *Dekret aus Weimar* – Vgl. Kardel, Hebbel-Dokumente, a.a.O. S. 107:
Wir/ Carl Alexander/ von Gottes Gnaden/ Großherzog von Sachsen-Weimar-/Eisenach, Landgraf in Thüringen, Mark/graf zu Meißen, gefürsteter Graf zu Henne-/berg, Herr zu Blankenhayn Neustadt und/ Tautenburg etc. urkunden hiermit: Nachdem Wir die gnädigste Entschließung gefaßt haben, den Dichter Dr. Hebbel in Wien, um demselben ein Zeichen Unseres gnädigsten Wohlwollens zu geben, und in der Erwartung, daß er wo die Gelegenheit sich ihm bietet Uns nützliche Dienste leisten werde, zu Unserem *Privat-Bibliothekar* zu ernennen: so ist dem Dr. Hebbel zu seiner diesfallsigen Legitimation gegenwärtiges, von Uns höchsteigenhändig vollzogenes und mit Unserm Großherzoglichen Insiegel versehenes Dekret ausgefertigt worden.
Weimar am 15. März 1863. Carl Alexander.
6125 *Lehfeld* – Otto Lehfeld (1825–1885), Schauspieler. – *Kladderadatsch* – Witzblatt, von David Kalisch (1820–1872) im Jahre 1848 in Berlin gegründet. Nach Krumm bringt die Zeitschrift nichts über Hebbels »Nibelungen«.

6127 *Kulke* – Eduard Kulke, der 1865 »Gespräche mit Hebbel« veröffentlichte. – *Hochstetter* – Ferdinand von Hochstetter (1829–1884), Geograph und Geologe.

6128 *Reinhard* – Karl Friedrich Graf von Reinhard (1761–1837), franz. Diplomat. Sein »Briefwechsel mit Goethe« erschien 1850 in Stuttgart.

6129 Gustav *Kühne* hatte mit seinen Dramen geringen Erfolg, doch fand seine Fortsetzung des Schillerschen »Demetrius« großen Anklang.

6131 *Schenk* – Eduard von Schenk (1788–1841), bayerischer Staatsmann und Dichter. – *Satiren* – »Lobgesänge auf König Ludwig«.

6132 *Sterns* – Viktor Stern (1837–1913), Kaufmann, dann Schriftsteller. Verfasser mehrerer Trauerspiele.

6134 *Diocletian* – Vgl. W III, 138 ff. und 909.

6135 *Stücke von Victor Hugo* – »Marion de Lorme« (1829), »Hernani« (1830), »Le roi s'amuse« (1832).

6136 *Tippel* – Punkt.

6140 *Feuerbach* – Paul Johann Anselm Ritter von Feuerbach (1755–1833), berühmter Kriminalist. Seine Sammlung »Merkwürdige Kriminalrechtsfälle« war 1808 und 1811 in Gießen (2 Bde) erschienen. – *Stuprum* – Geschlechtsverkehr. – *nach Schopenhauer* – »Metaphysik der Geschlechtsliebe«. – *ens ratio* – gemeint ist: ens rationis, ein Gedankenwesen, das nur in der Vorstellung existiert. – *Rustan* – Name des Henkers im »Rubin«; von Hebbel wird Rustan hier in der Bedeutung von Henker gebraucht.

6143 *Lanckoronski* – Karl Graf Lankoronski (1799–1863), Oberstkämmerer und Leiter der Burgtheaters. – *Fräulein von Seiglière* – Roman (und später Schauspiel) von Jules Sandeau (1811–1883). – *Janauschek* – Fanny (eigentlich Franziska Magdalena Romance) Janauschek (1830–1904), berühmte Schauspielerin. – Nach der Notiz noch einige Zeilen frei; Hebbel wollte die Eintragung vermutlich fortsetzen.

6144 *Seebach* – Marie Seebach (1834–1897), Schauspielerin. Vgl. »Aus Wien und Österreich 5.« (HKA X, 338 ff.). – *Bauchredner* – Vgl. Tgb. 4165.

6145 *Canstatts Pathologie* – Karl Friedrich Canstatt (1807–1850), Mediziner. Sein Hauptwerk: »Die spezielle Pathologie und Therapie vom klinischen Standpunkt aus bearbeitet« (Erlangen 1841–42, 4 Bde).

6148 *Herr von Goethe* – Goethes Enkel, Maximilian Wolfgang von Goethe (1820–1883). – *Korrespondenz* – »Briefwechsel des Großherzogs Karl August mit Goethe, 1775–1828«, Leipzig 1863, 2 Bde. – *vatermörderisch* – Vgl. Tgb. 6037.

6150 *Dumreicher* – Johann Friedrich Freiherr von Dumreicher von Österreicher (1815–1880), Mediziner. – *Stein* – Lorenz von Stein (1815–1890), Staatsrechtslehrer und Nationalökonom; seit 1855 an der Universität in Wien. – *Michel Perin* – Lustspiel von Mélesville

(Krumm). – *Schleswig-Holsteinische Frage* – Dänemark hatte im Februar 1852 erklärt, daß es Schleswig nie einverleiben werde. Am 30. 3. 1863 wurden Holstein und Lauenburg aus dem dänischen Gesamtstaat ausgeschieden und die Rechte der dänischen Stände beschnitten. Im Herbst 1863 wurde eine dänische Verfassung ausgearbeitet, welche die Verschmelzung Dänemarks mit Schleswig verwirklichen sollte. 1864 kam es dann zum Krieg Österreichs und Preußens gegen Dänemark.

6151 S. 387 *Thomson* – James Thomson (1700–1748), engl. Dichter; Verfasser der »Seasons« (»Jahreszeiten«).

S. 388 *Ludwig den Achtzehnten* – König von Frankreich (1814–1824). – *l'autre* ... – das andere, mein Herr, das andere. – *Claverhouse* – John Graham Claverhouse, Viscount of Dundee, Anhänger der Stuarts. – *Johnson* – Samuel Johnson (1709–1784), engl. Dichter und Essayist.

6152 *König von Preußen* – Wilhelm I. – Hebbel bezieht sich auf den Verfassungsstreit von 1862–1866. Als das Abgeordnetenhaus und seine liberale Mehrheit die bereits durchgeführten Heeresverstärkungen nicht genehmigten, löste der König den Landtag auf. Bismarck wurde am 23. 9. 1862 preußischer Ministerpräsident.

6153 *Thiers* – Louis Adolphe Thiers (1797–1877), franz. Staatsmann und Historiker. Er wurde 1863 in Paris in die gesetzgebende Körperschaft gewählt. Als Oppositionsführer kritisierte er die Deutschlandpolitik Napoleons III. – *minaudiert* – ziert sich. – *Becker* – Nikolaus Becker (1809–1845), Verfasser des »Rheinliedes«.

6155 *Treumanns-Theater* – Karl Treumann (1823–1877) war seit 1852 (zusammen mit Nestroy) am Wiener Carltheater.

6157 *Napoleon* – Napoleon I. (geb. 1769) war am 5. 5. 1821 gestorben.

6158 *Gestern abend* – Die Aufführung fand am 13. Juni statt. – *drei Zwerge* – Jean Petit, Jean Piccolo, Kis Joszi (Werner).

6160 *Jupiter Pluvius* – Jupiter der »Regenspender«.

6161 *Uhlands Verse* –   Der Sommerfaden
 Da fliegt, als wir im Felde gehen,
 Ein Sommerfaden über Land,
 Ein leicht und licht Gespinst der Feen,
 Und knüpft von mir zu ihr ein Band.
 Ich nehm ihn für ein günstig Zeichen,
 Ein Zeichen, wie die Lieb es braucht.
 O Hoffnungen der Hoffnungsreichen,
 Aus Duft gewebt, von Luft zerhaucht!

6162 *Faultier* – Vgl. »Letzte Brieftasche« [9] (W V, 428).

6163 Vgl. »Letzte Brieftasche« [10] (W V, 428), – *Die Nibelungen* – am 18. 6. 1863. Weitere Aufführungen am 18. 9. und am 19. und 28. 11. 1863.

6169 S. 394 *Otto Beneke* – Der Historiker Otto Beneke (1812–1891), ein vortrefflicher Erzähler historischer Stoffe, hatte 1863 das Buch »Von unehrlichen Leuten« (Berlin) veröffentlicht. – Hebbel zitiert vor allem aus dem 12. Kapitel »Von Spielleuten aller Art«. – *Riehl* – Wilhelm Heinrich Riehl (1823–1897), Schriftsteller und Kulturhistoriker. – »*Gut über Ehre*« – Vgl. »Letzte Brieftasche [7] (W V, 427) und [26] (W V, 430) und Tgb. 6330.

S. 395 *Ekhofs* – Konrad Ekhof (1720–1778), »Vater der deutschen Schauspielkunst«. – *Ackermann* – Konrad Ernst Ackermann (1712 bis 1771), einer der berühmtesten Schauspieler des 18. Jahrhunderts, Mitbegründer der deutschen Schaubühne.

6172 *Pulsschläge* – Vgl. Tgb. 2968.
6174 *Großherzog* – Karl Alexander.
6175 Vgl. »Letzte Brieftasche« (12) (W V, 428).
6176 Zur Entstehung des »Demetrius« vgl. W II, 714 ff.

LITERATURHINWEISE

Werkausgaben

Sämmtliche Werke. Historisch-Kritische Ausgabe, besorgt von Richard Maria Werner. I. Abt.: Werke, 12 Bände, Berlin 1901/03. II. Abt.: Tagebücher, 4 Bände, Berlin 1903/04. III. Abt.: Briefe, 8 Bände, Berlin 1904/07.

Werke. Hg. von Gerhard Fricke, Werner Keller und Karl Pörnbacher. 5 Bände, München 1963/67.

Ausgaben der Tagebücher

Tagebücher. Mit einem Vorwort hg. von Felix Bamberg. 2 Bände, Berlin 1885.

Tagebücher. Auswahl und Nachwort von Anni Meetz. Stuttgart 1963.

Literatur zu Hebbels Tagebüchern

Aichinger, Ingrid: Friedrich Hebbel: Aufzeichnungen aus meinem Leben. Zur Problematik der literarischen Autobiographie im 19. Jh. In: Hebbel-Jahrbuch 1970/71, S. 139–161.

Conradi, Hermann: Hebbel in seinen Tagebüchern. Frankfurt a. M. 1908.

Esselbrügge, Kurt: Zur Psychologie des Unbewußten in Hebbels Tagebüchern. In: Hebbel-Jahrbuch 1960, S. 117–142.

Höstermann, Emilie: Beiträge zur Technik in Hebbels Tagebüchern. Diss. Bonn 1917.

Jaspers, Gerd J.: Hebbels Tagebücher als »Ideenmagazin« des Dichters. In: Hebbel-Jahrbuch 1977, S. 129–162.

Kleefisch, Lore: Friedrich Hebbels Tagebücher. Diss. Bonn 1953.

Liepe, Wolfgang: Hebbels Tagebuchpräambel und ihr Ideenhintergrund. In: Gedenkschrift für F. J. Schneider, Weimar 1956, S. 241–253.

Meetz, Anni: Friedrich Hebbel. Stuttgart 1962.

Michelsen, Peter: Das Paradoxe als Grundstruktur Hebbelschen Denkens. Resultate einer immanenten Untersuchung der Tagebücher. In: Hebbel-Jahrbuch 1952, S. 9–43.

Müller, Joachim: Zu Struktur und Funktion von Hebbels Tagebüchern. In: Hebbel in neuer Sicht, hg. von Helmut Kreuzer, Stuttgart 1963, S. 109–122.

Rosenbusch, Agnes: Die Tagebücher Friedrich Hebbels. Weimar 1935 (Forschungen zur neueren Literaturgeschichte). (Neudruck: Hildesheim 1978).

Wittig, Lisbeth: Der junge Friedrich Hebbel als Gestalter seiner Selbst. Diss. Berlin 1937.

LEBENS- UND WERKCHRONIK

1813 18. März: Christian Friedrich Hebbel wird in Wesselburen in Norderdithmarschen (Herzogtum Holstein, staatlich damals in Personalunion mit Dänemark verbunden) als ältestes Kind des Maurers Klaus Friedrich Hebbel und seiner Ehefrau Antje Margarete, geb. Schubart, geboren. Ihm folgt ein Bruder, Johann.

1817 Besuch der »Klippschule« der Jungfer Susanne.

1819 Eintritt in die Elementarschule (Lehrer Dethlefsen).

1827 18. November: Tod des Vaters (geb. 1789). Hebbel tritt als Laufbursche (ab 1829 Schreiber) in den Dienst des Kirchspielvogts Mohr in Wesselburen.

1828 Von 1828 an veröffentlicht Hebbel im »Dithmarser und Eiderstedter Boten«, zunächst anonym, Gedichte und kleine Erzählungen; zum ersten Mal unter eigenem Namen erscheint am 18. Juni 1829 das Gedicht »Sehnsucht. An L.« im »Boten«. Dilettantische dramatische Versuche: Liebhaberbühne. Rasch scheiternder Plan, Schauspieler zu werden, um der Enge Wesselburens zu entkommen.

1832 9. August: Brief an Uhland mit einigen Gedichten und der Bitte, ihm eine Stellung zu vermitteln. Freundliche, vertröstende Antwort Uhlands. Verbindung mit der Schriftstellerin Amalie Schoppe (geb. 1791) in Hamburg, die einige seiner Gedichte in ihren »Neuen Pariser Modeblättern« veröffentlicht und sich bemüht, Hebbel in Hamburg die Vorbereitung auf ein Universitätsstudium finanziell zu ermöglichen.

1835 14. Februar: Hebbel verläßt Wesselburen, um die höhere Schulbildung in Hamburg nachzuholen; dort vermittelt Amalie Schoppe ihm Stipendien und Freitische. Er lernt die neun Jahre ältere Elise Lensing kennen. Wachsende Schwierigkeiten mit dem verspäteten Schulbetrieb sowie mit den Brot- und Geldgebern. – 23. März: Beginn der Tagebücher. Erzählungen, darunter »Zitterlein« und die Anfänge des »Schnock«.

1836 27. März: Hebbel verläßt Hamburg ohne Abschlußprüfung und geht mit den Freunden Gravenhorst und Rendtorff nach Heidelberg (Ankunft am 3. April). Freundschaft mit Emil Rousseau. Die ersten gelungenen und zugleich selbständigen Gedichte. Erzählungen: »Anna«, »Eine Nacht im Jägerhaus«. – Endgültige Aufgabe des Jurastudiums; am 12. September bricht er über Straßburg, Stuttgart, Tübingen (Begegnung mit Uhland) und Augsburg nach München auf (Ankunft am 29. September), wo er E. Rousseau wieder zu treffen hofft. Er lebt dort (bis 1839) in größter Einfachheit und Abgeschlossenheit, nur durch Elises Ersparnisse vor dem äußersten Elend bewahrt. Autodidaktischer Bildungserwerb. Beschäftigung mit verschiedenen literarischen Plänen (vgl. Tagebuch). Journalistische Arbeiten, wie schon in Heidelberg. Gelegentlicher Besuch der Vorlesungen von Görres und Schelling.

1837 Wohnung bei Tischlermeister Schwarz. Beziehung zu dessen Tochter »Beppi«. – 13. April: Ankunft E. Rousseaus in München.

1838 März: Beginn des »Diamant«. – 28. August: Promotion Emil Rousseaus; Hebbel als Opponent. – 3. September: Tod der Mutter Hebbels. – 2. Oktober: E. Rousseau (geb. 1817) stirbt in Ansbach.

1839 11. bis 31. März: Beschwerliche Fußreise von München nach Hamburg. – Bekanntschaft mit Gutzkow; Mitarbeit an dessen »Telegraph für Deutschland«. – Juni: Gefährliche Erkrankung. – 2. Oktober: Beginn der Arbeit an der »Judith«.

1840 28. Januar: Abschluß der »Judith«, die am 6. Juli auf Betreiben der Schauspielerin Stich-Crelinger in Berlin uraufgeführt wird. Leidenschaftliche Neigung zu der Hamburger Senatorstochter Emma Schröder. Bruch mit Amalie Schoppe. – 13. September: Beginn der Arbeit an »Genoveva«. – 5. November: Geburt von Hebbels und Elises erstem Sohn Max. – 1. Dezember: Erste Aufführung der »Judith« in Hamburg.

1841 1. März: »Genoveva« beendet; kurz zuvor: die Novelle »Matteo«. – 4. Juli: »Judith« erschienen (bei Campe, Hebbels wichtigstem Verleger). – 29. November: Abschluß des Lustspiels »Der Diamant«. – 23. Dezember: Prolog zu »Der Diamant« vollendet. – 25. Dezember: »Der Diamant« beim Preisgericht in Berlin eingereicht.

1842 5. bis 8. Mai: Der große Brand von Hamburg. – Juli: Hebbels »Gedichte« erschienen. – 12. November: Hebbel reist nach Kopenhagen, um vom dänischen König Christian VIII. eine Professur in Kiel zu erbitten. Auf den Rat des hilfsbereiten Schriftstellers Adam Oehlenschläger hin, der ihn auch mit Thorwaldsen bekannt macht, entschließt sich Hebbel, stattdessen um ein Reisestipendium nachzusuchen.

1843 10. März: Beginn der Arbeit an »Maria Magdalene«. – 4. April: Nach zweimaliger Audienz (13. 12. 1842 und 23. 1. 1843) bewilligt Christian VIII. ein zweijähriges Reisestipendium von je 600 Talern. Heftige und langwierige »rheumatische« Erkrankung in Kopenhagen, wohl die Anfänge der späteren Todeskrankheit (Knochenerweichung). – 27.–28. April: Rückkehr nach Hamburg. – 31. Juli: »Mein Wort über das Drama«. – 8. September: Seereise nach Frankreich. Wohnung zuerst in St. Germain-en-Laye, ab 28. September in Paris. Freundschaft mit Felix Bamberg. Umgang mit Arnold Ruge. Begegnungen mit Heine. – 2. Oktober: Tod des Sohnes Max in Hamburg. Überlegungen, nach Hamburg zurückzukehren, oder Elise nach Paris kommen zu lassen und sie hier zu heiraten, muß Hebbel als undurchführbar aufgeben. – 4. Dezember: Abschluß der »Maria Magdalene«.

1844 14. Mai: Geburt von Hebbels zweitem Sohn Ernst in Hamburg. – April: Abschluß des »Vorworts zu Maria Magdalene«. Die Abhandlung »Mein Wort über das Drama«, erweitert um Gedankengänge aus diesem Vorwort, wird von der Philosophischen Fakultät der Universität Erlangen als Dissertation angenommen. Aus Mangel an Mitteln kann Hebbel erst von Wien aus das Diplom (datiert vom 22. April 1846) einlösen. – September: »Maria Magdalene« erschienen. – 26. September bis 3. Oktober: Reise von Paris über Marseille nach Rom. Hebbel befreundet sich hier mit dem Landschaftsmaler Louis Gurlitt, dem Wiener Maler Carl Rahl, dem Österreicher Robert Kolbenheyer und mit Peter Cornelius.

1845 19. Juni: Reise mit Kolbenheyer nach Neapel. Dort Bekanntschaft mit dem Literaturwissenschaftler Hermann Hettner. Arbeit am »Moloch«; Sonette und Epigramme. – 8. Oktober: Rückkehr nach Rom (11. Oktober). – Hebbels Gesuch um Verlängerung des Reisestipendiums für ein weiteres Jahr wird abgelehnt. Völlige Mittellosigkeit. Wachsende Entfremdung zwischen ihm und der auf endgültige Rückkehr drängenden Elise (Briefe vom 6. Februar und 25. Juli). – 29. Oktober: Hebbel bricht, stark verschuldet und mit geliehenem Reisegeld, nach Wien auf (Ankunft: 4. November). Bekanntschaft mit Grillparzer, Halm, Zedlitz, Frankl, Prechtler, Sigmund Engländer u. a., Begegnung mit der Burgschauspielerin Christine Enghaus. Die Barone Julius und Wilhelm Zerboni di Sposetti veranlassen Hebbel, seinen Aufenthalt in Wien zu verlängern, und statten ihn großzügig aus. Bruch mit Elise Lensing und Verlobung mit Christine Enghaus. – November: Arbeit an »Julia« (begonnen in Italien).

1846 13. März: Uraufführung der »Maria Magdalene« in Königsberg. – 26. Mai: Vermählung mit Christine. – September: »Ein Trauerspiel in Sizilien« begonnen. – 27. Dezember: Emil Hebbel (»Ariel«) geboren.

1847 9. Januar: »Ein Trauerspiel in Sizilien« abgeschlossen (Uraufführung: 1907 in Hamburg). – 14. Februar: Tod des kleinen Ariel. – 23. Februar: »Herodes und Mariamne« begonnen. – 12. Mai: Tod von Hebbels Sohn Ernst in Hamburg. Auf Wunsch Christines wird Elise nach Wien eingeladen. Sie trifft am 29. Mai ein und bleibt bis August 1848 in Hebbels Haus. – 15. Mai: »Der Diamant« erschienen. – 26. Juni bis 9. Juli: Reise mit Christine zu deren Gastspiel nach Graz. – Mitte Juli bis Anfang August: Reise mit Christine nach Berlin (Bekanntschaft mit Rötscher), Leipzig und Dresden (Robert Schumann). – 23. Oktober: »Julia« beendet (Uraufführung: 1903 in München). – November: Erscheinen der Sammlung »Neue Gedichte«. – 25. Dezember: Christine (»Titi«) Hebbel geboren.

1848 20. Januar: Tod König Christians VIII. – März: Revolution in Wien. – 26. Mai bis 8. Juni: Teilnahme Hebbels an einer Delegation, die den nach Innsbruck entflohenen Kaiser Ferdinand I. zur Rückkehr nach Wien bewegen soll. – Mit »Maria Magdalene« erscheint zum ersten Mal ein Drama Hebbels auf der Bühne des Burgtheaters (8. Mai). – 14. November: »Herodes und Mariamne« vollendet. – Mitarbeit an Gustav Kühnes Zeitschrift »Europa«. – »Julia« erschienen.

1849 1. April bis 19. Mai: »Der Rubin« entsteht. – 19. April: Uraufführung von »Herodes und Mariamne« am Burgtheater. – 15. November: Hebbel übernimmt die Redaktion des Feuilletons der »Österreichischen Reichszeitung«. – 21. November: Uraufführung des »Rubin« am Burgtheater. – Freundschaft mit Emil Kuh. – »Schnock« erschienen.

1850 Januar: »Herodes und Mariamne« erschienen. – 15. März: Rücktritt von der Redaktion der »Reichszeitung«. – Laube Intendant des Burgtheaters. Sein Mißverhältnis zu Hebbel führt dazu, daß Hebbels Stücke für viele Jahre vom Spielplan des Burgtheaters verschwinden und auch Christine vielfache Schwierigkeiten als Schauspielerin hat. – Juli: Reise nach Agram und Hamburg mit Christine. – Oktober: »Ein Trauerspiel in Sizilien« und »Der Rubin« erschienen. – Mitte November bis 18. Dezember: »Michel Angelo« entsteht.

1851 21. Januar: Nachspiel zu »Genoveva« beendet. – April: Erscheinen der »Julia« mit dem Vorwort »Abfertigung eines ästhetischen Kannegießers«, einer polemischen Erwiderung auf eine abfällige Kritik von Hebbels Werk durch den Literarhistoriker Julian Schmidt. – April: Reise nach Berlin, u. a. zur Vorbereitung von Christines Auftreten in der »Judith«. – Juli: Reise mit Christine und Kuh nach Berlin (Gastspiel Christines, Besuch bei Tieck) und nach Hamburg. – September: Beginn der Arbeit an »Agnes Bernauer«, abgeschlossen am 24. Dezember. – Dezember: »Michel Angelo« erschienen.

1852 25. März: Hebbel zur Uraufführung der »Agnes Bernauer« unter der Regie Franz Dingelstedts in München, hochgeehrt und mehrfach vom bayrischen Königspaar empfangen. Politische Mißverständnisse beim Publikum beeinträchtigen den Erfolg des Stücks. – Juli: mit Christine in Venedig und Mailand.

1853 28. April: Tod Ludwig Tiecks. – Juli: nach Hamburg und Helgoland. – September: Hebbels Ausgabe der Werke des Freiherrn von Feuchtersleben erschienen. – Dezember: »Gyges und sein Ring« begonnen.

1854 20. Januar: Laube führt die »Genoveva« als »Magellona« mit zahlreichen Änderungen und Kürzungen am Burgtheater erfolgreich auf. Dann verschwindet Hebbel erneut vom Spielplan. – Juli/August: mit Christine in Marienbad und Prag. – 14. November: Beendigung des »Gyges« (Uraufführung: 1889 in Wien). – 18. November: Tod Elise Lensings in Hamburg.

1855 August: Erwerb eines Sommerhäuschens in Gmunden am Traunsee. – »Erzählungen und Novellen« erschienen, eine Zusammenstellung von früher entstandenen, vielfach überarbeiteten Prosaerzählungen, ergänzt durch einige neuere. – Oktober: Beginn der Arbeit an den »Nibelungen«. – Dezember: »Gyges« erschienen.

1856 9. Februar: das Versepos »Mutter und Kind« begonnen. – Sorgfältige Überarbeitung der Gedichte für eine von Cotta vorgesehene Gesamtausgabe. – Juli: Aufenthalt in Gmunden. – 10.–16. September in Bertholdstein. – Oktober: Wiederaufnahme der »Nibelungen«.

1857 18. Februar: Beendigung von »Siegfrieds Tod«. – 20. März: »Mutter und Kind« abgeschlossen. – April/Mai: Reise nach Hamburg, Frankfurt (Begegnung mit Schopenhauer und Wilh. Jordan), Weimar, Stuttgart (Besuch Mörikes und Cottas). – September: Gesamtausgabe der Gedichte bei Cotta, Uhland gewidmet. – Dezember: Tiedgepreis für das Epos »Mutter und Kind«. – Erster Plan des »Demetrius«.

1858 22. Februar bis 16. März: Text zu der Oper »Der Steinwurf oder Opfer um Opfer«. – 11. Mai: Begegnung mit dem Großherzog Karl Alexander von Sachsen-Weimar. – Juni/Juli: Reise nach Weimar. 25. Juni: dort Aufführung der »Genoveva« durch Dingelstedt, jetzt Intendant in Weimar. – Hebbel mehrfach Gast bei dem großherzoglichen Paar. Erste Begegnung mit der Fürstin Caroline Wittgenstein und ihrer Tochter Marie auf der Altenburg. Dort Zusammentreffen mit Liszt. – September: mit Kuh in Krakau, Studien zu »Demetrius«. – 25. September: Amalie Schoppe stirbt in New York. – Überscharfe Kritik an Stifters »Nachsommer«.

1859 Juni: Erkrankung. – Juli/August: Aufenthalt in Gmunden. – September: Reise nach Weimar und Dresden, Bruch mit Gutzkow wegen dessen abfälligen Äußerungen über Kuh. – Wiederaufnahme der Arbeit an den »Nibelungen«. – »Mutter u. Kind« erschienen.

1860 Januar: Bruch mit Kuh. – 22. März: Abschluß der »Nibelungen«. – Juli/August: Aufenthalt in Gmunden. – November: Reise nach Paris.

1861 Januar: nach Weimar zur Uraufführung von Teil I und II der »Nibelungen« (31. Januar) unter Dingelstedt. – 1. April: Uraufführung des »Michel Angelo« am Wiener Quai-Theater. – 16. und 18. Mai: Uraufführung der gesamten Nibelungen-Trilogie in Weimar mit Christine als Brunhild im II., als Kriemhild im III. Teil. Angebot des Großherzogs und Dingelstedts, nach Weimar überzusiedeln. Nach anfänglicher Bereitschaft lehnt Hebbel schließlich wegen veränderter Haltung Dingelstedts ab. – 1. März 1861 bis 6. Frbruar 1862: In der »Illustrirten Zeitung«, Leipzig, erscheinen Hebbels »Wiener Briefe« (Rezensionen von Werken Goethes, Tiecks u. a.).

1862 März: »Die Nibelungen« erschienen. – Mai/Juni: Reise über Paris nach London zur Industrieausstellung. Dort Wiederbegegnung mit Sigmund Engländer und Erneuerung der alten Freundschaft. Auf der Rückreise: Besuch bei Mörike. – August: Gast des Großherzogs von Weimar auf Schloß Wilhelmstal im Thüringer Wald. – 13. November: Tod Ludwig Uhlands.

1863 19. Februar: erfolgreiche Aufführung der »Nibelungen« in Wien. – 18. März: Hebbels 50. Geburtstag, Ernennung zum Hofbibliothekar (ehrenhalber) in Weimar. – Seit März: zunehmend schmerzhafte Verschlimmerung des alten, bis zuletzt für rheumatisch gehaltenen Leidens. – Vergebliche Kuren in Gmunden (Juni bis August) und Baden bei Wien (September). Oktober: Wiederaufnahme der Arbeit am »Demetrius«. – 7. November: Hebbel erhält den Schillerpreis. – 13. Dezember: Tod Hebbels. – 18. Dezember: Bestattung auf dem Matzleinsdorfer Friedhof in Wien.

1865/67 »Sämmtliche Werke«, 12 Bde., mit Einleitungen und Anmerkungen von Emil Kuh.

1885/87 »Tagebücher«, 2 Bde., hrsg. von Felix Bamberg.

1890/92 »Briefwechsel mit Freunden und berühmten Zeitgenossen«, 2 Bde., hrsg. von Felix Bamberg.

1901/07 »Sämmtliche Werke«. Historisch-Kritische Ausgabe, besorgt von Richard Maria Werner. I. Abt.: Werke, 12 Bde., Berlin 1901/03. II. Abt.: Tagebücher, 4 Bde., Berlin 1903/04. III. Abt.: Briefe, 8 Bde., Berlin 1904/07.

BEGRIFFSREGISTER

(Das Register beschränkt sich auf die wichtigsten Begriffe in Hebbels Tagebüchern. Da die Überschneidung von Hauptbegriffen für Hebbels Denken symptomatisch ist, ist es ratsam, jeweils verwandte Begriffe mit aufzusuchen. Die römischen Ziffern bezeichnen die Band-, die arabischen Ziffern die Seitenzahlen, in Klammern stehende Ziffern die Tagebuchnummern.)

Abgrund. I 36 (169), 292 (1533), 396 (2077f.). III 238 (5615)

Abstrakt. II 247 (3830). III 128 (5159), 186 (5377), 215 (5488)

Ahnung. I 201 (1055), 217 (1164), 226 (1227). II 18 (2805), 112f. (3140)

Allegorie. I 39 (197), 48 (261), 117f. (594), 193 (1017), 223 (1204), 275 (1477), 386 (2002). II 38 (2870), 110 (3132), 228 (3704). III 255 (5718), 327 (6007)

Allgemeine, Das. I 48 (263), 143 (725), 201 (1055), 208 (1101), 212 (1133), 219 (1174), 222 (1193), 391 (2034), 403 (2128), 426 (2260). II 353 (4271). III 214 (5479), 252 (5690).

Alter. I 169 (866), 460 (2435). II 14 (2797), 279 (3916). III 108 (5017), 394 (6168)

Anomalie, Ausnahme, Absonderlichkeit. I 24 (93), 27 (115, 117f.), 69 (379), 142 (720). III 126 (5152), 233 (5574)

Anschauung. I 208 (1101), 91 (3019), 256 (3862). III 22 (4417), 217 (5504)

Antike, antike Kunst. I 32 (138), 33 (149), 77 (433), 109 (570), 164 (826), 193f. (1024), 196f. (1034), 213 (1135), 214 (1143), 217 (1164), 449 (2393). II 74f. (2973), 116 (3158). III 65 (4753), 86 (4888), 182 (5361), 214 (5480), 218 (5512), 250 (5669), 326 (5999)

Armut. I 323f. (1722), 554 (2747). III 42 (2880), 266 (3878)

Assoziation. I 161 (800). III 393 (6162)

Ästhetik. I 129f. (641), 254 (1371), 543 (2686). II 239 (3793), 349 (4221). III 37 (4520), 250 (5668), 259 (5749), 275 f. (5816)

Auge, Sehen. I 338 (1813), 340 (1824), 356 (1886), 394 (2062). II 9 (2766), 24f. (2830), 92 (3026), 115 (3148), 312 (4062). III 108 (5025)

Augenblick, Moment. I 157f. (784), 205 (1084), 240 (1322), 483 (2517), 491 (2542). II 91 (3022), 206 (3589)

Axiom. III 243 (5633)

Barbarei. II 235 (3766). III 197 (5438)

Begebenheit. I 384 (1993)

Begriff. I 18f. (68), 21f. (80), 390 (2031), 403 (2125), 553 (2744), 325 (4142)

Beschränkung, Grenze u. ä. I 323 (1719), 332 (1777), 387 (2019), 397 (2091), 410 (2179), 434 (2309). II 112 (3140), 225 (3679), 232 (3732). III 175 (5334)

Beschreiben. I 244 (1331), 329 (1768). II 309 (4030)

Besitz, Eigentum. I 81 (457), 189 (992), 366 (1929), 551 (2722), 554 (2747f.). II 11 (2777), 74 (2969), 100 (3085), 201 (3541), 208 (3598). III 60 (4708), 113 (5051), 137 (5216), 150 (5276)

Beweis. I 257 (1387). II 351 (4264). III 257 (5730)

Bewußtsein. I 131 (648), 240 (1321), 280 (1496), 388 (2023), 445 (2365), 546 (2700). II 53 (2920), 93 (3030), 100 (3086), 112f. (3140), 254 (3853), 303 (3990f.), 308 (4019), 313 (4066), 353 (4272). III 9f. (4350), 23 (4423), 82 (4857), 377f. (6133)

Bibel. I 19 (72), 187f. (983), 377 (1970). II 155 (3303), 235 (3756), 254f. (3854). III 258 (5745), 281 (5841), 284 (5847), 320 (5967)

Bild (s. auch Gleichnis). I 48 (260), 162 (808), 176 (920), 210 (1113), 222 (1198), 232 (1288), 275 (1476), 292 (1535), 396 (2080). II 62

(2946), 250 (3843), 340 (4221). III 12 (4360), 37 (4524), 215 (5488), 393 (6162)

Bildung. I 89 (512), 137 (680), 143 (727), 214 (1143), 224 (1216), 453 f. (2409), 495 (2556), 546 (2698). II 10 (2770), 161 (3317), 168 f. (2324), 223 (3671), 297 (3962), 353 (4274). III 253 (5700), 255 (5719), 277 (5820)

Biographie, Autobiographie. I 165 (834), 255 (1372), 482 (2515), 483 (2516), 219 (3662), 223 (3673), 224 (3676)

Böse, Das. I 162 (806), 176 (914), 186 (973), 204 (1069), 246 (1340), 305 (1617 f.), 359 (1905), 392 (2043), 404 (2139), 410 (2179), 427 (2266), 430 (2293), 515 (2616). II 22 (2809), 24 (2828), 49 (2901), 81 (2996), 83 (3003), 191 f. (3483), 228 (3701). III 74 (4801), 283 (5843)

Chaos. I 437 f. (2324). II 113 (3140), 347 (4231), 363 (4327). III 96 (4937), 295 (5906)

Charakter. I 26 (114), 132 (654), 184 (960), 203 (1062, 1065), 204 (1074), 258 (1394), 281 f. (1496), 307 (1630), 329 f. (1768), 333 (1790), 387 (2011), 419 (2222), 426 (2260), 452 f. (2407), 456 (2414), 552 (2730). II 33 (2865), 236 (3773), 311 (4051), 320 (4119), 330 (4176), 336 (4218), 353 (4271), 360 (4307). III 61 (4717), 73 (4790), 89 (4908), 111 (5042), 121 (5105), 140 (5225), 141 (5233), 145 (5264), 195 (5422), 247 (5647), 322 (5980)

Chor. I 454 f. (2412). II 121 ff. (3169)

Christentum. I 19 (72), 20 (73), 35 (164), 36 (175), 76 (431), 91 (521), 138 (688), 145 (739), 177 (926), 440 (2342). II 143 f. (3261), 229 f. (3711), 327 (4154). III 8 (4344), 126 (5155), 131 (5182), 175 f. (5334), 195 (5427), 207 (5448), 281 f. (5841), 284 ff. (5847), 291 ff. (5891), 326 (6003)

Dämon, dämonisch. I 281 f. (1496), 463 f. (2448). II 309 (4033). III 19 (4398), 114 (5060), 117 (5077)

Darstellen. I 173 (891), 189 (994) 203 (1065), 205 (1079), 227 (1245), 232 (1284), 244 (1331), 312 f. (1668), 377 (1965), 387 (2014), 419 (2222), 435 (2318). II 247 (3830), 326 (4147), 342 f. (4222). III 15 (4396), 325 (5994), 325 f. (5996)

Dasein, Existenz. I 231 (1278), 252 (1362), 254 (1370), 387 (2021), 394 (2060), 406 (2149), 423 (2247), 498 (2568)

Demokratie, Republik. III 76 (4817), 90 (4912), 103 (4982), 206 f. (5447)

Denken. I 14 (41), 80 (452), 82 (466), 131 (652), 132 f. (657), 176 (920), 221 (1186), 232 (1284), 246 (1338), 248 (1348), 251 (1355), 388 f. (2026), 404 f. (2141), 440 (2340), 446 (2373), 447 (2374), 490 (2536), 511 f. (2601), 521 (2628). II 62 f. (2947), 92 (3028), 96 (3051), 128 (3194), 206 (3593), 282 f. (3928). III 12 (4360), 27 (4453), 238 (5609), 378 (6133)

Detail. I 142 (714). II 340 (4221). III 102 (4978), 179 (5338)

Deutschland. I 32 (139 f.), 33 (147), 35 (160), 199 (1042 f.), 260 (1405), 393 (2056), 436 (2321), 546 (2698). II 42 (2882), 62 (2946), 78 (2977), 79 (2983), 91 (3021), 97 (3058), 173 (3343), 174 f. (3348), 207 (3596), 220 f. (3665), 236 (3771), 247 (3829), 268 (3884), 291 (3945), 321 (4123), 335 (4215), 357 (4292). III 17 (4389), 18 (4395), 20 (4403), 25 (4437), 30 (4481), 49 (4621), 57 (4682), 65 (4754), 69 (4774), 77 (4833), 82 (4855), 101 (4967), 118 (5082), 119 (5089), 134 (5197), 141 (5232), 145 (5263), 164 (5308), 180 (5346), 191 (5403), 209 (5450), 216 (5491), 217 (5502), 237 (5594), 5599), 239 (5619), 264 (5773), 269 (5780), 319 (5963), 332 (6042)

Dialektik. I 425 (2253), 454 (2411). II 33 (2864), 62 f. (2947), 112 f. (3140), 128 (3197), 134 (3208 a), 290 (3943).

Dialog. II 245 (3824), 247f. (3830), 287 (3943)

Dichter (s. auch Dramatiker). I 14 (41), 24 (93), 30f. (136), 70 (392), 81 (457), 93ff. (538), 129f. (641), 130 (645f.), 144 (737), 145 (746), 148f. (747), 172 (886), 175 (906), 203 (1062), 213 (1137), 219 (1174), 226 (1232), 244 (1331), 251 (1355), 258 (1390), 267 (1460), 269ff. (1471), 279ff. (1496), 288 (1522), 298 (1570), 302 (1585f.), 306 (1630), 341 (1838), 367 (1933), 387 (2011), 388 (2023f.), 388f. (2026), 394 (2065), 397 (2086), 431 (2300), 435 (2318), 447 (2374), 448 (2385), 457 (2417), 458 (2420), 521 (2628), 526f. (2641), 551 (2724). II 10f. (2776), 12 (2791), 26 (2833), 32 (2857), 48 (2895), 62f. (2947), 63f. (2948), 79 (2983), 107 (3114), 112f. (3140), 115 (3145f., 3148), 138 (3225), 149 (3281), 165ff. (3323), 185 (3430), 188 (3453), 201 (3539), 204 (3573), 205 (3584), 217 (3652), 227 (3699), 236 (3770), 237 (3777), 240f. (3795), 241 (3796), 247 (3829), 254f. (3854), 267 (3882), 276 (3909), 294 (3948), 297 (3964), 309 (4027), 310 (4040), 311 (4050), 326 (4148), 353 (4272), 354 (4276), 360 (4306). III 12 (4360), 18 (4395), 43 (4576), 44 (4577), 48 (4607), 52 (4649), 59 (4698), 73 (4786), 83 (4859), 102 (4975), 111 (5042), 144 (5255), 172 (5321), 189f. (5392), 190 (5395), 196 (5432f.), 197 (5437), 209 (5453), 248 (5657), 260 (5761), 280f. (5839), 281f. (5841), 286 (5847), 292f. (5891), 295 (5906), 296 (5909), 297 (5921), 320f. (5973), 327 (6008), 355 (6090), 377f. (6133), 382 (6140), 395 (6169)

Dichtung (s. Poesie)

Drama, Dramatiker. I 26 (112, 114), 90 (513), 150 (748), 154 (778), 155 (781), 196f. (1034), 203 (1067), 313 (1669), 315 (1685), 332 (1781, 1784, 1789), 333 (1790), 347 (1857), 357 (1890), 367 (1931), 371 (1953), 409 (2174), 416 (2211f.), 420 (2226), 445 (2365), 455f. (2414), 512 (2605), 543 (2685), 544 (2688), 545 (2693), 549 (2712), 551 (2721). II 10f. (2776), 33 (2864f.), 49 (2901), 62f. (2947), 74 (2971), 81 (2996), 83f. (3003), 116f. (3158), 121 (3168), 139 (3231), 149 (3278), 156 (3307), 171 (3330), 193f. (3487), 199f. (3525), 207 (3597), 210 (3614), 211 (3634), 213ff. (3646), 218 (3656), 222f. (3669), 224f. (3679), 243 (3809), 247 (3829a), 247f. (3830), 249 (3833), 287ff. (3943), 291 (3945), 311 (4051), 313 (4073), 320 (4119), 321f. (4123), 327 (4158), 330 (4175f.), 350 (4243), 353 (4271f.), 364 (4332). III 12 (4360), 21 (4414f.), 33 (4496), 43 (4573), 58 (4684), 69ff. (4774), 73 (4786, 4790), 74 (4803), 83 (4864), 89 (4908), 102 (4978), 105 (4998), 129 (5172), 130 (5175, 5178), 162 (5303), 174 (5328), 179 (5338), 181 (5356), 182 (5358), 192 (5409), 208 (5449), 217 (5509), 238 (5607), 246 (5645), 247 (5651), 251 (5685, 5695), 261 (5762), 270 (5784), 321 (5977), 325 (5994), 326 (5996), 364 (6107), 375f. (6129)

Dualismus (s. auch Widerspruch). I 293 (1546), 372f. (1958), 414 (2197), 438 (2329). II 74 (2971), 289 (3943), 332 (4189)

Egoismus. I 79 (445), 140 (700), 327 (1747), 353 (1869), 386 (2008), 400 (2099f.), 413 (2193), 497 (2564), 523f. (2637). II 75 (2975), 102 (3098), 257f. (3870), 353 (4274). III 297 (5921)

Ehe. I 87 (502), 89 (509), 276 (1478), 347 (1967), 409 (2175), 509f. (2597). II 10 (2772), 191 (3482), 256 (3864). III 11 (4357), 52 (4647), 108 (5022)

Einsamkeit. I 85 (484), 90 (516), 238f. (1317), 249f. (1352). II 299 (3973). III 396 (6172)

Ekel. I 111 (575), 468 (2463). II 53 (2920)

Entwicklung (s. auch Werden) I 190

(1001), 211 (1126), 253 (1367), 293 (1548), 392 (2044), 453f. (2409), 546 (2700). II 148 (3425). III 27 (4456), 114 (5065), 255 (5720), 297 (5921)

Epik. I 37 (178), 142 (719), 332 (1781), 445 (2365), 551 (2721). II 33 (2865), 257 (3669). III 128 (5162)

Erfahrung. I 208 (1100). II 80f. (2992), 220 (3664), 297 (3962). III 74 (4802, 4806)

Erinnerung. I 205 (1084), 230 (1265), 264 (1434), 439 (2333), 474 (2498). III 57 (4681)

Erkenntnis. I 91 (519), 176 (918), 185 (967), 246 (1339), 285 (1508a), 323 (1713), 403 (2128). II 94 (3037)

Erlebnis. I 297 (1560), 474 (2498)

Ewigkeit. I 87 (495), 221 (1185), 304 (1612), 431 (2302). III 107 (5008)

Form. I 29f. (135), 76 (428), 193 (1018), 207 (1098), 212 (1131), 215 (1146), 229 (1261), 259 (1395), 298 (1566f.), 302 (1588), 303 (1597), 306 (1625), 311 (1655), 324 (1728), 329 (1761), 329f. (1768), 341 (1837), 358 (1896), 371 (1953), 390 (2032), 391 (2034), 508 (2587). II 7 (2756, 2758), 31 (2846), 85 (3006f.), 108 (3122), 110 (3131), 111 (3135), 113 (3140), 145 (3266), 146 (3270), 149 (3279), 189 (3279), 239ff. (3795), 256 (3861), 263 (3875), 288ff. (3943), 313 (4072), 326 (4148), 340 (4221). III 22 (4419), 26 (4450), 74 (4795), 181 (5326), 272 (5791)

Fortschritt. I 137 (683), 217 (1163), 223 (1206), 285 (1508b), 419 (2220), 439 (2335). II 278 (3914). III 79 (4841), 207 (5448), 234 (5583), 292 (5891)

Freiheit. I 32 (140), 35 (160), 36 (169), 89 (509), 161 (802), 203 (1066), 236 (1306), 323 (1719), 358 (1896), 387 (2011), 393 (2056), 401 (2105), 426f. (2263). II 127 (3191), 245 (3819). III 17 (4387), 102 (4969), 164 (5307), 192f. (5410), 237 (5599)

Freude. I 12 (25), 46 (250), 83 (470), 187 (981), 191 (1008), 260 (1407), 267 (1457), 312 (1660), 323 (1712), 338 (1811), 371 (1949), 387 (2021), 404 (2138), 431 (2303), 491 (2539). II 184 (3424), 187 (3444), 314 (4083). III 252 (5694)

Freundschaft. I 17 (54), 62 (333) 85 (484), 86 (492), 89 (511), 92 (526), 120 (604), 140 (699), 192 (1016), 344 (1848), 381 (1985), 389 (2027), 401 (2103), 403 (2124), 421 (2230), 548 (2708), 552 (2735). II 54 (2924), 146 (3272), 177 (3363), 224 (3677), 228 (3702), 310 (4045). III 42 (4564), 74 (4801), 97 (4939), 115 (5072), 196 (5435), 248 (5656), 277 (5821)

Gattung. III 247 (5650), 253 (5701), 283 (5843), 304 (5937)

Gebet. I 245 (1334), 396 (2073), 551 (2726). III 192 (5408), 292f. (5891)

Gedanke. I 22 (86), 26 (112), 45 (242), 123f. (621), 185 (965), 204 (1076), 205 (1083), 213 (1137), 231 (1278), 288f. (1523), 305 (1616), 308 (1636), 316 (1689), 317 (1699), 324 (1725), 329 (1767), 345 (1851), 384 (1995), 397 (2081), 398 (2097), 401 (2105), 403 (2130), 404f. (2141), 416 (2206), 419 (2223), 427 (2265), 431 (2303), 464f. (2449), 495 (2557), 498 (2570). II 12 (2786), 94 (3038), 95 (3047), 110 (3131), 128 (3194), 157f. (3314), 163f. (3319), 170f. (3329), 186 (3438), 187 (3446), 203 (3559), 210 (3620), 250 (3843), 303 (3988), 310 (4043), 340 (4221). III 22 (4417), 37 (4524), 97 (4938), 105 (4998), 107 (5008), 192 (5409), 288 (5866), 297 (5920)

Gedankenlyrik. I 14 (41), 175 (913), 185 (965), 265 (1346)

Gedicht (s. auch Poesie, Lyrik). I 79 (441), 185 (965), 192f. (1017), 193 (1018), 202 (1057), 207 (1098), 208 (1101), 229f. (1262), 302 (1588), 323 (1717), 329 (1764), 386 (2003), 391 (2034), 397 (2081). II 12 (2786), 26 (2833), 182 (3409)

BEGRIFFSREGISTER

Gefühl, Empfindung. I 26 (111), 139 (690), 176 (918), 180 (942, 946), 192 (1014), 193 (1019), 204 (1076), 205 (1083), 313 (1137), 221 (1186), 231 (1268, 1278), 243 (1327), 288 f. (1523), 302 (1588), 304 (1605), 347 (1857), 387 (2012), 391 (2038), 397 (2081), 412 (2187), 416 (2206), 430 (2288), 469 (2465), 511 f. (2601). II 282 (3928), 310 (4040), 316 (4101), 327 (4158)

Gegensatz (s. auch Dialektik, Widerspruch). II 62 (2947), 95 (3047), 112 f. (3140), 128 (3197)

Gegenstand. I 401 (2107). III 186 (5379)

Gehalt. I 303 (1597), 391 (2034). II 111 (3135), 307 (4018), 340 (4221)

Geheimnis (s. auch Mysterium). I 181 (950), 202 (1057), 246 (1339), 297 (1565). III 186 (5017)

Geist. I 68 (376), 129 f. (641), 139 (691, 693), 176 (919), 256 (1378 f.), 271 (1472), 298 (1567), 308 (1634), 316 (1692), 321 (1702d), 325 (1731), 329 (1764), 345 (1852), 347 (1858), 388 f. (2026), 420 (2228), 422 (2243), 423 (2248), 466 (2453), 509 (2596). II 180 (3383), 181 (3391), 221 (3665), 227 (3691), 313 (4070). III 339 (6069)

Geist und *Körper.* I 18 f. (68), 21 (76), 22 (83), 22 f. (90), 151 f. (760), 209 (1110), 233 (1290). III 153 (5287), 180 (5346), 305 (1620), 347 (1858)

Genie. I 13 (36), 22 (81), 25 (109), 26 (114), 42 (217), 123 f. (621), 129 f. (641), 131 (648), 148 (747), 168 (858), 176 (914), 177 f. (931), 210 (1115), 226 (1233), 246 (1341), 358 (1894), 371 (1952), 402 (2114, 2119), 420 (2227), 506 (2581), 527 (2641), 543 (2685), 544 (2688). II 85 (3008), 90 (3316), 229 f. (3711), 254 (3853). III 10 (4353), 21 (4413), 24 (4434), 103 (4981), 128 (5161), 179 (5341), 327 (6010), 355 f. (6090)

Genuß. I 65 (353), 100 f. (554), 189 (999), 204 (1070), 264 (1432), 353 f. (1871), 491 (2542). II 128 (3195), 303 (3973). III 60 (4708), 257 (5732), 288 (5864), 295 (5905)

Geschichte. I 160 (792), 182 (957), 196 (1033), 220 (1182), 240 (1321), 284 (1502), 292 (1530), 311 (1655), 340 (1822), 360 (1911), 384 (1995), 393 (2056), 396 (2079), 425 (2253), 456 (2414), 470 (2466), 545 (2693), 555 (2752). II 62 (2946), 95 (3048), 140 (3236), 256 (3865), 278 (3914), 288 (3943), 305 (4005), 311 (4047, 4050), 313 (4073), 319 (4112), 321 (4123). III 12 (4360), 128 (5160), 162 (5303), 168 f. (5312), 248 (5659), 320 (5966), 325 (5992)

Gesellschaft. I 32 (143), 124 (627), 238 f. (1317), 254 (1370), 392 (2040), 551 (2722). II 10 (2772), 137 (3222), 212 (3640). III 21 (4411), 54 (4659), 84 (4870), 86 f. (4890), 88 f. (4907), 103 (4982), 107 (5011), 234 (5583)

Gesetz. I 491 (2541), 545 (2691). II 306 (4009). III 61 (4720), 86 (4887 f.), 241 (5623), 277 (5820), 299 (5924)

Gestalt (s. auch Form). I 226 (1232), 293 (1548), 302 (1588). III 107 (5008)

Gewissen. I 42 (220), 421 (2236), 474 (2494). II 127 (3191), 146 (3269), 212 (3640). III 107 (5011), 210 (5457), 238 (5611), 297 (5920), 303 (5933)

Glaube. I 20 (75), 27 (122), 86 (492), 90 (515, 517), 138 (688), 142 (716), 245 (1335), 282 (1500), 285 (1508 c), 342 (1842), 353 (1867), 419 (2217), 515 (2614). II 10 (2775), 53 (2921), 110 (3129), 221 (3667), 305 (4101). III 211 f. (5469), 249 (5662), 284 ff. (5847)

Gleichnis, Metapher (s. auch Bild). II 221 ff. (3669). III 174 (5327), 321 (5978)

Glück. I 46 (250), 62 (331), 82 (464), 138 (688), 140 (696), 175 (910), 197 (1035), 210 (1118), 214 (1139), 222 (1192), 223 (1204), 240 f. (1323), 263 (1429), 290 f. (1528), 292 (1538), 302 (1592), 306 (1623), 309 (1646), 312 (1667), 371 (1954),

392 (2044), 408 (2171), 438 (2326). II 10 (2775), 172 (3339), 187 (3443), 208 (3601), 233 (3741), 315 (4088), 334 (4202). III 32 (4488), 34 (4506), 52 (4644), 78 (4839), 87 (4892), 133 (5195), 289 (5877), 295 (5903), 321 (5975)

Gott. I 18 (66), 19 (72), 20 (74 f.), 21 (77), 22 (81), 22 f. (90), 24 (96), 35 (158), 36 (169), 39 (193), 87 (502), 94 (538), 129 f. (641), 134 (660), 138 (688), 138 f. (689), 142 (715 f.), 151 f. (760), 153 (767), 164 (822), 166 (844), 167 (855), 177 (930), 178 (934), 186 (973), 191 (1011), 196 f. (1034), 214 (1140), 223 f. (1211), 224 (1212), 226 (1229), 229 (1260), 231 (1268, 1276), 245 (1335), 250 (1353), 265 (1443), 282 (1500), 285 (1508 c), 293 (1546), 302 (1591), 313 (1672), 314 (1674 f.), 315 (1687), 317 (1698), 321 (1702 d), 326 (1744), 333 (1792), 338 (1810), 355 (1874), 356 (1881, 1883), 360 (1910), 369 (1937), 372 (1957), 372 f. (1958), 377 (1963, 1971), 381 f. (1989), 387 (2011 f.), 391 (2033), 394 (2061), 396 (2073, 2076 f.), 398 (2097), 402 (2120), 403 f. (2132), 404 (2134, 2137), 408 (2171), 409 (2174), 410 (2179), 411 (2181), 412 f. (2190), 416 (2210), 428 (2274), 429 (2279), 430 (2290, 2297), 435 (2319), 438 (2329), 439 (2331), 440 f. (2346), 444 (2359), 464 (2448), 490 (2531), 498 (2567), 522 (2633), 539 (2663), 549 (2711), 552 (2731). II 7 (2759), 11 (2776, 2784), 41 f. (2879), 51 (2911), 92 (3028), 93 (3031), 100 (3086), 125 (3181), 155 (3303), 181 (3394), 187 (3442, 3446, 3448), 198 (3510), 201 (3534), 206 (3590), 211 (3628), 221 (3667), 227 (3696), 231 (3716), 232 (3734), 233 (3737, 3739), 235 (3756, 3760, 3764), 250 (3842), 303 (3988), 308 (4024), 311 (4048), 327 (4155), 351 (4264), 358 (4296), 361 (4311). III 27 (4453), 32 (4486), 50 (4629), 52 (4643), 90 (4917), 102 (4970), 164 (5307), 226 (5540), 234 (5583), 251 (5673), 273 (5800), 281 f. (5841), 284 ff. (5847), 291 ff. (5891), 297 (5919)

Größe, großes Individuum. I 41 (207), 44 (234), 45 (245), 68 (375), 70 (390), 87 (498), 92 (527), 137 (686), 141 (709), 142 (721), 144 (733), 152 (761), 191 (1108), 229 (1259), 231 (1277), 268 (1465), 303 (1596), 304 (1608), 308 (1635, 1642), 326 (1743), 353 (1869), 354 (1873), 391 (2039), 396 (2070), 397 (2089), 429 (2279), 438 (2325), 494 (2554), 521 (2631). II 69 (2965), 93 (3034), 95 (3048), 108 (3121), 164 (3320), 227 (3689, 3691), 234 (3750), 239 (3794), 254 (3853), 305 (4001), 314 (4079), 327 (4157). III 24 (4432), 65 f. (4757), 251 (5678), 255 (5714), 256 (5728)

Gute, Das. I 144 (732), 162 (806), 176 (914), 186 (973), 246 (1340), 340 (1823), 359 (1905), 392 (2043), 404 (2139), 427 (2266), 430 (2293), 515 (2616). II 22 (2809), 49 (2901), 81 (2996), 84 (3003), 191 (3483), 228 (3701). III 74 (4802), 283 (5843)

Handlung. I 160 (795), 199 (1044), 246 (1338), 384 (1993), 497 (2564). II 41 (2878), 128 (3195), 227 (3697), 299 (3977)

Häßlichkeit. I 8 (4), 385 (1997). II 190 (3476), 191 f. (3483). III 32 (4491), 52 (4650), 247 (5650), 280 (5834)

Held. I 505 (2578). II 233 (3744), 361 (4313). III 18 (4395), 102 (4975)

Hoffnung. I 816 (970), 222 (1200), 353 (1867). II 53 (2921), 210 (3619), 334 (4200). III 73 (4789)

Humor. I 27 (118), 33 (146), 62 (329), 116 (593), 129 (639), 178 (932), 188 (984), 293 (1547), 298 (1566). II 115 (3151), 265 (3876)

Hybris. I 505 (2578). II 346 (4225)

Hymnus. III 182 (5361)

Ich. I 20 (75), 43 (224), 50 (272), 144 (731), 242 (1325), 252 (1362), 267 (1461), 331 (1775). II 52 (2911), 97 (3056), 128 (3203)

Ideal. I 14 (39), 24 (96), 302 (1584). II 294 (3948). III 52 (4647), 60

(4706), 247 (5647), 248 (5653), 254 (5710)
Idealismus. I 266 (1455). III 174 (5328), 263 (5769)
Idee. I 21 (77), 35 (167), 48 (261), 67 (371), 162 (809), 170 f. (5315), 185 (965), 186 (974), 193 (1019), 193 f. (1024), 198 f. (1038), 201 (1054), 208 (1101), 226 (1232), 267 (1460), 298 (1570, 1574), 313 (1670), 388 f. (2026), 430 (2290), 512 (2605), 522 (2634), 542 (2680), 551 (2721), 552 (2730). II 9 (2767), 33 (2864), 48 (2897), 62 f. (2947), 75 (2974), 78 (2978), 116 f. (3158), 167 (3323), 203 (3561), 278 (3914), 299 (3977), 303 (3993), 307 (4016), 351 (4262), 363 (4324). III 12 (4360), 19 (4399), 23 (4421), 63 f. (4740), 87 (4894), 97 (4938), 118 (4984), 170 f. (5315), 187 f. (5387), 246 (5644), 252 (5695), 309 (5943)
Illusion. I 165 (832). III 190 (5398), 325 f. (5996), 327 (6006)
Individualisieren. I 193 (1018), 546 (2697), II 145 (3266), 275 (3903). III 84 (4868), 130 (5178)
Individuum. I 36 (176), 70 f. (394), 86 (491), 89 (509), 141 (708), 143 (725), 175 (902), 191 (1011), 192 f. (1017), 203 (1064, 1066), 208 (1101), 219 (1174), 222 (1193), 242 f. (1326), 258 (1391), 286 (1510), 289 (1524), 308 (1636), 330 (1772), 344 (1848), 391 (2034), 398 (2097), 403 (2128 f.), 409 (2174), 410 (2179), 426 (2260–62), 428 (2274), 439 (2332, 2335), 444 (2359), 448 (2384), 469 (2464), 511 f. (2601), 521 f. (2632), 522 (2633 f.), 529 (2651), 539 (2664), 549 (2716), 551 (2721), 552 (2731). II 24 (2828), 42 (2881), 52 (2911), 69 (2966), 78 (2978), 95 (3043, 3048), 99 (3069), 103 (3099), 106 (3108), 116 f. (3158), 138 (3228), 145 (3266), 178 (3370), 198 (3505), 224 f. (3679), 233 (3739), 251 (3851), 256 (3865), 291 ff. (3946), 304 (3999), 308 (4019a), 310 (4039), 314 (4077), 319 (4111), 331 (4184), 331 f. (4187), 353 (4274), 356 (4285). III 22 (4418), 61 (4720), 84 (4868), 86 (4882, 4889), 103 (4982), 104 (4992), 107 (5008, 5013), 123 (5114), 207 (5448), 214 (5479), 252 (5690), 283 (5843), 291 f. (5891), 297 (5921), 303 (5933), 304 (5937), 326 (6001), 366 (6110)
Inhalt. I 229 (1261), 298 (1566), 306 (1625), 358 (1896)
Instinkt. III 103 (4981), 234 (5583), 247 (5649), 377 f. (6133)
Institution. II 297 (3965), 329 (4166)
Ironie. I 190 f. (1007), 191 (1009), 379 (1977), 439 (2331). II 151 (3287). III 142 (5245)

Journalismus. II 212 (3640), 248 (3831), 267 (3881), 340 (4221). III 133 (5193)
Jugend. I 16 (49), 169 (866), 460 (2435). II 295 f. (3956), 310 (4038). III 17 (4392), 133 (5193), 216 (5495), 252 (5687), 304 (5935), 375 (6128), 394 (6168)

Karikatur. III 365 f. (6110), 393 (6163)
Katholizismus. I 68 (375), 200 (1150), 349 (1864). II 224 (3677). III 97 (4938), 320 (5967)
Kind. I 251 (1357), 387 (2017), 396 (2071), 404 (2134), 412 f. (2190), 667 (3159), 806 (3862). III 76 (4822), 88 (4901), 133 (5195), 142 (5240), 148 (5274), 246 f. (5646)
Klang. II 174 f. (3348), 220 (3665)
Klassizität. III 244 (5638)
Komik. I 27 (115, 118), 84 (479), 203 (1064), 214 (1141), 219 (1176), 223 (1207), 228 (1248), 261 (1411), 552 (2730). II 311 (4050), 327 (4157). III 75 (4814), 288 (5858)
Kommunismus. II 137 (3220), 325 (4138). III 17 (4393), 104 (4991)
Komödie, Lustspiel. I 27 (117), 449 (2393), 465 (2450), 522 f. (2635), 549 (2712). II 189 (3468), 190 (3474), 214 f. (3646), 238 (3785), 289 (3943), 314 (4085), 316 (4102), 321 f. (4123). III 113 (5050), 122 (5111)

Konzentration. I 329 (1765). II 127 (3192)

Körper (s. Geist und Körper)

Kraft. I 21 (77), 35 (166), 223 f. (1211), 230 (1264), 258 (1394), 292 (1538), 295 (1552), 303 (1603), 329 (1765), 363 (1917), 377 (1963), 427 (2266), 524 f. (2639). II 349 (4237). III 129 (5166)

Krankheit. I 17 (55), 141 (705), 253 (1366), 255 (1373), 305 (1620), 345 (1852), 405 (2142), 414 (2198), 436 f. (2324), 519 (2624). II 82 (3001), 83 (3003), 189 (3465), 271 (3892), 285 f. (3938). III 11 (4354), 47 (4598), 49 (5614), 277 (5823), 362 f. (6102)

Krise. II 216 (3648)

Kritik. I 182 (955), 230 (1263), 233 (1293), 254 (1371), 308 (1638), 323 (1715), 360 (1911), 425 (2254), 426 (2259), 435 (2318). II 33 (2683), 98 (3068), 99 (3072), 149 (3280), 164 (3321), 172 (3337), 218 f. (3657), 219 f. (3662), 223 f. (3675), 224 (3676), 227 (3697), 303 (3992), 309 (4029), 324 (4132), 351 (4258), 358 (4294). III 22 (4417 f.), 56 (4689), 83 (4860), 95 f. (4937), 106 (5002), 127 f. (5159), 139 (5221), 141 (5235), 171 (5317), 218 (5514), 229 (5550), 254 (5709), 320 (5966), 327 (6004), 367 (6113), 373 (6124)

Kultur. I 251 (1357). II 236 (3766a). III 182 (5357)

Kunst. I 26 (110), 28 (126), 30 f. (136), 32 (138), 33 (149), 65 (350), 67 (371), 68 (374), 74 (417), 77 (433), 98 f. (548), 111 f. (575), 142 (714 f.), 143 (726), 149 f. (748), 150 (750), 162 (809), 168 (858), 170 f. (876), 172 (886), 175 (908), 177 (927), 180 (946 f.), 181 (949), 190 f. (1007), 193 f. (1024), 202 (1057), 204 (1077 f.), 214 (1143), 222 (1197), 223 (1208), 224 (1213), 228 (1252), 229 (1261), 230 (1265), 232 (1284), 254 (1370), 258 (1388), 269 f. (1471), 284 (1503), 289 (1524), 311 (1655), 322 (1707), 328 (1757), 381 (1986), 387 (2014), 308 (2095), 409 (2172), 410 (2181), 416 (2205 f.), 419 (2222), 422 (2238, 2242), 426 (2258), 435 (2319), 440 f. (2346), 473 (2486), 495 (2556, 2560), 509 (2595), 529 (2648). II 50 (2906), 85 (3007), 108 (3122), 116 (3133, 3135), 118 (3163), 135 (3176), 136 (3211), 152 (3290), 180 (3385), 181 (3391), 182 (3406), 219 f. (3662), 224 f. (3679), 248 f. (3833), 277 f. (3913), 290 (3943), 299 (3978), 308 (4024), 308 f. (4026), 320 (4117), 324 (4132), 326 (4146), 335 (4213), 336 (4218, 4220), 350 (4243), 351 (4262), 353 (4271 f.), 362 (4320). III 12 (4360), 23 (4421), 72 (4784), 73 (4791), 83 (4860), 86 (4883), 87 (4891, 4894), 102 (4972), 103 (4982), 107 (5011), 128 (5161), 187 (5387), 190 (5393), 226 (5541), 228 f. (5549), 244 (5638), 248 (5660), 250 (5668), 254 (5707), 257 (5732), 271 (5788), 274 (5802), 281 f. (5841), 335 (6055), 360 f. (6099), 378 (6133)

Künstler. I 26 (110), 33 (149), 40 (200), 64 (344), 149 f. (748), 180 f. (948), 210 (1113 f.), 224 (1213, 1216), 228 (1252), 231 (1273), 333 (1792), 370 f. (1946), 394 (2061), 495 (2556), 542 (2680). II 10 (2772), 92 (3025), 112 f. (3140), 124 (3174), 350 (4243). III 214 (5481), 237 (5593), 249 (5663), 275 f. (5816), 283 (5844), 288 (5866), 293 (5891), 296 (5912), 297 (5920), 309 (5941), 355 f. (6090)

Laster. I 277 (1488 f.), 327 (1747), 550 (2717)

Leben. I 16 (52), 26 (110 f.), 32 (144), 35 (158), 36 (169, 172), 42 (219), 52 (282), 54 (293), 62 (334), 74 (417), 84 (476), 87 (498, 501), 89 (512), 91 (519), 94 (538), 124 (622), 135 (669), 138 (689), 140 (698), 141 (705), 144 (731), 145 (744), 147 ff. (747), 158 (786), 174 (900), 177 (925), 197 (1035), 200 (1050), 207 (1093), 209 (1110), 212 (1130), 214 (1140), 221 (1187), 224 (1212), 228 (1250), 231 (1269,

1271, 1278), 235 (1300), 237 (1314), 240 (1321f.), 251f. (1359), 252 (1362), 254 (1370), 255 (1377), 260 (1407), 285 (1508e), 292 (1532), 293 (1548), 306 (1624, 1626), 311 (1655), 315 (1686, 1686a), 317 (1699), 323 (1712, 1718), 325 (1731), 328 (1759), 329 (1762), 340 (1822), 344 (1846f.), 346 (1854), 356 (1880), 359 (1904), 362 (1916), 364 (1920), 366 (1929), 370f. (1946), 373 (1960), 377 (1965), 384 (1995), 386 (2005), 387 (2013f.), 389 (2025), 391 (2033), 392 (2041), 397 (2083, 2085), 398 (2092), 403 (2129), 407 (2157), 408 (2168), 409 (2172), 416 (2206), 419 (2222), 426 (2262), 426f. (2263), 430 (2294, 2296), 431 (2303), 438 (2330), 450 (2398), 452 (2406), 461 (2440), 464f. (2449), 471 (2471), 473 (2490), 474 (2495), 481 (2511), 488 (2524), 491 (2542), 493 (2550), 511f. (2605), 515 (2613), 516 (2618f.), 529 (2648), 529f. (2652), 539 (2664f.), 542 (2678), 549 (2715f.), 551 (2721). II 7 (2756), 7f. (2760), 14 (2797), 16 (2803), 31 (2846), 83 (3003), 89 (3012), 94f. (3042), 105 (3102), 106 (3109, 3113), 111 (3133), 112f. (3140), 116f. (3158), 125 (3379), 126f. (3391), 184 (3423), 201 (3534), 304 (3577), 209 (3607), 227 (3694), 229 (3710), 231 (3718), 232 (3732), 233 (3740f.), 247f. (3830), 281 (3924), 285 (3937), 286 (3939), 308 (4024), 308f. (4026), 314 (4077), 329 (4166), 335 (4213f.), 336 (4218), 353 (4271), 364 (4333). III 27 (4453, 4456), 37 (4520), 72 (4781), 84 (4867), 99 (4951), 233 (5578), 237 (5598), 248 (5660), 275 (5813), 288 (5864), 377f. (6133)

Leidenschaft. I 32 (145), 89 (510), 132 (1279), 416 (2211). II 283f. (3931). III 21 (4414), 76 (4820), 303 (5933)

Licht. I 46 (251), 67 (367), 174f. (903), 222 (1200), 226 (1226), 431 (2299). II 174f. (2348), 181 (3400), 347 (4231). III 82 (4854), 90 (4911), 275 (5811)

Liebe. I 85 (484), 87 (502), 89 (511), 164 (822), 166 (844), 170 (870), 209 (1112), 220 (1180), 260 (1406), 263 (1423), 271 (1473), 303 (1596). 304 (1610), 326 (1734), 332 (1778), 344 (1849), 353 (1870), 355 (1876), 371 (1947), 389 (2027), 393 (2051), 394 (2059), 400 (2100), 401 (2101), 402 (2115), 404 (2137), 416 (2208), 421 (2235), 430 (2297), 434 (2314), 489 (2525), 490f. (2538), 552 (2735). II 10 (2773), 53 (2921), 102 (3098), 139 (3232), 184 (3425), 187 (3443), 200 (3526), 211 (3630), 231 (3716), 238 (3786), 243 (3807), 245 (3825), 257 (3866), 281f. (3926), 311 (4046), 312 (4055), 326 (4146), 332 (4189), 349 (4242), 352 (4269), 355 (4280). III 14 (4365), 15 (4373), 48 (4609), 57 (4681), 59 (4701), 74 (4796), 123 (5115), 232 (5570), 252 (5690), 274 (5805)

Literatur. I 82 (468), 303 (1597), 358 (1894), 373 (1959), 436 (2321). II 158ff. (3316). III 127f. (5159), 130 (5173)

Logik. I 171 (879), 232 (1287). II 94 (3038). III 259 (5749), 280 (5830)

Lüge. I 204 (1075), 380 (1982), 401 (2104), 403 (2126). II 183 (3415), 223 (3670), 310 (4040). III 39 (4532), 196 (5435)

Lyrik. I 14 (41), 26 (111), 149f. (748), 175 (913), 188 (984), 189 (994), 202 (1057), 203 (1063), 205 (1083), 236 (1307), 260 (1405), 293 (1547), 294 (1549), 317 (1694), 329 (1767), 332 (1781, 1789), 337 (1804), 371 (1953), 397 (2081), 445 (2365), 543 (2686), 544 (2687), 551 (2721). II 222f. (3669). III 128 (5162), 182 (5358)

Malerei. I 222 (1196), 224 (1213), 232 (1285), 258 (1391), 301 (1581). II 309 (4034), 314 (4078), 350 (4250). III 21 (4415), 25 (4437), 32 (4489), 83 (4861), 280 (5838)

Mann. I 63f. (343), 140 (699), 186 (970), 366 (1926), 370 (1944f.), 380 (1981), 393 (2052), 401 (2101), 434 (2309). II 78f. (2980), 91

(3022), 105 (3104), 181 (3393), 186 (3441), 190 (3475), 202 (3557), 209 (3609). III 210 (5458), 217 (5508), 252 (5687)

Märchen. II 182 (3408), 264f. (3876). III 46 (4592), 352 (6086)

Masse, Pöbel. I 16 (46), 64 (344), 88 (506), 141 (708), 214 (1142), 223 (1206), 242f. (1326). II 95 (3048), 137 (3221), 204 (3576), 211 (3626), 227 (3689), 338 (4239). III 103 (4981)

Materialismus. I 495 (2557). III 234 (5583), 297 (5919f.), 316f. (5952)

Materie. I 308 (1634), 321 (1702d), 466 (2453), 549 (2716). II 180 (3383), 309 (4035). III 108 (5016), 297 (5919f.), 316f. (5952)

Mensch. I 7 (1), 10 (15), 16 (50), 28 (127), 35f. (168), 36 (172), 41 (207), 44 (236f.), 45 (242), 50 (270), 52f. (283), 62 (330, 333), 65 (354), 66 (358), 67 (368), 68 (377), 83 (469), 84 (480), 85 (484), 87 (503), 87f. (504), 88 (507), 89 (509), 90 (517), 92 (526), 94 (538), 102 (558), 110 (572), 111f. (575), 114 (584), 115 (591), 125f. (628), 134 (660), 137 (684, 687), 138f. (689), 140 (697, 701), 141 (705, 708), 144 (731f.), 145 (746), 150 (752), 152 (763), 158 (787), 165 (832, 839), 166 (843, 847), 167 (855), 174 (902), 174f. (903), 175 (911), 181 (949–951), 186 (973 bis 975), 205 (1080), 206 (1087), 208 (1100, 1103), 209 (1108), 210 (1118), 211 (1125–27), 217 (1161f.), 223 (1209), 224 (1216), 226 (1227f.), 231 (1278), 235 (1296), 243 (1327), 245 (1336), 245f. (1337), 246 (1338f.), 251 (1357), 258 (1388), 262 (1421), 263 (1424), 264 (1433), 277 (1491), 285 (1505, 1508b, c), 286 (1514), 293 (1541), 302 (1589), 304 (1606, 1611), 315 (1687), 317 (1699), 336 (1797), 349 (1863), 356 (1882f.), 357 (1891), 372f. (1958), 377 (1964), 380 (1980), 384 (1993), 386 (2004), 387 (2011, 2019), 396 (2070, 2078), 397 (2085), 398 (2097), 403 (2123, 2128), 403f. (2132), 408 (2164, 2171), 410 (2179), 414 (2200), 416 (2207), 419 (2217), 431 (2303), 439 (2331f., 2334), 452f. (2407), 453 (2408), 453f. (2409), 467 (2458), 469f. (2465), 473 (2484), 489 (2526), 511 (2599), 522 (2633), 523f. (2637), 542 (2679), 546 (2695, 2700), 549 (2711), 553 (2744). II 12 (2787), 16 (2803), 24 (2828), 42 (2881), 47 (2894), 61 (2942), 92 (3026), 94 (3041), 98 (3066), 105 (3102), 106 (3110f.), 113 (3140), 128 (3199), 172 (3334), 211 (3627, 3630), 212 (3640), 212f. (3642), 226 (3685–87), 227 (3690, 3694, 3696, 3698), 231 (3721), 235 (3756, 3760), 236 (3767), 250 (3836), 257 (3867), 278 (3914), 279 (3918), 298 (3967, 3972), 303 (3988, 3990, 3993), 308 (4024), 309 (4036), 311 (4048), 325 (4137), 327 (4157), 329 (4166), 331 (4184), 335 (4212). III 7 (4340), 8 (4344), 19 (4398), 20 (4403f.), 23 (4423), 24 (4432), 27 (4451), 28 (4470), 37 (4525), 40 (4543), 46 (4591), 60 (4707), 61 (4719), 65 (4756), 73 (4789), 79 (4842), 82 (4850), 84 (4868), 87 (4897, 4899), 88 (4900), 104 (4992), 111 (5046), 121 (5096), 123 (5114), 130 (5178), 131 (5183f., 5186), 133 (5195), 134 (5203), 135 (5205), 142 (5247), 148 (5273), 184 (5366), 186 (5376), 190 (5394), 191 (5401f.), 195 (5422), 214 (5479), 217 (5505f.), 218 (5515), 229 (5552), 233 (5579), 236 (5587), 237 (5597, 5600f.), 238 (5609), 241 (5623), 247 (5649f.), 248 (5654, 5659), 249 (5662), 252 (5690, 5694), 253 (5697, 5701), 253f. (5702), 254 (5704, 5708), 255 (5712, 5721), 257 (5729), 259 (5749f.), 271 (5787), 272 (5790, 5795), 276 (5817), 277 (5820f., 5823), 280 (5833), 283 (5842), 287 (5854), 289 (5867, 5874–78), 293 (5892), 296 (5912), 303 (5933), 316f. (5952), 318 (5957), 320 (5968), 321 (5976), 326 (5999), 332

(6041), 333 (6047), 336 (6057), 351f. (6085), 352 (6086), 365f. (6110), 377f. (6133)
Monarchie. III 115f. (5076), 116f. (5077), 295 (5902), 300f. (5927), 323 (5984)
Monolog. II 74 (2971). III 295 (5907)
Moral (s. auch Sittlichkeit). I 154 (774), 542 (2680)
Motivieren. I 171 (879), 172 (886, 888), 299 (1575), 328 (1756), 387 (2015). II 311 (4051), 364f. (4334). III 53 (4654)
Musik. I 12 (25), 65 (350), 130 (642), 141 (704), 143 (724f.), 232 (1285f.), 236 (1303), 260 (1404), 284 (1503), 292 (1540), 332 (1787), 336 (1796), 517 (2619), 23 (2813). II 34f. (2867), 187 (3444), 188 (3453), 220f. (3665), 314 (4082). III 41 (4557), 128 (5163), 280 (5834), 320f. (5973), 360f. (6099)
Mysterium (s. auch Geheimnis, Rätsel). I 338 (1811). II 154f. (3297), 316 (4101). III 27 (4453), 85 (4881), 97 (4938), 303 (5933)
Mythos. I 45 (241), 323 (1716), 189f. (3469). III 303 (5933), 320 (5966), 360f. (6099)

Naivität. I 170 (868), 173 (891), 228f. (1254). II 91 (3019), 109 (3125), 353 (4272)
Natur. I 16 (50), 19 (72), 22 (86), 24 (93), 30f. (136), 33 (153), 36 (169f.), 39 (195), 50 (271f.), 69 (379), 94 (538), 138f. (689), 140 (703), 150 (750), 152 (765), 170 (874), 178 (934), 181 (949), 182 (957), 186 (973), 191 (1011), 210 (1115), 217 (1162f.), 220 (1184), 223 (1207), 235 (1296), 251 (1357), 253 (1364), 258 (1394), 263 (1427), 312f. (1668), 322 (1707), 323 (1719f.), 329 (1765), 356 (1881), 377 (1963), 397 (2084), 403 (2123), 407 (2160), 409 (2173), 412 (2189), 426 (2258), 473 (2484), 504f. (2576), 529 (2651). II 9 (2901), 78f. (2980), 80 (2989), 94 (3038), 107 (3114), 112f. (3140), 120f. (3167), 127 (3192), 128 (3198), 159 (3316), 181 (3401), 182 (3406), 205 (3583), 211 (3627), 216 (3648), 236 (3767), 277f. (3913), 303 (3990), 313 (4066), 325 (4140), 358 (4298). III 20 (4404), 52 (4646), 65 (4756), 73 (4789), 80 (4850), 110 (5037), 124 (5123), 129 (5167), 196 (5431), 229 (5552), 248 (5654), 251 (5676), 253 (5701), 272 (5795), 316f. (5952), 326 (5997), 327 (6005), 362f. (6102)
Nichts. I 138f. (689), 250 (1353), 308 (1641), 322 (1708), 331 (1775), 411 (2183), 419 (2217, 2219), 467 (2456), 490 (2536), 509 (2595). II 11 (2784), 55 (2928), 66 (2956), 164 (3320), 182 (3410), 235 (3759), 315 (4090), 331 (4183)
Notwendigkeit. I 89 (509), 141 (708), 175 (906), 232 (1288), 259 (1395), 302 (1588), 360 (1911), 387 (2011). II 10f. (2776), 24 (2828), 42 (2881), 138 (3225), 245 (3819), 330 (4175), 336 (4218), 353 (4274), 364 (4334). III 12 (4360), 18f. (4396)

Offenbarung. I 19 (72), 138 (688), 282 (1500). II 155 (3303)
Oper. III 327 (6006), 360f. (6099)
Opfer. I 144 (729), 177 (930), 372f. (1958), 435 (2315), 539 (2662). II 361 (4311). III 191 (5400), 241 (5623)
Organismus. II 310 (4038). III 46 (4591), 110 (5037), 253 (5701), 270 (5784), 277 (5820), 293 (5892)
Originalität. II 308f. (4026)

Parodie. II 110 (3130), 311 (4050)
Phantasie. I 24 (93), 178 (934), 201 (1055), 208 (1102), 230 (1265), 345 (1853), 356 (1879), 386 (2002), 450 (2396), 546 (2698). II 228 (3704), 243 (3808), 256 (3862), 353 (4272). III 85 (4881), 185 (5373), 255 (5718), 325f. (5996), 351f. (6085), 377f. (6133), 379 (6135)
Philister. I 136 (676), 144 (736), 161 (799), 205 (1081), 327 (1749), 429 (2283). II 63f. (2948), 173 (3341). III 395 (6169)

Philosophie. I 16 (49), 38 (189), 63 (340), 143 (723), 173 (894), 177 (927), 180 (947), 193 f. (1024), 218 (1170), 231 (1274), 280 (1496), 446 (2373). II 94 (3037), 111 (3135), 164 (3321), 189 (3467), 268 f. (3886). III 86 (4883), 211 f. (5469), 275 f. (5816), 281 f. (5841), 287 (5854), 291 f. (5891), 309 (5941), 373 (6124)

Pietät. III 22 f. (4420), 74 (4799), 86 (4888), 241 (5623)

Poesie (s. auch Gedicht). I 39 (197), 45 (241), 65 (350), 67 (371), 79 (441), 81 (457, 459), 93 ff. (538), 123 f. (621), 129 (639), 129 f. (641), 142 (717), 143 (725), 149 f. (748), 167 (855), 171 (879), 173 (894), 185 (964 f., 968), 201 (1054 f.), 204 (1076), 232 (1288), 244 (1331), 260 (1408), 267 (1459 f.), 275 (1476), 275 f. (1477), 276 (1482), 292 (1532, 1535), 297 (1565), 322 f. (1711), 329 f. (1768), 337 (1805), 396 (2079), 401 (2102), 406 (2148), 427 (2265), 438 (2330), 455 f. (2414), 464 f. (2449), 529 (2648), 551 (2721). II 23 (2813), 35 (2867), 40 f. (2873), 62 (2946), 62 f. (2947), 63 f. (2948), 82 ff. (3003), 112 f. (3140), 120 (3166), 124 (3175), 125 (3176), 126 f. (3191), 180 (3385), 221 ff. (3669), 232 (3735), 235 (3766), 247 f. (3830), 250 (3843), 256 (3862, 3865), 297 (3964), 309 (4030), 310 (4038), 320 (4117), 322 (4157), 332 (4188), 354 (4276). III 12 (4360), 24 (4433), 39 (4532), 52 (4652), 69 (4773), 126 (5152), 184 (5368), 190 (5398), 196 (5433), 229 (5541), 249 (5664), 250 (5668), 254 (5711), 281 f. (5841), 284 ff. (5847), 287 (5851), 289 (5873), 292 f. (5891), 320 (5966), 325 f. (5996), 377 f. (6133)

Politische Verhältnisse. I 212 (1129). II 97 (3059), 244 (3812b). III 206 f. (5447), 207 (5448), 239 (5618), 341 (6074), 346 ff. (6080)

Prosa. I 260 (1408), 329 f. (1768), 354 (4276). III 50 (4630)

Protestantismus. III 97 (4938)

Psychologie. I 18 (67), 465 (2450). III 126 (5150), 351 f. (6085)

Publikum. I 155 (780), 358 (1894), 367 (1930). II 207 (3597), 274 f. (3901). III 11 (4358), 13 (4364), 21 (4415), 23 (4428), 57 (4682), 110 (5038), 162 f. (5304), 214 (5481), 215 f. (5491), 232 (5567), 248 (5657), 364 (6107)

Rätsel (s. auch Geheimnis, Mysterium). I 168 (862), 202 (1057), 427 (2265). II 97 (3060). III 60 (4710), 217 (5509), 245 (5641)

Raum. I 21 f. (80). III 246 (5645), 271 (5788), 352 (6086)

Realismus, Natürlichkeitsprinzip, Wirklichkeit u. Dichtung I 26 (110), 312 f. (1668), 373 (1959), 452 (2405). II 275 (3903). III 84 (4875), 131 (5182), 174 (5328), 190 (5398), 226 (5541), 263 (5769), 271 (5788), 325 f. (5996), 351 f. (6085), 364 (6107), 378 (6133), 379 (6135)

Recht. I 35 (163), 35 f. (168), 253 (1364). II 140 (3236), 251 (3851). III 131 (5184), 241 (5623)

Regierung. I 555 (2752). II 221 (3667). III 59 (4697), 295 (5902), 353 f. (6088)

Reim. I 215 (1146), 235 (1297), 329 (1767). II 182 (3409), 315 (4096). III 142 (5246), 182 (5361)

Religion. I 21 (79), 35 (164), 86 (492), 91 (521), 114 (586), 115 (591), 138 (688), 142 (716), 145 (740), 217 (1167), 223 f. (1211), 245 (1335), 282 (1500), 329 (1765), 332 (1780), 345 (1853), 475 (2500). II 43 (2888), 170 f. (3329), 351 (4264). III 192 (5408), 226 (5499), 255 (5718), 281 f. (5841), 284 ff. (5847), 288 (5861), 291 ff. (5891), 320 (5966)

Resignation. I 357 (1891). III 326 (6003)

Reue. I 35 (166), 41 (210), 222 (1195), 530 (2653). III 108 (5020)

Revolution. I 17 (55), 31 f. (137), 32 (140), 144 (736), 313 (1671). II 25 f. (2833), 32 f. (2861), 93 (3035), 100 (3078), 140 (3240), 329 (4172), 362

(4315). III 14f. (4371), 15 (4372), 21 (4411), 30f. (4481), 55 (4661), 69 (4774), 86 (4882), 140 (5223), 247 (5651), 341 (6074), 353f. (6088), 357f. (6092), 369 (6115)

Romantisch. I 213 (1135), 217 (1164), 235 (1297). II 150f. (3287). III 379 (6135)

Ruhm. II 135 (3008), 161f. (3317). III 180 (5347), 274 (5807), 365f. (6110)

Satire. I 202 (1058)

Schaffen, künstlerisches. I 207 (1098), 264 (1432), 298 (1570), 302 (1585), 358 (1894), 386 (2003), 388 (2023), 405 (2143), 450 (2397), 521 (2628), 526f. (2641). II 48 (2895), 51f. (2910), 241 (3796), 254f. (3854), 266f. (3880), 310 (4040), 342f. (4222), 353 (4272). III 25 (4435), 163 (5304), 249 (5663), 257 (5732), 262 (5767), 289 (5867), 335 (6055), 377f. (6133), 397 (6274)

Schauspieler. I 141 (704), 265 (1438). II 35 (2867), 121ff. (3169), 213ff. (3646), 320 (4120). III 57 (4682), 58 (4689), 128 (5162), 251 (5672), 321 (5977), 384f. (6144), 391 (6159)

Schicklichkeit, Konvenienz, Dezenz. II 243 (3809), 247 (3829), 248f. (3833). III 86f. (4890)

Schicksal. I 16 (53), 64 (345), 191 (1009), 196f. (1034), 199 (1044), 210 (1118), 280ff. (1496), 313 (1670), 316 (1691), 468f. (2464), 546 (2695). II 311 (4050), 313 (4068). III 226 (5539), 318 (5957), 322 (5980)

Schlaf. I 327 (1753), 341 (1831), 353 (1868), 385 (1998), 387 (2016), 396 (2072, 2076), 398 (2092), 406 (2150f.), 445 (2367), 472 (2479). II 231. III 63 (4739), 74 (4799), 86 (4888f.), 195 (5424), 295 (5899)

Schmerz, Leiden. I 12 (25), 46 (250), 84 (480), 92 (525), 112 (575), 137 (687), 152 (766), 190 (1002–04), 191 (1008), 201 (1053), 208 (1107), 237 (1314), 240 (1322), 360 (1407), 261 (1413), 263 (1429), 267 (1457), 271 (1473), 276 (1482), 285 (1509), 290 (1527), 292 (1533), 306 (1621), 338 (1811), 341 (1837), 359 (1906), 362 (1915), 397 (2082), 430 (2294), 473 (2488), 490 (2535), 498 (2566), 510f. (2598), 539 (2662). II 16 (2804), 20ff. (2808), 27 (2836), 56f. (2932), 61 (2942), 66 (2956), 181 (3395), 182 (2402), 186 (3441), 187 (3445), 188 (3453, 3457), 201 (3544), 223 (3672), 231 (3720), 233 (3736), 235 (3759), 238 (3786), 302 (3986), 303 (3990), 308 (4019a), 314 (4083), 325 (4137). III 41 (4558), 57 (4681), 108 (5025), 195 (5423), 226 (5539), 244 (5637), 280 (5831), 289 (5873)

Schöne, Das. I 8 (4), 11 (19), 220 (1184), 227 (1245), 247 (1344), 354 (1873), 358 (1896), 385 (1997), 393 (2054), 431 (2303), 436 (2323). II 10f. (2776), 74 (2970), 143 (3257), 150 (3286), 152 (3289), 179 (3376f.), 181 (3399), 201 (3537f.), 309 (4035), 310 (4038), 317 (4107), 420 (4121). III 12 (4360), 52 (4650), 60 (4707), 74 (4797), 97 (4941), 135 (5209), 237 (5604), 244 (5638), 247 (5650), 251 (5676), 254 (5707), 288 (5859), 297 (5919)

Schöpfung. I 253 (1364), 314 (1674), 326 (1744), 388 (2024), 402 (2120). II 198 (3510), 216 (3648), 233 (3739), 285 (3938). III 164 (5307), 316f. (5952), 318f. (5960)

Schriftsteller. I 173 (896), 224 (1215), 230 (1263). II 205 (3580). III 62 (4732)

Schuld. I 176 (915). II 49 (2901), 101 (3088), 116f. (3158)

Seele (s. auch Geist u. Körper). I 306 (1624), 504f. (2576), 510f. (2598). II 310 (4042). III 90 (4913)

Sein. I 132f. (657), 315 (1686a), 431 (2301), 445 (2367). III 51 (4640)

Selbstbewußtsein, Selbstgefühl. I 36 (172), 286 (1510). II 7 (2759), 100 (3086), 320 (4117)

Selbsterhaltung. II 116f. (3158)

Selbsterkenngnis. I 141 (712), 208 (1100), 237 (1312), 402 (2118), 403

(2125, 2128), 466 (2454), 511 (2599). II 209 (3608). III 245 (5640)

Selbstmord. Selbstzerstörung. I 35 (158), 38 (187), 277 (1488), 307 (1633), 313 (1672), 325 (1730), 326 (1741), 340 (1827), 430 (2292), 434 (2310), 529 (2650). II 9 (2767), 20 (2808), 112f. (3140), 143 (3258), 234 (3750), 361 (4311, 4313a), 364 (4333). III 189 (5390), 209 (5454), 297 (5921)

Sentenz. I 549 (2712). II 12 (2786), 48 (2897), 62f. (2947), 224f. (3679)

Sinnlichkeit. I 36 (170, 175), 143 (726), 175 (907), 206 (1091), 209 (1110), 265f. (1447). III 60 (4707)

Sittlichkeit, Ethik. I 125 (628), 206 (1085), 215 (1149). II 75 (2974), 81 (2997), 98 (3063), 126f. (3191), 243 (3809), 248f. (3833), 271 (3892), 282f. (3928), 283f. (3931), 291ff. (3946), 330 (4176), 340 (4221). III 86 (4888), 207 (5448), 277 (5820), 326 (5999)

Situation. I 13 (34), 202 (1057)

Soziale Probleme. I 428 (2270), 458 (2420), 551 (2722), 554 (2747f.). II 11 (2777), 50f. (2907), 201 (3541), 308 (4021), 317f. (4108), 333 (4197). III 15f. (4379), 88f. (4907), 369 (6116), 372 (6121)

Spiegel. I 207 (1096), 312 (1663), 317 (1695), 443 (2354), 539 (2659), 553 (2738), 554 (2749). II 128 (3199), 184 (3426), 211 (3630), 212 (3640), 212f. (3642), 233 (3740), 255 (3858), 308 (4024). III 9 (4350), 236 (5587)

Sprache. I 18f. (68), 52 (280), 63 (342), 68 (376), 79 (443), 90 (513), 130 (646), 131 (652), 132 (653), 161 (802), 204 (1071), 403 (2127, 2130). II 52 (2911), 141 (3244, 3246), 145 (3266), 155 (3298, 3300), 156 (3306), 158f. (3314), 163f. (3319), 164 (3320), 172 (3337), 174 (3348), 175 (3352), 178 (3371), 183 (3415), 202 (3546), 206 (3593), 220 (3665), 233 (3748), 239f. (3795), 245 (3822), 247f. (3830), 263f. (3875), 278 (3915), 297 (3962), 315 (4093, 4096). III 32 (4485), 51 (4632, 4636), 57 (4673), 76 (4821), 164 (5308), 182 (5361), 247f. (5652), 255 (5716), 258 (5738), 280 (5830), 288 (5866), 289 (5867), 316 (5952), 333 (6047)

Staat. I 329 (1765), 393 (2056), 439 (2335), 137 (3220), 269f. (3889), 292ff. (3946), 294 (3947), 306 (4009). III 21 (4411), 30f. (4481), 86 (4882), 103 (4982), 115f. (5076), 131 (5183f.), 196 (5431), 295 (5902)

Steigerung. I 134 (665), 253 (1367), 468 (2463). II 36 (2869), 43 (2888), 53 (2920), 137 (3215), 138 (3226), 142 (3248). III 333 (6049)

Stil. I 99f. (552), 161 (802), 215 (1148), 261 (1409), 329f. (1768), 332 (1788), 408 (2169). II 48 (2897), 247 (3829a), 330 (4175). III 33 (4503)

Stoff. I 215 (1146), 226 (1232), 259 (1395), 311 (1655), 316 (1689). II 239 (3793), 307 (4018), 353 (4272). III 181 (5356)

Stolz. II 311 (4052), 320 (4117). III 103 (4982)

Strafe. I 208 (1105), 228 (1247), 277 (1487), 315 (1683), 359 (1902), 430 (2293). II 24 (2828), 191f. (3483), 223 (3673), 312 (4057, 4059). III 39 (4535), 194 (5418)

Subjektivität. I 14 (40), 185 (963), 285 (1508e), 302 (1587f.)

Sünde. I 16 (48), 32 (145), 36 (175), 84 (481), 112f. (576), 160 (792), 162 (805), 210f. (1120), 212 (1129), 229 (1260), 232 (1279, 1283), 245 (1335), 272ff. (1475), 277 (1488), 302 (1590), 304 (1610), 349 (1863), 353 (1870), 353f. (1871), 357 (1888), 369 (1940, 1942f.), 372f. (1958), 421 (2223), 430 (2290), 489f. (2531), 491 (2541), 495 (2559), 529f. (2652), 530 (2653), 542 (268). II 116f. (3158), 156 (3307), 312 (4059). III 7 (4340), 99 (4950)

Symbol. I 270f. (1471), 427 (2265), 455f. (2414). II 116f. (3158), 124 (3173), 221 (3666). III 281f. (5841), 285f. (5847)

Talent. I 26 (114), 148 (747), 150 (753), 168 (858), 173 (892), 211 (1127), 213 (1136), 223 (1208), 223f. (1211), 231 (1276), 543 (2685), 544 (2688). II 81 (2993), 118 (3163), 128 (3201), 138 (3224), 159ff. (3316). III 10 (4353), 21 (4413), 84 (4873), 187f. (5387), 214 (5479), 326 (5997), 327 (6010)

Tat. I 26 (112), 35 (161), 170 (868), 186 (974), 223f. (1211), 328 (1756), 329 (1766), 380 (1980), 386 (2009), 404 (2137), 416 (2212). II 98 (3063), 251 (3848), 312 (4057). III 128 (5161), 355f. (6090)

Teufel. I 9 (6), 19 (71), 45 (244), 82 (462), 141 (710), 231 (1276), 264 (1433). III 62 (4727), 107 (5010), 148 (5272), 179 (5341), 208 (5449), 226 (5540), 238 (5607), 325 (5995)

Theater, Bühne. I 18 (59), 164 (830), 165 (832), 313 (1669), 367 (1931), 546 (2698). II 207 (3597), 291 (3945). III 248 (5657), 319 (5963), 325 (5993), 395 (6169)

Tod. I 17 (55), 22f. (90), 27 (121), 67 (373), 68 (374), 84 (476), 87 (501), 111 (575), 151f. (760), 231 (1269), 238f. (1317), 262 (1415), 277 (1488), 293 (1548), 312 (1658), 315 (1686), 344 (1847), 347 (1858), 353 (1867), 360 (1909), 391 (2033), 392 (2041), 403 (2125), 421 (2233), 429 (2284), 431 (2303), 438 (2330), 468 (2463), 471 (2471), 504f. (2576), 528 (2643), 529 (2649), 538 (2656), 543 (2681f.), 549 (2715). II 10f. (2776), 22 (2809), 24 (2823), 27 (2836), 31 (2846), 40 (2871), 43 (2887), 89 (3012), 92 (3024), 99 (3069), 11 (3126), 142 (3248), 155 (3304), 174 (3345), 179 (3377, 3379), 182 (3403), 188 (3456), 196 (3494), 205 (3583), 209 (3607), 226 (3687), 231 (3717, 3721, 3723), 233 (3741), 250 (3836), 295 (3955), 295f. (3956), 309 (4036), 310 (4042), 335 (4214), 350 (4252), 353 (4274), 361 (4311), 363 (4324). III 19 (4398), 23 (4421), 60 (4709), 63 (4739), 74 (4805), 77 (4828), 78 (4837), 109 (5029), 194 (5414), 195 (5424), 217 (5501), 229 (5552), 233 (5578), 250 (5669), 289 (5878), 299 (5924)

Toleranz. I 365f. (1925). III 7 (4340f.)

Totalität. III 89 (4908), 102 (4978), 111 (5042)

Tragik, Tragödie. I 191 (1011), 191f. (1012), 228 (1247), 263 (1425), 269ff. (1471), 280f. (1496), 284 (1502), 301f. (1583), 303 (1599), 340 (1823), 381f. (1989), 449 (2393), 465 (2450), 505 (2578), 522 (2634), 539 (2664), 551 (2721). II 48 (2897), 51f. (2910), 54 (2925), 69ff. (2966), 74 (2972), 82ff. (3003), 116f. (3158), 143 (3257), 190 (3474), 197f. (3525), 214f.(3646), 271 (3892), 289f. (3943), 311 (4050f.), 314 (4085), 321 (4123), 332 (4189), 346 (4225). III 23 (4428), 40 (4538), 58 (4687, 4690), 84 (4866), 88 (4902), 216 (5499), 238 (5611), 248 (5657), 323 (5986), 324 (5989), 326 (5999)

Traum. I 113 (578), 140 (695), 195f. (1031), 199 (1039), 229 (1255), 230 (1265), 245f. (1337), 247 (1346), 248 (1347), 251 (1355), 262 (1421), 263 (1424), 282 (1499), 288 (1522), 302 (1585), 331 (1775), 412f. (2190), 431 (2301f.), 439 (2333), 449 (2388), 459 (2430), 473 (2490), 474 (2495), 553 (2742). II 10 (2774), 23 (2822), 43 (2889), 95 (3044f.), 110 (3128), 201 (3539), 212 (3641), 250 (3840), 251 (3848). III 59 (4702), 196 (5432), 213 (5478), 215 (5489), 271 (5788), 274 (5802), 297 (5920), 326 (5998), 377f. (6133)

Tugend. I 116f. (593), 195 (1030), 221 (1191), 232 (1279, 1283), 236 (1302), 253 (1364), 263f. (1431), 277 (1488), 327 (1747), 330 (1772), 369 (1942), 402 (2121), 404 (2140), 529 (2652), 549f. (2717), 553 (2739). II 74 (2970), 97 (3056), 138 (3228). III 61 (4718), 142 (5244)

Umwelt, Verhältnisse. I 216 (1156), 242 (1325)

Unbewußtes. I 173 (891), 240 (1321)

Unglück. I 176 (915), 222 (1192), 304 (1607), 306 (1623), 312 (1667), 392 (2044), 407 (2158). II 202 (3547), 233 (3741), 299 (3974). III 34 (4506), 78 (4839), 109 (5033), 135 (5205)

Universum, All. I 397 (2091), 398 (2097), 403 (2129), 404f. (2141), 407 (2157). II 94 (3040), 101 (3094), 106 (3108), 112f. (3140), 145 (3266), 189 (3466), 233 (3736), 267 (3882), 278 (3914), 310 (4039), 353 (4274). III 86 (4889), 102 (4976), 250 (5669)

Unsterblichkeit. I 10 (14), 13 (32), 18 f. (68), 20 (74f.), 87 (495), 124 (622), 133f. (695), 142 (716), 209 (1108), 240 (1321), 245f. (1337), 321 (1702d), 326 (1740), 381 (1986), 420f. (2230), 504f. (2576), 509 (2596), 529 (2648). II 36 (2869), 41f. (2879), 53 (2920), 85 (3008), 89 (3012), 92 (3024), 99 (3076), 113 (3141), 115 (3144), 116 (3155), 161f. (3317), 181 (3401), 188 (3458), 199 (3521), 233 (3736). III 27 (4453), 78 (4837), 80 (4850), 129 (5166), 187f. (5387), 234 (5583), 244 (5637), 290 (5879)

Verbrechen. I 134 (665), 158 (788f.), 190 (1006), 226 (1236), 228 (1247), 231 (1273), 314 (1675), 315 (1683). II 138 (3222), 306 (4009), 348 (4236), 348f. (4237). III 74 (4804), 84 (4870)

Vergänglichkeit. I 114 (585), 315 (1686), 377 (1966). II 99 (3071), 179 (3377), 201 (3558). III 27 (4458)

Vergebung. I 266 (1452). II 156 (3307). III 212f. (5473)

Verhältnis der Geschlechter. I 63 f. (343), 125f. (628), 370 (1944f.), 380 (1981), 393 (2052), 401 (2101), 434 (2309), 546 (2697). II 78f. (2980), 91 (3022), 105 (3104). 202 (3557), 211f. (3635), 255 (3858), 332 (4189). III 40 (4547), 60 (4706)

Vernunft. I 115 (588), 219 (1174), 450 (2396). II 52 (2911), 152 (3389), 185 (3433), 246 (3827), 358 (4298). III 211f. (5469), 218 (5515), 260 (5759), 277 (5820), 303 (5933)

Vers, Metrik. II 354 (4276f.). III 50 (4630), 182 (5361), 339 (6068)

Versöhnung. I 372f. (1958), 505 (2578), 522 (2634), 522f. (2635), 539 (2664). II 10f. (2776), 31 (2845), 74 (2972), 81 (2996), 84 (3003), 105 (3105), 117 (3158), 121 (3168), 143 (3257), 271 (3892), 276 (3909), 326 (4150), 363f. (4328)

Verstand. I 115 (588), 180 (946), 204 (1072), 208 (1102), 218f. (1174), 231 (1268), 259 (1397), 386 (2002f.), 428 (2276), 450 (2396). II 362 (4320). III 24 (4433), 247 (5647), 255 (5719), 260 (5759), 277 (5820)

Verzweiflung. I 138 (688). II 155 (3299)

Volk. I 359 (1899), 428 (2270), 546 (2698), 554 (2747). III 57 (4680), 58 (4690), 107 (5013), 197 (5437), 237 (5596), 247f. (5652), 320 (5972)

Wahnsinn. I 8 (4), 85 (486), 138 (688), 178 (934), 204 (1072), 251f. (1359), 298 (1570), 312 (1666), 312f. (1668), 423f. (2251), 452 (2405), 543 (2681). II 203 (3559), 216 (3649), 240 (3795), 346 (3827), 316 (4102). III 56 (4670), 85 (4881), 190 (5395), 253 (5696)

Wahrheit. I 30f. (136), 42 (215), 91 (522), 165 (832), 167 (852), 171 (875), 181 (952), 186 (975), 193 (1020), 202 (1060), 204 (1075), 226 (1227), 285 (1508e), 342 (1842), 397 (2089), 401 (2104), 403 (2126), 430 (2291), 460 (2432), 489 (2528), 543 (2683). II 78 (2978), 94 (3037), 95f. (3049), 223 (3670), 227 (3697), 230f. (3713), 256 (3862), 331f. (4187). III 83 (4863), 236 (5587), 250 (5670)

Weib, Frau. I 16 (48), 26 (113), 32 (142), 35 (162), 63f. (343), 67 (366), 87 (502), 116f. (593), 124 (627), 125f. (628), 136 (674), 140 (699), 141 (707), 258 (1393), 286

(1516), 296f. (1559), 336 (1802), 370 (1944f.), 380 (1981), 393 (2052), 401 (2102), 434 (2309), 436 (2324). II 55 (2927), 56f. (2932), 74f. (2973), 78f. (2980), 91 (3022), 105 (3104), 169 (3325), 181 (3393), 186 (3441), 190 (3475), 202 (3557), 204 (3574), 211f. (3635), 255 (3858). III 40 (4547), 59 (4701), 60 (4706), 62 (4729), 184 (5365), 247 (5648), 258 (5653), 359 (6096)

Welt. I 62 (330, 332), 74 (417), 129f. (641), 144 (731), 175 (904), 177 (925), 204 (1073), 227 (1240), 228 (1253), 253 (1364), 267 (1461), 285 (1508c), 286 (1515), 293 (1541), 295 (1552), 310 (1650), 313 (1670), 316 (1689), 322 (1708), 323 (1720), 377 (1971), 404 (2137), 422 (2237), 429 (2280f.), 448 (2386), 452 (2406), 514 (2610), 539 (2663). II 7 (2759), 24 (2828), 42 (2881), 47 (2894), 52 (2911), 93 (3031), 94 (3040), 126f. (3191), 156f. (3312), 171 (3330), 184 (3421), 186 (3438), 201 (3535), 233 (3745), 234 (3751), 244 (3812a), 250 (3836), 251 (3851), 308 (4024), 310 (4038), 315 (4093), 352 (4267). III 79 (4841), 88 (4900), 102 (4970), 139 (5221), 140 (5227), 141 (5233), 164 (5307), 251 (5683), 255 (5712), 260 (5758), 261 (5762)

Weltanschauung. I 34 (157). II 356 (4285)

Weltgeist. I 103 (1064), 292 (1530). II 126f. (3191), 204 (3576), 278 (3914)

Weltgeschichte, Weltprozeß. I 129 (639), 138f. (689), 166 (842), 271 (1471), 372f. (1958), 425 (2253), 71f. (2966), 189 (3466), 250 (3842), 278 (3914). III 173 (5325), 210 (5459)

Weltordnung, Weltgesetz. I 246 (1339), 280f. (1496), 438 (2325). II 248 (3833), 278 (3914). III 117 (4978)

Werden, Bewegung, Veränderung (s. auch Entwicklung). I 17 (55), 111f. (575), 252 (1363), 271 (1471), 388 (2025), 413 (2195), 430 (2290), 431 (2301), 511 (2600), 529f. (2652), 546 (2700). III 110 (5037)

Widerspruch. I 231 (1271). II 232 (3732)

Wille, Willensfreiheit. I 36 (169), 152 (763), 217 (1162), 406 (2151), 416 (2210), 475 (2504). II 323 (4127)

Wissen. I 90 (517), 217 (1164), 342 (1842), 552 (2727). II 100 (3086)

Wissenschaft. I 81 (451), 99f. (552), 143 (727), 147f. (747), 149f. (748), 254 (1370), 306 (1622), 495 (2560), 542 (2678), 552 (2728). II 296 (3960), 323 (4127). III 87 (4891), 134 (5204), 229 (5549), 275f. (5816), 316f. (5952), 335 (6055)

Witz. I 81 (456), 251 (1359), 329 (1767), 549 (2712). III 49 (4622), 69 (4773), 275 (5815)

Wort. I 52 (280), 63 (342), 140 (702), 144 (735), 170 (868), 173 (891), 189 (997), 244 (1331), 308 (1637, 1640), 329 (1767), 377 (1965), 388f. (2026), 403 (2130), 414f. (2201), 554f. (2751). II 110 (3131), 163f. (3319), 185 (3434), 210 (3620). III 51 (4632), 61 (4713), 190 (5393), 195 (5422), 200f. (5445), 212 (5470), 247f. (5652), 257f. (5736), 288 (5856)

Wunder, Wunderbares. I 490 (2536), 150f. (3287), 154f. (3297), 316 (4101). III 246 (5644), 292f. (5891)

Zeit, Zeitgeist u.ä. I 16 (46), 21f. (80), 92 (528), 102 (558), 115 (592), 120 (602), 137 (683), 138f. (689), 141 (709), 144 (738), 162 (813), 163 (818), 166 (842f.), 167 (855), 168 (859), 173 (896), 174 (901), 174f. (903), 176 (919), 191 (1009), 226 (1233), 232 (1283), 242f. (1326), 251f. (1359), 303 (1597), 308 (1635), 397 (2086), 411 (2183), 414 (2197), 425 (2255), 428 (2271), 436ff. (2324). II 83 (2997), 97 (3057), 113 (3142), 158ff. (3316), 172 (3335), 204 (3573), 223 (3671), 227 (3691), 237 (3777), 286 (3939), 358 (4296), 363f. (4328). III 57 (4681), 86f. (4890), 97

(4938), 246 (5645), 257 (5735), 271 (5788), 352 (6086)
Zeugung. I 346 (1855), 377 (1966), 412 (2289), 509 (2595). II 234 (3752). III 78 (4837), 86 (4883)
Zufall. I 160 (795), 166 (847), 167 (849), 188 (987), 191 (1009), 206 (1087), 270 (1471), 281 f. (1496), 416 (2210), 428 (2272), 434 (2313), 469 f. (2465). II 11 (2776), 283 f.
(3931), 311 (4051), 330 (4175). III 17 (4391), 40 (4537), 291 (5891)
Zukunft. I 120 (600), 150 (752), 176 (919), 197 (1037), 206 (1087), 296 (1555). II 27 (2836), 61 (2943), 93 (3030), 297 (3965). III 74 (4800)
Zustand. I 239 f. (1320), 240 (1321), 336 (1800), 392 (2041). II 111 (3133)
Zweck. II 71 (2966). III 50 (4626)

PERSONENREGISTER

Das Register umfaßt die Personennamen, die in den Tagebüchern Hebbels erwähnt werden. Um auch auf die zahlreichen Stellen zu verweisen, in denen Personen zwar gemeint, aber nicht namentlich genannt sind, wurden auch die Anmerkungen für das Register ausgewertet. Die römischen Ziffern bezeichnen die Band-, die arabischen Ziffern die Seitenzahlen. Seitenzahlen, die sich auf die Anmerkungen beziehen, erscheinen kursiv.

Abd-er-Rhaman. I 467
Abeken, Wilhelm. I 116. II 377
Abélard, Pierre. I 29, 101. II 627. III 243
Abrantes, Herzogin von – siehe Junot
Achill. I 493
Ackermann, Konrad Ernst. III 395, 445
Adelung, Johann Christoph. I 108, 573. III 254
Aeschylos. I 194, 490, 522. II 189, 215, 240. III 63, 106
Ahlefeld, Charlotte v. I 507. III 419
Ahlefeldt, Elisa Davidia Gräfin. I 389. III 162
Ahrens, cand. theol. I 23
Ahrens, Peter. I 549, 626
Aix Lachaise, François de I 583
Albert Franz August, Prinz von Sachsen-Koburg-Gotha. III 156, 419
Alberti, Eduard. I 357, 608
Alberti, Leopold. I 16f., 140, 148, 316, 320, 335f., 342ff., 346ff., 355, 357, 363, 366, 419, 562f., 578, 598, 603ff. II 328 394. III 135
Albrecht, Ernst. III 67
Albrecht, Justizrat. I 22, 147, 563, 581
Alexander d. Große. I 346, 607. II 93, 197, 383. III 366
Alexander II., Kaiser von Rußland. III 357, 440f.
Alexandre, Vattemare. II 394
Alexis, Willibald. II 62, 77, 373f.
Alkmar, Heinrich von. I 25, 563
Aloysius, hl. I 121
Amerling, Friedrich von. III 38, 405
Ammon, Dr. I 257
Anastasius, Kaiser. I 128
Andersen, Hans Christian. I 523, 624
Andlaw-Birseck, Franz Xaver Reichsfreiherr von. III 333, 438
Anna, Königin von Österreich. I 75

Anschütz, Heinrich. III 19, 75, 350f., 355, 403
Anschütz, Mamsell. III 105
Anschütz, Roderich. III 440
Antigone. III 181, 421
Antinous. II 228, 386
Antomarchi, Francesco. I 157f., 579
Antonius, hl. I 79
Antonius, Markus. III 205, 425
Anton Klemens Theodor, König von Sachsen. III 179, 421
Arany, Johann. III 442
d'Arblay, Frances. III 144
d'Argenson, Leutnant III 129
Ariosto, Ludovico. II 189, 383
Aristides, athen. Feldherr. III 327, 437
Aristophanes. I 523, 624. II 189, 316, 383
Aristoteles. II 199
Arndt, Ernst Moritz. III 26
Arnim, Achim v. I 472f., 475, 620
Arnim, Bettina von. I 75, 89, 209, 469. II 573. III 114, 415
Arnold, Gottfried. I 582
Arnold, Johann. III 59, 408
Ascanius, Kardinal. I 79
Assing, Dr. I 335, 337, 339, 374, 376, 505, 600, 605, 609f. II 132, 378
Assing, Ludmilla. I 600, 605. III 81f., 274f., 413
Assing, Ottilie. I 600, 605. III 81f.
Assing, Rosa Maria. I 296, 600, 605
Aßmann, Anatom. III 324
Ast, Georg Anton Friedrich. I 464, 620
Athanasius, hl. I 69
Attila, Hunnenkönig. III 249, 290
Auber, Daniel François Esprit. II 118, 377
Aubry de Montdidier. III 411
Aue, Karl I 309, 602
Auer, Aloys. III 219, 427

Auerbach, Berthold. III 9, 31, 143, 226, *401*, *418*, *428*, *435*
Auersperg, Adolf. III 412
Auffenberg, Joseph Freiherr von. I 11, 562
Augurelli, Joh. Aurel. III 123
Augustus, röm. Kaiser. III 383
Axtelmeier, Stanislaus Reinhard. I 79

Babo, Joseph Marius: III *414*
Bach, Alexander Frh. von. III 223, *427*
Bachmayer. III *412*
Bäuerle, Adolf. III 132f., *417*
Baison, Jean Baptiste. I 373, 375f., 610
Bamberg, Felix. I *558*, *624*. II 15, 23, 28, 41, 49, 52f., 59, 68, 73, 76ff., 98, 236, 260, 263, 265, 441, *370f.*, *374*, *385*, *387*, *389f.*, *392f.* III 186, 207, 229, 341f., *422*
Barbeck, Johann Nikolaus. I 12, 18, 24, 41f., 65, 506, *562f.*, *568*, *622*
Barras, Paul Jean François Nicolas, Graf von. II 370
Bartels. I *568*
Bartholomäus, hl. II 136
Baudissin, Gräfin. II 174. III 301
Baudissin, *Graf Wolf*. I 610, III 155
Bauer, Bruno. II 362, *397f.*
Bauer, Edgar. II 362, *398*
Bauernfeld, Eduard v. I 450, *619*. II 317, *393*, *395*. III 38, *420*
Baumann, Alexander. III 239, *429*
Bayard, Jean François Alfred. II 320, *393*
Beaulieu-Marconnay, Karl Olivier von. III 313, *436*
Beaumarchais, Pierre Augustin Caron de. I 261, *596*
Beauvais, Vincenz von. III 184
Becher, Alfred Julius. III 43, *406*
Beck, Karl. I 329, *605*
Becker, Nikolaus. I 491, *621*. III 389, *444*
Becker, Oskar. III *435*
Beethoven, Ludwig van. I 260, *596*. II 30. III 128, 261, 326
Behrend, Präsident. III *441*
Beilstein, Gräfin — siehe Leykam, Freiin von
Bellini, Vincenzo. III *441*

Benedikt XIII., Papst. III *421*
Beneke, Otto. III 394, *444*
Bentzel-Sternau, Christian Ernst Graf von. I 122, *574*
Berlichingen, Götz von. III 286, *433*
Berlichingen-Rossach, Friedrich Wolfgang von. III 286, *433*
Berlioz, Hector. II 34f., *371*
Bernini, Lorenzo. I 51, *566*
Bertholdstein, Graf. III 220f.
Beust, Friedrich Ferdinand Graf von III 313f., *436*
Beutler, Ernst. I *560*, *570*
Biebau, Gustav I *564*. III *419*
Biedermann, Gustav. I 300, 350
Bielenberg. I *563*
Bihl, Michael. I *574*
Birch, Dr., Redakteur. I 55, *567*
Birch-Pfeiffer, Charlotte. II 98, 213, 215, *375*, *385*. III 92
Bischof, Friedrich. I 258, *596*
Bismarck, Otto von, Fürst. III 358, *441*
Blanc, Jean Joseph Louis. II 318, *393*
Blessig, C. I 300, 349
Blessius, Cajus. I 80
Blücher, Gebhard Leberecht, Fürst von. I *581*
Blum, Robert. III 164, *419*
Boccaccio, Giovanni. I 547. III 192
Bode. II 220, *385*
Bodenstedt, Friedrich. III 293, 314, *434*, *436*
Böck. II 220, *385f.*
Böhm, Dr. III 29, 50
Böhme, Jakob. I 28. II 296
Böhmer. I 235
Böhn, Franz Jakob. I 54
Bölte, Fräulein. III 153, 155
Börne, Ludwig. I. 27, 31, 100, 123, 148, 255, *595*. III 370f., *442*
Bötticher. III 120
Böttiger, Karl August. I *612*
Böttiger, Karl Wilhelm. I 386, *611*. II 287
Bodmer, Johann Jakob. III 196, *423*
Boll, Dr. Bernhard, Erzbischof. I 60, *567*
Bonitz, Hermann. III 227, 271, 380
Borcherdt. III *445*
Borchledt. III *445*
Borgia, Lucrezia. I 177

Bork, Sidonia von. II 383, 388
Bornstein, Paul I 558, 561, 565f., 570, 572, 574ff., 584ff., 594, 596ff., 599ff., 603, 609f., 612, 614ff., 625. II 396
Bose, Kammerherr von. I 577
Bossuet, Jacques Bénigne. II 135, 378
Bourgogne, Margarite de. II 102
Bouterwek, Friedrich. I 182ff., 582
Brahe, Tycho. III 177, 420
Bramante, Donato. I 50, 566
Brauer. I 348, 355, 607
Braunthal, Fräulein. III 130
Braunthal, Karl Johann Braun von. III 136, 417
Brechenmacher, Caspar. I 79
Breda, Graf. III 29
Brede, Ferdinand Julius. I 33, 564
Brede, Madme. I 598. II 299
Brentano, Clemens. I 442, 618. III 194, 423
Brinvilliers, Marie Madelaine, Marquise de. II 102, 347, 396
Brockdorf, Graf. I 431
Brockhaus, Friedrich. I 578, 601
Bronner, Franz Xaver. III 230f., 428
Bruckmüller, Professor. III 306
Brücke, Ernst Wilhelm von. III 134, 185, 194, 231, 236, 242, 267, 287, 291, 341, 363, 387, 417
Brutus, Lucius Junius. II 23. III 61
Bucher, Anton von. I 574
Büchner, Georg. I 331f., 605. III 259, 268
Bückler, Johannes (Schinderhannes). III 180, 421
Büdinger, Dr. III 232
Bülow, Frederik Rudbek Henrik von. I 541f., 626
Bülow, Hans von. III 275, 432
Bülow, Karl Eduard von. III 32, 405
Bürde, Emil. III 179, 421
Bürger, Gottfried August. I 481, 483, 528. II 158
Büsching, Johann Gustav Gottlieb. III 424
Buffon, George Louis Leclerc, Graf von. I 124, 575
Bulwer – siehe Lytton Bulwer
Bunsen, Christian Karl Josias Frh. von III 194, 423
Burdach, Karl Friedrich. I 622

Burgdorf, Herr von. III 155
Byron, George Lord. I 13, 441, 512, 618. II 192ff., 284, 352, 383, 391, 396. III 31, 154, 164, 189, 419

Caesar, Gaius Julius. I 247, 327, 504. II 93, 178, 237, 361. III 57, 366, 425
Cagliostro, Alexander Graf von. III 39, 405
Calderon de la Barca, Pedro. I 173. II 154, 216, 282, 303, 380. III 44, 282, 430
Campe, Julius. I 292, 294, 300, 317f., 334, 357, 422, 428, 433ff., 436, 443f., 446f., 448f., 453, 456, 461, 467, 472f., 492ff., 496, 503, 507f., 513f., 520, 526, 540, 559, 599, 601, 605, 608, 617, 623, 627. II 55ff., 76f., 98, 227, 269, 285, 295ff., 298, 302, 319, 323f., 360, 388f., 391. III 66f., 125, 215, 225, 246, 254, 312, 358, 368, 371, 436
Canova, Antonio. II 184, 382. III 368
Canstatt, Karl Friedrich. III 385, 443
Caracalla, röm. Kaiser. III 154, 419
Caravaggio, Polidoro. II 378
Carl III., König von Spanien I 227
Carl, Prinz von Hessen. III 291
Carl, Karl. II 394
Carlyle, Thomas. III 355, 437
Carriere, Moritz. III 80, 411
Carstens, Gretchen III 220, 427
Carus, Karl Gustav. II 322, 324, 394
Casanova, Giovanni. I 418. III 201
Cassiodor, Magnus Aurelius. III 218, 427
Castaing, Dr. III 274
Castelli, Ignaz Franz. III 75, 148, 226, 269, 410
Catilina, Lucius Sergius. III 209, 425
Cellini, Benvenuto. II 91, 375
Cervantes Saavedra, Miguel de. I 208, 587. II 388. III 433
Chamisso, Adalbert v. I 339, 606
Charlotte von Mecklenburg, Prinzessin. III 401
Cheops, König von Memphis. III 181, 430
Chevalier, C. I 49
Chezy, Helmina Christiane. III 230, 428

Choiseul-Praslin, Charles Laure Hagues Théobald, Herzog von. II 348 f., *396*
Chopin, Frédéric. III 243
Christian II., König von Norwegen und Dänemark. III 291, *434*
Christian VIII., König von Dänemark. I 526, 542, *611*, *622*. II 387. III 11, *401*
Christian Heinrich, Markgraf von Bayreuth I 577
Cicero, Marcus Tullius. I 80
Claudius, Matthias. III 201, *424*
Claverhouse, John Graham. III 388, *444*
Collin, Konferenzrat. I 538, *626*. II 90
Colombier, Frau von I 461
Cölln, Detlef. I 561
Columbus, Christoph – siehe Kolumbus, Christoph
Commodus, röm. Kaiser I 95
Constant de Rebecque, Henri Benjamin de. II 43, *372*
Contessa – siehe Salice-Contessa
Cooper, James Fenimore. I 287 f., *598*
Corday d'Armans, Marie Aline Anne Charlotte. II 324, *394*
Corneille, Pierre. II 60, 135, *372*, *378*. III 191, 359 f., *379*
Cornelius, Peter, Ritter von. I 42, 55, 567. II 145, 366, *379*, *398*. III 80, 156, *411*
Correggio, Antonio Allegri da. I 222. III 135
Cotta, Johann Friedrich Frh. von. III *438*
Cotta, Georg Frh. von. I 153, 174, 307, 420, *563*, *572*, *614*, *621*. II 26, *371*. III 54, 239, 330 f., *386*, *407*
Cranach, Lukas. I 46
Crelinger – siehe Stich-Crelinger
Cremer, Prof. I 62, *568*
Cromwell, Oliver. III 26, *404*
Cubières, Amadée Louis Despans de. II *396*
Cuvier, Georges Baron von. II 330, *395*
Czarnowska, Majorin. III 91

Dacheröden, Caroline von. III 81
Dahlmann, Friedrich Christoph. III 13, *402*

Damjanich, Johann. III 131, *416*
Daniel, Prophet. II 361
Dankwart, Konferenzrat. I 517 ff., 520, *617*, *623*. II 90
Dante, Alighieri. I 94, 109, 394. II 145 f. III 189, 346, 378, *422*
Dareios I., König von Persien. III 181, *421*
Darwin, Dr. III *437*
Daumer, Georg Friedrich. II 359, *397*
David, Jacques Louis. II 23, *371*
Dawin, Dr. III 328, *437*
Dawison, Bogumil. III 177 ff., 299, *421*, *429*
Dabrois van Bruyck, Carl. III 95, 115, 120, 128, 178, 243, 261, 277, *415*, *423*, *433*, *435*
Deinhardstein, Johann Ludwig. II 259, 272, 314, 336, *388 f.*, *393*, *395*. III 227, 283
Delavigne, Jean Françoise Casimir. II 65, *373*
Dengler, Johann. III 168
Dethleffs, Kirchspielschreiber. *621*
Detlefsen, F. C. III 121, 159
Devrient, Gustav Emil. II 213 ff., *385*
Didius Julianus. III 98
Dido. II 230, *386*
Dietrich, Anton. I 231, *590*
Dietrichstein, Moritz Joseph Johann Graf von. II 285, *391*
Diezmann, Johann August. II 274, *390*
Dingelstedt, Franz. I 449, 457, *619*. II 26, 30, 366, *371*, *398*. III 114, 243, 268, 311 ff.
Diocletian, röm. Kaiser. III *443*
Dittenberger, Johann Gustav. III 54 f., 62, 65, 76, 85, 107, *407*
Dörrer, Frau von. I 55
Dominikus, hl. I 119
Donner. I 186
Drechsel, Dr. III 213
Droste-Vischering, Gräfin von. II 139, *379*
Drussen, Konrektor. II 137
Dschingis-Chan. I 545
Dubsky, Gräfin – siehe Ebner-Eschenbach
Düpiter, Madame. III 81
Duller, Eduard. I 548, *626*. II 77, 139, *374*, *379*

Dumas, Alexander. II 242, 367, *429*
Dumreicher von Österreicher, Johann Friedrich Freiherr von. II 387, *443*

Ebeling. I 508
Ebner-Eschenbach, Marie von. III 335, *439*
Eboli, Ana de Mendoza y la Cerda, Prinzessin. II 275, 277f., *390*
Echtermayer, Ernst Theodor. I 601
Eckermann, Johann Peter. I 170, 177, *565, 571, 581, 584*
Edelmann, Johann Christian. III 56, *407*
Eggers, Dr. III 334f.
Eichholz, Ehrenreich. I 350
Eitelberger, Rudolf von Edelberg. III 39, 42, 192, 218, 312, 368, *406*
Ekhof, Konrad. II 214, *385*. III *445*
Elfen, Eduard. I 350
Elias, Wilhelm. I 350, *600, 603*
Elisabeth I., Königin von England. II 25, *371*
Elsner, Wilhelm. I 621
Elßler, Fanny. III 351, 359, *407, 440*
Elvers, Paul. I 186, *583*
Emilia. II 196
Endlicher. III 65
Engehaus, Christine – siehe Hebbel, Christine
Engehaus, Karl. III *403f.*
Engelhofen, Baronin. III 263f., 273
Engelhofen, Hofrat. III 193
Engelmann, Joseph. I *609*
Engländer, Siegmund. II 257, 262, 267, 269ff., 276, 278, 283, 294, 298, 318, 334, 342, 356, 358ff., *388f., 394, 397*. III 7, 95, 122, 140, 328, 351f., 377, 385, *416, 437*
Ernst. I 350. III 109
Ernst August, König von Hannover. I 157, *579*. III 169, *381*
Eschenburg, Johann Joachim. I 126, *575*
Eschenmayer, Karl Adolf von. I 113. III 65, *409*
Escovedos. II *390*
Eßlair, Ferdinand. I 195, 206, 237f., *585f., 594*
Esterhazy, Paul Anton Fürst. II 15, 145, *370*. III 364
Euler, Leonhard. II 132f., *576*

Euripides. I 194
Evers. I 120, 122, *574, 598f., 623*
Ewald, Johann Ludwig. III 201, *424*

Fabricius, Demois. I 309, *602*
Falk, Johannes Daniel. I 214, *577, 588*
Falke, Jakob. III 325, 359, 365, *437*
Fallmerayer, Johann Jakob. I *615*. II *393*
Faust. I 135
Feistmantel. I 376, *610*
Feldmann, Leopold. III 110, *414*
Ferdinand I., Kaiser von Österreich. I 78. III 15, 30, *402f.*
Ferdinand Maria, Kurfürst von Bayern. I 95
Ferguson, Adam. I 92, *572*
Ferrand, Eduard. I 350
Feuchtersleben, Baronin. III 56, 71, 89, *407*
Feuchtersleben, Ernst Frh. v. II *382*. III 97, *407, 416*
Feuerbach, Ludwig Andreas. II 295f., *301f.* III 27, 286, *404*
Feuerbach, Paul Johann Anselm Ritter von. III 381, *443*
Fichte, Immanuel Hermann. III 61, 71, *408*
Fichte, Johann Gottlieb. I *570*. III 201
Filtsch, Pfarrer. III 39
Finckenstein, Frau von. III 155
Fink. III 219
Fink, Dr. I 227
Fischer, Ernst. III 179
Fischer, Minna. I 350, *574*
Fleming, Paul. I 312, *603*
Fletcher, John. III 353, *440*
Flögel, Karl Friedrich. I 188, *583, 596*
Foitczik, X., Dr. III 135
Fontana, Domenico. I 51, *566*
Forster, Johann Georg Adam. III 133, 367, *441*
Forster-Heyne, Therese. III 367, *441*
Fouché, Joseph, Herzog von Otranto. I 161, *580*
Franconi. II 105, *376*
Frankl, Ludwig August. I *621*. II 336, 350, *387f., 393, 395f.* III 131, 184, 216, 227, 354, 368, 374
Franz, Agnes. II 407
Franz, Jakob. I 66, *568, 570*. III 25, 125, 138, *403, 416*

Franz, Kaiser von Österreich. I 33. III 332

Franz Josef, Kaiser von Österreich. III 116f., 139, 220, 224, 311, *432*, *435*

Franziskus, hl. I 119, *574*

Franz von Paula. I 162

Freiligrath, Ferdinand. I 292, 294f., *599f.*, *606*. III 329, 369, *437*

Freytag, Gustav. III *431*, *435*

Friedrich August, König von Sachsen. III 178f., *421*

Friedrich I., Barbarossa. II 62

Friedrich Christian, Markgraf von Ansbach. I 142, *577*

Friedrich d. Große. I 61, 216. III 59, 183, 199, 247, *408*

Friedrich II., dt. Kaiser. II 62

Friedrich IV. von Dänemark. II 611

Friedrich, Herzog von Liegnitz. III 228

Friedrich Wilhelm III. von Preußen. III 46, 174, *406*, *420*

Friedrich Wilhelm IV. von Preußen. III 15, *402*, *411*

Friedrich Wilhelm Ludwig, Prinz von Preußen. III 150

Friedrich, Hermann. II 109, *376*

Friedrich. II 109

Frischlin, Nikodemus. I 532

Fritsch, Franz X. II 262f., 276, 279f., 282, 299, 305f., *389ff*. III 47, 68

Fröhlich, Dr. III 134

Fröhlich, Kathi. III *410*

Fuchs, Fuhrmann. I 49

Führich, Joseph von. III 134, *417*

Gärtner, Wilhelm. II *390*. III 41, 44, *406*

Gagern, Heinrich Wilhelm August Frh. von. III 61, *408*

Galenos, Claudius. III *422*

Galizyn, Adelheid Amalie Fürstin von. III 201, *424*

Galletti, Johann Georg August. II 144, *379*

Gallois, Johann Gustav. III 143, *418*

Gameratte, Polizist. I 55, *567*

Gamsjäger, Paul. III 22

Gardthausen. I 517, *623*

Gartner, Franz. I 260, 277, 284, *596*, *598*. III 188

Gathy, August. II 65f., 77, *373f.*

Gatterer, Johann Christoph. III 290, *434*

Gaudy, Franz Bernhard Heinrich Wilhelm Frh. von II 158, *380*

Gehlsen, Johann. I 18, 41f., *562*

Geibel, Emanuel. III 215, 330, 385, *426*

Gelhusen. I 517, *623*

Gellert, Christian Fürchtegott. I 120, *574*

Genast, Karoline Christine. III 311, *435*

Gentz, Friedrich von. III 239, *429*

Georg I., König von Griechenland. III *440*

Georg III. von England. II *579*. III 144, 183, 328, *418*, *422*

Gérard, François Pascal Baron de. II 29, *371*

Gerber, Fräulein. III 333

Gerhard, Paul. I 29, *563*. III *437*

Gerold, Carl. II 360

Gervinus, Georg Gottfried. III 113, 153, 186, *412*

Gibbon, Edward. I 95, 98, *572*

Giseke, Nikolaus Dietrich. I *579*

Glaser. I 305

Glaser, Julius Anton. I *559*. III 85, 187, 194f., 279, 342, 350, 360, 362, 368, 387, *412*, *414*

Gleim, Johann Ludwig. I 107, 181, 232, *573*, *582*. III 198

Gloy. I 460, 462, 467, *619*

Gluck, Christoph Willibald, Ritter von. II 15. III 128

Gluse. I 173

Görres, Joseph. I 100, 167, 259, *572*, *581*, *588*, *596*. II 229f., 359, *386*

Goethe, Alma von. III 343, *439*

Goethe, Johann W. von. I 14, 22, 25, 30f., 33, 39f., 42, 44, 47ff., 51, 64, 75, 89, 94, 100, 110, 135, 137, 142, 150, 168ff., 177, 179, 209f., 212f., 221f., 225, 239, 242, 251, 258f., 288, 333, 376, 382ff., 386, 390, 406f., 411, 427, 435, 469, 481f., 494, 503, 512, *560*, *563*, *565ff.*, *570ff.*, *578*, *581f.*, *584*, *586ff.*, *590*, *594f.*, *611f.*, *617*, *619*, *623*. II 8, 11, 33, 62, 68, 79, 82f., 91, 105, 123, 138, 141, 149, 162, 181, 190, 195, 197, 214, 220, 240,

243, 313, 325, 344, 354, *369, 374f., 383.* III 8, 11, 22, 54f., 67, 80, 94, 101, 112f., 115, 127f., 134, 136, 144, 147, 149, 153, 174f., 185, 191, 202, 205, 238, 241, 277, 285, 293f., 297, 304, 311, 321, 355f., 366f., 370, 373ff., 382, 384, 386, 396, *401f., 418, 422, 424f., 429,* 834f., 441ff.

Goethe, Julius August Walter von. I 559, 597. II 361

Goethe, Maximilian Wolfgang von. III 386, *443*

Goethe, Ottilie von. III 31, 375, *404*

Götz, Johann Nikolaus. I *573*

Götzlof, Maler. II 281

Goeze, Johann Melchior. II *396.* III 201, *424, 438*

Goldschmidt, Redakteur. II 25

Goldsmith, Oliver. I 48, *566*

Gotter, Friedrich Wilhelm. II 220, *385*

Gottsched, Johann Christoph. I 25

Grabbe, Christian Dietrich. I 155, 332, 341, *579, 584, 606.* II 15, 158, 239f., *373.* III 135, 161f., 295, 322, *437*

Grachus, Gajus. III 209, *425*

Grachus, Tiberius. I 80. III 209, *425*

Grailich, Professor. III 225, *428*

Graimberg, Karl Graf von. I *565*

Gravenhorst, Friedrich Wilhelm. I 28, 36, 79, 100, 124, 155ff., 170, 250, 264, 319, 343f., 346f., 405, 432f., 442, 446, 458, 550, *560, 563f., 570, 572, 575, 579, 581, 604, 607,* 617. III 66f., *435*

Grécourt, Jean Baptiste Joseph Villart de. III 198, *424*

Green, Robert. I 246

Gregorovius, Ferdinand. III 371, *442*

Greuze, Jean Baptiste. I 23. II *370*

Greve. I 66

Grillparzer, Franz. I *610.* II 262, 303, *377, 389, 392.* III 151, 304, 356f., *419, 430*

Grimm, Herman. III 233, 321, *428*

Grimm, Jakob Ludwig Karl. III 388, *439*

Grimm, Wilhelm. I *620*

Großmann, Gustav Friedrich Wilhelm. II 220, *386*

Groth, Klaus. III 236, 355, *429, 431*

Grün, Anastasius. I 201, 291, *586,* 599. III 354

Gubitz, Friedrich Wilhelm. III 94, *310*

Guizot, François Pierre Guillaume. II 49, *372*

Gujet, K. J. I 36, 125, *564, 575*

Gumprecht, Hofrat. I 552

Gurlitt, Louis. I *614.* II 148, 150, 174, 186ff., 243, 259f., 277, 281, 360, *380ff., 388, 390, 395.* III 14, 99, 251, 268, *431*

Gustav II. Adolf, König von Schweden. I 531. II 235

Gustav III., König von Schweden III 291, *434*

Gutenberg, Johann. II 162

Gutzkow, Karl. I 116, 258, 291f., 294, 296f., 299f., 310f., 313, 329f., 332, 337, 339, 350ff., 358, 363, 365f., 373f., 378, 386, 391, 393, 415, 435, 444, 450, 513, 520, 540, *589, 599ff., 605f., 609, 612ff.* II 50, 215, 252f., 267, 274, 297, 303, *374, 384, 387f., 393.* III 13f., 70, 127, 135, 179, 253, 258, 268, 270, 312f., 321, 337, 356, *402, 410, 416f., 432, 436*

Habakuk, Prophet. II 254, *388.* III *441*

Habereder. I 289

Habich. III 215

Habicht, Max. I 129, *575*

Hadrian, Kaiser. II 228, *386*

Händel, Georg Friedrich. II 169

Häring. II *390*

von der Hagen, Fr. H. I 129, *575*

Hagen, Theodor. II *59,* 268, *389*

Hagn, Charlotte von. III 351, *440*

Hahn, Franz. III 125

Haitzinger, Amalie. II 322, *394*

Hake, A. v. I 340, *606*

Haken, J. E. L. I *567*

Halirsch, Ludwig. II 158, *380*

Haller, Albrecht von. III 293, *434*

Haller, Dr. II 347

Halm, Friedrich (Pseudonym für Münch-Bellinghausen). I *572.* II 8, 262, 307, 342, *369, 389, 392, 395.* III 354

Hamann, Johann Georg. I 44, 137,

162, 425, 509, 512, *580, 582, 616, 622*. III 210f., *426*

Hammer. III 216, 227, 239

Hammer, Probst. I 304, *602*

Hammer-Purgstall Joseph Frh. von II 262, *389*. III 38f., 72, 219

Hampe, Karl. I *574*

Hampel. I *483*

Hanssen, Madam. I *592f.*

Harding, Zeichenlehrer. I 528. II 29

Harrys, Hermann. I *601*

Harvey, William. III 317, *436*

Hauer. I 360

Hauff, Hermann. I 436ff., *614, 617, 621*. II 238, 281, 291, 294, *387, 390*

Hauffe, Friederike. I 133f., 239, *568, 575*. III 331

Hauser, Kaspar. III 81, *411*

Hauser, Maler. II 189, *383*

Haydn, Joseph. II 15, *370*

Hebbel, Antje Margarete. I 29, 145, 233ff., 243, 253f., 483, 485f., 516, *577, 591, 596*. II 314. III 325

Hebbel, Christine. I 473, *559, 561, 620*. II 199, 202f., 205, 208, 213, 228, 249f., 255, 258, 260, 262f., 266, 271, 277, 285, 287, 294, 296, 298f., 300, 302ff., 308, 317ff., 328ff., 332, 336ff., 346f., 350, 353, 365, *373f., 384f., 389f.*, 392, *395f.* III 7, 9, 13, 19, 30, 35, 37f., 40, 45, 49, 55ff., 63f., 66, 69f., 76, 78, 80, 84, 90, 97f., 100, 104, 106, 110, 117f., 120, 128, 138, 147, 150f., 154, 163ff., 167, 170, 172, 174, 178, 182, 189, 193f., 210, 218, 225, 236, 238, 240, 242, 244, 248f., 258, 264f., 267, 269, 287, 291, 304f., 307, 310ff., 315, 318, 334, 338, 341, 348, 350f., 363, 366, 383, 385, 390, 392, *401ff., 408, 412f., 415, 418f.*

Hebbel, Christine (»Titi«). I *559*. II 365f. III 7f., 13, 27, 30, 45, 49f., 55, 57, 64, 66, 71, 95, 98, 104, 111, 117, 137f., 155, 178, 182, 210, 225, 236, 243, 248f., 261, 287, 306f., 310, 315, 318f., 333, 342, 348, 350f., 360, 366, 379, 385, 390f., 396, *401, 403, 408, 436*

Hebbel, Emil (»Ariel«). II 258, 262, 296, 299f., 366

Hebbel, Ernst. I *561*. II 329, 366, *376, 394*

Hebbel, Friedrich – Agnes Bernauer. II 370, 380. III 97ff., 103, 108, 110, 112, 116, 120, 127, 273, *407, 416*

Hebbel, Friedrich – Anna. I 37. II 360

Hebbel, Friedrich – Barbier Zitterlein. I 12, 17, 22, *562f.*

Hebbel, Friedrich – Christus; vgl. auch Jesus Christus. III *421, 437*

Hebbel, Friedrich – Demetrius. I *585*. II *394*. III 246, 254, 268, 397, *406, 431, 433*

Hebbel, Friedrich – Der Diamant. I 451, 468, 522, 527, *579, 586, 597, 618ff.* II 69, 84, 226, 289, 297, 302, 319, 324, 329, 336, 360, 366, *384, 386*. III 94, 136, 241

Hebbel, Friedrich – Der Rubin. I 339, *570, 575, 597, 614, 624*. II 339, *385ff.* III 44, 53f., 71f., *405, 424, 433, 443*

Hebbel, Friedrich – Der Schneidermeister Nepomuk Schlägel. I *576*. II 233, *386*

Hebbel, Friedrich – Die beiden Vagabunden. II 356, 360, *397*

Hebbel, Friedrich – Die Kuh. III 36, 54

Hebbel, Friedrich – Die Nibelungen. II 395. III 190f., 213f., 218, 225, 229f., 234, 239, 259, 261ff., 269, 272, 283, 294, 303, 310ff., 315f., 318, 322, 330f., 334, 338, 342, 344, 346, 350ff., 355f., 361, 363, 365f., 368, 372f., 387, 391, 393, *403, 422f., 426ff., 432, 434ff. 439, 442, 444*

Hebbel, Friedrich – Die Schauspielerin III 71

Hebbel, Friedrich – Ein Steinwurf. III *421, 429*

Hebbel, Friedrich – Ein Trauerspiel in Sizilien. I *602, 623, 626*. II 195f., 228, 265f., 269ff., 273, 275, 279f., 282, 289, 291, 306, 360, 366, *381, 386, 390f*. III 64, 71, *409*

Hebbel, Friedrich – Genoveva. I 271ff., 403ff., 406, 408ff., 415f., 427f., 429ff., 436, 439f., 447, 449, 451, 454, 456f., 460, 462, 467ff.,

471ff., 475ff., 492, 511, 514, 516, 520, 527, *576, 597, 612f., 615, 617, 620, 623, 626.* II 54, 62, 117, 273, 282, *374f.*, 388. III 24, 75, 94, 110, 137, 139, 241, 243, 366, *417, 430*

Hebbel, Friedrich – Gyges und sein Ring. I *577, 597, 616, 626.* II *387f.*, 397. III 136, 138, 162, 180f., 183, 214, 351f., 374, 386, *403, 405, 408, 410, 412f., 417, 421*

Hebbel, Friedrich – Herodes und Mariamne. I *581, 603, 605, 609.* II 250, 302f., 306ff., 317ff., 323, 364, 366, *385, 388, 390, 392, 394f.,* 397. III 24f., 28ff., 39, 45, 54, 69, 71, 125, 227, 338, *402ff., 406, 408, 416, 420, 428*

Hebbel, Friedrich – Herr Haidvogel und seine Familie. II 356, 363, 366, *397f.*

Hebbel, Friedrich – Judith. I 314, 336, 340, 342, 346, 348, 350, 354f., 357ff., 364ff., 369f., 372f., 375f., 378f., 381f., 384, 385, 391f., 406, 409f., 413ff., 417f., 420, 427, 433f., 436ff., 442, 454, 462, 466, 469ff., 473, 514, 527, *584, 587, 594, 603ff., 607f., 610, 613, 616ff.,* 620. II 14f., 54, 84, 117, 188, 273, 275, *376, 388f.* III 37f., 48, 70, 78, 80, 91, 93f., 102, 119, 139, 177f., 184, 191, 241, 273, 366, 374, 376, *402, 408, 413, 420ff.*

Hebbel, Friedrich – Julia. I 51, *566, 614.* II 242, 245, 262, 280, 289, 360, 363, 366, *369, 382, 398.* III 7, 16, 31, 68f., 71, 140, *410*

Hebbel, Friedrich – Maria Magdalena. I 286, 453, 542, *565, 576, 582, 585, 598, 610, 612, 616f., 619, 626ff.* II 18, 51, 54, 77, 82, 96, 125, 148, 210, 226, 262, 272f., 318, 333, 336, 357, 366, *372f., 375, 377, 380, 386, 388, 391, 393.* III 10, 13, 18f., 31, 241, 366, *401f., 420*

Hebbel, Friedrich – Matteo. I 322, 422, 438, *615, 617.* II 335

Hebbel, Friedrich – Michel Angelo. II *385f.*, 398. III 66, 71, 91f., *403, 405ff., 409, 416*

Hebbel, Friedrich – Moloch. I 453, 468, 493, 526, *573, 619f.* II 206, 238, 267, 270, 286f., 296. III 48, 54, 63, 71, 171, 309, *420*

Hebbel, Friedrich – Mutter und Kind I *562, 626.* II *390.* III 194f., 215, 233f., 239, 243, 374, *420, 422, 426ff.*, 442

Hebbel, Friedrich – Pauls merkwürdigste Nacht. II 291, *391*

Hebbel, Friedrich – Schnock. I 309, 350, 418, 527, *563,* 602. II 356, 366

Hebbel, Friedrich – Struensee. II 129, 377. III 241, *416*

Hebbel, Friedrich – Zu irgend einer Zeit. III 17

Hebbel, Johann. I 44, 145, 233, 241, 249, 253f., 305, 320, 357, 487ff., *564f., 577, 591ff., 602, 604, 608, 620.* III 29, 325, 334f., 365

Hebbel, Karl. III 25, 239, *403f., 429*

Hebbel, Klaus Friedrich. I 178, 234, 241, 243, 253f., 487ff.

Hebbel, Max. I 412, 420, 445, 447ff., 461, 495, 509, 512, 514, 518, 521, 548, 550, *561, 615.* II 9, 16, 21, 24f., 41f., 52, 58, 143, 258

Hebel, Johann Peter. III 337, *439*

Hecker, Max. I *604*

Hegel, Georg Wilhelm Friedrich. I 401, 436, *623.* II 101, 112, 143, 152, 223, 278, 290, 299, 313, *370, 375.* III 98, 171, 291

Heiberg, Johann Ludwig. I 553f., *626f.* II 75, 77, 101, *374*

Heine, Heinrich. I 11, 74, 170, 207, 309, 435, 446, 456, *563, 587, 599ff.* 619. II 14f., 56, 77, *369, 373f.,* 377. III 142, 161, 189, 288, 318, 326, 358, 376, *401, 423*

Heinrich IV., König von Frankreich. II 37

Heinse, Johann Jakob Wilhelm. I 395, 613. II 324, *394*

Heinsius, Theodor. I 300, 349, *588*

Hel(l)berg, Madme. I 389, 431, 467, *612, 617, 620*

Hell, Theodor. I 330f., *605, 615*

Heloise. II 29, 101, *371, 376*

Hendrichs, Hermann. III 81, *411*

Henriot, François. II 15, *370*

Hensler, Dorothea. III *424*

Herder, Johann Gottfried. I 64, 113, 137, 180, 210, 386, 419, 509, *615*. II 278. III *426*
Herle, Maler. III 38
Hermann, Franz. I *577*
Herodias. III 289
Herodot. III 136, 180f.
Herwegh, Georg. III 18, *402*
Herz, Henrik. II 323, *394*
Hesekiel, Prophet. III *426*
Heß, Heinrich v. I 194, *585*
Hettner, Hermann Theodor. II 191, *383*. III 268, 313
Heucking. III 321 f.
Heyne, Christian Gottlob. III *441*
Heyne, Therese – siehe Forster, Therese
Heyse, Johann Christian August. I 311, *603*
Hillebrand, Joseph. II 273, 317, *390*, *393*
Hillern, Wilhelmine von. III 92, *413*
Hippel, Theodor Gottlieb v. I 194, *585*. II 210, *385*. III 211, *426*
Hippokrates von Kos. III 124, *416*, *422*
Hirsch, Rudolf. III 130, 132, 136, 218, *416*
Hitzig, Julius Eduard. I 339, *606*. II *390*
Hjarbas, König. II 386
Hochstetter, Ferdinand von. III 374, *443*
Hocker, Wilhelm. I 139, 279, 307, 350, 389, 434, *577*, *597*, *607*, 612. III 67
Hofbauer, Klemens Maria. III *417*
Hölderlin, Friedrich. I 438, *618*
Hölty, Ludwig Heinrich Christoph. I 494
Höppl, Christian. III 331, *438*
Hörup, Maler. I 22
Hofer, Andreas. I 93. II *390*
Hofer, Anna. I 93
Hoffmann, E. T. A. I 74, 129, 337, 458ff., *569*, *575*, *619*. II 45. III 151
Hoffmann, Zensor. I 25, *563*
Hohenlohe, Fürstin. III 372
Holbein, Franz Ignaz, Edler von. III 16, 69f., *402*, *412*
Holbein, Hans. I 46, *566*

Holberg, Ludwig Freiherr v. I 531. III 239, *429*
Holte, Dietrich von. III 143
Holtei, Karl von. III 71, *410*
Holtzmann, Adolf. II 354ff., *397*. III 31, 180
Holz. II 145
Holzhausen, A. III 318, *436*
Homer. I 94, 428, 470. II 74, 98, 237. III 241, 257, 271, 322, 325, 346
Hompesch, Ferdinand Frh. von. III 199, *424*
Honoria, Kaiserin. III 249
Hope, Sir Thomas. I *578*
Horatius Flaccus. II 63. III 383
Horn, Antonie von. II *379*
Horn, Professor. III 335, *439*
Hossauer, Juwelier. III 151, 156, 167,170
Houwald, Christoph Ernst Frh. von III 370, *442*
Hub, J. I *606*
Huber, Ludwig Ferdinand. III 367, *441*
Huber, Therese – siehe Forster-Heyne, Therese
Hügel, Clemens Wenzel Frh. von II 330, *395*. III 47, *507*
Hufeland, Christoph Wilhelm. I 444, *618*. III 81, *411*
Hugo, Karl. III *412*
Hugo, Victor. I 43, *565*. II 65, 126, 377. III 379, *443*
Hugo von Rheinsberg. I 527
Humboldt, Alexander von. I 47, 49, 72, 261, *566*, *569*, *597*. III 81, 274f., 296, 348, *411*, *431*
Humboldt, Wilhelm von. I *596*. II 285, *391*. III 185, 202
Hume, David. III 203, *425*
Huup, Dr. I 298

Ibrahim Pascha, Louis Philipp. II 37
Iffland, August Wilhelm. II 254, *388*. III 84, 94, 113, 260, 321, 324, *412*
Ihering, Rudolf. I 164f., 534, *580*, *625*
Immermann, Karl Leberecht. I 27, 232, 544ff., 551, *590*, *626*. II *373*. III 87, 150f., 162, *413*
Intafernes. III 181, *430*
Isaak. III 243
Iuvenalis, Decimus Iunius. I *596*

Jablonski, Generalin. III 390
Jacobi, Friedrich Heinrich. I 80, 92f., 168, 232, *570*, *572*, *581*. II 142, 146. III *424*.
Jacobi, George. III 198, *424*
Jacobi, Johann Georg. III 198ff.
Jacobs, Friedrich. III 317, *436*
Jahn, Friedrich Ludwig. I 312, *603*
Jahnens – siehe Janinsky
Janauschek, Fanny. III 384, *443*
Janin, Jules. I 231, *590*
Janinsky (auch Janinski und Jahnens), Antonio Richard Eduard. I 149f., 278, 291f., 299, 307, 312,316, 320, 331, 334ff., 338, 343, 346, 352, 357, 365f., 368ff., 374ff., 377, 381, 389, 395, 407, 411, 431f., 441, 443, 445, 460, 506, 520, 524f., 546, *578*, *598f.*, *601*, *603ff.*, *608*, *610*, *612ff.* II 224, 329, *386*, *394*. III 232, 316
Januarius, hl. II 196, *383*
Jean Paul – siehe Richter, Jean Paul Friedrich
Jenisch. I 28
Jenisch, Berta – siehe Rhedern, Gräfin
Jenisch, Madame. III 227, *428*
Jenz(en)stein, Johannes von. III *420f.*
Jérôme Bonaparte. III 345, *440*
Jesus Christus – siehe auch Hebbel-Christus. I 9, 20, 31f., 34ff., 43, 57ff., 117, 120, 131, 135, 138, 145, 177, 187, 189, 191, 245, 489, 514, 539. II 177, 237, 309. III 99, 113, 144, 182, 203, 320, 336, *432f.*
Joachim, Joseph. III 335, *439*
Johannes der Täufer. I 117
Johannes von Nepomuk, hl. III 177, 222, *420*, *427*
Johann, König von Sachsen. III 179, *421*
Johann III. Sobieski. III 148, *418*
Johann, Erzherzog von Österreich. III 20, *403*
Johnson, Samuel. I 126f. III 388, *444*
Jonson, Ben. I *575*
Jordan, Wilhelm. III 185, *422*
Joseph II., Kaiser. III 126, 136, 223, *417*
Joseph, Sohn des Patriarchen Jakob. II 361. III 326
Josua. I 180

Joszi, Kis. III *444*
Juan d'Austria. II *390*
Judas Iskariot. I 489
Julianus Apostata. I 74
Julius II., Papst I 50f., *556*
Jung-Stilling, Johann Heinrich. III 202
Junot, Laurette des Saint-Martin-Permon, Herzogin von Abrantes. II 15, 45, *370*, *372*
Justinian, Kaiser. I 128. III *422*
Juvenal, Decimus Junius. III 383

Kaiser, E. II 273, 357, *397*
Kaiserling, Gräfin. III 211
Kalb, Charlotte von. III 184, *422*
Kalchberg, Familie. III 362
Kant, Immanuel. I 80, 115, 428, *616*. II 94, 96, 232, 269, 272, 274, 282, 319, *389*. III 130, 211
Kardel, Rudolf. I *622*. III *404*, *430*, *442*
Karl Alexander von Sachsen-Weimar. I *559*. III 243, 294, 296, 298, 300f., 310ff., 368, 397, *430*, *435*, *442*, *445*
Karl August, Großherzog von Sachsen-Weimar III 301, 386, *435*, *443*
Karl V., deutscher Kaiser. III 287
Karl der Große, Kaiser. I 290. III 336
Karl der Kühne. I 203
Karl Ludwig Johann, Erzherzog von Österreich. II 328, *394*
Karl Martell. I 467
Karoline Amalie von Schleswig-Holstein, Prinzessin. III *401*
Katharina, Zarin von Rußland. III 26, *440*
Kaulbach, Wilhelm von. III 283, 293f., 327, *434*
Kaunitz, Eleonore Gräfin von. III *420*
Kellermann, François Christophe, Herzog von Valmy. II 29, *371*
Kerner, Justinus. I 67, 131, 133f., 239, 310, *568*, *575f.*, *602f.* III *438*
Kerner, Theobald. III 331, *438*
Kielmannsegge, Adolf August Friedrich, Reichsgraf von. III 332, *438*
Kirchhof, Familie. I 293
Kirsch, Adam Friedrich. I 9, *561*
Kisting. I 319, 489, *561*, *604*, *621*. II 48, 59, *372*
Klara, hl. I 119

Klein. I 159, 526
Klein, Julius Leopold. III 93, *599*
Kleist, Heinrich v. I 142, 202, 213, 215f., 218, 228f., 288, 435, 528, *577, 588, 590, 599, 607, 617*. II 15, 58, 138, 158, 164ff., 269, 342, 352, 373, *380, 389*. III 31f., 258, 367, *405*
Klinger, Friedrich. I 269, *597*
Klopstock, Friedrich. I 101, 107f., 131, 494, 529, *573*. II 143, 220. III 22, 130, 182, 196f., 199, 202, 217, 248, 345, 367, *421, 423, 426*
Klotz, Chr. A. I *619*
Kluge, C. A. F. I 218f., *586, 588*
Knebel, Henriette. III *429*
Knebel, Karl Ludwig von. I *612*. III 241, *429*
Knie, Rudolph. I 169
Knölck, Advokat. I *562*
Koch, Joseph Anton II 45, *379*
Kock, Charles Paul de. I 123, *575*
König, Heinrich Joseph. III 133
König, Joseph. III *417*
Königsmark, Elise von. III *419*
Körner, Gottfried. III 31, *406*
Körner, Theodor. I 26, 325, 435, *563*. II 364
Kolaczek, Adolph von. II 362, *398*. III 8f., 27, 268, 270
Kolb, Gustav. II 274, *390*
Kolbenheyer, Moriz. III 368, *442*
Kolbenheyer, Robert. II 153, *380*. III 9, 268, 369f., 387
Kolowrat, Gräfin. III 177, *420*
Kolumbus, Christoph. II 299. III 173
Kompert, Frau. III 310
Kompert, Leopold. III 334, *439*
Konstantin, Kaiser. I 50, 128
Korff, Oberst. III 353
Koschitzka, Herr von. III 213
Kossuth, Ludwig. III 100, *413*
Kotzebue, August von. II 290, *388, 390*. III 260, 321, *434*
Kracher, Mad. III 24
Krämer, Dr. II 17, 129ff., *370, 378*
Krais, Julius. I 350
Kretzer, P. Achatius. I 160
Kries, Friedrich. II 386
Krumm, Hermann. I *558, 563, 575, 579, 584f., 594, 603, 609f., 619f., 622ff., 626f.* II *371ff., 376f., 379ff., 392f., 395.* III *403, 406, 408, 411, 415, 420, 426, 428f., 431, 435, 437, 439ff., 444*
Kühne, Gustav. II 267, 270, 286f., 294, 319ff., 352, 356, 366, *369, 387, 389, 398*. III 375, *403, 406, 443*
Kürenberger, der. III 339
Küstner, Karl Theodor. III 80, 92, *410*
Kuh, Emil. I *559*. III 89, 92, 94, 106, 110f., 113, 115, 120, 154f., 158, 160, 161, 170, 172, 178, 189, 224f., 258, 265, 268, 270, *405, 411ff., 415, 419, 432f., 435*
Kuh-Ferrari, Adele. III 243, 261, *430*
Kulke, Eduard. III 374, *443*
Kuranda, Ignaz. II 272, *389*

La Cases, Emmanuel Augustin Dieudonné, Graf von I 154, 161, 173, 462f., 465, 470, *579f., 619f.*
Lachmann, Karl. III *428*
Lämmel, Mad. III 184
Lafayette, Marie Joseph Paul Roch Yves Gilbert Motier, Marquis de. II 44, *372*
Lafitte, Jacques. I 227, *589*. II 59, 113
Laisz. I 344, *606*
Lanckoroński, Karl Graf. III 311ff., *383, 443*
Landsteiner, Redakteur. III 91
Lang, Schloßhauptmännin. III 362
Lantier. I *590*
La Roche, Karl Ritter von. III 30, 39, 242, 362, 368, *404*
Laroche, Marie Sophie von. III 198, *424*
Laube, Heinrich. I 179f., 184, 258, 291, 294, 300, 332, *582, 596, 599ff.* II 274, 332, 366, 398. III 18, 31, 69, 110, 141, 312, 351, 356, 391, *409ff., 435f.*
Lavater, Johann Kaspar. III 200f., *424*
Lebrün, Karl August. I 365f., 375f., *609f.*
Leburier. I 93
Lechner. I 90. III 213
Lederer, Dr. III 179
Legendre, General. III 367
Lehfeld, Otto. III 373, *442*
Leibniz, Gottfried Wilhelm I 309, *602*. II 295

Lenau, Nikolaus. I *599.* II 145, *377, 380.* III 331
Lenclos, Ninon (Anne) de. III 359, *441*
Lening, G. I *564*
Lenkheim, Graf. II 220
Lensing, Elise. I 12, 16, 81, 88f., 130, 137, 174, 185, 250, 253, 287, 291, 309, 311, 314, 318ff., 334, 339, 342ff., 346, 352, 357, 359, 364, 368f., 377f., 390f., 396, 398ff., 407, 412f., 415f., 431ff., 434, 439f., 442ff., 445, 447, 449f., 452, 456ff., 463, 466f., 468, 480, 492f., 499, 503, 505, 509, 514f., 518f., 521, 534, 537, 541f., 544, 555, *561f., 568, 570f., 574ff., 577f., 580ff., 589f., 595f., 597ff.,* 602, *605f.,* 608, *610ff., 616ff., 621ff.* II 10, 12f., 16ff., 26f., 41f., 55ff., 58, 61, 68f., 75, 78, 80, 109, 111f., 118, 130ff., 149, 184, 186, 191, 259ff., 276f., 279, 298f., 324, 329f., 360, 365, *380, 382ff., 388f., 395.* III 8, 13, 25, 40f., 94, 183, *402, 406, 421f., 439*
Lenz, Jakob Michael Reinhold. I 268ff., *597*
Leopold Friedrich, Großherzog von Baden. I 56, *567.* II 307, *392*
Lessing, Gotthold Ephraim. I 106, 181, 186, 279ff., 455, *583, 598, 611.* II 91, 145, 171, 199, 220, 247, 281, *384, 396.* III 80, 114, 124, 143, 186, 191, 200, 202, 270, 359, 384, *415f., 424, 435, 438*
Levetzau (Levetzou), Hofmarschall. I 518
Lewald, Fanny. III 323, *431, 437*
Lewald, Johann Karl August II 366, *398.* III 14
Lewinsky, Joseph. III 312, *436*
Leykam, Freiin von. III *420*
Lichtenberg, Georg Christoph. I 132, 134f., *576.* II 63f., 106, 242, *373.* III 336
Lichtenberg, Komtesse. III 66
Lichtenberg, Ludwig Christian. I *576*
Lichtenstern. III 385
Liechtenstein, Fürst. III 381, *437*
Liepe, Wolfgang. I *560*
Liguori, Alfons von. III 134, *417*

Likawetz, Dr. III 213
Lilienthal, Dr. I 285, *598*
Lime, Ernst. I *582*
Linné, Karl von. II 240, *387.* III *413*
List, Friedrich. II 268, 278, *389*
Liszt, Franz. III 246, 268, 311
Littrow, Karl Ludwig von. III 134, 335, 342f., 368, *417*
Littrow, Fräulein von. III 342
Lobkowitz, Fürstin. III 275, *432*
Lockhart, John Gibson. I *620.* III *415*
Löw, Rabbi. IV 120, *415*
Löwe, Ludwig. III 78, 85, 92, 117, 366, 391, *412, 415*
Lohenstein, Daniel Casper. I 95, *572*
Lommel. I 350
Lotmar, Dr. III 78
Lotz, Georg. I 369, 373ff., 381, 389, *609f., 612*
Louis Philippe, König von Frankreich. II 40, 48f., 348f., *396.* III 14
Lowe, Sir Hudson. I 173, *581*
Lucius Mummius, Achaicus. III *423*
Luck, L. W., Pfarrer. III 259, 268, 281, 284f., 317, *432*
Lucka, Dr. III 152
Ludwig I., König von Bayern. I 153f., 158, *570ff., 578f.,* 599, *625.* II 145, 312, *379, 393.* III 112, 346, 376, *415, 443*
Ludwig XIII., König von Frankreich. I 75. III 365
Ludwig XIV., König von Frankreich. I 73, 75, 107, *566, 569, 583*
Ludwig XV., König von Frankreich. II 44
Ludwig XVIII., König von Frankreich. I *580.* III 388, *444*
Ludwig, Karl Friedrich Wilhelm. III 228, 231, 324, 342, *428*
Lützow, Ludwig Adolf Wilhelm Frh. v. III *419*
Luise, Königin von Dänemark. I 108
Lukian. II 135, *378*
Lullus, Raimundus. I 132, *576*
Luther, Martin. I 13, 24, 52, 532, *585.* II 232, *386.* III 62, 206
Lutter und Wegener. III 93
Lybeni, Attentäter. III 118
Lytton-Bulwer, George Earle. I 435, *617*

Macaire, Robert de. III 82
Macauly, Thomas Babington. III 144, 418
Machiavelli, Niccolo di Bernardo dei. III 207, 425
Maderno, Carlo. I 51, 566
Mämpel, Joh. Christian. I 589
Maitland, F. L. I 154, 579
Malsburg, Ernst Friedrich Otto Frh. von der. II 154, 380
Maltitz, Appolonius Frh. von. III 288
Marat, Jean Paul. II 394
Marcellus II., Papst. I 74
Marggraff, Hermann. I 340, 606. II 158, 380, 392
Maria, Mutter Jesu Christi. I 57, 69, 117, 120 f.
Maria Stuart. I 46
Marlowe, Christopher. I 246
Marot, Clément. II 135, 378
Marr, Heinrich. II 291, 391
Marsano, General. III 112
Marschner, Heinrich. II 169, 381
Marshall, John. III 297, 311 f., 314, 326, 387 f., 435
Martens. I 621
Martens, Joh. Fr. III 229
Martiniz, Jaroslaw Bořita von. III 177, 421
Marx, Adolf Bernhard. III 80, 411
Massinger, Philipp. I 603. III 31
Matthäus, Evangelist. III 413, 420
Maurer, Frl. I 268
Maximilian I., Kurfürst von Bayern. I 95 f.
Maximilian Joseph I., König von Bayern. I 96, 153 f., 199, 578
Maximilian II., König von Bayern. III 112, 283, 294, 415
Maximilian I., deutscher Kaiser. III 98
Maximinianus Herculius. I 98
Medardus, hl. III 419
Meddlerkamp, Prof. I 405, 614
Meier, Kupferstecher. III 347
Maißner, Alfred. III 135, 417
Mendelssohn-Bartholdy, Felix. II 101
Mendelssohn, Moses. II 142. III 210, 426
Menelaos. II 376
Menzel, Wolfgang. I 77, 212, 296, 313, 323, 390, 540, 570, 587, 603, 612, 626
Messenhauser, Cäsar Wenzel. III 65, 409
Metternich, Klemens, Fürst von. II 344, 391. III 14 f., 81, 122, 164 ff., 223 f., 402, 420, 425
Metternich, Melanie. III 165, 410, 420
Metzerich, Wilhelm von. III 116
Meyer. II 219 f., 265
Meyer, F. L. II 385
Meyer, Heinrich. I 573
Meyer, Johann. III 431
Meyer, Kassierer. III 259
Meyerbeer, Giacomo. II 97
Michaud, Joseph François. I 127, 575
Michelangelo Buonarroti. I 51, 109, 566. II 101, 376, 382
Miguel, Dom Maria Evarist. II 188, 383
Milosch Obrénowitsch, Fürst von. III 104, 414
Minckwitz, Johannes. III 106, 414
Mirabeau, Honoré Gabriel Victor Riquetti Graf von. II 48, 100, 372, 375. III 209, 289, 425
Mittermeyer, Karl Joseph Anton. I 56, 61, 100, 567, 572
Möller, Heinrich Ferdinand. II 213 ff., 385
Møller. II 25, 371
Mörike, Eduard. III 331, 432
Möser, Justus. I 527, 624. III 214 f., 426
Mohammed, Prophet. I 31. II 310
Mohr, Johann Jakob. I 32, 257, 462, 564, 593. III 157 ff., 368, 419
Molière, Jean Baptiste. II 60, 79, 85, 372, 374
Moltke, Adam Wilhelm von. III 204, 425
Moltke, Karl von. I 446, 507, 520, 618, 622 f.
Montaigne, Michel Eyquem Seigneur de. I 293, 599. II 135, 378
Montespan, Françoise Athénais Marquise de. I 46. III 76, 410
Montgolfier, Joseph Michel. III 242, 429
Monti, Vincenzo. II 179, 382
Moore, Th. I 441, 618
Morart. I 348

PERSONENREGISTER 485

Moreto y Cabana, Don Agustin. II 340, *395*
Moritz, Karl Philipp. I 51, *566, 583*
Mosen, Julius. I 327f., *605.* II 358, 397
Moses. I 153. II 310. III 254, 271, *436*
Mozart, Wolfgang Amadeus. I 223, *589, 596.* II 24, 30f., 97. III 90, 128, 300, 381
Mühlholz, Baron. II 194
Müller, Adam Heinrich. III *429*
Müller, Christoph Heinrich. III 183
Müller, Friedrich (gen. Maler). I 229, 271, *590, 597*
Müller. I 425f., *616*
Müller, Johannes. I 532, *625*
Müller, Johannes von. III 201, 204, 345, *425*
Müller, Karl Friedrich August. I *571*
Müller, Ludwig. I 73
Münch-Bellinghausen, Eligius Franz Joseph, Frh. von – siehe Halm, Friedrich
Münchhausen, Frh. von. II 357
Muncke, Georg Wilhelm. I 46, 57, *565, 568*
Mundt, Clara. III 91, *413*
Mundt, Theodor. I 8, 291, 296f., *560, 599f.* III 80f., 91, 93, *411*
Murillo, Bartolomé Estéban. I 289, *598*
Musäus, Johann Karl August. I 134, *576*

Napoleon I. I 74, 140, 153ff., 157f., 160ff., 173, 175, 189, 191, 196, 199ff., 216, 242, 255, 257, 297, 414, 461ff., 470f., 529, 545, 549, *577, 580, 585, 588, 515, 620.* II 28, 36f., 39, 43, 47, 57, 61, 68f., 70, 72, 80, 93, 107f., 113, 137, 144f., *370.* III 125, 128, 167, 170, 202, 205, 207, 232, 247, 292, 300, 317, 322, 339, 345, 347, 355, 366, 374f., 382, 388f., 391, *410f., 435, 440f., 444*
Napoleon III. III 112, *414, 432*
Neidhart, Susanna. III 98
Neigebauer, Geheimrat. III 46, *406*
Nerly, Friedrich. IV 112, *415*
Nero, röm. Kaiser. III 142, *425*
Nestroy, Johann. II 338f., *395.* III *444*
Nettelbeck, Joachim. I 52, *566*

Neuberg. III 328, *437*
Neukirch, Benjamin. I 206, *586*
Neumann, Luise. III 105, *410*
Newton, Isaak. III 218, 378, *426*
Ney, Michel. III 254
Nicolai, Christoph Friedrich. III 198, 384, *424*
Niebuhr, Amalie. III *425*
Niebuhr, Barthold Georg. III 202ff., *424f., 427*
Niederwießer, Franz. I 91
Nielsen. II 56, *372*
Niemeyer, August Hermann. I 164, *580*
Nikolaus I., Zar von Rußland. III 148f., 349, *418*
Nissel. III *412*
Noah. II 107
Nordberg, Gabriele. III 333
Nordberg, Hofrat. III 193, 220, 222ff., 227, 339, 348, *427*
Novalis (Friedrich von Hardenberg). I 322f., 342, 390, *604, 606f., 612, 615.* II *369*

Odilo von Cluny. I *567*
Odysseus. II 105, *376*
Oehlenschläger, Adam Gottlob. I 17, 47, 117, 246, 380, 520, 522f., 524, 527, 530, 538, 541, 552, *562, 574, 582, 595, 610, 623f.* II 68, 90, 136, 202, 240, 250, 351, *371, 387, 396.* III 56, 94, 135
Oelsner. II 324
Ohl, Klaus. I 254, *595*
Olshausen, Justus. I 515, *623*
Omar, Kalif. III 237, *429*
O'Meara, Harry Edward. I 173, *581*
Ossian. I 428
Otte. I *612*
Otto I., König von Griechenland. I 37, *564.* III 347, *440*
Otto von Wittelsbach. III 110, *410*
Ottokar II. von Böhmen. III 177, *416*
Owen, Familie. III 362

Pabsch. III 120
Pachler, Dr. III 68
Palestrina, Giovanni Pietro. I 74
Palleske, Emil. II 333, 336, *395*
Palm, Buchhändler. I 55
Parabère, Gräfin. III 129

Paracelsus, Theophrastus von Hohenheim. III 123, *416*
Parkfrieder. III 343f., *439f.*
Patow, C. W. I 54, *564*
Patti, Adelina. III 360, *441*
Paul I., Zar von Rußland. III 26
Paul III., Papst. I 109
Paulus, Apostel. I 50
Paulus, Heinrich Eberhard Gottlob. III 286
Peissner, Professor. III 244
Pemble, Pater SJ. I 121
Perez, Antonio. II 275, 277f., *390*
Périer, Casimir. II 29, *371*
Perillos. II *382*
Persius Flaccus, Aulus. I *596*
Perthes, Friedrich Christoph. III 202, 208, *424*
Pertinax, Publ. Helv. I 98
Perty, Joseph Anton Maximilian. III 332, *438*
Petit, Jean. III *444*
Petronius, Gaius. III 209, *425*
Petrus, Apostel. I 50f., 59
Peyssonel. III 332
Pfeiffer, Franz. III 336f., 339, *439*
Pfeiffer, Madame. I *598f.*
Pfister. III 381 f.
Pfizer, Gustav. I *565*
Phalaris von Akragas. II 188, *382*
Phidias. IV 217, *426*, *428*
Philidor, François André Dancian. II 61, 137, *373*, *379*. III 319, *437*
Philipp II. von Spanien. II 275, *390*
Piccolo, Jean. III *444*
Pichler, Adolf. III 88, 182, *413*, *423*
Pichler, Caroline. II 407
Pilatus, Pontius. I 57
Pindar. I 182 ff.
Pitaval, François Gayot de. II 275, 316, 347, *390f.*, *393*, *396*. III 254, *405*
Pius IV., Papst. I 57
Platen-Hallermünde, August Graf v. I 76, 288f., *570*. III 8, 182, *401*, *421*, *430*
Platner, Ernst. I 115, *573*
Plato. I 80, 231, 326, 463, 465, 523, *620*, *624*. II 59, 166, 237. III 204
Plautus, Titus Maccius. I *596*
Ploog, Claus Heinrich. I 54
Plutarch. I 92

Ponsard, François. II 318, *393*
Porta, Giacomo della. I 51, *566*
Porubski, Pfarrer. III 43, 105, 215, *406*
Praslin, Herzogin. III 254
Prechtler, Otto. II 218, 259, 270, 282, 303, 306, *385*, *389*, *391f*. IV 15, 107, 304, *403*, *414*
Prittwitz. III 173, 178
Procop, Frau. III 195
Pröhle, Heinrich. II 322, *394*
Proteus. II 105, *376*. III 282, 373, *433*
Proudhon, Pierre Joseph. III 88, 103, 150, *413f.*
Prüsker, Major. III 112
Pückler-Muskau, Hermann Ludwig Heinrich Fürst von. I *580*
Putlitz, Gustav Heinrich Edler von und zu. III 149 ff., 161, 183, 313, *418*

Raab, Ferdinand. III 54, *407*
Raabe, Pastor. III 78
Rachel, Elisa, genannt Felix. II 60, 340, *373*, *395*. III 80, 92
Racine, Jean de. II 103, 135, *376*, *378*. III 191, 379
Radeker. I 360
Radetzky, Johann Joseph Wenzel Anton Franz Karl, Graf von. III 343f., *439f.*
Raffaello Santi (Sanzio) da Urbino. I 46, 69, 222. II 22, 50, 82f., 101, 142, 190, *374*, *376*, *379*. III 90, 118, 124, 150, 280, 296, 300, 366, *435*
Rahl, Karl. II 143f., *379*, *386*. III 347
Rahl, Prof. III 129
Rambach, F. E. I *564*
Ramler, Karl Wilhelm. III *424*
Rauch, Christian Daniel. III 81, *411*
Raumer, Friedrich v. I *583*, *590*. II 144, *379*
Raupach, Ernst Benjamin Salomo. I 18, 352, 447, *562*, *618*. II 350, *396*. III 232
Raveaux. III 164, *419*
Raymond, Hofrat. III 311 f.
Réaumur, René Antoine Ferchault de. III 332, *438*
Rechtern, Graf. III 361
Regiomontanus – siehe Müller, Johannes

Rehfues, Philipp Joseph. I 227, *590*
Reich. III 133
Reichlin-Meldegg, Frh. Karl Alexander von. I 60, *567*
Reimarus, Elise. III 200, 202, *424*
Reimarus, Hermann Samuel. III *424*
Reinhard, Karl Friedrich Graf von. III 374f., *443*
Reinhardt, Lina. I 291, 376f., *599, 602, 607f., 610*
Rellstab, Ludwig. I 123, *575*
Remarck, Direktor. II 341, 395
Rembrandt Harmensz van Rijn. I 46. II 285
Rendtorf, Otto. I 53, 61, 63, 66, 70, 156, 174, 250, 442, 446, 510, 514, 522, *564, 567*f., 569, *571, 579, 581, 595, 623f.* III 67
Reni, Guido. I 46, *585.* II 142, *379*
Renz, Zirkus. III 361
Rettich, Julie. III 94, 353, 384, *413, 441*
Rhedern, Gräfin. I 145f., 287, *576, 578, 604.* III 80, *428*
Ribera, Jusepe de. II 136, *378*
Richelieu, Armand, Kardinal. I 75. III 355, 359f., 366
Richter, Jean Paul Friedrich. I 28, 36, 44, 69f., 80ff., 91, 94, 107f., 113, 115, 120, 124, 135ff., 141, 176, 193, 221, 243, 254, 258, 323, 427, 495, 518, 543, *573, 575f., 584, 604, 623.* II 202, 225f., 242, 256, 313. III 71, 145, 188, 210, 274, 294, 355, 383, 388, *432*
Rick. III 148, 171, *402*
Riehl, Wilhelm Heinrich. III 394, *445*
Ring, Max. III 80, *411*
Ritter, Maurermeister. IV 78
Robeck, Madame. III 144
Robespierre, Maximilien Marie Isidore de. I 172, *581.* II 15, 100, *370, 375*
Roccus, Martinus. I 124
Rochus, hl. III 191f.
Rochus, Kellner. III 78
Rodisch. III 172
Rößler, Konstantin. II *396*
Rötscher, Heinrich Theodor. II 280, 283f., 296f., 300, 302, 305, 333, 352, 356, 366, *380, 390ff., 398.* III 31, 54, 80, 82, 91, 93, 106, *413*

Roland, Marie Jeanne. I *585*
Roohrt. Johann. I *603*
Rosenkranz, Karl. II 282, *391*
Roskopf, Professor. III 105
Roth, Friedrich. I *580, 616, 622*
Rothschild, Familie I 227, *589.* II 11, 128, 263. III 88, 381
Rott, Karl. III 80, 91f., *411, 413*
Rotter. III 78
Rousseau, Charlotte. I 356ff., *406, 496, 529, 551, 594, 597, 608, 614, 616f., 624.* II 204, 296f., *392*
Rousseau, Emil. I 46, 87, 93, 111, 137ff., 167, 169, 171, 191, 197, 202, 218, 227, 236f., 249, 259, 261, 279, 342, 344, *565, 567, 570f., 576, 581, 584, 594ff., 607, 622.* III 266, 339f., 346
Rousseau, Jean Jacques. I 116f., 119, 251, 482, *574, 595.* II 91, 135, *378.* III 51, 144, 201
Rousseau, Regierungsrätin. I 496, *520, 622*
Rousseau, Regierungsrat. I 507, *596, 622.* II 202, 259, 296, *384*
Rubinstein, Anton. III 241, *429*
Rudlof, Hofschauspielerin. III 261f.
Rudolf II., Kaiser. III 120, *415, 420*
Rudolph, Herzog von Österreich. III 129
Rückert, Friedrich. I 76, 93, 95, *570.* II 48. III 112
Rüerl, Revisorin. I 66
Ruge, Arnold. I *601.* II 287, 295, 318, 324, 326, 356, 363, 366, *391, 393f., 396f.* III 8, 369, *401*
Rumohr, Karl von. III 112, *415*
Ruschke, Madame. II 111

Sagar. I 23
Salice-Contessa, Karl Wilhelm. I 471, *620*
Salm, Graf. III 372, 389
Sand, George. I 508, *622*
Sand, Karl Ludwig. III 292, *434*
Sandeau, Jules. III *443*
Sandor, Graf. III 42, 85
Saphir, Moritz Gottlieb. III 67, 132, 184, 272, 390, *403, 409, 422*
Sardagna, Pater. I 122
Savigny, Friedrich Karl von. III 205, 207, *425*

PERSONENREGISTER

Schaarschmidt, Präsident. III 332
Schacht, Heinrich A. Th. I 568
Schack, Adolf Friedrich, Graf von. III 44, *406*
Schaden. I 287
Schadow, Johann Gottfried. II 145, *379*
Schäffer, Peter Joseph. I 158 ff., *579*
Schall, Carl. I 129, *575*
Schanzer. III 120
Schefer, Leopold. I 39, *564*
Schelling, Friedrich Wilhelm Joseph von. I 82, 100, 264, 268, 293, 436, *571f.*, *597*, *599*. III 226
Schenk, Eduard von. III 376, *443*
Scherenberg, Christian Friedrich. IV 92, *413*
Scherer, Wilhelm. I 560
Schilcher, Friedrich. III 38, *405*
Schiller, Friedrich v. I 14, 16, 25 f., 30f., 38, 62, 109, 137, 148, 170, 175, 179, 191, 195, 203, 206, 215, 218, 256, 261, 292, 322, 348, 394, 397, 451, 453, *573*, *580*, *583*, *585*, *587*, *604*, *612*, *614*, *619*, *624*. II 58, 69 ff., 98, 102 ff., 197, 214, 220, 239, 270, 281, 303, 307, 317, 327, 334, 339, 354, 360, 364 f., *373*, *376*, *383*, *392*, *394*, *397f*. III 8, 10, 31, 57, 77, 80 f., 115, 127 f., 153, 163 f., 172, 174, 186, 202, 224, 238 f., 243, 251, 260 f., 263 f., 321, 354, 366 f., 375 f., *403*, *406*, *410*, *422*, *430ff.*, *435*, *439*, *443*
Schiller, Johann Caspar. III 237, *429*
Schilling. I 30 f.
Schink, Johann Friedrich. I 283, *598*. II 220, *385*
Schirges, Georg. I 76, *374*
Schlegel, August Wilhelm. I 126, *573*, *583*, *587*
Schlegel, Friedrich. I 182, 209, 212f., 427, *582*, *587*. III 292
Schleiden, Karl Heinrich. I 449, 457, *618f.*
Schlesier. II 285, *391*
Schletter, Hermann Theodor. III 16 f., *402*
Schleyer, Ludolf. I 381, *611*
Schlömer. I 592
Schlözer, August Ludwig. III 290, *434*

Schlözer, Christian. III 290
Schmalz, Dr. (Pastor). I 319. II 65
Schmettow, Graf von. III 290, *408*
Schmidl, Redakteur. III 72, *410*
Schmidt, F. L. I 409 f., 437, *615*, *617*
Schmidt, Julian. II 342 f., *395f*. III 93, 119, 179, 254, *415*, *421*, *429*, *431*
Schmidt, Marie Sophie. III 217, *426*
Schneider, F. J. I 560
Schneidler. I 38, 40, 60, 66, *564*, *567f*. II *394*
Schneller, Julius Franz. III 129, *416*
Schnezler, A. I 600
Schöll, Gustav Adolf. I *602*. III 330, 348, *431*, *438*
Schönborn. III 202, *424*
Schönfeld, Karl Graf. III *414*
Schönlein, Johann Lukas. III 46, *406*
Schopenhauer, Arthur. III 382
Schopenhauer, Johanna. I 46, *565*
Schoppe, Amalie Emma Sophie. I 15, 25, 145 ff., 185, 278 f., 291, 293 f., 296, 299, 305 ff., 316, 318 ff., 330, 333 ff., 343 f., 347, 350, 352, 364 f., 367 ff., 374 ff., 378, 380 f., 385, 387, 389, 398, 401, 406, 415, 492, 507, *561 ff.*, *577f.*, *589*, *598 f.*, *602 ff.*, *607 ff.*, *611 ff.*, *617*, *621*. III 67, 81, 83, 91, 159, 193, 230, 244, *411*
Schoppe, Julius. I 291, 352, *599*, *610*
Schott, Senator. I 93
Schott, Siegmund. III 9, *401*
Schramm, Maler. III 313, *436*
Schreiber. III 78
Schreiber, Aloys. I 609
Schreiber, Auditeur. III 112
Schreyvogel, Joseph. II 340, *395*
Schröder, Emma. I 392, 431, *613*, *617*. II 9
Schröder, Friedrich Ludwig. II 214, 219 f., 352, *385*
Schröder, Sophie. II 205, *384*
Schrötter, Anton Ritter von Kristelli. III 65, 72, *409*
Schroff, Johann. III 259
Schubart, Christian Friedrich Daniel. III 323, *437*
Schubart, F. W. II *391*
Schubarth, K. E. I 258, *586*, *596*
Schubert, Franz. III 323
Schücking, Levin. II 267, *384*

Schütt, Daniel Christopher. I 57
Schütz, Ludwig Claußen. I 431, 443f., 513, 522, *617f., 623.* II 111, 134, *376*
Schütz, Madame. I 443
Schulenburg, Friedrich Albrecht Graf von der. III 333, *438*
Schulz, Benedikt. III 267, 276, 380, *432*
Schumann, Johann. I 40, 123, *564, 575*
Schumann, Klara Sophie. III 310, *435*
Schumann, Robert. III 322, *435*
Schuster, Dr. II 76
Schuwitz, Madame. I 179
Schwab, Gustav. I 100, 241, *572.* II 327, *394*
Schwarz, Anton. I 137, *576, 588*
Schwarz, Beppi. I 75, 81, 85f., 92, 99, 110, 113f., 145, 150f., 167, 173, 178f., 220, 228, 265ff., 291, 530, *570, 572f., 576, 578, 581f., 586, 588, 597, 624*
Schwarz, Direktor III 62
Schwarzenberg, Friedrich Fürst v. II 262, 339, *389, 391, 395.* III 122, 161, 168, 234f., 256, 344, *420, 429*
Schwarzenberg, Fürstin. II 284
Schwarzer, Ernst von. III 43, 79, 139, 272f., *406*
Schwarzer, Pfarrer. I 51
Schwarzmann, Major. III 290
Schweinichen, Hans von. III 228, *428*
Schweizer. I *580*
Scott, Francis. III 203, *425*
Scott, Sir Walter. I 154, 163, 196, 199f., 285, 287ff., 303, 471, 473, 527, *585, 588, 598, 601, 620, 624.* II *371.* III 30, 120, 355f., *415*
Scribe, Augustin Eugène. III 40, *406*
Seebach, Marie. III 384, *443*
Ségur, Louis Philippe Graf von. I *585*
Seidl, Johann Gabriel. III 354, *440*
Seligmann, Romeo. III 31, 38, 361
Seneca, Lucius Annaeus. I 119. II 135, *378*
Senger, Dr. III 121
Seume, Johann Gottfried. I 119, *574*
Seydelmann, Karl. III 93, *413*
Shakespeare, William. I 25, 48, 94, 148, 150, 170, 210, 219, 237f., 246, 258, 266, 271, 303, 315, 338, 351, 381, 384, 402, 404, 408, 413f., 428, 455f., 460, 462, 470, 517, 522, 527, 529, 552, *555f., 565, 572, 575, 580, 588, 595, 610f., 614f., 623, 627.* II 15, 33, 62, 66, 98, 103, 124, 126, 128, 138, 156, 177, 190, 194, 220, 224f., 237, 239f., 246, 324f., 331, 339, *376, 381, 388.* III 28, 33, 36, 69, 71, 75, 81, 84, 90, 106f., 113, 117, 128, 144, 171, 175, 183, 188, 191, 215, 217f., 230, 232, 236, 238, 248, 251f., 269f., 275, 277, 282, 300, 310, 320, 326, 328, 345, 355, 360, 367, 378, 384, *404ff., 411f., 414, 423, 428, 430, 434, 437*
Shelley, Percy Bysshe. I *596*
Sievers, Jakob Johann Graf. III 348, *440*
Simrock, Karl Joseph. II 371, *389.* III 338, *439*
Sixtus V., Papst. I 51, *566*
Slavata, Graf Wilhelm. III 177, *421*
Soden, Friedrich Julius Heinrich Graf von. II 246, *388*
Sömmering, S. Th. von. II 324, *394*
Sokrates. I 465. II 59
Soldan. II 359, *397*
Solger, Karl Wilhelm Ferdinand. I 188ff., *583, 590*
Sommer, Verleger. III 79
Sonnenthal, Adolf von. III *441*
Sophie, Erzherzogin. III 353
Sophokles. I 194, 197, 396, 452, 556, *619.* II 101, 121f., 123, 215, 240. III 63, *431*
Spindler, Karl. I 300, *601*
Spinoza, Baruch. II 362. III 295
Spranger, Eduard. I *578*
Sprengel, Kurt. I *589*
Staël-Holstein, Anne Louise Germaine, Baronin von. II 143, 172, *379, 381*
Stahr, Adolf Wilhelm. III 150, 251, 268, 373, *419, 431*
Stampe, Baronesse. I 523
Stanislaus II., König von Polen. III 348, *440*
Stawinsky. III 93
Steevens, Georg. I 126f., *575*
Steffens, Henrik. I 248, 256, 325, 439, 447f., 545, *588, 595f., 604, 618,*

626. II 229, 313, *386*, *393*. III 8, *401*
Stein, Lorenz von. III 387, *443*
Stein, Schauspieler. III 105
Steinheim, Dr. I 364, *609*
Steinmann, Fr. III 288, *433*
Stern, Adolf. IV 313, 317, 364, 368, *436*
Stern, Viktor. III 376, *443*
Sterne, Laurence. I 48, 88, 94, *566*, *571*, *590*
Stetten, Paul von. III 98, *413*
Stich-Crelinger, Auguste. I 348, 367, 372ff., 376f., 379, 381, 385, 506, *607*, *609*, *611*, *622*. II 48, 82, 109, *372*, *376*. III 92, 94
Stiegelmayr, Johann Baptist. I *578*
Stieglitz, Charlotte. I 296, *600*
Stieglitz, Heinrich. I *600*
Stieler, Karl Joseph. I 55, *567*
Stolte, Heinz. I *562*
Stoltz. I 192. III 346
Strauß, David Friedrich. III 281, *433*
Streckfuß, Adolf Friedrich Karl. I 423f., *616*
Strodtmann, Adolf. III 368, 376, *442*
Strombeck, Friedrich Karl von. III 345, *440*
Struensee, Johann Friedrich. III 241, *416*
Stubenrauch, Moritz v. III 354, *449*
Suchet, Louis Gabriel, Herzog von Albufera. II 29, *371*
Sue, Joseph Marie, genannt Eugène. II 119, 124, *377*. III 156, *419*
Suhr. I 229, 224, *590*, *595*
Sulzer, Johann Georg. III 196, *423*
Susanne, Hebbels Lehrerin. I 483ff.
Suwarow, General. III 26
Sydow, Theodor von. III 130
Swedenborg, Emanuel. II 237
Swift, Jonathan. III 166, 387, *420*
Széchényi, Stephan Graf von. III 372, *442*

Tacitus, Cornelius. I 215, 395. III 345
Taillandier, Saint-René. III 112, *415*
Talleyrand-Périgord, Charles Maurice, Fürst von. I 161, 227, 340, *580*, *589*, *696*. II 49, *372*
Talma, François Joseph. I *583*. II 60, *372*

Tartini, Giuseppe. I 124, *575*
Tascher de la Pagerie, Duc. III 299, *435*
Tasso, Torquato. I 423f. III 346
Taubert. I 389, *612*
Tedesco, Dr. III 34, 104f., 111, *405*
Teichmann, Valentin. III 83, 85, 93f., 112, *411*
Tendler und Scheffer, Verleger. II 360
Tennenbaum. III 47, 83
Tertullian, Quintus Septimus Florens. III 198, *424*
Theages. III 204, *425*
Theoderich der Große. III 218
Thibaut, Anton Friedrich Justus. I 45, 100, *565*, *572*. III 209, *426*
Thierry, Baron. III 339
Thiers, Louis Adolphe. III 389, *444*
Thiersch, Friedrich von. I 55, *567*
Thomson, James. III 387, *444*
Thorwaldsen, Bertel. I 148, 150, 523f., *578*, *624*. II 112, 145, 184, *382*. III 34f.
Thümmel, Moritz August v. I 206, *586*
Thukydides. III 208, *425*
Thunberg, Karl Peter. III 280, *433*
Tibullus, Albius. III 345
Tieck, Ludwig. I 77, 188, 202, 206, 222, 241, 246, 271, 275f., 282, 307, 350, 361ff., 366, 379, 385, 403, 415, 417f., 427, 450, 455, 517, *583*, *586*, *589f.*, *595*, *597f.*, *602*, *607ff.*, *610f.*, *613*, *615*. II 12, 265, *369*, *389*. III 8, 94, 122, 124, 133, 155, 162, 172, 292, *411*, *415*, *437*
Tiedemann, Friedrich. III 62, *408*
Tiedge, Christoph August. III 76, *410*
Timm, Paul. I 65
Tinius, Magister. II 347, *396*
Tite, William. I *584*
Tiziano, Vecellio. I 46, III 102, 259
Tököly, Emerich. I 300, 349
Töpfer, Karl. I 369, 375, 413, 450, 473, *608ff.*, *615*, *619f.* II 109
Törring, Graf. III *416*
Trelawny, Edward John. I 71f.
Treumann. III 390f., *444*
Trütschler. III 164, *419*
Türk, Frau von. III 184

Üchtritz, Friedrich v. I 315, *603*. III

149ff., 161f., 164ff., 170f., 173f., 175, 179, 183, 233, 268, 281, 285, 320, *419f., 428, 435, 437*
Uhland, Ludwig. I 30f., 45, 100, 179, 188, 192, 205, 242, 247, 260, 293, 299, 311, 320, 351, 355, 361, 364, 366, 384, 427, 442, 504, 523, *564f., 568, 584, 586, 607ff., 616, 624.* II 48. III 133, 240f., 322f., 331, 337, 370, 392, *401, 437, 439, 440*
Ulrich. I 309
Ulrici, Hermann. III 106, *414*
Unger, Joseph. III 333, 387
Unruh, Hans Viktor. III *441*
Ussing, Johann Louis. II 197, *383*
Uz, Johann Peter. I 573

Valdeck, Rudolph. I 559
Varnhagen von Ense, Karl August. I 261, 235, 293, *583, 594, 599f.* III 81f., 92, 95, 210, 274, 296, 319, 321, *411, 432, 436*
Varnhagen, Rahel. I 187, 239f., 246, 251f., 293, 444, *583f., 594ff., 618.* II 42, *379*
Vauvenargues, Marquis Luc de Clapiers de. II 135f., 138, *378*
Vega Carpio, Lope Félix de. II 246, *388.* III 44
Verdi, Giuseppe. III *430*
Vergilius Maro, Publius. I 108. II 135, *378.* III 346
Vernet, Horace. II 101, *376*
Vetterlein, C. F. R. I 101, *573*
Victoria, Königin von England. III *419*
Viehoff, Heinrich. I 326, 350, *604*
Vischer, Friedrich Theodor. II 333, 366, *395, 398*
Vogel, Geheimrat. III 311
Vogel, Hofrat. I 256, 267f., *596f.*
Vogl. II *388*
Vogt. I 28
Vogt, H. G. I 494
Voigt, Buchdrucker. I 621f.
Volkmar, Curt Friedrich. I 65, *568*
Vollert, A. II *390*
Voltaire, François Marie Arouet de. I 75, *569.* II 60, *372f.* III 144, *378*
Voß, Doris. I *563*
Voß, Emilie. I 485, *621.* II 35, *371*

Voß, Johann Heinrich. I 490. III 8, 182, 209, *401, 421, 425*
Voß, Klaus Sterck. I 43f., 343, 441f., *565, 569, 574, 592f., 602, 606*
Vucks, Doktor. III 67

Wachsmann, Herr von. I 330
Wacker, Lehrer. I 45, 343, *562, 565, 604*
Wagner, Dr. III 393
Wagner, Johann Jakob. III 276, *433*
Wagner, Richard. III 128, 360f., *416, 441*
Wagner, Rudolf. II *394*
Waiblinger, Wilhelm. I 340, *586, 589, 606*
Waldsegg, Gräfin. I *589*
Walpole, Sir Robert. III 328
Walz, Direktor. III 237
Warrens, Frau von. III 141
Washington, George. III 193, *423*
Weber, Johann Jakob. II 324, 334, *394f.* III 54, *407, 428*
Weber, Carl Maria v. I 410, *615*
Weber, Vincenz P. III *408*
Wehner, Josef Magnus. I *571*
Weisflog, Karl. I 228, *590*
Weiß. I 66, *562, 568*
Wellington, Sir Arthur Wellesley. I 154, 175, *581*
Welser, Philippine. I 78
Wenzel, König von Böhmen. IV *421*
Werff, Adrian van der. III 102, *414*
Werner, Karl. II *374.* III 106, 126f., 243, *414*
Werner, Richard Maria. I *558ff., 569ff., 578, 580f., 587ff., 598, 612, 614f., 617.* II *375, 377, 382, 384, 387, 391ff., 396ff.* III *413, 422, 444*
Werner, Zacharias. I 179, *582.* III 68
Wesermann. I 113
Wette, Wilhelm Martin Leberecht. III 271, *432*
Weygand. I 101
Weymer, August. I 83
Wickenburg, Graf. III 337, *439*
Widmer, Maler. II 142
Wieck, Klara – siehe Schumann, Klara
Wieland, Christoph Martin. I 206,

386, *586*. II 150, 220, 237, *387*. III 198f., *424*
Wienbarg, Ludolf. I 116, 350, 356, 515ff., 550, *585, 623, 626*. III 125, 128, 416
Wigand. II 379
Wigand, Buchhändler. II 360
Wigand, Paul. I *586*
Wihl, Ludwig. I 291, 294, 296, 299, 301, 310f., 316, 334f., 339, 350, 352, 360, 363, 365, 376, 401, 407, 550, *599, 601, 605, 608, 614, 626*. II 56, 162, *372, 380*
Wildner-Maithstein. III 20f., *403*
Wilhelm I., deutscher Kaiser. III 301, 303, 314, 389, *435, 444*
Wilhelmine Marie Sophie Luise, Großherzogin von Sachsen-Weimar. III 311ff., 327, 368, *442*
Wilixen. II 342, *395*
Wille, François. II *372*
Willers, Ernst. II 145, *379*
Wille-Sloman, Eliza. II *372*
Wilster, Baron. II 316
Wimpfen, Max Freiherr von. III 344, *440*
Winckelmann, Johann Joachaim. I 102ff., *573*. II 146f., *380*
Windischgrätz, Alfred Fürst zu. III 104, 235, *414f.*
Wittgenstein, Fürst von. III 380
Wittgenstein, Marie Prinzessin von. III *431*

Wohlauf. IV 91f.
Wolf. III *428*
Wolf, August. II 365, *398*
Wolf, Christian Frh. v. I 115
Wolf, Dr. Redakteur. I 55
Wolff, Pius Alexander. I 410, *615*
Wolter, Charlotte. III *440*
Wolzogen, Karoline von. I 209, *587*. II 307, *392*
Wunsch. I 91
Wurzbach, Konstantin Ritter von. III 368, *442*
Wybicki, Joseph. III *442*

Xerxes, König von Persien. III 132

Zelter, Karl Friedrich. I 40, 44, 47ff., *566f., 594*
Zerboni di Sposetti, Wilhelm und Julius. II 234f., 259f., 305f., 318, 358, *387, 389, 392f., 397*. III 16, 49, 53
Zeuxis (Zeuxippos). II 50. III 223, *427*
Ziese. I 451, *561, 603, 619*. III 363
Ziese, Frau. III 186, 363, *422*
Zimmermann, Klemens v. II 194, *383*
Zimmermann, Robert. III 59, 387, *608*
Zimmermann, Wilhelm. I 350
Ziska, Johann. IV 177, *420*
Zoller, Edmund von. IV 331, *438*
Zoroaster. I 98
Zumiller, Pfarrer. I 110

Stefan George
Werke in vier Bänden

4 Bände in Kassette
Gesamtumfang 1216 Seiten
5940 / DM 48,–

Band 1:
Hymnen · Pilgerfahrten · Algabel
Die Bücher der Hirten- und
Preisgedichte · Der Sagen und Sänge
und der Hängenden Gärten
Das Jahr der Seele
Der Teppich des Lebens und die Lieder
von Traum und Tod
Mit einem Vorspiel

Band 2:
Der siebente Ring
Der Stern des Bundes
Das neue Reich
Tage und Taten

Band 3:
Dante · Die Göttliche Komödie ·
Übertragungen
Shakespeare Sonnette
Umdichtung
Baudelaire Die Blumen des Bösen
Umdichtungen

Band 4:
Zeitgenössische Dichter
Übertragungen · Erster Teil
Zeitgenössische Dichter
Übertragungen · Zweiter Teil
Die Fibel · Auswahl erster Verse
Schlußband
Nachwort von Werner Vordtriede
Zeittafel zu den Werken

Friedrich Nietzsche Sämtliche Werke in 15 Dünndruck-Bänden

Erstmals mit dem vollständigen Nachlaß

Kritische Studienausgabe sämtlicher Werke und unveröffentlichter Texte Friedrich Nietzsches nach den Originaldrucken und Originalmanuskripten auf der Grundlage der ›Kritischen Gesamtausgabe‹ (KGW), erschienen im Verlag Walter de Gruyter. Herausgegeben von Giorgio Colli (†) und Mazzino Montinari.

15 Bände in Kassette, insgesamt 9592 Seiten, dtv/de Gruyter 5977 / DM 298,–

Martin Luther
Die reformatorischen Grundschriften in vier Bänden

Neu übertragene und kommentierte Ausgabe von Horst Beintker

dtv-Originalausgabe 5997

Band 1
Gottes Werke und Menschenwerke
Vorrede zur Sammelausgabe der frühen Thesenreihen von 1538
Die 95 Thesen
Sermon von Ablaß und Gnade
Die Heidelberger Disputation
Von den guten Werken

Band 2
Reform von Theologie, Kirche und Gesellschaft
Auslegung zu Psalm 5
Sermon von der Betrachtung des heiligen Leidens Christi
An den christlichen Adel deutscher Nation von des christlichen Standes Besserung

Band 3
Die Gefangenschaft der Kirche
Von der babylonischen Gefangenschaft der Kirche
Predigt in der Kaufmannskirche zu Erfurt

Band 4
Die Freiheit eines Christen
Traktat von der christlichen Freiheit
Eine kurze Form der Zehn Gebote, des Glaubensbekenntnisses und des Vaterunsers
Sendbrief an Hartmut von Cronberg
Sendschreiben an die Gemeinden zu Riga, Reval und Dorpat